W9-APY-792

2019
Collector Car
PRICE
GUIDE

Date: 7/18/18

629.222 COL 2019
Collector car price guide
2019 /

**PALM BEACH COUNTY
LIBRARY SYSTEM**
3650 Summit Boulevard
West Palm Beach, FL 33406-4198

Copyright ©2018 F+W Media, Inc.

All rights reserved. No portion of this publication may be reproduced or transmitted in any form or by any means, electronic or mechanical, including photocopy, recording, or any information storage and retrieval system, without permission in writing from the publisher, except by a reviewer who may quote brief passages in a critical article or review to be printed in a magazine or newspaper, or electronically transmitted on radio, television, or the Internet.

Published by

Krause Publications, a division of F+W Media, Inc.
5225 Joerns Drive, Suite 2 • Stevens Point, WI 54481
715-445-2214 • 888-457-2873
www.krausebooks.com

To order books or other products call toll-free 1-800-258-0929
or visit us online at www.krausebooks.com

ISSN 1931-9819
ISBN-13: 978-1-4402-4866-5
ISBN-10: 1-4402-4866-4

Designed by Sandi Carpenter
Edited by Brian Earnest

Printed in the United States of America

10 9 8 7 6 5 4 3 2 1

TABLE OF CONTENTS

DOMESTIC TRUCKS

IMPORT TRUCKS

HOW COLLECTOR CAR PRICES ARE GATHERED

Thousands of old cars change hands each year. People who follow these transactions include collectors, collector car dealers and auctioneers. They can often estimate the value of an old car, within a range of plus or minus 10 percent, with amazing accuracy.

Collector Car Price Guide is produced by F+W Media of Stevens Point, Wis., a company involved in publishing specialized books and magazines upon which collectors, dealers and auctioneers regularly rely.

Figures listed in this book should be taken as "ballpark" prices. They are amounts that fall within a reasonable range of each car's value to buyers and sellers. The figures are not to be interpreted as "wholesale" or "retail." Rather, they reflect what an informed buyer might pay a knowledgeable seller for his car in an arm's length transaction without duress to either party. Special cases, where nostalgia or other factors enter into the picture, must be judged on an individual basis.

This guide can help you to decide which old car you'd like to own and how much to pay for it based on year, make, model and condition. It provides a consensus of old car values determined by careful research.

Research sources used to compile these data include:

- Advertised asking prices
- Documented private sales
- Professional appraisers
- Collector car auction results
- *Old Cars Report Price Guide* advisors
- Contact with dealers
- Contact with collectors
- Networking with value sources

PRICING ANALYSTS

The many thousands of prices contained in this book are the result of the combined efforts of many past and present pricing analysts and experts. Among the analysts who provided pricing updates for this edition:

- **Dr. Gerald Perschbacher**: prewar cars
- **Angelo Van Bogart**: 1950s cars, muscle cars and various other eras and segments
- **John Gunnell**: late model cars including 2011, various 1960s and 1970s American makes, select prewar cars and trucks
- **Robert Cunningham**: Crosley, Bantam

ABBREVIATIONS

ALPHABETICAL

A/C	Air Conditioning
Aero	Aerodynamic
Auto	Automatic Transmission
A/W or A-W	All-Weather
Berl	Berline
Brgm	Brougham
Brn	Brunn
BT	Boattail
Bus	Business (as in Bus Cpe)
Cabr	Cabriolet
C.C.	Close-Coupled
cid	Cubic Inch Displacement
Clb	Club (as in Clb Cpe/Clb Cab)
Cpe	Coupe
Coll	Collapsible (as in Semi-Coll)
Cont	Continental
Conv	Convertible
Ctry	Country
Cus	Custom
DC	Dual-Cowl
Darr	Darrin
DeL	Deluxe
Der	Derham
deV	deVille
DHC	Drop Head Coupe
Dly	Delivery (as in Sed Dly)
Dtrch	Dietrich
DuW	Dual Windshield
DW	Division Window
Encl	Enclosed
FBk	Fastback
FHC	Fixed Head Coupe
FI	Fuel Injection
FmL	Formal
FWD	Front-Wheel Drive
GT	Gran Turismo (Grand Touring)
GW	Gull-Wing
HBk	Hatchback
Hemi	Hemispherical-head engine
Hlbrk	Holbrook
hp	Horsepower
HT	Hardtop
Imp	Imperial
IPC	Indy (Indianapolis) Pace Car
IROC	International Race of Champions
Jud	Judkins
Lan	Landau
Lan'let	Landaulet
LBx	Long Box (pickup truck bed)
LeB or Leb	LeBaron
LHD	Left-Hand Drive
Limo	Limousine
Ltd	Limited
Lke	Locke
LWB	Long-Wheelbase
Mk	Mark (I, II, III, etc)
O/D	Overdrive
Opt	Option(s)
OW	Opera Window
P	Passenger (as in 3P Cpe)
Phae	Phaeton
PU	Pickup Truck
R/A	Ram Air (Pontiac)
Rbt	Runabout
Rds	Roadster
Ret	Retractable
RHD	Right-Hand Drive
Rlstn or Roll	Rollston
R/S	Rumbleseat
Saloon	British for sedan
SMt(s)	Sidemount(s)
Sednt	Sedanet
Spds	Speedster
Spec or Spl	Special
Spt	Sport
S/R	Sunroof
Sta Wag	Station Wagon
Std	Standard
Sub	Suburban
Sup	Super
SWB	Short-Wheelbase
T-bird	Thunderbird
T-top	T-Top Roof
Trg	Touring Car (not Targa)
Turbo	Equipped with turbocharger(s)
Twn	Town (as in Twn Sed)
V-4, -6, -8	V-block engine
Vic	Victoria
W	Window (as in 3W Cpe)
WW	Wire Wheels
W'by	Willoughby
Woodie	Wood-bodied Car
Wtrhs	Waterhouse

NUMERICAL

1/2T	One-Half Ton Truck
2d	Two-Door (also 4d, 6d, etc.)
2P	Two-Passenger (also 3P, 4P, etc.)
2S	Two-Seat (also 3S, 4S, etc.)
2x4V	Two Four-barrel Carbs
3x2V	Three Two-barrel Carbs/Tri-Power
3W	Three-Window (also 4W, 5W, etc.)
4-cyl	In-Line Four Engine (also 6-, 8-, etc.)
4-Spd	4-Speed Transmission
	(also 3-, 5-, etc.)
4V	Four-barrel Carburetor
4x4	Four-wheel drive (not FWD)
8/9P	Eight or Nine Passenger

HOW TO USE THIS PRICE GUIDE

Price estimates are listed for cars in six different states of condition. These conditions (1-6) are illustrated and explained in the **VEHICLE CONDITION SCALE** on the following three pages.

Prices are for complete vehicles; not parts cars, except as noted. Modified-car prices are not included, but can be estimated by figuring the cost of restoring to original condition and adjusting the figures shown here.

Appearing below is a section of chart taken from the **Collector Car Price Guide** price estimate listings to illustrate the following elements:

A. MAKE: The make of car, or marque name, appears in large, boldface type at the beginning of each price section.

B. DESCRIPTION: The extreme left-hand column indicates vehicle year, model name, body type, engine configuration and, in some cases, wheelbase.

C. CONDITION CODE: The six columns to the right are headed by the numbers one through six (1-6) that correspond to the conditions described in the VEHICLE CONDITION SCALE on the following two pages.

D. PRICE: The price estimates, in dollars, appear below their respective condition code headings and across from the vehicle descriptions.

C. CONDITION CODE

A. MAKE

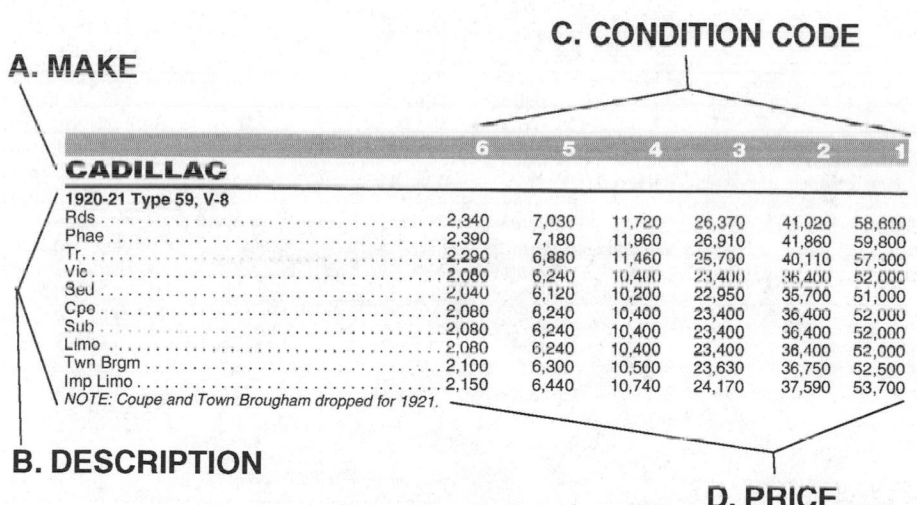

CADILLAC

1920-21 Type 59, V-8	6	5	4	3	2	1
Rds	2,340	7,030	11,720	26,370	41,020	58,600
Phae	2,390	7,180	11,960	26,910	41,860	59,800
Tr	2,290	6,880	11,460	25,700	40,110	57,300
Vic	2,080	6,240	10,400	23,400	36,400	52,000
Sed	2,040	6,120	10,200	22,950	35,700	51,000
Cpe	2,080	6,240	10,400	23,400	36,400	52,000
Sub	2,080	6,240	10,400	23,400	36,400	52,000
Limo	2,080	6,240	10,400	23,400	36,400	52,000
Twn Brgm	2,100	6,300	10,500	23,630	36,750	52,500
Imp Limo	2,150	6,440	10,740	24,170	37,590	53,700

NOTE: Coupe and Town Brougham dropped for 1921.

B. DESCRIPTION

D. PRICE

VEHICLE CONDITION SCALE

Excellent

1) EXCELLENT: Restored to current maximum professional standards of quality in every area, or perfect original with components operating and appearing as new. A 95-plus point show vehicle that is not driven.

Fine

2) FINE: Well-restored, or a combination of superior restoration and excellent original. Also, an *extremely* well-maintained original showing very minimal wear.

Very Good

3) VERY GOOD: Completely operable original or "older restoration" showing wear. Also, a good amateur restoration, all presentable and serviceable inside and out. Plus, combinations of well-done restoration and good operable components or a partially restored vehicle with all parts necessary to complete and/or valuable NOS parts.

VEHICLE CONDITION SCALE

Good

4) GOOD: A drivable vehicle needing no or only minor work to be functional. Also, a deteriorated restoration or a very poor amateur restoration. All components may need restoration to be "excellent," but the vehicle is mostly usable "as is."

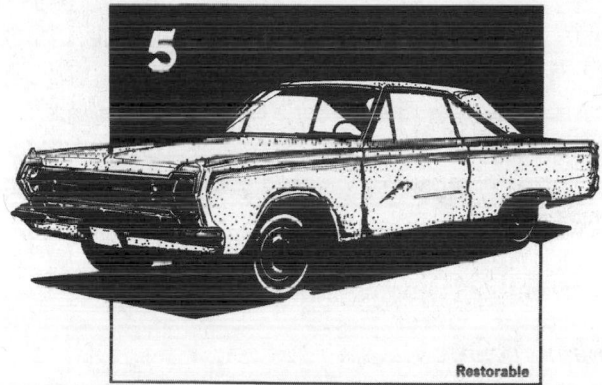

Restorable

5) RESTORABLE: Needs *complete* restoration of body, chassis and interior. May or may not be running, but isn't weathered, wrecked or stripped to the point of being useful only for parts.

Parts Car

6) PARTS VEHICLE: May or may not be running, but is weathered, wrecked and/or stripped to the point of being useful primarily for parts.

DOMESTIC CAR

AMC

NOTE: AMC listings follow NASH listings.

AMERICAN AUSTIN

1930 Series A, 4-cyl., 14 hp, 75" wb

	6	5	4	3	2	1
2d Cpe	960	2,880	4,800	12,000	16,800	24,000
2d 3-Win Bus Cpe	1,120	3,360	5,600	12,600	19,600	28,000

1931 Series A, 4-cyl., 14 hp, 75" wb

2d Rds	1,560	4,680	7,800	17,550	27,300	39,000
2d Cpe	960	2,880	4,800	12,000	16,800	24,000
2d 3-Win Bus Cpe	1,120	3,360	5,600	14,000	19,600	28,000

1932 Series A, 4-cyl., 14 hp, 75" wb

2d Rds	1,560	4,680	7,800	17,550	27,300	39,000
2d 3-Win Bus Cpe	1,120	3,360	5,600	12,600	19,600	28,000
2d Cabr.	1,360	4,080	6,800	15,300	23,800	34,000
2d Std Cpe	960	2,880	4,800	10,800	16,800	24,000
2d Del Cpe	1,040	3,120	5,200	11,700	18,200	26,000

1933 Series 275, 4-cyl., 14 hp, 75" wb

2d Rds	1,560	4,680	7,800	17,550	27,300	39,000
2d Custom Rds.	1,640	4,920	8,200	18,450	28,700	41,000
2d 5-Win Bus Cpe	840	2,520	4,200	9,450	14,700	21,000
2d Custom Cpe.	1,000	3,000	5,000	11,250	17,500	25,000
2d Std Cpe	880	2,640	4,400	11,000	15,400	22,000
2d Del Cpe	1,000	3,000	5,000	12,500	17,500	25,000
2d 4-Pass Cpe Suburban	1,080	3,240	5,400	13,500	18,900	27,000

1934 Series 375, 4-cyl., 14 hp, 75" wb

2d Rds	1,560	4,680	7,800	17,550	27,300	39,000
2d 5-Win Bus Cpe	880	2,640	4,400	9,900	15,400	22,000
2d Std Cpe	960	2,880	4,800	10,800	16,800	24,000
2d DeL Cpe	1,000	3,000	5,000	11,250	17,500	25,000

1935 Series 475, 4-cyl., 14 hp, 75" wb

2d Rds	1,600	4,800	8,000	18,000	28,000	40,000
2d 5-Win Bus Cpe	920	2,760	4,600	10,350	16,100	23,000
2d Std Cpe	1,000	3,000	5,000	11,250	17,500	25,000

1935 Series 475, 4 cyl., 14 hp, 75" wb

2d Del Cpe	1,040	3,120	5,200	13,000	18,200	26,000

AMERICAN BANTAM

1938 Model 60, 4-cyl., 20 hp, 75" wb

	6	5	4	3	2	1
2d Master Rds	1,520	4,560	7,600	17,100	26,600	38,000
2d Spl Rds	1,400	4,200	7,000	17,500	24,500	35,000
2d Master Cpe	1,120	3,360	5,600	14,000	19,600	28,000
2d 5-Win Bus Cpe	1,000	3,000	5,000	12,500	17,500	25,000
2d Spd	1,680	5,040	8,400	21,000	29,400	42,000
2d Sta Wag	2,440	7,320	12,200	27,450	42,700	61,000

1939 Model 60, 4-cyl., 20 hp, 75" wb

2d Master Cpe	1,120	3,360	5,600	14,000	19,600	28,000
2d Master Rds	1,400	4,200	7,000	17,500	24,500	35,000
2d Spl Cpe	1,160	3,480	5,800	14,500	20,300	29,000
2d Spl Rds	1,480	4,440	7,400	18,500	25,900	37,000
2d Master Spds	1,680	5,040	8,400	21,000	29,400	42,000
2d Del Cpe	1,200	3,600	6,000	15,000	21,000	30,000
2d Del Rds	1,560	4,680	7,800	19,500	27,300	39,000
2d Del Spds	1,800	5,400	9,000	22,500	31,500	45,000
2d 5-Win Bus Cpe	1,000	3,000	5,000	12,500	17,500	25,000
2d Club Rds	2,720	8,160	13,600	34,000	47,600	68,000
2d Sta Wag	2,440	7,320	12,200	27,450	42,700	61,000

1940 Model 65 Super 4, 4-cyl., 22 hp, 75" wb

2d Master Cpe	1,200	3,600	6,000	15,000	21,000	30,000
2d Master Rds	1,540	4,620	7,700	19,250	26,950	38,500
2d Master Spds	1,840	5,520	9,200	23,000	32,200	46,000
2d Spl Cpe	1,280	3,840	6,400	16,000	22,400	32,000
2d Spl Rds	1,600	4,800	8,000	20,000	28,000	40,000
2d Del Cpe	1,360	4,080	6,800	17,000	23,800	34,000
2d Del Rds	1,680	5,040	8,400	21,000	29,400	42,000
2d Conv Cpe.	1,440	4,320	7,200	18,000	25,200	36,000
2d Conv Cpe Hollywood	1,600	4,800	8,000	20,000	28,000	40,000
2d Conv Sed.	1,560	4,680	7,800	19,500	27,300	39,000
2d Conv Sed Riviera.	1,720	5,160	8,600	21,500	30,100	43,000
2d Sta Wag.	2,560	7,680	12,800	28,800	44,800	64,000

AUBURN

1904 Model A

	6	5	4	3	2	1
Tr.	2,080	6,240	10,400	23,400	36,400	52,000

1905 Model B, 2-cyl.

Tr.	2,210	6,640	11,060	24,890	38,710	55,300

1906 Model C, 2-cyl.

Tr.	2,090	6,280	10,460	23,540	36,610	52,300

	6	5	4	3	2	1
1907 Model D, 2-cyl.						
Tr.	2,090	6,280	10,460	23,540	36,610	52,300
1908 Model G, 2-cyl., 24 hp						
Tr.	2,090	6,280	10,460	23,540	36,610	52,300
1908 Model H, 2-cyl.						
Tr.	2,130	6,400	10,660	23,990	37,310	53,300
1908 Model K, 2-cyl.						
Rbt	2,160	6,480	10,800	24,300	37,800	54,000
1909 Model G, 2-cyl., 24 hp						
Tr.	2,180	6,530	10,880	24,480	38,080	54,400
1909 Model H, 2-cyl.						
Tr.	2,140	6,410	10,680	24,030	37,380	53,400
1909 Model K						
Rbt	2,090	6,280	10,460	23,540	36,610	52,300
1909 Model B, 4-cyl., 25-30 hp						
Tr.	2,090	6,280	10,460	23,540	36,610	52,300
1909 Model C, 4-cyl.						
Tr.	2,220	6,660	11,100	24,980	38,850	55,500
1909 Model D, 4-cyl.						
Rbt	2,260	6,780	11,300	25,430	39,550	56,500
1910 Model G, 2-cyl., 24 hp						
Tr.	2,160	6,490	10,820	24,350	37,870	54,100
1910 Model H, 2-cyl.						
Tr.	2,200	6,600	11,000	24,750	38,500	55,000
1910 Model K, 2-cyl.						
Rbt	2,140	6,420	10,700	24,080	37,450	53,500
1910 Model B, 4-cyl., 25-30 hp						
Tr.	2,140	6,420	10,700	24,080	37,450	53,500
1910 Model C, 4-cyl.						
Tr.	2,210	6,640	11,060	24,890	38,710	55,300
1910 Model D, 4-cyl.						
Rbt	2,230	6,680	11,140	25,070	38,990	55,700
1910 Model X, 4-cyl., 35-40 hp						
Tr.	2,220	6,670	11,120	25,020	38,920	55,600
1910 Model R, 4-cyl.						
Tr.	2,210	6,640	11,060	24,890	38,710	55,300
1910 Model S, 4-cyl.						
Rds	2,220	6,660	11,100	24,980	38,850	55,500
1911 Model G, 2-cyl., 24 hp						
Tr.	2,000	6,010	10,020	22,550	35,070	50,100
1911 Model K, 2-cyl.						
Rbt	2,060	6,180	10,300	23,180	36,050	51,500
1911 Model L, 4-cyl., 25-30 hp						
Tr.	2,140	6,420	10,700	24,080	37,450	53,500
1911 Model F, 4-cyl.						
Tr.	2,140	6,420	10,700	24,080	37,450	53,500
1911 Model N, 4-cyl., 40 hp						
Tr.	2,140	6,420	10,700	24,080	37,450	53,500
1911 Model Y, 4-cyl.						
Tr.	2,160	6,480	10,800	24,300	37,800	54,000
1911 Model T, 4-cyl.						
Tr.	2,100	6,480	10,800	24,300	37,800	54,000
1911 Model M, 4-cyl.						
Rds	2,140	6,420	10,700	24,080	37,450	53,500
1912 Model 6-50, 6-cyl.						
Tr.	2,540	7,620	12,700	28,580	44,450	63,500
1912 Model 40H, 4-cyl., 35-40 hp						
Tr	2,140	6,420	10,700	24,080	37,450	53,500
1912 Model 40M, 4-cyl., 35-40 hp						
Rds	2,160	6,480	10,800	24,300	37,800	54,000
1912 Model 40N, 4-cyl., 35-40 hp						
Tr.	2,100	6,290	10,480	23,580	36,680	52,400
1912 Model 35L, 4-cyl., 30 hp						
Tr.	2,000	6,010	10,020	22,550	35,070	50,100
1912 Model 30L, 4-cyl., 30 hp						
Rds	2,080	6,240	10,400	23,400	36,400	52,000
Tr.	2,100	6,290	10,480	23,580	36,680	52,400
1913 Model 33M, 4-cyl., 33 hp						
Rds	2,040	6,120	10,200	22,950	35,700	51,000
1913 Model 33L, 4-cyl., 33 hp						
Tr.	2,060	6,190	10,320	23,220	36,120	51,600
1913 Model 40A, 4-cyl., 40 hp						
Rds	2,140	6,420	10,700	24,080	37,450	53,500
1913 Model 40L, 4-cyl.						
Tr.	2,110	6,340	10,560	23,760	36,960	52,800
1913 Model 45, 6-cyl., 45 hp						
Tr.	2,540	7,620	12,700	28,580	44,450	63,500

AUBURN

12

	6	5	4	3	2	1
1913 Model 45B, 6-cyl., 45 hp						
Rds	2,540	7,620	12,700	28,580	44,450	63,500
T&C	2,140	6,420	10,700	24,080	37,450	53,500
Cpe	2,100	6,300	10,500	23,630	36,750	52,500
1913 Model 50, 6-cyl., 50 hp						
Tr.	2,620	7,860	13,100	29,480	45,850	65,500
1914 Model 4-40, 4-cyl., 40 hp						
Rds	2,080	6,250	10,420	23,450	36,470	52,100
Tr.	1,970	5,920	9,860	22,190	34,510	49,300
Cpe	1,740	5,210	8,680	19,530	30,380	43,400
1914 Model 4-41, 4-cyl., 40 hp						
Tr.	2,020	6,060	10,100	22,730	35,350	50,500
1914 Model 6-45, 6-cyl., 45 hp						
Rds	2,700	8,100	13,500	30,380	47,250	67,500
Tr.	2,620	7,860	13,100	29,480	45,850	65,500
1914 Model 6-46, 6-cyl., 45 hp						
Tr.	2,660	7,980	13,300	29,930	46,550	66,500
1915 Model 4-36, 4-cyl., 36 hp						
Rds	2,140	6,420	10,700	24,080	37,450	53,500
Tr.	1,900	5,700	9,500	21,380	33,250	47,500
1915 Model 4-43, 4-cyl., 43 hp						
Rds	2,220	6,660	11,100	24,980	38,850	55,500
Tr.	1,900	5,700	9,500	21,380	33,250	47,500
1915 Model 6-40, 6-cyl., 50 hp						
Rds	2,700	8,100	13,500	30,380	47,250	67,500
Tr.	2,620	7,860	13,100	29,480	45,850	65,500
Cpe	2,540	7,620	12,700	28,580	44,450	63,500
1915 Model 6-47, 6-cyl., 47 hp						
Rds	2,100	6,300	10,500	23,630	36,750	52,500
Tr.	2,060	6,180	10,300	23,180	36,050	51,500
1916 Model 4-38, 4-cyl., 38 hp						
Rds	2,040	6,120	10,200	22,950	35,700	51,000
Tr.	1,800	5,400	9,000	20,250	31,500	45,000
1916 Model 6-38						
Rds	2,200	6,600	11,000	24,750	38,500	55,000
Tr.	2,160	6,480	10,800	24,300	37,800	54,000
1916 Model 6-40, 6-cyl., 40 hp						
Rds	2,240	6,720	11,200	25,200	39,200	56,000
Tr.	2,200	6,600	11,000	24,750	38,500	55,000
1916 Model Union 4-36, 6-cyl., 36 hp						
Tr.	2,000	6,000	10,000	22,500	35,000	50,000
1917 Model 6-39, 6-cyl., 39 hp						
Rds	2,240	6,720	11,200	25,200	39,200	56,000
Tr.	2,200	6,600	11,000	24,750	38,500	55,000
1917 Model 6-44, 6-cyl., 44 hp						
Rds	2,240	6,720	11,200	25,200	39,200	56,000
Tr.	2,200	6,600	11,000	24,750	38,500	55,000
1917 Model 4-36, 4-cyl., 36 hp						
Rds	1,680	5,040	8,400	18,900	29,400	42,000
Tr.	1,660	4,970	8,280	18,630	28,980	41,400
1918 Model 6-39, 6-cyl.						
Tr.	1,960	5,880	9,800	22,050	34,300	49,000
Rds	2,040	6,120	10,200	22,950	35,700	51,000
Spt Tr	2,080	6,240	10,400	23,400	36,400	52,000
1918 Model 6-44, 6-cyl.						
Tr.	1,960	5,880	9,800	22,050	34,300	49,000
Rds	2,000	6,000	10,000	22,500	35,000	50,000
Spt Tr	2,040	6,120	10,200	22,950	35,700	51,000
Sed	1,520	4,570	7,620	17,150	26,670	38,100
1919 Model 6-39						
Tr.	2,030	6,100	10,160	22,860	35,560	50,800
Rds	1,990	5,980	9,960	22,410	34,860	49,800
Cpe	1,420	4,260	7,100	15,980	24,850	35,500
Sed	1,470	4,400	7,340	16,520	25,690	36,700
1920 Model 6-39, 6-cyl.						
Tr.	2,030	6,100	10,160	22,860	35,560	50,800
Spt Tr	2,030	6,100	10,160	22,860	35,560	50,800
Rds	1,980	5,940	9,900	22,280	34,650	49,500
Sed	1,560	4,690	7,820	17,600	27,370	39,100
Cpe	1,610	4,840	8,060	18,140	28,210	40,300
1921 Model 6-39						
Tr.	1,610	4,840	8,060	18,140	28,210	40,300
Spt Tr	1,730	5,200	8,660	19,490	30,310	43,300
Rds	1,740	5,220	8,700	19,580	30,450	43,500
Cabr	1,740	5,220	8,700	19,580	30,450	43,500
Sed	1,240	3,730	6,220	14,000	21,770	31,100
Cpe	1,290	3,880	6,460	14,540	22,610	32,300
1922 Model 6-51, 6-cyl.						
Tr.	1,660	4,980	8,300	18,680	29,050	41,500

	6	5	4	3	2	1
Rds	1,730	5,200	8,660	19,490	30,310	43,300
Spt Tr	1,690	5,080	8,460	19,040	29,610	42,300
Sed	1,240	3,730	6,220	14,000	21,770	31,100
Cpe	1,290	3,880	6,460	14,540	22,610	32,300
1923 Model 6-43, 6-cyl.						
Tr	1,710	5,120	8,540	19,220	29,890	42,700
Sed	1,200	3,590	5,980	13,460	20,930	29,900
1923 Model 6-63, 6-cyl.						
Tr	1,760	5,270	8,780	19,760	30,730	43,900
Spt Tr	1,800	5,410	9,020	20,300	31,570	45,100
Brgm	1,240	3,730	6,220	14,000	21,770	31,100
Sed	1,200	3,590	5,980	13,460	20,930	29,900
1923 Model 6-51, 6-cyl.						
Phae	1,800	5,410	9,020	20,300	31,570	45,100
Tr	1,760	5,270	8,780	19,760	30,730	43,900
Spt Tr	1,850	5,540	9,240	20,790	32,340	46,200
Brgm	1,290	3,880	6,460	14,540	22,610	32,300
Sed	1,240	3,730	6,220	14,000	21,770	31,100
1924 Model 6-43, 6-cyl.						
Tr	1,710	5,120	8,540	19,220	29,890	42,700
Spt Tr	1,760	5,270	8,780	19,760	30,730	43,900
Sed	1,200	3,590	5,980	13,460	20,930	29,900
Cpe	1,240	3,730	6,220	14,000	21,770	31,100
2d	1,200	3,590	5,980	13,460	20,930	29,900
1924 Model 6-63, 6-cyl.						
Tr	1,760	5,270	8,780	19,760	30,730	43,900
Spt Tr	1,850	5,540	9,240	20,790	32,340	46,200
Sed	1,240	3,730	6,220	14,000	21,770	31,100
Brgm	1,290	3,880	6,460	14,540	22,610	32,300
1925 Model 8-36, 8-cyl.						
Tr	2,080	6,240	10,400	23,400	36,400	52,000
2d Brgm	1,680	5,040	8,400	18,900	29,400	42,000
4d Sed	1,600	4,800	8,000	18,000	28,000	40,000
1925 Model 6-43, 6-cyl.						
Phae	2,040	6,120	10,200	22,950	35,700	51,000
Spt Phae	1,900	5,700	9,500	21,380	33,250	47,500
Cpe	1,220	3,660	6,100	13,730	21,350	30,500
4d Sed	1,170	3,520	5,860	13,190	20,510	29,300
2d Sed	1,120	3,370	5,620	12,650	19,670	28,100
1925 Model 6-66, 6-cyl.						
Rds	1,780	5,350	8,920	20,070	31,220	44,600
Brgm	1,080	3,230	5,380	12,110	18,830	26,900
4d	1,120	3,370	5,620	12,650	19,670	28,100
Tr	1,830	5,500	9,160	20,610	32,060	45,800
1925 Model 8-88, 8-cyl.						
Rds	2,180	6,540	10,900	24,530	38,150	54,500
4d Sed 5P	1,710	5,140	8,560	19,260	29,960	42,800
4d Sed 7P	1,710	5,140	8,560	19,260	29,960	42,800
Brgm	1,660	4,990	8,320	18,720	29,120	41,600
Tr	2,100	6,300	10,500	23,630	36,750	52,500
1926 Model 4-44, 4-cyl., 42 hp						
Tr	1,720	5,150	8,580	19,310	30,030	42,900
Rds	1,760	5,290	8,820	19,850	30,870	44,100
Cpe	1,390	4,160	6,940	15,620	24,290	34,700
4d Sed	1,340	4,020	6,700	15,080	23,450	33,500
1926 Model 6-66, 6-cyl., 48 hp						
Rds	2,040	6,120	10,200	22,950	35,700	51,000
Tr	2,000	6,000	10,000	22,500	35,000	50,000
Brgm	1,460	4,380	7,300	16,430	25,550	36,500
4d Sed	1,510	4,520	7,540	16,970	26,390	37,700
Cpe	1,560	4,670	7,780	17,510	27,230	38,900
1926 Model 8-88, 8-cyl., 88 hp, 129" wb						
Rds	2,240	6,720	11,200	25,200	39,200	56,000
Tr	2,180	6,540	10,900	24,530	38,150	54,500
Cpe	1,700	5,100	8,500	19,130	29,750	42,500
Brgm	1,610	4,820	8,040	18,090	28,140	40,200
5P Sed	1,610	4,820	8,040	18,090	28,140	40,200
7P Sed	1,660	4,980	8,300	18,680	29,050	41,500
1926 Model 8-88, 8-cyl., 88 hp, 146" wb						
7P Sed	2,060	6,180	10,300	23,180	36,050	51,500
1927 Model 6-66, 6-cyl., 66 hp						
Rds	1,920	5,760	9,600	21,600	33,600	48,000
Tr	1,880	5,640	9,400	21,150	32,900	47,000
Brgm	1,440	4,320	7,200	16,200	25,200	36,000
Sed	1,420	4,260	7,100	15,980	24,850	35,500
1927 Model 8-77, 8-cyl., 77 hp						
Rds	2,060	6,180	10,300	23,180	36,050	51,500
Tr	2,000	6,000	10,000	22,500	35,000	50,000
Brgm	1,520	4,560	7,600	17,100	26,600	38,000

	6	5	4	3	2	1
Sed	1,500	4,500	7,500	16,880	26,250	37,500

1927 Model 8-88, 8-cyl., 88 hp, 129" wb

	6	5	4	3	2	1
Tr.	2,270	6,800	11,340	25,520	39,690	56,700
Rds.	2,320	6,950	11,580	26,060	40,530	57,900
Cpe.	1,750	5,240	8,740	19,670	30,590	43,700
Brgm.	1,640	4,920	8,200	18,450	28,700	41,000
Sed.	1,620	4,860	8,100	18,230	28,350	40,500
Spt Sed.	1,780	5,340	8,900	20,030	31,150	44,500

1927 Model 8-88, 8-cyl., 88 hp, 146" wb

	6	5	4	3	2	1
7P Sed	2,100	6,300	10,500	23,630	36,750	52,500
Tr.	2,330	7,000	11,660	26,240	40,810	58,300

1928 Model 6-66, 6-cyl., 66 hp

	6	5	4	3	2	1
Rds.	2,500	7,500	12,500	28,130	43,750	62,500
Cabr	2,480	7,440	12,400	27,900	43,400	62,000
Sed.	1,800	5,400	9,000	20,250	31,500	45,000
Spt Sed.	1,880	5,640	9,400	21,150	32,900	47,000

1928 Model 8-77, 8-cyl., 77 hp

	6	5	4	3	2	1
Rds.	2,700	8,100	13,500	30,380	47,250	67,500
Cabr	2,660	7,980	13,300	29,930	46,550	66,500
Sed.	2,010	6,020	10,040	22,590	35,140	50,200
Spt Sed.	2,060	6,180	10,300	23,180	36,050	51,500

1928 Model 8-88, 8-cyl., 88 hp

	6	5	4	3	2	1
Rds.	2,760	8,280	13,800	31,050	48,300	69,000
Tr.	2,720	8,160	13,600	30,600	47,600	68,000
Cabr	2,720	8,160	13,600	30,600	47,600	68,000
Sed.	2,030	6,080	10,140	22,820	35,490	50,700
Spt Sed.	2,080	6,240	10,400	23,400	36,400	52,000

1928 Model 8-88, 8-cyl., 88 hp, 136" wb

	6	5	4	3	2	1
7P Sed	2,360	7,080	11,800	26,550	41,300	59,000

1928 Second Series Model 76, 6-cyl.

	6	5	4	3	2	1
Rds.	2,720	8,160	13,600	30,600	47,600	68,000
Cabr	2,640	7,920	13,200	29,700	46,200	66,000
Sed.	1,820	5,460	9,100	20,480	31,850	45,500
Spt Sed.	1,880	5,640	9,400	21,150	32,900	47,000

1928 Model 88, 8-cyl.

	6	5	4	3	2	1
Spds	9,680	29,040	48,400	108,900	169,400	242,000
Rds.	5,280	15,840	26,400	59,400	92,400	132,000
Cabr	2,900	8,700	14,500	32,630	50,750	72,500
Sed.	2,180	6,540	10,900	24,530	38,150	54,500
Spt Sed.	2,220	6,660	11,100	24,980	38,850	55,500
Phae.	3,340	10,020	16,700	37,580	58,450	83,500

1928 Model 115, 8-cyl.

	6	5	4	3	2	1
Spds	10,040	30,120	50,200	112,950	175,700	251,000
Rds.	4,840	14,520	24,200	54,450	84,700	121,000
Cabr	3,520	10,560	17,600	39,600	61,600	88,000
Sed.	2,240	6,720	11,200	25,200	39,200	56,000
Spt Sed.	2,320	6,960	11,600	26,100	40,600	58,000
Phae.	3,680	11,040	18,400	41,400	64,400	92,000

1929 Model 76, 6-cyl.

	6	5	4	3	2	1
Rds.	2,800	8,400	14,000	31,500	49,000	70,000
Tr.	2,680	8,040	13,400	30,150	46,900	67,000
Cabr	2,600	7,800	13,000	29,250	45,500	65,000
Vic.	2,120	6,360	10,600	23,850	37,100	53,000
Sed.	1,680	5,040	8,400	18,900	29,400	42,000
Spt Sed.	1,720	5,160	8,600	19,350	30,100	43,000

1929 Model 88, 8-cyl.

	6	5	4	3	2	1
Spds	9,680	29,040	48,400	108,900	169,400	242,000
Rds.	6,080	18,240	30,400	68,400	106,400	152,000
Tr.	3,840	11,520	19,200	43,200	67,200	96,000
Cabr	4,000	12,000	20,000	45,000	70,000	100,000
Vic.	2,430	7,300	12,160	27,360	42,560	60,800
Sed.	2,280	6,840	11,400	25,650	39,900	57,000
Spt Sed.	2,360	7,080	11,800	26,550	41,300	59,000
Phae.	4,320	12,960	21,600	48,600	75,600	108,000

1929 Model 115, 8-cyl.

	6	5	4	3	2	1
Spds	10,040	30,120	50,200	112,950	175,700	251,000
Rds.	6,040	18,120	30,200	67,950	105,700	151,000
Cabr	4,080	12,240	20,400	45,900	71,400	102,000
Vic.	2,480	7,440	12,400	27,900	43,400	62,000
Sed.	2,400	7,200	12,000	27,000	42,000	60,000
Spt Sed.	2,440	7,320	12,200	27,450	42,700	61,000
Phae.	4,560	13,680	22,800	51,300	79,800	114,000

1929 Model 6-80, 6-cyl.

	6	5	4	3	2	1
Tr.	3,320	9,960	16,600	37,350	58,100	83,000
Cabr	3,360	10,080	16,800	37,800	58,800	84,000
Vic.	1,820	5,460	9,100	20,480	31,850	45,500
Sed.	1,700	5,100	8,500	19,130	29,750	42,500
Spt Sed.	1,740	5,220	8,700	19,580	30,450	43,500

	6	5	4	3	2	1
1929 Model 8-90, 8-cyl.						
Spds	9,680	29,040	48,400	108,900	169,400	242,000
Tr.	6,080	18,240	30,400	68,400	106,400	152,000
Cabr	5,880	17,640	29,400	66,150	102,900	147,000
Phae	6,480	19,440	32,400	72,900	113,400	162,000
Vic.	2,380	7,140	11,900	26,780	41,650	59,500
Sed	2,120	6,360	10,600	23,850	37,100	53,000
Spt Sed	2,160	6,480	10,800	24,300	37,800	54,000
1929 Model 120, 8-cyl.						
Spds	10,080	30,240	50,400	113,400	176,400	252,000
Cabr	6,080	18,240	30,400	68,400	106,400	152,000
Phae	6,480	19,440	32,400	72,900	113,400	162,000
Vic.	2,440	7,320	12,200	27,450	42,700	61,000
Sed	2,280	6,840	11,400	25,650	39,900	57,000
7P Sed	2,360	7,080	11,800	26,550	41,300	59,000
Spt Sed	2,320	6,960	11,600	26,100	40,600	58,000
1930 Model 6-85, 6-cyl.						
Cabr	7,040	21,120	35,200	79,200	123,200	176,000
Sed	1,800	5,400	9,000	20,250	31,500	45,000
Spt Sed	1,860	5,580	9,300	20,930	32,550	46,500
1930 Model 8-95, 8-cyl.						
Cabr	7,080	21,240	35,400	79,650	123,900	177,000
Phae	6,080	18,240	30,400	68,400	106,400	152,000
Sed	2,260	6,780	11,300	25,430	39,550	56,500
Spt Sed	2,300	6,900	11,500	25,880	40,250	57,500
1930 Model 125, 8-cyl.						
Cabr	7,080	21,240	35,400	79,650	123,900	177,000
Phae	6,080	18,240	30,400	68,400	106,400	152,000
Sed	2,300	6,900	11,500	25,880	40,250	57,500
Spt Sed	2,350	7,040	11,740	26,420	41,090	58,700
1931 Model 8-98, 8-cyl., Standard, 127" wb						
Spds	10,080	30,240	50,400	113,400	176,400	252,000
Cabr	7,080	21,240	35,400	79,650	123,900	177,000
Phae	6,080	18,240	30,400	68,400	106,400	152,000
Cpe	2,320	6,960	11,600	26,100	40,600	58,000
2d Brgm	2,320	6,960	11,600	26,100	40,600	58,000
5P Sed	2,300	6,900	11,500	25,880	40,250	57,500
1931 Model 8-98, 8-cyl., 136" wb						
7P Sed	1,880	5,640	9,400	21,150	32,900	47,000
1931 Model 8-98A, 8-cyl., Custom, 127" wb						
Spds	9,680	29,040	48,400	108,900	169,400	242,000
Cabr	6,080	18,240	30,400	68,400	106,400	152,000
Phae	5,480	16,440	27,400	61,650	95,900	137,000
Cpe	2,200	6,600	11,000	24,750	38,500	55,000
2d Brgm	2,160	6,480	10,800	24,300	37,800	54,000
4d Sed	2,140	6,420	10,700	24,080	37,450	53,500
1931 Model 8-98, 8-cyl., 136" wb						
7P Sed	2,120	6,360	10,600	23,850	37,100	53,000
1932 Model 8-100, 8-cyl., Custom, 127" wb						
Spds	8,480	25,440	42,400	95,400	148,400	212,000
Cabr	6,080	18,240	30,400	68,400	106,400	152,000
Phae	5,680	17,040	28,400	63,900	99,400	142,000
Cpe	2,270	6,800	11,340	25,520	39,690	56,700
2d Brgm	2,520	7,570	12,620	28,400	44,170	63,100
4d Sed	2,150	6,440	10,740	24,170	37,590	53,700
1932 Model 8-100, 8-cyl., 136" wb						
7P Sed	2,400	7,190	11,980	26,960	41,930	59,900
1932 Model 8-100A, 8-cyl., Custom Dual Ratio, 127" wb						
Spds	10,080	30,240	50,400	113,400	176,400	252,000
Cabr	6,880	20,640	34,400	77,400	120,400	172,000
Phae	6,680	20,040	33,400	75,150	116,900	167,000
Cpe	2,420	7,260	12,100	27,230	42,350	60,500
2d Brgm	2,220	6,660	11,100	24,980	38,850	55,500
4d Sed	2,260	6,780	11,300	25,430	39,550	56,500
1932 Model 8-100A, 8-cyl., 136" wb						
7P Sed	2,410	7,220	12,040	27,090	42,140	60,200
1932 Model 12-160, 12-cyl., Standard						
Spds	11,360	34,080	56,800	127,800	198,800	284,000
Cabr	7,960	23,880	39,800	89,550	139,300	199,000
Phae	7,840	23,520	39,200	88,200	137,200	196,000
Cpe	2,920	8,760	14,600	32,850	51,100	73,000
2d Brgm	2,340	7,020	11,700	26,330	40,950	58,500
4d Sed	2,420	7,260	12,100	27,230	42,350	60,500
1932 Model 12-160A, 12-cyl., Custom Dual Ratio						
Spds	12,560	37,680	62,800	141,300	219,800	314,000
Cabr	8,640	25,920	43,200	97,200	151,200	216,000
Phae	8,560	25,680	42,800	96,300	149,800	214,000
Cpe	3,340	10,020	16,700	37,580	58,450	83,500
2d Brgm	2,620	7,860	13,100	29,480	45,850	65,500

AUBURN

AUBURN

	6	5	4	3	2	1
4d Sed	2,680	8,040	13,400	30,150	46,900	67,000

1933 Model 8-101, 8-cyl., Standard, 127" wb

	6	5	4	3	2	1
Spds.	7,680	23,040	38,400	86,400	134,400	192,000
Cabr	5,360	16,080	26,800	60,300	93,800	134,000
Phae.	5,280	15,840	26,400	59,400	92,400	132,000
Cpe.	2,120	6,360	10,600	23,850	37,100	53,000
2d Brgm	1,860	5,580	9,300	20,930	32,550	46,500
4d Sed	1,860	5,570	9,280	20,880	32,480	46,400

1933 Model 8-101, 8-cyl., 136" wb

	6	5	4	3	2	1
7P Sed	2,080	6,240	10,400	23,400	36,400	52,000

1933 Model 8-101A, 8-cyl., Custom Dual Ratio, 127" wb

	6	5	4	3	2	1
Spds.	7,760	23,280	38,800	87,300	135,800	194,000
Cabr	5,360	16,080	26,800	60,300	93,800	134,000
Phae.	5,280	15,840	26,400	59,400	92,400	132,000
Cpe.	2,300	6,900	11,500	25,880	40,250	57,500
2d Brgm	2,080	6,240	10,400	23,400	36,400	52,000
4d Sed	2,040	6,120	10,200	22,950	35,700	51,000

1933 Model 8-101A, 8-cyl., 136" wb

	6	5	4	3	2	1
7P Sed	2,080	6,240	10,400	23,400	36,400	52,000

1933 Model 8-105, 8-cyl., Salon Dual Ratio

	6	5	4	3	2	1
Spds	7,880	23,640	39,400	88,650	137,900	197,000
Cabr	6,160	18,480	30,800	69,300	107,800	154,000
Phae.	6,080	18,240	30,400	68,400	106,400	152,000
2d Brgm	2,210	6,630	11,050	24,860	38,680	55,250
4d Sed	2,080	6,250	10,410	23,420	36,440	52,050

1933 Model 12-161, 12-cyl., Standard

	6	5	4	3	2	1
Spds	8,960	26,880	44,800	100,800	156,800	224,000
Cabr	7,560	22,680	37,800	85,050	132,300	189,000
Phae.	7,440	22,320	37,200	83,700	130,200	186,000
Cpe.	2,660	7,980	13,300	29,930	46,550	66,500
2d Brgm	2,400	7,200	12,000	27,000	42,000	60,000
4d Sed	2,420	7,260	12,100	27,230	42,350	60,500

1933 Model 12-161A, 12-cyl., Custom Dual Ratio

	6	5	4	3	2	1
Spds	11,160	33,480	55,800	125,550	195,300	279,000
Cabr	8,560	25,680	42,800	96,300	149,800	214,000
Phae.	7,560	22,680	37,800	85,050	132,300	189,000
Cpe.	2,860	8,580	14,300	32,180	50,050	71,500
2d Brgm	2,700	8,100	13,500	30,380	47,250	67,500
4d Sed	2,720	8,160	13,600	30,600	47,600	68,000

1933 Model 12-165, 12-cyl., Salon Dual Ratio

	6	5	4	3	2	1
Spds	11,360	34,080	56,800	127,800	198,800	284,000
Cabr	8,560	25,680	42,800	96,300	149,800	214,000
Phae.	7,840	23,520	39,200	88,200	137,200	196,000
2d Brgm	2,740	8,220	13,700	30,830	47,950	68,500
4d Sed	2,760	8,280	13,800	31,050	48,300	69,000

1934 Model 652X, 6-cyl., Standard

	6	5	4	3	2	1
Cabr	3,540	10,620	17,700	39,830	61,950	88,500
2d Brgm	1,560	4,680	7,800	17,550	27,300	39,000
4d Sed	1,640	4,920	8,200	18,450	28,700	41,000

1934 Model 652Y, 6-cyl., Custom

	6	5	4	3	2	1
Cabr	4,440	13,320	22,200	49,950	77,700	111,000
Phae.	4,440	13,320	22,200	49,950	77,700	111,000
2d Brgm	2,140	6,420	10,700	24,080	37,450	53,500
4d Sed	2,100	6,300	10,500	23,630	36,750	52,500

1934 Model 850X, 8-cyl., Standard

	6	5	4	3	2	1
Cabr	6,240	18,720	31,200	70,200	109,200	156,000
2d Brgm	2,240	6,720	11,200	25,200	39,200	56,000
4d Sed	2,180	6,540	10,900	24,530	38,150	54,500

1934 Model 850Y, 8-cyl., Dual Ratio

	6	5	4	3	2	1
Cabr	6,640	19,920	33,200	74,700	116,200	166,000
Phae.	5,440	16,320	27,200	61,200	95,200	136,000
2d Brgm	2,510	7,530	12,550	28,240	43,930	62,750
4d Sed	2,580	7,750	12,910	29,050	45,190	64,550

1934 Model 1250, 12-cyl., Salon Dual Ratio

	6	5	4	3	2	1
Cabr	12,120	36,360	60,600	136,350	212,100	303,000
Phae.	11,320	33,960	56,600	127,350	198,100	283,000
2d Brgm	2,770	8,310	13,850	31,160	48,480	69,250
4d Sed	2,790	8,370	13,950	31,390	48,830	69,750

1935 Model 6-653, 6-cyl., Standard

	6	5	4	3	2	1
Cabr	4,830	14,490	24,150	54,340	84,530	120,750
Phae.	4,230	12,690	21,150	47,590	74,030	105,750
Cpe.	2,050	6,150	10,250	23,060	35,880	51,250
2d Brgm	2,110	6,330	10,550	23,740	36,930	52,750
4d Sed	2,120	6,350	10,590	23,830	37,070	52,950

1935 Model 6-653, 6-cyl., Custom Dual Ratio

	6	5	4	3	2	1
Cabr	5,230	15,690	26,150	58,840	91,530	130,750
Phae.	4,750	14,250	23,750	53,440	83,130	118,750
Cpe.	2,920	8,760	14,600	32,850	51,100	73,000
2d Brgm	2,140	6,410	10,690	24,050	37,420	53,450

	6	5	4	3	2	1
4d Sed 2,190	6,570	10,950	24,640	38,330	54,750

1935 Model 6-653, 6-cyl., Salon Dual Ratio

	6	5	4	3	2	1
Cabr 5,430	16,290	27,150	61,090	95,030	135,750
Phae 5,150	15,450	25,750	57,940	90,130	128,750
Cpe 2,320	6,950	11,590	26,080	40,570	57,950
2d Brgm 2,180	6,550	10,910	24,550	38,190	54,550
4d Sed 2,170	6,510	10,850	24,410	37,980	54,250

1935 Model 8-851, 8-cyl., Standard

	6	5	4	3	2	1
Cabr 6,230	18,690	31,150	70,090	109,030	155,750
Phae 6,430	19,290	32,150	72,340	112,530	160,750
Cpe 3,590	10,770	17,950	40,390	62,830	89,750
2d Brgm 2,230	6,690	11,150	25,090	39,030	55,750
4d Sed 2,280	6,830	11,390	25,630	39,870	56,950

1935 Model 8-851, 8-cyl., Custom Dual Ratio

	6	5	4	3	2	1
Cabr 6,230	18,690	31,150	70,090	109,030	155,750
Phae 7,710	23,130	38,550	86,740	134,930	192,750
Cpe 2,490	7,470	12,450	28,010	43,580	62,250
2d Brgm 2,290	6,870	11,450	25,760	40,080	57,250
4d Sed 2,340	7,030	11,710	26,350	40,990	58,550

1935 Model 8-851, 8-cyl., Salon Dual Ratio

	6	5	4	3	2	1
Cabr 6,230	18,690	31,150	70,090	109,030	155,750
Phae 7,630	22,890	38,150	85,840	133,530	190,750
Cpe 2,540	7,620	12,700	28,580	44,450	63,500
2d Brgm 2,340	7,020	11,700	26,330	40,950	58,500
4d Sed 2,380	7,130	11,880	26,730	41,580	59,400

1935 Model 8-851, 8-cyl., Supercharged Dual Ratio

	6	5	4	3	2	1
Spds 7,360	22,080	36,800	82,800	128,800	184,000
Cabr 6,520	19,560	32,600	73,350	111,100	163,000
Phae 6,560	19,680	32,800	73,800	114,800	164,000
Cpe 2,760	8,280	13,800	31,050	48,300	69,000
2d Brgm 2,540	7,620	12,700	28,580	44,450	63,500
4d Sed 2,480	7,440	12,400	27,900	43,400	62,000

1936 Model 6-654, 6-cyl., Standard

	6	5	4	3	2	1
Cabr 4,340	13,020	21,700	48,830	75,950	108,500
Phae 4,620	13,860	23,100	51,980	80,850	115,500
Cpe 2,160	6,480	10,800	24,300	37,800	54,000
2d Brgm 2,080	6,240	10,400	23,400	36,400	52,000
4d Sed 2,130	6,380	10,640	23,940	37,240	53,200

1936 Model 6-654, 6-cyl., Custom Dual Ratio

	6	5	4	3	2	1
Cabr 5,220	15,660	26,100	58,730	91,350	130,500
Phae 4,860	14,580	24,300	54,680	85,050	121,500
Cpe 2,300	6,900	11,500	25,880	40,250	57,500
2d Brgm 2,140	6,420	10,700	24,080	37,450	53,500
4d Sed 2,180	6,540	10,900	24,530	38,150	54,500

1936 Model 6-654, 6-cyl., Salon Dual Ratio

	6	5	4	3	2	1
Cabr 5,620	16,860	28,100	63,230	98,350	140,500
Phae 5,820	17,460	29,100	65,480	101,850	145,500
Cpe 2,360	7,080	11,800	26,550	41,300	59,000
2d Brgm 2,220	6,660	11,100	24,980	38,850	55,500
4d Sed 2,250	6,740	11,240	25,290	39,340	56,200

1936 Model 8-852, 8-cyl., Standard

	6	5	4	3	2	1
Cabr 6,230	18,690	31,150	70,090	109,030	155,750
Phae 6,630	19,890	33,150	74,590	116,030	165,750
Cpe 2,370	7,110	11,850	26,660	41,480	59,250
2d Brgm 2,160	6,470	10,790	24,280	37,770	53,950
4d Sed 2,190	6,570	10,950	24,640	38,330	54,750

1936 Model 8-852, 8-cyl., Custom Dual Ratio

	6	5	4	3	2	1
Cabr 6,190	18,570	30,950	69,640	108,330	154,750
Phae 6,350	19,050	31,750	71,440	111,130	158,750
Cpe 2,470	7,410	12,350	27,790	43,230	61,750
2d Brgm 2,130	6,390	10,650	23,960	37,280	53,250
4d Sed 2,150	6,450	10,750	24,190	37,630	53,750

1936 Model 8-852, 8-cyl., Salon Dual Ratio

	6	5	4	3	2	1
Cabr 6,190	18,570	30,950	69,640	108,330	154,750
Phae 6,390	19,170	31,950	71,890	111,830	159,750
Cpe 2,520	7,570	12,620	28,400	44,170	63,100
2d Brgm 2,330	6,980	11,640	26,190	40,740	58,200
4d Sed 2,380	7,130	11,880	26,730	41,580	59,400

1936 Model 8-852, 8-cyl., Supercharged Dual Ratio

	6	5	4	3	2	1
Spds 24,160	72,480	120,800	271,800	422,800	604,000
Cabr 6,520	19,560	32,600	73,350	114,100	163,000
Phae 6,760	20,280	33,800	76,050	118,300	169,000
Cpe 2,820	8,460	14,100	31,730	49,350	70,500
2d Brgm 2,580	7,730	12,880	28,980	45,080	64,400
4d Sed 2,620	7,870	13,120	29,520	45,920	65,600

BUICK

1904 Model B, 2-cyl.

	6	5	4	3	2	1
Tr. 2,000	6,000	10,000	22,500	35,000	50,000

	6	5	4	3	2	1
1905 Model C, 2-cyl.						
Tr.	2,400	7,200	12,000	27,000	42,000	60,000
1906 Model F & G, 2-cyl.						
Tr.	2,400	7,200	12,000	27,000	42,000	60,000
Rds	2,440	7,320	12,200	27,450	42,700	61,000
1907 Model F & G, 2-cyl.						
Tr.	2,480	7,440	12,400	27,900	43,400	62,000
Rds	2,560	7,680	12,800	28,800	44,800	64,000
1907 Model D, S, K & H, 4-cyl.						
Tr.	2,400	7,200	12,000	27,000	42,000	60,000
Rds	2,440	7,320	12,200	27,450	42,700	61,000
1908 Model F & G, 2-cyl.						
Tr.	2,620	7,860	13,100	29,480	45,850	65,500
Rds	2,520	7,560	12,600	28,350	44,100	63,000
1908 Model D & S, 4-cyl.						
Rds	2,600	7,800	13,000	29,250	45,500	65,000
1908 Model 10, 4-cyl.						
Tr.	2,600	7,800	13,000	29,250	45,500	65,000
1908 Model 5, 4-cyl.						
Tr.	2,640	7,920	13,200	29,700	46,200	66,000
1909 Model G, (only 6 built in 1909)						
Rds	4,000	12,000	20,000	45,000	70,000	100,000
1909 Model F & G						
Tr.	2,620	7,860	13,100	29,480	45,850	65,500
Rds	2,680	8,040	13,400	30,150	46,900	67,000
1909 Model 10, 4-cyl.						
Tr.	2,620	7,860	13,100	29,480	45,850	65,500
Rds	2,680	8,040	13,400	30,150	46,900	67,000
1909 Model 16 & 17, 4-cyl.						
Rds	2,660	7,980	13,300	29,930	46,550	66,500
Tr.	2,680	8,040	13,400	30,150	46,900	67,000
1910 Model 6, 2-cyl.						
Tr.	2,400	7,200	12,000	27,000	42,000	60,000
1910 Model F, 2-cyl.						
Tr.	2,400	7,200	12,000	27,000	42,000	60,000
1910 Model 14, 2-cyl.						
Rds	2,800	8,400	14,000	31,500	49,000	70,000
1910 Model 10, 4-cyl.						
Tr.	2,380	7,140	11,900	26,780	41,650	59,500
Rds	2,230	6,700	11,160	25,110	39,060	55,800
1910 Model 19, 4-cyl.						
Tr.	2,460	7,380	12,300	27,680	43,050	61,500
1910 Model 16 & 17, 4-cyl.						
Rds	2,800	8,400	14,000	31,500	49,000	70,000
Tr.	2,320	6,950	11,580	26,060	40,530	57,900
1910 Model 7, 4-cyl.						
Tr.	2,480	7,440	12,400	27,900	43,400	62,000
1910 Model 41, 4-cyl.						
Limo	2,720	8,160	13,600	30,600	47,600	68,000
1911 Model 14, 2-cyl.						
Rds	2,080	6,240	10,400	23,400	36,400	52,000
1911 Model 21, 4-cyl.						
Tr.	2,200	6,600	11,000	24,750	38,500	55,000
1911 Model 26 & 27, 4-cyl.						
Rds	2,240	6,720	11,200	25,200	39,200	56,000
Tr.	2,200	6,600	11,000	24,750	38,500	55,000
1911 Model 32 & 33						
Rds	2,140	6,420	10,700	24,080	37,450	53,500
Tr.	2,100	6,300	10,500	23,630	36,750	52,500
1911 Model 38 & 39, 4-cyl.						
Rds	2,240	6,720	11,200	25,200	39,200	56,000
Tr.	2,200	6,600	11,000	24,750	38,500	55,000
Limo	2,810	8,440	14,060	31,640	49,210	70,300
1912 Model 34, 35 & 36, 4-cyl.						
Rds	2,240	6,720	11,200	25,200	39,200	56,000
Tr.	2,200	6,600	11,000	24,750	38,500	55,000
1912 Model 28 & 29, 4-cyl.						
Rds	2,250	6,760	11,260	25,340	39,410	56,300
Tr.	2,210	6,620	11,040	24,840	38,640	55,200
1912 Model 43, 4-cyl.						
Tr.	2,170	6,520	10,860	24,440	38,010	54,300
1913 Model 30 & 31, 4-cyl.						
Rds	2,120	6,360	10,600	23,850	37,100	53,000
Tr.	2,070	6,220	10,360	23,310	36,260	51,800
1913 Model 40, 4-cyl.						
Tr.	2,130	6,380	10,640	23,940	37,240	53,200
1913 Model 24 & 25, 4-cyl.						
Rds	2,240	6,710	11,180	25,160	39,130	55,900

BUICK

	6	5	4	3	2	1
Tr.	2,170	6,520	10,860	24,440	38,010	54,300
1914 Model B-24 & B-25, 4-cyl.						
Rds.	2,130	6,380	10,640	23,940	37,240	53,200
Tr.	2,080	6,240	10,400	23,400	36,400	52,000
1914 Model B-36, B-37 & B-38, 4-cyl.						
Rds.	2,170	6,520	10,860	24,440	38,010	54,300
Tr.	2,130	6,380	10,640	23,940	37,240	53,200
Cpe	1,980	5,950	9,920	22,320	34,720	49,600
1914 Model B-55, 6-cyl.						
7P Tr	2,280	6,840	11,400	25,650	39,900	57,000
1915 Model C-24 & C-25, 4-cyl.						
Rds.	2,170	6,520	10,860	24,440	38,010	54,300
Tr.	2,130	6,380	10,640	23,940	37,240	53,200
1915 Model C-36 & C-37, 4-cyl.						
Rds.	2,240	6,710	11,180	25,160	39,130	55,900
Tr.	2,170	6,520	10,860	24,440	38,010	54,300
1915 Model C-54 & C-55, 6-cyl.						
Rds.	2,350	7,040	11,740	26,420	41,090	58,700
Tr.	2,320	6,950	11,580	26,060	40,530	57,900
1916 Model D-54 & D-55, 6-cyl.						
Rds.	1,950	5,860	9,760	21,960	34,160	48,800
Tr.	1,910	5,720	9,540	21,470	33,390	47,700
1916-17 Model D-34 & D-35, 4-cyl.						
Rds.	1,780	5,340	8,900	20,030	31,150	44,500
Tr.	1,730	5,200	8,660	19,490	30,310	43,300
1916-17 Model D-44 & D-45, 6-cyl.						
Rds.	1,810	5,440	9,060	20,390	31,710	45,300
Tr.	1,860	5,580	9,300	20,930	32,550	46,500
1916-17 Model D-46 & D-47, 6-cyl.						
Conv Cpe	1,700	5,100	8,500	19,130	29,750	42,500
Sed	1,320	3,960	6,600	14,850	23,100	33,000
1918 Model E-34 & E-35, 4-cyl.						
Rds.	1,640	4,910	8,180	18,410	28,630	40,900
Tr.	1,590	4,780	7,960	17,910	27,860	39,800
1918 Model E-37, 4-cyl.						
Sed	1,280	3,840	6,400	14,400	22,400	32,000
1918 Model E-44, E-45 & E-49, 6-cyl.						
Rds.	1,760	5,290	8,820	19,850	30,870	44,100
Tr.	1,720	5,150	8,580	19,310	30,030	42,900
7P Tr	1,880	5,640	9,400	21,150	32,900	47,000
1918 Model E-46, E-47 & E-50, 6-cyl.						
Conv Cpe	1,580	4,730	7,880	17,730	27,580	39,400
Sed	1,380	4,140	6,900	15,530	24,150	34,500
7P Sed	1,760	5,280	8,800	19,800	30,800	44,000
1919 Model H-44, H-45 & H-49, 6-cyl.						
2d Rds	1,720	5,150	8,580	19,310	30,030	42,900
4d Tr	1,670	5,020	8,360	18,810	29,260	41,800
4d 7P Tr	1,880	5,640	9,400	21,150	32,900	47,000
1919 Model H-46, H-47 & H-50, 6-cyl.						
2d Cpe	1,390	4,160	6,940	15,620	24,290	34,700
4d Sed	1,300	3,900	6,500	14,630	22,750	32,500
4d 7P Sed.	1,760	5,280	8,800	19,800	30,800	44,000
1920 Model K, 6-cyl.						
2d Cpe K-46	1,400	4,200	7,000	15,750	24,500	35,000
4d Sed K-47	1,300	3,900	6,500	14,630	22,750	32,500
2d Rds K-44	1,680	5,040	8,400	18,900	29,400	42,000
4d Tr K-49	1,720	5,160	8,600	19,350	30,100	43,000
4d Tr K-45	1,680	5,040	8,400	18,900	29,400	42,000
4d 7P Sed K-50	1,600	4,800	8,000	18,000	28,000	40,000
1921 Series 40, 6-cyl.						
2d Rds	1,620	4,870	8,120	18,270	28,420	40,600
4d Tr	1,580	4,730	7,880	17,730	27,580	39,400
4d 7P Tr	1,620	4,870	8,120	18,270	28,420	40,600
2d Cpe	2,480	7,440	12,400	27,900	43,400	62,000
4d Sed	2,440	7,320	12,200	27,450	42,700	61,000
2d Ewb Cpe	2,520	7,560	12,600	28,350	44,100	63,000
4d 7P Sed.	1,260	3,780	6,300	14,180	22,050	31,500
1921-22 Series 30, 4-cyl.						
2d Rds	1,450	4,340	7,240	16,290	25,340	36,200
4d Tr	1,400	4,200	7,000	15,750	24,500	35,000
2d Cpe OS	1,080	3,240	5,400	12,150	18,900	27,000
4d Sed	960	2,880	4,800	10,800	16,800	24,000
1921-22 Series 40, 6-cyl.						
2d Rds	1,540	4,630	7,720	17,370	27,020	38,600
4d Tr	1,500	4,490	7,480	16,830	26,180	37,400
4d 7P Tr	1,620	4,870	8,120	18,270	28,420	40,600
4d Sed	1,040	3,120	5,200	11,700	18,200	26,000
2d Cpe	1,280	3,840	6,400	14,400	22,400	32,000
4d 7P Sed.	1,260	3,780	6,300	14,180	22,050	31,500

	6	5	4	3	2	1
4d 50 7P Limo	1,340	4,020	6,700	15,080	23,450	33,500
1923 Series 30, 4-cyl.						
2d Rds	1,360	4,080	6,800	15,300	23,800	34,000
2d Spt Rds	1,400	4,200	7,000	15,750	24,500	35,000
4d Tr	1,360	4,080	6,800	15,300	23,800	34,000
2d Cpe	1,160	3,480	5,800	13,050	20,300	29,000
4d Sed	960	2,880	4,800	10,800	16,800	24,000
4d Tr Sed	1,120	3,360	5,600	12,600	19,600	28,000
1923 Series 40, 6-cyl.						
2d Rds	1,560	4,680	7,800	17,550	27,300	39,000
4d Tr	1,460	4,380	7,300	16,430	25,550	36,500
4d 7P Tr	1,520	4,560	7,600	17,100	26,600	38,000
2d Cpe	1,220	3,670	6,120	13,770	21,420	30,600
4d Sed	1,200	3,600	6,000	13,500	21,000	30,000
1923 Master Series 50, 6-cyl.						
2d Spt Rds	1,490	4,460	7,440	16,740	26,040	37,200
4d Spt Tr	1,540	4,610	7,680	17,280	26,880	38,400
4d 7P Sed	1,140	3,430	5,720	12,870	20,020	28,600
1924 Standard Series 30, 4-cyl.						
2d Rds	1,500	4,490	7,480	16,830	26,180	37,400
4d Tr	1,450	4,340	7,240	16,290	25,340	36,200
2d Cpe	1,130	3,380	5,640	12,690	19,740	28,200
4d Sed	1,040	3,110	5,180	11,660	18,130	25,900
1924 Master Series 40, 6-cyl.						
2d Rds	1,620	4,870	8,120	18,270	28,420	40,600
4d Tr	1,580	4,730	7,880	17,730	27,580	39,400
4d 7P Tr	1,620	4,870	8,120	18,270	28,420	40,600
2d Cpe	1,260	3,770	6,280	14,130	21,980	31,400
4d Sed	1,160	3,480	5,800	13,050	20,300	29,000
4d Demi Sed	1,180	3,550	5,920	13,320	20,720	29,600
1924 Master Series 50, 6-cyl.						
2d Spt Rds	1,680	5,040	8,400	18,900	29,400	42,000
4d Spt Tr	1,620	4,870	8,120	18,270	28,420	40,600
2d Cabr Cpe	1,530	4,580	7,640	17,190	26,740	38,200
4d Town Car	1,360	4,090	6,820	15,350	23,870	34,100
4d 7P Sed	1,270	3,820	6,360	14,310	22,260	31,800
4d Brgm Sed	1,320	3,960	6,600	14,850	23,100	33,000
4d Limo	1,410	4,240	7,060	15,890	24,710	35,300
1925 Standard Series 20, 6-cyl.						
2d Rds	1,600	4,800	8,000	18,000	28,000	40,000
2d Spt Rds	1,520	4,560	7,600	17,100	26,600	38,000
2d Encl Rds	1,570	4,700	7,840	17,640	27,440	39,200
4d Tr	1,430	4,280	7,140	16,070	24,990	35,700
4d Encl Tr	1,520	4,560	7,600	17,100	26,600	38,000
2d Bus Cpe	1,340	4,020	6,700	15,080	23,450	33,500
2d Cpe	1,360	4,080	6,800	15,300	23,800	34,000
4d Sed	1,240	3,730	6,220	14,000	21,770	31,100
4d Demi Sed	1,250	3,740	6,240	14,040	21,840	31,200
1925 Master Series 40, 6-cyl.						
2d Rds	1,640	4,920	8,200	18,450	28,700	41,000
2d Encl Rds	1,600	4,790	7,980	17,960	27,930	39,900
4d Tr	1,500	4,500	7,500	16,880	26,250	37,500
4d Encl Tr	1,600	4,790	7,980	17,960	27,930	39,900
2d Cpe	1,380	4,150	6,920	15,570	24,220	34,600
2d Sed	1,240	3,730	6,220	14,000	21,770	31,100
4d Sed	1,290	3,880	6,460	14,540	22,610	32,300
1925 Master Series 50, 6-cyl.						
2d Spt Rds	1,680	5,040	8,400	18,900	29,400	42,000
4d Spt Tr	1,720	5,160	8,600	19,350	30,100	43,000
2d Cabr Cpe	1,720	5,160	8,600	19,350	30,100	43,000
4d 7P Sed	1,380	4,140	6,900	15,530	24,150	34,500
4d Limo	1,420	4,260	7,100	15,980	24,850	35,500
4d Brgm Sed	1,480	4,440	7,400	16,650	25,900	37,000
4d Town Car	1,580	4,740	7,900	17,780	27,650	39,500
1926 Standard Series, 6-cyl.						
2d Rds	1,540	4,620	7,700	17,330	26,950	38,500
2d 2P Cpe	1,340	4,020	6,700	15,080	23,450	33,500
2d 4P Cpe	1,370	4,120	6,860	15,440	24,010	34,300
2d Sed	1,230	3,700	6,160	13,860	21,560	30,800
4d Sed	1,280	3,840	6,400	14,400	22,400	32,000
1926 Master Series, 6-cyl.						
2d Rds	1,600	4,800	8,000	18,000	28,000	40,000
4d Tr	1,540	4,620	7,700	17,330	26,950	38,500
2d Spt Rds	1,640	4,910	8,180	18,410	28,630	40,900
4d Spt Tr	1,680	5,050	8,420	18,950	29,470	42,100
2d 4P Cpe	1,470	4,400	7,340	16,520	25,690	36,700
2d Spt Cpe	1,440	4,310	7,180	16,160	25,130	35,900
2d Sed	1,410	4,240	7,060	15,890	24,710	35,300
4d Sed	1,420	4,260	7,100	15,980	24,850	35,500

	6	5	4	3	2	1
4d Brgm	1,470	4,400	7,340	16,520	25,690	36,700
4d 7P Sed	1,520	4,550	7,580	17,060	26,530	37,900
1927 Series 115, 6-cyl.						
2d Rds	1,540	4,620	7,700	17,330	26,950	38,500
4d Tr	1,500	4,490	7,480	16,830	26,180	37,400
2d 2P Cpe	1,350	4,060	6,760	15,210	23,660	33,800
2d 4P RS Cpe	1,400	4,200	7,000	15,750	24,500	35,000
2d Spt Cpe	1,750	5,260	8,760	19,710	30,660	43,800
2d Sed	1,230	3,700	6,160	13,860	21,560	30,800
4d Sed	1,280	3,840	6,400	14,400	22,400	32,000
4d Brgm	1,320	3,970	6,620	14,900	23,170	33,100
1927 Series 120, 6-cyl.						
2d 4P Cpe	1,440	4,320	7,200	16,200	25,200	36,000
2d Sed	1,300	3,900	6,500	14,630	22,750	32,500
4d Sed	1,340	4,030	6,720	15,120	23,520	33,600
1927 Series 128, 6-cyl.						
2d Spt Rds	2,480	7,440	12,400	27,900	43,400	62,000
4d Spt Tr	2,280	6,840	11,400	25,650	39,900	57,000
2d Conv	1,610	4,820	8,040	18,090	28,140	40,200
2d 5P Cpe	1,470	4,400	7,340	16,520	25,690	36,700
2d Spt Cpe RS	1,680	5,040	8,400	18,900	29,400	42,000
4d 7P Sed	1,760	5,280	8,800	19,800	30,800	44,000
4d Brgm	1,420	4,260	7,100	15,980	24,850	35,500
1928 Series 115, 6-cyl.						
2d Rds	2,160	6,480	10,800	24,300	37,800	54,000
4d Tr	2,080	6,240	10,400	23,400	36,400	52,000
2d 2P Cpe	1,260	3,780	6,300	14,180	22,050	31,500
2d Spt Cpe	1,680	5,040	8,400	18,900	29,400	42,000
2d Sed	1,320	3,960	6,600	14,850	23,100	33,000
4d Sed	1,280	3,840	6,400	14,400	22,400	32,000
4d Brgm	1,420	4,260	7,100	15,980	24,850	35,500
1928 Series 120, 6-cyl.						
2d Cpe	1,260	3,790	6,320	14,220	22,120	31,600
4d Sed	1,170	3,520	5,860	13,190	20,510	29,300
4d Brgm	1,260	3,780	6,300	14,180	22,050	31,500
1928 Series 128, 6-cyl.						
2d Spt Rds	2,440	7,320	12,200	27,450	42,700	61,000
4d Spt Tr	2,040	6,120	10,200	22,950	35,700	51,000
2d 5P Cpe	1,400	4,200	7,000	15,750	24,500	35,000
2d Spt Cpe	1,440	4,320	7,200	16,200	25,200	36,000
4d 7P Sed	1,740	5,220	8,700	19,580	30,450	43,500
4d Brgm	1,260	3,790	6,320	14,220	22,120	31,600
1929 Series 116, 6-cyl.						
4d Spt Tr	2,040	6,120	10,200	22,950	35,700	51,000
2d Bus Cpe	1,440	4,320	7,200	16,200	25,200	36,000
2d RS Cpe	1,520	4,560	7,600	17,100	26,600	38,000
2d Sed	1,120	3,360	5,600	12,600	19,600	28,000
4d Sed	1,220	3,660	6,100	13,730	21,350	30,500
1929 Series 121, 6-cyl.						
2d Spt Rds	2,440	7,320	12,200	27,450	42,700	61,000
2d Bus Cpe	1,470	4,400	7,340	16,520	25,690	36,700
2d RS Cpe	1,560	4,680	7,800	17,550	27,300	39,000
2d 4P Cpe	1,520	4,550	7,580	17,060	26,530	37,900
4d Sed	1,190	3,560	5,940	13,370	20,790	29,700
4d CC Sed	1,320	3,960	6,600	14,850	23,100	33,000
1929 Series 129, 6-cyl.						
2d Conv	2,440	7,320	12,200	27,450	42,700	61,000
4d Spt Tr	2,040	6,120	10,200	22,950	35,700	51,000
4d 7P Tr	2,120	6,360	10,600	23,850	37,100	53,000
2d 5P Cpe	1,520	4,560	7,600	17,100	26,600	38,000
4d CC Sed	1,340	4,020	6,700	15,080	23,450	33,500
4d 7P Sed	1,480	4,430	7,380	16,610	25,830	36,900
4d Limo	1,600	4,800	8,000	18,000	28,000	40,000
1930 Series 40, 6-cyl.						
2d Rds	2,440	7,320	12,200	27,450	42,700	61,000
4d Phae	2,520	7,560	12,600	28,350	44,100	63,000
2d Bus Cpe	1,600	4,790	7,980	17,960	27,930	39,900
2d RS Cpe	1,740	5,230	8,720	19,620	30,520	43,600
2d Sed	1,320	3,960	6,600	14,850	23,100	33,000
4d Sed	1,400	4,200	7,000	15,750	24,500	35,000
1930 Series 50, 6-cyl.						
2d 4P Cpe	1,600	4,800	8,000	18,000	28,000	40,000
4d Sed	1,440	4,320	7,200	16,200	25,200	36,000
1930 Series 60, 6-cyl.						
2d RS Rds	2,520	7,560	12,600	28,350	44,100	63,000
4d 7P Tr	2,230	6,680	11,140	25,070	38,990	55,700
2d RS Spt Cpe	1,930	5,800	9,660	21,740	33,810	48,300
2d 5P Cpe	1,830	5,500	9,160	20,610	32,060	45,800
4d Sed	1,490	4,460	7,440	16,740	26,040	37,200

	6	5	4	3	2	1
4d 7P Sed.	1,540	4,610	7,680	17,280	26,880	38,400
4d Limo.	1,590	4,760	7,940	17,870	27,790	39,700
1930 Marquette - Series 30, 6-cyl.						
2d Spt Rds	2,380	7,140	11,900	26,780	41,650	59,500
4d Phae	2,100	6,300	10,500	23,630	36,750	52,500
2d Bus Cpe	1,540	4,620	7,700	17,330	26,950	38,500
2d RS Cpe	1,620	4,860	8,100	18,230	28,350	40,500
2d Sed	1,300	3,900	6,500	14,630	22,750	32,500
4d Sed	1,360	4,080	6,800	15,300	23,800	34,000
1931 Series 50, 8-cyl.						
2d Spt Rds	2,780	8,340	13,900	31,280	48,650	69,500
4d Phae	2,360	7,070	11,780	26,510	41,230	58,900
2d Bus Cpe	1,680	5,040	8,400	18,900	29,400	42,000
2d RS Cpe	1,780	5,330	8,880	19,980	31,080	44,400
2d Sed	1,380	4,140	6,900	15,530	24,150	34,500
4d Sed	1,420	4,260	7,100	15,980	24,850	35,500
2d Conv	2,300	6,910	11,520	25,920	40,320	57,600
1931 Series 60, 8-cyl.						
2d Spt Rds	2,950	8,860	14,760	33,210	51,660	73,800
4d Phae	2,540	7,620	12,700	28,580	44,450	63,500
2d Bus Cpe	1,700	5,110	8,520	19,170	29,820	42,600
2d RS Cpe	1,760	5,270	8,780	19,760	30,730	43,900
4d Sed	1,410	4,240	7,060	15,890	24,710	35,300
1931 Series 80, 8-cyl.						
2d Cpe	1,820	5,460	9,100	20,480	31,850	45,500
4d Sed	1,540	4,620	7,700	17,330	26,950	38,500
4d 7P Sed.	1,620	4,860	8,100	18,230	28,350	40,500
1931 Series 90, 8-cyl.						
2d Spt Rds	3,980	11,940	19,900	44,780	69,650	99,500
4d 7P Tr	2,860	8,580	14,300	32,180	50,050	71,500
2d 5P Cpe.	2,300	6,900	11,500	25,880	40,250	57,500
2d RS Cpe	2,260	6,780	11,300	25,430	39,550	56,500
2d Conv	3,040	9,130	15,220	34,250	53,270	76,100
4d 5P Sed.	1,980	5,940	9,900	22,280	34,650	49,500
4d 7P Sed.	2,020	6,060	10,100	22,730	35,350	50,500
4d Limo.	2,100	6,300	10,500	23,630	36,750	52,500
1932 Series 50, 8-cyl.						
4d Spt Phae	2,940	8,820	14,700	33,080	51,450	73,500
2d Conv	2,490	7,480	12,460	28,040	43,610	62,300
2d Phae	2,540	7,620	12,700	28,580	44,450	63,500
2d Bus Cpe.	1,410	4,240	7,060	15,890	24,710	35,300
2d RS Cpe	1,460	4,380	7,300	16,425	25,550	36,500
2d Vic Cpe	1,510	4,520	7,540	16,970	26,390	37,700
4d Sed	1,260	3,780	6,300	14,180	22,050	31,500
4d Spt Sed	1,300	3,900	6,500	14,630	22,750	32,500
1932 Series 60, 8-cyl.						
4d Spt Phae	2,900	8,700	14,500	32,630	50,750	72,500
2d Conv	2,540	7,620	12,700	28,580	44,450	63,500
2d Phae	2,590	7,780	12,960	29,160	45,360	64,800
2d Bus Cpe.	1,460	4,380	7,300	16,430	25,550	36,500
2d RS Cpe	1,510	4,520	7,540	16,970	26,390	37,700
2d Vic Cpe	1,560	4,670	7,780	17,510	27,230	38,900
4d Sed	1,380	4,140	6,900	15,530	24,150	34,500
1932 Series 80, 8-cyl.						
2d Vic Cpe	2,060	6,180	10,300	23,180	36,050	51,500
4d Sed	1,740	5,220	8,700	19,580	30,450	43,500
1932 Series 90, 8-cyl.						
4d 7P Sed.	2,020	6,060	10,100	22,730	35,350	50,500
4d Limo.	2,100	6,300	10,500	23,630	36,750	52,500
4d Clb Sed	2,070	6,200	10,340	23,270	36,190	51,700
4d Spt Phae	3,150	9,460	15,760	35,460	55,160	78,800
2d Phae	3,200	9,600	16,000	36,000	56,000	80,000
2d Conv Cpe.	3,340	10,020	16,700	37,580	58,450	83,500
2d RS Cpe	2,260	6,780	11,300	25,430	39,550	56,500
2d Vic Cpe	2,180	6,540	10,900	24,530	38,150	54,500
4d 5P Sed.	2,020	6,060	10,100	22,730	35,350	50,500
1933 Series 50, 8-cyl.						
2d Conv	2,400	7,200	12,000	27,000	42,000	60,000
2d Bus Cpe.	1,660	4,980	8,300	18,680	29,050	41,500
2d RS Spt Cpe	1,710	5,140	8,560	19,260	29,960	42,800
2d Vic Cpe	1,810	5,440	9,060	20,390	31,710	45,300
4d Sed	1,500	4,500	7,500	16,880	26,250	37,500
1933 Series 60, 8-cyl.						
2d Conv Cpe.	2,550	7,640	12,740	28,670	44,590	63,700
4d Phae	2,740	8,210	13,680	30,780	47,880	68,400
2d Spt Cpe	1,810	5,440	9,060	20,390	31,710	45,300
2d Vic Cpe	1,890	5,660	9,440	21,240	33,040	47,200
4d Sed	1,600	4,800	8,000	18,000	28,000	40,000

BUICK

	6	5	4	3	2	1
1933 Series 80, 8-cyl.						
2d Conv	2,840	8,530	14,220	32,000	49,770	71,100
4d Phae	2,990	8,980	14,960	33,660	52,360	74,800
2d Spt Cpe	2,540	7,620	12,700	28,580	44,450	63,500
2d Vic	2,040	6,110	10,180	22,910	35,630	50,900
4d Sed	1,700	5,100	8,500	19,130	29,750	42,500
1933 Series 90, 8-cyl.						
2d Vic	2,460	7,380	12,300	27,680	43,050	61,500
4d 5P Sed.	2,240	6,710	11,180	25,160	39,130	55,900
4d 7P Sed.	2,260	6,780	11,300	25,430	39,550	56,500
4d Clb Sed	2,180	6,540	10,900	24,530	38,150	54,500
4d Limo.	2,300	6,900	11,500	25,880	40,250	57,500
1934 Special Series 40, 8-cyl.						
2d Bus Cpe.	1,740	5,220	8,700	19,580	30,450	43,500
2d RS Cpe	1,780	5,340	8,900	20,030	31,150	44,500
2d Tr Sed	1,620	4,860	8,100	18,230	28,350	40,500
4d Tr Sed	1,620	4,860	8,100	18,230	28,350	40,500
4d Sed	1,580	4,740	7,900	17,780	27,650	39,500
1934 Series 50, 8-cyl.						
2d Conv	280	840	1,400	3,150	4,890	6,990
2d Bus Cpe.	1,860	5,580	9,300	20,930	32,550	46,500
2d Spt Cpe	1,960	5,870	9,780	22,010	34,230	48,900
2d Vic Cpe	1,940	5,810	9,680	21,780	33,880	48,400
4d Sed	1,510	4,540	7,560	17,010	26,460	37,800
1934 Series 60, 8-cyl.						
2d Conv	3,180	9,540	15,900	35,780	55,650	79,500
4d Phae	2,940	8,820	14,700	33,080	51,450	73,500
2d Spt Cpe	2,010	6,020	10,040	22,590	35,140	50,200
2d Vic	1,980	5,950	9,920	22,320	34,720	49,600
4d Sed	1,560	4,680	7,800	17,550	27,300	39,000
4d Clb Sed	1,940	5,820	9,700	21,830	33,950	48,500
1934 Series 90, 8-cyl.						
2d Conv	3,260	9,780	16,300	36,680	57,050	81,500
4d Phae	3,060	9,180	15,300	34,430	53,550	76,500
4d Spt Cpe	2,460	7,380	12,300	27,680	43,050	61,500
4d 5P Sed.	2,220	6,660	11,100	24,980	38,850	55,500
4d 7P Sed.	2,260	6,780	11,300	25,430	39,550	56,500
4d Clb Sed	2,180	6,540	10,900	24,530	38,150	54,500
4d Limo.	2,300	6,900	11,500	25,880	40,250	57,500
2d Vic	2,460	7,380	12,300	27,680	43,050	61,500
1935 Special Series 40, 8-cyl.						
2d Conv	3,060	9,180	15,300	34,430	53,550	76,500
2d Bus Cpe.	1,780	5,340	8,900	20,030	31,150	44,500
2d HS Spt Cpe	2,100	6,300	10,500	23,630	36,750	52,500
2d Sed	1,500	4,500	7,500	16,880	26,250	37,500
2d Tr Sed	1,540	4,620	7,700	17,330	26,950	38,500
4d Sed	1,500	4,500	7,500	16,880	26,250	37,500
4d Tr Sed	1,540	4,620	7,700	17,330	26,950	38,500
1935 Series 50, 8-cyl.						
2d Conv	4,060	12,180	20,300	45,680	71,050	101,500
2d Bus Cpe.	1,880	5,640	9,400	21,150	32,900	47,000
2d Spt Cpe	2,000	6,000	10,000	22,500	35,000	50,000
2d Vic	1,880	5,640	9,400	21,150	32,900	47,000
4d Sed	1,600	4,800	8,000	18,000	28,000	40,000
1935 Series 60, 8-cyl.						
2d Conv	2,860	8,580	14,300	32,180	50,050	71,500
4d Phae	2,940	8,820	14,700	33,080	51,450	73,500
2d Vic	1,960	5,870	9,780	22,010	34,230	48,900
4d Sed	1,600	4,800	8,000	18,000	28,000	40,000
4d Clb Sed	1,680	5,040	8,400	18,900	29,400	42,000
2d Spt Cpe	2,030	6,080	10,140	22,820	35,490	50,700
1935 Series 90, 8-cyl.						
2d Conv	3,260	9,780	16,300	36,680	57,050	81,500
4d Phae	3,060	9,180	15,300	34,430	53,550	76,500
2d Spt Cpe	2,460	7,380	12,300	27,680	43,050	61,500
2d Vic	2,460	7,380	12,300	27,680	43,050	61,500
4d 5P Sed.	2,220	6,660	11,100	24,980	38,850	55,500
4d 7P Sed.	2,260	6,780	11,300	25,430	39,550	56,500
4d Limo.	2,300	6,900	11,500	25,880	40,250	57,500
4d Clb Sed	2,180	6,540	10,900	24,530	38,150	54,500
1936 Special Series 40, 8-cyl.						
2d Conv	2,350	7,040	11,740	26,420	41,090	58,700
2d Bus Cpe.	1,490	4,460	7,440	16,740	26,040	37,200
2d RS Cpe	1,540	4,610	7,680	17,280	26,880	38,400
2d Sed	1,420	4,260	7,100	15,980	24,850	35,500
4d Sed	1,340	4,020	6,700	15,080	23,450	33,500
1936 Century Series 60, 8-cyl.						
2d Conv	2,580	7,750	12,920	29,070	45,220	64,600
2d RS Cpe	1,840	5,520	9,200	20,700	32,200	46,000

	6	5	4	3	2	1
2d Sed	1,440	4,320	7,200	16,200	25,200	36,000
4d Sed	1,670	5,000	8,340	18,770	29,190	41,700
1936 Roadmaster Series 80, 8-cyl.						
4d Phae	2,760	8,280	13,800	31,050	48,300	69,000
4d Sed	2,120	6,360	10,600	23,850	37,100	53,000
1936 Limited Series 90, 8-cyl.						
4d Sed	2,120	6,360	10,600	23,850	37,100	53,000
4d 7P Sed.	2,160	6,480	10,800	24,300	37,800	54,000
4d Fml Sed	2,360	7,080	11,800	26,550	41,300	59,000
4d 7P Limo	2,260	6,780	11,300	25,430	39,550	56,500
1937 Special Series 40, 8-cyl.						
2d Conv	2,220	6,660	11,100	24,980	38,850	55,500
4d Phae	2,410	7,240	12,060	27,140	42,210	60,300
2d Bus Cpe	1,460	4,370	7,280	16,380	25,480	36,400
2d Spt Cpe	1,460	4,380	7,300	16,430	25,550	36,500
2d FBk	1,420	4,260	7,100	15,980	24,850	35,500
2d Sed	1,380	4,140	6,900	15,530	24,150	34,500
4d FBk Sed.	1,500	4,500	7,500	16,880	26,250	37,500
4d Sed	1,340	4,020	6,700	15,080	23,450	33,500
1937 Century Series 60, 8-cyl.						
2d Conv	3,620	10,860	18,100	40,730	63,350	90,500
4d Phae	2,820	8,460	14,100	31,730	49,350	70,500
2d Spt Cpe	1,600	4,790	7,980	17,960	27,930	39,900
2d FBk	1,540	4,620	7,700	17,330	26,950	38,500
2d Sed	1,380	4,140	6,900	15,530	24,150	34,500
4d FBk Sed.	1,580	4,740	7,900	17,780	27,650	39,500
4d Sed	1,420	4,260	7,100	15,980	24,850	35,500
1937 Roadmaster Series 80, 8-cyl.						
4d Sed	1,500	4,500	7,500	16,880	26,250	37,500
4d Fml Sed	2,220	6,660	11,100	24,980	38,850	55,500
4d Phae	2,700	8,100	13,500	30,380	47,250	67,500
4d Brewster Limo	2,620	7,860	13,100	29,480	45,850	65,500
1937 Limited Series 90, 8-cyl.						
4d Sed	1,980	5,940	9,900	22,280	34,650	49,500
4d 7P Sed.	2,020	6,060	10,100	22,730	35,350	50,500
4d Fml Sed.	2,260	6,780	11,300	25,430	39,550	56,500
4d Limo.	2,160	6,480	10,800	24,300	37,800	54,000
1938 Special Series 40, 8-cyl.						
2d Conv	2,900	8,700	14,500	32,630	50,750	72,500
4d Phae	2,820	8,460	14,100	31,730	49,350	70,500
2d Bus Cpe.	1,500	4,490	7,480	16,830	26,180	37,400
2d Spt Cpe	1,520	4,570	7,620	17,150	26,670	38,100
2d FBk	1,440	4,320	7,200	16,200	25,200	36,000
2d Sed	1,420	4,260	7,100	15,980	24,850	35,500
4d FBk Sed.	1,360	4,080	6,800	15,300	23,800	34,000
4d Sed	1,320	3,960	6,600	14,850	23,100	33,000
1938 Century Series 60, 8-cyl.						
2d Conv	2,900	8,700	14,500	32,630	50,750	72,500
4d Phae	2,820	8,460	14,100	31,730	49,350	70,500
2d Spt Cpe	1,680	5,040	8,400	18,900	29,400	42,000
2d Sed	1,480	4,440	7,400	16,650	25,900	37,000
4d FBk Sed.	1,580	4,740	7,900	17,780	27,650	39,500
4d Sed	1,320	3,960	6,600	14,850	23,100	33,000
1938 Roadmaster Series 80, 8-cyl.						
4d Phae	3,020	9,060	15,100	33,980	52,850	75,500
4d FBk Sed.	1,560	4,680	7,800	17,550	27,300	39,000
4d Sed	1,440	4,320	7,200	16,200	25,200	36,000
4d Fml Sed	1,920	5,760	9,600	21,600	33,600	48,000
1938 Limited Series 90, 8-cyl.						
4d Sed	2,420	7,260	12,100	27,230	42,350	60,500
4d 7P Sed.	2,040	6,120	10,200	22,950	35,700	51,000
4d Limo.	2,080	6,240	10,400	23,400	36,400	52,000
1939 Special Series 40, 8-cyl.						
2d Conv	2,960	8,880	14,800	33,300	51,800	74,000
4d Phae	2,800	8,400	14,000	31,500	49,000	70,000
2d Bus Cpe.	1,450	4,360	7,260	16,340	25,410	36,300
2d Spt Cpe	1,500	4,490	7,480	16,830	26,180	37,400
2d Sed	1,360	4,070	6,780	15,260	23,730	33,900
4d Sed	1,220	3,660	6,100	13,730	21,350	30,500
1939 Century Series 60, 8-cyl.						
2d Conv	3,040	9,120	15,200	34,200	53,200	76,000
4d Phae	3,000	9,000	15,000	33,750	52,500	75,000
2d Spt Cpe	1,590	4,780	7,960	17,910	27,860	39,800
2d Sed	1,450	4,360	7,260	16,340	25,410	36,300
4d Sed	1,340	4,020	6,700	15,080	23,450	33,500
1939 Roadmaster Series 80, 8-cyl.						
4d Phae FBk.	3,040	9,120	15,200	34,200	53,200	76,000
4d Phae	3,000	9,000	15,000	33,750	52,500	75,000
4d FBk Sed.	1,370	4,120	6,860	15,440	24,010	34,300

BUICK

	6	5	4	3	2	1
4d Sed	1,400	4,210	7,020	15,800	24,570	35,100
4d Fml Sed	1,540	4,630	7,720	17,370	27,020	38,600
1939 Limited Series 90, 8-cyl.						
4d Sed	1,980	5,940	9,900	22,280	34,650	49,500
4d 8P Sed	2,020	6,060	10,100	22,730	35,350	50,500
4d Limo	2,060	6,180	10,300	23,180	36,050	51,500
1940 Special Series 40, 8-cyl.						
2d Conv	2,560	7,680	12,800	28,800	44,800	64,000
4d Phae	2,400	7,200	12,000	27,000	42,000	60,000
2d Bus Cpe	1,380	4,150	6,920	15,570	24,220	34,600
2d Spt Cpe	1,500	4,500	7,500	16,880	26,250	37,500
2d Sed	1,340	4,010	6,680	15,030	23,380	33,400
4d Sed	1,200	3,600	6,000	13,500	21,000	30,000
1940 Super Series 50, 8-cyl.						
2d Conv	2,400	7,200	12,000	27,000	42,000	60,000
4d Phae	2,450	7,340	12,240	27,540	42,840	61,200
2d Cpe	1,480	4,430	7,380	16,610	25,830	36,900
4d Sed	1,200	3,590	5,980	13,460	20,930	29,900
4d Estate Sta Wag	3,200	9,600	16,000	36,000	56,000	80,000
1940 Century Series 60, 8-cyl.						
2d Conv	2,650	7,940	13,240	29,790	46,340	66,200
4d Phae	2,700	8,090	13,480	30,330	47,180	67,400
2d Bus Cpe	1,570	4,720	7,860	17,690	27,510	39,300
2d Spt Cpe	1,620	4,850	8,080	18,180	28,280	40,400
4d Sed	1,290	3,880	6,460	14,540	22,610	32,300
1940 Roadmaster Series 70, 8-cyl.						
2d Conv	2,820	8,460	14,100	31,730	49,350	70,500
2d Cpe	1,660	4,990	8,320	18,720	29,120	41,600
4d Sed	1,380	4,150	6,920	15,570	24,220	34,600
4d Phae	3,620	10,860	18,100	40,730	63,350	90,500
1940 Limited Series 80, 8-cyl.						
4d FBk Phae	4,720	14,160	23,600	53,100	82,600	118,000
4d Phae	4,760	14,280	23,800	53,550	83,300	119,000
4d FBk Sed	1,760	5,280	8,800	19,800	30,800	44,000
4d Sed	1,600	4,800	8,000	18,000	28,000	40,000
4d Fml Sed	1,880	5,640	9,400	21,150	32,900	47,000
4d Fml FBk	2,000	6,000	10,000	22,500	35,000	50,000
1940 Limited Series 90, 8-cyl.						
4d 7P Sed	2,360	7,080	11,800	26,550	41,300	59,000
4d Fml Sed	2,200	6,600	11,000	24,750	38,500	55,000
4d Limo	2,080	6,240	10,400	23,400	36,400	52,000
1941 Special Series 40-A, 8-cyl.						
2d Conv	2,720	8,160	13,600	30,600	47,600	68,000
2d Bus Cpe	1,480	4,450	7,420	16,700	25,970	37,100
2d Spt Cpe	1,530	4,600	7,660	17,240	26,810	38,300
4d Sed	1,220	3,650	6,080	13,680	21,280	30,400
1941 Special Series 40-B, 8-cyl.						
2d Bus Cpe	1,580	4,740	7,900	17,780	27,650	39,500
2d S'net	1,880	5,640	9,400	21,150	32,900	47,000
4d Trg Sed	1,480	4,440	7,400	16,650	25,900	37,000
4d Estate Sta Wag	3,400	10,200	17,000	38,250	59,500	85,000
1941 Super Series 50, 8-cyl.						
2d Conv	2,800	8,400	14,000	31,500	49,000	70,000
4d Phae	2,880	8,640	14,400	32,400	50,400	72,000
2d Cpe	1,650	4,940	8,240	18,540	28,840	41,200
4d Sed	1,340	4,020	6,700	15,080	23,450	33,500
1941 Century Series 60, 8-cyl.						
2d Bus Cpe	1,620	4,860	8,100	18,230	28,350	40,500
2d S'net	1,960	5,880	9,800	22,050	34,300	49,000
4d Sed	1,320	3,970	6,620	14,900	23,170	33,100
1941 Roadmaster Series 70, 8-cyl.						
2d Conv	3,260	9,770	16,280	36,630	56,980	81,400
4d Phae	3,300	9,910	16,520	37,170	57,820	82,600
2d Cpe	1,760	5,290	8,820	19,850	30,870	44,100
4d Sed	1,450	4,360	7,260	16,340	25,410	36,300
1941 Limited Series 90, 8-cyl.						
4d 7P Sed	2,080	6,240	10,400	23,400	36,400	52,000
4d Sed	1,880	5,640	9,400	21,150	32,900	47,000
4d Fml Sed	2,240	6,720	11,200	25,200	39,200	56,000
4d Limo	1,960	5,880	9,800	22,050	34,300	49,000
1942 Special Series 40-A, 8-cyl.						
2d Bus Cpe	1,340	4,020	6,700	15,080	23,450	33,500
2d S'net	1,540	4,620	7,700	17,330	26,950	38,500
2d 3P S'net	1,520	4,560	7,600	17,100	26,600	38,000
2d Conv	2,180	6,540	10,900	24,530	38,150	54,500
4d Sed	1,340	4,020	6,700	15,080	23,450	33,500
1942 Special Series 40-B, 8-cyl.						
2d 3P S'net	1,580	4,740	7,900	17,780	27,650	39,500
2d S'net	1,560	4,680	7,800	17,550	27,300	39,000

	6	5	4	3	2	1
4d Sed 1,360	4,080	6,800	15,300	23,800	34,000
4d Estate Sta Wag 3,440	10,320	17,200	38,700	60,200	86,000
1942 Super Series 50, 8-cyl.						
2d Conv 2,470	7,420	12,360	27,810	43,260	61,800
2d S'net 1,600	4,800	8,000	18,000	28,000	40,000
4d Sed 1,400	4,200	7,000	15,750	24,500	35,000
1942 Century Series 60, 8-cyl.						
2d S'net 1,640	4,920	8,200	18,450	28,700	41,000
4d Sed 1,360	4,080	6,800	15,300	23,800	34,000
1942 Roadmaster Series 70, 8-cyl.						
2d Conv 2,800	8,400	14,000	31,500	49,000	70,000
2d S'net 1,680	5,040	8,400	18,900	29,400	42,000
4d Sed 1,400	4,200	7,000	15,750	24,500	35,000
1942 Limited Series 90, 8-cyl.						
4d 8P Sed 2,000	6,000	10,000	22,500	35,000	50,000
4d Sed 1,880	5,640	9,400	21,150	32,900	47,000
4d Fml Sed 2,120	6,360	10,600	23,850	37,100	53,000
4d Limo. 2,000	6,000	10,000	22,500	35,000	50,000
1946-48 Special Series 40, 8-cyl.						
2d S'net 1,240	3,720	6,200	13,950	21,700	31,000
4d Sed 920	2,760	4,600	10,350	16,100	23,000
1946-48 Super Series 50, 8-cyl.						
2d Conv 2,600	7,800	13,000	29,250	45,500	65,000
2d S'net 1,280	3,840	6,400	14,400	22,400	32,000
4d Sed 980	2,940	4,900	11,030	17,150	24,500
4d Estate Sta Wag 3,860	11,580	19,300	43,430	67,550	96,500
1946-48 Roadmaster Series 70, 8-cyl.						
2d Conv 2,960	8,880	14,800	33,300	51,800	74,000
2d S'net 1,400	4,200	7,000	15,750	24,500	35,000
4d Sed 1,120	3,360	5,600	12,600	19,600	28,000
4d Estate Sta Wag (1947-48 only). 4,060	12,180	20,300	45,680	71,050	101,500
1949 Special Series 40, 8-cyl.						
2d S'net 1,500	4,500	7,500	16,880	26,250	37,500
4d Sed 1,080	3,240	5,400	12,150	18,900	27,000
1949 Super Series 50, 8-cyl.						
2d Conv 3,000	9,000	15,000	33,750	52,500	75,000
2d S'net 1,540	4,620	7,700	17,330	26,950	38,500
4d Sed 1,120	3,360	5,600	12,600	19,600	28,000
4d Estate Sta Wag 3,980	11,940	19,900	44,780	69,650	99,500
1949 Roadmaster Series 70, 8-cyl.						
2d Conv 3,400	10,200	17,000	38,250	59,500	85,000
2d Riv HT 2,120	6,360	10,600	23,850	37,100	53,000
2d S'net 1,800	5,400	9,000	20,250	31,500	45,000
4d Sed 1,080	3,240	5,400	12,150	18,900	27,000
4d Estate Sta Wag 4,200	12,600	21,000	47,250	73,500	105,000
NOTE: Add 10% for sweap spear side trim on late 1949 Roadmaster models.						
1950 Special Series 40, 8-cyl., 121-1/2" wb						
2d Bus Cpe. 1,000	3,000	5,000	11,250	17,500	25,000
2d S'net 1,400	4,200	7,000	15,750	24,500	35,000
4d S'net 1,080	3,240	5,400	12,150	18,900	27,000
4d Tr Sed 1,000	3,000	5,000	11,250	17,500	25,000
1950 Special DeLuxe Series 40, 8-cyl., 121-1/2" wb						
2d S'net 1,440	4,320	7,200	16,200	25,200	36,000
4d S'net 1,120	3,360	5,600	12,600	19,600	28,000
4d Tr Sed 1,040	3,120	5,200	11,700	18,200	26,000
1950 Super Series 50, 8-cyl.						
2d Conv 2,800	8,400	14,000	31,500	49,000	70,000
2d Riv HT 1,600	4,800	8,000	18,000	28,000	40,000
2d S'net 1,480	4,440	7,400	16,650	25,900	37,000
4d Sed 1,080	3,240	5,400	12,150	18,900	27,000
4d Estate Sta Wag 3,860	11,580	19,300	43,430	67,550	96,500
1950 Roadmaster Series 70, 8-cyl.						
2d Conv 3,200	9,600	16,000	36,000	56,000	80,000
2d Riv HT 1,720	5,160	8,600	19,350	30,100	43,000
2d S'net 1,520	4,560	7,600	17,100	26,600	38,000
4d Sed 71 1,120	3,360	5,600	12,600	19,600	28,000
4d Sed 72. 1,160	3,480	5,800	13,050	20,300	29,000
4d Estate Sta Wag 4,080	12,240	20,400	45,900	71,400	102,000
4d Riv Sed DeL 1,160	3,480	5,800	13,050	20,300	29,000
1951-52 Special Series 40, 8-cyl., 121-1/2" wb						
2d Bus Cpe (1951 only). 800	2,400	4,000	9,000	14,000	20,000
2d Sed (1951 only). 920	2,760	4,600	10,350	16,100	23,000
4d Sed 960	2,880	4,800	10,800	16,800	24,000
2d Spt Cpe 1,080	3,240	5,400	12,150	18,900	27,000
1951-52 Special DeLuxe Series 40, 8-cyl., 121-1/2" wb						
4d Sed 820	2,460	4,100	9,230	14,350	20,500
2d Sed 940	2,820	4,700	10,580	16,450	23,500
2d Riv HT 1,560	4,680	7,800	17,550	27,300	39,000
2d Conv 2,200	6,600	11,000	24,750	38,500	55,000

	6	5	4	3	2	1 27

1951-52 Super Series 50, 8-cyl.

	6	5	4	3	2	1
2d Conv	2,400	7,200	12,000	27,000	42,000	60,000
2d Riv HT	1,680	5,040	8,400	18,900	29,400	42,000
4d Estate Sta Wag	3,680	11,040	18,400	41,400	64,400	92,000
2d S'net (1951 only)	1,260	3,780	6,300	14,180	22,050	31,500
4d Sed	1,080	3,240	5,400	12,150	18,900	27,000

1951-52 Roadmaster Series 70, 8-cyl.

	6	5	4	3	2	1
2d Conv	2,520	7,560	12,600	28,350	44,100	63,000
2d Riv HT	1,840	5,520	9,200	20,700	32,200	46,000
4d Estate Sta Wag	3,800	11,400	19,000	42,750	66,500	95,000
4d Riv Sed	1,160	3,480	5,800	13,050	20,300	29,000

1953 Special Series 40, 8-cyl.

	6	5	4	3	2	1
4d Sed	880	2,640	4,400	9,900	15,400	22,000
2d Sed	980	2,940	4,900	11,030	17,150	24,500
2d Riv HT	1,600	4,800	8,000	18,000	28,000	40,000
2d Conv	2,800	8,400	14,000	31,500	49,000	70,000

1953 Super Series 50, V-8

	6	5	4	3	2	1
2d Riv HT	1,720	5,160	8,600	19,350	30,100	43,000
2d Conv	3,200	9,600	16,000	36,000	56,000	80,000
4d Estate Sta Wag	3,940	11,820	19,700	44,330	68,950	98,500
4d Riv Sed	1,080	3,240	5,400	12,150	18,900	27,000

1953 Roadmaster Series 70, V-8

	6	5	4	3	2	1
2d Riv HT	1,880	5,640	9,400	21,150	32,900	47,000
2d Skylark	6,000	18,000	30,000	67,500	105,000	150,000
2d Conv	3,200	9,600	16,000	36,000	56,000	80,000
4d Estate Sta Wag	3,840	11,520	19,200	43,200	67,200	96,000
4d Riv Sed	1,160	3,480	5,800	13,050	20,300	29,000

1954 Special Series 40, V-8

	6	5	4	3	2	1
4d Sed	860	2,580	4,300	9,680	15,050	21,500
2d Sed	900	2,700	4,500	10,130	15,750	22,500
2d Riv HT	1,400	4,200	7,000	15,750	24,500	35,000
2d Conv	2,800	8,400	14,000	31,500	49,000	70,000
4d Sta Wag	1,200	3,600	6,000	13,500	21,000	30,000

1954 Century Series 60, V-8

	6	5	4	3	2	1
4d DeL	900	2,700	4,500	10,130	15,750	22,500
2d Riv HT	1,480	4,440	7,400	16,650	25,900	37,000
2d Conv	3,200	9,600	16,000	36,000	56,000	80,000
4d Sta Wag	1,320	3,960	6,600	14,850	23,100	33,000

1954 Super Series 50, V-8

	6	5	4	3	2	1
4d Sed	940	2,820	4,700	10,580	16,450	23,500
2d Riv HT	1,600	4,800	8,000	18,000	28,000	40,000
2d Conv	3,000	9,000	15,000	33,750	52,500	75,000

1954 Roadmaster Series 70, V-8

	6	5	4	3	2	1
4d Sed	1,000	3,000	5,000	11,250	17,500	25,000
2d Riv HT	1,720	5,160	8,600	19,350	30,100	43,000
2d Conv	3,440	10,320	17,200	38,700	60,200	86,000

1954 Skylark Series, V-8

	6	5	4	3	2	1
2d Spt Conv	6,200	18,600	31,000	69,750	108,500	155,000

1955 Special Series 40, V-8

	6	5	4	3	2	1
4d Sed	860	2,580	4,300	9,680	15,050	21,500
4d Riv HT	980	2,940	4,900	11,030	17,150	24,500
2d Sed	900	2,700	4,500	10,130	15,750	22,500
2d Riv HT	1,420	4,260	7,100	15,980	24,850	35,500
2d Conv	2,880	8,640	14,400	32,400	50,400	72,000
4d Sta Wag	1,140	3,420	5,700	12,830	19,950	28,500

1955 Century Series 60, V-8

	6	5	4	3	2	1
4d Sed	900	2,700	4,500	10,130	15,750	22,500
4d Riv HT	1,020	3,060	5,100	11,480	17,850	25,500
2d Riv HT	1,500	4,500	7,500	16,880	26,250	37,500
2d Conv	3,600	10,800	18,000	40,500	63,000	90,000
4d Sta Wag	1,320	3,960	6,600	14,850	23,100	33,000

1955 Super Series 50, V-8

	6	5	4	3	2	1
4d Sed	940	2,820	4,700	10,580	16,450	23,500
2d Riv HT	1,600	4,800	8,000	18,000	28,000	40,000
2d Conv	4,000	12,000	20,000	45,000	70,000	100,000

1955 Roadmaster Series 70, V-8

	6	5	4	3	2	1
4d Sed	1,000	3,000	5,000	11,250	17,500	25,000
2d Riv HT	2,720	8,160	13,600	30,600	47,600	68,000
2d Conv	5,200	15,600	26,000	58,500	91,000	130,000

1956 Special Series 40, V-8

	6	5	4	3	2	1
4d Sed	860	2,580	4,300	9,680	15,050	21,500
4d Riv HT	980	2,940	4,900	11,030	17,150	24,500
2d Sed	900	2,700	4,500	10,130	15,750	22,500
2d Riv HT	1,520	4,560	7,600	17,100	26,600	38,000
2d Conv	3,360	10,080	16,800	37,800	58,800	84,000
4d Sta Wag	1,240	3,720	6,200	13,950	21,700	31,000

1956 Century Series 60, V-8

	6	5	4	3	2	1
4d Sed	900	2,700	4,500	10,130	15,750	22,500
4d Riv HT	1,100	3,300	5,500	12,380	19,250	27,500

BUICK

	6	5	4	3	2	1
2d Riv HT	1,640	4,920	8,200	18,450	28,700	41,000
2d Conv	3,600	10,800	18,000	40,500	63,000	90,000
4d Sta Wag	1,280	3,840	6,400	14,400	22,400	32,000
1956 Super Series 50						
4d Sed	940	2,820	4,700	10,580	16,450	23,500
4d Riv HT	1,040	3,120	5,200	11,700	18,200	26,000
2d Riv HT	1,800	5,400	9,000	20,250	31,500	45,000
2d Conv	4,000	12,000	20,000	45,000	70,000	100,000
1956 Roadmaster Series 70, V-8						
4d Sed	1,000	3,000	5,000	11,250	17,500	25,000
4d Riv HT	1,260	3,780	6,300	14,180	22,050	31,500
2d Riv HT	2,640	7,920	13,200	29,700	46,200	66,000
2d Conv	5,200	15,600	26,000	58,500	91,000	130,000
1957 Special Series 40, V-8						
4d Sed	920	2,760	4,600	10,350	16,100	23,000
4d Riv HT	1,040	3,120	5,200	11,700	18,200	26,000
2d Sed	920	2,760	4,600	10,350	16,100	23,000
2d Riv HT	1,600	4,800	8,000	18,000	28,000	40,000
2d Conv	3,960	11,880	19,800	44,550	69,300	99,000
4d Sta Wag	1,280	3,840	6,400	14,400	22,400	32,000
4d HT Wag	2,800	8,400	14,000	31,500	49,000	70,000
1957 Century Series 60, V-8						
4d Sed	960	2,880	4,800	10,800	16,800	24,000
4d Riv HT	1,160	3,480	5,800	13,050	20,300	29,000
2d Riv HT	1,740	5,220	8,700	19,580	30,450	43,500
2d Conv	4,200	12,600	21,000	47,250	73,500	105,000
4d HT Wag	3,600	10,800	18,000	40,500	63,000	90,000
1957 Super Series 50, V-8						
4d Riv HT	1,240	3,720	6,200	13,950	21,700	31,000
2d Riv HT	1,820	5,460	9,100	20,480	31,850	45,500
2d Conv	4,400	13,200	22,000	49,500	77,000	110,000
1957 Roadmaster Series 70, V-8						
4d Riv HT	1,440	4,320	7,200	16,200	25,200	36,000
2d Riv HT	1,900	5,700	9,500	21,380	33,250	47,500
2d Conv	4,800	14,400	24,000	54,000	84,000	120,000
NOTE: Add 5% for 75 Series.						
1958 Special Series 40, V-8						
4d Sed	880	2,640	4,400	9,900	15,400	22,000
4d Riv HT	1,300	3,900	6,500	14,630	22,750	32,500
2d Sed	880	2,640	4,400	9,900	15,400	22,000
2d Riv HT	1,540	4,620	7,700	17,330	26,950	38,500
2d Conv	3,550	10,640	17,740	39,920	62,090	88,700
4d Sta Wag	1,040	3,120	5,200	11,700	18,200	26,000
4d HT Wag	2,020	6,060	10,100	22,730	35,350	50,500
1958 Century Series 60, V-8						
4d Sed	920	2,760	4,600	10,350	16,100	23,000
4d Riv HT	1,340	4,020	6,700	15,080	23,450	33,500
2d Riv HT	1,660	4,980	8,300	18,680	29,050	41,500
2d Conv	3,800	11,400	19,000	42,750	66,500	95,000
4d HT Wag	2,100	6,300	10,500	23,630	36,750	52,500
1958 Super Series 50, V-8						
4d Riv HT	1,380	4,140	6,900	15,530	24,150	34,500
2d Riv HT	1,700	5,100	8,500	19,130	29,750	42,500
1958 Roadmaster Series 75, V-8						
4d Riv HT	1,420	4,260	7,100	15,980	24,850	35,500
2d Riv HT	1,740	5,220	8,700	19,580	30,450	43,500
2d Conv	4,480	13,440	22,400	50,400	78,400	112,000
1958 Limited Series 700, V-8						
4d Riv HT	2,100	6,300	10,500	23,630	36,750	52,500
2d Riv HT	2,460	7,380	12,300	27,680	43,050	61,500
2d Conv	5,000	15,000	25,000	56,250	87,500	125,000
1959 LeSabre Series 4400, V-8						
4d Sed	880	2,640	4,400	9,900	15,400	22,000
4d HT	1,160	3,480	5,800	13,050	20,300	29,000
2d Sed	900	2,700	4,500	10,130	15,750	22,500
2d HT	1,480	4,440	7,400	16,650	25,900	37,000
2d Conv	2,760	8,280	13,800	31,050	48,300	69,000
4d Sta Wag	1,360	4,080	6,800	15,300	23,800	34,000
1959 Invicta Series 4600, V-8						
4d Sed	920	2,760	4,600	10,350	16,100	23,000
4d HT	1,400	4,200	7,000	15,750	24,500	35,000
2d HT	1,520	4,560	7,600	17,100	26,600	38,000
2d Conv	2,960	8,880	14,800	33,300	51,800	74,000
4d Sta Wag	1,400	4,200	7,000	15,750	24,500	35,000
1959 Electra Series 4700, V-8						
4d Sed	960	2,880	4,800	10,800	16,800	24,000
4d HT	1,440	4,320	7,200	16,200	25,200	36,000
2d HT	1,600	4,800	8,000	18,000	28,000	40,000

	6	5	4	3	2	1
1959 Electra 225 Series 4800, V-8						
4d Riv HT 6W 1,400		4,200	7,000	15,750	24,500	35,000
4d HT 4W 1,440		4,320	7,200	16,200	25,200	36,000
2d Conv 3,720		11,160	18,600	41,850	65,100	93,000
1960 LeSabre Series 4400, V-8						
4d Sed 880		2,640	4,400	9,900	15,400	22,000
4d HT 1,160		3,480	5,800	13,050	20,300	29,000
2d Sed 900		2,700	4,500	10,130	15,750	22,500
2d HT 1,480		4,440	7,400	16,650	25,900	37,000
2d Conv 2,760		8,280	13,800	31,050	48,300	69,000
4d Sta Wag 1,360		4,080	6,800	15,300	23,800	34,000
1960 Invicta Series 4600, V-8						
4d Sed 920		2,760	4,600	10,350	16,100	23,000
4d HT 1,400		4,200	7,000	15,750	24,500	35,000
2d HT 1,520		4,560	7,600	17,100	26,600	38,000
2d Conv 2,960		8,880	14,800	33,300	51,800	74,000
4d Sta Wag 1,400		4,200	7,000	15,750	24,500	35,000
1960 Electra Series 4700, V-8						
4d Riv HT 6W 1,440		4,320	7,200	16,200	25,200	36,000
4d HT 4W 1,480		4,440	7,400	16,650	25,900	37,000
2d HT 1,600		4,800	8,000	18,000	28,000	40,000
1960 Electra 225 Series 4800, V-8						
4d Riv HT 6W 1,400		4,200	7,000	15,750	24,500	35,000
4d HT 4W 1,440		4,320	7,200	16,200	25,200	36,000
2d Conv 3,720		11,160	18,600	41,850	65,100	93,000
NOTE: Add 5% for bucket seat option.						
1961 Special Series 4000, V-8, 112" wb						
4d Sed 640		1,920	3,200	7,200	11,200	16,000
2d Cpe 680		2,040	3,400	7,650	11,900	17,000
4d Sta Wag 680		2,040	3,400	7,650	11,900	17,000
1961 Special DeLuxe Series 4100, V-8, 112" wb						
4d Sed 660		1,980	3,300	7,430	11,550	16,500
2d Skylark Cpe 900		2,700	4,500	10,130	15,750	22,500
4d Sta Wag 720		2,160	3,600	8,100	12,600	18,000
NOTE: Deduct 5% for V-8.						
1961 LeSabre Series 4400, V-8						
4d Sed 680		2,040	3,400	7,650	11,900	17,000
4d HT 720		2,160	3,600	8,100	12,600	18,000
2d Sed 680		2,040	3,400	7,650	11,900	17,000
2d HT 1,160		3,480	5,800	13,050	20,300	29,000
2d Conv 1,320		3,960	6,600	14,850	23,100	33,000
4d Sta Wag 720		2,160	3,600	8,100	12,600	18,000
1961 Invicta Series 4600, V-8						
4d HT 720		2,160	3,600	8,100	12,600	18,000
2d HT 1,200		3,600	6,000	13,500	21,000	30,000
2d Conv 1,400		4,200	7,000	15,750	24,500	35,000
1961 Electra Series 4700, V-8						
4d Sed 700		2,100	3,500	7,880	12,250	17,500
4d HT 740		2,220	3,700	8,330	12,950	18,500
2d HT 1,280		3,840	6,400	14,400	22,400	32,000
1961 Electra 225 Series 4800, V-8						
4d Riv HT 6W 720		2,160	3,600	8,100	12,600	18,000
2d Conv 1,560		4,680	7,800	17,550	27,300	39,000
1962 Special Series 4000, V-6, 112.1" wb						
4d Sed 640		1,920	3,200	7,200	11,200	16,000
2d Cpe 700		2,100	3,500	7,880	12,250	17,500
2d Conv 920		2,700	4,000	10,350	16,100	23,000
4d Sta Wag 680		2,040	3,400	7,650	11,900	17,000
1962 Special DeLuxe Series 4100, V-8, 112.1" wb						
4d Sed 640		1,920	3,200	7,200	11,200	16,000
2d Conv 960		2,880	4,800	10,800	16,800	24,000
4d Sta Wag 680		2,040	3,400	7,650	11,900	17,000
1962 Special Skylark Series 4300, V-8, 112.1" wb						
2d HT 900		2,700	4,500	10,130	15,750	22,500
2d Conv 1,040		3,120	5,200	11,700	18,200	26,000
1962 LeSabre Series 4400, V-8						
4d Sed 680		2,040	3,400	7,650	11,900	17,000
4d HT 720		2,160	3,600	8,100	12,600	18,000
2d Sed 680		2,040	3,400	7,650	11,900	17,000
2d HT 1,160		3,480	5,800	13,050	20,300	29,000
1962 Invicta Series 4600, V-8						
4d HT 720		2,160	3,600	8,100	12,600	18,000
2d HT 1,200		3,600	6,000	13,500	21,000	30,000
2d HT Wildcat 1,400		4,200	7,000	15,750	24,500	35,000
2d Conv 1,400		4,200	7,000	15,750	24,500	35,000
4d Sta Wag* 800		2,400	4,000	9,000	14,000	20,000
NOTE: Add 10% for bucket seat option where offered.						
1962 Electra 225 Series 4800, V-8						
4d Sed 700		2,100	3,500	7,880	12,250	17,500

	6	5	4	3	2	1
4d Riv HT 6W	720	2,160	3,600	8,100	12,600	18,000
4d HT 4W	760	2,280	3,800	8,550	13,300	19,000
2d HT	1,280	3,840	6,400	14,400	22,400	32,000
2d Conv	1,560	4,680	7,800	17,550	27,300	39,000
1963 Special Series 4000, V-6, 112" wb						
4d Sed	640	1,920	3,200	7,200	11,200	16,000
2d Cpe	668	2,004	3,340	7,520	11,690	16,700
2d Conv	920	2,760	4,600	10,350	16,100	23,000
4d Sta Wag	680	2,040	3,400	7,650	11,900	17,000
1963 Special DeLuxe Series 4100, V-6, 112" wb						
4d Sed	668	2,004	3,340	7,520	11,690	16,700
4d Sta Wag	700	2,100	3,500	7,880	12,250	17,500
1963 Special DeLuxe Series 4100, V-8, 112" wb						
4d Sed	672	2,016	3,360	7,560	11,760	16,800
4d Sta Wag	712	2,136	3,560	8,010	12,460	17,800
1963 Special Skylark Series 4300, V-8, 112" wb						
2d HT	880	2,640	4,400	9,900	15,400	22,000
2d Conv	1,040	3,120	5,200	11,700	18,200	26,000
1963 LeSabre Series 4400, V-8						
4d Sed	680	2,040	3,400	7,650	11,900	17,000
4d HT	720	2,160	3,600	8,100	12,600	18,000
2d Sed	680	2,040	3,400	7,650	11,900	17,000
2d HT	1,140	3,420	5,700	12,830	19,950	28,500
4d Sta Wag	760	2,280	3,800	8,550	13,300	19,000
2d Conv	1,200	3,600	6,000	13,500	21,000	30,000
1963 Invicta Series 4600, V-8						
4d Sta Wag	800	2,400	4,000	9,000	14,000	20,000
1963 Wildcat Series 4600, V-8						
4d HT	800	2,400	4,000	9,000	14,000	20,000
2d HT	1,400	4,200	7,000	15,750	24,500	35,000
2d Conv	1,600	4,800	8,000	18,000	28,000	40,000
1963 Electra 225 Series 4800, V-8						
4d Sed	700	2,100	3,500	7,880	12,250	17,500
4d HT 6W	720	2,160	3,600	8,100	12,600	18,000
4d HT 4W	760	2,280	3,800	8,550	13,300	19,000
2d HT	1,280	3,840	6,400	14,400	22,400	32,000
2d Conv	1,520	4,560	7,600	17,100	26,600	38,000
1963 Riviera Series 4700, V-8						
2d HT	1,600	4,800	8,000	18,000	28,000	40,000
1964 Special Series 4000, V-6, 115" wb						
4d Sed	600	1,800	3,000	6,750	10,500	15,000
2d Cpe	690	2,060	3,440	7,740	12,040	17,200
2d Conv	920	2,760	4,600	10,350	16,100	23,000
4d Sta Wag	700	2,100	3,500	7,880	12,250	17,500
1964 Special Deluxe Series 4100, V-6, 115" wb						
4d Sed	612	1,836	3,060	6,890	10,710	15,300
2d Cpe	700	2,100	3,500	7,880	12,250	17,500
4d Sta Wag	720	2,160	3,600	8,100	12,600	18,000
1964 Special Skylark Series 4300, V-6, 115" wb						
4d Sed	620	1,860	3,100	6,980	10,850	15,500
2d HT	720	2,160	3,600	8,100	12,600	18,000
2d Conv	1,000	3,000	5,000	11,250	17,500	25,000
1964 Special Series 4000, V-8, 115" wb						
4d Sed	580	1,740	2,900	6,530	10,150	14,500
2d Cpe	710	2,140	3,560	8,010	12,460	17,800
2d Conv	880	2,640	4,400	9,900	15,400	22,000
4d Sta Wag	730	2,180	3,640	8,190	12,740	18,200
1964 Special DeLuxe Series 4100, V-8, 115" wb						
4d Sed	628	1,884	3,140	7,070	10,990	15,700
2d Cpe	710	2,140	3,560	8,010	12,460	17,800
4d Sta Wag	740	2,220	3,700	8,330	12,950	18,500
1964 Skylark Series 4300, V-8, 115" wb						
4d Sed	640	1,920	3,200	7,200	11,200	16,000
2d HT	760	2,280	3,800	8,550	13,300	19,000
2d Conv	1,040	3,120	5,200	11,700	18,200	26,000
1964 Skylark Series 4200, V-8, 120" wb						
4d Spt Wag	680	2,040	3,400	7,650	11,900	17,000
4d Cus Spt Wag	740	2,220	3,700	8,330	12,950	18,500
1964 LeSabre Series 4400, V-8						
4d Sed	690	2,060	3,440	7,740	12,040	17,200
4d HT	740	2,220	3,700	8,330	12,950	18,500
2d HT	1,140	3,420	5,700	12,830	19,950	28,500
2d Conv	1,200	3,600	6,000	13,500	21,000	30,000
4d Spt Wag	840	2,520	4,200	9,450	14,700	21,000
1964 Wildcat Series 4600, V-8						
4d Sed	690	2,080	3,460	7,790	12,110	17,300
4d HT	840	2,520	4,200	9,450	14,700	21,000
2d HT	1,520	4,560	7,600	17,100	26,600	38,000
2d Conv	1,640	4,920	8,200	18,450	28,700	41,000

	6	5	4	3	2	1
1964 Electra 225 Series 4800, V-8						
4d Sed	700	2,090	3,480	7,830	12,180	17,400
4d HT 6W	720	2,160	3,600	8,100	12,600	18,000
4d HT 4W	760	2,280	3,800	8,550	13,300	19,000
2d HT	1,240	3,720	6,200	13,950	21,700	31,000
2d Conv	1,520	4,560	7,600	17,100	26,600	38,000
1964 Riviera Series 4700, V-8						
2d HT	1,560	4,680	7,800	17,550	27,300	39,000
1965 Special, V-6, 115" wb						
4d Sed	580	1,740	2,900	6,530	10,150	14,500
2d Cpe	580	1,750	2,920	6,570	10,220	14,600
2d Conv	880	2,640	4,400	9,900	15,400	22,000
4d Sta Wag	660	1,980	3,300	7,430	11,550	16,500
1965 Special DeLuxe, V-6, 115" wb						
4d Sed	590	1,760	2,940	6,620	10,290	14,700
4d Sta Wag	680	2,030	3,380	7,610	11,830	16,900
1965 Skylark, V-6, 115" wb						
4d Sed	640	1,920	3,200	7,200	11,200	16,000
2d Cpe	690	2,080	3,460	7,790	12,110	17,300
2d HT	760	2,280	3,800	8,550	13,300	19,000
2d Conv	1,040	3,120	5,200	11,700	18,200	26,000
1965 Special, V-8, 115" wb						
4d Sed	590	1,760	2,940	6,620	10,290	14,700
2d Cpe	590	1,780	2,960	6,660	10,360	14,800
2d Conv	1,000	3,000	5,000	11,250	17,500	25,000
4d Sta Wag	670	2,000	3,340	7,520	11,690	16,700
1965 Special DeLuxe, V-8, 115" wb						
4d Sed	640	1,910	3,180	7,160	11,130	15,900
4d Sta Wag	760	2,280	3,800	8,550	13,300	19,000
1965 Skylark, V-8, 115" wb						
4d Sed	650	1,960	3,260	7,340	11,410	16,300
2d Cpe	700	2,100	3,500	7,880	12,250	17,500
2d HT	800	2,400	4,000	9,000	14,000	20,000
2d Conv	1,100	3,300	5,500	12,380	19,250	27,500

NOTE. Add 75% for Skylark Gran Sport Series (400 cid/325hp V-8). Deduct 5% for V-6.

	6	5	4	3	2	1
1965 Sport Wagon, V-8, 120" wb						
4d 2S Sta Wag	800	2,400	4,000	9,000	14,000	20,000
4d 3S Sta Wag	820	2,460	4,100	9,230	14,350	20,500
1965 Custom Sport Wagon, V-8, 120" wb						
4d 2S Sta Wag	860	2,580	4,300	9,680	15,050	21,500
4d 3S Sta Wag	880	2,640	4,400	9,900	15,400	22,000
1965 LeSabre, V-8, 123" wb						
4d Sed	600	1,810	3,020	6,800	10,570	15,100
4d HT	610	1,840	3,060	6,890	10,710	15,300
2d HT	1,000	3,000	5,000	11,250	17,500	25,000
1965 LeSabre Custom, V-8, 123" wb						
4d Sed	610	1,840	3,060	6,890	10,710	15,300
4d HT	640	1,910	3,180	7,160	11,130	15,900
2d HT	1,040	3,120	5,200	11,700	18,200	26,000
2d Conv	1,200	3,600	6,000	13,500	21,000	30,000
1965 Wildcat, V-8, 126" wb						
4d Sed	630	1,900	3,160	7,110	11,060	15,800
4d HT	690	2,080	3,460	7,790	12,110	17,300
2d HT	1,080	3,240	5,400	12,150	18,900	27,000
1965 Wildcat DeLuxe, V-8, 126" wb						
4d Sed	680	2,040	3,400	7,650	11,900	17,000
4d HT	740	2,220	3,700	8,330	12,950	18,500
2d HT	1,100	3,300	5,500	12,380	19,250	27,500
2d Conv	1,240	3,720	6,200	13,950	21,700	31,000
1965 Wildcat Custom, V-8, 126" wb						
4d HT	750	2,260	3,760	8,460	13,160	18,800
2d HT	1,120	3,360	5,600	12,600	19,600	28,000
2d Conv	1,360	4,080	6,800	15,300	23,800	34,000
1965 Electra 225, V-8, 126" wb						
4d Sed	730	2,200	3,660	8,240	12,810	18,300
4d HT	770	2,320	3,860	8,690	13,510	19,300
2d HT	940	2,820	4,700	10,580	16,450	23,500
1965 Electra 225 Custom, V-8, 126" wb						
4d Sed	740	2,220	3,700	8,330	12,950	18,500
4d HT	780	2,350	3,920	8,820	13,720	19,600
2d HT	1,000	3,000	5,000	11,250	17,500	25,000
2d Conv	1,200	3,600	6,000	13,500	21,000	30,000
1965 Riviera, V-8, 117" wb						
2d HT	1,420	4,260	7,100	15,980	24,850	35,500
2d HT GS	1,580	4,740	7,900	17,780	27,650	39,500

NOTE: Add 25% for 425.

	6	5	4	3	2	1
1966 Special, V-6, 115" wb						
4d Sed	580	1,740	2,900	6,530	10,150	14,500
2d Cpe	560	1,680	2,800	6,300	9,800	14,000

		6	5	4	3	2	1
2d Conv	880	2,640	4,400	9,900	15,400	22,000
4d Sta Wag	660	1,980	3,300	7,430	11,550	16,500

1966 Special DeLuxe, V-6, 115" wb

		6	5	4	3	2	1
4d Sed	590	1,760	2,940	6,620	10,290	14,700
2d Cpe	580	1,750	2,920	6,570	10,220	14,600
2d HT	640	1,920	3,200	7,200	11,200	16,000
4d Sta Wag	680	2,030	3,380	7,610	11,830	16,900

1966 Skylark, V-6, 115" wb

		6	5	4	3	2	1
4d HT	640	1,920	3,200	7,200	11,200	16,000
2d Cpe	690	2,080	3,460	7,790	12,110	17,300
2d HT	760	2,280	3,800	8,550	13,300	19,000
2d Conv	1,040	3,120	5,200	11,700	18,200	26,000

1966 Special, V-8, 115" wb

		6	5	4	3	2	1
4d Sed	590	1,760	2,940	6,620	10,290	14,700
2d Cpe	590	1,780	2,960	6,660	10,360	14,800
2d Conv	1,000	3,000	5,000	11,250	17,500	25,000
4d Sta Wag	670	2,000	3,340	7,520	11,690	16,700

1966 Special DeLuxe, V-8, 115" wb

		6	5	4	3	2	1
4d Sed	640	1,910	3,180	7,160	11,130	15,900
2d Cpe	610	1,820	3,040	6,840	10,640	15,200
2d HT	680	2,040	3,400	7,650	11,900	17,000
4d Sta Wag	680	2,030	3,380	7,610	11,830	16,900

1966 Skylark, V-8, 115" wb

		6	5	4	3	2	1
4d HT	660	1,980	3,300	7,430	11,550	16,500
2d Cpe	700	2,100	3,500	7,880	12,250	17,500
2d HT	770	2,320	3,860	8,690	13,510	19,300
2d Conv	1,100	3,300	5,500	12,380	19,250	27,500

1966 Skylark Gran Sport, V-8, 115" wb

		6	5	4	3	2	1
2d Cpe	960	2,880	4,800	10,800	16,800	24,000
2d HT	1,400	4,200	7,000	15,750	24,500	35,000
2d Conv	1,920	5,760	9,600	21,600	33,600	48,000

1966 Sport Wagon, V-8, 120" wb

		6	5	4	3	2	1
4d 2S Sta Wag	800	2,400	4,000	9,000	14,000	20,000
4d 3S Sta Wag	820	2,460	4,100	9,230	14,350	20,500
4d 2S Cus Sta Wag	860	2,580	4,300	9,680	15,050	21,500
4d 3S Cus Sta Wag	880	2,640	4,400	9,900	15,400	22,000

1966 LeSabre, V-8, 123" wb

		6	5	4	3	2	1
4d Sed	600	1,810	3,020	6,800	10,570	15,100
4d HT	610	1,840	3,060	6,890	10,710	15,300
2d HT	1,000	3,000	5,000	11,250	17,500	25,000

1966 LeSabre Custom, V-8, 123" wb

		6	5	4	3	2	1
4d Sed	610	1,840	3,060	6,890	10,710	15,300
4d HT	640	1,910	3,180	7,160	11,130	15,900
2d HT	1,040	3,120	5,200	11,700	18,200	26,000
2d Conv	1,200	3,600	6,000	13,500	21,000	30,000

1966 Wildcat, V-8, 126" wb

		6	5	4	3	2	1
4d Sed	630	1,900	3,160	7,110	11,060	15,800
4d HT	690	2,080	3,460	7,790	12,110	17,300
2d HT	880	2,640	4,400	9,900	15,400	22,000
2d Conv	1,200	3,600	6,000	13,500	21,000	30,000

1966 Wildcat Custom, V-8, 126" wb

		6	5	4	3	2	1
4d Sed	700	2,100	3,500	7,880	12,250	17,500
4d HT	750	2,260	3,760	8,460	13,160	18,800
2d HT	1,140	3,420	5,700	12,830	19,950	28,500
2d Conv	1,360	4,080	6,800	15,300	23,800	34,000

NOTE: Add 25% for Wildcat Gran Sport Series.

1966 Electra 225, V-8, 126" wb

		6	5	4	3	2	1
4d Sed	730	2,200	3,660	8,240	12,810	18,300
4d HT	770	2,320	3,860	8,690	13,510	19,300
2d HT	940	2,820	4,700	10,580	16,450	23,500

1966 Electra 225 Custom, V-8

		6	5	4	3	2	1
4d Sed	740	2,220	3,700	8,330	12,950	18,500
4d HT	780	2,340	3,900	8,780	13,650	19,500
2d HT	1,000	3,000	5,000	11,250	17,500	25,000
2d Conv	1,200	3,600	6,000	13,500	21,000	30,000

1966 Riviera, V-8

		6	5	4	3	2	1
2d HT GS	1,040	3,120	5,200	11,700	18,200	26,000
2d HT	1,000	3,000	5,000	11,250	17,500	25,000

NOTE: Add 25% for 425 when optional.

1967 Special, V-6, 115" wb

		6	5	4	3	2	1
4d Sed	480	1,430	2,380	5,360	8,330	11,900
2d Cpe	640	1,920	3,200	7,200	11,200	16,000
4d Sta Wag	550	1,660	2,760	6,210	9,660	13,800

1967 Special DeLuxe, V-6, 115" wb

		6	5	4	3	2	1
4d Sed	560	1,680	2,800	6,300	9,800	14,000
2d HT	660	1,980	3,300	7,430	11,550	16,500

1967 Skylark, V-6, 115" wb

		6	5	4	3	2	1
2d Cpe	640	1,920	3,200	7,200	11,200	16,000

	6	5	4	3	2	1
1967 Special, V-8, 115" wb						
4d Sed	560	1,690	2,820	6,350	9,870	14,100
2d Cpe	680	2,040	3,400	7,650	11,900	17,000
4d Sta Wag	610	1,820	3,040	6,840	10,640	15,200
1967 Special DeLuxe, V-8, 115" wb						
4d Sed	570	1,700	2,840	6,390	9,940	14,200
2d HT	700	2,100	3,500	7,880	12,250	17,500
4d Sta Wag	610	1,840	3,060	6,890	10,710	15,300
1967 Skylark, V-8, 115" wb						
4d Sed	610	1,840	3,060	6,890	10,710	15,300
4d HT	620	1,860	3,100	6,980	10,850	15,500
2d Cpe	680	2,040	3,400	7,650	11,900	17,000
2d HT	760	2,280	3,800	8,550	13,300	19,000
2d Conv	1,000	3,000	5,000	11,250	17,500	25,000
1967 Sport Wagon, V-8, 120" wb						
4d 2S Sta Wag	840	2,520	4,200	9,450	14,700	21,000
4d 3S Sta Wag	860	2,580	4,300	9,680	15,050	21,500
1967 Gran Sport 340, V-8, 115" wb						
2d HT	1,060	3,180	5,300	11,930	18,550	26,500
1967 Gran Sport 400, V-8, 115" wb						
2d Cpe	1,000	3,000	5,000	11,250	17,500	25,000
2d HT	1,400	4,200	7,000	15,750	24,500	35,000
2d Conv	1,800	5,400	9,000	20,250	31,500	45,000
1967 LeSabre, V-8, 123" wb						
4d Sed	580	1,730	2,880	6,480	10,080	14,400
4d HT	580	1,750	2,920	6,570	10,220	14,600
2d HT	840	2,520	4,200	9,450	14,700	21,000
1967 LeSabre Custom, V-8, 123" wb						
4d Sed	610	1,820	3,040	6,840	10,640	15,200
4d HT	610	1,840	3,060	6,890	10,710	15,300
2d HT	960	2,880	4,800	10,800	16,800	24,000
2d Conv	1,080	3,240	5,400	12,150	18,900	27,000
1967 Wildcat, V-8, 126" wb						
4d Sed	630	1,900	3,160	7,110	11,060	15,800
4d HT	600	2,080	3,400	7,790	12,110	17,300
2d HT	1,080	3,240	5,400	12,150	18,900	27,000
2d Conv	1,200	3,600	6,000	13,500	21,000	30,000
1967 Wildcat Custom, V-8, 126" wb						
4d HT	750	2,260	3,760	8,460	13,160	18,800
2d HT	1,140	3,420	5,700	12,830	19,950	28,500
2d Conv	1,200	3,600	6,000	13,500	21,000	30,000
1967 Electra 225, V-8, 126" wb						
4d Sed	730	2,200	3,660	8,240	12,810	18,300
4d HT	770	2,320	3,860	8,690	13,510	19,300
2d HT	940	2,820	4,700	10,580	16,450	23,500
1967 Electra 225 Custom, V-8, 126" wb						
4d Sed	740	2,220	3,700	8,330	12,950	18,500
4d HT	780	2,340	3,900	8,780	13,650	19,500
2d HT	1,000	3,000	5,000	11,250	17,500	25,000
2d Conv	1,200	3,600	6,000	13,500	21,000	30,000
1967 Riviera Series, V-8						
2d HT GS	1,000	3,000	5,000	11,250	17,500	25,000
2d HT	960	2,880	4,800	10,800	16,800	24,000

NOTE: Add 25% for 400. Not available in Riviera.

	6	5	4	3	2	1
1968 Special DeLuxe, 6-cyl, 116" wb, 2d 112" wb						
4d Sed	470	1,400	2,340	5,270	8,190	11,700
2d Sed	600	1,800	3,000	6,750	10,500	15,000
1968 Skylark, 6-cyl, 116" wb, 2d 112" wb						
4d Sed	470	1,420	2,360	5,310	8,260	11,800
2d HT	640	1,920	3,200	7,200	11,200	16,000
1968 Special DeLuxe, V-8, 116" wb, 2d 112" wb						
4d Sed	470	1,420	2,360	5,310	8,260	11,800
2d Sed	600	1,800	3,000	6,750	10,500	15,000
4d Sta Wag	480	1,430	2,380	5,360	8,330	11,900
1968 Skylark, V-8, 116" wb, 2d 112" wb						
4d Sed	480	1,430	2,380	5,360	8,330	11,900
4d HT	560	1,680	2,800	6,300	9,800	14,000
1968 Skylark Custom, V-8, 116" wb, 2d 112" wb						
4d Sed	560	1,680	2,800	6,300	9,800	14,000
4d HT	570	1,720	2,860	6,440	10,010	14,300
2d HT	720	2,160	3,600	8,100	12,600	18,000
1968 Skylark, V-8, 116" wb, 2d 112" wb						
2d HT	780	2,340	3,900	8,780	13,650	19,500
1968 Skylark Custom, V-8, 116" wb, 2d 112" wb						
2d Conv	1,040	3,120	5,200	11,700	18,200	26,000
1968 Sport Wagon, V-8, 121" wb						
4d 2S Sta Wag	800	2,400	4,000	9,000	14,000	20,000
4d 3S Sta Wag	820	2,460	4,100	9,230	14,350	20,500

	6	5	4	3	2	1
1968 Gran Sport GS 350, V-8, 112" wb						
2d HT	1,280	3,840	6,400	14,400	22,400	32,000
2d Sed GS California Special	1,320	3,960	6,600	14,850	23,100	33,000
NOTE: Add 50% for Stage 1 pkg.						
1968 Gran Sport GS 400, V-8, 112" wb						
2d HT	1,840	5,520	9,200	20,700	32,200	46,000
2d Conv	2,080	6,240	10,400	23,400	36,400	52,000
NOTE: Add 50% for Stage 1 pkg.						
1968 LeSabre, V-8, 123" wb						
4d Sed	570	1,720	2,860	6,440	10,010	14,300
4d HT	580	1,750	2,920	6,570	10,220	14,600
2d HT	780	2,340	3,900	8,780	13,650	19,500
1968 LeSabre Custom, V-8, 123" wb						
4d Sed	580	1,730	2,880	6,480	10,080	14,400
4d HT	590	1,760	2,940	6,620	10,290	14,700
2d HT	800	2,400	4,000	9,000	14,000	20,000
2d Conv	1,040	3,120	5,200	11,700	18,200	26,000
1968 Wildcat, V-8, 126" wb						
4d Sed	580	1,740	2,900	6,530	10,150	14,500
4d HT	590	1,780	2,960	6,660	10,360	14,800
2d HT	820	2,460	4,100	9,230	14,350	20,500
1968 Wildcat Custom, V-8, 126" wb						
4d HT	600	1,810	3,020	6,800	10,570	15,100
2d HT	840	2,520	4,200	9,450	14,700	21,000
2d Conv	1,120	3,360	5,600	12,600	19,600	28,000
1968 Electra 225, V-8, 126" wb						
4d Sed	600	1,800	3,000	6,750	10,500	15,000
4d HT	620	1,850	3,080	6,930	10,780	15,400
2d HT	860	2,580	4,300	9,680	15,050	21,500
1968 Electra 225 Custom, V-8, 126" wb						
4d Sed	600	1,810	3,020	6,800	10,570	15,100
4d HT	620	1,860	3,100	6,980	10,850	15,500
2d HT	880	2,640	4,400	9,900	15,400	22,000
2d Conv	1,200	3,600	6,000	13,500	21,000	30,000
1968 Riviera Series, V-8						
2d HT GS	1,000	3,000	5,000	11,250	17,500	25,000
2d HT	960	2,880	4,800	10,800	16,800	24,000
NOTE: Add 25% for 400. Not available in Riviera.						
1969 Special DeLuxe, V-8, 116" wb, 2d 112" wb						
4d Sed	350	1,040	1,740	3,920	6,090	8,700
2d Sed	600	1,800	3,000	6,750	10,500	15,000
4d Sta Wag	470	1,420	2,360	5,310	8,260	11,800
1969 Skylark, V-8, 116" wb, 2d 112" wb						
4d Sed	390	1,160	1,940	4,370	6,790	9,700
2d HT	720	2,160	3,600	8,100	12,600	18,000
NOTE: Deduct 10% for 6-cyl.						
1969 Skylark Custom, V-8, 116" wb, 2d 112" wb						
4d Sed	400	1,200	2,000	4,500	7,000	10,000
4d HT	430	1,300	2,160	4,860	7,560	10,800
2d HT	760	2,280	3,800	8,550	13,300	19,000
2d Conv	1,040	3,120	5,200	11,700	18,200	26,000
1969 Gran Sport GS 350, V-8, 112" wb						
2d Calif GS	1,320	3,960	6,600	14,850	23,100	33,000
2d HT	1,000	3,000	5,000	11,250	17,500	25,000
1969 Gran Sport GS 400, V-8, 112" wb						
2d HT	1,280	3,840	6,400	14,400	22,400	32,000
2d Conv	2,280	6,840	11,400	25,650	39,900	57,000
NOTE: Add 65% for Stage I option (400 cid/345 hp).						
1969 Sport Wagon, V-8, 121" wb						
4d 2S Sta Wag	620	1,860	3,100	6,980	10,850	15,500
4d 3S Sta Wag	640	1,910	3,180	7,160	11,130	15,900
1969 LeSabre, V-8, 123.2" wb						
4d Sed	370	1,100	1,840	4,140	6,440	9,200
4d HT	390	1,180	1,960	4,410	6,860	9,800
2d HT	620	1,860	3,100	6,980	10,850	15,500
1969 LeSabre Custom, V-8, 123.2" wb						
4d Sed	380	1,130	1,880	4,230	6,580	9,400
4d HT	410	1,230	2,050	4,610	7,180	10,250
2d HT	640	1,920	3,200	7,200	11,200	16,000
2d Conv	800	2,400	4,000	9,000	14,000	20,000
1969 Wildcat, V-8, 123.2" wb						
4d Sed	430	1,300	2,160	4,860	7,560	10,800
4d HT	460	1,380	2,300	5,180	8,050	11,500
2d HT	650	1,960	3,260	7,340	11,410	16,300
1969 Wildcat Custom, V-8, 123.2" wb						
4d HT	480	1,430	2,380	5,360	8,330	11,900
2d HT	710	2,140	3,560	8,010	12,460	17,800
2d Conv	1,000	3,000	5,000	11,250	17,500	25,000

	6	5	4	3	2	1
1969 Electra 225, V-8, 126.2" wb						
4d Sed	400	1,200	2,000	4,500	7,000	10,000
4d HT	480	1,430	2,380	5,360	8,330	11,900
2d HT	560	1,670	2,780	6,260	9,730	13,900
1969 Electra 225 Custom, V-8, 126.2" wb						
4d Sed	420	1,260	2,100	4,730	7,350	10,500
4d HT	460	1,370	2,280	5,130	7,980	11,400
2d HT	600	1,800	3,000	6,750	10,500	15,000
2d Conv	1,100	3,300	5,500	12,380	19,250	27,500
1969 Riviera Series, V-8						
2d GS HT	1,320	3,960	6,600	14,850	23,100	33,000
2d HT	1,260	3,780	6,300	14,180	22,050	31,500
1970 Skylark, V-8, 116" wb, 2d 112" wb						
4d Sed	320	970	1,620	3,650	5,670	8,100
2d Sed	600	1,800	3,000	6,750	10,500	15,000
1970 Skylark 350, V-8, 116" wb, 2d 112.2" wb						
4d Sed	340	1,020	1,700	3,830	5,950	8,500
2d HT	720	2,160	3,600	8,100	12,600	18,000
NOTE: Deduct 10% for 6-cyl.						
1970 Skylark Custom, V-8, 116" wb, 2d 112" wb						
4d Sed	350	1,060	1,760	3,960	6,160	8,800
4d HT	420	1,260	2,100	4,730	7,350	10,500
2d HT	760	2,280	3,800	8,550	13,300	19,000
2d Conv	1,020	3,060	5,100	11,480	17,850	25,500
1970 Gran Sport GS 350, V-8, 112" wb						
2d HT	1,200	3,600	6,000	13,500	21,000	30,000
1970 Gran Sport GS 455, V-8, 112" wb						
2d HT	1,840	5,520	9,200	20,700	32,200	46,000
2d Conv	2,400	7,200	12,000	27,000	42,000	60,000
1970 GSX, V-8, 455, 112" wb						
2d HT	3,400	10,200	17,000	38,250	59,500	85,000
2d Conv	4,000	12,000	20,000	45,000	70,000	100,000
NOTE: Add 50% for 455 cid/350 hp V-8; 75% for Stage 1 455 cid/360 hp V-8.						
1970 Sport Wagon, V-8, 116" wb						
2S Sta Wag	650	1,950	3,250	7,310	11,380	16,250
1970 LeSabre, V-8, 124" wb						
4d Sed	370	1,100	1,840	4,140	6,440	9,200
4d HT	390	1,180	1,970	4,430	6,900	9,850
2d HT	570	1,710	2,850	6,410	9,980	14,250
1970 LeSabre Custom, V-8, 124" wb						
4d Sed	370	1,120	1,870	4,210	6,550	9,350
4d HT	410	1,220	2,040	4,590	7,140	10,200
2d HT	590	1,780	2,960	6,660	10,360	14,800
2d Conv	840	2,520	4,200	9,450	14,700	21,000
NOTE: Add 5% for LeSabre Custom						
1970 Estate Wagon, V-8, 124" wb						
4d 2S Sta Wag	540	1,620	2,700	6,080	9,450	13,500
4d 3S Sta Wag	550	1,640	2,740	6,170	9,590	13,700
1970 Wildcat Custom, V-8, 124" wb						
4d HT	510	1,540	2,560	5,760	8,960	12,800
2d HT	740	2,230	3,720	8,370	13,020	18,600
2d Conv	1,020	3,060	5,100	11,480	17,850	25,500
1970 Electra Custom 225, V-8, 127" wb						
4d Sed	440	1,330	2,220	5,000	7,770	11,100
4d HT	470	1,420	2,360	5,310	8,260	11,800
2d HT	660	1,980	3,300	7,430	11,550	16,500
2d Conv	1,080	3,240	5,400	12,150	18,900	27,000
NOTE: Deduct 5% for Electra 225 models						
1970 Riviera Series, V-8						
2d GS Cpe	1,320	3,960	6,600	14,850	23,100	33,000
2d HT Cpe	1,220	3,660	6,100	13,730	21,350	30,500
NOTE: Add 40% for 455, except when standard.						
1971-72 Skylark Custom, V-8						
4d Sed	350	1,060	1,760	3,960	6,160	8,800
4d HT	430	1,300	2,160	4,860	7,560	10,800
2d HT	760	2,280	3,800	8,550	13,300	19,000
2d Conv	990	2,980	4,960	11,160	17,360	24,800
NOTE: Deduct 10% for base Skylark. Add 15% for 1972 GS350 pkg.						
1971-72 Gran Sport, 350, V-8						
2d HT	1,160	3,480	5,800	13,050	20,300	29,000
2d Conv	1,720	5,160	8,600	19,350	30,100	43,000
(1971) 2d HT GSX (124 built in 1971)	5,200	15,600	26,000	58,500	91,000	130,000
(1972) 2d HT GSX (44 built in 1972)	5,600	16,800	28,000	70,000	98,000	140,000
NOTE: Add 70% for Stage I; 35% for GS-455 (1972); 15% for Sun Coupe folding sunroof (1972).						
1971-72 Sport Wagon, V-8, 116" wb						
4d 2S Sta Wag	620	1,860	3,100	6,980	10,850	15,500
1971-72 LeSabre Custom, V-8						
4d Sed	330	980	1,640	3,690	5,740	8,200
4d HT	370	1,120	1,860	4,190	6,510	9,300

BUICK

	6	5	4	3	2	1
2d HT	600	1,800	3,000	6,750	10,500	15,000
2d Conv	920	2,760	4,600	10,350	16,100	23,000

NOTE: Deduct 5% for base LeSabre.

1971-72 Centurion, V-8

	6	5	4	3	2	1
4d HT	400	1,190	1,980	4,460	6,930	9,900
2d HT	550	1,640	2,740	6,170	9,590	13,700
2d Conv	920	2,760	4,600	10,350	16,100	23,000

1971-72 Estate Wagon, V-8, 124" wb

	6	5	4	3	2	1
4d 2S Sta Wag	540	1,610	2,680	6,030	9,380	13,400
4d 3S Sta Wag	540	1,630	2,720	6,120	9,520	13,600

1971-72 Electra Custom 225, V-8

	6	5	4	3	2	1
4d HT	440	1,330	2,220	5,000	7,770	11,100
2d HT	520	1,560	2,600	5,850	9,100	13,000

NOTE: Deduct 5% for base Electra 225

1971-72 Riviera, V-8

	6	5	4	3	2	1
2d HT GS	1,440	4,320	7,200	16,200	25,200	36,000
2d HT	1,200	3,600	6,000	13,500	21,000	30,000

1973 Apollo, V-8

	6	5	4	3	2	1
4d Sed	310	940	1,560	3,510	5,460	7,800
2d Sed	380	1,140	1,900	4,280	6,650	9,500
2d HBk	360	1,080	1,800	4,050	6,300	9,000

NOTE: Deduct 10% for 6-cyl.

1973 Century, V-8, 116" wb, 2d 112" wb

	6	5	4	3	2	1
2d Cpe	400	1,200	2,000	4,500	7,000	10,000
4d Sed	360	1,070	1,780	4,010	6,230	8,900
4d 3S Sta Wag	390	1,160	1,940	4,370	6,790	9,700

1973 Century Luxus, V-8

	6	5	4	3	2	1
4d HT	320	950	1,580	3,560	5,530	7,900
2d Cpe	420	1,260	2,100	4,730	7,350	10,500
4d 3S Wag	410	1,240	2,060	4,640	7,210	10,300

1973 Century Regal, V-8

	6	5	4	3	2	1
2d HT	510	1,540	2,560	5,760	8,960	12,800

NOTE: Add 15% for Gran Sport pkg.; 50% for GS Stage 1, 455 option.

1973 LeSabre, V-8, 124" wb

	6	5	4	3	2	1
4d Sed	290	860	1,440	3,240	5,040	7,200
4d HT	320	970	1,620	3,650	5,670	8,100
2d HT	440	1,320	2,200	4,950	7,700	11,000

1973 LeSabre Custom, V-8

	6	5	4	3	2	1
4d Sed	300	910	1,520	3,420	5,320	7,600
4d HT	320	970	1,620	3,650	5,670	8,100
2d HT	420	1,270	2,120	4,770	7,420	10,600
2d Conv	1,160	3,480	5,800	14,500	20,300	29,000
4d 3S Estate Wag.	520	1,550	2,580	5,810	9,030	12,900

1973 Centurion, V-8

	6	5	4	3	2	1
4d HT	380	1,130	1,880	4,230	6,580	9,400
2d HT	530	1,580	2,640	5,940	9,240	13,200
2d Conv	990	2,960	4,940	11,120	17,290	24,700

1973 Electra Custom 225, V-8

	6	5	4	3	2	1
4d HT	400	1,200	2,000	4,500	7,000	10,000
2d HT	500	1,500	2,500	5,630	8,750	12,500

1973 Riviera, V-8

	6	5	4	3	2	1
2d HT GS	1,240	3,720	6,200	13,950	21,700	31,000
2d HT	1,160	3,480	5,800	13,050	20,300	29,000

NOTE: Add 10% for 458 cid V-8 in all full size Buicks.

1974 Apollo, V-8, 111" wb

	6	5	4	3	2	1
4d Sed	260	780	1,300	2,930	4,550	6,500
2d Sed	380	1,140	1,900	4,280	6,650	9,500
2d HBk	360	1,080	1,800	4,050	6,300	9,000

NOTE: Deduct 10% for 6-cyl.

1974 Century Luxus, V-8, 112" wb

	6	5	4	3	2	1
2d HT	390	1,160	1,940	4,370	6,790	9,700
4d HT	320	950	1,580	3,560	5,530	7,900
4d Sta Wag.	390	1,160	1,940	4,370	6,790	9,700

NOTE: Deduct 5% for base Century.

1974 Gran Sport, V-8 (350-cid)

	6	5	4	3	2	1
2d Cpe	560	1,680	2,800	6,300	9,800	14,000

1974 Century Regal, V-8, 112" wb

	6	5	4	3	2	1
2d HT	500	1,490	2,480	5,580	8,680	12,400

1974 LeSabre Luxus, V-8, 123" wb

	6	5	4	3	2	1
4d Sed	280	830	1,380	3,110	4,830	6,900
4d HT	340	1,010	1,680	3,780	5,880	8,400
2d HT	360	1,090	1,820	4,100	6,370	9,100
2d Conv	900	2,700	4,500	10,130	15,750	22,500

NOTE: Deduct 5% for base LeSabre.

1974 Estate Wagon, V-8

	6	5	4	3	2	1
4d Sta Wag.	520	1,550	2,580	5,810	9,030	12,900

1974 Electra Limited, V-8

	6	5	4	3	2	1
2d HT	460	1,370	2,280	5,130	7,980	11,400

	6	5	4	3	2	1
4d HT	510	1,540	2,560	5,760	8,960	12,800

NOTE: Deduct 5% for Electra 225 Custom; 10% for base Electra 225.

1974 Riviera, V-8

	6	5	4	3	2	1
2d HT	600	1,800	3,000	6,750	10,500	15,000

NOTE: Add 10% for Apollo GSX; 15% for Century GS 455; 20% for GS 455 Stage I; 5% for sunroof; 15% for Riviera GS or Stage I.

1975 Skyhawk, V-6

	6	5	4	3	2	1
2d "S" HBk	250	700	1,150	2,610	4,050	5,800

1975 Apollo, 6-cyl. / V-8

	6	5	4	3	2	1
4d Sed (6-cyl. only)	200	610	1,020	2,300	3,570	5,100
4d "SR" Sed (V-8 only)	210	640	1,060	2,390	3,710	5,300

1975 Skylark, V-8

	6	5	4	3	2	1
2d Cpe	240	730	1,220	2,750	4,270	6,100
2d HBk	220	660	1,100	2,480	3,850	5,500
2d "SR" Cpe	260	770	1,280	2,880	4,480	6,400
2d "SR" HBk	240	720	1,200	2,700	4,200	6,000

1975 Century, V-8

	6	5	4	3	2	1
4d Sed	290	860	1,440	3,240	5,040	7,200
2d Cpe	360	1,070	1,780	4,010	6,230	8,900
4d Cus Sed	320	950	1,580	3,560	5,530	7,900
2d Cus Cpe	390	1,160	1,940	4,370	6,790	9,700
4d 2S Sta Wag	380	1,150	1,920	4,320	6,720	9,600
4d 3S Sta Wag	390	1,160	1,940	4,370	6,790	9,700

NOTE: Add 20% for Indy Pace Car Edition.

1975 Regal, V-8

	6	5	4	3	2	1
4d Sed	370	1,120	1,860	4,190	6,510	9,300
2d Cpe	500	1,500	2,500	5,630	8,750	12,500

1975 LeSabre Custom, V-8

	6	5	4	3	2	1
4d Sed	280	830	1,380	3,110	4,830	6,900
4d HT	320	960	1,600	3,600	5,600	8,000
2d Cpe	340	1,030	1,720	3,870	6,020	8,600
2d Conv	980	2,940	4,900	11,030	17,150	24,500

NOTE: Deduct 5% for base LeSabre.

1975 Estate Wagon, V-8

	6	5	4	3	2	1
4d 3S Sta Wag	490	1,460	2,440	5,490	8,540	12,200

1975 Electra 225 Limited, V-8

	6	5	4	3	2	1
4d HT	400	1,200	2,000	4,500	7,000	10,000
2d Cpe	470	1,400	2,340	5,270	8,190	11,700

1976 Riviera, V-8

	6	5	4	3	2	1
2d HT	640	1,930	3,220	7,250	11,270	16,100

NOTE: Deduct 5% for Electra 225 Custom. Add 15% for Park Avenue DeLuxe; 10% for Park Avenue, Century, GS or Riviera GS options.

1976 Skyhawk, V-6

	6	5	4	3	2	1
2d HBk	230	690	1,150	2,590	4,030	5,750

1976 Skylark S, V-8

	6	5	4	3	2	1
2d Cpe	244	732	1,220	2,750	4,270	6,100
4d Sed	210	640	1,060	2,390	3,710	5,300
2d Cpe	260	700	1,320	2,970	4,620	6,600
2d HBk	230	700	1,160	2,610	4,060	5,800

NOTE: Add 5% for SR Trim pkg.

1976 Century Custom, V-8

	6	5	4	3	2	1
4d Sed	320	950	1,580	3,560	5,530	7,900
2d Cpe	410	1,240	2,060	4,640	7,210	10,300
4d 3S Sta Wag	370	1,120	1,860	4,190	6,510	9,300

NOTE: Deduct 5% for base Century; 10% for Century Special. Add 20% for Indy Pace Car Edition.

1976 Regal, V-8

	6	5	4	3	2	1
4d Sed	370	1,120	1,860	4,190	6,510	9,300
2d Cpe	500	1,490	2,480	5,580	8,680	12,400

1976 LeSabre Custom, V-8

	6	5	4	3	2	1
4d Sed	280	830	1,380	3,110	4,830	6,900
4d HT	340	1,010	1,680	3,780	5,880	8,400
2d Cpe	370	1,100	1,840	4,140	6,440	9,200

NOTE: Deduct 5% for base LeSabre.

1976 Estate, V-8

	6	5	4	3	2	1
4d 3S Sta Wag	490	1,460	2,440	5,490	8,540	12,200

1976 Electra 225 Limited, V-8

	6	5	4	3	2	1
4d HT	410	1,220	2,040	4,590	7,140	10,200
2d Cpe	470	1,400	2,340	5,270	8,190	11,700

NOTE: Deduct 5% for Electra 225 Custom. Add 10% for Park Ave. Edition.

1976 Riviera, V-8

	6	5	4	3	2	1
2d Spt Cpe	640	1,920	3,200	7,200	11,200	16,000

NOTE: Deduct 5% for 6-cylinder.

1977 Skyhawk, V-6

	6	5	4	3	2	1
2d HBk	230	700	1,160	2,610	4,060	5,800

1977 Skylark S, V-8

	6	5	4	3	2	1
2d Cpe	240	730	1,220	2,750	4,270	6,100

1977 Skylark, V-8

	6	5	4	3	2	1
4d Sed	210	640	1,060	2,390	3,710	5,300
2d Cpe	260	780	1,300	2,930	4,550	6,500

BUICK

	6	5	4	3	2	1
2d HBk 220		660	1,100	2,480	3,850	5,500

NOTE: Add 5% for Skylark Custom.

1977 Century Custom, V-8

	6	5	4	3	2	1
4d Sed 190		560	940	2,120	3,290	4,700
2d Cpe 230		700	1,160	2,610	4,060	5,800
4d 3S Sta Wag 250		760	1,260	2,840	4,410	6,300

NOTE: Deduct 5% for base Century; 10% for Century Special.

1977 Regal, V-8

	6	5	4	3	2	1
4d Sed 330		1,000	1,660	3,740	5,810	8,300
2d Cpe 480		1,440	2,400	5,400	8,400	12,000

1977 LeSabre Custom, V-8

	6	5	4	3	2	1
4d Sed 250		740	1,240	2,790	4,340	6,200
2d Cpe 350		1,060	1,760	3,960	6,160	8,800
2d Spt Cpe 360		1,080	1,800	4,050	6,300	9,000

NOTE: Deduct 5% for base LeSabre.

1977 Electra Limited, V-8

	6	5	4	3	2	1
4d Sed 330		990	1,650	3,710	5,780	8,250
2d Cpe 370		1,100	1,840	4,140	6,440	9,200

NOTE: Deduct 5% for base Electra 225. Add 10% for Electra Park Avenue trim option.

1977 Riviera, V-8

	6	5	4	3	2	1
2d Cpe 460		1,380	2,300	5,180	8,050	11,500

1978 Skyhawk

	6	5	4	3	2	1
2d "S" HBk 220		650	1,080	2,430	3,780	5,400
2d HBk 220		670	1,120	2,520	3,920	5,600

1978 Skylark Custom

	6	5	4	3	2	1
4d Sed 220		660	1,100	2,480	3,850	5,500
2d Cpe 270		820	1,360	3,060	4,760	6,800
2d HBk 240		730	1,220	2,750	4,270	6,100

NOTE: Deduct 5% for base Skylark models; 10% for Skylark S Coupe.

1978 Century Custom

	6	5	4	3	2	1
4d Sed 190		560	940	2,120	3,290	4,700
2d Cpe 230		700	1,160	2,610	4,060	5,800
Sta Wag 250		760	1,260	2,840	4,410	6,300

NOTE: Deduct 5% for Century Special.

1978 Century Sport

	6	5	4	3	2	1
2d Cpe 250		760	1,270	2,860	4,450	6,350

1978 Century Limited

	6	5	4	3	2	1
4d Sed 200		600	1,000	2,250	3,500	5,000
2d Cpe 250		740	1,240	2,790	4,340	6,200

1978 Regal

	6	5	4	3	2	1
2d Cpe 420		1,260	2,100	4,730	7,350	10,500
Spt Cpe 440		1,320	2,200	4,950	7,700	11,000

1978 Regal Limited

	6	5	4	3	2	1
2d Cpe 460		1,380	2,300	5,180	8,050	11,500

1978 LeSabre

	6	5	4	3	2	1
4d Sed 240		710	1,180	2,660	4,130	5,900
2d Cpe 320		950	1,580	3,560	5,530	7,900
2d Spt Turbo Cpe 400		1,200	2,000	4,500	7,000	10,000

1978 LeSabre Custom

	6	5	4	3	2	1
4d Sed 240		730	1,220	2,750	4,270	6,100
2d Cpe 350		1,060	1,760	3,960	6,160	8,800

1978 Estate Wagon

	6	5	4	3	2	1
4d Sta Wag 320		960	1,600	3,600	5,600	8,000

1978 Electra Park Avenue

	6	5	4	3	2	1
4d Sed 440		1,320	2,200	4,950	7,700	11,000
2d Cpe 470		1,420	2,360	5,310	8,260	11,800

NOTE: Deduct 10% for Electra Limited; 20% for Electra 225.

1978 Riviera

	6	5	4	3	2	1
2d Cpe 450		1,360	2,260	5,090	7,910	11,300

NOTE: Add 20% for LXXV pkg.

1979 Skyhawk, V-6

	6	5	4	3	2	1
2d HBk 230		700	1,160	2,610	4,060	5,800
2d "S" HBk 220		650	1,080	2,430	3,780	5,400

1979 Skylark, V-8

	6	5	4	3	2	1
4d Sed 210		640	1,060	2,390	3,710	5,300
2d Cpe 260		790	1,320	2,970	4,620	6,600
2d HBk 230		700	1,160	2,610	4,060	5,800

NOTE: Deduct 5% for Skylark S Coupe. Add 5% for Skylark Custom.

1979 Century Custom, V-8

	6	5	4	3	2	1
4d Sed 210		640	1,060	2,390	3,710	5,300
2d Cpe 260		790	1,320	2,970	4,620	6,600
4d Sta Wag 300		900	1,500	3,380	5,250	7,500

NOTE: Deduct 5% for Century Special.

1979 Century Sport, V-8

	6	5	4	3	2	1
2d Cpe 270		820	1,360	3,060	4,760	6,800

1979 Century Limited, V-8

	6	5	4	3	2	1
4d Sed 220		660	1,100	2,480	3,850	5,500

1979 Regal Sport Turbo, V-6

	6	5	4	3	2	1
2d Cpe 520		1,560	2,600	5,850	9,100	13,000

| | 6 | 5 | 4 | 3 | 2 | 1 | 39 |

1979 Regal, V-8
	6	5	4	3	2	1
2d Cpe 420	1,260	2,100	4,730	7,350	10,500	

NOTE: Deduct 5% for Regal V-6.

1979 Regal Limited, V-6 & V-8
2d Cpe V-6 400	1,200	2,000	4,500	7,000	10,000	
2d Cpe V-8 440	1,320	2,200	4,950	7,700	11,000	

1979 LeSabre Limited, V-8
4d Sed 250	740	1,240	2,790	4,340	6,200	
2d Cpe 350	1,060	1,760	3,960	6,160	8,800	

NOTE: Deduct 10% for base LeSabre.

1979 LeSabre Sport Turbo, V-6
2d Cpe 380	1,140	1,900	4,280	6,650	9,500	

1979 LeSabre Estate Wagon
4d Sta Wag 320	960	1,600	3,600	5,600	8,000	

1979 Electra Limited, V-8
4d Sed 340	1,020	1,700	3,830	5,950	8,500	
2d Cpe 410	1,240	2,060	4,640	7,210	10,300	

NOTE: Deduct 5% for Electra 225.

1979 Electra Park Avenue, V-8
4d Sed 410	1,240	2,060	4,640	7,210	10,300	
2d Cpe 450	1,340	2,240	5,040	7,840	11,200	

1979 Riviera, V-8
2d "S" Cpe 470	1,420	2,360	5,310	8,260	11,800	

1980 Skyhawk, V-6
2d HBk S 200	600	1,000	2,250	3,500	5,000	
2d HBk 210	640	1,060	2,390	3,710	5,300	

1980 Skylark, V-6
4d Sed 210	640	1,060	2,390	3,710	5,300	
2d Cpe 230	700	1,160	2,610	4,060	5,800	

NOTE: Add 5% for Skylark LTO; 10% for Skylark Sport. Deduct 10% for 4-cyl.

1980 Century, V-8
4d Sed 200	600	1,000	2,250	3,500	5,000	
2d Cpe 260	790	1,320	2,970	4,620	6,600	
4d Sta Wag Est 270	800	1,340	3,020	4,690	6,700	
2d Cpe Spt 270	820	1,360	3,060	4,760	6,800	

NOTE: Deduct 12% for V-6.

1980 Regal, V-8
2d Cpe 420	1,260	2,100	4,730	7,350	10,500	
2d Cpe LTD 430	1,290	2,150	4,840	7,530	10,750	

NOTE: Deduct 12% for V-6.

1980 Regal Turbo, V-6
2d Cpe 500	1,500	2,500	5,630	8,750	12,500	

1980 LeSabre, V-8
4d Sed 240	710	1,180	2,660	4,130	5,900	
2d Cpe 310	940	1,560	3,510	5,460	7,800	
4d Sed LTD 240	730	1,220	2,750	4,270	6,100	
2d Cpe LTD 250	740	1,240	2,790	4,340	6,200	
4d Sta Wag Est 340	1,010	1,680	3,780	5,880	8,400	

1980 LeSabre Turbo, V-6
2d Cpe Spt 360	1,080	1,800	4,050	6,300	9,000	

1980 Electra, V-8
4d Sed Ltd 320	970	1,620	3,650	5,670	8,100	
2d Cpe Ltd 340	1,010	1,680	3,780	5,880	8,400	
4d Sed Park Ave 330	980	1,640	3,690	5,740	8,200	
2d Cpe Park Ave 340	1,020	1,700	3,830	5,950	8,500	
4d Sta Wag Est 350	1,060	1,760	3,960	6,160	8,800	

1980 Riviera S Turbo, V-6
2d Cpe 500	1,510	2,520	5,670	8,820	12,600	

1980 Riviera, V-8
2d Cpe 460	1,380	2,300	5,180	8,050	11,500	

1981 Skylark, V-6
4d Sed Spt 168	504	840	1,890	2,940	4,200	
2d Cpe Spt 172	516	860	1,940	3,010	4,300	

NOTE: Deduct 10% for 4-cyl.; 5% for lesser models.

1981 Century, V-8
4d Sed Ltd 152	456	760	1,710	2,660	3,800	
4d Sta Wag Est 156	468	780	1,760	2,730	3,900	

NOTE: Deduct 12% for V-6; 5% for lesser models.

1981 Regal, V-8
2d Cpe 420	1,260	2,100	4,730	7,350	10,500	
2d Cpe Ltd 440	1,320	2,200	4,950	7,700	11,000	

NOTE: Deduct 12% for V-6.

1981 Regal Turbo, V-6
2d Cpe Spt 500	1,500	2,500	5,630	8,750	12,500	

1981 LeSabre, V-8
4d Sed Ltd 200	600	1,000	2,250	3,500	5,000	
2d Cpe Ltd 200	610	1,020	2,300	3,570	5,100	
4d Sta Wag Est 210	620	1,040	2,340	3,640	5,200	

NOTE: Deduct 12% for V-6 except Estate Wag.; 5% for lesser models.

	6	5	4	3	2	1
1981 Electra, V-8						
4d Sed Ltd	200	610	1,020	2,300	3,570	5,100
2d Cpe Ltd	210	620	1,040	2,340	3,640	5,200
4d Sed Park Ave.	210	640	1,060	2,390	3,710	5,300
2d Cpe Park Ave.	220	650	1,080	2,430	3,780	5,400
4d Sta Wag Est.	220	650	1,080	2,430	3,780	5,400
NOTE: Deduct 15% for V-6 except Estate Wag.						
1981 Riviera, V-8						
2d Cpe	400	1,200	2,000	4,500	7,000	10,000
1981 Riviera, V-6						
2d Cpe	380	1,140	1,900	4,280	6,650	9,500
2d Cpe Turbo T-Type.	400	1,190	1,980	4,460	6,930	9,900
1982 Skyhawk, 4-cyl.						
4d Sed Ltd	156	468	780	1,760	2,730	3,900
2d Cpe Ltd	160	480	800	1,800	2,800	4,000
NOTE: Deduct 5% for lesser models.						
1982 Skylark, V-6						
4d Sed Spt	176	528	880	1,980	3,080	4,400
2d Cpe Spt	180	540	900	2,030	3,150	4,500
NOTE: Deduct 10% for 4-cyl.; 5% for lesser models.						
1982 Regal, V-6						
4d Sed	180	550	920	2,070	3,220	4,600
2d Cpe	420	1,260	2,100	4,730	7,350	10,500
2d Cpe Turbo	500	1,500	2,500	5,630	8,750	12,500
2d Grand Natl	800	2,400	4,000	9,000	14,000	20,000
4d Sed Ltd	190	580	960	2,160	3,360	4,800
2d Cpe Ltd	310	940	1,560	3,510	5,460	7,800
4d Sta Wag	200	590	980	2,210	3,430	4,900
NOTE: Add 10% for T-top option; 15% for Turbo GN option.						
1982 Century, V-6						
4d Sed Ltd	196	588	980	2,210	3,430	4,900
2d Cpe Ltd	200	600	1,000	2,250	3,500	5,000
NOTE: Deduct 10% for 4-cyl.; 5% for lesser models.						
1982 LeSabre, V-8						
4d Sed Ltd	220	670	1,120	2,520	3,920	5,600
2d Cpe Ltd	230	680	1,140	2,570	3,990	5,700
4d Sta Wag Est.	230	680	1,140	2,570	3,990	5,700
NOTE: Deduct 12% for V-6 except Estate Wag.; 5% for lesser models.						
1982 Electra, V-8						
4d Sed Ltd	220	670	1,120	2,520	3,920	5,600
2d Cpe Ltd	230	700	1,160	2,610	4,060	5,800
4d Sed Park Ave.	240	710	1,180	2,660	4,130	5,900
2d Cpe Park Ave.	240	730	1,220	2,750	4,270	6,100
4d Sta Wag Est.	240	730	1,220	2,750	4,270	6,100
NOTE: Deduct 15% for V-6 except Estate Wag.						
1982 Riviera, V-6						
2d Cpe	380	1,140	1,900	4,280	6,650	9,500
2d Cpe T-Type.	392	1,176	1,960	4,410	6,860	9,800
2d Conv	840	2,520	4,200	9,450	14,700	21,000
1982 Riviera, V-8						
2d Cpe	400	1,200	2,000	4,500	7,000	10,000
2d Conv	880	2,640	4,400	9,900	15,400	22,000
1983 Skyhawk, 4-cyl.						
4d Sed Ltd	168	504	840	1,890	2,940	4,200
2d Cpe Ltd	172	516	860	1,940	3,010	4,300
4d Sta Wag Ltd.	172	516	860	1,940	3,010	4,300
2d Cpe T-Type.	220	650	1,080	2,430	3,780	5,400
NOTE: Deduct 5% for lesser models.						
1983 Skylark, V-6						
4d Sed Ltd	168	504	840	1,890	2,940	4,200
2d Cpe Ltd	172	516	860	1,940	3,010	4,300
2d Cpe T-Type.	220	670	1,120	2,520	3,920	5,600
NOTE: Deduct 10% for 4-cyl except T-Type; 5% for lesser models.						
1983 Century, V-6						
4d Sed T-Type.	220	660	1,100	2,480	3,850	5,500
2d Cpe T-Type.	240	720	1,200	2,700	4,200	6,000
NOTE: Deduct 12% for 4-cyl except T-Type; 5% for lesser models.						
1983 Regal, V-6						
4d Sed	240	720	1,200	2,700	4,200	6,000
2d Cpe T-Type.	620	1,860	3,100	6,980	10,850	15,500
4d Sta Wag	200	590	980	2,210	3,430	4,900
NOTE: Add 10% for T-Top option. Deduct 5% for lesser models.						
1983 LeSabre, V-8						
4d Sed Ltd	240	710	1,180	2,660	4,130	5,900
2d Cpe Ltd	240	720	1,200	2,700	4,200	6,000
4d Sta Wag	240	720	1,200	2,700	4,200	6,000
NOTE: Deduct 12% for V-6 except Estate; 5% for lesser models.						
1983 Electra, V-8						
4d Sed Ltd	240	710	1,180	2,660	4,130	5,900

	6	5	4	3	2	1
2d Cpe Ltd	240	720	1,200	2,700	4,200	6,000
4d Sed Park Ave	240	730	1,220	2,750	4,270	6,100
2d Cpe Park Ave	250	740	1,240	2,790	4,340	6,200
4d Sta Wag Est	250	740	1,240	2,790	4,340	6,200

NOTE: Deduct 15% for V-6.

1983 Riviera, V-6

	6	5	4	3	2	1
2d Cpe	380	1,140	1,900	4,280	6,650	9,500
2d Conv	840	2,520	4,200	9,450	14,700	21,000
2d T-Type	420	1,260	2,100	4,730	7,350	10,500

1983 Riviera, V-8

	6	5	4	3	2	1
2d Cpe	424	1,272	2,120	4,770	7,420	10,600
2d Conv	880	2,640	4,400	9,900	15,400	22,000

NOTE: Add 20% for XX option.

1984 Skyhawk Limited, 4-cyl.

	6	5	4	3	2	1
4d Sed	172	516	860	1,940	3,010	4,300
2d Sed	172	516	860	1,940	3,010	4,300
4d Sta Wag	172	516	860	1,940	3,010	4,300

NOTE: Deduct 5% for lesser models.

1984 Skyhawk T-Type, 4-cyl.

	6	5	4	3	2	1
2d Sed	220	660	1,100	2,480	3,850	5,500

1984 Skylark Limited, V-6

	6	5	4	3	2	1
4d Sed	176	528	880	1,980	3,080	4,400
2d Sed	180	540	900	2,030	3,150	4,500

NOTE: Deduct 5% for lesser models; 8% for 4-cyl.

1984 Skylark T-Type, V-6

	6	5	4	3	2	1
2d Sed	230	680	1,140	2,570	3,990	5,700

1984 Century Limited, 4-cyl.

NOTE: Deduct 5% for lesser models; 8% for 4-cyl.

1984 Century Limited, V-6

	6	5	4	3	2	1
4d Sed	180	540	900	2,030	3,150	4,500
2d Sed	184	552	920	2,070	3,220	4,600
4d Sta Wag Est	184	552	920	2,070	3,220	4,600

1984 Century T-Type, V-6

	6	5	4	3	2	1
4d Sed	220	670	1,120	2,520	3,920	5,600
2d Sed	240	730	1,220	2,750	4,270	6,100

1984 Regal, V-6

	6	5	4	3	2	1
4d Sed	180	550	920	2,070	3,220	4,600
2d Sed	340	1,020	1,700	3,830	5,950	8,500
2d Grand Natl	1,000	3,000	5,000	11,250	17,500	25,000

1984 Regal Limited, V-6

	6	5	4	3	2	1
4d Sed	190	560	940	2,120	3,290	4,700
2d Sed	300	910	1,520	3,420	5,320	7,600

1984 Regal T-Type, V-6

	6	5	4	3	2	1
2d Sed	640	1,920	3,200	7,200	11,200	16,000

1984 LeSabre Custom, V-8

	6	5	4	3	2	1
4d Sed	240	710	1,180	2,660	4,130	5,900
2d Sed	240	710	1,180	2,660	4,130	5,900

1984 LeSabre Limited, V-8

	6	5	4	3	2	1
4d Sed	240	720	1,200	2,700	4,200	6,000
2d Sed	240	720	1,200	2,700	4,200	6,000

NOTE: Deduct 10% for V-6.

1984 Electra Limited, V-8

	6	5	4	3	2	1
4d Sed	250	760	1,260	2,840	4,410	6,300
2d Sed	260	770	1,280	2,880	4,480	6,400
4d Est Wag	260	770	1,280	2,880	4,480	6,400

1984 Electra Park Avenue, V-8

	6	5	4	3	2	1
4d Sed	250	760	1,260	2,840	4,410	6,300
2d Sed	260	770	1,280	2,880	4,480	6,400

NOTE: Deduct 10% for V-6.

1984 Riviera, V-6

	6	5	4	3	2	1
2d Cpe	384	1,152	1,920	4,320	6,720	9,600
2d Conv	860	2,580	4,300	9,680	15,050	21,500

NOTE: Add 20% for GN V-6 option.

1984 Riviera, V-8

	6	5	4	3	2	1
2d Cpe	400	1,200	2,000	4,500	7,000	10,000
2d Conv	900	2,700	4,500	10,130	15,750	22,500

1984 Riviera T-Type, V-6 Turbo

	6	5	4	3	2	1
2d Cpe	396	1,188	1,980	4,460	6,930	9,900

1985 Skyhawk, 4-cyl.

	6	5	4	3	2	1
4d Sed Ltd	176	528	880	1,980	3,080	4,400
2d Ltd	176	528	880	1,980	3,080	4,400
4d Sta Wag Ltd	176	528	880	1,980	3,080	4,400
2d T-Type	220	670	1,120	2,520	3,920	5,600

NOTE: Deduct 5% for lesser models.

1985 Skylark, V-6

	6	5	4	3	2	1
4d Cus Sed	176	528	880	1,980	3,080	4,400
4d Sed Ltd	180	540	900	2,030	3,150	4,500

NOTE: Deduct 10% for 4-cyl.

BUICK

	6	5	4	3	2	1
1985 Century, V-6						
4d Sed Ltd	184	552	920	2,070	3,220	4,600
2d Ltd	184	552	920	2,070	3,220	4,600
4d Sta Wag Est.	192	576	960	2,160	3,360	4,800
4d Sed T-Type.	240	720	1,200	2,700	4,200	6,000
2d T-Type	250	740	1,240	2,790	4,340	6,200
NOTE: Deduct 10% for 4-cyl. where available; 5% for lesser models.						
1985 Somerset Regal, V-6						
2d Cus	188	564	940	2,120	3,290	4,700
2d Ltd	192	576	960	2,160	3,360	4,800
NOTE: Deduct 10% for 4-cyl.						
1985 Regal, V-6						
2d	300	910	1,520	3,420	5,320	7,600
2d Ltd	310	920	1,540	3,470	5,390	7,700
2d T-Type	640	1,920	3,200	7,200	11,200	16,000
2d T-Type Grand Natl	1,040	3,120	5,200	11,700	18,200	26,000
1985 LeSabre, V-8						
4d Sed Ltd	240	730	1,220	2,750	4,270	6,100
2d Ltd	260	770	1,280	2,880	4,480	6,400
4d Sta Wag Est.	260	770	1,280	2,880	4,480	6,400
4d Electra Sta Wag Est.	260	780	1,300	2,930	4,550	6,500
NOTE: Add 20% for Ltd Collectors Edition. Deduct 20% for V-6; 5% for lesser models.						
1985 Electra, V-6						
4d Sed	220	660	1,100	2,480	3,850	5,500
2d Sed	220	670	1,120	2,520	3,920	5,600
1985 Electra Park Avenue, V-6						
4d Sed	224	672	1,120	2,520	3,920	5,600
2d Sed	228	684	1,140	2,570	3,990	5,700
1985 Electra T-Type, V-6						
4d Sed	250	760	1,260	2,840	4,410	6,300
2d Sed	260	770	1,280	2,880	4,480	6,400
1985 Riviera T-Type, V-6						
2d Turbo	396	1,188	1,980	4,460	6,930	9,900
1985 Riviera, V-8						
2d Cpe	400	1,200	2,000	4,500	7,000	10,000
2d Conv	920	2,760	4,600	10,350	16,100	23,000
NOTE: Deduct 30% for diesel where available.						
1986 Skyhawk, 4-cyl.						
4d Cus Sed.	176	528	880	1,980	3,080	4,400
2d Cus Cpe.	172	516	860	1,940	3,010	4,300
4d Cus Sta Wag	180	540	900	2,030	3,150	4,500
4d Ltd Sed	180	540	900	2,030	3,150	4,500
2d Cpe Ltd	176	528	880	1,980	3,080	4,400
4d Sta Wag Ltd.	184	552	920	2,070	3,220	4,600
2d Spt HBk	188	564	940	2,120	3,290	4,700
2d T-Type HBk	210	640	1,060	2,390	3,710	5,300
2d T-Type Cpe.	210	620	1,040	2,340	3,640	5,200
1986 Skylark, V-6						
2d Cus Cpe.	176	528	880	1,980	3,080	4,400
4d Sed Ltd	180	540	900	2,030	3,150	4,500
1986 Somerset, V-6						
2d Cus Cpe.	192	576	960	2,160	3,360	4,800
2d Cpe T-Type.	230	680	1,140	2,570	3,990	5,700
1986 Century Custom						
2d Cpe	196	588	980	2,210	3,430	4,900
4d Sed	192	576	960	2,160	3,360	4,800
4d Sta Wag.	200	600	1,000	2,250	3,500	5,000
NOTE: Add 20% for GS Pkg.						
1986 Century Limited, V-6						
2d Cpe	200	600	1,000	2,250	3,500	5,000
4d Sed	196	588	980	2,210	3,430	4,900
4d Sta Wag.	204	612	1,020	2,300	3,570	5,100
4d Sed T-Type.	240	710	1,180	2,660	4,130	5,900
1986 Regal, V-6						
2d Cpe, V-8.	360	1,080	1,800	4,050	6,300	9,000
2d Cpe Ltd, V-8.	380	1,140	1,900	4,280	6,650	9,500
2d Cpe T-Type.	840	2,520	4,200	9,450	14,700	21,000
2d T-Type Grand Natl	1,500	4,500	7,500	16,880	26,250	37,500
1986 LeSabre Custom, V-6						
2d Cpe	220	660	1,100	2,480	3,850	5,500
4d Sed	216	648	1,080	2,430	3,780	5,400
1986 LeSabre Limited						
2d Cpe Grand Natl	600	1,800	3,000	6,750	10,500	15,000
2d Cpe	224	672	1,120	2,520	3,920	5,600
4d Sed	220	660	1,100	2,480	3,850	5,500
4d Sta Wag Est, V-8	240	720	1,200	2,700	4,200	6,000
1986 Electra, V-6						
2d Cpe	224	672	1,120	2,520	3,920	5,600
4d Sed	224	672	1,120	2,520	3,920	5,600

	6	5	4	3	2	1
1986 Electra Park Avenue, V-6						
2d Cpe	228	684	1,140	2,570	3,990	5,700
4d Sed	228	684	1,140	2,570	3,990	5,700
4d Sed T-Type	240	730	1,220	2,750	4,270	6,100
4d Sta Wag Est	248	744	1,240	2,790	4,340	6,200
1986 Riviera, V-6						
2d Cpe	240	720	1,200	2,700	4,200	6,000
2d Cpe T-Type	260	780	1,300	2,930	4,550	6,500

NOTE: Add 10% for deluxe models. Deduct 5% for smaller engines where available.

	6	5	4	3	2	1
1987 Skyhawk, 4-cyl.						
4d Cus Sed	176	528	880	1,980	3,080	4,400
2d Cus Cpe	172	516	860	1,940	3,010	4,300
4d Cus Sta Wag	180	540	900	2,030	3,150	4,500
4d Sed Ltd	180	540	900	2,030	3,150	4,500
2d Cpe Ltd	176	528	880	1,980	3,080	4,400
4d Sta Wag Ltd	184	552	920	2,070	3,220	4,600
Spt HBk	188	564	940	2,120	3,290	4,700

NOTE: Add 5% for Turbo.

	6	5	4	3	2	1
1987 Somerset, 4-cyl.						
2d Cus Cpe	196	588	980	2,210	3,430	4,900
2d Cpe Ltd	200	600	1,000	2,250	3,500	5,000

NOTE: Add 10% for V-6.

	6	5	4	3	2	1
1987 Skylark						
4d Cus Sed	188	564	940	2,120	3,290	4,700
4d Sed Ltd	192	576	960	2,160	3,360	4,800

NOTE: Add 10% for V-6.

	6	5	4	3	2	1
1987 Century, 4-cyl.						
4d Cus Sed	196	588	980	2,210	3,430	4,900
2d Cus Cpe	192	576	960	2,160	3,360	4,800
4d Cus Sta Wag	200	600	1,000	2,250	3,500	5,000
4d Sed Ltd	200	600	1,000	2,250	3,500	5,000
2d Cpe Ltd	196	588	980	2,210	3,430	4,900
4d Sta Wag Est	204	612	1,020	2,000	3,570	5,100

NOTE: Add 10% for V-6.

	6	5	4	3	2	1
1987 Regal, V-6						
2d Cpe	360	1,080	1,800	4,050	6,300	9,000
2d Cpe Ltd	380	1,140	1,900	4,280	6,650	9,500
1987 Regal, Turbo V-6						
2d Cpe T	960	2,880	4,800	10,800	16,800	24,000
2d Cpe T Ltd	1,040	3,120	5,200	11,700	18,200	26,000
2d Cpe Grand Natl	1,600	4,800	8,000	18,000	28,000	40,000
2d Cpe GNX	3,700	11,100	18,500	41,630	64,750	92,500

NOTE: Add 30% for turbo option on base Regal.

	6	5	4	3	2	1
1987 Regal, V-8						
2d Cpe	400	1,200	2,000	4,500	7,000	10,000
2d Cpe Ltd	420	1,260	2,100	4,730	7,350	10,500
1987 LeSabre, V-6						
4d Sed	220	660	1,100	2,480	3,850	5,500
4d Cus Sed	224	672	1,120	2,520	3,920	5,600
2d Cus Cpe	220	660	1,100	2,480	3,850	5,500
2d Cpe T-Type	250	740	1,240	2,700	4,340	6,200
1987 LeSabre, V-8						
4d Sta Wag	244	732	1,220	2,750	4,270	6,100
1987 Electra, V-6						
4d Sed Ltd	232	696	1,160	2,610	4,060	5,800
4d Sed Park Ave	240	720	1,200	2,700	4,200	6,000
2d Cpe Park Ave	236	708	1,180	2,660	4,130	5,900
4d Sed T Type	260	780	1,300	2,930	4,550	6,500
1987 Electra, V-8						
4d Sta Wag Est	248	744	1,240	2,790	4,340	6,200
1987 Riviera, V-6						
2d Cpe	240	720	1,200	2,700	4,200	6,000
2d Cpe T-Type	260	780	1,300	2,930	4,550	6,500
1988 Skyhawk, 4-cyl.						
4d Sed	184	552	920	2,070	3,220	4,600
2d Cpe	180	540	900	2,030	3,150	4,500
2d Cpe SE	192	576	960	2,160	3,360	4,800
4d Sta Wag	188	564	940	2,120	3,290	4,700
1988 Skylark, 4-cyl.						
4d Cus Sed	188	564	940	2,120	3,290	4,700
2d Cus Cpe	192	576	960	2,160	3,360	4,800
4d Sed Ltd	192	576	960	2,160	3,360	4,800
2d Cpe Ltd	196	588	980	2,210	3,430	4,900

NOTE: Add 10% for V-6.

	6	5	4	3	2	1
1988 Century, 4-cyl.						
4d Cus Sed	188	564	940	2,120	3,290	4,700
2d Cus Cpe	192	576	960	2,160	3,360	4,800
4d Cus Sta Wag	196	588	980	2,210	3,430	4,900
4d Sed Ltd	192	576	960	2,160	3,360	4,800

BUICK

	6	5	4	3	2	1
2d Cpe Ltd	196	588	980	2,210	3,430	4,900
4d Sta Wag Ltd	200	600	1,000	2,250	3,500	5,000
NOTE: Add 10% for V-6.						
1988 Regal, V-6						
2d Cus Cpe	240	720	1,200	2,700	4,200	6,000
2d Cpe Ltd	260	780	1,300	2,930	4,550	6,500
1988 LeSabre, V-6						
2d Cpe	220	660	1,100	2,480	3,850	5,500
4d Cus Sed	240	720	1,200	2,700	4,200	6,000
2d Cpe Ltd	252	756	1,260	2,840	4,410	6,300
4d Sed Ltd	248	744	1,240	2,790	4,340	6,200
2d Cpe T-Type	260	780	1,300	2,930	4,550	6,500
4d Sta Wag, V-8	264	792	1,320	2,970	4,620	6,600
1988 Electra, V-6						
4d Sed Ltd	230	700	1,160	2,610	4,060	5,800
4d Sed Park Ave	240	720	1,200	2,700	4,200	6,000
4d Sed T-Type	260	780	1,300	2,930	4,550	6,500
4d Sta Wag, V-8	250	740	1,240	2,790	4,340	6,200
1988 Riviera, V-6						
2d Cpe	280	840	1,400	3,150	4,900	7,000
2d Cpe T-Type	300	900	1,500	3,380	5,250	7,500
1988 Reatta, V-6						
2d Cpe	340	1,020	1,700	3,830	5,950	8,500
1989 Skyhawk, 4-cyl.						
4d Sed	192	576	960	2,160	3,360	4,800
2d Cpe	188	564	940	2,120	3,290	4,700
2d SE Cpe	208	624	1,040	2,340	3,640	5,200
4d Sta Wag	200	600	1,000	2,250	3,500	5,000
1989 Skylark, 4-cyl.						
2d Cus Cpe	200	600	1,000	2,250	3,500	5,000
2d Cpe Ltd	208	624	1,040	2,340	3,640	5,200
4d Cus Sed	216	648	1,080	2,430	3,780	5,400
4d Sed Ltd	224	672	1,120	2,520	3,920	5,600
1989 Skylark, V-6						
2d Cus Cpe	204	612	1,020	2,300	3,570	5,100
2d Cpe Ltd	212	636	1,060	2,390	3,710	5,300
4d Cus Sed	220	660	1,100	2,480	3,850	5,500
4d Sed Ltd	228	684	1,140	2,570	3,990	5,700
1989 Century, 4-cyl.						
4d Cus Sed	208	624	1,040	2,340	3,640	5,200
4d Sed Ltd	216	648	1,080	2,430	3,780	5,400
2d Cus	212	636	1,060	2,390	3,710	5,300
4d Cus Sta Wag	224	672	1,120	2,520	3,920	5,600
4d Sta Wag Ltd	228	684	1,140	2,570	3,990	5,700
1989 Century, V-6						
4d Cus Sed	212	636	1,060	2,390	3,710	5,300
4d Sed Ltd	220	660	1,100	2,480	3,850	5,500
2d Cus	216	648	1,080	2,430	3,780	5,400
4d Cus Sta Wag	228	684	1,140	2,570	3,990	5,700
4d Sta Wag Ltd	232	696	1,160	2,610	4,060	5,800
1989 Regal, V-6						
2d Cus	272	816	1,360	3,060	4,760	6,800
2d Ltd	276	828	1,380	3,110	4,830	6,900
1989 LeSabre, V-6						
2d Cpe	220	660	1,100	2,480	3,850	5,500
2d Ltd	230	680	1,140	2,570	3,990	5,700
2d T-Type	300	900	1,500	3,380	5,250	7,500
4d Cus	220	660	1,100	2,480	3,850	5,500
4d Ltd	220	660	1,100	2,480	3,850	5,500
4d Sta Wag, V-8	250	740	1,240	2,790	4,340	6,200
1989 Electra, V-6						
4d Sed Ltd	230	700	1,160	2,610	4,060	5,800
4d Park Ave	260	780	1,300	2,930	4,550	6,500
4d Park Ave Ultra	280	840	1,400	3,150	4,900	7,000
4d T-Type	280	840	1,400	3,150	4,900	7,000
4d Sta Wag, V-8	420	1,260	2,100	4,730	7,350	10,500
1989 Riviera, V-6						
2d Cpe	240	720	1,200	2,700	4,200	6,000
1989 Reatta, V-6						
2d Cpe	300	900	1,500	3,380	5,250	7,500
1990 Skylark, 4-cyl.						
2d Cpe	220	660	1,100	2,480	3,850	5,500
4d Sed	224	672	1,120	2,520	3,920	5,600
2d Cus Cpe	228	684	1,140	2,570	3,990	5,700
4d Cus Sed	232	696	1,160	2,610	4,060	5,800
2d Gran Spt Cpe	250	740	1,240	2,790	4,340	6,200
4d LE Sed	240	720	1,200	2,700	4,200	6,000

NOTE: Add 10% for V-6 where available.

	6	5	4	3	2	1
1990 Century, 4-cyl.						
2d Cus	260	780	1,300	2,930	4,550	6,500
4d Cus	264	792	1,320	2,970	4,620	6,600
4d Cus Sta Wag	272	816	1,360	3,060	4,760	6,800
4d Ltd Sed	272	816	1,360	3,060	4,760	6,800
4d Ltd Sta Wag	280	840	1,400	3,150	4,900	7,000
NOTE: Add 10% for V-6 where available.						
1990 Regal, V-6						
2d Cus Cpe	200	600	1,000	2,250	3,500	5,000
2d Ltd Cpe	220	660	1,100	2,480	3,850	5,500
1990 LeSabre, V-6						
2d Cpe	270	820	1,360	3,060	4,760	6,800
4d Cus Sed	270	800	1,340	3,020	4,690	6,700
2d Ltd Cpe	280	840	1,400	3,150	4,900	7,000
4d Ltd Sed	270	820	1,360	3,060	4,760	6,800
1990 Estate, V-8						
4d Sta Wag	270	800	1,340	3,020	4,690	6,700
1990 Electra, V-6						
4d Ltd Sed	240	720	1,200	2,700	4,200	6,000
4d Park Ave	260	780	1,300	2,930	4,550	6,500
4d Ultra Sed	270	810	1,350	3,040	4,730	6,750
4d T-Type Sed	280	840	1,400	3,150	4,900	7,000
1990 Riviera, V-6						
2d Cpe	300	900	1,500	3,380	5,250	7,500
1990 Reatta, V-6						
2d Cpe	320	960	1,600	3,600	5,600	8,000
2d Conv	360	1,080	1,800	4,050	6,300	9,000
1991 Skylark, 4-cyl.						
2d Cpe	200	600	1,000	2,250	3,500	5,000
4d Sed	204	612	1,020	2,300	3,570	5,100
2d Cus Cpe	204	612	1,020	2,300	3,570	5,100
4d Cus Sed	208	624	1,040	2,340	3,640	5,200
2d Gran Spt Cpe	230	700	1,160	2,610	4,060	5,800
4d LE Sed	224	672	1,120	2,520	3,920	5,600
NOTE: Add 10% for V-6 where available.						
1991 Century, 4-cyl.						
4d Spl Sed	204	612	1,020	2,300	3,570	5,100
4d Cus Sed	208	624	1,040	2,340	3,640	5,200
2d Cus Cpe	204	612	1,020	2,300	3,570	5,100
4d Cus Sta Wag	216	648	1,080	2,430	3,780	5,400
4d Ltd Sed	212	636	1,060	2,390	3,710	5,300
4d Ltd Sta Wag	224	672	1,120	2,520	3,920	5,600
NOTE: Add 10% for V-6 where available.						
1991 Regal, V-6						
4d Cus Sed	256	768	1,280	2,880	4,480	6,400
2d Cus Cpe	252	756	1,260	2,840	4,410	6,300
4d Ltd Sed	264	792	1,320	2,970	4,620	6,600
2d Ltd Cpe	260	780	1,300	2,930	4,550	6,500
1991 LeSabre, V-6						
2d Cpe	272	816	1,360	3,060	4,760	6,800
4d Cus Sed	276	828	1,380	3,110	4,830	6,900
4d Ltd Sed	280	840	1,400	3,150	4,900	7,000
2d Ltd Cpe	300	900	1,500	3,380	5,250	7,500
1991 Roadmaster, V-8						
4d Est Sta Wag	340	1,020	1,700	3,830	5,950	8,500
1991 Park Avenue, V-6						
4d Sed	290	880	1,460	3,290	5,110	7,300
4d Ultra Sed	300	900	1,500	3,380	5,250	7,500
1991 Riviera, V-6						
2d Cpe	300	900	1,500	3,380	5,250	7,500
1991 Reatta, V-6						
2d Cpe	320	960	1,600	3,600	5,600	8,000
2d Conv	360	1,080	1,800	4,050	6,300	9,000
1992 Skylark, 4-cyl.						
2d Quad 4 Cpe	220	660	1,100	2,480	3,850	5,500
4d Quad 4 Sed	220	660	1,100	2,480	3,850	5,500
2d Cpe	240	720	1,200	2,700	4,200	6,000
4d Sed	240	720	1,200	2,700	4,200	6,000
2d Gran Spt Cpe	260	790	1,320	2,970	4,620	6,600
4d Gran Spt Sed	260	780	1,300	2,930	4,550	6,500
NOTE: Add 10% for V-6 where available.						
1992 Century, 4-cyl.						
4d Spl Sed	240	720	1,200	2,700	4,200	6,000
4d Cus Sed	248	744	1,240	2,790	4,340	6,200
2d Cus Cpe	260	780	1,300	2,930	4,550	6,500
4d Sed Ltd	240	720	1,200	2,700	4,200	6,000
4d Cus Sta Wag	250	740	1,240	2,790	4,340	6,200
4d Ltd Sta Wag	250	760	1,260	2,840	4,410	6,300
NOTE: Add 10% for V-6 where available.						

BUICK

	6	5	4	3	2	1
1992 Regal, V-6						
4d Cus Sed.	260	770	1,280	2,880	4,480	6,400
2d Cus Cpe.	250	760	1,260	2,840	4,410	6,300
4d Ltd Sed	260	780	1,300	2,930	4,550	6,500
2d Ltd Cpe	260	780	1,300	2,930	4,550	6,500
4d Gran Spt Sed.	280	840	1,400	3,150	4,900	7,000
2d Gran Spt Cpe.	280	840	1,400	3,150	4,900	7,000
1992 LeSabre, V-6						
4d Cus Sed.	400	1,200	2,000	4,500	7,000	10,000
4d Ltd Sed	420	1,260	2,100	4,730	7,350	10,500
1992 Roadmaster, V-8						
4d Sed	240	720	1,200	2,700	4,200	6,000
4d Ltd Sed	260	780	1,300	2,930	4,550	6,500
4d Est Sta Wag.	360	1,080	1,800	4,050	6,300	9,000
1992 Park Avenue, V-6						
4d Sed	270	820	1,360	3,060	4,760	6,800
4d Ultra Sed	290	870	1,450	3,260	5,080	7,250
1992 Riviera, V-6						
2d Cpe	300	900	1,500	3,380	5,250	7,500
1993 Skylark, 4-cyl. & V-6						
2d Cus Cpe.	228	684	1,140	2,570	3,990	5,700
4d Cus Sed.	228	684	1,140	2,570	3,990	5,700
2d Ltd Cpe	232	696	1,160	2,610	4,060	5,800
4d Ltd Sed	232	696	1,160	2,610	4,060	5,800
2d Gran Spt Cpe (V-6 only)	240	720	1,200	2,700	4,200	6,000
4d Gran Spt Sed (V-6 only).	236	708	1,180	2,660	4,130	5,900
1993 Century, 4-cyl.						
2d Cus Cpe.	244	732	1,220	2,750	4,270	6,100
4d Spl Sed	244	732	1,220	2,750	4,270	6,100
4d Cus Sed.	248	744	1,240	2,790	4,340	6,200
4d Ltd Sed	252	756	1,260	2,840	4,410	6,300
4d Ltd Sta Wag.	260	780	1,300	2,930	4,550	6,500
1993 Century, V-6						
2d Cus Cpe.	252	756	1,260	2,840	4,410	6,300
4d Spl Sed	252	756	1,260	2,840	4,410	6,300
4d Cus Sed.	256	768	1,280	2,880	4,480	6,400
4d Ltd Sed	260	780	1,300	2,930	4,550	6,500
4d Ltd Sta Wag	268	804	1,340	3,020	4,690	6,700
1993 Regal, V-6						
2d Cus Cpe.	260	770	1,280	2,880	4,480	6,400
2d Ltd Cpe	270	800	1,340	3,020	4,690	6,700
2d Gran Spt Cpe.	280	840	1,400	3,150	4,900	7,000
4d Cus Sed.	260	780	1,300	2,930	4,550	6,500
4d Ltd Sed	280	840	1,400	3,150	4,900	7,000
4d Gran Spt Sed.	300	900	1,500	3,380	5,250	7,500
1993 LeSabre, V-6						
4d Cus Sed.	280	840	1,400	3,150	4,900	7,000
4d Ltd Sed	300	890	1,480	3,330	5,180	7,400
1993 Roadmaster, V-8						
4d Sed	240	720	1,200	2,700	4,200	6,000
4d Ltd Sed	260	780	1,300	2,930	4,550	6,500
4d Est Sta Wag.	340	1,020	1,700	3,830	5,950	8,500
1993 Park Avenue, V-6						
4d Sed	270	820	1,360	3,060	4,760	6,800
4d Ultra Sed	280	840	1,400	3,150	4,900	7,000
1993 Riviera, V-6						
2d Cpe	300	900	1,500	3,380	5,250	7,500
1994 Skylark, 4-cyl. & V-6						
2d Cus Cpe.	228	684	1,140	2,570	3,990	5,700
4d Cus Sed.	232	696	1,160	2,610	4,060	5,800
4d Ltd	240	720	1,200	2,700	4,200	6,000
2d Gran Spt Cpe.	270	820	1,360	3,060	4,760	6,800
4d Gran Spt Sed.	268	804	1,340	3,020	4,690	6,700
1994 Century, 4-cyl. & V-6						
4d Special.	260	780	1,300	2,930	4,550	6,500
4d Sta Wag Special	280	840	1,400	3,150	4,900	7,000
4d Cus	264	792	1,320	2,970	4,620	6,600
2d Cus	260	780	1,300	2,930	4,550	6,500
4d Ltd	280	840	1,400	3,150	4,900	7,000
4d Ltd Sta Wag.	288	864	1,440	3,240	5,040	7,200
1994 Regal, V-6						
4d Cus Sed.	260	770	1,280	2,880	4,480	6,400
2d Cus Sed.	260	780	1,300	2,930	4,550	6,500
4d Ltd Sed	270	810	1,350	3,040	4,730	6,750
2d Ltd Cpe	280	840	1,400	3,150	4,900	7,000
4d Gran Spt Sed.	290	880	1,460	3,290	5,110	7,300
2d Gran Spt Cpe.	300	900	1,500	3,380	5,250	7,500
1994 LeSabre, V-6						
4d Cus Sed.	240	730	1,220	2,750	4,270	6,100

BUICK

	6	5	4	3	2	1
4d Ltd Sed	260	790	1,320	2,970	4,620	6,600

1994 Roadmaster, V-8

	6	5	4	3	2	1
4d Sed	240	720	1,200	2,700	4,200	6,000
4d Ltd Sed	260	780	1,300	2,930	4,550	6,500
4d Est Sta Wag	340	1,020	1,700	3,830	5,950	8,500

NOTE: Add 15% for LT1 engine option.

1994 Park Avenue, V-6

	6	5	4	3	2	1
4d Sed	270	820	1,370	3,080	4,800	6,850
4d Ultra Sed	290	860	1,440	3,240	5,040	7,200

1994 Riviera, V-6 (Spring 1994 launch of 1995 model)

	6	5	4	3	2	1
2d Cpe	340	1,020	1,700	3,830	5,950	8,500

1995 Skylark, 4-cyl. & V-6

	6	5	4	3	2	1
2d Cus Cpe	250	700	1,150	2,570	4,000	5,700
4d Cus Sed.	250	700	1,150	2,610	4,050	5,800
2d Ltd Cpe	250	700	1,200	2,660	4,150	5,900
4d Ltd Sed	250	700	1,200	2,700	4,200	6,000
2d Gran Spt Cpe (V-6 only)	270	820	1,360	3,060	4,760	6,800
4d Gran Spt Sed (V-6 only).	250	800	1,350	3,020	4,700	6,700

1995 Century, 4-cyl. & V-6

	6	5	4	3	2	1
4d Spl Sed	250	800	1,300	2,930	4,550	6,500
4d Spl Sta Wag	300	850	1,400	3,150	4,900	7,000
4d Cus Sed (V-6 only).	260	790	1,320	2,970	4,620	6,600
4d Ltd Sed (V-6 only)	280	840	1,400	3,150	4,900	7,000

1995 Regal, V-6

	6	5	4	3	2	1
2d Cus Cpe.	260	770	1,280	2,880	4,480	6,400
4d Cus Cpe.	260	780	1,300	2,930	4,550	6,500
4d Ltd Sed	270	810	1,350	3,040	4,730	6,750
2d Gran Spt Cpe	290	880	1,460	3,290	5,110	7,300
4d Gran Spt Sed	300	900	1,500	3,380	5,250	7,500

1995 LeSabre, V-6

	6	5	4	3	2	1
4d Cus Sed.	230	680	1,140	2,570	3,990	5,700
4d Ltd Sed	250	740	1,240	2,790	4,340	6,200

1995 Roadmaster, V-8

	6	5	4	3	2	1
4d Sed	270	800	1,340	3,020	4,690	6,700
4d Ltd Sed	280	840	1,400	3,150	4,900	7,000
4d Estate Sta Wag	320	960	1,600	3,600	5,600	8,000
4d Estate Ltd Sta Wag	340	1,020	1,700	3,830	5,950	8,500

NOTE: Add 15% for LT1 engine option.

1995 Park Avenue, V-6

	6	5	4	3	2	1
4d Sed	240	720	1,200	2,700	4,200	6,000
4d Ultra Sed	270	810	1,350	3,040	4,730	6,750

1995 Riviera, V-6

	6	5	4	3	2	1
2d Cpe	320	960	1,600	3,600	5,600	8,000

1996 Skylark, 4-cyl. & V-6

	6	5	4	3	2	1
2d Cus Cpe.	250	700	1,150	2,570	4,000	5,700
4d Cus Sed.	250	700	1,150	2,610	4,050	5,800
2d Ltd Cpe	250	700	1,200	2,660	4,150	5,900
4d Ltd Sed	250	700	1,200	2,700	4,200	6,000
2d Gran Spt Cpe (V-6 only)	270	820	1,360	3,060	4,760	6,800
4d Gran Spt Sed (V-6 only).	250	800	1,350	3,020	4,700	6,700

1996 Century, 4-cyl. & V-6

	6	5	4	3	2	1
4d Spl Sed	250	800	1,300	2,930	4,550	6,500
4d Spl Sta Wag (V-6 only).	300	850	1,400	3,150	4,900	7,000
4d Cus Sed (V-6 only).	260	790	1,320	2,970	4,620	6,600
4d Ltd Sed (V-6 only)	280	840	1,400	3,150	4,900	7,000

1996 Regal, V-6

	6	5	4	3	2	1
2d Cus Cpe.	260	770	1,280	2,880	4,480	6,400
4d Cus Cpe.	260	780	1,300	2,930	4,550	6,500
4d Ltd Sed	270	810	1,350	3,040	4,730	6,750
2d Gran Spt Cpe.	300	890	1,480	3,330	5,180	7,400
4d Gran Spt Sed.	300	900	1,500	3,380	5,250	7,500

1996 LeSabre, V-6

	6	5	4	3	2	1
4d Cus Sed.	250	740	1,240	2,790	4,340	6,200
4d Ltd Sed	260	780	1,300	2,930	4,550	6,500

1996 Roadmaster, V-8

	6	5	4	3	2	1
4d Sed	280	840	1,400	3,150	4,900	7,000
4d Ltd Sed	290	880	1,460	3,290	5,110	7,300
4d Estate Sta Wag	320	960	1,600	3,600	5,600	8,000
4d Estate Ltd Sta Wag	360	1,080	1,800	4,050	6,300	9,000

NOTE: Add 15% for LT1 engine option.

1996 Park Avenue, V-6

	6	5	4	3	2	1
4d Sed	270	820	1,370	3,080	4,800	6,850
4d Ultra Sed	290	880	1,460	3,290	5,110	7,300

1996 Riviera, V-6

	6	5	4	3	2	1
2d Cpe	340	1,020	1,700	3,830	5,950	8,500

NOTE: Add 5% for supercharged V-6.

1997 Skylark, 4-cyl. & V-6

	6	5	4	3	2	1
2d Cus Cpe.	228	684	1,140	2,570	3,990	5,700
4d Cus Sed.	232	696	1,160	2,610	4,060	5,800

	6	5	4	3	2	1
2d Ltd Cpe	236	708	1,180	2,660	4,130	5,900
4d Ltd Sed	240	720	1,200	2,700	4,200	6,000
2d Gran Spt Cpe (V-6 only)	270	820	1,360	3,060	4,760	6,800
4d Gran Spt Sed (V-6 only)	268	804	1,340	3,020	4,690	6,700
1997 Century, V-6						
4d Cus Sed	264	792	1,320	2,970	4,620	6,600
4d Ltd Sed	280	840	1,400	3,150	4,900	7,000
1997 Regal, V-6						
4d Cus Sed	270	800	1,340	3,020	4,690	6,700
4d Ltd Sed	280	840	1,400	3,150	4,900	7,000
4d Gran Spt Sed	300	890	1,480	3,330	5,180	7,400
NOTE: Regals were carried over from '96 until the launch of the '97-1/2 - '98 models in the fall.						
1997 LeSabre, V-6						
4d Cus Sed	328	984	1,640	3,690	5,740	8,200
4d Ltd Sed	336	1,008	1,680	3,780	5,880	8,400
1997 Park Avenue, V-6						
4d Sed	310	930	1,550	3,490	5,430	7,750
4d Ultra Sed	320	960	1,600	3,600	5,600	8,000
1997 Riviera, V-6						
2d Cpe	340	1,020	1,700	3,830	5,950	8,500
NOTE: Add 5% for supercharged V-6.						
1998 Skylark, V-6						
4d Cus Sed	230	700	1,160	2,610	4,060	5,800
1998 Century, V-6						
4d Cus Sed	260	790	1,320	2,970	4,620	6,600
4d Ltd Sed	280	840	1,400	3,150	4,900	7,000
1998 Regal, V-6						
4d LS Sed	270	800	1,340	3,020	4,690	6,700
4d GS Sed	280	850	1,420	3,200	4,970	7,100
NOTE: Add 10% for 25th Anniversary Pkg.						
1998 LeSabre, V-6						
4d Cus Sed	250	740	1,240	2,790	4,340	6,200
4d Ltd Sed	260	780	1,300	2,930	4,550	6,500
1998 Park Avenue, V-6						
4d Sed	270	810	1,350	3,040	4,730	6,750
4d Ultra Sed	290	880	1,460	3,290	5,110	7,300
1998 Riviera, Supercharged V-6						
2d Cpe	380	1,140	1,900	4,280	6,650	9,500
1999 Century, V-6						
4d Cus Sed	270	820	1,360	3,060	4,760	6,800
4d Ltd Sed	290	860	1,440	3,240	5,040	7,200
1999 Regal, V-6						
4d LS Sed	270	800	1,340	3,020	4,690	6,700
4d GS Sed	290	860	1,440	3,240	5,040	7,200
4d LSE Sed	300	900	1,500	3,380	5,250	7,500
4d GSE Sed	310	930	1,550	3,490	5,430	7,750
1999 LeSabre, V-6						
4d Cus Sed	250	740	1,240	2,790	4,340	6,200
4d Ltd Sed	260	780	1,300	2,930	4,550	6,500
NOTE: Add 5% for Gran Touring Pkg.						
1999 Park Avenue, V-6						
4d Sed	300	900	1,500	3,380	5,250	7,500
4d Ultra Sed	320	950	1,580	3,560	5,530	7,900
1999 Riviera, Supercharged V-6						
2d Cpe	360	1,080	1,800	4,050	6,300	9,000
2000 Century, V-6						
4d Cus Sed	270	820	1,360	3,060	4,760	6,800
4d Ltd Sed	290	860	1,440	3,240	5,040	7,200
NOTE: Add 10% for Century 2000 Special Edition Pkg.						
2000 Regal, V-6						
4d LS Sed	270	800	1,340	3,020	4,690	6,700
4d GS Sed	290	860	1,440	3,240	5,040	7,200
2000 LeSabre, V-6						
4d Cus Sed	340	1,010	1,680	3,780	5,880	8,400
4d Ltd Sed	350	1,060	1,760	3,960	6,160	8,800
NOTE: Add 5% for Gran Touring Pkg.						
2000 Park Avenue, V-6						
4d Sed	370	1,100	1,840	4,140	6,440	9,200
4d Ultra Sed	380	1,150	1,920	4,320	6,720	9,600
NOTE: Add 5% for Gran Touring Pkg.						
2001 Century, V-6						
4d Cus Sed	280	830	1,380	3,450	4,830	6,900
4d Ltd Sed	290	880	1,460	3,650	5,110	7,300
NOTE: Add 10% for Century 2001 Special Edition Pkg.						
2001 Regal, V-6						
4d LS Sed	340	1,010	1,680	4,200	5,880	8,400
4d GS Sed	350	1,060	1,760	4,400	6,160	8,800
NOTE: Add 10% for Regal Olympic Edition Pkg.						

BUICK

	6	5	4	3	2	1
2001 LeSabre, V-6						
4d Cus Sed.	340	1,020	1,700	4,250	5,950	8,500
4d Ltd Sed	360	1,070	1,780	4,450	6,230	8,900
2001 Park Avenue, V-6						
4d Sed	370	1,120	1,860	4,650	6,510	9,300
4d Ultra Sed	390	1,160	1,940	4,850	6,790	9,700
NOTE: Add 10% for mid-year Ultra model in Laguna Green w/walnut int trim.						
2002 Century, V-6						
4d Cus Sed.	280	830	1,380	3,450	4,830	6,900
4d Ltd Sed	290	880	1,460	3,650	5,110	7,300
NOTE: Add 5% for Touring Pkg.						
2002 Regal, V-6						
4d LS Sed.	340	1,010	1,680	4,200	5,880	8,400
4d GS Sed	350	1,060	1,760	4,400	6,160	8,800
NOTE: Add 10% for Joseph Abboud Edition.						
2002 LeSabre, V-6						
4d Cus Sed.	340	1,020	1,700	4,250	5,950	8,500
4d Ltd Sed	360	1,070	1,780	4,450	6,230	8,900
2002 Park Avenue, V-6						
4d Sed	370	1,120	1,860	4,650	6,510	9,300
4d Ultra Sed	390	1,160	1,940	4,850	6,790	9,700
NOTE: Add 5% for Gran Touring Pkg.						
2003 Century, V-6						
4d Cus Sed.	280	830	1,380	3,450	4,830	6,900
4d Ltd Sed	290	880	1,460	3,650	5,110	7,300
2003 Regal, V-6						
4d LS Sed.	340	1,010	1,680	4,200	5,880	8,400
4d GS Sed	350	1,060	1,760	4,400	6,160	8,800
2003 LeSabre, V-6						
4d Cus Sed.	340	1,020	1,700	4,250	5,950	8,500
4d Ltd Sed	360	1,070	1,780	4,450	6,230	8,900
2003 Park Avenue, V-6						
4d Sed	370	1,120	1,860	4,650	6,510	9,300
4d Ultra Sed	390	1,160	1,940	4,850	6,790	9,700
2004 Century, V-6						
4d Sed	270	800	1,340	3,350	4,690	6,700
4d Cus Sed.	280	840	1,400	3,500	4,900	7,000
4d Ltd Sed	300	890	1,480	3,700	5,180	7,400
4d Spl Ed Sed.	320	960	1,600	4,000	5,600	8,000
2004 Regal, V-6						
4d LS Sed.	340	1,010	1,680	4,200	5,880	8,400
4d GS Sed	350	1,060	1,760	4,400	6,160	8,800
2004 LeSabre, V-6						
4d Cus Sed.	340	1,020	1,700	4,250	5,950	8,500
4d Ltd Sed	360	1,070	1,780	4,450	6,230	8,900
2004 Park Avenue, V-6						
4d Sed	370	1,120	1,860	4,650	6,510	9,300
4d Ultra Sed	390	1,160	1,940	4,850	6,790	9,700
2005 Century, V-6						
4d Sed	270	800	1,340	3,350	4,690	6,700
4d Cus Sed.	280	840	1,400	3,500	4,900	7,000
4d Ltd Sed	300	890	1,480	3,700	5,180	7,400
4d Spl Ed Sed.	320	960	1,600	4,000	5,600	8,000
2005 LaCrosse, V-6						
4d CX Sed	320	970	1,620	4,050	5,670	8,100
4d CXL Sed	330	980	1,640	4,100	5,740	8,200
4d CXS Sed	340	1,010	1,680	4,200	5,880	8,400
2005 LeSabre, V-6						
4d Cus Sed.	340	1,020	1,700	4,250	5,950	8,500
4d Ltd Sed	360	1,070	1,780	4,450	6,230	8,900
2005 Park Avenue, V-6						
4d Sed	370	1,120	1,860	4,650	6,510	9,300
4d Ultra Sed	390	1,160	1,940	4,850	6,790	9,700
2006 LaCrosse, V-6						
4d CX Sed	370	1,100	1,840	4,140	6,440	9,200
4d CXL Sed	420	1,260	2,100	4,730	7,350	10,500
4d CXS Sed	440	1,320	2,200	5,500	7,700	11,000
2006 Lucerne, V-6						
4d CX Sed	380	1,140	1,900	4,750	6,650	9,500
4d CXL Sed	450	1,360	2,260	5,090	7,910	11,300
NOTE: Add 5% for 4.6L V-8						
2006 Lucerne, V-8						
4d CXS Sed	500	1,510	2,520	6,300	8,820	12,600
2007 LaCrosse, V-6						
4d CX Sed	400	1,190	1,980	4,460	6,930	9,900
4d CXL Sed	440	1,310	2,180	5,450	7,630	10,900
4d CXS Sed	470	1,420	2,370	5,930	8,300	11,850
2007 Lucerne, V-6						
4d CX Sed	400	1,210	2,020	5,050	7,070	10,100

	6	5	4	3	2	1
4d CXL Sed	450	1,360	2,260	5,650	7,910	11,300

NOTE: Add 5% for 4.6L V-8

2007 Lucerne, V-8

	6	5	4	3	2	1
4d CXS Sed	490	1,480	2,470	6,180	8,650	12,350

2008 LaCrosse, 3.6L/3.8L V6

	6	5	4	3	2	1
4d CX Sed	370	1,110	1,850	4,630	6,480	9,250
4d CXL Sed	420	1,270	2,110	4,750	7,390	10,550
4d CXS Sed	580	1,750	2,910	7,280	10,190	14,550

2008 LaCrosse, 5.3L V8

	6	5	4	3	2	1
4d Super Sed	650	1,960	3,260	8,150	11,410	16,300

2008 Lucerne, 3.8L V6

	6	5	4	3	2	1
4d CX Sed	390	1,160	1,940	4,850	6,790	9,700
4d CXL Sed	440	1,310	2,190	5,480	7,670	10,950
4d CXL Spl Edition	460	1,370	2,280	5,130	7,980	11,400

NOTE: Add 3% for 4.6L V8.

2008 Lucerne, 4.6L V8

	6	5	4	3	2	1
4d CXS Sed	490	1,460	2,440	6,100	8,540	12,200
4d Super Sed	580	1,750	2,920	7,300	10,220	14,600

2009 LaCrosse, 3.8L V6

	6	5	4	3	2	1
4d CX Sed	8,400	340	1,010	1,680	4,200	5,880
4d CXL Sed	390	1,180	1,960	4,900	6,860	9,800

2009 LaCrosse, 5.3L V8

	6	5	4	3	2	1
4d Super Sed	480	1,440	2,400	6,000	8,400	12,000

2009 Lucerne, 3.9L V-6

	6	5	4	3	2	1
4d CX Sed	380	1,150	1,920	4,800	6,720	9,600

2009 Lucerne, 3.9L V-6

	6	5	4	3	2	1
4d CXL Sed	10,650	430	1,280	2,130	5,330	7,460

2009 Lucerne, 3.9L V-6

	6	5	4	3	2	1
4d CXL Spl Edition	450	1,360	2,260	5,650	7,910	11,300

Add 3% for 4.6L V8.

2009 Lucerne, 4.6L V-8

	6	5	4	3	2	1
4d Super Sed	530	1,580	2,640	6,600	9,240	13,200

2010 LaCrosse, 3.8L V6

	6	5	4	3	2	1
4d CX Sed	450	1,340	2,230	5,580	7,810	11,150
4d CXL Sed	550	1,660	2,770	6,930	9,700	13,850
4d CXS	630	1,900	3,170	7,930	11,100	15,850

2010 LaCrosse, 3.9L V6

	6	5	4	3	2	1
4d CX Sed	440	1,330	2,220	5,550	7,770	11,100
4d CXL Sed	500	1,490	2,490	6,230	8,720	12,450
4d CXL Spl Edition	500	1,490	2,490	5,600	8,720	12,450
4d CXL Premium	530	1,590	2,650	6,630	9,280	13,250

NOTE: Add 3% for 4.6L V-8.

2010 Lucerne, 4.6L V-8

	6	5	4	3	2	1
4d Super Sed	640	1,920	3,200	8,000	11,200	16,000

2011 Regal, 4-Cyl

	6	5	4	3	2	1
4d CXL Sed	350	1,060	1,760	4,400	6,160	8,800

2011 Regal, 4-Cyl Turbo

	6	5	4	3	2	1
4d CXL Sed	360	1,080	1,800	4,500	6,300	9,000

2011 LaCrosse, 3.8L V6

	6	5	4	3	2	1
4d CX Sed	380	1,140	1,900	4,750	6,650	9,500
4d CXL Sed	440	1,320	2,200	5,500	7,700	11,000
4d CXS	480	1,450	2,420	6,050	8,470	12,100

2011 Lucerne, 3.9L V6

	6	5	4	3	2	1
4d CX Sed	330	1,000	1,660	4,150	5,810	8,300
4d CXL Sed	370	1,100	1,840	4,600	6,440	9,200
4d CXL Premium	420	1,260	2,100	5,250	7,350	10,500

2011 Lucerne, 4.6L V8

	6	5	4	3	2	1
4d Super Sed	450	1,340	2,240	5,600	7,840	11,200

CADILLAC

1903 Model A, 1-cyl.

	6	5	4	3	2	1
Rbt	4,600	13,800	23,000	51,750	80,500	115,000
Tonn Rbt	4,480	13,440	22,400	50,400	78,400	112,000

1904 Model A, 1-cyl.

	6	5	4	3	2	1
Rbt	4,400	13,200	22,000	49,500	77,000	110,000
Tonn Rbt	4,320	12,960	21,600	48,600	75,600	108,000

1904 Model B, 1-cyl.

	6	5	4	3	2	1
Rbt	3,200	9,600	16,000	36,000	56,000	80,000
Tr.	3,240	9,720	16,200	36,450	56,700	81,000

1905 Models B-E

	6	5	4	3	2	1
Rbt	3,200	9,600	16,000	36,000	56,000	80,000
Tonn Rbt	3,160	9,480	15,800	35,550	55,300	79,000

1905 Model D, 4-cyl.

	6	5	4	3	2	1
Rbt	4,800	14,400	24,000	54,000	84,000	120,000
Tonn Rbt	5,000	15,000	25,000	56,250	87,500	125,000

1905 Model F, 1-cyl.

	6	5	4	3	2	1
Tr.	3,120	9,360	15,600	35,100	54,600	78,000

	6	5	4	3	2	1
1906 Model K-M, 1-cyl.						
Rbt	3,120	9,360	15,600	35,100	54,600	78,000
Tr	3,160	9,480	15,800	35,550	55,300	79,000
1906 Model H, 4-cyl.						
Rbt	3,240	9,720	16,200	36,450	56,700	81,000
Tr	3,280	9,840	16,400	36,900	57,400	82,000
1906 Model L, 4-cyl.						
7P Tr	3,360	10,080	16,800	37,800	58,800	84,000
Limo	3,400	10,200	17,000	38,250	59,500	85,000
1907 Model G, 4-cyl., 20 hp						
Rbt	2,440	7,320	12,200	27,450	42,700	61,000
Tr	2,440	7,320	12,200	27,450	42,700	61,000
Limo	2,520	7,560	12,600	28,350	44,100	63,000
1907 Model H, 4-cyl., 30 hp						
Tr	2,640	7,920	13,200	29,700	46,200	66,000
Limo	2,600	7,800	13,000	29,250	45,500	65,000
1907 Model K-M, 1-cyl.						
Rbt	2,600	7,800	13,000	29,250	45,500	65,000
Tr	2,640	7,920	13,200	29,700	46,200	66,000
1908 Model G, 4-cyl., 25 hp						
Rbt	2,360	7,080	11,800	26,550	41,300	59,000
Tr	2,400	7,200	12,000	27,000	42,000	60,000
1908 Model H, 4-cyl., 30 hp						
Rbt	2,600	7,800	13,000	29,250	45,500	65,000
Tr	2,680	8,040	13,400	30,150	46,900	67,000
Cpe	2,120	6,360	10,600	23,850	37,100	53,000
Limo	2,560	7,680	12,800	28,800	44,800	64,000
1908 Model S-T, 1-cyl.						
Rbt	2,320	6,960	11,600	26,100	40,600	58,000
Tr	2,420	7,260	12,100	27,230	42,350	60,500
Cpe	2,630	7,900	13,160	29,610	46,060	65,800
1909 Model 30, 4-cyl.						
Rds	4,680	14,040	23,400	52,650	81,900	117,000
demi T&C	4,720	14,160	23,600	53,100	82,600	118,000
Tr	4,880	14,640	24,400	54,900	85,400	122,000
1909 Model T, 1-cyl.						
Tr	2,600	7,800	13,000	29,250	45,500	65,000
1910 Model 30, 4-cyl.						
Rds	4,680	14,040	23,400	52,650	81,900	117,000
demi T&C	4,720	14,160	23,600	53,100	82,600	118,000
Tr	4,880	14,640	24,400	54,900	85,400	122,000
Limo	3,600	10,800	18,000	40,500	63,000	90,000
1911 Model 30, 4-cyl.						
Rds	4,680	14,040	23,400	52,650	81,900	117,000
demi T&C	4,720	14,160	23,600	53,100	82,600	118,000
Tr	5,200	15,600	26,000	58,500	91,000	130,000
Cpe	3,400	10,200	17,000	38,250	59,500	85,000
Limo	3,600	10,800	18,000	40,500	63,000	90,000
1912 Model 30, 4-cyl.						
Rds	4,680	14,040	23,400	52,650	81,900	117,000
4P Phae	4,800	14,400	24,000	54,000	84,000	120,000
5P Tr	4,760	14,280	23,800	53,550	83,300	119,000
Cpe	3,400	10,200	17,000	38,250	59,500	85,000
Limo	3,600	10,800	18,000	40,500	63,000	90,000
1913 Model 30, 4-cyl.						
Rds	4,680	14,040	23,400	52,650	81,900	117,000
Phae	4,800	14,400	24,000	54,000	84,000	120,000
Torp	5,200	15,600	26,000	58,500	91,000	130,000
5P Tr	4,760	14,280	23,800	53,550	83,300	119,000
6P Tr	3,480	10,440	17,400	39,150	60,900	87,000
Cpe	3,400	10,200	17,000	38,250	59,500	85,000
Limo	3,960	11,880	19,800	44,550	69,300	99,000
1914 Model 30, 4-cyl.						
Rds	4,680	14,040	23,400	52,650	81,900	117,000
Phae	4,800	14,400	24,000	54,000	84,000	120,000
5P Tr	4,760	14,280	23,800	53,550	83,300	119,000
7P Tr	4,800	14,400	24,000	54,000	84,000	120,000
Lan Cpe	3,400	10,200	17,000	38,250	59,500	85,000
Encl dr Limo	3,680	11,040	18,400	41,400	64,400	92,000
Limo	3,600	10,800	18,000	40,500	63,000	90,000
1915 Model 51, V-8						
Rds	3,240	9,720	16,200	36,450	56,700	81,000
Sal Tr	3,290	9,880	16,460	37,040	57,610	82,300
7P Tr	3,340	10,030	16,720	37,620	58,520	83,600
3P Cpe	2,710	8,140	13,560	30,510	47,460	67,800
Sed Brgm	2,580	7,730	12,880	28,980	45,080	64,400
7P Limo	2,840	8,520	14,200	31,950	49,700	71,000
Berl Limo	2,950	8,840	14,740	33,170	51,590	73,700

	6	5	4	3	2	1
1916 Model 53, V-8						
Rds	2,920	8,750	14,580	32,810	51,030	72,900
5P Tr	2,960	8,890	14,820	33,350	51,870	74,100
7P Tr	3,020	9,050	15,080	33,930	52,780	75,400
3P Cpe	2,480	7,440	12,400	27,900	43,400	62,000
Sed Brgm	2,350	7,040	11,740	26,420	41,090	58,700
7P Limo	2,590	7,780	12,960	29,160	45,360	64,800
Berl Limo	2,690	8,080	13,460	30,290	47,110	67,300
1917 Model 55, V-8						
Rds	2,940	8,810	14,680	33,030	51,380	73,400
Clb Rds	2,580	7,750	12,920	29,070	45,220	64,600
Conv	2,890	8,660	14,440	32,490	50,540	72,200
Cpe	2,450	7,340	12,240	27,540	42,840	61,200
Vic	2,500	7,500	12,500	28,130	43,750	62,500
Brgm	2,330	6,980	11,640	26,190	40,740	58,200
Limo	2,480	7,430	12,380	27,860	43,330	61,900
Imp Limo	2,570	7,720	12,860	28,940	45,010	64,300
7P Lan'let	2,670	8,020	13,360	30,060	46,760	66,800
1918-19 Type 57, V-8						
Rds	2,890	8,660	14,440	32,490	50,540	72,200
Phae	2,940	8,810	14,680	33,030	51,380	73,400
Tr	2,840	8,520	14,200	31,950	49,700	71,000
Conv Vic	2,790	8,380	13,960	31,410	48,860	69,800
Brgm	2,260	6,780	11,300	25,430	39,550	56,500
Limo	2,360	7,080	11,800	26,550	41,300	59,000
Twn Limo	2,400	7,200	12,000	27,000	42,000	60,000
Lan'let	2,680	8,040	13,400	30,150	46,900	67,000
Twn Lan'let	2,660	7,980	13,300	29,930	46,550	66,500
Imp Limo	2,540	7,620	12,700	28,580	44,450	63,500
1920-21 Type 59, V-8						
Rds	3,190	9,580	15,960	35,910	55,860	79,800
Phae	2,780	8,340	13,900	31,280	48,650	69,500
Tr	2,690	8,080	13,460	30,290	47,110	67,300
Vic	2,480	7,440	12,400	27,900	43,400	62,000
Sed	2,280	6,840	11,400	25,650	39,900	57,000
Cpe	2,320	6,960	11,600	26,100	40,600	58,000
Sub	2,400	7,200	12,000	27,000	42,000	60,000
Limo	2,440	7,320	12,200	27,450	42,700	61,000
Twn Brgm	2,400	7,200	12,000	27,000	42,000	60,000
Imp Limo	2,460	7,380	12,300	27,680	43,050	61,500

NOTE: *Coupe and Town Brougham dropped for 1921.*

	6	5	4	3	2	1
1922-23 Type 61, V-8						
Rds	2,520	7,550	12,580	28,310	44,030	62,900
Phae	2,560	7,690	12,820	28,850	44,870	64,100
Tr	2,520	7,550	12,580	28,310	44,030	62,900
Cpe	2,180	6,530	10,880	24,480	38,080	54,400
Vic	2,060	6,190	10,320	23,220	36,120	51,600
5P Cpe	1,920	5,750	9,580	21,560	33,530	47,900
Sed	1,870	5,600	9,340	21,020	32,690	46,700
Sub	2,280	6,840	11,400	25,650	39,900	57,000
7P Limo	2,240	6,720	11,200	25,200	39,200	56,000
Imp Limo	2,260	6,780	11,300	25,430	39,550	56,500
Lan'let Sed	2,640	7,920	13,200	29,700	46,200	66,000
1924-25 V-63, V-8						
Rds	2,540	7,630	12,720	28,620	44,520	63,600
Phae	2,590	7,780	12,960	29,160	45,360	64,800
Tr	2,400	7,190	11,980	26,960	41,930	59,900
Vic	2,060	6,170	10,280	23,130	35,980	51,400
Cpe	2,000	6,010	10,020	22,550	35,070	50,100
Limo	2,040	6,120	10,200	22,950	35,700	51,000
Twn Brgm	2,000	6,000	10,000	22,500	35,000	50,000
Imp Sed	2,020	6,060	10,100	22,730	35,350	50,500

NOTE: *Custom models, (V-8 introduced Oct., 1924).*

	6	5	4	3	2	1
Cpe	2,120	6,360	10,600	23,850	37,100	53,000
5P Cpe	2,170	6,500	10,840	24,390	37,940	54,200
5P Sed	2,160	6,480	10,800	24,300	37,800	54,000
Sub	2,120	6,360	10,600	23,850	37,100	53,000
Imp Sub	2,160	6,480	10,800	24,300	37,800	54,000

NOTE: *Other models, V-8.*

	6	5	4	3	2	1
7P Sed	2,120	6,360	10,600	23,850	37,100	53,000
Vic	2,160	6,480	10,800	24,300	37,800	54,000
Lan Sed	2,800	8,400	14,000	31,500	49,000	70,000
2d Sed	2,040	6,120	10,200	22,950	35,700	51,000
8P Imp Sed	2,100	6,300	10,500	23,630	36,750	52,500

NOTE: *(All Custom and post-Dec. 1924 models have scrolled radiators).*

	6	5	4	3	2	1
1926-27 Series 314, V-8						
Cpe	2,420	7,260	12,100	27,230	42,350	60,500
Vic	2,470	7,400	12,340	27,770	43,190	61,700
5P Brgm	2,420	7,260	12,100	27,230	42,350	60,500

	6	5	4	3	2	1
5P Sed 2,040	6,120	10,200	22,950	35,700	51,000
7P Sed 2,720	8,160	13,600	30,600	47,600	68,000
Imp Sed 2,520	7,560	12,600	28,350	44,100	63,000

1926-27 Custom Line, V-8

	6	5	4	3	2	1
Rds 4,640	13,920	23,200	52,200	81,200	116,000
Tr 4,470	13,400	22,340	50,270	78,190	111,700
Phae 4,560	13,690	22,820	51,350	79,870	114,100
Cpe 2,710	8,140	13,560	30,510	47,460	67,800
Sed 2,370	7,100	11,840	26,640	41,440	59,200
Sub 2,420	7,260	12,100	27,230	42,350	60,500
Imp Sed 2,610	7,840	13,060	29,390	45,710	65,300

1927 Series 314 Std., V-8, 132" wb

	6	5	4	3	2	1
Spt Cpe 2,520	7,560	12,600	28,350	44,100	63,000
Cpe 2,400	7,200	12,000	27,000	42,000	60,000
Sed 5P 2,060	6,180	10,300	23,180	36,050	51,500
Sed 7P 2,100	6,300	10,500	23,630	36,750	52,500
Victoria 4P 2,360	7,080	11,800	26,550	41,300	59,000
Spt Sed 2,100	6,300	10,500	23,630	36,750	52,500
Brgm 2,020	6,060	10,100	22,730	35,350	50,500
Imp 2,080	6,240	10,400	23,400	36,400	52,000

1927 Std. Series, V-8, 132" wb

	6	5	4	3	2	1
7P Sed 2,040	6,120	10,200	22,950	35,700	51,000

1927 Custom, 138" wb

	6	5	4	3	2	1
RS Rds 4,200	12,600	21,000	47,250	73,500	105,000
RS Conv 3,520	10,560	17,600	39,600	61,600	88,000
Phae 4,520	13,560	22,600	50,850	79,100	113,000
Spt Phae 4,680	14,040	23,400	52,650	81,900	117,000
Tr 4,320	12,960	21,600	48,600	75,600	108,000
Conv 3,440	10,320	17,200	38,700	60,200	86,000
Cpe 2,640	7,920	13,200	29,700	46,200	66,000
5P Sed 2,320	6,960	11,600	26,100	40,600	58,000
Sub 2,280	6,840	11,400	25,650	39,900	57,000
Imp Sed 2,440	7,320	12,200	27,450	42,700	61,000
Brn Twn Cabr 3,160	9,480	15,800	35,550	55,300	79,000
Wilby Twn Cabr 3,000	9,000	15,000	33,750	52,500	75,000

1927 Fleetwood Bodies

	6	5	4	3	2	1
Limo Brgm 3,640	10,920	18,200	40,950	63,700	91,000
Twn Cabr 3,720	11,160	18,600	41,850	65,100	93,000
Trans Twn Cabr 3,960	11,880	19,800	44,550	69,300	99,000
Coll Twn Cabr 4,000	12,000	20,000	45,000	70,000	100,000
Vic 3,640	10,920	18,200	40,950	63,700	91,000

1928 Fisher Custom Line, V-8, 140" wb

	6	5	4	3	2	1
Rds 5,680	17,040	28,400	63,900	99,400	142,000
Tr 5,760	17,280	28,800	64,800	100,800	144,000
Phae 5,840	17,520	29,200	65,700	102,200	146,000
Spt Phae 6,160	18,480	30,800	69,300	107,800	154,000
Conv RS 5,160	15,480	25,800	58,050	90,300	129,000
2P Cpe 3,200	9,600	16,000	36,000	56,000	80,000
5P Cpe 3,160	9,480	15,800	35,550	55,300	79,000
Twn Sed 2,960	8,880	14,800	33,300	51,800	74,000
Sed 2,920	8,760	14,600	32,850	51,100	73,000
7P Sed 3,080	9,240	15,400	34,650	53,900	77,000
5P Imp Sed 3,000	9,000	15,000	33,750	52,500	75,000
Imp Cabr 5,360	16,080	26,800	60,300	93,800	134,000
7P Imp Sed 3,480	10,440	17,400	39,150	60,900	87,000
7P Imp Cabr 5,560	16,680	27,800	62,550	97,300	139,000

1928 Fisher Fleetwood Line, V-8, 140" wb

	6	5	4	3	2	1
Sed 3,400	10,200	17,000	38,250	59,500	85,000
5P Cabr 6,000	18,000	30,000	67,500	105,000	150,000
5P Imp Cabr 6,160	18,480	30,800	69,300	107,800	154,000
7P Sed 3,520	10,560	17,600	39,600	61,600	88,000
7P Cabr 6,040	18,120	30,200	67,950	105,700	151,000
7P Imp Cabr 6,320	18,960	31,600	71,100	110,500	158,000
Trans Twn Cabr 6,160	18,480	30,800	69,300	107,800	154,000
Trans Limo Brgm 4,520	13,500	22,600	50,850	79,100	113,000

1929 Series 341-B, V-8, 140" wb

	6	5	4	3	2	1
Rds 5,720	17,150	28,580	64,310	100,030	142,900
Phae 5,910	17,720	29,540	66,470	103,390	147,700
Spt Phae 6,400	19,190	31,980	71,960	111,930	159,900
Tr 5,240	15,720	26,200	58,950	91,700	131,000
Conv 5,280	15,840	26,400	59,400	92,400	132,000
2P Cpe 3,620	10,850	18,080	40,680	63,280	90,400
5P Cpe 3,160	9,480	15,800	35,550	55,300	79,000
5P Sed 2,920	8,760	14,600	32,850	51,100	73,000
7P Sed 3,080	9,240	15,400	34,650	53,900	77,000
Twn Sed 2,960	8,880	14,800	33,300	51,800	74,000
7P Imp Sed 3,000	9,000	15,000	33,750	52,500	75,000

1929 Fleetwood Custom Line, V-8, 140" wb

	6	5	4	3	2	1
Sed 3,240	9,720	16,200	36,450	56,700	81,000

CADILLAC

	6	5	4	3	2	1
Sed Cabr	6,170	18,500	30,840	69,390	107,940	154,200
5P Imp Sed	3,440	10,320	17,200	38,700	60,200	86,000
7P Imp Sed	3,520	10,560	17,600	39,600	61,600	88,000
Trans Twn Cabr	5,390	16,160	26,940	60,620	94,290	134,700
Trans Limo Brgm	4,220	12,650	21,080	47,430	73,780	105,400
Clb Cabr	5,680	17,040	28,400	63,900	99,400	142,000
A/W Phae	6,700	20,110	33,520	75,420	117,320	167,600
A/W State Imp	6,660	19,970	33,280	74,880	116,480	166,400
1930 Series 353, V-8, 140" wb Fisher Custom Line						
Conv	6,000	18,000	30,000	67,500	105,000	150,000
2P Cpe	4,440	13,320	22,200	49,950	77,700	111,000
Twn Sed	3,080	9,240	15,400	34,650	53,900	77,000
Sed	3,040	9,120	15,200	34,200	53,200	76,000
7P Sed	3,160	9,480	15,800	35,550	55,300	79,000
7P Imp Sed	3,200	9,600	16,000	36,000	56,000	80,000
5P Cpe	3,200	9,600	16,000	36,000	56,000	80,000
1930 Fleetwood Line, V-8						
Rds	6,900	20,700	34,500	77,630	120,750	172,500
5P Sed	3,440	10,320	17,200	38,700	60,200	86,000
Sed Cabr	6,120	18,360	30,600	68,850	107,100	153,000
5P Imp	3,520	10,560	17,600	39,600	61,600	88,000
7P Sed	3,560	10,680	17,800	40,050	62,300	89,000
7P Imp	3,600	10,800	18,000	40,500	63,000	90,000
Trans Cabr	7,000	21,000	35,000	78,750	122,500	175,000
Trans Limo Brgm	6,700	20,110	33,520	75,420	117,320	167,600
Clb Cabr	6,900	20,700	34,500	77,630	120,750	172,500
A/W Phae	7,390	22,160	36,940	83,120	129,290	184,700
A/W State Imp	7,580	22,750	37,920	85,320	132,720	189,600
1930 Fleetwood Custom Line, V-16, 148" wb						
Rds	18,320	54,960	91,600	206,100	320,600	458,000
Phae	18,800	56,400	94,000	211,500	329,000	470,000
1930 "Flat Windshield" Models						
A/W Phae	18,400	55,200	92,000	207,000	322,000	460,000
Conv	17,000	51,000	85,000	191,250	297,500	425,000
Cpe	15,200	45,600	76,000	171,000	266,000	380,000
Clb Sed	6,800	20,400	34,000	76,500	119,000	170,000
5P OS Sed	6,400	19,200	32,000	72,000	112,000	160,000
5P Sed Cabr	14,200	42,600	71,000	159,750	248,500	355,000
Imp Cabr	14,200	42,600	71,000	159,750	248,500	355,000
7P Sed	6,400	19,200	32,000	72,000	112,000	160,000
7P Imp Sed	6,600	19,800	33,000	74,250	115,500	165,000
Twn Cabr 4212	13,920	41,760	69,600	156,600	243,600	348,000
Twn Cabr 4220	13,920	41,760	69,600	156,600	243,600	348,000
Twn Cabr 4225	13,920	41,760	69,600	156,600	243,600	348,000
Limo Brgm	10,200	30,600	51,000	114,750	178,500	255,000
Twn Brgm 05	10,200	30,600	51,000	114,750	178,500	255,000
1930 Madame X Models, V-16						
5P OS Imp	9,680	29,040	48,400	108,900	169,400	242,000
5P Imp	9,520	28,560	47,600	107,100	166,600	238,000
Twn Cabr 4312	16,960	50,880	84,800	190,800	296,800	424,000
Twn Cabr 4320	17,360	52,080	86,800	195,300	303,800	434,000
Twn Cabr 4325	17,560	52,680	87,800	197,550	307,300	439,000
Limo Brgm	12,800	38,400	64,000	144,000	224,000	320,000
1931 Series 355, V-8, 134" wb Fisher Bodies						
Rds	6,800	20,400	34,000	76,500	119,000	170,000
Phae	6,800	20,400	34,000	76,500	119,000	170,000
2P Cpe	3,900	11,690	19,480	43,830	68,180	97,400
5P Cpe	3,800	11,390	18,980	42,710	66,430	94,900
Sed	3,000	9,000	15,000	33,750	52,500	75,000
Twn Sed	3,120	9,360	15,600	35,100	54,600	78,000
7P Sed	3,080	9,240	15,400	34,650	53,900	77,000
Imp Limo	3,120	9,360	15,600	35,100	54,600	78,000
1931 Fleetwood Bodies, V-8						
Rds	7,040	21,120	35,200	79,200	123,200	176,000
Conv	7,040	21,120	35,200	79,200	123,200	176,000
Phae	7,440	22,320	37,200	83,700	130,200	186,000
A/W Phae	7,840	23,520	39,200	88,200	137,200	196,000
1931 Series 370, V-12, 140" wb						
Rds	11,560	34,680	57,800	130,050	202,300	289,000
Phae	11,560	34,680	57,800	130,050	202,300	289,000
Conv	10,920	32,760	54,600	122,850	191,100	273,000
A/W Phae	11,920	35,760	59,600	134,100	208,600	298,000
2P Cpe	7,520	22,560	37,600	84,600	131,600	188,000
5P Cpe	7,240	21,720	36,200	81,450	126,700	181,000
Sed	6,320	18,960	31,600	71,100	110,600	158,000
Twn Sed	6,520	19,560	32,600	73,350	114,100	163,000
1931 Series 370, V-12, 143" wb						
7P Sed	7,000	21,000	35,000	78,750	122,500	175,000
Imp Sed	7,160	21,480	35,800	80,550	125,300	179,000

	6	5	4	3	2	1
1931 Series V-16, 148" wb						
2P Rds	18,600	55,800	93,000	209,250	325,500	465,000
Phae	18,840	56,520	94,200	211,950	329,700	471,000
A/W Phae	6,680	20,040	33,400	75,150	116,900	167,000
4476 Cpe	7,840	23,520	39,200	88,200	137,200	196,000
4276 Cpe	7,840	23,520	39,200	88,200	137,200	196,000
5P Cpe	7,600	22,800	38,000	85,500	133,000	190,000
Conv	18,840	56,520	94,200	211,950	329,700	471,000
4361 Clb Sed	8,840	26,520	44,200	99,450	154,700	221,000
4161 Clb Sed	8,840	26,520	44,200	99,450	154,700	221,000
4330 Imp	9,080	27,240	45,400	102,150	158,900	227,000
4330 Sed	5,240	15,720	26,200	58,950	91,700	131,000
4130 Sed	5,400	16,200	27,000	60,750	94,500	135,000
4130 Imp	5,400	16,200	27,000	60,750	94,500	135,000
4335 Sed Cabr	15,680	47,040	78,400	176,400	274,400	392,000
4355 Imp Cabr	16,160	48,480	80,800	181,800	282,800	404,000
4155 Sed Cabr	16,160	48,480	80,800	181,800	282,800	404,000
4155 Imp Cabr	16,880	50,640	84,400	189,900	295,400	422,000
4375 Sed	5,240	15,720	26,200	58,950	91,700	131,000
4175 Sed	5,400	16,200	27,000	60,750	94,500	135,000
4375 Imp	5,720	17,160	28,600	64,350	100,100	143,000
4175 Imp	5,920	17,760	29,600	66,600	103,600	148,000
4312 Twn Cabr	16,160	48,480	80,800	181,800	282,800	404,000
4320 Twn Cabr	16,160	48,480	80,800	181,800	282,800	404,000
4220 Twn Cabr	16,160	48,480	80,800	181,800	282,800	404,000
4325 Twn Cabr	15,680	47,040	78,400	176,400	274,400	392,000
4225 Twn Cabr	15,680	47,040	78,400	176,400	274,400	392,000
4391 Limo Brgm	11,520	34,560	57,600	129,600	201,600	288,000
4291 Limo Brgm	12,000	36,000	60,000	135,000	210,000	300,000
4264 Twn Brgm	12,240	36,720	61,200	137,700	214,200	306,000
4264B Twn Brgm C/N	12,480	37,440	62,400	140,400	218,400	312,000
1932 Series 355B, V-8, 134" wb						
Rds	5,520	16,560	27,600	62,100	96,600	138,000
Conv	4,160	12,480	20,800	46,800	72,800	104,000
2P Cpe	2,960	8,880	14,800	33,300	51,800	74,000
Sed	2,760	8,280	13,800	31,050	48,300	69,000
1932 Fisher Line, 140" wb						
Std Phae	5,120	15,360	25,600	57,600	89,600	128,000
DW Phae	5,120	15,360	25,600	57,600	89,600	128,000
DC Spt Phae	5,360	16,080	26,800	60,300	93,800	134,000
A/W Phae	5,360	16,080	26,800	60,300	93,800	134,000
Cpe	2,840	8,520	14,200	31,950	49,700	71,000
Spec Sed	2,480	7,440	12,400	27,900	43,400	62,000
Twn Sed	2,500	7,500	12,500	28,130	43,750	62,500
Imp Sed	2,520	7,560	12,600	28,350	44,100	63,000
1932 Fleetwood Bodies, 140" wb						
Sed	2,880	8,640	14,400	32,400	50,400	72,000
Twn Cpe	3,320	9,960	16,600	37,350	58,100	83,000
7P Sed	3,080	9,240	15,400	34,650	53,900	77,000
7P Limo	3,160	9,480	15,800	35,550	55,300	79,000
5P Twn Car	5,000	15,000	25,000	56,250	87,500	125,000
Twn Cabr	5,160	15,480	25,800	58,050	90,300	129,000
Limo Brgm	3,480	10,440	17,400	39,150	60,900	87,000
1932 Series 370B, V-12, 134" wb						
Rds	8,480	25,440	42,400	95,400	148,400	212,000
Conv	8,080	24,240	40,400	90,900	141,400	202,000
2P Cpe	3,680	11,040	18,400	41,400	64,400	92,000
Std Sed	3,600	10,800	18,000	40,500	63,000	90,000
1932 Series 370B, V-12, 140" wb Fisher Bodies						
Std Phae	8,200	24,600	41,000	92,250	143,500	205,000
Spl Phae	8,400	25,200	42,000	94,500	147,000	210,000
Spt Phae	8,800	26,400	44,000	99,000	154,000	220,000
A/W Phae	8,600	25,800	43,000	96,750	150,500	215,000
5P Cpe	3,880	11,640	19,400	43,650	67,900	97,000
Spl Sed	3,720	11,160	18,600	41,850	65,100	93,000
Twn Sed	3,280	9,840	16,400	36,900	57,400	82,000
7P Sed	3,400	10,200	17,000	38,250	59,500	85,000
7P Imp	3,480	10,440	17,400	39,150	60,900	87,000
1932 Series 370B, V-12, 140" wb Fleetwood Bodies						
Tr	9,880	29,640	49,400	111,150	172,900	247,000
Conv	10,080	30,240	50,400	113,400	176,400	252,000
Sed	4,440	13,320	22,200	49,950	77,700	111,000
Twn Cpe	4,440	13,320	22,200	49,950	77,700	111,000
7P Sed	4,040	12,120	20,200	45,450	70,700	101,000
Limo	4,280	12,840	21,400	48,150	74,900	107,000
5P Twn Cabr	9,600	28,800	48,000	108,000	168,000	240,000
7P Twn Cabr	9,800	29,400	49,000	110,250	171,500	245,000
Limo Brgm	8,000	24,000	40,000	90,000	140,000	200,000

	6	5	4	3	2	1
1932 Series 452B, V-16, 143" wb Fisher Bodies						
Rds	13,480	40,440	67,400	151,650	235,900	337,000
Conv	12,080	36,240	60,400	135,900	211,400	302,000
Cpe	9,280	27,840	46,400	104,400	162,400	232,000
Std Sed	7,920	23,760	39,600	89,100	138,600	198,000
1932 Series 452B, V-16, 149" wb Fisher Bodies						
Std Phae	14,960	44,880	74,800	168,300	261,800	374,000
Spl Phae	15,280	45,840	76,400	171,900	267,400	382,000
Spt Phae	15,080	45,240	75,400	169,650	263,900	377,000
A/W Phae	14,480	43,440	72,400	162,900	253,400	362,000
1932 Fleetwood Bodies, V-16						
5P Sed	9,800	29,400	49,000	110,250	171,500	245,000
Imp Limo	6,680	20,040	33,400	75,150	116,900	167,000
Twn Cpe	10,880	32,640	54,400	122,400	190,400	272,000
7P Sed	10,680	32,040	53,400	120,150	186,900	267,000
7P Twn Cabr	15,080	45,240	75,400	169,650	263,900	377,000
5P Twn Cabr	14,880	44,640	74,400	167,400	260,400	372,000
Limo Brgm	10,000	30,000	50,000	112,500	175,000	250,000
1933 Series 355C, V-8, 134" wb Fisher Bodies						
Rds	4,920	14,760	24,600	55,350	86,100	123,000
Conv	4,800	14,390	23,980	53,960	83,930	119,900
Cpe	3,080	9,240	15,400	34,650	53,900	77,000
1933 Series 355C, V-8, 140" wb Fisher Bodies						
Phae	4,440	13,320	22,200	49,950	77,700	111,000
A/W Phae	4,800	14,400	24,000	54,000	84,000	120,000
5P Cpe	2,960	8,880	14,800	33,300	51,800	74,000
Sed	2,800	8,400	14,000	31,500	49,000	70,000
Twn Sed	3,200	9,600	16,000	36,000	56,000	80,000
7P Sed	2,880	8,640	14,400	32,400	50,400	72,000
Imp Sed	2,920	8,760	14,600	32,850	51,100	73,000
1933 Series 355C, V-8, 140" wb Fleetwood Line						
5P Sed	2,880	8,640	14,400	32,400	50,400	72,000
7P Sed	3,000	9,000	15,000	33,750	52,500	75,000
Limo	3,120	9,360	15,600	35,100	54,600	78,000
5P Twn Cabr	4,800	14,400	24,000	54,000	84,000	120,000
7P Twn Cabr	5,160	15,480	25,800	58,050	90,300	129,000
Limo Brgm	3,320	9,960	16,600	37,350	58,100	83,000
1933 Series 370C, V-12, 134" wb Fisher Bodies						
Rds	6,210	18,640	31,060	69,890	108,710	155,300
Conv	6,020	18,050	30,080	67,680	105,280	150,400
Cpe	3,600	10,800	18,000	40,500	63,000	90,000
1933 Series 370C, V-12, 140" wb Fisher Bodies						
Phae	6,110	18,340	30,560	68,760	106,960	152,800
A/W Phae	6,210	18,640	31,060	69,890	108,710	155,300
5P Cpe	3,440	10,320	17,200	38,700	60,200	86,000
Sed	3,120	9,360	15,600	35,100	54,600	78,000
Twn Sed	3,120	9,360	15,600	35,100	54,600	78,000
7P Sed	3,360	10,080	16,800	37,800	58,800	84,000
Imp Sed	3,200	9,600	16,000	36,000	56,000	80,000
1933 Series 370C, V-12, 140" wb Fleetwood Line						
Sed	3,480	10,440	17,400	39,150	60,900	87,000
7P Sed	3,480	10,440	17,400	39,150	60,900	87,000
Limo	3,560	10,680	17,800	40,050	62,300	89,000
5P Twn Cabr	6,490	19,480	32,460	73,040	113,610	162,300
7P Twn Cabr	6,590	19,760	32,940	74,120	115,290	164,700
7P Limo Brgm	4,160	12,480	20,800	46,800	72,800	104,000
1933 Series 452C, V-16, 154" wb						
DC Spt Phae	15,760	47,280	78,800	177,300	275,800	394,000
1933 Fleetwood Bodies, 149" wb						
Conv	13,120	39,370	65,620	147,650	229,670	328,100
A/W Phae	13,370	40,100	66,840	150,390	233,940	334,200
Sed	8,700	26,110	43,520	97,920	152,320	217,600
7P Sed	8,700	26,110	43,520	97,920	152,320	217,600
Twn Cab	11,000	33,010	55,020	123,800	192,570	275,100
7P Twn Cab	10,780	32,330	53,880	121,230	188,580	269,400
7P Limo	8,920	26,770	44,620	100,400	156,170	223,100
Limo Brgm	8,940	26,810	44,680	100,530	156,380	223,400
5P Twn Cpe	8,480	25,430	42,380	95,360	148,330	211,900
Imp Cab	11,240	33,710	56,180	126,410	196,630	280,900
1934 Series 355D, V-8, 128" wb Fisher Bodies						
Conv	4,020	12,050	20,080	45,180	70,280	100,400
Conv Sed	4,110	12,340	20,560	46,260	71,960	102,800
2P Cpe	2,700	8,090	13,480	30,330	47,180	67,400
Twn Cpe	2,720	8,160	13,600	30,600	47,600	68,000
Sed	2,680	8,040	13,400	30,150	46,900	67,000
Twn Sed	2,480	7,440	12,400	27,900	43,400	62,000
1934 Series 355D, V-8, 136" wb Fisher Bodies						
Conv	4,200	12,600	21,000	47,250	73,500	105,000
Conv Sed	4,310	12,920	21,540	48,470	75,390	107,700

	6	5	4	3	2	1
Cpe.	2,520	7,560	12,600	28,350	44,100	63,000
Sed.	2,720	8,160	13,600	30,600	47,600	68,000
Twn Sed	2,740	8,220	13,700	30,830	47,950	68,500
7P Sed	2,760	8,280	13,800	31,050	48,300	69,000
Imp Sed	2,800	8,400	14,000	31,500	49,000	70,000

1934 Series 355D, V-8, 146" wb Fleetwood bodies with straight windshield

	6	5	4	3	2	1
Sed.	2,960	8,880	14,800	33,300	51,800	74,000
Twn Sed	3,000	9,000	15,000	33,750	52,500	75,000
7P Sed	3,020	9,060	15,100	33,980	52,850	75,500
7P Limo	3,040	9,120	15,200	34,200	53,200	76,000
Imp Cab	4,160	12,480	20,800	46,800	72,800	104,000
7P Imp Cab.	4,240	12,720	21,200	47,700	74,200	106,000

1934 Series 355D, V-8, 146" wb Fleetwood bodies with modified "V" windshield

	6	5	4	3	2	1
Conv.	5,600	16,800	28,000	63,000	98,000	140,000
Aero Cpe.	5,320	15,960	26,600	59,850	93,100	133,000
Cpe.	3,120	9,360	15,600	35,100	54,600	78,000
Spl Sed.	3,080	9,240	15,400	34,650	53,900	77,000
Spl Twn Sed	3,120	9,360	15,600	35,100	54,600	78,000
Conv Sed Div	5,160	15,480	25,800	58,050	90,300	129,000
7P Spl Sed	3,240	9,720	16,200	36,450	56,700	81,000
Spl Limo	3,200	9,600	16,000	36,000	56,000	80,000
Sp Twn Cab	4,520	13,560	22,600	50,850	79,100	113,000
7P Twn Cab	4,600	13,800	23,000	51,750	80,500	115,000
5P Spl Imp Cab	4,600	13,800	23,000	51,750	80,500	115,000
7P Spl Imp Cab	5,190	15,580	25,960	58,410	90,860	129,800
Limo Brgm	3,680	11,040	18,400	41,400	64,400	92,000

1934 Series 370D, V-12, 146" wb Fleetwood bodies with straight windshield

	6	5	4	3	2	1
Sed.	3,320	9,960	16,600	37,350	58,100	83,000
Twn Sed	3,160	9,480	15,800	35,550	55,300	79,000
7P Sed	3,200	9,600	16,000	36,000	56,000	80,000
7P Limo	3,320	9,960	16,600	37,350	58,100	83,000
5P Imp Cab.	5,160	15,480	25,800	58,050	90,300	129,000
7P Imp Cab.	5,240	15,720	26,200	68,950	91,700	131,000

1934 Series 370D, V-12, 146" wb Fleetwood bodies with modified "V" windshield

	6	5	4	3	2	1
Conv	5,170	15,520	25,860	58,100	90,510	120,300
Aero Cpe.	5,960	17,880	29,800	67,050	104,300	149,000
RS Cpe.	3,480	10,440	17,400	39,150	60,900	87,000
Spl Sed.	3,320	9,960	16,600	37,350	58,100	83,000
Spl Twn Sed	3,060	9,180	15,300	34,430	53,550	76,500
Conv Sed	5,460	16,370	27,280	61,380	95,480	136,400
7P Spl Sed	3,560	10,680	17,800	40,050	62,300	89,000
Spec Limo.	3,640	10,920	18,200	40,950	63,700	91,000
5P Twn Cab	5,820	17,460	29,100	65,480	101,850	145,500
7P Twn Cab	5,380	16,140	26,900	60,530	94,150	134,500
5P Spl Imp Cab	5,460	16,380	27,300	61,430	95,550	136,500
7P Spl Imp Cab	7,800	23,400	39,000	87,750	136,500	195,000

1934 Series 452D, V-16, 154" wb Fleetwood bodies with straight windshield

	6	5	4	3	2	1
Sed.	7,200	21,600	36,000	81,000	126,000	180,000
Twn Sed	7,280	21,840	36,400	81,000	127,400	182,000
7P Sed	7,280	21,840	36,400	81,900	127,400	182,000
Limo	7,640	22,920	38,200	85,950	133,700	191,000
5P Imp Cab.	9,200	27,600	46,000	103,500	161,000	230,000

1934 Series 452D, V-16, 154" wb Fleetwood bodies with modified "V" windshield

	6	5	4	3	2	1
4P Conv	10,600	31,800	53,000	119,250	185,500	265,000
Aero Cpe.	9,560	28,680	47,800	107,550	167,300	239,000
RS Cpe.	11,420	34,260	57,100	128,480	199,850	285,500
Spl Sed.	10,980	32,940	54,900	123,530	192,150	274,500
Spl Twn Sed	7,780	23,340	38,900	87,530	136,150	194,500
Conv Sed	11,190	33,580	55,960	125,910	195,860	279,800
7P Spl Sed	7,540	22,630	37,720	84,870	132,020	188,600
Spl Limo	8,000	24,000	40,000	90,000	140,000	200,000
5P Twn Cab	9,160	27,480	45,800	103,050	160,300	229,000
7P Twn Cab	9,380	28,140	46,900	105,530	164,150	234,500
5P Spl Imp Cab	9,600	28,800	48,000	108,000	168,000	240,000
7P Spl Imp Cab	9,840	29,520	49,200	110,700	172,200	246,000
Limo Brgm	8,460	25,380	42,300	95,180	148,050	211,500

1935 Series 355E, V-8, 128" wb Fisher Bodies

	6	5	4	3	2	1
RS Conv.	3,600	10,800	18,000	40,500	63,000	90,000
Conv Sed	5,000	15,000	25,000	56,250	87,500	125,000
RS Cpe.	2,440	7,320	12,200	27,450	42,700	61,000
5P Twn Cpe	2,520	7,560	12,600	28,350	44,100	63,000
Sed.	2,680	8,040	13,400	30,150	46,900	67,000
Twn Sed	2,480	7,440	12,400	27,900	43,400	62,000

1935 Series 355E, V-8, 136" wb Fisher Bodies

	6	5	4	3	2	1
RS Conv	3,400	10,200	17,000	38,250	59,500	85,000
Conv Sed	5,200	15,600	26,000	58,500	91,000	130,000
RS Cpe.	2,840	8,520	14,200	31,950	49,700	71,000
Sed.	2,760	8,280	13,800	31,050	48,300	69,000
Twn Sed	2,780	8,340	13,900	31,280	48,650	69,500

CADILLAC

	6	5	4	3	2	1
7P Sed	2,800	8,400	14,000	31,500	49,000	70,000
Imp Sed	2,840	8,520	14,200	31,950	49,700	71,000
1935 Series 355E, V-8, 146" wb Fleetwood bodies with straight windshield						
Sed	2,920	8,760	14,600	32,850	51,100	73,000
Twn Sed	2,960	8,880	14,800	33,300	51,800	74,000
7P Sed	2,980	8,940	14,900	33,530	52,150	74,500
Limo	3,000	9,000	15,000	33,750	52,500	75,000
5P Imp Cabr	4,240	12,720	21,200	47,700	74,200	106,000
7P Imp Cabr	4,320	12,960	21,600	48,600	75,600	108,000
1935 Series 355E, V-8, 146" wb Fleetwood bodies with modified "V" windshield						
4P Conv	4,120	12,360	20,600	46,350	72,100	103,000
4P Cpe	3,040	9,120	15,200	34,200	53,200	76,000
Spl Sed	3,000	9,000	15,000	33,750	52,500	75,000
Spl Twn Sed	3,040	9,120	15,200	34,200	53,200	76,000
Conv Sed	4,480	13,440	22,400	50,400	78,400	112,000
7P Spl Sed	3,040	9,120	15,200	34,200	53,200	76,000
Spl Limo	3,020	9,060	15,100	33,980	52,850	75,500
5P Twn Cabr	4,400	13,200	22,000	49,500	77,000	110,000
7P Twn Cabr	4,480	13,440	22,400	50,400	78,400	112,000
5P Imp Cabr	4,480	13,440	22,400	50,400	78,400	112,000
7P Imp Cabr	4,800	14,400	24,000	54,000	84,000	120,000
Limo Brgm	3,760	11,280	18,800	42,300	65,800	94,000
1935 Series 370E, V-12, 146" wb Fleetwood bodies with straight windshield						
Sed	3,240	9,720	16,200	36,450	56,700	81,000
Twn Sed	3,080	9,240	15,400	34,650	53,900	77,000
7P Sed	3,120	9,360	15,600	35,100	54,600	78,000
Limo	3,240	9,720	16,200	36,450	56,700	81,000
5P Imp Cabr	5,080	15,240	25,400	57,150	88,900	127,000
7P Imp Cabr	5,160	15,480	25,800	58,050	90,300	129,000
1935 Series 370E, V-12, 146" wb Fleetwood bodies with modified "V" windshield						
Conv	4,810	14,420	24,040	54,090	84,140	120,200
4P Cpe	3,350	10,040	16,740	37,670	58,590	83,700
Spl Sed	3,120	9,360	15,600	35,100	54,600	78,000
Spl Twn Sed	3,260	9,780	16,300	36,680	57,050	81,500
Conv Sed	5,440	16,320	27,200	61,200	95,200	136,000
7P Spl Sed	3,360	10,080	16,800	37,800	58,800	84,000
7P Spl Limo	3,440	10,320	17,200	38,700	60,200	86,000
5P Twn Cabr	5,700	17,100	28,500	64,130	99,750	142,500
7P Twn Cabr	5,260	15,780	26,300	59,180	92,050	131,500
5P Spl Imp Cabr	5,340	16,020	26,700	60,080	93,450	133,500
7P Spl Imp Cabr	5,680	17,040	28,400	63,900	99,400	142,000
Limo Brgm	4,500	13,500	22,500	50,630	78,750	112,500
1935 Series 452E, V-16, 154" wb Fleetwood bodies with straight windshield						
Sed	7,040	21,120	35,200	79,200	123,200	176,000
Twn Sed	7,160	21,480	35,800	80,550	125,300	179,000
7P Sed	7,160	21,480	35,800	80,550	125,300	179,000
7P Limo	7,200	21,600	36,000	81,000	126,000	180,000
5P Imp Cabr	8,920	26,760	44,600	100,350	156,100	223,000
7P Imp Cabr	9,120	27,360	45,600	102,600	159,600	228,000
1935 Series 452D, V-16, 154" wb Fleetwood bodies with modified "V" windshield						
2-4P Cpe	10,480	31,440	52,400	117,900	183,400	262,000
4P Cpe	10,720	32,160	53,600	120,600	187,600	268,000
Spl Sed	10,840	32,520	54,200	121,950	189,700	271,000
Spl Twn Sed	7,660	22,980	38,300	86,180	134,050	191,500
7P Spl Sed	7,180	21,530	35,880	80,730	125,580	179,400
Spl Limo	7,880	23,640	39,400	88,650	137,900	197,000
5P Twn Cabr	9,040	27,120	45,200	101,700	158,200	226,000
7P Twn Cab	9,260	27,780	46,300	104,180	162,050	231,500
5P Spl Imp Cabr	9,480	28,440	47,400	106,650	165,900	237,000
7P Spl Imp Cabr	9,640	28,920	48,200	108,450	168,700	241,000
Limo Brgm	8,340	25,020	41,700	93,830	145,950	208,500
5P Conv	10,240	30,720	51,200	115,200	179,200	256,000
Conv Sed	10,640	31,920	53,200	119,700	186,200	266,000
1936 Series 60, V-8, 121" wb						
2d Conv	3,320	9,960	16,600	37,350	58,100	83,000
2d 2P Cpe	2,160	6,480	10,800	24,300	37,800	54,000
4d Tr Sed	2,120	6,360	10,600	23,850	37,100	53,000
1936 Series 70, V-8, 131" wb, Fleetwood bodies						
2d Conv	3,460	10,380	17,300	38,930	60,550	86,500
2d 2P Cpe	3,200	9,600	16,000	36,000	56,000	80,000
4d Conv Sed	3,540	10,620	17,700	39,830	61,950	88,500
4d Tr Sed	2,600	7,800	13,000	29,250	45,500	65,000
1936 Series 75, V-8, 138" wb, Fleetwood bodies						
4d Sed	2,360	7,080	11,800	26,550	41,300	59,000
4d Tr Sed	2,400	7,200	12,000	27,000	42,000	60,000
4d Conv Sed	3,880	11,640	19,400	43,650	67,900	97,000
4d Fml Sed	2,860	8,580	14,300	32,180	50,050	71,500
4d Twn Sed	2,400	7,200	12,000	27,000	42,000	60,000
4d 7P Sed	2,720	8,160	13,600	30,600	47,600	68,000

	6	5	4	3	2	1
4d 7P Tr Sed	2,600	7,800	13,000	29,250	45,500	65,000
4d Imp Sed	2,640	7,920	13,200	29,700	46,200	66,000
4d Imp Tr Sed	2,680	8,040	13,400	30,150	46,900	67,000
4d Twn Car	2,920	8,760	14,600	32,850	51,100	73,000
1936 Series 80, V-12, 131" wb, Fleetwood bodies						
2d Conv	4,560	13,680	22,800	51,300	79,800	114,000
4d Conv Sed	5,120	15,360	25,600	57,600	89,600	128,000
2d Cpe	3,360	10,080	16,800	37,800	58,800	84,000
4d Tr Sed	3,160	9,480	15,800	35,550	55,300	79,000
1936 Series 85, V-12, 138" wb, Fleetwood bodies						
4d Sed	2,840	8,520	14,200	31,950	49,700	71,000
4d Tr Sed	2,880	8,640	14,400	32,400	50,400	72,000
4d Conv Sed	5,200	15,600	26,000	58,500	91,000	130,000
4d Fml Sed	3,000	9,000	15,000	33,750	52,500	75,000
4d Twn Sed	2,920	8,760	14,600	32,850	51,100	73,000
4d 7P Sed	2,960	8,880	14,800	33,300	51,800	74,000
4d 7P Tr Sed	2,980	8,940	14,900	33,530	52,150	74,500
4d Imp Sed	3,080	9,240	15,400	34,650	53,900	77,000
4d Imp Tr Sed	3,100	9,300	15,500	34,880	54,250	77,500
4d Twn Car	3,720	11,160	18,600	41,850	65,100	93,000
1936 Series 90, V-16, 154" wb, Fleetwood bodies						
2d 2P Conv	7,600	22,800	38,000	85,500	133,000	190,000
4d Conv Sed	8,200	24,600	41,000	92,250	143,500	205,000
2d 2P Cpe	5,400	16,200	27,000	60,750	94,500	135,000
2d Aero Cpe	5,840	17,520	29,200	65,700	102,200	146,000
4d Sed	5,000	15,000	25,000	56,250	87,500	125,000
4d Twn Sed	5,200	15,600	26,000	58,500	91,000	130,000
4d 7P Sed	5,320	15,960	26,600	59,850	93,100	133,000
4d 5P Imp Cabr	7,400	22,200	37,000	83,250	129,500	185,000
4d 7P Imp Cabr	7,440	22,320	37,200	83,700	130,200	186,000
4d Imp Sed	7,480	22,440	37,400	84,150	130,900	187,000
4d Twn Cabr	7,480	22,450	37,420	84,200	130,970	187,100
4d Twn Lan	7,600	22,800	38,000	85,500	133,000	190,000
4d 5P Conv	15,000	45,000	75,000	168,750	262,500	375,000
1937 Series 60, V-8, 124" wb						
2d Conv	3,240	9,720	16,200	36,450	56,700	81,000
4d Conv Sed	3,320	9,960	16,600	37,350	58,100	83,000
2d 2P Cpe	2,240	6,720	11,200	25,200	39,200	56,000
4d Tr Sed	2,200	6,600	11,000	24,750	38,500	55,000
1937 Series 65, V-8, 131" wb						
4d Tr Sed	2,240	6,720	11,200	25,200	39,200	56,000
1937 Series 70, V-8, 131" wb, Fleetwood bodies						
2d Conv	3,340	10,020	16,700	37,580	58,450	83,500
4d Conv Sed	3,420	10,260	17,100	38,480	59,850	85,500
2d Spt Cpe	2,600	7,800	13,000	29,250	45,500	65,000
4d Tr Sed	2,560	7,680	12,800	28,800	44,800	64,000
1937 Series 75, V-8, 138" wb, Fleetwood bodies						
4d Tr Sed	2,400	7,200	12,000	27,000	42,000	60,000
4d Twn Sed	2,800	8,400	14,000	31,500	49,000	70,000
4d Conv Sed	3,920	11,760	19,600	44,100	68,600	98,000
4d Fml Sed	2,780	8,340	13,900	31,280	48,650	69,500
4d Spl Tr Sed	2,700	8,100	13,500	30,380	47,250	67,500
4d Spl Imp Tr Sed	2,740	8,220	13,700	30,830	47,950	68,500
4d 7P Tr Sed	2,740	8,220	13,700	30,830	47,950	68,500
4d 7P Imp	2,960	8,880	14,800	33,300	51,800	74,000
4d Bus Tr Sed	2,240	6,720	11,200	25,200	39,200	56,000
4d Bus Imp	2,550	7,640	12,740	28,670	44,590	63,700
4d Twn Car	3,300	9,890	16,480	37,080	57,680	82,400
1937 Series 85, V-12, 138" wb, Fleetwood bodies						
4d Tr Sed	2,740	8,220	13,700	30,830	47,950	68,500
4d Twn Sed	2,780	8,340	13,900	31,280	48,650	69,500
4d Conv Sed	5,600	16,800	28,000	63,000	98,000	140,000
4d 7P Tr Sed	2,840	8,520	14,200	31,950	49,700	71,000
4d Imp Tr Sed	2,960	8,880	14,800	33,300	51,800	74,000
4d Twn Car	3,720	11,170	18,610	41,870	65,140	93,050
1937 Series 90, V-16, 154" wb, Fleetwood bodies						
2d 2P Conv	7,840	23,510	39,180	88,160	137,130	195,900
2d 5P Conv	8,600	25,800	43,000	96,750	150,500	215,000
4d Conv Sed	8,200	24,600	41,000	92,250	143,500	205,000
2d Cpe	5,780	17,340	28,900	65,030	101,150	144,500
4d Twn Sed	5,300	15,900	26,500	59,630	92,750	132,500
4d 7P Sed	5,400	16,200	27,000	60,750	94,500	135,000
4d Limo	5,680	17,040	28,400	63,900	99,400	142,000
4d 5P Imp Cabr	7,640	22,920	38,200	85,950	133,700	191,000
4d 5P Twn Cabr	7,880	23,640	39,400	88,650	137,900	197,000
4d 7P Imp Cabr	7,840	23,520	39,200	88,200	137,200	196,000
4d 7P Twn Cabr	8,080	24,240	40,400	90,900	141,400	202,000
2d Aero Cpe	9,400	28,200	47,000	105,750	164,500	235,000
4d Limo Brgm	6,000	18,000	30,000	67,500	105,000	150,000

CADILLAC

	6	5	4	3	2	1
4d Fml Sed 6,200	18,600	31,000	69,750	108,500	155,000
1938 Series 60, V-8, 124" wb						
2d Conv 4,800	14,400	24,000	54,000	84,000	120,000
4d Conv Sed 3,320	9,960	16,600	37,350	58,100	83,000
2d 2P Cpe 2,200	6,600	11,000	24,750	38,500	55,000
4d Tr Sed 2,160	6,480	10,800	24,300	37,800	54,000
1938 Series 60 Special, V-8, 127" wb						
4d Tr Sed 2,720	8,160	13,600	30,600	47,600	68,000
1938 Series 65, V-8, 132" wb						
4d Tr Sed 2,200	6,600	11,000	24,750	38,500	55,000
4d Div Tr Sed 2,440	7,320	12,200	27,450	42,700	61,000
4d Conv Sed 3,800	11,400	19,000	42,750	66,500	95,000
1938 Series 75, V-8, 141" wb, Fleetwood bodies						
2d Conv 3,460	10,380	17,300	38,930	60,550	86,500
4d Conv Sed 3,920	11,760	19,600	44,100	68,600	98,000
2d 2P Cpe 2,520	7,560	12,600	28,350	44,100	63,000
2d 5P Cpe 2,440	7,320	12,200	27,450	42,700	61,000
4d Tr Sed 2,800	8,400	14,000	31,500	49,000	70,000
4d Div Tr Sed 2,240	6,720	11,200	25,200	39,200	56,000
4d Twn Sed 2,320	6,960	11,600	26,100	40,600	58,000
4d Fml Sed 2,760	8,280	13,800	31,050	48,300	69,000
4d 7P Fml Sed 2,680	8,040	13,400	30,150	46,900	67,000
4d 7P Tr Sed 2,520	7,560	12,600	28,350	44,100	63,000
4d Imp Tr Sed 2,560	7,680	12,800	28,800	44,800	64,000
4d 8P Tr Sed 2,600	7,800	13,000	29,250	45,500	65,000
4d 8P Imp Tr Sed 2,540	7,620	12,700	28,580	44,450	63,500
4d Twn Car 3,680	11,040	18,400	41,400	64,400	92,000
1938 Series 90, V-16, 141" wb, Fleetwood bodies						
2d Conv 10,000	30,000	50,000	112,500	175,000	250,000
4d Conv Sed Trk 10,200	30,600	51,000	114,750	178,500	255,000
2d 2P Cpe 4,340	13,030	21,720	48,870	76,020	108,600
2d 5P Cpe 4,210	12,620	21,040	47,340	73,640	105,200
4d Tr Sed 3,840	11,520	19,200	43,200	67,200	96,000
4d Twn Sed 3,690	11,080	18,460	41,540	64,610	92,300
4d Div Tr Sed 4,120	12,350	20,580	46,310	72,030	102,900
4d 7P Tr Sed 4,020	12,070	20,120	45,270	70,420	100,600
4d Imp Tr Sed 5,080	15,240	25,400	57,150	88,900	127,000
4d Fml Sed 4,210	12,620	21,040	47,340	73,640	105,200
4d Fml Sed Trk 4,300	12,900	21,500	48,380	75,250	107,500
4d Twn Car 4,850	14,560	24,260	54,590	84,910	121,300
1939 Series 61, V-8, 126" wb						
2d Conv 3,200	9,600	16,000	36,000	56,000	80,000
4d Conv Sed 3,240	9,730	16,220	36,500	56,770	81,100
2d Cpe 2,120	6,360	10,600	23,850	37,100	53,000
4d Tr Sed 2,080	6,240	10,400	23,400	36,400	52,000
1939 Series 60 Special, V-8, 127" wb, Fleetwood						
4d Sed 2,400	7,200	12,000	27,000	42,000	60,000
4d S/R Sed 2,480	7,440	12,400	27,900	43,400	62,000
4d S/R Imp Sed 2,440	7,320	12,200	27,450	42,700	61,000
1939 Series 75, V-8, 141" wb, Fleetwood bodies						
2d Conv 6,000	18,000	30,000	67,500	105,000	150,000
4d Conv Sed Trk 4,380	13,140	21,900	49,280	76,650	109,500
2d 4P Cpe 2,700	8,100	13,500	30,380	47,250	67,500
2d 5P Cpe 2,620	7,860	13,100	29,480	45,850	65,500
4d Tr Sed 2,500	7,500	12,500	28,130	43,750	62,500
4d Div Tr Sed 2,420	7,260	12,100	27,230	42,350	60,500
4d Twn Sed Trk 2,500	7,500	12,500	28,130	43,750	62,500
4d Fml Sed Trk 2,940	8,820	14,700	33,080	51,450	73,500
4d 7P Fml Sed Trk 2,860	8,580	14,300	32,180	50,050	71,500
4d 7P Tr Sed 2,700	8,100	13,500	30,380	47,250	67,500
4d 7P Tr Imp Sed 2,740	8,220	13,700	30,830	47,950	68,500
4d Bus Tr Sed 2,500	7,500	12,500	28,130	43,750	62,500
4d 8P Tr Imp Sed 2,720	8,160	13,600	30,600	47,600	68,000
4d Twn Car Trk 3,860	11,580	19,300	43,430	67,550	96,500
1939 Series 90, V-16, 141" wb, Fleetwood bodies						
2d Conv 6,080	18,240	30,400	68,400	106,400	152,000
4d Conv Sed 6,160	18,480	30,800	69,300	107,800	154,000
2d 4P Cpe 4,580	13,730	22,880	51,480	80,080	114,400
2d 5P Cpe 4,480	13,450	22,420	50,450	78,470	112,100
4d 5P Tr Sed 3,840	11,520	19,200	43,200	67,200	96,000
4d Twn Sed Trk 3,930	11,800	19,660	44,240	68,810	98,300
4d Div Tr Sed 3,930	11,800	19,660	44,240	68,810	98,300
4d 7P Tr Sed 3,930	11,800	19,660	44,240	68,810	98,300
4d 7P Imp Tr Sed 4,020	12,070	20,120	45,270	70,420	100,600
4d Fml Sed Trk 4,020	12,070	20,120	45,270	70,420	100,600
4d 7P Fml Sed Trk 4,120	12,350	20,580	46,310	72,030	102,900
4d Twn Car Trk 4,580	13,730	22,880	51,480	80,080	114,400
1940 Series 62, V-8, 129" wb						
2d Conv 3,280	9,840	16,400	36,900	57,400	82,000

	6	5	4	3	2	1
4d Conv Sed.	4,000	12,000	20,000	45,000	70,000	100,000
2d Cpe	2,400	7,200	12,000	27,000	42,000	60,000
4d Sed	2,240	6,720	11,200	25,200	39,200	56,000

1940 Series 60 Special, V-8, 127" wb, Fleetwood

	6	5	4	3	2	1
4d Scd	2,040	8,520	14,200	31,950	49,700	71,000
4d S/R Sed.	2,920	8,760	14,600	32,850	51,100	73,000
4d Imp Sed.	2,920	8,760	14,600	32,850	51,100	73,000
4d S/R Imp Sed.	2,960	8,880	14,800	33,300	51,800	74,000
4d MB Twn Car.	3,040	9,120	15,200	34,200	53,200	76,000
4d LB Twn Car.	3,120	9,360	15,600	35,100	54,600	78,000

1940 Series 72, V-8, 138" wb, Fleetwood

	6	5	4	3	2	1
4d Sed	2,380	7,140	11,900	26,780	41,650	59,500
4d 4P Imp Sed.	2,420	7,270	12,120	27,270	42,420	60,600
4d 7P Sed.	2,470	7,400	12,340	27,770	43,190	61,700
4d 7P Bus Sed.	2,380	7,140	11,900	26,780	41,650	59,500
4d 7P Imp Sed.	2,470	7,400	12,340	27,770	43,190	61,700
4d 7P Fml Sed.	2,720	8,160	13,600	30,600	47,600	68,000
4d 7P Bus Imp.	2,420	7,270	12,120	27,270	42,420	60,600
4d 5P Fml Sed.	2,560	7,670	12,780	28,760	44,730	63,900

1940 Series 75, V-8, 141" wb, Fleetwood

	6	5	4	3	2	1
2d Conv	6,000	18,000	30,000	67,500	105,000	150,000
4d Conv Sed.	4,400	13,200	22,000	49,500	77,000	110,000
2d 2P Cpe.	2,870	8,620	14,360	32,310	50,260	71,800
2d 5P Cpe.	2,830	8,480	14,140	31,820	49,490	70,700
4d Sed	3,000	9,000	15,000	33,750	52,500	75,000
4d 5P Imp Sed.	2,830	8,480	14,140	31,820	49,490	70,700
4d 7P Sed.	2,780	8,350	13,920	31,320	48,720	69,600
4d 7P Imp Sed.	2,750	8,260	13,760	30,960	48,160	68,800
4d 5P Fml Sed.	2,830	8,480	14,140	31,820	49,490	70,700
4d 7P Fml Sed.	2,920	8,750	14,580	32,810	51,030	72,900
4d Twn Sed.	3,270	9,800	16,340	36,770	57,190	81,700
4d Twn Car.	3,270	9,800	16,340	36,770	57,190	81,700

1940 Series 90, V-16, 141" wb, Fleetwood

	6	5	4	3	2	1
2d Conv	6,560	19,680	32,800	73,800	114,800	164,000
4d Conv Sed.	6,610	10,020	33,200	74,700	116,200	166,000
2d 2P Cpe.	4,680	14,040	23,400	52,650	81,900	117,000
2d 5P Cpe.	4,600	13,800	23,000	51,750	80,500	115,000
4d Sed	4,470	13,420	22,360	50,310	78,260	111,800
4d 7P Sed.	4,560	13,690	22,820	51,350	79,870	114,100
4d 7P Imp Sed.	4,560	13,690	22,820	51,350	79,870	114,100
4d 5P Fml Sed.	4,750	14,240	23,740	53,420	83,090	118,700
4d 7P Fml Sed.	4,750	14,240	23,740	53,420	83,090	118,700
4d 5P Twn Sed.	4,840	14,520	24,200	54,450	84,700	121,000
4d 7P Twn Car.	4,840	14,520	24,200	54,450	84,700	121,000

1941 Series 61, V-8, 126" wb

	6	5	4	3	2	1
2d FBk	2,080	6,240	10,400	23,400	36,400	52,000
2d DeL FBk.	2,160	6,480	10,800	24,300	37,800	54,000
4d Sed FBk.	2,120	6,360	10,600	23,850	37,100	53,000
4d DeL Sed FBk.	2,160	6,480	10,800	24,300	37,800	54,000

1941 Series 62, V-8, 126" wb

	6	5	4	3	2	1
2d Conv	4,200	12,600	21,000	47,250	73,500	105,000
4d Conv Sed.	5,800	17,400	29,000	65,250	101,500	145,000
2d Cpe	1,960	5,880	9,800	22,050	34,300	49,000
2d DeL Cpe	3,000	9,000	15,000	33,750	52,500	75,000
4d Sed	1,760	5,280	8,800	19,800	30,800	44,000
4d DeL Sed.	1,800	5,400	9,000	20,250	31,500	45,000

1941 Series 63, V-8, 126" wb

	6	5	4	3	2	1
4d Sed	2,200	6,600	11,000	24,750	38,500	55,000

1941 Series 60 Special, V-8, 126" wb, Fleetwood

	6	5	4	3	2	1
4d Sed	2,360	7,080	11,800	26,550	41,300	59,000
4d S/R Sed.	2,440	7,320	12,200	27,450	42,700	61,000

NOTE: Add $1,500 for division window.

1941 Series 67, V-8, 138" wb

	6	5	4	3	2	1
4d 5P Sed.	2,040	6,120	10,200	22,950	35,700	51,000
4d Imp Sed.	2,080	6,240	10,400	23,400	36,400	52,000
4d 7P Sed.	2,120	6,360	10,600	23,850	37,100	53,000
4d 7P Imp Sed.	2,160	6,480	10,800	24,300	37,800	54,000

1941 Series 75, V-8, 136-1/2" wb

	6	5	4	3	2	1
4d 5P Sed.	2,100	6,300	10,500	23,630	36,750	52,500
4d 5P Imp Sed.	2,180	6,540	10,900	24,530	38,150	54,500
4d 7P Sed.	2,140	6,420	10,700	24,080	37,450	53,500
4d 9P Bus Sed.	2,100	6,300	10,500	23,630	36,750	52,500
4d 7P Imp Sed.	2,140	6,420	10,700	24,080	37,450	53,500
4d Bus Imp Sed.	2,140	6,420	10,700	24,080	37,450	53,500
4d 5P Fml Sed.	2,260	6,780	11,300	25,430	39,550	56,500
4d 7P Fml Sed.	2,340	7,020	11,700	26,330	40,950	58,500

1942 Series 61, V-8, 126" wb

	6	5	4	3	2	1
2d FBk	2,080	6,240	10,400	23,400	36,400	52,000
4d FBk	2,120	6,360	10,600	23,850	37,100	53,000

CADILLAC

	6	5	4	3	2	1
1942 Series 62, V-8, 129" wb						
2d DeL FBk..................................2,060	6,180	10,300	23,180	36,050	51,500
2d FBk....................................2,020	6,060	10,100	22,730	35,350	50,500
2d DeL Conv Cpe..........................3,000	9,000	15,000	33,750	52,500	75,000
4d Sed 1,800	5,400	9,000	20,250	31,500	45,000
4d DeL Sed................................1,840	5,520	9,200	20,700	32,200	46,000
1942 Series 63, V-8, 126" wb						
4d FBk....................................2,000	6,000	10,000	22,500	35,000	50,000
1942 Series 60 Special, V-8, 133" wb, Fleetwood						
4d Sed 2,480	7,440	12,400	27,900	43,400	62,000
4d Imp Sed................................2,520	7,560	12,600	28,350	44,100	63,000
Imp Sed Derham Twn Car...................6,240	18,720	31,200	70,200	109,200	156,000
1942 Series 67, V-8, 139" wb						
4d 5P Sed.................................2,040	6,120	10,200	22,950	35,700	51,000
4d 5P Sed Div.............................2,080	6,240	10,400	23,400	36,400	52,000
4d 7P Sed.................................2,120	6,360	10,600	23,850	37,100	53,000
4d 7P Sed Imp.............................2,160	6,480	10,800	24,300	37,800	54,000
1942 Series 75, V-8, 136" wb, Fleetwood						
4d 5P Sed.................................2,200	6,600	11,000	24,750	38,500	55,000
4d 5P Imp Sed.............................2,200	6,600	11,000	24,750	38,500	55,000
4d 7P Sed.................................2,240	6,720	11,200	25,200	39,200	56,000
4d 9P Bus Sed.............................2,160	6,480	10,800	24,300	37,800	54,000
4d 7P Imp Sed.............................2,280	6,840	11,400	25,650	39,900	57,000
4d 9P Bus Imp.............................2,200	6,600	11,000	24,750	38,500	55,000
4d 5P Fml Sed.............................2,320	6,960	11,600	26,100	40,600	58,000
4d 7P Fml Sed.............................2,360	7,080	11,800	26,550	41,300	59,000
1946-47 Series 61, V-8, 126" wb						
2d FBk....................................1,720	5,160	8,600	19,350	30,100	43,000
4d FBk....................................1,240	3,720	6,200	13,950	21,700	31,000
1946-47 Series 62, V-8, 129" wb						
2d Conv...................................4,400	13,200	22,000	49,500	77,000	110,000
2d FBk....................................1,760	5,280	8,800	19,800	30,800	44,000
4d 5P Sed.................................1,280	3,840	6,400	14,400	22,400	32,000
1946-47 Series 60 Special, V-8, 133" wb, Fleetwood						
4d 6P Sed.................................1,360	4,080	6,800	15,300	23,800	34,000
1946-47 Series 75, V-8, 136" wb, Fleetwood						
4d 5P Sed.................................1,440	4,320	7,200	16,200	25,200	36,000
4d 7P Sed.................................1,480	4,440	7,400	16,650	25,900	37,000
4d 7P Imp Sed.............................1,640	4,920	8,200	18,450	28,700	41,000
4d 9P Bus Sed.............................1,480	4,440	7,400	16,650	25,900	37,000
4d 9P Bus Imp.............................1,560	4,680	7,800	17,550	27,300	39,000
1948 Series 61, V-8, 126" wb						
2d FBk....................................1,600	4,800	8,000	18,000	28,000	40,000
4d 5P Sed.................................1,280	3,840	6,400	14,400	22,400	32,000
1948 Series 62, V-8, 126" wb						
2d Conv...................................3,500	10,500	17,500	39,380	61,250	87,500
2d Clb Cpe................................1,720	5,160	8,600	19,350	30,100	43,000
4d 5P Sed.................................1,360	4,080	6,800	15,300	23,800	34,000
1948 Series 60 Special, V-8, 133" wb, Fleetwood						
4d Sed 2,040	6,120	10,200	22,950	35,700	51,000
1948 Series 75, V-8, 136" wb, Fleetwood						
4d 5P Sed.................................1,640	4,920	8,200	18,450	28,700	41,000
4d 7P Sed.................................1,680	5,040	8,400	18,900	29,400	42,000
4d 7P Imp Sed.............................1,840	5,520	9,200	20,700	32,200	46,000
4d 9P Bus Sed.............................1,680	5,040	8,400	18,900	29,400	42,000
4d 9P Bus Imp.............................1,760	5,280	8,800	19,800	30,800	44,000
1949 Series 61, V-8, 126" wb						
2d FBk....................................2,120	6,360	10,600	23,850	37,100	53,000
4d Sed 1,320	3,960	6,600	14,850	23,100	33,000
1949 Series 62, V-8, 126" wb						
2d FBk....................................2,320	6,960	11,600	26,100	40,600	58,000
4d 5P Sed.................................1,600	4,800	8,000	18,000	28,000	40,000
2d HT Cpe DeV.............................2,800	8,400	14,000	31,500	49,000	70,000
2d Conv...................................3,900	11,700	19,500	43,880	68,250	97,500
1949 Series 60 Special, V-8, 133" wb, Fleetwood						
4d 5P Sed.................................2,080	6,240	10,400	23,400	36,400	52,000
1949 Series 75, V-8, 136" wb, Fleetwood						
4d 5P Sed.................................1,680	5,040	8,400	18,900	29,400	42,000
4d 7P Sed.................................1,720	5,160	8,600	19,350	30,100	43,000
4d 7P Imp Sed.............................1,880	5,640	9,400	21,150	32,900	47,000
4d 9P Bus Sed.............................1,720	5,160	8,600	19,350	30,100	43,000
4d 9P Bus Imp.............................1,800	5,400	9,000	20,250	31,500	45,000
1950-51 Series 61, V-8						
4d 5P Sed.................................1,160	3,480	5,800	13,050	20,300	29,000
2d HT Cpe.................................1,640	4,920	8,200	18,450	28,700	41,000
1950-51 Series 62, V-8						
4d 5P Sed.................................1,200	3,600	6,000	13,500	21,000	30,000
2d HT Cpe 1,400	4,200	7,000	15,750	24,500	35,000
2d HT Cpe DeV.............................1,880	5,640	9,400	21,150	32,900	47,000

63

	6	5	4	3	2	1
2d Conv 4,600	13,800	23,000	51,750	80,500	115,000
1950-51 Series 60S, V-8					
4d Sed 1,400	4,200	7,000	15,750	24,500	35,000
1950-51 Series 75, Fleetwood					
4d 8P Sed. 1,440	4,320	7,200	16,200	25,200	36,000
1950-51 Series 75 Fleetwood					
4d 8P Imp 1,520	4,560	7,600	17,100	26,600	38,000
1952 Series 62, V-8					
4d Sed 1,200	3,600	6,000	13,500	21,000	30,000
2d HT 1,360	4,080	6,800	15,300	23,800	34,000
2d HT Cpe DeV 1,880	5,640	9,400	21,150	32,900	47,000
2d Conv 4,600	13,800	23,000	51,750	80,500	115,000
1952 Series 60S, V-8					
4d Sed 1,400	4,200	7,000	15,750	24,500	35,000
1952 Series 75, V-8, Fleetwood					
4d Sed 1,440	4,320	7,200	16,200	25,200	36,000
4d Imp Sed. 1,520	4,560	7,600	17,100	26,600	38,000
1953 Series 62, V-8					
4d Sed 2,360	7,080	11,800	26,550	41,300	59,000
2d HT 1,600	4,800	8,000	18,000	28,000	40,000
2d HT Cpe DeV 1,960	5,880	9,800	22,050	34,300	49,000
2d Conv 4,700	14,100	23,500	52,880	82,250	117,500
2d Eldo Conv 11,000	33,000	55,000	123,750	192,500	275,000
1953 Series 60S, V-8					
4d Sed 1,640	4,920	8,200	18,450	28,700	41,000
1953 Series 75, V-8, Fleetwood					
4d 7P Sed. 1,680	5,040	8,400	18,900	29,400	42,000
4d Imp Sed. 1,760	5,280	8,800	19,800	30,800	44,000
1954 Series 62, V-8					
4d Sed 960	2,880	4,800	10,800	16,800	24,000
2d HT 1,520	4,560	7,600	17,100	26,600	38,000
2d HT Cpe DeV 1,680	5,040	8,400	18,900	29,400	42,000
2d Conv 4,700	14,100	23,500	52,880	82,250	117,500
2d Eldo Conv 7,000	21,000	35,000	78,750	122,500	175,000
1954 Series 60S, V-8					
4d Sed 1,560	4,680	7,800	17,550	27,300	39,000
1954 Series 75, V-8, Fleetwood					
4d 7P Sed. 1,720	5,160	8,600	19,350	30,100	43,000
4d 7P Imp Sed 1,800	5,400	9,000	20,250	31,500	45,000
1955 Series 62, V-8					
4d Sed 960	2,880	4,800	10,800	16,800	24,000
2d HT 1,600	4,800	8,000	18,000	28,000	40,000
2d HT Cpe DeV 1,800	5,400	9,000	20,250	31,500	45,000
2d Conv 6,000	18,000	30,000	67,500	105,000	150,000
2d Eldo Conv 7,200	21,600	36,000	81,000	126,000	180,000
1955 Series 60S, V-8					
4d Sed 1,600	4,800	8,000	18,000	28,000	40,000
1955 Series 75, V-8, Fleetwood					
4d 7P Sed. 1,720	5,160	8,600	19,350	30,100	43,000
4d 7P Imp Sed 1,800	5,400	9,000	20,250	31,500	45,000
NOTE: Add 10% for 2x4V Eldorado engine when optional.					
1956 Series 62, V-8					
4d Sed 960	2,880	4,800	10,800	16,800	24,000
2d HT 1,600	4,800	8,000	18,000	28,000	40,000
4d HT Sed DeV 1,400	4,200	7,000	15,750	24,500	35,000
2d HT Cpe DeV 1,720	5,160	8,600	19,350	30,100	43,000
2d Conv 6,000	18,000	30,000	67,500	105,000	150,000
2d HT Eldo Sev 2,280	6,840	11,400	25,650	39,900	57,000
2d Brtz Eldo Conv. 7,200	21,600	36,000	81,000	126,000	180,000
1956 Series 60S, V-8					
4d Sed 1,600	4,800	8,000	18,000	28,000	40,000
1956 Series 75, V-8, Fleetwood					
4d 7P Sed. 1,720	5,160	8,600	19,350	30,100	43,000
4d 7P Imp Sed 1,800	5,400	9,000	20,250	31,500	45,000
NOTE: Add 10% for 2x4V Eldorado engine when optional.					
1957 Series 62, V-8					
4d HT 960	2,880	4,800	10,800	16,800	24,000
2d HT 1,560	4,680	7,800	17,550	27,300	39,000
2d HT Cpe DeV 1,680	5,040	8,400	18,900	29,400	42,000
4d HT Sed DeV 1,400	4,200	7,000	15,750	24,500	35,000
2d Conv 5,540	16,620	27,700	62,330	96,950	138,500
1957 Eldorado, V-8					
2d HT Sev. 3,720	11,160	18,600	41,850	65,100	93,000
2d Brtz Conv. 7,580	22,740	37,900	85,280	132,650	189,500
1957 Fleetwood 60 Special, V-8					
4d HT 2,120	6,360	10,600	23,850	37,100	53,000
1957 Eldorado Brougham, V-8					
4d HT 6,800	20,400	34,000	76,500	119,000	170,000
NOTE: Add 25% for complete Vanity Pkg.					

	6	5	4	3	2	1
1957 Series 75						
4d 8P Sed.	1,760	5,280	8,800	19,800	30,800	44,000
4d 8P Imp Sed	1,840	5,520	9,200	20,700	32,200	46,000
NOTE: Add 10% for 2x4V Eldorado engine when optional.						
1958 Series 62, V-8 & Series 63, V-8						
4d HT Sh Dk.	720	2,160	3,600	8,100	12,600	18,000
4d 6W Sed	1,000	3,000	5,000	11,250	17,500	25,000
4d Sed DeV	1,040	3,120	5,200	11,700	18,200	26,000
2d HT	1,400	4,200	7,000	15,750	24,500	35,000
2d HT Cpe DeV	1,480	4,440	7,400	16,650	25,900	37,000
2d Conv	5,540	16,620	27,700	62,330	96,950	138,500
1958 Eldorado, V-8						
2d HT Sev.	3,520	10,560	17,600	39,600	61,600	88,000
2d Brtz Conv.	7,580	22,740	37,900	85,280	132,650	189,500
1958 Fleetwood 60 Special, V-8						
4d HT	1,880	5,640	9,400	21,150	32,900	47,000
1958 Eldorado Brougham, V-8						
4d HT	6,800	20,400	34,000	76,500	119,000	170,000
NOTE: Add 25% for complete Vanity Pkg.						
1958 Series 75						
4d 8P Sed.	1,680	5,040	8,400	18,900	29,400	42,000
4d 8P Imp Sed	1,760	5,280	8,800	19,800	30,800	44,000
NOTE: Add 10% for 3x2V Eldorado engine when optional.						
1959 Series 62, V-8						
4d 4W HT	1,400	4,200	7,000	15,750	24,500	35,000
4d 6W HT	1,360	4,080	6,800	15,300	23,800	34,000
2d HT	1,720	5,160	8,600	19,350	30,100	43,000
2d Conv	6,300	18,900	31,500	70,880	110,250	157,500
1959 Series 63 DeVille, V-8						
2d HT Cpe DeV	2,000	6,000	10,000	22,500	35,000	50,000
4d 4W HT	1,480	4,440	7,400	16,650	25,900	37,000
4d 6W HT	1,440	4,320	7,200	16,200	25,200	36,000
1959 Series Eldorado, V-8						
4d HT Brgm	4,960	14,880	24,800	55,800	86,800	124,000
2d HT Sev.	2,700	8,100	13,500	30,380	47,250	67,500
2d Brtz Conv.	7,140	21,420	35,700	80,330	124,950	178,500
1959 Fleetwood 60 Special, V-8						
4d 6P Sed.	2,440	7,320	12,200	27,450	42,700	61,000
1959 Fleetwood Series 75, V-8						
4d 9P Sed.	2,520	7,560	12,600	28,350	44,100	63,000
4d Limo.	2,600	7,800	13,000	29,250	45,500	65,000
NOTE: Add 10% for 3x2V Eldorado engine when optional.						
1960 Series 62, V-8						
4d 4W HT	1,400	4,200	7,000	15,750	24,500	35,000
4d 6W HT	1,360	4,080	6,800	15,300	23,800	34,000
2d HT	1,800	5,400	9,000	20,250	31,500	45,000
2d Conv	5,500	16,500	27,500	61,880	96,250	137,500
1960 Series 63 DeVille, V-8						
4d 4W Sed	1,440	4,320	7,200	16,200	25,200	36,000
4d 6W Sed	1,400	4,200	7,000	15,750	24,500	35,000
2d HT Cpe DeV	1,880	5,640	9,400	21,150	32,900	47,000
1960 Eldorado Series, V-8						
4d HT Brgm	4,840	14,520	24,200	54,450	84,700	121,000
2d HT Sev.	2,520	7,560	12,600	28,350	44,100	63,000
2d Brtz Conv.	6,400	19,200	32,000	72,000	112,000	160,000
1960 Fleetwood 60 Special, V-8						
4d 6P HT	2,120	6,360	10,600	23,850	37,100	53,000
1960 Fleetwood Series 75, V-8						
4d 9P Sed.	2,040	6,120	10,200	22,950	35,700	51,000
4d Limo.	2,120	6,360	10,600	23,850	37,100	53,000
NOTE: Add 10% for 3x2V Eldorado engine when optional.						
1961 Series 62, V-8						
4d 4W HT	980	2,940	4,900	11,030	17,150	24,500
4d 6W HT	980	2,930	4,880	10,980	17,080	24,400
2d HT	1,240	3,720	6,200	13,950	21,700	31,000
2d Conv	2,240	6,720	11,200	25,200	39,200	56,000
1961 Series 63 DeVille, V-8						
4d 4W HT	990	2,960	4,940	11,120	17,290	24,700
4d 6W HT	980	2,950	4,920	11,070	17,220	24,600
4d HT Sh Dk.	980	2,940	4,900	11,030	17,150	24,500
2d HT Cpe DeV	1,360	4,080	6,800	15,300	23,800	34,000
1961 Eldorado Series, V-8						
2d Brtz Conv.	3,180	9,540	15,900	35,780	55,650	79,500
1961 Fleetwood 60 Special, V-8						
4d 6P HT	1,560	4,680	7,800	17,550	27,300	39,000
1961 Fleetwood Series 75, V-8						
4d 9P Sed.	1,520	4,560	7,600	17,100	26,600	38,000
4d 9P Limo.	1,720	5,160	8,600	19,350	30,100	43,000

CADILLAC

	6	5	4	3	2	1
1962 Series 62, V-8						
4d 4W HT	990	2,960	4,940	11,120	17,290	24,700
4d 6W HT	980	2,940	4,900	11,030	17,150	24,500
4d HT Sh Dk	980	2,940	4,900	11,030	17,150	24,500
2d HT	1,280	3,840	6,400	14,400	22,400	32,000
2d Conv	2,220	6,660	11,100	24,980	38,850	55,500
1962 Series 63 DeVille, V-8						
4d 4W HT	1,160	3,480	5,800	13,050	20,300	29,000
4d 6W HT	1,100	3,300	5,500	12,380	19,250	27,500
4d HT Pk Ave	1,140	3,420	5,700	12,830	19,950	28,500
2d HT Cpe DeV	1,360	4,080	6,800	15,300	23,800	34,000
1962 Eldorado Series, V-8						
2d Brtz Conv	2,920	8,760	14,600	32,850	51,100	73,000
1962 Fleetwood 60 Special, V-8						
4d 6P HT	1,520	4,560	7,600	17,100	26,600	38,000
1962 Fleetwood 75 Series, V-8						
4d 9P Sed	1,560	4,680	7,800	17,550	27,300	39,000
4d 9P Limo	1,720	5,160	8,600	19,350	30,100	43,000
1963 Series 62, V-8						
4d 4W HT	1,000	3,000	5,000	11,250	17,500	25,000
4d 6W HT	980	2,950	4,920	11,070	17,220	24,600
2d HT	1,120	3,360	5,600	12,600	19,600	28,000
2d Conv	1,840	5,520	9,200	20,700	32,200	46,000
1963 Series 63 DeVille, V-8						
4d 4W HT	1,040	3,120	5,200	11,700	18,200	26,000
4d 6W HT	1,020	3,070	5,120	11,520	17,920	25,600
4d HT Pk Ave	1,020	3,060	5,100	11,480	17,850	25,500
2d HT Cpe DeV	1,320	3,960	6,600	14,850	23,100	33,000
1963 Eldorado Series, V-8						
2d Brtz Conv	2,760	8,280	13,800	31,050	48,300	69,000
1963 Fleetwood 60 Special, V-8						
4d 6P HT	1,480	4,440	7,400	16,650	25,900	37,000
1963 Fleetwood 75 Series, V-8						
4d 9P Sed	1,520	4,560	7,600	17,100	26,600	38,000
4d 9P Limo	1,640	4,920	8,200	18,450	28,700	41,000
1964 Series 62, V-8						
4d 4W HT	880	2,640	4,400	9,900	15,400	22,000
4d 6W HT	860	2,580	4,300	9,680	15,050	21,500
2d HT	1,040	3,120	5,200	11,700	18,200	26,000
1964 Series 63 DeVille, V-8						
4d 4W HT	980	2,940	4,900	11,030	17,150	24,500
4d 6W HT	1,000	3,000	5,000	11,250	17,500	25,000
2d HT Cpe DeV	1,200	3,600	6,000	13,500	21,000	30,000
2d Conv	1,880	5,640	9,400	21,150	32,900	47,000
1964 Eldorado Series, V-8						
2d Conv	2,680	8,040	13,400	30,150	46,900	67,000
1964 Fleetwood 60 Special, V-8						
4d 6P HT	1,480	4,440	7,400	16,650	25,900	37,000
1964 Fleetwood 75 Series, V-8						
4d 9P Sed	1,480	4,440	7,400	16,650	25,900	37,000
4d 9P Limo	1,600	4,800	8,000	18,000	28,000	40,000
1965 Calais Series, V-8						
4d Sed	800	2,390	3,980	8,960	13,930	19,900
4d HT	830	2,480	4,140	9,320	14,490	20,700
2d HT	1,070	3,200	5,340	12,020	18,690	26,700
1965 DeVille Series, V-8						
6P Sed	800	2,400	4,000	9,000	14,000	20,000
4d HT	840	2,510	4,180	9,410	14,630	20,900
2d HT	1,110	3,320	5,540	12,470	19,390	27,700
2d Conv	1,670	5,000	8,340	18,770	29,190	41,700
1965 Fleetwood 60 Special, V-8						
4d 6P Sed	1,340	4,020	6,700	15,080	23,450	33,500
4d Brgm Sed	1,360	4,080	6,800	15,300	23,800	34,000
1965 Fleetwood Eldorado, V-8						
2d Conv	1,600	4,800	8,000	18,000	28,000	40,000
1965 Fleetwood 75 Series, V-8						
4d 9P Sed	1,480	4,440	7,400	16,650	25,900	37,000
4d 9P Limo	1,600	4,800	8,000	18,000	28,000	40,000
1966 Calais Series, V-8						
4d Sed	800	2,390	3,980	8,960	13,930	19,900
4d HT	830	2,480	4,140	9,320	14,490	20,700
2d HT	1,070	3,200	5,340	12,020	18,690	26,700
1966 DeVille Series, V-8						
4d Sed	800	2,400	4,000	9,000	14,000	20,000
4d HT	840	2,510	4,180	9,410	14,630	20,900
2d HT	1,110	3,320	5,540	12,470	19,390	27,700
2d Conv	1,670	5,000	8,340	18,770	29,190	41,700
1966 Eldorado, V-8						
2d Conv	2,680	8,040	13,400	30,150	46,900	67,000

CADILLAC

CADILLAC

	6	5	4	3	2	1
1966 Fleetwood Brougham, V-8						
4d Sed	1,480	4,440	7,400	16,650	25,900	37,000
1966 Sixty Special, V-8						
4d Sed	1,480	4,440	7,400	16,650	25,900	37,000
1966 Seventy Five, V-8						
4d Sed	1,480	4,440	7,400	16,650	25,900	37,000
4d Limo	1,600	4,800	8,000	18,000	28,000	40,000
1967 Calais, V-8, 129.5" wb						
4d HT	830	2,480	4,140	9,320	14,490	20,700
2d HT	1,070	3,200	5,340	12,020	18,690	26,700
1967 DeVille, V-8, 129.5" wb						
4d HT	800	2,390	3,980	8,960	13,930	19,900
2d HT	1,110	3,320	5,540	12,470	19,390	27,700
2d Conv	1,670	5,000	8,340	18,770	29,190	41,700
1967 Fleetwood Eldorado, V-8, 120" wb						
2d HT	1,160	3,480	5,800	13,050	20,300	29,000
1967 Sixty-Special, V-8, 133" wb						
4d Sed	1,000	3,000	5,000	11,250	17,500	25,000
1967 Fleetwood Brougham, V-8, 133" wb						
4d Sed	1,000	3,000	5,000	11,250	17,500	25,000
1967 Seventy-Five Series, V-8, 149.8" wb						
4d Sed	1,120	3,360	5,600	12,600	19,600	28,000
4d Limo	1,160	3,480	5,800	13,050	20,300	29,000
1968 Calais, V-8, 129.5" wb						
2d HT	1,070	3,200	5,340	12,020	18,690	26,700
4d HT	830	2,480	4,140	9,320	14,490	20,700
1968 DeVille, V-8, 129.5" wb						
4d Sed	800	2,390	3,980	8,960	13,930	19,900
4d HT	840	2,510	4,180	9,410	14,630	20,900
2d HT	1,110	3,320	5,540	12,470	19,390	27,700
2d Conv	1,670	5,000	8,340	18,770	29,190	41,700
1968 Fleetwood Eldorado, V-8, 120" wb						
2d HT	1,200	3,600	6,000	13,500	21,000	30,000
1968 Sixty-Special, V-8, 133" wb						
4d Sed	1,080	3,240	5,400	12,150	18,900	27,000
1968 Fleetwood Brougham, V-8, 133" wb						
4d Sed	1,080	3,240	5,400	12,150	18,900	27,000
1968 Series 75, V-8, 149.8" wb						
4d Sed	1,120	3,360	5,600	12,600	19,600	28,000
4d Limo	1,160	3,480	5,800	13,050	20,300	29,000
1969-70 Calais, V-8, 129.5" wb						
2d HT	950	2,860	4,760	10,710	16,660	23,800
4d HT	720	2,160	3,600	8,100	12,600	18,000
1969-70 DeVille, V-8, 129.5" wb						
4d Sed	660	1,970	3,280	7,380	11,480	16,400
4d HT	740	2,210	3,680	8,280	12,880	18,400
2d HT	970	2,920	4,860	10,940	17,010	24,300
2d Conv	1,510	4,540	7,560	17,010	26,460	37,800
1969-70 Fleetwood Eldorado, V-8, 120" wb						
2d HT	1,160	3,480	5,800	13,050	20,300	29,000
1969-70 Sixty-Special, V-8, 133" wb						
4d Sed	960	2,880	4,800	10,800	16,800	24,000
4d Brgm	1,000	3,000	5,000	11,250	17,500	25,000
1969-70 Series 75, V-8, 149.8" wb						
4d Sed	1,060	3,180	5,300	11,930	18,550	26,500
4d Limo	1,080	3,240	5,400	12,150	18,900	27,000
1971-72 Calais						
2d HT	632	1,896	3,160	7,110	11,060	15,800
4d HT	508	1,524	2,540	5,720	8,890	12,700
1971-72 DeVille						
2d HT	740	2,220	3,700	8,330	12,950	18,500
4d HT	608	1,824	3,040	6,840	10,640	15,200
1971-72 Fleetwood 60 Special						
4d Brgm	880	2,640	4,400	9,900	15,400	22,000
1971-72 Fleetwood 75						
4d 9P Sed	1,030	3,100	5,160	11,610	18,060	25,800
4d Limo	1,050	3,160	5,260	11,840	18,410	26,300
1971-72 Fleetwood Eldorado						
2d HT	720	2,160	3,600	8,100	12,600	18,000
2d Conv	1,240	3,720	6,200	13,950	21,700	31,000
1973 Calais, V-8						
2d HT	540	1,620	2,700	6,080	9,450	13,500
4d HT	500	1,500	2,500	5,630	8,750	12,500
1973 DeVille, V-8						
2d HT	640	1,920	3,200	7,200	11,200	16,000
4d HT	520	1,560	2,600	5,850	9,100	13,000
1973 Fleetwood 60S, V-8						
4d Brgm Sed	1,080	3,240	5,400	12,150	18,900	27,000

	6	5	4	3	2	1
1973 Fleetwood Eldorado, V-8						
2d HT	680	2,040	3,400	7,650	11,900	17,000
2d Conv	1,240	3,720	6,200	13,950	21,700	31,000
2d IPC Conv	1,320	3,960	6,600	14,850	23,100	33,000
1973 Fleetwood 75, V-8						
4d Sed	1,020	3,060	5,100	11,480	17,850	25,500
4d Limo	1,040	3,120	5,200	11,700	18,200	26,000
1974 Calais, V-8						
2d HT	496	1,488	2,480	5,580	8,680	12,400
4d HT	488	1,464	2,440	5,490	8,540	12,200
1974 DeVille, V-8						
2d HT	620	1,860	3,100	6,980	10,850	15,500
4d HT	508	1,524	2,540	5,720	8,890	12,700
1974 Fleetwood Brougham, V-8						
4d Sed	800	2,400	4,000	9,000	14,000	20,000
4d Talisman Sed	900	2,700	4,500	11,250	15,750	22,500
1974 Fleetwood Eldorado, V-8						
2d HT	640	1,920	3,200	7,200	11,200	16,000
2d Conv	1,280	3,840	6,400	14,400	22,400	32,000
1974 Fleetwood 75, V-8						
4d Sed	1,020	3,060	5,100	11,480	17,850	25,500
4d Limo	1,040	3,120	5,200	11,700	18,200	26,000
1975 Calais, V-8						
2d HT	508	1,524	2,540	5,720	8,890	12,700
4d HT	492	1,476	2,460	5,540	8,610	12,300
1975 DeVille, V-8						
2d HT	490	1,480	2,470	5,560	8,650	12,350
4d HT	480	1,440	2,400	5,400	8,400	12,000
1975 Fleetwood Brougham, V-8						
4d Sed	800	2,400	4,000	9,000	14,000	20,000
4d Talisman Sed	900	2,700	4,500	11,250	15,750	22,500
1975 Fleetwood Eldorado, V-8						
2d HT	640	1,920	3,200	7,200	11,200	16,000
2d Conv	1,320	3,960	6,600	14,850	23,100	33,000
1975 Fleetwood 75, V-8						
4d Sed	1,020	3,060	5,100	11,480	17,850	25,500
4d Limo	1,040	3,120	5,200	11,700	18,200	26,000
1976 Calais, V-8						
2d HT	480	1,440	2,400	5,400	8,400	12,000
4d HT	472	1,416	2,360	5,310	8,260	11,800
1976 DeVille, V-8						
2d HT	492	1,476	2,460	5,540	8,610	12,300
4d HT	480	1,440	2,400	5,400	8,400	12,000
1976 Seville, V-8						
4d Sed	600	1,850	3,050	6,890	10,700	15,300
1976 Eldorado, V-8						
2d Cpe	760	2,280	3,800	8,550	13,300	19,000
2d Brtz Cpe	780	2,340	3,900	8,780	13,650	19,500
2d Conv	1,560	4,680	7,800	17,550	27,300	39,000
2d Bicentennial Conv	2,200	6,600	11,000	24,750	38,500	55,000
1976 Fleetwood Brougham, V-8						
4d Sed	800	2,400	4,000	9,000	14,000	20,000
4d Talisman Sed	900	2,700	4,500	11,250	15,750	22,500
1976 Fleetwood 75, V-8						
4d Sed	860	2,580	4,300	9,680	15,050	21,500
4d Limo	1,000	3,000	5,000	11,250	17,500	25,000
1977 DeVille, V-8						
2d Cpe	440	1,330	2,220	5,000	7,770	11,100
4d Sed	420	1,260	2,100	4,730	7,350	10,500
1977 Seville, V-8						
4d Sed	610	1,840	3,060	6,890	10,710	15,300
1977 Eldorado, V-8						
2d Cpe	720	2,160	3,600	8,100	12,600	18,000
2d Brtz Cpe	800	2,400	4,000	9,000	14,000	20,000
1977 Fleetwood Brougham, V-8						
4d Sed	680	2,040	3,400	7,650	11,900	17,000
1977 Fleetwood 75, V-8						
4d Sed	800	2,400	4,000	9,000	14,000	20,000
4d Limo	880	2,640	4,400	9,900	15,400	22,000
1978 Seville						
4d Sed	600	1,800	3,000	6,750	10,500	15,000
4d Elegante Sed	660	1,980	3,300	8,250	11,550	16,500
1978 DeVille						
2d Cpe	480	1,450	2,420	5,450	8,470	12,100
4d Sed	420	1,260	2,100	4,730	7,350	10,500
1978 Eldorado						
2d Cpe	720	2,160	3,600	8,100	12,600	18,000
2d Brtz Cpe	800	2,400	4,000	9,000	14,000	20,000

	6	5	4	3	2	1
1978 Fleetwood Brougham						
4d Sed	640	1,920	3,200	7,200	11,200	16,000
1978 Fleetwood Limo						
4d	760	2,280	3,800	8,550	13,300	19,000
4d Fml	840	2,520	4,200	9,450	14,700	21,000
1979 Seville, V-8						
4d Sed	600	1,800	3,000	6,750	10,500	15,000
4d Elegante Sed	660	1,980	3,300	7,430	11,550	16,500
1979 DeVille, V-8						
2d Cpe	480	1,450	2,420	5,450	8,470	12,100
4d Sed	420	1,260	2,100	4,730	7,350	10,500
4d Sed Phae Spl	440	1,320	2,200	4,950	7,700	11,000
1979 Eldorado, V-8						
2d Cpe	720	2,160	3,600	8,100	12,600	18,000
2d Brtz Cpe	800	2,400	4,000	9,000	14,000	20,000
1979 Fleetwood Brougham, V-8						
4d Sed	640	1,920	3,200	7,200	11,200	16,000
1979 Fleetwood Limo						
4d Sed	760	2,280	3,800	8,550	13,300	19,000
4d Fml Sed	840	2,520	4,200	9,450	14,700	21,000
NOTE: Deduct 12% for diesel.						
1980 Seville, V-8						
4d Sed	540	1,620	2,700	6,080	9,450	13,500
1980 DeVille, V-8						
2d Cpe	440	1,320	2,200	4,950	7,700	11,000
4d Sed - 2500	400	1,200	2,000	4,500	7,000	10,000
1980 Eldorado, V-8						
2d Cpe	640	1,920	3,200	7,200	11,200	16,000
NOTE: Add 15% for Biarritz.						
1980 Fleetwood Brougham, V-8						
2d Cpe	560	1,680	2,800	6,300	9,800	14,000
4d Sed	640	1,920	3,200	7,200	11,200	16,000
1980 Fleetwood, V-8						
4d Limo	640	1,920	3,200	7,200	11,200	16,000
4d Fml	740	2,220	3,700	8,330	12,950	18,500
1981 Seville, V-8						
4d Sed	380	1,130	1,880	4,230	6,580	9,400
1981 DeVille, V-8						
2d Cpe	300	890	1,480	3,330	5,180	7,400
4d Sed	260	780	1,300	2,930	4,550	6,500
1981 Eldorado, V-8						
2d Cpe	520	1,560	2,600	5,850	9,100	13,000
NOTE: Add 15% for Biarritz.						
1981 Fleetwood Brougham, V-8						
2d Cpe	420	1,270	2,120	4,770	7,420	10,600
4d Sed	390	1,180	1,960	4,410	6,860	9,800
1981 Fleetwood, V-8						
4d Limo	400	1,190	1,990	4,480	6,970	9,950
4d Fml	420	1,270	2,120	4,770	7,420	10,600
NOTE: Deduct 10% for V-6 where available.						
1982 Cimarron, 4-cyl.						
4d Sed	230	680	1,140	2,570	3,990	5,700
1982 Seville, V-8						
4d Sed	264	792	1,320	2,970	4,620	6,600
1982 DeVille, V-8						
2d Cpe	300	890	1,480	3,330	5,180	7,400
4d Sed	260	780	1,300	2,930	4,550	6,500
1982 Eldorado, V-8						
2d Cpe	520	1,560	2,600	5,850	9,100	13,000
NOTE: Add 15% for Biarritz.						
1982 Fleetwood Brougham, V-8						
2d Cpe	420	1,270	2,120	4,770	7,420	10,600
4d Sed	390	1,180	1,960	4,410	6,860	9,800
1982 Fleetwood, V-8						
4d Limo	368	1,104	1,840	4,140	6,440	9,200
4d Fml	376	1,128	1,880	4,230	6,580	9,400
NOTE: Deduct 10% for V-6 where available.						
1983 Cimarron, 4-cyl.						
4d Sed	220	660	1,100	2,480	3,850	5,500
1983 Seville, V-8						
4d Sed	380	1,130	1,880	4,230	6,580	9,400
1983 DeVille, V-8						
2d Cpe	300	890	1,480	3,330	5,180	7,400
4d Sed	260	780	1,300	2,930	4,550	6,500
1983 Eldorado, V-8						
2d Cpe	520	1,560	2,600	5,850	9,100	13,000
NOTE: Add 15% for Biarritz.						
1983 Fleetwood Brougham, V-8						
2d Cpe	420	1,270	2,120	4,770	7,420	10,600

CADILLAC

	6	5	4	3	2	1
4d Sed	390	1,180	1,960	4,410	6,860	9,800
1983 Fleetwood, V-8						
4d Limo	376	1,128	1,880	4,230	6,580	9,400
4d Fml	384	1,152	1,920	4,320	6,720	9,600
1984 Cimarron, 4-cyl.						
4d Sed	224	672	1,120	2,520	3,920	5,600
1984 Seville, V-8						
4d Sed	380	1,130	1,880	4,230	6,580	9,400
1984 DeVille, V-8						
2d Sed	300	890	1,480	3,330	5,180	7,400
4d Sed	260	780	1,300	2,930	4,550	6,500
1984 Eldorado, V-8						
2d Cpe	520	1,560	2,600	5,850	9,100	13,000
2d Conv	960	2,880	4,800	10,800	16,800	24,000
NOTE: Add 15% for Biarritz.						
1984 Fleetwood Brougham, V-8						
2d Sed	420	1,270	2,120	4,770	7,420	10,600
4d Sed	390	1,180	1,960	4,410	6,860	9,800
1984 Fleetwood, V-8						
4d Sed	380	1,140	1,900	4,280	6,650	9,500
4d Fml Limo	388	1,164	1,940	4,370	6,790	9,700
1985 Cimarron, V-6						
4d Sed	228	684	1,140	2,570	3,990	5,700
NOTE: Deduct 15% for 4-cyl.						
1985 Seville, V-8						
4d Sed	380	1,130	1,880	4,230	6,580	9,400
1985 DeVille, V-8						
2d Cpe	300	890	1,480	3,330	5,180	7,400
4d Sed	260	780	1,300	2,930	4,550	6,500
1985 Eldorado, V-8						
2d Cpe	520	1,560	2,600	5,850	9,100	13,000
Conv	960	2,880	4,800	10,800	16,800	24,000
NOTE: Add 15% for Biarritz.						
1985 Fleetwood, V-8						
2d Cpe	420	1,270	2,120	4,770	7,420	10,600
4d Sed	390	1,180	1,960	4,410	6,860	9,800
1985 Fleetwood Brougham, V-8						
2d Cpe	388	1,164	1,940	4,370	6,790	9,700
4d Sed	392	1,176	1,960	4,410	6,860	9,800
1985 Fleetwood 75, V-8						
4d Limo	420	1,260	2,100	4,730	7,350	10,500
NOTE: Deduct 30% for diesel where available.						
1986 Cimarron						
4d Sed	232	696	1,160	2,610	4,060	5,800
1986 Seville						
4d Sed	360	1,080	1,800	4,050	6,300	9,000
1986 DeVille						
2d Cpe	300	890	1,480	3,330	5,180	7,400
4d Sed	260	780	1,300	2,930	4,550	6,500
1986 Fleetwood						
2d Cpe	392	1,176	1,960	4,410	6,860	9,800
4d Sed	388	1,164	1,940	4,370	6,790	9,700
1986 Fleetwood 75						
4d Limo	420	1,260	2,100	4,730	7,350	10,500
4d Fml Limo	436	1,308	2,180	4,910	7,630	10,900
1986 Fleetwood Brougham						
4d Sed	392	1,176	1,960	4,410	6,860	9,800
1986 Eldorado						
2d Cpe	528	1,584	2,640	5,940	9,240	13,200
1987 Cimarron						
4d Sed, 4-cyl.	236	708	1,180	2,660	4,130	5,900
4d Sed, V-6	240	720	1,200	2,700	4,200	6,000
1987 Seville, V-8						
4d Sed	364	1,092	1,820	4,100	6,370	9,100
1987 DeVille, V-8						
4d Sed	260	780	1,300	2,930	4,550	6,500
2d Cpe	300	890	1,480	3,330	5,180	7,400
1987 Fleetwood, V-8						
4d Sed d'Elegance	396	1,188	1,980	4,460	6,930	9,900
4d Sed 60 Spl	400	1,200	2,000	4,500	7,000	10,000
1987 Eldorado, V-8						
2d Cpe	524	1,572	2,620	5,900	9,170	13,100
1987 Brougham, V-8						
4d Sed	416	1,248	2,080	4,680	7,280	10,400
1987 Fleetwood 75 Series, V-8						
4d Limo	580	1,740	2,900	6,530	10,150	14,500
4d Fml	560	1,680	2,800	6,300	9,800	14,000

CADILLAC

	6	5	4	3	2	1
1987 Allante, V-8						
2d Conv	800	2,400	4,000	9,000	14,000	20,000
1988 Cimarron, V-6						
4d Sed	220	660	1,100	2,480	3,850	5,500
1988 Seville, V-8						
4d Sed	540	1,620	2,700	6,080	9,450	13,500
1988 DeVille, V-8						
2d Cpe	424	1,272	2,120	4,770	7,420	10,600
4d Sed	424	1,272	2,120	4,770	7,420	10,600
1988 Fleetwood, V-8						
4d Sed d'Elegance	540	1,620	2,700	6,080	9,450	13,500
4d Sed 60 Spl	580	1,740	2,900	6,530	10,150	14,500
1988 Brougham, V-8						
4d Sed	600	1,800	3,000	6,750	10,500	15,000
1988 Eldorado, V-8						
2d Cpe	540	1,620	2,700	6,080	9,450	13,500
1988 Allante, V-8						
2d Conv	840	2,520	4,200	9,450	14,700	21,000
1989 Seville, V-8						
4d Sed	640	1,920	3,200	7,200	11,200	16,000
1989 DeVille, V-8						
2d Cpe	648	1,944	3,240	7,290	11,340	16,200
4d Sed	644	1,932	3,220	7,250	11,270	16,100
1989 Fleetwood, V-8						
2d Cpe	700	2,100	3,500	7,880	12,250	17,500
4d Sed	696	2,088	3,480	7,830	12,180	17,400
4d Sed 60 Spl	660	1,970	3,280	7,380	11,480	16,400
1989 Brougham, V-8						
4d Sed	600	1,800	3,000	6,750	10,500	15,000
1989 Eldorado, V-8						
2d Cpe	672	2,016	3,360	7,560	11,760	16,800
1989 Allante, V-8						
2d Conv	840	2,520	4,200	9,450	14,700	21,000
1990 Seville, V-8						
4d Sed	560	1,680	2,800	6,300	9,800	14,000
4d Sed STS	640	1,920	3,200	7,200	11,200	16,000
1990 DeVille, V-8						
2d Cpe	580	1,740	2,900	6,530	10,150	14,500
4d Sed	568	1,704	2,840	6,390	9,940	14,200
1990 Fleetwood, V-8						
2d Cpe	620	1,860	3,100	6,980	10,850	15,500
4d Sed	628	1,884	3,140	7,070	10,990	15,700
4d Sed 60 Spl	680	2,040	3,400	7,650	11,900	17,000
1990 Eldorado, V-8						
2d Cpe	640	1,920	3,200	7,200	11,200	16,000
1990 Brougham, V-8						
4d Sed	640	1,920	3,200	7,200	11,200	16,000
1990 Allante						
2d Conv	840	2,520	4,200	9,450	14,700	21,000
NOTE: Add $3,000 for hardtop.						
1991 Seville, V-8						
4d Sed	560	1,680	2,800	6,300	9,800	14,000
4d Trg Sed	600	1,800	3,000	6,750	10,500	15,000
1991 DeVille, V-8						
4d Sed	540	1,620	2,700	6,080	9,450	13,500
4d Trg Sed	580	1,740	2,900	6,530	10,150	14,500
2d Cpe	536	1,608	2,680	6,030	9,380	13,400
1991 Fleetwood, V-8						
2d Cpe	580	1,740	2,900	6,530	10,150	14,500
4d Sed	590	1,760	2,940	6,620	10,290	14,700
4d Sed 60 Spl	680	2,040	3,400	7,650	11,900	17,000
1991 Eldorado, V-8						
2d Cpe	600	1,800	3,000	6,750	10,500	15,000
1991 Brougham, V-8						
4d Sed	600	1,800	3,000	6,750	10,500	15,000
1991 Allante, V-8						
2d Conv	840	2,520	4,200	9,450	14,700	21,000
NOTE: Add $3,000 for hardtop.						
1992 Seville, V-8						
4d Sed	680	2,040	3,400	7,650	11,900	17,000
4d STS Sed	720	2,160	3,600	8,100	12,600	18,000
1992 DeVille, V-8						
4d Sed	600	1,800	3,000	6,750	10,500	15,000
2d Cpe	600	1,800	3,000	6,750	10,500	15,000
4d Trg Sed	640	1,920	3,200	7,200	11,200	16,000
1992 Fleetwood, V-8						
4d Sed	640	1,920	3,200	7,200	11,200	16,000
2d Cpe	640	1,920	3,200	7,200	11,200	16,000

CADILLAC

	6	5	4	3	2	1
4d Sed 60 Spl 680		2,040	3,400	7,650	11,900	17,000
1992 Eldorado, V-8						
2d Cpe 720		2,160	3,600	8,100	12,600	18,000
1992 Brougham, V-8						
4d Sed 680		2,040	3,400	7,650	11,900	17,000
1992 Allante, V-8						
2d Conv 1,000		3,000	5,000	11,250	17,500	25,000
NOTE: Add $1,500 for hardtop.						
1993 Seville, V-8						
4d Sed 680		2,040	3,400	7,650	11,900	17,000
4d STS Sed 720		2,160	3,600	8,100	12,600	18,000
1993 DeVille, V-8						
2d Cpe 608		1,824	3,040	6,840	10,640	15,200
4d Sed 620		1,860	3,100	6,980	10,850	15,500
4d Trg Sed 640		1,920	3,200	7,200	11,200	16,000
1993 Fleetwood, V-8						
4d Sed 700		2,100	3,500	7,880	12,250	17,500
1993 Sixty Special, V-8						
4d Sed 680		2,040	3,400	7,650	11,900	17,000
1993 Eldorado, V-8						
2d Cpe 728		2,184	3,640	8,190	12,740	18,200
1993 Allante, V-8						
2d Conv 1,040		3,120	5,200	11,700	18,200	26,000
1994 Seville, V-8						
4d Sed SLS 660		1,980	3,300	7,430	11,550	16,500
4d Sed STS 700		2,100	3,500	7,880	12,250	17,500
1994 DeVille, V-8						
4d Sed 560		1,680	2,800	6,300	9,800	14,000
4d Sed Concours 620		1,860	3,100	6,980	10,850	15,500
1994 Fleetwood, V-8						
4d Sed 640		1,920	3,200	7,200	11,200	16,000
1994 Eldorado, V-8						
2d Cpe 640		1,920	3,200	7,200	11,200	16,000
2d Cpe Trg 660		1,980	3,300	7,430	11,550	16,500
1995 Seville, V-8						
4d SLS Sed 650		2,000	3,300	7,430	11,600	16,500
4d STS Sed 700		2,100	3,500	7,880	12,300	17,500
1995 Deville, V-8						
4d Sed 550		1,700	2,800	6,300	9,800	14,000
4d Concours Sed 600		1,850	3,100	6,980	10,900	15,500
1995 Fleetwood, V-8						
4d Sed 650		1,900	3,200	7,200	11,200	16,000
1995 Eldorado, V-8						
2d Cpe 650		1,900	3,200	7,200	11,200	16,000
2d Trg Cpe 650		2,000	3,300	7,430	11,600	16,500
1996 Seville, V-8						
4d SLS Sed 650		2,000	3,300	7,430	11,600	16,500
4d STS Sed 700		2,100	3,500	7,880	12,300	17,500
1996 Deville, V-8						
4d Sed 550		1,700	2,800	6,300	9,800	14,000
4d Concours Sed 600		1,850	3,100	6,980	10,900	15,500
1996 Fleetwood, V-8						
4d Sed 650		1,900	3,200	7,200	11,200	16,000
1996 Eldorado, V-8						
2d Cpe 650		1,900	3,200	7,200	11,200	16,000
2d Trg Cpe 650		2,000	3,300	7,430	11,600	16,500
1997 Catera, V-6						
4d Sed 400		1,200	2,000	4,500	7,000	10,000
1997 Seville, V-8						
4d SLS Sed 660		1,980	3,300	7,430	11,550	16,500
4d STS Sed 700		2,100	3,500	7,880	12,250	17,500
1997 Deville, V-8						
4d Sed 560		1,680	2,800	6,300	9,800	14,000
4d d'Elegance Sed 600		1,800	3,000	6,750	10,500	15,000
4d Concours Sed 620		1,860	3,100	6,980	10,850	15,500
1997 Eldorado, V-8						
2d Cpe 640		1,920	3,200	7,200	11,200	16,000
2d Trg Cpe 660		1,980	3,300	7,430	11,550	16,500
1998 Catera, V-6						
4d Sed 400		1,200	2,000	4,500	7,000	10,000
1998 Seville, V-8						
4d SLS Sed 670		2,000	3,340	7,520	11,690	16,700
4d STS Sed 710		2,120	3,540	7,970	12,390	17,700
1998 Deville, V-8						
4d Sed 560		1,680	2,800	6,300	9,800	14,000
4d d'Elegance Sed 600		1,800	3,000	6,750	10,500	15,000
4d Concours Sed 620		1,860	3,100	6,980	10,850	15,500

CADILLAC

	6	5	4	3	2	1
1998 Eldorado, V-8						
2d Cpe	640	1,920	3,200	7,200	11,200	16,000
2d Trg Cpe	660	1,980	3,300	7,430	11,550	16,500
1999 Catera, V-6						
4d Sed	400	1,200	2,000	4,500	7,000	10,000
NOTE: Add 10% for Sport Pkg.						
1999 Seville, V-8						
4d SLS Sed	670	2,000	3,340	7,520	11,690	16,700
4d STS Sed	710	2,120	3,540	7,970	12,390	17,700
1999 Deville, V-8						
4d Sed	560	1,680	2,800	6,300	9,800	14,000
4d d'Elegance Sed	600	1,800	3,000	6,750	10,500	15,000
4d Concours Sed	620	1,860	3,100	6,980	10,850	15,500
1999 Eldorado, V-8						
2d Cpe	640	1,920	3,200	7,200	11,200	16,000
2d ETC Trg Cpe	680	2,050	3,420	7,700	11,970	17,100
2000 Catera, V-6						
4d Sed	400	1,210	2,020	4,550	7,070	10,100
NOTE: Add 10% for Sport Pkg.						
2000 Seville, V-8						
4d SLS Sed	670	2,000	3,340	7,520	11,690	16,700
4d STS Sed	710	2,120	3,540	7,970	12,390	17,700
2000 Deville, V-8						
4d Sed	570	1,720	2,860	6,440	10,010	14,300
4d DHS Sed	620	1,850	3,080	6,930	10,780	15,400
4d DTS Sed	630	1,900	3,160	7,110	11,060	15,800
2000 Eldorado, V-8						
2d ESC Cpe	640	1,930	3,220	7,250	11,270	16,100
2d ETC Trg Cpe	690	2,060	3,440	7,740	12,040	17,200
2001 Catera, V-6						
4d Sed	410	1,220	2,040	5,100	7,140	10,200
2001 Seville, V-8						
4d SLS Sed	670	2,020	3,360	8,400	11,760	16,800
4d STS Sed	710	2,140	3,560	8,900	12,460	17,800
NOTE: Add 5% for STS Sport Pkg.						
2001 Deville, V-8						
4d Sed	580	1,730	2,880	6,480	10,080	14,400
4d DHS Sed	620	1,860	3,100	7,750	10,850	15,500
4d DTS Sed	640	1,910	3,180	7,950	11,130	15,900
2001 Eldorado, V-8						
2d ESC Cpe	650	1,940	3,240	8,100	11,340	16,200
2d ETC Trg Cpe	690	2,080	3,460	8,650	12,110	17,300
2002 Seville, V-8						
4d SLS Sed	670	2,020	3,360	8,400	11,760	16,800
4d STS Sed	710	2,140	3,560	8,900	12,460	17,800
NOTE: Add 5% for STS Performance Pkg.						
2002 Deville, V-8						
4d Sed	580	1,730	2,880	7,200	10,080	14,400
4d DHS Sed	620	1,860	3,100	7,750	10,850	15,500
4d DTS Sed	640	1,910	3,180	7,950	11,130	15,900
2002 Eldorado, V-8						
2d ESC Cpe	650	1,940	3,240	8,100	11,340	16,200
2d ETC Trg Cpe	690	2,080	3,460	8,650	12,110	17,300
NOTE: CTS debuted in the 2002 model year as a 2003 to replace the Eldorado. Add 10% for Collector's Edition (1,596 produced).						
2003 Seville, V-8						
4d SLS Sed	670	2,020	3,360	8,400	11,760	16,800
4d STS Sed	710	2,140	3,560	8,900	12,460	17,800
2003 Deville, V-8						
4d Sed	580	1,730	2,880	7,200	10,080	14,400
4d DHS Sed	620	1,860	3,100	7,750	10,850	15,500
4d DTS Sed	640	1,910	3,180	7,950	11,130	15,900
2003 CTS, V-6						
4d Sed	660	1,980	3,300	8,250	11,550	16,500
NOTE: Add 5% for Sport Pkg. Deduct 5% for five-speed manual transmission.						
2004 Seville, V-8						
4d LS Sed	680	2,030	3,380	8,450	11,830	16,900
2004 Deville, V-8						
4d Sed	580	1,740	2,900	7,250	10,150	14,500
4d DHS Sed	620	1,870	3,120	7,800	10,920	15,600
4d DTS Sed	640	1,920	3,200	8,000	11,200	16,000
2004 CTS, V-6						
4d Sed 3.2L	660	1,980	3,300	8,250	11,550	16,500
4d Sed 3.6L	720	2,170	3,620	9,050	12,670	18,100
4d Sed V Series (V-8)	940	2,820	4,700	11,750	16,450	23,500
NOTE: Add 5% for Sport Pkg on V-6. Deduct 5% for five-speed manual transmission.						
2004 XLR, V-8						
2d Rds	1,400	4,200	7,000	15,750	24,500	35,000

	6	5	4	3	2	1	73

2005 DeVille, V-8

	6	5	4	3	2	1
4d Sed	580	1,740	2,900	7,250	10,150	14,500
4d DHS Sed	620	1,870	3,120	7,800	10,920	15,600
4d DTS Sed	640	1,920	3,200	8,000	11,200	16,000

2005 CTS, V-6

	6	5	4	3	2	1
4d 2.8L Sed	650	1,940	3,240	7,290	11,340	16,200
4d 3.6L Sed	720	2,170	3,620	9,050	12,670	18,100
4d V Series Sed (V-8)	940	2,820	4,700	11,750	16,450	23,500

2005 STS, V-6 & V-8

	6	5	4	3	2	1
4d Sed	1,000	3,000	5,000	12,500	17,500	25,000

2005 XLR, V-8

	6	5	4	3	2	1
2d Rds	1,400	4,200	7,000	15,750	24,500	35,000

2006 CTS, 2.8L V-6

	6	5	4	3	2	1
4d Sed	500	1,510	2,520	6,300	8,820	12,600

2006 CTS-V, 6.0L V-8

	6	5	4	3	2	1
4d Sed	840	2,530	4,220	10,550	14,770	21,100

2006 STS V-6

	6	5	4	3	2	1
4d Sed	540	1,610	2,680	6,700	9,380	13,400

2006 STS 4.4L Supercharged V-8

	6	5	4	3	2	1
4d Sed	790	2,370	3,950	9,880	13,830	19,750

2006 DTS 4.6L V-8

	6	5	4	3	2	1
4d Sed	520	1,560	2,600	6,500	9,100	13,000

2006 XLR 4.6L V-8

	6	5	4	3	2	1
2d HT Conv	1,400	4,200	7,000	15,750	24,500	35,000
2d Star Black Ltd	1,440	4,320	7,200	16,200	25,200	36,000

2006 XLR 4.4L Supercharged V-8

	6	5	4	3	2	1
2d HT Conv	1,520	4,560	7,600	17,100	26,600	38,000

2007 CTS, 2.8L V-6

	6	5	4	3	2	1
4d Sed	500	1,510	2,520	6,300	8,820	12,600

2007 CTS-V, 6.0L V-8

	6	5	4	3	2	1
4d Sed	810	2,440	4,060	10,150	14,210	20,300

2007 DTS 4.6L V-8

	6	5	4	3	2	1
4d Sed	510	1,540	2,560	6,400	8,960	12,800

2007 STS V-6

	6	5	4	3	2	1
4d Sed	580	1,740	2,900	7,250	10,150	14,500

2007 STS 4.4L Supercharged V-8

	6	5	4	3	2	1
4d Sed	860	2,580	4,300	10,750	15,050	21,500

2007 XLR 4.6L V-8

	6	5	4	3	2	1
2d HT Conv	1,400	4,200	7,000	15,750	24,500	35,000

2007 XLR 4.4L Supercharged V-8

	6	5	4	3	2	1
2d HT Conv	1,520	4,560	7,600	17,100	26,600	38,000

2008 CTS, 3.6L V6

	6	5	4	3	2	1
4d Sed	620	1,850	3,080	6,930	10,780	15,400

NOTE: Add 5% for Luxury package. Add 10% for Performance or Premium packages.

2008 DTS 4.6L V8

	6	5	4	3	2	1
4d Sed	520	1,560	2,600	6,500	9,100	13,000

NOTE: Add 10% for Luxury package, Performance package, or Premium Edition.

2008 STS, 3.6L V6

	6	5	4	3	2	1
4d Sed	540	1,610	2,680	6,030	9,380	13,400

NOTE: Add 10% for AWD. Add 5% for 4.6L V8.

2008 STS-V 4.4L Supercharged V8

	6	5	4	3	2	1
4d Sed	860	2,580	4,300	10,750	15,050	21,500

2008 XLR 4.6L V8

	6	5	4	3	2	1
2d HT Conv	1,440	4,320	7,200	16,200	25,200	36,000

NOTE: Add 5% for Platinum Edition.

2008 XLR 4.4L Supercharged V8

	6	5	4	3	2	1
2d HT Conv	1,560	4,680	7,800	17,550	27,300	39,000

2009 CTS, 3.6L V6

	6	5	4	3	2	1
4d Sed	960	2,880	4,800	12,000	16,800	24,000

Add 5% for Luxury package. Add 10% for Performance or Premium packages.

2009 CTS-V, 6.2L V8

	6	5	4	3	2	1
4d Sed	1,100	3,300	5,500	13,750	19,250	27,500

2009 DTS 4.6L V8

	6	5	4	3	2	1
4d Sed	500	1,500	2,500	6,250	8,750	12,500

Add 10% for Luxury package, Performance package or Platinum Edition

2009 STS 3.6L V6

	6	5	4	3	2	1
4d Sed	540	1,610	2,680	6,700	9,380	13,400

Add 10% for AWD or Platinum Edition. Add 5% for 4.6L V8.

2009 STS-V 4.4L Supercharged V8

	6	5	4	3	2	1
4d Sed	1,050	3,160	5,260	13,150	18,410	26,300

2009 XLR 4.6L V8

	6	5	4	3	2	1
2d HT Platinum Conv	1,440	4,320	7,200	16,200	25,200	36,000

2009 XLR 4.4L Supercharged V8

	6	5	4	3	2	1
2d HT Conv	1,560	4,680	7,800	17,550	27,300	39,000

2010 CTS, 3.0L V6

	6	5	4	3	2	1
4d Sed	620	1,850	3,090	7,730	10,820	15,450
4d Wagon	650	1,960	3,270	8,180	11,450	16,350

NOTE: Add 5% for Luxury Package.

	6	5	4	3	2	1
2010 CTS, 3.6L V6						
4d Sed	710	2,120	3,540	8,850	12,390	17,700
4d Wagon	740	2,220	3,700	9,250	12,950	18,500
NOTE: Add 10% for AWD.						
2010 CTS-V, 6.2L V8 Supercharged						
4d Sed	1,250	3,740	6,240	15,600	21,840	31,200
2010 DTS, 4.6L V8						
4d Sed	600	1,800	3,000	7,500	10,500	15,000
NOTE: Add 10% for Luxury pkg, Performance pkg or Platinum Edition.						
2010 STS, 3.6L V6						
4d Sed	580	1,740	2,900	7,250	10,150	14,500
NOTE: Add 10% for AWD or Platinum Edition: 5% for 4.6L V-8.						
2011 CTS, 3.0L V6						
4d Sed	440	1,320	2,200	5,500	7,700	11,000
4d Wagon	380	1,140	1,900	4,750	6,650	9,500
2011 CTS, 3.6L V6						
4d Sed	450	1,350	2,250	5,630	7,880	11,250
2d Cpe	540	1,620	2,700	6,750	9,450	13,500
4d Wagon	420	1,260	2,100	5,250	7,350	10,500
Add 10% for AWD						
2011 CTS-V, 6.2L V8 Supercharged						
4d Sed	460	1,380	2,300	5,750	8,050	11,500
2d Cpe	560	1,680	2,800	7,000	9,800	14,000
4d Wagon	430	1,290	2,150	5,380	7,530	10,750
2011 DTS 4.6L V8						
4d Sed	440	1,320	2,200	5,500	7,700	11,000
Add 10% for Luxury package, Performance package or Platinum Edition						
2011 STS 3.6L V6						
4d Sed	480	1,440	2,400	6,000	8,400	12,000
Add 10% for AWD						

LASALLE

	6	5	4	3	2	1
1927 Series 303, V-8, 125" wb						
2d RS Rds	3,880	11,640	19,400	43,650	67,900	97,000
4d Phae	4,000	12,000	20,000	45,000	70,000	100,000
4d Spt Phae	4,320	12,960	21,600	48,600	75,600	108,000
2d 2P Conv Cpe	3,720	11,160	18,600	41,850	65,100	93,000
2d RS Cpe	2,200	6,600	11,000	24,750	38,500	55,000
2d 4P Vic	2,000	6,000	10,000	22,500	35,000	50,000
4d Sed	1,760	5,280	8,800	19,800	30,800	44,000
4d Twn Sed	1,800	5,400	9,000	20,250	31,500	45,000
1927 Series 303, V-8, 134" wb						
4d Imp Sed	2,240	6,720	11,200	25,200	39,200	56,000
4d 7P Sed	2,200	6,600	11,000	24,750	38,500	55,000
4d 7P Imp Sed	2,360	7,080	11,800	26,550	41,300	59,000
1928 Series 303, V-8, 125" wb						
2d Rds	3,830	11,480	19,140	43,070	66,990	95,700
4d Phae	3,930	11,780	19,640	44,190	68,740	98,200
4d Spt Phae	4,020	12,070	20,120	45,270	70,420	100,600
2d Conv	3,440	10,310	17,180	38,660	60,130	85,900
2d Bus Cpe	1,870	5,620	9,360	21,060	32,760	46,800
2d RS Cpe	2,160	6,480	10,800	24,300	37,800	54,000
2d Vic	2,160	6,480	10,800	24,300	37,800	54,000
4d 5P Sed	1,840	5,520	9,200	20,700	32,200	46,000
4d Fam Sed	1,760	5,280	8,800	19,800	30,800	44,000
4d Twn Sed	1,800	5,400	9,000	20,250	31,500	45,000
1928 Series 303, V-8, 134" wb						
2d 5P Cpe	2,240	6,720	11,200	25,200	39,200	56,000
4d Cabr Sed	4,000	12,000	20,000	45,000	70,000	100,000
4d Imp Sed	2,440	7,320	12,200	27,450	42,700	61,000
4d 7P Sed	2,360	7,080	11,800	26,550	41,300	59,000
4d Fam Sed	2,400	7,200	12,000	27,000	42,000	60,000
4d Imp Fam Sed	2,440	7,320	12,200	27,450	42,700	61,000
1928 Series 303, V-8, 125" wb Fleetwood Line						
2d Bus Cpe	2,090	6,280	10,460	23,540	36,610	52,300
4d Sed	1,950	5,840	9,740	21,920	34,090	48,700
4d Twn Cabr	3,750	11,260	18,760	42,210	65,660	93,800
4d Trans Twn Cabr	3,850	11,540	19,240	43,290	67,340	96,200
1929 Series 328, V-8, 125" wb						
2d Rds	3,850	11,540	19,240	43,290	67,340	96,200
4d Phae	3,950	11,840	19,740	44,420	69,090	98,700
4d Spt Phae	4,040	12,130	20,220	45,500	70,770	101,100
4d Trans FW Twn Cabr	3,460	10,370	17,280	38,880	60,480	86,400
1929 Series 328, V-8, 134" wb						
2d Conv	3,860	11,580	19,300	43,430	67,550	96,500
2d RS Cpe	2,380	7,140	11,900	26,780	41,650	59,500
2d 5P Cpe	2,240	6,720	11,200	25,200	39,200	56,000
4d Sed	2,100	6,300	10,500	23,630	36,750	52,500
4d Fam Sed	210	640	1,070	2,410	3,750	5,350

	6	5	4	3	2	1
4d Twn Sed.	2,180	6,540	10,900	24,530	38,150	54,500
4d 7P Sed.	2,240	6,720	11,200	25,200	39,200	56,000
4d 7P Imp Sed	2,240	6,720	11,200	25,200	39,200	56,000
4d Conv Lan Cabr.	4,500	13,500	22,500	50,630	78,750	112,500
4d FW Trans Twn Cabr 1	4,580	13,740	22,900	51,530	80,150	114,500
1930 Series 340, V-8, 134" wb Fisher Line						
2d Conv	3,890	11,660	19,440	43,740	68,040	97,200
2d RS Cpe	2,800	8,410	14,020	31,550	49,070	70,100
2d Cpe	2,570	7,700	12,840	28,890	44,940	64,200
4d Sed	2,420	7,260	12,100	27,230	42,350	60,500
4d Imp Sed.	2,440	7,320	12,200	27,450	42,700	61,000
4d 7P Sed.	2,480	7,440	12,400	27,900	43,400	62,000
4d 7P Imp Sed	2,580	7,740	12,900	29,030	45,150	64,500
1930 Series 340, V-8, 134" wb Fleetwood Line						
2d RS Rds	4,430	13,280	22,140	49,820	77,490	110,700
1930 Fleetcliffe						
4d Phae	4,380	13,140	21,900	49,280	76,650	109,500
4d 7P Tr	3,700	11,100	18,500	41,630	64,750	92,500
2d Rds	3,700	11,100	18,500	41,630	64,750	92,500
1930 Fleetlands						
4d A/W Phae.	4,700	14,100	23,500	52,880	82,250	117,500
1930 Fleetway						
4d S'net Cabr 4081	3,740	11,220	18,700	42,080	65,450	93,500
1930 Fleetwind						
4d S'net Cabr 4082	3,740	11,220	18,700	42,080	65,450	93,500
1931 Series 345A, V-8, 134" wb Fisher Line						
2d RS Cpe	3,000	9,010	15,020	33,800	52,570	75,100
2d Cpe	2,860	8,580	14,300	32,180	50,050	71,500
4d Sed	2,340	7,010	11,680	26,280	40,880	58,400
4d Twn Sed.	2,400	7,200	12,000	27,000	42,000	60,000
4d 7P Sed.	2,430	7,300	12,160	27,360	42,560	60,800
4d 7P Imp Sed	2,530	7,580	12,640	28,440	44,240	63,200
1931 Series 345A, V-8, 134" wb Fleetwood Line						
2d RS Rds	4,460	13,380	22,300	50,180	78,050	111,500
2d Conv	4,140	12,420	20,700	46,580	72,450	103,500
4d Tr	4,140	12,420	20,700	46,580	72,450	103,500
4d A/W Phae.	4,780	14,340	23,900	53,780	83,650	119,500
4d S'net Cabr 4081	3,700	11,100	18,500	41,630	64,750	92,500
4d S'net Cabr 4082	3,740	11,220	18,700	42,080	65,450	93,500
1932 Series 345B, V-8, 130" wb						
2d Conv	3,640	10,920	18,200	40,950	63,700	91,000
2d RS Cpe	2,720	8,160	13,600	30,600	47,600	68,000
2d Twn Cpe.	2,600	7,800	13,000	29,250	45,500	65,000
4d Sed	2,080	6,240	10,400	23,400	36,400	52,000
1932 Series 345B, V-8, 136" wb						
4d 7P Sed.	2,160	6,480	10,800	24,300	37,800	54,000
4d 7P Imp Sed	2,520	7,560	12,600	28,350	44,100	63,000
4d 7P Twn Sed	2,560	7,680	12,800	28,800	44,800	64,000
1933 Series 345C, V-8, 130" wb						
2d Conv	3,400	10,200	17,000	38,250	59,500	85,000
2d RS Cpe	2,320	6,960	11,600	26,100	40,600	58,000
2d Twn Cpe.	2,240	6,720	11,200	25,200	39,200	56,000
4d Sed	2,080	6,240	10,400	23,400	36,400	52,000
1933 Series 345C, V-8, 136" wb						
4d Twn Sed.	2,520	7,560	12,600	28,350	44,100	63,000
4d Sed	2,120	6,360	10,600	23,850	37,100	53,000
4d 7P Imp Sed	2,080	6,240	10,400	23,400	36,400	52,000
1934 Series 350, 8-cyl., 119" wb						
2d Conv	2,880	8,640	14,400	32,400	50,400	72,000
2d Cpe	2,040	6,120	10,200	22,950	35,700	51,000
4d Clb Sed	1,860	5,580	9,300	20,930	32,550	46,500
4d Sed	1,820	5,460	9,100	20,480	31,850	45,500
1935 Series 50, 8-cyl., 120" wb						
2d Conv	3,040	9,120	15,200	34,200	53,200	76,000
2d Cpe	1,890	5,670	9,450	21,260	33,080	47,250
2d Sed	1,850	5,550	9,250	20,810	32,380	46,250
4d Sed	1,780	5,340	8,900	20,030	31,150	44,500
1936 Series 50, 8-cyl., 120" wb, LaSalle						
2d Conv	3,000	9,000	15,000	33,750	52,500	75,000
2d RS Cpe	2,480	7,440	12,400	27,900	43,400	62,000
2d Sed	1,850	5,550	9,250	20,810	32,380	46,250
4d Sed	1,810	5,430	9,050	20,360	31,680	45,250
1937 Series 50, V-8, 124" wb, LaSalle						
2d Conv	3,000	9,000	15,000	33,750	52,500	75,000
4d Conv Sed.	3,000	9,000	15,000	33,750	52,500	75,000
4P Cpe	1,970	5,910	9,850	22,160	34,480	49,250
2d Sed	1,850	5,550	9,250	20,810	32,380	46,250
4d Sed	1,810	5,430	9,050	20,360	31,680	45,250

	6	5	4	3	2	1
1938 Series 50, V-8, 124" wb, LaSalle						
2d Conv	2,800	8,410	14,020	31,550	49,070	70,100
4d Conv Sed	3,360	10,080	16,800	37,800	58,800	84,000
4P Cpe	1,970	5,910	9,850	22,160	34,480	49,250
2d Sed	1,850	5,550	9,250	20,810	32,380	46,250
4d Sed	1,810	5,430	9,050	20,360	31,680	45,250
1939 Series 50, V-8, 120" wb						
2d Conv	2,800	8,410	14,020	31,550	49,070	70,100
4d Conv Sed	3,280	9,840	16,400	36,900	57,400	82,000
2d Cpe	1,950	5,850	9,750	21,940	34,130	48,750
2d Sed	1,830	5,490	9,150	20,590	32,030	45,750
2d S/R Sed	1,870	5,610	9,350	21,040	32,730	46,750
4d Sed	1,790	5,370	8,950	20,140	31,330	44,750
4d S/R Sed	1,830	5,490	9,150	20,590	32,030	45,750
1940 Series 50, V-8, 123" wb						
2d Conv	2,800	8,410	14,020	31,550	49,070	70,100
4d Conv Sed	2,900	8,710	14,520	32,670	50,820	72,600
2d Cpe	1,480	4,440	7,400	16,650	25,900	37,000
2d Sed	1,440	4,320	7,200	16,200	25,200	36,000
2d S/R Sed	1,480	4,440	7,400	16,650	25,900	37,000
4d Sed	1,400	4,200	7,000	15,750	24,500	35,000
4d S/R Sed	1,440	4,320	7,200	16,200	25,200	36,000
1940 "Special" Series 52 LaSalle, V-8, 123" wb						
2d Conv	2,800	8,410	14,020	31,550	49,070	70,100
4d Conv Sed	2,900	8,710	14,520	32,670	50,820	72,600
2d Cpe	1,520	4,560	7,600	17,100	26,600	38,000
4d Sed	1,460	4,380	7,300	16,430	25,550	36,500

CHECKER

	6	5	4	3	2	1
1960 Checker Superba Std.						
Sed	700	2,100	3,500	7,880	12,250	17,500
Sta Wag	800	2,400	4,000	9,000	14,000	20,000
1960 Checker Superba Spl.						
Sed	700	2,100	3,500	7,880	12,250	17,500
Sta Wag	800	2,400	4,000	9,000	14,000	20,000
1961 Checker Superba						
Sed	700	2,100	3,500	7,880	12,250	17,500
Sta Wag	800	2,400	4,000	9,000	14,000	20,000
1961 Checker Marathon						
Sed	700	2,100	3,500	7,880	12,250	17,500
Sta Wag	800	2,400	4,000	9,000	14,000	20,000
1962 Checker Superba						
Sed	700	2,100	3,500	7,880	12,250	17,500
Sta Wag	800	2,400	4,000	9,000	14,000	20,000
1962 Checker Marathon						
Sed	700	2,100	3,500	7,880	12,250	17,500
Sta Wag	800	2,400	4,000	9,000	14,000	20,000
1963 Checker Superba						
Sed	700	2,100	3,500	7,880	12,250	17,500
Sta Wag	800	2,400	4,000	9,000	14,000	20,000
1963 Checker Marathon						
Sed	700	2,100	3,500	7,880	12,250	17,500
Sta Wag	800	2,400	4,000	9,000	14,000	20,000
Limo	800	2,400	4,000	9,000	14,000	20,000
1964 Checker Marathon						
Sed	680	2,040	3,400	7,650	11,900	17,000
Sta Wag	700	2,100	3,500	7,880	12,250	17,500
Limo	720	2,160	3,600	8,100	12,600	18,000
Aerobus	800	2,400	4,000	9,000	14,000	20,000
1965 Marathon Series						
Sed	680	2,040	3,400	7,650	11,900	17,000
DeL Sed	700	2,100	3,500	7,880	12,250	17,500
Sta Wag	720	2,160	3,600	8,100	12,600	18,000
Limo	800	2,400	4,000	9,000	14,000	20,000
1966 Marathon Series						
Sed	680	2,040	3,400	7,650	11,900	17,000
DeL Sed	700	2,100	3,500	7,880	12,250	17,500
Sta Wag	720	2,160	3,600	8,100	12,600	18,000
Limo	800	2,400	4,000	9,000	14,000	20,000
1967 Marathon Series						
Sed	680	2,040	3,400	7,650	11,900	17,000
Sta Wag	720	2,160	3,600	8,100	12,600	18,000
1968 Marathon Series						
Sed	680	2,040	3,400	7,650	11,900	17,000
DeL Sed	700	2,100	3,500	7,880	12,250	17,500
Sta Wag	720	2,160	3,600	8,100	12,600	18,000
1969 Marathon Series						
Sed	680	2,040	3,400	7,650	11,900	17,000
DeL Sed	700	2,100	3,500	7,880	12,250	17,500

	6	5	4	3	2	1
Sta Wag	720	2,160	3,600	8,100	12,600	18,000
Limo	800	2,400	4,000	9,000	14,000	20,000
1970 Marathon Series						
Sed	680	2,040	3,400	7,650	11,900	17,000
Sta Wag	720	2,160	3,600	8,100	12,600	18,000
DeL Sed	700	2,100	3,500	7,880	12,250	17,500
Limo	800	2,400	4,000	9,000	14,000	20,000
1971 Marathon Series						
Sed	680	2,040	3,400	7,650	11,900	17,000
Sta Wag	720	2,160	3,600	8,100	12,600	18,000
DeL Sed	700	2,100	3,500	7,880	12,250	17,500
Limo	800	2,400	4,000	9,000	14,000	20,000
NOTE: Add 5% for V-8.						
1972 Marathon Series						
Sed	670	2,010	3,350	7,540	11,730	16,750
Sta Wag	700	2,100	3,500	7,880	12,250	17,500
DeL Sed	680	2,040	3,400	7,650	11,900	17,000
NOTE: Add 5% for V-8.						
1973 Marathon Series						
Sed	670	2,010	3,350	7,540	11,730	16,750
Sta Wag	700	2,100	3,500	7,880	12,250	17,500
DeL Sed	680	2,040	3,400	7,650	11,900	17,000
NOTE: Add 5% for V-8.						
1974 Marathon Series						
Sed	670	2,010	3,350	7,540	11,730	16,750
Sta Wag	700	2,100	3,500	7,880	12,250	17,500
DeL Sed	680	2,040	3,400	7,650	11,900	17,000
NOTE: Add 5% for V-8.						
1975 Marathon Series						
Sed	680	2,040	3,400	7,650	11,900	17,000
Sta Wag	720	2,160	3,600	8,100	12,600	18,000
DeL Sed	700	2,100	3,500	7,880	12,250	17,500
1976 Marathon Series						
4d Sed	680	2,040	3,400	7,650	11,900	17,000
4d Sed DeL	700	2,100	3,500	7,880	12,250	17,500
1977 Marathon Series						
4d Sed	680	2,040	3,400	7,650	11,000	17,000
4d Sed DeL	700	2,100	3,500	7,880	12,250	17,500
1978 Marathon Series						
4d Sed	680	2,040	3,400	7,650	11,900	17,000
4d Sed DeL	700	2,100	3,500	7,880	12,250	17,500
1979 Marathon Series						
4d Sed	680	2,040	3,400	7,650	11,900	17,000
4d Sed DeL	700	2,100	3,500	7,880	12,250	17,500
1980 Marathon Series						
4d Sed	680	2,040	3,400	7,650	11,900	17,000
4d Sed DeL	700	2,100	3,500	7,880	12,250	17,500
1901 Marathon Series						
4d Sed	680	2,040	3,400	7,650	11,900	17,000
4d Sed DeL	700	2,100	3,500	7,880	12,250	17,500
1982 Marathon Series						
4d Sed	680	2,040	3,400	7,650	11,900	17,000
4d Sed DeL	700	2,100	3,500	7,880	12,250	17,500

CHEVROLET

	6	5	4	3	2	1
1912 Classic Series, 6-cyl.						
Tr	3,200	9,600	16,000	36,000	56,000	80,000
1913 Classic Series, 6-cyl.						
Tr	2,680	8,040	13,400	30,150	46,900	67,000
1914 Series H2 & H4, 4-cyl.						
Rds	1,600	4,800	8,000	18,000	28,000	40,000
Tr	1,640	4,920	8,200	18,450	28,700	41,000
1914 Series C, 6-cyl.						
Tr	2,720	8,160	13,600	30,600	47,600	68,000
1914 Series L, 6-cyl.						
Tr	2,480	7,440	12,400	27,900	43,400	62,000
1915 Series H2 & H4, 4-cyl.						
Rds	1,600	4,800	8,000	18,000	28,000	40,000
Tr	1,580	4,740	7,900	17,780	27,650	39,500
1915 Series H3, 4-cyl.						
2P Rds	1,880	5,640	9,400	21,150	32,900	47,000
1915 Series L, 6-cyl.						
Tr	2,480	7,440	12,400	27,900	43,400	62,000
1916 Series 490, 4-cyl.						
Tr	1,320	3,960	6,600	14,850	23,100	33,000
1916 Series H2, 4-cyl.						
Rds	1,260	3,780	6,300	14,180	22,050	31,500
Torp Rds	1,260	3,780	6,300	14,180	22,050	31,500

77

	6	5	4	3	2	1
1916 Series H4, 4-cyl.						
Tr.	1,260	3,780	6,300	14,180	22,050	31,500
1917 Series F2 & F5, 4-cyl.						
Rds.	1,220	3,660	6,100	13,730	21,350	30,500
Tr.	1,260	3,780	6,300	14,180	22,050	31,500
1917 Series 490, 4-cyl.						
Rds.	1,140	3,420	5,700	12,830	19,950	28,500
Tr.	1,300	3,900	6,500	14,630	22,750	32,500
HT Tr.	1,340	4,020	6,700	15,080	23,450	33,500
1917 Series D2 & D5, V-8						
Rds.	3,200	9,600	16,000	36,000	56,000	80,000
Tr.	3,000	9,000	15,000	33,750	52,500	75,000
1918 Series 490, 4-cyl.						
Tr.	1,200	3,590	5,980	13,460	20,930	29,900
Rds.	1,220	3,670	6,120	13,770	21,420	30,600
Cpe.	820	2,460	4,100	9,230	14,350	20,500
Sed	740	2,220	3,700	8,330	12,950	18,500
1918 Series FA, 4-cyl.						
Rds.	1,320	3,960	6,600	14,850	23,100	33,000
Tr.	1,360	4,080	6,800	15,300	23,800	34,000
Sed	800	2,400	4,000	9,000	14,000	20,000
1918 Series D, V-8						
4P Rds	2,760	8,280	13,800	31,050	48,300	69,000
Tr.	2,680	8,040	13,400	30,150	46,900	67,000
1919 Series 490, 4-cyl.						
Rds.	1,220	3,660	6,100	13,730	21,350	30,500
Tr.	1,340	4,020	6,700	15,080	23,450	33,500
Sed	700	2,100	3,500	7,880	12,250	17,500
Cpe.	740	2,220	3,700	8,330	12,950	18,500
1919 Series FB, 4-cyl.						
Rds.	1,240	3,720	6,200	13,950	21,700	31,000
Tr.	1,260	3,780	6,300	14,180	22,050	31,500
Cpe.	780	2,340	3,900	8,780	13,650	19,500
2d Sed	740	2,220	3,700	8,330	12,950	18,500
4d Sed	700	2,100	3,500	7,880	12,250	17,500
1920 Series 490, 4-cyl.						
Rds.	1,180	3,540	5,900	13,280	20,650	29,500
Tr.	1,240	3,720	6,200	13,950	21,700	31,000
Sed	760	2,280	3,800	8,550	13,300	19,000
Cpe.	800	2,400	4,000	9,000	14,000	20,000
1920 Series FB, 4-cyl.						
Rds.	1,220	3,660	6,100	13,730	21,350	30,500
Tr.	1,260	3,780	6,300	14,180	22,050	31,500
Sed	780	2,340	3,900	8,780	13,650	19,500
Cpe.	820	2,460	4,100	9,230	14,350	20,500
1921 Series 490, 4-cyl.						
Rds.	1,180	3,540	5,900	13,280	20,650	29,500
Tr.	1,240	3,720	6,200	13,950	21,700	31,000
Cpe.	760	2,280	3,800	8,550	13,300	19,000
C-D Sed	800	2,400	4,000	9,000	14,000	20,000
1921 Series FB, 4-cyl.						
Rds.	1,220	3,660	6,100	13,730	21,350	30,500
Tr.	1,260	3,780	6,300	14,180	22,050	31,500
Cpe.	780	2,340	3,900	8,780	13,650	19,500
4d Sed	740	2,220	3,700	8,330	12,950	18,500
1922 Series 490, 4-cyl.						
Rds.	1,200	3,600	6,000	13,500	21,000	30,000
Tr.	1,260	3,780	6,300	14,180	22,050	31,500
Cpe.	780	2,340	3,900	8,780	13,650	19,500
Utl Cpe	860	2,580	4,300	9,680	15,050	21,500
Sed	760	2,280	3,800	8,550	13,300	19,000
1922 Series FB, 4-cyl.						
Rds.	1,220	3,660	6,100	13,730	21,350	30,500
Tr.	1,260	3,780	6,300	14,180	22,050	31,500
Sed	740	2,220	3,700	8,330	12,950	18,500
Cpe.	780	2,340	3,900	8,780	13,650	19,500
1923 Superior B, 4-cyl.						
Rds.	1,220	3,660	6,100	13,730	21,350	30,500
Tr.	1,260	3,780	6,300	14,180	22,050	31,500
Sed	740	2,220	3,700	8,330	12,950	18,500
2d Sed	760	2,280	3,800	8,550	13,300	19,000
Utl Cpe	780	2,340	3,900	8,780	13,650	19,500
DeL Tr	1,360	4,080	6,800	15,300	23,800	34,000
1923 Mercury Sportabout (Mercury Body Co.) . .	1,680	5,040	8,400	18,900	29,400	42,000
1924 Superior, 4-cyl.						
Rds.	1,220	3,660	6,100	13,730	21,350	30,500
Tr.	1,260	3,780	6,300	14,180	22,050	31,500
DeL Tr	1,300	3,900	6,500	14,630	22,750	32,500
Sed	740	2,220	3,700	8,330	12,950	18,500

CHEVROLET

	6	5	4	3	2	1
DeL Sed	760	2,280	3,800	8,550	13,300	19,000
2P Cpe	780	2,340	3,900	8,780	13,650	19,500
4P Cpe	780	2,340	3,900	8,780	13,650	19,500
DeL Cpe	800	2,400	4,000	9,000	14,000	20,000
2d Sed	780	2,340	3,900	8,780	13,650	19,500
1925 Superior K, 4-cyl.						
Rds	1,260	3,780	6,300	14,180	22,050	31,500
Tr	1,300	3,900	6,500	14,630	22,750	32,500
Cpe	1,180	3,540	5,900	13,280	20,650	29,500
Sed	820	2,460	4,100	9,230	14,350	20,500
2d Sed	840	2,520	4,200	9,450	14,700	21,000
1926 Superior V, 4-cyl.						
Rds	1,260	3,780	6,300	14,180	22,050	31,500
Tr	1,300	3,900	6,500	14,630	22,750	32,500
Cpe	1,180	3,540	5,900	13,280	20,650	29,500
Sed	820	2,460	4,100	9,230	14,350	20,500
2d Sed	840	2,520	4,200	9,450	14,700	21,000
Lan Sed	1,100	3,300	5,500	12,380	19,250	27,500
1927 Model AA, 4-cyl.						
Rds	1,280	3,840	6,400	14,400	22,400	32,000
Tr	1,440	4,320	7,200	16,200	25,200	36,000
Utl Cpe	1,200	3,600	6,000	13,500	21,000	30,000
2d Sed	860	2,580	4,300	9,680	15,050	21,500
Sed	840	2,520	4,200	9,450	14,700	21,000
Lan Sed	1,120	3,360	5,600	12,600	19,600	28,000
Cabr	1,320	3,960	6,600	14,850	23,100	33,000
Imp Lan	1,160	3,480	5,800	13,050	20,300	29,000
1928 Model AB, 4-cyl.						
Rds	1,280	3,840	6,400	14,400	22,400	32,000
Tr	1,440	4,320	7,200	16,200	25,200	36,000
Utl Cpe	1,200	3,600	6,000	13,500	21,000	30,000
Sed	840	2,520	4,200	9,450	14,700	21,000
2d Sed	860	2,580	4,300	9,680	15,050	21,500
Cabr	1,320	3,960	6,600	14,850	23,100	33,000
Imp Lan	1,160	3,480	5,800	13,050	20,300	29,000
Conv Cabr	1,380	4,140	6,900	15,530	24,150	34,500
1929 Model AC, 6-cyl.						
Rds	1,460	4,380	7,300	16,430	25,550	36,500
Tr	1,600	4,800	8,000	18,000	28,000	40,000
Cpe	1,300	3,900	6,500	14,630	22,750	32,500
Spt Cpe	1,400	4,200	7,000	15,750	24,500	35,000
Sed	1,080	3,240	5,400	12,150	18,900	27,000
Imp Sod	1,100	3,300	5,500	12,380	19,250	27,500
Conv Lan	1,460	4,380	7,300	16,430	25,550	36,500
2d Sed	1,100	3,300	5,500	12,380	19,250	27,500
Conv Cabr	1,540	4,620	7,700	17,330	26,950	38,500
1930 Model AD, 6-cyl.						
Rds	1,540	4,620	7,700	17,330	26,950	38,500
Spt Rds	1,620	4,860	8,100	18,230	28,350	40,500
Phae	1,960	5,880	9,800	22,050	34,300	49,000
2d Sed	1,060	3,180	5,300	11,930	18,550	26,500
Cpe	1,100	3,300	5,500	12,380	19,250	27,500
Spt Cpe	1,140	3,420	5,700	12,830	19,950	28,500
Clb Sed	1,140	3,420	5,700	12,830	19,950	28,500
Spec Sed	1,100	3,300	5,500	12,380	19,250	27,500
Sed	1,020	3,060	5,100	11,480	17,850	25,500
Con Lan	1,220	3,660	6,100	13,730	21,350	30,500
1931 Model AE, 6-cyl.						
Rds	1,570	4,710	7,850	17,660	27,480	39,250
Spt Rds	1,800	5,400	9,000	20,250	31,500	45,000
Cabr	1,790	5,380	8,960	20,160	31,360	44,800
Phae	2,030	6,100	10,160	22,860	35,560	50,800
2d Sed	1,050	3,160	5,260	11,840	18,410	26,300
5P Cpe	1,150	3,460	5,760	12,960	20,160	28,800
5W Cpe	1,170	3,520	5,860	13,190	20,510	29,300
Spt Cpe	1,210	3,640	6,060	13,640	21,210	30,300
Cpe	1,130	3,400	5,660	12,740	19,810	28,300
2d DeL Sed	1,130	3,400	5,660	12,740	19,810	28,300
Sed	1,040	3,120	5,200	11,700	18,200	26,000
Spl Sed	1,090	3,270	5,450	12,260	19,080	27,250
Lan Phae	1,570	4,710	7,850	17,660	27,480	39,250
1932 Model BA Standard, 6-cyl.						
Rds	2,040	6,120	10,200	22,950	35,700	51,000
Phae	2,040	6,120	10,200	22,950	35,700	51,000
Lan Phae	2,080	6,240	10,400	23,400	36,400	52,000
3W Cpe	1,140	3,420	5,700	12,830	19,950	28,500
5W Cpe	1,200	3,600	6,000	13,500	21,000	30,000
Spt Cpe	1,280	3,840	6,400	14,400	22,400	32,000
2d Sed	1,100	3,300	5,500	12,380	19,250	27,500

	6	5	4	3	2	1
Sed.	1,240	3,720	6,200	13,950	21,700	31,000
5P Cpe.	1,120	3,360	5,600	12,600	19,600	28,000
1932 Model BA DeLuxe, 6-cyl.						
Spt Rds.	2,160	6,480	10,800	24,300	37,800	54,000
Lan Phae.	2,160	6,480	10,800	24,300	37,800	54,000
Cabr.	2,000	6,000	10,000	22,500	35,000	50,000
3W Bus Cpe.	1,160	3,480	5,800	13,050	20,300	29,000
5W Cpe.	1,220	3,660	6,100	13,730	21,350	30,500
Spt Cpe.	1,400	4,200	7,000	15,750	24,500	35,000
2d Sed	1,120	3,360	5,600	12,600	19,600	28,000
Sed.	1,080	3,240	5,400	12,150	18,900	27,000
Spl Sed.	1,320	3,960	6,600	14,850	23,100	33,000
5P Cpe.	1,120	3,360	5,600	12,600	19,600	28,000
1933 Mercury, 6-cyl.						
2P Cpe.	1,220	3,660	6,100	13,730	21,350	30,500
RS Cpe.	1,400	4,200	7,000	15,750	24,500	35,000
2d Sed	1,160	3,480	5,800	13,050	20,300	29,000
1933 Master Eagle, 6-cyl.						
Spt Rds.	2,240	6,720	11,200	25,200	39,200	56,000
Phae.	2,280	6,840	11,400	25,650	39,900	57,000
2P Cpe.	1,340	4,020	6,700	15,080	23,450	33,500
Spt Cpe.	1,380	4,140	6,900	15,530	24,150	34,500
2d Sed	1,160	3,480	5,800	13,050	20,300	29,000
2d Trk Sed.	1,200	3,600	6,000	13,500	21,000	30,000
Sed.	1,280	3,840	6,400	14,400	22,400	32,000
Conv.	1,960	5,880	9,800	22,050	34,300	49,000
1934 Standard, 6-cyl.						
Sed.	1,080	3,240	5,400	12,150	18,900	27,000
Spt Rds.	2,200	6,600	11,000	24,750	38,500	55,000
Phae.	2,240	6,720	11,200	25,200	39,200	56,000
Cpe.	1,340	4,020	6,700	15,080	23,450	33,500
2d Sed	1,100	3,300	5,500	12,380	19,250	27,500
1934 Master, 6-cyl.						
Spt Rds.	1,900	5,700	9,500	21,380	33,250	47,500
Bus Cpe.	1,280	3,840	6,400	14,400	22,400	32,000
Spt Cpe.	1,380	4,140	6,900	15,530	24,150	34,500
2d Sed	1,160	3,480	5,800	13,050	20,300	29,000
Twn Sed.	1,140	3,420	5,700	12,830	19,950	28,500
Sed.	1,140	3,420	5,700	12,830	19,950	28,500
Conv.	1,960	5,880	9,800	22,050	34,300	49,000
1935 Standard, 6-cyl.						
Rds.	1,640	4,920	8,200	18,450	28,700	41,000
Phae.	1,640	4,920	8,200	18,450	28,700	41,000
Cpe.	1,260	3,780	6,300	14,180	22,050	31,500
2d Sed	1,000	3,000	5,000	11,250	17,500	25,000
Sed.	960	2,880	4,800	10,800	16,800	24,000
1935 Master, 6-cyl.						
5W Cpe.	1,420	4,260	7,100	15,980	24,850	35,500
Spt Cpe.	1,380	4,140	6,900	15,530	24,150	34,500
2d Sed	.740	2,220	3,700	8,330	12,950	18,500
Sed.	1,120	3,360	5,600	12,600	19,600	28,000
Spt Sed.	1,320	3,960	6,600	14,850	23,100	33,000
Twn Sed.	1,260	3,780	6,300	14,180	22,050	31,500
1936 Standard, 6-cyl.						
Cpe.	1,160	3,480	5,800	13,050	20,300	29,000
Sed.	960	2,880	4,800	10,800	16,800	24,000
Spt Sed.	1,140	3,420	5,700	12,830	19,950	28,500
2d Sed	1,000	3,000	5,000	11,250	17,500	25,000
Cpe PU	1,160	3,480	5,800	13,050	20,300	29,000
Conv.	1,640	4,920	8,200	18,450	28,700	41,000
1936 Master, 6-cyl.						
5W Cpe.	1,280	3,840	6,400	14,400	22,400	32,000
Spt Cpe.	1,400	4,200	7,000	15,750	24,500	35,000
2d Sed	1,120	3,360	5,600	12,600	19,600	28,000
Twn Sed	1,240	3,720	6,200	13,950	21,700	31,000
Sed.	1,100	3,300	5,500	12,380	19,250	27,500
Spt Sed.	1,440	4,320	7,200	16,200	25,200	36,000
1937 Master, 6-cyl.						
Conv.	1,800	5,400	9,000	20,250	31,500	45,000
Cpe.	1,240	3,720	6,200	13,950	21,700	31,000
Cpe PU	1,240	3,720	6,200	13,950	21,700	31,000
2d Sed	1,120	3,360	5,600	12,600	19,600	28,000
2d Twn Sed.	1,240	3,720	6,200	13,950	21,700	31,000
4d Trk Sed.	1,260	3,780	6,300	14,180	22,050	31,500
4d Spt Sed	1,440	4,320	7,200	16,200	25,200	36,000
1937 Master DeLuxe, 6-cyl.						
Cpe.	1,240	3,720	6,200	13,950	21,700	31,000
Spt Cpe.	2,400	7,200	12,000	27,000	42,000	60,000
2d Sed	1,200	3,600	6,000	13,500	21,000	30,000

	6	5	4	3	2	1
2d Twn Sed.	1,240	3,720	6,200	13,950	21,700	31,000
4d Trk Sed.	1,260	3,780	6,300	14,180	22,050	31,500
4d Spt Sed .	1,440	4,320	7,200	16,200	25,200	36,000
1938 Master, 6-cyl.						
Conv.	1,800	5,400	9,000	20,250	31,500	45,000
Cpe.	1,140	3,420	5,700	12,830	19,950	28,500
Cpe PU.	1,140	3,420	5,700	12,830	19,950	28,500
2d Sed .	1,020	3,060	5,100	11,480	17,850	25,500
2d Twn Sed.	1,160	3,480	5,800	13,050	20,300	29,000
4d Sed .	1,100	3,300	5,500	12,380	19,250	27,500
4d Spt Sed .	1,440	4,320	7,200	16,200	25,200	36,000
1938 Master DeLuxe, 6-cyl.						
Cpe.	1,220	3,660	6,100	13,730	21,350	30,500
Spt Cpe.	1,260	3,780	6,300	14,180	22,050	31,500
2d Sed .	1,100	3,300	5,500	12,380	19,250	27,500
2d Twn Sed.	1,240	3,720	6,200	13,950	21,700	31,000
4d Sed .	1,180	3,540	5,900	13,280	20,650	29,500
4d Spt Sed .	1,440	4,320	7,200	16,200	25,200	36,000
1939 Master 85, 6-cyl.						
Cpe.	1,200	3,600	6,000	13,500	21,000	30,000
2d Sed .	1,080	3,240	5,400	12,150	18,900	27,000
2d Twn Sed.	1,220	3,660	6,100	13,730	21,350	30,500
4d Sed .	1,160	3,480	5,800	13,050	20,300	29,000
4d Spt Sed .	1,400	4,200	7,000	15,750	24,500	35,000
Sta Wag .	2,860	8,580	14,300	32,180	50,050	71,500
1939 Master DeLuxe, 6-cyl.						
Cpe.	1,280	3,840	6,400	14,400	22,400	32,000
Spt Cpe.	1,260	3,780	6,300	14,180	22,050	31,500
2d Sed .	1,100	3,300	5,500	12,380	19,250	27,500
2d Twn Sed.	1,240	3,720	6,200	13,950	21,700	31,000
4d Sed .	1,180	3,540	5,900	13,280	20,650	29,500
4d Spt Sed .	1,400	4,200	7,000	15,750	24,500	35,000
Sta Wag .	2,880	8,640	14,400	32,400	50,400	72,000
1940 Master 85, 6-cyl.						
2d Cpe .	1,300	3,900	6,500	14,630	22,750	32,500
2d Twn Sed.	1,220	3,660	6,100	13,730	21,350	30,500
4d Spt Sed .	1,400	4,200	7,000	15,750	24,500	35,000
4d Sta Wag.	2,860	8,580	14,300	32,180	50,050	71,500
1940 Master DeLuxe, 6-cyl.						
2d Cpe .	1,340	4,020	6,700	15,080	23,450	33,500
Spt Cpe.	1,240	3,720	6,200	13,950	21,700	31,000
2d Twn Sed.	1,240	3,720	6,200	13,950	21,700	31,000
4d Spt Sed .	1,400	4,200	7,000	15,750	24,500	35,000
2d Conv .	1,480	4,440	7,400	18,500	25,900	37,000
1940 Special DeLuxe, 6-cyl.						
2d Cpe .	1,360	4,080	6,800	15,300	23,800	34,000
2d Spt Cpe .	1,220	3,660	6,100	13,730	21,350	30,500
2d Twn Sed.	1,220	3,660	6,100	13,730	21,350	30,500
4d Spt Sed .	1,420	4,260	7,100	15,080	24,850	35,500
2d Conv .	2,020	6,060	10,100	22,730	35,350	50,500
4d Sta Wag .	3,580	10,740	17,900	40,200	62,650	89,500
1941 Master DeLuxe, 6-cyl.						
2P Cpe .	1,340	4,020	6,700	15,080	23,450	33,500
4P Cpe .	1,240	3,720	6,200	13,950	21,700	31,000
2d Twn Sed.	1,240	3,720	6,200	13,950	21,700	31,000
4d Spt Sed .	1,400	4,200	7,000	15,750	24,500	35,000
1941 Special DeLuxe, 6-cyl.						
2P Cpe .	1,340	4,020	6,700	15,080	23,450	33,500
4P Cpe .	1,220	3,660	6,100	13,730	21,350	30,500
2d Twn Sed.	1,220	3,660	6,100	13,730	21,350	30,500
4d Spt Sed .	1,420	4,260	7,100	15,980	24,850	35,500
4d Flt Sed .	1,260	3,780	6,300	14,180	22,050	31,500
2d Conv .	2,220	6,660	11,100	24,980	38,850	55,500
4d Sta Wag .	2,940	8,820	14,700	33,080	51,450	73,500
2d Cpe PU .	1,200	3,600	6,000	13,500	21,000	30,000
1942 Master DeLuxe, 6-cyl.						
2P Cpe .	1,240	3,720	6,200	13,950	21,700	31,000
4P Cpe .	1,260	3,780	6,300	14,180	22,050	31,500
2d Cpe PU .	1,220	3,660	6,100	13,730	21,350	30,500
2d Twn Sed.	1,260	3,780	6,300	14,180	22,050	31,500
1942 Special DeLuxe, 6-cyl.						
2P Cpe .	1,180	3,540	5,900	13,280	20,650	29,500
2d 5P Cpe.	1,200	3,600	6,000	13,500	21,000	30,000
2d Twn Sed.	1,200	3,600	6,000	13,500	21,000	30,000
4d Spt Sed .	1,400	4,200	7,000	15,750	24,500	35,000
2d Conv .	2,200	6,600	11,000	24,750	38,500	55,000
4d Sta Wag .	2,920	8,760	14,600	32,850	51,100	73,000
1942 Fleetline, 6-cyl.						
2d Aero .	1,320	3,960	6,600	14,850	23,100	33,000

	6	5	4	3	2	1
4d Spt Mstr 1,280	3,840	6,400	14,400	22,400	32,000
1946-48 Stylemaster, 6-cyl.						
2d Bus Cpe 780	2,340	3,900	8,780	13,650	19,500
2d Spt Cpe 800	2,400	4,000	9,000	14,000	20,000
2d Twn Sed 680	2,040	3,400	7,650	11,900	17,000
4d Spt Sed 680	2,050	3,420	7,700	11,970	17,100
1946-48 Fleetmaster, 6-cyl.						
2d Spt Cpe 800	2,400	4,000	9,000	14,000	20,000
2d Twn Sed 700	2,090	3,480	7,830	12,180	17,400
4d Spt Sed 700	2,100	3,500	7,880	12,250	17,500
2d Conv 1,560	4,680	7,800	17,550	27,300	39,000
4d Sta Wag 2,800	8,400	14,000	31,500	49,000	70,000
1946-48 Fleetline, 6-cyl.						
2d Aero 760	2,280	3,800	8,550	13,300	19,000
4d Spt Mstr 720	2,160	3,600	8,100	12,600	18,000

NOTE: Country Club Wood Kit is not a GM/Chevrolet option, but rather an aftermarket offering installed by Chevy dealers, on Aero sedans beginning in 1947 and '48.

	6	5	4	3	2	1
1949-50 Styleline Special, 6-cyl.						
2d Bus Cpe 800	2,400	4,000	9,000	14,000	20,000
2d Spt Cpe 820	2,460	4,100	9,230	14,350	20,500
2d Sed 760	2,290	3,820	8,600	13,370	19,100
4d Sed 770	2,300	3,840	8,640	13,440	19,200
1949-50 Fleetline Special, 6-cyl.						
2d Sed 770	2,300	3,840	8,640	13,440	19,200
4d Sed 730	2,200	3,660	8,240	12,810	18,300
1949-50 Styleline DeLuxe, 6-cyl.						
Spt Cpe 840	2,520	4,200	9,450	14,700	21,000
2d Sed 770	2,320	3,860	8,690	13,510	19,300
4d Sed 780	2,330	3,880	8,730	13,580	19,400
2d HT Bel Air (1950 only) 1,140	3,420	5,700	12,830	19,950	28,500
2d Conv 1,840	5,520	9,200	20,700	32,200	46,000
4d Woodie Wag (1949 only) 2,680	8,040	13,400	30,150	46,900	67,000
4d Mtl Sta Wag 1,520	4,560	7,600	17,100	26,600	38,000
1949-50 Fleetline DeLuxe, 6-cyl.						
2d Sed 820	2,450	4,080	9,180	14,280	20,400
4d Sed 820	2,460	4,100	9,230	14,350	20,500
1951-52 Styleline Special, 6-cyl.						
2d Bus Cpe 780	2,340	3,900	8,780	13,650	19,500
2d Spt Cpe 788	2,364	3,940	8,870	13,790	19,700
2d Sed 732	2,196	3,660	8,240	12,810	18,300
4d Sed 728	2,184	3,640	8,190	12,740	18,200
1951-52 Styleline DeLuxe, 6-cyl.						
2d Spt Cpe 1,000	3,000	5,000	11,250	17,500	25,000
2d Sed 840	2,520	4,200	9,450	14,700	21,000
4d Sed 752	2,256	3,760	8,460	13,160	18,800
2d HT Bel Air 1,120	3,360	5,600	12,600	19,600	28,000
2d Conv 1,600	4,800	8,000	18,000	28,000	40,000
1951-52 Fleetline Special, 6-cyl.						
2d Sed 800	2,400	4,000	9,000	14,000	20,000
4d Sed (1951 only) 692	2,076	3,460	7,790	12,110	17,300
4d Sta Wag 1,080	3,240	5,400	12,150	18,900	27,000
1951-52 Fleetline DeLuxe, 6-cyl.						
2d Sed 840	2,520	4,200	9,450	14,700	21,000
4d Sed (1951 only) 760	2,280	3,800	8,550	13,300	19,000
1953 Special 150, 6-cyl.						
2d Bus Cpe 760	2,280	3,800	8,550	13,300	19,000
2d Clb Cpe 770	2,320	3,860	8,690	13,510	19,300
2d Sed 780	2,340	3,900	8,780	13,650	19,500
4d Sed 684	2,052	3,420	7,700	11,970	17,100
4d Sta Wag 800	2,400	4,000	9,000	14,000	20,000
1953 DeLuxe 210, 6-cyl.						
2d Clb Cpe 840	2,520	4,200	9,450	14,700	21,000
2d Sed 780	2,340	3,900	8,780	13,650	19,500
4d Sed 736	2,208	3,680	8,280	12,880	18,400
2d HT 1,080	3,240	5,400	12,150	18,900	27,000
2d Conv 1,600	4,800	8,000	18,000	28,000	40,000
4d Sta Wag 1,160	3,480	5,800	13,050	20,300	29,000
4d 210 Townsman Sta Wag 1,180	3,540	5,900	13,280	20,650	29,500
1953 Bel Air						
2d Sed 840	2,530	4,220	9,500	14,770	21,100
4d Sed 780	2,340	3,900	8,780	13,650	19,500
2d HT 1,260	3,780	6,300	14,180	22,050	31,500
2d Conv 1,760	5,280	8,800	19,800	30,800	44,000
1954 Special 150, 6-cyl.						
2d Utl Sed 720	2,160	3,600	8,100	12,600	18,000
2d Sed 730	2,180	3,640	8,190	12,740	18,200
4d Sed 684	2,052	3,420	7,700	11,970	17,100
4d Sta Wag 800	2,400	4,000	9,000	14,000	20,000

CHEVROLET

	6	5	4	3	2	1
1954 Special 210, 6-cyl.						
2d Sed	780	2,340	3,900	8,780	13,650	19,500
2d Sed Delray	840	2,520	4,200	9,450	14,700	21,000
4d Sed	736	2,208	3,680	8,280	12,880	18,400
4d Sta Wag	1,040	3,120	5,200	11,700	18,200	26,000
1954 Bel Air, 6-cyl.						
2d Sed	900	2,700	4,500	10,130	15,750	22,500
4d Sed	784	2,352	3,920	8,820	13,720	19,600
2d HT	1,400	4,200	7,000	15,750	24,500	35,000
2d Conv	1,960	5,880	9,800	22,050	34,300	49,000
4d Sta Wag	1,120	3,360	5,600	12,600	19,600	28,000
1955 Model 150, V-8						
2d Utl Sed	1,080	3,240	5,400	12,150	18,900	27,000
2d Sed	1,160	3,480	5,800	13,050	20,300	29,000
4d Sed	800	2,400	4,000	9,000	14,000	20,000
2d Sta Wag	1,120	3,360	5,600	12,600	19,600	28,000
1955 Model 210, V-8						
2d Sed	1,200	3,600	6,000	13,500	21,000	30,000
2d Sed Delray	1,240	3,720	6,200	13,950	21,700	31,000
4d Sed	800	2,400	4,000	9,000	14,000	20,000
2d HT	1,580	4,740	7,900	17,780	27,650	39,500
2d Sta Wag	1,320	3,960	6,600	14,850	23,100	33,000
4d Sta Wag	1,140	3,420	5,700	12,830	19,950	28,500
1955 Bel Air, V-8						
2d Sed	1,360	4,080	6,800	15,300	23,800	34,000
4d Sed	880	2,640	4,400	9,900	15,400	22,000
2d HT	2,000	6,000	10,000	22,500	35,000	50,000
2d Conv	3,680	11,040	18,400	41,400	64,400	92,000
2d Nomad	3,120	9,360	15,600	35,100	54,600	78,000
4d Sta Wag	1,500	4,500	7,500	16,880	26,250	37,500

NOTE: Add 10% for A/C; 25% for "Power-Pack". Deduct 10% for 6-cyl.

	6	5	4	3	2	1
1956 Model 150, V-8						
2d Utl Sed	1,080	3,240	5,400	12,150	18,900	27,000
2d Sed	1,160	3,480	5,800	13,050	20,300	29,000
4d Sed	800	2,400	4,000	9,000	14,000	20,000
2d Sta Wag	1,120	3,360	5,600	12,600	19,600	28,000
1956 Model 210, V-8						
2d Sed	1,200	3,600	6,000	13,500	21,000	30,000
2d Sed Delray	1,240	3,720	6,200	13,950	21,700	31,000
4d Sed	800	2,400	4,000	9,000	14,000	20,000
4d HT	1,160	3,480	5,800	13,050	20,300	29,000
2d HT	1,440	4,320	7,200	16,200	25,200	36,000
2d Sta Wag	1,200	3,640	6,400	14,400	22,400	32,000
4d Sta Wag	1,120	3,360	5,600	12,600	19,600	28,000
4d 9P Sta Wag	1,140	3,420	5,700	12,830	19,950	28,500
1956 Bel Air, V-8						
2d Sed	1,320	3,960	6,600	14,850	23,100	33,000
4d Sed	880	2,640	4,400	9,900	15,400	22,000
4d HT	1,200	3,600	6,000	13,500	21,000	30,000
2d HT	1,920	5,760	9,600	21,600	33,600	48,000
2d Conv	3,640	10,920	18,200	40,950	63,700	91,000
2d Nomad	3,080	9,240	15,400	34,650	53,900	77,000
4d 9P Sta Wag	1,440	4,320	7,200	16,200	25,200	36,000

NOTE: Add 10% for A/C; 25% for "Power-Pack"; 100% for dual 4 barrel carbs. Deduct 10% for 6-cyl.

	6	5	4	3	2	1
1957 Model 150, V-8						
2d Utl Sed	1,160	3,480	5,800	13,050	20,300	29,000
2d Sed	1,200	3,600	6,000	13,500	21,000	30,000
4d Sed	820	2,460	4,100	9,230	14,350	20,500
2d Sta Wag	1,240	3,720	6,200	13,950	21,700	31,000
1957 Model 210, V-8						
2d Sed	1,260	3,780	6,300	14,180	22,050	31,500
2d Sed Delray	1,300	3,900	6,500	14,630	22,750	32,500
4d Sed	900	2,700	4,500	10,130	15,750	22,500
4d HT	1,060	3,180	5,300	11,930	18,550	26,500
2d HT	2,040	6,120	10,200	22,950	35,700	51,000
2d Sta Wag	1,360	4,080	6,800	15,300	23,800	34,000
4d Sta Wag	1,240	3,720	6,200	13,950	21,700	31,000
4d 9P Sta Wag	1,300	3,900	6,500	14,630	22,750	32,500
1957 Bel Air, V-8						
2d Sed	1,440	4,320	7,200	16,200	25,200	36,000
4d Sed	920	2,760	4,600	10,350	16,100	23,000
4d HT	1,280	3,840	6,400	14,400	22,400	32,000
2d HT	2,500	7,500	12,500	28,130	43,750	62,500
2d Conv	3,860	11,580	19,300	43,430	67,550	96,500
2d Nomad	3,220	9,660	16,100	36,230	56,350	80,500
4d Sta Wag	1,540	4,620	7,700	17,330	26,950	38,500

NOTE: Add 10% for A/C; 15% for "Power-Pack"; 75% for F.I.; 25% for dual 4 barrel carbs. Deduct 10% for 6-cyl.

	6	5	4	3	2	1
1958 Delray, V-8						
2d Utl Sed	920	2,760	4,600	10,350	16,100	23,000

CHEVROLET

	6	5	4	3	2	1
2d Sed	940	2,820	4,700	10,580	16,450	23,500
4d Sed	740	2,220	3,700	8,330	12,950	18,500
1958 Biscayne, V-8						
2d Sed	920	2,760	4,600	10,350	16,100	23,000
4d Sed	740	2,230	3,720	8,370	13,020	18,600
1958 Bel Air, V-8						
2d Sed	1,000	3,000	5,000	11,250	17,500	25,000
4d Sed	820	2,460	4,100	9,230	14,350	20,500
4d HT	880	2,640	4,400	9,900	15,400	22,000
2d HT	1,520	4,560	7,600	17,100	26,600	38,000
2d Impala	2,740	8,220	13,700	30,830	47,950	68,500
2d Imp Conv	3,540	10,620	17,700	39,830	61,950	88,500
1958 Station Wagons, V-8						
2d Yeo	1,120	3,360	5,600	12,600	19,600	28,000
4d Yeo	1,000	3,000	5,000	11,250	17,500	25,000
4d 6P Brookwood	1,040	3,120	5,200	11,700	18,200	26,000
4d 9P Brookwood	1,060	3,180	5,300	11,930	18,550	26,500
4d Nomad	1,120	3,360	5,600	12,600	19,600	28,000

NOTE: Add 10% for "Power-Pack" & dual exhaust on 283 V-8; 75% for F.I.; 20% for 348; 50% for 348 Tri-Power set up; 15% for A/C. Deduct 10% for 6-cyl.

	6	5	4	3	2	1
1959 Biscayne, V-8						
2d Utl Sed	880	2,640	4,400	9,900	15,400	22,000
2d Sed	890	2,680	4,460	10,040	15,610	22,300
4d Sed	730	2,180	3,640	8,190	12,740	18,200
1959 Bel Air, V-8						
2d Sed	910	2,740	4,560	10,260	15,960	22,800
4d Sed	750	2,240	3,740	8,420	13,090	18,700
4d HT	800	2,400	4,000	9,000	14,000	20,000
1959 Impala, V-8						
4d Sed	760	2,280	3,800	8,550	13,300	19,000
4d HT	840	2,520	4,200	9,450	14,700	21,000
2d HT	2,120	6,360	10,600	23,850	37,100	53,000
2d Conv	3,300	9,900	16,500	37,130	57,750	82,500
1959 Station Wagons, V-8						
2d Brookwood	1,040	3,120	5,200	11,700	18,200	26,000
4d Brookwood	800	2,400	4,000	9,000	14,000	20,000
4d Parkwood	980	2,940	4,900	11,030	17,150	24,500
4d Kingswood	1,000	3,000	5,000	11,250	17,500	25,000
4d Nomad	1,120	3,360	5,600	12,600	19,600	28,000

NOTE: Add 10% for A/C; 10% for 4-speed transmission; 75% for F.I.; 50% for 348 Tri-Power set up. Deduct 10% for 6-cyl.

	6	5	4	3	2	1
1960 Biscayne, V-8						
2d Utl Sed	770	2,320	3,860	8,690	13,510	19,300
2d Sed	790	2,360	3,940	8,870	13,790	19,700
4d Sed	620	1,870	3,120	7,020	10,920	15,600
1960 Biscayne Fleetmaster, V-8						
2d Sed	800	2,390	3,980	8,960	13,930	19,900
4d Sed	630	1,900	3,160	7,110	11,060	15,800
1960 Bel Air, V-8						
2d Sed	900	2,690	4,480	10,080	15,680	22,400
4d Sed	730	2,200	3,660	8,240	12,810	18,300
4d HT	780	2,340	3,900	8,780	13,650	19,500
2d HT	1,360	4,080	6,800	15,300	23,800	34,000
1960 Impala, V-8						
4d Sed	750	2,260	3,760	8,460	13,160	18,800
4d HT	840	2,520	4,200	9,450	14,700	21,000
2d HT	1,840	5,520	9,200	20,700	32,200	46,000
2d Conv	2,540	7,620	12,700	28,580	44,450	63,500
1960 Station Wagons, V-8						
2d Brookwood	980	2,940	4,900	11,030	17,150	24,500
4d Brookwood	760	2,280	3,800	8,550	13,300	19,000
4d Kingswood	940	2,820	4,700	10,580	16,450	23,500
4d Parkwood	880	2,640	4,400	9,900	15,400	22,000
4d Nomad	1,040	3,120	5,200	11,700	18,200	26,000

NOTE: Add 10% for A/C; 15% for 4-speed transmission; 50% for 348 Tri-Power set up. Deduct 10% for 6-cyl.

	6	5	4	3	2	1
1961 Biscayne, V-8						
2d Utl Sed	720	2,150	3,580	8,060	12,530	17,900
2d Sed	740	2,230	3,720	8,370	13,020	18,600
4d Sed	620	1,860	3,100	6,980	10,850	15,500
1961 Bel Air, V-8						
2d Sed	840	2,520	4,200	9,450	14,700	21,000
4d Sed	620	1,870	3,120	7,020	10,920	15,600
4d HT	770	2,300	3,840	8,640	13,440	19,200
2d HT	1,600	4,800	8,000	18,000	28,000	40,000
1961 Impala, V-8						
2d Sed	880	2,640	4,400	9,900	15,400	22,000
4d Sed	720	2,160	3,600	8,100	12,600	18,000
4d HT	860	2,580	4,300	9,680	15,050	21,500
2d HT	1,720	5,160	8,600	19,350	30,100	43,000
2d Conv	2,120	6,360	10,600	23,850	37,100	53,000

	6	5	4	3	2	1
1961 Station Wagons, V-8						
4d Brookwood	760	2,280	3,800	8,550	13,300	19,000
4d Parkwood	800	2,400	4,000	9,000	14,000	20,000
4d Nomad	1,000	3,000	5,000	11,250	17,500	25,000

NOTE: Add 10% for "Power-Pack" & dual exhaust on 283 V-8; 10% for 4-speed transmission; 15% for A/C; 35% for 348 cid; 40% for Super Sport option; 75% for 409 V-8. Deduct 10% for 6-cyl.

	6	5	4	3	2	1
1962 Chevy II, 4 & 6-cyl.						
2d Sed	720	2,170	3,620	8,150	12,670	18,100
4d Sed	520	1,560	2,600	5,850	9,100	13,000
2d HT	840	2,520	4,200	9,450	14,700	21,000
2d Conv	1,000	3,000	5,000	11,250	17,500	25,000
4d Sta Wag	740	2,220	3,700	8,330	12,950	18,500
1962 Biscayne, V-8						
2d Sed	860	2,580	4,300	9,680	15,050	21,500
4d Sed	620	1,850	3,080	6,930	10,780	15,400
4d Sta Wag	730	2,200	3,660	8,240	12,810	18,300
1962 Bel Air, V-8						
2d Sed	870	2,610	4,350	9,790	15,230	21,750
4d Sed	620	1,870	3,120	7,020	10,920	15,600
2d HT	1,520	4,560	7,600	17,100	26,600	38,000
4d Sta Wag	800	2,400	4,000	9,000	14,000	20,000

NOTE: Add 10% for "Power-Pack" & dual exhaust on 283 V-8; 15% for A/C; 40% for Super Sport option; 75% for 409 V-8. Deduct 10% for 6-cyl.

	6	5	4	3	2	1
1962 Impala, V-8						
4d Sed	720	2,160	3,600	8,100	12,600	18,000
4d HT	800	2,400	4,000	9,000	14,000	20,000
2d HT	1,560	4,680	7,800	17,550	27,300	39,000
2d Conv	2,000	6,000	10,000	22,500	35,000	50,000
4d Sta Wag	840	2,520	4,200	9,450	14,700	21,000

NOTE: Add 25% for Super Sport option; 15% for Power-Pack & dual exhaust; 15% for A/C; 75% for 409 cid. Deduct 10% for 6-cyl. except Chevy II.

	6	5	4	3	2	1
1963 Chevy II and Nova, 4 & 6-cyl.						
2d Sed	720	2,170	3,620	8,150	12,670	18,100
4d Sed	508	1,524	2,540	5,720	8,890	12,700
2d HT	840	2,520	4,200	9,450	14,700	21,000
2d Conv	1,000	3,000	5,000	11,250	17,500	25,000
4d Sta Wag	740	2,220	3,700	8,330	12,950	18,500

NOTE: Add 15% for Super Sport option.

	6	5	4	3	2	1
1963 Biscayne, V-8						
2d Sed	760	2,280	3,800	8,550	13,300	19,000
4d Sed	580	1,740	2,900	6,530	10,150	14,500
4d Sta Wag	680	2,040	3,400	7,650	11,900	17,000
1963 Bel Air, V-8						
2d Sed	750	2,240	3,740	8,420	13,090	18,700
4d Sed	580	1,750	2,920	6,570	10,220	14,600
4d Sta Wag	720	2,160	3,600	8,100	12,600	18,000
1963 Impala, V-8						
4d Sed	720	2,160	3,600	8,100	12,600	18,000
4d HT	800	2,400	4,000	9,000	14,000	20,000
2d HT	1,440	4,320	7,200	16,200	25,200	36,000
2d Conv	1,800	5,400	9,000	20,250	31,500	45,000
4d Sta Wag	800	2,400	4,000	9,000	14,000	20,000

NOTE: Add 15% for "Power-Pack" & dual exhaust; 15% for A/C; 75% for 409 cid; 25% for Super Sport option. Deduct 10% for 6-cyl. except Chevy II.

	6	5	4	3	2	1
1964 Chevy II and Nova, 4 & 6-cyl.						
2d Sed	720	2,170	3,620	8,150	12,670	18,100
4d Sed	512	1,536	2,560	5,760	8,960	12,800
2d HT	1,000	3,000	5,000	11,250	17,500	25,000
4d Sta Wag	740	2,220	3,700	8,330	12,950	18,500

NOTE: Add 10% for 8-cyl.

	6	5	4	3	2	1
1964 Nova Super Sport Series, 6-cyl.						
2d HT	1,180	3,540	5,900	13,280	20,650	29,500

NOTE: Add 25% for V-8; 10% for 4-speed transmission.

	6	5	4	3	2	1
1964 Chevelle						
2d Sed	800	2,410	4,020	9,050	14,070	20,100
4d Sed	500	1,500	2,500	5,630	8,750	12,500
2d Sta Wag	1,060	3,170	5,280	11,880	18,480	26,400
4d Sta Wag	648	1,944	3,240	7,290	11,340	16,200
1964 Malibu Series, V-8						
4d Sed	504	1,512	2,520	5,670	8,820	12,600
2d HT	1,260	3,780	6,300	14,180	22,050	31,500
2d Conv	1,520	4,560	7,600	17,100	26,600	38,000
4d Sta Wag	640	1,920	3,200	7,200	11,200	16,000

NOTE: Add 25% for Super Sport option. Deduct 10% for 6-cyl.

	6	5	4	3	2	1
1964 Biscayne, V-8						
2d Sed	760	2,280	3,800	8,550	13,300	19,000
4d Sed	580	1,740	2,900	6,530	10,150	14,500
4d Sta Wag	680	2,040	3,400	7,650	11,900	17,000

CHEVROLET

	6	5	4	3	2	1
1964 Bel Air, V-8						
2d Sed	780	2,340	3,900	8,780	13,650	19,500
4d Sed	580	1,750	2,920	6,570	10,220	14,600
4d Sta Wag	680	2,040	3,400	7,650	11,900	17,000
1964 Impala, V-8						
4d Sed	720	2,160	3,600	8,100	12,600	18,000
4d HT	780	2,340	3,900	8,780	13,650	19,500
2d HT	1,440	4,320	7,200	16,200	25,200	36,000
2d Conv	1,800	5,400	9,000	20,250	31,500	45,000
4d Sta Wag	840	2,520	4,200	9,450	14,700	21,000

NOTE: Add 25% for Super Sport option; 15% for Power-Pack & dual exhaust; 15% for A/C; 75% for 409 cid. Deduct 10% for 6-cyl.

	6	5	4	3	2	1
1965 Chevy II, V-8						
4d Sed	504	1,512	2,520	5,670	8,820	12,600
2d Sed	440	1,320	2,200	4,950	7,700	11,000
4d Sta Wag	620	1,860	3,100	6,980	10,850	15,500
1965 Nova Series, V-8						
4d Sed	508	1,524	2,540	5,720	8,890	12,700
2d HT	840	2,520	4,200	9,450	14,700	21,000
4d Sta Wag	640	1,920	3,200	7,200	11,200	16,000
1965 Nova Super Sport, V-8						
2d Spt Cpe	1,020	3,060	5,100	11,480	17,850	25,500
1965 Chevelle						
2d Sed	960	2,880	4,800	10,800	16,800	24,000
4d Sed	496	1,488	2,480	5,580	8,680	12,400
2d Sta Wag	1,060	3,180	5,300	11,930	18,550	26,500
4d Sta Wag	660	1,980	3,300	7,430	11,550	16,500
1965 Malibu, V-8						
4d Sed	512	1,536	2,560	5,760	8,960	12,800
2d HT	1,280	3,840	6,400	14,400	22,400	32,000
2d Conv	1,400	4,200	7,000	15,750	24,500	35,000
4d Sta Wag	644	1,932	3,220	7,250	11,270	16,100
1965 Malibu Super Sport, V-8						
2d HT	1,500	4,500	7,500	16,880	26,250	37,500
2d Conv	1,680	5,040	8,400	18,900	29,400	42,000

NOTE: Add 150% for RPO Z16 SS-396 option on hardtop only; 50% for 396 cid, 325 hp.

	6	5	4	3	2	1
1965 Biscayne, V-8						
2d Sed	700	2,100	3,500	7,880	12,250	17,500
4d Sed	580	1,730	2,880	6,480	10,080	14,400
4d Sta Wag	590	1,760	2,940	6,620	10,290	14,700
1965 Bel Air, V-8						
2d Sed	720	2,150	3,580	8,060	12,530	17,900
4d Sed	590	1,780	2,960	6,660	10,360	14,800
4d Sta Wag	620	1,860	3,100	6,980	10,850	15,500
1965 Impala, V-8						
4d Sed	720	2,160	3,600	8,100	12,600	18,000
4d HT	780	2,340	3,900	8,780	13,650	19,500
2d HT	1,200	3,600	6,000	13,500	21,000	30,000
2d Conv	1,540	4,620	7,700	17,330	26,950	38,500
4d Sta Wag	740	2,220	3,700	8,330	12,950	18,500
1965 Impala Super Sport, V-8						
2d HT	1,360	4,080	6,800	15,300	23,800	34,000
2d Conv	1,600	4,800	8,000	18,000	28,000	40,000

NOTE: Add 20% for "Power-Pack" & dual exhaust; 15% for A/C; 50% for 396 cid, 325 hp; 75% for 396 cid, 425 hp; 50% for 409 cid, 340 hp; 75% for 409 cid, 400 hp; 10% for Caprice models. Deduct 10% for 6-cyl.

	6	5	4	3	2	1
1966 Chevy II Series 100						
2d Sed	640	1,920	3,200	7,200	11,200	16,000
4d Sed	504	1,512	2,520	5,670	8,820	12,600
4d Sta Wag	516	1,548	2,580	5,810	9,030	12,900
1966 Nova Series, V-8						
2d HT	880	2,640	4,400	9,900	15,400	22,000
4d Sed	512	1,536	2,560	5,760	8,960	12,800
4d Sta Wag	520	1,560	2,600	5,850	9,100	13,000
1966 Nova Super Sport						
2d HT	1,400	4,200	7,000	15,750	24,500	35,000

NOTE: Add 60% for High Performance Pkg.

	6	5	4	3	2	1
1966 Chevelle						
2d Sed	960	2,880	4,800	10,800	16,800	24,000
4d Sed	580	1,730	2,880	6,480	10,080	14,400
4d Sta Wag	580	1,750	2,920	6,570	10,220	14,600
1966 Malibu, V-8						
4d Sed	550	1,660	2,760	6,210	9,660	13,800
4d HT	680	2,040	3,400	7,650	11,900	17,000
2d HT	1,280	3,840	6,400	14,400	22,400	32,000
2d Conv	1,420	4,260	7,100	15,980	24,850	35,500
4d Sta Wag	680	2,040	3,400	7,650	11,900	17,000
1966 Super Sport, "396" V-8						
2d HT	2,320	6,960	11,600	26,100	40,600	58,000

	6	5	4	3	2	1
2d Conv 2,800	8,400	14,000	31,500	49,000	70,000	

NOTE: Add 25% for 396 cid, 360 hp; 50% for 396 cid, 375 hp. Deduct 10% for 6-cyl. Chevelle.

1966 Biscayne, V-8

2d Sed 700	2,110	3,520	7,920	12,320	17,600	
4d Sed 580	1,740	2,900	6,530	10,150	14,500	
4d Sta Wag. 590	1,780	2,960	6,660	10,360	14,800	

1966 Bel Air, V-8

2d Sed 720	2,170	3,620	8,150	12,670	18,100	
4d Sed 600	1,800	3,000	6,750	10,500	15,000	
4d 3S Wag 720	2,160	3,600	8,100	12,600	18,000	

1966 Impala, V-8

4d Sed 620	1,860	3,100	6,980	10,850	15,500	
4d HT 780	2,340	3,900	8,780	13,650	19,500	
2d HT 1,120	3,360	5,600	12,600	19,600	28,000	
2d Conv 1,500	4,500	7,500	16,880	26,250	37,500	
4d Sta Wag. 800	2,400	4,000	9,000	14,000	20,000	

1966 Impala Super Sport, V-8

2d HT 1,360	4,080	6,800	15,300	23,800	34,000	
2d Conv 1,840	5,520	9,200	20,700	32,200	46,000	

1966 Caprice, V-8

4d HT 880	2,640	4,400	9,900	15,400	22,000	
2d HT 1,280	3,840	6,400	14,400	22,400	32,000	
4d Sta Wag. 840	2,520	4,200	9,450	14,700	21,000	

NOTE: Add 50% for 396 cid; 200% for 427 cid, 390 hp; 300% for 427 cid, 425 hp; 15% for A/C.

1967 Chevy II, 100, V-8, 110" wb

2d Sed 640	1,920	3,200	7,200	11,200	16,000	
4d Sed 492	1,476	2,460	5,540	8,610	12,300	
4d Sta Wag. 504	1,512	2,520	5,670	8,820	12,600	

1967 Chevy II Nova, V-8, 110" wb

4d Sed 500	1,500	2,500	5,630	8,750	12,500	
2d HT 880	2,640	4,400	9,900	15,400	22,000	
4d Sta Wag. 540	1,620	2,700	6,080	9,450	13,500	

1967 Chevy II Nova SS, V-8, 110" wb

2d HT 1,400	4,200	7,000	15,750	24,500	35,000	

NOTE: Add 60% for High Performance Pkg.

1967 Chevelle 300, V-8, 115" wb

2d Sed 920	2,760	4,600	10,350	16,100	23,000	
4d Sed 496	1,488	2,480	5,580	8,680	12,400	

1967 Chevelle 300 DeLuxe, V-8, 115" wb

2d Sed 940	2,820	4,700	10,580	16,450	23,500	
4d Sed 508	1,524	2,540	5,720	8,890	12,700	
4d Sta Wag. 640	1,920	3,200	7,200	11,200	16,000	

1967 Chevelle Malibu, V-8, 115" wb

4d Sed 560	1,670	2,780	6,260	9,730	13,900	
4d HT 760	2,280	3,800	8,550	13,300	19,000	
2d HT 1,200	3,600	6,000	13,500	21,000	30,000	
2d Conv 1,460	4,380	7,300	16,430	25,550	36,500	
4d Sta Wag. 820	2,460	4,100	9,230	14,350	20,500	

NOTE: Add 50% for 327 cid, 325 hp.

1967 Chevelle Concours, V-8, 115" wb

4d Sta Wag. 740	2,220	3,700	8,330	12,950	18,500	

1967 Chevelle Super Sport 396, 115" wb

2d HT 2,360	7,080	11,800	26,550	41,300	59,000	
2d Conv 2,840	8,520	14,200	31,950	49,700	71,000	

NOTE: Add 35% for 396 cid, 350 hp; 50% for 396 cid, 375 hp.

1967 Biscayne, V-8, 119" wb

2d Sed 700	2,110	3,520	7,920	12,320	17,600	
4d Sed 700	2,100	3,500	7,880	12,250	17,500	
4d Sta Wag. 620	1,860	3,100	6,980	10,850	15,500	

1967 Bel Air, V-8, 119" wb

2d Sed 730	2,200	3,660	8,240	12,810	18,300	
4d Sed 610	1,820	3,040	6,840	10,640	15,200	
4d 3S Sta Wag 720	2,160	3,600	8,100	12,600	18,000	

1967 Impala, V-8, 119" wb

4d Sed 620	1,860	3,100	6,980	10,850	15,500	
4d HT 720	2,160	3,600	8,100	12,600	18,000	
2d HT 960	2,880	4,800	10,800	16,800	24,000	
2d Conv 1,280	3,840	6,400	14,400	22,400	32,000	
4d 3S Sta Wag 760	2,280	3,800	8,550	13,300	19,000	

1967 Impala SS, V-8, 119" wb

2d HT 1,320	3,960	6,600	14,850	23,100	33,000	
2d Conv 1,520	4,560	7,600	17,100	26,600	38,000	

1967 Caprice, V-8, 119" wb

2d HT 1,000	3,000	5,000	11,250	17,500	25,000	
4d HT 840	2,520	4,200	9,450	14,700	21,000	
4d 3S Sta Wag 800	2,400	4,000	9,000	14,000	20,000	

NOTE: Add 50% for 396 cid; 200% for 427 cid, 385 hp; 300% for 427 cid, 425 hp; 15% for A/C.

1967 Camaro, V-8

2d IPC. 2,600	7,800	13,000	29,250	45,500	65,000	

	6	5	4	3	2	1
2d Cpe 1,600	4,800	8,000	18,000	28,000	40,000
2d Conv 2,040	6,120	10,200	22,950	35,700	51,000
2d Z28 Cpe. 3,200	9,600	16,000	36,000	56,000	80,000

NOTE: Add 15% for Rally Sport Pkg. (when available; except incl. w/Indy Pace Car); 25% for SS-350 (when available; except incl. w/Indy Pace Car); 30% for SS-396 (L-35/325 hp; when available); 40% for SS-396 (L-78/375 hp; when available); 15% for A/C. Deduct 5% for 6-cyl.

1968 Nova 307, V8

	6	5	4	3	2	1
2d Cpe 800	2,400	4,000	9,000	14,000	20,000
4d Sed 512	1,536	2,560	5,760	8,960	12,800

NOTE: Add 25% for SS Pkg.; 25% for 327 cid; 30% for 350 cid; 35% for 396 cid engine. Deduct 5% for 4 or 6-cyl. Only 1,270 Nova 4's were built in 1968.

1968 Chevelle 300

	6	5	4	3	2	1
2d Sed 740	2,220	3,700	8,330	12,950	18,500
4d Sta Wag. 380	1,140	1,900	4,280	6,650	9,500

1968 Chevelle 300 DeLuxe

	6	5	4	3	2	1
4d Sed 580	1,730	2,880	6,480	10,080	14,400
4d HT 800	2,390	3,980	8,960	13,930	19,900
2d Cpe 780	2,340	3,900	8,780	13,650	19,500
4d Sta Wag. 680	2,040	3,400	7,650	11,900	17,000

1968 Chevelle Malibu

	6	5	4	3	2	1
4d Sed 580	1,740	2,900	6,530	10,150	14,500
4d HT 900	2,700	4,500	10,130	15,750	22,500
2d HT 840	2,520	4,200	9,450	14,700	21,000
2d Conv 1,340	4,020	6,700	15,080	23,450	33,500
4d Sta Wag. 700	2,100	3,500	7,880	12,250	17,500

NOTE: Add 20% for 396 cid, 350 hp; 30% for 396 cid, 375 hp; 5% for Concourse Pkg.

1968 Chevelle Concours Estate

	6	5	4	3	2	1
4d Sta Wag. 840	2,520	4,200	9,450	14,700	21,000

1968 Chevelle SS 396

	6	5	4	3	2	1
2d HT 2,400	7,200	12,000	27,000	42,000	60,000
2d Conv 3,000	9,000	15,000	33,750	52,500	75,000

1968 Biscayne

	6	5	4	3	2	1
2d Sed 620	1,860	3,100	6,980	10,850	15,500
4d Sed 460	1,370	2,280	5,130	7,980	11,400
4d Sta Wag. 560	1,680	2,800	6,300	9,800	14,000

1968 Bel Air

	6	5	4	3	2	1
2d Sed 640	1,920	3,200	7,200	11,200	16,000
4d Sed 460	1,380	2,300	5,180	8,050	11,500
4d 2S Sta Wag 580	1,740	2,900	6,530	10,150	14,500
4d 3S Sta Wag 600	1,800	3,000	6,750	10,500	15,000

1968 Impala

	6	5	4	3	2	1
4d Sed 580	1,740	2,900	6,530	10,150	14,500
4d HT 610	1,820	3,040	6,840	10,640	15,200
2d HT 1,000	3,000	5,000	11,250	17,500	25,000
2d Cus Cpe. 860	2,580	4,300	9,680	15,050	21,500
2d Conv 1,240	3,720	6,200	13,950	21,700	31,000
4d 2S Sta Wag 720	2,160	3,600	8,100	12,600	18,000
4d 3S Sta Wag 720	2,170	3,620	8,150	12,670	18,100

NOTE: Add 200% for Impala SS 427 option with 385 hp; 300% with 425 hp.

1968 Caprice

	6	5	4	3	2	1
4d HT 720	2,160	3,600	8,100	12,600	18,000
2d HT 1,100	3,300	5,500	12,380	19,250	27,500
4d 2S Sta Wag 740	2,220	3,700	8,330	12,950	18,500
4d 3S Sta Wag 760	2,280	3,800	8,550	13,300	19,000

NOTE: Add 200% for 385 hp 427 cid; 300% for 425 hp 427 cid.

1968 Camaro, V-8

	6	5	4	3	2	1
2d Cpe 1,600	4,800	8,000	18,000	28,000	40,000
2d Conv 2,000	6,000	10,000	22,500	35,000	50,000
2d Z28 2,480	7,440	12,400	27,900	43,400	62,000

NOTE: Add 10% for A/C; 15% for Rally Sport Pkg. (when available); 25% for SS Pkg.; 15% for SS-350 (when available; except Z-28); 25% for SS-396 (L35/325 hp; when available); 25% for SS-396 (L34/350 hp; when available); 35% for SS-396 (L78/375 hp; when available); 40% for SS-396 (L89; when available); approx. 40% for 427 engine options when available. Deduct 5% for Six (when available). Due to rarity, Yenko Camaro value inestimable.

1969 Chevy II, Nova V-8

	6	5	4	3	2	1
2d Cpe 800	2,400	4,000	9,000	14,000	20,000
4d Sed 340	1,020	1,700	4,250	5,950	8,500

NOTE: Deduct 10% for 4-cyl.; 5% for 6-cyl. Add 100% for SS pkg.; 15% for 350/255 V-8; 25% for 396/350 V-8; 45% for 396/375 V-8.

1969 Yenko Nova, V-8

	6	5	4	3	2	1
2d Super Car L78 396 8,000	24,000	40,000	90,000	140,000	200,000
2d Super Car 427. 20,000	60,000	100,000	250,000	350,000	500,000

1969 Chevelle 300 DeLuxe, V-8

	6	5	4	3	2	1
4d Sed 340	1,020	1,700	3,830	5,950	8,500
2d HT 840	2,520	4,200	9,450	14,700	21,000
2d Cpe 600	1,800	3,000	6,750	10,500	15,000
4d Nomad Wag. 480	1,450	2,420	5,450	8,470	12,100
4d GB Wag. 540	1,630	2,720	6,120	9,520	13,600

1969 Chevelle Malibu, Concours, V-8

	6	5	4	3	2	1
4d Sed 380	1,150	1,920	4,320	6,720	9,600

	6	5	4	3	2	1
4d HT	400	1,190	1,980	4,460	6,930	9,900
2d HT	860	2,580	4,300	9,680	15,050	21,500
2d Conv 1,240		3,720	6,200	13,950	21,700	31,000
4d Concours Wag	540	1,620	2,700	6,080	9,450	13,500

NOTE: Deduct 10% for 6-cyl. Add 20% for 350/255 V-8; 25% for 350/300 V-8; 30% for 396/265 V-8; 40% for 396/375 V-8.

1969 Chevelle Malibu SS 396

2d HT 2,200		6,600	11,000	24,750	38,500	55,000
2d Conv 2,800		8,400	14,000	31,500	49,000	70,000

NOTE: Add 150% for Yenko Hardtop; 10% for 396/375 V-8.

1969 Biscayne

2d Sed	600	1,800	3,000	6,750	10,500	15,000
4d Sed	450	1,340	2,240	5,040	7,840	11,200
4d Brookwood Wag.	560	1,690	2,820	6,350	9,870	14,100

1969 Bel Air

2d Sed	600	1,800	3,000	6,750	10,500	15,000
4d Sed	470	1,400	2,340	5,270	8,190	11,700
4d Townsman Wag	590	1,760	2,940	6,620	10,290	14,700

1969 Impala, V-8

4d Sed	490	1,480	2,460	5,540	8,610	12,300
4d HT	620	1,860	3,100	6,980	10,850	15,500
2d HT	760	2,280	3,800	8,550	13,300	19,000
2d Cus Cpe. 740		2,220	3,700	8,330	12,950	18,500
2d Conv 1,160		3,480	5,800	13,050	20,300	29,000
4d Kingswood Wag.	680	2,040	3,400	7,650	11,900	17,000

1969 Caprice, V-8

4d HT	610	1,840	3,060	6,890	10,710	15,300
2d Cus Cpe.	920	2,750	4,580	10,310	16,030	22,900
4d Kingswood Estate Wag	720	2,160	3,600	8,100	12,600	18,000

1969 Full Size Chevy

NOTE: Add 10% for 396/265 V-8; 15% for 427/335 V-8; 25% for 427/390 V-8; 50% for Impala SS427, 150% for 427/425 V-8. Deduct 10% for 6-cyl.

1969 Camaro, V-8

2d Spt Cpe 1,400		4,200	7,000	15,750	24,500	35,000
2d Conv 1,680		5,040	8,400	18,900	29,400	42,000
2d Z28 2,280		6,840	11,400	25,650	39,900	57,000
2d Indy Pace Car 3,600		10,800	18,000	40,500	63,000	90,000
2d ZL-1 Spt Cpe 30,000		90,000	150,000	337,500	525,000	750,000
2d Yenko Spt Cpe 14,000		42,000	70,000	157,500	245,000	350,000
2d COPO 427 Cpe 10,000		30,000	50,000	112,500	175,000	250,000

NOTE: Add 10% for 350/255 V-8; 15% for 350/300 V-8; 20% for 396/325 V-8; 30% for 396/350 V-8; 40% for 396/375 V-8; 5% for A/C. Deduct 20% for 6-cyl.

1970 Nova, V-8

2d Cpe	800	2,400	4,000	9,000	14,000	20,000
4d Sed	310	920	1,540	3,470	5,390	7,700

NOTE: Deduct 10% for 4-cyl.; 5% for 6-cyl. Add 100% for SS pkg.; 15% for 307/200 V-8; 20% for 350/250 V-8; 45% for 396/375 V-8.

1970 Nova Deuce, V-8

2d Cpe 8,000		24,000	40,000	90,000	140,000	200,000

1970 Chevelle, V-8

2d HT	840	2,520	4,200	9,450	14,700	21,000
4d Sed	340	1,010	1,680	3,780	5,880	8,400
4d Nomad Wag.	480	1,440	2,400	5,400	8,400	12,000

1970 Greenbrier, V-8

4d Sta Wag	520	1,560	2,600	5,850	9,100	13,000

1970 Malibu, V-8

4d Sed	340	1,030	1,720	3,870	6,020	8,600
4d HT	380	1,150	1,920	4,320	6,720	9,600
2d HT	800	2,500	4,000	9,000	15,050	21,500
2d Conv 1,400		4,200	7,000	15,750	24,500	35,000
4d Concours Est Wag.	550	1,640	2,740	6,170	9,590	13,700

NOTE: Deduct 10% for 6-cyl. Add 10% for 350/250 V-8; 15% for 350/300 V-8; 10% for 400/265 V-8; 200% for 454 V-8.

1970 Chevelle Malibu SS 396

2d HT 2,200		6,600	11,000	24,750	38,500	55,000
2d Conv 2,800		8,400	14,000	31,500	49,000	70,000

NOTE: Add 40% for 396/375 V-8; Add 40% for 396/375 V-8.

1970 Chevelle Malibu SS 454

2d HT 2,900		8,800	14,000	33,300	51,800	74,000
2d Conv 3,840		11,520	19,200	43,200	67,200	96,000

1970 Chevelle SS 454/LS6

2d HT 6,000		18,000	30,000	67,500	105,000	150,000
2d Conv 12,000		36,000	60,000	135,000	210,000	300,000

1970 Monte Carlo

2d HT 1,000		3,000	5,000	11,250	17,500	25,000

NOTE: Add 20% for SS; 15% for 402/230; 30% for 454/360 (LS5); 150% for 454/450 (LS6).

1970 Biscayne

4d Sed	420	1,260	2,100	4,730	7,350	10,500
4d Sta Wag.	500	1,500	2,500	5,630	8,750	12,500

NOTE: Add 100% for 454 cid.

CHEVROLET

	6	5	4	3	2	1
1970 Bel Air						
4d Sed	440	1,320	2,200	4,950	7,700	11,000
4d Townsman Sta Wag	560	1,680	2,800	6,300	9,800	14,000

NOTE: Add 100% for 454 cid.

	6	5	4	3	2	1
1970 Impala, V-8						
4d Sed	500	1,500	2,500	5,630	8,750	12,500
4d HT	560	1,680	2,800	6,300	9,800	14,000
2d Spt Cpe	660	1,980	3,300	7,430	11,550	16,500
2d Cus Cpe	650	1,960	3,260	7,340	11,410	16,300
2d Conv	1,040	3,120	5,200	11,700	18,200	26,000
4d Kingswood Wag	600	1,810	3,020	6,800	10,570	15,100

NOTE: Add 100% for 454 cid.

	6	5	4	3	2	1
1970 Caprice, V-8						
4d HT	600	1,800	3,000	6,750	10,500	15,000
2d Cus Cpe	840	2,520	4,200	9,450	14,700	21,000
4d 6P Kingswood Estate Wag	640	1,920	3,200	7,200	11,200	16,000

1970 Full Size Chevrolet
NOTE: Deduct 10% for 6-cyl. Add 5% for 400/265 V-8; 15% for 454/345 V-8; 20% for 454/360 V-8.

	6	5	4	3	2	1
1970 Camaro, V-8						
2d Cpe	1,040	3,120	5,200	11,700	18,200	26,000
2d Z28	2,080	6,240	10,400	23,400	36,400	52,000

NOTE: Deduct 10% for 6-cyl. Add 70% for 350/300 V-8; 80% for 396/305 V-8; 100% for 396/360 V-8; 10% for SS or base Camaro.

	6	5	4	3	2	1
1971 Vega						
2d Sed	280	840	1,400	3,150	4,900	7,000
2d HBk	300	900	1,500	3,380	5,250	7,500
2d Kammback	340	1,020	1,700	3,830	5,950	8,500

NOTE: Add 5% for GT.

	6	5	4	3	2	1
1971 Nova, V-8						
4d Sed	320	950	1,580	3,560	5,530	7,900
2d Sed	660	1,980	3,300	7,430	11,550	16,500
2d SS	1,080	3,240	5,400	12,150	18,900	27,000

NOTE: Add 100% for SS pkg.; 15% for 350/245 V-8. Deduct 5% for 6-cyl.

	6	5	4	3	2	1
1971 Chevelle						
4d Sed	370	1,100	1,840	4,140	6,440	9,200
2d HT	840	2,520	4,200	9,450	14,700	21,000
4d HT	380	1,140	1,900	4,280	6,650	9,500
4d Nomad Wag	460	1,380	2,300	5,180	8,050	11,500
2d Malibu HT	860	2,580	4,300	9,680	15,050	21,500
2d Malibu Conv	1,400	4,200	7,000	15,750	24,500	35,000
4d Concours Est Wag	560	1,680	2,800	6,300	9,800	14,000

1971 All Regular Chevelles
NOTE: Add 15% for Heavy Chevy; 15% for 350/270 V-8; 25% for 396/300 V-8; 40% for 454/365 LS5 V-8.

	6	5	4	3	2	1
1971 Chevelle Malibu SS						
2d HT	1,880	5,640	9,400	21,150	32,900	47,000
2d Conv	2,400	7,200	12,000	27,000	42,000	60,000
1971 Chevelle Malibu SS 454						
2d HT	2,700	8,100	13,500	30,380	47,250	67,500
2d Conv	3,780	11,340	18,900	42,530	66,150	94,500
1971 Monte Carlo						
2d HT	1,000	3,000	5,000	11,250	17,500	25,000

NOTE: Add 40% for SS 454; 25% for SS 402 engine option.

	6	5	4	3	2	1
1971 Biscayne, V-8, 121" wb						
4d Sed	360	1,080	1,800	4,050	6,300	9,000
1971 Bel Air, V-8, 121" wb						
4d Sed	380	1,140	1,900	4,280	6,650	9,500
1971 Impala, V-8, 121" wb						
4d Sed	400	1,200	2,000	4,500	7,000	10,000
4d HT	440	1,320	2,200	4,950	7,700	11,000
2d HT	620	1,860	3,100	6,980	10,850	15,500
2d HT Cus	640	1,920	3,200	7,200	11,200	16,000
2d Conv	800	2,400	4,000	9,000	14,000	20,000
1971 Caprice, V-8, 121" wb						
4d HT	460	1,380	2,300	5,180	8,050	11,500
2d HT	660	1,980	3,300	7,430	11,550	16,500
1971 Station Wagons, V-8, 125" wb						
4d Brookwood 2-S	480	1,440	2,400	5,400	8,400	12,000
4d Townsman 3-S	500	1,500	2,500	5,630	8,750	12,500
4d Kingswood 3-S	520	1,560	2,600	5,850	9,100	13,000
4d Est 3-S	560	1,680	2,800	6,300	9,800	14,000

NOTE: Deduct 10% for 6-cyl. Add 15% for 400/255 V-8; 20% for 400/300 V-8; 25% for 454/365 V-8.

	6	5	4	3	2	1
1971 Camaro, V-8						
2d Cpe	1,040	3,120	5,200	11,700	18,200	26,000
2d Z28	1,800	5,400	9,000	20,250	31,500	45,000

NOTE: Add 40% for SS 350; 50% for SS 396 (402); 20% for RS; 10% for 350/V-8; 15% for 402 (396) V-8. Deduct 10% for 6-cyl.

	6	5	4	3	2	1
1972 Vega, 4-cyl.						
2d Sed	250	740	1,240	2,790	4,340	6,200
2d HBk	300	900	1,500	3,380	5,250	7,500

CHEVROLET

	6	5	4	3	2	1
2d Kammback.	320	960	1,600	3,600	5,600	8,000
2d Panel	310	920	1,540	3,470	5,390	7,700

NOTE: Add 15% for GT.

1972 Nova, V-8

4d Sed	320	960	1,600	3,600	5,600	8,000
2d Sed	660	1,980	3,300	7,430	11,550	16,500

NOTE: Add 50% for SS; 25% for 350/175 V-8; 15% for folding vinyl sunroof.

1972 Chevelle

4d HT	380	1,140	1,900	4,280	6,650	9,500
4d Sed	350	1,060	1,760	3,960	6,160	8,800
2d Malibu HT	900	2,700	4,500	10,130	15,750	22,500
2d Malibu Conv.	1,360	4,080	6,800	15,300	23,800	34,000
4d Concours Est Wag.	520	1,560	2,600	5,850	9,100	13,000
4d Nomad Wag.	440	1,320	2,200	5,500	7,700	11,000

1972 Chevelle Malibu SS

2d HT	1,240	3,720	6,200	13,950	21,700	31,000
2d Conv	1,640	4,920	8,200	18,450	28,700	41,000

1972 Chevelle Malibu SS 454

2d HT	2,320	6,960	11,600	26,100	40,600	58,000
2d Conv	3,500	10,500	17,500	39,380	61,250	87,500

1972 Monte Carlo

2d HT	1,000	3,000	5,000	11,250	17,500	25,000

NOTE: Add 25% for 454 cid engine; 20% for 402 engine option.

1972 Biscayne, V-8, 121" wb

4d Sed	360	1,080	1,800	4,050	6,300	9,000

1972 Bel Air, V-8, 121" wb

4d Sed	380	1,140	1,900	4,280	6,650	9,500

1972 Impala, V-8, 121" wb

4d Sed	400	1,200	2,000	4,500	7,000	10,000
4d HT	440	1,320	2,200	4,950	7,700	11,000
2d HT Cus	600	1,800	3,000	6,750	10,500	15,000
2d HT	620	1,860	3,100	6,980	10,850	15,500
2d Conv	800	2,400	4,000	9,000	14,000	20,000

1972 Caprice, V-8, 121" wb

4d Sed	420	1,260	2,100	4,730	7,350	10,500
4d HT	460	1,380	2,300	5,180	8,050	11,500
2d HT	640	1,920	3,200	7,200	11,200	16,000

1972 Station Wagons, V-8, 125" wb

4d Brookwood.	500	1,510	2,520	5,670	8,820	12,600
4d Townsman	520	1,550	2,580	5,810	9,030	12,900
4d Kingswood	570	1,720	2,860	6,440	10,010	14,300
4d Estate.	580	1,750	2,920	6,570	10,220	14,600

NOTE: Add 25% for 454 option; 20% for 402 option.

1972 Camaro, V-8

2d Cpe	1,000	3,000	5,000	11,250	17,500	25,000
2d Z28	1,760	5,280	8,800	19,800	30,800	44,000

NOTE: Add 40% for SS; 50% for RS/SS; 20% for RS; 10% for 350/200 hp V-8; 15% for 402/240 V-8. Deduct 10% for 6-cyl.

1973 Vega

2d Sed	200	600	1,000	2,250	3,500	5,000
2d HBk	210	640	1,060	2,390	3,710	5,300
2d Sta Wag	240	730	1,220	2,750	4,270	6,100
2d Panel Express	230	680	1,140	2,850	3,990	5,700

1973 Nova Custom V-8

2d Cpe	480	1,440	2,400	5,400	8,400	12,000
4d Sed	260	780	1,300	2,930	4,550	6,500
2d HBk	310	940	1,560	3,510	5,460	7,800

NOTE: Add 15% for folding vinyl sunroof. Deduct 10% for base Nova.

1973 Chevelle Malibu V-8

2d Cpe	560	1,670	2,780	6,260	9,730	13,900
4d Sed	330	1,000	1,660	3,740	5,810	8,300

NOTE: Add 10% for SS option; 15% for 380/175 V-8; 20% for 454/295 LS4 V-8.

1973 Laguna V-8

4d Sed	390	1,180	1,960	4,410	6,860	9,800
2d Cpe	650	1,940	3,240	7,290	11,340	16,200

1973 Chevelle Wagons

4d DeL Sta Wag	380	1,140	1,900	4,280	6,650	9,500
4d Malibu Sta Wag	420	1,260	2,100	4,730	7,350	10,500
4d Laguna Sta Wag	540	1,620	2,700	6,080	9,450	13,500

1973 Monte Carlo V-8

2d Cpe	560	1,680	2,800	6,300	9,800	14,000
2d Cpe Lan.	640	1,920	3,200	7,200	11,200	16,000

1973 Bel Air

4d Sed	370	1,100	1,840	4,140	6,440	9,200
4d Bel Air Sta Wag	500	1,500	2,500	5,630	8,750	12,500

1973 Impala V-8

2d Cpe Spt	540	1,620	2,700	6,080	9,450	13,500
2d Cpe Cus.	620	1,860	3,100	6,980	10,850	15,500
4d Sed	420	1,260	2,100	4,730	7,350	10,500
4d HT	450	1,340	2,240	5,040	7,840	11,200

	6	5	4	3	2	1
4d Sta Wag	560	1,680	2,800	6,300	9,800	14,000

1973 Caprice Classic V-8
	6	5	4	3	2	1
2d Cpe	620	1,860	3,100	6,980	10,850	15,500
4d Sed	440	1,320	2,200	4,950	7,700	11,000
4d HT	500	1,500	2,500	5,630	8,750	12,500
2d Conv	1,000	3,000	5,000	11,250	17,500	25,000
4d Estate Wag	580	1,740	2,900	6,530	10,150	14,500

1973 Full-Size Chevrolet
NOTE: Deduct 10% for 6-cyl. Add 5% for 400 V-8; 15% for 454 V-8.

1973 Camaro, V-8
	6	5	4	3	2	1
2d Cpe	880	2,640	4,400	9,900	15,400	22,000
2d LT Cpe	960	2,880	4,800	12,000	16,800	24,000
2d Z28	1,200	3,600	6,000	13,500	21,000	30,000

NOTE: Add 20% for RS; 25% for SS; 10% for 350/145 V-8; 20% for 350/175 V-8. Deduct 10% for 6-cyl.

1974 Vega
	6	5	4	3	2	1
2d Cpe	200	600	1,000	2,250	3,500	5,000
2d HBk	210	640	1,060	2,390	3,710	5,300
2d Sta Wag	240	720	1,200	2,700	4,200	6,000
2d LX Notchback	210	620	1,040	2,340	3,640	5,200
2d Estate	250	740	1,240	2,790	4,340	6,200
2d Panel Express	230	700	1,160	2,610	4,060	5,800

1974 Nova Custom
	6	5	4	3	2	1
2d Cpe	480	1,440	2,400	5,400	8,400	12,000
2d HBk	460	1,380	2,300	5,180	8,050	11,500
4d Sed	260	790	1,320	2,970	4,620	6,600

NOTE: Deduct 5% for base Nova. Add 10% for Spirit of America; 10% for SS; 10% for 350/145 V-8; 15% for 350/160 V-8; 20% for 350/185 V-8.

1974 Malibu Classic
	6	5	4	3	2	1
2d Col Cpe	540	1,620	2,700	6,080	9,450	13,500
2d Lan Cpe	550	1,660	2,760	6,210	9,660	13,800
4d Col Sed	340	1,010	1,680	3,780	5,880	8,400
4d Sta Wag	400	1,200	2,000	4,500	7,000	10,000

1974 Malibu Classic Estate
	6	5	4	3	2	1
4d Sta Wag	420	1,260	2,100	4,730	7,350	10,500

1974 Laguna Type S-3, V-8
	6	5	4	3	2	1
2d Cpe	670	2,020	3,360	7,560	11,760	16,800

1974 Monte Carlo
	6	5	4	3	2	1
2d "S" Cpe	560	1,680	2,800	6,300	9,800	14,000
2d Lan	640	1,920	3,200	7,200	11,200	16,000

1974 All Mid-Size Chevrolets
NOTE: Add 10% for 400/150 V-8; 15% for 400/185 V-8; 20% for 454/235 V-8. Deduct 10% for 6-cyl.

1974 Bel Air
	6	5	4	3	2	1
4d Sed	370	1,100	1,840	4,140	6,440	9,200
4d Sta Wag	490	1,460	2,440	5,490	8,540	12,200

1974 Impala
	6	5	4	3	2	1
4d Sed	380	1,140	1,900	4,280	6,650	9,500
4d HT Sed	420	1,260	2,100	4,730	7,350	10,500
2d Spt Cpe	520	1,560	2,600	5,850	9,100	13,000
2d Cus Cpe	530	1,600	2,660	5,990	9,310	13,300
4d Sta Wag	540	1,630	2,720	6,120	9,520	13,600

1974 Caprice Classic
	6	5	4	3	2	1
4d Sed	410	1,220	2,040	4,590	7,140	10,200
4d HT Sed	470	1,420	2,360	5,310	8,260	11,800
2d Cus Cpe	540	1,620	2,700	6,080	9,450	13,500
2d Conv	1,000	3,000	5,000	11,250	17,500	25,000
4d Estate Wag	560	1,680	2,800	6,300	9,800	14,000

1974 A Full-Size Chevrolet
NOTE: Add 10% for Impala Spirit of America; 10% for 400/150 V-8; 15% for 400/185 V-8; 20% for 454/235 V-8. Deduct 10% for 6-cyl.

1974 Camaro, V-8
	6	5	4	3	2	1
2d Cpe	680	2,040	3,400	7,650	11,900	17,000
2d LT Cpe	840	2,520	4,200	9,450	14,700	21,000
2d Z28 Cpe	940	2,820	4,700	10,580	16,450	23,500

NOTE: Add 15% for 350/185 V-8. Deduct 10% for 6-cyl.

1975 Vega
	6	5	4	3	2	1
2d Cpe	200	590	980	2,210	3,430	4,900
2d HBk	210	620	1,040	2,340	3,640	5,200
2d LX Cpe	210	640	1,060	2,390	3,710	5,300
4d Kammback Wag	220	670	1,120	2,520	3,920	5,600
4d Estate Wag	230	700	1,160	2,610	4,060	5,800
2d Cosworth	760	2,280	3,800	8,550	13,300	19,000

1975 Nova
	6	5	4	3	2	1
2d "S" Cpe	280	840	1,400	3,150	4,900	7,000
2d Cpe	280	850	1,420	3,200	4,970	7,100
2d HBk	260	790	1,320	2,970	4,620	6,600
4d Sed	220	660	1,100	2,480	3,850	5,500

1975 Nova Custom
	6	5	4	3	2	1
2d Cpe	230	700	1,160	2,610	4,060	5,800
2d HBk	280	840	1,400	3,150	4,900	7,000

	6	5	4	3	2	1
4d Sed	220	670	1,120	2,520	3,920	5,600
1975 Nova LN, V-8						
4d Sed	240	720	1,200	2,700	4,200	6,000
2d Cpe	300	900	1,500	3,380	5,250	7,500
NOTE: Add 5% for 262/110 V-8; 10% for 350/145 V-8; 10% for Nova SS.						
1975 Monza						
2d 2 plus 2	220	660	1,100	2,480	3,850	5,500
2d Twn Cpe.	200	610	1,020	2,300	3,570	5,100
2d S HBk	200	590	980	2,210	3,430	4,900
NOTE: Add 10% for Monza V-8.						
1975 Malibu Classic						
2d Col Cpe	540	1,620	2,700	6,080	9,450	13,500
2d Lan.	550	1,640	2,740	6,170	9,590	13,700
4d Col Sed	330	1,000	1,660	3,740	5,810	8,300
4d Classic Wag.	420	1,260	2,100	4,730	7,350	10,500
4d Estate Wag	670	2,020	3,360	7,560	11,760	16,800
1975 Laguna Type S-3, V-8						
2d Cpe	680	2,030	3,380	7,610	11,830	16,900
1975 Monte Carlo						
2d "S" Cpe	560	1,680	2,800	6,300	9,800	14,000
2d Lan.	640	1,920	3,200	7,200	11,200	16,000
1975 Mid-Size Chevrolet & Monte Carlo						
NOTE: Add 10% for 400/175 V-8; 15% for 454/215 V-8. Deduct 10% for 6-cyl.; 10% for base Malibu.						
1975 Bel Air						
4d Sed	360	1,090	1,820	4,100	6,370	9,100
4d Sta Wag.	480	1,430	2,380	5,360	8,330	11,900
1975 Impala						
4d Sed	380	1,140	1,900	4,280	6,650	9,500
4d HT	420	1,250	2,080	4,680	7,280	10,400
2d Spt Cpe	500	1,510	2,520	5,670	8,820	12,600
2d Cus Cpo.	520	1,560	2,600	5,850	0,100	13,000
2d Lan.	530	1,600	2,660	5,990	9,310	13,300
4d Sta Wag.	510	1,540	2,560	5,760	8,960	12,800
1975 Caprice Classic						
4d Sed	410	1,220	2,040	4,590	7,140	10,200
4d Cus HT	460	1,370	2,280	5,130	7,980	11,400
2d Cus Cpe.	580	1,740	2,900	6,530	10,150	14,500
2d Lan.	550	1,640	2,740	6,170	9,590	13,700
2d Conv	1,120	3,360	5,600	12,600	19,600	28,000
4d Estate Wag	540	1,620	2,700	6,080	9,450	13,500
1975 Full-Size Chevrolet						
NOTE: Add 10% for 400/175 V-8; 15% for 454/215 V-8						
1975 Camaro, V-8						
Cpe	680	2,040	3,400	7,650	11,900	17,000
Type LT	800	2,400	4,000	9,000	14,000	20,000
NOTE: Add 10% for RS; 10% for 350/155 V-8. Deduct 10% for 6-cyl.						
1976 Chevette, 4-cyl.						
2d Scooter	228	684	1,140	2,570	3,990	5,700
2d HBk	236	708	1,180	2,660	4,130	5,900
1976 Vega, 4-cyl.						
2d Sed	190	580	960	2,160	3,360	4,800
2d HBk	200	610	1,020	2,300	3,570	5,100
2d Cosworth HBk	760	2,280	3,800	8,550	13,300	19,000
2d Sta Wag.	220	670	1,120	2,520	3,920	5,600
2d Estate Wag	240	730	1,220	2,750	4,270	6,100
1976 Nova Concours, V-8						
2d Cpe	220	670	1,120	2,520	3,920	5,600
2d HBk	260	770	1,280	2,880	4,480	6,400
4d Sed	220	650	1,080	2,430	3,780	5,400
NOTE: Deduct 10% for base Nova. Add 5% for SS; 10% for 305/140 V-8; 15% for 350/145 V-8.						
1976 Monza, 4-cyl.						
2d Twn Cpe.	220	660	1,100	2,480	3,850	5,500
2d HBk	230	680	1,140	2,570	3,990	5,700
1976 Malibu, V-8						
2d Sed	450	1,340	2,240	5,040	7,840	11,200
4d Sed	280	830	1,380	3,110	4,830	6,900
4d Estate Wag	340	1,030	1,720	3,870	6,020	8,600
1976 Malibu Classic, V-8						
2d Sed	520	1,560	2,600	5,850	9,100	13,000
2d Lan Cpe.	530	1,600	2,660	5,990	9,310	13,300
4d Sed	300	910	1,520	3,420	5,320	7,600
1976 Laguna Type S-3, V-8						
2d Cpe	660	1,980	3,300	7,430	11,550	16,500
1976 Monte Carlo, V-8						
2d Cpe	560	1,680	2,800	6,300	9,800	14,000
2d Lan Cpe.	640	1,920	3,200	7,200	11,200	16,000
1976 Mid-Size Chevrolet						
NOTE: Add 5% for 350/145 V-8; 10% for 350/165 V-8; 15% for 400/175 V-8. Deduct 10% for 6-cyl.						

CHEVROLET

	6	5	4	3	2	1
1976 Impala, V-8						
4d Sed	340	1,020	1,700	3,830	5,950	8,500
4d Spt Sed	356	1,068	1,780	4,010	6,230	8,900
2d Cus Cpe	490	1,460	2,440	5,490	8,540	12,200
4d Sta Wag	520	1,570	2,620	5,900	9,170	13,100
1976 Caprice Classic, V-8						
4d Sed	380	1,140	1,900	4,280	6,650	9,500
4d Spt Sed	380	1,150	1,920	4,320	6,720	9,600
2d Cpe	520	1,560	2,600	5,850	9,100	13,000
2d Lan Cpe	530	1,600	2,660	5,990	9,310	13,300
4d Sta Wag	520	1,560	2,600	5,850	9,100	13,000
1976 Camaro, V-8						
2d Cpe	680	2,040	3,400	7,650	11,900	17,000
2d Cpe LT	820	2,460	4,100	9,230	14,350	20,500

NOTE: Add 10% for 350/165 V-8. Deduct 10% for 6-cyl.

	6	5	4	3	2	1
1977 Chevette, 4-cyl.						
2d HBk	220	650	1,080	2,430	3,780	5,400
1977 Vega, 4-cyl.						
2d Spt Cpe	200	590	980	2,210	3,430	4,900
2d HBk	210	620	1,040	2,340	3,640	5,200
2d Sta Wag	230	700	1,160	2,610	4,060	5,800
2d Estate Wag	240	730	1,220	2,750	4,270	6,100
1977 Nova, V-8						
2d Cpe	260	780	1,300	2,930	4,550	6,500
2d HBk	230	700	1,160	2,610	4,060	5,800
4d Sed	220	660	1,100	2,480	3,850	5,500
1977 Nova Concours, V-8						
2d Cpe	260	780	1,300	2,930	4,550	6,500
2d HBk	250	760	1,260	2,840	4,410	6,300
4d Sed	220	670	1,120	2,520	3,920	5,600

1977 All Novas
NOTE: Add 10% for 305/145 V-8; 15% for 350/170 V-8.

	6	5	4	3	2	1
1977 Monza, 4-cyl.						
2d Twn Cpe	220	660	1,100	2,480	3,850	5,500
2d HBk	230	680	1,140	2,570	3,990	5,700
1977 Malibu, V-8						
2d Cpe	420	1,260	2,100	5,250	7,350	10,500
4d Sed	260	780	1,300	3,250	4,550	6,500
4d Sta Wag	320	960	1,600	4,000	5,600	8,000
1977 Malibu Classic, V-8						
2d Cpe	520	1,550	2,580	5,810	9,030	12,900
2d Lan Cpe	530	1,590	2,650	5,960	9,280	13,250
4d Sed	320	950	1,580	3,560	5,530	7,900
4d Estate Wag	380	1,140	1,900	4,280	6,650	9,500
1977 Monte Carlo, V-8						
2d Cpe	560	1,680	2,800	6,300	9,800	14,000
2d Lan Cpe	640	1,920	3,200	7,200	11,200	16,000

1977 All Mid-Size Chevrolets
NOTE: Deduct 10% for base Malibu; 10% for V-6. Add 10% for 350/170 V-8 (Monte Carlo).

	6	5	4	3	2	1
1977 Impala, V-8						
2d Cpe	300	900	1,500	3,380	5,250	7,500
4d Sed	270	800	1,340	3,020	4,690	6,700
4d Sta Wag	330	980	1,640	3,690	5,740	8,200
1977 Caprice Classic, V-8						
2d Cpe	320	960	1,600	3,600	5,600	8,000
2d Lan Cpe	380	1,140	1,900	4,280	6,650	9,500
4d Sed	270	820	1,360	3,060	4,760	6,800
4d Classic Wag	310	920	1,540	3,470	5,390	7,700
4d Estate Wag	350	1,040	1,740	3,920	6,090	8,700

1977 Full-Size Chevrolet
NOTE: Add 10% for 350/170 V-8. Deduct 10% for 6-cyl.

	6	5	4	3	2	1
1977 Camaro, V-8						
2d Spt Cpe	550	1,660	2,760	6,210	9,660	13,800
2d Spt Cpe LT	640	1,920	3,200	7,200	11,200	16,000
2d Spt Cpe Z28	780	2,340	3,900	8,780	13,650	19,500

NOTE: Add 30% for RS; 15% for 350/170 V-8. Deduct 10% for 6-cyl.

	6	5	4	3	2	1
1978 Chevette						
2d Scooter	210	620	1,040	2,340	3,640	5,200
2d HBk	220	650	1,080	2,430	3,780	5,400
4d HBk	180	550	920	2,070	3,220	4,600
1978 Nova						
2d Cpe	230	700	1,160	2,610	4,060	5,800
2d HBk	250	760	1,260	2,840	4,410	6,300
4d Sed	220	670	1,120	2,520	3,920	5,600
1978 Nova Custom						
2d Cpe	270	820	1,360	3,060	4,760	6,800
4d Sed	240	710	1,180	2,660	4,130	5,900

1978 All Novas
NOTE: Add 10% for 305 V-8; 15% for 350 V-8.

	6	5	4	3	2	1
1978 Monza						
2d Cpe 2+2	180	550	920	2,070	3,220	4,600
2d "S" Cpe	200	550	900	2,030	3,150	4,500
2d Cpe	176	528	880	1,980	3,080	4,400
2d Sta Wag	160	490	820	1,850	2,870	4,100
2d Est Wag	170	500	840	1,890	2,940	4,200
2d Spt Cpe 2+2	220	670	1,120	2,520	3,920	5,600
2d Spt Cpe	220	650	1,080	2,430	3,780	5,400
1978 Malibu						
2d Spt Cpe	280	850	1,420	3,200	4,970	7,100
4d Sed	240	720	1,200	2,700	4,200	6,000
4d Sta Wag	270	820	1,360	3,060	4,760	6,800
1978 Malibu Classic						
2d Spt Cpe	400	1,200	2,000	4,500	7,000	10,000
2d Lan Cpe	420	1,260	2,100	4,730	7,350	10,500
4d Sed	300	890	1,480	3,330	5,180	7,400
4d Sta Wag	300	900	1,500	3,380	5,250	7,500
1978 Monte Carlo, V-8						
2d Cpe	400	1,200	2,000	4,500	7,000	10,000
1978 Impala						
2d Cpe	420	1,260	2,100	4,730	7,350	10,500
4d Sed	260	790	1,320	2,970	4,620	6,600
4d Sta Wag	310	920	1,540	3,470	5,390	7,700
1978 Caprice Classic						
2d Cpe	430	1,290	2,150	4,840	7,530	10,750
2d Lan Cpe	440	1,320	2,200	4,950	7,700	11,000
4d Sed	270	820	1,360	3,060	4,760	6,800
4d Estate Wag	330	980	1,640	3,690	5,740	8,200
1978 Camaro, V-8						
2d Cpe	520	1,560	2,600	5,850	9,100	13,000
2d LT Cpe	540	1,620	2,700	6,080	9,450	13,500
2d Z28 Cpe	800	2,400	4,000	9,000	14,000	20,000
1979 Chevette, 4-cyl.						
4d HBk	180	550	920	2,070	3,220	4,600
2d HBk	220	650	1,080	2,430	3,780	5,400
2d Scooter	210	620	1,040	2,340	3,640	5,200
1979 Nova, V-8						
4d Sed	250	750	1,300	2,880	4,500	6,400
2d Sed	250	750	1,250	2,840	4,400	6,300
2d HBk	250	800	1,300	2,930	4,550	6,500
1979 Nova Custom, V-8						
4d Sed	250	800	1,300	2,930	4,550	6,500
2d Sed	250	750	1,300	2,880	4,500	6,400
NOTE: Deduct 5% for 6-cyl.						
1979 Monza, 4-cyl.						
2d 2+2 HBk	200	610	1,020	2,300	3,570	5,100
2d	200	600	1,000	2,250	3,500	5,000
2d Sta Wag	220	650	1,080	2,430	3,780	5,400
2d Spt 2+2 HBk	240	720	1,200	2,700	4,200	6,000
1979 Malibu, V-8						
4d Sed	240	720	1,200	2,700	4,200	6,000
2d Spt Cpe	400	1,200	2,000	4,500	7,000	10,000
4d Sta Wag	270	820	1,360	3,060	4,760	6,800
1979 Malibu Classic, V-8						
4d Sed	300	890	1,480	3,330	5,180	7,400
2d Spt Cpe	400	1,200	2,000	4,500	7,000	10,000
2d Lan Cpe	420	1,260	2,100	4,730	7,350	10,500
4d Sta Wag	300	900	1,500	3,380	5,250	7,500
NOTE: Deduct 5% for 6-cyl.						
1979 Monte Carlo, V-8						
2d Spt Cpe	400	1,200	2,000	4,500	7,000	10,000
2d Lan Cpe	350	1,100	1,800	4,050	6,300	9,000
NOTE: Deduct 10% for 6-cyl.						
1979 Impala, V-8						
4d Sed	260	790	1,320	2,970	4,620	6,600
2d Sed	400	1,200	2,000	4,500	7,000	10,000
2d Lan Cpe	420	1,260	2,100	4,730	7,350	10,500
4d Sta Wag	320	950	1,580	3,560	5,530	7,900
1979 Caprice Classic, V-8						
4d Sed	270	820	1,360	3,060	4,760	6,800
2d Sed	400	1,200	2,000	4,500	7,000	10,000
2d Lan Cpe	420	1,260	2,100	4,730	7,350	10,500
4d Classic Wag	300	900	1,500	3,380	5,250	7,500
4d Estate Wag	320	960	1,600	3,600	5,600	8,000
NOTE: Deduct 15% for 6-cyl.						
1979 Camaro, V-8						
2d Spt Cpe	550	1,660	2,760	6,210	9,660	13,800
2d Rally Cpe	720	2,160	3,600	8,100	12,600	18,000
2d Berlinetta Cpe	640	1,920	3,200	7,200	11,200	16,000

CHEVROLET

	6	5	4	3	2	1
2d Z28 Cpe..........................	800	2,400	4,000	9,000	14,000	20,000

NOTE: Add 15% for 350/175 V-8. Deduct 20% for 6-cyl.

1980 Chevette, 4-cyl.

	6	5	4	3	2	1
2d HBk Scooter	190	580	960	2,160	3,360	4,800
2d HBk.............................	220	650	1,080	2,430	3,780	5,400
4d HBk.............................	180	550	920	2,070	3,220	4,600

1980 Citation, 6-cyl.

	6	5	4	3	2	1
4d HBk.............................	140	420	700	1,580	2,450	3,500
2d HBk.............................	136	408	680	1,530	2,380	3,400
2d Cpe.............................	144	432	720	1,620	2,520	3,600
2d Cpe Clb.........................	148	444	740	1,670	2,590	3,700

NOTE: Deduct 10% for 4-cyl.

1980 Monza, 4-cyl.

	6	5	4	3	2	1
2d HBk 2+2........................	210	620	1,040	2,340	3,640	5,200
2d HBk Spt 2+2	220	660	1,100	2,480	3,850	5,500
2d Cpe.............................	200	600	1,000	2,250	3,500	5,000

NOTE: Add 10% for V-6.

1980 Malibu, V-8

	6	5	4	3	2	1
4d Sed	250	740	1,240	2,790	4,340	6,200
2d Spt Cpe.........................	400	1,200	2,000	4,500	7,000	10,000
4d Sta Wag........................	280	840	1,400	3,500	4,900	7,000

NOTE: Deduct 10% for 6-cyl.

1980 Malibu Classic, V-8

	6	5	4	3	2	1
4d Sed	300	900	1,500	3,380	5,250	7,500
2d Spt Cpe.........................	400	1,200	2,000	4,500	7,000	10,000
2d Lan Cpe........................	420	1,260	2,100	4,730	7,350	10,500
4d Sta Wag........................	300	910	1,520	3,420	5,320	7,600

NOTE: Deduct 10% for 6-cyl.

1980 Camaro, 6-cyl.

	6	5	4	3	2	1
2d Spt Cpe.........................	500	1,490	2,480	5,580	8,680	12,400
2d RS Cpe.........................	640	1,920	3,200	7,200	11,200	16,000
2d Cpe Berlinetta	570	1,720	2,860	6,440	10,010	14,300

1980 Camaro, V-8

	6	5	4	3	2	1
2d Cpe Spt.........................	550	1,640	2,730	6,140	9,560	13,650
2d Cpe RS.........................	680	2,030	3,380	7,610	11,830	16,900
2d Cpe Berlinetta	630	1,880	3,140	7,070	10,990	15,700
2d Cpe Z28........................	760	2,280	3,800	8,550	13,300	19,000

1980 Monte Carlo, 6-cyl.

	6	5	4	3	2	1
2d Cpe Spt.........................	330	1,000	1,660	3,740	5,810	8,300
2d Cpe Lan........................	340	1,020	1,700	3,830	5,950	8,500

1980 Monte Carlo, V-8

	6	5	4	3	2	1
2d Cpe Spt.........................	400	1,200	2,000	4,500	7,000	10,000
2d Cpe Lan........................	420	1,260	2,100	4,730	7,350	10,500

1980 Impala, V-8

	6	5	4	3	2	1
4d Sed	260	790	1,320	2,970	4,620	6,600
2d Cpe.............................	400	1,200	2,000	4,500	7,000	10,000
4d Sta Wag........................	300	910	1,520	3,420	5,320	7,600

NOTE: Deduct 12% for 6-cyl. sedan and coupe only.

1980 Caprice Classic, V-8

	6	5	4	3	2	1
4d Sed	270	800	1,340	3,020	4,690	6,700
2d Cpe.............................	400	1,200	2,000	4,500	7,000	10,000
2d Cpe Lan........................	420	1,260	2,100	4,730	7,350	10,500
4d 2S Sta Wag	220	660	1,100	2,480	3,850	5,500
4d 3S Sta Wag	220	670	1,120	2,520	3,920	5,600

1981 Chevette, 4-cyl.

	6	5	4	3	2	1
2d HBk Scooter	124	372	620	1,400	2,170	3,100
2d HBk.............................	128	384	640	1,440	2,240	3,200
4d HBk.............................	132	396	660	1,490	2,310	3,300

1981 Citation, 6-cyl.

	6	5	4	3	2	1
4d HBk.............................	144	432	720	1,620	2,520	3,600
2d HBk.............................	140	420	700	1,580	2,450	3,500

NOTE: Deduct 10% for 4-cyl.

1981 Malibu, V-8

	6	5	4	3	2	1
4d Sed Spt.........................	188	564	940	2,120	3,290	4,700
2d Cpe Spt.........................	400	1,200	2,000	4,500	7,000	10,000
4d Sta Wag........................	192	576	960	2,160	3,360	4,800

NOTE: Deduct 10% for 6-cyl.

1981 Malibu Classic, V-8

	6	5	4	3	2	1
4d Sed Spt.........................	192	576	960	2,160	3,360	4,800
2d Cpe Spt.........................	400	1,200	2,000	4,500	7,000	10,000
2d Cpe Lan........................	420	1,260	2,100	4,730	7,350	10,500
4d Sta Wag........................	196	588	980	2,210	3,430	4,900

1981 Camaro, 6-cyl.

	6	5	4	3	2	1
2d Cpe Spt.........................	400	1,200	2,000	4,500	7,000	10,000
2d Cpe Berlinetta	540	1,620	2,700	6,080	9,450	13,500

1981 Camaro, V-8

	6	5	4	3	2	1
2d Cpe Spt.........................	480	1,440	2,400	5,400	8,400	12,000
2d Cpe Berlinetta	580	1,740	2,900	6,530	10,150	14,500
2d Cpe Z28........................	660	1,980	3,300	7,430	11,550	16,500

CHEVROLET

	6	5	4	3	2	1	97

1981 Monte Carlo, 6-cyl.

	6	5	4	3	2	1
2d Cpe Spt	380	1,140	1,900	4,280	6,650	9,500
2d Cpe Lan	390	1,170	1,950	4,390	6,830	9,750

1981 Monte Carlo, V-8

2d Cpe Spt	400	1,200	2,000	4,500	7,000	10,000
2d Cpe Lan	420	1,260	2,100	4,730	7,350	10,500

1981 Impala, V-8

4d Sed	270	800	1,340	3,020	4,690	6,700
2d Cpe	400	1,210	2,020	4,550	7,070	10,100
4d 2S Sta Wag	192	576	960	2,160	3,360	4,800
4d 3S Sta Wag	196	588	980	2,210	3,430	4,900

NOTE: Deduct 12% for 6-cyl. sedan and coupe only.

1981 Caprice Classic, V-8

4d Sed	280	830	1,380	3,110	4,830	6,900
2d Cpe	410	1,240	2,060	4,640	7,210	10,300
2d Cpe Lan	420	1,260	2,100	4,730	7,350	10,500
4d 2S Sta Wag	200	600	1,000	2,250	3,500	5,000
4d 3S Sta Wag	204	612	1,020	2,300	3,570	5,100

NOTE: Deduct 15% for 6-cyl. sedan and coupe only.

1982 Chevette, 4-cyl.

2d HBk	136	408	680	1,530	2,380	3,400
4d HBk	140	420	700	1,580	2,450	3,500

NOTE: Deduct 5% for lesser models.

1982 Cavalier, 4-cyl.

4d Sed CL	160	480	800	1,800	2,800	4,000
2d Cpe CL	164	492	820	1,850	2,870	4,100
2d Hatch CL	168	504	840	1,890	2,940	4,200
4d Sta Wag CL	168	504	840	1,890	2,940	4,200

NOTE: Deduct 5% for lesser models.

1982 Citation, 6-cyl.

4d HBk	152	456	760	1,710	2,660	3,800
2d HBk	148	444	740	1,670	2,590	3,700
2d Cpe	152	456	760	1,710	2,660	3,800

NOTE: Deduct 10% for 4-cyl.

1982 Malibu, V-8

4d Sed	164	492	820	1,850	2,870	4,100
4d Sta Wag	168	504	840	1,890	2,940	4,200

NOTE: Deduct 10% for 6-cyl.

1982 Celebrity, 6-cyl.

4d Sed	168	504	840	1,890	2,940	4,200
2d Cpe	172	516	860	1,940	3,010	4,300

NOTE: Deduct 10% for 6-cyl.

1982 Camaro, 6-cyl.

2d Cpe Spt	380	1,140	1,900	4,280	6,650	9,500
2d Cpe Berlinetta	520	1,560	2,600	5,850	9,100	13,000

1982 Camaro, V-8

2d Cpe Spt	460	1,380	2,300	5,180	8,050	11,500
2d Cpe Berlinetta	560	1,680	2,800	6,300	9,800	14,000
2d Cpe Z28	640	1,920	3,200	7,200	11,200	16,000

NOTE: Add 20% for Indy Pace Car.

1982 Monte Carlo, 6-cyl.

2d Cpe Spt	360	1,080	1,800	4,050	6,300	9,000

1982 Monte Carlo, V-8

2d Cpe Spt	420	1,260	2,100	4,730	7,350	10,500

1982 Impala, V-8

4d Sed	280	850	1,420	3,200	4,970	7,100
4d 2S Sta Wag	204	612	1,020	2,300	3,570	5,100
4d 3S Sta Wag	208	624	1,040	2,340	3,640	5,200

NOTE: Deduct 12% for 6-cyl. on sedan only.

1982 Caprice Classic, V-8

4d Sed	290	880	1,460	3,290	5,110	7,300
2d Spt Cpe	430	1,300	2,160	4,860	7,560	10,800
4d 3S Sta Wag	216	648	1,080	2,430	3,780	5,400

NOTE: Deduct 15% for 6-cyl. sedan and coupe only.

1983 Chevette, 4-cyl.

2d HBk	140	420	700	1,580	2,450	3,500
4d HBk	144	432	720	1,620	2,520	3,600

NOTE: Deduct 5% for lesser models.

1983 Cavalier, 4-cyl.

4d Sed CS	156	468	780	1,760	2,730	3,900
2d Cpe CS	160	480	800	1,800	2,800	4,000
2d HBk CS	164	492	820	1,850	2,870	4,100
4d Sta Wag CS	164	492	820	1,850	2,870	4,100

NOTE: Deduct 5% for lesser models.

1983 Citation, 6-cyl.

4d HBk	152	456	760	1,710	2,660	3,800
2d HBk	148	444	740	1,670	2,590	3,700
2d Cpe	152	456	760	1,710	2,660	3,800

NOTE: Deduct 10% for 4-cyl.

CHEVROLET

	6	5	4	3	2	1
1983 Malibu, V-8						
4d Sed	168	504	840	1,890	2,940	4,200
4d Sta Wag	172	516	860	1,940	3,010	4,300
NOTE: Deduct 10% for 6-cyl.						
1983 Celebrity, V-6						
4d Sed	172	516	860	1,940	3,010	4,300
2d Cpe	176	528	880	1,980	3,080	4,400
NOTE: Deduct 10% for 4-cyl.						
1983 Camaro, 6-cyl.						
2d Cpe Spt	380	1,140	1,900	4,280	6,650	9,500
2d Cpe Berlinetta	520	1,560	2,600	5,850	9,100	13,000
1983 Camaro, V-8						
2d Cpe Spt	460	1,380	2,300	5,180	8,050	11,500
2d Cpe Berlinetta	560	1,680	2,800	6,300	9,800	14,000
2d Cpe Z28	640	1,920	3,200	7,200	11,200	16,000
1983 Monte Carlo, 6-cyl.						
2d Cpe Spt	360	1,080	1,800	4,050	6,300	9,000
1983 Monte Carlo, V-8						
2d Cpe Spt SS	640	1,920	3,200	7,200	11,200	16,000
2d Cpe Spt	420	1,260	2,100	4,730	7,350	10,500
1983 Impala, V-8						
4d Sed	290	860	1,440	3,240	5,040	7,200
NOTE: Deduct 12% for 6-cyl.						
1983 Caprice Classic, V-8						
4d Sed	300	890	1,480	3,330	5,180	7,400
4d Sta Wag	216	648	1,080	2,430	3,780	5,400
NOTE: Deduct 15% for 6-cyl.						
1984 Chevette CS, 4-cyl.						
2d HBk	144	432	720	1,620	2,520	3,600
NOTE: Deduct 10% for V-6 cyl.; 5% for lesser models.						
1984 Cavalier, 4-cyl.						
4d Sed	148	444	740	1,670	2,590	3,700
4d Sta Wag	160	480	800	1,800	2,800	4,000
1984 Cavalier Type 10, 4-cyl.						
2d Sed	152	456	760	1,710	2,660	3,800
2d HBk	156	468	780	1,760	2,730	3,900
2d Conv	260	780	1,300	2,930	4,550	6,500
1984 Cavalier CS, 4-cyl.						
4d Sed	156	468	780	1,760	2,730	3,900
4d Sta Wag	160	480	800	1,800	2,800	4,000
1984 Citation, V-6						
4d HBk	164	492	820	1,850	2,870	4,100
2d HBk	164	492	820	1,850	2,870	4,100
2d Cpe	168	504	840	1,890	2,940	4,200
NOTE: Deduct 5% for 4-cyl.						
1984 Celebrity, V-6						
4d Sed	160	480	800	1,800	2,800	4,000
2d Sed	160	480	800	1,800	2,800	4,000
4d Sta Wag	164	492	820	1,850	2,870	4,100
NOTE: Deduct 5% for 4-cyl.						
1984 Camaro, V-8						
2d Cpe	460	1,380	2,300	5,180	8,050	11,500
2d Cpe Berlinetta	560	1,680	2,800	6,300	9,800	14,000
2d Cpe Z28	640	1,920	3,200	7,200	11,200	16,000
NOTE: Deduct 10% for V-6 cyl.						
1984 Monte Carlo, V-8						
2d Cpe	400	1,200	2,000	4,500	7,000	10,000
2d Cpe SS	640	1,920	3,200	7,200	11,200	16,000
NOTE: Deduct 15% for V-6 cyl.						
1984 Impala, V-8						
4d Sed	300	890	1,480	3,330	5,180	7,400
NOTE: Deduct 10% for V-6 cyl.						
1984 Caprice Classic, V-8						
4d Sed	300	910	1,520	3,420	5,320	7,600
2d Sed	400	1,200	2,000	4,500	7,000	10,000
4d Sta Wag	224	672	1,120	2,520	3,920	5,600
NOTE: Deduct 10% for V-6 cyl.						
1985 Caprice Classic, V-8						
2d Landau	420	1,260	2,100	4,730	7,350	10,500
1985 Sprint, 3-cyl.						
2d HBk	140	420	700	1,580	2,450	3,500
1985 Chevette, 4-cyl.						
4d HBk	144	432	720	1,620	2,520	3,600
2d HBk	140	420	700	1,580	2,450	3,500
NOTE: Deduct 20% for diesel.						
1985 Spectrum, 4-cyl.						
4d HBk	144	432	720	1,620	2,520	3,600
2d HBk	144	432	720	1,620	2,520	3,600

	6	5	4	3	2	1
1985 Nova, 4-cyl.						
4d HBk	144	432	720	1,620	2,520	3,600
1985 Cavalier						
2d T Type Cpe	168	504	840	1,890	2,940	4,200
2d T Type HBk	172	516	860	1,940	3,010	4,300
2d T Type Conv	260	780	1,300	2,930	4,550	6,500
NOTE: Deduct 10% for 4-cyl.; 5% for lesser models.						
1985 Citation, V-6						
4d HBk	168	504	840	1,890	2,940	4,200
2d HBk	168	504	840	1,890	2,940	4,200
NOTE: Deduct 10% for 4-cyl.						
1985 Celebrity, V-6						
4d Sed	172	516	860	1,940	3,010	4,300
2d Cpe	172	516	860	1,940	3,010	4,300
4d Sta Wag	176	528	880	1,980	3,080	4,400
NOTE: Deduct 10% for 4-cyl.; 30% for diesel.						
1985 Camaro, V-8						
2d Cpe Spt	460	1,380	2,300	5,180	8,050	11,500
2d Cpe Berlinetta	560	1,680	2,800	6,300	9,800	14,000
2d Cpe Z28	640	1,920	3,200	7,200	11,200	16,000
2d Cpe IROC-Z	740	2,220	3,700	8,330	12,950	18,500
NOTE: Deduct 30% for 4-cyl.; 20% for V-6.						
1985 Monte Carlo, V-8						
2d Cpe Spt	400	1,200	2,000	4,500	7,000	10,000
2d Cpe SS	660	1,980	3,300	7,430	11,550	16,500
NOTE: Deduct 20% for V-6 where available.						
1985 Impala, V-8						
4d Sed	300	900	1,500	3,380	5,250	7,500
NOTE: Deduct 20% for V-6.						
1985 Caprice Classic, V-8						
4d Sed	310	920	1,540	3,470	5,390	7,700
2d Cpe	400	1,200	2,000	4,500	7,000	10,000
4d Sta Wag	236	708	1,180	2,660	4,130	5,900
NOTE: Deduct 20% for V-6; 30% for diesel.						
2d Landau	420	1,260	2,100	4,730	7,350	10,500
1986 Caprice Classic						
2d Landau	420	1,260	2,100	4,730	7,350	10,500
2d Landau	420	1,260	2,100	4,730	7,350	10,500
1986 Chevette						
2d Cpe	144	432	720	1,620	2,520	3,600
4d Sed	148	444	740	1,670	2,590	3,700
1986 Nova						
4d Sed	148	444	740	1,670	2,590	3,700
4d HBk	152	456	760	1,710	2,660	3,800
1986 Cavalier						
2d Cpe	160	480	800	1,800	2,800	4,000
4d Sed	164	492	820	1,850	2,870	4,100
4d Sta Wag	168	504	840	1,890	2,940	4,200
2d Conv	270	800	1,340	3,020	4,690	6,700
1986 Cavalier Z24						
2d Cpe	240	720	1,200	2,700	4,200	6,000
2d HBk	240	710	1,180	2,660	4,130	5,900
1986 Camaro						
2d Cpe	480	1,440	2,400	5,400	8,400	12,000
2d Cpe Berlinetta	560	1,680	2,800	6,300	9,800	14,000
2d Cpe Z28	640	1,920	3,200	7,200	11,200	16,000
2d Cpe IROC-Z	740	2,220	3,700	8,330	12,950	18,500
1986 Celebrity						
2d Cpe	176	528	880	1,980	3,080	4,400
4d Sed	180	540	900	2,030	3,150	4,500
4d Sta Wag	184	552	920	2,070	3,220	4,600
1986 Monte Carlo						
2d Cpe	400	1,200	2,000	4,500	7,000	10,000
2d Cpe LS	420	1,260	2,100	4,730	7,350	10,500
1986 Monte Carlo SS						
2d Cpe	560	1,680	2,800	6,300	9,800	14,000
2d Cpe Aero	660	1,980	3,300	7,430	11,550	16,500
1986 Caprice						
4d Sed	320	970	1,620	3,650	5,670	8,100
1986 Caprice Classic						
2d Cpe	420	1,260	2,100	4,730	7,350	10,500
4d Sed	330	1,000	1,660	3,740	5,810	8,300
4d Sta Wag	268	804	1,340	3,020	4,690	6,700
1986 Caprice Classic Brougham						
4d Sed	340	1,030	1,720	3,870	6,020	8,600
4d Sed LS	268	804	1,340	3,020	4,690	6,700
1987 Sprint, 3-cyl.						
2d HBk	144	432	720	1,620	2,520	3,600
4d HBk	148	444	740	1,670	2,590	3,700

CHEVROLET

		6	5	4	3	2	1
2d HBk ER		148	444	740	1,670	2,590	3,700
2d HBk Turbo		160	480	800	1,800	2,800	4,000
1987 Chevette, 4-cyl.							
2d HBk		144	432	720	1,620	2,520	3,600
4d HBk		148	444	740	1,670	2,590	3,700
1987 Spectrum, 4-cyl.							
2d HBk		156	468	780	1,760	2,730	3,900
4d HBk		156	468	780	1,760	2,730	3,900
2d HBk EX		152	456	760	1,710	2,660	3,800
4d HBk Turbo		170	500	840	1,890	2,940	4,200
1987 Nova, 4-cyl.							
4d HBk		152	456	760	1,710	2,660	3,800
4d Sed		156	468	780	1,760	2,730	3,900
1987 Cavalier, 4-cyl.							
4d Sed		160	480	800	1,800	2,800	4,000
2d Cpe		156	468	780	1,760	2,730	3,900
4d Sta Wag		164	492	820	1,850	2,870	4,100
4d Sed GS		164	492	820	1,850	2,870	4,100
2d HBk GS		160	480	800	1,800	2,800	4,000
4d Sta Wag GS		168	504	840	1,890	2,940	4,200
4d Sed RS		168	504	840	1,890	2,940	4,200
2d Cpe RS		164	492	820	1,850	2,870	4,100
2d HBk RS		164	492	820	1,850	2,870	4,100
2d Conv RS		280	830	1,380	3,110	4,830	6,900
4d Sta Wag		168	504	840	1,890	2,940	4,200
NOTE: Add 10% for V-6.							
1987 Cavalier Z24, V-6							
2d Spt Cpe		240	720	1,200	2,700	4,200	6,000
2d Spt HBk		240	710	1,180	2,660	4,130	5,900
1987 Beretta, 4-cyl.							
2d Cpe		190	560	940	2,120	3,290	4,700
1987 Beretta, V-6							
2d Cpe		200	600	1,000	2,250	3,500	5,000
1987 Corsica, 4-cyl.							
4d Sed		190	580	960	2,160	3,360	4,800
1987 Corsica, V-6							
4d Sed		200	610	1,020	2,300	3,570	5,100
1987 Celebrity, 4-cyl.							
4d Sed		180	550	920	2,070	3,220	4,600
2d Cpe		180	540	900	2,030	3,150	4,500
4d Sta Wag		190	560	940	2,120	3,290	4,700
1987 Celebrity, V-6							
4d Sed		190	580	960	2,160	3,360	4,800
2d Cpe		190	560	940	2,120	3,290	4,700
4d Sta Wag		200	590	980	2,210	3,430	4,900
1987 Camaro, V-6							
2d Cpe		380	1,140	1,900	4,280	6,650	9,500
2d Cpe LT		400	1,200	2,000	4,500	7,000	10,000
1987 Camaro, V-8							
2d Cpe		480	1,440	2,400	5,400	8,400	12,000
2d Cpe LT		540	1,620	2,700	6,080	9,450	13,500
2d Cpe Z28		640	1,920	3,200	7,200	11,200	16,000
2d Cpe IROC-Z		740	2,220	3,700	8,330	12,950	18,500
2d Conv IROC-Z		800	2,400	4,000	9,000	14,000	20,000
1987 Camaro							
NOTE: Add 20% for 350 V-8 where available; 10% for Anniversary Edition.							
1987 Monte Carlo, V-6							
2d Cpe LS		320	970	1,620	3,650	5,670	8,100
1987 Monte Carlo, V-8							
2d Cpe LS		330	1,000	1,660	3,740	5,810	8,300
2d Cpe SS		600	1,800	3,000	6,750	10,500	15,000
2d Cpe Aero		660	1,980	3,300	7,430	11,550	16,500
1987 Caprice, V-6							
4d Sed		330	980	1,640	3,690	5,740	8,200
1987 Caprice Classic, V-6							
4d Sed		340	1,010	1,680	3,780	5,880	8,400
2d Cpe		410	1,240	2,060	4,640	7,210	10,300
4d Sed Brgm.		340	1,020	1,700	3,830	5,950	8,500
2d Cpe Landau		420	1,250	2,080	4,680	7,280	10,400
1987 Caprice, V-8							
4d Sed		340	1,020	1,700	3,830	5,950	8,500
4d Sta Wag		272	816	1,360	3,060	4,760	6,800
1987 Caprice Classic, V-8							
4d Sed		350	1,040	1,740	3,920	6,090	8,700
2d Cpe		400	1,200	2,000	4,500	7,000	10,000
4d Sta Wag		280	840	1,400	3,150	4,900	7,000
4d Sed Brgm.		350	1,060	1,760	3,960	6,160	8,800
2d Cpe Landau		420	1,260	2,100	4,730	7,350	10,500

	6	5	4	3	2	1
1988 Sprint, 3-cyl.						
2d HBk	120	360	600	1,350	2,100	3,000
4d HBk	128	384	640	1,440	2,240	3,200
2d Metro	112	336	560	1,260	1,960	2,800
2d Turbo	140	420	700	1,580	2,450	3,500
1988 Spectrum, 4-cyl.						
2d HBk Express	108	324	540	1,220	1,890	2,700
4d Sed	116	348	580	1,310	2,030	2,900
2d HBk	112	336	560	1,260	1,960	2,800
4d Turbo Sed	160	490	820	1,850	2,870	4,100
1988 Nova, 4-cyl.						
5d HBk	140	420	700	1,580	2,450	3,500
4d Sed	136	408	680	1,530	2,380	3,400
4d Sed Twin Cam	180	540	900	2,030	3,150	4,500
1988 Cavalier						
4d Sed	136	408	680	1,530	2,380	3,400
2d Cpe	144	432	720	1,620	2,520	3,600
4d Sta Wag	136	408	680	1,530	2,380	3,400
4d RS Sed	156	468	780	1,760	2,730	3,900
2d RS Cpe	160	480	800	1,800	2,800	4,000
2d Z24 Cpe, V-6	260	770	1,280	2,880	4,480	6,400
2d Z24 Conv, V-6	280	840	1,400	3,150	4,900	7,000
1988 Beretta, 4-cyl.						
2d Cpe	168	504	840	1,890	2,940	4,200
2d Cpe, V-6	180	540	900	2,030	3,150	4,500
1988 Corsica, V-4						
4d Sed	160	480	800	1,800	2,800	4,000
4d Sed, V-6	172	516	860	1,940	3,010	4,300
1988 Celebrity, 4-cyl.						
4d Sed	144	432	720	1,620	2,520	3,600
2d Cpe	140	420	700	1,580	2,450	3,500
4d Sta Wag	156	468	780	1,760	2,730	3,900
4d Sed, V-6	156	468	780	1,760	2,730	3,900
2d Cpe, V-6	152	456	760	1,710	2,660	3,800
4d Sta Wag, V-6	164	492	820	1,850	2,870	4,100
1988 Monte Carlo						
2d LS Cpe, V-6	400	1,200	2,000	4,500	7,000	10,000
2d LS Cpe, V-8	420	1,260	2,100	4,730	7,350	10,500
2d SS Cpe, V-8	600	1,800	3,000	6,750	10,500	15,000
1988 Caprice, V-6						
4d Sed	280	840	1,400	3,150	4,900	7,000
4d Classic Sed	300	900	1,500	3,380	5,250	7,500
4d Brgm Sed	320	960	1,600	3,600	5,600	8,000
4d LS Brgm Sed	340	1,020	1,700	3,830	5,950	8,500
1988 Caprice, V-8						
4d Sed	320	960	1,600	3,600	5,600	8,000
4d Classic Sed	340	1,020	1,700	3,830	5,950	8,500
4d Sta Wag	360	1,080	1,800	4,050	6,300	9,000
4d Brgm Sed	450	1,340	2,240	5,040	7,840	11,200
4d LS Brgm Sed	460	1,380	2,300	5,180	8,050	11,500
1988 Camaro, V-6						
2d Cpe	400	1,200	2,000	4,500	7,000	10,000
1988 Camaro, V-8						
2d Cpe	500	1,500	2,500	5,630	8,750	12,500
2d Conv	600	1,800	3,000	6,750	10,500	15,000
2d IROC-Z Cpe	740	2,220	3,700	8,330	12,950	18,500
2d IROC-Z Conv	800	2,400	4,000	9,000	14,000	20,000
1989 Cavalier, 4-cyl.						
4d Sed	104	552	920	2,070	3,220	4,600
2d VL Cpe	168	504	840	1,890	2,940	4,200
2d Cpe	180	540	900	2,030	3,150	4,500
4d Sta Wag	192	576	960	2,160	3,360	4,800
2d Z24 Cpe, V-6	276	828	1,380	3,110	4,830	6,900
2d Z24 Conv, V-6	300	900	1,500	3,380	5,250	7,500
1989 Beretta						
2d Cpe, 4-cyl.	208	624	1,040	2,340	3,640	5,200
2d Cpe, V-6	244	732	1,220	2,750	4,270	6,100
2d GT Cpe, V-6	260	780	1,300	2,930	4,550	6,500
1989 Corsica 4-cyl.						
4d NBk	188	564	940	2,120	3,290	4,700
4d HBk	192	576	960	2,160	3,360	4,800
1989 Corsica, V-6						
4d NBk	210	620	1,040	2,340	3,640	5,200
4d NBk LTZ	230	700	1,160	2,610	4,060	5,800
4d HBk	210	640	1,060	2,390	3,710	5,300
1989 Celebrity 4-cyl.						
4d Sed	180	540	900	2,030	3,150	4,500
4d Sta Wag	188	564	940	2,120	3,290	4,700

CHEVROLET

	6	5	4	3	2	1
1989 Caprice, V-6						
4d Sed	260	790	1,320	2,970	4,620	6,600
4d Sta Wag	200	590	980	2,210	3,430	4,900
1989 Caprice, V-8						
4d Sed	330	980	1,640	3,690	5,740	8,200
4d Sed Classic	340	1,030	1,720	3,870	6,020	8,600
4d Classic Brgm Sed	370	1,100	1,840	4,140	6,440	9,200
4d Classic Sta Wag	400	1,250	2,100	4,730	7,350	10,500
4d LS Sed	400	1,200	2,000	4,500	7,000	10,000
1989 Camaro, V-6						
2d RS Cpe	400	1,200	2,000	4,500	7,000	10,000
1989 Camaro, V-8						
2d RS Cpe	520	1,560	2,600	5,850	9,100	13,000
2d RS Conv	640	1,920	3,200	7,200	11,200	16,000
2d IROC-Z Cpe	740	2,220	3,700	8,330	12,950	18,500
2d IROC-Z Conv	800	2,400	4,000	9,000	14,000	20,000
1990 Cavalier, 4-cyl.						
2d Cpe	168	504	840	1,890	2,940	4,200
4d Sed	172	516	860	1,940	3,010	4,300
4d Sta Wag	176	528	880	1,980	3,080	4,400
2d Z24 Cpe, V-6	260	780	1,300	2,930	4,550	6,500
1990 Beretta, 4-cyl.						
2d Cpe	208	624	1,040	2,340	3,640	5,200
2d GTZ Cpe	270	800	1,340	3,020	4,690	6,700
NOTE: Add 10% for V-6; 10% for Pace car.						
1990 Corsica, 4-cyl.						
4d LT	192	576	960	2,160	3,360	4,800
4d LT HBk	196	588	980	2,210	3,430	4,900
4d LTZ	240	720	1,200	2,700	4,200	6,000
NOTE: Add 10% for V-6.						
1990 Celebrity, 4-cyl.						
4d Sta Wag	200	600	1,000	2,250	3,500	5,000
NOTE: Add 10% for V-6.						
1990 Lumina, 4-cyl.						
2d Cpe	220	660	1,100	2,480	3,850	5,500
4d Sed	220	660	1,100	2,480	3,850	5,500
2d Euro Cpe	260	790	1,320	2,970	4,620	6,600
4d Euro Sed	260	780	1,300	2,930	4,550	6,500
1990 Caprice, V-8						
4d Sed	340	1,020	1,700	3,830	5,950	8,500
4d Classic Sed	340	1,030	1,720	3,870	6,020	8,600
4d Classic Sta Wag	420	1,260	2,100	4,730	7,350	10,500
4d Brgm Sed	370	1,100	1,840	4,140	6,440	9,200
4d LS Sed	400	1,200	2,000	4,500	7,000	10,000
1990 Camaro, V-6						
2d RS Cpe	400	1,200	2,000	4,500	7,000	10,000
1990 Camaro, V-8						
2d RS Cpe	520	1,560	2,600	5,850	9,100	13,000
2d RS Conv	640	1,920	3,200	7,200	11,200	16,000
2d IROC-Z Cpe	740	2,220	3,700	8,330	12,950	18,500
2d IROC-Z Conv	800	2,400	4,000	9,000	14,000	20,000
1991 Cavalier, 4-cyl.						
4d VL Sed	140	420	700	1,580	2,450	3,500
2d VL Cpe	136	408	680	1,530	2,380	3,400
4d VL Sta Wag	144	432	720	1,620	2,520	3,600
4d RS Sed	180	550	920	2,070	3,220	4,600
2d RS Cpe	190	560	940	2,120	3,290	4,700
2d RS Conv, V-6	280	840	1,400	3,150	4,900	7,000
4d RS Sta Wag	200	590	980	2,210	3,430	4,900
2d Z24 Cpe, V-6	240	720	1,200	2,700	4,200	6,000
NOTE: Add 10% for V-6.						
1991 Beretta, 4-cyl.						
2d Cpe	180	540	900	2,030	3,150	4,500
2d GT Cpe, V-6	272	816	1,360	3,060	4,760	6,800
2d GTZ Cpe	270	800	1,340	3,020	4,690	6,700
4d NBk Corsica	160	480	800	1,800	2,800	4,000
4d HBk Corsica	168	504	840	1,890	2,940	4,200
NOTE: Add 10% for V-6.						
1991 Lumina, 4-cyl.						
4d Sed	188	564	940	2,120	3,290	4,700
2d Cpe	192	576	960	2,160	3,360	4,800
4d Euro Sed, V-6	228	684	1,140	2,570	3,990	5,700
2d Euro Sed, V-6	240	710	1,180	2,660	4,130	5,900
2d Z34 Cpe, V-6	280	840	1,400	3,150	4,900	7,000
NOTE: Add 10% for V-6.						
1991 Camaro, V-6						
2d Cpe	420	1,260	2,100	4,730	7,350	10,500
2d Conv	600	1,800	3,000	6,750	10,500	15,000

	6	5	4	3	2	1
1991 Camaro, V-8						
2d RS Cpe	520	1,560	2,600	5,850	9,100	13,000
2d RS Conv	640	1,920	3,200	7,200	11,200	16,000
2d Z28 Cpe	700	2,100	3,500	7,880	12,250	17,500
2d Z28 Conv	760	2,280	3,000	8,550	13,300	19,000
1991 Caprice, V-8						
4d Sed	236	708	1,180	2,660	4,130	5,900
4d Sta Wag	380	1,140	1,900	4,280	6,650	9,500
4d Sed Classic	372	1,116	1,860	4,190	6,510	9,300
NOTE: Add 15% LTZ Sed option.						
1992 Cavalier, 4-cyl.						
4d VL Sed	200	600	1,000	2,250	3,500	5,000
2d VL Cpe	200	610	1,020	2,300	3,570	5,100
4d VL Sta Wag	210	620	1,040	2,340	3,640	5,200
4d RS Sed	208	624	1,040	2,340	3,640	5,200
2d RS Cpe	210	640	1,060	2,390	3,710	5,300
2d RS Conv	300	900	1,500	3,380	5,250	7,500
4d RS Sta Wag	220	650	1,080	2,430	3,780	5,400
2d Z24 Cpe, V-6	260	780	1,300	2,930	4,550	6,500
2d Z24 Conv, V-6	340	1,020	1,700	3,830	5,950	8,500
NOTE: Add 10% for V-6 where available.						
1992 Beretta, 4-cyl.						
2d Cpe	220	660	1,100	2,480	3,850	5,500
2d GT Cpe	240	720	1,200	2,700	4,200	6,000
2d GTZ Cpe	270	800	1,340	3,020	4,690	6,700
NOTE: Add 10% for V-6 where available.						
1992 Corsica						
4d LT Sed	208	624	1,040	2,340	3,640	5,200
NOTE: Add 10% for V-6 where available.						
1992 Lumina, 4-cyl.						
4d Sed	220	660	1,100	2,480	3,850	5,500
2d Cpe	220	660	1,100	2,480	3,850	5,500
4d Euro Sed, V-6	230	700	1,160	2,610	4,060	5,800
2d Euro Cpe, V-6	240	720	1,200	2,700	4,200	6,000
2d Z34 Cpe, V-6	280	840	1,400	3,150	4,900	7,000
NOTE: Add 10% for V-6 where available.						
1992 Camaro, V-6						
2d RS Cpe	480	1,440	2,400	5,400	8,400	12,000
2d RS Conv	600	1,800	3,000	6,750	10,500	15,000
2d Z28 Cpe	660	1,980	3,300	7,430	11,550	16,500
2d Z28 Conv	720	2,160	3,600	8,100	12,600	18,000
NOTE: Add 10% for V-8 where available; 5% for Heritage Edition (25th Anniversary model).						
1992 Caprice, V-8						
4d Sed	240	720	1,200	2,700	4,200	6,000
4d Classic Sed	260	780	1,300	2,930	4,550	6,500
4d Sta Wag	380	1,150	1,920	4,320	6,720	9,600
NOTE: Add 15% for LTZ Sed option.						
1993 Cavalier, 4-cyl.						
2d VL Cpe	210	620	1,040	2,340	3,640	5,200
4d VL Sed	200	610	1,020	2,300	3,570	5,100
4d VL Sta Wag	210	640	1,060	2,390	3,710	5,300
2d RS Cpe	240	730	1,220	2,750	4,270	6,100
2d RS Conv	310	940	1,560	3,510	5,460	7,800
4d RS Sed	210	640	1,060	2,390	3,710	5,300
4d RS Sta Wag	220	660	1,100	2,480	3,850	5,500
1993 Cavalier, V-6						
2d Z24 Cpe	260	790	1,320	2,970	4,620	6,600
2d Z24 Conv	340	1,030	1,720	3,870	6,020	8,600
1993 Beretta, 4-cyl.						
2d Cpe	248	744	1,240	2,790	4,340	6,200
2d GT Cpe	252	756	1,260	2,840	4,410	6,300
2d GTZ Cpe	260	780	1,300	2,930	4,550	6,500
1993 Beretta, V-6						
2d Cpe	252	756	1,260	2,840	4,410	6,300
2d GT Cpe	256	768	1,280	2,880	4,480	6,400
2d GTZ Cpe	260	790	1,320	2,970	4,620	6,600
1993 Corsica, 4-cyl.						
4d NBk	212	636	1,060	2,390	3,710	5,300
4d HBk	220	660	1,100	2,480	3,850	5,500
1993 Corsica, V-6						
4d NBk	216	648	1,080	2,430	3,780	5,400
4d HBk	224	672	1,120	2,520	3,920	5,600
1993 Lumina, 4-cyl. & V-6						
2d Cpe	224	672	1,120	2,520	3,920	5,600
4d Sed, 4-cyl.	232	696	1,160	2,610	4,060	5,800
4d Sed	240	720	1,200	2,700	4,200	6,000
4d Euro Sed	248	744	1,240	2,790	4,340	6,200
2d Euro Cpe	260	770	1,280	2,880	4,480	6,400
2d Z34 Cpe	280	840	1,400	3,150	4,900	7,000

CHEVROLET

	6	5	4	3	2	1
1993 Camaro						
2d Cpe, V-6	420	1,260	2,100	4,730	7,350	10,500
2d Cpe Z28, V-8	540	1,620	2,700	6,080	9,450	13,500
NOTE: Add 10% for Pace Car.						
1993 Caprice, V-8						
4d Sed	248	744	1,240	2,790	4,340	6,200
4d LS Sed	260	780	1,300	2,930	4,550	6,500
4d Sta Wag	380	1,150	1,920	4,320	6,720	9,600
NOTE: Add 15% for LTZ Sed option.						
1994 Cavalier, 4-cyl.						
4d VL Sed	180	540	900	2,030	3,150	4,500
2d VL Cpe	168	504	840	1,890	2,940	4,200
4d RS Sed	200	600	1,000	2,250	3,500	5,000
2d RS Cpe	192	576	960	2,160	3,360	4,800
4d RS Sta Wag	204	612	1,020	2,300	3,570	5,100
2d RS Conv	280	840	1,400	3,150	4,900	7,000
2d Z24 Cpe, V-6	244	732	1,220	2,750	4,270	6,100
2d Z24 Conv, V-6	320	970	1,620	3,650	5,670	8,100
1994 Beretta & Corsica, 4-cyl. & V-6						
2d Cpe	220	660	1,100	2,480	3,850	5,500
2d Cpe Z26	260	780	1,300	2,930	4,550	6,500
4d Sed	208	624	1,040	2,340	3,640	5,200
1994 Lumina, V-6						
4d Sed	260	780	1,300	2,930	4,550	6,500
4d Euro Sed	260	770	1,280	2,880	4,480	6,400
2d Euro Cpe	260	780	1,300	2,930	4,550	6,500
2d Z34 Cpe	400	1,200	2,000	4,500	7,000	10,000
1994 Camaro						
2d Cpe, V-6	420	1,260	2,100	4,730	7,350	10,500
2d Conv, V-6	500	1,500	2,500	5,630	8,750	12,500
2d Z28 Cpe, V-8	540	1,620	2,700	6,080	9,450	13,500
2d Z28 Conv, V-8	620	1,860	3,100	6,980	10,850	15,500
1994 Caprice Classic, V-8						
4d Sed	340	1,020	1,700	3,830	5,950	8,500
4d LS Sed	380	1,140	1,900	4,280	6,650	9,500
4d Sta Wag	420	1,260	2,100	4,730	7,350	10,500
4d Impala SS Sed	1,120	3,360	5,600	12,600	19,600	28,000
1995 Cavalier, 4-cyl.						
2d Cpe	190	560	940	2,120	3,290	4,700
4d Sed	190	580	960	2,160	3,360	4,800
2d LS Conv	280	850	1,420	3,200	4,970	7,100
4d LS Sed	200	610	1,020	2,300	3,570	5,100
2d Z24 Cpe	250	740	1,240	2,790	4,340	6,200
1995 Beretta & Corsica, 4-cyl. & V-6						
2d Beretta Cpe	200	650	1,100	2,480	3,850	5,500
2d Beretta Z26 Cpe (V-6 only)	250	800	1,300	2,930	4,550	6,500
4d Corsica Sed	200	600	1,050	2,340	3,650	5,200
1995 Lumina, V-6						
4d Sed	250	800	1,300	2,930	4,550	6,500
4d LS Sed	300	850	1,400	3,150	4,900	7,000
1995 Monte Carlo, V-6						
2d LS Cpe	280	840	1,400	3,150	4,900	7,000
2d Z34 Cpe	340	1,020	1,700	3,830	5,950	8,500
1995 Camaro, V-6 & V-8						
2d Cpe, V-6	420	1,260	2,100	4,730	7,350	10,500
2d Conv, V-6	500	1,500	2,500	5,630	8,750	12,500
2d Z28 Cpe, V-8	540	1,620	2,700	6,080	9,450	13,500
2d Z28 Conv, V-8	620	1,860	3,100	6,980	10,850	15,500
1995 Caprice Classic, V-8						
4d Sed	350	1,000	1,700	3,830	5,950	8,500
4d Sta Wag	400	1,250	2,100	4,730	7,350	10,500
4d Impala SS Sed	1,120	3,360	5,600	12,600	19,600	28,000
1996 Cavalier, 4-cyl.						
2d Cpe	190	560	940	2,120	3,290	4,700
4d Sed	190	580	960	2,160	3,360	4,800
2d LS Conv	280	850	1,420	3,200	4,970	7,100
4d LS Sed	200	610	1,020	2,300	3,570	5,100
2d Z24 Cpe	250	740	1,240	2,790	4,340	6,200
1996 Beretta & Corsica, 4-cyl. & V-6						
2d Beretta Cpe	200	650	1,100	2,480	3,850	5,500
2d Beretta Z26 Cpe (V-6 only)	250	800	1,300	2,930	4,550	6,500
4d Corsica Sed	200	600	1,050	2,340	3,650	5,200
1996 Lumina, V-6						
4d Sed	250	800	1,300	2,930	4,550	6,500
4d LS Sed	300	850	1,400	3,150	4,900	7,000
1996 Monte Carlo, V-6						
2d LS Cpe	280	840	1,400	3,150	4,900	7,000
2d Z34 Cpe	340	1,020	1,700	3,830	5,950	8,500

CHEVROLET

	6	5	4	3	2	1
1996 Camaro, V-6 & V-8						
2d Cpe, V-6	420	1,260	2,100	4,730	7,350	10,500
2d Conv, V-6	500	1,500	2,500	5,630	8,750	12,500
2d RS Cpe, V-6	460	1,380	2,300	5,180	8,050	11,500
2d RS Conv, V-6	520	1,560	2,600	5,850	9,100	13,000
2d Z28 Cpe, V-8	540	1,620	2,700	6,080	9,450	13,500
2d Z28 Conv, V-8	620	1,860	3,100	6,980	10,850	15,500
NOTE: Add 25% for SS Option Pkg.						
1996 Caprice Classic, V-8						
4d Sed	350	1,000	1,700	3,830	5,950	8,500
4d Sta Wag	400	1,250	2,100	4,730	7,350	10,500
4d Impala SS Sed	1,160	3,480	5,800	13,050	20,300	29,000
1997 Cavalier, 4-cyl.						
2d Cpe	190	560	940	2,120	3,290	4,700
4d Sed	190	580	960	2,160	3,360	4,800
2d RS Cpe	196	588	980	2,210	3,430	4,900
2d LS Conv	280	850	1,420	3,200	4,970	7,100
4d LS Sed	200	610	1,020	2,300	3,570	5,100
2d Z24 Cpe	250	740	1,240	2,790	4,340	6,200
1997 Malibu, 4-cyl. & V-6						
4d Sed	256	768	1,280	2,880	4,480	6,400
4d LS Sed (V-6 only)	280	830	1,380	3,110	4,830	6,900
1997 Lumina, V-6						
4d Sed	260	780	1,300	2,930	4,550	6,500
4d LS Sed	280	840	1,400	3,150	4,900	7,000
4d LTZ Sed	300	900	1,500	3,380	5,250	7,500
1997 Monte Carlo, V-6						
2d LS Cpe	280	840	1,400	3,150	4,900	7,000
2d Z34 Cpe	340	1,020	1,700	3,830	5,950	8,500
1997 Camaro, V-6 & V-8						
2d Cpe, V-6	420	1,260	2,100	4,730	7,350	10,500
2d Conv, V-6	500	1,500	2,500	5,630	8,750	12,500
2d RS Cpe, V-6	460	1,380	2,300	5,180	8,050	11,500
2d RS Conv, V-6	520	1,560	2,600	5,850	9,100	13,000
2d Z28 Cpe, V-8	540	1,620	2,700	6,080	9,450	13,500
2d Z28 Conv, V-8	620	1,860	3,100	6,980	10,850	15,500
NOTE: Add 10% for Z28 30th Anniversary Pkg.						
1998 Metro, 4-cyl.						
2d HBk (3-cyl.)	120	360	600	1,350	2,100	3,000
2d LSi HBk	130	400	660	1,490	2,310	3,300
4d LSi Sed	140	430	720	1,620	2,520	3,600
1998 Prism, 4-cyl.						
4d Sed	150	440	740	1,670	2,590	3,700
4d LSi Sed	160	480	800	1,800	2,800	4,000
1998 Cavalier, 4-cyl.						
2d Cpe	190	560	940	2,120	3,290	4,700
4d Sed	190	580	960	2,160	3,360	4,800
2d RS Cpe	200	590	980	2,210	3,430	4,900
4d LS Sed	200	610	1,020	2,300	3,570	5,100
2d Z24 Cpe	250	740	1,240	2,790	4,340	6,200
2d Z24 Conv	290	860	1,440	3,240	5,040	7,200
1998 Malibu, 4-cyl. & V-6						
4d Sed	260	770	1,280	2,880	4,480	6,400
4d LS Sed (V-6 only)	280	830	1,380	3,110	4,830	6,900
1998 Lumina, V-6						
4d Sed	260	780	1,300	2,930	4,550	6,500
4d LS Sed	280	840	1,400	3,150	4,900	7,000
4d LTZ Sed	300	900	1,500	3,380	5,250	7,500
NOTE: Add 5% for LTZ 3.8L V-6.						
1998 Monte Carlo, V-6						
2d LS Cpe	280	840	1,400	3,150	4,900	7,000
2d Z34 Cpe	340	1,020	1,700	3,830	5,950	8,500
1998 Camaro, V-6 & V-8						
2d Cpe, V-6	420	1,260	2,100	4,730	7,350	10,500
2d Conv, V-6	500	1,500	2,500	5,630	8,750	12,500
2d Z28 Cpe, V-8	540	1,620	2,700	6,080	9,450	13,500
2d Z28 Conv, V-8	620	1,860	3,100	6,980	10,850	15,500
2d SS Cpe, V-8	600	1,800	3,000	6,750	10,500	15,000
2d SS Conv, V-8	660	1,980	3,300	7,430	11,550	16,500
1999 Metro, 4-cyl.						
2d HBk (3-cyl.)	120	360	600	1,350	2,100	3,000
2d LSi HBk	130	400	660	1,490	2,310	3,300
4d LSi Sed	140	430	720	1,620	2,520	3,600
1999 Prism, 4-cyl.						
4d Sed	150	440	740	1,670	2,590	3,700
4d LSi Sed	160	480	800	1,800	2,800	4,000
1999 Cavalier, 4-cyl.						
2d Cpe	190	560	940	2,120	3,290	4,700
4d Sed	190	580	960	2,160	3,360	4,800

CHEVROLET

	6	5	4	3	2	1
2d RS Cpe	200	590	980	2,210	3,430	4,900
4d LS Sed.	200	610	1,020	2,300	3,570	5,100
2d Z24 Cpe.	250	740	1,240	2,790	4,340	6,200
2d Z24 Conv	290	860	1,440	3,240	5,040	7,200

NOTE: Add 5% for bi-fuel (compressed natural gas) Sed.

1999 Malibu, 4-cyl. & V-6

	6	5	4	3	2	1
4d Sed	260	770	1,280	2,880	4,480	6,400
4d LS Sed (V-6 only).	280	830	1,380	3,110	4,830	6,900

1999 Lumina, V-6

	6	5	4	3	2	1
4d Sed	260	780	1,300	2,930	4,550	6,500
4d LS Sed.	280	840	1,400	3,150	4,900	7,000
4d LTZ Sed	300	900	1,500	3,380	5,250	7,500

NOTE: Add 5% for Police Pkg. 3.8L V-6.

1999 Monte Carlo, V-6

	6	5	4	3	2	1
2d LS Cpe.	280	840	1,400	3,150	4,900	7,000
2d Z34 Cpe.	340	1,020	1,700	3,830	5,950	8,500

1999 Camaro, V-6 & V-8

	6	5	4	3	2	1
2d Cpe, V-6.	420	1,260	2,100	4,730	7,350	10,500
2d Conv, V-6	500	1,500	2,500	5,630	8,750	12,500
2d Z28 Cpe, V-8	540	1,620	2,700	6,080	9,450	13,500
2d Z28 Conv, V-8	620	1,860	3,100	6,980	10,850	15,500
2d SS Cpe, V-8	600	1,800	3,000	6,750	10,500	15,000
2d SS Conv, V-8	660	1,980	3,300	7,430	11,550	16,500

NOTE: Add 5% for optional 6-Spd on Z28.

2000 Metro, 4-cyl.

	6	5	4	3	2	1
2d HBk (3-cyl.)	120	360	600	1,350	2,100	3,000
2d LSi HBk	130	400	660	1,490	2,310	3,300
4d LSi Sed	140	430	720	1,620	2,520	3,600

2000 Prism, 4-cyl.

	6	5	4	3	2	1
4d Sed	150	440	740	1,670	2,590	3,700
4d LSi Sed	160	480	800	1,800	2,800	4,000

2000 Cavalier, 4-cyl.

	6	5	4	3	2	1
2d Cpe	190	560	940	2,120	3,290	4,700
4d Sed	190	580	960	2,160	3,360	4,800
4d LS Sed.	200	610	1,020	2,300	3,570	5,100
2d Z24 Cpe.	250	740	1,240	2,790	4,340	6,200
2d Z24 Conv.	290	860	1,440	3,240	5,040	7,200

2000 Malibu, V-6

	6	5	4	3	2	1
4d Sed	260	770	1,280	2,880	4,480	6,400
4d LS Sed.	280	830	1,380	3,110	4,830	6,900

2000 Lumina, V-6

	6	5	4	3	2	1
4d Sed	260	780	1,300	2,930	4,550	6,500

2000 Monte Carlo, V-6

	6	5	4	3	2	1
2d LS Cpe.	280	840	1,400	3,150	4,900	7,000
2d SS Cpe	360	1,080	1,800	4,050	6,300	9,000

2000 Camaro, V-6 & V-8

	6	5	4	3	2	1
2d Cpe, V-6.	420	1,260	2,100	4,730	7,350	10,500
2d Conv, V-6	500	1,500	2,500	5,630	8,750	12,500
2d Z28 Cpe, V-8	540	1,620	2,700	6,080	9,450	13,500
2d Z28 Conv, V-8	620	1,860	3,100	6,980	10,850	15,500
2d SS Cpe, V-8	600	1,800	3,000	6,750	10,500	15,000
2d SS Conv, V-8	660	1,980	3,300	7,430	11,550	16,500

2000 Impala, V-6

	6	5	4	3	2	1
4d Sed	280	840	1,400	3,150	4,900	7,000
4d LS Sed.	300	900	1,500	3,380	5,250	7,500

2001 Metro, 4-cyl.

	6	5	4	3	2	1
4d LSi Sed	140	430	720	1,800	2,520	3,600

2001 Prism, 4-cyl.

	6	5	4	3	2	1
4d Sed	150	440	740	1,850	2,590	3,700
4d LSi Sed	160	480	800	2,000	2,800	4,000

2001 Cavalier, 4-cyl.

	6	5	4	3	2	1
2d Cpe	190	560	940	2,120	3,290	4,700
4d Sed	190	580	960	2,160	3,360	4,800
4d LS Sed.	200	610	1,020	2,300	3,570	5,100
2d Z24 Cpe.	250	740	1,240	2,790	4,340	6,200

2001 Malibu, V-6

	6	5	4	3	2	1
4d Sed	260	770	1,280	3,200	4,480	6,400
4d LS Sed.	280	830	1,380	3,450	4,830	6,900

2001 Lumina, V-6

	6	5	4	3	2	1
4d Sed	260	780	1,300	3,250	4,550	6,500

2001 Monte Carlo, V-6

	6	5	4	3	2	1
2d LS Cpe.	280	840	1,400	3,150	4,900	7,000
2d SS Cpe	360	1,080	1,800	4,050	6,300	9,000

2001 Camaro, V-6 & V-8

	6	5	4	3	2	1
2d Cpe, V-6.	420	1,260	2,100	4,730	7,350	10,500
2d Conv, V-6	500	1,500	2,500	5,630	8,750	12,500
2d Z28 Cpe, V-8	540	1,620	2,700	6,080	9,450	13,500
2d Z28 Conv, V-8	620	1,860	3,100	6,980	10,850	15,500
2d SS Cpe, V-8	600	1,800	3,000	6,750	10,500	15,000

	6	5	4	3	2	1
2d SS Conv, V-8	660	1,980	3,300	7,430	11,550	16,500
2001 Impala, V-8						
4d Sed	280	840	1,400	3,500	4,900	7,000
4d LS Sed	300	900	1,500	3,750	5,250	7,500
2002 Prism, 4-cyl.						
4d Sed	150	440	740	1,850	2,590	3,700
4d LSi Sed	160	480	800	2,000	2,800	4,000
2002 Cavalier, 4-cyl.						
2d Cpe	190	560	940	2,120	3,290	4,700
2d LS Cpe.	190	580	960	2,160	3,360	4,800
2d LS Sport Cpe.	200	590	980	2,210	3,430	4,900
2d Z24 Cpe.	250	740	1,240	2,790	4,340	6,200
4d Sed	180	550	920	2,070	3,220	4,600
4d LS Sed.	200	610	1,020	2,300	3,570	5,100
4d LS Sport Sed.	210	620	1,040	2,340	3,640	5,200
4d Z24 Sed.	240	730	1,220	2,750	4,270	6,100
NOTE: Both the Z24 cpe and sed were discontinued mid-model year.						
2002 Malibu, V-6						
4d Sed	260	770	1,280	3,200	4,480	6,400
4d LS Sed.	280	830	1,380	3,450	4,830	6,900
2002 Monte Carlo, V-6						
2d LS Cpe.	280	840	1,400	3,150	4,900	7,000
2d SS Cpe	360	1,080	1,800	4,050	6,300	9,000
NOTE: Add 50% for SS Dale Earnhardt Signature Edition; 5% for LS Sport Appearance Pkg.						
2002 Camaro, V-6 & V-8						
2d Cpe, V-6.	420	1,260	2,100	4,730	7,350	10,500
2d Conv, V-6	500	1,500	2,500	5,630	8,750	12,500
2d Z28 Cpe, V-8	540	1,620	2,700	6,080	9,450	13,500
2d Z28 Conv, V-8	620	1,860	3,100	6,980	10,850	15,500
2d SS Cpe, V-8	600	1,800	3,000	6,750	10,500	15,000
2d SS Conv, V-8	660	1,980	3,300	7,430	11,550	16,500
NOTE: Add 5% for SS 35th Anniversary Edition.						
2002 Impala, V-6						
4d Sed	280	840	1,400	3,500	4,900	7,000
4d LS Sed.	300	900	1,500	3,750	5,250	7,500
2003 Cavalier, 4-cyl.						
2d Cpe	190	560	940	2,120	3,290	4,700
2d LS Cpe.	190	580	960	2,160	3,360	4,800
2d LS Sport Cpe.	200	590	980	2,210	3,430	4,900
4d Sed	180	550	920	2,070	3,220	4,600
4d LS Sed.	200	610	1,020	2,300	3,570	5,100
4d LS Sport Sed.	210	620	1,040	2,340	3,640	5,200
NOTE: Deduct 5% for manual transmission.						
2003 Malibu, V-6						
4d Sed	260	770	1,280	3,200	4,480	6,400
4d LS Sed.	280	830	1,380	3,450	4,830	6,900
2003 Monte Carlo, V-6						
2d LS Cpe.	280	840	1,400	3,150	4,900	7,000
2d SS Cpe	360	1,080	1,800	4,050	6,300	9,000
NOTE: Add 5% for SS High Sport Apperance Pkg.						
2003 Impala, V-6						
4d Sed	280	840	1,400	3,500	4,900	7,000
4d LS Sed.	300	900	1,500	3,750	5,250	7,500
NOTE: Add 5% for 3.8L V-6 in base sed.; 5% for Sport Appearance Pkg. in LS.						
2004 Aveo, 4-cyl.						
4d HBk	140	430	720	1,800	2,520	3,600
4d LS HBk	150	440	740	1,850	2,590	3,700
4d Sed	150	460	760	1,900	2,660	3,800
4d LS Sed.	160	480	800	2,000	2,800	4,000
NOTE: Deduct 5% for manual transmission.						
2004 Cavalier, 4-cyl.						
2d Cpe	190	560	940	2,120	3,290	4,700
2d LS Cpe.	190	580	960	2,160	3,360	4,800
2d LS Sport Cpe.	200	590	980	2,210	3,430	4,900
4d Sed	180	550	920	2,070	3,220	4,600
4d LS Sed.	200	610	1,020	2,300	3,570	5,100
4d LS Sport Sed.	210	620	1,040	2,340	3,640	5,200
NOTE: Deduct 5% for manual transmission.						
2004 Classic, 4-cyl.						
4d Sed	170	520	860	2,150	3,010	4,300
2004 Malibu, V-6						
4d Sed	260	770	1,280	3,200	4,480	6,400
4d LS Sed.	280	830	1,380	3,450	4,830	6,900
4d LT Sed	290	880	1,460	3,650	5,110	7,300
4d Maxx HBk	280	850	1,420	3,550	4,970	7,100
4d Maxx LS HBk.	290	880	1,460	3,650	5,110	7,300
4d Maxx LT HBk	300	900	1,500	3,750	5,250	7,500
NOTE: Deduct 10% for 4-cyl. on base sed.						

	6	5	4	3	2	1
2004 Monte Carlo, V-6						
2d LS Cpe.	280	840	1,400	3,150	4,900	7,000
2d SS Cpe	360	1,080	1,800	4,050	6,300	9,000
NOTE: Add 15% for supercharged SS.						
2004 Impala, V-6						
4d Sed	280	840	1,400	3,500	4,900	7,000
4d LS Sed.	300	900	1,500	3,750	5,250	7,500
4d SS Sed	330	1,000	1,660	4,150	5,810	8,300
NOTE: Add 5% for 3.8L V-6 in base sed.; 5% for Sport Appearance Pkg. in LS.						
2005 Aveo, 4-cyl.						
4d HBk	140	430	720	1,800	2,520	3,600
4d LS HBk	150	440	740	1,850	2,590	3,700
4d LT HBk.	150	460	760	1,710	2,660	3,800
4d Sed	150	460	760	1,900	2,660	3,800
4d LS Sed.	160	480	800	2,000	2,800	4,000
4d LT Sed	160	490	820	2,050	2,870	4,100
NOTE: Deduct 5% for manual transmission.						
2005 Cavalier, 4-cyl.						
2d Cpe	170	500	840	2,100	2,940	4,200
2d LS Cpe.	170	520	860	2,150	3,010	4,300
2d LS Sport Cpe.	190	560	940	2,350	3,290	4,700
4d Sed	180	540	900	2,250	3,150	4,500
4d LS Sed.	200	600	1,000	2,500	3,500	5,000
4d LS Sport Sed.	220	650	1,080	2,700	3,780	5,400
NOTE: Deduct 5% for manual transmission.						
2005 Classic, 4-cyl.						
4d Sed	170	520	860	2,150	3,010	4,300
2005 Cobalt, 4-cyl.						
2d Cpe	180	530	880	2,200	3,080	4,400
2d LS Cpe.	180	550	920	2,300	3,220	4,600
2d SS Cpe (Supercharged)	310	920	1,540	3,470	5,390	7,700
4d Sed	170	520	860	2,150	3,010	4,300
4d LS Sed.	180	530	880	2,200	3,080	4,400
4d LT Sed.	180	540	900	2,250	3,150	4,500
NOTE: Deduct 5% for manual transmission.						
2005 Malibu, V-6						
4d Sed	260	770	1,280	3,200	4,480	6,400
4d LS Sed.	280	830	1,380	3,450	4,830	6,900
4d LT Sed	290	880	1,460	3,650	5,110	7,300
4d Maxx HBk	280	850	1,420	3,550	4,970	7,100
4d Maxx LS HBk.	290	880	1,460	3,650	5,110	7,300
4d Maxx LT HBk	300	900	1,500	3,750	5,250	7,500
NOTE: Deduct 10% for 4-cyl. on base sed.						
2005 Monte Carlo, V-6						
2d LS Cpe.	270	800	1,340	3,350	4,690	6,700
2d LT Cpe.	270	820	1,360	3,400	4,760	6,800
2d SS Cpe (Supercharged)	340	1,020	1,700	4,250	5,950	8,500
2005 Impala, V-6						
4d Sed	280	840	1,400	3,500	4,900	7,000
4d LS Sed.	300	900	1,500	3,750	5,250	7,500
4d SS Sed	330	1,000	1,660	4,150	5,810	8,300
NOTE: Add 5% for 3.8L V-6 in base sed.; 5% for Sport Appearance Pkg. in LS.						
2006 Aveo, 4-cyl.						
4d SVM Sed	170	500	840	2,100	2,940	4,200
4d SVM HBk	170	520	860	2,150	3,010	4,300
4d LS Sed.	210	640	1,060	2,650	3,710	5,300
4d LS HBk	220	650	1,080	2,700	3,780	5,400
4d LT Sed.	220	660	1,100	2,750	3,850	5,500
4d LT HBk.	220	670	1,120	2,800	3,920	5,600
2006 Cobalt, 4-cyl.						
4d LS Sed.	270	820	1,360	3,060	4,760	6,800
2d LS Cpe.	270	800	1,340	3,350	4,690	6,700
4d LT Sed.	280	840	1,400	3,500	4,900	7,000
2d LT Cpe.	280	830	1,380	3,450	4,830	6,900
4d LTZ Sed.	300	900	1,500	3,750	5,250	7,500
4d SS Sed	310	920	1,540	3,850	5,390	7,700
2d SS Cpe	320	970	1,620	4,050	5,670	8,100
2006 Cobalt, 4-cyl. Supercharged						
2d SS Cpe	350	1,060	1,760	4,400	6,160	8,800
2006 HHR, 4-cyl.						
4d LS Spt Wagon	310	920	1,540	3,850	5,390	7,700
4d LT Spt Wagon	340	1,020	1,700	4,250	5,950	8,500
2006 Malibu, 4-cyl.						
4d LS Sed.	300	900	1,500	3,750	5,250	7,500
4d LT Sed.	320	970	1,620	4,050	5,670	8,100
NOTE: Add 5% for 3.5L V-6.						
2006 Malibu, V-6						
4d LS Maxx HBk.	320	950	1,580	3,950	5,530	7,900
4d LT Maxx HBk.	330	1,000	1,660	4,150	5,810	8,300

CHEVROLET

	6	5	4	3	2	1
4d SS Sed	380	1,130	1,880	4,700	6,580	9,400
4d SS Maxx HBk	380	1,150	1,920	4,800	6,720	9,600
4d LTZ Sed	380	1,140	1,900	4,750	6,650	9,500
4d LTZ Maxx HBk	390	1,160	1,940	4,850	6,790	9,700
2006 Impala, V-6						
4d LS Sed	370	1,100	1,840	4,600	6,440	9,200
4d LT Sed	380	1,140	1,900	4,750	6,650	9,500
4d LTZ Sed	420	1,250	2,080	5,200	7,280	10,400
2006 Impala, V-8						
4d SS Sed	470	1,400	2,340	5,850	8,190	11,700
2006 Monte Carlo, V-6						
2d LS Cpe	320	960	1,600	4,000	5,600	8,000
2d LT Cpe	360	1,070	1,780	4,450	6,230	8,900
2d LTZ Cpe	370	1,100	1,840	4,600	6,440	9,200
2006 Monte Carlo, V-8						
2d Cpe	480	1,430	2,380	5,950	8,330	11,900
2007 Aveo, 4-cyl.						
4d LS Sed	250	760	1,270	2,850	4,430	6,325
4d LT Sed	280	840	1,400	3,500	4,900	7,000
2007 Aveo 5, 4-cyl.						
4d SVM HBk	170	500	840	2,090	2,920	4,175
4d LS HBk	210	630	1,060	2,640	3,690	5,275
2007 Cobalt, 4-cyl.						
4d LS Sed	280	840	1,400	3,500	4,900	7,000
2d LS Cpe	280	840	1,400	3,490	4,880	6,975
4d LT Sed	300	900	1,500	3,750	5,250	7,500
2d LT Cpe	310	940	1,560	3,900	5,460	7,800
4d SS Sed	370	1,100	1,840	4,600	6,440	9,200
2d SS Cpe	400	1,200	2,000	4,500	7,000	10,000
2007 Cobalt, 4-cyl. Supercharged						
2d SS Cpe	410	1,240	2,070	5,180	7,250	10,350
2007 HHR, 4-cyl.						
4d LS Spt Wagon	340	1,010	1,690	4,230	5,920	8,450
4d LS Panel Spt Wagon	340	1,030	1,720	4,300	6,020	8,600
4d LT Spt Wagon	370	1,110	1,850	4,630	6,480	9,250
4d LT Panel Spt Wagon	390	1,180	1,960	4,900	6,860	9,800
2007 Malibu, 4-cyl.						
4d LT Sed	320	960	1,600	4,000	5,600	8,000
NOTE: Add 7% for 3.5L V-6.						
2007 Malibu, V-6						
4d LS Sed	320	970	1,620	4,050	5,670	8,100
NOTE: Deduct 5% for 2.2L 4-cyl.						
4d LS Maxx HBk	350	1,060	1,760	4,400	6,160	8,800
4d LT Maxx HBk	380	1,140	1,900	4,750	6,650	9,500
4d SS Sed	420	1,260	2,100	5,250	7,350	10,500
4d SS Maxx HBk	430	1,280	2,140	5,350	7,490	10,700
4d LTZ Sed	400	1,200	2,000	5,000	7,000	10,000
4d LTZ Maxx HBk	430	1,280	2,140	5,350	7,490	10,700
2007 Impala, V-6						
4d LS Sed	390	1,180	1,960	4,900	6,860	9,800
4d LT Sed	400	1,200	2,000	5,000	7,000	10,000
4d LTZ Sed	440	1,320	2,200	5,500	7,700	11,000
2007 Impala, V-8						
4d SS Sed	520	1,570	2,620	6,550	9,170	13,100
2007 Monte Carlo, V-6						
2d LS Cpe	380	1,140	1,900	4,750	6,650	9,500
2d LT Cpe	410	1,240	2,060	5,150	7,210	10,300
2007 Monte Carlo SS, V-8						
2d Cpe	590	1,760	2,940	7,350	10,290	14,700
2008 Aveo, 1.6L I4						
4d LS Sed	240	720	1,200	3,000	4,200	6,000
4d LT Sed	260	790	1,320	3,300	4,620	6,600
2008 Aveo 5, 1.6L I4						
4d SVM HBk	150	440	730	1,810	2,540	3,625
4d LS HBk	210	630	1,050	2,610	3,660	5,225
2008 Cobalt, 2.2L I4						
4d LS Sed	280	840	1,400	3,500	4,900	7,000
2d LS Cpe	280	850	1,420	3,550	4,970	7,100
4d LT Sed	300	910	1,520	3,800	5,320	7,600
2d LT Cpe	310	920	1,540	3,850	5,390	7,700
4d Spt Sed	360	1,080	1,800	4,500	6,300	9,000
2d Spt Cpe	400	1,200	2,000	5,000	7,000	10,000
2008 Cobalt, 2.0L I4 Turbo						
2d SS Cpe	460	1,380	2,300	5,750	8,050	11,500
2008 HHR, 2.2L I4						
4d LS Spt Wagon	320	960	1,600	4,000	5,600	8,000
4d LS Panel Spt Wagon	340	1,020	1,700	4,250	5,950	8,500
4d LT Spt Wagon	370	1,110	1,850	4,630	6,480	9,250
4d LT Panel Spt Wagon	360	1,080	1,800	4,500	6,300	9,000

CHEVROLET

	6	5	4	3	2	1
2008 HHR, 2.0L I4 Turbo						
4d LS Spt Wagon	520	1,560	2,600	6,500	9,100	13,000
2008 Malibu Classic, 2.2L I4						
4d LS Sed.	300	890	1,480	3,330	5,180	7,400
NOTE: Add 5% for 3.5L V6.						
2008 Malibu Classic, 3.5L V6						
4d LT Sed.	330	990	1,650	4,130	5,780	8,250
2008 Malibu Classic, 2.4L I4						
4d LS Sed.	420	1,250	2,080	5,200	7,280	10,400
4d LT Sed.	460	1,370	2,290	5,150	8,020	11,450
NOTE: Add 5% for 3.6L V6.						
2008 Malibu Hybid, 2.3L I4						
4d Sed	480	1,430	2,380	5,950	8,330	11,900
2008 Malibu, V-6						
4d LTZ Sed.	500	1,490	2,490	5,600	8,720	12,450
4d LTZ Sed.	500	1,490	2,490	5,600	8,720	12,450
2008 Impala, V-6						
4d LS Sed.	390	1,180	1,970	4,430	6,900	9,850
4d LT Sed	410	1,230	2,050	4,610	7,180	10,250
4d LT 50th Anniversary Sed	600	1,800	3,000	6,750	10,500	15,000
4d LTZ Sed.	480	1,450	2,410	5,420	8,440	12,050
2008 Impala, V-8						
4d SS Sed	530	1,600	2,660	5,990	9,310	13,300
2009 Aveo, 1.6L I4						
4d LS Sed.	210	640	1,060	2,650	3,710	5,300
4d LT Sed	240	710	1,180	2,950	4,130	5,900
2009 Aveo 5, 1,6L I4						
4d LS HBk	210	640	1,060	2,650	3,710	5,300
4d LT HBk	220	660	1,100	2,750	3,850	5,500
2009 Cobalt, 2.2L I4						
4d XFE Sed	220	670	1,120	2,800	3,920	5,600
2d XFE Cpe	220	660	1,100	2,750	3,850	5,500
4d LS XFE Sed	220	650	1,080	2,700	3,780	5,400
2d LS XFE Cpe.	220	650	1,080	2,700	3,780	5,400
4d LT XFE Sed	280	830	1,380	3,450	4,830	6,900
2d LT XFE Cpe	280	840	1,400	3,500	4,900	7,000
4d LS Sed.	240	710	1,180	2,950	4,130	5,900
2d LS Cpe.	260	770	1,280	3,200	4,480	6,400
4d LT Sed	270	820	1,360	3,400	4,760	6,800
2d LT Cpe	280	840	1,400	3,500	4,900	7,000
2009 Cobalt, 2.0L I4 Turbo						
4d SS Sed	420	1,260	2,100	5,250	7,350	10,500
2d SS Cpe	380	1,150	1,920	4,800	6,720	9,600
2009 HHR, 2.2L I4						
4d LS Spt Wagon	280	850	1,420	3,550	4,970	7,100
2d LS Panel Spt Wagon	250	760	1,260	3,150	4,410	6,300
4d LT Spt Wagon	280	830	1,380	3,450	4,830	6,900
2d LT Panel Spt Wagon	280	840	1,400	3,500	4,900	7,000
2009 HHR, 2.0L I4 Turbo						
4d SS Spt Wagon.	470	1,400	2,340	5,850	8,190	11,700
2d SS Panel Spt Wagon	490	1,480	2,460	6,150	8,610	12,300
2009 Malibu, 2.4L I4						
4d LS Sed.	370	1,100	1,840	4,600	6,440	9,200
4d LT Sed.	400	1,190	1,980	4,950	6,930	9,900
4d LTZ Sed.	450	1,340	2,230	5,580	7,810	11,150
Add 5% for 3.5L V6 add 10% for 3.6L V6.						
2009 Malibu Hybid, 2.4L I4						
4d Sed	420	1,270	2,120	5,300	7,420	10,600
2009 Impala, V6						
4d LT Sed.	360	1,090	1,820	4,550	6,370	9,100
4d LTZ Sed	430	1,300	2,160	5,400	7,560	
10,800**2009 Impala, V8**						
4d SS Sed	530	1,600	2,660	6,650	9,310	13,300
2009 Impala, V6						
4d LS Sed.	340	1,030	1,720	4,300	6,020	8,600
2010 Aveo, 1.6L I4						
4d LS Sed.	230	700	1,160	2,900	4,060	5,800
4d LT Sed	230	680	1,130	2,810	3,940	5,625
2010 Aveo 5, 1.6L I4						
4d LS HBk	240	710	1,190	2,980	4,170	5,950
4d LT HBk.	250	750	1,260	3,140	4,390	6,275
2010 Cobalt, 2.2L I4						
4d XFE Sed	230	680	1,130	2,830	3,960	5,650
2d XFE Cpe	220	650	1,090	2,730	3,820	5,450
4d LS XFE Sed.	240	710	1,190	2,960	4,150	5,925
4d LS XFE Cpe.	270	820	1,370	3,430	4,800	6,850
4d LT XFE Sed	280	830	1,390	3,480	4,870	6,950
4d LT XFE Cpe	280	850	1,420	3,540	4,950	7,075
4d LS Sed.	250	740	1,240	3,090	4,320	6,175

	6	5	4	3	2	1
2d LS Cpe.	270	800	1,330	3,330	4,660	6,650
4d LT Sed	290	880	1,460	3,650	5,110	7,300
2d LT Cpe	310	930	1,550	3,860	5,410	7,725
2010 Cobalt, 2.0L I4 Turbo						
2d SS Cpe	450	1,340	2,230	5,580	7,810	11,150
2010 HHR, 2.2L I4						
4d LS Spt Wagon	290	880	1,460	3,650	5,110	7,300
2d LS Panel Spt Wagon	310	920	1,530	3,830	5,360	7,650
4d LT Spt Wagon	320	950	1,590	3,980	5,570	7,950
2d LT Panel Spt Wagon	320	970	1,610	4,030	5,640	8,050
2010 HHR, 2.0L I4 Turbo						
4d SS Spt Wagon	480	1,450	2,410	6,030	8,440	12,050
2010 Malibu, 2.4L I4						
4d LS Sed.	400	1,200	2,000	5,000	7,000	10,000
4d LT Sed	430	1,280	2,140	5,350	7,490	10,700
4d LTZ Sed	470	1,420	2,360	5,900	8,260	11,800
NOTE: Add 5% for 3.5L V-6; 10% for 3.6l V-6.						
2010 Impala, 3.5L or 3.9L V-6						
4d LS Sed.	390	1,170	1,950	4,880	6,830	9,750
4d LT Sed	420	1,250	2,080	5,200	7,280	10,400
4d LTZ Sed	470	1,410	2,350	5,880	8,230	11,750
2010 Camaro, 3.6L, V-6						
2d LS Cpe.	580	1,750	2,910	7,280	10,190	14,550
2d LT Cpe.	640	1,930	3,220	8,050	11,270	16,100
NOTE: Add 10% for RS package.						
2010 Camaro SS, 6.2L, V-8						
2s SS Cpe	760	2,270	3,790	9,480	13,270	18,950
2011 Aveo, 1.6L I4						
4d LS Sed	180	540	900	2,250	3,150	4,500
4d LT Sed	200	600	1,000	2,500	3,500	5,000
2011 Aveo 5, 1.6L I4						
4d LS HBk	180	550	920	2,300	3,220	4,600
4d LT HBk	200	610	1,020	2,550	3,570	5,100
2011 Cruze 1.8L I4						
4d LS Sed	270	820	1,370	3,430	4,800	6,850
2011 Cruze, 1.4L I4 Turbo						
4d LT Sed	280	840	1,400	3,490	4,880	6,975
4d LTZ Sed	270	800	1,340	3,350	4,690	6,700
4d eco Sed	300	900	1,500	3,750	5,250	7,500
2011 Volt, AC Electric						
4d Sed	380	1,130	1,880	4,700	6,580	9,400
2011 HHR, 2.2L I4						
4d LS Spt Wagon	270	800	1,340	3,350	4,600	6,700
4d LS Panel Spt Wagon	290	860	1,440	3,600	5,040	7,200
4d LT Spt Wagon	300	900	1,500	3,750	5,250	7,500
2011 Malibu, 2.4L I4						
4d LS Sed	290	880	1,460	3,650	5,110	7,300
4d LT Sed	300	900	1,500	3,750	5,250	7,500
4d LTZ Sed	280	840	1,400	3,500	4,900	7,000
Add 10% for 3.6L V6						
2011 Impala, 3.5L or 3.9L V6						
4d LS Sed	280	840	1,400	3,500	4,900	7,000
4d LT Sed	300	900	1,500	3,750	5,250	7,500
4d LTZ Sed	340	1,020	1,700	4,250	5,950	8,500
2011 Camaro, 3.6L V6						
2d LS Cpe	480	1,440	2,400	6,000	8,400	12,000
2d LT Cpe	560	1,680	2,800	7,000	9,800	14,000
2d LT Conv	640	1,920	3,200	8,000	11,200	16,000
Add 10% for RS package						
2011 Camaro SS, 6.2L V8						
2d SS Cpe	700	2,100	3,500	8,750	12,250	17,500
2d SS Conv	740	2,220	3,700	9,250	12,950	18,500

CORVAIR

	6	5	4	3	2	1
1960 Standard, 6-cyl.						
4d Sed	360	1,080	1,800	4,050	6,300	9,000
2d Cpe	380	1,140	1,900	4,280	6,650	9,500
1960 DeLuxe, 6-cyl.						
4d Sed	364	1,092	1,820	4,100	6,370	9,100
2d Cpe	388	1,164	1,940	4,370	6,790	9,700
1960 Monza, 6-cyl.						
2d Cpe	568	1,704	2,840	6,390	9,940	14,200
1961 Series 500, 6-cyl.						
4d Sed	360	1,080	1,800	4,050	6,300	9,000
2d Cpe	380	1,140	1,900	4,280	6,650	9,500
4d Sta Wag	372	1,116	1,860	4,190	6,510	9,300
1961 Series 700, 6-cyl.						
4d Sed	376	1,128	1,880	4,230	6,580	9,400
2d Cpe	480	1,440	2,400	5,400	8,400	12,000

	6	5	4	3	2	1
4d Sta Wag 388	1,164	1,940	4,370	6,790	9,700
1961 Monza, 6-cyl.					
4d Sed 384	1,152	1,920	4,320	6,720	9,600
2d Cpe 540	1,620	2,700	6,080	9,450	13,500
NOTE: Add $1,200 for A/C.					
1962-63 Series 500, 6-cyl.					
2d Cpe 384	1,152	1,920	4,320	6,720	9,600
1962-63 Series 700, 6-cyl.					
4d Sed 384	1,152	1,920	4,320	6,720	9,600
2d Cpe 484	1,452	2,420	5,450	8,470	12,100
4d Sta Wag (1962 only) 480	1,440	2,400	5,400	8,400	12,000
1962-63 Series 900 Monza, 6-cyl.					
4d Sed 484	1,452	2,420	5,450	8,470	12,100
2d Cpe 544	1,632	2,720	6,120	9,520	13,600
2d Conv 680	2,040	3,400	7,650	11,900	17,000
4d Sta Wag (1962 only) 490	1,460	2,440	5,490	8,540	12,200
1962-63 Monza Spyder, 6-cyl.					
2d Cpe 564	1,692	2,820	6,350	9,870	14,100
2d Conv 720	2,160	3,600	8,100	12,600	18,000
NOTE: Add $1,600 for K.O. wire wheels. Add $1,000 for A/C.					
1964 Series 500, 6-cyl.					
2d Cpe 372	1,116	1,860	4,190	6,510	9,300
1964 Series 700, 6-cyl.					
4d Sed 384	1,152	1,920	4,320	6,720	9,600
1964 Series 900 Monza, 6-cyl.					
4d Sed 480	1,440	2,400	5,400	8,400	12,000
2d Cpe 560	1,680	2,800	6,300	9,800	14,000
2d Conv 680	2,040	3,400	7,650	11,900	17,000
1964 Monza Spyder, 6-cyl.					
2d Cpe 580	1,740	2,900	6,530	10,150	14,500
2d Conv 800	2,400	4,000	9,000	14,000	20,000
NOTE: Add $1,600 for K.O. wire wheels. Add $1,000 for A/C except Spyder.					
1965 Series 500, 6-cyl.					
4d HT 332	996	1,660	3,740	5,810	8,300
2d HT 368	1,104	1,840	4,140	6,440	9,200
1965 Monza Series, 6-cyl.					
4d HT 360	1,080	1,800	4,050	6,300	9,000
2d HT 520	1,560	2,600	5,850	9,100	13,000
2d Conv 720	2,160	3,600	8,100	12,600	18,000
NOTE: Add 20% for 140 hp engine.					
1965 Corsa Series, 6-cyl.					
2d HT 540	1,620	2,700	6,080	9,450	13,500
2d Conv 840	2,520	4,200	9,450	14,700	21,000
NOTE: Add 30% for 180 hp engine. Add $1,000 for A/C.					
1966 Series 500, 6-cyl.					
4d HT 340	1,020	1,700	3,830	5,950	8,500
2d HT 376	1,128	1,880	4,230	6,580	9,400
1966 Monza Series, 6-cyl.					
4d HT 368	1,104	1,840	4,140	6,440	9,200
2d HT 530	1,580	2,640	5,940	9,240	13,200
2d Conv 720	2,160	3,600	8,100	12,600	18,000
NOTE: Add 20% for 140 hp engine.					
1966 Corsa Series, 6-cyl.					
2d HT 544	1,632	2,720	6,120	9,520	13,600
2d Conv 840	2,520	4,200	9,450	14,700	21,000
NOTE: Add 30% for 180 hp engine. Add $1,000 for A/C.					
1967 Series 500, 6-cyl.					
2d HT 360	1,080	1,800	4,050	6,300	9,000
4d HT 340	1,020	1,700	3,830	5,950	8,500
1967 Monza, 6-cyl.					
4d HT 368	1,104	1,840	4,140	6,440	9,200
2d HT 540	1,630	2,720	6,120	9,520	13,600
2d Conv 720	2,160	3,600	8,100	12,600	18,000
NOTE: Add $1,000 for A/C. Add 20% for 140 hp engine.					
1968 Series 500, 6-cyl.					
2d HT 380	1,140	1,900	4,280	6,650	9,500
1968 Monza, 6-cyl.					
2d HT 540	1,630	2,720	6,120	9,520	13,600
2d Conv 720	2,160	3,600	8,100	12,600	18,000
NOTE: Add 20% for 140 hp engine.					
1969 Series 500, 6-cyl.					
2d HT 480	1,440	2,400	5,400	8,400	12,000
1969 Monza					
2d HT 540	1,630	2,720	6,120	9,520	13,600
2d Conv 720	2,160	3,600	8,100	12,600	18,000
NOTE: Add 20% for 140 hp engine.					

CORVETTE

1953
6-cyl. Conv 10,000   30,000   50,000   112,500   175,000   250,000
1954
6-cyl. Conv 4,400   13,200   22,000   49,500   77,000   110,000
NOTE: Add $3,000 for hardtop.
1955
6-cyl. Conv 4,600   13,800   23,000   51,750   80,500   115,000
8-cyl. Conv 5,440   16,320   27,200   61,200   95,200   136,000
NOTE: Add $3,000 for hardtop.
1956
Conv 3,600   10,800   18,000   40,500   63,000   90,000
NOTE: Add 40% for 265 cid 225hp V-8. Add 50% for 265 cid 240hp V-8. Add $3,000 for hard top.
1957
Conv 3,680   11,040   18,400   41,400   64,400   92,000
NOTE: Add $3,000 for hardtop. Add $3,000 for 4spd transmission. Add 10% for 283 cid 245 hp V-8. Add 30% for 283 cid 270 hp V-8. Add 50% for 283 cid 250 F.I. V-8. Add 60% for 283 cid 283 F.I. V-8.
1958
Conv 3,400   10,200   17,000   38,250   59,500   85,000
NOTE: Add $3,000 for hardtop; Add $3,000 for 4 spd transmission; 25% for two 4 barrel carbs, 245 hp; 35% for two 4 barrel carbs, 270 hp; 40% for F.I., 250 hp; 60% for F.I., 290 hp.
1959
Conv 3,220   9,660   16,100   36,230   56,350   80,500
NOTE: Add $3,000 for hardtop; Add $3,000 for 4 spd transmission; 40% for F.I., 250 hp; 60% for F.I., 290 hp; 25% for two 4 barrel carbs, 245 hp; 35% for two 4 barrel carbs, 270 hp.
1960
Conv 3,220   9,660   16,100   36,230   56,350   80,500
NOTE: Add $3,000 for hardtop; Add $3,000 for 4 spd transmission; 40% for F.I., 275 hp; 60% for F.I., 315 hp; 25% for two 4 barrel carbs, 245 hp; 35% for two 4 barrel carbs, 270 hp.
1961
Conv 3,000   9,000   15,000   33,750   52,500   75,000
NOTE: Add $3,000 for hardtop; Add $3,000 for 4 spd transmission; 40% for F.I., 275 hp; 60% for F.I., 315 hp; 25% for two 4 barrel carbs, 245 hp; 35% for two 4 barrel carbs, 270 hp.
1962
Conv 3,240   9,720   16,200   36,450   56,700   81,000
NOTE: Add $3,000 for hardtop; Add $2,000 for 4 spd transmission; Add 20% for 327 cid 300hp V-8; Add 40% for 327 cid 310hp V-8; Add 60% for 327 cid 360hp F.I. V-8.
1963
Spt Cpe 3,360   10,080   16,800   37,800   58,800   84,000
Conv 3,000   9,000   15,000   33,750   52,500   75,000
GS . . . .   value not estimable
NOTE: Add 60% for F.I.; $4,500 for A/C; 40% for 327 cid, 340 hp; $3,000 for hardtop; $3,000 for knock off wheels. Z06 option, value not estimable; Add $2,500 for 4spd transmission; Add 10% for 327 cid 360hp F.I. V-8.
1964
Spt Cpe 2,700   8,100   13,500   30,380   47,250   67,500
Conv 2,900   8,700   14,500   32,630   50,750   72,500
NOTE: Add 60% for F.I.; $4,500 for A/C; $3,000 for hardtop; $3,000 for knock off wheels; Add $2,500 for 4spd transmission; Add 10% for 327 cid 365hp V-8.
1965
Spt Cpe 2,880   8,640   14,400   32,400   50,400   72,000
Conv 3,100   9,300   15,500   34,880   54,250   77,500
NOTE: Add 40% for F.I.; $4,500 for A/C; 60% for 396 cid; $3,000 for knock off wheels; $3,000 for hardtop.
1966
Spt Cpe 2,880   8,640   14,400   32,400   50,400   72,000
Conv 3,100   9,300   15,500   34,880   54,250   77,500
NOTE: Add $4,500 for A/C; 30% for 427 engine - 390 hp; 50% for 427 engine - 425 hp (L72 listed by Chevrolet as having 425 hp, but, is believed to have more); $3,000 for knock off wheels; $3,000 for hardtop.
1967
Spt Cpe 3,280   9,840   16,400   36,900   57,400   82,000
Conv 3,600   10,800   18,000   40,500   63,000   90,000
NOTE: Add $4,500 for A/C. (L88 & L89 option not estimable); 30% for 427 engine - 390 hp; 50% for 427 engine - 400 hp; 75% for 427 engine - 435 hp; $4,000 for aluminum wheels; $3,000 for hardtop.
1968
Spt Cpe 1,640   4,920   8,200   18,450   28,700   41,000
Conv 2,000   6,000   10,000   22,500   35,000   50,000
NOTE: Add 80% for L89 427 - 435 hp aluminum head option (L88 engine option not estimable); 30% for 427-390 hp; 40% for 427, 400 hp; 30% for L71 427-435 hp cast head.
1969
Spt Cpe 1,560   4,680   7,800   17,550   27,300   39,000
Conv 1,920   5,760   9,600   21,600   33,600   48,000
NOTE: Add 80% for L89 427 - 435 hp aluminum head option (L88 engine option not estimable); 30% for 427-390 hp; 40% for 427, 400 hp; 30% for L71 427-435 hp cast head.
1970
Spt Cpe 1,520   4,560   7,600   17,100   26,600   38,000
Conv 1,880   5,640   9,400   21,150   32,900   47,000
NOTE: Add 70% for LT-1 option; 30% for LS5 option. ZR1 option not estimable.
1971
Spt Cpe 1,480   4,440   7,400   16,650   25,900   37,000

	6	5	4	3	2	1
Conv 1,840	5,520	9,200	20,700	32,200	46,000

NOTE: Add 50% for LT-1 option; 30% for LS5 option; 75% for LS6 option.

1972

	6	5	4	3	2	1
Spt Cpe. 1,480	4,440	7,400	16,650	25,900	37,000
Conv 1,840	5,520	9,200	20,700	32,200	46,000

NOTE: Add 50% for LT-1 option; 30% for LS5 option; 25% for air on LT-1.

1973

	6	5	4	3	2	1
Spt Cpe. 1,440	4,320	7,200	16,200	25,200	36,000
Conv 1,800	5,400	9,000	20,250	31,500	45,000

NOTE: Add 10% for L82; 25% for LS4.

1974

	6	5	4	3	2	1
Spt Cpe. 1,240	3,720	6,200	13,950	21,700	31,000
Conv 1,520	4,560	7,600	17,100	26,600	38,000

NOTE: Add 10% for L82; 25% for LS4.

1975

	6	5	4	3	2	1
Spt Cpe. 1,160	3,480	5,800	13,050	20,300	29,000
Conv 1,440	4,320	7,200	16,200	25,200	36,000

NOTE: Add 10% for L82.

1976

	6	5	4	3	2	1
Cpe. 840	2,520	4,200	9,450	14,700	21,000

NOTE: Add 10% for L82.

1977

	6	5	4	3	2	1
Cpe. 880	2,640	4,400	9,900	15,400	22,000

NOTE: Add 10% for L82.

1978

	6	5	4	3	2	1
Cpe. 1,000	3,000	5,000	11,250	17,500	25,000

NOTE: Add 10% for Anniversary model; 25% for Pace Car; 10% for L82 engine option.

1979

	6	5	4	3	2	1
Cpe. 880	2,640	4,400	9,900	15,400	22,000

NOTE: Add 10% for L82 engine option.

1980

	6	5	4	3	2	1
Cpe. 880	2,640	4,400	9,900	15,400	22,000

NOTE: Add 20% for L82 engine option.

1981

	6	5	4	3	2	1
Cpe. 880	2,640	4,400	9,900	15,400	22,000

1982

	6	5	4	3	2	1
2d Cpe 920	2,760	4,600	10,350	16,100	23,000

NOTE: Add 20% for Collector Edition.

1983

NOTE: None manufactured.

1984

	6	5	4	3	2	1
2d HBk 1,080	3,240	5,400	12,150	18,900	27,000

1985

	6	5	4	3	2	1
2d HBk 1,080	3,240	5,400	12,150	18,900	27,000

1986

	6	5	4	3	2	1
2d HBk 1,120	3,360	5,600	12,600	19,600	28,000
Conv Pace Car 1,410	4,220	7,040	15,840	24,640	35,200

1987

	6	5	4	3	2	1
2d HBk 1,120	3,360	5,600	12,600	19,600	28,000
Conv 1,280	3,840	6,400	14,400	22,400	32,000

1988

	6	5	4	3	2	1
2d Cpe 1,100	3,300	5,500	12,380	19,250	27,500
Conv 1,200	3,600	6,000	13,500	21,000	30,000

1989

	6	5	4	3	2	1
2d Cpe 1,120	3,360	5,600	12,600	19,600	28,000
Conv 1,240	3,720	6,200	13,950	21,700	31,000

1990

	6	5	4	3	2	1
2d HBk 1,080	3,240	5,400	12,150	18,900	27,000
Conv 1,240	3,720	6,200	13,950	21,700	31,000
2d HBk ZR1 1,960	5,880	9,800	22,050	34,300	49,000

1991

	6	5	4	3	2	1
2d HBk 1,320	3,960	6,600	14,850	23,100	33,000
Conv 1,440	4,320	7,200	16,200	25,200	36,000
2d HBk ZR1 2,080	6,240	10,400	23,400	36,400	52,000

1992

	6	5	4	3	2	1
2d HBk Cpe 1,360	4,080	6,800	15,300	23,800	34,000
2d Conv 1,480	4,440	7,400	16,650	25,900	37,000
2d ZR1 Cpe 2,120	6,360	10,600	23,850	37,100	53,000

1993

	6	5	4	3	2	1
2d Cpe 1,400	4,200	7,000	15,750	24,500	35,000
2d ZR1 Cpe 2,160	6,480	10,800	24,300	37,800	54,000
2d Conv 1,520	4,560	7,600	17,100	26,600	38,000

NOTE: Add 10% for Anniversary model.

1994

	6	5	4	3	2	1
2d Cpe 1,400	4,200	7,000	15,750	24,500	35,000
2d Conv 1,560	4,680	7,800	17,550	27,300	39,000
2d ZR1 Cpe 2,200	6,600	11,000	24,750	38,500	55,000

1995

	6	5	4	3	2	1
2d Cpe 1,400	4,200	7,000	15,750	24,500	35,000

	6	5	4	3	2	1
2d Conv	1,560	4,680	7,800	17,550	27,300	39,000
2d ZR1 Cpe	2,200	6,600	11,000	24,750	38,500	55,000

NOTE: Add 10% for Pace Car.

1996

	6	5	4	3	2	1
2d Cpe	1,400	4,200	7,000	15,750	24,500	35,000
2d Conv	1,560	4,680	7,800	17,550	27,300	39,000

NOTE: Add 10% for Grand Sport/Collector Edition; 5% for LT4 V-8 in base model.

1997

	6	5	4	3	2	1
2d Cpe	1,480	4,440	7,400	16,650	25,900	37,000

1998 V-8

	6	5	4	3	2	1
2d Cpe	1,480	4,440	7,400	16,650	25,900	37,000
2d Conv	1,600	4,800	8,000	18,000	28,000	40,000

NOTE: Add 10% for Pace Car Edition.

1999 V-8

	6	5	4	3	2	1
2d HT	1,440	4,320	7,200	16,200	25,200	36,000
2d Cpe	1,500	4,500	7,500	16,880	26,250	37,500
2d Conv	1,620	4,860	8,100	18,230	28,350	40,500

2000 V-8

	6	5	4	3	2	1
2d Cpe	1,500	4,500	7,500	16,880	26,250	37,500
2d Conv	1,620	4,860	8,100	18,230	28,350	40,500

2001 V-8

	6	5	4	3	2	1
2d HT Z06	1,560	4,680	7,800	19,500	27,300	39,000
2d Cpe	1,500	4,500	7,500	18,750	26,250	37,500
2d Conv	1,620	4,860	8,100	20,250	28,350	40,500

NOTE: Add $500 for removable HT.

2002 V-8

	6	5	4	3	2	1
2d HT Z06	1,560	4,680	7,800	19,500	27,300	39,000
2d Cpe	1,500	4,500	7,500	18,750	26,250	37,500
2d Conv	1,620	4,860	8,100	20,250	28,350	40,500

NOTE: Add $500 for removable HT; 5% for Z51 Performance Handling Pkg.; 10% for Selective Real-Time Damping Pkg.

2003 V-8

	6	5	4	3	2	1
2d HT Z06	1,560	4,680	7,800	19,500	27,300	39,000
2d Cpe	1,500	4,500	7,500	18,750	26,250	37,500
2d Conv	1,620	4,860	8,100	20,250	28,350	40,500

NOTE: Add $500 for removable HT; 10% for 50th Anniversary Pkg. (excluding Z06).

2004 V-8

	6	5	4	3	2	1
2d HT Z06	1,560	4,680	7,800	19,500	27,300	39,000
2d Cpe	1,500	4,500	7,500	18,750	26,250	37,500
2d Conv	1,620	4,860	8,100	20,250	28,350	40,500

NOTE: Add $500 for removable HT; 5% for Commemorative Edition Pkg.

2005 V-8

	6	5	4	3	2	1
2d Cpe	1,520	4,560	7,600	19,000	26,600	38,000
2d Conv	1,640	4,920	8,200	20,500	28,700	41,000

NOTE: Add $1,000 for power conv. top; $500 for removable HT.

2006 V-8

	6	5	4	3	2	1
2d Cpe	1,060	3,180	5,300	13,250	18,550	26,500
2d Conv	1,100	3,300	5,500	13,750	19,250	27,500
2d Z06 Cpe	1,760	5,280	8,800	22,000	30,800	44,000

NOTE: Add 5% each for: Glass Roof, Dual Roof, Suspension Pkg., Z51 handling, 6-speed manual trans.

2007 V-8

	6	5	4	3	2	1
2d Cpe	1,200	3,600	6,000	15,000	21,000	30,000
2d Conv	1,400	4,200	7,000	17,500	24,500	35,000
2d Z06 Cpe	1,760	5,280	8,800	22,000	30,800	44,000

NOTE: Add 5% each for: Glass Roof, Dual Roof, Suspension Pkg., Z51 handling, 6-speed manual trans.; 8% for Indy Pace Car Pkg.

2008 V-8

	6	5	4	3	2	1
2d Cpe	1,200	3,610	6,020	13,550	21,070	30,100
2d Conv	1,320	3,950	6,580	14,810	23,030	32,900
2d Z06 Cpe	1,680	5,030	8,380	18,860	29,330	41,900

NOTE: Add each for Glass roof; Dual roof; Suspension pkg; Z51 handling and 6-spd manual trans. Add 30% for Indy Pace Car pkg. Add 10% for 4LT. Add $200 for 6-spd trans.

2009 Corvette 6.2L/7.0L V8

	6	5	4	3	2	1
2d Cpe	960	2,880	4,800	12,000	16,800	24,000
2d Conv		1,120	3,360	5,600	14,000	19,600 28,000
2d Z06 Cpe		1,440	4,320	7,200	18,000	25,200 36,000

Add 5% each for Glass Roof; Dual roof; Suspension pkg; Z51 handling and 6-speed manual trans. Add 30% for Indy Pace Car package. Add 10% for 4LT. Add $200 for 6-speed manual transmission. Add $1,000 for Hertz Special Edition.

2009 Corvette 6.2L Supercharged V8

	6	5	4	3	2	1
2d ZR1 Cpe	2,200	6,600	11,000	27,500	38,500	55,000

2010 Corvette 6.2L V8

	6	5	4	3	2	1
2d Cpe	980	2,950	4,920	12,300	17,220	24,600
2d Conv	1,120	3,370	5,620	14,050	19,670	28,100

2010 Corvette Grand Sport 6.2L, 430-435hp, V8

	6	5	4	3	2	1
2d Cpe	1,200	3,590	5,980	14,950	20,930	29,900
2d Conv	1,340	4,010	6,680	16,700	23,380	33,400

2010 Corvette Z06, 7.0L, 505hp, V8

	6	5	4	3	2	1
2d Z06 Cpe	1,470	4,400	7,340	16,520	25,690	36,700

	6	5	4	3	2	1

2010 Corvette 6.2L Supercharged V8

	6	5	4	3	2	1
2d ZR1 Cpe	2,260	6,790	11,320	25,470	39,620	56,600

NOTE: Add 5% for glass roof, dual roof, susp. pkg' Z51 handling & 6-spd manual trans; 30% for Indy Pace Car pkg; 10% for 4LT.

2011 Corvette 6.2L V8

	6	5	4	3	2	1
2d Cpe	960	2,880	4,800	12,000	16,800	24,000
2d Conv	1,100	3,300	5,500	13,750	19,250	27,500

2011 Corvette Grand Sport 6.2L

	6	5	4	3	2	1
2d Cpe	1,200	3,600	6,000	15,000	21,000	30,000
2d Conv	1,400	4,200	7,000	17,500	24,500	35,000

2011 Corvette Z06 7.0L 505-hp V8

	6	5	4	3	2	1
2d Z06 Cpe	1,800	5,400	9,000	22,500	31,500	45,000

2011 Corvette 6.2l Supercharged V8

	6	5	4	3	2	1
2d ZR1 Cpe	2,800	8,400	14,000	35,000	49,000	70,000

Add 5% each for Glass Roof, Dual roof and 6-speed manual trans. Add 8% for Heritage package. Add 10% for 4LT.

CHRYSLER

1924 Model B, 6-cyl., 112.75" wb

	6	5	4	3	2	1
2d Rds	1,660	4,980	8,300	18,680	29,050	41,500
4d Phae	1,700	5,100	8,500	19,130	29,750	42,500
4d Tr	1,660	4,980	8,300	18,680	29,050	41,500
2d RS Cpe	1,420	4,260	7,100	15,980	24,850	35,500
4d Sed	1,340	4,020	6,700	15,080	23,450	33,500
2d Brgm	1,380	4,140	6,900	15,530	24,150	34,500
4d Imp Sed	1,540	4,620	7,700	17,330	26,950	38,500
4d Crw Imp	1,620	4,860	8,100	18,230	28,350	40,500
4d Twn Car	1,700	5,100	8,500	19,130	29,750	42,500

1925 Model B-70, 6-cyl., 112.75" wb

	6	5	4	3	2	1
2d Rds	2,060	6,180	10,300	23,180	36,050	51,500
4d Phae	1,860	5,580	9,300	20,930	32,550	46,500
4d Tr	1,620	4,860	8,100	18,230	28,350	40,500
2d Roy Cpe	1,340	4,020	6,700	15,080	23,450	33,500
4d Sed	1,300	3,900	6,500	14,630	22,750	32,500
2d Brgm	1,340	4,020	6,700	15,080	23,450	33,500
4d Imp Sed	1,500	4,500	7,500	16,880	26,250	37,500
4d Crw Imp	1,580	4,740	7,900	17,780	27,650	39,500
4d Twn Car	1,660	4,980	8,300	18,680	29,050	41,500

1926 Series 58, 4-cyl., 109" wb

	6	5	4	3	2	1
2d Rds	1,560	4,680	7,800	17,550	27,300	39,000
4d Tr	1,560	4,680	7,800	17,550	27,300	39,000
2d Clb Cpe	1,280	3,840	6,400	14,400	22,400	32,000
2d Sed	1,200	3,600	6,000	13,500	21,000	30,000
4d Sed	1,170	3,500	5,840	13,140	20,440	29,200

1926 Series 60, 6-cyl., 109"wb Introduced: May, 1926.

	6	5	4	3	2	1
2d Rds	1,280	3,840	6,400	14,400	22,400	32,000
4d Tr	1,320	3,960	6,600	14,850	23,100	33,000
2d Cpe	1,080	3,240	5,400	12,150	18,900	27,000
2d Sed	1,000	3,000	5,000	11,250	17,500	25,000
4d Lthr Tr Sed	1,040	3,120	5,200	11,700	18,200	26,000
4d Sed	960	2,880	4,800	10,800	16,800	24,000
4d Lan Sed	1,080	3,240	5,400	12,150	18,900	27,000

1926 Series G-70, 6-cyl., 112.75" wb

	6	5	4	3	2	1
2d Rds	2,000	6,000	10,000	22,500	35,000	50,000
4d Phae	1,800	5,400	9,000	20,250	31,500	45,000
2d Roy Cpe	1,100	3,300	5,500	12,380	19,250	27,500
2d Sed	1,020	3,060	5,100	11,480	17,850	25,500
4d Lthr Trm Sed	1,060	3,180	5,300	11,930	18,550	26,500
2d Brgm	1,100	3,300	5,500	12,380	19,250	27,500
4d Sed	980	2,940	4,900	11,030	17,150	24,500
4d Roy Sed	1,040	3,120	5,200	11,700	18,200	26,000
4d Crw Sed	1,100	3,300	5,500	12,380	19,250	27,500

1926 Series E-80 Imperial, 6-cyl., 120" wb

	6	5	4	3	2	1
2d RS Rds	2,240	6,720	11,200	25,200	39,200	56,000
4d Phae	2,200	6,600	11,000	24,750	38,500	55,000
2d Cpe	1,320	3,960	6,600	14,850	23,100	33,000
4d 5P Sed	1,240	3,720	6,200	13,950	21,700	31,000
4d 7P Sed	1,320	3,960	6,600	14,850	23,100	33,000
4d Berl	1,440	4,320	7,200	16,200	25,200	36,000

1927 Series I-50, 4-cyl., 106" wb

	6	5	4	3	2	1
2d 2P Rds	1,600	4,800	8,000	18,000	28,000	40,000
2d RS Rds	1,680	5,040	8,400	18,900	29,400	42,000
4d Tr	1,560	4,680	7,800	17,550	27,300	39,000
2d Cpe	1,160	3,480	5,800	13,050	20,300	29,000
2d Sed	1,020	3,060	5,100	11,480	17,850	25,500
4d Lthr Trm Sed	1,080	3,240	5,400	12,150	18,900	27,000
4d Sed	960	2,880	4,800	10,800	16,800	24,000
4d Lan Sed	1,000	3,000	5,000	11,250	17,500	25,000

1927 Series H-60, 6-cyl., 109" wb

	6	5	4	3	2	1
2d 2P Rds	1,600	4,800	8,000	18,000	28,000	40,000

	6	5	4	3	2	1
2d RS Rds	1,680	5,040	8,400	18,900	29,400	42,000
4d Tr	1,560	4,680	7,800	17,550	27,300	39,000
2d 2P Cpe.	1,200	3,600	6,000	13,500	21,000	30,000
2d RS Cpe	1,280	3,840	6,400	14,400	22,400	32,000
2d Sed	1,000	3,000	5,000	11,250	17,500	25,000
4d Lthr Trm Sed	1,040	3,120	5,200	11,700	18,200	26,000
4d Sed	960	2,880	4,800	10,800	16,800	24,000

1927 Series "Finer" 70, 6-cyl., 112.75" wb

	6	5	4	3	2	1
2d RS Rds	1,680	5,040	8,400	18,900	29,400	42,000
4d Phae	1,600	4,800	8,000	18,000	28,000	40,000
4d Spt Phae	1,720	5,160	8,600	19,350	30,100	43,000
4d Cus Spt Phae	1,760	5,280	8,800	19,800	30,100	44,000
2d RS Cabr.	1,680	5,040	8,400	18,900	29,400	42,000
2d 2P Cpe.	1,320	3,960	6,600	14,850	23,100	33,000
2d RS Cpe	1,400	4,200	7,000	15,750	24,500	35,000
2d 4P Cpe.	1,380	4,140	6,900	15,530	24,150	34,500
2d Brgm	1,380	4,140	6,900	15,530	24,150	34,500
4d Lan Brgm.	1,340	4,020	6,700	15,080	23,450	33,500
4d Roy Sed.	1,320	3,960	6,600	14,850	23,100	33,000
4d Crw Sed.	1,380	4,140	6,900	15,530	24,150	34,500

1927-Early 1928 Series E-80 Imperial, 6-cyl., 120" & 127" wb

	6	5	4	3	2	1
2d RS Rds	2,440	7,320	12,200	27,450	42,700	61,000
2d Spt Rds	2,480	7,440	12,400	27,900	43,400	62,000
4d 5P Phae.	2,520	7,560	12,600	28,350	44,100	63,000
4d Spt Phae	2,560	7,680	12,800	28,800	44,800	64,000
4d 7P Phae.	2,540	7,620	12,700	28,580	44,450	63,500
2d RS Cabr.	2,500	7,500	12,500	28,130	43,750	62,500
2d Bus Cpe.	1,440	4,320	7,200	16,200	25,200	36,000
2d 4P Cpe.	1,520	4,560	7,600	17,100	26,600	38,000
2d 5P Cpe.	1,520	4,560	7,600	17,100	26,600	38,000
4d Std Sed	1,360	4,080	6,800	15,300	23,800	34,000
4d Sed	1,400	4,200	7,000	15,750	24,500	35,000
4d Lan Sed	1,640	4,920	8,200	18,450	28,700	41,000
4d 7P Sed.	1,440	4,320	7,200	16,200	25,200	36,000
4d Limo.	1,440	4,320	7,200	16,200	25,200	36,000
4d Twn Car	1,680	5,040	8,400	18,900	29,400	42,000

1928 Series 52, 4-cyl., 106" wb

	6	5	4	3	2	1
2d RS Rds	1,600	4,800	8,000	18,000	28,000	40,000
4d Tr	1,560	4,680	7,800	17,550	27,300	39,000
2d Clb Cpe	1,040	3,120	5,200	11,700	18,200	26,000
2d DeL Cpe	1,080	3,240	5,400	12,150	18,900	27,000
2d Sed	1,000	3,000	5,000	11,250	17,500	25,000
4d Sed	960	2,880	4,800	10,800	16,800	24,000
4d DeL Sed.	1,040	3,120	5,200	11,700	18,200	26,000

1928 Series 62, 6-cyl., 109" wb

	6	5	4	3	2	1
2d RS Rds	1,600	4,800	8,000	18,000	28,000	40,000
4d Tr	1,560	4,680	7,800	17,550	27,300	39,000
2d Bus Cpe.	1,200	3,600	6,000	13,500	21,000	30,000
2d RS Cpe	1,280	3,840	6,400	14,400	22,400	32,000
2d Sed	1,040	3,120	5,200	11,700	18,200	26,000
4d Sed	1,020	3,060	5,100	11,480	17,850	25,500
4d Lan Sed	1,020	3,060	5,100	11,480	17,850	25,500

1928 Series 72, 6-cyl., 120.5" wb

	6	5	4	3	2	1
2d RS Rds	1,600	4,800	8,000	18,000	28,000	40,000
2d Spt Rds	1,640	4,920	8,200	18,450	28,700	41,000
2d Conv	1,560	4,680	7,800	17,550	27,300	39,000
2d RS Cpe	1,160	3,480	5,800	13,050	20,300	29,000
2d 4P Cpe.	1,140	3,420	5,700	12,830	19,950	28,500
4d CC Sed.	1,180	3,540	5,900	13,280	20,650	29,500
4d Roy Sed.	1,100	3,300	5,500	12,380	19,250	27,500
4d Crw Sed.	1,160	3,480	5,800	13,050	20,300	29,000
4d Twn Sed.	1,180	3,540	5,900	13,280	20,650	29,500
4d LeB Imp Twn Cabr.	1,800	5,400	9,000	20,250	31,500	45,000

1928 Series 80 L Imperial, 6-cyl., 136" wb

	6	5	4	3	2	1
2d RS Rds	2,440	7,320	12,200	27,450	42,700	61,000
4d Sed	1,460	4,380	7,300	16,430	25,550	36,500
4d Twn Sed.	1,540	4,620	7,700	17,330	26,950	38,500
4d 7P Sed.	1,540	4,620	7,700	17,330	26,950	38,500
4d Limo.	1,500	4,500	7,500	16,880	26,250	37,500

1928 Series 80 L Imperial, 6-cyl., 136" wb, Custom Bodies

	6	5	4	3	2	1
4d LeB DC Phae.	3,040	9,120	15,200	34,200	53,200	76,000
4d LeB CC Conv Sed	2,800	8,400	14,000	31,500	49,000	70,000
2d LeB RS Conv.	2,680	8,040	13,400	30,150	46,900	67,000
2d LeB Clb Cpe	2,040	6,120	10,200	22,950	35,700	51,000
2d LeB Twn Cpe.	1,960	5,880	9,800	22,050	34,300	49,000
4d LeB Lan Limo	2,520	7,560	12,600	28,350	44,100	63,000
4d Der Conv Sed	3,000	9,000	15,000	33,750	52,500	75,000
4d Dtrch Conv Sed	3,040	9,120	15,200	34,200	53,200	76,000
4d 4P Dtrch Phae.	3,080	9,240	15,400	34,650	53,900	77,000

CHRYSLER

	6	5	4	3	2	1
4d 7P Dtrch Phae	3,080	9,240	15,400	34,650	53,900	77,000
4d Dtrch Sed	2,040	6,120	10,200	22,950	35,700	51,000
4d Lke Phae	2,840	8,520	14,200	31,950	49,700	71,000
1929 Series 65, 6-cyl., 112.75" wb						
2d RS Rds	1,600	4,800	8,000	18,000	28,000	40,000
4d Tr	1,660	4,980	8,300	18,680	29,050	41,500
2d Bus Cpe	1,160	3,480	5,800	13,050	20,300	29,000
2d RS Cpe	1,180	3,540	5,900	13,280	20,650	29,500
2d Sed	1,080	3,240	5,400	12,150	18,900	27,000
4d Sed	1,100	3,300	5,500	12,380	19,250	27,500
1929 Series 75, 6-cyl.						
2d RS Rds	2,000	6,000	10,000	22,500	35,000	50,000
4d 5P Phae	2,040	6,120	10,200	22,950	35,700	51,000
4d DC Phae	2,080	6,240	10,400	23,400	36,400	52,000
4d 7P Phae	2,000	6,000	10,000	22,500	35,000	50,000
2d RS Conv	1,960	5,880	9,800	22,050	34,300	49,000
4d Conv Sed	1,920	5,760	9,600	21,600	33,600	48,000
2d RS Cpe	1,440	4,320	7,200	16,200	25,200	36,000
2d Cpe	1,320	3,960	6,600	14,850	23,100	33,000
4d Roy Sed	1,280	3,840	6,400	14,400	22,400	32,000
4d Crw Sed	1,480	4,440	7,400	16,650	25,900	37,000
4d Twn Sed	1,260	3,780	6,300	14,180	22,050	31,500
1929-30 Series 80 L Imperial, 6-cyl., 136" wb						
2d RS Rds	3,640	10,920	18,200	40,950	63,700	91,000
4d Lke DC Spt Phae	3,600	10,800	18,000	40,500	63,000	90,000
4d Lke 7P Phae	3,480	10,440	17,400	39,150	60,900	87,000
4d Lke Conv Sed	3,400	10,200	17,000	38,250	59,500	85,000
2d Lke RS Conv	3,080	9,240	15,400	34,650	53,900	77,000
2d 2P Cpe	1,680	5,040	8,400	18,900	29,400	42,000
2d RS Cpe	1,830	5,480	9,140	20,570	31,990	45,700
4d Sed	1,530	4,580	7,640	17,190	26,740	38,200
4d Twn Sed	1,580	4,740	7,900	17,780	27,650	39,500
4d 7P Sed	1,530	4,600	7,660	17,240	26,810	38,300
4d Limo	1,730	5,200	8,660	19,490	30,310	43,300
1930-31 (through December) Series Six, 6-cyl., 109" wb						
NOTE: *(Continued through Dec. 1930.)*						
2d RS Rds	1,760	5,280	8,800	19,800	30,800	44,000
4d Tr	1,600	4,800	8,000	18,000	28,000	40,000
2d RS Conv	1,600	4,800	8,000	18,000	28,000	40,000
2d Bus Cpe	1,160	3,480	5,800	13,050	20,300	29,000
2d Roy Cpe	1,200	3,600	6,000	13,500	21,000	30,000
4d Roy Sed	1,310	3,920	6,540	14,720	22,890	32,700
1930-31 Series 66, 6-cyl., 112-3/4" wb						
NOTE: *(Continued through May 1931).*						
2d RS Rds	1,600	4,800	8,000	18,000	28,000	40,000
4d Phae	1,660	4,970	8,280	18,630	28,980	41,400
2d Bus Cpe	1,180	3,540	5,900	13,280	20,650	29,500
2d Roy Cpe	1,200	3,600	6,000	13,500	21,000	30,000
2d Brgm	1,100	3,300	5,500	12,380	19,250	27,500
4d Roy Sed	1,140	3,420	5,700	12,830	19,950	28,500
1930-31 Series 70, 6 cyl., 116-1/2" wb						
NOTE: *(Continued through Feb. 1931.)*						
2d RS Rds	1,960	5,880	9,800	22,050	34,300	49,000
2d RS Conv	1,920	5,760	9,600	21,600	33,600	48,000
4d Phae	1,920	5,760	9,600	21,600	33,600	48,000
2d Bus Cpe	1,160	3,480	5,800	13,050	20,300	29,000
2d Roy Cpe	1,200	3,600	6,000	13,500	21,000	30,000
2d Brgm	1,200	3,600	6,000	13,500	21,000	30,000
4d Roy Sed	1,240	3,720	6,200	13,950	21,700	31,000
1930-31 Series 77, 6-cyl., 124.5" wb						
2d RS Rds	2,280	6,830	11,380	25,610	39,830	56,900
4d DC Phae	2,060	6,170	10,280	23,130	35,980	51,400
2d RS Conv	1,840	5,510	9,180	20,660	32,130	45,900
2d Bus Cpe	1,280	3,840	6,400	14,400	22,400	32,000
2d Roy RS Cpe	1,350	4,040	6,740	15,170	23,590	33,700
2d Crw Cpe	1,280	3,840	6,400	14,400	22,400	32,000
4d Roy Sed	1,240	3,720	6,200	13,950	21,700	31,000
4d Crw Sed	2,360	7,080	11,800	26,550	41,300	59,000
1931-32 New Series Six, CM, 6-cyl., 116" wb						
NOTE: *(Produced Jan. - Dec. 1931.)*						
2d RS Rds	1,800	5,400	9,000	20,250	31,500	45,000
4d Tr	1,760	5,280	8,800	19,800	30,800	44,000
2d RS Conv	1,720	5,160	8,600	19,350	30,100	43,000
2d Bus Cpe	1,160	3,480	5,800	13,050	20,300	29,000
2d Roy Cpe	1,240	3,720	6,200	13,950	21,700	31,000
4d Roy Sed	1,100	3,300	5,500	12,380	19,250	27,500
1931-32 Series 70, 6-cyl., 116-1/2" wb						
2d Bus Cpe	1,280	3,840	6,400	14,400	22,400	32,000
2d Roy Cpe	1,240	3,720	6,200	13,950	21,700	31,000

	6	5	4	3	2	1
2d Brgm	1,200	3,600	6,000	13,500	21,000	30,000
4d Roy Sed.	1,200	3,600	6,000	13,500	21,000	30,000

1931-32 First Series, CD, 8-cyl., 80 hp, 124" wb
NOTE: (Built 7/17/30 - 1/31.)

	6	5	4	3	2	1
2d RS Rds	2,020	6,060	10,100	22,730	35,350	50,500
2d Spt Rds	2,150	6,460	10,760	24,210	37,660	53,800
2d Conv	1,980	5,930	9,880	22,230	34,580	49,400
2d Cpe	1,480	4,430	7,380	16,610	25,830	36,900
2d Spl Cpe	1,430	4,300	7,160	16,110	25,060	35,800
4d Roy Sed.	1,380	4,140	6,900	15,530	24,150	34,500
4d Spl Roy Sed.	1,380	4,130	6,880	15,480	24,080	34,400

1931-32 Second Series, CD, 8-cyl., 88 hp, 124" wb
NOTE: (Built 2/2/31 - 5/18/31.)

	6	5	4	3	2	1
2d RS Spt Rds	2,580	7,740	12,900	29,030	45,150	64,500
4d Lke DC Phae.	2,460	7,380	12,300	27,680	43,050	61,500
2d RS Conv	2,140	6,420	10,700	24,080	37,450	53,500
2d Roy Cpe.	1,580	4,740	7,900	17,780	27,650	39,500
2d Spl Roy Cpe.	1,540	4,620	7,700	17,330	26,950	38,500
4d Roy Sed.	1,340	4,020	6,700	15,080	23,450	33,500

1931-32 Second Series CD

	6	5	4	3	2	1
4d Spl Roy Sed	1,280	3,840	6,400	14,400	22,400	32,000

1931-32 DeLuxe Series, CD, 8-cyl., 100 hp, 124" wb
NOTE: (Built 5/19/31 - 11/31.)

	6	5	4	3	2	1
2d RS Rds	2,660	7,980	13,300	29,930	46,550	66,500
4d Lke DC Phae.	2,540	7,620	12,700	28,580	44,450	63,500
2d RS Conv	2,280	6,830	11,380	25,610	39,830	56,900
2d RS Cpe	1,690	5,060	8,440	18,990	29,540	42,200
2d Roy Cpe.	1,640	4,930	8,220	18,500	28,770	41,100
4d Sed	1,380	4,140	6,900	15,530	24,150	34,500

1931-32 Imperial, CG, 8-cyl., 125 hp, 145" wb
NOTE: (Built July 17, 1930 thru Dec . 1931.)

1931-32 Standard Line

	6	5	4	3	2	1
4d CC Sed	3,780	11,340	18,900	42,530	66,150	94,500
4d 5P Sed.	1,780	5,330	8,880	19,980	31,080	44,400
4d 7P Sed.	1,780	5,330	8,880	19,980	31,080	44,400
4d Limo.	2,000	6,000	10,000	22,500	35,000	50,000

1931-32 Custom Line

	6	5	4	3	2	1
2d LeB RS Rds.	1,350	4,060	6,760	15,210	23,660	33,800
4d LeB DC Phae.	12,600	37,800	63,000	141,750	220,500	315,000
4d LeB Conv Sed	12,400	37,200	62,000	139,500	217,000	310,000
2d LeB RS Cpe.	4,640	13,920	23,200	52,200	81,200	116,000
2d Wths Conv Vic	11,520	34,560	57,600	129,600	201,600	288,000
2d LeB Conv Spds	11,080	33,240	55,400	124,650	193,900	277,000

1932 Second Series, CI, 6-cyl., 116-1/2" wb
NOTE: (Began 1/1/32).

	6	5	4	3	2	1
2d RS Rds	1,660	4,980	8,300	18,680	29,050	41,500
4d Phae	1,630	4,900	8,160	18,360	28,560	40,800
2d RS Conv	1,590	4,760	7,940	17,870	27,790	39,700
4d Conv Sed	1,630	4,900	8,160	18,360	28,560	40,800
2d Bus Cpe.	1,340	4,020	6,700	15,080	23,450	33,500
2d RS Cpe	1,380	4,140	6,900	15,530	24,150	34,500
4d Sed	1,220	3,660	6,100	13,730	21,350	30,500

1932 Series CP, 8-cyl., 125" wb, 100 hp
NOTE: (Began 1/1/32).

	6	5	4	3	2	1
2d RS Conv	3,200	9,600	16,000	36,000	56,000	80,000
4d Conv Sed.	3,240	9,720	16,200	36,450	56,700	81,000
2d RS Cpe	2,080	6,240	10,400	23,400	36,400	52,000
2d Cpe	1,920	5,760	9,600	21,600	33,600	48,000
4d Sed	1,600	4,800	8,000	18,000	28,000	40,000
4d LeB Twn Car	2,400	7,200	12,000	27,000	42,000	60,000

1932 Imperial Series, CH, 8-cyl., 135" wb, 125 hp
NOTE: (Began 1/1/32.)

1932 Standard Line

	6	5	4	3	2	1
4d Conv Sed.	8,400	25,200	42,000	94,500	147,000	210,000
2d RS Cpe	2,800	8,400	14,000	31,500	49,000	70,000
4d Sed	2,000	6,000	10,000	22,500	35,000	50,000

1932 Imperial Series, CL, 8-cyl., 146" wb, 125 hp
NOTE: (Began 1/1/32)

1932 Custom Line - LeBaron bodies

	6	5	4	3	2	1
2d RS Conv	12,160	36,480	60,800	136,800	212,800	304,000
4d DC Phae	16,160	48,480	80,800	181,800	282,800	404,000
4d Conv Sed.	13,040	39,120	65,200	146,700	228,200	326,000

1933 Series CO, 6-cyl., 116.5" wb

	6	5	4	3	2	1
2d RS Conv	2,200	6,600	11,000	24,750	38,500	55,000
4d Conv Sed.	2,320	6,960	11,600	26,100	40,600	58,000
2d Bus Cpe.	1,220	3,660	6,100	13,730	21,350	30,500
2d RS Cpe	1,460	4,380	7,300	16,430	25,550	36,500
2d Brgm	1,300	3,900	6,500	14,630	22,750	32,500
4d Sed	1,300	3,900	6,500	14,630	22,750	32,500

CHRYSLER

	6	5	4	3	2	1
1933 Royal Series CT, 8-cyl., 119.5" wb						
2d RS Conv	2,480	7,440	12,400	27,900	43,400	62,000
4d Conv Sed	2,580	7,740	12,900	29,030	45,150	64,500
2d Bus Cpe	1,260	3,780	6,300	14,180	22,050	31,500
2d RS Cpe	1,460	4,380	7,300	16,430	25,550	36,500
4d Sed	1,300	3,900	6,500	14,630	22,750	32,500
4d 7P Sed	1,340	4,020	6,700	15,080	23,450	33,500
1933 Imperial Series CQ, 8-cyl., 126" wb						
2d RS Conv	3,680	11,040	18,400	41,400	64,400	92,000
4d Conv Sed	4,680	14,040	23,400	52,650	81,900	117,000
2d RS Cpe	2,180	6,540	10,900	24,530	38,150	54,500
2d 5P Cpe	2,020	6,060	10,100	22,730	35,350	50,500
4d Sed	1,700	5,100	8,500	19,130	29,750	42,500
1933 Imperial Custom, Series CL, 8-cyl., 146" wb						
2d RS Conv	13,080	39,240	65,400	147,150	228,900	327,000
4d WS Phae	14,080	42,240	70,400	158,400	246,400	352,000
4d CC Sed	3,120	9,360	15,600	35,100	54,600	78,000
1934 Series CA, 6-cyl., 117" wb						
2d RS Conv	1,800	5,400	9,000	20,250	31,500	45,000
2d Bus Cpe	1,260	3,780	6,300	14,180	22,050	31,500
2d RS Cpe	1,300	3,900	6,500	14,630	22,750	32,500
2d Brgm	1,160	3,480	5,800	13,050	20,300	29,000
4d Sed	1,120	3,360	5,600	12,600	19,600	28,000
1934 Series CB, 6-cyl., 121" wb						
4d Conv Sed	1,980	5,940	9,900	22,280	34,650	49,500
4d CC Sed	1,300	3,900	6,500	14,630	22,750	32,500
1934 Airflow, Series CU, 8-cyl., 123" wb						
2d Cpe	2,600	7,800	13,000	29,250	45,500	65,000
2d Brgm	2,320	6,960	11,600	26,100	40,600	58,000
4d Sed	2,200	6,600	11,000	24,750	38,500	55,000
4d Twn Sed	2,400	7,200	12,000	27,000	42,000	60,000
1934 Imperial Airflow, Series CV, 8-cyl., 128" wb						
2d Cpe	2,840	8,520	14,200	31,950	49,700	71,000
4d Sed	2,640	7,920	13,200	29,700	46,200	66,000
4d Twn Sed	2,840	8,520	14,200	31,950	49,700	71,000
1934 Imperial Custom Airflow, Series CX, 8-cyl., 137.5" wb						
4d Sed	2,880	8,640	14,400	32,400	50,400	72,000
4d Twn Sed	2,960	8,880	14,800	33,300	51,800	74,000
4d Limo	3,060	9,180	15,300	34,430	53,550	76,500
4d Twn Limo	3,220	9,660	16,100	36,230	56,350	80,500
1934 Imperial Custom Airflow, Series CW, 8-cyl., 146.5" wb						
4d Sed	6,180	18,540	30,900	69,530	108,150	154,500
4d Twn Sed	6,430	19,280	32,140	72,320	112,490	160,700
4d Limo	6,520	19,550	32,580	73,310	114,030	162,900
1935 Airstream Series C-6, 6-cyl., 118" wb						
2d RS Conv	1,640	4,920	8,200	18,450	28,700	41,000
2d Bus Cpe	1,180	3,540	5,900	13,280	20,650	29,500
2d RS Cpe	1,240	3,720	6,200	13,950	21,700	31,000
4d Tr Brgm	1,200	3,600	6,000	13,500	21,000	30,000
4d Sed	1,160	3,480	5,800	13,050	20,300	29,000
4d Tr Sed	1,200	3,600	6,000	13,500	21,000	30,000
1935 Airstream Series CZ, 8-cyl., 121" wb						
2d Bus Cpe	1,200	3,600	6,000	13,500	21,000	30,000
2d RS Cpe	1,280	3,840	6,400	14,400	22,400	32,000
2d Tr Brgm	1,260	3,780	6,300	14,180	22,050	31,500
4d Sed	1,200	3,600	6,000	13,500	21,000	30,000
4d Tr Sed	1,240	3,720	6,200	13,950	21,700	31,000
1935 Airstream DeLuxe Series CZ, 121" wb						
2d RS Conv	1,640	4,920	8,200	18,450	28,700	41,000
2d Bus Cpe	1,200	3,600	6,000	13,500	21,000	30,000
2d RS Cpe	1,320	3,960	6,600	14,850	23,100	33,000
2d Tr Brgm	1,280	3,840	6,400	14,400	22,400	32,000
4d Sed	1,240	3,720	6,200	13,950	21,700	31,000
4d Tr Sed	1,280	3,840	6,400	14,400	22,400	32,000
1935 Airstream DeLuxe, Series CZ, 8-cyl., 133" wb						
4d Trav Sed	1,320	3,960	6,600	14,850	23,100	33,000
4d 7P Sed	1,320	3,960	6,600	14,850	23,100	33,000
1935 Airflow Series C-1, 8-cyl., 123" wb						
2d Bus Cpe	2,840	8,520	14,200	31,950	49,700	71,000
2d Cpe	2,840	8,520	14,200	31,950	49,700	71,000
4d Sed	2,600	7,800	13,000	29,250	45,500	65,000
1935 Imperial Airflow Series C-2, 8-cyl., 128" wb						
2d Cpe	2,680	8,040	13,400	30,150	46,900	67,000
4d Sed	2,640	7,920	13,200	29,700	46,200	66,000
1935 Imperial Custom Airflow Series C-3, 8-cyl., 137" wb						
4d Sed	2,880	8,640	14,400	32,400	50,400	72,000
4d Twn Sed	2,960	8,880	14,800	33,300	51,800	74,000
4d Sed Limo	3,060	9,180	15,300	34,430	53,550	76,500
4d Twn Limo	3,200	9,600	16,000	36,000	56,000	80,000

	6	5	4	3	2	1
1935 Imperial Custom Airflow Series C-W, 8-cyl., 146.5" wb						
4d Sed	5,200	15,600	26,000	58,500	91,000	130,000
4d Sed Limo	5,400	16,200	27,000	60,750	94,500	135,000
4d Twn Limo	5,440	16,320	27,200	61,200	95,200	136,000
1935 Imperial Custom Airflow by Le Baron						
4d Twn Limo	8,000	24,000	40,000	100,000	140,000	200,000
4d Twn Limo	8,000	24,000	40,000	100,000	140,000	200,000
4d Twn Limo	8,000	24,000	40,000	100,000	140,000	200,000
1936 Airstream Series C-7, 6-cyl., 118" wb						
2d RS Conv	1,480	4,440	7,400	16,650	25,900	37,000
4d Conv Sed	1,520	4,560	7,600	17,100	26,600	38,000
2d Bus Cpe	1,120	3,360	5,600	12,600	19,600	28,000
2d RS Cpe	1,160	3,480	5,800	13,050	20,300	29,000
2d Tr Brgm	1,040	3,120	5,200	11,700	18,200	26,000
4d Tr Sed	1,080	3,240	5,400	12,150	18,900	27,000
1936 Airstream DeLuxe Series C-8, 8-cyl., 121" wb						
2d RS Conv	1,600	4,800	8,000	18,000	28,000	40,000
4d Conv Sed	1,640	4,920	8,200	18,450	28,700	41,000
2d Bus Cpe	1,180	3,540	5,900	13,280	20,650	29,500
2d RS Cpe	1,220	3,660	6,100	13,730	21,350	30,500
2d Tr Brgm	1,380	4,140	6,900	15,530	24,150	34,500
4d Tr Sed	1,100	3,300	5,500	12,380	19,250	27,500
1936 Airstream DeLuxe, Series C-8, 8-cyl., 133" wb						
4d Trav Sed	1,120	3,360	5,600	12,600	19,600	28,000
4d Sed	1,100	3,300	5,500	12,380	19,250	27,500
4d Sed Limo	1,140	3,420	5,700	12,830	19,950	28,500
4d LeB Twn Sed	1,520	4,560	7,600	17,100	26,600	38,000
1936 Airflow, 8-cyl., 123" wb						
2d Cpe	2,600	7,800	13,000	29,250	45,500	65,000
4d Sed	2,200	6,600	11,000	24,750	38,500	55,000
1936 Imperial Airflow, 8-cyl., 128" wb						
2d Cpe	3,000	9,000	15,000	33,750	52,500	75,000
4d Sed	2,760	8,280	13,800	31,050	48,300	69,000
1936 Imperial Custom Airflow, 8-cyl., 137" wb						
4d Sed	3,080	9,240	15,400	34,650	53,900	77,000
4d Sed Limo	3,120	9,360	15,600	35,100	54,600	78,000
1936 Imperial Custom Airflow, 8-cyl., 146.5" wb						
4d 8P Sed	5,740	17,220	28,700	64,580	100,450	143,500
4d Sed Limo	5,860	17,580	29,300	65,930	102,550	146,500
1937 Royal, 6-cyl., 116" wb						
2d RS Conv	2,200	6,600	11,000	24,750	38,500	55,000
4d Conv Sed	2,600	7,800	13,000	29,250	45,500	65,000
2d Bus Cpe	1,150	3,450	5,750	12,940	20,130	28,750
2d RS Cpe	1,190	3,570	5,950	13,390	20,830	29,750
2d Brgm	1,070	3,210	5,350	12,040	18,730	26,750
2d Tr Brgm	1,110	3,330	5,550	12,490	19,430	27,750
4d Sed	1,070	3,210	5,350	12,040	18,730	26,750
4d Tr Sed	1,080	3,230	5,390	12,130	18,870	26,950
1937 Royal, 6-cyl., 133" wb						
4d Sed	1,060	3,180	5,300	11,930	18,550	26,500
4d Sed Limo	1,100	3,300	5,500	12,380	19,250	27,500
4d Der Twn Car	1,540	4,620	7,700	17,330	26,950	38,500
1937 Airflow, 8-cyl., 128" wb						
2d Cpe	2,800	8,400	14,000	31,500	49,000	70,000
4d Sed	2,760	8,280	13,800	31,050	48,300	69,000
1937 Imperial, 8-cyl., 121" wb						
2d RS Conv	2,800	8,400	14,000	31,500	49,000	70,000
4d Conv Sed	2,760	8,280	13,800	31,050	48,300	69,000
2d Bus Cpe	1,880	5,640	9,400	21,150	32,900	47,000
2d RS Cpe	1,920	5,760	9,600	21,600	33,600	48,000
2d Tr Brgm	1,920	5,760	9,600	21,600	33,600	48,000
4d Tr Sed	1,880	5,640	9,400	21,150	32,900	47,000
1937 Imperial Custom, 8-cyl., 140" wb						
4d 5P Sed	2,320	6,960	11,600	26,100	40,600	58,000
4d 7P Sed	2,400	7,200	12,000	27,000	42,000	60,000
4d Sed Limo	2,840	8,520	14,200	31,950	49,700	71,000
4d Twn Limo	2,880	8,640	14,400	32,400	50,400	72,000
1937 Custom Built Models						
4d Der Fml Conv Twn Car	4,080	12,240	20,400	45,900	71,400	102,000
4d Der Conv Vic	4,040	12,120	20,200	45,450	70,700	101,000
1937 Imperial Custom Airflow, 8-cyl., 146.5" wb						
4d Sed Limo	5,960	17,880	29,800	67,050	104,300	149,000
1938 Royal, 6-cyl., 119" wb						
2d RS Conv	1,600	4,800	8,000	18,000	28,000	40,000
4d Conv Sed	1,560	4,680	7,800	17,550	27,300	39,000
2d Bus Cpe	1,280	3,840	6,400	14,400	22,400	32,000
2d RS Cpe	1,200	3,600	6,000	13,500	21,000	30,000
2d Brgm	1,040	3,120	5,200	11,700	18,200	26,000
2d Tr Brgm	1,160	3,480	5,800	13,050	20,300	29,000

CHRYSLER

	6	5	4	3	2	1
4d Sed	1,040	3,120	5,200	11,700	18,200	26,000
4d Tr Sed	1,080	3,240	5,400	12,150	18,900	27,000
1938 4d Royal, 6-cyl., 136" wb						
4d 7P Sed	1,120	3,360	5,600	12,600	19,600	28,000
4d 7P Limo Sed	1,160	3,480	5,800	13,050	20,300	29,000
1938 Imperial, 8-cyl., 125" wb						
2d RS Conv	2,400	7,200	12,000	27,000	42,000	60,000
4d Conv Sed	2,440	7,320	12,200	27,450	42,700	61,000
2d Bus Cpe	2,020	6,060	10,100	22,730	35,350	50,500
2d RS Cpe	2,060	6,180	10,300	23,180	36,050	51,500
4d Tr Brgm	1,940	5,820	9,700	21,830	33,950	48,500
4d Tr Sed	1,980	5,940	9,900	22,280	34,650	49,500
1938 New York Special, 8-cyl., 125" wb						
4d Tr Sed	2,000	6,000	10,000	22,500	35,000	50,000
1938 Imperial Custom, 8-cyl., 144" wb						
4d 5P Sed	2,460	7,380	12,300	27,680	43,050	61,500
4d Sed	2,420	7,260	12,100	27,230	42,350	60,500
4d Limo Sed	2,580	7,740	12,900	29,030	45,150	64,500
1938 Derham customs on C-20 chassis						
4d Twn Sed	2,080	6,240	10,400	23,400	36,400	52,000
4d Twn Limo	2,200	6,600	11,000	24,750	38,500	55,000
2d Conv Vic	4,200	12,600	21,000	47,250	73,500	105,000
4d Conv Sed	4,280	12,840	21,400	48,150	74,900	107,000
1939 Royal, 6-cyl., 119" wb						
2d Cpe	1,520	4,560	7,600	17,100	26,600	38,000
2d Vic Cpe	1,560	4,680	7,800	17,550	27,300	39,000
2d Brgm	1,400	4,200	7,000	15,750	24,500	35,000
4d Sed	1,440	4,320	7,200	16,200	25,200	36,000
1939 Royal, 6-cyl., 136" wb						
4d 7P Sed	1,560	4,680	7,800	17,550	27,300	39,000
4d Limo	1,600	4,800	8,000	18,000	28,000	40,000
1939 Royal Windsor, 6-cyl., 119" wb						
2d Cpe	1,160	3,480	5,800	13,050	20,300	29,000
2d Vic Cpe	1,200	3,600	6,000	13,500	21,000	30,000
2d Clb Cpe	1,240	3,720	6,200	13,950	21,700	31,000
4d Sed	1,000	3,000	5,000	11,250	17,500	25,000
1939 Imperial, 8-cyl., 125" wb						
2d Cpe	2,200	6,600	11,000	24,750	38,500	55,000
2d Vic Cpe	2,180	6,540	10,900	24,530	38,150	54,500
2d Brgm	1,780	5,340	8,900	20,030	31,150	44,500
4d Sed	1,860	5,580	9,300	20,930	32,550	46,500
1939 New Yorker, 8-cyl., 125" wb						
2d Cpe	1,340	4,020	6,700	15,080	23,450	33,500
2d Vic Cpe	1,380	4,140	6,900	15,530	24,150	34,500
2d Clb Cpe	1,360	4,080	6,800	15,300	23,800	34,000
4d Sed	1,340	4,020	6,700	15,080	23,450	33,500
1939 Saratoga, 8-cyl., 125" wb						
2d Clb Cpe	1,260	3,780	6,300	14,180	22,050	31,500
4d Sed	1,140	3,420	5,700	12,830	19,950	28,500
1939 Imperial Custom, 8-cyl., 144" wb						
4d 5P Sed	2,520	7,560	12,600	28,350	44,100	63,000
4d 7P Sed	2,560	7,680	12,800	28,800	44,800	64,000
4d Limo	2,560	7,680	12,800	28,800	44,800	64,000
1939 Special Derham customs on C-24 chassis						
4d 7P Tr	2,280	6,840	11,400	25,650	39,900	57,000
4d Conv Sed	3,600	10,800	18,000	40,500	63,000	90,000
4d Conv Twn Car	3,820	11,460	19,100	42,980	66,850	95,500
1940 Royal, 6-cyl., 122.5" wb						
2d 3P Cpe	1,520	4,560	7,600	17,100	26,600	38,000
2d 6P Cpe	1,540	4,620	7,700	17,330	26,950	38,500
2d Vic Sed	1,450	4,360	7,260	16,340	25,410	36,300
4d Sed	1,440	4,320	7,200	16,200	25,200	36,000
1940 Royal, 6-cyl., 139.5" wb						
4d 8P Sed	1,560	4,680	7,800	17,550	27,300	39,000
4d 8P Limo	1,600	4,800	8,000	18,000	28,000	40,000
1940 Windsor, 6-cyl., 122.5" wb						
2d Conv Cpe	1,680	5,040	8,400	18,900	29,400	42,000
2d 3P Cpe	1,160	3,480	5,800	13,050	20,300	29,000
2d 6P Cpe	1,180	3,540	5,900	13,280	20,650	29,500
2d Vic Sed	1,050	3,160	5,260	11,840	18,410	26,300
4d Sed	1,060	3,180	5,300	11,930	18,550	26,500
1940 Windsor, 6-cyl., 139.5" wb						
4d 8P Sed	1,080	3,240	5,400	12,150	18,900	27,000
4d 8P Limo	1,120	3,360	5,600	12,600	19,600	28,000
1940 Traveler, 8-cyl., 128" wb						
2d 3P Cpe	1,440	4,320	7,200	16,200	25,200	36,000
2d 6P Cpe	1,480	4,440	7,400	16,650	25,900	37,000
2d Vic Sed	1,330	4,000	6,660	14,990	23,310	33,300
4d Sed	1,320	3,960	6,600	14,850	23,100	33,000

1940 Saratoga, 8-cyl., 128.5" wb

	6	5	4	3	2	1
4d Sed 1,340	4,020	6,700	15,080	23,450	33,500
4d Fml Sed Div. 1,920	5,760	9,600	21,600	33,600	48,000
4d Twn Car Der. 2,080	6,240	10,400	23,400	36,400	52,000

1940 New Yorker, 8-cyl., 128.5" wb

2d Conv Cpe. 2,080	6,240	10,400	23,400	36,400	52,000
2d 3P Cpe. 1,480	4,440	7,400	16,650	25,900	37,000
2d 6P Cpe. 1,520	4,560	7,600	17,100	26,600	38,000
2d Vic Sed 1,330	4,000	6,660	14,990	23,310	33,300
4d Sed 1,320	3,960	6,600	14,850	23,100	33,000
4d Fml Sed Div. 2,000	6,000	10,000	22,500	35,000	50,000

1940 Crown Imperial, 8-cyl., 145.5" wb

4d 6P Sed. 1,920	5,760	9,600	21,600	33,600	48,000
4d 6P Twn Limo 2,040	6,120	10,200	22,950	35,700	51,000
4d 8P Twn Limo 2,040	6,120	10,200	22,950	35,700	51,000
4d 8P Sed. 1,960	5,880	9,800	22,050	34,300	49,000
4d 8P Sed Limo 2,040	6,120	10,200	22,950	35,700	51,000
4d 8P Limo 2,040	6,120	10,200	22,950	35,700	51,000
4d Nwpt Parade Phae.	value not estimable				
2d Thunderbolt	value not estimable				

1941 Royal, 6-cyl., 121.5" wb

2d 3P Cpe. 1,060	3,180	5,300	11,930	18,550	26,500
2d 6P Clb Cpe 1,080	3,240	5,400	12,150	18,900	27,000
2d Brgm 980	2,940	4,900	11,030	17,150	24,500
4d Sed 1,000	3,000	5,000	11,250	17,500	25,000
4d Twn Sed. 1,020	3,060	5,100	11,480	17,850	25,500
4d 6P T&C Wag 15,600	46,800	78,000	175,500	273,000	390,000
4d 9P T&C Wag 16,600	49,800	83,000	186,750	290,500	415,000

1941 Royal, 6-cyl., 139.5" wb

4d 8P Sed. 1,020	3,060	5,100	11,480	17,850	25,500
4d 8P Limo Sed 1,060	3,180	5,300	11,930	18,550	26,500

1941 Windsor, 6-cyl., 121.5" wb

2d Conv Cpe. 1,680	5,040	8,400	18,900	29,400	42,000
2d 3P Cpe. 1,200	3,600	6,000	13,500	21,000	30,000
2d 6P Clb Cpe 1,220	3,660	6,100	13,730	21,350	30,500
2d Brgm 1,060	3,180	5,300	11,930	18,550	26,500
4d Sed 1,100	3,300	5,500	12,380	19,250	27,500
4d Twn Sed. 1,140	3,420	5,700	12,830	19,950	28,500

1941 Windsor, 6-cyl., 139.5" wb

4d 8P Sed. 1,200	3,600	6,000	13,500	21,000	30,000
4d 8P Sed Limo 1,240	3,720	6,200	13,950	21,700	31,000

1941 Saratoga, 8-cyl., 127.5" wb

2d 3P Cpe. 1,240	3,720	6,200	13,950	21,700	31,000
2d 6P Clb Cpe 1,260	3,780	6,300	14,180	22,050	31,500
2d Brgm 1,080	3,240	5,400	12,150	18,900	27,000
4d Sed 1,120	3,360	5,600	12,600	19,600	28,000
4d Twn Sed. 1,140	3,420	5,700	12,830	19,950	28,500

1941 New Yorker, 8-cyl., 127.5" wb

2d Conv Cpe 2,020	6,060	10,100	22,730	35,350	50,500
3P Cpe 1,420	4,260	7,100	15,980	24,850	35,500
2d 6P Cpe. 1,460	4,380	7,300	16,430	25,550	36,500
2d Brgm 1,220	3,660	6,100	13,730	21,350	30,500
4d Sed 1,260	3,780	6,300	14,180	22,050	31,500
4d Twn Sed. 1,280	3,840	6,400	14,400	22,400	32,000
4d 6P Sed. 1,360	4,080	6,800	15,300	23,800	34,000
4d 8P Sed. 1,400	4,200	7,000	15,750	24,500	35,000
4d 8P Sedan Limo 1,600	4,800	8,000	18,000	28,000	40,000
4d 8P Limo 1,680	5,040	8,400	18,900	29,400	42,000
4d Landalet Limo 2,000	6,000	10,000	22,500	35,000	50,000
4d LeB Twn Limo 2,080	6,240	10,400	23,400	36,400	52,000

1941 New Yorker Special/Crown Imperial, 8-cyl., 127.5" wb

4d Twn Sed. 2,040	6,120	10,200	22,950	35,700	51,000

C-33 Series.

1942 Royal, 6-cyl., 121.5" wb

2d 3P Cpe. 1,160	3,480	5,800	13,050	20,300	29,000
2d 6P Clb Cpe 1,180	3,540	5,900	13,280	20,650	29,500
2d Brgm 1,060	3,180	5,300	11,930	18,550	26,500
4d Sed 1,000	3,240	5,400	12,150	10,000	27,000
4d Twn Sed. 1,100	3,300	5,500	12,380	19,250	27,500

1942 Royal, 6-cyl., 139.5" wb

4d 8P Sed. 1,090	3,280	5,460	12,290	19,110	27,300
4d 8P Limo 1,110	3,340	5,560	12,510	19,460	27,800

1942 Windsor, 6-cyl., 121.5" wb

2d Conv Cpe. 1,600	4,800	8,000	18,000	28,000	40,000
2d 3P Cpe. 1,260	3,780	6,300	14,180	22,050	31,500
2d 6P Cpe. 1,280	3,840	6,400	14,400	22,400	32,000
2d Brgm 1,120	3,360	5,600	12,600	19,600	28,000
4d Sed 1,140	3,420	5,700	12,830	19,950	28,500
4d Twn Sed. 1,120	3,360	5,600	12,600	19,600	28,000

	6	5	4	3	2	1
4d 6P T&C Wag 16,400	49,200	82,000	184,500	287,000	410,000
4d 9P T&C Wag 16,480	49,440	82,400	185,400	288,400	412,000
1942 Windsor, 6-cyl., 139.5" wb						
4d 8P Sed. 1,200	3,600	6,000	13,500	21,000	30,000
4d 8P Limo 1,240	3,720	6,200	13,950	21,700	31,000
1942 Saratoga, 8-cyl., 127.5" wb						
2d 6P Cpe. 1,340	4,020	6,700	15,080	23,450	33,500
2d 3P Cpe. 1,320	3,960	6,600	14,850	23,100	33,000
2d Brgm 1,130	3,400	5,660	12,740	19,810	28,300
4d Sed 1,140	3,410	5,680	12,780	19,880	28,400
4d Twn Sed. 1,190	3,580	5,960	13,410	20,860	29,800
1942 New Yorker, 8-cyl., 127.5" wb						
2d Conv Cpe. 1,800	5,400	9,000	20,250	31,500	45,000
2d Der Conv Cpe 2,120	6,360	10,600	23,850	37,100	53,000
2d 6P Cpe. 1,380	4,140	6,900	15,530	24,150	34,500
2d 3P Cpe. 1,360	4,080	6,800	15,300	23,800	34,000
2d Brgm 1,200	3,600	6,000	13,500	21,000	30,000
4d Sed 1,200	3,600	6,000	13,500	21,000	30,000
4d Twn Sed. 1,240	3,720	6,200	13,950	21,700	31,000
1942 Crown Imperial, 8-cyl., 145.5" wb						
4d 6P Sed. 1,900	5,700	9,500	21,380	33,250	47,500
4d 8P Sed. 1,940	5,820	9,700	21,830	33,950	48,500
4d 8P Sed Limo 2,020	6,060	10,100	22,730	35,350	50,500
1942 Derham Customs						
4d Conv Sed. 3,680	11,040	18,400	41,400	64,400	92,000
4d Twn Car 2,280	6,840	11,400	25,650	39,900	57,000
4d Fml Twn Car. 2,560	7,680	12,800	28,800	44,800	64,000
1946-48 Royal Series, 6-cyl., 121.5" wb						
2d Cpe. 880	2,640	4,400	9,900	15,400	22,000
2d Clb Cpe 900	2,700	4,500	10,130	15,750	22,500
2d Sed 780	2,340	3,900	8,780	13,650	19,500
4d Sed 760	2,280	3,800	8,550	13,300	19,000
1946-48 Royal Series, 6-cyl., 139.5" wb						
4d Sed 960	2,880	4,800	10,800	16,800	24,000
4d Limo. 1,040	3,120	5,200	11,700	18,200	26,000
1946-48 Windsor Series, 6-cyl., 121.5" wb						
2d Conv 1,320	3,960	6,600	14,850	23,100	33,000
2d Cpe 920	2,760	4,600	10,350	16,100	23,000
2d Clb Cpe 940	2,820	4,700	10,580	16,450	23,500
2d Sed 760	2,280	3,800	8,550	13,300	19,000
4d Sed 780	2,340	3,900	8,780	13,650	19,500
4d Trav Sed. 840	2,520	4,200	9,450	14,700	21,000
1946-48 Windsor Series, 6-cyl., 139.5" wb						
4d Sed 980	2,940	4,900	11,030	17,150	24,500
4d Limo. 960	2,880	4,800	10,800	16,800	24,000
1946-48 Saratoga Series, 8-cyl., 127.5" wb						
2d 3P Cpe. 940	2,820	4,700	10,580	16,450	23,500
2d Clb Cpe 960	2,880	4,800	10,800	16,800	24,000
2d Sed 780	2,340	3,900	8,780	13,650	19,500
4d Sed 760	2,280	3,800	8,550	13,300	19,000
1946-48 New Yorker, 8-cyl., 127.5" wb						
2d Conv 1,440	4,320	7,200	16,200	25,200	36,000
2d Cpe 920	2,760	4,600	10,350	16,100	23,000
2d Clb Cpe 940	2,820	4,700	10,580	16,450	23,500
2d Sed 840	2,520	4,200	9,450	14,700	21,000
4d Sed 860	2,580	4,300	9,680	15,050	21,500
1946-48 Town & Country						
2d Conv 9,000	27,000	45,000	101,250	157,500	225,000
4d Sed 6,000	18,000	30,000	67,500	105,000	150,000
1946-48 Imperial C-40						
4d Limo. 1,120	3,360	5,600	12,600	19,600	28,000
4d 8P Sed. 1,080	3,240	5,400	12,150	18,900	27,000
1949 Royal - Second Series, 6-cyl., 125.5" wb						
First Series 1949 is the same as 1948.						
2d Clb Cpe 800	2,400	4,000	9,000	14,000	20,000
4d Sed 740	2,220	3,700	8,330	12,950	18,500
4d Sta Wag (wood body) 3,180	9,540	15,900	35,780	55,650	79,500
1949 Royal - Second Series, 6-cyl., 139.5" wb						
4d Sed 752	2,256	3,760	8,460	13,160	18,800
1949 Windsor - Second Series, 6-cyl., 125.5" wb						
2d Conv 1,160	3,480	5,800	13,050	20,300	29,000
2d Clb Cpe 820	2,460	4,100	9,230	14,350	20,500
4d Sed 748	2,244	3,740	8,420	13,090	18,700
1949 Windsor - Second Series, 6-cyl., 139.5" wb						
4d Sed 800	2,400	4,000	9,000	14,000	20,000
4d Limo. 840	2,520	4,200	9,450	14,700	21,000
1949 Saratoga - Second Series, 8-cyl., 131.5" wb						
2d Clb Cpe 840	2,520	4,200	9,450	14,700	21,000
4d Sed 760	2,280	3,800	8,550	13,300	19,000

	6	5	4	3	2	1
1949 New Yorker - Second Series, 8-cyl., 131.5" wb						
2d Conv 1,480	4,440	7,400	16,650	25,900	37,000
2d Clb Cpe 900	2,700	4,500	10,130	15,750	22,500
4d Sed 770	2,300	3,840	8,640	13,440	19,200
1949 Town & Country - Second Series, 8-cyl., 131.5" wb						
2d Conv 4,600	13,800	23,000	51,750	80,500	115,000
1949 Imperial - Second Series, 8-cyl., 131.5" wb						
4d Sed Der 920	2,760	4,600	10,350	16,100	23,000
1949 Crown Imperial, 8-cyl., 145.5" wb						
4d 8P Sed. 960	2,880	4,800	10,800	16,800	24,000
4d Limo 1,040	3,120	5,200	11,700	18,200	26,000
1950 Royal Series, 6-cyl., 125.5" wb						
4d Sed 740	2,220	3,700	8,330	12,950	18,500
2d Clb Cpe 800	2,400	4,000	9,000	14,000	20,000
4d T&C Sta Wag 3,600	10,800	18,000	40,500	63,000	90,000
4d Sta Wag 3,560	10,680	17,800	40,050	62,300	89,000
Note: The two wagons were the same but the T&C name was introduced on it at midyear.						
1950 Royal Series, 6-cyl., 139.5" wb						
4d Sed 750	2,260	3,760	8,460	13,160	18,800
1950 Windsor Series, 6-cyl., 125.5" wb						
2d Conv 1,160	3,480	5,800	13,050	20,300	29,000
2d Newport HT 1,000	3,000	5,000	11,250	17,500	25,000
2d Clb Cpe 820	2,460	4,100	9,230	14,350	20,500
4d Sed 750	2,240	3,740	8,420	13,090	18,700
4d Trav Sed 760	2,280	3,800	8,550	13,300	19,000
1950 Windsor Series, 6-cyl., 139.5" wb						
4d Sed 800	2,400	4,000	9,000	14,000	20,000
4d Limo 840	2,520	4,200	9,450	14,700	21,000
1950 Saratoga, 8-cyl., 131.5" wb						
2d Clb Cpe 840	2,520	4,200	9,450	14,700	21,000
4d Sed 760	2,280	3,800	8,550	13,300	19,000
1950 New Yorker, 8-cyl., 131.5" wb						
2d Conv 1,480	4,440	7,400	16,650	25,900	37,000
2d Newport HT 1,120	3,360	5,600	12,600	19,600	28,000
2d Clb Cpe 900	2,700	4,500	10,130	15,750	22,500
4d Sed 770	2,300	3,840	8,640	13,440	19,200
1950 Town & Country, 8-cyl., 131.5" wb						
2d Newport HT 3,400	10,200	17,000	38,250	59,500	85,000
1950 Imperial, 8-cyl., 131.5" wb						
4d Sed 920	2,760	4,600	10,350	16,100	23,000
1950 Crown Imperial, 8-cyl., 145.5" wb						
4d Sed 960	2,880	4,800	10,800	16,800	24,000
4d Limo 1,040	3,120	5,200	11,700	18,200	26,000
1951-52 Windsor Series, 6-cyl., 125.5" wb						
2d Clb Cpe 760	2,280	3,800	8,550	13,300	19,000
4d Sed 720	2,160	3,600	8,100	12,600	18,000
4d T&C Sta Wag 1,160	3,480	5,800	13,050	20,300	29,000
1951-52 Windsor Series, 6-cyl., 139.5" wb						
4d Sed 700	2,100	3,500	7,880	12,250	17,500
1951-52 Windsor DeLuxe, 6-cyl., 125.5" wb						
2d Conv 1,120	3,360	5,600	12,600	19,600	28,000
2d Newport HT 960	2,880	4,800	10,800	16,800	24,000
2d Clb Cpe (1951 only) 800	2,400	4,000	9,000	14,000	20,000
4d Sed 704	2,112	3,520	7,920	12,320	17,600
4d Trav Sed (1951 only) 720	2,160	3,600	8,100	12,600	18,000
1951-52 Windsor DeLuxe, 6-cyl., 139.5" wb						
4d Sed 740	2,220	3,700	8,330	12,950	18,500
4d Limo 760	2,280	3,800	8,550	13,300	19,000
1951-52 Saratoga, V-8, 125.5" wb						
2d Clb Cpe 880	2,640	4,400	9,900	15,400	22,000
4d Sed 800	2,400	4,000	9,000	14,000	20,000
4d T&C Sta Wag (1951 only) 1,120	3,360	5,600	12,600	19,600	28,000
1951-52 Saratoga, V-8, 139.5" wb						
4d Sed 780	2,340	3,900	8,780	13,650	19,500
4d Limo (1951 only) 800	2,400	4,000	9,000	14,000	20,000
1951-52 New Yorker, V-8, 131.5" wb						
2d Conv 1,400	4,200	7,000	15,750	24,500	35,000
2d HT 1,040	3,120	5,200	11,700	18,200	26,000
2d Clb Cpe (1951 only) 880	2,640	4,400	9,900	15,400	22,000
4d Sed 800	2,400	4,000	9,000	14,000	20,000
4d T&C Sta Wag (1951 only) 1,500	4,500	7,500	16,880	26,250	37,500
1951-52 Imperial, V-8, 131.5" wb						
2d Conv (1951 only) 1,320	3,960	6,600	14,850	23,100	33,000
2d HT 1,080	3,240	5,400	12,150	18,900	27,000
2d Clb Cpe 920	2,760	4,600	10,350	16,100	23,000
4d Sed 900	2,700	4,500	10,130	15,750	22,500
1951-52 Crown Imperial, V-8, 145.5" wb						
4d Sed 880	2,640	4,400	9,900	15,400	22,000
4d Limo 1,000	3,000	5,000	11,250	17,500	25,000

	6	5	4	3	2	1
1953 Windsor Series, 6-cyl., 125.5" wb						
2d Clb Cpe	760	2,280	3,800	8,550	13,300	19,000
4d Sed	720	2,160	3,600	8,100	12,600	18,000
4d T&C Sta Wag	1,160	3,480	5,800	13,050	20,300	29,000
1953 Windsor Series, 6-cyl., 139.5" wb						
4d Sed	700	2,100	3,500	7,880	12,250	17,500
1953 Windsor DeLuxe Series, 6-cyl., 125.5" wb						
2d Conv	1,120	3,360	5,600	12,600	19,600	28,000
2d HT	1,000	3,000	5,000	11,250	17,500	25,000
4d Sed	732	2,196	3,660	8,240	12,810	18,300
1953 New Yorker, V-8, 125.5" wb						
2d Clb Cpe	880	2,640	4,400	9,900	15,400	22,000
2d HT	1,080	3,240	5,400	12,150	18,900	27,000
4d Sed	800	2,400	4,000	9,000	14,000	20,000
4d T&C Sta Wag	1,240	3,720	6,200	13,950	21,700	31,000
4d Sed	800	2,400	4,000	9,000	14,000	20,000
1953 New Yorker Deluxe, V-8, 125.5" wb						
2d Conv	1,500	4,500	7,500	16,880	26,250	37,500
2d HT	1,100	3,300	5,500	12,380	19,250	27,500
2d Clb Cpe	920	2,760	4,600	10,350	16,100	23,000
4d Sed	820	2,460	4,100	9,230	14,350	20,500
1953 Custom Imperial Series, V-8, 133.5" wb						
4d Sed	920	2,760	4,600	10,350	16,100	23,000
4d Twn Limo	1,020	3,060	5,100	11,480	17,850	25,500
1953 Custom Imperial, V-8, 131.5" wb						
2d HT	1,240	3,720	6,200	13,950	21,700	31,000
1953 Crown Imperial, V-8, 145.5" wb						
4d Sed	940	2,820	4,700	10,580	16,450	23,500
4d Limo	1,040	3,120	5,200	11,700	18,200	26,000
1954 Windsor DeLuxe Series, 6-cyl., 125.5" wb						
2d Conv	1,120	3,360	5,600	12,600	19,600	28,000
2d HT	1,060	3,180	5,300	11,930	18,550	26,500
2d Clb Cpe	880	2,640	4,400	9,900	15,400	22,000
4d Sed	770	2,310	3,850	8,660	13,480	19,250
4d T&C Sta Wag	1,240	3,720	6,200	13,950	21,700	31,000
1954 Windsor DeLuxe Series, 6-cyl., 139.5" wb						
4d Sed	730	2,200	3,660	8,240	12,810	18,300
1954 New Yorker Series, V-8, 125.5" wb						
2d HT	1,080	3,240	5,400	12,150	18,900	27,000
2d Clb Cpe	880	2,640	4,400	9,900	15,400	22,000
4d Sed	800	2,400	4,000	9,000	14,000	20,000
4d T&C Sta Wag	1,240	3,720	6,200	13,950	21,700	31,000
1954 New Yorker Series, V-8, 139.5" wb						
4d Sed	800	2,400	4,000	9,000	14,000	20,000
1954 New Yorker DeLuxe Series, V-8, 125.5" wb						
2d Conv	1,500	4,500	7,500	16,880	26,250	37,500
2d HT	1,100	3,300	5,500	12,380	19,250	27,500
2d Clb Cpe	920	2,760	4,600	10,350	16,100	23,000
4d Sed	800	2,400	4,000	9,000	14,000	20,000
1954 Custom Imperial, V-8, 133.5" wb						
4d Sed	920	2,760	4,600	10,350	16,100	23,000
4d Limo	1,020	3,060	5,100	11,480	17,850	25,500
1954 Custom Imperial, V-8, 131" wb						
2d HT Newport	1,240	3,720	6,200	13,950	21,700	31,000
1954 Crown Imperial, V-8, 145.5" wb						
4d Sed	940	2,820	4,700	10,580	16,450	23,500
4d Limo	1,040	3,120	5,200	11,700	18,200	26,000

NOTE: In 1955, Imperial became a separate division of Chrysler Corporation, and was no longer just a model of Chrysler. 1955-1975 Imperial listings directly follow ChryslerEagle listings.

	6	5	4	3	2	1
1955 Windsor DeLuxe Series, V-8, 126" wb						
2d Conv	2,400	7,200	12,000	27,000	42,000	60,000
2d HT Newport	1,400	4,200	7,000	15,750	24,500	35,000
2d HT Nassau	1,400	4,200	7,000	15,750	24,500	35,000
4d Sed	960	2,880	4,800	10,800	16,800	24,000
4d T&C Sta Wag	1,200	3,600	6,000	13,500	21,000	30,000
1955 Windsor DeLuxe Series, V-8, 126"						

Note: Add 5% for Windsor Green Falcon or Blue Herron. Add 5% for St. Regis trim.

	6	5	4	3	2	1
1955 New Yorker Deluxe Series, V-8, 126" wb						
2d Conv	2,520	7,560	12,600	28,350	44,100	63,000
2d HT St. Regis	1,520	4,560	7,600	17,100	26,600	38,000
2d HT Newport	1,520	4,560	7,600	17,100	26,600	38,000
4d Sed	1,000	3,000	5,000	11,250	17,500	25,000
4d T&C Sta Wag	1,320	3,960	6,600	14,850	23,100	33,000
1955 300 Series, V-8, 126" wb						
2d Spt Cpe	5,000	15,000	25,000	56,250	87,500	125,000
1956 Windsor Series, V-8						
2d Conv	2,400	7,200	12,000	27,000	42,000	60,000
2d HT Newport	1,520	4,560	7,600	17,100	26,600	38,000
2d HT Nassau	1,520	4,560	7,600	17,100	26,600	38,000

	6	5	4	3	2	1
4d HT	1,040	3,120	5,200	11,700	18,200	26,000
4d Sed	1,000	3,000	5,000	11,250	17,500	25,000
4d T&C Sta Wag	1,320	3,960	6,600	14,850	23,100	33,000
1956 New Yorker Series, V-8						
2d Conv	2,520	7,560	12,600	28,350	44,100	63,000
2d HT St. Regis	1,400	4,200	7,000	15,750	24,500	35,000
2d HT Newport	1,400	4,200	7,000	15,750	24,500	35,000
4d HT	1,160	3,480	5,800	13,050	20,300	29,000
4d Sed	1,000	3,000	5,000	11,250	17,500	25,000
4d T&C Sta Wag	1,320	3,960	6,600	14,850	23,100	33,000
1956 300 Letter Series "B", V-8						
2d HT	5,000	15,000	25,000	56,250	87,500	125,000
1957 Windsor Series, V-8						
2d HT	1,440	4,320	7,200	16,200	25,200	36,000
4d HT	1,240	3,720	6,200	13,950	21,700	31,000
4d Sed	1,120	3,360	5,600	12,600	19,600	28,000
4d T&C Sta Wag	1,400	4,200	7,000	15,750	24,500	35,000
1957 Saratoga Series, V-8						
2d HT	1,520	4,560	7,600	17,100	26,600	38,000
4d HT	1,320	3,960	6,600	14,850	23,100	33,000
4d Sed	1,140	3,420	5,700	12,830	19,950	28,500
1957 New Yorker Series, V-8						
2d Conv	3,040	9,120	15,200	34,200	53,200	76,000
2d HT	1,640	4,920	8,200	18,450	28,700	41,000
4d HT	1,360	4,080	6,800	15,300	23,800	34,000
4d Sed	1,160	3,480	5,800	13,050	20,300	29,000
4d T&C Sta Wag	1,440	4,320	7,200	16,200	25,200	36,000
1957 300 Letter Series "C", V-8						
2d Conv	5,600	16,800	28,000	63,000	98,000	140,000
2d HT	3,320	9,960	16,600	37,350	58,100	83,000
1958 Windsor Series, V-8						
2d HT	1,440	4,320	7,200	16,200	25,200	36,000
4d HT	1,240	3,720	6,200	13,950	21,700	31,000
4d Sed	1,120	3,360	5,600	12,600	19,600	28,000
4d T&C Sta Wag	1,400	4,200	7,000	15,750	24,500	35,000
1958 Saratoga Series, V-8						
2d HT	1,520	4,560	7,600	17,100	26,600	38,000
4d HT	1,320	3,960	6,600	14,850	23,100	33,000
4d Sed	1,140	3,420	5,700	12,830	19,950	28,500
1958 New Yorker Series, V-8						
2d Conv	3,040	9,120	15,200	34,200	53,200	76,000
2d HT	1,640	4,920	8,200	18,450	28,700	41,000
4d HT	1,360	4,080	6,800	15,300	23,800	34,000
4d Sed	1,160	3,480	5,800	13,050	20,300	29,000
4d 6P T&C Sta Wag	1,440	4,320	7,200	16,200	25,200	36,000
4d 9P T&C Sta Wag	1,460	4,380	7,300	16,430	25,550	36,500
1958 300 Letter Series "D"						
2d Conv	5,600	16,800	28,000	63,000	98,000	140,000
2d HT	3,320	9,960	16,600	37,350	58,100	83,000
NOTE: With EFI, value inestimable.						
1959 Windsor Series, V-8						
2d Conv	1,920	5,760	9,600	21,600	33,600	48,000
2d HT	1,320	3,960	6,600	14,850	23,100	33,000
4d HT	1,160	3,480	5,800	13,050	20,300	29,000
4d Sed	1,080	3,240	5,400	12,150	18,900	27,000
1959 Windsor, V-8						
4d 6P Sta Wag	1,300	3,900	6,500	14,630	22,750	32,500
4d 9P Sta Wag	1,310	3,930	6,550	14,740	22,930	32,750
1959 Saratoga Series, V-8						
4d Sed	1,080	3,240	5,400	12,150	18,900	27,000
4d HT	1,200	3,600	6,000	13,500	21,000	30,000
2d HT	1,360	4,080	6,800	15,300	23,800	34,000
1959 New Yorker Series, V-8						
2d Conv	2,960	8,880	14,800	33,300	51,800	74,000
2d HT	1,440	4,320	7,200	16,200	25,200	36,000
4d HT	1,240	3,720	6,200	13,950	21,700	31,000
4d Sed	1,100	3,300	5,500	12,380	19,250	27,500
1959 Town & Country, V-8						
4d 6P Sta Wag	1,400	4,200	7,000	15,750	24,500	35,000
4d 9P Sta Wag	1,410	4,220	7,040	15,840	24,640	35,200
1959 300 Letter Series "E", V-8						
2d Conv	5,400	16,200	27,000	60,750	94,500	135,000
2d HT	3,120	9,360	15,600	35,100	54,600	78,000
1960 Windsor Series, V-8						
2d Conv	1,800	5,400	9,000	20,250	31,500	45,000
2d HT	920	2,760	4,600	10,350	16,100	23,000
4d HT	880	2,640	4,400	9,900	15,400	22,000
4d Sed	840	2,520	4,200	9,450	14,700	21,000

CHRYSLER

CHRYSLER

	6	5	4	3	2	1
1960 Town & Country Series, V-8						
4d 9P Sta Wag	1,090	3,260	5,440	12,240	19,040	27,200
4d 6P Sta Wag	1,080	3,240	5,400	12,150	18,900	27,000
1960 Saratoga Series, V-8						
2d HT	960	2,880	4,800	10,800	16,800	24,000
4d HT	920	2,760	4,600	10,350	16,100	23,000
4d Sed	850	2,540	4,240	9,540	14,840	21,200
1960 New Yorker Series, V-8						
2d Conv	2,400	7,200	12,000	27,000	42,000	60,000
2d HT	1,040	3,120	5,200	11,700	18,200	26,000
4d HT	960	2,880	4,800	10,800	16,800	24,000
4d Sed	860	2,580	4,300	9,680	15,050	21,500
1960 Town & Country Series, V-8, 126" wb						
4d 9P Sta Wag	1,130	3,380	5,640	12,690	19,740	28,200
4d 6P Sta Wag	1,120	3,360	5,600	12,600	19,600	28,000
1960 300 Letter Series "F", V-8						
2d Conv	6,160	18,480	30,800	69,300	107,800	154,000
2d HT	3,720	11,160	18,600	41,850	65,100	93,000
NOTE: 300 Letter Series cars containing the Pont-A-Mousson 4-speed transmission, the value is not estimable.						
1961 Newport Series, V-8						
2d Conv	1,600	4,800	8,000	18,000	28,000	40,000
2d HT	1,080	3,240	5,400	12,150	18,900	27,000
4d HT	1,060	3,180	5,300	11,930	18,550	26,500
4d Sed	1,020	3,060	5,100	11,480	17,850	25,500
4d 6P Sta Wag	1,240	3,720	6,200	13,950	21,700	31,000
4d 9P Sta Wag	1,240	3,730	6,220	14,000	21,770	31,100
1961 Windsor Series, V-8						
2d HT	1,100	3,300	5,500	12,380	19,250	27,500
4d HT	1,080	3,240	5,400	12,150	18,900	27,000
4d Sed	1,040	3,120	5,200	11,700	18,200	26,000
1961 New Yorker Series, V-8						
2d Conv	2,000	6,000	10,000	22,500	35,000	50,000
2d HT	1,120	3,360	5,600	12,600	19,600	28,000
4d HT	1,080	3,240	5,400	12,150	18,900	27,000
4d Sed	1,060	3,180	5,300	11,930	18,550	26,500
4d 6P Sta Wag	1,280	3,840	6,400	14,400	22,400	32,000
4d 9P Sta Wag	1,280	3,850	6,420	14,450	22,470	32,100
1961 300 Letter Series "G", V-8						
2d Conv	6,180	18,540	30,900	69,530	108,150	154,500
2d HT	3,720	11,160	18,600	41,850	65,100	93,000
NOTE: Add 20% for 400 hp engine.						
1962 Newport Series, V-8						
4d Sed	624	1,872	3,120	7,020	10,920	15,600
4d HT	640	1,920	3,200	7,200	11,200	16,000
2d Conv	960	2,880	4,800	10,800	16,800	24,000
2d HT	700	2,100	3,500	7,880	12,250	17,500
4d 6P HT Wag	680	2,040	3,400	7,650	11,900	17,000
4d 9P HT Wag	688	2,064	3,440	7,740	12,040	17,200
1962 300 Series						
2d Conv	1,440	4,320	7,200	16,200	25,200	36,000
2d HT	1,120	3,360	5,600	12,600	19,600	28,000
4d HT	800	2,400	4,000	9,000	14,000	20,000
1962 300 Letter Series "H", V-8						
2d Conv	5,780	17,340	28,900	65,030	101,150	144,500
2d HT	3,320	9,960	16,600	37,350	58,100	83,000
1962 New Yorker Series, V-8						
4d Sed	640	1,920	3,200	7,200	11,200	16,000
4d HT	700	2,100	3,500	7,880	12,250	17,500
4d 6P HT Wag	720	2,160	3,600	8,100	12,600	18,000
4d 9P HT Wag	728	2,184	3,640	8,190	12,740	18,200
1963 Newport Series, V-8						
2d Conv	800	2,400	4,000	9,000	14,000	20,000
2d HT	700	2,100	3,500	7,880	12,250	17,500
4d HT	640	1,920	3,200	7,200	11,200	16,000
4d Sed	624	1,872	3,120	7,020	10,920	15,600
4d 6P Sta Wag	680	2,040	3,400	7,650	11,900	17,000
4d 9P Sta Wag	688	2,064	3,440	7,740	12,040	17,200
1963 300 Series, "383" V-8						
2d Conv	1,440	4,320	7,200	16,200	25,200	36,000
2d HT	1,120	3,360	5,600	12,600	19,600	28,000
4d HT	800	2,400	4,000	9,000	14,000	20,000
1963 300 "Pacesetter" Series, "383" V-8						
2d Conv	1,600	4,800	8,000	18,000	28,000	40,000
2d HT	1,200	3,600	6,000	13,500	21,000	30,000
1963 300 Letter Series "J", "413" V-8						
2d HT	1,640	4,910	8,180	18,410	28,630	40,900
1963 New Yorker Series, V-8						
4d Sed	640	1,920	3,200	7,200	11,200	16,000
4d HT	660	1,980	3,300	7,430	11,550	16,500

CHRYSLER

	6	5	4	3	2	1
4d HT Salon	668	2,004	3,340	7,520	11,690	16,700
4d 6P Sta Wag	708	2,124	3,540	7,970	12,390	17,700
4d 9P Sta Wag	720	2,160	3,600	8,100	12,600	18,000
1964 Newport Series, V-8						
2d Conv	700	2,280	3,800	8,550	13,300	19,000
2d HT	680	2,040	3,400	7,650	11,900	17,000
4d HT	640	1,920	3,200	7,200	11,200	16,000
4d Sed	624	1,872	3,120	7,020	10,920	15,600
1964 Town & Country Series, V-8						
4d 9P Sta Wag	660	1,980	3,300	7,430	11,550	16,500
4d 6P Sta Wag	660	1,980	3,300	7,430	11,550	16,500
1964 300 Series						
2d Conv	880	2,640	4,400	9,900	15,400	22,000
2d HT	700	2,100	3,500	7,880	12,250	17,500
4d HT	660	1,980	3,300	7,430	11,550	16,500
1964 300 Letter Series "K", V-8						
2d Conv	1,680	5,040	8,400	18,900	29,400	42,000
2d HT	1,320	3,960	6,600	14,850	23,100	33,000
NOTE: Add 10% for two 4-barrel carbs. Add 15% for Silver Edition introduced in Spring 1964.						
1964 New Yorker Series, V-8						
4d Sed	660	1,980	3,300	7,430	11,550	16,500
4d HT	680	2,040	3,400	7,650	11,900	17,000
4d HT Salon	700	2,100	3,500	7,880	12,250	17,500
1964 Town & Country Series, V-8						
4d 9P HT Wag	728	2,184	3,640	8,190	12,740	18,200
4d 6P HT Wag	720	2,160	3,600	8,100	12,600	18,000
1965 Newport Series, V-8						
2d Conv	780	2,340	3,900	8,780	13,650	19,500
2d HT	700	2,100	3,500	7,880	12,250	17,500
4d HT	660	1,980	3,300	7,430	11,550	16,500
4d Sed	624	1,872	3,120	7,020	10,920	15,600
4d 6W Sed	612	1,836	3,060	6,890	10,710	15,300
1965 Town & Country Series, V-8						
4d 6P Wag	680	2,040	3,400	7,650	11,900	17,000
4d 9P Wag	688	2,064	3,440	7,740	12,040	17,200
1965 300 Series						
2d Conv	840	2,520	4,200	9,450	14,700	21,000
2d HT	720	2,160	3,600	8,100	12,600	18,000
4d HT	660	1,980	3,300	7,430	11,550	16,500
1965 300 Letter Series "L", V-8						
2d Conv	1,400	4,200	7,000	15,750	24,500	35,000
2d HT	1,240	3,720	6,200	13,950	21,700	31,000
1965 New Yorker Series, V-8						
2d HT	740	2,220	3,700	8,330	12,950	18,500
4d HT	680	2,040	3,400	7,650	11,900	17,000
4d 6W Sed	640	1,920	3,200	7,200	11,200	16,000
1965 Town & Country Series, V-8						
4d 6P Wag	720	2,160	3,600	8,100	12,600	18,000
4d 9P Wag	728	2,184	3,640	8,190	12,740	18,200
1966 Newport Series, V-8						
2d Conv	840	2,520	4,200	9,450	14,700	21,000
2d HT	720	2,160	3,600	8,100	12,600	18,000
4d HT	680	2,040	3,400	7,650	11,900	17,000
4d Sed	640	1,920	3,200	7,200	11,200	16,000
4d 6W Sed	640	1,920	3,200	7,200	11,200	16,000
1966 Town & Country Series, V-8						
4d 6P Sta Wag	720	2,160	3,600	8,100	12,600	10,000
4d 9P Sta Wag	728	2,184	3,640	8,190	12,740	18,200
1966 Chrysler 300, V-8						
2d Conv	1,040	3,120	5,200	11,700	18,200	26,000
2d HT	840	2,520	4,200	9,450	14,700	21,000
4d HT	720	2,160	3,600	8,100	12,600	18,000
1966 New Yorker, V-8						
2d HT	740	2,220	3,700	8,330	12,950	18,500
4d HT	720	2,160	3,600	8,100	12,600	18,000
4d 6W Sed	700	2,100	3,500	7,880	12,250	17,500
1967 Newport, V-8, 124" wb						
2d Conv	840	2,520	4,200	9,450	14,700	21,000
2d HT	740	2,220	3,700	8,330	12,950	18,500
4d HT	700	2,100	3,500	7,880	12,250	17,500
4d Sed	644	1,932	3,220	7,250	11,270	16,100
4d Sta Wag	740	2,220	3,700	8,330	12,950	18,500
1967 Newport Custom, V-8, 124" wb						
2d HT	740	2,220	3,700	8,330	12,950	18,500
4d HT	700	2,100	3,500	7,880	12,250	17,500
4d Sed	648	1,944	3,240	7,290	11,340	16,200
1967 300, V-8, 124" wb						
2d Conv	960	2,880	4,800	10,800	16,800	24,000
2d HT	780	2,340	3,900	8,780	13,650	19,500

	6	5	4	3	2	1
4d HT	720	2,160	3,600	8,100	12,600	18,000
1967 New Yorker, V-8, 124" wb						
2d HT	760	2,280	3,800	8,550	13,300	19,000
4d HT	720	2,160	3,600	8,100	12,600	18,000
4d Sed	660	1,980	3,300	7,430	11,550	16,500
1968 Newport, V-8, 124" wb						
2d Conv	1,040	3,120	5,200	11,700	18,200	26,000
2d HT	760	2,280	3,800	8,550	13,300	19,000
4d HT	560	1,680	2,800	6,300	9,800	14,000
4d Sed	460	1,380	2,300	5,180	8,050	11,500
1968 Newport Custom, V-8, 124" wb						
2d HT	800	2,400	4,000	9,000	14,000	20,000
4d HT	600	1,800	3,000	6,750	10,500	15,000
4d Sed	500	1,500	2,500	5,630	8,750	12,500
1968 300, V-8, 124" wb						
2d Conv	1,200	3,600	6,000	13,500	21,000	30,000
2d HT	780	2,340	3,900	8,780	13,650	19,500
4d HT	600	1,800	3,000	6,750	10,500	15,000
1968 Town & Country, V-8, 122" wb						
4d Sta Wag	780	2,340	3,900	8,780	13,650	19,500
1968 New Yorker, V-8, 124" wb						
2d HT	880	2,640	4,400	9,900	15,400	22,000
4d HT	620	1,860	3,100	6,980	10,850	15,500
4d Sed	560	1,680	2,800	6,300	9,800	14,000
1969 Newport, V-8, 124" wb						
2d Conv	840	2,520	4,200	9,450	14,700	21,000
2d HT	720	2,160	3,600	8,100	12,600	18,000
4d HT	440	1,320	2,200	4,950	7,700	11,000
4d Sed	360	1,080	1,800	4,050	6,300	9,000
1969 Newport Custom, V-8, 124" wb						
2d HT	740	2,220	3,700	8,330	12,950	18,500
4d HT	460	1,380	2,300	5,180	8,050	11,500
4d Sed	370	1,110	1,850	4,160	6,480	9,250
1969 300, V-8, 124" wb						
2d Conv	900	2,700	4,500	10,130	15,750	22,500
2d HT	760	2,280	3,800	8,550	13,300	19,000
4d HT	500	1,500	2,500	5,630	8,750	12,500
1969 New Yorker, V-8, 124" wb						
2d HT	800	2,400	4,000	9,000	14,000	20,000
4d HT	520	1,560	2,600	5,850	9,100	13,000
4d Sed	380	1,140	1,900	4,280	6,650	9,500
1969 Town & Country, V-8, 122" wb						
4d Sta Wag	560	1,680	2,800	6,300	9,800	14,000
1970 Newport, V-8, 124" wb						
2d HT	500	1,510	2,520	5,670	8,820	12,600
2d Conv	780	2,340	3,900	8,780	13,650	19,500
4d HT	440	1,320	2,200	4,950	7,700	11,000
4d Sed	360	1,080	1,800	4,050	6,300	9,000
1970 Newport Custom						
2d HT	510	1,530	2,550	5,740	8,930	12,750
4d HT	460	1,380	2,300	5,180	8,050	11,500
4d Sed	380	1,140	1,900	4,280	6,650	9,500
1970 300, V-8, 124" wb						
2d Conv	920	2,760	4,600	10,350	16,100	23,000
2d HT Hurst	1,600	4,800	8,000	18,000	28,000	40,000
2d HT	720	2,160	3,600	8,100	12,600	18,000
4d HT	480	1,440	2,400	5,400	8,400	12,000
1970 New Yorker, V-8, 124" wb						
2d HT	700	2,100	3,500	7,880	12,250	17,500
4d HT	480	1,440	2,400	5,400	8,400	12,000
4d Sed	380	1,140	1,900	4,280	6,650	9,500
1970 Town & Country, V-8, 122" wb						
4d Sta Wag	540	1,620	2,700	6,080	9,450	13,500
1971 Newport Royal, V-8, 124" wb						
2d HT	490	1,470	2,450	5,510	8,580	12,250
4d HT	420	1,260	2,100	4,730	7,350	10,500
4d Sed	360	1,080	1,800	4,050	6,300	9,000
1971 Newport, V-8, 124" wb						
2d HT	500	1,500	2,500	5,630	8,750	12,500
4d HT	430	1,290	2,150	4,840	7,530	10,750
4d Sed	370	1,100	1,840	4,140	6,440	9,200
1971 Newport Custom						
2d HT	510	1,530	2,550	5,740	8,930	12,750
4d HT	440	1,310	2,180	4,910	7,630	10,900
4d Sed	380	1,130	1,880	4,230	6,580	9,400
1971 300						
2d HT	520	1,560	2,600	5,850	9,100	13,000
4d HT	420	1,260	2,100	4,730	7,350	10,500

	6	5	4	3	2	1
1971 New Yorker						
2d HT	620	1,860	3,100	6,980	10,850	15,500
4d HT	500	1,500	2,500	5,630	8,750	12,500
4d Sed	400	1,200	2,000	4,500	7,000	10,000
1971 Town & Country						
4d Sta Wag	540	1,620	2,700	6,080	9,450	13,500
1972 Newport Royal						
2d HT	480	1,430	2,380	5,360	8,330	11,900
4d HT	410	1,240	2,060	4,640	7,210	10,300
4d Sed	360	1,070	1,780	4,010	6,230	8,900
1972 Newport Custom						
2d HT	480	1,440	2,400	5,400	8,400	12,000
4d HT	420	1,260	2,100	4,730	7,350	10,500
4d Sed	360	1,090	1,820	4,100	6,370	9,100
1972 New Yorker						
2d HT	500	1,500	2,500	6,250	8,750	12,500
4d HT	430	1,280	2,130	5,330	7,460	10,650
4d Sed	370	1,100	1,840	4,600	6,440	9,200
1972 New Yorker Brougham						
2d HT	530	1,600	2,660	5,990	9,310	13,300
4d HT	440	1,310	2,180	4,910	7,630	10,900
4d Sed	380	1,140	1,900	4,280	6,650	9,500
1972 Town & Country						
4d Sta Wag	560	1,680	2,800	6,300	9,800	14,000
1973 Newport, V-8, 124" wb						
2d HT	480	1,430	2,380	5,360	8,330	11,900
4d HT	410	1,240	2,060	4,640	7,210	10,300
4d Sed	360	1,070	1,780	4,010	6,230	8,900
1973 Newport Custom, V-8						
2d HT	480	1,450	2,420	5,450	8,470	12,100
4d HT	420	1,260	2,100	4,730	7,350	10,500
4d Sed	380	1,130	1,880	4,230	6,580	9,400
1973 New Yorker Brougham, V-8						
2d HT	530	1,600	2,660	5,990	9,310	13,300
4d HT	460	1,390	2,320	5,220	8,120	11,600
4d Sed	400	1,210	2,020	4,550	7,070	10,100
1973 Town & Country, V-8						
4d 3S Sta Wag	540	1,620	2,700	6,080	9,450	13,500
1974 Newport, V-8						
2d HT	470	1,400	2,340	5,270	8,190	11,700
4d HT	390	1,170	1,950	4,390	6,830	9,750
4d Sed	350	1,050	1,750	3,940	6,130	8,750
1974 Newport Custom, V-8						
2d HT	480	1,450	2,420	5,450	8,470	12,100
4d HT	410	1,240	2,060	4,640	7,210	10,300
4d Sed	360	1,070	1,780	4,010	6,230	8,900
1974 New Yorker, V-8						
4d Sed	400	1,190	1,990	4,480	6,970	9,950
4d HT	490	1,460	2,440	5,490	8,540	12,200
1974 New Yorker Brougham, V-8						
2d HT	540	1,630	2,720	6,120	9,520	13,600
4d HT	480	1,430	2,380	5,360	8,330	11,900
4d Sed	400	1,200	2,000	4,500	7,000	10,000
1974 Town & Country, V-8						
4d 3S Sta Wag	500	1,500	2,500	5,630	8,750	12,500
1975 Cordoba, V-8						
2d HT	440	1,310	2,180	4,910	7,630	10,900
1975 Newport, V-8						
2d HT	390	1,170	1,950	4,390	6,830	9,750
4d HT	330	980	1,630	3,670	5,710	8,150
4d Sed	290	880	1,460	3,290	5,110	7,300
1975 Newport Custom, V-8						
2d HT	400	1,210	2,020	4,550	7,070	10,100
4d HT	340	1,020	1,700	3,830	5,950	8,500
4d Sed	310	920	1,540	3,470	5,390	7,700
1975 New Yorker Brougham, V-8						
2d HT	420	1,270	2,120	4,770	7,420	10,600
4d HT	360	1,080	1,800	4,050	6,300	9,000
4d Sed	320	960	1,600	3,600	5,600	8,000
1975 Town & Country, V-8						
4d 3S Sta Wag	440	1,320	2,200	4,950	7,700	11,000
1976 Cordoba, V-8						
2d HT	430	1,300	2,160	4,860	7,560	10,800
1976 Newport, V-8						
2d HT	390	1,180	1,960	4,410	6,860	9,800
4d HT	330	980	1,640	3,690	5,740	8,200
4d Sed	290	880	1,460	3,290	5,110	7,300

	6	5	4	3	2	1
1976 Newport Custom, V-8						
2d HT	400	1,210	2,020	4,550	7,070	10,100
4d HT	340	1,020	1,700	3,830	5,950	8,500
4d Sed	310	920	1,540	3,470	5,390	7,700
1976 Town & Country, V-8						
4d 2S Sta Wag	420	1,250	2,080	4,680	7,280	10,400
4d 3S Sta Wag	420	1,260	2,100	4,730	7,350	10,500
1976 New Yorker Brougham, V-8						
2d HT	420	1,270	2,120	4,770	7,420	10,600
4d HT	360	1,080	1,800	4,050	6,300	9,000
1977 LeBaron, V-8						
2d Cpe	230	680	1,130	2,540	3,960	5,650
4d Sed	200	600	1,000	2,250	3,500	5,000
1977 LeBaron Medallion, V-8						
2d Cpe	250	760	1,260	2,840	4,410	6,300
4d Sed	220	650	1,080	2,430	3,780	5,400
1977 Cordoba, V-8						
2d HT	380	1,140	1,900	4,280	6,650	9,500
1977 Newport, V-8						
2d HT	360	1,080	1,800	4,050	6,300	9,000
4d HT	320	950	1,580	3,560	5,530	7,900
4d Sed	290	880	1,460	3,290	5,110	7,300
1977 Town & Country, V-8						
4d 2S Sta Wag	420	1,250	2,080	4,680	7,280	10,400
4d 3S Sta Wag	410	1,240	2,060	4,640	7,210	10,300
1977 New Yorker Brougham, V-8						
2d HT	420	1,270	2,120	4,770	7,420	10,600
4d HT	360	1,080	1,800	4,050	6,300	9,000
1978 LeBaron						
2d Cpe	220	660	1,100	2,480	3,850	5,500
2d "S" Cpe	220	670	1,120	2,520	3,920	5,600
4d "S" Cpe	190	580	970	2,180	3,400	4,850
4d Sed	230	680	1,130	2,540	3,960	5,650
1978 Town & Country						
4d Sta Wag	270	820	1,370	3,080	4,800	6,850
1978 LeBaron Medallion						
2d Cpe	250	760	1,260	2,840	4,410	6,300
4d Sed	240	730	1,220	2,750	4,270	6,100
1978 Cordoba						
2d Cpe	390	1,180	1,960	4,410	6,860	9,800
1978 Newport						
2d Cpe	360	1,090	1,820	4,100	6,370	9,100
4d Sed	320	950	1,580	3,560	5,530	7,900
1978 New Yorker Brougham						
2d Cpe	420	1,270	2,120	4,770	7,420	10,600
4d Sed	360	1,080	1,800	4,050	6,300	9,000
1979 LeBaron, V-8						
2d Cpe	230	680	1,130	2,540	3,960	5,650
4d Sed	200	600	1,000	2,250	3,500	5,000
1979 LeBaron Salon, V-8						
2d Cpe	240	720	1,200	2,700	4,200	6,000
4d Sed	210	620	1,030	2,320	3,610	5,150
1979 LeBaron Medallion, V-8						
2d Cpe	240	710	1,180	2,660	4,130	5,900
4d Sed	220	650	1,080	2,430	3,780	5,400
1979 LeBaron Town & Country						
4d Sta Wag	280	830	1,380	3,110	4,830	6,900
1979 Cordoba, V-8						
2d Cpe	390	1,180	1,960	4,410	6,860	9,800
NOTE: Add 25% for 300 pkg.						
1979 Newport, V-8						
4d Sed	260	770	1,280	2,880	4,480	6,400
1979 New Yorker, V-8						
4d Sed	310	920	1,540	3,470	5,390	7,700
1980 LeBaron, V-8						
2d Cpe	230	680	1,140	2,570	3,990	5,700
4d Sed	190	580	960	2,160	3,360	4,800
4d Sta Wag T&C	250	740	1,240	2,790	4,340	6,200
1980 Cordoba, V-8						
2d Cpe Specialty	390	1,180	1,960	4,410	6,860	9,800
2d Cpe Spl Crown	400	1,200	2,000	4,500	7,000	10,000
2d Cpe Spl LS	380	1,140	1,900	4,280	6,650	9,500
1980 Newport, V-8						
4d Sed	260	770	1,280	2,880	4,480	6,400
1980 New Yorker, V-8						
4d Sed	310	920	1,540	3,470	5,390	7,700
1981 LeBaron, V-8						
2d Cpe	210	640	1,060	2,390	3,710	5,300

	6	5	4	3	2	1
4d Sed	190	580	960	2,160	3,360	4,800
4d Sta Wag T&C...............................	230	700	1,160	2,610	4,060	5,800
1981 Cordoba, V-8						
2d Cpe Specialty LS.........................	380	1,150	1,920	4,320	6,720	9,600
2d Cpe Specialty	390	1,180	1,960	4,410	6,860	9,800
1981 Newport, V-8						
4d Sed	260	770	1,280	2,880	4,480	6,400
1981 New Yorker, V-8						
4d Sed	310	920	1,540	3,470	5,390	7,700
1981 Imperial, V-8						
2d Cpe	420	1,250	2,080	4,680	7,280	10,400
NOTE: Add 20% for (Frank Sinatra) pkg.						
1982 LeBaron, 4-cyl.						
4d Sed	190	580	960	2,160	3,360	4,800
2d Conv	300	910	1,520	3,420	5,320	7,600
2d Cpe	230	680	1,140	2,570	3,990	5,700
4d Sta Wag T&C...............................	250	760	1,260	2,840	4,410	6,300
1982 Cordoba, V-8						
2d Cpe	390	1,180	1,960	4,410	6,860	9,800
1982 New Yorker, V-8						
4d Sed	310	920	1,540	3,470	5,390	7,700
1982 Imperial, V-8						
2d Cpe Luxury	420	1,250	2,080	4,680	7,280	10,400
NOTE: Add 20% for (Frank Sinatra) pkg.						
1983 LeBaron, 4-cyl.						
2d Conv	300	910	1,520	3,420	5,320	7,600
2d Conv T&C Marc Cross.....................	320	950	1,580	3,560	5,530	7,900
2d Cpe	230	680	1,140	2,570	3,990	5,700
4d Sed	190	580	960	2,160	3,360	4,800
4d Sta Wag T&C...............................	250	760	1,260	2,840	4,410	6,300
4d Limo.......................................	330	980	1,640	3,690	5,740	8,200
1983 E Class, 4-cyl.						
4d Sed	210	640	1,070	2,410	3,750	5,350
1983 Cordoba, V-8						
2d Cpe	390	1,090	1,820	4,100	6,370	9,100
1983 New Yorker, 4-cyl.						
4d Sed	240	720	1,200	2,700	4,200	6,000
1983 New Yorker Fifth Avenue, V-8						
4d Sed	310	920	1,540	3,470	5,390	7,700
4d Sed Luxury	310	940	1,560	3,510	5,460	7,800
1983 Executive						
4d Limo (131" wb)...........................	330	980	1,640	3,690	5,740	8,200
4d Sed (124" wb)	210	620	1,040	2,340	3,640	5,200
1983 Imperial, V-8						
2d Cpe	430	1,280	2,140	4,820	7,490	10,700
1984 LeBaron, 4-cyl.						
2d Conv	300	910	1,520	3,420	5,320	7,600
2d Conv Marc Cross..........................	320	960	1,600	3,600	5,600	8,000
2d Conv T&C Marc Cross.....................	340	1,010	1,680	3,780	5,880	8,400
2d Sed	200	600	1,000	2,240	3,480	4,975
4d Sed	170	500	840	1,890	2,940	4,200
4d Sta Wag T&C...............................	250	760	1,260	2,840	4,410	6,300
1984 Laser, 4-cyl.						
2d HBk	190	560	940	2,120	3,290	4,700
2d HBk XE	190	580	960	2,160	3,360	4,800
1984 E Class, 4-cyl.						
4d Sed	180	540	900	2,030	3,150	4,500
1984 New Yorker, 4-cyl.						
4d Sed	210	620	1,040	2,340	3,640	5,200
1984 New Yorker Fifth Avenue, V-8						
4d Sed	220	660	1,100	2,480	3,850	5,500
1984 Executive						
4d Limo (131" wb)...........................	320	960	1,600	3,600	5,600	8,000
4d Sed (124" wb)	210	620	1,040	2,340	3,640	5,200
1985 LeBaron, 4-cyl.						
2d Conv	300	910	1,520	3,420	5,320	7,600
2d Conv Marc Cross..........................	320	960	1,600	3,600	5,600	8,000
2d Conv T&C Marc Cross.....................	340	1,010	1,680	3,780	5,880	8,400
2d Cpe	200	590	980	2,210	3,430	4,900
4d Sed	168	504	840	1,890	2,940	4,200
4d Sta Wag T&C...............................	250	760	1,260	2,840	4,410	6,300
1985 Laser, 4-cyl.						
2d HBk	190	560	940	2,120	3,290	4,700
2d HBk XE	190	580	960	2,160	3,360	4,800
1985 LeBaron GTS, 4-cyl.						
4d Spt	200	590	990	2,230	3,470	4,950
1985 New Yorker, 4-cyl.						
4d Sed	210	620	1,040	2,340	3,640	5,200

CHRYSLER

CHRYSLER

	6	5	4	3	2	1
1985 Fifth Avenue, V-8						
4d Sed	270	820	1,360	3,060	4,760	6,800
1986 Laser						
2d HBk	180	530	880	1,980	3,080	4,400
1986 LeBaron						
2d Conv	300	910	1,520	3,420	5,320	7,600
2d Marc Cross Conv	320	960	1,600	3,600	5,600	8,000
2d Conv T&C Marc Cross	340	1,010	1,680	3,780	5,880	8,400
2d Cpe	200	590	980	2,210	3,430	4,900
4d Sed	160	490	820	1,850	2,870	4,100
4d T&C Sta Wag	240	720	1,200	2,700	4,200	6,000
1986 New Yorker						
4d Sed	210	620	1,040	2,340	3,640	5,200
1986 Fifth Avenue						
4d Sed	270	820	1,360	3,060	4,760	6,800
1986 Executive						
4d Limo	320	960	1,600	3,600	5,600	8,000
1987 LeBaron						
2d Conv	260	780	1,300	2,930	4,550	6,500
2d Cpe	168	504	840	1,890	2,940	4,200
2d Cpe Premium	172	516	860	1,940	3,010	4,300
4d Sed	172	516	860	1,940	3,010	4,300
4d HBk Spt GTS	180	540	900	2,030	3,150	4,500
4d HBk Spt Prem GTS	180	550	920	2,070	3,220	4,600
4d Sta Wag	220	660	1,100	2,480	3,850	5,500
NOTE: Add 5% for 2.2 Turbo engine.						
1987 Conquest, 4-cyl. Turbo						
2d HBk	172	516	860	1,940	3,010	4,300
1987 New Yorker, 4-cyl.						
4d Sed	220	660	1,100	2,480	3,850	5,500
1987 New Yorker, V-6						
4d Sed	188	564	940	2,120	3,290	4,700
4d Sed Lan	196	588	980	2,210	3,430	4,900
NOTE: Add 5% for 2.2 Turbo engine. Add 10% for V-6.						
1987 Fifth Avenue, V-8						
4d Sed	240	720	1,200	2,700	4,200	6,000
1988 LeBaron, 4-cyl.						
2d Conv	350	1,060	1,760	3,960	6,160	8,800
2d Cpe	152	456	760	1,710	2,660	3,800
2d Cpe Prem	180	540	900	2,030	3,150	4,500
4d Sed	132	396	660	1,490	2,310	3,300
4d HBk GTS	128	384	640	1,440	2,240	3,200
4d HBk Prem GTS	140	420	700	1,580	2,450	3,500
4d Sta Wag T&C	230	700	1,160	2,610	4,060	5,800
1988 Conquest, 4-cyl.						
2d HBk	160	480	800	1,800	2,800	4,000
1988 New Yorker, 4-cyl., Turbo						
4d Sed	184	552	920	2,070	3,220	4,600
1988 New Yorker, V-6						
4d Sed	208	624	1,040	2,340	3,640	5,200
4d Sed Landau	224	672	1,120	2,520	3,920	5,600
1988 Fifth Avenue, V-8						
4d Sed	272	816	1,360	3,060	4,760	6,800
1989 LeBaron, 4-cyl.						
2d Conv	360	1,080	1,800	4,050	6,300	9,000
2d Conv Prem	400	1,200	2,000	4,500	7,000	10,000
2d Cpe	224	672	1,120	2,520	3,920	5,600
2d Prem	232	696	1,160	2,610	4,060	5,800
4d HBk	220	660	1,100	2,480	3,850	5,500
4d HBk Prem	228	684	1,140	2,570	3,990	5,700
2d Conv	360	1,080	1,800	4,050	6,300	9,000
1989 Conquest, 4-cyl.						
2d HBk	170	520	860	1,940	3,010	4,300
1989 New Yorker, V-6						
4d Sed	264	792	1,320	2,970	4,620	6,600
4d Lan Sed	272	816	1,360	3,060	4,760	6,800
1989 Fifth Avenue, V-8						
4d Sed	368	1,104	1,840	4,140	6,440	9,200
1989 TC, 4-cyl. Turbo by Maserati						
2d Conv	600	1,800	3,000	6,750	10,500	15,000
1990 LeBaron 4-cyl.						
2d Conv	260	780	1,300	2,930	4,550	6,500
2d Cpe	200	600	1,000	2,250	3,500	5,000
1990 V-6						
2d Conv	360	1,080	1,800	4,050	6,300	9,000
2d Prem Conv	380	1,140	1,900	4,280	6,650	9,500
2d Cpe	220	660	1,100	2,480	3,850	5,500
2d Prem Cpe	240	720	1,200	2,700	4,200	6,000
4d Sed	220	660	1,100	2,480	3,850	5,500

	6	5	4	3	2	1
1990 New Yorker, V-6						
4d Sed	260	780	1,300	2,930	4,550	6,500
4d Lan Sed	360	1,080	1,800	4,050	6,300	9,000
4d Fifth Ave Sed	400	1,200	2,000	4,500	7,000	10,000
1990 Imperial, V-6						
4d Sed	520	1,560	2,600	5,850	9,100	13,000
1990 TC, V-6 by Maserati						
2d Conv	600	1,800	3,000	6,750	10,500	15,000
1991 TC, V-6 by Maserati						
2d Conv	600	1,800	3,000	6,750	10,500	15,000
1991 LeBaron, 4-cyl.						
2d Conv	260	780	1,300	2,930	4,550	6,500
2d Cpe	180	540	900	2,030	3,150	4,500
1991 V-6						
2d LX Conv	360	1,080	1,800	4,050	6,300	9,000
2d LX Cpe	200	600	1,000	2,250	3,500	5,000
4d Sed	220	660	1,100	2,480	3,850	5,500
1991 New Yorker & Imperial, V-6						
4d Salon Sed	248	744	1,240	2,790	4,340	6,200
4d Fifth Ave Sed	260	780	1,300	2,930	4,550	6,500
4d Imperial Sed	368	1,104	1,840	4,140	6,440	9,200
1992 LeBaron, 4-cyl.						
2d Cpe	220	660	1,100	2,480	3,850	5,500
2d Conv	360	1,080	1,800	4,050	6,300	9,000
4d Sed	216	648	1,080	2,430	3,780	5,400
4d Lan Sed	220	660	1,100	2,480	3,850	5,500
2d LX Cpe	380	1,140	1,900	4,280	6,650	9,500
2d LX Conv	240	720	1,200	2,700	4,200	6,000
4d LX Sed	260	780	1,300	2,930	4,550	6,500
NOTE: Add 10% for V-6 where available.						
1992 New Yorker, V-6						
4d Salon Sed	360	1,080	1,800	4,050	6,300	9,000
4d Fifth Ave Sed	380	1,140	1,900	4,280	6,650	9,500
1992 Imperial, V-6						
4d Sed	420	1,260	2,100	4,730	7,350	10,500
1993 LeBaron, 4-cyl.						
4d Sed	224	672	1,120	2,520	3,920	5,600
2d Cpe	200	650	1,100	2,480	3,850	5,500
2d LE Conv	364	1,092	1,820	4,100	6,370	9,100
1993 LeBaron, V-6						
4d LE Sed	228	684	1,140	2,570	3,990	5,700
4d Landau Sed	232	696	1,160	2,610	4,060	5,800
2d Cpe	232	696	1,160	2,610	4,060	5,800
2d LX Cpe	236	708	1,180	2,660	4,130	5,900
2d Conv	376	1,128	1,880	4,230	6,580	9,400
2d LX Conv	384	1,152	1,920	4,320	6,720	9,600
1993 Concorde, V-6						
4d Sed	260	780	1,300	2,930	4,550	6,500
1993 New Yorker, V-6						
4d Salon Sed	364	1,092	1,820	4,100	6,370	9,100
4d Fifth Ave Sed	380	1,140	1,900	4,280	6,650	9,500
1993 Imperial, V-6						
4d Sed	424	1,272	2,120	4,770	7,420	10,600
1994 LeBaron						
4d LE Sed, 4-cyl.	240	720	1,200	2,700	4,200	6,000
4d LE Sed, V-6	260	780	1,300	2,930	4,550	6,500
4d Landau Sed, V-6	280	840	1,400	3,150	4,900	7,000
2d GTC Conv, V-6	288	864	1,440	3,240	5,040	7,200
1994 Concorde, V-6						
4d Sed	300	900	1,500	3,380	5,250	7,500
1994 New Yorker, V-6						
4d Sed	320	960	1,600	3,600	5,600	8,000
1994 LHS, V-6						
4d Sed	360	1,080	1,800	4,050	6,300	9,000
1995 LeBaron, V-6						
2d GTC Conv	300	850	1,450	3,240	5,050	7,200
1995 Cirrus, V-6						
4d LX Sed	250	750	1,200	2,750	4,250	6,100
4d LXi Sed	250	750	1,300	2,880	4,500	6,400
1995 Sebring, 4-cyl. & V-6						
2d LX Cpe	300	850	1,400	3,150	4,900	7,000
2d LXi Cpe (V-6 only)	320	960	1,600	3,600	5,600	8,000
1995 Concorde, V-6						
4d Sed	300	900	1,500	3,380	5,250	7,500
1995 New Yorker, V-6						
4d Sed	300	950	1,600	3,600	5,600	8,000
1995 LHS, V-6						
4d Sed	350	1,100	1,800	4,050	6,300	9,000

	6	5	4	3	2	1
1996 Cirrus, 4-cyl. & V-6						
4d LX Sed.	250	750	1,200	2,750	4,250	6,100
4d LXi Sed (V-6 only)	260	770	1,280	2,880	4,480	6,400
1996 Sebring, 4-cyl. & V-6						
2d LX Cpe.	300	850	1,400	3,150	4,900	7,000
2d LXi Cpe (V-6 only)	320	960	1,600	3,600	5,600	8,000
2d JX Conv.	350	1,000	1,700	3,830	5,950	8,500
2d JXi Conv (V-6 only)	360	1,080	1,800	4,050	6,300	9,000
1996 Concorde, V-6						
4d LX Sed.	300	900	1,500	3,380	5,250	7,500
4d LXi Sed	300	950	1,600	3,600	5,600	8,000
1996 New Yorker, V-6						
4d Sed	300	950	1,600	3,600	5,600	8,000
1996 LHS, V-6						
4d Sed	350	1,100	1,800	4,050	6,300	9,000
1997 Cirrus, 4-cyl. & V-6						
4d LX Sed.	244	732	1,220	2,750	4,270	6,100
4d LXi Sed	256	768	1,280	2,880	4,480	6,400
1997 Sebring, 4-cyl. & V-6						
2d LX Cpe.	280	840	1,400	3,150	4,900	7,000
2d LXi Cpe (V-6 only)	320	960	1,600	3,600	5,600	8,000
2d JX Conv.	340	1,020	1,700	3,830	5,950	8,500
2d JXi Conv	360	1,080	1,800	4,050	6,300	9,000
1997 Concorde, V-6						
4d LX Sed.	300	900	1,500	3,380	5,250	7,500
4d LXi Sed	320	960	1,600	3,600	5,600	8,000
1997 LHS, V-6						
4d Sed	360	1,080	1,800	4,050	6,300	9,000
1998 Cirrus, V-6						
4d LXi Sed	260	770	1,280	2,880	4,480	6,400
1998 Sebring, 4-cyl. & V-6						
2d LX Cpe.	280	840	1,400	3,150	4,900	7,000
2d LXi Cpe (V-6 only)	320	960	1,600	3,600	5,600	8,000
2d JX Conv.	340	1,020	1,700	3,830	5,950	8,500
2d JXi Conv	360	1,080	1,800	4,050	6,300	9,000
2d Limited Conv (V-6 only)	380	1,140	1,900	4,280	6,650	9,500
1998 Concorde, V-6						
4d LX Sed.	300	900	1,500	3,380	5,250	7,500
4d LXi Sed	320	960	1,600	3,600	5,600	8,000

NOTE: The LHS was not offered in 1998. The 1999 LHS debuted in mid-year 1998.

	6	5	4	3	2	1
1999 Cirrus, V-6						
4d LXi Sed	260	770	1,280	2,880	4,480	6,400
1999 Sebring, 4-cyl. & V-6						
2d LX Cpe.	280	840	1,400	3,150	4,900	7,000
2d LXi Cpe (V-6 only)	320	960	1,600	3,600	5,600	8,000
2d JX Conv.	340	1,020	1,700	3,830	5,950	8,500
2d JXi Conv	360	1,080	1,800	4,050	6,300	9,000
2d Limited Conv (V-6 only)	380	1,140	1,900	4,280	6,650	9,500
1999 Concorde, V-6						
4d LX Sed.	300	900	1,500	3,380	5,250	7,500
4d LXi Sed	320	960	1,600	3,600	5,600	8,000
1999 LHS, V-6						
4d Sed	340	1,020	1,700	3,830	5,950	8,500
1999 300M, V-6						
4d Sed	350	1,040	1,740	3,920	6,090	8,700
2000 Cirrus, V-6						
4d LXi Sed	260	770	1,280	2,880	4,480	6,400
2000 Sebring, V-6						
2d LX Cpe.	290	860	1,440	3,240	5,040	7,200
2d LXi Cpe	320	960	1,600	3,600	5,600	8,000
2d JX Conv.	340	1,020	1,700	3,830	5,950	8,500
2d JXi Conv	360	1,080	1,800	4,050	6,300	9,000
2d Limited Conv	390	1,160	1,940	4,370	6,790	9,700
2000 Concorde, V-6						
4d LX Sed.	300	900	1,500	3,380	5,250	7,500
4d LXi Sed	320	960	1,600	3,600	5,600	8,000
2000 LHS, V-6						
4d Sed	340	1,020	1,700	3,830	5,950	8,500
2000 300M, V-6						
4d Sed	350	1,040	1,740	3,920	6,090	8,700
2001 PT Cruiser, 4-cyl.						
4d Sed	280	830	1,380	3,450	4,830	6,900
4d Touring Sed	280	850	1,420	3,550	4,970	7,100
4d Limited Sed	320	960	1,600	4,000	5,600	8,000
2001 Sebring, 4-cyl. & V-6						
2d LX Cpe.	290	880	1,460	3,650	5,110	7,300
4d LX Sed.	290	860	1,440	3,240	5,040	7,200
2d LXi Cpe (V-6 only)	330	1,000	1,660	4,150	5,810	8,300
4d LXi Sed (V-6 only)	330	980	1,640	4,100	5,740	8,200

	6	5	4	3	2	1
2d LX Conv (V-6 only)	350	1,040	1,740	4,350	6,090	8,700
2d LXi Conv (V-6 only)	370	1,100	1,840	4,600	6,440	9,200
2d Limited Conv (V-6 only)	390	1,160	1,940	4,850	6,790	9,700
2001 Concorde, V-6						
4d LX Sed	310	920	1,540	3,850	5,390	7,700
4d LXi Sed	330	980	1,640	4,100	5,740	8,200
2001 LHS, V-6						
4d Sed	340	1,030	1,720	4,300	6,020	8,600
NOTE: Add 5% for Luxury Group pkg.						
2001 300M, V-6						
4d Sed	350	1,060	1,760	4,400	6,160	8,800
2001 Prowler, V-6						
2d Rds	1,440	4,320	7,200	16,200	25,200	36,000
NOTE: With the demise of Plymouth during the 2001 model year, Prowler became a product of Chrysler.						
2002 PT Cruiser, 4-cyl.						
4d Sed	280	830	1,380	3,450	4,830	6,900
4d Touring Sed	280	850	1,420	3,550	4,970	7,100
4d Limited Sed	320	960	1,600	4,000	5,600	8,000
NOTE: Add 10% for Dream Cruiser Ed. Add 15% for Woodie Ed.						
2002 Sebring, 4-cyl. & V-6						
2d LX Cpe	290	880	1,460	3,650	5,110	7,300
4d LX Sed	290	860	1,440	3,240	5,040	7,200
2d LXi Cpe (V-6 only)	330	1,000	1,660	4,150	5,810	8,300
4d LXi Sed (V-6 only)	330	980	1,640	4,100	5,740	8,200
2d LX Conv	350	1,040	1,740	4,350	6,090	8,700
2d GTC Conv (V-6 only)	350	1,060	1,760	4,400	6,160	8,800
2d LXi Conv (V-6 only)	370	1,100	1,840	4,600	6,440	9,200
2d Limited Conv (V-6 only)	390	1,160	1,940	4,850	6,790	9,700
2002 Concorde, V-6						
4d LX Sed	310	920	1,540	3,850	5,390	7,700
4d LXi Sed	330	980	1,640	4,100	5,740	8,200
4d Limited Sed	340	1,020	1,700	4,250	5,950	8,500
NOTE: Add 5% for Limited Pro-Am Ed.						
2002 300M, V-6						
4d Sed	350	1,060	1,760	4,400	6,160	8,800
4d Special Sed	370	1,100	1,840	4,600	6,440	9,200
2002 Prowler, V-6						
2d Rds	1,440	4,320	7,200	16,200	25,200	36,000
NOTE: The Prowler was discontinued in mid-model year.						
2003 PT Cruiser, 4-cyl.						
4d Sed	280	830	1,380	3,110	4,830	6,900
4d Touring Sed	280	850	1,420	3,550	4,970	7,100
4d Limited Sed	320	960	1,600	4,000	5,600	8,000
4d GT Turbo Sed	340	1,020	1,700	4,250	5,950	8,500
2003 Sebring, 4-cyl. & V-6						
2d LX Cpe	290	880	1,460	3,650	5,110	7,300
4d LX Sed	290	860	1,440	3,600	5,040	7,200
2d LXi Cpe (V-6 only)	330	1,000	1,660	4,150	5,810	8,300
4d LXi Sed (V-6 only)	330	980	1,640	4,100	5,740	8,200
2d LX Conv	350	1,040	1,740	4,350	6,090	8,700
2d GTC Conv (V-6 only)	350	1,060	1,760	4,400	6,160	8,800
2d LXi Conv (V-6 only)	370	1,100	1,840	4,600	6,440	9,200
2d Limited Conv (V-6 only)	390	1,160	1,940	4,850	6,790	9,700
2003 Concorde, V-6						
4d LX Sed	310	920	1,540	3,850	5,390	7,700
4d LXi Sed	330	980	1,640	4,100	5,740	8,200
4d Limited Sed	340	1,020	1,700	4,250	5,950	8,500
2003 300M, V-6						
4d Sed	350	1,060	1,760	4,400	6,160	8,800
4d Special Sed	370	1,100	1,840	4,600	6,440	9,200
2004 PT Cruiser, 4-cyl.						
4d Sed	280	830	1,380	3,450	4,830	6,900
4d Touring Sed	280	850	1,420	3,550	4,970	7,100
4d Limited Sed	320	960	1,600	4,000	5,600	8,000
4d GT Turbo Sed	340	1,020	1,700	3,830	5,950	8,500
NOTE: Deduct 5% for manual transmission. Add 5% for turbocharged Touring and Limited models. Add 10% for turbocharged Limited Platinum Ed.						
2004 Sebring, 4-cyl. & V-6						
2d Cpe (4-cyl. only)	290	860	1,440	3,600	5,040	7,200
4d Sed (4-cyl. only)	280	850	1,420	3,550	4,970	7,100
2d Conv (4-cyl. only)	330	1,000	1,660	4,150	5,810	8,300
4d LX Sed	290	860	1,440	3,600	5,040	7,200
4d LX Touring Sed (V-6 only)	300	890	1,480	3,700	5,180	7,400
4d LX Touring Platinum Sed (V-6 only)	300	910	1,520	3,800	5,320	7,600
2d Touring Conv (V-6 only)	370	1,120	1,860	4,650	6,510	9,300
2d Touring Platinum Conv (V-6 only)	380	1,150	1,920	4,800	6,720	9,600
4d LXi Sed (V-6 only)	330	980	1,640	4,100	5,740	8,200
2d LX Conv	350	1,040	1,740	4,350	6,090	8,700
2d GTC Conv (V-6 only)	350	1,060	1,760	4,400	6,160	8,800

CHRYSLER

	6	5	4	3	2	1
2d LXi Conv (V-6 only)	370	1,100	1,840	4,600	6,440	9,200
2d Limited Cpe (V-6 only)	340	1,030	1,720	4,300	6,020	8,600
4d Limited Sed (V-6 only)	340	1,020	1,700	4,250	5,950	8,500
2d Limited Platinum Cpe (V-6 only)	370	1,120	1,860	4,650	6,510	9,300
2d Limited Conv (V-6 only)	390	1,160	1,940	4,850	6,790	9,700

NOTE: Deduct 5% for manual transmission.

2004 Concorde, V-6

	6	5	4	3	2	1
4d LX Sed	310	920	1,540	3,850	5,390	7,700
4d LXi Sed	330	980	1,640	4,100	5,740	8,200
4d Limited Sed	340	1,020	1,700	4,250	5,950	8,500

2004 300M, V-6

	6	5	4	3	2	1
4d Sed	350	1,060	1,760	4,400	6,160	8,800
4d Platinum Sed	360	1,080	1,800	4,500	6,300	9,000
4d Special Sed	370	1,100	1,840	4,600	6,440	9,200

2004 Crossfire, V-6

	6	5	4	3	2	1
2d Cpe	410	1,240	2,060	5,150	7,210	10,300

2005 PT Cruiser, 4-cyl.

	6	5	4	3	2	1
4d Sed	280	830	1,380	3,110	4,830	6,900
4d Touring Sed	280	850	1,420	3,550	4,970	7,100
4d Limited Sed	320	960	1,600	4,000	5,600	8,000
4d GT Turbo Sed	340	1,020	1,700	4,250	5,950	8,500
2d Conv	330	980	1,640	4,100	5,740	8,200
2d Touring Conv	340	1,010	1,680	4,200	5,880	8,400
2d GT Turbo Conv	370	1,100	1,840	4,600	6,440	9,200

NOTE: Deduct 5% for manual transmission. Add 5% for turbocharged Touring and Limited models.

2005 Sebring, 4-cyl. & V-6

	6	5	4	3	2	1
2d Cpe (4-cyl. only)	290	860	1,440	3,600	5,040	7,200
4d Sed (4-cyl. only)	280	850	1,420	3,550	4,970	7,100
2d Conv	350	1,040	1,740	4,350	6,090	8,700
2d Limited Cpe (V-6 only)	340	1,030	1,720	4,300	6,020	8,600
4d Touring Sed (V-6 only)	340	1,010	1,680	4,200	5,880	8,400
4d Limited Sed (V-6 only)	340	1,020	1,700	4,250	5,950	8,500
4d TSi Sed (V-6 only)	340	1,030	1,720	4,300	6,020	8,600
2d GTC Conv (V-6 only)	350	1,060	1,760	4,400	6,160	8,800
2d Touring Conv (V-6 only)	380	1,150	1,920	4,800	6,720	9,600
2d Limited Conv (V-6 only)	390	1,160	1,940	4,850	6,790	9,700

NOTE: Deduct 5% for 4-cyl. in base conv.

2005 300, V-6

	6	5	4	3	2	1
4d Sed	360	1,090	1,820	4,550	6,370	9,100
4d Touring Sed	390	1,160	1,940	4,850	6,790	9,700
4d Limited Sed	390	1,180	1,960	4,900	6,860	9,800
4d 300C Sed (V-8)	510	1,520	2,540	6,350	8,890	12,700
4d 300C SRT-8 Sed (V-8)	700	2,100	3,500	8,750	12,250	17,500

NOTE: Add 10% for AWD.

2005 Crossfire, V-6

	6	5	4	3	2	1
2d Cpe	400	1,210	2,020	5,050	7,070	10,100
2d Limited Cpe	410	1,220	2,040	5,100	7,140	10,200
2d SRT-6 Cpe	460	1,370	2,280	5,700	7,980	11,400
2d Rds	450	1,340	2,240	5,600	7,840	11,200
2d Limited Rds	450	1,360	2,260	5,650	7,910	11,300
2d SRT-6 Rds	640	1,910	3,180	7,950	11,130	15,900

NOTE: Deduct 5% for manual transmission, except base cpe.

2006 PT Cruiser, 4-cyl.

	6	5	4	3	2	1
4d Spt Wag	270	800	1,340	3,350	4,690	6,700
2d Conv	280	840	1,400	3,500	4,900	7,000
4d Touring Spt Wag	270	820	1,360	3,060	4,760	6,800
4d Limited Spt Wag	280	830	1,380	3,450	4,830	6,900

NOTE: Add 5% for RT 66 or Signature Editions; add 10% for Turbo 2.4L, 4-cyl.

2006 PT Cruiser, 4-cyl. Turbo

	6	5	4	3	2	1
2d Touring Conv	300	910	1,520	3,800	5,320	7,600
4d GT Spt Wag	300	900	1,500	3,750	5,250	7,500
2d GT Conv	350	1,040	1,740	4,350	6,090	8,700

2006 Sebring, 4-cyl.

	6	5	4	3	2	1
4d Sed (4-cyl. only)	260	780	1,300	2,930	4,550	6,500
2d Conv	270	800	1,340	3,350	4,690	6,700

NOTE: Add 10% for 2.7L, V-6.

2006 Sebring, V-6

	6	5	4	3	2	1
4d TSi Sed	340	1,010	1,680	4,200	5,880	8,400
2d GTC Conv	280	840	1,400	3,500	4,900	7,000
4d Touring Sed	280	840	1,400	3,500	4,900	7,000
2d Touring Conv	290	860	1,440	3,600	5,040	7,200
4d Limited Sed	300	900	1,500	3,750	5,250	7,500
2d Limited Conv	320	970	1,620	4,050	5,670	8,100

2006 Chrysler 300, V-6

	6	5	4	3	2	1
4d Sed	460	1,380	2,300	5,750	8,050	11,500
4d Touring Sed	480	1,440	2,400	6,000	8,400	12,000

NOTE: Add 10% for Limited or AWD. Add 5% for Signature Series.

	6	5	4	3	2	1	139

2006 Chrysler 300C, Hemi V-8

	6	5	4	3	2	1
4d Sed	600	1,800	3,000	7,500	10,500	15,000

NOTE: Add 10% for AWD.

2006 Chrysler 300, Hemi V-8

4d SRTS Sed	790	2,370	3,950	9,880	13,830	19,750

2006 Crossfire, (Mercedes V-6)

2d Cpe	420	1,270	2,120	5,300	7,420	10,600
2d Roadster	480	1,450	2,420	6,050	8,470	12,100
2d Limited Cpe	480	1,440	2,400	6,000	8,400	12,000
2d Limited Rds	520	1,560	2,600	6,500	9,100	13,000

2006 Crossfire, (Mercedes V-6 Supercharged)

2d SRT-6 Cpe	620	1,860	3,100	7,750	10,850	15,500
2d SRT-6 Roadster	660	1,980	3,300	8,250	11,550	16,500

2007 PT Cruiser, 4-cyl.

4d Spt Wag	270	800	1,330	3,310	4,640	6,625
2d Conv	310	930	1,550	3,880	5,430	7,750
4d Touring Spt Wag	290	880	1,460	3,650	5,110	7,300
4d Limited Spt Wag	330	1,000	1,670	4,160	5,830	8,325

NOTE: Add 5% for Rt 66 or Signature Editions; add 10% for Turbo 2.4L 4-cyl.

2007 PT Cruiser, 4-cyl. Turbo

2d Touring Conv	350	1,060	1,760	4,400	6,160	8,800
4d GT Spt Wag	370	1,100	1,840	4,600	6,440	9,200
2d GT Conv	390	1,170	1,950	4,880	6,830	9,750

2007 Sebring, 4-cyl.

4d Sed	370	1,100	1,840	4,600	6,440	9,200
4d Trg Sed	400	1,200	2,000	5,000	7,000	10,000
4d Limited Sed	430	1,300	2,170	5,430	7,600	10,850

NOTE: Add 5% for flex fuel; add 8% for 3.5L HO V-6.

2007 Chrysler 300, V-6

4d Sed	500	1,510	2,510	6,280	8,790	12,550
4d Touring Sed	540	1,630	2,710	6,780	9,490	13,550

NOTE. Add 10% for Limited or AWD; add 5% for Signature Series.

2007 Chrysler 300C, 5.7L Hemi V-8

4d Sed	660	1,970	3,280	8,200	11,480	16,400

NOTE: Add 10% for AWD.

2007 Chrysler 300, 6.1L Hemi V-8

4d SRT8 Sed	790	2,380	3,960	9,900	13,860	19,800

2007 Crossfire, (Mercedes V-6)

2d Cpe	390	1,160	1,940	4,850	6,790	9,700
2d Roadster	470	1,420	2,360	5,900	8,260	11,800
2d Limited Cpe	450	1,360	2,270	5,680	7,950	11,350
2d Limited Rds	490	1,470	2,450	6,130	8,580	12,250

2008 PT Cruiser, 2.4L I4

4d Spt Wag	230	690	1,150	2,880	4,030	5,750
2d Conv	300	890	1,480	3,700	5,180	7,400
4d Touring Spt Wag	270	820	1,360	3,060	4,760	6,800

NOTE: Add 5% for Rt. 66 or Signature Editions; add 10% for Turbo 2.4L I4.

2008 PT Cruiser, 2.4L I4 Turbo

4d Limited Spt Wag	340	1,030	1,720	4,300	6,020	8,600
4d Limited Spt Wag	340	1,030	1,720	4,300	6,020	8,600

2008 Sebring, 2.4L I4

4d LX Sed	330	1,000	1,670	4,180	5,850	8,350
4d LX Conv	350	1,050	1,750	4,380	6,130	8,750
4d Touring Sed	360	1,080	1,800	4,500	6,300	9,000
4d Limited Sed	430	1,280	2,140	4,820	7,490	10,700

NOTE: Add 5% for flex fuel; add 8% for 3.5L HO V6.

2008 Sebring, 3.5L V6

4d Touring Conv	420	1,250	2,080	5,200	7,280	10,400
4d Limited Conv	540	1,630	2,720	6,800	9,520	13,600

2008 300, 3.5L V6

4d Sed	480	1,440	2,400	6,000	8,400	12,000
4d Touring Sed	520	1,560	2,600	6,500	9,100	13,000
4d Limited Sed	540	1,630	2,710	6,780	9,490	13,550

NOTE: Add 10% for Limited or AWD. Add 5% for Signature Series.

2008 300C, 5.7L Hemi V8

4d Sed	660	1,980	3,300	7,430	11,550	16,500

NOTE: Add 10% for AWD. Add $500 for SRT and $1,000 for AWD.

2008 300, 6.1L Hemi V8

4d SRT8 Sed	800	2,400	4,000	10,000	14,000	20,000

2008 Crossfire, (Mercedes 3.2L V6)

2d Limited Cpe	560	1,680	2,800	7,000	9,800	14,000
2d Limited Rds	620	1,860	3,100	7,750	10,850	15,500

2009 PT Cruiser, 2.4L I4

4d Spt Wag	210	620	1,040	2,600	3,640	5,200
4d Touring Spt Wag	220	660	1,100	2,750	3,850	5,500

Add 10% for Dream Cruiser. Add 10% for Turbo 2.4L I4.

2009 Sebring, 2.4L I4

4d LX Sed	290	880	1,470	3,680	5,150	7,350

	6	5	4	3	2	1
2009 PT Cruiser, 2.4L I4 Turbo						
4d Limited Spt Wag.	300	900	1,500	3,750	5,250	7,500
2009 Sebring, 2.4L I4						
4d LX Conv.	310	920	1,540	3,850	5,390	7,700
4d Touring Sed		320	960	1,600	4,000	5,600
	8,000					
4d Limited Sed	370	1,120	1,860	4,650	6,510	9,300
2009 Sebring, 2.7L V6/3.5L V6						
4d Touring Conv	320	970	1,620	4,050	5,670	8,100
4d Limited Convertible	410	1,220	2,040	5,100	7,140	10,200
2009 Chrysler 300, 2.7L V6/3.5L V6						
4d LX Sed.		370	1,100	1,840	4,600	6,440
	9,200					
4d Touring Sed	420	1,260	2,100	5,250	7,350	10,500
4d Limited Sed	460	1,390	2,320	5,800	8,120	11,600
2009 Chrysler 300C, 5.7L Hemi V8						
4d Sed	560	1,680	2,800	7,000	9,800	14,000
Add 10% for AWD.						
2009 Chrysler 300, 6.1L Hemi V8						
4d SRT8 Sed	760	2,280	3,800	9,500	13,300	19,000
2010 PT Cruiser, 2.4L I4						
4d Classic Spt Wagon	270	820	1,370	3,410	4,780	6,825
2010 Sebring, 2.4L I4						
2d LX Conv.	310	940	1,560	3,900	5,460	7,800
2d Touring Sed	360	1,070	1,780	4,450	6,230	8,900
4d Limited Sed	400	1,200	2,000	5,000	7,000	10,000
NOTE: Add 8% for 3.5l HO V-6.						
2010 Sebring, 2.7L V6						
4d Touring Conv	370	1,110	1,860	4,640	6,490	9,275
4d Limited Convertible	490	1,480	2,470	6,180	8,650	12,350
2010 Chrysler 300, 2.7L V6/3.5L V6						
4d Touring Sed	450	1,350	2,250	5,630	7,880	11,250
4d Touring Plus Sed	460	1,390	2,310	5,780	8,090	11,550
4d Touring Signature Sed	470	1,420	2,370	5,930	8,300	11,850
4d Limited Sed	530	1,600	2,670	6,680	9,350	13,350
NOTE: Add 10% for AWD.						
2010 Chrysler 300C, 5.7L Hemi V8						
4d Sed	600	1,810	3,020	7,550	10,570	15,100
NOTE: Ass 10% for AWD.						
2010 Chrysler 300C, 6.1L Hemi V8						
4d SRT8 Sed	870	2,620	4,370	10,930	15,300	21,850
2011 200, 2.4L I4						
4d LX Sedan	280	830	1,380	3,450	4,830	6,900
2d Touring Conv	320	970	1,620	4,050	5,670	8,100
2d Limited Conv	400	1,200	2,000	5,000	7,000	10,000
2011 200, 3.64L V6						
4d Touring Sedan	320	950	1,580	3,560	5,530	7,900
4d Limited Sedan	320	960	1,600	4,000	5,600	8,000
4d S Sedan	350	1,060	1,770	4,430	6,200	8,850
2d S Conv.	430	1,290	2,150	5,380	7,530	10,750
2011 Chrysler 300, 3.6L V6						
4d Sedan	420	1,260	2,100	5,250	7,350	10,500
4d Limited Sed	520	1,560	2,600	6,500	9,100	13,000
2011 Chrysler 300 C, 5.7L Hemi V8						
4d Sed	600	1,810	3,020	7,550	10,570	15,100
2011 Chrysler 300C, 5.7L Hemi V8						
Add 10% for AWD.						

EAGLE

	6	5	4	3	2	1
1988 Medallion, 4-cyl.						
4d Sed.	170	500	840	1,890	2,940	4,200
4d Sta Wag.	160	480	800	1,800	2,800	4,000
4d LX Sed.	180	540	900	2,030	3,150	4,500
1988 Premier, V-6						
4d LX Sed.	200	600	1,000	2,250	3,500	5,000
4d ES Sed	220	660	1,100	2,480	3,850	5,500
1988 Eagle, 6-cyl.						
4d Ltd Sta Wag.	180	540	900	2,030	3,150	4,500
1989 Jeep Summit, 4-cyl.						
4d DL Sed.	200	600	1,000	2,250	3,500	5,000
4d LX Sed.	220	660	1,100	2,480	3,850	5,500
4d LX Sed DOHC	230	680	1,140	2,570	3,990	5,700
1989 Medallion, 4-cyl.						
4d DL Sed.	180	550	920	2,070	3,220	4,600
4d DL Sta Wag.	190	560	940	2,120	3,290	4,700
4d LX Sed.	190	580	960	2,160	3,360	4,800
4d LX Sta Wag	200	590	980	2,210	3,430	4,900
1989 Premier, V-6						
4d LX Sed, 4-cyl.	200	590	980	2,210	3,430	4,900

	6	5	4	3	2	1
4d LX Sed.	210	640	1,060	2,390	3,710	5,300
4d ES Sed	220	650	1,080	2,430	3,780	5,400
4d ES Sed Ltd	240	720	1,200	2,700	4,200	6,000
1990 Jeep Summit, 4-cyl.						
4d Sed	200	600	1,000	2,250	3,500	5,000
4d DL Sed.	210	620	1,040	2,340	3,640	5,200
4d LX Sed.	220	660	1,100	2,480	3,850	5,500
4d ES Sed	230	680	1,140	2,570	3,990	5,700
1990 Talon, 4-cyl.						
2d Cpe	340	1,020	1,700	3,830	5,950	8,500
2d Cpe Turbo	380	1,140	1,900	4,280	6,650	9,500
2d Cpe Turbo 4x4	400	1,200	2,000	4,500	7,000	10,000
1990 Premier, V-6						
4d LX Sed.	220	660	1,100	2,480	3,850	5,500
4d ES Sed	240	720	1,200	2,700	4,200	6,000
4d ES Sed Ltd	260	780	1,300	2,930	4,550	6,500
1991 Summit, 4-cyl.						
2d HBk	200	600	1,000	2,250	3,500	5,000
2d ES HBk	200	610	1,020	2,300	3,570	5,100
4d Sed	200	610	1,020	2,300	3,570	5,100
4d ES Sed	210	620	1,040	2,340	3,640	5,200
1991 Talon, 4-cyl.						
2d Cpe	280	840	1,400	3,150	4,900	7,000
2d Cpe TSi Turbo	320	960	1,600	3,600	5,600	8,000
2d Cpe TSi Turbo 4x4	360	1,080	1,800	4,050	6,300	9,000
1991 Premier, V-6						
4d LX Sed.	200	610	1,020	2,300	3,570	5,100
4d ES Sed	230	680	1,140	2,570	3,990	5,700
4d ES Sed Ltd	240	720	1,200	2,700	4,200	6,000
1992 Summit, 4-cyl.						
2d HBk	210	640	1,060	2,390	3,710	5,300
2d ES HBk	220	650	1,080	2,430	3,780	5,400
4d Sed	210	620	1,040	2,340	3,640	5,200
4d ES Sed	210	640	1,060	2,390	3,710	5,300
4d DL Sta Wag	210	640	1,060	2,390	3,710	5,300
4d LX Sta Wag	220	650	1,080	2,430	3,780	5,400
4d Sta Wag 4x4	240	720	1,200	2,700	4,200	6,000
1992 Talon, 4-cyl.						
2d Liftback	260	780	1,300	2,930	4,550	6,500
2d Liftback TSi Turbo	300	900	1,500	3,380	5,250	7,500
2d Liftback TSi Turbo 4x4	340	1,020	1,700	3,830	5,950	8,500
1992 Premier, V-6						
4d LX Sed.	260	780	1,300	2,930	4,550	6,500
4d ES Sed	270	800	1,340	3,020	4,690	6,700
4d ES Ltd Sed	280	840	1,400	3,150	4,900	7,000
1993 Summit, 4-cyl.						
2d DL Cpe	210	640	1,060	2,390	3,710	5,300
2d ES Cpe	220	650	1,080	2,430	3,780	5,400
4d DL Sed.	220	650	1,080	2,430	3,780	5,400
4d ES Sed	220	660	1,100	2,480	3,850	5,500
2d DL Sta Wag	220	670	1,120	2,520	3,920	5,600
2d LX Sta Wag	230	680	1,140	2,570	3,990	5,700
2d Sta Wag 4x4	270	800	1,340	3,020	4,690	6,700
1993 Talon, 4-cyl.						
2d DL HBk	220	670	1,120	2,520	3,920	5,600
2d ES HBk	230	680	1,140	2,570	3,990	5,700
2d Turbo	280	840	1,400	3,150	4,900	7,000
2d Turbo 4x4	320	960	1,600	3,600	5,600	8,000
1993 Vision, V-6						
4d ESi Sed	230	680	1,140	2,570	3,990	5,700
4d TSi Sed	230	700	1,160	2,610	4,060	5,800
1994 Summit, 4-cyl.						
2d DL Cpe	210	640	1,060	2,390	3,710	5,300
2d ES Cpe	240	720	1,200	2,700	4,200	6,000
4d ES Sed	260	780	1,300	2,930	4,550	6,500
4d LX Sed.	250	740	1,240	2,790	4,340	6,200
2d DL Sta Wag	320	960	1,600	3,600	5,600	8,000
2d LX Sta Wag	340	1,020	1,700	3,830	5,950	8,500
2d Sta Wag 4x4	360	1,080	1,800	4,050	6,300	9,000
1994 Talon, 4-cyl.						
2d DL HBk	280	840	1,400	3,150	4,900	7,000
2d ES HBk	300	900	1,500	3,380	5,250	7,500
2d HBk TSi Turbo	320	960	1,600	3,600	5,600	8,000
2d HBk TSi Turbo 4x4	380	1,140	1,900	4,280	6,650	9,500
1994 Vision, V-6						
4d ESi Sed	340	1,020	1,700	3,830	5,950	8,500
4d TSi Sed	380	1,140	1,900	4,280	6,650	9,500
1995 Summit, 4-cyl.						
2d DL Cpe	210	640	1,060	2,390	3,710	5,300

EAGLE

	6	5	4	3	2	1
2d ESi Cpe	260	780	1,300	2,930	4,550	6,500
4d ESi Sed	280	840	1,400	3,150	4,900	7,000
4d LX Sed.	250	740	1,240	2,790	4,340	6,200
2d DL Sta Wag	320	960	1,600	3,600	5,600	8,000
2d LX Sta Wag	340	1,020	1,700	3,830	5,950	8,500
2d Sta Wag 4x4	360	1,080	1,800	4,050	6,300	9,000
1995 Talon, 4-cyl.						
2d ESi HBk	300	900	1,500	3,380	5,250	7,500
2d TSi HBk Turbo	340	1,020	1,700	3,830	5,950	8,500
2d TSi HBk Turbo 4x4.	420	1,260	2,100	4,730	7,350	10,500
1995 Vision, V-6						
4d ESi Sed	340	1,020	1,700	3,830	5,950	8,500
4d TSi Sed	380	1,140	1,900	4,280	6,650	9,500
1996 Summit, 4-cyl.						
2d DL Cpe	200	600	1,000	2,250	3,500	5,000
2d DL Sta Wag	240	720	1,200	2,700	4,200	6,000
2d ESi Cpe	210	640	1,060	2,390	3,710	5,300
4d ESi Sed	220	660	1,100	2,480	3,850	5,500
4d LX Sed.	210	620	1,040	2,340	3,640	5,200
2d LX Sta Wag	250	760	1,260	2,840	4,410	6,300
2d Sta Wag 4x4	260	780	1,300	2,930	4,550	6,500
1996 Talon, 4-cyl.						
2d HBk	280	840	1,400	3,150	4,900	7,000
2d ESi HBk	300	900	1,500	3,380	5,250	7,500
2d TSi Turbo HBk	340	1,020	1,700	3,830	5,950	8,500
2d TSi Turbo HBx 4x4	360	1,080	1,800	4,050	6,300	9,000
1996 Vision, V-6						
4d ESi Sed	280	840	1,400	3,150	4,900	7,000
4d TSi Sed	300	900	1,500	3,380	5,250	7,500
1997 Talon, 4-cyl.						
2d HBk	260	780	1,300	2,930	4,550	6,500
2d ESi HBk	280	840	1,400	3,150	4,900	7,000
2d TSi Turbo HBk	320	960	1,600	3,600	5,600	8,000
2d TSi Turbo HBk AWD.	340	1,020	1,700	3,830	5,950	8,500
1997 Vision, V-6						
4d ESi Sed	260	780	1,300	2,930	4,550	6,500
4d TSi Sed	280	840	1,400	3,150	4,900	7,000
1998 Talon, 4-cyl.						
2d HBk	260	780	1,300	2,930	4,550	6,500
2d ESi HBk	280	840	1,400	3,150	4,900	7,000
2d TSi Turbo HBk	320	960	1,600	3,600	5,600	8,000
2d TSi Turbo HBk AWD.	340	1,020	1,700	3,830	5,950	8,500

NOTE: Eagle production ended at the conclusion of the 1998 model year.

IMPERIAL

	6	5	4	3	2	1
1955 Imperial, V-8						
4d Sed.	840	2,520	4,200	9,450	14,700	21,000
2d HT Newport	1,240	3,720	6,200	13,950	21,700	31,000
1955 Crown Imperial, V-8						
4d 8P Sed.	1,000	3,000	5,000	11,250	17,500	25,000
4d 8P Limo	1,160	3,480	5,800	13,050	20,300	29,000
1956 Imperial, V-8						
4d Sed	840	2,520	4,200	9,450	14,700	21,000
4d HT S Hamp	960	2,880	4,800	10,800	16,800	24,000
2d HT S Hamp	1,240	3,720	6,200	13,950	21,700	31,000
1956 Crown Imperial, V-8						
4d 8P Sed.	1,040	3,120	5,200	11,700	18,200	26,000
4d 8P Limo	1,120	3,360	5,600	12,600	19,600	28,000
1957 Imperial Custom, V-8						
2d HT S Hamp	1,280	3,840	6,400	14,400	22,400	32,000
4d HT S Hamp	1,040	3,120	5,200	11,700	18,200	26,000
4d Sed	960	2,880	4,800	10,800	16,800	24,000
1957 Imperial Crown, V-8						
2d Conv	4,000	12,000	20,000	45,000	70,000	100,000
2d HT S Hamp	1,320	3,960	6,600	14,850	23,100	33,000
4d HT S Hamp	1,080	3,240	5,400	12,150	18,900	27,000
4d Sed	1,000	3,000	5,000	11,250	17,500	25,000
1957 Imperial LeBaron, V-8						
4d Sed	1,040	3,120	5,200	11,700	18,200	26,000
4d HT S Hamp	1,120	3,360	5,600	12,600	19,600	28,000
1957 Crown Imperial Ghia, V-8						
4d 8P Limo	1,680	5,040	8,400	18,900	29,400	42,000
1958 Imperial Custom, V-8						
2d HT S Hamp	1,280	3,840	6,400	14,400	22,400	32,000
4d HT S Hamp	1,040	3,120	5,200	11,700	18,200	26,000
4d Sed	960	2,880	4,800	10,800	16,800	24,000
1958 Imperial Crown, V-8						
2d Conv	4,000	12,000	20,000	45,000	70,000	100,000
2d HT S Hamp	1,320	3,960	6,600	14,850	23,100	33,000

	6	5	4	3	2	1
4d HT S Hamp	1,080	3,240	5,400	12,150	18,900	27,000
4d Sed	1,000	3,000	5,000	11,250	17,500	25,000
1958 Imperial LeBaron, V-8						
4d Sed	1,040	3,120	5,200	11,700	18,200	26,000
4d HT S Hamp	1,120	3,360	5,600	12,600	19,600	28,000
1958 Crown Imperial Ghia, V-8						
4d Limo	1,680	5,040	8,400	18,900	29,400	42,000
1959 Imperial Custom, V-8						
4d Sed	800	2,400	4,000	9,000	14,000	20,000
4d HT S Hamp	920	2,760	4,600	10,350	16,100	23,000
2d HT S Hamp	1,200	3,600	6,000	13,500	21,000	30,000
1959 Imperial Crown, V-8						
2d Conv	7,600	22,800	38,000	85,500	133,000	190,000
2d HT S Hamp	2,240	6,720	11,200	25,200	39,200	56,000
4d Sed	840	2,520	4,200	9,450	14,700	21,000
4d HT S Hamp	960	2,880	4,800	10,800	16,800	24,000
1959 Imperial LeBaron, V-8						
4d Sed	880	2,640	4,400	9,900	15,400	22,000
4d HT S Hamp	1,000	3,000	5,000	11,250	17,500	25,000
1959 Crown Imperial Ghia, V-8						
4d Limo	1,840	5,520	9,200	20,700	32,200	46,000
1960 Imperial Custom, V-8						
2d HT S Hamp	1,040	3,120	5,200	11,700	18,200	26,000
4d HT S Hamp	760	2,280	3,800	8,550	13,300	19,000
4d Sed	680	2,040	3,400	7,650	11,900	17,000
1960 Imperial Crown, V-8						
2d Conv	3,920	11,760	19,600	44,100	68,600	98,000
2d HT S Hamp	1,120	3,360	5,600	12,600	19,600	28,000
4d HT S Hamp	920	2,760	4,600	10,350	16,100	23,000
4d Sed	800	2,400	4,000	9,000	14,000	20,000
1960 Imperial LeBaron, V-8						
4d Sed	820	2,460	4,100	9,230	14,350	20,500
4d HT S Hamp	940	2,820	4,700	10,580	16,450	23,500
1960 Crown Imperial Ghia, V-8						
4d Limo	1,760	5,280	8,800	19,800	30,800	44,000
1961 Imperial Custom, V-8						
2d HT S Hamp	740	2,220	3,700	8,330	12,950	18,500
4d HT S Hamp	680	2,040	3,400	7,650	11,900	17,000
1961 Imperial Crown, V-8						
2d Conv	3,200	9,600	16,000	36,000	56,000	80,000
2d HT S Hamp	880	2,640	4,400	9,900	15,400	22,000
4d HT S Hamp	720	2,160	3,600	8,100	12,600	18,000
1961 Imperial LeBaron, V-8						
4d HT S Hamp	720	2,160	3,600	8,100	12,600	18,000
1961 Crown Imperial Ghia, V-8						
4d Limo	1,520	4,560	7,600	17,100	26,600	38,000
1962 Imperial Custom, V-8						
2d HT S Hamp	760	2,280	3,800	8,550	13,300	19,000
4d HT S Hamp	680	2,040	3,400	7,650	11,900	17,000
1962 Imperial Crown, V-8						
2d Conv	3,200	9,600	16,000	36,000	56,000	80,000
2d HT S Hamp	880	2,640	4,400	9,900	15,400	22,000
4d HT S Hamp	720	2,160	3,600	8,100	12,600	18,000
1962 Imperial LeBaron, V-8						
4d HT S Hamp	720	2,160	3,600	8,100	12,600	18,000
1963 Imperial Custom, V-8						
2d HT S Hamp	740	2,220	3,700	8,330	12,950	18,500
4d HT S Hamp	680	2,040	3,400	7,650	11,900	17,000
1963 Imperial Crown, V-8						
2d Conv	3,120	9,360	15,600	35,100	54,600	78,000
2d HT S Hamp	800	2,400	4,000	9,000	14,000	20,000
4d HT S Hamp	720	2,160	3,600	8,100	12,600	18,000
1963 Imperial LeBaron, V-8						
4d HT S Hamp	720	2,160	3,600	8,100	12,600	18,000
1963 Crown Imperial Ghia, V-8						
4d 8P Sed	1,240	3,720	6,200	13,950	21,700	31,000
4d 8P Limo	1,440	4,320	7,200	16,200	25,200	36,000
1964 Imperial Crown, V-8						
2d Conv	1,840	5,520	9,200	20,700	32,200	46,000
2d HT	760	2,280	3,800	8,550	13,300	19,000
4d HT	700	2,100	3,500	7,880	12,250	17,500
1964 Imperial LeBaron, V-8						
4d HT	780	2,340	3,900	8,780	13,650	19,500
1964 Crown Imperial Ghia, V-8						
4d Limo	1,360	4,080	6,800	15,300	23,800	34,000
1965 Imperial Crown, V-8						
2d Conv	1,800	5,400	9,000	20,250	31,500	45,000
2d HT	760	2,280	3,800	8,550	13,300	19,000

IMPERIAL

	6	5	4	3	2	1
4d HT	720	2,160	3,600	8,100	12,600	18,000
1965 Imperial LeBaron, V-8						
4d HT	780	2,340	3,900	8,780	13,650	19,500
1965 Crown Imperial Ghia, V-8						
4d Limo.	1,040	3,120	5,200	11,700	18,200	26,000
1966 Imperial Crown, V-8						
2d Conv	1,800	5,400	9,000	20,250	31,500	45,000
2d HT	800	2,400	4,000	9,000	14,000	20,000
4d HT	760	2,280	3,800	8,550	13,300	19,000
1966 Imperial LeBaron, V-8						
4d HT	840	2,520	4,200	9,450	14,700	21,000
1967 Imperial, V-8						
2d Conv	1,120	3,360	5,600	12,600	19,600	28,000
4d Sed	780	2,340	3,900	8,780	13,650	19,500
1967 Imperial Crown, V-8						
4d HT	800	2,400	4,000	9,000	14,000	20,000
2d HT	900	2,700	4,500	10,130	15,750	22,500
1967 Imperial LeBaron, V-8						
4d HT	820	2,460	4,100	9,230	14,350	20,500
1968 Imperial Crown, V-8						
2d Conv	1,120	3,360	5,600	12,600	19,600	28,000
2d HT	900	2,700	4,500	10,130	15,750	22,500
4d HT	800	2,400	4,000	9,000	14,000	20,000
4d Sed	740	2,220	3,700	8,330	12,950	18,500
1968 Imperial LeBaron, V-8						
4d HT	860	2,580	4,300	9,680	15,050	21,500
1969 Imperial Crown, V-8						
2d HT	600	1,800	3,000	6,750	10,500	15,000
4d HT	460	1,380	2,300	5,180	8,050	11,500
4d Sed	440	1,320	2,200	4,950	7,700	11,000
1969 Imperial LeBaron, V-8						
2d HT	620	1,860	3,100	6,980	10,850	15,500
4d HT	460	1,380	2,300	5,180	8,050	11,500
1970 Imperial Crown, V-8						
2d HT	640	1,920	3,200	7,200	11,200	16,000
4d HT	500	1,500	2,500	5,630	8,750	12,500
1970 Imperial LeBaron, V-8						
2d HT	660	1,980	3,300	7,430	11,550	16,500
4d HT	600	1,800	3,000	6,750	10,500	15,000
1971 Imperial LeBaron, V-8						
2d HT	480	1,440	2,400	5,400	8,400	12,000
4d HT	320	960	1,600	3,600	5,600	8,000
1972 Imperial LeBaron, V-8						
2d HT	380	1,140	1,900	4,280	6,650	9,500
4d HT	320	960	1,600	3,600	5,600	8,000
1973 Imperial LeBaron, V-8						
2d HT	308	924	1,540	3,470	5,390	7,700
4d HT	248	744	1,240	2,790	4,340	6,200
1974 Imperial LeBaron, V-8						
2d HT	276	828	1,380	3,110	4,830	6,900
4d HT	232	696	1,160	2,610	4,060	5,800
1975 Imperial LeBaron, V-8						
2d HT	264	792	1,320	2,970	4,620	6,600
4d HT	220	660	1,100	2,480	3,850	5,500

NOTE: Add 20% for Crown Coupe Pkg. (Orig. price $569.).

CORD

	6	5	4	3	2	1
1930 Series L-29, 8-cyl., 137.5" wb						
4d 5P Sed.	4,380	13,140	21,900	49,280	76,650	109,500
4d 5P Brgm.	4,560	13,680	22,800	51,300	79,800	114,000
2d 4P Conv 2-4 Pas	9,960	29,880	49,800	112,050	174,300	249,000
4d Conv Sed.	10,320	30,960	51,600	116,100	180,600	258,000
1931 Series L-29, 8-cyl., 137.5" wb						
4d 5P Sed.	4,420	13,260	22,100	49,730	77,350	110,500
4d 5P Brgm.	4,600	13,800	23,000	51,750	80,500	115,000
2d 2-4P Cabr	12,760	38,280	63,800	143,550	223,300	319,000
4d Conv Sed.	10,320	30,960	51,600	116,100	180,600	258,000
1932 Series L-29, 8-cyl., 137.5" wb						
4d 5P Sed.	4,420	13,260	22,100	49,730	77,350	110,500
4d 5P Brgm.	4,600	13,800	23,000	51,750	80,500	115,000
2d 2-4P Conv	9,960	29,880	49,800	112,050	174,300	249,000
4d Conv Sed.	10,320	30,960	51,600	116,100	180,600	258,000
1936 Model 810, 8-cyl., 125" wb						
4d West Sed.	3,960	11,880	19,800	44,550	69,300	99,000
4d Bev Sed.	4,000	12,000	20,000	45,000	70,000	100,000
2d Sportsman	9,280	27,840	46,400	104,400	162,400	232,000
2d Phae	10,800	32,400	54,000	121,500	189,000	270,000
1937 Model 812, 8-cyl., 125" wb						
4d West Sed.	3,960	11,880	19,800	44,550	69,300	99,000

	6	5	4	3	2	1
4d Bev Sed..............................	4,000	12,000	20,000	45,000	70,000	100,000
2d Sportsman..........................	9,480	28,440	47,400	106,650	165,900	237,000
2d Phae.................................	12,000	36,000	60,000	135,000	210,000	300,000
1937 Model 812, 8-cyl., 132" wb						
4d Cus Bev.............................	3,550	10,660	17,760	39,960	62,160	88,800
4d Cus Berline.........................	3,660	10,980	18,300	41,180	64,050	91,500

NOTE: Add 50% for S/C models. Values for custom-bodied cars are inestimable.

CROSLEY

	6	5	4	3	2	1
1939 Series C1A, 2-cyl., 80" wb						
2d Conv Cpe...........................	680	2,040	3,400	7,650	11,900	17,000
2d Conv Sed...........................	720	2,160	3,600	8,100	12,600	18,000
1940 Series C2A, 2-cyl., 80" wb						
2d Conv Cpe...........................	680	2,040	3,400	7,650	11,900	17,000
2d Conv Sed...........................	720	2,160	3,600	8,100	12,600	18,000
2d Sta Wag............................	940	2,820	4,700	10,580	16,450	23,500
1941 Series CB41, 2-cyl., 80" wb						
2d Conv Cpe...........................	700	2,100	3,500	7,880	12,250	17,500
2d Conv Sed...........................	740	2,220	3,700	8,330	12,950	18,500
2d Sta Wag............................	960	2,880	4,800	10,800	16,800	24,000
2d Covered Wag.......................	820	2,460	4,100	9,230	14,350	20,500
1942 Series CB42, 2-cyl., 80" wb						
2d Conv Cpe...........................	700	2,100	3,500	7,880	12,250	17,500
2d Conv Sed...........................	740	2,220	3,700	8,330	12,950	18,500
2d Sta Wag............................	960	2,880	4,800	10,800	16,800	24,000
2d Covered Wag.......................	820	2,460	4,100	9,230	14,350	20,500
2d Liberty Sedan	780	2,340	3,900	8,780	13,650	19,500
1946 Series CC, 4-cyl., 80" wb						
2d Conv	660	1,980	3,300	7,430	11,550	16,500
2d Sed	540	1,620	2,700	6,080	9,450	13,500
1947 Series CC, 4-cyl., 80" wb						
2d Conv	660	1,980	3,300	7,430	11,550	16,500
2d Sed	540	1,620	2,700	6,080	9,450	13,500
2d Sta Wag............................	580	1,740	2,900	7,250	10,150	14,500
1948 Series CC, 4-cyl., 80" wb						
2d Conv	660	1,980	3,300	8,250	11,550	16,500
2d Sed	540	1,620	2,700	6,750	9,450	13,500
2d Sta Wag............................	580	1,740	2,900	7,250	10,150	14,500
2d Sport Utility	740	2,220	3,700	9,250	12,950	18,500
1949 Standard Series, 4-cyl., 80" wb						
2d Conv	660	1,980	3,300	7,430	11,550	16,500
Sed....................................	540	1,620	2,700	6,080	9,450	13,500
Sta Wag	580	1,740	2,900	6,530	10,150	14,500
1949 Deluxe Series CD, 4-cyl., 80" wb						
2d Conv	680	2,040	3,400	8,500	11,900	17,000
2d Sed	560	1,680	2,800	7,000	9,800	14,000
2d Sta Wag............................	600	1,800	3,000	7,500	10,500	15,000
1949 Series VC, 4-cyl., 85" wb						
Hotshot Rds	720	2,160	3,600	9,000	12,600	18,000
1950 Standard Series CD, 4-cyl., 80" wb						
2d Conv	660	1,980	3,300	7,430	11,550	16,500
2d Sed	540	1,620	2,700	6,080	9,450	13,500
2d Sta Wag............................	580	1,740	2,900	6,530	10,150	14,500
1950 Deluxe Series CD, 4-cyl., 80" wb						
2d Conv	680	2,040	3,400	7,650	11,900	17,000
2d Sed	560	1,680	2,800	6,300	9,800	14,000
2d Sta Wag............................	600	1,800	3,000	6,750	10,500	15,000
1950 Series VC, 4-cyl., 85" wb						
Hotshot Rds	720	2,160	3,600	8,100	12,600	18,000
2d Super Hotshot Rds	760	2,280	3,800	9,500	13,300	19,000
1951 Deluxe Series CD, 4-cyl., 80" wb						
2d Conv	680	2,040	3,400	7,650	11,900	17,000
2d Sed	560	1,680	2,800	6,300	9,800	14,000
2d Sta Wag............................	600	1,800	3,000	6,750	10,500	15,000
2d Bus Cpe............................	540	1,620	2,700	6,080	9,450	13,500
1951 Super Series CD, 4-cyl., 80" wb						
2d Conv	700	2,100	3,500	7,880	12,250	17,500
2d Sed	580	1,740	2,900	6,530	10,150	14,500
2d Sta Wag............................	620	1,860	3,100	7,750	10,850	15,500
1951 Series VC, 4-cyl., 85" wb						
Hotshot Rds	720	2,160	3,600	9,000	12,600	18,000
2d Super Sports Rds	760	2,280	3,800	9,500	13,300	19,000
1952 Deluxe Series CD, 4-cyl., 80" wb						
2d Conv	700	2,100	3,500	7,880	12,250	17,500
2d Sed	560	1,680	2,800	6,300	9,800	14,000
2d Sta Wag............................	600	1,800	3,000	6,750	10,500	15,000
2d Bus Cpe............................	540	1,620	2,700	6,080	9,450	13,500
1952 Super Series CD, 4-cyl., 80" wb						
2d Conv	720	2,160	3,600	8,100	12,600	18,000

	6	5	4	3	2	1
2d Sed	580	1,740	2,900	6,530	10,150	14,500
2d Sta Wag	620	1,860	3,100	7,750	10,850	15,500
1952 Series VC, 4-cyl., 85" wb						
Hotshot Rds	720	2,160	3,600	9,000	12,600	18,000
2d Super Sports Rds	760	2,280	3,800	8,550	13,300	19,000

DELOREAN

	6	5	4	3	2	1
1981-83 DMC-12, V-6						
2d Gullwing Cpe	1,560	4,680	7,800	19,500	27,300	39,000

DESOTO

	6	5	4	3	2	1
1929 Model K, 6-cyl.						
2d Rds	2,040	6,120	10,200	22,950	35,700	51,000
4d Phae	2,120	6,360	10,600	23,850	37,100	53,000
2d Bus Cpe	1,040	3,120	5,200	11,700	18,200	26,000
2d DeL Cpe	1,020	3,060	5,100	11,480	17,850	25,500
2d Sed	940	2,820	4,700	10,580	16,450	23,500
4d Sed	950	2,850	4,750	10,690	16,630	23,750
4d DeL Sed	960	2,880	4,800	10,800	16,800	24,000
1930 Model CK, 6-cyl.						
2d Rds	2,000	6,000	10,000	22,500	35,000	50,000
4d Phae	2,080	6,240	10,400	23,400	36,400	52,000
2d Bus Cpe	1,020	3,060	5,100	11,480	17,850	25,500
2d DeL Cpe	1,040	3,120	5,200	11,700	18,200	26,000
2d Sed	920	2,770	4,620	10,400	16,170	23,100
4d Sed	960	2,880	4,800	10,800	16,800	24,000
1930 Model CF, 8-cyl.						
2d Rds	2,080	6,240	10,400	23,400	36,400	52,000
4d Phae	2,200	6,600	11,000	24,750	38,500	55,000
2d Bus Cpe	1,040	3,120	5,200	11,700	18,200	26,000
2d DeL Cpe	1,060	3,180	5,300	11,930	18,550	26,500
4d Sed	960	2,880	4,800	10,800	16,800	24,000
4d DeL Sed	900	2,700	4,500	10,130	15,750	22,500
2d Conv	2,080	6,240	10,400	23,400	36,400	52,000
1931 Model SA, 6-cyl.						
2d Rds	2,120	6,360	10,600	23,850	37,100	53,000
4d Phae	2,200	6,600	11,000	24,750	38,500	55,000
2d Cpe	1,020	3,060	5,100	11,480	17,850	25,500
2d DeL Cpe	1,080	3,240	5,400	12,150	18,900	27,000
2d Sed	940	2,820	4,700	10,580	16,450	23,500
4d Sed	950	2,840	4,740	10,670	16,590	23,700
4d Sed	960	2,880	4,800	10,800	16,800	24,000
2d Conv	1,720	5,160	8,600	19,350	30,100	43,000
1931 Model CF, 8-cyl.						
2d Rds	2,160	6,480	10,800	24,300	37,800	54,000
2d Bus Cpe	1,100	3,300	5,500	12,380	19,250	27,500
2d DeL Cpe	1,120	3,360	5,600	12,600	19,600	28,000
4d Sed	970	2,920	4,860	10,940	17,010	24,300
4d DeL Sed	980	2,940	4,900	11,030	17,150	24,500
2d Conv	1,720	5,160	8,600	19,350	30,100	43,000
1932 SA, 6-cyl., 109" wb						
4d Phae	2,160	6,480	10,800	24,300	37,800	54,000
2d Rds	2,120	6,360	10,600	23,850	37,100	53,000
2d Cpe	1,120	3,360	5,600	12,600	19,600	28,000
2d DeL Cpe	1,100	3,300	5,500	12,380	19,250	27,500
2d Conv	1,640	4,920	8,200	18,450	28,700	41,000
2d Sed	940	2,820	4,700	10,580	16,450	23,500
4d Sed	950	2,840	4,740	10,670	16,590	23,700
4d DeL Sed	1,040	3,120	5,200	11,700	18,200	26,000
1932 SC, 6-cyl., 112" wb						
2d Conv Sed	2,080	6,240	10,400	23,400	36,400	52,000
2d Rds	2,120	6,360	10,600	23,850	37,100	53,000
4d Phae	2,160	6,480	10,800	24,300	37,800	54,000
2d Conv	2,000	6,000	10,000	22,500	35,000	50,000
2d Bus Cpe	1,100	3,300	5,500	12,380	19,250	27,500
2d RS Cpe	1,120	3,360	5,600	12,600	19,600	28,000
4d Sed	980	2,940	4,900	11,030	17,150	24,500
4d DeL Sed	1,000	3,000	5,000	11,250	17,500	25,000
1932 CF, 8-cyl., 114" wb						
2d Rds	2,160	6,480	10,800	24,300	37,800	54,000
2d Bus Cpe	1,120	3,360	5,600	12,600	19,600	28,000
2d DeL Cpe	1,140	3,420	5,700	12,830	19,950	28,500
4d Brgm	980	2,940	4,900	11,030	17,150	24,500
4d Sed	1,240	3,720	6,200	13,950	21,700	31,000
4d DeL Sed	1,260	3,780	6,300	14,180	22,050	31,500
1933 SD, 6-cyl.						
2d Conv	2,160	6,480	10,800	24,300	37,800	54,000
2d Conv Sed	2,240	6,720	11,200	25,200	39,200	56,000
2d 2P Cpe	1,380	4,140	6,900	15,530	24,150	34,500
2d RS Cpe	1,400	4,200	7,000	15,750	24,500	35,000

CROSLEY

	6	5	4	3	2	1
2d DeL Cpe	1,400	4,200	7,000	15,750	24,500	35,000
2d Std Brgm	1,130	3,380	5,640	12,690	19,740	28,200
4d Cus Brgm	940	2,820	4,700	10,580	16,450	23,500
4d Sed	920	2,760	4,600	10,350	16,100	23,000
4d Cus Sed	930	2,800	4,660	10,490	16,310	23,300
1934 Airflow SE, 6-cyl.						
2d Cpe	2,060	6,180	10,300	23,180	36,050	51,500
4d Brgm	2,840	8,520	14,200	31,950	49,700	71,000
4d Sed	2,640	7,920	13,200	29,700	46,200	66,000
4d Twn Sed	2,040	6,120	10,200	22,950	35,700	51,000
1935 Airstream, 6-cyl.						
2d Bus Cpe	1,160	3,480	5,800	13,050	20,300	29,000
2d Cpe	1,180	3,540	5,900	13,280	20,650	29,500
2d Conv	1,840	5,520	9,200	20,700	32,200	46,000
2d Sed	1,060	3,180	5,300	11,930	18,550	26,500
2d Tr Sed	1,060	3,190	5,320	11,970	18,620	26,600
4d Sed	850	2,560	4,260	9,590	14,910	21,300
4d Tr Sed	860	2,580	4,300	9,680	15,050	21,500
1935 Airflow, 6-cyl.						
2d Bus Cpe	2,040	6,120	10,200	22,950	35,700	51,000
2d Cpe	2,040	6,120	10,200	22,950	35,700	51,000
4d Sed	2,640	7,920	13,200	29,700	46,200	66,000
4d Twn Sed	2,040	6,120	10,200	22,950	35,700	51,000
1936 DeLuxe Airstream S-1, 6-cyl.						
2d Bus Cpe	1,180	3,540	5,900	13,280	20,650	29,500
4d Tr Brgm	890	2,680	4,460	10,040	15,610	22,300
4d Tr Sed	880	2,640	4,400	9,900	15,400	22,000
1936 Custom Airstream S-1, 6-cyl.						
2d Bus Cpe	1,180	3,540	5,900	13,280	20,650	29,500
2d Cpe	1,200	3,600	6,000	13,500	21,000	30,000
2d Conv	2,000	6,000	10,000	22,500	35,000	50,000
4d Tr Drgm	910	2,720	4,510	10,220	15,890	22,700
4d Tr Sed	920	2,750	4,500	10,010	16,000	22,900
4d Conv Sed	1,640	4,920	8,200	18,450	28,700	41,000
4d Trv Sed	930	2,780	4,640	10,440	16,240	23,200
4d 7P Sed	930	2,800	4,660	10,490	16,310	23,300
1936 Airflow III S-2, 6-cyl.						
2d Cpe	2,040	6,120	10,200	22,950	35,700	51,000
4d Sed	2,640	7,920	13,200	29,700	46,200	66,000
1937 S-3, 6-cyl.						
2d Conv	2,720	8,160	13,600	30,600	47,600	68,000
4d Conv Sed	2,120	6,360	10,600	23,850	37,100	53,000
2d Bus Cpe	1,040	3,120	5,200	11,700	18,200	26,000
2d Cpe	960	2,880	4,800	10,000	16,800	24,000
4d Brgm	840	2,510	4,180	9,410	14,630	20,900
4d Tr Brgm	840	2,520	4,200	9,450	14,700	21,000
4d Sed	840	2,530	4,220	9,500	14,770	21,100
4d Tr Sed	850	2,540	4,240	9,540	14,840	21,200
4d 7P Sed	850	2,560	4,260	9,590	14,910	21,300
4d Limo	900	2,700	4,500	10,130	15,750	22,500
1938 S-5, 6-cyl.						
2d Conv	2,080	6,240	10,400	23,400	36,400	52,000
4d Conv Sed	2,120	6,360	10,600	23,850	37,100	53,000
2d Bus Cpe	1,030	3,100	5,160	11,610	18,060	25,800
2d Cpe	1,190	3,580	5,960	13,410	20,860	29,800
4d Tr Brgm	840	2,530	4,220	9,500	14,770	21,100
4d Sed	850	2,500	4,200	9,590	14,910	21,300
4d Tr Sed	860	2,570	4,280	9,630	14,980	21,400
4d 7P Sed	880	2,630	4,380	9,860	15,330	21,900
4d Limo	930	2,800	4,660	10,490	16,310	23,300
1939 S-6 DeLuxe, 6-cyl.						
2d Bus Cpe	950	2,860	4,760	10,710	16,660	23,800
2d Cpe	970	2,920	4,860	10,940	17,010	24,300
4d Tr Sed	840	2,530	4,220	9,500	14,770	21,100
4d Tr Sed	850	2,560	4,260	9,590	14,910	21,300
4d Limo	930	2,800	4,660	10,490	16,310	23,300
1939 S-6 Custom, 6-cyl.						
2d Cpe	970	2,920	4,800	10,940	17,010	24,300
2d Cus Cpe	990	2,980	4,960	11,160	17,360	24,800
2d Cus Clb Cpe	1,010	3,040	5,060	11,390	17,710	25,300
2d Tr Sed	870	2,620	4,360	9,810	15,260	21,800
4d Tr Sed	880	2,630	4,380	9,860	15,330	21,900
4d 7P Sed	880	2,640	4,400	9,900	15,400	22,000
4d Limo	970	2,920	4,860	10,940	17,010	24,300
1940 S-7 DeLuxe, 6-cyl.						
2d Bus Cpe	940	2,820	4,700	10,580	16,450	23,500
2d Cpe	1,000	3,000	5,000	11,250	17,500	25,000
2d Tr Sed	890	2,660	4,440	9,990	15,540	22,200
4d Tr Sed	900	2,700	4,500	10,130	15,750	22,500

	6	5	4	3	2	1
4d 7P Sed.	920	2,760	4,600	10,350	16,100	23,000
1940 S-7 Custom, 6-cyl.						
2d Conv	2,080	6,240	10,400	23,400	36,400	52,000
2d 2P Cpe.	1,030	3,100	5,160	11,610	18,060	25,800
2d Clb Cpe	1,050	3,160	5,260	11,840	18,410	26,300
2d Sed	910	2,740	4,560	10,260	15,960	22,800
4d Sed	870	2,620	4,360	9,810	15,260	21,800
4d 7P Sed.	890	2,680	4,460	10,040	15,610	22,300
4d Limo.	950	2,860	4,760	10,710	16,660	23,800
1941 S-8 DeLuxe, 6-cyl.						
2d Bus Cpe.	1,070	3,220	5,360	12,060	18,760	26,800
2d Cpe	1,090	3,280	5,460	12,290	19,110	27,300
2d Sed	990	2,980	4,960	11,160	17,360	24,800
4d Sed	1,000	2,990	4,980	11,210	17,430	24,900
2d 7P Sed.	1,050	3,160	5,260	11,840	18,410	26,300
1941 S-8 Custom, 6-cyl.						
2d Conv	2,160	6,480	10,800	24,300	37,800	54,000
2d Cpe	1,130	3,400	5,660	12,740	19,810	28,300
2d Clb Cpe	1,150	3,460	5,760	12,960	20,160	28,800
2d Brgm	1,030	3,080	5,140	11,570	17,990	25,700
4d Sed	1,010	3,020	5,040	11,340	17,640	25,200
4d Twn Sed.	1,020	3,060	5,100	11,480	17,850	25,500
4d 7P Sed.	1,050	3,160	5,260	11,840	18,410	26,300
4d Limo.	1,070	3,220	5,360	12,060	18,760	26,800
1942 S-10 DeLuxe, 6-cyl.						
2d Bus Cpe.	1,010	3,040	5,060	11,390	17,710	25,300
2d Cpe	1,030	3,100	5,160	11,610	18,060	25,800
2d Sed	960	2,870	4,780	10,760	16,730	23,900
4d Sed	960	2,880	4,800	10,800	16,800	24,000
4d Twn Sed.	960	2,890	4,820	10,850	16,870	24,100
4d 7P Sed.	1,020	3,050	5,080	11,430	17,780	25,400
1942 2d S-10 Custom, 6-cyl.						
2d Conv	1,800	5,400	9,000	20,250	31,500	45,000
2d Cpe	1,030	3,100	5,160	11,610	18,060	25,800
2d Clb Cpe	1,050	3,160	5,260	11,840	18,410	26,300
4d Brgm	970	2,920	4,860	10,940	17,010	24,300
4d Sed	980	2,930	4,880	10,980	17,080	24,400
4d Twn Sed.	990	2,980	4,960	11,160	17,360	24,800
4d 7P Sed.	1,030	3,080	5,140	11,570	17,990	25,700
4d Limo.	1,040	3,120	5,200	11,700	18,200	26,000
1946-48 S-11 DeLuxe, 6-cyl.						
2d Cpe	700	2,100	3,500	7,880	12,250	17,500
2d Clb Cpe	760	2,280	3,800	8,550	13,300	19,000
2d Sed	640	1,920	3,200	7,200	11,200	16,000
4d Sed	652	1,956	3,260	7,340	11,410	16,300
1946-48 S-11 Custom, 6-cyl.						
2d Conv	1,800	5,400	9,000	20,250	31,500	45,000
2d Clb Cpe	780	2,340	3,900	8,780	13,650	19,500
2d Sed	652	1,956	3,260	7,340	11,410	16,300
4d Sed	660	1,980	3,300	7,430	11,550	16,500
4d 7P Sed.	680	2,040	3,400	7,650	11,900	17,000
4d Limo.	840	2,520	4,200	9,450	14,700	21,000
4d Sub	940	2,820	4,700	10,580	16,450	23,500
1949 S-13 DeLuxe, 6-cyl.						
First Series values and same as 1947-48.						
2d Clb Cpe	760	2,280	3,800	8,550	13,300	19,000
4d Sed	700	2,100	3,500	7,880	12,250	17,500
4d C-A Sed	708	2,124	3,540	7,970	12,390	17,700
4d Sta Wag	3,080	9,240	15,400	34,650	53,900	77,000
1949 S-13 Custom, 6-cyl.						
2d Conv	1,680	5,040	8,400	18,900	29,400	42,000
2d Clb Cpe	780	2,340	3,900	8,780	13,650	19,500
4d Sed	720	2,160	3,600	8,100	12,600	18,000
4d 8P Sed.	740	2,220	3,700	8,330	12,950	18,500
4d Sub	840	2,520	4,200	9,450	14,700	21,000
1950 S-14 DeLuxe, 6-cyl.						
2d Clb Cpe	800	2,400	4,000	9,000	14,000	20,000
4d Sed	700	2,100	3,500	7,880	12,250	17,500
4d C-A Sed	708	2,124	3,540	7,970	12,390	17,700
4d 8P Sed.	720	2,160	3,600	8,100	12,600	18,000
1950 S-14 Custom, 6-cyl.						
2d Conv	1,800	5,400	9,000	20,250	31,500	45,000
2d HT Sptman	1,200	3,600	6,000	13,500	21,000	30,000
2d Clb Cpe	840	2,520	4,200	9,450	14,700	21,000
4d Sed	720	2,160	3,600	8,100	12,600	18,000
4d 6P Sta Wag	3,080	9,240	15,400	34,650	53,900	77,000
4d Stl Sta Wag	1,080	3,240	5,400	12,150	18,900	27,000
4d 8P Sed.	752	2,256	3,760	8,460	13,160	18,800
4d Sub Sed.	740	2,220	3,700	8,330	12,950	18,500

	6	5	4	3	2	1
1951-52 DeLuxe, 6-cyl., 125.5" wb						
4d Sed	692	2,076	3,460	7,790	12,110	17,300
2d Clb Cpe	740	2,220	3,700	8,330	12,950	18,500
4d C-A Sed	692	2,076	3,460	7,790	12,110	17,300
1951-52 DeLuxe, 6-cyl., 139.5" wb						
4d Sed	696	2,088	3,480	7,830	12,180	17,400
1951-52 Custom, 6-cyl., 125.5" wb						
4d Sed	700	2,100	3,500	7,880	12,250	17,500
2d Clb Cpe	880	2,640	4,400	9,900	15,400	22,000
2d HT Sptman	1,200	3,600	6,000	13,500	21,000	30,000
2d Conv	1,800	5,400	9,000	20,250	31,500	45,000
4d Sta Wag	1,120	3,360	5,600	12,600	19,600	28,000
1951-52 Custom, 6-cyl., 139.5" wb						
4d Sed	708	2,124	3,540	7,970	12,390	17,700
4d Sub	720	2,160	3,600	8,100	12,600	18,000
1951-52 Firedome, V-8, 125.5" wb (1952 only)						
4d Sed	760	2,280	3,800	8,550	13,300	19,000
2d Clb Cpe	920	2,760	4,600	10,350	16,100	23,000
2d HT Sptman	1,280	3,840	6,400	14,400	22,400	32,000
2d Conv	1,880	5,640	9,400	21,150	32,900	47,000
4d Sta Wag	1,200	3,600	6,000	13,500	21,000	30,000
1951-52 Firedome, V-8, 139.5" wb (1952 only)						
4d 8P Sed	760	2,280	3,800	8,550	13,300	19,000
1953-54 Powermaster Six, 6-cyl., 125.5" wb						
4d Sed	680	2,040	3,400	7,650	11,900	17,000
2d Clb Cpe	700	2,100	3,500	7,880	12,250	17,500
4d Sta Wag	1,120	3,360	5,600	12,600	19,600	28,000
2d HT Sptman (1953 only)	1,040	3,120	5,200	11,700	18,200	26,000
1953-54 Powermaster Six, 6-cyl., 139.5" wb						
4d Sed	672	2,016	3,360	7,560	11,760	16,800
1953-54 Firedome, V-8, 125.5" wb						
4d Sed	760	2,280	3,800	8,550	13,300	19,000
2d Clb Cpe	920	2,700	4,000	10,350	16,100	23,000
2d HT Sptman	1,280	3,840	6,400	14,400	22,400	32,000
2d Conv	1,880	5,640	9,400	21,150	32,900	47,000
4d Sta Wag	1,200	3,600	6,000	13,500	21,000	30,000
1953-54 Firedome, V-8, 139.5" wb						
4d Sed	800	2,400	4,000	9,000	14,000	20,000
1955 Firedome, V-8						
4d Sed	890	2,680	4,460	10,040	15,610	22,300
2d HT	1,400	4,200	7,000	15,750	24,500	35,000
2d HT Sptman	1,800	5,400	9,000	20,250	31,500	45,000
2d Conv	3,000	9,000	15,000	33,750	52,500	75,000
4d Sta Wag	1,480	4,440	7,400	16,650	25,900	37,000
1955 Fireflite, V-8						
4d Sed	910	2,740	4,560	10,260	15,960	22,800
2d HT Sptman	1,920	5,760	9,600	21,600	33,600	48,000
2d Conv	3,480	10,440	17,400	39,150	60,900	87,000
1956 Firedome, V-8						
4d Sed	860	2,580	4,300	9,680	15,050	21,500
4d HT Sev	900	2,880	4,800	10,800	16,800	24,000
4d HT Sptman	1,120	3,360	5,600	12,600	19,600	28,000
2d HT Sev	1,400	4,200	7,000	15,750	24,500	35,000
2d HT Sptman	1,920	5,760	9,600	21,600	33,600	48,000
2d Conv	3,000	9,000	15,000	33,750	52,500	75,000
4d Sta Wag	1,480	4,440	7,400	16,650	25,900	37,000
1956 Fireflite, V-8						
4d Sed	880	2,640	4,400	9,900	15,400	22,000
4d HT Sptman	2,000	6,000	10,000	22,500	35,000	50,000
2d HT Sptman	2,000	6,000	10,000	22,500	35,000	50,000
2d Conv	3,760	11,280	18,800	42,300	65,800	94,000
2d Conv IPC	4,000	12,000	20,000	45,000	70,000	100,000
1956 Adventurer						
2d HT	2,200	6,600	11,000	24,750	38,500	55,000
1957 Firesweep, V-8, 122" wb						
4d Sed	1,040	3,120	5,200	11,700	18,200	26,000
4d HT Sptman	1,160	3,480	5,800	13,050	20,300	29,000
2d HT Sptman	2,080	6,240	10,400	23,400	36,400	52,000
4d 2S Sta Wag	1,700	5,100	8,500	19,130	29,750	42,500
4d 3S Sta Wag	1,780	5,340	8,900	20,030	31,150	44,500
1957 Firedome, V-8, 126" wb						
4d Sed	1,050	3,140	5,240	11,790	18,340	26,200
4d HT Sptman	1,240	3,720	6,200	13,950	21,700	31,000
2d HT Sptman	2,200	6,600	11,000	24,750	38,500	55,000
2d Conv	3,600	10,800	18,000	40,500	63,000	90,000
1957 Fireflite, V-8, 126" wb						
4d Sed	1,140	3,420	5,700	12,830	19,950	28,500
4d HT Sptman	1,320	3,960	6,600	14,850	23,100	33,000
2d HT Sptman	2,200	6,600	11,000	24,750	38,500	55,000

	6	5	4	3	2	1
2d Conv	3,800	11,400	19,000	42,750	66,500	95,000
4d 2S Sta Wag	1,780	5,340	8,900	20,030	31,150	44,500
4d 3S Sta Wag	1,860	5,580	9,300	20,930	32,550	46,500
1957 Fireflite Adventurer, 126" wb						
2d HT	2,520	7,560	12,600	28,350	44,100	63,000
2d Conv	5,220	15,660	26,100	58,730	91,350	130,500
1958 Firesweep, V-8						
4d Sed	1,040	3,120	5,200	11,700	18,200	26,000
4d HT Sptman	1,160	3,480	5,800	13,050	20,300	29,000
2d HT Sptman	2,080	6,240	10,400	23,400	36,400	52,000
2d Conv	3,160	9,480	15,800	35,550	55,300	79,000
4d 2S Sta Wag	1,700	5,100	8,500	19,130	29,750	42,500
4d 3S Sta Wag	1,780	5,340	8,900	20,030	31,150	44,500
1958 Firedome, V-8						
4d Sed	1,050	3,140	5,240	11,790	18,340	26,200
4d HT Sptman	1,240	3,720	6,200	13,950	21,700	31,000
2d HT Sptman	2,280	6,840	11,400	25,650	39,900	57,000
2d Conv	3,680	11,040	18,400	41,400	64,400	92,000
1958 Fireflite, V-8						
4d Sed	1,140	3,420	5,700	12,830	19,950	28,500
4d HT Sptman	1,320	3,960	6,600	14,850	23,100	33,000
2d HT Sptman	2,200	6,600	11,000	24,750	38,500	55,000
2d Conv	3,840	11,520	19,200	43,200	67,200	96,000
4d 2S Sta Wag	1,780	5,340	8,900	20,030	31,150	44,500
4d 3S Sta Wag	1,860	5,580	9,300	20,930	32,550	46,500
1958 Adventurer, V-8						
2d HT	2,520	7,560	12,600	28,350	44,100	63,000
2d Conv	5,220	15,660	26,100	58,730	91,350	130,500
NOTE: With EFI, value inestimable.						
1959 Firesweep, V-8						
4d Sed	1,000	3,000	5,000	11,250	17,500	25,000
4d HT Sptman	1,120	3,360	5,600	12,600	19,600	28,000
2d HT Sptman	2,080	6,240	10,400	23,400	36,400	52,000
2d Conv	3,200	9,600	16,000	36,000	56,000	80,000
4d 2S Sta Wag	1,700	5,100	8,500	19,130	29,750	42,500
4d 3S Sta Wag	1,780	5,340	8,900	20,030	31,150	44,500
1959 Firedome, V-8						
4d Sed	1,020	3,060	5,100	11,480	17,850	25,500
4d HT Sptman	1,200	3,600	6,000	13,500	21,000	30,000
2d HT Sptman	2,080	6,240	10,400	23,400	36,400	52,000
2d Conv	3,760	11,280	18,800	42,300	65,800	94,000
1959 Fireflite, V-8						
4d Sed	1,060	3,180	5,300	11,930	18,550	26,500
4d HT Sptman	1,240	3,720	6,200	13,950	21,700	31,000
2d HT Sptman	2,320	6,960	11,600	26,100	40,600	58,000
2d Conv	3,840	11,520	19,200	43,200	67,200	96,000
4d 2S Sta Wag	1,700	5,100	8,500	19,130	29,750	42,500
4d 3S Sta Wag	1,780	5,340	8,900	20,030	31,150	44,500
1959 Adventurer, V-8						
2d HT	2,400	7,200	12,000	27,000	42,000	60,000
2d Conv	5,100	15,300	25,500	57,380	89,250	127,500
1960 Fireflite, V-8						
4d Sed	820	2,460	4,100	9,230	14,350	20,500
4d HT	860	2,580	4,300	9,680	15,050	21,500
2d HT	1,160	3,480	5,800	13,050	20,300	29,000
1960 Adventurer, V-8						
4d Sed	840	2,520	4,200	9,450	14,700	21,000
4d HT	920	2,760	4,600	10,350	16,100	23,000
2d HT	1,240	3,720	6,200	13,950	21,700	31,000
1961 Fireflite, V-8						
4d HT	940	2,820	4,700	10,580	16,450	23,500
2d HT	1,280	3,840	6,400	14,400	22,400	32,000

DODGE

1914 4-cyl., 110" wb						
NOTE: (Serial # 1-249)						
4d Tr	1,240	3,720	6,200	13,950	21,700	31,000
1915 4-cyl., 110" wb						
2d Rds	1,280	3,840	6,400	14,400	22,400	32,000
4d Tr	1,200	3,600	6,000	13,500	21,000	30,000
1916 4-cyl., 110" wb						
2d Rds	1,200	3,600	6,000	13,500	21,000	30,000
2d W.T. Rds.	1,280	3,840	6,400	14,400	22,400	32,000
4d Tr	1,200	3,600	6,000	13,500	21,000	30,000
4d W.T. Tr	1,280	3,840	6,400	14,400	22,400	32,000
1916 4-cyl. 110" wb						
NOTE: Add 15% for California Top.						
1917 4-cyl., 114" wb						
2d Rds	1,170	3,520	5,860	13,190	20,510	29,300

	6	5	4	3	2	1
2d W.T. Rds.	1,140	3,420	5,700	12,830	19,950	28,500
4d Tr	1,180	3,540	5,900	13,280	20,650	29,500
4d W.T. Tr	1,220	3,660	6,100	13,730	21,350	30,500
2d Cpe	840	2,520	4,200	9,450	14,700	21,000
4d C.D. Sed.	820	2,460	4,100	9,230	14,350	20,500

NOTE: Add 15% for California Top.

1918 4-cyl., 114" wb

	6	5	4	3	2	1
2d Rds	1,100	3,300	5,500	12,380	19,250	27,500
2d W.T. Rds.	1,140	3,420	5,700	12,830	19,950	28,500
4d Tr	1,180	3,540	5,900	13,280	20,650	29,500
4d W.T. Tr	1,220	3,660	6,100	13,730	21,350	30,500
2d Cpe	900	2,700	4,500	10,130	15,750	22,500
4d Sed	860	2,580	4,300	9,680	15,050	21,500

NOTE: Add 15% for California Top.

1919 4-cyl., 114" wb

	6	5	4	3	2	1
2d Rds	1,060	3,180	5,300	11,930	18,550	26,500
4d Tr	1,100	3,300	5,500	12,380	19,250	27,500
2d Cpe	900	2,700	4,500	10,130	15,750	22,500
2d Rex Cpe.	1,000	3,000	5,000	11,250	17,500	25,000
4d Rex Sed.	960	2,880	4,800	10,800	16,800	24,000
4d Sed	880	2,640	4,400	9,900	15,400	22,000
4d Dep Hk.	1,000	3,000	5,000	11,250	17,500	25,000
2d Sed Dely	960	2,880	4,800	10,800	16,800	24,000

1920 4-cyl., 114" wb

	6	5	4	3	2	1
2d Rds	1,000	3,000	5,000	11,250	17,500	25,000
4d Tr	1,040	3,120	5,200	11,700	18,200	26,000
2d Cpe	720	2,160	3,600	8,100	12,600	18,000
4d Sed	700	2,100	3,500	7,880	12,250	17,500

1921 4-cyl., 114" wb

	6	5	4	3	2	1
2d Rds	1,000	3,000	5,000	11,250	17,500	25,000
4d Tr	1,260	3,780	6,300	14,180	22,050	31,500
2d Cpe	720	2,160	3,600	8,100	12,600	18,000
4d Sed	700	2,100	3,500	7,880	12,250	17,500

1922 1st series, 4-cyl., 114" wb, (low hood models)

	6	5	4	3	2	1
2d Rds	1,020	3,060	5,100	11,480	17,850	25,500
4d Tr	1,040	3,120	5,200	11,700	18,200	26,000
2d Cpe	740	2,220	3,700	8,330	12,950	18,500
4d Sed	720	2,160	3,600	8,100	12,600	18,000

1922 2nd series, 4-cyl., 114" wb, (high hood models)

	6	5	4	3	2	1
2d Rds	990	2,970	4,950	11,140	17,330	24,750
4d Tr	1,010	3,030	5,050	11,360	17,680	25,250
2d Bus Cpe.	670	2,010	3,350	7,540	11,730	16,750
4d Bus Sed.	680	2,040	3,400	7,650	11,900	17,000
4d Sed	660	1,980	3,300	7,430	11,550	16,500

1923 4-cyl., 114" wb

	6	5	4	3	2	1
2d Hds	900	2,700	4,500	10,130	15,750	22,500
4d Tr	880	2,640	4,400	9,900	15,400	22,000
2d Bus Cpe.	640	1,920	3,200	7,200	11,200	16,000
4d Bus Sed.	680	2,040	3,400	7,650	11,900	17,000
4d Sed	660	1,980	3,300	7,430	11,550	16,500

1924 4-cyl., 116" wb

	6	5	4	3	2	1
2d Rds	960	2,880	4,800	10,800	16,800	24,000
4d Tr	980	2,940	4,900	11,030	17,150	24,500
2d Bus Cpe.	680	2,040	3,400	7,650	11,900	17,000
2d 4P Cpe.	700	2,100	3,500	7,880	12,250	17,500
4d Bus Sed.	680	2,040	3,400	7,650	11,900	17,000
4d Sed	680	2,050	3,420	7,700	11,970	17,100

1924 Special Series (deluxe equip. - introduced Jan. 1924)

	6	5	4	3	2	1
2d Rds	1,020	3,060	5,100	11,480	17,850	25,500
4d Tr	1,060	3,180	5,300	11,930	18,550	26,500
2d Bus Cpe.	780	2,340	3,900	8,780	13,650	19,500
2d 4P Cpe.	800	2,400	4,000	9,000	14,000	20,000
4d Bus Sed.	780	2,340	3,900	8,780	13,650	19,500
4d Sed	780	2,350	3,920	8,820	13,720	19,600

1925 4-cyl., 116" wb

	6	5	4	3	2	1
2d Rds	960	2,880	4,800	10,800	16,800	24,000
2d Spl Rds	980	2,940	4,900	11,030	17,150	24,500
4d Tr	1,000	3,000	5,000	11,250	17,500	25,000
4d Spl Tr	1,020	3,060	5,100	11,480	17,850	25,500
2d Bus Cpe.	740	2,220	3,700	8,330	12,950	18,500
2d Spl Bus Cpe.	760	2,280	3,800	8,550	13,300	19,000
2d 4P Cpe.	740	2,220	3,700	8,330	12,950	18,500
2d Sp Cpe.	740	2,220	3,700	8,330	12,950	18,500
4d Bus Sed.	730	2,190	3,650	8,210	12,780	18,250
4d Spl Bus Sed.	730	2,200	3,660	8,240	12,810	18,300
4d Sed	900	2,700	4,500	10,130	15,750	22,500
4d Spl Sed	910	2,730	4,550	10,240	15,930	22,750
2d Sed	800	2,400	4,000	9,000	14,000	20,000
2d Spl Sed	810	2,430	4,050	9,110	14,180	20,250

DODGE

	6	5	4	3	2	1
1926 4-cyl., 116" wb						
2d Rds	960	2,880	4,800	10,800	16,800	24,000
2d Spl Rds	940	2,820	4,700	10,580	16,450	23,500
2d Spt Rds	950	2,840	4,740	10,670	16,590	23,700
4d Tr	920	2,760	4,600	10,350	16,100	23,000
4d Spl Tr	940	2,820	4,700	10,580	16,450	23,500
4d Spt Tr	980	2,940	4,900	11,030	17,150	24,500
2d Cpe	700	2,100	3,500	7,880	12,250	17,500
2d Spl Cpe	720	2,160	3,600	8,100	12,600	18,000
2d Sed	700	2,100	3,500	7,880	12,250	17,500
2d Spl Sed	700	2,110	3,520	7,920	12,320	17,600
4d Bus Sed	700	2,100	3,500	7,880	12,250	17,500
4d Spl Bus Sed	700	2,110	3,520	7,920	12,320	17,600
4d Sed	700	2,100	3,500	7,880	12,250	17,500
4d Spl Sed	700	2,110	3,520	7,920	12,320	17,600
4d DeL Sed	710	2,120	3,540	7,970	12,390	17,700
1927-28 4-cyl., 116" wb						
2d Rds	1,220	3,660	6,100	13,730	21,350	30,500
2d Spl Rds	1,240	3,720	6,200	13,950	21,700	31,000
2d Spt Rds	1,260	3,780	6,300	14,180	22,050	31,500
2d Cabr	1,200	3,600	6,000	13,500	21,000	30,000
4d Tr	1,200	3,600	6,000	13,500	21,000	30,000
4d Spl Tr	1,220	3,660	6,100	13,730	21,350	30,500
4d Spt Tr	1,240	3,720	6,200	13,950	21,700	31,000
2d Cpe	700	2,100	3,500	7,880	12,250	17,500
2d Spl Cpe	720	2,160	3,600	8,100	12,600	18,000
4d Sed	700	2,100	3,500	7,880	12,250	17,500
4d Spl Sed	700	2,110	3,520	7,920	12,320	17,600
4d DeL Sed	710	2,140	3,560	8,010	12,460	17,800
4d A-P Sed	720	2,160	3,600	8,100	12,600	18,000
1928 "Fast Four", 4-cyl., 108" wb						
2d Cabr	1,260	3,780	6,300	14,180	22,050	31,500
2d Cpe	830	2,480	4,140	9,320	14,490	20,700
4d Sed	820	2,460	4,100	9,230	14,350	20,500
4d DeL Sed	820	2,470	4,120	9,270	14,420	20,600
1928 Standard Series, 6-cyl., 110" wb						
2d Cabr	1,220	3,660	6,100	13,730	21,350	30,500
2d Cpe	780	2,340	3,900	8,780	13,650	19,500
4d Sed	760	2,280	3,800	8,550	13,300	19,000
4d DeL Sed	780	2,340	3,900	8,780	13,650	19,500
1928 Victory Series, 6-cyl., 112" wb						
4d Tr	1,410	4,220	7,040	15,840	24,640	35,200
2d Cpe	850	2,540	4,240	9,540	14,840	21,200
2d RS Cpe	910	2,720	4,540	10,220	15,890	22,700
4d Brgm	890	2,660	4,440	9,990	15,540	22,200
1928 Series 2249, Standard 6-cyl., 116" wb						
2d Cabr	1,340	4,020	6,700	15,080	23,450	33,500
4d Brgm	820	2,450	4,080	9,180	14,280	20,400
4d Sed 7	740	2,220	3,700	8,330	12,950	18,500
4d DeL Sed	800	2,400	4,000	9,000	14,000	20,000
1928 Series 2251, Senior 6-cyl., 116" wb						
2d Cabr	1,470	4,400	7,340	16,520	25,690	36,700
2d Spt Cabr	1,290	3,860	6,440	14,490	22,540	32,200
2d RS Cpe	870	2,600	4,340	9,770	15,190	21,700
2d Spt Cpe	890	2,660	4,440	9,990	15,540	22,200
4d Sed	850	2,540	4,240	9,540	14,840	21,200
4d Spt Sed	870	2,600	4,340	9,770	15,190	21,700
1929 Standard Series, 6-cyl., 110" wb						
2d Bus Cpe	940	2,820	4,700	10,580	16,450	23,500
2d Cpe	960	2,880	4,800	10,800	16,800	24,000
4d Sed	900	2,700	4,500	10,130	15,750	22,500
4d DeL Sed	920	2,760	4,600	10,350	16,100	23,000
4d Spt DeL Sed	940	2,820	4,700	10,580	16,450	23,500
4d A-P Sed	950	2,840	4,740	10,670	16,590	23,700
1929 Victory Series, 6-cyl., 112" wb						
2d Rds	1,810	5,440	9,060	20,390	31,710	45,300
2d Spt Rds	1,850	5,560	9,260	20,840	32,410	46,300
4d Tr	1,200	3,600	6,000	13,500	21,000	30,000
4d Spt Tr	1,640	4,920	8,200	18,450	28,700	41,000
2d Cpe	1,120	3,360	5,600	12,600	19,600	28,000
2d DeL Cpe	1,100	3,300	5,500	12,380	19,250	27,500
4d Sed	1,060	3,180	5,300	11,930	18,550	26,500
4d Spt Sed	1,080	3,240	5,400	12,150	18,900	27,000
1929 Standard Series DA, 6-cyl., 63 hp, 112" wb						
NOTE: (Introduced Jan. 1, 1929)						
2d Rds	1,880	5,640	9,400	21,150	32,900	47,000
2d Spt Rds	1,920	5,760	9,600	21,600	33,600	48,000
4d Phae	1,960	5,880	9,800	22,050	34,300	49,000
4d Spt Phae	2,000	6,000	10,000	22,500	35,000	50,000

	6	5	4	3	2	1
2d Bus Cpe.	1,040	3,120	5,200	11,700	18,200	26,000
2d DeL RS Cpe	1,060	3,180	5,300	11,930	18,550	26,500
2d Vic	1,020	3,060	5,100	11,480	17,850	25,500
4d Brgm	960	2,880	4,800	10,800	16,800	24,000
4d Sed	940	2,820	4,700	10,580	16,450	23,500
4d DeL Sed.	950	2,860	4,760	10,710	16,660	23,800
4d DeL Spt Sed	960	2,880	4,800	10,800	16,800	24,000
1929 Senior Series, 6-cyl., 120" wb						
2d Rds	1,960	5,880	9,800	22,050	34,300	49,000
2d 2P Cpe.	1,160	3,480	5,800	13,050	20,300	29,000
2d RS Spt Cpe	1,200	3,600	6,000	13,500	21,000	30,000
2d Vic Brgm	1,160	3,480	5,800	13,050	20,300	29,000
4d Sed	1,120	3,360	5,600	12,600	19,600	28,000
4d Spt Sed	1,400	4,200	7,000	15,750	24,500	35,000
4d Lan Sed	1,160	3,480	5,800	13,050	20,300	29,000
4d Spt Lan Sed.	1,180	3,540	5,900	13,280	20,650	29,500
1930 Series DA, 6-cyl., 112" wb						
2d Rds	1,960	5,880	9,800	22,050	34,300	49,000
4d Phae	2,000	6,000	10,000	22,500	35,000	50,000
2d Bus Cpe.	850	2,550	4,250	9,560	14,880	21,250
2d DeL Cpe.	870	2,610	4,350	9,790	15,230	21,750
2d Vic	880	2,630	4,390	9,880	15,370	21,950
4d Brgm	850	2,550	4,250	9,560	14,880	21,250
2d Sed	840	2,510	4,190	9,430	14,670	20,950
4d Sed	840	2,530	4,210	9,470	14,740	21,050
4d DeL Sed.	870	2,610	4,350	9,790	15,230	21,750
2d RS Rds	2,000	6,000	10,000	22,500	35,000	50,000
2d RS Cpe	950	2,850	4,750	10,690	16,630	23,750
4d Lan Sed	870	2,610	4,350	9,790	15,230	21,750
1930 Series DD, 6-cyl., 109" wb						
NOTE: (Introduced Jan. 1, 1930)						
2d RS Rds	1,920	5,760	9,600	21,600	33,600	48,000
4d Phae	1,960	5,880	9,800	22,050	34,300	49,000
2d RS Conv	2,040	6,120	10,200	22,950	35,700	51,000
2d Bus Cpe.	960	2,880	4,800	10,800	16,800	24,000
2d RS Cpe	1,000	3,000	5,000	11,250	17,500	25,000
4d Sed	820	2,460	4,100	9,230	14,350	20,500
1930 Series DC, 8-cyl., 114" wb						
NOTE: (Introduced Jan. 1, 1930)						
2d Rds	1,960	5,880	9,800	22,050	34,300	49,000
2d RS Conv	1,920	5,760	9,600	21,600	33,600	48,000
4d Phae	2,000	6,000	10,000	22,500	35,000	50,000
2d Bus Cpe.	900	2,940	4,900	11,030	17,150	24,500
2d RS Cpe	1,020	3,060	5,100	11,480	17,850	25,500
4d Sed	840	2,520	4,200	9,450	14,700	21,000
1931 Series DH, 6-cyl., 114" wb						
NOTE: (Introduced Dec. 1, 1930)						
2d Rds	2,000	6,000	10,000	22,500	35,000	50,000
2d RS Conv	1,960	5,880	9,800	22,050	34,300	49,000
2d Bus Cpe.	960	2,880	4,800	10,800	16,800	24,000
2d RS Cpe	1,000	3,000	5,000	11,250	17,500	25,000
4d Sed	780	2,340	3,900	8,780	13,650	19,500
1931 Series DG, 8-cyl., 118.3" wb						
NOTE: (Introduced Jan. 1, 1931)						
2d RS Rds	2,040	6,120	10,200	22,950	35,700	51,000
2d RS Conv	2,000	6,000	10,000	22,500	35,000	50,000
4d Phae	2,080	6,240	10,400	23,400	36,400	52,000
2d RS Cpe	1,040	3,120	5,200	11,700	18,200	26,000
4d Sed	920	2,760	4,600	10,350	16,100	23,000
2d 5P Cpe.	1,040	3,120	5,200	11,700	18,200	26,000
1932 Series DL, 6-cyl., 114.3" wb						
NOTE: (Introduced Jan. 1, 1932)						
2d RS Conv	1,920	5,760	9,600	21,600	33,600	48,000
2d Bus Cpe.	1,000	3,000	5,000	11,250	17,500	25,000
2d RS Cpe	1,040	3,120	5,200	11,700	18,200	26,000
4d Sed	860	2,580	4,300	9,680	15,050	21,500
1932 Series DK, 8-cyl., 122" wb						
NOTE: (Introduced Jan. 1, 1932)						
2d Conv	1,960	5,880	9,800	22,050	34,300	49,000
4d Conv Sed.	2,040	6,120	10,200	22,950	35,700	51,000
2d RS Cpe	1,120	3,360	5,600	12,600	19,600	28,000
2d 5P Cpe.	1,080	3,240	5,400	12,150	18,900	27,000
4d Sed	860	2,580	4,300	9,680	15,050	21,500
1933 Series DP, 6-cyl., 111.3" wb						
2d RS Conv	2,240	6,720	11,200	25,200	39,200	56,000
2d Bus Cpe.	1,440	4,320	7,200	16,200	25,200	36,000
2d RS Cpe	1,460	4,380	7,300	16,430	25,550	36,500
4d Sed	1,120	3,360	5,600	12,600	19,600	28,000
4d Brgm	1,130	3,380	5,640	12,690	19,740	28,200

DODGE

	6	5	4	3	2	1
4d DeL Brgm 1,140	3,420	5,700	12,830	19,950	28,500

NOTE: Second Series DP introduced April 5, 1933 increasing wb from 111" to 115" included in above.

1933 Series DO, 8-cyl., 122" wb

	6	5	4	3	2	1
2d RS Conv 2,320	6,960	11,600	26,100	40,600	58,000
4d Conv Sed............................. 2,360	7,080	11,800	26,550	41,300	59,000
2d RS Cpe 1,560	4,680	7,800	17,550	27,300	39,000
2d Cpe 1,540	4,620	7,700	17,330	26,950	38,500
4d Sed 1,220	3,660	6,100	13,730	21,350	30,500

1934 DeLuxe Series DR, 6-cyl., 117" wb

	6	5	4	3	2	1
2d RS Conv 2,200	6,600	11,000	24,750	38,500	55,000
2d Bus Cpe............................. 1,500	4,500	7,500	16,880	26,250	37,500
2d RS Cpe 1,520	4,560	7,600	17,100	26,600	38,000
2d Sed 1,140	3,420	5,700	12,830	19,950	28,500
4d Sed 1,130	3,380	5,640	12,690	19,740	28,200

1934 Series DS, 6-cyl., 121" wb

	6	5	4	3	2	1
4d Conv Sed............................. 2,240	6,720	11,200	25,200	39,200	56,000
4d Brgm 1,160	3,480	5,800	13,050	20,300	29,000

1934 DeLuxe Series DRXX, 6-cyl., 117" wb

NOTE: (Introduced June 2, 1934)

	6	5	4	3	2	1
2d Conv 2,200	6,600	11,000	24,750	38,500	55,000
2d Bus Cpe............................. 1,520	4,560	7,600	17,100	26,600	38,000
2d Cpe 1,540	4,620	7,700	17,330	26,950	38,500
2d Sed 1,120	3,370	5,620	12,650	19,670	28,100
4d Sed 1,120	3,360	5,600	12,600	19,600	28,000

1935 Series DU, 6-cyl., 116" wb - 128" wb, (*)

	6	5	4	3	2	1
2d RS Conv 2,080	6,240	10,400	23,400	36,400	52,000
2d Cpe 1,400	4,200	7,000	15,750	24,500	35,000
2d RS Cpe 1,440	4,320	7,200	16,200	25,200	36,000
2d Sed 920	2,770	4,620	10,400	16,170	23,100
2d Tr Sed 930	2,780	4,640	10,440	16,240	23,200
4d Sed 930	2,800	4,660	10,490	16,310	23,300
4d Tr Sed 940	2,820	4,700	10,580	16,450	23,500
4d Car Sed (*)............................. 950	2,860	4,760	10,710	16,660	23,800
4d 7P Sed (*) 970	2,920	4,860	10,940	17,010	24,300

1936 Series D2, 6-cyl., 116" wb - 128" wb, (*)

	6	5	4	3	2	1
2d RS Conv 2,080	6,240	10,400	23,400	36,400	52,000
4d Conv Sed............................. 2,000	6,000	10,000	22,500	35,000	50,000
2d 2P Cpe............................. 1,040	3,120	5,200	11,700	18,200	26,000
2d RS Cpe 1,060	3,180	5,300	11,930	18,550	26,500
2d Sed 950	2,860	4,760	10,710	16,660	23,800
2d Tr Sed 960	2,870	4,780	10,760	16,730	23,900
4d Sed 960	2,870	4,780	10,760	16,730	23,900
4d Tr Sed 960	2,880	4,800	10,800	16,800	24,000
4d 7P Sed (*) 970	2,920	4,860	10,940	17,010	24,300

1937 Series D5, 6-cyl., 115" wb - 132" wb, (*)

	6	5	4	3	2	1
2d RS Conv 2,080	6,240	10,400	23,400	36,400	52,000
4d Conv Sed............................. 2,000	6,000	10,000	22,500	35,000	50,000
2d Bus Cpe............................. 980	2,940	4,900	11,030	17,150	24,500
2d RS Cpe 1,000	3,000	5,000	11,250	17,500	25,000
2d Sed 850	2,560	4,260	9,590	14,910	21,300
2d Tr Sed 1,100	3,310	5,520	12,420	19,320	27,600
4d Sed 860	2,590	4,320	9,720	15,120	21,600
4d Tr Sed 870	2,620	4,360	9,810	15,260	21,800
4d 7P Sed (*) 940	2,820	4,700	10,580	16,450	23,500
4d Limo (*) 960	2,880	4,800	10,800	16,800	24,000

1938 Series D8, 6-cyl., 115" wb - 132" wb, (*)

	6	5	4	3	2	1
2d Conv Cpe............................. 2,080	6,240	10,400	23,400	36,400	52,000
4d Conv Sed............................. 2,000	6,000	10,000	22,500	35,000	50,000
2d Bus Cpe............................. 940	2,820	4,700	10,580	16,450	23,500
2d Cpe 2-4 980	2,940	4,900	11,030	17,150	24,500
2d Sed 840	2,520	4,200	9,450	14,700	21,000
2d Tr Sed 850	2,540	4,240	9,540	14,840	21,200
4d Sed 860	2,580	4,300	9,680	15,050	21,500
4d Tr Sed 860	2,590	4,320	9,720	15,120	21,600
4d Sta Wag 910	2,740	4,560	10,260	15,960	22,800
4d 7P Sed (*) 940	2,820	4,700	10,580	16,450	23,500
4d Limo............................. 960	2,890	4,820	10,850	16,870	24,100

1939 Special Series D11S, 6-cyl., 117" wb

	6	5	4	3	2	1
2d Cpe 990	2,980	4,960	11,160	17,360	24,800
2d Sed 870	2,620	4,360	9,810	15,260	21,800
4d Sed 880	2,640	4,400	9,900	15,400	22,000

1939 DeLuxe Series D11, 6-cyl., 117" wb - 134" wb, (*)

	6	5	4	3	2	1
2d Cpe 1,060	3,180	5,300	11,930	18,550	26,500
2d A/S Cpe............................. 1,140	3,420	5,700	12,830	19,950	28,500
2d Twn Cpe............................. 1,100	3,300	5,500	12,380	19,250	27,500
2d Sed 920	2,760	4,600	10,350	16,100	23,000
4d Sed 930	2,780	4,640	10,440	16,240	23,200
4d Ewb Sed (*)............................. 1,090	3,280	5,460	12,290	19,110	27,300
4d Limo (*) 1,020	3,060	5,100	11,480	17,850	25,500

	6	5	4	3	2	1
1940 Special Series D17, 6-cyl., 119.5" wb						
2d Cpe	1,010	3,040	5,060	11,390	17,710	25,300
2d Sed	910	2,740	4,560	10,260	15,960	22,800
4d Sed	920	2,760	4,600	10,350	16,100	23,000
1940 DeLuxe Series D14, 6-cyl., 119.5" wb - 139.5" wb, (*)						
2d Conv	2,120	6,360	10,600	23,850	37,100	53,000
2d Cpe	1,070	3,220	5,360	12,060	18,760	26,800
2d 4P Cpe	1,090	3,280	5,460	12,290	19,110	27,300
2d Sed	970	2,920	4,860	10,940	17,010	24,300
4d Sed	970	2,920	4,860	10,940	17,010	24,300
4d Ewb Sed (*)	990	2,960	4,940	11,120	17,290	24,700
4d Limo (*)	990	2,980	4,960	11,160	17,360	24,800
1941 DeLuxe Series D19, 6-cyl., 119.5" wb						
2d Cpe	1,070	3,220	5,360	12,060	18,760	26,800
2d Sed	900	2,700	4,500	10,130	15,750	22,500
4d Sed	950	2,840	4,740	10,670	16,590	23,700
1941 Custom Series D19, 6-cyl., 119.5" wb - 137.5" wb, (*)						
2d Conv	2,120	6,360	10,600	23,850	37,100	53,000
2d Clb Cpe	1,130	3,400	5,660	12,740	19,810	28,300
2d Brgm	980	2,940	4,900	11,030	17,150	24,500
4d Sed	990	2,980	4,960	11,160	17,360	24,800
4d Twn Sed	1,000	3,000	5,000	11,250	17,500	25,000
4d 7P Sed (*)	1,030	3,080	5,140	11,570	17,990	25,700
4d Limo (*)	1,040	3,120	5,200	11,700	18,200	26,000
1942 DeLuxe Series D22, 6-cyl., 119.5" wb						
2d Cpe	980	2,950	4,920	11,070	17,220	24,600
2d Clb Cpe	990	2,980	4,960	11,160	17,360	24,800
2d Sed	910	2,740	4,560	10,260	15,960	22,800
4d Sed	920	2,750	4,580	10,310	16,030	22,900
1942 Custom Series D22, 6-cyl., 119.5" wb - 137.5" wb, (*)						
2d Conv	2,120	6,360	10,600	23,850	37,100	53,000
2d Clb Cpe	1,060	3,180	5,300	11,930	18,550	26,500
2d Brgm	1,000	3,000	5,000	11,250	17,500	25,000
4d Sed	990	2,980	4,960	11,160	17,360	24,800
4d Twn Sed	1,000	2,990	4,980	11,210	17,430	24,900
4d 7P Sed (*)	1,010	3,040	5,060	11,390	17,710	25,300
4d Limo (*)	1,080	3,240	5,400	12,150	18,900	27,000
1946-48 DeLuxe Series D24, 6-cyl., 119.5" wb						
2d Cpe	676	2,028	3,380	7,610	11,830	16,900
2d Sed	608	1,824	3,040	6,840	10,640	15,200
4d Sed	612	1,836	3,060	6,890	10,710	15,300
1946-48 Custom Series D24, 6-cyl., 119.5" wb - 137.5" wb, (*)						
2d Conv	1,160	3,480	5,800	13,050	20,300	29,000
2d Clb Cpe	660	1,980	3,300	7,430	11,550	16,500
4d Sed	620	1,860	3,100	6,980	10,850	15,500
4d Twn Sed	624	1,872	3,120	7,020	10,920	15,600
4d 7P Sed (*)	628	1,884	3,140	7,070	10,990	15,700
1949 Series D29 Wayfarer, 6-cyl., 115" wb						
NOTE: First Series 1949 is the same as 1948.						
2d Rds	1,240	3,720	6,200	13,950	21,700	31,000
2d Bus Cpe	660	1,980	3,300	7,430	11,550	16,500
2d Sed	644	1,932	3,220	7,250	11,270	16,100
1949 Series D30 Meadowbrook, 6-cyl., 123.5" wb						
4d Sed	640	1,920	3,200	7,200	11,200	16,000
1949 Series D30 Coronet, 6-cyl., 123.5" wb - 137.5" wb, (*)						
2d Conv	1,160	3,480	5,800	13,050	20,300	29,000
2d Clb Cpe	680	2,040	3,400	7,650	11,000	17,000
4d Sed	652	1,956	3,260	7,340	11,410	16,300
4d Twn Sed	660	1,980	3,300	7,430	11,550	16,500
4d Sta Wag	2,680	8,040	13,400	30,150	46,900	67,000
4d 8P Sed (*)	700	2,100	3,500	7,880	12,250	17,500
1950 Series D33 Wayfarer, 6-cyl., 115" wb						
2d Rds	1,240	3,720	6,200	13,950	21,700	31,000
2d Cpe	680	2,040	3,400	7,650	11,900	17,000
2d Sed	648	1,944	3,240	7,290	11,340	16,200
1950 Series D34 Meadowbrook, 6-cyl., 123.5" wb						
4d Sed	640	1,920	3,200	7,200	11,200	16,000
1950 Series D34 Coronet, 123.5" wb - 137.5" wb, (*)						
2d Conv	1,240	3,720	6,200	13,950	21,700	31,000
2d Clb Cpe	680	2,040	3,400	7,650	11,900	17,000
2d HT Dipl.	840	2,520	4,200	9,450	14,700	21,000
4d Sed	648	1,944	3,240	7,290	11,340	16,200
4d Twn Sed	656	1,968	3,280	7,380	11,480	16,400
4d Sta Wag	2,680	8,040	13,400	30,150	46,900	67,000
4d Mtl Sta Wag	760	2,280	3,800	8,550	13,300	19,000
4d 8P Sed (*)	704	2,112	3,520	7,920	12,320	17,600
1951-52 Wayfarer Series D41, 6-cyl., 115" wb						
2d Rds (1951 only)	1,160	3,480	5,800	13,050	20,300	29,000
2d Sed	600	1,800	3,000	6,750	10,500	15,000

DODGE

	6	5	4	3	2	1
2d Cpe 640	1,920	3,200	7,200	11,200	16,000

1951-52 Meadowbrook Series D42, 6-cyl., 123.5" wb

	6	5	4	3	2	1
4d Sed 620	1,860	3,100	6,980	10,850	15,500

1951-52 Coronet Series D42, 6-cyl., 123.5" wb

	6	5	4	3	2	1
4d Sed 628	1,884	3,140	7,070	10,990	15,700
2d Clb Cpe 664	1,992	3,320	7,470	11,620	16,600
2d HT Dipl. 840	2,520	4,200	9,450	14,700	21,000
2d Conv 1,240	3,720	6,200	13,950	21,700	31,000
4d Mtl Sta Wag 720	2,160	3,600	8,100	12,600	18,000
4d 8P Sed. 644	1,932	3,220	7,250	11,270	16,100

1953 Meadowbrook Special, 6-cyl., disc 4/53

	6	5	4	3	2	1
4d Sed 620	1,860	3,100	6,980	10,850	15,500
2d Clb Cpe 660	1,980	3,300	7,430	11,550	16,500

1953 Series D46 Meadowbrook, 6-cyl., 119" wb

	6	5	4	3	2	1
4d Sed 620	1,860	3,100	6,980	10,850	15,500
2d Clb Cpe 660	1,980	3,300	7,430	11,550	16,500
2d Sub 660	1,980	3,300	7,430	11,550	16,500

1953 Coronet, 6-cyl., 119" wb

	6	5	4	3	2	1
4d Sed 630	1,880	3,140	7,070	10,990	15,700
2d Clb Cpe 660	1,990	3,320	7,470	11,620	16,600

1953 Series D44 Coronet, V-8, 119" wb

	6	5	4	3	2	1
4d Sed 640	1,920	3,200	7,200	11,200	16,000
2d Clb Cpe 680	2,030	3,380	7,610	11,830	16,900

1953 Series D48 Coronet, V-8, 119" wb - 114" wb, (*)

	6	5	4	3	2	1
2d HT Dipl. 860	2,580	4,300	9,680	15,050	21,500
2d Conv 1,260	3,780	6,300	14,180	22,050	31,500
2d Sta Wag (*) 720	2,160	3,600	8,100	12,600	18,000

1954 Series D51-1 Meadowbrook, 6-cyl., 119" wb

	6	5	4	3	2	1
4d Sed 620	1,860	3,100	6,980	10,850	15,500
2d Clb Cpe 660	1,980	3,300	7,430	11,550	16,500

1954 Series D51-2 Coronet, 6-cyl., 119" wb

	6	5	4	3	2	1
4d Sed 630	1,880	3,140	7,070	10,990	15,700
2d Clb Cpe 660	1,990	3,320	7,470	11,620	16,600

1954 Series D52 Coronet, 6-cyl., 114" wb

	6	5	4	3	2	1
2d Sub 660	1,980	3,300	7,430	11,550	16,500
4d 6P Sta Wag 720	2,160	3,600	8,100	12,600	18,000
4d 8P Sta Wag 740	2,220	3,700	8,330	12,950	18,500

1954 Series D50-1 Meadowbrook, V-8, 119" wb

	6	5	4	3	2	1
4d Sed 640	1,920	3,200	7,200	11,200	16,000
2d Clb Cpe 670	2,020	3,360	7,560	11,760	16,800

1954 Series D50-2 Coronet, V-8, 119" wb

	6	5	4	3	2	1
4d Sed 660	1,980	3,300	7,430	11,550	16,500
2d Clb Cpe 680	2,040	3,400	7,650	11,900	17,000

1954 Series D53-2 Coronet, V-8, 114" wb

	6	5	4	3	2	1
2d Sub 692	2,076	3,460	7,790	12,110	17,300
4d 2S Sta Wag 720	2,160	3,600	8,100	12,600	18,000
4d 3S Sta Wag 730	2,200	3,660	8,240	12,810	18,300

1954 Series D50-3 Royal, V-8, 119" wb

	6	5	4	3	2	1
4d Sed 670	2,020	3,360	7,560	11,760	16,800
2d Clb Cpe 680	2,050	3,420	7,700	11,970	17,100

1954 Series D53-3 Royal, V-8, 114" wb

	6	5	4	3	2	1
2d HT 1,000	3,000	5,000	11,250	17,500	25,000
2d Conv 1,200	3,600	6,000	13,500	21,000	30,000
2d Pace Car Replica Conv 2,380	7,140	11,900	26,780	41,650	59,500

1955 Coronet, V-8, 120" wb

	6	5	4	3	2	1
4d Sed 680	2,040	3,400	7,650	11,900	17,000
2d Sed 670	2,020	3,360	7,560	11,760	16,800
2d HT 1,080	3,240	5,400	12,150	18,900	27,000
2d Sub Sta Wag 700	2,100	3,500	7,880	12,250	17,500
4d 6P Sta Wag 740	2,220	3,700	8,330	12,950	18,500
4d 8P Sta Wag 760	2,280	3,800	8,550	13,300	19,000

NOTE: Deduct 5% for 6-cyl. models.

1955 Royal, V-8, 120" wb

	6	5	4	3	2	1
4d Sed 700	2,100	3,500	7,880	12,250	17,500
2d HT 1,120	3,360	5,600	12,600	19,600	28,000
4d 6P Sta Wag 750	2,240	3,740	8,420	13,090	18,700
4d 8P Sta Wag 770	2,300	3,840	8,640	13,440	19,200

1955 Custom Royal, V-8, 120" wb

	6	5	4	3	2	1
4d Sed 710	2,120	3,540	7,970	12,390	17,700
4d Lancer 760	2,280	3,800	8,550	13,300	19,000
2d HT 1,240	3,720	6,200	13,950	21,700	31,000
2d Conv 2,360	7,080	11,800	26,550	41,300	59,000

NOTE: Add 25% for La-Femme. Deduct 5% for 6-cyl. models.

1956 Coronet, V-8, 120" wb

	6	5	4	3	2	1
4d Sed 700	2,100	3,500	7,880	12,250	17,500
4d HT 740	2,220	3,700	8,330	12,950	18,500
2d Clb Sed 720	2,160	3,600	8,100	12,600	18,000
2d HT 1,100	3,300	5,500	12,380	19,250	27,500
2d Conv 2,120	6,360	10,600	23,850	37,100	53,000

	6	5	4	3	2	1
2d Sub Sta Wag	710	2,130	3,550	7,990	12,430	17,750
4d 6P Sta Wag	750	2,250	3,750	8,440	13,130	18,750
4d 8P Sta Wag	770	2,310	3,850	8,660	13,480	19,250

NOTE: Deduct 5% for 6-cyl. models.

1956 Royal, V-8, 120" wb

	6	5	4	3	2	1
4d Sed	710	2,120	3,530	7,940	12,360	17,650
4d HT	760	2,280	3,800	8,550	13,300	19,000
2d HT	1,140	3,420	5,700	12,830	19,950	28,500
2d Sub Sta Wag	740	2,220	3,700	8,330	12,950	18,500
4d 6P Sta Wag	750	2,240	3,740	8,420	13,090	18,700
4d 8P Sta Wag	770	2,300	3,840	8,640	13,440	19,200

1956 Custom Royal, V-8, 120" wb

	6	5	4	3	2	1
4d Sed	720	2,150	3,580	8,060	12,530	17,900
4d HT	800	2,400	4,000	9,000	14,000	20,000
2d HT	1,280	3,840	6,400	14,400	22,400	32,000
2d Conv	2,020	6,060	10,100	22,730	35,350	50,500

NOTE: Add 30% for D500 option; 20% for Golden Lancer; 20% for La-Femme or Texan options; 20% for 315/218 V-8 in Coronet.

1957 Coronet, V-8, 122" wb

	6	5	4	3	2	1
4d Sed	710	2,130	3,550	7,990	12,430	17,750
4d HT	760	2,280	3,800	8,550	13,300	19,000
2d Sed	800	2,400	4,000	9,000	14,000	20,000
2d HT	1,110	3,330	5,550	12,490	19,430	27,750

NOTE: Deduct 20% for 6-cyl. models.Add 30% for 325/310 V-8.

1957 Coronet Lancer

	6	5	4	3	2	1
2d Conv	2,140	6,420	10,700	24,080	37,450	53,500

1957 Royal, V-8, 122" wb

	6	5	4	3	2	1
4d Sed	680	2,040	3,400	7,650	11,900	17,000
4d HT	800	2,390	3,980	8,960	13,930	19,900
2d HT	1,400	4,200	7,000	15,750	24,500	35,000

1957 Royal Lancer

	6	5	4	3	2	1
2d Conv	2,600	7,800	13,000	29,250	45,500	65,000

1957 Royal Lancer

NOTE: Add 30% for 325/310 V-8.

1957 Custom Royal, V-8, 122" wb

	6	5	4	3	2	1
4d Sed	720	2,160	3,600	8,100	12,600	18,000
4d HT	840	2,520	4,200	9,450	14,700	21,000
2d HT	1,600	4,800	8,000	18,000	28,000	40,000
4d 6P Sta Wag	1,000	3,000	5,000	11,250	17,500	25,000
4d 9P Sta Wag	1,100	3,300	5,500	12,380	19,250	27,500
2d Sub Sta Wag	940	2,820	4,700	10,580	16,450	23,500

1957 Custom Royal Lancer

	6	5	4	3	2	1
2d Conv	2,800	8,400	14,000	31,500	49,000	70,000

NOTE: Add 35% for D500 option on Royal/Club Sedan & convertible; 30% for 325/310 V-8.

1958 Coronet, V-8, 122" wb

	6	5	4	3	2	1
4d Sed	700	2,100	3,500	7,880	12,250	17,500
4d HT	760	2,280	3,800	8,550	13,300	19,000
2d Sed	800	2,400	4,000	9,000	14,000	20,000
2d HT	1,110	3,330	5,550	12,490	19,430	27,750
2d Conv	2,320	6,960	11,600	26,100	40,600	58,000

NOTE: Deduct 5% for 6-cyl. models.

1958 Royal

	6	5	4	3	2	1
4d Sed	710	2,120	3,540	7,970	12,390	17,700
4d HT	800	2,390	3,980	8,960	13,930	19,900
2d HT	1,400	4,200	7,000	15,750	24,500	35,000

1958 Custom Royal

	6	5	4	3	2	1
4d Sed	720	2,160	3,600	8,100	12,600	18,000
4d HT	840	2,520	4,200	9,450	14,700	21,000
2d HT	1,600	4,800	8,000	18,000	28,000	40,000
2d Conv	2,600	7,800	13,000	29,250	45,500	65,000
4d 6P Sta Wag	1,000	3,000	5,000	11,250	17,500	25,000
4d 9P Sta Wag	1,100	3,300	5,500	12,380	19,250	27,500
4d 6P Cus Wag	1,000	3,000	5,000	11,250	17,500	25,000
4d 9P Cus Wag	1,120	3,360	5,600	12,600	19,600	28,000
2d Sub Sta Wag	960	2,880	4,800	10,800	16,800	24,000

NOTE: Add 20% for Regal Lancer;30% for 325/210 V-8; 35% for D500 option. Super D500 with EFI, value inestimable.

1959 Coronet, V-8

	6	5	4	3	2	1
4d Sed	720	2,160	3,600	8,100	12,600	18,000
4d HT	760	2,290	3,820	8,600	13,370	19,100
2d Sed	800	2,410	4,020	9,050	14,070	20,100
2d HT	1,120	3,360	5,600	12,600	19,600	28,000
2d Conv	2,360	7,080	11,800	26,550	41,300	59,000

1959 Royal, V-8

	6	5	4	3	2	1
4d Sed	710	2,140	3,560	8,010	12,460	17,800
4d HT	800	2,400	4,000	9,000	14,000	20,000
2d HT	1,410	4,230	7,050	15,860	24,680	35,250

1959 Custom Royal, V-8

	6	5	4	3	2	1
4d Sed	730	2,190	3,650	8,210	12,780	18,250
4d HT	850	2,550	4,250	9,560	14,880	21,250

DODGE

	6	5	4	3	2	1
2d HT	1,610	4,830	8,050	18,110	28,180	40,250
2d Conv	2,640	7,920	13,200	29,700	46,200	66,000

1959 Sierra, V-8

	6	5	4	3	2	1
4d 6P Sta Wag	1,010	3,030	5,050	11,360	17,680	25,250
4d 9P Sta Wag	1,090	3,270	5,450	12,260	19,080	27,250
4d 6P Cus Wag	1,010	3,030	5,050	11,360	17,680	25,250
4d 9P Cus Wag	1,130	3,390	5,650	12,710	19,780	28,250

NOTE: Add 30% for D500 option; 30% for 383/345 V-8; $2,000 for swivel bucket seats. Deduct 10% for 6-cyl. models.

1960 Dart,Seneca, V-8, 118" wb

	6	5	4	3	2	1
4d Sed	500	1,500	2,500	5,630	8,750	12,500

1960 Dart, Seneca, V-8, 118" wb

	6	5	4	3	2	1
2d Sed	700	2,110	3,520	7,920	12,320	17,600
4d Sta Wag	620	1,860	3,100	6,980	10,850	15,500

1960 Dart, Pioneer, V-8, 118" wb

	6	5	4	3	2	1
4d Sed	500	1,510	2,520	5,670	8,820	12,600
2d Sed	710	2,120	3,540	7,970	12,390	17,700
2d HT	960	2,880	4,800	10,800	16,800	24,000
4d 6P Sta Wag	920	2,760	4,600	10,350	16,100	23,000
4d 9P Sta Wag	940	2,820	4,700	10,580	16,450	23,500

1960 Dart, Phoenix, V-8, 118" wb

	6	5	4	3	2	1
4d Sed	610	1,820	3,040	6,840	10,640	15,200
4d HT	720	2,160	3,600	8,100	12,600	18,000
2d HT	1,200	3,600	6,000	13,500	21,000	30,000
2d Conv	2,000	6,000	10,000	22,500	35,000	50,000

NOTE: Add 10% for 361/295 V-8; 20% for 383/325 V-8 or 330 V-8. Deduct 10% for 6-cylinder.

1960 Matador

	6	5	4	3	2	1
4d Sed	612	1,836	3,060	6,890	10,710	15,300
4d HT	740	2,220	3,700	8,330	12,950	18,500
2d HT	1,240	3,720	6,200	13,950	21,700	31,000
4d 6P Sta Wag	960	2,880	4,800	10,800	16,800	24,000
4d 9P Sta Wag	980	2,940	4,900	11,030	17,150	24,500

NOTE: Add 20% for 383/325 V-8.

1960 Polara

	6	5	4	3	2	1
4d Sed	620	1,860	3,100	6,980	10,850	15,500
4d HT	750	2,260	3,760	8,460	13,160	18,800
2d HT	1,300	3,900	6,500	14,630	22,750	32,500
2d Conv	2,520	7,560	12,600	28,350	44,100	63,000
4d 6P Sta Wag	1,060	3,190	5,320	11,970	18,620	26,600
4d 9P Sta Wag	1,070	3,220	5,360	12,060	18,760	26,800

NOTE: Add 15% for 383/330 V-8; $2,000 for swivel bucket seats.

1961 Lancer, 6-cyl., 106.5" wb

	6	5	4	3	2	1
4d Sed	360	1,090	1,820	4,100	6,370	9,100
2d HT	480	1,440	2,400	5,400	8,400	12,000
2d Spt Cpe	400	1,200	2,000	4,500	7,000	10,000

1961 Lancer 770

	6	5	4	3	2	1
4d Sta Wag	370	1,100	1,840	4,140	6,440	9,200

NOTE: Add 20% for Hyper Pak 170-180 hp engine option; 25% for Hyper Pak 225-200 hp; 10% for Big Six.

1961 Dart, Seneca, V-8, 118" wb

	6	5	4	3	2	1
4d Sed	500	1,500	2,500	5,630	8,750	12,500
2d Sed	700	2,110	3,520	7,920	12,320	17,600
4d Sta Wag	620	1,860	3,100	6,980	10,850	15,500

1961 Dart, Pioneer, V-8, 118" wb

	6	5	4	3	2	1
4d Sed	500	1,510	2,520	5,670	8,820	12,600
2d Sed	710	2,120	3,540	7,970	12,390	17,700
2d HT	960	2,880	4,800	10,800	16,800	24,000
4d 6P Sta Wag	920	2,760	4,600	10,350	16,100	23,000
4d 9P Sta Wag	940	2,820	4,700	10,580	16,450	23,500

1961 Dart, Phoenix, V-8, 118" wb

	6	5	4	3	2	1
4d Sed	610	1,820	3,040	6,840	10,640	15,200
4d HT	720	2,160	3,600	8,100	12,600	18,000
2d HT	1,200	3,600	6,000	13,500	21,000	30,000
2d Conv	2,000	6,000	10,000	22,500	35,000	50,000

NOTE: Add 15% for 361/265 V-8; 20% for 361/305-325-340 V-8; 35% for 413/350-375 V-8. Deduct 10% for six cylinder.

1961 Polara

	6	5	4	3	2	1
4d Sed	610	1,840	3,060	6,890	10,710	15,300
4d HT	740	2,220	3,700	8,330	12,950	18,500
2d HT	1,240	3,720	6,200	13,950	21,700	31,000
2d Conv	1,600	4,800	8,000	18,000	28,000	40,000
4d 6P Sta Wag	820	2,460	4,100	9,230	14,350	20,500
4d 9P Sta Wag	820	2,470	4,120	9,270	14,420	20,600

1962 Lancer, 6-cyl., 106.5" wb

	6	5	4	3	2	1
4d Sed	360	1,090	1,820	4,100	6,370	9,100
2d Sed	480	1,440	2,400	5,400	8,400	12,000
4d Sta Wag	370	1,100	1,840	4,140	6,440	9,200

1962 Lancer 770, 6-cyl., 106.5" wb

	6	5	4	3	2	1
4d Sed	370	1,100	1,840	4,140	6,440	9,200
2d Sed	490	1,470	2,450	5,510	8,580	12,250
4d Sta Wag	380	1,140	1,900	4,280	6,650	9,500
2d GT Cpe	600	1,800	3,000	6,750	10,500	15,000

	6	5	4	3	2	1
1962 Dart, V-8, 116" wb						
4d Sed	480	1,440	2,400	5,400	8,400	12,000
2d Sed	484	1,452	2,420	5,450	8,470	12,100
2d HT	550	1,660	2,760	6,210	9,660	13,800
4d 6P Sta Wag	460	1,380	2,300	5,180	8,050	11,500
4d 9P Sta Wag	480	1,440	2,400	5,400	8,400	12,000
1962 Dart 440, V-8, 116" wb						
4d Sed	488	1,464	2,440	5,490	8,540	12,200
4d HT	508	1,524	2,540	5,720	8,890	12,700
2d HT	600	1,800	3,000	6,750	10,500	15,000
2d Conv	920	2,760	4,600	10,350	16,100	23,000
4d 6P Sta Wag	480	1,450	2,420	5,450	8,470	12,100
4d 9P Sta Wag	490	1,470	2,450	5,510	8,580	12,250
1962 Polara 500, V-8, 116" wb						
4d HT	600	1,800	3,000	6,750	10,500	15,000
2d HT	1,240	3,720	6,200	13,950	21,700	31,000
2d Conv	1,600	4,800	8,000	18,000	28,000	40,000
NOTE: Add 20% for Daytona 500 Pace Car.						
1962 Custom 880, V-8, 122" wb						
4d Sed	492	1,476	2,460	5,540	8,610	12,300
4d HT	620	1,860	3,100	6,980	10,850	15,500
2d HT	660	1,980	3,300	7,430	11,550	16,500
2d Conv	1,400	4,200	7,000	15,750	24,500	35,000
4d 6P Sta Wag	500	1,500	2,500	5,630	8,750	12,500
4d 9P Sta Wag	508	1,524	2,540	5,720	8,890	12,700
NOTE: Deduct 5% for 6-cyl. models. Ramcharger 413 (Max Wedge cars), value inestimable.						
1963 Dart 170, 6-cyl., 111" wb						
4d Sed	480	1,440	2,400	5,400	8,400	12,000
2d Sed	480	1,450	2,420	5,450	8,470	12,100
4d Sta Wag	460	1,380	2,300	5,180	8,050	11,500
1963 Dart 270, 6-cyl., 111" wb						
4d Sed	490	1,460	2,440	5,490	8,540	12,200
2d Sed	490	1,480	2,460	5,540	8,610	12,300
2d Conv	760	2,280	3,800	8,550	13,300	19,000
4d Sta Wag	450	1,360	2,260	5,090	7,910	11,300
1963 Dart GT						
2d HT	600	1,800	3,000	6,750	10,500	15,000
2d Conv	760	2,280	3,800	8,550	13,300	19,000
1963 Dodge, 330/440, V-8, 119" wb						
4d Sed	468	1,404	2,340	5,270	8,190	11,700
2d Sed	464	1,392	2,320	5,220	8,120	11,600
2d HT	600	1,800	3,000	6,750	10,500	15,000
4d 6P Sta Wag	500	1,500	2,500	5,630	8,750	12,500
4d 9P Sta Wag	504	1,512	2,520	5,670	8,820	12,600
NOTE: Deduct 10% for six cylinder. Add 10% for 383/305 V-8; 25% for 383/320 V-8; 200% for MAX WEDGE 426/425 V-8.						
1963 Dodge 330, Superstock 426/415						
2d Sed	6,800	20,400	34,000	85,000	119,000	170,000
1963 Dodge, 330, Superstock 426/415						
NOTE: Add 20% for 426/425 HEMI.						
1963 Polara, 318 cid V-8, 119" wb						
4d Sed	476	1,428	2,380	5,360	8,330	11,900
4d HT	496	1,488	2,480	5,580	8,680	12,400
2d HT	700	2,100	3,500	7,880	12,250	17,500
2d Conv	1,120	3,360	5,600	12,600	19,600	28,000
1963 Polara 500, 383 cid V-8, 119" wb						
2d HT	800	2,400	4,000	9,000	14,000	20,000
2d Conv	1,360	4,080	6,800	15,300	23,800	34,000
NOTE: Deduct 20% for six cylinder. Add 20% for 383/330 V-8.						
1963 880, V-8, 122" wb						
4d Sed	496	1,488	2,480	5,580	8,680	12,400
4d HT	620	1,860	3,100	6,980	10,850	15,500
2d HT	660	1,980	3,300	7,430	11,550	16,500
2d Conv	1,400	4,200	7,000	15,750	24,500	35,000
4d 6P Sta Wag	504	1,512	2,520	5,670	8,820	12,600
4d 9P Sta Wag	508	1,524	2,540	5,720	8,890	12,700
NOTE: Deduct 5% for 6-cyl. models. Ramcharger 426 (Max Wedge cars), value inestimable.						
1964 Dart 170, 6-cyl., 111" wb						
4d Sed	480	1,440	2,400	5,400	8,400	12,000
2d Sed	480	1,450	2,420	5,450	8,470	12,100
4d Sta Wag	460	1,380	2,300	5,180	8,050	11,500
1964 Dart 270, 6-cyl., 106" wb						
4d Sed	490	1,460	2,440	5,490	8,540	12,200
2d Sed	490	1,480	2,460	5,540	8,610	12,300
2d Conv	760	2,280	3,800	8,550	13,300	19,000
4d Sta Wag	460	1,380	2,300	5,180	8,050	11,500
1964 Dart GT						
2d HT	600	1,800	3,000	6,750	10,500	15,000
2d Conv	960	2,880	4,800	10,800	16,800	24,000
NOTE: Add 5% for 225/145 six cylinder; 15% for 273/180 V-8.						

	6	5	4	3	2	1
1964 Dodge 330/440, V-8, 119" wb						
4d Sed	470	1,400	2,340	5,270	8,190	11,700
2d Sed	460	1,390	2,320	5,220	8,120	11,600
2d HT	600	1,800	3,000	6,750	10,500	15,000
4d 6P Sta Wag	500	1,500	2,500	5,630	8,750	12,500
4d 9P Sta Wag	504	1,512	2,520	5,670	8,820	12,600

NOTE: Deduct 10% for six cylinder. Add 10% for 361/265 V-8; 15% for 383/305 V-8; 20% for 383/330 V-8; 30% for 426/365 V-8.

	6	5	4	3	2	1
1964 Dodge, 330, Superstock 426/415						
2d Sed	6,800	20,400	34,000	85,000	119,000	170,000
1964 Polara, V-8, 119" wb						
4d Sed	480	1,430	2,380	5,360	8,330	11,900
4d HT	496	1,488	2,480	5,580	8,680	12,400
2d HT	660	1,980	3,300	7,430	11,550	16,500
2d Conv	1,120	3,360	5,600	12,600	19,600	28,000

NOTE: Dedcut 20% for six cylinder. Add 20% for 383/330 V-8; 20% for 500 package.

	6	5	4	3	2	1
1964 880, V-8, 122" wb						
4d Sed	500	1,490	2,480	5,580	8,680	12,400
4d HT	620	1,860	3,100	6,980	10,850	15,500
2d HT	660	1,980	3,300	7,430	11,550	16,500
2d Conv	1,400	4,200	7,000	15,750	24,500	35,000
4d 6P Sta Wag	504	1,512	2,520	5,670	8,820	12,600
4d 9P Sta Wag	508	1,524	2,540	5,720	8,890	12,700

NOTE: Add 100% for 426/365 V-8.

	6	5	4	3	2	1
1965 Dart, V8, 106" wb						
4d Sed	480	1,450	2,420	5,450	8,470	12,100
2d Sed	490	1,460	2,440	5,490	8,540	12,200
4d Sta Wag	460	1,380	2,300	5,180	8,050	11,500
1965 Dart 270, V-8, 106" wb						
4d Sed	490	1,480	2,460	5,540	8,610	12,300
2d Sed	500	1,490	2,480	5,580	8,680	12,400
2d HT	600	1,800	3,000	6,750	10,500	15,000
2d Conv	800	2,400	4,000	9,000	14,000	20,000
4d Sta Wag	464	1,392	2,320	5,220	8,120	11,600
1965 Dart GT						
2d HT	660	1,980	3,300	7,430	11,550	16,500
2d Conv	800	2,400	4,000	9,000	14,000	20,000

NOTE: Add 15% for 273/180 V-8; 40% for Dart Charger package (54 convertibles & 126 hardtops made)

	6	5	4	3	2	1
1965 Coronet, V-8, 117" wb						
4d Sed	452	1,356	2,260	5,090	7,910	11,300
2d Sed	500	1,500	2,500	5,630	8,750	12,500
1965 Coronet Deluxe, V-8, 117" wb						
4d Sed	460	1,380	2,300	5,180	8,050	11,500
2d Sed	520	1,560	2,600	5,850	9,100	13,000
4d Sta Wag	480	1,440	2,400	5,400	8,400	12,000
1965 Coronet 440, V-8, 117" wb						
4d Sed	468	1,404	2,340	5,270	8,190	11,700
2d HT	800	2,400	4,000	9,000	14,000	20,000
2d Conv	1,120	3,360	5,600	12,600	19,600	28,000
4d 6P Sta Wag	500	1,500	2,500	5,630	8,750	12,500
4d 9P Sta Wag	504	1,512	2,520	5,670	8,820	12,600
1965 Coronet 500, V-8, 117" wb						
2d HT	1,000	3,000	5,000	11,250	17,500	25,000
2d Conv	1,280	3,840	6,400	14,400	22,400	32,000

NOTE: Deduct 10% for six cylinder. Add 20% for 361/270 V-8; 30% for 383/315 V-8; 50% for 413/340 V-8; 300% for 426/365 V-8.

	6	5	4	3	2	1
1965 Polara, V-8, 121" wb						
4d Sed	480	1,430	2,380	5,360	8,330	11,900
4d HT	500	1,490	2,480	5,580	8,680	12,400
2d HT	660	1,980	3,300	7,430	11,550	16,500
2d Conv	1,120	3,360	5,600	12,600	19,600	28,000
4d 6P Sta Wag	504	1,512	2,520	5,670	8,820	12,600
4d 9P Sta Wag	508	1,524	2,540	5,720	8,890	12,700

NOTE: Add 20% for 500 package; 10% for 413/340 V-8; 100% for 426/365 V-8.

	6	5	4	3	2	1
1965 Custom 880, V-8, 121" wb						
4d Sed	500	1,490	2,480	5,580	8,680	12,400
4d HT	620	1,860	3,100	6,980	10,850	15,500
2d HT	660	1,980	3,300	7,430	11,550	16,500
2d Conv	1,400	4,200	7,000	15,750	24,500	35,000
4d 6P Sta Wag	500	1,510	2,520	5,670	8,820	12,600
4d 9P Sta Wag	510	1,520	2,540	5,720	8,890	12,700

NOTE: Add 100% for 426/365 V-8.

	6	5	4	3	2	1
1965 Monaco, V-8, 121" wb						
2d HT	720	2,160	3,600	8,100	12,600	18,000

NOTE: Add 10% for 413/340 V-8.

	6	5	4	3	2	1
1966 Dart, 6-cyl., 111" wb						
4d Sed	480	1,450	2,420	5,450	8,470	12,100
2d Sed	490	1,460	2,440	5,490	8,540	12,200
4d Sta Wag	460	1,380	2,300	5,180	8,050	11,500

DODGE

	6	5	4	3	2	1
1966 Dart 270, V-8, 111" wb						
4d Sed	490	1,480	2,460	5,540	8,610	12,300
2d Sed	500	1,490	2,480	5,580	8,680	12,400
2d HT	624	1,872	3,120	7,020	10,920	15,600
2d Conv	800	2,400	4,000	0,000	14,000	20,000
4d Sta Wag	464	1,392	2,320	5,220	8,120	11,600
1966 Dart GT, V-8, 111" wb						
2d HT	720	2,160	3,600	8,100	12,600	18,000
2d Conv	880	2,640	4,400	9,900	15,400	22,000
NOTE: Add 10% for 273/180 V-8; 30% for 273/235 V-8.						
1966 Coronet, V-8, 117" wb						
4d Sed	450	1,360	2,260	5,090	7,910	11,300
2d Sed	500	1,500	2,500	5,630	8,750	12,500
1966 Coronet DeLuxe, V-8, 117" wb						
4d Sed	460	1,380	2,300	5,180	8,050	11,500
2d Sed	520	1,560	2,600	5,850	9,100	13,000
4d Sta Wag	480	1,440	2,400	5,400	8,400	12,000
1966 Coronet 440, V-8, 117" wb						
4d Sed	470	1,400	2,340	5,270	8,190	11,700
2d HT	800	2,400	4,000	9,000	14,000	20,000
2d Conv	1,120	3,360	5,600	12,600	19,600	28,000
4d Sta Wag	500	1,510	2,520	5,670	8,820	12,600
1966 Coronet 500, V-8, 117" wb						
4d Sed	480	1,430	2,380	5,360	8,330	11,900
2d HT	1,000	3,000	5,000	11,250	17,500	25,000
2d Conv	1,240	3,720	6,200	13,950	21,700	31,000
NOTE: Deduct 10% for six cylinder. Add 15% for 361/265 V-8; 30% for 383/325 V-8; 300% for 426/425 V-8.						
1966 Polara, V-8, 121" wb						
4d Sed	480	1,430	2,380	5,360	8,330	11,900
4d HT	500	1,490	2,480	5,580	8,680	12,400
2d HT	660	1,980	3,300	7,430	11,550	16,500
2d Conv	1,120	3,360	5,600	12,600	19,600	28,000
4d Sta Wag	508	1,524	2,540	5,720	8,890	12,700
NOTE: Add 10% for 383/325 V-8; 15% for 440/350 V-8.						
1966 Monaco, V-8, 121" wb						
4d Sed	480	1,430	2,380	5,360	8,330	11,900
4d HT	620	1,860	3,100	6,980	10,850	15,500
2d HT	660	1,980	3,300	7,430	11,550	16,500
4d Sta Wag	510	1,520	2,540	5,720	8,890	12,700
1966 Monaco 500						
2d HT	720	2,160	3,600	8,100	12,600	18,000
NOTE: Add 10% for 440/350 V-8.						
1966 Charger, 117" wb						
2d HT	1,040	3,120	5,200	11,700	18,200	26,000
NOTE: Add 15% for 361/265 V-8; 30% for 383/325 V-8; 150% for 426/425 HEMI V-8. Deduct 5% for all Dodge 6-cyl. Autos equipped with 426 Hemi, value inestimable.						
1967 Dart, 6-cyl., 111" wb						
4d Sed	480	1,450	2,420	5,450	8,470	12,100
2d Sed	490	1,460	2,440	5,490	8,540	12,200
1967 Dart 270, 6-cyl., 111" wb						
4d Sed	490	1,480	2,460	5,540	8,610	12,300
2d HT	620	1,870	3,120	7,020	10,920	15,600
1967 Dart GT, V-8						
2d HT	720	2,160	3,600	8,100	12,600	18,000
2d Conv	880	2,640	4,400	9,900	15,400	22,000
1967 Coronet DeLuxe, V-8, 117" wb						
4d Sed	460	1,380	2,300	5,180	8,050	11,500
2d Sed	470	1,410	2,350	5,290	8,230	11,750
4d Sta Wag	490	1,480	2,460	5,540	8,610	12,300
1967 Coronet 440, V-8, 117" wb						
4d Sed	470	1,400	2,340	5,270	8,190	11,700
2d HT	800	2,400	4,000	9,000	14,000	20,000
2d Conv	1,120	3,360	5,600	12,600	19,600	28,000
4d Sta Wag	500	1,500	2,500	5,630	8,750	12,500
1967 Coronet 500, V-8, 117" wb						
4d Sed	480	1,430	2,380	5,360	8,330	11,900
2d HT	1,000	3,000	5,000	11,250	17,500	25,000
2d Conv	1,280	3,840	6,400	14,400	22,400	32,000
NOTE: Deduct 10% for six cylinder. Add 10% for 318/230 V-8; 15% for 383/270 V-8; 25% for 383/325 V-8; 300% for 426/425 HEMI; 200% for 440/375 V-8.						
1967 Coronet R/T, V-8, 117" wb						
2d HT	2,240	6,730	11,220	25,250	39,270	56,100
2d Conv	2,740	8,210	13,680	30,780	47,880	68,400
1967 Coronet R/T, V-8, 117"wb						
NOTE: Add 100% for 426/425 HEMI.						
1967 Charger, V-8, 117 " wb						
2d HT	1,240	3,720	6,200	13,950	21,700	31,000
1967 Polara, V-8, 122" wb						
4d Sed	480	1,430	2,380	5,360	8,330	11,900

DODGE

	6	5	4	3	2	1
4d HT	500	1,490	2,480	5,580	8,680	12,400
2d HT	660	1,980	3,300	7,430	11,550	16,500
2d Conv	1,120	3,360	5,600	12,600	19,600	28,000
4d Sta Wag	510	1,520	2,540	5,720	8,890	12,700
1967 Polara 500, V-8, 122" wb						
2d HT	700	2,100	3,500	7,880	12,250	17,500
2d Conv	1,200	3,600	6,000	13,500	21,000	30,000

NOTE: Add 10% for 383/325 V-8; 15% for 440/350 V-8; 30% for 440/375 V-8.

	6	5	4	3	2	1
1967 Monaco, V-8, 122" wb						
4d Sed	490	1,460	2,440	5,490	8,540	12,200
4d HT	500	1,500	2,500	5,630	8,750	12,500
2d HT	660	1,980	3,300	7,430	11,550	16,500
4d Sta Wag	520	1,550	2,580	5,810	9,030	12,900
1967 Monaco 500, V-8, 122" wb						
2d HT	720	2,160	3,600	8,100	12,600	18,000

NOTE: Add 10% for 440/350 V-8; 30% for 440/375 V-8.

	6	5	4	3	2	1
1968 Dart, 6-cyl., 111" wb						
4d Sed	452	1,356	2,260	5,090	7,910	11,300
2d Sed	500	1,500	2,500	5,630	8,750	12,500
1968 Dart 270, 6-cyl., 111" wb						
2d HT	660	1,990	3,320	7,470	11,620	16,600
4d Sed	500	1,500	2,500	5,630	8,750	12,500
1968 Dart, V-8, 111" wb						
4d Sed	500	1,510	2,520	5,670	8,820	12,600
2d HT	670	2,010	3,350	7,540	11,730	16,750
1968 Dart GT						
2d HT	780	2,340	3,900	8,780	13,650	19,500
2d Conv	960	2,880	4,800	10,800	16,800	24,000

NOTE: Add 30% for 273/235 V-8.

	6	5	4	3	2	1
1968 Dart GT Sport 340, 111" wb						
2d HT	840	2,520	4,200	9,450	14,700	21,000
2d Conv	1,280	3,840	6,400	14,400	22,400	32,000
1968 Dart GT Sport 383, 111" wb						
2d HT	920	2,760	4,600	10,350	16,100	23,000
2d Conv	1,360	4,080	6,800	15,300	23,800	34,000

NOTE: Add 30% for 383/300 V-8; 300% for 426/425 HEMI.

	6	5	4	3	2	1
1968 Coronet DeLuxe, V-8, 117" wb						
4d Sed	460	1,390	2,320	5,220	8,120	11,600
2d Sed	480	1,430	2,380	5,360	8,330	11,900
4d Sta Wag	490	1,480	2,460	5,540	8,610	12,300
1968 Coronet 440						
2d Sed	480	1,430	2,380	5,360	8,330	11,900
2d HT	800	2,400	4,000	9,000	14,000	20,000
4d Sed	470	1,400	2,340	5,270	8,190	11,700
4d Sta Wag	500	1,500	2,500	5,630	8,750	12,500
1968 Coronet 500						
4d Sed	480	1,440	2,400	5,400	8,400	12,000
2d HT	1,040	3,120	5,200	11,700	18,200	26,000
2d Conv	1,320	3,960	6,600	14,850	23,100	33,000
4d Sta Wag	510	1,530	2,550	5,740	8,930	12,750

NOTE: Deduct 10% for six cylinder. Add 150% for 426/425 HEMI; 50% for 440/375 V-8.

	6	5	4	3	2	1
1968 Coronet Super Bee, V-8, 117" wb						
2d Cpe	1,800	5,400	9,000	20,250	31,500	45,000
1968 Coronet R/T						
2d HT	2,340	7,010	11,680	26,280	40,880	58,400
2d Conv	2,760	8,280	13,800	31,050	48,300	69,000

NOTE: Add 150% for 426/425 HEMI.

	6	5	4	3	2	1
1968 Charger						
2d HT	1,600	4,800	8,000	18,000	28,000	40,000

NOTE: Add 150% for 426/425 HEMI. Deduct 10% for six cyl.

	6	5	4	3	2	1
1968 Charger R/T						
2d HT	2,000	6,000	10,000	22,500	35,000	50,000
1968 Polara, V-8, 122" wb						
4d Sed	456	1,368	2,280	5,130	7,980	11,400
2d HT	660	1,980	3,300	7,430	11,550	16,500
4d HT	504	1,512	2,520	5,670	8,820	12,600
2d Conv	1,160	3,480	5,800	13,050	20,300	29,000
4d Sta Wag	512	1,536	2,560	5,760	8,960	12,800
1968 Polara 500						
2d HT	720	2,160	3,600	8,100	12,600	18,000
2d Conv	1,200	3,600	6,000	13,500	21,000	30,000

NOTE: Deduct 10% for six cylinder. Add 10% for 383/290 V-8; 15% for 383/330 V-8; 20% for 440/350 V-8; 30% for 440/375 V-8.

	6	5	4	3	2	1
1968 Monaco						
2d HT	688	2,064	3,440	7,740	12,040	17,200
4d HT	510	1,530	2,550	5,740	8,930	12,750
4d Sed	480	1,440	2,400	5,400	8,400	12,000
4d Sta Wag	520	1,560	2,600	5,850	9,100	13,000

	6	5	4	3	2	1
1968 Monaco 500						
2d HT	760	2,280	3,800	8,550	13,300	19,000

NOTE: Add 30% for 440 Magnum when optional; Add 10% for 383/330 V-8; 20% for 440/350 V-8; 30% for 440/375 V-8. Autos equipped with 426 Hemi, value inestimable.

	6	5	4	3	2	1
1969 Dart V-8						
2d HT	690	2,070	3,450	7,760	12,080	17,250
4d Sed	500	1,510	2,520	5,670	8,820	12,600
1969 Dart Swinger						
2d HT	700	2,100	3,500	7,880	12,250	17,500
1969 Dart Swinger 340						
2d HT	1,000	3,000	5,000	11,250	17,500	25,000
1969 Dart Custom, V-8, 111" wb						
4d Sed	510	1,520	2,540	5,720	8,890	12,700
2d HT	730	2,180	3,630	8,170	12,710	18,150
1969 Dart GT						
2d HT	960	2,880	4,800	10,800	16,800	24,000
2d Conv	1,240	3,720	6,200	13,950	21,700	31,000

NOTE: Add 10% for 273/235 V-8; 30% for 340/275 V-8; 100% for 383/290 V-8.

	6	5	4	3	2	1
1969 Dart GTS 340						
2d HT	1,080	3,240	5,400	12,150	18,900	27,000
2d Conv	1,400	4,200	7,000	15,750	24,500	35,000
1969 Dart GTS 383, 111" wb						
2d HT (383 hp)	1,240	3,720	6,200	13,950	21,700	31,000
2d Conv (330 hp)	1,480	4,440	7,400	16,650	25,900	37,000
1969 Dart GTS 440, 111" wb						
2d HT	1,800	5,400	9,000	20,250	31,500	45,000

NOTE: Add 60% for 383/290 V-8.

	6	5	4	3	2	1
1969 Coronet DeLuxe, V-8, 117" wb						
4d Sed	460	1,390	2,320	5,220	8,120	11,600
2d Sed	480	1,430	2,380	5,360	8,330	11,900
4d Sta Wag	490	1,480	2,460	5,540	8,610	12,300
1969 Coronet 440						
2d Sed	480	1,430	2,380	5,360	8,330	11,900
2d HT	820	2,460	4,100	9,230	14,350	20,500
4d Sed	470	1,400	2,340	5,270	8,190	11,700
4d Sta Wag	500	1,500	2,500	5,630	8,750	12,500
1969 Coronet 500						
2d HT	1,040	3,120	5,200	11,700	18,200	26,000
2d Conv	1,320	3,960	6,600	14,850	23,100	33,000
4d Sta Wag	510	1,530	2,550	5,740	8,930	12,750
4d Sed	480	1,440	2,400	5,400	8,400	12,000
1969 Coronet Super Bee, V-8						
2d HT	2,340	7,010	11,680	26,280	40,880	58,400
2d Cpe (base 440/375)	1,920	5,760	9,600	21,600	33,600	48,000

NOTE: Deduct 10% for six cylinder. Add 40% for 440/375 V-8; 25% for 440/390hp V-8 Super Bee; 100% for 426/425 HEMI.

	6	5	4	3	2	1
1969 Coronet R/T						
2d HT	2,240	6,720	11,200	25,200	39,200	56,000
2d Conv	2,460	7,380	12,300	27,680	43,050	61,500

NOTE: Add 100% for 426/425 HEMI.

	6	5	4	3	2	1
1969 Charger						
2d HT	1,600	4,800	8,000	18,000	28,000	40,000
1969 Charger SE						
2d HT	1,640	4,920	8,200	18,450	28,700	41,000
1969 Charger 500						
2d HT	1,920	5,760	9,600	21,600	33,600	48,000
1969 Charger R/T						
2d HT	2,080	6,240	10,400	23,400	36,400	52,000
1969 Charger Daytona						
2d HT	6,000	18,000	30,000	67,500	105,000	150,000

NOTE: Add 100% for 426/425 HEMI. Deduct 20% for six cylinder.

	6	5	4	3	2	1
1969 Polara, V-8						
4d Sed	460	1,370	2,280	5,130	7,980	11,400
2d HT	660	1,980	3,300	7,430	11,550	16,500
4d HT	500	1,510	2,520	5,670	8,820	12,600
2d Conv	1,160	3,480	5,800	13,050	20,300	29,000
4d Sta Wag	510	1,540	2,560	5,760	8,960	12,800
1969 Polara 500						
2d HT	720	2,160	3,600	8,100	12,600	18,000
2d Conv	1,200	3,600	6,000	13,500	21,000	30,000

NOTE: Add 40% for 440/375 V-8

	6	5	4	3	2	1
1969 Monaco						
2d HT	690	2,060	3,440	7,740	12,040	17,200
4d HT	510	1,530	2,550	5,740	8,930	12,750
4d Sed	480	1,440	2,400	5,400	8,400	12,000
4d Sta Wag	520	1,560	2,600	5,850	9,100	13,000

NOTE: Add 40% for 440/375 V-8.

	6	5	4	3	2	1
1970 Dart, 6-Cyl, 111" wb						
4d Sed	400	1,200	2,000	4,500	7,000	10,000
2d HT Swinger	700	2,100	3,500	7,880	12,250	17,500

DODGE

	6	5	4	3	2	1
1970 Dart Custom						
4d Sed	510	1,520	2,540	5,720	8,890	12,700
2d HT	730	2,180	3,630	8,170	12,710	18,150
NOTE: Add 10% for 318/230 V-8.						
1970 Dart Swinger 340						
2d HT	1,000	3,000	5,000	11,250	17,500	25,000
1970 Challenger, V-8, 110" wb						
2d HT	1,320	3,960	6,600	14,850	23,100	33,000
2d HT SE Fml	1,400	4,200	7,000	15,750	24,500	35,000
2d Conv	1,690	5,080	8,460	19,040	29,610	42,300
2d Deputy HT	1,200	3,600	6,000	13,500	21,000	30,000
NOTE: Deduct 10% for six cylinder. Add 20% for 340/275 V-8.						
1970 Challenger R/T						
2d HT	1,960	5,880	9,800	22,050	34,300	49,000
2d HT SE Fml	1,800	5,400	9,000	20,250	31,500	45,000
2d Conv	3,600	10,800	18,000	40,500	63,000	90,000
1970 Challenger T/A						
2d Cpe	4,000	12,000	20,000	45,000	70,000	100,000
1970 Challenger R/T & T/A						
NOTE: Add 25% for 440/375 V-9; 40% for 440/390 V-8.						
1970 HEMI Challenger R/T						
2d HT	14,000	42,000	70,000	157,500	245,000	350,000
2d Conv	66,000	198,000	330,000	742,500	1,155,000	1,650,000
1970 Coronet, Deluxe V-8, 117" wb						
4d Sed	420	1,260	2,100	4,730	7,350	10,500
2d Sed	430	1,300	2,160	4,860	7,560	10,800
4d Sta Wag	470	1,420	2,360	5,310	8,260	11,800
1970 Coronet 440						
4d Sed	450	1,340	2,240	5,040	7,840	11,200
2d HT	780	2,340	3,900	8,780	13,650	19,500
2d Sed	460	1,370	2,280	5,130	7,980	11,400
4d Sta Wag	480	1,440	2,400	5,400	8,400	12,000
1970 Coronet 500						
4d Sed	460	1,380	2,300	5,180	8,050	11,500
2d HT	1,000	3,000	5,000	11,250	17,500	25,000
2d Conv	1,240	3,720	6,200	13,950	21,700	31,000
4d Sta Wag	490	1,470	2,450	5,510	8,580	12,250
NOTE: Deduct 10% for six cylinder. Add 50% for 383/290 V-8; 60% for 440/375 V-8; 90% for 440/390 Six Pack V-8; 200% for 426/425 HEMI.						
1970 Coronet Super Bee						
2d HT	2,320	6,960	11,600	26,100	40,600	58,000
2d Cpe	1,840	5,520	9,200	20,700	32,200	46,000
NOTE: Add 100% for 426/425 HEMI; 25% for 440/375 V-8; 40% for 440/390 Six Pack V-8						
1970 Coronet R/T						
2d HT	2,240	6,720	11,200	25,200	39,200	56,000
2d Conv	2,480	7,440	12,400	27,900	43,400	62,000
NOTE: Add 200% for 426/425 HEMI; 40% for 440/390 Six Pack V-8.						
1970 Charger						
2d HT	1,560	4,680	7,800	17,550	27,300	39,000
2d HT 500	1,880	5,640	9,400	21,150	32,900	47,000
2d HT R/T	2,040	6,120	10,200	22,950	35,700	51,000
NOTE: Add 100% for 426/425 HEMI; 15% for 440/390 Six Pack V-8.						
1970 Polara, V-8, 122" wb						
2d HT	640	1,920	3,200	7,200	11,200	16,000
4d HT	480	1,450	2,420	5,450	8,470	12,100
2d Conv	1,120	3,360	5,600	12,600	19,600	28,000
4d Sed	440	1,310	2,180	4,910	7,630	10,900
NOTE: Deduct 5% for Polara Special.						
1970 Polara Custom						
4d Sed	440	1,320	2,200	4,950	7,700	11,000
2d HT	670	2,010	3,350	7,540	11,730	16,750
4d HT	490	1,470	2,450	5,510	8,580	12,250
NOTE: Deduct 20% for six cylinder. Add 10% for 440/350 V-8.						
1970 Monaco						
4d Sed	460	1,380	2,300	5,180	8,050	11,500
2d HT	670	2,000	3,340	7,520	11,690	16,700
4d HT	490	1,470	2,450	5,510	8,580	12,250
4d Sta Wag	500	1,500	2,500	5,630	8,750	12,500
NOTE: Add 20% for 440/350 V-8.						
1971 Colt						
4d Sed	210	620	1,040	2,340	3,640	5,200
2d HT	240	720	1,200	3,000	4,200	6,000
4d Wag	230	700	1,160	2,900	4,060	5,800
2d Cpe	220	670	1,120	2,800	3,920	5,600
1971 Demon						
2d Cpe	600	1,800	3,000	6,750	10,500	15,000
2d 340 Cpe	1,680	5,040	8,400	18,900	29,400	42,000
1971 Dart						
4d Cus Sed	340	1,020	1,700	3,830	5,950	8,500

1971 Swinger

	6	5	4	3	2	1
2d HT	760	2,280	3,800	8,550	13,300	19,000

NOTE: Add 10% for 318/230 V-8; 15% Demon Sizzler.

1971 Challenger

2d Cpe	1,200	3,600	6,000	13,500	21,000	30,000
2d HT	1,400	4,200	7,000	15,750	24,500	35,000
2d Conv	1,680	5,040	8,400	18,900	29,400	42,000
2d HT R/T	2,000	6,000	10,000	22,500	35,000	50,000

NOTE: Add 10% for 340/275 V-8 in base challenger; 25% for 440/370 V-8 R/T; 40% for 440/385 Six Pack V-8 in R/T; 600% for 425/426 HEMI in R/T. Deduct 10% for six cylinder.

1971 Coronet Brougham

4d Sed	360	1,080	1,800	4,050	6,300	9,000
4d Crestwood Sta Wag.	480	1,430	2,380	5,360	8,330	11,900

NOTE: Deduct 10% for six cylinder. Add 20% for 440/375 V-8.

1971 Charger

2d HT 500	940	2,820	4,700	10,580	16,450	23,500
2d HT	860	2,590	4,320	9,720	15,120	21,600
2d Super Bee HT	1,700	5,100	8,500	19,130	29,750	42,500
2d HT R/T	2,080	6,240	10,400	23,400	36,400	52,000
2d HT SE	1,000	2,990	4,980	11,210	17,430	24,900

NOTE: Add 10% for six cylinder. Add 25% for 440/375 V-8; 40% for 440/390 Six pack V-8 (except R/T); 15% for 440/390 six pack in V-8 in R/T; 100% for 426/425 V-8 HEMI in R/T.

1971 Polara Brougham

4d HT	560	1,680	2,800	6,300	9,800	14,000
2d HT	620	1,860	3,100	6,980	10,850	15,500
4d Polara Custom Sta Wag.	480	1,430	2,380	5,950	8,330	11,900

NOTE: Deduct 5% for Polara Custom; 10% for base Polara; 20% for six cylinder. Add 20% for 440/350 V-8.

1971 Monaco

4d HT	490	1,460	2,440	5,490	8,540	12,200
2d HT	600	1,790	2,980	6,710	10,430	14,900
4d Sta Wag.	500	1,500	2,500	5,630	8,750	12,500
4d Sed	340	1,030	1,720	4,000	6,020	8,600

1971 Full-Size Dodge

NOTE: Add 5% for 360/255 V-8; 10% for 383 V-8; 15% for 440 V-8.

1972 Colt

4d Sed	210	620	1,040	2,340	3,640	5,200
2d Cpe	224	672	1,120	2,520	3,920	5,600
2d HT	240	720	1,200	2,700	4,200	6,000
4d Sta Wag.	230	700	1,160	2,610	4,060	5,800

1972 Dart

4d Sed	250	740	1,240	2,790	4,340	6,200
2d Demon 340 Cpe	1,200	3,600	6,000	13,500	21,000	30,000

1972 Swinger

2d HT	520	1,560	2,600	5,850	9,100	13,000

1972 Challenger

2d HT	1,700	5,100	8,500	19,130	29,750	42,500
2d HT Rallye.	1,800	5,400	9,000	20,250	31,500	45,000

NOTE: Add 35% for 340 V-8; $100,000. for Mr. Norm with 440 V-8.

1972 Coronet

4d Sed	300	900	1,500	3,380	5,250	7,500
4d Sta Wag.	370	1,120	1,870	4,210	6,550	9,350
4d Cus Sta Wag	380	1,150	1,920	4,320	6,720	9,600
4d Crestwood Sta Wag.	480	1,440	2,400	6,000	8,400	12,000

1972 Charger

2d Sed	720	2,160	3,600	8,100	12,600	18,000
2d HT	740	2,220	3,700	8,330	12,950	18,500
2d HT SE	800	2,400	4,000	9,000	14,000	20,000

NOTE: Add 10% for Topper pkg.; 20% for Rallye; 10% for 340/240 V-8; 5% for 400/185 V-8; 10% for 400/230 V-8; 25% for 440/280 V-8; 40% for 440 Six-Pack V-8

1972 Polara, V-8

4d Sed	330	980	1,640	3,690	5,740	8,200
4d HT	440	1,320	2,200	4,950	7,700	11,000
2d HT	500	1,490	2,480	5,580	8,680	12,400
4d Sta Wag.	450	1,360	2,260	5,090	7,910	11,300

1972 Polara Custom

4d Sed	340	1,030	1,720	3,870	6,020	8,600
4d HT	460	1,390	2,320	5,220	8,120	11,600
2d HT	500	1,510	2,520	5,670	8,820	12,600
4d Sta Wag.	460	1,390	2,320	5,220	8,120	11,600

1972 Monaco

4d Sed	360	1,070	1,780	4,010	6,230	8,900
4d HT	490	1,460	2,440	5,490	8,540	12,200
2d HT	580	1,740	2,900	6,530	10,150	14,500
4d Sta Wag.	520	1,550	2,580	5,810	9,030	12,900

1972 Full-Size Dodge

NOTE: Add 5% for 360 V-8; 10% for 400 V-8; 15% for 440 V-8.

1973 Colt

4d Sed	220	660	1,100	2,480	3,850	5,500
2d Cpe	216	648	1,080	2,430	3,780	5,400

DODGE

	6	5	4	3	2	1
2d HT	228	684	1,140	2,570	3,990	5,700
4d Sta Wag	220	660	1,100	2,480	3,850	5,500
2d HT GT	240	720	1,200	2,700	4,200	6,000
1973 Dart						
4d Sed	264	792	1,320	2,970	4,620	6,600
2d Cpe	284	852	1,420	3,200	4,970	7,100
1973 Dart Sport						
2d Cpe	304	912	1,520	3,420	5,320	7,600
1973 Dart Sport "340"						
2d Cpe	580	1,740	2,900	6,530	10,150	14,500
1973 Dart Custom						
2d Cpe	240	720	1,200	2,700	4,200	6,000
1973 Swinger						
2d HT	352	1,056	1,760	3,960	6,160	8,800
2d Spl HT	336	1,008	1,680	3,780	5,880	8,400
1973 Challenger						
2d HT	840	2,520	4,200	9,450	14,700	21,000
2d Rallye HT	1,120	3,360	5,600	12,600	19,600	28,000
1973 Coronet						
4d Sed	300	900	1,500	3,380	5,250	7,500
4d Sta Wag	380	1,130	1,880	4,230	6,580	9,400
4d Cus Sed	320	950	1,580	3,560	5,530	7,900
4d Cus Sta Wag	320	950	1,580	3,560	5,530	7,900
4d Crestwood Sta Wag	470	1,420	2,360	5,310	8,260	11,800
1973 Charger						
2d Cpe	540	1,620	2,700	6,080	9,450	13,500
2d HT	670	2,020	3,360	7,560	11,760	16,800
2d "SE" HT	770	2,300	3,840	8,640	13,440	19,200
2d Rallye	880	2,640	4,400	9,900	15,400	22,000
1973 Mid-Size Dodge						
NOTE: Add 10% for 340 V-8; 5% for 400/185 V-8; 10% for 400/260 V-8; 15% for 440/225 V-8; 20% for 440/280 V-8.						
1973 Polara						
4d Sed	350	1,060	1,760	3,960	6,160	8,800
2d HT	530	1,580	2,640	5,940	9,240	13,200
4d Sta Wag	500	1,500	2,500	5,630	8,750	12,500
1973 Polara Custom						
4d Sed	370	1,120	1,860	4,190	6,510	9,300
2d HT	550	1,640	2,740	6,170	9,590	13,700
4d HT	490	1,480	2,460	5,540	8,610	12,300
4d Sta Wag	520	1,550	2,580	5,810	9,030	12,900
1973 Monaco						
4d Sed	350	1,060	1,760	3,960	6,160	8,800
4d HT	490	1,460	2,440	5,490	8,540	12,200
2d HT	580	1,730	2,880	6,480	10,080	14,400
4d Sta Wag	500	1,510	2,520	5,670	8,820	12,600
1973 Full-Size Dodge						
NOTE: Add 5% for 360 V-8; 5% for 400/185 V-8; 10% for 440/260 V-8; 15% for 440/225 V-8.						
1974 Colt						
4d Sed	200	600	1,000	2,250	3,500	5,000
2d Cpe	220	650	1,080	2,430	3,780	5,400
2d HT	230	680	1,140	2,570	3,990	5,700
4d Sta Wag	200	610	1,020	2,300	3,570	5,100
2d HT GT	250	760	1,260	2,840	4,410	6,300
4d Cus Sta Wag	220	650	1,080	2,430	3,780	5,400
1974 Dart						
4d Sed	240	710	1,180	2,660	4,130	5,900
2d Spt Cpe	260	780	1,300	2,930	4,550	6,500
1974 Dart Sport "360"						
2d Cpe	600	1,800	3,000	6,750	10,500	15,000
1974 Dart Special Edition						
2d HT	360	1,070	1,780	4,010	6,230	8,900
4d Sed	250	740	1,240	2,790	4,340	6,200
1974 Dart Custom						
2d HT	240	720	1,200	2,700	4,200	6,000
1974 Swinger						
2d HT	400	1,200	2,000	4,500	7,000	10,000
1974 Swinger Special						
2d HT	380	1,140	1,900	4,280	6,650	9,500
1974 Challenger						
2d HT	760	2,280	3,800	8,550	13,300	19,000
1974 Dodge Compacts						
NOTE: Add 10% for 318 V-8 (except Sport 360); 40% for Hang Ten pkg.						
1974 Coronet						
4d Sed	300	900	1,500	3,750	5,250	7,500
4d Sta Wag	320	960	1,600	3,600	5,600	8,000
4d Cus Sed	310	920	1,540	3,470	5,390	7,700
4d Cus Sta Wag	340	1,020	1,700	3,830	5,950	8,500
4d Crestwood Sta Wag	440	1,320	2,200	4,950	7,700	11,000

	6	5	4	3	2	1
1974 Charger						
2d Cpe	480	1,440	2,400	5,400	8,400	12,000
2d HT	660	1,980	3,300	7,430	11,550	16,500
2d "SE" HT	740	2,220	3,700	8,330	12,950	18,500
1974 Mid-Size Dodge						
NOTE: Add 10% for 360 V-8; 5% for 400/185 V-8; 15% for 400/260 V-8; 25% for 440/230 V-8.						
1974 Monaco						
4d Sed	240	720	1,200	2,700	4,200	6,000
2d HT Cpe	330	980	1,640	3,690	5,740	8,200
4d Sta Wag	280	830	1,380	3,110	4,830	6,900
1974 Monaco Custom						
4d Sed	280	850	1,420	3,200	4,970	7,100
2d HT	350	1,060	1,760	3,960	6,160	8,800
4d HT	300	900	1,500	3,380	5,250	7,500
4d Sta Wag	280	830	1,380	3,110	4,830	6,900
1974 Monaco Brougham						
4d Sed	310	940	1,560	3,510	5,460	7,800
2d HT	370	1,120	1,860	4,190	6,510	9,300
4d HT	320	950	1,580	3,560	5,530	7,900
4d Sta Wag	330	980	1,630	3,670	5,710	8,150
1974 Full-Size Dodge						
NOTE: Add 5% for 400/205 V-8; 20% for 440/230 V-8.						
1975 Colt						
4d Sed	200	600	1,000	2,500	3,500	5,000
2d Cpe	220	650	1,080	2,700	3,780	5,400
2d HT	220	670	1,120	2,800	3,920	5,600
2d Wag	200	610	1,020	2,550	3,570	5,100
2d GT HT	250	740	1,240	3,100	4,340	6,200
1975 Dart						
4d Sed	210	640	1,060	2,390	3,710	5,300
1975 Dart Sport						
2d Cpe	220	650	1,000	2,430	3,780	5,400
1975 Dart Swinger						
2d HT	360	1,070	1,780	4,010	6,230	8,900
2d Spl HT	330	980	1,640	3,690	5,740	8,200
1976 Dart Custom						
4d Sed	220	650	1,080	2,430	3,780	5,400
2d "360" Cpe	590	1,760	2,940	6,620	10,290	14,700
1975 Dart S.E.						
2d HT	230	680	1,130	2,540	3,960	5,650
4d Sed	300	910	1,520	3,420	5,320	7,600
1975 Dodge Darts						
NOTE: Add 10% for 318 V-8 (except Dart 360); 50% for Hang Ten pkg.						
1975 Coronet						
2d Cpe	310	920	1,540	3,470	5,390	7,700
4d Sed	270	800	1,340	3,020	4,690	6,700
4d Sta Wag	230	700	1,160	2,610	4,060	5,800
1975 Coronet Custom						
2d HT	330	1,000	1,660	3,740	5,810	8,300
4d Sed	270	820	1,360	3,060	4,760	6,800
4d Sta Wag	290	860	1,440	3,240	5,040	7,200
1975 Coronet Brougham						
2d HT	340	1,010	1,680	3,780	5,880	8,400
1975 Crestwood						
4d Sta Wag	300	910	1,520	3,420	5,320	7,600
1975 Charger S.E.						
2d HT	480	1,440	2,400	5,400	8,400	12,000
1975 Mid-Size Dodge						
NOTE: Add 10% for 360 V-8; 5% for 400 V-8. Deduct 5% for 6-cyl.						
1975 Monaco						
2d HT	330	980	1,640	3,690	5,740	8,200
4d Sed	250	740	1,240	2,790	4,340	6,200
4d Sta Wag	300	890	1,480	3,330	5,180	7,400
1975 Royal Monaco						
2d HT	360	1,070	1,780	4,010	6,230	8,900
4d Sed	260	780	1,300	2,930	4,550	6,500
4d HT	340	1,030	1,720	3,870	6,020	8,600
4d Sta Wag	300	890	1,480	3,330	5,180	7,400
1975 Royal Monaco Brougham						
2d HT	380	1,140	1,900	4,280	6,650	9,500
4d Sed	280	840	1,400	3,150	4,900	7,000
4d HT	360	1,080	1,800	4,050	6,300	9,000
4d Sta Wag	340	1,010	1,680	3,780	5,880	8,400
1975 Full-Size Dodge						
NOTE: Add 5% for 360 V-8; 5% for 400 V-8; 25% for 440 V-8.						
1976 Colt, 4-cyl.						
4d Sed	200	590	980	2,210	3,430	4,900
2d Cpe	210	640	1,060	2,390	3,710	5,300
2d HT Carousel	220	670	1,120	2,520	3,920	5,600

DODGE

	6	5	4	3	2	1
4d Sta Wag................................	200	610	1,020	2,300	3,570	5,100
2d GT HT	250	740	1,240	2,790	4,340	6,200
1976 Dart Sport, 6-cyl.						
2d Spt Cpe	280	850	1,420	3,200	4,970	7,100
1976 Dart Swinger Special, 6-cyl.						
2d HT	320	960	1,600	3,600	5,600	8,000
1976 Dart, 6-cyl.						
4d Sed	210	630	1,050	2,360	3,680	5,250
2d Swinger	360	1,070	1,780	4,010	6,230	8,900
1976 Aspen, V-8						
4d Sed	200	600	1,000	2,250	3,500	5,000
2d Spt Cpe	260	780	1,300	2,930	4,550	6,500
4d Sta Wag................................	240	720	1,200	2,700	4,200	6,000

1976 Dodge Aspen
NOTE: Add 5% for Custom; 5% for Special Edition; 30% for R/T pkg.; 10% for 318 V-8; 15% for 360 V-8.

1976 Coronet, V-8						
4d Sed	260	770	1,280	2,880	4,480	6,400
4d 2S Sta Wag................................	280	840	1,400	3,150	4,900	7,000
1976 Coronet Brougham, V-8						
4d Sed	310	920	1,540	3,470	5,390	7,700
1976 Crestwood Coronet, V-8						
4d Sta Wag................................	340	1,030	1,720	3,870	6,020	8,600
1976 Charger, V-8						
2d HT	420	1,270	2,120	4,770	7,420	10,600
2d HT Spt	460	1,380	2,300	5,180	8,050	11,500
1976 Charger Special Edition, V-8						
2d HT	490	1,480	2,460	5,540	8,610	12,300

1976 Mid-Size Dodge
NOTE: Add 5% for 400/175 V-8; 10% for 400/240 V-8. Deduct 10% for 6-cyl.

1976 Monaco, V-8						
4d Sed	240	730	1,220	2,750	4,270	6,100
4d Sta Wag................................	290	880	1,460	3,290	5,110	7,300
1976 Royal Monaco, V-8						
4d Sed	260	780	1,300	2,930	4,550	6,500
2d HT	350	1,060	1,760	3,960	6,160	8,800
4d Sta Wag................................	300	900	1,500	3,380	5,250	7,500
1976 Royal Monaco Brougham, V-8						
4d Sed	280	850	1,420	3,200	4,970	7,100
2d HT	380	1,130	1,880	4,230	6,580	9,400
4d Sta Wag................................	340	1,030	1,720	3,870	6,020	8,600

1976 Full-Size Dodge
NOTE: Add 5% for 360 V-8; 5% for 400 V-8; 25% for 440 V-8.

1977 Colt, 4-cyl.						
4d Sed	190	580	960	2,160	3,360	4,800
2d Cpe	220	660	1,100	2,480	3,850	5,500
2d Cus Cpe	220	670	1,120	2,520	3,920	5,600
2d HT Carousel................................	240	730	1,220	2,750	4,270	6,100
4d Sta Wag................................	200	610	1,020	2,300	3,570	5,100
2d GT HT	240	720	1,200	2,700	4,200	6,000
1977 Aspen, V-8						
4d Sed	190	560	940	2,120	3,290	4,700
2d Spt Cpe	260	780	1,300	2,930	4,550	6,500
4d Sta Wag................................	240	720	1,200	2,700	4,200	6,000

1977 Dodge Aspen
NOTE: Add 5% for Custom; 10% for Special Edition; 30% for R/T Super Pack; 10% for 318 V-8; 15% for 360 V-8.

1977 Monaco, V-8						
4d Sed	240	720	1,200	2,700	4,200	6,000
2d HT	250	760	1,260	2,840	4,410	6,300
4d Sta Wag................................	240	730	1,220	2,750	4,270	6,100
1977 Monaco Brougham, V-8						
4d Sed	250	740	1,240	2,790	4,340	6,200
2d HT	260	780	1,300	2,930	4,550	6,500
1977 Monaco Crestwood, V-8						
4d Sta Wag................................	270	820	1,360	3,060	4,760	6,800
1977 Charger Special Edition, V-8						
2d HT	440	1,320	2,200	4,950	7,700	11,000

NOTE: Add 5% for 360 V-8; 10% for 400 V-8.

1977 Diplomat, V-8						
4d Sed	260	770	1,280	2,880	4,480	6,400
2d Cpe	280	830	1,380	3,110	4,830	6,900
1977 Diplomat Medallion, V-8						
4d Sed	260	790	1,320	2,970	4,620	6,600
2d Cpe	280	840	1,400	3,150	4,900	7,000
1977 Royal Monaco, V-8						
4d Sed	260	780	1,300	2,930	4,550	6,500
2d HT	280	830	1,380	3,110	4,830	6,900
4d Sta Wag................................	280	840	1,400	3,150	4,900	7,000

1977 Full-Size Dodge
NOTE: Add 5% for Brougham; 10% for 360 V-8; 5% for 400 V-8; 15% for 440 V-8.

	6	5	4	3	2	1
1978 Omni						
4d HBk	170	500	840	1,890	2,940	4,200
1978 Colt						
4d Sed	200	600	1,000	2,250	3,500	5,000
2d Cpe	220	650	1,080	2,430	3,780	5,400
2d Cus Cpe	220	660	1,100	2,480	3,850	5,500
4d Sta Wag	200	610	1,020	2,300	3,570	5,100
1978 Aspen						
4d Sed	190	570	950	2,140	3,330	4,750
2d Cpe	180	540	900	2,030	3,150	4,500
4d Sta Wag	240	720	1,200	2,700	4,200	6,000
1978 Monaco						
4d Sed	240	720	1,200	2,700	4,200	6,000
2d Cpe	250	760	1,260	2,840	4,410	6,300
4d Sta Wag	240	730	1,220	2,750	4,270	6,100
4d Brougham Sed	250	740	1,240	2,790	4,340	6,200
2d SS Cpe	260	790	1,320	2,970	4,620	6,600
4d Crestwood Sta Wag	270	820	1,360	3,060	4,760	6,800
1978 Charger SE						
2d Cpe	340	1,030	1,720	3,870	6,020	8,600
1978 Magnum XE						
2d Cpe	320	950	1,580	3,560	5,530	7,900
1978 Challenger						
2d Cpe	200	610	1,020	2,300	3,570	5,100
1978 Diplomat						
4d "S" Sed	250	740	1,240	2,790	4,340	6,200
2d "S" Cpe	270	800	1,340	3,020	4,690	6,700
4d Sed	250	760	1,260	2,840	4,410	6,300
2d Cpe	270	820	1,360	3,060	4,760	6,800
4d Sta Wag	260	780	1,300	2,930	4,550	6,500
1978 Diplomat Medallion						
4d Sed	200	700	1,300	2,030	4,550	6,500
2d Cpe	280	840	1,400	3,150	4,900	7,000
1979 Omni, 4-cyl.						
4d HBk	170	500	840	1,890	2,940	4,200
2d HBk	170	520	860	1,940	3,010	4,300
1979 Colt, 4-cyl.						
2d HBk	160	490	820	1,850	2,870	4,100
2d Cus HBk	170	500	840	1,890	2,940	4,200
2d Cpe	170	520	860	1,940	3,010	4,300
4d Sed	160	470	780	1,760	2,730	3,900
4d Sta Wag	180	540	900	2,030	3,150	4,500
1979 Aspen, V-8						
4d Sed	190	580	960	2,160	3,360	4,800
2d Cpe	260	780	1,300	2,930	4,550	6,500
4d Sta Wag	240	720	1,200	2,700	4,200	6,000
1979 Magnum XE, V-8						
2d Cpe	320	960	1,600	3,600	5,600	8,000
1979 Challenger, 4-cyl.						
2d Cpe	210	620	1,040	2,340	3,640	5,200
1979 Diplomat, V-8						
4d Sed	240	710	1,180	2,660	4,130	5,900
2d Cpe	260	770	1,280	2,880	4,480	6,400
1979 Diplomat Salon, V-8						
4d Sed	240	720	1,200	2,700	4,200	6,000
2d Cpe	260	780	1,300	2,930	4,550	6,500
4d Sta Wag	250	740	1,240	2,790	4,340	6,200
1979 Diplomat Medallion, V-8						
4d Sed	240	730	1,220	2,750	4,270	6,100
2d Cpe	260	790	1,320	2,970	4,620	6,600
NOTE: Deduct 5% for 6-cyl.						
1979 St. Regis, V-8						
4d Sed	270	820	1,360	3,060	4,760	6,800
1980 Omni, 4-cyl.						
4d HBk	140	420	700	1,580	2,450	3,500
2d HBk 2 plus 2 024	156	468	780	1,760	2,730	3,900
1980 Colt, 4-cyl.						
2d HBk	136	408	680	1,530	2,380	3,400
2d HBk Cus	140	420	700	1,580	2,450	3,500
4d Sta Wag	144	432	720	1,620	2,520	3,600
1980 Aspen, V-8						
4d Sed	190	560	940	2,120	3,290	4,700
2d Cpe	240	710	1,180	2,660	4,130	5,900
4d Sta Wag	200	600	1,000	2,250	3,500	5,000
NOTE: Deduct 5% for 6-cyl.						
1980 Challenger						
2d Cpe	200	610	1,020	2,300	3,570	5,100
1980 Diplomat, V-8						
4d Sed Salon	180	550	920	2,070	3,220	4,600

		6	5	4	3	2	1
2d Cpe Salon		190	560	940	2,120	3,290	4,700
4d Sta Wag Salon		200	590	980	2,210	3,430	4,900
4d Sed Medallion		190	560	940	2,120	3,290	4,700
2d Cpe Medallion		190	580	960	2,160	3,360	4,800

NOTE: Deduct 10% for 6-cyl.; 5% for lesser models.

1980 Mirada, V-8

		6	5	4	3	2	1
2d Cpe Specialty S		240	730	1,220	2,750	4,270	6,100
2d Cpe Specialty		260	780	1,300	2,930	4,550	6,500

NOTE: Deduct 5% for 6-cyl.

1980 St. Regis, V-8

		6	5	4	3	2	1
4d Sed		270	820	1,360	3,060	4,760	6,800

NOTE: Deduct 12% for 6-cyl.

1981 Omni, 4-cyl.

		6	5	4	3	2	1
4d HBk		152	456	760	1,710	2,660	3,800
2d HBk 024		164	492	820	1,850	2,870	4,100

NOTE: Deduct 5% for lesser models.

1981 Colt, 4-cyl.

		6	5	4	3	2	1
2d HBk		140	420	700	1,580	2,450	3,500
2d HBk DeL		144	432	720	1,620	2,520	3,600
2d HBk Cus		148	444	740	1,670	2,590	3,700

1981 Aries, 4-cyl.

		6	5	4	3	2	1
4d Sed SE		156	468	780	1,760	2,730	3,900
2d Sed SE		160	480	800	1,800	2,800	4,000
4d Sta Wag SE		168	504	840	1,890	2,940	4,200

NOTE: Deduct 5% for lesser models.

1981 Challenger, 4-cyl.

		6	5	4	3	2	1
2d Cpe		200	600	1,000	2,250	3,500	5,000

1981 Diplomat, V-8

		6	5	4	3	2	1
4d Sed Medallion		156	468	780	1,760	2,730	3,900
2d Cpe Medallion		160	480	800	1,800	2,800	4,000
4d Sta Wag		164	492	820	1,850	2,870	4,100

NOTE: Deduct 10% for 6-cyl.; 5% for lesser models.

1981 Mirada, V-8

		6	5	4	3	2	1
2d Cpe		240	720	1,200	2,700	4,200	6,000

NOTE: Deduct 12% for 6-cyl.

1981 St. Regis, V-8

		6	5	4	3	2	1
4d Sed		260	770	1,280	2,880	4,480	6,400

NOTE: Deduct 12% for 6-cyl.

1982 Colt, 4-cyl.

		6	5	4	3	2	1
2d HBk Cus		160	480	800	1,800	2,800	4,000
4d HBk Cus		156	468	780	1,760	2,730	3,900

NOTE: Deduct 5% for lesser models.

1982 Omni, 4-cyl.

		6	5	4	3	2	1
4d HBk Euro		172	516	860	1,940	3,010	4,300
2d HBk 024 Charger		180	540	900	2,030	3,150	4,500

NOTE: Deduct 5% for lesser models.

1982 Aries, 4-cyl.

		6	5	4	3	2	1
4d Sed SE		156	468	780	1,760	2,730	3,900
2d Cpe SE		168	504	840	1,890	2,940	4,200
4d Sta Wag SE		176	528	880	1,980	3,080	4,400

NOTE: Deduct 5% for lesser models.

1982 400, 4-cyl.

		6	5	4	3	2	1
2d Cpe Specialty LS		168	504	840	1,890	2,940	4,200
4d Sed LS		172	516	860	1,940	3,010	4,300
2d Conv		220	660	1,100	2,480	3,850	5,500

NOTE: Deduct 5% for lesser models.

1982 Challenger, 4-cyl.

		6	5	4	3	2	1
2d Cpe		188	564	940	2,120	3,290	4,700

1982 Diplomat, V-8

		6	5	4	3	2	1
4d Sed		164	492	820	1,850	2,870	4,100
4d Sed Medallion		172	516	860	1,940	3,010	4,300

NOTE: Deduct 10% for 6-cyl.

1982 Mirada, V-8

		6	5	4	3	2	1
2d Cpe Specialty		244	732	1,220	2,750	4,270	6,100

NOTE: Deduct 12% for 6-cyl.

1983 Colt, 4-cyl.

		6	5	4	3	2	1
4d HBk Cus		156	468	780	1,760	2,730	3,900
2d HBk Cus		168	504	840	1,890	2,940	4,200

NOTE: Deduct 5% for lesser models.

1983 Omni, 4-cyl.

		6	5	4	3	2	1
4d HBk		160	480	800	1,800	2,800	4,000
4d HBk Cus		172	516	860	1,940	3,010	4,300

1983 Charger, 4-cyl.

		6	5	4	3	2	1
2d HBk		176	528	880	1,980	3,080	4,400
2d HBk 2 plus 2		184	552	920	2,070	3,220	4,600
2d HBk Shelby		220	660	1,100	2,480	3,850	5,500

1983 Aries, 4-cyl.

		6	5	4	3	2	1
4d Sed SE		160	480	800	1,800	2,800	4,000
2d Sed SE		156	468	780	1,760	2,730	3,900

DODGE

DODGE

	6	5	4	3	2	1
4d Sta Wag SE	180	540	900	2,030	3,150	4,500

NOTE: Deduct 5% for lesser models.

1983 Challenger, 4-cyl.

	6	5	4	3	2	1
2d Cpe	192	576	960	2,160	3,360	4,800

1983 400, 4-cyl.

	6	5	4	3	2	1
4d Sed	168	504	840	1,890	2,940	4,200
2d Cpe	164	492	820	1,850	2,870	4,100
2d Conv	228	684	1,140	2,570	3,990	5,700

1983 600, 4-cyl.

	6	5	4	3	2	1
4d Sed	176	528	880	1,980	3,080	4,400
4d Sed ES	184	552	920	2,070	3,220	4,600

1983 Diplomat, V-8

	6	5	4	3	2	1
4d Sed	168	504	840	1,890	2,940	4,200
4d Sed Medallion	176	528	880	1,980	3,080	4,400

NOTE: Deduct 10% for 6-cyl.

1983 Mirada, V-8

	6	5	4	3	2	1
2d Cpe Specialty	248	744	1,240	2,790	4,340	6,200

NOTE: Deduct 12% for 6-cyl.

1984 Colt, 4-cyl.

	6	5	4	3	2	1
4d HBk DL	168	504	840	1,890	2,940	4,200
2d HBk DL	164	492	820	1,850	2,870	4,100
4d Sta Wag	160	480	800	1,800	2,800	4,000

NOTE: Deduct 5% for lesser models.

1984 Omni, 4-cyl.

	6	5	4	3	2	1
4d HBk GLH	168	504	840	1,890	2,940	4,200

NOTE: Deduct 5% for lesser models.

1984 Charger, 4-cyl.

	6	5	4	3	2	1
2d HBk	176	528	880	1,980	3,080	4,400
2d HBk 2 plus 2	190	560	940	2,120	3,290	4,700
2d HBk Shelby	280	840	1,400	3,150	4,900	7,000

NOTE: Add 10% for Turbo.

1984 Aries, 4-cyl.

	6	5	4	3	2	1
4d Sed SE	164	492	820	1,850	2,870	4,100
2d Sed SE	168	504	840	1,890	2,940	4,200
4d Sta Wag SE	172	516	860	1,940	3,010	4,300

1984 Conquest, 4-cyl. Turbo

	6	5	4	3	2	1
2d HBk	220	660	1,100	2,480	3,850	5,500

1984 Daytona, 4-cyl.

	6	5	4	3	2	1
2d HBk	180	540	900	2,030	3,150	4,500
2d HBk Turbo	188	564	940	2,120	3,290	4,700
2d HBk Turbo Z	196	588	980	2,210	3,430	4,900

1984 600, 4-cyl.

	6	5	4	3	2	1
4d Sed	176	528	880	1,980	3,080	4,400
2d Sed	176	528	880	1,980	3,080	4,400
4d Sed ES	180	540	900	2,030	3,150	4,500
2d Conv	232	696	1,160	2,610	4,060	5,800
2d Conv ES	248	744	1,240	2,790	4,340	6,200

1984 Diplomat, V-8

	6	5	4	3	2	1
4d Sed	176	528	880	1,980	3,080	4,400
4d Sed SE	184	552	920	2,070	3,220	4,600

1985 Colt, 4-cyl.

	6	5	4	3	2	1
4d Sed DL	156	468	780	1,760	2,730	3,900
2d HBk DL	160	480	800	1,800	2,800	4,000
4d Sed Premiere	160	400	800	1,800	2,800	4,000
4d Sta Wag Vista	180	540	900	2,030	3,150	4,500
4d Sta Wag Vista 4WD	220	660	1,100	2,480	3,850	5,500

NOTE: Deduct 5% for lesser models.

1985 Omni, 4-cyl.

	6	5	4	3	2	1
4d HBk GLH	172	516	860	1,940	3,010	4,300

NOTE: Deduct 5% for lesser models.

1985 Charger, 4-cyl.

	6	5	4	3	2	1
2d HBk	196	588	980	2,210	3,430	4,900
2d HBk 2 plus 2	204	612	1,020	2,300	3,570	5,100
2d HBk Shelby	280	840	1,400	3,150	4,900	7,000

1985 Aries, 4-cyl.

	6	5	4	3	2	1
4d Sed LE	168	504	840	1,890	2,940	4,200
2d Sed LE	168	504	840	1,890	2,940	4,200
4d Sta Wag LE	176	528	880	1,980	3,080	4,400

NOTE: Deduct 5% for lesser models.

1985 Conquest, 4-cyl.

	6	5	4	3	2	1
2d HBk Turbo	220	660	1,100	2,480	3,850	5,500

1985 Daytona, 4-cyl.

	6	5	4	3	2	1
2d HBk	184	552	920	2,070	3,220	4,600
2d HBk Turbo	192	576	960	2,160	3,360	4,800
2d HBk Turbo Z	200	600	1,000	2,250	3,500	5,000

1985 600, 4-cyl.

	6	5	4	3	2	1
4d Sed SE	180	540	900	2,030	3,150	4,500
2d Sed	184	552	920	2,070	3,220	4,600
Conv	232	696	1,160	2,610	4,060	5,800

	6	5	4	3	2	1
Conv ES Turbo	248	744	1,240	2,790	4,340	6,200
1985 Lancer						
4d HBk	192	576	960	2,160	3,360	4,800
4d HBk ES	196	588	980	2,210	3,430	4,900
1985 Diplomat, V-8						
4d Sed	180	540	900	2,030	3,150	4,500
4d Sed SE	188	564	940	2,120	3,290	4,700
1986 Colt						
4d E Sed	164	492	820	1,850	2,870	4,100
2d E HBk	160	480	800	1,800	2,800	4,000
4d DL Sed	168	504	840	1,890	2,940	4,200
2d DL HBk	164	492	820	1,850	2,870	4,100
4d Premiere Sed	172	516	860	1,940	3,010	4,300
4d Vista Sta Wag	184	552	920	2,070	3,220	4,600
4d Vista Sta Wag 4WD	220	670	1,120	2,520	3,920	5,600
1986 Omni						
4d HBk	168	504	840	1,890	2,940	4,200
4d HBk GLH	180	540	900	2,030	3,150	4,500
2d HBk Charger Shelby	300	900	1,500	3,380	5,250	7,500
1986 Charger						
2d HBk	200	600	1,000	2,250	3,500	5,000
2d HBk 2 plus 2	212	636	1,060	2,390	3,710	5,300
2d HBk Shelby	300	900	1,500	3,380	5,250	7,500
2d HBk Daytona	216	648	1,080	2,430	3,780	5,400
HBk Daytona Turbo	240	720	1,200	2,700	4,200	6,000
1986 Aries						
2d Sed	172	516	860	1,940	3,010	4,300
4d Sed	172	516	860	1,940	3,010	4,300
1986 Lancer						
4d HBk	196	588	980	2,210	3,430	4,900
1986 600						
2d Cpe	180	540	900	2,030	3,150	4,500
2d Conv	240	720	1,200	2,700	4,200	6,000
2d ES Conv	256	768	1,280	2,880	4,480	6,400
4d Sed	184	552	920	2,070	3,220	4,600
1986 Conquest						
2d HBk	236	708	1,180	2,660	4,130	5,900
1986 Diplomat						
4d Sed	192	576	960	2,160	3,360	4,800
NOTE: Add 10% for deluxe models. Deduct 5% for smaller engines.						
1987 Colt, 4-cyl.						
4d E Sed	168	504	840	1,890	2,940	4,200
2d E HBk	164	492	820	1,850	2,870	4,100
4d DL Sed	172	516	860	1,940	3,010	4,300
2d DL HBk	168	504	840	1,890	2,940	4,200
4d Sed Premiere	176	528	880	1,980	3,080	4,400
4d Vista Sta Wag	188	564	940	2,120	3,290	4,700
4d Vista Sta Wag 4WD	230	680	1,140	2,570	3,990	5,700
1987 Omni, 4-cyl.						
4d HBk America	168	504	840	1,890	2,940	4,200
2d HBk Charger	180	540	900	2,030	3,150	4,500
2d HBk Charger Shelby	200	600	1,000	2,250	3,500	5,000
1987 Aries, 4-cyl.						
2d Sed	168	504	840	1,890	2,940	4,200
4d Sed	172	516	860	1,940	3,010	4,300
2d LE Sed	172	516	860	1,940	3,010	4,300
4d Sed LE	176	528	880	1,980	3,080	4,400
4d LE Sta Wag	176	528	880	1,980	3,080	4,400
1987 Shadow, 4-cyl.						
2d LBk	172	516	860	1,940	3,010	4,300
4d LBk	176	528	880	1,980	3,080	4,400
NOTE: Add 5% for 2.2 Turbo.						
1987 Daytona, 4-cyl.						
2d HBk	192	576	960	2,160	3,360	4,800
2d HBk Pacifica	228	684	1,140	2,570	3,990	5,700
2d HBk Shelby 2	248	744	1,240	2,790	4,340	6,200
1987 600, 4-cyl.						
4d Sed	180	540	900	2,030	3,150	4,500
4d Sed SE	184	552	920	2,070	3,220	4,600
NOTE: Add 5% for 2.2 Turbo.						
1987 Lancer, 4-cyl.						
4d HBk	188	564	940	2,120	3,290	4,700
4d HBk ES	192	576	960	2,160	3,360	4,800
NOTE: Add 5% for 2.2 Turbo; 15% for Shelby Pkg.						
1987 Diplomat, V-8						
4d Sed	224	672	1,120	2,520	3,920	5,600
4d Sed SE	232	696	1,160	2,610	4,060	5,800
1988 Colt, 4-cyl.						
3d HBk	88	264	440	990	1,540	2,200

	6	5	4	3	2	1
4d E Sed.	112	336	560	1,260	1,960	2,800
3d E HBk	104	312	520	1,170	1,820	2,600
4d DL Sed.	116	348	580	1,310	2,030	2,900
3d DL HBk	112	336	560	1,260	1,960	2,800
4d DL Sta Wag	120	360	600	1,350	2,100	3,000
4d Sed Premiere	140	420	700	1,580	2,450	3,500
4d Vista Sta Wag	160	480	800	1,800	2,800	4,000
4d Vista Sta Wag 4x4	200	600	1,000	2,250	3,500	5,000
1988 Omni, 4-cyl.						
4d HBk	112	336	560	1,260	1,960	2,800
1988 Aries, 4-cyl.						
2d Sed	112	336	560	1,260	1,960	2,800
4d Sed	112	336	560	1,260	1,960	2,800
4d Sta Wag	132	396	660	1,490	2,310	3,300
1988 Shadow, 4-cyl.						
2d HBk	128	384	640	1,440	2,240	3,200
4d HBk	136	408	680	1,530	2,380	3,400
1988 Daytona, 4-cyl.						
2d HBk	180	540	900	2,030	3,150	4,500
2d HBk Pacifica	224	672	1,120	2,520	3,920	5,600
2d HBk Shelby Z.	240	720	1,200	2,700	4,200	6,000
1988 600, 4-cyl.						
4d Sed	140	420	700	1,580	2,450	3,500
4d SE Sed	156	468	780	1,760	2,730	3,900
1988 Lancer, 4-cyl.						
4d Spt HBk	168	504	840	1,890	2,940	4,200
4d Spt ES HBk	200	600	1,000	2,250	3,500	5,000
NOTE: Add 5% for 2.2 Turbo, 15% for Shelby Pkg.						
1988 Dynasty						
4d Sed 4-cyl.	160	480	800	1,800	2,800	4,000
4d Sed Prem 4-cyl.	172	516	860	1,940	3,010	4,300
4d Sed V-6	180	540	900	2,030	3,150	4,500
4d Sed Prem V-6.	184	552	920	2,070	3,220	4,600
1988 Diplomat, V-8						
4d Sed Salon	152	456	760	1,710	2,660	3,800
4d Sed	132	396	660	1,490	2,310	3,300
4d SE Sed	168	504	840	1,890	2,940	4,200
1989 Colt, 4-cyl.						
2d HBk	152	456	760	1,710	2,660	3,800
2d HBk E	156	468	780	1,760	2,730	3,900
2d HBk GT	164	492	820	1,850	2,870	4,100
4d DL Sta Wag	200	600	1,000	2,250	3,500	5,000
4d DL Sta Wag 4x4.	216	648	1,080	2,430	3,780	5,400
4d Vista Sta Wag	208	624	1,040	2,340	3,640	5,200
4d Vista Sta Wag 4x4	220	670	1,120	2,520	3,920	5,600
1989 Omni, 4-cyl.						
4d HBk	144	432	720	1,620	2,520	3,600
1989 Aries, 4-cyl.						
4d Sed	140	420	700	1,580	2,450	3,500
2d Sed	136	408	680	1,530	2,380	3,400
1989 Shadow, 4-cyl.						
4d HBk	168	504	840	1,890	2,940	4,200
2d HBk	164	492	820	1,850	2,870	4,100
1989 Daytona, 4-cyl.						
2d HBk	184	552	920	2,070	3,220	4,600
2d ES HBk	200	600	1,000	2,250	3,500	5,000
2d ES HBk Turbo	220	660	1,100	2,480	3,850	5,500
2d HBk Shelby	248	744	1,240	2,790	4,340	6,200
1989 Spirit, 4-cyl.						
4d Sed	168	504	840	1,890	2,940	4,200
4d LE Sed.	180	540	900	2,030	3,150	4,500
4d ES Sed Turbo.	204	612	1,020	2,300	3,570	5,100
4d ES Sed V-6	204	612	1,020	2,300	3,570	5,100
1989 Lancer, 4-cyl.						
4d Spt HBk	204	612	1,020	2,300	3,570	5,100
4d Spt HBk ES	212	636	1,060	2,390	3,710	5,300
4d Spt HBk Shelby	260	780	1,300	2,930	4,550	6,500
NOTE: Add 5% for 2.2 Turbo; 15% for Shelby Pkg						
1989 Dynasty, 4-cyl.						
4d Sed	184	552	920	2,070	3,220	4,600
1989 V-6						
4d Sed	192	576	960	2,160	3,360	4,800
4d LE Sed.	216	648	1,080	2,430	3,780	5,400
1989 Diplomat, V-8						
4d Sed Salon	220	660	1,100	2,480	3,850	5,500
4d SE Sed	224	672	1,120	2,520	3,920	5,600
1990 Colt, 4-cyl.						
2d HBk.	152	456	760	1,710	2,660	3,800
2d GL HBk	160	480	800	1,800	2,800	4,000

	6	5	4	3	2	1
2d GT HBk	168	504	840	1,890	2,940	4,200
4d DL Sta Wag	184	552	920	2,070	3,220	4,600
4d DL Sta Wag 4x4	200	650	1,100	2,480	3,850	5,500
4d Vista	208	624	1,040	2,340	3,640	5,200
4d Vista 4x4	248	744	1,240	2,790	4,340	6,200
1990 Omni, 4-cyl.						
4d HBk	140	420	700	1,580	2,450	3,500
1990 Shadow, 4-cyl.						
2d HBk	164	492	820	1,850	2,870	4,100
4d HBk	168	504	840	1,890	2,940	4,200
1990 Daytona, 4-cyl.						
2d HBk	200	600	1,000	2,250	3,500	5,000
2d ES HBk	220	660	1,100	2,480	3,850	5,500
2d ES HBk Turbo	240	720	1,200	2,700	4,200	6,000
2d Shelby HBk	260	780	1,300	2,930	4,550	6,500
NOTE: Add 5% for V-6 where available.						
1990 Spirit, 4-cyl.						
4d Sed	160	480	800	1,800	2,800	4,000
4d LE Sed	180	540	900	2,030	3,150	4,500
4d ES Sed Turbo	200	600	1,000	2,250	3,500	5,000
NOTE: Add 5% for V-6 where available.						
1990 Monaco, V-6						
4d LE Sed	200	610	1,020	2,300	3,570	5,100
4d ES Sed	220	660	1,100	2,480	3,850	5,500
1990 Dynasty, 4-cyl.						
4d Sed	180	540	900	2,030	3,150	4,500
1991 Colt, 4-cyl.						
2d HBk	120	360	600	1,350	2,100	3,000
2d GL HBk	140	420	700	1,580	2,450	3,500
4d Vista Sta Wag	180	540	900	2,030	3,150	4,500
4d Vista Sta Wag 4x4	220	660	1,100	2,480	3,850	5,500
1991 Shadow, 4-cyl.						
2d America HBk	140	420	700	1,580	2,450	3,500
4d America HBk	140	420	700	1,580	2,450	3,500
2d HBk	148	444	740	1,670	2,590	3,700
4d HBk	148	444	740	1,670	2,590	3,700
2d Conv	240	720	1,200	2,700	4,200	6,000
2d ES HBk	168	504	840	1,890	2,940	4,200
4d ES HBk	168	504	840	1,890	2,940	4,200
2d ES Conv	260	780	1,300	2,930	4,550	6,500
1991 Daytona, 4-cyl.						
2d HBk	180	540	900	2,030	3,150	4,500
2d ES HBk	184	552	920	2,070	3,220	4,600
1991 Daytona, V-6						
2d HBk	200	600	1,000	2,250	3,500	5,000
2d ES HBk	200	600	1,000	2,250	3,500	5,000
2d IROC HBk	240	720	1,200	2,700	4,200	6,000
1991 Sprint, 4-cyl.						
4d Sed	160	480	800	1,800	2,800	4,000
4d LE Sed	172	516	860	1,940	3,010	4,300
4d ES Sed Turbo	200	600	1,000	2,250	3,500	5,000
4d R/T Turbo Sed	208	624	1,040	2,340	3,640	5,200
1991 Sprint, V-6						
4d Sed	172	516	860	1,940	3,010	4,300
4d LE Sed	184	552	920	2,070	3,220	4,600
4d ES Sed	192	576	960	2,160	3,360	4,800
1991 Monaco, V-6						
4d LE Sed	140	420	700	1,580	2,450	3,500
4d ES Sed	160	480	800	1,800	2,800	4,000
1991 Dynasty						
4d Sed 4-cyl.	180	540	900	2,030	3,150	4,500
4d Sed V-6	200	600	1,000	2,250	3,500	5,000
4d LE Sed V-6	216	648	1,080	2,430	3,780	5,400
1991 Stealth, V-6						
2d LBk	450	1,400	2,300	5,180	8,050	11,500
2d ES LBk	600	1,750	2,900	6,530	10,200	14,500
2d R/T LBk	700	2,150	3,600	8,100	12,600	18,000
2d R/T LBk Turbo 4x4	800	2,400	4,000	9,000	14,000	20,000
1992 Colt, 4-cyl.						
2d HBk	144	432	720	1,620	2,520	3,600
2d GL HBk	160	480	800	1,800	2,800	4,000
1992 Shadow						
4d America HBk	160	480	800	1,800	2,800	4,000
2d America HBk	160	480	800	1,800	2,800	4,000
4d HBk	168	504	840	1,890	2,940	4,200
2d HBk	168	504	840	1,890	2,940	4,200
2d Conv	220	660	1,100	2,480	3,850	5,500
4d ES HBk	200	600	1,000	2,250	3,500	5,000
2d ES HBk	200	600	1,000	2,250	3,500	5,000

	6	5	4	3	2	1
2d ES Conv	240	720	1,200	2,700	4,200	6,000
1992 Daytona, 4-cyl.						
2d HBk	200	600	1,000	2,250	3,500	5,000
2d ES HBk	208	624	1,040	2,340	3,640	5,200
2d IROC HBk	260	780	1,300	2,930	4,550	6,500
2d IROC R/T HBk	280	840	1,400	3,150	4,900	7,000
NOTE: Add 10% for V-6 where available.						
1992 Spirit, 4-cyl.						
4d Sed	180	540	900	2,030	3,150	4,500
4d LE Sed	188	564	940	2,120	3,290	4,700
4d ES Turbo Sed	200	600	1,000	2,250	3,500	5,000
NOTE: Add 10% for V-6 where available.						
1992 Monaco, V-6						
4d LE Sed	160	480	800	1,800	2,800	4,000
4d ES Sed	180	540	900	2,030	3,150	4,500
1992 Dynasty, V-6						
4d Sed 4-cyl.	180	540	900	2,030	3,150	4,500
4d Sed	220	660	1,100	2,480	3,850	5,500
1992 Stealth, V-6						
2d Cpe	450	1,400	2,300	5,180	8,050	11,500
2d ES Cpe	550	1,700	2,800	6,300	9,800	14,000
2d R/T Cpe	650	1,900	3,200	7,200	11,200	16,000
2d R/T Cpe Turbo 4x4	800	2,400	4,000	9,000	14,000	20,000
1992 Viper, V-10						
2d RT/10 Rds	2,000	6,000	10,000	22,500	35,000	50,000
1993 Colt						
2d Cpe	152	456	760	1,710	2,660	3,800
4d Sed	156	468	780	1,760	2,730	3,900
2d GL Cpe	156	468	780	1,760	2,730	3,900
4d GL Sed	160	480	800	1,800	2,800	4,000
1993 Shadow						
2d HBk	164	492	820	1,850	2,870	4,100
4d HBk	168	504	840	1,890	2,940	4,200
2d ES HBk	168	504	840	1,890	2,940	4,200
4d ES HBk	172	516	860	1,940	3,010	4,300
2d Conv	220	660	1,100	2,480	3,850	5,500
2d ES Conv	240	720	1,200	2,700	4,200	6,000
1993 Daytona, 4-cyl.						
2d HBk	208	624	1,040	2,340	3,640	5,200
2d ES HBk	212	636	1,060	2,390	3,710	5,300
1993 Daytona, V-6						
2d HBk	216	648	1,080	2,430	3,780	5,400
2d ES HBk	220	660	1,100	2,480	3,850	5,500
2d IROC HBk	260	780	1,300	2,930	4,550	6,500
2d IROC R/T HBk	280	840	1,400	3,150	4,900	7,000
1993 Spirit, 4-cyl.						
4d Sed	184	552	920	2,070	3,220	4,600
4d ES Sed	188	564	940	2,120	3,290	4,700
1993 Spirit, V-6						
4d Sed	188	564	940	2,120	3,290	4,700
4d ES Sed	192	576	960	2,160	3,360	4,800
1993 Dynasty						
4d Sed, 4-cyl.	192	576	960	2,160	3,360	4,800
4d Sed, V-6	196	588	980	2,210	3,430	4,900
4d LE Sed, V-6	200	600	1,000	2,250	3,500	5,000
1993 Intrepid, V-6						
4d Sed	208	624	1,040	2,340	3,640	5,200
4d ES Sed	216	648	1,080	2,430	3,780	5,400
1993 Stealth, V-6						
2d HBk	450	1,400	2,300	5,220	8,100	11,600
2d ES HBk	550	1,700	2,800	6,350	9,850	14,100
*2d R/T HBk	650	2,000	3,300	7,430	11,600	16,500
*2d R/T HBk, Turbo, 4x4	820	2,460	4,100	9,230	14,350	20,500
1993 Viper, V-10						
2d RT/10 Rds	2,000	6,000	10,000	22,500	35,000	50,000
1994 Colt, 4-cyl.						
2d Sed	180	540	900	2,030	3,150	4,500
4d Sed	200	600	1,000	2,250	3,500	5,000
2d ES Sed	192	576	960	2,160	3,360	4,800
4d ES Sed	208	624	1,040	2,340	3,640	5,200
1994 Shadow, 4-cyl.						
4d HBk	200	600	1,000	2,250	3,500	5,000
2d HBk	196	588	980	2,210	3,430	4,900
4d ES HBk	216	648	1,080	2,430	3,780	5,400
2d ES HBk	212	636	1,060	2,390	3,710	5,300
1994 Spirit, 4-cyl. & V-6						
4d Sed	208	624	1,040	2,340	3,640	5,200
1994 Intrepid, V-6						
4d Sed	280	840	1,400	3,150	4,900	7,000

	6	5	4	3	2	1
4d ES Sed	300	900	1,500	3,380	5,250	7,500
1994 Stealth, V-6						
2d HBk	500	1,550	2,600	5,850	9,100	13,000
2d R/T HBk	600	1,750	2,900	6,530	10,200	14,500
2d R/T HBK, Turbo, 4x4	640	1,920	3,200	7,200	11,200	16,000
1994 Viper, V-10						
2d RT/10 Rds	2,000	6,000	10,000	22,500	35,000	50,000
1995 Neon, 4-cyl.						
4d Sed	150	500	800	1,800	2,800	4,000
2d Highline Cpe	150	500	850	1,890	2,950	4,200
4d Highline Sed	150	500	850	1,940	3,000	4,300
2d Spt Cpe	200	550	900	2,030	3,150	4,500
4d Spt Sed	200	550	900	2,070	3,200	4,600
1995 Spirit, 4-cyl. & V-6						
4d Sed	200	600	1,050	2,340	3,650	5,200
1995 Avenger, 4-cyl. & V-6						
2d Cpe, 4-cyl.	250	700	1,150	2,570	4,000	5,700
2d ES Cpe, V-6	250	800	1,350	3,020	4,700	6,700
1995 Stratus, 4-cyl. & V-6						
4d Sed (4-cyl. only)	200	550	900	2,030	3,150	4,500
4d ES Sed	200	600	1,050	2,340	3,650	5,200
1995 Intrepid, V-6						
4d Sed	300	850	1,400	3,150	4,900	7,000
4d ES Sed	300	900	1,500	3,380	5,250	7,500
1995 Stealth, V-6						
2d HBk	500	1,550	2,600	5,850	9,100	13,000
2d R/T HBk	600	1,750	2,900	6,530	10,200	14,500
2d R/T Turbo HBK, 4x4	640	1,920	3,200	7,200	11,200	16,000
1995 Viper, V-10						
2d RT/10 Rds	2,000	6,000	10,000	22,500	35,000	50,000
1996 Neon, 4-cyl.						
2d Cpe	150	450	800	1,760	2,750	3,900
4d Sed	150	500	800	1,800	2,800	4,000
2d Highline Cpe	150	500	850	1,890	2,950	4,200
4d Highline Sed	150	500	850	1,940	3,000	4,300
2d Spt Cpe	200	550	900	2,030	3,150	4,500
4d Spt Sed	200	550	900	2,070	3,200	4,600
1996 Avenger, 4-cyl. & V-6						
2d Cpe (4-cyl. only)	250	700	1,150	2,570	4,000	5,700
2d ES Cpe	250	800	1,350	3,020	4,700	6,700
1996 Stratus, 4-cyl. & V-6						
4d Sed (4-cyl. only)	200	600	1,050	2,340	3,650	5,200
1996 Intrepid, V-6						
4d Sed	300	850	1,400	3,150	4,900	7,000
4d ES Sed	300	900	1,500	3,380	5,250	7,500
1996 Stealth, V-6						
2d HBk	500	1,450	2,400	5,400	8,400	12,000
2d R/T HBk	550	1,600	2,700	6,080	9,450	13,500
2d R/T Turbo HBk, 4x4	600	1,800	3,000	6,750	10,500	15,000
1996 Viper, V-10						
2d RT/10 Rds	2,000	6,000	10,000	22,500	35,000	50,000
2d GTS Cpe	2,080	6,240	10,400	23,400	36,400	52,000
1997 Neon, 4-cyl.						
2d Cpe	156	468	780	1,760	2,730	3,900
4d Sed	160	480	800	1,800	2,800	4,000
2d Highline Cpe	168	504	840	1,890	2,940	4,200
4d Highline Sed	172	516	860	1,940	3,010	4,300
NOTE: Add 5% for Sport Pkg. on Highline models.						
1997 Avenger, 4-cyl. & V-6						
2d Cpe	228	684	1,140	2,570	3,990	5,700
2d ES Cpe	268	804	1,340	3,020	4,690	6,700
1997 Stratus, 4-cyl. & V-6						
4d Sed (4-cyl. only)	180	540	900	2,030	3,150	4,500
4d ES Sed	208	624	1,040	2,340	3,640	5,200
1997 Intrepid, V-6						
4d Sed	280	840	1,400	3,150	4,900	7,000
4d ES Sed	300	900	1,500	3,380	5,250	7,500
1997 Viper, V-10						
2d RT/10 Rds	2,000	6,000	10,000	22,500	35,000	50,000
2d GTS Cpe	2,080	6,240	10,400	23,400	36,400	52,000
1998 Neon, 4-cyl.						
2d Highline Cpe	170	520	860	1,940	3,010	4,300
4d Highline Sed	180	530	880	1,980	3,080	4,400
NOTE: Add 5% for Sport Pkg or R/T Pkg.; 10% for ARC Competition Pkg.						
1998 Avenger, 4-cyl. & V-6						
2d Cpe	230	680	1,140	2,570	3,990	5,700
2d ES Cpe	270	800	1,340	3,020	4,690	6,700
NOTE: Add 5% for Sport Pkg on base model.						

	6	5	4	3	2	1
1998 Stratus, 4-cyl. & V-6						
4d Sed (4-cyl. only)	180	540	900	2,030	3,150	4,500
4d ES Sed	210	620	1,040	2,340	3,640	5,200
1998 Intrepid, V-6						
4d Sed	280	850	1,420	3,200	4,970	7,100
4d ES Sed	300	910	1,520	3,420	5,320	7,600
1998 Viper, V-10						
2d RT/10 Rds	2,000	6,000	10,000	22,500	35,000	50,000
2d GTS Cpe	2,080	6,240	10,400	23,400	36,400	52,000
1999 Neon, 4-cyl.						
2d Highline Cpe	170	520	860	1,940	3,010	4,300
4d Highline Sed	180	530	880	1,980	3,080	4,400
NOTE: Add 5% for Sport or R/T Pkg.; 10% for ARC Competition Pkg.						
1999 Avenger, 4-cyl. & V-6						
2d Cpe	230	680	1,140	2,570	3,990	5,700
2d ES Cpe	270	800	1,340	3,020	4,690	6,700
NOTE: Add 5% for Sport Pkg. on base model.						
1999 Stratus, 4-cyl. & V-6						
4d Sed (4-cyl. only)	190	560	940	2,120	3,290	4,700
4d ES Sed (V-6 only)	220	660	1,100	2,480	3,850	5,500
1999 Intrepid, V-6						
4d Sed	280	850	1,420	3,200	4,970	7,100
4d ES Sed	300	910	1,520	3,420	5,320	7,600
1999 Viper, V-10						
2d RT/10 Rds	2,000	6,000	10,000	22,500	35,000	50,000
2d GTS Cpe	2,080	6,240	10,400	23,400	36,400	52,000
NOTE: Add 5% for Cognac Pkg.; 10% for ARC Competition Pkg.						
2000 Neon, 4-cyl.						
4d Highline Sed	190	560	940	2,120	3,290	4,700
4d ES Sed	200	590	980	2,210	3,430	4,900
NOTE: Add 5% for R/T Pkg.						
2000 Avenger, V-6						
2d Cpe	230	680	1,140	2,570	3,990	5,700
2d ES Cpe	270	800	1,340	3,020	4,690	6,700
2000 Stratus, 4-cyl. & V-8						
4d SE Sed (4-cyl. only)	190	580	960	2,160	3,360	4,800
4d ES Sed (V-6 only)	220	660	1,100	2,480	3,850	5,500
2000 Intrepid, V-6						
4d Sed	280	850	1,420	3,200	4,970	7,100
4d ES Sed	300	910	1,520	3,420	5,320	7,600
4d R/T Sed	320	960	1,600	3,600	5,600	8,000
2000 Viper, V-10						
2d RT/10 Rds	2,000	6,000	10,000	22,500	35,000	50,000
2d GTS Cpe	2,080	6,240	10,400	23,400	36,400	52,000
NOTE: Add 10% for ARC Competition Pkg.						
2001 Neon, 4 cyl.						
4d SE Sed	190	560	940	2,350	3,290	4,700
4d ES Sed	200	590	980	2,450	3,430	4,900
4d R/T Sed	400	1,200	2,000	4,500	7,000	10,000
4d ACR Competition Sed	440	1,320	2,200	4,950	7,700	11,000
2001 Stratus, 4-cyl. & V-6						
2d SE Cpe	200	590	980	2,450	3,430	4,900
4d SE Sed	190	580	960	2,400	3,360	4,800
4d ES Sed (V-6 only)	220	670	1,120	2,800	3,920	5,600
2d R/T Cpe (V-6 only)	300	910	1,520	3,800	5,320	7,600
2001 Intrepid, V-6						
4d SE Sed	290	860	1,440	3,600	5,040	7,200
4d ES Sed	310	920	1,540	3,850	5,390	7,700
4d R/T Sed	320	970	1,620	4,050	5,670	8,100
NOTE: Add 5% for 3.2L V-6 option on ES.						
2001 Viper, V-10						
2d RT/10 Rds	2,000	6,000	10,000	22,500	35,000	50,000
2d GTS Cpe	2,080	6,240	10,400	23,400	36,400	52,000
NOTE: Add 10% for ACR Competition Pkg.						
2002 Neon, 4-cyl.						
4d Sed	180	540	900	2,250	3,150	4,500
4d SE Sed	190	560	940	2,350	3,290	4,700
4d ES Sed	200	590	980	2,450	3,430	4,900
4d SXT Sed	210	620	1,040	2,600	3,640	5,200
4d R/T Sed	400	1,200	2,000	4,500	7,000	10,000
4d ACR Competition Sed	480	1,440	2,400	5,400	8,400	12,000
2002 Stratus, 4-cyl. & V-6						
2d SE Cpe	200	590	980	2,450	3,430	4,900
4d SE Sed	190	580	960	2,400	3,360	4,800
4d SE Plus Sed	190	580	960	2,400	3,360	4,800
4d ES Sed (V-6 only)	220	670	1,120	2,520	3,920	5,600
2d SXT Cpe (4-cyl. only)	220	650	1,080	2,700	3,780	5,400
4d SXT Sed (4-cyl. only)	210	640	1,060	2,650	3,710	5,300
2d R/T Cpe (V-6 only)	300	910	1,520	3,800	5,320	7,600

	6	5	4	3	2	1
4d R/T Sed (V-6 only)	300	900	1,500	3,750	5,250	7,500

NOTE: Add 5% for AutoStick on ES Sed.

2002 Intrepid, V-6

	6	5	4	3	2	1
4d SE Sed	290	860	1,440	3,600	5,040	7,200
4d ES Sed	310	920	1,540	3,850	5,390	7,700
4d SXT Sed	310	940	1,560	3,900	5,460	7,800
4d R/T Sed	320	970	1,620	4,050	5,670	8,100

2002 Viper, V-10

	6	5	4	3	2	1
2d RT/10 Rds	2,000	6,000	10,000	22,500	35,000	50,000
2d GTS Cpe	2,080	6,240	10,400	23,400	36,400	52,000

NOTE: Add 10% for ACR Competition Pkg.; 20% for GTS Final Ed.

2003 Neon, 4-cyl.

	6	5	4	3	2	1
4d SE Sed	190	560	940	2,350	3,290	4,700
4d SXT Sed	210	620	1,040	2,600	3,640	5,200
4d R/T Sed	400	1,200	2,000	4,500	7,000	10,000
4d SRT-4 Sed	440	1,320	2,200	4,950	7,700	11,000

2003 Stratus, 4-cyl. & V-6

	6	5	4	3	2	1
2d SE Cpe	200	590	980	2,450	3,430	4,900
4d SE Sed	190	580	960	2,400	3,360	4,800
4d ES Sed (V-6 only)	220	670	1,120	2,800	3,920	5,600
2d SXT Cpe (4-cyl. only)	220	650	1,080	2,700	3,780	5,400
4d SXT Sed (4-cyl. only)	210	640	1,060	2,650	3,710	5,300
2d R/T Cpe (V-6 only)	300	910	1,520	3,800	5,320	7,600
4d R/T Sed (V-6 only)	300	900	1,500	3,750	5,250	7,500

2003 Intrepid, V-6

	6	5	4	3	2	1
4d SE Sed	290	860	1,440	3,600	5,040	7,200
4d ES Sed	310	920	1,540	3,850	5,390	7,700
4d SXT Sed	310	940	1,560	3,900	5,460	7,800

2003 Viper, V-10

	6	5	4	3	2	1
2d SRT/10 Conv	2,080	6,240	10,400	23,400	36,400	52,000

NOTE: Viper Competition Coupe was offered beginning in 2003, but was not for highway use.

2004 Neon, 4-cyl.

	6	5	4	3	2	1
4d SE Sed	190	560	940	2,350	3,290	4,700
4d SXT Sed	210	620	1,040	2,600	3,640	5,200
4d R/T Sed	220	670	1,120	2,800	3,920	5,600
4d SRT-4 Sed	440	1,320	2,200	5,500	7,700	11,000

NOTE: Deduct 5% for manual transmission, except SRT-4.

2004 Stratus, 4-cyl. & V-6

	6	5	4	3	2	1
2d SXT Cpe (4-cyl. only)	200	590	980	2,450	3,430	4,900
4d SE Sed	190	580	960	2,400	3,360	4,800
4d ES Sed (V-6 only)	220	670	1,120	2,800	3,920	5,600
2d SXT Cpe (4-cyl. only)	220	650	1,080	2,700	3,780	5,400
4d SXT Sed	210	640	1,060	2,650	3,710	5,300
2d R/T Cpe (V-6 only)	300	910	1,520	3,800	5,320	7,600
4d R/T Cpe (V-6 only)	300	900	1,500	3,750	5,250	7,500

NOTE: Deduct 5% for manual transmission.

2004 Intrepid, V-6

	6	5	4	3	2	1
4d SE Sed	290	860	1,440	3,600	5,040	7,200
4d ES Sed	310	920	1,540	3,850	5,390	7,700
4d SXT Sed	310	940	1,560	3,900	5,460	7,800

2004 Viper, V-10

	6	5	4	3	2	1
2d SRT/10 Conv	2,080	6,240	10,400	23,400	36,400	52,000

2005 Neon, 4-cyl.

	6	5	4	3	2	1
4d SE Sed	190	560	940	2,350	3,290	4,700
4d SXT Sed	210	620	1,040	2,600	3,640	5,200
4d SRT-4 Sed	440	1,320	2,200	5,500	7,700	11,000

NOTE: Add 5% for SRT Design Pkg on SXT. Deduct 5% for manual transmission, except SRT-4 sed.

2005 Stratus, V-6

	6	5	4	3	2	1
2d SXT Cpe (4-cyl.)	200	590	980	2,450	3,430	4,900
2d R/T Cpe	300	910	1,520	3,800	5,320	7,600
4d SXT Sed	210	640	1,060	2,650	3,710	5,300

2005 Stratus, V-8

	6	5	4	3	2	1
4d R/T Sed	300	900	1,500	3,380	5,250	7,500

NOTE: Deduct 5% for manual transmission.

2005 Magnum, V-6

	6	5	4	3	2	1
4d SE HBk Sed	390	1,180	1,960	4,900	6,860	9,800
4d SXT HBk Sed	440	1,310	2,180	5,450	7,630	10,900
4d R/T HBk Sed (V-8)	600	1,810	3,020	6,800	10,570	15,100

NOTE: Add 10% for AWD.

2005 Viper, V-10

	6	5	4	3	2	1
2d SRT/10 Conv	3,200	9,600	16,000	40,000	56,000	80,000

2006 Stratus, 4-cyl.

	6	5	4	3	2	1
4d SXT Sed	280	840	1,400	3,500	4,900	7,000

2006 Stratus, V-6

	6	5	4	3	2	1
4d R/T Sed	310	920	1,540	3,850	5,390	7,700

2006 Magnum, V-6

	6	5	4	3	2	1
4d Spt Wag	420	1,260	2,100	5,250	7,350	10,500
4d SXT Spt Wag	430	1,280	2,140	5,350	7,490	10,700

NOTE: Add 10% for AWD.

DODGE

	6	5	4	3	2	1
2006 Magnum, Hemi V-8						
4d R/T Spt Wag	560	1,680	2,800	7,000	9,800	14,000
4d SRT-8 Spt Wag	640	1,920	3,200	8,000	11,200	16,000
NOTE: Add 10% for AWD.						
2006 Charger, V-6						
4d Sed	450	1,360	2,260	5,650	7,910	11,300
4d SXT Sed	480	1,440	2,400	6,000	8,400	12,000
NOTE: Add 15% for Hemi V-8.						
2006 Charger, Hemi V-8						
4d R/T Sed	600	1,800	3,000	7,500	10,500	15,000
4d SRT-8 Sed	2,520	4,200	10,500	14,700	21,000	
NOTE: Add 5% for Daytona; 5% for Performance Group.						
2006 Viper, V-10						
2d SRTS-10 Cpe	2,280	6,840	11,400	28,500	39,900	57,000
2d SRTS-10 Conv.	2,000	6,000	10,000	25,000	35,000	50,000
2d Competition Cpe	8,400	25,200	42,000	105,000	147,000	210,000
2007 Caliber, 4-cyl.						
4d Spt Wag	330	1,000	1,670	4,180	5,850	8,350
4d SXT Spt Wag	350	1,050	1,750	4,380	6,130	8,750
2007 Caliber AWD, 4-cyl.						
4d R/T Spt Wag	440	1,330	2,220	5,550	7,770	11,100
2007 Magnum, V-6						
4d Spt Wag	450	1,360	2,270	5,680	7,950	11,350
4d SXT Spt Wag	480	1,450	2,420	6,050	8,470	12,100
NOTE: Add 10% for AWD.						
2007 Magnum, Hemi V-8						
4d R/T Spt Wag	590	1,770	2,950	7,380	10,330	14,750
4d SRT-8 Spt Wag	750	2,240	3,740	9,350	13,090	18,700
NOTE: Add 10% for AWD.						
2007 Charger, V-6						
4d SE Sed	490	1,470	2,450	6,130	8,580	12,250
4d SXT Sed	530	1,580	2,630	6,580	9,210	13,150
NOTE: Add 10% for AWD; 5% for 3.5L HO V-6; 15% for 5.7L Hemi V-8.						
2007 Charger, Hemi V-8						
4d R/T Sed	660	1,990	3,310	8,280	11,590	16,550
4d SRT-8 Sed	900	2,710	4,520	11,300	15,820	22,600
NOTE: Add 5% for Daytona, Performance Group or Super Bee; 10% for AWD.						
2008 Caliber, 1.8L/2.0L I4						
4d SE Spt Wag	330	1,000	1,670	4,180	5,850	8,350
4d SXT Spt Wag	360	1,070	1,780	4,450	6,230	8,900
2008 Caliber AWD, 2.4L I4						
4d R/T Spt Wag	440	1,330	2,220	5,550	7,770	11,100
2008 Caliber, 2.4 I4 Turbo						
4d Spt Wag	470	1,400	2,330	5,830	8,160	11,650
2008 Avenger, 2.4L I4						
4d SE Sed	340	1,020	1,700	4,250	5,950	8,500
4d SXT Sed	370	1,100	1,830	4,560	6,390	9,125
Add 10% for 2.7L V6						
2008 Avenger, 3.5L V5						
4d R/T Sed	450	1,360	2,270	5,680	7,950	11,350
NOTE: Add 10% for AWD.						
2008 Magnum, 2.7L/3.5L V6						
4d Spt Wag	430	1,290	2,150	5,380	7,530	10,750
2008 Magnum, 2.7L3.5L V6						
4d SXT Spt Wag	470	1,420	2,360	5,900	8,260	11,800
Add 10% for AWD. Add 20% for 5.7L Hemi.						
2008 Magnum, Hemi V8						
4d R/T Spt Wag	620	1,860	3,100	7,750	10,850	15,500
4d SRT8 Spt Wag	780	2,350	3,920	9,800	13,720	19,600
Add 10% for AWD.						
2008 Charger, V6						
4d Sed	490	1,470	2,450	6,130	8,580	12,250
4d SXT Sed	570	1,700	2,830	7,080	9,910	14,150
Add 10% for AWD; add 5% for 3.5L HO V6; add 15% for 5.7L Hemi V8						
2008 Charger, Hemi V8						
4d R/T Sed	720	2,160	3,600	9,000	12,600	18,000
4d SRT8 Sed	900	2,710	4,520	11,300	15,820	22,600
Add 5% for Daytona, Performance Group or Super Bee; add 10% for AWD						
2009 Caliber, 1.8L/2.0L I4						
4d SE Spt Wag	260	780	1,300	3,250	4,550	6,500
4d SXT Spt Wag	300	900	1,500	3,750	5,250	7,500
4d R/TSpt Wag	360	1,080	1,800	4,500	6,300	9,000
2009 Caliber, 2.4L I4 Turbo						
4d SRT4 Spt Wag	440	1,310	2,180	5,450	7,630	10,900
2009 Avenger, 2.4L I4						
4d SE Sed	270	800	1,340	3,350	4,690	6,700
4d SXT Sed	330	980	1,640	4,100	5,740	8,200
Add 10% for 2.7L V6						

DODGE

	6	5	4	3	2	1
2009 Avenger, 3.5L V6						
4d R/T Sed	380	1,140	1,900	4,750	6,650	9,500
Add 10% for AWD						
2009 Charger, 2.7L/3.5L V6						
4d Sed	420	1,260	2,100	5,250	7,350	10,500
4d SXT Sed	470	1,420	2,360	5,900	8,260	11,800
Add 10% for AWD; Add 5% for 3.5L HO V6						
2009 Charger, 5.7L/6.1L Hemi V8						
4d R/T Sed	620	1,860	3,100	7,750	10,850	15,500
4d SRT8 Sed	780	2,340	3,900	9,750	13,650	19,500
2009 Challenger, 3.5L V6						
2d SE Cpe	620	1,860	3,100	7,750	10,850	15,500
2009 Challenger, 5.7L/6.1L Hemi V8						
2d R/T Cpe	670	2,020	3,360	8,400	11,760	16,800
2d SRT8 Cpe	880	2,640	4,400	11,000	15,400	22,000
2009 Challenger, 8.4L V10						
2d SRT10 Cpe	1,800	5,400	9,000	22,500	31,500	45,000
2d SRT10 Conv	1,560	4,680	7,800	19,500	27,300	39,000
$10,000 for VO1-10 edition						
2010 Caliber Sport Wagon, 1.8L/2.0L I4/2.4L						
4d Express	270	820	1,370	3,410	4,780	6,825
4d MainStreet	350	1,050	1,750	4,360	6,110	8,725
4d Uptown	400	1,210	2,020	5,050	7,070	10,100
4d SE	300	890	1,480	3,700	5,180	7,400
4d Heat	350	1,050	1,760	4,390	6,140	8,775
4d SXT	350	1,050	1,750	4,360	6,110	8,725
4d Rush	400	1,210	2,020	5,050	7,070	10,100
4d R/T	430	1,280	2,140	5,350	7,490	10,700
2010 Avenger, 2.4L I4						
4d SXT Sed	380	1,130	1,880	4,690	6,560	9,375
NOTE: Add 10% for 2.7L V-6.						
2010 Avenger, 3.6L V6						
4d R/T Sed	450	1,350	2,250	5,630	7,880	11,250
NOTE: Add 10% for AWD.						
2010 Charger, 2.7L/3.5L V6						
4d Sed	450	1,360	2,260	5,650	7,910	11,300
4d SXT Sed	510	1,540	2,570	6,430	9,000	12,850
4d Rallye Sed	540	1,610	2,690	6,730	9,420	13,450
NOTE: Add 10% for AWD; 5% for 3.5L HO V-6.						
2010 Charger, 5.7L/6.1L Hemi V8						
4d R/T Sed	700	2,110	3,520	8,800	12,320	17,600
4d SRT8 Sed	940	2,810	4,680	11,700	16,380	23,400
2010 Challenger, 3.5L V6						
2d SE Cpe	660	1,990	3,320	8,300	11,620	16,600
2010 Challenger, 5.7L/6.1L Hemi V8						
2d R/T Cpe	760	2,290	3,820	9,550	13,370	19,100
2d SRT8 Cpe	970	2,900	4,840	12,100	16,940	24,200
2010 Viper V-10, 8.4L V10						
2d SRT 10 Cpe	1,970	5,920	9,860	24,650	34,510	49,300
2d SRT 10 Conv	1,790	5,360	8,940	22,350	31,290	44,700
NOTE: Add $10,000 for VO1-10 edition.						
2011 Caliber Sport Wagon, 1.8L/2.0L.4/2.4L I4						
4d Express	210	640	1,060	2,650	3,710	5,300
2011 Caliber Sport Wagon, 1.8L/2.0L4/2.4L I4						
4d MainStreet	260	780	1,300	3,250	4,550	6,500
4d Uptown	290	860	1,440	3,600	5,040	7,200
4d Heat	270	810	1,360	3,390	4,740	6,775
4d Rush	300	900	1,500	3,750	5,250	7,500
2011 Avenger Sedan, 2.4L I4						
4d Express Sed	270	820	1,370	3,430	4,800	6,850
4d Mainstreet Sed	300	900	1,500	3,750	5,250	7,500
4d LUX Sed	360	1,080	1,800	4,500	6,300	9,000
2011 Charger, 3.6L V6						
4d Sedan	450	1,360	2,260	5,650	7,910	11,300
Add 10% for police packages.						
2011 Charger, 5.7L Hemi V8						
4d R/T Sed	680	2,040	3,400	8,500	11,900	17,000
2011 Challenger, 3.5L V6						
2d Cpe	520	1,560	2,600	6,500	9,100	13,000
2011 Challenger, 5.7L/6.1L Hemi V8						
2d R/T Cpe	760	2,290	3,820	9,550	13,370	19,100
2d SRT8 Cpe	920	2,770	4,620	11,550	16,170	23,100
EDSEL						
1958 Ranger Series, V-8, 118" wb						
2d Sed	660	1,990	3,320	7,470	11,620	16,600
4d Sed	660	1,980	3,300	7,430	11,550	16,500
4d HT	700	2,100	3,500	7,880	12,250	17,500
2d HT	1,080	3,240	5,400	12,150	18,900	27,000

	6	5	4	3	2	1
1958 Pacer Series, V-8, 118" wb						
4d Sed	680	2,040	3,400	7,650	11,900	17,000
4d HT	720	2,160	3,600	8,100	12,600	18,000
2d HT	1,120	3,360	5,600	12,600	19,600	28,000
2d Conv	2,260	6,780	11,300	25,430	39,550	56,500
1958 Corsair Series, V-8, 124" wb						
4d HT	760	2,280	3,800	8,550	13,300	19,000
2d HT	1,180	3,540	5,900	13,280	20,650	29,500
1958 Citation Series, V-8, 124" wb						
4d HT	840	2,520	4,200	9,450	14,700	21,000
2d HT	1,240	3,720	6,200	13,950	21,700	31,000
2d Conv	3,540	10,620	17,700	39,830	61,950	88,500
1958 Station Wagons, V-8						
4d Vill	1,200	3,600	6,000	13,500	21,000	30,000
4d Ber	1,860	5,580	9,300	20,930	32,550	46,500
4d 9P Vill	1,260	3,780	6,300	14,180	22,050	31,500
4d 9P Ber	1,900	5,700	9,500	21,380	33,250	47,500
2d Rdup	1,320	3,960	6,600	14,850	23,100	33,000
1959 Ranger Series, V-8, 120" wb						
2d Sed	650	1,940	3,240	7,290	11,340	16,200
4d Sed	640	1,930	3,220	7,250	11,270	16,100
4d HT	680	2,050	3,420	7,700	11,970	17,100
2d HT	940	2,820	4,700	10,580	16,450	23,500
1959 Corsair Series, V-8, 120" wb						
4d Sed	660	1,980	3,300	7,430	11,550	16,500
4d HT	720	2,160	3,600	8,100	12,600	18,000
2d HT	1,000	3,000	5,000	11,250	17,500	25,000
2d Conv	1,740	5,220	8,700	19,580	30,450	43,500
1959 Station Wagons, V-8, 118" wb						
4d Vill	1,000	3,000	5,000	11,250	17,500	25,000
4d 9P Vill	1,060	3,180	5,300	11,930	18,550	26,500
NOTE: Deduct 5% for 6-cyl.						
1960 Ranger Series, V-8, 120" wb						
2d Sed	670	2,000	3,340	7,520	11,690	16,700
4d Sed	660	1,990	3,320	7,470	11,620	16,600
4d HT	940	2,820	4,700	10,580	16,450	23,500
2d HT	1,560	4,680	7,800	17,550	27,300	39,000
2d Conv	3,980	11,940	19,900	44,780	69,650	99,500
1960 Station Wagons, V-8, 120" wb						
4d 6P Vill	1,100	3,300	5,500	12,380	19,250	27,500
4d 9P Vill	1,120	3,360	5,600	12,600	19,600	28,000
NOTE: Deduct 5% for 6-cyl.						

EXCALIBUR

	6	5	4	3	2	1
1952 Excalibur I, Willys F-Head 4-cyl.						
2d Rds	12,000	36,000	60,000	150,000	210,000	300,000
1965 Excalibur I, Chevrolet Corvette V8						
2d SSK Rds 2P	2,000	6,000	10,000	25,000	35,000	50,000
1966 Excalibur I, Chevrolet Corvette V8						
2d SSK Rds 2P	1,800	5,400	9,000	22,500	31,500	45,000
2d SS Rds 2P	1,520	4,560	7,600	19,000	26,600	38,000
1966 Excalibur 35X						
2d Rds 2P	2,000	6,000	10,000	25,000	35,000	50,000
1967 Excalibur Series I, Chevrolet Corvette V8						
2d SSK Rds 2P	1,800	5,400	9,000	22,500	31,500	45,000
2d SS Rds 2P	1,520	4,560	7,600	19,000	26,600	38,000
2d SS Phaeton 4P	1,280	3,840	6,400	16,000	22,400	32,000
1967 Excalibur 35X						
2d Rds 2P	2,000	6,000	10,000	25,000	35,000	50,000
1968 Excalibur Series I, Chevrolet Corvette V8						
2d SSK Rds 2P	1,800	5,400	9,000	22,500	31,500	45,000
2d SS Rds 2P	1,520	4,560	7,600	19,000	26,600	38,000
2d SS Phaeton 4P	1,280	3,840	6,400	16,000	22,400	32,000
1968 Excalibur 35X						
2d Rds 2P	2,000	6,000	10,000	25,000	35,000	50,000
1969 Excalibur Series I, Chevrolet Corvette V8						
2d SSK Rds 2P	1,800	5,400	9,000	22,500	31,500	45,000
2d SS Rds 2P	1,520	4,560	7,600	19,000	26,600	38,000
2d SS Phaeton 4P	1,280	3,840	6,400	16,000	22,400	32,000
1969 Excalibur 35X						
2d Rds 2P	2,000	6,000	10,000	25,000	35,000	50,000
1970 Excalibur Series II, Chevrolet Corvette V8						
2d SSK Rds 2P	1,520	4,560	7,600	19,000	26,600	38,000
2d SS Rds 2P	1,540	4,620	7,700	19,250	26,950	38,500
2d SS Phaeton 4P	1,160	3,480	5,800	14,500	20,300	29,000
1972 Excalibur Series II, Chevrolet Corvette 454 V8						
2d SSK Rds 2P	1,560	4,670	7,780	19,450	27,230	38,900
2d SS Rds 2P	1,580	4,740	7,900	19,750	27,650	39,500
2d SS Phaeton 4P	1,200	3,600	6,000	15,000	21,000	30,000

EXCALIBUR

	6	5	4	3	2	1
1973 Excalibur Series II, Chevrolet Corvette 454 V8						
2d SSK Rds 2P	1,560	4,670	7,780	19,450	27,230	38,900
2d SS Rds 2P	1,580	4,740	7,900	19,750	27,650	39,500
2d SS Phaeton 4P	1,200	3,600	6,000	15,000	21,000	30,000
1974 Excalibur Series II, Chevrolet Corvette 454 V8						
2d SS Rds 2P	1,740	5,220	8,700	21,750	30,450	43,500
2d SS Phaeton 4P	1,200	3,600	6,000	15,000	21,000	30,000
1975 Excalibur Series III, Chevrolet Corvette V8						
2d Rds 2P	1,740	5,220	8,700	21,750	30,450	43,500
2d Phaeton 4P	1,440	4,320	7,200	18,000	25,200	36,000
1976 Excalibur Series III, Chevrolet Corvette V8						
2d Rds 2P	1,740	5,220	8,700	21,750	30,450	43,500
2d Phaeton 4P	1,440	4,320	7,200	18,000	25,200	36,000
1977 Excalibur Series III, Chevrolet Corvette V8						
2d Rds 2P	1,740	5,220	8,700	21,750	30,450	43,500
2d Phaeton 4P	1,440	4,320	7,200	18,000	25,200	36,000
1978 Excalibur Series III, Chevrolet Corvette V8						
2d Rds 2P	1,740	5,220	8,700	21,750	30,450	43,500
2d Phaeton 4P	1,440	4,320	7,200	18,000	25,200	36,000
1979 Excalibur Series III, Chevrolet Corvette V8						
2d Rds 2P	1,740	5,220	8,700	21,750	30,450	43,500
2d Phaeton 4P	1,440	4,320	7,200	18,000	25,200	36,000
1980 Excalibur Series IV, Chevrolet Corvette V8						
2d Phaeton 4P	1,600	4,800	8,000	20,000	28,000	40,000
1981 Excalibur Series IV, Chevrolet Corvette V8						
2d Rds 2P	1,920	5,760	9,600	24,000	33,600	48,000
2d Phaeton 4P	1,760	5,280	8,800	22,000	30,800	44,000
1982 Excalibur Series IV, Chevrolet Corvette V8						
2d Rds 2P	1,920	5,760	9,600	24,000	33,600	48,000
2d Phaeton 4P	1,760	5,280	8,800	22,000	30,800	44,000
1983 Excalibur Series IV, Chevrolet Corvette V8						
2d Rds 2P	2,160	6,480	10,800	27,000	37,800	54,000
2d Phaeton 4P	1,840	5,520	9,200	23,000	32,200	46,000
NOTE: 700R automatic transmission adopted.						
1984 Excalibur Series IV, Chevrolet Corvette V8						
2d Rds 2P	2,560	7,680	12,800	32,000	44,800	64,000
2d Phaeton 4P	1,840	5,520	9,200	23,000	32,200	46,000
1984 Excalibur Series IV 20th Anniversary, Chevrolet Corvette V8						
2d Rds 2P	3,000	9,000	15,000	37,500	52,500	75,000
2d Phaeton 4P	2,960	8,880	14,800	37,000	51,800	74,000
1985 Excalibur Signature Series V, Chevrolet Corvette V8						
2d Rds 2P	3,000	9,000	15,000	33,750	52,500	75,000
2d Phaeton 4P	2,960	8,880	14,800	33,300	51,800	74,000
1986 Excalibur Series V, Chevrolet Corvette V8						
2d Rds 2P	1,880	5,640	9,400	23,500	32,900	47,000
2d Phaeton 4P	1,680	5,040	8,400	21,000	29,400	42,000
2d Royal 4P	1,920	5,760	9,600	24,000	33,600	48,000
2d Limited	1,720	5,160	8,600	21,500	30,100	43,000
1987 Excalibur Series V, Chevrolet Corvette V8						
2d Rds 2P	1,880	5,640	9,400	23,500	32,900	47,000
2d Phaeton 4P	1,680	5,040	8,400	21,000	29,400	42,000
1988 Excalibur Series V, Chevrolet Corvette V8						
2d Rds 2P	1,880	5,640	9,400	23,500	32,900	47,000
2d Phaeton 4P	1,680	5,040	8,400	21,000	29,400	42,000
4d Touring Sed 5P	3,200	9,600	16,000	40,000	56,000	80,000
4d Limousine 5P	3,400	10,200	17,000	42,500	59,500	85,000

FORD

	6	5	4	3	2	1
1903 Model A, 2-cyl., Ser. No. 1-670, 8 hp 1904, 2-cyl., Ser. No. 671-1708, 10 hp						
Rbt	2,000	6,000	10,000	22,500	35,000	50,000
Rbt W/ton	2,080	6,240	10,400	23,400	36,400	52,000
1903 Model B 10 hp, 4-cyl.						
Tr			value not estimable			
1903 Model C 10 hp, 2-cyl., Ser. No. 1709-2700						
Rbt	2,040	6,120	10,200	22,950	35,700	51,000
Rbt W/ton	2,080	6,240	10,400	23,400	36,400	52,000
Dr's Mdl	2,120	6,360	10,600	23,850	37,100	53,000
1903 Model F 16 hp 2-cyl., (Produced 1904-05-06)						
Tr	2,080	6,240	10,400	23,400	36,400	52,000
1903 Model K 40 hp, 6-cyl., (Produced 1905-06-07-08)						
Tr	3,360	10,080	16,800	37,800	58,800	84,000
Rds	3,400	10,200	17,000	38,250	59,500	85,000
1903 Model N 18 hp, 4-cyl., (Produced 1906-07-08)						
Rbt	2,120	6,360	10,600	23,850	37,100	53,000
1903 Model R 4-cyl., (Produced 1907-08)						
Rbt	2,040	6,120	10,200	22,950	35,700	51,000
1903 Model S 4-cyl.						
Rbt	2,160	6,480	10,800	24,300	37,800	54,000

	6	5	4	3	2	1

1908 Model T, 4-cyl., 2 levers, 2 foot pedals (1,000 produced)

	6	5	4	3	2	1
Tr.	1,880	5,640	9,400	21,150	32,900	47,000

1909 Model T, 4-cyl.

Rbt	1,420	4,260	7,100	15,980	24,850	35,500
Tr.	1,380	4,140	6,900	15,530	24,150	34,500
Trbt	1,300	3,900	6,500	14,630	22,750	32,500
Cpe.	1,120	3,360	5,600	12,600	19,600	28,000
Twn Car	2,480	7,440	12,400	27,900	43,400	62,000
Lan'let	1,400	4,200	7,000	15,750	24,500	35,000

1910 Model T, 4-cyl.

Rbt	1,360	4,080	6,800	15,300	23,800	34,000
Tr.	1,720	5,160	8,600	19,350	30,100	43,000
Cpe.	1,120	3,360	5,600	12,600	19,600	28,000
Twn Car	1,680	5,040	8,400	18,900	29,400	42,000
C'ml Rds	1,400	4,200	7,000	15,750	24,500	35,000

1911 Model T, 4-cyl.

Rbt	1,320	3,960	6,600	14,850	23,100	33,000
Tor Rds	2,400	7,200	12,000	27,000	42,000	60,000
Tr.	1,280	3,840	6,400	14,400	22,400	32,000
Trbt	1,200	3,600	6,000	13,500	21,000	30,000
Cpe.	1,080	3,240	5,400	12,150	18,900	27,000
Twn Car	1,600	4,800	8,000	18,000	28,000	40,000
C'ml Rds	1,400	4,200	7,000	15,750	24,500	35,000
Dely Van	960	2,880	4,800	10,800	16,800	24,000

1912 Model T, 4-cyl.

Rds	1,720	5,160	8,600	19,350	30,100	43,000
Tor Rds	2,400	7,200	12,000	27,000	42,000	60,000
Tr.	1,700	5,100	8,500	19,130	29,750	42,500
Twn Car	1,560	4,680	7,800	17,550	27,300	39,000
Dely Van	960	2,880	4,800	10,800	16,800	24,000
C'ml Rds	1,400	4,200	7,000	15,750	24,500	35,000

1913 Model T, 4-cyl.

Rds	1,240	3,720	6,200	13,950	21,700	31,000
Tr.	1,280	3,840	6,400	14,400	22,400	32,000
Twn Car	1,520	4,560	7,600	17,100	26,600	38,000

1914 Model T, 4-cyl.

Rds	1,240	3,720	6,200	13,950	21,700	31,000
Tr.	1,200	3,840	6,400	14,400	22,400	32,000
Twn Car	1,520	4,560	7,600	17,100	26,600	38,000
Cpe.	1,040	3,120	5,200	11,700	18,200	26,000

1915 & early 1916 Model T, 4-cyl., (brass rad.)

Rds	1,340	4,020	6,700	15,080	23,450	33,500
Tr	1,400	4,200	7,000	15,750	24,500	35,000
Conv Cpe	1,440	4,320	7,200	16,200	25,200	36,000
Ctr dr Sed	1,000	3,000	5,000	11,250	17,500	25,000
Twn Car	1,520	4,560	7,600	17,100	26,600	38,000

1916 Model T, 4-cyl., (steel rad.)

Rds	1,040	3,120	5,200	11,700	18,200	26,000
Tr.	1,000	3,000	5,000	11,250	17,500	25,000
Conv Cpe	1,040	3,120	5,200	11,700	18,200	26,000
Ctr dr Sed	880	2,640	4,400	9,900	15,400	22,000
Twn Car	1,200	3,600	6,000	13,500	21,000	30,000

1917 Model T, 4-cyl.

Rds	1,020	3,060	5,100	11,480	17,850	25,500
Tr.	960	2,880	4,800	10,800	16,800	24,000
Conv Cpe	840	2,520	4,200	9,450	14,700	21,000
Twn Car	1,160	3,480	5,800	13,050	20,300	29,000
Ctr dr Sed	800	2,400	4,000	9,000	14,000	20,000
Cpe.	680	2,040	3,400	7,650	11,900	17,000

1918 Model T, 4-cyl.

Rds	940	2,820	4,700	10,580	16,450	23,500
Tr.	880	2,640	4,400	9,900	15,400	22,000
Cpe.	1,280	3,840	6,400	14,400	22,400	32,000
Ctr dr Sed	760	2,280	3,800	8,550	13,300	19,000

1919 Model T, 4-cyl.

Rds	940	2,820	4,700	10,580	16,450	23,500
Tr.	920	2,760	4,600	10,350	16,100	23,000
Cpe	880	2,640	4,400	9,900	15,400	22,000
Ctr dr Sed	880	2,640	4,400	9,900	15,400	22,000

1920-21 Model T, 4-cyl.

Rds	880	2,640	4,400	9,900	15,400	22,000
Tr.	920	2,760	4,600	10,350	16,100	23,000
Cpe.	840	2,520	4,200	9,450	14,700	21,000
Ctr dr Sed	880	2,640	4,400	9,900	15,400	22,000

1922-23 Model T, 4-cyl.

Rds	920	2,760	4,600	10,350	16,100	23,000
'22 Tr	780	2,340	3,900	8,780	13,650	19,500
'23 Tr	880	2,640	4,400	9,900	15,400	22,000
Cpe.	840	2,520	4,200	9,450	14,700	21,000

FORD

	6	5	4	3	2	1
4d Sed	560	1,680	2,800	6,300	9,800	14,000
2d Sed	580	1,740	2,900	6,530	10,150	14,500
Ctr dr Sed	880	2,640	4,400	9,900	15,400	22,000
1924 Model T, 4-cyl.						
Rds	820	2,460	4,100	9,230	14,350	20,500
Tr	820	2,460	4,100	9,230	14,350	20,500
Cpe	640	1,920	3,200	7,200	11,200	16,000
4d Sed	540	1,620	2,700	6,080	9,450	13,500
2d Sed	560	1,680	2,800	6,300	9,800	14,000
Rds PU	760	2,280	3,800	8,550	13,300	19,000
1925 Model T, 4-cyl.						
Rds	820	2,460	4,100	9,230	14,350	20,500
Tr	820	2,460	4,100	9,230	14,350	20,500
Cpe	640	1,920	3,200	7,200	11,200	16,000
2d	540	1,620	2,700	6,080	9,450	13,500
4d	560	1,680	2,800	6,300	9,800	14,000
1926 Model T, 4-cyl.						
Rds	820	2,460	4,100	9,230	14,350	20,500
Tr	820	2,460	4,100	9,230	14,350	20,500
Cpe	640	1,920	3,200	7,200	11,200	16,000
2d	560	1,680	2,800	6,300	9,800	14,000
4d	560	1,690	2,820	6,350	9,870	14,100
1927 Model T, 4-cyl.						
Rds	860	2,580	4,300	9,680	15,050	21,500
Tr	860	2,580	4,300	9,680	15,050	21,500
Cpe	640	1,920	3,200	7,200	11,200	16,000
2d	560	1,680	2,800	6,300	9,800	14,000
4d	540	1,620	2,700	6,080	9,450	13,500
1928 Model A, 4-cyl.						
NOTE: Add 20% average for early "AR" features.						
2d Rds	1,460	4,380	7,300	16,430	25,550	36,500
4d Phae	1,400	4,200	7,000	15,750	24,500	35,000
2d Cpe	800	2,400	4,000	9,000	14,000	20,000
2d Spl Cpe	880	2,640	4,400	9,900	15,400	22,000
2d Bus Cpe	640	1,920	3,200	7,200	11,200	16,000
2d Spt Cpe	760	2,280	3,800	8,550	13,300	19,000
2d Sed	640	1,920	3,200	7,200	11,200	16,000
4d Sed	740	2,220	3,700	8,330	12,950	18,500
1929 Model A, 4-cyl.						
2d Rds	1,460	4,380	7,300	16,430	25,550	36,500
4d Phae	1,800	5,400	9,000	20,250	31,500	45,000
2d Cabr	1,380	4,140	6,900	15,530	24,150	34,500
2d Cpe	760	2,280	3,800	8,550	13,300	19,000
2d Bus Cpe	720	2,160	3,600	8,100	12,600	18,000
2d Spl Cpe	780	2,340	3,900	8,780	13,650	19,500
2d Spt Cpe	800	2,400	4,000	9,000	14,000	20,000
2d Sed	1,040	3,120	5,200	11,700	18,200	26,000
4d 3W Sed	720	2,160	3,600	8,100	12,600	18,000
4d 5W Sed	680	2,040	3,400	7,650	11,900	17,000
4d DeL Sed	880	2,640	4,400	9,900	15,400	22,000
4d Twn Sed	820	2,460	4,100	9,230	14,350	20,500
4d Taxi	1,800	5,400	9,000	20,250	31,500	45,000
4d Twn Car	2,600	7,800	13,000	29,250	45,500	65,000
4d Sta Wag	1,800	5,400	9,000	20,250	31,500	45,000
1930 Model A, 4-cyl.						
2d Rds	1,460	4,380	7,300	16,430	25,550	36,500
2d DeL Rds	1,440	4,320	7,200	16,200	25,200	36,000
4d Phae	1,800	5,400	9,000	20,250	31,500	45,000
2d DeL Phae	1,840	5,520	9,200	20,700	32,200	46,000
2d Cabr	1,380	4,140	6,900	15,530	24,150	34,500
2d Cpe	800	2,400	4,000	9,000	14,000	20,000
2d DeL Cpe	1,120	3,360	5,600	12,600	19,600	28,000
2d Spt Cpe	800	2,400	4,000	9,000	14,000	20,000
2d Std Sed	680	2,040	3,400	7,650	11,900	17,000
2d DeL Sed	840	2,520	4,200	9,450	14,700	21,000
2d 3W Cpe	800	2,400	4,000	9,000	14,000	20,000
2d 5W Cpe	820	2,460	4,100	9,230	14,350	20,500
4d DeL Sed	960	2,880	4,800	10,800	16,800	24,000
4d Twn Sed	1,080	3,240	5,400	12,150	18,900	27,000
2d Vic	1,600	4,800	8,000	18,000	28,000	40,000
4d Sta Wag	1,800	5,400	9,000	20,250	31,500	45,000
1931 Model A, 4-cyl.						
2d Rds	1,520	4,560	7,600	17,100	26,600	38,000
2d DeL Rds	1,500	4,500	7,500	16,880	26,250	37,500
4d Phae	1,680	5,040	8,400	18,900	29,400	42,000
2d DeL Phae	2,200	6,600	11,000	24,750	38,500	55,000
2d Cabr	1,380	4,140	6,900	15,530	24,150	34,500
2d Conv Sed	1,660	4,980	8,300	18,680	29,050	41,500
2d Cpe	1,120	3,360	5,600	12,600	19,600	28,000

	6	5	4	3	2	1
2d DeL Cpe	840	2,520	4,200	9,450	14,700	21,000
2d Spt Cpe	820	2,460	4,100	9,230	14,350	20,500
2d Sed	760	2,280	3,800	8,550	13,300	19,000
2d DeL Sed	880	2,640	4,400	9,900	15,400	22,000
4d Sed	720	2,160	3,600	8,100	12,600	18,000
4d DeL Sed	760	2,280	3,800	8,550	13,300	19,000
4d Twn Sed	840	2,520	4,200	9,450	14,700	21,000
2d Vic	1,600	4,800	8,000	18,000	28,000	40,000
4d Sta Wag	1,800	5,400	9,000	20,250	31,500	45,000

1932 Model B, 4-cyl.

	6	5	4	3	2	1
2d Rds	3,200	9,600	16,000	36,000	56,000	80,000
4d Phae	2,480	7,440	12,400	27,900	43,400	62,000
2d Cabr	2,680	8,040	13,400	30,150	46,900	67,000
4d Conv Sed	2,160	6,480	10,800	24,300	37,800	54,000
2d Cpe	2,400	7,200	12,000	27,000	42,000	60,000
2d Spt Cpe	2,440	7,320	12,200	27,450	42,700	61,000
2d Sed	1,280	3,840	6,400	14,400	22,400	32,000
4d Sed	880	2,640	4,400	9,900	15,400	22,000
2d Vic	1,800	5,400	9,000	20,250	31,500	45,000
4d Sta Wag	3,200	9,600	16,000	36,000	56,000	80,000

1932 Model 18, V-8

	6	5	4	3	2	1
2d Rds	3,400	10,200	17,000	38,250	59,500	85,000
2d DeL Rds	3,400	10,200	17,000	38,250	59,500	85,000
4d Phae	2,920	8,760	14,600	32,850	51,100	73,000
4d DeL Phae	3,280	9,840	16,400	36,900	57,400	82,000
2d Cabr	3,120	9,360	15,600	35,100	54,600	78,000
4d Conv Sed	3,000	9,000	15,000	33,750	52,500	75,000
2d Cpe	3,200	9,600	16,000	36,000	56,000	80,000
2d DeL Cpe	3,520	10,560	17,600	39,600	61,600	88,000
2d Spt Cpe	3,080	9,240	15,400	34,650	53,900	77,000
2d Sed	2,200	6,600	11,000	24,750	38,500	55,000
2d DeL Sed	2,300	6,900	11,500	25,880	40,250	57,500
4d Sed	1,800	5,400	9,000	20,250	31,500	45,000
4d DeL Sed	1,900	5,700	9,500	21,380	33,250	47,500
2d Vic	2,560	7,600	12,000	28,000	44,000	64,000
4d Sta Wag	3,480	10,440	17,400	39,150	60,900	87,000

1933 Model 40, V-8

	6	5	4	3	2	1
4d Phae	2,240	6,720	11,200	25,200	39,200	56,000
4d DeL Phae	2,280	6,840	11,400	25,650	39,900	57,000
2d Rds	2,800	8,400	14,000	31,500	49,000	70,000
2d DeL Rds	3,400	10,200	17,000	38,250	59,500	85,000
2d 3W Cpe	2,620	7,860	13,100	29,480	45,850	65,500
2d 3W DeL Cpe	2,740	8,220	13,700	30,830	47,950	68,500
2d 5W Cpe	2,340	7,020	11,700	26,330	40,950	58,500
2d 5W DeL Cpe	2,380	7,140	11,900	26,780	41,650	59,500
2d Cabr	2,840	8,520	14,200	31,950	49,700	71,000
2d Sed	1,340	4,020	6,700	15,080	23,450	33,500
2d DeL Sed	1,440	4,320	7,200	16,200	25,200	36,000
4d Sed	1,020	3,060	5,100	11,480	17,850	25,500
4d DeL Sed	1,420	4,260	7,100	15,980	24,850	35,500
2d Vic	2,440	7,320	12,200	27,450	42,700	61,000
4d Sta Wag	3,620	10,860	18,100	40,730	63,350	90,500

1933 Model 40, 4-cyl.

NOTE: All models deduct 20% average from V-8 models.

1934 Model 40, V-8

	6	5	4	3	2	1
2d Rds	2,800	8,400	14,000	31,500	49,000	70,000
4d Phae	3,560	10,680	17,800	40,050	62,300	89,000
2d Cabr	2,720	8,160	13,600	30,600	47,600	68,000
5W Cpe	2,360	7,080	11,800	26,550	41,300	59,000
2d 3W DeL Cpe	2,560	7,680	12,800	28,800	44,800	64,000
2d 5W DeL Cpe	2,400	7,200	12,000	27,000	42,000	60,000
2d Sed	1,380	4,140	6,900	15,530	24,150	34,500
2d DeL Sed	1,480	4,440	7,400	16,650	25,900	37,000
4d Sed	1,060	3,180	5,300	11,930	18,550	26,500
4d DeL Scd	1,460	4,380	7,300	16,430	25,550	36,500
2d Vic	2,440	7,320	12,200	27,450	42,700	61,000
4d Sta Wag	3,640	10,920	18,200	40,950	63,700	91,000

1935 Model 48, V-8

	6	5	4	3	2	1
4d Phae	2,240	6,720	11,200	25,200	39,200	56,000
2d Rds	2,520	7,560	12,600	28,350	44,100	63,000
2d Cabr	2,360	7,080	11,800	26,550	41,300	59,000
4d Conv Sed	2,440	7,320	12,200	27,450	42,700	61,000
2d 3W DeL Cpe	1,760	5,280	8,800	19,800	30,800	44,000
2d 5W Cpe	1,560	4,680	7,800	17,550	27,300	39,000
2d 5W DeL Cpe	1,600	4,800	8,000	18,000	28,000	40,000
2d Sed	1,000	3,000	5,000	11,250	17,500	25,000
2d DeL Sed	1,800	5,400	9,000	20,250	31,500	45,000
4d Sed	960	2,880	4,800	10,800	16,800	24,000
4d DeL Sed	980	2,940	4,900	11,030	17,150	24,500

FORD

	6	5	4	3	2	1
4d Sta Wag.	3,600	10,800	18,000	40,500	63,000	90,000
4d C'ham Twn Car	3,000	9,000	15,000	33,750	52,500	75,000
1936 Model 68, V-8						
2d Rds	2,680	8,040	13,400	30,150	46,900	67,000
4d Phae	2,600	7,800	13,000	29,250	45,500	65,000
2d Cabr.	2,400	7,200	12,000	27,000	42,000	60,000
2d Clb Cabr	2,480	7,440	12,400	27,900	43,400	62,000
4d Conv Trk Sed	2,520	7,560	12,600	28,350	44,100	63,000
4d Conv Sed.	2,480	7,440	12,400	27,900	43,400	62,000
2d 3W Cpe	1,640	4,920	8,200	18,450	28,700	41,000
2d 5W Cpe	1,600	4,800	8,000	18,000	28,000	40,000
2d 5W DeL Cpe	1,640	4,920	8,200	18,450	28,700	41,000
2d Sed	1,020	3,060	5,100	11,480	17,850	25,500
2d Tr Sed	1,040	3,120	5,200	11,700	18,200	26,000
2d DeL Sed.	1,140	3,420	5,700	12,830	19,950	28,500
4d Sed	980	2,940	4,900	11,030	17,150	24,500
4d Tr Sed	1,000	3,000	5,000	11,250	17,500	25,000
4d DeL Sed.	1,020	3,060	5,100	11,480	17,850	25,500
4d DeL Tr Sed.	1,340	4,020	6,700	15,080	23,450	33,500
4d Sta Wag.	3,600	10,800	18,000	40,500	63,000	90,000
1937 Model 74, V-8, 60 hp						
2d Sed	940	2,830	4,720	10,620	16,520	23,600
2d Tr Sed	960	2,890	4,820	10,850	16,870	24,100
4d Sed	940	2,820	4,700	10,580	16,450	23,500
4d Tr Sed	960	2,880	4,800	10,800	16,800	24,000
2d Cpe	1,480	4,440	7,400	16,650	25,900	37,000
2d Cpe PU	1,380	4,140	6,900	15,530	24,150	34,500
4d Sta Wag.	3,600	10,800	18,000	40,500	63,000	90,000
1937 Model 78, V-8, 85 hp						
2d Rds	2,760	8,280	13,800	31,050	48,300	69,000
4d Phae	2,400	7,200	12,000	27,000	42,000	60,000
2d Cabr.	2,480	7,440	12,400	27,900	43,400	62,000
2d Clb Cabr	2,520	7,560	12,600	28,350	44,100	63,000
4d Conv Sed.	2,560	7,680	12,800	28,800	44,800	64,000
2d Cpe	1,420	4,260	7,100	15,980	24,850	35,500
2d Clb Cpe	1,460	4,380	7,300	16,430	25,550	36,500
2d Sed	1,000	3,010	5,020	11,300	17,570	25,100
2d Tr Sed	1,020	3,070	5,120	11,520	17,920	25,600
4d Sed	1,000	3,000	5,000	11,250	17,500	25,000
4d Tr Sed	1,000	3,000	5,000	11,250	17,500	25,000
4d Sta Wag.	3,680	11,040	18,400	41,400	64,400	92,000
1938 Model 81A Standard, V-8						
2d Cpe	1,260	3,780	6,300	14,180	22,050	31,500
2d Sed	840	2,530	4,220	9,500	14,770	21,100
4d Sed	840	2,520	4,200	9,450	14,700	21,000
1938 Model 81A DeLuxe, V-8						
4d Phae	2,360	7,080	11,800	26,550	41,300	59,000
2d Conv	2,400	7,200	12,000	27,000	42,000	60,000
2d Clb Conv	2,440	7,320	12,200	27,450	42,700	61,000
4d Conv Sed.	2,520	7,560	12,600	28,350	44,100	63,000
2d Cpe	1,360	4,080	6,800	15,300	23,800	34,000
2d Clb Cpe	1,400	4,200	7,000	15,750	24,500	35,000
2d Sed	1,000	3,000	5,000	11,250	17,500	25,000
4d Sed	980	2,940	4,900	11,030	17,150	24,500
4d Sta Wag.	5,680	17,040	28,400	63,900	99,400	142,000

NOTE: Deduct 10% average for 60 hp 82A Ford.

	6	5	4	3	2	1
1939 Standard, V-8						
2d Cpe	1,560	4,680	7,800	17,550	27,300	39,000
2d Sed	1,000	3,000	5,000	11,250	17,500	25,000
4d Sed	960	2,880	4,800	10,800	16,800	24,000
4d Sta Wag.	3,560	10,680	17,800	40,050	62,300	89,000
1939 DeLuxe, V-8						
2d Conv	3,120	9,360	15,600	35,100	54,600	78,000
4d Conv Sed.	3,240	9,720	16,200	36,450	56,700	81,000
2d Cpe	1,800	5,400	9,000	20,250	31,500	45,000
2d Sed	990	2,980	4,960	11,160	17,360	24,800
4d Sed	1,140	3,420	5,700	12,830	19,950	28,500
4d Sta Wag.	3,680	11,040	18,400	41,400	64,400	92,000

NOTE: Deduct 10% average for V-8, 60 hp models.

	6	5	4	3	2	1
1940 Standard & DeLuxe, V-8						
2d Conv	3,160	9,480	15,800	35,550	55,300	79,000
2d Cpe	1,640	4,920	8,200	18,450	28,700	41,000
2d DeL Cpe	1,920	5,760	9,600	21,600	33,600	48,000
2d Sed	1,140	3,430	5,720	12,870	20,020	28,600
2d DeL Sed.	1,160	3,490	5,820	13,100	20,370	29,100
4d Sed	1,360	4,080	6,800	15,300	23,800	34,000
4d DeL Sed.	1,320	3,960	6,600	14,850	23,100	33,000
4d Sta Wag.	3,680	11,040	18,400	41,400	64,400	92,000

NOTE: Deduct 10% average for V-8, 60 hp models.

	6	5	4	3	2	1
1941 Model 11A Special, V-8						
2d Cpe	1,360	4,080	6,800	15,300	23,800	34,000
2d Sed	1,080	3,240	5,400	12,150	18,900	27,000
4d Sed	1,080	3,240	5,400	12,150	18,900	27,000
1941 DeLuxe						
3P Cpe	1,480	4,440	7,400	16,650	25,900	37,000
5P Cpe	1,440	4,320	7,200	16,200	25,200	36,000
2d Sed	1,080	3,240	5,400	12,150	18,900	27,000
4d Sed	1,080	3,240	5,400	12,150	18,900	27,000
4d Sta Wag	3,680	11,040	18,400	41,400	64,400	92,000
1941 Super DeLuxe						
2d Conv	2,360	7,080	11,800	26,550	41,300	59,000
3P Cpe	1,520	4,560	7,600	17,100	26,600	38,000
5P Cpe	1,560	4,680	7,800	17,550	27,300	39,000
2d Sed	1,080	3,240	5,400	12,150	18,900	27,000
4d Sed	1,080	3,240	5,400	12,150	18,900	27,000
4d Sta Wag	3,680	11,040	18,400	41,400	64,400	92,000
NOTE: Deduct 10% average for 6-cyl.						
1942 Model 2GA Special, 6-cyl.						
3P Cpe	1,240	3,720	6,200	13,950	21,700	31,000
2d Sed	1,080	3,240	5,400	12,150	18,900	27,000
4d Sed	1,080	3,240	5,400	12,150	18,900	27,000
1942 Model 21A DeLuxe, V-8						
2d Cpe	1,280	3,840	6,400	14,400	22,400	32,000
5P Cpe	1,320	3,960	6,600	14,850	23,100	33,000
2d Sed	1,080	3,240	5,400	12,150	18,900	27,000
4d Sed	1,080	3,240	5,400	12,150	18,900	27,000
4d Sta Wag	3,400	10,200	17,000	38,250	59,500	85,000
1942 Super DeLuxe						
2d Conv	3,000	9,000	15,000	33,750	52,500	75,000
3P Cpe	1,400	4,200	7,000	15,750	24,500	35,000
5P Cpe	1,360	4,080	6,800	15,300	23,800	34,000
2d Sed	1,080	3,240	5,400	12,150	18,900	27,000
4d Sed	1,080	3,240	5,400	12,150	18,900	27,000
4d Sta Wag	3,600	10,800	18,000	40,500	63,000	90,000
NOTE: Deduct 10% average for 6-cyl.						
1946-48 Model 89A DeLuxe, V-8						
3P Cpe	1,240	3,720	6,200	13,950	21,700	31,000
2d Sed	760	2,290	3,820	8,600	13,370	19,100
4d Sed	760	2,280	3,800	8,550	13,300	19,000
1946-48 Model 89A Super DeLuxe, V-8						
2d Conv	2,080	6,240	10,400	23,400	36,400	52,000
2d Sptman Conv	8,380	25,140	41,900	94,280	146,650	209,500
2d 3P Cpe	1,280	3,840	6,400	14,400	22,400	32,000
2d 5P Cpe	1,320	3,960	6,600	14,850	23,100	33,000
2d Sed	780	2,350	3,920	8,820	13,720	19,600
4d Sed	780	2,340	3,900	8,780	13,650	19,500
4d Sta Wag	3,720	11,160	18,600	41,850	65,100	93,000
NOTE: Deduct 5% average for 6-cyl.						
1949-50 DeLuxe, V-8, 114" wb						
2d Bus Cpe	1,040	3,120	5,200	11,700	18,200	26,000
2d Sed	880	2,640	4,400	9,900	15,400	22,000
4d Sed	800	2,400	4,000	9,000	14,000	20,000
1949-50 Custom DeLuxe, V-8, 114" wb						
2d Clb Cpe	1,080	3,240	5,400	12,150	18,900	27,000
2d Sed	920	2,760	4,600	10,350	16,100	23,000
4d Sed	840	2,520	4,200	9,450	14,700	21,000
2d Crest (1950 only)	1,120	3,360	5,600	12,600	19,600	28,000
2d Conv	1,880	5,640	9,400	21,150	32,900	47,000
2d Sta Wag	2,600	7,800	13,000	29,250	45,500	65,000
NOTE: Deduct 5% average for 6-cyl.						
1951 DeLuxe, V-8, 114" wb						
2d Bus Cpe	1,080	3,240	5,400	12,150	18,900	27,000
2d Sed	920	2,760	4,600	10,350	16,100	23,000
4d Sed	840	2,520	4,200	9,450	14,700	21,000
1951 Custom DeLuxe, V-8, 114" wb						
2d Clb Cpe	1,120	3,360	5,600	12,600	19,600	28,000
2d Sed	960	2,880	4,800	10,800	16,800	24,000
4d Sed	880	2,640	4,400	9,900	15,400	22,000
2d Crest	1,160	3,480	5,800	13,050	20,300	29,000
2d HT	1,200	3,600	6,000	13,500	21,000	30,000
2d Conv	1,720	5,160	8,600	19,350	30,100	43,000
2d Ctry Sq Sta Wag	2,840	8,520	14,200	31,950	49,700	71,000
NOTE: Deduct 5% average for 6-cyl.						
1952-53 Mainline, V-8, 115" wb						
2d Bus Cpe	840	2,520	4,200	9,450	14,700	21,000
2d Sed	760	2,290	3,820	8,600	13,370	19,100
4d Sed	680	2,040	3,400	7,650	11,900	17,000
2d Sta Wag	920	2,760	4,600	10,350	16,100	23,000

FORD

	6	5	4	3	2	1
1952-53 Customline, V-8, 115" wb						
2d Clb Cpe	920	2,760	4,600	10,350	16,100	23,000
2d Sed	860	2,580	4,300	9,680	15,050	21,500
4d Sed	776	2,328	3,880	8,730	13,580	19,400
4d Sta Wag	950	2,840	4,740	10,670	16,590	23,700
1952-53 Crestline, 8-cyl., 115" wb						
2d HT	980	2,940	4,900	11,030	17,150	24,500
2d Conv	1,200	3,600	6,000	13,500	21,000	30,000
4d Ctry Sq Sta Wag	1,060	3,180	5,300	11,930	18,550	26,500
NOTE: Add 50% for 1953 Indy Pace Car replica convertible. Deduct 5% average for 6-cyl.						
1954 Mainline, 8-cyl., 115.5" wb						
2d Bus Cpe	800	2,400	4,000	9,000	14,000	20,000
2d Sed	760	2,290	3,820	8,600	13,370	19,100
4d Sed	680	2,040	3,400	7,650	11,900	17,000
4d Sta Wag	760	2,280	3,800	8,550	13,300	19,000
1954 Customline, V-8, 115.5" wb						
2d Clb Cpe	920	2,760	4,600	10,350	16,100	23,000
2d Sed	860	2,580	4,300	9,680	15,050	21,500
4d Sed	816	2,448	4,080	9,180	14,280	20,400
2/4d Sta Wag	880	2,640	4,400	9,900	15,400	22,000
1954 Crestline, V-8, 115.5" wb						
4d Sed	820	2,460	4,100	9,230	14,350	20,500
2d HT	1,040	3,120	5,200	11,700	18,200	26,000
2d Sky Cpe	1,480	4,440	7,400	16,650	25,900	37,000
2d Conv	1,360	4,080	6,800	15,300	23,800	34,000
4d Ctry Sq Sta Wag	1,100	3,300	5,500	12,380	19,250	27,500
NOTE: Deduct 5% average for 6-cyl.						
1955 Mainline, V-8, 115.5" wb						
2d Bus Sed	760	2,280	3,800	8,550	13,300	19,000
2d Sed	780	2,340	3,900	8,780	13,650	19,500
4d Sed	668	2,004	3,340	7,520	11,690	16,700
1955 Customline, V-8, 115.5" wb						
2d Sed	780	2,340	3,900	8,780	13,650	19,500
4d Sed	692	2,076	3,460	7,790	12,110	17,300
1955 Fairlane, V-8, 115.5" wb						
2d Sed	840	2,520	4,200	9,450	14,700	21,000
4d Sed	748	2,244	3,740	8,420	13,090	18,700
2d HT Vic	1,200	3,600	6,000	13,500	21,000	30,000
2d Crn Vic	1,760	5,280	8,800	19,800	30,800	44,000
2d Crn Vic Plexi-top	2,320	6,960	11,600	26,100	40,600	58,000
2d Conv	2,340	7,020	11,700	26,330	40,950	58,500
1955 Station Wagon, V-8, 115.5" wb						
2d Custom Ran Wag	980	2,940	4,900	11,030	17,150	24,500
2d Ran Wag	940	2,820	4,700	10,580	16,450	23,500
4d Ctry Sed Customline	800	2,400	4,000	9,000	14,000	20,000
4d Ctry Sed Fairlane	840	2,520	4,200	9,450	14,700	21,000
4d Ctry Sq	880	2,640	4,400	9,900	15,400	22,000
NOTE: Deduct 5% average for 6-cyl.						
1956 Mainline, V-8, 115.5" wb						
2d Bus Sed	780	2,340	3,900	8,780	13,650	19,500
2d Sed	740	2,220	3,700	8,330	12,950	18,500
4d Sed	672	2,016	3,360	7,560	11,760	16,800
1956 Customline, V-8, 115.5" wb						
2d Sed	800	2,400	4,000	9,000	14,000	20,000
4d Sed	696	2,088	3,480	7,830	12,180	17,400
2d HT Vic	920	2,760	4,600	10,350	16,100	23,000
1956 Fairlane, V-8, 115.5" wb						
2d Sed	820	2,460	4,100	9,230	14,350	20,500
4d Sed	748	2,244	3,740	8,420	13,090	18,700
4d HT Vic	1,000	3,000	5,000	11,250	17,500	25,000
2d HT Vic	1,400	4,200	7,000	15,750	24,500	35,000
2d Crn Vic	1,940	5,820	9,700	21,830	33,950	48,500
2d Crn Vic Plexi-top	2,320	6,960	11,600	26,100	40,600	58,000
2d Conv	2,380	7,140	11,900	26,780	41,650	59,500
1956 Station Wagons, V-8, 115.5" wb						
2d Ran Wag	980	2,940	4,900	11,030	17,150	24,500
2d Parklane	1,400	4,200	7,000	15,750	24,500	35,000
4d Ctry Sed Customline	800	2,400	4,000	9,000	14,000	20,000
4d Ctry Sed Fairlane	840	2,520	4,200	9,450	14,700	21,000
4d Ctry Sq	880	2,640	4,400	9,900	15,400	22,000
NOTE: Add 10% for "T-Bird Special" V-8; 100% for 312-cid with dual four-barrel carbs. Deduct 5% average for 6-cyl.						
1957 Custom, V-8, 116" wb						
2d Bus Cpe	780	2,340	3,900	8,780	13,650	19,500
2d Sed	800	2,400	4,000	9,000	14,000	20,000
4d Sed	610	1,840	3,060	6,890	10,710	15,300
1957 Custom 300, V-8, 116" wb						
2d Sed	840	2,520	4,200	9,450	14,700	21,000
4d Sed	620	1,870	3,120	7,020	10,920	15,600

	6	5	4	3	2	1
1957 Fairlane, V-8, 118" wb						
2d Sed	860	2,580	4,300	9,680	15,050	21,500
4d Sed	720	2,160	3,600	8,100	12,600	18,000
4d HT Vic	1,000	3,000	5,000	11,250	17,500	25,000
2d Vic HT	1,160	3,480	5,800	13,050	20,300	29,000
1957 Fairlane 500, V-8, 118" wb						
2d Sed	860	2,580	4,300	9,680	15,050	21,500
4d Sed	730	2,180	3,640	8,190	12,740	18,200
4d HT Vic	1,000	3,000	5,000	11,250	17,500	25,000
2d HT Vic	1,240	3,720	6,200	13,950	21,700	31,000
2d Sun Conv	1,960	5,880	9,800	22,050	34,300	49,000
2d Sky HT Conv	2,320	6,960	11,600	26,100	40,600	58,000
1957 Station Wagons, 8-cyl., 116" wb						
2d Ran Wag	1,000	3,000	5,000	11,250	17,500	25,000
2d DeL Rio Ran	1,300	3,900	6,500	14,630	22,750	32,500
4d Ctry Sed	1,000	3,000	5,000	11,250	17,500	25,000
4d Ctry Sq	960	2,880	4,800	10,800	16,800	24,000
NOTE: Add 100% for"T-Bird Special"V-8 (Code E); 200% for Supercharged V-8 (Code F). Deduct 5% average for 6-cyl.						
1958 Custom 300, V-8, 116.03" wb						
2d Bus Cpe	640	1,920	3,200	7,200	11,200	16,000
2d Sed	700	2,100	3,500	7,880	12,250	17,500
4d Sed	570	1,720	2,860	6,440	10,010	14,300
1958 Fairlane, V-8, 116.03" wb						
2d Sed	720	2,160	3,600	8,100	12,600	18,000
4d Sed	580	1,730	2,880	6,480	10,080	14,400
4d HT	920	2,760	4,600	10,350	16,100	23,000
2d HT	960	2,880	4,800	10,800	16,800	24,000
1958 Fairlane 500, V-8, 118.04" wb						
2d Sed	740	2,220	3,700	8,330	12,950	18,500
4d Sed	610	1,820	3,040	6,840	10,640	15,200
4d HT	840	2,520	4,200	9,450	14,700	21,000
2d HT	1,040	3,120	5,200	11,700	18,200	26,000
2d Sun Conv	1,880	5,640	9,400	21,150	32,900	47,000
2d Sky HT Conv	2,240	6,720	11,200	25,200	39,200	56,000
1958 Station Wagons, V-8, 116.03" wb						
2d Ran	1,040	3,120	5,200	11,700	18,200	26,000
4d Han	860	2,580	4,300	9,680	15,050	21,500
4d Ctry Sed	900	2,700	4,500	10,130	15,750	22,500
2d DeL Rio Ran	1,320	3,960	6,600	14,850	23,100	33,000
4d Ctry Sq	940	2,820	4,700	10,580	16,450	23,500
NOTE: Deduct 5% average for 6-cyl.						
1959 Custom 300, V-8, 118" wb						
2d Bus Cpe	720	2,160	3,600	8,100	12,600	18,000
2d Sed	720	2,160	3,600	8,100	12,600	18,000
4d Sed	580	1,730	2,880	6,480	10,080	14,400
1959 Fairlane, V-8, 118" wb						
2d Sed	740	2,220	3,700	8,330	12,950	18,500
4d Sed	510	1,540	2,560	5,760	8,960	12,800
1959 Fairlane 500, V-8, 118" wb						
2d Sed	760	2,280	3,800	8,550	13,300	19,000
4d Sed	560	1,680	2,800	6,300	9,800	14,000
4d HT	720	2,160	3,600	8,100	12,600	18,000
2d HT	1,020	3,060	5,100	11,480	17,850	25,500
2d Sun Conv	1,920	5,760	9,600	21,600	33,600	48,000
2d Sky HT Conv	2,280	6,840	11,400	25,650	39,900	57,000
1959 Galaxie, V-8, 118" wb						
2d Sed	760	2,280	3,800	8,550	13,300	19,000
4d Sed	570	1,700	2,840	6,390	9,940	14,200
4d HT	940	2,820	4,700	10,580	16,450	23,500
2d HT	1,060	3,180	5,300	11,930	18,550	26,500
2d Sun Conv	1,920	5,760	9,600	21,600	33,600	48,000
2d Sky HT Conv	2,280	6,840	11,400	25,650	39,900	57,000
1959 Station Wagons, V-8, 118" wb						
2d Ran	900	2,700	4,500	10,130	15,750	22,500
4d Ran	880	2,640	4,400	9,900	15,400	22,000
2d Ctry Sed	920	2,760	4,600	10,350	16,100	23,000
4d Ctry Sed	900	2,700	4,500	10,130	15,750	22,500
4d Ctry Sq	920	2,760	4,600	10,350	16,100	23,000
NOTE: Deduct 5% average for 6-cyl.						
1960 Falcon, 6-cyl., 109.5" wb						
2d Sed	400	1,200	2,000	4,500	7,000	10,000
4d Sed	364	1,092	1,820	4,100	6,370	9,100
2d Sta Wag	440	1,320	2,200	4,950	7,700	11,000
4d Sta Wag	368	1,104	1,840	4,140	6,440	9,200
1960 Fairlane, V-8, 119" wb						
2d Bus Cpe	770	2,320	3,860	8,690	13,510	19,300
2d Sed	780	2,350	3,920	8,820	13,720	19,600
4d Sed	580	1,740	2,900	6,530	10,150	14,500

FORD

	6	5	4	3	2	1
1960 Fairlane 500, V-8, 119" wb						
2d Sed	790	2,360	3,940	8,870	13,790	19,700
4d Sed	580	1,750	2,920	6,570	10,220	14,600
1960 Galaxie, V-8, 119" wb						
2d Sed	900	2,700	4,500	10,130	15,750	22,500
4d Sed	700	2,090	3,480	7,830	12,180	17,400
4d HT	920	2,760	4,600	10,350	16,100	23,000
2d HT	1,360	4,080	6,800	15,300	23,800	34,000
1960 Galaxie Special, V-8, 119" wb						
2d Starliner HT	1,560	4,680	7,800	17,550	27,300	39,000
2d Sun Conv	1,680	5,040	8,400	18,900	29,400	42,000
1960 Station Wagons, V-8, 119" wb						
2d Ran	900	2,700	4,500	10,130	15,750	22,500
4d Ran	760	2,280	3,800	8,550	13,300	19,000
4d Ctry Sed	780	2,340	3,900	8,780	13,650	19,500
4d Ctry Sq	1,080	3,240	5,400	12,150	18,900	27,000

NOTE: Add 100% for 352-cid, 360-hp. Deduct 5% average for 6-cyl.

	6	5	4	3	2	1
1961 Falcon, 6-cyl., 109.5" wb						
2d Sed	440	1,320	2,200	4,950	7,700	11,000
4d Sed	300	900	1,500	3,380	5,250	7,500
2d Futura Sed	560	1,680	2,800	6,300	9,800	14,000
2d Sta Wag	480	1,440	2,400	5,400	8,400	12,000
4d Sta Wag	420	1,260	2,100	4,730	7,350	10,500
1961 Fairlane, V-8, 119" wb						
2d Sed	700	2,100	3,500	7,880	12,250	17,500
4d Sed	360	1,080	1,800	4,050	6,300	9,000
1961 Galaxie, V-8, 119" wb						
2d Sed	640	1,920	3,200	7,200	11,200	16,000
4d Sed	480	1,440	2,400	5,400	8,400	12,000
4d Vic HT	560	1,680	2,800	6,300	9,800	14,000
2d Vic HT	1,000	3,000	5,000	11,250	17,500	25,000
2d Star HT	1,400	4,200	7,000	15,750	24,500	35,000
2d Sun Conv	1,760	5,280	8,800	19,800	30,800	44,000
1961 Station Wagons, V-8, 119" wb						
4d Ran	600	1,800	3,000	6,750	10,500	15,000
2d Ran	830	2,480	4,140	9,320	14,490	20,700
4d 6P Ctry Sed	660	1,980	3,300	7,430	11,550	16,500
4d Ctry Sq	840	2,520	4,200	9,450	14,700	21,000

NOTE: Add 75% for 390 cid, 401 hp; 50% for 390 cid, 375 hp; 50% for 4-speed on either 390-cid, 375-hp or 390-cid, 401-hp. Deduct 5% average for 6-cyl.

	6	5	4	3	2	1
1962 Falcon, 6-cyl., 109.5" wb						
4d Sed	300	900	1,500	3,380	5,250	7,500
2d Sed	440	1,320	2,200	4,950	7,700	11,000
2d Fut Spt Cpe	680	2,040	3,400	7,650	11,900	17,000
4d Sq Wag	460	1,380	2,300	5,180	8,050	11,500
1962 Falcon Station Bus, 6-cyl., 109.5" wb						
Sta Bus	400	1,200	2,000	4,500	7,000	10,000
Clb Wag	410	1,240	2,060	4,640	7,210	10,300
DeL Wag	420	1,260	2,100	4,730	7,350	10,500
1962 Fairlane, V-8, 115.5" wb						
4d Sed	340	1,020	1,700	3,830	5,950	8,500
2d Sed	520	1,560	2,600	5,850	9,100	13,000
2d Spt Cpe	560	1,680	2,800	6,300	9,800	14,000
1962 Galaxie 500, V-8, 119" wb						
4d Sed	500	1,500	2,500	5,630	8,750	12,500
4d HT	600	1,800	3,000	6,750	10,500	15,000
2d Sed	840	2,520	4,200	9,450	14,700	21,000
2d HT	1,120	3,360	5,600	12,600	19,600	28,000
2d Sun Conv	1,480	4,440	7,400	16,650	25,900	37,000
1962 Galaxie 500 XL, V-8, 119" wb						
2d HT	1,200	3,600	6,000	13,500	21,000	30,000
2d Sun Conv	1,600	4,800	8,000	18,000	28,000	40,000
1962 Station Wagons, V-8, 119" wb						
4d Ranch	660	1,980	3,300	7,430	11,550	16,500
4d Ctry Sed	680	2,040	3,400	7,650	11,900	17,000
4d Ctry Sq	800	2,400	4,000	9,000	14,000	20,000

NOTE: Add 50% for 406 V-8 385 hp; 100% for 406 cid, 405 hp; 30% for 390 cid, 330 hp; 20% for 390 cid, 300 hp. Deduct 5% average for 6-cyl.

	6	5	4	3	2	1
1963 Falcon/Falcon Futura, 6-cyl., 109.5" wb						
4d Sed	344	1,032	1,720	3,870	6,020	8,600
2d Sed	440	1,320	2,200	4,950	7,700	11,000
2d Spt Sed	480	1,440	2,400	5,400	8,400	12,000
2d HT	560	1,680	2,800	6,300	9,800	14,000
2d Spt HT	600	1,800	3,000	6,750	10,500	15,000
2d Conv	800	2,400	4,000	9,000	14,000	20,000
2d Spt Conv	840	2,520	4,200	9,450	14,700	21,000
4d Sq Wag	420	1,260	2,100	4,730	7,350	10,500
4d Sta Wag	400	1,200	2,000	4,500	7,000	10,000

FORD

	6	5	4	3	2	1
2d Sta Wag	404	1,212	2,020	4,550	7,070	10,100

NOTE: Add 10% for V-8 models.

1963 Station Buses, 6-cyl., 90" wb

	6	5	4	3	2	1
Sta Bus	400	1,200	2,000	4,500	7,000	10,000
Clb Wag	410	1,240	2,060	4,640	7,210	10,300
DeL Clb Wag	420	1,260	2,100	4,730	7,350	10,500

1963 Sprint, V-8, 109.5" wb

	6	5	4	3	2	1
2d HT	760	2,280	3,800	8,550	13,300	19,000
2d Conv	880	2,640	4,400	9,900	15,400	22,000

1963 Fairlane, V-8, 115.5" wb

	6	5	4	3	2	1
4d Sed	300	900	1,500	3,380	5,250	7,500
2d Sed	500	1,490	2,480	5,580	8,680	12,400
2d HT	580	1,740	2,900	6,530	10,150	14,500
2d Spt Cpe	600	1,800	3,000	6,750	10,500	15,000
4d Sq Wag	640	1,920	3,200	7,200	11,200	16,000
4d Cus Ran	580	1,740	2,900	6,530	10,150	14,500

NOTE: Add 20% for 271 hp V-8.

1963 Ford 300, V-8, 119" wb

	6	5	4	3	2	1
4d Sed	380	1,140	1,900	4,280	6,650	9,500
2d Sed	660	1,980	3,300	7,430	11,550	16,500

1963 Galaxie 500, V-8, 119" wb

	6	5	4	3	2	1
4d Sed	380	1,140	1,900	4,280	6,650	9,500
4d HT	600	1,800	3,000	6,750	10,500	15,000
2d Sed	800	2,400	4,000	9,000	14,000	20,000
2d HT	1,200	3,600	6,000	13,500	21,000	30,000
2d FBk	1,480	4,440	7,400	16,650	25,900	37,000
2d Sun Conv	1,520	4,560	7,600	17,100	26,600	38,000

1963 Galaxie 500 XL, V-8, 119" wb

	6	5	4	3	2	1
4d HT	600	1,800	3,000	6,750	10,500	15,000
2d HT	1,240	3,720	6,200	13,950	21,700	31,000
2d FBk	1,520	4,560	7,600	17,100	26,600	38,000
2d Sun Conv	1,640	4,920	8,200	18,450	28,700	41,000

1963 Station Wagons, V-8, 119" wb

	6	5	4	3	2	1
4d Ctry Sed	660	1,980	3,300	7,430	11,550	16,500
4d Ctry Sq	800	2,400	4,000	9,000	14,000	20,000

NOTE: Add 50% for 406, 385 hp; 100% for 406 cid, 405 hp; 75% for 427, 410 hp; 200% for 427 cid, 425 hp; 5% for V-8 except Sprint; 30% for 390 cid, 330 hp; 20% for 390 cid, 300 hp. Deduct 5% average for 6-cyl.

1964 Falcon/Falcon Futura, 6-cyl., 109.5" wb

	6	5	4	3	2	1
4d Sed	340	1,020	1,700	3,830	5,950	8,500
2d Sed	380	1,140	1,900	4,280	6,650	9,500
2d HT	540	1,620	2,700	6,080	9,450	13,500
2d Spt HT	700	2,100	3,500	7,880	12,250	17,500
2d Conv	720	2,160	3,600	8,100	12,600	18,000
2d Spt Conv	760	2,280	3,800	8,550	13,300	19,000
4d Sq Wag	420	1,260	2,100	4,730	7,350	10,500
4d DeL Wag	400	1,200	2,000	4,500	7,000	10,000
4d Sta	400	1,200	2,000	4,500	7,000	10,000
2d Sta	404	1,212	2,020	4,550	7,070	10,100

NOTE: Add 10% for V-8 models.

1964 Station Bus, 6-cyl., 90" wb

	6	5	4	3	2	1
Sta Bus	400	1,200	2,000	4,500	7,000	10,000
Clb Wag	420	1,260	2,100	4,730	7,350	10,500
DeL Clb	430	1,290	2,150	4,840	7,530	10,750

1964 Sprint, V-8, 109.5" wb

	6	5	4	3	2	1
2d HT	740	2,220	3,700	8,330	12,950	18,500
2d Conv	800	2,400	4,000	9,000	14,000	20,000

1964 Fairlane, V-8, 115.5" wb

	6	5	4	3	2	1
4d Sed	300	900	1,500	3,380	5,250	7,500
2d Sed	560	1,680	2,800	6,300	9,800	14,000
2d HT	820	2,460	4,100	9,230	14,350	20,500
2d Spt HT	860	2,580	4,300	9,680	15,050	21,500
4d Sta Wag	580	1,750	2,920	6,570	10,220	14,600

NOTE: Add 20% for 271 hp V-8.

1964 Fairlane Thunderbolt

2d Sed	value not estimable

1964 Custom, V-8, 119" wb

	6	5	4	3	2	1
4d Sed	440	1,320	2,200	4,950	7,700	11,000
2d Sed	730	2,180	3,640	8,190	12,740	18,200

1964 Custom 500, V-8, 119" wb

	6	5	4	3	2	1
4d Sed	460	1,380	2,300	5,180	8,050	11,500
2d Sed	730	2,200	3,660	8,240	12,810	18,300

1964 Galaxie 500, V-8, 119" wb

	6	5	4	3	2	1
4d Sed	500	1,500	2,500	5,630	8,750	12,500
4d HT	700	2,100	3,500	7,880	12,250	17,500
2d Sed	900	2,700	4,500	10,130	15,750	22,500
2d HT	1,480	4,440	7,400	16,650	25,900	37,000
2d Sun Conv	1,660	4,980	8,300	18,680	29,050	41,500

1964 Galaxie 500XL, V-8, 119" wb

	6	5	4	3	2	1
4d HT	720	2,160	3,600	8,100	12,600	18,000

	6	5	4	3	2	1
2d HT 1,520	4,560	7,600	17,100	26,600	38,000
2d Sun Conv. 1,600	4,800	8,000	18,000	28,000	40,000

1964 Station Wagons, V-8, 119" wb

	6	5	4	3	2	1
4d Ctry Sed 700	2,100	3,500	7,880	12,250	17,500
4d Ctry Sq 940	2,820	4,700	10,580	16,450	23,500

NOTE: Add 75% for 427 cid, 410 hp; 200% for 427 cid, 425 hp; 30% for 390 cid, 330 hp; 20% for 390 cid, 300 hp; 15% for 390 cid, 275 hp.

1965 Falcon/Falcon Futura, 6-cyl., 109.5" wb

	6	5	4	3	2	1
4d Sed 316	948	1,580	3,560	5,530	7,900
2d Sed 420	1,260	2,100	4,730	7,350	10,500
2d HT 480	1,440	2,400	5,400	8,400	12,000
2d Conv 760	2,280	3,800	8,550	13,300	19,000
4d Sq Wag 400	1,200	2,000	4,500	7,000	10,000
4d DeL Wag 380	1,140	1,900	4,280	6,650	9,500
4d Sta 360	1,080	1,800	4,050	6,300	9,000
2d Sta 368	1,104	1,840	4,140	6,440	9,200

NOTE: Add 10% for V-8 models.

1965 Sprint, V-8, 109.5" wb

	6	5	4	3	2	1
2d HT 660	1,980	3,300	7,430	11,550	16,500
2d Conv 800	2,400	4,000	9,000	14,000	20,000

1965 Falcon Station Buses, 6-cyl., 90" wb

	6	5	4	3	2	1
Sta Bus. 400	1,200	2,000	4,500	7,000	10,000
Clb Wag. 420	1,260	2,100	4,730	7,350	10,500
DeL Wag. 430	1,290	2,150	4,840	7,530	10,750

1965 Fairlane, V-8, 116" wb

	6	5	4	3	2	1
4d Sed 328	984	1,640	3,690	5,740	8,200
2d Sed 460	1,380	2,300	5,180	8,050	11,500
2d HT 480	1,440	2,400	5,400	8,400	12,000
2d Spt HT 660	1,980	3,300	7,430	11,550	16,500
4d Sta Wag 440	1,320	2,200	4,950	7,700	11,000

NOTE: Add 10% for 271 hp V-8.

1965 Custom, V-8, 119" wb

	6	5	4	3	2	1
4d Sed 300	900	1,500	3,380	5,250	7,500
2d Sed 400	1,200	2,000	4,500	7,000	10,000

1965 Custom 500, V-8, 119" wb

	6	5	4	3	2	1
4d Sed 320	960	1,600	3,600	5,600	8,000
2d Sed 420	1,260	2,100	4,730	7,350	10,500

1965 Galaxie 500, V-8, 119" wb

	6	5	4	3	2	1
4d Sed 300	900	1,500	3,380	5,250	7,500
4d HT 520	1,560	2,600	5,850	9,100	13,000
2d HT 740	2,220	3,700	8,330	12,950	18,500
2d Conv 840	2,520	4,200	9,450	14,700	21,000

1965 Galaxie 500 XL, V-8, 119" wb

	6	5	4	3	2	1
2d HT 760	2,280	3,800	8,550	13,300	19,000
2d Conv 860	2,580	4,300	9,680	15,050	21,500

1965 Galaxie 500 LTD, V-8, 119" wb

	6	5	4	3	2	1
4d HT 560	1,680	2,800	6,300	9,800	14,000
2d HT 780	2,340	3,900	8,780	13,650	19,500

1965 Station Wagons, V-8, 119" wb

	6	5	4	3	2	1
4d Ran 560	1,680	2,800	6,300	9,800	14,000
4d 9P Ctry Sed. 580	1,740	2,900	6,530	10,150	14,500
4d 9P Ctry Sq. 600	1,800	3,000	6,750	10,500	15,000

NOTE: Add 200% for 427 cid, 425 hp; 30% for 390 cid, 330 hp; 20% for 390 cid, 300 hp.

1966 Falcon/Falcon Futura, 6-cyl., 110.9" wb

	6	5	4	3	2	1
4d Sed 300	900	1,500	3,380	5,250	7,500
2d Clb Cpe 380	1,140	1,900	4,280	6,650	9,500
2d Spt Cpe 390	1,170	1,950	4,390	6,830	9,750
4d 6P Wag 400	1,190	1,980	4,460	6,930	9,900
4d Sq Wag 400	1,200	2,000	4,500	7,000	10,000

1966 Falcon Station Bus, 6-cyl., 90" wb

	6	5	4	3	2	1
Clb Wag 380	1,140	1,900	4,280	6,650	9,500
Cus Clb Wag. 380	1,150	1,920	4,320	6,720	9,600
DeL Clb Wag 390	1,170	1,950	4,390	6,830	9,750

1966 Fairlane, V-8, 116" wb

	6	5	4	3	2	1
4d Sed 240	720	1,200	2,700	4,200	6,000
2d Clb Cpe 420	1,260	2,100	4,730	7,350	10,500

1966 Fairlane 500, V-8

	6	5	4	3	2	1
4d Sed 310	940	1,560	3,510	5,460	7,800
2d Cpe 460	1,380	2,300	5,180	8,050	11,500
2d HT 640	1,920	3,200	7,200	11,200	16,000
2d Conv 700	2,100	3,500	7,880	12,250	17,500

1966 Fairlane 500 XL, V-8, 116" wb

	6	5	4	3	2	1
2d HT 660	1,980	3,300	7,430	11,550	16,500
2d Conv 960	2,880	4,800	10,800	16,800	24,000

1966 Fairlane 500 GT, V-8, 116" wb

	6	5	4	3	2	1
2d HT 800	2,400	4,000	9,000	14,000	20,000
2d Conv 1,000	3,000	5,000	11,250	17,500	25,000

1966 Station Wagons, V-8, 113" wb

	6	5	4	3	2	1
6P DeL. 320	960	1,600	3,600	5,600	8,000

FORD

	6	5	4	3	2	1
2d Sq Wag	368	1,104	1,840	4,140	6,440	9,200
1966 Custom, V-8, 119" wb						
4d Sed	324	972	1,620	3,650	5,670	8,100
2d Sed	380	1,140	1,900	4,280	6,650	9,500
1966 Galaxie 500, V-8, 119" wb						
4d Sed	360	1,080	1,800	4,050	6,300	9,000
4d HT	400	1,200	2,000	4,500	7,000	10,000
2d HT	600	1,800	3,000	6,750	10,500	15,000
2d Conv	760	2,280	3,800	8,550	13,300	19,000
1966 Galaxie 500 XL, V-8, 119" wb						
2d HT	660	1,980	3,300	7,430	11,550	16,500
2d Conv	800	2,400	4,000	9,000	14,000	20,000
1966 LTD, V-8, 119" wb						
4d HT	540	1,620	2,700	6,080	9,450	13,500
2d HT	680	2,040	3,400	7,650	11,900	17,000
1966 Galaxie 500, 7-litre V-8, 119" wb						
2d HT	920	2,760	4,600	10,350	16,100	23,000
2d Conv	1,200	3,600	6,000	13,500	21,000	30,000
NOTE: Add 50% for 427 engine option on 7-litre models.						
1966 Station Wagons, V-8, 119" wb						
4d Ran Wag	580	1,740	2,900	6,530	10,150	14,500
4d Ctry Sed	600	1,800	3,000	6,750	10,500	15,000
4d Ctry Sq	620	1,860	3,100	6,980	10,850	15,500
NOTE: Add 200% for 427 cid, 425 hp; 75% for 427 cid, 410 hp; 30% for 428 engine option.						
1967 Falcon, 6-cyl., 111" wb						
4d Sed	260	780	1,300	2,930	4,550	6,500
2d Sed	360	1,080	1,800	4,050	6,300	9,000
4d Sta Wag	360	1,080	1,800	4,050	6,300	9,000
1967 Futura						
4d Sed	280	840	1,400	3,150	4,900	7,000
2d Clb Cpe	360	1,080	1,800	4,050	6,300	9,000
2d HT	400	1,200	2,000	4,500	7,000	10,000
1967 Fairlane						
4d Sed	316	948	1,580	3,560	5,530	7,900
2d Cpe	440	1,320	2,200	4,950	7,700	11,000
1967 Fairlane 500, V-8, 116" wb						
4d Sed	320	960	1,600	3,600	5,600	8,000
2d Cpe	460	1,380	2,300	5,180	8,050	11,500
2d HT	580	1,740	2,900	6,530	10,150	14,500
2d Conv	880	2,640	4,400	9,900	15,400	22,000
4d Wag	380	1,140	1,900	4,280	6,650	9,500
1967 Fairlane 500 XL, V-8						
2d HT	720	2,160	3,600	8,100	12,600	18,000
2d Conv	960	2,880	4,800	10,800	16,800	24,000
2d HT GT	880	2,640	4,400	9,900	15,400	22,000
2d Conv GT	1,080	3,240	5,400	12,150	18,900	27,000
NOTE: When fitted with automatic transmission, the GT was named GTA.						
1967 Fairlane Wagons						
4d Sta Wag	360	1,080	1,800	4,050	6,300	9,000
4d 500 Wag	364	1,092	1,820	4,100	6,370	9,100
4d Sq Wag	372	1,116	1,860	4,190	6,510	9,300
1967 Ford Custom						
4d Sed	316	948	1,580	3,560	5,530	7,900
2d Sed	400	1,200	2,000	4,500	7,000	10,000
1967 Ford Custom 500						
4d Sed	320	960	1,600	3,600	5,600	8,000
2d Sed	400	1,200	2,000	4,500	7,000	10,000
1967 Galaxie 500, V-8, 119" wb						
4d Sed	332	996	1,660	3,740	5,810	8,300
4d HT	500	1,500	2,500	5,630	8,750	12,500
2d HT	700	2,100	3,500	7,880	12,250	17,500
2d Conv	800	2,400	4,000	9,000	14,000	20,000
1967 Galaxie 500 XL						
2d HT	720	2,160	3,600	8,100	12,600	18,000
2d Conv	840	2,520	4,200	9,450	14,700	21,000
1967 LTD, V-8, 119" wb						
4d HT	560	1,680	2,800	6,300	9,800	14,000
2d HT	720	2,160	3,600	8,100	12,600	18,000
1967 Station Wagons						
4d Ranch	560	1,680	2,800	6,300	9,800	14,000
4d Ctry Sed	580	1,740	2,900	6,530	10,150	14,500
4d Ctry Sq	600	1,800	3,000	6,750	10,500	15,000
NOTE: Add 5% for V-8; 200% for 427 cid, 425 hp; 75% for 427 cid, 410 hp; 40% for 428 cid V-8; 30% for 428 engine option.						
1968 Standard Falcon						
4d Sed	260	780	1,300	2,930	4,550	6,500
2d Sed	360	1,080	1,800	4,050	6,300	9,000
4d Sta Wag	340	1,020	1,700	3,830	5,950	8,500
1968 Falcon Futura, 6-cyl., 110.0" wb						
4d Sed	280	840	1,400	3,150	4,900	7,000

FORD

	6	5	4	3	2	1
2d Sed	340	1,020	1,700	3,830	5,950	8,500
2d Spt Cpe	360	1,080	1,800	4,050	6,300	9,000
4d Sta Wag	344	1,032	1,720	3,870	6,020	8,600
1968 Fairlane						
4d Sed	304	912	1,520	3,420	5,320	7,600
2d HT	460	1,380	2,300	5,180	8,050	11,500
4d Sta Wag	352	1,056	1,760	3,960	6,160	8,800
1968 Fairlane 500, V-8, 116" wb						
4d Sed	308	924	1,540	3,470	5,390	7,700
2d HT	480	1,440	2,400	5,400	8,400	12,000
2d FBk	660	1,980	3,300	7,430	11,550	16,500
2d Conv	780	2,340	3,900	8,780	13,650	19,500
4d Sta Wag	356	1,068	1,780	4,010	6,230	8,900
1968 Torino, V-8, 116" wb						
4d Sed	292	876	1,460	3,290	5,110	7,300
2d HT	540	1,620	2,700	6,080	9,450	13,500
4d Wag	360	1,080	1,800	4,050	6,300	9,000
1968 Torino GT, V-8						
2d HT	880	2,640	4,400	9,900	15,400	22,000
2d FBk	1,120	3,360	5,600	12,600	19,600	28,000
2d Conv	1,200	3,600	6,000	13,500	21,000	30,000
1968 Custom						
4d Sed	296	888	1,480	3,330	5,180	7,400
2d Sed	360	1,080	1,800	4,050	6,300	9,000
1968 Custom 500						
4d Sed	300	900	1,500	3,380	5,250	7,500
2d Sed	380	1,140	1,900	4,280	6,650	9,500
1968 Galaxie 500, V-8, 119" wb						
4d Sed	308	924	1,540	3,470	5,390	7,700
4d HT	360	1,080	1,800	4,050	6,300	9,000
2d HT	600	1,800	3,000	6,750	10,500	15,000
2d FBk	720	2,160	3,600	8,100	12,600	18,000
2d Conv	800	2,400	4,000	9,000	14,000	20,000
1968 XL						
2d FBk	720	2,160	3,600	8,100	12,600	18,000
2d Conv	800	2,400	4,000	9,000	14,000	20,000
1968 LTD						
4d Sed	320	960	1,600	3,600	5,600	8,000
4d HT	400	1,200	2,000	4,500	7,000	10,000
2d HT	540	1,620	2,700	6,080	9,450	13,500
1968 Ranch Wagon						
4d Std Wag	520	1,560	2,600	5,850	9,100	13,000
4d 500 Wag	528	1,584	2,640	5,940	9,240	13,200
4d DeL 500 Wag	532	1,596	2,660	5,990	9,310	13,300
1968 Country Sedan						
4d Std Wag	560	1,680	2,800	6,300	9,800	14,000
DeL Wag	568	1,704	2,840	6,390	9,940	14,200
1968 Country Squire						
4d Sta Wag	600	1,800	3,000	6,750	10,500	15,000
4d DeL Wag	616	1,848	3,080	6,930	10,780	15,400
NOTE: Add 30% for 429 engine option.						
1969 Falcon Futura, 6-cyl., 111" wb						
2d Spt Cpe	284	852	1,420	3,200	4,970	7,100
2d Sed	268	804	1,340	3,020	4,690	6,700
1969 Fairlane 500, V-8, 116" wb						
4d Sed	264	792	1,320	2,970	4,620	6,600
2d HT	480	1,440	2,400	5,400	8,400	12,000
2d FBk	600	1,800	3,000	6,750	10,500	15,000
2d Conv	700	2,100	3,500	7,880	12,250	17,500
1969 Torino, V-8, 116" wb						
4d Sed	280	840	1,400	3,150	4,900	7,000
2d HT	600	1,800	3,000	6,750	10,500	15,000
1969 Torino GT, V-8						
2d HT	880	2,640	4,400	9,900	15,400	22,000
2d FBk	960	2,880	4,800	10,800	16,800	24,000
2d Conv	1,120	3,360	5,600	12,600	19,600	28,000
1969 Cobra						
2d HT	1,440	4,320	7,200	16,200	25,200	36,000
2d FBk	1,680	5,040	8,400	18,900	29,400	42,000
1969 Galaxie 500, V-8, 121" wb						
4d HT	340	1,020	1,700	3,830	5,950	8,500
2d HT	440	1,320	2,200	4,950	7,700	11,000
2d FBk	560	1,680	2,800	6,300	9,800	14,000
2d Conv	760	2,280	3,800	8,550	13,300	19,000
1969 XL						
2d FBk	660	1,980	3,300	7,430	11,550	16,500
2d Conv	760	2,280	3,800	8,550	13,300	19,000

NOTE: Add 10% for GT option.

	6	5	4	3	2	1
1969 LTD						
4d HT	360	1,080	1,800	4,050	6,300	9,000
2d HT	500	1,500	2,500	5,630	8,750	12,500
1969 Falcon Wagon, 6-cyl.						
4d Wag	280	840	1,400	3,150	4,900	7,000
4d Futura Sta Wag	324	972	1,620	3,650	5,670	8,100
1969 Fairlane, 6-cyl.						
4d Wag	364	1,092	1,820	4,100	6,370	9,100
4d 500 Sta Wag	388	1,164	1,940	4,370	6,790	9,700
4d Torino Sta Wag	372	1,116	1,860	4,190	6,510	9,300
NOTE: Add 30% for V-8 where available.						
1969 Custom Ranch Wagon, V-8						
4d Wag	440	1,320	2,200	4,950	7,700	11,000
4d 500 Sta Wag 2S	444	1,332	2,220	5,000	7,770	11,100
4d 500 Sta Wag 4S	448	1,344	2,240	5,040	7,840	11,200
NOTE: Deduct 30% for 6-cyl.						
1969 Galaxie 500 Country Sedan, V-8						
4d Wag 2S	448	1,344	2,240	5,040	7,840	11,200
4d Wag 4S	452	1,356	2,260	5,090	7,910	11,300
1969 LTD Country Squire, V-8						
4d Wag 2S	500	1,500	2,500	5,630	8,750	12,500
4d Wag 4S	504	1,512	2,520	5,670	8,820	12,600
NOTE: Add 30% for 428 engine option; 30% for 429 engine option.						
1970 Falcon, 6-cyl., 110" wb						
4d Sed	240	730	1,220	2,750	4,270	6,100
2d Sed	480	1,440	2,400	5,400	8,400	12,000
4d Sta Wag	290	880	1,470	3,310	5,150	7,350
1970 Futura, 6-cyl., 110" wb						
4d Sed	260	780	1,300	2,930	4,550	6,500
2d Sed	340	1,020	1,700	3,830	5,950	8,500
4d Sta Wag	330	1,000	1,660	3,740	5,810	8,300
NOTE: Add 10% for V-8.						
1970 Maverick						
2d Sed	300	900	1,500	3,380	5,250	7,500
1970 Fairlane 500, V-8, 117" wb						
4d Sed	312	936	1,560	3,510	5,460	7,800
2d HT	520	1,560	2,600	5,850	9,100	13,000
4d Sta Wag	380	1,140	1,900	4,280	6,650	9,500
NOTE: Add 100% for Q code 429 V-8 in Fairlane 500.						
1970 Torino, V-8, 117" wb						
4d Sed	300	890	1,480	3,330	5,180	7,400
4d HT	320	950	1,580	3,560	5,530	7,900
2d HT	580	1,740	2,900	6,530	10,150	14,500
2d Sports Roof HT	880	2,640	4,400	9,900	15,400	22,000
4d Sta Wag	490	1,480	2,460	5,540	8,610	12,300
1970 Torino Brougham, V-8, 117" wb						
4d HT	370	1,120	1,860	4,190	6,510	9,300
2d HT	620	1,860	3,100	6,980	10,850	15,500
4d Squire Wag	560	1,680	2,800	6,300	9,800	14,000
1970 Torino GT, V-8, 117" wb						
2d HT	1,150	3,440	5,740	12,920	20,090	28,700
2d Conv	2,000	6,000	10,000	22,500	35,000	50,000
1970 Cobra, V-8, 117" wb						
2d HT	4,000	12,000	20,000	45,000	70,000	100,000
NOTE: Add 30% for 429 CJ V-8 (all Torinos & Fairlane 500); 50% for 429 CJR V-8 (all Torinos & Fairlane 500).						
1970 Custom, V-8, 121" wb						
4d Sed	280	840	1,400	3,150	4,000	7,000
4d Sta Wag	348	1,044	1,740	3,920	6,090	8,700
1970 Custom 500, V-8, 121" wb						
4d Sed	300	900	1,500	3,380	5,250	7,500
4d Ranch Wag	380	1,140	1,900	4,280	6,650	9,500
1970 Galaxie 500, V-8, 121" wb						
4d Sed	300	910	1,520	3,420	5,320	7,600
4d HT	400	1,190	1,980	4,460	6,930	9,900
2d HT	560	1,680	2,800	6,300	9,800	14,000
4d Country Sed Wag	540	1,620	2,700	6,080	9,450	13,500
2d FBk	600	1,800	3,000	6,750	10,500	15,000
1970 XL, V-8, 121" wb						
2d FBk	660	1,980	3,300	7,430	11,550	16,500
2d Conv	920	2,760	4,600	10,350	16,100	23,000
1970 LTD, V-8, 121" wb						
4d Sed	360	1,070	1,780	4,010	6,230	8,900
4d HT	380	1,150	1,920	4,320	6,720	9,600
2d HT	570	1,710	2,850	6,410	9,980	14,250
4d Country Squire Wag	600	1,800	3,000	6,750	10,500	15,000
NOTE: Add 5% for LTD Brougham; 25% for 429 cid V-8 (all Full-Size Fords).						
1970-1/2 Falcon, 6-cyl., 117" wb						
4d Sed	300	900	1,500	3,380	5,250	7,500
2d Sed	480	1,440	2,400	5,400	8,400	12,000

FORD

	6	5	4	3	2	1
4d Sta Wag 380	1,140	1,900	4,280	6,650	9,500	

NOTE: *Add 5% for V-8; 30% for 429 CJ V-8; 50% for 429 CJR V-8.*

1971 Pinto

	6	5	4	3	2	1
2d Rbt 288	864	1,440	3,240	5,040	7,200	
2d Sed 280	840	1,400	3,500	4,900	7,000	

1971 Maverick, 6-cyl.

	6	5	4	3	2	1
2d Sed 340	1,020	1,700	3,830	5,950	8,500	
4d Sed 210	620	1,040	2,340	3,640	5,200	
2d Grabber Sed 550	1,640	2,740	6,170	9,590	13,700	

NOTE: *Add 20% for V-8.*

1971 Torino, V-8, 114" wb, Sta Wag 117" wb

	6	5	4	3	2	1
4d Sed 320	960	1,600	3,600	5,600	8,000	
2d HT 600	1,800	3,000	6,750	10,500	15,000	
4d Sta Wag 370	1,100	1,840	4,140	6,440	9,200	

1971 Torino 500, V-8, 114" wb, Sta Wag 117" wb

	6	5	4	3	2	1
4d Sed 290	880	1,460	3,290	5,110	7,300	
4d HT 320	950	1,580	3,560	5,530	7,900	
2d Formal HT 560	1,680	2,800	6,300	9,800	14,000	
2d Sports Roof HT 880	2,640	4,400	9,900	15,400	22,000	
4d Sta Wag 490	1,480	2,460	5,540	8,610	12,300	
4d HT Brougham 370	1,120	1,860	4,190	6,510	9,300	
2d HT Brougham 660	1,980	3,300	7,430	11,550	16,500	
4d Squire Sta Wag 690	2,080	3,460	7,790	12,110	17,300	
2d HT Cobra 4,000	12,000	20,000	45,000	70,000	100,000	
2d GT HT 1,070	3,200	5,340	12,020	18,690	26,700	
2d GT Conv 1,480	4,440	7,400	16,650	25,900	37,000	

NOTE: *Add 30% for 429 CJ V-8; 50% for 429 CJ-R V-8.*

1971 Custom, V-8, 121" wb

	6	5	4	3	2	1
4d Sed 260	780	1,300	2,930	4,550	6,500	
4d Ranch Wag 370	1,100	1,840	4,140	6,440	9,200	

1971 Custom 500, V-8, 121" wb

	6	5	4	3	2	1
4d Sed 270	800	1,340	3,020	4,690	6,700	
4d Ranch Wag 370	1,120	1,870	4,210	6,550	9,350	

1971 Galaxie 500, V-8, 121" wb

	6	5	4	3	2	1
4d Sed 280	830	1,380	3,110	4,830	6,900	
4d HT 320	950	1,580	3,560	5,530	7,900	
2d HT 380	1,140	1,900	4,280	6,650	9,500	
4d Country Sed Wag 460	1,380	2,300	5,180	8,050	11,500	

1971 LTD

	6	5	4	3	2	1
4d Sed 350	1,040	1,740	3,920	6,090	8,700	
4d HT 350	1,060	1,760	3,960	6,160	8,800	
2d HT 380	1,140	1,900	4,280	6,650	9,500	
2d Conv 840	2,520	4,200	9,450	14,700	21,000	
4d Country Squire Sta Wag 630	1,880	3,140	7,070	10,990	15,700	

NOTE: *Add 5% for LTD Brougham; 25% for 429 cid V-8 (all Full-Size Fords).*

1972 Pinto, 4-cyl.

	6	5	4	3	2	1
2d Sed 280	840	1,400	3,150	4,900	7,000	
3d HBk 290	860	1,440	3,240	5,040	7,200	
2d Sta Wag 300	910	1,520	3,420	5,320	7,600	

1972 Maverick, V-8

	6	5	4	3	2	1
4d Sed 210	620	1,040	2,340	3,640	5,200	
2d Sed 340	1,020	1,700	3,830	5,950	8,500	
2d Grabber Sed 540	1,620	2,700	6,080	9,450	13,500	

NOTE: *Add 10% for Sprint Pkg. Deduct 20% for 6-cyl.*

1972 Torino, V-8, 118" wb, 2d 114" wb

	6	5	4	3	2	1
4d Sed 320	960	1,600	3,600	5,600	8,000	
2d HT 430	1,300	2,160	4,860	7,560	10,800	
4d Sta Wag 370	1,100	1,840	4,140	6,440	9,200	

1972 Gran Torino

	6	5	4	3	2	1
4d Pillared HT 330	980	1,640	3,690	5,740	8,200	
2d HT 470	1,420	2,360	5,310	8,260	11,800	

1972 Gran Torino Sport, V-8

	6	5	4	3	2	1
2d Formal HT 570	1,720	2,860	6,440	10,010	14,300	
2d Sports Roof HT 620	1,860	3,100	6,980	10,850	15,500	
4d Squire Sta Wag 640	1,930	3,220	7,250	11,270	16,100	

1972 Custom, V-8, 121" wb

	6	5	4	3	2	1
4d Sed 260	780	1,300	2,930	4,550	6,500	
4d Ranch Wag 380	1,130	1,880	4,230	6,580	9,400	

1972 Custom 500, V-8, 121" wb

	6	5	4	3	2	1
4d Sed 270	800	1,340	3,020	4,690	6,700	
4d Ranch Wag 380	1,140	1,900	4,280	6,650	9,500	

1972 Galaxie 500, V-8, 121" wb

	6	5	4	3	2	1
4d Sed 280	830	1,380	3,110	4,830	6,900	
4d HT 320	950	1,580	3,560	5,530	7,900	
2d HT 380	1,140	1,900	4,280	6,650	9,500	
4d Country Sed Wag 480	1,440	2,400	5,400	8,400	12,000	

1972 LTD, V-8, 121" wb

	6	5	4	3	2	1
4d Sed 350	1,050	1,750	3,940	6,130	8,750	
4d HT 350	1,060	1,760	3,960	6,160	8,800	

FORD

	6	5	4	3	2	1
2d HT	420	1,260	2,100	4,730	7,350	10,500
2d Conv	830	2,480	4,140	9,320	14,490	20,700
4d Country Squire Wag	630	1,880	3,140	7,070	10,990	15,700

NOTE: Add 5% for LTD Brougham; 25% for 429 engine option.

1973 Pinto, 4-cyl.

	6	5	4	3	2	1
2d Sed	270	820	1,360	3,060	4,760	6,800
2d Rbt	280	840	1,400	3,150	4,900	7,000
2d Sta Wag	300	890	1,480	3,330	5,180	7,400

1973 Maverick, V-8

	6	5	4	3	2	1
2d Sed	340	1,020	1,700	3,830	5,950	8,500
4d Sed	200	600	1,000	2,250	3,500	5,000
2d Grabber Sed	540	1,620	2,700	6,080	9,450	13,500

1973 Torino, V-8

	6	5	4	3	2	1
4d Sed	320	950	1,580	3,560	5,530	7,900
2d HT	420	1,260	2,100	4,730	7,350	10,500
4d Sta Wag	360	1,080	1,800	4,050	6,300	9,000

1973 Gran Torino, V-8

	6	5	4	3	2	1
4d Pillared HT	320	960	1,600	3,600	5,600	8,000
2d HT	460	1,390	2,320	5,220	8,120	11,600
4d Sta Wag	540	1,620	2,700	6,080	9,450	13,500

1973 Gran Torino Sport, V-8

	6	5	4	3	2	1
2d Sports Roof HT	610	1,840	3,060	6,890	10,710	15,300
2d Formal HT	560	1,690	2,820	6,350	9,870	14,100
4d Squire Sta Wag	640	1,910	3,180	7,160	11,130	15,900

1973 Gran Torino Brgm, V-8

	6	5	4	3	2	1
4d Pillared HT	330	990	1,650	3,710	5,780	8,250
2d HT	470	1,410	2,350	5,290	8,230	11,750

1973 Custom 500, V-8

	6	5	4	3	2	1
4d Pillared HT	250	760	1,260	2,840	4,410	6,300
4d Ranch Wag	370	1,120	1,860	4,190	6,510	9,300

1973 Galaxie 500, V-8

	6	5	4	3	2	1
4d Pillared HT	270	800	1,340	3,020	4,690	6,700
2d HT	370	1,120	1,860	4,190	6,510	9,300
4d HT	310	920	1,540	3,470	5,390	7,700
4d Country Sed Wag	470	1,420	2,360	5,310	8,260	11,800

1973 LTD, V-8

	6	5	4	3	2	1
4d Sed	340	1,020	1,700	3,830	5,950	8,500
2d HT	410	1,240	2,060	4,640	7,210	10,300
4d HT	340	1,030	1,720	3,870	6,020	8,600
4d Country Squire Wag	620	1,860	3,100	6,980	10,850	15,500

NOTE: Add 5% for LTD Brougham; 25% for 429 engine option.

1974 Pinto

	6	5	4	3	2	1
2d Sed	260	790	1,320	2,970	4,620	6,600
3d HBk	270	820	1,360	3,060	4,760	6,800
2d Sta Wag	290	860	1,440	3,240	5,040	7,200

1974 Maverick, V-8

	6	5	4	3	2	1
2d Sed	340	1,020	1,700	3,830	5,950	8,500
4d Sed	230	700	1,160	2,610	4,060	5,800
2d Grabber Sed	510	1,540	2,560	5,760	8,960	12,800

1974 Torino, V-8

	6	5	4	3	2	1
4d Sed	310	920	1,540	3,470	5,390	7,700
2d HT	410	1,240	2,060	4,640	7,210	10,300
4d Sta Wag	350	1,060	1,760	3,960	6,160	8,800

1974 Gran Torino, V-8

	6	5	4	3	2	1
4d Sed	310	940	1,560	3,510	5,460	7,800
2d HT	410	1,240	2,060	4,640	7,210	10,300
4d Sta Wag	350	1,060	1,760	3,960	6,160	8,800

1974 Gran Torino Sport, V-8

	6	5	4	3	2	1
2d HT	580	1,740	2,900	6,530	10,150	14,500

1974 Gran Torino Brgm, V-8

	6	5	4	3	2	1
4d Sed	340	1,030	1,720	3,870	6,020	8,600
2d HT	460	1,380	2,300	5,180	8,050	11,500

1974 Gran Torino Elite, V-8

	6	5	4	3	2	1
2d HT	470	1,420	2,360	5,310	8,260	11,800

1974 Gran Torino Squire, V-8

	6	5	4	3	2	1
4d Sta Wag	420	1,260	2,100	4,730	7,350	10,500

1974 Custom 500

	6	5	4	3	2	1
4d Sed	240	730	1,220	2,750	4,270	6,100
4d Ranch Wag	360	1,090	1,820	4,100	6,370	9,100

1974 Galaxie 500, V-8

	6	5	4	3	2	1
4d Sed	330	1,000	1,660	3,740	5,810	8,300
2d HT	400	1,210	2,020	4,550	7,070	10,100
4d HT	340	1,010	1,680	3,780	5,880	8,400
4d Country Sed Wag	460	1,390	2,320	5,220	8,120	11,600

1974 LTD, V-8

	6	5	4	3	2	1
2d HT	400	1,210	2,020	4,550	7,070	10,100
4d Sed	330	1,000	1,660	3,740	5,810	8,300
4d HT	340	1,010	1,680	3,780	5,880	8,400

	6	5	4	3	2	1
4d Country Squire Wag 610	1,840	3,060	6,890	10,710	15,300

NOTE: *Add 5% for LTD Brougham; 15% for 460 engine option.*

1975 Pinto

2d Sed 260	780	1,300	2,930	4,550	6,500
3d HBk 270	800	1,340	3,020	4,690	6,700
2d Sta Wag 280	850	1,420	3,200	4,970	7,100

1975 Maverick

2d Sed 340	1,020	1,700	3,830	5,950	8,500
4d Sed 230	680	1,140	2,570	3,990	5,700
2d Grabber Sed 500	1,500	2,500	5,630	8,750	12,500

1975 Torino

2d Cpe 410	1,220	2,040	4,590	7,140	10,200
4d Sed 300	910	1,520	3,420	5,320	7,600
4d Sta Wag 350	1,040	1,740	3,920	6,090	8,700

1975 Gran Torino

2d Cpe 410	1,220	2,040	4,590	7,140	10,200
4d Sed 310	920	1,540	3,470	5,390	7,700
4d Sta Wag 350	1,040	1,740	3,920	6,090	8,700

1975 Gran Torino Brougham

2d Cpe 440	1,320	2,200	4,950	7,700	11,000
4d Sed 340	1,020	1,700	3,830	5,950	8,500

1975 Gran Torino Sport

2d HT 560	1,690	2,820	6,350	9,870	14,100

1975 Torino Squire

4d Sta Wag 400	1,200	2,000	4,500	7,000	10,000

1975 Elite

2d HT 470	1,400	2,340	5,270	8,190	11,700

1975 Granada

2d Cpe 260	780	1,300	2,930	4,550	6,500
4d Sed 240	720	1,200	2,700	4,200	6,000
2d Ghia Cpe 280	830	1,380	3,110	4,830	6,900
4d Ghia Sed 250	760	1,260	2,840	4,410	6,300

1975 Custom 500

4d Sed 240	720	1,200	2,700	4,200	6,000
4d Sta Wag 360	1,080	1,800	4,050	6,300	9,000

1975 LTD

2d Cpe 400	1,200	2,000	4,500	7,000	10,000
4d Sed 330	980	1,640	3,690	5,740	8,200

1975 LTD Station Wagon

4d Sta Wag 460	1,380	2,300	5,180	8,050	11,500
4d Country Squire Wag 610	1,830	3,050	6,860	10,680	15,250

NOTE: *Add 5% for LTD Brougham; 7% for LTD Landau; 15% for 460 engine option.*

1976 Pinto, 4-cyl.

2d Sed 260	770	1,280	2,880	4,480	6,400
2d Rbt 260	780	1,300	2,930	4,550	6,500
2d Sta Wag 280	840	1,400	3,150	4,900	7,000
2d Squire Wag 280	850	1,420	3,200	4,970	7,100

NOTE: *Add 10% for V-6.*

1976 Maverick, V-8

4d Sed 260	790	1,320	2,970	4,620	6,600
2d Sed 340	1,020	1,700	3,830	5,950	8,500

NOTE: *Deduct 5% for 6-cyl.*

1976 Torino, V-8

4d Sed 340	1,030	1,720	3,870	6,020	8,600
2d HT 400	1,200	2,000	4,500	7,000	10,000

1976 Gran Torino, V-8

4d Sed 300	910	1,520	3,420	5,320	7,600
2d HT 400	1,200	2,000	4,500	7,000	10,000

NOTE: *Add 25% for "Starsky & Hutch" Edition.*

1976 Gran Torino Brougham, V-8

4d Sed 340	1,010	1,680	3,780	5,880	8,400
2d HT 430	1,300	2,160	4,860	7,560	10,800

1976 Station Wagons, V-8

4d 2S Torino 320	960	1,600	3,600	5,600	8,000
4d 2S Gran Torino 360	1,080	1,800	4,050	6,300	9,000
4d 2S Gran Torino Squire 380	1,140	1,900	4,280	6,650	9,500

1976 Granada, V-8

4d Sed 240	720	1,200	2,700	4,200	6,000
2d Sed 260	780	1,300	2,930	4,550	6,500

1976 Granada Ghia, V-8

4d Sed 250	760	1,260	2,840	4,410	6,300
2d Sed 280	830	1,380	3,110	4,830	6,900

1976 Elite, V-8

2d HT 460	1,380	2,300	5,180	8,050	11,500

1976 Custom, V-8

4d Sed 230	700	1,160	2,610	4,060	5,800

1976 LTD, V-8

4d Sed 320	960	1,600	3,600	5,600	8,000

	6	5	4	3	2	1
2d Sed	390	1,180	1,960	4,410	6,860	9,800

NOTE: Add 5% for LTD Brougham; 7% for LTD Landau; 15% for 460 cid V-8.

1976 Station Wagons, V-8

	6	5	4	3	2	1
4d Ranch Wag	440	1,320	2,200	4,950	7,700	11,000
4d LTD Wag	460	1,380	2,300	5,100	8,050	11,500
4d Country Squire Wag	470	1,400	2,340	5,270	8,190	11,700

1977 Pinto, 4-cyl.

	6	5	4	3	2	1
2d Sed	250	760	1,260	2,840	4,410	6,300
2d Rbt......................................	260	770	1,280	2,880	4,480	6,400
2d Sta Wag.................................	270	820	1,360	3,060	4,760	6,800
2d Squire Wag	280	830	1,380	3,110	4,830	6,900

NOTE: Add 5% for V-6.

1977 Maverick, V-8

	6	5	4	3	2	1
4d Sed	260	780	1,300	2,930	4,550	6,500
2d Sed	280	840	1,400	3,150	4,900	7,000

NOTE: Deduct 5% for 6-cyl.

1977 Granada, V-8

	6	5	4	3	2	1
4d Sed	240	710	1,180	2,660	4,130	5,900
2d Sed	260	770	1,280	2,880	4,480	6,400

1977 Granada Ghia, V-8

	6	5	4	3	2	1
4d Sed	250	740	1,240	2,790	4,340	6,200
2d Sed	270	820	1,360	3,060	4,760	6,800

1977 LTD II "S", V-8

	6	5	4	3	2	1
4d Sed	170	500	840	1,890	2,940	4,200
2d Sed	210	620	1,040	2,340	3,640	5,200

1977 LTD II, V-8

	6	5	4	3	2	1
4d Sed	180	530	880	1,980	3,080	4,400
2d Sed	210	620	1,040	2,340	3,640	5,200

1977 LTD II Brougham, V-8

	6	5	4	3	2	1
4d Sed	180	540	900	2,030	3,150	4,500
2d Sed	230	690	1,150	2,590	4,030	5,750

1977 Station Wagons, V-8

	6	5	4	3	2	1
4d 2S LTD II...............................	200	590	980	2,210	3,430	4,900
4d 3S LTD II...............................	220	660	1,100	2,480	3,850	5,500
4d 3S LTD II Sq............................	230	700	1,160	2,610	4,060	5,800

1977 LTD, V-8

	6	5	4	3	2	1
4d Sed	310	940	1,560	3,510	5,460	7,800
2d Sed	380	1,150	1,920	4,320	6,720	9,600

1977 Station Wagons, V-8

	6	5	4	3	2	1
4d 2S LTD..................................	430	1,300	2,160	4,860	7,560	10,800
4d 3S LTD..................................	450	1,350	2,250	5,060	7,880	11,250
4d 3S Ctry Sq..............................	460	1,370	2,290	5,150	8,020	11,450

NOTE. Add 7% for LTD Landau; 15% for 429 cid V-8 (all Full-Size Fords).

1978 Fiesta

	6	5	4	3	2	1
2d HBk	150	460	760	1,710	2,660	3,800

1978 Pinto

	6	5	4	3	2	1
2d Sed	240	720	1,200	2,700	4,200	6,000
3d Rbt......................................	240	730	1,220	2,750	4,270	6,100
2d Sta Wag.................................	260	780	1,300	2,930	4,550	6,500
2d Sq Wag..................................	270	820	1,360	3,060	4,760	6,800

1978 Fairmont

	6	5	4	3	2	1
4d Sed	150	440	740	1,670	2,590	3,700
2d Sed	180	540	900	2,030	3,150	4,500
2d Cpe Futura..............................	240	720	1,200	2,700	4,200	6,000
4d Sta Wag.................................	230	700	1,160	2,610	4,060	5,800

1978 Granada

	6	5	4	3	2	1
4d Sed	230	680	1,140	2,570	3,990	5,700
2d Sed	250	740	1,240	2,790	4,340	6,200

1978 LTD II "S"

	6	5	4	3	2	1
4d Sed	160	480	800	1,800	2,800	4,000
2d Cpe	210	620	1,040	2,340	3,640	5,200

1978 LTD II

	6	5	4	3	2	1
4d Sed	170	500	840	1,890	2,940	4,200
2d Cpe	210	620	1,040	2,340	3,640	5,200

1978 LTD II Brougham

	6	5	4	3	2	1
4d Sed	170	520	860	1,940	3,010	4,300
2d Cpe	230	690	1,150	2,590	4,030	5,750

1978 LTD

	6	5	4	3	2	1
4d Sed	300	910	1,520	3,420	5,320	7,600
2d Cpe	380	1,130	1,880	4,230	6,580	9,400
4d 2S Sta Wag	420	1,260	2,100	4,730	7,350	10,500

NOTE: Add 5% for LTD Landau.

1979 Fiesta, 4-cyl.

	6	5	4	3	2	1
3d HBk	150	440	740	1,670	2,590	3,700

1979 Pinto, V-6

	6	5	4	3	2	1
2d Sed	230	700	1,160	2,610	4,060	5,800
2d Rbt......................................	240	710	1,180	2,660	4,130	5,900
2d Sta Wag.................................	250	760	1,260	2,840	4,410	6,300

FORD

	6	5	4	3	2	1
2d Sq Wag 260		790	1,320	2,970	4,620	6,600

NOTE: Deduct 5% for 4-cyl.

1979 Fairmont, 6-cyl.

	6	5	4	3	2	1
4d Sed 140		420	700	1,580	2,450	3,500
2d Sed 180		540	900	2,030	3,150	4,500
2d Cpe 240		720	1,200	2,700	4,200	6,000
4d Sta Wag 220		670	1,120	2,520	3,920	5,600
4d Sq Wag 230		680	1,140	2,570	3,990	5,700

NOTE: Add 5% for V-8. Deduct 5% for 4-cyl.

1979 Granada, V-8

	6	5	4	3	2	1
4d Sed 220		660	1,100	2,480	3,850	5,500
2d Sed 240		730	1,220	2,750	4,270	6,100

NOTE: Deduct 5% for 6-cyl.

1979 LTD II, V-8

	6	5	4	3	2	1
4d Sed 150		460	760	1,710	2,660	3,800
2d Sed 210		620	1,040	2,340	3,640	5,200

1979 LTD II Brougham, V-8

	6	5	4	3	2	1
4d Sed 160		490	820	1,850	2,870	4,100
2d Sed 220		650	1,080	2,430	3,780	5,400

1979 LTD, V-8

	6	5	4	3	2	1
4d Sed 190		570	950	2,140	3,330	4,750
2d Sed 320		960	1,600	3,600	5,600	8,000
4d 2S Sta Wag 280		840	1,400	3,150	4,900	7,000
4d 3S Sta Wag 290		870	1,450	3,260	5,080	7,250
4d 2S Sq Wag 290		880	1,470	3,310	5,150	7,350
4d 3S Sq Wag 300		890	1,490	3,350	5,220	7,450

1979 LTD Landau

	6	5	4	3	2	1
4d Sed 200		600	1,000	2,250	3,500	5,000
2d Sed 340		1,020	1,700	3,830	5,950	8,500

1980 Fiesta, 4-cyl.

	6	5	4	3	2	1
2d HBk 140		430	720	1,620	2,520	3,600

1980 Pinto, 4-cyl.

	6	5	4	3	2	1
2d Cpe Pony 230		680	1,140	2,570	3,990	5,700
2d Sta Wag Pony 260		780	1,300	2,930	4,550	6,500
2d Cpe 220		670	1,120	2,520	3,920	5,600
2d HBk 230		680	1,140	2,570	3,990	5,700
2d Sta Wag 240		730	1,220	2,750	4,270	6,100
2d Sta Wag Sq 260		770	1,280	2,880	4,480	6,400

NOTE: Add 20% for Pinto Cruising Van pkg.

1980 Fairmont, 6-cyl.

	6	5	4	3	2	1
4d Sed 170		500	840	1,890	2,940	4,200
2d Sed 200		600	1,000	2,250	3,500	5,000
4d Sed Futura 170		520	870	1,960	3,050	4,350
2d Cpe Futura 260		780	1,300	2,930	4,550	6,500
4d Sta Wag 170		500	840	1,890	2,940	4,200

NOTE: Add 12% for V-8. Deduct 10% for 4-cyl.

1980 Granada, V-8

	6	5	4	3	2	1
4d Sed 240		730	1,220	2,750	4,270	6,100
2d Sed 260		790	1,320	2,970	4,620	6,600
4d Sed Ghia 250		760	1,260	2,840	4,410	6,300
2d Sed Ghia 270		820	1,360	3,060	4,760	6,800
4d Sed ESS 260		770	1,280	2,880	4,480	6,400
2d Sed ESS 280		830	1,380	3,110	4,830	6,900

NOTE: Deduct 10% for 6-cyl.

1980 LTD, V-8

	6	5	4	3	2	1
4d Sed S 200		600	1,000	2,250	3,500	5,000
4d Sta Wag 270		820	1,360	3,060	4,760	6,800
4d Sed 210		620	1,040	2,340	3,640	5,200
2d Sed 320		960	1,600	3,600	5,600	8,000
4d Sta Wag 230		680	1,140	2,570	3,990	5,700
4d Sta Wag CS 230		680	1,140	2,570	3,990	5,700

1980 LTD Crown Victoria, V-8

	6	5	4	3	2	1
4d Sed 250		760	1,260	2,840	4,410	6,300
2d Sed 340		1,020	1,700	3,830	5,950	8,500

1981 Escort, 4-cyl.

	6	5	4	3	2	1
2d HBk SS 130		400	660	1,490	2,310	3,300
4d HBk SS 120		360	600	1,350	2,100	3,000

NOTE: Deduct 5% for lesser models.

1981 Fairmont, 6-cyl.

	6	5	4	3	2	1
2d Sed S 210		620	1,040	2,340	3,640	5,200
4d Sed 170		500	840	1,890	2,940	4,200
2d Sed 210		620	1,040	2,340	3,640	5,200
4d Futura 170		520	860	1,940	3,010	4,300
2d Cpe Futura 240		720	1,200	2,700	4,200	6,000
4d Sta Wag 170		500	840	1,890	2,940	4,200
4d Sta Wag Futura 180		530	880	1,980	3,080	4,400

NOTE: Add 12% for V-8. Deduct 10% for 4-cyl.

1981 Granada, 6-cyl.

	6	5	4	3	2	1
4d Sed GLX 250		760	1,260	2,840	4,410	6,300

	6	5	4	3	2	1
2d Sed GLX 280		830	1,380	3,110	4,830	6,900

NOTE: Add 12% for V-8.

1981 LTD, V-8

	6	5	4	3	2	1
4d Sed S. 180		550	920	2,070	3,220	4,600
4d Sta Wag S 280		840	1,400	3,150	4,900	7,000
4d Sed 210		620	1,040	2,340	3,640	5,200
2d Sed 320		960	1,600	3,600	5,600	8,000
4d Sta Wag 230		680	1,140	2,570	3,990	5,700
4d Country Squire Wag 230		680	1,140	2,570	3,990	5,700

1981 LTD Crown Victoria, V-8

	6	5	4	3	2	1
4d Sed 220		660	1,100	2,480	3,850	5,500
2d Sed 340		1,020	1,700	3,830	5,950	8,500

1982 Escort, 4-cyl.

	6	5	4	3	2	1
2d HBk GLX 144		432	720	1,620	2,520	3,600
4d HBk GLX 148		444	740	1,670	2,590	3,700
4d Sta Wag GLX 180		530	880	1,980	3,080	4,400
2d HBk GT 180		540	900	2,030	3,150	4,500

NOTE: Deduct 5% for lesser models.

1982 EXP, 4-cyl.

	6	5	4	3	2	1
2d Cpe 180		540	900	2,030	3,150	4,500

1982 Fairmont Futura, 4-cyl.

	6	5	4	3	2	1
4d Sed 120		360	600	1,350	2,100	3,000
2d Sed 170		510	850	1,910	2,980	4,250
2d Cpe Futura. 240		720	1,200	2,700	4,200	6,000

1982 Fairmont Futura, 6-cyl.

	6	5	4	3	2	1
4d Sed 148		444	740	1,670	2,590	3,700
2d Cpe Futura. 250		740	1,240	2,790	4,340	6,200

1982 Granada, 6-cyl.

	6	5	4	3	2	1
4d Sed GLX 164		492	820	1,850	2,870	4,100
2d Sed GLX 160		480	800	1,800	2,800	4,000

1982 Granada Wagon, 6-cyl.

	6	5	4	3	2	1
4d Sta Wag GL. 240		710	1,180	2,660	4,130	5,900

1982 LTD, V-8

	6	5	4	3	2	1
4d Sed S. 180		540	900	2,030	3,150	4,500
4d Sed 180		540	900	2,030	3,150	4,500
2d Sed 220		660	1,100	2,480	3,850	5,500

1982 LTD Crown Victoria, V-8

	6	5	4	3	2	1
4d Sed 180		540	900	2,030	3,150	4,500
2d Sed 230		690	1,150	2,590	4,030	5,750

1982 LTD Station Wagon, V-8

	6	5	4	3	2	1
4d Sta Wag S 300		900	1,500	3,380	5,250	7,500
4d Sta Wag. 300		910	1,520	3,420	5,320	7,600
4d Sta Wag CS 320		950	1,580	3,560	5,530	7,900

NOTE: Deduct 15% for V-6.

1983 Escort, 4-cyl.

	6	5	4	3	2	1
2d HBk GLX 144		432	720	1,620	2,520	3,600
4d HBk GLX 148		444	740	1,670	2,590	3,700
4d Sta Wag GLX 152		456	760	1,710	2,660	3,800
2d HBk GT 148		444	740	1,670	2,590	3,700

NOTE: Deduct 5% for lesser models.

1983 EXP, 4-cyl.

	6	5	4	3	2	1
2d Cpe 180		540	900	2,030	3,150	4,500

1983 Fairmont Futura, 6-cyl.

	6	5	4	3	2	1
4d Sed 148		444	740	1,670	2,590	3,700
2d Sed 144		432	720	1,620	2,520	3,600
2d Cpe 240		720	1,200	2,700	4,200	6,000

NOTE: Deduct 5% for 4-cyl.

1983 LTD, 6-cyl.

	6	5	4	3	2	1
4d Sed 210		620	1,040	2,340	3,640	5,200
4d Sed Brgm. 240		720	1,200	2,700	4,200	6,000
4d Sta Wag. 240		710	1,180	2,660	4,130	5,900

NOTE: Deduct 10% for 4-cyl.

1983 LTD Crown Victoria, V-8

	6	5	4	3	2	1
4d Sed 210		620	1,040	2,340	3,640	5,200
2d Sed 320		960	1,600	3,600	5,600	8,000
4d Sta Wag. 190		560	940	2,120	3,290	4,700
4d Country Squire Wag 200		600	1,000	2,250	3,500	5,000

1984 Escort, 4-cyl.

	6	5	4	3	2	1
4d HBk LX 140		420	700	1,580	2,450	3,500
2d HBk LX 140		420	700	1,580	2,450	3,500
4d Sta Wag LX 144		432	720	1,620	2,520	3,600
2d HBk GT 144		432	720	1,620	2,520	3,600
2d HBk Turbo GT 152		456	760	1,710	2,660	3,800

NOTE: Deduct 5% for lesser models.

1984 EXP, 4-cyl.

	6	5	4	3	2	1
2d Cpe 160		480	800	1,800	2,800	4,000
2d Cpe L. 168		504	840	1,890	2,940	4,200
2d Cpe Turbo 184		552	920	2,070	3,220	4,600

	6	5	4	3	2	1
1984 Tempo, 4-cyl.						
2d Sed GLX	140	420	700	1,580	2,450	3,500
4d Sed GLX	140	420	700	1,580	2,450	3,500
NOTE: Deduct 5% for lesser models.						
1984 LTD, V-6						
4d Sed	220	650	1,080	2,430	3,780	5,400
4d Sed Brgm.	220	660	1,100	2,480	3,850	5,500
4d Sta Wag	240	730	1,220	2,750	4,270	6,100
4d Sed LX, (V-8)	230	680	1,140	2,570	3,990	5,700
NOTE: Deduct 8% for 4-cyl.						
1984 LTD Crown Victoria, V-8						
4d Sed S	200	600	1,000	2,250	3,500	5,000
4d Sed	210	640	1,060	2,390	3,710	5,300
2d Sed	320	960	1,600	3,600	5,600	8,000
4d Sta Wag S	210	630	1,050	2,360	3,680	5,250
4d Sta Wag	220	660	1,100	2,480	3,850	5,500
4d Country Squire Wag	230	690	1,150	2,590	4,030	5,750
1985 Escort, 4-cyl.						
4d HBk LX	144	432	720	1,620	2,520	3,600
4d Sta Wag LX	144	432	720	1,620	2,520	3,600
2d HBk GT	148	444	740	1,670	2,590	3,700
2d HBk Turbo GT	156	468	780	1,760	2,730	3,900
NOTE: Deduct 5% for lesser models.						
1985 EXP, 4-cyl.						
2d Cpe HBk	164	492	820	1,850	2,870	4,100
2d Cpe HBk Luxury	172	516	860	1,940	3,010	4,300
2d Cpe HBk Turbo	188	564	940	2,120	3,290	4,700
NOTE: Deduct 20% for diesel.						
1985 Tempo, 4-cyl.						
2d Sed GLX	140	420	700	1,580	2,450	3,500
4d Sed GLX	140	420	700	1,580	2,450	3,500
NOTE: Deduct 5% for lesser models; 20% for diesel.						
1985 LTD						
4d V-6 Sed	220	650	1,080	2,430	3,780	5,400
4d V-6 Sed Brgm.	220	660	1,100	2,480	3,850	5,500
4d V-6 Sta Wag.	240	730	1,220	2,750	4,270	6,100
4d V-8 Sed LX.	230	680	1,140	2,570	3,990	5,700
NOTE: Deduct 20% for 4-cyl. where available.						
1985 LTD Crown Victoria, V-8						
4d Sed S	192	576	960	2,160	3,360	4,800
4d Sed	200	600	1,000	2,250	3,500	5,000
2d Sed	320	960	1,600	3,600	5,600	8,000
4d Sta Wag S	204	612	1,020	2,300	3,570	5,100
4d Sta Wag	200	600	1,000	2,250	3,500	5,000
4d Country Squire Wag	210	630	1,050	2,360	3,680	5,250
1986 Escort						
2d HBk	144	432	720	1,620	2,520	3,600
4d HBk	140	420	700	1,580	2,450	3,500
4d Sta Wag	148	444	740	1,670	2,590	3,700
2d GT HBk	160	480	800	1,800	2,800	4,000
1986 EXP						
2d Cpe	184	552	920	2,070	3,220	4,600
1986 Tempo						
2d Sed	144	432	720	1,620	2,520	3,600
4d Sed	144	432	720	1,620	2,520	3,600
1986 Taurus						
4d Sed	200	590	980	2,210	3,430	4,900
4d Sta Wag	200	610	1,020	2,300	3,570	5,100
1986 LTD						
4d Sed	208	624	1,040	2,340	3,640	5,200
4d Brgm Sed.	210	640	1,070	2,410	3,750	5,350
4d Sta Wag	240	730	1,220	2,750	4,270	6,100
1986 LTD Crown Victoria						
2d Sed	360	1,080	1,800	4,050	6,300	9,000
4d Sed	200	600	1,000	2,250	3,500	5,000
4d Sta Wag	200	600	1,000	2,250	3,500	5,000
4d Country Squire Wag	220	660	1,100	2,480	3,850	5,500
1987 Escort, 4-cyl.						
2d HBk Pony	148	444	740	1,670	2,590	3,700
2d HBk GL	152	456	760	1,710	2,660	3,800
4d HBk GL	156	468	780	1,760	2,730	3,900
4d Sta Wag GL	156	468	780	1,760	2,730	3,900
2d HBk GT	160	480	800	1,800	2,800	4,000
1987 EXP, 4-cyl.						
2d HBk LX	188	564	940	2,120	3,290	4,700
2d HBk Spt	192	576	960	2,160	3,360	4,800
1987 Tempo						
2d Sed GL	148	444	740	1,670	2,590	3,700
4d Sed GL	152	456	760	1,710	2,660	3,800

FORD

	6	5	4	3	2	1
2d Sed GL Spt	152	456	760	1,710	2,660	3,800
4d Sed GL Spt	156	468	780	1,760	2,730	3,900
2d Sed LX	156	468	780	1,760	2,730	3,900
4d Sed LX	160	480	800	1,800	2,800	4,000
2d Sed 4WD	180	540	900	2,030	3,150	4,500
4d Sed 4WD	184	552	920	2,070	3,220	4,600
1987 Taurus, 4-cyl.						
4d Sed	192	576	960	2,160	3,360	4,800
4d Sta Wag	200	610	1,020	2,300	3,570	5,100
1987 Taurus, V-6						
4d Sed L	196	588	980	2,210	3,430	4,900
4d Sta Wag L	210	620	1,040	2,340	3,640	5,200
4d Sed GL	200	600	1,000	2,250	3,500	5,000
4d Sta Wag GL	210	640	1,060	2,390	3,710	5,300
4d Sed LX	204	612	1,020	2,300	3,570	5,100
4d Sta Wag LX	220	660	1,100	2,480	3,850	5,500
1987 LTD Crown Victoria, V-8						
4d Sed S	220	660	1,100	2,480	3,850	5,500
4d Sta Wag S	224	672	1,120	2,520	3,920	5,600
4d Sed	224	672	1,120	2,520	3,920	5,600
2d Cpe	360	1,080	1,800	4,050	6,300	9,000
4d Sta Wag	224	672	1,120	2,520	3,920	5,600
4d Sta Wag Ctry Sq	230	700	1,160	2,610	4,060	5,800
4d Sed LX	228	684	1,140	2,570	3,990	5,700
2d Cpe LX	224	672	1,120	2,520	3,920	5,600
4d Sta Wag LX	240	720	1,200	2,700	4,200	6,000
4d Sta Wag Ctry Sq LX	250	740	1,240	2,790	4,340	6,200
1988 Festiva, 4-cyl.						
2d HBk L	130	380	640	1,440	2,240	3,200
2d HBk L Plus	130	400	660	1,490	2,310	3,300
2d HBk LX	140	410	680	1,530	2,380	3,400
1988 Escort, 4-cyl.						
2d HBk Pony	130	380	640	1,440	2,240	3,200
2d HBk GL	140	420	700	1,580	2,450	3,500
4d HBk GL	140	430	720	1,620	2,520	3,600
4d Sta Wag GL	160	470	780	1,760	2,730	3,900
2d HBk GT	140	420	700	1,580	2,450	3,500
2d HBk LX	150	440	740	1,670	2,590	3,700
4d HBk LX	150	460	760	1,710	2,660	3,800
4d Sta Wag LX	160	470	780	1,760	2,730	3,900
1988 EXP, 4-cyl.						
2d HBk	160	480	800	1,800	2,800	4,000
1988 Tempo, 4-cyl.						
2d Sed GL	132	396	660	1,490	2,310	3,300
4d Sed GL	140	420	700	1,580	2,450	3,500
2d Sed GLS	140	420	700	1,580	2,450	3,500
4d Sed GLS	144	432	720	1,620	2,520	3,600
4d Sed LX	148	444	740	1,670	2,590	3,700
4d Sed 4x4	180	540	900	2,030	3,150	4,500
1988 Taurus, 4-cyl., V-6						
4d Sed	168	504	840	1,890	2,940	4,200
4d Sed L	176	528	880	1,980	3,080	4,400
4d Sta Wag L	184	552	920	2,070	3,220	4,600
4d Sed GL	180	540	900	2,030	3,150	4,500
4d Sta Wag GL	200	600	1,000	2,250	3,500	5,000
4d Sed LX	220	660	1,100	2,400	3,050	5,500
4d Sta Wag LX	228	684	1,140	2,570	3,990	5,700
1988 LTD Crown Victoria, V-8						
4d Sed	220	660	1,100	2,480	3,850	5,500
4d Sta Wag	220	670	1,120	2,520	3,920	5,600
4d Country Squire Wag	230	700	1,160	2,610	4,060	5,800
4d Sed S	200	600	1,000	2,250	3,500	5,000
4d Sed LX	216	648	1,080	2,430	3,780	5,400
4d Sta Wag LX	240	720	1,200	2,700	4,200	6,000
4d Country Squire Wag	250	740	1,240	2,790	4,340	6,200
1989 Festiva, 4-cyl.						
2d HBk L	128	384	640	1,440	2,240	3,200
2d HBk L Plus	132	396	660	1,490	2,310	3,300
2d HBk LX	136	408	680	1,530	2,380	3,400
1989 Escort, 4-cyl.						
2d HBk Pony	132	396	660	1,490	2,310	3,300
2d HBk LX	136	408	680	1,530	2,380	3,400
2d HBk GT	152	456	760	1,710	2,660	3,800
4d HBk LX	140	420	700	1,580	2,450	3,500
4d Sta Wag LX	144	432	720	1,620	2,520	3,600
1989 Tempo, 4-cyl.						
2d Sed GL	140	420	700	1,580	2,450	3,500
4d Sed GL	144	432	720	1,620	2,520	3,600
2d Sed GLS	152	456	760	1,710	2,660	3,800

FORD

	6	5	4	3	2	1
4d Sed GLS	156	468	780	1,760	2,730	3,900
4d Sed LX.	168	504	840	1,890	2,940	4,200
4d Sed 4x4	192	576	960	2,160	3,360	4,800
1989 Probe, 4-cyl.						
2d GL HBk	200	600	1,000	2,250	3,500	5,000
2d LX HBk	220	660	1,100	2,480	3,850	5,500
2d GT Turbo HBk	240	720	1,200	2,700	4,200	6,000
1989 Taurus, 4-cyl.						
4d Sed L	184	552	920	2,070	3,220	4,600
4d Sed GL	188	564	940	2,120	3,290	4,700
1989 Taurus, V-6						
4d Sed L	190	580	960	2,160	3,360	4,800
4d Sta Wag L	200	600	1,000	2,250	3,500	5,000
4d Sed GL	200	610	1,020	2,300	3,570	5,100
4d Sta Wag GL	240	720	1,200	2,700	4,200	6,000
4d Sed LX	230	700	1,160	2,610	4,060	5,800
4d Sta Wag LX	360	1,080	1,800	4,050	6,300	9,000
4d Sed SHO	400	1,200	2,000	4,500	7,000	10,000
1989 LTD Crown Victoria, V-8						
4d Sed S.	220	660	1,100	2,480	3,850	5,500
4d Sed	228	684	1,140	2,570	3,990	5,700
4d Sed LX.	252	756	1,260	2,840	4,410	6,300
4d Sta Wag.	230	680	1,140	2,570	3,990	5,700
4d Sta Wag LX	230	700	1,160	2,610	4,060	5,800
4d Country Squire Wag	240	720	1,200	2,700	4,200	6,000
4d Country Squire LX Wag	260	780	1,300	2,930	4,550	6,500
1990 Festiva, 4-cyl.						
2d	120	360	600	1,350	2,100	3,000
2d L	130	380	640	1,440	2,240	3,200
2d LX	140	420	700	1,580	2,450	3,500
1990 Escort, 4-cyl.						
2d Pony HBk.	120	360	600	1,350	2,100	3,000
2d LX HBk	140	420	700	1,580	2,450	3,500
4d LX HBk	144	432	720	1,620	2,520	3,600
4d LX Sta Wag	152	456	760	1,710	2,660	3,800
2d GT HBk	164	492	820	1,850	2,870	4,100
1990 Tempo, 4-cyl.						
2d GL Sed	144	432	720	1,620	2,520	3,600
4d GL Sed	148	444	740	1,670	2,590	3,700
2d GLS Sed	160	480	800	1,800	2,800	4,000
4d GLS Sed	164	492	820	1,850	2,870	4,100
4d LX Sed.	168	504	840	1,890	2,940	4,200
4d Sed 4x4	220	660	1,100	2,480	3,850	5,500
1990 Probe						
2d GL HBk, 4-cyl.	220	660	1,100	2,480	3,850	5,500
2d LX HBk, V-6	260	780	1,300	2,930	4,550	6,500
2d GT HBk, Turbo	360	1,080	1,800	4,050	6,300	9,000
1990 Taurus, 4-cyl.						
4d L Sed	160	480	800	1,800	2,800	4,000
4d GL Sed	168	504	840	1,890	2,940	4,200
1990 Taurus, V-6						
4d L Sed	190	560	940	2,120	3,290	4,700
4d L Sta Wag	200	600	1,000	2,250	3,500	5,000
4d GL Sed	200	590	980	2,210	3,430	4,900
4d GL Sta Wag	210	620	1,040	2,340	3,640	5,200
4d LX Sed.	230	700	1,160	2,610	4,060	5,800
4d LX Sta Wag	260	770	1,280	2,880	4,480	6,400
4d SHO Sed	360	1,080	1,800	4,050	6,300	9,000
1990 LTD Crown Victoria, V-8						
4d S Sed.	220	660	1,100	2,480	3,850	5,500
4d Sed	240	720	1,200	2,700	4,200	6,000
4d LX Sed.	260	780	1,300	2,930	4,550	6,500
4d Sta Wag.	230	680	1,140	2,570	3,990	5,700
4d LX Sta Wag	230	700	1,160	2,610	4,060	5,800
4d Country Squire Wag	240	720	1,200	2,700	4,200	6,000
4d Country Squire LX Wag	260	780	1,300	2,930	4,550	6,500
1991 Festiva, 4-cyl.						
2d HBk	124	372	620	1,400	2,170	3,100
2d GL HBk	132	396	660	1,490	2,310	3,300
1991 Escort, 4-cyl.						
2d Pony HBk.	140	420	700	1,580	2,450	3,500
2d LX HBk	148	444	740	1,670	2,590	3,700
4d LX HBk	148	444	740	1,670	2,590	3,700
4d LX Sta Wag	156	468	780	1,760	2,730	3,900
2d GT HBk	164	492	820	1,850	2,870	4,100
1991 Tempo, 4-cyl.						
2d L Sed.	144	432	720	1,620	2,520	3,600
4d L Sed.	144	432	720	1,620	2,520	3,600
2d GL Sed	152	456	760	1,710	2,660	3,800

	6	5	4	3	2	1
4d GL Sed	152	456	760	1,710	2,660	3,800
2d GLS Sed	160	480	800	1,800	2,800	4,000
4d GLS Sed	160	480	800	1,800	2,800	4,000
4d LX Sed.	168	504	840	1,890	2,940	4,200
4d Sod 4x4	200	600	1,000	2,250	3,500	5,000
1991 Probe, 4-cyl.						
2d GL HBk	188	564	940	2,120	3,290	4,700
2d LX HBk	220	660	1,100	2,480	3,850	5,500
2d GT HBk Turbo	240	720	1,200	2,700	4,200	6,000
1991 Taurus, 4-cyl.						
4d L Sed.	144	432	720	1,620	2,520	3,600
4d GL Sed	152	456	760	1,710	2,660	3,800
1991 Taurus, V-6						
4d L Sed.	152	456	760	1,710	2,660	3,800
4d L Sta Wag	180	540	900	2,030	3,150	4,500
4d GL Sed	168	504	840	1,890	2,940	4,200
4d GL Sta Wag	220	660	1,100	2,480	3,850	5,500
4d LX Sed.	208	624	1,040	2,340	3,640	5,200
4d LX Sta Wag	260	780	1,300	2,930	4,550	6,500
4d SHO Sed	380	1,140	1,900	4,280	6,650	9,500
1991 LTD Crown Victoria, V-8						
4d S Sed.	220	660	1,100	2,480	3,850	5,500
4d Sed	240	720	1,200	2,700	4,200	6,000
4d LX Sed.	240	720	1,200	2,700	4,200	6,000
4d 3S Sta Wag	230	680	1,140	2,570	3,990	5,700
4d 2S Sta Wag	236	708	1,180	2,660	4,130	5,900
4d LX 3S Sta Wag	240	720	1,200	2,700	4,200	6,000
4d Ctry Sq 3S Sta Wag.	240	720	1,200	2,700	4,200	6,000
4d Ctry Sq 2S Sta Wag.	260	780	1,300	2,930	4,550	6,500
4d Ctry Sq LX 3S Sta Wag	280	840	1,400	3,150	4,900	7,000
1992 Festiva, 4-cyl.						
2d L HBk.	140	420	700	1,580	2,450	3,500
2d GL HBk	152	456	760	1,710	2,660	3,800
1992 Escort, 4-cyl.						
2d HBk	168	504	840	1,890	2,940	4,200
2d LX HBk	168	504	840	1,890	2,940	4,200
4d LX HBk	168	504	840	1,890	2,940	4,200
4d LX Sed.	160	480	800	1,800	2,800	4,000
4d LX Sta Wag	176	528	880	1,980	3,080	4,400
4d LX-E Sta Wag	180	540	900	2,030	3,150	4,500
2d GT HBk	200	600	1,000	2,250	3,500	5,000
1992 Tempo, 4-cyl.						
2d GL Cpe	152	456	760	1,710	2,660	3,800
4d GL Sed	156	468	780	1,760	2,730	3,900
4d LX Sed.	160	480	800	1,800	2,800	4,000
2d GLS Sed V-6	220	660	1,100	2,480	3,850	5,500
4d GLS Sed V-6	220	660	1,100	2,480	3,850	5,500
1992 Probe, 4-cyl.						
2d GL HBk	220	660	1,100	2,480	3,850	5,500
2d LX HBk V-6	256	768	1,280	2,880	4,480	6,400
2d GT HBk Turbo	260	780	1,300	2,930	4,550	6,500
1992 Taurus, V-6						
4d L Sed.	200	600	1,000	2,250	3,500	5,000
4d L Sta Wag	200	600	1,000	2,250	3,500	5,000
4d GL Sed	220	660	1,100	2,480	3,850	5,500
4d GL Sta Wag	220	660	1,100	2,480	3,850	5,500
4d LX Sed.	240	720	1,200	2,700	4,200	6,000
4d LX Sta Wag	240	720	1,200	2,700	4,200	6,000
4d SHO Sed	420	1,260	2,100	4,730	7,350	10,500
1992 Crown Victoria, V-8						
4d S Sed.	280	850	1,420	3,200	4,970	7,100
4d Sed	290	880	1,460	3,290	5,110	7,300
4d LX Sed.	300	900	1,500	3,380	5,250	7,500
4d Trg Sed	320	960	1,600	3,600	5,600	8,000
1993 Festiva, 4-cyl.						
2d Sed	144	432	720	1,620	2,520	3,600
1993 Escort, 4-cyl.						
2d HBk	172	516	860	1,940	3,010	4,300
2d LX HBk	176	528	880	1,980	3,080	4,400
2d GT HBk	180	540	900	2,030	3,150	4,500
4d HBk	176	528	880	1,980	3,080	4,400
4d LX Sed.	180	540	900	2,030	3,150	4,500
4d LXE Sed	184	552	920	2,070	3,220	4,600
4d LX Sta Wag	188	564	940	2,120	3,290	4,700
1993 Tempo, 4-cyl.						
2d GL Sed	168	504	840	1,890	2,940	4,200
4d GL Sed	172	516	860	1,940	3,010	4,300
4d LX Sed.	180	540	900	2,030	3,150	4,500

	6	5	4	3	2	1
1993 Probe						
2d HBk, 4-cyl.	244	732	1,220	2,750	4,270	6,100
2d GT HBk, V-6.	256	768	1,280	2,880	4,480	6,400
1993 Taurus, V-6						
4d GL Sed	248	744	1,240	2,790	4,340	6,200
4d LX Sed.	252	756	1,260	2,840	4,410	6,300
4d GL Sta Wag	264	792	1,320	2,970	4,620	6,600
4d LX Sta Wag	268	804	1,340	3,020	4,690	6,700
4d SHO Sed	380	1,140	1,900	4,280	6,650	9,500
1993 Crown Victoria, V-8						
4d Sed S	284	852	1,420	3,200	4,970	7,100
4d Sed	292	876	1,460	3,290	5,110	7,300
4d LX Sed.	296	888	1,480	3,330	5,180	7,400
1994 Aspire, 4-cyl.						
2d HBk	128	384	640	1,440	2,240	3,200
2d SE HBk	140	420	700	1,580	2,450	3,500
4d HBk	136	408	680	1,530	2,380	3,400
1994 Escort, 4-cyl.						
2d HBk	156	468	780	1,760	2,730	3,900
2d LX HBk	180	540	900	2,030	3,150	4,500
4d LX HBk	180	540	900	2,030	3,150	4,500
2d GT HBk	200	600	1,000	2,250	3,500	5,000
4d LX Sed.	188	564	940	2,120	3,290	4,700
4d LX Sta Wag	192	576	960	2,160	3,360	4,800
1994 Tempo, 4-cyl.						
2d GL Sed	168	504	840	1,890	2,940	4,200
4d GL Sed	172	516	860	1,940	3,010	4,300
4d LX Sed	180	540	900	2,030	3,150	4,500
1994 Probe						
2d HbK, 4-cyl.	250	750	1,200	2,750	4,250	6,100
2d GT HBk, V-6.	250	750	1,300	2,880	4,500	6,400
1994 Taurus, V-6						
4d GL Sed	250	750	1,250	2,790	4,350	6,200
4d LX Sed.	250	750	1,250	2,840	4,400	6,300
4d GL Sta Wag	250	800	1,300	2,970	4,600	6,600
4d LX Sta Wag	250	800	1,350	3,020	4,700	6,700
4d SHO Sed	400	1,150	1,900	4,280	6,650	9,500
1994 Crown Victoria, V-8						
4d Sed S.	288	864	1,440	3,240	5,040	7,200
4d Sed	300	900	1,500	3,380	5,250	7,500
4d LX Sed.	320	960	1,600	3,600	5,600	8,000
1995 Aspire, 4-cyl.						
2d HBk	150	400	650	1,440	2,250	3,200
2d SE HBk	150	400	700	1,580	2,450	3,500
4d HBk	150	400	700	1,530	2,400	3,400
1995 Escort, 4-cyl.						
2d HBk	150	450	800	1,760	2,750	3,900
2d LX HBk	200	550	900	2,030	3,150	4,500
4d LX HBk	200	550	900	2,030	3,150	4,500
4d LX Sed.	200	550	950	2,120	3,300	4,700
4d LX Sta Wag	200	600	950	2,160	3,350	4,800
2d GT HBk	200	600	1,000	2,250	3,500	5,000
1995 Contour, 4-cyl. & V-6						
4d GL Sed	200	600	1,050	2,340	3,650	5,200
4d LX Sed	200	650	1,050	2,390	3,700	5,300
4d SE Sed (V-6 only)	220	670	1,120	2,520	3,920	5,600
1995 Probe, 4-cyl. & V-6						
2d HBk, 4-cyl.	250	750	1,200	2,750	4,250	6,100
2d GT HBk, V-6.	250	750	1,300	2,880	4,500	6,400
1995 Taurus, V-6						
4d GL Sed	250	750	1,250	2,790	4,350	6,200
4d GL Sta Wag	250	800	1,300	2,970	4,600	6,600
4d LX Sed.	250	750	1,250	2,840	4,400	6,300
4d LX Sta Wag	250	800	1,350	3,020	4,700	6,700
4d SE Sed	250	750	1,300	2,880	4,500	6,400
4d SHO Sed	400	1,150	1,900	4,280	6,650	9,500
1995 Crown Victoria, V-8						
4d S Sed.	300	850	1,450	3,240	5,050	7,200
4d Sed	300	900	1,500	3,380	5,250	7,500
4d LX Sed.	300	950	1,600	3,600	5,600	8,000
1996 Aspire, 4-cyl.						
2d HBk	150	400	650	1,440	2,250	3,200
4d HBk	150	400	700	1,530	2,400	3,400
1996 Escort, 4-cyl.						
2d HBk	150	450	800	1,760	2,750	3,900
2d LX HBk	200	550	900	2,030	3,150	4,500
4d LX HBk	200	550	900	2,030	3,150	4,500
4d LX Sed.	200	550	950	2,120	3,300	4,700
4d LX Sta Wag	200	600	950	2,160	3,350	4,800

FORD

	6	5	4	3	2	1
2d GT HBk	200	600	1,000	2,250	3,500	5,000
1996 Contour, 4-cyl. & V-6						
4d GL Sed	200	600	1,050	2,340	3,650	5,200
4d LX Sed.	200	650	1,050	2,390	3,700	5,300
4d SE Sed (V 6 only)	220	670	1,120	2,520	3,920	5,600
1996 Probe, 4-cyl. & V-6						
2d HBk, 4-cyl.	250	750	1,200	2,750	4,250	6,100
2d GT HBk, V-6.	250	750	1,300	2,880	4,500	6,400
1996 Taurus, V-6						
4d G Sed	250	700	1,200	2,700	4,200	6,000
4d GL Sed	250	750	1,250	2,790	4,350	6,200
4d GL Sta Wag	250	800	1,300	2,970	4,600	6,600
4d LX Sed.	250	750	1,250	2,840	4,400	6,300
4d LX Sta Wag	250	800	1,350	3,020	4,700	6,700
1996 Crown Victoria, V-8						
4d S Sed.	300	850	1,450	3,240	5,050	7,200
4d Sed	300	900	1,500	3,380	5,250	7,500
4d LX Sed.	300	950	1,600	3,600	5,600	8,000
1997 Aspire, 4-cyl.						
2d HBk	128	384	640	1,440	2,240	3,200
4d HBk	136	408	680	1,530	2,380	3,400
1997 Escort, 4-cyl.						
4d Sed	180	540	900	2,030	3,150	4,500
4d LX Sed.	188	564	940	2,120	3,290	4,700
4d LX Sta Wag	192	576	960	2,160	3,360	4,800
1997 Contour, 4-cyl. & V-6						
4d Sed (4-cyl. only).	200	600	1,000	2,250	3,500	5,000
4d GL Sed	208	624	1,040	2,340	3,640	5,200
4d LX Sed.	212	636	1,060	2,390	3,710	5,300
4d SE Sed (V-6 only)	220	670	1,120	2,520	3,920	5,600
NOTE: Add 5% for Sport Pkg. on GL or LX models.						
1997 Probe, 4-cyl. & V-6						
2d HBK, 4-cyl.	244	732	1,220	2,750	4,270	6,100
2d GT HBk, V-6.	256	768	1,280	2,880	4,480	6,400
NOTE: Add 5% for GTS Sport Pkg. on GT model.						
1997 Taurus, V-6						
4d G Sed	240	720	1,200	2,700	4,200	6,000
4d GL Sed	248	744	1,240	2,790	4,340	6,200
4d GL Sta Wag	264	792	1,320	2,970	4,620	6,600
4d LX Sed.	252	756	1,260	2,840	4,410	6,300
4d LX Sta Wag	268	804	1,340	3,020	4,690	6,700
1997 Taurus, V-8						
4d SHO Sed	420	1,260	2,100	4,730	7,350	10,500
1997 Crown Victoria, V-8						
4d S Sed.	288	864	1,440	3,240	5,040	7,200
4d Sed	300	900	1,500	3,380	5,250	7,500
4d LX Sed.	320	960	1,600	3,600	5,600	8,000
1998 Escort, 4-cyl.						
4d LX Sed.	180	550	920	2,070	3,220	4,600
4d SE Sed	190	580	960	2,160	3,360	4,800
4d SE Sta Wag	200	590	980	2,210	3,430	4,900
2d ZX2 "Cool" Cpe	200	610	1,020	2,300	3,570	5,100
2d ZX2 "Hot" Cpe	210	620	1,040	2,340	3,640	5,200
NOTE: Add 5% for ZX2 Spt Pkg.						
1998 Contour, 4-cyl. & V-6						
4d LX Sed.	210	640	1,060	2,390	3,710	5,300
4d SE Sed	220	670	1,120	2,520	3,920	5,600
4d SVT Spt Sed (V-6 only)	420	1,260	2,100	4,730	7,350	10,500
1998 Taurus, V-6						
4d LX Sed.	250	760	1,260	2,840	4,410	6,300
4d SE Sed	260	780	1,300	2,930	4,550	6,500
4d SE Sta Wag	270	800	1,340	3,020	4,690	6,700
1998 Taurus, V-8						
4d SHO Sed	420	1,260	2,100	4,730	7,350	10,500
NOTE: Add 10% for Spt Pkg. on SE Sed.						
1998 Crown Victoria, V-8						
4d S Sed.	290	860	1,440	3,240	5,040	7,200
4d Sed	300	900	1,500	3,380	5,250	7,500
4d LX Sed.	320	960	1,600	3,600	5,600	8,000
NOTE: Add 5% for 41G Handling & Performance Pkg.						
1999 Escort, 4-cyl.						
4d LX Sed.	180	550	920	2,070	3,220	4,600
4d SE Sed	190	580	960	2,160	3,360	4,800
4d SE Sta Wag	200	590	980	2,210	3,430	4,900
2d ZX2 "Cool" Cpe	200	610	1,020	2,300	3,570	5,100
2d ZX2 "Hot" Cpe	210	620	1,040	2,340	3,640	5,200
NOTE: Add 5% for ZX2 Spt Pkg.						
1999 Contour, 4-cyl. & V-6						
4d LX Sed.	210	640	1,060	2,390	3,710	5,300

FORD

	6	5	4	3	2	1
4d SE Sed	220	670	1,120	2,520	3,920	5,600
4d SVT Spt Sed (V-6 only)	420	1,260	2,100	4,730	7,350	10,500
1999 Taurus, V-6						
4d LX Sed.	250	760	1,260	2,840	4,410	6,300
4d SE Sed	260	780	1,300	2,930	4,550	6,500
4d SE Sta Wag	270	800	1,340	3,020	4,690	6,700
NOTE: Add 10% for Sport Pkg. on SE Sed.						
1999 Taurus, V-8						
4d SHO Sed	440	1,320	2,200	4,950	7,700	11,000
1999 Crown Victoria, V-8						
4d S Sed.	290	860	1,440	3,240	5,040	7,200
4d Sed	300	900	1,500	3,380	5,250	7,500
4d LX Sed.	320	960	1,600	3,600	5,600	8,000
NOTE: Add 5% for 41G Handling & Performance Pkg.; 5% for natural gas-fueled Sed.						
2000 Focus, 4-cyl.						
4d LX Sed.	190	560	940	2,120	3,290	4,700
4d SE Sed	200	590	980	2,210	3,430	4,900
4d ZTS Sed	210	640	1,060	2,390	3,710	5,300
4d SE Sta Wag	210	620	1,040	2,340	3,640	5,200
2d ZX3 HBk	200	610	1,020	2,300	3,570	5,100
2000 Escort, 4-cyl.						
4d SE Sed	190	580	960	2,160	3,360	4,800
2d ZX2 Cpe	200	610	1,020	2,300	3,570	5,100
NOTE: Add 5% for ZX2 S/R pkg.						
2000 Contour, 4-cyl. & V-6						
4d SE Sed	220	670	1,120	2,520	3,920	5,600
4d Spt Sed (V-6 only)	250	740	1,240	2,790	4,340	6,200
4d SVT Sed (V-6 only)	420	1,260	2,100	4,730	7,350	10,500
2000 Taurus, V-6						
4d LX Sed.	250	760	1,260	2,840	4,410	6,300
4d SE Sed	260	780	1,300	2,930	4,550	6,500
4d SES Sed	260	790	1,320	2,970	4,620	6,600
4d SEL Sed	270	800	1,340	3,020	4,690	6,700
4d SE Sta Wag	270	800	1,340	3,020	4,690	6,700
4d SES Sta Wag.	270	820	1,360	3,060	4,760	6,800
NOTE: Add 5% for flex-fuel SE Sed.						
2000 Crown Victoria, V-8						
4d S Sed.	290	860	1,440	3,240	5,040	7,200
4d Sed	300	900	1,500	3,380	5,250	7,500
4d LX Sed.	320	960	1,600	3,600	5,600	8,000
NOTE: Add 5% for 41G Handling & Performance Pkg.; 5% for natural gas-fueled Sed.						
2001 Focus, 4-cyl.						
4d LX Sed.	190	560	940	2,350	3,290	4,700
4d SE Sed	200	590	980	2,450	3,430	4,900
4d ZTS Sed	210	640	1,060	2,650	3,710	5,300
4d SE Sta Wag	210	620	1,040	2,600	3,640	5,200
2d ZX3 HBk	200	610	1,020	2,550	3,570	5,100
NOTE: Add 5% for Sony or Kona Pkgs.						
2001 Escort, 4-cyl.						
2d ZX2 Cpe	200	610	1,020	2,550	3,570	5,100
NOTE: The 4d SE Sed was now available only to fleet service.						
2001 Taurus, V-6						
4d LX Sed.	250	760	1,260	3,150	4,410	6,300
4d SE Sed	260	780	1,300	3,250	4,550	6,500
4d SES Sed	260	790	1,320	3,300	4,620	6,600
4d SEL Sed	270	800	1,340	3,350	4,690	6,700
4d SE Sta Wag	270	800	1,340	3,350	4,690	6,700
NOTE: Add 5% for flex-fuel SE Sed.						
2001 Crown Victoria, V-8						
4d S Sed.	290	860	1,440	3,600	5,040	7,200
4d Sed	300	910	1,520	3,800	5,320	7,600
4d LX Sed.	320	970	1,620	4,050	5,670	8,100
NOTE: Add 5% for 41G Handling & Performance Pkg.; 5% for natural gas-fueled Sed.						
2002 Focus, 4-cyl.						
4d LX Sed.	190	560	940	2,350	3,290	4,700
4d SE Sed	200	590	980	2,450	3,430	4,900
4d ZTS Sed	210	640	1,060	2,650	3,710	5,300
4d SE Sta Wag	210	620	1,040	2,600	3,640	5,200
4d ZTW Sta Wag	220	670	1,120	2,800	3,920	5,600
2d ZX3 HBk	200	610	1,020	2,550	3,570	5,100
4d ZX5 HBk	230	700	1,160	2,900	4,060	5,800
2d SVT HBk	270	820	1,360	3,400	4,760	6,800
NOTE: Add 5% for AdvanceTrac on all Z models.						
2002 Escort, 4-cyl.						
2d ZX2 Cpe	200	610	1,020	2,550	3,570	5,100
4d Sed	180	550	920	2,300	3,220	4,600
2002 Taurus, V-6						
4d LX Sed.	250	760	1,260	3,150	4,410	6,300
4d SE Sed	260	780	1,300	3,250	4,550	6,500

	6	5	4	3	2	1
4d SES Sed	260	790	1,320	3,300	4,620	6,600
4d SEL Sed	270	800	1,340	3,350	4,690	6,700
4d SE Sta Wag	270	800	1,340	3,350	4,690	6,700
4d SEL Sta Wag	300	900	1,500	3,750	5,250	7,500

NOTE: Add 5% for Duratec V-6 (except SEL Sed).

2002 Crown Victoria, V-8

	6	5	4	3	2	1
4d S Sed	290	860	1,440	3,600	5,040	7,200
4d S Ext Sed	300	900	1,500	3,750	5,250	7,500
4d Sed	300	910	1,520	3,800	5,320	7,600
4d LX Sed	320	970	1,620	4,050	5,670	8,100
4d LX Sport Sed	360	1,080	1,800	4,500	6,300	9,000

NOTE: Add 5% for 41G Handling & Performance Pkg.

2003 Focus, 4-cyl.

	6	5	4	3	2	1
4d LX Sed	190	560	940	2,350	3,290	4,700
4d SE Sed	200	590	980	2,450	3,430	4,900
4d ZTS Sed	210	640	1,060	2,650	3,710	5,300
4d SE Sta Wag	210	620	1,040	2,600	3,640	5,200
4d ZTW Sta Wag	220	670	1,120	2,800	3,920	5,600
2d ZX3 HBk	200	610	1,020	2,550	3,570	5,100
4d ZX5 HBk	230	700	1,160	2,900	4,060	5,800
2d SVT HBk	270	820	1,360	3,400	4,760	6,800
4d SVT HBk	280	840	1,400	3,500	4,900	7,000

NOTE: Add 5% for European Appearance Pkg on SVT models.

2003 ZX2, 4-cyl.

	6	5	4	3	2	1
2d Cpe	200	610	1,020	2,550	3,570	5,100

2003 Taurus, V-6

	6	5	4	3	2	1
4d LX Sed	250	760	1,260	3,150	4,410	6,300
4d SE Sed	260	780	1,300	3,250	4,550	6,500
4d SES Sed	260	790	1,320	3,300	4,620	6,600
4d SEL Sed	270	800	1,340	3,350	4,690	6,700
4d SE Sta Wag	270	800	1,340	3,350	4,690	6,700
4d SEL Sta Wag	300	900	1,500	3,750	5,250	7,500

NOTE: Add 6% for Duratec V-6 (except SEL Sed).

2003 Crown Victoria, V-8

	6	5	4	3	2	1
4d S Sed	290	860	1,440	3,600	5,040	7,200
4d S Ext Sed	300	900	1,500	3,750	5,250	7,500
4d Sed	300	910	1,520	3,800	5,320	7,600
4d LX Sed	320	970	1,620	4,050	5,670	8,100
4d LX Sport Sed	360	1,080	1,800	4,500	6,300	9,000

NOTE: Add 5% for 41G Handling & Performance Pkg.

2004 Focus, 4-cyl.

	6	5	4	3	2	1
4d LX Sed	190	560	940	2,350	3,290	4,700
4d SE Sed	200	590	980	2,450	3,430	4,900
4d ZTS Sed	210	640	1,060	2,650	3,710	5,300
4d SE Sta Wag	210	620	1,040	2,600	3,640	5,200
4d ZTW Sta Wag	220	670	1,120	2,800	3,920	5,600
2d ZX3 HBk	200	610	1,020	2,550	3,570	5,100
4d ZX5 HBk	230	700	1,160	2,900	4,060	5,800
2d SVT HBk	270	820	1,360	3,400	4,760	6,800
4d SVT HBk	280	840	1,400	3,500	4,900	7,000

NOTE: Add 5% for European Appearance Pkg. on SVT models. Deduct 5% for manual transmission, except SVT.

2004 Taurus, V-6

	6	5	4	3	2	1
4d LX Sed	250	760	1,260	3,150	4,410	6,300
4d SE Sed	260	780	1,300	3,250	4,550	6,500
4d SES Sed	260	790	1,320	3,300	4,620	6,600
4d SEL Sed	270	800	1,340	3,350	4,690	6,700
4d SE Sta Wag	270	800	1,340	3,350	4,690	6,700
4d SEL Sta Wag	300	900	1,500	3,750	5,250	7,500

NOTE: Add 5% for Duratec V-6, except SEL Sed.

2004 Crown Victoria, V-8

	6	5	4	3	2	1
4d S Sed	290	860	1,440	3,600	5,040	7,200
4d S Ext Sed	300	900	1,500	3,750	5,250	7,500
4d Sed	300	910	1,520	3,800	5,320	7,600
4d LX Sed	320	970	1,620	4,050	5,670	8,100
4d LX Sport Sed	360	1,080	1,800	4,500	6,300	9,000

NOTE: Police Interceptor sed value equal to 4d Sed. Add 5% for Handling Pkg, except LX Sport Sed.

2005 Focus, 4-cyl.

	6	5	4	3	2	1
2d ZX3 S HBk	210	620	1,040	2,600	3,640	5,200
2d ZX3 SE HBk	210	640	1,060	2,650	3,710	5,300
2d ZX3 SES HBk	220	650	1,080	2,700	3,780	5,400
4d ZX5 S HBk	210	640	1,060	2,650	3,710	5,300
4d ZX5 SE HBk	220	650	1,080	2,700	3,780	5,400
4d ZX5 SES HBk	220	660	1,100	2,750	3,850	5,500
4d ZX4 S Sed	220	650	1,080	2,700	3,780	5,400
4d ZX4 SE Sed	220	660	1,100	2,750	3,850	5,500
4d ZX4 SES Sed	220	670	1,120	2,800	3,920	5,600
4d ZX4 ST Sed	230	680	1,140	2,850	3,990	5,700
4d ZXW SE Sta Wag	240	720	1,200	3,000	4,200	6,000

	6	5	4	3	2	1
4d ZXW SES Sta Wag	240	730	1,220	3,050	4,270	6,100

NOTE: Deduct 5% for manual transmission, except ZX3 S HBk and ZX4 ST Sed.

2005 Taurus, V-6

	6	5	4	3	2	1
4d SE Sed	260	780	1,300	3,250	4,550	6,500
4d SEL Sed	260	790	1,320	3,300	4,620	6,600
4d SE Sta Wag	270	820	1,360	3,400	4,760	6,800
4d SEL Sta Wag	270	820	1,360	3,400	4,760	6,800

NOTE: Add 5% for Duratec V-6.

2005 Five Hundred, V-6

	6	5	4	3	2	1
4d SE Sed	380	1,140	1,900	4,750	6,650	9,500
4d SEL Sed	380	1,150	1,920	4,800	6,720	9,600
4d Limited Sed	400	1,190	1,980	4,460	6,930	9,900

NOTE: Add 10% for AWD.

2005 Crown Victoria, V-8

	6	5	4	3	2	1
4d S Sed	290	860	1,440	3,600	5,040	7,200
4d S Ext Sed	300	900	1,500	3,750	5,250	7,500
4d Sed	300	910	1,520	3,800	5,320	7,600
4d LX Sed	320	970	1,620	4,050	5,670	8,100
4d LX Sport Sed	360	1,080	1,800	4,500	6,300	9,000

NOTE: Police Interceptor sed value equal to 4d Sed. Add 5% for Handling Pkg, except LX Sport sed.

2006 Focus, 4-cyl.

	6	5	4	3	2	1
2d ZX3 S HBk	240	720	1,200	2,700	4,200	6,000
2d ZX3 SE HBk	240	730	1,220	3,050	4,270	6,100
2d ZX3 SES HBk	260	790	1,320	3,300	4,620	6,600
4d ZX4 S Sed	250	760	1,260	3,150	4,410	6,300
4d ZX4 SE Sed	260	780	1,300	3,250	4,550	6,500
4d ZX4 SES Sed	270	820	1,360	3,400	4,760	6,800
4d ZX4 ST Sed	290	860	1,440	3,240	5,040	7,200
4d ZX5 S HBk	260	790	1,320	3,300	4,620	6,600
4d ZX5 SE HBk	270	800	1,340	3,350	4,690	6,700
4d ZX5 SES HBk	280	830	1,380	3,450	4,830	6,900
4d ZXW SES Wag	310	920	1,540	3,850	5,390	7,700

2006 Fusion, 4-cyl.

	6	5	4	3	2	1
4d S Sed	370	1,100	1,840	4,600	6,440	9,200
4d SE Sed	380	1,130	1,880	4,700	6,580	9,400
4d SEL Sed	380	1,140	1,900	4,750	6,650	9,500

NOTE: Add 8% for V-6.

2006 Taurus, 4-cyl.

	6	5	4	3	2	1
4d SE Sed	280	840	1,400	3,500	4,900	7,000
4d SEL Sed	300	900	1,500	3,750	5,250	7,500

2006 Five Hundred, V-6

	6	5	4	3	2	1
4d SE Sed	320	960	1,600	4,000	5,600	8,000
4d SEL Sed	340	1,010	1,680	4,200	5,880	8,400
4d Limited Sed	400	1,190	1,980	4,950	6,930	9,900

NOTE: Add 8% for AWD.

2006 Crown Victoria, V-8

	6	5	4	3	2	1
4d Sed	300	900	1,500	3,380	5,250	7,500
4d LX Sed	320	960	1,600	3,600	5,600	8,000
4d LX Spt Sed	360	1,080	1,800	4,050	6,300	9,000

2006 GT, V-8 Supercharged

	6	5	4	3	2	1
2d Cpe	8,400	25,200	42,000	105,000	147,000	210,000
2d Heritage Cpe	9,000	27,000	45,000	112,500	157,500	225,000

2007 Focus, 4-cyl.

	6	5	4	3	2	1
2d S HBk	240	720	1,200	3,000	4,200	6,000
4d SE HBk	320	960	1,600	4,000	5,600	8,000
4d ST Sed	330	980	1,630	4,080	5,710	8,150
4d SES Wag	330	1,000	1,660	4,150	5,810	8,300
4d S HBk	300	900	1,500	3,740	5,230	7,475
4d S Sed	270	820	1,370	3,430	4,800	6,850
2d SE HBk	300	910	1,510	3,780	5,290	7,550
4d SE Sed	280	840	1,400	3,500	4,900	7,000
4d SE Wag	340	1,020	1,700	4,250	5,950	8,500
2d SES HBk	340	1,030	1,720	4,300	6,020	8,600
4d SES HBk	330	1,000	1,660	4,150	5,810	8,300
4d SES Sed	340	1,030	1,710	4,280	5,990	8,550

2007 Fusion, 4-cyl.

	6	5	4	3	2	1
4d S Sed	370	1,100	1,830	4,580	6,410	9,150
4d SE Sed	390	1,160	1,940	4,850	6,790	9,700
4d SEL Sed	420	1,260	2,100	5,250	7,350	10,500

NOTE: Add 8% each for V-6 and AWD.

2007 Taurus, 4-cyl.

	6	5	4	3	2	1
4d SE Sed	250	760	1,270	3,180	4,450	6,350
4d SEL Sed	280	830	1,390	3,460	4,850	6,925

2007 Five Hundred, V-6

	6	5	4	3	2	1
4d SE Sed	340	1,030	1,710	4,280	5,990	8,550
4d Limited Sed	380	1,150	1,910	4,780	6,690	9,550

NOTE: Add 8% for AWD.

2007 Crown Vctoria, V-8

	6	5	4	3	2	1
4d Sed	310	940	1,560	3,510	5,460	7,800

	6	5	4	3	2	1
2007 Crown Victoria, V-8						
4d LX Sed.	330	990	1,650	3,710	5,780	8,250
2008 Focus, 2.0L I4						
2d S Cpe.	280	840	1,400	3,500	4,900	7,000
4d S Sed.	320	960	1,600	4,000	5,600	8,000
2d SE Cpe	350	1,060	1,760	4,400	6,160	8,800
4d SE Sed	370	1,100	1,830	4,580	6,410	9,150
4d SES Sed	380	1,140	1,900	4,750	6,650	9,500
2d SES Cpe	390	1,160	1,930	4,830	6,760	9,650
2008 Fusion, 2.3L I4						
4d S Sed.	370	1,100	1,830	4,580	6,410	9,150
4d SE Sed	390	1,160	1,940	4,850	6,790	9,700
Add 8% for V6 and 8% AWD.						
2008 Fusion, 3.0L V6						
4d SEL Sed	40	130	220	550	770	1,100
Add 8% for V6 and 8% for AWD.						
2008 Taurus, 3.5: V6						
4d SEL Sed	360	1,090	1,820	4,550	6,370	9,100
2008 Crown Victoria, V8						
4d Sed	340	1,020	1,700	4,250	5,950	8,500
4d LX Sed.	360	1,080	1,800	4,050	6,300	9,000
2009 Focus, 2.0L I4						
4d S Sed.	280	840	1,400	3,500	4,900	7,000
2d SE Cpe	300	910	1,520	3,800	5,320	7,600
4d SE Sed	310	940	1,560	3,900	5,460	7,800
4d SES Sed	340	1,020	1,700	4,250	5,950	8,500
2d SES Cpe	350	1,040	1,730	4,330	6,060	8,650
4d SEL Sed			350	1,040	1,740	4,350
6,090.	8,700					
2009 Fusion, 2.3L I4						
4d S Sed.	300	900	1,500	3,750	5,250	7,500
4d SE Sed	340	1,030	1,720	4,300	6,020	8,600
Add 8% for V6 and 8% for AWD						
2009 Fusion, 3.0L V6						
4d SEL Sed	400	1,210	2,020	5,050	7,070	10,100
2009 Taurus, 3.5L V6						
4d SE Sed	360	1,070	1,780	4,450	6,230	8,900
4d SEL Sed	370	1,120	1,860	4,650	6,510	9,300
4d LTD Sed.	420	1,270	2,120	5,300	7,420	10,600
4d LTD Sed.	420	1,270	2,120	5,300	7,420	10,60
Add 8% for AWD						
2009 Crown Victoria, 4.6L V8						
4d LX Sed.	380	1,140	1,900	4,750	6,650	9,500
2010 Focus, 2.0L I4						
4d S Sed.	300	890	1,490	3,730	5,220	7,450
2d SE Cpe	310	940	1,570	3,520	5,480	7,825
4d SE Sed	340	1,010	1,680	4,200	5,880	8,400
2d SES Cpe	370	1,100	1,840	4,600	6,440	9,200
4d SES Sed	380	1,130	1,890	4,710	6,600	9,425
4d SEL Sed	380	1,130	1,890	4,710	6,600	9,425
2010 Fusion, 2.5L I4						
4d S Sed.	340	1,020	1,700	4,250	5,950	8,500
4d SE Sed	390	1,160	1,930	4,830	6,760	9,650
NOTE: Add 8% for V6; 8% for AWD.						
2010 Fusion, 2.5L I4 Hybrid						
4d Sed	460	1,370	2,280	5,700	7,980	11,400
2010 Fusion, 3.0L V6 Flex Fuel						
4d Sed	440	1,310	2,180	5,450	7,630	10,900
2010 Fusion, 3.5L V6						
4d Spt Sed	490	1,460	2,430	6,080	8,510	12,150
NOTE: Add 8% for V6; 8% for AWD.						
2010 Taurus, 3.5L V6						
4d SE Sed	500	1,510	2,520	6,300	8,820	12,600
4d SEL Sed	530	1,580	2,630	6,580	9,210	13,150
4d LTD Sed.	560	1,690	2,820	7,050	9,870	14,100
NOTE: Add 8% for AWD.						
2010 Taurus AWD, 3.5L V6						
4d SHO Sed	670	2,000	3,340	8,350	11,690	16,700
2010 Crown Victoria, 4.6L V8						
4d LX Sed.	410	1,220	2,040	5,100	7,140	10,200
2011 Fiesta, 1.6L I4						
4d S Sed	200	600	1,000	2,500	3,500	5,000
2011 Fiesta, 1.06L I4						
4d SE Sed	210	630	1,050	2,630	3,680	5,250
2011 Fiesta, 1.6L I4						
4d SE Hatch	210	640	1,070	2,680	3,750	5,350
4d SEL Sed	220	670	1,110	2,780	3,890	5,550
4d SES Hatch	240	710	1,180	2,940	4,110	5,875

FORD

	6	5	4	3	2	1
2011 Focus, 2.0L I4						
4d S Sed	210	620	1,030	2,580	3,610	5,150
4d SE Sed	240	710	1,180	2,950	4,130	5,900
4d SES Sed	240	730	1,220	3,050	4,270	6,100
2011 Focus, 2.5L I4						
4d SEI Sed	270	800	1,340	3,350	4,690	6,700
2011 Fusion, 2.5L I4						
4d S Sed	290	860	1,440	3,600	5,040	7,200
4d SE Sed	290	880	1,470	3,680	5,150	7,350
Add 8% for V6 and 8% for AWD						
2011 Fusion, 2.5L I4 Hybrid						
4d Sed	330	980	1,640	4,100	5,740	8,200
2011 Fusion, 3.5L V6						
4d SEL Sed	340	1,020	1,700	4,250	5,950	8,500
Add 8% for AWD						
4d Sport Sed	370	1,120	1,870	4,660	6,530	9,325
Add 8% for AWD						
2011 Taurus, 3.5L V6						
4d SE Sed	340	1,030	1,720	4,300	6,020	8,600
4d SEL Sed	380	1,140	1,900	4,750	6,650	9,500
4d LTD Sed	420	1,260	2,100	5,250	7,350	10,500
Add 8% for AWD						
2011 Taurus AWD, 3.5L V6						
4d SHO Sed	600	1,800	3,000	7,500	10,500	15,000
2011 Crown Victoria, 4.6L V8						
4d LX Sed	340	1,020	1,700	4,250	5,950	8,500

MUSTANG

	6	5	4	3	2	1
1964						
2d HT	1,020	3,060	5,100	11,480	17,850	25,500
Conv	1,520	4,560	7,600	17,100	26,600	38,000

NOTE: Add 20% for Challenger Code "K" V-8. First Mustang introduced April 17, 1964 at N.Y. World's Fair; 20% for Indianapolis 500 Pace Car Edition. Deduct 20% for 6-cyl.

	6	5	4	3	2	1
1965						
2d HT	1,020	3,060	5,100	11,480	17,850	25,500
Conv	1,520	4,560	7,600	17,100	26,600	38,000
FBk	1,560	4,680	7,800	17,550	27,300	39,000

NOTE: Add 30% for 271 hp Hi-perf engine; 20% for "GT" Pkg.; 10% for "original pony interior". Deduct 20% for 6-cyl.

	6	5	4	3	2	1
1965 Shelby GT						
350 FBk	10,000	30,000	50,000	112,500	175,000	250,000
1966						
2d HT	1,020	3,060	5,100	11,480	17,850	25,500
Conv	1,560	4,680	7,800	17,550	27,300	39,000
FBk	1,600	4,800	8,000	18,000	28,000	40,000

NOTE: Add 30% for 271 hp Hi-perf engine; 20% for "GT" Pkg.; 10% for "original pony interior". Deduct 20% for 6-cyl.

	6	5	4	3	2	1
1966 Shelby GT						
350 FBk	6,320	18,960	31,600	71,100	110,600	158,000
350H FBk	6,620	19,860	33,100	74,480	115,850	165,500
350 Conv			value not estimable			
1967						
2d HT	940	2,820	4,700	10,580	16,450	23,500
Conv	1,600	4,800	8,000	18,000	28,000	40,000
FBk	1,640	4,920	8,200	18,450	28,700	41,000

NOTE: Add 30% for 271 hp Hi-perf engine; 20% for "GT" Pkg.; 10% for "original pony interior". Deduct 20% for 6-cyl. Add 10% for 390 cid V-8 (code "S"). Deduct 15% for 6-cyl.

	6	5	4	3	2	1
1967 Shelby GT						
350 FBk	5,680	17,040	28,400	63,900	99,400	142,000
500 FBk	6,600	19,800	33,000	74,250	115,500	165,000
1968						
2d HT	940	2,820	4,700	10,580	16,450	23,500
Conv	1,400	4,200	7,000	15,750	24,500	35,000
FBk	1,360	4,080	6,800	15,300	23,800	34,000

NOTE: Add 30% for 271 hp Hi-perf engine; 20% for "GT" Pkg.; 10% for "original pony interior". Deduct 20% for 6-cyl. Add 10% for GT-390; 30% for 428 cid V-8 (code "R"); 15% for "California Special" trim; 200% for 135 Series.

	6	5	4	3	2	1
1968 Shelby GT						
350 Conv	5,520	16,560	27,600	62,100	96,600	138,000
350 FBk	4,200	12,600	21,000	47,250	73,500	105,000
500 Conv	6,880	20,640	34,400	77,400	120,400	172,000
500 FBk	5,520	16,560	27,600	62,100	96,600	138,000

NOTE: Add 35% for KR models.

	6	5	4	3	2	1
1969						
2d HT	900	2,700	4,500	10,130	15,750	22,500
Conv	1,300	3,900	6,500	14,630	22,750	32,500
FBk	1,240	3,720	6,200	13,950	21,700	31,000
NOTE: Deduct 20% for 6-cyl.						
Mach 1	2,440	7,320	12,200	27,450	42,700	61,000
Boss 302	5,000	15,000	25,000	56,250	87,500	125,000
Boss 429	16,000	48,000	80,000	180,000	280,000	400,000
Grande	940	2,820	4,700	10,580	16,450	23,500

NOTE: Same as 1968; plus. Add 30% for Cobra Jet V-8; 40% for "Super Cobra Jet" engine.

	6	5	4	3	2	1
1969 Shelby GT						
350 Conv	5,240	15,720	26,200	58,950	91,700	131,000
350 FBk	3,920	11,760	19,600	44,100	68,600	98,000
500 Conv	6,600	19,800	33,000	74,250	115,500	165,000
500 FBk	5,240	15,720	26,200	58,950	91,700	131,000
1970						
2d HT	820	2,460	4,100	9,230	14,350	20,500
Conv	1,220	3,660	6,100	13,730	21,350	30,500
FBk	1,160	3,480	5,800	13,050	20,300	29,000
Mach 1	2,240	6,720	11,200	25,200	39,200	56,000
Boss 302	5,000	15,000	25,000	56,250	87,500	125,000
Boss 429	16,000	48,000	80,000	180,000	280,000	400,000
Grande	940	2,820	4,700	10,580	16,450	23,500
NOTE: Add 30% for Cobra Jet V-8; 40% for "Super Cobra Jet". Deduct 20% for 6-cyl.						
1970 Shelby GT						
350 Conv	5,240	15,720	26,200	58,950	91,700	131,000
350 FBk	3,920	11,760	19,600	44,100	68,600	98,000
500 Conv	6,600	19,800	33,000	74,250	115,500	165,000
500 FBk	5,240	15,720	26,200	58,950	91,700	131,000
1971						
2d HT	680	2,040	3,400	7,650	11,900	17,000
Grande	700	2,100	3,500	7,880	12,250	17,500
Conv	1,080	3,240	5,400	12,150	18,900	27,000
FBk	1,000	3,000	5,000	11,250	17,500	25,000
Mach 1	1,420	4,260	7,100	15,980	24,850	35,500
Boss 351	2,420	7,260	12,100	27,230	42,350	60,500
NOTE: Same as 1970. Add 20% for HO option where available. Deduct 20% for 6-cyl.						
1972						
2d HT	680	2,040	3,400	7,650	11,900	17,000
Grande	700	2,100	3,500	7,880	12,250	17,500
FBk	880	2,640	4,400	9,900	15,400	22,000
Mach 1	1,280	3,840	6,400	14,400	22,400	32,000
Conv	1,010	3,120	5,200	11,700	18,200	26,000
NOTE: Add 20% for HO option where available. Deduct 20% for 6-cyl.						
1973						
2d HT	660	1,980	3,300	7,430	11,550	16,500
Grande	680	2,040	3,400	7,650	11,900	17,000
FBk	840	2,520	4,200	9,450	14,700	21,000
Mach 1	1,240	3,720	6,200	13,950	21,700	31,000
Conv	1,000	3,000	5,000	11,250	17,500	25,000
1974 Mustang II, Mustang Four						
HT Cpe	260	780	1,300	2,930	4,550	6,500
FBk	290	860	1,440	3,240	5,040	7,200
Ghia	280	840	1,400	3,150	4,900	7,000
1974 Mustang II, V-6						
HT Cpe	280	840	1,400	3,150	4,900	7,000
FBk	310	920	1,540	3,470	5,390	7,700
Ghia	300	900	1,500	3,380	5,250	7,500
1974 Mach 1, V-6						
FBk	340	1,020	1,700	3,830	5,950	8,500
1975 Mustang II						
HT Cpe	260	780	1,300	2,930	4,550	6,500
FBk	290	860	1,440	3,240	5,040	7,200
Ghia	280	840	1,400	3,150	4,900	7,000
1975 Mustang II, Six						
HT Cpe	280	840	1,400	3,150	4,900	7,000
FBk	310	920	1,540	3,470	5,390	7,700
Ghia	300	900	1,500	3,380	5,250	7,500
Mach 1	340	1,020	1,700	3,830	5,950	8,500
1975 Mustang II, V-8						
HT Cpe	260	780	1,300	2,930	4,550	6,500
FBk Cpe	290	860	1,440	3,240	5,040	7,200
Ghia	280	840	1,400	3,150	4,900	7,000
Mach 1	340	1,020	1,700	3,830	5,950	8,500
1976 Mustang II, V-6						
2d	260	780	1,300	2,930	4,550	6,500
3d 2 plus 2	290	860	1,440	3,240	5,040	7,200
2d Ghia	280	840	1,400	3,150	4,900	7,000
NOTE: Add 20% for V-8; 20% for Cobra II. Deduct 20% for 4-cyl.						
1976 Mach 1, V-6						
3d	340	1,020	1,700	3,830	5,950	8,500
1977 Mustang II, V-6						
2d	260	780	1,300	2,930	4,550	6,500
3d 2 plus 2	290	860	1,440	3,240	5,040	7,200
2d Ghia	280	840	1,400	3,150	4,900	7,000
NOTE: Add 30% for Cobra II option; 20% for V-8. Deduct 20% for 4-cyl.						
1977 Mach 1, V-6						
2d	340	1,020	1,700	3,830	5,950	8,500

MUSTANG

	6	5	4	3	2	1
1978 Mustang II						
Cpe	260	780	1,300	2,930	4,550	6,500
3d 2 plus 2	290	860	1,440	3,240	5,040	7,200
Ghia Cpe	280	840	1,400	3,150	4,900	7,000
1978 Mach 1, V-6						
Cpe	340	1,020	1,700	3,830	5,950	8,500

NOTE: Add 20% for V-8; 30% for Cobra II option; 50% for King Cobra option. Deduct 20% for 4-cyl.

	6	5	4	3	2	1
1979 V-6						
2d Cpe	248	744	1,240	2,790	4,340	6,200
3d Cpe	252	756	1,260	2,840	4,410	6,300
2d Ghia Cpe	260	780	1,300	2,930	4,550	6,500
3d Ghia Cpe	264	792	1,320	2,970	4,620	6,600

NOTE: Add 30% for Pace Car Pkg.; 30% for Cobra option; 20% for V-8.

	6	5	4	3	2	1
1980 V-6						
2d Cpe	250	740	1,240	2,790	4,340	6,200
2d HBk	250	760	1,260	2,840	4,410	6,300
2d Ghia Cpe	260	780	1,300	2,930	4,550	6,500
2d Ghia HBk	260	790	1,320	2,970	4,620	6,600
1980 6-cyl.						

NOTE: Add 20% for V-8. Deduct 20% for 4-cyl.

	6	5	4	3	2	1
1981 6-cyl.						
2d S Cpe	250	740	1,240	2,790	4,340	6,200
2d Cpe	250	760	1,260	2,840	4,410	6,300
2d HBk	250	760	1,260	2,840	4,410	6,300
2d Ghia Cpe	260	780	1,300	2,930	4,550	6,500
2d Ghia HBk	260	790	1,320	2,970	4,620	6,600

NOTE: Add 20% for V-8. Deduct 20% for 4-cyl.

	6	5	4	3	2	1
1982 6-cyl.						
2d L Cpe	250	740	1,240	2,790	4,340	6,200
2d GL Cpe	250	760	1,260	2,840	4,410	6,300
2d GL HBk	250	760	1,260	2,840	4,410	6,300
2d GLX Cpe	260	780	1,300	2,930	4,550	6,500
2d GLX HBk	260	790	1,320	2,970	4,620	6,600

Note: Deduct 20% for 4-cyl. Add 20% for V-8.

	6	5	4	3	2	1
1982 V-8						
2d GT HBk	390	1,170	1,950	4,390	6,830	9,750
1983 4-cyl.						
2d L Cpe	200	600	1,000	2,250	3,500	5,000
1983 V-6						
2d GL Cpe	250	740	1,240	2,790	4,340	6,200
2d GL HBk	250	760	1,260	2,840	4,410	6,300
2d GLX Cpe	250	760	1,260	2,840	4,410	6,300
2d GLX HBk	260	780	1,300	2,930	4,550	6,500
2d GLX Conv	260	790	1,320	2,970	4,620	6,600

NOTE: Deduct 20% for 4-cyl. Add 20% for V-8.

	6	5	4	3	2	1
1983 V-8						
2d GT HBk	390	1,170	1,950	4,390	6,830	9,750
2d GT Conv	440	1,330	2,220	5,000	7,770	11,100
1984 4-cyl.						
2d L Cpe	188	564	940	2,120	3,290	4,700
2d L HBk	192	576	960	2,160	3,360	4,800
2d LX Cpe	192	576	960	2,160	3,360	4,800
2d LX HBk	196	588	980	2,210	3,430	4,900
2d GT Turbo HBk	250	760	1,260	2,840	4,410	6,300
2d GT Turbo Conv	290	880	1,460	3,290	5,110	7,300
1984 V-6						
2d L Cpe	192	576	960	2,160	3,360	4,800
2d L HBk	196	588	980	2,210	3,430	4,900
2d LX Cpe	196	588	980	2,210	3,430	4,900
2d LX HBk	200	600	1,000	2,250	3,500	5,000
LX 2d Conv	300	900	1,500	3,380	5,250	7,500
1984 V-8						
2d L HBk	200	600	1,000	2,250	3,500	5,000
2d LX Cpe	204	612	1,020	2,300	3,570	5,100
2d LX HBk	204	612	1,020	2,300	3,570	5,100
2d LX Conv	340	1,020	1,700	3,830	5,950	8,500
2d GT HBk	390	1,170	1,950	4,390	6,830	9,750
2d GT Conv	440	1,330	2,220	5,000	7,770	11,100

NOTE: Add 20% for 20th Anniversary Edition; 40% for SVO model.

	6	5	4	3	2	1
1985 4-cyl.						
2d LX	196	588	980	2,210	3,430	4,900
2d LX HBk	200	600	1,000	2,250	3,500	5,000
2d SVO Turbo	280	840	1,400	3,150	4,900	7,000
1985 V-6						
2d LX	204	612	1,020	2,300	3,570	5,100
2d LX HBk	208	624	1,040	2,340	3,640	5,200
2d LX Conv	396	1,188	1,980	4,460	6,930	9,900
1985 V-8						
2d LX	220	660	1,100	2,480	3,850	5,500

	6	5	4	3	2	1	215
2d LX HBk	224	672	1,120	2,520	3,920	5,600
2d LX Conv.	420	1,260	2,100	4,730	7,350	10,500
2d GT HBk	400	1,200	2,000	4,500	7,000	10,000
2d GT Conv	560	1,680	2,800	6,300	9,800	14,000

NOTE: Add 40% for SVO Model.

1986 Mustang, 4-cyl.

	6	5	4	3	2	1
2d Cpe	200	600	1,000	2,250	3,500	5,000
2d HBk	200	600	1,000	2,250	3,500	5,000
2d Conv	380	1,140	1,900	4,280	6,650	9,500
2d Turbo HBk	280	840	1,400	3,150	4,900	7,000

1986 V-8

	6	5	4	3	2	1
2d HBk	240	720	1,200	2,700	4,200	6,000
2d Conv	420	1,260	2,100	4,730	7,350	10,500
2d GT HBk	400	1,200	2,000	4,500	7,000	10,000
2d GT Conv	560	1,680	2,800	6,300	9,800	14,000

NOTE: Add 40% for SVO Model.

1987 4-cyl.

	6	5	4	3	2	1
2d LX Sed.	200	600	1,000	2,250	3,500	5,000
2d LX HBk	204	612	1,020	2,300	3,570	5,100
2d LX Conv.	360	1,080	1,800	4,050	6,300	9,000

1987 V-8

	6	5	4	3	2	1
2d LX Sed.	200	600	1,000	2,250	3,500	5,000
2d LX HBk	204	612	1,020	2,300	3,570	5,100
2d LX Conv.	424	1,272	2,120	4,770	7,420	10,600
2d GT HBk	390	1,160	1,940	4,370	6,790	9,700
2d GT Conv	560	1,680	2,800	6,300	9,800	14,000

1988 V-6

	6	5	4	3	2	1
2d LX Sed.	160	480	800	1,800	2,800	4,000
2d LX HBk	168	504	840	1,890	2,940	4,200
2d LX Conv.	360	1,080	1,800	4,050	6,300	9,000

1988 V-8

	6	5	4	3	2	1
2d LX Sed.	200	600	1,000	2,250	3,500	5,000
2d LX HBk	220	660	1,100	2,480	3,850	5,500
2d LX Conv.	400	1,200	2,000	4,500	7,000	10,000
2d GT HBk	380	1,140	1,900	4,280	6,650	9,500
2d GT Conv	560	1,680	2,800	6,300	9,800	14,000

1989 4-cyl.

	6	5	4	3	2	1
2d LX Cpe.	180	540	900	2,030	3,150	4,500
2d LX HBk	188	564	940	2,120	3,290	4,700
2d LX Conv.	420	1,260	2,100	4,730	7,350	10,500

1989 V-8

	6	5	4	3	2	1
2d LX Spt Cpe	236	708	1,180	2,660	4,130	5,900
2d LX Spt HBk	240	720	1,200	2,700	4,200	6,000
2d LX Spt Conv	560	1,680	2,800	6,300	9,800	14,000
2d GT HBk	388	1,164	1,940	4,370	6,790	9,700
2d GT Conv	680	2,040	3,400	7,650	11,900	17,000

1990 4-cyl.

	6	5	4	3	2	1
2d LX	184	552	920	2,070	3,220	4,600
2d LX HBk	192	576	960	2,160	3,360	4,800
2d LX Conv.	380	1,140	1,900	4,280	6,650	9,500

1990 V-8

	6	5	4	3	2	1
2d LX Spt	240	720	1,200	2,700	4,200	6,000
2d LX HBk Spt	248	744	1,240	2,790	4,340	6,200
2d LX Conv Spt	520	1,560	2,600	5,850	9,100	13,000
2d GT HBk	400	1,200	2,000	4,500	7,000	10,000
2d GT Conv	560	1,680	2,800	6,300	9,800	14,000

1991 4-cyl.

	6	5	4	3	2	1
2d LX Cpe.	180	540	900	2,030	3,150	4,500
2d LX HBk	200	600	1,000	2,250	3,500	5,000
2d LX Conv.	360	1,080	1,800	4,050	6,300	9,000

1991 V-8

	6	5	4	3	2	1
2d LX Cpe.	220	660	1,100	2,480	3,850	5,500
2d LX HBk	240	720	1,200	2,700	4,200	6,000
2d LX Conv.	400	1,200	2,000	4,500	7,000	10,000
2d GT HBk	380	1,140	1,900	4,280	6,650	9,500
2d GT Conv	540	1,620	2,700	6,080	9,450	13,500

1992 4-cyl.

	6	5	4	3	2	1
2d LX Cpe.	200	600	1,000	2,250	3,500	5,000
2d LX HBk	220	660	1,100	2,480	3,850	5,500
2d LX Conv.	400	1,200	2,000	4,500	7,000	10,000

1992 V-8

	6	5	4	3	2	1
2d LX Sed.	360	1,080	1,800	4,050	6,300	9,000
2d LX HBk	380	1,140	1,900	4,280	6,650	9,500
2d LX Conv.	520	1,560	2,600	5,850	9,100	13,000
2d GT HBk	420	1,260	2,100	4,730	7,350	10,500
2d GT Conv	600	1,800	3,000	6,750	10,500	15,000

NOTE: Add 5% for LX convertible Summer Special edition released mid model year.

1993 4-cyl.

	6	5	4	3	2	1
2d LX Cpe.	220	660	1,100	2,480	3,850	5,500

MUSTANG

	6	5	4	3	2	1
2d LX HBk	224	672	1,120	2,520	3,920	5,600
2d LX Conv	408	1,224	2,040	4,590	7,140	10,200
1993 V-8						
2d LX Cpe	360	1,080	1,800	4,050	6,300	9,000
2d LX HBk	368	1,104	1,840	4,140	6,440	9,200
2d LX Conv	552	1,656	2,760	6,210	9,660	13,800
2d GT HBk	400	1,200	2,000	4,500	7,000	10,000
2d GT Conv	620	1,860	3,100	6,980	10,850	15,500
1993 Cobra						
2d HBk	700	2,100	3,500	7,880	12,250	17,500
NOTE: Add 40% for Code R.						
1994 V-6						
2d Cpe	320	960	1,600	3,600	5,600	8,000
2d Conv	440	1,320	2,200	4,950	7,700	11,000
1994 GT, V-8						
2d GT Cpe	420	1,260	2,100	4,730	7,350	10,500
2d GT Conv	480	1,440	2,400	5,400	8,400	12,000
1994 Cobra, V-8						
2d Cpe	560	1,680	2,800	6,300	9,800	14,000
2d Conv	640	1,920	3,200	7,200	11,200	16,000
1995 V-6						
2d Cpe	300	950	1,600	3,600	5,600	8,000
2d Conv	450	1,300	2,200	4,950	7,700	11,000
1995 V-8						
2d GTS Cpe	400	1,200	2,000	4,500	7,000	10,000
2d GT Cpe	400	1,250	2,100	4,730	7,350	10,500
2d GT Conv	500	1,450	2,400	5,400	8,400	12,000
2d Cobra Cpe	550	1,700	2,800	6,300	9,800	14,000
2d Cobra Conv	650	1,900	3,200	7,200	11,200	16,000
1996 V-6						
2d Cpe	300	950	1,600	3,600	5,600	8,000
2d Conv	450	1,300	2,200	4,950	7,700	11,000
1996 V-8						
2d GT Cpe	400	1,250	2,100	4,730	7,350	10,500
2d GT Conv	500	1,450	2,400	5,400	8,400	12,000
2d Cobra Cpe	550	1,700	2,800	6,300	9,800	14,000
2d Cobra Conv	650	1,900	3,200	7,200	11,200	16,000
1997 V-6						
2d Cpe	320	960	1,600	3,600	5,600	8,000
2d Conv	440	1,320	2,200	4,950	7,700	11,000
1997 V-8						
2d GT Cpe	420	1,260	2,100	4,730	7,350	10,500
2d GT Conv	480	1,440	2,400	5,400	8,400	12,000
2d Cobra Cpe	560	1,680	2,800	6,300	9,800	14,000
2d Cobra Conv	640	1,920	3,200	7,200	11,200	16,000
1998 V-6						
2d Cpe	320	960	1,600	3,600	5,600	8,000
2d Conv	440	1,320	2,200	4,950	7,700	11,000
1998 V-8						
2d GT Cpe	420	1,260	2,100	4,730	7,350	10,500
2d GT Conv	480	1,440	2,400	5,400	8,400	12,000
2d Cobra Cpe	560	1,680	2,800	6,300	9,800	14,000
2d Cobra Conv	640	1,920	3,200	7,200	11,200	16,000
NOTE: Add 10% for SVT Pkg.						
1999 V-6						
2d Cpe	320	960	1,600	3,600	5,600	8,000
2d Conv	440	1,320	2,200	4,950	7,700	11,000
1999 V-8						
2d GT Cpe	420	1,260	2,100	4,730	7,350	10,500
2d GT Conv	480	1,440	2,400	5,400	8,400	12,000
2d SVT Cobra Cpe	580	1,740	2,900	6,530	10,150	14,500
2d SVT Cobra Conv	660	1,980	3,300	7,430	11,550	16,500
NOTE: Add 10% for 35th Anniversary Pkg. on GT models.						
2000 V-6						
2d Cpe	320	970	1,620	3,650	5,670	8,100
2d Conv	440	1,330	2,220	5,000	7,770	11,100
2000 V-8						
2d GT Cpe	430	1,280	2,140	4,820	7,490	10,700
2d GT Conv	490	1,460	2,440	5,490	8,540	12,200
2d SVT Cobra R Cpe (300 built)	2,400	7,200	12,000	27,000	42,000	60,000
NOTE: Cobra SVT coupe and convertible not available as 2000 models.						
2001 V-6						
2d Cpe	320	970	1,620	4,050	5,670	8,100
2d Conv	440	1,330	2,220	5,550	7,770	11,100
2001 V-8						
2d GT Cpe	430	1,280	2,140	5,350	7,490	10,700
2d GT Conv	490	1,460	2,440	6,100	8,540	12,200
2d Cobra Cpe	660	1,980	3,300	8,250	11,550	16,500
2d Cobra Conv	700	2,100	3,500	8,750	12,250	17,500

	6	5	4	3	2	1
2d GT Bullitt Cpe	960	2,880	4,800	10,800	16,800	24,000
2002 V-6						
2d Cpe	320	970	1,620	4,050	5,670	8,100
2d Conv	440	1,330	2,220	5,550	7,770	11,100

NOTE: Add 5% for Sport Appearance Pkg.

	6	5	4	3	2	1
2002 V-8						
2d GT Cpe	430	1,280	2,140	5,350	7,490	10,700
2d GT Conv	490	1,460	2,440	6,100	8,540	12,200

NOTE: A revised Cobra was introduced mid-model year as a 2003 model.

	6	5	4	3	2	1
2003 V-6						
2d Cpe	320	970	1,620	4,050	5,670	8,100
2d Conv	440	1,330	2,220	5,550	7,770	11,100

NOTE: Add 5% for Pony Pkg.

	6	5	4	3	2	1
2003 V-8						
2d GT Cpe	430	1,280	2,140	5,350	7,490	10,700
2d GT Conv	490	1,460	2,440	6,100	8,540	12,200
2d Mach I Cpe	550	1,640	2,740	6,850	9,590	13,700
2d Cobra Cpe	760	2,270	3,780	9,450	13,230	18,900
2d Cobra Conv	800	2,410	4,020	10,050	14,070	20,100

NOTE: Add 5% for 10th Anniversary Pkg. on Cobra models.

	6	5	4	3	2	1
2004 V-6						
2d Cpe	320	970	1,620	4,050	5,670	8,100
2d Conv	440	1,330	2,220	5,550	7,770	11,100

NOTE: Add 5% for Pony Pkg. Deduct 5% for manual transmission.

	6	5	4	3	2	1
2004 V-8						
2d GT Cpe	430	1,280	2,140	5,350	7,490	10,700
2d GT Conv	490	1,460	2,440	6,100	8,540	12,200
2d Mach 1 Cpe	550	1,640	2,740	6,850	9,590	13,700
2d Cobra Cpe	760	2,270	3,780	9,450	13,230	18,900
2d Cobra Conv	800	2,410	4,020	10,050	14,070	20,100

	6	5	4	3	2	1
2005 V-6						
2d Cpe	480	1,430	2,380	5,380	8,330	11,900
2d Conv	530	1,580	2,640	6,600	9,240	13,200

NOTE: Deduct 5% for manual transmission.

	6	5	4	3	2	1
2005 V-8						
2d GT Cpe	690	2,060	3,440	8,600	12,040	17,200
2d GT Conv	780	2,340	3,900	9,750	13,650	19,500
2006 Mustang, 4.0L V-8						
2d Cpe	440	1,320	2,200	5,500	7,700	11,000
2d Conv	500	1,510	2,520	6,300	8,820	12,600
2006 Mustang GT, 4.6L V-8						
2d Cpe	640	1,920	3,200	8,000	11,200	16,000
2d Conv	720	2,160	3,600	9,000	12,600	18,000
2007 Mustang, 4.0L V-6						
2d Del Cpe	440	1,310	2,190	5,480	7,670	10,950
2d Del Conv	480	1,450	2,420	6,050	8,470	12,100
2d Premium Cpe.............................	480	1,440	2,400	6,000	8,400	12,000
2d Premium Conv	510	1,540	2,570	6,430	9,000	12,850
2007 Mustang, 4.6L V-8						
2d Del Cpe	650	1,950	3,250	8,130	11,380	16,250
2d Del Conv	710	2,140	3,570	8,930	12,500	17,850
2d Premium Cpe.............................	690	2,080	3,460	8,650	12,110	17,300
2d Premium Conv............................	730	2,200	3,670	9,180	12,850	18,350

NOTE: Add 8% for Shelby Pkg.

	6	5	4	3	2	1
2007 Mustang Shelby GT-350, 5.4L Supercharged V-8						
2d Cobra Cpe...............................	1,120	3,370	5,620	14,050	19,670	28,100
2d Cobra Conv	1,250	3,740	6,240	15,600	21,840	31,200
2008 Mustang, 4.0L V6						
2d Del Cpe	440	1,310	2,190	5,480	7,670	10,950
2d Del Conv	480	1,450	2,420	6,050	8,470	12,100
2d Premium Cpe.............................	490	1,460	2,440	6,100	8,540	12,200
2d Premium Conv............................	530	1,590	2,650	6,630	9,280	13,250
2008 Mustang, 4.6L V8						
2d Del Cpe	600	1,800	3,000	6,750	10,500	15,000
2d Dell Conv.................................	690	2,080	3,460	8,650	12,110	17,300
2d Pre,ium Cpe..............................	650	1,950	3,250	8,130	11,380	16,250
2d Premium Conv............................	720	2,160	3,600	8,100	12,600	18,000

Add 8% for Buillltt package or Shelby package.

	6	5	4	3	2	1
2008 Shelby GT-500, 5.4L Supercharged V8						
2d Cobra Cpe...............................	1,080	3,240	5,400	13,500	18,900	27,000
2d Cobra Conv	1,250	3,740	6,240	15,600	21,840	31,200
2009 Mustang, 4.0L V6						
2d Del Cpe	430	1,300	2,170	5,430	7,600	10,850
2d Del Conv	480	1,440	2,400	6,000	8,400	12,000
2d Premium Cpe	480	1,450	2,420	6,050	8,470	12,100
2d Premium Conv............................	530	1,580	2,630	6,580	9,210	13,150
2009 Mustang, 4.6L V8						
2d GT Del Cpe	600	1,790	2,980	7,450	10,430	14,900
2d GT Del Conv	690	2,060	3,440	8,600	12,040	17,200

MUSTANG

	6	5	4	3	2	1
2d GT Premium Cpe 650	1,940	3,230	8,080	11,310	16,150
2d GT Premium Conv 710	2,140	3,560	8,900	12,460	17,800

Add 8% for Bullitt package

2009 Mustang Shelby GT-500, 5.4L Supercharged V8

	6	5	4	3	2	1
2d Cpe 1,080	3,230	5,380	13,450	18,830	26,900
2d Conv 1,240	3,720	6,200	15,500	21,700	31,000

2010 Mustang, 4.0L V6

	6	5	4	3	2	1
2d Cpe 520	1,570	2,620	6,550	9,170	13,100
2d Conv 540	1,610	2,680	6,700	9,380	13,400
2d Premium Cpe. 560	1,670	2,780	6,950	9,730	13,900
2d Premium Conv 570	1,720	2,870	7,180	10,050	14,350

2010 Mustang, 4.6L V8

	6	5	4	3	2	1
2d GT Cpe 700	2,090	3,490	8,730	12,220	17,450
2d GT Conv 780	2,350	3,920	9,800	13,720	19,600
2d Premium Cpe 720	2,150	3,580	8,950	12,530	17,900
2d Premium Conv 770	2,310	3,850	9,630	13,480	19,250

NOTE: Add 8% for Bullitt pkg.

2010 Mustang Shelby GT-500, 5.4L Supercharged V8

	6	5	4	3	2	1
2d Cpe 1,160	3,480	5,800	14,500	20,300	29,000
2d Conv 1,320	3,950	6,580	16,450	23,030	32,900

2011 Mustang, 3.7L V6

	6	5	4	3	2	1
2d Cpe 460	1,380	2,300	5,750	8,050	11,500
2d Conv 530	1,580	2,640	6,600	9,240	13,200
2d Premium Cpe 500	1,500	2,500	6,250	8,750	12,500
2d Premium Conv 570	1,720	2,870	7,180	10,050	14,350

2011 Mustang, 5.0L V8

	6	5	4	3	2	1
2d GT Cpe 700	2,090	3,490	8,730	12,220	17,450
2d GT Conv 780	2,350	3,920	9,800	13,720	19,600
2d GT Premium Cpe 1,200	3,600	6,000	15,000	21,000	30,000
2d Gt Premium Conv 1,280	3,840	6,400	16,000	22,400	32,000

Add 3% for Brembo Brake pkg, 10% for Pony pkg or GT Calif, package, 25% for SVT pkg

2011 Mustang Shelby GT-500, 5.4L Supercharged V8

	6	5	4	3	2	1
2d Cpe 1,160	3,480	5,800	14,500	20,300	29,000

2011 Mustang Shelby GT-500, 5.4L Supercharged V8

	6	5	4	3	2	1
2d Conv 1,320	3,970	6,620	16,550	23,170	33,100

THUNDERBIRD

1955 102" wb

	6	5	4	3	2	1
Conv. 2,320	6,960	11,600	26,100	40,600	58,000

NOTE: Add $1,800 for hardtop.

1956 102" wb

	6	5	4	3	2	1
Conv. 2,400	7,200	12,000	27,000	42,000	60,000

NOTE: Add $1,800 for hardtop; 10% for 312 engine.

1957 102" wb

	6	5	4	3	2	1
Conv. 2,600	7,800	13,000	29,250	45,500	65,000

NOTE: Add $1,800 for hardtop; 100% for supercharged V-8 (Code F); 50% for "T-Bird Special"V-8 (Code E).

1958 113" wb

	6	5	4	3	2	1
2d HT 1,240	3,720	6,200	13,950	21,700	31,000
Conv. 2,240	6,720	11,200	25,200	39,200	56,000

1959 113" wb

	6	5	4	3	2	1
2d HT 1,240	3,720	6,200	13,950	21,700	31,000
Conv. 2,240	6,720	11,200	25,200	39,200	56,000

NOTE: Add 30% for 430 engine option.

1960 113" wb

	6	5	4	3	2	1
SR HT. 1,360	4,080	6,800	15,300	23,800	34,000
2d HT 1,240	3,720	6,200	13,950	21,700	31,000
Conv. 2,240	6,720	11,200	25,200	39,200	56,000

NOTE: Add 30% for 430 engine option Code J.

1961 113" wb

	6	5	4	3	2	1
2d HT 1,000	3,000	5,000	11,250	17,500	25,000
Conv. 1,750	5,240	8,740	19,670	30,590	43,700

NOTE: Add 25% for Indy Pace Car.

1962 113" wb

	6	5	4	3	2	1
2d HT 1,000	3,000	5,000	11,250	17,500	25,000
2d Lan HT. 1,100	3,300	5,500	12,380	19,250	27,500
Conv. 1,750	5,240	8,740	19,670	30,590	43,700
Spt Rds. 2,920	8,760	14,600	32,850	51,100	73,000

NOTE: Add 40% for M Series option.

1963 113" wb

	6	5	4	3	2	1
2d HT 1,000	3,000	5,000	11,250	17,500	25,000
2d Lan HT. 1,100	3,300	5,500	12,380	19,250	27,500
Conv. 1,750	5,240	8,740	19,670	30,590	43,700
Spt Rds. 2,920	8,770	14,620	32,900	51,170	73,100

NOTE: Add 12% for Monaco option; 40% for M Series option; 10% for 390-330 hp engine.

1964 113" wb

	6	5	4	3	2	1
2d HT 840	2,530	4,220	9,500	14,770	21,100
2d Lan HT. 940	2,810	4,680	10,530	16,380	23,400
Conv. 1,360	4,080	6,800	15,300	23,800	34,000

NOTE: Add 10% for Tonneau convertible option; 30% for tonneau option and wire wheels.

	6	5	4	3	2	1
1965 113" wb						
2d HT	840	2,530	4,220	9,500	14,770	21,100
2d Lan HT	940	2,810	4,680	10,530	16,380	23,400
Conv	1,360	4,080	6,800	15,300	23,800	34,000
NOTE: Add 5% for Special Landau option.						
1966 113" wb						
2d HT Cpe	840	2,530	4,220	9,500	14,770	21,100
2d Twn Lan	880	2,640	4,400	9,900	15,400	22,000
2d HT Twn	920	2,760	4,600	10,350	16,100	23,000
Conv	1,400	4,210	7,020	15,800	24,570	35,100
NOTE: Add 20% for 428 engine.						
1967 117" wb						
4d Lan	600	1,800	3,000	6,750	10,500	15,000
1967 115" wb						
2d Lan	640	1,920	3,200	7,200	11,200	16,000
2d HT	648	1,944	3,240	7,290	11,340	16,200
NOTE: Add 30% for 428 engine option.						
1968 117" wb						
4d Lan Sed	600	1,800	3,000	6,750	10,500	15,000
1968 115" wb						
2d HT	620	1,860	3,100	6,980	10,850	15,500
2d Lan HT	628	1,884	3,140	7,070	10,990	15,700
NOTE: Add 30% for 429 engine option, Code K or 428 engine.						
1969 117" wb						
4d Lan	600	1,800	3,000	6,750	10,500	15,000
1969 115" wb						
2d HT	620	1,860	3,100	6,980	10,850	15,500
2d Lan HT	630	1,880	3,140	7,070	10,990	15,700
1970 117" wb						
4d Lan	600	1,800	3,000	6,750	10,500	15,000
1970 115" wb						
2d HT	620	1,860	3,100	6,980	10,850	15,500
2d Lan HT	630	1,000	3,140	7,070	10,990	15,700
1971 117" wb						
4d HT	000	1,000	0,000	6,750	10,500	15,000
1971 115" wb						
2d HT	620	1,860	3,100	6,980	10,850	15,500
2d Lan HT	628	1,884	3,140	7,070	10,990	15,700
1972 120" wb						
2d HT	580	1,740	2,900	6,530	10,150	14,500
NOTE: Add 20% for 460 engine option.						
1973 120" wb						
2d HT	560	1,680	2,800	6,300	9,800	14,000
1974 120" wb						
2d HT	560	1,680	2,800	6,300	9,800	14,000
1975 120" wb						
2d HT	472	1,416	2,360	5,310	8,260	11,800
1976 120" wb						
2d HT	452	1,356	2,260	5,090	7,910	11,300
1977 114" wb						
2d HT	364	1,092	1,820	4,100	6,370	9,100
2d Lan	368	1,104	1,840	4,140	6,440	9,200
1978 114" wb						
2d HT	380	1,140	1,900	4,280	6,650	9,500
2d Twn Lan	420	1,260	2,100	4,730	7,350	10,500
2d Diamond Jubilee	520	1,560	2,600	5,850	9,100	13,000
NOTE: Add 5% for T-tops.						
1979 V-8, 114" wb						
2d HT	360	1,080	1,800	4,050	6,300	9,000
2d HT Lan	380	1,140	1,900	4,280	6,650	9,500
2d HT Heritage	400	1,200	2,000	4,500	7,000	10,000
NOTE: Add 5% for T-tops.						
1980 V-8, 108" wb						
2d Cpe	240	720	1,200	2,700	4,200	6,000
2d Twn Lan Cpe	252	756	1,260	2,840	4,410	6,300
2d Silver Anniv. Cpe	260	780	1,300	2,930	4,550	6,500
1981 V-8, 108" wb						
2d Cpe	224	672	1,120	2,520	3,920	5,600
2d Twn Lan Cpe	232	696	1,160	2,610	4,060	5,800
2d Heritage Cpe	236	708	1,180	2,660	4,130	5,900
NOTE: Deduct 15% for 6-cyl.						
1982 V-8, 108" wb						
2d Cpe	232	696	1,160	2,610	4,060	5,800
2d Twn Lan Cpe	240	720	1,200	2,700	4,200	6,000
2d Heritage Cpe	248	744	1,240	2,790	4,340	6,200
NOTE: Deduct 15% for V-6.						
1983 V-6						
2d Cpe	364	1,092	1,820	4,100	6,370	9,100
2d Cpe Heritage	376	1,128	1,880	4,230	6,580	9,400

THUNDERBIRD

	6	5	4	3	2	1
1983 V-8						
2d Cpe	376	1,128	1,880	4,230	6,580	9,400
2d Cpe Heritage	392	1,176	1,960	4,410	6,860	9,800
1983 4-cyl.						
2d Cpe Turbo	380	1,140	1,900	4,280	6,650	9,500
1984 V-6						
2d Cpe	276	828	1,380	3,110	4,830	6,900
2d Cpe Elan	368	1,104	1,840	4,140	6,440	9,200
2d Cpe Fila	372	1,116	1,860	4,190	6,510	9,300
1984 V-8						
2d Cpe	376	1,128	1,880	4,230	6,580	9,400
2d Cpe Elan	384	1,152	1,920	4,320	6,720	9,600
2d Cpe Fila	388	1,164	1,940	4,370	6,790	9,700
NOTE: Deduct 10% for V-6 non-turbo.						
1984 4-cyl.						
2d Cpe Turbo	376	1,128	1,880	4,230	6,580	9,400
1985 V-8, 104" wb						
2d Cpe	256	768	1,280	2,880	4,480	6,400
2d Elan Cpe	272	816	1,360	3,060	4,760	6,800
2d Fila Cpe	276	828	1,380	3,110	4,830	6,900
1985 4-cyl. Turbo						
2d Cpe	360	1,080	1,800	4,050	6,300	9,000
NOTE: Add 5% for 30th Anniversary Edition. Deduct 10% for V-6 non-turbo.						
1986 104" wb						
2d Cpe	256	768	1,280	2,880	4,480	6,400
2d Elan Cpe	264	792	1,320	2,970	4,620	6,600
2d Turbo Cpe	368	1,104	1,840	4,140	6,440	9,200
1987 V-6, 104" wb						
2d Cpe	260	780	1,300	2,930	4,550	6,500
2d LX Cpe	264	792	1,320	2,970	4,620	6,600
1987 V-8, 104" wb						
2d Cpe	360	1,080	1,800	4,050	6,300	9,000
2d Spt Cpe	368	1,104	1,840	4,140	6,440	9,200
2d LX Cpe	372	1,116	1,860	4,190	6,510	9,300
1987 4-cyl. Turbo						
2d Cpe	368	1,104	1,840	4,140	6,440	9,200
1988 V-6						
2d Cpe	260	780	1,300	2,930	4,550	6,500
2d LX Cpe	260	790	1,320	2,970	4,620	6,600
1988 V-8						
2d Spt Cpe	360	1,090	1,820	4,100	6,370	9,100
1988 4-cyl. Turbo						
2d Cpe	350	1,100	1,850	4,140	6,450	9,200
NOTE: Add 20% for V-8 where available.						
1989 V-6						
2d Cpe	272	816	1,360	3,060	4,760	6,800
2d LX Cpe	360	1,080	1,800	4,050	6,300	9,000
2d Sup Cpe	520	1,560	2,600	5,850	9,100	13,000
1990 V-6						
2d Cpe	260	780	1,300	2,930	4,550	6,500
2d LX Cpe	360	1,080	1,800	4,050	6,300	9,000
2d Sup Cpe	520	1,560	2,600	5,850	9,100	13,000
NOTE: Add 10% for Anniversary model.						
1991 V-6						
2d Cpe	240	720	1,200	2,700	4,200	6,000
2d LX Cpe	260	780	1,300	2,930	4,550	6,500
2d Sup Cpe	340	1,020	1,700	3,830	5,950	8,500
1991 V-8						
2d Cpe	360	1,080	1,800	4,050	6,300	9,000
2d LX Cpe	380	1,140	1,900	4,280	6,650	9,500
1992 V-6						
2d Cpe	360	1,080	1,800	4,050	6,300	9,000
2d LX Cpe	368	1,104	1,840	4,140	6,440	9,200
2d Sup Cpe	380	1,140	1,900	4,280	6,650	9,500
1992 V-8						
2d Cpe	364	1,092	1,820	4,100	6,370	9,100
2d Spt Cpe	392	1,176	1,960	4,410	6,860	9,800
2d LX Cpe	380	1,140	1,900	4,280	6,650	9,500
1993 V-6						
2d LX Cpe	372	1,116	1,860	4,190	6,510	9,300
2d Sup Cpe	380	1,140	1,900	4,280	6,650	9,500
1993 V-8						
2d LX Cpe	404	1,212	2,020	4,550	7,070	10,100
1994 V-6						
2d LX Cpe	300	900	1,500	3,380	5,250	7,500
2d Sup Cpe	360	1,080	1,800	4,050	6,300	9,000
1994 V-8						
2d LX Cpe	320	960	1,600	3,600	5,600	8,000

THUNDERBIRD

	6	5	4	3	2	1
1995 V-6						
2d LX Cpe.	300	900	1,500	3,380	5,250	7,500
2d Sup Cpe.	350	1,100	1,800	4,050	6,300	9,000
1995 V-8						
2d LX Cpe.	300	950	1,600	3,600	5,600	8,000
1996 V-6						
2d LX Cpe.	300	900	1,500	3,380	5,250	7,500

NOTE: Add 10% for V-8.

	6	5	4	3	2	1
1997 V-6						
2d LX Cpe.	300	900	1,500	3,380	5,250	7,500

NOTE: Add 10% for V-8; 5% for Sport Pkg. Thunderbird production ceased until 2002.

	6	5	4	3	2	1
2002 V-8						
2d Conv	860	2,580	4,300	10,750	15,050	21,500

NOTE: Add $500 for removable HT; 10% for Nieman Marcus Edition.

	6	5	4	3	2	1
2003 V-8						
2d Conv	860	2,580	4,300	10,750	15,050	21,500

NOTE: Add $500 for removable HT.

	6	5	4	3	2	1
2004 V-8						
2d Conv	860	2,580	4,300	10,750	15,050	21,500

NOTE: Add $500 for removable HT.

	6	5	4	3	2	1
2005 V-8						
2d Conv	900	2,700	4,500	11,250	15,750	22,500

NOTE: Add $500 for removable HT. Thunderbird production was discontinued after 2005 model year.

FRANKLIN

	6	5	4	3	2	1
1903 Four, 10 hp, 72" wb						
Rbt	2,600	7,800	13,000	29,250	45,500	65,000
1904 Type A, 4-cyl., 12 hp, 82" wb						
2/4P Light Rbt	2,560	7,680	12,800	28,800	44,800	64,000
1904 Type B, 4-cyl., 12 hp, 82" wb						
4P Light Ton	2,560	7,680	12,800	28,800	44,800	64,000
1904 Type C, 4-cyl., 30 hp, 110" wb						
5P Side Entrance Ton	2,800	8,400	14,000	31,500	49,000	70,000
1904 Type D, 4-cyl., 20 hp, 100" wb						
5P Light Tr	2,560	7,680	12,800	28,800	44,800	64,000
1904 Type E, 4-cyl., 12 hp, 74" wb						
2P Gentleman's Rbt	2,480	7,440	12,400	27,900	43,400	62,000
1904 Type F, 4-cyl., 12 hp, 82" wb						
4P Light Ton	2,480	7,440	12,400	27,900	43,400	62,000
1905 Type A, 4-cyl., 12 hp, 80" wb						
Rbt	2,480	7,440	12,400	27,900	43,400	62,000
Detachable Ton	2,560	7,680	12,800	28,800	44,800	64,000
1905 Type B, 4-cyl., 12 hp, 80" wb						
Tr	2,440	7,320	12,200	27,450	42,700	61,000
1905 Type C, 4-cyl., 30 hp, 107" wb						
Tr	2,680	8,040	13,400	30,150	46,900	67,000
1905 Type D, 4-cyl., 20 hp, 100" wb						
Tr	2,560	7,680	12,800	28,800	44,800	64,000
1905 Type E, 4-cyl., 12 hp, 80" wb						
Rbt	2,400	7,200	12,000	27,000	42,000	60,000
1906 Type E, 4-cyl., 12 hp, 81-1						
2P Rbt	2,320	6,960	11,600	26,100	40,600	58,000
1906 Type G, 4-cyl., 12 hp, 88" wb						
5P Tr	2,360	7,080	11,800	26,550	41,300	59,000
1906 Type D, 4-cyl., 20 hp, 100" wb						
5P Tr	2,160	6,480	10,800	24,300	37,800	54,000
5P Limo (115" wb)	2,280	6,840	11,400	25,650	39,900	57,000
1906 Type H, 6-cyl., 30 hp, 114" wb						
5P Tr	2,480	7,440	12,400	27,900	43,400	62,000
1907 Model G, 4-cyl., 12 hp, 90" wb						
2P Rbt	2,080	6,240	10,400	23,400	36,400	52,000
4P Tr	2,160	6,480	10,800	24,300	37,800	54,000
1907 Model D, 4-cyl., 20 hp, 105" wb						
5P Tr	2,120	6,360	10,600	23,850	37,100	53,000
2P Rbt	2,080	6,240	10,400	23,400	36,400	52,000
5P Lan'let	2,160	6,480	10,800	24,300	37,800	54,000
1907 Model H, 6-cyl., 30 hp, 127" wb						
7P Tr	2,520	7,560	12,600	28,350	44,100	63,000
2P Rbt	2,480	7,440	12,400	27,900	43,400	62,000
5P Limo	2,560	7,680	12,800	28,800	44,800	64,000
1908 Model G, 4-cyl., 16 hp, 90" wb						
Tr	2,000	6,000	10,000	22,500	35,000	50,000
Rbt	2,040	6,120	10,200	22,950	35,700	51,000
Brgm	1,720	5,160	8,600	19,350	30,100	43,000
Lan'let	2,160	6,480	10,800	24,300	37,800	54,000
1908 Model D, 4-cyl., 28 hp, 105" wb						
Tr	2,040	6,120	10,200	22,950	35,700	51,000
Surrey-Seat Rbt	2,000	6,000	10,000	22,500	35,000	50,000
Lan'let	2,160	6,480	10,800	24,300	37,800	54,000

	6	5	4	3	2	1
1908 Model H, 6-cyl., 42 hp, 127" wb						
Tr.	2,480	7,440	12,400	27,900	43,400	62,000
Limo	2,560	7,680	12,800	28,800	44,800	64,000
Rbt	2,480	7,440	12,400	27,900	43,400	62,000
1909 Model G, 4-cyl., 18 hp, 91-1						
4P Tr	2,000	6,000	10,000	22,500	35,000	50,000
4P Cape Top Tr	2,040	6,120	10,200	22,950	35,700	51,000
Brgm	1,720	5,160	8,600	19,350	30,100	43,000
Lan'let	2,160	6,480	10,800	24,300	37,800	54,000
1909 Model D, 4-cyl., 28 hp, 106" wb						
5P Tr	2,040	6,120	10,200	22,950	35,700	51,000
5P Cape Top Tr	2,080	6,240	10,400	23,400	36,400	52,000
Rbt, Single Rumble	2,120	6,360	10,600	23,850	37,100	53,000
Rbt, Double Rumble	2,160	6,480	10,800	24,300	37,800	54,000
Lan'let	2,160	6,480	10,800	24,300	37,800	54,000
1909 Model H, 6-cyl., 42 hp, 127" wb						
7P Tr	2,480	7,440	12,400	27,900	43,400	62,000
7P Cape Top Tr	2,680	8,040	13,400	30,150	46,900	67,000
Limo	2,560	7,680	12,800	28,800	44,800	64,000
1910 Model G, 4-cyl., 18 hp, 91-1						
5P Tr	2,080	6,240	10,400	23,400	36,400	52,000
4P Rbt	2,040	6,120	10,200	22,950	35,700	51,000
2P Rbt	1,960	5,880	9,800	22,050	34,300	49,000
1910 Model K, 4-cyl., 18 hp, 91-1						
Twn Car	1,960	5,880	9,800	22,050	34,300	49,000
Taxicab	1,880	5,640	9,400	21,150	32,900	47,000
1910 Model D, 4-cyl., 28 hp, 106" wb						
5P Tr	2,120	6,360	10,600	23,850	37,100	53,000
4P Surrey	2,000	6,000	10,000	22,500	35,000	50,000
6P Limo (111-1/2" wb)	2,160	6,480	10,800	24,300	37,800	54,000
Lan'let 6P (111-1/2" wb)	2,160	6,480	10,800	24,300	37,800	54,000
1910 Model H, 6-cyl., 42 hp, 127" wb						
7P Tr	2,480	7,440	12,400	27,900	43,400	62,000
4P Surrey	2,640	7,920	13,200	29,700	46,200	66,000
7P Limo	2,560	7,680	12,800	28,800	44,800	64,000
1911 Model G, 4-cyl., 18 hp, 100" wb						
5P Tr	2,040	6,120	10,200	22,950	35,700	51,000
Torp Phae (108" wb)	2,000	6,000	10,000	22,500	35,000	50,000
1911 Model M, 4-cyl., 25 hp, 108" wb						
5P Tr	2,080	6,240	10,400	23,400	36,400	52,000
7P Limo	2,040	6,120	10,200	22,950	35,700	51,000
7P Lan'let	2,040	6,120	10,200	22,950	35,700	51,000
1911 Model D, 6-cyl., 38 hp, 123" wb						
4P Torp Phae	2,480	7,440	12,400	27,900	43,400	62,000
5P Tr	2,400	7,200	12,000	27,000	42,000	60,000
6P Limo	2,280	6,840	11,400	25,650	39,900	57,000
6P Lan'let	2,360	7,080	11,800	26,550	41,300	59,000
1911 Model H, 6-cyl., 48 hp, 133" wb						
7P Tr	2,680	8,040	13,400	30,150	46,900	67,000
Torp Phae (126" wb)	2,880	8,640	14,400	32,400	50,400	72,000
1912 Model G, 4-cyl., 18 hp, 100" wb						
Rbt	2,080	6,240	10,400	23,400	36,400	52,000
1912 Model G, 4-cyl., 25 hp, 103" wb						
Tr.	2,120	6,360	10,600	23,850	37,100	53,000
1912 Model M, 6-cyl., 30 hp, 116" wb						
Tr.	2,680	8,040	13,400	30,150	46,900	67,000
Torp Phae	2,880	8,640	14,400	32,400	50,400	72,000
Rds	2,320	6,960	11,600	26,100	40,600	58,000
1912 Model K-6, 4-cyl., 18 hp, 100" wb						
Taxicab	2,360	7,080	11,800	26,550	41,300	59,000
1912 Model D, 6-cyl., 38 hp, 123" wb						
Tr.	2,480	7,440	12,400	27,900	43,400	62,000
Torp Phae	2,520	7,560	12,600	28,350	44,100	63,000
1912 Model H, 6-cyl., 38 hp, 126" wb						
Tr.	2,520	7,560	12,600	28,350	44,100	63,000
Limo	2,560	7,680	12,800	28,800	44,800	64,000
1913 Model G, 4-cyl., 18 hp, 100" wb						
2P Rbt	2,200	6,600	11,000	24,750	38,500	55,000
1913 Model G, 4-cyl., 25 hp, 103" wb						
5P Tr	2,200	6,600	11,000	24,750	38,500	55,000
1913 Model M, 6-cyl., 30 hp, 116" wb						
5P Little Six Tr	2,480	7,440	12,400	27,900	43,400	62,000
2P Little Six Vic	2,400	7,200	12,000	27,000	42,000	60,000
1913 Model D, 6-cyl., 38 hp, 123" wb						
5P Tr	2,320	6,960	11,600	26,100	40,600	58,000
4P Torp Phae	2,360	7,080	11,800	26,550	41,300	59,000
1913 Model H, 4-cyl., 38 hp, 126" wb						
7P Tr	2,360	7,080	11,800	26,550	41,300	59,000
7P Limo	2,280	6,840	11,400	25,650	39,900	57,000

1914 Model Six-30, 6-cyl., 31.6 hp, 120" wb

	6	5	4	3	2	1
5P Tr	2,480	7,440	12,400	27,900	43,400	62,000
Rds	2,560	7,680	12,800	28,800	44,800	64,000
Cpe	2,320	6,960	11,600	26,100	40,600	58,000
Sed	2,280	6,840	11,400	25,650	39,900	57,000
Limo	2,400	7,200	12,000	27,000	42,000	60,000
Berlin	2,480	7,440	12,400	27,900	43,400	62,000

1915 Model Six-30, 6-cyl., 31.6 hp, 120" wb

	6	5	4	3	2	1
2P Rds	2,600	7,800	13,000	29,250	45,500	65,000
5P Tr	2,560	7,680	12,800	28,800	44,800	64,000
Cpe	2,340	7,020	11,700	26,330	40,950	58,500
Sed	2,220	6,660	11,100	24,980	38,850	55,500
Berlin	2,400	7,200	12,000	27,000	42,000	60,000

1916 Model Six-30, 6-cyl., 31.6 hp, 120" wb

	6	5	4	3	2	1
5P Tr	2,000	6,000	10,000	22,500	35,000	50,000
3P Rds	2,040	6,120	10,200	22,950	35,700	51,000
5P Sed	1,720	5,160	8,600	19,350	30,100	43,000
4P Doctor's Car	1,780	5,340	8,900	20,030	31,150	44,500
7P Berlin	1,960	5,880	9,800	22,050	34,300	49,000

1917 Series 9, 6-cyl., 25.35 hp, 115" wb

	6	5	4	3	2	1
5P Tr	2,040	6,120	10,200	22,950	35,700	51,000
4P Rds	2,080	6,240	10,400	23,400	36,400	52,000
2P Rbt	1,880	5,640	9,400	21,150	32,900	47,000
7P Limo	1,840	5,520	9,200	20,700	32,200	46,000
5P Sed	1,720	5,160	8,600	19,350	30,100	43,000
7P Twn Car	1,920	5,760	9,600	21,600	33,600	48,000
4P Brgm	1,840	5,520	9,200	20,700	32,200	46,000
4P Cabr	2,040	6,120	10,200	22,950	35,700	51,000

1918 Series 9, 6-cyl., 25.35 hp, 115" wb

	6	5	4	3	2	1
5P Tr	2,040	6,120	10,200	22,950	35,700	51,000
2P Rds	2,080	6,240	10,400	23,400	36,400	52,000
4P Rds	2,080	6,240	10,400	23,400	36,400	52,000
Sed	1,640	4,920	8,200	18,450	28,700	41,000
Brgm	1,720	5,160	8,600	19,350	30,100	43,000
Limo	1,880	5,640	9,400	21,150	32,900	47,000
Twn Car	1,920	5,760	9,600	21,600	33,600	48,000
Cabr	2,040	6,120	10,200	22,950	35,700	51,000

1919 Series 9, 6-cyl., 25.35 hp, 115" wb

	6	5	4	3	2	1
5P Tr	2,040	6,120	10,200	22,950	35,700	51,000
Rbt	2,040	6,120	10,200	22,950	35,700	51,000
4P Rds	2,080	6,240	10,400	23,400	36,400	52,000
Brgm	1,720	5,160	8,600	19,350	30,100	43,000
Sed	1,640	4,920	8,200	18,450	28,700	41,000
Limo	1,920	5,760	9,600	21,600	33,600	48,000

1920 Model 9-B, 6-cyl., 25.3 hp, 115" wb

	6	5	4	3	2	1
5P Tr	2,080	6,240	10,400	23,400	36,400	52,000
4P Rds	2,080	6,240	10,400	23,400	36,400	52,000
2P Rds	1,960	5,880	9,800	22,050	34,300	49,000
5P Sed	1,600	4,800	8,000	18,000	28,000	40,000
4P Brgm	1,680	5,040	8,400	18,900	29,400	42,000

1921 Model 9-B, 6-cyl., 25 hp, 115" wb

	6	5	4	3	2	1
2P Rbt	2,000	6,000	10,000	22,500	35,000	50,000
4P Rds	2,000	6,000	10,000	22,500	35,000	50,000
5P Tr	2,000	6,000	10,000	22,500	35,000	50,000
2P Conv Rbt	2,080	6,240	10,400	23,400	36,400	52,000
5P Conv Tr	2,120	6,360	10,600	23,850	37,100	53,000
4P Brgm	1,680	5,040	8,400	18,000	29,400	42,000
5P Sed	1,640	4,920	8,200	18,450	28,700	41,000

1922 Model 9-B, 6-cyl., 25 hp, 115" wb

	6	5	4	3	2	1
2P Rds	2,000	6,000	10,000	22,500	35,000	50,000
5P Tr	1,960	5,880	9,800	22,050	34,300	49,000
2P Demi Cpe	1,720	5,160	8,600	19,350	30,100	43,000
5P Demi Cpe	1,720	5,160	8,600	19,350	30,100	43,000
4P Brgm	1,680	5,040	8,400	18,900	29,400	42,000
5P Sed	1,640	4,920	8,200	18,450	28,700	41,000
5P Limo	1,800	5,400	9,000	20,250	31,500	45,000

1923 Model 10, 6-cyl., 25 hp, 115" wb

	6	5	4	3	2	1
5P Tr	1,880	5,640	9,400	21,150	32,900	47,000
2P Rds	1,960	5,880	9,800	22,050	34,300	49,000
5P Demi Sed	1,680	5,040	8,400	18,900	29,400	42,000
4P Brgm	1,720	5,160	8,600	19,350	30,100	43,000
4P Cpe	1,760	5,280	8,800	19,800	30,800	44,000
5P Sed	1,720	5,160	8,600	19,350	30,100	43,000
5P Tr Limo	1,880	5,640	9,400	21,150	32,900	47,000

1924 Model 10-B, 6-cyl., 25 hp, 115" wb

	6	5	4	3	2	1
5P Tr	1,760	5,280	8,800	19,800	30,800	44,000
5P Demi Sed	1,560	4,680	7,800	17,550	27,300	39,000
4P Cpe	1,600	4,800	8,000	18,000	28,000	40,000
5P Brgm	1,600	4,800	8,000	18,000	28,000	40,000

	6	5	4	3	2	1
5P Sed	1,520	4,560	7,600	17,100	26,600	38,000
Tr Limo	1,760	5,280	8,800	19,800	30,800	44,000
1925 Model 10-C, 6-cyl., 32 hp, 115" wb						
5P Tr	1,740	5,220	8,700	19,580	30,450	43,500
5P Demi Sed	1,540	4,620	7,700	17,330	26,950	38,500
4P Cpe	1,580	4,740	7,900	17,780	27,650	39,500
4P Brgm	1,540	4,620	7,700	17,330	26,950	38,500
5P Sed	1,420	4,260	7,100	15,980	24,850	35,500
NOTE: Series II introduced spring of 1925.						
1926 Model 11-A, 6-cyl., 32 hp, 119" wb						
5P Sed	1,420	4,260	7,100	15,980	24,850	35,500
5P Spt Sed	1,600	4,800	8,000	18,000	28,000	40,000
4P Cpe	1,540	4,620	7,700	17,330	26,950	38,500
5P Encl Dr Limo	1,700	5,100	8,500	19,130	29,750	42,500
4P Cabr	1,740	5,220	8,700	19,580	30,450	43,500
5P Tr	1,820	5,460	9,100	20,480	31,850	45,500
2P Spt Rbt	1,780	5,340	8,900	20,030	31,150	44,500
5P Cpe Rumble	1,620	4,860	8,100	18,230	28,350	40,500
1927 Model 11-B, 6-cyl., 32 hp, 119" wb						
4P Vic	1,620	4,860	8,100	18,230	28,350	40,500
2P Spt Cpe	1,660	4,980	8,300	18,680	29,050	41,500
4P Tandem Spt	1,820	5,460	9,100	20,480	31,850	45,500
5P Sed	1,420	4,260	7,100	15,980	24,850	35,500
5P Spt Sed	1,580	4,740	7,900	17,780	27,650	39,500
3P Cpe	1,580	4,740	7,900	17,780	27,650	39,500
5P Encl Dr Limo	1,700	5,100	8,500	19,130	29,750	42,500
5P Cabr	2,100	6,300	10,500	23,630	36,750	52,500
5P Tr	2,060	6,180	10,300	23,180	36,050	51,500
2P Spt Rbt	2,100	6,300	10,500	23,630	36,750	52,500
5P Cpe Rumble	1,620	4,860	8,100	18,230	28,350	40,500
1928 Airman, 6-cyl., 46 hp, 119" wb						
3P Cpe	1,780	5,340	8,900	20,030	31,150	44,500
4P Vic	1,780	5,340	8,900	20,030	31,150	44,500
5P Sed	1,620	4,860	8,100	18,230	28,350	40,500
5P Oxford Sed	1,660	4,980	8,300	18,680	29,050	41,500
5P Spt Sed	1,660	4,980	8,300	18,680	29,050	41,500
3/5P Conv	2,420	7,260	12,100	27,230	42,350	60,500
1928 Airman, 6-cyl., 46 hp, 128" wb						
Spt Rbt	2,380	7,140	11,900	26,780	41,650	59,500
Spt Tr	2,340	7,020	11,700	26,330	40,950	58,500
7P Sed	1,700	5,100	8,500	19,130	29,750	42,500
Oxford Sed	1,740	5,220	8,700	19,580	30,450	43,500
7P Tr	2,140	6,420	10,700	24,080	37,450	53,500
7P Limo	1,780	5,340	8,900	20,030	31,150	44,500
1929 Model 130, 6-cyl., 46 hp, 120" wb						
3/5P Cpe	1,840	5,520	9,200	20,700	32,200	46,000
5P Sed	1,680	5,040	8,400	18,900	29,400	42,000
1929 Model 135, 6-cyl., 60 hp, 125" wb						
3P Cpe	1,840	5,520	9,200	20,700	32,200	46,000
5P Sed	1,880	5,640	9,400	21,150	32,900	47,000
3/5P Conv Cpe	2,400	7,200	12,000	27,000	42,000	60,000
4P Vic Brgm	1,960	5,880	9,800	22,050	34,300	49,000
5P Oxford Sed	2,100	6,300	10,500	23,630	36,750	52,500
5P Spt Sed	1,920	5,760	9,600	21,600	33,600	48,000
1929 Model 137, 6-cyl., 60 hp, 132" wb						
5P Spt Tr	4,600	13,800	23,000	51,750	80,500	115,000
4P Spt Rbt	4,000	12,000	20,000	45,000	70,000	100,000
7P Tr	4,400	13,200	22,000	49,500	77,000	110,000
7P Sed	2,240	6,720	11,200	25,200	39,200	56,000
7P Oxford Sed	2,320	6,960	11,600	26,100	40,600	58,000
7P Limo	2,360	7,080	11,800	26,550	41,300	59,000
1930 Model 145, 6-cyl., 87 hp, 125" wb						
Sed	1,520	4,560	7,600	17,100	26,600	38,000
Cpe	1,600	4,800	8,000	18,000	28,000	40,000
Clb Sed	1,600	4,800	8,000	18,000	28,000	40,000
DeL Sed	1,560	4,680	7,800	17,550	27,300	39,000
Vic Brgm	1,640	4,920	8,200	18,450	28,700	41,000
Conv Cpe	2,240	6,720	11,200	25,200	39,200	56,000
Tr Sed	1,600	4,800	8,000	18,000	28,000	40,000
Pursuit	2,040	6,120	10,200	22,950	35,700	51,000
1930 Model 147, 6-cyl., 87 hp, 132" wb						
Rds	2,680	8,040	13,400	30,150	46,900	67,000
Pirate Tr	2,760	8,280	13,800	31,050	48,300	69,000
Pirate Phae	2,840	8,520	14,200	31,950	49,700	71,000
5P Sed	1,480	4,440	7,400	16,650	25,900	37,000
7P Sed	1,520	4,560	7,600	17,100	26,600	38,000
Limo	1,640	4,920	8,200	18,450	28,700	41,000
Sed Limo	1,680	5,040	8,400	18,900	29,400	42,000
Spds	4,640	13,920	23,200	52,200	81,200	116,000

	6	5	4	3	2	1
Conv Spds	3,080	9,240	15,400	34,650	53,900	77,000
Deauville Sed	2,160	6,480	10,800	24,300	37,800	54,000
Twn Car	1,760	5,280	8,800	19,800	30,800	44,000
Cabr	2,760	8,280	13,800	31,050	48,300	69,000
Conv Sed	2,840	8,520	14,200	31,950	49,700	71,000
1931 Series 15, 6-cyl., 100 hp, 125" wb						
Pursuit	2,120	6,360	10,600	23,850	37,100	53,000
5P Sed	1,560	4,680	7,800	17,550	27,300	39,000
Cpe	1,680	5,040	8,400	18,900	29,400	42,000
Oxford Sed	1,580	4,740	7,900	17,780	27,650	39,500
Vic Brgm	1,640	4,920	8,200	18,450	28,700	41,000
Conv Cpe	2,280	6,840	11,400	25,650	39,900	57,000
Twn Sed	1,680	5,040	8,400	18,900	29,400	42,000
1931 Series 15, 6-cyl., 100 hp, 132" wb						
Rds	3,040	9,120	15,200	34,200	53,200	76,000
7P Sed	1,720	5,160	8,600	19,350	30,100	43,000
Spt Salon	1,760	5,280	8,800	19,800	30,800	44,000
Limo	1,840	5,520	9,200	20,700	32,200	46,000
1931 Series 15 DeLuxe, 6-cyl., 100 hp, 132" wb						
5P Tr	2,880	8,640	14,400	32,400	50,400	72,000
7P Tr	2,880	8,640	14,400	32,400	50,400	72,000
Spds	2,240	6,720	11,200	25,200	39,200	56,000
5P Sed	1,760	5,280	8,800	19,800	30,800	44,000
Clb Sed	1,800	5,400	9,000	20,250	31,500	45,000
Conv Cpe	3,000	9,000	15,000	33,750	52,500	75,000
Twn Sed	1,840	5,520	9,200	20,700	32,200	46,000
7P Sed	1,760	5,280	8,800	19,800	30,800	44,000
Limo	1,880	5,640	9,400	21,150	32,900	47,000
1932 Airman, 6-cyl., 100 hp, 132" wb						
Spds	2,880	8,640	14,400	32,400	50,400	72,000
5P Sed	1,680	5,040	8,400	18,900	29,400	42,000
Cpe	1,720	5,160	8,600	19,350	30,100	43,000
Clb Sed	1,700	5,100	8,500	19,130	29,750	42,500
Vic Brgm	1,720	5,160	8,600	19,350	30,100	43,000
Conv Cpe	2,720	8,160	13,600	30,600	47,600	68,000
7P Sed	1,720	5,160	8,600	19,350	30,100	43,000
Limo	1,760	5,280	8,800	19,800	30,800	44,000
Sed Oxford	1,680	5,040	8,400	18,900	29,400	42,000
1933 Olympic, 6-cyl., 100 hp, 118" wb						
5P Sed	1,320	3,960	6,600	14,850	23,100	33,000
4P Cpe	1,400	4,200	7,000	15,750	24,500	35,000
4P Conv Cpe	2,040	6,120	10,200	22,950	35,700	51,000
1933 Airman, 6-cyl., 100 hp, 132" wb						
4P Spds	1,480	4,440	7,400	16,650	25,900	37,000
5P Sed	1,440	4,320	7,200	16,200	25,200	36,000
5P Cpe	1,520	4,560	7,600	17,100	26,600	38,000
5P Clb Sed	1,480	4,440	7,400	16,650	25,900	37,000
5P Vic Brgm	1,520	4,560	7,600	17,100	26,600	38,000
7P Sed	1,400	4,200	7,000	15,750	24,500	35,000
6P Oxford Sed	1,440	4,320	7,200	16,200	25,200	36,000
7P Limo	1,400	4,440	7,400	16,650	25,900	37,000
1933 Twelve, V-12, 150 hp, 144" wb						
5P Sed	2,640	7,920	13,200	29,700	46,200	66,000
5P Clb Brgm	2,720	8,160	13,600	30,600	47,600	68,000
7P Sed	2,440	7,320	12,200	27,450	42,700	61,000
7P Limo	2,840	8,520	14,200	31,950	49,700	71,000
1934 Olympic, 6-cyl., 100 hp, 118" wb						
Sed	1,200	3,600	6,000	13,500	21,000	30,000
Cpe	1,280	3,840	6,400	14,400	22,400	32,000
Conv Cpe	2,120	6,360	10,600	23,850	37,100	53,000
1934 Airman, 6-cyl., 100 hp, 132" wb						
Sed	1,400	4,200	7,000	15,750	24,500	35,000
Clb Sed	1,440	4,320	7,200	16,200	25,200	36,000
Sed	1,420	4,260	7,100	15,980	24,850	35,500
Oxford Sed	1,460	4,380	7,300	16,430	25,550	36,500
Limo	1,640	4,920	8,200	18,450	28,700	41,000
1934 Twelve, V-12, 150 hp, 144" wb						
Sed	2,680	8,040	13,400	30,150	46,900	67,000
Clb Brgm	2,760	8,280	13,800	31,050	48,300	69,000
Sed	2,480	7,440	12,400	27,900	43,400	62,000
Limo	2,880	8,640	14,400	32,400	50,400	72,000

GARDNER

1920 Model G, 4-cyl., 35 hp, 112" wb						
5P Tr	960	2,880	4,800	10,800	16,800	24,000
3P Rds	1,080	3,240	5,400	12,150	18,900	27,000
5P Sed	680	2,040	3,400	7,650	11,900	17,000
1921 Model G, 4-cyl., 35 hp, 112" wb						
3P Rds	760	2,280	3,800	8,550	13,300	19,000

	6	5	4	3	2	1
5P Tr	960	2,880	4,800	10,800	16,800	24,000
5P Sed	680	2,040	3,400	7,650	11,900	17,000
1922 Four, 35 hp, 112" wb						
3P Rds	1,080	3,240	5,400	12,150	18,900	27,000
5P Tr	960	2,880	4,800	10,800	16,800	24,000
5P Sed	680	2,040	3,400	7,650	11,900	17,000
1923 Model 5, 4-cyl., 43 hp, 112" wb						
5P Tr	960	2,880	4,800	10,800	16,800	24,000
2P Rds	1,080	3,240	5,400	12,150	18,900	27,000
2P Cpe	840	2,520	4,200	9,450	14,700	21,000
5P Sed	680	2,040	3,400	7,650	11,900	17,000
1924 Model 5, 4-cyl., 43 hp, 112" wb						
3P Rds	1,080	3,240	5,400	12,150	18,900	27,000
5P Tr	960	2,880	4,800	10,800	16,800	24,000
5P Spt Tr	1,000	3,000	5,000	11,250	17,500	25,000
3P Cpe	840	2,520	4,200	9,450	14,700	21,000
5P Brgm	720	2,160	3,600	8,100	12,600	18,000
5P Sed	680	2,040	3,400	7,650	11,900	17,000
1925 Model 5, 4-cyl., 44 hp, 112" wb						
5P Tr	960	2,880	4,800	10,800	16,800	24,000
3P Rds	1,080	3,240	5,400	12,150	18,900	27,000
5P Std Tr	1,000	3,000	5,000	11,250	17,500	25,000
5P DeL Tr	1,040	3,120	5,200	11,700	18,200	26,000
5P Sed	680	2,040	3,400	7,650	11,900	17,000
4P Cpe	840	2,520	4,200	9,450	14,700	21,000
5P Radio Sed	800	2,400	4,000	9,000	14,000	20,000
1925 Six, 57 hp, 117" wb						
5P Tr	1,000	3,000	5,000	11,250	17,500	25,000
1925 Line 8, 8-cyl., 65 hp, 125" wb						
5P Tr	1,040	3,120	5,200	11,700	18,200	26,000
5P Brgm	760	2,280	3,800	8,550	13,300	19,000
1926 Six, 57 hp, 117" wb						
5P Tr	1,120	3,360	5,600	12,600	19,600	28,000
4P Rds	1,280	3,840	6,400	14,400	22,400	32,000
4P Cabr	1,080	3,240	5,400	12,150	18,900	27,000
5P 4d Brgm	800	2,400	4,000	9,000	14,000	20,000
5P Sed	720	2,160	3,600	8,100	12,600	18,000
DeL Sed	760	2,280	3,800	8,550	13,300	19,000
1926 Line 8, 65 hp, 125" wb						
5P Tr	1,520	4,560	7,600	17,100	26,600	38,000
4P Rds	1,680	5,040	8,400	18,900	29,400	42,000
4P Cabr	1,480	4,440	7,400	16,650	25,900	37,000
5P 4d Brgm	1,120	3,360	5,600	12,600	19,600	28,000
5P Sed	1,040	3,120	5,200	11,700	18,200	26,000
5P DeL Sed	1,080	3,240	5,400	12,150	18,900	27,000
1927 Model 6-B, 6-cyl., 55 hp, 117" wb						
5P Tr	1,120	3,360	5,600	12,600	19,600	28,000
4P Rds	1,280	3,840	6,400	14,400	22,400	32,000
4P Cabr	1,160	3,480	5,800	13,050	20,300	29,000
5P 4d Brgm	800	2,400	4,000	9,000	14,000	20,000
5P Sed	720	2,160	3,600	8,100	12,600	18,000
1927 Model 8-80, 8-cyl., 70 hp, 122" wb						
4P Rds	1,600	4,800	8,000	18,000	28,000	40,000
5P Sed	1,040	3,120	5,200	11,700	18,200	26,000
Vic Cpe	1,160	3,480	5,800	13,050	20,300	29,000
1927 Model 8-90, 8-cyl., 84 hp, 130" wb						
4P Rds	1,680	5,040	8,400	18,900	29,400	42,000
5P Sed	760	2,280	3,800	8,550	13,300	19,000
5P Brgm	840	2,520	4,200	9,450	14,700	21,000
5P Vic	840	2,520	4,200	9,450	14,700	21,000
1928 Model 8-75, 8-cyl., 65 hp, 122" wb						
4P Rds	1,640	4,920	8,200	18,450	28,700	41,000
Vic	1,160	3,480	5,800	13,050	20,300	29,000
Cpe	1,120	3,360	5,600	12,600	19,600	28,000
5P Clb Sed	1,080	3,240	5,400	12,150	18,900	27,000
5P Sed	1,000	3,000	5,000	11,250	17,500	25,000
1928 Model 8-85, 8-cyl., 74 hp, 125" wb						
4P Rds	1,680	5,040	8,400	18,900	29,400	42,000
5P Brgm	1,160	3,480	5,800	13,050	20,300	29,000
5P Sed	1,040	3,120	5,200	11,700	18,200	26,000
4P Cus Cpe	1,200	3,600	6,000	13,500	21,000	30,000
1928 Model 8-95, 8-cyl., 115 hp, 130" wb						
4P Rds	1,800	5,400	9,000	20,250	31,500	45,000
5P Brgm	1,200	3,600	6,000	13,500	21,000	30,000
5P Sed	1,080	3,240	5,400	12,150	18,900	27,000
4P Cus Cpe	1,240	3,720	6,200	13,950	21,700	31,000
1929-30 Model 120, 8-cyl., 65 hp, 122" wb						
4P Rds	1,680	5,040	8,400	18,900	29,400	42,000
5P Spt Sed	1,200	3,600	6,000	13,500	21,000	30,000

GARDNER

	6	5	4	3	2	1
4P Cpe	1,240	3,720	6,200	13,950	21,700	31,000
5P Sed	1,040	3,120	5,200	11,700	18,200	26,000
1929-30 Model 125, 8-cyl., 85 hp, 125" wb						
4P Rds	1,800	5,400	9,000	20,250	31,500	45,000
4P Cabr	1,520	4,560	7,600	17,100	26,600	38,000
5P Brgm	1,160	3,480	5,800	13,050	20,300	29,000
5P Sed	1,080	3,240	5,400	12,150	18,900	27,000
4P Vic	1,120	3,360	5,600	12,600	19,600	28,000
Cpe	1,240	3,720	6,200	13,950	21,700	31,000
1929-30 Model 130, 8-cyl., 115 hp, 130" wb						
4P Rds	1,840	5,520	9,200	20,700	32,200	46,000
4P Cpe	1,280	3,840	6,400	14,400	22,400	32,000
5P Brgm	1,240	3,720	6,200	13,950	21,700	31,000
5P Sed	1,160	3,480	5,800	13,050	20,300	29,000
5P Vic	1,280	3,840	6,400	14,400	22,400	32,000
1930 Model 136, 6-cyl., 70 hp, 122" wb						
Rds	1,720	5,160	8,600	19,350	30,100	43,000
5P Spt Phae	1,640	4,920	8,200	18,450	28,700	41,000
7P Spt Phae	1,680	5,040	8,400	18,900	29,400	42,000
Spt Sed	1,160	3,480	5,800	13,050	20,300	29,000
Cpe	1,280	3,840	6,400	14,400	22,400	32,000
Brgm	1,160	3,480	5,800	13,050	20,300	29,000
5P Sed	1,040	3,120	5,200	11,700	18,200	26,000
7P Sed	1,080	3,240	5,400	12,150	18,900	27,000
1930 Model 140, 8-cyl., 90 hp, 125" wb						
Rds	1,800	5,400	9,000	20,250	31,500	45,000
5P Spt Phae	1,680	5,040	8,400	18,900	29,400	42,000
7P Spt Phae	1,720	5,160	8,600	19,350	30,100	43,000
Spt Sed	1,240	3,720	6,200	13,950	21,700	31,000
Cpe	1,320	3,960	6,600	14,850	23,100	33,000
Brgm	1,200	3,600	6,000	13,500	21,000	30,000
5P Sed	1,080	3,240	5,400	12,150	18,900	27,000
7P Sed	1,120	3,360	5,600	12,600	19,600	28,000
1930 Model 150, 8-cyl., 126 hp, 130" wb						
Rds	1,880	5,640	9,400	21,150	32,900	47,000
5P Spt Phae	1,800	5,400	9,000	20,250	31,500	45,000
7P Spt Phae	1,840	5,520	9,200	20,700	32,200	46,000
Spt Sed	1,280	3,840	6,400	14,400	22,400	32,000
Cpe	1,360	4,080	6,800	15,300	23,800	34,000
Brgm	1,240	3,720	6,200	13,950	21,700	31,000
5P Sed	1,120	3,360	5,600	12,600	19,600	28,000
7P Sed	1,160	3,480	5,800	13,050	20,300	29,000
1931 Model 136, 6-cyl., 70 hp, 122" wb						
Rds	1,760	5,280	8,800	19,800	30,800	44,000
Spt Sed	1,240	3,720	6,200	13,950	21,700	31,000
Cpe	1,280	3,840	6,400	14,400	22,400	32,000
Sed	1,120	3,360	5,600	12,600	19,600	28,000
1931 Model 148, 6-cyl., 100 hp, 125" wb						
Rds	1,800	5,400	9,000	20,250	31,500	45,000
Phae	1,760	5,280	8,800	19,800	30,800	44,000
Spt Sed	1,320	3,960	6,600	14,850	23,100	33,000
Cpe	1,360	4,080	6,800	15,300	23,800	34,000
Brgm	1,320	3,960	6,600	14,850	23,100	33,000
Sed	1,160	3,480	5,800	13,050	20,300	29,000
1931 Model 158, 8-cyl., 130 hp, 130" wb						
Rds	1,840	5,520	9,200	20,700	32,200	46,000
Cpo	1,400	4,200	7,000	15,750	24,500	35,000
Brgm	1,360	4,080	6,800	15,300	23,800	34,000
Sed	1,280	3,840	6,400	14,400	22,400	32,000

GRAHAM-PAIGE

	6	5	4	3	2	1
1928 Model 610, 6-cyl., 111" wb						
Cpe	580	1,740	2,900	6,530	10,150	14,500
4d Sed	510	1,540	2,560	5,760	8,960	12,800
1928 Model 614, 6-cyl., 114" wb						
Cpe	600	1,800	3,000	6,750	10,500	15,000
4d Sed	520	1,560	2,600	5,850	9,100	13,000
1928 Model 619, 6-cyl., 119" wb						
Cpe	620	1,860	3,100	6,980	10,850	15,500
4d Sed	560	1,680	2,800	6,300	9,800	14,000
DeL Cpe	640	1,920	3,200	7,200	11,200	16,000
DeL 4d Sed	500	1,500	2,500	5,630	8,750	12,500
1928 Model 629, 6-cyl., 129" wb						
2P Cpe	640	1,920	3,200	7,200	11,200	16,000
5P Cpe	660	1,980	3,300	7,430	11,550	16,500
Cabr	1,040	3,120	5,200	11,700	18,200	26,000
5P 4d Sed	600	1,810	3,020	6,800	10,570	15,100
4d Twn Sed	570	1,700	2,840	6,390	9,940	14,200
7P 4d Sed	610	1,840	3,060	6,890	10,710	15,300

GRAHAM-PAIGE

		6	5	4	3	2	1
1928 Model 835, 8-cyl., 137" wb							
Cpe 2P	660	1,980	3,300	7,430	11,550	16,500
Cpe 5P	680	2,040	3,400	7,650	11,900	17,000
Cabr	1,120	3,360	5,600	12,600	19,600	28,000
5P 4d Sed	650	1,960	3,260	7,340	11,410	16,300
7P 4d Sed	660	1,970	3,280	7,380	11,480	16,400
4d Twn Sed	650	1,960	3,260	7,340	11,410	16,300
Limo	670	2,000	3,340	7,520	11,690	16,700
1929 Model 612, 6-cyl., 112" wb							
Rds	1,180	3,540	5,900	13,280	20,650	29,500
Tr	1,200	3,600	6,000	13,500	21,000	30,000
Cpe	600	1,800	3,000	6,750	10,500	15,000
Cabr	1,080	3,240	5,400	12,150	18,900	27,000
2d Sed	560	1,680	2,800	6,300	9,800	14,000
4d Sed	560	1,690	2,820	6,350	9,870	14,100
1929 Model 615, 6-cyl., 115" wb							
Rds	1,200	3,600	6,000	13,500	21,000	30,000
Tour	1,220	3,660	6,100	13,730	21,350	30,500
Cpe	640	1,920	3,200	7,200	11,200	16,000
Cabr	1,120	3,360	5,600	12,600	19,600	28,000
2d Sed	580	1,740	2,900	6,530	10,150	14,500
4d Sed	580	1,750	2,920	6,570	10,220	14,600
1929 Model 621, 6-cyl., 121" wb							
Rds	1,220	3,660	6,100	13,730	21,350	30,500
Tr	1,240	3,720	6,200	13,950	21,700	31,000
Cpe	620	1,860	3,100	6,980	10,850	15,500
Cabr	1,140	3,420	5,700	12,830	19,950	28,500
4d Sed	590	1,780	2,960	6,660	10,360	14,800
1929 Model 827, 8-cyl., 127" wb							
Rds	1,400	4,200	7,000	15,750	24,500	35,000
Tr	1,440	4,320	7,200	16,200	25,200	36,000
Cpe	720	2,160	3,600	8,100	12,600	18,000
Cabr	1,320	3,960	6,600	14,850	23,100	33,000
4d Sed	640	1,920	3,200	7,200	11,200	16,000
1929 Model 837, 8-cyl., 137" wb							
Tr	1,600	4,800	8,000	18,000	28,000	40,000
Cpe	880	2,640	4,400	9,900	15,400	22,000
5P 4d Sed	800	2,400	4,000	9,000	14,000	20,000
7P 4d Sed	840	2,520	4,200	9,450	14,700	21,000
4d Twn Sed	880	2,640	4,400	9,900	15,400	22,000
Limo	960	2,880	4,800	10,800	16,800	24,000
LeB Limo	1,040	3,120	5,200	11,700	18,200	26,000
LeB Twn Car	1,080	3,240	5,400	12,150	18,900	27,000

GRAHAM

		6	5	4	3	2	1
1930 Standard, 6-cyl., 115" wb							
Rds	1,980	5,940	9,900	22,280	34,650	49,500
Phae	1,940	5,820	9,700	21,830	33,950	48,500
Cabr	1,820	5,460	9,100	20,480	31,850	45,500
Cpe	1,020	3,060	5,100	11,480	17,850	25,500
DeL Cpe	1,080	3,240	5,400	12,150	18,900	27,000
2d Sed	960	2,880	4,800	10,800	16,800	24,000
4d Sed	1,000	3,000	5,000	11,250	17,500	25,000
4d DeL Sed	1,040	3,120	5,200	11,700	18,200	26,000
4d Twn Sed	1,080	3,240	5,400	12,150	18,900	27,000
DeL Twn Sed	1,120	3,360	5,600	12,600	19,600	28,000
1930 Special, 6-cyl., 115" wb							
Cpe	1,160	3,480	5,800	13,050	20,300	29,000
R/S Cpe	1,200	3,600	6,000	13,500	21,000	30,000
4d Sed	1,080	3,240	5,400	12,150	18,900	27,000
1930 Standard, 8-cyl., 122" and *134" wb							
Cpe	1,680	5,040	8,400	18,900	29,400	42,000
4d Sed	1,640	4,920	8,200	18,450	28,700	41,000
Conv Sed	2,060	6,180	10,300	23,180	36,050	51,500
*7P 4d Sed	1,560	4,680	7,800	17,550	27,300	39,000
1930 Special, 8-cyl., 122" and *134" wb							
Cpe	1,720	5,160	8,600	19,350	30,100	43,000
4d Sed	1,700	5,100	8,500	19,130	29,750	42,500
Conv Sed	2,200	6,600	11,000	24,750	38,500	55,000
*7P 4d Sed	1,600	4,800	8,000	18,000	28,000	40,000
1930 Custom, 8-cyl., 127" wb							
Rds	2,100	6,300	10,500	23,630	36,750	52,500
Phae	2,060	6,180	10,300	23,180	36,050	51,500
Cpe	1,760	5,280	8,800	19,800	30,800	44,000
Cabr	1,980	5,940	9,900	22,280	34,650	49,500
4d Sed	1,720	5,160	8,600	19,350	30,100	43,000
1930 Custom, 8-cyl., 137" wb							
Phae	2,180	6,540	10,900	24,530	38,150	54,500
5P 4d Sed	1,260	3,780	6,300	14,180	22,050	31,500

	6	5	4	3	2	1

	6	5	4	3	2	1
4d Twn Sed	1,800	5,400	9,000	20,250	31,500	45,000
7P 4d Sed	1,840	5,520	9,200	20,700	32,200	46,000
Limo	1,880	5,640	9,400	21,150	32,900	47,000
LeB Limo	1,960	5,880	9,800	22,050	34,300	49,000
LeB Twn Car	2,040	6,120	10,200	22,950	35,700	51,000
1931 Standard, 6-cyl., 115" wb						
Rds	1,920	5,760	9,600	21,600	33,600	48,000
Phae	1,880	5,640	9,400	21,150	32,900	47,000
Bus Cpe	1,060	3,180	5,300	11,930	18,550	26,500
Cpe	1,080	3,240	5,400	12,150	18,900	27,000
Spt Cpe	1,100	3,300	5,500	12,380	19,250	27,500
2d Sed	990	2,980	4,960	11,160	17,360	24,800
4d Twn Sed	1,000	2,990	4,980	11,210	17,430	24,900
4d Univ Sed	1,000	3,000	5,000	11,250	17,500	25,000
4d DeL Sed	1,010	3,020	5,040	11,340	17,640	25,200
4d DeL Twn Sed	1,020	3,060	5,100	11,480	17,850	25,500
1931 Special, 6-cyl., 115" wb						
Bus Cpe	1,080	3,250	5,420	12,200	18,970	27,100
Cpe	1,120	3,360	5,600	12,600	19,600	28,000
4d Sed	1,060	3,170	5,280	11,880	18,480	26,400
1931 Model 621, 6-cyl., 121" wb						
Rds	1,780	5,340	8,900	20,030	31,150	44,500
Phae	1,820	5,460	9,100	20,480	31,850	45,500
Vic	1,120	3,360	5,600	12,600	19,600	28,000
Cpe	1,160	3,480	5,800	13,050	20,300	29,000
4d Sed	1,100	3,300	5,500	12,380	19,250	27,500
1931 Standard, 8-cyl., 122" and *134" wb						
Cpe	1,180	3,540	5,900	13,280	20,650	29,500
4d Sed	1,120	3,360	5,600	12,600	19,600	28,000
Conv Sed	1,880	5,640	9,400	21,150	32,900	47,000
7P 4d Sed	1,140	3,420	5,700	12,830	19,950	28,500
5P 4d Sed	1,120	3,360	5,600	12,600	19,600	28,000
*Limo	1,180	3,540	5,900	13,280	20,650	29,500
1931 Special 822, 8-cyl., 122" and *134" wb						
Cpe	1,240	3,720	6,200	13,950	21,700	31,000
4d Sed	1,160	3,480	5,800	13,050	20,300	29,000
Conv Sed	1,940	5,820	9,700	21,830	33,950	48,500
7P 4d Sed	1,240	3,720	6,200	13,950	21,700	31,000
5P 4d Sed	1,200	3,600	6,000	13,500	21,000	30,000
*Limo	1,280	3,840	6,400	14,400	22,400	32,000
1931 Custom, 8-cyl., 127" wb						
Rds	2,080	6,240	10,400	23,400	36,400	52,000
Phae	2,040	6,120	10,200	22,950	35,700	51,000
Vic	1,220	3,660	6,100	13,730	21,350	30,500
Cabr	2,080	6,240	10,400	23,400	36,400	52,000
4d Sed	1,200	3,600	6,000	13,500	21,000	30,000
1931 Custom, 8-cyl., 137" wb						
7P Phae	2,600	7,800	13,000	29,250	45,500	65,000
4d Sed	1,260	3,780	6,300	14,180	22,050	31,500
LeB Limo	1,460	4,380	7,300	16,430	25,550	36,500
1931 Prosperity, 6-cyl., 113" wb						
Cpe	1,060	3,180	5,300	11,930	18,550	26,500
Cpe 2-4	1,100	3,300	5,500	12,380	19,250	27,500
4d Sed	990	2,980	4,960	11,160	17,360	24,800
4d Twn Sed	1,000	3,000	5,000	11,250	17,500	25,000
1931 Special 820, 8-cyl., 120" wb						
Bus Cpe	1,160	3,480	5,800	13,050	20,300	29,000
Cpe 2-4	1,180	3,540	5,900	13,280	20,650	29,500
4d Spt Sed	1,120	3,360	5,600	12,600	19,600	28,000
4d Sed	1,100	3,300	5,500	12,380	19,250	27,500
1931 Custom 834, 8-cyl., 134" wb						
4d Sed	1,580	4,740	7,900	17,780	27,650	39,500
7P 4d Sed	1,620	4,860	8,100	18,230	28,350	40,500
Limo	1,740	5,220	8,700	19,580	30,450	43,500
1932 Prosperity, 6-cyl., 113" wb						
Cpe	1,140	3,420	5,700	12,830	19,950	28,500
Cpe 2-4	1,180	3,540	5,900	13,280	20,650	29,500
4d Sed	1,030	3,100	5,160	11,610	18,060	25,800
4d Twn Sed	1,040	3,120	5,200	11,700	18,200	26,000
1932 Graham, 6-cyl., 113" wb						
Bus Cpe	1,180	3,540	5,900	13,280	20,650	29,500
Cpe 2-4	1,220	3,660	6,100	13,730	21,350	30,500
Cabr	1,560	4,680	7,800	17,550	27,300	39,000
4d Sed	1,060	3,180	5,300	11,930	18,550	26,500
1932 Standard, 6-cyl., 115" wb						
Rds	1,600	4,800	8,000	18,000	28,000	40,000
Bus Cpe	1,200	3,600	6,000	13,500	21,000	30,000
Cpe 2-4	1,240	3,720	6,200	13,950	21,700	31,000
4d Sed	1,080	3,240	5,400	12,150	18,900	27,000

	6	5	4	3	2	1
4d Twn Sed.	1,100	3,300	5,500	12,380	19,250	27,500
1932 Special, 6-cyl., 115" wb						
Rds.	1,640	4,920	8,200	18,450	28,700	41,000
Bus Cpe	1,240	3,720	6,200	13,950	21,700	31,000
Cpe 2-4.	1,260	3,780	6,300	14,180	22,050	31,500
4d Sed	1,060	3,180	5,300	11,930	18,550	26,500
4d Twn Sed.	1,140	3,420	5,700	12,830	19,950	28,500
1932 Model 57, 8-cyl., 123" wb						
Cpe.	1,260	3,780	6,300	14,180	22,050	31,500
Cpe 2-4.	1,280	3,840	6,400	14,400	22,400	32,000
4d Sed	1,160	3,480	5,800	13,050	20,300	29,000
DeL Cpe	1,300	3,900	6,500	14,630	22,750	32,500
DeL Cpe 2-4.	1,340	4,020	6,700	15,080	23,450	33,500
Conv Cpe	1,920	5,760	9,600	21,600	33,600	48,000
4d DeL Sed.	1,180	3,540	5,900	13,280	20,650	29,500
1932 Special 820, 8-cyl., 120" wb						
Bus Cpe	1,320	3,960	6,600	14,850	23,100	33,000
Cpe 2-4.	1,360	4,080	6,800	15,300	23,800	34,000
4d Spt Sed	1,200	3,600	6,000	13,500	21,000	30,000
4d Sed	1,190	3,560	5,940	13,370	20,790	29,700
1932 Special 822, 8-cyl., 122" wb						
4d Sed	1,220	3,660	6,100	13,730	21,350	30,500
Conv Sed	2,120	6,360	10,600	23,850	37,100	53,000
1932 Custom 834, 8-cyl., 134" wb						
4d Sed	1,380	4,140	6,900	15,530	24,150	34,500
7P 4d Sed.	1,420	4,260	7,100	15,980	24,850	35,500
Limo	1,540	4,620	7,700	17,330	26,950	38,500
1933 Graham, 6-cyl., 113" wb						
4d Sed	1,040	3,130	5,220	11,750	18,270	26,100
4d Twn Sed.	1,050	3,160	5,260	11,840	18,410	26,300
1933 Model 65, 6-cyl., 113" wb						
Bus Cpe	1,080	3,240	5,400	12,150	18,900	27,000
Cpe 2-4.	1,100	3,300	5,500	12,380	19,250	27,500
Conv Cpe	2,000	6,000	10,000	22,500	35,000	50,000
4d Sed	1,060	3,170	5,280	11,880	18,480	26,400
1933 Graham, 6-cyl., 118" wb						
Bus Cpe	1,100	3,300	5,500	12,380	19,250	27,500
Cpe 2-4.	1,120	3,360	5,600	12,600	19,600	28,000
Cabr	1,680	5,040	8,400	18,900	29,400	42,000
4d Sed	1,060	3,180	5,300	11,930	18,550	26,500
1933 Model 64, 8-cyl., 119" wb						
Bus Cpe	1,240	3,720	6,200	13,950	21,700	31,000
Cpe 2-4.	1,260	3,780	6,300	14,180	22,050	31,500
Conv Cpe	2,160	6,480	10,800	24,300	37,800	54,000
4d Sed	1,190	3,560	5,940	13,370	20,790	29,700
1933 Model 57A, 8-cyl., 123" wb						
Cpe.	1,260	3,780	6,300	14,180	22,050	31,500
Cpe 2-4.	1,280	3,840	6,400	14,400	22,400	32,000
4d Sed	1,200	3,590	5,980	13,460	20,930	29,900
DeL Cpe	1,300	3,900	6,500	14,630	22,750	32,500
DeL Cpe 2-4.	1,320	3,960	6,600	14,850	23,100	33,000
DeL Conv Cpe	1,920	5,760	9,600	21,600	33,600	48,000
4d DeL Sed.	1,210	3,620	6,040	13,590	21,140	30,200
1933 Custom 57A, 8-cyl., 123" wb						
Cpe.	1,200	3,600	6,000	13,500	21,000	30,000
Cpe 2-4.	1,220	3,660	6,100	13,730	21,350	30,500
4d Sed	1,100	3,300	5,500	12,380	19,250	27,500
1934 Model 65, 6-cyl., 113" wb						
Cpe.	1,100	3,300	5,500	12,380	19,250	27,500
Cpe 2-4.	1,120	3,360	5,600	12,600	19,600	28,000
Conv Cpe	1,640	4,920	8,200	18,450	28,700	41,000
4d Sed	1,020	3,050	5,080	11,430	17,780	25,400
1934 Model 64, 6-cyl., 119" wb						
Cpe.	1,100	3,300	5,500	12,380	19,250	27,500
Cpe 2-4.	1,120	3,360	5,600	12,600	19,600	28,000
Conv Cpe	1,680	5,040	8,400	18,900	29,400	42,000
4d Sed	1,020	3,060	5,100	11,480	17,850	25,500
1934 Model 68, 6-cyl., 116" wb						
Bus Cpe	1,120	3,360	5,600	12,600	19,600	28,000
Cpe 2-4.	1,140	3,420	5,700	12,830	19,950	28,500
Conv Cpe	1,760	5,280	8,800	19,800	30,800	44,000
4d Sed	1,020	3,070	5,120	11,520	17,920	25,600
4d Sed Trunk.	1,030	3,080	5,140	11,570	17,990	25,700
1934 Model 67, 8-cyl., 123" wb						
Bus Cpe	1,140	3,420	5,700	12,830	19,950	28,500
Cpe 2-4.	1,160	3,480	5,800	13,050	20,300	29,000
Conv Cpe	1,800	5,400	9,000	20,250	31,500	45,000
4d Sed	960	2,880	4,800	10,800	16,800	24,000
4d Sed Trunk.	1,050	3,140	5,240	11,790	18,340	26,200

	6	5	4	3	2	1
1934 Model 69, 8-cyl., 123" wb						
Bus Cpe	1,160	3,480	5,800	13,050	20,300	29,000
Cpe 2-4	1,180	3,540	5,900	13,280	20,650	29,500
Conv Cpe	1,800	5,400	9,000	20,250	31,500	45,000
4d Sed	1,050	3,140	5,240	11,790	18,340	26,200
4d Sed Trunk	1,060	3,170	5,280	11,880	18,480	26,400
1934 Custom 8-71, 8-cyl., 138" wb						
7P 4d Sed	1,220	3,660	6,100	13,730	21,350	30,500
7P 4d Sed Trunk	1,240	3,720	6,200	13,950	21,700	31,000
1935 Model 74, 6-cyl., 111" wb						
2d Sed	1,000	3,000	5,000	11,250	17,500	25,000
4d Sed	1,000	3,010	5,020	11,300	17,570	25,100
2d DeL Sed	1,000	3,010	5,020	11,300	17,570	25,100
4d DeL Sed	1,010	3,020	5,040	11,340	17,640	25,200
1935 Model 68, 6-cyl., 116" wb						
Bus Cpe	1,090	3,280	5,460	12,290	19,110	27,300
Cpe 3-5	1,110	3,340	5,560	12,510	19,460	27,800
Conv Cpe	1,680	5,040	8,400	18,900	29,400	42,000
4d Sed	1,010	3,020	5,040	11,340	17,640	25,200
4d Sed Trunk	1,010	3,040	5,060	11,390	17,710	25,300
1935 Model 67, 8-cyl., 123" wb						
Cpe	1,110	3,340	5,560	12,510	19,460	27,800
Cpe 3-5	1,130	3,400	5,660	12,740	19,810	28,300
Conv Cpe	1,720	5,160	8,600	19,350	30,100	43,000
4d Sed	1,020	3,060	5,100	11,480	17,850	25,500
4d Sed Trunk	1,020	3,070	5,120	11,520	17,920	25,600
1935 Model 72, 8-cyl., 123" wb						
Cpe	1,170	3,520	5,860	13,190	20,510	29,300
Cpe 2-4	1,190	3,580	5,960	13,410	20,860	29,800
Conv Cpe	1,820	5,460	9,100	20,480	31,850	45,500
4d Sed	1,080	3,250	5,420	12,200	18,970	27,100
1935 Custom Model 69, Supercharged, 8-cyl., 123" wb						
Cpe	1,510	4,540	7,560	17,010	26,460	37,800
Cpe 3-5	1,530	4,600	7,660	17,240	26,810	38,300
Conv Cpe	2,080	6,240	10,400	23,400	36,400	52,000
4d Sed	1,450	4,360	7,260	16,340	25,410	36,300
4d Sed Trunk	1,460	4,380	7,300	16,430	25,550	36,500
1935 Model 75, Supercharged, 8-cyl., 123" wb						
Cpe	1,550	4,660	7,760	17,460	27,160	38,800
Cpe 2-4	1,590	4,780	7,960	17,910	27,860	39,800
Conv Cpe	2,100	6,300	10,500	23,630	36,750	52,500
4d Sed	1,350	4,060	6,760	15,210	23,660	33,800
1936 Crusader Model 80, 6-cyl., 111" wb						
2d Sed	800	2,390	3,980	8,960	13,930	19,900
2d Sed Trunk	800	2,400	4,000	9,000	14,000	20,000
4d Sed	800	2,400	4,000	9,000	14,000	20,000
4d Sed Trunk	800	2,410	4,020	9,050	14,070	20,100
1936 Cavaller Model 90, 6-cyl., 115" wb						
Bus Cpe	840	2,530	4,220	9,500	14,770	21,100
Cpe 2-4	850	2,560	4,260	9,590	14,910	21,300
2d Sed	800	2,400	4,000	9,000	14,000	20,000
2d Sed Trunk	800	2,410	4,020	9,050	14,070	20,100
4d Sed	800	2,400	4,000	9,000	14,000	20,000
4d Sed Trunk	810	2,420	4,040	9,090	14,140	20,200
1936 Model 110, Supercharged, 6-cyl., 115" wb						
Cpe	1,370	4,100	6,840	15,390	23,940	34,200
Cpe 2-4	1,300	4,160	6,940	15,620	24,290	34,700
2d Sed	1,310	3,920	6,540	14,720	22,890	32,700
2d Sed Trunk	1,310	3,940	6,560	14,760	22,960	32,800
4d Sed	1,310	3,920	6,540	14,720	22,890	32,700
4d Sed Trunk	1,310	3,940	6,560	14,760	22,960	32,800
4d Cus Sed	1,330	3,980	6,640	14,940	23,240	33,200
1937 Crusader, 6-cyl., 111" wb						
2d Sed	1,190	3,580	5,960	13,410	20,860	29,800
2d Sed Trunk	1,210	3,640	6,060	13,640	21,210	30,300
4d Sed	1,190	3,580	5,960	13,410	20,860	29,800
4d Sed Trunk	1,210	3,640	6,060	13,640	21,210	30,300
1937 Cavalier, 6-cyl., 116" wb						
Bus Cpe	1,310	3,940	6,560	14,760	22,960	32,800
Cpe 3-5	1,350	4,060	6,760	15,210	23,660	33,800
Conv Cpe	2,160	6,480	10,800	24,300	37,800	54,000
2d Sed	1,190	3,580	5,960	13,410	20,860	29,800
2d Sed Trunk	1,210	3,640	6,060	13,640	21,210	30,300
4d Sed	1,190	3,580	5,960	13,410	20,860	29,800
4d Sed Trunk	1,210	3,640	6,060	13,640	21,210	30,300
1937 Series 116, Supercharged, 6-cyl., 116" wb						
Bus Cpe	1,890	5,660	9,440	21,240	33,040	47,200
Cpe 3-5	1,890	5,660	9,440	21,240	33,040	47,200
Conv Cpe	2,450	7,340	12,240	27,540	42,840	61,200

GRAHAM

	6	5	4	3	2	1
2d Sed	1,850	5,540	9,240	20,790	32,340	46,200
2d Sed Trunk	1,850	5,540	9,240	20,790	32,340	46,200
4d Sed	1,830	5,480	9,140	20,570	31,990	45,700
4d Sed Trunk	1,870	5,600	9,340	21,020	32,690	46,700
1937 Series 120, Custom Supercharged, 6-cyl., 116" and 120" wb						
Bus Cpe	1,850	5,540	9,240	20,790	32,340	46,200
Cpe 3-5	1,850	5,540	9,240	20,790	32,340	46,200
Conv Cpe	2,490	7,460	12,440	27,990	43,540	62,200
4d Sed	1,830	5,480	9,140	20,570	31,990	45,700
4d Sed Trunk	1,770	5,300	8,840	19,890	30,940	44,200
1938 Standard Model 96, 6-cyl., 120" wb						
4d Sed	1,350	4,060	6,760	15,210	23,660	33,800
1938 Special Model 96, 6-cyl., 120" wb						
4d Sed	1,400	4,200	7,000	15,750	24,500	35,000
1938 Model 97, Supercharged, 6-cyl., 120" wb						
4d Sed	2,210	6,620	11,040	24,840	38,640	55,200
1938 Custom Model 97, Supercharged, 6-cyl., 120" wb						
4d Sed	2,280	6,840	11,400	25,650	39,900	57,000
1939 Special Model 96, 6-cyl., 120" wb						
Cpe	1,440	4,320	7,200	16,200	25,200	36,000
2d Sed	1,420	4,260	7,100	15,980	24,850	35,500
4d Sed	1,420	4,260	7,100	15,980	24,850	35,500
1939 Custom Special 96, 6-cyl., 120" wb						
Cpe	1,060	3,180	5,300	11,930	18,550	26,500
2d Sed	1,020	3,060	5,100	11,480	17,850	25,500
4d Sed	1,010	3,020	5,040	11,340	17,640	25,200
1939 Model 97, Supercharged, 6-cyl., 120" wb						
Cpe	2,200	6,600	11,000	24,750	38,500	55,000
2d Sed	2,200	6,600	11,000	24,750	38,500	55,000
4d Sed	2,160	6,480	10,800	24,300	37,800	54,000
1939 Custom Model 97, Supercharged, 6-cyl., 120" wb						
Cpe	2,160	6,480	10,800	24,300	37,800	54,000
2d Sed	2,160	6,480	10,800	24,300	37,800	54,000
4d Sed	2,120	6,360	10,600	23,850	37,100	53,000
1940 DeLuxe Model 108, 6-cyl., 120" wb						
Cpe	1,440	4,320	7,200	16,200	25,200	36,000
2d Sed	1,420	4,260	7,100	15,980	24,850	35,500
4d Sed	1,400	4,200	7,000	15,750	24,500	35,000
1940 Custom Model 108, 6-cyl., 120" wb						
Cpe	1,480	4,440	7,400	16,650	25,900	37,000
2d Sed	1,420	4,260	7,100	15,980	24,850	35,500
4d Sed	1,400	4,200	7,000	15,750	24,500	35,000
1940 DeLuxe Model 107, Supercharged, 6-cyl., 120" wb						
Cpe	2,200	6,600	11,000	24,750	38,500	55,000
2d Sed	2,200	6,600	11,000	24,750	38,500	55,000
4d Sed	2,160	6,480	10,800	24,300	37,800	54,000
1940 Custom Model 107, Supercharged, 6-cyl., 120" wb						
Cpe	2,160	6,480	10,800	24,300	37,800	54,000
2d Sed	2,160	6,480	10,800	24,300	37,800	54,000
4d Sed	2,120	6,360	10,600	23,850	37,100	53,000
1941 Custom Hollywood Model 113, 6-cyl., 115" wb						
4d Sed	2,880	8,640	14,400	32,400	50,400	72,000
1941 Custom Hollywood Model 113, Supercharged, 6-cyl., 115" wb						
4d Sed	3,120	9,360	15,600	35,100	54,600	78,000

HUDSON

	6	5	4	3	2	1
1909 Model 20, 4-cyl.						
2d Rds	2,400	7,200	12,000	27,000	42,000	60,000
1910 Model 20, 4-cyl.						
2d Rds	2,400	7,200	12,000	27,000	42,000	60,000
4d Tr	2,280	6,840	11,400	25,650	39,900	57,000
1911 Model 33, 4-cyl.						
2d Rds	2,200	6,600	11,000	24,750	38,500	55,000
2d Tor Rds	2,240	6,720	11,200	25,200	39,200	56,000
4d Pony Ton	2,080	6,240	10,400	23,400	36,400	52,000
4d Tr	2,120	6,360	10,600	23,850	37,100	53,000
1912 Model 33, 4-cyl.						
2d Rds	2,200	6,600	11,000	24,750	38,500	55,000
2d Tor Rds	2,240	6,720	11,200	25,200	39,200	56,000
4d Tr	2,320	6,960	11,600	26,100	40,600	58,000
2d Cpe	1,840	5,520	9,200	20,700	32,200	46,000
4d Limo	1,960	5,880	9,800	22,050	34,300	49,000
1913 Model 37, 4-cyl.						
2d Rds	2,360	7,080	11,800	26,550	41,300	59,000
2d Tor Rds	2,400	7,200	12,000	27,000	42,000	60,000
4d Tr	2,320	6,960	11,600	26,100	40,600	58,000
2d Cpe	1,800	5,400	9,000	20,250	31,500	45,000
4d Limo	1,960	5,880	9,800	22,050	34,300	49,000

	6	5	4	3	2	1
1913 Model 54, 6-cyl.						
2d 2P Rds.	2,520	7,560	12,600	28,350	44,100	63,000
2d 5P Rds.	2,560	7,680	12,800	28,800	44,800	64,000
2d Tor Rds.	2,600	7,800	13,000	29,250	45,500	65,000
4d Tr	2,560	7,680	12,800	28,800	44,800	64,000
4d 7P Tr	2,280	6,840	11,400	25,650	39,900	57,000
2d Cpe	1,880	5,640	9,400	21,150	32,900	47,000
4d Limo.	1,960	5,880	9,800	22,050	34,300	49,000
1914 Model 40, 6-cyl.						
2d Rbt.	1,960	5,880	9,800	22,050	34,300	49,000
4d Tr	2,040	6,120	10,200	22,950	35,700	51,000
2d Cabr.	2,000	6,000	10,000	22,500	35,000	50,000
1914 Model 54, 6-cyl.						
4d 7P Tr	2,480	7,440	12,400	27,900	43,400	62,000
1915 Model 40, 6-cyl.						
2d Rds	1,920	5,760	9,600	21,600	33,600	48,000
4d Phae	2,000	6,000	10,000	22,500	35,000	50,000
4d Tr	1,960	5,880	9,800	22,050	34,300	49,000
2d Cabr.	1,960	5,880	9,800	22,050	34,300	49,000
2d Cpe	1,520	4,560	7,600	17,100	26,600	38,000
4d Limo.	1,600	4,800	8,000	18,000	28,000	40,000
4d Lan Limo	1,640	4,920	8,200	18,450	28,700	41,000
1915 Model 54, 6-cyl.						
4d Phae	2,480	7,440	12,400	27,900	43,400	62,000
4d 7P Tr	2,480	7,440	12,400	27,900	43,400	62,000
4d Sed	1,600	4,800	8,000	18,000	28,000	40,000
4d Limo.	1,680	5,040	8,400	18,900	29,400	42,000
1916 Super Six, 6-cyl.						
2d Rds	1,540	4,620	7,700	17,330	26,950	38,500
2d Cabr.	1,580	4,740	7,900	17,780	27,650	39,500
4d Phae	1,620	4,860	8,100	18,230	28,350	40,500
4d Tr Sed	1,180	3,540	5,900	13,280	20,650	29,500
4d T&C	1,220	3,660	6,100	13,730	21,350	30,500
1916 Model 54, 6-cyl.						
4d 7P Phae.	1,800	5,400	9,000	20,250	31,500	45,000
1917 Super Six, 6-cyl.						
2d Rds	1,680	5,040	8,400	18,900	29,400	42,000
2d Cabr.	1,720	5,160	8,600	19,350	30,100	43,000
4d 7P Phae.	1,760	5,280	8,800	19,800	30,800	44,000
4d Tr Sed	1,080	3,240	5,400	12,150	18,900	27,000
4d T&C	1,200	3,600	6,000	13,500	21,000	30,000
4d Twn Lan	1,160	3,480	5,800	13,050	20,300	29,000
4d Limo Lan	1,200	3,600	6,000	13,500	21,000	30,000
1918 Super Six, 6-cyl.						
2d Rds	1,600	4,800	8,000	18,000	28,000	40,000
2d Cabr.	1,640	4,920	8,200	18,450	28,700	41,000
4d 4P Phae.	1,640	4,920	8,200	18,450	28,700	41,000
4d 5P Phae.	1,680	5,040	8,400	18,900	29,400	42,000
2d 4P Cpe.	1,080	3,240	5,400	12,150	18,900	27,000
4d Tr Sed	1,120	3,360	5,600	12,600	19,600	28,000
4d Sed	1,120	3,360	5,600	12,600	19,600	28,000
4d Tr Limo	1,160	3,480	5,800	13,050	20,300	29,000
4d T&C	1,160	3,480	5,800	13,050	20,300	29,000
4d Limo.	1,200	3,600	6,000	13,500	21,000	30,000
4d Twn Limo	1,200	3,600	6,000	13,500	21,000	30,000
4d Limo Lan	1,200	3,600	6,000	13,500	21,000	30,000
4d F F Lan	1,210	3,640	6,060	13,640	21,210	30,300
1919 Super Six Series O, 6-cyl.						
2d Cabr.	1,460	4,380	7,300	16,430	25,550	36,500
4d 4P Phae.	1,500	4,500	7,500	16,880	26,250	37,500
4d 7P Phae.	1,540	4,620	7,700	17,330	26,950	38,500
2d 4P Cpe.	940	2,820	4,700	10,580	16,450	23,500
4d Sed	900	2,700	4,500	10,130	15,750	22,500
4d Tr Limo	940	2,820	4,700	10,580	16,450	23,500
4d T&C	980	2,940	4,900	11,030	17,150	24,500
4d Twn Lan	980	2,940	4,900	11,030	17,150	24,500
4d Limo Lan	1,020	3,060	5,100	11,480	17,850	25,500
1920 Super Six Series 10-12, 6-cyl.						
4d 4P Phae.	1,420	4,260	7,100	15,980	24,850	35,500
4d 7P Phae.	1,460	4,380	7,300	16,430	25,550	36,500
2d Cabr.	1,260	3,780	6,300	14,180	22,050	31,500
2d Cpe	820	2,460	4,100	9,230	14,350	20,500
4d Sed	780	2,340	3,900	8,780	13,650	19,500
4d Tr Limo	860	2,580	4,300	9,680	15,050	21,500
4d Limo.	900	2,700	4,500	10,130	15,750	22,500
1921 Super Six, 6-cyl.						
4d 4P Phae.	1,400	4,200	7,000	15,750	24,500	35,000
4d 7P Phae.	1,440	4,320	7,200	16,200	25,200	36,000
2d Cabr.	1,240	3,720	6,200	13,950	21,700	31,000

HUDSON

	6	5	4	3	2	1
2d 4P Cpe.	760	2,280	3,800	8,550	13,300	19,000
4d Sed	840	2,520	4,200	9,450	14,700	21,000
4d Tr Limo.	860	2,580	4,300	9,680	15,050	21,500
4d Limo.	880	2,640	4,400	9,900	15,400	22,000
1922 Super Six, 6-cyl.						
2d Spds	1,640	4,920	8,200	18,450	28,700	41,000
4d Phae	1,360	4,080	6,800	15,300	23,800	34,000
2d Cabr.	1,240	3,720	6,200	13,950	21,700	31,000
2d Cpe	740	2,220	3,700	8,330	12,950	18,500
2d Sed	800	2,400	4,000	9,000	14,000	20,000
4d Sed	840	2,520	4,200	9,450	14,700	21,000
4d Tr Limo	860	2,580	4,300	9,680	15,050	21,500
4d Limo	880	2,640	4,400	9,900	15,400	22,000
1923 Super Six, 6-cyl.						
2d Spds	1,640	4,920	8,200	18,450	28,700	41,000
4d Phae	1,360	4,080	6,800	15,300	23,800	34,000
2d Cpe	740	2,220	3,700	8,330	12,950	18,500
2d Sed	800	2,400	4,000	9,000	14,000	20,000
4d Sed	840	2,520	4,200	9,450	14,700	21,000
4d 7P Sed.	860	2,580	4,300	9,680	15,050	21,500
1924 Super Six, 6-cyl.						
2d Spds	1,640	4,920	8,200	18,450	28,700	41,000
4d Phae	1,360	4,080	6,800	15,300	23,800	34,000
2d Sed	800	2,400	4,000	9,000	14,000	20,000
4d Sed	840	2,520	4,200	9,450	14,700	21,000
4d 7P Sed.	860	2,580	4,300	9,680	15,050	21,500
1925 Super Six, 6-cyl.						
2d Spds	1,680	5,040	8,400	18,900	29,400	42,000
4d Phae	1,400	4,200	7,000	15,750	24,500	35,000
2d Sed	800	2,400	4,000	9,000	14,000	20,000
4d Brgm	860	2,580	4,300	9,680	15,050	21,500
4d Sed	840	2,520	4,200	9,450	14,700	21,000
4d 7P Sed.	860	2,580	4,300	9,680	15,050	21,500
1926 Super Six, 6-cyl.						
4d Phae	1,440	4,320	7,200	16,200	25,200	36,000
2d Sed	800	2,400	4,000	9,000	14,000	20,000
4d Brgm	860	2,580	4,300	9,680	15,050	21,500
4d 7P Sed.	860	2,580	4,300	9,680	15,050	21,500
1927 Standard Six, 6-cyl.						
4d Phae	1,320	3,960	6,600	14,850	23,100	33,000
2d Sed	700	2,100	3,500	7,880	12,250	17,500
2d Spl Sed	760	2,280	3,800	8,550	13,300	19,000
4d Brgm	760	2,280	3,800	8,550	13,300	19,000
4d 7P Sed.	720	2,160	3,600	8,100	12,600	18,000
1927 Super Six						
2d Cus Rds.	1,520	4,560	7,600	17,100	26,600	38,000
4d Cus Phae.	1,560	4,680	7,800	17,550	27,300	39,000
2d Sed	720	2,160	3,600	8,100	12,600	18,000
4d Sed	760	2,280	3,800	8,550	13,300	19,000
4d Cus Brgm.	920	2,760	4,600	10,350	16,100	23,000
4d Cus Sed.	960	2,880	4,800	10,800	16,800	24,000
1928 First Series, 6-cyl., (Start June, 1927)						
2d Std Sed	780	2,340	3,900	8,780	13,650	19,500
4d Std Sed	670	2,000	3,340	7,520	11,690	16,700
2d Sed	790	2,360	3,940	8,870	13,790	19,700
4d Sed	820	2,460	4,100	9,230	14,350	20,500
2d Rds	1,200	3,600	6,000	13,500	21,000	30,000
4d Cus Phae.	1,560	4,680	7,800	17,550	27,300	39,000
4d Cus Brgm.	960	2,880	4,800	10,800	16,800	24,000
4d Cus Sed.	1,000	3,000	5,000	11,250	17,500	25,000
1928 Second Series, 6-cyl., (Start Jan. 1928)						
2d Sed	800	2,400	4,000	9,000	14,000	20,000
4d Sed	820	2,460	4,100	9,230	14,350	20,500
2d RS Cpe	840	2,520	4,200	9,450	14,700	21,000
2d Rds	1,560	4,680	7,800	17,550	27,300	39,000
4d EWB Sed.	840	2,520	4,200	9,450	14,700	21,000
4d Lan Sed.	860	2,580	4,300	9,680	15,050	21,500
2d Vic	880	2,640	4,400	9,900	15,400	22,000
4d 7P Sed.	840	2,520	4,200	9,450	14,700	21,000
1929 Series Greater Hudson, 6-cyl., 122" wb						
2d RS Rds	2,040	6,120	10,200	22,950	35,700	51,000
4d Phae	2,080	6,240	10,400	23,400	36,400	52,000
2d Cpe	920	2,760	4,600	10,350	16,100	23,000
2d Sed	880	2,640	4,400	9,900	15,400	22,000
2d Conv	1,720	5,160	8,600	19,350	30,100	43,000
2d Vic	1,880	5,640	9,400	21,150	32,900	47,000
4d Sed	900	2,700	4,500	10,130	15,750	22,500
4d Twn Sed.	910	2,730	4,550	10,240	15,930	22,750
4d Lan Sed.	960	2,880	4,800	10,800	16,800	24,000

	6	5	4	3	2	1
1929 Series Greater Hudson, 6-cyl., 139" wb						
4d Spt Sed	1,040	3,120	5,200	11,700	18,200	26,000
4d 7P Sed	1,120	3,360	5,600	12,600	19,600	28,000
4d Limo	1,200	3,600	6,000	13,500	21,000	30,000
4d DC Phae	2,120	6,360	10,600	23,850	37,100	53,000
1930 Great Eight, 8-cyl., 119" wb						
2d Rds	2,080	6,240	10,400	23,400	36,400	52,000
4d Phae	2,160	6,480	10,800	24,300	37,800	54,000
2d RS Cpe	1,160	3,480	5,800	13,050	20,300	29,000
2d Sed	960	2,880	4,800	10,800	16,800	24,000
4d Sed	980	2,940	4,900	11,030	17,150	24,500
4d Conv Sed	2,200	6,600	11,000	24,750	38,500	55,000
1930 Great Eight, 8-cyl., 126" wb						
4d Phae	2,220	6,660	11,100	24,980	38,850	55,500
4d Tr Sed	1,040	3,120	5,200	11,700	18,200	26,000
4d 7P Sed	1,060	3,180	5,300	11,930	18,550	26,500
4d Brgm	1,060	3,180	5,300	11,930	18,550	26,500
1931 Greater Eight, 8-cyl., 119" wb						
2d Rds	2,200	6,600	11,000	24,750	38,500	55,000
4d Phae	2,280	6,840	11,400	25,650	39,900	57,000
2d Cpe	960	2,880	4,800	10,800	16,800	24,000
2d Spl Cpe	1,060	3,180	5,300	11,930	18,550	26,500
2d RS Cpe	1,080	3,240	5,400	12,150	18,900	27,000
2d Sed	920	2,760	4,600	10,350	16,100	23,000
4d Sed	930	2,780	4,640	10,440	16,240	23,200
4d Twn Sed	960	2,880	4,800	10,800	16,800	24,000
1931 Great Eight, LWB, 8-cyl., 126" wb						
4d Spt Phae	2,380	7,140	11,900	26,780	41,650	59,500
4d Brgm	1,180	3,540	5,900	13,280	20,650	29,500
4d Fam Sed	1,180	3,540	5,900	13,280	20,650	29,500
4d 7P Sed	1,160	3,480	5,800	13,050	20,300	29,000
4d Clb Sed	1,160	3,480	5,800	13,050	20,300	29,000
4d Tr Sed	1,060	3,180	5,300	11,930	18,550	26,500
4d Spl Sed	1,080	3,240	5,400	12,150	18,900	27,000
1932 (Standard) Greater, 8-cyl., 119" wb						
2d 2P Cpe	940	2,820	4,700	10,580	16,450	23,500
2d 4P Cpe	960	2,880	4,800	10,800	16,800	24,000
2d Spl Cpe	1,000	3,000	5,000	11,250	17,500	25,000
2d Conv	1,720	5,160	8,600	19,350	30,100	43,000
2d Sed	920	2,760	4,600	10,350	16,100	23,000
4d 5P Sed	940	2,820	4,700	10,580	16,450	23,500
4d Twn Sed	940	2,820	4,700	10,580	16,450	23,500
1932 (Sterling) Series, 8-cyl., 132" wb						
4d Spl Sed	1,200	3,600	6,000	13,500	21,000	30,000
4d Sub	1,320	3,960	6,600	14,850	23,100	33,000
1932 Major Series, 8-cyl., 132" wb						
4d Phae	1,840	5,520	9,200	20,700	32,200	46,000
4d Tr Sed	1,080	3,240	5,400	12,150	18,900	27,000
4d Clb Sed	1,100	3,300	5,500	12,380	19,250	27,500
4d Brgm	1,140	3,420	5,700	12,830	19,950	28,500
4d 7P Sed	1,120	3,360	5,600	12,600	19,600	28,000
1933 Pacemaker Super Six, 6-cyl., 113" wb						
2d Conv	1,560	4,680	7,800	17,550	27,300	39,000
4d Phae	1,600	4,800	8,000	18,000	28,000	40,000
2d Bus Cpe	980	2,940	4,900	11,030	17,150	24,500
2d RS Cpe	1,020	3,060	5,100	11,480	17,850	25,500
2d Sed	920	2,760	4,600	10,350	16,100	23,000
4d Sed	940	2,820	4,700	10,580	16,450	23,500
1933 Pacemaker Standard, 8-cyl., 119" wb						
2d Conv	1,640	4,920	8,200	18,450	28,700	41,000
2d RS Cpe	980	2,940	4,900	11,030	17,150	24,500
2d Sed	940	2,820	4,700	10,580	16,450	23,500
4d Sed	1,020	3,060	5,100	11,480	17,850	25,500
1933 Pacemaker Major, 8-cyl., 132" wb						
4d Phae	2,080	6,240	10,400	23,400	36,400	52,000
4d Tr Sed	1,260	3,780	6,300	14,180	22,050	31,500
4d Brgm	1,260	3,780	6,300	14,180	22,050	31,500
2d Clb Sed	1,280	3,840	6,400	14,400	22,400	32,000
4d 7P Sed	1,300	3,900	6,500	14,630	22,750	32,500
1934 Special, 8-cyl., 116" wb						
2d Conv	1,820	5,460	9,100	20,480	31,850	45,500
2d Bus Cpe	1,110	3,320	5,540	12,470	19,390	27,700
2d Cpe	1,140	3,420	5,700	12,830	19,950	28,500
2d RS Cpe	1,180	3,540	5,900	13,280	20,650	29,500
2d Comp Vic	1,130	3,380	5,640	12,690	19,740	28,200
2d Sed	1,120	3,360	5,600	12,600	19,600	28,000
4d Sed	1,100	3,300	5,500	12,380	19,250	27,500
4d Comp Sed	1,140	3,420	5,700	12,830	19,950	28,500

HUDSON

HUDSON

	6	5	4	3	2	1
1934 DeLuxe Series, 8-cyl., 116" wb						
2d 2P Cpe.	1,120	3,360	5,600	12,600	19,600	28,000
2d RS Cpe	1,160	3,480	5,800	13,050	20,300	29,000
2d Comp Vic	1,140	3,420	5,700	12,830	19,950	28,500
2d Sed	1,130	3,400	5,660	12,740	19,810	28,300
4d Sed	1,110	3,340	5,560	12,510	19,460	27,800
4d Comp Sed	1,120	3,370	5,620	12,650	19,670	28,100
1934 Challenger Series, 8-cyl., 116" wb						
2d 2P Cpe.	1,000	3,010	5,020	11,300	17,570	25,100
2d RS Cpe	1,050	3,160	5,260	11,840	18,410	26,300
2d Conv	1,760	5,280	8,800	19,800	30,800	44,000
2d Sed	1,000	3,010	5,020	11,300	17,570	25,100
4d Sed	1,010	3,020	5,040	11,340	17,640	25,200
1934 Major Series, 8-cyl., 123" wb (Special)						
4d Tr Sed	1,340	4,020	6,700	15,080	23,450	33,500
4d Comp Trs	1,350	4,040	6,740	15,170	23,590	33,700
1934 (DeLuxe)						
4d Clb Sed	1,080	3,240	5,400	12,150	18,900	27,000
4d Brgm	1,070	3,200	5,340	12,020	18,690	26,700
4d Comp Clb Sed	1,060	3,190	5,320	11,970	18,620	26,600
1935 Big Six, 6-cyl., 116" wb						
2d Conv	1,500	4,500	7,500	16,880	26,250	37,500
2d Cpe	880	2,640	4,400	9,900	15,400	22,000
2d RS Cpe	860	2,580	4,300	9,680	15,050	21,500
4d Tr Brgm	860	2,580	4,300	9,680	15,050	21,500
2d Sed	840	2,520	4,200	9,450	14,700	21,000
4d Sed	860	2,580	4,300	9,680	15,050	21,500
4d Sub Sed	1,000	3,000	5,000	11,250	17,500	25,000
1935 Eight Special, 8-cyl., 117" wb						
2d Conv	1,740	5,220	8,700	19,580	30,450	43,500
2d Cpe	890	2,660	4,440	9,990	15,540	22,200
2d RS Cpe	920	2,760	4,600	10,350	16,100	23,000
4d Tr Brgm	870	2,600	4,340	9,770	15,190	21,700
2d Sed	860	2,590	4,320	9,720	15,120	21,600
4d Sed	880	2,650	4,420	9,950	15,470	22,100
4d Sub Sed	1,040	3,120	5,200	11,700	18,200	26,000
1935 Eight DeLuxe Eight Special, 8-cyl., 124" wb						
4d Brgm	1,080	3,250	5,420	12,200	18,970	27,100
4d Tr Brgm	1,090	3,260	5,440	12,240	19,040	27,200
4d Clb Sed	1,080	3,240	5,400	12,150	18,900	27,000
4d Sub Sed	1,100	3,300	5,500	12,380	19,250	27,500
1935 Eight DeLuxe, 8-cyl., 117" wb						
2d 2P Cpe.	890	2,680	4,460	10,040	15,610	22,300
2d RS Cpe	920	2,770	4,620	10,400	16,170	23,100
2d Conv	1,780	5,340	8,900	20,030	31,150	44,500
4d Tr Brgm	870	2,620	4,360	9,810	15,260	21,800
2d Sed	870	2,600	4,340	9,770	15,190	21,700
4d Sed	890	2,660	4,440	9,990	15,540	22,200
4d Sub Sed	1,140	3,420	5,700	12,830	19,950	28,500
1935 Eight Custom, 8-cyl., 124" wb						
4d Brgm	1,050	3,140	5,240	11,790	18,340	26,200
4d Tr Brgm	1,050	3,160	5,260	11,840	18,410	26,300
4d Sed	1,040	3,120	5,200	11,700	18,200	26,000
Sub Sed	1,160	3,480	5,800	13,050	20,300	29,000
1935 Late Special, 8-cyl., 124" wb						
4d Brgm	1,030	3,080	5,140	11,570	17,990	25,700
4d Tr Brgm	1,030	3,100	5,160	11,610	18,060	25,800
4d Clb Sed	1,020	3,070	5,120	11,520	17,920	25,600
4d Sub Sed	1,180	3,540	5,900	13,280	20,650	29,500
1935 Late DeLuxe, 8-cyl., 124" wb						
4d Brgm	1,030	3,100	5,160	11,610	18,060	25,800
4d Tr Brgm	1,040	3,110	5,180	11,660	18,130	25,900
4d Clb Sed	1,030	3,080	5,140	11,570	17,990	25,700
4d Sub Sed	1,190	3,580	5,960	13,410	20,860	29,800
1936 Custom Six, 6-cyl., 120" wb						
2d Conv	1,660	4,980	8,300	18,680	29,050	41,500
2d Cpe	880	2,640	4,400	9,900	15,400	22,000
2d RS Cpe	940	2,820	4,700	10,580	16,450	23,500
4d Brgm	860	2,580	4,300	9,680	15,050	21,500
4d Tr Brgm	860	2,590	4,320	9,720	15,120	21,600
4d Sed	860	2,580	4,300	9,680	15,050	21,500
4d Tr Sed	880	2,640	4,400	9,900	15,400	22,000
1936 DeLuxe Eight, Series 64, 8-cyl., 120" wb						
2d Conv	1,900	5,700	9,500	21,380	33,250	47,500
2d Cpe	1,050	3,140	5,240	11,790	18,340	26,200
2d RS Cpe	1,040	3,110	5,180	11,660	18,130	25,900
4d Brgm	1,030	3,080	5,140	11,570	17,990	25,700
4d Tr Brgm	1,030	3,100	5,160	11,610	18,060	25,800

	6	5	4	3	2	1
1936 DeLuxe Eight, Series 66, 8-cyl., 127" wb						
4d Sed	1,130	3,380	5,640	12,690	19,740	28,200
4d Tr Sed	1,140	3,420	5,700	12,830	19,950	28,500
1936 Custom Eight, Series 65, 120" wb						
2d 2P Cpe	890	2,680	4,460	10,040	15,610	22,300
2d RS Cpe	920	2,760	4,600	10,350	16,100	23,000
2d Conv	1,780	5,340	8,900	20,030	31,150	44,500
4d Brgm	880	2,640	4,400	9,900	15,400	22,000
4d Tr Brgm	900	2,700	4,500	10,130	15,750	22,500
1936 Custom Eight, Series 67, 127" wb						
4d Sed	960	2,890	4,820	10,850	16,870	24,100
4d Tr Sed	970	2,900	4,840	10,890	16,940	24,200
1937 Custom Six, Series 73, 6-cyl., 122" wb						
2d Conv	1,700	5,100	8,500	19,130	29,750	42,500
2d Conv Brgm	1,740	5,220	8,700	19,580	30,450	43,500
2d Bus Cpe	840	2,520	4,200	9,450	14,700	21,000
2d 3P Cpe	860	2,580	4,300	9,680	15,050	21,500
2d Vic Cpe	880	2,640	4,400	9,900	15,400	22,000
2d Brgm	1,040	3,120	5,200	11,700	18,200	26,000
2d Tr Brgm	900	2,700	4,500	10,130	15,750	22,500
4d Sed	880	2,640	4,400	9,900	15,400	22,000
4d Tr Sed	870	2,620	4,360	9,810	15,260	21,800
1937 DeLuxe Eight, Series 74, 8-cyl., 122" wb						
2d Cpe	1,060	3,180	5,300	11,930	18,550	26,500
2d Vic Cpe	1,080	3,240	5,400	12,150	18,900	27,000
2d Conv	1,900	5,700	9,500	21,380	33,250	47,500
2d Brgm	1,080	3,250	5,420	12,200	18,970	27,100
2d Tr Brgm	1,090	3,260	5,440	12,240	19,040	27,200
4d Sed	1,090	3,260	5,440	12,240	19,040	27,200
4d Tr Sed	1,090	3,280	5,460	12,290	19,110	27,300
2d Conv Brgm	1,940	5,820	9,700	21,830	33,950	48,500
1937 DeLuxe Eight, Series 76, 8-cyl., 129" wb						
4d Sed	1,120	3,360	5,600	12,600	19,600	28,000
4d Tr Sed	1,140	3,420	5,700	12,830	19,950	28,500
1937 Custom Eight, Series 75, 8-cyl., 122" wb						
2d Cpe	1,140	3,420	5,700	12,830	19,950	28,500
2d Vic Cpe	1,150	3,440	5,740	12,920	20,090	28,700
2d Conv Cpe	2,020	6,060	10,100	22,730	35,350	50,500
2d Brgm	1,130	3,400	5,660	12,740	19,810	28,300
2d Tr Brgm	1,140	3,420	5,700	12,830	19,950	28,500
4d Sed	1,130	3,400	5,660	12,740	19,810	28,300
4d Tr Sed	1,140	3,410	5,680	12,780	19,880	28,400
2d Conv Brgm	2,060	6,100	10,000	23,100	36,050	51,500
1937 Custom Eight, Series 77, 8-cyl., 129" wb						
4d Sed	1,140	3,420	5,700	12,830	19,950	28,500
4d Tr Sed	1,150	3,440	5,740	12,920	20,090	28,700
1938 Standard Series 89, 6-cyl., 112" wb						
2d Conv	1,700	5,100	8,500	19,130	29,750	42,500
2d Conv Brgm	1,740	5,220	8,700	19,580	30,450	43,500
2d 3P Cpe	900	2,700	4,500	10,130	15,750	22,500
2d Vic Cpe	920	2,760	4,600	10,350	16,100	23,000
4d Brgm	880	2,630	4,380	9,860	15,330	21,900
4d Tr Brgm	880	2,640	4,400	9,900	15,400	22,000
4d Sed	880	2,650	4,420	9,950	15,470	22,100
4d Tr Sed	890	2,660	4,440	9,990	15,540	22,200
1938 Utility Series 89, 6-cyl., 112" wb						
2d Cpe	860	2,580	4,300	9,680	15,050	21,500
2d Sed	830	2,500	4,160	9,360	14,560	20,800
2d Tr Sed	840	2,510	4,180	9,410	14,630	20,900
1938 DeLuxe Series 89, 6-cyl., 112" wb						
2d Conv	1,740	5,220	8,700	19,580	30,450	43,500
2d Conv Brgm	1,780	5,340	8,900	20,030	31,150	44,500
2d 3P Cpe	920	2,760	4,600	10,350	16,100	23,000
2d Vic Cpe	940	2,820	4,700	10,580	16,450	23,500
4d Brgm	880	2,640	4,400	9,900	15,400	22,000
4d Tr Brgm	890	2,660	4,440	9,990	15,540	22,200
4d Sed	890	2,680	4,460	10,040	15,610	22,300
4d Tr Sed	900	2,690	4,480	10,080	15,680	22,400
1938 Custom Series 83, 6-cyl., 122" wb						
2d Conv	1,780	5,340	8,900	20,030	31,150	44,500
2d Conv Brgm	1,820	5,460	9,100	20,480	31,850	45,500
2d 3P Cpe	940	2,820	4,700	10,580	16,450	23,500
2d Vic Cpe	960	2,880	4,800	10,800	16,800	24,000
4d Brgm	900	2,700	4,500	10,130	15,750	22,500
4d Tr Brgm	900	2,710	4,520	10,170	15,820	22,600
4d Sed	880	2,640	4,400	9,900	15,400	22,000
4d Tr Sed	900	2,700	4,500	10,130	15,750	22,500
1938 DeLuxe Series 84, 8-cyl., 122" wb						
2d Conv	1,940	5,820	9,700	21,830	33,950	48,500

	6	5	4	3	2	1
2d Conv Brgm.	1,980	5,940	9,900	22,280	34,650	49,500
2d 3P Cpe.	1,080	3,240	5,400	12,150	18,900	27,000
2d Vic Cpe .	1,100	3,300	5,500	12,380	19,250	27,500
4d Brgm .	1,050	3,140	5,240	11,790	18,340	26,200
4d Tr Brgm .	1,020	3,060	5,100	11,480	17,850	25,500
4d Tr Sed .	1,000	3,000	5,000	11,250	17,500	25,000
1938 Custom Series 85, 8-cyl., 122" wb						
2d 3P Cpe.	1,120	3,360	5,600	12,600	19,600	28,000
2d Vic Cpe .	1,140	3,420	5,700	12,830	19,950	28,500
4d Brgm .	1,080	3,240	5,400	12,150	18,900	27,000
4d Tr Brgm .	1,100	3,300	5,500	12,380	19,250	27,500
4d Sed .	1,060	3,180	5,300	11,930	18,550	26,500
4d Tr Sed .	1,060	3,190	5,320	11,970	18,620	26,600
1938 Country Club Series 87, 8-cyl., 129" wb						
4d Sed .	1,200	3,600	6,000	13,500	21,000	30,000
4d Tr Sed .	1,240	3,720	6,200	13,950	21,700	31,000
1939 DeLuxe Series 112, 6-cyl., 112" wb						
2d Conv .	1,700	5,100	8,500	19,130	29,750	42,500
2d Conv Brgm.	1,740	5,220	8,700	19,580	30,450	43,500
2d Trav Cpe .	880	2,640	4,400	9,900	15,400	22,000
2d Utl Cpe.	900	2,700	4,500	10,130	15,750	22,500
2d 3P Cpe.	910	2,720	4,540	10,220	15,890	22,700
2d Vic Cpe .	920	2,760	4,600	10,350	16,100	23,000
2d Utl Sed .	860	2,580	4,300	9,680	15,050	21,500
4d Tr Brgm .	880	2,630	4,380	9,860	15,330	21,900
4d Tr Sed .	880	2,640	4,400	9,900	15,400	22,000
4d Sta Wag .	2,580	7,740	12,900	29,030	45,150	64,500
1939 Pacemaker Series 91, 6-cyl., 118" wb						
2d 3P Cpe.	940	2,820	4,700	10,580	16,450	23,500
2d Vic Cpe .	960	2,880	4,800	10,800	16,800	24,000
4d Tr Brgm .	930	2,780	4,640	10,440	16,240	23,200
4d Tr Sed .	920	2,760	4,600	10,350	16,100	23,000
1939 Series 92, 6-cyl., 118" wb						
2d Conv .	1,740	5,220	8,700	19,580	30,450	43,500
2d Conv Brgm.	1,780	5,340	8,900	20,030	31,150	44,500
2d 3P Cpe.	1,000	3,000	5,000	11,250	17,500	25,000
2d Vic Cpe .	1,020	3,060	5,100	11,480	17,850	25,500
4d Tr Brgm .	980	2,940	4,900	11,030	17,150	24,500
4d Tr Sed .	960	2,880	4,800	10,800	16,800	24,000
1939 Country Club Series 93, 6-cyl., 122" wb						
2d Conv .	1,780	5,340	8,900	20,030	31,150	44,500
2d Conv Brgm.	1,820	5,460	9,100	20,480	31,850	45,500
2d 3P Cpe.	1,020	3,060	5,100	11,480	17,850	25,500
2d Vic Cpe .	1,040	3,120	5,200	11,700	18,200	26,000
4d Tr Brgm .	1,020	3,060	5,100	11,480	17,850	25,500
4d Tr Sed .	1,000	3,000	5,000	11,250	17,500	25,000
1939 Big Boy Series 96, 6-cyl., 129" wb						
4d 6P Sed.	1,140	3,420	5,700	12,830	19,950	28,500
4d 7P Sed.	1,150	3,460	5,760	12,960	20,160	28,800
1939 Country Club Series 95, 8-cyl., 122" wb						
2d Conv .	2,020	6,060	10,100	22,730	35,350	50,500
2d Conv Brgm.	2,060	6,180	10,300	23,180	36,050	51,500
2d 3P Cpe.	1,200	3,600	6,000	13,500	21,000	30,000
2d Vic Cpe .	1,220	3,660	6,100	13,730	21,350	30,500
4d Tr Brgm .	1,190	3,580	5,960	13,410	20,860	29,800
4d Tr Sed .	1,180	3,540	5,900	13,280	20,650	29,500
1939 Custom Series 97, 8-cyl., 129" wb						
4d 5P Tr Sed.	1,310	3,920	6,540	14,720	22,890	32,700
4d 7P Sed.	1,320	3,960	6,600	14,850	23,100	33,000
1940 Traveler Series 40-T, 6-cyl., 113" wb						
2d Cpe .	860	2,580	4,300	9,680	15,050	21,500
2d Vic Cpe .	880	2,630	4,380	9,860	15,330	21,900
2d Tr Sed .	860	2,580	4,300	9,680	15,050	21,500
4d Tr Sed .	860	2,590	4,320	9,720	15,120	21,600
1940 DeLuxe Series, 40-P, 6-cyl., 113" wb						
2d 6P Conv.	1,640	4,920	8,200	18,450	28,700	41,000
2d Cpe .	880	2,650	4,420	9,950	15,470	22,100
2d Vic Cpe .	890	2,660	4,440	9,990	15,540	22,200
2d Tr Sed .	870	2,600	4,340	9,770	15,190	21,700
4d Sed .	870	2,620	4,360	9,810	15,260	21,800
1940 Super Series 41, 6-cyl., 118" wb						
2d 5P Conv.	1,680	5,040	8,400	18,900	29,400	42,000
2d 6P Conv.	1,720	5,160	8,600	19,350	30,100	43,000
2d Cpe .	940	2,820	4,700	10,580	16,450	23,500
2d Vic Cpe .	960	2,880	4,800	10,800	16,800	24,000
2d Tr Sed .	860	2,580	4,300	9,680	15,050	21,500
4d Tr Sed .	870	2,600	4,340	9,770	15,190	21,700
1940 Country Club Series 43, 6-cyl., 125" wb						
4d 6P Sed.	900	2,700	4,500	10,130	15,750	22,500

HUDSON

	6	5	4	3	2	1
4d 7P Sed. 920	2,760	4,600	10,350	16,100	23,000
1940 Series 44, 8-cyl., 118" wb						
2d 5P Conv. 1,840	5,520	9,200	20,700	32,200	46,000
2d 6P Conv. 1,880	5,640	9,400	21,150	32,900	47,000
2d Cpe 1,140	3,420	5,700	12,830	19,950	28,500
2d Vic Cpe 1,160	3,480	5,800	13,050	20,300	29,000
2d Tr Sed 1,120	3,370	5,620	12,650	19,670	28,100
4d Tr Sed 1,130	3,380	5,640	12,690	19,740	28,200
1940 DeLuxe Series 45, 8-cyl., 118" wb						
2d Tr Sed 1,090	3,280	5,460	12,290	19,110	27,300
4d Tr Sed 1,020	3,050	5,080	11,430	17,780	25,400
1940 Country Club Eight Series 47, 8-cyl., 125" wb						
4d Tr Sed 1,020	3,070	5,120	11,520	17,920	25,600
4d 7P Sed. 1,030	3,080	5,140	11,570	17,990	25,700
1940 Big Boy Series 48, 6-cyl., 125" wb						
4d C-A Sed. 1,040	3,120	5,200	11,700	18,200	26,000
4d 7P Sed. 1,000	3,000	5,000	11,250	17,500	25,000
1941 Utility Series 10-C, 6-cyl., 116" wb						
2d Cpe 880	2,640	4,400	9,900	15,400	22,000
2d Sed 840	2,520	4,200	9,450	14,700	21,000
1941 Traveler Series 10-T, 6-cyl., 116" wb						
2d Cpe 900	2,700	4,500	10,130	15,750	22,500
2d Clb Cpe 920	2,760	4,600	10,350	16,100	23,000
2d Sed 850	2,540	4,240	9,540	14,840	21,200
4d Sed 860	2,570	4,280	9,630	14,980	21,400
1941 DeLuxe Series 10-P, 6-cyl., 116" wb						
2d Conv 1,680	5,040	8,400	18,900	29,400	42,000
2d Cpe 940	2,820	4,700	10,580	16,450	23,500
2d Clb Cpe 960	2,880	4,800	10,800	16,800	24,000
2d Sed 860	2,590	4,320	9,720	15,120	21,600
4d Sed 870	2,600	4,340	9,770	15,190	21,700
1941 Super Series 11, 6-cyl., 121" wb						
2d Conv 1,760	5,280	8,800	19,800	30,800	44,000
2d Cpe 980	2,940	4,900	11,030	17,150	24,500
2d Clb Cpe 1,000	3,000	5,000	11,250	17,500	25,000
2d Sed 900	2,690	4,480	10,080	15,680	22,400
4d Sed 900	2,700	4,500	10,130	15,750	22,500
4d Sta Wag. 2,880	8,640	14,400	32,400	50,400	72,000
1941 Commodore Series 12, 6-cyl., 121" wb						
2d Conv 1,800	5,400	9,000	20,250	31,500	45,000
2d Cpe 990	2,960	4,940	11,120	17,290	24,700
2d Clb Cpe 1,000	2,990	4,980	11,210	17,430	24,900
2d Sed 000	2,700	4,500	10,130	15,760	22,500
4d Sed 900	2,710	4,520	10,170	15,820	22,600
1941 Commodore Series 14, 8-cyl., 121" wb						
2d Conv 1,960	5,880	9,800	22,050	34,300	49,000
2d Cpe 1,120	3,360	5,600	12,600	19,600	28,000
2d Clb Cpe 1,130	3,380	5,640	12,690	19,740	28,200
2d Sed 1,080	3,250	5,420	12,200	18,970	27,100
4d Sed 1,090	3,260	5,440	12,240	19,040	27,200
4d Sta Wag. 3,280	9,840	16,400	36,900	57,400	82,000
1941 Commodore Custom Series 15, 8-cyl., 121" wb						
2d Cpe 1,130	3,400	5,660	12,740	19,810	28,300
2d Clb Cpe 1,140	3,420	5,700	12,830	19,950	28,500
1941 Commodore Custom Series 17, 8-cyl., 128" wb						
4d Sed 1,110	3,340	5,560	12,510	19,460	27,800
4d 7P Sed. 1,120	3,360	5,600	12,600	19,600	28,000
1941 Big Boy Series 18, 6-cyl., 128" wb						
4d C-A Sed. 980	2,940	4,900	11,030	17,150	24,500
4d 7P Sed. 960	2,880	4,800	10,800	16,800	24,000
1942 Traveler Series 20-T, 6-cyl., 116" wb						
2d Cpe 880	2,640	4,400	9,900	15,400	22,000
2d Clb Cpe 890	2,660	4,440	9,990	15,540	22,200
2d Sed 840	2,530	4,220	9,500	14,770	21,100
4d Sed 850	2,540	4,240	9,540	14,840	21,200
1942 DeLuxe Series 20-P, 6-cyl., 116" wb						
2d Conv 1,720	5,160	8,600	19,350	30,100	43,000
2d Cpe 930	2,780	4,640	10,440	16,240	23,200
2d Clb Cpe 940	2,820	4,700	10,580	16,450	23,500
2d Sed 860	2,580	4,300	9,680	15,050	21,500
4d Sed 860	2,590	4,320	9,720	15,120	21,600
1942 Super Series 21, 6-cyl., 121" wb						
2d Conv 1,760	5,280	8,800	19,800	30,800	44,000
2d Cpe 940	2,820	4,700	10,580	16,450	23,500
2d Clb Cpe 950	2,840	4,740	10,670	16,590	23,700
2d Sed 880	2,650	4,420	9,950	15,470	22,100
4d Sed 890	2,660	4,440	9,990	15,540	22,200
4d Sta Wag. 2,920	8,760	14,600	32,850	51,100	73,000

HUDSON

HUDSON

	6	5	4	3	2	1
1942 Commodore Series 22, 6-cyl., 121" wb						
2d Conv	1,840	5,520	9,200	20,700	32,200	46,000
2d Cpe	960	2,880	4,800	10,800	16,800	24,000
2d Clb Cpe	980	2,940	4,900	11,030	17,150	24,500
2d Sed	880	2,640	4,400	9,900	15,400	22,000
4d Sed	890	2,660	4,440	9,990	15,540	22,200
1942 Commodore Series 24, 8-cyl., 121" wb						
2d Conv	2,000	6,000	10,000	22,500	35,000	50,000
2d Cpe	1,140	3,420	5,700	12,830	19,950	28,500
2d Clb Cpe	1,160	3,480	5,800	13,050	20,300	29,000
2d Sed	990	2,960	4,940	11,120	17,290	24,700
4d Sed	1,070	3,220	5,360	12,060	18,760	26,800
1942 Commodore Custom Series 25, 8-cyl., 121" wb						
2d Clb Cpe	1,040	3,130	5,220	11,750	18,270	26,100
1942 Commodore Series 27, 8-cyl., 128" wb						
4d Sed	1,120	3,360	5,600	12,600	19,600	28,000
1946-47 Super Series, 6-cyl., 121" wb						
2d Cpe	840	2,510	4,180	9,410	14,630	20,900
2d Clb Cpe	760	2,280	3,800	8,550	13,300	19,000
2d Conv	1,720	5,160	8,600	19,350	30,100	43,000
2d Sed	670	2,020	3,360	7,560	11,760	16,800
4d Sed	680	2,030	3,380	7,610	11,830	16,900
1946-47 Commodore Series, 6-cyl., 121" wb						
2d Clb Cpe	780	2,350	3,920	8,820	13,720	19,600
4d Sed	720	2,160	3,600	8,100	12,600	18,000
1946-47 Super Series, 8-cyl., 121" wb						
2d Clb Cpe	790	2,360	3,940	8,870	13,790	19,700
4d Sed	730	2,180	3,640	8,190	12,740	18,200
1946-47 Commodore Series, 8-cyl., 121" wb						
2d Clb Cpe	810	2,440	4,060	9,140	14,210	20,300
2d Conv	1,840	5,520	9,200	20,700	32,200	46,000
4d Sed	750	2,260	3,760	8,460	13,160	18,800
1948-49 Super Series, 6-cyl., 124" wb						
2d Cpe	840	2,520	4,200	9,450	14,700	21,000
2d Clb Cpe	850	2,560	4,260	9,590	14,910	21,300
2d Conv	2,080	6,240	10,400	23,400	36,400	52,000
2d Sed	760	2,290	3,820	8,600	13,370	19,100
4d Sed	760	2,280	3,800	8,550	13,300	19,000
1948-49 Commodore Series, 6-cyl., 124" wb						
2d Clb Cpe	880	2,640	4,400	9,900	15,400	22,000
2d Conv	2,240	6,720	11,200	25,200	39,200	56,000
4d Sed	820	2,460	4,100	9,230	14,350	20,500
1948-49 Super Series, 8-cyl., 124" wb						
2d Clb Cpe	900	2,700	4,500	10,130	15,750	22,500
2d Sed (1949 only)	820	2,470	4,120	9,270	14,420	20,600
4d Sed	820	2,460	4,100	9,230	14,350	20,500
1948-49 Commodore Series, 8-cyl., 124" wb						
2d Clb Cpe	920	2,760	4,600	10,350	16,100	23,000
2d Conv	2,320	6,960	11,600	26,100	40,600	58,000
4d Sed	860	2,580	4,300	9,680	15,050	21,500
1950 Pacemaker Series 500, 6-cyl., 119" wb						
2d Bus Cpe	800	2,400	4,000	9,000	14,000	20,000
2d Clb Cpe	840	2,520	4,200	9,450	14,700	21,000
2d Conv	2,200	6,600	11,000	24,750	38,500	55,000
2d Sed	770	2,300	3,840	8,640	13,440	19,200
4d Sed	770	2,320	3,860	8,690	13,510	19,300
1950 DeLuxe Series 50A, 6-cyl., 119" wb						
2d Clb Cpe	890	2,660	4,440	9,990	15,540	22,200
2d Conv	2,240	6,720	11,200	25,200	39,200	56,000
2d Sed	780	2,350	3,920	8,820	13,720	19,600
4d Sed	780	2,340	3,900	8,780	13,650	19,500
1950 Super Six Series 501, 6-cyl., 124" wb						
2d Clb Cpe	900	2,700	4,500	10,130	15,750	22,500
2d Conv	2,280	6,840	11,400	25,650	39,900	57,000
2d Sed	810	2,420	4,040	9,090	14,140	20,200
4d Sed	800	2,410	4,020	9,050	14,070	20,100
1950 Commodore Series 502, 6-cyl., 124" wb						
2d Clb Cpe	920	2,760	4,600	10,350	16,100	23,000
2d Conv	2,320	6,960	11,600	26,100	40,600	58,000
4d Sed	840	2,520	4,200	9,450	14,700	21,000
1950 Super Series 503, 8-cyl., 124" wb						
2d Sed	840	2,520	4,200	9,450	14,700	21,000
2d Clb Cpe	940	2,820	4,700	10,580	16,450	23,500
4d Sed	830	2,480	4,140	9,320	14,490	20,700
1950 Commodore Series 504, 8-cyl., 124" wb						
2d Clb Cpe	960	2,880	4,800	10,800	16,800	24,000
2d Conv	2,400	7,200	12,000	27,000	42,000	60,000
4d Sed	840	2,520	4,200	9,450	14,700	21,000

	6	5	4	3	2	1
1951 Pacemaker Custom Series 4A, 6-cyl., 119" wb						
2d Cpe	860	2,580	4,300	9,680	15,050	21,500
2d Clb Cpe	900	2,700	4,500	10,130	15,750	22,500
2d Conv	2,200	6,600	11,000	24,750	38,500	55,000
2d Sed	800	2,410	4,020	9,050	14,070	20,100
4d Sed	800	2,400	4,000	9,000	14,000	20,000
1951 Super Custom Series 5A, 6-cyl., 124" wb						
2d Clb Cpe	920	2,760	4,600	10,350	16,100	23,000
2d Hlywd HT	1,360	4,080	6,800	15,300	23,800	34,000
2d Conv	2,240	6,720	11,200	25,200	39,200	56,000
2d Sed	820	2,460	4,100	9,230	14,350	20,500
4d Sed	830	2,480	4,140	9,320	14,490	20,700
1951 Commodore Custom Series 6A, 6-cyl., 124" wb						
2d Clb Cpe	940	2,820	4,700	10,580	16,450	23,500
2d Hlywd HT	1,400	4,200	7,000	15,750	24,500	35,000
2d Conv	2,280	6,840	11,400	25,650	39,900	57,000
4d Sed	900	2,710	4,520	10,170	15,820	22,600
1951 Hornet Series 7A, 6-cyl., 124" wb						
2d Clb Cpe	960	2,880	4,800	10,800	16,800	24,000
2d Hlywd HT	1,440	4,320	7,200	16,200	25,200	36,000
2d Conv	2,560	7,680	12,800	28,800	44,800	64,000
4d Sed	920	2,770	4,620	10,400	16,170	23,100
1951 Commodore Custom Series 8A, 8-cyl., 124" wb						
2d Clb Cpe	980	2,940	4,900	11,030	17,150	24,500
2d Hlywd HT	1,480	4,440	7,400	16,650	25,900	37,000
2d Conv	2,400	7,200	12,000	27,000	42,000	60,000
4d Sed	940	2,830	4,720	10,620	16,520	23,600
1952 Pacemaker Series 4B, 6-cyl., 119" wb						
2d Cpe	870	2,600	4,340	9,770	15,190	21,700
2d Clb Cpe	870	2,620	4,360	9,810	15,260	21,800
2d Sed	820	2,470	4,120	9,270	14,420	20,600
4d Sed	820	2,460	4,100	9,230	14,350	20,500
1952 Wasp Series 5B, 6-cyl., 119" wb						
2d Clb Cpe	880	2,640	4,400	9,900	15,400	22,000
2d Hlywd HT	1,280	3,840	6,400	14,400	22,400	32,000
2d Conv	2,200	6,600	11,000	24,750	38,500	55,000
2d Sed	830	2,480	4,140	9,320	14,490	20,700
4d Sed	820	2,470	4,120	9,270	14,420	20,600
1952 Commodore Series 6B, 6-cyl., 124" wb						
2d Clb Cpe	880	2,650	4,420	9,950	15,470	22,100
2d Hlywd HT	1,320	3,960	6,600	14,850	23,100	33,000
2d Conv	2,440	7,320	12,200	27,450	42,700	61,000
4d Sed	840	2,520	4,200	9,450	14,700	21,000
1952 Hornet Series 7B, 6-cyl., 124" wb						
2d Clb Cpe	890	2,680	4,460	10,040	15,610	22,300
2d Hlywd HT	1,360	4,080	6,800	15,300	23,800	34,000
2d Conv	2,480	7,440	12,400	27,900	43,400	62,000
4d Sed	840	2,530	4,220	9,500	14,770	21,100
1952 Commodore Series 8B, 8-cyl., 124" wb						
2d Clb Cpe	900	2,690	4,480	10,080	15,680	22,400
2d Hlywd HT	1,400	4,200	7,000	15,750	24,500	35,000
2d Conv	2,520	7,560	12,600	28,350	44,100	63,000
4d Sed	840	2,530	4,220	9,500	14,770	21,100
1953 Jet Series 1C, 6-cyl., 105" wb						
4d Sed	680	2,040	3,400	7,650	11,900	17,000
1953 Super Jet Series 2C, 6-cyl., 105" wb						
2d Clb Sed	700	2,100	3,500	7,880	12,250	17,500
4d Sed	704	2,112	3,520	7,920	12,320	17,600
1953 Wasp Series 4C, 6-cyl., 119" wb						
2d Clb Cpe	830	2,500	4,160	9,360	14,560	20,800
2d Sed	780	2,350	3,920	8,820	13,720	19,600
4d Sed	780	2,340	3,900	8,780	13,650	19,500
1953 Super Wasp Series 5C, 6-cyl., 119" wb						
2d Clb Cpe	840	2,520	4,200	9,450	14,700	21,000
2d Hlywd HT	1,280	3,840	6,400	14,400	22,400	32,000
2d Conv	2,200	6,600	11,000	24,750	38,500	55,000
2d Sed	790	2,360	3,940	8,870	13,790	19,700
4d Sed	780	2,350	3,920	8,820	13,720	19,600
1953 Hornet Series 7C, 6-cyl., 124" wb						
2d Clb Cpe	880	2,640	4,400	9,900	15,400	22,000
2d Hlywd HT	1,340	4,030	6,720	15,120	23,520	33,600
2d Conv	2,520	7,560	12,600	28,350	44,100	63,000
4d Sed	840	2,520	4,200	9,450	14,700	21,000
1954 Jet Series 1D, 6-cyl., 105" wb						
2d Utl Sed	760	2,280	3,800	8,550	13,300	19,000
2d Clb Sed	780	2,340	3,900	8,780	13,650	19,500
4d Sed	780	2,330	3,880	8,730	13,580	19,400
1954 Super Jet Series 2D, 6-cyl., 105" wb						
2d Clb Sed	720	2,160	3,600	8,100	12,600	18,000

HUDSON

	6	5	4	3	2	1
4d Sed 716		2,148	3,580	8,060	12,530	17,900
1954 Jet Liner Series 3D, 6-cyl., 105" wb						
2d Clb Sed 728		2,184	3,640	8,190	12,740	18,200
4d Sed 724		2,172	3,620	8,150	12,670	18,100
1954 Wasp Series 4D, 6-cyl., 119" wb						
2d Clb Cpe 820		2,460	4,100	9,230	14,350	20,500
2d Clb Sed 780		2,330	3,880	8,730	13,580	19,400
4d Sed 770		2,320	3,860	8,690	13,510	19,300
1954 Super Wasp Series 5D, 6-cyl., 119" wb						
2d Clb Cpe 830		2,480	4,140	9,320	14,490	20,700
2d Hlywd HT 1,240		3,720	6,200	13,950	21,700	31,000
2d Conv 2,240		6,720	11,200	25,200	39,200	56,000
2d Clb Sed 780		2,350	3,920	8,820	13,720	19,600
4d Sed 780		2,340	3,900	8,780	13,650	19,500
1954 Hornet Special Series 6D, 6-cyl., 124" wb						
2d Clb Cpe 880		2,640	4,400	9,900	15,400	22,000
2d Clb Sed 820		2,450	4,080	9,180	14,280	20,400
4d Sed 810		2,440	4,060	9,140	14,210	20,300
1954 Hornet Series 7D, 6-cyl., 124" wb						
2d Clb Cpe 920		2,760	4,600	10,350	16,100	23,000
2d Hlywd HT 1,320		3,960	6,600	14,850	23,100	33,000
2d Brgm Conv. 2,800		8,400	14,000	31,500	49,000	70,000
4d Sed 820		2,470	4,120	9,270	14,420	20,600
1954 Italia, 6-cyl.						
2d Cpe 13,100		39,300	65,500	147,380	229,250	327,500
1955 Super Wasp, 6-cyl., 114" wb						
4d Sed 660		1,980	3,300	7,430	11,550	16,500
1955 Custom Wasp, 6-cyl., 114" wb						
2d Hlywd HT 840		2,520	4,200	9,450	14,700	21,000
4d Sed 664		1,992	3,320	7,470	11,620	16,600
1955 Hornet Super, 6-cyl., 121" wb						
4d Sed 680		2,040	3,400	7,650	11,900	17,000
1955 Hornet Custom, 6-cyl., 121" wb						
2d Hlywd HT 880		2,640	4,400	9,900	15,400	22,000
4d Sed 700		2,100	3,500	7,880	12,250	17,500
1955 Italia, 6-cyl.						
2d Cpe 13,100		39,300	65,500	147,380	229,250	327,500

NOTE: Add 5% for V-8. For Hudson Rambler prices see Nash section same year.

	6	5	4	3	2	1
1956 Super Wasp, 6-cyl., 114" wb						
4d Sed 640		1,920	3,200	7,200	11,200	16,000
1956 Super Hornet, 6-cyl., 121" wb						
4d Sed 680		2,040	3,400	7,650	11,900	17,000
1956 Custom Hornet, 6-cyl., 121" wb						
2d Hlywd HT 920		2,760	4,600	10,350	16,100	23,000
4d Sed 720		2,160	3,600	8,100	12,600	18,000
1956 Hornet Super Special, 8-cyl., 114" wb						
2d Hlywd HT 960		2,880	4,800	10,800	16,800	24,000
4d Sed 728		2,184	3,640	8,190	12,740	18,200
1956 Hornet Custom, 8-cyl., 121" wb						
2d Hlywd HT 1,000		3,000	5,000	11,250	17,500	25,000
4d Sed 740		2,220	3,700	8,330	12,950	18,500

NOTE: For Hudson Rambler prices see Nash section same year.

	6	5	4	3	2	1
1957 Hornet Super, 8-cyl., 121" wb						
2d Hlywd HT 960		2,880	4,800	10,800	16,800	24,000
4d Sed 780		2,340	3,900	8,780	13,650	19,500
1957 Hornet Custom, 8-cyl., 121" wb						
2d Hlywd HT 1,000		3,000	5,000	11,250	17,500	25,000
4d Sed 820		2,460	4,100	9,230	14,350	20,500

NOTE: For Hudson Rambler prices see Nash section same year.

ESSEX

	6	5	4	3	2	1
1919 Model A, 4-cyl.						
2d Rds 680		2,040	3,400	7,650	11,900	17,000
4d Tr 600		1,800	3,000	6,750	10,500	15,000
4d Sed 540		1,620	2,700	6,080	9,450	13,500
1920 4-cyl.						
2d Rds 620		1,860	3,100	6,980	10,850	15,500
4d Tr 600		1,800	3,000	6,750	10,500	15,000
4d Sed 540		1,620	2,700	6,080	9,450	13,500
1921 4-cyl.						
2d Rds 640		1,920	3,200	7,200	11,200	16,000
4d Tr 580		1,740	2,900	6,530	10,150	14,500
2d Cabr. 620		1,860	3,100	6,980	10,850	15,500
2d Sed 480		1,440	2,400	5,400	8,400	12,000
4d Sed 480		1,450	2,420	5,450	8,470	12,100
1922 4-cyl.						
4d Tr 580		1,740	2,900	6,530	10,150	14,500
2d Cabr. 620		1,860	3,100	6,980	10,850	15,500
2d Sed 480		1,440	2,400	5,400	8,400	12,000

	6	5	4	3	2	1
4d Sed	480	1,450	2,420	5,450	8,470	12,100
1923 4-cyl.						
2d Cabr.	620	1,860	3,100	6,980	10,850	15,500
4d Phae	580	1,740	2,900	6,530	10,150	14,500
2d Sed	460	1,380	2,300	5,180	8,050	11,500
1924 Six, 6-cyl.						
4d Tr	620	1,860	3,100	6,980	10,850	15,500
2d Sed	460	1,380	2,300	5,180	8,050	11,500
1925 Six, 6-cyl.						
4d Tr	620	1,860	3,100	6,980	10,850	15,500
2d Sed	370	1,120	1,860	4,190	6,510	9,300
1926 Six, 6-cyl.						
4d Tr	620	1,860	3,100	6,980	10,850	15,500
2d Sed	480	1,440	2,400	5,400	8,400	12,000
4d Sed	480	1,450	2,420	5,450	8,470	12,100
1927 Six, 6-cyl.						
4d Tr	700	2,100	3,500	7,880	12,250	17,500
2d Sed	340	1,020	1,700	3,830	5,950	8,500
4d Sed	350	1,040	1,740	3,920	6,090	8,700
1927 Super Six, 6-cyl.						
2d BT Spds.	1,080	3,240	5,400	12,150	18,900	27,000
4d Tr	720	2,160	3,600	8,100	12,600	18,000
2d 4P Spds.	920	2,760	4,600	10,350	16,100	23,000
2d Cpe.	460	1,380	2,300	5,180	8,050	11,500
2d Sed	360	1,080	1,800	4,050	6,300	9,000
4d Sed	360	1,090	1,820	4,100	6,370	9,100
4d DeL Sed.	500	1,500	2,500	5,630	8,750	12,500
1928 First Series, 6-cyl.						
2d BT Spds.	1,020	3,060	5,100	11,480	17,850	25,500
2d 4P Spds.	940	2,820	4,700	10,580	16,450	23,500
2d Cpe.	480	1,430	2,380	5,360	8,330	11,900
2d Sed	360	1,090	1,820	4,100	6,370	9,100
4d Sed	370	1,120	1,860	4,190	6,510	9,300
1928 Second Series, 6-cyl.						
2d Spt Rds.	940	2,820	4,700	10,580	16,450	23,500
4d Phae	980	2,940	4,900	11,030	17,150	24,500
2d 2P Cpe.	500	1,500	2,500	5,630	8,750	12,500
2d RS Cpe	540	1,620	2,700	6,080	9,450	13,500
2d Sed	360	1,090	1,820	4,100	6,370	9,100
4d Sed	370	1,120	1,860	4,190	6,510	9,300
1929 Challenger Series, 6-cyl.						
2d Rds	1,300	3,900	6,500	14,630	22,750	32,500
2d Phae	540	1,620	2,700	6,080	9,450	13,500
2d 2P Cpe.	580	1,740	2,900	6,530	10,150	14,500
2d 4P Cpe.	500	1,490	2,480	5,580	8,680	12,400
2d Sed	380	1,130	1,880	4,230	6,580	9,400
4d Sed	460	1,370	2,280	5,130	7,980	11,400
2d RS Rds	1,280	3,840	6,400	14,400	22,400	32,000
4d Phae	1,240	3,720	6,200	13,950	21,700	31,000
2d Conv	1,200	3,600	6,000	13,500	21,000	30,000
2d RS Cpe	480	1,440	2,400	5,400	8,400	12,000
4d Twn Sed.	480	1,450	2,420	5,450	8,470	12,100
4d DeL Sed.	490	1,480	2,460	5,540	8,610	12,300
1930 First Series, Standard, 6-cyl.						
2d Rds	1,400	4,200	7,000	15,750	24,500	35,000
2d Conv	1,240	3,720	6,200	13,950	21,700	31,000
4d Phae	1,280	3,840	6,400	14,400	22,400	32,000
2d 2P Cpe.	460	1,370	2,280	5,130	7,980	11,400
2d RS Cpe	480	1,440	2,400	5,400	8,400	12,000
2d Sed	450	1,340	2,240	5,040	7,840	11,200
4d Std Sed	450	1,360	2,260	5,090	7,910	11,300
4d Twn Sed.	460	1,370	2,280	5,130	7,980	11,400
1930 Second Series, Standard, 6-cyl.						
2d RS Rds	1,480	4,440	7,400	16,650	25,900	37,000
4d Phae	1,440	4,320	7,200	16,200	25,200	36,000
4d Sun Sed.	600	1,800	3,000	6,750	10,500	15,000
4d Tr	1,360	4,080	6,800	15,300	23,800	34,000
2d 2P Cpe.	480	1,430	2,380	5,360	8,330	11,900
2d RS Cpe	520	1,550	2,580	5,810	9,030	12,900
2d Sed	340	1,020	1,700	3,830	5,950	8,500
4d Sed	340	1,030	1,720	3,870	6,020	8,600
4d Twn Sed.	440	1,320	2,200	4,950	7,700	11,000
4d DeL Sed.	460	1,370	2,280	5,130	7,980	11,400
4d Brgm	480	1,440	2,400	5,400	8,400	12,000
1931 Standard, 6-cyl.						
2d BT Rds.	1,960	5,880	9,800	22,050	34,300	49,000
4d Phae	1,320	3,960	6,600	14,850	23,100	33,000
2d RS Cpe	560	1,680	2,800	6,300	9,800	14,000
2d 2P Cpe.	520	1,560	2,600	5,850	9,100	13,000

ESSEX

ESSEX

	6	5	4	3	2	1
4d Sed	460	1,370	2,280	5,130	7,980	11,400
2d Sed	450	1,360	2,260	5,090	7,910	11,300
4d Tr Sed	460	1,380	2,300	5,180	8,050	11,500
1932 Pacemaker, 6-cyl.						
2d Conv	1,200	3,600	6,000	13,500	21,000	30,000
4d Phae	1,280	3,840	6,400	14,400	22,400	32,000
2d 2P Cpe.	560	1,680	2,800	6,300	9,800	14,000
2d RS Cpe	640	1,910	3,180	7,160	11,130	15,900
2d Sed	540	1,610	2,680	6,030	9,380	13,400
4d Sed	540	1,620	2,700	6,080	9,450	13,500

TERRAPLANE

	6	5	4	3	2	1
1933 Six, 6-cyl., 106" wb						
2d Rds	1,900	5,700	9,500	21,380	33,250	47,500
4d Phae	1,940	5,820	9,700	21,830	33,950	48,500
2d 2P Cpe.	850	2,560	4,260	9,590	14,910	21,300
2d RS Cpe	910	2,720	4,540	10,220	15,890	22,700
2d Sed	870	2,600	4,340	9,770	15,190	21,700
4d Sed	880	2,630	4,380	9,860	15,330	21,900
1933 Special Six, 6-cyl., 113" wb						
2d Spt Rds	1,960	5,880	9,800	22,050	34,300	49,000
4d Phae	1,980	5,940	9,900	22,280	34,650	49,500
2d Conv	1,620	4,860	8,100	18,230	28,350	40,500
2d Bus Cpe.	900	2,710	4,520	10,170	15,820	22,600
2d RS Cpe	920	2,750	4,580	10,310	16,030	22,900
2d Sed	880	2,630	4,380	9,860	15,330	21,900
4d Sed	880	2,650	4,420	9,950	15,470	22,100
1933 DeLuxe Six, 6-cyl., 113" wb						
2d Conv	1,820	5,460	9,100	20,480	31,850	45,500
2d 2P Cpe.	870	2,620	4,360	9,810	15,260	21,800
2d RS Cpe	930	2,800	4,660	10,490	16,310	23,300
2d Sed	880	2,640	4,400	9,900	15,400	22,000
4d Sed	890	2,680	4,460	10,040	15,610	22,300
1933 Terraplane, 8-cyl.						
2d 2P Rds.	1,820	5,460	9,100	20,480	31,850	45,500
2d RS Rds	1,860	5,580	9,300	20,930	32,550	46,500
2d 2P Cpe.	920	2,770	4,620	10,400	16,170	23,100
2d RS Cpe	970	2,920	4,860	10,940	17,010	24,300
2d Conv	1,790	5,380	8,960	20,160	31,360	44,800
2d Sed	920	2,770	4,620	10,400	16,170	23,100
4d Sed	930	2,800	4,660	10,490	16,310	23,300
1933 Terraplane DeLuxe Eight, 8-cyl.						
2d Conv	1,820	5,460	9,100	20,480	31,850	45,500
2P Cpe.	930	2,800	4,660	10,490	16,310	23,300
2d RS Cpe	990	2,980	4,960	11,160	17,360	24,800
2d Sed	920	2,770	4,620	10,400	16,170	23,100
4d Sed	930	2,800	4,660	10,490	16,310	23,300
1934 Terraplane Challenger KS, 6-cyl., 112" wb						
2P Cpe.	860	2,570	4,280	9,630	14,980	21,400
2d RS Cpe	900	2,690	4,480	10,080	15,680	22,400
2d Sed	830	2,480	4,140	9,320	14,490	20,700
4d Sed	840	2,520	4,200	9,450	14,700	21,000
1934 Major Line KU, 6-cyl.						
2P Cpe.	860	2,580	4,300	9,680	15,050	21,500
2d RS Cpe	900	2,700	4,500	10,130	15,750	22,500
2d Conv	1,740	5,220	8,700	19,580	30,450	43,500
2d Comp Vic	860	2,580	4,300	9,680	15,050	21,500
2d Sed	800	2,400	4,000	9,000	14,000	20,000
4d Sed	840	2,530	4,220	9,500	14,770	21,100
4d Comp Sed	850	2,560	4,260	9,590	14,910	21,300
1934 Special Line K, 8-cyl.						
2P Cpe.	880	2,640	4,400	9,900	15,400	22,000
2d RS Cpe	920	2,760	4,600	10,350	16,100	23,000
2d Conv	1,780	5,340	8,900	20,030	31,150	44,500
2d Comp Vic	860	2,590	4,320	9,720	15,120	21,600
2d Sed	840	2,520	4,200	9,450	14,700	21,000
4d Sed	840	2,530	4,220	9,500	14,770	21,100
4d Comp Sed	850	2,560	4,260	9,590	14,910	21,300
1935 Special G, 6-cyl.						
2P Cpe.	860	2,570	4,280	9,630	14,980	21,400
2d RS Cpe	870	2,600	4,340	9,770	15,190	21,700
4d Tr Brgm	850	2,540	4,240	9,540	14,840	21,200
2d Sed	840	2,530	4,220	9,500	14,770	21,100
4d Sed	850	2,540	4,240	9,540	14,840	21,200
4d Sub Sed.	850	2,560	4,260	9,590	14,910	21,300
1935 DeLuxe GU, 6-cyl., Big Six						
2d 2P Cpe.	880	2,640	4,400	9,900	15,400	22,000
2d RS Cpe	900	2,700	4,500	10,130	15,750	22,500
2d Conv	1,840	5,520	9,200	20,700	32,200	46,000

	6	5	4	3	2	1	245
4d Tr Brgm	880	2,650	4,420	9,950	15,470	22,100
2d Sed	880	2,630	4,380	9,860	15,330	21,900
4d Sed	880	2,640	4,400	9,900	15,400	22,000
4d Sub Sed	890	2,660	4,440	9,990	15,540	22,200
1936 DeLuxe 61, 6-cyl.						
2d Conv	1,740	5,220	8,700	19,580	30,450	43,500
2d 2P Cpe	860	2,580	4,300	9,680	15,050	21,500
2d RS Cpe	900	2,700	4,500	10,130	15,750	22,500
4d Brgm	800	2,410	4,020	9,050	14,070	20,100
2d Tr Brgm	860	2,580	4,300	9,680	15,050	21,500
4d Sed	850	2,540	4,240	9,540	14,840	21,200
4d Tr Sed	850	2,560	4,260	9,590	14,910	21,300
1936 Custom 62, 6-cyl.						
2d Conv	1,820	5,460	9,100	20,480	31,850	45,500
2d 2P Cpe	880	2,650	4,420	9,950	15,470	22,100
2d RS Cpe	940	2,820	4,700	10,580	16,450	23,500
4d Brgm	880	2,630	4,380	9,860	15,330	21,900
2d Tr Brgm	880	2,650	4,420	9,950	15,470	22,100
4d Sed	880	2,630	4,380	9,860	15,330	21,900
4d Tr Sed	880	2,640	4,400	9,900	15,400	22,000
1937 DeLuxe 71, 6-cyl.						
2d Bus Cpe	840	2,520	4,200	9,450	14,700	21,000
2d 3P Cpe	840	2,530	4,220	9,500	14,770	21,100
2d Vic Cpe	860	2,570	4,280	9,630	14,980	21,400
2d Conv	1,740	5,220	8,700	19,580	30,450	43,500
2d Brgm	840	2,520	4,200	9,450	14,700	21,000
1938 Terraplane Utility Series 80, 6-cyl., 117" wb						
2d 3P Cpe	760	2,270	3,780	8,510	13,230	18,900
2d Sed	740	2,230	3,720	8,370	13,020	18,600
4d Twn Sed	750	2,240	3,740	8,420	13,090	18,700
4d Sed	740	2,230	3,720	8,370	13,020	18,600
2d Tr Sed	750	2,240	3,740	8,420	13,090	18,700
4d Sta Wag	2,700	8,100	13,500	30,380	47,250	67,500
1938 Terraplane Deluxe Series 81, 6-cyl., 117" wb						
2d 3P Conv	1,740	5,220	8,700	19,580	30,450	43,500
2d Conv Brgm	1,820	5,460	9,100	20,480	31,850	45,500
2d 3P Cpe	800	2,410	4,020	9,050	14,070	20,100
2d Vic Cpe	860	2,580	4,300	9,680	15,050	21,500
4d Brgm	790	2,380	3,960	8,910	13,860	19,800
2d Tr Brgm	780	2,350	3,920	8,820	13,720	19,600
4d Sed	790	2,360	3,940	8,870	13,790	19,700
4d Tr Sed	790	2,380	3,960	8,910	13,860	19,800
1938 Terraplane Super Series 82, 6-cyl., 117" wb						
2d Conv	1,860	5,580	9,300	20,930	32,550	46,500
2d Conv Brgm	1,900	5,700	9,500	21,380	33,250	47,500
2d Vic Cpe	860	2,580	4,300	9,680	15,050	21,500
2d Brgm	840	2,510	4,180	9,410	14,630	20,000
2d Tr Brgm	830	2,480	4,140	9,320	14,490	20,700
4d Sed	830	2,500	4,160	9,360	14,560	20,800
4d Tr Sed	840	2,510	4,180	9,410	14,630	20,900

HUPMOBILE

	6	5	4	3	2	1
1909 Model 20, 4-cyl., 16.9 hp, 86" wb						
2d 2P Rbt	1,920	5,760	9,600	21,600	33,600	48,000
1910 Model 20, 4-cyl., 18/20 hp, 86" wb						
2d 2P B Rbt	1,880	5,640	9,400	21,150	32,900	47,000
1911 Model 20, 4-cyl., 20 hp, 86" wb						
2d 2P C Rbt	1,760	5,280	8,800	19,800	30,800	44,000
2d 2P T Torp	1,860	5,580	9,300	20,930	32,550	46,500
4d 4P D Tr	1,820	5,460	9,100	20,480	31,850	45,500
2d 4P F Cpe	1,520	4,560	7,600	17,100	26,600	38,000
1912 Model 20, 4-cyl., 20 hp, 86" wb						
2d 2P Rbt	1,760	5,280	8,800	19,800	30,800	44,000
2d 2P Rds	1,780	5,340	8,900	20,030	31,150	44,500
2d 2P Cpe	1,520	4,560	7,600	17,100	26,600	38,000
1912 Model 32, 4-cyl., 32 hp, 106" wb						
4d 4P Torp Tr	1,860	5,580	9,300	20,930	32,550	46,500
1913 Model 20-C, 4-cyl., 20 hp, 86" wb						
2d 2P Rbt	1,760	5,280	8,800	19,800	30,800	44,000
1913 Model 20-E, 4-cyl., 20 hp, 110" wb						
2d Rds	1,820	5,460	9,100	20,480	31,850	45,500
1913 Model 32, 4-cyl., 32 hp, 106" wb						
4d 5P H Tr	1,760	5,280	8,800	19,800	30,800	44,000
2d 2P H Rds	1,780	5,340	8,900	20,030	31,150	44,500
2d H L Cpe	1,560	4,680	7,800	17,550	27,300	39,000
1913 Model 32, 4-cyl., 32 hp, 126" wb						
4d 6P Tr	1,880	5,640	9,400	21,150	32,900	47,000
1914 Model 32, 4-cyl., 32 hp, 106" wb						
4d 6P HM Tr	1,720	5,160	8,600	19,350	30,100	43,000

	6	5	4	3	2	1
2d 2P HR Rds.	1,740	5,220	8,700	19,580	30,450	43,500
4d 5P H Tr.	1,680	5,040	8,400	18,900	29,400	42,000
2d 3P HAK Cpe	1,560	4,680	7,800	17,550	27,300	39,000
1915 Model 32, 4-cyl., 32 hp, 106" wb						
4d 4P Tr	1,720	5,160	8,600	19,350	30,100	43,000
2d 2P Rds.	1,740	5,220	8,700	19,580	30,450	43,500
1915 Model K, 4-cyl., 36 hp, 119" wb						
2d 2P Rds.	1,820	5,460	9,100	20,480	31,850	45,500
4d 5P Tr	1,790	5,370	8,950	20,140	31,330	44,750
2d 2P Cpe.	1,620	4,860	8,100	18,230	28,350	40,500
4d Limo.	1,720	5,160	8,600	19,350	30,100	43,000
1916 Model N, 4-cyl., 22.5 hp, 119" wb						
4d 5P Tr	1,460	4,380	7,300	16,430	25,550	36,500
2d 2P Rds.	1,420	4,260	7,100	15,980	24,850	35,500
4d 5P Sed.	1,220	3,660	6,100	13,730	21,350	30,500
4d 5P Year-'Round Tr	1,500	4,500	7,500	16,880	26,250	37,500
2d Year-'Round Cpe	1,260	3,780	6,300	14,180	22,050	31,500
1916 Model N, 4-cyl., 22.5 hp, 134" wb						
4d 7P Tr	1,620	4,860	8,100	18,230	28,350	40,500
4d 7P Limo.	1,340	4,020	6,700	15,080	23,450	33,500
1917 Model N, 4-cyl., 22 hp, 119" wb						
4d 5P Tr	1,360	4,080	6,800	15,300	23,800	34,000
2d 6P Rds.	1,400	4,200	7,000	15,750	24,500	35,000
4d 5P Year-'Round Tr	1,440	4,320	7,200	16,200	25,200	36,000
2d 2P Year-'Round Cpe.	1,160	3,480	5,800	13,050	20,300	29,000
4d 5P Sed.	1,040	3,120	5,200	11,700	18,200	26,000
1917 Model N, 4-cyl., 22.5 hp, 134" wb						
4d 7P Tr	1,560	4,680	7,800	17,550	27,300	39,000
NOTE: Series R introduced October 1917.						
1918 Series R-1, 4-cyl., 16.9 hp, 112" wb						
4d 5P Tr	1,180	3,540	5,900	13,280	20,650	29,500
2d 2P Rds.	1,160	3,480	5,800	13,050	20,300	29,000
1919 Series R-1,2,3, 4-cyl., 16.9 hp, 112" wb						
4d 5P Tr	1,220	3,660	6,100	13,730	21,350	30,500
2d 2P Rds.	1,200	3,600	6,000	13,500	21,000	30,000
4d 5P Sed.	940	2,820	4,700	10,580	16,450	23,500
2d 4P Cpe.	1,020	3,060	5,100	11,480	17,850	25,500
1920 Series R-3,4,5, 4-cyl., 35 hp, 112" wb						
4d 5P Tr	1,260	3,780	6,300	14,180	22,050	31,500
2d 2P Rds.	1,240	3,720	6,200	13,950	21,700	31,000
2d 4P Cpe.	1,060	3,180	5,300	11,930	18,550	26,500
4d 5P Sed.	980	2,940	4,900	11,030	17,150	24,500
1921 Series R-4,5,6, 4-cyl., 35 hp, 112" wb						
4d 5P Tr	1,260	3,780	6,300	14,180	22,050	31,500
2d 2P Rds.	1,240	3,720	6,200	13,950	21,700	31,000
2d 4P Cpe.	1,060	3,180	5,300	11,930	18,550	26,500
4d 5P Sed.	980	2,940	4,900	11,030	17,150	24,500
1922 Series R-7,8,9,10, 4-cyl., 35 hp, 112" wb						
4d 5P Tr	1,260	3,780	6,300	14,180	22,050	31,500
2d 2P Cpe Rds.	1,240	3,720	6,200	13,950	21,700	31,000
2d 2P Cpe.	980	2,940	4,900	11,030	17,150	24,500
2d 4P Cpe.	1,080	3,240	5,400	12,150	18,900	27,000
4d 5P Sed.	980	2,940	4,900	11,030	17,150	24,500
1923 Series R-10,11,12, 4-cyl., 35 hp, 112" wb						
4d 5P Tr	1,220	3,660	6,100	13,730	21,350	30,500
4d 5P Spl Tr	1,460	4,380	7,300	16,430	25,550	36,500
2d 2P Rds.	1,280	3,840	6,400	14,400	22,400	32,000
2d Spl Rds	1,320	3,960	6,600	14,850	23,100	33,000
4d 5P Sed.	980	2,940	4,900	11,030	17,150	24,500
2d 4P Cpe.	1,060	3,180	5,300	11,930	18,550	26,500
2d 2P Cpe.	1,020	3,060	5,100	11,480	17,850	25,500
1924 Series R-12,13, 4-cyl., 39 hp, 115" wb						
4d 5P Tr	1,220	3,660	6,100	13,730	21,350	30,500
4d 5P Spl Tr	1,500	4,500	7,500	16,880	26,250	37,500
2d 2P Spl Rds.	1,520	4,560	7,600	17,100	26,600	38,000
2d 2P Cpe.	1,100	3,300	5,500	12,380	19,250	27,500
2d 4P Cpe.	1,140	3,420	5,700	12,830	19,950	28,500
4d 5P Sed.	1,020	3,060	5,100	11,480	17,850	25,500
4d 5P Clb Sed	1,060	3,180	5,300	11,930	18,550	26,500
1925 Model R-14,15, 4-cyl., 39 hp, 115" wb						
4d 5P Tr	1,220	3,660	6,100	13,730	21,350	30,500
2d 2P Rds.	1,280	3,840	6,400	14,400	22,400	32,000
2d 2P Cpe.	1,060	3,180	5,300	11,930	18,550	26,500
4d 5P Clb Sed	1,060	3,180	5,300	11,930	18,550	26,500
4d 5P Sed.	1,020	3,060	5,100	11,480	17,850	25,500
1925 Model E-1, 8-cyl., 60 hp, 118-1/4" wb						
4d 5P Tr	1,540	4,620	7,700	17,330	26,950	38,500
2d 2P Rds.	1,580	4,740	7,900	17,780	27,650	39,500
2d 4P Cpe.	1,320	3,960	6,600	14,850	23,100	33,000

HUPMOBILE

	6	5	4	3	2	1
4d 5P Sed.	1,240	3,720	6,200	13,950	21,700	31,000

1926 Model A-1, 6-cyl., 50 hp, 114" wb

	6	5	4	3	2	1
4d 5P Tr	1,360	4,080	6,800	15,300	23,800	34,000
4d 5P Sed.	1,200	3,600	6,000	13,500	21,000	30,000

1926 Model E-2, 8-cyl., 63 hp, 118-1/4" wb

	6	5	4	3	2	1
2d 4P Rds.	1,540	4,620	7,700	17,330	26,950	38,500
4d 5P Tr	1,580	4,740	7,900	17,780	27,650	39,500
2d 2P Cpe.	1,340	4,020	6,700	15,080	23,450	33,500
2d 4P Cpe.	1,360	4,080	6,800	15,300	23,800	34,000
4d 5P Sed.	1,260	3,780	6,300	14,180	22,050	31,500

1927 Series A, 6-cyl., 50 hp, 114" wb

	6	5	4	3	2	1
4d 5P Tr	1,360	4,080	6,800	15,300	23,800	34,000
2d 2P Rds.	1,340	4,020	6,700	15,080	23,450	33,500
4d 5P Sed.	1,200	3,600	6,000	13,500	21,000	30,000
2d 4P Cpe.	1,280	3,840	6,400	14,400	22,400	32,000
4d 5P Brgm.	1,300	3,900	6,500	14,630	22,750	32,500

1927 Series E-3, 8-cyl., 67 hp, 125" wb

	6	5	4	3	2	1
2d 4P Rds.	1,520	4,560	7,600	17,100	26,600	38,000
4d 5P Tr	1,480	4,440	7,400	16,650	25,900	37,000
4d 5P Spt Tr	1,520	4,560	7,600	17,100	26,600	38,000
2d 2P Cpe.	1,240	3,720	6,200	13,950	21,700	31,000
4d 7P Tr	1,440	4,320	7,200	16,200	25,200	36,000
4d 5P Sed.	1,120	3,360	5,600	12,600	19,600	28,000
4d 7P Sed.	1,140	3,420	5,700	12,830	19,950	28,500
4d 5P Berl.	1,160	3,480	5,800	13,050	20,300	29,000
4d 5P Brgm.	1,140	3,420	5,700	12,830	19,950	28,500
2d 5P Vic.	1,160	3,480	5,800	13,050	20,300	29,000
4d Limo Sed	1,200	3,600	6,000	13,500	21,000	30,000

1928 Century Series A, 6-cyl., 57 hp, 114" wb

	6	5	4	3	2	1
4d 5P Phae.	1,330	3,990	6,650	14,960	23,280	33,250
4d 7P Phae.	1,290	3,870	6,450	14,510	22,580	32,250
4d 4P Cpe.	1,010	3,030	5,050	11,360	17,680	25,250
4d 5P Sed.	970	2,910	4,850	10,910	16,980	24,250
2d 5P Sed.	890	2,670	4,450	10,010	15,580	22,250

1928 Century Series M, 8-cyl., 80 hp, 120" wb

	6	5	4	3	2	1
2d Rds	1,680	5,040	8,400	18,900	29,400	42,000
4d 5P Tr	1,640	4,920	8,200	18,450	28,700	41,000
4d 7P Tr	1,600	4,800	8,000	18,000	28,000	40,000
2d 2P Cpe.	1,400	4,200	7,000	15,750	24,500	35,000
4d Brgm	1,320	3,960	6,600	14,850	23,100	33,000
2d Vic	1,360	4,080	6,800	15,300	23,800	34,000
4d 5P Sed.	1,200	3,600	6,000	13,500	21,000	30,000
4d 7P Sed.	1,160	3,480	5,800	13,050	20,300	29,000
4d Sed Limo	1,240	3,720	6,200	13,950	21,700	31,000

1928 Century Series 125 (E-4), 8-cyl., 80 hp, 125" wb

	6	5	4	3	2	1
2d R.S. Rds	1,820	5,460	9,100	20,480	31,850	45,500
4d 5P Tr	1,780	5,340	8,900	20,030	31,150	44,500
4d 7P Tr	1,740	5,220	8,700	19,580	30,450	43,500
2d R.S. Cpe	2,140	6,420	10,700	24,080	37,450	53,500
4d 5P Brgm.	1,460	4,380	7,300	16,430	25,550	36,500
4d 5P Sed.	1,340	4,020	6,700	15,080	23,450	33,500
4d 7P Sed.	1,300	3,900	6,500	14,630	22,750	32,500
2d Vic.	1,460	4,380	7,300	16,430	25,550	36,500
4d Sed-Limo	1,420	4,200	7,100	15,980	24,850	35,500

NOTE: Series A and Series E-3 of 1927 carried over as 1928 models. Both Century Series A and M available in custom line.

1929 Series A, 6-cyl., 57 hp, 114" wb

	6	5	4	3	2	1
4d 5P Tr	1,460	4,380	7,300	16,430	25,550	36,500
2d 4P Rds.	1,500	4,500	7,500	16,880	26,250	37,500
4d 7P Tr	1,420	4,260	7,100	15,980	24,850	35,500
4d 5P Brgm.	1,100	3,300	5,500	12,380	19,250	27,500
2d 4P Cpe.	1,140	3,420	5,700	12,830	19,950	28,500
4d 5P Sed.	980	2,940	4,900	11,030	17,150	24,500
2d 2P Cabr.	1,500	4,500	7,500	16,880	26,250	37,500
2d 4P Cabr.	1,540	4,620	7,700	17,330	26,950	38,500

1929 Series M, 8-cyl., 80 hp, 120" wb

	6	5	4	3	2	1
4d 5P Tr	1,520	4,560	7,600	17,100	26,600	38,000
2d 4P Rds.	1,560	4,680	7,800	17,550	27,300	39,000
4d 7P Tr	1,480	4,440	7,400	16,650	25,900	37,000
4d 5P Brgm.	1,160	3,480	5,800	13,050	20,300	29,000
2d 4P Cpe.	1,200	3,600	6,000	13,500	21,000	30,000
4d 5P Sed.	1,040	3,120	5,200	11,700	18,200	26,000
2d 5P Cabr.	1,640	4,920	8,200	18,450	28,700	41,000
4d 5P Twn Sed	1,120	3,360	5,600	12,600	19,600	28,000
4d 7P Sed (130" wb)	1,160	3,480	5,800	13,050	20,300	29,000
4d 7P Limo (130" wb)	1,360	4,080	6,800	15,300	23,800	34,000

NOTE: Both series available in custom line models.

1930 Model S, 6-cyl., 70 hp, 114" wb

	6	5	4	3	2	1
4d Phae	1,700	5,100	8,500	19,130	29,750	42,500
2d Cpe	1,300	3,900	6,500	14,630	22,750	32,500

	6	5	4	3	2	1
4d Sed	1,140	3,420	5,700	12,830	19,950	28,500
2d Conv Cabr	1,800	5,400	9,000	20,250	31,500	45,000
1930 Model C, 8-cyl., 100 hp, 121" wb						
2d Cpe	1,320	3,960	6,600	14,850	23,100	33,000
4d Sed	1,200	3,600	6,000	13,500	21,000	30,000
2d Cabr.	1,880	5,640	9,400	21,150	32,900	47,000
4d Tr Sed	1,240	3,720	6,200	13,950	21,700	31,000
1930 Model H, 8-cyl., 133 hp, 125" wb						
4d Sed	1,440	4,320	7,200	16,200	25,200	36,000
2d Cpe	1,520	4,560	7,600	17,100	26,600	38,000
2d Cabr.	2,840	8,520	14,200	31,950	49,700	71,000
4d Tr Sed	1,440	4,320	7,200	16,200	25,200	36,000
1930 Model U, 8-cyl., 133 hp, 137" wb						
4d Sed	1,520	4,560	7,600	17,100	26,600	38,000
4d Sed Limo	1,600	4,800	8,000	18,000	28,000	40,000
NOTE: All models available in custom line.						
1931 Century Six, Model S, 70 hp, 114" wb						
4d Phae	1,780	5,340	8,900	20,030	31,150	44,500
2d 2P Cpe.	1,300	3,900	6,500	14,630	22,750	32,500
2d 4P Cpe.	1,340	4,020	6,700	15,080	23,450	33,500
2d Rds	1,820	5,460	9,100	20,480	31,850	45,500
4d Sed	1,140	3,420	5,700	12,830	19,950	28,500
2d Cabr.	1,840	5,520	9,200	20,700	32,200	46,000
1931 Century Eight, Model L, 90 hp, 118" wb						
4d Phae	1,840	5,520	9,200	20,700	32,200	46,000
2d Rds	1,880	5,640	9,400	21,150	32,900	47,000
2d 2P Cpe.	1,280	3,840	6,400	14,400	22,440	32,000
2d 4P Cpe.	1,320	3,960	6,600	14,850	23,100	33,000
4d Sed	1,160	3,480	5,800	13,050	20,300	29,000
2d Cabr.	1,880	5,640	9,400	21,150	32,900	47,000
1931 Model C, 8-cyl., 100 hp, 121" wb						
4d Spt Phae	2,000	6,000	10,000	22,500	35,000	50,000
2d 4P Cpe.	1,360	4,080	6,800	15,300	23,800	34,000
4d Sed	1,200	3,600	6,000	13,500	21,000	30,000
2d Vic Cpe	1,320	3,960	6,600	14,850	23,100	33,000
2d Cabr.	1,920	5,760	9,600	21,600	33,600	48,000
4d Twn Sed.	1,280	3,840	6,400	14,400	22,400	32,000
1931 Model H, 8-cyl., 133 hp, 125" wb						
2d Cpe	1,480	4,440	7,400	16,650	25,900	37,000
4d Sed	1,320	3,960	6,600	14,850	23,100	33,000
4d Twn Sed.	1,360	4,080	6,800	15,300	23,800	34,000
4d Phae	2,200	6,600	11,000	24,750	38,500	55,000
2d Vic Cpe	1,680	5,040	8,400	18,900	29,400	42,000
2d Cabr.	2,880	8,640	14,400	32,400	50,400	72,000
1931 Model U, 8-cyl., 133 hp, 137" wb						
2d Vic Cpe	1,680	5,040	8,400	18,900	29,400	42,000
4d Sed	1,640	4,920	8,200	18,450	28,700	41,000
4d Sed Limo	1,720	5,160	8,600	19,350	30,100	43,000
NOTE: All models available in custom line.						
1932 Series S-214, 6-cyl., 70 hp, 114" wb						
2d Rds	1,760	5,280	8,800	19,800	30,800	44,000
2d Cpe	1,240	3,720	6,200	13,950	21,700	31,000
4d Sed	1,120	3,360	5,600	12,600	19,600	28,000
2d Cabr.	1,800	5,400	9,000	20,250	31,500	45,000
1932 Series B-216, 6-cyl., 75 hp, 116" wb						
4d Phae	1,840	5,520	9,200	20,700	32,200	46,000
2d Rds	1,880	5,640	9,400	21,150	32,900	47,000
2d 2P Cpe.	1,240	3,720	6,200	13,950	21,700	31,000
2d 4P Cpe.	1,280	3,840	6,400	14,400	22,400	32,000
4d Sed	1,160	3,480	5,800	13,050	20,300	29,000
2d Conv Cabr	1,800	5,400	9,000	20,250	31,500	45,000
1932 Series L-218, 8-cyl., 90 hp, 118" wb						
2d Rds	1,800	5,400	9,000	20,250	31,500	45,000
2d Cpe	1,280	3,840	6,400	14,400	22,400	32,000
4d Sed	1,160	3,480	5,800	13,050	20,300	29,000
2d Cabr.	1,760	5,280	8,800	19,800	30,800	44,000
1932 Series C-221, 8-cyl., 100 hp, 121" wb						
4d Sed	1,200	3,600	6,000	13,500	21,000	30,000
2d Vic	1,280	3,840	6,400	14,400	22,400	32,000
4d Twn Sed.	1,220	3,660	6,100	13,730	21,350	30,500
1932 Series F-222, 8-cyl., 93 hp, 122" wb						
2d Cabr.	1,840	5,520	9,200	20,700	32,200	46,000
2d Cpe	1,280	3,840	6,400	14,400	22,400	32,000
4d Sed	1,200	3,600	6,000	13,500	21,000	30,000
2d Vic	1,320	3,960	6,600	14,850	23,100	33,000
1932 Series H-225, 8-cyl., 133 hp, 125" wb						
4d Sed	1,280	3,840	6,400	14,400	22,400	32,000
1932 Series I-226, 8-cyl., 103 hp, 126" wb						
2d Cpe	1,440	4,320	7,200	16,200	25,200	36,000

	6	5	4	3	2	1
2d Cabr Rds 2,880		8,640	14,400	32,400	50,400	72,000
4d Sed 1,360		4,080	6,800	15,300	23,800	34,000
2d Vic 1,680		5,040	8,400	18,900	29,400	42,000

1932 Series V-237, 8-cyl., 133 hp, 137" wb

	6	5	4	3	2	1
2d Vic 1,600		4,800	8,000	18,000	28,000	40,000
4d Sed 1,520		4,560	7,600	17,100	26,600	38,000

NOTE: Series S-214, L-218, C-221, H-225 and V-237 were carryovers of 1931 models. Horsepower of Series F-222 raised to 96 mid-year.

1933 Series K-321, 6-cyl., 90 hp, 121" wb

	6	5	4	3	2	1
2d Cpe 1,160		3,480	5,800	13,050	20,300	29,000
4d Sed 1,080		3,240	5,400	12,150	18,900	27,000
2d Vic 1,280		3,840	6,400	14,400	22,400	32,000
2d Cabr. 1,760		5,280	8,800	19,800	30,800	44,000

1933 Series KK-321A, 6-cyl., 90 hp, 121" wb

	6	5	4	3	2	1
2d Cpe 1,160		3,480	5,800	13,050	20,300	29,000
4d Sed 1,080		3,240	5,400	12,150	18,900	27,000
2d Vic 1,280		3,840	6,400	14,400	22,400	32,000

1933 Series F-322, 8-cyl., 96 hp, 122" wb

	6	5	4	3	2	1
2d Cpe 1,240		3,720	6,200	13,950	21,700	31,000
4d Sed 1,080		3,240	5,400	12,150	18,900	27,000
2d Vic 1,280		3,840	6,400	14,400	22,400	32,000
2d Cabr. 1,800		5,400	9,000	20,250	31,500	45,000

1933 Series I-326, 8-cyl., 109 hp, 126" wb

	6	5	4	3	2	1
2d Cpe 1,260		3,780	6,300	14,180	22,050	31,500
4d Sed 1,180		3,540	5,900	13,280	20,650	29,500
2d Vic 1,600		4,800	8,000	18,000	28,000	40,000
2d Cabr. 2,600		7,800	13,000	29,250	45,500	65,000

1934 Series 417-W, 6-cyl., 80 hp, 117" wb

	6	5	4	3	2	1
2d Cpe 1,200		3,600	6,000	13,500	21,000	30,000
4d Sed 1,080		3,240	5,400	12,150	18,900	27,000

1934 Series KK-421A, 6-cyl., 90 hp, 121" wb

	6	5	4	3	2	1
4d DeL Sed. 1,160		3,480	5,800	13,050	20,300	29,000
4d Sed 1,120		3,360	5,600	12,600	19,600	28,000
4d Tr Sed 1,160		3,480	5,800	13,050	20,300	29,000
2d Cpe 1,060		4,000	6,000	15,000	20,000	34,000
2d Cabr. 1,840		5,520	9,200	20,700	32,200	46,000
2d Vic 1,280		3,840	6,400	14,400	22,400	32,000

1934 Series K-421, 6-cyl., 90 hp, 121" wb

	6	5	4	3	2	1
2d Cpe 1,120		3,360	5,600	12,600	19,600	28,000
4d Sed 1,080		3,240	5,400	12,150	18,900	27,000
2d Vic 1,160		3,480	5,800	13,050	20,300	29,000
2d Cabr. 1,680		5,040	8,400	18,900	29,400	42,000

1934 Series 421-J, 6-cyl., 93 hp, 121" wb

	6	5	4	3	2	1
2d Cpe 1,360		4,080	6,800	15,300	23,800	34,000
4d Sed 1,200		3,600	6,000	13,500	21,000	30,000
2d Vic 1,360		4,080	6,800	15,300	23,800	34,000

1934 Series F-442, 8-cyl., 96 hp, 122" wb

	6	5	4	3	2	1
2d Cpe 1,400		4,200	7,000	15,750	24,500	35,000
4d Sed 1,240		3,720	6,200	13,950	21,700	31,000
2d Vic 1,400		4,200	7,000	15,750	24,500	35,000
2d Cabr. 1,720		5,100	8,000	19,950	30,100	43,000

1934 Series I-426, 8-cyl., 109 hp, 126" wb

	6	5	4	3	2	1
2d Cpe 1,440		4,320	7,200	16,200	25,200	36,000
4d Sed 1,280		3,840	6,400	14,400	22,400	32,000
2d Vic 1,600		4,800	8,000	18,000	28,000	40,000
2d Cabr. 2,600		7,800	13,000	29,250	45,500	65,000

1934 Series 427-T, 8-cyl., 115 hp, 127" wb

	6	5	4	3	2	1
2d Cpe 1,480		4,440	7,400	16,650	25,900	37,000
4d Sed 1,320		3,960	6,600	14,850	23,100	33,000
2d Vic 1,480		4,440	7,400	16,650	25,900	37,000

NOTE: Series KK-421A, K-421, F-422, I-426 were carryover 1933 models.

1935 Series 517-W, 6-cyl., 91 hp, 117" wb

	6	5	4	3	2	1
4d Sed 1,140		3,420	5,700	12,830	19,950	28,500
4d Sed Tr 1,160		3,480	5,800	13,050	20,300	29,000

1935 Series 518-D, 6-cyl., 91 hp, 118" wb

	6	5	4	3	2	1
4d Sed 1,160		3,480	5,800	13,050	20,300	29,000

1935 Series 521-J, 6-cyl., 101 hp, 121" wb

	6	5	4	3	2	1
4d Sed 1,200		3,600	6,000	13,500	21,000	30,000
2d Cpe 1,240		3,720	6,200	13,950	21,700	31,000
2d Vic 1,240		3,720	6,200	13,950	21,700	31,000

1935 Series 521-O, 8-cyl., 120 hp, 121" wb

	6	5	4	3	2	1
2d Cpe 1,240		3,720	6,200	13,950	21,700	31,000
2d Vic 1,240		3,720	6,200	13,950	21,700	31,000
2d Vic Tr 1,240		3,720	6,200	13,950	21,700	31,000
4d Sed 1,080		3,240	5,400	12,150	18,900	27,000
4d Sed Tr 1,180		3,540	5,900	13,280	20,650	29,500

1935 Series 527-T, 8-cyl., 120 hp, 127-1/2" wb

	6	5	4	3	2	1
4d Sed 1,320		3,960	6,600	14,850	23,100	33,000
2d Cpe 1,380		4,140	6,900	15,530	24,150	34,500

HUPMOBILE

	6	5	4	3	2	1
2d Vic 1,600		4,800	8,000	18,000	28,000	40,000

NOTE: All series except 517-W available in deluxe models.

1936 Series 618-D, 6-cyl., 101 hp, 118" wb
	6	5	4	3	2	1
4d Sed 1,080		3,240	5,400	12,150	18,900	27,000
4d Tr Sed 1,100		3,300	5,500	12,380	19,250	27,500

1936 Series 618-G, 6-cyl., 101 hp, 118" wb
	6	5	4	3	2	1
2d Bus Cpe. 1,120		3,360	5,600	12,600	19,600	28,000
2d Cpe 1,160		3,480	5,800	13,050	20,300	29,000
4d Sed 1,080		3,240	5,400	12,150	18,900	27,000
2d Sed 1,040		3,120	5,200	11,700	18,200	26,000
4d Tr Sed 1,100		3,300	5,500	12,380	19,250	27,500
2d Tr Sed 1,060		3,180	5,300	11,930	18,550	26,500

1936 Series 621-N, 8-cyl., 120 hp, 121" wb
	6	5	4	3	2	1
2d Cpe 1,180		3,540	5,900	13,280	20,650	29,500
2d Sed 1,080		3,240	5,400	12,150	18,900	27,000
4d Sed 1,100		3,300	5,500	12,380	19,250	27,500
4d Tr Sed 1,120		3,360	5,600	12,600	19,600	28,000
2d Tr Sed 1,100		3,300	5,500	12,380	19,250	27,500

1936 Series 621-O, 8-cyl., 120 hp, 121" wb
	6	5	4	3	2	1
2d Cpe 1,200		3,600	6,000	13,500	21,000	30,000
4d Vic 1,240		3,720	6,200	13,950	21,700	31,000
4d Tr Vic 1,260		3,780	6,300	14,180	22,050	31,500
4d Sed 1,120		3,360	5,600	12,600	19,600	28,000
4d Tr Sed 1,140		3,420	5,700	12,830	19,950	28,500

NOTE: Series 618-G and 621-N available in custom models. Series 618-D and 621-O available in deluxe models.

1937 Series 621-O, 8-cyl., 120 hp, 121" wb
Although ostensibly there were no 1937 Hupmobiles beginning July 1937, some 1936 style 618-G and 621-N models were run off to use up parts. Some of these cars may have been sold in the U.S. as 1937 models.

1938 Series 822-ES, 6-cyl., 101 hp, 122" wb
	6	5	4	3	2	1
4d Std Sed 1,000		3,000	5,000	11,250	17,500	25,000

1938 Series 822-E, 6-cyl., 101 hp, 122" wb
	6	5	4	3	2	1
4d Sed 1,000		3,000	5,000	11,250	17,500	25,000
4d DeL Sed. 1,020		3,060	5,100	11,480	17,850	25,500
4d Cus Sed. 1,040		3,120	5,200	11,700	18,200	26,000

1938 Series 825-H, 8-cyl., 120 hp, 125" wb
	6	5	4	3	2	1
4d Sed 1,140		3,420	5,700	12,830	19,950	28,500
4d DeL Sed. 1,160		3,480	5,800	13,050	20,300	29,000
4d Cus Sed. 1,180		3,540	5,900	13,280	20,650	29,500

1939 Model R, 6-cyl., 101 hp, 115" wb
	6	5	4	3	2	1
4d Spt Sed 1,020		3,060	5,100	11,480	17,850	25,500
4d Cus Sed. 1,030		3,080	5,140	11,570	17,990	25,700

1939 Model E, 6-cyl., 101 hp, 122" wb
	6	5	4	3	2	1
4d DeL Sed. 1,000		3,000	5,000	11,250	17,500	25,000
4d Cus Sed. 1,010		3,020	5,040	11,340	17,640	25,200

1939 Model H, 8-cyl., 120 hp, 125" wb
	6	5	4	3	2	1
4d DeL Sed. 1,160		3,480	5,800	13,050	20,300	29,000
4d Cus Sed. 1,170		3,500	5,840	13,140	20,440	29,200

NOTE: The first pilot models of the Skylark were built April, 1939.

1940 Skylark, 6-cyl., 101 hp, 115" wb
	6	5	4	3	2	1
4d Sed 2,200		6,600	11,000	24,750	38,500	55,000

1941 Series 115-R Skylark, 6-cyl., 101 hp, 115" wb
	6	5	4	3	2	1
4d Sed 2,240		6,720	11,200	25,200	39,200	56,000

KAISER

1947-48 Special, 6-cyl.
	6	5	4	3	2	1
4d Sed 780		2,340	3,900	8,780	13,650	19,500

1947-48 Custom, 6-cyl.
	6	5	4	3	2	1
4d Sed 800		2,400	4,000	9,000	14,000	20,000

1949-50 Special, 6-cyl.
	6	5	4	3	2	1
4d Sed 812		2,436	4,060	9,140	14,210	20,300

1949-50 Traveler, 6-cyl.
	6	5	4	3	2	1
4d Sed 820		2,460	4,100	9,230	14,350	20,500

1949-50 DeLuxe, 6-cyl.
	6	5	4	3	2	1
4d Sed 832		2,496	4,160	9,360	14,560	20,800
4d Conv Sed. 2,720		8,160	13,600	30,600	47,600	68,000

1949-50 Vagabond, 6-cyl.
	6	5	4	3	2	1
4d Sed 980		2,940	4,900	11,030	17,150	24,500

1949-50 Virginian, 6-cyl.
	6	5	4	3	2	1
4d Sed HT 1,300		3,900	6,500	14,630	22,750	32,500

1951 Special, 6-cyl.
	6	5	4	3	2	1
4d Sed 820		2,460	4,100	9,230	14,350	20,500
4d Trav Sed. 832		2,496	4,160	9,360	14,560	20,800
2d Sed 824		2,472	4,120	9,270	14,420	20,600
2d Trav Sed. 840		2,520	4,200	9,450	14,700	21,000
2d Bus Cpe. 900		2,700	4,500	10,130	15,750	22,500

1951 DeLuxe
	6	5	4	3	2	1
4d Sed 836		2,508	4,180	9,410	14,630	20,900
4d Trav Sed. 844		2,532	4,220	9,500	14,770	21,100
2d Sed 840		2,520	4,200	9,450	14,700	21,000

	6	5	4	3	2	1
2d Trav Sed.	848	2,544	4,240	9,540	14,840	21,200
2d Clb Cpe	980	2,940	4,900	11,030	17,150	24,500
1952 Kaiser DeLuxe, 6-cyl.						
4d Sed	820	2,460	4,100	9,230	14,350	20,500
Ta Sed	840	2,520	4,200	9,450	14,700	21,000
2d Sed	820	2,460	4,100	9,230	14,350	20,500
2d Trav	860	2,580	4,300	9,680	15,050	21,500
2d Bus Cpe.	960	2,880	4,800	10,800	16,800	24,000
1952 Kaiser Manhattan, 6-cyl.						
4d Sed	880	2,640	4,400	9,900	15,400	22,000
2d Sed	900	2,700	4,500	10,130	15,750	22,500
2d Clb Cpe	1,160	3,480	5,800	13,050	20,300	29,000
1952 Virginian, 6-cyl.						
4d Sed	840	2,520	4,200	9,450	14,700	21,000
2d Sed	844	2,532	4,220	9,500	14,770	21,100
2d Clb Cpe	940	2,820	4,700	10,580	16,450	23,500
1953 Carolina, 6-cyl.						
2d Sed	832	2,496	4,160	9,360	14,560	20,800
4d Sed	828	2,484	4,140	9,320	14,490	20,700
1953 Deluxe						
2d Clb Sed	840	2,520	4,200	9,450	14,700	21,000
4d Trav Sed.	844	2,532	4,220	9,500	14,770	21,100
4d Sed	836	2,508	4,180	9,410	14,630	20,900
1953 Manhattan, 6-cyl.						
2d Clb Sed	1,080	3,240	5,400	12,150	18,900	27,000
4d Sed	884	2,652	4,420	9,950	15,470	22,100
1953 Dragon 4d Sed, 6-cyl.						
4d Sed	1,460	4,380	7,300	16,430	25,550	36,500
1954 Early Special, 6-cyl.						
4d Sed	884	2,652	4,420	9,950	15,470	22,100
2d Clb Sed	888	2,664	4,440	9,990	15,540	22,200
1954 Late Special, 6-cyl.						
4d Sed	880	2,640	4,400	9,900	15,400	22,000
2d Clb Sed	884	2,652	4,420	9,950	15,470	22,100
1954 Manhattan, 8-cyl.						
4d Sed	900	2,700	4,500	10,130	15,750	22,500
2d Clb Sed	1,100	3,300	5,500	12,380	19,250	27,500
1954 Kaiser Darrin Spts Car, 6-cyl.						
2d Spt Car	5,500	16,500	27,500	61,880	96,250	137,500
1955 Manhattan, 6-cyl.						
4d Sed	920	2,760	4,600	10,350	16,100	23,000
2d Clb Sed	924	2,772	4,620	10,400	16,170	23,100
FRAZEN						
1947-48						
4d Sed	800	2,400	4,000	9,000	14,000	20,000
1947-48 Manhattan, 6-cyl.						
4d Sed	820	2,400	4,100	9,230	14,350	20,500
1949-50 Manhattan, 6-cyl.						
4d Sed	840	2,520	4,200	9,450	14,700	21,000
4d Conv Sed.	2,240	6,720	11,200	25,200	39,200	56,000
1951 Manhattan, 6-cyl.						
4d Sed	780	2,340	3,900	8,780	13,650	19,500
4d Vag.	860	2,580	4,300	9,680	15,050	21,500
4d Sed HT	1,100	3,300	5,500	12,380	19,250	27,500
4d Conv Sed.	2,240	6,720	11,200	25,200	39,200	56,000
HENRY J						
1951 Four						
2d Sed	704	2,112	3,520	7,920	12,320	17,600
1951 DeLuxe Six						
2d Sed	790	2,380	3,960	8,910	13,860	19,800
1952 Vagabond, 4-cyl.						
2d Sed	720	2,160	3,600	8,100	12,600	18,000
1952 Vagabond, 6-cyl.						
2d Sed	810	2,420	4,040	9,090	14,140	20,200
1952 Corsair, 4-cyl.						
2d Sed	740	2,220	3,700	8,330	12,950	18,500
1952 Corsair, 6-cyl.						
2d Sed	830	2,480	4,140	9,320	14,490	20,700
1952 Allstate						
2d 4-cyl.	744	2,232	3,720	8,370	13,020	18,600
2d DeL Six	830	2,500	4,160	9,360	14,560	20,800
1953 Corsair, 4-cyl.						
2d Sed	720	2,160	3,600	8,100	12,600	18,000
1953 Corsair, 6-cyl.						
2d DeL Sed.	810	2,420	4,040	9,090	14,140	20,200
1953 Allstate						
2d Sed 4-cyl.	724	2,172	3,620	8,150	12,670	18,100

	6	5	4	3	2	1
2d Sed DeL Six. 810	2,440	4,060	9,140	14,210	20,300
1954 Corsair, 4-cyl.						
2d Sed 728	2,184	3,640	8,190	12,740	18,200
1954 Corsair Deluxe, 6-cyl.						
2d Sed 810	2,440	4,060	9,140	14,210	20,300

LINCOLN

	6	5	4	3	2	1
1920 V-8, 130" - 136" wb						
3P Rds 2,480	7,440	12,400	27,900	43,400	62,000
5P Phae 2,560	7,680	12,800	28,800	44,800	64,000
7P Tr 2,480	7,440	12,400	27,900	43,400	62,000
4P Cpe 1,980	5,940	9,900	22,280	34,650	49,500
5P Sed 1,940	5,820	9,700	21,830	33,950	48,500
Sub Sed 1,940	5,820	9,700	21,830	33,950	48,500
7P Town Car 2,020	6,060	10,100	22,730	35,350	50,500
1921 V-8, 130" - 136" wb						
3P Rds 2,480	7,440	12,400	27,900	43,400	62,000
5P Phae 2,480	7,440	12,400	27,900	43,400	62,000
7P Tr 2,440	7,320	12,200	27,450	42,700	61,000
4P Cpe 1,980	5,940	9,900	22,280	34,650	49,500
4P Sed 1,900	5,700	9,500	21,380	33,250	47,500
5P Sed 1,940	5,820	9,700	21,830	33,950	48,500
Sub Sed 1,940	5,820	9,700	21,830	33,950	48,500
Town Car. 2,020	6,060	10,100	22,730	35,350	50,500
1922 V-8, 130" wb						
3P Rds 2,440	7,320	12,200	27,450	42,700	61,000
5P Phae 2,360	7,080	11,800	26,550	41,300	59,000
7P Tr 2,320	6,960	11,600	26,100	40,600	58,000
Conv Tr 2,440	7,320	12,200	27,450	42,700	61,000
4P Cpe 1,940	5,820	9,700	21,830	33,950	48,500
5P Sed 1,900	5,700	9,500	21,380	33,250	47,500
1922 V-8, 136" wb						
Spt Rds 2,400	7,200	12,000	27,000	42,000	60,000
DeL Phae 2,440	7,320	12,200	27,450	42,700	61,000
DeL Tr 2,360	7,080	11,800	26,550	41,300	59,000
Std Sed. 2,020	6,060	10,100	22,730	35,350	50,500
Jud Sed 2,060	6,180	10,300	23,180	36,050	51,500
FW Sed. 2,060	6,180	10,300	23,180	36,050	51,500
York Sed. 2,060	6,180	10,300	23,180	36,050	51,500
4P Jud Sed. 2,100	6,300	10,500	23,630	36,750	52,500
7P Jud Limo 2,200	6,600	11,000	24,750	38,500	55,000
Sub Limo 2,320	6,960	11,600	26,100	40,600	58,000
Town Car. 2,360	7,080	11,800	26,550	41,300	59,000
FW Limo 2,400	7,200	12,000	27,000	42,000	60,000
Std Limo 2,320	6,960	11,600	26,100	40,600	58,000
FW Cabr 2,600	7,800	13,000	29,250	45,500	65,000
FW Coll Cabr 2,800	8,400	14,000	31,500	49,000	70,000
FW Lan'let. 2,400	7,200	12,000	27,000	42,000	60,000
FW Town Car 2,400	7,200	12,000	27,000	42,000	60,000
Holbrk Cabr 2,600	7,800	13,000	29,250	45,500	65,000
Brn Town Car 2,440	7,320	12,200	27,450	42,700	61,000
Brn OD Limo. 2,400	7,200	12,000	27,000	42,000	60,000
1923 Model L, V-8						
Tr. 2,280	6,840	11,400	25,650	39,900	57,000
Phae. 2,320	6,960	11,600	26,100	40,600	58,000
Rds. 2,280	6,840	11,400	25,650	39,900	57,000
Cpe. 1,980	5,940	9,900	22,280	34,650	49,500
5P Sed 1,940	5,820	9,700	21,830	33,950	48,500
7P Sed 1,980	5,940	9,900	22,280	34,650	49,500
Limo 2,160	6,480	10,800	24,300	37,800	54,000
OD Limo 2,200	6,600	11,000	24,750	38,500	55,000
Town Car. 2,240	6,720	11,200	25,200	39,200	56,000
4P Sed 1,900	5,700	9,500	21,380	33,250	47,500
Berl. 1,940	5,820	9,700	21,830	33,950	48,500
FW Cabr. 2,240	6,720	11,200	25,200	39,200	56,000
FW Limo 2,200	6,600	11,000	24,750	38,500	55,000
FW Town Car 2,240	6,720	11,200	25,200	39,200	56,000
Jud Cpe 2,180	6,540	10,900	24,530	38,150	54,500
Brn Town Car 2,560	7,680	12,800	28,800	44,800	64,000
Brn OD Limo. 2,600	7,800	13,000	29,250	45,500	65,000
Jud 2W Berl 2,180	6,540	10,900	24,530	38,150	54,500
Jud 3W Berl 2,180	6,540	10,900	24,530	38,150	54,500
Holbrk Cabr 2,680	8,040	13,400	30,150	46,900	67,000
1924 Model L, V-8						
Tr. 2,280	6,840	11,400	25,650	39,900	57,000
Phae. 2,320	6,960	11,600	26,100	40,600	58,000
Rds. 2,280	6,840	11,400	25,650	39,900	57,000
Cpe. 2,020	6,060	10,100	22,730	35,350	50,500
5P Sed 1,940	5,820	9,700	21,830	33,950	48,500

	6	5	4	3	2	1
7P Sed	1,900	5,700	9,500	21,380	33,250	47,500
Limo	1,980	5,940	9,900	22,280	34,650	49,500
4P Sed	1,900	5,700	9,500	21,380	33,250	47,500
Town Car	2,080	6,240	10,400	23,400	36,400	52,000
Twn Limo	2,120	6,360	10,600	23,850	37,100	53,000
FW Limo	2,160	6,480	10,800	24,300	37,800	54,000
Jud Cpe	2,140	6,420	10,700	24,080	37,450	53,500
Jud Berl	2,200	6,600	11,000	24,750	38,500	55,000
Brn Cabr	2,440	7,320	12,200	27,450	42,700	61,000
Brn Cpe	2,140	6,420	10,700	24,080	37,450	53,500
Brn OD Limo	2,360	7,080	11,800	26,550	41,300	59,000
Leb Sed	2,400	7,200	12,000	27,000	42,000	60,000
1925 Model L, V-8						
Tr	2,440	7,320	12,200	27,450	42,700	61,000
Spt Tr	2,600	7,800	13,000	29,250	45,500	65,000
Phae	2,480	7,440	12,400	27,900	43,400	62,000
Rds	2,160	6,480	10,800	24,300	37,800	54,000
Cpe	2,080	6,240	10,400	23,400	36,400	52,000
4P Sed	2,180	6,540	10,900	24,530	38,150	54,500
5P Sed	2,140	6,420	10,700	24,080	37,450	53,500
7P Sed	2,140	6,420	10,700	24,080	37,450	53,500
Limo	2,460	7,380	12,300	27,680	43,050	61,500
FW Limo	2,120	6,360	10,600	23,850	37,100	53,000
Jud Cpe	2,220	6,660	11,100	24,980	38,850	55,500
Jud Berl	2,260	6,780	11,300	25,430	39,550	56,500
Brn Cabr	2,680	8,040	13,400	30,150	46,900	67,000
FW Coll Clb Rds	2,440	7,320	12,200	27,450	42,700	61,000
FW Sed	2,240	6,720	11,200	25,200	39,200	56,000
FW Brgm	2,280	6,840	11,400	25,650	39,900	57,000
FW Cabr	2,400	7,200	12,000	27,000	42,000	60,000
3W Jud Berl	2,600	7,800	13,000	29,250	45,500	65,000
4P Jud Cpe	2,600	7,800	13,000	29,250	45,500	65,000
Jud Brgm	2,560	7,680	12,800	28,800	44,800	64,000
Mur OD Limo	2,680	8,040	13,400	30,150	46,900	67,000
Holbrk Brgm	2,600	7,800	13,000	29,250	45,500	65,000
Holbrk Coll	2,600	7,800	13,000	29,250	45,500	65,000
Brn OD Limo	2,600	7,800	13,000	29,250	45,500	65,000
Brn Spt Phae	2,880	8,640	14,400	32,400	50,400	72,000
Brn Lan Sed	2,640	7,920	13,200	29,700	46,200	66,000
Brn Town Car	2,680	8,040	13,400	30,150	46,900	67,000
Brn Pan Brgm	2,640	7,920	13,200	29,700	46,200	66,000
Hume Limo	2,720	8,160	13,600	30,600	47,600	68,000
Hume Cpe	2,560	7,680	12,800	28,800	44,800	64,000
5P Leb Sed	2,680	8,040	13,400	30,150	46,900	67,000
4P Leb Sed	2,600	7,800	13,000	29,250	45,500	65,000
Leb DC Phae	3,320	9,960	16,600	37,350	58,100	83,000
Leb Clb Rds	3,000	9,000	15,000	33,750	52,500	75,000
Leb Limo	2,600	7,800	13,000	29,250	45,500	65,000
Leb Brgm	2,640	7,920	13,200	29,700	46,200	66,000
Leb Twn Brgm	2,680	8,040	13,400	30,150	46,900	67,000
Leb Cabr	2,800	8,400	14,000	31,500	49,000	70,000
Leb Coll Spt Cabr	3,000	9,000	15,000	33,750	52,500	75,000
Lke Cabr	2,920	8,760	14,600	32,850	51,100	73,000
Dtrch Coll Cabr	2,960	8,880	14,800	33,300	51,800	74,000
1926 Model L, V-8						
Tr	2,620	7,860	13,100	29,480	45,850	65,500
Spt Tr	2,820	8,460	14,100	31,730	49,350	70,500
Phae	2,740	8,220	13,700	30,830	47,950	68,500
Rds	2,660	7,980	13,300	29,930	46,550	66,500
Cpe	1,920	5,760	9,600	21,600	33,600	48,000
4P Sed	2,240	6,720	11,200	25,200	39,200	56,000
5P Sed	2,200	6,600	11,000	24,750	38,500	55,000
7P Sed	2,200	6,600	11,000	24,750	38,500	55,000
Limo	2,400	7,200	12,000	27,000	42,000	60,000
FW Limo	2,000	6,000	10,000	22,500	35,000	50,000
Jud Cpe	2,900	8,700	14,500	32,630	50,750	72,500
Jud Berl	2,860	8,580	14,300	32,180	50,050	71,500
Brn Cabr	3,300	9,900	16,500	37,130	57,750	82,500
Holbrk Coll Cabr	3,300	9,900	16,500	37,130	57,750	82,500
Hume Limo	2,860	8,580	14,300	32,180	50,050	71,500
W'by Limo	2,860	8,580	14,300	32,180	50,050	71,500
W'by Lan'let	2,900	8,700	14,500	32,630	50,750	72,500
Dtrch Sed	2,780	8,340	13,900	31,280	48,650	69,500
Dtrch Coll Cabr	3,380	10,140	16,900	38,030	59,150	84,500
Dtrch Brgm	2,900	8,700	14,500	32,630	50,750	72,500
Dtrch Cpe Rds	3,340	10,020	16,700	37,580	58,450	83,500
3W Jud Berl	2,820	8,460	14,100	31,730	49,350	70,500
Jud Brgm	2,780	8,340	13,900	31,280	48,650	69,500
Brn Phae	3,300	9,900	16,500	37,130	57,750	82,500

LINCOLN

	6	5	4	3	2	1
Brn Sed	2,740	8,220	13,700	30,830	47,950	68,500
Brn Brgm	2,780	8,340	13,900	31,280	48,650	69,500
Brn Semi-Coll Cabr.	3,300	9,900	16,500	37,130	57,750	82,500
2W LeB Sed	2,740	8,220	13,700	30,830	47,950	68,500
3W LeB Sed	2,740	8,220	13,700	30,830	47,950	68,500
LeB Cpe	2,820	8,460	14,100	31,730	49,350	70,500
LeB Spt Cabr	3,340	10,020	16,700	37,580	58,450	83,500
LeB A-W Cabr.	2,420	7,260	12,100	27,230	42,350	60,500
LeB Limo	2,900	8,700	14,500	32,630	50,750	72,500
LeB Clb Rds	3,380	10,140	16,900	38,030	59,150	84,500
Lke Rds	3,500	10,500	17,500	39,380	61,250	87,500
Lke Semi-Coll Cabr.	3,220	9,660	16,100	36,230	56,350	80,500
Lke Cabr.	3,380	10,140	16,900	38,030	59,150	84,500
LeB Conv Phae	3,500	10,500	17,500	39,380	61,250	87,500
LeB Conv	3,500	10,500	17,500	39,380	61,250	87,500
1927 Model L, V-8						
Spt Rds.	3,140	9,420	15,700	35,330	54,950	78,500
Spt Tr	3,060	9,180	15,300	34,430	53,550	76,500
Phae	3,220	9,660	16,100	36,230	56,350	80,500
Cpe.	2,140	6,420	10,700	24,080	37,450	53,500
2W Sed.	2,280	6,840	11,400	25,650	39,900	57,000
3W Sed.	2,240	6,720	11,200	25,200	39,200	56,000
Sed.	2,240	6,720	11,200	25,200	39,200	56,000
FW Limo	2,440	7,320	12,200	27,450	42,700	61,000
Jud Cpe	2,500	7,500	12,500	28,130	43,750	62,500
Brn Cabr.	4,020	12,060	20,100	45,230	70,350	100,500
Holbrk Cabr	4,260	12,780	21,300	47,930	74,550	106,500
Brn Brgm	3,260	9,780	16,300	36,680	57,050	81,500
Dtrch Conv Sed	4,140	12,420	20,700	46,580	72,450	103,500
Dtrch Conv Vic	4,140	12,420	20,700	46,580	72,450	103,500
Brn Conv.	3,940	11,820	19,700	44,330	68,950	98,500
Brn Semi-Coll Cabr.	4,060	12,180	20,300	45,680	71,050	101,500
Holbrk Coll Cabr	4,140	12,420	20,700	46,580	72,450	103,500
LeB A-W Cabr.	4,140	12,420	20,700	46,580	72,450	103,500
LeB A-W Brgm	4,140	12,420	20,700	46,580	72,450	103,500
W'by Semi-Coll Cabr	4,060	12,180	20,300	45,680	71,050	101,500
Jud Brgm	3,000	9,000	15,000	33,750	52,500	75,000
Clb Rds.	3,020	9,060	15,100	33,980	52,850	75,500
2W Jud Berl	2,800	8,400	14,000	31,500	49,000	70,000
3W Jud Berl	2,760	8,280	13,800	31,050	48,300	69,000
7P E d Limo	2,340	7,020	11,700	26,330	40,950	58,500
LeB Spt Cabr	4,140	12,420	20,700	46,580	72,450	103,500
W'by Lan'let	3,820	11,460	19,100	42,980	66,850	95,500
W'by Limo.	2,800	8,400	14,000	31,500	49,000	70,000
LeB Cpe	2,900	8,700	14,500	32,630	50,750	72,500
Der Spt Sed	2,820	8,460	14,100	31,730	49,350	70,500
Lke Conv Sed	4,140	12,420	20,700	46,580	72,450	103,500
Dtrch Cpe Rds	4,060	12,180	20,300	45,680	71,050	101,500
Dtrch Spt Phae	4,140	12,420	20,700	46,580	72,450	103,500
1928 Model L, V-8						
164 Spt Tr	3,620	10,860	18,100	40,730	63,350	90,500
163 Lke Spt Phae	3,780	11,340	18,900	42,530	66,150	94,500
151 Lke Spt Rds	3,700	11,100	18,500	41,630	64,750	92,500
154 Clb Rds	3,540	10,620	17,700	39,830	61,950	88,500
156 Cpe	2,620	7,860	13,100	29,480	45,850	65,500
144W 2W Sed.	2,400	7,200	12,000	27,000	42,000	60,000
144B Sed	2,400	7,200	12,000	27,000	42,000	60,000
152 Sed	2,360	7,080	11,800	26,550	41,300	59,000
147A Sed	2,360	7,080	11,800	26,550	41,300	59,000
147B Limo.	2,560	7,680	12,800	28,800	44,800	64,000
161 Jud Berl	2,940	8,820	14,700	33,080	51,450	73,500
161C Jud Berl.	2,940	8,820	14,700	33,080	51,450	73,500
Jud Cpe	3,100	9,300	15,500	34,880	54,250	77,500
159 Brn Cabr	3,860	11,580	19,300	43,430	67,550	96,500
145 Brn Brgm	3,300	9,900	16,500	37,130	57,750	82,500
155A Hlbrk Coll Cabr	3,860	11,580	19,300	43,430	67,550	96,500
155 LeB Spt Cabr.	4,260	12,780	21,300	47,930	74,550	106,500
157 W'by Lan'let Berl	3,860	11,580	19,300	43,430	67,550	96,500
160 W'by Limo	4,100	12,300	20,500	46,130	71,750	102,500
162A LeB A-W Cabr	3,940	11,820	19,700	44,330	68,950	98,500
162 LeB A-W Lan'let	3,780	11,340	18,900	42,530	66,150	94,500
Jud Spt Cpe	3,540	10,620	17,700	39,830	61,950	88,500
LeB Cpe	3,700	11,100	18,500	41,630	64,750	92,500
Dtrch Conv Vic	4,100	12,300	20,500	46,130	71,750	102,500
Dtrch Cpe Rds	4,180	12,540	20,900	47,030	73,150	104,500
Dtrch Conv Sed	4,260	12,780	21,300	47,930	74,550	106,500
Holbrk Cabr	4,180	12,540	20,900	47,030	73,150	104,500
W'by Spt Sed	2,840	8,520	14,200	31,950	49,700	71,000
Der Spt Sed	2,840	8,520	14,200	31,950	49,700	71,000

	6	5	4	3	2	1
Brn Spt Conv	3,960	11,880	19,800	44,550	69,300	99,000
1929 Model L, V-8 Standard Line						
Lke Spt Rds	4,020	12,060	20,100	45,230	70,350	100,500
Clb Rds	3,940	11,820	19,700	44,330	68,950	98,500
Lke Spt Phae	4,260	12,780	21,300	47,930	74,550	106,500
Lke TWS Spt Phae	4,660	13,980	23,300	52,430	81,550	116,500
Lke Spt Phae TC & WS	4,820	14,460	24,100	54,230	84,350	120,500
Lke Spt Tr	4,100	12,300	20,500	46,130	71,750	102,500
Lke Clb Rds	4,420	13,260	22,100	49,730	77,350	110,500
4P Cpe	2,460	7,380	12,300	27,680	43,050	61,500
Twn Sed	2,360	7,080	11,800	26,550	41,300	59,000
5P Sed	2,320	6,960	11,600	26,100	40,600	58,000
7P Sed	2,360	7,080	11,800	26,550	41,300	59,000
7P Limo	2,520	7,560	12,600	28,350	44,100	63,000
2W Jud Berl	2,840	8,520	14,200	31,950	49,700	71,000
3W Jud Berl	2,840	8,520	14,200	31,950	49,700	71,000
Brn A-W Brgm	3,860	11,580	19,300	43,430	67,550	96,500
Brn Cabr	4,020	12,060	20,100	45,230	70,350	100,500
Brn Non-Coll Cabr	3,860	11,580	19,300	43,430	67,550	96,500
Holbrk Coll Cabr	4,260	12,780	21,300	47,930	74,550	106,500
LeB A-W Cabr	4,340	13,020	21,700	48,830	75,950	108,500
LeB Semi-Coll Cabr	3,860	11,580	19,300	43,430	67,550	96,500
LeB Coll Cabr	4,260	12,780	21,300	47,930	74,550	106,500
W'by Lan'let	3,300	9,900	16,500	37,130	57,750	82,500
W'by Limo	3,140	9,420	15,700	35,330	54,950	78,500
Dtrch Cpe	4,800	14,400	24,000	54,000	84,000	120,000
Dtrch Sed	4,200	12,600	21,000	47,250	73,500	105,000
Dtrch Conv	5,200	15,600	26,000	58,500	91,000	130,000
LeB Spt Sed	3,780	11,340	18,900	42,530	66,150	94,500
LeB Aero Phae	4,100	12,300	20,500	46,130	71,750	102,500
LeB Sal Cabr	4,020	12,060	20,100	45,230	70,350	100,500
Brn Spt Conv	4,100	12,300	20,500	46,130	71,750	102,500
Dtrch Conv Sed	4,260	12,780	21,300	47,930	74,550	106,500
Dtrch Conv Vic	4,340	13,020	21,700	48,830	75,950	108,500
1930 Model L, V-8 Standard Line						
Conv Rds	4,000	12,000	20,000	45,000	70,000	100,000
5P Lke Spt Phae	7,200	21,600	36,000	81,000	126,000	180,000
5P Lke Spt Phae TC & WS	7,600	22,800	38,000	85,500	133,000	190,000
7P Lke Spt Phae	6,800	20,400	34,000	76,500	119,000	170,000
Lke Rds	7,600	22,800	38,000	85,500	133,000	190,000
4P Cpe	2,320	6,960	11,600	26,100	40,600	58,000
Twn Sed	2,400	7,200	12,000	27,000	42,000	60,000
5P Sed	2,360	7,080	11,800	26,550	41,300	59,000
7P Sed	2,400	7,200	12,000	27,000	42,000	60,000
7P Limo	2,480	7,440	12,400	27,900	43,400	62,000
1930 Custom Line						
Jud Cpe	2,920	8,760	14,600	32,850	51,100	73,000
2W Jud Berl	3,320	9,960	16,600	37,350	58,100	83,000
3W Jud Berl	3,320	9,900	16,600	37,350	58,100	83,000
Brn A-W Cabr	3,960	11,880	19,800	44,550	69,300	99,000
Brn Non-Coll Cabr	3,400	10,200	17,000	38,250	59,500	85,000
LeB A-W Cabr	7,280	21,840	36,400	81,900	127,400	182,000
LeB Semi-Coll Cabr	7,680	23,040	38,400	86,400	134,400	192,000
W'by Limo	3,520	10,560	17,600	39,600	61,600	88,000
Dtrch Cpe	4,080	12,240	20,400	45,900	71,400	102,000
Dtrch Sed	4,080	12,240	20,400	45,900	71,400	102,000
2W W'by Twn Sed	3,280	9,840	16,400	36,900	57,400	82,000
3W W'by Twn Sed	3,440	10,320	17,200	38,700	60,200	86,000
W'by Pan Brgm	3,600	10,800	18,000	40,500	63,000	90,000
LeB Cpe	3,280	9,840	16,400	36,900	57,400	82,000
LeB Conv Rds	7,280	21,840	36,400	81,900	127,400	182,000
LeB Spt Sed	4,480	13,440	22,400	50,400	78,400	112,000
Der Spt Conv	6,240	18,720	31,200	70,200	109,200	156,000
Der Conv Phae	6,320	18,960	31,600	71,100	110,600	158,000
Brn Semi-Coll Cabr	6,160	18,480	30,800	69,300	107,800	154,000
Dtrch Conv Cpe	6,720	20,160	33,600	75,600	117,600	168,000
Dtrch Conv Sed	6,800	20,400	34,000	76,500	119,000	170,000
Wolf Conv Sed	6,800	20,400	34,000	76,500	119,000	170,000
1931 Model K, V-8 Type 201, 145" wb						
202B Spt Phae	5,540	16,620	27,700	62,330	96,950	138,500
202A Spt Phae	5,620	16,860	28,100	63,230	98,350	140,500
203 Spt Tr	5,140	15,420	25,700	57,830	89,950	128,500
214 Conv Rds	4,980	14,940	24,900	56,030	87,150	124,500
206 Cpe	3,060	9,180	15,300	34,430	53,550	76,500
204 Twn Sed	2,780	8,340	13,900	31,280	48,650	69,500
205 Sed	2,700	8,100	13,500	30,380	47,250	67,500
207A Sed	2,700	8,100	13,500	30,380	47,250	67,500
207B Limo	2,880	8,640	14,400	32,400	50,400	72,000
212 Conv Phae	6,480	19,440	32,400	72,900	113,400	162,000

	6	5	4	3	2	1
210 Conv Cpe	5,080	15,240	25,400	57,150	88,900	127,000
211 Conv Sed	6,480	19,440	32,400	72,900	113,400	162,000
216 W'by Pan Brgm	3,400	10,200	17,000	38,250	59,500	85,000
213A Jud Berl	3,340	10,020	16,700	37,580	58,450	83,500
213B Jud Berl	3,340	10,020	16,700	37,580	58,450	83,500
Jud Cpe	3,340	10,020	16,700	37,580	58,450	83,500
Brn Cabr	5,060	15,180	25,300	56,930	88,550	126,500
LeB Cabr	5,060	15,180	25,300	56,930	88,550	126,500
W'by Limo	3,660	10,980	18,300	41,180	64,050	91,500
Lke Spt Rds	6,160	18,480	30,800	69,300	107,800	154,000
Der Conv Sed	6,480	19,440	32,400	72,900	113,400	162,000
LeB Conv Rds	6,240	18,720	31,200	70,200	109,200	156,000
Mur DC Phae	6,640	19,920	33,200	74,700	116,200	166,000
Dtrch Conv Sed	6,640	19,920	33,200	74,700	116,200	166,000
Dtrch Conv Cpe	6,560	19,680	32,800	73,800	114,800	164,000
Dtrch Conv Vic	6,600	19,800	33,000	82,500	115,500	165,000
Wtrhs Conv Vic	6,640	19,920	33,200	74,700	116,200	166,000
1932 Model KA, V-8, 136" wb						
Rds	5,760	17,280	28,800	64,800	100,800	144,000
Phae	6,480	19,440	32,400	72,900	113,400	162,000
Twn Sed	2,560	7,680	12,800	28,800	44,800	64,000
Sed	2,740	8,220	13,700	30,830	47,950	68,500
Cpe	3,300	9,900	16,500	37,130	57,750	82,500
Vic	3,220	9,660	16,100	36,230	56,350	80,500
7P Sed	3,220	9,660	16,100	36,230	56,350	80,500
Limo	3,380	10,140	16,900	38,030	59,150	84,500
1932 Model KB, V-12 Standard, 145" wb						
Phae	7,200	21,600	36,000	81,000	126,000	180,000
Spt Phae	7,520	22,560	37,600	84,600	131,600	188,000
Cpe	3,300	9,900	16,500	37,130	57,750	82,500
2W Tr Sed	2,980	8,940	14,900	33,530	52,150	74,500
3W Tr Sed	2,940	8,820	14,700	33,080	51,450	73,500
5P Sed	2,900	8,700	14,500	32,630	50,750	72,500
7P Sed	2,860	8,580	14,300	32,180	50,050	71,500
Limo	3,200	9,600	16,000	36,000	56,000	80,000
1932 Custom, 145" wb						
LeB Conv Cpe	7,600	22,800	38,000	85,500	133,000	190,000
2P Dtrch Cpe	4,400	13,200	22,000	49,500	77,000	110,000
4P Dtrch Cpe	4,320	12,960	21,600	48,600	75,600	108,000
Jud Cpe	7,920	23,760	39,600	89,100	138,600	198,000
Jud Berl	7,600	22,800	38,000	85,500	133,000	190,000
W'by Limo	3,760	11,280	18,800	42,300	65,800	94,000
Wtrhs Conv Vic	7,440	22,320	37,200	83,700	130,200	186,000
Dtrch Conv Sed	7,600	22,800	38,000	85,500	133,000	190,000
W'by Twn Brgm	4,520	13,560	22,600	50,850	79,100	113,000
Brn Brgm	4,120	12,360	20,600	46,350	72,100	103,000
Brn Non-Coll Cabr	6,320	18,960	31,600	71,100	110,600	158,000
Brn Semi-Coll Cabr	7,200	21,600	36,000	81,000	126,000	180,000
LeB Twn Cabr	7,600	22,800	38,000	85,500	133,000	190,000
Dtrch Spt Berl	6,000	18,000	30,000	67,500	105,000	150,000
5P Rlstn TwnC	5,840	17,520	29,200	65,700	102,200	146,000
7P Rlstn TwnC	5,840	17,520	29,200	65,700	102,200	146,000
Brn Phae	6,640	19,920	33,200	74,700	116,200	166,000
Brn dbl-entry Spt Sed	5,120	15,360	25,600	57,600	89,600	128,000
Brn A-W Brgm	5,840	17,520	29,200	65,700	102,200	146,000
Brn Clb Sed	4,720	14,160	23,600	53,100	82,600	118,000
Mur Conv Rds	8,200	24,600	41,000	92,250	143,500	205,000
1933 Model KA, V-12, 136" wb						
512B Cpe	3,840	11,520	19,200	43,200	67,200	96,000
512A RS Cpe	3,920	11,760	19,600	44,100	68,600	98,000
513A Conv Rds	5,520	16,560	27,600	62,100	96,600	138,000
514 Twn Sed	3,440	10,320	17,200	38,700	60,200	86,000
515 Sed	3,400	10,200	17,000	38,250	59,500	85,000
516 Cpe	3,840	11,520	19,200	43,200	67,200	96,000
517 Sed	3,400	10,200	17,000	38,250	59,500	85,000
517B Limo	3,760	11,280	18,800	42,300	65,800	94,000
518A DC Phae	6,880	20,640	34,400	77,400	120,400	172,000
518B Phae	6,400	19,200	32,000	72,000	112,000	160,000
519 7P Tr	6,400	19,200	32,000	72,000	112,000	160,000
520B RS Rds	6,000	18,000	30,000	67,500	105,000	150,000
520A Rds	6,000	18,000	30,000	67,500	105,000	150,000
1933 Model KB, V-12, 145" wb						
252A DC Phae	6,720	20,160	33,600	75,600	117,600	168,000
252B Phae	6,480	19,440	32,400	72,900	113,400	162,000
253 7P Tr	6,480	19,440	32,400	72,900	113,400	162,000
Twn Sed	2,600	7,800	13,000	29,250	45,500	65,000
255 5P Sed	2,720	8,160	13,600	30,600	47,600	68,000
256 5P Cpe	3,800	11,400	19,000	42,750	66,500	95,000
257 7P Sed	2,640	7,920	13,200	29,700	46,200	66,000

	6	5	4	3	2	1
257B Limo	3,120	9,360	15,600	35,100	54,600	78,000
258C Brn Semi-Coll Cabr.	6,400	19,200	32,000	72,000	112,000	160,000
258D Brn Non-Coll Cabr.	6,000	18,000	30,000	67,500	105,000	150,000
259 Brn Brgm	4,000	12,000	20,000	45,000	70,000	100,000
260 Brn Conv Cpe	7,960	23,880	39,800	89,550	139,300	199,000
Dtrch Conv Sed	8,160	24,480	40,800	91,800	142,800	204,000
2P Dtrch Cpe	3,920	11,760	19,600	44,100	68,600	98,000
4P Dtrch Cpe	3,920	11,760	19,600	44,100	68,600	98,000
Jud Berl	3,440	10,320	17,200	38,700	60,200	86,000
2P Jud Cpe.	3,600	10,800	18,000	40,500	63,000	90,000
4P Jud Cpe.	3,600	10,800	18,000	40,500	63,000	90,000
Jud Limo	3,760	11,280	18,800	42,300	65,800	94,000
LeB Conv Rds	7,360	22,080	36,800	82,800	128,800	184,000
W'by Limo.	3,760	11,280	18,800	42,300	65,800	94,000
W'by Brgm	3,920	11,760	19,600	44,100	68,600	98,000
1934 Series KA, V-12, 136" wb						
4P Conv Rds	4,960	14,880	24,800	55,800	86,800	124,000
4P Twn Sed.	2,520	7,560	12,600	28,350	44,100	63,000
5P Sed	2,880	8,640	14,400	32,400	50,400	72,000
5P Cpe.	3,280	9,840	16,400	36,900	57,400	82,000
7P Sed	2,880	8,640	14,400	32,400	50,400	72,000
7P Limo	3,360	10,080	16,800	37,800	58,800	84,000
2P Cpe	3,360	10,080	16,800	37,800	58,800	84,000
5P Conv Phae	4,880	14,640	24,400	54,900	85,400	122,000
4P Cpe	3,120	9,360	15,600	35,100	54,600	78,000
1934 Series K/KB, V-12, 145" wb						
Tr.	4,960	14,880	24,800	55,800	86,800	124,000
Sed.	3,040	9,120	15,200	34,200	53,200	76,000
Limo	3,360	10,080	16,800	37,800	58,800	84,000
2W Jud Berl	3,760	11,280	18,800	42,300	65,800	94,000
3W Jud Berl	3,600	10,800	18,000	40,500	63,000	90,000
Jud Sed Limo	3,520	10,560	17,600	39,600	61,600	88,000
Brn Brgm	3,760	11,280	18,800	42,300	65,000	94,000
Brn Semi-Coll Cabr.	5,680	17,040	28,400	63,900	99,400	142,000
Brn Conv Cpe	6,160	18,480	30,800	69,300	107,800	154,000
W'by Limo.	3,440	10,320	17,200	38,700	60,200	86,000
LeB Rds	6,160	18,480	30,800	69,300	107,800	154,000
Dtrch Conv Sed	6,560	19,680	32,800	73,800	114,800	164,000
Brn Conv Vic.	6,560	19,680	32,800	73,800	114,800	164,000
LeB Cpe.	3,600	10,800	18,000	40,500	63,000	90,000
Dtrch/Murray Cpe.	5,000	15,000	25,000	56,250	87,500	125,000
Dtrch Conv Rds	6,160	18,480	30,800	69,300	107,800	154,000
W'by Spt Sed	3,440	10,320	17,200	38,700	60,200	86,000
LeB Conv Cpe	6,160	18,480	30,800	69,300	107,800	154,000
Brn Conv Sed	6,160	18,480	30,800	69,300	107,800	154,000
Brn Cus Phae	6,560	19,680	32,800	73,800	114,800	164,000
Brwstr Non-Coll Cabr	4,960	14,880	24,800	55,800	86,800	124,000
KM/LeBaron Vic Conv.	16,000	48,000	80,000	180,000	280,000	400,000
1935 Series K, V-12, 136" wb						
LeB Conv Rds	5,120	15,360	25,600	57,600	89,600	128,000
LeB Cpe.	2,920	8,760	14,600	32,850	51,100	73,000
Cpe.	2,840	8,520	14,200	31,950	49,700	71,000
Brn Conv Vic.	5,200	15,600	26,000	58,500	91,000	130,000
2W Sed.	2,480	7,440	12,400	27,900	43,400	62,000
3W Sed.	2,440	7,320	12,200	27,450	42,700	61,000
LeB Conv Phae	5,360	16,080	26,800	60,300	93,800	134,000
1935 V-12, 145" wb						
7P Tr.	4,980	14,940	24,900	56,030	87,150	124,500
7P Sed.	2,640	7,920	13,200	29,700	46,200	66,000
7P Limo	2,920	8,760	14,600	32,850	51,100	73,000
LeB Conv Sed	6,760	20,280	33,800	76,050	118,300	169,000
Brn Semi-Coll Cabr.	5,600	16,800	28,000	63,000	98,000	140,000
Brn Non-Coll Cabr	5,200	15,600	26,000	58,500	91,000	130,000
Brn Brgm	3,000	9,000	15,000	33,750	52,500	75,000
W'by Limo.	2,960	8,880	14,800	33,300	51,800	74,000
W'by Spt Sed	2,980	8,940	14,900	33,530	52,150	74,500
2W Jud Berl	2,960	8,880	14,800	33,300	51,800	74,000
3W Jud Berl	2,980	8,940	14,900	33,530	52,150	74,500
Jud Sed Limo	3,000	9,000	15,000	33,750	52,500	75,000
1936 Zephyr, V-12, 122" wb						
4d Sed	2,120	6,360	10,600	23,850	37,100	53,000
2d Sed	2,220	6,660	11,100	24,980	38,850	55,500
1936 12-cyl., 136" wb						
LeB Rds Cabr.	4,960	14,880	24,800	55,800	86,800	124,000
2P LeB Cpe	2,800	8,400	14,000	31,500	49,000	70,000
5P Cpe.	2,200	6,600	11,000	24,750	38,500	55,000
Brn Conv Vic.	4,400	13,200	22,000	49,500	77,000	110,000
2W Sed.	2,120	6,360	10,600	23,850	37,100	53,000
3W Sed.	2,080	6,240	10,400	23,400	36,400	52,000

LINCOLN

LINCOLN

	6	5	4	3	2	1
LeB Conv Sed 5,600		16,800	28,000	63,000	98,000	140,000
1936 V-12, 145" wb						
7P Tr 7,960		23,880	39,800	89,550	139,300	199,000
7P Sed 2,480		7,440	12,400	27,900	43,400	62,000
7P Limo 2,560		7,680	12,800	28,800	44,800	64,000
LeB Conv Sed w/part 6,120		18,360	30,600	68,850	107,100	153,000
Brn Semi-Coll Cabr. 5,600		16,800	28,000	63,000	98,000	140,000
Brn Non-Coll Cabr 5,200		15,600	26,000	58,500	91,000	130,000
Brn Brgm 2,800		8,400	14,000	31,500	49,000	70,000
W'by Limo. 2,880		8,640	14,400	32,400	50,400	72,000
W'by Spt Sed 2,720		8,160	13,600	30,600	47,600	68,000
2W Jud Berl 2,800		8,400	14,000	31,500	49,000	70,000
3W Jud Berl 2,840		8,520	14,200	31,950	49,700	71,000
Jud Limo. 2,920		8,760	14,600	32,850	51,100	73,000
1937 Zephyr, V-12						
3P Cpe 2,140		6,420	10,700	24,080	37,450	53,500
2d Sed 2,200		6,600	11,000	24,750	38,500	55,000
4d Sed 2,100		6,300	10,500	23,630	36,750	52,500
Twn Sed 2,120		6,360	10,600	23,850	37,100	53,000
1937 Series K, V-12, 136" wb						
LeB Conv Rds 4,880		14,640	24,400	54,900	85,400	122,000
LeB Cpe 2,600		7,800	13,000	29,250	45,500	65,000
W'by Cpe 2,680		8,040	13,400	30,150	46,900	67,000
Brn Conv Vic. 4,260		12,780	21,300	47,930	74,550	106,500
2W Sed. 2,520		7,560	12,600	28,350	44,100	63,000
3W Sed. 2,320		6,960	11,600	26,100	40,600	58,000
1937 V-12, 145" wb						
7P Sed 2,620		7,860	13,100	29,480	45,850	65,500
7P Limo 2,540		7,620	12,700	28,580	44,450	63,500
LeB Conv Sed 4,480		13,440	22,400	50,400	78,400	112,000
LeB Conv Sed w/part 4,600		13,800	23,000	51,750	80,500	115,000
Brn Semi-Coll Cabr. 5,600		16,800	28,000	63,000	98,000	140,000
Brn Non-Coll Cabr 5,200		15,600	26,000	58,500	91,000	130,000
Brn Brgm 2,920		8,760	14,600	32,850	51,100	73,000
Brn Tr Cabr 5,600		16,800	28,000	63,000	98,000	140,000
2W Jud Berl 2,800		8,400	14,000	31,500	49,000	70,000
3W Jud Berl 2,760		8,280	13,800	31,050	48,300	69,000
Jud Limo. 3,000		9,000	15,000	33,750	52,500	75,000
W'by Tr 3,200		9,600	16,000	36,000	56,000	80,000
W'by Limo. 2,960		8,880	14,800	33,300	51,800	74,000
W'by Spt Sed 2,760		8,280	13,800	31,050	48,300	69,000
W'by Cpe 2,840		8,520	14,200	31,950	49,700	71,000
W'by Pan Brgm. 2,880		8,640	14,400	32,400	50,400	72,000
Jud Cpe 2,840		8,520	14,200	31,950	49,700	71,000
1938 Zephyr, V-12						
3P Cpe 2,900		8,700	14,500	32,630	50,750	72,500
3P Conv Cpe 3,040		9,120	15,200	34,200	53,200	76,000
4d Sed 1,980		5,940	9,900	22,280	34,650	49,500
2d Sed 2,100		6,300	10,500	23,630	36,750	52,500
Conv Sed 3,440		10,320	17,200	38,700	60,200	86,000
Twn Sed 2,140		6,420	10,700	24,080	37,450	53,500
1938 Series K, V-12, 136" wb						
LeB Conv Rds 4,040		12,120	20,200	45,450	70,700	101,000
LeB Cpe 2,440		7,320	12,200	27,450	42,700	61,000
W'by Cpe 2,580		7,740	12,900	29,030	45,150	64,500
2W Sed. 2,420		7,260	12,100	27,230	42,350	60,500
3W Sed. 2,380		7,140	11,900	26,780	41,650	59,500
Brn Conv Vic. 4,020		12,060	20,100	45,230	70,350	100,500
1938 V-12, 145" wb						
7P Sed 2,360		7,080	11,800	26,550	41,300	59,000
Sed Limo 2,440		7,320	12,200	27,450	42,700	61,000
LeB Conv Sed 4,440		13,320	22,200	49,950	77,700	111,000
LeB Conv Sed w/part 4,600		13,800	23,000	51,750	80,500	115,000
2W Jud Berl 2,680		8,040	13,400	30,150	46,900	67,000
3W Jud Berl 2,640		7,920	13,200	29,700	46,200	66,000
Jud Limo. 2,880		8,640	14,400	32,400	50,400	72,000
Brn Tr Cabr 4,520		13,560	22,600	50,850	79,100	113,000
W'by Tr 3,080		9,240	15,400	34,650	53,900	77,000
W'by Spt Sed 2,640		7,920	13,200	29,700	46,200	66,000
Brn Non-Coll Cabr 5,200		15,600	26,000	58,500	91,000	130,000
Brn Semi-Coll Cabr. 5,600		16,800	28,000	63,000	98,000	140,000
Brn Brgm 2,720		8,160	13,600	30,600	47,600	68,000
W'by Pan Brgm. 2,760		8,280	13,800	31,050	48,300	69,000
W'by Limo. 2,840		8,520	14,200	31,950	49,700	71,000
1939 Zephyr, V-12						
3P Cpe 2,860		8,580	14,300	32,180	50,050	71,500
Conv Cpe 3,040		9,120	15,200	34,200	53,200	76,000
2d Sed 1,980		5,940	9,900	22,280	34,650	49,500
5P Sed 1,940		5,820	9,700	21,830	33,950	48,500

	6	5	4	3	2	1
Conv Sed	3,380	10,140	16,900	38,030	59,150	84,500
Twn Sed	1,980	5,940	9,900	22,280	34,650	49,500
1939 Series K, V-12, 136" wb						
LeB Conv Rds	3,680	11,040	18,400	41,400	64,400	92,000
LeB Cpe	2,560	7,680	12,800	28,800	44,800	64,000
W'by Cpe	2,560	7,680	12,800	28,800	44,800	64,000
2W Sed	2,400	7,200	12,000	27,000	42,000	60,000
3W Sed	2,400	7,200	12,000	27,000	42,000	60,000
Brn Conv Vic	3,560	10,680	17,800	40,050	62,300	89,000
1939 V-12, 145" wb						
2W Jud Berl	2,480	7,440	12,400	27,900	43,400	62,000
3W Jud Berl	2,440	7,320	12,200	27,450	42,700	61,000
Jud Limo	2,560	7,680	12,800	28,800	44,800	64,000
Brn Tr Cabr	3,240	9,720	16,200	36,450	56,700	81,000
7P Sed	2,400	7,200	12,000	27,000	42,000	60,000
7P Limo	2,480	7,440	12,400	27,900	43,400	62,000
LeB Conv Sed	4,280	12,840	21,400	48,150	74,900	107,000
LeB Conv Sed w/part	4,520	13,560	22,600	50,850	79,100	113,000
W'by Spt Sed	2,720	8,160	13,600	30,600	47,600	68,000
1939 V-12, 145" wb, 6 wheels						
Brn Non-Coll Cabr	5,200	15,600	26,000	58,500	91,000	130,000
Brn Semi-Coll Cabr	5,600	16,800	28,000	63,000	98,000	140,000
Brn Brgm	2,800	8,400	14,000	31,500	49,000	70,000
W'by Limo	2,920	8,760	14,600	32,850	51,100	73,000
1940 Zephyr, V-12						
3P Cpe	2,460	7,380	12,300	27,680	43,050	61,500
OS Cpe	2,300	6,900	11,500	25,880	40,250	57,500
Clb Cpe	2,380	7,140	11,900	26,780	41,650	59,500
Conv Clb Cpe	3,020	9,060	15,100	33,980	52,850	75,500
6P Sed	2,060	6,180	10,300	23,180	36,050	51,500
Twn Limo	2,100	6,300	10,500	23,630	36,750	52,500
1940 Continental, V-12						
Clb Cpe	3,280	9,840	16,400	36,900	57,400	82,000
Conv Cabr	3,800	11,400	19,000	42,750	66,500	95,000
1940 Series K, V-12						
NOTE: Available on special request, black emblems rather than blue.						
1941 Zephyr, V-12						
3P Cpe	2,140	6,420	10,700	24,080	37,450	53,500
OS Cpe	2,080	6,240	10,400	23,400	36,400	52,000
Clb Cpe	2,110	6,330	10,550	23,740	36,930	52,750
Conv Cpe	3,020	9,060	15,100	33,980	52,850	75,500
6P Sed	2,040	6,120	10,200	22,950	35,700	51,000
Cus Sed	2,120	6,360	10,600	23,850	37,100	53,000
8P Limo	2,800	8,400	14,000	31,500	49,000	70,000
1941 Continental, V-12						
Cpe	3,280	9,840	16,400	36,900	57,400	82,000
Conv Cabr	3,800	11,400	19,000	42,750	66,500	95,000
1942 Zephyr, V-12						
3P Cpe	2,360	7,080	11,800	26,550	41,300	59,000
Clb Cpe	2,200	6,600	11,000	24,750	38,500	55,000
6P Sed	2,040	6,120	10,200	22,950	35,700	51,000
Cus Sed	2,120	6,360	10,600	23,850	37,100	53,000
8P Limo	2,800	8,400	14,000	31,500	49,000	70,000
1942 Continental, V-12						
Conv Clb Cpe	3,020	9,060	15,100	33,980	52,850	75,500
Cpe	3,200	9,600	16,000	36,000	56,000	80,000
Conv Cabr	3,480	10,440	17,400	39,150	60,900	87,000
1946-48 8th Series, V-12, 125" wb						
2d Clb Cpe	1,600	4,800	8,000	18,000	28,000	40,000
2d Conv	2,600	7,800	13,000	29,250	45,500	65,000
4d Sed	1,440	4,320	7,200	16,200	25,200	36,000
2d Cont Cpe	2,000	6,000	10,000	22,500	35,000	50,000
2d Cont Conv	3,040	9,120	15,200	34,200	53,200	76,000
1949-50 Model 9EL/OEL, V-8, 121" wb						
4d Spt Sed	1,120	3,360	5,600	12,600	19,600	28,000
2d Cpe	1,200	3,600	6,000	13,500	21,000	30,000
2d Lido Cpe (1950 only)	1,400	4,200	7,000	15,750	24,500	35,000
2d Conv (1949 only)	3,100	9,300	15,500	34,880	54,250	77,500
1949-50 Cosmopolitan, V-8, 125" wb						
4d Town Sed (1949 only)	1,080	3,240	5,400	12,150	18,900	27,000
4d Spt Sed	1,160	3,480	5,800	13,050	20,300	29,000
2d Cpe	1,240	3,720	6,200	13,950	21,700	31,000
2d Capri (1950 only)	1,340	4,020	6,700	15,080	23,450	33,500
2d Conv	2,800	8,400	14,000	31,500	49,000	70,000
1951 Model 1EL, V-8, 121" wb						
4d Spt Sed	1,080	3,240	5,400	12,150	18,900	27,000
2d Cpe	1,240	3,720	6,200	13,950	21,700	31,000
2d Lido Cpe	1,400	4,200	7,000	15,750	24,500	35,000

LINCOLN

	6	5	4	3	2	1
1951 Cosmopolitan, V-8, 125" wb						
4d Spt Sed	1,160	3,480	5,800	13,050	20,300	29,000
2d Cpe	1,240	3,720	6,200	13,950	21,700	31,000
2d Capri	1,340	4,020	6,700	15,080	23,450	33,500
2d Conv	2,800	8,400	14,000	31,500	49,000	70,000
1952-53 Cosmopolitan Model BH, V-8, 123" wb						
4d Sed	760	2,280	3,800	8,550	13,300	19,000
2d HT	1,160	3,480	5,800	13,050	20,300	29,000
1952-53 Capri, V-8, 123" wb						
4d Sed	800	2,400	4,000	9,000	14,000	20,000
2d HT	1,160	3,480	5,800	13,050	20,300	29,000
2d Conv	2,480	7,440	12,400	27,900	43,400	62,000
1954 Cosmopolitan, V-8, 123" wb						
4d Sed	800	2,400	4,000	9,000	14,000	20,000
2d HT	1,200	3,600	6,000	13,500	21,000	30,000
1954 Capri, V-8, 123" wb						
4d Sed	840	2,520	4,200	9,450	14,700	21,000
2d HT	1,300	3,900	6,500	14,630	22,750	32,500
2d Conv	2,560	7,680	12,800	28,800	44,800	64,000
1955 Cosmopolitan, V-8, 123" wb						
4d Sed	840	2,520	4,200	9,450	14,700	21,000
2d HT	1,200	3,600	6,000	13,500	21,000	30,000
1955 Capri, V-8, 123" wb						
4d Sed	840	2,520	4,200	9,450	14,700	21,000
2d HT	1,280	3,840	6,400	14,400	22,400	32,000
2d Conv	2,560	7,680	12,800	28,800	44,800	64,000
1956 Capri, V-8, 126" wb						
4d Sed	840	2,520	4,200	9,450	14,700	21,000
2d HT	1,280	3,840	6,400	14,400	22,400	32,000
1956 Premiere, V-8, 126" wb						
4d Sed	900	2,700	4,500	10,130	15,750	22,500
2d HT	1,340	4,020	6,700	15,080	23,450	33,500
2d Conv	2,640	7,920	13,200	29,700	46,200	66,000
1956 Continental Mk II, V-8, 126" wb						
2d HT	3,600	10,800	18,000	40,500	63,000	90,000
1957 Capri, V-8, 126" wb						
4d Sed	840	2,520	4,200	9,450	14,700	21,000
4d HT	780	2,340	3,900	8,780	13,650	19,500
2d HT	1,280	3,840	6,400	14,400	22,400	32,000
1957 Premiere, V-8, 126" wb						
4d Sed	900	2,700	4,500	10,130	15,750	22,500
4d HT	860	2,580	4,300	9,680	15,050	21,500
2d HT	1,340	4,020	6,700	15,080	23,450	33,500
2d Conv	2,640	7,920	13,200	29,700	46,200	66,000
1957 Continental Mk II, V-8, 126" wb						
2d HT	3,600	10,800	18,000	40,500	63,000	90,000
1958-59 Capri, V-8, 131" wb						
4d Sed	720	2,160	3,600	8,100	12,600	18,000
4d HT	800	2,400	4,000	9,000	14,000	20,000
2d HT	920	2,760	4,600	10,350	16,100	23,000
1958-59 Premiere, V-8, 131" wb						
4d Sed	760	2,280	3,800	8,550	13,300	19,000
4d HT	840	2,520	4,200	9,450	14,700	21,000
2d HT	1,000	3,000	5,000	11,250	17,500	25,000
1958-59 Continental Mk III and IV, V-8, 131" wb						
4d Sed	840	2,520	4,200	9,450	14,700	21,000
4d HT	920	2,760	4,600	10,350	16,100	23,000
2d HT	1,200	3,600	6,000	13,500	21,000	30,000
2d Conv	2,800	8,400	14,000	31,500	49,000	70,000
4d Town Car (1959 only)	1,240	3,720	6,200	13,950	21,700	31,000
4d Limo (1959 only)	1,600	4,800	8,000	18,000	28,000	40,000
1960 Lincoln, V-8, 131" wb						
4d Sed	720	2,160	3,600	8,100	12,600	18,000
4d HT	800	2,400	4,000	9,000	14,000	20,000
2d HT	920	2,760	4,600	10,350	16,100	23,000
1960 Premiere, V-8, 131" wb						
4d Sed	760	2,280	3,800	8,550	13,300	19,000
4d HT	840	2,520	4,200	9,450	14,700	21,000
2d HT	1,000	3,000	5,000	11,250	17,500	25,000
1960 Continental Mk V, V-8, 131" wb						
4d Sed	840	2,520	4,200	9,450	14,700	21,000
4d HT	920	2,760	4,600	10,350	16,100	23,000
2d HT	1,200	3,600	6,000	13,500	21,000	30,000
2d Conv	2,800	8,400	14,000	31,500	49,000	70,000
4d Town Car	1,240	3,720	6,200	13,950	21,700	31,000
4d Limo	1,600	4,800	8,000	18,000	28,000	40,000
1961-63 Continental, V-8, 123" wb						
4d Sed	1,000	3,000	5,000	11,250	17,500	25,000
4d Conv	2,760	8,280	13,800	31,050	48,300	69,000

	6	5	4	3	2	1
1964-65 Continental, V-8, 126" wb						
4d Sed	1,000	3,000	5,000	11,250	17,500	25,000
4d Conv	2,760	8,280	13,800	31,050	48,300	69,000
4d Exec Limo	1,800	5,400	9,000	20,250	31,500	45,000
1966 Continental, V-8, 126" wb						
4d Sed	880	2,640	4,400	9,900	15,400	22,000
2d HT	1,000	3,000	5,000	11,250	17,500	25,000
4d Conv	2,000	6,000	10,000	22,500	35,000	50,000
1967 Continental, V-8, 126" wb						
4d Sed	920	2,760	4,600	10,350	16,100	23,000
2d HT	1,120	3,360	5,600	12,600	19,600	28,000
4d Conv	2,600	7,800	13,000	29,250	45,500	65,000
1968 Continental, V-8, 126" wb						
4d Sed	880	2,640	4,400	9,900	15,400	22,000
2d HT	1,080	3,240	5,400	12,150	18,900	27,000
1968 Continental Mk III, V-8, 117" wb						
2d HT	840	2,520	4,200	9,450	14,700	21,000
1969 Continental, V-8, 126" wb						
4d Sed	640	1,920	3,200	7,200	11,200	16,000
2d HT	680	2,040	3,400	7,650	11,900	17,000
1969 Continental Mk III, V-8, 117" wb						
2d HT	1,000	3,000	5,000	11,250	17,500	25,000
1970 Continental						
4d Sed	640	1,920	3,200	7,200	11,200	16,000
2d HT	680	2,040	3,400	7,650	11,900	17,000
1970 Continental Mk III, V-8, 117" wb						
2d HT	1,020	3,060	5,100	11,480	17,850	25,500
1971 Continental						
4d Sed	640	1,920	3,200	7,200	11,200	16,000
2d HT	680	2,040	3,400	7,650	11,900	17,000
1971 Mk III						
2d HT	1,020	3,060	5,100	11,480	17,850	25,500
1972 Continental						
4d Sed	640	1,920	3,200	7,200	11,200	16,000
2d HT	680	2,040	3,400	7,650	11,900	17,000
1972 Mk IV						
2d HT	760	2,280	3,800	8,550	13,300	19,000
1973 Continental, V-8						
2d HT	660	1,980	3,300	7,430	11,550	16,500
4d HT	620	1,860	3,100	6,980	10,850	15,500
1973 Mk IV, V-8						
2d HT	760	2,280	3,800	8,550	13,300	19,000
1974 Continental, V-8						
4d Sed	600	1,800	3,000	6,750	10,500	15,000
2d Cpe	620	1,860	3,100	6,980	10,850	15,500
1974 Mk IV, V-8						
2d HT	720	2,160	3,600	8,100	12,600	18,000
1975 Continental, V-8						
4d Sed	612	1,836	3,060	6,890	10,710	15,300
2d Cpe	620	1,860	3,100	6,980	10,850	15,500
1975 Mk IV, V-8						
2d HT	720	2,160	3,600	8,100	12,600	18,000
1976 Continental, V-8						
4d Sed	600	1,800	3,000	6,750	10,500	15,000
2d Cpe	620	1,860	3,100	6,980	10,850	15,500
1976 Mk IV, V-8						
2d Cpe	720	2,100	3,000	8,100	12,600	18,000
NOTE: Add 10% for 460 cid engine; 5% for Designer Series.						
1977 Versailles, V-8						
4d Sed	400	1,200	2,000	4,500	7,000	10,000
1977 Continental, V-8						
4d Sed	412	1,236	2,060	4,640	7,210	10,300
2d Cpe	420	1,260	2,100	4,730	7,350	10,500
1977 Mk V, V-8						
2d Cpe	600	1,800	3,000	6,750	10,500	15,000
NOTE: Add 10% for 460 cid engine; 5% for Designer Series.						
1978 Versailles						
4d Sed	360	1,080	1,800	4,050	6,300	9,000
1978 Continental						
4d Sed	400	1,200	2,000	4,500	7,000	10,000
2d Cpe	440	1,320	2,200	4,950	7,700	11,000
1978 Mk V						
2d Cpe	600	1,800	3,000	6,750	10,500	15,000
NOTE: Add 10% for Diamond Jubilee; 5% for Collector Series; 5% for Designer Series; 10% for 460 cid engine.						
1979 Versailles, V-8						
4d Sed	360	1,080	1,800	4,050	6,300	9,000
1979 Continental, V-8						
4d Sed	400	1,200	2,000	4,500	7,000	10,000

	6	5	4	3	2	1
2d Cpe 440		1,320	2,200	4,950	7,700	11,000
1979 Mk V, V-8						
2d Cpe 560		1,680	2,800	6,300	9,800	14,000
NOTE: Add 5% for Collector Series; 5% for Designer Series.						
1980 Versailles, V-8						
4d Sed 360		1,080	1,800	4,050	6,300	9,000
1980 Continental, V-8						
4d Sed 400		1,200	2,000	4,500	7,000	10,000
2d Cpe 440		1,320	2,200	4,950	7,700	11,000
1980 Mk VI, V-8						
4d Sed 520		1,560	2,600	5,850	9,100	13,000
2d Cpe 560		1,680	2,800	6,300	9,800	14,000
NOTE: Add 30% for Signature Series; 10% for Signature Series w/351-cid options.						
1981 Town Car, V-8						
4d Sed 300		900	1,450	3,290	5,100	7,300
2d Cpe 300		950	1,550	3,510	5,450	7,800
1981 Mk VI						
4d Sed 420		1,260	2,100	4,730	7,350	10,500
2d Cpe 460		1,380	2,300	5,180	8,050	11,500
NOTE: Add 20% for Signature Series.						
1982 Town Car, V-8						
4d Sed 260		780	1,300	2,930	4,550	6,500
1982 Mk VI, V-8						
4d Sed 400		1,200	2,000	4,500	7,000	10,000
2d Cpe 440		1,320	2,200	4,950	7,700	11,000
NOTE: Add 5% for Designer Series.						
1982 Continental, V-8						
4d Sed 520		1,560	2,600	5,850	9,100	13,000
1983 Town Car, V-8						
4d Sed 272		816	1,360	3,060	4,760	6,800
1983 Mk VI, V-8						
4d Sed 360		1,080	1,800	4,050	6,300	9,000
2d Cpe 400		1,200	2,000	4,500	7,000	10,000
NOTE: Add 5% for Designer Series.						
1983 Continental, V-8						
4d Sed 520		1,560	2,600	5,850	9,100	13,000
1984 Town Car, V-8						
4d Sed 276		828	1,380	3,110	4,830	6,900
1984 Mk VII, V-8						
2d Cpe 360		1,080	1,800	4,050	6,300	9,000
2d LSC Cpe 540		1,620	2,700	6,080	9,450	13,500
NOTE: Add 10% for BMW 2.4 liter turbo diesel option.						
1984 Continental, V-8						
4d Sed 520		1,560	2,600	5,850	9,100	13,000
1985 Town Car, V-8						
4d Sed 360		1,080	1,800	4,050	6,300	9,000
1985 Mk VII, V-8						
2d Cpe 368		1,104	1,840	4,140	6,440	9,200
2d LSC Cpe 540		1,620	2,700	6,080	9,450	13,500
NOTE: Add 10% for BMW 2.4 liter turbo diesel option.						
1985 Continental, V-8						
4d Sed 536		1,608	2,680	6,030	9,380	13,400
1986 Town Car						
4d Sed 380		1,140	1,900	4,280	6,650	9,500
1986 Mk VII						
2d Cpe 520		1,560	2,600	5,850	9,100	13,000
2d LSC Cpe 540		1,620	2,700	6,080	9,450	13,500
2d Cpe Bill Blass 550		1,700	2,800	6,300	9,800	14,000
1986 Continental						
4d Sed 552		1,656	2,760	6,210	9,660	13,800
NOTE: Add 20% for Designer Series.						
1987 Town Car, V-8						
4d Sed 392		1,176	1,960	4,410	6,860	9,800
4d Sed Signature 420		1,260	2,100	4,730	7,350	10,500
4d Sed Cartier 540		1,620	2,700	6,080	9,450	13,500
1987 Mk VII, V-8						
2d Cpe 420		1,260	2,100	4,730	7,350	10,500
2d Cpe LSC 540		1,620	2,700	6,080	9,450	13,500
2d Cpe Bill Blass 560		1,680	2,800	6,300	9,800	14,000
1987 Continental, V-8						
4d Sed 380		1,140	1,900	4,280	6,650	9,500
4d Sed Givenchy 420		1,260	2,100	4,730	7,350	10,500
1988 Town Car, V-8						
4d Sed 400		1,200	2,000	4,500	7,000	10,000
4d Sed Signature 520		1,560	2,600	5,850	9,100	13,000
4d Sed Cartier 540		1,620	2,700	6,080	9,450	13,500
1988 Mk VII, V-8						
2d Cpe LSC 552		1,656	2,760	6,210	9,660	13,800
2d Cpe Bill Blass 556		1,668	2,780	6,260	9,730	13,900

	6	5	4	3	2	1
1988 Continental, V-6						
4d Sed	412	1,236	2,060	4,640	7,210	10,300
4d Sed Signature	532	1,596	2,660	5,990	9,310	13,300
1989 Town Car, V-8						
4d Sed	540	1,620	2,700	6,080	9,450	13,500
4d Sed Signature	560	1,680	2,800	6,300	9,800	14,000
4d Sed Cartier	600	1,800	3,000	6,750	10,500	15,000
1989 Mk VII, V-8						
2d Cpe LSC	560	1,680	2,800	6,300	9,800	14,000
2d Cpe Bill Blass	560	1,680	2,800	6,300	9,800	14,000
1989 Continental, V-6						
4d Sed	420	1,260	2,100	4,730	7,350	10,500
4d Sed Signature	540	1,620	2,700	6,080	9,450	13,500
1990 Town Car, V-8						
4d Sed	600	1,800	3,000	6,750	10,500	15,000
4d Sed Signature	640	1,920	3,200	7,200	11,200	16,000
4d Sed Cartier	660	1,980	3,300	7,430	11,550	16,500
1990 Mk VII, V-8						
2d LSC Cpe	560	1,680	2,800	6,300	9,800	14,000
2d Cpe Bill Blass	580	1,740	2,900	6,530	10,150	14,500
1990 Continental, V-6						
4d Sed	520	1,560	2,600	5,850	9,100	13,000
4d Sed Signature	540	1,620	2,700	6,080	9,450	13,500
1991 Town Car, V-8						
4d Sed	520	1,560	2,600	5,850	9,100	13,000
4d Sed Signature	540	1,620	2,700	6,080	9,450	13,500
4d Sed Cartier	580	1,740	2,900	6,530	10,150	14,500
1991 Mk VII, V-8						
2d Cpe LSC	560	1,680	2,800	6,300	9,800	14,000
2d Cpe Bill Blass	580	1,740	2,900	6,530	10,150	14,500
1991 Continental, V-6						
4d Sed	420	1,260	2,100	4,730	7,350	10,500
4d Sed Signature	520	1,560	2,600	5,850	9,100	13,000
1992 Town Car, V-8						
4d Sed Executive	592	1,776	2,960	6,660	10,360	14,800
4d Sed Signature	600	1,800	3,000	6,750	10,500	15,000
4d Sed Cartier	620	1,860	3,100	6,980	10,850	15,500
1992 Mk VII, V-8						
2d Cpe LSC	640	1,920	3,200	7,200	11,200	16,000
2d Cpe Bill Blass	640	1,920	3,200	7,200	11,200	16,000
1992 Continental, V-6						
4d Executive	400	1,200	2,000	4,500	7,000	10,000
4d Signature	420	1,260	2,100	4,730	7,350	10,500
1993 Town Car, V-8						
4d Sed Executive	600	1,800	3,000	6,750	10,500	15,000
4d Sed Signature	640	1,920	3,200	7,200	11,200	16,000
4d Sed Cartier	660	1,980	3,300	7,430	11,550	16,500
1993 Mk VIII, V-8						
2d Sed Executive	648	1,944	3,240	7,290	11,340	16,200
2d Sed Signature	652	1,956	3,260	7,340	11,410	16,300
1993 Continental, V-6						
4d Sed Executive	600	1,800	3,000	6,750	10,500	15,000
4d Sed Signature	604	1,812	3,020	6,800	10,570	15,100
1994 Town Car, V-8						
4d Sed Executive	520	1,560	2,600	5,850	9,100	13,000
4d Sed Signature	540	1,620	2,700	6,080	9,450	13,500
4d Sed Cartier	580	1,740	2,900	6,530	10,150	14,500
1994 Mark VIII, V-8						
2d Cpe	520	1,560	2,600	5,850	9,100	13,000
1994 Continental, V-6						
4d Sed Executive	440	1,320	2,200	4,950	7,700	11,000
4d Sed Signature	480	1,440	2,400	5,400	8,400	12,000
1995 Town Car, V-8						
4d Executive Sed	500	1,550	2,600	5,850	9,100	13,000
4d Signature Sed	550	1,600	2,700	6,080	9,450	13,500
4d Cartier Sed	600	1,750	2,900	6,530	10,200	14,500
1995 Mark VIII, V-8						
2d Cpe	500	1,550	2,600	5,850	9,100	13,000
1995 Continental V-8						
4d Sed	500	1,500	2,500	5,630	8,750	12,500
1996 Town Car, V-8						
4d Executive Sed	500	1,550	2,600	5,850	9,100	13,000
4d Signature Sed	550	1,600	2,700	6,080	9,450	13,500
4d Cartier Sed	600	1,750	2,900	6,530	10,200	14,500
1996 Mark VIII, V-8						
2d Cpe	500	1,550	2,600	5,850	9,100	13,000
1996 Continental, V-8						
4d Sed	500	1,500	2,500	5,630	8,750	12,500

LINCOLN

	6	5	4	3	2	1
1997 Town Car, V-8						
4d Executive Sed	520	1,560	2,600	5,850	9,100	13,000
4d Signature Sed	540	1,620	2,700	6,080	9,450	13,500
4d Cartier Sed	580	1,740	2,900	6,530	10,150	14,500
1997 Mark VIII, V-8						
2d Cpe	520	1,560	2,600	5,850	9,100	13,000
2d LSC Cpe	560	1,680	2,800	6,300	9,800	14,000
1997 Continental, V-8						
4d Sed	500	1,500	2,500	5,630	8,750	12,500
1998 Town Car, V-8						
4d Executive Sed	530	1,580	2,640	5,940	9,240	13,200
4d Signature Sed	550	1,640	2,740	6,170	9,590	13,700
4d Cartier Sed	590	1,760	2,940	6,620	10,290	14,700
1998 Mark VIII, V-8						
2d Cpe	520	1,560	2,600	5,850	9,100	13,000
2d LSC Cpe	560	1,680	2,800	6,300	9,800	14,000
1998 Continental, V-8						
4d Sed	510	1,520	2,540	5,720	8,890	12,700
1999 Town Car, V-8						
4d Executive Sed	530	1,580	2,640	5,940	9,240	13,200
4d Signature Sed	550	1,640	2,740	6,170	9,590	13,700
4d Cartier Sed	590	1,760	2,940	6,620	10,290	14,700
1999 Continental, V-8						
4d Sed	510	1,540	2,560	5,760	8,960	12,800
2000 LS, V-6 & V-8						
4d Sed	360	1,080	1,800	4,050	6,300	9,000
NOTE: Deduct 5% for manual transmission.						
2000 Town Car, V-8						
4d Executive Sed	530	1,600	2,660	5,990	9,310	13,300
4d Signature Sed	550	1,660	2,760	6,210	9,660	13,800
4d Cartier Sed	590	1,780	2,960	6,660	10,360	14,800
NOTE: Add 5% for Signature Touring Pkg.						
2000 Continental, V-8						
4d Sed	510	1,540	2,560	5,760	8,960	12,800
2001 LS, V-6 & V-8						
4d Sed	360	1,090	1,820	4,550	6,370	9,100
NOTE: Add 5% for Sport Pkg. Deduct 5% for manual transmission.						
2001 Town Car, V-8						
4d Executive Sed	540	1,610	2,680	6,700	9,380	13,400
4d Signature Sed	560	1,670	2,780	6,950	9,730	13,900
4d Cartier Sed	600	1,790	2,980	7,450	10,430	14,900
NOTE: Add 5% for L Pkg. (N/A on Signature Sed); 5% for Signature Touring Pkg.						
2001 Continental, V-8						
4d Sed	520	1,550	2,580	6,450	9,030	12,900
2002 LS, V-6 & V-8						
4d Sed	360	1,090	1,820	4,550	6,370	9,100
NOTE: Add 5% for LSE, Sport or All-Season Pkgs. Deduct 5% for manual transmission.						
2002 Town Car, V-8						
4d Executive Sed	540	1,610	2,680	6,700	9,380	13,400
4d Signature Sed	560	1,670	2,780	6,950	9,730	13,900
4d Cartier Sed	600	1,790	2,980	7,450	10,430	14,900
NOTE: Add 5% for L Pkg. (N/A on Signature Sed); 5% for Signature Touring Pkg.						
2002 Continental, V-8						
4d Sed	520	1,550	2,580	6,450	9,030	12,900
2003 LS, V-6 & V-8						
4d Sed (V-6 only)	360	1,090	1,820	4,550	6,370	9,100
4d Sport Sed (V-8 only)	450	1,340	2,240	5,600	7,840	11,200
2003 Town Car, V-8						
4d Executive Sed	540	1,610	2,680	6,700	9,380	13,400
4d Signature Sed	560	1,670	2,780	6,950	9,730	13,900
4d Cartier Sed	600	1,790	2,980	7,450	10,430	14,900
NOTE: Add 5% for L Pkg.						
2004 LS, V-6 & V-8						
4d Sed (V-6 only)	360	1,090	1,820	4,550	6,370	9,100
4d Sport Sed (V-8 only)	450	1,340	2,240	5,600	7,840	11,200
NOTE: Add 5% for LSE Pkg.						
2004 Town Car, V-8						
4d Executive Sed	540	1,610	2,680	6,700	9,380	13,400
4d Signature Sed	560	1,670	2,780	6,950	9,730	13,900
4d Ultimate Sed	600	1,790	2,980	7,450	10,430	14,900
4d Ultimate Limited Sed	620	1,860	3,100	7,750	10,850	15,500
2005 LS, V-6						
4d Sed	360	1,090	1,820	4,550	6,370	9,100
4d Sport Sed (V-8)	450	1,340	2,240	5,600	7,840	11,200
NOTE: Add 5% for LSE Pkg.						
2005 Town Car, V-8						
4d Executive Sed	540	1,620	2,700	6,750	9,450	13,500
4d Signature Sed	560	1,680	2,800	7,000	9,800	14,000
4d Signature Limited Sed	570	1,700	2,840	7,100	9,940	14,200

	6	5	4	3	2	1
4d Executive L Sed.	590	1,780	2,960	7,400	10,360	14,800
4d Signature L Sed.	620	1,870	3,120	7,800	10,920	15,600
2006 Zephyr, V-6						
4d Sed	480	1,440	2,400	6,000	8,400	12,000
2006 Town Car Sedan 4.6L V-8						
4d Signature	480	1,450	2,420	6,050	8,470	12,100
4d Signature LTD	520	1,560	2,600	6,500	9,100	13,000
4d Designer	560	1,680	2,800	7,000	9,800	14,000
Executive L	580	1,740	2,900	7,250	10,150	14,500
Signature L	600	1,800	3,000	7,500	10,500	15,000
2006 LS, 3.9L V-8						
4d Sed	420	1,250	2,080	5,200	7,280	10,400
2007 MKZ, V-6						
4d Sed	520	1,550	2,580	6,450	9,030	12,900
2007 Town Car Sedan 4.6L V-8						
4d Signature	430	1,300	2,170	5,430	7,600	10,850
4d Signature LTD	520	1,570	2,620	6,550	9,170	13,100
4d Designer	570	1,700	2,830	7,080	9,910	14,150
Executive L	600	1,810	3,010	7,530	10,540	15,050
Signature L	700	2,110	3,520	8,800	12,320	17,600
2008 MKZ, 3.5L V6						
4d Sed	500	1,490	2,480	6,200	8,680	12,400
2008 Town Car Sedan 4.6L V8						
4d Signature LTD	520	1,570	2,620	6,550	9,170	13,100
Signature L	520	1,570	2,620	6,550	9,170	13,100
2009 2009 MKZ, 3.5L V6						
4d Sed	400	1,210	2,020	5,050	7,070	10,100
2009 MK5, 3.7L V6						
4d Sed	550	1,660	2,770	6,930	9,700	13,850
2009 Town Car Sedan 4.6L V8						
4d Signature LTD	400	1,200	2,000	4,500	7,000	10,000
4d Signature L	480	1,440	2,410	5,420	8,430	12,040
2010 MKZ, 3.5L V6						
4d Sed	330	980	1,640	3,690	5,740	8,200
2010 MKZ 3.5L V6						
4d sed AWD	350	1,060	1,760	3,960	6,160	8,800
2010 MKS, 3.7L V6						
4d Sed	630	1,900	3,160	7,900	11,060	15,800
2010 MKS, 3.5L Twin Turbo V6						
4d Sed	810	2,420	4,040	10,100	14,140	20,200
2010 Town Car Sedan, 4.6L V8						
4d Signature LTD	420	1,260	2,100	4,730	7,350	10,500
2010 Town Car Sedan 4.6L V6						
4d Executive	360	1,080	1,800	4,050	6,300	9,000
2010 Town Car Sedan, 4.6L V8						
4d Signature L	540	1,620	2,700	6,080	9,450	13,500
2010 Town Car Sedan 4.6L V6						
4d Executive L	480	1,440	2,400	5,400	8,400	12,000
2011 MKZ, 3.5L V6						
4d Sed	370	1,100	1,840	4,600	6,440	9,200
2011 MKZ, 2.5L I4 Hybrid						
4d Sed	340	1,030	1,720	4,290	6,000	8,575
2011 MKS, 3.7L V6						
4d Sed	480	1,440	2,400	6,000	8,400	12,000
2011 MKS, 3.5L Ecoboost Twin Turbo V6, AWD						
4d Sed	540	1,620	2,700	6,750	9,450	13,500
All models above add 5% for AWD						
2011 Town Car Sedan 4.6L V8						
4d Signature LTD	420	1,260	2,100	5,250	7,350	10,500
4d Signature L	560	1,680	2,800	7,000	9,800	14,000

LOCOMOBILE

	6	5	4	3	2	1
1901						
Style 2 Steam Rbt.	1,560	4,680	7,800	17,550	27,300	39,000
Style 02 Steam Rbt.	1,600	4,800	8,000	18,000	28,000	40,000
Style 3 Buggy Top Rbt	1,640	4,920	8,200	18,450	28,700	41,000
Style 03 Vic Top Rbt	1,640	4,920	8,200	18,450	28,700	41,000
Style 003 Vic Top Rbt	1,640	4,920	8,200	18,450	28,700	41,000
Style 5 Locosurrey	1,680	5,040	8,400	18,900	29,400	42,000
Style 05 Locosurrey	1,720	5,160	8,600	19,350	30,100	43,000
1902						
4P Model A Steam Tr	1,640	4,920	8,200	18,450	28,700	41,000
2/4P Model B Steam Tr.	1,680	5,040	8,400	18,900	29,400	42,000
2P Steam Vic	1,560	4,680	7,800	17,550	27,300	39,000
Style No. 2 Std Steam Rbt	1,520	4,560	7,600	17,100	26,600	38,000
Style No. 02 Steam Rbt	1,560	4,680	7,800	17,550	27,300	39,000
4P Style No. 5 Steam Locosurrey	1,640	4,920	8,200	18,450	28,700	41,000
4P Style No. 05 Steam Locosurrey	1,680	5,040	8,400	18,900	29,400	42,000
Style No. 3 Steam Physician's Car	1,560	4,680	7,800	17,550	27,300	39,000

LOCOMOBILE

	6	5	4	3	2	1
Style No. 03 Steam Stanhope	1,480	4,440	7,400	16,650	25,900	37,000
Style No. 003 Stanhope	1,520	4,560	7,600	17,100	26,600	38,000
Steam Locotrap	1,520	4,560	7,600	17,100	26,600	38,000
Steam Locodelivery	1,560	4,680	7,800	17,550	27,300	39,000
1903 Steam Cars						
Dos-a-Dos	1,600	4,800	8,000	18,000	28,000	40,000
Locosurrey	1,640	4,920	8,200	18,450	28,700	41,000
Rbt	1,560	4,680	7,800	17,550	27,300	39,000
1903 Gasoline Car, 2-cyl., 9 hp, 76" wb						
5P Tonn	1,600	4,800	8,000	18,000	28,000	40,000
1903 Gasoline Car, 4-cyl., 16 hp, 86" wb						
5P Tonn	1,720	5,160	8,600	19,350	30,100	43,000
1904 Steam Cars						
Tr, 85" wb	1,680	5,040	8,400	18,900	29,400	42,000
Tr, 79" wb	1,720	5,160	8,600	19,350	30,100	43,000
Stanhope, 79" wb	1,560	4,680	7,800	17,550	27,300	39,000
Dos-a-Dos, 79" wb	1,640	4,920	8,200	18,450	28,700	41,000
LWB Rbt	1,600	4,800	8,000	18,000	28,000	40,000
Locosurrey, 75" wb	1,720	5,160	8,600	19,350	30,100	43,000
Spl Surrey, 93" wb	1,760	5,280	8,800	19,800	30,800	44,000
1904 Gasoline Model C, 2-cyl., 9/12 hp, 76" wb						
5P Tonn	1,680	5,040	8,400	18,900	29,400	42,000
5P Canopy Top Tonn	1,840	5,520	9,200	20,700	32,200	46,000
1904 Gasoline Model D, 4-cyl., 16/22 hp, 86" wb						
6/8P Limo	1,440	4,320	7,200	16,200	25,200	36,000
6P King of Belgian Tonn	1,560	4,680	7,800	17,550	27,300	39,000
6P DeL Tonn	1,400	4,200	7,000	15,750	24,500	35,000
1905 Model E, 4-cyl., 15/20 hp, 92" wb						
5P Tr	1,720	5,160	8,600	19,350	30,100	43,000
5P Lan'let	1,640	4,920	8,200	18,450	28,700	41,000
1905 Model D, 4-cyl., 20/25 hp, 96" wb						
7P Tr	1,760	5,280	8,800	19,800	30,800	44,000
1905 Model H, 4-cyl., 30/35 hp, 106" wb						
7P Tr	1,800	5,400	9,000	20,250	31,500	45,000
7P Limo	1,480	4,440	7,400	16,650	25,900	37,000
1905 Model F, 4-cyl., 40/45 hp, 110" wb						
7P Limo	1,520	4,560	7,600	17,100	26,600	38,000
1906 Model E, 4-cyl., 15/20 hp, 93" wb						
5P Tr	1,720	5,160	8,600	19,350	30,100	43,000
2P Fishtail Rbt	1,760	5,280	8,800	19,800	30,800	44,000
5P Limo	1,440	4,320	7,200	16,200	25,200	36,000
1906 Model H, 4-cyl., 30/35 hp, 106" wb						
5/7P Tr	1,800	5,400	9,000	20,250	31,500	45,000
5/7P Limo	1,480	4,440	7,400	16,650	25,900	37,000
1906 Special, 4-cyl., 90 hp, 110" wb						
Vanderbilt Racer			value not estimable			
1907 Model E, 4-cyl., 20 hp, 96" wb						
5P Tr	1,760	5,280	8,800	19,800	30,800	44,000
2P Fishtail Rbt	1,800	5,400	9,000	20,250	31,500	45,000
5P Limo	1,480	4,440	7,400	16,650	25,900	37,000
1907 Model H, 4-cyl., 35 hp, 120" wb						
7P Tr	1,840	5,520	9,200	20,700	32,200	46,000
7P Limo	1,520	4,560	7,600	17,100	26,600	38,000
1907 Special, 4-cyl., 90 hp, 120" wb						
Vanderbilt Racer			value not estimable			
1908 Model E, 4-cyl., 20 hp, 102" wb						
Std Tr	1,800	5,400	9,000	20,250	31,500	45,000
1908 Model E, 4-cyl., 20 hp, 116" wb						
6P Limo	1,480	4,440	7,400	16,650	25,900	37,000
6P Lan'let	1,600	4,800	8,000	18,000	28,000	40,000
1908 Model I, 4-cyl., 40 hp, 123" wb						
3P Rbt	1,880	5,640	9,400	21,150	32,900	47,000
1909 Model 30, 4-cyl., 32 hp, 120" wb						
5P Tr	1,840	5,520	9,200	20,700	32,200	46,000
4P Rbt	1,880	5,640	9,400	21,150	32,900	47,000
1909 Model 40, 4-cyl., 40 hp, 123" wb						
7P Tr	1,920	5,760	9,600	21,600	33,600	48,000
4P Baby Tonn	1,960	5,880	9,800	22,050	34,300	49,000
7P Limo	1,480	4,440	7,400	16,650	25,900	37,000
1910 Model 30(L), 4-cyl., 30 hp, 120" wb						
4P Rds	1,920	5,760	9,600	21,600	33,600	48,000
4P Baby Tonn	1,880	5,640	9,400	21,150	32,900	47,000
5P Tr	1,840	5,520	9,200	20,700	32,200	46,000
Limo	1,480	4,440	7,400	16,650	25,900	37,000
1910 Model 40(I), 4-cyl., 40 hp, 123" wb						
7P Tr	2,160	6,480	10,800	24,300	37,800	54,000
Rbt	2,120	6,360	10,600	23,850	37,100	53,000
7P Limo	1,760	5,280	8,800	19,800	30,800	44,000

	6	5	4	3	2	1
7P Lan'let	1,880	5,640	9,400	21,150	32,900	47,000
4P Baby Tonn	2,120	6,360	10,600	23,850	37,100	53,000
1911 Model 30(L), 4-cyl., 32 hp, 120" wb						
5P Tr	1,920	5,760	9,600	21,600	33,600	48,000
4P Baby Tonn	2,000	6,000	10,000	22,500	35,000	50,000
4P Torp	2,040	6,120	10,200	22,950	35,700	51,000
6P Limo	1,560	4,680	7,800	17,550	27,300	39,000
6P Lan'let	1,680	5,040	8,400	18,900	29,400	42,000
1911 Model 48(M), 6-cyl., 48 hp, 125" wb						
7P Tr	2,200	6,600	11,000	24,750	38,500	55,000
4P Baby Tonn	2,320	6,960	11,600	26,100	40,600	58,000
7P Limo	1,840	5,520	9,200	20,700	32,200	46,000
7P Lan'let	1,960	5,880	9,800	22,050	34,300	49,000
1912 Model 30(L), 4-cyl., 30 hp, 120" wb						
Tr	1,920	5,760	9,600	21,600	33,600	48,000
Baby Tonn	1,960	5,880	9,800	22,050	34,300	49,000
Torp	2,000	6,000	10,000	22,500	35,000	50,000
Limo	1,560	4,680	7,800	17,550	27,300	39,000
Berl	1,720	5,160	8,600	19,350	30,100	43,000
Lan'let	1,840	5,520	9,200	20,700	32,200	46,000
1912 Model 48(M), 6-cyl., 48 hp, 135" wb						
Tr	2,200	6,600	11,000	24,750	38,500	55,000
4P Torp	2,240	6,720	11,200	25,200	39,200	56,000
5P Torp	2,280	6,840	11,400	25,650	39,900	57,000
Limo	1,800	5,400	9,000	20,250	31,500	45,000
Berl	1,960	5,880	9,800	22,050	34,300	49,000
Lan'let	2,080	6,240	10,400	23,400	36,400	52,000
1913 Model 30(L), 4-cyl., 32.4 hp, 120" wb						
4P Torp	2,040	6,120	10,200	22,950	35,700	51,000
5P Tr	2,080	6,240	10,400	23,400	36,400	52,000
Rds	2,040	6,120	10,200	22,950	35,700	51,000
1913 Model 38(R), 6-cyl., 43.8 hp, 128" wb						
4P Torp	2,480	7,440	12,400	27,900	43,400	62,000
5P Tr	2,440	7,320	12,200	27,450	42,700	61,000
Rds	2,480	7,440	12,400	27,900	43,400	62,000
Limo	1,840	5,520	9,200	20,700	32,200	46,000
Lan'let	1,920	5,760	9,600	21,600	33,600	48,000
Berl Limo	2,040	6,120	10,200	22,950	35,700	51,000
Berl Lan'let	2,120	6,360	10,600	23,850	37,100	53,000
1914 Model 38, 6-cyl., 43.8 hp, 132" wb						
4P Torp	2,720	8,160	13,600	30,600	47,600	68,000
5P Tr	2,800	8,400	14,000	31,500	49,000	70,000
2P Rds	2,880	8,640	14,400	32,400	50,400	72,000
7P Limo	2,160	6,480	10,800	24,300	37,800	54,000
7P Lan'let	2,200	6,600	11,000	24,750	38,500	55,000
7P Berl	2,280	6,840	11,400	25,650	39,900	57,000
1914 Model 48, 6-cyl., 48.6 hp, 136 & 140" wb						
7P Tr	2,800	8,400	14,000	31,500	49,000	70,000
6P Torp	2,880	8,640	14,400	32,400	50,400	72,000
2P Rds	2,960	8,880	14,800	33,300	51,800	74,000
7P Limo	2,280	6,840	11,400	25,650	39,900	57,000
7P Lan'let	2,360	7,080	11,800	26,550	41,300	59,000
7P Berl	2,440	7,320	12,200	27,450	42,700	61,000
1915 Model 38, 6-cyl., 43.3 hp, 132" wb						
5P Tr	2,800	8,400	14,000	31,500	49,000	70,000
2P Rds	2,880	8,640	14,400	32,400	50,400	72,000
4P Torp	2,800	8,400	14,000	31,500	49,000	70,000
7P Limo	1,560	4,680	7,800	17,550	27,300	39,000
7P Lan'let	1,600	4,800	8,000	18,000	28,000	40,000
7P Berl	1,640	4,920	8,200	18,450	28,700	41,000
1915 Model 48, 6-cyl., 48.6 hp, 140" wb						
7P Tr	2,880	8,640	14,400	32,400	50,400	72,000
2P Rds	2,960	8,880	14,800	33,300	51,800	74,000
6P Torp	2,880	8,640	14,400	32,400	50,400	72,000
7P Limo	1,600	4,800	8,000	18,000	28,000	40,000
7P Lan'let	1,640	4,920	8,200	18,450	28,700	41,000
7P Berl	1,680	5,040	8,400	18,900	29,400	42,000
1916 Model 38, 6-cyl., 43.35 hp, 140" wb						
7P Tr	3,040	9,120	15,200	34,200	53,200	76,000
6P Tr	3,120	9,360	15,600	35,100	54,600	78,000
7P Limo	1,560	4,680	7,800	17,550	27,300	39,000
7P Lan'let	1,600	4,800	8,000	18,000	28,000	40,000
7P Berl	1,640	4,920	8,200	18,450	28,700	41,000
1916 Model 48, 6-cyl., 48.6 hp, 143" wb						
6P Tr	3,760	11,280	18,800	42,300	65,800	94,000
7P Tr	3,440	10,320	17,200	38,700	60,200	86,000
7P Lan'let	1,720	5,160	8,600	19,350	30,100	43,000
7P Berl	1,760	5,280	8,800	19,800	30,800	44,000
7P Limo	1,680	5,040	8,400	18,900	29,400	42,000

LOCOMOBILE

	6	5	4	3	2	1
1917 Model 38, 6-cyl., 43.34 hp, 139" wb						
7P Tr	3,600	10,800	18,000	40,500	63,000	90,000
6P Tr	3,760	11,280	18,800	42,300	65,800	94,000
4P Tr	3,840	11,520	19,200	43,200	67,200	96,000
7P Limo	1,680	5,040	8,400	18,900	29,400	42,000
7P Lan'let	1,720	5,160	8,600	19,350	30,100	43,000
7P Berl	1,800	5,400	9,000	20,250	31,500	45,000
1917 Model 48, 6-cyl., 48.6 hp, 142" wb						
Sportif	5,920	17,760	29,600	66,600	103,600	148,000
6P Tr	3,840	11,520	19,200	43,200	67,200	96,000
7P Tr	3,760	11,280	18,800	42,300	65,800	94,000
7P Lan'let	1,800	5,400	9,000	20,250	31,500	45,000
7P Berl	1,880	5,640	9,400	21,150	32,900	47,000
7P Limo	1,760	5,280	8,800	19,800	30,800	44,000
1918 Model 38, Series Two, 6-cyl., 43.35 hp, 139" wb						
7P Tr	3,600	10,800	18,000	40,500	63,000	90,000
6P Tr	3,680	11,040	18,400	41,400	64,400	92,000
4P Tr	3,760	11,280	18,800	42,300	65,800	94,000
7P Lan'let	1,680	5,040	8,400	18,900	29,400	42,000
7P Berl	1,800	5,400	9,000	20,250	31,500	45,000
7P Limo	1,640	4,920	8,200	18,450	28,700	41,000
1918 Model 48, Series Two, 6-cyl., 48.6 hp, 142" wb						
Sportif	5,920	17,760	29,600	66,600	103,600	148,000
7P Tr	3,760	11,280	18,800	42,300	65,800	94,000
6P Tr	3,840	11,520	19,200	43,200	67,200	96,000
4P Tr	3,840	11,520	19,200	43,200	67,200	96,000
7P Limo	1,760	5,280	8,800	19,800	30,800	44,000
7P Lan'let	1,800	5,400	9,000	20,250	31,500	45,000
7P Berl	1,880	5,640	9,400	21,150	32,900	47,000
1919 Model 48, 6-cyl., 48.6 hp, 142" wb						
7P Tr	3,840	11,520	19,200	43,200	67,200	96,000
Torp	3,840	11,520	19,200	43,200	67,200	96,000
Sportif	5,920	17,760	29,600	66,600	103,600	148,000
Limo	2,080	6,240	10,400	23,400	36,400	52,000
Lan'let	2,160	6,480	10,800	24,300	37,800	54,000
Berl	2,280	6,840	11,400	25,650	39,900	57,000
1920 Model 48, 6-cyl., 142" wb						
4P Spl Tr	3,920	11,760	19,600	44,100	68,600	98,000
4P Tr	3,760	11,280	18,800	42,300	65,800	94,000
7P Tr	3,520	10,560	17,600	39,600	61,600	88,000
7P Limo	2,280	6,840	11,400	25,650	39,900	57,000
7P Lan'let	2,360	7,080	11,800	26,550	41,300	59,000
7P Sed	1,360	4,080	6,800	15,300	23,800	34,000
4P Cabr	1,880	5,640	9,400	21,150	32,900	47,000
5P Semi-Tr	2,280	6,840	11,400	25,650	39,900	57,000
1921 Model 48, 6-cyl., 95 hp, 142" wb						
7P Tr	3,520	10,560	17,600	39,600	61,600	88,000
Sportif	5,720	17,160	28,600	64,350	100,100	143,000
7P Limo	2,280	6,840	11,400	25,650	39,900	57,000
7P Lan	2,360	7,080	11,800	26,550	41,300	59,000
1922 Model 48, 6-cyl., 95 hp, 142" wb						
7P Tr	3,520	10,560	17,600	39,600	61,600	88,000
4P Sportif	5,720	17,160	28,600	64,350	100,100	143,000
6P Limo	2,280	6,840	11,400	25,650	39,900	57,000
Lan'let	2,360	7,080	11,800	26,550	41,300	59,000
DC Phae	5,520	16,560	27,600	62,100	96,600	138,000
Cpe-Limo	2,480	7,440	12,400	27,900	43,400	62,000
Cabr	2,560	7,680	12,800	28,800	44,800	64,000
Sed	1,880	5,640	9,400	21,150	32,900	47,000
1923 Model 48, 6-cyl., 95 hp, 142" wb						
4P Sportif	5,720	17,160	28,600	64,350	100,100	143,000
7P Tr	3,520	10,560	17,600	39,600	61,600	88,000
4P Tr	3,760	11,280	18,800	42,300	65,800	94,000
7P Limo	2,480	7,440	12,400	27,900	43,400	62,000
4P DC Phae	5,520	16,560	27,600	62,100	96,600	138,000
5P Cpe	1,880	5,640	9,400	21,150	32,900	47,000
5P Cabr	2,560	7,680	12,800	28,800	44,800	64,000
7P Sed	1,680	5,040	8,400	18,900	29,400	42,000
1924 Model 48, 6-cyl., 95 hp, 142" wb						
4P Sportif	5,520	16,560	27,600	62,100	96,600	138,000
7P Tr	3,760	11,280	18,800	42,300	65,800	94,000
7P Tr Limo	2,560	7,680	12,800	28,800	44,800	64,000
5P Brgm	2,480	7,440	12,400	27,900	43,400	62,000
Encl Dr Limo	2,400	7,200	12,000	27,000	42,000	60,000
Vic Sed	1,880	5,640	9,400	21,150	32,900	47,000
5P Cabr	2,720	8,160	13,600	30,600	47,600	68,000
1925 Junior 8, 8-cyl., 66 hp, 124" wb						
5P Tr	3,040	9,120	15,200	34,200	53,200	76,000
5P Sed	1,520	4,560	7,600	17,100	26,600	38,000

	6	5	4	3	2	1
5P Brgm	1,920	5,760	9,600	21,600	33,600	48,000
4P Rds	3,200	9,600	16,000	36,000	56,000	80,000
4P Cpe	1,720	5,160	8,600	19,350	30,100	43,000
1925 Model 48, 6-cyl., 103 hp, 142" wb						
4P Sportif	5,720	17,160	28,600	64,350	100,100	143,000
7P Tr	3,840	11,520	19,200	43,200	67,200	96,000
7P Tr Limo.	2,640	7,920	13,200	29,700	46,200	66,000
6P Brgm	2,400	7,200	12,000	27,000	42,000	60,000
5P Vic Sed	1,920	5,760	9,600	21,600	33,600	48,000
7P Encl Limo	2,480	7,440	12,400	27,900	43,400	62,000
7P Cabr	2,800	8,400	14,000	31,500	49,000	70,000
1926 Junior 8, 8-cyl., 66 hp, 124" wb						
5P Tr	3,120	9,360	15,600	35,100	54,600	78,000
5P Sed	1,520	4,560	7,600	17,100	26,600	38,000
5P Brgm	1,720	5,160	8,600	19,350	30,100	43,000
4P Rds	3,200	9,600	16,000	36,000	56,000	80,000
4P Cpe	1,800	5,400	9,000	20,250	31,500	45,000
1926 Model 90, 6-cyl., 86 hp, 138" wb						
4P Sportif	5,200	15,600	26,000	58,500	91,000	130,000
4P Rds	5,040	15,120	25,200	56,700	88,200	126,000
5P Vic Cpe	1,800	5,400	9,000	20,250	31,500	45,000
5P Vic Sed	1,720	5,160	8,600	19,350	30,100	43,000
5P Vic Div Sed	1,920	5,760	9,600	21,600	33,600	48,000
7P Brgm	2,000	6,000	10,000	22,500	35,000	50,000
7P Sub Limo.	2,040	6,120	10,200	22,950	35,700	51,000
7P Cabr	2,560	7,680	12,800	28,800	44,800	64,000
1926 Model 48, 6-cyl., 103 hp, 138" wb						
4P Sportif	5,440	16,320	27,200	61,200	95,200	136,000
7P Tr	3,840	11,520	19,200	43,200	67,200	96,000
7P Cabr	2,640	7,920	13,200	29,700	46,200	66,000
5P Vic Sed	1,920	5,760	9,600	21,600	33,600	48,000
7P Encl Dr Limo	2,320	6,960	11,600	26,100	40,600	58,000
7P Tr Limo.	2,120	6,360	10,600	23,850	37,100	53,000
6P Twn Brgm	2,080	6,240	10,400	23,400	36,400	52,000
1927 Junior 8, 8-cyl., 66 hp, 124" wb						
5P Tr	3,440	10,320	17,200	38,700	60,200	86,000
5P Sed	1,920	5,760	9,600	21,600	33,600	48,000
5P Brgm	2,320	6,960	11,600	26,100	40,600	58,000
4P Rds	3,280	9,840	16,400	36,900	57,400	82,000
4P Cpe	2,400	7,200	12,000	27,000	42,000	60,000
1927 Model 8-80, 8-cyl., 90 hp, 130" wb						
5P Sed	1,720	5,160	8,600	19,350	30,100	43,000
1927 Model 90, 6-cyl., 86 hp, 138" wb						
4P Tr	3,600	10,800	18,000	40,500	63,000	90,000
4P Sportif	5,200	15,600	26,000	58,500	91,000	130,000
4P Rds	3,920	11,760	19,600	44,100	68,600	98,000
5P Vic Cpe	2,400	7,200	12,000	27,000	42,000	60,000
5P Sed	2,120	6,360	10,600	23,850	37,100	53,000
5P Div Sed	2,200	6,600	11,000	24,750	38,500	55,000
7P Sed	2,160	6,480	10,800	24,300	37,800	54,000
7P Brgm	2,400	7,200	12,000	27,000	42,000	60,000
7P Cabr	2,800	8,400	14,000	31,500	49,000	70,000
1927 Model 48, 6-cyl., 103 hp, 138" wb						
4P Sportif	5,440	16,320	27,200	61,200	95,200	136,000
7P Tr	3,680	11,040	18,400	41,400	64,400	92,000
4P Rds	4,000	12,000	20,000	45,000	70,000	100,000
5P Cabr	3,040	9,120	15,200	34,200	53,200	76,000
5P Vic Sed	1,920	5,760	9,600	21,600	33,600	48,000
7P Encl Dr Limo	2,320	6,960	11,600	26,100	40,600	58,000
7P Tr Limo.	2,200	6,600	11,000	24,750	38,500	55,000
6P Twn Brgm	2,400	7,200	12,000	27,000	42,000	60,000
1928 Model 8-70, 8-cyl., 70 hp, 122" wb						
5P Sed	1,520	4,560	7,600	17,100	26,600	38,000
5P Brgm	1,600	4,800	8,000	18,000	28,000	40,000
5P DeL Brgm	1,680	5,040	8,400	18,900	29,400	42,000
4P Vic Cpe	1,800	5,400	9,000	20,250	31,500	45,000
1928 Model 8-80, 8-cyl., 90 hp, 130" wb						
5P Spt Phae	2,640	7,920	13,200	29,700	46,200	66,000
5P Sed	1,600	4,800	8,000	18,000	28,000	40,000
5P Brgm	1,680	5,040	8,400	18,900	29,400	42,000
4P Vic Cpe	1,920	5,760	9,600	21,600	33,600	48,000
Spl Rds	2,720	8,160	13,600	30,600	47,600	68,000
4P Collegiate Cpe	2,040	6,120	10,200	22,950	35,700	51,000
7P Tr	2,640	7,920	13,200	29,700	46,200	66,000
Vic Sed	1,680	5,040	8,400	18,900	29,400	42,000
7P Sed, 140" wb	1,600	4,800	8,000	18,000	28,000	40,000
7P Sub, 140" wb	1,680	5,040	8,400	18,900	29,400	42,000
1928 Model 90, 6-cyl., 86 hp, 138" wb						
4P Sportif	3,440	10,320	17,200	38,700	60,200	86,000

LOCOMOBILE

	6	5	4	3	2	1
4P Rds	3,040	9,120	15,200	34,200	53,200	76,000
7P Tr	2,960	8,880	14,800	33,300	51,800	74,000
Cpe	2,000	6,000	10,000	22,500	35,000	50,000
5P Vic Sed	1,800	5,400	9,000	20,250	31,500	45,000
5P Div Vic Sed	1,920	5,760	9,600	21,600	33,600	48,000
7P Sub	1,960	5,880	9,800	22,050	34,300	49,000
7P Twn Brgm	1,960	5,880	9,800	22,050	34,300	49,000
7P Cabr	2,640	7,920	13,200	29,700	46,200	66,000
7P Semi-Collapsible Cabr.	2,560	7,680	12,800	28,800	44,800	64,000
1928 Model 48, 6-cyl., 103 hp, 142" wb						
4P Sportif	3,600	10,800	18,000	40,500	63,000	90,000
7P Tr	3,440	10,320	17,200	38,700	60,200	86,000
Rds	3,520	10,560	17,600	39,600	61,600	88,000
7P Cabr	2,720	8,160	13,600	30,600	47,600	68,000
5P Vic Sed	2,720	8,160	13,600	30,600	47,600	68,000
7P Encl Dr Limo	2,640	7,920	13,200	29,700	46,200	66,000
7P Tr Limo	2,800	8,400	14,000	31,500	49,000	70,000
6P Twn Brgm	2,800	8,400	14,000	31,500	49,000	70,000
1929 Model 88, 8-cyl., 115 hp, 130" wb						
4P Phae	3,040	9,120	15,200	34,200	53,200	76,000
5P Sed	1,720	5,160	8,600	19,350	30,100	43,000
Vic Cpe	2,320	6,960	11,600	26,100	40,600	58,000
5P Brgm	2,120	6,360	10,600	23,850	37,100	53,000
4P Collegiate Cpe	2,400	7,200	12,000	27,000	42,000	60,000
7P Sed	1,640	4,920	8,200	18,450	28,700	41,000
7P Sub	1,680	5,040	8,400	18,900	29,400	42,000
7P A/W Cabr	2,400	7,200	12,000	27,000	42,000	60,000
1929 Model 90, 6-cyl., 86 hp, 138" wb						
4P Sportif	3,480	10,440	17,400	39,150	60,900	87,000
4P Rds	3,200	9,600	16,000	36,000	56,000	80,000
7P Tr	3,120	9,360	15,600	35,100	54,600	78,000
5P Vic Sed	2,320	6,960	11,600	26,100	40,600	58,000
5P Vic Div Sed	2,400	7,200	12,000	27,000	42,000	60,000
6P Twn Brgm	2,480	7,440	12,400	27,900	43,400	62,000
7P Cabr	2,800	8,400	14,000	31,500	49,000	70,000
Semi-Collapsible Cabr	2,720	8,160	13,600	30,600	47,600	68,000
1929 Model 48, 6-cyl., 103 hp, 142" wb						
4P Sportif	3,680	11,040	18,400	41,400	64,400	92,000
7P Tr	3,440	10,320	17,200	38,700	60,200	86,000
Rds	3,600	10,800	18,000	40,500	63,000	90,000
7P Cabr	3,040	9,120	15,200	34,200	53,200	76,000
5P Vic Sed	2,400	7,200	12,000	27,000	42,000	60,000
7P Encl Dr Limo	2,560	7,680	12,800	28,800	44,800	64,000
7P Tr Limo	2,640	7,920	13,200	29,700	46,200	66,000
6P Twn Brgm	2,640	7,920	13,200	29,700	46,200	66,000

MARMON

NOTE: Marmon production started in 1902 but the earliest car known to exist is a 1909 speedster. Therefore ballpark values on pre-1909 models are inestimable.

	6	5	4	3	2	1
1909-12 Model 32, 4-cyl., 32 hp, 120" wb						
Rds	2,760	8,280	13,800	31,050	48,300	69,000
4P Tr	2,800	8,400	14,000	31,500	49,000	70,000
5P Tr	2,840	8,520	14,200	31,950	49,700	71,000
Spds	4,040	12,120	20,200	45,450	70,700	101,000
Limo	2,720	8,160	13,600	30,600	47,600	68,000
1913 Model 32, 4-cyl., 32 hp, 120" wb						
Rds	2,760	8,280	13,800	31,050	48,300	69,000
5P Tr	2,800	8,400	14,000	31,500	49,000	70,000
7P Tr	2,720	8,160	13,600	30,600	47,600	68,000
Spds	4,160	12,480	20,800	46,800	72,800	104,000
Limo	2,740	8,220	13,700	30,830	47,950	68,500
1913 Model 48, 6-cyl., 48 hp, 145" wb						
Rds	3,400	10,200	17,000	38,250	59,500	85,000
4P Tr	3,440	10,320	17,200	38,700	60,200	86,000
5P Tr	3,480	10,440	17,400	39,150	60,900	87,000
7P Tr	3,520	10,560	17,600	39,600	61,600	88,000
Spds	4,480	13,440	22,400	50,400	78,400	112,000
Limo	3,280	9,840	16,400	36,900	57,400	82,000
1914 Model 32, 4-cyl., 32 hp, 120" wb						
Rds	2,760	8,280	13,800	31,050	48,300	69,000
4P Tr	2,800	8,400	14,000	31,500	49,000	70,000
5P Tr	2,820	8,460	14,100	31,730	49,350	70,500
Spds	4,160	12,480	20,800	46,800	72,800	104,000
Limo	2,740	8,220	13,700	30,830	47,950	68,500
1914 Model 41, 6-cyl., 41 hp, 132" wb						
Rds	2,760	8,280	13,800	31,050	48,300	69,000
4P Tr	2,800	8,400	14,000	31,500	49,000	70,000
5P Tr	2,840	8,520	14,200	31,950	49,700	71,000
7P Tr	2,880	8,640	14,400	32,400	50,400	72,000

	6	5	4	3	2	1
Spds	4,260	12,780	21,300	47,930	74,550	106,500
1914 Model 48, 6-cyl., 48 hp, 145" wb						
Rds	3,240	9,720	16,200	36,450	56,700	81,000
4P Tr	3,280	9,840	16,400	36,900	57,400	82,000
5P Tr	3,320	9,960	16,600	37,350	58,100	83,000
7P Tr	3,360	10,080	16,800	37,800	58,800	84,000
Spds	4,480	13,440	22,400	50,400	78,400	112,000
Limo	3,280	9,840	16,400	36,900	57,400	82,000
Ber Limo	3,320	9,960	16,600	37,350	58,100	83,000
1915 Model 41, 6-cyl., 41 hp, 132" wb						
Rds	2,760	8,280	13,800	31,050	48,300	69,000
4P Tr	2,800	8,400	14,000	31,500	49,000	70,000
5P Tr	2,820	8,460	14,100	31,730	49,350	70,500
7P Tr	2,840	8,520	14,200	31,950	49,700	71,000
Spds	4,260	12,780	21,300	47,930	74,550	106,500
1915 Model 48, 6-cyl., 48 hp, 145" wb						
7P Tr	3,080	9,240	15,400	34,650	53,900	77,000
1916 Model 41, 6-cyl., 41 hp, 132" wb						
Rds	2,520	7,560	12,600	28,350	44,100	63,000
4P Tr	2,560	7,680	12,800	28,800	44,800	64,000
5P Tr	2,600	7,800	13,000	29,250	45,500	65,000
5P Tr	2,640	7,920	13,200	29,700	46,200	66,000
Spds	4,100	12,300	20,500	46,130	71,750	102,500
1916 Model 34, 6-cyl., 34 hp, 136" wb						
Clb Rds	2,480	7,440	12,400	27,900	43,400	62,000
5P Tr	2,520	7,560	12,600	28,350	44,100	63,000
7P Tr	2,560	7,680	12,800	28,800	44,800	64,000
Limo	2,440	7,320	12,200	27,450	42,700	61,000
Lan'let	2,480	7,440	12,400	27,900	43,400	62,000
Sed	2,160	6,480	10,800	24,300	37,800	54,000
Twn Car	2,280	6,840	11,400	25,650	39,900	57,000
1917 Model 34, 6-cyl., 34 hp, 136" wb						
5P Tr	2,160	6,480	10,800	24,300	37,800	54,000
4P Rds	2,120	6,360	10,600	23,850	37,100	53,000
7P Tr	2,200	6,600	11,000	24,750	38,500	55,000
Limo	1,800	5,400	9,000	20,250	31,500	45,000
Lan'let	1,840	5,520	9,200	20,700	32,200	46,000
Sed	1,600	4,800	8,000	18,000	28,000	40,000
Twn Car	1,880	5,640	9,400	21,150	32,900	47,000
1918 Model 34, 6-cyl., 34 hp, 136" wb						
5P Tr	2,160	6,480	10,800	24,300	37,800	54,000
4P Rds	2,120	6,360	10,600	23,850	37,100	53,000
7P Tr	2,240	6,720	11,200	25,200	39,200	56,000
Sed	1,800	5,400	9,000	20,250	31,500	45,000
Limo-Twn Car	1,960	5,880	9,800	22,050	34,300	49,000
Lan'let	2,000	6,000	10,000	22,500	35,000	50,000
Rubay Twn Car	2,080	6,240	10,400	23,400	36,400	52,000
Rubay Limo	2,120	6,360	10,600	23,850	37,100	53,000
1919 Model 34, 6-cyl., 34 hp, 136" wb						
5P Tr	2,240	6,720	11,200	25,200	39,200	56,000
4P Rds	2,200	6,600	11,000	24,750	38,500	55,000
7P Tr	2,320	6,960	11,600	26,100	40,600	58,000
Sed	1,880	5,640	9,400	21,150	32,900	47,000
Limo	2,000	6,000	10,000	22,500	35,000	50,000
Twn Car	2,040	6,120	10,200	22,950	35,700	51,000
Lan'let	2,080	6,240	10,400	23,400	36,400	52,000
1920 Model 34, 6-cyl., 34 hp, 136" wb						
4P Rds	2,280	6,840	11,400	25,650	39,900	57,000
4P 4J Tr	2,320	6,960	11,600	26,100	40,600	58,000
4P Cpe	1,920	5,760	9,600	21,600	33,600	48,000
7P Sed	1,960	5,880	9,800	22,050	34,300	49,000
Twn Car	2,040	6,120	10,200	22,950	35,700	51,000
7P Tr	2,320	6,960	11,600	26,100	40,600	58,000
1921 Model 34, 6-cyl., 34 hp, 136" wb						
4P Rds	2,320	6,960	11,600	26,100	40,600	58,000
7P Tr	2,400	7,200	12,000	27,000	42,000	60,000
2P Spds	3,600	10,800	18,000	40,500	63,000	90,000
4P Cpe	1,960	5,880	9,800	22,050	34,300	49,000
4P Tr	2,360	7,080	11,800	26,550	41,300	59,000
7P Sed	2,000	6,000	10,000	22,500	35,000	50,000
Limo	2,040	6,120	10,200	22,950	35,700	51,000
Twn Car	2,080	6,240	10,400	23,400	36,400	52,000
1922 Model 34, 6-cyl., 34 hp, 136" wb						
4P Rds	2,320	6,960	11,600	26,100	40,600	58,000
4P Tr	2,360	7,080	11,800	26,550	41,300	59,000
7P Tr	2,400	7,200	12,000	27,000	42,000	60,000
2P Spds	4,000	12,000	20,000	45,000	70,000	100,000
4P Spds	4,400	13,200	22,000	49,500	77,000	110,000
W'by Cpe	2,440	7,320	12,200	27,450	42,700	61,000

	6	5	4	3	2	1
N & M Cpe	2,380	7,140	11,900	26,780	41,650	59,500
7P N & M Sed.	2,360	7,080	11,800	26,550	41,300	59,000
Rubay Limo.	2,280	6,840	11,400	25,650	39,900	57,000
4P N & M Sed.	2,280	6,840	11,400	25,650	39,900	57,000
7P Sub	2,360	7,080	11,800	26,550	41,300	59,000
Spt Sed.	2,400	7,200	12,000	27,000	42,000	60,000
N & H Sed.	2,280	6,840	11,400	25,650	39,900	57,000
Rubay Twn Car	2,360	7,080	11,800	26,550	41,300	59,000
W'by Limo.	2,360	7,080	11,800	26,550	41,300	59,000
W'by Twn Car	2,440	7,320	12,200	27,450	42,700	61,000

NOTE: N & M bodies by Nordyke Marmon Co. (factory custom).

1923 Model 34, 6-cyl., 34 hp, 132" wb

	6	5	4	3	2	1
4P Phae	2,500	7,500	12,500	28,130	43,750	62,500
2P Rds	2,480	7,440	12,400	27,900	43,400	62,000
4P Rds	2,460	7,380	12,300	27,680	43,050	61,500
7P Phae	2,540	7,620	12,700	28,580	44,450	63,500
4P Tr	2,460	7,380	12,300	27,680	43,050	61,500
2P Spds	4,000	12,000	20,000	45,000	70,000	100,000
4P Spds	4,400	13,200	22,000	49,500	77,000	110,000
4P Cpe	2,060	6,180	10,300	23,180	36,050	51,500
4P Sed	2,060	6,180	10,300	23,180	36,050	51,500
7P Sed	2,100	6,300	10,500	23,630	36,750	52,500
7P Limo	2,180	6,540	10,900	24,530	38,150	54,500
Twn Car	2,220	6,660	11,100	24,980	38,850	55,500
Sub Sed	2,380	7,140	11,900	26,780	41,650	59,500

1924 Model 34, 6-cyl., 34 hp, 132" wb

	6	5	4	3	2	1
Spt Spds	4,000	12,000	20,000	45,000	70,000	100,000
4P Spds	4,400	13,200	22,000	49,500	77,000	110,000
4P Phae	2,600	7,800	13,000	29,250	45,500	65,000
4P Conv Phae	2,400	7,200	12,000	27,000	42,000	60,000
7P Conv Phae	2,400	7,200	12,000	27,000	42,000	60,000
4P Cpe	2,060	6,180	10,300	23,180	36,050	51,500
4P Sed	2,060	6,180	10,300	23,180	36,050	51,500
7P Sed	2,100	6,300	10,500	23,630	36,750	52,500
Sub Sed	2,300	6,900	11,500	25,880	40,250	57,500
Limo	2,180	6,540	10,900	24,530	38,150	54,500
Twn Car	2,220	6,660	11,100	24,980	38,850	55,500

NOTE: The Phaeton (Phae) is a touring car; the convertible phaeton (conv phae) is a convertible sedan with glass slide-in windows.

NOTE: The following Marmon models are authentic Classic Cars: all 16-cyl., all Models 74 (1925-26); all Models 75 (1927); all Models E75 (1928), 1930 "Big Eight" and 1931 Model "88" and "Big Eight".

1925 Model D-74, 6-cyl., 34 hp, 136" wb

	6	5	4	3	2	1
R/S Rds	3,160	9,480	15,800	35,550	55,300	79,000
5P Phae	3,360	10,080	16,800	37,800	58,800	84,000
7P Tr	3,000	9,000	15,000	33,750	52,500	75,000
Std Sed.	2,280	6,840	11,400	25,650	39,900	57,000
Brgm Cpe	2,320	6,960	11,600	26,100	40,600	58,000
DeL Cpe	2,340	7,020	11,700	26,330	40,950	58,500
DeL Sed	2,320	6,960	11,600	26,100	40,600	58,000
7P DeL Sed	2,360	7,080	11,800	26,550	41,300	59,000
5P Sed Limo	2,360	7,080	11,800	26,550	41,300	59,000
7P Sed Limo	2,400	7,200	12,000	27,000	42,000	60,000
7P Std Sed	2,360	7,080	11,800	26,550	41,300	59,000
4P Vic Cpe	2,320	6,960	11,600	26,100	40,600	58,000
2P Std Cpe	2,320	6,960	11,600	26,100	40,600	58,000

1926 Model D-74, 6-cyl., 34 hp, 136" wb

	6	5	4	3	2	1
2P Spds	3,600	10,800	18,000	40,500	63,000	90,000
5P Phae	3,360	10,080	16,800	37,800	58,800	84,000
7P Tr	3,000	9,000	15,000	33,750	52,500	75,000
Std Cpe.	2,320	6,960	11,600	26,100	40,600	58,000
Std Sed.	2,320	6,960	11,600	26,100	40,600	58,000
5P DeL Sed	2,320	6,960	11,600	26,100	40,600	58,000
7P Del Sed	2,360	7,080	11,800	26,550	41,300	59,000
Std Vic	2,320	6,960	11,600	26,100	40,600	58,000
Std Brgm.	2,320	6,960	11,600	26,100	40,600	58,000
5P DeL Limo.	2,360	7,080	11,800	26,550	41,300	59,000
7P DeL Limo.	2,400	7,200	12,000	27,000	42,000	60,000
Spl Brgm.	2,440	7,320	12,200	27,450	42,700	61,000
7P Spl Sed	2,420	7,260	12,100	27,230	42,350	60,500
5P Spl Sed	2,320	6,960	11,600	26,100	40,600	58,000

1927 Little Marmon Series, 8-cyl., 24 hp

	6	5	4	3	2	1
2P Spds	2,280	6,840	11,400	25,650	39,900	57,000
4P Spds	2,240	6,720	11,200	25,200	39,200	56,000
4d Sed	1,920	5,760	9,600	21,600	33,600	48,000
2d Sed	1,880	5,640	9,400	21,150	32,900	47,000
R/S Cpe	1,960	5,880	9,800	22,050	34,300	49,000
Coll Rds Cpe	2,120	6,360	10,600	23,850	37,100	53,000
4P Brgm	1,940	5,820	9,700	21,830	33,950	48,500

	6	5	4	3	2	1
1927 E-75 Series (Factory Body), 6-cyl., 34 hp, 136" wb						
5P Sed	2,520	7,560	12,600	28,350	44,100	63,000
7P Sed	2,560	7,680	12,800	28,800	44,800	64,000
5P Brgm	2,600	7,800	13,000	29,250	45,500	65,000
R/M Cpe	2,640	7,920	13,200	29,700	46,200	66,000
Twn Cpe	2,680	8,040	13,400	30,150	46,900	67,000
Vic	2,720	8,160	13,600	30,600	47,600	68,000
4P Spds	4,240	12,720	21,200	47,700	74,200	106,000
2P Spds	4,640	13,920	23,200	52,200	81,200	116,000
1927 E-75 Series (Custom Body), 6-cyl., 136" wb						
7P Sed	2,960	8,880	14,800	33,300	51,800	74,000
5P Sed	2,880	8,640	14,400	32,400	50,400	72,000
Limo	2,920	8,760	14,600	32,850	51,100	73,000
7P Spds	5,200	15,600	26,000	58,500	91,000	130,000
1928 Series 68, 8-cyl., 24 hp, 114" wb						
Rds	2,760	8,280	13,800	31,050	48,300	69,000
Sed	2,360	7,080	11,800	26,550	41,300	59,000
Cpe	2,440	7,320	12,200	27,450	42,700	61,000
Vic	2,720	8,160	13,600	30,600	47,600	68,000
1928 Series 78, 8-cyl., 28 hp, 120" wb						
Cpe	2,200	6,600	11,000	24,750	38,500	55,000
Sed	2,100	6,300	10,500	23,630	36,750	52,500
Rds	2,400	7,200	12,000	27,000	42,000	60,000
Spds	2,520	7,560	12,600	28,350	44,100	63,000
Coll Cpe	2,160	6,480	10,800	24,300	37,800	54,000
Vic Cpe	2,080	6,240	10,400	23,400	36,400	52,000
1928 Series 75 Standard Line, 6-cyl., 34 hp						
Twn Cpe	2,240	6,720	11,200	25,200	39,200	56,000
2P Spds	2,800	8,400	14,000	31,500	49,000	70,000
Cpe	2,160	6,480	10,800	24,300	37,800	54,000
Vic	2,200	6,600	11,000	24,750	38,500	55,000
Cpe Rds	2,300	6,900	11,500	25,880	40,250	57,500
Brgm	2,160	6,480	10,800	24,300	37,800	54,000
5P Sed	2,220	6,660	11,100	24,980	38,850	55,500
7P Sed	2,140	6,420	10,700	24,080	37,450	53,500
1928 Series 75 Custom Line, 6-cyl., 34 hp						
4P Spds	3,280	9,840	16,400	36,900	57,400	82,000
7P Spds	3,240	9,720	16,200	36,450	56,700	81,000
5P Sed	2,160	6,480	10,800	24,300	37,800	54,000
7P Sed	2,180	6,540	10,900	24,530	38,150	54,500
Limo	2,240	6,720	11,200	25,200	39,200	56,000
1929 Marmon Roosevelt, 8-cyl., 24 hp, 112.75" wb						
Sed	1,600	4,800	8,000	18,000	28,000	40,000
Cpe	1,680	5,040	8,400	18,900	29,400	42,000
Vic Cpe	1,640	4,920	8,200	18,450	28,700	41,000
Coll Cpe	1,680	5,040	8,400	18,900	29,400	42,000
1929 Series 68, 8-cyl., 28 hp, 114" wb						
Sed	1,880	5,640	9,400	21,150	32,900	47,000
Coll Cpe	2,120	6,360	10,600	23,850	37,100	53,000
Cpe	1,940	5,820	9,700	21,830	33,950	48,500
Rds	2,560	7,680	12,800	28,800	44,800	64,000
Vic Cpe	2,080	6,240	10,400	23,400	36,400	52,000
1929 Series 78, 8-cyl., 28 hp, 120" wb						
Sed	2,040	6,120	10,200	22,950	35,700	51,000
Cpe	2,120	6,360	10,600	23,850	37,100	53,000
Vic Cpe	2,160	6,480	10,800	24,300	37,800	54,000
Coll Cpe	2,360	7,080	11,800	26,550	41,300	59,000
Rds	2,760	8,280	13,800	31,050	48,300	69,000
6P Spds	3,040	9,120	15,200	34,200	53,200	76,000
1930 Marmon Roosevelt, 8-cyl., 24 hp, 112.75" wb						
Sed	1,640	4,920	8,200	18,450	28,700	41,000
R/S Cpe	1,720	5,160	8,600	19,350	30,100	43,000
Vic Cpe	1,680	5,040	8,400	18,900	29,400	42,000
Conv	2,320	6,960	11,600	26,100	40,600	58,000
1930 Model 8-69, 8-cyl., 25.5 hp, 118" wb						
Sed	1,960	5,880	9,800	22,050	34,300	49,000
Cpe	2,020	6,060	10,100	22,730	35,350	50,500
Phae	2,840	8,520	14,200	31,950	49,700	71,000
Conv	2,920	8,760	14,600	32,850	51,100	73,000
Brgm	2,040	6,120	10,200	22,950	35,700	51,000
Clb Sed	2,000	6,000	10,000	22,500	35,000	50,000
1930 Model 8-79, 8-cyl., 32.5 hp, 125" wb						
Sed	2,120	6,360	10,600	23,850	37,100	53,000
R/S Cpe	2,240	6,720	11,200	25,200	39,200	56,000
Phae	3,160	9,480	15,800	35,550	55,300	79,000
Conv	3,120	9,360	15,600	35,100	54,600	78,000
Brgm	2,200	6,600	11,000	24,750	38,500	55,000
Clb Sed	2,120	6,360	10,600	23,850	37,100	53,000

MARMON

	6	5	4	3	2	1
1930 Model "Big Eight", 8-cyl., 34 hp, 136" wb						
5P Sed	3,280	9,840	16,400	36,900	57,400	82,000
R/S Cpe	4,080	12,240	20,400	45,900	71,400	102,000
7P Tr	5,040	15,120	25,200	56,700	88,200	126,000
Conv Sed	5,840	17,520	29,200	65,700	102,200	146,000
7P Sed	3,360	10,080	16,800	37,800	58,800	84,000
Limo	3,440	10,320	17,200	38,700	60,200	86,000
Brgm	3,280	9,840	16,400	36,900	57,400	82,000
Clb Sed	3,360	10,080	16,800	37,800	58,800	84,000
1931 Model "Big Eight" (First Series), 8-cyl., 33.8 hp, 136" wb						
5P Sed	3,200	9,600	16,000	36,000	56,000	80,000
Cpe	4,000	12,000	20,000	45,000	70,000	100,000
Tr	4,640	13,920	23,200	52,200	81,200	116,000
Conv Sed	5,600	16,800	28,000	63,000	98,000	140,000
Weyman Sed					value not	
estimable						
7P Sed	3,280	9,840	16,400	36,900	57,400	82,000
Limo	3,360	10,080	16,800	37,800	58,800	84,000
Brgm	3,280	9,840	16,400	36,900	57,400	82,000
Clb Sed	3,360	10,080	16,800	37,800	58,800	84,000
1931 Model 8-79 (First Series), 8-cyl., 32.5 hp, 125" wb						
5P Sed	1,920	5,760	9,600	21,600	33,600	48,000
Cpe	2,040	6,120	10,200	22,950	35,700	51,000
Phae	2,800	8,400	14,000	31,500	49,000	70,000
Conv Cpe	2,480	7,440	12,400	27,900	43,400	62,000
Brgm	1,960	5,880	9,800	22,050	34,300	49,000
Clb Sed	1,920	5,760	9,600	21,600	33,600	48,000
1931 Model 8-69 (First Series), 8-cyl., 25.3 hp, 118" wb						
Sed	1,560	4,680	7,800	17,550	27,300	39,000
Cpe	1,680	5,040	8,400	18,900	29,400	42,000
Phae	2,600	7,800	13,000	29,250	45,500	65,000
Conv Cpe	2,280	6,840	11,400	25,650	39,900	57,000
Brgm	1,440	4,320	7,200	16,200	25,200	36,000
Clb Sed	1,480	4,440	7,400	16,650	25,900	37,000
1931 Marmon Roosevelt (First Series), 8-cyl., 25.3 hp, 112.75" wb						
Sed	1,640	4,920	8,200	18,450	28,700	41,000
Cpe	1,680	5,040	8,400	18,900	29,400	42,000
Vic Cpe	1,680	5,040	8,400	18,900	29,400	42,000
Conv Cpe	2,320	6,960	11,600	26,100	40,600	58,000
1931 Model 70 (Second Series), 8-cyl., 25.3 hp, 112.75" wb						
Sed	1,560	4,680	7,800	17,550	27,300	39,000
Cpe	1,640	4,920	8,200	18,450	28,700	41,000
Vic Cpe	1,600	4,800	8,000	18,000	28,000	40,000
Conv Cpe	2,240	6,720	11,200	25,200	39,200	56,000

NOTE: Effective with release of the Second Series on January 1, 1931, the Roosevelt became the Marmon Model 70.

	6	5	4	3	2	1
1931 Model 88 (Second Series), 8-cyl., 33.8 hp, 130"-136" wb						
5P Sed	3,200	9,600	16,000	36,000	56,000	80,000
Cpe	3,360	10,080	16,800	37,800	58,800	84,000
Conv Cpe	4,800	14,400	24,000	54,000	84,000	120,000
Spl Sed	3,280	9,840	16,400	36,900	57,400	82,000
Clb Sed	3,200	9,600	16,000	36,000	56,000	80,000
Tr	4,800	14,400	24,000	54,000	84,000	120,000
Spl Cpe	3,440	10,320	17,200	38,700	60,200	86,000
7P Sed	3,280	9,840	16,400	36,900	57,400	82,000
Limo	3,520	10,560	17,600	39,600	61,600	88,000
1931 Series 16 (Second Series), 16-cyl., 62.5 hp, 145" wb						
5P Sed	4,600	13,800	23,000	51,750	80,500	115,000
2P Cpe	5,520	16,560	27,600	62,100	96,600	138,000
5P Cpe	5,600	16,800	28,000	63,000	98,000	140,000
Conv Cpe	14,640	43,920	73,200	164,700	256,200	366,000
Conv Sed	14,880	44,640	74,400	167,400	260,400	372,000
7P Sed	5,000	15,000	25,000	56,250	87,500	125,000
Limo	5,080	15,240	25,400	57,150	88,900	127,000
C.C. Sed	4,880	14,640	24,400	54,900	85,400	122,000
1932 Series 70, 8-cyl., 25.3 hp, 112.75" wb						
Sed	2,600	7,800	13,000	29,250	45,500	65,000
Cpe	2,760	8,280	13,800	31,050	48,300	69,000
1932 Series 125, 8-cyl., 33.8 hp, 125" wb						
Sed	2,680	8,040	13,400	30,150	46,900	67,000
Cpe	2,920	8,760	14,600	32,850	51,100	73,000
Conv Cpe	4,120	12,360	20,600	46,350	72,100	103,000
1932 Series 16, 16-cyl., 62.5 hp, 145" wb						
Sed	5,080	15,240	25,400	57,150	88,900	127,000
2d Cpe	5,960	17,880	29,800	67,050	104,300	149,000
5P Cpe	9,000	27,000	45,000	101,250	157,500	225,000
Conv Cpe	15,680	47,040	78,400	176,400	274,400	392,000
Conv Sed	16,000	48,000	80,000	180,000	280,000	400,000
Limo	5,400	16,200	27,000	60,750	94,500	135,000
C.C. Sed	5,200	15,600	26,000	58,500	91,000	130,000

	6	5	4	3	2	1

1933 Series 16, 16-cyl., 62.5 hp, 145" wb

	6	5	4	3	2	1
Sed	5,080	15,240	25,400	57,150	88,900	127,000
2P Cpe	5,960	17,880	29,800	67,050	104,300	149,000
5P Cpe	6,080	18,240	30,400	68,400	106,400	152,000
Conv Cpe	15,680	47,040	78,400	176,400	274,400	392,000
Conv Sed	16,000	48,000	80,000	180,000	280,000	400,000
Sed	5,040	15,120	25,200	56,700	88,200	126,000
Limo	5,400	16,200	27,000	60,750	94,500	135,000
C.C. Sed	5,200	15,600	26,000	58,500	91,000	130,000

NOTE: Marmon was discontinued after the close of 1933 model year.

MAYBACH

2008 57 5.5L/6.0L V-12 Twin-Turbo8

	6	5	4	3	2	1
4d Sed	5,000	15,000	25,000	62,500	87,500	125,000
4d S Sed	6,360	19,080	31,800	79,500	111,300	159,000

2008 62 5.5L/6.0L V-12 Twin-Turbo8

	6	5	4	3	2	1
4d Sed	8,000	24,000	40,000	100,000	140,000	200,000
4d S Sed	15,000	45,000	75,000	187,500	262,500	375,000

2009 57 5.5L/6.0L V-12 Twin-Turbo

	6	5	4	3	2	1
4d Sed	4,400	13,200	22,000	55,000	77,000	110,000
4d S Sed	5,000	15,000	25,000	62,500	87,500	125,000

2009 62 5.5L/6.0L V-12 Twin-Turbo

	6	5	4	3	2	1
4d Sed	10,400	31,200	52,000	130,000	182,000	260,000
4d S Sed	11,000	33,000	55,000	137,500	192,500	275,000

2009 Landaulet 6.0L V-12 Twin-Turbo

	6	5	4	3	2	1
4d Conv Sed	38,000	114,000	190,000	475,000	665,000	950,000

2010 57 5.5L/6.0L V12 Twin-Turbo

	6	5	4	3	2	1
4d Sed	10,410	31,240	52,060	130,150	182,210	260,300
4d S Sed	11,280	33,840	56,400	141,000	197,400	282,000
4d Zep Sed	14,470	43,420	72,360	180,900	253,260	361,800

2010 62 5.5L/6.0L V12 Twin-Turbo

	6	5	4	3	2	1
4d Sed	12,980	38,950	64,920	162,300	227,220	324,600
4d S Sed	14,370	43,120	71,860	179,650	251,510	359,300
4d Zep Sed	17,130	51,400	85,660	214,150	299,810	428,300

2010 Landaulet 6.0L V12 Twin-Turbo

	6	5	4	3	2	1
4d Conv Sed	38,000	113,990	189,980	474,950	664,930	949,900

2011 57 5.5L/6.0L V-12 Twin-Turbo

	6	5	4	3	2	1
4d Sed	10,410	31,240	52,060	130,150	182,210	260,300
4d S Sed	11,280	33,840	56,400	141,000	197,400	282,000

2011 62 5.5L/6.0L V-12 Twin-Turbo

	6	5	4	3	2	1
4d Sed	12,980	38,950	64,920	162,300	227,220	324,600
4d S Sed	14,370	43,120	71,860	179,650	251,510	359,300

2011 Landaulet 6.0L V-12 Twin-Turbo

	6	5	4	3	2	1
4d Conv Sed	38,000	113,990	189,980	474,950	664,930	949,900

MERCURY

1939 Series 99A, V-8, 116" wb

	6	5	4	3	2	1
2d Conv	3,000	9,000	15,000	33,750	52,500	75,000
2d Cpe	1,850	5,540	9,240	20,790	32,340	46,200
2d Sed	1,480	4,440	7,400	16,650	25,900	37,000
4d Sed	1,400	4,200	7,000	15,750	24,500	35,000

1940 Series 09A, V-8, 116" wb

	6	5	4	3	2	1
2d Conv	3,000	9,000	15,000	33,750	52,500	75,000
4d Conv Sed	2,400	7,200	12,000	27,000	42,000	60,000
2d Cpe	1,480	4,440	7,400	16,650	25,900	37,000
2d Sed	1,480	4,440	7,400	16,650	25,900	37,000
4d Sed	1,400	4,200	7,000	15,750	24,500	35,000

1941 Series 19A, V-8, 118" wb

	6	5	4	3	2	1
2d Conv	2,600	7,800	13,000	29,250	45,500	65,000
2d Bus Cpe	1,480	4,440	7,400	16,650	25,900	37,000
2d 5P Cpe	1,520	4,560	7,600	17,100	26,600	38,000
2d 6P Cpe	1,560	4,680	7,800	17,550	27,300	39,000
2d Sed	1,560	4,680	7,800	17,550	27,300	39,000
4d Sed	1,520	4,560	7,600	17,100	26,600	38,000
4d Sta Wag	6,000	18,000	30,000	67,500	105,000	150,000

1942 Series 29A, V-8, 118" wb

	6	5	4	3	2	1
2d Conv	2,800	8,400	14,000	31,500	49,000	70,000
2d Bus Cpe	1,720	5,160	8,600	19,350	30,100	43,000
2d 6P Cpe	1,780	5,340	8,900	20,030	31,150	44,500
2d Sed	1,680	5,040	8,400	18,900	29,400	42,000
4d Sed	1,680	5,040	8,400	18,900	29,400	42,000
4d Sta Wag	4,000	12,000	20,000	45,000	70,000	100,000

NOTE: Add 10% for liquamatic drive models.

1946-48 Series 69M, V-8, 118" wb

	6	5	4	3	2	1
2d Conv	2,100	6,300	10,500	23,630	36,750	52,500
2d 6P Cpe	840	2,520	4,200	9,450	14,700	21,000
2d Sed	830	2,480	4,140	9,320	14,490	20,700
4d Sed	660	1,980	3,300	7,430	11,550	16,500
4d Sta Wag	4,260	12,780	21,300	47,930	74,550	106,500

	6	5	4	3	2	1
2d Sptsman Conv (1946 only) 14,720	44,160	73,600	165,600	257,600	368,000

1949-50 Series OCM, V-8, 118" wb

	6	5	4	3	2	1
2d Conv 3,520	10,560	17,600	39,600	61,600	88,000
2d Cpe 1,410	4,220	7,040	15,840	24,640	35,200
2d Clb Cpe 1,480	4,440	7,400	16,650	25,900	37,000
2d Mon Cpe (1950 only) 2,590	7,780	12,960	29,160	45,360	64,800
4d Sed 800	2,400	4,000	9,000	14,000	20,000
2d Sta Wag 6,480	19,440	32,400	72,900	113,400	162,000

NOTE: A Mercury convertible was the official Pace Car of the 1950 Indianapolis 500.

1951 Mercury, V-8, 118" wb

	6	5	4	3	2	1
4d Sed 840	2,520	4,200	9,450	14,700	21,000
2d Cpe 1,450	4,360	7,260	16,340	25,410	36,300
2d Conv 3,520	10,560	17,600	39,600	61,600	88,000
2d Sta Wag 6,480	19,440	32,400	72,900	113,400	162,000

1951 Monterey, V-8, 118" wb

	6	5	4	3	2	1
2d Clth Cpe. 2,590	7,780	12,960	29,160	45,360	64,800
2d Lthr Cpe 2,590	7,780	12,960	29,160	45,360	64,800

1952-53 Mercury Custom, V-8, 118" wb

	6	5	4	3	2	1
4d Sta Wag (1952 only) 5,200	15,600	26,000	58,500	91,000	130,000
4d Sed 800	2,400	4,000	9,000	14,000	20,000
2d Sed 900	2,700	4,500	10,130	15,750	22,500
2d HT 1,080	3,240	5,400	12,150	18,900	27,000

1952-53 Monterey Special Custom, V-8, 118" wb

	6	5	4	3	2	1
4d Sed 840	2,520	4,200	9,450	14,700	21,000
2d HT 1,160	3,480	5,800	13,050	20,300	29,000
2d Conv 2,000	6,000	10,000	22,500	35,000	50,000
4d Sta Wag (1953 only) 2,400	7,200	12,000	27,000	42,000	60,000

1954 Mercury Custom, V-8, 118" wb

	6	5	4	3	2	1
4d Sed 780	2,340	3,900	8,780	13,650	19,500
2d Sed 860	2,580	4,300	9,680	15,050	21,500
2d HT 1,080	3,240	5,400	12,150	18,900	27,000

1954 Monterey Special Custom, V-8, 118" wb

	6	5	4	3	2	1
4d Sed 792	2,376	3,960	8,910	13,860	19,800
2d HT SV 2,720	8,160	13,600	30,600	47,600	68,000
2d HT 1,150	3,440	5,740	12,920	20,090	28,700
2d Conv 2,030	6,100	10,160	22,860	35,560	50,800
4d Sta Wag 2,600	7,800	13,000	29,250	45,500	65,000

1955 Custom Series, V-8, 119" wb

	6	5	4	3	2	1
4d Sed 840	2,510	4,180	9,410	14,630	20,900
2d Sed 1,000	3,000	5,000	11,250	17,500	25,000
2d HT 1,260	3,780	6,300	14,180	22,050	31,500
4d Sta Wag 1,400	4,200	7,000	15,750	24,500	35,000

1955 Monterey Series, V-8, 119" wb

	6	5	4	3	2	1
4d Sed 860	2,580	4,300	9,680	15,050	21,500
2d HT 1,120	3,360	5,600	12,600	19,600	28,000
4d Sta Wag 2,400	7,200	12,000	27,000	42,000	60,000

1955 Montclair Series, V-8, 119" wb

	6	5	4	3	2	1
4d Sed 980	2,940	4,900	11,030	17,150	24,500
2d HT 1,170	3,500	5,840	13,140	20,440	29,200
2d HT SV 5,060	15,180	25,300	56,930	88,550	126,500
2d Conv 2,070	6,220	10,360	23,310	36,260	51,800

1956 Medalist Series, V-8, 119" wb

	6	5	4	3	2	1
4d Sed 820	2,470	4,120	9,270	14,420	20,600
2d Sed 1,000	3,000	5,000	11,250	17,500	25,000
2d HT 1,200	3,600	6,000	13,500	21,000	30,000
4d Phae HT 1,100	3,300	5,500	12,380	19,250	27,500

1956 Custom Series, V-8, 119" wb

	6	5	4	3	2	1
4d Sed 860	2,580	4,300	9,680	15,050	21,500
2d Sed 1,100	3,300	5,500	12,380	19,250	27,500
2d HT 1,240	3,720	6,200	13,950	21,700	31,000
4d Phae HT 1,140	3,420	5,700	12,830	19,950	28,500
2d Conv 2,200	6,600	11,000	24,750	38,500	55,000
4d Sta Wag 8P 1,480	4,440	7,400	16,650	25,900	37,000
4d Sta Wag 9P 1,560	4,680	7,800	17,550	27,300	39,000

1956 Monterey Series, V-8, 119" wb

	6	5	4	3	2	1
4d Sed 820	2,470	4,120	9,270	14,420	20,600
4d Spt Sed 920	2,760	4,600	10,350	16,100	23,000
2d HT 1,200	3,600	6,000	13,500	21,000	30,000
4d Phae HT 1,040	3,120	5,200	11,700	18,200	26,000
4d Sta Wag 2,420	7,260	12,100	27,230	42,350	60,500

1956 Montclair Series, V-8, 119" wb

	6	5	4	3	2	1
4d Spt Sed 950	2,860	4,760	10,710	16,660	23,800
2d HT 1,380	4,140	6,900	15,530	24,150	34,500
4d Phae HT 1,360	4,080	6,800	15,300	23,800	34,000
2d Conv 2,320	6,960	11,600	26,100	40,600	58,000

1957 Monterey Series, V-8, 122" wb

	6	5	4	3	2	1
4d Sed 900	2,690	4,480	10,080	15,680	22,400
2d Sed 920	2,760	4,600	10,350	16,100	23,000
4d HT 1,040	3,120	5,200	11,700	18,200	26,000

	6	5	4	3	2	1
2d HT 1,200	3,600	6,000	13,500	21,000	30,000	
2d Conv 2,400	7,200	12,000	27,000	42,000	60,000	
1957 Montclair Series, V-8, 122" wb						
4d Sed 920	2,760	4,600	10,350	16,100	23,000	
4d HT 1,080	3,240	5,400	12,150	18,900	27,000	
2d HT 1,240	3,720	6,200	13,950	21,700	31,000	
2d Conv 2,480	7,440	12,400	27,900	43,400	62,000	
1957 Turnpike Cruiser, V-8, 122" wb						
4d HT 1,160	3,480	5,800	13,050	20,300	29,000	
2d HT 1,400	4,200	7,000	15,750	24,500	35,000	
2d Conv 3,400	10,200	17,000	38,250	59,500	85,000	
NOTE: Add 200% for pace car edition.						
1957 Station Wagons, V-8, 122" wb						
2d Voy HT 1,880	5,640	9,400	21,150	32,900	47,000	
4d Voy HT 1,540	4,620	7,700	17,330	26,950	38,500	
2d Com HT 1,900	5,700	9,500	21,380	33,250	47,500	
4d Com HT 1,560	4,680	7,800	17,550	27,300	39,000	
4d Col Pk HT 2,000	6,000	10,000	22,500	35,000	50,000	
1958 Mercury, V-8, 122" wb						
4d Sed 840	2,520	4,200	9,450	14,700	21,000	
2d Sed 940	2,820	4,700	10,580	16,450	23,500	
1958 Monterey, V-8, 122" wb						
4d Sed 850	2,540	4,240	9,540	14,840	21,200	
2d Sed 1,040	3,120	5,200	11,700	18,200	26,000	
4d HT 920	2,760	4,600	10,350	16,100	23,000	
2d HT 1,200	3,600	6,000	13,500	21,000	30,000	
2d Conv 1,600	4,800	8,000	18,000	28,000	40,000	
1958 Montclair, V-8, 122" wb						
4d Sed 840	2,520	4,200	9,450	14,700	21,000	
4d HT 1,040	3,120	5,200	11,700	18,200	26,000	
2d HT 1,400	4,200	7,000	15,750	24,500	35,000	
2d Conv 1,700	5,100	8,500	19,130	29,750	42,500	
1958 Turnpike Cruiser, V-8, 122" wb						
4d HT 1,160	3,480	5,800	13,050	20,300	29,000	
2d HT 1,520	4,560	7,600	17,100	26,600	38,000	
1958 Station Wagons, V-8, 122" wb						
2d Voy HT 2,510	7,520	12,540	28,220	43,890	62,700	
4d Voy HT 1,520	4,560	7,600	17,100	26,600	38,000	
2d Com HT 2,560	7,680	12,800	28,800	44,800	64,000	
4d Com HT 1,540	4,620	7,700	17,330	26,950	38,500	
4d Col Pk HT 1,780	5,340	8,900	20,030	31,150	44,500	
1958 Park Lane, V-8, 125" wb						
4d HT 1,080	3,240	5,400	12,150	18,900	27,000	
2d HT 1,440	4,320	7,200	16,200	25,200	36,000	
2d Conv 1,840	5,520	9,200	20,700	32,200	46,000	
1959 Monterey, V-8, 126" wb						
4d Sed 820	2,460	4,100	9,230	14,350	20,500	
2d Sed 900	2,940	4,900	11,000	17,150	24,500	
4d HT 880	2,640	4,400	9,900	15,400	22,000	
2d HT 1,120	3,360	5,600	12,600	19,600	28,000	
2d Conv 1,970	5,920	9,860	22,190	34,510	49,300	
1959 Montclair, V-8, 126" wb						
4d Sed 840	2,520	4,200	9,450	14,700	21,000	
4d HT 920	2,760	4,600	10,350	16,100	23,000	
2d HT 1,200	3,600	6,000	13,500	21,000	30,000	
1959 Park Lane, V-8, 128" wb						
4d HT 960	2,880	4,800	10,800	16,800	24,000	
2d HT 1,760	5,280	8,800	19,800	30,800	44,000	
2d Conv 1,870	5,610	9,350	21,040	32,730	46,750	
1959 Country Cruiser Station Wagons, V-8, 126" wb						
2d Com HT 1,600	4,800	8,000	18,000	28,000	40,000	
4d Com HT 1,380	4,140	6,900	15,530	24,150	34,500	
4d Voy HT 1,400	4,200	7,000	15,750	24,500	35,000	
4d Col Pk HT 2,100	6,290	10,480	23,580	36,680	52,400	
1960 Comet, 6-cyl., 114" wb						
4d Sed 332	996	1,660	3,740	5,810	8,300	
2d Sed 480	1,440	2,400	5,400	8,400	12,000	
4d Sta Wag 540	1,620	2,700	6,080	9,450	13,500	
2d Sta Wag 540	1,630	2,720	6,120	9,520	13,600	
1960 Monterey, V-8, 126" wb						
4d Sed 840	2,520	4,200	9,450	14,700	21,000	
2d Sed 880	2,640	4,400	9,900	15,400	22,000	
4d HT 920	2,760	4,600	10,350	16,100	23,000	
2d HT 1,140	3,420	5,700	12,830	19,950	28,500	
2d Conv 1,600	4,800	8,000	18,000	28,000	40,000	
1960 Country Cruiser Station Wagons, V-8, 126" wb						
4d Com HT 1,520	4,560	7,600	17,100	26,600	38,000	
4d Col Pk HT 1,640	4,920	8,200	18,450	28,700	41,000	

MERCURY

	6	5	4	3	2	1
1960 Montclair, V-8, 126" wb						
4d Sed	670	2,020	3,360	7,560	11,760	16,800
4d HT	880	2,640	4,400	9,900	15,400	22,000
2d HT	1,280	3,840	6,400	14,400	22,400	32,000
1960 Park Lane, V-8, 126" wb						
4d HT	920	2,760	4,600	10,350	16,100	23,000
2d HT	1,360	4,080	6,800	15,300	23,800	34,000
2d Conv	2,720	8,160	13,600	30,600	47,600	68,000
1961 Comet, 6-cyl., 114" wb						
4d Sed	350	1,060	1,760	3,960	6,160	8,800
2d Sed	360	1,070	1,780	4,010	6,230	8,900
2d S-22 Cpe	700	2,100	3,500	7,880	12,250	17,500
4d Sta Wag	580	1,750	2,920	6,570	10,220	14,600
2d Sta Wag	590	1,760	2,940	6,620	10,290	14,700
1961 Meteor 600, V-8, 120" wb						
4d Sed	340	1,020	1,700	3,830	5,950	8,500
2d Sed	500	1,500	2,500	5,630	8,750	12,500
1961 Meteor 800, V-8, 120" wb						
4d Sed	350	1,050	1,750	3,940	6,130	8,750
4d HT	360	1,080	1,800	4,050	6,300	9,000
2d Sed	540	1,620	2,700	6,080	9,450	13,500
2d HT	690	2,070	3,450	7,760	12,080	17,250
1961 Monterey, V-8, 120" wb						
4d Sed	390	1,170	1,950	4,390	6,830	9,750
4d HT	420	1,260	2,100	4,730	7,350	10,500
2d HT	660	1,980	3,300	7,430	11,550	16,500
2d Conv	920	2,760	4,600	10,350	16,100	23,000
1961 Station Wagon, V-8, 120" wb						
4d Com	700	2,100	3,500	7,880	12,250	17,500
4d Col Pk	720	2,160	3,600	8,100	12,600	18,000
1962 Comet, 6-cyl.						
4d Sed	300	900	1,500	3,380	5,250	7,500
2d Sed	400	1,200	2,000	4,500	7,000	10,000
4d Sta Wag	370	1,120	1,860	4,190	6,510	9,300
2d Sta Wag	400	1,200	2,000	4,500	7,000	10,000
2d S-22 Cpe	800	2,400	4,000	9,000	14,000	20,000
4d Vill Sta Wag	410	1,220	2,040	4,590	7,140	10,200
NOTE: Add 10% for Custom line.						
1962 Meteor, 8-cyl.						
4d Sed	340	1,010	1,680	3,780	5,880	8,400
2d Sed	440	1,320	2,200	4,950	7,700	11,000
2d S-33 Cpe	540	1,620	2,700	6,080	9,450	13,500
NOTE: Add 10% for Custom line. Deduct 10% for 6-cyl.						
1962 Monterey, V-8						
4d Sed	390	1,170	1,950	4,390	6,830	9,750
4d HT Sed	420	1,260	2,100	4,730	7,350	10,500
2d Sed	580	1,740	2,900	6,530	10,150	14,500
2d HT	660	1,980	3,300	7,430	11,550	16,500
2d Conv	920	2,760	4,600	10,350	16,100	23,000
4d Sta Wag	990	2,960	4,940	11,120	17,290	24,700
NOTE: Add 10% for Custom line.						
1962 Custom S-55 Sport Series, V-8						
2d HT	1,160	3,480	5,800	13,050	20,300	29,000
2d Conv	1,960	5,880	9,800	22,050	34,300	49,000
NOTE: Add 40% for 406 cid.						
1963 Comet, 6-cyl.						
4d Sed	292	876	1,460	3,290	5,110	7,300
2d Sed	380	1,140	1,900	4,280	6,650	9,500
4d Cus Sed	300	900	1,500	3,380	5,250	7,500
2d Cus Sed	390	1,170	1,950	4,390	6,830	9,750
2d Cus HT	580	1,740	2,900	6,530	10,150	14,500
2d Cus Conv	880	2,640	4,400	9,900	15,400	22,000
2d S-22 Cpe	660	1,980	3,300	7,430	11,550	16,500
2d S-22 HT	740	2,220	3,700	8,330	12,950	18,500
2d S-22 Conv	1,140	3,420	5,700	12,830	19,950	28,500
4d Sta Wag	368	1,104	1,840	4,140	6,440	9,200
2d Cus Sta Wag	372	1,116	1,860	4,190	6,510	9,300
4d Cus Sta Wag	380	1,140	1,900	4,280	6,650	9,500
4d Vill Sta Wag	392	1,176	1,960	4,410	6,860	9,800
1963 Meteor, V-8						
4d Sed	296	888	1,480	3,330	5,180	7,400
2d Sed	420	1,260	2,100	4,730	7,350	10,500
4d Sta Wag	400	1,200	2,000	4,500	7,000	10,000
2d Cus HT	500	1,500	2,500	5,630	8,750	12,500
2d S-33 HT	600	1,800	3,000	6,750	10,500	15,000
NOTE: Add 10% for Custom line. Deduct 10% fr 6-cyl.						
1963 Monterey, V-8						
4d Sed	620	1,850	3,080	6,930	10,780	15,400
4d HT	440	1,320	2,200	4,950	7,700	11,000

	6	5	4	3	2	1
2d Sed	620	1,850	3,080	6,930	10,780	15,400
2d HT	380	1,130	1,880	4,230	6,580	9,400
2d Cus Conv	1,180	3,540	5,900	13,280	20,650	29,500
4d S-55 HT	760	2,280	3,800	8,550	13,300	19,000
2d S-55 Conv	1,680	5,040	8,400	18,900	29,400	42,000
2d Marauder FBk	960	2,880	4,800	10,800	16,800	24,000
2d Mar S-55 FBk	1,160	3,480	5,800	13,050	20,300	29,000
4d Col Pk	800	2,400	4,000	9,000	14,000	20,000

NOTE: Add 10% for Custom line; 40% for 406 cid; 80% for 427 cid.

1964 Comet, 6-cyl., 114" wb

4d Sed	316	948	1,580	3,560	5,530	7,900
2d Sed	400	1,200	2,000	4,500	7,000	10,000
4d Sta Wag	368	1,104	1,840	4,140	6,440	9,200

1964 Comet 404, 6-cyl., 114" wb

4d Sed	320	960	1,600	3,600	5,600	8,000
2d Sed	520	1,560	2,600	5,850	9,100	13,000
2d HT	520	1,560	2,600	5,850	9,100	13,000
4d DeL Wag	750	2,240	3,740	8,420	13,090	18,700
4d Sta Wag	440	1,320	2,200	4,950	7,700	11,000

1964 Comet Caliente, V-8 cyl., 114" wb

4d Sed	328	984	1,640	3,690	5,740	8,200
2d HT	750	2,240	3,740	8,420	13,090	18,700
2d Conv	920	2,770	4,620	10,400	16,170	23,100

1964 Comet Cyclone, V-8 cyl., 114" wb

2d HT	920	2,760	4,600	10,350	16,100	23,000

NOTE: Deduct 25% for 6-cyl. Caliente.

1964 Monterey, V-8

4d Sed	312	936	1,560	3,510	5,460	7,800
4d HT	324	972	1,620	3,650	5,670	8,100
2d Sed	316	948	1,580	3,560	5,530	7,900
2d HT	380	1,140	1,900	4,280	6,650	9,500
2d FBk	620	1,860	3,100	6,900	10,850	15,500
2d Conv	860	2,580	4,300	9,680	15,050	21,500

1964 Montclair, V-8, 120" wb

4d Sed	320	960	1,600	3,600	5,600	8,000
4d FBk	340	1,020	1,700	3,830	5,950	8,500
2d HT	440	1,320	2,200	4,950	7,700	11,000
2d FBk	700	2,100	3,500	7,880	12,250	17,500

1964 Park Lane, V-8, 120" wb

4d Sed	328	984	1,640	3,690	5,740	8,200
4d HT	420	1,260	2,100	4,730	7,350	10,500
4d FBk	460	1,380	2,300	5,180	8,050	11,500
2d HT	600	1,800	3,000	6,750	10,500	15,000
2d FBk	880	2,640	4,400	9,900	15,400	22,000
2d Conv	3,100	9,300	15,500	34,880	54,250	77,500

1964 Station Wagon, V-8, 120" wb

4d Col Pk	910	2,720	4,540	10,220	15,890	22,700
4d Com	700	2,100	3,500	7,880	12,250	17,500

NOTE: Add 10% for Marauder; 5% for bucket seat option where available. 427 Super Marauder, value inestimable.

1965 Comet 202, V-8, 114" wb

4d Sed	320	960	1,600	3,600	5,600	8,000
2d Sed	400	1,200	2,000	4,500	7,000	10,000
4d Sta Wag	372	1,116	1,860	4,190	6,510	9,300

NOTE: Deduct 20% for 6-cyl.

1965 Comet 404

4d Sed	324	972	1,620	3,650	5,670	8,100
2d Sed	400	1,200	2,000	4,500	7,000	10,000
4d Vill Wag	376	1,128	1,880	4,230	6,580	9,400
4d Sta Wag	372	1,116	1,860	4,190	6,510	9,300

1965 Comet Caliente, V-8, 114" wb

4d Sed	332	996	1,660	3,740	5,810	8,300
2d HT	480	1,440	2,400	5,400	8,400	12,000
2d Conv	840	2,520	4,200	9,450	14,700	21,000

1965 Comet Cyclone, V-8, 114" wb

2d HT	1,200	3,600	6,000	13,500	21,000	30,000

1965 Monterey, V-8, 123" wb

4d Sed	336	1,008	1,680	3,780	5,880	8,400
4d HT	440	1,320	2,200	4,950	7,700	11,000
4d Brzwy	460	1,380	2,300	5,180	8,050	11,500
2d Sed	440	1,320	2,200	4,950	7,700	11,000
2d HT	660	1,980	3,300	7,430	11,550	16,500
2d Conv	920	2,760	4,600	10,350	16,100	23,000

1965 Montclair, V-8, 123" wb

4d Brzwy	472	1,416	2,360	5,310	8,260	11,800
4d HT	440	1,320	2,200	4,950	7,700	11,000
2d HT	480	1,440	2,400	5,400	8,400	12,000

1965 Park Lane, V-8, 123" wb

4d Brzwy	476	1,428	2,380	5,360	8,330	11,900
4d HT	480	1,440	2,400	5,400	8,400	12,000

MERCURY

	6	5	4	3	2	1
2d HT	680	2,040	3,400	7,650	11,900	17,000
2d Conv	960	2,880	4,800	10,800	16,800	24,000
1965 Station Wagon, V-8, 119" wb						
4d Col Pk	770	2,300	3,840	8,640	13,440	19,200
4d Com	548	1,644	2,740	6,170	9,590	13,700
NOTE: Add 80% for 427 cid engine.						
1966 Comet Capri, V-8, 116" wb						
4d Sed	328	984	1,640	3,690	5,740	8,200
2d HT	520	1,560	2,600	5,850	9,100	13,000
4d Sta Wag	380	1,140	1,900	4,280	6,650	9,500
1966 Comet Caliente, V-8, 116" wb						
4d Sed	332	996	1,660	3,740	5,810	8,300
2d HT	600	1,800	3,000	6,750	10,500	15,000
2d Conv	840	2,520	4,200	9,450	14,700	21,000
1966 Comet Cyclone, V-8, 116" wb						
2d HT	1,040	3,120	5,200	11,700	18,200	26,000
2d Conv	1,160	3,480	5,800	13,050	20,300	29,000
1966 Comet Cyclone GT/GTA, V-8, 116" wb						
2d HT	1,200	3,600	6,000	13,500	21,000	30,000
2d Conv	1,520	4,560	7,600	17,100	26,600	38,000
NOTE: Add 40% for pace car edition.						
1966 Comet 202, V-8, 116" wb						
4d Sed	320	960	1,600	3,600	5,600	8,000
2d Sed	420	1,260	2,100	4,730	7,350	10,500
4d Sta Wag	324	972	1,620	3,650	5,670	8,100
1966 Monterey, V-8, 123" wb						
4d Sed	332	996	1,660	3,740	5,810	8,300
4d Brzwy Sed	440	1,320	2,200	4,950	7,700	11,000
4d HT	460	1,380	2,300	5,180	8,050	11,500
2d Sed	440	1,320	2,200	4,950	7,700	11,000
2d FBk	660	1,980	3,300	7,430	11,550	16,500
2d Conv	860	2,580	4,300	9,680	15,050	21,500
1966 Montclair, V-8, 123" wb						
4d Sed	340	1,020	1,700	3,830	5,950	8,500
4d HT	468	1,404	2,340	5,270	8,190	11,700
2d HT	600	1,800	3,000	6,750	10,500	15,000
1966 Park Lane, V-8, 123" wb						
4d Brzwy Sed	480	1,440	2,400	5,400	8,400	12,000
4d HT	492	1,476	2,460	5,540	8,610	12,300
2d HT	660	1,980	3,300	7,430	11,550	16,500
2d Conv	920	2,760	4,600	10,350	16,100	23,000
1966 S-55, V-8, 123" wb						
2d HT	800	2,400	4,000	9,000	14,000	20,000
2d Conv	1,040	3,120	5,200	11,700	18,200	26,000
NOTE: Add 70% for 428-cid.						
1966 Station Wagons, V-8, 123" wb						
4d Comm	520	1,560	2,600	5,850	9,100	13,000
4d Col Pk	740	2,220	3,700	8,330	12,950	18,500
NOTE: Add 20% for 410 cid engine.						
1967 Comet 202, V-8, 116" wb						
2d Sed	1,000	3,000	5,000	11,250	17,500	25,000
4d Sed	332	996	1,660	3,740	5,810	8,300
1967 Capri, V-8, 116" wb						
2d HT	460	1,380	2,300	5,180	8,050	11,500
4d Sed	332	996	1,660	3,740	5,810	8,300
1967 Caliante, V-8, 116" wb						
4d Sed	352	1,056	1,760	3,960	6,160	8,800
2d HT	500	1,500	2,500	5,630	8,750	12,500
2d Conv	840	2,520	4,200	9,450	14,700	21,000
1967 Cyclone, V-8, 116" wb						
2d HT	880	2,640	4,400	9,900	15,400	22,000
2d Conv	1,120	3,360	5,600	12,600	19,600	28,000
1967 Station Wagons, V-8, 113" wb						
4d Voyager	420	1,270	2,120	4,770	7,420	10,600
4d Villager	470	1,400	2,340	5,270	8,190	11,700
1967 Cougar, V-8, 111" wb						
2d HT	920	2,760	4,600	10,350	16,100	23,000
2d XR-7 HT	1,080	3,240	5,400	12,150	18,900	27,000
1967 Monterey, V-8, 123" wb						
4d Sed	332	996	1,660	3,740	5,810	8,300
4d Brzwy	400	1,200	2,000	4,500	7,000	10,000
2d Conv	840	2,520	4,200	9,450	14,700	21,000
2d HT	640	1,920	3,200	7,200	11,200	16,000
4d HT	340	1,020	1,700	3,830	5,950	8,500
1967 Montclair, V-8, 123" wb						
4d Sed	336	1,008	1,680	3,780	5,880	8,400
4d Brzwy	420	1,260	2,100	4,730	7,350	10,500
2d HT	660	1,980	3,300	7,430	11,550	16,500
4d HT	440	1,320	2,200	4,950	7,700	11,000

MERCURY

	6	5	4	3	2	1
1967 Park Lane, V-8, 123" wb						
4d Brzwy.	460	1,380	2,300	5,180	8,050	11,500
2d Conv	920	2,760	4,600	10,350	16,100	23,000
2d HT	680	2,040	3,400	7,650	11,900	17,000
4d HT	480	1,440	2,400	5,400	8,400	12,000
1967 Brougham, V-8, 123" wb						
4d Brzwy.	520	1,560	2,600	5,850	9,100	13,000
4d HT	540	1,620	2,700	6,080	9,450	13,500
1967 Marquis, V-8, 123" wb						
2d HT	640	1,920	3,200	7,200	11,200	16,000
1967 Station Wagons, 119" wb						
4d Commuter	560	1,680	2,800	6,300	9,800	14,000
4d Col Park	780	2,340	3,900	8,780	13,650	19,500

NOTE: Add 10% for GT option; 60% for S-55 Performance Pkg.; 80% for 427 cid engine.

	6	5	4	3	2	1
1968 Comet, V-8						
2d HT	520	1,560	2,600	5,850	9,100	13,000
1968 Montego, V-8						
4d Sed	300	900	1,500	3,380	5,250	7,500
2d HT	560	1,680	2,800	6,300	9,800	14,000
1968 Montego MX						
4d Sta Wag	340	1,020	1,700	3,830	5,950	8,500
4d Sed	292	876	1,460	3,290	5,110	7,300
2d HT	600	1,800	3,000	6,750	10,500	15,000
2d Conv	740	2,220	3,700	8,330	12,950	18,500
1968 Cyclone, V-8						
2d FBk	1,040	3,120	5,200	11,700	18,200	26,000
2d HT	900	2,700	4,500	10,130	15,750	22,500
1968 Cyclone GT, V-8						
2d FBk	1,260	3,780	6,300	14,180	22,050	31,500
2d HT	1,120	3,360	5,600	12,600	19,600	28,000
1968 Cougar, V-8						
2d HT	920	2,760	4,600	10,350	16,100	23,000
2d XR-7 HT	1,080	3,240	5,400	12,150	18,900	27,000

NOTE: Add 140% for GTE-428CJ Pkg; add 120% for GTE-427 Pkg.; add 90% for XR-7G.

	6	5	4	3	2	1
1968 Monterey, V-8						
4d Sed	292	876	1,460	3,290	5,110	7,300
2d Conv	760	2,280	3,800	8,550	13,300	19,000
2d HT	600	1,800	3,000	6,750	10,500	15,000
4d HT	320	960	1,600	3,600	5,600	8,000
1968 Montclair, V-8						
4d Sed	296	888	1,480	3,330	5,180	7,400
2d HT	620	1,860	3,100	6,980	10,850	15,500
4d HT	328	984	1,640	3,690	5,740	8,200
1968 Park Lane, V-8						
4d Sed	312	936	1,560	3,510	5,460	7,800
2d Conv	880	2,640	4,400	9,900	15,400	22,000
2d HT	660	1,980	3,300	7,430	11,550	16,500
4d HT	356	1,068	1,780	4,010	6,230	8,900
1968 Marquis, V-8						
2d HT	560	1,680	2,800	6,300	9,800	14,000
1968 Station Wagons, V-8						
4d Commuter	580	1,740	2,900	6,530	10,150	14,500
4d Col Pk	800	2,400	4,000	9,000	14,000	20,000

NOTE: Add 5% for Brougham Pkg.; 5% for "yacht paneling"; 80% for 427 cid; 50% for 428 cid. Deduct 5% for 6-cyl.

	6	5	4	3	2	1
1969 Comet, 6-cyl.						
2d HT	360	1,080	1,800	4,050	6,300	9,000
1969 Montego, 6-cyl.						
4d Sed	272	816	1,360	3,060	4,760	6,800
2d HT	480	1,440	2,400	5,400	8,400	12,000
1969 Montego MX, V8						
4d Sed	276	828	1,380	3,110	4,830	6,900
2d HT	580	1,740	2,900	6,530	10,150	14,500
2d Conv	740	2,220	3,700	8,330	12,950	18,500
4d Sta Wag	380	1,140	1,900	4,280	6,650	9,500
1969 Cyclone, V-8						
2d HT	1,440	4,320	7,200	16,200	25,200	36,000
1969 Cyclone CJ, V-8						
2d HT	1,920	5,760	9,600	21,600	33,600	48,000
1969 Cougar, V-8						
2d HT	920	2,760	4,600	10,350	16,100	23,000
2d Conv	1,200	3,600	6,000	13,500	21,000	30,000
2d XR-7 HT	1,270	3,820	6,360	14,310	22,260	31,800
2d XR-7 Conv	3,280	9,840	16,400	36,900	57,400	82,000
2d Eliminator HT	2,400	7,200	12,000	27,000	42,000	60,000

NOTE: Add 50% for Boss 302; 70% for 428 CJ.

	6	5	4	3	2	1
1969 Monterey, V-8						
4d Sed	312	936	1,560	3,510	5,460	7,800
4d HT	316	948	1,580	3,560	5,530	7,900
2d HT	560	1,680	2,800	6,300	9,800	14,000

	6	5	4	3	2	1
2d Conv	740	2,220	3,700	8,330	12,950	18,500
4d Sta Wag	540	1,620	2,700	6,080	9,450	13,500
1969 Marauder, V-8						
2d HT	660	1,980	3,300	7,430	11,550	16,500
2d X-100 HT	820	2,460	4,100	9,230	14,350	20,500
1969 Marquis, V-8						
4d Sed	316	948	1,580	3,560	5,530	7,900
4d HT	360	1,080	1,800	4,050	6,300	9,000
2d HT	560	1,680	2,800	6,300	9,800	14,000
2d Conv	760	2,280	3,800	8,550	13,300	19,000
4d Sta Wag	560	1,680	2,800	6,300	9,800	14,000
1969 Marquis Brougham, V-8						
4d Sed	320	960	1,600	3,600	5,600	8,000
4d HT	380	1,140	1,900	4,280	6,650	9,500
2d HT	580	1,740	2,900	6,530	10,150	14,500

NOTE: Add 10% for Montego/Comet V-8; 15% for GT option; 100% for GT Spoiler II; 10% for bucket seats (except Cougar); 10% for bench seats (Cougar only); 70% for "CJ" 428 V-8; 70% for 429 cid .

	6	5	4	3	2	1
1970 Montego						
4d Sed	316	948	1,580	3,560	5,530	7,900
2d HT	560	1,680	2,800	6,300	9,800	14,000
1970 Montego MX, V-8						
4d Sed	332	996	1,660	3,740	5,810	8,300
2d HT	620	1,860	3,100	6,980	10,850	15,500
4d Sta Wag	380	1,140	1,900	4,280	6,650	9,500
1970 Montego MX Brougham, V-8						
4d Sed	328	984	1,640	3,690	5,740	8,200
4d HT	380	1,140	1,900	4,280	6,650	9,500
2d HT	640	1,920	3,200	7,200	11,200	16,000
4d Vill Sta Wag	480	1,440	2,400	5,400	8,400	12,000
1970 Cyclone, V-8						
2d HT	900	2,700	4,500	10,130	15,750	22,500
1970 Cyclone GT, V-8						
2d HT	1,180	3,540	5,900	13,280	20,650	29,500
1970 Cyclone Spoiler, V-8						
2d HT	1,420	4,260	7,100	15,980	24,850	35,500

NOTE: Add 70% for 429 V-8 GT; 50% for Gurney or Yarborough Editions.

	6	5	4	3	2	1
1970 Cougar, V-8						
2d HT	1,020	3,060	5,100	11,480	17,850	25,500
2d Conv	1,740	5,210	8,680	19,530	30,380	43,400
1970 Cougar XR-7, V-8						
2d HT	800	2,400	4,000	9,000	14,000	20,000
2d Conv	3,000	9,000	15,000	33,750	52,500	75,000
2d Eliminator HT	5,280	15,840	26,400	59,400	92,400	132,000
2d Boss 302	8,000	24,000	40,000	90,000	140,000	200,000

NOTE: Add 50% for Boss 302; 70% for 428 CJ.

	6	5	4	3	2	1
1970 Monterey, V-8						
4d Sed	320	960	1,600	3,600	5,600	8,000
4d HT	352	1,056	1,760	3,960	6,160	8,800
2d HT	540	1,620	2,700	6,080	9,450	13,500
2d Conv	620	1,860	3,100	6,980	10,850	15,500
4d Sta Wag	520	1,560	2,600	5,850	9,100	13,000
1970 Monterey Custom, V-8						
4d Sed	328	984	1,640	3,690	5,740	8,200
4d HT	440	1,320	2,200	4,950	7,700	11,000
2d HT	560	1,680	2,800	6,300	9,800	14,000
1970 Marauder, V-8						
2d HT	600	1,800	3,000	6,750	10,500	15,000
2d X-100 HT	800	2,400	4,000	9,000	14,000	20,000
1970 Marquis, V-8						
4d Sed	316	948	1,580	3,560	5,530	7,900
4d HT	360	1,080	1,800	4,050	6,300	9,000
2d HT	520	1,560	2,600	5,850	9,100	13,000
2d Conv	740	2,220	3,700	8,330	12,950	18,500
4d Sta Wag	520	1,560	2,600	5,850	9,100	13,000
4d Col Pk	540	1,620	2,700	6,080	9,450	13,500
1970 Marquis Brougham, V-8						
4d Sed	320	960	1,600	3,600	5,600	8,000
4d HT	380	1,140	1,900	4,280	6,650	9,500
2d HT	540	1,620	2,700	6,080	9,450	13,500

NOTE: Add 70% for any 429 engine option.

	6	5	4	3	2	1
1971 Comet, V-8						
4d Sed	264	792	1,320	2,970	4,620	6,600
2d Sed	268	804	1,340	3,020	4,690	6,700
2d HT GT	420	1,260	2,100	4,730	7,350	10,500
1971 Montego, V-8						
4d Sed	296	888	1,480	3,330	5,180	7,400
2d HT	480	1,440	2,400	5,400	8,400	12,000
1971 Montego MX						
4 Sed	312	936	1,560	3,510	5,460	7,800

	6	5	4	3	2	1	283
2d HT	520	1,560	2,600	5,850	9,100	13,000
4d Sta Wag	384	1,152	1,920	4,320	6,720	9,600
1971 Montego MX Brougham						
4d Sed	308	924	1,540	3,470	5,390	7,700
4d HT	360	1,080	1,800	4,050	6,300	9,000
2d HT	540	1,620	2,700	6,080	9,450	13,500
4d Villager Sta Wag	420	1,260	2,100	4,730	7,350	10,500
1971 Cyclone, V-8						
2d HT	800	2,400	4,000	9,000	14,000	20,000
1971 Cyclone GT, V-8						
2d HT	1,080	3,240	5,400	12,150	18,900	27,000
1971 Cyclone Spoiler, V-8						
2d HT	2,280	6,840	11,400	25,650	39,900	57,000
NOTE: Add 80% for 429 V-8 GT.						
1971 Cougar, V-8						
2d HT	800	2,400	4,000	9,000	14,000	20,000
2d Conv	1,200	3,600	6,000	13,500	21,000	30,000
1971 Cougar XR-7, V-8						
2d HT	1,150	3,450	5,750	12,940	20,130	28,750
2d Conv	1,480	4,440	7,400	16,650	25,900	37,000
Add 250% for 429 CJ						
1971 Monterey, V-8						
4d Sed	300	900	1,500	3,380	5,250	7,500
4d HT	332	996	1,660	3,740	5,810	8,300
2d HT	392	1,176	1,960	4,410	6,860	9,800
4d Sta Wag	424	1,272	2,120	4,770	7,420	10,600
1971 Monterey Custom, V-8						
4d Sed	320	960	1,600	3,600	5,600	8,000
4d HT	424	1,272	2,120	4,770	7,420	10,600
2d HT	400	1,200	2,000	4,500	7,000	10,000
1971 Marquis, V-8						
4d Sed	292	876	1,460	3,290	5,110	7,300
4d HT	352	1,056	1,760	3,960	6,160	8,800
2d HT	440	1,320	2,200	4,950	7,700	11,000
4d Sta Wag	500	1,500	2,500	5,630	8,750	12,500
1971 Marquis Brougham						
4d Sed	300	900	1,500	3,380	5,250	7,500
4d HT	360	1,080	1,800	4,050	6,300	9,000
2d HT	480	1,440	2,400	5,400	8,400	12,000
4d Col Pk	520	1,560	2,600	5,850	9,100	13,000
NOTE: Add 70% for 429.						
1972 Comet, V-8						
4d Sed	264	792	1,320	2,970	4,620	6,600
2d Sed	340	1,020	1,700	3,830	5,950	8,500
1972 Montego, V-8						
4d Sed	280	840	1,400	3,150	4,900	7,000
2d HT	400	1,200	2,000	4,500	7,000	10,000
1972 Montego MX, V-8						
4d Sed	292	876	1,460	3,290	5,110	7,300
2d HT	420	1,260	2,100	4,730	7,350	10,500
4d Sta Wag	376	1,128	1,880	4,230	6,580	9,400
1972 Montego Brougham, V-8						
4d Sed	300	900	1,500	3,380	5,250	7,500
2d HT	440	1,320	2,200	4,950	7,700	11,000
4d Sta Wag	400	1,200	2,000	4,500	7,000	10,000
1972 Montego GT, V-8						
2d HT FBk	580	1,740	2,900	6,530	10,150	14,500
1972 Cougar, V-8						
2d HT	600	1,800	3,000	6,750	10,500	15,000
2d Conv	800	2,400	4,000	9,000	14,000	20,000
1972 Cougar XR-7, V-8						
2d HT	720	2,160	3,600	8,100	12,600	18,000
2d Conv	1,060	3,180	5,300	11,930	18,550	26,500
1972 Monterey, V-8						
4d Sed	300	900	1,500	3,380	5,250	7,500
4d HT	332	996	1,660	3,740	5,810	8,300
2d HT	392	1,176	1,960	4,410	6,860	9,800
4d Sta Wag	424	1,272	2,120	4,770	7,420	10,600
1972 Monterey Custom, V-8						
4d Sed	320	960	1,600	3,600	5,600	8,000
4d HT	424	1,272	2,120	4,770	7,420	10,600
2d HT	432	1,296	2,160	4,860	7,560	10,800
1972 Marquis, V-8						
4d Sed	292	876	1,460	3,290	5,110	7,300
4d HT	352	1,056	1,760	3,960	6,160	8,800
2d HT	440	1,320	2,200	4,950	7,700	11,000
4d Sta Wag	500	1,500	2,500	5,630	8,750	12,500
1972 Marquis Brougham, V-8						
4d Sed	300	900	1,500	3,380	5,250	7,500

	6	5	4	3	2	1
4d HT	360	1,080	1,800	4,050	6,300	9,000
2d HT	480	1,440	2,400	5,400	8,400	12,000
4d Col Pk	520	1,560	2,600	5,850	9,100	13,000
1973 Comet, V-8						
4d Sed	256	768	1,280	2,880	4,480	6,400
2d Sed	340	1,020	1,700	3,830	5,950	8,500
1973 Montego, V-8						
4d Sed	260	780	1,300	2,930	4,550	6,500
2d HT	440	1,320	2,200	4,950	7,700	11,000
1973 Montego MX, V-8						
4d Sed	272	816	1,360	3,060	4,760	6,800
2d HT	480	1,440	2,400	5,400	8,400	12,000
1973 Montego MX Brougham, V-8						
4d Sed	272	816	1,360	3,060	4,760	6,800
2d HT	480	1,440	2,400	5,400	8,400	12,000
1973 Montego GT, V-8						
2d HT	1,000	3,000	5,000	11,250	17,500	25,000
1973 Montego MX						
4d Village Wag	372	1,116	1,860	4,190	6,510	9,300
1973 Cougar, V-8						
2d HT	500	1,500	2,500	5,630	8,750	12,500
2d Conv	720	2,160	3,600	8,100	12,600	18,000
1973 Cougar XR-7, V-8						
2d HT	620	1,860	3,100	6,980	10,850	15,500
2d Conv	980	2,940	4,900	11,030	17,150	24,500
NOTE: Add 100% for 351 c.i. Windsor V-8						
1973 Monterey, V-8						
4d Sed	260	780	1,300	2,930	4,550	6,500
2d HT	280	840	1,400	3,150	4,900	7,000
1973 Monterey Custom, V-8						
4d Sed	280	840	1,400	3,150	4,900	7,000
2d HT	300	900	1,500	3,380	5,250	7,500
1973 Marquis, V-8						
4d Sed	288	864	1,440	3,240	5,040	7,200
4d HT	292	876	1,460	3,290	5,110	7,300
2d HT	420	1,260	2,100	4,730	7,350	10,500
1973 Marquis Brougham, V-8						
4d Sed	292	876	1,460	3,290	5,110	7,300
4d HT	300	900	1,500	3,380	5,250	7,500
2d HT	420	1,260	2,100	4,730	7,350	10,500
1973 Station Wagon, V-8						
4d Monterey	276	828	1,380	3,110	4,830	6,900
4d Marquis	280	840	1,400	3,150	4,900	7,000
4d Col Pk	420	1,260	2,100	4,730	7,350	10,500
1974 Comet, V-8						
4d Sed	256	768	1,280	2,880	4,480	6,400
2d Sed	340	1,020	1,700	3,830	5,950	8,500
1974 Montego, V-8						
4d Sed	260	780	1,300	2,930	4,550	6,500
2d HT	360	1,080	1,800	4,050	6,300	9,000
1974 Montego MX, V-8						
4d Sed	272	816	1,360	3,060	4,760	6,800
2d HT	370	1,120	1,860	4,190	6,510	9,300
1974 Montego MX Brougham, V-8						
4d Sed	272	816	1,360	3,060	4,760	6,800
2d HT	348	1,044	1,740	3,920	6,090	8,700
4d Villager	410	1,240	2,060	4,640	7,210	10,300
1974 Cougar XR-7, V-8						
2d HT	400	1,200	2,000	4,500	7,000	10,000
1974 Monterey, V-8						
4d Sed	260	780	1,300	2,930	4,550	6,500
2d HT	280	840	1,400	3,150	4,900	7,000
1974 Monterey Custom, V-8						
4d Sed	280	840	1,400	3,150	4,900	7,000
2d HT	300	900	1,500	3,380	5,250	7,500
1974 Marquis, V-8						
4d Sed	288	864	1,440	3,240	5,040	7,200
4d HT	292	876	1,460	3,290	5,110	7,300
2d HT	420	1,260	2,100	4,730	7,350	10,500
1974 Marquis Brougham, V-8						
4d Sed	292	876	1,460	3,290	5,110	7,300
4d HT	300	900	1,500	3,380	5,250	7,500
2d HT	420	1,260	2,100	4,730	7,350	10,500
1974 Station Wagons, V-8						
4d Monterey	276	828	1,380	3,110	4,830	6,900
4d Marquis	280	840	1,400	3,150	4,900	7,000
4d Col Pk	420	1,260	2,100	4,730	7,350	10,500

	6	5	4	3	2	1
1975 Bobcat 4-cyl.						
2d HBk	248	744	1,240	2,790	4,340	6,200
4d Sta Wag	244	732	1,220	2,750	4,270	6,100
1975 Comet, V-8						
4d Sed	256	768	1,280	2,880	4,480	6,400
2d Sed	340	1,020	1,700	3,830	5,950	8,500
1975 Monarch, V-8						
4d Sed	240	720	1,200	2,700	4,200	6,000
2d Cpe	244	732	1,220	2,750	4,270	6,100
1975 Monarch Ghia, V-8						
4d Sed	244	732	1,220	2,750	4,270	6,100
2d Cpe	248	744	1,240	2,790	4,340	6,200
1975 Monarch Grand Ghia, V-8						
4d Sed	252	756	1,260	2,840	4,410	6,300
1975 Montego, V-8						
4d Sed	260	780	1,300	2,930	4,550	6,500
2d HT	400	1,200	2,000	4,500	7,000	10,000
1975 Montego MX, V-8						
4d Sed	272	816	1,360	3,060	4,760	6,800
2d HT	420	1,260	2,100	4,730	7,350	10,500
1975 Montego Brougham, V-8						
4d Sed	276	828	1,380	3,110	4,830	6,900
2d HT	440	1,320	2,200	4,950	7,700	11,000
1975 Station Wagons, V-8						
4d Villager	368	1,104	1,840	4,140	6,440	9,200
1975 Cougar XR-7, V-8						
2d HT	440	1,320	2,200	4,950	7,700	11,000
1975 Marquis, V-8						
4d Sed	280	840	1,400	3,150	4,900	7,000
2d HT	400	1,200	2,000	4,500	7,000	10,000
1975 Marquis Brougham, V-8						
4d Sed	288	864	1,440	3,240	5,040	7,200
2d HT	408	1,224	2,040	4,590	7,140	10,200
1975 Grand Marquis, V-8						
4d Sed	292	876	1,460	3,290	5,110	7,300
2d HT	412	1,236	2,060	4,640	7,210	10,300
1975 Station Wagons, V-8						
4d Marquis	284	852	1,420	3,200	4,970	7,100
4d Col Pk	424	1,272	2,120	4,770	7,420	10,600
1976 Bobcat, 4-cyl.						
3d HBk	248	744	1,240	2,790	4,340	6,200
4d Sta Wag	244	732	1,220	2,750	4,270	6,100
1976 Comet, V-8						
4d Sed	256	768	1,280	2,880	4,480	6,400
2d Sed	340	1,020	1,700	3,830	5,950	8,500
1976 Monarch, V-8						
4d Sed	240	720	1,200	2,700	4,200	6,000
2d Sed	244	732	1,220	2,750	4,270	6,100
1976 Monarch Ghia, V-8						
4d Sed	244	732	1,220	2,750	4,270	6,100
2d Sed	248	744	1,240	2,790	4,340	6,200
1976 Monarch Grand Ghia, V-8						
4d Sed	252	756	1,260	2,810	4,410	6,300
1976 Montego, V-8						
4d Sed	260	780	1,300	2,930	4,550	6,500
2d Cpe	420	1,260	2,100	4,730	7,350	10,500
1976 Montego MX, V-8						
4d Sed	272	816	1,360	3,060	4,760	6,800
2d Cpe	440	1,320	2,200	4,950	7,700	11,000
1976 Montego Brougham, V-8						
4d Sed	256	768	1,280	2,880	4,480	6,400
2d Cpe	450	1,360	2,260	5,090	7,910	11,300
1976 Station Wagons, V-8						
4d Montego MX	320	960	1,600	3,600	5,600	8,000
4d Montego Vill	360	1,080	1,800	4,050	6,300	9,000
1976 Cougar XR7, V-8						
2d HT	440	1,320	2,200	4,950	7,700	11,000
1976 Marquis, V-8						
4d Sed	280	840	1,400	3,150	4,900	7,000
2d Cpe	400	1,200	2,000	4,500	7,000	10,000
1976 Marquis Brougham, V-8						
4d Sed	288	864	1,440	3,240	5,040	7,200
2d Cpe	408	1,224	2,040	4,590	7,140	10,200
1976 Grand Marquis, V-8						
4d Sed	292	876	1,460	3,290	5,110	7,300
2d Cpe	412	1,236	2,060	4,640	7,210	10,300
1976 Station Wagons, V-8						
4d Marquis	284	852	1,420	3,200	4,970	7,100

MERCURY

	6	5	4	3	2	1
4d Col Pk	424	1,272	2,120	4,770	7,420	10,600
1977 Bobcat, 4-cyl.						
3d HBk	248	744	1,240	2,790	4,340	6,200
4d Sta Wag.................................	244	732	1,220	2,750	4,270	6,100
4d Vill Wag	252	756	1,260	2,840	4,410	6,300
NOTE: Add 5% for V-6.						
1977 Comet, V-8						
4d Sed	256	768	1,280	2,880	4,480	6,400
2d Sed	340	1,020	1,700	3,830	5,950	8,500
1977 Monarch, V-8						
4d Sed	240	720	1,200	2,700	4,200	6,000
2d Sed	244	732	1,220	2,750	4,270	6,100
1977 Monarch Ghia, V-8						
4d Sed	244	732	1,220	2,750	4,270	6,100
2d Sed	248	744	1,240	2,790	4,340	6,200
1977 Cougar, V-8						
4d Sed	230	690	1,150	2,590	4,030	5,750
2d Sed	360	1,080	1,800	4,050	6,300	9,000
1977 Cougar Brougham, V-8						
4d Sed	228	684	1,140	2,570	3,990	5,700
2d Sed	370	1,120	1,860	4,190	6,510	9,300
1977 Cougar XR7, V-8						
2d HT	400	1,200	2,000	4,500	7,000	10,000
1977 Station Wagons, V-8						
4d Cougar.................................	248	744	1,240	2,790	4,340	6,200
4d Vill	320	960	1,600	3,600	5,600	8,000
1977 Marquis, V-8						
4d Sed	280	840	1,400	3,150	4,900	7,000
2d Sed	400	1,200	2,000	4,500	7,000	10,000
1977 Marquis Brougham, V-8						
4d Sed	288	864	1,440	3,240	5,040	7,200
2d Sed	408	1,224	2,040	4,590	7,140	10,200
1977 Grand Marquis, V-8						
4d HT	292	876	1,460	3,290	5,110	7,300
2d HT	412	1,236	2,060	4,640	7,210	10,300
1977 Station Wagons, V-8						
4d 2S Marquis	284	852	1,420	3,200	4,970	7,100
4d 3S Marquis	300	900	1,500	3,380	5,250	7,500
1978 Bobcat						
3d Rbt.................................	200	600	1,050	2,340	3,650	5,200
4d Sta Wag.................................	200	600	1,000	2,300	3,550	5,100
1978 Zephyr						
4d Sed	150	450	750	1,710	2,650	3,800
2d Sed	180	540	900	2,030	3,150	4,500
2d Cpe	240	720	1,200	2,700	4,200	6,000
4d Sta Wag.................................	150	500	850	1,890	2,950	4,200
1978 Monarch						
4d Sed	200	600	1,000	2,250	3,500	5,000
2d Sed	200	600	1,000	2,300	3,550	5,100
1978 Cougar						
4d Sed	200	550	900	2,030	3,150	4,500
2d HT	200	550	900	2,070	3,200	4,600
1978 Cougar XR7						
2d HT	400	1,200	2,000	4,500	7,000	10,000
1978 Marquis						
4d Sed	250	700	1,200	2,700	4,200	6,000
2d HT	350	1,100	1,800	4,050	6,300	9,000
4d Sta Wag.................................	300	850	1,400	3,150	4,900	7,000
1978 Marquis Brougham						
4d Sed	250	750	1,250	2,790	4,350	6,200
2d HT	350	1,100	1,850	4,140	6,450	9,200
1978 Grand Marquis						
4d Sed	250	750	1,250	2,840	4,400	6,300
2d HT	350	1,100	1,850	4,190	6,500	9,300
1979 Bobcat, 4-cyl.						
3d Rbt.................................	148	444	740	1,670	2,590	3,700
4d Wag.................................	144	432	720	1,620	2,520	3,600
4d Villager Wag.................................	148	444	740	1,670	2,590	3,700
1979 Capri, 4-cyl.						
2d Cpe	260	780	1,300	2,930	4,550	6,500
2d Ghia Cpe	260	780	1,300	2,930	4,550	6,500
NOTE: Add 5% for 6-cyl.; 8% for V-8.						
1979 Zephyr, 6-cyl.						
4d Sed	136	408	680	1,530	2,380	3,400
2d Cpe	180	540	900	2,030	3,150	4,500
2d Spt Cpe	240	720	1,200	2,700	4,200	6,000
4d Sta Wag.................................	140	420	700	1,580	2,450	3,500
NOTE: Deduct 10% for 4-cyl.						

	6	5	4	3	2	1
1979 Monarch, V-8						
4d Sed	136	408	680	1,530	2,380	3,400
2d Cpe	144	432	720	1,620	2,520	3,600
NOTE: Deduct 5% for 6-cyl.						
1979 Cougar, V-8						
4d Sed	144	432	720	1,620	2,520	3,600
2d HT	340	1,020	1,700	3,830	5,950	8,500
2d HT XR7	400	1,200	2,000	4,500	7,000	10,000
1979 Marquis, V-8						
4d Sed	152	456	760	1,710	2,660	3,800
2d HT	200	600	1,000	2,250	3,500	5,000
1979 Marquis Brougham, V-8						
4d Sed	156	468	780	1,760	2,730	3,900
2d HT	210	640	1,060	2,390	3,710	5,300
1979 Grand Marquis, V-8						
4d Sed	160	480	800	1,800	2,800	4,000
2d HT	220	660	1,100	2,480	3,850	5,500
1979 Station Wagons, V-8						
4d 3S Marquis	152	456	760	1,710	2,660	3,800
4d 3S Colony Park	160	480	800	1,800	2,800	4,000
1980 Bobcat, 4-cyl.						
2d HBk	140	420	700	1,580	2,450	3,500
2d Sta Wag	144	432	720	1,620	2,520	3,600
2d Sta Wag Villager	152	456	760	1,710	2,660	3,800
1980 Capri, 6-cyl.						
2d HBk	260	780	1,300	2,930	4,550	6,500
2d HBk Ghia	260	780	1,300	2,930	4,550	6,500
NOTE: Deduct 10% for 4-cyl.						
1980 Zephyr, 6-cyl.						
4d Sed	140	420	700	1,580	2,450	3,500
2d Sed	180	540	900	2,030	3,150	4,500
2d Cpe Z-7	240	720	1,200	2,700	4,200	6,000
4d Sta Wag	156	468	700	1,760	2,730	3,900
NOTE: Deduct 10% for 4-cyl.						
1980 Monarch, V-8						
4d Sed	168	504	840	1,890	2,940	4,200
2d Cpe	164	492	820	1,850	2,870	4,100
NOTE: Deduct 10% for 4-cyl.						
1980 Cougar XR7, V-8						
2d Cpe	232	696	1,160	2,610	4,060	5,800
1980 Marquis, V-8						
4d Sed	176	528	880	1,980	3,080	4,400
2d Sed	200	600	1,000	2,250	3,500	5,000
1980 Marquis Brougham, V-8						
4d Sed	184	552	920	2,070	3,220	4,600
2d Sed	210	640	1,060	2,390	3,710	5,300
1980 Grand Marquis, V-8						
4d Sed	188	564	940	2,120	3,290	4,700
2d Sed	220	660	1,100	2,480	3,850	5,500
4d Sta Wag	192	576	960	2,160	3,360	4,800
4d Sta Wag CP	200	600	1,000	2,250	3,500	5,000
1981 Lynx, 4-cyl.						
2d HBk RS	148	444	740	1,670	2,590	3,700
4d HBk RS	152	456	760	1,710	2,660	3,800
2d HBk LS	152	456	760	1,710	2,660	3,800
NOTE: Deduct 5% for lesser models.						
1981 Zephyr, 6-cyl.						
4d Sed S	140	420	700	1,580	2,450	3,500
4d Sed	144	432	720	1,620	2,520	3,600
2d Sed	140	420	700	1,580	2,450	3,500
2d Cpe Z-7	240	720	1,200	2,700	4,200	6,000
4d Sta Wag	160	480	800	1,800	2,800	4,000
NOTE: Deduct 10% for 4-cyl.						
1981 Capri, 6-cyl.						
2d HBk	260	780	1,300	2,930	4,550	6,500
2d HBk GS	270	810	1,350	3,040	4,730	6,750
NOTE: Deduct 10% for 4-cyl.						
1981 Cougar, 6-cyl.						
4d Sed	168	504	840	1,890	2,940	4,200
2d Sed	164	492	820	1,850	2,870	4,100
NOTE: Deduct 10% for 4-cyl.						
1981 Cougar XR7, V-8						
2d Cpe	236	708	1,180	2,660	4,130	5,900
NOTE: Deduct 12% for 6-cyl.						
1981 Marquis, V-8						
4d Sed	176	528	880	1,980	3,080	4,400
1981 Marquis Brougham, V-8						
4d Sed	184	552	920	2,070	3,220	4,600
2d Sed	220	660	1,100	2,480	3,850	5,500

MERCURY

	6	5	4	3	2	1
1981 Grand Marquis, V-8						
4d Sed	192	576	960	2,160	3,360	4,800
2d Sed	230	690	1,150	2,590	4,030	5,750
4d Sta Wag	196	588	980	2,210	3,430	4,900
4d Sta Wag CP	196	588	980	2,210	3,430	4,900
1982 Lynx, 4-cyl.						
2d HBk LS	152	456	760	1,710	2,660	3,800
4d HBk LS	156	468	780	1,760	2,730	3,900
4d Sta Wag LS	160	480	800	1,800	2,800	4,000
2d HBk RS	156	468	780	1,760	2,730	3,900
NOTE: Deduct 5% for lesser models.						
1982 LN7, 4-cyl.						
2d HBk	184	552	920	2,070	3,220	4,600
1982 Zephyr, 6-cyl.						
4d Sed	148	444	740	1,670	2,590	3,700
2d Cpe Z-7	240	720	1,200	2,700	4,200	6,000
4d Sed GS	152	456	760	1,710	2,660	3,800
2d Cpe Z-7 GS	250	740	1,240	2,790	4,340	6,200
1982 Capri, 6-cyl.						
2d HBk L	260	780	1,300	2,930	4,550	6,500
2d HBk GS	260	780	1,300	2,930	4,550	6,500
1982 Capri, V-8						
2d HBk RS	320	960	1,600	3,600	5,600	8,000
NOTE: Deduct 10% for 4-cyl.						
1982 Cougar, 6-cyl.						
4d Sed GS	160	480	800	1,800	2,800	4,000
2d Sed GS	156	468	780	1,760	2,730	3,900
4d Sta Wag GS	168	504	840	1,890	2,940	4,200
4d Sed LS	164	492	820	1,850	2,870	4,100
2d Sed LS	160	480	800	1,800	2,800	4,000
1982 Cougar XR7, V-8						
2d Cpe	240	720	1,200	2,700	4,200	6,000
2d Cpe LS	248	744	1,240	2,790	4,340	6,200
NOTE: Deduct 10% for 6-cyl.						
1982 Marquis, V-8						
4d Sed	180	540	900	2,030	3,150	4,500
1982 Marquis Brougham, V-8						
4d Sed	188	564	940	2,120	3,290	4,700
2d Cpe	220	660	1,100	2,480	3,850	5,500
1982 Grand Marquis, V-8						
4d Sed	196	588	980	2,210	3,430	4,900
2d Cpe	230	680	1,140	2,570	3,990	5,700
4d Sta Wag	196	588	980	2,210	3,430	4,900
4d Sta Wag CP	200	600	1,000	2,250	3,500	5,000
1983 Lynx, 4-cyl.						
2d HBk LS	152	456	760	1,710	2,660	3,800
4d HBk LS	156	468	780	1,760	2,730	3,900
4d Sta Wag LS	160	480	800	1,800	2,800	4,000
2d HBk RS	156	468	780	1,760	2,730	3,900
4d HBk LTS	160	480	800	1,800	2,800	4,000
NOTE: Deduct 5% for lesser models.						
1983 LN7, 4-cyl.						
2d HBk	188	564	940	2,120	3,290	4,700
2d HBk Spt	192	576	960	2,160	3,360	4,800
2d HBk GS	200	600	1,000	2,250	3,500	5,000
2d HBk RS	208	624	1,040	2,340	3,640	5,200
1983 Zephyr, V-6						
4d Sed	152	456	760	1,710	2,660	3,800
2d Cpe Z-7	240	720	1,200	2,700	4,200	6,000
4d Sed GS	156	468	780	1,760	2,730	3,900
2d Cpe Z-7 GS	260	780	1,300	2,930	4,550	6,500
NOTE: Deduct 10% for 4-cyl.						
1983 Capri, 6-cyl.						
2d HBk L	216	648	1,080	2,430	3,780	5,400
2d HBk GS	224	672	1,120	2,520	3,920	5,600
1983 Capri, V-8						
2d HBk RS	280	840	1,400	3,150	4,900	7,000
NOTE: Deduct 10% for 4-cyl.						
1983 Cougar, V-8						
2d Cpe	260	780	1,300	2,930	4,550	6,500
2d Cpe LS	268	804	1,340	3,020	4,690	6,700
NOTE: Deduct 15% for V-6.						
1983 Marquis, 4-cyl.						
4d Sed	168	504	840	1,890	2,940	4,200
4d Brgm	176	528	880	1,980	3,080	4,400
1983 Marquis, 6-cyl.						
4d Sed	176	528	880	1,980	3,080	4,400
4d Sta Wag	188	564	940	2,120	3,290	4,700
4d Sed Brgm	192	576	960	2,160	3,360	4,800

	6	5	4	3	2	1
4d Sta Wag Brgm	196	588	980	2,210	3,430	4,900
1983 Grand Marquis, V-8						
4d Sed	208	624	1,040	2,340	3,640	5,200
2d Cpe	220	660	1,100	2,480	3,850	5,500
4d Sed LS	216	648	1,080	2,430	3,780	5,400
2d Cpe LS	230	690	1,150	2,590	4,030	5,750
4d Sta Wag	220	660	1,100	2,480	3,850	5,500
1984 Lynx, 4-cyl.						
4d HBk LTS	140	420	700	1,580	2,450	3,500
2d HBk RS	144	432	720	1,620	2,520	3,600
2d HBk RS Turbo	152	456	760	1,710	2,660	3,800
NOTE: Deduct 5% for lesser models.						
1984 Topaz, 4-cyl.						
2d Sed	132	396	660	1,490	2,310	3,300
4d Sed	132	396	660	1,490	2,310	3,300
2d Sed GS	136	408	680	1,530	2,380	3,400
4d Sed GS	136	408	680	1,530	2,380	3,400
1984 Capri, 4-cyl.						
2d HBk GS	200	600	1,000	2,250	3,500	5,000
2d HBk RS Turbo	230	700	1,160	2,610	4,060	5,800
2d HBk GS, V-6	210	620	1,040	2,340	3,640	5,200
2d HBk GS, V-8	260	780	1,300	2,930	4,550	6,500
2d HBk RS, V-8	280	840	1,400	3,150	4,900	7,000
1984 Cougar, V-6						
2d Cpe	168	504	840	1,890	2,940	4,200
2d Cpe LS	172	516	860	1,940	3,010	4,300
1984 Cougar, V-8						
2d Cpe	180	540	900	2,030	3,150	4,500
2d Cpe LS	192	576	960	2,160	3,360	4,800
2d Cpe XR7	220	660	1,100	2,480	3,850	5,500
1984 Marquis, 4-cyl.						
4d Sed	164	492	820	1,850	2,870	4,100
4d Sed Brgm	168	504	840	1,890	2,940	4,200
1984 Marquis, V-6						
4d Sed	168	504	840	1,890	2,940	4,200
4d Sed Brgm	172	516	860	1,940	3,010	4,300
4d Sta Wag	172	516	860	1,940	3,010	4,300
4d Sta Wag Brgm	176	528	880	1,980	3,080	4,400
1984 Grand Marquis, V-8						
4d Sed	196	588	980	2,210	3,430	4,900
2d Sed	220	670	1,120	2,520	3,920	5,600
4d Sed LS	200	600	1,000	2,250	3,500	5,000
2d Sed LS	200	600	1,000	2,250	3,500	5,000
4d Sta Wag Colony Park	200	600	1,000	2,250	3,500	5,000
1985 Lynx, 4-cyl.						
2d HBk GS	136	408	680	1,530	2,380	3,400
4d HBk GS	140	420	700	1,580	2,450	3,500
4d Sta Wag GS	140	420	700	1,580	2,450	3,500
NOTE: Deduct 20% for diesel; 5% for lesser models.						
1985 Topaz, 4-cyl.						
2d Sed	136	408	680	1,530	2,380	3,400
4d Sed	136	408	680	1,530	2,380	3,400
2d Sed LS	136	408	680	1,530	2,380	3,400
4d Sed LS	140	420	700	1,580	2,450	3,500
NOTE: Deduct 20% for diesel.						
1985 Capri, 4-cyl.						
2d HBk GS	200	600	1,000	2,250	3,500	5,000
2d HBk GS, V-6	210	620	1,040	2,340	3,640	5,200
2d HBk GS, V-8	260	780	1,300	2,930	4,550	6,500
2d HBk 5.0 liter, V-8	280	840	1,400	3,150	4,900	7,000
1985 Cougar, V-6						
2d Cpe	172	516	860	1,940	3,010	4,300
2d Cpe LS	176	528	880	1,980	3,080	4,400
2d Cpe, V-8	184	552	920	2,070	3,220	4,600
2d Cpe LS, V-8	196	588	980	2,210	3,430	4,900
2d Cpe XR7 Turbo, 4-cyl.	220	670	1,120	2,520	3,920	5,600
1985 Marquis, V-6						
4d Sed	172	516	860	1,940	3,010	4,300
4d Sed Brgm	176	528	880	1,980	3,080	4,400
4d Sta Wag	176	528	880	1,980	3,080	4,400
4d Sta Wag Brgm	180	540	900	2,030	3,150	4,500
NOTE: Deduct 20% for 4-cyl. where available.						
1985 Grand Marquis, V-8						
4d Sed	200	600	1,000	2,250	3,500	5,000
2d Sed	220	670	1,120	2,520	3,920	5,600
4d Sed LS	204	612	1,020	2,300	3,570	5,100
2d Sed LS	200	600	1,000	2,250	3,500	5,000
4d Sta Wag Colony Park	210	620	1,040	2,340	3,640	5,200

MERCURY

	6	5	4	3	2	1
1986 Lynx						
2d HBk	140	420	700	1,580	2,450	3,500
4d HBk	148	444	740	1,670	2,590	3,700
4d Sta Wag	148	444	740	1,670	2,590	3,700
1986 Capri						
2d HBk	220	660	1,100	2,480	3,850	5,500
1986 Topaz						
2d Sed	144	432	720	1,620	2,520	3,600
4d Sed	144	432	720	1,620	2,520	3,600
1986 Marquis						
4d Sed	176	528	880	1,980	3,080	4,400
4d Sta Wag	180	540	900	2,030	3,150	4,500
1986 Marquis Brougham						
4d Sed	180	540	900	2,030	3,150	4,500
4d Sta Wag	184	552	920	2,070	3,220	4,600
1986 Cougar						
2d Cpe	192	576	960	2,160	3,360	4,800
2d LS Cpe	200	600	1,000	2,250	3,500	5,000
XR7 2d Cpe	228	684	1,140	2,570	3,990	5,700
1986 Sable, V-6						
4d Sed GS	200	600	1,000	2,250	3,500	5,000
4d Sed LS	200	610	1,020	2,300	3,570	5,100
4d Sta Wag GS	200	610	1,020	2,300	3,570	5,100
4d Sta Wag LS	210	620	1,040	2,340	3,640	5,200
1986 Grand Marquis						
2d Sed	230	680	1,140	2,570	3,990	5,700
4d Sed	208	624	1,040	2,340	3,640	5,200
4d Sta Wag	220	660	1,100	2,480	3,850	5,500
NOTE: Add 10% for deluxe models. Deduct 5% for smaller engines.						
1987 Lynx, 4-cyl.						
2d HBk L	148	444	740	1,670	2,590	3,700
2d HBk GS	152	456	760	1,710	2,660	3,800
4d HBk GS	156	468	780	1,760	2,730	3,900
4d Sta Wag GS	156	468	780	1,760	2,730	3,900
2d HBk XR3	160	480	800	1,800	2,800	4,000
1987 Topaz, 4-cyl.						
2d Sed GS	152	456	760	1,710	2,660	3,800
4d Sed GS	156	468	780	1,760	2,730	3,900
2d Sed GS Spt	156	468	780	1,760	2,730	3,900
4d Sed GS Spt	160	480	800	1,800	2,800	4,000
4d Sed LS	164	492	820	1,850	2,870	4,100
1987 Cougar						
2d Cpe LS, V-6	190	580	960	2,160	3,360	4,800
2d Cpe LS, V-8	200	600	1,000	2,250	3,500	5,000
2d Cpe XR7, V-8	230	680	1,140	2,570	3,990	5,700
NOTE: Add 10% for Anniversary Model.						
1987 Sable, V-6						
4d Sed GS	200	600	1,000	2,250	3,500	5,000
4d Sed LS	204	612	1,020	2,300	3,570	5,100
4d Sta Wag GS	204	612	1,020	2,300	3,570	5,100
4d Sta Wag LS	208	624	1,040	2,340	3,640	5,200
1987 Grand Marquis, V-8						
4d Sed GS	230	680	1,140	2,570	3,990	5,700
4d Sta Wag Col Park GS	240	710	1,180	2,660	4,130	5,900
2d Sed LS	240	720	1,200	2,700	4,200	6,000
4d Sed LS	232	696	1,160	2,610	4,060	5,800
4d Sta Wag Col Park LS	240	720	1,200	2,700	4,200	6,000
1988 Tracer, 4-cyl.						
2d HBk	120	360	600	1,350	2,100	3,000
4d HBk	124	372	620	1,400	2,170	3,100
4d Sta Wag	132	396	660	1,490	2,310	3,300
1988 Topaz, 4-cyl.						
2d Sed	128	384	640	1,440	2,240	3,200
4d Sed	132	396	660	1,490	2,310	3,300
4d Sed LS	144	432	720	1,620	2,520	3,600
4d Sed LTS	152	456	760	1,710	2,660	3,800
2d Sed XR5	160	480	800	1,800	2,800	4,000
1988 Cougar						
2d LS V-6	232	696	1,160	2,610	4,060	5,800
2d LS V-8	248	744	1,240	2,790	4,340	6,200
2d XR7 V-8	272	816	1,360	3,060	4,760	6,800
1988 Sable, V-6						
4d Sed GS	184	552	920	2,070	3,220	4,600
4d Sta Wag GS	208	624	1,040	2,340	3,640	5,200
4d Sed LS	192	576	960	2,160	3,360	4,800
4d Sta Wag LS	232	696	1,160	2,610	4,060	5,800
1988 Grand Marquis, V-8						
4d Sed GS	220	660	1,100	2,480	3,850	5,500
4d Sta Wag Col Park GS	230	700	1,160	2,610	4,060	5,800

	6	5	4	3	2	1
4d Sed LS.	224	672	1,120	2,520	3,920	5,600
4d Sta Wag Col Park LS	240	730	1,220	2,750	4,270	6,100
1989 Tracer, 4-cyl.						
4d HBk	156	468	780	1,760	2,730	3,900
2d HBk	152	456	760	1,710	2,660	3,800
4d Sta Wag	160	480	800	1,800	2,800	4,000
1989 Topaz, 4-cyl.						
2d Sed GS	144	432	720	1,620	2,520	3,600
4d Sed GS	148	444	740	1,670	2,590	3,700
4d Sed LS	156	468	780	1,760	2,730	3,900
4d Sed LTS	172	516	860	1,940	3,010	4,300
2d Sed XR5	196	588	980	2,210	3,430	4,900
1989 Cougar, V-6						
2d Cpe LS	240	720	1,200	2,700	4,200	6,000
2d Cpe XR7	260	780	1,300	2,930	4,550	6,500
1989 Sable, V-6						
4d Sed GS	212	636	1,060	2,390	3,710	5,300
4d Sta Wag GS	248	744	1,240	2,790	4,340	6,200
4d Sed LS	236	708	1,180	2,660	4,130	5,900
4d Sta Wag LS	368	1,104	1,840	4,140	6,440	9,200
1989 Grand Marquis, V-8						
4d Sed GS	252	756	1,260	2,840	4,410	6,300
4d Sed LS	256	768	1,280	2,880	4,480	6,400
4d Sta Wag Col Park GS	270	800	1,340	3,020	4,690	6,700
4d Sta Wag Col Park LS	280	830	1,380	3,110	4,830	6,900
1990 Topaz, 4-cyl.						
2d Sed GS	156	468	780	1,760	2,730	3,900
4d Sed GS	160	480	800	1,800	2,800	4,000
4d Sed LS	168	504	840	1,890	2,940	4,200
4d Sed LTS	184	552	920	2,070	3,220	4,600
2d Sed XR5	168	504	840	1,890	2,940	4,200
1990 Cougar, V-6						
2d Cpe LS	260	780	1,300	2,930	4,550	6,500
2d Cpe XR7	280	840	1,400	3,150	4,900	7,000
1990 Sable, V-6						
4d Sed GS	220	660	1,100	2,480	3,850	5,500
4d Sed LS	210	720	1,200	2,700	4,200	6,000
4d Sta Wag GS	240	720	1,200	2,700	4,200	6,000
4d Sta Wag LS	260	780	1,300	2,930	4,550	6,500
1990 Grand Marquis, V-8						
4d Sed GS	260	780	1,300	2,930	4,550	6,500
4d Sed LS	260	790	1,320	2,970	4,620	6,600
4d Sta Wag GS	270	800	1,340	3,020	4,690	6,700
4d Sta Wag LS	280	830	1,380	3,110	4,830	6,900

NOTE: Mercury suspended production of the Tracer for 1990. It would return the following year.

	6	5	4	3	2	1
1991 Tracer, 4-cyl.						
4d NBk	140	420	700	1,580	2,450	3,500
4d NBk LTS	148	444	740	1,670	2,590	3,700
4d Sta Wag	156	468	780	1,760	2,730	3,900
1991 Topaz, 4-cyl.						
2d Sed GS	148	444	740	1,670	2,590	3,700
4d Sed GS	148	444	740	1,670	2,590	3,700
4d Sed LS	156	468	780	1,760	2,730	3,900
4d Sed LTS	160	480	800	1,800	2,800	4,000
2d Sed XR5	168	504	840	1,890	2,940	4,200
1991 Capri, 4-cyl.						
2d Conv	200	600	1,000	2,250	3,500	5,000
2d Conv XR2 Turbo	220	660	1,100	2,480	3,850	5,500
1991 Cougar						
2d Cpe LS, V-6	240	720	1,200	2,700	4,200	6,000
2d Cpe LS, V-8	280	840	1,400	3,150	4,900	7,000
2d Cpe XR7, V-8	300	900	1,500	3,380	5,250	7,500
1991 Sable, V-6						
4d Sed GS	148	444	740	1,670	2,590	3,700
4d Sta Wag GS	156	468	780	1,760	2,730	3,900
4d Sed LS	152	456	760	1,710	2,660	3,800
4d Sta Wag LS	160	480	800	1,800	2,800	4,000
1991 Grand Marquis, V-8						
4d Sed GS	184	552	920	2,070	3,220	4,600
4d Sed LS	192	576	960	2,160	3,360	4,800
1991 Grand Marquis Colony Park, V-8						
4d Sta Wag GS3S	220	660	1,100	2,480	3,850	5,500
4d Sta Wag GS2S	220	650	1,080	2,430	3,780	5,400
4d Sta Wag LS3S	220	670	1,120	2,520	3,920	5,600
4d Sta Wag LS2S	220	660	1,100	2,480	3,850	5,500
1992 Tracer, 4-cyl.						
4d Sed	164	492	820	1,850	2,870	4,100
4d Sed LTS	168	504	840	1,890	2,940	4,200
4d Sta Wag	184	552	920	2,070	3,220	4,600

MERCURY

	6	5	4	3	2	1
1992 Topaz, 4-cyl. & V-6						
2d Cpe GS	156	468	780	1,760	2,730	3,900
4d Sed GS	160	480	800	1,800	2,800	4,000
4d Sed LS	168	504	840	1,890	2,940	4,200
4d Sed LTS V-6	224	672	1,120	2,520	3,920	5,600
2d Cpe XR5 V-6	224	672	1,120	2,520	3,920	5,600
1992 Capri, 4-cyl.						
2d Conv	240	720	1,200	2,700	4,200	6,000
2d Conv XR2 Turbo	248	744	1,240	2,790	4,340	6,200
1992 Cougar						
2d Cpe LS, V-6	292	876	1,460	3,290	5,110	7,300
2d Cpe LS, V-8	308	924	1,540	3,470	5,390	7,700
2d Cpe XR7 V-8	316	948	1,580	3,560	5,530	7,900
1992 Sable, V-6						
4d Sed GS	240	720	1,200	2,700	4,200	6,000
4d Sta Wag GS	240	720	1,200	2,700	4,200	6,000
4d Sed LS	248	744	1,240	2,790	4,340	6,200
4d Sta Wag LS	248	744	1,240	2,790	4,340	6,200
1992 Grand Marquis, V-8						
4d Sed GS	280	840	1,400	3,150	4,900	7,000
4d Sed LS	288	864	1,440	3,240	5,040	7,200
1993 Tracer, 4-cyl.						
4d Sed	172	516	860	1,940	3,010	4,300
4d Sta Wag	184	552	920	2,070	3,220	4,600
4d Sed LTS	180	540	900	2,030	3,150	4,500
1993 Topaz, 4-cyl.						
2d Sed GS	168	504	840	1,890	2,940	4,200
4d Sed GS	176	528	880	1,980	3,080	4,400
1993 Capri, 4-cyl.						
2d Conv	280	840	1,400	3,150	4,900	7,000
2d Conv XR2 Turbo	288	864	1,440	3,240	5,040	7,200
1993 Cougar						
2d Cpe XR7, V-6	292	876	1,460	3,290	5,110	7,300
2d Cpe XR7, V-8	302	906	1,510	3,400	5,285	7,550
1993 Sable, V-6						
4d Sed GS	248	744	1,240	2,790	4,340	6,200
4d Sed LS	252	756	1,260	2,840	4,410	6,300
4d Sta Wag GS	260	780	1,300	2,930	4,550	6,500
4d Sta Wag LS	264	792	1,320	2,970	4,620	6,600
1993 Grand Marquis, V-8						
4d Sed GS	288	864	1,440	3,240	5,040	7,200
4d Sed LS	296	888	1,480	3,330	5,180	7,400
1994 Tracer, 4-cyl.						
4d Sed	200	600	1,000	2,250	3,500	5,000
4d Sed LTS	220	660	1,100	2,480	3,850	5,500
4d Sta Wag	240	720	1,200	2,700	4,200	6,000
1994 Topaz, 4-cyl.						
2d Sed GS	212	636	1,060	2,390	3,710	5,300
4d Sed GS	216	648	1,080	2,430	3,780	5,400
1994 Capri, 4-cyl.						
2d Conv	260	780	1,300	2,930	4,550	6,500
2d Conv XR2 Turbo	288	864	1,440	3,240	5,040	7,200
1994 Cougar						
2d Cpe XR7, V-6	260	780	1,300	2,930	4,550	6,500
2d Cpe XR7, V-8	280	840	1,400	3,150	4,900	7,000
1994 Sable, V-6						
4d Sed GS	220	660	1,100	2,480	3,850	5,500
4d Sed LS	240	720	1,200	2,700	4,200	6,000
4d Sta Wag GS	240	720	1,200	2,700	4,200	6,000
4d Sta Wag LS	260	780	1,300	2,930	4,550	6,500
1994 Grand Marquis, V-8						
4d Sed GS	300	900	1,500	3,380	5,250	7,500
4d Sed LS	320	960	1,600	3,600	5,600	8,000
1995 Tracer, 4-cyl.						
4d Sed	200	600	1,000	2,250	3,500	5,000
4d Sta Wag	250	700	1,200	2,700	4,200	6,000
4d LTS Sed	200	650	1,100	2,480	3,850	5,500
1995 Mystique, 4-cyl. & V-6						
4d GS Sed	200	650	1,050	2,390	3,700	5,300
4d LS Sed	200	650	1,100	2,480	3,850	5,500
1995 Cougar, V-6 & V-8						
2d XR7 Cpe, V-6	250	800	1,300	2,930	4,550	6,500
2d XR7 Cpe, V-8	280	840	1,400	3,150	4,900	7,000
1995 Sable, V-6						
4d GS Sed	200	650	1,100	2,480	3,850	5,500
4d GS Sta Wag	250	700	1,200	2,700	4,200	6,000
4d LS Sed	250	700	1,200	2,700	4,200	6,000
4d LS Sta Wag	250	800	1,300	2,930	4,550	6,500
4d LTS Sed	250	800	1,300	2,970	4,600	6,600

	6	5	4	3	2	1
1995 Grand Marquis, V-8						
4d GS Sed	300	900	1,500	3,380	5,250	7,500
4d LS Sed	300	950	1,600	3,600	5,600	8,000
1996 Tracer, 4-cyl.						
4d Sed	200	600	1,000	2,250	3,500	5,000
4d Sta Wag	250	700	1,200	2,700	4,200	6,000
4d LTS Sed	200	650	1,100	2,480	3,850	5,500
1996 Mystique, 4-cyl. & V-6						
4d GS Sed	200	650	1,050	2,390	3,700	5,300
4d LS Sed	200	650	1,100	2,480	3,850	5,500
1996 Cougar, V-6						
2d XR7 Cpe, V-6	250	800	1,300	2,930	4,550	6,500
NOTE: Add 10% for V-8.						
1996 Sable, V-6						
4d G Sed	200	650	1,050	2,390	3,700	5,300
4d GS Sed	200	650	1,100	2,480	3,850	5,500
4d GS Sta Wag	250	700	1,200	2,700	4,200	6,000
4d LS Sed	250	700	1,200	2,700	4,200	6,000
4d LS Sta Wag	250	800	1,300	2,930	4,550	6,500
1996 Grand Marquis, V-8						
4d GS Sed	300	900	1,500	3,380	5,250	7,500
4d LS Sed	300	950	1,600	3,600	5,600	8,000
1997 Tracer, 4-cyl.						
4d GS Sed	200	600	1,000	2,250	3,500	5,000
4d LS Sed	240	720	1,200	2,700	4,200	6,000
4d LS Sta Wag	220	660	1,100	2,480	3,850	5,500
NOTE: Add 5% for Trio Pkg. on LS Sed.						
1997 Mystique, 4-cyl. & V-6						
4d Sed (4-cyl. only)	200	600	1,000	2,250	3,500	5,000
4d GS Sed	212	636	1,060	2,390	3,710	5,300
4d LS Sed	220	660	1,100	2,480	3,850	5,500
NOTE: Add 5% for either Sport or Spree Pkg. on GS Sed.						
1997 Cougar, V-6						
2d XR7 Cpe, V-6	260	780	1,300	2,930	4,550	6,500
NOTE: Add 10% for V-8; 10% for 30th Anniversary Pkg.						
1997 Sable, V-6						
4d G Sed	212	636	1,060	2,390	3,710	5,300
4d GS Sed	220	660	1,100	2,480	3,850	5,500
4d GS Sta Wag	240	720	1,200	2,700	4,200	6,000
4d LS Sed	240	720	1,200	2,700	4,200	6,000
4d LS Sta Wag	260	780	1,300	2,930	4,550	6,500
1997 Grand Marquis, V-8						
4d GS Sed	300	900	1,500	3,380	5,250	7,500
4d LS Sed	320	960	1,600	3,600	5,600	8,000
1998 Tracer, 4-cyl.						
4d GS Sed	200	600	1,000	2,250	3,500	5,000
4d LS Sed	240	720	1,200	2,700	4,200	6,000
4d LS Sta Wag	260	780	1,300	2,930	4,550	6,500
NOTE: Add 5% for Trio Pkg. on GS Sed.						
1998 Mystique, 4-cyl. & V-6						
4d GS Sed	210	640	1,060	2,390	3,710	5,300
4d LS Sed (V-6 only)	220	660	1,100	2,480	3,850	5,500
NOTE: Add 5% for Sport Pkg. on GS Sed.						
1998						
NOTE: Cougar was not available in 1998. The 1999 Cougar debuted mid-year in 1998.						
1998 Sable, V-6						
4d GS Sed	220	660	1,100	2,480	3,850	5,500
4d LS Sed	240	720	1,200	2,700	4,200	6,000
4d LS Sta Wag	260	780	1,300	2,930	4,550	6,500
1998 Grand Marquis, V-8						
4d GS Sed	300	910	1,520	3,420	5,320	7,600
4d LS Sed	320	970	1,620	3,650	5,670	8,100
NOTE: Add 5% for Handling Pkg.						
1999 Tracer, 4-cyl.						
4d GS Sed	200	600	1,000	2,250	3,500	5,000
4d LS Sed	240	720	1,200	2,700	4,200	6,000
4d LS Sta Wag	260	780	1,300	2,930	4,550	6,500
NOTE: Add 5% for Trio Pkg. on GS Sed.						
1999 Mystique, 4-cyl. & V-6						
4d GS Sed	210	640	1,060	2,390	3,710	5,300
4d LS Sed (V-6 only)	220	660	1,100	2,480	3,850	5,500
NOTE: Add 5% for Sport Pkg. on GS Sed.						
1999 Sable, V-6						
4d GS Sed	220	660	1,100	2,480	3,850	5,500
4d GS Sta Wag	240	720	1,200	2,700	4,200	6,000
4d LS Sed	240	720	1,200	2,700	4,200	6,000
4d LS Sta Wag	260	780	1,300	2,930	4,550	6,500

MERCURY

	6	5	4	3	2	1
1999 Cougar, 4-cyl. & V-6						
2d Cpe	260	780	1,300	2,930	4,550	6,500
NOTE: Add 5% for Sport Pkg. on V-6 Cpe.						
1999 Grand Marquis, V-8						
4d GS Sed	300	910	1,520	3,420	5,320	7,600
4d LS Sed	320	970	1,620	3,650	5,670	8,100
NOTE: Add 5% for 41G Handling & Performance Pkg.						
2000 Mystique, 4-cyl. & V-6						
4d GS Sed (4-cyl. only)	210	640	1,060	2,390	3,710	5,300
4d LS Sed (V-6 only)	220	660	1,100	2,480	3,850	5,500
NOTE: Add 5% for Sport Pkg. on GS Sed.						
2000 Sable, V-6						
4d GS Sed	220	670	1,120	2,520	3,920	5,600
4d GS Sta Wag	240	730	1,220	2,750	4,270	6,100
4d LS Sed	240	730	1,220	2,750	4,270	6,100
4d LS Sta Wag	260	790	1,320	2,970	4,620	6,600
NOTE: Add 10% for LS Premium Pkg.						
2000 Cougar, 4-cyl. & V-6						
2d Cpe	260	780	1,300	2,930	4,550	6,500
2000 Grand Marquis, V-8						
4d GS Sed	300	910	1,520	3,420	5,320	7,600
4d LS Sed	320	970	1,620	3,650	5,670	8,100
NOTE: Add 5% for 41G Handling & Performance Pkg.						
2001 Sable, V-6						
4d GS Sed	230	680	1,140	2,850	3,990	5,700
4d GS Sta Wag	250	740	1,240	3,100	4,340	6,200
4d LS Sed	250	740	1,240	3,100	4,340	6,200
4d LS Premium Sed	270	800	1,340	3,350	4,690	6,700
4d LS Premium Sta Wag	270	820	1,360	3,400	4,760	6,800
2001 Cougar, 4-cyl. & V-6						
2d Cpe	280	830	1,380	3,450	4,830	6,900
NOTE: Add 5% for C2 or ZN Pkgs.; 5% for mid-year Sport Edition.						
2001 Grand Marquis, V-8						
4d GS Sed	310	920	1,540	3,850	5,390	7,700
4d LS Sed	330	980	1,640	4,100	5,740	8,200
4d LSE Sed	350	1,060	1,760	4,400	6,160	8,800
NOTE: Add 5% for Limited Edition.						
2002 Sable, V-6						
4d GS Sed	230	680	1,140	2,850	3,990	5,700
4d GS Sta Wag	250	740	1,240	3,100	4,340	6,200
4d LS Premium Sed	270	800	1,340	3,350	4,690	6,700
4d LS Premium Sta Wag	270	820	1,360	3,400	4,760	6,800
2002 Cougar, 4-cyl. & V-6						
2d Cpe	280	830	1,380	3,450	4,830	6,900
2d Sport Cpe (V-6 only)	310	920	1,540	3,850	5,390	7,700
NOTE: Add 5% for C2 or XR Ppkgs.						
2002 Grand Marquis, V-8						
4d GS Sed	310	920	1,540	3,850	5,390	7,700
4d LS Sed	330	980	1,640	4,100	5,740	8,200
4d LSE Sed	350	1,060	1,760	4,400	6,160	8,800
2003 Sable, V-6						
4d GS Sed	230	680	1,140	2,850	3,990	5,700
4d GS Sta Wag	250	740	1,240	3,100	4,340	6,200
4d LS Premium Sed	270	800	1,340	3,350	4,690	6,700
4d LS Platinum Sed	290	860	1,440	3,600	5,040	7,200
4d LS Premium Sta Wag	270	820	1,360	3,400	4,760	6,800
4d LS Platinum Sta Wag	290	880	1,460	3,650	5,110	7,300
2003 Grand Marquis, V-8						
4d GS Sed	310	920	1,540	3,850	5,390	7,700
4d LS Sed	330	980	1,640	4,100	5,740	8,200
4d LS Ultimate Sed	340	1,020	1,700	4,250	5,950	8,500
4d LSE Sed	350	1,060	1,760	4,400	6,160	8,800
NOTE: Add 5% for Handling Pkg. (excluding LSE).						
2003 Marauder, V-8						
4d Sed	670	2,020	3,360	7,560	11,760	16,800
2004 Sable, V-6						
4d GS Sed	230	680	1,140	2,850	3,990	5,700
4d GS Sta Wag	250	740	1,240	3,100	4,340	6,200
4dLS Premium Sed	270	800	1,340	3,350	4,690	6,700
4dLS Platinum Sed	290	860	1,440	3,600	5,040	7,200
4d LS Premium Sta Wag	270	820	1,360	3,400	4,760	6,800
2004 Grand Marquis, V-8						
4d GS Sed	310	920	1,540	3,850	5,390	7,700
4d LS Sed	330	980	1,640	4,100	5,740	8,200
4d LS Ultimate Sed	340	1,020	1,700	4,250	5,950	8,500
4d Limited Sed	350	1,060	1,760	4,400	6,160	8,800
NOTE: Add 5% for Handling Pkg.						
2004 Marauder, V-8						
4d Sed	670	2,020	3,360	7,560	11,760	16,800

	6	5	4	3	2	1
2005 Sable, V-6						
4d GS Sed	230	680	1,140	2,850	3,990	5,700
4d LS Sed.	230	700	1,160	2,900	4,060	5,800
4d LS Platinum Sed	290	860	1,440	3,600	5,040	7,200
4d LS Sta Wag	290	880	1,400	3,050	5,110	7,300
2005 Montego, V-6						
4d Luxury Sed	380	1,140	1,900	4,750	6,650	9,500
4d Premier Sed.	380	1,150	1,920	4,800	6,720	9,600
NOTE: Add 10% for AWD.						
2005 Grand Marquis, V-8						
4d GS Sed	310	920	1,540	3,850	5,390	7,700
4d LS Sed.	330	980	1,640	4,100	5,740	8,200
4d LS Ultimate Sed.	340	1,020	1,700	4,250	5,950	8,500
4d LSE Sed	360	1,090	1,820	4,550	6,370	9,100
NOTE: Add 5% for Handling Pkg, except LSE sed.						
2006 Milan, 2.3L 4-cyl.						
4d Sed	360	1,070	1,780	4,450	6,230	8,900
4d Premier Sed.	380	1,130	1,880	4,700	6,580	9,400
NOTE: Add 8% for 3.0L 4-cyl.						
2006 Montego V-6						
4d Luxury Sed	340	1,020	1,700	4,250	5,950	8,500
4d Premier Sed.	380	1,130	1,880	4,700	6,580	9,400
NOTE: Add 8% for AWD.						
2006 Grand Marquis, V-8						
4d GS Sed	400	1,190	1,980	4,950	6,930	9,900
4d GL Sedan	430	1,280	2,140	5,350	7,490	10,700
NOTE: Add 5% for Limited Edition.						
2007 Milan, 2.3L 4-cyl.						
4d Sed	380	1,140	1,900	4,750	6,650	9,500
4d Prmier Sed.	380	1,150	1,920	4,800	6,720	9,600
NOTE: Add 8% for AWD; 5% for 3.0L 4-cyl.						
2007 Montego V-6						
4d Sed	340	1,020	1,700	4,250	5,950	8,500
4d Premier Sed.	380	1,140	1,900	4,750	6,650	9,500
NOTE: Add 8% for AWD.						
2007 Grand Marquis, V-8						
4d GS Sed	320	960	1,600	4,000	5,600	8,000
4d LS Sed.	370	1,100	1,840	4,600	6,440	9,200
NOTE: Add 5% for Limited Edition.						
2008 Milan, 2.3L I4						
4d Sed	370	1,100	1,830	4,580	6,410	9,150
4d Premier Sed.	400	1,190	1,990	4,480	6,970	9,950
Add 8% for AWD and 5% for 3.0L I4.						
2008 Sable, 3.5L V6						
4d Sed	370	1,110	1,850	4,630	6,480	9,250
4d Premier Sed.	3,940	11,820	19,700	49,250	68,950	98,500
Add 8% for AWDand 5% for 3.0L I4.						
2008 Grand Marquis, V8						
4d GS Sed	330	990	1,650	4,130	5,780	8,250
4d LS Sed.	360	1,080	1,800	4,500	6,300	9,000
Add 5% for Palm Beach Edition.						
2008 Solstice, 2.0L Turbo I4						
2d GXP Conv	580	1,740	2,900	7,250	10,150	14,500
2008 Grand Prix 3.8L V6						
4d Sed	360	1,070	1,780	4,450	6,230	8,900
2008 Grand Prix 5.3L V8						
4d GXP Sed	460	1,380	2,300	5,750	8,050	11,500
4d GXP Sed	460	1,380	2,300	5,750	8,050	11,500
2008 G5, 2.4L I4						
2d Cpe	320	960	1,600	4,000	5,600	8,000
2d GT Cpe	360	1,080	1,800	4,500	6,300	9,000
2008 G6, 2.4L I4						
4d Sed	350	1,060	1,760	4,400	6,160	8,800
2008 G6, 3.5L/3.6L/3.9L V6						
4d GT Sed	380	1,150	1,920	4,790	6,700	9,575
2d GT Cpe	410	1,230	2,050	5,130	7,180	10,250
2d GT HT Conv	740	2,220	3,700	9,250	12,950	18,500
4d GSP Sed	520	1,570	2,620	6,550	9,170	13,100
2d GXP Cpe	540	1,610	2,690	6,730	9,420	13,450
2008 G8, 3.6L V6						
4d GT Sed	600	1,800	3,000	7,500	10,500	15,000
2008 G8, 6.0L V8						
2d GT Cpe	700	2,110	3,510	8,780	12,290	17,550
2009 Milan, 2.3L I4						
4d Sed	320	960	1,600	4,000	5,600	8,000
4d Premier Sed	340	1,020	1,700	4,250	5,950	8,500
Add 8% for AWD and 5% for 3.0 L V6						
2009 Sable, 3.5L V6						
4d Sed	390	1,160	1,930	4,830	6,760	9,650

MERCURY

	6	5	4	3	2	1
4d Premier Sed	400	1,190	1,990	4,980	6,970	9,950
Add 8% for AWD.						
2009 Grand Marquis, 4.6L V8						
4d LS Sed.................................	360	1,080	1,800	4,500	6,300	9,000
Add 5% for Palm Beach Edition						
2010 Milan, 2.5L I4						
4d Sed	320	950	1,580	3,950	5,530	7,900
NOTE: Add 8% for AWD; 5% for 3.0L V6.						
2010 Milan, 2.5L I4 Hybrid						
4d Sed	430	1,280	2,130	5,330	7,460	10,650
NOTE: Add 8% for AWD; 5% for 3.0L V6.						
2010 Milan, 3.0L V6 Flex Fuel						
4d Sed	380	1,150	1,920	4,790	6,700	9,575
NOTE: Add 8% for AWD; 5% for 3.0L V6.						
2010 Grand Marquis, 4.6L V8						
4d LS Sed.	540	1,610	2,690	6,730	9,420	13,450
2011 Milan, 2.5L I4						
4d Sed	320	950	1,580	3,950	5,530	7,900
2011 Milan, 2.5L I4 Hybrid						
4d Sed	400	1,200	2,000	5,000	7,000	10,000
2011 Milan, 3.0L V6 Flex Fuel						
4d Premier Sed	340	1,020	1,700	4,240	5,930	8,475
All models above add 5% for AWD						
2011 Grand Marquis, 4.6L V8						
4d LS Sed	300	900	1,500	3,750	5,250	7,500

RAMBLER

	6	5	4	3	2	1
1902 1-cyl., 4 hp						
2P Rbt.	1,560	4,680	7,800	17,550	27,300	39,000
1903 1-cyl., 6 hp						
2/4P Lt Tr	1,520	4,560	7,600	17,100	26,600	38,000
1904 Model E, 1-cyl., 7 hp, 78" wb						
Rbt	1,360	4,080	6,800	15,300	23,800	34,000
1904 Model G, 1-cyl., 7 hp, 81" wb						
Rbt	1,400	4,200	7,000	15,750	24,500	35,000
1904 Model H, 1-cyl., 7 hp, 81" wb						
Tonn.	1,400	4,200	7,000	15,750	24,500	35,000
1904 Model J, 2-cyl., 16 hp, 84" wb						
Rbt	1,440	4,320	7,200	16,200	25,200	36,000
1904 Model K, 2-cyl., 16 hp, 84" wb						
Tonn.	1,440	4,320	7,200	16,200	25,200	36,000
1904 Model L, 2-cyl., 16 hp, 84" wb						
Canopy Tonn.	1,480	4,440	7,400	16,650	25,900	37,000
1905 Model G, 1-cyl., 8 hp, 81" wb						
Rbt	1,360	4,080	6,800	15,300	23,800	34,000
1905 Model H, 1-cyl., 8 hp, 81" wb						
Tr.	1,360	4,080	6,800	15,300	23,800	34,000
1905 Type One, 2-cyl., 18 hp, 90" wb						
Tr.	1,400	4,200	7,000	15,750	24,500	35,000
1905 Type Two, 2-cyl., 20 hp, 100" wb						
Surrey.	1,440	4,320	7,200	16,200	25,200	36,000
Limo	1,520	4,560	7,600	17,100	26,600	38,000
1906 Model 17, 2-cyl., 10/12 hp, 88" wb						
2P Rbt.	1,320	3,960	6,600	14,850	23,100	33,000
1906 Type One, 2-cyl., 18/20 hp, 90" wb						
5P Surrey	1,360	4,080	6,800	15,300	23,800	34,000
1906 Type Two, 2-cyl., 20 hp, 100" wb						
5P Surrey	1,400	4,200	7,000	15,750	24,500	35,000
1906 Type Three, 2-cyl., 18/20 hp, 96" wb						
5P Surrey	1,440	4,320	7,200	16,200	25,200	36,000
1906 Model 14, 4-cyl., 25 hp, 106" wb						
5P Tr.	1,480	4,440	7,400	16,650	25,900	37,000
1906 Model 15, 4-cyl., 35/40 hp, 112" wb						
5P Tr.	1,560	4,680	7,800	17,550	27,300	39,000
1906 Model 16, 4-cyl., 35/40 hp, 112" wb						
5P Limo	1,440	4,320	7,200	16,200	25,200	36,000
1907 Model 27, 2-cyl., 14/16 hp, 90" wb						
2P Rbt.	1,320	3,960	6,600	14,850	23,100	33,000
1907 Model 22, 2-cyl., 20/22 hp, 100" wb						
2P Rbt.	1,360	4,080	6,800	15,300	23,800	34,000
1907 Model 21, 2-cyl., 20/22 hp, 100" wb						
5P Tr.	1,400	4,200	7,000	15,750	24,500	35,000
1907 Model 24, 4-cyl., 25/30 hp, 108" wb						
5P Tr.	1,440	4,320	7,200	16,200	25,200	36,000
1907 Model 25, 4-cyl., 35/40 hp, 112" wb						
5P Tr.	1,520	4,560	7,600	17,100	26,600	38,000
1908 Model 31, 2-cyl., 22 hp, 106" wb						
Det Tonneau	1,440	4,320	7,200	16,200	25,200	36,000

	6	5	4	3	2	1
1908 Model 34, 4-cyl., 32 hp, 112" wb						
3P Rds	1,480	4,440	7,400	16,650	25,900	37,000
5P Tr	1,520	4,560	7,600	17,100	26,600	38,000
1909 Model 47, 2-cyl., 22 hp, 106" wb						
2P Rbt	1,440	4,320	7,200	16,200	25,200	36,000
1909 Model 41, 2-cyl., 22 hp, 106" wb						
5P Tr	1,480	4,440	7,400	16,650	25,900	37,000
1909 Model 44, 4-cyl., 34 hp, 112" wb						
5P Tr	1,520	4,560	7,600	17,100	26,600	38,000
4P C.C. Tr	1,560	4,680	7,800	17,550	27,300	39,000
1909 Model 45, 4-cyl., 45 hp, 123" wb						
7P Tr	1,760	5,280	8,800	19,800	30,800	44,000
4P C.C. Tr	1,800	5,400	9,000	20,250	31,500	45,000
3P Rds	1,720	5,160	8,600	19,350	30,100	43,000
1910 Model 53, 4-cyl., 34 hp, 109" wb						
Tr	1,640	4,920	8,200	18,450	28,700	41,000
1910 Model 54, 4-cyl., 45 hp, 117" wb						
Tr	1,720	5,160	8,600	19,350	30,100	43,000
1910 Model 55, 4-cyl., 45 hp, 123" wb						
Tr	1,800	5,400	9,000	20,250	31,500	45,000
Limo	1,440	4,320	7,200	16,200	25,200	36,000
1911 Model 63, 4-cyl., 34 hp, 112" wb						
Tr	1,600	4,800	8,000	18,000	28,000	40,000
Rds	1,560	4,680	7,800	17,550	27,300	39,000
Cpe	920	2,760	4,600	10,350	16,100	23,000
Twn Car	1,000	3,000	5,000	11,250	17,500	25,000
1911 Model 64, 4-cyl., 34 hp, 120" wb						
Tr	1,680	5,040	8,400	18,900	29,400	42,000
Toy Tonn	1,720	5,160	8,600	19,350	30,100	43,000
Lan'let	1,320	3,960	6,600	14,850	23,100	33,000
1911 Model 65, 4-cyl., 34 hp, 128" wb						
Tr	1,760	5,280	8,800	19,800	30,800	44,000
Toy Tonn	1,800	5,400	9,000	20,250	31,500	45,000
Limo	1,320	3,960	6,600	14,850	23,100	33,000
1912 Four, 38 hp, 120" wb						
5P Cr Ctry Tr	1,720	5,160	8,600	19,350	30,100	43,000
4P Sub Ctry Clb	1,680	5,040	8,400	18,900	29,400	42,000
2P Rds	1,680	5,040	8,400	18,900	29,400	42,000
4P Sed	920	2,760	4,600	10,350	16,100	23,000
7P Gotham Limo	1,120	3,360	5,600	12,600	19,600	28,000
1912 Four, 50 hp, 120" wb						
Ctry Clb	1,760	5,280	8,800	19,800	30,800	44,000
Valkyrie	1,720	5,160	8,600	19,350	30,100	43,000
1912 Four, 50 hp, 128" wb						
Morraine Tr	1,840	5,520	9,200	20,700	32,200	46,000
Metropolitan	1,880	5,640	9,400	21,150	32,900	47,000
Greyhound	1,880	5,640	9,400	21,150	32,900	47,000
Knickerbocker	2,400	7,200	12,000	27,000	42,000	60,000
1913 Four, 42 hp, 120" wb						
2/3P Cr Ctry Rds	1,680	5,040	8,400	18,900	29,400	42,000
4/5P Cr Ctry Tr	1,720	5,160	8,600	19,350	30,100	43,000
4P Inside Drive Cpe	1,040	3,120	5,200	11,700	18,200	26,000
7P Gotham Limo	1,160	3,480	5,800	13,050	20,300	29,000

JEFFERY

	6	5	4	3	2	1
1914 Four, 40 hp, 116" wb						
4d 5P Tr	1,760	5,280	8,800	19,800	30,800	44,000
4d 5P Sed	1,360	4,080	6,800	15,300	23,800	34,000
1914 Four, 27 hp, 120" wb						
2d 2P Rds	1,840	5,520	9,200	20,700	32,200	46,000
4d 4P/5P/7P Tr	1,880	5,640	9,400	21,150	32,900	47,000
1914 Six, 48 hp, 128" wb						
4d 5P Tr	2,280	6,840	11,400	25,650	39,900	57,000
4d 6P Tr	2,320	6,960	11,600	26,100	40,600	58,000
4d 7P Limo	1,480	4,440	7,400	16,650	25,900	37,000
1915 Four, 40 hp, 116" wb						
4d 5P Tr	1,680	5,040	8,400	18,900	29,400	42,000
2d 2P Rds	1,640	4,920	8,200	18,450	28,700	41,000
2d 2P A/W	1,200	3,600	6,000	13,500	21,000	30,000
4d 7P Limo	1,040	3,120	5,200	11,700	18,200	26,000
4d 4P Sed	880	2,640	4,400	9,900	15,400	22,000
1915 Chesterfield Six, 48 hp, 122" wb						
4d 5P Tr	2,080	6,240	10,400	23,400	36,400	52,000
2d 2P Rds	2,000	6,000	10,000	22,500	35,000	50,000
2d 2P A/W	1,960	5,880	9,800	22,050	34,300	49,000
1916 Four, 40 hp, 116" wb						
4d 7P Tr	1,840	5,520	9,200	20,700	32,200	46,000
4d 5P Tr	1,800	5,400	9,000	20,250	31,500	45,000
4d 7P Sed	920	2,760	4,600	10,350	16,100	23,000

JEFFERY

	6	5	4	3	2	1
4d 5P Sed.	880	2,640	4,400	9,900	15,400	22,000
2d 3P Rds.	1,720	5,160	8,600	19,350	30,100	43,000
1916 Chesterfield Six, 48 hp, 122" wb						
4d 5P Tr	2,160	6,480	10,800	24,300	37,800	54,000
1917 Model 472, 4-cyl., 40 hp, 116" wb						
4d 7P Tr	1,720	5,160	8,600	19,350	30,100	43,000
2d 2P Rds.	1,680	5,040	8,400	18,900	29,400	42,000
4d 7P Sed.	880	2,640	4,400	9,900	15,400	22,000
1917 Model 671, 6-cyl., 48 hp, 125" wb						
4d 7P Tr	2,080	6,240	10,400	23,400	36,400	52,000
2d 3P Rds.	2,040	6,120	10,200	22,950	35,700	51,000
4d 5P Sed.	1,160	3,480	5,800	13,050	20,300	29,000

NASH

	6	5	4	3	2	1
1918 Series 680, 6-cyl.						
4d 7P Tr	1,560	4,680	7,800	17,550	27,300	39,000
4d 5P Tr	1,520	4,560	7,600	17,100	26,600	38,000
4d 4P Rds.	1,600	4,800	8,000	18,000	28,000	40,000
4d Sed	1,160	3,480	5,800	13,050	20,300	29,000
2d Cpe	1,160	3,480	5,800	13,050	20,300	29,000
1919 Series 680, 6-cyl.						
2d Rds	1,560	4,680	7,800	17,550	27,300	39,000
2d Spt Rds	1,520	4,560	7,600	17,100	26,600	38,000
4d 5P Tr	1,600	4,800	8,000	18,000	28,000	40,000
4d 7P Tr	1,640	4,920	8,200	18,450	28,700	41,000
2d 4P Rds.	1,600	4,800	8,000	18,000	28,000	40,000
4d Sed	1,200	3,600	6,000	13,500	21,000	30,000
2d Cpe	1,240	3,720	6,200	13,950	21,700	31,000
1920 Series 680, 6-cyl.						
4d 5P Tr	1,520	4,560	7,600	17,100	26,600	38,000
2d Rds	1,480	4,440	7,400	16,650	25,900	37,000
4d 7P Tr	1,560	4,680	7,800	17,550	27,300	39,000
2d Cpe	1,220	3,660	6,100	13,730	21,350	30,500
4d Sed	1,200	3,600	6,000	13,500	21,000	30,000
4d Spt Tr	1,600	4,800	8,000	18,000	28,000	40,000
1921 Series 680, 6-cyl.						
4d 5P Tr	1,440	4,320	7,200	16,200	25,200	36,000
2d Rds	1,480	4,440	7,400	16,650	25,900	37,000
4d Spt Tr	1,640	4,920	8,200	18,450	28,700	41,000
4d Tr	1,480	4,440	7,400	16,650	25,900	37,000
2d Cpe	1,220	3,660	6,100	13,730	21,350	30,500
4d Sed	1,160	3,480	5,800	13,050	20,300	29,000
1921 Series 40, 4-cyl.						
4d Tr	1,400	4,200	7,000	15,750	24,500	35,000
2d Rds	1,400	4,200	7,000	15,750	24,500	35,000
2d Cpe	1,080	3,240	5,400	12,150	18,900	27,000
4d Sed	1,000	3,000	5,000	11,250	17,500	25,000
2d Cabr.	1,320	3,960	6,600	14,850	23,100	33,000
1922 Series 680, 6-cyl.						
4d 5P Tr	1,440	4,320	7,200	16,200	25,200	36,000
4d 7P Tr	1,480	4,440	7,400	16,650	25,900	37,000
4d 7P Sed.	1,120	3,360	5,600	12,600	19,600	28,000
2d Cpe	1,200	3,600	6,000	13,500	21,000	30,000
2d Rds	1,520	4,560	7,600	17,100	26,600	38,000
2d Spt	1,680	5,040	8,400	18,900	29,400	42,000
4d 5P Sed.	1,160	3,480	5,800	13,050	20,300	29,000
1922 Series 40, 4-cyl.						
4d Tr	1,360	4,080	6,800	15,300	23,800	34,000
2d Rds	1,400	4,200	7,000	15,750	24,500	35,000
2d Cpe	1,120	3,360	5,600	12,600	19,600	28,000
4d Sed	960	2,880	4,800	10,800	16,800	24,000
2d Cabr.	1,160	3,480	5,800	13,050	20,300	29,000
Ca'ole	1,040	3,120	5,200	11,700	18,200	26,000
1923 Series 690, 6-cyl., 121" wb						
2d Rds	1,420	4,260	7,100	15,980	24,850	35,500
4d Tr	1,500	4,500	7,500	16,880	26,250	37,500
4d Spt Tr	1,660	4,980	8,300	18,680	29,050	41,500
4d Sed	1,060	3,180	5,300	11,930	18,550	26,500
2d Cpe	1,140	3,420	5,700	12,830	19,950	28,500
1923 Series 690, 6-cyl., 127" wb						
4d Tr	1,580	4,740	7,900	17,780	27,650	39,500
4d Sed	1,120	3,360	5,600	12,600	19,600	28,000
2d Cpe	1,200	3,600	6,000	13,500	21,000	30,000
1923 Series 40, 4-cyl.						
4d Tr	1,380	4,140	6,900	15,530	24,150	34,500
2d Rds	1,420	4,260	7,100	15,980	24,850	35,500
4d Spt Tr	1,620	4,860	8,100	18,230	28,350	40,500
Ca'ole	1,060	3,180	5,300	11,930	18,550	26,500
4d Sed	1,020	3,060	5,100	11,480	17,850	25,500

	6	5	4	3	2	1
1924 Series 690, 6-cyl., 121" wb						
2d Rds	1,460	4,380	7,300	16,430	25,550	36,500
4d Tr	1,420	4,260	7,100	15,980	24,850	35,500
4d Spl DeL	980	2,940	4,900	11,030	17,150	24,500
2d Cpe	1,020	3,060	5,100	11,480	17,850	25,500
4d Spl Sed	1,000	3,000	5,000	11,250	17,500	25,000
1924 Series 690, 6-cyl., 127" wb						
4d 7P Tr	1,580	4,740	7,900	17,780	27,650	39,500
4d 7P Sed	1,040	3,120	5,200	11,700	18,200	26,000
2d Vic	1,060	3,180	5,300	11,930	18,550	26,500
1924 4-cyl.						
4d Tr	1,420	4,260	7,100	15,980	24,850	35,500
2d Rds	1,460	4,380	7,300	16,430	25,550	36,500
2d Cab	1,380	4,140	6,900	15,530	24,150	34,500
4d 5P Sed	940	2,820	4,700	10,580	16,450	23,500
4d Sed	900	2,700	4,500	10,130	15,750	22,500
4d Spt Sed	980	2,940	4,900	11,030	17,150	24,500
2d Cpe	1,020	3,060	5,100	11,480	17,850	25,500
1925 Advanced models, 6-cyl.						
4d Tr	1,440	4,320	7,200	16,200	25,200	36,000
4d 7P Tr	1,480	4,440	7,400	16,650	25,900	37,000
4d Sed	1,000	3,000	5,000	11,250	17,500	25,000
2d Vic Cpe	1,040	3,120	5,200	11,700	18,200	26,000
4d 7P Sed	1,100	3,300	5,500	12,380	19,250	27,500
2d Rds	1,240	3,720	6,200	13,950	21,700	31,000
2d Cpe	1,080	3,240	5,400	12,150	18,900	27,000
2d Sed	1,000	3,000	5,000	11,250	17,500	25,000
1925 Special models, 6-cyl.						
4d Tr	1,300	3,900	6,500	14,630	22,750	32,500
4d Sed	900	2,700	4,500	10,130	15,750	22,500
2d Rds	1,380	4,140	6,900	15,530	24,150	34,500
2d Sed	920	2,760	4,600	10,350	16,100	23,000
1925 Light Six, (Ajax), 6-cyl.						
4d Tr	1,160	3,480	5,800	13,050	20,300	29,000
4d Sed	900	2,700	4,500	10,130	15,750	22,500
1926 Advanced models, 6-cyl.						
4d 5P Tr	1,400	4,200	7,000	15,750	24,500	35,000
4d 7P Tr	1,440	4,320	7,200	16,200	25,200	36,000
2d Sed	1,000	3,000	5,000	11,250	17,500	25,000
4d Sed	1,010	3,020	5,040	11,340	17,640	25,200
4d 7P Sed	1,020	3,060	5,100	11,480	17,850	25,500
2d Cpe	1,260	3,780	6,300	14,180	22,050	31,500
2d Rds	1,520	4,560	7,600	17,100	26,600	38,000
2d Vic Cpe	1,120	3,360	5,600	12,600	19,600	28,000
1926 Special models, 6-cyl.						
2d Rds	1,480	4,440	7,400	16,650	25,900	37,000
2d Sed	1,060	3,180	5,300	11,930	18,550	26,500
4d 7P Sed	1,070	3,200	5,340	12,020	18,690	26,700
2d Cpe	1,220	3,660	6,100	13,730	21,350	30,500
4d Sed	1,060	3,190	5,320	11,970	18,620	26,600
2d Spl Rds	1,600	4,800	8,000	18,000	28,000	40,000
1926 Light Six (formerly Ajax)						
4d Tr	1,240	3,720	6,200	13,950	21,700	31,000
2d Sed	960	2,880	4,800	10,800	16,800	24,000
1927 Standard, 6-cyl.						
4d Tr	1,360	4,080	6,800	15,300	23,800	34,000
2d Cpe	1,320	3,960	6,600	14,850	23,100	33,000
2d Sed	1,000	3,000	5,000	11,250	17,500	25,000
4d Sed	960	2,880	4,800	10,800	16,800	24,000
4d DeL Sed	1,020	3,060	5,100	11,480	17,850	25,500
1927 Special, 6-cyl.						
2d Rds	1,480	4,440	7,400	16,650	25,900	37,000
4d Tr	1,360	4,080	6,800	15,300	23,800	34,000
2d Cpe	1,300	3,900	6,500	14,630	22,750	32,500
2d Sed	1,080	3,240	5,400	12,150	18,900	27,000
4d Sed	1,090	3,260	5,440	12,240	19,040	27,200
NOTE: Begin September 1926.						
4d Cav Sed	1,100	3,290	5,480	12,330	19,180	27,400
4d Sed	1,090	3,280	5,460	12,290	19,110	27,300
2d RS Cab	1,420	4,260	7,100	15,980	24,850	35,500
2d RS Rds	1,480	4,440	7,400	16,650	25,900	37,000
NOTE: Begin January 1927.						
1927 Advanced, 6-cyl.						
2d Rds	1,480	4,440	7,400	16,650	25,900	37,000
4d 5P Tr	1,360	4,080	6,800	15,300	23,800	34,000
4d 7P Tr	1,400	4,200	7,000	15,750	24,500	35,000
2d Cpe	1,300	3,900	6,500	14,630	22,750	32,500
2d Vic	1,180	3,540	5,900	13,280	20,650	29,500
2d Sed	1,060	3,180	5,300	11,930	18,550	26,500

NASH

	6	5	4	3	2	1
4d Sed 1,070	3,200	5,340	12,020	18,690	26,700
4d 7P Sed. 1,120	3,360	5,600	12,600	19,600	28,000

NOTE: Begin August 1926.

	6	5	4	3	2	1
2d RS Cpe 1,500	4,500	7,500	16,880	26,250	37,500
4d Spl Sed 1,100	3,300	5,500	12,380	19,250	27,500
4d Amb Sed 1,110	3,320	5,540	12,470	19,390	27,700

NOTE: Begin January 1927.

1928 Standard, 6-cyl.

	6	5	4	3	2	1
4d Tr 1,340	4,020	6,700	15,080	23,450	33,500
2d Cpe 1,080	3,240	5,400	12,150	18,900	27,000
2d Conv Cabr 1,460	4,380	7,300	16,430	25,550	36,500
2d Sed 1,040	3,120	5,200	11,700	18,200	26,000
4d Sed 1,040	3,130	5,220	11,750	18,270	26,100
4d Lan Sed. 1,050	3,140	5,240	11,790	18,340	26,200

1928 Special, 6-cyl.

	6	5	4	3	2	1
4d Tr 1,300	3,900	6,500	14,630	22,750	32,500
2d RS Rds 1,440	4,320	7,200	16,200	25,200	36,000
2d Cpe 1,040	3,120	5,200	11,700	18,200	26,000
2d Conv Cabr 1,440	4,320	7,200	16,200	25,200	36,000
2d Vic 1,180	3,540	5,900	13,280	20,650	29,500
2d Sed 1,100	3,300	5,500	12,380	19,250	27,500
4d Sed 1,110	3,320	5,540	12,470	19,390	27,700
4d Cpe 1,120	3,360	5,600	12,600	19,600	28,000

1928 Advanced, 6-cyl.

	6	5	4	3	2	1
4d Spt Tr. 1,460	4,380	7,300	16,430	25,550	36,500
4d Tr 1,420	4,260	7,100	15,980	24,850	35,500
2d RS Rds 1,180	3,540	5,900	13,280	20,650	29,500
2d Cpe 1,140	3,420	5,700	12,830	19,950	28,500
2d Vic 1,160	3,480	5,800	13,050	20,300	29,000
2d Sed 1,030	3,100	5,160	11,610	18,060	25,800
4d Sed 1,040	3,130	5,220	11,750	18,270	26,100
4d Cpe 1,060	3,180	5,300	11,930	18,550	26,500
4d 7P Sed. 1,040	3,110	5,180	11,660	18,130	25,900

1929 Standard, 6-cyl.

	6	5	4	3	2	1
4d Sed 910	2,720	4,540	10,220	15,890	22,700
4d Tr 1,340	4,020	6,700	15,080	23,450	33,500
2d Cabr. 1,440	4,320	7,200	16,200	25,200	36,000
2d Sed 990	2,960	4,940	11,120	17,290	24,700
2P Cpe 980	2,950	4,920	11,070	17,220	24,600
4P Cpe 1,000	2,990	4,980	11,210	17,430	24,900
4d Lan Sed 1,060	3,180	5,300	11,930	18,550	26,500

1929 Special, 6-cyl.

	6	5	4	3	2	1
2d Sed 1,000	3,000	5,000	11,250	17,500	25,000
2d 2P Cpe. 2,000	6,000	10,000	22,500	35,000	50,000
2d 4P Cpe. 1,000	3,000	5,000	11,250	17,500	25,000
2d Rds 1,500	4,500	7,500	16,880	26,250	37,500
4d Sed 1,020	3,060	5,100	11,480	17,850	25,500
2d Cabr. 1,500	4,500	7,500	16,880	26,250	37,500
2d Vic 1,040	3,110	5,180	11,660	18,130	25,900

1929 Advanced, 6-cyl.

	6	5	4	3	2	1
2d Cpe 2,000	6,000	10,000	22,500	35,000	50,000
2d Cabr. 1,500	4,500	7,500	16,880	26,250	37,500
2d Sed 1,080	3,230	5,380	12,110	18,830	26,900
4d 7P Sed. 1,100	3,300	5,500	12,380	19,250	27,500
4d Amb Sed 1,140	3,420	5,700	12,830	19,950	28,500
4d Sed 1,080	3,240	5,400	12,150	18,900	27,000

1930 Single, 6-cyl.

	6	5	4	3	2	1
2d Rds 1,500	4,500	7,500	16,880	26,250	37,500
4d Tr 1,460	4,380	7,300	16,430	25,550	36,500
2P Cpe 1,040	3,120	5,200	11,700	18,200	26,000
2d Sed 1,020	3,060	5,100	11,480	17,850	25,500
4P Cpe 1,080	3,230	5,380	12,110	18,830	26,900
2d Cabr. 1,440	4,320	7,200	16,200	25,200	36,000
4d Sed 1,020	3,070	5,120	11,520	17,920	25,600
4d DeL Sed. 1,030	3,100	5,160	11,610	18,060	25,800
4d Lan'let 1,060	3,180	5,300	11,930	18,550	26,500

1930 Twin-Ign, 6-cyl.

	6	5	4	3	2	1
2d Rds 1,700	5,100	8,500	19,130	29,750	42,500
4d 7P Tr 1,660	4,980	8,300	18,680	29,050	41,500
4d 5P Tr 1,620	4,860	8,100	18,230	28,350	40,500
2d 2P Cpe. 1,160	3,480	5,800	13,050	20,300	29,000
2d 4P Cpe. 1,200	3,600	6,000	13,500	21,000	30,000
2d Sed 1,120	3,360	5,600	12,600	19,600	28,000
2d Cabr. 1,620	4,860	8,100	18,230	28,350	40,500
2d Vic 1,280	3,840	6,400	14,400	22,400	32,000
4d Sed 1,180	3,530	5,880	13,230	20,580	29,400
4d 7P Sed. 1,190	3,560	5,940	13,370	20,790	29,700

1930 Twin-Ign, 8-cyl.

	6	5	4	3	2	1
2d Sed 1,240	3,710	6,180	13,910	21,630	30,900

	6	5	4	3	2	1
2d 2P Cpe.	1,360	4,080	6,800	15,300	23,800	34,000
2d 4P Cpe.	1,380	4,140	6,900	15,530	24,150	34,500
2d Vic	2,160	6,480	10,800	24,300	37,800	54,000
2d Cabr.	2,140	6,420	10,700	24,080	37,450	53,500
4d Sed	1,240	3,720	6,200	13,950	21,700	31,000
4d Amb Sed	1,280	3,840	6,400	14,400	22,400	32,000
4d 7P Sed.	1,260	3,780	6,300	14,180	22,050	31,500
4d 7P Limo	1,300	3,900	6,500	14,630	22,750	32,500
1931 Series 660, 6-cyl.						
4d 5P Tr	1,420	4,260	7,100	15,980	24,850	35,500
2d 2P Cpe.	960	2,880	4,800	10,800	16,800	24,000
2d 4P Cpe.	970	2,900	4,840	10,890	16,940	24,200
2d Sed	940	2,820	4,700	10,580	16,450	23,500
4d Sed	940	2,820	4,700	10,580	16,450	23,500
1931 Series 870, 8-cyl.						
2d 2P Cpe.	1,120	3,360	5,600	12,600	19,600	28,000
2d 4P Cpe.	1,130	3,380	5,640	12,690	19,740	28,200
2d Conv Sed.	2,560	7,680	12,800	28,800	44,800	64,000
2d Sed	1,090	3,260	5,440	12,240	19,040	27,200
4d Spl Sed	1,100	3,290	5,480	12,330	19,180	27,400
1931 Series 880 - Twin-Ign, 8-cyl.						
2d 2P Cpe.	1,200	3,600	6,000	13,500	21,000	30,000
2d 4P Cpe.	1,220	3,660	6,100	13,730	21,350	30,500
2d Conv Sed.	2,680	8,040	13,400	30,150	46,900	67,000
2d Sed	1,200	3,600	6,000	13,500	21,000	30,000
4d Twn Sed.	1,220	3,660	6,100	13,730	21,350	30,500
1931 Series 890 - Twin-Ign, 8-cyl.						
4d 7P Tr	2,480	7,440	12,400	27,900	43,400	62,000
2d 2P Cpe.	1,520	4,560	7,600	17,100	26,600	38,000
2d 4P Cpe.	1,560	4,680	7,800	17,550	27,300	39,000
2d Cabr.	2,680	8,040	13,400	30,150	46,900	67,000
2d Vic	2,080	6,240	10,400	23,400	36,400	52,000
2d Sed	1,360	4,080	6,800	15,300	23,800	34,000
4d Amb Sed	1,400	4,200	7,000	15,750	24,500	35,000
4d 7P Sed.	1,440	4,320	7,200	16,200	25,200	36,000
4d 7P Limo	1,080	3,240	5,400	12,150	18,900	27,000
1932 Series 960, 6-cyl.						
4d 5P Tr	1,640	4,920	8,200	18,450	28,700	41,000
2d 2P Cpe.	1,000	3,000	5,000	11,250	17,500	25,000
2d 4P Cpe.	1,020	3,060	5,100	11,480	17,850	25,500
2d Sed	920	2,760	4,600	10,350	16,100	23,000
4d Sed	940	2,820	4,700	10,580	16,450	23,500
1932 Series 970, 8-cyl., 116.5" wb						
2d 2P Cpe.	1,100	3,300	5,500	12,380	19,250	27,500
2d 4P Cpe.	1,120	3,360	5,600	12,600	19,600	28,000
2d Conv Sed.	2,680	8,040	13,400	30,150	46,900	67,000
2d Sed	1,000	3,000	5,000	11,250	17,500	25,000
4d Spl Sed	1,060	3,180	5,300	11,930	18,550	26,500
1932 Series 980 - Twin-Ign, 8-cyl., 121" wh						
2d 2P Cpe.	1,560	4,680	7,800	17,550	27,300	39,000
2d 4P Cpe.	1,600	4,800	8,000	18,000	28,000	40,000
2d Conv Sed.	2,720	8,160	13,600	30,600	47,600	68,000
4d Sed	1,440	4,320	7,200	16,200	25,200	36,000
4d Twn Sed.	1,480	4,440	7,400	16,650	25,900	37,000
1932 Series 990 - Twin-Ign, 8-cyl., 124"-133" wb						
4d 7P Tr	2,560	7,680	12,800	28,800	44,800	64,000
2d 2P Cpe.	1,600	4,800	8,000	18,000	28,000	40,000
2d 4P Cpe.	1,640	4,920	8,200	18,450	28,700	41,000
2d Cabr.	2,800	8,400	14,000	31,500	49,000	70,000
2d Vic	2,400	7,200	12,000	27,000	42,000	60,000
2d Sed	1,440	4,320	7,200	16,200	25,200	36,000
4d Spl Sed	1,520	4,560	7,600	17,100	26,600	38,000
4d Amb Sed	1,560	4,680	7,800	17,550	27,300	39,000
4d 7P Sed.	1,520	4,560	7,600	17,100	26,600	38,000
4d Limo.	1,720	5,160	8,600	19,350	30,100	43,000
1933 Standard Series, 8-cyl.						
2d Rds	1,680	5,040	8,400	18,900	29,400	42,000
2d 2P Cpe.	880	2,640	4,400	9,900	15,400	22,000
2d 4P Cpe.	920	2,760	4,600	10,350	16,100	23,000
4d Sed	880	2,640	4,400	9,900	15,400	22,000
4d Twn Sed.	900	2,700	4,500	10,130	15,750	22,500
1933 Special Series, 8-cyl.						
2d Rds	1,720	5,160	8,600	19,350	30,100	43,000
2d 2P Cpe.	1,020	3,060	5,100	11,480	17,850	25,500
2d 4P Cpe.	1,040	3,120	5,200	11,700	18,200	26,000
4d Sed	1,000	3,000	5,000	11,250	17,500	25,000
4d Conv Sed.	2,340	7,020	11,700	26,330	40,950	58,500
4d Twn Sed.	1,040	3,120	5,200	11,700	18,200	26,000

	6	5	4	3	2	1
1933 Advanced Series, 8-cyl.						
2d Cabr.	1,960	5,880	9,800	22,050	34,300	49,000
2d 2P Cpe.	1,100	3,300	5,500	12,380	19,250	27,500
2d 4P Cpe.	1,120	3,360	5,600	12,600	19,600	28,000
4d Sed	1,030	3,080	5,140	11,570	17,990	25,700
4d Conv Sed.	2,660	7,980	13,300	29,930	46,550	66,500
2d Vic	1,080	3,240	5,400	12,150	18,900	27,000
1933 Ambassador Series, 8-cyl.						
2d Cabr.	2,480	7,440	12,400	27,900	43,400	62,000
2d Cpe	1,220	3,660	6,100	13,730	21,350	30,500
4d Sed	1,180	3,540	5,900	13,280	20,650	29,500
4d Conv Sed.	2,880	8,640	14,400	32,400	50,400	72,000
2d Vic	1,840	5,520	9,200	20,700	32,200	46,000
4d 142" Brgm	1,560	4,680	7,800	17,550	27,300	39,000
4d 142" Sed	1,480	4,440	7,400	16,650	25,900	37,000
4d 142" Limo.	1,720	5,160	8,600	19,350	30,100	43,000
1934 Big Six, 6-cyl.						
2d Bus Cpe.	980	2,940	4,900	11,030	17,150	24,500
2d Cpe	1,000	3,000	5,000	11,250	17,500	25,000
4d Brgm	940	2,820	4,700	10,580	16,450	23,500
2d Sed	1,400	4,200	7,000	15,750	24,500	35,000
4d Twn Sed.	940	2,820	4,700	10,580	16,450	23,500
4d Tr Sed	940	2,810	4,680	10,530	16,380	23,400
1934 Advanced, 8-cyl.						
2d Bus Cpe.	1,080	3,240	5,400	12,150	18,900	27,000
2d Cpe	1,100	3,300	5,500	12,380	19,250	27,500
4d Brgm	1,080	3,240	5,400	12,150	18,900	27,000
2d Sed	1,100	3,300	5,500	12,380	19,250	27,500
4d Twn Sed.	1,100	3,300	5,500	12,380	19,250	27,500
4d Tr Sed	1,080	3,240	5,400	12,150	18,900	27,000
1934 Ambassador, 8-cyl.						
4d Brgm	1,140	3,420	5,700	12,830	19,950	28,500
2d Sed	1,120	3,360	5,600	12,600	19,600	28,000
4d Tr Sed	1,130	3,380	5,640	12,690	19,740	28,200
4d 7P Sed.	1,160	3,480	5,800	13,050	20,300	29,000
4d Limo.	1,240	3,720	6,200	13,950	21,700	31,000
1934 Lafayette, 6-cyl.						
2d Sed	860	2,580	4,300	9,680	15,050	21,500
4d Twn Sed.	860	2,590	4,320	9,720	15,120	21,600
4d Brgm	870	2,620	4,360	9,810	15,260	21,800
2d Spl Cpe	920	2,760	4,600	10,350	16,100	23,000
2d Spl 4P Cpe	940	2,820	4,700	10,580	16,450	23,500
4d Spl Tr Sed	880	2,640	4,400	9,900	15,400	22,000
4d Spl Sed	890	2,660	4,440	9,990	15,540	22,200
4d Brgm	900	2,700	4,500	10,130	15,750	22,500
1935 Lafayette, 6-cyl.						
2d Bus Cpe.	880	2,640	4,400	9,900	15,400	22,000
2d Sed	850	2,540	4,240	9,540	14,840	21,200
4d Brgm	860	2,580	4,300	9,680	15,050	21,500
4d Tr Sed	850	2,560	4,260	9,590	14,910	21,300
4d Twn Sed.	860	2,570	4,280	9,630	14,980	21,400
2d Spl Cpe	1,040	3,120	5,200	11,700	18,200	26,000
4d Spl 6W Sed	880	2,640	4,400	9,900	15,400	22,000
4d 6W Brgm	880	2,650	4,420	9,950	15,470	22,100
1935 Advanced, 6-cyl.						
2d Vic	900	2,700	4,500	10,130	15,750	22,500
4d 6W Sed	860	2,580	4,300	9,680	15,050	21,500
1935 Advanced, 8-cyl.						
2d Vic	1,050	3,140	5,240	11,790	18,340	26,200
4d 6W Sed	1,010	3,020	5,040	11,340	17,640	25,200
1935 Ambassador, 8-cyl.						
2d Vic	1,100	3,300	5,500	12,380	19,250	27,500
4d 6W Sed	1,060	3,180	5,300	11,930	18,550	26,500
1936 Lafayette, 6-cyl.						
2d Bus Cpe.	880	2,640	4,400	9,900	15,400	22,000
2d Cpe	890	2,660	4,440	9,990	15,540	22,200
2d Cabr.	1,380	4,140	6,900	15,530	24,150	34,500
4d Sed	840	2,520	4,200	9,450	14,700	21,000
2d Vic	880	2,640	4,400	9,900	15,400	22,000
4d Tr Sed	840	2,530	4,220	9,500	14,770	21,100
1936 400 Series, 6-cyl.						
2d Bus Cpe.	850	2,540	4,240	9,540	14,840	21,200
2d Cpe	880	2,640	4,400	9,900	15,400	22,000
2d Vic	860	2,580	4,300	9,680	15,050	21,500
4d Tr Vic	880	2,640	4,400	9,900	15,400	22,000
4d Sed	820	2,470	4,120	9,270	14,420	20,600
4d Tr Sed	830	2,480	4,140	9,320	14,490	20,700
2d Spl Bus Cpe.	870	2,600	4,340	9,770	15,190	21,700
2d Spl Cpe	910	2,720	4,540	10,220	15,890	22,700

NASH

	6	5	4	3	2	1
2d Spl Spt Cabr	1,480	4,440	7,400	16,650	25,900	37,000
2d Spl Vic	860	2,580	4,300	9,680	15,050	21,500
2d Spl Tr Vic	880	2,640	4,400	9,900	15,400	22,000
4d Spl Sed	820	2,470	4,120	9,270	14,420	20,600
4d Spl Tr Sed	830	2,480	4,140	9,320	14,490	20,700
1936 Ambassador Series, 6-cyl.						
2d Vic	980	2,940	4,900	11,030	17,150	24,500
4d Tr Sed	940	2,820	4,700	10,580	16,450	23,500
1936 Ambassador Series, 8-cyl.						
4d Tr Sed	960	2,880	4,800	10,800	16,800	24,000
1937 Lafayette 400, 6-cyl.						
2d Bus Cpe	900	2,700	4,500	10,130	15,750	22,500
2d Cpe	920	2,760	4,600	10,350	16,100	23,000
2d A-P Cpe	920	2,760	4,600	10,350	16,100	23,000
2d Cabr	1,400	4,200	7,000	15,750	24,500	35,000
2d Vic Sed	840	2,520	4,200	9,450	14,700	21,000
4d Tr Sed	840	2,530	4,220	9,500	14,770	21,100
1937 Ambassador, 6-cyl.						
2d Bus Cpe	900	2,700	4,500	10,130	15,750	22,500
2d Cpe	920	2,760	4,600	10,350	16,100	23,000
2d A-P Cpe	930	2,780	4,640	10,440	16,240	23,200
2d Cabr	1,600	4,800	8,000	18,000	28,000	40,000
2d Vic Sed	860	2,580	4,300	9,680	15,050	21,500
4d Tr Sed	860	2,590	4,320	9,720	15,120	21,600
1937 Ambassador, 8-cyl.						
2d Bus Cpe	1,030	3,090	5,150	11,590	18,030	25,750
2d Cpe	1,050	3,150	5,250	11,810	18,380	26,250
2d A-P Cpe	1,070	3,200	5,330	11,990	18,660	26,650
2d Cabr	1,770	5,310	8,850	19,910	30,980	44,250
2d Vic Sed	990	2,970	4,950	11,140	17,330	24,750
4d Tr Sed	990	2,980	4,970	11,180	17,400	24,850
1938 Lafayette Master, 6-cyl.						
2d Bus Cpe	860	2,590	4,320	9,720	15,120	21,600
2d Vic	860	2,570	4,280	9,630	14,980	21,400
4d Tr Sed	820	2,470	4,120	9,270	14,420	20,600
1938 DeLuxe, 6-cyl.						
2d Bus Cpe	850	2,560	4,260	9,590	14,910	21,300
2d A-P Cpe	860	2,580	4,300	9,680	15,050	21,500
2d Cabr	1,280	3,840	6,400	14,400	22,400	32,000
2d Vic	840	2,520	4,200	9,450	14,700	21,000
4d Tr Sed	800	2,410	4,020	9,050	14,070	20,100
1938 Ambassador, 6-cyl.						
2d Bus Cpe	870	2,610	4,350	9,700	15,230	21,750
2d A-P Cpe	890	2,670	4,450	10,010	15,580	22,250
2d Cabr	1,570	4,710	7,850	17,660	27,480	39,250
2d Vic	850	2,550	4,250	9,560	14,880	21,250
4d Tr Sed	810	2,440	4,070	9,160	14,250	20,350
1938 Ambassador, 8-cyl.						
2d Bus Cpe	930	2,790	4,650	10,460	16,280	23,250
2d A-P Cpe	950	2,850	4,750	10,690	16,630	23,750
2d Cabr	1,650	4,950	8,250	18,560	28,880	41,250
2d Vic	930	2,800	4,670	10,510	16,350	23,350
4d Tr Sed	930	2,790	4,650	10,460	16,280	23,250
1939 Lafayette, 6-cyl.						
2d Bus Cpe	820	2,460	4,100	9,230	14,350	20,500
2d Sed	800	2,400	4,000	9,000	14,000	20,000
4d Sed	760	2,280	3,800	8,550	13,300	19,000
4d Tr Sed	770	2,300	3,840	8,640	13,440	19,200
2d A-P Cpe	860	2,580	4,300	9,680	15,050	21,500
2d A-P Cabr	1,320	3,960	6,600	14,850	23,100	33,000
NOTE: Add 10% for DeLuxe.						
1939 Ambassador, 6-cyl.						
2d Bus Cpe	880	2,650	4,420	9,950	15,470	22,100
2d A-P Cpe	900	2,700	4,500	10,130	15,750	22,500
2d A-P Cabr	1,620	4,860	8,100	18,230	28,350	40,500
2d Sed	810	2,420	4,040	9,090	14,140	20,200
4d Sed	810	2,440	4,060	9,140	14,210	20,300
4d Tr Sed	820	2,460	4,100	9,230	14,350	20,500
1939 Ambassador, 8-cyl.						
2d Bus Cpe	1,020	3,060	5,100	11,480	17,850	25,500
2d A-P Cpe	1,020	3,070	5,120	11,520	17,920	25,600
2d A-P Cabr	1,880	5,640	9,400	21,150	32,900	47,000
2d Sed	940	2,820	4,700	10,580	16,450	23,500
4d Sed	940	2,830	4,720	10,620	16,520	23,600
4d Tr Sed	950	2,840	4,740	10,670	16,590	23,700
1940 DeLuxe Lafayette, 6-cyl.						
2d Bus Cpe	850	2,560	4,260	9,590	14,910	21,300
2d A-P Cpe	860	2,570	4,280	9,630	14,980	21,400
2d A-P Cabr	1,630	4,900	8,160	18,360	28,560	40,800

	6	5	4	3	2	1
2d FBk	800	2,400	4,000	9,000	14,000	20,000
4d FBk	800	2,390	3,980	8,960	13,930	19,900
4d Trk Sed	800	2,410	4,020	9,050	14,070	20,100
1940 Ambassador, 6-cyl.						
2d Bus Cpe	900	2,710	4,520	10,170	15,820	22,600
2d A-P Cpe	920	2,760	4,600	10,350	16,100	23,000
2d A-P Cabr	1,880	5,640	9,400	21,150	32,900	47,000
2d FBk	860	2,590	4,320	9,720	15,120	21,600
4d FBk	860	2,580	4,300	9,680	15,050	21,500
4d Trk Sed	870	2,620	4,360	9,810	15,260	21,800
1940 Ambassador, 8-cyl.						
2d Bus Cpe	1,020	3,060	5,100	11,480	17,850	25,500
2d A-P Cpe	1,030	3,100	5,160	11,610	18,060	25,800
2d A-P Cabr	2,040	6,120	10,200	22,950	35,700	51,000
2d FBk	980	2,940	4,900	11,030	17,150	24,500
4d FBk	960	2,870	4,780	10,760	16,730	23,900
4d Trk Sed	960	2,880	4,800	10,800	16,800	24,000
1941 Ambassador 600, 6-cyl.						
2d Bus Cpe	880	2,640	4,400	9,900	15,400	22,000
2d FBk	820	2,470	4,120	9,270	14,420	20,600
4d FBk	820	2,460	4,100	9,230	14,350	20,500
2d DeL Bus Cpe	920	2,760	4,600	10,350	16,100	23,000
4d DeL Brgm	1,040	3,120	5,200	11,700	18,200	26,000
2d DeL FBk	1,040	3,110	5,180	11,660	18,130	25,900
4d DeL FBk	1,000	2,990	4,980	11,210	17,430	24,900
4d Tr Sed	850	2,540	4,240	9,540	14,840	21,200
1941 Ambassador, 6-cyl.						
2d Bus Cpe	960	2,890	4,820	10,850	16,870	24,100
2d Spl Bus Cpe	970	2,900	4,840	10,890	16,940	24,200
2d A-P Cabr	1,740	5,220	8,700	19,580	30,450	43,500
2d Brgm	920	2,750	4,580	10,310	16,030	22,900
4d Spl Sed	920	2,760	4,600	10,350	16,100	23,000
4d Spl FBk	920	2,750	4,580	10,310	16,030	22,900
4d DeL FBk	920	2,760	4,600	10,350	16,100	23,000
4d Tr Sed	920	2,770	4,620	10,400	16,170	23,100
1941 Ambassador, 8-cyl.						
2d A-P Cabr	1,850	5,550	9,250	20,810	32,380	46,250
2d DeL Brgm	1,070	3,210	5,350	12,040	18,730	26,750
4d Spl FBk	110	320	540	1,210	1,880	2,680
4d DeL FBk	1,080	3,230	5,390	12,130	18,870	26,950
4d Tr Sed	1,080	3,250	5,410	12,170	18,940	27,050
1942 Ambassador 600, 6-cyl.						
2d Bus Cpe	950	2,840	4,740	10,670	16,590	23,700
2d Brgm	900	2,710	4,520	10,170	15,820	22,600
2d Sed	900	2,700	4,500	10,130	15,750	22,500
4d Sed	900	2,710	4,520	10,170	15,820	22,600
4d Tr Sed	910	2,720	4,540	10,220	15,890	22,700
1942 Ambassador, 6-cyl.						
2d Bus Cpe	1,000	3,000	5,000	11,250	17,500	25,000
2d Brgm	950	2,860	4,760	10,710	16,660	23,800
2d Sed	950	2,840	4,740	10,670	16,590	23,700
4d Sed	950	2,860	4,760	10,710	16,660	23,800
4d Tr Sed	960	2,880	4,800	10,800	16,800	24,000
1942 Ambassador, 8-cyl.						
2d Bus Cpe	1,020	3,060	5,100	11,480	17,850	25,500
2d Brgm	1,040	3,120	5,200	11,700	18,200	26,000
2d Sed	1,000	3,000	5,000	11,250	17,500	25,000
4d Sed	980	2,940	4,900	11,030	17,150	24,500
4d Tr Sed	990	2,970	4,950	11,140	17,330	24,750
1946 600, 6-cyl.						
2d Brgm	664	1,992	3,320	7,470	11,620	16,600
4d Sed	660	1,980	3,300	7,430	11,550	16,500
4d Trk Sed	672	2,016	3,360	7,560	11,760	16,800
1946 Ambassador, 6-cyl.						
2d Brgm	720	2,160	3,600	8,100	12,600	18,000
4d Sed	724	2,172	3,620	8,150	12,670	18,100
4d Trk Sed	728	2,184	3,640	8,190	12,740	18,200
4d Sed Suburban	4,060	12,180	20,300	45,680	71,050	101,500
1947 600, 6-cyl.						
2d Brgm	664	1,992	3,320	7,470	11,620	16,600
4d Sed	660	1,980	3,300	7,430	11,550	16,500
4d Trk Sed	672	2,016	3,360	7,560	11,760	16,800
1947 Ambassador, 6-cyl.						
2d Brgm	720	2,160	3,600	8,100	12,600	18,000
4d Sed	724	2,172	3,620	8,150	12,670	18,100
4d Trk Sed	728	2,184	3,640	8,190	12,740	18,200
4d Sed Suburban	4,060	12,180	20,300	45,680	71,050	101,500
1948 600, 6-cyl.						
DeL Bus Cpe	640	1,920	3,200	7,200	11,200	16,000

	6	5	4	3	2	1
4d Sup Sed.	660	1,980	3,300	7,430	11,550	16,500
4d Sup Trk Sed.	670	2,020	3,360	7,560	11,760	16,800
2d Sup Brgm.	660	1,990	3,320	7,470	11,620	16,600
4d Cus Sed.	660	1,990	3,320	7,470	11,620	16,600
4d Cus Trk Sed.	680	2,030	3,380	7,610	11,830	16,900
2d Cus Brgm.	670	2,000	3,340	7,520	11,690	16,700
1948 Ambassador, 6-cyl.						
4d Sed	720	2,170	3,620	8,150	12,670	18,100
4d Trk Sed.	730	2,180	3,640	8,190	12,740	18,200
2d Brgm	720	2,160	3,600	8,100	12,600	18,000
4d Sed Suburban	4,100	12,300	20,500	46,130	71,750	102,500
1948 Custom Ambassador, 6-cyl.						
4d Sed	730	2,180	3,640	8,190	12,740	18,200
4d Trk Sed.	730	2,200	3,660	8,240	12,810	18,300
2d Brgm	720	2,170	3,620	8,150	12,670	18,100
2d Cabr.	2,240	6,720	11,200	25,200	39,200	56,000
1949 600 Super, 6-cyl.						
4d Sed	660	1,980	3,300	7,430	11,550	16,500
2d Sed	664	1,992	3,320	7,470	11,620	16,600
2d Brgm	668	2,004	3,340	7,520	11,690	16,700
1949 600 Super Special, 6-cyl.						
4d Sed	664	1,992	3,320	7,470	11,620	16,600
2d Sed	668	2,004	3,340	7,520	11,690	16,700
2d Brgm	672	2,016	3,360	7,560	11,760	16,800
1949 600 Custom, 6-cyl.						
4d Sed	672	2,016	3,360	7,560	11,760	16,800
2d Sed	676	2,028	3,380	7,610	11,830	16,900
2d Brgm	680	2,040	3,400	7,650	11,900	17,000
1949 Ambassador Super, 6-cyl.						
4d Sed	704	2,112	3,520	7,920	12,320	17,600
2d Sed	708	2,124	3,540	7,970	12,390	17,700
2d Brgm	712	2,136	3,560	8,010	12,460	17,800
1949 Ambassador Super Special, 6-cyl.						
4d Sed	708	2,124	3,540	7,970	12,390	17,700
2d Sed	712	2,136	3,560	8,010	12,460	17,800
2d Brgm	716	2,148	3,580	8,060	12,530	17,900
1949 Ambassador Custom, 6-cyl.						
4d Sed	716	2,148	3,580	8,060	12,530	17,900
2d Sed	720	2,160	3,600	8,100	12,600	18,000
2d Brgm	724	2,172	3,620	8,150	12,670	18,100
1950 Rambler Custom, 6-cyl.						
2d Conv Lan	1,200	3,600	6,000	13,500	21,000	30,000
2d Sta Wag	680	2,040	3,400	7,650	11,900	17,000
1950 Nash Super Statesman, 6-cyl.						
2d DeL Cpe	672	2,016	3,360	7,560	11,760	16,800
4d Sed	664	1,992	3,320	7,470	11,620	16,600
2d Sed	668	2,004	3,340	7,520	11,690	16,700
2d Clb Cpe	672	2,016	3,360	7,560	11,760	16,800
1950 Nash Custom Statesman, 6-cyl.						
4d Sed	676	2,028	3,380	7,610	11,830	16,900
2d Sed	680	2,040	3,400	7,650	11,900	17,000
2d Clb Cpe	684	2,052	3,420	7,700	11,970	17,100
1950 Ambassador, 6-cyl.						
4d Sed	700	2,100	3,500	7,880	12,250	17,500
2d Sed	708	2,124	3,540	7,970	12,390	17,700
2d Clb Cpe	712	2,136	3,560	8,010	12,460	17,800
1950 Ambassador Custom, 6-cyl.						
4d Sed	716	2,148	3,580	8,060	12,530	17,900
2d Sed	720	2,160	3,600	8,100	12,600	18,000
2d Clb Cpe	724	2,172	3,620	8,150	12,670	18,100
1951 Rambler, 6-cyl.						
2d Utl Wag	680	2,040	3,400	7,650	11,900	17,000
2d Sta Wag	688	2,064	3,440	7,740	12,040	17,200
2d Cus Clb Sed	676	2,028	3,380	7,610	11,830	16,900
2d Cus Conv	1,200	3,600	6,000	13,500	21,000	30,000
2d Ctry Clb HT	740	2,220	3,700	8,330	12,950	18,500
2d Cus Sta Wag	700	2,100	3,500	7,880	12,250	17,500
1951 Nash Statesman, 6-cyl.						
2d DeL Bus Cpe	680	2,040	3,400	7,650	11,900	17,000
4d Sup Sed.	672	2,016	3,360	7,560	11,760	16,800
2d Sup	668	2,004	3,340	7,520	11,690	16,700
2d Sup Cpe.	680	2,040	3,400	7,650	11,900	17,000
2d Cus Cpe.	690	2,080	3,460	7,790	12,110	17,300
2d Cus Sed.	680	2,050	3,420	8,550	11,970	17,100
4d Cus Sed.	690	2,060	3,440	7,740	12,040	17,200
1951 Ambassador, 6-cyl.						
4d Sup Sed.	708	2,124	3,540	7,970	12,390	17,700
2d Sup	704	2,112	3,520	7,920	12,320	17,600
2d Sup Cpe.	712	2,136	3,560	8,010	12,460	17,800

	6	5	4	3	2	1
4d Cus Sed. 716	2,148	3,580	8,060	12,530	17,900
2d Cus Sed. 710	2,120	3,540	7,970	12,390	17,700
2d Cus Cpe. 712	2,136	3,560	8,010	12,460	17,800
1951 Nash-Healey						
Spt Rds. 4,800	14,400	24,000	54,000	84,000	120,000
1952-53 Rambler, 6-cyl.						
2d Utl Wag 680	2,040	3,400	7,650	11,900	17,000
2d Sta Wag 688	2,064	3,440	7,740	12,040	17,200
2d Cus Clb Sed 680	2,040	3,400	7,650	11,900	17,000
2d Cus Conv. 1,200	3,600	6,000	13,500	21,000	30,000
2d Cus Ctry Clb HT 740	2,220	3,700	8,330	12,950	18,500
2d Cus Sta Wag 700	2,100	3,500	7,880	12,250	17,500
1952-53 Nash Statesman, 6-cyl.						
2d Sed 688	2,064	3,440	7,740	12,040	17,200
4d Sed 684	2,052	3,420	7,700	11,970	17,100
2d Cus Ctry Clb 780	2,340	3,900	8,780	13,650	19,500
NOTE: Add 10% for Custom.						
1952-53 Ambassador, 6-cyl.						
2d Sed 700	2,100	3,500	7,880	12,250	17,500
4d Sed 700	2,100	3,500	7,880	12,250	17,500
2d Cus Ctry Clb 940	2,820	4,700	10,580	16,450	23,500
NOTE: Add 10% for Custom.						
1952-53 Nash-Healey						
2d Cpe (1953 only) 3,680	11,040	18,400	41,400	64,400	92,000
2d Spt Rds 5,200	15,600	26,000	58,500	91,000	130,000
1954 Rambler, 6-cyl.						
2d DeL Clb Sed 680	2,040	3,400	7,650	11,900	17,000
2d Sup Clb Sed 684	2,052	3,420	7,700	11,970	17,100
2d Sup Ctry Clb HT 720	2,160	3,600	8,100	12,600	18,000
2d Sup Suburban Sta Wag. 692	2,076	3,460	7,790	12,110	17,300
4d Sup Sed (108") 684	2,052	3,420	7,700	11,970	17,100
2d Cus Ctry Clb HT 760	2,280	3,800	8,550	13,300	19,000
2d Cus Conv. 1,120	3,360	5,600	12,600	19,600	28,000
2d Cus Sta Wag 720	2,160	3,600	8,100	12,600	18,000
4d Cus Sed (108") 688	2,064	3,440	7,740	12,040	17,200
4d Cus Wag (108") 724	2,172	3,620	8,150	12,670	18,100
2d Cus Wag (108") 740	2,220	3,700	8,330	12,950	18,500
1954 Nash Statesman, 6-cyl.						
4d Sup Sed. 660	1,980	3,300	7,430	11,550	16,500
2d Sup Sed. 664	1,992	3,320	7,470	11,620	16,600
4d Cus Sed. 668	2,004	3,340	7,520	11,690	16,700
2d Cus Ctry Clb HT 820	2,460	4,100	9,230	14,350	20,500
1954 Nash Ambassador, 6-cyl.						
4d Sup Sed. 708	2,124	3,540	7,970	12,390	17,700
2d Sup Sed. 712	2,136	3,560	8,010	12,460	17,800
4d Cus Sed. 720	2,160	3,600	8,100	12,600	18,000
2d Cus Ctry Clb HT 940	2,820	4,700	10,580	16,450	23,500
1954 Nash-Healey						
2d Cpe 3,680	11,040	18,400	41,400	64,400	92,000
NOTE: Add 5% for LeMans option.						
1955 Rambler, 6-cyl.						
2d DeL Clb Sed 680	2,040	3,400	7,650	11,900	17,000
2d DeL Bus Sed 676	2,028	3,380	7,610	11,830	16,900
4d DeL Sed (108") 684	2,052	3,420	7,700	11,970	17,100
2d Sup Clb Sed 684	2,052	3,420	7,700	11,970	17,100
2d Sup Sta Wag 676	2,028	3,380	7,610	11,830	16,900
4d Sup Sed (108") 684	2,052	3,420	7,700	11,970	17,100
4d Sup Crs Ctry (108") 720	2,160	3,600	8,100	12,600	18,000
2d Cus Ctry Clb HT 780	2,340	3,900	8,780	13,650	19,500
4d Cus Sed (108") 688	2,064	3,440	7,740	12,040	17,200
4d Cus Crs Ctry (108") 760	2,280	3,800	8,550	13,300	19,000
1955 Nash Statesman, 6-cyl.						
4d Sup Sed. 680	2,040	3,400	7,650	11,900	17,000
4d Cus Sed. 684	2,052	3,420	7,700	11,970	17,100
2d Cus Ctry Clb 800	2,400	4,000	9,000	14,000	20,000
1955 Nash Ambassador, 6-cyl.						
4d Sup Sed. 724	2,172	3,620	8,150	12,670	18,100
4d Cus Sed. 728	2,184	3,640	8,190	12,740	18,200
2d Cus Ctry Clb 900	2,700	4,500	10,130	15,750	22,500
1955 Nash Ambassador, 8-cyl.						
4d Sup Sed. 728	2,184	3,640	8,190	12,740	18,200
4d Cus Sed. 768	2,304	3,840	8,640	13,440	19,200
2d Cus Ctry Clb 980	2,940	4,900	11,030	17,150	24,500
1956 Rambler, 6-cyl.						
4d DeL Sed. 628	1,884	3,140	7,070	10,990	15,700
4d Sup Sed. 632	1,896	3,160	7,110	11,060	15,800
4d Sup Crs Ctry 664	1,992	3,320	7,470	11,620	16,600
4d Cus Sed. 668	2,004	3,340	7,520	11,690	16,700
4d Cus HT 860	2,580	4,300	9,680	15,050	21,500

	6	5	4	3	2	1
4d Cus Crs Ctry	684	2,052	3,420	7,700	11,970	17,100
4d HT Wag	900	2,700	4,500	10,130	15,750	22,500
1956 Nash Statesman, 6-cyl.						
4d Sup Sed	680	2,040	3,400	7,650	11,900	17,000
1956 Nash Ambassador, 6-cyl.						
4d Sup Sed	700	2,100	3,500	7,880	12,250	17,500
1956 Nash Ambassador, 8-cyl.						
4d Sup Sed	708	2,124	3,540	7,970	12,390	17,700
4d Cus Sed	720	2,160	3,600	8,100	12,600	18,000
2d Cus HT	980	2,940	4,900	11,030	17,150	24,500
1957 Rambler, 6-cyl.						
4d DeL Sed	592	1,776	2,960	6,660	10,360	14,800
4d Sup Sed	600	1,800	3,000	6,750	10,500	15,000
4d Sup HT	620	1,860	3,100	6,980	10,850	15,500
4d Sup Crs Ctry	628	1,884	3,140	7,070	10,990	15,700
4d Cus Sed	596	1,788	2,980	6,710	10,430	14,900
4d Cus Crs Ctry	628	1,884	3,140	7,070	10,990	15,700
1957 Rambler, 8-cyl.						
4d Sup Sed	600	1,800	3,000	6,750	10,500	15,000
4d Sup Crs Ctry Wag	630	1,880	3,140	7,070	10,990	15,700
4d Cus Sed	604	1,812	3,020	6,800	10,570	15,100
4d Cus HT	640	1,920	3,200	7,200	11,200	16,000
4d Cus Crs Ctry Wag	640	1,910	3,180	7,160	11,130	15,900
4d Cus HT Crs Ctry	760	2,280	3,800	8,550	13,300	19,000
1957 Rebel, 8-cyl.						
4d HT	1,270	3,800	6,340	14,270	22,190	31,700
1957 Nash Ambassador, 8-cyl.						
4d Sup Sed	730	2,180	3,640	8,190	12,740	18,200
2d Sup HT	900	2,700	4,500	10,130	15,750	22,500
4d Cus Sed	740	2,220	3,700	8,330	12,950	18,500
2d Cus HT	980	2,940	4,900	11,030	17,150	24,500

AMC

	6	5	4	3	2	1
1958-59 American DeLuxe, 6-cyl.						
2d Sed	360	1,090	1,820	4,100	6,370	9,100
2d Sta Wag (1959 only)	370	1,120	1,860	4,190	6,510	9,300
1958-59 American Super, 6-cyl.						
2d Sed	370	1,100	1,840	4,140	6,440	9,200
2d Sta Wag (1959 only)	370	1,120	1,860	4,190	6,510	9,300
1958-59 Rambler DeLuxe, 6-cyl.						
4d Sed	360	1,090	1,820	4,100	6,370	9,100
4d Sta Wag	450	1,340	2,240	5,040	7,840	11,200
1958-59 Rambler Super, 6-cyl.						
4d Sed	370	1,100	1,840	4,140	6,440	9,200
4d HT	380	1,140	1,900	4,280	6,650	9,500
4d Sta Wag	450	1,360	2,260	5,090	7,910	11,300
1958-59 Rambler Custom, 6-cyl.						
4d Sed	370	1,120	1,860	4,190	6,510	9,300
4d HT	380	1,150	1,920	4,320	6,720	9,600
4d Sta Wag	460	1,370	2,280	5,130	7,980	11,400
1958-59 Rebel Super V-8						
4d Sed DeL (1958 only)	430	1,280	2,140	4,820	7,490	10,700
4d Sed	432	1,296	2,160	4,860	7,560	10,800
4d Sta Wag	520	1,550	2,580	5,810	9,030	12,900
1958-59 Rebel Custom, V-8						
4d Sed	436	1,308	2,180	4,910	7,630	10,900
4d HT	444	1,332	2,220	5,000	7,770	11,100
4d Sta Wag	520	1,560	2,600	5,850	9,100	13,000
1958-59 Ambassador Super, V-8						
4d Sed	468	1,404	2,340	5,270	8,190	11,700
4d Sta Wag	550	1,660	2,760	6,210	9,660	13,800
1958-59 Ambassador Custom, V-8						
4d Sed	472	1,416	2,360	5,310	8,260	11,800
4d HT	480	1,440	2,400	5,400	8,400	12,000
4d Sta Wag	560	1,670	2,780	6,260	9,730	13,900
4d HT Sta Wag	640	1,930	3,220	7,250	11,270	16,100
1960 American DeLuxe, 6-cyl.						
2d Sed	364	1,092	1,820	4,100	6,370	9,100
4d Sed	360	1,080	1,800	4,050	6,300	9,000
2d Sta Wag	368	1,104	1,840	4,140	6,440	9,200
1960 American Super, 6-cyl.						
2d Sed	368	1,104	1,840	4,140	6,440	9,200
4d Sed	364	1,092	1,820	4,100	6,370	9,100
2d Sta Wag	372	1,116	1,860	4,190	6,510	9,300
1960 American Custom, 6-cyl.						
2d Sed	372	1,116	1,860	4,190	6,510	9,300
4d Sed	368	1,104	1,840	4,140	6,440	9,200
2d Sta Wag	376	1,128	1,880	4,230	6,580	9,400

AMC

	6	5	4	3	2	1
1960 Rambler DeLuxe, 6-cyl.						
4d Sed	364	1,092	1,820	4,100	6,370	9,100
4d Sta Wag	450	1,340	2,240	5,040	7,840	11,200
1960 Rambler Super, 6-cyl.						
4d Sed	368	1,104	1,840	4,140	6,440	9,200
4d 6P Sta Wag	450	1,360	2,260	5,090	7,910	11,300
4d 8P Sta Wag	460	1,370	2,280	5,130	7,980	11,400
1960 Rambler Custom, 6-cyl.						
4d Sed	372	1,116	1,860	4,190	6,510	9,300
4d HT	376	1,128	1,880	4,230	6,580	9,400
4d 6P Sta Wag	460	1,370	2,280	5,130	7,980	11,400
4d 8P Sta Wag	460	1,380	2,300	5,180	8,050	11,500
1960 Rebel Super, V-8						
4d Sed	430	1,280	2,140	4,820	7,490	10,700
4d 6P Sta Wag	440	1,330	2,220	5,000	7,770	11,100
4d 8P Sta Wag	520	1,560	2,600	5,850	9,100	13,000
1960 Rebel Custom, V-8						
4d Sed	460	1,380	2,300	5,180	8,050	11,500
4d HT	464	1,392	2,320	5,220	8,120	11,600
4d 6P Sta Wag	540	1,630	2,720	6,120	9,520	13,600
4d 8P Sta Wag	550	1,640	2,740	6,170	9,590	13,700
1960 Ambassador Super, V-8						
4d Sed	470	1,400	2,340	5,270	8,190	11,700
4d 6P Sta Wag	550	1,640	2,740	6,170	9,590	13,700
4d 8P Sta Wag	550	1,660	2,760	6,210	9,660	13,800
1960 Ambassador Custom, V-8						
4d Sed	470	1,420	2,360	5,310	8,260	11,800
4d HT	480	1,440	2,400	5,400	8,400	12,000
4d 6P Sta Wag	550	1,660	2,760	6,210	9,660	13,800
4d HT Sta Wag	560	1,680	2,800	6,300	9,800	14,000
4d 8P Sta Wag	560	1,670	2,780	6,260	9,730	13,900
1961 American						
4d DeL Sed	3,800	11,400	19,000	42,750	66,500	95,000
2d DeL Sed	3,720	11,160	18,600	41,850	65,100	93,000
4d DeL Sta Wag	370	1,100	1,840	4,140	6,440	9,200
2d DeL Sta Wag	3,720	11,160	18,600	41,850	65,100	93,000
4d Sup Sed	360	1,080	1,800	4,050	6,300	9,000
2d Sup Sed	370	1,100	1,840	4,140	6,440	9,200
4d Sup Sta Wag	370	1,120	1,860	4,190	6,510	9,300
2d Sup Sta Wag	380	1,130	1,880	4,230	6,580	9,400
4d Cus Sed	370	1,120	1,860	4,190	6,510	9,300
2d Cus Sed	370	1,120	1,860	4,190	6,510	9,300
2d Cus Conv	560	1,680	2,800	6,300	9,800	14,000
4d Cus Sta Wag	380	1,130	1,880	4,230	6,580	9,400
2d Cus Sta Wag	380	1,140	1,900	4,280	6,650	9,500
4d 400 Sed	380	1,130	1,880	4,230	6,580	9,400
2d 400 Conv	580	1,730	2,880	6,480	10,080	14,400
1961 Rambler Classic						
4d DeL Sed	360	1,090	1,820	4,100	6,370	9,100
4d DeL Sta Wag	450	1,340	2,240	5,040	7,840	11,200
4d Sup Sed	370	1,100	1,840	4,140	6,440	9,200
4d Sup Sta Wag	450	1,360	2,260	5,090	7,910	11,300
4d Cus Sed	370	1,100	1,840	4,140	6,440	9,200
4d Cus Sta Wag	380	1,130	1,880	4,230	6,580	9,400
4d 400 Sed	370	1,120	1,860	4,190	6,510	9,300
NOTE: Add 5% for V-8.						
1961 Ambassador						
4d DeL Sed	440	1,320	2,200	4,950	7,700	11,000
4d Sup Sed	460	1,380	2,300	5,180	8,050	11,500
5d Sup Sta Wag	550	1,640	2,740	6,170	9,590	13,700
4d Sup Sta Wag	550	1,640	2,740	6,170	9,590	13,700
4d Cus Sed	470	1,420	2,360	5,310	8,260	11,800
5d Cus Sta Wag	560	1,680	2,800	6,300	9,800	14,000
4d Cus Sta Wag	560	1,670	2,780	6,260	9,730	13,900
4d 400 Sed	380	1,130	1,880	4,230	6,580	9,400
1962 American						
4d DeL Sed	360	1,080	1,800	4,050	6,300	9,000
2d DeL Sed	370	1,120	1,860	4,190	6,510	9,300
4d DeL Sta Wag	370	1,100	1,840	4,140	6,440	9,200
2d DeL Sta Wag	370	1,120	1,860	4,190	6,510	9,300
4d Cus Sed	370	1,120	1,860	4,190	6,510	9,300
2d Cus Sed	370	1,120	1,860	4,190	6,510	9,300
4d Cus Sta Wag	380	1,130	1,880	4,230	6,580	9,400
2d Cus Sta Wag	380	1,140	1,900	4,280	6,650	9,500
4d 400	380	1,130	1,880	4,230	6,580	9,400
2d 400	380	1,130	1,880	4,230	6,580	9,400
2d 400 Conv	580	1,740	2,900	6,530	10,150	14,500
4d 400 Sta Wag	380	1,150	1,920	4,320	6,720	9,600

	6	5	4	3	2	1
1962 Classic						
4d DeL Sed.	360	1,090	1,820	4,100	6,370	9,100
2d DeL	360	1,090	1,820	4,100	6,370	9,100
4d DeL Sta Wag	450	1,340	2,240	5,040	7,840	11,200
4d Cus Sed.	370	1,100	1,840	4,140	6,440	9,200
2d Cus	370	1,100	1,840	4,140	6,440	9,200
4d Cus Sta Wag	380	1,130	1,880	4,230	6,580	9,400
5d Cus Sta Wag	380	1,130	1,880	4,230	6,580	9,400
4d 400 Sed	370	1,120	1,860	4,190	6,510	9,300
2d 400.	370	1,120	1,860	4,190	6,510	9,300
4d 400 Sta Wag	380	1,140	1,900	4,280	6,650	9,500
NOTE: Add 5% for V-8.						
1962 Ambassador						
4d Cus Sed.	440	1,320	2,200	4,950	7,700	11,000
2d Cus Sed.	470	1,420	2,360	5,310	8,260	11,800
4d Cus Sta Wag	560	1,680	2,800	6,300	9,800	14,000
4d 400 Sed.	380	1,130	1,880	4,230	6,580	9,400
2d 400 Sed.	380	1,130	1,880	4,230	6,580	9,400
4d 400 Sta Wag	560	1,670	2,780	6,260	9,730	13,900
5d 400 Sta Wag	560	1,670	2,780	6,260	9,730	13,900
1963 American						
4d 220 Sed.	380	1,140	1,900	4,280	6,650	9,500
2d 220 Sed.	380	1,140	1,900	4,280	6,650	9,500
4d 220 Bus Sed.	360	1,080	1,800	4,050	6,300	9,000
4d 220 Sta Wag	380	1,140	1,900	4,280	6,650	9,500
2d 220 Sta Wag	380	1,150	1,920	4,320	6,720	9,600
4d 330 Sed.	380	1,150	1,920	4,320	6,720	9,600
2d 330 Sed.	380	1,130	1,880	4,230	6,580	9,400
4d 330 Sta Wag	380	1,150	1,920	4,320	6,720	9,600
2d 330 Sta Wag	390	1,160	1,940	4,370	6,790	9,700
4d 440 Sed.	390	1,160	1,940	4,370	6,790	9,700
2d 440 Sed.	380	1,140	1,900	4,280	6,650	9,500
2d 440 HT	400	1,200	2,000	4,500	7,000	10,000
2d 440-H HT.	480	1,440	2,400	5,400	8,400	12,000
2d 440 Conv	580	1,740	2,900	6,530	10,150	14,500
4d 440 Sta Wag	380	1,150	1,920	4,320	6,720	9,600
1963 Classic						
4d 550 Sed.	280	840	1,400	3,150	4,900	7,000
2d 550 Sed.	280	850	1,420	3,200	4,970	7,100
4d 550 Sta Wag	280	840	1,400	3,150	4,900	7,000
4d 660 Sed.	280	840	1,400	3,150	4,900	7,000
2d 660 Sed.	280	840	1,400	3,150	4,900	7,000
4d 660 Sta Wag	330	980	1,640	3,690	5,740	8,200
4d 770 Sed.	300	890	1,480	3,330	5,180	7,400
2d 770 Sed.	290	880	1,460	3,290	5,110	7,300
4d 770 Sta Wag	340	1,030	1,720	3,870	6,020	8,600
NOTE: Add 5% for V-8 models.						
1963 Ambassador						
4d 800 Sed	290	880	1,460	3,290	5,110	7,300
2d 800 Sed.	300	890	1,480	3,330	5,180	7,400
4d 880 Sta Wag	340	1,020	1,700	3,830	5,950	8,500
4d 880 Sed.	300	890	1,480	3,330	5,180	7,400
2d 880 Sed.	300	900	1,500	3,380	5,250	7,500
4d 880 Sta Wag	340	1,030	1,720	3,870	6,020	8,600
4d 990 Sed.	300	900	1,500	3,380	5,250	7,500
2d 990 Sed.	300	910	1,520	3,420	5,320	7,600
5d 990 Sta Wag	350	1,060	1,760	3,960	6,160	8,800
4d 990 Sta Wag	350	1,040	1,740	3,920	6,090	8,700
1964 American						
4d 220 Sed.	370	1,120	1,860	4,190	6,510	9,300
2d 220 Sed.	370	1,120	1,860	4,190	6,510	9,300
4d 220 Sta Wag	370	1,120	1,860	4,190	6,510	9,300
4d 330 Sed.	380	1,130	1,880	4,230	6,580	9,400
2d 330 Sed.	380	1,130	1,880	4,230	6,580	9,400
4d 330 Sta Wag	380	1,130	1,880	4,230	6,580	9,400
4d 440 Sed.	370	1,120	1,860	4,190	6,510	9,300
2d 440 HT.	390	1,180	1,960	4,410	6,860	9,800
2d 440-H HT.	460	1,380	2,300	5,180	8,050	11,500
2d Conv	570	1,720	2,860	6,440	10,010	14,300
1964 Classic						
4d 550 Sed.	270	820	1,360	3,060	4,760	6,800
2d 550 Sed.	280	830	1,380	3,110	4,830	6,900
4d 550 Sta Wag	300	900	1,500	3,380	5,250	7,500
4d 660 Sed.	280	830	1,380	3,110	4,830	6,900
2d 660 Sed.	270	820	1,360	3,060	4,760	6,800
4d 660 Sta Wag	320	960	1,600	3,600	5,600	8,000
4d 770 Sed.	290	860	1,440	3,240	5,040	7,200
2d 770 Sed.	280	850	1,420	3,200	4,970	7,100
2d 770 HT.	412	1,236	2,060	4,640	7,210	10,300

AMC

	6	5	4	3	2	1
2d 770 Typhoon HT	500	1,500	2,500	5,630	8,750	12,500
4d 770 Sta Wag	340	1,010	1,680	3,780	5,880	8,400

NOTE: Add 5% for V-8 models.

1964 Ambassador

	6	5	4	3	2	1
4d 990 Sed	280	850	1,420	3,200	4,970	7,100
2d 990 HT	330	1,000	1,660	3,740	5,810	8,300
2d 990-H HT	600	1,800	3,000	6,750	10,500	15,000
4d 990 Sta Wag	350	1,040	1,740	3,920	6,090	8,700

1965 American

	6	5	4	3	2	1
4d 220 Sed	370	1,120	1,860	4,190	6,510	9,300
2d 220 Sed	370	1,120	1,860	4,190	6,510	9,300
4d 220 Sta Wag	370	1,120	1,860	4,190	6,510	9,300
4d 330 Sed	380	1,130	1,880	4,230	6,580	9,400
2d 330 Sed	380	1,130	1,880	4,230	6,580	9,400
4d 330 Sta Wag	370	1,120	1,860	4,190	6,510	9,300
4d 440 Sed	380	1,140	1,900	4,280	6,650	9,500
2d 440 HT	390	1,180	1,960	4,410	6,860	9,800
2d 440-H HT	460	1,380	2,300	5,180	8,050	11,500
2d 440 Conv	570	1,720	2,860	6,440	10,010	14,300

1965 Classic

	6	5	4	3	2	1
4d 550 Sed	270	820	1,360	3,060	4,760	6,800
2d 550 Sed	280	830	1,380	3,110	4,830	6,900
4d 550 Sta Wag	300	900	1,500	3,380	5,250	7,500
4d 660 Sed	276	828	1,380	3,110	4,830	6,900
2d 660 Sed	270	820	1,360	3,060	4,760	6,800
4d 660 Sta Wag	30	100	160	360	560	800
4d 770 Sed	290	860	1,440	3,240	5,040	7,200
2d 770 HT	420	1,250	2,080	4,680	7,280	10,400
2d 770-H HT	480	1,440	2,400	5,400	8,400	12,000
2d 770 Conv	568	1,704	2,840	6,390	9,940	14,200
4d 770 Sta Wag	340	1,010	1,680	3,780	5,880	8,400

NOTE: Add 5% for V-8 models.

1965 Ambassador

	6	5	4	3	2	1
4d 880 Sed	280	840	1,400	3,150	4,900	7,000
2d 880 Sed	280	850	1,420	3,200	4,970	7,100
4d 880 Sta Wag	330	980	1,640	3,690	5,740	8,200
4d 990 Sed	330	980	1,640	3,690	5,740	8,200
2d 990 HT	330	1,000	1,660	3,740	5,810	8,300
2d 990-H HT	600	1,800	3,000	6,750	10,500	15,000
2d 990 Conv	570	1,720	2,860	6,440	10,010	14,300
4d 990 Sta Wag	350	1,060	1,760	3,960	6,160	8,800

1965 Marlin

	6	5	4	3	2	1
2d FBk	920	2,760	4,600	10,350	16,100	23,000

NOTE: Deduct 5% for 6-cyl.

1966 American

	6	5	4	3	2	1
4d 220 Sed	370	1,120	1,860	4,190	6,510	9,300
2d 220 Sed	370	1,120	1,860	4,190	6,510	9,300
4d 220 Wag	370	1,120	1,860	4,190	6,510	9,300
4d 440 Sed	380	1,140	1,900	4,280	6,650	9,500
2d 440 Sed	390	1,180	1,960	4,410	6,860	9,800
2d 440 Conv	590	1,780	2,960	6,660	10,360	14,800
4d 440 Wag	380	1,150	1,920	4,320	6,720	9,600
2d 440 HT	390	1,180	1,960	4,410	6,860	9,800
2d Rogue HT	470	1,400	2,340	5,270	8,190	11,700

1966 Classic

	6	5	4	3	2	1
4d 550 Sed	280	850	1,420	3,200	4,970	7,100
2d 550 Sed	290	860	1,440	3,240	5,040	7,200
4d 550 Sta Wag	310	920	1,540	3,470	5,390	7,700
4d 770 Sed	290	880	1,460	3,290	5,110	7,300
2d 770 HT	380	1,150	1,920	4,320	6,720	9,600
2d 770 Conv	570	1,700	2,840	6,390	9,940	14,200
4d 770 Sta Wag	350	1,040	1,740	3,920	6,090	8,700

1966 Rebel

	6	5	4	3	2	1
2d HT	540	1,620	2,700	6,080	9,450	13,500

1966 Marlin

	6	5	4	3	2	1
2d FBk	920	2,760	4,600	10,350	16,100	23,000

1966 Ambassador

	6	5	4	3	2	1
4d 880 Sed	280	840	1,400	3,150	4,900	7,000
2d 880 Sed	280	850	1,420	3,200	4,970	7,100
4d 880 Sta Wag	330	980	1,640	3,690	5,740	8,200
4d 990 Sed	330	980	1,640	3,690	5,740	8,200
2d 990 HT	340	1,020	1,700	3,830	5,950	8,500
2d 990 Conv	600	1,800	3,000	6,750	10,500	15,000
4d 990 Sta Wag	350	1,060	1,760	3,960	6,160	8,800

1966 DPL (Diplomat)

	6	5	4	3	2	1
2d DPL HT	520	1,560	2,600	5,850	9,100	13,000

1967 American 220

	6	5	4	3	2	1
4d Sed	370	1,120	1,860	4,190	6,510	9,300
2d Sed	370	1,120	1,860	4,190	6,510	9,300

	6	5	4	3	2	1
4d Sta Wag	380	1,140	1,900	4,280	6,650	9,500
1967 American 440						
4d Sed	380	1,140	1,900	4,280	6,650	9,500
2d Sed	390	1,180	1,960	4,410	6,860	9,800
2d HT	390	1,180	1,960	4,410	6,860	9,800
4d Sta Wag	380	1,150	1,920	4,320	6,720	9,600
1967 American Rogue						
2d HT	600	1,800	3,000	6,750	10,500	15,000
2d Conv	720	2,160	3,600	8,100	12,600	18,000
1967 Rebel 550						
4d Sed	380	1,150	1,920	4,320	6,720	9,600
2d Sed	380	1,130	1,880	4,230	6,580	9,400
4d Sta Wag	380	1,150	1,920	4,320	6,720	9,600
1967 Rebel 770						
4d Sed	390	1,160	1,940	4,370	6,790	9,700
2d HT	380	1,140	1,900	4,280	6,650	9,500
4d Sta Wag	390	1,160	1,940	4,370	6,790	9,700
1967 Rebel SST						
2d HT	540	1,620	2,700	6,080	9,450	13,500
2d Conv	650	1,940	3,240	7,290	11,340	16,200
1967 Rambler Marlin						
2d FBk	880	2,640	4,400	9,900	15,400	22,000
1967 Ambassador 880						
4d Sed	290	880	1,460	3,290	5,110	7,300
2d Sed	300	890	1,480	3,330	5,180	7,400
4d Sta Wag	360	1,080	1,800	4,050	6,300	9,000
1967 Ambassador 990						
4d Sed	330	980	1,640	3,690	5,740	8,200
2d HT	340	1,030	1,720	3,870	6,020	8,600
4d Sta Wag	360	1,090	1,820	4,100	6,370	9,100
1967 Ambassador DPL						
2d HT	520	1,560	2,600	5,850	9,100	13,000
2d Conv	700	2,100	3,500	7,880	12,250	17,500
1968 American 220						
4d Sed	360	1,080	1,800	4,050	6,300	9,000
2d Sed	360	1,080	1,800	4,050	6,300	9,000
1968 American 440						
4d Sed	360	1,090	1,820	4,100	6,370	9,100
4d Sta Wag	360	1,090	1,820	4,100	6,370	9,100
1968 Rogue						
2d HT	600	1,800	3,000	6,750	10,500	15,000
1968 Rebel 550						
4d Sed	380	1,150	1,920	4,320	6,720	9,600
2d Conv	580	1,740	2,900	6,530	10,150	14,500
4d Sta Wag	380	1,150	1,920	4,320	6,720	9,600
2d HT	420	1,260	2,100	4,730	7,350	10,500
1968 Rebel 770						
4d Sed	390	1,160	1,940	4,370	6,790	9,700
4d Sta Wag	390	1,160	1,940	4,370	6,790	9,700
2d HT	380	1,140	1,900	4,280	6,650	9,500
1968 Rebel SST						
2d Conv	650	1,940	3,240	7,290	11,340	16,200
2d HT	540	1,620	2,700	6,080	9,450	13,500
1968 Ambassador						
4d Sed	380	1,140	1,900	4,280	6,650	9,500
2d HT	420	1,260	2,100	4,730	7,350	10,500
1968 Ambassador DPL						
4d Sed	390	1,180	1,960	4,410	6,860	9,800
2d HT	520	1,560	2,600	5,850	9,100	13,000
4d Sta Wag	400	1,210	2,020	4,550	7,070	10,100
1968 Ambassador SST						
4d Sed	400	1,200	2,000	4,500	7,000	10,000
2d HT	560	1,680	2,800	6,300	9,800	14,000
1968 Javelin						
2d FBk	1,000	3,000	5,000	11,250	17,500	25,000
1968 Javelin SST						
2d FBk	1,080	3,240	5,400	12,150	18,900	27,000
NOTE: Add 25% for GO Pkg.; 30% for Big Bad Pkg.						
1968 AMX						
2d FBk	1,400	4,200	7,000	15,750	24,500	35,000
NOTE: Add 30% for Craig Breedlove Edition.						
1969 Rambler						
4d Sed	280	850	1,420	3,200	4,970	7,100
2d Sed	290	860	1,440	3,240	5,040	7,200
1969 Rambler 440						
4d Sed	290	860	1,440	3,240	5,040	7,200
2d Sed	290	880	1,460	3,290	5,110	7,300
1969 Rambler Rogue						
2d HT	600	1,800	3,000	6,750	10,500	15,000

	6	5	4	3	2	1
1969 Rambler Hurst S/C						
2d HT	2,200	6,600	11,000	24,750	38,500	55,000
1969 Rebel						
4d Sed	300	890	1,480	3,330	5,180	7,400
2d HT	370	1,120	1,860	4,190	6,510	9,300
4d Sta Wag	320	970	1,620	3,650	5,670	8,100
1969 Rebel SST						
4d Sed	300	900	1,500	3,380	5,250	7,500
2d HT	510	1,540	2,560	5,760	8,960	12,800
4d Sta Wag	370	1,100	1,840	4,140	6,440	9,200
1969 AMX						
2d FBk	1,400	4,200	7,000	15,750	24,500	35,000
NOTE: Add 30% for Big Bad Pkg.; 300% for Hurst-built SS/AMX.						
1969 Javelin						
2d FBk	1,020	3,060	5,100	11,480	17,850	25,500
1969 Javelin SST						
2d FBk	1,100	3,300	5,500	12,380	19,250	27,500
NOTE: Add 25% for GO Pkg.; 30% for Big Bad Pkg.						
1969 Ambassador						
4d Sed	310	940	1,560	3,510	5,460	7,800
1969 Ambassador DPL						
4d Sed	320	950	1,580	3,560	5,530	7,900
4d Sta Wag	410	1,220	2,040	4,590	7,140	10,200
2d HT	480	1,450	2,420	5,450	8,470	12,100
1969 Ambassador SST						
4d Sed	320	960	1,600	3,600	5,600	8,000
2d HT	500	1,510	2,520	5,670	8,820	12,600
1970 Hornet						
4d Sed	260	780	1,300	2,930	4,550	6,500
2d Sed	260	790	1,320	2,970	4,620	6,600
1970 Hornet SST						
4d Sed	260	790	1,320	2,970	4,620	6,600
2d Sed	270	800	1,340	3,020	4,690	6,700
1970 Rebel						
4d Sed	300	890	1,480	3,330	5,180	7,400
2d HT	370	1,120	1,860	4,190	6,510	9,300
4d Sta Wag	320	970	1,620	3,650	5,670	8,100
1970 Rebel SST						
4d Sed	300	900	1,500	3,380	5,250	7,500
2d HT	510	1,540	2,560	5,760	8,960	12,800
4d Sta Wag	370	1,100	1,840	4,140	6,440	9,200
1970 Rebel "Machine"						
2d HT	1,520	4,560	7,600	17,100	26,600	38,000
1970 AMX						
2d FBk	1,400	4,200	7,000	15,750	24,500	35,000
1970 Gremlin						
2d Comm	300	900	1,500	3,380	5,250	7,500
2d Sed	300	910	1,520	3,420	5,320	7,600
1970 Javelin						
2d FBk	1,020	3,060	5,100	11,480	17,850	25,500
1970 Javelin SST						
2d FBk	11,800	35,400	59,000	132,750	206,500	295,000
NOTE: Add 25% for GO Pkg.; 30% for Big Bad Pkg.						
1970 "Trans Am"						
2d FBk	1,600	4,800	8,000	18,000	28,000	40,000
1970 "Mark Donohue"						
2d FBk	2,200	6,600	11,000	24,750	38,500	55,000
1970 Ambassador						
4d Sed	310	940	1,560	3,510	5,460	7,800
1970 Ambassador DPL						
4d Sed	320	950	1,580	3,560	5,530	7,900
2d HT	480	1,450	2,420	5,450	8,470	12,100
4d Sta Wag	410	1,220	2,040	4,590	7,140	10,200
1970 Ambassador SST						
4d Sed	320	960	1,600	3,600	5,600	8,000
2d HT	500	1,510	2,520	5,670	8,820	12,600
4d Sta Wag	410	1,240	2,060	4,640	7,210	10,300
1971 Gremlin						
2d Comm	300	900	1,500	3,380	5,250	7,500
2d Sed	300	910	1,520	3,420	5,320	7,600
NOTE: Add 10% for X Pkg.						
1971 Hornet						
2d Sed	260	780	1,300	2,930	4,550	6,500
4d Sed	260	790	1,320	2,970	4,620	6,600
1971 Hornet SST						
2d Sed	270	800	1,340	3,020	4,690	6,700
4d Sed	270	820	1,360	3,060	4,760	6,800
4d SportAbout Sta Wag	290	880	1,460	3,290	5,110	7,300

AMC

	6	5	4	3	2	1
1971 Hornet SC/360						
2d HT	740	2,220	3,700	8,330	12,950	18,500
1971 Javelin						
2d HT	900	2,700	4,500	10,130	15,750	22,500
2d SST HT	1,040	3,120	5,200	11,700	18,200	26,000
NOTE: Add 40% for 401 V-8; 40% for Police Special 401 V-8.						
1971 Javelin AMX						
2d HT	1,120	3,360	5,600	12,600	19,600	28,000
NOTE: Add 25% for GO Pkg.; 40% for 401 V-8.						
1971 Matador						
4d Sed	310	920	1,540	3,470	5,390	7,700
2d HT	390	1,180	1,960	4,410	6,860	9,800
4d Sta Wag	340	1,030	1,720	3,870	6,020	8,600
1971 Ambassador DPL						
4d Sed	320	950	1,580	3,560	5,530	7,900
1971 Ambassador SST						
4d Sed	320	960	1,600	3,600	5,600	8,000
2d HT	450	1,340	2,240	5,040	7,840	11,200
4d Sta Wag	370	1,120	1,860	4,190	6,510	9,300
NOTE: Add 10% to Ambassador SST for Broughams.						
1972 Hornet SST						
2d Sed	240	720	1,200	2,700	4,200	6,000
4d Sed	240	730	1,220	2,750	4,270	6,100
4d Sta Wag	250	740	1,240	2,790	4,340	6,200
2d Gucci	280	840	1,400	3,150	4,900	7,000
4d DeL Wag	250	760	1,260	2,840	4,410	6,300
4d "X" Wag	260	780	1,300	2,930	4,550	6,500
1972 Matador						
4d Sed	300	900	1,500	3,380	5,250	7,500
2d HT	390	1,160	1,940	4,370	6,790	9,700
4d Sta Wag	380	1,140	1,900	4,280	6,650	9,500
1972 Gremlin						
2d Sed	300	900	1,500	3,380	5,250	7,500
NOTE: Add 10% for X Pkg.; 20% for V-8.						
1972 Javelin						
2d SST	780	2,340	3,900	8,780	13,650	19,500
2d Go "360"	840	2,520	4,200	9,450	14,700	21,000
2d Go "401"	880	2,640	4,400	9,900	15,400	22,000
2d Cardin	800	2,400	4,000	9,000	14,000	20,000
NOTE: Add 40% for 401 V-8; 40% for 401 Police Special V-8; 25% for GO Pkg.						
1972 Javelin AMX, V-8						
2d HT	920	2,760	4,600	10,350	16,100	23,000
NOTE: Add 25% for GO Pkg.; 40% for 401 V-8.						
1972 Ambassador SST						
4d Sed	310	940	1,560	3,510	5,460	7,800
2d HT	420	1,270	2,120	4,770	7,420	10,600
4d Sta Wag	360	1,080	1,800	4,050	6,300	9,000
1972 Ambassador Brougham, V-8						
4d Sed	320	950	1,580	3,560	5,530	7,900
2d HT	430	1,280	2,140	4,820	7,490	10,700
4d Sta Wag	360	1,090	1,820	4,100	6,370	9,100
1973 Gremlin, V-8						
2d Sed	290	860	1,440	3,240	5,040	7,200
NOTE: Add 10% for X Pkg. Deduct 20% for 6-cyl.						
1973 Hornet, V-8						
2d Sed	230	680	1,140	2,570	3,990	5,700
4d Sed	220	670	1,120	2,520	3,920	5,600
2d HBk	230	700	1,160	2,610	4,060	5,800
4d Sta Wag	240	710	1,180	2,660	4,130	5,900
1973 Javelin, V-8						
2d HT	640	1,920	3,200	7,200	11,200	16,000
NOTE: Add 20% for Trans Am Victory Javelin; 40% for 401 V-8.						
1973 Javelin AMX, V-8						
2d HT	760	2,280	3,800	8,550	13,300	19,000
NOTE: Add 40% for 401 V-8.						
1973 Matador, V-8						
4d Sed	300	890	1,480	3,330	5,180	7,400
2d HT	300	1,150	1,920	4,320	6,720	9,600
4d Sta Wag	380	1,130	1,880	4,230	6,580	9,400
1973 Ambassador Brougham, V-8						
4d Sed	300	900	1,500	3,380	5,250	7,500
2d HT	390	1,160	1,940	4,370	6,790	9,700
4d Sta Wag	380	1,140	1,900	4,280	6,650	9,500
1974 Gremlin, V-8						
2d Sed	280	840	1,400	3,150	4,900	7,000
NOTE: Add 10% for X Pkg. Deduct 20% for 6-cyl.						
1974 Hornet						
4d Sed	220	650	1,080	2,430	3,780	5,400
2d Sed	220	660	1,100	2,480	3,850	5,500

	6	5	4	3	2	1
2d HBk	220	670	1,120	2,520	3,920	5,600
4d Sta Wag	230	680	1,140	2,570	3,990	5,700
1974 Javelin						
2d FBk	600	1,800	3,000	6,750	10,500	15,000
NOTE: Add 30% for 401 V-8. Add 15% for GO Package.						
1974 Javelin AMX						
2d FBk	720	2,160	3,600	8,100	12,600	18,000
NOTE: Add 30% for 401 V-8.						
1974 Matador						
4d Sed	280	850	1,420	3,200	4,970	7,100
2d Sed	290	860	1,440	3,240	5,040	7,200
4d Sta Wag	360	1,080	1,800	4,050	6,300	9,000
1974 Matador Brougham						
2d Cpe	320	960	1,600	3,600	5,600	8,000
NOTE: Add 10% for Oleg Cassini coupe.						
1974 Matador "X"						
2d Cpe	370	1,100	1,840	4,140	6,440	9,200
1974 Ambassador Brougham						
4d Sed	320	950	1,580	3,560	5,530	7,900
4d Sta Wag	360	1,090	1,820	4,100	6,370	9,100
1975 Gremlin, V-8						
2d Sed	280	840	1,400	3,150	4,900	7,000
NOTE: Add 10% for Levis Pkg.; 15% for X Pkg. Deduct 20% for 6-cyl.						
1975 Hornet						
4d Sed	180	540	900	2,030	3,150	4,500
2d Sed	184	552	920	2,070	3,220	4,600
2d HBk	188	564	940	2,120	3,290	4,700
4d Sta Wag	192	576	960	2,160	3,360	4,800
1975 Pacer						
2d Sed	660	1,980	3,300	7,430	11,550	16,500
NOTE: Add 15% for X Pkg.; 20% for D/L Pkg.						
1975 Matador						
4d Sed	180	540	900	2,030	3,150	4,500
2d Cpe	184	552	920	2,070	3,220	4,600
4d Sta Wag	188	564	940	2,120	3,290	4,700
1976 Gremlin, V-8						
2d Sed	260	780	1,300	2,930	4,550	6,500
NOTE: Add 10% for Levis Pkg.; 15% for X Pkg. Deduct 20% for 6-cyl.						
1976 Hornet, V-8						
4d Sed	156	468	780	1,760	2,730	3,900
2d Sed	160	480	800	1,800	2,800	4,000
2d HBk	168	504	840	1,890	2,940	4,200
4d Sptabt	172	516	860	1,940	3,010	4,300
1976 Pacer, 6-cyl.						
2d Sed	660	1,980	3,300	7,430	11,550	16,500
NOTE: Add 15% for X Pkg.; 20% for D/L Pkg.						
1976 Matador, V-8						
4d Sed	164	492	820	1,850	2,870	4,100
2d Cpe	168	504	840	1,890	2,940	4,200
4d Sta Wag	172	516	860	1,940	3,010	4,300
NOTE: Deduct 10% for 6-cylinder.						
1977 Gremlin, V-8						
2d Sed	256	768	1,280	2,880	4,480	6,400
NOTE: Add 15% for X Pkg. Deduct 20% for 6-cyl.						
1977 Hornet, V-8						
4d Sed	160	480	800	1,800	2,800	4,000
2d Sed	164	492	820	1,850	2,870	4,100
2d HBk	172	516	860	1,940	3,010	4,300
4d Sta Wag	176	528	880	1,980	3,080	4,400
NOTE: Add 10% for AMX Pkg.						
1977 Pacer, 6-cyl.						
2d Sed	660	1,980	3,300	7,430	11,550	16,500
4d Sta Wag	400	1,200	2,000	4,500	7,000	10,000
1977 Matador, V-8						
4d Sed	164	492	820	1,850	2,870	4,100
2d Cpe	168	504	840	1,890	2,940	4,200
4d Sta Wag	172	516	860	1,940	3,010	4,300
NOTE: Add 10% for AMX Pkg. Deduct 10% for 6-cyl.						
1978 Gremlin, V-8						
2d Sed	256	768	1,280	2,880	4,480	6,400
NOTE: Add 15% for X Pkg.; 20% for GT Pkg. Deduct 20% for 6-cyl.						
1978 Concord						
4d Sed	100	350	600	1,400	2,150	3,100
2d Sed	150	400	650	1,440	2,250	3,200
2d HBk	150	400	650	1,440	2,250	3,200
4d Sta Wag	150	400	650	1,440	2,250	3,200
1978 Pacer						
2d HBk	660	1,980	3,300	7,430	11,550	16,500
4d Sta Wag	400	1,200	2,000	4,500	7,000	10,000

	6	5	4	3	2	1
1978 AMX						
2d HBk	250	760	1,260	2,840	4,410	6,300
1978 Matador						
4d Sed	164	492	820	1,850	2,870	4,100
2d Cpe	168	504	840	1,890	2,940	4,200
4d Sta Wag	172	516	860	1,940	3,010	4,300
1979 Spirit, 6-cyl.						
2d HBk	140	420	700	1,580	2,450	3,500
2d Sed	136	408	680	1,530	2,380	3,400
1979 Spirit DL, 6-cyl.						
2d HBk	144	432	720	1,620	2,520	3,600
2d Sed	140	420	700	1,580	2,450	3,500
1979 Spirit Ltd, 6-cyl.						
2d HBk	148	444	740	1,670	2,590	3,700
2d Sed	144	432	720	1,620	2,520	3,600
NOTE: Deduct 10% for 4-cyl.						
1979 Concord, V-8						
4d Sed	124	372	620	1,400	2,170	3,100
2d Sed	150	400	650	1,440	2,250	3,200
2d HBk	128	384	640	1,440	2,240	3,200
4d Sta Wag	128	384	640	1,440	2,240	3,200
1979 Concord DL, V-8						
4d Sed	128	384	640	1,440	2,240	3,200
2d Sed	124	372	620	1,400	2,170	3,100
2d HBk	132	396	660	1,490	2,310	3,300
4d Sta Wag	132	396	660	1,490	2,310	3,300
1979 Concord Ltd, V-8						
4d Sed	132	396	660	1,490	2,310	3,300
2d Sed	128	384	640	1,440	2,240	3,200
4d Sta Wag	136	408	680	1,530	2,380	3,400
NOTE: Deduct 5% for 6-cyl.						
1979 Pacer DL, V-8						
2d HBk	440	1,320	2,200	4,950	7,700	11,000
2d Sta Wag	320	960	1,600	3,600	5,600	8,000
1979 Pacer Ltd, V-8						
2d HBk	660	1,980	3,300	7,430	11,550	16,500
2d Sta Wag	400	1,200	2,000	4,500	7,000	10,000
NOTE: Deduct 5% for 6-cyl.						
1979 AMX, V-8						
2d HBk	250	760	1,260	2,840	4,410	6,300
NOTE: Deduct 7% for 6-cyl.						
1980 Spirit, 6-cyl.						
2d HBk	160	480	800	1,800	2,800	4,000
2d Cpe	156	468	780	1,760	2,730	3,900
2d HBk DL	164	492	820	1,850	2,870	4,100
2d Cpe DL	160	480	800	1,800	2,800	4,000
2d HBk Ltd	172	516	860	1,940	3,010	4,300
2d Cpe Ltd	168	504	840	1,890	2,940	4,200
NOTE: Deduct 10% for 4-cyl.						
1980 Concord, 6-cyl.						
4d Sed	144	432	720	1,620	2,520	3,600
2d Cpe	140	420	700	1,580	2,450	3,500
4d Sta Wag	148	444	740	1,670	2,590	3,700
4d Sed DL	148	444	740	1,670	2,590	3,700
2d Cpe DL	144	432	720	1,620	2,520	3,600
4d Sta Wag DL	152	456	780	1,710	2,660	3,800
4d Sed Ltd	166	468	780	1,760	2,730	3,900
2d Cpe Ltd	152	456	760	1,710	2,660	3,800
4d Sta Wag Ltd	156	468	780	1,760	2,730	3,900
1980 Pacer, 6-cyl.						
2d HBk DL	660	1,980	3,300	7,430	11,550	16,500
2d Sta Wag DL	400	1,200	2,000	4,500	7,000	10,000
2d HBk Ltd	680	2,050	3,420	7,700	11,970	17,100
2d Sta Wag Ltd	400	1,210	2,020	4,550	7,070	10,100
1980 AMX, 6-cyl.						
2d HBk	168	504	840	1,890	2,940	4,200
1980 Eagle 4x4, 6-cyl.						
4d Sed	200	600	1,000	2,250	3,500	5,000
2d Cpe	196	588	980	2,210	3,430	4,900
4d Sta Wag	208	624	1,040	2,340	3,640	5,200
4d Sed Ltd	208	624	1,040	2,340	3,640	5,200
2d Cpe Ltd	204	612	1,020	2,300	3,570	5,100
4d Sta Wag Ltd	216	648	1,080	2,430	3,780	5,400
1981 Spirit, 4-cyl.						
2d HBk	148	444	740	1,670	2,590	3,700
2d Cpe	144	432	720	1,620	2,520	3,600
2d HBk DL	156	468	780	1,760	2,730	3,900
2d Cpe DL	152	456	760	1,710	2,660	3,800

AMC

AMC

	6	5	4	3	2	1
1981 Spirit, 6-cyl.						
2d HBk	164	492	820	1,850	2,870	4,100
2d Cpe	160	480	800	1,800	2,800	4,000
2d HBk DL	172	516	860	1,940	3,010	4,300
2d Cpe DL	168	504	840	1,890	2,940	4,200
1981 Concord, 6-cyl.						
4d Sed	148	444	740	1,670	2,590	3,700
2d Cpe	144	432	720	1,620	2,520	3,600
4d Sta Wag	152	456	760	1,710	2,660	3,800
4d Sed DL	152	456	760	1,710	2,660	3,800
2d Cpe DL	148	444	740	1,670	2,590	3,700
4d Sta Wag DL	156	468	780	1,760	2,730	3,900
4d Sed Ltd	156	468	780	1,760	2,730	3,900
2d Cpe Ltd	152	456	760	1,710	2,660	3,800
4d Sta Wag Ltd	160	480	800	1,800	2,800	4,000
NOTE: Deduct 12% for 4-cyl.						
1981 Eagle 50 4x4, 4-cyl.						
2d HBk SX4	200	600	1,000	2,250	3,500	5,000
2d HBk	196	588	980	2,210	3,430	4,900
2d HBk SX4 DL	208	624	1,040	2,340	3,640	5,200
2d HBk DL	204	612	1,020	2,300	3,570	5,100
1981 Eagle 50 4x4, 6-cyl.						
2d HBk SX4	216	648	1,080	2,430	3,780	5,400
2d HBk	212	636	1,060	2,390	3,710	5,300
2d HBk SX4 DL	224	672	1,120	2,520	3,920	5,600
2d HBk DL	220	660	1,100	2,480	3,850	5,500
1982 Spirit, 6-cyl.						
2d HBk	168	504	840	1,890	2,940	4,200
2d Cpe	164	492	820	1,850	2,870	4,100
2d HBk DL	176	528	880	1,980	3,080	4,400
2d Cpe DL	172	516	860	1,940	3,010	4,300
NOTE: Deduct 10% for 4-cyl.						
1982 Concord, 6-cyl.						
4d Sed	152	456	760	1,710	2,660	3,800
2d Cpe	148	444	740	1,670	2,590	3,700
4d Sta Wag	156	468	780	1,760	2,730	3,900
4d Sed DL	156	468	780	1,760	2,730	3,900
2d Cpe DL	152	456	760	1,710	2,660	3,800
4d Sta Wag DL	160	480	800	1,800	2,800	4,000
4d Sed Ltd	160	480	800	1,800	2,800	4,000
2d Cpe Ltd	156	468	780	1,760	2,730	3,900
4d Sta Wag Ltd	164	492	820	1,850	2,870	4,100
NOTE: Deduct 12% for 4-cyl.						
1982 Eagle 50 4x4, 4-cyl.						
2d HBk SX4	204	612	1,020	2,300	3,570	5,100
2d HBk	200	600	1,000	2,250	3,500	5,000
2d HBk SX4 DL	212	636	1,060	2,390	3,710	5,300
2d HBk DL	208	624	1,040	2,340	3,640	5,200
1982 Eagle 50 4x4, 6-cyl.						
2d HBk SX4	220	660	1,100	2,480	3,850	5,500
2d HBk	216	648	1,080	2,430	3,780	5,400
2d HBk SX4 DL	228	684	1,140	2,570	3,990	5,700
2d HBk DL	224	672	1,120	2,520	3,920	5,600
1982 Eagle 30 4x4, 4-cyl.						
4d Sed	196	588	980	2,210	3,430	4,900
2d Cpe	192	576	960	2,160	3,360	4,800
4d Sta Wag	200	600	1,000	2,250	3,500	5,000
4d Sed Ltd	200	600	1,000	2,250	3,500	5,000
2d Cpe Ltd	196	588	980	2,210	3,430	4,900
4d Sta Wag Ltd	208	624	1,040	2,340	3,640	5,200
1982 Eagle 30 4x4, 6-cyl.						
4d Sed	212	636	1,060	2,390	3,710	5,300
2d Cpe	208	624	1,040	2,340	3,640	5,200
4d Sta Wag	220	660	1,100	2,480	3,850	5,500
4d Sed Ltd	220	660	1,100	2,480	3,850	5,500
2d Cpe Ltd	216	648	1,080	2,430	3,780	5,400
4d Sta Wag Ltd	228	684	1,140	2,570	3,990	5,700
1983 Spirit, 6-cyl.						
2d HBk DL	172	516	860	1,940	3,010	4,300
2d HBk GT	176	528	880	1,980	3,080	4,400
1983 Concord, 6-cyl.						
4d Sed	156	468	780	1,760	2,730	3,900
4d Sta Wag	160	480	800	1,800	2,800	4,000
4d Sed DL	160	480	800	1,800	2,800	4,000
4d Sta Wag DL	164	492	820	1,850	2,870	4,100
4d Sta Wag Ltd	172	516	860	1,940	3,010	4,300
1983 Alliance, 4-cyl.						
2d Sed	144	432	720	1,620	2,520	3,600
4d Sed L	148	444	740	1,670	2,590	3,700

	6	5	4	3	2	1
2d Sed L	148	444	740	1,670	2,590	3,700
4d Sed DL	152	456	760	1,710	2,660	3,800
2d Sed DL	152	456	760	1,710	2,660	3,800
4d Sed Ltd	156	468	780	1,760	2,730	3,900
1983 Eagle 50 4x4, 4-cyl.						
2d HBk SX4	208	624	1,040	2,340	3,640	5,200
2d HBk SX4 DL	216	648	1,080	2,430	3,780	5,400
1983 Eagle 50 4x4, 6-cyl.						
2d HBk SX4	224	672	1,120	2,520	3,920	5,600
2d HBk SX4 DL	232	696	1,160	2,610	4,060	5,800
1983 Eagle 30 4x4, 4-cyl.						
4d Sed	200	600	1,000	2,250	3,500	5,000
4d Sta Wag	208	624	1,040	2,340	3,640	5,200
4d Sta Wag Ltd	216	648	1,080	2,430	3,780	5,400
1983 Eagle 30 4x4, 6-cyl.						
4d Sed	216	648	1,080	2,430	3,780	5,400
4d Sta Wag	224	672	1,120	2,520	3,920	5,600
4d Sta Wag Ltd	232	696	1,160	2,610	4,060	5,800
1984 Alliance, 4-cyl.						
2d Sed	150	440	740	1,670	2,590	3,700
1984 L						
4d Sed	150	460	760	1,710	2,660	3,800
2d Sed	150	460	760	1,710	2,660	3,800
1984 DL						
4d Sed	160	470	780	1,760	2,730	3,900
2d Sed	160	470	780	1,760	2,730	3,900
1984 Ltd						
4d Sed	160	480	800	1,800	2,800	4,000
1984 Encore, 4-cyl.						
2d Liftback	136	408	680	1,530	2,380	3,400
1984 S						
2d Liftback	140	420	700	1,580	2,450	3,500
4d Liftback	140	420	700	1,580	2,450	3,500
1984 LS						
2d Liftback	144	432	720	1,620	2,520	3,600
4d Liftback	144	432	720	1,620	2,520	3,600
1984 GS						
2d Liftback	148	444	740	1,670	2,590	3,700
1984 Eagle 4WD, 4-cyl.						
4d Sed	204	612	1,020	2,300	3,570	5,100
4d Sta Wag	212	636	1,060	2,390	3,710	5,300
4d Sta Wag Ltd	220	660	1,100	2,480	3,850	5,500
1984 Eagle 4WD, 6-cyl.						
4d Sed	220	660	1,100	2,480	3,850	5,500
4d Sta Wag	228	684	1,140	2,570	3,990	5,700
4d Sta Wag Ltd	236	708	1,180	2,660	4,130	5,900
1985 Alliance						
2d Sed	104	312	520	1,170	1,820	2,600
4d Sed L	112	336	560	1,260	1,960	2,800
2d Sed L	116	348	580	1,310	2,030	2,900
Conv L	148	444	740	1,670	2,590	3,700
4d Sed DL	128	384	640	1,440	2,240	3,200
2d Sed DL	140	420	700	1,580	2,450	3,500
Conv DL	164	492	820	1,850	2,870	4,100
4d Ltd Sed	156	468	780	1,760	2,730	3,900
1985 Eagle 4WD						
4d Sed	224	672	1,120	2,520	3,920	5,600
4d Sta Wag	232	696	1,160	2,610	4,060	5,800
4d Ltd Sta Wag	240	720	1,200	2,700	4,200	6,000
1986 Encore 90						
2d HBk	140	420	700	1,580	2,450	3,500
4d HBk	144	432	720	1,620	2,520	3,600
1986 Alliance						
2d Sed	144	432	720	1,620	2,520	3,600
4d Sed	148	444	740	1,670	2,590	3,700
Conv	220	660	1,100	2,480	3,850	5,500
1986 Eagle						
4d Sed	228	684	1,140	2,570	3,990	5,700
4d Sta Wag	232	696	1,160	2,610	4,060	5,800
4d Ltd Sta Wag	240	720	1,200	2,700	4,200	6,000

NOTE: Add 10% for deluxe models. Deduct 5% for smaller engines.

	6	5	4	3	2	1
1987 Eagle						
4d Sed	260	780	1,300	2,930	4,550	6,500
4d Sta Wag	268	804	1,340	3,020	4,690	6,700
4d Sta Wag Ltd	300	850	1,400	3,110	4,850	6,900

METROPOLITAN

1954 Series E, (Nash), 4-cyl., 85" wb, 42 hp

	6	5	4	3	2	1
HT	1,000	3,000	5,000	11,250	17,500	25,000

	6	5	4	3	2	1
Conv	1,160	3,480	5,800	13,050	20,300	29,000
1955 Series A & B, Nash/Hudson, 4-cyl., 85" wb, 42 hp						
HT	1,000	3,000	5,000	11,250	17,500	25,000
Conv	1,160	3,480	5,800	13,050	20,300	29,000
1956 Series 1500, Nash/Hudson, 4-cyl., 85" wb, 52 hp						
HT	1,000	3,000	5,000	11,250	17,500	25,000
Conv	1,160	3,480	5,800	13,050	20,300	29,000
1956 Series A, Nash/Hudson, 4-cyl., 85" wb, 42 hp						
HT	740	2,220	3,700	8,330	12,950	18,500
Conv	940	2,820	4,700	10,580	16,450	23,500
1957 Series 1500, Nash/Hudson, 4-cyl., 85" wb, 52 hp						
HT	750	2,240	3,740	8,420	13,090	18,700
Conv	950	2,840	4,740	10,670	16,590	23,700
1957 Series A-85, Nash/Hudson, 4-cyl., 85" wb, 42 hp						
HT	740	2,220	3,700	8,330	12,950	18,500
Conv	940	2,820	4,700	10,580	16,450	23,500
1958 Series 1500, (AMC), 4-cyl., 85" wb, 55 hp						
HT	740	2,220	3,700	8,330	12,950	18,500
Conv	940	2,820	4,700	10,580	16,450	23,500
1959 Series 1500, (AMC), 4-cyl., 85" wb, 55 hp						
HT	750	2,240	3,740	8,420	13,090	18,700
Conv	950	2,840	4,740	10,670	16,590	23,700
1960 Series 1500, (AMC), 4-cyl., 85" wb, 55 hp						
HT	750	2,240	3,740	8,420	13,090	18,700
Conv	950	2,840	4,740	10,670	16,590	23,700
1961 Series 1500, (AMC), 4-cyl., 85" wb, 55 hp						
HT	750	2,240	3,740	8,420	13,090	18,700
Conv	950	2,840	4,740	10,670	16,590	23,700
1962 Series 1500, (AMC), 4-cyl., 85" wb, 55 hp						
HT	750	2,240	3,740	8,420	13,090	18,700
Conv	950	2,840	4,740	10,670	16,590	23,700

OLDSMOBILE

	6	5	4	3	2	1
1901 Curved Dash, 1-cyl.						
Rbt	2,600	7,800	13,000	29,250	45,500	65,000
1902 Curved Dash, 1-cyl.						
Rbt	2,480	7,440	12,400	27,900	43,400	62,000
1903 Curved Dash, 1-cyl.						
Rbt	2,400	7,200	12,000	27,000	42,000	60,000
1904 Curved Dash, 1-cyl.						
Rbt	2,400	7,200	12,000	27,000	42,000	60,000
1904 French Front, 1-cyl., 7 hp						
Rbt	3,800	11,400	19,000	42,750	66,500	95,000
1904 Light Tonneau, 1-cyl., 10 hp						
Tonn	2,360	7,080	11,800	26,550	41,300	59,000
1905 Curved Dash, 1-cyl.						
Rbt	2,240	6,720	11,200	25,200	39,200	56,000
1905 French Front, 1-cyl., 7 hp						
Rbt	2,680	8,040	13,400	30,150	46,900	67,000
1905 Touring Car, 2-cyl.						
Tr	3,000	9,000	15,000	33,750	52,500	75,000
1906 Straight Dash B, 1-cyl.						
Rbt	1,920	5,760	9,600	21,600	33,600	48,000
1906 Curved Dash B, 1-cyl.						
Rbt	2,160	6,480	10,800	24,300	37,800	54,000
1906 Model L, 2-cyl.						
Tr	3,000	9,000	15,000	33,750	52,500	75,000
1906 Model S, 4-cyl.						
Tr	3,800	11,400	19,000	42,750	66,500	95,000
1907 Straight Dash F, 2-cyl.						
Rbt	3,000	9,000	15,000	33,750	52,500	75,000
1907 Model H, 4-cyl.						
Fly Rds	3,800	11,400	19,000	42,750	66,500	95,000
1907 Model A, 4-cyl.						
Pal Tr	3,840	11,520	19,200	43,200	67,200	96,000
Limo	3,800	11,400	19,000	42,750	66,500	95,000
1908 Model X, 4-cyl.						
Tr	6,000	18,000	30,000	67,500	105,000	150,000
1908 Model M-MR, 4-cyl.						
Rds	3,800	11,400	19,000	42,750	66,500	95,000
Tr	3,800	11,400	19,000	42,750	66,500	95,000
1908 Model Z, 6-cyl.						
Tr	6,000	18,000	30,000	67,500	105,000	150,000
1909 Model D, 4-cyl.						
Tr	5,200	15,600	26,000	58,500	91,000	130,000
Limo	5,000	15,000	25,000	56,250	87,500	125,000
Lan	5,400	16,200	27,000	60,750	94,500	135,000

METROPOLITAN

	6	5	4	3	2	1
1909 Model DR, 4-cyl.						
Rds	3,800	11,400	19,000	42,750	66,500	95,000
Cpe	3,600	10,800	18,000	40,500	63,000	90,000
1909 Model X, 4-cyl.						
Rbt	6,000	18,000	30,000	67,500	105,000	150,000
1909 Model Z, 6-cyl.						
Rbt	5,800	17,400	29,000	65,250	101,500	145,000
Tr	6,000	18,000	30,000	67,500	105,000	150,000
1910 Special, 4-cyl.						
Rbt	3,040	9,120	15,200	34,200	53,200	76,000
Tr	2,800	8,400	14,000	31,500	49,000	70,000
Limo	2,880	8,640	14,400	32,400	50,400	72,000
1910 Limited, 6-cyl.						
Rbt			value not estimable			
Tr			value not estimable			
Limo			value not estimable			
1911 Special, 4-cyl.						
Rbt	3,040	9,120	15,200	34,200	53,200	76,000
Tr	2,800	8,400	14,000	31,500	49,000	70,000
Limo	2,880	8,640	14,400	32,400	50,400	72,000
1911 Autocrat, 4-cyl.						
Rbt	4,000	12,000	20,000	45,000	70,000	100,000
Tr	4,040	12,120	20,200	45,450	70,700	101,000
Limo	4,080	12,240	20,400	45,900	71,400	102,000
1911 Limited, 6-cyl.						
Rbt			value not estimable			
Tr			value not estimable			
Limo			value not estimable			
1912 Autocrat, 4-cyl., 40 hp						
2d Rds	5,200	15,600	26,000	58,500	91,000	130,000
4d Tr	5,400	16,200	27,000	60,750	94,500	135,000
4d Limo	5,000	15,000	25,000	56,250	87,500	125,000
1912 Despatch, 4-cyl., 26 hp						
2d Rds	2,400	7,200	12,000	27,000	42,000	60,000
4d Tr	2,840	8,520	14,200	31,950	49,700	71,000
2d Cpe	2,640	7,920	13,200	29,700	46,200	66,000
1912 Defender, 4-cyl., 35 hp						
2d 2P Tr	2,600	7,800	13,000	29,250	45,500	65,000
4d 4P Tr	2,640	7,920	13,200	29,700	46,200	66,000
2d 2P Rds	2,520	7,560	12,600	28,350	44,100	63,000
2d 3P Cpe	2,440	7,320	12,200	27,450	42,700	61,000
2d 5P Cpe	2,400	7,200	12,000	27,000	42,000	60,000
1912 Limited, 6-cyl.						
2d Rds			value not estimable			
4d Tr			value not estimable			
4d Limo			value not estimable			
1913 Light Six, 6-cyl.						
4d 4P Tr	2,360	7,080	11,800	26,550	41,300	59,000
4d Phae	2,400	7,200	12,000	27,000	42,000	60,000
4d 7P Tr	2,320	6,960	11,600	26,100	40,600	58,000
4d Limo	2,360	7,080	11,800	26,550	41,300	59,000
1913 6-cyl., 60 hp						
4d Tr			value not estimable			
1913 4-cyl., 35 hp						
4d Tr	1,960	5,880	9,800	22,050	34,300	49,000
1914 Model 54, 6-cyl.						
4d Phae	3,000	9,000	15,000	33,750	52,500	75,000
4d 5P Tr	2,960	8,880	14,800	33,300	51,800	74,000
4d 7P Tr	3,000	9,000	15,000	33,750	52,500	75,000
4d Limo	2,680	8,040	13,400	30,150	46,900	67,000
1914 Model 42, 4-cyl.						
4d 5P Tr	2,200	6,600	11,000	24,750	38,500	55,000
1915 Model 42, 4-cyl.						
2d Rds	2,120	6,360	10,600	23,850	37,100	53,000
4d Tr	2,160	6,480	10,800	24,300	37,800	54,000
1915 Model 55, 6-cyl.						
4d Tr	3,320	9,960	16,600	37,350	58,100	83,000
1916 Model 43, 4-cyl.						
2d Rds	1,920	5,760	9,600	21,600	33,600	48,000
4d 5P Tr	1,960	5,880	9,800	22,050	34,300	49,000
1916 Model 44, V-8						
2d Rds	2,480	7,440	12,400	27,900	43,400	62,000
4d Tr	2,520	7,560	12,600	28,350	44,100	63,000
4d Sed	2,360	7,080	11,800	26,550	41,300	59,000
2d Cabr	2,440	7,320	12,200	27,450	42,700	61,000
1917 Model 37, 6-cyl.						
4d Tr	1,960	5,880	9,800	22,050	34,300	49,000
2d Rds	1,920	5,760	9,600	21,600	33,600	48,000
2d Cabr	1,880	5,640	9,400	21,150	32,900	47,000

OLDSMOBILE

	6	5	4	3	2	1
4d Sed 1,600		4,800	8,000	18,000	28,000	40,000
1917 Model 45, V-8						
4d 5P Tr 2,480		7,440	12,400	27,900	43,400	62,000
4d 7P Tr 2,680		8,040	13,400	30,150	46,900	67,000
4d Conv Sed. 2,640		7,920	13,200	29,700	46,200	66,000
2d Rds 2,560		7,680	12,800	28,800	44,800	64,000
1917 Model 44-B, V-8						
2d Rds 2,560		7,680	12,800	28,800	44,800	64,000
4d Tr 2,480		7,440	12,400	27,900	43,400	62,000
1918 Model 37, 6-cyl.						
2d Rds 1,640		4,920	8,200	18,450	28,700	41,000
4d Tr 1,680		5,040	8,400	18,900	29,400	42,000
2d Cabr. 1,600		4,800	8,000	18,000	28,000	40,000
2d Cpe 1,440		4,320	7,200	16,200	25,200	36,000
4d Sed 1,360		4,080	6,800	15,300	23,800	34,000
1918 Model 45-A, V-8						
4d 5P Tr 2,400		7,200	12,000	27,000	42,000	60,000
4d 7P Tr 2,440		7,320	12,200	27,450	42,700	61,000
2d Rds 2,360		7,080	11,800	26,550	41,300	59,000
4d Spt Tr 2,400		7,200	12,000	27,000	42,000	60,000
2d Cabr. 2,320		6,960	11,600	26,100	40,600	58,000
4d Sed 2,040		6,120	10,200	22,950	35,700	51,000
1919 Model 37-A, 6-cyl.						
2d Rds 1,580		4,740	7,900	17,780	27,650	39,500
4d Tr 1,620		4,860	8,100	18,230	28,350	40,500
4d Sed 1,340		4,020	6,700	15,080	23,450	33,500
2d Cpe 1,420		4,260	7,100	15,980	24,850	35,500
1919 Model 45-A, V-8						
2d Rds 2,120		6,360	10,600	23,850	37,100	53,000
4d Tr 2,160		6,480	10,800	24,300	37,800	54,000
1919 Model 45-B, V-8						
4d 4P Tr 2,160		6,480	10,800	24,300	37,800	54,000
4d 7P Tr 2,200		6,600	11,000	24,750	38,500	55,000
1920 Model 37-A, 6-cyl.						
2d Rds 1,480		4,440	7,400	16,650	25,900	37,000
4d Tr 1,520		4,560	7,600	17,100	26,600	38,000
1920 Model 37-B, 6-cyl.						
2d Cpe 1,320		3,960	6,600	14,850	23,100	33,000
4d Sed 1,240		3,720	6,200	13,950	21,700	31,000
1920 Model 45-B, V-8						
4d 4P Tr 1,700		5,100	8,500	19,130	29,750	42,500
4d 5P Tr 1,740		5,220	8,700	19,580	30,450	43,500
4d 7P Sed. 1,540		4,620	7,700	17,330	26,950	38,500
1921 Model 37, 6-cyl.						
2d Rds 1,540		4,620	7,700	17,330	26,950	38,500
4d Tr 1,440		4,320	7,200	16,200	25,200	36,000
2d Cpe 1,140		3,420	5,700	12,830	19,950	28,500
4d Sed 1,060		3,180	5,300	11,930	18,550	26,500
1921 Model 43-A, 4-cyl.						
2d Rds 1,220		3,660	6,100	13,730	21,350	30,500
4d Tr 1,160		3,480	5,800	13,050	20,300	29,000
2d Cpe 980		2,940	4,900	11,030	17,150	24,500
1921 Model 46, V-8						
4d 4P Tr 1,520		4,560	7,600	17,100	26,600	38,000
4d Tr 1,560		4,680	7,800	17,550	27,300	39,000
4d 7P Sed. 1,320		3,960	6,600	14,850	23,100	33,000
1921 Model 47, V-8						
4d Spt Tr 1,680		5,040	8,400	18,900	29,400	42,000
2d 4P Cpe. 1,440		4,320	7,200	16,200	25,200	36,000
4d 5P Sed. 1,400		4,200	7,000	15,750	24,500	35,000
1922 Model 46, V-8						
4d Spt Tr 1,600		4,800	8,000	18,000	28,000	40,000
4d 4P Tr 1,480		4,440	7,400	16,650	25,900	37,000
4d 7P Tr 1,520		4,560	7,600	17,100	26,600	38,000
4d 7P Sed. 1,280		3,840	6,400	14,400	22,400	32,000
1922 Model 47, V-8						
2d Rds 1,640		4,920	8,200	18,450	28,700	41,000
4d Tr 1,720		5,160	8,600	19,350	30,100	43,000
4d 4P Spt 1,680		5,040	8,400	18,900	29,400	42,000
2d 4P Cpe. 1,360		4,080	6,800	15,300	23,800	34,000
4d 5P Sed. 1,240		3,720	6,200	13,950	21,700	31,000
1923 Model M30-A, 6-cyl.						
2d Rds 1,380		4,140	6,900	15,530	24,150	34,500
4d Tr 1,360		4,080	6,800	15,300	23,800	34,000
2d Cpe 1,020		3,060	5,100	11,480	17,850	25,500
4d Sed 940		2,820	4,700	10,580	16,450	23,500
4d Spt Tr 1,340		4,020	6,700	15,080	23,450	33,500
1923 Model 43-A, 4-cyl.						
2d Rds 1,340		4,020	6,700	15,080	23,450	33,500

	6	5	4	3	2	1
4d Tr	1,380	4,140	6,900	15,530	24,150	34,500
2d Cpe	1,020	3,060	5,100	11,480	17,850	25,500
4d Sed	940	2,820	4,700	10,580	16,450	23,500
4d Brgm	980	2,940	4,900	11,030	17,150	24,500
4d Cal Tp Sed	1,020	3,060	5,100	11,480	17,850	25,500
1923 Model 47, V-8						
4d 4P Tr	1,640	4,920	8,200	18,450	28,700	41,000
4d 5P Tr	1,680	5,040	8,400	18,900	29,400	42,000
2d Rds	1,600	4,800	8,000	18,000	28,000	40,000
4d Sed	1,240	3,720	6,200	13,950	21,700	31,000
2d Cpe	1,360	4,080	6,800	15,300	23,800	34,000
4d Spt Tr	1,680	5,040	8,400	18,900	29,400	42,000
1924 Model 30-B, 6-cyl.						
2d Rds	1,220	3,660	6,100	13,730	21,350	30,500
4d Tr	1,140	3,420	5,700	12,830	19,950	28,500
2d Spt Rds	1,400	4,200	7,000	15,750	24,500	35,000
4d Spt Tr	1,320	3,960	6,600	14,850	23,100	33,000
2d Cpe	960	2,880	4,800	10,800	16,800	24,000
4d Sed	920	2,760	4,600	10,350	16,100	23,000
2d Sed	900	2,700	4,500	10,130	15,750	22,500
4d DeL Sed	920	2,760	4,600	10,350	16,100	23,000
1925 Series 30-C, 6-cyl.						
2d Rds	1,220	3,660	6,100	13,730	21,350	30,500
4d Tr	1,140	3,420	5,700	12,830	19,950	28,500
2d Spt Rds	1,400	4,200	7,000	15,750	24,500	35,000
4d Spt Tr	1,320	3,960	6,600	14,850	23,100	33,000
2d Cpe	920	2,760	4,600	10,350	16,100	23,000
4d Sed	900	2,700	4,500	10,130	15,750	22,500
4d DeL Sed	910	2,740	4,560	10,260	15,960	22,800
2d DeL	880	2,640	4,400	9,900	15,400	22,000
1926 Model 30-D, 6-cyl.						
2d DeL Rds	1,280	3,840	6,400	14,400	22,400	32,000
4d Tr	1,150	3,440	5,740	12,920	20,090	28,700
4d DeL Tr	1,200	3,600	6,000	13,500	21,000	30,000
2d Cpe	960	2,880	4,800	10,800	16,800	24,000
2d DeL Cpe	1,020	3,060	5,100	11,480	17,850	25,500
2d Sed	900	2,700	4,500	10,130	15,750	22,500
2d DeL Sed	940	2,820	4,700	10,580	16,450	23,500
4d Sed	900	2,700	4,500	10,130	15,750	22,500
4d DeL Sed	920	2,760	4,600	10,350	16,100	23,000
4d Lan Sed	1,040	3,120	5,200	11,700	18,200	26,000
1927 Series 30-E, 6-cyl.						
2d DeL Rds	1,280	3,840	6,400	14,400	22,400	32,000
4d Tr	1,120	3,360	5,600	12,600	19,600	28,000
4d DeL Tr	1,160	3,480	5,800	13,050	20,300	29,000
2d Cpe	1,020	3,060	5,100	11,480	17,850	25,500
2d DeL Cpe	980	2,940	4,900	11,030	17,150	24,500
2d Spt Cpe	990	2,960	4,940	11,120	17,290	24,700
2d Sed	900	2,700	4,500	10,130	15,750	22,500
2d DeL Sed	920	2,760	4,600	10,350	16,100	23,000
4d Sed	910	2,720	4,540	10,220	15,890	22,700
4d DeL Sed	940	2,820	4,700	10,580	16,450	23,500
4d Lan	910	2,720	4,540	10,220	15,890	22,700
1928 Model F-28, 6-cyl.						
2d Rds	1,200	3,600	6,000	13,500	21,000	30,000
2d DeL Rds	1,100	3,300	5,500	12,380	19,250	27,500
4d Tr	1,150	3,440	5,740	12,920	20,090	28,700
4d DeL Tr	1,190	3,560	5,940	13,370	20,790	29,700
2d Cpe	000	2,060	4,040	11,120	17,290	24,700
2d Spl Cpe	1,010	3,020	5,040	11,340	17,640	25,200
2d Spt Cpe	1,030	3,080	5,140	11,570	17,990	25,700
2d DeL Spt Cpe	1,050	3,140	5,240	11,790	18,340	26,200
2d Sed	910	2,720	4,540	10,220	15,890	22,700
4d Sed	920	2,750	4,580	10,310	16,030	22,900
4d DeL Sed	930	2,780	4,640	10,440	16,240	23,200
4d Lan	990	2,960	4,940	11,120	17,290	24,700
4d DeL Lan	1,030	3,080	5,140	11,570	17,990	25,700
1929 Model F-29, 6-cyl.						
2d Rds	1,480	4,440	7,400	16,650	25,900	37,000
2d Conv	1,440	4,320	7,200	16,200	25,200	36,000
4d Tr	1,360	4,080	6,800	15,300	23,800	34,000
2d Cpe	1,290	3,860	6,440	14,490	22,540	32,200
2d Spt Cpe	1,080	3,240	5,400	12,150	18,900	27,000
2d Sed	960	2,880	4,800	10,800	16,800	24,000
4d Sed	980	2,940	4,900	11,030	17,150	24,500
4d Lan	990	2,970	4,950	11,140	17,330	24,750
1929 Viking, V-8						
2d Conv Cpe	1,760	5,280	8,800	19,800	30,800	44,000
4d Sed	1,440	4,320	7,200	16,200	25,200	36,000

OLDSMOBILE

	6	5	4	3	2	1
4d CC Sed	1,480	4,440	7,400	16,650	25,900	37,000
1930 Model F-30, 6-cyl.						
2d Conv	1,480	4,440	7,400	16,650	25,900	37,000
4d Tr	1,440	4,320	7,200	16,200	25,200	36,000
2d Cpe	1,040	3,120	5,200	11,700	18,200	26,000
2d Spt Cpe	1,080	3,240	5,400	12,150	18,900	27,000
2d Sed	1,000	3,000	5,000	11,250	17,500	25,000
4d Sed	1,320	3,960	6,600	14,850	23,100	33,000
4d Pat Sed	1,360	4,080	6,800	15,300	23,800	34,000
1930 Viking, V-8						
2d Conv Cpe	1,800	5,400	9,000	20,250	31,500	45,000
4d Sed	1,240	3,720	6,200	13,950	21,700	31,000
4d CC Sed	1,520	4,560	7,600	17,100	26,600	38,000
1931 Model F-31, 6-cyl.						
2d Conv	2,000	6,000	10,000	22,500	35,000	50,000
2d Cpe	1,100	3,300	5,500	12,380	19,250	27,500
2d Spt Cpe	1,400	4,200	7,000	15,750	24,500	35,000
2d Sed	1,200	3,600	6,000	13,500	21,000	30,000
4d Sed	1,180	3,540	5,900	13,280	20,650	29,500
4d Pat Sed	1,220	3,660	6,100	13,730	21,350	30,500
1932 Model F-32, 6-cyl.						
2d Conv	2,080	6,240	10,400	23,400	36,400	52,000
2d Cpe	1,200	3,600	6,000	13,500	21,000	30,000
2d Spt Cpe	1,400	4,200	7,000	15,750	24,500	35,000
2d Sed	1,100	3,300	5,500	12,380	19,250	27,500
4d Sed	1,120	3,360	5,600	12,600	19,600	28,000
4d Pat Sed	1,160	3,480	5,800	13,050	20,300	29,000
1932 Model L-32, 8-cyl.						
2d Conv	2,220	6,660	11,100	24,980	38,850	55,500
2d Cpe	1,300	3,900	6,500	14,630	22,750	32,500
2d Spt Cpe	1,580	4,740	7,900	17,780	27,650	39,500
2d Sed	920	2,760	4,600	10,350	16,100	23,000
4d Sed	1,280	3,840	6,400	14,400	22,400	32,000
4d Pat Sed	1,300	3,900	6,500	14,630	22,750	32,500
1933 Model F-33, 6-cyl.						
2d Conv	2,080	6,240	10,400	23,400	36,400	52,000
2d Bus Cpe	1,300	3,900	6,500	14,630	22,750	32,500
2d Spt Cpe	1,520	4,560	7,600	17,100	26,600	38,000
2d 5P Cpe	1,220	3,660	6,100	13,730	21,350	30,500
2d Tr Cpe	1,190	3,570	5,950	13,390	20,830	29,750
4d Sed	1,180	3,540	5,900	13,280	20,650	29,500
4d Trk Sed	1,200	3,600	6,000	13,500	21,000	30,000
1933 Model L-33, 8-cyl.						
2d Conv	2,220	6,660	11,100	24,980	38,850	55,500
2d Bus Cpe	1,380	4,140	6,900	15,530	24,150	34,500
2d Spt Cpe	1,580	4,740	7,900	17,780	27,650	39,500
2d 5P Cpe	1,360	4,080	6,800	15,300	23,800	34,000
4d Sed	1,280	3,840	6,400	14,400	22,400	32,000
4d Trk Sed	1,300	3,900	6,500	14,630	22,750	32,500
1934 Model F-34, 6-cyl.						
2d Bus Cpe	1,220	3,660	6,100	13,730	21,350	30,500
2d Spt Cpe	1,520	4,560	7,600	17,100	26,600	38,000
2d 5P Cpe	1,200	3,600	6,000	13,500	21,000	30,000
4d SB Sed	1,100	3,300	5,500	12,380	19,250	27,500
4d Trk Sed	1,110	3,320	5,540	12,470	19,390	27,700
1934 Model L-34, 8-cyl.						
2d Conv	2,200	6,600	11,000	24,750	38,500	55,000
2d Bus Cpe	1,360	4,080	6,800	15,300	23,800	34,000
2d Spt Cpe	1,560	4,680	7,800	17,550	27,300	39,000
2d 5P Cpe	1,340	4,020	6,700	15,080	23,450	33,500
2d Tr Cpe	1,280	3,840	6,400	14,400	22,400	32,000
4d Sed	1,200	3,600	6,000	13,500	21,000	30,000
4d Trk Sed	1,210	3,640	6,060	13,640	21,210	30,300
1935 F-35, 6-cyl.						
2d Conv	1,620	4,860	8,100	18,230	28,350	40,500
2d Clb Cpe	1,160	3,480	5,800	13,050	20,300	29,000
2d Bus Cpe	1,180	3,530	5,880	13,230	20,580	29,400
2d Spt Cpe	1,280	3,840	6,400	14,400	22,400	32,000
2d Tr Cpe	1,120	3,360	5,600	12,600	19,600	28,000
4d Sed	1,000	3,010	5,020	11,300	17,570	25,100
4d Trk Sed	1,010	3,020	5,040	11,340	17,640	25,200
1935 L-35, 8-cyl.						
2d Conv	1,720	5,160	8,600	19,350	30,100	43,000
2d Clb Cpe	1,220	3,660	6,100	13,730	21,350	30,500
2d Bus Cpe	1,190	3,570	5,950	13,390	20,830	29,750
2d Spt Cpe	1,320	3,960	6,600	14,850	23,100	33,000
2d Sed	1,070	3,210	5,350	12,040	18,730	26,750
2d Trk Sed	1,070	3,210	5,350	12,040	18,730	26,750
4d Sed	1,060	3,180	5,300	11,930	18,550	26,500

OLDSMOBILE

	6	5	4	3	2	1
4d Trk Sed.	1,070	3,210	5,350	12,040	18,730	26,750
1936 F-36, 6-cyl.						
2d Conv	1,700	5,100	8,500	19,130	29,750	42,500
2d Bus Cpe.	1,100	3,300	5,500	12,380	19,250	27,500
2d Spt Cpe	1,200	3,600	6,000	13,500	21,000	30,000
2d Sed	1,030	3,090	5,150	11,590	18,030	25,750
2d Trk Sed.	1,000	3,000	5,000	11,250	17,500	25,000
4d Sed	1,000	3,010	5,020	11,300	17,570	25,100
4d Trk Sed.	1,010	3,030	5,050	11,360	17,680	25,250
1936 L-36, 8-cyl.						
2d Conv	1,800	5,400	9,000	20,250	31,500	45,000
2d Bus Cpe.	1,180	3,540	5,900	13,280	20,650	29,500
2d Spt Cpe	1,260	3,780	6,300	14,180	22,050	31,500
2d Sed	1,070	3,200	5,340	12,020	18,690	26,700
2d Trk Sed.	1,080	3,240	5,400	12,150	18,900	27,000
4d Sed	1,090	3,270	5,450	12,260	19,080	27,250
4d Trk Sed.	1,100	3,300	5,500	12,380	19,250	27,500
1937 F-37, 6-cyl.						
2d Conv	1,820	5,460	9,100	20,480	31,850	45,500
2d Bus Cpe.	1,180	3,530	5,880	13,230	20,580	29,400
2d Clb Cpe	1,400	4,200	7,000	15,750	24,500	35,000
2d Sed	1,120	3,360	5,600	12,600	19,600	28,000
2d Trk Sed.	1,080	3,250	5,420	12,200	18,970	27,100
4d Sed	1,120	3,360	5,600	12,600	19,600	28,000
4d Trk Sed.	1,090	3,260	5,440	12,240	19,040	27,200
1937 L-37, 8-cyl.						
2d Conv	1,980	5,940	9,900	22,280	34,650	49,500
2d Bus Cpe.	1,250	3,740	6,240	14,040	21,840	31,200
2d Clb Cpe	1,240	3,720	6,200	13,950	21,700	31,000
2d Sed	1,180	3,540	5,900	13,280	20,650	29,500
2d Trk Sed.	1,180	3,540	5,900	13,280	20,650	29,500
4d Sed	1,180	3,540	5,900	13,280	20,650	29,500
4d Trk Sed.	1,180	3,540	5,900	13,280	20,650	29,500
1938 F-38, 6-cyl.						
2d Conv	1,900	5,700	9,500	21,380	33,250	47,500
2d Bus Cpe.	1,200	3,600	6,000	13,500	21,000	30,000
2d Clb Cpe	1,220	3,650	6,080	13,680	21,280	30,400
2d Sed	1,140	3,420	5,700	12,830	19,950	28,500
2d Tr Sed	1,140	3,420	5,700	12,830	19,950	28,500
4d Sed	1,140	3,420	5,700	12,830	19,950	28,500
4d Tr Sed	1,140	3,420	5,700	12,830	19,950	28,500
1938 L-38, 8-cyl.						
2d Conv	2,060	6,180	10,300	23,180	36,050	51,500
2d Bus Cpe.	1,240	3,720	6,200	13,950	21,700	31,000
2d Clb Cpe	1,260	3,780	6,300	14,180	22,050	31,500
2d Sed	1,160	3,480	5,800	13,050	20,300	29,000
2d Tr Sed	1,160	3,480	5,800	13,050	20,300	29,000
4d Sed	1,160	3,480	5,800	13,050	20,300	29,000
4d Tr Sed	1,160	3,480	5,800	13,050	20,300	29,000
1939 F-39 "60" Series, 6-cyl.						
2d Bus Cpe.	1,190	3,570	5,950	13,390	20,830	29,750
2d Clb Cpe	1,180	3,540	5,900	13,280	20,650	29,500
2d Sed	1,090	3,700	5,500	12,630	19,750	27,500
4d Sed	1,100	3,300	5,500	12,380	19,250	27,500
1939 G-39 "70" Series, 6-cyl.						
2d Conv	1,920	5,760	9,600	21,600	33,600	48,000
2d Bus Sed.	1,220	3,660	6,100	13,730	21,350	30,500
2d Clb Cpe	1,220	3,660	6,100	13,730	21,350	30,500
2d Sed	1,120	3,360	5,600	12,600	19,600	28,000
2d SR Sed	1,140	3,420	5,700	12,830	19,950	28,500
4d Sed	1,120	3,360	5,600	12,600	19,600	28,000
4d SR Sed	1,130	3,390	5,650	12,710	19,780	28,250
1939 L-39 "80" Series, 8-cyl.						
2d Conv	2,020	6,060	10,100	22,730	35,350	50,500
2d Bus Cpe.	1,320	3,960	6,600	14,850	23,100	33,000
2d Clb Cpe	1,340	4,010	6,680	15,030	23,380	33,400
2d Sed	1,230	3,680	6,140	13,820	21,490	30,700
2d SR Sed	1,240	3,720	6,200	13,950	21,700	31,000
4d Sed	1,240	3,730	6,220	14,000	21,770	31,100
4d SR Sed	1,190	3,570	5,950	13,390	20,830	29,750
1940 Series 60, 6-cyl.						
2d Conv	1,780	5,340	8,900	20,030	31,150	44,500
2d Bus Cpe.	1,020	3,060	5,100	11,480	17,850	25,500
2d Clb Cpe	1,040	3,130	5,220	11,750	18,270	26,100
4d Sta Wag.	3,620	10,860	18,100	40,730	63,350	90,500
2d Sed	990	2,980	4,960	11,160	17,360	24,800
2d SR Sed	1,000	3,010	5,020	11,300	17,570	25,100
4d Sed	1,000	2,990	4,980	11,210	17,430	24,900
4d SR Sed	1,010	3,020	5,040	11,340	17,640	25,200

	6	5	4	3	2	1
1940 Series 70, 6-cyl.						
2d Conv	1,820	5,460	9,100	20,480	31,850	45,500
2d Bus Cpe	920	2,770	4,620	10,400	16,170	23,100
2d Clb Cpe	1,140	3,430	5,720	12,870	20,020	28,600
2d Sed	1,020	3,060	5,100	11,480	17,850	25,500
4d Sed	1,030	3,080	5,140	11,570	17,990	25,700
1940 Series 90, 8-cyl.						
2d Conv Cpe	2,300	6,900	11,500	25,880	40,250	57,500
4d Conv Sed	2,360	7,080	11,800	26,550	41,300	59,000
2d Clb Cpe	1,240	3,730	6,220	14,000	21,770	31,100
4d Tr Sed	1,140	3,420	5,700	12,830	19,950	28,500
1941 Series 66, 6-cyl.						
2d Conv Cpe	1,720	5,160	8,600	19,350	30,100	43,000
2d Bus Cpe	1,180	3,550	5,920	13,320	20,720	29,600
2d Clb Cpe	1,220	3,670	6,120	13,770	21,420	30,600
2d Sed	1,060	3,190	5,320	11,970	18,620	26,600
4d Sed	1,070	3,200	5,340	12,020	18,690	26,700
4d Twn Sed	1,070	3,220	5,360	12,060	18,760	26,800
4d Sta Wag	3,620	10,860	18,100	40,730	63,350	90,500
1941 Series 68, 8-cyl.						
2d Conv Cpe	1,800	5,400	9,000	20,250	31,500	45,000
2d Bus Cpe	1,240	3,730	6,220	14,000	21,770	31,100
2d Clb Cpe	1,240	3,730	6,220	14,000	21,770	31,100
2d Sed	1,070	3,200	5,340	12,020	18,690	26,700
4d Sed	1,060	3,170	5,280	11,880	18,480	26,400
4d Twn Sed	920	2,770	4,620	10,400	16,170	23,100
4d Sta Wag	3,700	11,100	18,500	41,630	64,750	92,500
1941 Series 76, 6-cyl.						
2d Bus Cpe	1,220	3,670	6,120	13,770	21,420	30,600
2d Clb Sed	1,080	3,240	5,400	12,150	18,900	27,000
4d Sed	1,060	3,190	5,320	11,970	18,620	26,600
1941 Series 78, 8-cyl.						
2d Bus Sed	1,210	3,620	6,040	13,590	21,140	30,200
2d Clb Sed	1,160	3,480	5,800	13,050	20,300	29,000
4d Sed	1,120	3,360	5,600	12,600	19,600	28,000
1941 Series 96, 6-cyl.						
2d Conv Cpe	2,260	6,780	11,300	25,430	39,550	56,500
2d Clb Cpe	1,350	4,040	6,740	15,170	23,590	33,700
4d Sed	1,150	3,440	5,740	12,920	20,090	28,700
1941 Series 98, 8-cyl.						
2d Conv Cpe	2,420	7,260	12,100	27,230	42,350	60,500
4d Conv Sed	2,620	7,860	13,100	29,480	45,850	65,500
2d Clb Cpe	1,460	4,380	7,300	16,430	25,550	36,500
4d Sed	1,300	3,900	6,500	14,630	22,750	32,500
1942 Special Series 66 & 68						
2d Conv	1,520	4,560	7,600	17,100	26,600	38,000
2d Bus Cpe	940	2,830	4,720	10,620	16,520	23,600
2d Clb Cpe	960	2,890	4,820	10,850	16,870	24,100
2d Clb Sed	950	2,840	4,740	10,670	16,590	23,700
2d Sed	940	2,810	4,680	10,530	16,380	23,400
4d Sed	940	2,830	4,720	10,620	16,520	23,600
4d Twn Sed	950	2,860	4,760	10,710	16,660	23,800
4d Sta Wag	3,540	10,620	17,700	39,830	61,950	88,500
NOTE: Add 10% for 8-cyl.						
1942 Dynamic Series 76-78						
2d Clb Sed	1,120	3,360	5,600	12,600	19,600	28,000
4d Sed	1,080	3,240	5,400	12,150	18,900	27,000
NOTE: Add 10% for 8-cyl.						
1942 Custom Series 98, 8-cyl.						
2d Conv	1,800	5,400	9,000	20,250	31,500	45,000
2d Clb Sed	1,400	4,200	7,000	15,750	24,500	35,000
4d Sed	1,360	4,080	6,800	15,300	23,800	34,000
1946-47 Special Series 66, 6-cyl.						
2d Conv	1,880	5,640	9,400	21,150	32,900	47,000
2d Clb Cpe	3,020	9,070	15,120	34,020	52,920	75,600
2d Clb Sed	1,020	3,050	5,080	11,430	17,780	25,400
4d Sed	812	2,436	4,060	9,140	14,210	20,300
4d Sta Wag	2,800	8,400	14,000	31,500	49,000	70,000
1946-47 Special Series 68, 8-cyl.						
2d Conv	1,920	5,760	9,600	21,600	33,600	48,000
2d Clb Cpe	1,020	3,070	5,120	11,520	17,920	25,600
2d Clb Sed	1,060	3,170	5,280	11,880	18,480	26,400
4d Sed	852	2,556	4,260	9,590	14,910	21,300
4d Sta Wag	2,860	8,580	14,300	32,180	50,050	71,500
1946-47 Dynamic Cruiser, Series 76, 6-cyl.						
2d Clb Sed	1,030	3,080	5,140	11,570	17,990	25,700
2d DeL Clb Sed (1947 only)	1,030	3,100	5,160	11,610	18,060	25,800
4d Sed	824	2,472	4,120	9,270	14,420	20,600
4d DeL Sed (1947 only)	830	2,480	4,140	9,320	14,490	20,700

	6	5	4	3	2	1
1946-47 Dynamic Cruiser Series 78, 8-cyl.						
2d Clb Sed	1,070	3,200	5,340	12,020	18,690	26,700
2d DeL Clb Sed (1947 only)	1,070	3,220	5,360	12,060	18,760	26,800
4d Sed	864	2,592	4,320	9,720	15,120	21,600
4d DeL Sed (1947 only)	870	2,600	4,340	9,770	15,190	21,700
1946-47 Custom Cruiser Series 98, 8-cyl.						
2d Conv	1,920	5,760	9,600	21,600	33,600	48,000
2d Clb Sed	1,100	3,300	5,500	12,380	19,250	27,500
4d Sed	888	2,664	4,440	9,990	15,540	22,200
1948 Dynamic Series 66, 6-cyl., 119" wb						
2d Conv	1,840	5,520	9,200	20,700	32,200	46,000
2d Clb Cpe	1,020	3,060	5,100	11,480	17,850	25,500
2d Clb Sed	1,010	3,040	5,060	11,390	17,710	25,300
4d Sed	808	2,424	4,040	9,090	14,140	20,200
4d Sta Wag	2,880	8,640	14,400	32,400	50,400	72,000
1948 Dynamic Series 68, 8-cyl., 119" wb						
2d Conv	1,880	5,640	9,400	21,150	32,900	47,000
2d Clb Cpe	1,060	3,180	5,300	11,930	18,550	26,500
2d Clb Sed	1,050	3,160	5,260	11,840	18,410	26,300
4d Sed	848	2,544	4,240	9,540	14,840	21,200
4d Sta Wag	2,920	8,760	14,600	32,850	51,100	73,000
1948 Dynamic Series 76, 6-cyl., 125" wb						
2d Clb Sed	1,020	3,070	5,120	11,520	17,920	25,600
4d Sed	820	2,460	4,100	9,230	14,350	20,500
1948 Dynamic Series 78, 8-cyl., 125" wb						
2d Clb Sed	1,060	3,180	5,300	11,930	18,550	26,500
4d Sed	860	2,580	4,300	9,680	15,050	21,500
1948 Futuramic Series 98, 8-cyl., 125" wb						
2d Conv	2,320	6,960	11,600	26,100	40,600	58,000
2d Clb Sed	1,400	4,200	7,000	15,750	24,500	35,000
4d Sed	960	2,880	4,800	10,800	16,800	24,000
1949 Futuramic 76, 6-cyl., 119.5" wb						
2d Conv	2,360	7,080	11,800	26,550	41,300	59,000
2d Clb Cpe	1,560	4,680	7,800	17,550	27,300	39,000
2d Sed	1,300	4,090	6,820	15,350	23,870	34,100
4d Sed	1,000	3,000	5,000	11,250	17,500	25,000
4d Sta Wag	2,560	7,680	12,800	28,800	44,800	64,000

NOTE: Deduct 25% for all-steel station wagon introduced late in the model year.

	6	5	4	3	2	1
1949 Futuramic Series 88, V-8, 119.5" wb						
2d Conv	2,880	8,640	14,400	32,400	50,400	72,000
2d Clb Cpe	1,920	5,760	9,600	21,600	33,600	48,000
2d Clb Sed	1,840	5,520	9,200	20,700	32,200	46,000
4d Sed	1,400	4,200	7,000	15,750	24,500	35,000
4d Sta Wag	2,640	7,920	13,200	29,700	46,200	66,000

NOTE: Deduct 25% for all-steel station wagon introduced late in the model year.

	6	5	4	3	2	1
1949 Futuramic Series 98, V-8, 125" wb						
2d Conv	2,960	8,880	14,800	33,300	51,800	74,000
2d Holiday HT	2,000	6,000	10,000	22,500	35,000	50,000
2d Clb Sed	1,880	5,640	9,400	21,150	32,900	47,000
4d Sed	1,200	3,600	6,000	13,500	21,000	30,000
1950 Futuramic 76, 6-cyl., 119.5" wb						
2d Conv	2,320	6,960	11,600	26,100	40,600	58,000
2d Holiday HT	1,760	5,280	8,800	19,800	30,800	44,000
2d Clb Cpe	1,400	4,200	7,000	15,750	24,500	35,000
2d Sed	1,240	3,720	6,200	13,950	21,700	31,000
2d Clb Sed	1,400	4,200	7,000	15,750	24,500	35,000
4d Sed	960	2,890	4,820	10,850	16,870	24,100
4d Sta Wag	1,920	5,760	9,600	21,600	33,600	48,000
1950 Futuramic 88, V-8, 119.5" wb						
2d Conv	2,880	8,640	14,400	32,400	50,400	72,000
2d DeL Holiday HT	2,320	6,960	11,600	26,100	40,600	58,000
2d DeL Clb Cpe	1,920	5,760	9,600	21,600	33,600	48,000
2d DeL	1,840	5,520	9,200	20,700	32,200	46,000
2d DeL Clb Sed	1,840	5,520	9,200	20,700	32,200	46,000
4d DeL Sed	1,400	4,200	7,000	15,750	24,500	35,000
4d DeL Sta Wag	2,640	7,920	13,200	29,700	46,200	66,000
1950 Futuramic 98, V-8, 122" wb						
2d DeL Conv.	3,000	9,000	15,000	33,750	52,500	75,000
2d DeL Holiday HT	2,200	6,600	11,000	24,750	38,500	55,000
2d Holiday HT.	2,000	6,000	10,000	22,500	35,000	50,000
2d DeL Clb Sed	1,880	5,640	9,400	21,150	32,900	47,000
2d DeL FBk.	1,880	5,640	9,400	21,150	32,900	47,000
4d DeL FBk.	1,200	3,600	6,000	13,500	21,000	30,000
4d DeL Sed.	1,200	3,600	6,000	13,500	21,000	30,000
4d DeL Twn Sed	1,240	3,720	6,200	13,950	21,700	31,000

NOTE: Deduct 10% for 6-cyl.

	6	5	4	3	2	1
1951-52 Standard 88, V-8, 119.5" wb						
2d Sed (1951 only)	1,340	4,020	6,700	15,080	23,450	33,500
4d Sed (1951 only)	1,140	3,410	5,680	12,780	19,880	28,400

	6	5	4	3	2	1
1951-52 DeLuxe 88, V-8, 120" wb						
2d Sed	1,380	4,150	6,920	15,570	24,220	34,600
4d Sed	1,180	3,540	5,900	13,280	20,650	29,500
1951-52 Super 88, V-8, 120" wb						
2d Conv	2,320	6,960	11,600	26,100	40,600	58,000
2d Holiday HT	1,600	4,800	8,000	18,000	28,000	40,000
2d Clb Cpe	1,440	4,320	7,200	16,200	25,200	36,000
2d Sed	1,280	3,840	6,400	14,400	22,400	32,000
4d Sed	1,080	3,240	5,400	12,150	18,900	27,000
1951-52 Series 98, V-8, 122" wb						
2d Conv	2,800	8,400	14,000	31,500	49,000	70,000
2d DeL Holiday HT ('51)	1,680	5,040	8,400	18,900	29,400	42,000
2d Holiday HT	1,640	4,920	8,200	18,450	28,700	41,000
4d Sed	1,120	3,360	5,600	12,600	19,600	28,000
1953 Series 88, V-8, 120" wb						
2d Sed	1,560	4,690	7,820	17,600	27,370	39,100
4d Sed	1,000	3,000	5,000	11,250	17,500	25,000
1953 Series Super 88, V-8, 120" wb						
2d Conv	2,660	7,980	13,300	29,930	46,550	66,500
2d Holiday HT	1,680	5,040	8,400	18,900	29,400	42,000
2d Sed	1,210	3,620	6,040	13,590	21,140	30,200
4d Sed	1,000	3,010	5,020	11,300	17,570	25,100
1953 Classic 98, V-8, 124" wb						
2d Conv	2,940	8,820	14,700	33,080	51,450	73,500
2d Holiday HT	1,720	5,160	8,600	19,350	30,100	43,000
4d Sed	1,060	3,180	5,300	11,930	18,550	26,500
1953 Fiesta 98, V-8, 124" wb						
2d Conv	8,000	24,000	40,000	90,000	140,000	200,000
1954 Series 88, V-8, 122" wb						
2d Holiday HT	1,560	4,680	7,800	17,550	27,300	39,000
2d Sed	1,180	3,550	5,920	13,320	20,720	29,600
4d Sed	980	2,940	4,900	11,030	17,150	24,500
1954 Series Super 88, V-8, 122" wb						
2d Conv	2,640	7,920	13,200	29,700	46,200	66,000
2d Holiday HT	1,640	4,920	8,200	18,450	28,700	41,000
2d Sed	1,210	3,620	6,040	13,590	21,140	30,200
4d Sed	1,000	3,000	5,000	11,250	17,500	25,000
1954 Classic 98, V-8, 126" wb						
2d Starfire Conv	3,700	11,100	18,500	41,630	64,750	92,500
2d DeL Holiday HT	1,800	5,400	9,000	20,250	31,500	45,000
2d Holiday HT	1,760	5,280	8,800	19,800	30,800	44,000
4d Sed	1,080	3,240	5,400	12,150	18,900	27,000
1955 Series 88, V-8, 122" wb						
2d DeL Holiday HT	1,600	4,800	8,000	18,000	28,000	40,000
4d Holiday HT	1,200	3,600	6,000	13,500	21,000	30,000
2d Sed	1,300	3,910	6,520	14,670	22,820	32,600
4d Sed	980	2,940	4,900	11,030	17,150	24,500
1955 Series Super 88, V-8, 122" wb						
2d Conv	3,440	10,320	17,200	38,700	60,200	86,000
2d DeL Holiday HT	1,480	4,440	7,400	16,650	25,900	37,000
4d Holiday HT	1,240	3,720	6,200	13,950	21,700	31,000
2d Sed	1,320	3,970	6,620	14,900	23,170	33,100
4d Sed	1,000	3,000	5,000	11,250	17,500	25,000
1955 Classic 98, V-8, 126" wb						
2d Starfire Conv	4,200	12,600	21,000	47,250	73,500	105,000
2d DeL Holiday HT	1,840	5,520	9,200	20,700	32,200	46,000
4d DeL Holiday HT	1,320	3,960	6,600	14,850	23,100	33,000
4d Sed	1,200	3,600	6,000	13,500	21,000	30,000
1956 Series 88, V-8, 122" wb						
2d Holiday HT	1,680	5,040	8,400	18,900	29,400	42,000
4d Holiday HT	1,320	3,960	6,600	14,850	23,100	33,000
2d Sed	1,400	4,200	7,000	15,750	24,500	35,000
4d Sed	1,060	3,180	5,300	11,930	18,550	26,500
1956 Series Super 88, V-8, 122" wb						
2d Conv	3,440	10,320	17,200	38,700	60,200	86,000
2d Holiday HT	1,760	5,280	8,800	19,800	30,800	44,000
4d Holiday HT	1,560	4,680	7,800	17,550	27,300	39,000
2d Sed	1,480	4,440	7,400	16,650	25,900	37,000
4d Sed	1,100	3,300	5,500	12,380	19,250	27,500
1956 Series 98, V-8, 126" wb						
2d Starfire Conv	4,200	12,600	21,000	47,250	73,500	105,000
2d DeL Holiday HT	1,800	5,400	9,000	20,250	31,500	45,000
4d DeL Holiday HT	1,400	4,200	7,000	15,750	24,500	35,000
4d Sed	1,240	3,720	6,200	13,950	21,700	31,000
1957 Series 88, V-8, 122" wb						
2d Conv	3,200	9,600	16,000	36,000	56,000	80,000
2d Holiday HT	1,720	5,160	8,600	19,350	30,100	43,000
4d Holiday HT	1,400	4,200	7,000	15,750	24,500	35,000
2d Sed	1,120	3,360	5,600	12,600	19,600	28,000

	6	5	4	3	2	1
4d Sed	1,080	3,240	5,400	12,150	18,900	27,000
4d HT Sta Wag	2,600	7,800	13,000	29,250	45,500	65,000
4d Sta Wag	1,440	4,320	7,200	16,200	25,200	36,000
1957 Series Super 88, V-8, 122" wb						
2d Conv	3,640	10,920	18,200	40,950	63,700	91,000
2d Holiday HT	1,840	5,520	9,200	20,700	32,200	46,000
4d Holiday HT	1,520	4,560	7,600	17,100	26,600	38,000
2d Sed	1,200	3,600	6,000	13,500	21,000	30,000
4d Sed	1,120	3,360	5,600	12,600	19,600	28,000
4d HT Sta Wag	3,000	9,000	15,000	33,750	52,500	75,000
1957 Series 98, V-8, 126" wb						
2d Starfire Conv	4,900	14,700	24,500	55,130	85,750	122,500
2d Holiday HT	2,000	6,000	10,000	22,500	35,000	50,000
4d Holiday HT	1,560	4,680	7,800	17,550	27,300	39,000
4d Sed	1,180	3,540	5,900	13,280	20,650	29,500
NOTE: Add 40% for J-2 option.						
1958 Series 88, V-8, 122.5" wb						
2d Conv	2,440	7,320	12,200	27,450	42,700	61,000
2d Holiday HT	1,520	4,560	7,600	17,100	26,600	38,000
4d Holiday HT	1,120	3,360	5,600	12,600	19,600	28,000
2d Sed	1,180	3,540	5,900	13,280	20,650	29,500
4d Sed	980	2,930	4,880	10,980	17,080	24,400
4d HT Sta Wag	2,120	6,360	10,600	23,850	37,100	53,000
4d Sta Wag	1,240	3,720	6,200	13,950	21,700	31,000
1958 Series Super 88, V-8, 122.5" wb						
2d Conv	3,140	9,420	15,700	35,330	54,950	78,500
2d Holiday HT	1,640	4,920	8,200	18,450	28,700	41,000
4d Holiday HT	1,200	3,600	6,000	13,500	21,000	30,000
4d Sed	1,000	3,000	5,000	11,250	17,500	25,000
4d HT Sta Wag	2,280	6,840	11,400	25,650	39,900	57,000
1958 Series 98, V-8, 126.5" wb						
2d Conv	3,920	11,760	19,600	44,100	68,600	98,000
2d Holiday HT	1,600	4,800	8,000	18,000	28,000	40,000
4d Holiday HT	1,280	3,840	6,400	14,400	22,400	32,000
4d Sed	1,040	3,120	5,200	11,700	18,200	26,000
NOTE: Add 30% for J-2 option.						
1959 Series 88, V-8, 123" wb						
2d Conv	1,880	5,640	9,400	21,150	32,900	47,000
2d Holiday HT	1,240	3,720	6,200	13,950	21,700	31,000
4d Holiday HT	1,120	3,360	5,600	12,600	19,600	28,000
4d Sed	920	2,760	4,600	10,350	16,100	23,000
4d Sta Wag	1,120	3,360	5,600	12,600	19,600	28,000
1959 Series Super 88, V-8, 123" wb						
2d Conv	2,000	6,000	10,000	22,500	35,000	50,000
2d Holiday HT	1,320	3,960	6,600	14,850	23,100	33,000
4d Holiday HT	1,200	3,600	6,000	13,500	21,000	30,000
4d Sed	940	2,820	4,700	10,580	16,450	23,500
4d Sta Wag	1,200	3,600	6,000	13,500	21,000	30,000
1959 Series 98, V-8, 126.3" wb						
2d Conv	2,360	7,080	11,800	26,550	41,300	59,000
2d Holiday HT	1,400	4,200	7,000	15,750	24,500	35,000
4d Holiday HT	1,280	3,840	6,400	14,400	22,400	32,000
4d Sed	960	2,880	4,800	10,800	16,800	24,000
NOTE: Add 10% for hp option.						
1960 Series Dynamic 88, V-8, 123" wb						
2d Conv	1,640	4,920	8,200	18,450	28,700	41,000
2d Sed	960	2,880	4,800	10,800	16,800	24,000
2d Holiday HT	1,240	3,720	6,200	13,950	21,700	31,000
4d Holiday HT	1,080	3,240	5,400	12,150	18,900	27,000
4d Sed	920	2,760	4,600	10,350	16,100	23,000
4d Sta Wag	940	2,820	4,700	10,580	16,450	23,500
1960 Series Super 88, V-8, 123" wb						
2d Conv	1,760	5,280	8,800	19,800	30,800	44,000
2d Holiday HT	1,240	3,720	6,200	13,950	21,700	31,000
4d Holiday HT	1,160	3,480	5,800	13,050	20,300	29,000
4d Sed	940	2,820	4,700	10,580	16,450	23,500
4d Sta Wag	960	2,880	4,800	10,800	16,800	24,000
1960 Series 98, V-8, 126.3" wb						
2d Conv	1,920	5,760	9,600	21,600	33,600	48,000
2d Holiday HT	1,320	3,960	6,600	14,850	23,100	33,000
4d Holiday HT	1,200	3,600	6,000	13,500	21,000	30,000
4d Sed	960	2,880	4,800	10,800	16,800	24,000
1961 F-85, V-8, 112" wb						
4d Sed	440	1,320	2,200	4,950	7,700	11,000
2d Clb Cpe	480	1,440	2,400	5,400	8,400	12,000
4d Sta Wag	480	1,440	2,400	5,400	8,400	12,000
1961 Dynamic 88, V-8, 123" wb						
2d Sed	500	1,500	2,500	5,630	8,750	12,500
4d Sed	496	1,488	2,480	5,580	8,680	12,400

	6	5	4	3	2	1
2d Holiday HT	1,240	3,720	6,200	13,950	21,700	31,000
4d Holiday HT	680	2,040	3,400	7,650	11,900	17,000
2d Conv	1,520	4,560	7,600	17,100	26,600	38,000
4d Sta Wag	660	1,980	3,300	7,430	11,550	16,500
1961 Super 88, V-8, 123" wb						
4d Sed	600	1,800	3,000	6,750	10,500	15,000
4d Holiday HT	720	2,160	3,600	8,100	12,600	18,000
2d Holiday HT	1,320	3,960	6,600	14,850	23,100	33,000
2d Conv	1,640	4,920	8,200	18,450	28,700	41,000
4d Sta Wag	680	2,040	3,400	7,650	11,900	17,000
2d Starfire Conv	1,720	5,160	8,600	19,350	30,100	43,000
1961 Series 98, V-8, 126" wb						
4d Twn Sed	700	2,100	3,500	7,880	12,250	17,500
4d Spt Sed	708	2,124	3,540	7,970	12,390	17,700
4d Holiday HT	760	2,280	3,800	8,550	13,300	19,000
2d Holiday HT	1,360	4,080	6,800	15,300	23,800	34,000
2d Conv	1,720	5,160	8,600	19,350	30,100	43,000
NOTE: Add 10% for Cutlass. Deduct 10% for std. line values.						
1962 F-85 Series, V-8, 112" wb						
4d Sed	440	1,320	2,200	4,950	7,700	11,000
2d Cutlass Cpe	480	1,440	2,400	5,400	8,400	12,000
2d Cutlass Conv	640	1,920	3,200	7,200	11,200	16,000
4d Sta Wag	480	1,440	2,400	5,400	8,400	12,000
1962 Jetfire Turbo-charged, V-8, 112" wb						
2d HT	1,000	3,000	5,000	11,250	17,500	25,000
1962 Dynamic 88, V-8, 123" wb						
4d Sed	500	1,500	2,500	5,630	8,750	12,500
4d Holiday HT	680	2,040	3,400	7,650	11,900	17,000
2d Holiday HT	1,280	3,840	6,400	14,400	22,400	32,000
2d Conv	1,520	4,560	7,600	17,100	26,600	38,000
4d Sta Wag	680	2,040	3,400	7,650	11,900	17,000
1962 Super 88, V-8, 123" wb						
4d Sed	690	2,080	3,460	7,790	12,110	17,300
4d Holiday HT	760	2,280	3,800	8,550	13,300	19,000
2d Holiday HT	1,360	4,080	6,800	15,300	23,800	34,000
4d Sta Wag	700	2,100	3,500	7,880	12,250	17,500
1962 Starfire, 345 hp V-8, 123" wb						
2d HT	1,460	4,380	7,300	16,430	25,550	36,500
2d Conv	1,800	5,400	9,000	20,250	31,500	45,000
1962 Series 98, V-8, 126" wb						
4d Twn Sed	660	1,980	3,300	7,430	11,550	16,500
4d Spt Sed	668	2,004	3,340	7,520	11,690	16,700
4d Holiday HT	800	2,400	4,000	9,000	14,000	20,000
2d Holiday Spt HT	1,300	3,900	6,500	14,630	22,750	32,500
2d Conv	1,640	4,920	8,200	18,450	28,700	41,000
1963 F-85 Series, V-8, 112" wb						
4d Sed	440	1,320	2,200	4,950	7,700	11,000
2d Cutlass Cpe	480	1,440	2,400	5,400	8,400	12,000
2d Cutlass Conv	680	2,040	3,400	7,650	11,900	17,000
4d Sta Wag	460	1,380	2,300	5,180	8,050	11,500
NOTE: Deduct 5% for V-6 engine.						
1963 Jetfire Series, V-8, 112" wb						
2d HT	920	2,760	4,600	10,350	16,100	23,000
1963 Dynamic 88, V-8, 123" wb						
4d Sed	620	1,860	3,100	6,980	10,850	15,500
4d Holiday HT	680	2,040	3,400	7,650	11,900	17,000
2d Holiday HT	1,040	3,120	5,200	11,700	18,200	26,000
2d Conv	1,240	3,720	6,200	13,950	21,700	31,000
4d Sta Wag	720	2,160	3,600	8,100	12,600	18,000
1963 Super 88, V-8, 123" wb						
4d Sed	680	2,040	3,400	7,650	11,900	17,000
4d Holiday HT	760	2,280	3,800	8,550	13,300	19,000
2d Holiday HT	1,360	4,080	6,800	15,300	23,800	34,000
4d Sta Wag	760	2,280	3,800	8,550	13,300	19,000
1963 Starfire, V-8, 123" wb						
2d Cpe	1,450	4,360	7,260	16,340	25,410	36,300
2d Conv	1,800	5,400	9,000	20,250	31,500	45,000
1963 Series 98, V-8, 126" wb						
4d Sed	660	1,980	3,300	7,430	11,550	16,500
4d 4W Holiday HT	680	2,040	3,400	7,650	11,900	17,000
4d 6W Holiday HT	700	2,100	3,500	7,880	12,250	17,500
2d Holiday HT	1,300	3,900	6,500	14,630	22,750	32,500
2d Cus Spt HT	1,360	4,080	6,800	15,300	23,800	34,000
2d Conv	1,680	5,040	8,400	18,900	29,400	42,000
1964 F-85 Series, V-8, 115" wb						
2d Cpe	448	1,344	2,240	5,040	7,840	11,200
4d Sed	440	1,320	2,200	4,950	7,700	11,000
4d Sta Wag	452	1,356	2,260	5,090	7,910	11,300
NOTE: Deduct 5% for V-6 engine.						

	6	5	4	3	2	1
1964 Cutlass Series, V-8						
2d Spt Cpe	480	1,440	2,400	5,400	8,400	12,000
2d HT	620	1,860	3,100	6,980	10,850	15,500
2d Conv	720	2,160	3,600	8,100	12,600	18,000
1964 Cutlass 4-4-2						
2d Sed	1,360	4,080	6,800	15,300	23,800	34,000
2d HT	1,520	4,560	7,600	17,100	26,600	38,000
2d Conv	2,040	6,120	10,200	22,950	35,700	51,000
1964 Vista Cruiser, V-8, 120" wb						
4d Sta Wag	600	1,800	3,000	6,750	10,500	15,000
4d Cus Wag	608	1,824	3,040	6,840	10,640	15,200
1964 Jetstar, V-8, 123" wb						
4d Sed	600	1,800	3,000	6,750	10,500	15,000
4d HT	660	1,980	3,300	7,430	11,550	16,500
2d HT	920	2,760	4,600	10,350	16,100	23,000
2d Conv	1,280	3,840	6,400	14,400	22,400	32,000
1964 Jetstar I, V-8, 123" wb						
2d HT	1,080	3,240	5,400	12,150	18,900	27,000
1964 Dynamic 88, V-8, 123" wb						
4d Sed	620	1,860	3,100	6,980	10,850	15,500
4d HT	680	2,040	3,400	7,650	11,900	17,000
2d HT	1,040	3,120	5,200	11,700	18,200	26,000
2d Conv	1,360	4,080	6,800	15,300	23,800	34,000
4d Sta Wag	840	2,520	4,200	9,450	14,700	21,000
1964 Super 88, V-8, 123" wb						
4d Sed	640	1,920	3,200	7,200	11,200	16,000
4d HT	720	2,160	3,600	8,100	12,600	18,000
1964 Starfire, 123" wb						
2d HT	1,340	4,020	6,700	15,080	23,450	33,500
2d Conv	1,720	5,160	8,600	19,350	30,100	43,000
NOTE: Add 20% for J code engine. Deduct 10% for 3 speed trans.						
1964 Series 98, V-8, 126" wb						
4d Sed	660	1,980	3,300	7,430	11,550	16,500
4d 6W HT	760	2,280	3,800	8,550	13,300	19,000
4d 4W HT	780	2,340	3,900	8,780	13,650	19,500
2d HT	1,120	3,360	5,600	12,600	19,600	28,000
2d Cus Spt HT	1,140	3,420	5,700	12,830	19,950	28,500
2d Conv	1,680	5,040	8,400	18,900	29,400	42,000
1965 F-85 Series, V-8, 115" wb						
4d Sed	444	1,332	2,220	5,000	7,770	11,100
2d Cpe	456	1,368	2,280	5,130	7,980	11,400
4d Sta Wag	448	1,344	2,240	5,040	7,840	11,200
4d DeL Sed	452	1,356	2,260	5,090	7,910	11,300
4d DeL Sta Wag	460	1,380	2,300	5,180	8,050	11,500
1965 Cutlass Series, V-8, 115" wb						
2d Cpe	500	1,500	2,500	5,630	8,750	12,500
2d HT	660	1,980	3,300	7,430	11,550	16,500
2d Conv	700	2,100	3,500	7,880	12,250	17,500
1965 Cutlass 4-4-2						
2d Sed	1,400	4,200	7,000	15,750	24,500	35,000
2d HT	1,560	4,680	7,800	17,550	27,300	39,000
2d Conv	2,080	6,240	10,400	23,400	36,400	52,000
1965 Vista Cruiser, V-8, 120" wb						
4d Sta Wag	480	1,440	2,400	5,400	8,400	12,000
1965 Jetstar Series, V-8, 123" wb						
4d Sed	472	1,416	2,360	5,310	8,260	11,800
4d HT	620	1,860	3,100	6,980	10,850	15,500
2d HT	900	2,700	4,500	10,130	15,750	22,500
2d Conv	960	2,880	4,800	10,800	16,800	24,000
1965 Dynamic 88, V-8, 123" wb						
4d Sed	480	1,440	2,400	5,400	8,400	12,000
4d HT	660	1,980	3,300	7,430	11,550	16,500
2d HT	700	2,100	3,500	7,880	12,250	17,500
2d Conv	840	2,520	4,200	9,450	14,700	21,000
1965 Delta 88, V-8, 123" wb						
4d Sed	500	1,500	2,500	5,630	8,750	12,500
4d HT	660	1,980	3,300	7,430	11,550	16,500
2d HT	740	2,220	3,700	8,330	12,950	18,500
1965 Jetstar I, V-8, 123" wb						
2d HT	960	2,880	4,800	10,800	16,800	24,000
1965 Starfire, 123" wb						
2d HT	840	2,520	4,200	9,450	14,700	21,000
2d Conv	920	2,760	4,600	10,350	16,100	23,000
1965 Series 98, V-8, 126" wb						
4d Twn Sed	600	1,800	3,000	6,750	10,500	15,000
4d Lux Sed	608	1,824	3,040	6,840	10,640	15,200
4d HT	640	1,920	3,200	7,200	11,200	16,000
2d HT	760	2,280	3,800	8,550	13,300	19,000
2d Conv	920	2,760	4,600	10,350	16,100	23,000

OLDSMOBILE

	6	5	4	3	2	1
1966 F-85 Series, Standard V-8, 115" wb						
4d Sed	444	1,332	2,220	5,000	7,770	11,100
2d Cpe	460	1,380	2,300	5,180	8,050	11,500
4d Sta Wag	464	1,392	2,320	5,220	8,120	11,600
1966 F-85 Series, Deluxe, V-8, 115" wb						
4d Sed	448	1,344	2,240	5,040	7,840	11,200
4d HT	464	1,392	2,320	5,220	8,120	11,600
2d HT	600	1,800	3,000	6,750	10,500	15,000
4d Sta Wag	468	1,404	2,340	5,270	8,190	11,700
1966 Cutlass, V-8, 115" wb						
4d Sed	452	1,356	2,260	5,090	7,910	11,300
4d HT	468	1,404	2,340	5,270	8,190	11,700
2d Cpe	464	1,392	2,320	5,220	8,120	11,600
2d HT	620	1,860	3,100	6,980	10,850	15,500
2d Conv	800	2,400	4,000	9,000	14,000	20,000
1966 Cutlass 4-4-2						
2d Sed	1,400	4,200	7,000	15,750	24,500	35,000
2d HT	1,560	4,680	7,800	17,550	27,300	39,000
2d Conv	2,080	6,240	10,400	23,400	36,400	52,000
NOTE: Add 30% for triple two-barrel carbs; 90% for W-30.						
1966 Vista Cruiser, V-8, 120" wb						
4d 3S Sta Wag	500	1,500	2,500	5,630	8,750	12,500
4d 2S Sta Wag	492	1,476	2,460	5,540	8,610	12,300
4d 3S Cus Sta Wag	508	1,524	2,540	5,720	8,890	12,700
4d 2S Cus Sta Wag	500	1,500	2,500	5,630	8,750	12,500
1966 Jetstar 88, V-8, 123" wb						
4d Sed	460	1,380	2,300	5,180	8,050	11,500
4d HT	480	1,440	2,400	5,400	8,400	12,000
2d HT	640	1,920	3,200	7,200	11,200	16,000
1966 Dynamic 88, V-8, 123" wb						
4d Sed	468	1,404	2,340	5,270	8,190	11,700
4d HT	500	1,500	2,500	5,630	8,750	12,500
2d HT	668	2,004	3,340	7,520	11,690	16,700
2d Conv	720	2,160	3,600	8,100	12,600	18,000
1966 Delta 88, V-8, 123" wb						
4d Sed	480	1,440	2,400	5,400	8,400	12,000
4d HT	600	1,800	3,000	6,750	10,500	15,000
2d HT	680	2,040	3,400	7,650	11,900	17,000
2d Conv	720	2,160	3,600	8,100	12,600	18,000
1966 Starfire, V-8, 123" wb						
2d HT	760	2,280	3,800	8,550	13,300	19,000
1966 Ninety-Eight, V-8, 126" wb						
4d Twn Sed	488	1,464	2,440	5,490	8,540	12,200
4d Lux Sed	492	1,476	2,460	5,540	8,610	12,300
4d HT	620	1,860	3,100	6,980	10,850	15,500
2d HT	720	2,160	3,600	8,100	12,600	18,000
2d Conv	800	2,400	4,000	9,000	14,000	20,000
1966 Toronado, FWD V-8, 119" wb						
2d Spt HT	840	2,520	4,200	9,450	14,700	21,000
2d Cus HT	920	2,760	4,600	10,350	16,100	23,000
1967 F-85 Series, Standard, V-8, 115" wb						
4d Sed	444	1,332	2,220	5,000	7,770	11,100
2d Cpe	460	1,380	2,300	5,180	8,050	11,500
4d 2S Sta Wag	448	1,344	2,240	5,040	7,840	11,200
1967 Cutlass, V-8, 115" wb						
4d Sed	452	1,356	2,260	5,090	7,910	11,300
4d HT	460	1,380	2,300	5,180	8,050	11,500
2d HT	620	1,860	3,100	6,980	10,850	15,500
2d Conv	920	2,760	4,600	10,350	16,100	23,000
4d 2S Sta Wag	460	1,380	2,300	5,180	8,050	11,500
NOTE: Deduct 20% for 6-cyl.						
1967 Cutlass Supreme, V-8, 115" wb						
4d Sed	460	1,380	2,300	5,180	8,050	11,500
4d HT	476	1,428	2,380	5,360	8,330	11,900
2d Cpe	484	1,452	2,420	5,450	8,470	12,100
2d HT	720	2,160	3,600	8,100	12,600	18,000
2d Conv	960	2,880	4,800	10,800	16,800	24,000
1967 Cutlass 4-4-2						
2d Sed	1,600	4,800	8,000	18,000	28,000	40,000
2d HT	2,120	6,360	10,600	23,850	37,100	53,000
2d Conv	3,000	9,000	15,000	33,750	52,500	75,000
NOTE: Add 70% for W-30.						
1967 Vista Cruiser, V-8, 120" wb						
4d 3S Sta Wag	480	1,440	2,400	5,400	8,400	12,000
4d 2S Cus Sta Wag	500	1,500	2,500	5,630	8,750	12,500
4d 3S Cus Sta Wag	508	1,524	2,540	5,720	8,890	12,700
1967 Delmont 88, 330 V-8, 123" wb						
4d Sed	440	1,320	2,200	4,950	7,700	11,000
4d HT	460	1,380	2,300	5,180	8,050	11,500

	6	5	4	3	2	1
2d HT	600	1,800	3,000	6,750	10,500	15,000
1967 Delmont 88, 425 V-8, 123" wb						
4d Sed	460	1,380	2,300	5,180	8,050	11,500
4d HT	480	1,440	2,400	5,400	8,400	12,000
2d HT	620	1,860	3,100	6,980	10,850	15,500
2d Conv	800	2,400	4,000	9,000	14,000	20,000
1967 Delta 88, V-8, 123" wb						
4d Sed	472	1,416	2,360	5,310	8,260	11,800
4d HT	492	1,476	2,460	5,540	8,610	12,300
2d HT	660	1,980	3,300	7,430	11,550	16,500
2d Conv	880	2,640	4,400	9,900	15,400	22,000
1967 Delta 88, Custom V-8, 123" wb						
4d HT	500	1,500	2,500	5,630	8,750	12,500
2d HT	672	2,016	3,360	7,560	11,760	16,800
1967 Ninety-Eight, V-8, 126" wb						
4d Twn Sed	500	1,500	2,500	5,630	8,750	12,500
4d Lux Sed	504	1,512	2,520	5,670	8,820	12,600
4d HT	612	1,836	3,060	6,890	10,710	15,300
2d HT	680	2,040	3,400	7,650	11,900	17,000
2d Conv	920	2,760	4,600	10,350	16,100	23,000
1967 Toronado, V-8, 119" wb						
2d HT	840	2,520	4,200	9,450	14,700	21,000
2d Cus HT	920	2,760	4,600	10,350	16,100	23,000
NOTE: Add 10% for "425" Delmont Series; 30% for W-30.						
1968 F-85, V-8, 116" wb, 2d 112" wb						
4d Sed	690	2,060	3,440	7,740	12,040	17,200
2d Cpe	700	2,100	3,500	7,880	12,250	17,500
1968 Cutlass, V-8, 116" wb, 2d 112" wb						
4d Sed	690	2,080	3,460	7,790	12,110	17,300
4d HT	700	2,090	3,480	7,830	12,180	17,400
2d Cpe S	710	2,120	3,540	7,970	12,390	17,700
2d HT S	840	2,520	4,200	9,450	14,700	21,000
2d Conv S	1,160	3,480	5,800	13,050	20,300	29,000
4d Sta Wag	700	2,100	3,500	7,880	12,250	17,500
1968 Cutlass Supreme, V-8, 116" wb, 2d 112" wb						
4d Sed	700	2,100	3,500	7,880	12,250	17,500
4d HT	720	2,150	3,580	8,060	12,530	17,900
2d HT	900	2,700	4,500	10,130	15,750	22,500
NOTE: Deduct 5% for 6-cyl.						
1968 4-4-2, V-8, 112" wb						
2d Cpe	1,840	5,520	9,200	20,700	32,200	46,000
2d HT	2,040	6,120	10,200	22,950	35,700	51,000
2d Conv	2,800	8,400	14,000	31,500	49,000	70,000
1968 Hurst/Olds						
2d HT	3,600	10,800	18,000	40,500	63,000	90,000
2d Sed	3,000	9,000	15,000	33,750	52,500	75,000
1968 Vista Cruiser, V-8, 121" wb						
4d 2S Sta Wag	790	2,360	3,940	8,870	13,790	19,700
4d 3S Sta Wag	800	2,400	4,000	9,000	14,000	20,000
1968 Delmont 88, V-8, 123" wb						
4d Sed	460	1,380	2,300	5,180	8,050	11,500
4d HT	468	1,404	2,340	5,270	8,190	11,700
2d HT	620	1,860	3,100	6,980	10,850	15,500
2d Conv	840	2,520	4,200	9,450	14,700	21,000
1968 Delta 88, V-8, 123" wb						
4d Sed	468	1,404	2,340	5,270	8,190	11,700
2d HT	640	1,920	3,200	7,200	11,200	16,000
4d HT	480	1,440	2,400	5,400	8,400	12,000
1968 Delta 88, Custom V-8, 123" wb						
4d HT	500	1,500	2,500	5,630	8,750	12,500
2d HT	670	2,020	3,360	7,560	11,760	16,800
1968 Ninety-Eight, V-8, 126" wb						
4d Sed	488	1,464	2,440	5,490	8,540	12,200
4d Lux Sed	496	1,488	2,480	5,580	8,680	12,400
4d HT	600	1,800	3,000	6,750	10,500	15,000
2d HT	680	2,040	3,400	7,650	11,900	17,000
2d Conv	880	2,640	4,400	9,900	15,400	22,000
1968 Toronado, V-8, 119" wb						
2d Cus Cpe	800	2,400	4,000	9,000	14,000	20,000
NOTE: Add 40% for W-30; 20% for 455 when not standard; 20% for W-34 option on Toronado.						
1969 F-85, V-8, 116" wb, 2d 112" wb						
2d Cpe	680	2,040	3,400	7,650	11,900	17,000
1969 Cutlass, V-8, 116" wb, 2d 112" wb						
4d Sed	620	1,870	3,120	7,020	10,920	15,600
4d HT	630	1,880	3,140	7,070	10,990	15,700
4d Sta Wag	630	1,880	3,140	7,070	10,990	15,700
1969 Cutlass S						
2d Cpe	700	2,100	3,500	7,880	12,250	17,500
2d HT	880	2,640	4,400	9,900	15,400	22,000

OLDSMOBILE

	6	5	4	3	2	1
2d Conv 1,120		3,360	5,600	12,600	19,600	28,000
1969 Cutlass Supreme, V-8, 116" wb, 2d 112" wb						
4d Sed 680		2,050	3,420	7,700	11,970	17,100
4d HT 700		2,100	3,500	7,880	12,250	17,500
2d HT 1,040		3,120	5,200	11,700	18,200	26,000
1969 4-4-2, V-8, 112" wb						
2d Cpe 1,840		5,520	9,200	20,700	32,200	46,000
2d HT 2,040		6,120	10,200	22,950	35,700	51,000
2d Conv 3,000		9,000	15,000	33,750	52,500	75,000
1969 Hurst/Olds						
2d HT 3,700		11,100	18,500	41,630	64,750	92,500
1969 Vista Cruiser						
4d 2S Sta Wag 770		2,300	3,840	8,640	13,440	19,200
4d 3S Sta Wag 770		2,320	3,860	8,690	13,510	19,300
1969 Delta 88, V-8, 124" wb						
4d Sed 480		1,440	2,400	5,400	8,400	12,000
2d Conv 720		2,160	3,600	8,100	12,600	18,000
4d HT 500		1,500	2,500	5,630	8,750	12,500
2d HT 640		1,920	3,200	7,200	11,200	16,000
1969 Delta 88 Custom, V-8, 124" wb						
4d Sed 472		1,416	2,360	5,310	8,260	11,800
4d HT 600		1,800	3,000	6,750	10,500	15,000
2d HT 660		1,980	3,300	7,430	11,550	16,500
1969 Delta 88 Royale, V-8, 124" wb						
2d HT 680		2,040	3,400	7,650	11,900	17,000
1969 Ninety-Eight, V-8, 127" wb						
4d Sed 500		1,500	2,500	5,630	8,750	12,500
4d Lux Sed 504		1,512	2,520	5,670	8,820	12,600
4d Lux HT 624		1,872	3,120	7,020	10,920	15,600
4d HT 620		1,860	3,100	6,980	10,850	15,500
2d HT 720		2,160	3,600	8,100	12,600	18,000
2d Conv 800		2,400	4,000	9,000	14,000	20,000
2d Cus Cpe 628		1,884	3,140	7,070	10,990	15,700
1969 Toronado, V-8, 119" wb						
2d HT 800		2,400	4,000	9,000	14,000	20,000

NOTE: Add 40% for W-30; 30% for W-31; 20% for W-34 option on Toronado; 20% for 455 when not standard.

	6	5	4	3	2	1
1970 F-85, 350/250 V-8, 116" wb, 2d 112" wb						
2d Cpe 540		1,620	2,700	6,080	9,450	13,500
1970 Cutlass, 350/250 V-8, 116" wb, 2d 112" wb						
4d Sed 600		1,800	3,000	6,750	10,500	15,000
4d HT 680		2,040	3,400	7,650	11,900	17,000
4d Sta Wag 710		2,120	3,540	7,970	12,390	17,700
2d "S" Cpe 660		1,980	3,300	7,430	11,550	16,500
2d "S" HT 760		2,280	3,800	9,500	13,300	19,000
1970 Cutlass Supreme, 350/310 V-8, 112" wb						
4d HT 700		2,100	3,500	7,880	12,250	17,500
2d HT 840		2,520	4,200	9,450	14,700	21,000
2d Conv 1,340		4,020	6,700	15,080	23,450	33,500
1970 4-4-2, 455/365 V-8, 112" wb						
2d Cpe 1,960		5,880	9,800	22,050	34,300	49,000
2d HT 2,280		6,840	11,400	25,650	39,900	57,000
2d Conv 3,200		9,600	16,000	36,000	56,000	80,000
1970 Cutlass Vista Cruiser, 350/250 V-8, 121" wb						
4d Sta Wag 800		2,400	4,000	9,000	14,000	20,000

1970 Cutlass Options (all options may not be available on all models)
NOTE: Deduct 10% for 6-cyl. Add 20% for 4-speed; 50% for Indy Pace Car; 50% for W45 Rallyee 350 with 350/310 V-8 (F-85 & Cutlass); 5% for 350/310 V-8 (std. Cutlass Supreme); 10% for 350/325 V-8; 50% for W31 pkg. with 350 OAI V-8 and more; 10% for SX; 20% for 455/320 V-8; 25% for 455/365 V-8 (std.

	6	5	4	3	2	1
1970 Delta 88, 350/250 V-8, 124" wb						
4d Sed 440		1,320	2,200	4,950	7,700	11,000
4d HT 500		1,500	2,500	5,630	8,750	12,500
2d HT 620		1,860	3,100	6,980	10,850	15,500
2d Conv 1,000		3,000	5,000	11,250	17,500	25,000
1970 Delta 88 Royale, 350/250 V-8, 124" wb						
2d HT 660		1,980	3,300	7,430	11,550	16,500
1970 Ninety-Eight, 455/390 V-8, 127" wb						
4d Sed 480		1,440	2,400	5,400	8,400	12,000
4d HT 520		1,560	2,600	5,850	9,100	13,000
2d HT 670		2,020	3,360	7,560	11,760	16,800
2d Conv 1,240		3,720	6,200	13,950	21,700	31,000
4d Lux Sed 500		1,510	2,520	5,670	8,820	12,600
4d Lux HT 540		1,620	2,700	6,080	9,450	13,500

1970 Full-size options (all options may not be available on all models)
NOTE: Deduct 10% for 6-cyl. Add 10% for Delta 88 Custom; 15% for 455/310 V-8; 20% for 455/365 V-8; 60% for W33 pkg. that includes 455/390 V-8 and more.

	6	5	4	3	2	1
1970 Toronado, 455/375 V-8, 119" wb						
2d HT 800		2,400	4,000	9,000	14,000	20,000
2d Cus HT 880		2,640	4,400	9,900	15,400	22,000

1970 Toronado options
NOTE: Add 20% for GT

1971 F-85, 350/240 V-8, 116" wb, 2d 112" wb

	6	5	4	3	2	1
4d Town Sed.	550	1,640	2,740	6,170	9,590	13,700

1971 Cutlass, 350/240 V-8, 116" wb, 2d 112" wb

	6	5	4	3	2	1
4d Sed	540	1,620	2,700	6,080	9,450	13,500
2d HT	780	2,340	3,900	8,780	13,650	19,500
4d Cruiser Wag.	710	2,120	3,540	7,970	12,390	17,700
2d "S" Cpe	660	1,980	3,300	7,430	11,550	16,500
2d "S" HT	760	2,280	3,800	8,550	13,300	19,000

1971 Cutlass Supreme, 350/260 V-8, 112" wb

	6	5	4	3	2	1
4d HT	680	2,040	3,400	7,650	11,900	17,000
2d HT	820	2,460	4,100	9,230	14,350	20,500
2d Conv	1,320	3,960	6,600	14,850	23,100	33,000

1971 4-4-2, 455/340 V-8, 112" wb

	6	5	4	3	2	1
2d HT	2,280	6,840	11,400	25,650	39,900	57,000
2d Conv	3,200	9,600	16,000	36,000	56,000	80,000

1971 Cutlass Vista Cruiser, 350/240 V-8, 121" wb

	6	5	4	3	2	1
4d Sta Wag.	800	2,400	4,000	9,000	14,000	20,000

1971 Cutlass options (all options may not be available on all models)
NOTE: Deduct 10% for 6-cyl. Add 20% for 4-speed; 5% for 350/260 V-8 (std. Cutlass Supreme); 20% for 455/320 V-8; 25% for 455/340 V-8 (std. in 4-4-2); 100% for W30 pkg. with 455/340 OAI V-8 and more

1971 Delta 88, 350/250 V-8, 124" wb

	6	5	4	3	2	1
4d Sed	420	1,260	2,100	4,730	7,350	10,500
4d HT	500	1,500	2,500	5,630	8,750	12,500
2d HT	620	1,860	3,100	6,980	10,850	15,500

1971 Delta 88 Royale, 350/250 V-8, 124" wb

	6	5	4	3	2	1
2d HT	660	1,970	3,280	7,380	11,480	16,400
2d Conv	940	2,820	4,700	10,580	16,450	23,500

1971 Ninety-Eight, 455/320 V-8, 127" wb

	6	5	4	3	2	1
4d Sed	480	1,440	2,400	5,400	8,400	12,000
2d HT	640	1,920	3,200	7,200	11,200	16,000
4d Lux Sed	500	1,510	2,520	5,670	8,820	12,600
2d Lux HT	680	2,040	3,400	7,650	11,900	17,000

1971 Custom Cruiser, 350/250 V-8, 127" wb

	6	5	4	3	2	1
4d Sta Wag.	740	2,220	3,700	8,330	12,950	18,500

1971 Full-size options (all options may not be available on all models)
NOTE: Add 10% for Delta 88 Custom; 15% for 455/280 V-8; 20% for 455/320 V-8; 60% for W33 pkg. that includes 455/390 V-8 and more.

1971 Toronado, 455/350 V-8, 122" wb

	6	5	4	3	2	1
2d Cus HT	800	2,400	4,000	9,000	14,000	20,000

NOTE: Add 5% for Brougham

1972 F-85, 350/160 V-8, 116" wb, 2d 112" sb

	6	5	4	3	2	1
4d Town Sed.	360	1,080	1,800	4,050	6,300	9,000

1972 Cutlass, 350/160 V-8, 116" wb, 2d 112" wb

	6	5	4	3	2	1
4d Sed	420	1,260	2,100	4,730	7,350	10,500
2d HT	740	2,220	3,700	8,330	12,950	18,500
4d Sta Wag.	660	1,980	3,300	7,430	11,550	16,500

1972 Cutlass "S", 350/160 V-8, 116" wb, 112" wb

	6	5	4	3	2	1
2d Cpe	700	2,100	3,500	7,880	12,250	17,500
2d HT	750	2,260	3,760	8,460	13,100	18,800

1972 Cutlass Supreme, 350/180 V-8, 112" wb

	6	5	4	3	2	1
4d HT	660	1,990	3,320	7,470	11,620	16,600
2d HT	760	2,280	3,800	8,550	13,300	19,000
2d Conv	1,300	3,900	6,500	14,630	22,750	32,500

1972 Hurst/Olds, 455/270 V-8, 112" wb

	6	5	4	3	2	1
2d HT	2,200	6,600	11,000	24,750	38,500	55,000
2d Conv	3,000	9,000	15,000	33,750	52,500	75,000

1972 Cutlass Vista Cruiser, 121" wb

	6	5	4	3	2	1
4d Sta Wag.	740	2,220	3,700	8,330	12,950	18,500

1972 Cutlass options (all options may not be available on all models)
NOTE: Deduct 10% for 6-cyl. Add 20% for 4-speed; 5% for 350/180 V-8 (std. Cutlass Supreme); 15% for 350/200 V-8 (std. Cutlass Supreme); 20% for 455/270 V-8; 25% for 455/300 V-8; 50% for W30 pkg. (includes 455/300 V-98 and more); 50% for 4-4-2 pkg. (RPO W29 - the 442 option was not only a trim pkg. available on the Cutlass (with 350 2V V-8), Cutlass S (with 350 2V V-8) and Cutlass Supreme convertible (with 350 4V V-8)

1972 Delta 88, 350/160 V-8, 124" wb

	6	5	4	3	2	1
4d Sed	410	1,230	2,050	4,610	7,180	10,250
2d HT	580	1,740	2,900	6,530	10,150	14,500

1972 Delta 88 Royale, 350/160 124" wb

	6	5	4	3	2	1
4d Sed	410	1,240	2,060	4,640	7,210	10,300
4d HT	500	1,490	2,480	5,580	8,680	12,400
2d HT	650	1,940	3,240	7,290	11,340	16,200
2d Conv	930	2,800	4,660	10,490	16,310	23,300

1972 Custom Cruiser, 455/225 V-8, 127" wb

	6	5	4	3	2	1
4d Sta Wag.	620	1,860	3,100	6,980	10,850	15,500

1972 Ninety-Eight, 455/225 V-8, 127" wb

	6	5	4	3	2	1
4d Sed	470	1,420	2,360	5,310	8,260	11,800
2d HT	630	1,900	3,160	7,110	11,060	15,800
4d Lux Sed	500	1,490	2,480	5,580	8,680	12,400

OLDSMOBILE

	6	5	4	3	2	1
2d Lux HT....................................	670	2,020	3,360	7,560	11,760	16,800

1972 Full-size options (all options may not be available on all models)
NOTE: Add 10% for Regency 75th Anniversary pkg.; 10% for 350/180 V-8; 15% for 455/225 V-8; 20% for 455/250 V-8; 60% for W33 pkg. that includes 455/390 V-8 and more.

1972 Toronado, 455/225 V-8, 122" wb

	6	5	4	3	2	1
2d Cus HT.................................	800	2,400	4,000	9,000	14,000	20,000

NOTE: Add 5% for Brougham; 20% for 455/250 V-8

1973 Omega, 350/180 V-8, 111" wb

	6	5	4	3	2	1
4d Sed...................................	240	720	1,200	2,700	4,200	6,000
2d Cpe...................................	300	900	1,500	3,380	5,250	7,500
2d HBk...................................	260	780	1,300	2,930	4,550	6,500

1973 Omega options
NOTE: Deduct 10% for 6-cyl.

1973 Cutlass, 350/180 V-8, 116" wb, 2d 112" wb

	6	5	4	3	2	1
4d Colonnade..............................	320	960	1,600	3,600	5,600	8,000
2d Colonnade..............................	380	1,140	1,900	4,280	6,650	9,500

1973 Cutlass "S", 350/180 V-8, 116" wb, 112" wb

	6	5	4	3	2	1
2d Colonnade..............................	420	1,260	2,100	4,730	7,350	10,500

1973 Cutlass Supreme, 350/180 V-8, 112" wb

	6	5	4	3	2	1
4d Colonnade..............................	360	1,080	1,800	4,050	6,300	9,000
2d Colonnade..............................	440	1,320	2,200	4,950	7,700	11,000

1973 Cutlass Vista Cruiser, 350/180 V-8, 116" wb

	6	5	4	3	2	1
4d Sta Wag................................	560	1,680	2,800	6,300	9,800	14,000

1973 Hurst/Olds (based on Cutlass "S" cpe) 455/250 V-8, 112" wb

	6	5	4	3	2	1
2d Colonnade..............................	1,200	3,600	6,000	13,500	21,000	30,000

1973 Cutlass options (all options may not be available on all models0
NOTE: Deduct 10% for 6-cyl. Add 20% for 4-speed; 5% for 350/180 V-8 (std. Cutlass Supreme); 15% for 350/200 V-8 (std. Cutlass Supreme); 20% for 455/270 V-8 (with 4-speed manual transmission only); 25% for 455/300 V-8; 50% for W30 pkg. (includes 455/300 V-98 and more; 50% for 4-4-2 pkg. (RPO W29 - the 442 option was now a trim pkg. on the Cutlass, Cutlass "S" and Cutlass Supreme convertible. Engines: 350/180, 350/200, 455/250, plus 455/270 with 4-speed only.

1973 Delta 88, 350/160 V-8, 124" wb

	6	5	4	3	2	1
4d Sed...................................	360	1,080	1,800	4,050	6,300	9,000
4d HT....................................	400	1,190	1,980	4,460	6,930	9,900
2d HT....................................	530	1,580	2,640	5,940	9,240	13,200

1973 Delta 88 Royale, 350/160 V-8, 124" wb

	6	5	4	3	2	1
4d Sed...................................	380	1,140	1,900	4,280	6,650	9,500
4d HT....................................	420	1,250	2,080	4,680	7,280	10,400
2d HT....................................	580	1,740	2,900	6,530	10,150	14,500
2d Conv..................................	920	2,760	4,600	10,350	16,100	23,000

1973 Custom Cruiser, 455/225 V-8, 127" wb

	6	5	4	3	2	1
4d Sta Wag...............................	540	1,620	2,700	6,080	9,450	13,500

1973 Ninety-Eight, 455/225 V-8, 127" wb

	6	5	4	3	2	1
4d HT....................................	410	1,240	2,060	4,640	7,210	10,300
2d HT....................................	620	1,860	3,100	6,980	10,850	15,500
4d Lux Sed...............................	440	1,320	2,200	4,950	7,700	11,000
2d Lux HT................................	680	2,040	3,400	7,650	11,900	17,000
4d Regency Sed...........................	500	1,500	2,500	5,630	8,750	12,500

1973 Full-size options (all options may not be available on all models)
NOTE: Add 10% for Regency 75th Anniversary pkg.

1973 Toronado, 455/250 V-8, 122" wb

	6	5	4	3	2	1
2d Cus HT................................	700	2,100	3,500	7,880	12,250	17,500

1973 Toronado options
NOTE: Add 5% for Brougham.

1974 Omega, 260/110 V-8, 111" wb

	6	5	4	3	2	1
4d Sed...................................	240	710	1,180	2,660	4,130	5,900
2d Cpe...................................	300	890	1,480	3,330	5,180	7,400
2d HBk...................................	250	760	1,260	2,840	4,410	6,300

1974 Omega options
NOTE: Deduct 10% for 6-cyl.

1974 Cutlass, 350/180 V-8, 116" wb, 2d 112" wb

	6	5	4	3	2	1
4d Colonnade..............................	310	920	1,540	3,470	5,390	7,700
2d Colonnade..............................	360	1,080	1,800	4,050	6,300	9,000

1974 Cutlass "S", 350/180 V-8, 116" wb, 2d 112" wb

	6	5	4	3	2	1
2d Colonnade..............................	410	1,240	2,060	4,640	7,210	10,300

1974 Cutlass Supreme, 350/180 V-8, 112" wb

	6	5	4	3	2	1
4d Colonnade..............................	360	1,080	1,800	4,050	6,300	9,000
2d Colonnade..............................	440	1,320	2,200	4,950	7,700	11,000

1974 Station Wagons, 350/180 V-8, 116" wb

	6	5	4	3	2	1
4d Cruiser................................	480	1,440	2,400	5,400	8,400	12,000
4d Vista Cruiser	520	1,560	2,600	5,850	9,100	13,000

1974 Hurst/Olds (based on Cutlass "S" cpe) 455/250 V-8, 112" wb

	6	5	4	3	2	1
2d Colonnade..............................	1,220	3,660	6,100	13,730	21,350	30,500

1974 Cutlass options (all options may not be available on all models)
NOTE: Deduct 10% for 6-cyl. Add 15% for 350/200 V-8 (std. Cutlass Supreme); 20% for 455/230 V-8; 25% for 455/275 V-8; 50% for 4-4-2 pkg.; 15% for Indy Pace Car pkg.

1974 Delta 88, 350/160 V-8, 124" wb

	6	5	4	3	2	1
4d Sed...................................	330	1,000	1,660	3,740	5,810	8,300
4d HT....................................	390	1,160	1,940	4,370	6,790	9,700
2d HT....................................	480	1,450	2,420	5,450	8,470	12,100

	6	5	4	3	2	1	335

1974 Delta 88 Royale, 350/160 V-8, 124" wb

	6	5	4	3	2	1
4d Sed	370	1,120	1,860	4,190	6,510	9,300
4d HT	410	1,220	2,040	4,590	7,140	10,200
2d HT	540	1,620	2,700	6,080	9,450	13,500
2d Conv	900	2,700	4,500	10,130	15,750	22,500

1974 Custom Cruiser, 455/225 V-8, 127" wb

4d Sta Wag	530	1,600	2,660	5,990	9,310	13,300

1974 Ninety-Eight, 455/225 V-8, 127" wb

4d HT	400	1,200	2,000	4,500	7,000	10,000
4d Lux HT	440	1,320	2,200	4,950	7,700	11,000
2d Lux HT	680	2,040	3,400	7,650	11,900	17,000
4d Regency HT	500	1,500	2,500	5,630	8,750	12,500
2d Regency HT	500	1,500	2,500	5,630	8,750	12,500

1974 Full-size options (all options may not be available on all models)
NOTE: Add 50% for Indy Festival car; 10% for 350/200 V-8 (dual exhaust); 15% for 455/210 V-8; 20% for 455/230 V-8 (dual exhaust)

1974 Toronado, 455/250 V-8, 122" wb

2d Cus HT	680	2,040	3,400	7,650	11,900	17,000

1974 Toronado options
NOTE: Add 5% for Brougham; 20% for 455/275 V-8.

1975 Starfire, 231/110 V-6, 97" wb

2d Cpe	200	610	1,020	2,300	3,570	5,100
2d Spt Cpe	250	740	1,240	2,790	4,340	6,200

1975 Omega, 260/110 V-8, 111" wb

4d Sed	200	600	1,000	2,250	3,500	5,000
2d Cpe	300	890	1,480	3,330	5,180	7,400
2d HBk	250	760	1,260	2,840	4,410	6,300

1975 Omega options
NOTE: Deduct 10% for 6-cyl. Add 10% for Omega Salon.

1975 Cutlass, 260/110 V-8, 116" wb, 2d 112" wb

2d Colonnade	400	1,200	2,000	4,500	7,000	10,000
4d Colonnade	260	770	1,280	2,880	4,480	6,400

1975 Cutlass "S", 260/110 V-8, 116" wb, 2d 112" wb

2d Colonnade	420	1,260	2,100	4,730	7,350	10,500

1975 Cutlass Supreme, 260/110 V-8, 112" wb

2d Colonnade	450	1,340	2,240	5,040	7,840	11,200
4d Colonnade	280	840	1,400	3,150	4,900	7,000

1975 Station Wagons, 350/170 V-8, 116" wb

4d Cruiser	470	1,400	2,340	5,270	8,190	11,700
4d Vista Cruiser	490	1,460	2,440	5,490	8,540	12,200

1975 Hurst/Olds, 350/170 v-8, 112" wb

2d Colonnade	1,200	3,600	6,000	13,500	21,000	30,000

1975 Cutlass options (all options may not be available on all models)
NOTE: Deduct 10% for 6-cyl. Add 50% for 4-4-2 pkg; 10% for 350/170 V-8 (std. for Hurst/Olds); 15% for 455/190 V-8 (add 20% for Hurst/Olds).

1975 Delta 88, 350/170 V-8, 124" wb

2d HT	490	1,460	2,440	5,490	8,540	12,200
4d Sed	340	1,010	1,680	3,780	5,880	8,400
4d HT	400	1,200	2,000	4,500	7,000	10,000

1975 Delta 88 Royale, 350/170 V-8, 124" wb

2d HT	540	1,620	2,700	6,080	9,450	13,500
4d Sed	370	1,100	1,840	4,140	6,440	9,200
4d HT	400	1,200	2,000	4,500	7,000	10,000
2d Conv	1,080	3,240	5,400	12,150	18,900	27,000

1975 Custom Cruiser, 455/190 V-8, 127" wb

4d Sta Wag	560	1,680	2,800	7,000	9,800	14,000

1975 Ninety-Eight, 455/190 V-8, 127" wb

2d Lux HT	600	1,800	3,000	6,750	10,500	15,000
4d Lux HT	420	1,270	2,120	4,770	7,420	10,600
2d Regency HT	600	1,800	3,000	6,750	10,500	15,000
4d Regency HT	460	1,380	2,300	5,180	8,050	11,500

1975 Full-size options (all options may not be available on all models)
NOTE: Add 10% for 400/185 V-8 (dual exhaust); 15% for 455/185 V-8 (std. Custom Cruiser and 98).

1975 Toronado, 455/230 V-8, 122" wb

2d Cus HT	640	1,920	3,200	7,200	11,200	16,000

NOTE: Add 5% for Brougham

1976 Starfire, 231/105 V-6, 97" wb

2d Spt Cpe	190	580	960	2,160	3,360	4,800
2d Spt Cpe SX	200	590	980	2,210	3,430	4,900

1976 Omega F-85, 260/110 V-8, 111" wb

2d Sed	280	840	1,400	3,150	4,900	7,000

1976 Omega, 260/110 V-8, 111" wb

4d Sed	240	720	1,200	2,700	4,200	6,000
2d Cpe	300	900	1,500	3,380	5,250	7,500
2d HBk	250	760	1,260	2,840	4,410	6,300

NOTE: Deduct 10% for 6-cyl. Add 5% for Omega Brougham; 10% for 350/140 V-8; 15% for 350/155 V-8.

1976 Cutlass "S", 260/110 V-8, 116" wb, 2d 112" wb

4d Colonnade	260	770	1,280	2,880	4,480	6,400
2d Colonnade	440	1,320	2,200	4,950	7,700	11,000

OLDSMOBILE

	6	5	4	3	2	1
1976 Cutlass, 260/110 V-8, 116" wb, 2d 112" wb						
4d Colonnade	260	790	1,320	2,970	4,620	6,600
2d Colonnade	450	1,340	2,240	5,600	7,840	11,200
1976 Cutlass Supreme, 260/110 V-8, 112" wb						
4d Colonnade	270	810	1,350	3,040	4,730	6,750
2d Colonnade	480	1,440	2,400	5,400	8,400	12,000
1976 Cutlass Supreme Brougham, 260/110 V-8, 112" wb						
2d Colonnade	470	1,420	2,360	5,310	8,260	11,800
1976 Cutlass Supreme Salon, 260/110 V-8, 112" wb						
4d Colonnade	280	830	1,380	3,110	4,830	6,900
2d Colonnade	460	1,380	2,300	5,180	8,050	11,500
1976 Vista Cruiser, 350/170 V-8, 116" wb						
4d Sta Wag	460	1,380	2,300	5,180	8,050	11,500

1976 Cutlass options (all options may not be available on all models)
NOTE: Deduct 10% for 6-cyl. (260/110 V-8 std. with Cutlass Salon). Add 50% for 4-4-2 pkg.; 10% for 350/170 V-8 (std. in Vista Cruiser); 15% for 455/190 V-8.

	6	5	4	3	2	1
1976 Delta 88, 350/170 V-8, 124" wb						
4d Sed	340	1,010	1,680	3,780	5,880	8,400
4d HT	390	1,180	1,960	4,410	6,860	9,800
2d HT	490	1,470	2,450	5,510	8,580	12,250
1976 Delta 88 Royale, 350/170 V-8, 124" wb						
4d Sed	360	1,070	1,780	4,010	6,230	8,900
4d HT	420	1,260	2,100	4,730	7,350	10,500
2d HT	540	1,620	2,700	6,080	9,450	13,500
1976 Custom Cruiser, 455/190 V-8, 127" wb						
4d Sta Wag	460	1,380	2,300	5,750	8,050	11,500
4d Vista Cruiser	540	1,620	2,700	6,750	9,450	13,500
1976 Ninety-Eight, 455/190 V-8, 127" wb						
4d Lux HT	440	1,320	2,200	4,950	7,700	11,000
2d Lux HT	540	1,620	2,700	6,080	9,450	13,500
4d Regency HT	460	1,380	2,300	5,180	8,050	11,500
2d Regency HT	550	1,660	2,760	6,210	9,660	13,800

1976 Full-size options (all options may not be available on all models)
NOTE: Add 15% for 455/190 V-8 (std. Custom Cruiser and 98).

	6	5	4	3	2	1
1976 Toronado, 455/215 V-8, 122" wb						
2d Cus HT	560	1,680	2,800	6,300	9,800	14,000

NOTE: Add 5% for Brougham.

	6	5	4	3	2	1
1977 Starfire, 231/105 V-6, 97" wb						
2d Spt Cpe	180	550	920	2,070	3,220	4,600
2d Spt Cpe SX	190	560	940	2,120	3,290	4,700

1977 Starfire options
NOTE: Deduct 10% for 4-cyl.

	6	5	4	3	2	1
1977 Omega F85, 260/110 V-8, 111" wb						
4d Sed	260	780	1,300	2,930	4,550	6,500
1977 Omega, 260/110 V-8, 111" wb						
4d Sed	220	660	1,100	2,480	3,850	5,500
2d Cpe	280	840	1,400	3,150	4,900	7,000
2d HBk	250	760	1,260	2,840	4,410	6,300

NOTE: Deduct 10% for 6-cyl. Add 5% for Omega Brougham; 10% for 305/145 V-8, 15% for 350/170 V-8.

	6	5	4	3	2	1
1977 Cutlass "S", 260/110 V-8, 116" wb, 2d 112" wb						
4d Colonnade	250	740	1,240	2,790	4,340	6,200
2d Colonnade	420	1,260	2,100	4,730	7,350	10,500
1977 Cutlass Supreme, 260/110 V-8, 112" wb						
4d Colonnade	260	770	1,280	2,880	4,480	6,400
2d Colonnade	440	1,320	2,200	4,950	7,700	11,000
1977 Cutlass Salon, 260/110 V-8, 112" wb						
2d Colonnade	450	1,360	2,260	5,090	7,910	11,300
1977 Cutlass Supreme Brougham, 260/110 V-8, 112" wb						
4d Colonnade	250	740	1,240	2,790	4,340	6,200
2d Colonnade	460	1,380	2,300	5,180	8,050	11,500
1977 Cutlass Supreme Cruiser, 350/170 V-8, 116" wb						
4d Sta Wag	440	1,320	2,200	4,950	7,700	11,000

1977 Cutlass options (all options may not be available on all models)
NOTE: Deduct 10% for V-6 (260/110 V-8 std. with Cutlass Salon). Add 70% for 4-4-2 pkg.; 10% for 350/170 V-8 (std. in Vista Cruiser); 15% for 403/185 V-8.

	6	5	4	3	2	1
1977 Delta 88, 350/160 V-8, 116" wb						
4d Sed	250	740	1,240	2,790	4,340	6,200
2d Cpe	350	1,040	1,740	3,920	6,090	8,700
1977 Delta 88 Royale, 350/160 V-8, 116" wb						
4d Sed	280	830	1,380	3,110	4,830	6,900
2d Cpe	410	1,230	2,050	4,610	7,180	10,250
1977 Custom Cruiser, 350/170 V-8, 116" wb						
4d Sta Wag	480	1,440	2,400	5,400	8,400	12,000
1977 Ninety-Eight, 350/170 V-8, 119" wb						
4d Lux Sed	390	1,180	1,970	4,430	6,900	9,850
2d Lux Cpe	500	1,500	2,500	5,630	8,750	12,500
4d Regency Sed	470	1,420	2,360	5,310	8,260	11,800
2d Regency Cpe	540	1,630	2,720	6,120	9,520	13,600

1977 Full-size options (all options may not be available on all models)
NOTE: Add 15% for 403/185 V-8 (std. Custom Cruiser and 98)

1977 Toronado, 403/200 V-8, 122" wb

	6	5	4	3	2	1
2d XSR HT	520	1,560	2,600	5,850	9,100	13,000
2d Cus HT	460	1,380	2,300	5,180	8,050	11,500

1978 Starfire, 305/145 V-8, 97" wb

	6	5	4	3	2	1
2d Spt Cpe	180	530	880	1,980	3,080	4,400
2d Spt Cpe SX	180	540	900	2,030	3,150	4,500

NOTE: Deduct 10% for 4-cyl.; 5% for V-6. Add 20% for Firenza

1978 Omega, 305/145 V-8, 111" wb

	6	5	4	3	2	1
4d Sed	210	640	1,060	2,390	3,710	5,300
2d Cpe	270	820	1,360	3,060	4,760	6,800

1978 Omega, 305/145 V-8, 111" wb

	6	5	4	3	2	1
2d HBk	240	730	1,220	2,750	4,270	6,100

NOTE: Deduct 10% for 6-cyl. Add 5% for Omega Brougham; 15% for 350/170 V-8.

1978 Cutlass Salon, 260/110 V-8, 108.1" wb

	6	5	4	3	2	1
4d Sed	230	680	1,140	2,570	3,990	5,700
2d Cpe	280	830	1,380	3,110	4,830	6,900

1978 Cutlass Salon Brougham, 260/110 V-8, 108.1" wb

	6	5	4	3	2	1
4d Sed	240	720	1,200	2,700	4,200	6,000
2d Cpe	290	880	1,460	3,290	5,110	7,300

1978 Cutlass "S", 260/110 V-8, 116" wb, 2d 108.1" wb

	6	5	4	3	2	1
2d Cpe	300	900	1,500	3,380	5,250	7,500

1978 Cutlass Supreme, 260/110 V-8, 108.1" wb

	6	5	4	3	2	1
2d Cpe	310	930	1,550	3,490	5,430	7,750

1978 Cutlass Calais, 260/110 V-8, 108.1" wb

	6	5	4	3	2	1
2d Cpe	320	950	1,580	3,560	5,530	7,900

1978 Cutlass Supreme Brougham, 260/110 V-8, 108.1" wb

	6	5	4	3	2	1
2d Cpe	340	1,010	1,680	3,780	5,880	8,400

1978 Cutlass Crulser, 260/110 V-8, 108.1" wb

	6	5	4	3	2	1
4d Sta Wag	340	1,020	1,700	3,830	5,950	8,500

1978 Cutlass options (all options may not be available on all models)
NOTE: Deduct 10% for V-6. Add 70% for 4-4-2 pkg.; 5% for 305/145 V-8; 10% for 305/165 V-8; 15% for 350/170 V-8.

1978 Delta 88, 350/160 V-8, 116" wb

	6	5	4	3	2	1
4d Sed	270	820	1,360	3,060	4,760	6,800
2d HT	340	1,010	1,680	3,780	5,880	8,400

1978 Delta 88 Royale, 350/160 V-8, 116" wb

	6	5	4	3	2	1
4d Sed	310	920	1,540	3,470	5,390	7,700
2d HT	380	1,130	1,880	4,230	6,580	9,400

1978 Custom Cruiser, 350/170 V-8, 116" wb

	6	5	4	3	2	1
4d Sta Wag	460	1,380	2,300	5,180	8,050	11,500

1978 Ninety-Eight, 350/170 V-8, 119" wb

	6	5	4	3	2	1
4d Lux Sed	380	1,140	1,900	4,280	6,650	9,500
2d Lux Cpe	480	1,430	2,380	5,360	8,330	11,900
4d Regency Sed	420	1,270	2,120	4,770	7,420	10,600
2d Regency Cpe	510	1,540	2,560	5,760	8,960	12,800

1978 Full-size options (all options may not be available on all models)
NOTE: Deduct 10% for V-6; 5% for optional 260/110 V-8; 20% for 350/120 V-8 diesel. Add 15% for 403/190 V-8.

1978 Toronado, 403/190 V-8, 122" wb

	6	5	4	3	2	1
2d Brougham HT	440	1,320	2,200	4,950	7,700	11,000
2d XS HT	500	1,500	2,500	6,250	8,750	12,500

1979 Starfire, 305/130 V-8, 97" wb

	6	5	4	3	2	1
2d Spt Cpe	170	500	840	1,890	2,940	4,200
2d Spt Cpe SX	170	520	860	1,940	3,010	4,300

NOTE: Deduct 10% for 4-cyl.; 5% for V-6. Add 20% for Firenza.

1979 Omega, 305/130 V-8, 111" wb

	6	5	4	3	2	1
4d Sed	200	610	1,020	2,300	3,570	5,100
2d Cpe	260	790	1,320	2,970	4,620	6,600
2d HBk	240	710	1,180	2,660	4,130	5,900

NOTE: Deduct 10% for 6-cyl. Add 5% for Omega Brougham; 15% for 350/165 V-8.

1979 Cutlass Salon, 260/105 V-8, 108.1" wb

	6	5	4	3	2	1
4d Sed	210	640	1,060	2,390	3,710	5,300
2d Cpe	280	840	1,400	3,150	4,900	7,000

1979 Cutlass Salon Brougham, 260/105 V-8, 108.1" wb

	6	5	4	3	2	1
4d Sed	230	700	1,160	2,610	4,060	5,800
2d Cpe	290	860	1,440	3,240	5,040	7,200

1979 Cutlass Supreme, 260/105 V-8, 108.1" wb

	6	5	4	3	2	1
2d Cpe	310	920	1,540	3,470	5,390	7,700

1979 Cutlass Calais, 260/105 V-8, 108.1" wb

	6	5	4	3	2	1
2d Cpe	320	960	1,600	3,600	5,600	8,000

1979 Cutlass Supreme Brougham, 260/105 V-8, 108.1" wb

	6	5	4	3	2	1
2d Cpe	340	1,020	1,700	3,830	5,950	8,500

1979 Cutlass Cruiser, 260/105 V-8, 108.1" wb

	6	5	4	3	2	1
4d Sta Wag	300	900	1,500	3,380	5,250	7,500
4d Brgm Sta Wag	310	920	1,540	3,470	5,390	7,700

1979 Cutlass options (all options may not be available on all models)
NOTE: Deduct 10% for V-6; 20% for 260/90 V-8 diesel (not available in Cutlass Cruiser); 20% for 350/125 V-8 diesel. Add 70% for 4-4-2 pkg.; 5% for 305/160 V-8; 15% for 350/165 V-8 (Cutlass Cruiser only).

OLDSMOBILE

	6	5	4	3	2	1
1979 Delta 88, 260/105 V-8, 116" wb						
4d Sed	260	790	1,320	2,970	4,620	6,600
2d HT	320	960	1,600	3,600	5,600	8,000
1979 Delta 88 Royale, 260/105 V-8, 116" wb						
4d Sed	300	900	1,500	3,380	5,250	7,500
2d HT	360	1,080	1,800	4,050	6,300	9,000
1979 Custom Cruiser, 350/125 V-8, 116" wb						
4d Sta Wag	440	1,320	2,200	4,950	7,700	11,000
1979 Ninety-Eight, 350/170 v-8, 119" wb						
4d Lux Sed	370	1,120	1,860	4,190	6,510	9,300
2d Lux Cpe	470	1,400	2,340	5,270	8,190	11,700
4d Regency Sed	420	1,260	2,100	4,730	7,350	10,500
2d Regency Cpe	520	1,560	2,600	5,850	9,100	13,000
1979 Toronado Brougham, 350/165 V-8, 114" wb						
2d Cpe	460	1,380	2,300	5,180	8,050	11,500

1979 Toronado option
NOTE: Deduct 20% for 350/125 V-8 diesel.

	6	5	4	3	2	1
1980 Starfire, 231/110 V-6, 97" wb						
2d Spt Cpe	170	500	840	1,890	2,940	4,200
2d Spt Cpe SX	170	520	860	1,940	3,010	4,300

NOTE: Deduct 10% for 4-cyl. Add 20% for Firenza.

	6	5	4	3	2	1
1980 Omega, 173/115 V-6, 104.8" wb						
4d Sed	200	610	1,020	2,300	3,570	5,100
2d Cpe	260	770	1,280	2,880	4,480	6,400

NOTE: Deduct 12% for 4-cyl. Add 5% for Omega Brougham

	6	5	4	3	2	1
1980 Cutlass, 260/105 V-8, 108.1" wb						
4d Sed	210	640	1,060	2,390	3,710	5,300
1980 Cutlass Salon, 260/105 V-8, 108.1" wb						
2d Cpe	280	830	1,380	3,110	4,830	6,900
1980 Cutlass Salon Brougham, 260/105 V-8, 108.1" wb						
2d Cpe	280	850	1,420	3,200	4,970	7,100
1980 Cutlass Supreme, 260/105 V-8, 108.1" wb						
2d Cpe	300	900	1,500	3,380	5,250	7,500
1980 Cutlass LS, 260/105 V-8, 108.1" wb						
4d Sed	220	650	1,080	2,430	3,780	5,400
1980 Cutlass Calais, 260/105 V-8, 108.1" wb						
2d Cpe	310	920	1,540	3,470	5,390	7,700
1980 Cutlass Brougham, 260/105 V-8, 108.1" wb						
4d Sed	220	660	1,100	2,480	3,850	5,500
2d Cpe	320	960	1,600	3,600	5,600	8,000
1980 Cutlass Cruiser, 260/105 V-8, 108.1" wb						
4d Sta Wag	300	900	1,500	3,380	5,250	7,500
4d Brgm Sta Wag	310	920	1,540	3,470	5,390	7,700

1980 Cutlass options (all options may not be available on all models)
NOTE: Deduct 10% for V-6; 20% for 350/195 V-8 diesel. Add 70% for 4-4-2 pkg.; 5% for 305/155 V-8; 15% for 350/160 V-8.

	6	5	4	3	2	1
1980 Delta 88, 265/120 V-8, 116" wb						
4d Sed	260	770	1,280	2,880	4,480	6,400
2d HT	310	940	1,560	3,510	5,460	7,800
1980 Delta 88 Royale, 265/120 V-8, 116" wb						
4d Sed	290	880	1,460	3,290	5,110	7,300
2d HT	350	1,060	1,760	3,960	6,160	8,800
1980 Custom Cruiser, 307/150 V-8, 116" wb						
4d Sta Wag	400	1,200	2,000	4,500	7,000	10,000
1980 Ninety Eight, 307/150 V-8, 119" wb						
4d Lux Sed	320	960	1,600	3,600	5,600	8,000
1980 Ninety-Eight, 307/150 V-8, 119" wb						
4d Regency Sed	360	1,080	1,800	4,050	6,300	9,000
2d Regency Cpe	400	1,200	2,000	4,500	7,000	10,000

1980 Full-size options (all options may not be available on all models)
NOTE: Deduct 10% for V-6; 20% for 350/105 V-8 diesel. Add 10% for Delta 88 Royale Bougham; 5% for 307/150 V-8 (std. in Custom Cruiser and 98, optional in other models); 15% for 350/160 V-8.

	6	5	4	3	2	1
1980 Toronado Brougham, 307/150 V-8, 114" wb						
2d Cpe	520	1,550	2,580	5,810	9,030	12,900

1980 Toronado options
NOTE: Deduct 20% for 350/105 V-8 diesel. Add 10% for X5C; 15% for 350/160 V-8.

	6	5	4	3	2	1
1981 Omega, 173/110 V-6, 104.9" wb						
4d Sed	220	670	1,120	2,520	3,920	5,600
2d Cpe	250	740	1,240	2,790	4,340	6,200

NOTE: Deduct 12% for 4-cyl. Add 5% for Omega Brougham.

	6	5	4	3	2	1
1981 Cutlass, 260/100 V-8, 108.1" wb						
4d Sed	230	680	1,140	2,570	3,990	5,700
1981 Cutlass Supreme, 260/100 V-8, 108.1" wb						
2d Cpe	320	960	1,600	3,600	5,600	8,000
1981 Cutlass LS, 260/100 V-8, 108.1" wb						
4d Sed	210	620	1,040	2,340	3,640	5,200
1981 Cutlass Calais, 260/100 V-8, 108.1" wb						
2d Cpe	320	970	1,620	3,650	5,670	8,100

	6	5	4	3	2	1
1981 Cutlass Supreme Brougham, 260/100 V-8, 108.1" wb						
2d Cpe	330	980	1,640	3,690	5,740	8,200
1981 Cutlass Brougham, 260/100 V-8, 108.1" wb						
4d Sed	210	640	1,060	2,390	3,710	5,300
1981 Cutlass Cruiser Brougham, 260/100 V-8, 108.1" wb						
4d Sta Wag	300	910	1,520	3,420	5,320	7,600
1981 Cutlass options (all options may not be available on all models)						
NOTE: Deduct 10% for V-6; 20% for 350/105 V-8 diesel. Add 5% for 307/140 V-8.						
1981 Delta 88, 260/100 V-8, 116" wb						
4d Sed	250	760	1,260	2,840	4,410	6,300
2d HT	310	920	1,540	3,470	5,390	7,700
1981 Custom Cruiser, 307/140 V-8, 116" wb						
4d Sta Wag	400	1,190	1,980	4,460	6,930	9,900
1981 Ninety-Eight, 307/140 V-8, 119" wb						
4d Lux Sed	300	900	1,500	3,380	5,250	7,500
4d Regency Sed	320	960	1,600	3,600	5,600	8,000
2d Regency Cpe	380	1,140	1,900	4,280	6,650	9,500
1981 Full-size options (all options may not be available on all models)						
NOTE: Deduct 10% for V-6; 20% for 350/105 V-8 diesel. Add 5% for Delta 88 Royale; 10% for Delta 88 Royale Brougham; 5% for 307/150 V-8 (std. in Custom Cruiser and 98, optional in other models).						
1981 Toronado Brougham, 307/140 V-8, 114" wb						
2d Cpe	460	1,380	2,300	5,180	8,050	11,500
NOTE: Deduct 10% for V-6. Add 10% for 350/105 V-8 diesel.						
1982 Firenza, 112/84-88 L4, 101.2" wb						
4d Sed	180	540	900	2,030	3,150	4,500
2d "S" Cpe	240	720	1,200	2,700	4,200	6,000
4d "LX" Sed	180	550	920	2,070	3,220	4,600
2d "SX" Cpe	250	740	1,240	2,790	4,340	6,200
1982 Omega, 173/112 V-6, 104.9" wb						
4d Sed	220	660	1,100	2,480	3,850	5,500
2d Cpe	240	730	1,220	2,750	4,270	6,100
NOTE: Deduct 12% for 4-cyl. Add 5% for Omega Brougham.						
1982 Cutlass Supreme, 260/100 V-8, 108.1" wb						
2d Cpe	280	840	1,400	3,150	4,900	7,000
4d Sed	220	670	1,120	2,520	3,920	5,600
1982 Cutlass Supreme Brougham, 260/100 V-8, 108.1" wb						
2d Cpe	320	960	1,600	3,600	5,600	8,000
4d Sed	220	670	1,120	2,520	3,920	5,600
1982 Cutlass Calais, 260/100 V-8, 108.1" wb						
2d Cpe	320	970	1,620	3,650	5,670	8,100
1982 Cutlass Brougham, 260/100 V-8, 108.1" wb						
4d Sed	230	680	1,140	2,570	3,990	5,700
1982 Cutlass Cruiser, 260/100 V-8, 108.1" wb						
4d Sta Wag	300	910	1,520	3,420	5,320	7,600
1982 Cutlass options (all options may not be available on all models)						
NOTE: Deduct 10% for V-6; 20% for V-6 diesel; 20% for 350/105 V-8 diesel. Add 5% for 307/140 V-8 (Cutlass Cruiser only).						
1982 Cutlass Ciera, 181/110 V-6, 104.9" wb						
2d Cpe	320	960	1,600	3,600	5,600	8,000
4d Sed	220	650	1,080	2,430	3,780	5,400
NOTE: Deduct 10% for 4-cyl.; 20% for 262/85 V-6 diesel. Add 5% for Cutlass Ciera LS; 10% for Cutlass Ciera Brougham.						
1982 Delta 88, 260/100 V-8, 116" wb						
2d Sed	250	760	1,260	2,840	4,410	6,300
1982 Delta 88 Royale, 260/100 V-8, 116" wb						
4d Sed	250	760	1,260	2,840	4,410	6,300
2d Cpe	280	840	1,400	3,150	4,900	7,000
1982 Custom Cruiser, 307/140 V-8, 116" wb						
4d Sta Wag	360	1,080	1,800	4,050	6,300	9,000
1982 Ninety Eight Regency, 307/140 V-8, 119" wb						
4d Sed	300	900	1,500	3,380	5,250	7,500
1982 Ninety-Eight Regency, 307/140 V-8, 119" wb						
2d Cpe	380	1,140	1,900	4,280	6,650	9,500
4d Brgm Sed	320	960	1,600	3,600	5,600	8,000
1982 Full-size options (all options may not be available on all models)						
NOTE: Deduct 10% for V-6; 20% for 350/105 V-8 diesel. Add 10% for Delta 88 Royale Brougham; 5% for 007/140 V-8 (std. in Custom Cruier, optional in other models).						
1982 Toronado Brougham, 307/140 V-8, 114" wb						
2d Cpe	440	1,320	2,200	4,950	7,700	11,000
NOTE: Deduct 10% for V-6; 20% for 350/105 V-8 diesel.						
1983 Firenza, 4-cyl., 101.2" wb						
4d LX Sed	180	550	920	2,070	3,220	4,600
2d SX Cpe	210	620	1,040	2,340	3,640	5,200
4d LX Sta Wag	210	620	1,030	2,320	3,610	5,150
1983 Firenza options						
NOTE: Deduct 5% for lesser models.						
1983 Omega, V-6, 104.9" wb						
4d Sed	220	670	1,120	2,520	3,920	5,600
2d Cpe	250	750	1,250	2,810	4,380	6,250
NOTE: Deduct 10% for 4-cyl. Add 5% for Omega Brougham						

	6	5	4	3	2	1
1983 Cutlass Supreme, V-8, 108.1" wb						
4d Sed	230	680	1,140	2,570	3,990	5,700
2d Cpe	430	1,280	2,140	4,820	7,490	10,700
1983 Cutlass Supreme Brougham, V-8, 108.1" wb						
4d Sed	240	710	1,180	2,660	4,130	5,900
2d Cpe	440	1,310	2,180	4,910	7,630	10,900
1983 Cutlass Calais, V-8, 108.1" wb						
2d Cpe Hurst/Olds	1,200	3,600	6,000	13,500	21,000	30,000
2d Cpe	320	960	1,600	3,600	5,600	8,000
1983 Cutlass Cruiser, V-8, 108.1" wb						
4d Sta Wag	300	900	1,500	3,380	5,250	7,500
NOTE: Deduct 5% for V-6; 20% for V-8 diesel. Add 10% for 5.0L V-8.						
1983 Cutlass Ciera, V-6, 108.1" wb						
4d Sed	200	610	1,020	2,300	3,570	5,100
2d Cpe	300	900	1,500	3,380	5,250	7,500
1983 Cutlass Ciera Brougham, V-6, 104.9" wb						
4d Sed	210	640	1,060	2,390	3,710	5,300
2d Cpe	310	920	1,540	3,470	5,390	7,700
1983 Cutlass Ciera options						
NOTE: Deduct 5% for 4-cyl.; 20% for V-6 diesel.						
1983 Delta 88, V-8, 116" wb						
4d Sed	280	840	1,400	3,150	4,900	7,000
1983 Delta 88 Royale, V-8, 116" wb						
4d Sed	300	910	1,520	3,420	5,320	7,600
2d Cpe	380	1,140	1,900	4,280	6,650	9,500
1983 Custom Cruiser, V-8, 116" wb						
4d Sta Wag	370	1,100	1,840	4,140	6,440	9,200
1983 Ninety-Eight Regency, V-8, 116" wb						
4d Sed	320	960	1,600	3,600	5,600	8,000
2d Cpe	400	1,190	1,980	4,460	6,930	9,900
4d Sed Brgm.	340	1,020	1,700	3,830	5,950	8,500
1983 Full-size options						
NOTE: Deduct 20% for 5.7L V-8 diesel. Add 10% for 5.0L V-8; 10% for Delta 88 Royale Brougham.						
1983 Toronado Brougham, V-8, 114" wb						
2d Cus Cpe.	430	1,300	2,160	4,860	7,560	10,800
NOTE: Deduct 10% for V-6; 20% for V-8 diesel.						
1984 Firenza, 4-cyl.						
4d LX Sed.	190	560	940	2,120	3,290	4,700
2d LX Cpe.	220	670	1,120	2,520	3,920	5,600
4d LX Sta Wag Cruiser	240	730	1,220	2,750	4,270	6,100
1984 Omega, V-6						
2d Cpe	250	740	1,240	2,790	4,340	6,200
4d Sed	220	660	1,100	2,480	3,850	5,500
NOTE: Deduct 5% for 4-cyl. Add 5% for Omega Brougham.						
1984 Cutlass, V-8, 108.1" wb						
4d Sed Supreme Brgm.	190	580	960	2,160	3,360	4,800
2d Cpe Supreme Brgm.	420	1,270	2,120	4,770	7,420	10,600
2d Sed Calais	430	1,300	2,160	4,860	7,560	10,800
2d Sed Calais Hurst/Olds	1,200	3,600	6,000	13,500	21,000	30,000
NOTE: Deduct 20% for V-6 diesel; 20% for V-8 diesel. Add 10% for 5.0L V-8.						
1984 Cutlass Ciera, V-8, 104.9" wb						
4d Sed	220	660	1,100	2,480	3,850	5,500
2d Cpe	320	960	1,600	3,600	5,600	8,000
4d Sta Wag	290	860	1,440	3,240	5,040	7,200
4d Sed Brgm.	230	680	1,140	2,570	3,990	5,700
2d Cpe Brgm	330	980	1,640	3,690	5,740	8,200
1984 Cutlass Ciera options						
NOTE: Deduct 10% for 4-cyl.; 20% for V-6 diesel; 5% for V-6.						
1984 Delta 88 Royale, V-8, 116" wb						
4d Sed	320	960	1,600	3,600	5,600	8,000
2d Cpe	380	1,150	1,920	4,320	6,720	9,600
4d Sed Brgm.	330	980	1,640	3,690	5,740	8,200
2d Cpe Brgm	390	1,180	1,960	4,410	6,860	9,800
4d Cus Sta Wag Cruiser	380	1,140	1,900	4,280	6,650	9,500
1984 Delta 88 Royale, V-8						
4d LS Sed.	340	1,020	1,700	3,830	5,950	8,500
1984 Ninety-Eight Regency, V-8, 119" wb						
4d Sed	260	780	1,300	2,930	4,550	6,500
2d Cpe	330	1,000	1,660	3,740	5,810	8,300
4d Sed Brgm.	280	830	1,380	3,110	4,830	6,900
1984 Toronado Brougham, 114.9" wb						
2d V-8 Cpe	440	1,320	2,200	4,950	7,700	11,000
1984 Full-size options						
NOTE: Deduct 5% for V-6; 20% for V-8 diesel; 20% for V-6 diesel.						
1985 Firenza, V-6, 101.2" wb						
4d LX Sed.	190	580	960	2,160	3,360	4,800
2d LX Sed.	220	670	1,120	2,520	3,920	5,600
4d LX Sta Wag	240	730	1,220	2,750	4,270	6,100

OLDSMOBILE

1985 Cutlass Supreme, V-8, 108.1" wb

	6	5	4	3	2	1
4d Sed	180	550	920	2,070	3,220	4,600
2d Cpe	420	1,270	2,120	4,770	7,420	10,600

1985 Cutlass Supreme Brougham, V-8, 108.1" wb

4d Sed	190	580	960	2,160	3,360	4,800
2d Cpe	430	1,300	2,160	4,860	7,560	10,800

1985 Cutlass Salon, V-8, 108.1" wb

2d Cpe	440	1,320	2,200	4,950	7,700	11,000
2d 4-4-2 Cpe.	720	2,160	3,600	8,100	12,600	18,000

NOTE: Deduct 5% for V-6; 20% for V-8 diesel.

1985 Cutlass Calais, V-6, 103.4" wb

2d Cpe	340	1,010	1,680	3,780	5,880	8,400
2d Cpe Brgm	340	1,020	1,700	3,830	5,950	8,500

NOTE: Deduct 5% for diesel. Add 50% for Indy Pace Car; 5% for GT; 50% for 4-4-2.

1985 Cutlass Ciera, V-6, 104.9" wb

4d Sed	210	640	1,060	2,390	3,710	5,300
2d Cpe	320	950	1,580	3,560	5,530	7,900
4d Sta Wag.	290	860	1,430	3,220	5,010	7,150

NOTE: Deduct 10% for 4-cyl.; 20% for diesel. Add 10% for Brougham.

1985 Delta 88 Royale, V-8, 116" wb

4d Sed	330	980	1,640	3,690	5,740	8,200
2d Cpe	390	1,180	1,960	4,410	6,860	9,800
4d Sed Brgm	340	1,010	1,680	3,780	5,880	8,400
2d Cpe Brgm	400	1,200	2,000	4,500	7,000	10,000
4d Sta Wag	390	1,160	1,940	4,370	6,790	9,700

1985 Ninety-Eight Regency, V-6, 110" wb

4d Sed	260	790	1,320	2,970	4,620	6,600
2d Cpe	340	1,010	1,680	3,780	5,880	8,400
4d Sed Brgm.	270	800	1,340	3,020	4,690	6,700
2d Cpe Brgm	340	1,020	1,700	3,830	5,950	8,500

1985 Full-size options

NOTE: Deduct 20% for V-8 diesel; 10% for V-6.

1985 Toronado, V-8, 114" wb

2d Cpe	430	1,300	2,160	4,860	7,560	10,800

1986 Firenza, 4-cyl., 101.2" wb

4d Sed	150	440	740	1,670	2,590	3,700
2d Cpe	190	560	940	2,120	3,290	4,700
2d HBk	160	480	800	1,800	2,800	4,000
4d Sed LX.	160	470	780	1,700	2,730	3,900
2d Cpe LC	200	590	980	2,210	3,430	4,900
4d Sta Wag.	250	740	1,240	2,790	4,340	6,200
2d HBk GT V-6	170	500	840	1,890	2,940	4,200

1986 Cutlass Supreme V-6, 108.1" wb

4d Sed	200	600	1,000	2,250	3,500	5,000
2d Cpe	420	1,260	2,100	4,730	7,350	10,500
4d Sed Brgm	210	620	1,040	2,340	3,640	5,200
2d Cpe Brgm	430	1,280	2,140	4,820	7,490	10,700

1986 Cutlass Salon, V-6, 108.1" wb

2d Cpe	440	1,310	2,180	4,910	7,630	10,900
2d Cpe 4-4-2-V-8	720	2,160	3,600	8,100	12,600	18,000

NOTE: Add 20% for V-8.

1986 Calais, 4-cyl., 103.4" wb

4d Sed	220	650	1,080	2,430	3,780	5,400
2d Cpe	320	960	1,600	3,600	5,600	8,000
4d Sed Supreme	220	660	1,100	2,480	3,850	5,500
2d Cpe Supreme	320	970	1,620	3,650	5,670	8,100

NOTE: Add 10% for V-6

1986 Cutlass Ciera, V-6, 104.9" wb

4d Sed LS.	210	640	1,060	2,390	3,710	5,300
2d Cpe LS.	320	950	1,580	3,560	5,530	7,900
2d Cpe S LS.	320	960	1,600	3,600	5,600	8,000
4d Sta Wag LS	290	860	1,440	3,240	5,040	7,200
4d Sed Brgm.	220	660	1,100	2,480	3,850	5,500
2d Cpe Brgm	320	970	1,620	3,650	5,670	8,100
2d Cpe Brgm SL	330	980	1,640	3,690	5,740	8,200

1986 Delta 88, V-8, 116" wb

4d Sed	330	1,000	1,660	3,740	5,810	8,300
2d Cpe	400	1,200	2,000	4,500	7,000	10,000
4d Sed Brgm.	340	1,030	1,720	3,870	6,020	8,600
2d Cpe Brgm	410	1,220	2,040	4,590	7,140	10,200

1986 Custom Cruiser, V-8, 116" wb

4d Sta Wag.	370	1,100	1,840	4,140	6,440	9,200

1986 Ninety-Eight Regency, 110.8" wb

4d Sed	260	770	1,280	2,880	4,480	6,400
2d Cpe	330	1,000	1,660	3,740	5,810	8,300
4d Sed Brgm.	260	780	1,300	2,930	4,550	6,500
2d Cpe Brgm	340	1,010	1,680	3,780	5,880	8,400

1986 Toronado, V-8, 107.9" wb

2d Cpe	370	1,120	1,860	4,190	6,510	9,30

	6	5	4	3	2	1
1987 Firenza, 4-cyl., 101.2" wb						
4d Sed	140	420	700	1,580	2,450	3,500
2d Cpe	190	560	940	2,120	3,290	4,700
2d HBk S	160	480	800	1,800	2,800	4,000
4d Sed LX	140	430	720	1,620	2,520	3,600
2d Cpe LC	190	580	960	2,160	3,360	4,800
4d Sta Wag	250	740	1,240	2,790	4,340	6,200
2d HBk GT	160	490	820	1,850	2,870	4,100
1987 Cutlass Supreme, V-6, 108" wb						
4d Sed	180	540	900	2,030	3,150	4,500
2d Cpe	420	1,270	2,120	4,770	7,420	10,600
1987 Cutlass Supreme, V-8, 108" wb						
4d Sed	200	600	1,000	2,250	3,500	5,000
2d Cpe	440	1,320	2,200	4,950	7,700	11,000
2d Cpe 4-4-2	720	2,160	3,600	8,100	12,600	18,000
1987 Cutlass Supreme Brougham, V-6, 108" wb						
4d Sed	180	540	900	2,030	3,150	4,500
2d Cpe	430	1,280	2,140	4,820	7,490	10,700
1987 Cutlass Supreme Brougham, V-8, 108" wb						
4d Sed	190	560	940	2,120	3,290	4,700
2d Cpe	440	1,310	2,180	4,910	7,630	10,900
1987 Cutlass Salon, 108" wb						
2d Cpe V-6	200	590	980	2,210	3,430	4,900
2d Cpe V-8	440	1,330	2,220	5,000	7,770	11,100
1987 Calais, 4-cyl., 103.4" wb						
4d Sed	220	650	1,080	2,430	3,780	5,400
2d Cpe	320	960	1,600	3,600	5,600	8,000
1987 Calais, V-6, 103.4" wb						
4d Sed	220	670	1,120	2,520	3,920	5,600
2d Cpe	330	980	1,640	3,690	5,740	8,200
1987 Calais Supreme, 4-cyl., 103.4" wb						
4d Sed	230	700	1,160	2,610	4,060	5,800
2d Cpe	340	1,010	1,680	3,780	5,880	8,400
1987 Calais Supreme, V-6, 103.4" wb						
4d Sed	220	650	1,080	2,430	3,780	5,400
2d Cpe	320	960	1,600	3,600	5,600	8,000
1987 Cutlass Ciera, 4-cyl., 104.9" wb						
4d Sed	210	640	1,060	2,390	3,710	5,300
2d Cpe	320	950	1,580	3,560	5,530	7,900
4d Sta Wag	290	860	1,440	3,240	5,040	7,200
1987 Cutlass Ciera, V-6, 104.9" wb						
4d Sed	220	660	1,100	2,480	3,850	5,500
2d Cpe	320	970	1,620	3,650	5,670	8,100
4d Sta Wag	290	880	1,460	3,290	5,110	7,300
1987 Cutlass Ciera Brougham, 4-cyl., 104.9" wb						
4d Sed	220	650	1,080	2,430	3,780	5,400
2d Cpe SL	300	900	1,500	3,380	5,250	7,500
4d Sta Wag	260	790	1,320	2,970	4,620	6,600
1987 Cutlass Ciera Brougham, V-6, 104.9" wb						
4d Sed	220	670	1,120	2,520	3,920	5,600
1987 Cutlass Ciera Brougham, V-6, 104.9" wb						
2d Cpe SL	330	980	1,640	3,690	5,740	8,200
1987 Cutlass Ciera Brougham, V-6, 104.9" wb						
4d Sta Wag	300	900	1,500	3,380	5,250	7,500
1987 Delta 88 Royale, V-6, 116" wb						
4d Sed	340	1,010	1,680	3,780	5,880	8,400
2d Cpe	410	1,220	2,040	4,590	7,140	10,200
4d Sed Brgm	350	1,060	1,760	3,960	6,160	8,800
2d Cpe Brgm	420	1,260	2,100	4,730	7,350	10,500
1987 Custom Cruiser, V-8, 116" wb						
4d Sta Wag	370	1,120	1,860	4,190	6,510	9,300
1987 Ninety-Eight, V-6, 110.8" wb						
4d Sed	260	770	1,280	2,880	4,480	6,400
4d Sed Regency Brgm	260	790	1,320	2,970	4,620	6,600
2d Sed Regency Brgm	330	980	1,640	3,690	5,740	8,200
1987 Toronado, V-6, 108" wb						
2d Cpe Brgm	390	1,180	1,960	4,410	6,860	9,800
NOTE: Add 25% for Trofeo option.						
1988 Firenza, 4-cyl., 101.2" wb						
2d Cpe	140	420	700	1,580	2,450	3,500
4d Sed	190	560	940	2,120	3,290	4,700
4d Sta Wag	240	720	1,200	2,700	4,200	6,000
1988 Cutlass Calais, 4-cyl.						
2d Cpe	320	960	1,600	3,600	5,600	8,000
4d Sed	220	650	1,080	2,430	3,780	5,400
2d SL Cpe	340	1,010	1,680	3,780	5,880	8,400
4d SL Sed	230	700	1,160	2,610	4,060	5,800
2d Int'l Cpe	360	1,090	1,820	4,100	6,370	9,100
4d Int'l Sed	240	720	1,200	2,700	4,200	6,000

	6	5	4	3	2	1
2d Cpe, V-6	340	1,030	1,720	3,870	6,020	8,600
4d Sed, V-6	240	720	1,200	2,700	4,200	6,000
2d SL Cpe, V-6	360	1,090	1,820	4,100	6,370	9,100
4d SL Sed, V-6	260	780	1,300	2,930	4,550	6,500
1988 Cutlass Ciera, 4-cyl.						
2d Cpe	310	940	1,560	3,510	5,460	7,800
4d Sed	220	660	1,100	2,480	3,850	5,500
4d Sta Wag	250	740	1,240	2,790	4,340	6,200
1988 Cutlass Ciera Brougham, 4-cyl.						
2d Cpe	200	610	1,020	2,300	3,570	5,100
4d SL Sed	210	620	1,040	2,340	3,640	5,200
4d Sta Wag	250	760	1,260	2,840	4,410	6,300
1988 Cutlass Ciera, V-6						
2d Cpe	320	960	1,600	3,600	5,600	8,000
4d Sed	230	680	1,140	2,570	3,990	5,700
4d Sta Wag	260	770	1,280	2,880	4,480	6,400
1988 Cutlass Ciera Brougham, V-6						
2d Cpe SL	320	970	1,620	3,650	5,670	8,100
4d Sed	230	700	1,160	2,610	4,060	5,800
4d Sta Wag	260	780	1,300	2,930	4,550	6,500
2d Int'l Cpe	330	1,000	1,660	3,740	5,810	8,300
4d Int'l Sed	240	720	1,200	2,700	4,200	6,000
1988 Cutlass Supreme, V-6						
2d Cpe	340	1,030	1,720	3,870	6,020	8,600
2d SL Cpe	360	1,070	1,780	4,010	6,230	8,900
2d Int'l Cpe	360	1,090	1,820	4,100	6,370	9,100
1988 Cutlass Supreme, V-8						
2d Cpe	350	1,060	1,760	3,960	6,160	8,800
2d Cpe Brgm	360	1,090	1,820	4,100	6,370	9,100
1988 Delta 88 Royale, V-6						
2d Cpe	410	1,240	2,060	4,640	7,210	10,300
4d Sed	340	1,020	1,700	3,830	5,950	8,500
2d Cpe Brgm	420	1,260	2,100	4,730	7,350	10,500
4d Sed Brgm	350	1,040	1,740	3,920	6,090	8,700
1988 Custom Cruiser, V-8						
4d Sta Wag	370	1,120	1,870	4,210	6,550	9,350
1988 Ninety-Eight, V-6						
4d Sed Regency	260	780	1,300	2,930	4,550	6,500
4d Sed Regency Brgm	270	800	1,340	3,020	4,690	6,700
4d Trg Sed	320	960	1,600	3,600	5,600	8,000
1988 Toronado, V-6						
2d Cpe	390	1,180	1,960	4,410	6,860	9,800
2d Cpe Trofeo	430	1,300	2,100	4,000	7,560	10,800
1989 Cutlass Calais, 4-cyl.						
4d Sed	220	650	1,080	2,430	3,780	5,400
2d Cpe	320	960	1,600	3,600	5,600	8,000
4d Sed S	220	670	1,120	2,520	3,920	5,600
2d Cpe S	330	980	1,640	3,690	5,740	8,200
4d Sed SL	230	700	1,160	2,610	4,060	5,800
2d Cpe SL	340	1,010	1,680	3,780	5,880	8,400
4d Sed Int'l Series	320	960	1,600	3,600	5,600	8,000
2d Cpe Int'l Series	360	1,090	1,820	4,100	6,370	9,100
1989 Cutlass Calais, V-6						
4d Sed S	230	680	1,140	2,570	3,990	5,700
2d Cpe S	330	1,000	1,660	3,740	5,810	8,300
4d Sed SL	240	710	1,180	2,660	4,130	5,900
2d Cpe SL	340	1,020	1,700	3,830	5,950	8,500
1989 Cutlass Ciera, 4-cyl.						
4d Sed	220	650	1,080	2,430	3,780	5,400
2d Cpe	320	960	1,600	3,600	5,600	8,000
4d Sta Wag	250	740	1,240	2,790	4,340	6,200
4d Sed SL	230	700	1,160	2,610	4,000	5,000
2d Cpe SL	340	1,010	1,680	3,780	5,880	8,400
4d Sta Wag SL	250	760	1,260	2,840	4,410	6,300
1989 Cutlass Ciera, V-6						
4d Sed	220	670	1,120	2,520	3,920	5,600
2d Cpe	330	980	1,640	3,690	5,740	8,200
4d Sta Wag	260	770	1,280	2,880	4,480	6,400
4d Sed SL	240	720	1,200	2,700	4,200	6,000
2d Cpe SL	340	1,030	1,720	3,870	6,020	8,600
4d Sta Wag SL	260	780	1,300	2,930	4,550	6,500
4d Sed Int'l Series	270	800	1,340	3,020	4,690	6,700
2d Cpe Int'l Series	350	1,060	1,760	3,960	6,160	8,800
1989 Cutlass Supreme, V-6						
2d Cpe	340	1,030	1,720	3,870	6,020	8,600
2d Cpe SL	360	1,070	1,780	4,010	6,230	8,900
2d Cpe Int'l Series	360	1,090	1,820	4,100	6,370	9,100
1989 Eighty-Eight Royale, V-6						
4d Sed	270	820	1,360	3,060	4,760	6,800

OLDSMOBILE

	6	5	4	3	2	1
2d Cpe	380	1,140	1,900	4,280	6,650	9,500
4d Sed Brgm.	300	900	1,500	3,380	5,250	7,500
2d Cpe Brgm	410	1,220	2,040	4,590	7,140	10,200
1989 Custom Cruiser, V-8						
4d Sta Wag	400	1,200	2,000	4,500	7,000	10,000
1989 Ninety-Eight, V-6						
4d Sed Regency	260	780	1,300	2,930	4,550	6,500
4d Sed Regency Brgm	270	800	1,340	3,020	4,690	6,700
4d Sed Trg	320	960	1,600	3,600	5,600	8,000
1989 Toronado, V-6						
2d Cpe	390	1,180	1,960	4,410	6,860	9,800
2d Cpe Trofeo	430	1,300	2,160	4,860	7,560	10,800
1990 Cutlass Calais, 4-cyl.						
2d Cpe	320	960	1,600	3,600	5,600	8,000
4d Sed	220	650	1,080	2,430	3,780	5,400
2d Cpe S.	340	1,010	1,680	3,780	5,880	8,400
4d Sed S.	230	700	1,160	2,610	4,060	5,800
2d Cpe SL Quad	340	1,020	1,700	3,830	5,950	8,500
4d Sed SL Quad	240	710	1,180	2,660	4,130	5,900
2d Cpe Int'l Quad	360	1,080	1,800	4,050	6,300	9,000
4d Sed Int'l Quad	250	740	1,240	2,790	4,340	6,200
1990 Cutlass Calais, V-6						
2d Cpe SL.	240	710	1,180	2,660	4,130	5,900
4d Sed SL.	340	1,030	1,720	3,870	6,020	8,600
1990 Cutlass Ciera, 4-cyl.						
4d Sed	220	660	1,100	2,480	3,850	5,500
2d Cpe S.	310	940	1,560	3,510	5,460	7,800
4d Sed S.	220	670	1,120	2,520	3,920	5,600
4d Sta Wag S	260	780	1,300	2,930	4,550	6,500
1990 Cutlass Ciera, V-6						
4d Sed	230	680	1,140	2,570	3,990	5,700
2d Cpe S.	320	960	1,600	3,600	5,600	8,000
4d Sed S.	230	700	1,160	2,610	4,060	5,800
4d Sta Wag S	270	800	1,340	3,020	4,690	6,700
4d Sed SL.	240	710	1,180	2,660	4,130	5,900
4d Sta Wag SL	270	820	1,360	3,060	4,760	6,800
2d Cpe Int'l .	330	980	1,640	3,690	5,740	8,200
4d Sed Int'l	240	730	1,220	2,750	4,270	6,100
1990 Cutlass Supreme, 4-cyl.						
2d Cpe Quad	320	970	1,620	3,650	5,670	8,100
4d Sed Quad	340	1,010	1,680	3,780	5,880	8,400
2d Cpe Int'l Quad	330	980	1,640	3,690	5,740	8,200
4d Sed Int'l Quad	340	1,020	1,700	3,830	5,950	8,500
1990 Cutlass Supreme, V-6						
2d Cpe	340	1,030	1,720	3,870	6,020	8,600
4d Sed	360	1,070	1,780	4,010	6,230	8,900
2d Cpe SL.	350	1,060	1,760	3,960	6,160	8,800
2d Conv	480	1,440	2,400	5,400	8,400	12,000
4d Sed SL.	360	1,080	1,800	4,050	6,300	9,000
2d Cpe Int'l .	370	1,100	1,840	4,140	6,440	9,200
4d Sed Int'l	370	1,120	1,860	4,190	6,510	9,300
1990 Eighty-Eight Royale, V-6						
4d Sed	280	840	1,400	3,150	4,900	7,000
2d Cpe Brgm	400	1,190	1,980	4,460	6,930	9,900
4d Sed Brgm.	300	910	1,520	3,420	5,320	7,600
1990 Custom Cruiser, V-8						
4d Sta Wag.	400	1,200	2,000	4,500	7,000	10,000
1990 Ninety-Eight, V-6						
4d Sed Regency	300	900	1,500	3,380	5,250	7,500
4d Sed Regency Brgm	320	960	1,600	3,600	5,600	8,000
4d Sed Trg	360	1,080	1,800	4,050	6,300	9,000
1990 Toronado, V-6						
2d Cpe	380	1,140	1,900	4,280	6,650	9,500
2d Cpe Trofeo	420	1,260	2,100	4,730	7,350	10,500
1991 Cutlass Calais, 4-cyl.						
2d Cpe	184	552	920	2,070	3,220	4,600
4d Sed	184	552	920	2,070	3,220	4,600
2d Cpe S.	196	588	980	2,210	3,430	4,900
4d Sed S.	196	588	980	2,210	3,430	4,900
2d Cpe SL.	220	660	1,100	2,480	3,850	5,500
4d Sed SL.	220	660	1,100	2,480	3,850	5,500
2d Cpe Int'l Quad	244	732	1,220	2,750	4,270	6,100
4d Sed Int'l Quad	244	732	1,220	2,750	4,270	6,100
1991 Cutlass Calais, V-6						
2d Cpe SL.	228	684	1,140	2,570	3,990	5,700
4d Sed SL.	228	684	1,140	2,570	3,990	5,700
1991 Cutlass Ciera, 4-cyl.						
4d Sed	192	576	960	2,160	3,360	4,800
2d Cpe S.	200	600	1,000	2,250	3,500	5,000

	6	5	4	3	2	1
4d Sed S.	200	600	1,000	2,250	3,500	5,000
4d Sta Wag S	220	660	1,100	2,480	3,850	5,500
1991 Cutlass Ciera, V-6						
4d Sed	200	600	1,000	2,250	3,500	5,000
2d Cpe S.	220	660	1,100	2,480	3,050	5,500
4d Sed S.	220	660	1,100	2,480	3,850	5,500
4d Sta Wag S	228	684	1,140	2,570	3,990	5,700
4d Sed SL.	228	684	1,140	2,570	3,990	5,700
4d Sta Wag SL	236	708	1,180	2,660	4,130	5,900
1991 Cutlass Supreme, 4-cyl.						
2d Cpe Quad	240	720	1,200	2,700	4,200	6,000
4d Sed Quad	240	720	1,200	2,700	4,200	6,000
1991 Cutlass Supreme, V-6						
2d Cpe	248	744	1,240	2,790	4,340	6,200
4d Sed	248	744	1,240	2,790	4,340	6,200
2d Conv	580	1,740	2,900	6,530	10,150	14,500
2d Cpe SL.	280	840	1,400	3,150	4,900	7,000
4d Sed SL.	280	840	1,400	3,150	4,900	7,000
2d Cpe Int'l.	300	900	1,500	3,380	5,250	7,500
4d Sed Int'l.	300	900	1,500	3,380	5,250	7,500
1991 Eighty-Eight Royale, V-6						
2d Cpe	272	816	1,360	3,060	4,760	6,800
4d Sed	272	816	1,360	3,060	4,760	6,800
2d Cpe Brgm	288	864	1,440	3,240	5,040	7,200
4d Sed Brgm.	288	864	1,440	3,240	5,040	7,200
1991 Custom Cruiser, V-8						
4d Sta Wag	380	1,140	1,900	4,280	6,650	9,500
1991 Ninety-Eight, V-6						
4d Sed	340	1,020	1,700	3,830	5,950	8,500
4d Sed Trg	380	1,140	1,900	4,280	6,650	9,500
1991 Toronado, V-6						
2d Cpe	320	960	1,600	3,600	5,600	8,000
2d Cpe Trofeo	460	1,380	2,300	5,180	8,050	11,500
1992 Achieva, 4-cyl.						
4d Sed S.	220	660	1,100	2,480	3,850	5,500
2d Cpe S.	220	660	1,100	2,480	3,850	5,500
4d Sed SL.	236	708	1,180	2,660	4,130	5,900
2d Cpe SL.	236	708	1,180	2,660	4,130	5,900
NOTE: Add 10% for V-6.						
1992 Cutlass Ciera, V-6						
4d Sed S.	256	768	1,280	2,880	4,480	6,400
4d Sta Wag S	260	780	1,300	2,930	4,550	6,500
4d Sed SL.	276	828	1,380	3,110	4,830	6,900
4d Sta Wag SL	280	840	1,400	3,150	4,900	7,000
NOTE: Deduct 10% for 4-cyl.						
1992 Cutlass Supreme, V-6						
4d Sed S.	300	900	1,500	3,380	5,250	7,500
2d Cpe S.	300	900	1,500	3,380	5,250	7,500
4d Sed Int'l	360	1,080	1,800	4,050	6,300	9,000
2d Cpe Int'l	360	1,080	1,800	4,050	6,300	9,000
2d Conv	480	1,440	2,400	5,400	8,400	12,000
1992 Eighty-Eight, V-6						
4d Sed	320	960	1,600	3,600	5,600	8,000
4d Sed LS.	340	1,020	1,700	3,830	5,950	8,500
4d Sta Wag	380	1,140	1,900	4,280	6,650	9,500
1992 Ninety-Eight, V-6						
4d Sed Regency	360	1,080	1,800	4,050	6,300	9,000
4d Sed Regency Elite	380	1,140	1,900	4,280	6,650	9,500
4d Sed Trg	400	1,200	2,000	4,500	7,000	10,000
1992 Toronado, V-6						
2d Cpe	420	1,260	2,100	4,730	7,350	10,500
2d Cpe Trofeo	480	1,440	2,400	5,400	8,400	12,000
1993 Achieva, 4-cyl.						
2d Cpe S.	220	660	1,100	2,480	3,850	5,500
4d Sed S.	220	660	1,100	2,480	3,850	5,500
2d Cpe SL.	224	672	1,120	2,520	3,920	5,600
4d Sed SL.	224	672	1,120	2,520	3,920	5,600
1993 Achieva, V-6						
2d Cpe S.	228	684	1,140	2,570	3,990	5,700
4d Sed S.	228	684	1,140	2,570	3,990	5,700
2d Cpe SL.	232	696	1,160	2,610	4,060	5,800
4d Sed SL.	232	696	1,160	2,610	4,060	5,800
1993 Cutlass Ciera, 4-cyl.						
4d Sed	224	672	1,120	2,520	3,920	5,600
4d Sta Wag	232	696	1,160	2,610	4,060	5,800
1993 Cutlass Ciera, V-6						
4d Sed S.	228	684	1,140	2,570	3,990	5,700
4d Sta Wag S	236	708	1,180	2,660	4,130	5,900
4d Sed SL.	232	696	1,160	2,610	4,060	5,800

OLDSMOBILE

OLDSMOBILE

	6	5	4	3	2	1
4d Sta Wag SL	240	720	1,200	2,700	4,200	6,000
1993 Cutlass Supreme, V-6						
2d Cpe S	248	744	1,240	2,790	4,340	6,200
4d Sed S	244	732	1,220	2,750	4,270	6,100
4d Sed Int'l	248	744	1,240	2,790	4,340	6,200
2d Cpe Int'l	252	756	1,260	2,840	4,410	6,300
2d Conv	500	1,450	2,400	5,400	8,400	12,000
1993 Eighty Eight, V-6						
4d Sed	300	900	1,500	3,380	5,250	7,500
4d Sed LS	304	912	1,520	3,420	5,320	7,600
1993 Ninety-Eight						
4d Sed Regency	344	1,032	1,720	3,870	6,020	8,600
4d Sed Regency Elite	350	1,040	1,740	3,920	6,090	8,700
4d Sed Trg	352	1,056	1,760	3,960	6,160	8,800
1994 Achieva, 4-cyl. & V-6						
2d Cpe S	228	684	1,140	2,570	3,990	5,700
4d Sed S	232	696	1,160	2,610	4,060	5,800
2d Cpe SC	244	732	1,220	2,750	4,270	6,100
4d Sed SL	248	744	1,240	2,790	4,340	6,200
1994 Cutlass Ciera						
4d Sed S, 4-cyl.	260	780	1,300	2,930	4,550	6,500
4d Sed S, V-6	268	804	1,340	3,020	4,690	6,700
4d Sta Wag S, V-6.	272	816	1,360	3,060	4,760	6,800
1994 Cutlass Supreme, V-6						
2d Cpe S	300	900	1,500	3,380	5,250	7,500
4d Sed S	304	912	1,520	3,420	5,320	7,600
2d Conv	480	1,440	2,400	5,400	8,400	12,000
1994 Eighty Eight Royale, V-6						
4d Sed	300	950	1,600	3,600	5,600	8,000
4d Sed LS	350	1,000	1,700	3,830	5,950	8,500
1994 Ninety-Eight, V-6						
4d Sed Regency	420	1,260	2,100	4,730	7,350	10,500
4d Sed Regency Elite	440	1,320	2,200	4,950	7,700	11,000
1995 Achieva, 4-cyl. & V-6						
2d S Cpe	250	700	1,150	2,570	4,000	5,700
4d S Sed	250	700	1,150	2,610	4,050	5,800
1995 Ciera, 4-cyl. & V-6						
4d SL Sed	250	800	1,350	3,020	4,700	6,700
4d SL Cruiser Sta Wag (V-6 only)	300	850	1,450	3,240	5,050	7,200
1995 Cutlass Supreme, V-6						
2d SL Cpe	300	900	1,500	3,420	5,300	7,600
4d SL Sed	300	900	1,550	3,470	5,400	7,700
2d Conv	500	1,450	2,400	5,400	8,400	12,000
1995 Eighty-Eight Royale, V-6						
4d Sed	300	950	1,600	3,600	5,600	8,000
4d LS Sed	350	1,000	1,700	3,830	5,950	8,500
1995 Ninety-Eight, V-6						
4d Regency Elite Sed	440	1,320	2,200	4,950	7,700	11,000
1995 Aurora, V-8						
4d Sed	500	1,500	2,500	5,630	8,750	12,500
1996 Achieva, 4-cyl. & V-6						
2d SC Cpe	250	700	1,150	2,570	4,000	5,700
4d SL Sed	250	700	1,150	2,610	4,050	5,800
1996 Ciera, 4-cyl. & V-6						
4d SL Sed	250	800	1,350	3,020	4,700	6,700
4d SL Cruiser Sta Wag (V-6 only)	300	850	1,450	3,240	5,050	7,200
1996 Cutlass Supreme, V-6						
2d SL Cpe	300	900	1,500	3,420	5,300	7,600
4d SL Sed	300	900	1,550	3,470	5,400	7,700
1996 Eighty-Eight, V-6						
4d Sed	300	950	1,600	3,600	5,600	8,000
4d LS Sed	350	1,000	1,700	3,830	5,950	8,500
1996 LSS, V-6						
4d Sed	350	1,050	1,750	3,920	6,100	8,700
NOTE: Add 5% for supercharged V-6.						
1996 Ninety-Eight, V-6						
4d Regency Elite Sed	440	1,320	2,200	4,950	7,700	11,000
1996 Aurora, V-8						
4d Sed	500	1,500	2,500	5,630	8,750	12,500
1997 Achieva, 4-cyl. & V-6						
2d SC Cpe	228	684	1,140	2,570	3,990	5,700
4d SL Sed	232	696	1,160	2,610	4,060	5,800
1997 Cutlass, V-6						
4d Sed	300	900	1,500	3,380	5,250	7,500
4d GLS Sed	320	960	1,600	3,600	5,600	8,000
1997 Cutlass Supreme, V-6						
2d SL Cpe	304	912	1,520	3,420	5,320	7,600
4d SL Sed	308	924	1,540	3,470	5,390	7,700

	6	5	4	3	2	1
1997 Eighty-Eight, V-6						
4d Sed	320	960	1,600	3,600	5,600	8,000
4d LS Sed	340	1,020	1,700	3,830	5,950	8,500
1997 LSS, V-6						
4d Sed	348	1,044	1,740	3,920	6,090	8,700
NOTE: Add 5% for supercharged V-6.						
1997 Regency, V-6						
4d Regency Elite Sed	440	1,320	2,200	4,950	7,700	11,000
1997 Aurora, V-8						
4d Sed	500	1,500	2,500	5,630	8,750	12,500
1998 Achieva, V-6						
4d SL Sed	230	700	1,160	2,610	4,060	5,800
1998 Cutlass, V-6						
4d GL Sed	300	900	1,500	3,380	5,250	7,500
4d GLS Sed	320	960	1,600	3,600	5,600	8,000
1998 Intrigue, V-6						
4d Sed	300	910	1,520	3,420	5,320	7,600
4d GL Sed	310	920	1,540	3,470	5,390	7,700
4d GLS Sed	320	950	1,580	3,560	5,530	7,900
1998 Eighty-Eight, V-6						
4d Sed	320	960	1,600	3,600	5,600	8,000
4d LS Sed	340	1,020	1,700	3,830	5,950	8,500
1998 LSS, V-6						
4d Sed	350	1,040	1,740	3,920	6,090	8,700
NOTE: Add 5% for supercharged V-6.						
1998 Regency, V-6						
4d Sed	440	1,320	2,200	4,950	7,700	11,000
1998 Aurora, V-8						
4d Sed	500	1,500	2,500	5,630	8,750	12,500
NOTE: Add 5% for either Autobahn Pkg or Gold Pkg.						
1999 Alero, 4-cyl. & V-6						
2d GX Cpe (4-cyl. only)	200	600	1,000	2,250	3,500	5,000
2d GL Cpe	210	620	1,040	2,340	3,640	5,200
2d GLS Cpe (V-6 only)	230	700	1,160	2,610	4,060	5,800
4d GX Sed (4-cyl. only)	210	640	1,060	2,390	3,710	5,300
4d GL Sed	220	660	1,100	2,480	3,850	5,500
4d GLS Sed (V-6 only)	240	720	1,200	2,700	4,200	6,000
NOTE: Add 5% for Sport Pkg on GL Sed; 5% for Performance Suspension Pkg on GLS Cpe.						
1999 Cutlass, V-6						
4d GL Sed	300	900	1,500	3,380	5,250	7,500
4d GLS Sed	320	960	1,600	3,600	5,600	8,000
NOTE: Add 5% for Gold Pkg.						
1999 Intrigue, V-6						
4d GX Sed	300	910	1,520	3,420	5,320	7,600
4d GL Sed	310	940	1,580	3,510	5,460	7,800
4d GLS Sed	320	970	1,620	3,650	5,670	8,100
NOTE: Add 5% for Autobahn Pkg.						
1999 Eighty-Eight, V-6						
4d Sed	320	960	1,600	3,600	5,600	8,000
4d LS Sed	340	1,020	1,700	3,830	5,950	8,500
NOTE: Add 5% for 50th Anniversary Edition.						
1999 LSS, V-6						
4d Sed	350	1,040	1,740	3,920	6,090	8,700
NOTE: Add 5% for supercharged V-6.						
1999 Aurora, V-8						
4d Sed	500	1,500	2,500	5,630	8,750	12,500
NOTE: Add 5% for either Autobahn Pkg or Gold Pkg.						
2000 Alero, 4-cyl. & V-6						
2d GX Cpe (4-cyl. only)	200	600	1,000	2,250	3,500	5,000
2d GL Cpe	210	620	1,040	2,340	3,640	5,200
2d GLS Cpe (V-6 only)	230	700	1,160	2,610	4,060	5,800
4d GX Sed (4-cyl. only)	210	640	1,060	2,390	3,710	5,300
4d GL Sed	220	660	1,100	2,480	3,850	5,500
4d GLS Sed (V-6 only)	240	720	1,200	2,700	4,200	6,000
NOTE: Add 5% for Sport Pkg. on GL Sed; 5% for Performance Suspension Pkg. on GLS Cpe.						
2000 Intrigue, V-6						
4d GX Sed	300	910	1,520	3,420	5,320	7,600
4d GL Sed	310	940	1,560	3,510	5,460	7,800
4d GLS Sed	320	970	1,620	3,650	5,670	8,100
NOTE: Add 5% for Autobahn Pkg.						
NOTE: Aurora was re-introduced in 2000 as a 2001 model.						
2001 Alero, 4-cyl. & V-6						
2d GX Cpe (4-cyl. only)	200	600	1,000	2,500	3,500	5,000
2d GL Cpe	210	620	1,040	2,600	3,640	5,200
2d GLS Cpe (V-6 only)	230	700	1,160	2,900	4,060	5,800
4d GX Sed (4-cyl. only)	210	640	1,060	2,390	3,710	5,300
4d GL Sed	220	660	1,100	2,750	3,850	5,500
4d GLS Sed (V-6 only)	240	720	1,200	3,000	4,200	6,000
NOTE: Add 5% for Sport Pkg. on GL; 5% for Performance Suspension Pkg. on GLS.						

OLDSMOBILE

	6	5	4	3	2	1
2001 Intrigue, V-6						
4d GX Sed	300	910	1,520	3,800	5,320	7,600
4d GL Sed	310	940	1,560	3,900	5,460	7,800
4d GLS Sed	320	970	1,620	4,050	5,670	8,100
NOTE: Add 5% for Precision Control System Pkg. (except GLS).						
2001 Aurora, V-6 & V-8						
4d Sed	340	1,030	1,720	4,300	6,020	8,600
2002 Alero, 4-cyl. & V-6						
2d GX Cpe (4-cyl. only)	200	600	1,000	2,500	3,500	5,000
2d GL Cpe	210	620	1,040	2,600	3,640	5,200
2d GLS Cpe (V-6 only)	230	700	1,160	2,900	4,060	5,800
4d GX Sed (4-cyl. only)	210	640	1,060	2,650	3,710	5,300
4d GL Sed	220	660	1,100	2,750	3,850	5,500
4d GLS Sed (V-6 only)	240	720	1,200	3,000	4,200	6,000
NOTE: Add 5% for GLS Performance Suspension Pkg.						
2002 Intrigue, V-6						
4d GX Sed	300	910	1,520	3,800	5,320	7,600
4d GL Sed	310	940	1,560	3,900	5,460	7,800
4d GLS Sed	320	970	1,620	4,050	5,670	8,100
NOTE: Add 5% for Collector's Edition.						
2002 Aurora, V-6 & V-8						
4d Sed	340	1,030	1,720	4,300	6,020	8,600
NOTE: V-6 was phased out at mid-model year.						
2003 Alero, 4-cyl. & V-6						
2d GX Cpe (4-cyl only)	200	600	1,000	2,500	3,500	5,000
2d GL Cpe	210	620	1,040	2,600	3,640	5,200
2d GLS Cpe (V-6 only)	230	700	1,160	2,900	4,060	5,800
4d GX Sed (4-cyl only)	210	640	1,060	2,650	3,710	5,300
4d GL Sed	220	660	1,100	2,750	3,850	5,500
4d GLS Sed (V-6 only)	240	720	1,200	3,000	4,200	6,000
2003 Aurora, V-8						
4d 4.0L Sed	380	1,140	1,900	4,750	6,650	9,500
2004 Alero, 4-cyl. & V-6						
2d GX Cpe (4-cyl. only)	200	600	1,000	2,500	3,500	5,000
2d GL Cpe	210	620	1,040	2,600	3,640	5,200
2d GLS Cpe (V-6 only)	230	700	1,160	2,900	4,060	5,800
4d GX Sed (4-cyl. only)	210	640	1,060	2,650	3,710	5,300
4d GL Sed	220	660	1,100	2,750	3,850	5,500
4d GLS Sed (V-6 only)	240	720	1,200	3,000	4,200	6,000
NOTE: Oldsmobile was discontinued at the end of the 2004 model year.						

PACKARD

	6	5	4	3	2	1
1899 Model A, 1-cyl.						
Rds			value not estimable			
1900 Model B, 1-cyl.						
Rds			value not estimable			
1901 Model C, 1-cyl.						
Rds	8,600	25,800	43,000	96,750	150,500	215,000
1902-03 Model F, 4-cyl.						
Tr	14,000	42,000	70,000	157,500	245,000	350,000
1904 Model L, 4-cyl.						
Tr	14,000	42,000	70,000	157,500	245,000	350,000
1904 Model M, 4-cyl.						
Tr	14,000	42,000	70,000	157,500	245,000	350,000
1905 Model N, 4-cyl.						
Tr	12,000	36,000	60,000	135,000	210,000	300,000
1906 Model S, 4-cyl., 24 hp						
Tr	12,000	36,000	60,000	135,000	210,000	300,000
1907 Model U, 4-cyl., 30 hp						
Tr	12,400	37,200	62,000	139,500	217,000	310,000
1908 Model UA, 4-cyl., 30 hp						
Tr	12,400	37,200	62,000	139,500	217,000	310,000
Rds	12,800	38,400	64,000	144,000	224,000	320,000
1909 Model UB UBS, 4-cyl., 30 hp						
Tr	9,600	28,800	48,000	108,000	168,000	240,000
Rbt	10,000	30,000	50,000	112,500	175,000	250,000
1909 Model NA, 4-cyl., 18 hp						
Tr	9,200	27,600	46,000	103,500	161,000	230,000
1910-11 Model UC UCS, 4-cyl., 30 hp						
Tr	9,600	28,800	48,000	108,000	168,000	240,000
Rbt	10,000	30,000	50,000	112,500	175,000	250,000
1910-11 Model NB, 4-cyl., 18 hp						
Tr	8,000	24,000	40,000	90,000	140,000	200,000
1911-12 Model UE, 4-cyl., 30 hp						
Tr	7,000	21,000	35,000	78,750	122,500	175,000
Phae	7,000	21,000	35,000	78,750	122,500	175,000
Rbt	7,000	21,000	35,000	78,750	122,500	175,000
Cpe	7,000	21,000	35,000	78,750	122,500	175,000
Brgm	3,320	9,960	16,600	37,350	58,100	83,000

OLDSMOBILE

	6	5	4	3	2	1
Limo	3,400	10,200	17,000	38,250	59,500	85,000
Imp Limo	3,320	9,960	16,600	37,350	58,100	83,000
1912 Model NE, 4-cyl., 18 hp						
Tr	8,000	24,000	40,000	90,000	140,000	200,000
Rbt	8,000	24,000	40,000	90,000	140,000	200,000
Cpe	3,520	10,560	17,600	39,600	61,600	88,000
Limo	3,120	9,360	15,600	35,100	54,600	78,000
Imp Limo	3,240	9,720	16,200	36,450	56,700	81,000
1912 Model 12-48, 6-cyl., 36 hp						
Tr	13,800	41,400	69,000	155,250	241,500	345,000
Phae	11,600	34,800	58,000	130,500	203,000	290,000
Rbt	11,200	33,600	56,000	126,000	196,000	280,000
Cpe	3,400	10,200	17,000	38,250	59,500	85,000
Brgm	3,320	9,960	16,600	37,350	58,100	83,000
Limo	3,400	10,200	17,000	38,250	59,500	85,000
Imp Limo	3,600	10,800	18,000	40,500	63,000	90,000
1912 Model 1-38, 6-cyl., 38 hp						
Tr	16,480	49,440	82,400	185,400	288,400	412,000
Phae	20,000	60,000	100,000	225,000	350,000	500,000
4P Phae	20,000	60,000	100,000	225,000	350,000	500,000
Rbt	14,800	44,400	74,000	166,500	259,000	370,000
Cpe	4,000	12,000	20,000	45,000	70,000	100,000
Imp Cpe	4,400	13,200	22,000	49,500	77,000	110,000
Lan'let	4,000	12,000	20,000	45,000	70,000	100,000
Imp Lan'let	4,080	12,240	20,400	45,900	71,400	102,000
Limo	4,400	13,200	22,000	49,500	77,000	110,000
Imp Limo	4,600	13,800	23,000	51,750	80,500	115,000
1913 Model 13-48, 6-cyl.						
Tr	16,000	48,000	80,000	180,000	280,000	400,000
1914 Model 2-38, 6-cyl.						
Tr	16,480	49,440	82,400	185,400	288,400	412,000
Sal Tr	16,480	49,440	82,400	185,400	288,400	412,000
Spl Tr	16,480	49,440	82,400	185,400	288,400	412,000
Phae	20,000	60,000	100,000	225,000	350,000	500,000
4P Phae	4,000	12,000	20,000	45,000	70,000	100,000
Cpe	4,000	12,000	20,000	45,000	70,000	100,000
Brgm	4,000	12,000	20,000	45,000	70,000	100,000
4P Brgm	4,000	12,000	20,000	45,000	70,000	100,000
1914 Model 2-38						
Lan'let	4,000	12,000	20,000	45,000	70,000	100,000
Cabr Lan'let	440	1,320	2,200	4,950	7,700	11,000
Limo	4,400	13,200	22,000	49,500	77,000	110,000
Cabr Limo	4,480	13,440	22,400	50,400	78,400	112,000
Imp Limo	4,600	13,800	23,000	51,750	80,500	115,000
Sal Limo	4,600	13,800	23,000	51,750	80,500	115,000
1914 Model 14-48, 6-cyl.						
Tr	16,000	48,000	80,000	180,000	280,000	400,000
1914 Model 4-48, 6-cyl., 48 hp						
Tr	19,000	57,000	95,000	213,750	332,500	475,000
Sal Tr	19,400	58,200	97,000	218,250	339,500	485,000
Phae	19,400	58,200	97,000	218,250	339,500	485,000
4P Phae	19,400	58,200	97,000	218,250	339,500	485,000
Cpe	4,000	12,000	20,000	45,000	70,000	100,000
Brgm	3,960	11,880	19,800	44,550	69,300	99,000
Sal Brgm	4,200	12,600	21,000	47,250	73,500	105,000
Lan'let	4,000	12,000	20,000	45,000	70,000	100,000
Cabr Lan'let	4,480	13,440	22,400	50,400	78,400	112,000
Limo	4,200	12,600	21,000	47,250	73,500	105,000
Imp Limo	4,400	13,200	22,000	49,500	77,000	110,000
Sal Limo	16,000	48,000	80,000	180,000	280,000	400,000
1915 Model 3-38, 6-cyl.						
Tr	10,000	30,000	50,000	112,500	175,000	250,000
Sal Tr	11,000	33,000	55,000	123,750	192,500	275,000
Spl Tr	11,000	33,000	55,000	123,750	192,500	275,000
Phae	10,400	31,200	52,000	117,000	182,000	260,000
4P Phae	10,640	31,920	53,200	119,700	186,200	266,000
1915 Model 3-38, 38 hp						
Brgm	4,000	12,000	20,000	45,000	70,000	100,000
4P Brgm	4,000	12,000	20,000	45,000	70,000	100,000
Cpe	4,000	12,000	20,000	45,000	70,000	100,000
Lan'let	4,000	12,000	20,000	45,000	70,000	100,000
Cabr Lan'let	4,400	13,200	22,000	49,500	77,000	110,000
Limo	4,400	13,200	22,000	49,500	77,000	110,000
Limo Cabr	4,480	13,440	22,400	50,400	78,400	112,000
Imp Limo	4,600	13,800	23,000	51,750	80,500	115,000
Sal Limo	4,600	13,800	23,000	51,750	80,500	115,000
1915 Model 5-48, 6-cyl., 48 hp						
Tr	19,000	57,000	95,000	213,750	332,500	475,000
Sal Tr	19,400	58,200	97,000	218,250	339,500	485,000

PACKARD

	6	5	4	3	2	1
Phae	19,400	58,200	97,000	218,250	339,500	485,000
4P Phae	19,400	58,200	97,000	218,250	339,500	485,000
Rbt	18,400	55,200	92,000	207,000	322,000	460,000
Cpe	4,000	12,000	20,000	45,000	70,000	100,000
Brgm	3,960	11,880	19,800	44,550	69,300	99,000
Sal Brgm	4,200	12,600	21,000	47,250	73,500	105,000
Lan'let	4,000	12,000	20,000	45,000	70,000	100,000
Cabr Lan'let	4,480	13,440	22,400	50,400	78,400	112,000
Limo	4,200	12,600	21,000	47,250	73,500	105,000
Cabr Limo	4,240	12,720	21,200	47,700	74,200	106,000
Imp Limo	4,400	13,200	22,000	49,500	77,000	110,000
1916 Twin Six, 12-cyl., 125" wb						
Tr	8,000	24,000	40,000	90,000	140,000	200,000
Sal Tr	8,200	24,600	41,000	92,250	143,500	205,000
Phae	8,600	25,800	43,000	96,750	150,500	215,000
Sal Phae	8,600	25,800	43,000	96,750	150,500	215,000
Rbt	8,000	24,000	40,000	90,000	140,000	200,000
Brgm	3,600	10,800	18,000	40,500	63,000	90,000
Cpe	3,880	11,640	19,400	43,650	67,900	97,000
Lan'let	4,000	12,000	20,000	45,000	70,000	100,000
Limo	3,920	11,760	19,600	44,100	68,600	98,000
1916 Twin Six, 12-cyl., 135" wb						
Tr	8,600	25,800	43,000	96,750	150,500	215,000
Sal Tr	8,800	26,400	44,000	99,000	154,000	220,000
Phae	8,920	26,760	44,600	100,350	156,100	223,000
Sal Phae	8,920	26,760	44,600	100,350	156,100	223,000
Brgm	4,160	12,480	20,800	46,800	72,800	104,000
Lan'let	4,200	12,600	21,000	47,250	73,500	105,000
Sal Lan'let	4,240	12,720	21,200	47,700	74,200	106,000
Cabr Lan'let	4,400	13,200	22,000	49,500	77,000	110,000
Limo	4,040	12,120	20,200	45,450	70,700	101,000
Cabr Limo	4,480	13,440	22,400	50,400	78,400	112,000
Imp Limo	4,400	13,200	22,000	49,500	77,000	110,000
1917 Series II Twin Six, 12-cyl., 126" wb						
Tr	8,000	24,000	40,000	90,000	140,000	200,000
Phae	8,600	25,800	43,000	96,750	150,500	215,000
Sal Phae	8,600	25,800	43,000	96,750	150,500	215,000
2P Rbt	8,000	24,000	40,000	90,000	140,000	200,000
4P Rbt	8,000	24,000	40,000	90,000	140,000	200,000
Brgm	4,200	12,600	21,000	47,250	73,500	105,000
Cpe	3,880	11,640	19,400	43,650	67,900	97,000
Lan'let	4,000	12,000	20,000	45,000	70,000	100,000
Limo	3,920	11,760	19,600	44,100	68,600	98,000
1917 Series II Twin Six, 12-cyl., 135" wb						
Tr	8,600	25,800	43,000	96,750	150,500	215,000
Sal Tr	8,800	26,400	44,000	99,000	154,000	220,000
Phae	8,600	25,800	43,000	96,750	150,500	215,000
Sal Phae	8,600	25,800	43,000	96,750	150,500	215,000
Brgm	4,160	12,480	20,800	46,800	72,800	104,000
Lan'let	4,200	12,600	21,000	47,250	73,500	105,000
Cabr Lan'let	4,400	13,200	22,000	49,500	77,000	110,000
Limo	4,040	12,120	20,200	45,450	70,700	101,000
Cabr Limo	4,480	13,440	22,400	50,400	78,400	112,000
Imp Limo	4,400	13,200	22,000	49,500	77,000	110,000
1918-20 Twin Six, 12-cyl., 128" wb						
Tr	7,600	22,800	38,000	85,500	133,000	190,000
Sal Tr	7,600	22,800	38,000	85,500	133,000	190,000
Phae	8,210	24,630	41,050	92,360	143,680	205,250
Sal Phae	8,210	24,630	41,050	92,360	143,680	205,250
Rbt	7,600	22,800	38,000	85,500	133,000	190,000
2d Brgm	3,990	11,970	19,950	44,890	69,830	99,750
Cpe	3,760	11,280	18,800	42,300	65,800	94,000
Lan'let	3,800	11,400	19,000	42,750	66,500	95,000
Limo	3,460	10,380	17,300	38,930	60,550	86,500
1918-23 Twin Six, 12-cyl., 136" wb						
Tr	8,200	24,600	41,000	92,250	143,500	205,000
Sal Tr	8,200	24,600	41,000	92,250	143,500	205,000
Brgm	3,950	11,860	19,760	44,460	69,160	98,800
Lan'let	3,990	11,970	19,950	44,890	69,830	99,750
Limo	3,840	11,520	19,200	43,200	67,200	96,000
Imp Limo	4,180	12,540	20,900	47,030	73,150	104,500
1921-22 Single Six (1st Series), 116" wb						
5P Tr	1,960	5,880	9,800	22,050	34,300	49,000
Rbt	1,920	5,760	9,600	21,600	33,600	48,000
7P Tr	2,000	6,000	10,000	22,500	35,000	50,000
Cpe	1,760	5,280	8,800	19,800	30,800	44,000
Sed	1,680	5,040	8,400	18,900	29,400	42,000
1921-22 Single Six, 6-cyl., 126" wb						
Rbt	2,060	6,180	10,300	23,180	36,050	51,500

	6	5	4	3	2	1
Rds	2,140	6,420	10,700	24,080	37,450	53,500
Tr	2,100	6,300	10,500	23,630	36,750	52,500
Cpe	1,820	5,460	9,100	20,480	31,850	45,500
5P Cpe	1,780	5,340	8,900	20,030	31,150	44,500
Sed	1,740	5,220	8,700	19,580	30,450	43,500
Limo Sed	1,860	5,580	9,300	20,930	32,550	46,500

1921-22 Single Six, 6-cyl., 133" wb

	6	5	4	3	2	1
Tr	2,140	6,420	10,700	24,080	37,450	53,500
Sed	1,740	5,220	8,700	19,580	30,450	43,500
Limo	1,860	5,580	9,300	20,930	32,550	46,500

1923-24 Single Six, 6-cyl., 126" wb

	6	5	4	3	2	1
Rbt	1,940	5,820	9,700	21,830	33,950	48,500
Spt Rds	1,980	5,940	9,900	22,280	34,650	49,500
Tr	1,940	5,820	9,700	21,830	33,950	48,500
Sed	1,580	4,740	7,900	17,780	27,650	39,500
Tr Sed	1,620	4,860	8,100	18,230	28,350	40,500
Limo Sed	1,740	5,220	8,700	19,580	30,450	43,500

1923-24 Single Six, 6-cyl., 133" wb

	6	5	4	3	2	1
Tr	2,020	6,060	10,100	22,730	35,350	50,500
Sed	1,620	4,860	8,100	18,230	28,350	40,500
Sed Limo	1,780	5,340	8,900	20,030	31,150	44,500

1923-24 Single Eight, 8-cyl., 136" wb

	6	5	4	3	2	1
Tr	2,280	6,840	11,400	25,650	39,900	57,000
Rbt	2,360	7,080	11,800	26,550	41,300	59,000
Spt Rds	3,400	10,200	17,000	38,250	59,500	85,000
Cpe	1,800	5,400	9,000	20,250	31,500	45,000
5P Cpe	1,760	5,280	8,800	19,800	30,800	44,000
Sed	1,720	5,160	8,600	19,350	30,100	43,000
Sed Limo	1,880	5,640	9,400	21,150	32,900	47,000

1923-24 Single Eight, 8-cyl., 143" wb

	6	5	4	3	2	1
Tr	2,690	8,070	13,450	30,260	47,080	67,250
Sed	2,020	6,060	10,100	22,730	35,350	50,500
Clb Sed	2,260	6,790	11,320	25,470	39,620	56,600
Sed Limo	2,200	6,590	10,990	24,730	38,470	54,950

1925-26 Single Six (3rd Series), 6-cyl., 126" wb

	6	5	4	3	2	1
Rbt	3,800	11,400	19,000	42,750	66,500	95,000
Spt Rds	3,960	11,880	19,800	44,550	69,300	99,000
Phae	3,800	11,400	19,000	42,750	66,500	95,000
2P Cpe	1,560	4,680	7,800	17,550	27,300	39,000
Cpe	1,520	4,560	7,600	17,100	26,600	38,000
5P Cpe	1,560	4,680	7,800	17,550	27,300	39,000
Sed	1,360	4,080	6,800	15,300	23,800	34,000
Sed Limo	1,600	4,800	8,000	18,000	28,000	40,000

1925-26 Single Six (3rd Series), 6-cyl., 133" wb

	6	5	4	3	2	1
Tr	2,020	6,060	10,100	22,730	35,350	50,500
Sed	1,620	4,860	8,100	18,230	28,350	40,500
Clb Sed	1,640	4,920	8,200	18,450	28,700	41,000
Sed Limo	1,740	5,220	8,700	19,580	30,450	43,500

1927 Single Six (4th Series), 6-cyl., 126" wb

	6	5	4	3	2	1
Rds	3,120	9,360	15,600	35,100	54,600	78,000
Phae	2,520	7,560	12,600	28,350	44,100	63,000
Sed	1,480	4,440	7,400	16,650	25,900	37,000

1927 Single Six (4th Series), 6-cyl., 133" wb

	6	5	4	3	2	1
Tr	5,080	15,240	25,400	57,150	88,900	127,000
Cpe	1,640	4,920	8,200	18,450	28,700	41,000
Sed	1,620	4,860	8,100	18,230	28,350	40,500
Clb Sed	1,640	4,920	8,200	18,450	28,700	41,000
Sed Limo	1,740	5,220	8,700	19,580	30,450	43,500

1927 Single Eight (3rd Series), 8-cyl., 136" wb

	6	5	4	3	2	1
Rbt	5,160	15,480	25,800	58,050	90,300	129,000
Phae	5,200	15,600	26,000	58,500	91,000	130,000
Sed	1,920	5,760	9,600	21,600	33,600	48,000

1927 Single Eight (3rd Series), 8-cyl., 143" wb

	6	5	4	3	2	1
Tr	7,280	21,840	36,400	81,900	127,400	182,000
Cpe	2,480	7,440	12,400	27,900	43,400	62,000
Sed	2,480	7,440	12,400	27,900	43,400	62,000
Clb Sed	2,680	8,040	13,400	30,150	46,900	67,000
Sed Limo	3,080	9,240	15,400	34,650	53,900	77,000

1928 Single Six (5th Series), 6-cyl., 126" wb

	6	5	4	3	2	1
Phae	3,800	11,400	19,000	42,750	66,500	95,000
Rbt	3,800	11,400	19,000	42,750	66,500	95,000
Conv	3,800	11,400	19,000	42,750	66,500	95,000
RS Cpe	2,880	8,640	14,400	32,400	50,400	72,000
Sed	2,760	8,280	13,800	31,050	48,300	69,000

1928 Single Six (5th Series), 6-cyl., 133" wb

	6	5	4	3	2	1
Phae	5,200	15,600	26,000	58,500	91,000	130,000
7P Tr	5,080	15,240	25,400	57,150	88,900	127,000
Rbt	5,160	15,480	25,800	58,050	90,300	129,000
Sed	1,920	5,760	9,600	21,600	33,600	48,000

	6	5	4	3	2	1
Clb Sed.	1,960	5,880	9,800	22,050	34,300	49,000
Sed Limo	2,000	6,000	10,000	22,500	35,000	50,000
1928 Standard, Single Eight (4th Series), 8-cyl., 143" wb						
Rbt	7,680	23,040	38,400	86,400	134,400	192,000
Phae	7,280	21,840	36,400	81,900	127,400	182,000
Conv	7,080	21,240	35,400	79,650	123,900	177,000
7P Tr	7,280	21,840	36,400	81,900	127,400	182,000
4P Cpe	2,480	7,440	12,400	27,900	43,400	62,000
5P Cpe	2,680	8,040	13,400	30,150	46,900	67,000
Sed	2,480	7,440	12,400	27,900	43,400	62,000
Clb Sed	2,680	8,040	13,400	30,150	46,900	67,000
Sed Limo	3,080	9,240	15,400	34,650	53,900	77,000
1928 Custom, Single Eight (4th Series), 8-cyl., 143" wb						
7P Tr	20,000	60,000	100,000	225,000	350,000	500,000
Phae	25,000	75,000	125,000	281,250	437,500	625,000
Rbt	19,000	57,000	95,000	213,750	332,500	475,000
Conv Cpe	2,200	6,600	11,000	24,750	38,500	55,000
RS Cpe	3,800	11,400	19,000	42,750	66,500	95,000
7P Sed	3,240	9,720	16,200	36,450	56,700	81,000
Sed	3,160	9,480	15,800	35,550	55,300	79,000
Sed Limo	3,240	9,720	16,200	36,450	56,700	81,000
1929 Model 626, Standard Eight (6th Series), 8-cyl.						
Conv	4,000	12,000	20,000	45,000	70,000	100,000
Cpe	3,000	9,000	15,000	33,750	52,500	75,000
Sed	1,920	5,760	9,600	21,600	33,600	48,000
1929 Model 633, Standard Eight (6th Series), 8-cyl.						
Phae	6,080	18,240	30,400	68,400	106,400	152,000
Rbt	5,600	16,800	28,000	63,000	98,000	140,000
7P Tr	4,720	14,160	23,600	53,100	82,600	118,000
Cpe	3,200	9,600	16,000	36,000	56,000	80,000
Sed	2,000	6,000	10,000	22,500	35,000	50,000
Clb Sed.	2,080	6,240	10,400	23,400	36,400	52,000
Limo/Sed	2,400	7,200	12,000	27,000	42,000	60,000
1929 Model 626, Speedster Eight (6th Series), 8-cyl.						
Phae	88,000	264,000	440,000	990,000	1,540,000	2,200,000
Rds	80,000	240,000	400,000	900,000	1,400,000	2,000,000
1929 Model 640, Custom Eight (6th Series), 8-cyl.						
DC Phae	7,680	23,040	38,400	86,400	134,400	192,000
7P Tr	6,280	18,840	31,400	70,650	109,900	157,000
Rbt	7,280	21,840	36,400	81,900	127,400	182,000
Conv	6,160	18,480	30,800	69,300	107,800	154,000
RS Cpe	3,200	9,600	16,000	36,000	56,000	80,000
4P Cpe	2,760	8,280	13,800	31,050	48,300	69,000
Sed	2,640	7,920	13,200	29,700	46,200	66,000
Clb Sed.	2,600	7,800	13,000	29,250	45,500	65,000
Limo	2,400	7,200	12,000	27,000	42,000	60,000
1929 Model 645, DeLuxe Eight (6th Series), 8-cyl.						
Phae	10,760	32,280	53,800	121,050	188,300	269,000
Spt Phae	11,240	33,720	56,200	126,450	196,700	281,000
Dtrch Rds	12,000	36,000	60,000	135,000	210,000	300,000
Dtrch Phae	14,400	43,200	72,000	162,000	252,000	360,000
7P Tr	7,400	22,200	37,000	83,250	129,500	185,000
Rbt	9,200	27,600	46,000	103,500	161,000	230,000
RS Cpe	3,680	11,040	18,400	41,400	64,400	92,000
5P Cpe	3,080	9,240	15,400	34,650	53,900	77,000
Sed	2,840	8,520	14,200	31,950	49,700	71,000
Clb Sed.	2,880	8,640	14,400	32,400	50,400	72,000
Limo	2,960	8,880	14,800	33,300	51,800	74,000
1930 Model 726, Standard 8 (7th Series), 8-cyl.						
Sed	2,640	7,920	13,200	29,700	46,200	66,000
1930 Model 733, Standard 8 (7th Series), 8-cyl., 134" wb						
Phae	6,080	18,240	30,400	68,400	106,400	152,000
Spt Phae	6,200	18,600	31,000	69,750	108,500	155,000
Rds	5,600	16,800	28,000	63,000	98,000	140,000
7P Tr	4,720	14,160	23,600	53,100	82,600	118,000
RS Cpe	3,200	9,600	16,000	36,000	56,000	80,000
4P Cpe	2,400	7,200	12,000	27,000	42,000	60,000
Conv	5,800	17,400	29,000	65,250	101,500	145,000
Sed	2,000	6,000	10,000	22,500	35,000	50,000
Clb Sed.	2,080	6,240	10,400	23,400	36,400	52,000
Limo Sed	2,400	7,200	12,000	27,000	42,000	60,000
1930 Model 734, Speedster Eight (7th Series), 8-cyl.						
Boat	80,000	240,000	400,000	900,000	1,400,000	2,000,000
RS Rds	20,000	60,000	100,000	225,000	350,000	500,000
Phae	40,000	120,000	200,000	450,000	700,000	1,000,000
Vic.	8,000	24,000	40,000	90,000	140,000	200,000
Sed	8,000	24,000	40,000	90,000	140,000	200,000
1930 Model 740, Custom Eight (7th Series), 8-cyl.						
Phae	15,240	45,720	76,200	171,450	266,700	381,000

	6	5	4	3	2	1
Spt Phae.	16,720	50,160	83,600	188,100	292,600	418,000
7P Tr.	11,100	33,300	55,500	124,880	194,250	277,500
Rds.	9,800	29,400	49,000	110,250	171,500	245,000
Conv.	12,000	36,000	60,000	135,000	210,000	300,000
Cpe, Rear Mount	4,800	14,400	24,000	54,000	84,000	120,000
RS Cpe.	4,200	12,600	21,000	47,250	73,500	105,000
5P Cpe.	2,800	8,400	14,000	31,500	49,000	70,000
Sed.	2,520	7,560	12,600	28,350	44,100	63,000
7P Sed.	2,560	7,680	12,800	28,800	44,800	64,000
Clb Sed.	2,600	7,800	13,000	29,250	45,500	65,000
Limo.	2,760	8,280	13,800	31,050	48,300	69,000

1930 Model 745, DeLuxe Eight (7th Series)

	6	5	4	3	2	1
Phae.	15,000	45,000	75,000	168,750	262,500	375,000
Spt Phae.	16,480	49,440	82,400	185,400	288,400	412,000
Rds.	12,320	36,960	61,600	138,600	215,600	308,000
Conv.	11,120	33,360	55,600	125,100	194,600	278,000
7P Tr.	9,720	29,160	48,600	109,350	170,100	243,000
RS Cpe.	3,600	10,800	18,000	40,500	63,000	90,000
5P Cpe.	3,080	9,240	15,400	34,650	53,900	77,000
Sed.	2,800	8,400	14,000	31,500	49,000	70,000
7P Sed.	2,880	8,640	14,400	32,400	50,400	72,000
Clb Sed.	2,960	8,880	14,800	33,300	51,800	74,000
Limo.	3,160	9,480	15,800	35,550	55,300	79,000

1931 Model 826, Standard Eight (8th Series)

	6	5	4	3	2	1
Sed.	2,000	6,000	10,000	22,500	35,000	50,000

1931 Model 833, Standard Eight (8th Series)

	6	5	4	3	2	1
Phae.	6,080	18,240	30,400	68,400	106,400	152,000
Spt Phae.	6,200	18,600	31,000	69,750	108,500	155,000
7P Tr.	4,720	14,160	23,600	53,100	82,600	118,000
Conv Sed.	5,800	17,400	29,000	65,250	101,500	145,000
Rds.	5,600	16,800	28,000	63,000	98,000	140,000
Conv.	5,800	17,400	29,000	65,250	101,500	145,000
Conv, Vic by Graber	10,400	31,200	52,000	130,000	182,000	200,000
RS Cpe.	3,570	10,700	17,840	40,140	62,440	89,200
5P Cpe.	2,570	7,700	12,840	28,890	44,940	64,200
7P Sed.	1,850	5,540	9,240	20,790	32,340	46,200
Clb Sed.	1,890	5,660	9,440	21,240	33,040	47,200

NOTE: Add 45% for 845 models.

1931 Model 840, Custom

	6	5	4	3	2	1
A/W Cabr.	14,960	44,880	74,800	168,300	261,800	374,000
A/W Spt Cabr.	15,000	45,000	75,000	168,750	262,500	375,000
A/W Lan'let.	7,600	22,800	38,000	85,500	133,000	190,000
A/W Spt Lan'let.	7,800	23,400	39,000	87,750	136,500	195,000
Dtrch Cv Sed.	11,120	33,360	55,600	125,100	194,600	278,000
Limo Cabr.	8,000	24,000	40,000	90,000	140,000	200,000
A/W Twn Car.	7,800	23,400	39,000	87,750	136,500	195,000
Dtrch Cv Vic.	9,240	27,720	46,200	103,950	161,700	231,000
Conv.	12,600	37,800	63,000	141,750	220,500	315,000
Spt Phae.	15,200	45,600	76,000	171,000	266,000	380,000
Phae.	15,000	45,000	75,000	168,750	262,500	375,000
Rds.	12,320	36,960	61,600	138,600	215,600	308,000
Tr.	9,720	29,160	48,600	109,350	170,100	243,000
RS Cpe.	3,600	10,800	18,000	40,500	63,000	90,000
5P Cpe.	3,000	9,000	15,000	33,750	52,500	75,000
Sed.	2,600	7,800	13,000	29,250	45,500	65,000
Clb Sed.	2,720	8,160	13,600	30,600	47,600	68,000

1931 Model 840, Individual Custom

	6	5	4	3	2	1
A/W Cabr.	12,400	37,200	62,000	139,500	217,000	310,000
A/W Spt Cabr.	12,600	37,800	63,000	141,750	220,500	315,000
A/W Lan'let.	9,320	27,960	46,600	104,850	163,100	233,000
A/W Spt Lan'let.	9,520	28,560	47,600	107,100	166,600	238,000
Dtrch Conv Sed.	12,960	38,880	64,800	145,800	226,800	324,000
Cabr Sed Limo.	9,520	28,560	47,600	107,100	166,600	238,000
A/W Twn Car.	10,120	30,360	50,600	113,850	177,100	253,000
Lan'let Twn Car.	8,920	26,760	44,600	100,350	156,100	223,000
Conv Vic.	10,520	31,560	52,600	118,350	184,100	263,000
Sed.	3,080	9,240	15,400	34,650	53,900	77,000
Sed Limo.	3,640	10,920	18,200	40,950	63,700	91,000

1932 Model 900, Light Eight (9th Series)

	6	5	4	3	2	1
Rds.	11,000	33,000	55,000	123,750	192,500	275,000
Cpe.	7,840	23,520	39,200	88,200	137,200	196,000
Cpe Sed.	3,920	11,760	19,600	44,100	68,600	98,000
Sed.	4,000	12,000	20,000	45,000	70,000	100,000

1932 Model 901, Standard Eight (9th Series) 129" wb

	6	5	4	3	2	1
Sed.	1,880	5,640	9,400	21,150	32,900	47,000

1932 Model 902, Standard Eight (9th Series) 136" wb

	6	5	4	3	2	1
Rds.	7,480	22,440	37,400	84,150	130,900	187,000
Phae.	9,000	27,000	45,000	101,250	157,500	225,000
Spt Phae.	10,000	30,000	50,000	112,500	175,000	250,000

PACKARD

	6	5	4	3	2	1
RS Cpe	2,800	8,400	14,000	31,500	49,000	70,000
5P Cpe	2,720	8,160	13,600	30,600	47,600	68,000
Sed	2,160	6,480	10,800	24,300	37,800	54,000
7P Sed	2,240	6,720	11,200	25,200	39,200	56,000
Clb Sed	2,280	6,840	11,400	25,650	39,900	57,000
Limo	2,320	6,960	11,600	26,100	40,600	58,000
Tr	5,080	15,240	25,400	57,150	88,900	127,000
Conv Sed	5,720	17,160	28,600	64,350	100,100	143,000
Conv Vic	6,040	18,120	30,200	67,950	105,700	151,000
1932 Model 903, DeLuxe Eight, 142" wb						
Conv	9,200	27,600	46,000	103,500	161,000	230,000
Phae	9,880	29,640	49,400	111,150	172,900	247,000
Spt Phae	10,000	30,000	50,000	112,500	175,000	250,000
Conv Sed	6,400	19,200	32,000	72,000	112,000	160,000
Conv Vic	9,240	27,720	46,200	103,950	161,700	231,000
7P Tr	7,000	21,000	35,000	78,750	122,500	175,000
RS Cpe	3,560	10,680	17,800	40,050	62,300	89,000
5P Cpe	3,120	9,360	15,600	35,100	54,600	78,000
Sed	2,960	8,880	14,800	33,300	51,800	74,000
Clb Sed	3,000	9,000	15,000	33,750	52,500	75,000
1932 Model 904, DeLuxe Eight, 147" wb						
Sed	3,440	10,320	17,200	38,700	60,200	86,000
Limo	3,600	10,800	18,000	40,500	63,000	90,000
1932 Model 904, Individual Custom, 147" wb						
Dtrch Conv Cpe	30,000	90,000	150,000	337,500	525,000	750,000
Dtrch Cpe	7,160	21,480	35,800	80,550	125,300	179,000
Cabr	10,760	32,280	53,800	121,050	188,300	269,000
Spt Cabr	11,160	33,480	55,800	125,550	195,300	279,000
A/W Brgm	11,360	34,080	56,800	127,800	198,800	284,000
Dtrch Spt Phae	44,000	132,000	220,000	495,000	770,000	1,100,000
Dtrch Conv Sed	37,800	113,400	189,000	425,250	661,500	945,000
Spt Sed	6,960	20,880	34,800	78,300	121,800	174,000
Limo Cabr	11,160	33,480	55,800	125,550	195,300	279,000
Dtrch Limo	8,080	24,240	40,400	90,900	141,400	202,000
A-W Twn Car	11,560	34,680	57,800	130,050	202,300	289,000
Dtrch Conv Vic	15,800	47,400	79,000	177,750	276,500	395,000
Lan'let	7,560	22,680	37,800	85,050	132,300	189,000
Spt Lan	7,960	23,880	39,800	89,550	139,300	199,000
Twn Car Lan'let	8,360	25,080	41,800	94,050	146,300	209,000
1932 Model 905, Twin Six, (9th Series), 142" wb						
Conv	48,400	145,200	242,000	544,500	847,000	1,210,000
Phae	29,480	88,440	147,400	331,650	515,900	737,000
Spt Phae	29,600	88,800	148,000	333,000	518,000	740,000
7P Tr	10,560	31,680	52,800	118,800	184,800	264,000
Conv Sed	28,000	84,000	140,000	315,000	490,000	700,000
Conv Vic	26,400	79,200	132,000	297,000	462,000	660,000
RS Cpe	4,320	12,960	21,600	48,600	75,600	108,000
5P Cpe	4,120	12,360	20,600	46,350	72,100	103,000
Sed	3,480	10,440	17,400	39,150	60,900	87,000
Clb Sed	3,600	10,800	18,000	40,500	63,000	90,000
1932 Model 906, Twin Six, 147" wb						
7P Sed	4,040	12,120	20,200	45,450	70,700	101,000
Limo	4,600	13,800	23,000	51,750	80,500	115,000
1932 Model 906, Individual Custom, Twin Six, 147" wb						
Conv	12,600	37,800	63,000	141,750	220,500	315,000
Cabr	23,000	69,000	115,000	258,750	402,500	575,000
Dtrch Spt Phae	37,800	113,400	189,000	425,250	661,500	945,000
Dtrch Conv Vic	12,520	37,560	62,600	140,850	219,100	313,000
Dtrch Sed	5,600	16,800	28,000	63,000	98,000	140,000
Dtrch Cpe	6,000	18,000	30,000	67,500	105,000	150,000
Lan'let	6,040	18,120	30,200	67,950	105,700	151,000
Twn Car Lan'let	6,200	18,600	31,000	69,750	108,500	155,000
A/W Twn Car	6,400	19,200	32,000	72,000	112,000	160,000
1933 Model 1001, Eight, (10th Series), 127" wb						
10th Series						
Conv	8,000	24,000	40,000	90,000	140,000	200,000
RS Cpe	5,720	17,160	28,600	64,350	100,100	143,000
Cpe Sed	3,920	11,760	19,600	44,100	68,600	98,000
Sed	4,000	12,000	20,000	45,000	70,000	100,000
1933 Model 1002, Eight, 136" wb						
Phae	6,000	18,000	30,000	67,500	105,000	150,000
Conv Sed	6,240	18,720	31,200	70,200	109,200	156,000
Conv Vic	6,400	19,200	32,000	72,000	112,000	160,000
7P Tr	5,400	16,200	27,000	60,750	94,500	135,000
RS Cpe	2,480	7,440	12,400	27,900	43,400	62,000
5P Cpe	2,400	7,200	12,000	27,000	42,000	60,000
Sed	2,320	6,960	11,600	26,100	40,600	58,000
7P Sed	2,400	7,200	12,000	27,000	42,000	60,000
Clb Sed	2,440	7,320	12,200	27,450	42,700	61,000

	6	5	4	3	2	1
Limo	2,480	7,440	12,400	27,900	43,400	62,000
1933 Model 1003, Super Eight, 135" wb						
Sed	2,320	6,960	11,600	26,100	40,600	58,000
1933 Model 1004, Super Eight, 142" wb						
Conv	10,280	30,840	51,400	115,650	179,900	257,000
Phae	8,440	25,320	42,200	94,950	147,700	211,000
Spt Phae	9,200	27,600	46,000	103,500	161,000	230,000
Conv Vic	15,400	46,200	77,000	173,250	269,500	385,000
Conv Sed	12,320	36,960	61,600	138,600	215,600	308,000
7P Tr	7,120	21,360	35,600	80,100	124,600	178,000
RS Cpe	3,560	10,680	17,800	40,050	62,300	89,000
5P Cpe	3,220	9,660	16,100	36,230	56,350	80,500
Sed	2,840	8,520	14,200	31,950	49,700	71,000
Clb Sed	3,000	9,000	15,000	33,750	52,500	75,000
Limo	3,040	9,120	15,200	34,200	53,200	76,000
Fml Sed	3,460	10,380	17,300	38,930	60,550	86,500
1933 Model 1005, Twelve, 142" wb						
Conv	17,380	52,140	86,900	195,530	304,150	434,500
Spt Phae	13,570	40,700	67,830	152,620	237,410	339,150
Conv Sed	13,600	40,800	68,000	153,000	238,000	340,000
Conv Vic	20,880	62,640	104,400	234,900	365,400	522,000
RS Cpe	4,360	13,080	21,800	49,050	76,300	109,000
5P Cpe	4,360	13,080	21,800	49,050	76,300	109,000
Sed	3,940	11,820	19,700	44,330	68,950	98,500
Fml Sed	4,520	13,560	22,600	50,850	79,100	113,000
Clb Sed	3,990	11,970	19,950	44,890	69,830	99,750
1933 Model 1006, Standard, 147" wb						
7P Sed	3,280	9,840	16,400	36,900	57,400	82,000
Limo	3,600	10,800	18,000	40,500	63,000	90,000
1933 Model 1006, Custom Twelve, 147" wb, Dietrich						
Conv	60,000	180,000	300,000	675,000	1,050,000	1,500,000
Conv Vic	66,000	198,000	330,000	742,500	1,155,000	1,650,000
Spt Phae	76,000	228,000	380,000	855,000	1,330,000	1,900,000
Conv Sed	72,000	216,000	360,000	810,000	1,260,000	1,800,000
Cpe	64,800	194,400	324,000	729,000	1,134,000	1,620,000
Fml Sed	386,400	1,159,200	1,932,000	4,347,000	6,762,000	9,660,000
1933 Model 1006, LeBaron Custom, Twelve, 147" wb						
A/W Cabr			value not estimable			
A/W Twn Car			value not estimable			
1933 Model 1006, Packard Custom, Twelve, 147" wb						
A/W Cabr			value not estimable			
A/W Lan'let			value not estimable			
Spt Sed			value not estimable			
A/W Twn Car			value not estimable			
Twn Car Lan'let			value not estimable			
Limo			value not estimable			
Lan'let Limo			value not estimable			
A/W Cabr			value not estimable			
A/W Twn Car			value not estimable			
1934 Model 1100, Eight, (11th Series), 129" wb						
Sed	2,400	7,200	12,000	27,000	42,000	60,000
1934 Model 1101, Eight, 136" wb						
Conv	10,400	31,200	52,000	117,000	182,000	260,000
Phae	6,600	19,800	33,000	74,250	115,500	165,000
Conv Vic	6,600	19,800	33,000	74,250	115,500	165,000
Conv Sed	7,000	21,000	35,000	78,750	122,500	175,000
RS Cpe	4,840	14,520	24,200	54,450	84,700	121,000
5P Cpe	4,720	14,160	23,600	53,100	82,600	118,000
Sed	2,990	8,980	14,960	33,660	52,360	74,800
Clb Sed	3,200	9,600	16,000	36,000	56,000	80,000
Fml Sed	3,400	10,200	17,000	38,250	59,500	85,000
1934 Model 1102, Eight, 141" wb						
7P Sed	3,000	9,000	15,000	33,750	52,500	75,000
Limo	3,480	10,440	17,400	39,150	60,900	87,000
1934 Model 1103, Super Eight, 135" wb						
Sed	2,400	7,200	12,000	27,000	42,000	60,000
1934 Model 1104, Super Eight, 142" wb						
Conv	7,400	22,200	37,000	83,250	129,500	185,000
Phae	7,680	23,040	38,400	86,400	134,400	192,000
Spt Phae	8,000	24,000	40,000	90,000	140,000	200,000
Conv Vic	8,000	24,000	40,000	90,000	140,000	200,000
Conv Sed	7,600	22,800	38,000	85,500	133,000	190,000
RS Cpe	7,920	23,760	39,600	89,100	138,600	198,000
5P Cpe	3,520	10,560	17,600	39,600	61,600	88,000
Clb Sed	3,360	10,080	16,800	37,800	58,800	84,000
Fml Sed	3,560	10,680	17,800	40,050	62,300	89,000
1934 Model 1105, Super Eight, Standard, 147" wb						
7P Sed	3,600	10,800	18,000	40,500	63,000	90,000
Limo	8,000	24,000	40,000	90,000	140,000	200,000

	6	5	4	3	2	1
1934 Model 1105, Dietrich, Super Eight, 147" wb						
Conv	8,400	25,200	42,000	94,500	147,000	210,000
Conv Vic	8,400	25,200	42,000	94,500	147,000	210,000
Conv Sed	7,800	23,400	39,000	87,750	136,500	195,000
Cpe	7,000	21,000	35,000	78,750	122,500	175,000
Spt Sed	5,400	16,200	27,000	60,750	94,500	135,000
1934 Model 1105, LeBaron, Super Eight, 147" wb Model 1106, Twelve, LeBaron, 135" wb						
Spds			value not estimable			
Spt Phae			value not estimable			
1934 Model 1107, Twelve, 142" wb						
Conv	17,200	51,600	86,000	193,500	301,000	430,000
Phae	13,280	39,840	66,400	149,400	232,400	332,000
Spt Phae	13,600	40,800	68,000	153,000	238,000	340,000
Conv Vic	21,120	63,360	105,600	237,600	369,600	528,000
Conv Sed	14,080	42,240	70,400	158,400	246,400	352,000
7P Tr	20,520	61,560	102,600	230,850	359,100	513,000
RS Cpe	6,820	20,460	34,100	76,730	119,350	170,500
5P Cpe	6,800	20,400	34,000	76,500	119,000	170,000
Sed	5,200	15,600	26,000	58,500	91,000	130,000
Clb Sed	5,280	15,840	26,400	59,400	92,400	132,000
Fml Sed	5,400	16,200	27,000	60,750	94,500	135,000
1934 Model 1108, Twelve, Standard, 147" wb						
7P Sed	5,080	15,240	25,400	57,150	88,900	127,000
Limo	5,400	16,200	27,000	60,750	94,500	135,000
1934 Model 1108, Twelve, Dietrich, 147" wb						
Conv	17,600	52,800	88,000	198,000	308,000	440,000
Spt Phae	17,920	53,760	89,600	201,600	313,600	448,000
Conv Sed	40,000	120,000	200,000	450,000	700,000	
	1,000,000					
Vic Conv	17,600	52,800	88,000	198,000	308,000	440,000
Cpe	167,200	501,600	836,000	1,881,000	2,926,000	4,180,000
Spt Sed	145,200	435,600	726,000	1,633,500	2,541,000	3,630,000
1934 Model 1108, Twelve, LeBaron, 147" wb						
Cabr			value not estimable			
Spt Phae			value not estimable			
A/W Twn Car			value not estimable			
1935 120-A, 8-cyl., 120" wb						
Conv	2,640	7,920	13,200	29,700	46,200	66,000
Bus Cpe	1,840	5,520	9,200	20,700	32,200	46,000
Spt Cpe	1,920	5,760	9,600	21,600	33,600	48,000
Tr Cpe	1,920	5,760	9,600	21,600	33,600	48,000
Sed	1,480	4,440	7,400	16,650	25,900	37,000
Clb Sed	1,560	4,680	7,800	17,550	27,300	39,000
Tr Sed	1,520	4,560	7,600	17,100	26,600	38,000
1935 Series 1200, 8-cyl., 127" wb						
Sed	1,560	4,680	7,800	17,550	27,300	39,000
1935 Series 1201, 8-cyl., 134" wb						
Cpe Rds	4,900	14,700	24,500	55,130	85,750	122,500
Phae	4,800	14,400	24,000	54,000	84,000	120,000
Conv Vic	6,600	19,800	33,000	74,250	115,500	165,000
LeB A/W Cabr	6,360	19,080	31,800	71,550	111,300	159,000
RS Cpe	2,400	7,200	12,000	27,000	42,000	60,000
5P Cpe	2,360	7,080	11,800	26,550	41,300	59,000
Sed	2,080	6,240	10,400	23,400	36,400	52,000
Fml Sed	2,600	7,800	13,000	29,250	45,500	65,000
Clb Sed	2,000	6,000	10,000	22,500	35,000	50,000
1935 Series 1202, 8-cyl., 139" wb						
7P Sed	2,120	6,360	10,600	23,850	37,100	53,000
Limo	2,440	7,320	12,200	27,450	42,700	61,000
Conv Sed	5,000	15,000	25,000	56,250	87,500	125,000
LeB A/W Twn Car	4,280	12,840	21,400	48,150	74,900	107,000
1935 Series 1203, Super 8, 132" wb						
5P Sed	2,600	7,800	13,000	29,250	45,500	65,000
1935 Series 1204, Super 8, 139" wb						
Rds	4,000	12,000	20,000	45,000	70,000	100,000
Phae	8,360	25,080	41,800	94,050	146,300	209,000
Spt Phae	8,800	26,400	44,000	99,000	154,000	220,000
Conv Vic	6,800	20,400	34,000	76,500	119,000	170,000
RS Cpe	2,760	8,280	13,800	31,050	48,300	69,000
5P Cpe	2,560	7,680	12,800	28,800	44,800	64,000
Clb Sed	2,240	6,720	11,200	25,200	39,200	56,000
Fml Sed	2,720	8,160	13,600	30,600	47,600	68,000
LeB A/W Cabr	6,600	19,800	33,000	74,250	115,500	165,000
1935 Series 1205, Super 8, 144" wb						
Tr Sed	3,640	10,920	18,200	40,950	63,700	91,000
Conv Sed	5,200	15,600	26,000	58,500	91,000	130,000
7P Sed	2,720	8,160	13,600	30,600	47,600	68,000
Limo	3,000	9,000	15,000	33,750	52,500	75,000
LeB A/W Twn Car	4,400	13,200	22,000	49,500	77,000	110,000

	6	5	4	3	2	1
1935 Series 1207, V-12, 139" wb						
Rds.............................	12,680	38,040	63,400	142,650	221,900	317,000
Phae............................	12,760	38,280	63,800	143,550	223,300	319,000
Spt Phae.........................	15,600	46,800	78,000	175,500	273,000	390,000
RS Cpe..........................	6,680	20,040	33,400	75,150	116,000	167,000
5P Cpe..........................	6,200	18,600	31,000	69,750	108,500	155,000
Clb Sed.........................	5,080	15,240	25,400	57,150	88,900	127,000
Sed............................	5,000	15,000	25,000	56,250	87,500	125,000
Fml Sed.........................	5,200	15,600	26,000	58,500	91,000	130,000
Conv Vic.........................	7,800	23,400	39,000	87,750	136,500	195,000
LeB A/W Cabr.....................	7,120	21,360	35,600	80,100	124,600	178,000
1935 Series 1208, V-12, 144" wb						
Conv Sed.........................	10,000	30,000	50,000	112,500	175,000	250,000
7P Sed..........................	5,000	15,000	25,000	56,250	87,500	125,000
Limo............................	5,280	15,840	26,400	59,400	92,400	132,000
LeB A/W Twn Car..................	6,960	20,880	34,800	78,300	121,800	174,000
1936 14th Series Series 120-B, 8-cyl., 120" wb						
Conv............................	4,410	13,220	22,040	49,590	77,140	110,200
Conv Sed.........................	3,120	9,360	15,600	35,100	54,600	78,000
Bus Cpe.........................	1,680	5,040	8,400	18,900	29,400	42,000
Spt Cpe..........................	1,760	5,280	8,800	19,800	30,800	44,000
Tr Cpe...........................	1,760	5,280	8,800	19,800	30,800	44,000
2d Sed..........................	1,520	4,560	7,600	17,100	26,600	38,000
Sed............................	1,600	4,800	8,000	18,000	28,000	40,000
Clb Sed.........................	1,480	4,440	7,400	16,650	25,900	37,000
Tr Sed...........................	1,640	4,920	8,200	18,450	28,700	41,000
1936 14th Series Series 1400, 8-cyl., 127" wb						
Sed............................	1,520	4,560	7,600	17,100	26,600	38,000
1936 14th Series Series 1401, 8-cyl., 134" wb						
Rds.............................	3,640	10,920	18,200	40,950	63,700	91,000
Phae............................	3,720	11,160	18,600	41,850	65,100	93,000
Conv Vic.........................	2,330	7,000	11,660	26,240	40,810	58,300
LeB A/W Cabr.....................	3,800	11,400	19,000	42,750	66,500	95,000
RS Cpe..........................	2,160	6,480	10,800	24,300	37,800	54,000
5P Cpe..........................	2,330	7,000	11,660	26,240	40,810	58,300
Clb Sed.........................	1,920	5,760	9,600	21,600	33,600	48,000
Sed............................	1,840	5,520	9,200	20,700	32,200	46,000
Fml Sed.........................	2,280	6,840	11,400	25,650	39,900	57,000
1936 14th Series Series 1402, 8-cyl., 139" wb						
Conv Sed.........................	6,800	20,400	34,000	76,500	119,000	170,000
7P Tr...........................	4,800	14,400	24,000	54,000	84,000	120,000
7P Sed..........................	2,160	6,480	10,800	24,300	37,800	54,000
Bus Sed.........................	2,080	6,240	10,400	23,400	36,400	52,000
Limo............................	2,400	7,200	12,000	27,000	42,000	60,000
Bus Limo.........................	2,320	6,960	11,600	26,100	40,600	58,000
LeB Twn Car......................	4,560	13,680	22,800	51,300	79,800	114,000
1936 14th Series Series 1403, Super 8, 132" wb						
Sed............................	2,400	7,200	12,000	27,000	42,000	60,000
1936 14th Series Series 1404, Super 8, 139" wb						
Cpe Rds..........................	4,000	12,000	20,000	45,000	70,000	100,000
Phae............................	8,360	25,080	41,800	94,050	146,300	209,000
Spt Phae.........................	8,800	26,400	44,000	99,000	154,000	220,000
Conv Vic.........................	6,880	20,640	34,400	77,400	120,400	172,000
LeB A/W Cabr.....................	4,400	13,200	22,000	49,500	77,000	110,000
RS Cpe..........................	2,760	8,280	13,800	31,050	48,300	69,000
5P Cpe..........................	2,560	7,680	12,800	28,800	44,800	64,000
Clb Sed.........................	2,240	6,720	11,200	25,200	39,200	56,000
Fml Sed.........................	2,720	8,160	13,600	30,600	47,600	68,000
1936 14th Series Series 1405, Super 8, 144" wb						
7P Tr...........................	4,560	13,680	22,800	51,300	79,800	114,000
Conv Sed.........................	6,360	19,080	31,800	71,550	111,300	159,000
1936 14th Series Series 1407, V-12, 139" wb						
Cpe Rds..........................	12,680	38,040	63,400	142,650	221,900	317,000
Phae............................	12,760	38,280	63,800	143,550	223,300	319,000
Spt Phae.........................	16,000	48,000	80,000	180,000	280,000	400,000
LeB A/W Cabr.....................	7,120	21,360	35,600	80,100	124,600	178,000
Conv Vic.........................	7,800	23,400	39,000	87,750	136,500	195,000
RS Cpe..........................	6,680	20,040	33,400	75,150	116,900	167,000
5P Cpe..........................	6,200	18,600	31,000	69,750	108,500	155,000
Clb Sed.........................	5,080	15,240	25,400	57,150	88,900	127,000
Sed............................	5,000	15,000	25,000	56,250	87,500	125,000
Fml Sed.........................	5,000	15,000	25,000	56,250	87,500	125,000
1936 14th Series Series 1408, V-12, 144" wb						
7P Tr...........................	6,600	19,800	33,000	74,250	115,500	165,000
Conv Sed.........................	10,000	30,000	50,000	112,500	175,000	250,000
7P Sed..........................	5,120	15,360	25,600	57,600	89,600	128,000
Limo............................	5,280	15,840	26,400	59,400	92,400	132,000
LeB A/W Twn Car..................	6,960	20,880	34,800	78,300	121,800	174,000

PACKARD

PACKARD

	6	5	4	3	2	1
1937 15th Series Model 115-C, 6-cyl., 115" wb						
Conv.	3,540	10,630	17,720	39,870	62,020	88,600
Bus Cpe.	1,520	4,560	7,600	17,100	26,600	38,000
Spt Cpe.	1,600	4,800	8,000	18,000	28,000	40,000
2d Sed.	1,320	3,960	6,600	14,850	23,100	33,000
Sed.	1,280	3,840	6,400	14,400	22,400	32,000
Clb Sed.	1,360	4,080	6,800	15,300	23,800	34,000
Tr Sed.	1,320	3,960	6,600	14,850	23,100	33,000
Sta Wag	3,400	10,200	17,000	38,250	59,500	85,000
1937 15th Series Model 120-C, 8-cyl., 120" wb						
Conv.	3,880	11,640	19,400	43,650	67,900	97,000
Conv Sed.	4,360	13,080	21,800	49,050	76,300	109,000
Bus Cpe.	1,600	4,800	8,000	18,000	28,000	40,000
Spt Cpe.	1,800	5,400	9,000	20,250	31,500	45,000
2d Sed.	1,480	4,440	7,400	16,650	25,900	37,000
Sed.	1,440	4,320	7,200	16,200	25,200	36,000
Clb Sed.	1,520	4,560	7,600	17,100	26,600	38,000
Tr Sed.	1,480	4,440	7,400	16,650	25,900	37,000
Sta Wag	5,000	15,000	25,000	56,250	87,500	125,000
1937 15th Series Model 120-CD, 8-cyl., 120" wb						
2d Sed.	1,620	4,860	8,100	18,230	28,350	40,500
Clb Sed.	1,660	4,980	8,300	18,680	29,050	41,500
Tr Sed.	1,580	4,740	7,900	17,780	27,650	39,500
1937 15th Series Model 138-CD, 8-cyl., 138" wb						
Tr Sed.	1,640	4,920	8,200	18,450	28,700	41,000
Tr Limo.	1,760	5,280	8,800	19,800	30,800	44,000
1937 15th Series Model 1500, Super 8, 127" wb						
Sed.	3,080	9,240	15,400	34,650	53,900	77,000
1937 15th Series Model 1501, Super 8, 134" wb						
Conv.	9,600	28,800	48,000	108,000	168,000	240,000
LeB A/W Cabr.	9,800	29,400	49,000	110,250	171,500	245,000
RS Cpe.	2,480	7,440	12,400	27,900	43,400	62,000
5P Cpe.	2,460	7,380	12,300	27,680	43,050	61,500
Clb Sed.	2,180	6,540	10,900	24,530	38,150	54,500
Tr Sed.	2,220	6,660	11,100	24,980	38,850	55,500
Fml Sed.	4,400	13,200	22,000	49,500	77,000	110,000
Vic.	3,800	11,400	19,000	42,750	66,500	95,000
1937 15th Series Model 1502, Super 8, 139" wb						
Conv Sed.	6,080	18,240	30,400	68,400	106,400	152,000
Bus Sed.	2,200	6,600	11,000	24,750	38,500	55,000
Tr Sed.	2,360	7,080	11,800	26,550	41,300	59,000
Tr Limo.	2,360	7,080	11,800	26,550	41,300	59,000
Bus Limo.	2,320	6,960	11,600	26,100	40,600	58,000
LeB A/W Twn Car	5,120	15,360	25,600	57,600	89,600	128,000
1937 15th Series Model 1506, V-12, 132" wb						
Tr Sed.	2,400	7,200	12,000	27,000	42,000	60,000
1937 15th Series Model 1507, V-12, 139" wb						
Conv.	14,080	42,240	70,400	158,400	246,400	352,000
LeB A/W Cabr.	18,680	56,040	93,400	210,150	326,900	467,000
RS Cpe.	6,600	19,800	33,000	74,250	115,500	165,000
5P Cpe.	6,000	18,000	30,000	67,500	105,000	150,000
Clb Sed.	3,120	9,360	15,600	35,100	54,600	78,000
Fml Sed.	3,600	10,800	18,000	40,500	63,000	90,000
Tr Sed.	3,200	9,600	16,000	36,000	56,000	80,000
Conv Vic	9,900	29,700	49,500	111,380	173,250	247,500
1937 15th Series Model 1508, V-12, 144" wb						
Conv Sed.	11,000	33,000	55,000	123,750	192,500	275,000
Tr Sed.	2,860	8,580	14,300	32,180	50,050	71,500
Tr Limo.	3,000	9,000	15,000	33,750	52,500	75,000
LeB A/W Twn Car	7,320	21,960	36,600	82,350	128,100	183,000
1938 16th Series Model 1601, 8-cyl. 127" wbg						
Graber Cabrio.	70,400	211,200	352,000	880,000	1,232,000	1,760,000
Graber Cabrio.	70,400	211,200	352,000	880,000	1,232,000	1,760,000
1938 16th Series Model 1605 Super 8, Customs						
Barker Sedanca Dev	8,800	26,400	44,000	110,000	154,000	220,000
1938 16th Series Model 1607-8, V-12, 139" wb						
Brn Trn Sed.	7,480	22,440	37,400	93,500	130,900	187,000
1938 16th Series Model 1600, 6-cyl., 122" wb						
Conv.	1,880	5,640	9,400	21,150	32,900	47,000
Bus Cpe.	1,400	4,200	7,000	15,750	24,500	35,000
Clb Cpe.	1,560	4,680	7,800	17,550	27,300	39,000
2d Sed.	1,120	3,360	5,600	12,600	19,600	28,000
Sed.	1,040	3,120	5,200	11,700	18,200	26,000
Sta Wag	4,120	12,360	20,600	46,350	72,100	103,000
1938 16th Series Model 1601, 8-cyl., 127" wb						
Conv.	2,300	6,900	11,500	25,880	40,250	57,500
Conv Sed.	2,650	7,950	13,250	29,810	46,380	66,250
Bus Cpe.	1,580	4,740	7,900	17,780	27,650	39,500
Clb Cpe.	1,620	4,860	8,100	18,230	28,350	40,500

	6	5	4	3	2	1
2d Sed 1,300	3,900	6,500	14,630	22,750	32,500	
Sed 1,360	4,080	6,800	15,300	23,800	34,000	

1938 16th Series Model 1601-D, 8-cyl., 127" wb

	6	5	4	3	2	1
Tr Sed 1,900	5,700	9,500	21,380	33,250	47,500	

1938 16th Series Model 1601, 8-cyl., 139" wb

	6	5	4	3	2	1
Roll A/W Cabr. 4,480	13,440	22,400	50,400	78,400	112,000	
Roll A/W Twn Car 4,320	12,960	21,600	48,600	75,600	108,000	
Roll Brgm 3,920	11,760	19,600	44,100	68,600	98,000	

1938 16th Series Model 1602, 8-cyl., 148" wb

	6	5	4	3	2	1
Tr Sed 2,000	6,000	10,000	22,500	35,000	50,000	
Tr Limo 2,120	6,360	10,600	23,850	37,100	53,000	

1938 16th Series Model 1603, Super 8, 127" wb

	6	5	4	3	2	1
Tr Sed 2,040	6,120	10,200	22,950	35,700	51,000	

1938 16th Series Model 1604, Super 8, 134" wb

	6	5	4	3	2	1
Conv 7,040	21,120	35,200	79,200	123,200	176,000	
RS Cpe. 3,400	10,200	17,000	38,250	59,500	85,000	
5P Cpe 2,000	6,000	10,000	22,500	35,000	50,000	
Clb Sed. 2,400	7,200	12,000	27,000	42,000	60,000	
Tr Sed 1,600	4,800	8,000	18,000	28,000	40,000	
Fml Sed 2,800	8,400	14,000	31,500	49,000	70,000	
Vic. 3,880	11,640	19,400	43,650	67,900	97,000	

1938 16th Series Model 1605, Super 8, 139" wb

	6	5	4	3	2	1
Bus Sed 2,280	6,840	11,400	25,650	39,900	57,000	
Conv Sed 4,400	13,200	22,000	49,500	77,000	110,000	
Bus Limo. 2,600	7,800	13,000	29,250	45,500	65,000	

1938 16th Series Model 1605, Super 8, Customs

	6	5	4	3	2	1
Brn A/W Cabr	value not estimable					
Brn Tr Cabr	value not estimable					
Roll A/W Cabr	value not estimable					
Roll A/W Twn Car	value not estimable					

1938 16th Series Model 1607, V-12, 134" wb

	6	5	4	3	2	1
Conv Cpe 9,360	25,080	41,800	94,050	146,300	209,000	
2-4P Cpe 3,120	9,360	15,600	35,100	54,600	78,000	
5P Cpe 3,040	9,120	15,200	34,200	53,200	76,000	
Clb Sed 2,760	8,280	13,800	31,050	48,300	69,000	
Conv Vic 13,200	39,600	66,000	148,500	231,000	330,000	
Tr Sed 2,640	7,920	13,200	29,700	46,200	66,000	
Fml Sed 3,880	11,640	19,400	43,650	67,900	97,000	

1938 16th Series Model 1608, V-12, 139" wb

	6	5	4	3	2	1
Conv Sed 7,800	23,400	39,000	87,750	136,500	195,000	
Tr Sed 3,120	9,360	15,600	35,100	54,600	78,000	
Tr Limo 3,280	9,840	16,400	36,900	57,400	82,000	

1938 16th Series Model 1607-8, V-12, 139" wb

	6	5	4	3	2	1
Brn A/W Cabr 15,960	47,880	79,800	179,550	279,300	399,000	
Brn Tr Cabr 16,000	48,000	80,000	180,000	280,000	400,000	
Roll A/W Cabr 17,600	52,800	88,000	198,000	308,000	440,000	
Roll A/W Twn Car 4,840	14,520	24,200	54,450	84,700	121,000	

1939 17th Series Model 1700, 6-cyl., 122" wb

	6	5	4	3	2	1
Conv 2,000	6,000	10,000	22,500	35,000	50,000	
Bus Cpe 1,320	3,960	6,600	14,850	23,100	33,000	
Clb Cpe. 1,480	4,440	7,400	16,650	25,900	37,000	
2d Sed 1,420	4,260	7,100	15,980	24,850	35,500	
Tr Sed 1,380	4,140	6,900	15,530	24,150	34,500	
Sta Wag 4,240	12,720	21,200	47,700	74,200	106,000	

1939 17th Series Model 1701, 8-cyl., 127" wb

	6	5	4	3	2	1
Conv 2,520	7,560	12,600	28,350	44,100	63,000	
Conv Sed 2,600	7,800	13,000	29,250	45,500	65,000	
Clb Cpe. 1,600	4,800	8,000	18,000	28,000	40,000	
Bus Cpe 1,560	4,680	7,800	17,550	27,300	39,000	
2d Sed 1,400	4,200	7,000	15,750	24,500	35,000	
Sed. 1,480	4,440	7,400	16,650	25,900	37,000	
Sta Wag 5,240	15,720	26,200	58,950	91,700	131,000	

1939 17th Series Model 1702, 8-cyl., 148" wb

	6	5	4	3	2	1
Tr Sed 2,080	6,240	10,400	23,400	36,400	52,000	
Tr Limo 2,400	7,200	12,000	27,000	42,000	60,000	

1939 17th Series Model 1703, Super 8, 127" wb

	6	5	4	3	2	1
Tr Sed 1,600	4,800	8,000	18,000	28,000	40,000	
Conv 2,680	8,040	13,400	30,150	46,900	67,000	
Conv Sed 3,660	10,980	18,300	41,180	64,050	91,500	
Clb Cpe. 2,080	6,240	10,400	23,400	36,400	52,000	

1939 17th Series Model 1705, Super 8, 148" wb

	6	5	4	3	2	1
Tr Sed 2,240	6,720	11,200	25,200	39,200	56,000	
Tr Limo 2,600	7,800	13,000	29,250	45,500	65,000	

1939 17th Series Model 1707, V-12, 134" wb

	6	5	4	3	2	1
Conv Cpe 8,360	25,080	41,800	94,050	146,300	209,000	
Conv Vic 13,200	39,600	66,000	148,500	231,000	330,000	
Roll A/W Cabr. 17,600	52,800	88,000	198,000	308,000	440,000	
2-4P Cpe 3,000	9,000	15,000	33,750	52,500	75,000	
5P Cpe 5,280	15,840	26,400	59,400	92,400	132,000	

PACKARD

	6	5	4	3	2	1
Sed	2,520	7,560	12,600	28,350	44,100	63,000
Clb Sed	3,280	9,840	16,400	36,900	57,400	82,000
Fml Sed	3,880	11,640	19,400	43,650	67,900	97,000
1939 17th Series Model 1708, V-12, 139" wb						
Conv Sed	8,080	24,240	40,400	90,900	141,400	202,000
Brn Tr Cabr		value not estimable				
Brn A/W Cabr		value not estimable				
Tr Sed	3,280	9,840	16,400	36,900	57,400	82,000
Tr Limo	3,360	10,080	16,800	37,800	58,800	84,000
Roll A/W Twn Car		value not estimable				
1940 18th Series Model 1800, 6-cyl., 122" wb, (110)						
Conv	1,960	5,880	9,800	22,050	34,300	49,000
Bus Cpe	1,520	4,560	7,600	17,100	26,600	38,000
Clb Cpe	1,600	4,800	8,000	18,000	28,000	40,000
2d Sed	1,280	3,840	6,400	14,400	22,400	32,000
Sed	1,160	3,480	5,800	13,050	20,300	29,000
Sta Wag	4,640	13,920	23,200	52,200	81,200	116,000
1940 18th Series Model 1801, Std., 8-cyl., 127" wb, (120)						
Conv	2,520	7,560	12,600	28,350	44,100	63,000
Conv Sed	3,800	11,400	19,000	42,750	66,500	95,000
Bus Cpe	1,480	4,440	7,400	16,650	25,900	37,000
Clb Cpe	1,600	4,800	8,000	18,000	28,000	40,000
2d Sed	1,280	3,840	6,400	14,400	22,400	32,000
Clb Sed	1,480	4,440	7,400	16,650	25,900	37,000
Sed	1,600	4,800	8,000	18,000	28,000	40,000
Darr Vic	13,640	40,920	68,200	153,450	238,700	341,000
Sta Wag	5,280	15,840	26,400	59,400	92,400	132,000
1940 18th Series Model 1801, DeLuxe, 8-cyl., 127" wb, (120)						
Conv	2,000	6,000	10,000	22,500	35,000	50,000
Clb Cpe	1,480	4,440	7,400	16,650	25,900	37,000
Clb Sed	1,420	4,260	7,100	15,980	24,850	35,500
Tr Sed	1,380	4,140	6,900	15,530	24,150	34,500
1940 18th Series Model 1803, Super 8, 127" wb, (160)						
Conv	5,940	17,820	29,700	66,830	103,950	148,500
Conv Sed	5,840	17,520	29,200	65,700	102,200	146,000
Bus Cpe	2,000	6,000	10,000	22,500	35,000	50,000
Clb Cpe	2,480	7,440	12,400	27,900	43,400	62,000
Clb Sed	2,400	7,200	12,000	27,000	42,000	60,000
Sed	5,940	17,820	29,700	66,830	103,950	148,500
1940 18th Series Model 1804, Super 8, 138" wb, (160)						
Sed	1,920	5,760	9,600	21,600	33,600	48,000
1940 18th Series Model 1805, Super 8, 148" wb, (160)						
Tr Sed	2,320	6,960	11,600	26,100	40,600	58,000
Tr Limo	2,480	7,440	12,400	27,900	43,400	62,000
1940 18th Series Model 1806, Custom, Super 8, 127" wb, (180)						
Clb Sed	2,320	6,960	11,600	26,100	40,600	58,000
Darr Conv Vic	13,640	40,920	68,200	153,450	238,700	341,000
1940 18th Series Model 1807, Custom, Super 8, 138" wb, (180)						
Darr Conv Sed	15,000	45,000	75,000	168,750	262,500	375,000
Roll A/W Cabr	9,440	28,320	47,200	106,200	165,200	236,000
Darr Spt Sed	13,000	39,000	65,000	146,250	227,500	325,000
Fml Sed	3,400	10,200	17,000	38,250	59,500	85,000
Tr Sed	2,520	7,560	12,600	28,350	44,100	63,000
1940 18th Series Model 1808, Custom, Super 8, 148" wb, (180)						
Roll A/W Twn Car	4,600	13,800	23,000	51,750	80,500	115,000
Tr Sed	3,400	10,200	17,000	38,250	59,500	85,000
Tr Limo	3,480	10,440	17,400	39,150	60,900	87,000
1941 19th Series Model 1900, Std., 6-cyl., 122" wb, (110)						
Conv	2,040	6,120	10,200	22,950	35,700	51,000
Bus Cpe	1,200	3,600	6,000	13,500	21,000	30,000
Clb Cpe	1,400	4,200	7,000	15,750	24,500	35,000
2d Sed	1,120	3,360	5,600	12,600	19,600	28,000
Tr Sed	1,200	3,600	6,000	13,500	21,000	30,000
Sta Wag	5,400	16,200	27,000	60,750	94,500	135,000
1941 19th Series Model 1900, DeLuxe, 6-cyl., 122" wb, (110)						
Conv	2,200	6,600	11,000	24,750	38,500	55,000
Clb Cpe	1,440	4,320	7,200	16,200	25,200	36,000
2d Sed	1,160	3,480	5,800	13,050	20,300	29,000
Sed	1,200	3,600	6,000	13,500	21,000	30,000
Sta Wag	5,440	16,320	27,200	61,200	95,200	136,000
1941 19th Series Model 1901, 8-cyl., 127" wb, (120)						
Conv	3,080	9,240	15,400	34,650	53,900	77,000
Conv Sed	3,220	9,650	16,080	36,180	56,280	80,400
Bus Cpe	1,200	3,600	6,000	13,500	21,000	30,000
Clb Cpe	1,480	4,440	7,400	16,650	25,900	37,000
2d Sed	1,200	3,600	6,000	13,500	21,000	30,000
Sed	1,280	3,840	6,400	14,400	22,400	32,000
Rollson - bodied Twn Car	3,000	9,000	15,000	33,750	52,500	75,000
Sta Wag	5,600	16,800	28,000	63,000	98,000	140,000

	6	5	4	3	2	1
DeL Sta Wag 5,680		17,040	28,400	63,900	99,400	142,000

1941 19th Series Model 1903, Super 8, 127" wb, (160)

	6	5	4	3	2	1
Conv 10,200		30,600	51,000	114,750	178,500	255,000
DeL Conv 10,320		30,960	51,600	116,100	180,600	258,000
Conv Sed 10,400		31,200	52,000	117,000	182,000	260,000
DeL Conv Sed 10,520		31,560	52,600	118,350	184,100	263,000
Clb Cpe. 1,840		5,520	9,200	20,700	32,200	46,000
Bus Cpe 1,760		5,280	8,800	19,800	30,800	44,000
Sed. 2,320		6,960	11,600	26,100	40,600	58,000

1941 19th Series Model 1904, Super 8, 138" wb, (160)

	6	5	4	3	2	1
Sed. 1,920		5,760	9,600	21,600	33,600	48,000

1941 19th Series Model 1905, Super 8, 148" wb, (160)

	6	5	4	3	2	1
Tr Sed 2,240		6,720	11,200	25,200	39,200	56,000
Tr Limo 2,440		7,320	12,200	27,450	42,700	61,000

1941 19th Series Model 1906, Custom, Super 8, 127" wb, (180)

	6	5	4	3	2	1
Darr Conv Vic 12,000		36,000	60,000	135,000	210,000	300,000

1941 19th Series Model 1907, Custom, Super 8, 138" wb, (180)

	6	5	4	3	2	1
Leb Spt Brgm 4,880		14,640	24,400	54,900	85,400	122,000
Roll A/W Cabr. 6,000		18,000	30,000	67,500	105,000	150,000
Darr Spt Sed 11,280		33,840	56,400	126,900	197,400	282,000
Tr Sed. 2,600		7,800	13,000	29,250	45,500	65,000
Fml Sed 3,000		9,000	15,000	33,750	52,500	75,000

1941 19th Series Model 1908, Custom, Super 8, 148" wb, (180)

	6	5	4	3	2	1
Roll A/W Twn Car 4,880		14,640	24,400	54,900	85,400	122,000
Tr Sed 3,200		9,600	16,000	36,000	56,000	80,000
LeB Tr Sed 5,200		15,600	26,000	58,500	91,000	130,000
Tr Limo 3,280		9,840	16,400	36,900	57,400	82,000
LeB Tr Limo 5,280		15,840	26,400	59,400	92,400	132,000

1941 19th Series Model 1951, Clipper, 8-cyl., 127" wb

	6	5	4	3	2	1
Sed 1,800		5,400	9,000	20,250	31,500	45,000

1942 20th Series Clipper Series - (6-cyl.) Series 2000, Special, 120" wb

	6	5	4	3	2	1
Bus Cpe 1,440		4,320	7,200	16,200	25,200	36,000
Clb Sed. 1,400		4,200	7,000	15,750	24,500	35,000
Tr Sed. 1,360		4,080	6,800	15,300	23,800	34,000

1942 20th Series Model 2010, Custom, 120" wb

	6	5	4	3	2	1
Clb Sed. 1,360		4,080	6,800	15,300	23,800	34,000
Tr Sed 1,320		3,960	6,600	14,850	23,100	33,000

1942 20th Series Model 2020, Custom, 122" wb

	6	5	4	3	2	1
Conv 2,520		7,560	12,600	28,350	44,100	63,000

1942 20th Series Clipper Series - (8-cyl.) Series 2001, Special, 120" wb

	6	5	4	3	2	1
Bus Cpe 1,400		4,200	7,000	15,750	24,500	35,000
Clb Sed. 1,440		4,320	7,200	16,200	25,200	36,000
Tr Sed 1,400		4,200	7,000	15,750	24,500	35,000

1942 20th Series Model 2011, Custom, 120" wb

	6	5	4	3	2	1
Clb Sed. 1,600		4,800	8,000	18,000	28,000	40,000
Tr Sed 1,560		4,680	7,800	17,550	27,300	39,000

1942 20th Series Model 2021, Custom, 127" wb

	6	5	4	3	2	1
Conv 2,040		6,120	10,200	22,950	35,700	51,000

1942 20th Series Super 8, 160 Series, Clipper, 127" wb, 2003

	6	5	4	3	2	1
Clb Sed. 1,800		5,400	9,000	20,250	31,500	45,000
Tr Sed. 1,760		5,280	8,800	19,800	30,800	44,000

1942 20th Series Super 8, 160, 127" wb, 2023

	6	5	4	3	2	1
Conv 5,280		15,840	26,400	59,400	92,400	132,000

1942 20th Series Super 8, 160, 138" wb, 2004

	6	5	4	3	2	1
Tr Sed 1,800		5,400	9,000	20,250	31,500	45,000

1942 20th Series Super 8, 160, 148" wb, 2005

	6	5	4	3	2	1
7P Sed 2,480		7,440	12,400	27,900	43,400	62,000
Limo 2,560		7,680	12,800	28,800	44,800	64,000

1942 20th Series Super 8, 160, 148" wb, 2055

	6	5	4	3	2	1
Bus Sed 2,240		6,720	11,200	25,200	39,200	56,000
Bus Limo. 2,320		6,960	11,600	26,100	40,600	58,000

1942 20th Series Super 8, 180, Clipper, 127" wb, 2006

	6	5	4	3	2	1
Clb Sed. 2,080		6,240	10,400	23,400	36,400	52,000
Tr Sed. 2,000		6,000	10,000	22,500	35,000	50,000

1942 20th Series Super 8, 180, Special, 127" wb, 2006

	6	5	4	3	2	1
Darr Conv Vic 13,200		39,600	66,000	148,500	231,000	330,000

1942 20th Series Super 8, 180, 138" wb, 2007

	6	5	4	3	2	1
Tr Sed. 2,880		8,640	14,400	32,400	50,400	72,000
Fml Sed 3,280		9,840	16,400	36,900	57,400	82,000
Roll A/W Cabr. 6,000		18,000	30,000	67,500	105,000	150,000

1942 20th Series Super 8, 180, 148" wb, 2008

	6	5	4	3	2	1
Tr Sed. 3,280		9,840	16,400	36,900	57,400	82,000
Limo 3,360		10,080	16,800	37,800	58,800	84,000
LeB Sed 3,480		10,440	17,400	39,150	60,900	87,000
LeB Limo 3,560		10,680	17,800	40,050	62,300	89,000
Roll A/W Twn Car 4,160		12,480	20,800	46,800	72,800	104,000

1946 21st Series Clipper, 6-cyl., 120" wb, 2100

	6	5	4	3	2	1
Clb Sed. 800		2,400	4,000	9,000	14,000	20,000

	6	5	4	3	2	1
Sed.................................... 760		2,280	3,800	8,550	13,300	19,000
1946 21st Series Clipper, 6-cyl., 120" wb, 2130						
4d Taxi.................................. 880		2,640	4,400	9,900	15,400	22,000
1946 21st Series Clipper, 8-cyl., 120" wb, 2101						
Tr Sed................................... 840		2,530	4,220	9,500	14,770	21,100
1946 21st Series Clipper, DeLuxe, 8-cyl., 120" wb, 2111						
Clb Sed................................1,020		3,060	5,100	11,480	17,850	25,500
Tr Sed................................... 880		2,640	4,400	9,900	15,400	22,000
1946 21st Series Clipper, Super 8, 127" wb, 2103						
Clb Sed................................1,040		3,120	5,200	11,700	18,200	26,000
Tr Sed................................... 900		2,700	4,500	10,130	15,750	22,500
1946 21st Series Clipper, Super 8, 127" wb, 2106 Custom						
Clb Sed................................1,070		3,220	5,360	12,060	18,760	26,800
Tr Sed................................... 920		2,760	4,600	10,350	16,100	23,000
1946 21st Series Clipper, Super, 148" wb, 2126 Custom						
8P Sed.................................1,120		3,360	5,600	12,600	19,600	28,000
Limo...................................1,320		3,960	6,600	14,850	23,100	33,000
1947 21st Series Clipper, 6-cyl., 120" wb, 2100						
Clb Sed................................. 800		2,400	4,000	9,000	14,000	20,000
Tr Sed................................... 760		2,280	3,800	8,550	13,300	19,000
1947 21st Series Clipper, DeLuxe, 8-cyl., 120" wb, 2111						
Clb Sed................................1,020		3,050	5,080	11,430	17,780	25,400
Tr Sed................................... 830		2,480	4,140	9,320	14,490	20,700
1947 21st Series Clipper, Super 8, 127" wb, 2103						
Clb Sed................................1,030		3,090	5,150	11,590	18,030	25,750
Tr Sed................................... 880		2,640	4,400	9,900	15,400	22,000
1947 21st Series Clipper, Super 8, 127" wb, 2106 Custom						
Clb Sed................................1,070		3,220	5,360	12,060	18,760	26,800
Tr Sed................................... 890		2,680	4,460	10,040	15,610	22,300
1947 21st Series Clipper, Super 8, 148" wb, 2126 Custom						
7P Sed.................................1,120		3,360	5,600	12,600	19,600	28,000
Limo...................................1,320		3,960	6,600	14,850	23,100	33,000
1948 & Early 1949 22nd Series Model 2201, 8-cyl., 120" wb						
Clb Sed................................. 760		2,280	3,800	8,550	13,300	19,000
Sed..................................... 720		2,160	3,600	8,100	12,600	18,000
Sta Sed...............................3,600		10,800	18,000	40,500	63,000	90,000
1948 & Early 1949 22nd Series Model 2211, DeLuxe, 8-cyl., 120" wb						
Clb Sed................................. 840		2,520	4,200	9,450	14,700	21,000
Tr Sed................................... 800		2,400	4,000	9,000	14,000	20,000
1948 & Early 1949 22nd Series Super 8, 120" wb, 2202						
Clb Sed................................. 960		2,880	4,800	10,800	16,800	24,000
Sed..................................... 920		2,760	4,600	10,350	16,100	23,000
1948 & Early 1949 22nd Series Super 8, 120" wb, 2232						
Conv...................................3,400		10,200	17,000	38,250	59,500	85,000
1948 & Early 1949 22nd Series Super 8, 141" wb, 2222						
Sed...................................1,080		3,240	5,400	12,150	18,900	27,000
Limo...................................1,280		3,840	6,400	14,400	22,400	32,000
1948 & Early 1949 22nd Series Super 8, DeLuxe, 141" wb						
Sed...................................1,120		3,360	5,600	12,600	19,600	28,000
Limo...................................1,320		3,960	6,600	14,850	23,100	33,000
1948 & Early 1949 22nd Series Custom 8, 127" wb, 2206						
Clb Sed................................1,080		3,240	5,400	12,150	18,900	27,000
Tr Sed.................................1,040		3,120	5,200	11,700	18,200	26,000
1948 & Early 1949 22nd Series Custom 8, 127" wb, 2233						
Conv...................................3,800		11,400	19,000	42,750	66,500	95,000
1948 & Early 1949 22nd Series Custom 8, 148" wb, 2226						
7P Sed.................................1,320		3,960	6,600	14,850	23,100	33,000
Limo...................................1,360		4,080	6,800	15,300	23,800	34,000
1949-50 23rd Series Model 2301, 120" wb						
Clb Sed................................. 800		2,400	4,000	9,000	14,000	20,000
Sed..................................... 760		2,280	3,800	8,550	13,300	19,000
Sta Sed...............................3,600		10,800	18,000	40,500	63,000	90,000
1949-50 23rd Series 2301 DeLuxe, 120" wb						
Clb Sed................................. 840		2,520	4,200	9,450	14,700	21,000
Sed..................................... 800		2,400	4,000	9,000	14,000	20,000
1949-50 23rd Series Super 8, 127" wb, 2302						
Clb Sed................................. 920		2,760	4,600	10,350	16,100	23,000
Sed..................................... 880		2,640	4,400	9,900	15,400	22,000
1949-50 23rd Series Super 8, 2302 DeLuxe						
Clb Sed................................. 960		2,880	4,800	10,800	16,800	24,000
Sed..................................... 920		2,760	4,600	10,350	16,100	23,000
1949-50 23rd Series Super 8, Super DeLuxe, 127" wb, 2332						
Conv...................................3,400		10,200	17,000	38,250	59,500	85,000
1949-50 23rd Series Super 8, 141" wb, 2322						
7P Sed.................................1,160		3,480	5,800	13,050	20,300	29,000
Limo...................................1,320		3,960	6,600	14,850	23,100	33,000
1949-50 23rd Series Custom 8, 127" wb, 2306						
Sed...................................1,040		3,120	5,200	11,700	18,200	26,000

	6	5	4	3	2	1
1949-50 23rd Series Custom 8, 127" wb, 2333						
Conv 3,800	11,400	19,000	42,750	66,500	95,000
1951 24th Series 300 127" wb, 2402						
Derham Fam Sed w/partition 2,400	7,200	12,000	30,000	42,000	60,000
1951 24th Series 200, Standard, 122" wb, 2401						
Bus Cpe 680	2,040	3,400	7,650	11,900	17,000
2d Sed 720	2,160	3,600	8,100	12,600	18,000
Sed 680	2,040	3,400	7,650	11,900	17,000
1951 24th Series 200, DeLuxe						
2d Sed 760	2,280	3,800	8,550	13,300	19,000
Sed 720	2,160	3,600	8,100	12,600	18,000
1951 24th Series 122" wb, 2402						
Mayfair HT 1,000	3,000	5,000	11,250	17,500	25,000
Conv 1,880	5,640	9,400	21,150	32,900	47,000
1951 24th Series 300, 127" wb, 2402						
Sed 800	2,400	4,000	9,000	14,000	20,000
1951 24th Series Patrician, 400, 127" wb, 2406						
Sed 840	2,520	4,200	9,450	14,700	21,000
1952 25th Series Patrician, 400, 127" wb, 2506 . . 2,400	7,200	12,000	30,000	42,000	60,000
1952 25th Series 200, Std., 122" wb, 2501						
2d Sed 720	2,160	3,600	8,100	12,600	18,000
Sed 680	2,040	3,400	7,650	11,900	17,000
1952 25th Series 200, DeLuxe						
2d Sed 760	2,280	3,800	8,550	13,300	19,000
Sed 720	2,160	3,600	8,100	12,600	18,000
1952 25th Series 122" wb, 2531						
Conv 1,880	5,640	9,400	21,150	32,900	47,000
Mayfair HT 1,000	3,000	5,000	11,250	17,500	25,000
1952 25th Series 300, 122" wb, 2502						
Sed 800	2,400	4,000	9,000	14,000	20,000
1952 25th Series Patrician, 400, 127" wb, 2506						
Sed 840	2,520	4,200	9,450	14,700	21,000
Der Cus Sed 1,600	4,800	8,000	18,000	28,000	40,000
1953 26th Series Clipper, 122" wb, 2601						
2d HT 840	2,520	4,200	9,450	14,700	21,000
2d Sed 760	2,280	3,800	8,550	13,300	19,000
Sed 720	2,160	3,600	8,100	12,600	18,000
1953 26th Series Clipper DeLuxe						
2d Sed 800	2,400	4,000	9,000	14,000	20,000
Sed 760	2,280	3,800	8,550	13,300	19,000
1953 26th Series Cavalier, 127" wb, 2602						
Cav Sed 800	2,400	4,000	9,000	14,000	20,000
1953 26th Series Packard 8, 122" wb, 2631						
Conv 2,000	6,000	10,000	22,500	35,000	50,000
Caribbean Conv 4,800	14,400	24,000	54,000	84,000	120,000
Mayfair HT 1,000	3,000	5,000	11,250	17,500	25,000
1953 26th Series Patrician, 127" wb, 2606						
Sed 840	2,520	4,200	9,450	14,700	21,000
Der Fml Sed 920	2,760	4,600	10,350	16,100	23,000
1953 26th Series 149" wb, 2626						
Exec Sed 1,040	3,120	5,200	11,700	18,200	26,000
Corp Limo 1,120	3,360	5,600	12,600	19,600	28,000
1954 54th Series Clipper, 122" wb, DeLuxe 5401						
2d HT 840	2,520	4,200	9,450	14,700	21,000
Clb Sed 760	2,280	3,800	8,550	13,300	19,000
Sed 720	2,160	3,600	8,100	12,600	18,000
1954 54th Series Clipper Super 5411						
Pan HT 1,000	3,000	5,000	11,250	17,500	25,000
Clb Sed 800	2,400	4,000	9,000	14,000	20,000
Sed 760	2,280	3,800	8,550	13,300	19,000
1954 54th Series Cavalier, 127" wb, 5402						
Sed 800	2,400	4,000	9,000	14,000	20,000
1954 54th Series Packard 8, 122" wb, 5431						
Pac HT 1,200	3,600	6,000	13,500	21,000	30,000
Conv 2,000	6,000	10,000	22,500	35,000	50,000
Caribbean Conv 4,000	12,000	20,000	45,000	70,000	100,000
1954 54th Series Patrician, 127" wb, 5406						
Sed 840	2,520	4,200	9,450	14,700	21,000
Der Cus Sed 920	2,760	4,600	10,350	16,100	23,000
1954 54th Series 149" wb, 5426						
8P Sed 1,040	3,120	5,200	11,700	18,200	26,000
Limo 1,120	3,360	5,600	12,600	19,600	28,000
1955 55th Series Clipper, DeLuxe, 122" wb, 5540						
Sed 640	1,920	3,200	7,200	11,200	16,000
1955 55th Series Clipper, Super, 5540						
Pan HT 1,000	3,000	5,000	11,250	17,500	25,000
Sed 680	2,040	3,400	7,650	11,900	17,000

	6	5	4	3	2	1
1955 55th Series Clipper Custom 5560 (352 cid V-8)						
Con HT	1,080	3,240	5,400	12,150	18,900	27,000
Sed	720	2,160	3,600	8,100	12,600	18,000
1955 55th Series Packard, 400, 127" wb, 5580						
"400" HT	1,240	3,720	6,200	13,950	21,700	31,000
1955 55th Series Caribbean 5580						
Conv	5,020	15,060	25,100	56,480	87,850	125,500
1955 55th Series Patrician 5580						
Sed	920	2,760	4,600	10,350	16,100	23,000
1956 56th Series Clipper, DeLuxe, 122" wb, 5640						
Sed	680	2,040	3,400	7,650	11,900	17,000
1956 56th Series Clipper, Super, 5640						
HT	1,040	3,120	5,200	11,700	18,200	26,000
Sed	720	2,160	3,600	8,100	12,600	18,000
1956 56th Series Clipper, Custom, 5660						
Con HT	1,120	3,360	5,600	12,600	19,600	28,000
Sed	720	2,160	3,600	8,100	12,600	18,000
1956 56th Series Clipper Executive						
HT	1,160	3,480	5,800	13,050	20,300	29,000
Sed	760	2,280	3,800	8,550	13,300	19,000
1956 56th Series Packard, 400, 127" wb, 5680						
"400" HT	1,280	3,840	6,400	14,400	22,400	32,000
1956 56th Series Caribbean, 5688						
Conv	5,000	15,000	25,000	56,250	87,500	125,000
HT	1,520	4,560	7,600	17,100	26,600	38,000
1956 56th Series Patrician, 5680						
Sed	880	2,640	4,400	9,900	15,400	22,000
1957 57th L Series Clipper						
Hawk	4,000	12,000	20,000	50,000	70,000	100,000
Sed	1,460	4,380	7,300	16,430	25,550	36,500
Sta Wag	2,120	6,360	10,600	23,850	37,100	53,000
1958 58th L Series Clipper						
HT	1,640	4,920	8,200	18,450	28,700	41,000
Sed	640	1,920	3,200	7,200	11,200	16,000
Sta Wag	1,360	4,080	6,800	15,300	23,800	34,000
Hawk	4,000	12,000	20,000	45,000	70,000	100,000

PIERCE-ARROW

	6	5	4	3	2	1
1901 1-cyl., 2-3/4 hp						
Motorette	value not estimable					
1901 1-cyl., 3-3/4 hp						
Motorette	value not estimable					
1902 1-cyl., 3-1/2 hp, 58" wb						
Motorette	value not estimable					
1903 1-cyl., 5 hp						
Rbt	value not estimable					
1903 1-cyl., 6-1/2 hp						
Stanhope	value not estimable					
1903 2-cyl., 15 hp						
5P Tr	value not estimable					
1904 1-cyl., 8 hp, 70" wb						
Stanhope	3,600	10,800	18,000	40,500	63,000	90,000
2P Stanhope	3,520	10,560	17,600	39,600	61,600	88,000
1904 4 cyl., 24/28 hp, 93" wb						
5P Great Arrow Tr	5,600	16,800	28,000	63,000	98,000	140,000
1904 2-cyl., 15 hp, 81" wb						
5P Tr	3,280	9,840	16,400	36,900	57,400	82,000
1904 4-cyl., 24/28 hp, 93" wb						
Great Arrow Tr	5,400	16,200	27,000	60,750	94,500	135,000
1905 1-cyl., 8 hp, 70" wb						
2P Stanhope	3,000	9,000	15,000	33,750	52,500	75,000
Stanhope	3,080	9,240	15,400	34,650	53,900	77,000
1905 Great Arrow, 4-cyl., 24/28 hp, 100" wb						
5P Tonn	4,120	12,360	20,600	46,350	72,100	103,000
5P Canopy Tonn	4,200	12,600	21,000	47,250	73,500	105,000
5P Vic	3,920	11,760	19,600	44,100	68,600	98,000
5P Cape Tonn	3,960	11,880	19,800	44,550	69,300	99,000
1905 Great Arrow, 4-cyl., 28/32 hp, 104" wb						
5P Tonn	4,320	12,960	21,600	48,600	75,600	108,000
5P Canopy Tonn	4,440	13,320	22,200	49,950	77,700	111,000
5P Vic	3,960	11,880	19,800	44,550	69,300	99,000
5P Cape Tonn	4,000	12,000	20,000	45,000	70,000	100,000
1905 Great Arrow, 4-cyl., 28/32 hp, 109" wb						
7P Lan'let	4,420	13,260	22,100	49,730	77,350	110,500
7P Sub	4,540	13,620	22,700	51,080	79,450	113,500
8P Opera Coach	4,580	13,740	22,900	51,530	80,150	114,500
1905 4-cyl., 24/28 hp, 100" wb						
Great Arrow Tr	4,380	13,140	21,900	49,280	76,650	109,500
Great Arrow Lan'let	4,500	13,500	22,500	50,630	78,750	112,500

	6	5	4	3	2	1
Great Arrow Sub	4,460	13,380	22,300	50,180	78,050	111,500
1905 4-cyl., 24/32 hp, 104" wb						
Great Arrow Opera Ch	4,800	14,400	24,000	54,000	84,000	120,000
1906 Motorette, 1-cyl., 8 hp, 70" wb						
Stanhope	3,080	9,240	15,400	34,650	53,900	77,000
1906 Great Arrow, 4-cyl., 28/32 hp, 107" wb						
5P Tr	3,460	10,380	17,300	38,930	60,550	86,500
5P Vic	3,180	9,540	15,900	35,780	55,650	79,500
8P Open Coach	3,620	10,860	18,100	40,730	63,350	90,500
7P Sub	3,540	10,620	17,700	39,830	61,950	88,500
7P Lan'let	3,300	9,900	16,500	37,130	57,750	82,500
1906 Great Arrow, 4-cyl., 40/45 hp, 109" wb						
7P Tr	3,740	11,220	18,700	42,080	65,450	93,500
8P Open Coach	3,820	11,460	19,100	42,980	66,850	95,500
7P Sub	3,740	11,220	18,700	42,080	65,450	93,500
7P Lan'let	3,500	10,500	17,500	39,380	61,250	87,500
1907 Great Arrow, 4-cyl., 28/32 hp, 112" wb						
5P Tr	3,600	10,800	18,000	40,500	63,000	90,000
5P Limo	3,280	9,840	16,400	36,900	57,400	82,000
7P Sub	3,360	10,080	16,800	37,800	58,800	84,000
1907 Great Arrow, 4-cyl., 40/45 hp, 124" wb						
7P Tr	3,820	11,460	19,100	42,980	66,850	95,500
7P Limo	3,660	10,980	18,300	41,180	64,050	91,500
7P Sub	3,740	11,220	18,700	42,080	65,450	93,500
1907 Great Arrow, 6-cyl., 65 hp, 135" wb						
7P Tr	5,600	16,800	28,000	63,000	98,000	140,000
1908 Great Arrow, 4-cyl., 30 hp, 112" wb						
Tr	3,560	10,680	17,800	40,050	62,300	89,000
1908 Great Arrow, 4-cyl., 40 hp, 124" wb						
Tr	3,800	11,400	19,000	42,750	66,500	95,000
Sub	3,640	10,920	18,200	40,950	63,700	91,000
1908 Great Arrow, 6-cyl., 40 hp, 130" wb						
Tr	4,520	13,560	22,600	50,850	79,100	113,000
Sub	5,320	15,960	26,600	59,850	93,100	133,000
Rds	4,920	14,760	24,600	55,350	86,100	123,000
1908 Great Arrow, 6-cyl., 60 hp, 135" wb						
Tr	4,800	14,400	24,000	54,000	84,000	120,000
Sub	5,600	16,800	28,000	63,000	98,000	140,000
Rds	5,200	15,600	26,000	58,500	91,000	130,000
1909 Model 24, 4-cyl., 24 hp, 111-1/2" wb						
3P Rbt	2,520	7,560	12,600	28,350	44,100	63,000
3P Vic Top Rbt	2,600	7,800	13,000	29,250	45,500	65,000
2P Rbt	4,880	14,640	24,400	54,900	85,400	122,000
4P Tr Car	2,640	7,920	13,200	29,700	46,200	66,000
5P Lan'let	2,560	7,680	12,800	28,800	44,800	64,000
5P Brgm	2,600	7,800	13,000	29,250	45,500	65,000
1909 Model 36, 6-cyl., 36 hp, 119" wb						
5P Tr	2,760	8,280	13,800	31,050	48,300	69,000
5P Cape Top Tr	2,800	8,400	14,000	31,500	49,000	70,000
2P Rbt	5,280	15,840	26,400	59,400	92,400	132,000
3P Rbt	5,480	16,440	27,400	61,650	95,900	137,000
4P Tr	2,720	8,160	13,600	30,600	47,600	68,000
5P Drgm	2,600	7,800	13,000	29,250	45,500	65,000
5P Lan'let	2,680	8,040	13,400	30,150	46,900	67,000
1909 Model 40, 4-cyl., 40 hp, 124" wb						
7P Sub	3,000	9,000	15,000	33,750	52,500	75,000
4P Tr Car	2,960	8,880	14,800	33,300	51,800	74,000
7P Tr	3,000	9,000	15,000	33,750	52,500	75,000
7P Lan	2,800	8,400	14,000	31,500	49,000	70,000
1909 Model 48, 6-cyl., 48 hp, 130" wb						
4P Tr	3,280	9,840	16,400	36,900	57,400	82,000
4P Cape Top Tr	3,320	9,960	16,600	37,350	58,100	83,000
2P Tr	3,200	9,600	16,000	36,000	56,000	80,000
3P Tr	3,440	10,320	17,200	38,700	60,200	86,000
7P Tr	3,480	10,440	17,400	39,150	60,900	87,000
7P Lan	3,520	10,560	17,600	39,600	61,600	88,000
7P Sub	3,560	10,680	17,800	40,050	62,300	89,000
1909 Model 60, 6-cyl., 60 hp, 135" wb						
7P Tr	3,940	11,820	19,700	44,330	68,950	98,500
7P Cape Top Tr	4,020	12,060	20,100	45,230	70,350	100,500
7P Sub	4,020	12,060	20,100	45,230	70,350	100,500
7P Lan	3,700	11,100	18,500	41,630	64,750	92,500
1910 Model 60, 6-cyl., 60 hp, 135" wb						
5P Lan'let	5,800	17,400	29,000	65,250	101,500	145,000
1910 Model 36, 6-cyl., 36 hp, 125" wb						
4P Miniature Tonn	2,600	7,800	13,000	29,250	45,500	65,000
5P Tr	2,680	8,040	13,400	30,150	46,900	67,000
5P Brgm	2,520	7,560	12,600	28,350	44,100	63,000
Rbt (119" wb)	2,520	7,560	12,600	28,350	44,100	63,000

PIERCE-ARROW

	6	5	4	3	2	1
1910 Model 48, 6-cyl., 48 hp, 134-1/2" wb						
7P Lan'let	3,000	9,000	15,000	33,750	52,500	75,000
Miniature Tonn	2,960	8,880	14,800	33,300	51,800	74,000
7P Tr	3,280	9,840	16,400	36,900	57,400	82,000
7P Sub	3,320	9,960	16,600	37,350	58,100	83,000
Rbt (128" wb)	3,080	9,240	15,400	34,650	53,900	77,000
1910 Model 66, 6-cyl., 66 hp, 140" wb						
7P Tr	7,560	22,680	37,800	85,050	132,300	189,000
4P Miniature Tonn	5,240	15,720	26,200	58,950	91,700	131,000
7P Sub	5,480	16,440	27,400	61,650	95,900	137,000
7P Lan'let	5,240	15,720	26,200	58,950	91,700	131,000
Rbt (133-1/2" wb)	5,160	15,480	25,800	58,050	90,300	129,000
1911 Model 36T, 6-cyl., 38 hp, 125" wb						
5P Tr	3,200	9,600	16,000	36,000	56,000	80,000
3P Rbt	3,040	9,120	15,200	34,200	53,200	76,000
4P Miniature Tonn	3,040	9,120	15,200	34,200	53,200	76,000
5P Brgm	2,920	8,760	14,600	32,850	51,100	73,000
5P Lan'let	2,960	8,880	14,800	33,300	51,800	74,000
1911 Model 48T, 6-cyl., 48 hp, 134-1/2" wb						
7P Tr	3,440	10,320	17,200	38,700	60,200	86,000
Rbt	3,120	9,360	15,600	35,100	54,600	78,000
Miniature Tonn	3,200	9,600	16,000	36,000	56,000	80,000
5P Close Coupled	2,840	8,520	14,200	31,950	49,700	71,000
5P Protected Tr	3,200	9,600	16,000	36,000	56,000	80,000
Sub	3,360	10,080	16,800	37,800	58,800	84,000
Lan	3,360	10,080	16,800	37,800	58,800	84,000
1911 Model 66T, 6-cyl., 66 hp, 140" wb						
7P Tr	7,560	22,680	37,800	85,050	132,300	189,000
Rbt	5,160	15,480	25,800	58,050	90,300	129,000
Miniature Tonn	5,280	15,840	26,400	59,400	92,400	132,000
5P Protected Tr	5,200	15,600	26,000	58,500	91,000	130,000
Close Coupled	4,800	14,400	24,000	54,000	84,000	120,000
Sub	5,360	16,080	26,800	60,300	93,800	134,000
Lan	5,360	16,080	26,800	60,300	93,800	134,000
1912 Model 36T, 6 cyl., 36 hp, 127-1/2" wb						
4P Tr	3,120	9,360	15,600	35,100	54,600	78,000
5P Tr	3,120	9,360	15,600	35,100	54,600	78,000
Brgm	2,960	8,880	14,800	33,300	51,800	74,000
Lan'let	2,960	8,880	14,800	33,300	51,800	74,000
Rbt (119" wb)	3,040	9,120	15,200	34,200	53,200	76,000
1912 Model 48, 6-cyl., 48 hp, 134-1/2" wb						
4P Tr	3,360	10,080	16,800	37,800	58,800	84,000
5P Tr	3,360	10,080	16,800	37,800	58,800	84,000
7P Tr	3,440	10,320	17,200	38,700	60,200	86,000
Brgm	3,120	9,360	15,600	35,100	54,600	78,000
Lan'let	3,120	9,360	15,600	35,100	54,600	78,000
Sub	3,280	9,840	16,400	36,900	57,400	82,000
Lan	3,280	9,840	16,400	36,900	57,400	82,000
Vestibule Sub	3,200	9,600	16,000	36,000	56,000	80,000
Rbt (128" wb)	3,200	9,600	16,000	36,000	56,000	80,000
1912 Model 66, 6-cyl., 66 hp, 140" wb						
4P Tr	7,520	22,560	37,600	84,600	131,600	188,000
5P Tr	5,400	16,200	27,000	60,750	94,500	135,000
7P Tr	5,480	16,440	27,400	61,650	95,900	137,000
Sub	5,400	16,200	27,000	60,750	94,500	135,000
Lan	5,320	15,960	26,600	59,850	93,100	133,000
Vestibule Sub	5,320	15,960	26,600	59,850	93,100	133,000
Rbt (133-1/2" wb)	5,320	15,960	26,600	59,850	93,100	133,000
1913 Model 38-C, 6-cyl., 38.4 hp, 119" wb						
3P Rbt	2,920	8,760	14,600	32,850	51,100	73,000
4P Tr	3,000	9,000	15,000	33,750	52,500	75,000
5P Tr	3,080	9,240	15,400	34,650	53,900	77,000
6P Brgm	2,840	8,520	14,200	31,950	49,700	71,000
6P Lan'let	2,880	8,640	14,400	32,400	50,400	72,000
1913 Model 48-B, 6-cyl., 48.6 hp, 134-1/2" wb						
5P Tr	3,440	10,320	17,200	38,700	60,200	86,000
Rbt	3,360	10,080	16,800	37,800	58,800	84,000
4P Tr	3,440	10,320	17,200	38,700	60,200	86,000
7P Tr	3,520	10,560	17,600	39,600	61,600	88,000
Brgm	2,960	8,880	14,800	33,300	51,800	74,000
Lan'let	3,000	9,000	15,000	33,750	52,500	75,000
7P Sub	3,040	9,120	15,200	34,200	53,200	76,000
7P Lan	1,880	5,640	9,400	21,150	32,900	47,000
Vestibule Sub	3,120	9,360	15,600	35,100	54,600	78,000
Vestibule Lan	3,120	9,360	15,600	35,100	54,600	78,000
1913 Model 66-A, 6-cyl., 60 hp, 147-1/2" wb						
7P Tr	7,600	22,800	38,000	85,500	133,000	190,000
Rbt	5,200	15,600	26,000	58,500	91,000	130,000
4P Tr	5,440	16,320	27,200	61,200	95,200	136,000

	6	5	4	3	2	1
5P Tr	5,440	16,320	27,200	61,200	95,200	136,000
Brgm	4,800	14,400	24,000	54,000	84,000	120,000
Lan'let	4,800	14,400	24,000	54,000	84,000	120,000
7P Sub	5,040	15,120	25,200	56,700	88,200	126,000
7P Lan	5,040	15,120	25,200	56,700	88,200	126,000
Vestibule Sub	5,120	15,360	25,600	57,600	89,600	128,000
Vestibule Lan	5,120	15,360	25,600	57,600	89,600	128,000
1914 Model 38-C, 6-cyl., 38.4 hp, 132" wb						
5P Tr	3,000	9,000	15,000	33,750	52,500	75,000
4P Tr	2,920	8,760	14,600	32,850	51,100	73,000
7P Brgm	2,760	8,280	13,800	31,050	48,300	69,000
7P Lan'let	2,800	8,400	14,000	31,500	49,000	70,000
Vestibule Brgm	2,840	8,520	14,200	31,950	49,700	71,000
Vestibule Lan	2,840	8,520	14,200	31,950	49,700	71,000
3P Rbt (127-1/2" wb)	2,920	8,760	14,600	32,850	51,100	73,000
1914 Model 48-B, 6-cyl., 48.6 hp, 142" wb						
4P Tr	3,560	10,680	17,800	40,050	62,300	89,000
5P Tr	3,640	10,920	18,200	40,950	63,700	91,000
7P Tr	3,720	11,160	18,600	41,850	65,100	93,000
7P Sub	3,640	10,920	18,200	40,950	63,700	91,000
7P Lan	3,400	10,200	17,000	38,250	59,500	85,000
Vestibule Sub	3,320	9,960	16,600	37,350	58,100	83,000
Vestibule Lan	3,320	9,960	16,600	37,350	58,100	83,000
Brgm	3,320	9,960	16,600	37,350	58,100	83,000
Lan	3,400	10,200	17,000	38,250	59,500	85,000
Vestibule Brgm	3,400	10,200	17,000	38,250	59,500	85,000
Vestibule Lan'let	3,400	10,200	17,000	38,250	59,500	85,000
3P Rbt (134-1/2" wb)	3,400	10,200	17,000	38,250	59,500	85,000
1914 Model 66-A, 6-cyl., 60 hp, 147-1/2" wb						
4P Tr	7,480	22,440	37,400	84,150	130,900	187,000
5P Tr	5,400	16,200	27,000	60,750	94,500	135,000
7P Tr	5,480	16,440	27,400	61,650	95,900	137,000
7P Sub	5,320	15,960	26,600	59,850	93,100	133,000
7P Lan	5,160	15,480	25,800	58,050	90,300	129,000
Vestibule Lan	5,160	15,480	25,800	58,050	90,300	129,000
7P Brgm	5,160	15,480	25,800	58,050	90,300	129,000
7P Lan	5,160	15,480	25,800	58,050	90,300	129,000
Vestibule Brgm	5,240	15,720	26,200	58,950	91,700	131,000
Vestibule Lan	5,240	15,720	26,200	58,950	91,700	131,000
3P Rbt	5,240	15,720	26,200	58,950	91,700	131,000
1915 Model 38-C, 6-cyl., 38.4 hp, 134" wb						
5P Tr	3,040	9,120	15,200	34,200	53,200	76,000
4P Tr	3,120	9,360	15,600	35,100	54,600	78,000
2P Rbt	3,000	9,000	15,000	33,750	52,500	75,000
2P Cpe Rbt	2,920	8,760	14,600	32,850	51,100	73,000
7P Brgm	2,880	8,640	14,400	32,400	50,400	72,000
7P Lan'let	2,880	8,640	14,400	32,400	50,400	72,000
7P Sed	2,720	8,160	13,600	30,600	47,600	68,000
7P Brgm Lan'let	2,920	8,760	14,600	32,850	51,100	73,000
Vestibule Brgm	3,000	9,000	15,000	33,750	52,500	75,000
Vestibule Lan'let	3,000	9,000	15,000	33,750	52,500	75,000
Vestibule Brgm Lan'let	3,000	9,000	15,000	33,750	52,500	75,000
1915 Model 48-B, 6-cyl., 48.6 hp, 142" wb						
5P Tr	3,440	10,320	17,200	38,700	60,200	86,000
4P Tr	3,440	10,320	17,200	38,700	60,200	86,000
7P Tr	3,520	10,560	17,600	39,600	61,600	88,000
2P Rbt	3,360	10,080	16,800	37,800	58,800	84,000
2P Cpe Rbt	3,280	9,840	16,400	36,900	57,400	82,000
Cpe	3,200	9,600	16,000	36,000	56,000	80,000
7P Sub	3,120	9,360	15,600	35,100	54,600	78,000
7P Lan	3,120	9,360	15,600	35,100	54,600	78,000
7P Brgm	3,120	9,360	15,600	35,100	54,600	78,000
Sub Lan	3,120	9,360	15,600	35,100	54,600	78,000
Vestibule Sub	3,200	9,600	16,000	36,000	56,000	80,000
Vestibule Lan	3,120	9,360	15,600	35,100	54,600	78,000
Vestibule Brgm	3,120	9,360	15,600	35,100	54,600	78,000
Vestibule Sub Lan	3,120	9,360	15,600	35,100	54,600	78,000
1915 Model 66-A, 6-cyl., 60 hp, 147-1/2" wb						
7P Tr	7,360	22,080	36,800	82,800	128,800	184,000
4P Tr	5,120	15,360	25,600	57,600	89,600	128,000
5P Tr	5,200	15,600	26,000	58,500	91,000	130,000
2P Rbt	5,040	15,120	25,200	56,700	88,200	126,000
2P Cpe Rbt	4,960	14,880	24,800	55,800	86,800	124,000
7P Sub	5,120	15,360	25,600	57,600	89,600	128,000
7P Lan	5,120	15,360	25,600	57,600	89,600	128,000
7P Brgm	5,120	15,360	25,600	57,600	89,600	128,000
7P Sub Lan	5,120	15,360	25,600	57,600	89,600	128,000
Vestibule Lan	5,200	15,600	26,000	58,500	91,000	130,000
Vestibule Sub	5,200	15,600	26,000	58,500	91,000	130,000

	6	5	4	3	2	1
Vestibule Brgm	5,120	15,360	25,600	57,600	89,600	128,000
Vestibule Sub Lan	5,200	15,600	26,000	58,500	91,000	130,000
1916 Model 38-C, 6-cyl., 38.4 hp, 134" wb						
5P Tr	2,840	8,520	14,200	31,950	49,700	71,000
4P Tr	2,840	8,520	14,200	31,950	49,700	71,000
2P Rbt	2,760	8,280	13,800	31,050	48,300	69,000
3P Rbt	2,760	8,280	13,800	31,050	48,300	69,000
3P Cpe	2,440	7,320	12,200	27,450	42,700	61,000
2P Cpe	2,440	7,320	12,200	27,450	42,700	61,000
7P Brgm	2,400	7,200	12,000	27,000	42,000	60,000
7P Lan'let	2,400	7,200	12,000	27,000	42,000	60,000
7P Sed	2,320	6,960	11,600	26,100	40,600	58,000
Brgm Lan'let	2,440	7,320	12,200	27,450	42,700	61,000
Vestibule Brgm	2,520	7,560	12,600	28,350	44,100	63,000
Vestibule Lan'let	2,520	7,560	12,600	28,350	44,100	63,000
Vestibule Brgm Lan'let	2,520	7,560	12,600	28,350	44,100	63,000
1916 Model 48-B, 6-cyl., 48.6 hp, 142" wb						
7P Tr	7,320	21,960	36,600	82,350	128,100	183,000
4P Tr	3,160	9,480	15,800	35,550	55,300	79,000
5P Tr	3,240	9,720	16,200	36,450	56,700	81,000
2P Rbt	3,160	9,480	15,800	35,550	55,300	79,000
3P Rbt	3,160	9,480	15,800	35,550	55,300	79,000
2P Cpe	2,760	8,280	13,800	31,050	48,300	69,000
3P Cpe	2,760	8,280	13,800	31,050	48,300	69,000
7P Sub	2,920	8,760	14,600	32,850	51,100	73,000
7P Lan	2,920	8,760	14,600	32,850	51,100	73,000
7P Brgm	2,840	8,520	14,200	31,950	49,700	71,000
Sub Lan	2,920	8,760	14,600	32,850	51,100	73,000
Vestibule Sub	2,920	8,760	14,600	32,850	51,100	73,000
Vestibule Lan	2,920	8,760	14,600	32,850	51,100	73,000
Vestibule Brgm	2,840	8,520	14,200	31,950	49,700	71,000
Vestibule Sub Lan	2,920	8,760	14,600	32,850	51,100	73,000
1916 Model 66-A, 6-cyl., 60 hp, 147-1/2" wb						
7P Tr	7,320	21,960	36,600	82,350	128,100	183,000
4P Tr	5,000	15,000	25,000	56,250	87,500	125,000
5P Tr	5,000	15,000	25,000	56,250	87,500	125,000
2P Rbt	4,920	14,760	24,600	55,350	86,100	123,000
3P Rbt	5,000	15,000	25,000	56,250	87,500	125,000
2P Cpe	4,680	14,040	23,400	52,650	81,900	117,000
3P Cpe	4,680	14,040	23,400	52,650	81,900	117,000
7P Sub	4,840	14,520	24,200	54,450	84,700	121,000
7P Lan	4,760	14,280	23,800	53,550	83,300	119,000
7P Brgm	4,760	14,280	23,800	53,550	83,300	119,000
Sub Lan	4,760	14,280	23,800	53,550	83,300	119,000
Vestibule Lan	4,760	14,280	23,800	53,550	83,300	119,000
Vestibule Sub	4,760	14,280	23,800	53,550	83,300	119,000
Vestibule Brgm	4,760	14,280	23,800	53,550	83,300	119,000
Vestibule Sub Lan	4,760	14,280	23,800	53,550	83,300	119,000
1917 Model 38, 6-cyl., 38.4 hp, 134" wb						
5P Tr	2,740	8,220	13,700	30,830	47,950	68,500
2P Rbt	2,260	6,780	11,300	25,430	39,550	56,500
3P Rbt	2,660	7,980	13,300	29,930	46,550	66,500
2P Cpe	2,140	6,420	10,700	24,080	37,450	53,500
3P Cpe	2,180	6,540	10,900	24,530	38,150	54,500
4P Tr	2,700	8,100	13,500	30,380	47,250	67,500
Brgm	2,100	6,300	10,500	23,630	36,750	52,500
Lan'let	2,100	6,300	10,500	23,630	36,750	52,500
Sed	2,380	7,140	11,900	26,780	41,650	59,500
Vestibule Brgm	2,140	6,420	10,700	24,080	37,450	53,500
Brgm Lan'let	2,140	6,420	10,700	24,080	37,450	53,500
Vestibule Brgm Lan'let	2,220	6,660	11,100	24,980	38,850	55,500
Fr Brgm	2,220	6,660	11,100	24,980	38,850	55,500
Fr Brgm Lan'let	2,220	6,660	11,100	24,980	38,850	55,500
1917 Model 48, 6-cyl., 48.6 hp, 142" wb						
7P Tr	3,020	9,060	15,100	33,980	52,850	75,500
2P Rbt	2,860	8,580	14,300	32,180	50,050	71,500
3P Rbt	2,940	8,820	14,700	33,080	51,450	73,500
2P Cpe	2,540	7,620	12,700	28,580	44,450	63,500
3P Cpe	2,540	7,620	12,700	28,580	44,450	63,500
5P Tr	3,020	9,060	15,100	33,980	52,850	75,500
4P Tr	2,940	8,820	14,700	33,080	51,450	73,500
Brgm	2,500	7,500	12,500	28,130	43,750	62,500
Sub	2,540	7,620	12,700	28,580	44,450	63,500
Lan	2,540	7,620	12,700	28,580	44,450	63,500
Sub Lan	2,540	7,620	12,700	28,580	44,450	63,500
Vestibule Sub	2,620	7,860	13,100	29,480	45,850	65,500
Vestibule Lan	2,620	7,860	13,100	29,480	45,850	65,500
Vestibule Brgm	2,580	7,740	12,900	29,030	45,150	64,500
Vestibule Sub Lan	2,620	7,860	13,100	29,480	45,850	65,500

1917 Model 66, 6-cyl., 60 hp, 147-1/2" wb

	6	5	4	3	2	1
7P Tr	7,360	22,080	36,800	82,800	128,800	184,000
2P Rbt	4,960	14,880	24,800	55,800	86,800	124,000
3P Rbt	4,960	14,880	24,800	55,800	86,800	124,000
2P Cpe	4,720	14,160	23,600	53,100	82,600	118,000
3P Cpe	4,720	14,160	23,600	53,100	82,600	118,000
4P Tr	5,040	15,120	25,200	56,700	88,200	126,000
5P Tr	5,040	15,120	25,200	56,700	88,200	126,000
Brgm	4,400	13,200	22,000	49,500	77,000	110,000
Sub	4,480	13,440	22,400	50,400	78,400	112,000
Lan	4,480	13,440	22,400	50,400	78,400	112,000
Sub Lan	4,480	13,440	22,400	50,400	78,400	112,000
Vestibule Sub	4,480	13,440	22,400	50,400	78,400	112,000
Vestibule Lan	4,480	13,440	22,400	50,400	78,400	112,000
Vestibule Brgm	4,480	13,440	22,400	50,400	78,400	112,000
Vestibule Sub Lan	4,480	13,440	22,400	50,400	78,400	112,000

1918 Model 38, 6-cyl., 38.4 hp, 134" wb

	6	5	4	3	2	1
5P Tr	3,200	9,600	16,000	36,000	56,000	80,000
2P Rbt	2,940	8,820	14,700	33,080	51,450	73,500
3P Rbt	2,940	8,820	14,700	33,080	51,450	73,500
2P Cpe	2,700	8,100	13,500	30,380	47,250	67,500
3P Cpe	2,700	8,100	13,500	30,380	47,250	67,500
2P Conv Rds	2,940	8,820	14,700	33,080	51,450	73,500
3P Conv Rds	2,940	8,820	14,700	33,080	51,450	73,500
4P Rds	3,020	9,060	15,100	33,980	52,850	75,500
4P Tr	2,940	8,820	14,700	33,080	51,450	73,500
Brgm	2,740	8,220	13,700	30,830	47,950	68,500
Lan'let	2,740	8,220	13,700	30,830	47,950	68,500
Sed	2,540	7,620	12,700	28,580	44,450	63,500
Vestibule Brgm	2,620	7,860	13,100	29,480	45,850	65,500
Brgm Lan'let	2,580	7,740	12,900	29,030	45,150	64,500
Vestibule Lan'let	2,700	8,100	13,500	30,380	47,250	67,500
Vestibule Brgm Lan'let	2,700	8,100	13,500	30,380	47,250	67,500
Fr Brgm	2,660	7,980	13,300	29,930	46,550	66,500
Fr Brgm Lan'let	2,700	8,100	13,500	30,380	47,250	67,500
Twn Brgm	2,660	7,980	13,300	29,930	46,550	66,500

1918 Model 48, 6-cyl., 48.6 hp, 142" wb

	6	5	4	3	2	1
2P Rbt	5,600	16,800	28,000	63,000	98,000	140,000
4P Rbt	5,800	17,400	29,000	65,250	101,500	145,000
3P Rbt	5,800	17,400	29,000	65,250	101,500	145,000
2P Cpe	4,400	13,200	22,000	49,500	77,000	110,000
3P Cpe	4,600	13,800	23,000	51,750	80,500	115,000
2P Conv Rds	6,800	20,400	34,000	70,500	110,000	170,000
3P Conv Rds	7,000	21,000	35,000	78,750	122,500	175,000
4P Tr	8,000	24,000	40,000	90,000	140,000	200,000
5P Tr	8,400	25,200	42,000	94,500	147,000	210,000
Brgm	8,480	25,440	42,400	95,400	148,400	212,000
Sub	8,480	25,440	42,400	95,400	148,400	212,000
Lan	8,520	25,560	42,600	95,850	149,100	213,000
Sub Lan	8,560	25,680	42,800	96,300	149,800	214,000
Vestibule Sub	8,560	25,680	42,800	96,300	149,800	214,000
Vestibule Lan	8,560	25,680	42,800	96,300	149,800	214,000
Vestibule Brgm	8,600	25,800	43,000	96,750	150,500	215,000
Vestibule Sub Lan	8,680	26,040	43,400	97,650	151,900	217,000
Fr Brgm	8,320	24,960	41,600	93,600	145,600	208,000
7P Tr	8,720	26,160	43,600	98,100	152,600	218,000
7P Sub Lan	8,640	25,920	43,200	97,200	151,200	216,000

1918 Model 66, 6-cyl., 60 hp, 147-1/2" wb

	6	5	4	3	2	1
2P Rbt	5,040	15,120	25,200	56,700	88,200	126,000
3P Rbt	5,040	15,120	25,200	56,700	88,200	126,000
2P Cpe	4,880	14,640	24,400	54,900	85,400	122,000
3P Cpe	4,880	14,640	24,400	54,900	85,400	122,000
2P Con Rds	5,040	15,120	25,200	56,700	88,200	126,000
3P Con Rds	5,120	15,360	25,600	57,600	89,600	128,000
4P Tr	5,200	15,840	26,400	59,400	92,400	132,000
5P Tr	5,360	16,080	26,800	60,300	93,800	134,000
7P Tr	5,440	16,320	27,200	61,200	95,200	136,000
Brgm	4,720	14,160	23,600	53,100	82,600	118,000
Sub	4,800	14,400	24,000	54,000	84,000	120,000
Lan	4,880	14,640	24,400	54,900	85,400	122,000
Sub Lan	4,880	14,640	24,400	54,900	85,400	122,000
Vestibule Lan	5,040	15,120	25,200	56,700	88,200	126,000
Vestibule Brgm	5,040	15,120	25,200	56,700	88,200	126,000
Vestibule Sub	5,040	15,120	25,200	56,700	88,200	126,000
Vestibule Sub Lan	5,040	15,120	25,200	56,700	88,200	126,000

1919 Model 48-B-5, 6-cyl., 48.6 hp, 142" wb

	6	5	4	3	2	1
7P Tr	4,880	14,640	24,400	54,900	85,400	122,000
2P Rbt	4,400	13,200	22,000	49,500	77,000	110,000
3P Rbt	4,600	13,800	23,000	51,750	80,500	115,000

	6	5	4	3	2	1
4P Tr	4,480	13,440	22,400	50,400	78,400	112,000
4P Rds	7,000	21,000	35,000	78,750	122,500	175,000
5P Tr	4,800	14,400	24,000	54,000	84,000	120,000
2P Cpe	3,600	10,800	18,000	40,500	63,000	90,000
3P Cpe	3,640	10,920	18,200	40,950	63,700	91,000
2P Con Rds	3,920	11,760	19,600	44,100	68,600	98,000
3P Con Rds	3,960	11,880	19,800	44,550	69,300	99,000
Brgm	3,880	11,640	19,400	43,650	67,900	97,000
Brgm Lan'let	3,920	11,760	19,600	44,100	68,600	98,000
Fr Brgm	3,780	11,340	18,900	42,530	66,150	94,500
Fr Brgm Lan'let	3,840	11,520	19,200	43,200	67,200	96,000
Sub	3,880	11,640	19,400	43,650	67,900	97,000
Sub Lan	3,880	11,640	19,400	43,650	67,900	97,000
Vestibule Brgm	3,760	11,280	18,800	42,300	65,800	94,000
Vestibule Brgm Lan.	3,800	11,400	19,000	42,750	66,500	95,000
Vestibule Sub	3,760	11,280	18,800	42,300	65,800	94,000
Vestibule Lan	3,800	11,400	19,000	42,750	66,500	95,000
Vestibule Sub Lan.	3,840	11,520	19,200	43,200	67,200	96,000
1920 Model 31, 6 cyl., 38 hp, 134" wb						
2P & 3P Rbt	2,700	8,100	13,500	30,380	47,250	67,500
4P Tr	2,740	8,220	13,700	30,830	47,950	68,500
4P Rds	2,780	8,340	13,900	31,280	48,650	69,500
5P Tr	2,820	8,460	14,100	31,730	49,350	70,500
7P Tr	2,900	8,700	14,500	32,630	50,750	72,500
2P & 3P Cpe.	2,420	7,260	12,100	27,230	42,350	60,500
4P Sed	1,860	5,580	9,300	20,930	32,550	46,500
7P Sed	1,940	5,820	9,700	21,830	33,950	48,500
Brgm	2,060	6,180	10,300	23,180	36,050	51,500
Fr Brgm.	2,140	6,420	10,700	24,080	37,450	53,500
1920 Model 31, 6 cyl., 38 hp, 134" wbb						
Brgm Lan'let	2,240	6,720	11,200	25,200	39,200	56,000
1920 Model 31, 6 cyl., 38 hp, 134" wb						
Tourer Brgm	2,220	6,660	11,100	24,980	38,850	55,500
Vestibule Brgm	2,260	6,780	11,300	25,430	39,550	56,500
1920 Model 48, 6-cyl., 48 hp, 142" wb						
2P & 4P Rbt	3,900	11,700	19,500	43,880	68,250	97,500
4P Tr	3,980	11,940	19,900	44,780	69,650	99,500
4P Rds	3,980	11,940	19,900	44,780	69,650	99,500
5P Tr	3,900	11,700	19,500	43,880	68,250	97,500
6P Tr	4,060	12,180	20,300	45,680	71,050	101,500
2P & 3P Cpe.	3,580	10,740	17,900	40,280	62,650	89,500
5P Brgm	3,740	11,220	18,700	42,080	65,450	93,500
7P Fr Brgm	3,740	11,220	18,700	42,080	65,450	93,500
7P Sub	3,820	11,460	19,100	42,980	66,850	95,500
7P Vestibule Sub	3,900	11,700	19,500	43,880	68,250	97,500
7P Fr Sub	3,740	11,220	18,700	42,080	65,450	93,500
1921 Model 32, 6-cyl., 38 hp, 138" wb						
4P Tr	2,780	8,340	13,900	31,280	48,650	69,500
6P Tr	2,780	8,340	13,900	31,280	48,650	69,500
7P Tr	2,940	8,820	14,700	33,080	51,450	73,500
3P Rds	2,940	8,820	14,700	33,080	51,450	73,500
4P Cpe	2,040	6,120	10,200	22,950	35,700	51,000
7P Brgm	2,340	7,020	11,700	26,330	40,950	58,500
7P Limo	2,420	7,260	12,100	27,230	42,350	60,500
6P Sed	2,340	7,020	11,700	26,330	40,950	58,500
6P Vestibule Sed	2,420	7,260	12,100	27,230	42,350	60,500
7P Lan	2,380	7,140	11,900	26,780	41,650	59,500
1922 Model 33, 6-cyl., 38 hp, 138" wb						
4P Tr	2,980	8,940	14,900	33,530	52,150	74,500
7P Tr	3,060	9,180	15,300	34,430	53,550	76,500
3P Rds	2,980	8,940	14,900	33,530	52,150	74,500
7P Brgm	2,460	7,380	12,300	27,680	43,050	61,500
Cpe Sed	2,460	7,380	12,300	27,680	43,050	61,500
3P Cpe	2,660	7,980	13,300	29,930	46,550	66,500
4P Sed	2,700	8,100	13,500	30,380	47,250	67,500
Lan'let.	2,460	7,380	12,300	27,680	43,050	61,500
Limo	2,540	7,620	12,700	28,580	44,450	63,500
Fml Limo.	2,620	7,860	13,100	29,480	45,850	65,500
Vestibule Sed	2,660	7,980	13,300	29,930	46,550	66,500
Sed	2,620	7,860	13,100	29,480	45,850	65,500
1923 Model 33, 6-cyl., 138" wb						
7P Tr	2,940	8,820	14,700	33,080	51,450	73,500
4P Tr	2,860	8,580	14,300	32,180	50,050	71,500
2P Rbt.	2,780	8,340	13,900	31,280	48,650	69,500
3P Cpe	2,520	7,560	12,600	28,350	44,100	63,000
4P Cpe Sed	2,440	7,320	12,200	27,450	42,700	61,000
6P Brgm	2,400	7,200	12,000	27,000	42,000	60,000
4P Sed	2,280	6,840	11,400	25,650	39,900	57,000
7P Sed	2,360	7,080	11,800	26,550	41,300	59,000

	6	5	4	3	2	1
6P Lan'let	2,600	7,800	13,000	29,250	45,500	65,000
7P Limo	2,680	8,040	13,400	30,150	46,900	67,000
7P Encl Drive Limo	2,760	8,280	13,800	31,050	48,300	69,000
7P Fml Limo	2,800	8,400	14,000	31,500	49,000	70,000
1924 Model 33, 6-cyl., 138" wb						
7P Tr	2,960	8,880	14,800	33,300	51,800	74,000
6P Tr	2,880	8,640	14,400	32,400	50,400	72,000
4P Tr	2,800	8,400	14,000	31,500	49,000	70,000
Rbt	2,640	7,920	13,200	29,700	46,200	66,000
6P Brgm	2,560	7,680	12,800	28,800	44,800	64,000
3P Cpe	2,600	7,800	13,000	29,250	45,500	65,000
4P Cpe Sed	2,600	7,800	13,000	29,250	45,500	65,000
4d 4P Sed	2,480	7,440	12,400	27,900	43,400	62,000
7P Encl Drive Limo	2,840	8,520	14,200	31,950	49,700	71,000
7P Fml Limo	2,880	8,640	14,400	32,400	50,400	72,000
6P Lan'let	2,720	8,160	13,600	30,600	47,600	68,000
7P Limo	2,960	8,880	14,800	33,300	51,800	74,000
7P Sed	2,880	8,640	14,400	32,400	50,400	72,000
7P Fml Lan	2,960	8,880	14,800	33,300	51,800	74,000
7P Limo Lan	3,000	9,000	15,000	33,750	52,500	75,000
4P Sed Lan	2,960	8,880	14,800	33,300	51,800	74,000
3P Cpe Lan	3,160	9,480	15,800	35,550	55,300	79,000
7P Encl Drive Lan	3,160	9,480	15,800	35,550	55,300	79,000
7P Sed Lan	3,120	9,360	15,600	35,100	54,600	78,000
1925 Model 80, 6-cyl., 130" wb						
7P Tr	3,060	9,180	15,300	34,430	53,550	76,500
4P Tr	3,020	9,060	15,100	33,980	52,850	75,500
5P Sed	2,920	8,760	14,600	32,850	51,100	73,000
4P Cpe	3,060	9,180	15,300	34,430	53,550	76,500
7P Sed	2,960	8,880	14,800	33,300	51,800	74,000
Encl Drive Limo	3,140	9,420	15,700	35,330	54,950	78,500
2P Rbt	5,000	15,000	25,000	56,250	87,500	125,000
1925 Model 33, 6-cyl., 138" wb						
2P Rbt	3,140	9,420	15,700	35,330	54,950	78,500
4P Tr	3,180	9,540	15,900	35,780	55,650	79,500
6P Tr	3,220	9,660	16,100	36,230	56,350	80,500
7P Tr	3,260	9,780	16,300	36,680	57,050	81,500
Brgm	2,940	8,820	14,700	33,080	51,450	73,500
Cpe	3,060	9,180	15,300	34,430	53,550	76,500
4P Sed	2,900	8,700	14,500	32,630	50,750	72,500
Cpe Sed	2,900	8,700	14,500	32,630	50,750	72,500
Lan'let	2,940	8,820	14,700	33,080	51,450	73,500
7P Sed	2,940	8,820	14,700	33,080	51,450	73,500
Encl Drive Sed	2,980	8,940	14,900	33,530	52,150	74,500
Limo	3,100	9,300	15,500	34,880	54,250	77,500
Lan	3,140	9,420	15,700	35,330	54,950	78,500
Encl Drive Lan	3,180	9,540	15,900	35,780	55,650	79,500
1926 Model 80, 6-cyl., 70 hp, 130" wb						
7P Tr	2,980	8,940	14,900	33,530	52,150	74,500
4P Tr	2,940	8,820	14,700	33,080	51,450	73,500
2P Rds	2,780	8,340	13,900	31,280	48,650	69,500
4P Cpe	2,980	8,940	14,900	33,530	52,150	74,500
7P Sed	2,860	8,580	14,300	32,180	50,050	71,500
7P Encl Drive Limo	3,060	9,180	15,300	34,430	53,550	70,500
5P Sed	2,820	8,460	14,100	31,730	49,350	70,500
4P Cpe Lan	2,740	8,220	13,700	30,830	47,950	68,500
5P Coach	2,340	7,020	11,700	26,330	40,950	58,500
1926 Model 33, 6-cyl., 100 hp, 138" wb						
4P Tr	3,380	10,140	16,900	38,030	59,150	84,500
2P Rbt	3,300	9,900	16,500	37,130	57,750	82,500
6P Tr	3,460	10,380	17,300	38,930	60,550	86,500
7P Tr	3,620	10,860	18,100	40,730	63,350	90,500
6P Brgm	3,300	9,900	16,500	37,130	57,750	82,500
3P Cpe	2,980	8,940	14,900	33,530	52,150	74,500
4P Sed	2,900	8,700	14,500	32,630	50,750	72,500
4P Cpe Sed	2,980	8,940	14,900	33,530	52,150	74,500
4P Encl Drive Limo	320	970	1,610	3,620	5,640	8,050
7P Sed	3,180	9,540	15,900	35,780	55,650	79,500
6P Lan'let	3,220	9,660	16,100	36,230	56,350	80,500
7P Fr Limo	3,220	9,660	16,100	36,230	56,350	80,500
7P Sed Lan'let	3,180	9,540	15,900	35,780	55,650	79,500
4P Sed Lan'let	3,180	9,540	15,900	35,780	55,650	79,500
3P Cpe Lan'let	3,300	9,900	16,500	37,130	57,750	82,500
7P Limo	3,340	10,020	16,700	37,580	58,450	83,500
7P Encl Drive Limo	3,380	10,140	16,900	38,030	59,150	84,500
7P Encl Drive Lan'let	3,460	10,380	17,300	38,930	60,550	86,500
1927 Model 80, 6-cyl., 70 hp, 130" wb						
7P Tr	3,200	9,600	16,000	36,000	56,000	80,000
4P Tr	3,120	9,360	15,600	35,100	54,600	78,000

PIERCE-ARROW

PIERCE-ARROW

	6	5	4	3	2	1
2P Rds	3,400	10,200	17,000	38,250	59,500	85,000
4P Cpe	2,620	7,860	13,100	29,480	45,850	65,500
7P Sed	2,380	7,140	11,900	26,780	41,650	59,500
7P Encl Drive Limo	2,900	8,700	14,500	32,630	50,750	72,500
5P Sed	2,340	7,020	11,700	26,330	40,950	58,500
2d 5P Coach	2,380	7,140	11,900	26,780	41,650	59,500
4d 5P Coach	2,500	7,500	12,500	28,130	43,750	62,500
4P Cpe	2,660	7,980	13,300	29,930	46,550	66,500
2P Cpe	2,580	7,740	12,900	29,030	45,150	64,500
4d 7P Coach	2,580	7,740	12,900	29,030	45,150	64,500
7P Limo Coach	2,780	8,340	13,900	31,280	48,650	69,500
1927 Model 36, 6-cyl., 100 hp, 138" wb						
2P Rbt	3,440	10,320	17,200	38,700	60,200	86,000
4P Tr	3,200	9,600	16,000	36,000	56,000	80,000
7P Tr	3,280	9,840	16,400	36,900	57,400	82,000
3P Cpe	2,980	8,940	14,900	33,530	52,150	74,500
4d 4P Sed	2,620	7,860	13,100	29,480	45,850	65,500
4P Cpe Sed	2,700	8,100	13,500	30,380	47,250	67,500
4P Encl Drive Limo	2,900	8,700	14,500	32,630	50,750	72,500
7P Encl Drive Lan	2,900	8,700	14,500	32,630	50,750	72,500
7P Sed	2,820	8,460	14,100	31,730	49,350	70,500
7P Fr Lan	2,860	8,580	14,300	32,180	50,050	71,500
7P Sed Lan	2,860	8,580	14,300	32,180	50,050	71,500
4P Sed Lan	2,820	8,460	14,100	31,730	49,350	70,500
7P Encl Drive Limo	2,980	8,940	14,900	33,530	52,150	74,500
7P Fr Limo	2,900	8,700	14,500	32,630	50,750	72,500
4P Encl Drive Limo	2,940	8,820	14,700	33,080	51,450	73,500
1928 Model 81, 6-cyl., 75 hp, 130" wb						
4P Rbt	3,440	10,320	17,200	38,700	60,200	86,000
4P Tr	2,840	8,520	14,200	31,950	49,700	71,000
4P Rds	2,920	8,760	14,600	32,850	51,100	73,000
5P Brgm	2,680	8,040	13,400	30,150	46,900	67,000
2P Cpe	2,720	8,160	13,600	30,600	47,600	68,000
5P Clb Sed	2,680	8,040	13,400	30,150	46,900	67,000
4P Cpe	2,760	8,280	13,800	31,050	48,300	69,000
5P Sed	2,600	7,800	13,000	29,250	45,500	65,000
Spt Sed Lan	2,640	7,920	13,200	29,700	46,200	66,000
Clb Sed Lan	2,680	8,040	13,400	30,150	46,900	67,000
7P Sed	2,680	8,040	13,400	30,150	46,900	67,000
4P Cpe DeL	2,800	8,400	14,000	31,500	49,000	70,000
7P Encl Drive Limo	2,880	8,640	14,400	32,400	50,400	72,000
1928 Model 36, 6-cyl., 100 hp, 138" wb						
4P Rbt	3,320	9,960	16,600	37,350	58,100	83,000
4P Tr	3,400	10,200	17,000	38,250	59,500	85,000
7P Tr	3,480	10,440	17,400	39,150	60,900	87,000
Encl Drive Limo	3,080	9,240	15,400	34,650	53,900	77,000
7P Sed	3,040	9,120	15,200	34,200	53,200	76,000
7P Encl Drive Lan'let	3,080	9,240	15,400	34,650	53,900	77,000
7P Sed Lan	2,920	8,760	14,600	32,850	51,100	73,000
3P Cpe	2,920	8,760	14,600	32,850	51,100	73,000
4P Cpe Sed	2,920	8,760	14,600	32,850	51,100	73,000
4P Encl Drive Sed	3,160	9,480	15,800	35,550	55,300	79,000
4P Sed	2,840	8,520	14,200	31,950	49,700	71,000
6P Encl Drive Limo	3,320	9,960	16,600	37,350	58,100	83,000
4P CC Sed	3,000	9,000	15,000	33,750	52,500	75,000
4P Sed Lan	3,080	9,240	15,400	34,650	53,900	77,000
4P Encl Drive Lan	3,040	9,120	15,200	34,200	53,200	76,000
6P Fml Limo	3,320	9,960	16,600	37,350	58,100	83,000
6P Fr Lan	3,400	10,200	17,000	38,250	59,500	85,000
1929 Model 125, 8-cyl., 125 hp, 133" wb						
4P Rds	5,600	16,800	28,000	63,000	98,000	140,000
4P Tr	4,400	13,200	22,000	49,500	77,000	110,000
5P Brgm	7,040	21,120	35,200	79,200	123,200	176,000
4P Cpe	3,000	9,000	15,000	33,750	52,500	75,000
5P Sed	2,840	8,520	14,200	31,950	49,700	71,000
5P Twn Sed	2,920	8,760	14,600	32,850	51,100	73,000
7P Sed	2,920	8,760	14,600	32,850	51,100	73,000
7P Encl Drive Limo	3,120	9,360	15,600	35,100	54,600	78,000
1929 Model 126, 8-cyl., 125 hp, 143" wb						
7P Tr	4,400	13,200	22,000	49,500	77,000	110,000
4P Conv Cpe	4,680	14,040	23,400	52,650	81,900	117,000
7P Sed	3,540	10,620	17,700	39,830	61,950	88,500
7P Encl Drive Limo	3,600	10,800	18,000	40,500	63,000	90,000
4P Sed	3,200	9,600	16,000	36,000	56,000	80,000
1930 Model C, 8-cyl., 115 hp, 132" wb						
Clb Brgm	2,440	7,320	12,200	27,450	42,700	61,000
Cpe	2,520	7,560	12,600	28,350	44,100	63,000
Sed	2,320	6,960	11,600	26,100	40,600	58,000

	6	5	4	3	2	1
1930 Model B, 8-cyl., 125 hp, 134" wb						
Rds	5,600	16,800	28,000	63,000	98,000	140,000
Tr	4,400	13,200	22,000	49,500	77,000	110,000
Spt Phae	6,000	18,000	30,000	67,500	105,000	150,000
Conv Cpe	5,800	17,400	29,000	65,250	101,500	145,000
1930 Model B, 8-cyl., 125 hp, 139" wb						
5P Sed	3,200	9,600	16,000	36,000	56,000	80,000
Vic Cpe	3,280	9,840	16,400	36,900	57,400	82,000
7P Sed	3,200	9,600	16,000	36,000	56,000	80,000
Clb Sed	3,280	9,840	16,400	36,900	57,400	82,000
Encl Drive Limo	3,680	11,040	18,400	41,400	64,400	92,000
1930 Model A, 8-cyl., 132 hp, 144" wb						
Tr	4,400	13,200	22,000	49,500	77,000	110,000
Conv Cpe	4,640	13,920	23,200	52,200	81,200	116,000
Sed	3,200	9,600	16,000	36,000	56,000	80,000
Encl Drive Limo	3,840	11,520	19,200	43,200	67,200	96,000
Twn Car	3,520	10,560	17,600	39,600	61,600	88,000
1931 Model 43, 8-cyl., 125 hp, 134" wb						
Rds	4,400	13,200	22,000	49,500	77,000	110,000
Tourer	4,000	12,000	20,000	45,000	70,000	100,000
Cpe	3,200	9,600	16,000	36,000	56,000	80,000
1931 Model 43, 8-cyl., 125 hp, 137" wb						
5P Sed	2,400	7,200	12,000	27,000	42,000	60,000
Clb Sed	3,000	9,000	15,000	33,750	52,500	75,000
7P Sed	3,080	9,240	15,400	34,650	53,900	77,000
Encl Drive Limo	3,200	9,600	16,000	36,000	56,000	80,000
Spt Phae	5,200	15,600	26,000	58,500	91,000	130,000
1931 Model 42, 8-cyl., 132 hp, 142" wb						
Rds	4,480	13,440	22,400	50,400	78,400	112,000
Tourer	4,480	13,440	22,400	50,400	78,400	112,000
Spt Tourer	4,720	14,160	23,600	53,100	82,600	118,000
Conv Cpe	4,560	13,680	22,800	51,300	79,800	114,000
5P Sed	2,880	8,640	14,400	32,400	50,400	72,000
Clb Sed	3,000	9,000	15,000	33,750	52,500	75,000
7P Sed	2,960	8,880	14,800	33,300	51,800	74,000
Clb Berl	3,080	9,240	15,400	34,650	53,900	77,000
Encl Drive Limo	3,320	9,960	16,600	37,350	58,100	83,000
1931 Model 41, 8-cyl., 132 hp, 147" wb						
Tr	4,400	13,200	22,000	49,500	77,000	110,000
Conv Cpe	7,400	22,200	37,000	83,250	129,500	185,000
Sed	3,120	9,360	15,600	35,100	54,600	78,000
Encl Drive Limo	3,360	10,080	16,800	37,800	58,800	84,000
Twn Car	3,360	10,080	16,800	37,800	58,800	84,000
1932 Model 54, 8-cyl., 125 hp, 137" wb						
Conv Cpe Rds	4,540	13,620	22,700	51,080	79,450	113,500
5P Tr	4,440	13,320	22,200	49,950	77,700	111,000
Phae	4,600	13,800	23,000	51,750	80,500	115,000
Brgm	3,100	9,300	15,500	34,880	54,250	77,500
Cpe	3,120	9,360	15,600	35,100	54,600	78,000
5P Sed	2,800	8,400	14,000	31,500	49,000	70,000
Clb Sed	2,840	8,520	14,200	31,950	49,700	71,000
Clb Berl	2,880	8,640	14,400	32,400	50,400	72,000
Con Sed	4,480	13,440	22,400	50,400	78,400	112,000
1932 Model 54, 8-cyl., 125 hp, 142" wb						
7P Tr	4,480	13,440	22,400	50,400	78,400	112,000
7P Sed	2,940	8,820	14,700	33,080	51,450	73,500
Limo	3,060	9,100	15,300	34,430	53,550	76,500
1932 Model 53, 12-cyl., 140 hp, 137" wb						
Conv Cpe Rds	5,200	15,000	20,000	50,500	91,000	100,000
5P Tr	4,600	13,800	23,000	51,750	80,500	115,000
Phae	5,600	16,800	28,000	63,000	98,000	140,000
Clb Brgm	3,360	10,080	16,800	37,800	58,800	84,000
Cpe	3,280	9,840	16,400	36,900	57,400	82,000
5P Sed	3,240	9,720	16,200	36,450	56,700	81,000
Clb Sed	3,320	9,960	16,600	37,350	58,100	83,000
Clb Berl	3,440	10,320	17,200	38,700	60,200	86,000
Con Sed	5,400	16,200	27,000	60,750	94,500	135,000
1932 Model 53, 12-cyl., 140 hp, 142" wb						
7P Tr	5,400	16,200	27,000	60,750	94,500	135,000
7P Sed	3,200	9,600	16,000	36,000	56,000	80,000
Limo	3,440	10,320	17,200	38,700	60,200	86,000
1932 Model 51, 12-cyl., 150 hp, 147" wb						
Cpe	3,360	10,080	16,800	37,800	58,800	84,000
Conv Vic Cpe	5,400	16,200	27,000	60,750	94,500	135,000
Clb Sed	3,520	10,560	17,600	39,600	61,600	88,000
Conv Sed	4,840	14,520	24,200	54,450	84,700	121,000
Encl Drive Limo	4,080	12,240	20,400	45,900	71,400	102,000
A/W Twn Brgm	4,720	14,160	23,600	53,100	82,600	118,000
A/W Twn Cabr	4,920	14,760	24,600	55,350	86,100	123,000

PIERCE-ARROW

PIERCE-ARROW

	6	5	4	3	2	1
Encl Drive Brgm 4,040	12,120	20,200	45,450	70,700	101,000
1933 Model 836, 8-cyl., 135 hp, 136" wb						
5P Clb Brgm 3,000	9,000	15,000	33,750	52,500	75,000
5P Sed 2,600	7,800	13,000	29,250	45,500	65,000
5P Clb Sed 2,720	8,160	13,600	30,600	47,600	68,000
7P Sed 2,640	7,920	13,200	29,700	46,200	66,000
7P Encl Drive Limo 2,720	8,160	13,600	30,600	47,600	68,000
1933 Model 1236, 12-cyl., 160 hp, 136" wb						
5P Clb Brgm 2,880	8,640	14,400	32,400	50,400	72,000
5P Sed 2,920	8,760	14,600	32,850	51,100	73,000
5P Clb Sed 3,080	9,240	15,400	34,650	53,900	77,000
7P Sed (139" wb) 2,960	8,880	14,800	33,300	51,800	74,000
7P Encl Drive Limo 3,240	9,720	16,200	36,450	56,700	81,000
1933 Model 1242, 12-cyl., 175 hp, 137" wb						
5P Tr 4,940	14,820	24,700	55,580	86,450	123,500
5P Spt Phae 5,220	15,660	26,100	58,730	91,350	130,500
7P Tourer (142" wb) 5,100	15,300	25,500	57,380	89,250	127,500
5P Clb Brgm 2,920	8,760	14,600	32,850	51,100	73,000
5P Sed 2,960	8,880	14,800	33,300	51,800	74,000
5P Clb Sed 3,120	9,360	15,600	35,100	54,600	78,000
5P Clb Berl 3,200	9,600	16,000	36,000	56,000	80,000
4P Cpe 2,880	8,640	14,400	32,400	50,400	72,000
4P Cus Rds 4,900	14,700	24,500	55,130	85,750	122,500
5P Conv Sed 4,780	14,340	23,900	53,780	83,650	119,500
7P Sed (142" wb) 3,000	9,000	15,000	33,750	52,500	75,000
7P Encl Drive Limo 3,320	9,960	16,600	37,350	58,100	83,000
1933 Model 1247, 12-cyl., 175 hp, 142" wb						
5P Sed 3,360	10,080	16,800	37,800	58,800	84,000
5P Clb Sed 3,440	10,320	17,200	38,700	60,200	86,000
7P Sed (147" wb) 3,440	10,320	17,200	38,700	60,200	86,000
5P Clb Berl 3,440	10,320	17,200	38,700	60,200	86,000
7P Encl Drive Limo 3,600	10,800	18,000	40,500	63,000	90,000
5P Conv Sed 7,620	22,860	38,100	85,730	133,350	190,500
4P Cpe (147" wb) 4,060	12,180	20,300	45,680	71,050	101,500
5P Conv Sed (147" wb) 5,640	16,920	28,200	63,450	98,700	141,000
5P Clb Sed (147" wb) 3,920	11,760	19,600	44,100	68,600	98,000
Encl Drive Limo (147" wb) 4,080	12,240	20,400	45,900	71,400	102,000
7P Twn Brgm (147" wb) 4,040	12,120	20,200	45,450	70,700	101,000
7P Twn Car (147" wb) 4,200	12,600	21,000	47,250	73,500	105,000
7P Twn Cabr (147" wb) 5,880	17,640	29,400	66,150	102,900	147,000
7P Encl Drive Brgm 4,080	12,240	20,400	45,900	71,400	102,000
1934 Model 836A, 136" wb						
Clb Brgm 2,720	8,160	13,600	30,600	47,600	68,000
Clb Brgm Salon 2,800	8,400	14,000	31,500	49,000	70,000
4d Sed 2,800	8,400	14,000	31,500	49,000	70,000
4d Sed Salon 2,880	8,640	14,400	32,400	50,400	72,000
1934 Model 840A, 8-cyl., 139" wb						
Rds 3,720	11,160	18,600	41,850	65,100	93,000
Brgm 2,880	8,640	14,400	32,400	50,400	72,000
Sed 2,920	8,760	14,600	32,850	51,100	73,000
Clb Sed 2,960	8,880	14,800	33,300	51,800	74,000
Cpe 3,080	9,240	15,400	34,650	53,900	77,000
Spt Cpe 7,800	23,400	39,000	97,500	136,500	195,000
1934 Model 840A, 8-cyl., 144" wb						
Silver Arrow 8,000	24,000	40,000	90,000	140,000	200,000
Sed 2,920	8,760	14,600	32,850	51,100	73,000
Encl Drive Limo 3,280	9,840	16,400	36,900	57,400	82,000
1934 Model 1240A, 12-cyl., 139" wb						
Rds 5,300	15,900	26,500	59,630	92,750	132,500
Brgm 3,320	9,960	16,600	37,350	58,100	83,000
Sed 3,480	10,440	17,400	39,150	60,900	87,000
Clb Sed 3,520	10,560	17,600	39,600	61,600	88,000
Cpe 3,640	10,920	18,200	40,950	63,700	91,000
1934 Model 1250A, 12-cyl., 144" wb						
Silver Arrow 10,000	30,000	50,000	112,500	175,000	250,000
Sed 3,760	11,280	18,800	42,300	65,800	94,000
1934 Model 1248A, 12-cyl., 147" wb						
Sed 4,000	12,000	20,000	45,000	70,000	100,000
Encl Drive Limo 4,400	13,200	22,000	49,500	77,000	110,000
1935 Model 845, 8-cyl., 140 hp, 138" wb						
Conv Rds 3,620	10,860	18,100	40,730	63,350	90,500
Clb Brgm 2,820	8,460	14,100	31,730	49,350	70,500
Cpe 3,020	9,060	15,100	33,980	52,850	75,500
5P Sed 2,820	8,460	14,100	31,730	49,350	70,500
Clb Sed 2,860	8,580	14,300	32,180	50,050	71,500
1935 Model 845, 8-cyl., 140 hp, 144" wb						
7P Sed 3,000	9,000	15,000	33,750	52,500	75,000
Encl Drive Limo 3,380	10,140	16,900	38,030	59,150	84,500
Silver Arrow 8,400	25,200	42,000	94,500	147,000	210,000

1935 Model 1245, 12-cyl., 175 hp, 138" wb

	6	5	4	3	2	1
Conv Rds	3,980	11,940	19,900	44,780	69,650	99,500
Clb Brgm	3,260	9,780	16,300	36,680	57,050	81,500
Cpe	3,460	10,380	17,300	38,930	60,550	86,500
5P Sed	3,300	9,900	16,500	37,130	57,750	82,500
Clb Sed	3,340	10,020	16,700	37,580	58,450	83,500

1935 Model 1245, 12-cyl., 175 hp, 144" wb

	6	5	4	3	2	1
7P Sed	3,420	10,260	17,100	38,480	59,850	85,500
Encl Drive Limo	3,580	10,740	17,900	40,280	62,650	89,500
Silver Arrow	10,600	31,800	53,000	119,250	185,500	265,000

1935 Model 1255, 12-cyl., 175 hp, 147" wb

	6	5	4	3	2	1
7P Sed	3,140	9,420	15,700	35,330	54,950	78,500
Encl Drive Limo	3,380	10,140	16,900	38,030	59,150	84,500

1936 Deluxe 8, 150 hp, 139" wb

	6	5	4	3	2	1
Cpe	2,480	7,440	12,400	27,900	43,400	62,000
Ctry Club Rds	3,120	9,360	15,600	35,100	54,600	78,000
Clb Sed	2,240	6,720	11,200	25,200	39,200	56,000
5P Sed	2,200	6,600	11,000	24,750	38,500	55,000
Clb Berl	2,400	7,200	12,000	27,000	42,000	60,000

1936 Deluxe 8, 150 hp, 144" wb

	6	5	4	3	2	1
7P Sed	2,340	7,020	11,700	26,330	40,950	58,500
Limo	2,880	8,640	14,400	32,400	50,400	72,000
Metropolitan Twn Car	2,780	8,340	13,900	31,280	48,650	69,500
Conv Sed	3,100	9,300	15,500	34,880	54,250	77,500

1936 Salon Twelve, 185 hp, 139" wb

	6	5	4	3	2	1
Cpe	2,960	8,880	14,800	33,300	51,800	74,000
Ctry Club Rds	3,760	11,280	18,800	42,300	65,800	94,000
Clb Sed	2,720	8,160	13,600	30,600	47,600	68,000
5P Sed	2,680	8,040	13,400	30,150	46,900	67,000
Clb Berl	2,920	8,760	14,600	32,850	51,100	73,000

1936 Salon Twelve, 185 hp, 144" wb

	6	5	4	3	2	1
7P Sed	2,920	8,760	14,600	32,850	51,100	73,000
Limo	3,120	9,360	15,600	35,100	54,600	78,000
Metropolitan Twn Car	3,200	9,600	16,000	36,000	56,000	80,000
Conv Sed	4,960	14,880	24,800	55,800	86,800	124,000
7P Sed (147" wb)	3,400	10,200	17,000	38,250	59,500	85,000
7P Encl Drive Limo	3,280	9,840	16,400	36,900	57,400	82,000

1937 Pierce-Arrow 8, 150 hp, 138" wb

	6	5	4	3	2	1
Cpe	2,120	6,360	10,600	23,850	37,100	53,000
5P Sed	2,260	6,780	11,300	25,430	39,550	56,500
Conv Rds	3,060	9,180	15,300	34,430	53,550	76,500
Clb Sed	2,500	7,500	12,500	28,130	43,750	62,500
Clb Berl	2,540	7,620	12,700	28,580	44,450	63,500
Fml Sed	2,860	8,580	14,300	32,180	50,050	71,500

1937 Pierce-Arrow 8, 150 hp, 144" wb

	6	5	4	3	2	1
7P Fml Sed	2,760	8,280	13,800	31,050	48,300	69,000
7P Sed	2,640	7,920	13,200	29,700	46,200	66,000
Limo	2,880	8,640	14,400	32,400	50,400	72,000
Conv Sed	3,680	11,040	18,400	41,400	64,400	92,000
Brunn Metro Twn Car	3,200	9,600	16,000	36,000	56,000	80,000
Twn Brgm	2,880	8,640	14,400	32,400	50,400	72,000
5P Encl Drive Limo (147" wb)	2,880	8,640	14,400	32,400	50,400	72,000

1937 Pierce-Arrow 12, 185 hp, 139" wb

	6	5	4	3	2	1
Cpe	2,920	8,760	14,600	32,850	51,100	73,000
5P Sed	2,760	8,280	13,800	31,050	48,300	69,000
Conv Rds	3,880	11,640	19,400	43,650	67,900	97,000
Clb Sed	4,040	12,120	20,200	45,450	70,700	101,000
Clb Berl	2,840	8,520	14,200	31,950	49,700	71,000
5P Fml Sed	3,080	9,240	15,400	34,650	53,900	77,000

1937 Pierce-Arrow 12, 185 hp, 144" wb

	6	5	4	3	2	1
7P Sed	2,920	8,760	14,600	32,850	51,100	73,000
Limo	3,120	9,360	15,600	35,100	54,600	78,000
Conv Sed	4,360	13,080	21,800	49,050	76,300	109,000
Brunn Metro Twn Brgm	3,720	11,160	18,600	41,850	65,100	93,000

1937 Pierce-Arrow 12, 185 hp, 147" wb

	6	5	4	3	2	1
7P Sed	3,320	9,960	16,600	37,350	58,100	83,000
Encl Drive Limo	3,480	10,440	17,400	39,150	60,900	87,000
Metro Twn Car	3,880	11,640	19,400	43,650	67,900	97,000

1938 Pierce-Arrow 8, 150 hp, 139" wb

	6	5	4	3	2	1
5P Sed	2,340	7,020	11,700	26,330	40,950	58,500
Clb Sed	2,420	7,260	12,100	27,230	42,350	60,500
Cpe	2,620	7,860	13,100	29,480	45,850	65,500
Conv Cpe	3,380	10,140	16,900	38,030	59,150	84,500
Clb Berl	2,580	7,740	12,900	29,030	45,150	64,500
Fml Sed	2,460	7,380	12,300	27,680	43,050	61,500

1938 Pierce-Arrow 8, 150 hp, 144" wb

	6	5	4	3	2	1
Brunn Metro Twn Brgm	3,040	9,120	15,200	34,200	53,200	76,000
7P Sed	2,900	8,700	14,500	32,630	50,750	72,500
Encl Drive Limo	3,000	9,000	15,000	33,750	52,500	75,000

PIERCE-ARROW

PIERCE-ARROW

	6	5	4	3	2	1
Con Sed	3,920	11,760	19,600	44,100	68,600	98,000
Spl Sed	2,800	8,400	14,000	31,500	49,000	70,000
Fml Sed	2,920	8,760	14,600	32,850	51,100	73,000
1938 Pierce-Arrow 12, 185 hp, 139" wb						
5P Sed	3,160	9,480	15,800	35,550	55,300	79,000
Clb Sed	2,840	8,520	14,200	31,950	49,700	71,000
Cpe	3,360	10,080	16,800	37,800	58,800	84,000
Conv Cpe	4,200	12,600	21,000	47,250	73,500	105,000
Clb Berl	2,960	8,880	14,800	33,300	51,800	74,000
Fml Sed	2,960	8,880	14,800	33,300	51,800	74,000
1938 Pierce-Arrow 12, 185 hp, 144" wb						
Spl Sed	3,400	10,200	17,000	38,250	59,500	85,000
7P Sed	3,320	9,960	16,600	37,350	58,100	83,000
Encl Drive Limo	3,640	10,920	18,200	40,950	63,700	91,000
Conv Sed	4,440	13,320	22,200	49,950	77,700	111,000
Brunn Metro Twn Brgm	3,720	11,160	18,600	41,850	65,100	93,000
1938 Pierce-Arrow 12, 147" wb						
7P Sed	3,440	10,320	17,200	38,700	60,200	86,000
Encl Drive Limo	3,920	11,760	19,600	44,100	68,600	98,000

PLYMOUTH

	6	5	4	3	2	1
1928 Model Q, 4-cyl.						
2d Rds	1,500	4,500	7,500	16,880	26,250	37,500
4d Tr	1,540	4,620	7,700	17,330	26,950	38,500
2d Cpe	1,060	3,180	5,300	11,930	18,550	26,500
2d DeL Cpe	1,180	3,540	5,900	13,280	20,650	29,500
2d Sed	980	2,940	4,900	11,030	17,150	24,500
4d Sed	920	2,760	4,600	10,350	16,100	23,000
4d DeL Sed	1,000	3,000	5,000	11,250	17,500	25,000
1929-30 Model U, 4-cyl.						
2d Rds	1,500	4,500	7,500	16,880	26,250	37,500
4d Tr	1,560	4,680	7,800	17,550	27,300	39,000
2d Cpe	960	2,880	4,800	10,800	16,800	24,000
2d DeL Cpe	920	2,760	4,600	10,350	16,100	23,000
2d Sed	840	2,520	4,200	9,450	14,700	21,000
4d Sed	920	2,760	4,600	10,350	16,100	23,000
4d DeL Sed	880	2,640	4,400	9,900	15,400	22,000
NOTE: Factory prices reduced app. 40% for 1930 model year.						
1931 Model PA, 4-cyl.						
2d Rds	1,520	4,560	7,600	17,100	26,600	38,000
4d Tr	1,560	4,680	7,800	17,550	27,300	39,000
2d Conv	1,520	4,560	7,600	17,100	26,600	38,000
2d Cpe	840	2,520	4,200	9,450	14,700	21,000
2d Sed	800	2,400	4,000	9,000	14,000	20,000
4d Sed	800	2,400	4,000	9,000	14,000	20,000
4d DeL Sed	820	2,460	4,100	9,230	14,350	20,500
1932 Model PA, 4-cyl., 109" wb						
2d Rds	1,440	4,320	7,200	16,200	25,200	36,000
2d Conv	1,480	4,440	7,400	16,650	25,900	37,000
2d Cpe	840	2,520	4,200	9,450	14,700	21,000
2d RS Cpe	980	2,940	4,900	11,030	17,150	24,500
2d Sed	820	2,460	4,100	9,230	14,350	20,500
4d Sed	820	2,460	4,100	9,230	14,350	20,500
4d Phae	1,800	5,400	9,000	20,250	31,500	45,000
1932 Model PB, 4-cyl., 112" wb						
2d Rds	1,460	4,380	7,300	16,430	25,550	36,500
2d Conv	1,500	4,500	7,500	16,880	26,250	37,500
4d Conv Sed	1,540	4,620	7,700	17,330	26,950	38,500
2d RS Cpe	1,000	3,000	5,000	11,250	17,500	25,000
2d Sed	820	2,460	4,100	9,230	14,350	20,500
4d Sed	820	2,460	4,100	9,230	14,350	20,500
4d DeL Sed	840	2,520	4,200	9,450	14,700	21,000
1933 Model PC, 6-cyl., 108" wb						
2d Conv	1,560	4,680	7,800	17,550	27,300	39,000
2d Cpe	1,000	3,000	5,000	11,250	17,500	25,000
2d RS Cpe	1,360	4,080	6,800	15,300	23,800	34,000
2d Sed	920	2,760	4,600	10,350	16,100	23,000
4d Sed	880	2,640	4,400	9,900	15,400	22,000
1933 Model PD, 6-cyl.						
NOTE: Deduct 4% for PCXX models.						
2d Conv	1,640	4,920	8,200	18,450	28,700	41,000
2d Cpe	1,320	3,960	6,600	14,850	23,100	33,000
2d RS Cpe	1,400	4,200	7,000	15,750	24,500	35,000
2d Sed	960	2,880	4,800	10,800	16,800	24,000
4d Sed	1,040	3,120	5,200	11,700	18,200	26,000
1934 Standard PG Model, 6-cyl., 108" wb						
2d Bus Cpe	1,190	3,560	5,940	13,370	20,790	29,700
2d Sed	1,020	3,070	5,120	11,520	17,920	25,600

	6	5	4	3	2	1 377

1934 Standard PF Model, 6-cyl., 108" wb

	6	5	4	3	2	1
2d Bus Cpe.	1,190	3,560	5,940	13,370	20,790	29,700
2d RS Cpe	1,400	4,200	7,000	15,750	24,500	35,000
2d Sed	1,120	3,360	5,600	12,600	19,600	28,000
4d Sed	1,000	2,990	4,980	11,210	17,430	24,900

1934 DeLuxe PE Model, 6-cyl., 114" wb

	6	5	4	3	2	1
2d Conv	1,600	4,800	8,000	18,000	28,000	40,000
2d Cpe	1,280	3,840	6,400	14,400	22,400	32,000
2d RS Cpe	1,360	4,080	6,800	15,300	23,800	34,000
2d Sed	1,040	3,120	5,200	11,700	18,200	26,000
4d Sed	1,120	3,360	5,600	12,600	19,600	28,000
4d Twn Sed	1,060	3,180	5,300	11,930	18,550	26,500

1935 Model PJ, 6-cyl., 113" wb

	6	5	4	3	2	1
2P Cpe RS	1,280	3,840	6,400	14,400	22,400	32,000
2d Bus Cpe.	920	2,760	4,600	10,350	16,100	23,000
2d Sed	750	2,260	3,760	8,460	13,160	18,800
4d Bus Sed	850	2,560	4,260	9,590	14,910	21,300

1935 DeLuxe PJ Model, 6-cyl., 113" wb

	6	5	4	3	2	1
2d Conv	1,560	4,680	7,800	17,550	27,300	39,000
2d Bus Cpe.	900	2,700	4,500	10,130	15,750	22,500
2d RS Cpe	1,040	3,120	5,200	11,700	18,200	26,000
2d Sed	880	2,640	4,400	9,900	15,400	22,000
2d Tr Sed	900	2,700	4,500	10,130	15,750	22,500
4d Sed	880	2,640	4,400	9,900	15,400	22,000
4d Tr Sed	920	2,760	4,600	10,350	16,100	23,000
4d 7P Sed.	960	2,880	4,800	10,800	16,800	24,000
4d Trav Sed.	1,000	3,000	5,000	11,250	17,500	25,000

1936 P1 Business Line, 6-cyl., 113" wb

	6	5	4	3	2	1
2d Bus Cpe.	900	2,700	4,500	10,130	15,750	22,500
2d Bus Sed.	840	2,520	4,200	9,450	14,700	21,000
4d Bus Sed.	820	2,460	4,100	9,230	14,350	20,500
4d Sta Wag.	3,480	10,440	17,400	39,150	60,900	87,000

1936 P2 DeLuxe, 6-cyl., 113"-125" wb

	6	5	4	3	2	1
2d Conv	2,200	6,600	11,000	24,750	38,500	55,000
2d Cpe	880	2,640	4,400	9,900	15,400	22,000
2d RS Cpe	1,040	3,120	5,200	11,700	18,200	26,000
2d Sed	880	2,640	4,400	9,900	15,400	22,000
2d Tr Sed	900	2,700	4,500	10,130	15,750	22,500
4d Sed	880	2,640	4,400	9,900	15,400	22,000
4d Tr Sed	900	2,700	4,500	10,130	15,750	22,500
4d 7P Sed.	960	2,880	4,800	10,800	16,800	24,000

1937 Roadking, 6-cyl., 112" wb

	6	5	4	3	2	1
2d Cpe	880	2,640	4,400	9,900	15,400	22,000
2d Sed	800	2,400	4,000	9,000	14,000	20,000
4d Sed	780	2,340	3,900	8,780	13,650	19,500

1937 DeLuxe, 6-cyl., 112"-132" wb

	6	5	4	3	2	1
2d Conv	2,200	6,600	11,000	24,750	38,500	55,000
2d Cpe	960	2,880	4,800	10,800	16,800	24,000
2d RS Cpe	1,000	3,280	5,460	12,290	19,110	27,300
2d Sed	880	2,640	4,400	9,900	15,400	22,000
2d Tr Sed	890	2,660	4,440	9,990	15,540	22,200
4d Sed	840	2,510	4,180	9,410	14,630	20,900
4d Tr Sed	880	2,640	4,400	9,900	15,400	22,000
4d Limo.	830	2,500	4,160	9,360	14,560	20,800
4d Westchester Sub	3,480	10,440	17,400	39,150	60,900	87,000

NOTE: For 1937 only, the Westchester Suburban was built on a commercial chassis and was considered a truck.

1938 Roadking, 6-cyl., 112" wb

	6	5	4	3	2	1
2d Cpe	860	2,580	4,300	9,680	15,050	21,500
2d Sed	700	2,110	3,520	7,920	12,320	17,600
4d Sed	710	2,140	3,560	8,010	12,460	17,800
2d Tr Sed	720	2,160	3,600	8,100	12,600	18,000
4d Tr Sed	680	2,030	3,380	7,610	11,830	16,900

1938 DeLuxe, 6-cyl., 112"-132" wb

	6	5	4	3	2	1
2d Conv	2,200	6,600	11,000	24,750	38,500	55,000
2d Cpe	960	2,880	4,800	10,800	16,800	24,000
2d RS Cpe	1,090	3,280	5,460	12,290	19,110	27,300
2d Sed	880	2,640	4,400	9,900	15,400	22,000
2d Tr Sed	880	2,650	4,420	9,950	15,470	22,100
4d Sed	800	2,390	3,980	8,960	13,930	19,900
4d Tr Sed	880	2,640	4,400	9,900	15,400	22,000
4d 7P Sed.	930	2,800	4,660	10,490	16,310	23,300
4d Limo.	980	2,940	4,900	11,030	17,150	24,500
4d Westchester Sub	3,460	10,380	17,300	38,930	60,550	86,500

1939 P7 Roadking, 6-cyl., 114" wb

	6	5	4	3	2	1
2d Cpe	880	2,640	4,400	9,900	15,400	22,000
2d Sed	720	2,160	3,600	8,100	12,600	18,000
2d Tr Sed	740	2,220	3,700	8,330	12,950	18,500
4d Sed	720	2,160	3,600	8,100	12,600	18,000
4d Tr Sed	740	2,220	3,700	8,330	12,950	18,500

PLYMOUTH

	6	5	4	3	2	1
4d Utl Sed.	750	2,250	3,750	8,440	13,130	18,750

1939 P8 DeLuxe, 6-cyl., 114"-134" wb
	6	5	4	3	2	1
2d Conv	2,600	7,800	13,000	29,250	45,500	65,000
4d Conv Sed.	2,720	8,160	13,600	30,600	47,600	68,000
2P Cpe	1,080	3,240	5,400	12,150	18,900	27,000
2d RS Cpe	1,020	3,060	5,100	11,480	17,850	25,500
2d Sed	820	2,460	4,100	9,230	14,350	20,500
2d Tr Sed	820	2,470	4,120	9,270	14,420	20,600
4d Sed	820	2,460	4,100	9,230	14,350	20,500
4d Tr Sed	830	2,480	4,140	9,320	14,490	20,700
4d Sta Wag W/C	3,360	10,080	16,800	37,800	58,800	84,000
4d Sta Wag W/G	3,440	10,320	17,200	38,700	60,200	86,000
4d 7P Ewb Sed.	880	2,640	4,400	9,900	15,400	22,000
4d Ewb Limo.	920	2,760	4,600	10,350	16,100	23,000

1940 P9 Roadking, 6-cyl., 117" wb
	6	5	4	3	2	1
2d Cpe	840	2,520	4,200	9,450	14,700	21,000
2d Tr Sed	820	2,460	4,100	9,230	14,350	20,500
4d Tr Sed	800	2,400	4,000	9,000	14,000	20,000
4d Utl Sed.	720	2,160	3,600	8,100	12,600	18,000

1940 P10 DeLuxe, 6-cyl., 117"-137" wb
	6	5	4	3	2	1
2d Conv	1,480	4,440	7,400	16,650	25,900	37,000
2d DeL Cpe	880	2,640	4,400	9,900	15,400	22,000
2d 4P Cpe.	900	2,700	4,500	10,130	15,750	22,500
2d Sed	820	2,460	4,100	9,230	14,350	20,500
4d Sed	800	2,400	4,000	9,000	14,000	20,000
4d Sta Wag	3,360	10,080	16,800	37,800	58,800	84,000
4d 7P Sed.	920	2,760	4,600	10,350	16,100	23,000
4d Sed Limo	960	2,880	4,800	10,800	16,800	24,000

1941 P11 Standard, 6-cyl., 117" wb
	6	5	4	3	2	1
2d Cpe	840	2,520	4,200	9,450	14,700	21,000
2d Sed	760	2,280	3,800	8,550	13,300	19,000
4d Sed	760	2,270	3,780	8,510	13,230	18,900
4d Utl Sed.	640	1,920	3,200	7,200	11,200	16,000

1941 P11 DeLuxe, 6-cyl., 117" wb
	6	5	4	3	2	1
2d Cpe	850	2,540	4,240	9,540	14,840	21,200
2d Sed	770	2,300	3,840	8,640	13,440	19,200
4d Sed	760	2,290	3,820	8,600	13,370	19,100

1941 P12 Special DeLuxe, 6 cyl., 117"-137" wb
	6	5	4	3	2	1
2d Conv	1,500	4,500	7,500	16,880	26,250	37,500
2d DeL Cpe	880	2,640	4,400	9,900	15,400	22,000
2d 4P Cpe.	1,040	3,120	5,200	11,700	18,200	26,000
2d Sed	780	2,340	3,900	8,780	13,650	19,500
4d Sed	780	2,350	3,920	8,820	13,720	19,600
4d Sta Wag	3,380	10,140	16,900	38,030	59,150	84,500
4d 7P Sed.	790	2,380	3,960	8,910	13,860	19,800
4d Limo.	900	2,700	4,500	10,130	15,750	22,500

1942 P14S DeLuxe, 6-cyl., 117" wb
	6	5	4	3	2	1
2d Cpe	880	2,640	4,400	9,900	15,400	22,000
2d Sed	660	1,980	3,300	7,430	11,550	16,500
4d Utl Sed.	680	2,040	3,400	7,650	11,900	17,000
2d Clb Cpe	900	2,700	4,500	10,130	15,750	22,500
4d Sed	740	2,220	3,700	8,330	12,950	18,500

1942 P14C Special DeLuxe, 6-cyl., 117" wb
	6	5	4	3	2	1
2d Conv	1,500	4,500	7,500	16,880	26,250	37,500
2d Cpe	940	2,820	4,700	10,580	16,450	23,500
2d Sed	700	2,110	3,520	7,920	12,320	17,600
4d Sed	700	2,100	3,500	7,880	12,250	17,500
4d Twn Sed.	700	2,110	3,520	7,920	12,320	17,600
2d Clb Cpe	960	2,880	4,800	10,800	16,800	24,000
4d Sta Wag	3,280	9,840	16,400	36,900	57,400	82,000

1946-48 P15 DeLuxe, 6-cyl., 117" wb
	6	5	4	3	2	1
2d Cpe	680	2,040	3,400	7,650	11,900	17,000
2d Clb Cpe	700	2,100	3,500	7,880	12,250	17,500
2d Sed	640	1,920	3,200	7,200	11,200	16,000
4d Sed	640	1,910	3,180	7,160	11,130	15,900

1946-48 P15 Special DeLuxe, 6-cyl., 117" wb
	6	5	4	3	2	1
2d Conv	1,280	3,840	6,400	14,400	22,400	32,000
2d Cpe	700	2,100	3,500	7,880	12,250	17,500
2d Clb Cpe	720	2,160	3,600	8,100	12,600	18,000
2d Sed	660	1,980	3,300	7,430	11,550	16,500
4d Sed	660	1,970	3,280	7,380	11,480	16,400
4d Sta Wag	3,400	10,200	17,000	38,250	59,500	85,000

1949 DeLuxe, 6-cyl., 111" wb
First Series 1949 is the same as 1948 Second Series.
	6	5	4	3	2	1
2d Cpe	600	1,800	3,000	6,750	10,500	15,000
2d Sed	500	1,500	2,500	5,630	8,750	12,500
2d Sta Wag.	640	1,920	3,200	7,200	11,200	16,000

1949 DeLuxe, 6-cyl., 118.5" wb
	6	5	4	3	2	1
2d Clb Cpe	660	1,980	3,300	7,430	11,550	16,500

	6	5	4	3	2	1
4d Sed 440	1,320	2,200	4,950	7,700	11,000	

1949 Special DeLuxe, 6-cyl., 118.5" wb

	6	5	4	3	2	1
2d Conv 1,440	4,310	7,180	16,160	25,130	35,900	
2d Clb Cpe 780	2,340	3,900	8,780	13,650	19,500	
4d Sed 540	1,630	2,720	6,120	9,520	13,600	
4d Sta Wag 3,200	9,600	16,000	36,000	56,000	80,000	

1950 DeLuxe, 6-cyl., 111" wb

	6	5	4	3	2	1
2d Cpe 660	1,980	3,300	7,430	11,550	16,500	
2d Sed 600	1,800	3,000	6,750	10,500	15,000	
2d Sta Wag 640	1,920	3,200	7,200	11,200	16,000	

1950 DeLuxe, 6-cyl., 118.5" wb

	6	5	4	3	2	1
2d Clb Cpe 624	1,872	3,120	7,020	10,920	15,600	
4d Sed 608	1,824	3,040	6,840	10,640	15,200	

1950 Special DeLuxe, 6-cyl., 118.5" wb

	6	5	4	3	2	1
2d Conv 1,440	4,310	7,180	16,160	25,130	35,900	
2d Clb Cpe 780	2,340	3,900	8,780	13,650	19,500	
4d Sed 620	1,860	3,100	6,980	10,850	15,500	
4d Sta Wag 3,200	9,600	16,000	36,000	56,000	80,000	

NOTE: Add 5% for P-19 Special DeLuxe Suburban.

1951-52 P22 Concord, 6-cyl., 111" wb

	6	5	4	3	2	1
2d Sed 480	1,440	2,400	5,400	8,400	12,000	
2d Cpe 500	1,500	2,500	5,630	8,750	12,500	
2d Sta Wag 640	1,920	3,200	7,200	11,200	16,000	

1951-52 P23 Cambridge, 6-cyl., 118.5" wb

	6	5	4	3	2	1
4d Sed 488	1,464	2,440	5,490	8,540	12,200	
2d Clb Cpe 600	1,800	3,000	6,750	10,500	15,000	

1951-52 P23 Cranbrook, 6-cyl., 118.5" wb

	6	5	4	3	2	1
4d Sed 496	1,488	2,480	5,580	8,680	12,400	
2d Clb Cpe 620	1,860	3,100	6,980	10,850	15,500	
2d HT 800	2,400	4,000	9,000	14,000	20,000	
2d Conv 1,080	3,240	5,400	12,150	18,900	27,000	

1953 P24-1 Cambridge, 6-cyl., 114" wb

	6	5	4	3	2	1
4d Sed 464	1,392	2,320	5,220	8,120	11,600	
2d Sed 468	1,404	2,340	5,270	8,190	11,700	
2d Bus Cpe 472	1,416	2,360	5,310	8,260	11,800	
2d Sta Wag 680	2,040	3,400	7,650	11,900	17,000	

1953 P24-2 Cranbrook, 6-cyl., 114" wb

	6	5	4	3	2	1
4d Sed 480	1,440	2,400	5,400	8,400	12,000	
2d Clb Cpe 500	1,500	2,500	5,630	8,750	12,500	
2d HT 840	2,520	4,200	9,450	14,700	21,000	
2d Sta Wag 640	1,920	3,200	7,200	11,200	16,000	
2d Conv 1,160	3,480	5,800	13,050	20,300	29,000	

1954 P25-1 Plaza, 6-cyl., 114" wb

	6	5	4	3	2	1
4d Sed 512	1,536	2,560	5,760	8,960	12,800	
2d Sed 516	1,548	2,580	5,810	9,030	12,900	
2d Bus Cpe 600	1,800	3,000	6,750	10,500	15,000	
2d Sta Wag 700	2,100	3,500	7,880	12,250	17,500	

1954 P25-2 Savoy, 6-cyl., 114" wb

	6	5	4	3	2	1
4d Sed 600	1,800	3,000	6,750	10,500	15,000	
2d Sed 604	1,812	3,020	6,800	10,570	15,100	
2d Clb Cpe 620	1,860	3,100	6,980	10,850	15,500	
2d Sta Wag 640	1,920	3,200	7,200	11,200	16,000	

1954 P25-3 Belvedere, 6-cyl., 114" wb

	6	5	4	3	2	1
4d Sed 620	1,860	3,100	6,980	10,850	15,500	
2d HT 920	2,760	4,600	10,350	16,100	23,000	
2d Conv 1,200	3,600	6,000	13,500	21,000	30,000	
2d Sta Wag 680	2,040	3,400	7,650	11,900	17,000	

1955 Plaza, V-8, 115" wb

	6	5	4	3	2	1
4d Sed 800	2,400	4,000	9,000	14,000	20,000	
2d Sed 800	2,410	4,020	9,050	14,070	20,100	
2d Sta Wag 880	2,640	4,400	9,900	15,400	22,000	
4d Sta Wag 920	2,760	4,600	10,350	16,100	23,000	

1955 Savoy, V-8, 115" wb

	6	5	4	3	2	1
4d Sed 800	2,410	4,020	9,050	14,070	20,100	
2d Sed 810	2,420	4,040	9,090	14,140	20,200	

1955 Belvedere, V-8, 115" wb

	6	5	4	3	2	1
4d Sed 820	2,450	4,080	9,180	14,280	20,400	
2d Sed 820	2,460	4,100	9,230	14,350	20,500	
2d HT 1,240	3,720	6,200	13,950	21,700	31,000	
2d Conv 2,040	6,120	10,200	22,950	35,700	51,000	
4d Sta Wag 1,160	3,480	5,800	13,050	20,300	29,000	

NOTE: Deduct 10% for 6-cyl. models.

1956 Plaza, V-8, 115" wb

	6	5	4	3	2	1
4d Sed 800	2,400	4,000	9,000	14,000	20,000	
2d Sed 800	2,410	4,020	9,050	14,070	20,100	
2d Bus Cpe 720	2,160	3,600	8,100	12,600	18,000	

1956 Savoy, V-8, 115" wb

	6	5	4	3	2	1
4d Sed 810	2,420	4,040	9,090	14,140	20,200	
2d Sed 810	2,440	4,060	9,140	14,210	20,300	

PLYMOUTH

	6	5	4	3	2	1
2d HT	1,160	3,480	5,800	13,050	20,300	29,000
1956 Belvedere, V-8, 115" wb						
4d Sed	820	2,450	4,080	9,180	14,280	20,400
4d HT	880	2,640	4,400	9,900	15,400	22,000
2d Sed	820	2,460	4,100	9,230	14,350	20,500
2d HT	1,320	3,960	6,600	14,850	23,100	33,000
1956 Belvedere, V-8, 115" wb (conv. avail. as 8-cyl. only)						
2d Conv	2,220	6,660	11,100	24,980	38,850	55,500
1956 Suburban, V-8, 115" wb						
4d DeL Sta Wag	1,160	3,480	5,800	13,050	20,300	29,000
2d Cus Sta Wag	1,200	3,600	6,000	13,500	21,000	30,000
4d Cus Sta Wag	1,200	3,600	6,000	13,500	21,000	30,000
4d Spt Sta Wag	1,240	3,720	6,200	13,950	21,700	31,000
1956 Fury, V-8, (avail. as V-8 only)						
2d HT	2,600	7,800	13,000	29,250	45,500	65,000
NOTE: Add 60% for V-8 equipped with optional dual four-barrel carbs.						
1957-58 Plaza, V-8, 118" wb						
4d Sed	850	2,540	4,240	9,540	14,840	21,200
2d Sed	940	2,820	4,700	10,580	16,450	23,500
2d Bus Cpe	880	2,640	4,400	9,900	15,400	22,000
1957-58 Savoy, V-8						
4d Sed	860	2,570	4,280	9,630	14,980	21,400
4d HT	1,020	3,060	5,100	11,480	17,850	25,500
2d Sed	960	2,880	4,800	10,800	16,800	24,000
2d HT	1,520	4,560	7,600	17,100	26,600	38,000
1957-58 Belvedere, V-8, 118" wb						
4d Sed	880	2,640	4,400	9,900	15,400	22,000
4d Spt HT	1,140	3,420	5,700	12,830	19,950	28,500
2d Sed	980	2,940	4,900	11,030	17,150	24,500
2d HT	1,800	5,400	9,000	20,250	31,500	45,000
1957-58 Belvedere, V-8, 118" wb (conv. avail. as 8-cyl. only)						
2d Conv	3,340	10,020	16,700	37,580	58,450	83,500
1957-58 Suburban, V-8, 122" wb						
4d Cus Sta Wag	1,480	4,440	7,400	16,650	25,900	37,000
2d Cus Sta Wag	1,500	4,500	7,500	16,880	26,250	37,500
4d Spt Sta Wag	1,680	5,040	8,400	18,900	29,400	42,000
1957-58 Fury, V-8, 118" wb						
2d HT	3,400	10,200	17,000	38,250	59,500	85,000
NOTE: Add 25% for 318 cid/290 hp V-8 (except Fury) or 350 cid/305 hp V-8 (1958). Deduct 10% for 6-cyl. models.						
1958 Furys equipped with Bendix EFI, value inestimable.						
1959 Savoy, 6-cyl., 118" wb						
4d Sed	860	2,570	4,280	9,630	14,980	21,400
2d Sed	960	2,880	4,800	10,800	16,800	24,000
1959 Belvedere, V-8, 118" wb						
4d Sed	880	2,640	4,400	9,900	15,400	22,000
4d HT	1,140	3,420	5,700	12,830	19,950	28,500
2d Sed	980	2,940	4,900	11,030	17,150	24,500
2d HT	1,560	4,680	7,800	17,550	27,300	39,000
2d Conv	3,340	10,020	16,700	37,580	58,450	83,500
1959 Fury, V-8, 118" wb						
4d Sed	920	2,760	4,600	10,350	16,100	23,000
4d HT	1,140	3,420	5,700	12,830	19,950	28,500
2d HT	1,680	5,040	8,400	18,900	29,400	42,000
1959 Sport Fury, V-8, 118" wb (260 hp, V-8 offered)						
2d HT	1,800	5,400	9,000	20,250	31,500	45,000
2d Conv	3,600	10,800	18,000	40,500	63,000	90,000
1959 Suburban, V-8, 122" wb						
4d Spt Sta Wag	1,480	4,440	7,400	16,650	25,900	37,000
2d Cus Sta Wag	1,500	4,500	7,500	16,880	26,250	37,500
4d Cus Sta Wag	1,480	4,440	7,400	16,650	25,900	37,000
NOTE: Add 30% for Golden Commando V-8. Deduct 10% for 6-cyl. models.						
1960 Valiant 100, 6-cyl., 106.5" wb						
4d Sed	448	1,344	2,240	5,040	7,840	11,200
4d Sta Wag	452	1,356	2,260	5,090	7,910	11,300
1960 Valiant 200, 6-cyl., 106" wb						
4d Sed	452	1,356	2,260	5,090	7,910	11,300
4d Sta Wag	456	1,368	2,280	5,130	7,980	11,400
1960 Fleet Special, V8, 118" wb						
4d Sed	490	1,460	2,440	5,490	8,540	12,200
2d Sed	490	1,480	2,460	5,540	8,610	12,300
1960 Savoy, V-8, 118" wb						
4d Sed	840	2,520	4,200	9,450	14,700	21,000
2d Sed	960	2,880	4,800	10,800	16,800	24,000
1960 Belvedere, V-8, 118" wb						
4d Sed	880	2,640	4,400	9,900	15,400	22,000
2d Sed	960	2,880	4,800	10,800	16,800	24,000
2d HT	1,560	4,680	7,800	17,550	27,300	39,000
1960 Fury, V-8, 118" wb						
4d Sed	920	2,760	4,600	10,350	16,100	23,000

PLYMOUTH

	6	5	4	3	2	1
4d HT	1,140	3,420	5,700	12,830	19,950	28,500
2d HT	1,600	4,800	8,000	18,000	28,000	40,000
1960 Fury, V-8, 118" wb (conv. avail. as V-8 only)						
2d Conv	3,000	9,000	15,000	33,750	52,500	75,000
1960 Suburban, V-8, 122" wb						
4d DeL Sta Wag	1,020	3,060	5,100	11,480	17,850	25,500
2d DeL Sta Wag	1,060	3,180	5,300	11,930	18,550	26,500
4d 9P Cus Sta Wag	1,060	3,190	5,320	11,970	18,620	26,600
4d 9P Spt Sta Wag	1,070	3,200	5,340	12,020	18,690	26,700

NOTE: Deduct 20% for 6-cyl. model except Valiant.

1961 Valiant 100, 6-cyl., 106.5" wb						
4d Sed	432	1,296	2,160	4,860	7,560	10,800
2d Sed	436	1,308	2,180	4,910	7,630	10,900
4d Sta Wag	432	1,296	2,160	4,860	7,560	10,800
1961 Valiant 200, 6-cyl., 106.5" wb						
4d Sed	440	1,320	2,200	4,950	7,700	11,000
2d HT	640	1,920	3,200	7,200	11,200	16,000
4d Sta Wag	428	1,284	2,140	4,820	7,490	10,700

NOTE: Add 20% for Hyper Pak 170 cid/148 hp; 30% for Hyper Pak 225 cid/220 hp.

1961 Fleet Special, V8, 118" wb						
4d Sed	424	1,272	2,120	4,770	7,420	10,600
2d Sed	428	1,284	2,140	4,820	7,490	10,700
1961 Savoy, V-8, 118" wb						
4d Sed	428	1,284	2,140	4,820	7,490	10,700
2d Sed	432	1,296	2,160	4,860	7,560	10,800
1961 Belvedere, V-8, 118" wb						
4d Sed	428	1,284	2,140	4,820	7,490	10,700
2d Clb Sed	432	1,296	2,160	4,860	7,560	10,800
2d HT	830	2,480	4,140	9,320	14,490	20,700
1961 Fury, V-8, 118" wb						
4d Sed	436	1,308	2,180	4,910	7,630	10,900
4d HT	600	1,800	3,000	6,750	10,500	15,000
2d HT	960	2,880	4,800	10,800	16,800	24,000
2d Conv	1,800	5,400	9,000	20,250	31,500	45,000
1961 Suburban, V-8, 122" wb						
4d 6P DeL Sta Wag	690	2,000	3,440	7,740	12,040	17,200
2d 6P DeL Sta Wag	680	2,050	3,420	7,700	11,970	17,100
4d 6P Cus Sta Wag	690	2,080	3,460	7,790	12,110	17,300
4d 9P Spt Sta Wag	700	2,090	3,480	7,830	12,180	17,400

NOTE: Add 30% for 330, 340, 350, 375 hp. Deduct 10% for 6-cyl. models.

1962 Valiant 100, 6-cyl., 106.5" wb						
4d Sed	430	1,300	2,160	4,860	7,560	10,800
2d Sed	440	1,310	2,180	4,910	7,630	10,900
4d Sta Wag	430	1,300	2,160	4,860	7,560	10,800
1962 Valiant 200, 6-cyl., 106.5" wb						
4d Sed	440	1,320	2,200	4,950	7,700	11,000
2d Sed	450	1,340	2,240	5,040	7,840	11,200
4d Sta Wag	430	1,280	2,140	4,820	7,490	10,700
1962 Valiant Signet, 6-cyl., 106.5" wb						
2d HT	640	1,920	3,200	7,200	11,200	16,000

NOTE: Add 30% for Hyper Pak 170 cid/148 hp; 50% for Hyper Pak 225 cid/200 hp.

1962 Fleet Special, V8, 116" wb						
4d Sed	380	1,140	1,900	4,280	6,650	9,500
2d Sed	384	1,152	1,920	4,320	6,720	9,600
1962 Savoy, V-8, 116" wb						
4d Sed	384	1,152	1,920	4,320	6,720	9,600
2d Sed	388	1,164	1,940	4,370	6,790	9,700
1962 Belvedere, V-8, 116" wb						
4d Sed	388	1,164	1,940	4,370	6,790	9,700
2d Sed	392	1,176	1,960	4,410	6,860	9,800
2d HT	820	2,460	4,100	9,230	14,350	20,500
1962 Fury, V-8, 116" wb						
4d Sed	396	1,188	1,980	4,460	6,930	9,900
4d HT	420	1,260	2,100	4,730	7,350	10,500
2d HT	880	2,640	4,400	9,900	15,400	22,000
2d Conv	1,680	5,040	8,400	18,900	29,400	42,000
1962 Sport Fury, V-8, 116" wb						
2d HT	920	2,760	4,600	10,350	16,100	23,000
2d Conv	1,800	5,400	9,000	20,250	31,500	45,000
1962 Suburban, V-8, 116" wb						
4d 6P Savoy Sta Wag	690	2,060	3,440	7,740	12,040	17,200
4d 6P Belv Sta Wag	690	2,080	3,460	7,790	12,110	17,300
4d 9P Fury Sta Wag	700	2,090	3,480	7,830	12,180	17,400

NOTE: Add 30% for Golden Commando 361 ci; 50% for Golden Commando 383 ci. Deduct 10% for 6-cyl. models.
Autos equipped with Super Stock 413 (Max Wedge cars), value inestimable.

1963 Valiant 100, 6-cyl., 106.5" wb						
4d Sed	430	1,300	2,160	4,860	7,560	10,800
2d Sed	440	1,310	2,180	4,910	7,630	10,900
4d Sta Wag	430	1,300	2,160	4,860	7,560	10,800

	6	5	4	3	2	1
1963 Valiant 200, 6-cyl., 106.5" wb						
4d Sed	440	1,320	2,200	4,950	7,700	11,000
2d Sed	450	1,340	2,240	5,040	7,840	11,200
2d Conv	720	2,160	3,600	8,100	12,600	18,000
4d Sta Wag	430	1,280	2,140	4,820	7,490	10,700
1963 Valiant Signet, 6-cyl., 106.5" wb						
2d HT	640	1,920	3,200	7,200	11,200	16,000
2d Conv	1,000	3,000	5,000	11,250	17,500	25,000
1963 Savoy, V-8, 116" wb						
4d Sed	380	1,140	1,900	4,280	6,650	9,500
2d Sed	384	1,152	1,920	4,320	6,720	9,600
4d 6P Sta Wag	460	1,370	2,280	5,130	7,980	11,400
1963 Belvedere, V-8, 116" wb						
4d Sed	380	1,140	1,900	4,280	6,650	9,500
2d Sed	600	1,800	3,000	6,750	10,500	15,000
2d HT	700	2,100	3,500	7,880	12,250	17,500
4d 6P Sta Wag	600	1,800	3,000	6,750	10,500	15,000
1963 Fury, V-8, 116" wb						
4d Sed	388	1,164	1,940	4,370	6,790	9,700
4d HT	420	1,260	2,100	4,730	7,350	10,500
2d HT	1,120	3,360	5,600	12,600	19,600	28,000
2d Conv	1,600	4,800	8,000	18,000	28,000	40,000
4d 9P Sta Wag	480	1,450	2,420	5,450	8,470	12,100
1963 Sport Fury, V-8, 116" wb						
2d HT	1,200	3,600	6,000	13,500	21,000	30,000
2d Conv	1,800	5,400	9,000	20,250	31,500	45,000

NOTE: Add 75% for Max Wedge II 426 engine. Deduct 10% for 6-cyl. models. Value inestimable on autos equipped at factory with Max Wedge engine option.

	6	5	4	3	2	1
1964 Valiant 100, 6-cyl., 106.5" wb						
4d Sed	430	1,300	2,160	4,860	7,560	10,800
2d Sed	440	1,310	2,180	4,910	7,630	10,900
4d Sta Wag	430	1,300	2,160	4,860	7,560	10,800
1964 Valiant 200, 6 or V-8, 106.5" wb						
4d Sed	440	1,320	2,200	4,950	7,700	11,000
2d Sed	450	1,340	2,240	5,040	7,840	11,200
2d Conv	720	2,160	3,600	8,100	12,600	18,000
4d Sta Wag	430	1,280	2,140	4,820	7,490	10,700
1964 Valiant Signet, V-8, 106.5" wb						
2d HT	760	2,280	3,800	8,550	13,300	19,000
2d Barracuda	1,000	3,000	5,000	11,250	17,500	25,000
2d Conv	1,280	3,840	6,400	14,400	22,400	32,000
1964 Savoy, V-8, 116" wb						
4d Sed	380	1,140	1,900	4,280	6,650	9,500
2d Sed	384	1,152	1,920	4,320	6,720	9,600
4d 6P Sta Wag	460	1,370	2,280	5,130	7,980	11,400
1964 Belvedere, V-8, 116" wb						
2d HT	700	2,100	3,500	7,880	12,250	17,500
4d Sed	384	1,152	1,920	4,320	6,720	9,600
2d Sed	580	1,740	2,900	6,530	10,150	14,500
4d 6P Sta Wag	520	1,560	2,600	5,850	9,100	13,000
1964 Fury, V-8, 116" wb						
4d Sed	388	1,164	1,940	4,370	6,790	9,700
4d HT	420	1,260	2,100	4,730	7,350	10,500
2d HT	1,120	3,360	5,600	12,600	19,600	28,000
2d Conv	1,600	4,800	8,000	18,000	28,000	40,000
4d 9P Sta Wag	600	1,800	3,000	6,750	10,500	15,000
1964 Sport Fury, V-8, 116" wb						
2d HT	1,200	3,600	6,000	13,500	21,000	30,000
Conv	1,720	5,160	8,600	19,350	30,100	43,000

NOTE: Add 75% for 426-415 Max Wedge III; 75% for 426 street wedge. Deduct 10% for 6-cyl. models. Autos equipped with 426 Hemi, value inestimable. Value inestimable on autos equipped at factory with Max Wedge engine option.

	6	5	4	3	2	1
1965 Valiant 100, V-8, 106" wb						
4d Sed	360	1,080	1,800	4,050	6,300	9,000
2d Sed	364	1,092	1,820	4,100	6,370	9,100
4d Sta Wag	364	1,092	1,820	4,100	6,370	9,100
1965 Valiant 200, V-8, 106" wb						
4d Sed	364	1,092	1,820	4,100	6,370	9,100
2d Sed	368	1,104	1,840	4,140	6,440	9,200
2d Conv	720	2,160	3,600	8,100	12,600	18,000
4d Sta Wag	364	1,092	1,820	4,100	6,370	9,100
1965 Valiant Signet, V-8, 106" wb						
2d HT	760	2,280	3,800	8,550	13,300	19,000
2d Conv	1,000	3,000	5,000	11,250	17,500	25,000
1965 Barracuda, V-8, 106" wb						
2d HT	1,080	3,240	5,400	12,150	18,900	27,000

NOTE: Add 10% for Formula S option.

	6	5	4	3	2	1
1965 Belvedere I, V-8, 116" wb						
4d Sed	364	1,092	1,820	4,100	6,370	9,100
2d Sed	368	1,104	1,840	4,140	6,440	9,200

	6	5	4	3	2	1
4d Sta Wag	408	1,224	2,040	4,590	7,140	10,200
1965 Belvedere II, V-8, 116" wb						
4d Sed	376	1,128	1,880	4,230	6,580	9,400
2d HT	960	2,880	4,800	10,800	16,800	24,000
2d Conv	1,120	3,360	5,600	12,600	19,600	28,000
4d 9P Sta Wag	380	1,140	1,900	4,280	6,650	9,500
4d 6P Sta Wag	416	1,248	2,080	4,680	7,280	10,400
1965 Satellite, V-8, 116"wb						
2d HT	1,140	3,420	5,700	12,830	19,950	28,500
2d Conv	1,200	3,600	6,000	13,500	21,000	30,000
1965 Fury, V-8, 119" wb						
4d Sed	380	1,140	1,900	4,280	6,650	9,500
2d Sed	384	1,152	1,920	4,320	6,720	9,600
1965 Fury, V-8, 119" wb, Sta Wag 121" wb						
4d Sta Wag	424	1,272	2,120	4,770	7,420	10,600
1965 Fury II, V-8, 119" wb						
4d Sed	388	1,164	1,940	4,370	6,790	9,700
2d Sed	392	1,176	1,960	4,410	6,860	9,800
1965 Fury II, V-8, 119" wb, Sta Wag 121" wb						
4d 9P Sta Wag	432	1,296	2,160	4,860	7,560	10,800
4d 6P Sta Wag	428	1,284	2,140	4,820	7,490	10,700
1965 Fury III, V-8, 119" wb						
4d Sed	392	1,176	1,960	4,410	6,860	9,800
4d HT	440	1,320	2,200	4,950	7,700	11,000
2d HT	1,160	3,480	5,800	13,050	20,300	29,000
2d Conv	1,320	3,960	6,600	14,850	23,100	33,000
1965 Fury III, V-8, 119" wb, Sta Wag 121" wb						
4d 9P Sta Wag	436	1,308	2,180	4,910	7,630	10,900
4d 6P Sta Wag	432	1,296	2,160	4,860	7,560	10,800
1965 Sport Fury, V-8						
2d HT	1,200	3,600	6,000	13,500	21,000	30,000
2d Conv	1,840	5,520	9,200	20,700	32,200	46,000

NOTE: Add 60% for 383 Commando engine option. Deduct 5% for 6-cyl. models. Autos equipped with 426 Hemi, value inestimable.

	6	5	4	3	2	1
1966 Valiant 100, V-8, 106" wb						
4d Sed	360	1,080	1,800	4,050	6,300	9,000
2d Sed	360	1,090	1,820	4,100	6,370	9,100
4d Sta Wag	360	1,090	1,820	4,100	6,370	9,100
1966 Valiant 200, V-8, 106" wb						
4d Sed	360	1,090	1,820	4,100	6,370	9,100
4d Sta Wag	360	1,090	1,820	4,100	6,370	9,100
1966 Valiant Signet, V-0, 106" wb						
2d HT	760	2,280	3,800	8,550	13,300	19,000
2d Conv	1,000	3,000	5,000	11,250	17,500	25,000
1966 Barracuda, V-8, 106" wb						
2d HT	1,080	3,240	5,400	12,150	18,900	27,000

NOTE: Add 10% for Formula S.

	6	5	4	3	2	1
1966 Belvedere I, V-8, 116" wb						
4d Sed	360	1,090	1,820	4,100	6,370	9,100
2d Sed	370	1,100	1,840	4,140	6,440	9,200
4d Sta Wag	410	1,220	2,040	4,590	7,140	10,200
1966 Belvedere II, V-8, 116" wb						
4d Sed	376	1,120	1,880	4,230	6,580	9,400
2d HT	960	2,880	4,800	10,800	16,800	24,000
2d Conv	1,120	3,360	5,600	12,600	19,600	28,000
4d Sta Wag	420	1,250	2,080	4,680	7,280	10,400
1966 Satellite, V-8, 116" wb						
2d HT	1,140	3,420	5,700	12,830	19,950	28,500
2d Conv	1,200	3,600	6,000	13,500	21,000	30,000
1966 Fury I, V-8, 119" wb						
4d Sed	380	1,140	1,900	4,280	6,650	9,500
2d Sed	380	1,150	1,920	4,320	6,720	9,600
4d 6P Sta Wag	420	1,270	2,120	4,770	7,420	10,600

NOTE: Deduct 5% for 6-cyl. models.

	6	5	4	3	2	1
1966 Fury II, V-8, 119" wb						
4d Sed	390	1,160	1,940	4,370	6,790	9,700
2d Sed	390	1,180	1,960	4,410	6,860	9,800
4d 9P Sta Wag	430	1,300	2,160	4,860	7,560	10,800
1966 Fury III, V-8, 119" wb						
4d Sed	390	1,180	1,960	4,410	6,860	9,800
2d HT	1,160	3,480	5,800	13,050	20,300	29,000
4d HT	440	1,320	2,200	4,950	7,700	11,000
2d Conv	1,320	3,960	6,600	14,850	23,100	33,000
4d 9P Sta Wag	680	2,030	3,380	7,610	11,830	16,900
1966 Sport Fury, V-8, 119" wb						
2d HT	1,200	3,600	6,000	13,500	21,000	30,000
2d Conv	1,840	5,520	9,200	20,700	32,200	46,000
1966 VIP, V-8, 119" wb						
4d HT	560	1,680	2,800	6,300	9,800	14,000

PLYMOUTH

	6	5	4	3	2	1
2d HT 1,180	3,540	5,900	13,280	20,650	29,500
NOTE: Autos equipped with 426 Street Hemi or Race Hemi, value inestimable.						
1967 Valiant 100, V-8, 108" wb						
4d Sed 360	1,080	1,800	4,050	6,300	9,000
2d Sed 360	1,090	1,820	4,100	6,370	9,100
1967 Valiant Signet, V-8, 108" wb						
4d Sed 360	1,090	1,820	4,100	6,370	9,100
2d Sed 360	1,090	1,820	4,100	6,370	9,100
1967 Barracuda, V-8, 108" wb						
2d HT 1,200	3,600	6,000	13,500	21,000	30,000
2d FBk 1,320	3,960	6,600	14,850	23,100	33,000
2d Conv 1,600	4,800	8,000	18,000	28,000	40,000
NOTE: Add 10% for Formula S; 40% for 383 cid.						
1967 Belvedere I, V-8, 116" wb						
4d Sed 360	1,080	1,800	4,050	6,300	9,000
2d Sed 360	1,090	1,820	4,100	6,370	9,100
4d 6P Sta Wag 400	1,200	2,000	4,500	7,000	10,000
1967 Belvedere II, V-8, 116" wb						
4d Sed 370	1,120	1,860	4,190	6,510	9,300
2d HT 800	2,400	4,000	9,000	14,000	20,000
2d Conv 1,000	3,000	5,000	11,250	17,500	25,000
4d 9P Sta Wag 416	1,248	2,080	4,680	7,280	10,400
1967 Satellite, V-8, 116" wb						
2d HT 1,180	3,540	5,900	13,280	20,650	29,500
2d Conv 1,320	3,960	6,600	14,850	23,100	33,000
1967 GTX, V-8, 116" wb						
2d HT 1,200	3,600	6,000	13,500	21,000	30,000
2d Conv 1,800	5,400	9,000	20,250	31,500	45,000
1967 Fury I, V-8, 122" wb						
4d Sed 370	1,120	1,860	4,190	6,510	9,300
2d Sed 380	1,130	1,880	4,230	6,580	9,400
4d 6P Sta Wag 420	1,260	2,100	4,730	7,350	10,500
1967 Fury II, V-8, 122" wb						
4d Sed 384	1,152	1,920	4,320	6,720	9,600
2d Sed 388	1,164	1,940	4,370	6,790	9,700
4d 9P Sta Wag 410	1,240	2,060	4,640	7,210	10,300
1967 Fury III, V-8, 122" wb						
4d Sed 380	1,140	1,900	4,280	6,650	9,500
4d HT 480	1,440	2,400	5,400	8,400	12,000
2d HT 720	2,160	3,600	8,100	12,600	18,000
2d Conv 1,000	3,000	5,000	11,250	17,500	25,000
4d 9P Sta Wag 420	1,260	2,100	4,730	7,350	10,500
1967 Sport Fury, V-8, 119" wb						
2d HT 800	2,400	4,000	9,000	14,000	20,000
2d FBk 880	2,640	4,400	9,900	15,400	22,000
2d Conv 1,160	3,480	5,800	13,050	20,300	29,000
1967 VIP, V-8, 119" wb						
4d HT 560	1,680	2,800	6,300	9,800	14,000
2d HT 1,180	3,540	5,900	13,280	20,650	29,500
NOTE: Add 50% for 440 engine. Add 100% for 426/425 HEMI V8						
1968 Valiant 100, V-8, 108" wb						
4d Sed 240	720	1,200	2,700	4,200	6,000
2d Sed 280	840	1,400	3,150	4,900	7,000
1968 Valiant Signet, V-8, 108" wb						
4d Sed 260	770	1,280	2,880	4,480	6,400
2d Sed 300	900	1,500	3,380	5,250	7,500
1968 Barracuda, V-8, 108" wb						
2d HT 1,200	3,600	6,000	13,500	21,000	30,000
2d FBk 1,320	3,960	6,600	14,850	23,100	33,000
2d Conv 1,600	4,800	8,000	18,000	28,000	40,000
NOTE: Add 10% for Barracuda/Formula S; 30% for 383 cid.						
1968 Belvedere, V-8, 116" wb						
4d Sed 372	1,116	1,860	4,190	6,510	9,300
2d Sed 376	1,128	1,880	4,230	6,580	9,400
4d 6P Sta Wag 420	1,260	2,100	4,730	7,350	10,500
1968 Satellite, V-8, 116" wb						
4d Sed 500	1,490	2,480	5,580	8,680	12,400
2d HT 1,080	3,240	5,400	12,150	18,900	27,000
2d Conv 1,760	5,280	8,800	19,800	30,800	44,000
4d Sta Wag 420	1,260	2,100	4,730	7,350	10,500
NOTE: Add 20% for 383 V-8; $100,000. for Hemi V-8.						
1968 Sport Satellite, V-8, 116" wb						
2d HT 1,180	3,540	5,900	13,280	20,650	29,500
2d Conv 1,320	3,960	6,600	14,850	23,100	33,000
4d Sta Wag 570	1,720	2,860	6,440	10,010	14,300
NOTE: Add 20% for 383 V-8; $100,000. for Hemi V-8.						
1968 Road Runner, V-8, 116" wb						
2d Cpe 2,200	6,600	11,000	24,750	38,500	55,000

	6	5	4	3	2	1
2d HT 2,400		7,200	12,000	27,000	42,000	60,000

NOTE: *Add 20% for 383 V-8; $100,000. for Hemi V-8.*

1968 GTX, V-8, 116" wb

	6	5	4	3	2	1
2d HT 2,240		6,720	11,200	25,200	39,200	56,000
2d Conv 2,640		7,920	13,200	29,700	46,200	66,000

NOTE: *Add 20% for 383 V-8; $100,000. for Hemi V-8.*

1968 Fury I, V-8, 119" & 122" wb

	6	5	4	3	2	1
4d Sed 370		1,120	1,860	4,190	6,510	9,300
2d Sed 380		1,130	1,880	4,230	6,580	9,400
4d Sta Wag. 420		1,260	2,100	4,730	7,350	10,500

1968 Fury II, V-8, 119" & 122" wb

	6	5	4	3	2	1
4d Sed 380		1,150	1,920	4,320	6,720	9,600
2d Sed 390		1,180	1,960	4,410	6,860	9,800
4d Sta Wag. 430		1,280	2,140	4,820	7,490	10,700

1968 Fury III, V-8, 119" & 122" wb

	6	5	4	3	2	1
4d Sed 380		1,140	1,900	4,280	6,650	9,500
4d HT 480		1,440	2,400	5,400	8,400	12,000
2d HT 720		2,160	3,600	8,100	12,600	18,000
2d FBk 820		2,470	4,120	9,270	14,420	20,600
2d Conv 1,020		3,070	5,120	11,520	17,920	25,600
4d Sta Wag. 430		1,300	2,160	4,860	7,560	10,800

1968 Suburban, V-8, 121" wb

	6	5	4	3	2	1
4d Cus Sta Wag 420		1,260	2,100	4,730	7,350	10,500
4d Spt Sta Wag. 440		1,320	2,200	4,950	7,700	11,000

1968 Sport Fury, V-8, 119" wb

	6	5	4	3	2	1
2d HT 860		2,580	4,300	9,680	15,050	21,500
2d FBk 930		2,780	4,640	10,440	16,240	23,200
2d Conv 1,120		3,360	5,600	12,600	19,600	28,000

1968 VIP, V-8, 119" wb

	6	5	4	3	2	1
4d HT 560		1,680	2,000	6,300	9,800	14,000
2d FBk 1,180		3,540	5,900	13,280	20,650	29,500

1968 Full-Size Plymouth
NOTE: *Add 10% for 383/290 V-8; 15% for 383/330 V-8; 20% for 440/350 V-8; 30% for 440/375 V-8.*

1969 Valiant Signet, V-8, 108" wb

	6	5	4	3	2	1
4d Sed 290		860	1,440	3,240	5,040	7,200
2d Sed 330		980	1,630	3,670	5,710	8,150

NOTE: *Add 10% for 273/190 V-8; 15% for 318/230 V-8. Deduct 10% for 6-cyl.*

1969 Barracuda, V-8, 108" wb

	6	5	4	3	2	1
2d HT 1,200		3,600	6,000	13,500	21,000	30,000
2d FBk 1,320		3,960	6,600	14,850	23,100	33,000
2d Conv 1,600		4,800	8,000	18,000	28,000	40,000

NOTE: *Add 20% for 340/275 V-8; 30% for 383/330 V-8; 60% for 440/375 V-8. Deduct 10% for 6-cyl.*

1969 Belvedere, V-8, 117" wb

	6	5	4	3	2	1
4d Sed 370		1,120	1,860	4,190	6,510	9,300
2d Sed 380		1,130	1,880	4,230	6,580	9,400
4d Sta Wag. 420		1,260	2,100	4,730	7,350	10,500

NOTE: *Add 10% for 383/290 V-8; 15% for 383/330 V-8; 60% for 440/090 V-8; 100% for Hemi.*

1969 Satellite, V-8, 116" & 117" wb

	6	5	4	3	2	1
4d Sed 490		1,480	2,460	5,540	8,610	12,300
2d HT 1,080		3,240	5,400	12,150	18,900	27,000
2d Conv 1,760		5,280	8,800	19,800	30,800	44,000
4d Sta Wag. 440		1,320	2,200	4,950	7,700	11,000

NOTE: *Add 10% for 383/290 V-8; 15% for 383/330 V-8; 60% for 440/390 V-8; 100% for Hemi.*

1969 Sport Satellite, V-8, 116" & 117" wb

	6	5	4	3	2	1
4d Sed 520		1,550	2,580	5,810	9,000	12,900
2d HT 1,180		3,540	5,900	13,280	20,650	29,500
2d Conv 1,400		4,200	7,000	15,750	24,500	35,000
4d Sta Wag. 580		1,740	2,900	6,530	10,150	14,500

NOTE: *Add 10% for 383/290 V-8; 15% for 383/330 V-8; 60% for 440/390 V-8; 100% for Hemi.*

1969 Road Runner, V-8, 116" wb

	6	5	4	3	2	1
2d Sed 2,200		6,600	11,000	24,750	38,500	55,000
2d HT 2,400		7,200	12,000	27,000	42,000	60,000
2d Conv 3,000		9,000	15,000	33,750	52,500	75,000

NOTE: *Add 10% for 383/290 V-8; 15% for 383/330 V-8; 60% for 440/390 V-8; 100% for Hemi.*

1969 GTX, V-8, 116" wb

	6	5	4	3	2	1
2d HT 2,140		6,430	10,720	24,120	37,520	53,600
2d Conv 2,900		8,700	14,500	32,630	50,750	72,500

NOTE: *Add 10% for 383/290 V-8; 15% for 383/330 V-8; 60% for 440/390 V-8; 100% for Hemi.*

1969 Fury I, V-8, 120" & 122" wb

	6	5	4	3	2	1
4d Sed 370		1,120	1,860	4,190	6,510	9,300
2d Sed 380		1,130	1,880	4,230	6,580	9,400
4d Sta Wag. 420		1,260	2,100	4,730	7,350	10,500

1969 Fury II, V-8, 120" & 122" wb

	6	5	4	3	2	1
4d Sed 380		1,150	1,920	4,320	6,720	9,600
2d Sed 390		1,180	1,960	4,410	6,860	9,800
4d Sta Wag. 410		1,220	2,040	4,590	7,140	10,200

1969 Fury III, V-8, 120" & 122" wb

	6	5	4	3	2	1
4d Sed 380		1,140	1,900	4,280	6,650	9,500
4d HT 480		1,440	2,400	5,400	8,400	12,000

	6	5	4	3	2	1
2d HT 720	2,160	3,600	8,100	12,600	18,000
2d Conv 1,020	3,070	5,120	11,520	17,920	25,600
4d Sta Wag 430	1,300	2,160	4,860	7,560	10,800

1969 Sport Fury

	6	5	4	3	2	1
2d HT 860	2,580	4,300	9,680	15,050	21,500
2d Conv 1,120	3,360	5,600	12,600	19,600	28,000

1969 VIP

	6	5	4	3	2	1
4d HT 590	1,760	2,940	6,620	10,290	14,700
2d FBk 800	2,410	4,020	9,050	14,070	20,100
2d Formal 830	2,500	4,160	10,400	14,560	20,800

1969 Full-Size Plymouths
NOTE: Add 10% for 383/290 V-8; 20% for 383/330 V-8; 30% for 440/375 V-8.

1970 Valiant

	6	5	4	3	2	1
4d Sed 250	760	1,260	2,840	4,410	6,300

1970 Valiant Duster

	6	5	4	3	2	1
2d Cpe 430	1,300	2,160	4,860	7,560	10,800
2d Cpe Gold Duster 500	1,500	2,500	6,250	8,750	12,500

1970 Valiants
NOTE: Add 5% for big 6; 10% for 318 V-8.

1970 Duster "340"

	6	5	4	3	2	1
2d Cpe 1,520	4,560	7,600	17,100	26,600	38,000

1970 Barracuda

	6	5	4	3	2	1
2d HT 2,040	6,120	10,200	22,950	35,700	51,000
2d Conv 2,400	7,200	12,000	27,000	42,000	60,000

1970 Barracuda, Gran Coupe

	6	5	4	3	2	1
2d HT 2,100	6,300	10,500	23,630	36,750	52,500
2d Conv 2,480	7,440	12,400	27,900	43,400	62,000

1970 'Cuda

	6	5	4	3	2	1
2d HT 2,800	8,400	14,000	31,500	49,000	70,000
2d Conv 4,150	12,440	20,740	46,670	72,590	103,700

1970 All Barracuda / Cuda
NOTE: Add 10% for 340/275 V-8; 15% for 383/290 V-8; 20% for 383/330 V-8; 40% for 440/375 V-8; 50% for 440/390 V-8. Deduct 10% for 6-cyl.

1970 Hemi 'Cuda, V-8

	6	5	4	3	2	1
2d HT 12,000	36,000	60,000	150,000	210,000	300,000
2d Conv 80,000	240,000	400,000	900,000	1,400,000	2,000,000

1970 'Cuda AAR

	6	5	4	3	2	1
2d HT 3,600	10,800	18,000	40,500	63,000	90,000

1970 Belvedere

	6	5	4	3	2	1
4d Sed 370	1,120	1,860	4,190	6,510	9,300
2d Cpe 380	1,130	1,880	4,230	6,580	9,400
4d Sta Wag 420	1,260	2,100	4,730	7,350	10,500

1970 Road Runner

	6	5	4	3	2	1
2d Cpe 2,200	6,600	11,000	24,750	38,500	55,000
2d HT 2,280	6,840	11,400	25,650	39,900	57,000
2d Superbird 32,000	96,000	160,000	360,000	560,000	800,000
2d Conv 2,800	8,400	14,000	31,500	49,000	70,000

1970 Satellite

	6	5	4	3	2	1
4d Sed 490	1,480	2,460	5,540	8,610	12,300
2d HT 1,080	3,240	5,400	12,150	18,900	27,000
2d Conv 1,760	5,280	8,800.	19,800	30,800	44,000
4d Sta Wag 440	1,320	2,200	4,950	7,700	11,000

1970 Sport Satellite

	6	5	4	3	2	1
4d Sed 520	1,550	2,580	5,810	9,030	12,900
2d HT 1,180	3,540	5,900	13,280	20,650	29,500
4d Sta Wag 580	1,740	2,900	6,530	10,150	14,500

1970 GTX

	6	5	4	3	2	1
2d HT 2,320	6,950	11,580	26,060	40,530	57,900

1970 All Mid-Size Plymouth
NOTE: Add 10% for 383/290 V-8; 15% for 383/330 V-8; 40% for 440/390 V-8; $100,000. for Hemi V-8. Deduct 10% for 6-cyl.

1970 Fury I

	6	5	4	3	2	1
4d Sed 370	1,120	1,860	4,190	6,510	9,300
2d Sed 380	1,130	1,880	4,230	6,580	9,400

1970 Fury II

	6	5	4	3	2	1
4d Sed 380	1,150	1,920	4,320	6,720	9,600
2d Sed 390	1,180	1,960	4,410	6,860	9,800
4d Sta Wag 410	1,220	2,040	4,590	7,140	10,200

1970 Gran Coupe

	6	5	4	3	2	1
2d HT 460	1,380	2,300	5,180	8,050	11,500

1970 Fury III

	6	5	4	3	2	1
4d Sed 380	1,140	1,900	4,280	6,650	9,500
2d HT 720	2,160	3,600	8,100	12,600	18,000
4d HT 480	1,440	2,400	5,400	8,400	12,000
2d Fml. 740	2,220	3,700	8,330	12,950	18,500
2d Conv 1,020	3,070	5,120	11,520	17,920	25,600
4d Sta Wag 430	1,300	2,160	4,860	7,560	10,800

1970 Sport Fury

	6	5	4	3	2	1
4d Sed 400	1,200	2,000	4,500	7,000	10,000
2d HT 840	2,520	4,200	9,450	14,700	21,000

	6	5	4	3	2	1
4d HT	510	1,520	2,540	5,720	8,890	12,700
2d Fml	850	2,550	4,250	9,560	14,880	21,250
4d Sta Wag	480	1,430	2,380	5,360	8,330	11,900
1970 Fury S-23						
2d HT	900	2,940	4,900	11,030	17,150	24,500
1970 Fury GT						
2d HT	930	2,800	4,660	10,490	16,310	23,300

1970 All Full-Size Plymouths
NOTE: Add 10% for 383/290 V-8; 15% for 383/330 V-8; 15% for 440/350 V-8 (except GT); 40% for 440/375 V-8; 60% for 440/390 V-8 (GT only). Deduct 10% for 6-cyl.

	6	5	4	3	2	1
1971 Valiant						
4d Sed	250	760	1,260	2,840	4,410	6,300
1971 Valiant Duster						
2d Cpe	440	1,320	2,200	4,950	7,700	11,000
1971 Scamp						
2d HT	500	1,500	2,500	5,630	8,750	12,500

1971 Valiant / Duster / Scamp
NOTE: Add 10% for 318 V-8.

	6	5	4	3	2	1
1971 Duster "340"						
2d Cpe	1,560	4,680	7,800	17,550	27,300	39,000
1971 Barracuda						
2d Cpe	1,920	5,760	9,600	21,600	33,600	48,000
2d HT	2,040	6,120	10,200	22,950	35,700	51,000
2d Conv	2,400	7,200	12,000	27,000	42,000	60,000
1971 Barracuda, Gran Coupe						
2d HT	2,120	6,360	10,600	23,850	37,100	53,000
1971 'Cuda						
2d HT	2,880	8,640	14,400	32,400	50,400	72,000
2d Conv	4,200	12,600	21,000	47,250	73,500	105,000

1971 All Barracuda / 'Cuda
NOTE: Add 10% for 340/275 (except 'Cuda); 10% for 383/275; 15% for 383/300; 40% for 440/375; 50% for 440/385 ('Cuda only).

	6	5	4	3	2	1
1971 Hemi 'Cuda, V-8						
2d HT	12,000	36,000	60,000	135,000	210,000	300,000
2d Conv	80,000	240,000	400,000	1,000,000	1,400,000	2,000,000
1971 Satellite						
4d Sed	500	1,490	2,490	5,600	8,720	12,450
2d Cpe	610	1,820	3,040	6,840	10,640	15,200
4d Sta Wag	440	1,320	2,200	4,950	7,700	11,000
1971 Satellite Sebring						
2d HT	1,120	3,360	5,600	12,600	19,600	28,000
1971 Satellite Custom						
4d Sed	510	1,540	2,560	5,760	8,960	12,800
4d Sta Wag	460	1,380	2,300	5,180	8,050	11,500
1971 Road Runner						
2d HT	2,200	6,600	11,000	24,750	38,500	55,000
1971 Sebring Plus						
2d HT	1,140	3,420	5,700	12,830	19,950	28,500
1971 Satellite Brougham						
4d Sed	370	1,120	1,860	4,190	6,510	9,300
1971 Regent Wagon						
4d Sta Wag	470	1,420	2,360	5,310	8,260	11,800
1971 GTX						
2d HT	1,790	5,360	8,940	20,120	31,290	44,700

1971 All Mid-Size Plymouths
NOTE: Add 20% for 383/270 V-8; 25% for 440/370 V-8 (except GTX); 30% for 440/385 V-8; $100,000. for Hemi V-8. Deduct 10% for 6-cyl.

	6	5	4	3	2	1
1971 Fury I						
4d Sed	360	1,080	1,800	4,050	6,300	9,000
2d Sed	360	1,090	1,820	4,100	6,370	9,100
1971 Fury Custom						
4d Sed	370	1,120	1,860	4,190	6,510	9,300
2d Sed	380	1,130	1,880	4,230	6,580	9,400
1971 Fury II						
4d Sed	350	1,060	1,760	3,960	6,160	8,800
2d HT	640	1,920	3,200	7,200	11,200	16,000
4d Sta Wag	410	1,220	2,040	4,590	7,140	10,200
1971 Fury III						
4d Sed	380	1,140	1,900	4,280	6,650	9,500
2d HT	720	2,160	3,600	8,100	12,600	18,000
4d HT	500	1,500	2,500	5,630	8,750	12,500
2d Fml Cpe	650	1,960	3,260	7,340	11,410	16,300
4d Sta Wag	430	1,300	2,160	4,860	7,560	10,800
1971 Sport Fury						
4d Sed	400	1,200	2,000	4,500	7,000	10,000
4d HT	510	1,540	2,560	5,760	8,960	12,800
2d Fml Cpe	850	2,550	4,250	9,560	14,880	21,250
2d HT	840	2,520	4,200	9,450	14,700	21,000

PLYMOUTH

	6	5	4	3	2	1
4d Sta Wag	480	1,430	2,380	5,360	8,330	11,900

1971 Sport Fury "GT"

	6	5	4	3	2	1
2d HT	930	2,800	4,660	10,490	16,310	23,300

1971 All Full-Size Plymouths
NOTE: Add 10% for 360/255 V-8; 15% for 383/275 V-8; 30% for 440/335 V-8. Deduct 10% for 6-cyl.

1972 Valiant

	6	5	4	3	2	1
4d Sed	250	740	1,240	2,790	4,340	6,200

1972 Duster

	6	5	4	3	2	1
2d Cpe	420	1,270	2,120	4,770	7,420	10,600
2d "340" Cpe	1,360	4,080	6,800	15,300	23,800	34,000

1972 Scamp

	6	5	4	3	2	1
2d HT	510	1,540	2,560	5,760	8,960	12,800

1972 Valiant / Duster / Scamp
NOTE: Add 10% for 318 V-8 (except Duster "340").

1972 Barracuda

	6	5	4	3	2	1
2d HT	1,400	4,200	7,000	15,750	24,500	35,000

1972 'Cuda

	6	5	4	3	2	1
2d HT	1,600	4,800	8,000	18,000	28,000	40,000

1972 Barracuda / 'Cuda
NOTE: Add 10% for 340/240 V-8.

1972 Satellite

	6	5	4	3	2	1
4d Sed	400	1,200	2,000	4,500	7,000	10,000
2d Cpe	600	1,810	3,020	6,800	10,570	15,100
4d Sta Wag	380	1,140	1,900	4,280	6,650	9,500

1972 Satellite Sebring

	6	5	4	3	2	1
2d HT	840	2,520	4,200	9,450	14,700	21,000

1972 Satellite Custom

	6	5	4	3	2	1
4d Sed	410	1,240	2,060	4,640	7,210	10,300
4d Sta Wag	460	1,380	2,300	5,180	8,050	11,500

1972 Sebring-Plus

	6	5	4	3	2	1
2d HT	1,000	3,000	5,000	11,250	17,500	25,000

1972 Regent

	6	5	4	3	2	1
4d Sta Wag	470	1,400	2,340	5,270	8,190	11,700

1972 Road Runner

	6	5	4	3	2	1
2d HT	1,800	5,400	9,000	20,250	31,500	45,000

1972 Mid-Size Plymouth
NOTE: Add 20% for 360/175 V-8; 20% for 400/190 V-8; 25% for 440/280 V-8; 25% for GTX; 50% for 440/335 V-8. Deduct 10% for 6-cyl.; 10% for 340/240 V-8 (in Road Runner).

1972 Fury I

	6	5	4	3	2	1
4d Sed	340	1,020	1,700	3,830	5,950	8,500

1972 Fury II

	6	5	4	3	2	1
4d Sed	360	1,080	1,800	4,050	6,300	9,000
2d HT	620	1,860	3,100	6,980	10,850	15,500

1972 Fury III

	6	5	4	3	2	1
4d Sed	360	1,080	1,800	4,050	6,300	9,000
4d HT	430	1,280	2,140	4,820	7,490	10,700
2d Fml Cpe	690	2,060	3,440	7,740	12,040	17,200
2d HT	710	2,120	3,540	7,970	12,390	17,700

1972 Gran Fury

	6	5	4	3	2	1
4d HT	510	1,540	2,560	5,760	8,960	12,800
2d Fml Cpe	750	2,240	3,740	8,420	13,090	18,700
2d HT	740	2,220	3,700	9,250	12,950	18,500

1972 Suburban

	6	5	4	3	2	1
4d Sta Wag	440	1,320	2,200	4,950	7,700	11,000
4d Cus Wag	450	1,360	2,260	5,090	7,910	11,300
4d Spt Wag	470	1,420	2,360	5,310	8,260	11,800

NOTE: Add 25% for 440 engine where available.

1973 Valiant, V-8

	6	5	4	3	2	1
4d Sed	240	720	1,200	2,700	4,200	6,000

1973 Duster, V-8

	6	5	4	3	2	1
2d Cpe Sport	420	1,270	2,120	4,770	7,420	10,600
2d "340" Cpe Spt	950	2,860	4,760	10,710	16,660	23,800

1973 Scamp, V-8

	6	5	4	3	2	1
2d HT	480	1,430	2,380	5,360	8,330	11,900

1973 Valiant / Duster / Scamp
NOTE: Add 10% for 318 V-8 (except Duster "340").

1973 Barracuda, V-8

	6	5	4	3	2	1
2d HT	1,230	3,700	6,160	13,860	21,560	30,800
2d 'Cuda HT	1,640	4,920	8,200	18,450	28,700	41,000

NOTE: Add 20% for 340/240 hp V-8.

1973 Satellite Custom, V-8

	6	5	4	3	2	1
4d Sed	360	1,090	1,820	4,100	6,370	9,100
4d Sta Wag	390	1,180	1,960	4,410	6,860	9,800
4d Sta Wag Regent	420	1,260	2,100	4,730	7,350	10,500
2d Cpe	690	2,080	3,460	7,790	12,110	17,300

1973 Road Runner, V-8

	6	5	4	3	2	1
2d Cpe	800	2,400	4,000	9,000	14,000	20,000

NOTE: Add 25% for GTX Pkg.

	6	5	4	3	2	1
1973 Satellite Sebring Plus, V-8						
2d HT	740	2,220	3,700	8,330	12,950	18,500
1973 Satellite Sebring, V-8						
2d HT	700	2,100	3,500	7,880	12,250	17,500
1973 Mid-Size Plymouth						
NOTE: Add 20% for 340/240 V-8; 10% for 400/175 V-8; 20% for 440/260 V-8; 25% for 440/280 V-8.						
1973 Fury I, V-8						
4d Sed	280	840	1,400	3,150	4,900	7,000
1973 Fury II, V-8						
4d Sed	300	900	1,500	3,380	5,250	7,500
1973 Fury III, V-8						
4d Sed	360	1,080	1,800	4,050	6,300	9,000
2d HT	620	1,870	3,120	7,020	10,920	15,600
4d HT	460	1,390	2,320	5,220	8,120	11,600
1973 Gran Fury, V-8						
2d HT	650	1,940	3,240	7,290	11,340	16,200
4d HT	480	1,440	2,400	5,400	8,400	12,000
1973 Fury Suburban, V-8						
4d Spt Sta Wag.	500	1,500	2,500	5,630	8,750	12,500
1973 All Full-Size Plymouth						
NOTE: Add 10% for 360/170 V-8; 10% for 400/185 V 8; 25% for 440/230 V-8.						
1974 Valiant						
4d Sed	240	720	1,200	2,700	4,200	6,000
1974 Duster						
2d Cpe	420	1,270	2,120	4,770	7,420	10,600
NOTE: Add 10% for Gold Duster.						
1974 Scamp						
2d HT	480	1,430	2,380	5,360	8,330	11,900
1974 Duster "360"						
2d Cpe	900	2,700	4,500	10,130	15,750	22,500
1974 Valiant Brougham						
4d Sed	250	760	1,260	2,840	4,410	6,300
2d HT	440	1,320	2,200	4,950	7,700	11,000
1974 Valiant / Duster / Scamp						
NOTE: Add 5% for 318 V-8.						
1974 Barracuda						
2d Spt Cpe	840	2,520	4,200	9,450	14,700	21,000
1974 'Cuda						
2d Spt Cpe	1,600	4,800	8,000	18,000	28,000	40,000
1974 Barracuda / 'Cuda						
NOTE: Add 10% for 360/245 V 8.						
1974 Satellite						
4d Sed	270	820	1,360	3,060	4,760	6,800
2d Cpe	520	1,560	2,600	5,850	9,100	13,000
1974 Satellite Custom						
4d Sed	320	950	1,580	3,560	5,530	7,900
1974 Sebring						
2d HT	690	2,070	3,450	7,760	12,080	17,250
1974 Sebring Plus						
2d HT	740	2,220	3,700	8,330	12,950	18,500
1974 Road Runner						
2d Cpe	890	2,680	4,460	10,040	15,610	22,300
1974 Satellite Wagon						
4d Sta Wag	370	1,100	1,840	4,140	6,440	9,200
4d Cus Wag	390	1,180	1,960	4,410	6,860	9,800
4d Regent	420	1,260	2,100	4,730	7,360	10,600
1974 All Mid-Size Plymouth						
NOTE: Add 20% for 340/245 V-8, 10% for 400/175 V-8; 15% for 400/260 V-8; 25% for 440/280 V-8. Deduct 10% for 6 cyl.						
1974 Fury I						
4d Sed	280	840	1,400	3,150	4,900	7,000
1974 Fury II						
4d Sed	310	920	1,540	3,470	5,390	7,700
1974 Fury III						
4d Sed	360	1,080	1,800	4,050	6,300	9,000
2d HT	620	1,860	3,100	6,980	10,850	15,500
4d HT	460	1,380	2,300	5,180	8,050	11,500
1974 Gran Fury						
2d HT	640	1,920	3,200	7,200	11,200	16,000
4d HT	480	1,440	2,400	5,400	8,400	12,000
1974 Suburban						
4d Sta Wag	500	1,510	2,520	5,670	8,820	12,600
4d Cus Wag	530	1,580	2,640	5,940	9,240	13,200
4d Spt Wag	550	1,640	2,740	6,170	9,590	13,700
1974 All Full-Size Plymouths						
NOTE: Add 10% for 400/250 V-8; 20% for 440/230 V-8.						
1975 Valiant						
4d Sed	220	660	1,100	2,480	3,850	5,500
4d Cus Sed	184	552	920	2,070	3,220	4,600

	6	5	4	3	2	1
1975 Duster						
2d Cpe	400	1,210	2,020	4,550	7,070	10,100
2d Cus	420	1,260	2,100	4,730	7,350	10,500
2d "360" Cpe	860	2,580	4,300	9,680	15,050	21,500
1975 Scamp						
2d HT	460	1,370	2,280	5,130	7,980	11,400
2d Brghm	440	1,310	2,180	4,910	7,630	10,900
1975 Fury						
2d HT	270	800	1,340	3,020	4,690	6,700
2d Cus HT	300	900	1,500	3,380	5,250	7,500
2d Spt HT	330	1,000	1,660	3,740	5,810	8,300
4d Sed	200	610	1,020	2,300	3,570	5,100
4d Cus Sed	210	620	1,040	2,340	3,640	5,200
1975 Fury Brougham						
4d Sed	290	880	1,460	3,650	5,110	7,300
2d HT	340	1,010	1,680	4,200	5,880	8,400
1975 Road Runner						
2d HT	460	1,390	2,320	5,220	8,120	11,600
1975 Gran Fury						
4d Sed	228	684	1,140	2,570	3,990	5,700
1975 Gran Fury Custom						
4d Sed	300	900	1,500	3,380	5,250	7,500
4d HT	268	804	1,340	3,020	4,690	6,700
2d HT	360	1,080	1,800	4,050	6,300	9,000
1975 Gran Fury Brougham						
4d HT	340	1,010	1,680	3,780	5,880	8,400
2d HT	370	1,100	1,840	4,140	6,440	9,200
1975 Suburban						
4d Sta Wag	500	1,500	2,500	5,630	8,750	12,500
4d Cus Wag	540	1,620	2,700	6,080	9,450	13,500
4d Spt Wag	560	1,680	2,800	6,300	9,800	14,000
1975 All Full-Size Plymouths						
NOTE: Add 10% for 360/190 V-8; 5% for 400/175 V-8; 10% for 400/195 V-8; 20% for 440/215 V-8.						
1976 Arrow, 4-cyl.						
2d HBk	180	550	920	2,070	3,220	4,600
2d GT HBk	210	620	1,040	2,340	3,640	5,200
1976 Valiant, 6-cyl.						
2d Duster Spt Cpe	400	1,190	1,980	4,460	6,930	9,900
4d Sed Valiant	210	640	1,060	2,390	3,710	5,300
2d HT Scamp Spec	400	1,200	2,000	4,500	7,000	10,000
2d HT Scamp	420	1,260	2,100	4,730	7,350	10,500
1976 Volare, V-8						
4d Sed	190	580	960	2,160	3,360	4,800
2d Spt Cpe	260	770	1,280	2,880	4,480	6,400
4d Sta Wag	240	720	1,200	2,700	4,200	6,000
NOTE: Add 10% for Premier; 5% for Custom; 10% for 318 V-8; 20% for 360 V-8; 50% for Road Runner.						
1976 Fury, V-8						
4d Sed	190	580	960	2,160	3,360	4,800
2d HT	210	620	1,040	2,340	3,640	5,200
4d Sed Salon	210	640	1,060	2,390	3,710	5,300
2d HT Spt	260	780	1,300	2,930	4,550	6,500
4d Suburban	240	710	1,180	2,660	4,130	5,900
4d Spt Suburban	280	830	1,380	3,110	4,830	6,900
1976 Gran Fury, V-8						
4d Sed	230	680	1,140	2,570	3,990	5,700
1976 Gran Fury Custom, V-8						
4d Sed	260	780	1,300	2,930	4,550	6,500
2d HT	300	910	1,520	3,420	5,320	7,600
1976 Gran Fury Brougham, V-8						
4d Sed	280	850	1,420	3,200	4,970	7,100
2d HT	340	1,010	1,680	3,780	5,880	8,400
4d Sta Wag	320	960	1,600	3,600	5,600	8,000
1976 Full-Size Plymouth						
NOTE: Add 10% for 400/185 V-8; 20% for 400/205 V-8.						
1977 Arrow, 4-cyl.						
2d HBk	170	520	860	1,940	3,010	4,300
2d GS HBk	190	560	940	2,120	3,290	4,700
2d GT HBk	210	620	1,040	2,340	3,640	5,200
1977 Volare, V-8						
4d Sed	190	580	960	2,160	3,360	4,800
2d Spt Cpe	260	770	1,280	2,880	4,480	6,400
4d Sta Wag	240	710	1,180	2,660	4,130	5,900
NOTE: Add 5% for Custom; 10% for Premier; 50% for Road Runner; 10% for 318 V-8; 15% for 400 V-8.						
1977 Fury, V-8						
4d Spt Sed	220	650	1,080	2,430	3,780	5,400
2d Spt HT	230	680	1,140	2,570	3,990	5,700
4d Sub	220	660	1,100	2,480	3,850	5,500
4d Spt Sub	260	790	1,320	2,970	4,620	6,600

PLYMOUTH

	6	5	4	3	2	1
1977 Gran Fury, V-8						
4d Sed	230	680	1,140	2,570	3,990	5,700
2d HT	280	840	1,400	3,150	4,900	7,000
1977 Gran Fury Brougham, V-8						
4d Sed	280	850	1,420	3,200	4,970	7,100
2d HT	300	910	1,520	3,420	5,320	7,600
1977 Station Wagons, V-8						
2S Gran Fury	280	830	1,380	3,110	4,830	6,900
3S Gran Fury Spt	300	900	1,500	3,380	5,250	7,500
1977 Fury						
NOTE: Add 10% for 400/190 V-8; 15% for 400/195 V-8.						
1978 Horizon						
4d HBk	160	480	800	1,800	2,800	4,000
1978 Arrow						
2d HBk	180	540	900	2,030	3,150	4,500
2d GS HBk	180	550	920	2,070	3,220	4,600
2d GT HBk	210	640	1,060	2,390	3,710	5,300
1978 Volare						
4d Sed	190	580	960	2,160	3,360	4,800
Spt Cpe	260	770	1,280	2,880	4,480	6,400
Sta Wag	220	660	1,100	2,480	3,850	5,500
NOTE: Add 50% for optional Road Runner Pkg.; 15% for 360 V-8.						
1978 Sapporo						
Cpe	180	540	900	2,030	3,150	4,500
1978 Fury						
4d Sed	220	660	1,100	2,480	3,850	5,500
2d HT	260	780	1,300	2,930	4,550	6,500
4d Salon	220	670	1,120	2,520	3,920	5,600
2d Spt HT	280	840	1,400	3,150	4,900	7,000
1978 Station Wagons						
4d Fury Sub	230	700	1,160	2,610	4,060	5,800
4d Spt Fury Sub	250	740	1,240	2,790	4,340	6,200
1979 Champ, 4-cyl.						
2d HBk	136	408	680	1,530	2,380	3,400
2d Cus HBk	140	420	700	1,580	2,450	3,500
1979 Horizon, 4-cyl.						
4d HBk	140	420	700	1,580	2,450	3,500
TC 3 HBk	148	444	740	1,670	2,590	3,700
1979 Fire-Arrow, 4-cyl.						
2d HBk	144	432	720	1,620	2,520	3,600
2d GS HBk	148	444	740	1,670	2,590	3,700
2d GT HBk	152	456	760	1,710	2,660	3,800
1979 Volare, V-8						
Sed	160	480	800	1,800	2,800	4,000
Spt Cpe	220	660	1,100	2,480	3,850	5,500
Sta Wag	180	540	900	2,030	3,150	4,500
NOTE: Add 50% for optional Road Runner Pkg.						
1979 Sapporo, 4-cyl.						
Cpe	156	468	780	1,760	2,730	3,900
1980 Champ, 4-cyl.						
2d HBk	132	396	660	1,490	2,310	3,300
2d Cus HBk	136	408	680	1,530	2,380	3,400
1980 Horizon, 4-cyl.						
4d HBk	136	408	680	1,530	2,380	3,400
2d HBk 2 plus 2 TC3	152	456	760	1,710	2,660	3,800
1980 Arrow, 4-cyl.						
2d HBk	180	540	900	2,030	3,150	4,500
1980 Fire Arrow, 4-cyl.						
2d HBk	184	552	920	2,070	3,220	4,600
1980 Volare, V-8						
4d Sed	160	480	800	1,800	2,800	4,000
2d Cpe	220	660	1,100	2,480	3,850	5,500
4d Sta Wag	180	540	900	2,030	3,150	4,500
NOTE: Add 50% for optional Road Runner Pkg. Deduct 10% for 6-cyl.						
1980 Sapporo, 4-cyl.						
2d Cpe	156	468	780	1,760	2,730	3,900
1980 Gran Fury, V-8						
4d Sed	240	720	1,200	2,700	4,200	6,000
NOTE: Deduct 10% for 6-cyl.						
1980 Gran Fury Salon, V-8						
4d Sed	260	770	1,280	2,880	4,480	6,400
NOTE: Deduct 10% for 6-cyl.						
1981 Champ, 4-cyl.						
2d HBk	136	408	680	1,530	2,380	3,400
2d DeL HBk	140	420	700	1,580	2,450	3,500
2d Cus HBk	144	432	720	1,620	2,520	3,600
1981 Horizon, 4-cyl.						
4d Miser HBk	140	420	700	1,580	2,450	3,500
4d Miser HBk TC3	152	456	760	1,710	2,660	3,800

PLYMOUTH

	6	5	4	3	2	1
4d HBk	148	444	740	1,670	2,590	3,700
2d HBk TC3	160	480	800	1,800	2,800	4,000
1981 Reliant, 4-cyl.						
4d Sed	136	408	680	1,530	2,380	3,400
2d Cpe	140	420	700	1,580	2,450	3,500
1981 Reliant Custom, 4-cyl.						
4d Sed	140	420	700	1,580	2,450	3,500
2d Cpe	144	432	720	1,620	2,520	3,600
4d Sta Wag	152	456	760	1,710	2,660	3,800
1981 Reliant SE, 4-cyl.						
4d Sed	144	432	720	1,620	2,520	3,600
2d Cpe	148	444	740	1,670	2,590	3,700
4d Sta Wag	156	468	780	1,760	2,730	3,900
1981 Sapporo, 4-cyl.						
2d HT	160	480	800	1,800	2,800	4,000
1981 Gran Fury, V-8						
4d Sed	240	720	1,200	2,700	4,200	6,000
NOTE: Deduct 10% for 6-cyl.						
1982 Champ, 4-cyl.						
4d Cus HBk	144	432	720	1,620	2,520	3,600
2d Cus HBk	148	444	740	1,670	2,590	3,700
NOTE: Deduct 5% for lesser models.						
1982 Horizon, 4-cyl.						
4d Miser HBk	144	432	720	1,620	2,520	3,600
2d Miser HBk TC3	156	468	780	1,760	2,730	3,900
4d Cus HBk	148	444	740	1,670	2,590	3,700
2d Cus HBk	152	456	760	1,710	2,660	3,800
4d E-Type HBk	156	468	780	1,760	2,730	3,900
1982 Turismo, 4-cyl.						
2d HBk TC3	180	540	900	2,030	3,150	4,500
1982 Reliant, 4-cyl.						
4d Sed	144	432	720	1,620	2,520	3,600
2d Cpe	148	444	740	1,670	2,590	3,700
1982 Reliant Custom, 4-cyl.						
4d Sed	148	444	740	1,670	2,590	3,700
2d Cpe	152	456	760	1,710	2,660	3,800
4d Sta Wag	156	468	780	1,760	2,730	3,900
1982 Reliant SE, 4-cyl.						
4d Sed	152	456	760	1,710	2,660	3,800
2d Cpe	156	468	780	1,760	2,730	3,900
4d Sta Wag	160	480	800	1,800	2,800	4,000
1982 Sapporo						
2d HT	188	564	940	2,120	3,290	4,700
1982 Gran Fury, V-8						
4d Sed	220	660	1,100	2,480	3,850	5,500
NOTE: Deduct 10% for 6-cyl.						
1983 Colt, 4-cyl.						
4d Cus HBk	160	480	800	1,800	2,800	4,000
2d Cus HBk	164	492	820	1,850	2,870	4,100
1983 Horizon, 4-cyl.						
4d HBk	152	456	760	1,710	2,660	3,800
4d Cus HBk	156	468	780	1,760	2,730	3,900
1983 Turismo, 4-cyl.						
2d HBk	180	540	900	2,030	3,150	4,500
2d HBk 2 plus 2	192	576	960	2,160	3,360	4,800
1983 Reliant, 4-cyl.						
4d Sed	148	444	740	1,670	2,590	3,700
2d Cpe	152	456	760	1,710	2,660	3,800
4d Sta Wag	160	480	800	1,800	2,800	4,000
1983 Reliant SE, 4-cyl.						
4d Sed	152	456	760	1,710	2,660	3,800
2d Cpe	156	468	780	1,760	2,730	3,900
4d Sta Wag	164	492	820	1,850	2,870	4,100
1983 Sapporo, 4-cyl.						
2d HT	192	576	960	2,160	3,360	4,800
1983 Gran Fury, V-8						
4d Sed	220	650	1,080	2,430	3,780	5,400
NOTE: Deduct 10% for 6-cyl.						
1984 Colt, 4-cyl.						
4d HBk DL	148	444	740	1,670	2,590	3,700
2d HBk DL	148	444	740	1,670	2,590	3,700
4d Sta Wag Vista	148	444	740	1,670	2,590	3,700
NOTE: Deduct 5% for lesser models.						
1984 Horizon, 4-cyl.						
4d HBk	152	456	760	1,710	2,660	3,800
4d HBk SE	156	468	780	1,760	2,730	3,900
1984 Turismo, 4-cyl.						
2d HBk	188	564	940	2,120	3,290	4,700
2d HBk 2 plus 2	192	576	960	2,160	3,360	4,800

	6	5	4	3	2	1
1984 Reliant, 4-cyl.						
4d Sed	144	432	720	1,620	2,520	3,600
2d Sed	144	432	720	1,620	2,520	3,600
4d Sta Wag	148	444	740	1,670	2,590	3,700
1984 Conquest, 4-cyl.						
2d HBk	180	540	900	2,030	3,150	4,500
1984 Gran Fury, V-8						
4d Sed	220	660	1,100	2,480	3,850	5,500
1985 Colt, 4-cyl.						
4d HBk E	148	444	740	1,670	2,590	3,700
2d HBk E	148	444	740	1,670	2,590	3,700
4d Sed DL	152	456	760	1,710	2,660	3,800
2d HBk DL	152	456	760	1,710	2,660	3,800
4d Sed Premier	152	456	760	1,710	2,660	3,800
4d Sta Wag Vista	156	468	780	1,760	2,730	3,900
4d Sta Wag Vista 4WD	190	560	940	2,120	3,290	4,700
1985 Horizon, 4-cyl.						
4d HBk	156	468	780	1,760	2,730	3,900
4d HBk SE	160	480	800	1,800	2,800	4,000
1985 Turismo, 4-cyl.						
2d HBk	192	576	960	2,160	3,360	4,800
2d HBk 2 plus 2	196	588	980	2,210	3,430	4,900
1985 Reliant, 4-cyl.						
4d Sed	148	444	740	1,670	2,590	3,700
2d Sed	148	444	740	1,670	2,590	3,700
4d Sed SE	152	456	760	1,710	2,660	3,800
2d Sed SE	152	456	760	1,710	2,660	3,800
4d Sta Wag SE	152	456	760	1,710	2,660	3,800
4d Sed LE	156	468	780	1,760	2,730	3,900
2d Sed LE	156	468	780	1,760	2,730	3,900
4d Sta Wag LE	156	468	780	1,760	2,730	3,900
1985 Conquest, 4-cyl.						
2d HBk Turbo	188	564	940	2,120	3,290	4,700
1985 Caravelle, 4-cyl.						
4d Sed SE	164	492	820	1,850	2,870	4,100
NOTE: Add 10% for turbo.						
1985 Gran Fury, V-8						
4d Sed Salon	200	600	1,000	2,250	3,500	5,000
1986 Colt						
4d Sed E	164	492	820	1,850	2,870	4,100
2d HBk E	160	480	800	1,800	2,800	4,000
4d Sed DL	168	504	840	1,890	2,940	4,200
2d HBk DL	164	492	820	1,850	2,870	4,100
4d Sed Premier	172	516	860	1,940	3,010	4,300
4d Vista Sta Wag	184	552	920	2,070	3,220	4,600
4d Vista Sta Wag 4WD	220	670	1,120	2,520	3,920	5,600
1986 Horizon						
4d HBk	160	480	800	1,800	2,800	4,000
1986 Turismo						
2d HBk	196	588	980	2,210	3,430	4,900
1986 Reliant						
2d Sed	152	456	760	1,710	2,660	3,800
4d Sed	156	468	780	1,760	2,730	3,900
1986 Conquest, 4-cyl.						
2d HBk Turbo	190	560	940	2,120	3,290	4,700
1986 Caravelle						
4d Sed	168	504	840	1,890	2,940	4,200
1986 Gran Fury						
4d Salon Sed	190	560	940	2,120	3,290	4,700
NOTE: Add 10% for deluxe models. Deduct 5% for smaller engines.						
1987 Colt, 4-cyl.						
4d Sed E	168	504	840	1,890	2,940	4,200
2d HBk E	164	492	820	1,850	2,870	4,100
4d Sed DL	172	516	860	1,940	3,010	4,300
2d HBk DL	168	504	840	1,890	2,940	4,200
4d Sed Premier	176	528	880	1,980	3,080	4,400
4d Vista Sta Wag	188	564	940	2,120	3,290	4,700
4d Vista Sta Wag 4WD	230	680	1,140	2,570	3,990	5,700
1987 Horizon, 4-cyl.						
4d HBk	168	504	840	1,890	2,940	4,200
1987 Turismo, 4-cyl.						
2d HBk	180	540	900	2,030	3,150	4,500
1987 Sundance, 4-cyl.						
2d LBk	172	516	860	1,940	3,010	4,300
4d LBk	176	528	880	1,980	3,080	4,400
NOTE: Add 5% for 2.2 Turbo.						
1987 Reliant, 4-cyl.						
2d Sed	168	504	840	1,890	2,940	4,200
4d Sed	172	516	860	1,940	3,010	4,300

	6	5	4	3	2	1
2d Sed LE.	172	516	860	1,940	3,010	4,300
4d Sed LE.	176	528	880	1,980	3,080	4,400
4d Sta Wag LE	176	528	880	1,980	3,080	4,400
1987 Caravelle, 4-cyl.						
4d Sed	180	540	900	2,030	3,150	4,500
4d Sed SE	184	552	920	2,070	3,220	4,600
NOTE: Add 5% for 2.2 Turbo.						
1987 Gran Fury, V-8						
4d Sed	190	560	940	2,120	3,290	4,700
1988 Colt, 4-cyl.						
3d HBk	88	264	440	990	1,540	2,200
4d Sed E.	112	336	560	1,260	1,960	2,800
3d HBk E	104	312	520	1,170	1,820	2,600
4d Sed DL	116	348	580	1,310	2,030	2,900
3d HBk DL	112	336	560	1,260	1,960	2,800
4d Sta Wag DL	120	360	600	1,350	2,100	3,000
4d Sed Premier	140	420	700	1,580	2,450	3,500
4d Sta Wag Vista	160	480	800	1,800	2,800	4,000
4d Sta Wag Vista 4x4	200	600	1,000	2,250	3,500	5,000
1988 Horizon, 4-cyl.						
4d HBk	112	336	560	1,260	1,960	2,800
1988 Reliant, 4-cyl.						
2d Sed	112	336	560	1,260	1,960	2,800
4d Sed	116	348	580	1,310	2,030	2,900
4d Sta Wag.	132	396	660	1,490	2,310	3,300
1988 Sundance, 4-cyl.						
2d HBk	128	384	640	1,440	2,240	3,200
4d HBk	136	408	680	1,530	2,380	3,400
1988 Caravelle, 4-cyl.						
4d Sed	140	420	700	1,580	2,450	3,500
4d Sed SE	156	468	780	1,760	2,730	3,900
1988 Gran Fury, V-8						
4d Salon	190	560	940	2,120	3,290	4,700
4d SE	200	590	980	2,210	3,430	4,900
1989 Colt, 4-cyl.						
2d HBk	152	456	760	1,710	2,660	3,800
2d HBk E	156	468	780	1,760	2,730	3,900
2d HBk GT	164	492	820	1,850	2,870	4,100
4d Sta Wag DL	200	600	1,000	2,250	3,500	5,000
4d Sta Wag DL 4x4	216	648	1,080	2,430	3,780	5,400
4d Sta Wag Vista	208	624	1,040	2,340	3,640	5,200
4d Sta Wag Vista 4x4	220	670	1,120	2,520	3,920	5,600
1989 Horizon, 4-cyl.						
4d HBk	144	432	720	1,620	2,520	3,600
1989 Reliant, 4-cyl.						
4d Sed	140	420	700	1,580	2,450	3,500
2d Sed	136	408	680	1,530	2,380	3,400
1989 Sundance, 4-cyl.						
4d HBk	168	504	840	1,890	2,940	4,200
2d HBk	164	492	820	1,850	2,870	4,100
1989 Acclaim, 4-cyl.						
4d Sed	208	624	1,040	2,340	3,640	5,200
4d Sed LE	212	636	1,060	2,390	3,710	5,300
1989 Gran Fury, V-8						
4d Sed Salon	216	648	1,080	2,430	3,780	5,400
1990 Colt, 4-cyl.						
2d HBk	152	456	760	1,710	2,660	3,800
2d HBk GL	160	480	800	1,800	2,800	4,000
2d HBk GT	168	504	840	1,890	2,940	4,200
4d Sta Wag DL	184	552	920	2,070	3,220	4,600
4d Sta Wag DL 4x4	220	660	1,100	2,480	3,850	5,500
4d Vista	208	624	1,040	2,340	3,640	5,200
4d Vista 4x4	248	744	1,240	2,790	4,340	6,200
1990 Horizon, 4-cyl.						
4d HBk	140	420	700	1,580	2,450	3,500
1990 Sundance, 4-cyl.						
2d HBk	168	504	840	1,890	2,940	4,200
4d HBk	164	492	820	1,850	2,870	4,100
1990 Laser, 4-cyl.						
2d HBk	200	600	1,000	2,250	3,500	5,000
2d HBk RS	220	660	1,100	2,480	3,850	5,500
2d HBk Turbo RS	240	720	1,200	2,700	4,200	6,000
1990 Acclaim 4-cyl.						
4d Sed	160	480	800	1,800	2,800	4,000
4d Sed LE	180	540	900	2,030	3,150	4,500
1990 V-6						
4d Sed	176	528	880	1,980	3,080	4,400
4d Sed LE	200	600	1,000	2,250	3,500	5,000
4d Sed LX	220	660	1,100	2,480	3,850	5,500

PLYMOUTH

	6	5	4	3	2	1 395
1991 Colt, 4-cyl.						
2d HBk	120	360	600	1,350	2,100	3,000
2d HBk GL	140	420	700	1,580	2,450	3,500
1991 Sundance, 4-cyl.						
2d HBk America	140	420	700	1,580	2,450	3,500
4d HBk America	140	420	700	1,580	2,450	3,500
2d HBk	148	444	740	1,670	2,590	3,700
4d HBk	148	444	740	1,670	2,590	3,700
2d HBk RS	168	504	840	1,890	2,940	4,200
4d HBk RS	168	504	840	1,890	2,940	4,200
1991 Laser, 4-cyl.						
2d HBk	180	540	900	2,030	3,150	4,500
2d HBk RS	184	552	920	2,070	3,220	4,600
2d HBk Turbo RS	192	576	960	2,160	3,360	4,800
1991 Acclaim, 4-cyl.						
4d Sed	160	480	800	1,800	2,800	4,000
4d Sed LE	172	516	860	1,940	3,010	4,300
1991 V-6						
4d Sed	172	516	860	1,940	3,010	4,300
4d Sed LE	184	552	920	2,070	3,220	4,600
4d LX Sed	192	576	960	2,160	3,360	4,800
1992 Colt, 4-cyl.						
2d HBk	144	432	720	1,620	2,520	3,600
2d GL HBk	160	480	800	1,800	2,800	4,000
3d Sta Wag	180	540	900	2,030	3,150	4,500
3d SE Sta Wag	184	552	920	2,070	3,220	4,600
3d Sta Wag 4x4	220	660	1,100	2,480	3,850	5,500
1992 Sundance, 4-cyl. & V-6						
4d HBk America	160	480	800	1,800	2,800	4,000
2d HBk America	160	480	800	1,800	2,800	4,000
4d HBk	168	504	840	1,890	2,940	4,200
2d HBk	168	504	840	1,890	2,940	4,200
4d Duster HBk, V-6	200	600	1,000	2,250	3,500	5,000
2d Duster HBk, V-6	200	600	1,000	2,250	3,500	5,000
1992 Laser, 4-cyl.						
2d HBk	200	600	1,000	2,250	3,500	5,000
2d RS HBk	220	660	1,100	2,480	3,850	5,500
2d RS HBk Turbo	240	720	1,200	2,700	4,200	6,000
2d RS HBk Turbo 4x4	300	900	1,500	3,380	5,250	7,500
1992 Acclaim, 4-cyl. & V-6						
4d Sed	200	600	1,000	2,250	3,500	5,000
4d Sed, V-6	220	660	1,100	2,480	3,850	5,500
1993 Colt, 4-cyl.						
2d Sed	152	456	760	1,710	2,660	3,800
2d GL Sed	156	468	780	1,760	2,730	3,900
4d Sed	152	456	760	1,710	2,660	3,800
4d GL Sed	156	468	780	1,760	2,730	3,900
3d Vista	182	546	910	2,050	3,185	4,550
3d SE Vista	184	552	920	2,070	3,220	4,600
3d Vista 4x4	224	672	1,120	2,520	3,920	5,600
1993 Sundance						
2d, 4-cyl.	184	552	920	2,070	3,220	4,600
2d Duster HBk, V-6	164	492	820	1,850	2,870	4,100
4d HBk, 4-cyl.	160	480	800	1,800	2,800	4,000
4d Duster HBk, V-6	164	492	820	1,850	2,870	4,100
1993 Laser						
2d HBk	224	672	1,120	2,520	3,920	5,600
2d RS HBk	204	612	1,020	2,300	3,570	5,100
2d HBk Turbo	212	636	1,060	2,390	3,710	5,300
2d HBk, 4x4	260	780	1,300	2,930	4,550	6,500
1993 Acclaim						
4d Sed, 4-cyl.	208	624	1,040	2,340	3,640	5,200
4d Sed, V-6	216	648	1,080	2,430	3,780	5,400
1994 Sundance, 4-cyl.						
2d HBk	192	576	960	2,160	3,360	4,800
4d HBk	196	588	980	2,210	3,430	4,900
1994 Duster, V-6						
2d HBk	200	600	1,000	2,250	3,500	5,000
4d HBk	204	612	1,020	2,300	3,570	5,100
1994 Laser						
2d HBk	220	660	1,100	2,480	3,850	5,500
2d HBk RS	240	720	1,200	2,700	4,200	6,000
2d HBk RS Turbo	260	780	1,300	2,930	4,550	6,500
2d HBk RS Turbo 4x4	300	900	1,500	3,380	5,250	7,500
1994 Acclaim						
4d Sed, 4-cyl.	200	600	1,000	2,250	3,500	5,000
4d Sed, V-6	220	660	1,100	2,480	3,850	5,500
1995 Neon, 4-cyl.						
4d Sed	150	500	800	1,800	2,800	4,000

	6	5	4	3	2	1
2d Highline Cpe	150	500	850	1,890	2,950	4,200
4d Highline Sed	150	500	850	1,940	3,000	4,300
2d Spt Cpe	200	550	900	2,030	3,150	4,500
4d Spt Sed	200	550	900	2,070	3,200	4,600
1995 Acclaim, 4-cyl. & V-6						
4d Sed, 4-cyl................................	200	600	1,000	2,250	3,500	5,000
4d Sed, V-6	200	650	1,100	2,480	3,850	5,500
1996 Neon, 4-cyl.						
2d Cpe	150	450	800	1,760	2,750	3,900
4d Sed	150	500	800	1,800	2,800	4,000
2d Highline Cpe	150	500	850	1,890	2,950	4,200
4d Highline Sed	150	500	850	1,940	3,000	4,300
2d Spt Cpe	200	550	900	2,030	3,150	4,500
4d Spt Sed	200	550	900	2,070	3,200	4,600
1996 Breeze, 4-cyl.						
4d Sed	200	600	1,000	2,250	3,500	5,000
1997 Neon, 4-cyl.						
2d Cpe	156	468	780	1,760	2,730	3,900
4d Sed	160	480	800	1,800	2,800	4,000
2d Highline Cpe	168	504	840	1,890	2,940	4,200
4d Highline Sed	172	516	860	1,940	3,010	4,300
NOTE: Add 5% for Sport Pkg on Highline models.						
1997 Breeze, 4-cyl.						
4d Sed	200	600	1,000	2,250	3,500	5,000
1997 Prowler, V-6						
2d Rds	1,520	4,560	7,600	17,100	26,600	38,000
1998 Neon, 4-cyl.						
2d Highline Cpe	160	480	800	1,800	2,800	4,000
4d Highline Sed	160	490	820	1,850	2,870	4,100
2d Expresso Cpe	170	520	860	1,940	3,010	4,300
4d Expresso Sed	180	540	900	2,030	3,150	4,500
4d Style Sed................................	190	560	940	2,120	3,290	4,700
1998 Breeze, 4-cyl.						
4d Sed	200	600	1,000	2,250	3,500	5,000
NOTE: Add 5% for Expresso Pkg.						
1998 Prowler, V-6						
2d Rds	1,480	4,440	7,400	16,650	25,900	37,000
NOTE: Prowler was a carry-over model from the previous year. The second-generation, 1999 Prowler debuted in mid 1998.						
1999 Neon, 4-cyl.						
2d Highline Cpe	160	480	800	1,800	2,800	4,000
4d Highline Sed	160	490	820	1,850	2,870	4,100
2d Expresso Cpe	170	520	860	1,940	3,010	4,300
4d Expresso Sed	180	540	900	2,030	3,150	4,500
4d Style Sed................................	190	560	940	2,120	3,290	4,700
1999 Breeze, 4-cyl.						
4d Sed	200	600	1,000	2,250	3,500	5,000
NOTE: Add 5% for Expresso Pkg.						
1999 Prowler, V-6						
2d Rds	1,520	4,560	7,600	17,100	26,600	38,000
2000 Neon, 4-cyl.						
4d Highline Sed	60	180	300	680	1,050	1,500
4d LX Sed..................................	200	590	980	2,210	3,430	4,900
2000 Breeze, 4-cyl.						
4d Sed	200	600	1,000	2,250	3,500	5,000
2000 Prowler, V-6						
2d Rds	1,440	4,320	7,200	16,200	25,200	36,000
2001 Neon, 4-cyl.						
4d Sed	190	580	960	2,400	3,360	4,800
4d LX Sed..................................	200	600	1,000	2,500	3,500	5,000
NOTE: Plymouth was discontinued during the 2001 model year, and the Prowler was transferred to Chrysler.						

PONTIAC

	6	5	4	3	2	1
1926 Model 6-27, 6-cyl.						
2d Cpe	1,040	3,120	5,200	11,700	18,200	26,000
2d Sed	1,000	3,000	5,000	11,250	17,500	25,000
1927 Model 6-27, 6-cyl.						
2d Spt Rds	1,400	4,200	7,000	15,750	24,500	35,000
2d Spt Cabr	1,520	4,560	7,600	17,100	26,600	38,000
2d Cpe	780	2,340	3,900	8,780	13,650	19,500
2d DeL Cpe	800	2,400	4,000	9,000	14,000	20,000
2d Sed	740	2,220	3,700	8,330	12,950	18,500
4d Lan Sed.................................	800	2,400	4,000	9,000	14,000	20,000
1928 Model 6-28, 6-cyl.						
2d Rds	1,400	4,200	7,000	15,750	24,500	35,000
2d Cabr.	1,520	4,560	7,600	17,100	26,600	38,000
4d Phae	1,700	5,100	8,500	19,130	29,750	42,500
2d Sed	700	2,100	3,500	7,880	12,250	17,500
4d Sed	680	2,040	3,400	7,650	11,900	17,000
4d Trs	720	2,160	3,600	8,100	12,600	18,000

	6	5	4	3	2	1
2d Cpe	760	2,280	3,800	8,550	13,300	19,000
2d Spt Cpe	800	2,400	4,000	9,000	14,000	20,000
4d Lan Sed	820	2,460	4,100	9,230	14,350	20,500

1929 Model 6-29A, 6-cyl.

	6	5	4	3	2	1
2d Rds	1,400	4,200	7,000	15,750	24,500	35,000
4d Phae	1,700	5,100	8,500	19,130	29,750	42,500
2d Conv	1,280	3,840	6,400	14,400	22,400	32,000
2d Cpe	760	2,280	3,800	8,550	13,300	19,000
2d Sed	700	2,100	3,500	7,880	12,250	17,500
4d Sed	700	2,100	3,500	7,880	12,250	17,500
4d Spt Lan Sed	720	2,160	3,600	8,100	12,600	18,000

NOTE: Add 5% for horizontal louvers on early year cars.

1930 Model 6-30B, 6-cyl.

	6	5	4	3	2	1
2d Spt Rds	1,520	4,560	7,600	17,100	26,600	38,000
4d Phae	1,480	4,440	7,400	16,650	25,900	37,000
2d Cpe	720	2,160	3,600	8,100	12,600	18,000
2d Spt Cpe	740	2,220	3,700	8,330	12,950	18,500
2d Sed	680	2,040	3,400	7,650	11,900	17,000
4d Sed	680	2,040	3,400	7,650	11,900	17,000
4d Cus Sed	700	2,100	3,500	7,880	12,250	17,500

1931 Model 401, 6-cyl.

	6	5	4	3	2	1
2d Conv	1,560	4,680	7,800	17,550	27,300	39,000
2P Cpe	820	2,460	4,100	9,230	14,350	20,500
2d Spt Cpe	840	2,520	4,200	9,450	14,700	21,000
2d Sed	730	2,180	3,640	8,190	12,740	18,200
4d Sed	740	2,220	3,700	8,330	12,950	18,500
4d Cus Sed	760	2,280	3,800	8,550	13,300	19,000

1932 Model 402, 6-cyl.

	6	5	4	3	2	1
2d Conv	1,900	5,000	9,800	22,050	34,300	49,000
2d Cpe	860	2,580	4,300	9,680	15,050	21,500
2d RS Cpe	880	2,640	4,400	9,900	15,400	22,000
2d Sed	740	2,220	3,700	8,330	12,950	18,500
4d Cus Sed	760	2,280	3,800	8,550	13,300	19,000

1932 Model 302, V-8

	6	5	4	3	2	1
2d Conv	2,080	6,240	10,400	23,400	36,400	52,000
2d Cpe	940	2,820	4,700	10,580	16,450	23,500
2d Spt Cpe	960	2,880	4,800	10,000	16,800	24,000
2d Sed	800	2,400	4,000	9,000	14,000	20,000
4d Sed	840	2,520	4,200	9,450	14,700	21,000
4d Cus Sed	880	2,640	4,400	9,900	15,400	22,000

1933 Model 601, 8-cyl.

	6	5	4	3	2	1
2d Rds	2,000	6,000	10,000	22,500	35,000	50,000
2d Conv	1,800	5,400	9,000	20,250	31,500	45,000
2d Cpe	1,240	3,720	6,200	13,950	21,700	31,000
2d Spt Cpe	1,280	3,840	6,400	14,400	22,400	32,000
2d Sed	940	2,820	4,700	10,580	16,450	23,500
2d Trg Sed	950	2,840	4,740	10,670	16,590	23,700
4d Sed	960	2,880	4,800	10,800	16,800	24,000

1934 Model 603, 8-cyl.

	6	5	4	3	2	1
2d Conv	2,720	8,160	13,600	30,600	47,600	68,000
2d Cpe	1,280	3,840	6,400	14,400	22,400	32,000
2d Spt Cpe	1,300	3,900	6,500	14,630	22,750	32,500
2d Sed	900	2,700	4,500	10,130	15,750	22,500
2d Trg Sed	920	2,760	4,600	10,350	16,100	23,000
4d Sed	940	2,820	4,700	10,580	16,450	23,500
4d Trg Sed	920	2,760	4,600	10,350	16,100	23,000

1935 Standard Series 701, 6-cyl.

	6	5	4	3	2	1
2d Cpe	1,180	3,540	5,900	13,280	20,650	29,500
2d Sed	880	2,630	4,380	9,860	15,330	21,900
2d Trg Sed	880	2,640	4,400	9,900	15,400	22,000
4d Sed	900	2,700	4,500	10,130	15,750	22,500
4d Trg Sed	920	2,760	4,600	10,350	16,100	23,000

1935 DeLuxe Series 701, 6-cyl.

	6	5	4	3	2	1
2d Cpe	1,200	3,600	6,000	13,500	21,000	30,000
2d Spt Cpe	1,220	3,660	6,100	13,730	21,350	30,600
2d Cabr	1,620	4,860	8,100	18,230	28,350	40,500
2d Sed	880	2,640	4,400	9,900	15,400	22,000
2d Trg Sed	880	2,650	4,420	9,950	15,470	22,100
4d Sed	890	2,660	4,440	9,990	15,540	22,200
4d Trg Sed	900	2,700	4,500	10,130	15,750	22,500

1935 Series 605, 8-cyl.

	6	5	4	3	2	1
2d Cpe	1,240	3,720	6,200	13,950	21,700	31,000
2d Spt Cpe	1,260	3,780	6,300	14,180	22,050	31,500
2d Cabr	1,760	5,280	8,800	19,800	30,800	44,000
2d Sed	900	2,710	4,520	10,170	15,820	22,600
2d Trg Sed	920	2,760	4,600	10,350	16,100	23,000
4d Sed	960	2,880	4,800	10,800	16,800	24,000
4d Trg Sed	980	2,940	4,900	11,030	17,150	24,500

PONTIAC

	6	5	4	3	2	1
1936 DeLuxe Series Silver Streak, 6-cyl.						
2d Cpe	880	2,640	4,400	9,900	15,400	22,000
2d Spt Cpe	900	2,700	4,500	10,130	15,750	22,500
2d Cabr	1,540	4,620	7,700	17,330	26,950	38,500
2d Sed	720	2,150	3,580	8,060	12,530	17,900
2d Trg Sed	840	2,520	4,200	9,450	14,700	21,000
4d Sed	780	2,340	3,900	8,780	13,650	19,500
4d Trg Sed	820	2,460	4,100	9,230	14,350	20,500
1936 DeLuxe Series Silver Streak, 8-cyl.						
2d Cpe	920	2,760	4,600	10,350	16,100	23,000
2d Spt Cpe	940	2,820	4,700	10,580	16,450	23,500
2d Cabr	1,480	4,440	7,400	16,650	25,900	37,000
2d Sed	820	2,460	4,100	9,230	14,350	20,500
2d Trg Sed	840	2,520	4,200	9,450	14,700	21,000
4d Sed	800	2,400	4,000	9,000	14,000	20,000
4d Trg Sed	820	2,460	4,100	9,230	14,350	20,500
1937-38 DeLuxe Model 6DA, 6-cyl.						
2d Conv	1,720	5,160	8,600	19,350	30,100	43,000
4d Conv Sed	1,760	5,280	8,800	19,800	30,800	44,000
2d Bus Cpe	880	2,640	4,400	9,900	15,400	22,000
2d Spt Cpe	920	2,760	4,600	10,350	16,100	23,000
2d Sed	740	2,210	3,680	8,280	12,880	18,400
2d Trg Sed	740	2,220	3,700	8,330	12,950	18,500
4d Sed	760	2,280	3,800	8,550	13,300	19,000
4d Trg Sed	760	2,290	3,820	8,600	13,370	19,100
4d Sta Wag	3,240	9,720	16,200	36,450	56,700	81,000
1937-38 DeLuxe Model 8DA, 8-cyl.						
2d Conv	1,800	5,400	9,000	20,250	31,500	45,000
4d Conv Sed	1,840	5,520	9,200	20,700	32,200	46,000
2d Bus Cpe	900	2,700	4,500	10,130	15,750	22,500
2d Spt Cpe	920	2,760	4,600	10,350	16,100	23,000
2d Sed	840	2,520	4,200	9,450	14,700	21,000
2d Trg Sed	860	2,580	4,300	9,680	15,050	21,500
4d Sed	840	2,520	4,200	9,450	14,700	21,000
4d Trg Sed	860	2,580	4,300	9,680	15,050	21,500
1939 Special Series 25, 6-cyl.						
2d Bus Cpe	800	2,400	4,000	9,000	14,000	20,000
2d Spt Cpe	840	2,520	4,200	9,450	14,700	21,000
2d Trg Sed	720	2,160	3,600	8,100	12,600	18,000
4d Trg Sed	740	2,220	3,700	8,330	12,950	18,500
4d Sta Wag	3,220	9,660	16,100	36,230	56,350	80,500
1939 DeLuxe Series 26, 6-cyl.						
2d Conv	1,660	4,980	8,300	18,680	29,050	41,500
2d Bus Cpe	820	2,460	4,100	9,230	14,350	20,500
2d Spt Cpe	860	2,580	4,300	9,680	15,050	21,500
2d Sed	720	2,160	3,600	8,100	12,600	18,000
4d Sed	720	2,170	3,620	8,150	12,670	18,100
1939 DeLuxe Series 28, 8-cyl.						
2d Conv	1,700	5,100	8,500	19,130	29,750	42,500
2d Bus Cpe	840	2,520	4,200	9,450	14,700	21,000
2d Spt Cpe	880	2,640	4,400	9,900	15,400	22,000
2d Sed	780	2,340	3,900	8,780	13,650	19,500
4d Trg Sed	800	2,400	4,000	9,000	14,000	20,000
1940 Special Series 25, 6-cyl., 117" wb						
2d Bus Cpe	840	2,520	4,200	9,450	14,700	21,000
2d Spt Cpe	880	2,640	4,400	9,900	15,400	22,000
2d Sed	750	2,250	3,750	8,440	13,130	18,750
4d Sed	740	2,220	3,700	8,330	12,950	18,500
4d Sta Wag	3,200	9,600	16,000	36,000	56,000	80,000
1940 DeLuxe Series 26, 6-cyl., 120" wb						
2d Conv	1,720	5,160	8,600	19,350	30,100	43,000
2d Bus Cpe	860	2,580	4,300	9,680	15,050	21,500
2d Spt Cpe	900	2,700	4,500	10,130	15,750	22,500
2d Sed	720	2,160	3,600	8,100	12,600	18,000
4d Sed	750	2,240	3,740	8,420	13,090	18,700
1940 DeLuxe Series 28, 8-cyl., 120" wb						
2d Conv	1,760	5,280	8,800	19,800	30,800	44,000
2d Bus Cpe	880	2,640	4,400	9,900	15,400	22,000
2d Spt Cpe	920	2,760	4,600	10,350	16,100	23,000
2d Sed	760	2,280	3,800	8,550	13,300	19,000
4d Sed	750	2,260	3,760	8,460	13,160	18,800
1940 Torpedo Series 29, 8-cyl., 122" wb						
2d Spt Cpe	1,000	3,000	5,000	11,250	17,500	25,000
4d Sed	920	2,760	4,600	10,350	16,100	23,000
1941 DeLuxe Torpedo, 8-cyl.						
2d Bus Cpe	820	2,460	4,100	9,230	14,350	20,500
2d Spt Cpe	840	2,520	4,200	9,450	14,700	21,000
2d Conv	1,720	5,160	8,600	19,350	30,100	43,000
2d Sed	760	2,280	3,800	8,550	13,300	19,000

	6	5	4	3	2	1
4d 4W Sed	770	2,320	3,860	8,690	13,510	19,300
4d 6W Sed	780	2,350	3,920	8,820	13,720	19,600
1941 Streamliner, 8-cyl.						
2d Cpe	860	2,580	4,300	9,680	15,050	21,500
4d Sed	760	2,280	3,800	8,550	13,300	19,000
1941 Super Streamliner, 8-cyl.						
2d Cpe	920	2,760	4,600	10,350	16,100	23,000
4d Sed	860	2,580	4,300	9,680	15,050	21,500
1941 Custom, 8-cyl.						
2d Spt Cpe	1,440	4,320	7,200	16,200	25,200	36,000
4d Sed	940	2,820	4,700	10,580	16,450	23,500
4d Sta Wag	3,260	9,780	16,300	36,680	57,050	81,500
4d DeL Sta Wag	3,320	9,960	16,600	37,350	58,100	83,000
NOTE: Deduct 10% for 6-cyl. models.						
1942 Torpedo, 8-cyl.						
2d Conv	1,640	4,920	8,200	18,450	28,700	41,000
2d Bus Cpe	800	2,400	4,000	9,000	14,000	20,000
2d Spt Cpe	820	2,460	4,100	9,230	14,350	20,500
2d 5P Cpe	840	2,520	4,200	9,450	14,700	21,000
2d Sed	760	2,280	3,800	8,550	13,300	19,000
4d Sed	740	2,220	3,700	8,330	12,950	18,500
4d Metro Sed	780	2,340	3,900	8,780	13,650	19,500
1942 Streamliner, 8-cyl.						
2d Cpe	800	2,400	4,000	9,000	14,000	20,000
4d Sed	780	2,340	3,900	8,780	13,650	19,500
4d Sta Wag	3,320	9,960	16,600	37,350	58,100	83,000
1942 Chieftain, 8-cyl.						
2d Cpe	860	2,580	4,300	9,680	15,050	21,500
4d Sed	790	2,360	3,940	8,870	13,790	19,700
4d Sta Wag	3,320	9,960	16,600	37,350	58,100	83,000
NOTE: Deduct 10% for 6-cyl. models.						
1946 Torpedo, 8-cyl.						
2d Conv	1,080	5,940	9,900	22,280	34,650	49,500
2d Bus Cpe	700	2,100	3,500	7,880	12,250	17,500
2d Spt Cpe	720	2,160	3,600	8,100	12,600	18,000
2d 5P Cpe	740	2,220	3,700	8,330	12,950	18,500
2d Sed	640	1,920	3,200	7,200	11,200	16,000
4d Sed	644	1,932	3,220	7,250	11,270	16,100
1946 Streamliner, 8-cyl.						
5P Cpe	780	2,340	3,900	8,780	13,650	19,500
4d Sed	652	1,956	3,260	7,340	11,410	16,300
4d Sta Wag	3,120	9,360	15,600	35,100	54,600	78,000
4d DeL Sta Wag	3,200	9,600	16,000	36,000	56,000	80,000
NOTE: Deduct 5% for 6-cyl. models.						
1947 Torpedo, 8-cyl.						
2d Conv	1,980	5,940	9,900	22,280	34,650	49,500
2d DeL Conv	2,040	6,120	10,200	22,950	35,700	51,000
2d Bus Cpe	740	2,220	3,700	8,330	12,950	18,500
2d Spt Cpe	760	2,280	3,800	8,550	13,300	19,000
2d 5P Cpe	760	2,280	3,800	8,550	13,300	19,000
2d Sed	640	1,920	3,200	7,200	11,200	16,000
4d Sed	684	2,052	3,420	7,700	11,970	17,100
1947 Streamliner, 8-cyl.						
2d Cpe	780	2,340	3,900	8,780	13,650	19,500
4d Sed	700	2,100	3,500	7,880	12,250	17,500
4d Sta Wag	3,120	9,360	15,600	35,100	54,600	78,000
4d DeL Sta Wag	3,200	9,600	16,000	36,000	56,000	80,000
NOTE: Deduct 5% for 6-cyl. models.						
1948 Torpedo, 8-cyl.						
2d Bus Cpe	740	2,220	3,700	8,330	12,950	18,500
2d Spt Cpe	760	2,280	3,800	8,550	13,300	19,000
2d 5P Cpe	780	2,340	3,900	8,780	13,650	19,500
2d Sed	660	1,980	3,300	7,430	11,550	16,500
4d Sed	680	2,050	3,420	7,700	11,970	17,100
1948 DeLuxe Torpedo, 8-cyl.						
2d Conv	2,020	6,060	10,100	22,730	35,350	50,500
2d Spt Cpe	800	2,400	4,000	9,000	14,000	20,000
2d 5P Cpe	810	2,440	4,060	9,140	14,210	20,300
4d Sed	710	2,120	3,540	7,970	12,390	17,700
1948 DeLuxe Streamliner, 8-cyl.						
2d Cpe	790	2,370	3,950	8,890	13,830	19,750
4d Sed	720	2,160	3,600	8,100	12,600	18,000
4d Sta Wag	3,200	9,600	16,000	36,000	56,000	80,000
NOTE: Deduct 5% for 6-cyl. models.						
1949-50 Streamliner, 8-cyl.						
2d Cpe Sed	630	1,900	3,160	7,110	11,060	15,800
4d Sed	640	1,920	3,200	7,200	11,200	16,000
4d Sta Wag	720	2,160	3,600	8,100	12,600	18,000
4d Wood Sta Wag ('49 only)	2,560	7,680	12,800	28,800	44,800	64,000

	6	5	4	3	2	1
1949-50 Streamliner DeLuxe, 8-cyl.						
4d Sed	660	1,980	3,300	7,430	11,550	16,500
2d Cpe Sed.	640	1,910	3,180	7,160	11,130	15,900
4d Stl Sta Wag	740	2,220	3,700	8,330	12,950	18,500
4d Woodie (1949 only)	2,640	7,920	13,200	29,700	46,200	66,000
2d Sed Dely	1,580	4,740	7,900	17,780	27,650	39,500
1949-50 Chieftain, 8-cyl.						
4d Sed	628	1,884	3,140	7,070	10,990	15,700
2d Sed	630	1,880	3,140	7,070	10,990	15,700
2d Cpe Sed.	630	1,880	3,140	7,070	10,990	15,700
2d Bus Cpe.	600	1,800	3,000	6,750	10,500	15,000
1949-50 Chieftain DeLuxe, 8-cyl.						
4d Sed	640	1,920	3,200	7,200	11,200	16,000
2d Sed	630	1,900	3,160	7,110	11,060	15,800
2d Bus Cpe (1949 only)	680	2,040	3,400	7,650	11,900	17,000
2d HT (1950 only)	1,000	3,000	5,000	11,250	17,500	25,000
2d Cpe Sed.	648	1,944	3,240	7,290	11,340	16,200
2d Sup HT (1950 only)	1,040	3,120	5,200	11,700	18,200	26,000
2d Conv	1,660	4,980	8,300	18,680	29,050	41,500
NOTE: Deduct 5% for 6-cyl. models.						
1951-52 Streamliner, 8-cyl. (1951 only)						
2d Cpe Sed.	632	1,896	3,160	7,110	11,060	15,800
4d Sta Wag	740	2,220	3,700	8,330	12,950	18,500
1951-52 Streamliner DeLuxe, 8-cyl. (1951 only)						
2d Cpe Sed.	640	1,920	3,200	7,200	11,200	16,000
4d Sta Wag	800	2,400	4,000	9,000	14,000	20,000
2d Sed Dely	1,580	4,740	7,900	17,780	27,650	39,500
1951-52 Chieftain, 8-cyl.						
4d Sed	830	2,500	4,160	9,360	14,560	20,800
2d Sed	1,040	3,120	5,200	11,700	18,200	26,000
2d Cpe Sed.	1,040	3,130	5,220	11,750	18,270	26,100
2d Bus Cpe.	1,080	3,240	5,400	12,150	18,900	27,000
1951-52 Chieftain DeLuxe, 8-cyl.						
4d Sed	840	2,520	4,200	9,450	14,700	21,000
2d Sed	1,040	3,130	5,220	11,750	18,270	26,100
2d Cpe Sed.	1,060	3,180	5,300	11,930	18,550	26,500
2d HT	1,320	3,960	6,600	14,850	23,100	33,000
2d HT Sup	1,360	4,080	6,800	15,300	23,800	34,000
2d Conv	1,860	5,580	9,300	20,930	32,550	46,500
NOTE: Deduct 5% for 6-cyl. models.						
1953 Chieftain, 8-cyl., 122" wb						
4d Sed	840	2,520	4,200	9,450	14,700	21,000
2d Sed	1,040	3,130	5,220	11,750	18,270	26,100
4d Paint Sta Wag	1,080	3,240	5,400	12,150	18,900	27,000
4d Woodgrain Sta Wag	1,100	3,300	5,500	12,380	19,250	27,500
2d Sed Dely	1,800	5,400	9,000	20,250	31,500	45,000
1953 Chieftain DeLuxe, 8-cyl.						
4d Sed	840	2,530	4,220	9,500	14,770	21,100
2d Sed	1,050	3,140	5,240	11,790	18,340	26,200
2d HT	1,300	3,900	6,500	14,630	22,750	32,500
2d Conv	1,960	5,880	9,800	22,050	34,300	49,000
4d Mtl Sta Wag	1,060	3,180	5,300	11,930	18,550	26,500
4d Sim W Sta Wag	1,100	3,300	5,500	12,380	19,250	27,500
1953 Custom Catalina, 8-cyl.						
2d HT	1,320	3,960	6,600	14,850	23,100	33,000
NOTE: Deduct 5% for 6-cyl. models.						
1954 Chieftain, 8-cyl., 122" wb						
4d Sed	850	2,540	4,240	9,540	14,840	21,200
2d Sed	1,050	3,160	5,260	11,840	18,410	26,300
4d Sta Wag	1,100	3,300	5,500	12,380	19,250	27,500
1954 Chieftain DeLuxe, 8-cyl.						
4d Sed	850	2,560	4,260	9,590	14,910	21,300
2d Sed	1,060	3,180	5,300	11,930	18,550	26,500
2d HT	1,300	3,900	6,500	14,630	22,750	32,500
4d Sta Wag	1,120	3,360	5,600	12,600	19,600	28,000
1954 Custom Catalina, 8-cyl.						
2d HT	1,380	4,140	6,900	15,530	24,150	34,500
1954 Star Chief DeLuxe, 8-cyl.						
4d Sed	900	2,700	4,500	10,130	15,750	22,500
2d Conv	1,800	5,400	9,000	20,250	31,500	45,000
1954 Star Custom Chief, 8-cyl.						
4d Sed	940	2,820	4,700	10,580	16,450	23,500
1954 Star Chief Custom Catalina						
2d HT	1,420	4,260	7,100	15,980	24,850	35,500
NOTE: Deduct 5% for 6-cyl. models.						
1955 Chieftain 860, V-8						
4d Sed	960	2,880	4,800	10,800	16,800	24,000
2d Sed	1,160	3,490	5,820	13,100	20,370	29,100
2d Sta Wag	1,240	3,720	6,200	13,950	21,700	31,000

	6	5	4	3	2	1
4d Sta Wag	1,060	3,180	5,300	11,930	18,550	26,500

1955 Chieftain 870, V-8, 122" wb

	6	5	4	3	2	1
4d Sed	980	2,940	4,900	11,030	17,150	24,500
2d Sed	1,180	3,550	5,920	13,320	20,720	29,600
2d HT	1,560	4,680	7,800	17,550	27,300	39,000
4d Sta Wag	1,080	3,240	5,400	12,150	18,900	27,000

1955 Star Chief Custom Safari, 122" wb

	6	5	4	3	2	1
2d Sta Wag	2,480	7,440	12,400	27,900	43,400	62,000

1955 Star Chief, V-8, 124" wb

	6	5	4	3	2	1
4d Sed	1,020	3,060	5,100	11,480	17,850	25,500
2d Conv	2,900	8,700	14,500	32,630	50,750	72,500

1955 Star Chief Custom, V-8, 124" wb

	6	5	4	3	2	1
4d Sed	1,060	3,180	5,300	11,930	18,550	26,500

1955 Star Chief Custom Catalina

	6	5	4	3	2	1
2d HT	1,640	4,920	8,200	18,450	28,700	41,000

1956 Chieftain 860, V-8, 122" wb

	6	5	4	3	2	1
4d Sed	960	2,880	4,800	10,800	16,800	24,000
4d HT	1,000	3,000	5,000	11,250	17,500	25,000
2d Sed	1,160	3,490	5,820	13,100	20,370	29,100
2d HT	1,520	4,560	7,600	17,100	26,600	38,000
2d Sta Wag	1,320	3,960	6,600	14,850	23,100	33,000
4d Sta Wag	1,100	3,300	5,500	12,380	19,250	27,500

1956 Chieftain 870, V-8, 122" wb

	6	5	4	3	2	1
4d Sed	970	2,920	4,860	10,940	17,010	24,300
4d HT	1,040	3,120	5,200	11,700	18,200	26,000
2d HT	1,560	4,680	7,800	17,550	27,300	39,000
4d Sta Wag	1,320	3,960	6,600	14,850	23,100	33,000

1956 Star Chief Custom Safari, V-8, 122" wb

	6	5	4	3	2	1
2d Sta Wag	2,480	7,440	12,400	27,900	43,400	62,000

1956 Star Chief, V-8, 124" wb

	6	5	4	3	2	1
4d Sed	1,000	3,000	5,000	11,250	17,500	25,000
2d Conv	2,900	8,700	14,500	32,630	50,750	72,500

1956 Star Chief Custom Catalina, V-8, 124" wb

	6	5	4	3	2	1
4d HT	1,120	3,360	5,600	12,600	19,600	28,000
2d HT	1,680	5,040	8,400	18,900	29,400	42,000

NOTE: Add 10% for Power Pack V-8. Add 35% for dual four-barrel carbs.

1957 Chieftain, V-8, 122" wb

	6	5	4	3	2	1
4d Sed	960	2,880	4,800	10,800	16,800	24,000
4d HT	1,000	3,000	5,000	11,250	17,500	25,000
2d Sed	1,180	3,540	5,900	13,280	20,650	29,500
2d HT	1,560	4,680	7,800	17,550	27,300	39,000
4d Sta Wag	1,080	3,240	5,400	12,150	18,900	27,000
2d Sta Wag	1,100	3,300	5,500	12,380	19,250	27,500

1957 Super Chief, V-8, 122" wb

	6	5	4	3	2	1
4d Sed	1,000	3,000	5,000	11,250	17,500	25,000
4d HT	1,080	3,240	5,400	12,150	18,900	27,000
2d HT	1,640	4,920	8,200	18,450	28,700	41,000
4d Sta Wag	1,160	3,480	5,800	13,050	20,300	29,000

1957 Star Chief Custom Safari, V-8, 122" wb

	6	5	4	3	2	1
4d Sta Wag	1,540	4,620	7,700	17,330	26,950	38,500
2d Sta Wag	2,700	8,100	13,500	30,380	47,250	67,500

1957 Star Chief, V-8, 124" wb

	6	5	4	3	2	1
4d Sed	1,040	3,120	5,200	11,700	18,200	26,000
2d Conv	3,180	9,540	15,900	35,780	55,650	79,500
2d Bonneville Conv*	7,180	21,540	35,900	80,780	125,650	179,500

1957 Star Chief Custom, V-8, 124" wb

	6	5	4	3	2	1
4d Sed	1,060	3,180	5,300	11,930	18,550	26,500
4d HT	1,200	3,600	6,000	13,500	21,000	30,000
2d HT	1,720	5,160	8,000	19,050	30,100	40,000

NOTE: Add 25% for 290 hp Tri-Power. Add 35% for 317hp Tri-Power.

1958 Chieftain, V-8, 122" wb

	6	5	4	3	2	1
4d Sed	600	1,810	3,020	6,800	10,570	15,100
4d HT	860	2,580	4,300	9,680	15,050	21,500
2d Sed	1,000	3,000	5,000	11,250	17,500	25,000
2d HT	1,240	3,720	6,200	13,950	21,700	31,000
2d Conv	2,600	7,800	13,000	29,250	45,500	65,000
4d 9P Safari	920	2,760	4,600	10,350	16,100	23,000

1958 Super-Chief, V-8, 122" wb

	6	5	4	3	2	1
4d Sed	620	1,870	3,120	7,020	10,920	15,600
4d HT	920	2,760	4,600	10,350	16,100	23,000
2d HT	1,280	3,840	6,400	14,400	22,400	32,000

1958 Star Chief, V-8, 124" wb

	6	5	4	3	2	1
4d Cus Sed	800	2,400	4,000	9,000	14,000	20,000
4d HT	960	2,880	4,800	10,800	16,800	24,000
2d HT	1,400	4,200	7,000	15,750	24,500	35,000
4d Cus Safari	1,240	3,720	6,200	13,950	21,700	31,000

1958 Bonneville, V-8, 122" wb

	6	5	4	3	2	1
2d HT	2,760	8,280	13,800	31,050	48,300	69,000

	6	5	4	3	2	1
2d Conv	4,860	14,580	24,300	54,680	85,050	121,500

NOTE: Add 10% for 285hp 4V. Add 20% for 300hp tri-power. Add 40% for PK or PM Nascar V-8. Add 50% for fuel-injection Bonneville; 40% for tri-power option.

1959 Catalina, V-8, 122" wb
	6	5	4	3	2	1
4d Sed	560	1,680	2,800	6,300	9,800	14,000
4d HT	800	2,400	4,000	9,000	14,000	20,000
2d Sed	800	2,400	4,000	9,000	14,000	20,000
2d HT	1,200	3,600	6,000	13,500	21,000	30,000
2d Conv	2,120	6,360	10,600	23,850	37,100	53,000

1959 Safari, V-8, 124" wb
	6	5	4	3	2	1
4d 6P Sta Wag	1,120	3,360	5,600	12,600	19,600	28,000
4d 9P Sta Wag	1,140	3,420	5,700	12,830	19,950	28,500

1959 Star Chief, V-8, 124" wb
	6	5	4	3	2	1
4d Sed	800	2,400	4,000	9,000	14,000	20,000
4d HT	880	2,640	4,400	9,900	15,400	22,000
2d Sed	900	2,700	4,500	10,130	15,750	22,500

1959 Bonneville, V-8, 124" wb
	6	5	4	3	2	1
4d HT	920	2,760	4,600	10,350	16,100	23,000
2d HT	1,360	4,080	6,800	15,300	23,800	34,000
2d Conv	2,560	7,680	12,800	28,800	44,800	64,000

1959 Custom Safari, V-8, 122" wb
	6	5	4	3	2	1
4d Sta Wag	1,200	3,600	6,000	13,500	21,000	30,000

NOTE: Add 10% for 8 lugs. Add 15% for 300 tri-power. Add 25% for 320 4V engine. Add 30% for 345hp tri-power

1960 Catalina, V-8, 122" wb
	6	5	4	3	2	1
4d Sed	560	1,680	2,800	6,300	9,800	14,000
4d HT	800	2,400	4,000	9,000	14,000	20,000
2d Sed	840	2,520	4,200	9,450	14,700	21,000
2d HT	1,200	3,600	6,000	13,500	21,000	30,000
2d Conv	2,120	6,360	10,600	23,850	37,100	53,000

1960 Safari, V-8, 122" wb
	6	5	4	3	2	1
4d Sta Wag	1,120	3,360	5,600	12,600	19,600	28,000
4d 6P Sta Wag	1,140	3,420	5,700	12,830	19,950	28,500

1960 Ventura, V-8, 122" wb
	6	5	4	3	2	1
4d HT	840	2,520	4,200	9,450	14,700	21,000
2d HT	1,280	3,840	6,400	14,400	22,400	32,000

1960 Star Chief, V-8, 124" wb
	6	5	4	3	2	1
4d Sed	800	2,400	4,000	9,000	14,000	20,000
4d HT	880	2,640	4,400	9,900	15,400	22,000
2d Sed	900	2,700	4,500	10,130	15,750	22,500

1960 Bonneville, V-8, 124" wb
	6	5	4	3	2	1
4d HT	920	2,760	4,600	10,350	16,100	23,000
2d HT	1,360	4,080	6,800	15,300	23,800	34,000
2d Conv	2,560	7,680	12,800	28,800	44,800	64,000

1960 Bonneville Safari, V-8, 122" wb
	6	5	4	3	2	1
4d Sta Wag	1,200	3,600	6,000	13,500	21,000	30,000

NOTE: Add 10% for 8 lugs. Add 15% for 318hp tri-power. Add 25% for 330hp V-8. Add 30% for 345hp tri-power. Add 100% for super duty 389.

1961 Tempest Compact, 4-cyl.
	6	5	4	3	2	1
4d Sed	388	1,164	1,940	4,370	6,790	9,700
2d Cpe	392	1,176	1,960	4,410	6,860	9,800
2d Cus Cpe	440	1,320	2,200	4,950	7,700	11,000
4d Safari Wag	440	1,320	2,200	4,950	7,700	11,000

NOTE: Add 20% for Tempest V-8. Add 20% for V-8.

1961 Catalina, V-8, 119" wb
	6	5	4	3	2	1
4d Sed	460	1,380	2,300	5,180	8,050	11,500
4d HT	500	1,500	2,500	5,630	8,750	12,500
2d Sed	660	1,990	3,320	7,470	11,620	16,600
2d HT	1,520	4,560	7,600	17,100	26,600	38,000
2d Conv	1,800	5,400	9,000	20,250	31,500	45,000
4d Safari Wag	880	2,640	4,400	9,900	15,400	22,000
2d HT 421 Super Duty	10,000	30,000	50,000	125,000	175,000	250,000

1961 Ventura, V-8, 119" wb
	6	5	4	3	2	1
4d HT	620	1,860	3,100	6,980	10,850	15,500
2d HT	1,600	4,800	8,000	18,000	28,000	40,000

1961 Star Chief, V-8, 123" wb
	6	5	4	3	2	1
4d Sed	500	1,500	2,500	5,630	8,750	12,500
4d HT	640	1,920	3,200	7,200	11,200	16,000

1961 Bonneville, V-8, 123" wb
	6	5	4	3	2	1
4d HT	660	1,980	3,300	7,430	11,550	16,500
2d HT	1,600	4,800	8,000	18,000	28,000	40,000
2d Conv	1,780	5,340	8,900	20,030	31,150	44,500

1961 Bonneville Safari, V-8, 119" wb
	6	5	4	3	2	1
4d Sta Wag	920	2,760	4,600	10,350	16,100	23,000

NOTE: Add 10% for aluminum wheel option; 30% for 4-speed. Add 20% for 318hp tri-power. Add 20 pervent for 333hp 4V. Add 30% for 348hp tri-power. Add 40% for 363hp tri-power. Add 10% for 8 lugs.

1962 Tempest, 4-cyl., 122" wb
	6	5	4	3	2	1
4d Sed	348	1,044	1,740	3,920	6,090	8,700
2d Cpe	352	1,056	1,760	3,960	6,160	8,800
2d HT	600	1,800	3,000	6,750	10,500	15,000

	6	5	4	3	2	1
2d Conv	720	2,160	3,600	8,100	12,600	18,000
4d Safari	440	1,320	2,200	4,950	7,700	11,000

NOTE: Add 20% for Tempest V-8. Add 10% for 250hp V-8. Add 20% for 285hp V-8.

1962 Catalina, V-8, 120" wb

	6	5	4	3	2	1
4d Sed	460	1,380	2,300	5,180	8,050	11,500
4d HT	500	1,500	2,500	5,630	8,750	12,500
2d Sed	660	1,990	3,320	7,470	11,620	16,600
2d HT	1,520	4,560	7,600	17,100	26,600	38,000
2d Conv	1,800	5,400	9,000	20,250	31,500	45,000
4d Sta Wag	880	2,640	4,400	9,900	15,400	22,000
2d HT (421/405)	8,000	24,000	40,000	90,000	140,000	200,000
2d Sed (421/405)	7,000	21,000	35,000	78,750	122,500	175,000

1962 Star Chief, V-8, 123" wb

	6	5	4	3	2	1
4d Sed	500	1,500	2,500	5,630	8,750	12,500
4d HT	640	1,920	3,200	7,200	11,200	16,000

1962 Bonneville, V-8, 123" wb, Sta Wag 119" wb

	6	5	4	3	2	1
4d HT	660	1,980	3,300	7,430	11,550	16,500
2d HT	1,600	4,800	8,000	18,000	28,000	40,000
2d Conv	1,780	5,340	8,900	20,030	31,150	44,500
4d Sta Wag	920	2,760	4,600	10,350	16,100	23,000

1962 Grand Prix, V-8, 120" wb

	6	5	4	3	2	1
2d HT	1,580	4,740	7,900	17,780	27,650	39,500

NOTE: Add 10% for 8 lugs. Add 15% for 389/318hp tri-power and 389/333hp 4V. Add 20% for 389/348hp tri-power. Add 25% for 421/370hp 4V.

1963 Tempest (Compact), 4-cyl., 112" wb

	6	5	4	3	2	1
4d Sed	380	1,140	1,900	4,280	6,650	9,500
2d Cpe	440	1,320	2,200	4,950	7,700	11,000
2d HT	620	1,860	3,100	6,980	10,850	15,500
2d Conv	800	2,400	4,000	9,000	14,000	20,000
4d Sta Wag	460	1,380	2,300	5,180	8,050	11,500

1963 LeMans, V-8, 112" wb

	6	5	4	3	2	1
2d HT	660	1,980	3,300	7,430	11,550	16,500
2d Conv	860	2,580	4,300	9,680	15,050	21,500

NOTE: Add 20% for 250hp V-8. Add 25% for 285 hp V-8.

1963 Catalina, V-8, 119" wb

	6	5	4	3	2	1
4d Sed	460	1,390	2,320	5,220	8,120	11,600
4d HT	504	1,512	2,520	5,670	8,820	12,600
2d Sed	670	2,000	3,340	7,520	11,690	16,700
2d HT	1,360	4,080	6,800	15,300	23,800	34,000
2d Conv	1,840	5,520	9,200	20,700	32,200	46,000
4d Sta Wag	900	2,700	4,500	10,130	15,750	22,500

1963 Catalina Super-Duty

	6	5	4	3	2	1
2d HT (421/405)	8,000	24,000	40,000	90,000	140,000	200,000
2d HT (421/410)	8,400	25,200	42,000	94,500	147,000	210,000
2d Sed (421/405)	7,800	23,400	39,000	87,750	136,500	195,000
2d Sed (421/410)	7,840	23,520	39,200	88,200	137,200	196,000

NOTE: Add 5% for 4-speed.

1963 Star Chief, V-8, 123" wb

	6	5	4	3	2	1
4d Sed	500	1,500	2,500	5,630	8,750	12,500
4d HT	640	1,920	3,200	7,200	11,200	16,000

1963 Bonneville, V-8, 123" wb

	6	5	4	3	2	1
2d HT	1,640	4,920	8,200	18,450	28,700	41,000
4d HT	680	2,040	3,400	7,650	11,900	17,000
2d Conv	1,520	4,560	7,600	17,100	26,600	38,000
4d Sta Wag	900	2,700	4,500	10,130	15,750	22,500

1963 Grand Prix, V-8, 120" wb

	6	5	4	3	2	1
2d HT	1,680	5,040	8,400	18,900	29,400	42,000

NOTE: Add 5% for ventura. Add 10% for 8 lugs. Add 10% for 389/303hp 4V. Add 15% for 389/313hp tri-power. Add 20% for 421/353hp 4V. Add 30% for 421/370 tri-power V-8. Add 30% for 421/405 hp 2X4V. Add 140% for 421/420hp 2X4.

1964 Tempest Custom 21, V-8, 115" wb

	6	5	4	3	2	1
4d Sed	500	1,500	2,500	5,630	8,750	12,500
2d HT	800	2,400	4,000	9,000	14,000	20,000
2d Conv	1,240	3,720	6,200	13,950	21,700	31,000
4d Sta Wag	720	2,160	3,600	8,100	12,600	18,000

1964 LeMans, V-8, 115" wb

	6	5	4	3	2	1
2d HT	1,120	3,360	5,600	12,600	19,600	28,000
2d Cpe	1,080	3,240	5,400	12,150	18,900	27,000
2d Conv	1,200	3,600	6,000	13,500	21,000	30,000
2d GTO Cpe	1,840	5,520	9,200	20,700	32,200	46,000
2d GTO Conv	2,320	6,960	11,600	26,100	40,600	58,000
2d GTO HT	1,880	5,640	9,400	21,150	32,900	47,000

NOTE: Add 10% for 326/250 V-8. Add 20% for 326/280 V-8. Deduct 10% for six. Add 20% for GTO tri-power V-8.

1964 Catalina, V-8, 120" wb

	6	5	4	3	2	1
4d Sed	460	1,380	2,300	5,180	8,050	11,500
4d HT	500	1,500	2,500	5,630	8,750	12,500
2d Sed	660	1,990	3,320	7,470	11,620	16,600
2d HT	1,320	3,960	6,600	14,850	23,100	33,000
2d Conv	1,440	4,320	7,200	16,200	25,200	36,000
4d Sta Wag	840	2,520	4,200	9,450	14,700	21,000

PONTIAC

	6	5	4	3	2	1
1d Sed 421 Super Duty 8,000	24,000	40,000	100,000	140,000	200,000
2d HT 421 Super Duty 8,400	25,200	42,000	105,000	147,000	210,000
1964 Star Chief, V-8, 123" wb						
4d Sed 460	1,380	2,300	5,180	8,050	11,500
4d HT 620	1,860	3,100	6,980	10,850	15,500
1964 Bonneville, V-8, 123" wb						
4d HT 660	1,980	3,300	7,430	11,550	16,500
2d HT 1,360	4,080	6,800	15,300	23,800	34,000
2d Conv 1,480	4,440	7,400	16,650	25,900	37,000
4d Sta Wag 900	2,700	4,500	10,130	15,750	22,500
1964 Grand Prix, V-8, 120" wb						
2d HT 1,580	4,740	7,900	17,780	27,650	39,500

NOTE: Add 10% for 389/306 V-8. Add 20% for 389/330 tri-power V-8/ Add 35% for 389/348 tri-power V-8. Add 40% for 421/350 tri-power V-8. Add 50%% for 421/370 tri-power V-8. Add 20% for 2+2.

1965 Tempest, 115" wb						
4d Sed 780	2,350	3,920	8,820	13,720	19,600
2d Spt Cpe 940	2,830	4,720	10,620	16,520	23,600
2d HT 1,000	3,000	5,000	11,250	17,500	25,000
2d Conv 1,240	3,720	6,200	13,950	21,700	31,000
4d Sta Wag 840	2,520	4,200	9,450	14,700	21,000
1965 LeMans, 115" wb						
4d Sed 840	2,520	4,200	9,450	14,700	21,000
2d Cpe 1,000	3,000	5,000	11,250	17,500	25,000
2d HT 1,160	3,480	5,800	13,050	20,300	29,000
2d Conv 1,440	4,320	7,200	16,200	25,200	36,000
2d GTO Conv 2,360	7,080	11,800	26,550	41,300	59,000
2d GTO HT 1,920	5,760	9,600	21,600	33,600	48,000
2d GTO Cpe 1,880	5,640	9,400	21,150	32,900	47,000

NOTE: Add 20% for 326/250 V-8. Add 25% for 320/285 V-8. Add 20% for GTO 389/360 tri-power. Add 10% for Rally Rims. Add 10% for 4-speed.

1965 Catalina, V-8, 121" wb						
4d Sed 392	1,176	1,960	4,410	6,860	9,800
4d HT 480	1,440	2,400	5,400	8,400	12,000
2d Sed 660	1,980	3,300	7,430	11,550	16,500
2d HT 860	2,580	4,300	9,680	15,050	21,500
2d Conv 840	2,520	4,200	9,450	14,700	21,000
4d Sta Wag 700	2,100	3,500	7,880	12,250	17,500
1965 Star Chief, V-8, 123" wb						
4d Sed 440	1,320	2,200	4,950	7,700	11,000
4d HT 500	1,500	2,500	5,630	8,750	12,500
1965 Bonneville, V-8, 123" wb						
4d HT 620	1,860	3,100	6,980	10,850	15,500
2d HT 920	2,760	4,600	10,350	16,100	23,000
2d Conv 1,000	3,000	5,000	11,250	17,500	25,000
4d 2S Sta Wag 700	2,100	3,500	7,880	12,250	17,500
1965 Grand Prix, 120" wb						
2d HT 1,000	3,000	5,000	11,250	17,500	25,000

NOTE: Add 10% for 389/335 V-8. Add 20% for 389/360 tri-power V-8. Add 15% for 421/338 V-8. Add 20% for 421/356 tri-power V-8. Add 30% for 421/376 tri-power V-8. Add 20% for 2+2 option.

1966 Tempest Custom, OHC-6, 115" wb						
4d Sed 780	2,350	3,920	8,820	13,720	19,600
4d HT 830	2,480	4,140	9,320	14,490	20,700
2d HT 1,110	3,340	5,560	12,510	19,460	27,800
2d Cpe 980	2,940	4,900	11,030	17,150	24,500
2d Conv 1,240	3,720	6,200	13,950	21,700	31,000
4d Sta Wag 780	2,340	3,900	8,780	13,650	19,500
1966 LeMans, OHC-6, 115" wb						
4d HT 840	2,520	4,200	9,450	14,700	21,000
2d Cpe 970	2,920	4,860	10,940	17,010	24,300
2d HT 1,140	3,420	5,700	12,830	19,950	28,500
2d Conv 1,300	3,900	6,500	14,630	22,750	32,500
1966 GTO, V-8, 115" wb						
2d HT 1,880	5,640	9,400	21,150	32,900	47,000
2d Cpe 1,800	5,400	9,000	20,250	31,500	45,000
2d Conv 2,320	6,960	11,600	26,100	40,600	58,000

NOTE: Add 5% for 4-speed. Add 10% for Rally Rims. Add 20% for 326/250 V-8. Add 25% for 326/285 V-8. Add 25% for GTO 389/360 tri power V-8. Add 30% for tri power option.

1966 Catalina, V-8, 121" wb						
4d Sed 388	1,164	1,940	4,370	6,790	9,700
4d HT 480	1,440	2,400	5,400	8,400	12,000
2d Sed 660	1,980	3,300	7,430	11,550	16,500
2d HT 900	2,700	4,500	10,130	15,750	22,500
2d Conv 960	2,880	4,800	10,800	16,800	24,000
4d Sta Wag 680	2,040	3,400	7,650	11,900	17,000
1966 2 Plus 2, V-8, 121" wb						
2d HT 1,140	3,420	5,700	12,830	19,950	28,500
2d Conv 1,560	4,680	7,800	17,550	27,300	39,000
1966 Executive, V-8, 124" wb						
4d Sed 460	1,380	2,300	5,180	8,050	11,500

	6	5	4	3	2	1
4d HT	500	1,500	2,500	5,630	8,750	12,500
2d HT	900	2,700	4,500	10,130	15,750	22,500

1966 Bonneville, V-8, 124" wb

4d HT	620	1,860	3,100	6,980	10,850	15,500
2d HT	940	2,820	4,700	10,580	16,450	23,500
2d Conv	1,040	3,120	5,200	11,700	18,200	26,000
4d Sta Wag	700	2,100	3,500	7,880	12,250	17,500

1966 Grand Prix, V-8, 121" wb

2d HT	840	2,520	4,200	9,450	14,700	21,000

NOTE: Add 10% for 389/325 V-8. Add 20% for 421/338 V-8. Add 30% for 421/356 V-8 tri-power. Add 40% for 421/376 V-8 tri-power. Add 10% for Venture Custom (Catalina)

1967 Tempest, 6-cyl., 115" wb

4d Sed	780	2,340	3,900	8,780	13,650	19,500
2d Cpe	940	2,820	4,700	10,580	16,450	23,500
4d Sta Wag	860	2,590	4,320	9,720	15,120	21,600

1967 Tempest Custom, 6-cyl., 115" wb

2d Cpe	940	2,830	4,720	10,620	16,520	23,600
2d HT	1,000	3,010	5,020	11,300	17,570	25,100
2d Conv	1,240	3,720	6,200	13,950	21,700	31,000
4d HT	850	2,540	4,240	9,540	14,840	21,200
4d Sed	780	2,350	3,920	8,820	13,720	19,600
4d Sta Wag	840	2,520	4,200	9,450	14,700	21,000

1967 Lemans, 6-cyl., 115" wb

4d HT	840	2,520	4,200	9,450	14,700	21,000
2d Cpe	950	2,840	4,740	10,670	16,590	23,700
2d HT	1,100	3,300	5,500	12,380	19,250	27,500
2d Conv	1,300	3,900	6,500	14,630	22,750	32,500

NOTE: Add 20% for V-8.

1967 Tempest Safari, 6-cyl., 115" wb

4d Sta Wag	880	2,640	4,400	9,900	15,400	22,000

NOTE: Add 10% for Sprint 6. Add 20% for 320/255. Add 25% for 326/285.

1967 GTO, V-8, 115" wb

2d Cpe	1,960	5,880	9,800	22,050	34,300	49,000
2d HT	2,000	6,000	10,000	22,500	35,000	50,000
2d Conv	2,440	7,320	12,200	27,450	42,700	61,000

NOTE: Add 30% for 428/360 V-8. Add 40% for Ram Air V-8. Deduct 10% for 400/255 V-8.

1967 Catalina, V-8, 121" wb

4d Sed	388	1,164	1,940	4,370	6,790	9,700
4d HT	480	1,440	2,400	5,400	8,400	12,000
2d Sed	660	1,990	3,320	7,470	11,620	16,600
2d HT	860	2,580	4,300	9,680	15,050	21,500
2d Conv	920	2,760	4,600	10,350	16,100	23,000

1967 2 Plus 2, V-8, 121" Wb

2d HT	1,220	3,660	6,100	13,730	21,350	30,500
2d Conv	1,520	4,560	7,600	17,100	26,600	38,000
4d 3S Sta Wag	780	2,340	3,900	8,780	13,650	19,500

1967 Executive, V-8, 124" wb, Sta Wag 121" wb

4d Sed	440	1,320	2,200	4,950	7,700	11,000
4d HT	500	1,500	2,500	5,630	8,750	12,500
2d HT	900	2,700	4,500	10,130	15,750	22,500
4d 3S Sta Wag	680	2,040	3,400	7,650	11,900	17,000

1967 Bonneville, V-8, 124" wb

4d HT	600	1,800	3,000	6,750	10,500	15,000
2d HT	900	2,700	4,500	10,130	15,750	22,500
2d Conv	920	2,760	4,600	10,350	16,100	23,000
4d Sta Wag	680	2,040	3,400	7,650	11,900	17,000

1967 Grand Prix, V-8, 121" wb

2d HT	920	2,760	4,600	10,350	16,100	23,000
Conv	1,120	3,360	5,600	12,600	19,600	28,000

NOTE: Add 25% for Catalina 2+2. Add 20% for 400/333 V-8. Add 30% for 428/360 V-8. Add 40% for 428/376 V-8. Add 10% for Ventura Custom.

1967 Firebird, V-8, 108" wb

2d Cpe	960	2,880	4,800	10,800	16,800	24,000
2d Conv	1,120	3,360	5,600	12,600	19,600	28,000

NOTE: Deduct 10% for 200/165 OHC Six. Deduct 5% for 230/215 Sprint Six. Add 10% for 326/285 V-8. Add 30% for 400/325 V-8.

1968 Tempest, 6-cyl., 112" wb

2d Spt Cpe	640	1,920	3,200	7,200	11,200	16,000
2d Cus "S" Cpe	660	1,980	3,300	7,430	11,550	16,500
2d Cus "S" HT	800	2,400	4,000	9,000	14,000	20,000
2d Cus "S" Conv	840	2,520	4,200	9,450	14,700	21,000
2d LeMans	640	1,920	3,200	7,200	11,200	16,000
2d LeMans Spt Cpe	680	2,040	3,400	7,650	11,900	17,000
2d LeMans Conv	1,000	3,000	5,000	11,250	17,500	25,000

NOTE: Add 20% for V-8. Add 10% for 350/265 V-8. Add 25% for 350/320 V-8. Deduct 5% for 230/215 OHC-6.

1968 GTO, V-8, 112" wb

2d HT	1,640	4,920	8,200	18,450	28,700	41,000
2d Conv	2,200	6,600	11,000	24,750	38,500	55,000

NOTE: Add 25% for Ram Air I; 40% for Ram Air II. Deduct 10% for 400/265 V-8. Add 30% for 400/360 H.O. V-8.

	6	5	4	3	2	1
1968 Catalina, V-8, 122" wb						
4d Sed	380	1,140	1,900	4,280	6,650	9,500
4d HT	440	1,320	2,200	4,950	7,700	11,000
2d Sed	670	2,000	3,340	7,520	11,690	16,700
2d HT	800	2,400	4,000	9,000	14,000	20,000
2d Conv	880	2,640	4,400	9,900	15,400	22,000
4d Sta Wag	640	1,920	3,200	7,200	11,200	16,000
1968 Executive, V-8, 124" wb, Sta Wag 121" wb						
4d Sed	460	1,380	2,300	5,180	8,050	11,500
4d HT	480	1,440	2,400	5,400	8,400	12,000
2d HT	860	2,580	4,300	9,680	15,050	21,500
4d 3S Sta Wag	680	2,040	3,400	7,650	11,900	17,000
1968 Bonneville, V-8, 125" wb						
4d Sed	468	1,404	2,340	5,270	8,190	11,700
4d HT	500	1,500	2,500	5,630	8,750	12,500
2d HT	880	2,640	4,400	9,900	15,400	22,000
2d Conv	960	2,880	4,800	10,800	16,800	24,000
4d Sta Wag	700	2,100	3,500	7,880	12,250	17,500
1968 Grand Prix, V-8, 118" wb						
2d HT	920	2,760	4,600	10,350	16,100	23,000

NOTE: Add 15% for 400/340 V-8. Add 20% for 428/375 V-8. Add 30% for 428/390 V-8.

1968 Firebird, V-8, 108" wb						
2d Cpe	960	2,880	4,800	10,800	16,800	24,000
2d Conv	1,120	3,360	5,600	12,600	19,600	28,000

NOTE: Add 10% for 350/320 V-8. Add 25% for 400/330 V-8. Add 30% for 400/335 RA V-8. Deduct 10% for 250/175 OHC-6. Deduct 5% for 250/215 OHC-6.

1969 Tempest, V-8, 116" wb, 2d 112" wb						
4d Sed	300	900	1,500	3,380	5,250	7,500
2d Cpe	340	1,020	1,700	3,830	5,950	8,500
1969 Tempest "S" Custom, V-8, 116" wb, 2d 112" wb						
4d Sed	310	940	1,560	3,510	5,460	7,800
4d HT	350	1,040	1,740	3,920	6,090	8,700
2d Cpe	360	1,080	1,800	4,050	6,300	9,000
2d HT	650	1,950	3,250	7,310	11,380	16,250
2d Conv	960	2,880	4,800	10,800	16,800	24,000
4d Sta Wag	420	1,260	2,100	4,730	7,350	10,500
1969 Tempest Lemans, V-8, 116" wb, 2d 112" wb						
4d HT	410	1,220	2,040	4,590	7,140	10,200
2d Cpe	480	1,450	2,420	5,450	8,470	12,100
2d HT	680	2,040	3,400	7,650	11,900	17,000
2d Conv	1,000	3,010	5,020	11,300	17,570	25,100
1969 Tempest Safari, V-8, 116" wb						
4d Sta Wag	500	1,500	2,500	5,630	8,750	12,500

NOTE: Add 5% for 250/230 Sprint OHC-6. Add 10% for 350/265 V-8. Add 25% for 350/330 V-8.

1969 GTO, V-8, 112" wb						
2d HT	1,600	4,800	8,000	18,000	28,000	40,000
2d Conv	2,200	6,600	11,000	24,750	38,500	55,000
2d Judge HT	3,000	9,000	15,000	37,500	52,500	75,000
2d Judge Conv	5,000	15,000	25,000	56,250	87,500	125,000

NOTE: Add 40% for Ram Air III. Add 50% for Ram Air IV. Deduct 10% for 400/265 V-8. Ram Air III V-8 standard in GTO Judge.

1969 Catalina, V-8, 122" wb						
4d Sed	340	1,030	1,720	3,870	6,020	8,600
4d HT	388	1,164	1,940	4,370	6,790	9,700
2d HT	620	1,860	3,100	6,980	10,850	15,500
2d Conv	840	2,520	4,200	9,450	14,700	21,000
4d 3S Sta Wag	520	1,560	2,600	5,850	9,100	13,000
1969 Executive, V-8, 125" wb, Sta Wag 122" wb						
4d Sed	350	1,040	1,740	3,920	6,090	8,700
4d HT	390	1,180	1,960	4,410	6,860	9,800
2d HT	620	1,870	3,120	7,020	10,920	15,600
4d 3S Sta Wag	520	1,570	2,620	5,900	9,170	13,100
1969 Bonneville, V-8, 125" wb						
4d Sed	360	1,080	1,800	4,050	6,300	9,000
4d HT	400	1,200	2,000	4,500	7,000	10,000
2d HT	720	2,160	3,600	8,100	12,600	18,000
2d Conv	1,020	3,060	5,100	11,480	17,850	25,500
4d Sta Wag	540	1,620	2,700	6,080	9,450	13,500
1969 Grand Prix, V-8, 118" wb						
2d HT	900	2,700	4,500	10,130	15,750	22,500

NOTE: Add 20% for 428/360 V-8. Add 25% for 428-370 V-8. Add 30% for 428/390 V-8.

1969 Firebird, V-8, 108" wb						
2d Cpe	1,000	3,000	5,000	11,250	17,500	25,000
2d Conv	1,200	3,600	6,000	13,500	21,000	30,000
2d Trans Am Cpe	4,800	14,400	24,000	54,000	84,000	120,000
2d Trans Am Conv (8 produced)						value not estimable

NOTE: Deduct 20% for 250/175 OHC-6. Deduct 5% for 250/230 OHC-6 (Sprint). Add 10% for 350/325 V-8. Add 60% for 400/335 V-8. Add 70% for 400/345 Ram Air V-8.

	6	5	4	3	2	1
1970 Tempest, V-8, 116" wb, 2d 112" wb						
4d Sed	300	900	1,500	3,380	5,250	7,500
2d HT	540	1,620	2,700	6,080	9,450	13,500
2d Cpe	340	1,020	1,700	3,830	5,950	8,500
1970 LeMans, V-8, 116" wb, 2d 112" wb						
4d Sed	310	940	1,560	3,510	5,460	7,800
4d HT	350	1,040	1,740	3,920	6,090	8,700
2d Cpe	360	1,080	1,800	4,050	6,300	9,000
2d HT	650	1,950	3,250	7,310	11,380	16,250
4d Sta Wag	420	1,260	2,100	4,730	7,350	10,500
1970 LeMans Sport, V-8, 116" wb, 2d 112" wb						
4d HT	430	1,300	2,160	4,860	7,560	10,800
2d Cpe	480	1,450	2,420	5,450	8,470	12,100
2d HT	680	2,040	3,400	7,650	11,900	17,000
2d Conv	1,000	3,010	5,020	11,300	17,570	25,100
4d Sta Wag	500	1,500	2,500	5,630	8,750	12,500
1970 LeMans GT 37, V-8, 112" wb						
2d Cpe	720	2,160	3,600	8,100	12,600	18,000
2d HT	880	2,640	4,400	9,900	15,400	22,000
NOTE: Deduct 15% for 250/135 OHC-6. Add 10% for 400/265 V-8. Add 25% for 400/330 V-8.						
1970 GTO, V-8, 112" wb						
2d HT	1,680	5,040	8,400	18,900	29,400	42,000
2d Conv	2,400	7,200	12,000	27,000	42,000	60,000
2d Judge HT	3,000	9,000	15,000	33,750	52,500	75,000
2d Judge Conv	5,000	15,000	25,000	56,250	87,500	125,000
NOTE: Add 40% for 400/366 RA1 V-8. Add 60% for 400/370 RA5 V-8. Add 25% for 455/360 V-8. RA III V-8 standard in GTO Judge.						
1970 Catalina, V-8, 122" wb						
4d Sed	340	1,030	1,720	3,870	6,020	8,600
4d HT	390	1,160	1,940	4,370	6,790	9,700
2d HT	620	1,860	3,100	6,980	10,850	15,500
2d Conv	680	2,040	3,400	7,650	11,900	17,000
4d 3S Sta Wag	520	1,560	2,600	5,850	9,100	13,000
1970 Executive, V-8, 125" wb, Sta Wag 122" wb						
4d Sed	350	1,040	1,740	3,920	6,090	8,700
4d HT	390	1,180	1,960	4,410	6,860	9,800
2d HT	620	1,870	3,120	7,020	10,920	15,600
4d 3S Sta Wag	520	1,570	2,620	5,900	9,170	13,100
1970 Bonneville, V-8, 125" wb, Sta Wag 122" wb						
4d Sed	360	1,080	1,800	4,050	6,300	9,000
4d HT	400	1,200	2,000	4,500	7,000	10,000
2d HT	600	1,800	3,000	6,750	10,500	15,000
2d Conv	700	2,100	3,500	7,880	12,250	17,500
4d 3S Sta Wag	540	1,620	2,700	6,080	9,450	13,500
NOTE: Add 30% for 428/360 V-8. Add 35% for 428/370 V-8. Add 40% for 455/370 V-8.						
1970 Grand Prix, V-8, 118" wb						
2d Hurst "SSJ" HT	1,000	3,000	5,000	11,250	17,500	25,000
2d HT	680	2,040	3,400	7,650	11,900	17,000
NOTE: Add 25% for SJ; 10% for 455/370 V-8.						
1970 Firebird, V-8, 108" wb						
2d Firebird	800	2,400	4,000	9,000	14,000	20,000
2d Esprit	820	2,460	4,100	9,230	14,350	20,500
2d Formula 400	1,400	4,200	7,000	15,750	24,500	35,000
2d Trans Am	1,800	5,400	9,000	20,250	31,500	45,000
NOTE: Deduct 20% for 250/175 OHC-6. Add 10% for 350/325 H.O. V-8. Add 25% for 400/330 V-8. Add 40% for 400/335 Ram Air III V-8. Add 50% for 400/370 Ram Air 5 V-8.						
1971 Ventura II, V-8, 111" wb						
2d Cpe	300	890	1,490	3,350	5,220	7,450
4d Sed	260	790	1,320	2,970	4,620	6,600
NOTE: Deduct 10% for 6-cyl. Add 10% for Sprint package.						
1971 LeMans T37, V-8, 116" wb, 2d 112" wb						
2d Sed	300	900	1,500	3,380	5,250	7,500
4d Sed	280	840	1,400	3,150	4,900	7,000
2d HT	400	1,200	2,000	4,500	7,000	10,000
1971 LeMans, V-8, 116" wb, 2d 112" wb						
2d Sed	320	960	1,600	3,600	5,600	8,000
4d Sed	300	900	1,500	3,380	5,250	7,500
4d HT	340	1,020	1,700	3,830	5,950	8,500
2d HT	600	1,800	3,000	6,750	10,500	15,000
4d 3S Sta Wag	440	1,320	2,200	4,950	7,700	11,000
4d 2S Sta Wag	400	1,200	2,000	5,000	7,000	10,000
NOTE: Deduct 10% for 6-cyl.						
1971 LeMans Sport, V-8, 116" wb, 2d 112" wb						
4d HT	360	1,080	1,800	4,050	6,300	9,000
2d HT	700	2,100	3,500	7,880	12,250	17,500
2d Conv	1,000	3,010	5,020	11,300	17,570	25,100
1971 LeMans GT 37, V-8, 112" wb						
2d HT	880	2,640	4,400	9,900	15,400	22,000
Note: Add 5% for 400/265 V-8. Add 10% for 400/300 V-8. Add 20% for 455/325 V-8. Add 30% for 455/335 V-8. Deduct						

	6	5	4	3	2	1

20% for 6-cyl.

1971 GTO
2d HT	2,000	6,000	10,000	22,500	35,000	50,000
2d Conv	2,620	7,860	13,100	29,480	45,850	65,500
2d Judge HT	2,400	7,200	12,000	27,000	42,000	60,000
2d Judge Conv	9,280	27,840	46,400	104,400	162,400	232,000

NOTE: Add 20% for 455/325 V-8. Add 30% for 455/335 H.O. V-8. 17 Judge Convertibles made.

1971 Catalina
4d Sed	300	910	1,520	3,420	5,320	7,600
4d HT	350	1,040	1,740	3,920	6,090	8,700
2d HT	500	1,500	2,500	5,630	8,750	12,500
2d Conv	640	1,920	3,200	7,200	11,200	16,000

1971 Safari, V-8, 127" wb
4d 2S Sta Wag	428	1,284	2,140	4,820	7,490	10,700
4d 3S Sta Wag	440	1,320	2,200	4,950	7,700	11,000

1971 Catalina Brougham, V-8, 123" wb
4d Sed	340	1,020	1,700	3,830	5,950	8,500
4d HT	380	1,140	1,900	4,280	6,650	9,500
2d HT	540	1,620	2,700	6,080	9,450	13,500

1971 Grand Safari, V-8, 127" wb
4d 2S Sta Wag	480	1,440	2,400	5,400	8,400	12,000
4d 3S Sta Wag	500	1,500	2,500	5,630	8,750	12,500

1971 Bonneville
4d Sed	360	1,080	1,800	4,050	6,300	9,000
4d HT	400	1,200	2,000	4,500	7,000	10,000
2d HT	560	1,680	2,800	6,300	9,800	14,000

1971 Grandville
4d HT	420	1,260	2,100	4,730	7,350	10,500
2d HT	580	1,740	2,900	6,530	10,150	14,500
2d Conv	700	2,100	3,500	7,880	12,250	17,500

1971 Grand Prix
2d HT	680	2,040	3,400	7,650	11,900	17,000

NOTE: Add 25% for SJ. Add 30% for Hurst SSJ. Add 10% for 455/325 V-8.

1971 Firebird, V-8, 108" wb
2d Firebird	800	2,400	4,000	9,000	14,000	20,000
2d Esprit	1,000	3,000	5,000	11,250	17,500	25,000
2d Formula	1,600	4,800	8,000	18,000	28,000	40,000
2d Trans Am	2,000	6,000	10,000	22,500	35,000	50,000

NOTE: Deduct 20% for 6-cyl. Add 10% for 400/265 V-8. Add 25% for 400/300 V-8. Add 30% for 455/325 V-8.

1972 Ventura, V-8, 111" wb
4d Sed	260	790	1,320	2,970	4,620	6,600
2d Cpe	300	890	1,490	3,350	5,220	7,450

NOTE: Deduct 10% for 6-cyl.

1972 LeMans, V-8
2d Cpe	720	2,160	3,600	8,100	12,600	18,000
2d HT	600	1,800	3,000	6,750	10,500	15,000
4d Sed	300	900	1,500	3,380	5,250	7,500

1972 LeMans Sport, V-8
2d HT	680	2,040	3,400	7,650	11,900	17,000
2d Conv	1,000	3,010	5,020	11,300	17,570	25,100

1972 Luxury LeMans, V-8
4d HT	400	1,200	2,000	4,500	7,000	10,000
2d HT	700	2,100	3,500	7,880	12,250	17,500

NOTE: Add 5% for GT package. Add 10% for 400/175 V-8. Add 20% for 400/200 V-8. Add 10% for 455/250 V-8. Add 20% for 455/250/ V-8. Add 35% for 455/360 V-8. Deduct 10% for 6-cyl.

1972 GTO
2d HT	1,440	4,320	7,200	16,200	25,200	36,000
2d Sed	1,280	3,840	6,400	14,400	22,400	32,000

NOTE: Add 15% for 455/300hp V-8 in GTO models.

1972 Catalina, V-8, 123" wb
4d Sed	310	940	1,560	3,510	5,460	7,800
4d HT	350	1,040	1,740	3,920	6,090	8,700
2d HT	500	1,500	2,500	5,630	8,750	12,500
2d Conv	640	1,920	3,200	7,200	11,200	16,000

1972 Catalina Brougham, V-8, 123" wb
4d Sed	340	1,020	1,700	3,830	5,950	8,500
4d HT	380	1,140	1,900	4,280	6,650	9,500
2d HT	540	1,620	2,700	6,080	9,450	13,500

1972 Bonneville
4d Sed	360	1,080	1,800	4,050	6,300	9,000
4d HT	400	1,200	2,000	4,500	7,000	10,000
2d HT	560	1,680	2,800	6,300	9,800	14,000

1972 Grandville
4d HT	420	1,260	2,100	4,730	7,350	10,500
2d HT	580	1,740	2,900	6,530	10,150	14,500
2d Conv	700	2,100	3,500	7,880	12,250	17,500

1972 Safari, V-8, 127" wb
4d 2S Sta Wag	430	1,280	2,140	4,820	7,490	10,700
4d 3S Sta Wag	440	1,320	2,200	4,950	7,700	11,000

	6	5	4	3	2	1
1972 Grand Safari, V-8, 127" wb						
4d 2S Sta Wag	480	1,440	2,400	5,400	8,400	12,000
4d 3S Sta Wag	500	1,500	2,500	5,630	8,750	12,500
NOTE: Add 5% for 400/200 V-8. Add 10% for 400/240 V-8. Add 10% for 455/220 V-8. Add 20% for 455/250 V-8.						
1972 Grand Prix						
2d HT	680	2,040	3,400	7,650	11,900	17,000
NOTE: Add 20% for 55 pkg. Add 30% for Hurst SSJ pkg. Add 5% for 400/240 V-8. Add 10% for 455/250 V-8.						
1972 Firebird, V-8, 108" wb						
2d Firebird	800	2,400	4,000	9,000	14,000	20,000
2d Esprit	1,000	3,000	5,000	11,250	17,500	25,000
2d Formula	1,600	4,800	8,000	18,000	28,000	40,000
2d Trans Am	2,000	6,000	10,000	22,500	35,000	50,000
NOTE: Add 30% for 455 cid V-8. Deduct 10% for 6-cyl.						
1973 Ventura, V-8						
4d Sed	260	780	1,300	2,930	4,550	6,500
2d Cpe	300	900	1,500	3,380	5,250	7,500
2d HBk Cpe	300	900	1,500	3,380	5,250	7,500
NOTE: Add 10% for Ventura Custom. Deduct 10% for 6-cyl.						
1973 LeMans						
4d Sed	310	940	1,560	3,510	5,460	7,800
2d HT	600	1,800	3,000	6,750	10,500	15,000
1973 LeMans Spt						
2d Cpe	380	1,140	1,900	4,280	6,650	9,500
1973 Luxury LeMans						
2d HT	640	1,920	3,200	7,200	11,200	16,000
4d HT	330	980	1,640	3,690	5,740	8,200
1973 LeMans Safari, V-8, 116" wb						
4d 2S Sta Wag	340	1,020	1,700	3,830	5,950	8,500
4d 3S Sta Wag	340	1,030	1,720	3,870	6,020	8,600
1973 Grand Am						
2d HT	1,000	3,000	5,000	11,250	17,500	25,000
4d HT	800	2,400	4,000	9,000	14,000	20,000
2d GTO 3pt Cpe	1,200	3,600	6,000	13,500	21,000	30,000
NOTE: Add 30% for 455 V-8.						
1973 Catalina						
4d HT	290	860	1,440	3,240	5,040	7,200
2d HT	380	1,140	1,900	4,280	6,650	9,500
1973 Bonneville						
4d Sed	280	840	1,400	3,150	4,900	7,000
4d HT	300	900	1,500	3,380	5,250	7,500
2d HT	390	1,180	1,960	4,410	6,860	9,800
1973 Safari, V-8, 127" wb						
4d 2S Sta Wag	360	1,080	1,800	4,050	6,300	9,000
4d 3S Sta Wag	360	1,090	1,820	4,100	6,370	9,100
1973 Grand Safari, V-8, 127" wb						
4d 2S Sta Wag	400	1,200	2,000	4,500	7,000	10,000
4d 3S Sta Wag	400	1,210	2,020	4,550	7,070	10,100
1973 Grandville						
4d HT	360	1,080	1,800	4,050	6,300	9,000
2d HT	500	1,500	2,500	5,630	8,750	12,500
2d Conv	800	2,400	4,000	9,000	14,000	20,000
1973 Grand Prix						
2d HT	480	1,440	2,400	5,400	8,400	12,000
2d "SJ" HT	500	1,500	2,500	5,630	8,750	12,500
1973 Firebird, V-8, 108" wb						
2d Cpe	800	2,400	4,000	9,000	14,000	20,000
2d Esprit	840	2,520	4,200	9,450	14,700	21,000
2d Formula	1,200	3,600	6,000	13,500	21,000	30,000
2d Formula SD-455	1,920	5,760	9,600	21,600	33,600	48,000
2d Trans Am	1,800	5,400	9,000	20,250	31,500	45,000
2d Trans Am SD-455	7,000	21,000	35,000	78,750	122,500	175,000
NOTE: Add $500 for Firebird hood decal. Deduct 10% for 6-cyl. Firebird / Esprit.						
1974 Ventura, V-8						
4d Sed	260	780	1,300	2,930	4,550	6,500
2d Cpe	340	1,020	1,700	3,830	5,950	8,500
2d HBk	300	900	1,500	3,380	5,250	7,500
2d GTO	320	960	1,600	3,600	5,600	8,000
NOTE: Add 5% for Custom model; 30% for GTO pkg. Deduct 10% for 6-cyl.						
1974 LeMans						
4d HT	320	960	1,600	3,600	5,600	8,000
2d HT	400	1,200	2,000	4,500	7,000	10,000
4d Sta Wag	340	1,020	1,700	3,830	5,950	8,500
1974 LeMans Sport						
2d Cpe	360	1,080	1,800	4,050	6,300	9,000
1974 Luxury LeMans						
4d HT	340	1,020	1,700	3,830	5,950	8,500
2d HT	420	1,260	2,100	4,730	7,350	10,500
4d Safari	350	1,060	1,760	3,960	6,160	8,800
NOTE: Add 10% for GT option.						

	6	5	4	3	2	1
1974 Grand Am						
2d HT	1,000	3,000	5,000	11,250	17,500	25,000
4d HT	800	2,400	4,000	9,000	14,000	20,000
1974 Catalina						
4d HT	290	860	1,440	3,240	5,040	7,200
2d HT	380	1,140	1,900	4,280	6,650	9,500
4d Sed	260	780	1,300	2,930	4,550	6,500
4d Safari	260	790	1,320	2,970	4,620	6,600
1974 Bonneville						
4d Sed	280	840	1,400	3,150	4,900	7,000
4d HT	300	900	1,500	3,380	5,250	7,500
2d HT	390	1,180	1,960	4,410	6,860	9,800
1974 Grandville						
4d HT	360	1,080	1,800	4,050	6,300	9,000
2d HT	500	1,500	2,500	5,630	8,750	12,500
2d Conv	800	2,400	4,000	9,000	14,000	20,000
4d 2S Grand Safari Wag	490	1,460	2,440	5,490	8,540	12,200
4d 3S Grand Safari Wag	480	1,450	2,420	5,450	8,470	12,100
1974 Grand Prix						
2d HT	1,680	5,040	8,400	18,900	29,400	42,000
2d "SJ" Cpe	500	1,500	2,500	5,630	8,750	12,500
1974 Firebird, V-8, 108" wb						
2d Cpe	800	2,400	4,000	9,000	14,000	20,000
2d Esprit	840	2,520	4,200	9,450	14,700	21,000
2d Formula	1,200	3,600	6,000	13,500	21,000	30,000
2d Formula SD-455	1,800	5,400	9,000	20,250	31,500	45,000
2d Trans Am	1,800	5,400	9,000	20,250	31,500	45,000
2d Trans Am SD-455	6,800	20,400	34,000	76,500	119,000	170,000

NOTE: Add $500. for Firebird hood decal. Deduct 10% for 6-cyl. (Firebird / Esprit).

	6	5	4	3	2	1
1975 Astre S						
2d Cpe	212	636	1,060	2,390	3,710	5,300
2d HBk	216	648	1,080	2,430	3,780	5,400
2d Safari	220	660	1,100	2,480	3,850	5,500
1975 Astre						
2d HBk	216	648	1,080	2,430	3,780	5,400
2d Safari	220	660	1,100	2,480	3,850	5,500

NOTE: Add 10% for Astre "SJ".

	6	5	4	3	2	1
1975 Ventura						
4d Sed	216	648	1,080	2,430	3,780	5,400
2d Cpe	220	660	1,100	2,480	3,850	5,500
2d HBk	224	672	1,120	2,520	3,920	5,600

NOTE: Add 15% for Ventura "SJ"; 5% for Ventura Custom. Deduct 5% for Ventura "S".

	6	5	4	3	2	1
1975 LeMans						
4d HT	240	720	1,200	2,700	4,200	6,000
2d HT	320	960	1,600	3,600	5,600	8,000
4d Safari	240	720	1,200	2,700	4,200	6,000

NOTE: Add 10% for Grand LeMans.

	6	5	4	3	2	1
1975 LeMans Sport						
2d HT Cpe	330	1,000	1,660	3,740	5,810	8,300
1975 Grand Am						
4d HT	288	864	1,440	3,240	5,040	7,200
2d HT	376	1,128	1,880	4,230	6,580	9,400

NOTE: Add 5% for 4-speed; 20% for 455 HO V-8.

	6	5	4	3	2	1
1975 Catalina						
4d Sed	204	612	1,020	2,300	3,570	5,100
2d Cpe	240	720	1,200	2,700	4,200	6,000
4d Safari	260	780	1,300	2,930	4,550	6,500
1975 Bonneville						
4d HT	212	636	1,060	2,390	3,710	5,300
2d Cpe	260	790	1,320	2,970	4,620	6,600
4d Gr Safari Wag	400	1,200	2,000	4,500	7,000	10,000
1975 Grand Ville Brougham						
4d HT	360	1,080	1,800	4,050	6,300	9,000
2d Cpe	500	1,500	2,500	5,630	8,750	12,500
2d Conv	800	2,400	4,000	9,000	14,000	20,000

NOTE: Add 20% for 455 V-8.

	6	5	4	3	2	1
1975 Grand Prix						
2d Cpe	360	1,080	1,800	4,050	6,300	9,000
2d "LJ" Cpe	400	1,200	2,000	4,500	7,000	10,000
2d "SJ" Cpe	440	1,320	2,200	4,950	7,700	11,000

NOTE: Add 12% for 455 V-8.

	6	5	4	3	2	1
1975 Firebird, V-8, 108" wb						
2d Cpe	520	1,560	2,600	5,850	9,100	13,000
2d Esprit	540	1,620	2,700	6,080	9,450	13,500
2d Formula	800	2,400	4,000	9,000	14,000	20,000
Trans Am	1,200	3,600	6,000	13,500	21,000	30,000

NOTE: Add 20% for 455 HO V-8; 10% for 4-speed; $150 for Honeycomb wheels. Deduct 25% for 6-cyl.

	6	5	4	3	2	1
1976 Astre, 4-cyl.						
2d Cpe	184	552	920	2,070	3,220	4,600

PONTIAC

	6	5	4	3	2	1
2d HBk	188	564	940	2,120	3,290	4,700
2d Sta Wag	192	576	960	2,160	3,360	4,800
1976 Sunbird, 4-cyl.						
2d Cpe	232	696	1,160	2,610	4,060	5,800
1976 Ventura, V-8						
4d Sed	224	672	1,120	2,520	3,920	5,600
2d Cpe	228	684	1,140	2,570	3,990	5,700
2d HBk	232	696	1,160	2,610	4,060	5,800
1976 Ventura SJ, V-8						
4d Sed	228	684	1,140	2,570	3,990	5,700
2d Cpe	232	696	1,160	2,610	4,060	5,800
2d HBk	236	708	1,180	2,660	4,130	5,900
1976 LeMans, V-8						
4d Sed	232	696	1,160	2,610	4,060	5,800
2d Cpe	300	900	1,500	3,380	5,250	7,500
4d 2S Safari Wag	240	720	1,200	2,700	4,200	6,000
4d 3S Safari Wag	240	730	1,220	2,750	4,270	6,100
1976 LeMans Sport Cpe, V-8						
2d Cpe	248	744	1,240	2,790	4,340	6,200
1976 Grand LeMans, V-8						
4d Sed	236	708	1,180	2,660	4,130	5,900
2d Sed	240	720	1,200	2,700	4,200	6,000
4d 2S Safari Wag	232	696	1,160	2,610	4,060	5,800
4d 3S Safari Wag	236	708	1,180	2,660	4,130	5,900
1976 Catalina, V-8						
4d Sed	228	684	1,140	2,570	3,990	5,700
2d Cpe	232	696	1,160	2,610	4,060	5,800
4d 2S Safari Wag	244	732	1,220	2,750	4,270	6,100
4d 3S Safari Wag	228	684	1,140	2,570	3,990	5,700
1976 Bonneville, V-8						
4d Sed	236	708	1,180	2,660	4,130	5,900
2d Cpe	240	720	1,200	2,700	4,200	6,000
1976 Bonneville Brougham, V-8						
4d Sed	244	732	1,220	2,750	4,270	6,100
2d Cpe	280	840	1,400	3,150	4,900	7,000
1976 Grand Safari, V-8						
4d 2S Sta Wag	260	780	1,300	2,930	4,550	6,500
4d 3S Sta Wag	260	790	1,320	2,970	4,620	6,600
1976 Grand Prix, V-8						
2d Cpe	360	1,080	1,800	4,050	6,300	9,000
2d Cpe SJ	440	1,320	2,200	4,950	7,700	11,000
2d Cpe LJ	400	1,200	2,000	4,500	7,000	10,000
NOTE: Add 10% for T-tops & Anniversary model.						
1976 Firebird, V-8						
2d Cpe	510	1,540	2,560	5,760	8,960	12,800
2d Esprit Cpe	510	1,540	2,560	5,760	8,960	12,800
2d Formula Cpe	800	2,400	4,000	9,000	14,000	20,000
2d Trans Am Cpe	1,200	3,600	6,000	13,500	21,000	30,000
NOTE: Add 20% for 455 HO V 8; 10% for 4 speed; $150 for Honeycomb wheels; 20% for Limited Edition. Deduct 25% for 6-cyl.						
1977 Astre, 4-cyl.						
2d Cpe	152	456	760	1,710	2,660	3,800
2d HBk	156	468	780	1,760	2,730	3,900
2d Sta Wag	160	480	800	1,800	2,800	4,000
1977 Sunbird, 4-cyl.						
2d Cpe	200	600	1,000	2,250	3,500	5,000
2d HBk	204	612	1,020	2,300	3,570	5,100
1977 Phoenix, V-8						
4d Sed	156	468	780	1,760	2,730	3,900
2d Cpe	160	480	800	1,800	2,800	4,000
1977 Ventura, V-8						
4d Sed	196	588	980	2,210	3,430	4,900
2d Cpe	200	600	1,000	2,250	3,500	5,000
2d HBk	204	612	1,020	2,300	3,570	5,100
1977 Ventura SJ, V-8						
4d Sed	200	600	1,000	2,250	3,500	5,000
2d Cpe	204	612	1,020	2,300	3,570	5,100
2d HBk	208	624	1,040	2,340	3,640	5,200
1977 LeMans, V-8						
4d Sed	200	600	1,000	2,250	3,500	5,000
2d Cpe	204	612	1,020	2,300	3,570	5,100
4d 2S Sta Wag	210	620	1,040	2,340	3,640	5,200
4d 3S Sta Wag	210	640	1,060	2,390	3,710	5,300
1977 LeMans Sport Cpe, V-8						
2d Cpe	248	744	1,240	2,790	4,340	6,200
NOTE: Add 100% for Can Am option.						
1977 Grand LeMans, V-8						
4d Sed	200	600	1,000	2,250	3,500	5,000
2d Cpe	220	660	1,100	2,480	3,850	5,500

PONTIAC

	6	5	4	3	2	1
4d 2S Sta Wag	220	660	1,100	2,480	3,850	5,500
4d 3S Sta Wag	220	670	1,120	2,520	3,920	5,600
1977 Catalina, V-8						
4d Sed	156	468	780	1,760	2,730	3,900
2d Cpe	160	480	800	1,800	2,800	4,000
4d 2S Safari Wag	152	456	760	1,710	2,660	3,800
4d 3S Safari Wag	156	468	780	1,760	2,730	3,900
1977 Bonneville, V-8						
4d Sed	164	492	820	1,850	2,870	4,100
2d Cpe	168	504	840	1,890	2,940	4,200
1977 Bonneville Brougham, V-8						
4d Sed	172	516	860	1,940	3,010	4,300
2d Cpe	180	540	900	2,030	3,150	4,500
1977 Grand Safari						
4d 2S Sta Wag	168	504	840	1,890	2,940	4,200
4d 3S Sta Wag	172	516	860	1,940	3,010	4,300
1977 Grand Prix, V-8						
2d Cpe	340	1,020	1,700	3,830	5,950	8,500
2d Cpe LJ	350	1,040	1,740	3,920	6,090	8,700
2d Cpe SJ	370	1,100	1,840	4,140	6,440	9,200
1977 Firebird, V-8						
2d Cpe	480	1,440	2,400	5,400	8,400	12,000
2d Esprit Cpe	500	1,500	2,500	5,630	8,750	12,500
2d Formula Cpe	800	2,400	4,000	9,000	14,000	20,000
2d Trans Am Cpe	1,200	3,600	6,000	13,500	21,000	30,000
NOTE: Add 10% for 4-speed; 10% for L78 option.						
1978 Sunbird						
2d Cpe	116	348	580	1,310	2,030	2,900
2d Spt Cpe	120	360	600	1,350	2,100	3,000
2d Spt HBk	124	372	620	1,400	2,170	3,100
4d Spt Wag	120	360	600	1,350	2,100	3,000
1978 Phoenix						
4d Sed	120	360	600	1,350	2,100	3,000
2d Cpe	132	396	660	1,490	2,310	3,300
2d HBk	124	372	620	1,400	2,170	3,100
1978 Phoenix LJ						
4d Sed	124	372	620	1,400	2,170	3,100
2d Cpe	140	420	700	1,580	2,450	3,500
1978 LeMans						
4d Sed	180	540	900	2,030	3,150	4,500
2d Cpe	290	860	1,440	3,240	5,040	7,200
4d 2S Sta Wag	180	550	920	2,070	3,220	4,600
1978 Grand LeMans						
4d Sed	180	550	920	2,070	3,220	4,600
2d Cpe	290	880	1,460	3,290	5,110	7,300
4d 2S Sta Wag	190	560	940	2,120	3,290	4,700
1978 Grand Am						
4d Sed	210	620	1,040	2,340	3,640	5,200
2d Cpe	300	900	1,500	3,380	5,250	7,500
1978 Catalina						
4d Sed	190	560	940	2,120	3,290	4,700
2d Cpe	190	580	960	2,160	3,360	4,800
4d 2S Sta Wag	200	590	980	2,210	3,430	4,900
1978 Bonneville						
4d Sed	200	600	1,000	2,250	3,500	5,000
2d Cpe	210	620	1,040	2,340	3,640	5,200
4d 2S Sta Wag	200	610	1,020	2,300	3,570	5,100
1978 Bonneville Brougham						
4d Sed	200	610	1,020	2,300	3,570	5,100
2d Cpe	220	650	1,080	2,430	3,780	5,400
1978 Grand Prix						
2d Cpe	320	950	1,580	3,560	5,530	7,900
2d Cpe LJ	320	960	1,600	3,600	5,600	8,000
2d Cpe SJ	330	980	1,640	3,690	5,740	8,200
1978 Firebird, V-8, 108" wb						
2d Cpe	440	1,320	2,200	4,950	7,700	11,000
2d Esprit Cpe	460	1,380	2,300	5,180	8,050	11,500
2d Formula Cpe	760	2,280	3,800	8,550	13,300	19,000
2d Trans Am Cpe	1,160	3,480	5,800	13,050	20,300	29,000
NOTE: Add 10% for 4-speed; 10% for L78 option.						
1979 Sunbird						
2d Cpe	120	360	600	1,350	2,100	3,000
2d Spt Cpe	124	372	620	1,400	2,170	3,100
2d HBk	124	372	620	1,400	2,170	3,100
4d Sta Wag	128	384	640	1,440	2,240	3,200
1979 Phoenix						
2d Sed	124	372	620	1,400	2,170	3,100
2d Cpe	132	396	660	1,490	2,310	3,300
2d HBk	128	384	640	1,440	2,240	3,200

	6	5	4	3	2	1
1979 Phoenix LJ						
4d Sed	128	384	640	1,440	2,240	3,200
2d Cpe	136	408	680	1,530	2,380	3,400
1979 LeMans						
4d Sed	100	550	920	2,070	3,220	4,600
2d Cpe	290	880	1,460	3,290	5,110	7,300
4d Sta Wag	190	560	940	2,120	3,290	4,700
1979 Grand LeMans						
4d Sed	190	560	940	2,120	3,290	4,700
2d Cpe	300	900	1,500	3,380	5,250	7,500
4d Sta Wag	190	580	960	2,160	3,360	4,800
1979 Grand Am						
4d Sed	190	580	960	2,160	3,360	4,800
2d Cpe	310	920	1,540	3,470	5,390	7,700
1979 Catalina						
4d Sed	190	580	960	2,160	3,360	4,800
2d Cpe	200	600	1,000	2,250	3,500	5,000
4d Sta Wag	200	590	980	2,210	3,430	4,900
1979 Bonneville						
4d Sed	200	590	980	2,210	3,430	4,900
2d Cpe	210	620	1,040	2,340	3,640	5,200
4d Sta Wag	200	600	1,000	2,250	3,500	5,000
1979 Bonneville Brougham						
4d Sed	200	600	1,000	2,250	3,500	5,000
2d Cpe	220	660	1,100	2,480	3,850	5,500
1979 Grand Prix						
2d Cpe	280	840	1,400	3,150	4,900	7,000
2d LJ Cpe	290	860	1,440	3,240	5,040	7,200
2d SJ Cpe	300	890	1,480	3,330	5,180	7,400
1979 Firebird, V-8, 108" wb						
2d Cpe	440	1,320	2,200	4,950	7,700	11,000
2d Esprit Cpe	460	1,380	2,300	5,180	8,050	11,500
2d Formula Cpe	500	1,500	2,500	5,630	8,750	12,500
2d Trans Am Cpe	900	2,700	4,500	10,130	15,750	22,500

NOTE: Add 15% for 10th Anniversary Edition; 10% for 4 speed.

	6	5	4	3	2	1
1980 Sunbird, V-6						
2d Cpe	140	420	700	1,580	2,450	3,500
2d HBk	144	432	720	1,620	2,520	3,600
2d Spt Cpe	144	432	720	1,620	2,520	3,600
2d Cpe HBk	148	444	740	1,670	2,590	3,700

NOTE: Deduct 10% for 4-cyl.

	6	5	4	3	2	1
1980 Phoenix, V-6						
2d Cpe	148	444	740	1,670	2,590	3,700
4d Sed HBk	144	432	720	1,620	2,520	3,600

NOTE: Deduct 10% for 4-cyl.

	6	5	4	3	2	1
1980 Phoenix LJ, V-6						
2d Cpe	152	456	760	1,710	2,660	3,800
4d Sed HBk	148	444	740	1,670	2,590	3,700

NOTE: Deduct 10% for 4 cyl.

	6	5	4	3	2	1
1980 LeMans, V-8						
4d Sed	190	560	940	2,120	3,290	4,700
2d Cpe	280	830	1,380	3,110	4,830	6,900
4d Sta Wag	190	580	960	2,160	3,360	4,800

NOTE: Deduct 10% for V-6.

	6	5	4	3	2	1
1980 Grand LeMans, V-8						
4d Sed	190	580	960	2,160	3,360	4,800
2d Cpe	280	840	1,400	3,150	4,900	7,000
4d Sta Wag	200	590	980	2,210	3,430	4,900

NOTE: Deduct 10% for V-6.

	6	5	4	3	2	1
1980 Grand Am, V-8						
2d Cpe	280	850	1,420	3,200	4,970	7,100
1980 Firebird, V-8						
2d Cpe	440	1,320	2,200	4,950	7,700	11,000
2d Cpe Esprit	460	1,380	2,300	5,180	8,050	11,500
2d Cpe Formula	500	1,500	2,500	5,630	8,750	12,500
2d Cpe Trans Am	900	2,700	4,500	10,130	15,750	22,500

NOTE: Add 10% for Indy Pace Car. Deduct 15% for V-6.

	6	5	4	3	2	1
1980 Catalina, V-8						
4d Sed	200	590	980	2,210	3,430	4,900
2d Cpe	200	600	1,000	2,250	3,500	5,000
4d 2S Sta Wag	200	590	980	2,210	3,430	4,900
4d 3S Sta Wag	200	600	1,000	2,250	3,500	5,000

NOTE: Deduct 10% for V-6.

	6	5	4	3	2	1
1980 Bonneville, V-8						
4d Sed	200	600	1,000	2,250	3,500	5,000
2d Cpe	200	610	1,020	2,300	3,570	5,100
4d 2S Sta Wag	200	600	1,000	2,250	3,500	5,000
4d 3S Sta Wag	200	610	1,020	2,300	3,570	5,100

NOTE: Deduct 10% for V-6.

	6	5	4	3	2	1
1980 Bonneville Brougham, V-8						
4d Sed	200	610	1,020	2,300	3,570	5,100
2d Cpe	210	620	1,040	2,340	3,640	5,200
NOTE: Deduct 10% for V-6.						
1980 Grand Prix, V-8						
2d Cpe	300	890	1,480	3,330	5,180	7,400
2d Cpe LJ	300	900	1,500	3,380	5,250	7,500
2d Cpe SJ	300	910	1,520	3,420	5,320	7,600
NOTE: Deduct 10% for V-6.						
1981 T1000, 4-cyl.						
2d Sed HBk	140	420	700	1,580	2,450	3,500
4d Sed HBk	144	432	720	1,620	2,520	3,600
1981 Phoenix, V-6						
2d Cpe	148	444	740	1,670	2,590	3,700
4d Sed HBk	144	432	720	1,620	2,520	3,600
NOTE: Deduct 10% for 4-cyl.						
1981 Phoenix LJ, V-6						
2d Cpe	152	456	760	1,710	2,660	3,800
4d Sed HBk	148	444	740	1,670	2,590	3,700
NOTE: Deduct 10% for 4-cyl.						
1981 LeMans, V-8						
4d Sed	200	590	980	2,210	3,430	4,900
4d Sed LJ	200	600	1,000	2,250	3,500	5,000
2d Cpe	280	840	1,400	3,150	4,900	7,000
4d Sta Wag	200	600	1,000	2,250	3,500	5,000
NOTE: Deduct 10% for V-6.						
1981 Grand LeMans, V-8						
4d Sed	200	600	1,000	2,250	3,500	5,000
2d Cpe	290	860	1,440	3,240	5,040	7,200
4d Sta Wag	200	610	1,020	2,300	3,570	5,100
NOTE: Deduct 10% for V-6.						
1981 Firebird, V-8						
2d Cpe	320	960	1,600	3,600	5,600	8,000
2d Cpe Esprit	320	970	1,620	3,650	5,670	8,100
2d Cpe Formula	370	1,100	1,840	4,140	6,440	9,200
2d Cpe Trans Am	620	1,860	3,100	6,980	10,850	15,500
2d Cpe Trans Am SE	630	1,900	3,160	7,110	11,060	15,800
NOTE: Deduct 15% for V-6.						
1981 Catalina, V-8						
4d Sed	200	610	1,020	2,300	3,570	5,100
2d Cpe	230	700	1,160	2,610	4,060	5,800
4d 2S Sta Wag	210	620	1,040	2,340	3,640	5,200
4d 3S Sta Wag	210	640	1,060	2,390	3,710	5,300
NOTE: Deduct 10% for V-6.						
1981 Bonneville, V-8						
4d Sed	210	620	1,040	2,340	3,640	5,200
2d Cpe	240	710	1,180	2,660	4,130	5,900
4d 2S Sta Wag	210	640	1,060	2,390	3,710	5,300
4d 3S Sta Wag	220	650	1,080	2,430	3,780	5,400
NOTE: Deduct 10% for V-6.						
1981 Bonneville Brougham, V-8						
4d Sed	210	640	1,060	2,390	3,710	5,300
2d Cpe	240	720	1,200	2,700	4,200	6,000
1981 Grand Prix, V-8						
2d Cpe	300	890	1,480	3,330	5,180	7,400
2d Cpe LJ	300	900	1,500	3,380	5,250	7,500
2d Cpe Brgm	300	910	1,520	3,420	5,320	7,600
NOTE: Deduct 10% for V-6.						
1982 T1000, 4-cyl.						
4d Sed HBk	148	444	740	1,670	2,590	3,700
2d Cpe HBk	144	432	720	1,620	2,520	3,600
1982 J2000 S, 4-cyl.						
4d Sed	156	468	780	1,760	2,730	3,900
2d Cpe	160	480	800	1,800	2,800	4,000
4d Sta Wag	160	480	800	1,800	2,800	4,000
1982 J2000, 4-cyl.						
4d Sed	160	480	800	1,800	2,800	4,000
2d Cpe	164	492	820	1,850	2,870	4,100
2d Cpe HBk	168	504	840	1,890	2,940	4,200
4d Sta Wag	168	504	840	1,890	2,940	4,200
1982 J2000 LE, 4-cyl.						
4d Sed	164	492	820	1,850	2,870	4,100
2d Cpe	168	504	840	1,890	2,940	4,200
1982 J2000 SE, 4-cyl.						
2d Cpe HBk	176	528	880	1,980	3,080	4,400
1982 Phoenix, V-6						
4d Sed HBk	152	456	760	1,710	2,660	3,800
2d Cpe	156	468	780	1,760	2,730	3,900
NOTE: Deduct 10% for 4-cyl.						

	6	5	4	3	2	1 **415**
1982 Phoenix LJ, V-6						
4d Sed HBk	156	468	780	1,760	2,730	3,900
2d Cpe	160	480	800	1,800	2,800	4,000
NOTE: Deduct 10% for 4-cyl.						
1982 Phoenix SJ, V-6						
4d Sed HBk	160	480	800	1,800	2,800	4,000
2d Cpe	164	492	820	1,850	2,870	4,100
1982 6000, V-6						
4d Sed	168	504	840	1,890	2,940	4,200
2d Cpe	172	516	860	1,940	3,010	4,300
NOTE: Deduct 10% for 4-cyl.						
1982 6000 LE, V-6						
4d Sed	172	516	860	1,940	3,010	4,300
2d Cpe	176	528	880	1,980	3,080	4,400
NOTE: Deduct 10% for 4-cyl.						
1982 Firebird, V-8						
2d Cpe	252	756	1,260	2,840	4,410	6,300
2d Cpe SE	264	792	1,320	2,970	4,620	6,600
2d Cpe Trans Am	276	828	1,380	3,110	4,830	6,900
NOTE: Deduct 15% for V-6.						
1982 Bonneville, V-6						
4d Sed	210	620	1,040	2,340	3,640	5,200
4d Sta Wag	210	640	1,060	2,390	3,710	5,300
1982 Bonneville Brougham						
4d Sed	210	640	1,060	2,390	3,710	5,300
1982 Grand Prix, V-6						
2d Cpe	280	830	1,380	3,110	4,830	6,900
2d Cpe LJ	280	840	1,400	3,150	4,900	7,000
2d Cpe Brgm	280	850	1,420	3,200	4,970	7,100
1983 1000, 4-cyl.						
4d Sed HBk	152	456	760	1,710	2,660	3,800
2d Cpe	148	444	740	1,670	2,590	3,700
1983 2000, 4-cyl.						
4d Sed	160	480	800	1,800	2,800	4,000
2d Cpe	164	492	820	1,850	2,870	4,100
2d Cpe HBk	168	504	840	1,890	2,940	4,200
4d Sta Wag	168	504	840	1,890	2,940	4,200
1983 2000 LE, 4-cyl.						
4d Sed	168	504	840	1,890	2,940	4,200
2d Cpe	172	516	860	1,940	3,010	4,300
4d Sta Wag	172	516	860	1,940	3,010	4,300
1983 2000 SE, 4-cyl.						
2d Cpe HBk	176	528	880	1,980	3,080	4,400
1983 Sunbird, 4-cyl.						
2d Conv	340	1,020	1,700	3,830	5,950	8,500
1983 Phoenix, V-6						
4d Sed HBk	156	468	780	1,760	2,730	3,900
2d Cpe	160	480	800	1,800	2,800	4,000
NOTE: Deduct 10% for 4-cyl.						
1983 Phoenix LJ, V-6						
4d Sed HBk	160	480	800	1,800	2,800	4,000
2d Cpe	164	492	820	1,850	2,870	4,100
NOTE: Deduct 10% for 4-cyl.						
1983 Phoenix SJ, V-6						
4d Sed HBk	164	492	820	1,850	2,870	4,100
2d Cpe	168	504	840	1,890	2,940	4,200
1983 6000, V-6						
4d Sed	172	516	860	1,940	3,010	4,300
2d Cpe	176	528	880	1,980	3,080	4,400
NOTE: Deduct 10% for 4-cyl.						
1983 6000 LE, V-6						
4d Sed	176	528	880	1,980	3,080	4,400
2d Cpe	180	540	900	2,030	3,150	4,500
NOTE: Deduct 10% for 4-cyl.						
1983 6000 STE, V-6						
4d Sed	188	564	940	2,120	3,290	4,700
1983 Firebird, V-8						
2d Cpe	252	756	1,260	2,840	4,410	6,300
2d Cpe SE	256	768	1,280	2,880	4,480	6,400
2d Cpe Trans Am	264	792	1,320	2,970	4,620	6,600
NOTE: Add 25% for Daytona 500 Limited Edition. Pkg. on Trans Am. Deduct 15% for V-6.						
1983 Bonneville, V-8						
4d Sed	210	640	1,060	2,390	3,710	5,300
4d Brgm	220	650	1,080	2,430	3,780	5,400
4d Sta Wag	220	660	1,100	2,480	3,850	5,500
NOTE: Deduct 10% for V-6.						
1983 Grand Prix, V-8						
2d Cpe	270	800	1,340	3,020	4,690	6,700
2d Cpe LJ	270	820	1,360	3,060	4,760	6,800

	6	5	4	3	2	1
2d Cpe Brgm 280	830	1,380	3,110	4,830	6,900
1984 1000, 4-cyl.						
4d HBk 152	456	760	1,710	2,660	3,800
2d HBk 148	444	740	1,670	2,590	3,700
1984 Sunbird 2000, 4-cyl.						
4d Sed LE 164	492	820	1,850	2,870	4,100
2d Sed LE. 160	480	800	1,800	2,800	4,000
2d Conv LE 340	1,020	1,700	3,830	5,950	8,500
4d Sta Wag LE 168	504	840	1,890	2,940	4,200
4d Sed SE 168	504	840	1,890	2,940	4,200
2d Sed SE 164	492	820	1,850	2,870	4,100
2d HBk SE 172	516	860	1,940	3,010	4,300
NOTE: Add 10% for turbo where available. Deduct 5% for lesser models.						
1984 Phoenix, 4-cyl.						
2d Sed 156	468	780	1,760	2,730	3,900
4d HBk 160	480	800	1,800	2,800	4,000
2d Sed LE. 160	480	800	1,800	2,800	4,000
4d HBk LE 164	492	820	1,850	2,870	4,100
1984 Phoenix, V-6						
2d Sed 164	492	820	1,850	2,870	4,100
4d HBk 168	504	840	1,890	2,940	4,200
2d Sed LE. 168	504	840	1,890	2,940	4,200
4d HBk LE 172	516	860	1,940	3,010	4,300
2d Sed SE 176	528	880	1,980	3,080	4,400
1984 6000, 4-cyl.						
4d Sed LE. 180	540	900	2,030	3,150	4,500
2d Sed LE. 184	552	920	2,070	3,220	4,600
4d Sta Wag LE 188	564	940	2,120	3,290	4,700
NOTE: Deduct 5% for lesser models.						
1984 6000, V-6						
4d Sed LE. 184	552	920	2,070	3,220	4,600
2d Sed LE. 188	564	940	2,120	3,290	4,700
4d Sta Wag LE 192	576	960	2,160	3,360	4,800
4d Sed STE 196	588	980	2,210	3,430	4,900
NOTE: Deduct 5% for lesser models.						
1984 Fiero, 4-cyl.						
2d Cpe 280	840	1,400	3,150	4,900	7,000
2d Cpe Spt 300	900	1,500	3,380	5,250	7,500
2d Cpe SE 320	960	1,600	3,600	5,600	8,000
NOTE: Add 40% for Indy Pace Car.						
1984 Firebird, V-6						
2d Cpe 244	732	1,220	2,750	4,270	6,100
2d Cpe SE 252	756	1,260	2,840	4,410	6,300
1984 Firebird, V-8						
2d Cpe 264	792	1,320	2,970	4,620	6,600
2d Cpe SE 268	804	1,340	3,020	4,690	6,700
2d Cpe TA 272	816	1,360	3,060	4,760	6,800
1984 Bonneville, V-6						
4d Sed 210	640	1,060	2,390	3,710	5,300
4d Sed LE. 220	650	1,080	2,430	3,780	5,400
4d Sed Brgm. 220	660	1,100	2,480	3,850	5,500
1984 Bonneville, V-8						
4d Sed 220	660	1,100	2,480	3,850	5,500
4d Sed LE. 220	670	1,120	2,520	3,920	5,600
4d Sed Brgm. 230	680	1,140	2,570	3,990	5,700
1984 Grand Prix, V-6						
2d Cpe 270	800	1,340	3,020	4,690	6,700
2d Cpe LE. 270	820	1,360	3,060	4,760	6,800
2d Cpe Brgm 280	830	1,380	3,110	4,830	6,900
1984 Grand Prix, V-8						
2d Cpe 280	840	1,400	3,150	4,900	7,000
2d Cpe LE. 280	850	1,420	3,200	4,970	7,100
2d Cpe Brgm 290	860	1,440	3,240	5,040	7,200
1984 Parisienne, V-6						
4d Sed 210	620	1,040	2,340	3,640	5,200
4d Sed Brgm. 210	640	1,060	2,390	3,710	5,300
1984 Parisienne, V-8						
4d Sed 220	650	1,080	2,430	3,780	5,400
4d Sed Brgm. 220	660	1,100	2,480	3,850	5,500
4d Sta Wag. 220	670	1,120	2,520	3,920	5,600
1985 1000, 4-cyl.						
4d Sed 152	456	760	1,710	2,660	3,800
2d Sed 148	444	740	1,670	2,590	3,700
2d HBk 156	468	780	1,760	2,730	3,900
4d Sta Wag. 160	480	800	1,800	2,800	4,000
1985 Sunbird, 4-cyl.						
4d Sed 164	492	820	1,850	2,870	4,100
2d Cpe 160	480	800	1,800	2,800	4,000
Conv. 340	1,020	1,700	3,830	5,950	8,500

	6	5	4	3	2	1
4d Sta Wag..............................	168	504	840	1,890	2,940	4,200
4d Sed SE	168	504	840	1,890	2,940	4,200
2d Cpe SE	164	492	820	1,850	2,870	4,100
2d HBk SE	172	516	860	1,940	3,010	4,300

NOTE: Add 20% for turbo.

1985 Grand Am, V-6

2d Cpe	180	540	900	2,030	3,150	4,500
2d Cpe LE..............................	184	552	920	2,070	3,220	4,600

NOTE: Deduct 15% for 4-cyl.

1985 6000, V-6

4d Sed LE...............................	184	552	920	2,070	3,220	4,600
2d Sed LE..............................	188	564	940	2,120	3,290	4,700
4d Sta Wag LE	192	576	960	2,160	3,360	4,800
4d Sed STE	196	588	980	2,210	3,430	4,900

NOTE: Deduct 20% for 4-cyl. where available; 5% for lesser models.

1985 Fiero, V-6

2d Cpe	280	840	1,400	3,150	4,900	7,000
2d Cpe Spt	300	900	1,500	3,380	5,250	7,500
2d Cpe SE	320	960	1,600	3,600	5,600	8,000
2d Cpe GT	340	1,020	1,700	3,830	5,950	8,500

NOTE: Deduct 20% for 4-cyl. where available.

1985 Firebird, V-8

2d Cpe	264	792	1,320	2,970	4,620	6,600
2d Cpe SE	268	804	1,340	3,020	4,690	6,700
2d Cpe Trans Am	272	816	1,360	3,060	4,760	6,800

NOTE: Deduct 30% for V-6 where available.

1985 Bonneville, V-8

4d Sed.................................	210	640	1,060	2,390	3,710	5,300
4d Sed LE..............................	220	650	1,080	2,430	3,780	5,400
4d Sed Brgm............................	220	660	1,100	2,480	3,850	5,500

NOTE: Deduct 25% for V-6.

1985 Grand Prix, V-8

2d Cpe	270	800	1,340	3,020	4,690	6,700
2d Cpe LE..............................	270	820	1,360	3,060	4,760	6,800
2d Cpe Brgm	280	830	1,380	3,110	4,830	6,900

NOTE: Deduct 25% for V-6.

1985 Parisienne, V-8

4d Sed.................................	220	650	1,080	2,430	3,780	5,400
4d Sed Brgm............................	220	660	1,100	2,480	3,850	5,500
4d Sta Wag.............................	220	670	1,120	2,520	3,920	5,600

NOTE: Deduct 20% for V-6 where available; 30% for diesel.

1986 Fiero, V-6

2d Cpe Spt	300	900	1,500	3,380	5,250	7,500
2d Cpe SE	320	960	1,600	3,600	5,600	8,000
2d Cpe GT	340	1,020	1,700	3,830	5,950	8,500

NOTE: Deduct 20% for 4-cyl. where available.

1986 1000, 4-cyl.

2d HBk	150	460	760	1,710	2,660	3,800
4d HBk	160	470	780	1,760	2,730	3,900

1986 Sunbird

2d Cpe	160	480	800	1,800	2,800	4,000
2d HBk	164	492	820	1,850	2,870	4,100
2d Conv	344	1,032	1,720	3,870	6,020	8,600
4d GT Sed	164	492	820	1,850	2,870	4,100
2d GT Conv	352	1,056	1,760	3,960	6,160	8,800

1986 Grand Am

2d Cpe	188	564	940	2,120	3,290	4,700
4d Sed	184	552	920	2,070	3,220	4,600

1986 Firebird

2d Cpe	264	792	1,320	2,970	4,620	6,600
2d SE V-8 Cpe	268	804	1,340	3,020	4,690	6,700
Trans Am Cpe...........................	276	828	1,380	3,110	4,830	6,900

1986 6000

2d Cpe	192	576	960	2,160	3,360	4,800
4d Sed	188	564	940	2,120	3,290	4,700
4d Sta Wag.............................	192	576	960	2,160	3,360	4,800
4d STE Sed	200	600	1,000	2,250	3,500	5,000

1986 Grand Prix

2d Cpe	280	830	1,380	3,110	4,830	6,900

1986 Bonneville

4d Sed	220	660	1,100	2,480	3,850	5,500

1986 Parisienne

4d Sed	220	670	1,120	2,520	3,920	5,600
4d Sta Wag.............................	232	696	1,160	2,610	4,060	5,800
4d Brgm Sed............................	230	680	1,140	2,570	3,990	5,700

NOTE: Add 10% for deluxe models.

1986-1/2 Grand Prix 2 plus 2

2d Aero Cpe	840	2,520	4,200	9,450	14,700	21,000

NOTE: Deduct 5% for smaller engines.

PONTIAC

	6	5	4	3	2	1
1987 1000, 4-cyl.						
2d HBk	152	456	760	1,710	2,660	3,800
4d HBk	156	468	780	1,760	2,730	3,900
1987 Sunbird, 4-cyl.						
4d Sed	156	468	780	1,760	2,730	3,900
4d Sta Wag	160	480	800	1,800	2,800	4,000
2d SE Cpe	164	492	820	1,850	2,870	4,100
2d SE HBk	168	504	840	1,890	2,940	4,200
2d SE Conv	520	1,560	2,600	5,850	9,100	13,000
4d GT Turbo Sed	172	516	860	1,940	3,010	4,300
2d GT Turbo Cpe	168	504	840	1,890	2,940	4,200
2d GT Turbo HBk	172	516	860	1,940	3,010	4,300
2d GT Turbo Conv	560	1,680	2,800	6,300	9,800	14,000
NOTE: Add 5% for Turbo on all models except GT.						
1987 Grand Am, 4-cyl.						
4d Sed	192	576	960	2,160	3,360	4,800
2d Cpe	196	588	980	2,210	3,430	4,900
4d LE Sed	196	588	980	2,210	3,430	4,900
2d LE Cpe	200	600	1,000	2,250	3,500	5,000
4d SE Sed	204	612	1,020	2,300	3,570	5,100
2d SE Cpe	208	624	1,040	2,340	3,640	5,200
1987 Grand Am, V-6						
4d Sed	196	588	980	2,210	3,430	4,900
2d Cpe	200	600	1,000	2,250	3,500	5,000
4d LE Sed	200	600	1,000	2,250	3,500	5,000
2d LE Cpe	204	612	1,020	2,300	3,570	5,100
4d SE Sed	212	636	1,060	2,390	3,710	5,300
2d SE Cpe	216	648	1,080	2,430	3,780	5,400
1987 6000, 4-cyl.						
4d Sed	200	600	1,000	2,250	3,500	5,000
2d Cpe	196	588	980	2,210	3,430	4,900
4d Sta Wag	204	612	1,020	2,300	3,570	5,100
4d LE Sed	204	612	1,020	2,300	3,570	5,100
4d LE Sta Wag	208	624	1,040	2,340	3,640	5,200
1987 6000, V-6						
4d Sed	204	612	1,020	2,300	3,570	5,100
2d Cpe	200	600	1,000	2,250	3,500	5,000
4d Sta Wag	208	624	1,040	2,340	3,640	5,200
4d LE Sed	208	624	1,040	2,340	3,640	5,200
4d LE Sta Wag	212	636	1,060	2,390	3,710	5,300
4d SE Sed	212	636	1,060	2,390	3,710	5,300
4d SE Sta Wag	216	648	1,080	2,430	3,780	5,400
4d STE Sed	216	648	1,080	2,430	3,780	5,400
1987 Fiero, V-6						
2d Cpe	320	960	1,600	3,600	5,600	8,000
2d Spt Cpe	340	1,020	1,700	3,830	5,950	8,500
2d SE Cpe	360	1,080	1,800	4,050	6,300	9,000
NOTE: Deduct 20% for 4-cyl.						
2d GT Cpe	380	1,140	1,900	4,280	6,650	9,500
1987 Firebird, V-6						
2d Cpe	268	804	1,340	3,020	4,690	6,700
1987 Firebird, V-8						
2d Cpe	276	828	1,380	3,110	4,830	6,900
2d Cpe Formula	280	840	1,400	3,150	4,900	7,000
2d Cpe Trans Am	288	864	1,440	3,240	5,040	7,200
2d Cpe GTA	296	888	1,480	3,330	5,180	7,400
NOTE: Add 10% for 5.7 liter V-8 where available.						
1987 Bonneville, V-6						
4d Sed	200	600	1,000	2,250	3,500	5,000
4d LE Sed	208	624	1,040	2,340	3,640	5,200
1987 Grand Prix, V-6						
2d Cpe	280	840	1,400	3,150	4,900	7,000
2d LE Cpe	280	850	1,420	3,200	4,970	7,100
2d Brgm Cpe	290	860	1,440	3,240	5,040	7,200
1987 Grand Prix, V-8						
2d Cpe	290	860	1,440	3,240	5,040	7,200
2d LE Cpe	290	880	1,460	3,290	5,110	7,300
2d Brgm Cpe	300	890	1,480	3,330	5,180	7,400
1987 Safari, V-8						
4d Sta Wag	220	660	1,100	2,480	3,850	5,500
1988 LeMans, 4-cyl.						
3d HBk	100	300	500	1,130	1,750	2,500
4d Sed	112	336	560	1,260	1,960	2,800
4d SE Sed	120	360	600	1,350	2,100	3,000
1988 Sunbird, 4-cyl.						
4d Sed	136	408	680	1,530	2,380	3,400
2d SE Cpe	144	432	720	1,620	2,520	3,600
4d SE Sed	148	444	740	1,670	2,590	3,700
4d Sta Wag	152	456	760	1,710	2,660	3,800

	6	5	4	3	2	1
2d GT Cpe	200	600	1,000	2,250	3,500	5,000
2d GT Conv	340	1,020	1,700	3,830	5,950	8,500
1988 Grand Am, 4-cyl.						
2d Cpe	180	540	900	2,030	3,150	4,500
4d Sed	184	552	920	2,070	3,220	4,600
2d LE Cpe.	192	576	960	2,160	3,360	4,800
4d Sed LE	196	588	980	2,210	3,430	4,900
2d SE Turbo Cpe	224	672	1,120	2,520	3,920	5,600
4d SE Turbo Sed.	228	684	1,140	2,570	3,990	5,700
1988 6000, 4-cyl.						
4d Sed	156	468	780	1,760	2,730	3,900
4d Sta Wag	160	480	800	1,800	2,800	4,000
4d LE Sed.	160	480	800	1,800	2,800	4,000
4d LE Sta Wag	168	504	840	1,890	2,940	4,200
1988 6000, V-6						
4d Sed	168	504	840	1,890	2,940	4,200
4d Sta Wag	180	540	900	2,030	3,150	4,500
4d Sed LE	200	600	1,000	2,250	3,500	5,000
4d LE Sta Wag	200	600	1,000	2,250	3,500	5,000
4d SE Sed	208	624	1,040	2,340	3,640	5,200
4d SE Sta Wag	220	660	1,100	2,480	3,850	5,500
4d STE Sed	288	864	1,440	3,240	5,040	7,200
1988 Fiero, V-6						
2d Cpe III	300	900	1,500	3,380	5,250	7,500
2d Formula Cpe	340	1,020	1,700	3,830	5,950	8,500
2d GT Cpe	360	1,080	1,800	4,050	6,300	9,000
1988 Firebird, V-6						
2d Cpe	240	720	1,200	2,700	4,200	6,000
1988 Firebird, V-8						
2d Cpe	280	840	1,400	3,150	4,900	7,000
2d Formula Cpe	320	960	1,600	3,600	5,600	8,000
2d Cpe Trans Am	520	1,560	2,600	5,850	9,100	13,000
2d Cpe GTA	600	1,800	3,000	6,750	10,500	15,000
1988 Bonneville, V-6						
4d LE Sed.	240	720	1,200	2,700	4,200	6,000
4d SE Sed	300	900	1,500	3,380	5,250	7,500
4d SSE Sed	520	1,560	2,600	5,850	9,100	13,000
1988 Grand Prix, V-6						
2d Cpe	260	780	1,300	2,930	4,550	6,500
2d LE Cpe.	280	840	1,400	3,150	4,900	7,000
2d SE Cpe	320	960	1,600	3,600	5,600	8,000
1989 LeMans, 4-cyl.						
2d HBk	108	324	540	1,220	1,890	2,700
2d LE HBk	116	348	580	1,310	2,030	2,900
2d GSE HBk	136	408	680	1,530	2,380	3,400
4d LE Sed.	132	396	660	1,490	2,310	3,300
4d SE Sed	140	420	700	1,580	2,450	3,500
1989 Sunbird, 4-cyl.						
4d LE Sed.	184	552	920	2,070	3,220	4,600
2d LE Cpe.	180	540	900	2,030	3,150	4,500
2d SE Cpe	188	564	940	2,120	3,290	4,700
2d GT Turbo Cpe	268	804	1,340	3,020	4,690	6,700
2d GT Turbo Conv.	540	1,620	2,700	6,080	9,450	13,500
1989 Grand Am, 4-cyl.						
4d LE Sed.	224	672	1,120	2,520	3,920	5,600
2d LE Cpe.	220	660	1,100	2,480	3,850	5,500
4d SE Sed	252	756	1,200	2,040	4,410	6,300
2d SE Cpe	248	744	1,240	2,790	4,340	6,200
1989 6000, 4-cyl.						
4d Sed LE.	228	684	1,140	2,570	3,990	5,700
1989 6000, V-6						
4d LE Sed.	244	732	1,220	2,750	4,270	6,100
4d LE Sta Wag	256	768	1,280	2,880	4,480	6,400
4d STE Sed, AWD	300	950	1,600	3,600	5,600	8,000
1989 Firebird, V-6						
2d Cpe	260	780	1,300	2,930	4,550	6,500
1989 Firebird, V-8						
2d Cpe	280	840	1,400	3,150	4,900	7,000
2d Formula Cpe	300	900	1,500	3,380	5,250	7,500
2d Trans Am Cpe	560	1,680	2,800	6,300	9,800	14,000
2d GTA Cpe	600	1,800	3,000	6,750	10,500	15,000
1989 Firebird, V-6						
2d Trans Am Cpe	550	1,700	2,800	6,300	9,800	14,000
1989 Bonneville, V-6						
4d LE Sed.	272	816	1,360	3,060	4,760	6,800
4d SE Sed	312	936	1,560	3,510	5,460	7,800
4d SSE Sed	352	1,056	1,760	3,960	6,160	8,800
1989 Grand Prix, V-6						
2d Cpe	280	840	1,400	3,150	4,900	7,000

	6	5	4	3	2	1
2d LE Cpe.	300	900	1,500	3,380	5,250	7,500
2d SE Cpe	320	960	1,600	3,600	5,600	8,000
NOTE: Add 40% for McLaren Turbo Cpe.						
1989 Safari, V-8						
4d Sta Wag	288	864	1,440	3,240	5,040	7,200
1989-1/2 Firebird Trans Am Pace Car, V-6 Turbo						
Cpe	750	2,300	3,800	8,550	13,300	19,000
1990 LeMans, 4-cyl.						
2d Cpe	112	336	560	1,260	1,960	2,800
2d LE Cpe.	128	384	640	1,440	2,240	3,200
2d GSE Cpe	144	432	720	1,620	2,520	3,600
4d LE Sed.	128	384	640	1,440	2,240	3,200
1990 Sunbird, 4-cyl.						
2d VL Cpe.	160	480	800	1,800	2,800	4,000
4d VL Sed.	164	492	820	1,850	2,870	4,100
2d LE Cpe.	168	504	840	1,890	2,940	4,200
2d LE Conv.	300	900	1,500	3,380	5,250	7,500
4d LE Sed.	172	516	860	1,940	3,010	4,300
2d SE Cpe	200	600	1,000	2,250	3,500	5,000
2d GT Turbo Cpe	240	720	1,200	2,700	4,200	6,000
1990 Grand Am, 4-cyl.						
2d LE Cpe.	228	684	1,140	2,570	3,990	5,700
4d LE Cpe.	240	720	1,200	2,700	4,200	6,000
2d SE Quad Cpe	260	780	1,300	2,930	4,550	6,500
4d SE Quad Sed.	264	792	1,320	2,970	4,620	6,600
1990 6000, 4-cyl.						
4d LE Sed.	180	540	900	2,030	3,150	4,500
1990 6000, V-6						
4d LE Sed.	200	600	1,000	2,250	3,500	5,000
4d LE Sta Wag	220	660	1,100	2,480	3,850	5,500
4d SE Sed	220	660	1,100	2,480	3,850	5,500
4d SE Sta Wag.	240	720	1,200	2,700	4,200	6,000
NOTE: Add 35% for AWD.						
1990 Firebird, V-6						
2d Cpe	260	780	1,300	2,930	4,550	6,500
1990 Firebird, V-8						
2d Cpe	300	900	1,500	3,380	5,250	7,500
2d Formula Cpe	320	960	1,600	3,600	5,600	8,000
2d Trans Am Cpe	520	1,560	2,600	5,850	9,100	13,000
2d GTA Cpe	600	1,800	3,000	6,750	10,500	15,000
1990 Bonneville, V-6						
4d LE Sed.	280	840	1,400	3,150	4,900	7,000
4d SE Sed	300	900	1,500	3,380	5,250	7,500
4d SSE Sed	340	1,020	1,700	3,830	5,950	8,500
1990 Grand Prix, 4-cyl.						
2d LE Cpe.	240	720	1,200	2,700	4,200	6,000
4d LE Sed.	244	732	1,220	2,750	4,270	6,100
1990 Grand Prix, V-6						
2d LE Cpe.	252	756	1,260	2,840	4,410	6,300
4d LE Sed.	256	768	1,280	2,880	4,480	6,400
2d SE Cpe	320	960	1,600	3,600	5,600	8,000
4d STE Sed	340	1,020	1,700	3,830	5,950	8,500
1991 LeMans, 4-cyl.						
2d Aero Cpe	128	384	640	1,440	2,240	3,200
2d Aero LE Cpe	152	456	760	1,710	2,660	3,800
4d LE Sed.	140	420	700	1,580	2,450	3,500
1991 Sunbird, 4-cyl.						
2d Cpe	152	456	760	1,710	2,660	3,800
4d Sed	152	456	760	1,710	2,660	3,800
2d LE Cpe.	160	480	800	1,800	2,800	4,000
4d LE Cpe.	160	480	800	1,800	2,800	4,000
2d LE Conv.	320	960	1,600	3,600	5,600	8,000
2d SE Cpe	200	600	1,000	2,250	3,500	5,000
1991 Sunbird, V-6						
2d GT Cpe	260	780	1,300	2,930	4,550	6,500
1991 Grand Am, 4-cyl.						
2d Cpe	200	600	1,000	2,250	3,500	5,000
4d Sed	200	600	1,000	2,250	3,500	5,000
2d LE Cpe.	208	624	1,040	2,340	3,640	5,200
4d LE Sed.	208	624	1,040	2,340	3,640	5,200
2d SE Quad 4 Cpe	232	696	1,160	2,610	4,060	5,800
4d SE Quad 4 Sed	232	696	1,160	2,610	4,060	5,800
1991 6000, 4-cyl.						
4d LE Sed.	180	540	900	2,030	3,150	4,500
1991 6000, V-6						
4d LE Sed.	200	600	1,000	2,250	3,500	5,000
4d LE Sta Wag	220	660	1,100	2,480	3,850	5,500
4d SE Sed	216	648	1,080	2,430	3,780	5,400

	6	5	4	3	2	1
1991 Firebird, V-6						
2d Cpe	260	780	1,300	2,930	4,550	6,500
2d Conv	560	1,680	2,800	6,300	9,800	14,000
1991 Firebird, V-8						
2d Cpe	300	900	1,500	3,300	5,250	7,500
2d Conv	600	1,800	3,000	6,750	10,500	15,000
2d Formula Cpe	320	960	1,600	3,600	5,600	8,000
2d Trans Am Cpe	520	1,560	2,600	5,850	9,100	13,000
2d Trans Am Conv	660	1,980	3,300	7,430	11,550	16,500
2d GTA Cpe	600	1,800	3,000	6,750	10,500	15,000
1991 Bonneville, V-6						
4d LE Sed	260	780	1,300	2,930	4,550	6,500
4d SE Sed	300	900	1,500	3,380	5,250	7,500
4d SSE Sed	320	960	1,600	3,600	5,600	8,000
1991 Grand Prix, Quad 4						
2d SE Cpe	220	660	1,100	2,480	3,850	5,500
4d LE Sed	220	660	1,100	2,480	3,850	5,500
4d SE Sed	232	696	1,160	2,610	4,060	5,800
1991 Grand Prix, V-6						
4d SE Cpe	240	720	1,200	2,700	4,200	6,000
2d GT Cpe	256	768	1,280	2,880	4,480	6,400
4d LE Sed	240	720	1,200	2,700	4,200	6,000
4d SE Sed	256	768	1,280	2,880	4,480	6,400
4d STE Sed	280	840	1,400	3,150	4,900	7,000
1992 LeMans, 4-cyl.						
2d Aero Cpe HBk	152	456	760	1,710	2,660	3,800
2d SE Aero Cpe HBk	156	468	780	1,760	2,730	3,900
4d SE Sed	160	480	800	1,800	2,800	4,000
1992 Sunbird, 4-cyl.						
4d LE Sed	160	480	800	1,800	2,800	4,000
2d LE Cpe	164	492	820	1,850	2,870	4,100
4d SE Sed	168	504	840	1,890	2,940	4,200
2d SE Cpe	172	516	860	1,940	3,010	4,300
2d SE Conv	260	780	1,300	2,930	4,550	6,500
2d GT Cpe V-6	180	540	900	2,030	3,150	4,500
1992 Grand Am, 4-cyl.						
4d SE Sed	200	600	1,000	2,250	3,500	5,000
2d SE Cpe	220	660	1,100	2,480	3,850	5,500
4d GT Sed	240	720	1,200	2,700	4,200	6,000
2d GT Cpe	260	780	1,300	2,930	4,550	6,500
NOTE: Add 10% for V-6.						
1992 Firebird, V-8						
2d Cpe	320	960	1,600	3,600	5,600	8,000
2d Conv	600	1,800	3,000	6,750	10,500	15,000
2d Formula Cpe	340	1,020	1,700	3,830	5,950	8,500
2d Trans Am Cpe	540	1,620	2,700	6,080	9,450	13,500
2d Trans Am Conv	620	1,860	3,100	6,980	10,850	15,500
2d GTA Cpe	580	1,740	2,900	6,530	10,150	14,500
NOTE: Deduct 10% for V-6.						
1992 Bonneville, V-6						
4d SE Sed	260	780	1,300	2,930	4,550	6,500
4d SSE Sed	300	900	1,500	3,380	5,250	7,500
4d SSEi Sed	520	1,560	2,600	5,850	9,100	13,000
1992 Grand Prix, V-6						
4d LE Sed	220	660	1,100	2,480	3,850	5,500
4d SE Sed	240	720	1,200	2,700	4,200	6,000
2d SE Cpe	260	780	1,300	2,930	4,550	6,500
4d STE Sed	320	960	1,600	3,600	5,600	8,000
2d GT Cpe	340	1,020	1,700	3,830	5,950	8,500
1993 LeMans						
2d Aero Cpe	156	468	780	1,760	2,730	3,900
2d SE Aero Cpe	160	480	800	1,800	2,800	4,000
4d SE Sed	156	468	780	1,760	2,730	3,900
1993 Sunbird						
2d LE Cpe	168	504	840	1,890	2,940	4,200
4d LE Sed	170	510	850	1,910	2,975	4,250
2d SE Cpe	172	516	860	1,940	3,010	4,300
4d SE Sed	174	522	870	1,960	3,045	4,350
2d GT Cpe, V-6	180	540	900	2,030	3,150	4,500
2d SE Conv	188	564	940	2,120	3,290	4,700
1993 Grand Am, 4-cyl.						
2d SE Cpe	220	660	1,100	2,480	3,850	5,500
4d SE Sed	220	660	1,100	2,480	3,850	5,500
2d GT Cpe	224	672	1,120	2,520	3,920	5,600
4d GT Sed	224	672	1,120	2,520	3,920	5,600
1993 Grand Am, V-6						
2d SE Cpe	224	672	1,120	2,520	3,920	5,600
4d SE Sed	224	672	1,120	2,520	3,920	5,600
2d GT Cpe	228	684	1,140	2,570	3,990	5,700

	6	5	4	3	2	1
4d GT Sed 228	684	1,140	2,570	3,990	5,700
1993 Firebird						
2d Cpe, V-6 320	960	1,600	3,600	5,600	8,000
2d Formula Cpe, V-8 520	1,560	2,600	5,850	9,100	13,000
2d Trans Am Cpe, V-8 540	1,620	2,700	6,080	9,450	13,500
1993 Bonneville, V-6						
4d SE Sed 320	960	1,600	3,600	5,600	8,000
4d SSE Sed 340	1,020	1,700	3,830	5,950	8,500
4d SSEi Sed 520	1,560	2,600	5,850	9,100	13,000
1993 Grand Prix						
2d SE Cpe 240	720	1,200	2,700	4,200	6,000
2d GT Cpe 248	744	1,240	2,790	4,340	6,200
4d LE Sed 240	720	1,200	2,700	4,200	6,000
4d SE Sed 248	744	1,240	2,790	4,340	6,200
4d STE Sed 256	768	1,280	2,880	4,480	6,400
1994 Sunbird						
2d LE Cpe, 4-cyl. 220	660	1,100	2,480	3,850	5,500
4d LE Sed, 4-cyl. 224	672	1,120	2,520	3,920	5,600
2d LE Conv, 4-cyl. 300	900	1,500	3,380	5,250	7,500
2d SE Cpe, V-6 260	780	1,300	2,930	4,550	6,500
1994 Grand Am						
2d SE Cpe, 4-cyl. 244	732	1,220	2,750	4,270	6,100
4d SE Sed, 4-cyl. 248	744	1,240	2,790	4,340	6,200
4d GT Sed, 4-cyl. 260	780	1,300	2,930	4,550	6,500
2d SE Cpe, V-6 252	756	1,260	2,840	4,410	6,300
2d GT Cpe, V-6 256	768	1,280	2,880	4,480	6,400
4d SE Sed, V-6 256	768	1,280	2,880	4,480	6,400
4d GT Sed, V-6 260	780	1,300	2,930	4,550	6,500
1994 Firebird						
2d Cpe, V-6 420	1,260	2,100	4,730	7,350	10,500
2d Conv, V-6 540	1,620	2,700	6,080	9,450	13,500
2d Formula Cpe, V-8 480	1,440	2,400	5,400	8,400	12,000
2d Formula Conv, V-8 580	1,740	2,900	6,530	10,150	14,500
2d Trans Am Cpe, V-8 540	1,620	2,700	6,080	9,450	13,500
2d Trans Am GT Cpe, V-8 580	1,740	2,900	6,530	10,150	14,500
2d Trans Am GT Conv, V-8 620	1,860	3,100	6,980	10,850	15,500
1994 Bonneville, V-6						
4d SE Sed 340	1,020	1,700	3,830	5,950	8,500
4d SSE Sed 440	1,320	2,200	4,950	7,700	11,000
1994 Grand Prix						
2d SE Cpe 340	1,020	1,700	3,830	5,950	8,500
4d SE Sed 344	1,032	1,720	3,870	6,020	8,600
1995 Sunbird, 4-cyl.						
2d SE Cpe 200	650	1,100	2,480	3,850	5,500
4d SE Sed 200	650	1,100	2,520	3,900	5,600
2d SE Conv 300	900	1,500	3,380	5,250	7,500
2d GT Cpe 300	850	1,400	3,150	4,900	7,000
1995 Grand Am, 4-cyl. & V-6						
2d SE Cpe 250	750	1,200	2,750	4,250	6,100
4d SE Sed 250	750	1,250	2,790	4,350	6,200
2d GT Cpe 250	750	1,300	2,880	4,500	6,400
4d GT Sed 250	800	1,300	2,930	4,550	6,500
1995 Firebird, V-6 & V-8						
2d Cpe, V-6 400	1,250	2,100	4,730	7,350	10,500
2d Conv, V-6 550	1,600	2,700	6,080	9,450	13,500
2d Formula Cpe, V-8 480	1,440	2,400	5,400	8,400	12,000
2d Formula Conv, V-8 580	1,740	2,900	6,530	10,150	14,500
2d Trans Am Cpe, V-8 540	1,620	2,700	6,080	9,450	13,500
2d Trans Am Conv, V-8 620	1,860	3,100	6,980	10,850	15,500
1995 Bonneville, V-6						
4d SE Sed 350	1,000	1,700	3,830	5,950	8,500
4d SSE Sed 450	1,300	2,200	4,950	7,700	11,000
4d SSEi Sed 500	1,500	2,500	5,630	8,750	12,500
1995 Grand Prix, V-6						
2d SE Cpe 350	1,000	1,700	3,830	5,950	8,500
4d SE Sed 350	1,050	1,700	3,870	6,000	8,600
1996 Sunfire, 4-cyl.						
2d SE Cpe 200	650	1,100	2,480	3,850	5,500
4d SE Sed 200	650	1,100	2,520	3,900	5,600
2d SE Conv 300	900	1,500	3,380	5,250	7,500
2d GT Cpe 300	850	1,400	3,150	4,900	7,000
1996 Grand Am, 4-cyl. & V-6						
2d SE Cpe 250	750	1,250	2,790	4,350	6,200
4d SE Sed 250	750	1,200	2,750	4,250	6,100
2d GT Cpe 250	800	1,300	2,930	4,550	6,500
4d GT Sed 250	750	1,300	2,880	4,500	6,400
1996 Firebird, V-6 & V-8						
2d Cpe, V-6 400	1,250	2,100	4,730	7,350	10,500
2d Conv, V-6 550	1,600	2,700	6,080	9,450	13,500

PONTIAC

	6	5	4	3	2	1
2d Formula Cpe, V-8	480	1,440	2,400	5,400	8,400	12,000
2d Formula Conv, V-8	580	1,740	2,900	6,530	10,150	14,500
2d Trans Am Cpe, V-8	540	1,620	2,700	6,080	9,450	13,500
2d Trans Am Conv, V-8	620	1,860	3,100	6,980	10,850	15,500

1996 Bonneville, V-6

	6	5	4	3	2	1
4d SE Sed	350	1,000	1,700	3,830	5,950	8,500
4d SSE Sed	450	1,300	2,200	4,950	7,700	11,000
4d SSEi Sed	500	1,500	2,500	5,630	8,750	12,500

NOTE: SE and SSE add 5% for supercharged V-6.

1996 Grand Prix, V-6

	6	5	4	3	2	1
2d SE Cpe	350	1,000	1,700	3,830	5,950	8,500
4d SE Sed	350	1,050	1,700	3,870	6,000	8,600

NOTE: Add 5% for GT pkg. Add 10% for GTP pkg.

1997 Sunfire, 4-cyl

	6	5	4	3	2	1
2d SE Cpe	220	660	1,100	2,480	3,850	5,500
4d SE Sed	224	672	1,120	2,520	3,920	5,600
2d SE Conv	300	900	1,500	3,380	5,250	7,500
2d GT Cpe	280	840	1,400	3,150	4,900	7,000

1997 Grand Am, 4-cyl. & V-6

	6	5	4	3	2	1
2d SE Cpe	248	744	1,240	2,790	4,340	6,200
4d SE Sed	244	732	1,220	2,750	4,270	6,100
2d GT Cpe	260	780	1,300	2,930	4,550	6,500
4d GT Sed	256	768	1,280	2,880	4,480	6,400

1997 Firebird, V-6 & V-8

	6	5	4	3	2	1
2d Cpe, V-6	420	1,260	2,100	4,730	7,350	10,500
2d Conv, V-6	540	1,620	2,700	6,080	9,450	13,500
2d Formula Cpe, V-8	480	1,440	2,400	5,400	8,400	12,000
2d Formula Conv, V-8	580	1,740	2,900	6,530	10,150	14,500
2d Trans Am Cpe, V-8	540	1,620	2,700	6,080	9,450	13,500
2d Trans Am Conv, V-8	620	1,860	3,100	6,980	10,850	15,500

NOTE: Add 5% for Sport Pkg. on V-6 models; 5% for Ram Air Pkg. on convertibles.

1997 Bonneville, V-6

	6	5	4	3	2	1
4d SE Sed	340	1,020	1,700	3,830	5,950	8,500
4d SSE Sed	440	1,320	2,200	4,950	7,700	11,000
4d SSEi Sed	500	1,500	2,500	5,630	8,750	12,500

NOTE: Add 5% for supercharged V-6 on SE or SSE models; 5% for 40th Anniversary Pkg. on SE or SSE.

1997 Grand Prix, V-6

	6	5	4	3	2	1
4d SE Sed	344	1,032	1,720	3,870	6,020	8,600
2d GT Cpe	372	1,116	1,860	4,190	6,510	9,300
4d GT Sed	376	1,128	1,880	4,230	6,580	9,400
2d GTP Cpe (supercharged)	408	1,224	2,040	4,590	7,140	10,200
4d GTP Sed (supercharged)	412	1,236	2,060	4,640	7,210	10,300

1998 Sunfire, 4-cyl.

	6	5	4	3	2	1
2d SE Cpe	220	660	1,100	2,480	3,850	5,500
4d SE Sed	220	670	1,120	2,520	3,920	5,600
2d SE Conv	300	900	1,500	3,380	5,250	7,500
2d GT Cpe	280	840	1,400	3,150	4,900	7,000

1998 Grand Am, 4-cyl. & V-6

	6	5	4	3	2	1
2d SE Cpe	250	740	1,240	2,790	4,340	6,200
4d SE Sed	240	730	1,220	2,750	4,270	6,100
2d GT Cpe	260	780	1,300	2,930	4,550	6,500
4d GT Sed	260	770	1,280	2,880	4,480	6,400

1998 Firebird, V-6 & V-8

	6	5	4	3	2	1
2d Cpe, V-6	420	1,260	2,100	4,730	7,350	10,500
2d Conv, V-6	540	1,620	2,700	6,080	9,450	13,500
2d Formula Cpe, V-8	480	1,440	2,400	5,400	8,400	12,000
2d Trans Am Cpe, V-8	540	1,620	2,700	6,080	9,450	13,500
2d Trans Am Conv, V-8	620	1,860	3,100	6,980	10,850	15,500

NOTE: Add 5% for Autocross Pkg.; 10% for WS6 Pkg.

1998 Bonneville, V-6

	6	5	4	3	2	1
4d SE Sed	340	1,020	1,700	3,830	5,950	8,500
4d SSE Sed	440	1,320	2,200	4,950	7,700	11,000
4d SSEi Sed	500	1,500	2,500	5,630	8,750	12,500

NOTE: Add 5% for supercharged V-6 on SSE Sed.

1998 Grand Prix, V-6

	6	5	4	3	2	1
4d SE Sed	340	1,030	1,720	3,870	6,020	8,600
2d GT Cpe	370	1,120	1,860	4,190	6,510	9,300
4d GT Sed	380	1,130	1,880	4,230	6,580	9,400
2d GTP Cpe (supercharged)	410	1,220	2,040	4,590	7,140	10,200
4d GTP Sed (supercharged)	410	1,240	2,060	4,640	7,210	10,300

1999 Sunfire, 4-cyl.

	6	5	4	3	2	1
2d SE Cpe	230	680	1,140	2,570	3,990	5,700
4d SE Sed	220	670	1,120	2,520	3,920	5,600
2d GT Cpe	280	840	1,400	3,150	4,900	7,000
2d GT Conv	300	900	1,500	3,380	5,250	7,500

NOTE: Add 5% for Sun & Sound (SE Cpe), Sun & Storm (GT Cpe), or Special Edition (SE Sed) Pkgs.

1999 Grand Am, 4-cyl. & V-6

	6	5	4	3	2	1
2d SE Cpe	250	760	1,260	2,840	4,410	6,300
4d SE Sed	250	740	1,240	2,790	4,340	6,200

PONTIAC

	6	5	4	3	2	1
2d GT Cpe (V-6 only)	260	790	1,320	2,970	4,620	6,600
4d GT Sed (V-6 only)	260	780	1,300	2,930	4,550	6,500

NOTE: Add 5% for Solid Sound or Solid Style Pkgs. on SE models.

1999 Firebird, V-6 & V-8

	6	5	4	3	2	1
2d Cpe, V-6	420	1,260	2,100	4,730	7,350	10,500
2d Conv, V-6	540	1,620	2,700	6,080	9,450	13,500
2d Formula Cpe, V-8	480	1,440	2,400	5,400	8,400	12,000
2d Trans Am Cpe, V-8	540	1,620	2,700	6,080	9,450	13,500
2d Trans Am Conv, V-8	620	1,860	3,100	6,980	10,850	15,500

NOTE: Add 10% for 30th Anniversary Pkg. (Z4C) Trans Am; 5% for Autocross Pkg.; 10% for WS6 Pkg.

1999 Bonneville, V-6

	6	5	4	3	2	1
4d SE Sed	340	1,020	1,700	3,830	5,950	8,500
4d SSE Sed	440	1,320	2,200	4,950	7,700	11,000
4d SSEi Sed	500	1,500	2,500	5,630	8,750	12,500

NOTE: Add 5% for supercharged V-6 on SSE Sed.

1999 Grand Prix, V-6

	6	5	4	3	2	1
4d SE Sed	340	1,030	1,720	3,870	6,020	8,600
2d GT Cpe	380	1,140	1,900	4,280	6,650	9,500
4d GT Sed	380	1,150	1,920	4,320	6,720	9,600
2d GTP Cpe (supercharged)	410	1,240	2,060	4,640	7,210	10,300
4d GTP Sed (supercharged)	420	1,250	2,080	4,680	7,280	10,400

2000 Sunfire, 4-cyl.

	6	5	4	3	2	1
2d SE Cpe	230	680	1,140	2,570	3,990	5,700
4d SE Sed	220	670	1,120	2,520	3,920	5,600
2d GT Cpe	280	840	1,400	3,150	4,900	7,000
2d GT Conv	300	900	1,500	3,380	5,250	7,500

2000 Grand Am, 4-cyl. & V-6

	6	5	4	3	2	1
2d SE Cpe	250	760	1,260	2,840	4,410	6,300
4d SE Sed	250	740	1,240	2,790	4,340	6,200
2d GT Cpe (V-6 only)	260	790	1,320	2,970	4,620	6,600
4d GT Sed (V-6 only)	260	780	1,300	2,930	4,550	6,500

2000 Firebird, V-6 & V-8

	6	5	4	3	2	1
2d Cpe, V-6	420	1,260	2,100	4,730	7,350	10,500
2d Conv, V-6	540	1,620	2,700	6,080	9,450	13,500
2d Formula Cpe, V-8	480	1,440	2,400	5,400	8,400	12,000
2d Trans Am Cpe, V-8	540	1,620	2,700	6,080	9,450	13,500
2d Trans Am Conv, V-8	620	1,860	3,100	6,980	10,850	15,500

NOTE: Add 5% for Formula Autocross Pkg.; 10% for V-8 WS6 Pkg.

2000 Bonneville, V-6

	6	5	4	3	2	1
4d SE Sed	340	1,020	1,700	3,830	5,950	8,500
4d SLE Sed	380	1,140	1,900	4,280	6,650	9,500
4d SSEi Sed (supercharged)	500	1,500	2,500	5,630	8,750	12,500

2000 Grand Prix, V-6

	6	5	4	3	2	1
4d SE Sed	340	1,030	1,720	3,870	6,020	8,600
2d GT Cpe	380	1,140	1,900	4,280	6,650	9,500
4d GT Sed	380	1,150	1,920	4,320	6,720	9,600
2d GTP Cpe (supercharged)	410	1,240	2,060	4,640	7,210	10,300
4d GTP Sed (supercharged)	420	1,250	2,080	4,680	7,280	10,400

NOTE: Add 5% for Daytona Pace Car Pkg.

2001 Sunfire, 4-cyl.

	6	5	4	3	2	1
2d SE Cpe	230	680	1,140	2,850	3,990	5,700
4d SE Sed	220	670	1,120	2,800	3,920	5,600
2d GT Cpe	280	840	1,400	3,500	4,900	7,000

2001 Grand Am, 4-cyl. & V-6

	6	5	4	3	2	1
2d SE Cpe	250	760	1,260	3,150	4,410	6,300
4d SE Sed	250	740	1,240	3,100	4,340	6,200
2d GT Cpe (V-6 only)	260	790	1,320	3,300	4,620	6,600
4d GT Sed (V-6 only)	260	780	1,300	3,250	4,550	6,500

2001 Firebird, V-6 & V-8

	6	5	4	3	2	1
2d Cpe, V-6	420	1,260	2,100	5,250	7,350	10,500
2d Conv, V-6	540	1,620	2,700	6,750	9,450	13,500
2d Formula Cpe, V-8	480	1,440	2,400	6,000	8,400	12,000
2d Trans Am Cpe, V-8	540	1,620	2,700	6,750	9,450	13,500
2d Trans Am Conv, V-8	620	1,860	3,100	7,750	10,850	15,500

NOTE: Add 10% for V-8 WS6 Pkg.

2001 Bonneville, V-6

	6	5	4	3	2	1
4d SE Sed	340	1,030	1,720	4,300	6,020	8,600
4d SLE Sed	380	1,150	1,920	4,800	6,720	9,600
4d SSEi Sed (supercharged)	500	1,510	2,520	6,300	8,820	12,600

2001 Grand Prix, V-6

	6	5	4	3	2	1
4d SE Sed	340	1,030	1,720	4,300	6,020	8,600
2d GT Cpe	380	1,140	1,900	4,750	6,650	9,500
4d GT Sed	380	1,150	1,920	4,800	6,720	9,600
2d GTP Cpe (supercharged)	410	1,240	2,060	5,150	7,210	10,300
4d GTP Sed (supercharged)	420	1,250	2,080	5,200	7,280	10,400

2002 Sunfire, 4-cyl.

	6	5	4	3	2	1
2d SE Cpe	230	680	1,140	2,850	3,990	5,700
4d SE Sed	220	670	1,120	2,800	3,920	5,600

PONTIAC

	6	5	4	3	2	1
2d GT Cpe	280	840	1,400	3,500	4,900	7,000

NOTE: Add 5% for Driver Convenience Pkg.

2002 Grand Am, 4-cyl. & V-6
2d SE Cpe	250	760	1,260	3,150	4,410	6,300
4d SE Sed	250	740	1,240	3,100	4,340	6,200
2d GT Cpe (V-6 only)	260	790	1,320	3,300	4,620	6,600
4d GT Sed (V-6 only)	260	780	1,300	3,250	4,550	6,500

2002 Firebird, V-6
2d Cpe	420	1,260	2,100	5,250	7,350	10,500
2d Conv	540	1,620	2,700	6,750	9,450	13,500

2002 Firebird, V-8
2d Formula Cpe	480	1,440	2,400	6,000	8,400	12,000
2d Trans Am Cpe	540	1,620	2,700	6,750	9,450	13,500
2d Trans Am Conv.	620	1,860	3,100	7,750	10,850	15,500

NOTE: Add 20% for Trans Am Collector's Edition; 10% for V-8 WS6 Pkg.; $500 for T-tops (except Trans Am).

2002 Bonneville, V-6
4d SE Sed	340	1,030	1,720	4,300	6,020	8,600
4d SLE Sed	380	1,150	1,920	4,800	6,720	9,600
4d SSEi Sed (supercharged)	500	1,510	2,520	6,300	8,820	12,600

2002 Grand Prix, V-6
4d SE Sed	340	1,030	1,720	4,300	6,020	8,600
2d GT Cpe	380	1,140	1,900	4,750	6,650	9,500
4d GT Sed	380	1,150	1,920	4,800	6,720	9,600
2d GTP Cpe (supercharged)	410	1,240	2,060	5,150	7,210	10,300
4d GTP Sed (supercharged).	420	1,250	2,080	5,200	7,280	10,400

NOTE: Add 5% for GT or GTP 40th Anniversary Edition.

2003 Sunfire, 4-cyl.
2d Cpe	230	680	1,140	2,850	3,990	5,700

2003 Vibe, 4-cyl.
4d Sta Wag.	320	960	1,600	4,000	5,600	8,000
4d GT Sta Wag	330	980	1,640	4,100	5,740	8,200

NOTE: Add 10% for AWD on base model.

2003 Grand Am, 4-cyl. & V-6
4d SE Sed	250	740	1,240	3,100	4,340	6,200
2d GT Cpe (V-6 only)	260	790	1,320	3,300	4,620	6,600
4d GT Sed (V-6 only)	260	780	1,300	3,250	4,550	6,500

NOTE: Add 5% for SC/T Appearance Pkg on GT models.

2003 Bonneville, V-6
4d SE Sed	340	1,030	1,720	4,300	6,020	8,600
4d SLE Sed	380	1,150	1,920	4,800	6,720	9,600
4d SSEi Sed (supercharged)	500	1,510	2,520	6,300	8,820	12,600

2003 Grand Prix, V-6
4d SE Sed	340	1,030	1,720	4,300	6,020	8,600
4d GT Sed	380	1,150	1,920	4,800	6,720	9,600
4d GT Limited Sed	410	1,240	2,060	5,150	7,210	10,300
4d GTP Sed	420	1,250	2,080	5,200	7,280	10,400
4d GTP Limited Sed	460	1,370	2,280	5,700	7,980	11,400

2004 Sunfire, 4-cyl.
2d Cpe	230	680	1,140	2,850	3,990	5,700

NOTE: Deduct 5% for manual transmission.

2004 Vibe, 4-cyl.
4d Sta Wag.	320	960	1,600	4,000	5,600	8,000
4d GT Sta Wag	330	980	1,640	4,100	5,740	8,200

NOTE: Add 10% for AWD on base model. Deduct 5% for manual transmission, except GT.

2004 Grand Am, 4-cyl. & V-6
4d SE Sed	250	740	1,240	3,100	4,340	6,200
2d GT Cpe (V-6 only)	200	790	1,320	3,300	4,620	6,600
4d GT Sed (V-6 only)	260	780	1,300	3,250	4,550	6,500

NOTE: Add 5% for SC/T Appearance Pkg on GT models. Deduct 5% for manual transmission.

2004 Bonneville, V-6 & V-8
4d SE Sed (V-6 only)	340	1,030	1,720	4,300	6,020	8,600
4d SLE Sed (V-6 only)	380	1,150	1,920	4,800	6,720	9,600
4d GXP Sed (V-8 only)	520	1,570	2,620	5,900	9,170	13,100

2004 Grand Prix, V-6
4d GT1 Sed	410	1,240	2,060	5,150	7,210	10,300
4d GT2 Sed	430	1,280	2,140	5,350	7,490	10,700
4d GTP Sed	460	1,370	2,280	5,700	7,980	11,400

NOTE: Add 5% for Comp G Pkg. on GTP.

2004 GTO, V-8
2d Cpe	580	1,750	2,920	7,300	10,220	14,600

2005 Sunfire, 4-cyl.
2d Cpe	230	680	1,140	2,850	3,990	5,700

NOTE: Deduct 5% for manual transmission.

2005 Vibe, 4-cyl.
4d Sta Wag.	320	960	1,600	4,000	5,600	8,000
4d GT Sta Wag	330	980	1,640	3,690	5,740	8,200

NOTE: Add 10% for AWD on base model. Deduct 5% for manual transmission, except GT.

2005 Grand Am, 4-cyl. & V-6
4d SE Sed	250	740	1,240	3,100	4,340	6,200

	6	5	4	3	2	1
2d GT Cpe (V-6 only)	260	790	1,320	3,300	4,620	6,600

NOTE: Add 5% for SC/T Appearance Pkg. on GT Cpe.

2005 G6, V-6

	6	5	4	3	2	1
4d Sed	280	840	1,400	3,500	4,900	7,000
4d GT Sed	300	890	1,480	3,700	5,180	7,400

2005 Bonneville, V-6

	6	5	4	3	2	1
4d SE Sed	340	1,030	1,720	4,300	6,020	8,600
4d SLE Sed	380	1,150	1,920	4,800	6,720	9,600
4d GXP Sed (V-8)	520	1,570	2,620	6,550	9,170	13,100

2005 Grand Prix, V-6

	6	5	4	3	2	1
4d Sed	370	1,100	1,840	4,140	6,440	9,200
4d GT Sed	400	1,200	2,000	5,000	7,000	10,000
4d GTP Sed	430	1,300	2,160	5,400	7,560	10,800
4d GXP Sed (V-8)	500	1,510	2,520	6,300	8,820	12,600

NOTE: Add 5% for Comp G/Sport Pkg. on GTP.

2005 GTO, V-8

	6	5	4	3	2	1
2d Cpe	580	1,750	2,920	7,300	10,220	14,600

2006 Vibe, 1.8L 4-cyl.

	6	5	4	3	2	1
4d Spt Wag	320	970	1,620	4,050	5,670	8,100
4d GT Spt Wag	370	1,100	1,840	4,600	6,440	9,200

NOTE: Add 15% for AWD.

2006 Solstice, 2.4L 4-cyl.

	6	5	4	3	2	1
2d Conv	460	1,380	2,300	5,750	8,050	11,500

2006 Grand Prix 3.8L V-6

	6	5	4	3	2	1
4d Sed	340	1,010	1,680	4,200	5,880	8,400
4d GT Sed	380	1,130	1,880	4,700	6,580	9,400

2006 Grand Prix 5.3L V-8

	6	5	4	3	2	1
4d GXP Sed	450	1,360	2,260	5,650	7,910	11,300

2006 C6, 2.4L 4-cyl.

	6	5	4	3	2	1
4d Sed	320	970	1,620	4,050	5,670	8,100

NOTE: Add 8% for 3.5L V-6.

2006 C6, 3.5L/3.9L V-6

	6	5	4	3	2	1
4d GT Sed	380	1,130	1,880	4,700	6,580	9,400
2d GT Cpe	400	1,190	1,980	4,950	6,930	9,900
2d GT HT Conv	500	1,510	2,520	6,300	8,820	12,600
4d GTP Sed	420	1,260	2,100	5,250	7,350	10,500
2d GTP Cpe	430	1,280	2,140	4,820	7,490	10,700

2006 G6, 3.5L/3.9L V-6

	6	5	4	3	2	1
2d GTP HT Conv	560	1,680	2,800	7,000	9,800	14,000

2006 GTO, V-8

	6	5	4	3	2	1
4d GT Sed	790	2,370	3,950	9,880	13,830	19,750

NOTE: Last year for 2004-2006 GTO.

2007 Vibe, 1.8L 4-cyl.

	6	5	4	3	2	1
4d Spt Wag	390	1,180	1,970	4,930	6,900	9,850

NOTE: Add 15% for AWD.

2007 Solstice, 2.4L 4-cyl.

	6	5	4	3	2	1
2d Conv	510	1,520	2,540	6,350	8,890	12,700

2007 Solstice, 2.0L Turbo 4-cyl.

	6	5	4	3	2	1
2d Conv	580	1,750	2,920	7,300	10,220	14,600

2007 Grand Prix 3.8L V-6

	6	5	4	3	2	1
4d Sed	360	1,070	1,780	4,450	6,230	8,900
4d GT Sed	390	1,180	1,970	4,930	6,900	9,850

2007 Grand Prix 5.3L V-8

	6	5	4	3	2	1
4d GXP Sed	470	1,400	2,330	5,830	8,160	11,650

2007 G5, 2.4L 4-cyl.

	6	5	4	3	2	1
2d Cpe	340	1,010	1,690	4,210	5,900	8,425
2d GT Cpe	360	1,070	1,780	4,450	6,230	8,900

2007 G6, 2.4L 4-cyl.

	6	5	4	3	2	1
4d Sed	350	1,060	1,760	4,400	6,160	8,800

2007 G6, 3.5L/3.9L V-6

	6	5	4	3	2	1
4d GT Sed	400	1,200	2,000	5,000	7,000	10,000
2d GT Cpe	440	1,310	2,180	5,450	7,630	10,900
2d GT HT Conv	690	2,080	3,470	8,680	12,150	17,350
4d GTP Sed	480	1,440	2,400	6,000	8,400	12,000
2d GTP Cpe	480	1,440	2,400	6,000	8,400	12,000

2008 Vibe, 1.8L I4

	6	5	4	3	2	1
4d Spt Wag	370	1,120	1,870	4,680	6,550	9,350

2008 Solstice, 2.4L I4

	6	5	4	3	2	1
2d Conv	460	1,380	2,300	5,750	8,050	11,500

2009 Vibe, 1.8L I4

	6	5	4	3	2	1
4d Spt Wag	340	1,020	1,700	4,250	5,950	8,500
4d GT Spt Wag	400	1,210	2,020	5,050	7,070	10,100

2009 Solstice, 2.4L I4

	6	5	4	3	2	1
2d Cpe	480	1,440	2,400	5,400	8,400	12,000
2d Conv	460	1,380	2,300	5,750	8,050	11,500
2d Street Edition Conv	500	1,500	2,500	6,250	8,750	12,500

2009 Solstice, 2.0L Turbo I4

	6	5	4	3	2	1
2d GXP Cpe	600	1,800	3,000	7,500	10,500	15,000
2d GXP Conv	580	1,740	2,900	7,250	10,150	14,500

	6	5	4	3	2	1
2009 G3, 1.6L I4						
4d Hatch	220	670	1,120	2,800	3,920	5,600
2009 G5, 2.2L I4						
2d Cpe	260	790	1,320	3,300	4,620	6,600
2d GT Cpe	330	980	1,640	4,100	5,740	8,200
2009 G6, 2.4L I4						
4s Sed	320	950	1,580	3,950	5,530	7,900
2009 G6, 3.5L/3.6L/3.9L V6						
4d GT Sed	480	1,440	2,400	5,400	8,400	12,000
2d GT Cpe	360	1,070	1,780	4,450	6,230	8,900
2d GT HT Conv	480	1,430	2,380	5,950	8,330	11,900
4d GXP Sed	420	1,260	2,100	5,250	7,350	10,500
2d GXP Cpe	880	2,640	4,400	9,900	15,400	22,000
2009 1/2 G6, 2.4L I4						
4s Sed	330	980	1,640	4,100	5,740	8,200
2d Cpe	340	1,030	1,720	4,300	6,020	8,600
2009 1/2 G6, 3.5L/3.6L/3.9L V6						
4d GT Sed	350	1,060	1,760	4,400	6,160	8,800
2d GT Cpe	380	1,150	1,920	4,800	6,720	9,600
2d GT HT Conv	500	1,500	2,500	6,250	8,750	12,500
4d GXP Sed	440	1,320	2,200	5,500	7,700	11,000
2d GXP Cpe	460	1,390	2,320	5,800	8,120	11,600
2009 G8, 3.6L V6						
4d GT Sed	550	1,640	2,740	6,170	9,590	13,700
2009 G8, 6.0L/6.2L V8						
4d GT Sed	700	2,110	3,520	8,800	12,320	17,600
4d GXP Sed	1,060	3,190	5,320	13,300	18,620	26,600
2010 Vibe, 1.8L I4						
4d Spt Wag	370	1,100	1,840	4,600	6,440	9,200
2010 Vibe GT, 2.4L I4						
4d Spt Wag	450	1,340	2,230	5,580	7,810	11,150
2010 G3, 1.6L I4						
4d Hatch	260	770	1,290	3,230	4,520	6,450
2010 G6, 2.4L I4						
4d Sed	390	1,160	1,940	4,850	6,790	9,700
2010 Solstice, 2.4L I4						
2d Cpe	2,600	7,790	12,980	32,450	45,430	64,900
2d Conv	3,000	8,990	14,980	37,450	52,430	74,900

NOTE: 12 Solstice Coupes & 8 Solstice convertibles were built as 2010 models. They were used as GM company vehicles & then auctioned off as used cars.

OAKLAND

	6	5	4	3	2	1
1907 Model A, 4-cyl., 96" wb - 100" sb						
All Body Styles	1,400	4,200	7,000	15,750	24,500	35,000
1909 Model 20, 2-cyl., 112" wb						
All Body Styles	1,280	3,840	6,400	14,400	22,400	32,000
1909 Model 40, 4-cyl., 112" wb						
All Body Styles	1,200	3,600	6,000	13,500	21,000	30,000
1910-11 Model 24, 4-cyl., 96" wb						
Rds	960	2,880	4,800	10,800	16,800	24,000
1910-11 Model 25, 4-cyl., 100" wb						
Tr	880	2,640	4,400	9,900	15,400	22,000
1910-11 Model 33, 4-cyl., 106" wb						
Tr	1,040	3,120	5,200	11,700	18,200	20,000
NOTE: Model 33 - 1911 only						
1910-11 Model K, 4-cyl., 102" wb						
Tr	1,120	3,360	5,600	12,600	19,000	20,000
1910-11 Model M, 4-cyl., 112" wb						
Rds	1,160	3,480	5,800	13,050	20,300	29,000
1912 Model 30, 4-cyl., 106" wb						
5P Tr	680	2,040	3,400	7,650	11,900	17,000
Rbt	700	2,100	3,500	7,880	12,250	17,500
1912 Model 40, 4-cyl., 112" wb						
5P Tr	680	2,040	3,400	7,650	11,900	17,000
Cpe	520	1,560	2,600	5,850	9,100	13,000
Rds	720	2,160	3,600	8,100	12,600	18,000
1912 Model 45, 4-cyl., 120" wb						
7P Tr	920	2,760	4,600	10,350	16,100	23,000
4P Tr	960	2,880	4,800	10,800	16,800	24,000
Limo	880	2,640	4,400	9,900	15,400	22,000
1913 Greyhound 6-60, 6-cyl., 130" wb						
4P Tr	1,040	3,120	5,200	11,700	18,200	26,000
7P Tr	1,000	3,000	5,000	11,250	17,500	25,000
Rbt	840	2,520	4,200	9,450	14,700	21,000
1913 Model 42, 4-cyl., 116" wb						
5P Tr	800	2,400	4,000	9,000	14,000	20,000
3P Rds	760	2,280	3,800	8,550	13,300	19,000
4P Cpe	520	1,560	2,600	5,850	9,100	13,000

	6	5	4	3	2	1
1913 Model 35, 4-cyl., 112" wb						
5P Tr	720	2,160	3,600	8,100	12,600	18,000
3P Rds	720	2,160	3,600	8,100	12,600	18,000
1913 Model 40, 4-cyl., 114" wb						
5P Tr	760	2,280	3,800	8,550	13,300	19,000
1913 Model 45, 4-cyl., 120" wb						
7P Limo	680	2,040	3,400	7,650	11,900	17,000
1914 Model 6-60, 6-cyl., 130" wb						
Rbt	760	2,280	3,800	8,550	13,300	19,000
Rds	920	2,760	4,600	10,350	16,100	23,000
Cl Cpl	720	2,160	3,600	8,100	12,600	18,000
Tr.	1,000	3,000	5,000	11,250	17,500	25,000
1914 Model 6-48, 6-cyl., 130" wb						
Spt	560	1,680	2,800	6,300	9,800	14,000
Rds	840	2,520	4,200	9,450	14,700	21,000
Tr.	880	2,640	4,400	9,900	15,400	22,000
1914 Model 43, 4-cyl., 116" wb						
5P Tr	720	2,160	3,600	8,100	12,600	18,000
Cpe	480	1,440	2,400	5,400	8,400	12,000
Sed	460	1,380	2,300	5,180	8,050	11,500
1914 Model 36, 4-cyl., 112" wb						
5P Tr	680	2,040	3,400	7,650	11,900	17,000
Cabr	660	1,980	3,300	7,430	11,550	16,500
1914 Model 35, 4-cyl., 112" wb						
Rds	640	1,920	3,200	7,200	11,200	16,000
5P Tr	660	1,980	3,300	7,430	11,550	16,500
1915-16 Model 37 - Model 38, 4-cyl., 112" wb						
Tr.	640	1,920	3,200	7,200	11,200	16,000
Rds	600	1,800	3,000	6,750	10,500	15,000
Spd	580	1,740	2,900	6,530	10,150	14,500
1915-16 Model 49 - Model 32, 6-cyl., 110"-123.5" wb						
Tr.	720	2,160	3,600	8,100	12,600	18,000
Rds	700	2,100	3,500	7,880	12,250	17,500
1915-16 Model 50, 8-cyl., 127" wb						
7P Tr	840	2,520	4,200	9,450	14,700	21,000
NOTE: Model 37 and Model 49 are 1915 models.						
1917 Model 34, 6-cyl., 112" wb						
Rds	560	1,680	2,800	6,300	9,800	14,000
5P Tr	540	1,620	2,700	6,080	9,450	13,500
Cpe	460	1,380	2,300	5,180	8,050	11,500
Sed	440	1,320	2,200	4,950	7,700	11,000
1917 Model 50, 8-cyl., 127" wb						
7P Tr	840	2,520	4,200	9,450	14,700	21,000
1918 Model 34-B, 6-cyl., 112" wb						
5P Tr	560	1,680	2,800	6,300	9,800	14,000
Rds	540	1,620	2,700	6,080	9,450	13,500
Rds Cpe	460	1,380	2,300	5,180	8,050	11,500
Tr Sed	440	1,320	2,200	4,950	7,700	11,000
4P Cpe	320	960	1,600	3,600	5,600	8,000
Sed	300	900	1,500	3,380	5,250	7,500
1919 Model 34-B, 6-cyl., 112" wb						
5P Tr	560	1,680	2,800	6,300	9,800	14,000
Rds	540	1,620	2,700	6,080	9,450	13,500
Rds Cpe	460	1,380	2,300	5,180	8,050	11,500
Cpe	320	960	1,600	3,600	5,600	8,000
Sed	300	900	1,500	3,380	5,250	7,500
1920 Model 34-C, 6-cyl., 112" wb						
Tr.	560	1,680	2,800	6,300	9,800	14,000
Rds	540	1,620	2,700	6,080	9,450	13,500
Sed	360	1,080	1,800	4,050	6,300	9,000
Cpe	440	1,320	2,200	4,950	7,700	11,000
1921-22 Model 34-C, 6-cyl., 115" wb						
Tr.	600	1,800	3,000	6,750	10,500	15,000
Rds	580	1,740	2,900	6,530	10,150	14,500
Sed	360	1,080	1,800	4,050	6,300	9,000
Cpe	440	1,320	2,200	4,950	7,700	11,000
1923 Model 6-44, 6-cyl., 115" wb						
Rds	600	1,800	3,000	6,750	10,500	15,000
Tr.	620	1,860	3,100	6,980	10,850	15,500
Spt Rds	620	1,860	3,100	6,980	10,850	15,500
Spt Tr	640	1,920	3,200	7,200	11,200	16,000
2P Cpe	320	960	1,600	3,600	5,600	8,000
4P Cpe	320	950	1,580	3,560	5,530	7,900
Sed	300	900	1,500	3,380	5,250	7,500
1924-25 Model 6-54, 6-cyl., 113" wb						
5P Tr	680	2,040	3,400	7,650	11,900	17,000
Spl Tr	700	2,100	3,500	7,880	12,250	17,500
Rds	660	1,980	3,300	7,430	11,550	16,500
Spl Rds	680	2,040	3,400	7,650	11,900	17,000

OAKLAND

	6	5	4	3	2	1
4P Cpe	460	1,380	2,300	5,180	8,050	11,500
Lan Cpe	460	1,380	2,300	5,180	8,050	11,500
Sed	340	1,020	1,700	3,830	5,950	8,500
Lan Sed	360	1,080	1,800	4,050	6,300	9,000
2d Sed	320	960	1,600	3,600	5,600	8,000
2d Lan Sed	340	1,020	1,700	3,830	5,950	8,500
1926-27 Greater Slx, 6-cyl., 113" wb						
Tr.	700	2,100	3,500	7,880	12,250	17,500
Spt Phae.	720	2,160	3,600	8,100	12,600	18,000
Rds	680	2,040	3,400	7,650	11,900	17,000
Spt Rds.	700	2,100	3,500	7,880	12,250	17,500
Lan Cpe	500	1,500	2,500	5,630	8,750	12,500
2d Sed	440	1,320	2,200	4,950	7,700	11,000
Sed	360	1,080	1,800	4,050	6,300	9,000
Lan Sed	440	1,320	2,200	4,950	7,700	11,000
1928 Model 212, All-American, 6-cyl., 117" wb						
Spt Rds.	740	2,220	3,700	8,330	12,950	18,500
Phae	760	2,280	3,800	8,550	13,300	19,000
Lan Cpe	520	1,560	2,600	5,850	9,100	13,000
Cabr	680	2,040	3,400	7,650	11,900	17,000
2d Sed	480	1,440	2,400	5,400	8,400	12,000
Sed	460	1,380	2,300	5,180	8,050	11,500
Lan Sed	480	1,440	2,400	5,400	8,400	12,000
1929 Model 212, All-American, 6-cyl., 117" wb						
Spt Rds.	1,040	3,120	5,200	11,700	18,200	26,000
Spt Phae.	1,080	3,240	5,400	12,150	18,900	27,000
Cpe.	520	1,560	2,600	5,850	9,100	13,000
Conv	960	2,880	4,800	10,800	16,800	24,000
2d Sed	480	1,440	2,400	5,400	8,400	12,000
Brgm.	520	1,560	2,600	5,850	9,100	13,000
Sed.	460	1,380	2,300	5,180	8,050	11,500
Spl Sed	480	1,440	2,400	5,400	8,400	12,000
Lan Sed	500	1,500	2,500	5,630	8,750	12,500
1930 Model 101, V-8, 117" wb						
Spt Rds.	1,040	3,120	5,200	11,700	18,200	26,000
Phae	1,080	3,240	5,400	12,150	18,900	27,000
Cpe.	640	1,920	3,200	7,200	11,200	16,000
Spt Cpe.	680	2,040	3,400	7,650	11,900	17,000
2d Sed	520	1,560	2,600	5,850	9,100	13,000
Sed.	500	1,500	2,500	5,630	8,750	12,500
Cus Sed	510	1,540	2,560	5,760	8,960	12,800
1931 Model 301, V-8, 117" wb						
Cpe.	680	2,040	3,400	7,650	11,900	17,000
Spt Cpe.	720	2,160	3,600	8,100	12,600	18,000
Conv	1,080	3,240	5,400	12,150	18,900	27,000
2d Sed	500	1,500	2,500	5,630	8,750	12,500
Sed.	510	1,540	2,560	5,760	8,960	12,000
Cus Sed	520	1,560	2,600	5,850	9,100	13,000

REO

	6	5	4	3	2	1
1905 2-cyl., 16 hp, 88" wb						
5P Detachable Tonn	2,000	6,000	10,000	22,500	35,000	50,000
1905 1-cyl., 7-1/2" hp, 76" wb						
Rbt	1,840	5,520	9,200	20,700	32,200	46,000
1906 1-cyl., 8 hp, 76" wb						
2P Bus Rbt	1,760	5,280	8,800	19,800	30,800	44,000
1906 1-cyl., 8 hp, 78" wb						
4P Rbt.	1,800	5,400	9,000	20,250	31,500	45,000
1906 2-cyl., 16 hp, 90" wb						
2P Physician's Vehicle	1,880	5,640	9,400	21,150	32,900	47,000
4P Cpe/Depot Wag.	1,920	5,760	9,600	21,600	33,600	48,000
5P Tr	1,840	5,520	9,200	20,700	32,200	46,000
1906 Four 24 hp, 100" wb						
5P Tr	2,200	6,600	11,000	24,750	38,500	55,000
1907 2-cyl., 16/20 hp, 94" wb						
5P Tr	1,920	5,760	9,600	21,600	33,600	48,000
7P Limo	1,960	5,880	9,800	22,050	34,300	49,000
1907 1-cyl., 8 hp, 78" wb						
2/4P Rbt	1,840	5,520	9,200	20,700	32,200	46,000
2P Rbt.	1,800	5,400	9,000	20,250	31,500	45,000
1908 1-cyl., 8/10 hp, 78" wb						
Rbt	1,800	5,400	9,000	20,250	31,500	45,000
1908 2-cyl., 18/20 hp, 94" wb						
Tr.	1,840	5,520	9,200	20,700	32,200	46,000
Rds.	1,800	5,400	9,000	20,250	31,500	45,000
1909 1-cyl., 10/12 hp, 78" wb						
Rbt	1,600	4,800	8,000	18,000	28,000	40,000
1909 2-cyl., 20/22, 96" wb						
Tr.	1,680	5,040	8,400	18,900	29,400	42,000

	6	5	4	3	2	1
Semi-Racer.	1,760	5,280	8,800	19,800	30,800	44,000
1910 1-cyl., 10/12 hp, 78" wb						
Rbt	1,400	4,200	7,000	15,750	24,500	35,000
1910 2-cyl., 20 hp, 96" wb						
Tr.	1,480	4,440	7,400	16,650	25,900	37,000
1910 Four, 35 hp, 108" wb						
5P Tr	2,240	6,720	11,200	25,200	39,200	56,000
4P Demi-Tonn.	2,320	6,960	11,600	26,100	40,600	58,000
1911 Twenty-Five, 4-cyl., 22.5 hp, 98" wb						
Rbt	1,600	4,800	8,000	18,000	28,000	40,000
1911 Thirty, 4-cyl., 30 hp, 108" wb						
2P Torp Rds	1,920	5,760	9,600	21,600	33,600	48,000
5P Tr	1,680	5,040	8,400	18,900	29,400	42,000
4P Rds	1,760	5,280	8,800	19,800	30,800	44,000
1911 Thirty-Five, 4-cyl., 35 hp, 108" wb						
5P Tr	1,680	5,040	8,400	18,900	29,400	42,000
4P Demi-Tonn.	1,640	4,920	8,200	18,450	28,700	41,000
1912 The Fifth, 4-cyl., 30/35 hp, 112" wb						
5P Tr	1,920	5,760	9,600	21,600	33,600	48,000
4P Rds	2,000	6,000	10,000	22,500	35,000	50,000
2P Rbt.	2,080	6,240	10,400	23,400	36,400	52,000
1913 The Fifth, 4-cyl., 30/35 hp, 112" wb						
5P Tr	1,920	5,760	9,600	21,600	33,600	48,000
2P Rbt.	2,080	6,240	10,400	23,400	36,400	52,000
1914 The Fifth, 4-cyl., 30/35 hp, 112" wb						
5P Tr	1,920	5,760	9,600	21,600	33,600	48,000
2P Rbt.	2,080	6,240	10,400	23,400	36,400	52,000
1915 The Fifth, 4-cyl., 30/35 hp, 115" wb						
5P Tr	1,920	5,760	9,600	21,600	33,600	48,000
2P Rds	2,000	6,000	10,000	22,500	35,000	50,000
3P Cpe	1,520	4,560	7,600	17,100	26,600	38,000
1916 The Fifth, 4-cyl., 30/35 hp, 115" wb						
5P Tr	1,600	4,800	8,000	18,000	28,000	40,000
3P Rbt.	1,560	4,680	7,800	17,550	27,300	39,000
1916 Model M, 6-cyl., 45 hp, 126" wb						
7P Tr	2,400	7,200	12,000	27,000	42,000	60,000
1917 The Fifth, 4-cyl., 30/35 hp, 115" wb						
5P Tr	1,600	4,800	8,000	18,000	28,000	40,000
3P Rds	1,560	4,680	7,800	17,550	27,300	39,000
1917 Model M, 6-cyl., 45 hp, 126" wb						
7P Tr	2,400	7,200	12,000	27,000	42,000	60,000
4P Rds	2,480	7,440	12,400	27,900	43,400	62,000
7P Sed	2,320	6,960	11,600	26,100	40,600	58,000
1918 The Fifth, 4-cyl., 30/35 hp, 120" wb						
5P Tr	1,560	4,680	7,800	17,550	27,300	39,000
3P Rds	1,520	4,560	7,600	17,100	26,600	38,000
1918 Model M, 6-cyl., 45 hp, 126" wb						
7P Tr	2,400	7,200	12,000	27,000	42,000	60,000
4P Rds	2,480	7,440	12,400	27,900	43,400	62,000
4P Encl Rds	2,360	7,080	11,800	26,550	41,300	59,000
7P Sed	2,320	6,960	11,600	26,100	40,600	58,000
1919 The Fifth, 4-cyl., 30/35 hp, 120" wb						
5P Tr	1,640	4,920	8,200	18,450	28,700	41,000
3P Rds	1,560	4,680	7,800	17,550	27,300	39,000
4P Cpe	1,120	3,360	5,600	12,600	19,600	28,000
5P Sed	1,080	3,240	5,400	12,150	18,900	27,000
1920 Model T-6, 6-cyl., 50 hp, 120" wb						
5P Tr	1,760	5,280	8,800	19,800	30,800	44,000
3P Rds	1,720	5,160	8,600	19,350	30,100	43,000
4P Cpe	1,360	4,080	6,800	15,300	23,800	34,000
5P Sed	1,320	3,960	6,600	14,850	23,100	33,000
1921 Model T-6, 6-cyl., 50 hp, 120" wb						
5P Tr	1,760	5,280	8,800	19,800	30,800	44,000
3P Rds	1,720	5,160	8,600	19,350	30,100	43,000
4P Cpe	1,360	4,080	6,800	15,300	23,800	34,000
5P Sed	1,320	3,960	6,600	14,850	23,100	33,000
1922 Model T-6, 6-cyl., 50 hp, 120" wb						
7P Tr	1,760	5,280	8,800	19,800	30,800	44,000
3P Rds	1,720	5,160	8,600	19,350	30,100	43,000
3P Bus Cpe	1,320	3,960	6,600	14,850	23,100	33,000
4P Cpe	1,360	4,080	6,800	15,300	23,800	34,000
5P Sed	1,320	3,960	6,600	14,850	23,100	33,000
1923 Model T-6, 6-cyl., 50 hp, 120" wb						
7P Tr	1,760	5,280	8,800	19,800	30,800	44,000
5P Phae	2,160	6,480	10,800	24,300	37,800	54,000
4P Cpe	1,360	4,080	6,800	15,300	23,800	34,000
5P Sed	1,320	3,960	6,600	14,850	23,100	33,000
1924 Model T-6, 6-cyl., 50 hp, 120" wb						
5P Tr	1,760	5,280	8,800	19,800	30,800	44,000

	6	5	4	3	2	1
5P Phae	2,160	6,480	10,800	24,300	37,800	54,000
4P Cpe	1,360	4,080	6,800	15,300	23,800	34,000
5P Sed	1,320	3,960	6,600	14,850	23,100	33,000
5P Brgm	1,440	4,320	7,200	16,200	25,200	36,000
1925 Model T-6, 6-cyl., 50 hp, 120" wb						
5P Tr	1,760	5,280	8,800	19,800	30,800	44,000
5P Sed	1,320	3,960	6,600	14,850	23,100	33,000
4P Cpe	1,360	4,080	6,800	15,300	23,800	34,000
5P Brgm	1,440	4,320	7,200	16,200	25,200	36,000
1926 Model T-6, 6-cyl., 50 hp, 120" wb						
4P Rds	1,800	5,400	9,000	20,250	31,500	45,000
2P Cpe	1,360	4,080	6,800	15,300	23,800	34,000
5P Sed	1,320	3,960	6,600	14,850	23,100	33,000
5P Tr	1,760	5,280	8,800	19,800	30,800	44,000
1927 Flying Cloud, 6-cyl., 65 hp, 121" wb						
4P Spt Rds	2,000	6,000	10,000	22,500	35,000	50,000
4P Cpe	1,520	4,560	7,600	17,100	26,600	38,000
4P DeL Cpe	1,600	4,800	8,000	18,000	28,000	40,000
2d 5P Brgm.	1,480	4,440	7,400	16,650	25,900	37,000
5P DeL Sed	1,400	4,200	7,000	15,750	24,500	35,000
NOTE: Wolverine Models, 1927 - 28, deduct 20% off comparable body styles.						
1928 Flying Cloud, 6-cyl., 65 hp, 121" wb						
4P Spt Rds	2,000	6,000	10,000	22,500	35,000	50,000
4P Cpe	1,320	3,960	6,600	14,850	23,100	33,000
4P DeL Cpe	1,360	4,080	6,800	15,300	23,800	34,000
2d 5P Brgm.	1,320	3,960	6,600	14,850	23,100	33,000
5P DeL Sed	1,280	3,840	6,400	14,400	22,400	32,000
1929 Flying Cloud Mate, 6-cyl., 65 hp, 115" wb						
5P Sed	1,200	3,600	6,000	13,500	21,000	30,000
4P Cpe	1,240	3,720	6,200	13,950	21,700	31,000
1929 Flying Cloud Master, 6-cyl., 80 hp, 121" wb						
4P Rds	1,880	5,640	9,400	21,150	32,900	47,000
4P Cpe	1,400	4,200	7,000	15,750	24,500	35,000
5P Brgm	1,360	4,080	6,800	15,300	23,800	34,000
5P Sed	1,280	3,840	6,400	14,400	22,400	32,000
4P Vic	1,760	5,280	8,800	19,800	30,800	44,000
1930 Flying Cloud, Model 15, 6-cyl., 60 hp, 115" wb						
5P Sed	1,240	3,720	6,200	13,950	21,700	31,000
2P Cpe	1,280	3,840	6,400	14,400	22,400	32,000
4P Cpe	1,320	3,960	6,600	14,850	23,100	33,000
1930 Flying Cloud, Model 20, 6-cyl., 80 hp, 120" wb						
5P Sed	1,280	3,840	6,400	14,400	22,400	32,000
2P Cpe	1,360	4,080	6,800	15,300	23,800	34,000
4P Cpe	1,400	4,200	7,000	15,750	24,500	35,000
1930 Flying Cloud, Model 25, 6-cyl., 80 hp, 124" wb						
7P Sed	1,480	4,440	7,400	16,650	25,900	37,000
1931 Flying Cloud, Model 15, 6-cyl., 60 hp, 116" wb						
5P Phae	2,000	6,000	10,000	22,500	35,000	50,000
5P Sed	1,240	3,720	6,200	13,950	21,700	31,000
2P Cpe	1,280	3,840	6,400	14,400	22,400	32,000
4P Cpe	1,320	3,960	6,600	14,850	23,100	33,000
1931 Flying Cloud, Model 20, 6-cyl., 85 hp, 120" wb						
5P Sed	1,280	3,840	6,400	14,400	22,400	32,000
Spt Cpe	1,400	4,200	7,000	15,750	24,500	35,000
Spt Sed	1,320	3,960	6,600	14,850	23,100	33,000
4P Cpe	1,360	4,080	6,800	15,300	23,800	34,000
1931 Flying Cloud, Model 25, 6-cyl., 85 hp, 125" wb						
Sed	1,320	3,960	6,600	14,850	23,100	33,000
Vic	1,760	5,280	8,800	19,800	30,800	44,000
4P Cpe	1,360	4,080	6,800	15,300	23,800	34,000
Spt Sed	1,400	4,200	7,000	15,750	24,500	35,000
Spt Vic	2,080	6,240	10,400	23,400	36,400	52,000
Spt Cpe	1,440	4,320	7,200	16,200	25,200	36,000
1931 Flying Cloud, Model 30, 8-cyl., 125 hp, 130" wb						
Sed	1,320	3,960	6,600	14,850	23,100	33,000
Vic	2,120	6,360	10,600	23,850	37,100	53,000
4P Cpe	1,360	4,080	6,800	15,300	23,800	34,000
Spt Sed	1,400	4,200	7,000	15,750	24,500	35,000
Spt Vic	2,080	6,240	10,400	23,400	36,400	52,000
Spt Cpe	1,440	4,320	7,200	16,200	25,200	36,000
1931 Royale, Model 35, 8-cyl., 125 hp, 135" wb						
Sed	2,060	6,180	10,300	23,180	36,050	51,500
Vic	2,140	6,420	10,700	24,080	37,450	53,500
4P Cpe	2,180	6,540	10,900	24,530	38,150	54,500
1932 Flying Cloud, Model 6-21, 6-cyl., 85 hp, 121" wb						
Sed	1,320	3,960	6,600	14,850	23,100	33,000
Spt Sed	1,360	4,080	6,800	15,300	23,800	34,000
1932 Flying Cloud, Model 8-21, 8-cyl., 90 hp, 121" wb						
Sed	1,360	4,080	6,800	15,300	23,800	34,000

REO

	6	5	4	3	2	1
Spt Sed.	1,440	4,320	7,200	16,200	25,200	36,000
1932 Flying Cloud, Model 6-25						
Vic.	1,640	4,920	8,200	18,450	28,700	41,000
Sed.	1,320	3,960	6,600	14,850	23,100	33,000
Cpe.	1,360	4,080	6,800	15,300	23,800	34,000
1932 Flying Cloud, Model 8-25, 8-cyl., 90 hp, 125" wb						
Sed.	1,360	4,080	6,800	15,300	23,800	34,000
Vic.	1,800	5,400	9,000	20,250	31,500	45,000
Cpe.	1,320	3,960	6,600	14,850	23,100	33,000
Spt Sed.	1,440	4,320	7,200	16,200	25,200	36,000
Spt Vic	1,880	5,640	9,400	21,150	32,900	47,000
Spt Cpe.	1,800	5,400	9,000	20,250	31,500	45,000
1932 Royale, Model 8-31, 8-cyl., 125 hp, 131" wb						
Sed.	2,040	6,120	10,200	22,950	35,700	51,000
Vic.	2,120	6,360	10,600	23,850	37,100	53,000
Cpe.	2,160	6,480	10,800	24,300	37,800	54,000
Spt Sed.	2,080	6,240	10,400	23,400	36,400	52,000
Spt Vic	2,160	6,480	10,800	24,300	37,800	54,000
Spt Cpe.	2,160	6,480	10,800	24,300	37,800	54,000
1932 Royale, Model 8-35, 8-cyl., 125 hp, 135" wb						
Sed.	2,080	6,240	10,400	23,400	36,400	52,000
Vic.	2,160	6,480	10,800	24,300	37,800	54,000
Cpe.	2,200	6,600	11,000	24,750	38,500	55,000
Conv Cpe	2,120	6,360	10,600	23,850	37,100	53,000
1932 Flying Cloud, Model S						
Std Cpe.	1,440	4,320	7,200	16,200	25,200	36,000
Std Conv Cpe.	1,840	5,520	9,200	20,700	32,200	46,000
Std Sed.	1,440	4,320	7,200	16,200	25,200	36,000
Spt Cpe.	1,480	4,440	7,400	16,650	25,900	37,000
Spt Conv Cpe.	1,920	5,760	9,600	21,600	33,600	48,000
Spt Sed.	1,360	4,080	6,800	15,300	23,800	34,000
DeL Cpe.	1,320	3,960	6,600	14,850	23,100	33,000
DeL Conv Cpe.	1,920	5,760	9,600	21,600	33,600	48,000
DeL Sed.	1,480	4,440	7,400	16,650	25,900	37,000
NOTE: Model 8-31 had been introduced April 1931; Model 8-21 May 1931.						
1933 Flying Cloud, 6-cyl., 85 hp, 117-1/2" wb						
5P Sed.	1,320	3,960	6,600	14,850	23,100	33,000
4P Cpe.	1,360	4,080	6,800	15,300	23,800	34,000
Vic.	1,840	5,520	9,200	20,700	32,200	46,000
1933 Royale, 8-cyl., 125 hp, 131" wb						
5P Sed.	2,020	6,060	10,100	22,730	35,350	50,500
5P Vic.	2,100	6,300	10,500	23,630	36,750	52,500
4P Cpe.	2,140	6,420	10,700	24,080	37,450	53,500
Conv Cpe.	2,060	6,180	10,300	23,180	36,050	51,500
1934 Flying Cloud, 6-cyl., 95 hp, 118" wb						
Cpe.	1,280	3,840	6,400	14,400	22,400	32,000
5P Sed.	1,320	3,960	6,600	14,850	23,100	33,000
Elite Sed.	1,360	4,080	6,800	15,300	23,800	34,000
Elite Cpe.	1,400	4,200	7,000	15,750	24,500	35,000
1934 Royale, 8-cyl., 95 hp, 131" wb						
5P Sed.	2,060	6,180	10,300	23,180	36,050	51,500
Vic.	2,140	6,420	10,700	24,080	37,450	53,500
Elite Sed.	2,300	6,900	11,500	25,880	40,250	57,500
Elite Vic.	2,380	7,140	11,900	26,780	41,650	59,500
Elite Cpe.	2,420	7,260	12,100	27,230	42,350	60,500
1934 Royale, 8-cyl., 95 hp, 135" wb						
Cus Sed.	2,040	6,120	10,200	22,950	35,700	51,000
Cus Vic.	2,120	6,360	10,600	23,850	37,100	53,000
Cus Cpe.	2,160	6,480	10,800	24,300	37,800	54,000
1935 Flying Cloud, 6-cyl., 85 hp, 115" wb						
Cpe.	1,320	3,960	6,600	14,850	23,100	33,000
Sed.	1,280	3,840	6,400	14,400	22,400	32,000
1935 Flying Cloud, 6-cyl., 85 hp, 118" wb						
Sed.	1,280	3,840	6,400	14,400	22,400	32,000
Conv Cpe.	1,880	5,640	9,400	21,150	32,900	47,000
2P Cpe.	1,320	3,960	6,600	14,850	23,100	33,000
4P Cpe.	1,360	4,080	6,800	15,300	23,800	34,000
1936 Flying Cloud, 6-cyl., 85 hp, 115" wb						
Coach.	1,240	3,720	6,200	13,950	21,700	31,000
Sed.	1,280	3,840	6,400	14,400	22,400	32,000
DeL Brgm.	1,360	4,080	6,800	15,300	23,800	34,000
DeL Sed.	1,320	3,960	6,600	14,850	23,100	33,000
SATURN						
1991 4-cyl.						
SL 2d Cpe.	240	720	1,200	2,700	4,200	6,000
SL 4d Sed.	160	480	800	1,800	2,800	4,000
SL1 4d Sed.	180	540	900	2,030	3,150	4,500
SL2 4d Trg Sed.	220	660	1,100	2,480	3,850	5,500

REO

	6	5	4	3	2	1 **433**

1992 4-cyl.

	6	5	4	3	2	1
SL 4d Sed.	180	540	900	2,030	3,150	4,500
SL1 4d Sed.	220	660	1,100	2,480	3,850	5,500
SL2 4d Sed.	260	780	1,300	2,930	4,550	6,500
SC 2d Cpe	280	840	1,400	3,150	4,900	7,000

1993 4-cyl.

	6	5	4	3	2	1
SC1 2d Cpe	290	860	1,440	3,240	5,040	7,200
SC2 2d Cpe	290	880	1,460	3,290	5,110	7,300
SL 4d Sed.	280	850	1,420	3,200	4,970	7,100
SL1 4d Sed.	290	860	1,440	3,240	5,040	7,200
SL2 4d Sed.	290	880	1,460	3,290	5,110	7,300
SW1 4d Sta Wag	300	890	1,480	3,330	5,180	7,400
SW2 4d Sta Wag	300	900	1,500	3,380	5,250	7,500

1994 4-cyl.

	6	5	4	3	2	1
SC1 2d Cpe	250	740	1,240	2,790	4,340	6,200
SC2 2d Cpe	270	800	1,340	3,020	4,690	6,700
4d Sed	200	600	1,000	2,250	3,500	5,000
SL1 4d Sed.	220	660	1,100	2,480	3,850	5,500
SL2 4d Sed.	260	780	1,300	2,930	4,550	6,500
SW1 4d Sta Wag	280	840	1,400	3,150	4,900	7,000
SW2 4d Sta Wag	280	840	1,400	3,150	4,900	7,000

1995 4-cyl.

	6	5	4	3	2	1
4d SL Sed.	200	600	1,000	2,250	3,500	5,000
4d SL1 Sed.	220	660	1,100	2,480	3,850	5,500
4d SL2 Sed.	260	780	1,300	2,930	4,550	6,500
2d SC1 Cpe	250	740	1,240	2,790	4,340	6,200
2d SC2 Cpe	270	800	1,340	3,020	4,690	6,700
4d SW1 Sta Wag	280	840	1,400	3,150	4,900	7,000
4d SW2 Sta Wag	320	960	1,600	3,600	5,600	8,000

1996 4-cyl.

	6	5	4	3	2	1
4d SL Sed.	200	600	1,000	2,250	3,500	5,000
4d SL1 Sed.	220	660	1,100	2,480	3,850	5,500
4d SL2 Sed.	260	780	1,300	2,930	4,550	6,500
2d SC1 Cpe	250	740	1,240	2,790	4,340	6,200
2d SC2 Cpe	270	800	1,340	3,020	4,690	6,700
4d SW1 Sta Wag	280	840	1,400	3,150	4,900	7,000
4d SW2 Sta Wag	320	960	1,600	3,600	5,600	8,000

1997 4-cyl.

	6	5	4	3	2	1
4d SL Sed.	200	600	1,000	2,250	3,500	5,000
4d SL1 Sed.	220	660	1,100	2,480	3,850	5,500
4d SL2 Sed.	260	780	1,300	2,930	4,550	6,500
2d SC1 Cpe	250	740	1,240	2,790	4,340	6,200
2d SC2 Cpe	270	800	1,340	3,020	4,690	6,700
4d SW1 Sta Wag	280	840	1,400	3,150	4,900	7,000
4d SW2 Sta Wag	320	960	1,600	3,600	5,600	8,000

1998 4-cyl.

	6	5	4	3	2	1
4d SL Sed.	200	600	1,000	2,250	3,500	5,000
4d SL1 Sed.	220	660	1,100	2,480	3,850	5,500
4d SL2 Sed.	260	780	1,300	2,930	4,550	6,500
2d SC1 Cpe	250	740	1,240	2,790	4,340	6,200
2d SC2 Cpe	270	800	1,340	3,020	4,690	6,700
4d SW1 Sta Wag	280	840	1,400	3,150	4,900	7,000
4d SW2 Sta Wag	320	960	1,600	3,600	5,600	8,000

1999 4-cyl.

	6	5	4	3	2	1
4d SL Sed.	200	600	1,000	2,250	3,500	5,000
4d SL1 Sed.	220	660	1,100	2,480	3,850	5,500
4d SL2 Sed.	260	780	1,300	2,930	4,550	6,500
3d SC1 Cpe	250	760	1,260	2,840	4,410	6,300
3d SC2 Cpe	270	820	1,360	3,060	4,760	6,800
4d SW1 Sta Wag	280	840	1,400	3,150	4,900	7,000
4d SW2 Sta Wag	320	960	1,600	3,600	5,600	8,000

NOTE: Add 5% for Homecoming Commemorative Ed.

2000 S Series, 4-cyl.

	6	5	4	3	2	1
4d SL Sed.	200	600	1,000	2,250	3,500	5,000
4d SL1 Sed.	220	660	1,100	2,480	3,850	5,500
4d SL2 Sed.	260	780	1,300	2,930	4,550	6,500
3d SC1 Cpe	250	760	1,260	2,840	4,410	6,300
3d SC2 Cpe	270	820	1,360	3,060	4,760	6,800
4d SW2 Sta Wag	320	960	1,600	3,600	5,600	8,000

2000 L Series, 4-cyl.

	6	5	4	3	2	1
4d LS Sed.	220	660	1,100	2,480	3,850	5,500
4d LS1 Sed.	240	720	1,200	2,700	4,200	6,000
4d LS2 Sed (V-6 only).	280	840	1,400	3,150	4,900	7,000
4d LW1 Sta Wag.	280	830	1,380	3,110	4,830	6,900
4d LW2 Sta Wag (V-6 only).	340	1,020	1,700	3,830	5,950	8,500

2001 S, 4-cyl.

	6	5	4	3	2	1
4d SL Sed.	200	600	1,000	2,250	3,500	5,000
4d SL1 Sed.	220	660	1,100	2,480	3,850	5,500
4d SL2 Sed.	260	780	1,300	2,930	4,550	6,500

SATURN

SATURN

	6	5	4	3	2	1
3d SC1 Cpe	250	760	1,260	2,840	4,410	6,300
3d SC2 Cpe	270	820	1,360	3,060	4,760	6,800
4d SW2 Sta Wag	320	960	1,600	3,600	5,600	8,000
2001 L, 4-cyl. & V-6						
4d L100 Sed (4-cyl. only)	240	720	1,200	2,700	4,200	6,000
4d L200 Sed (4-cyl. only)	280	840	1,400	3,150	4,900	7,000
4d L300 Sed (V-6 only)	280	850	1,420	3,200	4,970	7,100
4d LW200 Sta Wag (4-cyl. only)	280	830	1,380	3,110	4,830	6,900
4d LW300 Sta Wag (V-6 only)	290	860	1,440	3,240	5,040	7,200
2002 S, 4-cyl.						
4d SL Sed	200	600	1,000	2,250	3,500	5,000
4d SL1 Sed	220	660	1,100	2,480	3,850	5,500
4d SL2 Sed	260	780	1,300	2,930	4,550	6,500
3d SC1 Cpe	250	760	1,260	2,840	4,410	6,300
3d SC2 Cpe	270	820	1,360	3,060	4,760	6,800
2002 L, 4-cyl.						
4d L100 Sed	240	720	1,200	2,700	4,200	6,000
4d L200 Sed	280	840	1,400	3,150	4,900	7,000
4d LW200 Sta Wag	280	830	1,380	3,110	4,830	6,900
2002 L, V-6						
4d L300 Sed	280	850	1,420	3,200	4,970	7,100
4d LW300 Sta Wag	290	860	1,440	3,240	5,040	7,200
2003 Ion, 4-cyl.						
4d Ion 2 Quad Cpe	270	820	1,360	3,400	4,760	6,800
4d Ion 3 Quad Cpe	300	910	1,520	3,800	5,320	7,600
4d Ion 1 Sed	220	670	1,120	2,800	3,920	5,600
4d Ion 2 Sed	250	760	1,260	3,150	4,410	6,300
4d Ion 3 Sed	280	830	1,380	3,110	4,830	6,900
2003 L, 4-cyl.						
4d L200 Sed	280	840	1,400	3,500	4,900	7,000
4d LW200 Sta Wag	280	830	1,380	3,450	4,830	6,900
2003 L, V-6						
4d L300 Sed	280	850	1,420	3,550	4,970	7,100
4d LW300 Sta Wag	290	860	1,440	3,600	5,040	7,200
2004 Ion, 4-cyl.						
4d Ion 2 Quad Cpe	270	820	1,360	3,060	4,760	6,800
4d Ion 3 Quad Cpe	300	910	1,520	3,420	5,320	7,600
4d Red Line Quad Cpe	350	1,060	1,760	4,400	6,160	8,800
4d Ion 1 Sed	220	670	1,120	2,800	3,920	5,600
4d Ion 2 Sed	250	760	1,260	3,150	4,410	6,300
4d Ion 3 Sed	280	830	1,380	3,450	4,830	6,900
NOTE: Deduct 5% for manual transmission, except Red Line.						
2004 L, 4-cyl.						
4d L300-1 Sed	290	860	1,440	3,240	5,040	7,200
4d L300-1 Sta Wag	280	850	1,420	3,200	4,970	7,100
2004 L, V-6						
4d L300-2 Sed	300	890	1,480	3,700	5,180	7,400
4d L300-3 Sed	310	920	1,540	3,850	5,390	7,700
4d L300-2 Sta Wag	290	880	1,460	3,290	5,110	7,300
4d L300-3 Sta Wag	300	910	1,520	3,800	5,320	7,600
2005 Ion, 4-cyl.						
4d Ion-2 Quad Cpe	270	820	1,360	3,400	4,760	6,800
4d Ion-3 Quad Cpe	300	910	1,520	3,800	5,320	7,600
4d Red Line Quad Cpe	350	1,060	1,760	4,400	6,160	8,800
4d Ion-1 Sed	220	670	1,120	2,800	3,920	5,600
4d Ion-2 Sed	250	760	1,260	3,150	4,410	6,300
4d Ion-3 Sed	280	830	1,380	3,450	4,830	6,900
NOTE: Deduct 5% for manual transmission, except Red Line Quad Cpe.						
2005 L, V-6						
4d L300 Sed	300	910	1,520	3,800	5,320	7,600
2006 Saturn Ion, 2.2L/2.4L 4-cyl.						
4d Sed Level 2	240	720	1,200	3,000	4,200	6,000
2006 Saturn Ion, 2.2L/2.4L 4-cyl						
4d Sed Level 3	210	640	1,060	2,650	3,710	5,300
2006 Saturn Ion, 2.2L/2.4L 4-cyl.						
2d Quad Level 2	250	760	1,260	3,150	4,410	6,300
2006 Saturn Ion, 2.2L/2.4L 4-cyl						
2d Quad Level 3	260	780	1,300	3,250	4,550	6,500
2006 Saturn Ion Red Line, Supercharged 2.0L 4-cyl.						
2d Quad Cpe	340	1,020	1,700	4,250	5,950	8,500
2007 Saturn Ion, 2.2L/2.4L 4-cyl.						
4d Sed Level 2	290	880	1,470	3,660	5,130	7,325
4d Sed Level 3	340	1,030	1,710	4,280	5,990	8,550
2d Quad Level 2	320	950	1,580	3,950	5,530	7,900
2d Quad Level 3	360	1,090	1,810	4,530	6,340	9,050
2007 Saturn Ion Red Line, Supercharged 2.0L 4-cyl.						
2d Quad Cpe	390	1,160	1,940	4,850	6,790	9,700
2007 Saturn Aura, 3.5L/3.6L 4-cyl.						
4d Sed XE	380	1,140	1,900	4,750	6,650	9,500

	6	5	4	3	2	1
4d Sed XR	440	1,320	2,200	5,500	7,700	11,000
2007 Satun Sky, 2.4L 4-cyl.						
2d Rds	440	1,310	2,190	5,480	7,670	10,950
2007 Saturn Sky Turbo, 2.0L 4-cyl.						
2d Redline Rds	560	1,680	2,800	7,000	9,800	14,000
2008 Astra, 1.8L I4						
4d XE Hatch	270	810	1,350	3,380	4,730	6,750
2d KR Hatch	290	870	1,450	3,630	5,080	7,250
4d XR Hatch	300	890	1,490	3,730	5,220	7,450
2008 Saturn Aura Green Line Hybrid 2.4L I4						
4d Sed	520	1,560	2,600	6,500	9,100	13,000
2008 Saturn Aura, 3.5L/3.6L I4						
4d Sed XE	390	1,160	1,940	4,850	6,790	9,700
4d Sed XR	450	1,350	2,250	5,630	7,880	11,250
2008 Saturn Sky, 2.4L I4						
2d Rds	480	1,440	2,400	6,000	8,400	12,000
2008 Saturn Sky Turbo, 2.0L I4						
2d Red Line Rds	540	1,620	2,700	6,750	9,450	13,500
2009 Saturn Aura Hybrid 2.4L I4						
4d Sed	380	1,130	1,880	4,700	6,580	9,400
2009 Saturn Aura 2.4L I4						
4d XE Sed	310	940	1,560	3,900	5,460	7,800
2009 Saturn Aura, 3.5L/3.6L I4						
4d Sed XR	370	1,100	1,840	4,600	6,440	9,200
2009 Saturn Sky, 2.4L I4						
2d Rds	460	1,380	2,300	5,750	8,050	11,500
2009 Saturn Sky Turbo, 2.0L I4						
2d Red Line Rds	530	1,580	2,640	6,600	9,240	13,200

STUDEBAKER

	6	5	4	3	2	1
1903 Model A, 8 hp						
Tonn Tr			value not estimable			
1904 Model A						
Tonn Tr	1,800	5,400	9,000	20,250	31,500	45,000
1904 Model B						
Dely Wagon	1,680	5,040	8,400	18,900	29,400	42,000
1904 Model C						
Tonn Tr	1,760	5,280	8,800	19,800	30,800	44,000
1905 Model 9502, 2-cyl.						
Rear Ent Tr	1,800	5,400	9,000	20,250	31,500	45,000
Side Ent Tr	1,840	5,520	9,200	20,700	32,200	46,000
1905 Model 9503, 4-cyl.						
Side Ent Tr	2,200	6,600	11,000	24,750	38,500	55,000
1906 Model E, 20 N.A.C.C.H.P.						
Side Ent Tr	1,760	5,280	8,800	19,800	30,800	44,000
Twn Car	1,720	5,160	8,600	19,350	30,100	43,000
1906 Model F, 28 N.A.C.C.H.P.						
Side Ent Tr	1,840	5,520	9,200	20,700	32,200	46,000
1906 Model G, 30 N.A.C.C.H.P.						
Side Ent Tr	2,160	6,480	10,800	24,300	37,800	54,000
1907 Model L, 4-cyl., 28 hp, 104" wb						
5P Rear Ent Tr	1,960	5,880	9,800	22,050	34,300	49,000
1907 Model G, 4-cyl., 30 hp, 104" wb						
5P Rear Ent Tr	2,000	6,000	10,000	22,500	35,000	50,000
1907 Model H, 4-cyl., 30 hp, 104" wb						
5P Rear Ent Tr	2,000	6,000	10,000	22,500	35,000	50,000
1908 Model H, 4-cyl., 30 hp, 104" wb						
5P Rear Ent Tr	2,000	6,000	10,000	22,500	35,000	50,000
1908 Model A, 4-cyl., 30 hp, 104" wb						
5P Tr	2,000	6,000	10,000	22,500	35,000	50,000
5P Twn Car	1,960	5,880	9,800	22,050	34,300	49,000
2P Rbt	1,920	5,760	9,600	21,600	33,600	48,000
5P Lan'let	2,000	6,000	10,000	22,500	35,000	50,000
1908 Model B, 4-cyl., 40 hp, 114" wb						
5P Tr	2,080	6,240	10,400	23,400	36,400	52,000
2P Rbt	2,000	6,000	10,000	22,500	35,000	50,000
7P Limo	2,040	6,120	10,200	22,950	35,700	51,000
5P Lan'let	2,080	6,240	10,400	23,400	36,400	52,000
4P Trabt	2,120	6,360	10,600	23,850	37,100	53,000
3P Speed Car	2,040	6,120	10,200	22,950	35,700	51,000
1909 Model A, 4-cyl., 30 hp, 104" wb						
5P Tr	2,000	6,000	10,000	22,500	35,000	50,000
5P Twn Car	1,960	5,880	9,800	22,050	34,300	49,000
Rbt	1,920	5,760	9,600	21,600	33,600	48,000
5P Lan'let	2,000	6,000	10,000	22,500	35,000	50,000
1909 Model B, 4-cyl., 40 hp, 114" wb						
5P Tr	2,080	6,240	10,400	23,400	36,400	52,000
7P Limo	2,040	6,120	10,200	22,950	35,700	51,000
5P Lan'let	2,080	6,240	10,400	23,400	36,400	52,000

STUDEBAKER

	6	5	4	3	2	1
1909 Model C, 4-cyl., 30 hp, 104" wb						
5P Tr	2,000	6,000	10,000	22,500	35,000	50,000
1909 Model D, 4-cyl., 40 hp, 117.5" wb						
5P Tr	2,120	6,360	10,600	23,850	37,100	53,000
1910 Model H, 4-cyl., 30 hp, 104" wb						
5P Tr	2,000	6,000	10,000	22,500	35,000	50,000
1910 Model M, 4-cyl., 28 hp, 104" wb						
5P Tr	1,960	5,880	9,800	22,050	34,300	49,000
1910 Model G-7, 4-cyl., 40 hp, 117.5" wb						
4/5P Tr	2,080	6,240	10,400	23,400	36,400	52,000
7P Tr	2,120	6,360	10,600	23,850	37,100	53,000
Limo (123" wb)	2,000	6,000	10,000	22,500	35,000	50,000
1911 Model G-8, 4-cyl., 40 hp, 117.5" wb						
4d 7P Limo	2,040	6,120	10,200	22,950	35,700	51,000
4d 5P Lan'let	2,080	6,240	10,400	23,400	36,400	52,000
4d 4/6/7P Tr	2,160	6,480	10,800	24,300	37,800	54,000
2d 2P Rds	1,960	5,880	9,800	22,050	34,300	49,000
1911 Model G-10, 4-cyl., 30 hp, 116" wb						
4d 5P Tr	2,080	6,240	10,400	23,400	36,400	52,000

NOTE: Studebaker-Garford association was discontinued after 1911 model year.

	6	5	4	3	2	1
1913 Model SA-25, 4-cyl., 101" wb						
2d Rds	1,560	4,680	7,800	17,550	27,300	39,000
4d Tr	1,600	4,800	8,000	18,000	28,000	40,000
1913 Model AA-35, 4-cyl., 115.5" wb						
4d Tr	1,760	5,280	8,800	19,800	30,800	44,000
2d Cpe	1,400	4,200	7,000	15,750	24,500	35,000
4d Sed	1,360	4,080	6,800	15,300	23,800	34,000
1913 Model E, 6-cyl., 121" wb						
4d Tr	1,880	5,640	9,400	21,150	32,900	47,000
4d Limo	1,720	5,160	8,600	19,350	30,100	43,000
1914 Series 14, Model 1 SC, 4-cyl., 108.3" wb						
4d Tr	1,480	4,440	7,400	16,650	25,900	37,000
2d Lan Rds	1,480	4,440	7,400	16,650	25,900	37,000
1914 Series 14, Model EB, 6-cyl., 121.3" wb						
4d Tr	1,880	5,640	9,400	21,150	32,900	47,000
4d Lan Rds	1,840	5,520	9,200	20,700	32,200	46,000
2d Sed	1,600	4,800	8,000	18,000	28,000	40,000
1915 Series 15, Model SD, 4-cyl., 108.3" wb						
2d Rds	1,480	4,440	7,400	16,650	25,900	37,000
4d Tr	1,560	4,680	7,800	17,550	27,300	39,000
1915 Series 15, Model EC, 6-cyl., 121.3" wb						
4d 5P Tr	1,800	5,400	9,000	20,250	31,500	45,000
4d 7P Tr	1,880	5,640	9,400	21,150	32,900	47,000
1916 Model SF, 4-cyl., 112" wb						
2d Rds	1,320	3,960	6,600	14,850	23,100	33,000
2d Lan Rds	1,360	4,080	6,800	15,300	23,800	34,000
4d 7P Tr	1,480	4,440	7,400	16,650	25,900	37,000
4d A/W Sed	1,160	3,480	5,800	13,050	20,300	29,000
1916 Series 16 & 17, Model ED, 6-cyl., 121.8" wb						
2d Rds	1,520	4,560	7,600	17,100	26,600	38,000
2d Lan Rds	1,560	4,680	7,800	17,550	27,300	39,000
4d 7P Tr	1,600	4,800	8,000	18,000	28,000	40,000
2d Cpe	1,080	3,240	5,400	12,150	18,900	27,000
4d Sed	1,000	3,000	5,000	11,250	17,500	25,000
4d Limo	1,320	3,960	6,600	14,850	23,100	33,000
4d A/W Sed	1,320	3,960	6,600	14,850	23,100	33,000

NOTE: All Weather sedan was available only in Series 17.

	6	5	4	3	2	1
1917 Series 18, Model SF, 4-cyl., 112" wb						
2d Rds	1,180	3,540	5,900	13,280	20,650	29,500
2d Lan Rds	1,220	3,660	6,100	13,730	21,350	30,500
4d 7P Tr	1,260	3,780	6,300	14,180	22,050	31,500
4d A/W Sed	1,060	3,180	5,300	11,930	18,550	26,500
1917 Series 18, Model ED, 6-cyl., 121.8" wb						
2d Rds	1,380	4,140	6,900	15,530	24,150	34,500
2d Lan Rds	1,420	4,260	7,100	15,980	24,850	35,500
4d 7P Tr	1,460	4,380	7,300	16,430	25,550	36,500
2d Cpe	1,020	3,060	5,100	11,480	17,850	25,500
4d Sed	980	2,940	4,900	11,030	17,150	24,500
4d Limo	1,100	3,300	5,500	12,380	19,250	27,500
4d A/W Sed	1,300	3,900	6,500	14,630	22,750	32,500
1918-19 Series 19, Model SH, 4-cyl., 112" wb						
2d Rds	1,080	3,240	5,400	12,150	18,900	27,000
4d Tr	1,080	3,240	5,400	12,150	18,900	27,000
4d Sed	760	2,280	3,800	8,550	13,300	19,000
1918-19 Series 19, Model EH, 6-cyl., 119" wb						
4d Tr	1,120	3,360	5,600	12,600	19,600	28,000
2d Clb Rds	1,120	3,360	5,600	12,600	19,600	28,000
2d Rds	960	2,880	4,800	10,800	16,800	24,000
4d Sed	780	2,350	3,920	8,820	13,720	19,600

	6	5	4	3	2	1
2d Cpe 800		2,400	4,000	9,000	14,000	20,000

1918-19 Series 19, Model EG, 6-cyl., 126" wb

	6	5	4	3	2	1
4d 7P Tr 1,480		4,440	7,400	16,650	25,900	37,000

1920-21 Model EJ, 6-cyl., 112" wb

	6	5	4	3	2	1
4d Tr 960		2,880	4,800	10,800	16,800	24,000
2d Lan Rds * 1,000		3,000	5,000	11,250	17,500	25,000
2d Rds 970		2,900	4,840	10,890	16,940	24,200
2d Cpe Rds ** 1,020		3,060	5,100	11,480	17,850	25,500
4d Sed 760		2,280	3,800	8,550	13,300	19,000

1920-21 Model EH, 6-cyl., 119" wb

	6	5	4	3	2	1
4d Tr 1,040		3,120	5,200	11,700	18,200	26,000
2d Rds 1,050		3,140	5,240	11,790	18,340	26,200
4d Rds 1,060		3,180	5,300	11,930	18,550	26,500
2d Cpe 840		2,520	4,200	9,450	14,700	21,000
4d Sed 800		2,400	4,000	9,000	14,000	20,000

1920-21 Model EG, Big Six

	6	5	4	3	2	1
4d 7P Tr 1,280		3,840	6,400	14,400	22,400	32,000
2d Cpe ** 1,040		3,120	5,200	11,700	18,200	26,000
4d 7P Sed 1,000		3,000	5,000	11,250	17,500	25,000

* 1920 Model only. * * 1921 Model only.

1922 Model EJ, Light Six, 6-cyl., 112" wb

	6	5	4	3	2	1
2d Rds 1,000		3,000	5,000	11,250	17,500	25,000
4d Tr 960		2,880	4,800	10,800	16,800	24,000
2d Cpe Rds. 1,020		3,060	5,100	11,480	17,850	25,500
4d Sed 820		2,460	4,100	9,230	14,350	20,500

1922 Model EL, Special Six, 6-cyl., 119" wb

	6	5	4	3	2	1
2d Rds 1,020		3,060	5,100	11,480	17,850	25,500
4d Tr 1,000		3,000	5,000	11,250	17,500	25,000
4d Rds 1,040		3,120	5,200	11,700	18,200	26,000
2d Cpe 880		2,640	4,400	9,900	15,400	22,000
4d Sed 840		2,520	4,200	9,450	14,700	21,000

1922 Model EK, Big Six, 6-cyl., 126" wb

	6	5	4	3	2	1
4d Tr 1,200		3,600	6,000	13,500	21,000	30,000
7P Tr 1,400		4,200	7,000	17,500	24,500	35,000
2d Cpe 1,020		3,060	5,100	11,480	17,850	25,500
4d Sed 1,000		3,000	5,000	11,250	17,500	25,000
4d Spds 1,240		3,720	6,200	13,950	21,700	31,000

1923 Model EM, Light Six

	6	5	4	3	2	1
2d Rds 920		2,760	4,600	10,350	16,100	23,000
4d Tr 900		2,700	4,500	10,130	15,750	22,500
2d Cpe 760		2,280	3,800	8,550	13,300	19,000
4d Sed 740		2,220	3,700	8,330	12,950	18,500

1923 Model EL, Special Six

	6	5	4	3	2	1
4d Tr 920		2,760	4,600	10,350	16,100	23,000
2d 4P Cpe. 780		2,340	3,900	8,780	13,650	19,500
2d Rds 940		2,830	4,720	10,620	16,520	23,600
2d 5P Cpe. 800		2,400	4,000	9,000	14,000	20,000
4d Sed 760		2,280	3,800	8,550	13,300	19,000

1923 Model EK, Big Six

	6	5	4	3	2	1
4d Tr 1,100		3,300	5,500	12,380	19,250	27,500
2d Spds 1,200		3,600	6,000	13,500	21,000	30,000
2d 5P Cpe. 940		2,820	4,700	10,580	16,450	23,500
2d 4P Cpe 940		2,810	4,680	10,530	16,380	23,400
4d Sed 900		2,700	4,500	10,130	15,750	22,500

1924 Model EM, Light Six, 6-cyl., 112" wb

	6	5	4	3	2	1
4d Tr 880		2,640	4,400	9,900	15,400	22,000
2d Rds 900		2,700	4,500	10,130	15,750	22,500
2d Cpe Rds. 940		2,820	4,700	10,580	16,450	23,500
4d Cus Tr 920		2,760	4,600	10,350	16,100	23,000
4d Sed 680		2,040	3,400	7,650	11,900	17,000
2d Cpe 740		2,220	3,700	8,330	12,950	18,500

1924 Model EL, Special Six, 6-cyl., 119" wb

	6	5	4	3	2	1
4d Tr 1,000		3,000	5,000	11,250	17,500	25,000
2d Rds 1,020		3,060	5,100	11,480	17,850	25,500
2d Cpe 880		2,640	4,400	9,900	15,400	22,000
4d Sed 840		2,520	4,200	9,450	14,700	21,000

1924 Model EK, Big Six, 6-cyl., 126" wb

	6	5	4	3	2	1
4d 7P Tr 1,160		3,480	5,800	13,050	20,300	29,000
2d Spds 1,180		3,540	5,900	13,280	20,650	29,500
2d Cpe 920		2,760	4,600	10,350	16,100	23,000
4d Sed 860		2,580	4,300	9,680	15,050	21,500

1925-26 Model ER, Standard Six, 6-cyl., 113" wb

	6	5	4	3	2	1
4d Dplx Phae 1,140		3,420	5,700	12,830	19,950	28,500
2d Dplx Rds 1,020		3,060	5,100	11,480	17,850	25,500
2d Coach 660		1,980	3,300	7,430	11,550	16,500
2d Cty Clb Cpe 820		2,460	4,100	9,230	14,350	20,500
2d Spt Rds 960		2,880	4,800	10,800	16,800	24,000
4d Spt Phae 940		2,820	4,700	10,580	16,450	23,500
4d Sed 700		2,100	3,500	7,880	12,250	17,500

	6	5	4	3	2	1
2d Cpe Rds.	980	2,940	4,900	11,030	17,150	24,500
4d w/Sed.	720	2,160	3,600	8,100	12,600	18,000
4d Sed	700	2,100	3,500	7,880	12,250	17,500
2d Cpe	780	2,340	3,900	8,780	13,650	19,500
4d Ber.	760	2,280	3,800	8,550	13,300	19,000

1925-26 Model EQ, Special Six, 6-cyl., 120" - 127" wb

	6	5	4	3	2	1
4d Dplx Phae	1,380	4,140	6,900	15,530	24,150	34,500
2d Dplx Rds	1,280	3,840	6,400	14,400	22,400	32,000
2d Vic	930	2,800	4,660	10,490	16,310	23,300
4d Sed	920	2,760	4,600	10,350	16,100	23,000
4d Ber.	960	2,880	4,800	10,800	16,800	24,000
2d Brgm	940	2,820	4,700	10,580	16,450	23,500
2d Spt Rds	1,260	3,780	6,300	14,180	22,050	31,500
2d Coach	900	2,700	4,500	10,130	15,750	22,500

1925-26 Model EP, Big Six, 6-cyl., 120" wb

	6	5	4	3	2	1
4d Dplx Phae	1,460	4,380	7,300	16,430	25,550	36,500
2d Cpe	980	2,940	4,900	11,030	17,150	24,500
2d Brgm	880	2,640	4,400	9,900	15,400	22,000
4d 7P Sed.	880	2,630	4,380	9,860	15,330	21,900
2d Ber.	940	2,820	4,700	10,580	16,450	23,500
4d Sed	880	2,640	4,400	9,900	15,400	22,000
4d Spt Phae	1,260	3,780	6,300	14,180	22,050	31,500
2d Clb Cpe	870	2,600	4,340	9,770	15,190	21,700

NOTE: Add 10% for 4-wheel brake option.

1927 Dictator, Model EU, Standard, 6-cyl., 113" wb

	6	5	4	3	2	1
2d Spt Rds	1,400	4,200	7,000	15,750	24,500	35,000
4d Tr	1,260	3,780	6,300	14,180	22,050	31,500
4d Dplx Tr	1,360	4,080	6,800	15,300	23,800	34,000
4d 7P Tr	1,280	3,840	6,400	14,400	22,400	32,000
2d Bus Cpe.	820	2,460	4,100	9,230	14,350	20,500
2d Spt Cpe	840	2,520	4,200	9,450	14,700	21,000
2d Vic	740	2,220	3,700	8,330	12,950	18,500
4d (P) Sed	720	2,160	3,600	8,100	12,600	18,000
4d (M) Sed	760	2,280	3,800	8,550	13,300	19,000

1927 Special, Model EQ

	6	5	4	3	2	1
4d Dplx Phae	1,440	4,320	7,200	16,200	25,200	36,000
2d Coach	760	2,280	3,800	8,550	13,300	19,000
2d Brgm	800	2,400	4,000	9,000	14,000	20,000
2d Spt Rds	1,480	4,440	7,400	16,650	25,900	37,000

1927 Commander, Model EW

	6	5	4	3	2	1
2d Spt Rds	1,480	4,440	7,400	16,650	25,900	37,000
2d Bus Cpe.	840	2,520	4,200	9,450	14,700	21,000
2d Spt Cpe	860	2,580	4,300	9,680	15,050	21,500
4d Sed	780	2,340	3,900	8,780	13,650	19,500
2d Cus Vic	820	2,460	4,100	9,230	14,350	20,500
2d Dplx Rds	1,440	4,320	7,200	16,200	25,200	36,000
4d Spt Phae	1,460	4,380	7,300	16,430	25,550	36,500
2d Cus Brgm.	790	2,360	3,940	8,870	13,790	19,700

1927 President, Model ES

	6	5	4	3	2	1
4d Cus Sed.	840	2,520	4,200	9,450	14,700	21,000
4d Limo.	1,140	3,420	5,700	12,830	19,950	28,500
4d Dplx Phae	1,460	4,380	7,300	16,430	25,550	36,500

1928 Dictator, Model GE

	6	5	4	3	2	1
2d Roy Rds.	1,820	5,460	9,100	20,480	31,850	45,500
4d Tr	1,740	5,220	8,700	19,580	30,450	43,500
4d Dplx Tr	1,780	5,340	8,900	20,030	31,150	44,500
4d 7P Roy Tr	1,820	5,460	9,100	20,480	31,850	45,500
2d Bus Cpe.	800	2,400	4,000	9,000	14,000	20,000
2d Roy Cpe.	820	2,460	4,100	9,230	14,350	20,500
2d Roy Vic.	800	2,400	4,000	9,000	14,000	20,000
2d Clb Sed	770	2,300	3,840	8,640	13,440	19,200
4d Sed	750	2,240	3,740	8,420	13,090	18,700
4d Roy Sed.	760	2,280	3,800	8,550	13,300	19,000

1928 Commander, Model GB

	6	5	4	3	2	1
2d Reg Rds.	1,860	5,580	9,300	20,930	32,550	46,500
2d Cpe.	840	2,520	4,200	9,450	14,700	21,000
2d Reg Cpe	860	2,580	4,300	9,680	15,050	21,500
2d Reg Cabr	800	2,400	4,000	9,000	14,000	20,000
2d Vic	800	2,400	4,000	9,000	14,000	20,000
2d Reg Vic	820	2,460	4,100	9,230	14,350	20,500
4d Sed	800	2,400	4,000	9,000	14,000	20,000
2d Clb Sed	810	2,420	4,040	9,090	14,140	20,200
4d Reg Sed.	780	2,340	3,900	8,780	13,650	19,500

1928 President Six, Model ES

	6	5	4	3	2	1
4d Cus Sed.	800	2,400	4,000	9,000	14,000	20,000
4d Limo.	1,020	3,060	5,100	11,480	17,850	25,500
4d Cus Tr	1,600	4,800	8,000	18,000	28,000	40,000

1928 President Eight, Model FA

	6	5	4	3	2	1
4d 7P Tr	1,660	4,980	8,300	18,680	29,050	41,500

	6	5	4	3	2	1
2d Sta Cabr	1,700	5,100	8,500	19,130	29,750	42,500
4d Sed	890	2,660	4,440	9,990	15,540	22,200
4d Sta Sed	900	2,700	4,500	10,130	15,750	22,500
4d 7P Sed	900	2,700	4,500	10,130	15,750	22,500
4d 7P Sta Sed	920	2,760	4,600	10,350	16,100	23,000
4d Limo	1,120	3,360	5,600	12,600	19,600	28,000
4d Sta Ber	1,320	3,960	6,600	14,850	23,100	33,000
1928-1/2 Dictator, Model GE						
2d Tr	1,400	4,200	7,000	15,750	24,500	35,000
2d 7P Tr	1,420	4,260	7,100	15,980	24,850	35,500
2d Bus Cpe	800	2,400	4,000	9,000	14,000	20,000
2d Roy Cabr	1,660	4,980	8,300	18,680	29,050	41,500
2d Roy Vic	820	2,460	4,100	9,230	14,350	20,500
2d Clb Sed	790	2,360	3,940	8,870	13,790	19,700
4d Sed	780	2,330	3,880	8,730	13,580	19,400
4d Roy Sed	800	2,400	4,000	9,000	14,000	20,000
1928-1/2 Commander, Model GH						
2d Reg Vic	830	2,480	4,140	9,320	14,490	20,700
4d Sed	690	2,060	3,440	7,740	12,040	17,200
4d Reg Sed	860	2,570	4,280	9,630	14,980	21,400
1928-1/2 President, Model FB						
2d Sta Rds	1,620	4,860	8,100	18,230	28,350	40,500
2d Sta Cabr	1,600	4,800	8,000	18,000	28,000	40,000
2d Sta Vic	830	2,500	4,160	9,360	14,560	20,800
4d Sed	860	2,570	4,280	9,630	14,980	21,400
4d Sta Sed	820	2,470	4,120	9,270	14,420	20,600
1928-1/2 President, Model FA						
4d Tr	1,680	5,040	8,400	18,900	29,400	42,000
4d Sta Tr	1,720	5,160	8,600	19,350	30,100	43,000
2d Sta Cabr	1,760	5,280	8,800	19,800	30,800	44,000
4d Sta Sed	880	2,640	4,400	9,900	15,400	22,000
4d Sed	870	2,620	4,360	9,810	15,260	21,800
4d 7P Sta Sed	900	2,700	4,500	10,130	15,750	22,500
4d Limo	1,120	3,360	5,600	12,600	19,600	28,000
1929 Dictator GE, 6-cyl., 113" wb						
4d 5P Tr	1,400	4,200	7,000	15,750	24,500	35,000
4d 7P Tr	1,400	4,200	7,000	15,750	24,500	35,000
2d Bus Cpe	800	2,400	4,000	9,000	14,000	20,000
2d Cabr	1,400	4,200	7,000	15,750	24,500	35,000
2d Vic Ryl	860	2,580	4,300	9,680	15,050	21,500
4d Sed	640	1,920	3,200	8,000	11,200	16,000
1929 Commander Six, Model GJ						
2d Rds	1,840	5,520	9,200	20,700	32,200	46,000
2d Reg Rds	1,880	5,640	9,400	21,150	32,900	47,000
4d Tr	1,640	4,920	8,200	18,450	28,700	41,000
4d Reg Tr	1,720	5,160	8,600	19,350	30,100	43,000
4d 7P Tr	1,640	4,920	8,200	18,450	28,700	41,000
4d 7P Reg Tr	1,720	5,160	8,600	19,350	30,100	43,000
2d Cpe	800	2,400	4,000	9,000	14,000	20,000
2d Spt Cpe	780	2,340	3,900	8,780	13,650	19,500
2d Cabr	1,600	4,800	8,000	18,000	28,000	40,000
2d Vic	780	2,340	3,900	8,780	13,650	19,500
4d Sed	760	2,280	3,800	8,550	13,300	19,000
4d Reg Sed	800	2,400	4,000	9,000	14,000	20,000
4d Reg Brgm	820	2,460	4,100	9,230	14,350	20,500
1929 Commander Eight, Model FD						
2d Reg Rds	1,900	5,000	9,800	22,050	34,300	49,000
4d Tr	1,760	5,280	8,800	19,800	30,000	44,000
4d Reg Tr	1,840	5,520	9,200	20,700	32,200	46,000
4d 7P Tr	1,760	5,280	8,800	19,800	30,800	44,000
4d 7P Reg Tr	1,840	5,520	9,200	20,700	32,200	46,000
2d Bus Cpe	900	2,700	4,500	10,130	15,750	22,500
2d Spt Cpe	920	2,760	4,600	10,350	16,100	23,000
2d Reg Conv	1,820	5,460	9,100	20,480	31,850	45,500
2d Vic	840	2,520	4,200	9,450	14,700	21,000
2d Reg Brgm	880	2,640	4,400	9,900	15,400	22,000
4d Sed	860	2,580	4,300	9,680	15,050	21,500
4d Reg Sed	880	2,640	4,400	9,900	15,400	22,000
1929 President Eight, Model FH, 125" wb						
2d Rds	2,000	6,000	10,000	22,500	35,000	50,000
2d Cabr	1,840	5,520	9,200	20,700	32,200	46,000
2d Sta Vic	940	2,820	4,700	10,580	16,450	23,500
4d Sed	900	2,700	4,500	10,130	15,750	22,500
4d Sta Sed	940	2,820	4,700	10,580	16,450	23,500
1929 President Eight, Model FE, 135" wb						
4d 7P Tr	1,840	5,520	9,200	20,700	32,200	46,000
4d 7P Sta Tr	1,060	3,180	5,300	11,930	18,550	26,500
2d Brgm	1,060	3,180	5,300	11,930	18,550	26,500
4d 7P Sed	1,060	3,180	5,300	11,930	18,550	26,500

	6	5	4	3	2	1
4d 7P Sta Sed	1,100	3,300	5,500	12,380	19,250	27,500
4d 7P Limo	1,140	3,420	5,700	12,830	19,950	28,500
1930 Studebaker Model 53, 6-cyl., 114" wb						
4d Tr	1,640	4,920	8,200	18,450	28,700	41,000
4d Reg Tr	1,680	5,040	8,400	18,900	29,400	42,000
2d Bus Cpe	880	2,640	4,400	9,900	15,400	22,000
2d Reg Cpe	900	2,700	4,500	10,130	15,750	22,500
2d Clb Sed	840	2,520	4,200	9,450	14,700	21,000
4d Sed	800	2,400	4,000	9,000	14,000	20,000
4d Reg Sed	820	2,460	4,100	9,230	14,350	20,500
4d Lan Sed	770	2,300	3,840	8,640	13,440	19,200
1930 Dictator, 6 & 8-cyl., 115" wb						
4d Tr	1,680	5,040	8,400	18,900	29,400	42,000
4d Reg Tr	1,720	5,160	8,600	19,350	30,100	43,000
2d Cpe	900	2,700	4,500	10,130	15,750	22,500
2d Spt Cpe	940	2,820	4,700	10,580	16,450	23,500
2d Brgm	860	2,580	4,300	9,680	15,050	21,500
2d Clb Sed	840	2,520	4,200	9,450	14,700	21,000
4d Sed	840	2,520	4,200	9,450	14,700	21,000
4d Reg Sed	860	2,580	4,300	9,680	15,050	21,500
NOTE: Add $500 for Dictator 8-cyl.						
1930 Commander 6 & 8-cyl., 120" wb Commander FD						
2d Reg Rds	2,000	6,000	10,000	22,500	35,000	50,000
4d Tr	1,720	5,160	8,600	19,350	30,100	43,000
4d Reg Tr	1,760	5,280	8,800	19,800	30,800	44,000
4d 7P Tr	1,720	5,160	8,600	19,350	30,100	43,000
4d 7P Reg Tr	1,760	5,280	8,800	19,800	30,800	44,000
2d Cpe	960	2,880	4,800	10,800	16,800	24,000
2d Spt Cpe	1,000	3,000	5,000	11,250	17,500	25,000
2d Conv Cabr	1,920	5,760	9,600	21,600	33,600	48,000
2d Vic	880	2,640	4,400	9,900	15,400	22,000
2d Brgm	900	2,700	4,500	10,130	15,750	22,500
4d Sed	880	2,640	4,400	9,900	15,400	22,000
4d Reg Sed	920	2,760	4,600	10,350	16,100	23,000
NOTE: Add $500 for Commander 8-cyl.						
1930 President FH Model						
2d Rds	2,340	7,020	11,700	26,330	40,950	58,500
2d Conv Cabr	2,100	6,300	10,500	23,630	36,750	52,500
2d Sta Vic	1,020	3,060	5,100	11,480	17,850	25,500
4d Sed	940	2,820	4,700	10,580	16,450	23,500
4d Sta Sed	980	2,940	4,900	11,030	17,150	24,500
1930 President FE Model						
4d Tr	2,020	6,060	10,100	22,730	35,350	50,500
4d Sta Tr	2,060	6,180	10,300	23,180	36,050	51,500
2d Sta Vic	1,420	4,260	7,100	15,980	24,850	35,500
2d Brgm	980	2,940	4,900	11,030	17,150	24,500
4d Sed	1,020	3,060	5,100	11,480	17,850	25,500
4d Sta Sed	1,060	3,180	5,300	11,930	18,550	26,500
4d Limo	1,180	3,540	5,900	13,280	20,650	29,500
4d Sta Limo	1,220	3,660	6,100	13,730	21,350	30,500
1931 Studebaker Six, Model 53, 114" wb						
2d Rds	1,720	5,160	8,600	19,350	30,100	43,000
2d Tr	1,560	4,680	7,800	17,550	27,300	39,000
2d Reg Tr	1,600	4,800	8,000	18,000	28,000	40,000
2d Bus Cpe	760	2,280	3,800	8,550	13,300	19,000
2d Spt Cpe	800	2,400	4,000	9,000	14,000	20,000
2d Clb Sed	720	2,160	3,600	8,100	12,600	18,000
4d Sed	720	2,160	3,600	8,100	12,600	18,000
1931 Model 61 Dictator, 8-cyl., 115" wb						
4d Reg Sed	740	2,210	3,680	8,280	12,880	18,400
4d Lan Sed	740	2,220	3,700	8,330	12,950	18,500
1931 Series 54						
2d Rds	2,080	6,240	10,400	23,400	36,400	52,000
4d Tr	1,800	5,400	9,000	20,250	31,500	45,000
4d Req Tr	1,840	5,520	9,200	20,700	32,200	46,000
2d Bus Cpe	820	2,460	4,100	9,230	14,350	20,500
2d Spt Cpe	840	2,520	4,200	9,450	14,700	21,000
4d Sed	760	2,280	3,800	8,550	13,300	19,000
4d Reg Sed	780	2,340	3,900	8,780	13,650	19,500
1931 Dictator Eight, Model FC						
4d Tr	1,760	5,280	8,800	19,800	30,800	44,000
4d Reg Tr	1,800	5,400	9,000	20,250	31,500	45,000
2d Cpe	840	2,520	4,200	9,450	14,700	21,000
2d Spt Cpe	860	2,580	4,300	9,680	15,050	21,500
2d Reg Brgm	800	2,400	4,000	9,000	14,000	20,000
2d Clb Sed	780	2,340	3,900	8,780	13,650	19,500
4d Sed	800	2,400	4,000	9,000	14,000	20,000
4d Reg Sed	810	2,420	4,040	9,090	14,140	20,200

STUDEBAKER

	6	5	4	3	2	1

441

STUDEBAKER

1931 Model 61
2d Cpe	880	2,640	4,400	9,900	15,400	22,000
2d Spt Cpe	920	2,760	4,600	10,350	16,100	23,000
4d Sed	820	2,460	4,100	9,230	14,350	20,500
4d Reg Sed	840	2,520	4,200	9,450	14,700	21,000

1931 Commander Eight, Model 70
2d Cpe	900	2,700	4,500	10,130	15,750	22,500
2d Vic	880	2,640	4,400	9,900	15,400	22,000
2d Reg Brgm	900	2,700	4,500	10,130	15,750	22,500
4d Sed	900	2,700	4,500	10,130	15,750	22,500
4d Reg Sed	920	2,760	4,600	10,350	16,100	23,000

1931 President Eight, Model 80
2d Sta Rds	2,600	7,800	13,000	29,250	45,500	65,000
2d Cpe	1,180	3,540	5,900	13,280	20,650	29,500
2d Sta Cpe	1,260	3,780	6,300	14,180	22,050	31,500
4d Sed	960	2,880	4,800	10,800	16,800	24,000
4d Sta Sed	1,000	3,000	5,000	11,250	17,500	25,000

1931 President Eight, Model 90
4d Tr	2,120	6,360	10,600	23,850	37,100	53,000
4d Sta Tr	2,200	6,600	11,000	24,750	38,500	55,000
2d Sta Vic	1,220	3,660	6,100	13,730	21,350	30,500
2d Sta Brgm	1,220	3,660	6,100	13,730	21,350	30,500
4d Sed	1,140	3,420	5,700	12,830	19,950	28,500
4d Sta Sed	1,180	3,540	5,900	13,280	20,650	29,500
4d Sta Limo	1,260	3,780	6,300	14,180	22,050	31,500

1932 Model 55, 6-cyl., 117" wb
2d Conv Rds	1,720	5,160	8,600	19,350	30,100	43,000
2d Reg Conv Rds	1,880	5,640	9,400	21,150	32,900	47,000
2d Cpe	780	2,340	3,900	8,780	13,650	19,500
2d Reg Cpe	790	2,360	3,940	8,870	13,790	19,700
2d Spt Cpe	780	2,340	3,900	8,780	13,650	19,500
2d Reg Spt Cpe	1,080	3,240	5,400	12,150	18,900	27,000
2d St R Brgm	1,120	3,360	5,600	12,600	19,600	28,000
2d Reg St R Brgm	1,160	3,480	5,800	13,050	20,300	29,000
4d Conv Sed	1,880	5,640	9,400	21,150	32,900	47,000
4d Reg Conv Sed	1,920	5,760	9,600	21,600	33,600	48,000
4d Sed	720	2,160	3,600	8,100	12,600	18,000
4d Reg Sed	730	2,180	3,640	8,190	12,740	18,200

1932 Model 62 Dictator, 8-cyl., 117" wb
2d Conv Rds	2,200	6,600	11,000	24,750	38,500	55,000
2d Reg Conv Rds	2,240	6,720	11,200	25,200	39,200	56,000
2d Cpe	1,040	3,120	5,200	11,700	18,200	26,000
2d Reg Cpe	1,080	3,240	5,400	12,150	18,900	27,000
2d Spt Cpe	1,320	3,960	6,600	14,850	23,100	33,000
2d Reg Spt Cpe	1,420	4,260	7,100	15,980	24,850	35,500
2d St R Brgm	1,440	4,320	7,200	16,200	25,200	36,000
2d Reg St R Brgm	1,460	4,380	7,300	16,430	25,550	36,500
4d Conv Sed	1,880	5,640	9,400	21,150	32,900	47,000
4d Reg Conv Sed	2,160	6,480	10,800	24,300	37,800	54,000
4d Sed	1,020	3,060	5,100	11,480	17,850	25,500
4d Reg Sed	1,060	3,180	5,300	11,930	18,550	26,500

1932 Model 65 Rockne, 6-cyl., 110" wb
2d 2P Cpe	1,080	3,240	5,400	12,150	18,900	27,000
4d 5P Sed	1,040	3,120	5,200	11,700	18,200	26,000
2d Sed	1,000	3,000	5,000	11,250	17,500	25,000
4d 5P Conv Sed	2,060	6,180	10,300	23,180	36,050	51,500
2d Rds	2,200	6,600	11,000	24,750	38,500	55,000

1932 Model 71 Commander, 8-cyl.
2d Rds Conv	2,320	6,960	11,600	26,100	40,600	58,000
2d Reg Rds Conv	2,360	7,080	11,800	26,550	41,300	59,000
2d Spt Cpe	1,240	3,720	6,200	13,950	21,700	31,000
2d Reg Spt Cpe	1,400	4,200	7,000	15,750	24,500	35,000
2d St R Brgm	1,420	4,260	7,100	15,980	24,850	35,500
2d Reg St R Brgm	1,440	4,320	7,200	16,200	25,200	36,000
4d Conv Sed	2,160	6,480	10,800	24,300	37,800	54,000
4d Reg Conv Sed	2,200	6,600	11,000	24,750	38,500	55,000
4d Sed	1,020	3,060	5,100	11,480	17,850	25,500
4d Reg Sed	1,040	3,120	5,200	11,700	18,200	26,000

1932 Model 75 Rockne, 6-cyl., 114" wb
2d 2P Cpe	1,040	3,120	5,200	11,700	18,200	26,000
2d 4P Cpe	1,040	3,120	5,200	11,700	18,200	26,000
4d 5P Sed	1,000	3,000	5,000	11,250	17,500	25,000
2d 2P DeL Cpe	1,100	3,300	5,500	12,380	19,250	27,500
2d 4P DeL Cpe	1,080	3,240	5,400	12,150	18,900	27,000
4d 5P DeL Sed	1,040	3,120	5,200	11,700	18,200	26,000
2d Rds	2,220	6,660	11,100	24,980	38,850	55,500
4d Conv Sed	1,780	5,340	8,900	20,030	31,150	44,500

1932 Model 91 President, 8-cyl.
2d Rds Conv	3,000	9,000	15,000	33,750	52,500	75,000

	6	5	4	3	2	1
2d Sta Rds Conv.	2,960	8,880	14,800	33,300	51,800	74,000
2d Cpe	1,400	4,200	7,000	15,750	24,500	35,000
2d Sta Cpe	1,440	4,320	7,200	16,200	25,200	36,000
2d Spt Cpe	1,480	4,440	7,400	16,650	25,900	37,000
2d Sta Spt Cpe	1,520	4,560	7,600	17,100	26,600	38,000
2d St R Brgm	1,400	4,200	7,000	15,750	24,500	35,000
2d Sta St R Brgm	1,420	4,260	7,100	15,980	24,850	35,500
4d Conv Sed.	2,880	8,640	14,400	32,400	50,400	72,000
4d Sta Conv Sed.	2,920	8,760	14,600	32,850	51,100	73,000
4d Sed	1,100	3,300	5,500	12,380	19,250	27,500
4d Sta Sed	1,140	3,420	5,700	12,830	19,950	28,500
4d Limo.	1,200	3,600	6,000	13,500	21,000	30,000
4d Sta Limo	1,240	3,720	6,200	13,950	21,700	31,000
4d 7P Sed.	1,060	3,180	5,300	11,930	18,550	26,500
4d 7P Sta Sed	1,020	3,060	5,100	11,480	17,850	25,500
1933 Model 10 Rockne, 6-cyl., 110" wb						
2d 4P Conv.	1,920	5,760	9,600	21,600	33,600	48,000
2d 4P DeL Conv Rds	1,960	5,880	9,800	22,050	34,300	49,000
2d 2P Cpe.	1,160	3,480	5,800	13,050	20,300	29,000
2d 5P Coach.	1,000	3,000	5,000	11,250	17,500	25,000
2d 4P Cpe.	1,120	3,360	5,600	12,600	19,600	28,000
2d 2P DeL Cpe.	1,160	3,480	5,800	13,050	20,300	29,000
2d 5P Sed.	1,000	3,000	5,000	11,250	17,500	25,000
2d 5P DeL Coach	1,020	3,060	5,100	11,480	17,850	25,500
2d 4P DeL Cpe.	1,120	3,360	5,600	12,600	19,600	28,000
4d 5P DeL Sed.	1,000	3,000	5,000	11,250	17,500	25,000
4d 5P Conv Sed	2,080	6,240	10,400	23,400	36,400	52,000
4d 5P DeL Conv Sed	2,120	6,360	10,600	23,850	37,100	53,000
1933 Model 56 Studebaker, 6-cyl., 117" wb						
2d Conv	1,920	5,760	9,600	21,600	33,600	48,000
2d Reg Conv.	1,960	5,880	9,800	22,050	34,300	49,000
2d Cpe	900	2,700	4,500	10,130	15,750	22,500
2d Reg Cpe	940	2,820	4,700	10,580	16,450	23,500
2d Spt Cpe	980	2,940	4,900	11,030	17,150	24,500
2d Reg Spt Cpe	1,020	3,060	5,100	11,480	17,850	25,500
2d St R Brgm	1,200	3,600	6,000	13,500	21,000	30,000
2d Reg St R Brgm.	1,280	3,840	6,400	14,400	22,400	32,000
4d Conv Sed.	1,880	5,640	9,400	21,150	32,900	47,000
4d Reg Conv Sed	1,920	5,760	9,600	21,600	33,600	48,000
4d Sed	740	2,220	3,700	8,330	12,950	18,500
4d Reg Sed.	780	2,340	3,900	8,780	13,650	19,500
1933 Model 73 Commander, 8-cyl.						
2d Rds Conv.	2,080	6,240	10,400	23,400	36,400	52,000
2d Reg Rds Conv	2,120	6,360	10,600	23,850	37,100	53,000
2d Cpe	940	2,820	4,700	10,580	16,450	23,500
2d Reg Cpe	980	2,940	4,900	11,030	17,150	24,500
2d Spt Cpe	1,020	3,060	5,100	11,480	17,850	25,500
2d Reg Spt Cpe	1,060	3,180	5,300	11,930	18,550	26,500
2d St R Brgm	1,400	4,200	7,000	15,750	24,500	35,000
2d Reg St R Brgm.	1,420	4,260	7,100	15,980	24,850	35,500
4d Conv Sed.	1,960	5,880	9,800	22,050	34,300	49,000
4d Reg Conv Sed	2,000	6,000	10,000	22,500	35,000	50,000
4d Sed	860	2,580	4,300	9,680	15,050	21,500
4d Reg Sed.	900	2,700	4,500	10,130	15,750	22,500
1933 Model 82 President, 8-cyl.						
2d Sta Rds Conv.	2,240	6,720	11,200	25,200	39,200	56,000
2d Cpe	980	2,940	4,900	11,030	17,150	24,500
2d Sta Cpe	1,100	3,300	5,500	12,380	19,250	27,500
2d St R Brgm	1,440	4,320	7,200	16,200	25,200	36,000
2d Sta St R Brgm	1,480	4,440	7,400	16,650	25,900	37,000
4d Sta Conv Sed.	2,120	6,360	10,600	23,850	37,100	53,000
4d Sed	940	2,820	4,700	10,580	16,450	23,500
4d Sta Sed	980	2,940	4,900	11,030	17,150	24,500
1933 Model 92 President Speedway, 8-cyl.						
2d Sta Rds Conv.	2,320	6,960	11,600	26,100	40,600	58,000
2d Sta Cpe	1,360	4,080	6,800	15,300	23,800	34,000
2d Sta St R Brgm	1,700	5,100	8,500	19,130	29,750	42,500
4d Sta Conv Sed.	2,320	6,960	11,600	26,100	40,600	58,000
4d Sed	1,160	3,480	5,800	13,050	20,300	29,000
4d Sta Sed	1,200	3,600	6,000	13,500	21,000	30,000
4d 7P Sed.	1,240	3,720	6,200	13,950	21,700	31,000
4d 7P Sta Sed	1,280	3,840	6,400	14,400	22,400	32,000
4d 7P Sta Limo.	1,360	4,080	6,800	15,300	23,800	34,000
1934 Model Special A, Dictator						
2d Cpe	840	2,520	4,200	9,450	14,700	21,000
2d Reg Cpe	920	2,760	4,600	10,350	16,100	23,000
2d 4P Cpe.	840	2,520	4,200	9,450	14,700	21,000
2d 4P Reg Cpe.	880	2,640	4,400	9,900	15,400	22,000
2d St R Sed	1,400	4,200	7,000	15,750	24,500	35,000

STUDEBAKER

	6	5	4	3	2	1
2d Reg St R Sed.	1,420	4,260	7,100	15,980	24,850	35,500
2d Sed	720	2,160	3,600	8,100	12,600	18,000
2d Reg Sed.	740	2,220	3,700	8,330	12,950	18,500
4d Cus Reg St R.	760	2,280	3,800	8,550	13,300	19,000
4d Cus Sed.	780	2,340	3,900	8,780	13,650	19,500
1934 Model A, Dictator						
2d Rds	3,200	9,600	16,000	36,000	56,000	80,000
2d Rds Regal	1,840	5,520	9,200	20,700	32,200	46,000
2d Reg Cpe	1,400	4,200	7,000	15,750	24,500	35,000
2d St R Sed	1,420	4,260	7,100	15,980	24,850	35,500
2d Cus St R Sed.	740	2,220	3,700	8,330	12,950	18,500
4d Sed	1,440	4,320	7,200	16,200	25,200	36,000
4d Reg Sed.	740	2,220	3,700	8,330	12,950	18,500
1934 Model B, Commander						
2d Rds Conv.	1,840	5,520	9,200	20,700	32,200	46,000
2d Reg Rds Conv	1,880	5,640	9,400	21,150	32,900	47,000
2d Cpe	1,000	3,000	5,000	11,250	17,500	25,000
2d Reg Cpe	1,040	3,120	5,200	11,700	18,200	26,000
2d 4P Cpe.	960	2,880	4,800	10,800	16,800	24,000
2d 4P Reg Cpe.	1,000	3,000	5,000	11,250	17,500	25,000
2d St R Sed	1,440	4,320	7,200	16,200	25,200	36,000
2d Cus St R Sed.	1,460	4,380	7,300	16,430	25,550	36,500
4d Sed	720	2,160	3,600	8,100	12,600	18,000
4d Reg Sed.	740	2,220	3,700	8,330	12,950	18,500
4d Cus Sed.	750	2,240	3,740	8,420	13,090	18,700
4d L Cruise.	920	2,760	4,600	10,350	16,100	23,000
1934 Model C, President						
2d Rds Conv.	1,960	5,880	9,800	22,050	34,300	49,000
2d Reg Rds Conv	2,800	8,400	14,000	31,500	49,000	70,000
2d Cpe	1,040	3,120	5,200	11,700	18,200	26,000
2d Reg Cpe	1,080	3,240	5,400	12,150	18,900	27,000
2d 4P Cpe.	1,000	3,000	5,000	11,250	17,500	25,000
2d 4P Reg Cpe.	1,040	3,120	5,200	11,700	18,200	26,000
2d Sed	780	2,340	3,900	8,780	13,650	19,500
2d Reg Sed.	800	2,400	4,000	9,000	14,000	20,000
4d Cus Sed.	800	2,400	4,000	9,000	14,000	20,000
4d Cus Berl.	820	2,460	4,100	9,230	14,350	20,500
4d L Cruise.	960	2,880	4,800	10,800	16,800	24,000
1935 Model 1A, Dictator Six						
2d Rds	1,680	5,040	8,400	18,900	29,400	42,000
2d Reg Rds.	1,720	5,160	8,600	19,350	30,100	43,000
2d Cpe	740	2,220	3,700	8,330	12,950	18,500
2d Reg Cpe	780	2,340	3,900	8,780	13,650	19,500
2d R/S Cpe.	800	2,400	4,000	9,000	14,000	20,000
2d Reg R/S Cpe	840	2,520	4,200	9,450	14,700	21,000
2d St Reg	1,280	3,840	6,400	14,400	22,400	32,000
2d Reg St Reg	1,300	3,900	6,500	14,630	22,750	32,500
2d Cus St Reg	1,440	4,320	7,200	16,200	25,200	36,000
4d Sed	1,010	3,040	5,060	11,390	17,710	25,300
2d Reg Sed.	1,010	3,040	5,060	11,390	17,710	25,300
2d Cus Sed.	640	1,930	3,220	7,250	11,270	16,100
4d L Cr	800	2,400	4,000	9,000	14,000	20,000
4d Reg L Cr	840	2,520	4,200	9,450	14,700	21,000
1935 Model 1B, Commander Eight						
2d Rds	1,800	5,400	9,000	20,250	31,500	45,000
2d Reg Rds.	1,840	5,520	9,200	20,700	32,200	46,000
2d Cpe	880	2,640	4,400	9,900	15,400	22,000
2d Reg Cpe	920	2,760	4,600	10,350	16,100	23,000
2d R/S Cpe.	880	2,640	4,400	9,900	15,400	22,000
2d Reg R/S Cpe	900	2,700	4,500	10,130	15,750	22,500
2d Reg St R	760	2,280	3,800	8,550	13,300	19,000
2d Cus St R	770	2,300	3,840	8,640	13,440	19,200
2d Reg Sed.	770	2,320	3,860	8,690	13,510	19,300
2d Cus Sed.	780	2,340	3,900	8,780	13,650	19,500
4d L Cr	920	2,760	4,600	10,350	16,100	23,000
4d Reg L Cr	960	2,880	4,800	10,800	16,800	24,000
1935 Model 1C, President Eight						
2d Rds	1,880	5,640	9,400	21,150	32,900	47,000
2d Reg Rds.	1,920	5,760	9,600	21,600	33,600	48,000
2d Cpe	1,040	3,120	5,200	11,700	18,200	26,000
2d Reg Cpe	1,080	3,240	5,400	12,150	18,900	27,000
2d R/S Cpe.	1,100	3,300	5,500	12,380	19,250	27,500
2d Reg R/S Cpe	1,120	3,360	5,600	12,600	19,600	28,000
2d Reg Sed.	840	2,520	4,200	9,450	14,700	21,000
2d Cus Sed.	880	2,640	4,400	9,900	15,400	22,000
4d L Cr	1,000	3,000	5,000	11,250	17,500	25,000
4d Reg L Cr	1,040	3,120	5,200	11,700	18,200	26,000
4d Cus Berl.	1,000	3,000	5,000	11,250	17,500	25,000

STUDEBAKER

	6	5	4	3	2	1
4d Reg Berl. 1,000		3,000	5,000	11,250	17,500	25,000

NOTE: Add 10% for 2A Dictator models.

1936 Model 3A/4A, Dictator Six

	6	5	4	3	2	1
2d Bus Cpe. 760		2,280	3,800	8,550	13,300	19,000
2d Cus Cpe. 800		2,400	4,000	9,000	14,000	20,000
2d 5P Cus Cpe. 840		2,520	4,200	9,450	14,700	21,000
2d Cus St R 1,120		3,360	5,600	12,600	19,600	28,000
4d Cr St R. 1,140		3,420	5,700	12,830	19,950	28,500
2d Cus Sed. 720		2,160	3,600	8,100	12,600	18,000
4d Cr Sed . ... .740		2,220	3,700	8,330	12,950	18,500

1936 Model 2C, President Eight

	6	5	4	3	2	1
2d Cus Cpe. 940		2,820	4,700	10,580	16,450	23,500
2d 5P Cus Cpe. 980		2,940	4,900	11,030	17,150	24,500
2d Cus St R 1,260		3,780	6,300	14,180	22,050	31,500
4d Cr St R. 1,300		3,900	6,500	14,630	22,750	32,500
4d Cus Sed. 860		2,580	4,300	9,680	15,050	21,500
4d Cr Sed 900		2,700	4,500	10,130	15,750	22,500

NOTE: Add 10% for Model 4A Dictator Six.

1937 Model 5A/6A, Dictator Six

	6	5	4	3	2	1
2d Cpe Express 1,680		5,040	8,400	18,900	29,400	42,000
2d Bus Cpe. 780		2,340	3,900	8,780	13,650	19,500
2d Cus Cpe. 1,000		3,000	5,000	11,250	17,500	25,000
2d 5P Cus Cpe. 800		2,400	4,000	9,000	14,000	20,000
2d Cus St R 1,160		3,480	5,800	13,050	20,300	29,000
4d St R Cr. 1,180		3,540	5,900	13,280	20,650	29,500
4d Cus Sed. 710		2,130	3,550	7,990	12,430	17,750
4d Cr Sed 720		2,160	3,600	8,100	12,600	18,000

1937 Model 3C, President Eight

	6	5	4	3	2	1
2d Cus Cpe. 1,020		3,060	5,100	11,480	17,850	25,500
2d 5P Cus Cpe. 1,000		3,000	5,000	11,250	17,500	25,000
2d Cus St R 1,340		4,020	6,700	15,080	23,450	33,500
4d St R Cr. 1,380		4,140	6,900	15,530	24,150	34,500
4d Cus Sed. 900		2,710	4,520	10,170	15,820	22,600
4d Cr Sed 920		2,750	4,580	10,310	16,030	22,900

NOTE: Add 10% for Dictator 6A models.

1938 Model 7A, Commander Six

	6	5	4	3	2	1
2d Cpe Exp. 1,680		5,040	8,400	18,900	29,400	42,000
2d Bus Cpe. 740		2,220	3,700	8,330	12,950	18,500
2d Cus Cpe. 780		2,340	3,900	8,780	13,650	19,500
2d Clb Sed 680		2,050	3,420	7,700	11,970	17,100
4d Cr Sed 690		2,080	3,460	7,790	12,110	17,300
4d Conv Sed. 1,440		4,320	7,200	16,200	25,200	36,000

1938 Model 8A, State Commander Six

	6	5	4	3	2	1
2d Cus Cpe. 800		2,400	4,000	9,000	14,000	20,000
2d Clb Sed 680		2,050	3,420	7,700	11,970	17,100
4d Cr Sed 690		2,080	3,460	7,790	12,110	17,300
4d Conv Sed. 1,480		4,440	7,400	16,650	25,900	37,000

1938 Model 4C, President Eight

	6	5	4	3	2	1
2d Cpe 880		2,640	4,400	9,900	15,400	22,000
2d Clb Sed 800		2,400	4,000	9,000	14,000	20,000
4d Cr Sed 820		2,460	4,100	9,230	14,350	20,500

1938 Model 4C, State President Eight

	6	5	4	3	2	1
2d Cpe 920		2,760	4,600	10,350	16,100	23,000
2d Clb Sed 810		2,440	4,060	9,140	14,210	20,300
4d Cr Sed 840		2,520	4,200	9,450	14,700	21,000
4d Conv Sed. 1,600		4,800	8,000	18,000	28,000	40,000

1939 Model G, Custom Champion Six

	6	5	4	3	2	1
2d Cpe 700		2,100	3,500	7,880	12,250	17,500
2d Clb Sed 660		1,980	3,300	7,430	11,550	16,500
4d Cr Sed 670		2,010	3,350	7,540	11,730	16,750

1939 Model G, Deluxe Champion Six

	6	5	4	3	2	1
2d Cpe 780		2,340	3,900	8,780	13,650	19,500
2d Clb Sed 690		2,080	3,460	7,790	12,110	17,300
4d Cr Sed 700		2,100	3,500	7,880	12,250	17,500

1939 Model 9A, Commander Six

	6	5	4	3	2	1
2d Cpe Express 1,680		5,040	8,400	18,900	29,400	42,000
2d Bus Cpe. 820		2,460	4,100	9,230	14,350	20,500
2d Cus Cpe. 860		2,580	4,300	9,680	15,050	21,500
2d Clb Sed 760		2,280	3,800	8,550	13,300	19,000
4d Cr Sed . ... .740		2,220	3,700	8,330	12,950	18,500
4d Conv Sed. 1,640		4,920	8,200	18,450	28,700	41,000

1939 Model 5C, State President Eight

	6	5	4	3	2	1
2d Cus Cpe. 940		2,820	4,700	10,580	16,450	23,500
2d Clb Sed 860		2,580	4,300	9,680	15,050	21,500
4d Cr Sed 880		2,640	4,400	9,900	15,400	22,000
4d Conv Sed. 1,820		5,460	9,100	20,480	31,850	45,500

1940 Champion Custom

	6	5	4	3	2	1
2d Cpe 780		2,340	3,900	8,780	13,650	19,500
2d OS Cpe 810		2,430	4,050	9,110	14,180	20,250

	6	5	4	3	2	1
2d Clb Sed 720	2,160	3,600	8,100	12,600	18,000
4d Cr Sed 740	2,220	3,700	8,330	12,950	18,500
1940 Champion Custom Deluxe						
2d Cpe 850	2,550	4,250	9,560	14,880	21,250
2d OS Cpe 880	2,640	4,400	9,900	15,400	22,000
2d Clb Sed 760	2,280	3,800	8,550	13,300	19,000
4d Cr Sed 770	2,310	3,850	8,660	13,480	19,250
1940 Champion Deluxe						
2d Cpe 880	2,640	4,400	9,900	15,400	22,000
2d OS Cpe 900	2,700	4,500	10,130	15,750	22,500
2d Clb Sed 750	2,240	3,740	8,420	13,090	18,700
4d Cr Sed 750	2,260	3,760	8,460	13,160	18,800
1940 Champion Deluxe-Tone						
2d Cpe 910	2,730	4,550	10,240	15,930	22,750
2d OS Cpe 930	2,790	4,650	10,460	16,280	23,250
2d Clb Sed 760	2,290	3,810	8,570	13,340	19,050
4d Cr Sed 770	2,300	3,830	8,620	13,410	19,150
1940 Commander						
2d Cus Cpe. 920	2,760	4,600	10,350	16,100	23,000
2d Clb Sed 740	2,230	3,720	8,370	13,020	18,600
4d Cr Sed 750	2,240	3,740	8,420	13,090	18,700
1940 Commander Deluxe-Tone						
2d Cus Cpe. 990	2,970	4,950	11,140	17,330	24,750
2d Clb Sed 800	2,400	4,000	9,000	14,000	20,000
4d Cr Sed 790	2,370	3,950	8,890	13,830	19,750
1940 State President						
2d Cpe 1,050	3,150	5,250	11,810	18,380	26,250
2d Clb Sed 870	2,610	4,350	9,790	15,230	21,750
4d Cr Sed 910	2,730	4,550	10,240	15,930	22,750
1940 President Deluxe-Tone						
2d Cpe 1,110	3,330	5,550	12,490	19,430	27,750
2d Clb Sed 900	2,690	4,490	10,100	15,720	22,450
4d Cr Sed 930	2,790	4,650	10,460	16,280	23,250
1941 Champion Custom						
2d Cpe 820	2,460	4,100	9,230	14,350	20,500
2d D D Cpe. 840	2,520	4,200	9,450	14,700	21,000
2d OS Cpe 860	2,580	4,300	9,680	15,050	21,500
2d Clb Sed 770	2,300	3,840	8,640	13,440	19,200
4d Cr Sed 770	2,320	3,860	8,690	13,510	19,300
1941 Champion Custom Deluxe						
2d Cpe 1,020	3,060	5,100	11,480	17,850	25,500
2d D D Cpe 860	2,580	4,300	9,680	15,050	21,500
2d OS Cpe 880	2,640	4,400	9,900	15,400	22,000
2d Clb Sed 770	2,320	3,860	8,690	13,510	19,300
4d Cr Sed 780	2,340	3,900	8,780	13,650	19,500
1941 Champion Deluxe Tone						
2d Cpe 870	2,610	4,350	9,790	15,230	21,750
2d D D Cpe. 830	2,490	4,150	9,340	14,530	20,750
2d OS Cpe 910	2,730	4,550	10,240	15,930	22,750
2d Clb Sed 800	2,400	4,000	9,000	14,000	20,000
4d Cr Sed 790	2,370	3,950	8,890	13,830	19,750
1941 Commander Custom						
4d Sed Cpe 1,000	3,000	5,000	11,250	17,500	25,000
2d Cr Cpe. 900	2,700	4,500	10,130	15,750	22,500
4d L Cruise 840	2,520	4,200	9,450	14,700	21,000
1941 Commander Deluxe-Tone						
4d Cr Sed 880	2,650	4,410	9,920	15,440	22,050
4d L Cruise 890	2,670	4,450	10,010	15,580	22,250
1941 Commander Skyway						
4d Sed Cpe 920	2,760	4,600	10,350	16,100	23,000
4d Cr Sed 880	2,640	4,400	9,900	15,400	22,000
4d L Cruise 900	2,700	4,500	10,130	15,750	22,500
1941 President Custom						
4d Cr Sed 940	2,820	4,700	10,580	16,450	23,500
4d L Cruise. 980	2,940	4,900	11,030	17,150	24,500
1941 President Deluxe-Tone						
4d Cr Sed 1,000	2,990	4,990	11,230	17,470	24,950
4d L Cruise. 1,040	3,110	5,190	11,680	18,170	25,950
1941 President Skyway						
2d Sed Cpe 1,140	3,420	5,700	12,830	19,950	28,500
4d Cr Sed 1,060	3,180	5,300	11,930	18,550	26,500
4d L Cruise. 1,080	3,240	5,400	12,150	18,900	27,000
1942 Champion Custom Series						
2d Cpe 700	2,100	3,500	7,880	12,250	17,500
2d D D Cpe 720	2,160	3,600	8,100	12,600	18,000
2d Clb Sed 670	2,010	3,350	7,540	11,730	16,750
4d Cr Sed 660	1,980	3,300	7,430	11,550	16,500
1942 Champion Deluxstyle Series						
2d Cpe 720	2,160	3,600	8,100	12,600	18,000

	6	5	4	3	2	1
2d D D Cpe.	740	2,220	3,700	8,330	12,950	18,500
2d Clb Sed	720	2,160	3,600	8,100	12,600	18,000
4d Cr Sed	650	1,940	3,240	7,290	11,340	16,200
1942 Commander Custom Series						
2d Sed Cpe.	740	2,220	3,700	8,330	12,950	18,500
4d Cr Sed	670	2,000	3,340	7,520	11,690	16,700
4d L Cr	670	2,020	3,360	7,560	11,760	16,800
1942 Commander Deluxstyle Series						
2d Sed Cpe.	780	2,340	3,900	8,780	13,650	19,500
4d Cr Sed	690	2,080	3,460	7,790	12,110	17,300
4d L Cr	710	2,140	3,560	8,010	12,460	17,800
1942 Commander Skyway Series						
2d Sed Cpe.	860	2,580	4,300	9,680	15,050	21,500
4d Cr Sed	750	2,260	3,760	8,460	13,160	18,800
4d L Cr	790	2,380	3,960	8,910	13,860	19,800
1942 President Custom Series						
2d Sed Cpe.	920	2,760	4,600	10,350	16,100	23,000
4d Cr Sed	850	2,560	4,260	9,590	14,910	21,300
4d L Cr	850	2,560	4,260	9,590	14,910	21,300
1942 President Deluxstyle Series						
2d Sed Cpe.	1,000	3,000	5,000	11,250	17,500	25,000
4d Cr Sed	890	2,680	4,460	10,040	15,610	22,300
4d L Cr	930	2,800	4,660	10,490	16,310	23,300
1942 President Skyway Series						
2d Sed Cpe.	980	2,940	4,900	11,030	17,150	24,500
4d Cr Sed	910	2,740	4,560	10,260	15,960	22,800
4d L Cr	910	2,740	4,560	10,260	15,960	22,800
1946 Skyway Champion, 6-cyl., 109.5" wb						
2d 3P Cpe.	680	2,040	3,400	7,650	11,900	17,000
2d 5P Cpe.	700	2,100	3,500	7,880	12,250	17,500
2d Sed	608	1,824	3,040	6,840	10,640	15,200
4d Sed	616	1,848	3,080	6,930	10,780	15,400
1947-49 Champion, 6-cyl., 112" wb						
2d 3P Cpe.	640	1,920	3,200	7,200	11,200	16,000
2d 5P Cpe Starlight	840	2,520	4,200	9,450	14,700	21,000
2d Sed	588	1,764	2,940	6,620	10,290	14,700
4d Sed	592	1,776	2,960	6,660	10,360	14,800
2d Conv	1,440	4,320	7,200	16,200	25,200	36,000
1947-49 Commander, 6-cyl., 119" wb						
2d 3P Cpe.	680	2,040	3,400	7,650	11,900	17,000
2d 5P Cpe Starlight	880	2,640	4,400	9,900	15,400	22,000
2d Sed	604	1,812	3,020	6,800	10,570	15,100
4d Sed	612	1,836	3,060	6,890	10,710	15,300
2d Conv	1,480	4,440	7,400	16,650	25,900	37,000
1947-49 Land Cruiser, 6-cyl., 123" wb						
4d Ld Crs Sed.	800	2,400	4,000	9,000	14,000	20,000
1950 Champion, 6-cyl., 113" wb						
2d 3P Cpe.	700	2,100	3,500	7,880	12,250	17,500
2d 5P Cpe Starlight	1,000	3,000	5,000	11,250	17,500	25,000
2d Sed	720	2,170	3,620	8,150	12,670	18,100
4d Sed	720	2,160	3,600	8,100	12,600	18,000
2d Conv	1,480	4,440	7,400	16,650	25,900	37,000
1950 Commander, 6-cyl., 120" - 124" wb						
2d 3P Cpe.	710	2,140	3,560	8,010	12,460	17,800
2d 5P Cpe Starlight	1,020	3,060	5,100	11,480	17,850	25,500
2d Sed	740	2,220	3,700	8,330	12,950	18,500
4d Sed	740	2,220	3,700	8,330	12,950	18,500
2d Conv	1,520	4,560	7,600	17,100	26,600	38,000
1950 Land Cruiser, 6-cyl., 124" wb						
4d Ld Crs Sed.	800	2,400	4,000	9,000	14,000	20,000
1951 Champion Custom, 6-cyl., 115" wb						
4d Sed	760	2,280	3,800	8,550	13,300	19,000
2d Sed	760	2,290	3,820	8,600	13,370	19,100
2d 5P Cpe Starlight	1,020	3,060	5,100	11,480	17,850	25,500
2d 3P Cpe.	700	2,100	3,500	7,880	12,250	17,500
1951 Champion DeLuxe, 6-cyl., 115" wb						
4d Sed	780	2,340	3,900	8,780	13,650	19,500
2d Sed	780	2,350	3,920	8,820	13,720	19,600
2d 5P Cpe Starlight	1,040	3,120	5,200	11,700	18,200	26,000
2d 3P Cpe.	720	2,160	3,600	8,100	12,600	18,000
1951 Champion Regal, 6-cyl., 115" wb						
4d Sed	790	2,360	3,940	8,870	13,790	19,700
2d Sed	790	2,380	3,960	8,910	13,860	19,800
2d 5P Cpe Starlight	1,060	3,180	5,300	11,930	18,550	26,500
2d 3P Cpe.	740	2,220	3,700	8,330	12,950	18,500
2d Conv	1,500	4,500	7,500	16,880	26,250	37,500
1951 Commander Regal, V-8, 115" wb						
4d Sed	800	2,400	4,000	9,000	14,000	20,000
2d Sed	800	2,400	4,000	9,000	14,000	20,000

	6	5	4	3	2	1
2d 5P Cpe Starlight 1,080		3,240	5,400	12,150	18,900	27,000

1951 Commander State, V-8, 115" wb

	6	5	4	3	2	1
4d Sed 810		2,430	4,050	9,110	14,180	20,250
2d Sed 810		2,440	4,070	9,160	14,250	20,350
2d 5P Cpe Starlight 1,100		3,300	5,500	12,380	19,250	27,500
2d Conv 1,600		4,800	8,000	18,000	28,000	40,000

1951 Land Cruiser, V-8, 119" wb

	6	5	4	3	2	1
4d Sed 840		2,520	4,200	9,450	14,700	21,000

1952 Champion Custom, 6-cyl., 115" wb

	6	5	4	3	2	1
4d Sed 720		2,160	3,600	8,100	12,600	18,000
2d Sed 720		2,170	3,620	8,150	12,670	18,100
2d 5P Cpe Starlight 940		2,820	4,700	10,580	16,450	23,500

1952 Champion DeLuxe, 6-cyl., 115" wb

	6	5	4	3	2	1
4d Sed 730		2,190	3,650	8,210	12,780	18,250
2d Sed 730		2,200	3,670	8,260	12,850	18,350
2d 5P Cpe Starlight 960		2,880	4,800	10,800	16,800	24,000

1952 Champion Regal, 6-cyl., 115" wb

	6	5	4	3	2	1
Sed 740		2,220	3,700	8,330	12,950	18,500
2d Sed 740		2,230	3,720	8,370	13,020	18,600
2d 5P Cpe Starlight 980		2,940	4,900	11,030	17,150	24,500
2d Star HT 1,000		3,000	5,000	11,250	17,500	25,000
2d Conv 1,480		4,440	7,400	16,650	25,900	37,000

1952 Commander Regal, V-8, 115" wb

	6	5	4	3	2	1
4d Sed 760		2,280	3,800	8,550	13,300	19,000
2d Sed 760		2,290	3,820	8,600	13,370	19,100
2d 5P Cpe Starlight 1,000		3,000	5,000	11,250	17,500	25,000

1952 Commander State, V-8, 115" wb

	6	5	4	3	2	1
4d Sed 750		2,240	3,740	8,420	13,090	18,700
2d Sed 760		2,260	3,760	8,460	13,160	18,800
2d Cpe Starlight 1,020		3,060	5,100	11,480	17,850	25,500
2d Star HT 1,040		3,120	5,200	11,700	18,200	26,000
2d Conv 1,560		4,680	7,800	17,550	27,300	39,000

1952 Land Cruiser, V-8, 119" wb

	6	5	4	3	2	1
4d Sed 800		2,400	4,000	9,000	14,000	20,000

1953-54 Champion Custom, 6-cyl., 116.5" wb

	6	5	4	3	2	1
4d Sed 740		2,220	3,700	8,330	12,950	18,500
2d Sed 740		2,230	3,720	8,370	13,020	18,600

1953-54 Champion DeLuxe, 6-cyl., 116.5" - 120.5" wb

	6	5	4	3	2	1
4d Sed 740		2,220	3,700	8,330	12,950	18,500
2d Sed 740		2,220	3,700	8,330	12,950	18,500
2d Cpe 800		2,400	4,000	9,000	14,000	20,000
2d Sta Wag 840		2,520	4,200	9,450	14,700	21,000

1953-54 Champion Regal, 6-cyl., 116.5" - 120.5" wb

	6	5	4	3	2	1
4d Sed 750		2,240	3,740	8,420	13,090	18,700
2d Sed 750		2,240	3,740	8,420	13,090	18,700
2d 5P Cpe 840		2,520	4,200	9,450	14,700	21,000
2d HT 1,000		3,000	5,000	11,250	17,500	25,000
2d Sta Wag (1954 only) 860		2,580	4,300	9,680	15,050	21,500

1953-54 Commander DeLuxe, V-8, 116.5" - 120.5" wb

	6	5	4	3	2	1
4d Sed 760		2,280	3,800	8,550	13,300	19,000
2d Sed 760		2,280	3,800	8,550	13,300	19,000
2d Cpe 920		2,760	4,600	10,350	16,100	23,000
Sta Wag (1954 only) 880		2,640	4,400	9,900	15,400	22,000

1953-54 Commander Regal, V-8, 116.5" - 120.5" wb

	6	5	4	3	2	1
4d Sed 770		2,310	3,850	8,660	13,480	19,250
2d Cpe 770		2,310	3,850	8,660	13,480	19,250
2d HT 1,120		3,360	5,600	12,600	19,600	28,000
2d Sta Wag (1954 only) 920		2,760	4,600	10,350	16,100	23,000

1953-54 Land Cruiser, V-8, 120.5" wb

	6	5	4	3	2	1
4d Sed 780		2,340	3,900	8,780	13,650	19,500
4d Reg Sed (1954 only) 780		2,340	3,900	8,780	13,650	19,500

1955 Champion Custom, 6-cyl., 116.5" wb

	6	5	4	3	2	1
4d Sed 700		2,100	3,500	7,880	12,250	17,500
2d Sed 700		2,100	3,500	7,880	12,250	17,500

1955 Champion DeLuxe, 6-cyl., 116.5" - 120.5" wb

	6	5	4	3	2	1
4d Sed 700		2,100	3,500	7,880	12,250	17,500
2d Sed 700		2,100	3,500	7,880	12,250	17,500
2d Cpe 960		2,880	4,800	10,800	16,800	24,000

1955 Champion Regal, 6-cyl., 116.5" - 120.5" wb

	6	5	4	3	2	1
4d Sed 710		2,140	3,570	8,030	12,500	17,850
2d Cpe 710		2,130	3,550	7,990	12,430	17,750
2d HT 1,080		3,240	5,400	12,150	18,900	27,000
2d Sta Wag 960		2,880	4,800	10,800	16,800	24,000

1955 Commander Custom, V-8, 116.5" wb

	6	5	4	3	2	1
4d Sed 720		2,160	3,600	8,100	12,600	18,000
2d Sed 720		2,170	3,620	8,150	12,670	18,100

1955 Commander DeLuxe, V-8, 116.5" - 120.5" wb

	6	5	4	3	2	1
4d Sed 740		2,220	3,700	8,330	12,950	18,500
2d Sed 744		2,232	3,720	8,370	13,020	18,600

STUDEBAKER

	6	5	4	3	2	1
2d Cpe	1,120	3,360	5,600	12,600	19,600	28,000
Sta Wag	840	2,520	4,200	9,450	14,700	21,000
1955 Commander Regal, V-8, 116.5" - 120.5" wb						
4d Sed	760	2,280	3,800	8,550	13,300	19,000
2d Cpe	760	2,290	3,820	8,600	13,370	19,100
2d HT	1,110	3,330	5,550	12,490	19,430	27,750
2d Sta Wag	880	2,640	4,400	9,900	15,400	22,000
1955 President DeLuxe, V-8, 120.5" wb						
4d Sed	780	2,340	3,900	8,780	13,650	19,500
1955 President State, V-8, 120.5" wb						
4d Sed	800	2,400	4,000	9,000	14,000	20,000
2d Cpe	800	2,410	4,020	9,050	14,070	20,100
2d HT	1,200	3,600	6,000	13,500	21,000	30,000
2d Spds HT	1,540	4,620	7,700	17,330	26,950	38,500
NOTE: Deduct $200 for Champion models in all series.						
1956 Champion, 6-cyl., 116.5" wb						
4d Sed	600	1,800	3,000	6,750	10,500	15,000
2d Sed	604	1,812	3,020	6,800	10,570	15,100
1956 Flight Hawk, 6-cyl., 120.5" wb						
2d Cpe	840	2,520	4,200	9,450	14,700	21,000
1956 Champion Pelham, 6-cyl., 116.5" wb						
Sta Wag	860	2,580	4,300	9,680	15,050	21,500
1956 Commander, V-8, 116.5" wb						
4d Sed	620	1,860	3,100	6,980	10,850	15,500
2d Sed	624	1,872	3,120	7,020	10,920	15,600
1956 Power Hawk, V-8, 120.5" wb						
2d Cpe	900	2,700	4,500	10,130	15,750	22,500
1956 Commander Parkview, V-8, 116.5" wb						
2d Sta Wag	880	2,640	4,400	9,900	15,400	22,000
1956 President, V-8, 116.5" wb						
4d Sed	860	2,580	4,300	9,680	15,050	21,500
4d Classic	880	2,640	4,400	9,900	15,400	22,000
2d Sed	864	2,592	4,320	9,720	15,120	21,600
1956 Sky Hawk, V-8, 120.5" wb						
2d HT	1,000	3,000	5,000	11,250	17,500	25,000
1956 President Pinehurst, V-8, 116.5" wb						
4d Sta Wag	900	2,700	4,500	10,130	15,750	22,500
1956 Golden Hawk, V-8, 120.5" wb						
2d HT	1,920	5,760	9,600	21,600	33,600	48,000
1957 Champion Scotsman, 6-cyl., 116.5" wb						
4d Sed	560	1,680	2,800	6,300	9,800	14,000
2d Sed	564	1,692	2,820	6,350	9,870	14,100
2d Sta Wag	720	2,160	3,600	8,100	12,600	18,000
1957 Champion Custom, 6-cyl., 116.5" wb						
4d Sed	600	1,800	3,000	6,750	10,500	15,000
2d Clb Sed	604	1,812	3,020	6,800	10,570	15,100
1957 Champion DeLuxe, 6-cyl., 116.5" wb						
4d Sed	620	1,860	3,100	6,980	10,850	15,500
2d Clb Sed	624	1,872	3,120	7,020	10,920	15,600
1957 Silver Hawk, 6-cyl., 120.5" wb						
2d Cpe	1,000	3,000	5,000	11,250	17,500	25,000
1957 Champion Pelham, 6-cyl., 116.5" wb						
Sta Wag	860	2,580	4,300	9,680	15,050	21,500
1957 Commander Custom, V-8, 116.5" wb						
4d Sed	600	1,800	3,000	6,750	10,500	15,000
2d Clb Sed	604	1,812	3,020	6,800	10,570	15,100
1957 Commander DeLuxe, V-8, 116.5" wb						
4d Sed	620	1,860	3,100	6,980	10,850	15,500
2d Clb Sed	624	1,872	3,120	7,020	10,920	15,600
1957 Commander Station Wagons, V-8, 116.5" wb						
4d Park	880	2,640	4,400	9,900	15,400	22,000
4d Prov	900	2,700	4,500	10,130	15,750	22,500
1957 President, V-8, 116.5" wb						
4d Sed	680	2,040	3,400	7,650	11,900	17,000
4d Classic	700	2,100	3,500	7,880	12,250	17,500
2d Clb Sed	684	2,052	3,420	7,700	11,970	17,100
1957 Silver Hawk, V-8, 120.5" wb						
2d Cpe	1,120	3,360	5,600	12,600	19,600	28,000
1957 President Broadmoor, V-8, 116.5" wb						
4d Sta Wag	900	2,700	4,500	10,130	15,750	22,500
1957 Golden Hawk, V-8, 120.5" wb						
2d Spt HT	1,920	5,760	9,600	21,600	33,600	48,000
1958 Champion Scotsman, 6-cyl., 116.5" wb						
4d Sed	388	1,164	1,940	4,370	6,790	9,700
2d Sed	384	1,152	1,920	4,320	6,720	9,600
4d Sta Wag	480	1,440	2,400	5,400	8,400	12,000
1958 Champion, 6-cyl., 116.5" wb						
4d Sed	392	1,176	1,960	4,410	6,860	9,800

	6	5	4	3	2	1
2d Sed	388	1,164	1,940	4,370	6,790	9,700
1958 Silver Hawk, 6-cyl., 120.5" wb						
2d Cpe	1,000	3,000	5,000	11,250	17,500	25,000
1958 Commander, V-8, 116.5" wb						
4d Sed	520	1,560	2,600	5,850	9,100	13,000
2d HT	580	1,740	2,900	6,530	10,150	14,500
4d Sta Wag	540	1,620	2,700	6,080	9,450	13,500
1958 President, V-8, 120.5" & 116.5" wb						
4d Sed	560	1,680	2,800	6,300	9,800	14,000
2d HT	720	2,160	3,600	8,100	12,600	18,000
1958 Silver Hawk, V-8, 120.5" wb						
2d Cpe	1,080	3,240	5,400	12,150	18,900	27,000
1958 Golden Hawk, V-8, 120.5" wb						
2d Spt HT	1,880	5,640	9,400	21,150	32,900	47,000
1959-60 Lark DeLuxe, V-8, 108.5" wb						
4d Sed	480	1,450	2,420	5,430	8,450	12,075
2d Sed	480	1,450	2,420	5,430	8,450	12,075
4d Sta Wag (1960 only)	550	1,660	2,760	6,210	9,660	13,800
2d Sta Wag	510	1,520	2,530	5,690	8,860	12,650
1959-60 Lark Regal, V-8, 108.5" wb						
4d Sed	510	1,520	2,530	5,690	8,860	12,650
2d HT	710	2,140	3,570	8,020	12,480	17,825
2d Conv (1960 only)	920	2,760	4,600	10,350	16,100	23,000
4d Sta Wag	530	1,590	2,650	5,950	9,260	13,225
NOTE: Deduct 5% for 6-cyl. models.						
1959-60 Hawk, V-8, 120.5" wb						
2d Spt Cpe	1,000	3,000	5,000	11,250	17,500	25,000
1961 Lark DeLuxe, V-8, 108.5" wb						
4d Sed	440	1,320	2,200	4,950	7,700	11,000
2d Sed	460	1,380	2,300	5,180	8,050	11,500
1961 Lark Regal, V-8, 108.5" wb						
4d Sed	510	1,520	2,530	5,690	8,860	12,650
2d HT	690	2,070	3,450	7,700	12,000	17,250
2d Conv	920	2,760	4,600	10,350	16,100	23,000
1961 Lark Cruiser, V-8, 113" wb						
4d Sed	470	1,410	2,350	5,280	8,210	11,730
1961 Station Wagons, V-8, 113" wb						
4d DeL	530	1,590	2,650	5,950	9,260	13,225
2d	530	1,590	2,650	5,950	9,260	13,225
4d Reg	530	1,600	2,670	6,000	9,340	13,340
1961 Hawk, 8-cyl., 120.5" wb						
2d Spt Cpe	1,000	3,000	5,000	11,250	17,500	25,000
NOTE: First year for 4-speed Hawks, add 5%. Deduct 5% for 6-cyl; 5% for 1959 Hawk with 6-cyl.						
1962 Lark DeLuxe, V-8, 109" - 113" wb						
4d Sed	510	1,520	2,530	5,690	8,860	12,650
2d Sed	460	1,380	2,300	5,180	8,050	11,500
4d Sta Wag	530	1,590	2,650	5,950	9,260	13,225
1962 Lark Regal, V-8, 109" - 113" wb						
4d Sed	510	1,520	2,530	5,690	8,860	12,650
2d HT	690	2,070	3,450	7,760	12,080	17,250
2d Conv	920	2,760	4,600	10,350	16,100	23,000
4d Sta Wag	530	1,600	2,670	6,010	9,350	13,350
1962 Lark Daytona, V-8, 109" wb						
2d HT	670	2,000	3,340	7,500	11,670	16,675
2d Conv	1,240	3,730	6,210	13,970	21,740	31,050
1962 Lark Cruiser, V-8, 113" wb						
4d Sed	640	1,930	3,220	7,250	11,270	16,100
1962 Gran Turismo Hawk, V-8, 120.5" wb						
2d HT	1,300	3,900	6,500	14,630	22,750	32,500
NOTE: Add 5% for 4-speed. Deduct 5% for 6-cyl.						
1963 Lark Standard, V-8, 109" - 113" wb						
4d Sed	460	1,380	2,300	5,180	8,050	11,500
2d Sed	460	1,380	2,300	5,180	8,050	11,500
4d Wagonaire Sta Wag	780	2,340	3,900	8,780	13,650	19,500
1963 Lark Regal, V-8, 109" - 113" wb						
4d Sed	510	1,520	2,530	5,690	8,860	12,650
2d Sed	510	1,520	2,530	5,690	8,860	12,650
4d Wagonaire Sta Wag	780	2,340	3,900	8,780	13,650	19,500
1963 Lark Custom, V-8, 109" - 113" wb						
4d Sed	440	1,330	2,220	5,000	7,770	11,100
2d Sed	440	1,330	2,220	5,000	7,770	11,100
1963 Lark Daytona, V-8, 109" - 113" wb						
2d HT	670	2,000	3,340	7,500	11,670	16,675
2d Conv	1,240	3,730	6,210	13,970	21,740	31,050
4d Wagonaire Sta Wag	770	2,320	3,860	8,690	13,510	19,300
1963 Cruiser, V-8, 113" wb						
4d Sed	650	1,950	3,250	7,300	11,360	16,225

	6	5	4	3	2	1

STUDEBAKER

1963 Gran Turismo Hawk, V-8, 120.5" wb

	6	5	4	3	2	1
2d HT	1,300	3,900	6,500	14,630	22,750	32,500

NOTE: Add 25% for R1 engine option; 60% for R2 engine option; Due to rarity, R3 engine option inestimable. Deduct 20% without sliding roof; 5% for 6-cyl.

1964 Challenger, V-8, 109" - 113" wb

4d Sed	440	1,320	2,200	4,950	7,700	11,000
2d Sed	440	1,320	2,200	4,950	7,700	11,000
4d Wagonaire Sta Wag.................	770	2,320	3,860	8,690	13,510	19,300

1964 Commander, V-8, 109" - 113" wb

4d Sed	460	1,390	2,310	5,200	8,090	11,550
2d Sed	460	1,380	2,300	5,180	8,050	11,500
4d Wagonaire Sta Wag..................	740	2,220	3,700	8,330	12,950	18,500

1964 Daytona, V-8, 109" - 113" wb

4d Sed	470	1,420	2,370	5,320	8,280	11,825
2d HT	650	1,940	3,230	7,280	11,320	16,170
2d Conv	1,200	3,600	6,000	13,500	21,000	30,000
4d Wagonaire Sta Wag..................	750	2,250	3,750	8,440	13,130	18,750

1964 Cruiser, V-8, 113" wb

4d Sed	640	1,920	3,200	7,200	11,200	16,000

1964 Gran Turismo Hawk, V-8, 120.5" wb

2d HT	1,300	3,900	6,500	14,630	22,750	32,500

NOTE: Add 25% for R1 engine option; 60% for R2 engine option; Due to rarity, R3 engine option inestimable. Deduct 5% for 6-cyl.

1965 Commander, V-8, 109" - 113" wb

4d Sed	440	1,320	2,200	4,950	7,700	11,000
2d Sed	440	1,320	2,200	4,950	7,700	11,000
4d Wagonaire Sta Wag..................	770	2,320	3,860	8,690	13,510	19,300

1965 Daytona, V-8, 109" - 113" wb

4d Spt Sed	470	1,420	2,370	5,320	8,280	11,825
4d Wagonaire Sta Wag..................	740	2,220	3,700	8,330	12,950	18,500
2d Spt Sed	460	1,390	2,310	5,200	8,090	11,550

1965 Cruiser, V-8, 113" wb

4d Sed	640	1,920	3,200	7,200	11,200	16,000

NOTE: Deduct 10% for 6-cyl. models.

1966 Commander, V-8, 109" wb

4d Sed	440	1,320	2,200	4,950	7,700	11,000
2d Sed	440	1,320	2,200	4,950	7,700	11,000

1966 Daytona, V-8, 109" - 113" wb

2d Spt Sed	460	1,390	2,310	5,200	8,090	11,550

1966 Cruiser, V-8, 113" wb

4d Sed	640	1,920	3,200	7,200	11,200	16,000

1966 Wagonaire, V-8, 113" wb

4d Sta Wag.................................	740	2,220	3,700	8,330	12,950	18,500

AVANTI

1963 Avanti, V-8, 109" wb

2d Spt Cpe	2,000	6,000	10,000	22,500	35,000	50,000

1964 Avanti, V-8, 109" wb

2d Spt Cpe	2,000	6,000	10,000	22,500	35,000	50,000

NOTE: Add 40% for R2 engine option; 50% for R4 engine option; 60% for R3 engine option.

AVANTI II

Avanti II, V-8, 109" wb

1965 2d Spt Cpe............................	1,160	3,480	5,800	13,050	20,300	29,000

NOTE: Five (5) prototypes made.

1966 2d Spt Cpe............................	1,400	4,200	7,000	15,750	24,500	35,000
1967 2d Spt Cpe............................	1,400	4,200	7,000	15,750	24,500	35,000
1968 2d Spt Cpe............................	1,400	4,200	7,000	15,750	24,500	35,000
1969 2d Spt Cpe............................	1,400	4,200	7,000	15,750	24,500	35,000
1970 2d Spt Cpe............................	1,400	4,200	7,000	15,750	24,500	35,000
1971 2d Spt Cpe............................	1,400	4,200	7,000	15,750	24,500	35,000
1972 2d Spt Cpe............................	1,400	4,200	7,000	15,750	24,500	35,000
1973 2d Spt Cpe............................	1,400	4,200	7,000	15,750	24,500	35,000
1974 2d Spt Cpe............................	1,400	4,200	7,000	15,750	24,500	35,000
1975 2d Spt Cpe............................	1,400	4,200	7,000	15,750	24,500	35,000
1976 2d Spt Cpe............................	1,400	4,200	7,000	15,750	24,500	35,000

NOTE: Add 5% for leather upholstery; 5% for sunroof; 6% for wire wheels.

1977 2d Spt Cpe............................	1,400	4,200	7,000	15,750	24,500	35,000
1978 2d Spt Cpe............................	1,400	4,200	7,000	15,750	24,500	35,000
1979 2d Spt Cpe............................	1,400	4,200	7,000	15,750	24,500	35,000
1980 2d Spt Cpe............................	1,400	4,200	7,000	15,750	24,500	35,000
1981 2d Spt Cpe............................	1,400	4,200	7,000	15,750	24,500	35,000
1982 2d Spt Cpe............................	1,400	4,200	7,000	15,750	24,500	35,000
1983 2d Spt Cpe............................	1,400	4,200	7,000	15,750	24,500	35,000
1984 2d Spt Cpe............................	1,400	4,200	7,000	15,750	24,500	35,000
1985 2d Spt Cpe............................	1,400	4,200	7,000	15,750	24,500	35,000

NOTE: No Avanti II models manufactured in 1986.

1987 2d Spt Cpe............................	1,400	4,200	7,000	15,750	24,500	35,000
1987 2d Conv	1,600	4,800	8,000	18,000	28,000	40,000
1988 2d Spt Cpe............................	1,400	4,200	7,000	15,750	24,500	35,000

	6	5	4	3	2	1
1988 2d Conv	1,600	4,800	8,000	18,000	28,000	40,000
1989 2d Spt Cpe	1,400	4,200	7,000	15,750	24,500	35,000
1989 2d Conv	1,600	4,800	8,000	18,000	28,000	40,000
1990 4d Sed	1,400	4,200	7,000	15,750	24,500	35,000
1991 2d Conv	1,600	4,800	8,000	18,000	28,000	40,000

STUTZ

1912 Series A, 4-cyl., 50 hp, 120" wb

	6	5	4	3	2	1
2P Rds	5,760	17,280	28,800	64,800	100,800	144,000
4P Toy Tonn	6,000	18,000	30,000	67,500	105,000	150,000
5P Tr	6,000	18,000	30,000	67,500	105,000	150,000
2P Bearcat	12,800	38,400	64,000	144,000	224,000	320,000
4P Cpe	4,800	14,400	24,000	54,000	84,000	120,000

1912 Series A, 6-cyl., 60 hp, 124" wb Touring - 6P (130" wb)

	6	5	4	3	2	1
6P Tr	5,880	17,640	29,400	66,150	102,900	147,000
4P Toy Tonn	6,600	19,800	33,000	74,250	115,500	165,000
2P Bearcat	14,600	43,800	73,000	164,250	255,500	365,000

1913 Series B, 4-cyl., 50 hp, 120" wb

	6	5	4	3	2	1
2P Rds	5,760	17,280	28,800	64,800	100,800	144,000
4P Toy Tonn	6,000	18,000	30,000	67,500	105,000	150,000
4P Tr (124" wb)	6,400	19,200	32,000	72,000	112,000	160,000
2P Bearcat	12,800	38,400	64,000	144,000	224,000	320,000
6P Tr (124" wb)	6,400	19,200	32,000	72,000	112,000	160,000

1913 Series B, 6-cyl., 60 hp, 124" wb

	6	5	4	3	2	1
2P Bearcat	14,600	43,800	73,000	164,250	255,500	365,000
4P Toy Tonn	7,400	22,200	37,000	83,250	129,500	185,000
6P Tr (130" wb)	7,800	23,400	39,000	87,750	136,500	195,000

1914 Model 4E, 4-cyl., 50 hp, 120" wb

	6	5	4	3	2	1
2P Rds	5,760	17,280	28,800	64,800	100,800	144,000
Bearcat	12,000	36,000	60,000	135,000	210,000	300,000
5P Tr	6,400	19,200	32,000	72,000	112,000	160,000

1914 Model 6E, 6-cyl., 55 hp, 130" wb

	6	5	4	3	2	1
2P Rds	6,200	18,600	31,000	69,750	108,500	155,000
6P Tr	7,400	22,200	37,000	83,250	129,500	185,000

1915 Model H.C.S., 4-cyl., 23 hp, 108" wb

	6	5	4	3	2	1
2P Rds	3,200	9,600	16,000	36,000	56,000	80,000

1915 Model 4F, 4-cyl., 36.1 hp, 120" wb

	6	5	4	3	2	1
2P Rds	5,600	16,800	28,000	63,000	98,000	140,000
Bearcat	12,000	36,000	60,000	135,000	210,000	300,000
Cpe	4,400	13,200	22,000	49,500	77,000	110,000
Bulldog	5,600	16,800	28,000	63,000	98,000	140,000
5P Tr	5,800	17,400	29,000	65,250	101,500	145,000
5P Sed	4,000	12,000	20,000	45,000	70,000	100,000

1915 Model 6F, 6-cyl., 38.4 hp, 130" wb

	6	5	4	3	2	1
2P Rds	5,600	16,800	28,000	63,000	98,000	140,000
Bearcat	13,200	39,600	66,000	148,500	231,000	330,000
Cpe	4,800	14,400	24,000	54,000	84,000	120,000
5P Tr	5,800	17,400	29,000	65,250	101,500	145,000
6P Tr	6,000	18,000	30,000	67,500	105,000	150,000
5P Sed	4,400	13,200	22,000	49,500	77,000	110,000

1916 Model C, 4-cyl., 36.1 hp, 120" wb

	6	5	4	3	2	1
2P Rds	4,800	14,400	24,000	54,000	84,000	120,000
Bearcat	12,000	36,000	60,000	135,000	210,000	300,000
Bulldog	5,600	16,800	28,000	63,000	98,000	140,000
Sed	4,000	12,000	20,000	45,000	70,000	100,000

1916 Bulldog Special, 4-cyl., 36.1 hp, 130" wb

	6	5	4	3	2	1
4P Tr	5,600	16,800	28,000	63,000	98,000	140,000
5P Tr	5,720	17,160	28,600	64,350	100,100	143,000

1917 Series R, 4-cyl., 80 hp, 130" wb

	6	5	4	3	2	1
2P Rds	5,400	16,200	27,000	60,750	94,500	135,000
4P Bulldog Spl	5,600	16,800	28,000	63,000	98,000	140,000
6P Bulldog Spl	6,000	18,000	30,000	67,500	105,000	150,000
Bearcat (120" wb)	12,000	36,000	60,000	135,000	210,000	300,000

1918 Series S, 4-cyl., 80 hp, 130" wb

	6	5	4	3	2	1
2P Rds	5,400	16,200	27,000	60,750	94,500	135,000
4P Bulldog Spl	5,600	16,800	28,000	63,000	98,000	140,000
6P Bulldog Spl	6,000	18,000	30,000	67,500	105,000	150,000
Bearcat (120" wb)	12,000	36,000	60,000	135,000	210,000	300,000

1919 Series G, 4-cyl., 80 hp, 130" wb

	6	5	4	3	2	1
6P Tr	6,000	18,000	30,000	67,500	105,000	150,000
2P Rds	5,400	16,200	27,000	60,750	94,500	135,000
4P C.C. Tr	5,520	16,560	27,600	62,100	96,600	138,000
Bearcat (120" wb)	12,000	36,000	60,000	135,000	210,000	300,000

1920 Series H, 4-cyl., 80 hp, 130" wb

	6	5	4	3	2	1
2P Bearcat (120" wb)	12,000	36,000	60,000	135,000	210,000	300,000
2P Rds	5,400	16,200	27,000	60,750	94,500	135,000
4P/5P Tr	5,600	16,800	28,000	63,000	98,000	140,000
6P/7P Tr	6,000	18,000	30,000	67,500	105,000	150,000

STUTZ

	6	5	4	3	2	1
1921 Series K, 4-cyl., 80 hp, 130" wb						
2P Bearcat (120" wb)	12,000	36,000	60,000	135,000	210,000	300,000
2P Rds	5,400	16,200	27,000	60,750	94,500	135,000
4P Tr	5,600	16,800	28,000	63,000	98,000	140,000
6P Tr	6,000	18,000	30,000	67,500	105,000	150,000
4P Cpe	4,400	13,200	22,000	49,500	77,000	110,000
1922 Series K, 4-cyl., 80 hp, 130" wb						
3P Cpe	4,400	13,200	22,000	49,500	77,000	110,000
2P Rds	5,600	16,800	28,000	63,000	98,000	140,000
Bearcat (120" wb)	12,000	36,000	60,000	135,000	210,000	300,000
6P Tr	6,000	18,000	30,000	67,500	105,000	150,000
4P Spt	6,600	19,800	33,000	74,250	115,500	165,000
1923 Special Six, 70 hp, 120" wb						
5P Sed	4,400	13,200	22,000	49,500	77,000	110,000
5P Tr	5,600	16,800	28,000	63,000	98,000	140,000
Rds	5,200	15,600	26,000	58,500	91,000	130,000
1923 Speedway Four, 88 hp, 130" wb						
6P Tr	6,600	19,800	33,000	74,250	115,500	165,000
Sportster	7,600	22,800	38,000	85,500	133,000	190,000
4P Cpe	4,400	13,200	22,000	49,500	77,000	110,000
Sportsedan	4,600	13,800	23,000	51,750	80,500	115,000
Rds	5,920	17,760	29,600	66,600	103,600	148,000
Bearcat	12,800	38,400	64,000	144,000	224,000	320,000
Calif Tr	6,800	20,400	34,000	76,500	119,000	170,000
Calif Sptstr	8,000	24,000	40,000	90,000	140,000	200,000
1924 Special Six, 70 hp, 120" wb						
5P Phae	6,000	18,000	30,000	67,500	105,000	150,000
Tourabout	5,600	16,800	28,000	63,000	98,000	140,000
2P Rds	5,400	16,200	27,000	60,750	94,500	135,000
Palanquin	4,400	13,200	22,000	49,500	77,000	110,000
5P Sed	4,000	12,000	20,000	45,000	70,000	100,000
1924 Speedway Four, 4-cyl., 88 hp, 130" wb						
2P Rds	5,920	17,760	29,600	66,600	103,600	148,000
2P Bearcat	12,800	38,400	64,000	144,000	224,000	320,000
6P Tr	5,600	16,800	28,000	63,000	98,000	140,000
4P Cpe	4,400	13,200	22,000	49,500	77,000	110,000
1925 Models 693-694, 6-cyl., 70 hp, 120" wb						
5P Phae	6,000	18,000	30,000	67,500	105,000	150,000
5P Tourabout	5,600	16,800	28,000	63,000	98,000	140,000
2P Rds	5,400	16,200	27,000	60,750	94,500	135,000
4P Cpe	4,200	12,600	21,000	47,250	73,500	105,000
5P Sed	4,000	12,000	20,000	45,000	70,000	100,000
1925 Model 695, 6-cyl., 80 hp, 130" wb						
7P Tourster	5,760	17,280	28,800	64,800	100,800	144,000
5P Sportster	7,600	22,800	38,000	85,500	133,000	190,000
7P Sub	4,600	13,800	23,000	51,750	80,500	115,000
Sportbrohm	4,800	14,400	24,000	54,000	84,000	120,000
7P Berline	4,400	13,200	22,000	49,500	77,000	110,000
1926 Vertical Eight, AA, 92 hp, 131" wb						
4P Spds	13,200	39,600	66,000	148,500	231,000	330,000
5P Spds	13,400	40,200	67,000	150,750	234,500	335,000
4P Vic Cpe	4,800	14,400	24,000	54,000	84,000	120,000
5P Brgm	4,800	14,400	24,000	54,000	84,000	120,000
5P Sed	4,000	12,000	20,000	45,000	70,000	100,000
Rds	6,600	19,800	33,000	82,500	115,500	165,000
1927 Vertical Eight, AA, 92 hp, 131" wb						
4P Spds	13,200	39,600	66,000	148,500	231,000	330,000
5P Spds	17,000	51,000	85,000	191,250	297,500	425,000
2P Cpe	4,800	14,400	24,000	54,000	84,000	120,000
4P Cpe	5,000	15,000	25,000	56,250	87,500	125,000
5P Brgm	4,800	14,400	24,000	54,000	84,000	120,000
5P Sed	4,000	12,000	20,000	45,000	70,000	100,000
7P Berline	4,200	12,600	21,000	47,250	73,500	105,000
7P Sed	4,400	13,200	22,000	49,500	77,000	110,000
1928 Series BB, 8-cyl., 115 hp, 131 & 135" wb						
2P Spds	13,600	40,800	68,000	153,000	238,000	340,000
4P Spds	13,200	39,600	66,000	148,500	231,000	330,000
5P Spds	13,400	40,200	67,000	150,750	234,500	335,000
7P Spds	13,480	40,440	67,400	151,650	235,900	337,000
2P Black Hawk Spds	12,800	38,400	64,000	144,000	224,000	320,000
4P Black Hawk Spds	12,720	38,160	63,600	143,100	222,600	318,000
4P Vic Cpe	5,200	15,600	26,000	58,500	91,000	130,000
2P Cpe	5,000	15,000	25,000	56,250	87,500	125,000
5P Sed	4,200	12,600	21,000	47,250	73,500	105,000
5P Brgm	4,400	13,200	22,000	49,500	77,000	110,000
2P Cabr Cpe	8,400	25,200	42,000	94,500	147,000	210,000
7P Sed	4,880	14,640	24,400	54,900	85,400	122,000
7P Sed Limo	4,600	13,800	23,000	51,750	80,500	115,000
4P Deauville	5,000	15,000	25,000	56,250	87,500	125,000

	6	5	4	3	2	1
5P Chantilly Sed.	5,080	15,240	25,400	57,150	88,900	127,000
4P Monaco Cpe	5,200	15,600	26,000	58,500	91,000	130,000
5P Riv Sed	5,280	15,840	26,400	59,400	92,400	132,000
7P Biarritz Sed	5,400	16,200	27,000	60,750	94,500	135,000
5P Chamonix Sed.	5,440	16,320	27,200	61,200	95,200	136,000
7P Fontainbleau	5,480	16,440	27,400	61,650	95,900	137,000
5P Aix Les Bains.	5,440	16,320	27,200	61,200	95,200	136,000
7P Versailles	5,480	16,440	27,400	61,650	95,900	137,000
5P Prince of Wales	5,440	16,320	27,200	61,200	95,200	136,000
8P Prince of Wales	5,600	16,800	28,000	63,000	98,000	140,000
Transformable Twn Car	6,000	18,000	30,000	67,500	105,000	150,000
1929 Model M, 8-cyl., 115 hp, 134-1/2" wb						
4P Spds	13,440	40,320	67,200	151,200	235,200	336,000
7P Spds	13,720	41,160	68,600	154,350	240,100	343,000
2P Speed Car	13,840	41,520	69,200	155,700	242,200	346,000
5P Cpe	5,240	15,720	26,200	58,950	91,700	131,000
4P Cpe	5,440	16,320	27,200	61,200	95,200	136,000
2P Cabr	8,640	25,920	43,200	97,200	151,200	216,000
5P Sed	5,040	15,120	25,200	56,700	88,200	126,000
7P Sed	5,120	15,360	25,600	57,600	89,600	128,000
5P Chantilly Sed.	5,320	15,960	26,600	59,850	93,100	133,000
5P Monaco Cpe	5,440	16,320	27,200	61,200	95,200	136,000
5P Deauville	5,240	15,720	26,200	58,950	91,700	131,000
7P Limo	4,840	14,520	24,200	54,450	84,700	121,000
2P Cabr	9,040	27,120	45,200	101,700	158,200	226,000
5P Biarritz.	5,640	16,920	28,200	63,450	98,700	141,000
7P Fontainbleau	5,720	17,160	28,600	64,350	100,100	143,000
7P Aix Les Bains.	5,680	17,040	28,400	63,900	99,400	142,000
5P Limo	4,720	14,160	23,600	53,100	82,600	118,000
6P Brgm	4,240	12,720	21,200	47,700	74,200	106,000
Brgm Limo	4,840	14,520	24,200	54,450	84,700	121,000
6P Sed	4,480	13,440	22,400	50,400	78,400	112,000
6P Sed Limo	4,800	14,400	24,000	54,000	84,000	120,000
7P Sed Limo	4,840	14,520	24,200	54,450	84,700	121,000
5P Transformable Cabr	6,240	18,720	31,200	70,200	109,200	156,000
7P Trans Twn Car	6,440	19,320	32,200	72,450	112,700	161,000
5P Trans Twn Car	6,320	18,960	31,600	71,100	110,600	158,000
1929 Model M, 8-cyl., 115 hp, 145" wb						
4P Spds	14,280	42,840	71,400	160,650	249,900	357,000
7P Spds	14,680	44,040	73,400	165,150	256,900	367,000
5P Sed	5,680	17,040	28,400	63,900	99,400	142,000
7P Sed	5,880	17,640	29,400	66,150	102,900	147,000
7P Limo	6,280	18,840	31,400	70,650	109,900	157,000
Cabr	6,880	20,640	34,400	77,400	120,400	172,000
Chaumont	6,680	20,040	33,400	75,150	116,900	167,000
Monte Carlo, by Weymann	15,480	46,440	77,400	174,150	270,900	387,000
5P Limo	5,880	17,640	29,400	66,150	102,900	147,000
Brgm	6,280	18,840	31,400	70,650	109,900	157,000
Brgm Limo	6,480	19,440	32,400	72,900	113,400	162,000
6P Sed	4,800	14,400	24,000	54,000	84,000	120,000
6P Sed Limo	6,480	19,440	32,400	72,900	113,400	162,000
7P Sed Limo	6,520	19,560	32,600	73,350	114,100	163,000
Transformable Cabr	6,680	20,040	33,400	75,150	116,900	167,000
Transformable Twn Car	6,600	19,800	33,000	74,250	115,500	165,000
Transformable Tr Cabr	6,680	20,040	33,400	75,150	116,900	167,000
1930 Model MA, 8-cyl., 115 hp, 134-1/2" wb						
2P Spds	13,440	40,320	67,200	151,200	235,200	336,000
4P Spds	13,720	41,160	68,600	154,350	240,100	343,000
2P Cpe	5,240	15,720	26,200	58,950	91,700	131,000
5P Cpe	5,040	15,120	25,200	56,700	88,200	126,000
Sed	5,240	15,720	26,200	58,950	91,700	131,000
Cabr	8,640	25,920	43,200	97,200	151,200	216,000
Longchamps	5,320	15,960	26,600	59,850	93,100	133,000
Versailles	5,440	16,320	27,200	61,200	95,200	136,000
Torpedo	8,240	24,720	41,200	92,700	144,200	206,000
Weymann Monte Carlo	15,840	47,520	79,200	178,200	277,200	396,000
1930 Model MB, 8-cyl., 115 hp, 145" wb						
4P Spds	14,280	42,840	71,400	160,650	249,900	357,000
7P Spds	14,680	44,040	73,400	165,150	256,900	367,000
5P Sed	5,680	17,040	28,400	63,900	99,400	142,000
7P Sed	5,880	17,640	29,400	66,150	102,900	147,000
7P Limo	6,280	18,840	31,400	70,650	109,900	157,000
Cabr	6,880	20,640	34,400	77,400	120,400	172,000
Chaumont	6,680	20,040	33,400	75,150	116,900	167,000
Monte Carlo	22,280	66,840	111,400	250,650	389,900	557,000
5P Limo	5,880	17,640	29,400	66,150	102,900	147,000
Brgm	6,280	18,840	31,400	70,650	109,900	157,000
Brgm Limo	6,480	19,440	32,400	72,900	113,400	162,000
6P Sed	6,360	19,080	31,800	71,550	111,300	159,000

	6	5	4	3	2	1
6P Sed Limo	6,480	19,440	32,400	72,900	113,400	162,000
7P Sed Limo	6,520	19,560	32,600	73,350	114,100	163,000
Transformable Cabr	6,680	20,040	33,400	75,150	116,900	167,000
Transformable Twn Car	6,600	19,800	33,000	74,250	115,500	165,000
Transformable Tr Cabr	6,680	20,040	33,400	75,150	116,900	167,000

1931 Model LA, 6-cyl., 85 hp, 127-1/2" wb

	6	5	4	3	2	1
4P Spds	8,000	24,000	40,000	90,000	140,000	200,000
5P Cpe	4,600	13,800	23,000	51,750	80,500	115,000
Sed	4,000	12,000	20,000	45,000	70,000	100,000
4P Cpe	4,400	13,200	22,000	49,500	77,000	110,000
Cabr Cpe	4,720	14,160	23,600	53,100	82,600	118,000

1931 Model MA, 8-cyl., 115 hp, 134-1/2" wb

	6	5	4	3	2	1
2P Spds	13,440	40,320	67,200	151,200	235,200	336,000
Torp	13,840	41,520	69,200	155,700	242,200	346,000
4P Spds	13,720	41,160	68,600	154,350	240,100	343,000
5P Cpe	5,040	15,120	25,200	56,700	88,200	126,000
4P Cpe	4,840	14,520	24,200	54,450	84,700	121,000
Cabr Cpe	8,240	24,720	41,200	92,700	144,200	206,000
Sed	5,240	15,720	26,200	58,950	91,700	131,000
Longchamps	5,320	15,960	26,600	59,850	93,100	133,000
Versailles	5,440	16,320	27,200	61,200	95,200	136,000

1931 Model MB, 8-cyl., 115 hp, 145" wb

	6	5	4	3	2	1
7P Spds	14,680	44,040	73,400	165,150	256,900	367,000
5P Sed	5,680	17,040	28,400	63,900	99,400	142,000
7P Sed	5,880	17,640	29,400	66,150	102,900	147,000
Limo	6,280	18,840	31,400	70,650	109,900	157,000
Cabr Cpe	6,280	18,840	31,400	70,650	109,900	157,000
Conv Sed	6,680	20,040	33,400	75,150	116,900	167,000
Chaumont	8,280	24,840	41,400	93,150	144,900	207,000
Monte Carlo	15,480	46,440	77,400	174,150	270,900	387,000
Brgm	6,280	18,840	31,400	70,650	109,900	157,000
7P Sed	6,520	19,560	32,600	73,350	114,100	163,000
Brgm Limo	6,480	19,440	32,400	72,900	113,400	162,000
6/7P Sed Limo	6,560	19,680	32,800	73,800	114,800	164,000
Transformable Cabr	6,680	20,040	33,400	75,150	116,900	167,000
Transformable Twn Car	6,600	19,800	33,000	74,250	115,500	165,000
Transformable Twn Cabr	6,680	20,040	33,400	75,150	116,900	167,000

1932 Model LAA, 6-cyl., 85 hp, 127-1/2" wb

	6	5	4	3	2	1
Sed	4,080	12,240	20,400	45,900	71,400	102,000

NOTE: Add 40% for DV-32.

	6	5	4	3	2	1
5P Cpe	4,280	12,840	21,400	48,150	74,900	107,000
4P Cpe	4,200	12,600	21,000	47,250	73,500	105,000
Clb Sed	4,160	12,480	20,800	46,800	72,800	104,000

1932 Model SV-16, 8-cyl., 115 hp, 134-1/2" wb

	6	5	4	3	2	1
4P Spds, by LeBaron	32,280	96,840	161,400	363,150	564,900	807,000
Torp	14,680	44,040	73,400	165,150	256,900	367,000
5P Cpe	7,080	21,240	35,400	79,650	123,900	177,000
5P Sed	6,280	18,840	31,400	70,650	109,900	157,000
4P Cpe	6,880	20,640	34,400	77,400	120,400	172,000
Clb Sed	6,680	20,040	33,400	75,150	116,900	167,000
Cabr Cpe	7,000	21,000	35,000	78,750	122,500	175,000
Longchamps	6,960	20,880	34,800	78,300	121,800	174,000
Versailles	7,080	21,240	35,400	79,650	123,900	177,000
6P Sed	6,480	19,440	32,400	72,900	113,400	162,000
Cont Cpe	7,120	21,360	35,600	80,100	124,600	178,000

1932 Model SV-16, 8-cyl., 115 hp, 145" wb

	6	5	4	3	2	1
7P Spds	15,480	46,440	77,400	174,150	270,900	387,000
7P Sed	7,080	21,240	35,400	79,650	123,900	177,000
5P Sed	6,680	20,040	33,400	75,150	116,900	167,000
Limo	6,480	19,440	32,400	72,900	113,400	162,000
Conv Sed	7,280	21,840	36,400	81,900	127,400	182,000
6P Sed	9,080	27,240	45,400	102,150	158,900	227,000
Chaumont	6,680	20,040	33,400	75,150	116,900	167,000
Brgm	9,480	28,440	47,400	106,650	165,900	237,000
Monte Carlo	6,680	20,040	33,400	75,150	116,900	167,000
Brgm Limo	15,880	47,640	79,400	178,650	277,900	397,000
7P Sed Limo	9,880	29,640	49,400	111,150	172,900	247,000
6P Sed Limo	7,280	21,840	36,400	81,900	127,400	182,000
Transformable Cabr	6,880	20,640	34,400	77,400	120,400	172,000
Prince of Wales	7,480	22,440	37,400	84,150	130,900	187,000
Conv Vic	7,480	22,440	37,400	84,150	130,900	187,000
Spt Sed	7,680	23,040	38,400	86,400	134,400	192,000
Tuxedo Cabr	7,680	23,040	38,400	86,400	134,400	192,000
Patrician Cpe	7,880	23,640	39,400	88,650	137,900	197,000
Transformable Twn Car	8,280	24,840	41,400	93,150	144,900	207,000

NOTE: All other models same as SV-16, with prices $1,000 more than SV-16. Add 40% for DV-32.

1932 Model DV-32, 8-cyl., 156 hp, 134-1/2" wb

	6	5	4	3	2	1
Bearcat	26,000	78,000	130,000	292,500	455,000	650,000

NOTE: Add 40% for DV-32.

	6	5	4	3	2	1

1932 Model DV-32, 8-cyl., 156 hp, 145" wb

	6	5	4	3	2	1
Dual - Cowl Phae, LeB	36,000	108,000	180,000	450,000	630,000	900,000

NOTE: All models same as SV-16, with prices $2,000 more than SV-16.

1932 Model DV-32, 8-cyl., 156 hp, 116" wb

Sup Bearcat			value not estimable		

1933 Model LAA, 6-cyl., 85 hp, 127-1/2" wb

	6	5	4	3	2	1
5P Sed	3,680	11,040	18,400	41,400	64,400	92,000
5P Cpe	3,840	11,520	19,200	43,200	67,200	96,000
4P Cpe	3,800	11,400	19,000	42,750	66,500	95,000
5P Clb Sed	3,760	11,280	18,800	42,300	65,800	94,000
4P Cabr Cpe	3,720	11,160	18,600	41,850	65,100	93,000

1933 Model SV-16, 8-cyl., 115 hp, 134-1/2" wb

	6	5	4	3	2	1
2P Spds	13,480	40,440	67,400	151,650	235,900	337,000
2P Torp	14,680	44,040	73,400	165,150	256,900	367,000
4P Spds	14,280	42,840	71,400	160,650	249,900	357,000
5P Cpe	7,080	21,240	35,400	79,650	123,900	177,000
5P Sed	6,280	18,840	31,400	70,650	109,900	157,000
4P Cpe	6,880	20,640	34,400	77,400	120,400	172,000
5P Clb Sed	6,680	20,040	33,400	75,150	116,900	167,000
4P Cabr Cpe	7,000	21,000	35,000	78,750	122,500	175,000
5P Versailles	7,080	21,240	35,400	79,650	123,900	177,000

1933 Model SV-16, 8-cyl., 115 hp, 145" wb

	6	5	4	3	2	1
4P Spds	15,480	46,440	77,400	174,150	270,900	387,000
5P Sed	6,680	20,040	33,400	75,150	116,900	167,000
7P Sed	5,880	17,640	29,400	66,150	102,900	147,000
7P Limo	7,480	22,440	37,400	84,150	130,900	187,000
4P Cabr Cpe	7,680	23,040	38,400	86,400	134,400	192,000
5P Conv Sed	7,880	23,640	39,400	88,650	137,900	197,000
6P Sed	7,080	21,240	35,400	79,650	123,900	177,000
5P Chaumont	6,680	20,040	33,400	75,150	116,900	167,000
6P Brgm	9,480	28,440	47,400	106,650	165,000	237,000
6P Sed	7,280	21,840	36,400	81,900	127,400	182,000
5P Monte Carlo	6,680	20,040	33,400	75,150	116,900	167,000
6P Brgm Limo	11,480	34,440	57,400	129,150	200,900	287,000
6P Sed Limo	10,680	32,040	53,400	120,150	186,900	267,000
7P Twn Car	8,280	24,840	41,400	93,150	144,900	207,000
5P Monte Carlo	6,680	20,040	33,400	75,150	116,900	167,000

1933 Series DV-32, 8-cyl., 156" wb

NOTE: Same models as the SV-16 on the two chassis, with prices $1,000 more. Bearcat and Super Bearcat continued from 1932.

1934 Model SV-16, 8-cyl., 115 hp, 134-1/2" wb

	6	5	4	3	2	1
Spds	14,280	42,840	71,400	160,650	249,900	357,000
Torp	14,680	44,040	73,400	165,150	256,900	367,000
4P Cpe	6,880	20,640	34,400	77,400	120,400	172,000
Conv Cpe	7,000	21,000	35,000	78,750	122,500	175,000
Club Sed	6,680	20,040	33,400	75,150	116,900	167,000
5P Sed	6,280	18,840	31,400	70,650	109,900	157,000
5P Cpe	7,000	21,000	35,000	78,750	122,500	175,000
Versailles	7,080	21,240	35,400	79,650	123,900	177,000

1934 Model SV-16, 8-cyl., 115 hp, 145" wb

	6	5	4	3	2	1
Conv Cpe	7,680	23,040	38,400	86,400	134,400	192,000
7P Sed	5,880	17,640	29,400	66,150	102,900	147,000
Limo	7,480	22,440	37,400	84,150	130,900	187,000
Chaumont	6,680	20,040	33,400	75,150	116,900	167,000
Monte Carlo	6,680	20,040	33,400	75,150	116,900	167,000

1934 Model DV-32, 8-cyl., 156 hp, 134-1/2" wb

	6	5	4	3	2	1
Spds	13,480	40,440	67,400	151,650	235,900	337,000
Torp	14,680	44,040	73,400	165,150	256,900	367,000
4P Cpe	6,880	20,640	34,400	77,400	120,400	172,000
Conv Cpe	7,000	21,000	35,000	78,750	122,500	175,000
Clb Sed	6,680	20,040	33,400	75,150	116,900	167,000
5P Sed	6,280	18,840	31,400	70,650	109,900	157,000
5P Cpe	7,080	21,240	35,400	79,650	123,900	177,000
Versailles	7,080	21,240	35,400	79,650	123,900	177,000

1934 Model DV-32, 8-cyl., 156 hp, 145" wb

	6	5	4	3	2	1
Conv Cpe	7,880	23,640	39,400	88,650	137,900	197,000
7P Sed	5,880	17,640	29,400	66,150	102,900	147,000
Limo	7,480	22,440	37,400	84,150	130,900	187,000
Chaumont	6,680	20,040	33,400	75,150	116,900	167,000
Monte Carlo	6,680	20,040	33,400	75,150	116,900	167,000

1935 Model SV-16, 8-cyl., 134 & 145" wb

	6	5	4	3	2	1
2P Spds	12,280	36,840	61,400	138,150	214,900	307,000
2P Cpe	6,080	18,240	30,400	68,400	106,400	152,000
5P Sed	6,280	18,840	31,400	70,650	109,900	157,000
7P Sed	5,480	16,440	27,400	61,650	95,900	137,000

1935 Model DV-32, 8-cyl., 134 & 145" wb

	6	5	4	3	2	1
2P Spds	12,280	36,840	61,400	138,150	214,900	307,000
2/4P Cpe	6,080	18,240	30,400	68,400	106,400	152,000
5P Sed	6,280	18,840	31,400	70,650	109,900	157,000
7P Limo	5,560	16,680	27,800	62,550	97,300	139,000

456

		6	5	4	3	2	1

WHIPPET

		6	5	4	3	2	1
1926 Model 96, 4-cyl.							
2d 2P Cpe.	360	1,090	1,820	4,100	6,370	9,100
4d 5P Tr	840	2,520	4,200	9,450	14,700	21,000
4d 5P Sed.	360	1,080	1,800	4,050	6,300	9,000
1927 Model 96, 4-cyl., 30 hp, 104-1/4" wb							
4d 5P Tr	840	2,520	4,200	9,450	14,700	21,000
2d 5P Coach.	360	1,070	1,780	4,010	6,230	8,900
2d 5P Rds.	800	2,400	4,000	9,000	14,000	20,000
2d 2P Cpe.	460	1,380	2,300	5,180	8,050	11,500
4d 5P Sed.	360	1,080	1,800	4,050	6,300	9,000
2d Cabr.	640	1,920	3,200	7,200	11,200	16,000
4d 5P Lan Sed	350	1,060	1,760	3,960	6,160	8,800
1927 Model 93A, 6-cyl., 40 hp, 109-1/4" wb							
4d 5P Tr	880	2,640	4,400	9,900	15,400	22,000
2d 2/4P Rds	840	2,520	4,200	9,450	14,700	21,000
2d 2P Cpe.	480	1,440	2,400	5,400	8,400	12,000
2d 5P Cpe.	440	1,320	2,200	4,950	7,700	11,000
4d 5P Sed.	450	1,340	2,240	5,040	7,840	11,200
2d Cabr.	640	1,920	3,200	7,200	11,200	16,000
4d 5P Lan Sed	360	1,070	1,780	4,010	6,230	8,900
1928 Model 96, 4-cyl., 32 hp, 100-1/4" wb							
2d 2/4P Spt Rds	800	2,400	4,000	9,000	14,000	20,000
4d 5P Tr	840	2,520	4,200	9,450	14,700	21,000
2d 5P Coach.	340	1,010	1,680	3,780	5,880	8,400
2d 2P Cpe.	440	1,320	2,200	4,950	7,700	11,000
2d 2/4P Cabr	640	1,920	3,200	7,200	11,200	16,000
4d 5P Sed.	330	980	1,640	3,690	5,740	8,200
1928 Model 98, 6-cyl.							
2d 2/4P Rds	840	2,520	4,200	9,450	14,700	21,000
4d 5P Tr	880	2,640	4,400	9,900	15,400	22,000
2d 2P Cpe.	480	1,440	2,400	5,400	8,400	12,000
2d 5P Coach.	440	1,320	2,200	4,950	7,700	11,000
4d 5P Sed.	450	1,340	2,240	5,040	7,840	11,200
1929 Model 96A, 4-cyl., 103-1/2" wb							
2d 2P Rds.	800	2,400	4,000	9,000	14,000	20,000
2d 2/4P Rds	840	2,520	4,200	9,450	14,700	21,000
2d 2/4P Rds College.	840	2,520	4,200	9,450	14,700	21,000
4d 5P Tr	840	2,520	4,200	9,450	14,700	21,000
2d 2P Cpe.	440	1,320	2,200	4,950	7,700	11,000
2d Cabr.	640	1,920	3,200	7,200	11,200	16,000
2d 2/4P Cpe	640	1,920	3,200	7,200	11,200	16,000
2d 5P Coach.	340	1,010	1,680	3,780	5,880	8,400
4d 5P Sed.	340	1,030	1,720	3,870	6,020	8,600
4d DeL Sed.	360	1,070	1,780	4,010	6,230	8,900
1929 Model 98A, 6-cyl.							
2d 2/4P Spt Rds	920	2,760	4,600	10,350	16,100	23,000
4d 5P Tr	880	2,640	4,400	9,900	15,400	22,000
2d 2P Cpe.	460	1,380	2,300	5,180	8,050	11,500
2d 2/4P Cpe	480	1,440	2,400	5,400	8,400	12,000
2d 5P Coach.	340	1,030	1,720	3,870	6,020	8,600
4d 5P Sed.	360	1,070	1,780	4,010	6,230	8,900
4d 5P DeL Sed.	360	1,080	1,800	4,050	6,300	9,000
1930 Model 96A, 4-cyl.							
2d 2P Rds.	920	2,760	4,600	10,350	16,100	23,000
2d 2/4P Rds College.	1,000	3,000	5,000	11,250	17,500	25,000
4d 5P Tr	880	2,640	4,400	9,900	15,400	22,000
2d 2P Cpe.	440	1,320	2,200	4,950	7,700	11,000
2d 2/4P Cpe	460	1,380	2,300	5,180	8,050	11,500
2d 5P Coach.	320	960	1,600	3,600	5,600	8,000
4d 5P Sed.	330	980	1,640	3,690	5,740	8,200
4d 5P DeL Sed.	340	1,020	1,700	3,830	5,950	8,500
1930 Model 98A, 6-cyl.							
4d 5P Tr	880	2,640	4,400	9,900	15,400	22,000
2d 2/4P Spt Rds	920	2,760	4,600	10,350	16,100	23,000
2d 2P Cpe.	450	1,340	2,240	5,040	7,840	11,200
2d 2/4P Cpe	460	1,390	2,320	5,220	8,120	11,600
2d 5P Coach.	450	1,340	2,240	5,040	7,840	11,200
4d 5P Sed.	450	1,360	2,260	5,090	7,910	11,300
4d 5P DeL Sed.	470	1,420	2,360	5,310	8,260	11,800
1930 Model 96A, 4-cyl.							
2d 2P Cpe.	440	1,320	2,200	4,950	7,700	11,000
2d 2/4P Cpe	460	1,380	2,300	5,180	8,050	11,500
4d 5P Sed.	330	980	1,640	3,690	5,740	8,200
1930 Model 98A, 6-cyl.							
2d 5P Coach.	330	980	1,640	3,690	5,740	8,200
4d 5P Sed.	330	1,000	1,660	3,740	5,810	8,300
4d 5P DeL Sed.	350	1,060	1,760	3,960	6,160	8,800

	6	5	4	3	2	1

WILLYS

1902-03 Model 13, 1-cyl.

	6	5	4	3	2	1
2P Rbt.	2,480	7,440	12,400	27,900	43,400	62,000

1904 Model 13, 1-cyl.

2P Rbt.	2,360	7,080	11,800	26,550	41,300	50,000

1905 Model 15, 2-cyl.

2P Rbt.	2,480	7,440	12,400	27,900	43,400	62,000

1905 Model 17, 2-cyl.

2P Rbt.	2,480	7,440	12,400	27,900	43,400	62,000

1905 Model 18, 4-cyl.

5P Tr	2,640	7,920	13,200	29,700	46,200	66,000

1906 Model 16, 2-cyl.

2P Rbt.	2,080	6,240	10,400	23,400	36,400	52,000

1906 Model 18, 4-cyl.

4P Tr	2,640	7,920	13,200	29,700	46,200	66,000

1907 Model 22, 4-cyl.

2P Rbt.	2,080	6,240	10,400	23,400	36,400	52,000

1908 Model 24, 4-cyl.

2P Rds	2,320	6,960	11,600	26,100	40,600	58,000

1909 Model 30, 4-cyl.

3P Rds	2,400	7,200	12,000	27,000	42,000	60,000
4P Rds	2,440	7,320	12,200	27,450	42,700	61,000
2P Cpe	1,760	5,280	8,800	19,800	30,800	44,000

1909 Model 31, 4-cyl.

4P Toy Tonn	2,440	7,320	12,200	27,450	42,700	61,000
5P Tourist	2,160	6,480	10,800	24,300	37,800	54,000
5P Taxi	2,280	6,840	11,400	25,650	39,900	57,000

1909 Model 32, 4-cyl.

3P Rds	2,480	7,440	12,400	27,900	43,400	62,000
4P Rds	2,520	7,560	12,600	28,350	44,100	63,000
4P Toy Tonn	2,440	7,320	12,200	27,450	42,700	61,000
5P Tr	2,160	6,480	10,800	24,300	37,800	54,000

1909 Willys, 6-cyl.

3P Rds	2,760	8,280	13,800	31,050	48,300	69,000
4P Rds	2,680	8,040	13,400	30,150	46,900	67,000
Toy Tonn	2,720	8,160	13,600	30,600	47,600	68,000
5P Tr	2,640	7,920	13,200	29,700	46,200	66,000

1910 Model 38, 4-cyl., 102" wb, 25 hp

2P Rds	2,480	7,440	12,400	27,900	43,400	62,000
3P Rds	2,520	7,560	12,600	28,350	44,100	63,000
4P Rds	2,480	7,440	12,400	27,900	43,400	62,000
Toy Tonn	2,440	7,320	12,200	27,450	42,700	61,000

1910 Model 40, 4-cyl., 112" wb, 40 hp

3P Rds	2,520	7,560	12,600	28,350	44,100	63,000
4P Rds	2,520	7,560	12,600	28,350	44,100	63,000

1910 Model 41, 4-cyl.

5P Tr	2,560	7,680	12,800	28,800	44,800	64,000
4P C.C. Tr	2,560	7,680	12,800	28,800	44,800	64,000

1910 Model 42, 4-cyl.

5P Tr	2,560	7,680	12,800	28,800	44,800	64,000
4P C.C. Tr	2,560	7,680	12,800	28,800	44,800	64,000

1911 Model 38, 4-cyl.

4P Tr	1,960	5,880	9,800	22,050	34,300	49,000
2P Cpe	1,760	5,280	8,800	19,800	30,800	44,000

1911 Model 45, 4-cyl.

2P Rds	2,000	6,000	10,000	22,500	35,000	50,000

1911 Model 46, 4-cyl.

2P Torp	2,000	6,000	10,000	22,500	35,000	50,000

1911 Model 47, 4-cyl.

Tr	2,040	6,120	10,200	22,950	35,700	51,000

1911 Model 49, 4-cyl.

5P Tr	2,000	6,000	10,000	22,500	35,000	50,000
4P Tr	2,040	6,120	10,200	22,950	35,700	51,000

1911 Model 50, 4-cyl.

2P Torp	2,160	6,480	10,800	24,300	37,800	54,000

1911 Model 51, 4-cyl.

4d 5P Tr	2,120	6,360	10,600	23,850	37,100	53,000
5P Tr	2,120	6,360	10,600	23,850	37,100	53,000

1911 Model 52, 4-cyl.

4d 5P Tr	2,160	6,480	10,800	24,300	37,800	54,000
5P Tr	2,160	6,480	10,800	24,300	37,800	54,000

1911 Model 53, 4-cyl.

2P Rds	2,200	6,600	11,000	24,750	38,500	55,000

1911 Model 54, 4-cyl.

5P Tr	2,200	6,600	11,000	24,750	38,500	55,000

1911 Model 55, 4-cyl.

4d 5P Tr	2,200	6,600	11,000	24,750	38,500	55,000
5P Tr	2,200	6,600	11,000	24,750	38,500	55,000

	6	5	4	3	2	1
1911 Model 56, 4-cyl.						
5P Tr 2,240	6,720	11,200	25,200	39,200	56,000
1912 Model 58R, 4-cyl., 25 hp						
Torp Rds 2,000	6,000	10,000	22,500	35,000	50,000
1912 Model 59R-T, 4-cyl., 30 hp						
Rds 2,040	6,120	10,200	22,950	35,700	51,000
Tr 2,080	6,240	10,400	23,400	36,400	52,000
1912 Model 59C, 4-cyl., 30 hp						
Cpe 1,760	5,280	8,800	19,800	30,800	44,000
1912 Model 60, 4-cyl., 35 hp						
Tr 2,120	6,360	10,600	23,850	37,100	53,000
1912 Model 61, 4-cyl., 45 hp						
Rds 2,320	6,960	11,600	26,100	40,600	58,000
4d Tr 2,360	7,080	11,800	26,550	41,300	59,000
Tr 2,360	7,080	11,800	26,550	41,300	59,000
Cpe 1,880	5,640	9,400	21,150	32,900	47,000
1913 Model 69, 4-cyl., 30 hp						
Cpe 1,720	5,160	8,600	19,350	30,100	43,000
Tr 2,080	6,240	10,400	23,400	36,400	52,000
Rds 2,040	6,120	10,200	22,950	35,700	51,000
4d Tr 2,120	6,360	10,600	23,850	37,100	53,000
1913 Model 71, 4-cyl., 45 hp						
Rds 2,320	6,960	11,600	26,100	40,600	58,000
Tr 2,360	7,080	11,800	26,550	41,300	59,000
5P Tr 2,400	7,200	12,000	27,000	42,000	60,000
1914 Model 79, 4-cyl., 35 hp						
Rds 2,040	6,120	10,200	22,950	35,700	51,000
Tr 2,080	6,240	10,400	23,400	36,400	52,000
Cpe 1,760	5,280	8,800	19,800	30,800	44,000
1914 Model 46, 4-cyl., 35 hp						
Tr 2,120	6,360	10,600	23,850	37,100	53,000
1915 Model 81, 4-cyl., 30 hp						
Rds 2,080	6,240	10,400	23,400	36,400	52,000
Tr 2,120	6,360	10,600	23,850	37,100	53,000
1915 Willys-Knight K-19, 4-cyl., 45 hp						
Rds 2,120	6,360	10,600	23,850	37,100	53,000
Tr 2,160	6,480	10,800	24,300	37,800	54,000
1915 Willys-Knight K-17, 4-cyl., 45 hp						
Rds 2,160	6,480	10,800	24,300	37,800	54,000
Tr 2,200	6,600	11,000	24,750	38,500	55,000
1915 Model 80, 4-cyl., 35 hp						
Rds 1,960	5,880	9,800	22,050	34,300	49,000
Tr 1,920	5,760	9,600	21,600	33,600	48,000
Cpe 1,760	5,280	8,800	19,800	30,800	44,000
1915 Model 82, 6-cyl., 45-50 hp						
7P Tr 2,480	7,440	12,400	27,900	43,400	62,000
1916 Model 75, 4-cyl., 20-25 hp						
Rds 1,380	4,140	6,900	15,530	24,150	34,500
Tr 1,420	4,260	7,100	15,980	24,850	35,500
1916 Model 83, 4-cyl., 35 hp						
Rds 1,420	4,260	7,100	15,980	24,850	35,500
Tr 1,460	4,380	7,300	16,430	25,550	36,500
1916 Model 83-B, 4-cyl., 35 hp						
Rds 1,500	4,500	7,500	16,880	26,250	37,500
Tr 1,540	4,620	7,700	17,330	26,950	38,500
1916 Willys-Knight, 4-cyl., 40 hp (also Model 84)						
Rds 1,740	5,220	8,700	19,580	30,450	43,500
Tr 1,780	5,340	8,900	20,030	31,150	44,500
Cpe 1,420	4,260	7,100	15,980	24,850	35,500
Limo 1,500	4,500	7,500	16,880	26,250	37,500
1916 Willys-Knight, 6-cyl., 45 hp (also Model 86)						
7P Tr 2,480	7,440	12,400	27,900	43,400	62,000
1917-18 Light Four 90, 4-cyl., 32 hp						
2P Rds 1,340	4,020	6,700	15,080	23,450	33,500
5P Tr 1,380	4,140	6,900	15,530	24,150	34,500
4P Ctry Clb 1,300	3,900	6,500	14,630	22,750	32,500
5P Sed* 1,140	3,420	5,700	12,830	19,950	28,500
*NOTE: (*1917 only).*						
1917-18 Big Four 85, 4-cyl., 35 hp						
3P Rds 1,420	4,260	7,100	15,980	24,850	35,500
5P Tr 1,420	4,260	7,100	15,980	24,850	35,500
3P Tr Cpe 1,260	3,780	6,300	14,180	22,050	31,500
5P Tr Sed 1,180	3,540	5,900	13,280	20,650	29,500
1917-18 Light Six 85, 6-cyl., 35-40 hp						
3P Rds 1,560	4,680	7,800	17,550	27,300	39,000
5P Tr 1,600	4,800	8,000	18,000	28,000	40,000
3P Tr Cpe 1,440	4,320	7,200	16,200	25,200	36,000
5P Tr Sed 1,360	4,080	6,800	15,300	23,800	34,000

1917-18 Willys 89, 6-cyl., 45 hp

	6	5	4	3	2	1
7P Tr	1,760	5,280	8,800	19,800	30,800	44,000
4P Clb Rds	1,800	5,400	9,000	20,250	31,500	45,000
6P Sed	1,400	4,200	7,000	15,750	24,500	35,000

1917-18 Willys-Knight 88-4, 4-cyl., 40 hp

7P Tr	1,780	5,340	8,900	20,030	31,150	44,500
4P Cpe	1,300	3,900	6,500	14,630	22,750	32,500
7P Tr Sed	1,140	3,420	5,700	12,830	19,950	28,500
7P Limo	1,340	4,020	6,700	15,080	23,450	33,500

1917-18 Willys-Knight 88-8, 8-cyl., 65 hp

7P Tr	1,780	5,340	8,900	20,030	31,150	44,500
7P Sed	1,480	4,440	7,400	16,650	25,900	37,000
7P Limo	1,640	4,920	8,200	18,450	28,700	41,000
7P Twn Car	1,840	5,520	9,200	20,700	32,200	46,000

1919 Light Four 90, 4-cyl., 32 hp

Rds	1,220	3,660	6,100	13,730	21,350	30,500
5P Tr	1,260	3,780	6,300	14,180	22,050	31,500
Clb Rds	1,260	3,780	6,300	14,180	22,050	31,500
5P Sed	1,140	3,420	5,700	12,830	19,950	28,500

1919 Willys 89, 6-cyl., 45 hp

7P Tr	1,700	5,100	8,500	19,130	29,750	42,500
4P Clb Rds	1,660	4,980	8,300	18,680	29,050	41,500
6P Sed	1,140	3,420	5,700	12,830	19,950	28,500

1919 Willys-Knight 88-4, 4-cyl., 40 hp

7P Tr	1,620	4,860	8,100	18,230	28,350	40,500
4P Cpe	1,060	3,180	5,300	11,930	18,550	26,500
7P Sed	1,040	3,120	5,200	11,700	18,200	26,000
7P Limo	1,180	3,540	5,900	13,280	20,650	29,500

1919 Willys-Knight 88-8, 8-cyl., 65 hp

7P Tr	1,940	5,820	9,700	21,830	33,950	48,500
4P Cpe	1,400	4,200	7,000	15,750	24,500	35,000
7P Tr Sed	1,380	4,140	6,900	15,530	24,150	34,500
7P Limo	1,500	4,500	7,500	16,880	26,250	37,500

1920 Model 4, 4-cyl., 100" wb, 27 hp

2P Rds	1,300	3,900	6,500	14,630	22,750	32,500
5P Tr	1,340	4,020	6,700	15,080	23,450	33,500
Clb Rds	1,140	3,420	5,700	12,830	19,950	28,500
5P Sed	980	2,940	4,900	11,030	17,150	24,500

1920 Model 89-6, Willys Six, 6-cyl.

Clb Rds	1,300	3,900	6,500	14,630	22,750	32,500
7P Tr	1,340	4,020	6,700	15,080	23,450	33,500
6P Sed	1,320	3,960	6,600	14,850	23,100	33,000

1920 Model 20 Willys-Knight, 4-cyl., 118" wb, 40 hp

3P Rds	1,300	3,900	6,500	14,630	22,750	32,500
6P Tr	1,340	4,020	6,700	15,080	23,450	33,500
4P Cpe	960	2,880	4,800	10,800	16,800	24,000
5P Sed	940	2,820	4,700	10,580	16,450	23,500

1921 Model 4, 4-cyl., 100" wb, 27 hp

5P Tr	1,260	3,780	6,300	14,180	22,050	31,500
2P Rds	1,300	3,900	6,500	14,630	22,750	32,500
5P Sed	960	2,880	4,800	10,800	16,800	24,000
2P Cpe	970	2,920	4,860	10,940	17,010	24,300

1921 Model 20 Willys-Knight, 4-cyl., 118" wb

3P Rds	1,260	3,790	6,320	14,220	22,120	31,600
5P Tr	1,300	3,900	6,500	14,630	22,750	32,500
4P Cpe	1,040	3,120	5,200	11,700	18,200	26,000
5P Sed	1,020	3,060	5,100	11,480	17,850	25,500

1922 Model 4, 4-cyl., 100" wb, 27 hp

2P Rds	1,180	3,540	5,900	13,280	20,650	29,500
5P Tr	1,220	3,660	6,100	13,730	21,350	30,500
5P Sed	920	2,760	4,600	10,350	16,100	23,000
2P Cpe	930	2,800	4,660	10,490	16,310	23,300

1922 Model 20 Willys-Knight, 4-cyl., 118" wb, 40 hp

3P Rds	1,340	4,020	6,700	15,080	23,450	33,500
5P Tr	1,380	4,140	6,900	15,530	24,150	34,500
4P Cpe	1,020	3,060	5,100	11,480	17,850	25,500
5P Sed	1,000	3,000	5,000	11,250	17,500	25,000

1922 Model 27 Willys-Knight, 4-cyl., 118" wb

7P Tr	1,420	4,260	7,100	15,980	24,850	35,500
7P Sed	1,000	3,000	5,000	11,250	17,500	25,000

1923-24 Model 91, 4-cyl., 100" wb, 27 hp

2P Rds	1,060	3,180	5,300	11,930	18,550	26,500
5P Tr	1,060	3,180	5,300	11,930	18,550	26,500
3P Cpe	920	2,760	4,600	10,350	16,100	23,000
5P Sed	900	2,700	4,500	10,130	15,750	22,500

1923-24 Model 92, 4-cyl., 106" wb, 30 hp

Redbird	1,920	5,760	9,600	21,600	33,600	48,000
Blackbird*	1,920	5,760	9,600	21,600	33,600	48,000

WILLYS

	6	5	4	3	2	1
Bluebird* 1,920		5,760	9,600	21,600	33,600	48,000

*NOTE: (*1924 only).*

1923-24 Model 64 Willys-Knight, 4-cyl., 118" wb, 40 hp

	6	5	4	3	2	1
3P Rds 1,340		4,020	6,700	15,080	23,450	33,500
5P Tr 1,380		4,140	6,900	15,530	24,150	34,500
Ctry Clb 1,100		3,300	5,500	12,380	19,250	27,500
4P Cpe 1,000		3,000	5,000	11,250	17,500	25,000
5P Sed 980		2,940	4,900	11,030	17,150	24,500

1923-24 Model 67 Willys-Knight, 4-cyl., 124" wb, 40 hp

	6	5	4	3	2	1
7P Tr 1,380		4,140	6,900	15,530	24,150	34,500
7P Sed 1,020		3,060	5,100	11,480	17,850	25,500

Model offered 1924 only.

1925 Model 91, 4-cyl., 100" wb, 27 hp

	6	5	4	3	2	1
5P Tr 1,120		3,360	5,600	12,600	19,600	28,000
2P Cpe 900		2,700	4,500	10,130	15,750	22,500
5P Tr Sed 840		2,520	4,200	9,450	14,700	21,000
5P Cpe Sed 850		2,560	4,260	9,590	14,910	21,300
5P DeL Sed 860		2,580	4,300	9,680	15,050	21,500

1925 Model 92, 4-cyl., 106" wb, 30 hp

	6	5	4	3	2	1
Bluebird 1,760		5,280	8,800	19,800	30,800	44,000

1925 Model 93, 6-cyl., 113" wb, 38 hp

	6	5	4	3	2	1
5P Sed 1,200		3,600	6,000	13,500	21,000	30,000
DeL Sed 1,280		3,840	6,400	14,400	22,400	32,000

1925 Model 65 Willys-Knight, 4-cyl., 124" wb, 40 hp

	6	5	4	3	2	1
5P Tr 1,320		3,960	6,600	14,850	23,100	33,000
2P Cpe 1,280		3,840	6,400	14,400	22,400	32,000
Cpe Sed 1,200		3,600	6,000	13,500	21,000	30,000
Sed 1,240		3,720	6,200	13,950	21,700	31,000
Brgm 1,280		3,840	6,400	14,400	22,400	32,000

1925 Model 66 Willys-Knight, 6-cyl., 126" wb, 60 hp

	6	5	4	3	2	1
Rds 1,820		5,460	9,100	20,480	31,850	45,500
5P Tr 1,860		5,580	9,300	20,930	32,550	46,500
Cpe Sed 1,500		4,500	7,500	16,880	26,250	37,500
Brgm 1,520		4,560	7,600	17,100	26,600	38,000
Cpe 1,520		4,560	7,600	17,100	26,600	38,000
Sed 1,480		4,440	7,400	16,650	25,900	37,000

1926 Model 91, 4-cyl., 100" wb, 27 hp

	6	5	4	3	2	1
5P Tr 1,140		3,420	5,700	12,830	19,950	28,500
2P Cpe 880		2,640	4,400	9,900	15,400	22,000
5P Sed 810		2,440	4,060	9,140	14,210	20,300
2d Sed 800		2,410	4,020	9,050	14,070	20,100
4P Cpe 810		2,420	4,040	9,090	14,140	20,200

1926 Model 92, 4-cyl., 100" wb, 30 hp

	6	5	4	3	2	1
5P Tr 1,380		4,140	6,900	15,530	24,150	34,500

1926 Model 93, 6-cyl., 113" wb, 38 hp

	6	5	4	3	2	1
5P Tr 1,420		4,260	7,100	15,980	24,850	35,500
5P Sed 1,020		3,060	5,100	11,480	17,850	25,500
DeL Sed 1,040		3,120	5,200	11,700	18,200	26,000
2P Cpe 1,020		3,060	5,100	11,480	17,850	25,500

1926 Model 66 Willys-Knight, 6-cyl., 126" wb, 60 hp

	6	5	4	3	2	1
Rds 2,020		6,060	10,100	22,730	35,350	50,500
7P Tr 1,860		5,580	9,300	20,930	32,550	46,500
5P Tr 1,820		5,460	9,100	20,480	31,850	45,500
4P Cpe 1,480		4,440	7,400	16,650	25,900	37,000
Sed 1,460		4,380	7,300	16,430	25,550	36,500

1926 Model 70 Willys-Knight, 6-cyl., 113" wb, 53 hp

	6	5	4	3	2	1
5P Tr 1,800		5,400	9,000	20,250	31,500	45,000
Sed 1,220		3,660	6,100	13,730	21,350	30,500
2d Sed 1,200		3,600	6,000	13,500	21,000	30,000
Cpe 1,260		3,780	6,300	14,180	22,050	31,500
Rds 2,000		6,000	10,000	22,500	35,000	50,000

1927 Model 70A Willys-Knight, 6-cyl., 113" wb, 52 hp

	6	5	4	3	2	1
Rds 1,820		5,460	9,100	20,480	31,850	45,500
Tr. 1,660		4,980	8,300	18,680	29,050	41,500
Cpe 1,260		3,780	6,300	14,180	22,050	31,500
Cabr 1,580		4,740	7,900	17,780	27,650	39,500
Sed 1,200		3,600	6,000	13,500	21,000	30,000
2d Sed 1,180		3,540	5,900	13,280	20,650	29,500

1927 Model 66A Willys-Knight, 6-cyl., 126" wb, 65 hp

	6	5	4	3	2	1
Rds 2,080		6,240	10,400	23,400	36,400	52,000
Tr. 2,080		6,240	10,400	23,400	36,400	52,000
Foursome 2,080		6,240	10,400	23,400	36,400	52,000
Cabr 1,960		5,880	9,800	22,050	34,300	49,000
5P Sed 1,500		4,500	7,500	16,880	26,250	37,500
7P Sed 1,540		4,620	7,700	17,330	26,950	38,500
Limo 1,600		4,800	8,000	18,000	28,000	40,000

1928 Model 56 Willys-Knight, 6-cyl., 109.5" wb, 45 hp

	6	5	4	3	2	1
Rds 1,640		4,920	8,200	18,450	28,700	41,000
Tr. 1,480		4,440	7,400	16,650	25,900	37,000

	6	5	4	3	2	1
Cpe.	1,140	3,420	5,700	12,830	19,950	28,500
2d Sed	1,040	3,120	5,200	11,700	18,200	26,000
Sed	1,040	3,130	5,220	11,750	18,270	26,100

1928 Model 70A Willys-Knight, 6-cyl., 113.5" wb, 53 hp

	6	5	4	3	2	1
Rds.	1,860	5,580	9,300	20,930	32,550	46,500
Tr.	1,700	5,100	8,500	19,130	29,750	42,500
Cpe.	1,300	3,900	6,500	14,630	22,750	32,500
5P Cpe	1,360	4,080	6,800	15,300	23,800	34,000
Cabr	1,420	4,260	7,100	15,980	24,850	35,500
2d Sed	1,240	3,720	6,200	13,950	21,700	31,000
Sed	1,940	5,820	9,700	21,830	33,950	48,500

1928 Model 66A Willys-Knight, 6-cyl., 126" wb, 70 hp

	6	5	4	3	2	1
Rds.	2,000	6,000	10,000	22,500	35,000	50,000
Tr.	1,840	5,520	9,200	20,700	32,200	46,000
Cabr	1,880	5,640	9,400	21,150	32,900	47,000
Fml Sed	1,460	4,380	7,300	16,430	25,550	36,500
Sed	1,280	3,840	6,400	14,400	22,400	32,000

1928 Model 66A Willys-Knight, 6-cyl., 135" wb, 70 hp

	6	5	4	3	2	1
7P Tr	1,880	5,640	9,400	21,150	32,900	47,000
Cpe.	1,480	4,440	7,400	16,650	25,900	37,000
7P Sed	1,420	4,260	7,100	15,980	24,850	35,500
Limo	1,440	4,320	7,200	16,200	25,200	36,000

1929 Series 56, 6-cyl., 109.5" wb, 45 hp
(All Willys-Knight)

	6	5	4	3	2	1
Rds.	1,860	5,580	9,300	20,930	32,550	46,500
Tr.	1,460	4,380	7,300	16,430	25,550	36,500
Cpe.	1,180	3,540	5,900	13,280	20,650	29,500
2d Sed	1,120	3,360	5,600	12,600	19,600	28,000
Sed	1,140	3,420	5,700	12,830	19,950	28,500

1929 Series 70A, 6-cyl., 113.2" wb, 53 hp

	6	5	4	3	2	1
Rds.	2,000	6,000	10,000	22,500	35,000	50,000
Ir.	1,840	5,520	9,200	20,700	32,200	46,000
Cpe.	1,400	4,200	7,000	15,750	24,500	35,000
Cabr	1,880	5,640	9,400	21,150	32,900	47,000
2d Sed	1,240	3,720	6,200	13,950	21,700	31,000
Sed	1,300	3,900	6,500	14,630	22,750	32,500

1929 Series 66A, 6-cyl., 126" wb, 70 hp

	6	5	4	3	2	1
Rds.	2,100	6,300	10,500	23,630	36,750	52,500
Tr.	1,940	5,820	9,700	21,830	33,950	48,500
Cabr	1,980	5,940	9,900	22,280	34,650	49,500
Fml Sed	1,460	4,380	7,300	16,430	25,550	36,500
DeL Fml Sed.	1,480	4,440	7,400	16,650	25,900	37,000
Sed	1,380	4,140	6,900	15,530	24,150	34,500

1929 Series 66A, 6-cyl., 135" wb, 70 hp

	6	5	4	3	2	1
7P Tr	2,060	6,180	10,300	23,180	36,050	51,500
5P Cpe	1,580	4,740	7,900	17,780	27,650	39,500
7P Sed	1,460	4,380	7,300	16,430	25,550	36,500
Limo	1,500	4,500	7,500	16,880	26,250	37,500

1929 Series 70B, 6-cyl., 112.5" - 115" wb, 53 hp

	6	5	4	3	2	1
Rds.	1,960	5,880	9,800	22,050	34,300	49,000
Tr.	1,800	5,400	9,000	20,250	31,500	45,000
2P Cpe	1,360	4,080	6,800	15,300	23,800	34,000
4P Cpe	1,320	3,960	6,600	14,850	23,100	33,000
2d Sed	1,220	3,660	6,100	13,730	21,350	30,500
Sed	1,220	3,670	6,120	13,770	21,420	30,600
DeL Sed	1,240	3,720	6,200	13,950	21,700	31,000

1930 Series 98B, 6-cyl., 110" wb, 65 hp
Willys Models

	6	5	4	3	2	1
Rds.	2,060	6,180	10,300	23,180	36,050	51,500
4P Rds.	2,100	6,300	10,500	23,630	36,750	52,500
5P Tr	1,940	5,820	9,700	21,830	33,950	48,500
2P Cpe	1,420	4,260	7,100	15,980	24,850	35,500
4P Cpe	1,380	4,140	6,900	15,530	24,150	34,500
2d Sed	1,300	3,900	6,500	14,630	22,750	32,500
Sed	1,320	3,960	6,600	14,850	23,100	33,000
DeL Sed	1,340	4,020	6,700	15,080	23,450	33,500

1930 Series 66B, 6-cyl., 120" wb, 87 hp
Willys-Knight Models

	6	5	4	3	2	1
Rds.	3,360	10,080	16,800	37,800	58,800	84,000
Tr.	2,560	7,680	12,800	28,800	44,800	64,000
2P Cpe	2,080	6,240	10,400	23,400	36,400	52,000
5P Cpe	2,160	6,480	10,800	24,300	37,800	54,000
Sed	1,960	5,880	9,800	22,050	34,300	49,000

1930
Series 70B,"See 1929 Series 70B"
Series 6-87,"See 1929 Series 56"
1931
Willys 98B,"See 1930 98B Series"

WILLYS

	6	5	4	3	2	1
1931 Willys 97, 6-cyl., 110" wb, 65 hp						
Rds.	1,980	5,940	9,900	22,280	34,650	49,500
Tr.	1,820	5,460	9,100	20,480	31,850	45,500
Cpe.	1,420	4,260	7,100	15,980	24,850	35,500
2d Sed	1,320	3,960	6,600	14,850	23,100	33,000
Clb Sed.	1,340	4,020	6,700	15,080	23,450	33,500
Sed.	1,320	3,960	6,600	14,850	23,100	33,000
1931 Willys 98D, 6-cyl., 113" wb, 65 hp						
Vic Cpe.	1,380	4,140	6,900	15,530	24,150	34,500
Sed.	1,340	4,020	6,700	15,080	23,450	33,500
NOTE: Add 10% for DeLuxe Willys models.						
1931						
Willys-Knight 66B,"See 1930 W-K 66B"						
Willys-Knight 87,"See 1930 Series 6-87"						
1931 Willys-Knight 66D, 6-cyl., 121" wb, 87 hp						
Vic Cpe.	2,080	6,240	10,400	23,400	36,400	52,000
Sed.	1,960	5,880	9,800	22,050	34,300	49,000
Cus Sed.	2,000	6,000	10,000	22,500	35,000	50,000
NOTE: Add 10% for DeLuxe Willys-Knight models.						
1931 Willys 8-80, 8-cyl., 120" wb, 80 hp						
Cpe.	1,480	4,440	7,400	16,650	25,900	37,000
DeL Cpe.	1,520	4,560	7,600	17,100	26,600	38,000
Sed.	1,440	4,320	7,200	16,200	25,200	36,000
DeL Sed.	1,480	4,440	7,400	16,650	25,900	37,000
1931 Willys 8-80D, 8-cyl., 120" wb, 80 hp						
Vic Cpe.	1,520	4,560	7,600	17,100	26,600	38,000
DeL Vic Cpe.	1,540	4,620	7,700	17,330	26,950	38,500
Sed.	1,480	4,440	7,400	16,650	25,900	37,000
DeL Sed.	1,500	4,500	7,500	16,880	26,250	37,500
Cus Sed.	1,520	4,560	7,600	17,100	26,600	38,000
1932						
Willys 97,"See 1931 Willys 97 Series"						
Willys 98D,"See 1931 Willys 98D Series"						
1932 Willys 90 (Silver Streak), 6-cyl., 113" wb, 65 hp						
2P Rds.	1,860	5,580	9,300	20,930	32,550	46,500
4P Rds.	1,900	5,700	9,500	21,380	33,250	47,500
Spt Rds.	1,940	5,820	9,700	21,830	33,950	48,500
5P Tr.	1,740	5,220	8,700	19,580	30,450	43,500
2P Cpe.	1,340	4,020	6,700	15,080	23,450	33,500
4P Cpe.	1,380	4,140	6,900	15,530	24,150	34,500
Vic Cus	1,300	3,900	6,500	14,630	22,750	32,500
5P Sed.	1,120	3,360	5,600	12,600	19,600	28,000
2d Sed .	1,200	3,600	6,000	13,500	21,000	30,000
Spl Sed.	1,300	3,900	6,500	14,630	22,750	32,500
Cus Sed	1,240	3,720	6,200	13,950	21,700	31,000
1932						
Willys 8-88D,"See 1931 Willys 8-80D"						
1932 Willys 8-88 (Silver Streak), 8-cyl., 121" wb, 80 hp						
Rds.	1,900	5,700	9,500	21,380	33,250	47,500
Spt Rds.	1,940	5,820	9,700	21,830	33,950	48,500
2P Cpe.	1,380	4,140	6,900	15,530	24,150	34,500
4P Cpe.	1,420	4,260	7,100	15,980	24,850	35,500
Vic Cus .	1,340	4,020	6,700	15,080	23,450	33,500
Sed.	1,180	3,540	5,900	13,280	20,650	29,500
Spl Sed.	1,660	4,980	8,300	18,680	29,050	41,500
Cus Sed .	1,300	3,900	6,500	14,630	22,750	32,500
1932 Willys-Knight 95 DeLuxe, 6-cyl., 113" wb, 60 hp						
2P Cpe.	1,240	3,720	6,200	13,950	21,700	31,000
4P Cpe.	1,220	3,660	6,100	13,730	21,350	30,500
Vic.	1,220	3,660	6,100	13,730	21,350	30,500
2d Sed .	1,180	3,540	5,900	13,280	20,650	29,500
Sed.	1,280	3,840	6,400	14,400	22,400	32,000
1932 Willys-Knight 66D, 6-cyl., 121" wb, 87 hp						
1st Series (start Oct. 1931)						
Vic.	1,380	4,140	6,900	15,530	24,150	34,500
DeL Vic .	1,400	4,200	7,000	15,750	24,500	35,000
Sed.	1,340	4,020	6,700	15,080	23,450	33,500
DeL Sed .	1,360	4,080	6,800	15,300	23,800	34,000
Cus Sed .	1,460	4,380	7,300	16,430	25,550	36,500
2nd Series (start Jan. 1932)						
Vic Cus .	1,380	4,140	6,900	15,530	24,150	34,500
Cus Sed .	1,400	4,200	7,000	15,750	24,500	35,000
1933 Willys 77, 4-cyl., 100" wb, 48 hp						
Cpe.	2,640	7,920	13,200	29,700	46,200	66,000
Cus Cpe.	2,680	8,040	13,400	30,150	46,900	67,000
4P Cpe .	2,700	8,100	13,500	30,380	47,250	67,500
4P Cus Cpe .	2,720	8,160	13,600	30,600	47,600	68,000
Sed.	2,160	6,480	10,800	24,300	37,800	54,000
Cus Sed .	2,200	6,600	11,000	24,750	38,500	55,000

1933 Willys 6-90A (Silver Streak), 6-cyl., 113" wb, 65 hp

	6	5	4	3	2	1
Rds	1,520	4,560	7,600	17,100	26,600	38,000
4P Rds	1,560	4,680	7,800	17,550	27,300	39,000
Spt Rds	1,600	4,800	8,000	18,000	28,000	40,000
Cpe	1,600	4,800	8,000	18,000	28,000	40,000
Cus Cpe	1,640	4,920	8,200	18,450	28,700	41,000
2d Sed	1,260	3,780	6,300	14,180	22,050	31,500
Sed	1,200	3,600	6,000	13,500	21,000	30,000
Cus Sed	1,240	3,720	6,200	13,950	21,700	31,000

1933 Willys 8-88A (Streamline), 8-cyl., 121" wb, 80 hp

	6	5	4	3	2	1
2P Cpe	1,420	4,260	7,100	15,980	24,850	35,500
Cus Cpe	1,460	4,380	7,300	16,430	25,550	36,500
Sed	1,300	3,900	6,500	14,630	22,750	32,500
Cus Sed	1,340	4,020	6,700	15,080	23,450	33,500

1933 Willys-Knight 66E, 6-cyl., 121" wb, 87 hp

	6	5	4	3	2	1
Cus Sed	1,460	4,380	7,300	16,430	25,550	36,500

1934 Willys 77, 4-cyl., 100" wb, 48 hp

	6	5	4	3	2	1
Cpe	2,600	7,800	13,000	29,250	45,500	65,000
Cus Cpe	2,640	7,920	13,200	29,700	46,200	66,000
4P Cpe	2,660	7,980	13,300	29,930	46,550	66,500
4P Cus Cpe	2,680	8,040	13,400	30,150	46,900	67,000
Sed	2,120	6,360	10,600	23,850	37,100	53,000
Cus Sed	2,160	6,480	10,800	24,300	37,800	54,000
Pan Dely	2,960	8,880	14,800	33,300	51,800	74,000

1935 Willys 77, 4-cyl., 100" wb, 48 hp

	6	5	4	3	2	1
Cpe	2,600	7,800	13,000	29,250	45,500	65,000
Sed	2,120	6,360	10,600	23,850	37,100	53,000

1936 Willys 77, 4-cyl., 100" wb, 48 hp

	6	5	4	3	2	1
Cpe	2,600	7,800	13,000	29,250	45,500	65,000
Sed	2,120	6,360	10,600	23,850	37,100	53,000
DeL Sed	2,520	7,560	12,600	28,350	44,100	63,000

1937 Willys 37, 4-cyl., 100" wb, 48 hp

	6	5	4	3	2	1
Cpe	3,340	10,020	16,700	37,580	58,450	83,500
DeL Cpe	3,380	10,140	16,900	38,030	59,150	84,500
Sed	2,420	7,260	12,100	27,230	42,350	60,500
DeL Sed	2,460	7,380	12,300	27,680	43,050	61,500

1938 Willys 38, 4-cyl., 100" wb, 48 hp

	6	5	4	3	2	1
Std Cpe	3,300	9,900	16,500	37,130	57,750	82,500
DeL Cpe	3,340	10,020	16,700	37,580	58,450	83,500
2d Clipper Sed	2,900	8,700	14,500	32,630	50,750	72,500
Std Sed	2,300	6,900	11,500	25,880	40,250	57,500
2d DeL Clipper Sed	2,940	8,820	14,700	33,080	51,450	73,500
DeL Sed	2,340	7,020	11,700	26,330	40,950	58,500
Cus Sed	2,360	7,080	11,800	26,550	41,300	59,000

1939 Willys Std Speedway, 4-cyl., 102" wb, 48 hp

	6	5	4	3	2	1
Cpe	3,440	10,320	17,200	38,700	60,200	86,000
2d Sed	3,120	9,360	15,600	35,100	54,600	78,000
Sed	2,440	7,320	12,200	27,450	42,700	61,000
DeL Cpe	3,480	10,440	17,400	39,150	60,900	87,000
DeL 2d Sed	3,160	9,480	15,800	35,550	55,300	79,000
DeL 4d Sed	2,480	7,440	12,400	27,900	43,400	62,000
Spl Speedway Cpe	3,480	10,440	17,400	39,150	60,900	87,000
Spl Speedway 2d Sed	3,200	9,600	16,000	36,000	56,000	80,000
Spl Speedway 4d Sed	2,520	7,560	12,600	28,350	44,100	63,000

1939 Model 48, 100" wb

	6	5	4	3	2	1
Cpe	3,260	9,780	16,300	36,680	57,050	81,500
2d Sed	2,960	8,880	14,800	33,300	51,800	74,000
4d Sed	2,400	7,200	12,000	27,000	42,000	60,000

1939 Model 38, 100" wb

	6	5	4	3	2	1
Std Cpe	3,280	9,840	16,400	36,900	57,400	82,000
Std 2d Sed	2,960	8,880	14,800	33,300	51,800	74,000
Std 4d Sed	2,300	6,900	11,500	25,880	40,250	57,500
DeL Cpe	3,360	10,080	16,800	37,800	58,800	84,000
DeL 2d Sed	3,040	9,120	15,200	34,200	53,200	76,000
DeL 4d Sed	2,360	7,080	11,800	26,550	41,300	59,000

1940 Willys Speedway, 4-cyl., 102" wb, 48 hp
Willys (American)

	6	5	4	3	2	1
Cpe	5,440	16,320	27,200	61,200	95,200	136,000
Sed	2,360	7,080	11,800	26,550	41,300	59,000
Sta Wag	3,400	10,200	17,000	38,250	59,500	85,000

1940 DeLuxe, 4-cyl., 102" wb

	6	5	4	3	2	1
Cpe	5,400	16,200	27,000	60,750	94,500	135,000
Sed	2,320	6,960	11,600	26,100	40,600	58,000
Sta Wag	3,360	10,080	16,800	37,800	58,800	84,000

1941 Speedway Series, 4-cyl., 104" wb, 63 hp

	6	5	4	3	2	1
Cpe	5,400	16,200	27,000	60,750	94,500	135,000
Sed	2,400	7,200	12,000	27,000	42,000	60,000

1941 DeLuxe, 4-cyl., 104" wb, 63 hp

	6	5	4	3	2	1
Cpe	5,360	16,080	26,800	60,300	93,800	134,000

	6	5	4	3	2	1
Sed.	2,360	7,080	11,800	26,550	41,300	59,000
Sta Wag	3,360	10,080	16,800	37,800	58,800	84,000
1941 Plainsman, 4-cyl., 104" wb, 63 hp						
Cpe.	5,360	16,080	26,800	60,300	93,800	134,000
Sed.	2,360	7,080	11,800	26,550	41,300	59,000
1942 Speedway Series, 4-cyl., 104" wb, 63 hp						
Cpe.	5,400	16,200	27,000	60,750	94,500	135,000
Sed.	2,400	7,200	12,000	27,000	42,000	60,000
1942 DeLuxe, 4-cyl., 104" wb, 63 hp						
Cpe.	5,360	16,080	26,800	60,300	93,800	134,000
Sed.	2,360	7,080	11,800	26,550	41,300	59,000
Sta Wag	3,360	10,080	16,800	37,800	58,800	84,000
1942 Plainsman, 4-cyl., 104" wb, 63 hp						
Cpe.	5,360	16,080	26,800	60,300	93,800	134,000
Sed.	2,360	7,080	11,800	26,550	41,300	59,000
1946-47 Willys 4-63, 4-cyl., 104" wb, 63 hp						
2d Sta Wag	760	2,280	3,800	8,550	13,300	19,000
1948 Willys 4-63, 4-cyl., 104" wb, 63 hp						
2d Sta Wag.	760	2,280	3,800	8,550	13,300	19,000
2d Jeepster.	1,080	3,240	5,400	12,150	18,900	27,000
1948 Willys 6-63, 6-cyl., 104" wb, 75 hp						
2d Sta Sed	800	2,400	4,000	9,000	14,000	20,000
2d Jeepster.	1,120	3,360	5,600	12,600	19,600	28,000
1949 Willys 4X463, 4-cyl., 104.5" wb, 63 hp						
2d FWD Sta Wag	720	2,160	3,600	8,100	12,600	18,000
1949 Willys VJ3, 4-cyl., 104" wb, 63 hp						
2d Phae.	1,040	3,120	5,200	11,700	18,200	26,000
1949 Willys 463, 4-cyl., 104" wb, 63 hp						
2d Sta Wag.	760	2,280	3,800	8,550	13,300	19,000
1949 Willys Six, 6-cyl., 104" wb, 75 hp						
2d Phae.	1,160	3,480	5,800	13,050	20,300	29,000
2d Sta Sed.	860	2,580	4,300	9,680	15,050	21,500
2d Sta Wag.	840	2,520	4,200	9,450	14,700	21,000
1950-51 Willys 473SW, 4-cyl., 104" wb, 63 hp						
2d Sta Wag.	760	2,280	3,800	8,550	13,300	19,000
1950-51 Willys 4X473SW, 4-cyl., 104.5" wb, 63 hp						
2d FWD Sta Wag	720	2,160	3,600	8,100	12,600	18,000
1950-51 Willys 473VJ, 4-cyl., 104" wb, 63 hp						
2d Phae.	1,160	3,480	5,800	13,050	20,300	29,000
NOTE: Add 10% for 6-cyl.						
1952 Willys Aero, 6-cyl., 108" wb, 75 hp						
2d Lark.	600	1,800	3,000	6,750	10,500	15,000
2d Wing.	600	1,800	3,050	6,840	10,600	15,200
2d Ace.	600	1,850	3,100	7,020	10,900	15,600
2d HT Eagle	700	2,100	3,500	7,880	12,300	17,500
1952 Willys Four, 4-cyl., 104"-104.5" wb, 63 hp						
2d FWD Sta Wag	720	2,160	3,600	8,100	12,600	18,000
2d Sta Wag.	800	2,400	4,000	9,000	14,000	20,000
1952 Willys Six, 6-cyl., 104" wb, 75 hp						
2d Sta Wag.	840	2,520	4,200	9,450	14,700	21,000
NOTE: Deduct 10% for standard models.						
1953 Willys Aero, 6-cyl., 108" wb, 90 hp						
4d H.D. Aero	600	1,800	3,000	6,800	10,600	15,100
4d DeL Lark.	600	1,850	3,100	6,930	10,800	15,400
2d DeL Lark.	600	1,850	3,100	6,980	10,900	15,500
4d Falcon.	600	1,850	3,100	7,020	10,900	15,600
2d Falcon.	650	1,900	3,150	7,070	11,000	15,700
4d Ace.	650	1,900	3,150	7,110	11,100	15,800
2d Ace.	650	1,900	3,200	7,200	11,200	16,000
2d HT Eagle	750	2,300	3,800	8,550	13,300	19,000
1953 Willys Four, 4-cyl., 104"-104.5" wb, 72 hp						
2d FWD Sta Wag	720	2,160	3,600	8,100	12,600	18,000
2d Sta Wag.	800	2,400	4,000	9,000	14,000	20,000
1953 Willys Six, 6-cyl., 104" wb, 90 hp						
2d Sta Wag.	840	2,520	4,200	9,450	14,700	21,000
1954 Willys, 6-cyl., 108" wb, 90 hp						
4d DeL Ace.	600	1,850	3,100	6,980	10,900	15,500
2d DeL Ace.	600	1,850	3,100	7,020	10,900	15,600
2d HT DeL Eagle	750	2,300	3,800	8,550	13,300	19,000
2d HT Cus Eagle	800	2,350	3,900	8,780	13,700	19,500
4d Lark.	600	1,850	3,100	7,020	10,900	15,600
2d Lark.	650	1,900	3,150	7,070	11,000	15,700
4d Ace.	650	1,900	3,150	7,070	11,000	15,700
2d Ace.	650	1,900	3,150	7,110	11,100	15,800
2d HT Eagle	800	2,350	3,900	8,780	13,700	19,500
1954 Willys Four, 4-cyl., 104"-104.5" wb, 72 hp						
2d Sta Wag.	800	2,400	4,000	9,000	14,000	20,000
1954 Willys Six, 6-cyl., 104" wb, 90 hp						
2d FWD Sta Wag	720	2,160	3,600	8,100	12,600	18,000

	6	5	4	3	2	1 **465**
2d Sta Wag............................. 840	2,520	4,200	9,450	14,700	21,000	

1955 Willys Six, 6-cyl., 108" wb, 90 hp

	6	5	4	3	2	1
4d Cus Sed............................... 650	1,900	3,200	7,200	11,200	16,000	
2d Cus................................ 650	1,950	3,200	7,250	11,300	16,100	
2d HT Bermuda 050	2,500	4,200	9,450	14,700	21,000	

1955 Willys Six, 6-cyl., 104"-104.5" wb, 90 hp

	6	5	4	3	2	1
2d FWD Sta Wag......................... 720	2,160	3,600	8,100	12,600	18,000	
2d Sta Wag............................. 840	2,520	4,200	9,450	14,700	21,000	

IMPORTS

AC

1947-52 Two-Litre, 6-cyl., 117" wb, various bodies

	6	5	4	3	2	1
2d DHC................................ 1,480	4,440	7,400	16,650	25,900	37,000	
4d Saloon............................. 880	2,640	4,400	9,900	15,400	22,000	

1953-54 Ace, 6-cyl., 90" wb

	6	5	4	3	2	1
2d Rds............................... 7,920	23,760	39,600	89,100	138,600	198,000	

1955-56 Ace, 6-cyl., 90" wb

	6	5	4	3	2	1
2d Rds............................... 7,920	23,760	39,600	89,100	138,600	198,000	

1955-56 Aceca, 6-cyl., 90" wb

	6	5	4	3	2	1
2d FBk Cpe............................ 4,200	12,600	21,000	47,250	73,500	105,000	

1957 Ace, 6-cyl., 90" wb

	6	5	4	3	2	1
2d Rds............................... 7,920	23,760	39,600	89,100	138,600	198,000	

1957 Aceca, 6-cyl., 90" wb

	6	5	4	3	2	1
2d FBk Cpe............................ 4,200	12,600	21,000	47,250	73,500	105,000	

1958 Ace, 6-cyl., 90" wb

	6	5	4	3	2	1
2d Rds............................... 7,920	23,760	39,600	89,100	138,600	198,000	

1958 Aceca, 6-cyl., 90" wb

	6	5	4	3	2	1
2d FBk Cpe............................ 4,200	12,600	21,000	47,250	73,500	105,000	

1959 Ace, 6-cyl., 90" wb

	6	5	4	3	2	1
2d Rds............................... 7,920	23,760	39,600	89,100	138,600	198,000	

1959 Aceca, 6-cyl., 90" wb

	6	5	4	3	2	1
2d FBk Cpe............................ 4,200	12,600	21,000	47,250	73,500	105,000	

1960 Ace, 6-cyl., 90" wb

	6	5	4	3	2	1
2d Rds............................... 7,920	20,760	30,600	80,100	138,600	198,000	

1960 Aceca, 6-cyl., 90" wb

	6	5	4	3	2	1
2d FBk Cpe............................ 4,200	12,600	21,000	47,250	73,500	105,000	

1961 Ace, 6-cyl., 90" wb

	6	5	4	3	2	1
2d Rds............................... 7,920	23,760	39,600	89,100	138,600	198,000	

1961 Aceca, 6-cyl., 90" wb

	6	5	4	3	2	1
2d FBk Cpe............................ 4,200	12,600	21,000	47,250	73,500	105,000	

1962 Ace, 6-cyl., 90" wb

	6	5	4	3	2	1
2d Rds............................... 7,920	23,760	39,600	89,100	138,600	198,000	

1962 Aceca, 6-cyl., 90" wb

	6	5	4	3	2	1
2d FBk Cpe............................ 4,200	12,600	21,000	47,250	73,500	105,000	

1962 Ford/AC Shelby Cobra, 260/289 V-8, 90" wb

	6	5	4	3	2	1
2d Rds.............................. 26,500	79,500	132,500	298,130	463,750	662,500	

1963 Ace, 6-cyl., 90" wb

	6	5	4	3	2	1
2d Rds............................... 7,920	23,760	39,600	89,100	138,600	198,000	

1963 Aceca, 6-cyl., 90" wb

	6	5	4	3	2	1
2d FBk Cpe............................ 4,200	12,600	21,000	47,250	73,500	105,000	

1963 Ford/AC Shelby Cobra Mk II, 289 V-8, 90" wb

	6	5	4	3	2	1
2d Rds.............................. 26,800	80,400	134,000	301,500	469,000	670,000	

NOTE: Add 40% for 1956-63 Ace or Aceca with Bristol engine.

1964 Ace, 6-cyl., 90" wb

	6	5	4	3	2	1
2d Rds............................... 7,920	23,760	39,600	89,100	138,600	198,000	

1964 Aceca, 6-cyl., 90" wb

	6	5	4	3	2	1
2d FBk Cpe............................ 4,200	12,600	21,000	47,250	73,500	105,000	

1964 Ford/AC Shelby Cobra Mk II, 289 V-8, 90" wb

	6	5	4	3	2	1
2d Rds.............................. 26,800	80,400	134,000	301,500	469,000	670,000	

1965 Ford/AC Shelby Cobra Mk II, 289 V-8, 90" wb

	6	5	4	3	2	1
2d Rds.............................. 26,800	80,400	134,000	301,500	469,000	670,000	

1965 Ford/AC Shelby Cobra Mk III, 427/428, V-8, 90" wb

2d Rds .... value not estimable

1965 Ford/AC 428, 428 V-8, 96" wb

	6	5	4	3	2	1
2d Conv............................. 4,700	14,100	23,500	52,880	82,250	117,500	
2d Cpe.............................. 3,220	9,660	16,100	36,230	56,350	80,500	

1965 Shelby Cobra Mk III, 427 SC V-8, 90" wb

2d Rds .... value not estimable

NOTE: Approximately 26 made.

1965 Shelby Cobra Daytona

2d Cpe .... value not estimable

NOTE: 6 made.

1966 Ford/AC Shelby Cobra Mk III, 427/428 V-8, 90" wb

2d Rds .... value not estimable

1966 Ford/AC 289, 289 V-8, 90" wb

	6	5	4	3	2	1
2d Rds.............................. 26,800	80,400	134,000	301,500	469,000	670,000	

	6	5	4	3	2	1
1966 Ford/AC 428, 428 V-8, 96" wb						
2d Conv	4,700	14,100	23,500	52,880	82,250	117,500
2d Cpe	3,220	9,660	16,100	36,230	56,350	80,500
1967 Ford/AC Shelby Cobra Mk III 427/428 V-8, 90" wb						
2d Rds			value not estimable			
1967 Ford/AC 289, 289 V-8, 90" wb						
2d Rds	26,800	80,400	134,000	301,500	469,000	670,000
1967 Ford/AC 428, 428 V-8, 96" wb						
2d Conv	4,700	14,100	23,500	52,880	82,250	117,500
2d Cpe	3,220	9,660	16,100	36,230	56,350	80,500
1968 Ford/AC 289, 289 V-8, 90" wb						
2d Rds	26,800	80,400	134,000	301,500	469,000	670,000
1968 Ford/AC 428, 428 V-8, 96" wb						
2d Conv	4,700	14,100	23,500	52,880	82,250	117,500
2d Cpe	3,220	9,660	16,100	36,230	56,350	80,500
1969-73 Ford/AC 428, 428 V-8, 96" wb						
2d Conv	4,700	14,100	23,500	52,880	82,250	117,500
2d Cpe	3,220	9,660	16,100	36,230	56,350	80,500

ACURA

	6	5	4	3	2	1
1986 Integra						
3d HBk RS	240	720	1,200	2,700	4,200	6,000
5d HBk RS	260	770	1,280	2,880	4,480	6,400
3d HBk LS	260	780	1,300	2,930	4,550	6,500
5d HBk LS	280	840	1,400	3,150	4,900	7,000
1986 Legend						
4d Sed	300	900	1,500	3,380	5,250	7,500
1987 Integra						
3d HBk RS	260	780	1,300	2,930	4,550	6,500
5d HBk RS	270	800	1,340	3,020	4,690	6,700
3d HBk LS	280	840	1,400	3,150	4,900	7,000
5d HBk LS	300	900	1,500	3,380	5,250	7,500
1987 Legend						
4d Sed	320	960	1,600	3,600	5,600	8,000
2d Cpe	340	1,020	1,700	3,830	5,950	8,500
1988 Integra						
3d HBk RS	260	780	1,300	2,930	4,550	6,500
5d HBk RS	280	840	1,400	3,150	4,900	7,000
3d HBk LS	300	900	1,500	3,380	5,250	7,500
5d HBk LS	320	960	1,600	3,600	5,600	8,000
3d HBk SE	340	1,020	1,700	3,830	5,950	8,500
1988 Legend						
4d Sed	360	1,080	1,800	4,050	6,300	9,000
2d Cpe	380	1,140	1,900	4,280	6,650	9,500
1989 Integra						
3d HBk RS	320	960	1,600	3,600	5,600	8,000
5d HBk RS	340	1,020	1,700	3,830	5,950	8,500
3d HBk LS	340	1,020	1,700	3,830	5,950	8,500
5d HBk LS	360	1,080	1,800	4,050	6,300	9,000
1989 Legend						
4d Sed	680	2,040	3,400	7,650	11,900	17,000
2d Cpe	720	2,160	3,600	8,100	12,600	18,000
1990 Integra, 4-cyl.						
2d HBk RS	340	1,020	1,700	3,830	5,950	8,500
4d Sed RS	360	1,080	1,800	4,050	6,300	9,000
2d HBk LS	360	1,080	1,800	4,050	6,300	9,000
4d Sed LS	380	1,140	1,900	4,280	6,650	9,500
2d HBk GS	380	1,140	1,900	4,280	6,650	9,500
4d Sed GS	560	1,680	2,800	6,300	9,800	14,000
1990 Legend, V-6						
4d Sed	600	1,800	3,000	6,750	10,500	15,000
2d Cpe	680	2,040	3,400	7,650	11,900	17,000
4d Sed L	660	1,980	3,300	7,430	11,550	16,500
2d Cpe L	720	2,160	3,600	8,100	12,600	18,000
4d Sed LS	700	2,100	3,500	7,880	12,250	17,500
2d Cpe LS	760	2,280	3,800	8,550	13,300	19,000
1991 Integra						
2d HBk RS	310	940	1,560	3,510	5,460	7,800
4d Sed RS	320	960	1,600	3,600	5,600	8,000
2d HBk LS	320	960	1,600	3,600	5,600	8,000
4d Sed LS	330	980	1,640	3,690	5,740	8,200
2d HBk GS	340	1,020	1,700	3,830	5,950	8,500
4d Sed GS	350	1,040	1,740	3,920	6,090	8,700
1991 Legend						
2d Cpe L	680	2,040	3,400	7,650	11,900	17,000
2d Cpe LS	720	2,160	3,600	8,100	12,600	18,000
4d Sed	600	1,800	3,000	6,750	10,500	15,000
4d Sed L	700	2,100	3,500	7,880	12,250	17,500
4d Sed LS	740	2,220	3,700	8,330	12,950	18,500

	6	5	4	3	2	1
1991 NSX, V-6						
2d Cpe 1,400	4,200	7,000	15,750	24,500	35,000	
1992 Integra, 4-cyl.						
2d HBk RS 340	1,020	1,700	3,830	5,950	8,500	
4d Sed RS 350	1,040	1,740	3,920	6,090	8,700	
2d HBk LS 350	1,040	1,740	3,920	6,090	8,700	
4d Sed LS 360	1,070	1,780	4,010	6,230	8,900	
2d HBk GS 360	1,080	1,800	4,050	6,300	9,000	
4d Sed GS 560	1,680	2,800	6,300	9,800	14,000	
4d Sed GS-R 580	1,740	2,900	6,530	10,150	14,500	
1992 Vigor, 5-cyl.						
4d Sed LS 580	1,740	2,900	6,530	10,150	14,500	
4d Sed GS 600	1,800	3,000	6,750	10,500	15,000	
1992 Legend, V-6						
4d Sed 740	2,220	3,700	8,330	12,950	18,500	
4d Sed L 760	2,280	3,800	8,550	13,300	19,000	
2d Cpe L 800	2,400	4,000	9,000	14,000	20,000	
4d Sed LS 800	2,400	4,000	9,000	14,000	20,000	
2d Cpe LS 880	2,640	4,400	9,900	15,400	22,000	
1992 NSX, V-6						
2d Cpe 1,800	5,400	9,000	20,250	31,500	45,000	
1993 Integra, 4-cyl.						
2d Sed RS 340	1,030	1,720	3,870	6,020	8,600	
4d Sed RS 350	1,040	1,740	3,920	6,090	8,700	
2d Sed LS 350	1,040	1,740	3,920	6,090	8,700	
4d Sed LS 360	1,070	1,780	4,010	6,230	8,900	
2d Sed GS 360	1,070	1,780	4,010	6,230	8,900	
4d Scd GS 600	1,800	3,000	6,750	10,500	15,000	
1993 Legend, V-6						
4d Sed 760	2,280	3,800	8,550	13,300	19,000	
4d Sed L 780	2,340	3,900	8,780	13,650	19,500	
2d Cpe L 820	2,460	4,100	9,230	14,350	20,500	
4d Sed LS 820	2,460	4,100	9,230	14,350	20,500	
2d Cpe LS 900	2,700	4,500	10,130	15,750	22,500	
1993 NSX, V-6						
2d Cpe 1,840	5,520	9,200	20,700	32,200	46,000	
1994 Integra, 4-cyl.						
2d Cpe RS 400	1,200	2,000	4,500	7,000	10,000	
2d Cpe LS 420	1,260	2,100	4,730	7,350	10,500	
2d Cpe GS-R 480	1,440	2,400	5,400	8,400	12,000	
4d Sed RS 410	1,220	2,040	4,590	7,140	10,200	
4d Sed LS 430	1,280	2,140	4,820	7,490	10,700	
4d Sed GS-R 490	1,460	2,440	5,490	8,540	12,200	
1994 Vigor, 5-cyl.						
4d Sed LS 520	1,560	2,600	5,850	9,100	13,000	
4d Sed GS 540	1,620	2,700	6,080	9,450	13,500	
1994 Legend, V-6						
2d Cpe L 760	2,280	3,800	8,550	13,300	19,000	
2d Cpe LS 800	2,400	4,000	9,000	14,000	20,000	
4d Sed L 680	2,040	3,400	7,650	11,900	17,000	
4d Sed LS 720	2,160	3,600	8,100	12,600	18,000	
4d Sed GS 760	2,280	3,800	8,550	13,300	19,000	
1994 NSX, V-6						
2d Cpe 1,760	5,280	8,800	19,800	30,800	44,000	
1995 Integra, 4-cyl						
2d Cpe RS 400	1,200	2,000	4,500	7,000	10,000	
2d Cpe LS 420	1,260	2,100	4,730	7,350	10,500	
2d Cpe SE 440	1,320	2,200	4,950	7,700	11,000	
2d Cpe GS-R 480	1,440	2,400	5,400	8,400	12,000	
4d Sed RS 410	1,220	2,040	4,590	7,140	10,200	
4d Sed LS 430	1,280	2,140	4,820	7,490	10,700	
4d Sed SE 460	1,380	2,300	5,180	8,050	11,500	
4d Sed GS-R 490	1,460	2,440	5,490	8,540	12,200	
1995 TL, 5-cyl.						
4d Sed 2.5 500	1,500	2,500	5,630	8,750	12,500	
4d Sed 2.5 Prem. 540	1,620	2,700	6,080	9,450	13,500	
1995 Legend, V-6						
2d Cpe L 760	2,280	3,800	8,550	13,300	19,000	
2d Cpe LS 800	2,400	4,000	9,000	14,000	20,000	
4d Sed L 680	2,040	3,400	7,650	11,900	17,000	
4d Sed SE 700	2,100	3,500	7,880	12,250	17,500	
4d Sed LS 720	2,160	3,600	8,100	12,600	18,000	
4d Sed GS 760	2,280	3,800	8,550	13,300	19,000	
1995 NSX, V-6						
2d Cpe 1,760	5,280	8,800	19,800	30,800	44,000	
1996 Integra, 4-cyl.						
2d Cpe RS 400	1,200	2,000	4,500	7,000	10,000	
2d Cpe LS 420	1,260	2,100	4,730	7,350	10,500	
2d Cpe SE 440	1,320	2,200	4,950	7,700	11,000	

ACURA

	6	5	4	3	2	1
2d Cpe GS-R	480	1,440	2,400	5,400	8,400	12,000
4d Sed RS	410	1,220	2,040	4,590	7,140	10,200
4d Sed LS	430	1,280	2,140	4,820	7,490	10,700
4d Sed SE	460	1,380	2,300	5,180	8,050	11,500
4d Sed GS-R	490	1,460	2,440	5,490	8,540	12,200
1996 TL, 5-cyl.						
4d Sed 2.5	500	1,500	2,500	5,630	8,750	12,500
4d Sed 2.5 Prem	540	1,620	2,700	6,080	9,450	13,500
1996 TL, V-6						
4d Sed 3.2	660	1,980	3,300	7,430	11,550	16,500
4d Sed 3.2 Prem	680	2,040	3,400	7,650	11,900	17,000
1996 RL, V-6						
4d Sed 3.5	700	2,100	3,500	7,880	12,250	17,500
4d Sed 3.5 Prem	740	2,220	3,700	8,330	12,950	18,500
1996 NSX, V-6						
2d Cpe	1,740	5,220	8,700	19,580	30,450	43,500
2d Targa Cpe	1,800	5,400	9,000	20,250	31,500	45,000
1997 Integra, 4-cyl.						
2d Cpe RS	400	1,200	2,000	4,500	7,000	10,000
2d Cpe LS	420	1,260	2,100	4,730	7,350	10,500
2d Cpe GS	440	1,320	2,200	4,950	7,700	11,000
2d Cpe GS-R	480	1,440	2,400	5,400	8,400	12,000
2d Cpe R	530	1,580	2,640	5,940	9,240	13,200
4d Sed LS	430	1,280	2,140	4,820	7,490	10,700
4d Sed GS	460	1,380	2,300	5,180	8,050	11,500
4d Sed GS-R	490	1,460	2,440	5,490	8,540	12,200
1997 CL, 4-cyl.						
2d Cpe 2.2	410	1,220	2,040	4,590	7,140	10,200
2d Cpe 2.2 Prem	420	1,260	2,100	4,730	7,350	10,500
1997 CL, V-6						
2d Cpe 3.0	440	1,320	2,200	4,950	7,700	11,000
2d Cpe 3.0 Prem	460	1,380	2,300	5,180	8,050	11,500
1997 TL, 5-cyl.						
4d Sed 2.5	500	1,500	2,500	5,630	8,750	12,500
4d Sed 2.5 Prem	540	1,620	2,700	6,080	9,450	13,500
1997 TL, V-6						
4d Sed 3.2	660	1,980	3,300	7,430	11,550	16,500
4d Sed 3.2 Prem	680	2,040	3,400	7,650	11,900	17,000
1997 RL, V-6						
4d Sed 3.5	700	2,100	3,500	7,880	12,250	17,500
4d Sed 3.5 Prem	740	2,220	3,700	8,330	12,950	18,500
1997 NSX, V-6						
2d Cpe	1,740	5,220	8,700	19,580	30,450	43,500
2d Targa Cpe	1,800	5,400	9,000	20,250	31,500	45,000
1998 Integra, 4-cyl.						
2d Cpe RS	400	1,200	2,000	4,500	7,000	10,000
2d Cpe LS	420	1,260	2,100	4,730	7,350	10,500
2d Cpe GS	440	1,320	2,200	4,950	7,700	11,000
2d Cpe GS-R	480	1,440	2,400	5,400	8,400	12,000
2d Cpe R	530	1,580	2,640	5,940	9,240	13,200
4d Sed LS	430	1,280	2,140	4,820	7,490	10,700
4d Sed GS	460	1,380	2,300	5,180	8,050	11,500
4d Sed GS-R	490	1,460	2,440	5,490	8,540	12,200
1998 CL, 4-cyl.						
2d Cpe 2.3	410	1,220	2,040	4,590	7,140	10,200
2d Cpe 2.3 Prem	420	1,260	2,100	4,730	7,350	10,500
1998 CL, V-6						
2d Cpe 3.0	440	1,320	2,200	4,950	7,700	11,000
2d Cpe 3.0 Prem	460	1,380	2,300	5,180	8,050	11,500
1998 TL, 5-cyl.						
4d Sed 2.5	500	1,500	2,500	5,630	8,750	12,500
1998 TL, V-6						
4d Sed 3.2	660	1,980	3,300	7,430	11,550	16,500
1998 RL, V-6						
4d Sed 3.5	700	2,100	3,500	7,880	12,250	17,500
4d Sed 3.5 Prem	740	2,220	3,700	8,330	12,950	18,500
1998 NSX, V-6						
2d Cpe	1,820	5,460	9,100	20,480	31,850	45,500
2d Targa Cpe	1,880	5,640	9,400	21,150	32,900	47,000
1999 Integra, 4-cyl.						
2d Cpe LS	420	1,260	2,100	4,730	7,350	10,500
2d Cpe GS	440	1,320	2,200	4,950	7,700	11,000
2d Cpe GS-R	480	1,440	2,400	5,400	8,400	12,000
4d Sed LS	430	1,280	2,140	4,820	7,490	10,700
4d Sed GS	460	1,380	2,300	5,180	8,050	11,500
1999 CL, 4-cyl.						
2d Cpe 2.3	420	1,260	2,100	4,730	7,350	10,500
1999 CL, V-6						
2d Cpe 3.0	460	1,380	2,300	5,180	8,050	11,500

ACURA

	6	5	4	3	2	1
1999 TL, V-6						
4d Sed 3.2	660	1,980	3,300	7,430	11,550	16,500
1999 RL, V-6						
4d Sed 3.5	740	2,220	3,700	8,330	12,950	18,500
1999 NSX, V-6						
2d Cpe	1,820	5,460	9,100	20,480	31,850	45,500
2d Targa Cpe	1,880	5,640	9,400	21,150	32,900	47,000
NOTE: Add 10% for Zanardi Ed NSX.						
2000 Integra, 4-cyl.						
2d Cpe LS	420	1,260	2,100	4,730	7,350	10,500
2d Cpe GS	440	1,320	2,200	4,950	7,700	11,000
2d Cpe GS-R	480	1,440	2,400	5,400	8,400	12,000
2d Cpe R	540	1,620	2,700	6,080	9,450	13,500
4d Sed LS	430	1,280	2,140	4,820	7,490	10,700
4d Sed GS	460	1,380	2,300	5,180	8,050	11,500
4d Sed GS-R	480	1,440	2,400	5,400	8,400	12,000
2000 CL, V-6						
2d Cpe 3.2	460	1,380	2,300	5,180	8,050	11,500
2000 TL, V-6						
4d Sed 3.2	680	2,040	3,400	7,650	11,900	17,000
2000 RL, V-6						
4d Sed 3.5	740	2,220	3,700	8,330	12,950	18,500
2000 NSX, V-6						
2d Cpe	1,740	5,220	8,700	19,580	30,450	43,500
2d Targa Cpe	1,800	5,400	9,000	20,250	31,500	45,000
2001 Integra, 4-cyl.						
2d Cpe LS	420	1,260	2,100	4,730	7,350	10,500
2d Cpe GS	440	1,320	2,200	4,950	7,700	11,000
2d Cpe GS-R	480	1,440	2,400	5,400	8,400	12,000
2d Cpe R	540	1,620	2,700	6,080	9,450	13,500
4d Sed LS	430	1,280	2,140	4,820	7,490	10,700
4d Sed GS	460	1,380	2,300	5,180	8,050	11,500
4d Sed GS-R	480	1,440	2,400	5,400	8,400	12,000
2001 CL, V-6						
2d Cpe 3.2	470	1,410	2,350	5,290	8,230	11,750
2001 TL, V-6						
4d Sed 3.2	680	2,040	3,400	7,650	11,900	17,000
2001 RL, V-6						
4d Sed 3.5	740	2,220	3,700	8,330	12,950	18,500
2001 NSX, V-6						
2d Cpe	1,740	5,220	8,700	19,580	30,450	43,500
2d Targa Cpe	1,800	5,400	9,000	20,250	31,500	45,000
2002 RSX, 4-cyl.						
2d Cpe	420	1,260	2,100	5,250	7,350	10,500
2d Cpe Type S	440	1,320	2,200	5,500	7,700	11,000
2002 CL, V-6						
2d Cpe 3.2	470	1,410	2,350	5,880	8,230	11,750
2d Cpe 3.2 Type S	480	1,440	2,400	6,000	8,400	12,000
2002 TL, V-6						
4d Sed 3.2	680	2,040	3,400	8,500	11,900	17,000
4d Sed 3.2 Type S	690	2,070	3,450	8,630	12,080	17,250
2002 RL, V-6						
4d Sed 3.5	740	2,220	3,700	9,250	12,950	18,500
2002 NSX, V-6						
2d Cpe	1,800	5,400	9,000	22,500	31,500	45,000
2003 RSX, 4-cyl.						
2d Cpe	420	1,260	2,100	5,250	7,350	10,500
2d Cpe Type S	440	1,320	2,200	5,500	7,700	11,000
2003 CL, V-6						
2d Cpe 3.2	470	1,410	2,350	5,880	8,230	11,750
2d Cpe 3.2 Type S	480	1,440	2,400	6,000	8,400	12,000
2003 TL, V-6						
4d Sed 3.2	680	2,040	3,400	8,500	11,900	17,000
4d Sed 3.2 Type S	690	2,070	3,450	8,630	12,080	17,250
2003 RL, V-6						
4d Sed 3.5	740	2,220	3,700	9,250	12,950	18,500
2003 NSX, V-6						
2d Cpe	1,800	5,400	9,000	22,500	31,500	45,000
NOTE: Choice of V-6 in NSX as either 3.2L with manual transmission or 3.0L with automatic.						
2004 RSX, 4-cyl.						
2d Cpe	420	1,260	2,100	5,250	7,350	10,500
Type S 2d Cpe	440	1,320	2,200	5,500	7,700	11,000
2004 TSX, 4-cyl.						
4d Sed	500	1,500	2,500	6,250	8,750	12,500
NOTE: Deduct 5% for manual transmission.						
2004 TL, V-6						
3.2 4d Sed	680	2,040	3,400	8,500	11,900	17,000
NOTE: Deduct 5% for manual transmission.						

ACURA

	6	5	4	3	2	1
2004 RL, V-6						
3.5 4d Sed	740	2,220	3,700	9,250	12,950	18,500
2004 NSX, V-6						
2d Cpe	1,800	5,400	9,000	22,500	31,500	45,000
NOTE: Choice of V-6 in NSX as either 3.2L with manual transmission or 3.0L with automatic.						
2005 RSX, 4-cyl.						
2d Cpe	420	1,260	2,100	5,250	7,350	10,500
2d Type S Cpe (6-Spd only)	440	1,320	2,200	5,500	7,700	11,000
NOTE: Deduct 5% for manual transmission on base model.						
2005 TSX, 4-cyl.						
4d Sed	500	1,500	2,500	6,250	8,750	12,500
NOTE: Deduct 5% for manual transmission.						
2005 TL, V-6						
4d 3.2 Sed	680	2,040	3,400	8,500	11,900	17,000
2005 RL, V-6, AWD						
4d Sed	740	2,220	3,700	9,250	12,950	18,500
2005 NSX, V-6						
2d Cpe	2,040	6,120	10,200	22,950	35,700	51,000
NOTE: Choice of V-6 in NSX as either 3.2L w/manual transmission or 3.0L w/automatic.						
2006 RSX, 2.0L 4-cyl.						
2d Spt Cpe	470	1,400	2,340	5,850	8,190	11,700
2d Type S Spt Cpe	540	1,610	2,680	6,700	9,380	13,400
2006 TSX, 2.4L 4-cyl						
4d Sed	620	1,860	3,100	7,750	10,850	15,500
2006 TL, 3.2L V-6						
4d Sed	660	1,980	3,300	8,250	11,550	16,500
2006 RL SH AWD, 3.5L V-6						
4d Sed	720	2,160	3,600	9,000	12,600	18,000
2007 TSX, 2.4L 4-cyl.						
4d Sed	580	1,740	2,900	7,250	10,150	14,500
2007 TL, 3.2L V-6						
4d Sed	640	1,920	3,200	8,000	11,200	16,000
2007 T Type S, 3.5L V-6						
4d Type S Sed	730	2,180	3,640	9,100	12,740	18,200
2007 RL SH AWD, 3.5L V-6						
4d Sed	640	1,920	3,200	8,000	11,200	16,000
2008 TSX, 2.4L I4						
4d Sed	600	1,810	3,010	7,530	10,540	15,050
2008 TL, 3.2L V6 VTEC						
4d Sed	640	1,910	3,190	7,980	11,170	15,950
2008 T TYPE S, 3.5L V6 VTEC						
4d Type S Sed	750	2,250	3,750	9,380	13,130	18,750
2008 RL SH AWD, 3.5L V6						
4d Sed	670	2,010	3,350	8,380	11,730	16,750
2009 TSX, 2.4L I4						
4d Sed	550	1,660	2,760	6,900	9,660	13,800
2009 TL, 3.52L/3.7L V6 VTEC						
4d Sed	640	1,920	3,200	8,000	11,200	16,000
2009 RL SH AWD, 3.5L V6						
4d Sed	740	2,210	3,680	9,200	12,880	18,400
2010 TSX, 2.4L I4						
4d Sed	590	1,770	2,950	7,380	10,330	14,750
2010 TL, 3.5L/3.7L V6 VTEC						
4d Sed	690	2,070	3,450	8,630	12,080	17,250
2010 RL SH AWD, 3.5L V6						
4d Sed	770	2,300	3,840	9,600	13,440	19,200
2011 TSX, 2.4L I4 VTEC						
4d Sed	460	1,380	2,300	5,750	8,050	11,500
4d Wagon	500	1,500	2,500	6,250	8,750	12,500
Add 10% for 3.5L VTEC V6						
2011 TL, 3.5L/3.7L VTEC V6						
4d Sed	470	1,400	2,340	5,850	8,190	11,700
2011 RL AWD, 3.7L V6						
4d Sed	440	1,320	2,200	5,500	7,700	11,000

ALFA ROMEO

	6	5	4	3	2	1
1946-53 6-cyl., 2443cc, 118" wb (106" SS) 6C-2500 Series						
3P Spt Cpe	3,500	10,500	17,500	39,380	61,250	87,500
Spt Cabr	5,180	15,540	25,900	58,280	90,650	129,500
3P Sup Spt Cpe	14,430	43,290	72,150	162,340	252,530	360,750
Sup Spt Cabr	15,100	45,300	75,500	169,880	264,250	377,500
Freccia d'Oro Cpe	3,700	11,100	18,500	41,630	64,750	92,500
Spt Sed	2,290	6,870	11,450	25,760	40,080	57,250
1950 4-cyl., 1884cc, 98.5" wb						
1900 Berlina 4d Sed	1,120	3,360	5,600	12,600	19,600	28,000
1951 4-cyl., 1884cc, 98.5" wb						
1900 Berlina 4d Sed	1,120	3,360	5,600	12,600	19,600	28,000
1900 Sprint Cpe	3,500	10,500	17,500	39,380	61,250	87,500

	6	5	4	3	2	1
1952 4-cyl., 1884cc, 98.5" wb						
1900 Berlina 4d Sed	1,120	3,360	5,600	12,600	19,600	28,000
1900 TI 4d Sed	1,420	4,260	7,100	15,980	24,850	35,500
1900 Sprint Cpe	3,500	10,500	17,500	39,380	61,250	87,500
1000 Sup Sprint Cpe	14,430	43,290	72,150	162,340	252,530	360,750
1900 Cabr	15,100	45,300	75,500	169,880	264,250	377,500
1953 4-cyl., 1884cc, 98.5" wb						
1900 Berlina 4d Sed	1,120	3,360	5,600	12,600	19,600	28,000
1953 4-cyl., 1975cc, 98.5" wb						
1900 TI Sup 4d Sed	1,420	4,260	7,100	15,980	24,850	35,500
1900 Sup Sprint Cpe	3,500	10,500	17,500	39,380	61,250	87,500
1954 4-cyl., 1884cc, 98.5" wb						
1900 Berlina 4d Sed	1,120	3,360	5,600	12,600	19,600	28,000
1954 4-cyl., 1975cc, 98.5" wb						
1900 TI Sup 4d Sed	1,420	4,260	7,100	15,980	24,850	35,500
1900 Sup Sprint Cpe	3,500	10,500	17,500	39,380	61,250	87,500
1954 4-cyl., 1290cc, 93.7" wb						
Giulietta Sprint Cpe	1,230	3,690	6,150	13,840	21,530	30,750
1955 4-cyl., 1975cc, 98.5" wb						
1900 TI Sup 4d Sed	1,420	4,260	7,100	15,980	24,850	35,500
1900 Sup Sprint Cpe	3,500	10,500	17,500	39,380	61,250	87,500
1955 Giulietta 4-cyl., 1290cc, 93.7" wb (88.6" Spider)						
Berlina 4d Sed	720	2,160	3,600	8,100	12,600	18,000
Sprint Cpe	1,420	4,260	7,100	15,980	24,850	35,500
Spider Conv	1,280	3,840	6,400	14,400	22,400	32,000
1956 4-cyl., 1975cc, 98.5" wb						
1900 Sup Sprint Cpe	3,500	10,500	17,500	39,380	61,250	87,500
1956 Giulietta 4-cyl., 1290cc, 93.7" wb (88.6" Spider)						
Berlina 4d Sed	720	2,100	3,600	8,100	12,600	18,000
Sprint Cpe	1,420	4,260	7,100	15,980	24,850	35,500
Sp Veloce Cpe	1,920	5,760	9,600	21,600	33,600	48,000
Spider Conv	1,280	3,840	6,400	14,400	22,400	32,000
Spr Veloce Conv	2,100	6,300	10,500	23,630	36,750	52,500
1957 1900, 4-cyl., 1975cc, 98.5" wb						
Sup Sprint Cpe	3,260	9,780	16,300	36,680	57,050	81,500
1957 Giulietta 4-cyl., 1290cc, 93.7" wb (88.6" Spider & SS)						
Berlina 4d Sed	720	2,160	3,600	8,100	12,600	18,000
Sprint Cpe	1,420	4,260	7,100	15,980	24,850	35,500
Veloce Cpe	1,920	5,760	9,600	21,600	33,600	48,000
Spider Conv	1,280	3,840	6,400	14,400	22,400	32,000
Spr Veloce Conv	2,100	6,300	10,500	23,630	36,750	52,500
Sprint Speciale	1,400	4,200	7,000	15,750	24,500	35,000
1958 1900, 4-cyl., 1975cc, 98.5" wb						
Sup Sprint Cpe	2,940	8,820	14,700	33,080	51,450	73,500
1958 Giulietta 4-cyl., 1290cc, 93.7" wb (88.6" Spider & SS)						
Berlina 4d Sed	720	2,160	3,600	8,100	12,600	18,000
Sprint Cpe	1,420	4,260	7,100	15,980	24,850	35,500
Veloce Cpe	1,920	5,760	9,600	21,600	33,600	48,000
Spider Conv	1,280	3,840	6,400	14,400	22,400	32,000
Spider Veloce Conv	2,100	6,300	10,500	23,630	36,750	52,500
Sprint Speciale	1,400	4,200	7,000	15,750	24,500	35,000
1958 2000, 4-cyl., 1975cc, 107.1" wb (98.4" Spider)						
Berlina 4d Sed	760	2,280	3,800	8,550	13,300	19,000
Spider Conv	1,820	5,460	9,100	20,480	31,850	45,500
1959 4-cyl., 1290cc, 93.7" wb (88.6" Spider, SS, SZ) Giulietta - 750 Series						
Berlina 4d Sed	720	2,160	3,600	8,100	12,600	18,000
Sprint Cpe	1,420	4,260	7,100	15,980	24,850	35,500
Veloce Cpe	1,920	5,760	9,600	21,600	33,600	48,000
Spider Conv	1,280	3,840	6,400	14,400	22,400	32,000
Spr Veloce Conv	2,100	6,300	10,500	23,630	36,750	52,500
1959 Giulietta - 101 Series						
Sprint Cpe	1,420	4,260	7,100	15,980	24,850	35,500
Sp Veloce Cpe	1,920	5,760	9,600	21,600	33,600	48,000
Spider Conv	1,280	3,840	6,400	14,400	22,400	32,000
Spr Veloce Conv	2,100	6,300	10,500	23,630	36,750	52,500
Sprint Speciale Cpe	2,640	7,920	13,200	29,700	46,200	66,000
Sprint Zagato	4,600	13,800	23,000	51,750	80,500	115,000
1959 2000, 4-cyl., 1975cc, 107.1" wb (98.4" Spider)						
Berlina 4d Sed	720	2,160	3,600	8,100	12,600	18,000
Spider Conv	1,820	5,460	9,100	20,480	31,850	45,500
1960 4-cyl., 1290cc, 93.7" wb (88.6" Spider, SS, SZ) Giulietta - 750 Series						
Berlina 4d Sed	720	2,160	3,600	8,100	12,600	18,000
1960 Giulietta - 101 Series						
Sprint Cpe	1,420	4,260	7,100	15,980	24,850	35,500
Sp Veloce Cpe	1,920	5,760	9,600	21,600	33,600	48,000
Spider Conv	1,280	3,840	6,400	14,400	22,400	32,000
Spr Veloce Conv	2,100	6,300	10,500	23,630	36,750	52,500
Sprint Speciale	2,640	7,920	13,200	29,700	46,200	66,000
Sprint Zagato	4,600	13,800	23,000	51,750	80,500	115,000

ALFA ROMEO

	6	5	4	3	2	1
1960 2000, 4-cyl., 1975cc, 107.1" wb (101.6" Sprint, 98.4" Spider)						
Berlina 4d Sed	720	2,160	3,600	8,100	12,600	18,000
Sprint Cpe	1,100	3,300	5,500	12,380	19,250	27,500
Spider Conv	1,820	5,460	9,100	20,480	31,850	45,500
1961 Giulietta, 4-cyl., 1290cc, 93.7" wb (88.6" Spider, SS, SZ)						
Sprint Cpe	1,420	4,260	7,100	15,980	24,850	35,500
Sp Veloce Cpe	1,920	5,760	9,600	21,600	33,600	48,000
Spider Conv	1,280	3,840	6,400	14,400	22,400	32,000
Spr Veloce Conv	2,100	6,300	10,500	23,630	36,750	52,500
Sprint Speciale	2,640	7,920	13,200	29,700	46,200	66,000
Sprint Zagato	4,600	13,800	23,000	51,750	80,500	115,000
1961 2000, 4-cyl., 1975cc, 107" wb (101.6" Sprint, 98.4" Spider)						
Berlina 4d Sed	720	2,160	3,600	8,100	12,600	18,000
Sprint Cpe	1,100	3,300	5,500	12,380	19,250	27,500
Spider Conv	1,820	5,460	9,100	20,480	31,850	45,500
1962 Giulietta, 4-cyl., 1290cc, 93.7" wb (88.6" Spider, SS)						
Sprint Cpe	1,420	4,260	7,100	15,980	24,850	35,500
Sp Veloce Cpe	1,920	5,760	9,600	21,600	33,600	48,000
Spider Conv	1,280	3,840	6,400	14,400	22,400	32,000
Spr Veloce Conv	2,100	6,300	10,500	23,630	36,750	52,500
Sprint Speciale	2,640	7,920	13,200	29,700	46,200	66,000
1962 4-cyl., 1570cc, 93.7" wb (88.6" Spider) Giulia - 101 Series						
Sprint Cpe	1,520	4,560	7,600	17,100	26,600	38,000
Spider Conv	1,740	5,220	8,700	19,580	30,450	43,500
1962 4-cyl., 1570cc, 98.8" wb Giulia - 105 Series						
TI 4d Sed	640	1,920	3,200	7,200	11,200	16,000
1962 2000, 4-cyl., 1975cc, 107" wb (101.6" Sprint)						
Berlina 4d Sed	720	2,160	3,600	8,100	12,600	18,000
Sprint Cpe	1,100	3,300	5,500	12,380	19,250	27,500
1962 2600, 6-cyl., 2584cc, 106.7" wb (101.6" Sprint, 98.4" Spider, SZ)						
Berlina 4d Sed	800	2,400	4,000	9,000	14,000	20,000
Sprint Cpe	1,680	5,040	8,400	18,900	29,400	42,000
Spider Conv	2,220	6,660	11,100	24,980	38,850	55,500
1963 Giulietta, 4-cyl., 1290cc, 93.7" wb						
Sprint 1300 Cpe	600	1,800	3,000	6,750	10,500	15,000
1963 4-cyl., 1570cc, 93.7" wb (88.6" Spider) Giulia - 101 Series						
Sprint Cpe	1,520	4,560	7,600	17,100	26,600	38,000
Spider Conv	1,740	5,220	8,700	19,580	30,450	43,500
Sprint Spl	2,640	7,920	13,200	29,700	46,200	66,000
1963 4-cyl., 1570cc, 98.8" wb (92.5" Sprint) Giulia - 105 Series						
TI 4d Sed	540	1,620	2,700	6,080	9,450	13,500
TI Sup 4d Sed	560	1,680	2,800	6,300	9,800	14,000
Sprint GT Cpe	1,620	4,860	8,100	18,230	28,350	40,500
GTZ	2,480	7,440	12,400	27,900	43,400	62,000
1963 2600, 6-cyl., 2584cc, 106.7" wb (101.6" Sprint, 98.4" Spider)						
Berlina 4d Sed	580	1,740	2,900	6,530	10,150	14,500
Sprint Cpe	680	2,040	3,400	7,650	11,900	17,000
Spider Conv	1,000	3,000	5,000	11,250	17,500	25,000
1964 Giulietta, 4-cyl., 1290cc, 93.7" wb						
Sprint 1300 Cpe	600	1,800	3,000	6,750	10,500	15,000
1964 4-cyl., 1570cc, 93.7" wb (88.6" Spider) Giulia - 101 Series						
Sprint Cpe	680	2,040	3,400	7,650	11,900	17,000
Spider Conv	920	2,760	4,600	10,350	16,100	23,000
Spider Veloce Conv	840	2,520	4,200	9,450	14,700	21,000
Sprint Speciale	1,360	4,080	6,800	15,300	23,800	34,000
1964 4-cyl., 1570cc, 98.8" wb (92.5" Sprint) Giulia - 105 Series						
TI 4d Sed	540	1,620	2,700	6,080	9,450	13,500
TI Sup 4d Sed	560	1,680	2,800	6,300	9,800	14,000
Sprint GT Cpe	720	2,160	3,600	8,100	12,600	18,000
GTZ	2,480	7,440	12,400	27,900	43,400	62,000
GTC Conv	1,000	3,000	5,000	11,250	17,500	25,000
1964 2600, 6-cyl., 2584cc, 106.7" wb (101.6" Sprint, 98.4" Spider)						
Berlina 4d Sed	580	1,740	2,900	6,530	10,150	14,500
Sprint Cpe	680	2,040	3,400	7,650	11,900	17,000
Spider Conv	880	2,640	4,400	9,900	15,400	22,000
1965 4-cyl., 1570cc, 93.7" wb (88.6" Spider) Giulia - 101 Series						
Spider Conv	960	2,880	4,800	10,800	16,800	24,000
Spider Veloce Conv	1,000	3,000	5,000	11,250	17,500	25,000
Sprint Spl Cpe	1,320	3,960	6,600	14,850	23,100	33,000
1965 4-cyl., 1570cc, 98.8" wb (92.5" Sprint) Giulia - 105 Series						
TI 4d Sed	250	740	1,240	2,790	4,340	6,200
Sup 4d Sed	560	1,680	2,800	6,300	9,800	14,000
Sprint GT Cpe	720	2,160	3,600	8,100	12,600	18,000
GTV Cpe	800	2,400	4,000	9,000	14,000	20,000
GTZ Cpe	2,480	7,440	12,400	27,900	43,400	62,000
GTA Cpe	1,320	3,960	6,600	14,850	23,100	33,000
GTC Conv	1,000	3,000	5,000	11,250	17,500	25,000
TZ 2			value not estimable			

	6	5	4	3	2	1
1965 2600, 6-cyl., 2584cc, 106.7" wb (101.6" Sprint, 98.4" Spider)						
Berlina 4d Sed	560	1,680	2,800	6,300	9,800	14,000
Sprint Cpe	680	2,040	3,400	7,650	11,900	17,000
Spider Conv	1,320	3,960	6,600	14,850	23,100	33,000
SZ	1,120	3,360	5,600	12,600	19,000	20,000
1966 Giulia, 4-cyl., 1570cc, 98.8" wb (92.5" Sprint)						
T.I. 4d Sed	250	740	1,240	2,790	4,340	6,200
Sprint GT Cpe	720	2,160	3,600	8,100	12,600	18,000
GTV Cpe	1,360	4,080	6,800	15,300	23,800	34,000
Spider Conv	960	2,880	4,800	10,800	16,800	24,000
Spider Veloce	1,000	3,000	5,000	11,250	17,500	25,000
GTZ	2,480	7,440	12,400	27,900	43,400	62,000
GTA Cpe	1,080	3,240	5,400	12,150	18,900	27,000
GTC Conv	1,000	3,000	5,000	11,250	17,500	25,000
TZ 2 Cpe	value not estimable					
1966 4-cyl., 1570cc, 88.6" wb						
Duetto Conv	680	2,040	3,400	7,650	11,900	17,000
1966 2600, 6-cyl., 2584cc, 106.7" wb (101.6" Sprint, 98.4" Spider)						
Berlina 4d Sed	640	1,920	3,200	7,200	11,200	16,000
Sprint Cpe	880	2,640	4,400	9,900	15,400	22,000
SZ	1,120	3,360	5,600	12,600	19,600	28,000
1967 Giulia, 4-cyl., 1570cc, 98.8" wb (92.5" Sprint)						
T.I. 4d Sed	250	740	1,240	2,790	4,340	6,200
GTV Cpe	800	2,400	4,000	9,000	14,000	20,000
GTZ Cpe	2,480	7,440	12,400	27,900	43,400	62,000
GTA Cpe	1,080	3,240	5,400	12,150	18,900	27,000
TZ 2	value not estimable					
1967 4-cyl., 1570cc, 88.6" wb						
Duetto Conv	680	2,040	3,400	7,650	11,900	17,000
1967 1750, 4-cyl., 1779cc, 101.2" wb (92.5" Cpe, 88.6" Spider)						
Berlina 4d Sed	250	740	1,240	2,790	4,340	6,200
GTV Cpe	840	2,520	4,200	9,450	14,700	21,000
Spider	880	2,640	4,400	9,900	15,400	22,000
1967 2600, 6-cyl., 2584cc, 106.7" wb						
Berlina 4d Sed	580	1,740	2,900	6,530	10,150	14,500
SZ	1,120	3,360	5,600	12,600	19,600	28,000
1968 4-cyl., 1290/1570cc, 92.5" wb						
Giulia GTV Cpe	800	2,400	4,000	9,000	14,000	20,000
1968 1750, 4-cyl., 1779cc, 101.2" wb (92.5" Sprint, 88.6" Spider)						
Berlina 4d Sed	250	740	1,240	2,790	4,340	6,200
GTV Cpe	840	2,520	4,200	9,450	14,700	21,000
Spider Conv	880	2,640	4,400	9,900	15,400	22,000
1968 2600, 6-cyl., 2584cc, 106.7" wb						
Berlina 4d Sed	300	900	1,500	3,380	5,250	7,500
1968 Giulia, 4-cyl., 1290cc, 92.5" wb						
GTA 1300 Jr Cpe	1,000	3,000	5,000	11,250	17,500	25,000
1969 1750, 4-cyl., 1779cc, 101.2" wb (92.5" Cpe, 88.6" Spider)						
Berlina 4d Sed	260	780	1,300	2,930	4,550	6,500
GTV Cpe	840	2,520	4,200	9,450	14,700	21,000
Spider Conv	880	2,640	4,400	9,900	15,400	22,000
1970 Giulia, 4-cyl., 1290cc, 92.5" wb						
GTA 1300 Jr Cpe	1,000	3,000	5,000	11,250	17,500	25,000
Jr Z 1300 Cpe	800	2,400	4,000	9,000	14,000	20,000
1970 1750, 4-cyl., 1779cc, 101.2" wb (92.5" Cpe, 88.6" Spider)						
Berlina 4d Sed	260	780	1,300	2,930	4,550	6,500
GTV Cpe	520	1,560	2,600	5,850	9,100	13,000
Spider	640	1,920	3,200	7,200	11,200	16,000
1971 Giulia, 4-cyl., 1290cc, 92.5" wb						
GTA 1300 Jr Cpe	1,000	3,000	5,000	11,250	17,500	25,000
Jr Z 1300 Cpe	800	2,400	4,000	9,000	14,000	20,000
1971 1750, 4-cyl., 1779cc, 101.2" wb (92.5" Cpe, 88.6" Spider)						
Berlina 4d Sed	250	740	1,240	2,790	4,340	6,200
GTV Cpe	520	1,560	2,600	5,850	9,100	13,000
Spider	580	1,740	2,900	6,530	10,150	14,500
1971 2000, 4-cyl., 1962cc, 101.8" wb (92.5" Cpe, 88.6" Spider)						
Berlina 4d Sed	260	780	1,300	2,930	4,550	6,500
GTV Cpe	560	1,680	2,800	6,300	9,800	14,000
Spider Veloce	640	1,920	3,200	7,200	11,200	16,000
1971 V-8, 2953cc, 92.5" wb						
Montreal Cpe	1,800	5,400	9,000	20,250	31,500	45,000
1972 Giulia, 4-cyl., 1290cc, 92.5" wb						
GTA 1300 Jr Cpe	1,000	3,000	5,000	11,250	17,500	25,000
Jr Z 1300 Cpe	800	2,400	4,000	9,000	14,000	20,000
Jr Z 1600 Cpe	840	2,520	4,200	9,450	14,700	21,000
1972 1750, 4-cyl., 1779cc, 101.2" wb (92.5" Cpe, 88.6" Spider)						
Berlina 4d Sed	250	740	1,240	2,790	4,340	6,200
GTV Cpe	520	1,560	2,600	5,850	9,100	13,000
Spider	580	1,740	2,900	6,530	10,150	14,500

ALFA ROMEO

	6	5	4	3	2	1
1972 2000, 4-cyl., 1962cc, 101.8" wb (92.5" Cpe, 88.6" Spider)						
Berlina 4d Sed	260	780	1,300	2,930	4,550	6,500
GTV Cpe.	520	1,560	2,600	5,850	9,100	13,000
Spider Veloce	640	1,920	3,200	7,200	11,200	16,000
1972 V-8, 2593cc, 92.5" wb						
Montreal Cpe	1,800	5,400	9,000	20,250	31,500	45,000
1973 4-cyl., 1570cc, 92.5" wb						
Giulia Jr Z 1600	800	2,400	4,000	9,000	14,000	20,000
1973 2000, 4-cyl., 1992cc, 101.8" wb (92.5" Cpe, 88.6" Spider)						
Berlina 4d Sed	260	780	1,300	2,930	4,550	6,500
GTV Cpe.	540	1,620	2,700	6,080	9,450	13,500
Spider Veloce	640	1,920	3,200	7,200	11,200	16,000
1973 V-8, 2593cc, 92.5" wb						
Montreal Cpe	1,800	5,400	9,000	20,250	31,500	45,000
1974 4-cyl., 1570 cc, 92.5" wb						
Giulia Jr Z 1600 Cpe.	800	2,400	4,000	9,000	14,000	20,000
1974 2000, 4-cyl., 1962cc, 101.8" wb (92.5" Cpe, 88.6" Spider)						
Berlina 4d Sed	260	780	1,300	2,930	4,550	6,500
GTV Cpe.	540	1,620	2,700	6,080	9,450	13,500
Spider Veloce	640	1,920	3,200	7,200	11,200	16,000
1974 V-8, 2953cc, 92.5" wb						
Montreal Cpe	1,800	5,400	9,000	20,250	31,500	45,000
1975 Giulia, 4-cyl., 1570cc, 92.5" wb						
Jr Z 1600 Cpe.	800	2,400	4,000	9,000	14,000	20,000
1975 2000, 4-cyl., 1962cc, 88.6" wb						
Spr Veloce Conv	640	1,920	3,200	7,200	11,200	16,000
1975 V-8, 2593cc, 92.5" wb						
Montreal Cpe	1,800	5,400	9,000	20,250	31,500	45,000
1975 Alfetta, 4-cyl., 1779cc, 98.8" wb						
4d Sed	240	720	1,200	2,700	4,200	6,000
1975 Alfetta, 4-cyl., 1962cc, 94.5" wb						
GT Cpe.	520	1,560	2,600	5,850	9,100	13,000
1976 2000, 4-cyl., 1962cc, 88.6" wb						
Spr Veloce Conv	640	1,920	3,200	7,200	11,200	16,000
1976 Alfetta, 4-cyl., 1779cc, 98.8" wb						
4d Sed	260	780	1,300	2,930	4,550	6,500
1976 4-cyl., 1962cc, 94.5" wb						
GTV Cpe.	520	1,560	2,600	5,850	9,100	13,000
1977 2000, 4-cyl., 1962cc, 88.6" wb						
Spr Veloce Conv	640	1,920	3,200	7,200	11,200	16,000
1977 Alfetta, 4-cyl., 1779cc, 98.8" wb						
4d Sed	260	780	1,300	2,930	4,550	6,500
1977 4-cyl., 1962cc, 94.5" wb						
GTV Cpe.	540	1,620	2,700	6,080	9,450	13,500
1978 2000, 4-cyl., 1962cc, 88.6" wb						
Spr Veloce Conv	640	1,920	3,200	7,200	11,200	16,000
1978 4-cyl., 1962cc, 98.8" wb (94.5" Cpe)						
4d Spt Sed	260	780	1,300	2,930	4,550	6,500
Sprint Veloce Cpe.	540	1,620	2,700	6,080	9,450	13,500
1980 4-cyl., 1962cc, 98.8" wb (94.5" Cpe)						
2d Spider Conv	620	1,860	3,100	6,980	10,850	15,500
1981 4-cyl., 1962cc, 98.8" wb (94.5" Cpe)						
2d Spt Cpe 2 plus 2	280	840	1,400	3,150	4,900	7,000
2d Spider Conv	620	1,860	3,100	6,980	10,850	15,500
1982 4-cyl., 1962cc, 98.8" wb (94.5" Cpe)						
2d Spt Cpe	270	800	1,340	3,020	4,690	6,700
2d Spider	620	1,860	3,100	6,980	10,850	15,500
1983 4-cyl., 1962cc, 98.8" wb (94.5" Cpe)						
2d Cpe	280	840	1,400	3,150	4,900	7,000
2d Spider	620	1,860	3,100	6,980	10,850	15,500
1984 4-cyl., 1962cc, 98.8" wb (94.5" Cpe)						
GTV6 Cpe.	320	960	1,600	3,600	5,600	8,000
Spider Veloce	620	1,860	3,100	6,980	10,850	15,500
1985 4-cyl., 1962cc, 98.8" wb (94.5" Cpe)						
GTV6 2d Cpe	520	1,560	2,600	5,850	9,100	13,000
Graduate 2d Conv	640	1,920	3,200	7,200	11,200	16,000
Spider Veloce 2d Conv	680	2,040	3,400	7,650	11,900	17,000
1986 4-cyl., 1962cc, 98.8" wb (94.5" Cpe)						
GTV6 2d Cpe	520	1,560	2,600	5,850	9,100	13,000
Graduate 2d Conv	680	2,040	3,400	7,650	11,900	17,000
Spider Veloce 2d Conv	720	2,160	3,600	8,100	12,600	18,000
Quadrifoglio 2d Conv	680	2,040	3,400	7,650	11,900	17,000
1987 4-cyl., 1962cc, 98.8" wb (94.5" Cpe)						
4d Sed Milano Silver.	320	960	1,600	3,600	5,600	8,000
2d Spider Veloce.	720	2,160	3,600	8,100	12,600	18,000
4d Quadrifoglio.	640	1,920	3,200	7,200	11,200	16,000
2d Conv Graduate	680	2,040	3,400	7,650	11,900	17,000

ALFA ROMEO

	6	5	4	3	2	1
1988 4-cyl., 1962cc, 98.8" wb (94.5" Cpe)						
4d Sed Milano Gold	520	1,560	2,600	5,850	9,100	13,000
4d Sed Milano Platinum	540	1,620	2,700	6,080	9,450	13,500
4d Sed Milano Verde 3.0.	560	1,680	2,800	6,300	9,800	14,000
2d Spider Veloce.	680	2,040	3,400	7,650	11,900	17,000
4d Quadrifoglio	680	2,040	3,400	7,650	11,900	17,000
2d Conv Graduate	660	1,980	3,300	7,430	11,550	16,500
1989 4-cyl., 1962cc, 98.8" wb (94.5" Cpe)						
4d Sed Milano Gold	520	1,560	2,600	5,850	9,100	13,000
4d Sed Milano Platinum	540	1,620	2,700	6,080	9,450	13,500
4d Sed Milano 3.0.	560	1,680	2,800	6,300	9,800	14,000
2d Spider Veloce.	680	2,040	3,400	7,650	11,900	17,000
4d Quadrifoglio	720	2,160	3,600	8,100	12,600	18,000
2d Conv Graduate	600	1,800	3,000	6,750	10,500	15,000
1990 4-cyl., 1962cc, 98.8" wb (94.5" Cpe)						
2d Conv Spider.	560	1,680	2,800	6,300	9,800	14,000
2d Conv Graduate	520	1,560	2,600	5,850	9,100	13,000
2d Conv Quadrifoglio	600	1,800	3,000	6,750	10,500	15,000
1991 Alfa Romeo						
4d.	220	660	1,100	2,480	3,850	5,500
4d L.	260	780	1,300	2,930	4,550	6,500
4d S.	320	960	1,600	3,600	5,600	8,000
1991 Spider						
2d Conv	520	1,560	2,600	5,850	9,100	13,000
2d Conv Veloce.	560	1,680	2,800	6,300	9,800	14,000
1992 Spider, 4-cyl.						
2d Conv	620	1,860	3,100	6,980	10,850	15,500
2d Conv Veloce.	680	2,040	3,400	7,650	11,900	17,000
1992 164, V-6						
4d Sed L.	540	1,620	2,700	6,080	9,450	13,500
4d Sed S.	620	1,860	3,100	6,980	10,850	15,500
1993 Spider, 4-cyl.						
2d Conv	640	1,920	3,200	7,200	11,200	16,000
2d Veloce Conv.	680	2,040	3,400	7,650	11,900	17,000
1993 164, V-6						
4d Sed L.	540	1,630	2,720	6,120	9,520	13,600
4d Sed S.	550	1,660	2,760	6,210	9,660	13,800
1994 Spider, 4-cyl.						
2d Conv	520	1,560	2,600	5,850	9,100	13,000
2d Conv Veloce.	580	1,740	2,900	6,530	10,150	14,500
1994 164, V-6						
4d Sed LS.	560	1,680	2,800	6,300	9,800	14,000
4d Sed Quadrifoglio	680	2,040	3,400	7,650	11,900	17,000

ALLARD

	6	5	4	3	2	1
1946-49 J1, V-8, 100" wb						
2d Rds	3,920	11,760	19,600	44,100	68,600	98,000
1946-49 K1, V-8, 106" wb						
2d Rds	4,800	14,400	24,000	54,000	84,000	120,000
1946-49 L, V-8, 112" wb						
2d Tr	3,200	9,600	16,000	36,000	56,000	80,000
1946-49 M, V-8, 112" wb						
2d DHC	3,360	10,080	16,800	37,800	58,800	84,000
1950-51 J2, V-8, 100" wb						
2d Rds	11,600	34,800	58,000	130,500	203,000	290,000
1950-51 K2, V-8, 106" wb						
2d Rdo	8,400	25,200	42,000	94,500	147,000	210,000
2d Spt Sed	2,400	7,200	12,000	27,000	42,000	60,000
1950-51 L, V-8, 112" wb						
2d Tr	2,400	7,200	12,000	27,000	42,000	60,000
1950-51 M, V-8, 112" wb						
2d DHC.	3,400	10,200	17,000	38,250	59,500	85,000
1952-54 K3, V-8, 100" wb						
2d Rds	6,800	20,400	34,000	76,500	119,000	170,000
1952-54 J2X, V-8, 100" wb						
2d Rds	13,600	40,800	68,000	153,000	238,000	340,000
2d LeMans Rds	21,000	63,000	105,000	236,250	367,500	525,000
1952-54 JR, V-8, 96" wb						
2d Rds	8,800	26,400	44,000	99,000	154,000	220,000
1952-54 Monte Carlo/Safari, V-8, 112" wb						
2d M.C. Sed	3,400	10,200	17,000	38,250	59,500	85,000
2d Safari Wag.	3,920	11,760	19,600	44,100	68,600	98,000
1952-54 Palm Beach, 4-cyl., 96" wb						
2d Rds	2,120	6,360	10,600	23,850	37,100	53,000
1952-54 Palm Beach, 6-cyl., 96" wb						
2d Rds	2,240	6,720	11,200	25,200	39,200	56,000
1955-59 Palm Beach, 4-cyl., 96" wb						
2d Rds	2,120	6,360	10,600	23,850	37,100	53,000

	6	5	4	3	2	1
1955-59 Palm Beach, 6-cyl., 96" wb						
2d Rds 2,240	6,720	11,200	25,200	39,200	56,000	

AMPHICAR

	6	5	4	3	2	1
1961 4-cyl., 43 hp, 83" wb						
2d Conv 2,640	7,920	13,200	29,700	46,200	66,000	
1962 4-cyl., 43 hp, 83" wb						
2d Conv 2,640	7,920	13,200	29,700	46,200	66,000	
1963 4-cyl., 43 hp, 83" wb						
2d Conv 2,640	7,920	13,200	29,700	46,200	66,000	
1964 4-cyl., 43 hp, 83" wb						
2d Conv 2,640	7,920	13,200	29,700	46,200	66,000	
1965 4-cyl., 43 hp, 83" wb						
2d Conv 2,640	7,920	13,200	29,700	46,200	66,000	
1966 4-cyl., 43 hp, 83" wb						
2d Conv 2,640	7,920	13,200	29,700	46,200	66,000	
1967-68 4-cyl., 43 hp, 83" wb						
2d Conv 2,640	7,920	13,200	29,700	46,200	66,000	

ASTON MARTIN

	6	5	4	3	2	1
1948-50 DB1, 4-cyl., 1970cc, 108" wb						
2S Rds (14 made)........................		value not estimable				
1950-53 DB2, 6-cyl., 2580cc, 99" wb						
Saloon 3,040	9,120	15,200	34,200	53,200	76,000	
DHC 14,000	42,000	70,000	157,500	245,000	350,000	
Graber DHC (3 made)		value not estimable				
1951-53 DB3, 6-cyl., 2580/2922cc, 93" wb						
Racer (10 made)		value not estimable				
1953-55 DB2/4, 6-cyl., 292cc, 99" wb						
Saloon 6,400	19,200	32,000	72,000	112,000	160,000	
DHC 14,000	42,000	70,000	157,500	245,000	350,000	
DHC by Graber........................15,200	45,600	76,000	171,000	266,000	380,000	
Rds by Touring (2 made)		value not estimable				
1953-56 DB3S, 6-cyl., 2922cc, 87" wb						
Racer		value not estimable				
Cpe...................................8,000	24,000	40,000	90,000	140,000	200,000	
1955-57 DB2/4, 6-cyl., 2922cc, 99" wb						
Mk II Saloon 3,600	10,800	18,000	40,000	63,000	90,000	
Mk II DHC............................14,000	42,000	70,000	157,500	245,000	350,000	
Mk II FHC 5,600	16,800	28,000	63,000	98,000	140,000	
Mk II Spider by Touring (2 made)		value not estimable				
1956-60 DBR, 6-cyl., 2493/2992/4164cc, 90" wb						
Racer (14 made)........................		value not estimable				
1957-59 DB, 6-cyl., 2922cc, 99" wb						
Mk III Saloon..........................3,600	10,800	18,000	40,500	63,000	90,000	
Mk III DHC............................14,000	42,000	70,000	157,500	245,000	350,000	
Mk III FHC 5,600	16,800	28,000	63,000	98,000	140,000	
1958-60 DB4, 6-cyl., 3670cc, 98" wb, Series 1						
Saloon 3,600	10,800	18,000	40,500	63,000	90,000	
1959-63 DB4GT, 6-cyl., 3670cc, 93" wb						
Saloon 7,200	21,600	36,000	81,000	126,000	180,000	
Cpe by Zagato		value not estimable				
Bertone (1 made)		value not estimable				
1960-61 DB4, 6-cyl., 3670cc, 98" wb, Series 2						
Saloon 3,600	10,800	18,000	40,500	63,000	90,000	
1961 DB4, 6-cyl., 3670cc, 98" wb, Series 3						
Saloon 3,600	10,800	18,000	40,500	63,000	90,000	
1961-62 DB4, 6-cyl., 3670cc, 98" wb, Series 4						
Saloon 3,600	10,800	18,000	40,500	63,000	90,000	
DHC 14,000	42,000	70,000	157,500	245,000	350,000	
1962-63 DB4, 6-cyl., 3670cc, 98" wb, Series 5						
Saloon 3,600	10,800	18,000	40,500	63,000	90,000	
DHC 14,000	42,000	70,000	157,500	245,000	350,000	
1963-65 DB5, 6-cyl., 3995cc, 98" wb						
Saloon 3,600	10,800	18,000	40,500	63,000	90,000	
DHC 14,000	42,000	70,000	157,500	245,000	350,000	
Radford Shooting Brake (12 made)		value not estimable				
Volante (37 made)		value not estimable				
1965-69 DB6, 6-cyl., 3995cc, 102" wb						
Saloon 3,600	10,800	18,000	40,500	63,000	90,000	
Radford Shooting Brake (6 made)		value not estimable				
Volante 6,000	18,000	30,000	67,500	105,000	150,000	
1967-72 6-cyl., 3995cc, 103" wb						
DBS Saloon 3,600	10,800	18,000	40,500	63,000	90,000	
DBSC Saloon (2 made)		value not estimable				
1969-70 DB6, 6-cyl., 3995cc, 102" wb						
Mk II Saloon 3,600	10,800	18,000	40,500	63,000	90,000	
Mk II Volante.........................6,000	18,000	30,000	67,500	105,000	150,000	

ALLARD

	6	5	4	3	2	1
1970-72 DBSV8, V-8, 5340cc, 103" wb						
Saloon	3,600	10,800	18,000	40,500	63,000	90,000
Saloon by Ogle (2 built)		value not estimable				
1972-73 AM, 6-cyl., 3995cc, 103" wb						
Vantage Saloon (70 made)		value not estimable				
1972-73 AMV8, 5340cc, V-8, 103" wb, Series II						
Saloon	3,200	9,600	16,000	36,000	56,000	80,000
1973-78 AMV8, V-8, 5340cc, 103" wb, Series III						
Saloon	3,640	10,920	18,200	40,950	63,700	91,000
1977-78 AMV8, V-8, 5340cc, 103" wb						
Vantage Saloon	3,640	10,920	18,200	40,950	63,700	91,000
1979 AMV8, V-8, 5340cc, 103" wb						
2d Vantage Cpe	3,960	11,880	19,800	44,550	69,300	99,000
2d Volante Conv	5,240	15,720	26,200	58,950	91,700	131,000
4d Lagonda	2,960	8,880	14,800	33,300	51,800	74,000
1980 AMV8, V-8, 5340cc, 103" wb						
2d Vantage Cpe	3,960	11,880	19,800	44,550	69,300	99,000
2d Volante Conv	5,240	15,720	26,200	58,950	91,700	131,000
4d Lagonda	3,600	10,800	18,000	40,500	63,000	90,000
1981 AMV8, V-8, 5340cc, 103" wb						
2d Vantage Cpe	3,960	11,880	19,800	44,550	69,300	99,000
2d Volante Conv	5,240	15,720	26,200	58,950	91,700	131,000
4d Lagonda	3,600	10,800	18,000	40,500	63,000	90,000
1982 AMV8, V-8, 5340cc, 103" wb						
2d Vantage Cpe	3,960	11,880	19,800	44,550	69,300	99,000
2d Volante Conv	5,240	15,720	26,200	58,950	91,700	131,000
4d Lagonda	3,600	10,800	18,000	40,500	63,000	90,000
1983 AMV8, V-8, 5340cc, 103" wb						
2d Vantage Cpe	3,960	11,880	19,800	44,550	69,300	99,000
2d Volante Conv	5,240	15,720	26,200	58,950	91,700	131,000
4d Lagonda	3,600	10,800	18,000	40,500	63,000	90,000
1984 AMV8, V-8, 5340cc, 103" wb						
2d Vantage Cpe	3,960	11,880	19,800	44,550	69,300	99,000
2d Volante Conv	5,240	15,720	26,200	58,950	91,700	131,000
4d Lagonda	3,600	10,800	18,000	40,500	63,000	90,000
1985 V-8						
2d Vantage Cpe	3,960	11,880	19,800	44,550	69,300	99,000
2d Volante Conv	5,240	15,720	26,200	58,950	91,700	131,000
4d Lagonda	3,040	9,120	15,200	34,200	53,200	76,000
1986 V-8						
2d Vantage Cpe	3,960	11,880	19,800	44,550	69,300	99,000
2d Volante Conv	5,240	15,720	26,200	58,950	91,700	131,000
4d Lagonda Saloon	3,040	9,120	15,200	34,200	53,200	76,000
1987 V-8						
2d Vantage Cpe	3,960	11,880	19,800	44,550	69,300	99,000
2d Volante Conv	5,240	15,720	26,200	58,950	91,700	131,000
4d Lagonda Saloon	3,120	9,360	15,600	35,100	54,600	78,000
1988 V-8						
2d Vantage Cpe	3,960	11,880	19,800	44,550	69,300	99,000
2d Volante Conv	5,240	15,720	26,200	58,950	91,700	131,000
4d Lagonda Saloon	3,120	9,360	15,600	35,100	54,600	78,000
1989 V-8						
2d Vantage Cpe	4,000	12,000	20,000	45,000	70,000	100,000
2d Volante Conv	5,240	15,720	26,200	58,950	91,700	131,000
4d Lagonda Saloon	3,280	9,840	16,400	36,900	57,400	82,000
1990 V-8						
2d Virage Cpe	5,440	16,320	27,200	61,200	95,200	136,000
1991 Virage						
2d Cpe	4,400	13,200	22,000	49,500	77,000	110,000
1992 Virage						
2d Cpe	4,600	13,800	23,000	51,750	80,500	115,000
1993 Virage						
2d Cpe	4,000	12,000	20,000	45,000	70,000	100,000
1993 Volante						
2d Conv	6,400	19,200	32,000	72,000	112,000	160,000
1994 Virage						
2d Cpe	4,400	13,200	22,000	49,500	77,000	110,000
1994 Volante						
2d Conv	6,600	19,800	33,000	74,250	115,500	165,000
2006 DB9 Base Coupe, 5.9L V-12						
2d Spt Cpe	2,280	6,840	11,400	28,500	39,900	57,000
2006 DB9 Volante, 5.9L V-12						
2d Conv	2,880	8,640	14,400	36,000	50,400	72,000
2007 DB9 Base Coupe, 5.9L V-12						
2d Spt Cpe	3,600	10,800	18,000	45,000	63,000	90,000
2007 DB9 Volante, 5.9L V-12						
2d Conv	4,000	12,000	20,000	50,000	70,000	100,000

ASTON MARTIN

	6	5	4	3	2	1
2007 Vantage 4.3L V-8						
2d Spt Cpe	3,000	9,000	15,000	37,500	52,500	75,000
2d Rds	3,320	9,960	16,600	41,500	58,100	83,000
2007 A4 1.8L/2.0L 4-cyl. Turbo						
2d 1.8 T Cabrio	560	1,670	2,780	6,950	9,730	13,900
2008 DB9 Base Coupe, 5.9L V12						
2d Spt Cpe	4,040	12,120	20,200	50,500	70,700	101,000
2d Volante Conv	5,880	17,640	29,400	66,150	102,900	147,000
2008 DBS, 5.9L V12						
2d Conv	5,860	17,590	29,320	65,970	102,620	146,600
2008 Vantage 4.3L V8						
2d Spt Cpe	2,970	8,920	14,860	37,150	52,010	74,300
2d Rds	3,360	10,080	16,800	42,000	58,800	84,000
2009 DB9 Base Coupe, 6.0L V12						
2d Spt Cpe	4,200	12,600	21,000	47,250	73,500	105,000
2d Volante Conv	5,200	15,600	26,000	65,000	91,000	130,000
2009 DB5, 6.0L V12						
2d Cpe	5,600	16,800	28,000	70,000	98,000	140,000
2d Volante Conv	5,800	17,400	29,000	72,500	101,500	145,000
2009 Vantage 4.3L V8						
2d Cpe	2,800	8,400	14,000	35,000	49,000	70,000
2d Rds	3,200	9,600	16,000	40,000	56,000	80,000
2010 DB9 Base Coupe, 6.0L V12						
2d Spt Cpe	4,670	14,000	23,340	58,350	81,690	116,700
2d Volante Conv	5,410	16,240	27,060	67,650	94,710	135,300
2010 DBS, 6.0L V12						
2d Cpe	5,660	16,980	28,300	70,750	99,050	141,500
2d Volante Conv	5,880	17,630	29,380	73,450	102,830	146,900
2010 Rapide, 6.0L V12						
4d Sed	6,000	18,000	30,000	75,000	105,000	150,000
2010 Vantage, 4.3L V8						
2d Cpe	3,020	9,060	15,100	37,750	52,850	75,500
2d Rds	3,490	10,480	17,460	43,650	61,110	87,300
2d N420 Cpe	3,280	9,830	16,380	40,950	57,330	81,900
2d N420 Rds.	3,730	11,180	18,640	46,600	65,240	93,200
2011 DB9, 6.0L V12						
2d Cpe	4,670	14,000	23,340	58,350	81,690	116,700
2d Luxury Ed Cpe	4,670	14,000	23,340	58,350	81,690	116,700
2d Sports Ed Cpe	4,670	14,000	23,340	58,350	81,690	116,700
2d Volante Conv	5,410	16,240	27,060	67,650	94,710	135,300
2d Volante Luxury Conv	5,410	16,240	27,060	67,650	94,710	135,300
2d Volante Sports Conv	5,410	16,240	27,060	67,650	94,710	135,300
2011 DBS, 6.0L V12						
2d Cpe	5,660	16,980	28,300	70,750	99,050	141,500
2d Volante Conv	5,880	17,630	29,380	73,450	102,830	146,900
2011 Vantage 4.7L V8						
2d Cpe	3,020	9,060	15,100	37,750	52,850	75,500
2d Rds	3,490	10,480	17,460	43,650	61,110	87,300
2d N420 Cpe	3,280	9,830	16,380	40,950	57,330	81,900
2d N420 Rds	3,730	11,180	18,640	46,600	65,240	93,200
2d S Cpe	3,280	9,830	16,380	40,950	57,330	81,900
2d S Rds	3,730	11,180	18,640	46,600	65,240	93,200
2011 Vantage 4.3L V8						
2d Cpe	3,020	9,060	15,100	37,750	52,850	75,500
2011 Vantage 4.3L V8						
2d Carbon Blk Cpe	3,020	9,060	15,100	37,750	52,850	75,500

AUDI

	6	5	4	3	2	1
1970 Super 90						
2d Sed	260	790	1,320	2,970	4,620	6,600
4d Sed	270	800	1,340	3,020	4,690	6,700
4d Sta Wag.	270	820	1,360	3,060	4,760	6,800
1970 100 LS						
2d Sed	270	820	1,360	3,060	4,760	6,800
4d Sed	280	830	1,380	3,110	4,830	6,900
1971 Super 90						
2d Sed	260	790	1,320	2,970	4,620	6,600
4d Sed	270	800	1,340	3,020	4,690	6,700
4d Sta Wag.	270	800	1,340	3,020	4,690	6,700
1971 100 LS						
2d Sed	270	820	1,360	3,060	4,760	6,800
4d Sed	280	830	1,380	3,110	4,830	6,900
1972 Super 90						
2d Sed	260	790	1,320	2,970	4,620	6,600
4d Sed	270	800	1,340	3,020	4,690	6,700
4d Sta Wag	270	820	1,360	3,060	4,760	6,800
1972 100						
2d Sed	270	800	1,340	3,020	4,690	6,700
4d Sed	270	820	1,360	3,060	4,760	6,800

	6	5	4	3	2	1 479
1972 100 LS						
2d Sed	270	820	1,360	3,060	4,760	6,800
4d Sed	280	830	1,380	3,110	4,830	6,900
1972 100 GL						
2d Sed	280	830	1,380	3,110	4,830	6,900
4d Sed	280	840	1,400	3,150	4,900	7,000
1973 100						
2d Sed	260	790	1,320	2,970	4,620	6,600
4d Sed	270	800	1,340	3,020	4,690	6,700
1973 100 LS						
2d Sed	270	800	1,340	3,020	4,690	6,700
4d Sed	270	820	1,360	3,060	4,760	6,800
1973 100 GL						
2d Sed	270	820	1,360	3,060	4,760	6,800
4d Sed	280	830	1,380	3,110	4,830	6,900
1973 Fox						
2d Sed	200	600	1,000	2,250	3,500	5,000
4d Sed	200	610	1,020	2,300	3,570	5,100
1974 100 LS						
2d Sed	260	790	1,320	2,970	4,620	6,600
4d Sed	270	800	1,340	3,020	4,690	6,700
1974 Fox						
2d Sed	200	600	1,000	2,250	3,500	5,000
4d Sed	200	600	1,000	2,250	3,500	5,000
1975 100 LS						
2d Sed	260	780	1,300	2,930	4,550	6,500
4d Sed	260	790	1,320	2,970	4,620	6,600
1975 Fox						
2d Sed	200	600	1,000	2,250	3,500	5,000
4d Sed	200	600	1,000	2,250	3,500	5,000
4d Sta Wag	210	620	1,040	2,340	3,640	5,200
1976 100 LS						
2d Sed	260	770	1,280	2,880	4,480	6,400
4d Sed	260	780	1,300	2,930	4,550	6,500
1976 Fox						
2d Sed	200	600	1,000	2,250	3,500	5,000
4d Sed	200	600	1,000	2,250	3,500	5,000
4d Sta Wag	210	620	1,040	2,340	3,640	5,200
1977 Sedan						
2d	250	760	1,260	2,840	4,410	6,300
4d	260	770	1,280	2,880	4,480	6,400
1977 Fox						
2d Sed	200	600	1,000	2,250	3,500	5,000
4d Sed	200	600	1,000	2,250	3,500	5,000
4d Sta Wag	210	620	1,040	2,340	3,640	5,200
1978 5000						
4d Sed	260	770	1,280	2,880	4,480	6,400
1978 Fox						
2d Sed	200	000	1,000	2,250	3,500	5,000
4d Sed	200	600	1,000	2,250	3,500	5,000
4d Sta Wag	210	620	1,040	2,340	3,640	5,200
1979 5000						
4d Sed	250	760	1,260	2,840	4,410	6,000
4d Sed S	260	790	1,320	2,970	4,620	6,600
1979 Fox						
2d Sed	200	600	1,000	2,250	3,500	5,000
4d Sed	200	600	1,000	2,250	3,500	5,000
4d Sta Wag	210	620	1,040	2,340	3,640	5,200
1980 5000						
4d Sed	250	740	1,240	2,790	4,340	6,200
4d Sed S	260	780	1,300	2,930	4,550	6,500
4d Sed (Turbo)	280	840	1,400	3,150	4,900	7,000
1980 4000						
2d Sed	240	710	1,180	2,660	4,130	5,900
4d Sed	240	720	1,200	2,700	4,200	6,000
1981 5000						
4d Sed	240	720	1,200	2,700	4,200	6,000
4d Sed S	250	740	1,240	2,790	4,340	6,200
4d Sed (Turbo)	260	780	1,300	2,930	4,550	6,500
1981 4000						
2d Sed 4E	220	650	1,080	2,430	3,780	5,400
4d Sed 4E	220	660	1,100	2,480	3,850	5,500
2d Sed (5 plus 5)	240	710	1,180	2,660	4,130	5,900
2d Cpe	240	720	1,200	2,700	4,200	6,000
1982 5000						
4d Sed S	240	720	1,200	2,700	4,200	6,000
4d Sed (Turbo)	260	780	1,300	2,930	4,550	6,500

AUDI

	6	5	4	3	2	1
1982 4000						
2d Sed	220	660	1,100	2,480	3,850	5,500
4d Sed (Diesel)	200	600	1,000	2,250	3,500	5,000
4d Sed S	230	700	1,160	2,610	4,060	5,800
2d Cpe	240	710	1,180	2,660	4,130	5,900
1983 5000						
4d Sed S	240	720	1,200	2,700	4,200	6,000
4d Sed (Turbo)	260	780	1,300	2,930	4,550	6,500
4d Sed (Turbo Diesel)	230	700	1,160	2,610	4,060	5,800
1983 4000						
2d Sed	220	660	1,100	2,480	3,850	5,500
4d Sed S	230	700	1,160	2,610	4,060	5,800
4d Sed S (Diesel)	200	600	1,000	2,250	3,500	5,000
2d Cpe	240	710	1,180	2,660	4,130	5,900
2d Quattro Cpe (4x4)	340	1,020	1,700	3,830	5,950	8,500
1984 5000						
4d Sed S	240	720	1,200	2,700	4,200	6,000
4d Sed (Turbo)	260	780	1,300	2,930	4,550	6,500
4d Sta Wag S	250	760	1,260	2,840	4,410	6,300
1984 4000						
2d Sed S	220	660	1,100	2,480	3,850	5,500
4d Sed S	230	680	1,140	2,570	3,990	5,700
2d GT Cpe	250	760	1,260	2,840	4,410	6,300
4d Sed S Quattro (4x4)	260	780	1,300	2,930	4,550	6,500
2d Quattro Cpe (4x4)	360	1,080	1,800	4,050	6,300	9,000
1985 5000						
4d Sed S	240	720	1,200	2,700	4,200	6,000
4d Sed (Turbo)	260	780	1,300	2,930	4,550	6,500
4d Sta Wag S	250	760	1,260	2,840	4,410	6,300
1985 4000						
4d Sed S	230	680	1,140	2,570	3,990	5,700
2d GT Cpe	250	760	1,260	2,840	4,410	6,300
4d Sed S Quattro (4x4)	260	780	1,300	2,930	4,550	6,500
2d Quattro Cpe (4x4)	360	1,080	1,800	4,050	6,300	9,000
1986 5000						
4d Sed S	280	840	1,400	3,150	4,900	7,000
4d Sed CS (Turbo)	320	960	1,600	3,600	5,600	8,000
4d Sed CS Quattro (Turbo - 4x4)	560	1,680	2,800	6,300	9,800	14,000
4d Sta Wag S	300	900	1,500	3,380	5,250	7,500
4d Sta Wag CS Quattro (Turbo - 4x4)	580	1,740	2,900	6,530	10,150	14,500
1986 4000						
4d Sed S	260	780	1,300	2,930	4,550	6,500
2d GT Cpe	320	960	1,600	3,600	5,600	8,000
4d Sed CS Quattro (4x4)	360	1,080	1,800	4,050	6,300	9,000
1987 5000						
4d Sed S	300	900	1,500	3,380	5,250	7,500
4d Sed CS (Turbo)	340	1,020	1,700	3,830	5,950	8,500
4d Sed CS Quattro (Turbo - 4x4)	560	1,680	2,800	6,300	9,800	14,000
4d Sta Wag S	300	900	1,500	3,380	5,250	7,500
4d Sta Wag CS Quattro (Turbo - 4x4)	580	1,740	2,900	6,530	10,150	14,500
1987 4000						
4d Sed S	280	840	1,400	3,150	4,900	7,000
2d GT Cpe	340	1,020	1,700	3,830	5,950	8,500
4d Sed CS Quattro (4x4)	380	1,140	1,900	4,280	6,650	9,500
1988 5000						
4d Sed S	340	1,020	1,700	3,830	5,950	8,500
4d Sed CS (Turbo)	380	1,140	1,900	4,280	6,650	9,500
4d Sed S Quattro (4x4)	560	1,680	2,800	6,300	9,800	14,000
4d Sed CS Quattro (Turbo - 4x4)	580	1,740	2,900	6,530	10,150	14,500
4d Sta Wag S	340	1,020	1,700	3,830	5,950	8,500
4d Sta Wag CS Quattro (Turbo - 4x4)	600	1,800	3,000	6,750	10,500	15,000
1988 80 and 90						
4d Sed 80	740	2,220	3,700	8,330	12,950	18,500
4d Sed 90	560	1,680	2,800	6,300	9,800	14,000
4d Sed 80 Quattro (4x4)	580	1,740	2,900	6,530	10,150	14,500
4d Sed 90 Quattro (4x4)	740	2,220	3,700	8,330	12,950	18,500
1989 80 and 90						
4d Sed 80	700	2,100	3,500	7,880	12,250	17,500
4d Sed 90	740	2,220	3,700	8,330	12,950	18,500
4d Sed 80 (4x4)	760	2,280	3,800	8,550	13,300	19,000
4d Sed 90 (4x4)	820	2,460	4,100	9,230	14,350	20,500
1989 100						
4d Sed E	740	2,220	3,700	8,330	12,950	18,500
4d Sed	820	2,460	4,100	9,230	14,350	20,500
4d Sed Quattro (4x4)	860	2,580	4,300	9,680	15,050	21,500
4d Sta Wag	820	2,460	4,100	9,230	14,350	20,500
1989 200						
4d Sed (Turbo)	860	2,580	4,300	9,680	15,050	21,500
4d Sed Quattro (Turbo - 4x4)	900	2,700	4,500	10,130	15,750	22,500

	6	5	4	3	2	1
4d Sta Wag Quattro (Turbo - 4x4)	980	2,940	4,900	11,030	17,150	24,500
1990 80 and 90, 4 & 5-cyl.						
4d Sed 80	300	900	1,500	3,380	5,250	7,500
4d Sed 90	560	1,680	2,800	6,300	9,800	14,000
4d Sed 80 Quattro	560	1,670	2,780	6,260	9,730	13,900
4d Sed 90 Quattro	660	1,980	3,300	7,430	11,550	16,500
2d Cpe	680	2,040	3,400	7,650	11,900	17,000
1990 100						
4d Sed	540	1,620	2,700	6,080	9,450	13,500
4d Sed Quattro	620	1,860	3,100	6,980	10,850	15,500
1990 200						
4d Sed Turbo	640	1,920	3,200	7,200	11,200	16,000
4d Sed 200T Quattro	720	2,160	3,600	8,100	12,600	18,000
4d Sta Wag 200T Quattro	740	2,220	3,700	8,330	12,950	18,500
4d Sed Quattro V-8	820	2,460	4,100	9,230	14,350	20,500
1991 80 and 90						
2d Cpe Quattro	620	1,860	3,100	6,980	10,850	15,500
4d Sed 80	320	960	1,600	3,600	5,600	8,000
4d Sed 90	560	1,680	2,800	6,300	9,800	14,000
4d Sed 80 Quattro	560	1,670	2,780	6,260	9,730	13,900
4d Sed 90 Quattro	600	1,800	3,000	6,750	10,500	15,000
1991 100						
4d Sed	340	1,020	1,700	3,830	5,950	8,500
4d Sed Quattro	560	1,680	2,800	6,300	9,800	14,000
1991 200						
4d Sed Turbo	620	1,860	3,100	6,980	10,850	15,500
4d Sed Turbo Quattro	660	1,980	3,300	7,430	11,550	16,500
4d Sta Wag Turbo Quattro	740	2,220	3,700	8,330	12,950	18,500
4d Sed Quattro V-8	780	2,340	3,900	8,780	13,650	19,500
1992 80, 5-cyl.						
4d Sed	300	900	1,500	3,380	5,250	7,500
4d Sed Quattro	540	1,620	2,700	6,080	9,450	13,500
1992 100, V-6						
4d Sed	540	1,620	2,700	6,080	9,450	13,500
4d Sed S	580	1,740	2,900	6,530	10,150	14,500
4d Sed CS	620	1,860	3,100	6,980	10,850	15,500
4d Sed CS Quattro	660	1,980	3,300	7,430	11,550	16,500
4d Sed S4 (Turbo - 4x4)	900	2,700	4,500	10,130	15,750	22,500
4d Sed Quattro V-8	900	2,700	4,500	10,130	15,750	22,500
4d Sta Wag CS	700	2,100	3,500	7,880	12,250	17,500
1993 90, V-6						
4d Sed S	330	1,000	1,660	3,740	5,810	8,300
4d Sed CS	340	1,010	1,680	3,700	5,880	8,400
4d Quattro Sed	350	1,040	1,740	3,920	6,090	8,700
1993 100, V-6						
4d Sed	550	1,640	2,740	6,170	9,590	13,700
4d Sed S	560	1,680	2,800	6,300	9,800	14,000
4d Sed CS	560	1,690	2,820	6,350	9,870	14,100
4d Sed CS Quattro	570	1,720	2,860	6,440	10,010	14,300
4d Sta Wag CS Quattro	580	1,740	2,900	6,530	10,150	14,500
4d Sed (4x4)	600	1,810	3,020	6,800	10,570	15,100
4d Quattro Sed V-8	620	1,860	3,100	6,980	10,850	15,500
1994 90, V-6						
4d Sed S	540	1,620	2,700	6,080	9,450	13,500
4d Sed CS	560	1,680	2,800	6,300	9,800	14,000
4d Sed Quattro Spt	620	1,860	3,100	6,980	10,850	15,500
1994 Cabriolet, V-6						
2d Conv	740	2,220	3,700	8,330	12,950	18,500
1994 100, V-6						
4d Sed S	590	1,760	2,940	6,620	10,290	14,700
4d Sed CS	600	1,800	3,000	6,750	10,500	15,000
4d Sed CS Quattro	610	1,840	3,060	6,890	10,710	15,300
4d Sta Wag S	600	1,800	3,000	6,750	10,500	15,000
4d Sta Wag CS Quattro	640	1,920	3,200	7,200	11,200	16,000
1994 S4, 5-cyl.						
4d Sed (4x4)	800	2,400	4,000	9,000	14,000	20,000
1994 Quattro, V-8						
4d Sed	920	2,760	4,600	10,350	16,100	23,000
1995 90, V-6						
4d Sed	540	1,620	2,700	6,080	9,450	13,500
4d Sed Spt	560	1,680	2,800	6,300	9,800	14,000
4d Sed Quattro	600	1,800	3,000	6,750	10,500	15,000
4d Sed Quattro Spt	620	1,860	3,100	6,980	10,850	15,500
1995 Cabriolet, V-6						
2d Conv	740	2,220	3,700	8,330	12,950	18,500
1995 A6, V-6						
4d Sed	620	1,860	3,100	6,980	10,850	15,500
4d Sed Quattro	700	2,100	3,500	7,880	12,250	17,500
4d Sta Wag	720	2,160	3,600	8,100	12,600	18,000

	6	5	4	3	2	1
4d Sta Wag Quattro 760		2,280	3,800	8,550	13,300	19,000
1995 S6, 5-cyl. Turbo						
4d Sed (AWD). 920		2,760	4,600	10,350	16,100	23,000
4d Sta Wag (AWD) 1,020		3,060	5,100	11,480	17,850	25,500
1996 A4, V-6						
4d Sed 2.8 540		1,620	2,700	6,080	9,450	13,500
4d Sed 2.8 Quattro 600		1,800	3,000	6,750	10,500	15,000
1996 Cabriolet, V-6						
2d Conv 740		2,220	3,700	8,330	12,950	18,500
1996 A6, V-6						
4d Sed 620		1,860	3,100	6,980	10,850	15,500
4d Sed Quattro 700		2,100	3,500	7,880	12,250	17,500
4d Sta Wag. 720		2,160	3,600	8,100	12,600	18,000
4d Sta Wag Quattro 760		2,280	3,800	8,550	13,300	19,000
1997 A4, Turbo 4-cyl.						
4d Sed 1.8. 500		1,500	2,500	5,630	8,750	12,500
4d Sed 1.8 Quattro 560		1,680	2,800	6,300	9,800	14,000
1997 A4, V-6						
4d Sed 2.8 540		1,620	2,700	6,080	9,450	13,500
4d Sed 2.8 Quattro 600		1,800	3,000	6,750	10,500	15,000
1997 Cabriolet, V-6						
2d Conv 740		2,220	3,700	8,330	12,950	18,500
1997 A6, V-6						
4d Sed 620		1,860	3,100	6,980	10,850	15,500
4d Sed Quattro 700		2,100	3,500	7,880	12,250	17,500
4d Sta Wag. 720		2,160	3,600	8,100	12,600	18,000
4d Sta Wag Quattro 760		2,280	3,800	8,550	13,300	19,000
1997 A8, V-8						
4d Sed 3.7 900		2,700	4,500	10,130	15,750	22,500
4d Sed 4.2 Quattro 1,000		3,000	5,000	11,250	17,500	25,000
1998 A4, Turbo, 4-cyl.						
4d Sed 1.8. 500		1,500	2,500	5,630	8,750	12,500
4d Sed 1.8 Quattro 560		1,680	2,800	6,300	9,800	14,000
1998 A4, V-6						
4d Sed 2.8 540		1,620	2,700	6,080	9,450	13,500
4d Sed 2.8 Quattro 600		1,800	3,000	6,750	10,500	15,000
4d Sta Wag 2.8. 600		1,800	3,000	6,750	10,500	15,000
4d Sta Wag 2.8 Quattro 680		2,040	3,400	7,650	11,900	17,000
1998 Cabriolet, V-6						
2d Conv 740		2,220	3,700	8,330	12,950	18,500
1998 A6, V-6						
4d Sed 620		1,860	3,100	6,980	10,850	15,500
4d Sed Quattro 700		2,100	3,500	7,880	12,250	17,500
4d Sta Wag. 720		2,160	3,600	8,100	12,600	18,000
4d Sta Wag Quattro 760		2,280	3,800	8,550	13,300	19,000
1998 A8, V-8						
4d Sed 3.7 900		2,700	4,500	10,130	15,750	22,500
4d Sed 4.2 Quattro 1,000		3,000	5,000	11,250	17,500	25,000
1999 A4, Turbo 4-cyl.						
4d Sed 1.8. 500		1,500	2,500	5,630	8,750	12,500
4d Sed 1.8 Quattro 560		1,680	2,800	6,300	9,800	14,000
4d Avant 1.8 Sta Wag Quattro. 600		1,800	3,000	6,750	10,500	15,000
1999 A4, V-6						
4d Sed 2.8 540		1,620	2,700	6,080	9,450	13,500
4d Sed 2.8 Quattro 600		1,800	3,000	6,750	10,500	15,000
4d Avant 2.8 Sta Wag Quattro. 680		2,040	3,400	7,650	11,900	17,000
1999 A6, V-6						
4d Sed 620		1,860	3,100	6,980	10,850	15,500
4d Sed Quattro 700		2,100	3,500	7,880	12,250	17,500
4d Avant Sta Wag Quattro. 760		2,280	3,800	8,550	13,300	19,000
1999 A8, V-8						
4d Sed 3.7 900		2,700	4,500	10,130	15,750	22,500
4d Sed 4.2 Quattro 1,000		3,000	5,000	11,250	17,500	25,000
2000 A4, Turbo 4-cyl.						
4d Sed 1.8. 500		1,500	2,500	5,630	8,750	12,500
4d Sed 1.8 Quattro 560		1,680	2,800	6,300	9,800	14,000
4d Avant 1.8 Sta Wag Quattro. 600		1,800	3,000	6,750	10,500	15,000
2000 A4, V-6						
4d Sed 2.8 540		1,620	2,700	6,080	9,450	13,500
4d Sed 2.8 Quattro 600		1,800	3,000	6,750	10,500	15,000
4d Avant 2.8 Sta Wag Quattro. 680		2,040	3,400	7,650	11,900	17,000
2000 S4, Turbo V-6						
4d Sed 740		2,220	3,700	8,330	12,950	18,500
2000 TT, 4-cyl.						
2d Cpe 520		1,560	2,600	5,850	9,100	13,000
2d Cpe Quattro 580		1,740	2,900	6,530	10,150	14,500
2000 A6, V-6						
4d Sed 620		1,860	3,100	6,980	10,850	15,500

AUDI

	6	5	4	3	2	1
4d Sed Quattro	700	2,100	3,500	7,880	12,250	17,500
4d Avant Sta Wag Quattro	760	2,280	3,800	8,550	13,300	19,000

NOTE: Add 5% for optional turbo V-6. Add 10% for optional V-8.

2000 A8, V-8

	6	5	4	3	2	1
4d Sed 4.2 Quattro	1,000	3,000	5,000	11,250	17,500	25,000

2001 A4, Turbo 4-cyl.

	6	5	4	3	2	1
4d Sed 1.8	500	1,500	2,500	6,250	8,750	12,500
4d Sed 1.8 Quattro	560	1,680	2,800	7,000	9,800	14,000
4d Avant 1.8 Sta Wag Quattro	600	1,800	3,000	7,500	10,500	15,000

2001 A4, V-6

	6	5	4	3	2	1
4d Sed 2.8	540	1,620	2,700	6,750	9,450	13,500
4d Sed 2.8 Quattro	600	1,800	3,000	7,500	10,500	15,000
4d Avant 2.8 Sta Wag Quattro	680	2,040	3,400	8,500	11,900	17,000

2001 S4, Turbo V-6

	6	5	4	3	2	1
4d Sed T Quattro	740	2,220	3,700	9,250	12,950	18,500
4d Avant Sta Wag T Quattro	760	2,280	3,800	8,550	13,300	19,000

2001 TT, Turbo 4-cyl.

	6	5	4	3	2	1
2d 180 Cpe	520	1,560	2,600	6,500	9,100	13,000
2d 180 Cpe Quattro	580	1,740	2,900	7,250	10,150	14,500
2d 225 Cpe Quattro	620	1,860	3,100	7,750	10,850	15,500
2d 180 Rds	600	1,800	3,000	7,500	10,500	15,000
2d 225 Rds Quattro	640	1,920	3,200	8,000	11,200	16,000

2001 A6, V-6

	6	5	4	3	2	1
4d 2.8 Sed	620	1,860	3,100	7,750	10,850	15,500
4d 2.8 Sed Quattro	700	2,100	3,500	8,750	12,250	17,500
4d 2.8 T Sed Quattro	740	2,220	3,700	9,250	12,950	18,500
4d Avant 2.8 Sta Wag Quattro	760	2,280	3,800	9,500	13,300	19,000

NOTE: Add 5% for optional turbo V-6. Add 10% for optional V-8.

2001 AllRoad, Turbo V-6

	6	5	4	3	2	1
4d Sta Wag Quattro	800	2,400	4,000	10,000	14,000	20,000

2001 A8, V-8

	6	5	4	3	2	1
4d Sed 4.2 Quattro	1,000	3,000	5,000	12,500	17,500	25,000
4d Sed L 4.2 Quattro	1,040	3,120	5,200	13,000	18,200	26,000

2001 S8, V-8

	6	5	4	3	2	1
4d Sed 4.2 Quattro	1,160	3,480	5,800	14,500	20,300	29,000

2002 A4, Turbo 4-cyl.

	6	5	4	3	2	1
4d Sed 1.8	500	1,500	2,500	6,250	8,750	12,500
4d Sed 1.8 Quattro	560	1,680	2,800	7,000	9,800	14,000
4d Avant Sta Wag 1.8 Quattro	600	1,800	3,000	7,500	10,500	15,000

2002 A4, V-6

	6	5	4	3	2	1
4d Sed 3.0	540	1,620	2,700	6,750	9,450	13,500
4d Sed 3.0 Quattro	600	1,800	3,000	7,500	10,500	15,000
4d Sed S4-T Quattro	720	2,160	3,600	9,000	12,600	18,000
4d Avant Sta Wag 3.0 Quattro	680	2,040	3,400	8,500	11,900	17,000
4d Sta Wag S4-T Quattro	760	2,280	3,800	9,500	13,300	19,000

2002 TT, Turbo, 4-cyl.

	6	5	4	3	2	1
2d 180 Cpe	520	1,560	2,600	6,500	9,100	13,000
2d 180 Cpe Quattro	580	1,740	2,900	7,250	10,150	14,500
2d 225 Cpe Quattro	620	1,860	3,100	7,750	10,850	15,500
2d 180 Rds	600	1,800	3,000	7,500	10,500	15,000
2d 225 Rds Quattro	640	1,920	3,200	8,000	11,200	16,000

NOTE: Add 5% for Sport pkg.

2002 A6, V-6

	6	5	4	3	2	1
4d 3.0 Sed	620	1,860	3,100	7,750	10,850	15,500
4d 3.0 Sed Quattro	700	2,100	3,500	8,750	12,250	17,500
4d 2.7T Sed Quattro	740	2,220	3,700	9,250	12,950	18,500
4d Avant Sta Wag 3.0 Quattro	760	2,280	3,800	9,500	13,300	19,000
4d Allroad Sta Wag Quattro	800	2,400	4,000	10,000	14,000	20,000

2002 A6, V-8

	6	5	4	3	2	1
4d 4.2 Sed Quattro	760	2,280	3,800	9,500	13,300	19,000
4d Avant Sta Wag S6 Quattro	920	2,760	4,600	11,500	16,100	23,000

NOTE: Add 5% for Sport pkg.

2002 A8, V-8

	6	5	4	3	2	1
4d 4.2 Sed Quattro	1,000	3,000	5,000	12,500	17,500	25,000
4d 4.2 L Sed Quattro	1,040	3,120	5,200	13,000	18,200	26,000
4d Sed S8 Quattro	1,120	3,360	5,600	14,000	19,600	28,000

NOTE: Add 5% for Sport pkg.

2003 A4, Turbo 4-cyl.

	6	5	4	3	2	1
4d Sed 1.8	500	1,500	2,500	6,250	8,750	12,500
4d Sed 1.8 Quattro	560	1,680	2,800	7,000	9,800	14,000
4d Avant Sta Wag 1.8 Quattro	600	1,800	3,000	7,500	10,500	15,000
2d Cabr 1.8	760	2,280	3,800	9,500	13,300	19,000

2003 A4, V-6

	6	5	4	3	2	1
4d Sed 3.0	540	1,620	2,700	6,750	9,450	13,500
4d Sed 3.0 Quattro	600	1,800	3,000	7,500	10,500	15,000
4d Avant Sta Wag 3.0 Quattro	680	2,040	3,400	8,500	11,900	17,000
2d Cabr 3.0	840	2,520	4,200	10,500	14,700	21,000

NOTE: Add 5% for Sport pkg.

AUDI

	6	5	4	3	2	1
2003 TT, Turbo 4-cyl.						
2d 180 Cpe	520	1,560	2,600	6,500	9,100	13,000
2d 225 Cpe Quattro	620	1,860	3,100	7,750	10,850	15,500
2d 180 Rds	600	1,800	3,000	7,500	10,500	15,000
2d 225 Rds Quattro	640	1,920	3,200	8,000	11,200	16,000
2003 A6, V-6						
4d 3.0 Sed	620	1,860	3,100	7,750	10,850	15,500
4d 3.0 Sed Quattro	700	2,100	3,500	8,750	12,250	17,500
4d 2.7T Sed Quattro	740	2,220	3,700	9,250	12,950	18,500
4d Avant Sta Wag 3.0 Quattro	760	2,280	3,800	8,550	13,300	19,000
4d Allroad Sta Wag Quattro	800	2,400	4,000	9,000	14,000	20,000
2003 A6, V-8						
4d 4.2 Sed Quattro	760	2,280	3,800	9,500	13,300	19,000
4d RS6 Sed Quattro	1,760	5,280	8,800	22,000	30,800	44,000
4d Avant Sta Wag S6 Quattro	920	2,760	4,600	11,500	16,100	23,000
2003 A8, V-8						
4d 4.2 Sed Quattro	1,000	3,000	5,000	12,500	17,500	25,000
4d 4.2 L Sed Quattro	1,040	3,120	5,200	13,000	18,200	26,000
4d Sed S8 Quattro	1,120	3,360	5,600	14,000	19,600	28,000
NOTE: Add 5% for Sport pkg.						
2004 A4, Turbo 4-cyl.						
1.8T 4d Sed	500	1,500	2,500	6,250	8,750	12,500
1.8T Quattro 4d Sed	560	1,680	2,800	7,000	9,800	14,000
1.8T Avant Quattro 4d Sta Wag	600	1,800	3,000	7,500	10,500	15,000
1.8T 2d Cabr	760	2,280	3,800	9,500	13,300	19,000
2004 A4, V-6						
3.0 4d Sed	540	1,620	2,700	6,750	9,450	13,500
3.0 Quattro 4d Sed	600	1,800	3,000	7,500	10,500	15,000
3.0 Avant Quattro 4d Sta Wag	680	2,040	3,400	8,500	11,900	17,000
3.0 2d Cabr	840	2,520	4,200	10,500	14,700	21,000
3.0 Quattro 2d Cabr	910	2,740	4,560	11,400	15,960	22,800
NOTE: Add 5% for Sport pkg. Deduct 5% for manual transmission.						
2004 S4, V-8						
Quattro 4d Sed	930	2,780	4,640	11,600	16,240	23,200
Avant Quattro 4d Sta Wag	960	2,870	4,780	11,950	16,730	23,900
Quattro 2d Cabr	1,080	3,240	5,400	13,500	18,900	27,000
2004 TT, Turbo 4-cyl.						
180 2d Cpe	520	1,560	2,600	6,500	9,100	13,000
225 Quattro 2d Cpe	620	1,860	3,100	7,750	10,850	15,500
180 2d Rds	600	1,800	3,000	7,500	10,500	15,000
225 Quattro 2d Rds	640	1,920	3,200	8,000	11,200	16,000
2004 TT, V-6						
250 Quattro 2d Cpe	680	2,040	3,400	8,500	11,900	17,000
250 Quattro 2d Rds	740	2,220	3,700	9,250	12,950	18,500
2004 A6, V-6						
3.0 4d Sed	620	1,860	3,100	7,750	10,850	15,500
3.0 Quattro 4d Sed	700	2,100	3,500	8,750	12,250	17,500
2.7T Quattro 4d Sed	740	2,220	3,700	9,250	12,950	18,500
2.7T S-Line Quattro 4d Sed	850	2,540	4,240	10,600	14,840	21,200
3.0 Avant Quattro 4d Sta Wag	760	2,280	3,800	9,500	13,300	19,000
Allroad Quattro 4d Sta Wag	800	2,400	4,000	10,000	14,000	20,000
2004 A6, V-8						
4.2 Quattro 4d Sed	840	2,520	4,200	10,500	14,700	21,000
4.2 Allroad Quattro 4d Sta Wag	890	2,660	4,440	11,100	15,540	22,200
NOTE: Add 5% for Sport pkg on 4.2 Sed.						
2004 A8, V-8						
4.2 Quattro L 4d Sed	1,040	3,120	5,200	13,000	18,200	26,000
2005 A4, Turbo 4-cyl.						
4d 1.8T Sed	500	1,500	2,500	5,630	8,750	12,500
4d 1.8T Quattro Sed	560	1,680	2,800	6,300	9,800	14,000
4d 1.8T Avant Quattro Sta Wag	600	1,800	3,000	6,750	10,500	15,000
2d 1.8T Cabr	760	2,280	3,800	9,500	13,300	19,000
4d 2.0T Sed	510	1,520	2,540	6,350	8,890	12,700
4d 2.0T Quattro Sed	570	1,700	2,840	7,100	9,940	14,200
4d 2.0T Avant Quattro Sta Wag	610	1,820	3,040	6,840	10,640	15,200
2005 A4, V-6						
4d 3.0 Sed	540	1,620	2,700	6,750	9,450	13,500
4d 3.0 Quattro Sed	600	1,800	3,000	7,500	10,500	15,000
4d 3.0 Avant Quattro Sta Wag	680	2,040	3,400	7,650	11,900	17,000
2d 3.0 Cabr	840	2,520	4,200	10,500	14,700	21,000
2d 3.0 Quattro Cabr	910	2,740	4,560	11,400	15,960	22,800
4d 3.2 Quattro Sed	610	1,820	3,040	7,600	10,640	15,200
4d 3.2 Avant Quattro Sta Wag	690	2,060	3,440	8,600	12,040	17,200
NOTE: Add 5% for Sport pkg. Deduct 5% for manual transmission.						
2005 S4, V-8						
4d Quattro Sed	930	2,780	4,640	11,600	16,240	23,200
4d Avant Quattro Sta Wag	960	2,870	4,780	11,950	16,730	23,900
2d Quattro Cabr	1,080	3,240	5,400	13,500	18,900	27,000

AUDI

	6	5	4	3	2	1
2005 TT, Turbo 4-cyl.						
2d 180 Cpe	520	1,560	2,600	6,500	9,100	13,000
2d 225 Quattro Cpe (6-Spd only)	620	1,860	3,100	7,750	10,850	15,500
2d 180 Rds	600	1,800	3,000	7,500	10,500	15,000
2d 225 Quattro Rds (6-Spd only)	640	1,920	3,200	8,000	11,200	16,000
2005 TT, V-6						
2d 250 Quattro Cpe	680	2,040	3,400	8,500	11,900	17,000
2d 250 Quattro Rds	740	2,220	3,700	9,250	12,950	18,500
2005 A6, V-6						
4d 3.2 Quattro Sed	720	2,160	3,600	8,100	12,600	18,000
4d 3.2 Allroad Quattro Sta Wag	760	2,280	3,800	8,550	13,300	19,000
2005 A6, V-8						
4d 4.2 Quattro Sed	840	2,520	4,200	9,450	14,700	21,000
4d 4.2 Allroad Quattro Sta Wag	890	2,660	4,440	11,100	15,540	22,200

NOTE: Add 5% for Sport pkg on A6 sedan models. Deduct 5% for manual transmission.

	6	5	4	3	2	1
2005 A8, V-8						
4d 4.2 Quattro Sed	860	2,580	4,300	10,750	15,050	21,500
4d 4.2 Quattro L Sed	880	2,640	4,400	11,000	15,400	22,000
2005 A8, W-12						
4d 6.0 Quattro L Sed	1,380	4,140	6,900	17,250	24,150	34,500

NOTE: Deduct 5% for manual transmission.

	6	5	4	3	2	1
2006 A3 2.0L 4-cyl. Turbo						
4d 2.0T Wagon	540	1,610	2,680	6,700	9,380	13,400
2006 A3 Quattro AWD 3.2L V-6						
4d 3.2L S Wagon	720	2,160	3,600	9,000	12,600	18,000
2006 A4 1.8L/2.0L 4-cyl. Turbo						
4d 2.0T Sed	520	1,560	2,600	6,500	9,100	13,000
2d 1.8T Cabrio	620	1,860	3,100	7,750	10,850	15,500
2006 A4 Quattro AWD 1.8L 4-cyl. Turbo						
4d 2.0T Sed	700	2,100	3,500	8,750	12,250	17,500
2006 A4 3.2L V-6						
4d 3.2 Sed	580	1,740	2,900	7,250	10,150	14,500
2006 A4 Quattro AWD 3.2L V-6						
4d 3.2 Sed	640	1,920	3,200	8,000	11,200	16,000
2006 A4 Quattro AWD 3.0L V-6						
2d 3.0 Cabrio	720	2,160	3,600	9,000	12,600	18,000
2006 Avant Quattro AWD 2.0L 4-cyl. Turbo						
2d 2.0 Wagon	600	1,800	3,000	7,500	10,500	15,000
2006 Avant Quattro AWD 3.2L V-6						
2d 3.2 Wagon	660	1,990	3,320	8,300	11,620	16,600
2006 S4 Quattro AWD 4.2L V-8						
4d Sed	900	2,700	4,500	11,250	15,750	22,500
4d SE Sed	1,020	3,060	5,100	12,750	17,850	25,500
2d Cabrio	980	2,940	4,900	12,250	17,150	24,500
2006 Avant Quattro AWD 4.2L V-8						
2d Wagon	920	2,760	4,600	11,500	16,100	23,000
2006 A6 3.2L V-6						
4d 3.2 Sed	580	1,750	2,920	7,300	10,220	14,600
2006 A6 Quattro AWD 3.2L V-6						
4d 3.2 Sed	660	1,990	3,320	8,300	11,620	16,600
2006 A6 Avant Quattro AWD 3.2L V-6						
4d 3.2 Wagon	740	2,230	3,720	9,300	13,020	18,600
2006 A8 Quattro AWD 4.2L V-8						
4d 4.2 Sed	760	2,280	3,800	9,500	13,300	19,000
4d Sed	900	2,700	4,500	11,250	15,750	22,500
4d L Sed	980	2,940	4,900	12,250	17,150	24,500
2006 A8 Quattro AWD 6.0L W12						
4d L Sed	1,720	5,160	8,600	21,500	30,100	43,000
2006 TT 1.8L 4-cyl						
2d Cpe	540	1,610	2,680	6,700	9,380	13,400
2006 TT 1.8L 4-cyl.						
2d Rds	620	1,860	3,100	7,750	10,850	15,500
2006 TT Quattro AWD 3.2L V-6						
2d Cpe	660	1,980	3,300	8,250	11,550	16,500
2d SE Cpe	760	2,280	3,800	9,500	13,300	19,000
2d Rds	690	2,080	3,460	8,650	12,110	17,300
2d SE Rds	800	2,400	4,000	10,000	14,000	20,000
2007 A3 2.0L 4-cyl Turbo						
4d 2.0T Wagon	560	1,690	2,810	7,030	9,840	14,050
2007 A3 Quattro AWD 3.2L V-6						
4d 3.2L S Wagon	760	2,280	3,800	9,500	13,300	19,000
2007 A4 1.8L/2.0L 4-cyl. Turbo						
4d 2.0 T Sed	510	1,530	2,550	6,380	8,930	12,750
2d 1.8 T Cabrio	560	1,670	2,780	6,950	9,730	13,900
2007 A4 Quattro AWD 2.0L 4-cyl. Turbo						
4d 2.0 T Sed	560	1,680	2,800	7,000	9,800	14,000
4d 2.0 T Cabrio	610	1,820	3,040	7,600	10,640	15,200

AUDI

	6	5	4	3	2	1
2007 A4 3.2L V-6						
4d 3.2 Sed	610	1,840	3,060	7,650	10,710	15,300
2007 A4 Quattro AWD 3.2L V-6						
4d 3.2 Sed	660	1,990	3,310	8,280	11,590	16,550
2d 3.2 Cabrio	710	2,140	3,570	8,930	12,500	17,850
2007 Avant Quattro AWD 2.0L 4-cyl. Turbo						
2d 2.0 Wagon	590	1,780	2,970	7,430	10,400	14,850
2007 Avant Quattro AWD 3.2L V-6						
2d 3.2 Wagon	640	1,910	3,190	7,980	11,170	15,950
2007 RS4 Quattro AWD 4.2L V-8						
4d Sed	1,480	4,450	7,420	18,550	25,970	37,100
2007 S4 Quattro AWD 4.2L V-8						
4d Sed	760	2,280	3,800	9,500	13,300	19,000
2d Cabrio	840	2,520	4,200	10,500	14,700	21,000
4d Wagon	900	2,710	4,520	11,300	15,820	22,600
2007 A6 Quattro AWD 3.2L V-8						
4d Sed	730	2,200	3,670	9,180	12,850	18,350
2007 A6 3.2L V-6						
4d 3.2 Sed	740	2,230	3,720	9,300	13,020	18,600
2007 A6 Quattro AWD 3.2L V-6						
4d 3.2 Sed	730	2,200	3,670	9,180	12,850	18,350
2007 A6 Avant Quattro AWD 3.2L V-6						
4d 3.2 Wagon	820	2,450	4,080	10,200	14,280	20,400
2007 A8 Quattro AWD 4.2L V-8						
4d 4.2 Sed	830	2,500	4,160	10,400	14,560	20,800
4d Sed	820	2,450	4,080	10,200	14,280	20,400
4d L Sed	930	2,800	4,660	11,650	16,310	23,300
2007 A8 Quattro AWD 6.0L W12						
4d L Sed	1,800	5,410	9,020	22,550	31,570	45,100
2007 S8 Quattro AWD 5.2L V-10						
4d Sed	1,520	4,560	7,600	19,000	26,600	38,000
2007 TT 1.8L 4-cyl.						
2d Cpe	580	1,730	2,880	7,200	10,080	14,400
2d Rds	660	1,980	3,300	8,250	11,550	16,500
2007 TT Quattro AWD 3.2L V-6						
2d Cpe	700	2,100	3,500	8,750	12,250	17,500
2d SE Cpe	800	2,400	4,000	10,000	14,000	20,000
2d Rds	730	2,200	3,660	9,150	12,810	18,300
2d SE Rds	840	2,520	4,200	10,500	14,700	21,000
2008 A3 2.0L I4 Turbo						
4d 2.0T Wagon	520	1,570	2,620	6,550	9,170	13,100
2008 A3 Quattro AWD 3.2L V-6						
4d 3.2L S Wagon	700	2,110	3,510	8,780	12,290	17,550
2008 A4 2.0L I4 Turbo						
4d 2.0 T Sed	500	1,500	2,500	6,250	8,750	12,500
2d 1.8 T Cabrio	600	1,790	2,980	7,450	10,430	14,900
2008 A4 Quattro AWD 2.0L I4 Turbo						
4d 2.0 T Sed	570	1,700	2,840	7,100	9,940	14,200
4d 2.0 T Cabrio	660	1,970	3,280	8,200	11,480	16,400
2008 Avant Quattro AWD 2.0L I4 Turbo						
2d 2.0 Wagon	600	1,790	2,990	7,480	10,470	14,950
2008 A4 3.2L V6						
4d 3.2 Sed	600	1,790	2,990	7,480	10,470	14,950
2008 A4 Quattro AWD 3.2L V6						
4d 3.2 Sed	640	1,930	3,220	7,250	11,270	16,100
2d 3.2 Cabrio	720	2,150	3,580	8,060	12,530	17,900
2008 Avant Quattro AWD 3.2L V6						
2d 3.2 Wagon	640	1,930	3,220	8,050	11,270	16,100
2008 RS4 Quattro AWD 4.2L V8						
4d Sed	1,320	3,970	6,620	16,550	23,170	33,100
2d Cabrio	1,410	4,240	7,060	17,650	24,710	35,300
2008 S4 Quattro AWD 4.2L V8						
4d Sed	850	2,540	4,240	10,600	14,840	21,200
2d Cabrio	970	2,920	4,860	12,150	17,010	24,300
2008 S4 Avant Quattro AWD 4.2L V8						
4d Wagon	980	2,930	4,880	12,200	17,080	24,400
2008 A5 Quattro AWD 3.2L V8						
2d Cpe	870	2,600	4,340	10,850	15,190	21,700
2008 S5 Quattro AWD 4.2L V8						
2d Cpe	1,010	3,040	5,060	12,650	17,710	25,300
2008 A6 3.2L V6						
4d 3.2 Sed	550	1,640	2,740	6,850	9,590	13,700
2008 A6 Quattro AWD 3.2L V8						
4d Sed	700	2,090	3,480	8,700	12,180	17,400
2008 A6 Avant Quattro AWD 3.2L V6						
4d 3.2 Wagon	740	2,210	3,680	8,280	12,880	18,400
2008 A6 Quattro AWD 4.2L V8						
4d Sed	720	2,170	3,620	8,150	12,670	18,100

	6	5	4	3	2	1
2008 S6 Quattro AWD 5.2L V10						
4d Sed 920	2,750	4,580	11,450	16,030	22,900
2008 A8 Quattro AWD 4.2L V8						
4d 4.2 Sed 860	2,580	4,300	10,750	15,050	21,500
4d 4.2 L Sed 940	2,820	4,700	11,750	16,450	23,500
2008 A8 Quattro AWD 6.0L W12						
4D L Sed 1,750	5,240	8,740	21,850	30,590	43,700
2008 R8 Quattro AWD 4.2L V8						
2d Cpe 3,600	10,800	18,000	45,000	63,000	90,000
2008 S8 Quattro AWD 5.2L V10						
4D Sed 1,360	4,070	6,780	16,950	23,730	33,900
2008 TT 2.0L I4						
2d Cpe 670	2,000	3,330	8,330	11,660	16,650
2d Rds 720	2,170	3,610	9,030	12,640	18,050
2008 TT Quattro AWD 3.2L V-6						
2d Cpe 820	2,460	4,100	10,250	14,350	20,500
2d Rds 950	2,860	4,760	11,900	16,660	23,800
2009 A3 2.0L I4 Turbo						
4d 2.0T Wagon 480	1,430	2,380	5,360	8,330	11,900
2009 A3 Quattro AWD 2.0L I4 Turbo						
4d 2.0T Wagon 580	1,740	2,900	7,250	10,150	14,500
2009 A3 Quattro AWD 3.2L V-6						
4d 3.2L S Wagon 650	1,940	3,240	8,100	11,340	16,200
2009 A4 2.0L I4 Turbo						
4d 2.0T Sed 490	1,460	2,440	6,100	8,540	12,200
2d 2.0T Cabrio 560	1,680	2,800	7,000	9,800	14,000
2d 2.0T SE.Cabrio 600	1,790	2,980	7,450	10,430	14,900
2009 A4 Quattro AWD 2.0L I4 Turbo						
4d 2.0T Sed 540	1,610	2,680	6,700	9,380	13,400
4d 2.0T Cabrio 640	1,910	3,180	7,950	11,130	15,900
2d 2.0T SE.Cabrio 660	1,990	3,320	8,300	11,620	16,600
2009 A4 Avant Quattro AWD 2.0L I4 Turbo						
2d 2.0 Wagon 620	1,870	3,120	7,800	10,920	15,600
2009 A4 Quattro AWD 3.2L V6						
4d 3.2 Sed 620	1,870	3,120	7,800	10,920	15,600
2d 3.2 Cabrio 750	2,260	3,760	9,400	13,160	18,800
2d 2.0T SE.Cabrio 790	2,380	3,960	9,900	13,860	19,800
2009 S4 Quattro AWD 4.2L V8						
2d Cabrio 1,680	5,040	8,400	21,000	29,400	42,000
2009 A5 Quattro AWD 3.2L V8						
2d Cpe 870	2,600	4,340	10,850	15,190	21,700
2009 S5 Quattro AWD 4.2L V8						
2d Cpe 920	2,760	4,600	11,500	16,100	23,000
2009 A6 3.2L V6						
4d 3.2 Sed 630	1,880	3,140	7,850	10,990	15,700
2009 A6 Quattro AWD 3.0L V8						
4d 3.0T Sed 720	2,150	3,580	8,950	12,530	17,900
2009 A6 Avant Quattro AWD 3.0L V6 Supercharged						
4d 3.0 Wagon 790	2,380	3,960	9,900	13,860	19,800
2009 A6 Quattro AWD 4.2L V8						
4d 4.2 Sed 790	2,360	3,930	9,830	13,760	19,650
2009 S6 Quattro AWD 5.2L V10						
4d Sed 1,280	3,840	6,400	16,000	22,400	32,000
2009 A8 Quattro AWD 4.2L V8						
4d 4.2 Sed 880	2,650	4,420	11,050	15,470	22,100
4d 4.2 "L" Sed 940	2,820	4,700	11,750	16,450	23,500
Add $1,000 for Uport package.						
2009 A8 Quattro AWD 6.0L W12						
4D L Sed 1,750	5,240	8,740	21,850	30,590	43,700
2009 R8 Quattro AWD 4.2L V8						
2d Cpe 3,600	10,800	18,000	45,000	63,000	90,000
2009 S8 Quattro AWD 5.2L V10						
4D Sed 1,360	4,070	6,780	16,950	23,730	33,900
2009 TT 2.0L I4 Turbo						
2d Cpe 600	1,800	3,000	7,500	10,500	15,000
2d Rds 640	1,920	3,200	8,000	11,200	16,000
Add $1,000 for S-Line package.						
2009 TT Quattro AWD 2.0L I4 Turbo						
2d Cpe 660	1,980	3,300	8,250	11,550	16,500
2d Rds 780	2,340	3,900	9,750	13,650	19,500
2009 TT Quattro AWD 3.2L V-6						
2d Cpe 820	2,460	4,100	10,250	14,350	20,500
2d Rds 950	2,860	4,760	11,900	16,660	23,800
Add $1,000 for S-Line package.						
2009 TTS Quattro AWD 2.0L I4 Turbo						
2d Cpe 840	2,520	4,200	10,500	14,700	21,000
2d Rds 970	2,900	4,840	12,100	16,940	24,200

AUDI

	6	5	4	3	2	1
2009 Q5 Quattro AWD V6						
4d 3.2 Premium SUV	720	2,160	3,600	9,000	12,600	18,000
2009 Q7 Quattro AWD V6						
4d 3.6 SUV.	740	2,220	3,700	9,250	12,950	18,500
4d 3.6 Premium SUV	820	2,460	4,100	10,250	14,350	20,500
2009 Q7 Quattro AWD V6, 3.0L, Turbo Diesel						
4d 3.0 TDI SUV.	1,000	3,010	5,020	12,550	17,570	25,100
2009 Q7 Quattro AWD V6						
4d 4.2 Premium SUV	950	2,840	4,740	11,850	16,590	23,700
2010 A3 2.0L I4 Turbo						
4d 2.0T Wagon	550	1,660	2,770	6,930	9,700	13,850
2010 A3 Quattro AWD 2.0L I4 Turbo						
4d 2.0T Wagon	680	2,040	3,400	8,500	11,900	17,000
2010 A3 2.0L I4 Turbo Diesel						
4d 2.0TDI Wagon	670	2,000	3,330	8,330	11,660	16,650
2010 A4 2.0L I4 Turbo						
4d 2.0T Sed	550	1,660	2,760	6,900	9,660	13,800
2010 A4 Quattro AWD 2.0L I4 Turbo						
4d 2.0T Sed	600	1,800	3,000	7,500	10,500	15,000
2010 A4 Avant Quattro AWD 2.0L I4 Turbo						
4d 2.0T Wagon	720	2,160	3,600	9,000	12,600	18,000
2010 S4 Quattro AWD 2.0L Supercharged V6						
4d Sed	1,000	3,000	5,000	12,500	17,500	25,000
2010 A5 2.0L I4 Turbo						
2d Cabrio	830	2,480	4,140	10,350	14,490	20,700
2010 A5 Quattro AWD 2.0L I4 Turbo						
2d Cpe	780	2,340	3,900	9,750	13,650	19,500
2d Cabrio	880	2,640	4,400	11,000	15,400	22,000
2010 A5 Quattro AWD 3.2L V6						
2d Cpe	890	2,660	4,440	11,100	15,540	22,200
2010 S5 Quattro AWD 3.0L V6 Turbo						
2d 3.0T Cabrio	1,080	3,240	5,400	13,500	18,900	27,000
2010 S5 Quattro AWD 4.2L V8						
2d Cpe	1,060	3,190	5,320	13,300	18,620	26,600
2010 A6 3.2L V6						
4d 3.2 Sed	670	2,010	3,350	8,380	11,730	16,750
2010 A6 Quattro AWD 3.0L V6 Supercharged						
4d 3.0T Sed	800	2,410	4,020	10,050	14,070	20,100
2010 A6 Avant Quattro AWD 3.0L V6 Supercharged						
4d 3.0 Wagon	890	2,680	4,460	11,150	15,610	22,300
2010 A6 Quattro AWD 4.2L V8						
4d 4.2 Sed	850	2,540	4,240	10,600	14,840	21,200
2010 S6 Quattro AWD 5.2L V10						
4d Sed	1,100	3,300	5,510	13,770	19,280	27,540
2010 A8 Quattro AWD 4.2L V8						
4d 4.2 Sed	960	2,870	4,780	11,950	16,730	23,900
4d 4.2 "L" Sed	1,030	3,100	5,160	12,900	18,060	25,800
NOTE: Add $1,000 for Sport pkg.						
2010 R8 Quattro AWD 4.2L V8						
2d Cpe	3,680	11,030	18,380	45,950	64,330	91,900
2010 R8 Quattro AWD 5.2L V10						
2d Cpe	4,640	13,920	23,200	58,000	81,200	116,000
2010 TT Quattro AWD 2.0L I4 Turbo						
2d Cpe	660	1,970	3,280	8,200	11,480	16,400
2d Rds	780	2,330	3,880	9,700	13,580	19,400
2010 TT Quattro AWD 3.2L V6						
2d Cpe	830	2,500	4,160	10,400	14,560	20,800
2d Rds	1,000	2,990	4,980	12,450	17,430	24,900
NOTE: Add $1,000 for S-Line pkg; $2,000 for Prestige pkg.						
2010 TTS Quattro AWD 2.0L I4 Turbo						
2d Cpe	960	2,870	4,780	11,950	16,730	23,900
2d Rds	1,070	3,200	5,340	13,350	18,690	26,700
NOTE: Add $2,000 for Prestige pkg.						
2010 Q5 Quattro AWD V6						
4d 3.2 Premium SUV	840	2,530	4,220	10,550	14,770	21,100
2010 Q7 Quattro AWD V6						
4d 3.6 Premium SUV	1,060	3,180	5,300	13,250	18,550	26,500
2010 Q7 Quattro AWD V6, 3.0L, Turbo Diesel						
4d 3.0 TDI Premium SUV	1,180	3,550	5,920	14,800	20,720	29,600
2010 Q7 Quattro AWD V6						
4d 4.2 Premium SUV	1,190	3,560	5,940	14,850	20,790	29,700
2011 A3 2.0L I4 Turbo						
4d 2.0T Wagon	370	1,120	1,870	4,680	6,550	9,350
2011 A3 Quattro AWD 2.0L I4 Turbo						
4d 2.0T Wagon	460	1,380	2,300	5,750	8,050	11,500
2011 A3 2.0L I4 Turbo Diesel						
4d 2.0TDI Wagon	390	1,160	1,940	4,850	6,790	9,700

AUDI

	6	5	4	3	2	1
2011 A4 2.0L I4 Turbo						
4d 2.0T Sed	370	1,100	1,840	4,600	6,440	9,200
2011 A4 Quattro AWD 2.0L I4 Turbo						
4d 2.0T Sed	400	1,200	2,000	5,000	7,000	10,000
2011 A4 Avant Quattro AWD 2.0L I4 Turbo						
4d 2.0T Wagon	530	1,600	2,660	6,650	9,310	13,300
2011 S4 Quattro AWD 2.0L Supercharged V6						
4d Sed	720	2,160	3,600	9,000	12,600	18,000
2011 A5 2.0L I4 Turbo						
2d Cabrio	590	1,760	2,940	7,350	10,290	14,700
2011 A5 Quattro AWD 2.0L I4 Turbo						
2d Cpe	550	1,660	2,770	6,930	9,700	13,850
2011 A5 Quattro AWD 2.0L I4 Turbo						
2d Cabrio	610	1,820	3,040	7,600	10,640	15,200
2011 S5 Quattro AWD 3.0L V6 Supercharged						
2d 3.0T Cabrio	1,000	3,000	5,000	12,500	17,500	25,000
2011 S5 Quattro Awd 4.2L V8						
2d Cpe	820	2,470	4,120	10,300	14,420	20,600
2011 A6 3.2L V6						
4d 3.2 Sed	670	2,010	3,350	8,380	11,730	16,750
2011 A6 Quattro AWD 3.0L V6 Supercharged						
4d 3.0T Sed	800	2,410	4,020	10,050	14,070	20,100
2011 A6 Avant Quattro AWD 3.0L V6 Supercharged						
4d 3.0 Wagon	890	2,680	4,460	11,150	15,610	22,300
2011 A6 Quattro AWD 4.2L V8						
4d 4.2 Sed	460	1,380	2,300	5,740	8,030	11,475
2011 A8 Quattro AWD 4.2L V8						
4d 4.2 Sed	920	2,750	4,580	11,450	16,030	22,900
4d 4.2 "L" Sed	1,000	3,000	5,000	12,500	17,500	25,000
Add $1,000 for Sport package.						
2011 R8 Quattro AWD 4.2L V8						
2d Cpe	3,680	11,030	18,380	45,950	64,330	91,900
2d Conv	3,680	11,030	18,380	45,950	64,330	91,900
2011 R8 Quattro AWD 5.2L V10						
2d Cpe	4,640	13,920	23,200	58,000	81,200	116,000
2d Conv	3,680	11,030	18,380	45,950	64,330	91,900
2011 TT Quattro AWD 2.0L I4 Turbo						
2d Cpe	700	2,100	3,500	8,750	12,250	17,500
2d Rds	800	2,410	4,020	10,050	14,070	20,100
2011 TTS Quattro AWD 2.0L I4 Turbo						
2d Cpe	920	2,760	4,600	11,500	16,100	23,000
2d Rds	1,040	3,120	5,200	13,000	18,200	26,000

AUSTIN

	6	5	4	3	2	1
1947-48 A40, 4-cyl., 40 hp, 92.5" wb						
2d Dorset Sed.	550	1,700	2,800	6,300	9,800	14,000
2d Devon Sed.	550	1,700	2,800	6,300	9,800	14,000
1949 A40, 4-cyl., 40 hp, 92.5" wb						
2d Dorset Sed.	550	1,700	2,800	6,300	9,800	14,000
2d Devon Sed.	550	1,700	2,800	6,300	9,800	14,000
2d Countryman Wag.	580	1,740	2,900	6,530	10,150	14,500
1949 A90 Atlantic, 4-cyl., 88 hp, 96" wb						
2d Conv	800	2,450	4,100	9,230	14,300	20,500
1949 A125 Sheerline, 6-cyl., 125 hp, 119" wb						
4d Sed	600	1,850	3,100	6,980	10,900	15,500
1950 A40 Devon, 4-cyl., 40 hp, 92.5" wb						
4d Mk II Sed	550	1,700	2,800	6,300	9,800	14,000
4d DeL Sed.	550	1,700	2,800	6,300	9,800	14,000
1950 A40 Countryman, 4-cyl., 40 hp, 92.5" wb						
2d Sta Wag.	650	2,000	3,300	7,430	11,600	16,500
1950 A90 Atlantic, 4-cyl., 88 hp, 96" wb						
2d Conv	800	2,450	4,100	9,230	14,300	20,500
1950 A125 Sheerline, 6-cyl., 125 hp, 119" wb						
4d Sed	650	1,900	3,200	7,200	11,200	16,000
1951 A40 Devon, 4-cyl., 40 hp, 92.5" wb						
4d Mk II Sed	550	1,600	2,700	6,080	9,450	13,500
4d DeL Sed.	550	1,700	2,800	6,300	9,800	14,000
1951 A40 Countryman, 4-cyl., 40 hp, 92.5" wb						
2d Sta Wag.	650	2,000	3,300	7,430	11,600	16,500
1951 A90 Atlantic, 4-cyl., 88 hp, 96" wb						
2d Conv	800	2,450	4,100	9,230	14,300	20,500
2d Spt Sed	600	1,850	3,100	6,900	10,900	15,500
1951 A125 Sheerline, 6-cyl., 125 hp, 119" wb						
4d Sed	650	1,900	3,200	7,200	11,200	16,000
1952 A40 Somerset, 4-cyl., 42/50 hp, 92.5" wb						
2d Conv	800	2,350	3,900	8,780	13,700	19,500
2d Spt Conv	800	2,400	4,000	9,000	14,000	20,000
4d Sed	550	1,600	2,700	6,080	9,450	13,500

AUSTIN

	6	5	4	3	2	1
1952 A40 Countryman, 4-cyl., 42 hp, 92.5" wb						
2d Sta Wag	650	2,000	3,300	7,430	11,600	16,500
1952 A90 Atlantic, 4-cyl., 88 hp, 96" wb						
2d Spt Sed	600	1,750	2,900	6,530	10,200	14,500
1952 A125 Sheerline, 6-cyl., 125 hp, 119" wb						
4d Sed	650	1,900	3,200	7,200	11,200	16,000
1953 A30 "Seven", 4-cyl., 30 hp, 79.5" wb						
4d Sed	550	1,600	2,700	6,080	9,450	13,500
1953 A40 Somerset, 4-cyl., 42/50 hp, 92.5" wb						
2d Conv	800	2,350	3,900	8,780	13,700	19,500
2d Spt Conv	800	2,400	4,000	9,000	14,000	20,000
4d Sed	550	1,700	2,800	6,300	9,800	14,000
1953 A40 Countryman, 4-cyl., 42 hp, 92.5" wb						
2d Sta Wag	650	2,000	3,300	7,430	11,600	16,500
1954 A30 "Seven", 4-cyl., 30 hp, 79.5" wb						
2d Sed	550	1,600	2,700	6,080	9,450	13,500
4d Sed	350	1,000	1,700	3,830	5,950	8,500
1954 A40 Somerset, 4-cyl., 42/50 hp, 92.5" wb						
2d Conv	750	2,200	3,700	8,330	13,000	18,500
4d Sed	550	1,600	2,700	6,080	9,450	13,500
1954 A40 Countryman, 4-cyl., 42 hp, 92.5" wb						
2d Sta Wag	650	2,000	3,300	7,430	11,600	16,500
1955 A50 Cambridge, 4-cyl., 50 hp, 99" wb						
4d Sed	350	1,100	1,800	4,050	6,300	9,000
1955 A90 Westminster, 6-cyl., 85 hp, 103" wb						
4d Sed	550	1,600	2,700	6,080	9,450	13,500
1956 A50 Cambridge, 4-cyl., 50 hp, 99" wb						
4d Sed	350	1,100	1,800	4,050	6,300	9,000
1956 A90 Westminster, 6-cyl., 85 hp, 103" wb						
4d Sed	550	1,600	2,700	6,080	9,450	13,500
1957 A35, 4-cyl., 34 hp, 79" wb						
2d Sed	300	950	1,600	3,560	5,550	7,900
1957 A55 Cambridge, 4-cyl., 51 hp, 99" wb						
4d Sed	350	1,000	1,650	3,690	5,750	8,200
1957 A95 Westminster, 6-cyl., 92 hp, 106" wb						
4d Sed	550	1,600	2,700	6,080	9,450	13,500
1958 A35, 4-cyl., 34 hp, 79" wb						
2d Sed	300	950	1,600	3,560	5,550	7,900
1958 A55 Cambridge, 4-cyl., 51 hp, 99" wb						
4d Sed	350	1,000	1,650	3,690	5,750	8,200
1959 A35, 4-cyl., 34 hp, 79" wb						
2d Sed	300	950	1,600	3,560	5,550	7,900
1959 A40, 4-cyl., 34 hp, 83" wb						
2d Std Sed	300	950	1,600	3,600	5,600	8,000
2d DeL Sed.	300	950	1,600	3,650	5,650	8,100
1959 A55 Cambridge, 4-cyl., 51 hp, 99" wb						
4d Sed	350	1,000	1,650	3,690	5,750	8,200
1959 A55 Mk II, 4-cyl., 51 hp, 99" wb						
4d Sed	350	1,000	1,650	3,740	5,800	8,300
1960 850 Mini, 4-cyl., 37 hp, 80" wb						
2d Sed	650	2,000	3,300	7,430	11,600	16,500
1960 A40, 4-cyl., 34 hp, 83" wb						
2d Std Sed	300	950	1,600	3,600	5,600	8,000
2d DeL Sed.	300	950	1,600	3,650	5,650	8,100
1960 A55 Mk II, 4-cyl., 51 hp, 99" wb						
4d Sed	350	1,000	1,650	3,740	5,800	8,300
1960 A99 Westminster, 6-cyl., 112 hp, 108" wb						
4d Sed	350	1,000	1,700	3,780	5,900	8,400
1961 850 Mini, 4-cyl., 37 hp, 80" wb						
2d Sed	650	2,000	3,300	7,430	11,600	16,500
1961 Mini Cooper, 4-cyl., 55 hp, 80" wb						
2d Sed	750	2,200	3,700	8,330	13,000	18,500
1961 A40, 4-cyl., 34 hp, 83" wb						
2d Std Sed	300	950	1,600	3,600	5,600	8,000
2d DeL Sed.	300	950	1,600	3,650	5,650	8,100
2d Std Sta Wag.	350	1,000	1,700	3,830	5,950	8,500
2d DeL Sta Wag	350	1,100	1,800	4,050	6,300	9,000
1961 A55 Mk II, 4-cyl., 51 hp, 99" wb						
4d Sed	350	1,000	1,650	3,740	5,800	8,300
1961 A99 Westminster, 6-cyl., 112 hp, 108" wb						
4d Sed	350	1,000	1,700	3,830	5,950	8,500
1962 850 Mini, 4-cyl., 37 hp, 80" wb						
2d Sed	650	2,000	3,300	7,430	11,600	16,500
1962 Mini Cooper, 4-cyl., 55 hp, 80" wb						
2d Sed	750	2,200	3,700	8,330	13,000	18,500
1962 A40, 4-cyl., 34 hp, 83" wb						
2d Sed	300	950	1,600	3,600	5,600	8,000

	6	5	4	3	2	1
1962 A55 Mk II, 4-cyl., 51 hp, 99" wb						
4d Sed	300	950	1,600	3,650	5,650	8,100
1963 850 Mini, 4-cyl., 37 hp, 80" wb						
2d Sed	650	2,000	3,300	7,430	11,600	16,500
2d Sta Wag	700	2,100	3,500	7,880	12,300	17,500
1963 850 Mini Cooper, 4-cyl., 56 hp, 80" wb						
2d Sed	750	2,300	3,800	8,550	13,300	19,000
1963 850 Mini Cooper "S", 4-cyl., 75 hp, 80" wb						
2d Sed	800	2,450	4,100	9,230	14,300	20,500
1963 A60, 4-cyl., 68 hp, 100" wb						
4d Sed	300	950	1,600	3,600	5,600	8,000
4d Countryman	350	1,000	1,650	3,690	5,750	8,200
1964 850 Mini, 4-cyl., 37 hp, 80" wb						
2d Sed	650	2,000	3,300	7,430	11,600	16,500
2d Sta Wag	700	2,100	3,500	7,880	12,300	17,500
1964 850 Mini Cooper, 4-cyl., 56 hp, 80" wb						
2d Sed	750	2,300	3,800	8,550	13,300	19,000
1964 850 Mini Cooper "S", 4-cyl., 75 hp, 80" wb						
2d Sed	800	2,450	4,100	9,230	14,300	20,500
1964 A60, 4-cyl., 68 hp, 100" wb						
4d Sed	300	950	1,600	3,600	5,600	8,000
4d Countryman	350	1,000	1,650	3,690	5,750	8,200
1964 Mk II Princess, 6-cyl., 175 hp, 110" wb						
4d Sed	700	2,100	3,500	7,880	12,300	17,500
1965 850 Mini, 4-cyl., 34 hp, 80" wb						
2d Sed	650	2,000	3,300	7,430	11,600	16,500
1965 850 Mini Cooper "S", 4-cyl., 75 hp, 80" wb						
2d Sed	800	2,450	4,100	9,230	14,300	20,500
1965 Mk II Princess, 6-cyl., 175 hp, 110" wb						
4d Sed	550	1,600	2,700	6,080	9,450	13,500
1966 850 Mini, 4-cyl., 34 hp, 80" wb						
2d Sed	650	2,000	3,300	7,430	11,600	16,500
1966 850 Mini Cooper "S", 4-cyl., 75 hp, 80" wb						
2d Sed	800	2,450	4,100	9,230	14,300	20,500
1966 Mk II Princess "R", 6-cyl., 175 hp, 110" wb						
4d Sed	550	1,600	2,700	6,080	9,450	13,500
1967 850 Mini Cooper "S", 4-cyl., 75 hp, 80" wb						
2d Sed	850	2,500	4,200	9,450	14,700	21,000
1968 850 Mini Cooper "S", 4-cyl., 75 hp, 80" wb						
2d Sed	850	2,500	4,200	9,450	14,700	21,000
1968 America, 4-cyl., 58 hp, 93" wb						
2d Sed	200	650	1,100	2,480	3,850	5,500
1969 America, 4-cyl., 58 hp, 93" wb						
2d Sed	200	650	1,100	2,480	3,850	5,500
1970 America, 4-cyl., 58 hp, 93" wb						
2d Sed	200	650	1,100	2,480	3,850	5,500
1971 America, 4-cyl., 58 hp, 93" wb						
2d Sed	200	650	1,100	2,480	3,850	5,500
1972						
NOTE: No Austins imported in 1972.						
1973 Marina, 4-cyl., 68 hp, 96" wb						
2d GT Sed	200	650	1,100	2,480	3,850	5,500
4d Sed	200	650	1,050	2,390	3,700	5,300
1974 Marina, 4-cyl., 68 hp, 96" wb						
2d GT Sed	200	650	1,100	2,480	3,850	5,500
4d Sed	200	650	1,050	2,390	3,700	5,300
1975 Marina, 4-cyl., 68 hp, 96" wb						
2d GT Sed	200	650	1,100	2,480	3,850	5,500
4d Sed	200	650	1,050	2,390	3,700	5,300

AUSTIN-HEALEY

	6	5	4	3	2	1
1953-56 "100", 4-cyl., 90 hp, 90" wb						
Rds	4,200	12,600	21,000	47,250	73,500	105,000
1956 "100-6", 6-cyl., 102 hp, 92" wb						
Rds	3,640	10,920	18,200	40,950	63,700	91,000
1957 "100-6", 6-cyl., 102 hp, 92" wb						
Rds	3,640	10,920	18,200	40,950	63,700	91,000
1958 "100-6", 6-cyl., 117 hp, 92" wb						
Rds	3,640	10,920	18,200	40,950	63,700	91,000
1958 Sprite Mk I, 4-cyl., 43 hp, 80" wb						
Rds	1,140	3,420	5,700	12,830	19,950	28,500
1959 "100-6", 6-cyl., 117 hp, 92" wb						
Rds	3,640	10,920	18,200	40,950	63,700	91,000
1959 Sprite Mk I, 4-cyl., 43 hp, 80" wb						
Rds	1,140	3,420	5,700	12,830	19,950	28,500
1960 "3000" Mk I, 6-cyl., 124 hp, 92" wb						
Rds	3,800	11,400	19,000	42,750	66,500	95,000

AUSTIN-HEALEY

	6	5	4	3	2	1
1960 Sprite Mk I, 4-cyl., 43 hp, 80" wb						
Rds 1,140	3,420	5,700	12,830	19,950	28,500
1961 "3000" Mk I, 6-cyl., 124 hp, 92" wb						
Rds 3,800	11,400	19,000	42,750	66,500	95,000
1961 "3000" Mk II, 6-cyl., 132 hp, 92" wb						
Rds 4,000	12,000	20,000	45,000	70,000	100,000
1961 Sprite Mk I, 4-cyl., 43 hp, 80" wb						
Rds 1,140	3,420	5,700	12,830	19,950	28,500
1961 Sprite Mk II, 4-cyl., 46 hp, 80" wb						
Rds 600	1,800	3,000	6,750	10,500	15,000
1962 "3000" Mk II, 6-cyl., 132 hp, 92" wb						
Rds 4,000	12,000	20,000	45,000	70,000	100,000
1962 Sprite Mk II, 4-cyl., 46 hp, 80" wb						
Conv 600	1,800	3,000	6,750	10,500	15,000
1963 "3000" Mk II, 6-cyl., 132 hp, 92" wb						
Conv 4,000	12,000	20,000	45,000	70,000	100,000
1963 Sprite Mk II, 4-cyl., 56 hp, 80" wb						
Rds 600	1,800	3,000	6,750	10,500	15,000
1964 "3000" Mk II, 6-cyl., 132 hp, 92" wb						
Conv 4,000	12,000	20,000	45,000	70,000	100,000
1964 "3000" Mk III, 6-cyl., 150 hp, 92" wb						
Conv 4,200	12,600	21,000	47,250	73,500	105,000
1964 Sprite Mk II, 4-cyl., 56 hp, 80" wb						
Rds 600	1,800	3,000	6,750	10,500	15,000
1964 Sprite Mk III, 4-cyl., 59 hp, 80" wb						
Conv 620	1,860	3,100	6,980	10,850	15,500
1965 "3000" Mk III, 6-cyl., 150 hp, 92" wb						
Conv 4,200	12,600	21,000	47,250	73,500	105,000
1965 Sprite Mk III, 4-cyl., 59 hp, 80" wb						
Conv 620	1,860	3,100	6,980	10,850	15,500
1966 "3000" Mk III, 6-cyl., 150 hp, 92" wb						
Conv 4,200	12,600	21,000	47,250	73,500	105,000
1966 Sprite Mk III, 4-cyl., 59 hp, 80" wb						
Conv 620	1,860	3,100	6,980	10,850	15,500
1967 "3000" Mk III, 6-cyl., 150 hp, 92" wb						
Conv 4,200	12,600	21,000	47,250	73,500	105,000
1967 Sprite Mk III, 4-cyl., 59 hp, 80" wb						
Conv 620	1,860	3,100	6,980	10,850	15,500
1968 Sprite Mk III, 4-cyl., 59 hp, 80" wb						
2d Rds 600	1,800	3,000	6,750	10,500	15,000
1968 Sprite Mk IV, 4-cyl., 62 hp, 80" wb						
2d Rds 640	1,920	3,200	7,200	11,200	16,000
1969 Sprite Mk IV, 4-cyl., 62 hp, 80" wb						
2d Rds 640	1,920	3,200	7,200	11,200	16,000
1970 Sprite MK IV, 4-cyl., 62 hp, 80" wb						
2d Rds 640	1,920	3,200	7,200	11,200	16,000

BENTLEY

	6	5	4	3	2	1
1951-52 Mk VI, 6-cyl., 4566cc, 120" wb						
Std Steel Saloon 1,480	4,440	7,400	16,650	25,900	37,000
1951-52 Abbott						
DHC 3,440	10,320	17,200	38,700	60,200	86,000
FHC 2,240	6,720	11,200	25,200	39,200	56,000
1951-52 Facel						
FHC 2,680	8,040	13,400	30,150	46,900	67,000
1951-52 Franay						
Sedanca Cpe 2,720	8,160	13,600	30,600	47,600	68,000
DHC 3,520	10,560	17,600	39,600	61,600	88,000
1951-52 Freestone & Webb						
Cpe 2,440	7,320	12,200	27,450	42,700	61,000
Saloon 1,640	4,920	8,200	18,450	28,700	41,000
1951-52 Graber						
Cpe 2,760	8,280	13,800	31,050	48,300	69,000
1951-52 Gurney Nutting						
Sedanca Cpe 2,760	8,280	13,800	31,050	48,300	69,000
1951-52 Hooper						
Cpe 2,800	8,400	14,000	31,500	49,000	70,000
Saloon 2,080	6,240	10,400	23,400	36,400	52,000
Sedanca Cpe 2,880	8,640	14,400	32,400	50,400	72,000
1951-52 H.J. Mulliner						
DHC 4,560	13,680	22,800	51,300	79,800	114,000
4d Saloon 1,640	4,920	8,200	18,450	28,700	41,000
2d Saloon 1,800	5,400	9,000	20,250	31,500	45,000
1951-52 Park Ward						
DHC 4,560	13,680	22,800	51,300	79,800	114,000
Cpe 2,480	7,440	12,400	27,900	43,400	62,000
Saloon 1,840	5,520	9,200	20,700	32,200	46,000

AUSTIN-HEALEY

	6	5	4	3	2	1
1951-52 Radford						
Countryman	1,880	5,640	9,400	21,150	32,900	47,000
1951-52 Windovers						
2d Saloon	1,840	5,520	9,200	20,700	32,200	46,000
1951-52 Worlaufon						
DHC	3,280	9,840	16,400	36,900	57,400	82,000
1951-52 James Young						
Clubman Cpe	1,840	5,520	9,200	20,700	32,200	46,000
Saloon	1,680	5,040	8,400	18,900	29,400	42,000
Spt Saloon	1,880	5,640	9,400	21,150	32,900	47,000
NOTE: Deduct 30% for RHD.						
1952-55 R Type, 6-cyl., 4566cc, 120" wb						
NOTE: Numbers produced in ( ).						
Std Steel Saloon	1,480	4,440	7,400	16,650	25,900	37,000
1952-55 Abbott (16)						
Continental	3,760	11,280	18,800	42,300	65,800	94,000
DHC	3,920	11,760	19,600	44,100	68,600	98,000
1952-55 Frankdale						
Saloon	1,720	5,160	8,600	19,350	30,100	43,000
1952-55 Freestone & Webb (29)						
Saloon	1,840	5,520	9,200	20,700	32,200	46,000
1952-55 Franay (2)						
Cpe	3,360	10,080	16,800	37,800	58,800	84,000
1952-55 Hooper (41)						
4d Saloon	1,800	5,400	9,000	20,250	31,500	45,000
2d Saloon	1,880	5,640	9,400	21,150	32,900	47,000
Sedanca Cpe	2,600	7,800	13,000	29,250	45,500	65,000
1952-55 Graber (7) H.J. Mulliner (67)						
DHC	3,760	11,280	18,800	42,300	65,800	94,000
Saloon	1,720	5,160	8,600	19,350	30,100	43,000
1952-55 Radford (20)						
Countryman	2,040	6,120	10,200	22,950	35,700	51,000
1952-55 Park Ward (50)						
FHC	2,680	8,040	13,400	30,150	46,900	67,000
DHC	3,520	10,560	17,600	39,600	61,600	88,000
Saloon	1,640	4,920	8,200	18,450	28,700	41,000
1952-55 James Young (69)						
Cpe	2,320	6,960	11,600	26,100	40,600	58,000
Saloon	1,520	4,560	7,600	17,100	26,600	38,000
Sedanca Cpe	2,360	7,080	11,800	26,550	41,300	59,000
1952-55 R Type Continental 6-cyl., 4566cc (A-C series), 4887cc (D-E series) Bertone, 120" wb						
Saloon	2,080	6,240	10,400	23,400	36,400	52,000
1952-55 Farina						
Cpe (1)		value not estimable				
Franay (5)		value not estimable				
Graber (3)		value not estimable				
1952-55 J.H. Mulliner						
Cpe (193)	2,680	8,040	13,400	30,150	46,900	67,000
Park Ward (6)		value not estimable				
Cpe (2)		value not estimable				
DHC (4)		value not estimable				
NOTE: Deduct 30% for RHD.						
1955-59 S1 Type, 6-cyl., 4887cc, 123" wb, 127" wb						
Std Steel Saloon	1,840	5,520	9,200	20,700	32,200	46,000
LWB Saloon (after 1957)	1,960	5,880	9,800	22,050	34,300	49,000
1955-59 Freestone & Webb						
Saloon	2,000	6,000	10,000	22,500	35,000	50,000
1955-59 Graber						
DHC	3,360	10,080	16,800	37,800	58,800	84,000
1955-59 Hooper						
Saloon	2,000	6,000	10,000	22,500	35,000	50,000
1955-59 H.J. Mulliner						
Saloon	2,240	6,720	11,200	25,200	39,200	56,000
Limo (5)	2,280	6,840	11,400	25,650	39,900	57,000
1955-59 Park Ward						
FHC	3,120	9,360	15,600	35,100	54,600	78,000
1955-59 James Young						
Saloon	2,040	6,120	10,200	22,950	35,700	51,000
1955-59 S1 Type Continental, 6-cyl., 4887cc Franay, 123" wb						
Cpe	6,000	18,000	30,000	67,500	105,000	150,000
1955-59 Graber						
DHC	4,560	13,680	22,800	51,300	79,800	114,000
1955-59 Hooper						
Saloon (6)	1,880	5,640	9,400	21,150	32,900	47,000
1955-59 H.J. Mulliner						
Cpe	2,560	7,680	12,800	28,800	44,800	64,000
DHC	3,280	9,840	16,400	36,900	57,400	82,000
Spt Saloon	2,280	6,840	11,400	25,650	39,900	57,000

BENTLEY

	6	5	4	3	2	1
Flying Spur (after 1957)	4,000	12,000	20,000	45,000	70,000	100,000
1955-59 Park Ward						
DHC	3,440	10,320	17,200	38,700	60,200	86,000
Spt Saloon	2,480	7,440	12,400	27,900	43,400	62,000
1955-59 James Young						
Saloon	1,760	5,280	8,800	19,800	30,800	44,000
NOTE: Deduct 30% for RHD.						
1959-62 S2 Type V-8, 6230cc, 123" wb, 127" wb						
Std Steel Saloon.	1,840	5,520	9,200	20,700	32,200	46,000
LWB Saloon	2,000	6,000	10,000	22,500	35,000	50,000
Franay.	2,360	7,080	11,800	26,550	41,300	59,000
Graber	2,400	7,200	12,000	27,000	42,000	60,000
Hooper	2,440	7,320	12,200	27,450	42,700	61,000
1959-62 H.J. Mulliner						
DHC (15).	4,320	12,960	21,600	48,600	75,600	108,000
1959-62 Park Ward						
DHC	3,280	9,840	16,400	36,900	57,400	82,000
1959-62 Radford						
Countryman	2,280	6,840	11,400	25,650	39,900	57,000
1959-62 James Young						
Limo (5)	2,320	6,960	11,600	26,100	40,600	58,000
1959-62 S2 Type Continental, V-8, 6230cc H.J. Mulliner, 123" wb						
Flying Spur	3,280	9,840	16,400	36,900	57,400	82,000
1959-62 Park Ward						
DHC	3,240	9,720	16,200	36,450	56,700	81,000
1959-62 James Young						
Saloon	1,880	5,640	9,400	21,150	32,900	47,000
NOTE: Deduct 30% for RHD.						
1962-65 S3 Type V-8, 6230cc, 123" wb, 127" wb						
Std Steel Saloon.	1,960	5,880	9,800	22,050	34,300	49,000
LWB Saloon	2,120	6,360	10,600	23,850	37,100	53,000
1962-65 H.J. Mulliner						
Cpe.	2,640	7,920	13,200	29,700	46,200	66,000
DHC.	3,320	9,960	16,600	37,350	58,100	83,000
1962-65 Park Ward						
Cpe.	3,240	9,720	16,200	36,450	56,700	81,000
DHC.	3,920	11,760	19,600	44,100	68,600	98,000
1962-65 James Young						
LWB Limo	2,640	7,920	13,200	29,700	46,200	66,000
1962-65 S3 Continental, V-8, 6230cc H.J. Mulliner-Park Ward, 123" wb						
Cpe.	2,960	8,880	14,800	33,300	51,800	74,000
DHC	3,520	10,560	17,600	39,600	61,600	88,000
Flying Spur	3,280	9,840	16,400	36,900	57,400	82,000
1962-65 James Young						
Cpe.	2,640	7,920	13,200	29,700	46,200	66,000
Saloon	2,240	6,720	11,200	25,200	39,200	56,000
NOTE: Add 10% for factory sunroof. Deduct 30% for RHD.						
1966 James Young						
James Young 2d	2,240	6,720	11,200	25,200	39,200	56,000
Park Ward 2d	4,080	12,240	20,400	45,900	71,400	102,000
1967 James Young						
James Young 2d	2,200	6,600	11,000	24,750	38,500	55,000
Park Ward 2d	3,360	10,080	16,800	37,800	58,800	84,000
Park Ward 2d Conv.	4,080	12,240	20,400	45,900	71,400	102,000
T 4d	1,600	4,800	8,000	18,000	28,000	40,000
1968 James Young						
Park Ward 2d	3,360	10,080	16,800	37,800	58,800	84,000
Park Ward 2d Conv.	4,080	12,240	20,400	45,900	71,400	102,000
T 4d	1,600	4,800	8,000	18,000	28,000	40,000
1969 James Young						
Park Ward 2d	3,360	10,080	16,800	37,800	58,800	84,000
Park Ward 2d Conv.	4,320	12,960	21,600	48,600	75,600	108,000
T 4d	1,640	4,920	8,200	18,450	28,700	41,000
1970 James Young						
Park Ward 2d	3,280	9,840	16,400	36,900	57,400	82,000
Park Ward 2d Conv.	4,320	12,960	21,600	48,600	75,600	108,000
T 4d	1,680	5,040	8,400	18,900	29,400	42,000
1971 James Young						
T 4d	1,640	4,920	8,200	18,450	28,700	41,000
1972 James Young						
T 4d	1,640	4,920	8,200	18,450	28,700	41,000
1973 James Young						
T 4d	1,640	4,920	8,200	18,450	28,700	41,000
1974 James Young						
T 4d	1,680	5,040	8,400	18,900	29,400	42,000
1975 James Young						
T 4d	1,680	5,040	8,400	18,900	29,400	42,000

	6	5	4	3	2	1
1976 James Young						
T 4d	1,720	5,160	8,600	19,350	30,100	43,000
1977 James Young						
T2 4d	1,520	4,560	7,600	17,100	26,600	38,000
Cornioho 2d	1,840	5,520	9,200	20,700	32,200	46,000
Corniche 2d Conv.	2,720	8,160	13,600	30,600	47,600	68,000
1978 James Young						
T2 4d	1,600	4,800	8,000	18,000	28,000	40,000
Corniche 2d	1,840	5,520	9,200	20,700	32,200	46,000
Corniche 2d Conv.	2,720	8,160	13,600	30,600	47,600	68,000
1979 James Young						
T2 4d	1,720	5,160	8,600	19,350	30,100	43,000
Corniche 2d	1,920	5,760	9,600	21,600	33,600	48,000
Corniche 2d Conv.	2,800	8,400	14,000	31,500	49,000	70,000
1980 James Young						
T2 4d	1,800	5,400	9,000	20,250	31,500	45,000
Mulsanne 4d	2,000	6,000	10,000	22,500	35,000	50,000
Corniche 2d	2,100	6,250	10,400	23,400	36,400	52,000
Corniche 2d Conv.	2,850	8,500	14,200	31,950	49,700	71,000
1981 James Young						
Mulsanne 4d	2,100	6,250	10,400	23,400	36,400	52,000
Corniche 2d Conv.	2,900	8,750	14,600	32,850	51,100	73,000
1982 James Young						
Mulsanne 4d	2,200	6,600	11,000	24,750	38,500	55,000
Corniche 2d Conv.	3,100	9,250	15,400	34,650	53,900	77,000
1983 James Young						
Mulsanne 4d	2,300	6,850	11,400	25,650	39,900	57,000
Corniche 2d Conv.	3,150	9,500	15,800	35,550	55,300	79,000
1984 Mulsanne						
4d Sed	2,350	7,100	11,800	26,550	41,300	59,000
Turbo 4d Sed	2,450	7,300	12,200	27,450	42,700	61,000
1984 Corniche						
2d Conv	3,250	9,700	16,200	36,450	56,700	81,000
1985 Eight						
4d Sed	2,000	7,000	10,000	29,250	45,500	65,000
1985 Mulsanne-S						
4d Sed	2,500	7,550	12,600	28,350	44,100	63,000
Turbo 4d Sed	2,600	7,800	13,000	29,250	45,500	65,000
1985 Continental						
2d Conv	3,550	10,700	17,800	40,050	62,500	89,000
1986 Eight						
4d Sed	2,700	8,050	13,400	30,150	46,900	67,000
1986 Mulsanne-S						
4d Sed	2,750	8,300	13,800	31,050	48,300	69,000
Turbo 4d Sed	2,850	8,500	14,200	31,950	49,700	71,000
1986 Continental						
2d Conv	3,800	11,400	19,000	42,750	66,500	95,000
1987 Eight						
4d Sed	1,900	5,750	9,600	21,600	33,600	48,000
1987 Mulsanne-S						
4d Sed	2,050	6,100	10,200	22,950	35,700	51,000
1987 Continental						
2d Conv	5,250	15,700	26,200	58,950	91,500	131,000
1988 Eight						
4d Sed	2,100	6,250	10,400	23,400	36,400	52,000
1988 Mulsanne-S						
4d Sed	2,200	6,600	11,000	24,750	38,500	55,000
1988 Continental						
2d Conv	5,500	16,400	27,400	61,650	96,000	137,000
1989 Eight						
4d Sed	2,200	6,600	11,000	24,750	38,500	55,000
1989 Mulsanne-S						
4d Sed	2,300	6,850	11,400	25,650	39,900	57,000
Turbo 4d Sed	2,400	7,200	12,000	27,000	42,000	60,000
1989 Continental						
2d Conv	5,550	16,700	27,800	62,550	97,500	139,000
1990 Eight						
4d Sed	2,500	7,550	12,600	28,350	44,100	63,000
1990 Mulsanne-S						
4d Sed	2,600	7,800	13,000	29,250	45,500	65,000
Turbo 4d Sed	2,600	7,800	13,000	29,250	45,500	65,000
1990 Continental						
2d Conv	5,650	16,900	28,200	63,450	98,500	141,000
1991 Eight						
4d Sed	2,600	7,800	13,000	29,250	45,500	65,000
1991 Mulsanne-S						
4d Sed	2,850	8,500	14,200	31,950	49,700	71,000

	6	5	4	3	2	1
1991 Turbo R						
4d Sed	3,250	9,700	16,200	36,450	56,700	81,000
1991 Continental						
2d Conv	5,850	17,500	29,200	65,700	102,000	146,000
1992 Mulsanne-S, V-8						
4d Sed	2,850	8,500	14,200	31,950	49,700	71,000
1992 Turbo R, V-8						
4d Sed	3,400	10,200	17,000	38,250	59,500	85,000
4d Sed LWB	5,100	15,200	25,400	57,150	89,000	127,000
1992 Continental, V-8						
2d Conv	5,650	16,900	28,200	63,450	98,500	141,000
1993 Brooklands						
4d Sed	2,600	7,800	13,000	29,250	45,500	65,000
1993 Brooklands LWB						
4d Limo.	2,850	8,500	14,200	31,950	49,700	71,000
1993 Turbo R						
4d Sed	3,250	9,700	16,200	36,450	56,700	81,000
1993 Turbo RL LWB						
4d Limo.	3,450	10,300	17,200	38,700	60,000	86,000
1993 Continental R						
2d Cpe	5,250	15,700	26,200	58,950	91,500	131,000
1993 Continental						
2d Conv	5,650	16,900	28,200	63,450	98,500	141,000
1994 Continental						
2d Conv	7,650	22,900	38,200	85,950	134,000	191,000
2d Cpe R	6,850	20,500	34,200	76,950	120,000	171,000
1994 Turbo						
4d Sed R.	4,050	12,100	20,200	45,450	70,500	101,000
4d Sed R L LWB.	4,650	13,900	23,200	52,200	81,000	116,000
1994 Brooklands						
4d Sed	3,450	10,300	17,200	38,700	60,000	86,000
4d Sed LWB	3,500	10,400	17,400	39,150	61,000	87,000
1995 Continental						
2d Conv	7,650	22,900	38,200	85,950	134,000	191,000
2d Cpe R	6,850	20,500	34,200	76,950	120,000	171,000
1995 Turbo						
4d Sed R.	4,050	12,100	20,200	45,450	70,500	101,000
4d Sed RL, LWB.	4,650	13,900	23,200	52,200	81,000	116,000
1995 Brooklands						
4d Sed	3,450	10,300	17,200	38,700	60,000	86,000
4d Sed, LWB.	3,500	10,400	17,400	39,150	61,000	87,000
1995 Azure						
2d Conv	7,050	21,100	35,200	79,200	123,000	176,000
1996 Continental						
2d Cpe R	6,800	20,400	34,000	76,500	119,000	170,000
1996 Turbo						
4d Sed R.	4,000	12,000	20,000	45,000	70,000	100,000
4d Sed RL, LWB.	4,600	13,800	23,000	51,750	80,500	115,000
1996 Brooklands						
4d Sed	3,400	10,200	17,000	38,250	59,500	85,000
4d Sed, LWB.	3,450	10,300	17,200	38,700	60,000	86,000
1996 Azure						
2d Conv	7,000	21,000	35,000	78,750	122,000	175,000
1997 Continental R						
2d Cpe	6,800	20,400	34,000	76,500	119,000	170,000
1997 Turbo RT						
4d Sed	4,000	12,000	20,000	45,000	70,000	100,000
1997 Brooklands R						
4d Sed	3,400	10,200	17,000	38,250	59,500	85,000
1997 Arnage						
4d Sed	3,800	11,400	19,000	42,750	66,500	95,000
1997 Azure						
2d Conv	7,000	21,000	35,000	78,750	122,500	175,000
1998 Continental R						
2d Cpe	6,800	20,400	34,000	76,500	119,000	170,000
1998 Turbo RT						
4d Sed	4,000	12,000	20,000	45,000	70,000	100,000
1998 Brooklands R						
4d Sed	3,400	10,200	17,000	38,250	59,500	85,000
1998 Arnage						
4d Sed	3,800	11,400	19,000	42,750	66,500	95,000
1998 Azure						
2d Conv	7,000	21,000	35,000	78,750	122,500	175,000
1999 Continental R						
2d Cpe	6,800	20,400	34,000	76,500	119,000	170,000
1999 Continental T						
4d Sed	7,200	21,600	36,000	81,000	126,000	180,000

	6	5	4	3	2	1

1999 Continental SC
| 4d Sed | 7,600 | 22,800 | 38,000 | 85,500 | 133,000 | 190,000 |

1999 Arnage
| Green Label 4d Sed | 3,600 | 10,800 | 18,000 | 40,500 | 63,000 | 90,000 |
| Red Label 4d Sed | 3,800 | 11,400 | 19,000 | 42,750 | 66,500 | 95,000 |

1999 Azure
| 2d Conv | 7,000 | 21,000 | 35,000 | 78,750 | 122,500 | 175,000 |

2000 Continental R
| 2d Cpe | 6,800 | 20,400 | 34,000 | 76,500 | 119,000 | 170,000 |

2000 Continental T
| 4d Sed | 7,200 | 21,600 | 36,000 | 81,000 | 126,000 | 180,000 |

2000 Continental SC
| 4d Sed | 7,600 | 22,800 | 38,000 | 85,500 | 133,000 | 190,000 |

2000 Arnage
| Green Label 4d Sed | 3,600 | 10,800 | 18,000 | 40,500 | 63,000 | 90,000 |
| Red Label 4d Sed | 3,800 | 11,400 | 19,000 | 42,750 | 66,500 | 95,000 |

2000 Azure
| 2d Conv | 7,000 | 21,000 | 35,000 | 78,750 | 122,500 | 175,000 |

2001 Continental R, V-8
| 2d Cpe | 6,800 | 20,400 | 34,000 | 85,000 | 119,000 | 170,000 |

NOTE: Add 5% for Mulliner Ed.

2001 Continental T, V-8
| 2d Cpe | 7,200 | 21,600 | 36,000 | 90,000 | 126,000 | 180,000 |

2001 Arnage, V-8
| Green Label 4d Sed | 3,600 | 10,800 | 18,000 | 45,000 | 63,000 | 90,000 |
| Red Label 4d Sed | 3,800 | 11,400 | 19,000 | 47,500 | 66,500 | 95,000 |

2001 Azure, V-8
| 2d Conv | 7,000 | 21,000 | 35,000 | 87,500 | 122,500 | 175,000 |

NOTE: Add 5% for Mulliner Ed.

2002 Continental R, V-8
| 2d Cpe | 6,800 | 20,400 | 34,000 | 85,000 | 119,000 | 170,000 |

2002 Continental T, V-8
| 2d Cpe | 7,200 | 21,600 | 36,000 | 90,000 | 126,000 | 180,000 |

2002 Continental SC, V-8
| 2d Cpe | 7,600 | 22,800 | 38,000 | 95,000 | 133,000 | 190,000 |

2002 Arnage, V-8
| R 4d Sed | 3,800 | 11,400 | 19,000 | 47,500 | 66,500 | 95,000 |
| T 4d Sed | 3,800 | 11,400 | 19,000 | 47,500 | 66,500 | 95,000 |

2002 Azure, V-8
| 2d Conv | 7,000 | 21,000 | 35,000 | 87,500 | 122,500 | 175,000 |

2003 Continental R, V-8
| 2d Mulliner Cpe | 6,800 | 20,400 | 34,000 | 85,000 | 119,000 | 170,000 |

2003 Arnage, V-8
R 4d Sed	3,800	11,400	19,000	47,500	66,500	95,000
T 4d Sed	3,800	11,400	19,000	47,500	66,500	95,000
RL 4d Sed	4,200	12,600	21,000	52,500	73,500	105,000

2003 Azure, V-8
| 2d Mulliner Cpe | 6,600 | 19,800 | 33,000 | 82,500 | 115,500 | 165,000 |
| 2d Mulliner Conv | 7,000 | 21,000 | 35,000 | 87,500 | 122,500 | 175,000 |

2004 Continental GT, 12-cyl., AWD
| 2d Cpe | 5,000 | 15,000 | 25,000 | 62,500 | 87,500 | 125,000 |

2004 Arnage, V-8
R 4d Sed	3,800	11,400	19,000	47,500	66,500	95,000
T 4d Sed	3,800	11,400	19,000	47,500	66,500	95,000
RL Mulliner 4d Sed	4,200	12,600	21,000	52,500	73,500	105,000

2004 Azure, V-8
| 2d Mulliner Cpe | 6,600 | 19,800 | 33,000 | 82,500 | 115,500 | 165,000 |
| 2d Mulliner Conv | 7,000 | 21,000 | 35,000 | 87,500 | 122,500 | 175,000 |

2005 Continental, 12-cyl., AWD
| 2d GT Cpe | 5,000 | 15,000 | 25,000 | 62,500 | 87,500 | 125,000 |
| 4d Flying Spur Sed | 4,600 | 13,800 | 23,000 | 57,500 | 80,500 | 115,000 |

2005 Arnage, V-8
4d R Sed	3,800	11,400	19,000	47,500	66,500	95,000
4d T Sed	3,800	11,400	19,000	47,500	66,500	95,000
4d RL Mulliner Sed	4,200	12,600	21,000	52,500	73,500	105,000

2005 Azure, V-8
| 2d Cabr Conv | 7,000 | 21,000 | 35,000 | 87,500 | 122,500 | 175,000 |

BMW

1955 6-cyl., 1971cc, 111.6" wb
501A 4d Sed	1,100	3,300	5,500	12,380	19,250	27,500
501B 4d Sed	1,100	3,300	5,500	12,380	19,250	27,500
501/6 4d Sed, 2077cc	1,160	3,480	5,800	13,050	20,300	29,000
501 V-8 4d Sed, 2580cc	1,200	3,600	6,000	13,500	21,000	30,000
502/2.6 4d Sed	1,240	3,720	6,200	13,950	21,700	31,000
502/3.2 4d Sed	1,160	3,480	5,800	13,050	20,300	29,000

NOTE: Add 75% for coach-built cpe.; 100% for coach-built 2d and 4d convertibles.

1956 Isetta 250
| 1d Std Sed | 1,100 | 3,300 | 5,500 | 12,380 | 19,250 | 27,500 |

	6	5	4	3	2	1
1d DeL Sed.	1,140	3,420	5,700	12,830	19,950	28,500
501/6 4d Sed	1,100	3,300	5,500	12,380	19,250	27,500
501 V-8 4d Sed	1,180	3,540	5,900	13,280	20,650	29,500
502/2.6 4d Sed	1,220	3,660	6,100	13,730	21,350	30,500
502/3.2 4d Sed	1,300	3,900	6,500	14,630	22,750	32,500

NOTE: Add 25% for coach-built cpe.; 100% for coach-built 2d and 4d convertibles.

1956 V-8, 3168cc, 111.6" wb

	6	5	4	3	2	1
503 Cpe	1,900	5,700	9,500	21,380	33,250	47,500
503 Conv	2,650	7,940	13,240	29,790	46,340	66,200
507 Rds			value not estimable			

1957 Isetta 300

	6	5	4	3	2	1
1d Std Sed	1,130	3,380	5,640	12,690	19,740	28,200
1d DeL Sed.	1,100	3,300	5,500	12,380	19,250	27,500

1957 2-cyl., 582cc, 66.9" wb

	6	5	4	3	2	1
600 2d Sed.	1,080	3,240	5,400	12,150	18,900	27,000
501/6 4d Sed	1,100	3,300	5,500	12,380	19,250	27,500
501 V-8 4d Sed	1,180	3,540	5,900	13,280	20,650	29,500
502/2.6 4d Sed.	1,240	3,720	6,200	13,950	21,700	31,000
502/3.2 4d Sed.	1,300	3,900	6,500	14,630	22,750	32,500
502/3.2 Sup 4d Sed	1,340	4,020	6,700	15,080	23,450	33,500
503 Cpe	1,900	5,700	9,500	21,380	33,250	47,500
503 Conv	2,650	7,940	13,240	29,790	46,340	66,200
507 Rds			value not estimable			

1958 Isetta 300

	6	5	4	3	2	1
1d Std Sed	1,140	3,420	5,700	12,830	19,950	28,500
1d DeL Sed.	1,150	3,460	5,760	12,960	20,160	28,800

1958 2-cyl., 582cc, 66.9" wb

	6	5	4	3	2	1
600 2d Sed.	1,080	3,240	5,400	12,150	18,900	27,000
501/3 4d Sed	1,100	3,300	5,500	12,380	19,250	27,500
501 V-8 4d Sed	1,180	3,540	5,900	13,280	20,650	29,500
502/2.6 4d Sed.	1,240	3,720	6,200	13,950	21,700	31,000
502/3.2 4d Sed.	1,300	3,900	6,500	14,630	22,750	32,500
502/3.2 Sup 4d Sed	1,340	4,020	6,700	15,080	23,450	33,500

NOTE: Add 75% for coach-built cpe.; 100% for coach-built 2d and 4d convertibles.

	6	5	4	3	2	1
503 Cpe	1,900	5,700	9,500	21,380	33,250	47,500
503 Conv	2,650	7,940	13,240	29,790	46,340	66,200
507 Rds			value not estimable			

1959 Isetta 300

	6	5	4	3	2	1
1d Std Sed	1,140	3,420	5,700	12,830	19,950	28,500
1d DeL Sed.	1,150	3,460	5,760	12,960	20,160	28,800
600 2d Sed.	1,080	3,240	5,400	12,150	18,900	27,000

1959 2-cyl., 697cc, 83.5" wb

	6	5	4	3	2	1
Cpe.	740	2,220	3,700	8,330	12,950	18,500
2d Sed	690	2,060	3,440	7,740	12,040	17,200
501 V-8 4d Sed	1,020	3,060	5,100	11,480	17,850	25,500
502/2.6 4d Sed	1,060	3,180	5,300	11,930	18,550	26,500
502/3.2 4d Sed	1,140	3,420	5,700	12,830	19,950	28,500
502/3.2 Sup 4d Sed	1,180	3,540	5,900	13,280	20,650	29,500
503 Cpe	1,900	5,700	9,500	21,380	33,250	47,500
503 Conv	2,650	7,940	13,240	29,790	46,340	66,200
507 Rds			value not estimable			

1960 Isetta 300

	6	5	4	3	2	1
1d Std Sed	1,140	3,420	5,700	12,830	19,950	28,500
1d DeL Sed.	1,150	3,460	5,760	12,960	20,160	28,800
600 2d Sed.	1,080	3,240	5,400	12,150	18,900	27,000
700 Cpe	520	1,560	2,600	5,850	9,100	13,000
700 2d Sed.	510	1,520	2,540	5,720	8,890	12,700
700 Spt Cpe	530	1,600	2,660	5,990	9,310	13,300
501 V-8 4d Sed	1,180	3,540	5,900	13,280	20,650	29,500
502/2.6 4d Sed	1,240	3,720	6,200	13,950	21,700	31,000
502/3.2 4d Sed	1,300	3,900	6,500	14,630	22,750	32,500
502/3.2 Sup 4d Sed	1,340	4,020	6,700	15,080	23,450	33,500

1961 Isetta 300

	6	5	4	3	2	1
1d Std Sed	1,140	3,420	5,700	12,830	19,950	28,500
1d DeL Sed.	1,150	3,460	5,760	12,960	20,160	28,800
700 Cpe	520	1,560	2,600	5,850	9,100	13,000
700 2d Sed.	510	1,520	2,540	5,720	8,890	12,700
700 Spt Cpe	530	1,600	2,660	5,990	9,310	13,300
700 2d Luxus Sed.	470	1,400	2,340	5,270	8,190	11,700
700 Conv	1,020	3,060	5,100	11,480	17,850	25,500
501 V-8 4d Sed	1,180	3,540	5,900	13,280	20,650	29,500
502/2.6 4d Sed	1,220	3,660	6,100	13,730	21,350	30,500
2600 4d Sed.	460	1,380	2,300	5,180	8,050	11,500
2600L 4d Sed.	530	1,580	2,640	5,940	9,240	13,200
502/3.2 4d Sed.	1,220	3,660	6,100	13,730	21,350	30,500
502/3.2 4d Sup Sed	1,260	3,780	6,300	14,180	22,050	31,500
3200L 4d Sed.	1,300	3,900	6,500	14,630	22,750	32,500
3200S 4d Sed.	1,340	4,020	6,700	15,080	23,450	33,500

	6	5	4	3	2	1
1962 Isetta 300						
1d Std Sed	1,140	3,420	5,700	12,830	19,950	28,500
1d DeL Sed	1,150	3,460	5,760	12,960	20,160	28,800
700 Cpe	520	1,560	2,600	5,850	9,100	13,000
700CS Cpe	530	1,580	2,640	5,940	9,240	13,200
700 Spt Cpe	530	1,600	2,660	5,990	9,310	13,300
700 2d Sed	510	1,520	2,540	5,720	8,890	12,700
700 Conv	1,020	3,060	5,100	11,480	17,850	25,500
700LS 2d Sed	440	1,320	2,200	4,950	7,700	11,000
700LS Luxus 2d Sed	470	1,400	2,340	5,270	8,190	11,700
1962 4-cyl., 1499cc, 100.4" wb						
1500 4d Sed	340	1,020	1,700	3,830	5,950	8,500
2600 4d Sed	460	1,380	2,300	5,180	8,050	11,500
2600L 4d Sed	530	1,580	2,640	5,940	9,240	13,200
3200L 4d Sed	1,300	3,900	6,500	14,630	22,750	32,500
3200S 4d Sed	1,340	4,020	6,700	15,080	23,450	33,500
3200CS Cpe	1,540	4,620	7,700	17,330	26,950	38,500
1963 4-cyl., 1499cc, 100.4" wb						
700 Cpe	510	1,520	2,540	5,720	8,890	12,700
700 Spt Cpe	520	1,560	2,600	5,850	9,100	13,000
700CS Cpe	520	1,550	2,580	5,810	9,030	12,900
700 Conv	940	2,820	4,700	10,580	16,450	23,500
700LS 2d Sed	432	1,296	2,160	4,860	7,560	10,800
700LS Luxus 2d Sed	460	1,380	2,300	5,180	8,050	11,500
1500 4d Sed	340	1,020	1,700	3,830	5,950	8,500
1800 4d Sed	460	1,380	2,300	5,180	8,050	11,500
2600L 4d Sed	530	1,580	2,640	5,940	9,240	13,200
3200S 4d Sed	1,220	3,660	6,100	13,730	21,350	30,500
3200CS Cpe	1,540	4,620	7,700	17,330	26,950	38,500
1964 4-cyl., 1499cc, 100.4" wb						
700 C Cpe	480	1,440	2,400	5,400	8,400	12,000
700CS Cpe	500	1,500	2,500	5,630	8,750	12,500
700 Conv	930	2,800	4,660	10,490	16,310	23,300
700LS Cpe	450	1,360	2,260	5,090	7,910	11,300
700 Luxus 2d Sed	530	1,600	2,660	5,990	9,310	13,300
1500 4d Sed	340	1,020	1,700	3,830	5,950	8,500
1600 4d Sed	440	1,320	2,200	4,950	7,700	11,000
1800 4d Sed	460	1,380	2,300	5,180	8,050	11,500
1800TI 4d Sed	480	1,440	2,400	5,400	8,400	12,000
1800TI/SA 4d Sed	660	1,980	3,300	7,430	11,550	16,500
2600L 4d Sed	530	1,580	2,640	5,940	9,240	13,200
3200CS Cpe	1,540	4,620	7,700	17,330	26,950	38,500
1966 4-cyl., 1499cc, 100.4" wb						
700LS Cpe	428	1,284	2,140	4,820	7,490	10,700
700 Luxus 2d Sed	420	1,260	2,100	4,730	7,350	10,500
1600 4d Sed	440	1,320	2,200	4,950	7,700	11,000
1800 4d Sed	680	1,740	2,000	6,530	10,150	14,500
1800TI 4d Sed	600	1,800	3,000	6,750	10,500	15,000
1800TI/SA 4d Sed	700	2,100	3,500	7,880	12,250	17,500
1965 4-cyl., 100.4" wb						
2000C Cpe	740	2,220	3,700	8,330	12,950	18,500
2000CS Cpe	772	2,316	3,860	8,690	13,510	19,300
1965 V-8, 111.4" wb						
3200CS Cpe	1,540	4,620	7,700	17,330	26,950	38,500
1966 4-cyl., 98.4" wb						
1600-2 2d Sed	460	1,380	2,300	5,180	8,050	11,500
1600 4d Sed	440	1,320	2,200	4,950	7,700	11,000
1800 4d Sed	460	1,380	2,300	5,180	8,050	11,500
1800TI 4d Sed	488	1,464	2,440	5,490	8,540	12,200
2000 4d Sed	468	1,404	2,340	5,270	8,190	11,700
2000TI 4d Sed	488	1,464	2,440	5,490	8,540	12,200
2000TI Lux 4d Sed	588	1,764	2,940	6,620	10,290	14,700
2000C Cpe	740	2,220	3,700	8,330	12,950	18,500
2000CA Cpe	772	2,316	3,860	8,690	13,510	19,300
2000CS Cpe	772	2,316	3,860	8,690	13,510	19,300
1967 4-cyl., 98.4" wb						
1602 2d Sed	420	1,260	2,100	4,730	7,350	10,500
1600TI 2d Sed	580	1,740	2,900	6,530	10,150	14,500
Glas 1600GT Cpe	600	1,800	3,000	6,750	10,500	15,000
1800 4d Sed	420	1,260	2,100	4,730	7,350	10,500
2000 4d Sed	428	1,284	2,140	4,820	7,490	10,700
2000TI 4d Sed	448	1,344	2,240	5,040	7,840	11,200
2000TI Lux 4d Sed	480	1,440	2,400	5,400	8,400	12,000
2000C Cpe	752	2,256	3,760	8,460	13,160	18,800
2000CA Cpe	752	2,256	3,760	8,460	13,160	18,800
2000CS Cpe	752	2,256	3,760	8,460	13,160	18,800
Glas 3000 V-8 Cpe	800	2,400	4,000	9,000	14,000	20,000
1968 4-cyl., 98.4" wb						
1600 2d Sed	580	1,740	2,900	6,530	10,150	14,500

	6	5	4	3	2	1
1600 Cabr.	820	2,460	4,100	9,230	14,350	20,500
Glas 1600GT Cpe.	600	1,800	3,000	6,750	10,500	15,000
1800 4d Sed.	420	1,260	2,100	4,730	7,350	10,500
2002 2d Sed.	600	1,800	3,000	6,750	10,500	15,000
2002TI 2d Sed, Non-USA.	660	1,980	3,300	7,430	11,550	16,500
2000 4d Sed.	420	1,260	2,100	4,730	7,350	10,500
2000TI 4d Sed .	440	1,320	2,200	4,950	7,700	11,000
2000TI Lux 4d Sed .	480	1,440	2,400	5,400	8,400	12,000
2000C Cpe .	736	2,208	3,680	8,280	12,880	18,400
2000CA Cpe .	.740	2,220	3,700	8,330	12,950	18,500
2000CS Cpe .	760	2,280	3,800	8,550	13,300	19,000
2500 4d Sed, E-3 .	440	1,320	2,200	4,950	7,700	11,000
2800 4d Sed, E-3 .	480	1,440	2,400	5,400	8,400	12,000
2800CS Cpe, E-9 .	940	2,820	4,700	10,580	16,450	23,500
Glas 3000 V-8 Cpe .	780	2,340	3,900	8,780	13,650	19,500
1969 4-cyl., 98.4" wb						
1600 2d Sed .	460	1,380	2,300	5,180	8,050	11,500
1600 Cabr.	860	2,580	4,300	9,680	15,050	21,500
1800 4d Sed .	420	1,260	2,100	4,730	7,350	10,500
2002 2d Sed .	600	1,800	3,000	6,750	10,500	15,000
2002TI 2d Sed, Non-USA .	660	1,980	3,300	7,430	11,550	16,500
2000TI Lux 4d Sed .	440	1,320	2,200	4,950	7,700	11,000
2000CA Cpe .	736	2,208	3,680	8,280	12,880	18,400
2000CS Cpe .	760	2,280	3,800	8,550	13,300	19,000
2500 4d Sed .	460	1,380	2,300	5,180	8,050	11,500
2800 4d Sed .	440	1,320	2,200	4,950	7,700	11,000
2800CSA Cpe .	812	2,436	4,060	9,140	14,210	20,300
2800CS Cpe .	904	2,712	4,520	10,170	15,820	22,600
1970 4-cyl., 98.4" wb						
1600 2d Sed .	480	1,440	2,400	5,400	8,400	12,000
1600 Cabr.	860	2,580	4,300	9,680	15,050	21,500
1800 4d Sed .	420	1,260	2,100	4,730	7,350	10,500
2002 2d Sed .	580	1,740	2,900	6,530	10,150	14,500
2000TI Lux 4d Sed .	480	1,440	2,400	5,400	8,400	12,000
2000TII 4d Sed .	580	1,740	2,900	6,530	10,150	14,500
2500 4d Sed .	440	1,320	2,200	4,950	7,700	11,000
2800 4d Sed .	480	1,440	2,400	5,400	8,400	12,000
2800CSA	812	2,436	4,060	9,140	14,210	20,300
2800CS Cpe .	900	2,700	4,500	10,130	15,750	22,500
1971 4-cyl., 98.4" wb						
1600 2d Sed .	450	1,400	2,300	5,180	8,050	11,500
1600 Tr, E-10, Non-USA .	460	1,380	2,300	5,180	8,050	11,500
1600 Cabr.	900	2,650	4,400	9,900	15,400	22,000
1800 4d Sed .	400	1,200	2,000	4,500	7,000	10,000
2002 2d Sed .	550	1,700	2,800	6,300	9,800	14,000
2002 Cabr.	1,000	3,000	5,000	11,250	17,500	25,000
2002 Targa .	700	2,050	3,400	7,650	11,900	17,000
2000 Tr, E-10, Non-USA .	620	1,860	3,100	6,980	10,850	15,500
2002TI 2d Sed, Non-USA .	580	1,740	2,900	6,530	10,150	14,500
2000TII 4d Sed .	550	1,700	2,800	6,300	9,800	14,000
2500 4d Sed .	400	1,200	2,000	4,500	7,000	10,000
2800 4d Sed .	400	1,250	2,100	4,730	7,350	10,500
Bavaria 4d Sed.	400	1,250	2,100	4,730	7,350	10,500
3.0S 4d Sed .	450	1,400	2,300	5,180	8,050	11,500
Bavaria 4d Sed.	450	1,400	2,300	5,180	8,050	11,500
2800CSA Cpe .	800	2,400	3,950	8,910	13,900	19,800
2800CS Cpe .	900	2,700	4,550	10,220	15,900	22,700
3.0CSA Cpe .	850	2,600	4,350	9,810	15,300	21,800
3.0CS Cpe .	900	2,750	4,600	10,350	16,100	23,000
3.0CSi Cpe .	1,100	3,250	5,400	12,150	18,900	27,000
3.0CSL Cpe, Non-USA .	1,260	3,780	6,300	14,180	22,050	31,500
1972 4-cyl., 98.4" wb						
1800 4d Sed .	400	1,200	2,000	4,500	7,000	10,000
2000TII 4d Sed .	550	1,700	2,800	6,300	9,800	14,000
2002 2d Sed .	550	1,700	2,800	6,300	9,800	14,000
2002 Targa .	700	2,050	3,400	7,650	11,900	17,000
2000 Tr, Non-USA.	600	1,850	3,100	6,980	10,900	15,500
2002TII 2d Sed.	600	1,800	3,000	6,750	10,500	15,000
2000TII Tr, Non-USA.	640	1,920	3,200	7,200	11,200	16,000
2800 4d Sed .	400	1,250	2,100	4,730	7,350	10,500
Bavaria 4d Sed, 2788cc .	420	1,260	2,100	4,730	7,350	10,500
3.0S 4d Sed .	450	1,400	2,300	5,180	8,050	11,500
Bavaria 4d Sed, 2985cc .	460	1,380	2,300	5,180	8,050	11,500
3.0CS Cpe .	900	2,750	4,550	10,260	16,000	22,800
3.0CSA Cpe .	750	2,300	3,800	8,550	13,300	19,000
3.0CSi Cpe .	1,050	3,100	5,200	11,700	18,200	26,000
3.0CSL Cpe, Non-USA.	1,260	3,780	6,300	14,180	22,050	31,500
1973 4-cyl., 98.4" wb						
2002 2d Sed .	550	1,700	2,800	6,300	9,800	14,000

BMW

	6	5	4	3	2	1
2000 Targa 700	2,050	3,400	7,650	11,900	17,000
2000 Tr, Non-USA. 620	1,860	3,100	6,980	10,850	15,500
2002TII 2d Sed. 600	1,800	3,000	6,750	10,500	15,000
2000TII Tr, Non-USA. 640	1,920	3,200	7,200	11,200	16,000
2002 Turbo, Non-USA. 920	2,760	4,600	10,350	16,100	23,000
2800 4d Sed 400	1,250	2,100	4,730	7,350	10,500
Bavaria 4d Sed, 2788cc 420	1,260	2,100	4,730	7,350	10,500
3.0S 4d Sed 450	1,400	2,300	5,180	8,050	11,500
Bavaria 4d Sed, 2985cc 460	1,380	2,300	5,180	8,050	11,500
3.0CSA Cpe 800	2,400	4,000	9,000	14,000	20,000
3.0CS Cpe 900	2,650	4,400	9,900	15,400	22,000
3.0CSi Cpe 1,000	3,000	5,000	11,250	17,500	25,000
3.0CSL Cpe, Non-USA. 1,260	3,780	6,300	14,180	22,050	31,500
1973 3153cc					
3.0CSL Cpe 1,350	4,000	6,700	15,080	23,500	33,500
1974 3153cc					
2002 2d Sed. 550	1,700	2,800	6,300	9,800	14,000
2002 Targa 700	2,050	3,400	7,650	11,900	17,000
2000 Tr, Non-USA. 610	1,840	3,060	6,890	10,710	15,300
2002TII 2d Sed. 600	1,800	3,000	6,750	10,500	15,000
2000TII Tr, Non-USA. 640	1,920	3,200	7,200	11,200	16,000
2002 Turbo, Non-USA. 880	2,630	4,380	9,860	15,330	21,900
2800 4d Sed. 400	1,250	2,100	4,730	7,350	10,500
Bavaria 4d Sed, 2788cc 420	1,260	2,100	4,730	7,350	10,500
3.0S 4d Sed 450	1,400	2,300	5,180	8,050	11,500
Bavaria 4d Sed, 2985cc 460	1,380	2,300	5,180	8,050	11,500
3.0CSA Cpe 800	2,400	4,000	9,000	14,000	20,000
3.0CS Cpe 900	2,650	4,400	9,900	15,400	22,000
3.0CSi Cpe. 1,000	3,000	5,000	11,250	17,500	25,000
3.0CSL Cpe, Non-USA. 1,340	4,020	6,700	15,080	23,450	33,500
530i 4d Scd, E-12. 450	1,400	2,300	5,180	8,050	11,500
1975 3153cc					
2002 2d Sed 550	1,700	2,800	6,300	9,800	14,000
2002TII 2d Sed. 600	1,800	3,000	6,750	10,500	15,000
2002 Targa 700	2,150	3,600	8,100	12,600	18,000
320i 2d Sed, E-21. 400	1,200	2,000	4,500	7,000	10,000
2800 4d Sed. 400	1,250	2,100	4,730	7,350	10,500
Bavaria, 2788cc 400	1,250	2,100	4,730	7,350	10,500
3.0S 4d Sed 550	1,700	2,800	6,300	9,800	14,000
Bavaria, 2985cc 550	1,700	2,800	6,300	9,800	14,000
3.0CSA Cpe 800	2,400	4,000	9,000	14,000	20,000
3.0CS Cpe 900	2,650	4,400	9,900	15,400	22,000
3.0CSi Cpe. 1,000	3,000	5,000	11,250	17,500	25,000
3.0CSL Cpe, Non-USA. 1,340	4,020	6,700	15,080	23,450	33,500
530i 4d Sed 360	1,080	1,800	4,050	6,300	9,000
1976 3153cc					
2002 2d Sed. 550	1,700	2,800	6,300	9,800	14,000
320i 2d Sed 400	1,200	2,000	4,500	7,000	10,000
2800 4d Sed. 420	1,260	2,100	4,730	7,350	10,500
Bavaria, 2788cc 420	1,260	2,100	4,730	7,350	10,500
3.0Si 4d Sed. 560	1,680	2,800	6,300	9,800	14,000
Bavaria, 2985cc 560	1,680	2,800	6,300	9,800	14,000
530i 4d Sed 360	1,080	1,800	4,050	6,300	9,000
630CS Cpe, E-24 400	1,200	2,000	4,500	7,000	10,000
1977 3153cc					
320i 2d Sed 400	1,200	2,000	4,500	7,000	10,000
2800 4d Sed. 420	1,260	2,100	4,730	7,350	10,500
Bavaria, 2788cc 420	1,260	2,100	4,730	7,350	10,500
3.0S 4d Sed 560	1,680	2,800	6,300	9,800	14,000
Bavaria, 2985cc 560	1,680	2,800	6,300	9,800	14,000
530i 4d Sed 360	1,080	1,800	4,050	6,300	9,000
630CS Cpe. 400	1,200	2,000	4,500	7,000	10,000
630CSi Cpe 440	1,320	2,200	4,950	7,700	11,000
633CSi Cpe 460	1,380	2,300	5,180	8,050	11,500
1978 3153cc					
320i 2d Sed 460	1,380	2,300	5,180	8,050	11,500
528i 4d Sed 340	1,020	1,700	3,830	5,950	8,500
530i 4d Sed 360	1,080	1,800	4,050	6,300	9,000
630CS Cpe. 400	1,200	2,000	4,500	7,000	10,000
630CSi Cpe 440	1,320	2,200	4,950	7,700	11,000
633CSi Cpe 460	1,380	2,300	5,180	8,050	11,500
733i 4d Sed, E-23. 340	1,020	1,700	3,830	5,950	8,500
1979 3153cc					
320i 2d Sed 400	1,200	2,000	4,500	7,000	10,000
528i 4d Sed 340	1,020	1,700	3,830	5,950	8,500
M535i 4d Sed, Non-USA 1,000	3,000	4,950	11,160	17,400	24,800
733i 4d Sed 340	1,020	1,700	3,830	5,950	8,500
633CSi 2d Cpe. 460	1,380	2,300	5,180	8,050	11,500
M1 Cpe, E-26, Non-USA 5,850	17,500	29,200	65,700	102,000	146,000

BMW

	6	5	4	3	2	1
1980 3153cc						
320i 2d Sed	400	1,200	2,000	4,500	7,000	10,000
528i 4d Sed	340	1,020	1,700	3,830	5,950	8,500
M535i 4d Sed, Non-USA	1,000	3,000	4,950	11,160	17,400	24,800
733i 4d Sed	340	1,020	1,700	3,830	5,950	8,500
633CSi 2d Cpe	460	1,380	2,300	5,180	8,050	11,500
M1 Cpe, Non-USA	6,440	19,320	32,200	72,450	112,700	161,000
1981 3153cc						
320i 2d Sed	400	1,200	2,000	4,500	7,000	10,000
528i 4d Sed	340	1,020	1,700	3,830	5,950	8,500
733i 4d Sed	340	1,020	1,700	3,830	5,950	8,500
633CSi 2d Cpe	460	1,380	2,300	5,180	8,050	11,500
1982 3153cc						
320i 2d Sed	400	1,200	2,000	4,500	7,000	10,000
528E 4d Sed	360	1,080	1,800	4,050	6,300	9,000
733i 4d Sed	340	1,020	1,700	3,830	5,950	8,500
633CSi 2d Cpe	460	1,380	2,300	5,180	8,050	11,500
1983 3153cc						
320i 2d Sed	400	1,200	2,000	4,500	7,000	10,000
528E 4d Sed	360	1,080	1,800	4,050	6,300	9,000
533i 4d Sed	380	1,140	1,900	4,280	6,650	9,500
733i 4d Sed	340	1,020	1,700	3,830	5,950	8,500
633CSi 2d Cpe	460	1,380	2,300	5,180	8,050	11,500
1984 3153cc						
318i 2d Sed	420	1,260	2,100	4,730	7,350	10,500
325E 2d Sed	440	1,320	2,200	4,950	7,700	11,000
528E 4d Sed	360	1,080	1,800	4,050	6,300	9,000
533i 4d Sed	380	1,140	1,900	4,280	6,650	9,500
733i 4d Sed	340	1,020	1,700	3,830	5,950	8,500
633CSi Cpe	460	1,380	2,300	5,180	8,050	11,500
1985 3153cc						
318i 2d Sed	420	1,260	2,100	4,730	7,350	10,500
318i 4d Sed	400	1,200	2,000	4,500	7,000	10,000
325E 2d Sed	440	1,320	2,200	4,950	7,700	11,000
325E 4d Sed	420	1,260	2,100	4,730	7,350	10,500
528E 4d Sed	360	1,080	1,800	4,050	6,300	9,000
535i 4d Sed	440	1,320	2,200	4,950	7,700	11,000
524TD 4d Sed	440	1,320	2,200	4,950	7,700	11,000
735i 4d Sed	460	1,380	2,300	5,180	8,050	11,500
635CSi 2d Cpe	480	1,440	2,400	5,400	8,400	12,000
1986 3153cc						
325 2d Sed	400	1,200	2,000	4,500	7,000	10,000
325 4d Sed	380	1,140	1,900	4,280	6,650	9,500
325ES 4d Sed	440	1,320	2,200	4,950	7,700	11,000
325E 4d Sed	420	1,260	2,100	4,730	7,350	10,500
524TD 4d Sed	440	1,320	2,200	4,950	7,700	11,000
528E 4d Sed	360	1,080	1,800	4,050	6,300	9,000
535i 4d Sed	440	1,320	2,200	4,950	7,700	11,000
735i 4d Sed	460	1,380	2,300	5,180	8,050	11,500
L7 4d Sed	360	1,080	1,800	4,050	6,300	9,000
635CSi 2d Cpe	480	1,440	2,400	5,400	8,400	12,000
1987 3153cc						
325 2d Sed	400	1,200	2,000	4,500	7,000	10,000
325 4d Sed	380	1,140	1,900	4,280	6,650	9,500
325ES 2d Sed	440	1,320	2,200	4,950	7,700	11,000
325E 4d Sed	420	1,260	2,100	4,730	7,350	10,500
325is 2d Sed	440	1,320	2,200	4,950	7,700	11,000
325i 4d Sed	420	1,260	2,100	4,730	7,350	10,500
325i 2d Conv	480	1,440	2,400	5,400	8,400	12,000
528E 4d Sed	360	1,080	1,800	4,050	6,300	9,000
528i 4d Sed	380	1,140	1,900	4,280	6,650	9,500
528is 4d Sed	400	1,200	2,000	4,500	7,000	10,000
735i 4d Sed	460	1,380	2,300	5,180	8,050	11,500
L7 4d Sed	360	1,080	1,800	4,050	6,300	9,000
635CSi 2d Cpe	480	1,440	2,400	5,400	8,400	12,000
L6 2d Cpe	500	1,500	2,500	5,630	8,750	12,500
M6 2d Cpe	1,170	3,500	5,840	13,140	20,440	29,200
1988 3153cc						
325 2d	400	1,200	2,000	4,500	7,000	10,000
325 4d	380	1,140	1,900	4,280	6,650	9,500
325i 2d	440	1,320	2,200	4,950	7,700	11,000
325i 4d	420	1,260	2,100	4,730	7,350	10,500
325i 2d Conv	480	1,440	2,400	5,400	8,400	12,000
325iX 2d	460	1,380	2,300	5,180	8,050	11,500
M3 2d Sed	560	1,680	2,800	6,300	9,800	14,000
528E 4d	360	1,080	1,800	4,050	6,300	9,000
535i 4d	440	1,320	2,200	4,950	7,700	11,000
535is 4d	480	1,440	2,400	5,400	8,400	12,000
M5 4d	720	2,160	3,600	8,100	12,600	18,000

BMW

	6	5	4	3	2	1
735i 4d	460	1,380	2,300	5,180	8,050	11,500
735iL 4d	480	1,440	2,400	5,400	8,400	12,000
750iL 4d	900	2,700	4,500	10,130	15,750	22,500
635CSi 2d	480	1,440	2,400	5,400	8,400	12,000
M6 2d	1,170	3,500	5,840	13,140	20,440	29,200
1989 3153cc						
325i 2d Sed	440	1,320	2,200	4,950	7,700	11,000
325i 4d Sed	420	1,260	2,100	4,730	7,350	10,500
325is 2d Sed.	440	1,320	2,200	4,950	7,700	11,000
325i Conv.	480	1,440	2,400	5,400	8,400	12,000
325ix 2d Sed (4x4)	560	1,680	2,800	6,300	9,800	14,000
325ix 4d Sed (4x4)	560	1,680	2,800	6,300	9,800	14,000
M3 2d Sed	760	2,280	3,800	8,550	13,300	19,000
525i 4d Sed	420	1,260	2,100	4,730	7,350	10,500
535i 4d Sed	440	1,320	2,200	4,950	7,700	11,000
735i 4d Sed	460	1,380	2,300	5,180	8,050	11,500
735iL 4d Sed	480	1,440	2,400	5,400	8,400	12,000
750iL 4d Sed	900	2,700	4,500	10,130	15,750	22,500
635CSi Cpe	480	1,440	2,400	5,400	8,400	12,000
1990 3153cc						
325i 2d Sed	440	1,320	2,200	4,950	7,700	11,000
325i 4d Sed	420	1,260	2,100	4,730	7,350	10,500
325is 2d Sed.	440	1,320	2,200	4,950	7,700	11,000
325i 2d Conv	480	1,440	2,400	5,400	8,400	12,000
325i 2d Sed (4x4)	520	1,560	2,600	5,850	9,100	13,000
325i 4d Sed (4x4)	520	1,560	2,600	5,850	9,100	13,000
M3 2d Sed	760	2,280	3,800	8,550	13,300	19,000
525i 4d Sed	420	1,260	2,100	4,730	7,350	10,500
535i 4d Sed	440	1,320	2,200	4,950	7,700	11,000
735i 4d Sed	460	1,380	2,300	5,180	8,050	11,500
735iL 4d Sed	480	1,440	2,400	5,400	8,400	12,000
750iL 4d Sed	000	2,700	4,500	10,130	15,750	22,500
1991 3153cc						
318i 2d Sed	400	1,250	2,100	4,730	7,350	10,500
318i 4d Sed	400	1,200	2,000	4,500	7,000	10,000
318i 2d Conv.	520	1,560	2,600	5,850	9,100	13,000
325i 2d Sed	440	1,320	2,200	4,950	7,700	11,000
325i 4d Sed	420	1,260	2,100	4,730	7,350	10,500
325i 2d Conv	480	1,440	2,400	5,400	8,400	12,000
325i 2d Sed (4x4)	520	1,560	2,600	5,850	9,100	13,000
325i 4d Sed (4x4)	520	1,560	2,600	5,850	9,100	13,000
M3 2d Sed	850	2,600	4,300	9,680	15,000	21,500
525i 4d Sed	420	1,260	2,100	4,730	7,350	10,500
535i 4d Sed	440	1,320	2,200	4,950	7,700	11,000
M5 4d Sed	760	2,280	3,800	8,550	13,300	19,000
735i 4d Sed	460	1,380	2,300	5,180	8,050	11,500
735iL 4d Sed	480	1,440	2,400	5,400	8,400	12,000
750iL 4d Sed	900	2,700	4,500	10,130	15,750	22,500
850i 2d Cpe	1,120	3,360	5,600	12,600	19,600	28,000
1992 3153cc						
318is 2d Cpe.	420	1,260	2,100	4,730	7,350	10,500
318i 4d Sed	400	1,200	2,000	4,500	7,000	10,000
318i 2d Conv.	520	1,560	2,600	5,850	9,100	13,000
325is 2d Cpe	440	1,320	2,200	4,950	7,700	11,000
325i 4d Sed	420	1,260	2,100	4,730	7,350	10,500
325i 2d Conv	520	1,560	2,600	5,850	9,100	13,000
525i 4d Sed	420	1,200	2,100	4,730	7,350	10,500
535i 4d Sed	440	1,320	2,200	4,950	7,700	11,000
525i 4d Sta Wag	520	1,560	2,600	5,850	9,100	13,000
M5 4d Sed	760	2,280	3,800	8,550	13,300	19,000
735i 4d Sed	460	1,380	2,300	5,180	8,050	11,500
735L 4d Sed	480	1,440	2,400	5,400	8,400	12,000
750L 4d Sed	900	2,700	4,500	10,130	15,750	22,500
850i 2d Cpe	1,120	3,360	5,600	12,600	19,600	28,000
1993 3 Series						
318is 2d Cpe.	700	2,150	3,600	8,100	12,600	18,000
318i 4d Sed	750	2,200	3,650	8,190	12,700	18,200
325 is 2d Cpe	750	2,200	3,700	8,330	13,000	18,500
325i 4d Sed	750	2,250	3,750	8,420	13,100	18,700
318i 2d Conv.	700	2,050	3,400	7,650	11,900	17,000
325i 2d Conv	850	2,500	4,200	9,450	14,700	21,000
1993 5 Series						
525i 4d Sed	900	2,700	4,500	10,130	15,700	22,500
530i 4d Sed	700	2,150	3,600	8,100	12,600	18,000
540i 4d Sed	850	2,500	4,200	9,450	14,700	21,000
525i 4d Sta Wag	950	2,800	4,700	10,580	16,500	23,500
530i 4d Sta Wag	750	2,300	3,800	8,550	13,300	19,000
1993 7 Series						
740i 4d Sed.	1,100	3,250	5,400	12,150	18,900	27,000

	6	5	4	3	2	1
740iL 4d Sed.	1,100	3,350	5,600	12,600	19,600	28,000
750iL 4d Sed	1,150	3,500	5,800	13,050	20,300	29,000
1993 8 Series						
850ci 2d Cpe.	1,150	3,500	5,800	13,050	20,300	29,000
850ci 2d Cpe.	1,400	4,200	7,000	15,750	24,500	35,000
850csi 2d Cpe.	1,750	5,300	8,800	19,800	30,800	44,000
1994 3 Series						
318is 2d Cpe.	600	1,850	3,100	6,980	10,900	15,500
325is 2d Cpe	800	2,350	3,900	8,780	13,700	19,500
318i 4d Sed	600	1,800	3,000	6,750	10,500	15,000
325i 4d Sed	750	2,300	3,800	8,550	13,300	19,000
318i 2d Conv.	800	2,400	4,000	9,000	14,000	20,000
325i 2d Conv	1,000	3,000	5,000	11,250	17,500	25,000
1994 5 Series						
525i 4d Sed	800	2,350	3,900	8,780	13,700	19,500
530i 4d Sed	850	2,500	4,200	9,450	14,700	21,000
540i 4d Sed	950	2,900	4,800	10,800	16,800	24,000
525i 4d Sta Wag	850	2,500	4,200	9,450	14,700	21,000
530i 4d Sta Wag	900	2,750	4,600	10,350	16,100	23,000
1994 7 Series						
740i 4d Sed.	900	2,750	4,600	10,350	16,100	23,000
740il 4d Sed	1,000	3,000	5,000	11,250	17,500	25,000
750il 4d Sed	1,150	3,500	5,800	13,050	20,300	29,000
1994 8 Series						
840ci 2d Cpe	1,350	4,100	6,800	15,300	23,800	34,000
850ci 2d Cpe	1,650	4,900	8,200	18,450	28,700	41,000
850csi 2d Cpe.	2,050	6,100	10,200	22,950	35,700	51,000
1995 3 Series						
318ti 2d Cpe.	500	1,550	2,600	5,850	9,100	13,000
318is 2d Cpe.	600	1,850	3,100	6,980	10,900	15,500
325is 2d Cpe	800	2,350	3,900	8,780	13,700	19,500
M3 2d Cpe	1,000	2,950	4,900	11,030	17,200	24,500
318i 4d Sed	600	1,800	3,000	6,750	10,500	15,000
325i 4d Sed	750	2,300	3,800	8,550	13,300	19,000
318i 2d Conv.	800	2,400	4,000	9,000	14,000	20,000
325i 2d Conv	1,000	3,000	5,000	11,250	17,500	25,000
1995 5 Series						
525i 4d Sed	800	2,350	3,900	8,780	13,700	19,500
530i 4d Sed	850	2,500	4,200	9,450	14,700	21,000
540i 4d Sed	950	2,900	4,800	10,800	16,800	24,000
525i 4d Sta Wag	850	2,500	4,200	9,450	14,700	21,000
530i 4d Sta Wag	900	2,750	4,600	10,350	16,100	23,000
1995 7 Series						
740i 4d Sed.	900	2,750	4,600	10,350	16,100	23,000
740iL 4d Sed.	1,000	3,000	5,000	11,250	17,500	25,000
750iL 4d Sed	1,150	3,500	5,800	13,050	20,300	29,000
1995 8 Series						
840ci 2d Cpe	1,350	4,100	6,800	15,300	23,800	34,000
850ci 2d Cpe	1,650	4,900	8,200	18,450	28,700	41,000
850csi 2d Cpe.	2,050	6,100	10,200	22,950	35,700	51,000
1996 3 Series						
318ti 2d Cpe.	500	1,450	2,400	5,400	8,400	12,000
318is 2d Cpe.	600	1,750	2,900	6,530	10,200	14,500
328is 2d Cpe	750	2,200	3,700	8,330	13,000	18,500
M3 2d Cpe	950	2,800	4,700	10,580	16,500	23,500
318i 4d Sed	550	1,700	2,800	6,300	9,800	14,000
328i 4d Sed	700	2,150	3,600	8,100	12,600	18,000
318i 2d Conv.	750	2,300	3,800	8,550	13,300	19,000
328i 2d Conv	950	2,900	4,800	10,800	16,800	24,000
1996 Z Series						
Z3 2d Rds.	750	2,300	3,800	8,550	13,300	19,000
1996 7 Series						
740iL 4d Sed.	950	2,900	4,800	10,800	16,800	24,000
750iL 4d Sed	1,100	3,350	5,600	12,600	19,600	28,000
1996 8 Series						
840Ci 2d Cpe	1,300	3,950	6,600	14,850	23,100	33,000
850Ci 2d Cpe	1,600	4,800	8,000	18,000	28,000	40,000
NOTE: Add 5% for detachable hardtop.						
1997 3 Series						
318ti 2d Cpe.	480	1,440	2,400	5,400	8,400	12,000
318is 2d Cpe.	580	1,740	2,900	6,530	10,150	14,500
328is 2d Cpe	740	2,220	3,700	8,330	12,950	18,500
M3 2d Cpe	940	2,820	4,700	10,580	16,450	23,500
M3 4d Sed	920	2,760	4,600	10,350	16,100	23,000
318i 4d Sed	560	1,680	2,800	6,300	9,800	14,000
328i 4d Sed	720	2,160	3,600	8,100	12,600	18,000
318i 2d Conv.	760	2,280	3,800	8,550	13,300	19,000
328i 2d Conv	960	2,880	4,800	10,800	16,800	24,000

BMW

	6	5	4	3	2	1

1997 Z Series, 6-cyl.
	6	5	4	3	2	1
Z3 2d Rds	760	2,280	3,800	8,550	13,300	19,000
M 2d Rds	920	2,760	4,600	10,350	16,100	23,000

NOTE: Deduct 5% for 4-cyl. on Z3 Rds.

1997 5 Series
528i 4d Sed	740	2,220	3,700	8,330	12,950	18,500
540i 4d Sed	900	2,700	4,500	10,130	15,750	22,500

1997 7 Series
740i 4d Sed	920	2,760	4,600	10,350	16,100	23,000
740iL 4d Sed	960	2,880	4,800	10,800	16,800	24,000
750iL 4d Sed	1,120	3,360	5,600	12,600	19,600	28,000

1997 8 Series
840Ci 2d Cpe	1,320	3,960	6,600	14,850	23,100	33,000
850Ci 2d Cpe	1,600	4,800	8,000	18,000	28,000	40,000

NOTE: Add 5% for detachable hardtop.

1998 3 Series
318ti 2d Cpe	480	1,440	2,400	5,400	8,400	12,000
323is 2d Cpe	580	1,740	2,900	6,530	10,150	14,500
328is 2d Cpe	740	2,220	3,700	8,330	12,950	18,500
M3 2d Cpe	940	2,820	4,700	10,580	16,450	23,500
M3 4d Sed	920	2,760	4,600	10,350	16,100	23,000
318i 4d Sed	560	1,680	2,800	6,300	9,800	14,000
328i 4d Sed	720	2,160	3,600	8,100	12,600	18,000
323i 2d Conv	760	2,280	3,800	8,550	13,300	19,000
328i 2d Conv	880	2,640	4,400	9,900	15,400	22,000
M3 2d Conv	1,060	3,180	5,300	11,930	18,550	26,500

1998 Z Series, 6-cyl.
Z3 1.9 2d Rds (4-cyl.)	760	2,280	3,800	8,550	13,300	19,000
Z3 2.8 2d Rds	800	2,400	4,000	9,000	14,000	20,000
M 2d Rds	920	2,760	4,600	10,350	16,100	23,000

NOTE: Add 5% for detachable HT.

1998 5 Series
528i 4d Sed	710	2,220	3,700	8,330	12,950	18,500
540i 4d Sed	900	2,700	4,500	10,130	15,750	22,500

1998 7 Series
740i 4d Sed	920	2,760	4,600	10,350	16,100	23,000
740iL 4d Sed	960	2,880	4,800	10,800	16,800	24,000
750iL 4d Sed	1,120	3,360	5,600	12,600	19,600	28,000

1999 E36 3 Series, 6-cyl.
318ti 2d Cpe (4-cyl.)	480	1,440	2,400	5,400	8,400	12,000
323is 2d Cpe	580	1,740	2,900	6,530	10,150	14,500
328is 2d Cpe	740	2,220	3,700	8,330	12,950	18,500
M3 2d Cpe	940	2,820	4,700	10,580	16,450	23,500
323i 2d Conv	760	2,280	3,800	8,550	13,300	19,000
328i 2d Conv	880	2,640	4,400	9,900	15,400	22,000
M3 2d Conv	1,060	3,180	5,300	11,930	18,550	26,500

1999 E46 3 Series, 6-cyl.
323i 4d Sed	560	1,680	2,800	6,300	9,800	14,000
328i 4d Sed	720	2,160	3,600	8,100	12,600	18,000

1999 Z Series, 6-cyl.
Z3 2.3 2d Rds	780	2,340	3,900	8,780	13,650	19,500
Z3 2.8 2d Rds	800	2,400	4,000	9,000	14,000	20,000
Z3 2.8 2d Cpe	780	2,340	3,900	8,780	13,650	19,500
M 2d Rds	920	2,760	4,600	10,350	16,100	23,000
M 2d Cpe	900	2,700	4,500	10,130	15,750	22,500

NOTE: Add 5% for detachable HT.

1999 5 Series, 6-cyl.
528i 4d Sed	740	2,220	3,700	8,330	12,950	18,500
528i 4d Sta Wag	760	2,280	3,800	8,550	13,300	19,000
540i 4d Sed (V-8)	900	2,700	4,500	10,130	15,750	22,500
540i 4d Sta Wag (V-8)	920	2,760	4,600	10,350	16,100	23,000

1999 7 Series, V-8
740i 4d Sed	920	2,760	4,600	10,350	16,100	23,000
740iL 4d Sed	960	2,880	4,800	10,800	16,800	24,000
750iL 4d Sed (V-12)	1,120	3,360	5,600	12,600	19,600	28,000

2000 3 Series, 6-cyl.
323Ci 2d Cpe	580	1,740	2,900	6,530	10,150	14,500
328Ci 2d Cpe	660	1,980	3,300	7,430	11,550	16,500
323Ci 4d Sed	540	1,620	2,700	6,080	9,450	13,500
328Ci 4d Sed	620	1,860	3,100	6,980	10,850	15,500
323i 2d Conv	720	2,160	3,600	8,100	12,600	18,000
328i 2d Conv	760	2,280	3,800	8,550	13,300	19,000
323i 4d Sta Wag	640	1,920	3,200	7,200	11,200	16,000

2000 Z Series, 6-cyl.
Z3 2.3 2d Rds	780	2,340	3,900	8,780	13,650	19,500
Z3 2.8 2d Rds	800	2,400	4,000	9,000	14,000	20,000
Z3 2.8 2d Cpe	780	2,340	3,900	8,780	13,650	19,500
M 2d Rds	920	2,760	4,600	10,350	16,100	23,000

BMW

	6	5	4	3	2	1
M 2d Cpe 900	2,700	4,500	10,130	15,750	22,500
NOTE: Add 5% for detachable HT.						
2000 5 Series, 6-cyl.						
528i 4d Sed 750	2,240	3,740	8,420	13,090	18,700
528i 4d Sta Wag 770	2,300	3,840	8,640	13,440	19,200
540i 4d Sed (V-8) 910	2,720	4,540	10,220	15,890	22,700
540i 4d Sta Wag (V-8). 930	2,780	4,640	10,440	16,240	23,200
M5 4d Sed (V-8) 1,520	4,560	7,600	17,100	26,600	38,000
2000 7 Series, V-8						
740i 4d Sed. 930	2,780	4,640	10,440	16,240	23,200
740iL 4d Sed. 970	2,900	4,840	10,890	16,940	24,200
750iL 4d Sed (V-12) 1,130	3,380	5,640	12,690	19,740	28,200
2001 3 Series, 6-cyl.						
325Ci 2d Cpe 580	1,750	2,920	7,300	10,220	14,600
330Ci 2d Cpe 660	1,990	3,320	8,300	11,620	16,600
325i 4d Sed 540	1,630	2,720	6,800	9,520	13,600
325xi 4d Sed (AWD) 620	1,860	3,100	7,750	10,850	15,500
330i 4d Sed 600	1,810	3,020	7,550	10,570	15,100
325Ci 2d Conv 720	2,170	3,620	9,050	12,670	18,100
330Ci 2d Conv 760	2,290	3,820	9,550	13,370	19,100
325i 4d Sta Wag 640	1,930	3,220	8,050	11,270	16,100
325xi 4d Sta Wag (AWD) 660	1,980	3,300	8,250	11,550	16,500
M3 2d Cpe 860	2,580	4,300	10,750	15,050	21,500
2001 Z Series, 6-cyl.						
Z3 2.5 2d Rds 780	2,350	3,920	9,800	13,720	19,600
Z3 3.0 2d Rds 800	2,410	4,020	10,050	14,070	20,100
Z3 3.0 2d Cpe 780	2,350	3,920	9,800	13,720	19,600
M 2d Rds 920	2,770	4,620	11,550	16,170	23,100
M 2d Cpe 900	2,710	4,520	11,300	15,820	22,600
NOTE: Add 5% for detachable HT.						
2001 5 Series, 6-cyl.						
525i 4d Sed 740	2,230	3,720	9,300	13,020	18,600
525i 4d Sta Wag 760	2,290	3,820	9,550	13,370	19,100
530i 4d Sed 810	2,420	4,040	10,100	14,140	20,200
540i 4d Sed (V-8) 910	2,720	4,540	11,350	15,890	22,700
540i 4d Sta Wag (V-8). 930	2,780	4,640	11,600	16,240	23,200
M5 4d Sed (V-8). 1,520	4,570	7,620	19,050	26,670	38,100
2001 7 Series, V-8						
740i 4d Sed. 930	2,780	4,640	11,600	16,240	23,200
740iL 4d Sed. 970	2,900	4,840	12,100	16,940	24,200
750iL 4d Sed (V-12) 1,130	3,380	5,640	14,100	19,740	28,200
NOTE: Add 20% for 740iL and 750iL Protection (armor body panels/bullet-proof glass/run-flat tires) pkg.						
2001 Z8, V-8						
Conv 1,650	4,940	8,240	18,540	28,840	41,200
2002 3 Series, 6-cyl.						
325Ci 2d Cpe 580	1,750	2,920	7,300	10,220	14,600
330Ci 2d Cpe 660	1,990	3,320	8,300	11,620	16,600
325i 4d Sed 540	1,630	2,720	6,800	9,520	13,600
325xi 4d Sed (AWD) 620	1,860	3,100	7,750	10,850	15,500
330i 4d Sed 600	1,810	3,020	7,550	10,570	15,100
330xi 4d Sed (AWD) 700	2,100	3,500	8,750	12,250	17,500
325Ci 2d Conv 720	2,170	3,620	9,050	12,670	18,100
330Ci 2d Conv 760	2,290	3,820	9,550	13,370	19,100
325i 4d Sta Wag 640	1,930	3,220	8,050	11,270	16,100
325xi 4d Sta Wag (AWD) 660	1,980	3,300	8,250	11,550	16,500
M3 2d Cpe 860	2,580	4,300	10,750	15,050	21,500
2002 Z Series, 6-cyl.						
Z3 2.5 2d Rds. 780	2,350	3,920	9,800	13,720	19,600
Z3 3.0 2d Rds. 800	2,410	4,020	10,050	14,070	20,100
Z3 3.0 2d Cpe. 780	2,350	3,920	9,800	13,720	19,600
M 2d Rds 920	2,770	4,620	11,550	16,170	23,100
M 2d Cpe 900	2,710	4,520	11,300	15,820	22,600
NOTE: Add 5% for detachable HT.						
2002 5 Series, 6-cyl.						
525i 4d Sed 740	2,230	3,720	9,300	13,020	18,600
525i 4d Sta Wag 760	2,290	3,820	9,550	13,370	19,100
530i 4d Sed 810	2,420	4,040	10,100	14,140	20,200
540i 4d Sed (V-8) 910	2,720	4,540	11,350	15,890	22,700
540i 4d Sta Wag (V-8). 930	2,780	4,640	11,600	16,240	23,200
2002 M5, V-8						
4d Sed 1,480	4,440	7,400	18,500	25,900	37,000
2002 7 Series, V-8						
745i 4d Sed. 930	2,780	4,640	11,600	16,240	23,200
745Li 4d Sed. 970	2,900	4,840	12,100	16,940	24,200
2002 Z8, V-8						
2d Conv 1,650	4,940	8,240	20,600	28,840	41,200
2003 3 Series, 6-cyl.						
325Ci 2d Cpe 580	1,750	2,920	7,300	10,220	14,600
330Ci 2d Cpe 660	1,990	3,320	8,300	11,620	16,600

	6	5	4	3	2	1
325i 4d Sed	540	1,630	2,720	6,800	9,520	13,600
325xi 4d Sed (AWD)	620	1,860	3,100	7,750	10,850	15,500
330i 4d Sed	600	1,810	3,020	7,550	10,570	15,100
330xi 4d Sed (AWD)	700	2,100	3,500	8,750	12,250	17,500
325Ci 2d Conv	720	2,170	3,620	9,050	12,670	18,100
330Ci 2d Conv	760	2,290	3,820	9,550	13,370	19,100
325i 4d Sta Wag	640	1,930	3,220	8,050	11,270	16,100
325xi 4d Sta Wag (AWD)	660	1,980	3,300	8,250	11,550	16,500
M3 2d Cpe	860	2,580	4,300	10,750	15,050	21,500
M3 2d Conv	1,060	3,180	5,300	13,250	18,550	26,500
2003 Z Series, 6-cyl.						
Z4 2.5i 2d Rds	780	2,350	3,920	9,800	13,720	19,600
Z4 3.0i 2d Rds	800	2,410	4,020	10,050	14,070	20,100
NOTE: Add 5% for detachable HT.						
2003 5 Series, 6-cyl.						
525i 4d Sed	740	2,230	3,720	9,300	13,020	18,600
525i 4d Sta Wag	760	2,290	3,820	9,550	13,370	19,100
530i 4d Sed	810	2,420	4,040	10,100	14,140	20,200
540i 4d Sed (V-8)	910	2,720	4,540	11,350	15,890	22,700
540i 4d Sta Wag (V-8)	930	2,780	4,640	11,600	16,240	23,200
2003 M5, V-8						
4d Sed	1,480	4,440	7,400	18,500	25,900	37,000
2003 7 Series, V-8						
745i 4d Sed	930	2,780	4,640	11,600	16,240	23,200
745Li 4d Sed	970	2,900	4,840	12,100	16,940	24,200
760Li 4d Sed	1,480	4,450	7,420	18,550	25,970	37,100
2003 Z8, V-8						
2d Conv	1,650	4,940	8,240	20,600	28,840	41,200
2d Alpina Conv	3,400	10,200	17,000	42,500	59,500	85,000
2004 3 Series, 6-cyl.						
325Ci 2d Cpe	580	1,750	2,920	7,300	10,220	14,600
330Ci 2d Cpe	660	1,990	3,320	8,300	11,620	16,600
325i 4d Sed	540	1,630	2,720	6,000	9,520	13,000
325i 4d Sed (AWD)	620	1,860	3,100	7,750	10,850	15,500
330i 4d Sed	600	1,810	3,020	7,550	10,570	15,100
330xi 4d Sed (AWD)	700	2,100	3,500	8,750	12,250	17,500
325Ci 2d Conv	720	2,170	3,620	9,050	12,670	18,100
330Ci 2d Conv	760	2,290	3,820	9,550	13,370	19,100
325Ci 4d Sta Wag	640	1,930	3,220	8,050	11,270	16,100
325Ci 4d Sta Wag (AWD)	690	2,080	3,460	7,790	12,110	17,300
M3 2d Cpe	860	2,580	4,300	10,750	15,050	21,500
M3 2d Conv	1,060	3,180	5,300	13,250	18,550	26,500
NOTE. Add 10% for Performance pkg on 330 class models.						
2004 Z Series, 6-cyl.						
Z4 2.5i 2d Rds	780	2,350	3,920	9,800	13,720	19,600
Z4 3.0i 2d Rds	800	2,410	4,020	10,050	14,070	20,100
NOTE: Add 5% for detachable HT.						
2004 5 Series, 6-cyl.						
525i 4d Sed	740	2,230	3,720	9,300	13,020	18,600
530i 4d Sed	810	2,420	4,040	10,100	14,140	20,200
545i 4d Sed (V-8 only)	910	2,720	4,540	11,350	15,890	22,700
2004 6 Series, V-8						
645Ci 2d Cpe	1,370	4,120	6,860	17,150	24,010	34,300
645Ci 2d Conv	1,460	4,380	7,300	18,250	25,550	36,500
2004 7 Series, V-8						
745i 4d Sed	930	2,780	4,640	11,600	16,240	23,200
745Li 4d Sed	970	2,900	4,840	12,100	16,940	24,200
760i 4d Sed (V-12 only)	1,340	4,020	6,700	15,080	23,450	33,500
760Li 4d Sed (V-12 only)	1,480	4,450	7,420	18,550	25,970	37,100
2005 3 Series, 6-cyl.						
2d 325 Ci Cpe	580	1,750	2,920	6,570	10,220	14,600
2d 330Ci Cpe	660	1,990	3,320	8,300	11,620	16,600
4d 325i Sed	540	1,630	2,720	6,120	9,520	13,600
4d 325xi Sed (AWD)	620	1,860	3,100	7,750	10,850	15,500
4d 330i Sed	600	1,810	3,020	7,550	10,570	15,100
4d 330xi Sed (AWD)	700	2,100	3,500	8,750	12,250	17,500
4d 325i Sta Wag	640	1,930	3,220	8,050	11,270	16,100
4d 325xi Sta Wag (AWD)	690	2,080	3,460	8,650	12,110	17,300
2d 325Ci Conv	720	2,170	3,620	9,050	12,670	18,100
2d 330Ci Conv	760	2,290	3,820	9,550	13,370	19,100
2d M3 Cpe	860	2,580	4,300	9,680	15,050	21,500
2d M3 Conv	1,060	3,180	5,300	11,930	18,550	26,500
NOTE: Add 20% for Competition pkg on M3 coupe. Add 10% for Sport Suspension pkg, when optional. Add 20% for Performance pkg on 330 models. Add 5% for detachable HT. Deduct 5% for manual transmission.						
2005 Z Series, 6-cyl.						
2d Z4 2.5i Rds	780	2,350	3,920	8,820	13,720	19,600
2d Z4 3.0i Rds	800	2,410	4,020	10,050	14,070	20,100

NOTE: Add 10% for Sport Suspension pkg, when optional. Add 5% for detachable HT. Deduct 5% for manual transmission.

	6	5	4	3	2	1
2005 5 Series, 6-cyl.						
4d 525i Sed	740	2,230	3,720	9,300	13,020	18,600
4d 530i Sed	810	2,420	4,040	10,100	14,140	20,200
4d 545i Sed (V-8 only)	910	2,720	4,540	11,350	15,890	22,700

NOTE: Add 10% for Sport Suspension pkg, when optional. Deduct 5% for manual transmission, except 545i sedan.

	6	5	4	3	2	1
2005 6 Series, V-8						
2d 645Ci Cpe	1,370	4,120	6,860	17,150	24,010	34,300
2d 645Ci Conv	1,460	4,380	7,300	16,430	25,550	36,500

NOTE: Add 5% for detachable HT. Deduct 5% for manual transmission.

	6	5	4	3	2	1
2005 7 Series, V-8						
4d 745i Sed	930	2,780	4,640	11,600	16,240	23,200
4d 745Li Sed	970	2,900	4,840	12,100	16,940	24,200
4d 760i Sed (V-12 only)	1,340	4,020	6,700	16,750	23,450	33,500
4d 760Li Sed (V-12 only)	1,480	4,450	7,420	18,550	25,970	37,100

NOTE: Add 10% for Sport Suspension pkg, when optional. Deduct 5% for manual transmission.

	6	5	4	3	2	1
2006 3 Series 6-cyl. 2.5L/3.0L						
4d 325i Sed	620	1,860	3,100	7,750	10,850	15,500
4d 325xi Sed AWD	660	1,980	3,300	7,430	11,550	16,500
2d 325Ci Cpe	620	1,860	3,100	7,750	10,850	15,500
2d 325Ci Conv	700	2,100	3,500	8,750	12,250	17,500
4d 325xi Wag AWD	730	2,200	3,660	9,150	12,810	18,300
4d 330i Sed	690	2,080	3,460	8,650	12,110	17,300
4d 330xi Sed AWD	730	2,180	3,640	9,100	12,740	18,200
2d 330Ci Cpe	720	2,160	3,600	9,000	12,600	18,000
2d 330Ci Conv	800	2,400	4,000	10,000	14,000	20,000

NOTE: Add 10% for performance package.

	6	5	4	3	2	1
2006 M3 6-cyl. 3.2L						
2d Cpe	980	2,940	4,900	12,250	17,150	24,500
2d Conv	1,040	3,120	5,200	13,000	18,200	26,000
2006 Z4 6-cyl. 3.0L						
2d 3.0i Rds	660	1,980	3,300	8,250	11,550	16,500
2d 3.0si Cpe	690	2,080	3,460	8,650	12,110	17,300
2d 3.0si Rds	730	2,180	3,640	9,100	12,740	18,200
2006 Z4 6-cyl. 3.2L						
2d 3.2 Cpe	880	2,640	4,400	11,000	15,400	22,000
2d 3.2 Rds	920	2,760	4,600	11,500	16,100	23,000
2006 5 Series 6-cyl. 3.0L						
4d 525i Sed	660	1,980	3,300	8,250	11,550	16,500
4d 525xi Sed AWD	700	2,100	3,500	8,750	12,250	17,500
4d 530i Sed	740	2,230	3,720	9,300	13,020	18,600
4d 530xi Sed AWD	790	2,370	3,950	9,880	13,830	19,750
4d 530xi Wag AWD	840	2,530	4,220	10,550	14,770	21,100

NOTE: Add 5% for premium package.

	6	5	4	3	2	1
2006 5 Series V-8 4.8L						
4d 550i Sed	880	2,640	4,400	11,000	15,400	22,000
2006 M5 V-10 5.0L						
4d Sed	1,240	3,720	6,200	15,500	21,700	31,000
2006 6 Series 4.8L V-8						
2d 650i Cpe	1,040	3,120	5,200	13,000	18,200	26,000
2d 650i Conv	1,200	3,600	6,000	15,000	21,000	30,000
2006 M6 V-10 5.0L						
2d Cpe	1,240	3,720	6,200	15,500	21,700	31,000
2006 7 Series 4.8L V-8						
4d 750i Sed	920	2,760	4,600	11,500	16,100	23,000
4d 750Li Sed	1,040	3,120	5,200	13,000	18,200	26,000
2006 7 Series 6.6L V-12						
4d 760i Sed	1,260	3,780	6,300	15,750	22,050	31,500
4d 760Li Sed	1,280	3,840	6,400	16,000	22,400	32,000
2007 3 Series 6-cyl. 3.0L						
4d 328i Sed	570	1,720	2,860	7,150	10,010	14,300
4d 328xi Sed AWD	610	1,840	3,070	7,680	10,750	15,350
2d 328i Cpe	650	1,960	3,270	8,180	11,450	16,350
2d 328xi Cpe AWD	670	2,000	3,330	8,330	11,660	16,650
2d 328i Conv AWD	790	2,370	3,950	9,880	13,830	19,750
4d 328i Wag	600	1,800	3,000	7,500	10,500	15,000
4d 328xi Wag AWD	690	2,080	3,460	8,650	12,110	17,300
2007 3 Series 6-cyl. 3.0L Twin Turbo						
4d 335i Sed	700	2,110	3,520	8,800	12,320	17,600
4d 335xi Sed AWD	730	2,200	3,670	9,180	12,850	18,350
2d 328i Cpe	750	2,240	3,740	9,350	13,090	18,700
2d 328i Conv	860	2,580	4,300	10,750	15,050	21,500
2007 M3 6-cyl. 3.2L						
2d Cpe	980	2,940	4,900	12,250	17,150	24,500
2d Conv	1,040	3,120	5,200	13,000	18,200	26,000
2007 Z4 6-cyl. 3.0L						
2d 3.0i Rds	670	2,000	3,330	8,330	11,660	16,650
2d 3.0si Cpe	740	2,210	3,680	9,200	12,880	18,400
2d 3.0si Rds	750	2,260	3,760	9,400	13,160	18,800

	6	5	4	3	2	1
2007 Z4 M Series 6-cyl. 3.2L						
2d 3.2si Cpe	1,120	3,350	5,580	12,560	19,530	27,900
2d 3.2si Rds	1,040	3,120	5,200	11,700	18,200	26,000
2007 5 Series 6-cyl. 3.0L						
4d 525i Sod	630	1,900	3,170	7,930	11,100	15,850
4d 525xi Sed AWD	700	2,100	3,500	8,750	12,250	17,500
4d 530i Sed	710	2,140	3,570	8,930	12,500	17,850
4d 530xi Sed AWD	760	2,270	3,780	9,450	13,230	18,900
4d 530xi Wag AWD	810	2,440	4,060	10,150	14,210	20,300
NOTE: Add 5% for Premium pkg.						
2007 5 Series V-8 4.8L						
4d 550i Sed	800	2,400	4,000	10,000	14,000	20,000
2007 M5 V-10 5.0L						
4d Sed	1,140	3,420	5,700	14,250	19,950	28,500
2007 6 Series 4.8L V-8						
2d 650i Cpe	1,020	3,060	5,100	12,750	17,850	25,500
2d 650i Conv	1,290	3,860	6,440	16,100	22,540	32,200
2007 M6 V-10 5.0L						
2d Cpe	1,380	4,140	6,900	17,250	24,150	34,500
2d Conv	1,440	4,320	7,200	18,000	25,200	36,000
2007 7 Series 4.8L V-8						
4d 750i Sed	800	2,390	3,990	9,980	13,970	19,950
4d 750Li Sed	960	2,880	4,800	12,000	16,800	24,000
2007 7 Series 6.0L V-12						
4d 760Li Sed	1,190	3,580	5,960	14,900	20,860	29,800
2008 1 Series 6-cyl 3.0L						
2d 128i Cpe	530	1,600	2,660	6,650	9,310	13,300
2d 128i Cpe	530	1,600	2,660	6,650	9,310	13,300
2d 128i Conv	580	1,750	2,910	7,280	10,190	14,550
2008 1 Series 6-cyl Twin Turbo 3.0L						
2d 128i Cpe	700	2,100	3,500	8,750	12,250	17,500
2d 128i Conv	760	2,290	3,810	9,530	13,340	19,050
2008 3 Series 6-cyl 3.0L						
4d 328i Sed	590	1,760	2,940	7,350	10,290	14,700
4d 328xi Sed AWD	620	1,860	3,100	6,980	10,850	15,500
2d 328i Cpe	650	1,960	3,260	7,340	11,410	16,300
2d 328xi Cpe AWD	660	1,990	3,320	7,470	11,620	16,600
2d 328i Conv AWD	790	2,380	3,970	8,930	13,900	19,850
4d 328i Wag	670	2,000	3,340	7,520	11,690	16,700
4d 328xi Wag AWD	730	2,180	3,640	8,190	12,740	18,200
2008 3 Series 6-cyl 3.0L Twin Turbo						
4d 335i Sed	700	2,090	3,480	8,700	12,180	17,400
4d 335xi Sed AWD	720	2,170	3,610	8,120	12,640	18,050
2d 335i Cpe	730	2,200	3,670	8,260	12,850	18,350
2d 335xi Cpe	760	2,270	3,790	8,530	13,270	18,950
2d 328i Conv	860	2,590	4,320	10,800	15,120	21,600
2008 M3 V-8, 4.0L						
2d Cpe	1,160	3,470	5,780	13,010	20,230	28,900
2d Conv	1,340	4,020	6,700	15,080	23,450	33,500
2008 Z4 6-cyl 3.0L						
2d 3.0i Rds	640	1,920	3,200	7,200	11,200	16,000
2d 3.0si Cpe	760	2,290	3,810	8,570	13,340	19,050
2d 3.0si Rds	790	2,370	3,950	8,890	13,830	19,750
2d 3.0si Rds	790	2,370	3,950	8,890	13,830	19,750
2008 Z4 M Series 6-cyl 3.2L						
2d 3.2 Cpe	1,080	3,240	5,400	13,500	18,900	27,000
2d 3.2 Rds	1,120	3,360	5,600	14,000	19,600	28,000
2008 5 Series 6-cyl 3.0L						
4d 528i Sed	620	1,870	3,110	7,780	10,890	15,550
4d 528xi Sed AWD	650	1,950	3,250	7,310	11,380	16,250
2008 5 Series 6-cyl 3.0L, Twin Turbo						
4d 535i Sed	670	2,020	3,360	8,400	11,760	16,800
4d 535 xi Sed AWD	700	2,100	3,500	7,880	12,250	17,500
4d 535 xi Wag AWD	700	2,100	3,500	7,880	12,250	17,500
4d 535 xi Wag AWD	780	2,350	3,910	8,800	13,690	19,550
2008 5 Series V8 4.8L						
4d 550i Sed	860	2,590	4,320	10,800	15,120	21,600
2008 M5 V10 5.0L						
4d Sed	1,140	3,420	5,700	14,250	19,950	28,500
2008 6 Series 4.8L V8						
2d 650i Cpe	960	2,880	4,800	10,800	16,800	24,000
2d 650i Conv	1,140	3,430	5,720	12,870	20,020	28,600
2d 650i Conv	1,140	3,430	5,720	12,870	20,020	28,600
2008 M6 V10 5.0L						
2d Cpe	1,260	3,790	6,320	14,220	22,120	31,600
2d Conv	1,420	4,270	7,120	16,020	24,920	35,600
2008 7Series 4.8L V8						
4d 750i Sed	800	2,400	4,000	9,000	14,000	20,000

	6	5	4	3	2	1
2008 7 Series 4.8L V8						
4d 750Li Sed	900	2,690	4,480	10,080	15,680	22,400
2008 7Series 6.0L V12						
4d 760Li Sed	1,140	3,420	5,700	12,830	19,950	28,500
2008 Alpina B7 4.4L Supercharged V8						
4d 760Li Sed	1,210	3,640	6,060	13,640	21,210	30,300
2009 1 Series 6-cyl 3.0L						
2d 128i Cpe	530	1,600	2,660	6,650	9,310	13,300
2d 128i Conv.	580	1,750	2,910	7,280	10,190	14,550
2009 1 Series 6-cyl Twin Turbo 3.0L						
2d 135i Cpe	700	2,100	3,500	8,750	12,250	17,500
2d 135i Conv.	760	2,290	3,810	9,530	13,340	19,050
2009 3 Series 6-cyl 3.0L						
4d 328i Sed	590	1,760	2,940	7,350	10,290	14,700
4d 328i X Drive Sed AWD	620	1,860	3,100	7,750	10,850	15,500
2d 328i Cpe	650	1,960	3,260	8,150	11,410	16,300
2d 328 X Drive Cpe AWD	660	1,990	3,320	8,300	11,620	16,600
2d 328i Conv AWD	790	2,380	3,970	9,930	13,900	19,850
4d 328i Wag	670	2,000	3,340	8,350	11,690	16,700
4d 328i X Drive Wag AWD	730	2,180	3,640	9,100	12,740	18,200
2009 366183460						
4d 335i Sed	700	2,090	3,480	8,700	12,180	17,400
2009 3 Series 6-cyl 3.0L Twin Turbo						
4d 335i Sed	700	2,090	3,480	8,700	12,180	17,400
4d 335 X Drive Sed AWD	720	2,170	3,610	9,030	12,640	18,050
2d 335i Cpe	730	2,200	3,670	9,180	12,850	18,350
2d 335 X Drive Cpe	760	2,270	3,790	9,480	13,270	18,950
2d 328i Conv	860	2,590	4,320	10,800	15,120	21,600
2009 3 Series 6-cyl 3.0L Twin Turbo Diesel						
4d 335d Sed	700	2,090	3,480	8,700	12,180	17,400
2009 M3 V-8, 4.0L						
4d Sed	1,190	3,580	5,960	14,900	20,860	29,800
2d Cpe	1,180	3,540	5,900	14,750	20,650	29,500
2d Conv	1,220	3,660	6,100	15,250	21,350	30,500
2009 Z4 6-cyl 3.0L						
2d 3,0i Rds	740	2,230	3,720	9,300	13,020	18,600
2009 Z4 6-cyl 3.0L Twin Turbo						
2d 3,0i Rds	890	2,680	4,460	11,150	15,610	22,300
2009 5 Series 6-cyl 3.0L						
4d 528i Sed	620	1,870	3,110	7,780	10,890	15,550
4d 528i X Drive Sed AWD	650	1,950	3,250	8,130	11,380	16,250
2009 5 Series 6-cyl 3.0L, Twin Turbo						
4d 535i Sed	670	2,020	3,360	8,400	11,760	16,800
4d 535i X Drive Sed AWD	740	2,220	3,700	9,250	12,950	18,500
4d 535i X Drive Wag AWD	780	2,350	3,910	9,780	13,690	19,550
2009 5 Series V8 4.8L						
4d 550i Sed	900	2,710	4,520	11,300	15,820	22,600
Add $1,000 for Sport package.						
2009 M5 V10 5.0L						
4d Sed	1,100	3,300	5,500	13,750	19,250	27,500
2009 6 Series 4.8L V8						
2d 650i Cpe	960	2,880	4,800	12,000	16,800	24,000
2d 650i Conv	1,140	3,430	5,720	14,300	20,020	28,600
2009 M6 V10 5.0L						
2d Cpe	1,000	3,000	5,000	12,500	17,500	25,000
2d Conv	1,340	4,030	6,720	16,800	23,520	33,600
2009 7Series 4.8L V8						
4d 750i Sed	880	2,640	4,400	11,000	15,400	22,000
4d 750Li Sed	960	2,880	4,800	12,000	16,800	24,000
Add $1,000 for Sport package.						
2010 1 Series 6-cyl 3.0L						
2d 128i Cpe	540	1,630	2,720	6,800	9,520	13,600
2d 128i Conv.	650	1,960	3,260	8,150	11,410	16,300
2010 1 Series 6-cyl Twin Turbo 3.0L						
2d 135i Cpe	780	2,340	3,900	9,750	13,650	19,500
2d 135i Conv.	810	2,430	4,040	10,110	14,150	20,210
2010 3 Series 6-cyl 3.0L						
4d 328i Sed	590	1,760	2,940	7,350	10,290	14,700
4d 328i X Drive Sed AWD	630	1,880	3,130	7,830	10,960	15,650
4d 328i Cpe	660	1,970	3,280	8,200	11,480	16,400
4d 328 X Drive Cpe AWD	670	2,010	3,350	8,380	11,730	16,750
4d 328i Conv AWD	800	2,390	3,980	9,950	13,930	19,900
4d 328i Wag	680	2,030	3,380	8,450	11,830	16,900
4d 328i X Drive Wag AWD	740	2,220	3,700	9,250	12,950	18,500
2010 3 Series 6-cyl 3.0L Twin Turbo						
4d 335i Sed	770	2,300	3,830	9,580	13,410	19,150
4d 335 X Drive Sed AWD	790	2,370	3,950	9,880	13,830	19,750
2d 335i Cpe	800	2,400	4,000	10,000	14,000	20,000
2d 335 X Drive Cpe	840	2,530	4,220	10,550	14,770	21,100

	6	5	4	3	2	1
2d 328i Conv	870	2,600	4,340	10,850	15,190	21,700
2010 3 Series 6-cyl 3.0L Twin Turbo Diesel						
4d 335d Sed	750	2,260	3,760	9,400	13,160	18,800
2010 M3 V8, 4.0L						
4d Sed	1,300	3,910	6,520	16,300	22,820	32,600
2d Cpe	1,290	3,880	6,460	16,160	22,620	32,320
2d Conv	1,290	3,860	6,440	16,100	22,540	32,200
2010 Z4 6-cyl 3.0L						
2d 3.0i Rds	830	2,500	4,160	10,400	14,560	20,800
2010 Z4 6-cyl 3.0L Twin Turbo						
2d 3.0i Rds	940	2,820	4,700	11,750	16,450	23,500
2010 5 Series 6-cyl 3.0L						
4d 528i Sed	670	2,010	3,350	8,380	11,730	16,750
4d 528i X Drive Sed AWD	740	2,210	3,690	9,230	12,920	18,450
2010 5 Series 6-cyl 3.0L, Twin Turbo						
4d 535i Sed	770	2,300	3,840	9,600	13,440	19,200
4d 535i X Drive Sed AWD	810	2,440	4,060	10,150	14,210	20,300
4d 535i X Drive Wag AWD	920	2,770	4,620	11,550	16,170	23,100
4d 535i GT Sed	790	2,360	3,930	9,830	13,760	19,650
2010 5 Series V8 4.8L						
4d 550i Sed	990	2,960	4,940	12,350	17,290	24,700
4d 550i GT Sed	990	2,980	4,960	12,400	17,360	24,800
4d 550i X Drive Sed	1,080	3,240	5,400	13,500	18,900	27,000
NOTE: Add $1,000 for Sport pkg; $1,259 for M Sport pkg.						
2010 M5 V10 5.0L						
4d Sed	1,180	3,530	5,880	14,700	20,580	29,400
2010 6 Series 4.8L V8						
2d 650i Cpe	1,040	3,120	5,200	13,000	18,200	26,000
2d 650i Conv	1,250	3,760	6,260	15,650	21,910	31,300
2010 M6 V10 5.0L						
2d Cpe	1,300	3,890	6,480	16,200	22,680	32,400
2d Conv	1,470	4,400	7,340	18,350	25,690	36,700
2010 7 Series 4.8L V8						
4d 750i Sed	1,010	3,040	5,060	12,650	17,710	25,300
4d 750i X Drive Sed	1,050	3,160	5,260	13,150	18,410	26,300
4d 750Li Sed	1,120	3,350	5,580	13,950	19,530	27,900
4d 750Li X Drive Sed	1,130	3,380	5,640	14,100	19,740	28,200
NOTE: Add $2,500 for Individual Comp; $1,500 for luxury seating.						
2010 7 Series 6.0L V12						
4d 760Li Sed	1,840	5,530	9,220	23,050	32,270	46,100
NOTE: Add $2,500 for Individual Comp.						
2011 1 Series 6-cyl 3.0L						
2d 128i Conv	470	1,400	2,340	5,850	8,190	11,700
2011 1 Series 6-cyl Twin Turbo 3.0L						
2d 135i Cpe	600	1,800	3,000	7,500	10,500	15,000
2d 135i Conv	620	1,860	3,100	7,750	10,850	15,500
2d 135i M Cpe	2,000	6,000	10,000	25,000	35,000	50,000
2011 3 Series 6-cyl 3.0L						
4d 328i Sed	460	1,380	2,300	5,750	8,050	11,500
4d 328i X Drive Sed AWD	520	1,560	2,600	6,500	9,100	13,000
2d 328i Cpe	440	1,310	2,190	5,480	7,670	10,950
2d 328 X Drive Cpe AWD	500	1,490	2,490	6,230	8,720	12,450
4d 328i Sport Wag	630	1,900	3,160	7,900	11,060	15,800
4d 328i X Drive Sport Wag AWD	680	2,040	3,400	8,490	11,880	16,975
2d 328i Conv AWD	600	1,800	3,000	7,500	10,500	15,000
2011 3 Series 6-cyl 3.0L Twin Turbo						
4d 335i Sed	560	1,670	2,780	6,950	9,730	13,900
4d 335 X Drive Sed AWD	600	1,800	3,000	7,500	10,500	15,000
2d 335i Cpe	700	2,100	3,500	8,750	12,250	17,500
2d 335 X Drive Cpe	740	2,230	3,720	9,300	13,020	18,600
2d 335i Conv	760	2,290	3,820	9,550	13,370	19,100
2d 335is Conv.	780	2,340	3,900	9,750	13,650	19,500
2011 3 Series 6-cyl 3.0L Twin Turbo Diesel						
4d 335d Sed	560	1,670	2,790	6,980	9,770	13,950
2011 M3 V8, 4.0L						
4d Sed	1,180	3,540	5,900	14,750	20,650	29,500
2d Cpe	1,200	3,600	6,000	15,000	21,000	30,000
2d Conv	1,290	3,870	6,450	16,130	22,580	32,250
2011 Z4 6-cyl 3.5L						
2d 3.0i Rds	670	2,020	3,360	8,400	11,760	16,800
2011 Z4 6-cyl 3.5L Twin Turbo						
2d 3.5i Rds	790	2,380	3,960	9,900	13,860	19,800
2d 3.5is Rds	910	2,740	4,560	11,400	15,960	22,800
2011 5 Series 6-cyl 3.0L						
4d 528i Sed	590	1,770	2,950	7,380	10,330	14,750
2011 5 Series 6-cyl 3.0L, Twin Turbo						
4d 535i Sed	590	1,760	2,940	7,350	10,290	14,700
4d 535i X Drive Sed	660	1,970	3,290	8,230	11,520	16,450
4d 535i GT Sed	580	1,750	2,910	7,280	10,190	14,550

BMW

BMW

	6	5	4	3	2	1
4d 535i GT X Drive Sed. 660		1,990	3,310	8,280	11,590	16,550
2011 5 Series V8 4.4L, Twin Turbo						
4d 550i Sed 650		1,950	3,250	8,110	11,360	16,225
4d 550i X Drive Sed 700		2,100	3,500	8,750	12,250	17,500
4d 550i GT Sed 660		1,990	3,320	8,290	11,600	16,575
4d 5505i GT X Drive Sed 710		2,140	3,570	8,930	12,500	17,850
2011 7 Series 6-cyl 3.0L Twin Turbo						
4d 740i Sed 620		1,860	3,100	7,750	10,850	15,500
4d 740Li Sed 680		2,040	3,400	8,490	11,880	16,975
2011 7 Series 4.4L Twin Turbo V8						
4d 750i Sed 720		2,150	3,580	8,950	12,530	17,900
4d 750i X Drive Sed 730		2,180	3,640	9,100	12,740	18,200
4d 750Li Sed 740		2,210	3,680	9,200	12,880	18,400
4d 750Li X Drive Sed 800		2,400	4,000	10,000	14,000	20,000
2011 7 Series 4.4L V8 Twin Turbo Active Hybrid						
4d 750i Sed 700		2,100	3,500	8,750	12,250	17,500
4d 750Li Sed 740		2,220	3,700	9,250	12,950	18,500
2011 7Series 6.0L V12 Twin Turbo						
4d 760Li Sed 1,500		4,500	7,500	18,750	26,250	37,500
2011 Alpina B7, 4.4L Twin Turbo V9						
4d Sed 1,800		5,400	9,000	22,500	31,500	45,000
4d XDrive Sed 1,880		5,640	9,400	23,500	32,900	47,000

BORGWARD

	6	5	4	3	2	1
1949-53 Hansa 1500, 4-cyl., 96" wb						
2d Sed 300		850	1,400	3,150	4,900	7,000
2d Conv 550		1,600	2,700	6,080	9,450	13,500
1949-53 Hansa 1800, 4-cyl., 102" wb						
4d Sed 300		850	1,400	3,200	4,950	7,100
1949-53 Hansa 2400, 4-cyl., 102" wb or 111" wb						
4d Sed 300		850	1,450	3,240	5,050	7,200
1954-55 Isabella, 4-cyl., 102" wb						
2d Sed 300		950	1,600	3,600	5,600	8,000
1954-55 Hansa 1500, 4-cyl., 96" wb						
2d Sed 300		850	1,400	3,200	4,950	7,100
2d Conv 550		1,600	2,700	6,080	9,450	13,500
1954-55 Hansa 1800, 4-cyl., 102" wb						
4d Sed 300		850	1,400	3,200	4,950	7,100
1954-55 Hansa 2400, 4-cyl., 102" or 111" wb						
4d Sed 300		850	1,450	3,240	5,050	7,200
1956 Isabella, 4-cyl., 102" wb						
2d Sed 350		1,000	1,650	3,690	5,750	8,200
2d TS Sed. 350		1,000	1,650	3,740	5,800	8,300
2d Sta Wag 350		1,000	1,650	3,690	5,750	8,200
2d Cabr. 600		1,850	3,100	6,980	10,900	15,500
1957 Isabella, 4-cyl., 102" wb						
2d Sed 350		1,000	1,650	3,740	5,800	8,300
2d Sta Wag. 350		1,000	1,650	3,740	5,800	8,300
2d TS Sed. 350		1,000	1,700	3,830	5,950	8,500
2d TS Conv Cpe 600		1,850	3,100	6,980	10,900	15,500
2d TS Spt Cpe 550		1,600	2,700	6,080	9,450	13,500
1958 Isabella, 4-cyl., 102" wb						
2d Sed 350		1,000	1,650	3,690	5,750	8,200
2d Sta Wag. 350		1,000	1,650	3,740	5,800	8,300
2d TS Sed. 350		1,000	1,700	3,780	5,900	8,400
2d TS Spt Cpe 550		1,600	2,700	6,080	9,450	13,500
1959 Isabella, 4-cyl., 102" wb						
2d Sed 350		1,000	1,650	3,690	5,750	8,200
2d SR Sed 350		1,000	1,650	3,740	5,800	8,300
2d Combi Wag 350		1,000	1,700	3,780	5,900	8,400
2d TS Spt Sed 350		1,000	1,700	3,780	5,900	8,400
2d TS DeL Sed 350		1,000	1,700	3,830	5,950	8,500
2d TS Spt Cpe 550		1,600	2,700	6,080	9,450	13,500
1960 Isabella, 4-cyl., 102" wb						
2d Sed 350		1,000	1,650	3,690	5,750	8,200
2d SR Sed 350		1,000	1,650	3,740	5,800	8,300
2d Combi Wag 350		1,000	1,650	3,740	5,800	8,300
2d TS Spt Sed 350		1,000	1,700	3,780	5,900	8,400
2d TS DeL Sed 350		1,000	1,700	3,830	5,950	8,500
2d TS Spt Cpe 550		1,600	2,700	6,080	9,450	13,500
1961 Isabella, 4-cyl., 102" wb						
2d Sed 350		1,000	1,700	3,780	5,900	8,400

CITROEN

	6	5	4	3	2	1
1945-48 11 Legere, 4-cyl., 1911cc, 114.5" wb						
4d Sed 700		2,050	3,400	7,650	11,900	17,000
1945-48 11 Normale, 4-cyl., 1911cc, 119" wb						
4d Sed 1,000		3,000	5,000	11,250	17,500	25,000

	6	5	4	3	2	1
1945-48 15, 6-cyl., 2867cc, 119" wb						
4d Sed	1,000	3,000	5,000	11,250	17,500	25,000
1949-54 2CV, 2-cyl., 375cc, 94.4" wb						
4d Sed	350	1,000	1,700	3,830	5,950	8,500
1949-54 11 Legere, 4-cyl., 1911cc, 114.5" wb						
4d Sed	700	2,050	3,400	7,650	11,900	17,000
1949-54 11 Normale, 4-cyl., 1911cc, 119" wb						
4d Sed	750	2,300	3,800	8,550	13,300	19,000
1949-54 15, 6-cyl., 2867cc, 119" wb						
4d Sed	1,100	3,300	5,500	12,380	19,300	27,500
1955-56 2CV, 2-cyl., 425cc, 94.4" wb						
4d Sed	350	1,050	1,750	3,960	6,150	8,800
1955-56 DS19, 4-cyl., 1911cc, 123" wb						
4d Sed	400	1,200	2,000	4,500	7,000	10,000
1955-56 11, 4-cyl., 1911cc, 114.5" wb						
4d Sed	800	2,400	4,000	9,000	14,000	20,000
1955-56 15, 6-cyl., 2867cc, 121.5" wb						
4d Sed	1,200	3,600	6,000	13,500	21,000	30,000
1957 2CV, 2-cyl., 425cc, 94.4" wb						
4d Sed	350	1,050	1,750	3,960	6,150	8,800
1957 ID19, 4-cyl., 1911cc, 123" wb						
4d Sed	400	1,150	1,900	4,280	6,650	9,500
1957 DS19, 4-cyl., 1911cc, 123" wb						
4d DeL Sed	400	1,200	2,000	4,500	7,000	10,000
1958 2CV, 2-cyl., 425cc, 94.4" wb						
4d DeL Sed	350	1,050	1,750	3,960	6,150	8,800
1958 ID19, 4-cyl., 1911cc, 123" wb						
4d Sed	400	1,150	1,900	4,280	6,650	9,500
1958 DS19, 4-cyl., 1911cc, 123" wb						
4d DeL Sed	400	1,200	2,000	4,500	7,000	10,000
1959 2CV, 2-cyl., 425cc, 94.4" wb						
2d Sed	350	1,050	1,750	3,960	6,150	8,800
1959 ID19, 4-cyl., 1911cc, 123" wb						
4d Sed	400	1,150	1,900	4,320	6,700	9,600
1959 DS19, 4-cyl., 1911cc, 123" wb						
4d DeL Sed	400	1,200	2,050	4,590	7,150	10,200
1960 AMI-6, 2-cyl., 602cc, 94.5" wb						
4d Sed	400	1,150	1,900	4,280	6,650	9,500
1960 ID19, 4-cyl., 1911cc, 123" wb						
4d Luxe Sed	400	1,200	2,000	4,460	6,950	9,900
4d Confort Sed	400	1,250	2,050	4,640	7,200	10,300
4d Sta Wag	400	1,200	2,000	4,500	7,000	10,000
1960 DS19, 4-cyl., 1911cc, 123" wb						
4d DeL Sed	400	1,200	1,950	4,410	6,850	9,800
1961 AMI-6, 2-cyl., 602cc, 94.5" wb						
4d Sed	400	1,150	1,900	4,280	6,650	9,500
1961 ID19, 4-cyl., 1911cc, 123" wb						
4d Luxe Sed	400	1,200	2,000	4,500	7,000	10,000
4d Luxe Sta Wag	400	1,200	2,000	4,500	7,000	10,000
4d Confort Sed	400	1,200	2,050	4,590	7,150	10,200
4d Confort Sta Wag	400	1,200	2,050	4,590	7,150	10,200
1961 DS19, 4-cyl., 1911cc, 123" wb						
4d DeL Sed	400	1,200	2,000	4,500	7,000	10,000
2d Chapron Sed	1,200	3,600	6,000	13,500	21,000	30,000
4d Prestige Limo	700	2,050	3,400	7,650	11,900	17,000
1962 AMI-6, 2-cyl., 602cc, 94.5" wb						
4d Sed	400	1,150	1,900	4,280	6,650	9,500
1962 ID19, 4-cyl., 1911cc, 123" wb						
4d Normale Sed	400	1,200	1,950	4,410	6,850	9,800
4d Luxe Sed	400	1,200	2,000	4,500	7,000	10,000
4d Luxe Sta Wag	400	1,200	2,000	4,500	7,000	10,000
4d Confort Sed	400	1,200	2,050	4,590	7,150	10,200
4d Confort Sta Wag	400	1,200	2,050	4,590	7,150	10,200
1962 DS19, 4-cyl., 1911cc, 123" wb						
4d Sup 83 Sed	400	1,250	2,100	4,730	7,350	10,500
1963 AMI-6, 2-cyl., 602cc, 94.5" wb						
4d Sed	400	1,150	1,900	4,280	6,650	9,500
1963 ID19, 4-cyl., 1911cc, 123" wb						
4d Normale Sed	400	1,200	1,950	4,410	6,850	9,800
4d Luxe Sed	400	1,200	2,000	4,500	7,000	10,000
4d Luxe Sta Wag	400	1,200	2,000	4,500	7,000	10,000
4d Confort Sed	400	1,200	2,050	4,590	7,150	10,200
4d Confort Sta Wag	400	1,200	2,050	4,590	7,150	10,200
2d Confort Conv	1,200	3,600	6,000	13,500	21,000	30,000
1963 DS19, 4-cyl., 1911cc, 123" wb						
4d Sup 83 Sed	400	1,250	2,100	4,730	7,350	10,500
2d Sup 83 Conv	1,250	3,800	6,300	14,180	22,100	31,500
4d Aero Sup Sed	600	1,800	3,000	6,750	10,500	15,000

CITROEN

CITROEN

	6	5	4	3	2	1
2d Aero Sup Conv.	1,350	4,000	6,700	15,080	23,500	33,500
1964 AMI-6, 2-cyl., 602cc, 94.5" wb						
4d Sed	400	1,150	1,900	4,280	6,650	9,500
1964 ID19, 4-cyl., 1911cc, 123" wb						
4d Sup Sed.	400	1,200	2,000	4,500	7,000	10,000
2d Sup Conv.	1,200	3,600	6,000	13,500	21,000	30,000
4d DeL Sta Wag	400	1,200	2,000	4,500	7,000	10,000
4d Confort Sta Wag	400	1,200	2,050	4,590	7,150	10,200
1964 DS19, Grande Route, 4-cyl., 1911cc, 94.5" wb						
4d Sed	400	1,250	2,100	4,730	7,350	10,500
2d Conv	1,250	3,800	6,300	14,180	22,100	31,500
1964 DS19, Aero Super, 4-cyl., 1911cc, 94.5" wb						
4d Sed	600	1,800	3,000	6,750	10,500	15,000
2d Conv	1,350	4,000	6,700	15,080	23,500	33,500
1965 AMI-6, 2-cyl., 602cc, 94.5" wb						
4d Sed	400	1,150	1,900	4,280	6,650	9,500
1965 ID19, 4-cyl., 1911cc, 123" wb						
4d Luxe Sed	400	1,200	2,000	4,500	7,000	10,000
4d Luxe Sta Wag	400	1,200	2,000	4,500	7,000	10,000
4d Sup Sed.	400	1,200	2,000	4,500	7,000	10,000
4d Confort Sta Wag	400	1,200	2,050	4,590	7,150	10,200
1965 DS19, Grande Route, 4-cyl., 1911cc, 123" wb						
4d Sed	400	1,250	2,100	4,730	7,350	10,500
4d Pallas Sed	400	1,250	2,100	4,770	7,400	10,600
1965 DS19, Aero Super, 4-cyl., 1911cc, 123" wb						
4d Sed	600	1,800	3,000	6,750	10,500	15,000
4d Pallas Sed	600	1,800	2,950	6,660	10,400	14,800
1966-67 AMI-6, 2-cyl., 602cc, 94.5" wb						
4d Sed	400	1,150	1,900	4,280	6,650	9,500
4d Sta Wag	400	1,150	1,900	4,280	6,650	9,500
1966-67 ID19, 4-cyl., 1911cc, 123" wb						
4d Luxe Sed	400	1,200	2,000	4,500	7,000	10,000
4d Sup Sed.	400	1,200	2,000	4,500	7,000	10,000
1966-67 DS19, Grand Route, 4-cyl., 1985cc, 123" wb						
4d Sed	400	1,250	2,100	4,730	7,350	10,500
4d Pallas Sed	700	2,100	3,500	7,880	12,300	17,500
1966-67 DS19, Aero Super, 4-cyl., 1985cc, 123" wb						
4d Sed	400	1,250	2,100	4,730	7,350	10,500
4d Pallas Sed	700	2,100	3,500	7,880	12,300	17,500
1966-67 DS21, Grande Route, 4-cyl., 2175cc, 123" wb						
4d Sed	450	1,300	2,150	4,860	7,550	10,800
4d Pallas Sed	600	1,800	3,000	6,750	10,500	15,000
1966-67 DS21, Aero Super, 4-cyl., 2175cc, 123" wb						
4d Sed	750	2,200	3,700	8,330	13,000	18,500
4d Pallas Sed	800	2,400	4,000	9,000	14,000	20,000
1966-67 DS21, Chapron, 4-cyl., 2175cc, 123" wb						
2d Conv Cpe.	1,400	4,200	7,000	15,750	24,500	35,000
1966-67 D21, 4-cyl., 2175cc, 123" wb						
4d Luxe Sta Wag	600	1,800	3,000	6,750	10,500	15,000
4d Confort Sta Wag	650	2,000	3,300	7,430	11,600	16,500
1968 ID19, 4-cyl., 1985cc, 123" wb						
4d Luxe Sed	400	1,200	2,000	4,500	7,000	10,000
4d Grande Rte Sed.	400	1,250	2,100	4,730	7,350	10,500
1968 DS21, Grande Route, 4-cyl., 2175cc, 123" wb						
4d Sed	450	1,300	2,150	4,860	7,550	10,800
4d Pallas Sed	600	1,800	3,000	6,750	10,500	15,000
1968 DS21, Aero Super, 4-cyl., 2175cc, 123" wb						
4d Sed	750	2,200	3,700	8,330	13,000	18,500
4d Pallas Sed	800	2,400	4,000	9,000	14,000	20,000
1968 D21, 4-cyl., 2175cc, 123" wb						
4d Luxe Sta Wag	600	1,800	3,000	6,750	10,500	15,000
4d Confort Sta Wag	650	2,000	3,300	7,430	11,600	16,500
1969 ID19, 4-cyl., 1985cc, 123" wb						
4d Luxe Sed	400	1,150	1,900	4,280	6,650	9,500
4d Grande Rte Sed.	400	1,200	2,000	4,500	7,000	10,000
1969 DS21, Grande Route, 4-cyl., 2175cc, 123" wb						
4d Sed	400	1,250	2,050	4,640	7,200	10,300
4d Pallas Sed	600	1,750	2,900	6,530	10,200	14,500
1969 DS21, Aero Super, 4-cyl., 2175cc, 123" wb						
4d Sed	400	1,250	2,050	4,640	7,200	10,300
4d Pallas Sed	600	1,750	2,900	6,530	10,200	14,500
1969 Luxe, 4-cyl., 2175cc, 123" wb						
4d D19 Sta Wag	600	1,750	2,900	6,530	10,200	14,500
4d D21 Sta Wag	600	1,750	2,900	6,530	10,200	14,500
1970 ID19/D Special, 4-cyl., 1985cc, 123" wb						
4d Grande Rte Sed.	400	1,250	2,050	4,640	7,200	10,300
1970 DS21, Aero Super, 4-cyl., 2175cc, 123" wb						
4d Sed	400	1,200	2,050	4,590	7,150	10,200

	6	5	4	3	2	1
4d Pallas Sed 600	1,750	2,900	6,530	10,200	14,500
4d Grande Rte Sed. 400	1,200	2,000	4,500	7,000	10,000
1970 D21, 4-cyl., 2175cc, 123" wb					
4d Luxe Sta Wag 550	1,700	2,800	6,300	9,800	14,000
4d Confort Sta Wag 600	1,850	3,100	6,980	10,900	15,500
1971-72 D Special, 4-cyl., 1985cc, 123" wb					
4d DS20 Sed 550	1,700	2,800	6,300	9,800	14,000
1971-72 DS21, Aero Super, 4-cyl., 2175cc, 123" wb					
4d Sed 400	1,200	2,050	4,590	7,150	10,200
4d Pallas Sed 600	1,750	2,900	6,530	10,200	14,500
1971-72 DS21, Grande Route, 4-cyl., 2175cc, 123" wb					
4d Sed 400	1,200	2,000	4,500	7,000	10,000
1971-72 D21, 4-cyl., 2175cc, 123" wb					
4d Sta Wag. 550	1,700	2,800	6,300	9,800	14,000
1971-72 SM Maserati, V-6, 2670cc, 116.1" wb					
2d Cpe (2 plus 2) 1,100	3,350	5,600	12,600	19,600	28,000
1973-75 SM-Maserati, V-6, 2670-2695cc, 116.1" wb					
2d Cpe 1,000	3,000	5,000	11,250	17,500	25,000

1973-75 SM-Maserati, V-6, 2670-2965cc, 116.1" wb
NOTE: Although still in production in the '80s and '90s, cars were not exported to U.S. after mid-'70s.

DAIHATSU

	6	5	4	3	2	1
1988					
2d HBk CLS 200	550	900	2,030	3,150	4,500
2d HBk CLX 200	600	1,000	2,210	3,450	4,900
2d HBk CSX 200	650	1,100	2,480	3,850	5,500
1989					
2d HBk CES 200	650	1,100	2,480	3,850	5,500
2d HBk CLS 250	700	1,200	2,660	4,150	5,900
2d HBk CLX 250	800	1,300	2,930	4,550	6,500
1990 Charade					
2d HBk SE 250	750	1,250	2,790	4,350	6,200
2d HBk SX 250	750	1,250	2,840	4,400	6,300
4d Sed SE 250	750	1,250	2,790	4,350	6,200
4d Sed SX 250	750	1,250	2,840	4,400	6,300
1990 Rocky 4x4					
2d Conv SE 300	950	1,600	3,600	5,600	8,000
2d Conv SX 350	1,000	1,650	3,690	5,750	8,200
2d Utly SE. 300	850	1,400	3,150	4,900	7,000
2d Utly SX. 300	850	1,450	3,240	5,050	7,200
1991 Charade					
2d HBk SE 100	350	600	1,350	2,100	3,000
4d Sed SE 150	400	650	1,440	2,250	3,200
4d Sed SX 150	450	700	1,620	2,500	3,600
1992 Charade					
2d HBk SE 150	400	650	1,440	2,250	3,200
4d Sed SE 150	400	700	1,530	2,400	3,400
4d Sed SX 150	400	700	1,580	2,450	3,500

DATSUN

	6	5	4	3	2	1
1960 4-cyl., 1189cc, 87.4" wb					
Fairlady Rds SPL 212. 1,140	3,420	5,700	12,830	19,950	28,500
1961-62 4-cyl., 1189cc, 86.6" wb					
Fairlady Rds SPL 213. 1,140	3,420	5,700	12,830	19,950	20,500
1963-65 4-cyl., 1488cc, 89.8" wb					
1500 Rds SPL 310 920	2,760	4,600	10,350	16,100	23,000
1966 4-cyl., 1595cc, 89.8" wb					
1600 Rds SPL 311 1,080	3,240	5,400	12,150	18,900	27,000
1967 4-cyl., 1595cc, 89.8" wb					
1600 Rds SPL 311, (Early) 1,080	3,240	5,400	12,150	18,900	27,000
2000 Rds SRL 311, (Late) 1,200	3,600	6,000	13,500	21,000	30,000
1968 4-cyl., 1595cc, 89.8" wb					
4d Sed 510 410	1,240	2,060	4,640	7,210	10,300
1600 Rds SPL 311 1,040	3,120	5,200	11,700	18,200	26,000
1968 4-cyl., 1982cc, 89.8" wb					
2000 Rds SRL 311 1,240	3,720	6,200	13,950	21,700	31,000
1969 4-cyl., 1595cc, 95.3" wb					
2d 510 Sed 440	1,320	2,200	4,950	7,700	11,000
4d 510 Sed 360	1,080	1,800	4,050	6,300	9,000
1969 4-cyl., 1595cc, 89.8" wb					
1600 Rds SPL 311 1,040	3,120	5,200	11,700	18,200	26,000
1969 4-cyl., 1982cc, 89.8" wb					
2000 Rds SRL 311 1,200	3,600	6,000	13,500	21,000	30,000
1970 4-cyl., 1595cc, 95.3" wb					
2d 510 Sed 440	1,320	2,200	4,950	7,700	11,000
4d 510 Sed 360	1,080	1,800	4,050	6,300	9,000
1970 4-cyl., 1595cc, 89.8" wb					
1600 Rds SPL 311 1,040	3,120	5,200	11,700	18,200	26,000

DATSUN

	6	5	4	3	2	1
1970 4-cyl., 1982cc, 89.8" wb						
2000 Rds SRL 311	1,200	3,600	6,000	13,500	21,000	30,000
1970 6-cyl., 2393cc, 90.7" wb						
240Z 2d Cpe	1,600	4,800	8,000	18,000	28,000	40,000
1971 4-cyl., 1595cc, 95.3" wb						
2d 510 Sed	400	1,200	2,000	4,500	7,000	10,000
4d 510 Sed	340	1,020	1,700	3,830	5,950	8,500
1971 6-cyl., 2393cc, 90.7" wb						
240Z 2d Cpe	1,440	4,320	7,200	16,200	25,200	36,000
1972 4-cyl., 1595cc, 95.3" wb						
2d 510 Sed	400	1,200	2,000	4,500	7,000	10,000
4d 510 Sed	410	1,240	2,060	4,640	7,210	10,300
1972 6-cyl., 2393cc, 90.7" wb						
240Z 2d Cpe	1,440	4,320	7,200	16,200	25,200	36,000
1973 4-cyl., 1595cc, 95.3" wb						
2d 510 Sed	520	1,560	2,600	5,850	9,100	13,000
1973 6-cyl., 2393cc, 90.7" wb						
240Z 2d Cpe	1,440	4,320	7,200	16,200	25,200	36,000
1974 6-cyl., 2565cc, 90.7" wb						
260Z 2d Cpe	920	2,760	4,600	10,350	16,100	23,000
1974 6-cyl., 2565cc, 102.6" wb						
260Z 2d Cpe 2 plus 2	800	2,400	4,000	9,000	14,000	20,000
1975 6-cyl., 2565cc, 90.7" wb						
260Z 2d Cpe	790	2,370	3,950	8,890	13,830	19,750
1975 6-cyl., 2565cc, 102.6" wb						
260Z 2d Cpe 2 plus 2	600	1,800	3,000	6,750	10,500	15,000
1975 6-cyl., 2753cc, 90.7" wb						
280Z 2d Cpe	960	2,880	4,800	10,800	16,800	24,000
1975 6-cyl., 2753cc, 102.6" wb						
280Z 2d Cpe 2 plus 2	940	2,820	4,700	10,580	16,450	23,500
1976 6-cyl., 2753cc, 90.7" wb						
280Z 2d Cpe	960	2,880	4,800	10,800	16,800	24,000
1976 6-cyl., 2753cc, 102.6" wb						
280Z 2d Cpe 2 plus 2	920	2,760	4,600	10,350	16,100	23,000
1977 6-cyl., 2393cc, 104.3" wb						
4d 810 Sed	120	360	600	1,350	2,100	3,000
1977 6-cyl., 2753cc, 90.7" wb						
280Z 2d Cpe	960	2,880	4,800	10,800	16,800	24,000
1977 6-cyl., 2753cc, 102.6" wb						
280Z 2d Cpe 2 plus 2	920	2,760	4,600	10,350	16,100	23,000

DATSUN/NISSAN

	6	5	4	3	2	1
1978 6-cyl., 149 hp, 90.7" wb						
280Z Cpe	960	2,880	4,800	10,800	16,800	24,000
280Z Cpe 2 plus 2	920	2,760	4,600	10,350	16,100	23,000
1978-79 4-cyl., 1952cc, 92.1" wb						
200SX Cpe	180	540	900	2,030	3,150	4,500
1979 6-cyl., L28E/L28ET, 2753cc, 90.7" wb						
280ZX Cpe	920	2,760	4,600	10,350	16,100	23,000
280ZX Cpe 2 plus 2	870	2,620	4,360	9,810	15,260	21,800
1980 6-cyl., L28E/L28ET, 2753cc, 90.7" wb						
280ZX Cpe	880	2,640	4,400	9,900	15,400	22,000
280ZX Cpe 2 plus 2	840	2,520	4,200	9,450	14,700	21,000
NOTE: Add 10% for 10th Anniversary Edition (Black Gold).						
1981 6-cyl., L28E/L28ET, 2753cc, 90.7" wb						
280ZX Cpe	880	2,640	4,400	9,900	15,400	22,000
280ZX Cpe 2 plus 2 GL	800	2,400	4,000	9,000	14,000	20,000
280ZX Cpe Turbo GL	920	2,760	4,600	10,350	16,100	23,000
1982 6-cyl., L28E/L28ET, 2753cc, 90.7" wb						
280ZX Cpe	880	2,640	4,400	9,900	15,400	22,000
280ZX Cpe 2 plus 2	840	2,520	4,200	9,450	14,700	21,000
280ZX Cpe Turbo	620	1,860	3,100	6,980	10,850	15,500
280ZX Cpe 2 plus 2 Turbo	600	1,800	3,000	6,750	10,500	15,000
1983 6-cyl., L28E/L28ET, 2753cc, 90.7" wb						
280ZX Cpe	920	2,760	4,600	10,350	16,100	23,000
280ZX Cpe 2 plus 2	600	1,800	3,000	6,750	10,500	15,000
280ZX Cpe Turbo	620	1,860	3,100	6,980	10,850	15,500
280ZX Cpe 2 plus 2 Turbo	600	1,800	3,000	6,750	10,500	15,000
1984 Sentra (FWD)						
2d Sed	110	330	550	1,240	1,930	2,750
2d DeL Sed	110	340	560	1,260	1,960	2,800
4d DeL Sed	80	240	400	900	1,400	2,000
4d DeL Wag	80	240	400	900	1,400	2,000
2d HBk XE	90	260	440	990	1,540	2,200
1984 300ZX						
Cpe GL	560	1,680	2,800	6,300	9,800	14,000
2d 2 plus 2 GL	480	1,440	2,400	5,400	8,400	12,000
2d Turbo GL	590	1,770	2,950	6,640	10,330	14,750

DATSUN

	6	5	4	3	2	1
1985 Sentra						
2d Std Sed	100	310	520	1,170	1,820	2,600
2d DeL Sed	110	320	540	1,220	1,890	2,700
4d DeL Sed	100	300	500	1,130	1,750	2,500
4d DeL Sta Wag	100	300	500	1,130	1,750	2,500
2d Diesel Sed	90	260	440	990	1,540	2,200
XE 2d Sed	90	280	460	1,040	1,610	2,300
XE 4d Sed	80	250	420	950	1,470	2,100
XE 4d Sta Wag	90	280	460	1,040	1,610	2,300
XE 2d HBk	90	260	430	970	1,510	2,150
SE 2d HBk	90	260	430	970	1,510	2,150
1985 Pulsar						
2d Cpe	110	330	550	1,240	1,930	2,750
1985 Stanza						
4d HBk	80	240	400	900	1,400	2,000
4d Sed	80	240	400	900	1,400	2,000
1985 200SX						
2d DeL Sed	130	380	640	1,440	2,240	3,200
2d DeL HBk	160	480	800	1,800	2,800	4,000
XE 2d Sed	130	400	660	1,490	2,310	3,300
XE 2d HBk	170	500	840	1,890	2,940	4,200
Turbo 2d HBk	190	570	950	2,140	3,330	4,750
1985 Maxima						
SE 4d Sed	150	440	740	1,670	2,590	3,700
GL 4d Sed	150	450	750	1,690	2,630	3,750
GL 4d Sta Wag	100	300	500	1,130	1,750	2,500
1985 300ZX						
2d Cpe	520	1,560	2,600	5,850	9,100	13,000
2d Cpe 2 plus 2	520	1,560	2,600	5,850	9,100	13,000
Turbo 2d Cpe	560	1,680	2,800	6,300	9,800	14,000
1986 Sentra						
2d Sed	80	240	400	900	1,400	2,000
2d DeL Sed	90	260	440	990	1,540	2,200
4d DeL Sed	80	250	420	950	1,470	2,100
4d Sta Wag	80	250	420	950	1,470	2,100
2d Diesel Sed	80	240	400	900	1,400	2,000
XE 2d Sed	80	250	420	950	1,470	2,100
XE 4d Sed	80	250	420	950	1,470	2,100
XE 4d Sta Wag	90	260	440	990	1,540	2,200
XE 2d HBk	100	300	500	1,130	1,750	2,500
SE 2d HBk	100	310	520	1,170	1,820	2,600
1986 Pulsar						
2d Cpe	130	380	640	1,440	2,240	3,200
1986 Stanza						
GL 4d Sed	90	280	460	1,040	1,610	2,300
XF 4d Sta Wag	100	300	500	1,130	1,750	2,500
XE 4d Sta Wag 4WD	120	360	600	1,350	2,100	3,000
1986 200SX						
E 2d Sed	130	380	640	1,440	2,240	3,200
E 2d HBk	160	480	800	1,800	2,800	4,000
XE 2d Sed	120	360	600	1,350	2,100	3,000
XE 2d HBk	170	510	850	1,910	2,980	4,250
Turbo 2d HBk	180	540	900	2,030	3,150	4,500
1986 Maxima						
SE 4d Sed	160	480	800	1,800	2,800	4,000
GL 4d Sed	160	490	820	1,850	2,870	4,100
GL 4d Sta Wag	160	490	820	1,850	2,870	4,100
1986 300ZX						
2d Cpe	520	1,560	2,600	5,850	9,100	13,000
2d Cpe 2 plus 2	520	1,560	2,600	5,850	9,100	13,000
2d Turbo Cpe	560	1,680	2,800	6,300	9,800	14,000
1987 Sentra						
2d Sed	90	260	440	990	1,540	2,200
E 2d Sed	100	300	500	1,130	1,750	2,500
E 4d Sed	90	270	450	1,010	1,580	2,250
E 2d HBk	100	290	480	1,080	1,680	2,400
E 4d Sta Wag	100	300	500	1,130	1,750	2,500
XE 2d Sed	100	290	480	1,080	1,680	2,400
XE 4d Sed	80	250	420	950	1,470	2,100
XE 4d Sta Wag	80	250	420	950	1,470	2,100
XE 4d Sta Wag 4WD	110	330	550	1,240	1,930	2,750
GXE 4d Sed	100	300	500	1,130	1,750	2,500
XE 2d Cpe	100	310	520	1,170	1,820	2,600
SE 2d Cpe	100	310	520	1,170	1,820	2,600
1987 Pulsar						
XE 2d Cpe	110	340	560	1,260	1,960	2,800
SE 2d Cpe 16V	130	380	640	1,440	2,240	3,200
1987 Stanza						
E 4d NBk	90	270	450	1,010	1,580	2,250

DATSUN/NISSAN

	6	5	4	3	2	1
GXE 4d NBk	100	290	490	1,100	1,720	2,450
4d HBk	90	270	450	1,010	1,580	2,250
XE 4d Sta Wag	120	350	580	1,310	2,030	2,900
XE 4d Sta Wag 4WD	120	350	580	1,310	2,030	2,900
1987 200SX						
XE 2d NBk	130	390	650	1,460	2,280	3,250
XE 2d HBk	160	480	800	1,800	2,800	4,000
SE 2d HBk V-6	170	520	860	1,940	3,010	4,300
1987 Maxima						
SE 4d Sed	140	420	700	1,580	2,450	3,500
GXE 4d Sed	150	450	750	1,690	2,630	3,750
GXE 4d Sta Wag	120	360	600	1,350	2,100	3,000
1987 300ZX						
GS 2d Cpe	520	1,560	2,600	5,850	9,100	13,000
GS 2d Cpe 2 plus 2	520	1,560	2,600	5,850	9,100	13,000
2d Turbo Cpe	560	1,680	2,800	6,300	9,800	14,000
1988 Sentra						
2d Sed	90	260	440	990	1,540	2,200
E 2d Sed	100	290	480	1,080	1,680	2,400
E 4d Sed	100	290	490	1,100	1,720	2,450
E 2d HBk	90	280	460	1,040	1,610	2,300
E 4d Sta Wag	80	250	420	950	1,470	2,100
XE 2d Sed	90	260	440	990	1,540	2,200
XE 4d Sed	90	280	460	1,040	1,610	2,300
XE 4d Sta Wag	90	270	450	1,010	1,580	2,250
XE 4d Sta Wag 4x4	110	340	570	1,280	2,000	2,850
XE 2d Cpe	90	280	460	1,040	1,610	2,300
SE 2d Cpe	90	280	470	1,060	1,650	2,350
GXE 4d Sed	90	260	440	990	1,540	2,200
1988 Pulsar						
XE 2d Cpe	110	340	560	1,260	1,960	2,800
SE 2d Cpe	120	360	600	1,350	2,100	3,000
1988 Stanza						
E 4d Sed	90	260	440	990	1,540	2,200
GXE 4d Sed	90	280	460	1,040	1,610	2,300
XE 4d Sta Wag	100	290	480	1,080	1,680	2,400
XE 4d Sta Wag 4x4	110	340	560	1,260	1,960	2,800
1988 200 SX						
XE 2d Cpe	160	480	800	1,800	2,800	4,000
XE 2d HBk	160	490	820	1,850	2,870	4,100
SE 2d HBk V-6	170	500	840	1,890	2,940	4,200
1988 Maxima						
SE 4d Sed	150	450	750	1,690	2,630	3,750
GXE 4d Sed	150	460	760	1,710	2,660	3,800
GXE 4d Sta Wag	150	460	770	1,730	2,700	3,850
1988 300ZX						
GS 2d Cpe	520	1,560	2,600	5,850	9,100	13,000
GS 2d Cpe 2 plus 2	540	1,620	2,700	6,080	9,450	13,500
2d Turbo Cpe	570	1,710	2,850	6,410	9,980	14,250
1989 Sentra						
2d Sed	80	240	400	900	1,400	2,000
E 2d Sed	90	260	440	990	1,540	2,200
E 4d Sed	80	250	420	950	1,470	2,100
E 4d Sta Wag	100	290	480	1,080	1,680	2,400
XE 2d Sed	90	280	470	1,060	1,650	2,350
XE 4d Sed	100	290	480	1,070	1,660	2,375
XE 4d Sta Wag	100	310	520	1,170	1,820	2,600
XE 4d Sta Wag 4x4	120	360	600	1,350	2,100	3,000
XE Cpe	110	330	550	1,240	1,930	2,750
SE Cpe	110	340	570	1,280	2,000	2,850
1989 Pulsar						
XE Cpe	110	330	550	1,240	1,930	2,750
SE Cpe (16V)	120	350	580	1,310	2,030	2,900
1989 Stanza						
E 4d Sed	110	330	550	1,240	1,930	2,750
GXE 4d Sed	90	280	460	1,040	1,610	2,300
1989 240 SX						
XE 2d Sed	160	480	800	1,800	2,800	4,000
SE 2d HBk	170	510	850	1,910	2,980	4,250
1989 Maxima						
SE 4d Sed	160	480	800	1,800	2,800	4,000
GXE 4d Sed	150	460	760	1,710	2,660	3,800
1989 300 ZX						
GS Cpe	520	1,560	2,600	5,850	9,100	13,000
GS 2d Cpe 2 plus 2	530	1,600	2,660	5,990	9,310	13,300
Cpe Turbo	580	1,740	2,900	6,530	10,150	14,500
1990 Sentra, 4-cyl.						
2d Sed	80	250	420	950	1,470	2,100
XE 2d Sed	90	260	440	990	1,540	2,200

DATSUN/NISSAN

	6	5	4	3	2	1
XE 4d Sed	80	250	420	950	1,470	2,100
XE 4d Sta Wag	90	280	460	1,040	1,610	2,300
XE 2d Cpe	100	290	480	1,080	1,680	2,400
SE 2d Cpe	100	310	520	1,170	1,820	2,600
1990 Pulsar, 4-cyl.						
XE 2d Cpe	120	360	600	1,350	2,100	3,000
1990 Stanza, 4-cyl.						
XE 4d Sed	80	240	400	900	1,400	2,000
GXE 4d Sed	90	280	460	1,040	1,610	2,300
1990 240 SX, 4-cyl.						
XE 2d Cpe	160	480	800	1,800	2,800	4,000
SE 2d FBk	170	500	840	1,890	2,940	4,200
1990 Maxima, V-6						
SE 4d Sed	130	400	660	1,490	2,310	3,300
GXE 4d Sed	130	300	640	1,440	2,240	3,200
1990 300ZX, V-6						
GS 2d Cpe	530	1,590	2,650	5,960	9,280	13,250
GS 2d Cpe 2 plus 2	550	1,650	2,750	6,190	9,630	13,750
2d Turbo Cpe	580	1,740	2,900	6,530	10,150	14,500
1990 Axxess, 4-cyl.						
XE 4d Sta Wag	90	260	440	990	1,540	2,200
XE 4d Sta Wag 4x4	110	330	550	1,240	1,930	2,750
1991 Sentra						
E 2d Sed	90	260	440	990	1,540	2,200
XE 2d Sed	90	280	460	1,040	1,610	2,300
SE 2d Sed	90	280	460	1,040	1,610	2,300
SE-R 2d Sed	100	290	480	1,080	1,680	2,400
E 4d Sed	90	270	450	1,010	1,580	2,250
XE 4d Sed	90	280	470	1,060	1,650	2,350
GXE 4d Sed	100	290	480	1,080	1,680	2,400
1991 Stanza						
XE 4d Sed	80	240	400	900	1,400	2,000
GXE 4d Sed	90	260	440	990	1,540	2,200
1991 NX						
2d Cpe 1600	120	350	580	1,310	2,030	2,900
2d Cpe 2000	120	360	600	1,350	2,100	3,000
1991 240SX						
2d Cpe	170	500	840	1,890	2,940	4,200
SE 2d Cpe	170	520	860	1,940	3,010	4,300
2d FBk	180	530	880	1,980	3,080	4,400
SE 2d FBk	180	540	900	2,030	3,150	4,500
LE 2d FBk	180	540	900	2,030	3,150	4,500
1991 Maxima, V-6						
SE 4d Sed	130	380	640	1,440	2,240	3,200
GXE 4d Sed	120	360	600	1,350	2,100	3,000
1991 300ZX, V-6						
2d Cpe	520	1,560	2,600	5,850	9,100	13,000
2d Cpe 2 plus 2	530	1,580	2,640	5,940	9,240	13,200
2d Turbo Cpe	560	1,680	2,800	6,300	9,800	14,000
1992 Sentra, 4-cyl.						
E 2d Sed	80	240	400	900	1,400	2,000
E 4d Sed	80	250	420	950	1,470	2,100
XE 2d Sed	90	260	440	990	1,540	2,200
XE 4d Sed	100	290	480	1,080	1,680	2,400
SE 2d Sed	90	280	460	1,040	1,610	2,300
SE-R 4d Sed	140	420	700	1,580	2,450	3,500
GXE 4d Sed	100	300	500	1,130	1,750	2,500
1992 NX, 4-cyl.						
2d Cpe 1600	120	360	600	1,350	2,100	3,000
2d Cpe 2000	150	450	750	1,690	2,630	3,750
1992 Stanza, 4-cyl.						
XE 4d Sed	80	240	400	900	1,400	2,000
SE 4d Sed	90	260	440	990	1,540	2,200
GXE 4d Sed	90	280	460	1,040	1,610	2,300
1992 240SX, 4-cyl.						
2d Cpe	160	480	800	1,800	2,800	4,000
2d FBk	180	540	900	2,030	3,150	4,500
SE 2d Cpe	170	510	850	1,910	2,980	4,250
SE 2d FBk	180	540	900	2,030	3,150	4,500
LE 2d FBk	180	550	920	2,070	3,220	4,600
SE 2d Conv	220	660	1,100	2,480	3,850	5,500
1992 Maxima, V-6						
GXE 4d Sed	150	450	750	1,690	2,630	3,750
SE 4d Sed	160	470	780	1,760	2,730	3,900
1992 300ZX, V-6						
2d Cpe	540	1,620	2,700	6,080	9,450	13,500
2d Cpe 2 plus 2	550	1,650	2,750	6,190	9,630	13,750
2d Cpe Turbo	600	1,800	3,000	6,750	10,500	15,000

	6	5	4	3	2	1
1993 Sentra, 4-cyl.						
E 2d Sed.	80	240	400	900	1,400	2,000
E 4d Sed.	80	250	420	950	1,470	2,100
XE 2d Sed	90	260	440	990	1,540	2,200
XE 4d Sed	90	270	450	1,010	1,580	2,250
SE 2d Sed	90	260	440	990	1,540	2,200
SE-R 2d Sed.	160	470	780	1,760	2,730	3,900
GXE 4d Sed	110	320	540	1,220	1,890	2,700
1993 NX, 4-cyl.						
2d Cpe 1600	120	360	600	1,350	2,100	3,000
2d Cpe 2000	140	420	700	1,580	2,450	3,500
1993 Altima, 4-cyl.						
XE 4d Sed	110	320	540	1,220	1,890	2,700
GXE 4d Sed	110	340	560	1,260	1,960	2,800
SE 4d Sed	120	350	580	1,310	2,030	2,900
GLE 4d Sed	120	360	600	1,350	2,100	3,000
1993 240SX, 4-cyl.						
2d Cpe	160	490	820	1,850	2,870	4,100
2d FBk	170	520	860	1,940	3,010	4,300
SE 2d Cpe	180	530	880	1,980	3,080	4,400
SE 2d FBk	180	540	900	2,030	3,150	4,500
SE 2d Conv	220	660	1,100	2,480	3,850	5,500
1993 Maxima, V-6						
GXE 4d Sed	160	480	800	1,800	2,800	4,000
SE 4d Sed	160	490	820	1,850	2,870	4,100
1993 300ZX, V-6						
2d Cpe	550	1,640	2,740	6,170	9,590	13,700
2d Cpe 2 plus 2	560	1,680	2,800	6,300	9,800	14,000
2d Cpe Turbo	600	1,800	3,000	6,750	10,500	15,000
2d Conv	640	1,920	3,200	7,200	11,200	16,000
1994 Sentra, 4-cyl.						
E 2d Sed.	90	260	440	990	1,540	2,200
XE 2d Sed	90	280	460	1,040	1,610	2,300
LE 2d Sed.	100	290	480	1,080	1,680	2,400
SE 2d Sed	100	290	480	1,080	1,680	2,400
SE-R 2d Sed.	170	510	850	1,910	2,980	4,250
E 4d Sed.	100	300	500	1,130	1,750	2,500
XE 4d Sed	100	310	520	1,170	1,820	2,600
LE 4d Sed.	110	320	530	1,190	1,860	2,650
GXE 4d Sed	110	320	540	1,220	1,890	2,700
1994 Altima, 4-cyl.						
XE 4d Sed	100	310	520	1,170	1,820	2,600
GXE 4d Sed	110	330	550	1,240	1,930	2,750
SE 4d Sed	110	340	560	1,260	1,960	2,800
GLE 4d Sed	110	340	570	1,280	2,000	2,850
1994 240SX, 4-cyl.						
SE 2d Conv	220	670	1,120	2,520	3,920	5,600
1994 Maxima, V-6						
GXE 4d Sed	150	460	760	1,710	2,660	3,800
SE 4d Sed	160	470	780	1,760	2,730	3,900
1994 300ZX, V-6						
2d Cpe	510	1,530	2,550	5,740	8,930	12,750
2d Cpe 2 plus 2	520	1,570	2,620	5,900	9,170	13,100
2d Cpe Turbo	560	1,680	2,800	6,300	9,800	14,000
2d Conv	590	1,770	2,950	6,640	10,330	14,750
1995 Sentra, 4-cyl.						
E 4d Sed.	90	280	460	1,040	1,610	2,300
XE 4d Sed	100	290	480	1,080	1,680	2,400
GXE 4d Sed	100	300	500	1,130	1,750	2,500
GLE 4d Sed	100	310	520	1,170	1,820	2,600
1995 200SX, 4-cyl.						
2d Cpe	140	420	700	1,580	2,450	3,500
SE 2d Cpe	150	440	740	1,670	2,590	3,700
SER 2d Cpe	160	490	820	1,850	2,870	4,100
1995 Altima, 4-cyl.						
XE 4d Sed	100	310	520	1,170	1,820	2,600
GXE 4d Sed	110	330	550	1,240	1,930	2,750
SE 4d Sed	110	340	560	1,260	1,960	2,800
GLE 4d Sed	120	350	580	1,310	2,030	2,900
1995 240SX, 4-cyl.						
2d Cpe	170	500	840	1,890	2,940	4,200
SE 2d Cpe	180	550	920	2,070	3,220	4,600
1995 Maxima, V-6						
GXE 4d Sed	150	460	760	1,710	2,660	3,800
SE 4d Sed	160	470	780	1,760	2,730	3,900
GLE 4d Sed	160	480	800	1,800	2,800	4,000
1995 300ZX, V-6						
2d Cpe	510	1,540	2,560	5,760	8,960	12,800
2d Cpe 2 plus 2	540	1,610	2,680	6,030	9,380	13,400

DATSUN/NISSAN

	6	5	4	3	2	1
2d Turbo Cpe	560	1,680	2,800	6,300	9,800	14,000
2d Conv	600	1,800	3,000	6,750	10,500	15,000
1996 Sentra, 4-cyl.						
4d Sed	110	320	540	1,220	1,890	2,700
XE 4d Sed	110	340	500	1,200	1,900	2,000
GXE 4d Sed	130	380	640	1,440	2,240	3,200
GLE 4d Sed	130	400	660	1,490	2,310	3,300
1996 200SX, 4-cyl.						
2d Cpe	120	350	580	1,310	2,030	2,900
SE 2d Cpe	120	360	600	1,350	2,100	3,000
SER 2d Cpe	150	440	740	1,670	2,590	3,700
1996 Altima, 4-cyl.						
XE 4d Sed	100	310	520	1,170	1,820	2,600
GXE 4d Sed	110	320	540	1,220	1,890	2,700
SE 4d Sed	120	350	580	1,310	2,030	2,900
GLE 4d Sed	160	470	780	1,760	2,730	3,900
1996 240SX, 4-cyl.						
2d Cpe	180	530	880	1,980	3,080	4,400
SE 2d Cpe	190	560	940	2,120	3,290	4,700
1996 Maxima, V-6						
GXE 4d Sed	150	460	760	1,710	2,660	3,800
SE 4d Sed	160	470	780	1,760	2,730	3,900
GLE 4d Sed	160	490	820	1,850	2,870	4,100
1996 300ZX, V-6						
2d Cpe	510	1,540	2,560	5,760	8,960	12,800
2d Cpe 2 plus 2	540	1,620	2,700	6,080	9,450	13,500
Turbo Cpe	570	1,710	2,850	6,410	9,980	14,250
2d Conv	610	1,830	3,050	6,860	10,680	15,250
1997 Sentra, 4-cyl.						
4d Sed	90	280	460	1,040	1,610	2,300
XE 4d Sed	100	300	500	1,130	1,750	2,500
GXE 4d Sed	110	320	540	1,220	1,890	2,700
GLE 4d Sed	110	340	560	1,260	1,960	2,800
1997 200SX, 4-cyl.						
2d Cpe	120	350	580	1,310	2,030	2,900
SE 2d Cpe	120	360	600	1,350	2,100	3,000
SER 2d Cpe	150	460	760	1,710	2,660	3,800
1997 Altima, 4-cyl.						
XE 4d Sed	100	310	520	1,170	1,820	2,600
GXE 4d Sed	110	340	560	1,260	1,960	2,800
SE 4d Sed	120	350	580	1,310	2,030	2,900
GLE 4d Sed	120	370	620	1,400	2,170	3,100
NOTE: Add 5% for Limited Ed Pkg on GXE.						
1997 240SX, 4-cyl.						
2d Cpe	180	540	900	2,030	3,150	4,500
SE 2d Cpe	190	560	940	2,120	3,290	4,700
LE 2d Cpe	200	590	980	2,210	3,430	4,900
1997 Maxima, V-6						
GXE 4d Sed	160	470	780	1,760	2,730	3,900
SE 4d Sed	160	480	800	1,800	2,800	4,000
GLE 4d Sed	170	500	840	1,890	2,940	4,200
1998 Sentra, 4-cyl.						
4d Sed	100	290	480	1,080	1,680	2,400
XE 4d Sed	100	300	500	1,130	1,750	2,500
GXE 4d Sed	100	310	520	1,170	1,820	2,600
GLE 4d Sed	110	320	540	1,220	1,890	2,700
SE 4d Sed	200	860	1,440	3,240	5,040	7,200
1998 200SX, 4-cyl.						
2d Cpe	120	360	600	1,350	2,100	3,000
SE 2d Cpe	120	370	620	1,400	2,170	3,100
SER 2d Cpe	130	380	640	1,440	2,240	3,200
1998 Altima, 4-cyl.						
XE 4d Sed	110	320	540	1,220	1,890	2,700
GXE 4d Sed	110	340	560	1,260	1,960	2,800
SE 4d Sed	120	350	580	1,310	2,030	2,900
GLE 4d Sed	120	370	620	1,400	2,170	3,100
1998 240SX, 4-cyl.						
2d Cpe	230	700	1,160	2,610	4,060	5,800
SE 2d Cpe	240	720	1,200	2,700	4,200	6,000
LE 2d Cpe	250	750	1,250	2,810	4,380	6,250
1998 Maxima, V-6						
GXE 4d Sed	160	470	780	1,760	2,730	3,900
SE 4d Sed	160	490	820	1,850	2,870	4,100
GLE 4d Sed	170	520	860	1,940	3,010	4,300
1998 Sentra, 4-cyl.						
GXE 4d Sed	100	310	520	1,170	1,820	2,600
SE 4d Sed	110	340	560	1,260	1,960	2,800
1998 Altima, 4-cyl.						
XE 4d Sed	110	320	540	1,220	1,890	2,700

DATSUN/NISSAN

	6	5	4	3	2	1
SE 4d Sed	120	350	580	1,310	2,030	2,900
1999 Sentra, 4-cyl.						
4d Sed	90	280	460	1,040	1,610	2,300
XE 4d Sed	100	300	500	1,130	1,750	2,500
GXE 4d Sed	100	310	520	1,170	1,820	2,600
GLE 4d Sed	110	320	540	1,220	1,890	2,700
SE 4d Sed	110	340	560	1,260	1,960	2,800
1999 Altima, 4-cyl.						
XE 4d Sed	90	260	440	990	1,540	2,200
GXE 4d Sed	100	290	480	1,080	1,680	2,400
SE 4d Sed	100	300	500	1,130	1,750	2,500
GLE 4d Sed	100	310	520	1,170	1,820	2,600
1999 Maxima, V-6						
GXE 4d Sed	120	360	600	1,350	2,100	3,000
SE 4d Sed	120	370	620	1,400	2,170	3,100
GLE 4d Sed	130	380	640	1,440	2,240	3,200
1999 Altima, 4-cyl.						
SE 4d Sed	100	300	500	1,130	1,750	2,500
GLE 4d Sed	100	310	520	1,170	1,820	2,600
2000 Altima, 4-cyl.						
SE 4d Sed	120	350	580	1,310	2,030	2,900
GLE 4d Sed	120	360	600	1,350	2,100	3,000
2000 Maxima, V-6						
GXE 4d Sed	150	460	760	1,710	2,660	3,800
SE 4d Sed	160	470	780	1,760	2,730	3,900
GLE 4d Sed	160	490	820	1,850	2,870	4,100
2001 Sentra, 4-cyl.						
CA 4d Sed (low emissions).	100	300	500	1,130	1,750	2,500
XE 4d Sed	100	310	520	1,170	1,820	2,600
GXE 4d Sed	110	330	550	1,240	1,930	2,750
SE 4d Sed	120	360	600	1,350	2,100	3,000
2001 Altima, 4-cyl.						
XE 4d Sed	110	340	560	1,260	1,960	2,800
GXE 4d Sed	120	350	580	1,310	2,030	2,900
GXE 4d Sed	120	350	580	1,310	2,030	2,900
GLE 4d Sed	130	400	660	1,490	2,310	3,300
NOTE: Add 5% for GXE Limited Ed. pkg.						
2001 Maxima, V-6						
GXE 4d Sed	130	380	640	1,440	2,240	3,200
SE 4d Sed	140	430	720	1,620	2,520	3,600
GLE 4d Sed	160	480	800	1,800	2,800	4,000
NOTE: Add 5% for Maxima SE 20th Anv. Ed.						
2002 Sentra, 4-cyl.						
XE 4d Sed	90	260	440	990	1,540	2,200
XE 4d Sed	90	280	470	1,060	1,650	2,350
SE-R 4d Sed.	100	290	480	1,080	1,680	2,400
SE-R Spec V 4d Sed	160	480	800	1,800	2,800	4,000
2002 Altima, 4-cyl.						
4d Sed	130	380	640	1,440	2,240	3,200
S 4d Sed.	140	420	700	1,580	2,450	3,500
SL 4d Sed.	150	440	740	1,670	2,590	3,700
SE 4d Sed (V-6 only)	160	480	800	1,800	2,800	4,000
2002 Maxima, V-6						
GXE 4d Sed	160	480	800	1,800	2,800	4,000
SE 4d Sed	180	540	900	2,030	3,150	4,500
GLE 4d Sed	210	620	1,040	2,340	3,640	5,200
2003 Sentra, 4-cyl.						
XE 4d Sed	150	450	750	1,690	2,630	3,750
GXE 4d Sed	160	480	800	1,800	2,800	4,000
Limited Ed 4d Sed	160	490	820	1,850	2,870	4,100
SE-R 4d Sed.	200	590	980	2,210	3,430	4,900
SE-R Spec V 4d Sed	210	640	1,070	2,410	3,750	5,350
2003 Altima, 4-cyl.						
4d Sed	140	420	700	1,580	2,450	3,500
S 4d Sed.	150	450	750	1,690	2,630	3,750
SL 4d Sed.	160	480	800	1,800	2,800	4,000
SE 4d Sed (V-6 only)	170	500	840	1,890	2,940	4,200
2003 Maxima, V-6						
GXE 4d Sed	180	540	900	2,030	3,150	4,500
SE 4d Sed	210	630	1,050	2,360	3,680	5,250
GLE 4d Sed	220	660	1,100	2,480	3,850	5,500
2003 350Z, V-6						
2d Cpe	480	1,440	2,400	5,400	8,400	12,000
NOTE: Four variations of the 350Z: Enthusiast, Performance, Touring and Track were also offered.						
2004 Sentra, 4-cyl.						
1.8 4d Sed.	160	480	800	1,800	2,800	4,000
1.8 S 4d Sed.	170	500	840	1,890	2,940	4,200
2.5 4d Sed	180	540	900	2,030	3,150	4,500
SE-R 4d Sed.	220	660	1,100	2,480	3,850	5,500

DATSUN/NISSAN

	6	5	4	3	2	1
SE-R Spec V 4d Sed	240	720	1,200	2,700	4,200	6,000

NOTE: Deduct 5% for manual transmission, except Spec V.

2004 Altima, 4-cyl.

4d Sed	140	420	700	1,580	2,450	3,500
S 4d Sed	150	450	750	1,690	2,630	3,750
SL 4d Sed	160	480	800	1,800	2,800	4,000
SE 4d Sed (V-6 only)	170	500	840	1,890	2,940	4,200

NOTE: Deduct 5% for manual transmission.

2004 Maxima, V-6

SE 4d Sed	230	700	1,160	2,610	4,060	5,800
SL 4d Sed	2,600	7,800	13,000	29,250	45,500	65,000

NOTE: Deduct 5% for manual transmission.

2004 350Z, V-6

2d Cpe	600	1,810	3,020	7,550	10,570	15,100
Enthusiast 2d Cpe	610	1,840	3,060	7,650	10,710	15,300
Performance 2d Cpe	620	1,860	3,100	7,750	10,850	15,500
Touring 2d Cpe	630	1,900	3,160	7,900	11,060	15,800
Track 2d Cpe	640	1,930	3,220	8,050	11,270	16,100
Enthusiast 2d Rds	690	2,080	3,460	8,650	12,110	17,300
Touring 2d Rds	730	2,200	3,660	9,150	12,810	18,300

2005 Sentra, 4-cyl.

4d 1.8 Sed	230	700	1,160	2,900	4,060	5,800
4d 1.8S Sed	270	820	1,360	3,400	4,760	6,800
4d SE-R Sed	330	980	1,640	3,690	5,740	8,200
4d SE-R Spec V Sed (6-Spd)	370	1,120	1,860	4,190	6,510	9,300

NOTE: Deduct 5% for manual transmission, except Spec V sedan.

2005 Altima, 4-cyl.

4d Sed (5-Spd)	200	600	1,000	2,250	3,500	5,000
4d S Sed	180	540	900	2,030	3,150	4,500
4d SL Sed	190	560	940	2,120	3,290	4,700
4d SE Sed (V-6 only)	210	620	1,040	2,340	3,640	5,200
4d SE-R Sed (V-6 only)	260	770	1,280	2,880	4,480	6,400

NOTE: Add 10% on SL sedan when equipped w/V-6. Deduct 5% for manual transmission, except base sedan and SE-R sedan.

2005 Maxima, V-6

4d SE Sed	250	740	1,240	2,790	4,340	6,200
4d SL Sed	260	780	1,300	2,930	4,550	6,500

NOTE: Deduct 5% for manual transmission.

2005 350Z, V-6

2d Cpe	600	1,810	3,020	6,800	10,570	15,100
2d Enthusiast Cpe	610	1,840	3,060	7,650	10,710	15,300
2d Performance Cpe	620	1,860	3,100	7,750	10,850	15,500
2d Trg Cpe	630	1,900	3,160	7,110	11,060	15,800
2d Track Cpe	640	1,930	3,220	8,050	11,270	16,100
2d Anniversary Cpe	700	2,100	3,500	8,750	12,250	17,500
2d Enthusiast Rds	690	2,080	3,460	8,650	12,110	17,300
2d Trg Rds	730	2,200	3,660	8,240	12,810	18,300
2d GT Rds	740	2,220	3,700	9,250	12,950	18,500

2006 Sentra, 1.8L/2.5L 4-cyl.

4d Sed	190	560	940	2,120	3,290	4,700
4d S Sed	200	600	1,000	2,250	3,500	5,000
4d SE-R Sed	220	670	1,120	2,520	3,920	5,600
4d SE-R Spl V Sedan	250	740	1,240	2,790	4,340	6,200

2006 Altima, 2.5L 4-cyl.

4d 2.5 Sed	200	600	1,000	2,250	3,500	5,000
4d 2.5 S Sed	210	620	1,040	2,340	3,640	5,200

2006 Altima, 3.5L V-6

4d 3.5 SE Sed	240	720	1,200	2,700	4,200	6,000
4d 3.5 SL Sed	250	740	1,240	2,700	4,310	6,200
4d 3.5 SE-R Sedan	280	840	1,400	3,150	4,900	7,000

2006 Maxima, 3.5L V-6

4d SE Sed	260	780	1,300	2,930	4,550	6,500
4d SL Sed	270	820	1,360	3,060	4,760	6,800

2006 350Za, 3.5L V-6

2d Cpe	560	1,690	2,820	7,050	9,870	14,100
2d Enthusiast Cpe	580	1,730	2,880	7,200	10,080	14,400
2d Enthusiast Rds	620	1,850	3,080	7,700	10,780	15,400
2d Trg Cpe	590	1,760	2,940	6,620	10,290	14,700
2d Trg Rds	640	1,910	3,180	7,160	11,130	15,900
2d Track Cpe	620	1,860	3,100	7,750	10,850	15,500
2d Grand Trg Cpe	650	1,960	3,260	7,340	11,410	16,300
2d Grand Trg Rds	660	1,990	3,320	7,470	11,620	16,600

2007 Versa, 1.8L 4-cyl.

4d Sed	210	620	1,040	2,340	3,640	5,200
4d HBk	220	660	1,100	2,480	3,850	5,500
4d SL Sed	190	580	960	2,160	3,360	4,800
4d SL HBk	210	640	1,060	2,390	3,710	5,300

2007 Sentra, 2.0L 4-cyl.

4d Sed	210	640	1,060	2,390	3,710	5,300

	6	5	4	3	2	1
4d S Sed.	220	660	1,100	2,480	3,850	5,500
2007 Sentra, 2.0L/2.5L 4-cyl.						
4d SL Sed.	230	700	1,160	2,610	4,060	5,800
4d SE-R Sed.	250	740	1,240	2,790	4,340	6,200
4d SE-R Spl V Sed	260	790	1,320	2,970	4,620	6,600
2007 Altima, 2.5L 4-cyl.						
4d 2.5 Sed	240	720	1,200	2,700	4,200	6,000
4d 2.5 S Sed.	260	780	1,300	2,930	4,550	6,500
NOTE: Add 10% for SL option.						
2007 Altima, 3.5L V-6						
4d 3.5 SE Sed	270	800	1,340	3,020	4,690	6,700
4d 3.5 SL Sed.	290	880	1,460	3,290	5,110	7,300
2007 Maxima, 3.5L V-6						
4d SE Sed	320	960	1,600	3,600	5,600	8,000
4d SL Sed.	330	1,000	1,660	3,740	5,810	8,300
2007 350Z, 3.5L V-6						
2d Cpe	530	1,580	2,630	6,580	9,210	13,150
2d Enthusiast Cpe	620	1,870	3,110	7,780	10,890	15,550
2d Enthusiast Rds	680	2,030	3,390	8,480	11,870	16,950
2d Trg Cpe	640	1,930	3,210	8,030	11,240	16,050
2d Trg Rds	650	1,950	3,250	8,130	11,380	16,250
2d GT Cpe	700	2,090	3,480	8,700	12,180	17,400
2d GT Rds	730	2,190	3,650	9,130	12,780	18,250
2d NISMA Cpe	880	2,630	4,380	10,950	15,330	21,900
2008 Versa, 1.8L I4						
4d Sedan	220	650	1,080	2,430	3,780	5,400
4d HB	220	660	1,100	2,480	3,850	5,500
4d SL Sedan.	210	620	1,040	2,340	3,640	5,200
4d SL HB	220	670	1,120	2,520	3,920	5,600
2008 Sentra, 2.0L I4						
4d S Sedan.	230	680	1,140	2,570	3,990	5,700
2008 Sentra, 2.5L I4						
4d S Sedan.	240	720	1,200	2,700	4,200	6,000
4d SL Sedan.	250	760	1,260	2,840	4,410	6,300
4d SE-R Sedan.	270	820	1,360	3,060	4,760	6,800
4d SE-R Spl V Sedan	280	840	1,400	3,150	4,900	7,000
2008 Altima, 2.5L I4						
4d 2.5 Sedan	260	770	1,280	2,880	4,480	6,400
4d 2.5 S Sedan.	260	780	1,300	2,930	4,550	6,500
2d 2.5 S Cpe.	280	840	1,400	3,150	4,900	7,000
Add 10% for SL option.						
2008 Altima, 2.5L I4 Hybrid						
4d Sedan	280	840	1,400	3,150	4,900	7,000
2008 Altima, 3.5L V6						
4d 3.5 SE Sedan	250	760	1,260	2,840	4,410	6,300
2d 3.5 SE Cpe	260	780	1,300	2,930	4,550	6,500
4d 3.5 SL Sedan.	260	790	1,320	2,970	4,620	6,600
2008 Maxima, 3.5L V6						
4d SE Sedan	320	960	1,600	3,600	5,600	8,000
4d SL Sedan.	340	1,020	1,700	3,830	5,950	8,500
2008 350Z, 3.5L V6						
2d Cpe	570	1,700	2,840	7,100	9,940	14,200
2d Enthusiast Cpe	650	1,960	3,260	8,150	11,410	16,300
2d Touring Cpe	660	1,970	3,280	8,200	11,480	16,400
2d Touring Rds	670	2,020	3,360	8,400	11,760	16,800
2d GT Cpe	700	2,090	3,490	8,730	12,220	17,450
2d GT Rds	700	2,110	3,510	8,780	12,290	17,550
2d NISMO Cpe	790	2,380	3,960	9,900	13,860	19,800

DE TOMASO

	6	5	4	3	2	1
1967-71 V-8, 302 cid, 98.4" wb						
Mangusta 2d Cpe	5,600	16,800	28,000	63,000	98,000	140,000
1971-74 V-8, 351 cid, 99" wb						
Pantera 2d Cpe.	2,600	7,800	13,000	29,250	45,500	65,000
1975-78 V-8, 351 cid, 99" wb						
Pantera 2d Cpe.	2,840	8,520	14,200	31,950	49,700	71,000
NOTE: After 1974 the Pantera was not officially available in the U.S. Add 5% for GTS models.						

FACEL VEGA

	6	5	4	3	2	1
1954 FV, V-8, 103" wb						
2d HT Cpe	6,000	18,000	30,000	67,500	105,000	150,000
1955 FV, V-8, 103" wb						
2d HT Cpe	6,000	18,000	30,000	67,500	105,000	150,000
1956 FV2, V-8, 103" wb						
2d HT Cpe	6,000	18,000	30,000	67,500	105,000	150,000
1956 Excellence, V-8, 122" wb						
4d HT Sed	4,800	14,400	24,000	54,000	84,000	120,000
1957 FV2, V-8, 103" wb						
2d HT Cpe	6,000	18,000	30,000	67,500	105,000	150,000

	6	5	4	3	2	1
1957 Excellence, V-8, 122" wb						
4d HT Sed	4,800	14,400	24,000	54,000	84,000	120,000
1958 FV2, V-8, 105" wb						
2d HT Cpe	6,000	18,000	30,000	67,500	105,000	150,000
1958 Excellence, V-8, 122" wb						
4d HT Sed	4,800	14,400	24,000	54,000	84,000	120,000
1959 HK500, V-8, 105" wb						
2d HT Cpe	5,200	15,600	26,000	58,500	91,000	130,000
1959 Excellence, V-8, 125" wb						
4d HT Sed	4,800	14,400	24,000	54,000	84,000	120,000
1960 Facellia, 4-cyl., 96" wb						
2d Cpe	1,640	4,920	8,200	18,450	28,700	41,000
2d Conv	2,040	6,120	10,200	22,950	35,700	51,000
1960 HK500, V-8, 105" wb						
2d HT Cpe	5,400	16,200	27,000	60,750	94,500	135,000
1960 Excellence, V-8, 125" wb						
4d HT Sed	4,800	14,400	24,000	54,000	84,000	120,000
1961 Facellia, 4-cyl., 96" wb						
2d Cpe	1,640	4,920	8,200	18,450	28,700	41,000
2d Conv	2,040	6,120	10,200	22,950	35,700	51,000
1961 HK500, V-8, 105" wb						
2d HT Cpe	5,600	16,800	28,000	63,000	98,000	140,000
1961 Excellence, V-8, 125" wb						
4d HT Sed	4,800	14,400	24,000	54,000	84,000	120,000
1962 Facellia, 4-cyl., 96" wb						
2d Cpe	1,640	4,920	8,200	18,450	28,700	41,000
2d Conv	2,040	6,120	10,200	22,950	35,700	51,000
1962 Facel II, V-8, 105" wb						
2d HT Cpe	9,200	27,600	46,000	103,500	161,000	230,000
1962 Excellence, V-8, 125" wb						
4d HT Sed	4,800	14,400	24,000	54,000	84,000	120,000
1963 Facellia, 4-cyl., 96" wb						
2d Cpe	1,640	4,920	8,200	18,450	28,700	41,000
2d Conv	2,040	6,120	10,200	22,950	35,700	51,000
1963 Facel II, V-8, 105" wb						
2d HT Cpe	9,200	27,600	46,000	103,500	161,000	230,000
1963 Facel III, 4-cyl., 97" wb						
2d HT Cpe	2,720	8,160	13,600	30,600	47,600	68,000
1963 Facel 6, 6-cyl., 97" wb						
2d HT Cpe	2,800	8,400	14,000	31,500	49,000	70,000
1963 Excellence, V-8, 125" wb						
4d HT Sed	5,000	15,000	25,000	56,250	87,500	125,000
1964-65 Facellia, 4-cyl., 96" wb						
2d Cpe	1,640	4,920	8,200	18,450	28,700	41,000
2d Conv	2,040	6,120	10,200	22,950	35,700	51,000
1964-65 Facel II, V-8, 105" wb						
2d HT Cpe	9,200	27,600	46,000	103,500	161,000	230,000
1964-65 Facel III, 4-cyl., 97" wb						
2d HT Cpe	2,720	8,160	13,600	30,600	47,600	68,000
1964-65 Facel 6, 6-cyl., 97" wb						
2d HT Cpe	2,800	8,400	14,000	31,500	49,000	70,000

FIAT

	6	5	4	3	2	1
1947-52 4-cyl., 570cc, 78.75" wb						
500 2d Sed	360	1,080	1,800	4,050	6,300	9,000
1947-52 4-cyl., 1089cc, 95.4" wb						
1100B 4d Sed	240	720	1,200	2,700	4,200	6,000
1100BL 4d Sed	240	720	1,200	2,700	4,200	6,000
1947-52 4-cyl., 1089cc, 95.25" wb						
1100E 4d Sed	280	840	1,400	3,150	4,900	7,000
1947-52 4-cyl., 1089cc, 106" wb						
1100EL 4d Sed	280	840	1,400	3,150	4,900	7,000
1100S 2d Spt Cpe	440	1,320	2,200	4,950	7,700	11,000
1100ES 2d Spt Cpe	440	1,320	2,200	4,950	7,700	11,000
1947-52 4-cyl., 1395cc, 104.2" wb						
1400 4d Sed	260	780	1,300	2,930	4,550	6,500
1400 2d Cabr	520	1,560	2,600	5,850	9,100	13,000
1947-52 6-cyl., 1493cc, 110" wb						
1500 4d Sed	260	780	1,300	2,930	4,550	6,500
2d Conv Cpe	520	1,560	2,600	5,850	9,100	13,000
1953-56 500, 4-cyl., 570cc, 78.75" wb						
2d Sed	360	1,080	1,800	4,050	6,300	9,000
2d Sta Wag	400	1,200	2,000	4,500	7,000	10,000
1953-56 600, 4-cyl., 633cc, 78.75" wb						
2d Sed	240	720	1,200	2,700	4,200	6,000
2d Conv (S/R)	260	780	1,300	2,930	4,550	6,500
1953-56 600 Multipla, 4-cyl., 633cc, 78.75" wb						
4d Sta Wag	280	840	1,400	3,150	4,900	7,000

	6	5	4	3	2	1
1953-56 1100, 4-cyl., 1089cc, 92.1" wb						
103 4d Sed	240	720	1,200	2,700	4,200	6,000
103E 4d Sed	244	732	1,220	2,750	4,270	6,100
103E TV 4d Sed	248	744	1,240	2,790	4,340	6,200
103E 4d Sta Wag	260	780	1,300	2,930	4,550	6,500
103F TV 2d Spt Rds	640	1,920	3,200	7,200	11,200	16,000
1953-56 1400, 4-cyl., 1395cc, 104.2" wb						
4d Sed	260	780	1,300	2,930	4,550	6,500
2d Cabr	520	1,560	2,600	5,850	9,100	13,000
1953-56 1900, 4-cyl., 1901cc, 104" wb						
4d Sed	260	780	1,300	2,930	4,550	6,500
1953-56 8V, V-8, 1996cc, 94.5" wb						
2d Cpe			value not estimable			
1957 500, 2-cyl., 479cc, 72.4" wb						
2d Sed	320	960	1,600	3,600	5,600	8,000
1957 600, 4-cyl., 633cc, 78.75" wb						
2d Sed	240	720	1,200	2,700	4,200	6,000
2d Conv (S/R)	280	840	1,400	3,150	4,900	7,000
1957 600 Multipla, 4-cyl., 633cc, 78.75" wb						
4d Sta Wag (4/5P)	280	840	1,400	3,150	4,900	7,000
4d Sta Wag (6P)	280	840	1,400	3,150	4,900	7,000
1957 1100, 4-cyl., 1089cc, 92.1" wb						
4d Sed	240	720	1,200	2,700	4,200	6,000
4d Sta Wag	260	780	1,300	2,930	4,550	6,500
1957 1100 TV, 4-cyl., 1089cc, 92.1" wb						
4d Sed	272	816	1,360	3,060	4,760	6,800
2d Conv	520	1,560	2,600	5,850	9,100	13,000
1958 500, 2-cyl., 479cc, 72.4" wb						
2d Sed	320	960	1,600	3,600	5,600	8,000
1958 600, 4-cyl., 633cc, 78.75" wb						
2d Sed	240	720	1,200	2,700	4,200	6,000
2d Conv (S/R)	260	780	1,300	2,930	4,550	6,500
1958 600 Multipla, 4-cyl., 633cc, 78.75" wb						
4d Sta Wag (4/5P)	280	840	1,400	3,150	4,900	7,000
4d Sta Wag (6P)	280	840	1,400	3,150	4,900	7,000
1958 1100, 4-cyl., 1089cc, 92.1" wb						
4d Sed	260	780	1,300	2,930	4,550	6,500
4d Familiare Sta Wag	270	820	1,360	3,060	4,760	6,800
1958 1100 TV, 4-cyl., 1089cc, 92.1" wb						
4d Sed	260	780	1,300	2,930	4,550	6,500
2d Conv	520	1,560	2,600	5,850	9,100	13,000
1958 1200 Gran Luce, 4-cyl., 1221cc, 92.1" wb						
4d Sed	240	720	1,200	2,700	4,200	6,000
TV, 2d Conv	520	1,560	2,600	5,850	9,100	13,000
1959 500, 2-cyl., 479cc, 72.4" wb						
2d Sed	240	720	1,200	2,700	4,200	6,000
2d Bianchina Cpe	260	780	1,300	2,930	4,550	6,500
2d Jolly Sed	440	1,320	2,200	4,950	7,700	11,000
1959 500 Sport, 2-cyl., 499cc, 72.4" wb						
2d Sed	240	720	1,200	2,700	4,200	6,000
2d Bianchina Cpe	260	780	1,300	2,930	4,550	6,500
1959 600, 4-cyl., 633cc, 78.75" wb						
2d Sed	240	720	1,200	2,700	4,200	6,000
2d Sed (S/R)	260	780	1,300	2,930	4,550	6,500
1959 600 Multipla, 4-cyl., 633cc, 78.75" wb						
4d Sta Wag (4/5P)	280	840	1,400	3,150	4,900	7,000
4d Sta Wag (6P)	280	840	1,400	3,150	4,900	7,000
1959 1100, 4-cyl., 1089cc, 92.1" wb						
4d Sed	240	720	1,200	2,700	4,200	6,000
4d Sta Wag	260	780	1,300	2,930	4,550	6,500
1959 1200, 4-cyl., 1221cc, 92.1" wb						
4d Sed	240	720	1,200	2,700	4,200	6,000
2d Spider Conv	480	1,440	2,400	5,400	8,400	12,000
1959 1500, 1500S, 4-cyl., 1491cc, 92.1" wb						
2d Spider Conv	540	1,620	2,700	6,080	9,450	13,500
1960 500, 2-cyl., 479cc, 72.4" wb						
2d Sed	248	744	1,240	2,790	4,340	6,200
2d Bianchina Cpe	268	804	1,340	3,020	4,690	6,700
2d Jolly Sed	440	1,320	2,200	4,950	7,700	11,000
1960 500 Sport, 2-cyl., 499cc, 72.4" wb						
2d Sed	252	756	1,260	2,840	4,410	6,300
2d Bianchina Cpe	272	816	1,360	3,060	4,760	6,800
1960 600, 4-cyl., 633cc, 78.75" wb						
2d Sed	240	720	1,200	2,700	4,200	6,000
2d Sed (S/R)	260	780	1,300	2,930	4,550	6,500
2d Jolly Sed	440	1,320	2,200	4,950	7,700	11,000
1960 600 Multipla, 4-cyl., 633cc, 78.75" wb						
4d Sta Wag (4/5P)	280	840	1,400	3,150	4,900	7,000

	6	5	4	3	2	1
4d Sta Wag (6P)	280	840	1,400	3,150	4,900	7,000
1960 1100, 4-cyl., 1089cc, 92.1" wb						
4d Sed	240	720	1,200	2,700	4,200	6,000
4d DeL Sed.	248	744	1,240	2,790	4,340	6,200
4d Sta Wag.	260	780	1,300	2,930	4,550	6,500
1960 1200, 4-cyl., 1221cc, 92.1" wb						
4d Sed	240	720	1,200	2,700	4,200	6,000
2d Spider Conv.	540	1,620	2,700	6,080	9,450	13,500
1960 1500, 1500S, 4-cyl., 1491cc, 92.1" wb						
2d Spider Conv.	580	1,740	2,900	6,530	10,150	14,500
1960 2100, 6-cyl., 2054cc, 104.3" wb						
4d Sed	260	780	1,300	2,930	4,550	6,500
4d Sta Wag	260	780	1,300	2,930	4,550	6,500
1961 500, 2-cyl., 479cc, 72.4" wb						
Bianchina DeL Cpe.	264	792	1,320	2,970	4,620	6,600
2d Jolly Sed	440	1,320	2,200	4,950	7,700	11,000
1961 500 Sport, 2-cyl., 499cc, 72.4" wb						
2d Sed	320	960	1,600	3,600	5,600	8,000
2d Bianchina Cpe	268	804	1,340	3,020	4,690	6,700
1961 600, 4-cyl., 633cc, 78.75" wb						
2d Sed	240	720	1,200	2,700	4,200	6,000
2d Sed (S/R).	260	780	1,300	2,930	4,550	6,500
2d Jolly Sed	440	1,320	2,200	4,950	7,700	11,000
1961 600 Multipla, 4-cyl., 633cc, 78.75" wb						
4d Sta Wag (4/5P)	280	840	1,400	3,150	4,900	7,000
4d Sta Wag (6P)	280	840	1,400	3,150	4,900	7,000
1961 1100, 4-cyl., 1089cc, 92.1" wb						
4d Sed	240	720	1,200	2,700	4,200	6,000
4d DeL Sed.	248	744	1,240	2,790	4,340	6,200
4d Sta Wag.	260	780	1,300	2,930	4,550	6,500
1961 1200, 4-cyl., 1225cc, 92.1" wb						
4d Sed	240	720	1,200	2,700	4,200	6,000
2d Spider Conv.	480	1,440	2,400	5,400	8,400	12,000
1961 1500, 1500S, 4-cyl., 1491cc, 92.1" wb						
Spider Conv	540	1,620	2,700	6,080	9,450	13,500
1961 2100, 6-cyl., 2054cc, 104.3" wb						
4d Sed	240	720	1,200	2,700	4,200	6,000
4d Sta Wag.	260	780	1,300	2,930	4,550	6,500
1962 600D, 4-cyl., 767cc, 78.75" wb						
2d Sed	240	720	1,200	2,700	4,200	6,000
1962 1100, 4-cyl., 1089cc, 92.1" wb						
4d Export Sed.	240	720	1,200	2,700	4,200	6,000
4d Spl Sed	248	744	1,240	2,790	4,340	6,200
1962 1200 Spider, 4-cyl., 1221cc, 92.1" wb						
2d Conv	480	1,440	2,400	5,400	8,400	12,000
1963 600D, 4-cyl., 767cc, 78.5" wb						
2d Sed	240	720	1,200	2,700	4,200	6,000
1963 1100 Special, 4-cyl., 1089cc, 92.1" wb						
4d Sed	240	720	1,200	2,700	4,200	6,000
1963 1100D, 4-cyl., 1221cc, 92.1" wb						
4d Sed	240	720	1,200	2,700	4,200	6,000
1963 1200 Spider, 4-cyl., 1221cc, 92.1" wb						
2d Conv	480	1,440	2,400	5,400	8,400	12,000
1964 600D, 4-cyl., 767cc, 78.5" wb						
2d Sed	240	720	1,200	2,700	4,200	6,000
1964 1100D, 4-cyl., 1221cc, 92.1" wb						
4d Sed	260	780	1,300	2,930	4,550	6,500
1964 1500 Spider, 4-cyl., 1481cc, 92.1" wb						
2d Conv	500	1,500	2,500	5,630	8,750	12,500
1965 600D, 4-cyl., 767cc, 78.5" wb						
2d Sed	240	720	1,200	2,700	4,200	6,000
1965 1100D, 4-cyl., 1221cc, 92.1" wb						
4d Sed	240	720	1,200	2,700	4,200	6,000
4d Sta Wag.	260	780	1,300	2,930	4,550	6,500
1965 1500 Spider, 4-cyl., 1481cc, 92." wb						
2d Conv	500	1,500	2,500	5,630	8,750	12,500
1966 600D, 4-cyl., 767cc, 78.5" wb						
2d Sed	240	720	1,200	2,700	4,200	6,000
1966 1100D, 4-cyl., 1221cc, 92.1" wb						
4d Sed	240	720	1,200	2,700	4,200	6,000
4d Sta Wag.	260	780	1,300	2,930	4,550	6,500
1966 1500 Spider, 4-cyl., 1481cc, 92.1" wb						
2d Conv	500	1,500	2,500	5,630	8,750	12,500
1967 600D, 4-cyl., 767cc, 78.7" wb						
2d Sed	240	720	1,200	2,700	4,200	6,000
1967 850, 4-cyl., 843cc, 79.8" wb						
FBk Cpe 2 plus 2	240	720	1,200	2,700	4,200	6,000
2d Spider Conv.	420	1,260	2,100	4,730	7,350	10,500

	6	5	4	3	2	1
1967 124, 4-cyl., 1197cc, 95.3" wb						
4d Sed	200	600	1,000	2,250	3,500	5,000
4d Sta Wag	212	636	1,060	2,390	3,710	5,300
1967 1100R, 4-cyl., 1089cc, 92.2" wb						
4d Sed	240	720	1,200	2,700	4,200	6,000
4d Sta Wag	260	780	1,300	2,930	4,550	6,500
1967 1500 Spider, 4-cyl., 1481cc, 92.1" wb						
2d Conv	500	1,500	2,500	5,630	8,750	12,500
1968 850, 4-cyl., 817cc, 79.8" wb						
2d Sed	200	600	1,000	2,250	3,500	5,000
2d FBk Cpe	240	720	1,200	2,700	4,200	6,000
2d Spider Conv	460	1,380	2,300	5,180	8,050	11,500
1968 124, 4-cyl., 1197cc, 95.3" wb						
4d Sed	200	600	1,000	2,250	3,500	5,000
4d Sta Wag	200	600	1,000	2,250	3,500	5,000
1968 124, 4-cyl., 1438cc, 95.3" wb						
2d Spt Cpe	320	960	1,600	3,600	5,600	8,000
1968 124 Spider, 4-cyl., 1438cc, 89.8" wb						
2d Conv	500	1,500	2,500	5,630	8,750	12,500
1969 850, 4-cyl., 817cc, 79.8" wb						
2d Sed	200	600	1,000	2,250	3,500	5,000
2d FBk Cpe 2 plus 2	240	720	1,200	2,700	4,200	6,000
2d Spider Conv	460	1,380	2,300	5,180	8,050	11,500
1969 124, 4-cyl., 1197cc, 95.3" wb						
4d Sed	200	600	1,000	2,250	3,500	5,000
4d Sta Wag	200	600	1,000	2,250	3,500	5,000
1969 124, 4-cyl., 1438cc, 95.3" wb						
2d Spt Cpe	320	960	1,600	3,600	5,600	8,000
1969 124 Spider, 4-cyl., 1438cc, 89.8" wb						
2d Conv	500	1,500	2,500	5,630	8,750	12,500
1970 850, 4-cyl., 817cc, 79.8" wb						
2d Sed	200	600	1,000	2,250	3,500	5,000
1970 850, 4-cyl., 903cc, 79.8" wb						
Spt FBk Cpe 2 plus 2	260	780	1,300	2,930	4,550	6,500
Racer 2d HT Cpe	272	816	1,360	3,060	4,760	6,800
1970 850 Spider, 4-cyl., 903cc, 79.8" wb						
2d Conv	400	1,200	2,000	4,500	7,000	10,000
1970 124, 4-cyl., 1438cc, 95.3" wb						
4d Spl Sed	240	720	1,200	2,700	4,200	6,000
4d Spl Sta Wag	240	720	1,200	2,700	4,200	6,000
2d Spt Cpe	360	1,080	1,800	4,050	6,300	9,000
1970 124 Spider, 4-cyl., 1438cc, 89.8" wb						
2d Conv	500	1,500	2,500	5,630	8,750	12,500
1971 850, 4-cyl., 817cc, 79.8" wb						
2d Sed	240	720	1,200	2,700	4,200	6,000
1971 850, 4-cyl., 903cc, 79.8" wb						
2d FBk Cpe, 2 plus 2	280	840	1,400	3,150	4,900	7,000
Racer, 2d HT Cpe	312	936	1,560	3,510	5,460	7,800
1971 850 Spider, 4-cyl., 903cc, 79.8" wb						
2d Conv	380	1,140	1,900	4,280	6,650	9,500
1971 124, 4-cyl., 1438cc, 95.3" wb						
4d Spl Sed	240	720	1,200	2,700	4,200	6,000
4d Spl Sta Wag	240	720	1,200	2,700	4,200	6,000
2d Spt Cpe	360	1,080	1,800	4,050	6,300	9,000
1971 124 Spider, 4-cyl., 1438cc, 89.8" wb						
2d Conv	500	1,500	2,500	5,630	8,750	12,500
NOTE: The 124 coupe and convertible could be ordered with the larger 1.6-liter engine (1608cc).						
1972 850 Spider, 4-cyl., 903cc, 79.8" wb						
2d Conv	380	1,140	1,900	4,280	6,650	9,500
1972 128, 4-cyl., 1116cc, 96.4" wb						
2d Sed	220	660	1,100	2,480	3,850	5,500
4d Sed	220	660	1,100	2,480	3,850	5,500
2d Sta Wag	220	660	1,100	2,480	3,850	5,500
1972 124, 4-cyl., 1438cc, 95.3" wb						
4d Spl Sed	240	720	1,200	2,700	4,200	6,000
4d Sta Wag	240	720	1,200	2,700	4,200	6,000
1972 124, 4-cyl., 1608cc, 95.3" wb						
2d Spt Cpe	360	1,080	1,800	4,050	6,300	9,000
1972 124 Spider, 4-cyl., 1608cc, 89.8" wb						
2d Conv	480	1,440	2,400	5,400	8,400	12,000
1973 850 Spider, 4-cyl., 903cc, 79.8" wb						
2d Conv	380	1,140	1,900	4,280	6,650	9,500
1973 128, 4-cyl., 1116cc, 96.4" wb						
2d Sed	240	720	1,200	2,700	4,200	6,000
4d Sed	240	720	1,200	2,700	4,200	6,000
2d Sta Wag	244	732	1,220	2,750	4,270	6,100
SL 1300 2d Cpe	252	756	1,260	2,840	4,410	6,300

	6	5	4	3	2	1
1973 124, 4-cyl., 1438cc, 95.3" wb						
4d Spl Sed	260	780	1,300	2,930	4,550	6,500
4d Sta Wag	260	780	1,300	2,930	4,550	6,500
1973 124, 4-cyl., 1608cc, 95.3" wb						
2d Spt Cpe	380	1,140	1,900	4,280	6,650	9,500
1973 124 Spider, 4-cyl., 1608cc, 89.8" wb						
2d Conv	480	1,440	2,400	5,400	8,400	12,000
1974 128, 4-cyl., 1290cc, 96.4" wb						
2d Sed	240	720	1,200	2,700	4,200	6,000
4d Sed	240	720	1,200	2,700	4,200	6,000
2d Sta Wag	244	732	1,220	2,750	4,270	6,100
1974 128, 4-cyl., 1290cc, 87.5" wb						
SL 2d Cpe.	252	756	1,260	2,840	4,410	6,300
1974 X1/9, 4-cyl., 1290cc, 86.7" wb						
2d Targa Cpe	300	900	1,500	3,380	5,250	7,500
1974 124, 4-cyl., 1593cc, 95.3" wb						
4d Spl Sed	260	780	1,300	2,930	4,550	6,500
4d Sta Wag	260	780	1,300	2,930	4,550	6,500
1974 124, 4-cyl., 1756cc, 95.3" wb						
2d Spt Cpe	260	780	1,300	2,930	4,550	6,500
1974 124 Spider, 4-cyl., 1756cc, 89.8" wb						
2d Conv	480	1,440	2,400	5,400	8,400	12,000
1975 128, 4-cyl., 1290cc, 96.4" wb						
2d Sed	240	720	1,200	2,700	4,200	6,000
4d Sed	240	720	1,200	2,700	4,200	6,000
2d Sta Wag	244	732	1,220	2,750	4,270	6,100
1975 128, 4-cyl., 1290cc, 87.5" wb						
SL 2d Cpe.	252	756	1,260	2,840	4,410	6,300
1975 X1/9, 4-cyl., 1290cc, 86.7" wb						
2d Targa Cpe	300	900	1,500	3,380	5,250	7,500
1975 131, 4-cyl., 1756cc, 98" wb						
2d Sed	240	720	1,200	2,700	4,200	6,000
4d Sed	240	720	1,200	2,700	4,200	6,000
4d Sta Wag	252	756	1,260	2,840	4,410	6,300
1975 124, 4-cyl., 1756cc, 95.3" wb						
2d Spt Cpe	380	1,140	1,900	4,280	6,650	9,500
1975 124 Spider, 4-cyl., 1756cc, 89.7" wb						
2d Conv	480	1,440	2,400	5,400	8,400	12,000
1976 128, 4-cyl., 1290cc, 96.4" wb						
2d Sed	240	720	1,200	2,700	4,200	6,000
2d Cus Sed.	240	720	1,200	2,700	4,200	6,000
4d Cus Sed.	240	720	1,200	2,700	4,200	6,000
2d Sta Wag	244	732	1,220	2,750	4,270	6,100
1976 128 Sport, 4-cyl., 1290cc, 87.5" wb						
3P HBk Cpe	252	756	1,260	2,840	4,410	6,300
1976 X1/9, 4-cyl., 1290cc, 86.7" wb						
AS Targa Cpe	300	900	1,500	3,380	5,250	7,500
1976 131, 4-cyl., 1756cc, 98" wb						
A3 2d Sed.	240	720	1,200	2,700	4,200	6,000
A3 4d Sed.	240	720	1,200	2,700	4,200	6,000
AF2 4d Sta Wag	240	720	1,200	2,700	4,200	6,000
1976 124 Sport Spider, 4-cyl., 1756cc, 89.7" wb						
CS 2d Conv	480	1,440	2,400	5,400	8,400	12,000
1977 128, 4-cyl., 1290cc, 96.4" wb						
2d Sed	240	720	1,200	2,700	4,200	6,000
2d Cus Sed.	240	720	1,200	2,700	4,200	6,000
4d Cus Sed.	240	720	1,200	2,700	4,200	6,000
2d Sta Wag	244	732	1,220	2,750	4,270	6,100
1977 128, 4-cyl., 1290cc, 87.5" wb						
3P Cus HBk Cpe	252	756	1,260	2,840	4,410	6,300
1977 X1/9, 4-cyl., 1290cc, 86.7" wb						
AS Targa Cpe	300	900	1,500	3,380	5,250	7,500
1977 131, 4-cyl., 1756cc, 98" wb						
A3 2d Sed.	240	720	1,200	2,700	4,200	6,000
A3 4d Sed.	240	720	1,200	2,700	4,200	6,000
AF2 4d Sta Wag	244	732	1,220	2,750	4,270	6,100
1977 124 Sport Spider, 4-cyl., 1756cc, 89.7" wb						
CS 2d Conv	480	1,440	2,400	5,400	8,400	12,000
1978 128, 4-cyl., 1290cc, 96.4" wb						
A1 2d Sed.	240	720	1,200	2,700	4,200	6,000
A1 4d Sed.	240	720	1,200	2,700	4,200	6,000
1978 128, 4-cyl., 1290cc, 87.5" wb						
AC Spt HBk	252	756	1,260	2,840	4,410	6,300
1978 X1/9, 4-cyl., 1290cc, 86.7" wb						
AS Targa Cpe	300	900	1,500	3,380	5,250	7,500
1978 131, 4-cyl., 1756cc, 98" wb						
A 2d Sed.	244	732	1,220	2,750	4,270	6,100
A 4d Sed.	244	732	1,220	2,750	4,270	6,100

FIAT

	6	5	4	3	2	1
AF 4d Sta Wag 248	744	1,240	2,790	4,340	6,200
1978 Brava, 4-cyl., 1756cc, 98" wb						
2d Sed 208	624	1,040	2,340	3,640	5,200
2d Sup Sed 208	624	1,040	2,340	3,640	5,200
4d Sup Sed 208	624	1,040	2,340	3,640	5,200
4d Sup Sta Wag 212	636	1,060	2,390	3,710	5,300
1978 Spider 124, 4-cyl., 1756cc, 89.7" wb						
2d Conv 480	1,440	2,400	5,400	8,400	12,000
1978 X1/9						
NOTE: At mid-year the Brava series and Spider contained the new twin-cam 2.0-liter four (1995cc).						
1979 128A1, 4-cyl., 1290cc, 96.4" wb						
2d Sed 200	600	1,000	2,250	3,500	5,000
4d Sed 200	600	1,000	2,250	3,500	5,000
1979 128AC, 4-cyl., 1290cc, 87.5" wb						
2d Spt HBk 212	636	1,060	2,390	3,710	5,300
1979 X1/9, 4-cyl., 1498cc, 86.7" wb						
AS Targa Cpe 260	780	1,300	2,930	4,550	6,500
1979 Strada 138A, 1498cc, 96.4" wb						
2d HBk 204	612	1,020	2,300	3,570	5,100
2d Cus HBk 204	612	1,020	2,300	3,570	5,100
4d Cus HBk 204	612	1,020	2,300	3,570	5,100
1979 Brava 131, 4-cyl., 1995cc, 98" wb						
A4 2d Sed 208	624	1,040	2,340	3,640	5,200
A4 4d Sed 208	624	1,040	2,340	3,640	5,200
AF 4d Sta Wag 212	636	1,060	2,390	3,710	5,300
1979 Spider 2000, 4-cyl., 1995cc, 89.7" wb						
2d Conv 500	1,500	2,500	5,630	8,750	12,500
1980 Strada 138, 4-cyl., 1498cc, 96.4" wb						
2d HBk 200	600	1,000	2,250	3,500	5,000
2d Cus HBk 200	600	1,000	2,250	3,500	5,000
4d Cus HBk 200	600	1,000	2,250	3,500	5,000
1980 X1/9, 4-cyl., 1498cc, 86.7" wb						
128 Targa Cpe 260	780	1,300	2,930	4,550	6,500
1980 Brava 131, 4-cyl., 1995cc, 98" wb						
2d Sed 204	612	1,020	2,300	3,570	5,100
4d Sed 204	612	1,020	2,300	3,570	5,100
1980 Spider 2000, 4-cyl., 1995cc, 89.7" wb						
124 2d Conv 500	1,500	2,500	5,630	8,750	12,500
NOTE The Brava series and Spider 2000 were also available with fuel injection in 1980.						
1981 Strada 138, 4-cyl., 1498cc, 96.4" wb						
2d HBk 200	600	1,000	2,250	3,500	5,000
2d Cus HBk 200	600	1,000	2,250	3,500	5,000
4d Cus HBk 200	600	1,000	2,250	3,500	5,000
1981 X1/9, 4-cyl., 1498cc, 86.7" wb						
128 Targa Cpe 260	780	1,300	2,930	4,550	6,500
1981 Brava 131, 4-cyl., 1995cc, 98" wb						
2d Sed 204	612	1,020	2,300	3,570	5,100
4d Sed 204	612	1,020	2,300	3,570	5,100
1981 Spider 2000, 4-cyl., 1995cc, 89.7" wb						
124 2d Conv 420	1,260	2,100	4,730	7,350	10,500
124 2d Turbo Conv 440	1,320	2,200	4,950	7,700	11,000
1982 Strada, 4-cyl., 1498cc, 96.4" wb						
DD 2d HBk 200	600	1,000	2,250	3,500	5,000
DD 2d Cus HBk 200	600	1,000	2,250	3,500	5,000
DE Cus 4d HBk 200	600	1,000	2,250	3,500	5,000
1982 X1/9, 4-cyl., 1498cc, 86.7" wb						
BS Targa Cpe 260	780	1,300	2,930	4,550	6,500
1982 Spider 2000, 4-cyl., 1995cc, 89.7" wb						
AS 2d Conv 420	1,260	2,100	4,730	7,350	10,500
2d Turbo Conv 440	1,320	2,200	4,950	7,700	11,000
1983 X1/9, 4-cyl., 1498cc, 86.7" wb						
BS Targa Cpe 260	780	1,300	2,930	4,550	6,500
1983 Spider 2000, 4-cyl., 1995cc, 89.7" wb						
AS 2d Conv 420	1,260	2,100	4,730	7,350	10,500
2d Turbo Conv 440	1,320	2,200	4,950	7,700	11,000

NOTE: The Spider 2000 convertible was produced under the Pininfarina nameplate during 1984-85. The X1/9 Targa Coupe was produced under the Bertone nameplate during 1984-90.

FORD - BRITISH

	6	5	4	3	2	1
1948 Anglia, 4-cyl., 90" wb						
2d Sed 400	1,200	2,000	4,500	7,000	10,000
1948 Prefect, 4-cyl., 94" wb						
4d Sed 400	1,150	1,900	4,280	6,650	9,500
1949 Anglia, 4-cyl., 90" wb						
2d Sed 400	1,200	2,000	4,500	7,000	10,000
1949 Prefect, 4-cyl., 94" wb						
4d Sed 400	1,150	1,900	4,280	6,650	9,500
1950 Anglia, 4-cyl., 90" wb						
2d Sed 400	1,200	2,000	4,500	7,000	10,000

FIAT

	6	5	4	3	2	1
1950 Prefect, 4-cyl., 94" wb						
4d Sed	400	1,150	1,900	4,280	6,650	9,500
1951 Anglia, 4-cyl., 90" wb						
2d Sed	350	1,000	1,650	3,690	5,750	8,200
1951 Prefect, 4-cyl., 90" wb						
4d Sed	300	950	1,600	3,650	5,650	8,100
1951 Consul, 4-cyl., 100" wb						
4d Sed	350	1,000	1,650	3,690	5,750	8,200
1952 Anglia, 4-cyl., 90" wb						
2d Sed	350	1,000	1,650	3,690	5,750	8,200
1952 Prefect, 4-cyl., 94" wb						
4d Sed	300	950	1,600	3,650	5,650	8,100
1952 Consul, 4-cyl., 100" wb						
4d Sed	350	1,000	1,650	3,690	5,750	8,200
1952 Zephyr, 6-cyl., 104" wb						
4d Sed	350	1,000	1,700	3,830	5,950	8,500
1953 Anglia, 4-cyl., 90" wb						
2d Sed	350	1,000	1,650	3,690	5,750	8,200
1953 Prefect, 4-cyl., 94" wb						
4d Sed	300	950	1,600	3,650	5,650	8,100
1953 Consul, 4-cyl., 100" wb						
4d Sed	350	1,000	1,650	3,690	5,750	8,200
1953 Zephyr, 6-cyl., 104" wb						
4d Sed	350	1,000	1,700	3,830	5,950	8,500
1954 Anglia, 4-cyl., 87" wb						
2d Sed	350	1,000	1,650	3,690	5,750	8,200
1954 Prefect, 4-cyl., 87" wb						
4d Sed	300	950	1,600	3,650	5,650	8,100
1954 Consul, 4-cyl., 100" wb						
4d Sed	350	1,000	1,650	3,690	5,750	8,200
1954 Zephyr, 6-cyl., 104" wb						
4d Sed	350	1,000	1,700	3,830	5,950	8,500
1955 Anglia, 4-cyl., 87" wb						
2d Sed	350	1,000	1,650	3,690	5,750	8,200
1955 Prefect, 4-cyl., 87" wb						
4d Sed	300	950	1,600	3,650	5,650	8,100
1955 Consul, 4-cyl., 100" wb						
4d Sed	350	1,000	1,700	3,780	5,900	8,400
2d Conv	400	1,200	2,000	4,500	7,000	10,000
1955 Zephyr, 6-cyl., 104" wb						
4d Sed	350	1,000	1,700	3,830	5,950	8,500
1955 Zodiac, 6-cyl., 104" wb						
4d Sed	350	1,050	1,700	3,870	6,000	8,600
2d Conv	400	1,200	2,000	4,500	7,000	10,000
1956 Anglia, 4-cyl., 87" wb						
2d Sed	350	1,000	1,650	3,690	5,750	8,200
1956 Prefect, 4-cyl., 87" wb						
4d Sed	300	950	1,600	3,650	5,650	8,100
1956 Escort/Squire, 4-cyl., 87" wb						
2d Sta Wag	350	1,000	1,700	3,780	5,900	8,400
1956 Consul, 4-cyl., 100" wb						
4d Sed	350	1,000	1,700	3,780	5,900	8,400
2d Conv	400	1,200	2,000	4,500	7,000	10,000
1956 Zephyr, 6-cyl., 104" wb						
4d Sed	350	1,000	1,700	3,830	5,950	8,500
2d Conv	400	1,200	2,000	4,500	7,000	10,000
1956 Zodiac, 6-cyl., 104" wb						
4d Sed	350	1,050	1,700	3,870	6,000	8,600
1957 Anglia, 4-cyl., 87" wb						
2d Sed	350	1,000	1,650	3,690	5,750	8,200
1957 Prefect, 4-cyl., 87" wb						
4d Sed	300	950	1,600	3,650	5,650	8,100
1957 Escort/Squire, 4-cyl., 87" wb						
2d Sta Wag	350	1,000	1,700	3,780	5,900	8,400
1957 Consul, 4-cyl., 104" wb						
4d Sed	350	1,000	1,700	3,780	5,900	8,400
2d Conv	400	1,200	2,000	4,500	7,000	10,000
1957 Zephyr, 6-cyl., 107" wb						
4d Sed	350	1,000	1,700	3,830	5,950	8,500
2d Conv	400	1,200	2,000	4,500	7,000	10,000
1957 Zodiac, 6-cyl., 107" wb						
4d Sed	350	1,050	1,700	3,870	6,000	8,600
2d Conv	600	1,750	2,900	6,530	10,200	14,500
1958 Anglia, 4-cyl., 87" wb						
2d Sed	350	1,000	1,650	3,690	5,750	8,200
2d DeL Sed	350	1,000	1,650	3,740	5,800	8,300
1958 Prefect, 4-cyl., 87" wb						
4d Sed	350	1,000	1,650	3,690	5,750	8,200

FORD - BRITISH

FORD - BRITISH

	6	5	4	3	2	1
1958 Escort/Squire, 4-cyl., 87" wb						
2d Sta Wag	350	1,000	1,700	3,780	5,900	8,400
1958 Consul, 4-cyl., 104" wb						
4d Sed	350	1,000	1,700	3,780	5,900	8,400
2d Conv	400	1,200	2,000	4,500	7,000	10,000
1958 Zephyr, 6-cyl., 107" wb						
4d Sed	350	1,000	1,700	3,830	5,950	8,500
2d Conv	400	1,200	2,000	4,500	7,000	10,000
1958 Zodiac, 6-cyl., 107" wb						
4d Sed	350	1,050	1,700	3,870	6,000	8,600
2d Conv	600	1,750	2,900	6,530	10,200	14,500
1959 Anglia, 4-cyl., 87" wb						
2d DeL Sed.	350	1,000	1,650	3,690	5,750	8,200
1959 Prefect, 4-cyl., 87" wb						
4d Sed	300	950	1,600	3,650	5,650	8,100
1959 Escort/Squire, 4-cyl., 87" wb						
2d Sta Wag.	350	1,000	1,700	3,780	5,900	8,400
1959 Consul, 4-cyl., 104" wb						
4d Sed	350	1,000	1,700	3,780	5,900	8,400
2d Conv	400	1,200	2,000	4,500	7,000	10,000
4d Sta Wag.	350	1,000	1,700	3,830	5,950	8,500
1959 Zephyr, 6-cyl., 107" wb						
4d Sed	350	1,000	1,700	3,830	5,950	8,500
2d Conv	400	1,200	2,000	4,500	7,000	10,000
4d Sta Wag.	350	1,050	1,700	3,870	6,000	8,600
1959 Zodiac, 6-cyl., 107" wb						
4d Sed	350	1,050	1,700	3,870	6,000	8,600
2d Conv	400	1,200	2,000	4,550	7,050	10,100
4d Sta Wag.	350	1,050	1,750	3,920	6,100	8,700
1960 Anglia, 4-cyl., 90" wb						
2d Sed	300	950	1,600	3,650	5,650	8,100
1960 Prefect, 4-cyl., 90" wb						
4d Sed	300	850	1,400	3,150	4,900	7,000
1960 Escort/Squire, 4-cyl., 87" wb						
2d Sta Wag.	350	1,000	1,700	3,780	5,900	8,400
1960 Consul, 4-cyl., 104" wb						
4d Sed	350	1,000	1,700	3,780	5,900	8,400
2d Conv	400	1,150	1,900	4,280	6,650	9,500
1960 Zephyr, 6-cyl., 107" wb						
4d Sed	350	1,000	1,700	3,830	5,950	8,500
2d Conv	400	1,150	1,950	4,370	6,800	9,700
1960 Zodiac, 6-cyl., 107" wb						
4d Sed	350	1,050	1,700	3,870	6,000	8,600
2d Conv	400	1,200	2,000	4,500	7,000	10,000
1961 Anglia, 4-cyl., 90" wb						
2d Sed	300	850	1,400	3,200	4,950	7,100
1961 Prefect, 4-cyl., 90" wb						
4d Sed	300	850	1,400	3,150	4,900	7,000
1961 Escort, 4-cyl., 87" wb						
2d Sta Wag.	350	1,000	1,700	3,780	5,900	8,400
1961 Consul, 4-cyl., 104" wb						
4d Sed	350	1,000	1,700	3,780	5,900	8,400
2d Conv	600	1,800	3,000	6,750	10,500	15,000
1961 Zephyr, 6-cyl., 107" wb						
4d Sed	350	1,000	1,700	3,830	5,950	8,500
2d Conv	600	1,850	3,100	6,980	10,900	15,500
1961 Zodiac, 6-cyl., 107" wb						
4d Sed	350	1,050	1,700	3,870	6,000	8,600
2d Conv	650	1,900	3,150	7,070	11,000	15,700
1962 Anglia, 4-cyl., 90" wb						
2d Sed	300	850	1,400	3,200	4,950	7,100
2d DeL Sed.	300	850	1,450	3,240	5,050	7,200
2d Sta Wag.	300	850	1,450	3,240	5,050	7,200
1962 Consul 315, 4-cyl., 99" wb						
2d Sed	300	900	1,450	3,290	5,100	7,300
4d DeL Sed.	300	900	1,500	3,330	5,200	7,400
1962 Consul Capri, 4-cyl., 99" wb						
2d HT Cpe	350	1,000	1,700	3,830	5,950	8,500
1963 Anglia, 4-cyl., 90" wb						
2d Sed	300	850	1,400	3,200	4,950	7,100
2d DeL Sed.	300	850	1,450	3,240	5,050	7,200
2d Sta Wag.	300	850	1,450	3,240	5,050	7,200
1963 Consul 315, 4-cyl., 99" wb						
2d Sed	300	900	1,450	3,290	5,100	7,300
4d DeL Sed.	300	900	1,500	3,330	5,200	7,400
1963 Capri, 4-cyl., 99" wb						
2d HT Cpe	350	1,000	1,700	3,830	5,950	8,500

	6	5	4	3	2	1
1963 Cortina, 4-cyl., 98" wb						
2d DeL Sed.	300	850	1,450	3,240	5,050	7,200
4d DeL Sed.	300	900	1,450	3,290	5,100	7,300
4d Sta Wag.	300	900	1,450	3,290	5,100	7,300
1963 Zephyr, 6-cyl., 107" wb						
4d Sed	300	900	1,500	3,330	5,200	7,400
1963 Zodiac, 6-cyl., 107" wb						
4d Sed	300	900	1,500	3,380	5,250	7,500
1964 Anglia, 4-cyl., 90" wb						
2d Sed	300	850	1,400	3,200	4,950	7,100
2d DeL Sed.	300	850	1,450	3,240	5,050	7,200
2d Sta Wag.	300	850	1,450	3,240	5,050	7,200
1964 Consul 315, 4-cyl., 99" wb						
2d Sed	300	900	1,450	3,290	5,100	7,300
4d DeL Sed.	300	900	1,500	3,330	5,200	7,400
1964 Consul Capri, 4-cyl., 99" wb						
2d Cpe	350	1,000	1,700	3,830	5,950	8,500
2d GT Cpe	350	1,050	1,750	3,920	6,100	8,700
1964 Cortina, 4-cyl., 98" wb						
2d GT Sed	300	900	1,500	3,420	5,300	7,600
2d DeL Sed.	300	900	1,500	3,380	5,250	7,500
4d DeL Sed.	300	900	1,500	3,330	5,200	7,400
4d Sta Wag.	300	900	1,500	3,330	5,200	7,400
1964 Zodiac, 6-cyl., 107" wb						
4d Sed	300	900	1,500	3,380	5,250	7,500
1965 Anglia, 4-cyl., 90" wb						
2d DeL Sed.	300	850	1,450	3,240	5,050	7,200
1965 Caprl, 4-cyl., 99" wb						
2d Cpe	300	900	1,450	3,290	5,100	7,300
2d GT Cpe	300	900	1,500	3,330	5,200	7,400
1965 Cortina, 4-cyl., 98" wb						
2d GT Sed	300	950	1,600	3,600	5,600	8,000
2d Sed	300	850	1,450	3,240	5,050	7,200
4d Sed	300	850	1,400	3,200	4,950	7,100
4d Sta Wag.	300	850	1,400	3,200	4,950	7,100
1966 Anglia 1200, 4-cyl., 90" wb						
2d DeL Sed.	300	850	1,450	3,240	5,050	7,200
1966 Cortina 1500, 4-cyl., 98" wb						
2d GT Sed	300	950	1,600	3,600	5,600	8,000
2d Sed	300	850	1,450	3,240	5,050	7,200
4d Sed	300	900	1,450	3,290	5,100	7,300
4d Sta Wag.	300	900	1,500	3,330	5,200	7,400
1966 Cortina Lotus, 4-cyl., 98" wb						
2d Sed	650	2,000	3,300	7,430	11,600	16,500
1967 Anglia 113E, 4-cyl., 90" wb						
2d DeL Sed.	300	850	1,450	3,240	5,050	7,200
1967 Cortina 116E, 4-cyl., 98" wb						
2d GT Sed	300	900	1,450	3,290	5,100	7,300
2d Sed	300	850	1,400	3,200	4,950	7,100
4d Sed	300	850	1,450	3,240	5,050	7,200
4d Sta Wag.	300	900	1,500	3,380	5,250	7,500
1968 Cortina, 4-cyl., 98" wb						
2d Sed	300	900	1,450	3,290	5,100	7,300
4d Sed	300	900	1,500	3,330	5,200	7,400
2d GT Sed	300	900	1,500	3,380	5,250	7,500
4d GT Sed	300	900	1,500	3,380	5,250	7,500
4d Sta Wag.	300	900	1,500	3,380	5,250	7,500
1969 Cortina, 4-cyl., 98" wb						
2d Sed	300	900	1,450	3,290	5,100	7,300
4d Sed	300	900	1,500	3,330	5,200	7,400
2d GT Sed	300	900	1,500	3,420	5,300	7,600
4d GT Sed	300	900	1,500	3,420	5,300	7,600
2d DeL Sed.	300	900	1,500	3,380	5,250	7,500
4d DeL Sed.	300	900	1,500	3,380	5,250	7,500
4d Sta Wag.	300	900	1,500	3,420	5,300	7,600
1970 Cortina, 4-cyl., 98" wb						
2d Sed	300	900	1,450	3,290	5,100	7,300
4d Sed	300	900	1,500	3,330	5,200	7,400
2d GT Sed	300	900	1,500	3,420	5,300	7,600
4d GT Sed	300	900	1,500	3,420	5,300	7,600
2d DeL Sed.	300	900	1,500	3,380	5,250	7,500
4d DeL Sed.	300	900	1,500	3,380	5,250	7,500
4d Sta Wag.	300	900	1,500	3,420	5,300	7,600

FORD-CAPRI

	6	5	4	3	2	1
1969-70 1600, 4-cyl., 1599cc, 100.8" wb						
2d Spt Cpe	370	1,100	1,840	4,140	6,440	9,200
1971 1600, 4-cyl., 1599cc, 100.8" wb						
2d Spt Cpe	390	1,160	1,940	4,370	6,790	9,700

	6	5	4	3	2	1
1971 2000, 4-cyl., 1993cc. 100.8" wb						
2d Spt Cpe	410	1,220	2,040	4,590	7,140	10,200
1972 1600, 4-cyl., 1599cc. 100.8" wb						
2d Spt Cpe	370	1,100	1,840	4,140	6,440	9,200
1972 2000, 4-cyl., 1993cc, 100.8" wb						
2d Spt Cpe	390	1,160	1,940	4,370	6,790	9,700
1972 2600, V-6, 2548cc, 100.8" wb						
2d Spt Cpe	410	1,220	2,040	4,590	7,140	10,200
1973 2000, 4-cyl., 1993cc, 100.8" wb						
2d Spt Cpe	390	1,160	1,940	4,370	6,790	9,700
1973 2600, V-6, 2548cc, 100.8" wb						
2d Spt Cpe	410	1,220	2,040	4,590	7,140	10,200
1974 2000, 4-cyl., 1993cc, 100.8" wb						
2d Spt Cpe	390	1,160	1,940	4,370	6,790	9,700
1974 2800, V-6, 2792cc, 100.8" wb						
2d Spt Cpe	410	1,220	2,040	4,590	7,140	10,200
1975-76 2300, 4-cyl., 2300cc, 100.9" wb						
2d HBk Cpe	390	1,160	1,940	4,370	6,790	9,700
2d Ghia Cpe	410	1,220	2,040	4,590	7,140	10,200
2d "S" Cpe	410	1,220	2,040	4,590	7,140	10,200
1975-76 2800, V-6, 2795cc, 100.9" wb						
2d HBk Cpe	390	1,160	1,940	4,370	6,790	9,700

NOTE: No Capris were imported for the 1975 model year. Late in the year came Capri II (intended as a '76 model).

	6	5	4	3	2	1
1977-78 2300, 4-cyl., 2300cc, 100.9" wb						
2d HBk Cpe	390	1,160	1,940	4,370	6,790	9,700
2d Ghia Cpe	410	1,220	2,040	4,590	7,140	10,200
1977-78 2800, V-6, 2795cc, 100.9" wb						
2d HBk Cpe	410	1,220	2,040	4,590	7,140	10,200

NOTE: 1977 was the final model year for Capri II. They were not imported after 1977.

GEO

	6	5	4	3	2	1
1989 Metro						
2d HBk	184	552	920	2,070	3,220	4,600
2d HBk LSi	204	612	1,020	2,300	3,570	5,100
4d Sed LSi	208	624	1,040	2,340	3,640	5,200
1989 Prizm						
4d Sed	264	792	1,320	2,970	4,620	6,600
5d HBk	268	804	1,340	3,020	4,690	6,700
1989 Spectrum						
2d HBk	224	672	1,120	2,520	3,920	5,600
4d Sed	232	696	1,160	2,610	4,060	5,800
1989 Tracker (4x4)						
Wag HT.	340	1,020	1,700	3,830	5,950	8,500
Wag Soft-top.	320	960	1,600	3,600	5,600	8,000
1990 Metro, 3-cyl.						
2d HBk XFi	112	336	560	1,260	1,960	2,800
2d HBk	116	348	580	1,310	2,030	2,900
2d HBk LSi	124	372	620	1,400	2,170	3,100
4d HBk	116	348	580	1,310	2,030	2,900
4d HBk LSi	132	396	660	1,490	2,310	3,300
2d Conv LSi	200	600	1,000	2,250	3,500	5,000
1990 Prizm, 4-cyl.						
4d Sed	240	720	1,200	2,700	4,200	6,000
4d Sed GSi	260	780	1,300	2,930	4,550	6,500
4d HBk	256	768	1,280	2,880	4,480	6,400
4d HBk GSi.	276	828	1,380	3,110	4,830	6,900
1990 Storm, 4-cyl.						
2d HBk (2 plus 2)	220	660	1,100	2,480	3,850	5,500
2d HBk (2 plus 2) GSi.	240	720	1,200	2,700	4,200	6,000
1991 Metro						
2d HBk	100	300	500	1,130	1,750	2,500
2d HBk XFi	104	312	520	1,170	1,820	2,600
2d HBk LSi	112	336	560	1,260	1,960	2,800
4d HBk	104	312	520	1,170	1,820	2,600
4d HBk LSi	112	336	560	1,260	1,960	2,800
2d Conv LSi	156	468	780	1,760	2,730	3,900
1991 Prizm						
4d NBk	200	600	1,000	2,250	3,500	5,000
4d NBk GSi.	220	660	1,100	2,480	3,850	5,500
4d HBk	204	612	1,020	2,300	3,570	5,100
4d HBk GSi.	224	672	1,120	2,520	3,920	5,600
1991 Storm						
2d Cpe	180	540	900	2,030	3,150	4,500
2d Cpe GSi.	200	600	1,000	2,250	3,500	5,000
2d HBk	180	540	900	2,030	3,150	4,500
1992 Metro, 3-cyl.						
2d HBk XFi	120	360	600	1,350	2,100	3,000
2d HBk	128	384	640	1,440	2,240	3,200
2d HBk LSi	140	420	700	1,580	2,450	3,500

	6	5	4	3	2	1
4d HBk	128	384	640	1,440	2,240	3,200
4d HBk LSi	140	420	700	1,580	2,450	3,500
2d Conv LSi	180	540	900	2,030	3,150	4,500
1992 Prizm, 4-cyl.						
4d Sed	200	600	1,000	2,250	3,500	5,000
4d Sed GSi	240	720	1,200	2,700	4,200	6,000
1992 Storm, 4-cyl.						
2d Cpe	168	504	840	1,890	2,940	4,200
2d HBk	180	540	900	2,030	3,150	4,500
2d Cpe GSi	220	660	1,100	2,480	3,850	5,500
1993 Metro, 3-cyl.						
2d XFi HBk	152	456	760	1,710	2,660	3,800
2d HBk	156	468	780	1,760	2,730	3,900
2d LSi HBk	156	468	780	1,760	2,730	3,900
4d HBk	160	480	800	1,800	2,800	4,000
4d LSi HBk	160	480	800	1,800	2,800	4,000
2d LSi Conv	260	780	1,300	2,930	4,550	6,500
1993 Prizm						
4d Sed	220	660	1,100	2,480	3,850	5,500
4d LSi Sed	224	672	1,120	2,520	3,920	5,600
1993 Storm						
2d Cpe	228	684	1,140	2,570	3,990	5,700
2d GSi Cpe	232	696	1,160	2,610	4,060	5,800
1994 Metro, 3-cyl.						
2d HBk XFi	128	384	640	1,440	2,240	3,200
2d HBk	136	408	680	1,530	2,380	3,400
4d HBk	140	420	700	1,580	2,450	3,500
1994 Prizm, 4-cyl.						
4d Sed	220	660	1,100	2,480	3,850	5,500
4d Sed LSi	224	672	1,120	2,520	3,920	5,600
1995 Metro, 4-cyl.						
2d HBk (3-cyl.)	150	400	650	1,440	2,250	3,200
2d HBk LSi (3-cyl.)	150	400	700	1,530	2,400	3,400
2d HBk LSi	150	400	700	1,580	2,450	3,500
4d Sed	150	400	700	1,530	2,400	3,400
4d Sed LSi	150	450	700	1,620	2,500	3,600
1995 Prizm, 4-cyl.						
4d Sed	200	650	1,100	2,480	3,850	5,500
4d Sed LSi	200	650	1,100	2,520	3,900	5,600
1996 Metro, 4-cyl.						
2d HBk (3-cyl.)	150	400	650	1,440	2,250	3,200
2d HBk	150	400	650	1,490	2,300	3,300
2d HBk LSi (3-cyl.)	150	400	700	1,530	2,400	3,400
2d HBk LSi	150	400	700	1,580	2,450	3,500
4d Sed	150	400	700	1,530	2,400	3,400
4d Sed LSi	150	450	700	1,620	2,500	3,600
1996 Prizm, 4-cyl.						
4d Sed	200	650	1,100	2,480	3,850	5,500
4d Sed LSi	200	650	1,100	2,520	3,900	5,600
1997 Metro, 4-cyl.						
2d HBk (3-cyl.)	128	384	640	1,440	2,240	3,200
2d HBk LSi	136	408	680	1,530	2,380	3,400
4d Sed LSi	144	432	720	1,620	2,520	3,600
1997 Prizm, 4-cyl.						
4d Sed	220	660	1,100	2,480	3,850	5,500
4d Sed LSi	224	672	1,120	2,520	3,920	5,600

HILLMAN

	6	5	4	3	2	1
1948 Minx, 4-cyl., 92" wb						
4d Sed	300	850	1,400	3,150	4,900	7,000
2d Conv	540	1,620	2,700	6,080	9,450	13,500
4d Est Wag	300	950	1,600	3,600	5,600	8,000
1949 Minx, 4-cyl., 90" wb						
4d Sed	300	850	1,400	3,150	4,900	7,000
2d Conv	540	1,620	2,700	6,080	9,450	13,500
4d Est Wag	300	950	1,600	3,600	5,600	8,000
1950 Minx, 4-cyl., 93" wb						
4d Sed	300	850	1,400	3,150	4,900	7,000
2d Conv	540	1,620	2,700	6,080	9,450	13,500
4d Est Wag	300	950	1,600	3,600	5,600	8,000
1951 Minx Mk IV, 4-cyl., 93" wb						
4d Sed	300	850	1,400	3,150	4,900	7,000
2d Conv	540	1,620	2,700	6,080	9,450	13,500
4d Est Wag	300	950	1,600	3,600	5,600	8,000
1952 Minx Mk IV, 4-cyl., 93" wb						
4d Sed	300	850	1,400	3,150	4,900	7,000
2d Conv	540	1,620	2,700	6,080	9,450	13,500
4d Est Wag	300	900	1,500	3,380	5,250	7,500

HILLMAN

	6	5	4	3	2	1
1952 Minx Mk V, 4-cyl., 93" wb						
4d Sed	300	850	1,400	3,150	4,900	7,000
2d Conv	544	1,632	2,720	6,120	9,520	13,600
4d Est Wag	300	950	1,600	3,600	5,600	8,000
1953 Minx Mk VI, 4-cyl., 93" wb						
4d Sed	300	850	1,400	3,150	4,900	7,000
2d HT	350	1,100	1,800	4,050	6,300	9,000
2d Conv	548	1,644	2,740	6,170	9,590	13,700
4d Est Wag	300	950	1,600	3,600	5,600	8,000
1954 Minx Mk VII, 4-cyl., 93" wb						
4d Sed	300	850	1,400	3,150	4,900	7,000
2d HT	350	1,100	1,800	4,050	6,300	9,000
2d Conv	548	1,644	2,740	6,170	9,590	13,700
4d Est Wag	300	950	1,600	3,600	5,600	8,000
1955 Husky, 4-cyl., 84" wb						
2d Sta Wag	300	950	1,600	3,600	5,600	8,000
1955 Minx Mk VIII, 4-cyl., 93" wb						
4d Sed	300	850	1,400	3,150	4,900	7,000
2d HT Cpe	350	1,100	1,800	4,050	6,300	9,000
2d Conv	548	1,644	2,740	6,170	9,590	13,700
4d Est Wag	300	950	1,600	3,600	5,600	8,000
1956 Husky, 4-cyl., 84" wb						
2d Sta Wag	300	900	1,500	3,380	5,250	7,500
1956 Minx Mk VIII, 4-cyl., 93" wb						
4d Sed	300	900	1,500	3,380	5,250	7,500
2d HT Cpe	350	1,100	1,800	4,050	6,300	9,000
2d Conv	548	1,644	2,740	6,170	9,590	13,700
4d Est Wag	300	950	1,600	3,600	5,600	8,000
1957 Husky, 4-cyl., 84" wb						
2d Sta Wag	300	950	1,600	3,600	5,600	8,000
1957 New Minx, 4-cyl., 96" wb						
4d Sed	300	850	1,400	3,150	4,900	7,000
2d Conv	536	1,608	2,680	6,030	9,380	13,400
4d Est Wag	350	1,000	1,650	3,690	5,750	8,200
1958 Husky, 4-cyl., 84" wb						
2d Sta Wag	300	950	1,600	3,600	5,600	8,000
1958 Husky, 2nd Series, 4-cyl., 86" wb						
2d Sta Wag	300	900	1,500	3,420	5,300	7,600
1958 Minx, 4-cyl., 96" wb						
4d Spl Sed	300	850	1,400	3,150	4,900	7,000
4d DeL Sed	300	900	1,500	3,380	5,250	7,500
2d Conv	536	1,608	2,680	6,030	9,380	13,400
4d Est Wag	350	1,000	1,700	3,780	5,900	8,400
1959 Husky, 4-cyl., 86" wb						
2d Sta Wag	300	900	1,500	3,380	5,250	7,500
1959 Minx Series II, 4-cyl., 96" wb						
4d Spl Sed	300	900	1,500	3,380	5,250	7,500
4d DeL Sed	300	900	1,500	3,380	5,250	7,500
2d Conv	400	1,150	1,900	4,230	6,600	9,400
4d Est Wag	300	900	1,550	3,470	5,400	7,700
1960 Husky, 4-cyl., 86" wb						
2d Sta Wag	300	900	1,500	3,380	5,250	7,500
1960 Minx Series IIIA, 4-cyl., 96" wb						
4d Spl Sed	300	900	1,500	3,380	5,250	7,500
4d DeL Sed	300	900	1,500	3,380	5,250	7,500
2d Conv	400	1,150	1,900	4,280	6,650	9,500
4d Est Wag	300	900	1,550	3,470	5,400	7,700
1961 Husky, 4-cyl., 86" wb						
2d Sta Wag	300	900	1,500	3,380	5,250	7,500
1961 Minx Series IIIA, 4-cyl., 96" wb						
4d Spl Sed	300	900	1,500	3,380	5,250	7,500
4d DeL Sed	300	900	1,500	3,380	5,250	7,500
2d Conv	540	1,620	2,700	6,080	9,450	13,500
4d Est Wag	300	900	1,550	3,470	5,400	7,700
1962 Husky, 4-cyl., 86" wb						
2d Sta Wag	300	900	1,500	3,380	5,250	7,500
1962 Minx Series 1600, 4-cyl., 96" wb						
4d Sed	300	850	1,400	3,150	4,900	7,000
2d Conv	500	1,550	2,600	5,850	9,100	13,000
4d Est Wag	300	900	1,550	3,470	5,400	7,700
1962 Super Minx, 4-cyl., 101" wb						
4d Sed	300	900	1,500	3,380	5,250	7,500
1963 Husky II, 4-cyl., 86" wb						
2d Sta Wag	300	900	1,500	3,380	5,250	7,500
1963 Minx Series 1600, 4-cyl., 96" wb						
4d Sed	300	850	1,400	3,150	4,900	7,000
1963 Super Minx Mk I, 4-cyl., 101" wb						
4d Sed	300	850	1,400	3,150	4,900	7,000

	6	5	4	3	2	1
2d Conv	520	1,560	2,600	5,850	9,100	13,000
4d Est Wag	300	900	1,550	3,470	5,400	7,700
1963 Super Minx Mk II, 4-cyl., 101" wb						
4d Sed	520	1,560	2,600	5,850	9,100	13,000
2d Conv	528	1,584	2,640	5,940	9,240	13,200
4d Est Wag	300	950	1,550	3,510	5,450	7,800
1964 Husky, 4-cyl., 86" wb						
2d Sta Wag	300	900	1,500	3,380	5,250	7,500
1964 Minx Series 1600 Mk V, 4-cyl., 96" wb						
4d Sed	300	850	1,400	3,150	4,900	7,000
1964 Super Minx Mk II, 4-cyl., 101" wb						
4d Sed	300	850	1,400	3,150	4,900	7,000
2d Conv	524	1,572	2,620	5,900	9,170	13,100
4d Est Wag	300	900	1,500	3,420	5,300	7,600
1965 Husky, 4-cyl., 86" wb						
2d Sta Wag	300	900	1,500	3,380	5,250	7,500
1965 Super Minx Mk II, 4-cyl., 101" wb						
4d Sed	300	850	1,400	3,150	4,900	7,000
4d Est Wag	300	900	1,550	3,470	5,400	7,700
1966 Husky, 4-cyl., 86" wb						
2d Sta Wag	300	900	1,500	3,380	5,250	7,500
1966 Super Minx Mk III, 4-cyl., 101" wb						
4d Sed	300	850	1,400	3,150	4,900	7,000
4d Est Wag	300	900	1,550	3,470	5,400	7,700
1967 Husky, 4-cyl., 86" wb						
2d Sta Wag	300	900	1,550	3,470	5,400	7,700

HONDA

	6	5	4	3	2	1
1967-70 S 800						
2d	700	2,100	3,500	7,880	12,250	17,500
1970-72 N 600						
2d	560	1,600	2,000	6,300	9,800	14,000
2d AZ000	640	1,920	3,200	7,200	11,200	16,000
1973-78 Civic						
2d	250	700	1,200	2,700	4,200	6,000
4d Sta Wag	250	750	1,200	2,750	4,250	6,100
1976-79 Accord						
HBk	220	660	1,100	2,480	3,850	5,500
LX HBx (1978-79 only)	240	720	1,200	2,700	4,200	6,000
4 Sed (1979 only)	240	720	1,200	2,700	4,200	6,000
1979 Civic						
2d	250	750	1,200	2,750	4,250	6,100
4d Sta Wag	250	750	1,250	2,700	4,350	6,200
1980 Civic 1300						
3d HBk	200	600	1,000	2,250	3,500	5,000
3d DX	200	600	1,000	2,250	3,500	5,000
1980 Civic 1500						
3d HBk	200	600	1,000	2,250	3,500	5,000
3d HBk DX	200	600	1,000	2,300	3,550	5,100
3d HBk GL	200	600	1,050	2,340	3,650	5,200
5d Sta Wag	200	600	1,000	2,300	3,550	5,100
1980 Accord						
3d HBk	200	650	1,100	2,480	3,850	5,500
4d Sed	250	700	1,200	2,700	4,200	6,000
3d HBk LX	250	700	1,200	2,700	4,200	6,000
1980 Prelude						
2d Cpe	250	800	1,350	3,020	4,700	6,700
1981 Civic 1300						
3d HBk	200	600	1,000	2,250	3,500	5,000
3d HBk DX	200	600	1,000	2,300	3,550	5,100
1981 Civic 1500						
3d HBk DX	200	600	1,000	2,250	3,500	5,000
3d HBk GL	200	600	1,000	2,250	3,500	5,000
4d Sed	200	600	1,000	2,300	3,550	5,100
4d Sta Wag	200	600	1,000	2,300	3,550	5,100
1981 Accord						
3d HBk	250	700	1,200	2,700	4,200	6,000
4d Sed	250	700	1,200	2,700	4,200	6,000
3d HBk LX	250	750	1,200	2,750	4,250	6,100
4d Sed SE	250	750	1,200	2,750	4,250	6,100
1981 Prelude						
2d Cpe	300	850	1,400	3,150	4,900	7,000
1982 Civic 1300						
3d HBk	200	600	1,000	2,250	3,500	5,000
3d HBk FE	200	600	1,000	2,250	3,500	5,000
1982 Civic 1500						
3d HBk DX	200	600	1,000	2,300	3,550	5,100
3d HBk GL	200	600	1,050	2,340	3,650	5,200
4d Sed	200	650	1,050	2,390	3,700	5,300

HONDA

	6	5	4	3	2	1
4d Sta Wag	250	750	1,200	2,750	4,250	6,100
1982 Accord						
3d HBk	250	700	1,200	2,700	4,200	6,000
4d Sed	250	750	1,200	2,750	4,250	6,100
3d HBk LX	250	750	1,250	2,790	4,350	6,200
1982 Prelude						
2d Cpe	300	850	1,450	3,240	5,050	7,200
1983 Civic 1300						
3d HBk	200	600	1,000	2,250	3,500	5,000
3d HBk FE	200	600	1,000	2,250	3,500	5,000
1983 Civic 1500						
3d HBk DX	200	600	1,000	2,300	3,550	5,100
3d HBk S	200	600	1,050	2,340	3,650	5,200
4d Sed	200	650	1,050	2,390	3,700	5,300
4d Sta Wag	200	600	1,000	2,300	3,550	5,100
1983 Accord						
3d HBk	250	700	1,200	2,700	4,200	6,000
3d HBk LX	250	750	1,200	2,750	4,250	6,100
4d Sed	250	750	1,250	2,790	4,350	6,200
1983 Prelude						
2d Cpe	300	900	1,450	3,290	5,100	7,300
1984 Civic 1300						
2d Cpe CRX	200	600	1,000	2,250	3,500	5,000
3d HBk	200	600	1,000	2,250	3,500	5,000
1984 Civic 1500						
2d Cpe CRX	250	700	1,200	2,700	4,200	6,000
3d HBk DX	200	600	1,000	2,250	3,500	5,000
3d HBk S	200	600	1,000	2,250	3,500	5,000
4d Sed	200	600	1,050	2,340	3,650	5,200
4d Sta Wag	200	600	1,050	2,340	3,650	5,200
1984 Accord						
3d HBk	200	650	1,100	2,520	3,900	5,600
3d HBk LX	250	700	1,150	2,570	4,000	5,700
4d Sed	250	700	1,150	2,610	4,050	5,800
4d Sed LX	250	700	1,200	2,700	4,200	6,000
1984 Prelude						
2d Cpe	300	850	1,400	3,150	4,900	7,000
1985 Civic 1300						
3d HBk	200	600	1,000	2,250	3,500	5,000
1985 Civic 1500						
2d Cpe CRX HF	250	700	1,200	2,700	4,200	6,000
2d Cpe CRX	250	750	1,250	2,790	4,350	6,200
2d Cpe CRX Si	250	800	1,300	2,930	4,550	6,500
3d HBk DX	200	650	1,100	2,480	3,850	5,500
3d HBk S	200	550	900	2,030	3,150	4,500
4d Sed	200	550	900	2,070	3,200	4,600
4d Sta Wag	200	550	900	2,030	3,150	4,500
4d Sta Wag (4x4)	200	600	1,000	2,250	3,500	5,000
1985 Accord						
3d HBk	250	800	1,300	2,930	4,550	6,500
3d HBk LX	300	850	1,400	3,150	4,900	7,000
4d Sed	300	850	1,400	3,200	4,950	7,100
4d Sed LX	300	900	1,450	3,290	5,100	7,300
4d Sed SEi	300	950	1,600	3,600	5,600	8,000
1985 Prelude						
2d Cpe	300	950	1,600	3,600	5,600	8,000
2d Cpe Si	350	1,050	1,750	3,960	6,150	8,800
1986 Civic						
3d HBk	200	550	950	2,120	3,300	4,700
3d HBk DX	200	600	1,050	2,340	3,650	5,200
3d HBk Si	250	700	1,200	2,660	4,150	5,900
4d Sed	250	700	1,200	2,700	4,200	6,000
4d Sta Wag	200	650	1,100	2,480	3,850	5,500
4d Sta Wag (4x4)	250	750	1,200	2,750	4,250	6,100
1986 Civic CRX						
2d Cpe HF	250	700	1,150	2,570	4,000	5,700
2d Cpe Si	250	800	1,300	2,930	4,550	6,500
2d Cpe	250	700	1,200	2,700	4,200	6,000
1986 Accord						
3d HBk DX	300	850	1,400	3,200	4,950	7,100
3d HBk LXi	350	1,000	1,700	3,830	5,950	8,500
4d Sed DX	300	950	1,600	3,600	5,600	8,000
4d Sed LX	350	1,000	1,700	3,830	5,950	8,500
4d Sed LXi	400	1,150	1,900	4,230	6,600	9,400
1986 Prelude						
2d Cpe	350	1,100	1,850	4,190	6,500	9,300
2d Cpe Si	400	1,200	2,050	4,590	7,150	10,200
1987 Civic						
3d HBk	200	600	1,000	2,250	3,500	5,000

	6	5	4	3	2	1
3d HBk DX	200	650	1,100	2,520	3,900	5,600
3d HBk Si	250	750	1,250	2,840	4,400	6,300
4d Sed	250	800	1,300	2,930	4,550	6,500
4d Sta Wag	250	700	1,200	2,660	4,150	5,900
4d Sta Wag (4x4)	250	800	1,300	2,070	4,600	6,600
1987 Civic CRX						
2d Cpe HF	250	750	1,200	2,750	4,250	6,100
2d Cpe	250	750	1,300	2,880	4,500	6,400
2d Cpe Si	300	850	1,400	3,150	4,900	7,000
1987 Accord						
3d HBk DX	300	900	1,500	3,380	5,250	7,500
3d HBk LXi	300	950	1,600	3,560	5,550	7,900
4d Sed DX	350	1,000	1,650	3,690	5,750	8,200
4d Sed LX	300	950	1,600	3,600	5,600	8,000
4d Sed LXi	400	1,200	2,000	4,500	7,000	10,000
1987 Prelude						
2d Cpe	400	1,200	2,000	4,500	7,000	10,000
2d Cpe Si	450	1,400	2,300	5,180	8,050	11,500
1988 Civic						
3d HBk	200	650	1,100	2,480	3,850	5,500
3d HBk DX	250	800	1,300	2,930	4,550	6,500
4d Sed DX	250	800	1,350	3,020	4,700	6,700
4d Sed LX	300	900	1,450	3,290	5,100	7,300
4d Sta Wag	250	750	1,250	2,840	4,400	6,300
4d Sta Wag (4x4)	250	700	1,200	2,700	4,200	6,000
1988 Civic CRX						
2d Cpe HF	300	850	1,400	3,150	4,900	7,000
2d Cpe Si	300	950	1,600	3,600	5,600	8,000
2d Cpe	300	900	1,450	3,290	5,100	7,300
1988 Accord						
3d HBk DX	300	950	1,600	3,650	5,650	8,100
3d HBk LXi	400	1,150	1,900	4,280	6,650	9,500
2d Cpe DX	350	1,000	1,650	3,740	5,800	8,300
2d Cpe LXi	350	1,100	1,800	4,050	6,300	9,000
4d Sed DX	350	1,000	1,700	3,830	5,950	8,500
4d Sed LX	350	1,050	1,750	3,920	6,100	8,700
4d Sed LXi	400	1,200	2,000	4,500	7,000	10,000
1988 Prelude						
2d Cpe S	400	1,250	2,100	4,730	7,350	10,500
2d Cpe Si	500	1,450	2,400	5,400	8,400	12,000
2d Cpe Si (4x4)	500	1,500	2,500	5,630	8,750	12,500
1989 Civic						
3d HBk	250	800	1,350	3,060	4,750	6,800
3d HBk DX	300	950	1,550	3,510	5,450	7,800
3d HBk Si	350	1,050	1,700	3,870	6,000	8,600
4d Sed DX	350	1,050	1,750	3,960	6,150	8,800
4d Sed LX	400	1,150	1,900	4,230	6,600	9,400
4d Sta Wag	350	1,000	1,700	3,830	5,950	8,500
4d Sta Wag (4x4)	400	1,150	1,900	4,230	6,600	9,400
1989 Civic CRX						
2d Cpe HF	350	1,000	1,700	3,830	5,950	8,500
2d Cpe	350	1,100	1,800	4,050	6,300	9,000
2d Cpe Si	450	1,300	2,200	4,950	7,700	11,000
1989 Accord						
3d HBk DX	400	1,200	2,050	4,590	7,150	10,200
3d HBk LXi	500	1,500	2,450	5,540	8,600	12,300
2d Cpe DX	450	1,350	2,200	5,000	7,750	11,100
2d Cpe LXi	550	1,600	2,650	5,990	9,300	13,300
4d Sed DX	450	1,350	2,250	5,090	7,900	11,300
4d Sed LX	450	1,400	2,300	5,180	8,050	11,500
4d Sed LXi	550	1,600	2,650	5,990	9,300	13,300
2d Cpe SEi	550	1,600	2,650	5,990	9,300	13,300
4d Sed SEi	550	1,700	2,800	6,300	9,800	14,000
1989 Prelude						
2d Cpe S	400	1,250	2,100	4,730	7,350	10,500
2d Cpe Si	500	1,550	2,550	5,760	8,950	12,800
2d Cpe Si (4x4)	550	1,600	2,650	5,990	9,300	13,300
1990 Civic, 4-cyl						
2d HBk	200	600	1,000	2,250	3,500	5,000
2d HBk DX	200	650	1,100	2,480	3,850	5,500
2d HBk Si	250	700	1,200	2,700	4,200	6,000
4d Sed DX	250	800	1,300	2,930	4,550	6,500
4d Sed LX	300	850	1,400	3,150	4,900	7,000
4d Sed EX	300	900	1,450	3,290	5,100	7,300
4d Sta Wag	250	800	1,300	2,930	4,550	6,500
4d Sta Wag 4x4	300	850	1,400	3,150	4,900	7,000
1990 Civic CRX, 4-cyl.						
2d Cpe HF	250	700	1,200	2,700	4,200	6,000
2d Cpe	250	800	1,300	2,930	4,550	6,500

HONDA

	6	5	4	3	2	1
2d Cpe Si	300	850	1,400	3,150	4,900	7,000
1990 Accord, 4-cyl.						
2d Cpe DX	300	900	1,500	3,380	5,250	7,500
2d Cpe LX.	300	950	1,600	3,600	5,600	8,000
2d Cpe EX	350	1,000	1,700	3,830	5,950	8,500
4d Sed DX	300	950	1,600	3,600	5,600	8,000
4d Sed LX.	350	1,000	1,700	3,830	5,950	8,500
4d Sed EX	400	1,150	1,900	4,280	6,650	9,500
1990 Prelude, 4-cyl.						
2d 2.0 Cpe S.	350	1,000	1,700	3,830	5,950	8,500
2d 2.0 Cpe Si	350	1,100	1,800	4,050	6,300	9,000
2d Cpe Si	400	1,150	1,900	4,280	6,650	9,500
2d Cpe Si 4WS.	400	1,200	2,000	4,500	7,000	10,000
1991 Civic						
2d HBk	200	550	950	2,120	3,300	4,700
2d HBk DX	200	600	1,000	2,250	3,500	5,000
2d HBk Si	200	650	1,100	2,480	3,850	5,500
4d Sed DX	250	700	1,200	2,700	4,200	6,000
4d Sed LX.	250	750	1,250	2,840	4,400	6,300
4d Sed EX	250	800	1,350	3,020	4,700	6,700
4d Sta Wag	250	700	1,200	2,700	4,200	6,000
4d Sta Wag 4x4	250	800	1,350	3,020	4,700	6,700
2d Cpe CRX HF	200	650	1,100	2,480	3,850	5,500
2d Cpe CRX	250	700	1,200	2,700	4,200	6,000
2d Cpe CRX Si	250	800	1,300	2,930	4,550	6,500
1991 Accord						
2d Cpe DX	250	800	1,300	2,930	4,550	6,500
2d Cpe LX.	300	900	1,500	3,380	5,250	7,500
2d Cpe EX	350	1,000	1,700	3,830	5,950	8,500
4d Sed DX	250	800	1,300	2,930	4,550	6,500
4d Sed LX.	300	900	1,500	3,380	5,250	7,500
4d Sed EX	350	1,000	1,700	3,830	5,950	8,500
4d Sed SE	350	1,100	1,800	4,050	6,300	9,000
4d Sta Wag LX	350	1,100	1,850	4,190	6,500	9,300
4d Sta Wag EX	400	1,150	1,900	4,280	6,650	9,500
1991 Prelude						
2d 2.0 Si Cpe	350	1,000	1,700	3,830	5,950	8,500
2d Si Cpe	350	1,100	1,800	4,050	6,300	9,000
2d Si Cpe 4WS.	400	1,150	1,900	4,280	6,650	9,500
1992 Civic, 4-cyl.						
2d Cpe CX	200	650	1,100	2,480	3,850	5,500
2d HBk DX	250	700	1,200	2,700	4,200	6,000
2d HBk VX	250	700	1,200	2,700	4,200	6,000
2d HBk Si	250	800	1,350	3,020	4,700	6,700
4d Sed DX	250	800	1,350	3,020	4,700	6,700
4d Sed LX.	300	850	1,400	3,150	4,900	7,000
4d Sed EX	350	1,000	1,650	3,740	5,800	8,300
4d Sta Wag	300	850	1,400	3,150	4,900	7,000
1992 Accord, 4-cyl.						
2d Cpe DX	300	900	1,500	3,380	5,250	7,500
2d Cpe LX.	300	950	1,600	3,600	5,600	8,000
2d Cpe EX	300	950	1,600	3,600	5,600	8,000
4d Sed DX	300	950	1,600	3,600	5,600	8,000
4d Sed LX.	350	1,000	1,700	3,830	5,950	8,500
4d Sed EX	400	1,200	2,000	4,500	7,000	10,000
4d Sta Wag LX	400	1,200	2,000	4,500	7,000	10,000
4d Sta Wag EX	400	1,250	2,100	4,730	7,350	10,500
1992 Prelude, 4-cyl.						
2d S Cpe.	400	1,200	2,000	4,500	7,000	10,000
2d Si Cpe	400	1,250	2,100	4,730	7,350	10,500
2d Si Cpe 4WS.	450	1,400	2,300	5,180	8,050	11,500
1993 Civic, 4-cyl.						
2d HBk CX	200	600	1,000	2,250	3,500	5,000
2d HBk DX	200	600	1,000	2,300	3,550	5,100
2d HBk VX	200	600	1,050	2,340	3,650	5,200
2d HBk Si	200	650	1,050	2,390	3,700	5,300
2d Cpe DX	200	600	1,050	2,340	3,650	5,200
2d Cpe EX	200	650	1,050	2,390	3,700	5,300
4d Sed DX	200	650	1,050	2,390	3,700	5,300
4d Sed LX.	200	650	1,100	2,430	3,800	5,400
4d Sed EX	200	650	1,100	2,480	3,850	5,500
2d Cpe S.	200	650	1,100	2,430	3,800	5,400
2d Cpe Si	200	650	1,100	2,520	3,900	5,600
1993 Accord, 4-cyl.						
2d Cpe DX	250	700	1,200	2,700	4,200	6,000
2d Cpe LX.	250	750	1,200	2,750	4,250	6,100
2d Cpe EX	250	750	1,250	2,790	4,350	6,200
2d Cpe SE	250	750	1,200	2,750	4,250	6,100
4d Sed DX	250	750	1,250	2,790	4,350	6,200

HONDA

	6	5	4	3	2	1
4d Sed LX.	250	750	1,250	2,840	4,400	6,300
4d Sed Anniversary	260	770	1,280	2,880	4,480	6,400
4d Sed EX	250	800	1,300	2,930	4,550	6,500
4d Sed SE	250	800	1,300	2,970	4,600	6,600
4d Sta Wag LX	300	850	1,400	3,150	4,900	7,000
4d Sta Wag EX	300	850	1,450	3,240	5,050	7,200
1993 Prelude, 4-cyl.						
2d Cpe S.	250	700	1,200	2,700	4,200	6,000
2d Cpe Si	250	750	1,200	2,750	4,250	6,100
2d Cpe 4WS.	250	750	1,250	2,840	4,400	6,300
2d Cpe VTEC	250	800	1,300	2,930	4,550	6,500
1994 Civic, 4-cyl.						
2d HBk CX	200	550	950	2,120	3,300	4,700
2d HBk DX	200	600	1,000	2,250	3,500	5,000
2d HBk VX	200	600	1,000	2,250	3,500	5,000
2d HBk Si	250	700	1,200	2,700	4,200	6,000
2d Cpe DX	250	700	1,200	2,700	4,200	6,000
2d Cpe EX	300	850	1,450	3,240	5,050	7,200
4d Sed DX	250	700	1,200	2,700	4,200	6,000
4d Sed LX.	300	850	1,400	3,150	4,900	7,000
4d Sed EX	300	900	1,500	3,380	5,250	7,500
1994 Civic Del Sol, 4-cyl.						
2d Cpe S.	300	850	1,400	3,150	4,900	7,000
2d Cpe Si	300	900	1,500	3,380	5,250	7,500
2d Cpe VTEC	300	950	1,600	3,600	5,600	8,000
1994 Accord, 4-cyl.						
2d Cpe DX	300	850	1,400	3,150	4,900	7,000
2d Cpe LX.	300	900	1,500	3,380	5,250	7,500
2d Cpe EX	350	1,000	1,700	3,830	5,950	8,500
4d Sed DX	300	850	1,400	3,150	4,900	7,000
4d Sed LX.	300	950	1,600	3,600	5,600	8,000
4d Sed EX	350	1,100	1,800	4,050	6,300	9,000
4d Sta Wag LX	350	1,000	1,700	3,830	5,950	8,500
4d Sta Wag EX	400	1,150	1,900	4,280	6,650	9,500
1994 Prelude, 4-cyl.						
2d S	300	950	1,600	3,600	5,600	8,000
2d Si	350	1,100	1,800	4,050	6,300	9,000
2d Si 4WS.	400	1,200	2,000	4,500	7,000	10,000
2d VTEC	400	1,250	2,100	4,730	7,350	10,500
1995 Civic, 4-cyl.						
2d HBk CX	200	550	950	2,120	3,300	4,700
2d HBk DX	200	600	1,000	2,250	3,500	5,000
2d HBk VX	200	650	1,050	2,390	3,700	5,300
2d HBk Si	250	700	1,200	2,700	4,200	6,000
2d Cpe DX	250	800	1,300	2,930	4,550	6,500
2d Cpe EX	300	850	1,450	3,240	5,050	7,200
4d Sed DX	250	700	1,200	2,700	4,200	6,000
4d Sed LX.	300	850	1,400	3,150	4,900	7,000
4d Sed EX	300	900	1,500	3,380	5,250	7,500
1995 Civic Del Sol, 4-cyl.						
2d Cpe S.	300	850	1,400	3,150	4,900	7,000
2d Cpe Si	300	900	1,500	3,380	5,250	7,500
2d Cpe VTEC	300	950	1,600	3,600	5,600	8,000
1995 Accord, 4-cyl. & V-6						
2d Cpe LX.	300	900	1,500	3,380	5,250	7,500
2d Cpe EX	350	1,000	1,700	3,830	5,950	8,500
4d Sed DX	300	850	1,400	3,150	4,900	7,000
4d Sed LX, 4-cyl.	350	1,100	1,800	4,050	6,300	9,000
4d Sed LX, V-6	400	1,150	1,900	4,280	6,650	9,500
4d Sed EX, 4-cyl.	400	1,250	2,100	4,730	7,350	10,500
4d Sed EX, V-6	450	1,300	2,200	4,950	7,700	11,000
4d Sta Wag LX	350	1,000	1,700	3,830	5,950	8,500
4d Sta Wag EX	400	1,150	1,900	4,280	6,650	9,500
1995 Prelude, 4-cyl.						
2d Cpe S.	300	950	1,600	3,600	5,600	8,000
2d Cpe Si	350	1,100	1,800	4,050	6,300	9,000
2d Cpe SE	400	1,200	2,000	4,500	7,000	10,000
2d Cpe VTEC	400	1,250	2,100	4,730	7,350	10,500
1996 Civic, 4-cyl.						
2d HBk CX	150	500	850	1,890	2,950	4,200
2d HBk DX	200	550	900	2,030	3,150	4,500
2d Cpe DX	250	700	1,200	2,700	4,200	6,000
2d Cpe HX	250	750	1,250	2,840	4,400	6,300
2d Cpe EX	250	800	1,350	3,020	4,700	6,700
4d Sed DX	200	650	1,100	2,480	3,850	5,500
4d Sed LX	250	800	1,300	2,930	4,550	6,500
4d Sed EX	300	850	1,400	3,150	4,900	7,000
1996 Civic Del Sol, 4-cyl.						
2d Cpe S.	250	800	1,300	2,930	4,550	6,500

HONDA

	6	5	4	3	2	1
2d Cpe Si	300	850	1,400	3,150	4,900	7,000
2d Cpe VTEC	300	900	1,500	3,380	5,250	7,500
1996 Accord, 4-cyl.						
2d Cpe LX	300	850	1,400	3,150	4,900	7,000
2d Cpe EX	300	950	1,600	3,600	5,600	8,000
4d Sed DX	250	800	1,300	2,930	4,550	6,500
4d Sed LX	350	1,000	1,700	3,830	5,950	8,500
4d Sed EX	400	1,200	2,000	4,500	7,000	10,000
4d Sta Wag LX	300	950	1,600	3,600	5,600	8,000
4d Sta Wag EX	350	1,100	1,800	4,050	6,300	9,000
NOTE: Add 10% for Anv. Pkg.						
1996 Accord, V-6.						
4d Sed LX	350	1,100	1,800	4,050	6,300	9,000
4d Sed EX	400	1,250	2,100	4,730	7,350	10,500
1996 Prelude, 4-cyl.						
2d Cpe S	300	900	1,500	3,380	5,250	7,500
2d Cpe Si	350	1,000	1,700	3,830	5,950	8,500
2d Cpe VTEC	400	1,200	2,000	4,500	7,000	10,000
1997 Civic, 4-cyl.						
2d HBk CX	168	504	840	1,890	2,940	4,200
2d HBk DX	180	540	900	2,030	3,150	4,500
2d Cpe DX	240	720	1,200	2,700	4,200	6,000
2d Cpe HX	252	756	1,260	2,840	4,410	6,300
2d Cpe EX	268	804	1,340	3,020	4,690	6,700
4d Sed DX	220	660	1,100	2,480	3,850	5,500
4d Sed LX	260	780	1,300	2,930	4,550	6,500
4d Sed EX	280	840	1,400	3,150	4,900	7,000
1997 Civic Del Sol, 4-cyl.						
2d Cpe S	260	780	1,300	2,930	4,550	6,500
2d Cpe Si	280	840	1,400	3,150	4,900	7,000
2d Cpe VTEC	300	900	1,500	3,380	5,250	7,500
1997 Accord, 4-cyl.						
2d Cpe LX	280	840	1,400	3,150	4,900	7,000
2d Cpe SE	300	900	1,500	3,380	5,250	7,500
2d Cpe EX	320	960	1,600	3,600	5,600	8,000
4d Sed DX	260	780	1,300	2,930	4,550	6,500
4d Sed LX	320	960	1,600	3,600	5,600	8,000
4d Sed SE	360	1,080	1,800	4,050	6,300	9,000
4d Sed EX	400	1,200	2,000	4,500	7,000	10,000
4d Sta Wag LX	320	960	1,600	3,600	5,600	8,000
4d Sta Wag EX	360	1,080	1,800	4,050	6,300	9,000
1997 Accord, V-6						
4d Sed LX	360	1,080	1,800	4,050	6,300	9,000
4d Sed EX	420	1,260	2,100	4,730	7,350	10,500
1997 Prelude, 4-cyl.						
2d Cpe	340	1,020	1,700	3,830	5,950	8,500
2d Cpe SH	400	1,200	2,000	4,500	7,000	10,000
1998 Civic, 4-cyl.						
2d HBk CX	170	500	840	1,890	2,940	4,200
2d HBk DX	180	540	900	2,030	3,150	4,500
2d Cpe DX	240	720	1,200	2,700	4,200	6,000
2d Cpe HX	260	780	1,300	2,930	4,550	6,500
2d Cpe EX	270	800	1,340	3,020	4,690	6,700
4d Sed DX	220	660	1,100	2,480	3,850	5,500
4d Sed LX	260	780	1,300	2,930	4,550	6,500
4d Sed EX	280	840	1,400	3,150	4,900	7,000
1998 Accord, 4-cyl. & V-6						
2d Cpe LX	290	860	1,440	3,240	5,040	7,200
2d Cpe EX	330	980	1,640	3,690	5,740	8,200
4d Sed DX (4-cyl. only)	270	800	1,340	3,020	4,690	6,700
4d Sed LX	330	980	1,640	3,690	5,740	8,200
4d Sed EX	410	1,220	2,040	4,590	7,140	10,200
1998 Prelude, 4-cyl.						
2d Cpe	340	1,020	1,700	3,830	5,950	8,500
2d Cpe SH	400	1,200	2,000	4,500	7,000	10,000
1999 Civic, 4-cyl.						
2d HBk CX	170	500	840	1,890	2,940	4,200
2d HBk DX	180	540	900	2,030	3,150	4,500
2d Cpe DX	240	720	1,200	2,700	4,200	6,000
2d Cpe HX	260	780	1,300	2,930	4,550	6,500
2d Cpe EX	270	800	1,340	3,020	4,690	6,700
4d Sed DX	220	660	1,100	2,480	3,850	5,500
4d Sed LX	260	780	1,300	2,930	4,550	6,500
4d Sed EX	280	840	1,400	3,150	4,900	7,000
1999 Accord, 4-cyl. & V-6						
2d Cpe LX	290	860	1,440	3,240	5,040	7,200
2d Cpe EX	330	980	1,640	3,690	5,740	8,200
4d Sed DX (4-cyl. only)	270	800	1,340	3,020	4,690	6,700
4d Sed LX	330	980	1,640	3,690	5,740	8,200

	6	5	4	3	2	1
4d Sed EX	410	1,220	2,040	4,590	7,140	10,200

1999 Prelude, 4-cyl.

	6	5	4	3	2	1
2d Cpe	340	1,020	1,700	3,830	5,950	8,500
2d Cpe SH	400	1,200	2,000	4,500	7,000	10,000

2000 Civic, 4-cyl.

	6	5	4	3	2	1
2d HBk CX	170	500	840	1,890	2,940	4,200
2d HBk DX	180	540	900	2,030	3,150	4,500
2d Cpe DX	240	720	1,200	2,700	4,200	6,000
2d Cpe HX	260	780	1,300	2,930	4,550	6,500
2d Cpe EX	270	800	1,340	3,020	4,690	6,700
4d Sed DX	220	660	1,100	2,480	3,850	5,500
4d Sed LX	260	780	1,300	2,930	4,550	6,500
4d Sed EX	280	840	1,400	3,150	4,900	7,000

2000 Accord, 4-cyl. & V-6

	6	5	4	3	2	1
2d Cpe LX	290	860	1,440	3,240	5,040	7,200
2d Cpe EX	330	980	1,640	3,690	5,740	8,200
4d Sed DX (4-cyl. only)	270	800	1,340	3,020	4,690	6,700
4d Sed LX	330	980	1,640	3,690	5,740	8,200
4d Sed EX	410	1,220	2,040	4,590	7,140	10,200

2000 Prelude, 4-cyl.

	6	5	4	3	2	1
2d Cpe	340	1,020	1,700	3,830	5,950	8,500
2d Cpe SH	400	1,200	2,000	4,500	7,000	10,000

2000 Insight Hybrid, 3-cyl.

	6	5	4	3	2	1
2d HBk (gas/elect)	480	1,440	2,400	5,400	8,400	12,000

2000 S2000, 4-cyl.

	6	5	4	3	2	1
2d Rds	880	2,640	4,400	9,900	15,400	22,000

NOTE: Add 5% for detachable HT.

2001 Civic, 4-cyl.

	6	5	4	3	2	1
2d Cpe DX	240	720	1,200	3,000	4,200	6,000
2d Cpe LX	250	740	1,240	3,100	4,040	6,200
2d Cpe HX	260	780	1,300	3,250	4,550	6,500
2d Cpe EX	270	800	1,340	3,350	4,690	6,700
4d Sed DX	220	660	1,100	2,750	3,850	5,500
4d Sed LX	260	780	1,300	3,250	4,550	6,500
4d Sed EX	280	840	1,400	3,500	4,900	7,000

2001 Accord, 4-cyl. & V-6

	6	5	4	3	2	1
2d Cpe LX	290	860	1,440	3,600	5,040	7,200
2d Cpe EX	330	980	1,640	4,100	5,740	8,200
4d Sed DX (4-cyl. only)	270	800	1,340	3,350	4,690	6,700
4d Sed LX	330	980	1,640	4,100	5,740	8,200
4d Sed EX	410	1,220	2,040	5,100	7,140	10,200

2001 Prelude, 4-cyl.

	6	5	4	3	2	1
2d Cpe	340	1,020	1,700	4,250	5,950	8,500
2d Cpe SH	400	1,200	2,000	5,000	7,000	10,000

2001 Insight Hybrid, 3-cyl.

	6	5	4	3	2	1
2d HBk (gas/elect)	480	1,440	2,400	5,400	8,400	12,000

2001 S2000, 4-cyl.

	6	5	4	3	2	1
2d Rds	880	2,640	4,400	11,000	15,400	22,000

NOTE: Add 5% for detachable HT.

2002 Civic, 4-cyl.

	6	5	4	3	2	1
2d HBk Si	360	1,070	1,780	4,450	6,230	8,900
2d Cpe DX	240	720	1,200	3,000	4,200	6,000
2d Cpe HX	250	740	1,240	3,100	4,340	6,200
2d Cpe LX	260	780	1,300	3,250	4,550	6,500
2d Cpe EX	270	800	1,340	3,350	4,690	6,700
2d Sed DX	220	660	1,100	2,750	3,850	5,500
2d Sed LX	260	780	1,300	3,250	4,550	6,500
2d Sed EX	280	840	1,400	3,500	4,900	7,000

2002 Accord, 4-cyl. & V-6

	6	5	4	3	2	1
2d Cpe LX	290	860	1,440	3,600	5,040	7,200
2d Cpe SE (4-cyl. only)	320	950	1,580	3,950	5,530	7,900
2d Cpe EX	330	980	1,640	4,100	5,740	8,200
4d Sed DX (4-cyl. only)	270	800	1,340	3,350	4,690	6,700
4d Sed Value (4-cyl. only)	280	830	1,380	3,450	4,830	6,900
4d Sed LX	330	900	1,640	4,100	5,740	8,200
4d Sed SE (4-cyl. only)	360	1,070	1,780	4,450	6,230	8,900
4d Sed EX	410	1,220	2,040	5,100	7,140	10,200

2002 Insight Hybrid, 3-cyl.

	6	5	4	3	2	1
2d HBk (gas/elect)	480	1,440	2,400	5,400	8,400	12,000

2002 S2000, 4-cyl.

	6	5	4	3	2	1
2d Rds	880	2,640	4,400	11,000	15,400	22,000

NOTE: Add 5% for detachable HT.

2003 Civic, 4-cyl.

	6	5	4	3	2	1
2d Cpe DX	240	720	1,200	3,000	4,200	6,000
2d Cpe HX	250	740	1,240	3,100	4,340	6,200
2d Cpe LX	260	780	1,300	3,250	4,550	6,500
2d Cpe EX	270	800	1,340	3,350	4,690	6,700
4d Sed DX	220	660	1,100	2,750	3,850	5,500
4d Sed LX	260	780	1,300	3,250	4,550	6,500

HONDA

	6	5	4	3	2	1
4d Sed EX	280	840	1,400	3,500	4,900	7,000
4d Hybrid Sed.	500	1,500	2,500	6,250	8,750	12,500
2003 Accord, 4-cyl. & V-6						
2d Cpe LX.	290	860	1,440	3,600	5,040	7,200
2d Cpe EX	330	980	1,640	4,100	5,740	8,200
4d Sed DX (4-cyl. only).	270	800	1,340	3,350	4,690	6,700
4d Sed LX.	330	980	1,640	4,100	5,740	8,200
4d Sed EX	410	1,220	2,040	5,100	7,140	10,200
2003 Insight Hybrid, 3-cyl.						
2d HBk (gas/elect)	480	1,440	2,400	5,400	8,400	12,000
2003 S2000, 4-cyl.						
2d Rds	880	2,640	4,400	11,000	15,400	22,000
NOTE: Add 5% for detachable HT.						
2004 Civic, 4-cyl.						
DX 2d Cpe	240	720	1,200	3,000	4,200	6,000
HX 2d Cpe	250	740	1,240	3,100	4,340	6,200
LX 2d Cpe.	260	780	1,300	3,250	4,550	6,500
EX 2d Cpe.	270	800	1,340	3,350	4,690	6,700
DX 4d Sed	220	660	1,100	2,750	3,850	5,500
LX 4d Sed.	260	780	1,300	3,250	4,550	6,500
EX 4d Sed	280	840	1,400	3,500	4,900	7,000
Hybrid 4d Sed (gas/elect).	500	1,500	2,500	6,250	8,750	12,500
Si 2d HBk	430	1,280	2,140	5,350	7,490	10,700
NOTE: Deduct 5% for manual transmission, except Si.						
2004 Accord, 4-cyl. & V-6						
LX 2d Cpe.	290	860	1,440	3,600	5,040	7,200
EX 2d Cpe	330	980	1,640	4,100	5,740	8,200
DX 4d Sed (4-cyl. only).	270	800	1,340	3,350	4,690	6,700
LX 4d Sed.	330	980	1,640	4,100	5,740	8,200
EX 4d Sed	410	1,220	2,040	5,100	7,140	10,200
NOTE: Deduct 5% for manual transmission.						
2004 Insight Hybrid, 3-cyl.						
2d HBk (gas/elect)	480	1,440	2,400	5,400	8,400	12,000
2004 S2000, 4-cyl.						
2d Rds	880	2,640	4,400	11,000	15,400	22,000
NOTE: Add 5% for detachable HT.						
2005 Civic, 4-cyl.						
2d Value Cpe	240	720	1,200	3,000	4,200	6,000
2d HX Cpe	250	740	1,240	3,100	4,340	6,200
2d LX Cpe.	260	780	1,300	3,250	4,550	6,500
2d EX Cpe	270	800	1,340	3,350	4,690	6,700
4d DX Sed (5-Spd)	220	660	1,100	2,750	3,850	5,500
4d Value Sed	240	720	1,200	3,000	4,200	6,000
4d LX Sed.	260	780	1,300	3,250	4,550	6,500
4d EX Sed	280	840	1,400	3,500	4,900	7,000
4d Hybrid Sed (gas/elect).	500	1,500	2,500	6,250	8,750	12,500
2d Si HBk (5-Spd).	430	1,280	2,140	5,350	7,490	10,700
NOTE: Deduct 5% for manual transmission, except DX sedan and Si hatchback.						
2005 Accord, 4-cyl. & V-6						
2d LX Cpe.	290	860	1,440	3,600	5,040	7,200
2d SE Cpe	310	920	1,540	3,850	5,390	7,700
2d EX Cpe	330	980	1,640	4,100	5,740	8,200
4d DX Sed	270	800	1,340	3,350	4,690	6,700
4d LX Sed.	330	980	1,640	4,100	5,740	8,200
4d EX Sed	410	1,220	2,040	4,590	7,140	10,200
4d Hybrid Sed (gas/elect, V-6 only)	550	1,640	2,740	6,850	9,590	13,700
NOTE: Deduct 5% for manual transmission. Add 10% for V-6, exept Hybrid model.						
2005 Insight Hybrid, 3-cyl.						
2d HBk (gas/elect)	480	1,440	2,400	6,000	8,400	12,000
2005 S2000, 4-cyl., 6-Spd.						
2d Rds	880	2,640	4,400	11,000	15,400	22,000
NOTE: Add 5% for detachable HT.						
2006 Insight Hybrid, 1.0L 3-cyl.						
2d Hbk	480	1,430	2,380	5,950	8,330	11,900
2006 Civic, 2.0L 4-cyl.						
4d DX Sed	370	1,120	1,860	4,650	6,510	9,300
2d DX Cpe	360	1,090	1,810	4,530	6,340	9,050
4d LX Sed.	410	1,240	2,070	5,180	7,250	10,350
2d LX Cpe.	400	1,210	2,020	5,050	7,070	10,100
4d EX Sed	450	1,350	2,250	5,630	7,880	11,250
2d EX Cpe	440	1,310	2,180	5,450	7,630	10,900
2d Si Cpe	520	1,550	2,580	6,450	9,030	12,900
4d GX Sed	520	1,570	2,620	6,550	9,170	13,100
2006 Civic, 1.3L Hybrid 4-cyl.						
4d Sed	440	1,330	2,210	5,530	7,740	11,050
2006 Accord, 2.4L 4-cyl.						
4d VP Sed.	430	1,280	2,140	5,350	7,490	10,700
4d LX Sed.	470	1,420	2,360	5,900	8,260	11,800
2d LX Cpe.	420	1,260	2,100	5,250	7,350	10,500

	6	5	4	3	2	1
4d SE Sed	480	1,430	2,390	5,980	8,370	11,950
4d EX Sed	510	1,540	2,560	6,400	8,960	12,800
2d EX Cpe	440	1,310	2,180	5,450	7,630	10,900

NOTE: Add 5% for 3.0L VTEC V-6.

2006 Accord, 3.0L V-6 Hybrid

	6	5	4	3	2	1
4d Sed	570	1,720	2,870	7,180	10,050	14,350

2006 S2000, 2.2L 4-cyl.

	6	5	4	3	2	1
2d Conv	700	2,090	3,490	8,730	12,220	17,450

NOTE: Add 5% for hardtop.

2007 FIT, 1.5L 4-cyl.

	6	5	4	3	2	1
2d HBk	370	1,120	1,860	4,650	6,510	9,300
2d Spt HBk	400	1,190	1,990	4,980	6,970	9,950

2007 Civic, 1.8L/2.0L 4-cyl.

	6	5	4	3	2	1
4d DX Sed	340	1,030	1,720	4,300	6,020	8,600
4d LX Sed	410	1,240	2,060	5,150	7,210	10,300
2d LX Cpe	410	1,220	2,040	5,100	7,140	10,200
4d EX Sed	440	1,330	2,210	5,530	7,740	11,050
2d EX Cpe	440	1,330	2,220	5,550	7,770	11,100
4d DX Cpe	320	960	1,600	3,990	5,580	7,975
4d Si Sed	580	1,730	2,880	7,200	10,080	14,400
2d Si Cpe	590	1,760	2,930	7,330	10,260	14,650
2d GX Sed	530	1,580	2,630	6,580	9,210	13,150
2d EX Cpe	440	1,330	2,220	5,550	7,770	11,100

2007 Civic, 1.3L Hybrid 4-cyl.

	6	5	4	3	2	1
4d Sed	410	1,230	2,050	5,130	7,180	10,250

2007 Accord, 2.4L 4-cyl.

	6	5	4	3	2	1
4d VP Sed	390	1,160	1,940	4,850	6,790	9,700
4d LX Sed	440	1,310	2,180	5,450	7,630	10,900
2d LX Cpe	390	1,180	1,970	4,930	6,900	9,850
4d SE Sed	470	1,400	2,340	5,850	8,190	11,700
4d EX Sed	570	1,700	2,830	7,080	9,910	14,150
2d EX Cpe	490	1,460	2,430	6,080	8,510	12,150

NOTE: Add 5% for 3.0L VTEC V-6.

2007 Accord, 3.0L V-6 Hybrid

	6	5	4	3	2	1
4d Sed	700	2,100	3,500	8,750	12,250	17,500

2007 S2000, 2.2L 4-cyl.

	6	5	4	3	2	1
2d Conv	810	2,440	4,060	10,150	14,210	20,300

NOTE: Add 5% for hardtop.

2008 Fit, 1.5L 4-cyl VTEC

	6	5	4	3	2	1
2d Hbk	390	1,170	1,950	4,880	6,830	9,750

2008 FIT, 1.5L 4-cyl VTEC

	6	5	4	3	2	1
2d Spt Hbk	400	1,190	1,990	4,980	6,970	9,950

2008 Civic, 1.8L/2.0L I4 VTEC

	6	5	4	3	2	1
4d DX Sed	360	1,080	1,800	4,500	6,300	9,000
4d LX Sed	430	1,280	2,140	5,350	7,490	10,700
2d LX Cpe	420	1,250	2,090	5,230	7,320	10,450
4d EX Sed	490	1,460	2,430	6,080	8,510	12,150
2d EX Cpe	500	1,510	2,510	6,280	8,790	12,550
4d EX-L Sed	490	1,480	2,470	6,180	8,650	12,350
2d EX-L Cpe	500	1,500	2,500	6,250	8,750	12,500

2008 Civic, 1.0L I4 VTEC

	6	5	4	3	2	1
4d DX Cpe	320	970	1,620	4,050	5,670	8,100

2008 Civic, 2.0L I4 VTEC

	6	5	4	3	2	1
4d Si Sed	530	1,600	2,670	6,680	9,350	13,350
2d Si Cpe	520	1,570	2,620	6,550	9,170	13,100
4d Mugen Sed	750	2,250	3,750	9,380	13,130	18,760
4d Mugen Sed	750	2,250	3,750	9,380	13,130	18,760

2008 Civic, 1.3L Hybrid I4

	6	5	4	3	2	1
4d Sed	420	1,260	2,100	5,250	7,350	10,500

2008 Civic, 1.3L I4 NCV

	6	5	4	3	2	1
4d GX Sed	480	1,450	2,420	6,050	8,470	12,100

2008 Accord, 2.4L I4

	6	5	4	3	2	1
4d LX Sed	470	1,420	2,360	5,900	8,260	11,800
4d LX-P Sed	500	1,510	2,520	6,300	8,820	12,600
2d LX-S Cpe	460	1,390	2,320	5,800	8,120	11,600
4d EX Sed	590	1,780	2,970	7,430	10,400	14,850
2d EX Cpe	530	1,580	2,630	6,580	9,210	13,150
2d EX Cpe	530	1,580	2,630	6,580	9,210	13,150
4d EX-L Sed	630	1,880	3,130	7,830	10,960	15,650
2d EX-L Cpe	580	1,730	2,880	7,200	10,080	14,400

Add 5% 3.5L VTEC V6.

2008 S2000, 2.2L I4

	6	5	4	3	2	1
2d Conv	890	2,660	4,440	11,100	15,540	22,200
2d CR Conv	970	2,900	4,840	12,100	16,940	24,200

Add 5% for hardtop.

2009 FIT, 1.5L 4-cyl VTEC

	6	5	4	3	2	1
2d Hbk	340	1,020	1,700	4,250	5,950	8,500
2d Spt Hbk	360	1,080	1,800	4,500	6,300	9,000
2d Spt VSA Hbk	390	1,160	1,940	4,850	6,790	9,700

	6	5	4	3	2	1
2009 Civic, 1.8L/2.0L I4 VTEC						
4d DX Sed	320	960	1,600	4,000	5,600	8,000
4d VP Sed	360	1,080	1,800	4,500	6,300	9,000
4d LX Sed	390	1,160	1,940	4,850	6,790	9,700
2d LX Cpe	380	1,140	1,900	4,750	6,650	9,500
4d LX-S Sed	400	1,190	1,980	4,950	6,930	9,900
4d EX Sed	430	1,280	2,140	5,350	7,490	10,700
2d EX Cpe	430	1,280	2,140	5,350	7,490	10,700
4d EX-L Sed	440	1,310	2,180	5,450	7,630	10,900
2d EX-L Cpe	430	1,300	2,160	5,400	7,560	10,800
2009 Civic, 1.8L I4 VTEC						
4d DX Cpe	300	900	1,500	3,750	5,250	7,500
2009 Civic, 2.0L I4 VTEC						
4d Si Sed	500	1,500	2,500	6,250	8,750	12,500
2d Si Cpe	490	1,480	2,460	6,150	8,610	12,300
2009 Civic, 1.3L Hybrid I4						
4d Sed	340	1,030	1,720	4,300	6,020	8,600
2009 Civic, 1.3L I4 NGV						
4d GX Sed	400	1,190	1,980	4,950	6,930	9,900
2009 Accord, 2.4L I4 VTEC						
4d LX Sed	430	1,280	2,140	5,350	7,490	10,700
4d LX-P Sed	440	1,320	2,200	5,500	7,700	11,000
2d LX-S Cpe	420	1,250	2,080	5,200	7,280	10,400
4d EX Sed	480	1,440	2,400	6,000	8,400	12,000
2d EX Cpe	460	1,370	2,280	5,700	7,980	11,400
4d EX-L Sed	510	1,520	2,540	6,350	8,890	12,700
2d EX-L Cpe	490	1,480	2,460	6,150	8,610	12,300
Add 5% for 3.5L VTEC V6.						
2009 S2000, 2.2L I4						
2d Conv	850	2,540	4,240	10,600	14,840	21,200
2d CR Conv	900	2,700	4,500	11,250	15,750	22,500
Add 5% for hardtop.						
2010 FIT, 1.5L 4-cyl VTEC						
4d Hbk	380	1,150	1,920	4,800	6,720	9,600
4d Spt Hbk	410	1,240	2,060	5,150	7,210	10,300
4d Spt VSA Hbk	430	1,290	2,150	5,380	7,530	10,750
2010 Insight, 1.3L 4-cyl VTEC Hybrid						
4d LX Hbk	350	1,060	1,770	4,410	6,180	8,825
4d EX Hbk	380	1,150	1,910	4,780	6,690	9,550
2010 Civic, 1.7L/2.0L I4 VTEC						
4d DX Sed	330	990	1,650	4,110	5,760	8,225
4d VP Sed	380	1,130	1,890	4,710	6,600	9,425
4d LX Sed	410	1,230	2,050	5,130	7,180	10,250
2d LX Cpe	400	1,190	1,980	4,950	6,930	9,900
4d LX-S Sed	420	1,260	2,100	5,250	7,350	10,500
4d EX Sed	450	1,350	2,250	5,630	7,880	11,250
2d EX Cpe	440	1,330	2,220	5,550	7,770	11,100
4d EX-L Sed	470	1,410	2,350	5,880	8,230	11,750
2d EX-L Cpe	460	1,380	2,300	5,750	8,050	11,500
2010 Civic, 1.8L I4 VTEC						
4d DX Cpe	310	920	1,530	3,830	5,360	7,650
4d Si Sed	540	1,620	2,700	6,750	9,450	13,500
2d Si Cpe	530	1,600	2,670	6,680	9,350	13,350
2010 Civic, 1.3L Hybrid I4						
4d Sed	380	1,130	1,880	4,700	6,580	9,400
2010 Civic, 1.8L I4 NGV						
4d GX Sed	440	1,310	2,180	5,450	7,630	10,900
2010 Accord, 2.4L I4 VTEC						
4d LX Sed	460	1,380	2,300	5,750	8,050	11,500
4d LX-P Sed	480	1,430	2,390	5,980	8,370	11,950
2d LX-S Cpe	470	1,420	2,360	5,900	8,260	11,800
4d EX Sed	520	1,570	2,610	6,530	9,140	13,050
2d EX Cpe	500	1,510	2,510	5,650	8,790	12,550
4d EX-L Sed	550	1,660	2,770	6,930	9,700	13,850
4d EX-L Cpe	550	1,660	2,770	6,930	9,700	13,850
NOTE: Add 5% for 3.5L VTEC V6.						
2011 CR-Z, 1.5L 4-cyl VTEC Hybrid						
2d Cpe	290	880	1,460	3,290	5,110	7,300
2d Cpe	290	880	1,460	3,650	5,110	7,300
2d EX Cpe	300	900	1,500	3,750	5,250	7,500
2011 Fit, 1.5L 4-cyl VTEC						
4d Hbk	290	880	1,470	3,680	5,150	7,350
4d Spt Hbk	340	1,010	1,680	4,200	5,880	8,400
2011 Insight, 1.3L 4-cyl VTEC Hybrid						
4d LX Hbk	280	830	1,380	3,450	4,830	6,900
4d EX Hbk	300	900	1,500	3,750	5,250	7,500
2011 Civic, 1.8L/2.0L I4 VTEC						
4d DX Sed	300	900	1,500	3,750	5,250	7,500
4d VP Sed	280	850	1,420	3,550	4,970	7,100

HONDA

	6	5	4	3	2	1
4d LX Sed.	310	940	1,560	3,900	5,460	7,800
2d LX Cpe.	290	860	1,440	3,600	5,040	7,200
4d LX-S Sed	450	1,360	2,260	5,650	7,910	11,300
4d EX Sed	360	1,070	1,780	4,450	6,230	8,900
4d EX Cpe	310	1,020	1,700	4,250	5,950	8,500

2011 Civic, 1.3L Hybrid I4

	6	5	4	3	2	1
4d Sed	320	960	1,600	4,000	5,600	8,000

2011 Accord, 2.4L I4 VTEC

	6	5	4	3	2	1
4d LX Sed	380	1,140	1,900	4,750	6,650	9,500
4d LX-P Sed	380	1,150	1,920	4,800	6,720	9,600
2d LX-S Cpe	370	1,120	1,860	4,650	6,510	9,300
4d SE Sed	360	1,090	1,820	4,550	6,370	9,100
4d EX Sed	410	1,240	2,070	5,180	7,250	10,350
2d EX Cpe	400	1,190	1,980	4,950	6,930	9,900
4d EX-L Sed	430	1,300	2,170	5,430	7,600	10,850
2d EX-L Cpe.	450	1,360	2,260	5,650	7,910	11,300

HYUNDAI

1993 Excel, 4-cyl.

	6	5	4	3	2	1
2d HBk	150	450	750	1,710	2,650	3,800
4d Sed	150	450	800	1,760	2,750	3,900
2d GS HBk	150	450	800	1,760	2,750	3,900
4d GL Sed	150	500	800	1,800	2,800	4,000

1993 Scoupe, 4-cyl.

	6	5	4	3	2	1
2d Cpe	150	500	850	1,890	2,950	4,200
2d LS Cpe.	150	500	850	1,940	3,000	4,300
2d Turbo Cpe	200	550	900	2,030	3,150	4,500

1993 Elantra, 4-cyl.

	6	5	4	3	2	1
4d Sed	200	550	900	2,030	3,150	4,500
4d GLS Sed	200	550	900	2,070	3,200	4,600

1993 Sonata, 4-cyl.

	6	5	4	3	2	1
4d Sed	200	550	900	2,070	3,200	4,600
4d GLS Sed	200	550	950	2,120	3,300	4,700
4d Sed, V-6	200	550	950	2,120	3,300	4,700
4d GLS Sed V-6	200	600	950	2,160	3,350	4,800

1994 Excel, 4-cyl.

	6	5	4	3	2	1
2d HBk	150	450	750	1,710	2,650	3,800
2d GS HBk	150	450	800	1,760	2,750	3,900
4d GL Sed	150	500	800	1,800	2,800	4,000

1994 Scoupe, 4-cyl.

	6	5	4	3	2	1
2d Cpe	150	500	850	1,890	2,950	4,200
2d LS Cpe.	150	500	850	1,940	3,000	4,300
2d Turbo Cpe	200	550	900	2,030	3,150	4,500

1994 Elantra, 4-cyl.

	6	5	4	3	2	1
4d Sed	200	550	900	2,030	3,150	4,500
4d GLS Sed	200	550	900	2,070	3,200	4,600

1994 Sonata, 4-cyl.

	6	5	4	3	2	1
4d Sed	200	550	900	2,070	3,200	4,600
4d GLS Sed	200	550	950	2,120	3,300	4,700
4d Sed (V-6)	200	550	950	2,120	3,300	4,700
4d GLS Sed (V-6)	200	600	950	2,160	3,350	4,800

1995 Accent, 4-cyl.

	6	5	4	3	2	1
2d L HBk.	150	400	700	1,580	2,450	3,500
2d HBk	150	450	750	1,710	2,650	3,800
4d Sed	150	500	800	1,800	2,800	4,000

1995 Scoupe, 4-cyl.

	6	5	4	3	2	1
2d Cpe	150	500	850	1,890	2,950	4,200
2d LS Cpe.	150	500	850	1,940	3,000	4,300
2d Turbo Cpe	200	550	900	2,030	3,150	4,500

1995 Elantra, 4-cyl.

	6	5	4	3	2	1
4d Sed	200	550	900	2,030	3,150	4,500
4d GLS Sed	200	550	900	2,070	3,200	4,600

1995 Sonata, 4-cyl.

	6	5	4	3	2	1
4d Sed	200	550	900	2,070	3,200	4,600
4d GL Sed	200	550	950	2,120	3,300	4,700
4d GL Sed (V-6)	200	600	950	2,160	3,350	4,800
4d GLS Sed (V-6)	200	600	1,000	2,210	3,450	4,900

1996 Accent, 4-cyl.

	6	5	4	3	2	1
2d L HBk.	150	400	700	1,580	2,450	3,500
2d HBk	150	450	750	1,710	2,650	3,800
2d GT HBk	150	500	800	1,850	2,850	4,100
4d Sed	150	500	800	1,800	2,800	4,000

1996 Elantra, 4-cyl.

	6	5	4	3	2	1
4d Sed	200	550	900	2,030	3,150	4,500
4d GLS Sed	200	550	900	2,070	3,200	4,600
4d Sta Wag	200	600	1,000	2,210	3,450	4,900
4d GLS Sta Wag	200	600	1,000	2,250	3,500	5,000

1996 Sonata, 4-cyl.

	6	5	4	3	2	1
4d Sed	200	550	900	2,070	3,200	4,600

HYUNDAI

	6	5	4	3	2	1
4d GL Sed	200	550	950	2,120	3,300	4,700
4d GL Sed (V-6)	200	600	950	2,160	3,350	4,800
4d GLS Sed (V-6)	200	600	1,000	2,210	3,450	4,900
1997 Accent, 4-cyl.						
2d L HBk.	140	420	700	1,580	2,450	3,500
2d GS HBk	152	456	760	1,710	2,660	3,800
2d GT HBk	164	492	820	1,850	2,870	4,100
4d GL Sed	160	480	800	1,800	2,800	4,000
1997 Elantra, 4-cyl.						
4d Sed	180	540	900	2,030	3,150	4,500
4d GLS Sed	184	552	920	2,070	3,220	4,600
4d Sta Wag.	196	588	980	2,210	3,430	4,900
4d GLS Sta Wag.	200	600	1,000	2,250	3,500	5,000
1997 Tiburon, 4-cyl.						
2d Cpe	180	540	900	2,030	3,150	4,500
2d FX Cpe	192	576	960	2,160	3,360	4,800
1997 Sonata, 4-cyl.						
4d Sed	184	552	920	2,070	3,220	4,600
4d GL Sed	188	564	940	2,120	3,290	4,700
4d GL Sed (V-6)	192	576	960	2,160	3,360	4,800
4d GLS Sed (V-6)	196	588	980	2,210	3,430	4,900
1998 Accent, 4-cyl.						
2d L HBk.	140	420	700	1,580	2,450	3,500
2d GS HBk	150	460	760	1,710	2,660	3,800
2d GSi HBk	160	490	820	1,850	2,870	4,100
4d GL Sed	160	480	800	1,800	2,800	4,000
1998 Elantra, 4-cyl.						
4d Sed	180	540	900	2,030	3,150	4,500
4d GLS Sed	180	550	920	2,070	3,220	4,600
4d Sta Wag.	200	590	980	2,210	3,430	4,900
4d GLS Sta Wag.	200	600	1,000	2,250	3,500	5,000
1998 Tiburon, 4-cyl.						
2d Cpe	180	540	900	2,030	3,150	4,500
2d FX Cpe	190	580	960	2,160	3,360	4,800
1998 Sonata, 4-cyl.						
4d Sed	180	550	920	2,070	3,220	4,600
4d GL Sed	190	560	940	2,120	3,290	4,700
4d GL Sed (V-6)	190	580	960	2,160	3,360	4,800
4d GLS Sed (V-6)	200	590	980	2,210	3,430	4,900
1999 Accent, 4-cyl.						
2d L HBk.	140	420	700	1,580	2,450	3,500
2d GS HBk	150	460	760	1,710	2,660	3,800
4d GL Sed	160	480	800	1,800	2,800	4,000
1999 Elantra, 4-cyl.						
4d Sed	180	540	900	2,030	3,150	4,500
4d GLS Sed	180	550	920	2,070	3,220	4,600
4d Sta Wag.	200	590	980	2,210	3,430	4,900
4d GLS Sta Wag.	200	600	1,000	2,250	3,500	5,000
1999 Triburon, 4-cyl.						
2d Cpe	180	540	900	2,030	3,150	4,500
2d FX Cpe	190	580	960	2,160	3,360	4,800
1999 Sonata, V-6						
4d Sed (4-cyl)	180	550	920	2,070	3,220	4,600
4d GL Sed	190	580	960	2,160	3,360	4,800
4d GLS Sed	200	590	980	2,210	3,430	4,900
2000 Accent, 4-cyl.						
2d L HBk.	140	420	700	1,580	2,450	3,500
2d GS HBk	150	460	760	1,710	2,660	3,800
4d GL Sed	160	480	800	1,800	2,800	4,000
2000 Elantra, 4-cyl.						
4d GLS Sed	180	550	920	2,070	3,220	4,600
4d GLS Sta Wag.	200	600	1,000	2,250	3,500	5,000
2000 Tiburon, 4-cyl.						
2d Cpe	180	540	900	2,030	3,150	4,500
2000 Sonata, V-6						
4d Sed (4-cyl.)	180	550	920	2,070	3,220	4,600
4d GL Sed	190	580	960	2,160	3,360	4,800
4d GLS Sed	200	590	980	2,210	3,430	4,900
2001 Accent, 4-cyl.						
2d L HBk.	140	420	700	1,750	2,450	3,500
2d GS HBk	150	460	760	1,900	2,660	3,800
4d GL Sed	160	480	800	2,000	2,800	4,000
2001 Elantra, 4-cyl.						
4d GLS Sed	180	550	920	2,300	3,220	4,600
4d GT HBk	200	600	1,000	2,500	3,500	5,000
2001 Tiburon, 4-cyl.						
2d Cpe	180	540	900	2,250	3,150	4,500
2001 Sonata, V-6						
4d Sed (4-cyl.)	180	550	920	2,300	3,220	4,600

HYUNDAI

	6	5	4	3	2	1 549
4d GLS Sed	200	590	980	2,450	3,430	4,900
2001 XG300, V-6						
4d Sed	200	600	1,000	2,500	3,500	5,000
4d L Sed	220	660	1,100	2,750	3,850	5,500
2002 Accent, 4-cyl.						
2d L HBk	140	420	700	1,750	2,450	3,500
2d GS HBk	150	460	760	1,900	2,660	3,800
4d GL Sed	160	480	800	2,000	2,800	4,000
2002 Elantra, 4-cyl.						
4d GLS Sed	180	550	920	2,300	3,220	4,600
4d GT HBk	200	600	1,000	2,500	3,500	5,000
2002 Tiburon, 4-cyl.						
NOTE: Tiburon was not offered in 2002, but returned mid-year as a 2003 model.						
2002 Sonata, V-6						
4d Sed	180	550	920	2,300	3,220	4,600
4d GLS Sed	200	590	980	2,450	3,430	4,900
4d LX Sed	210	620	1,040	2,600	3,640	5,200
NOTE: Deduct 5% on base sed if equipped with 4-cyl.						
2002 XG350, V-6						
4d Sed	200	600	1,000	2,500	3,500	5,000
4d L Sed	220	660	1,100	2,750	3,850	5,500
2003 Accent, 4-cyl.						
2d HBk	140	420	700	1,750	2,450	3,500
2d GL HBk	150	460	760	1,900	2,660	3,800
4d GL Sed	160	480	800	2,000	2,800	4,000
2003 Elantra, 4-cyl.						
4d GLS Sed	180	550	920	2,300	3,220	4,600
4d GT Sed	190	580	960	2,400	3,360	4,800
4d GT HBk	200	600	1,000	2,500	3,500	5,000
2003 Tiburon, 4-cyl.						
2d Cpe	200	610	1,020	2,550	3,570	5,100
2d GT Cpe (V-6)	290	800	1,440	3,600	5,040	7,200
2003 Sonata, 4-cyl. & V-6						
4d Sed	180	550	920	2,300	3,220	4,600
4d GLS Sed (V-6 only)	200	590	980	2,450	3,430	4,900
4d LX Sed (V-6 only)	210	620	1,040	2,600	3,640	5,200
2003 XG350, V-6						
4d Sed	200	600	1,000	2,500	3,500	5,000
4d L Sed	220	660	1,100	2,750	3,850	5,500
2004 Accent, 4-cyl.						
2d HBk	140	420	700	1,750	2,450	3,500
GL 2d HBk	150	460	760	1,900	2,660	3,800
GT 2d HBk	160	470	780	1,950	2,730	3,900
GL 4d Sed	160	480	800	2,000	2,800	4,000
2004 Elantra, 4-cyl.						
GLS 4d Sed	180	550	920	2,300	3,220	4,600
GT 4d Sed	190	580	960	2,400	3,360	4,800
GT 4d HBk	180	530	880	1,980	3,080	4,400
2004 Tiburon, 4-cyl.						
2d Cpe	200	610	1,020	2,550	3,570	5,100
GT 2d Cpe (V-6 only)	290	860	1,440	3,600	5,040	7,200
2004 Sonata, 4-cyl. & V-6						
4d Sed	180	550	920	2,300	3,220	4,600
GLS 4d Sed (V-6 only)	200	590	980	2,450	3,430	4,900
LX 4d Sed (V-6 only)	210	620	1,040	2,600	3,640	5,200
2004 XG350, V-6						
4d Sed	200	600	1,000	2,500	3,500	5,000
L 4d Sed	220	660	1,100	2,750	3,850	5,500
NOTE: Deduct 5% for manual transmission on all models, except base Accent HBk.						
2005 Accent, 4-cyl.						
2d GLS HBk	150	460	760	1,900	2,660	3,800
2d GT HBk	160	470	780	1,950	2,730	3,900
4d GLS Sed	160	490	820	2,050	2,870	4,100
NOTE: Deduct 5% for manual transmission.						
2005 Elantra, 4-cyl.						
4d GLS HBk	170	520	860	2,150	3,010	4,300
4d GT HBk	180	530	880	2,200	3,080	4,400
4d GLS Sed	180	550	920	2,300	3,220	4,600
4d GT Sed	190	580	960	2,400	3,360	4,800
NOTE: Deduct 5% for manual transmission.						
2005 Tiburon, V-6						
2d GS Cpe (4-cyl. only)	260	780	1,300	3,250	4,550	6,500
2d GT Cpe	290	860	1,440	3,600	5,040	7,200
2d SE Cpe (6-Spd)	300	890	1,480	3,700	5,180	7,400
NOTE: Deduct 5% for manual transmission, except SE coupe.						
2005 Sonata, V-6						
4d GL Sed	190	560	940	2,350	3,290	4,700
4d GLS Sed	200	590	980	2,450	3,430	4,900

HYUNDAI

	6	5	4	3	2	1
4d LX Sed. 210	620	1,040	2,600	3,640	5,200
NOTE: Deduct 5% for GL sedan equipped w/4-cyl. Deduct 5% for manual transmisison.					
2005 XG350, V-6						
4d Sed 200	600	1,000	2,250	3,500	5,000
4d L Sed 220	660	1,100	2,750	3,850	5,500
2006 Accent, 1.6L 4-cyl						
4d GLS Sed 220	670	1,120	2,790	3,900	5,575
2006 Elantra, 2.7L V-6						
4d GLS Sed 260	790	1,320	3,300	4,620	6,600
4d GLS Hbk 260	780	1,300	3,250	4,550	6,500
4d Ltd Sed 270	800	1,340	3,350	4,690	6,700
4d GT Hbk 290	870	1,450	3,630	5,080	7,250
2006 Tiburon, 2.0L 4-cyl.						
2d GS Cpe 310	920	1,530	3,830	5,360	7,650
2006 Tiburon, 2.7L V-6						
2d GT Cpe 330	990	1,650	4,130	5,780	8,250
2d Ltd Cpe 370	1,110	1,860	4,640	6,490	9,275
2d SE Cpe 370	1,100	1,840	4,600	6,440	9,200
2006 Sonata, 2.4L 4-cyl.						
4d GL Sed 330	980	1,630	4,080	5,710	8,150
2006 Sonata, 2.4L 4-cyl						
4d GLS Sed 340	1,020	1,710	4,260	5,970	8,525
2006 Sonata, 3.3L V-6						
4d LX Sed. 360	1,080	1,800	4,490	6,280	8,975
2006 Azera, 3.8L V-6						
4d SE Sed 380	1,130	1,890	4,730	6,620	9,450
4d Ltd Sed 430	1,300	2,170	5,430	7,600	10,850
2007 Accent, 1.6L 4-cyl.						
2d GS HBk 260	780	1,310	3,260	4,570	6,525
4d GLS Sed 280	850	1,420	3,550	4,970	7,100
2d SE HBk 300	910	1,520	3,790	5,300	7,575
2007 Elantra, 2.0L V-6						
4d GLS Sed 370	1,100	1,830	4,580	6,410	9,150
4d SE Sed 380	1,130	1,880	4,700	6,580	9,400
4d Ltd Sed 390	1,180	1,970	4,930	6,900	9,850
2007 Tiburon, 2.0L 4-cyl.						
2d GS Cpe 380	1,140	1,900	4,750	6,650	9,500
2007 Tiburon, 2.7L V-6						
2d GT Cpe 430	1,300	2,170	5,430	7,600	10,850
2d GT Ltd Cpe 510	1,530	2,550	6,380	8,930	12,750
2d SE Cpe 480	1,450	2,410	6,030	8,440	12,050
2007 Sonata, 2.4L 4-cyl.						
4d GLS Sed 400	1,190	1,990	4,980	6,970	9,950
2007 Sonata, 3.3L V-6						
4d SE Sed 410	1,240	2,070	5,180	7,250	10,350
4d Ltd Sed 490	1,480	2,460	6,150	8,610	12,300
2007 Azera, 3.8L V-6						
4d GLS Sed 410	1,220	2,030	5,080	7,110	10,150
4d SE Sed 410	1,240	2,060	5,150	7,210	10,300
4d Ltd Sed 450	1,350	2,250	5,630	7,880	11,250
2007 G35, 3.5L V-8						
2d Cpe 640	1,920	3,200	8,000	11,200	16,000
2008 Accent, 1.6L I4						
2d GS HBk 230	690	1,160	2,890	4,040	5,775
4d GLS Sed 270	800	1,330	3,330	4,660	6,650
2d SE HBk 290	860	1,440	3,600	5,040	7,200
2008 Elantra, 2.0L V6						
4d GLS Sed 320	950	1,590	3,580	5,570	7,950
4d SE Sed 340	1,020	1,700	3,810	5,930	8,475
2008 Tiburon, 2.0L I4						
2d GS Cpe 310	920	1,530	3,830	5,360	7,650
2008 Tiburon, 2.7L V6						
2d GT Cpe 350	1,040	1,740	4,340	6,070	8,675
2d GT Ltd Cpe 420	1,270	2,120	5,300	7,420	10,600
2d SE Cpe 390	1,180	1,960	4,900	6,860	9,800
2008 Sonata, 2.4L I4						
4d GLS Sed 340	1,010	1,680	4,190	5,860	8,375
2008 Sonata, 3.3L V6						
4d SE Sed 390	1,170	1,950	4,860	6,810	9,725
4d Ltd Sed 430	1,280	2,130	5,330	7,460	10,650
2008 Azera, 3.8L V6						
4d GLS Sed 360	1,070	1,780	4,440	6,210	8,875
4d Ltd Sed 410	1,240	2,070	5,180	7,250	10,350
2009 Accent, 1.6L I4						
2d GS HBk 230	690	1,160	2,890	4,040	5,775
4d GLS Sed 270	800	1,330	3,330	4,660	6,650
2d SE HBk 290	860	1,440	3,600	5,040	7,200

	6	5	4	3	2	1
2009 007 Elantra, 2.0L V6						
4d GLS Sed	320	950	1,590	3,980	5,570	7,950
4d SE Sed		340	1,020	1,700	4,240	5,930
8,475						
4d Touring Wagon	360	1,080	1,800	4,500	6,300	9,000
2009 Sonata, 2.4L I4						
4d GLS Sed	320	960	1,600	4,000	5,600	8,000
2009 Sonata, 3.3L V6						
4d SE Sed	390	1,170	1,950	4,860	6,810	9,725
4d Ltd Sed	430	1,280	2,130	5,330	7,460	10,650
2009 Azera, 3.3L/3.8L V6						
4d GLS Sed	350	1,060	1,760	4,400	6,160	8,800
4d Ltd Sed	400	1,200	2,000	5,000	7,000	10,000
2009 Genesis, 3.8L V6						
4d 3.8 Sed	520	1,560	2,600	6,500	9,100	13,000
Add $1,500 for Technology package.						
2009 Genesis, 4.6L V8						
4d 4.6 Sed	580	1,740	2,900	7,250	10,150	14,500
2010 Accent, 1.6L I4						
2d Blue HBk	210	620	1,030	2,320	3,610	5,150
2d GS HBk	250	760	1,270	2,850	4,430	6,325
4d GLS Sed	280	830	1,390	3,480	4,870	6,950
2d SE HBk	310	920	1,530	3,810	5,340	7,625
2010 Elantra, 2.0L V6						
4d Blue Sed	310	940	1,570	3,910	5,480	7,825
4d GLS Sed	350	1,050	1,760	4,390	6,140	8,775
4d SE Sed	370	1,120	1,860	4,650	6,510	9,300
4d GLS Touring Wagon	350	1,060	1,770	4,430	6,200	8,850
4d SE Touring Wagon	380	1,150	1,920	4,790	6,700	9,575
2010 Sonata, 2.4L I4						
4d GLS Sed	360	1,070	1,780	4,440	6,210	8,875
2010 Sonata, 3.3L V6						
4d SE Sed	420	1,270	2,110	5,280	7,390	10,550
4d Ltd Sed	460	1,370	2,280	5,700	7,980	11,400
2010 Avera, 3.3L/3.8L V6						
4d GLS Sed	400	1,190	1,980	4,950	6,930	9,900
4d Ltd Sed	480	1,450	2,410	6,030	8,440	12,050
2010 Genesis, 2.0L I4 Turbo						
2d 2.0T Cpe	470	1,400	2,340	5,850	8,190	11,700
2d 2.0T B-Spec Cpe	520	1,560	2,600	6,500	9,100	13,000
2d 2.0T B-Prem Cpe	510	1,540	2,570	6,430	9,000	12,850
2d 2.0T Track Cpe	510	1,540	2,560	6,400	8,960	12,800
2010 Genesis, 3.8L V6						
4d 3.8 Sed	580	1,730	2,880	7,200	10,080	14,400
2d 3.8 Sed	540	1,630	2,710	6,780	9,490	13,550
2d 3.8 GT	560	1,670	2,780	6,950	9,730	13,900
2d 3.8 Track Cpe	570	1,710	2,850	7,130	9,980	14,250
NOTE: Add $1,500 for Technology pkg.						
2010 Genesis, 4.6L V8						
4d 4.6 Sed	640	1,920	3,200	8,000	11,200	16,000
NOTE: Add $1,500 for Technology pkg.						
2011 Accent, 1.6L I4						
2d GL HBk	180	530	880	2,200	3,080	4,400
2d GS HBk	200	600	1,000	2,500	3,500	5,000
2011 Elantra, 2.0L V6						
4d GLS Touring Wagon	220	660	1,100	2,750	3,850	5,500
2011 Accent, 1.6L I4						
4d GLS Sed	220	660	1,100	2,750	3,850	5,500
2d SE HBk	240	720	1,200	3,000	4,200	6,000
2011 Elantra, 1.8L V6						
4d GLS Sed	290	860	1,440	3,600	5,040	7,200
4d Limited Sed	320	970	1,620	4,050	5,670	8,100
2011 Elantra, 2.0L V6						
4d GLS Touring Wagon	220	660	1,100	2,750	3,850	5,500
4d SE Touring Wagon	290	860	1,430	3,580	5,010	7,150
2011 Sonata, 2.4L I4						
4d GLS SED	330	980	1,630	4,080	5,710	8,150
4d SE Sed	360	1,070	1,780	4,440	6,210	8,875
4d Limited Sed	380	1,130	1,890	4,710	6,600	9,425
2011 Sonata, 2.4L I4 Hybrid						
4d Sed	340	1,010	1,680	4,200	5,880	8,400
2011 Azera, 3.3L/3.8L V6						
4d GLS Sed	340	1,020	1,700	4,250	5,950	8,500
4d Ltd Sed	360	1,090	1,820	4,550	6,370	9,100
2011 Genesis, 2.0L I4 Turbo						
2d 2.0T Cpe	340	1,030	1,720	4,300	6,020	8,600
2d 2.0T R-Spec Cpe	400	1,200	2,000	5,000	7,000	10,000
2d 2.0T Prem Cpe	400	1,190	1,980	4,950	6,930	9,900

HYUNDAI

	6	5	4	3	2	1
2011 Genesis, 3.8L V6						
4d 3.8 Sed	460	1,380	2,300	5,750	8,050	11,500
2d 3.9 R-Spec Cpe	420	1,270	2,110	5,280	7,390	10,550
2d 3.8 R-Spec Cpe	420	1,270	2,110	5,280	7,390	10,550
2d 3.8 GT Touring	450	1,360	2,260	5,650	7,910	11,300
2d 3.8 Track Cpe	480	1,450	2,420	6,050	8,470	12,100
Add $1,500 for Technology package.						
2011 Genesis, 4.6L V8						
4d 4.6 Sed	530	1,600	2,660	6,650	9,310	13,300
Add $1,500 for Technology package.						
2011 Equus, 4.6L V8						
4d Signature Sed	590	1,770	2,950	7,360	10,310	14,725
4d Ultimate Sed	630	1,880	3,130	7,830	10,960	15,650
INFINITI						
1990 Infiniti						
4d Sed Q45	680	2,040	3,400	7,650	11,900	17,000
2d Cpe M30	640	1,920	3,200	7,200	11,200	16,000
1991 Infiniti						
4d Sed G20	400	1,200	2,000	4,500	7,000	10,000
4d Sed Q45	720	2,160	3,600	8,100	12,600	18,000
4d Sed Q45A	740	2,220	3,700	8,330	12,950	18,500
2d Cpe M30	660	1,980	3,300	7,430	11,550	16,500
2d Conv M30	840	2,520	4,200	9,450	14,700	21,000
1992 G20, 4-cyl.						
4d Sed	400	1,200	2,000	4,500	7,000	10,000
1992 M30, V-6						
2d Cpe	640	1,920	3,200	7,200	11,200	16,000
2d Conv	800	2,400	4,000	9,000	14,000	20,000
1992 Q45, V-8						
4d Sed	770	2,300	3,840	8,640	13,440	19,200
4d Sed Active	780	2,340	3,900	8,780	13,650	19,500
1993 G20, 4-cyl.						
4d Sed	680	2,040	3,400	7,650	11,900	17,000
1993 J30, V-6						
4d Sed	760	2,280	3,800	8,550	13,300	19,000
1993 Q45, V-8						
4d Sed	880	2,640	4,400	9,900	15,400	22,000
4d Sed Active	960	2,880	4,800	10,800	16,800	24,000
1994 G20, 4-cyl.						
4d Sed	380	1,140	1,900	4,280	6,650	9,500
1994 J30, V-6						
4d Sed	560	1,680	2,800	6,300	9,800	14,000
1994 Q45, V-8						
4d Sed	680	2,040	3,400	7,650	11,900	17,000
4d Sed Active	700	2,100	3,500	7,880	12,250	17,500
1995 G20, 4-cyl.						
4d Sed	380	1,140	1,900	4,280	6,650	9,500
1995 J30, V-6						
4d Sed	560	1,680	2,800	6,300	9,800	14,000
1995 Q45, V-8						
4d Sed	680	2,040	3,400	7,650	11,900	17,000
4d Sed Active	700	2,100	3,500	7,880	12,250	17,500
1996 G20, 4-cyl.						
4d Sed	380	1,140	1,900	4,280	6,650	9,500
1996 I30, V-6						
4d Sed	480	1,440	2,400	5,400	8,400	12,000
1996 J30, V-6						
4d Sed	560	1,680	2,800	6,300	9,800	14,000
1996 Q45, V-8						
4d Sed	680	2,040	3,400	7,650	11,900	17,000
1997 I30, V-6						
4d Sed	480	1,440	2,400	5,400	8,400	12,000
1997 J30, V-6						
4d Sed	560	1,680	2,800	6,300	9,800	14,000
1997 Q45, V-8						
4d Sed	700	2,100	3,500	7,880	12,250	17,500
1998 I30, V-8						
4d Sed	480	1,440	2,400	5,400	8,400	12,000
NOTE: Add 5% for Touring Pkg.						
1998 Q45, V-8						
4d Sed	700	2,100	3,500	7,880	12,250	17,500
NOTE: Add 5% for Touring Pkg.						
1999 G20, 4-cyl.						
4d Sed	360	1,080	1,800	4,050	6,300	9,000
NOTE: Add 5% for Touring Pkg.						
1999 I30, V-6						
4d Sed	480	1,440	2,400	5,400	8,400	12,000
NOTE: Add 5% for Touring Pkg.						

HYUNDAI

	6	5	4	3	2	1
1999 Q45, V-8						
4d Sed	700	2,100	3,500	7,880	12,250	17,500
NOTE: Add 5% for Touring Pkg.						
2000 G20, 4-cyl.						
4d Sed	360	1,080	1,800	4,050	6,300	9,000
NOTE: Add 5% for Touring pkg.						
2000 I30, V-6						
4d Sed	500	1,500	2,500	5,630	8,750	12,500
NOTE: Add 5% for Touring pkg.						
2000 Q45, V-8						
4d Sed	700	2,100	3,500	7,880	12,250	17,500
NOTE: Add 5% for Touring pkg. Add 5% for Anniversary Ed.						
2001 G20, 4-cyl.						
4d Sed	360	1,080	1,800	4,050	6,300	9,000
NOTE: Add 5% for Touring pkg.						
2001 I30, V-6						
4d Sed	500	1,500	2,500	5,630	8,750	12,500
NOTE: Add 5% for Touring pkg.						
2001 Q45, V-8						
4d Sed	700	2,100	3,500	7,880	12,250	17,500
NOTE: Add 5% for Touring pkg. Add 5% for Luxury Ed.						
2002 G20, 4-cyl.						
4d Sed	360	1,080	1,800	4,500	6,300	9,000
NOTE: Add 5% for Sport pkg.						
2002 I35, V-6						
4d Sed	500	1,500	2,500	6,250	8,750	12,500
NOTE: Add 5% for Sport pkg.						
2002 Q45, V-8						
4d Sed	700	2,100	3,500	8,750	12,250	17,500
4d Premium Sed	740	2,220	3,700	9,250	12,950	18,500
NOTE: Add 5% for Sport pkg. except Premium model.						
2003 G35, V-6						
2d Cpe	670	2,020	3,360	8,400	11,760	16,800
4d Sed	520	1,560	2,600	6,500	9,100	13,000
2003 I35, V-6						
4d Sed	500	1,500	2,500	6,250	8,750	12,500
NOTE: Add 5% for Sport pkg.						
2003 M45, V-8						
4d Sed	600	1,790	2,980	7,450	10,430	14,900
2003 Q45, V-8						
4d Sed	700	2,100	3,500	8,750	12,250	17,500
4d Premium Sed	740	2,220	3,700	9,250	12,950	18,500
2004 G35, V-6						
2d Cpe	670	2,020	3,360	8,400	11,760	16,800
4d Sed	520	1,560	2,600	6,500	9,100	13,000
NOTE: Add 10% for AWD on sed. Deduct 5% for manual transmission on sed.						
2004 I35, V-6						
4d Sed	500	1,500	2,500	6,250	8,750	12,500
NOTE: Deduct 5% for manual transmission.						
2004 M45, V-8						
4d Sed	600	1,790	2,980	7,450	10,430	14,900
2004 Q45, V-8						
4d Sed	700	2,100	3,500	8,750	12,250	17,500
Premium 4d Sed	740	2,220	3,700	9,250	12,950	18,500
2005 G35, V-6						
2d Cpe	670	2,020	3,360	8,400	11,760	16,800
4d Sed	520	1,560	2,600	6,500	9,100	13,000
4d x Sed (AWD)	580	1,740	2,900	7,250	10,150	14,500
NOTE: Add 5% for Sport pkg, except models equipped w/6-spd. Deduct 5% for manual transmission.						
2005 Q45, V-8						
4d Sed	700	2,100	3,500	8,750	12,250	17,500
4d Premium Sed	740	2,220	3,700	9,250	12,950	18,500
2006 G35, 3.5L V-6						
4d Sed	610	1,820	3,030	7,580	10,610	15,150
4d X AWD Sed	630	1,890	3,150	7,980	11,030	15,750
2d Cpe	690	2,080	3,460	8,650	12,110	17,300
2006 M35, 3.5L V-6						
4d Sed	700	2,110	3,520	8,800	12,320	17,600
4d X AWD Sed	730	2,190	3,650	9,130	12,780	18,250
4d Spt Sed	720	2,170	3,610	9,030	12,640	18,050
NOTE: Add 5% for Premium package.						
2006 M45, 4.5L V-8						
4d Sed	740	2,220	3,700	9,250	12,950	18,500
4d Spt Sed	800	2,410	4,020	10,050	14,070	20,100
NOTE: Add 5% for Premium package.						
2006 Q45, 4.5L V-8						
4d Spt Sed	960	2,870	4,790	11,980	16,770	23,950
NOTE: Add 10% for Premium package.						

INFINITI

	6	5	4	3	2	1
2007 G35, 3.5L V-6						
4d Sed	620	1,870	3,110	7,780	10,890	15,550
4d Journey Sed	630	1,890	3,150	7,880	11,030	15,750
4d Spt Sed	650	1,960	3,260	8,150	11,410	16,300
4d X AWD Sed	640	1,920	3,200	8,000	11,200	16,000
2d Cpe	640	1,920	3,200	8,000	11,200	16,000
2007 M35, 3.5L V-6						
4d Sed	710	2,120	3,540	8,850	12,390	17,700
4d X AWD Sed	730	2,200	3,660	9,150	12,810	18,300
4d Spt Sed	680	2,040	3,400	8,500	11,900	17,000
NOTE: Add 5% for Premium Pkg.						
2007 M45, 4.5L V-8						
4d Sed	820	2,450	4,080	10,200	14,280	20,400
4d Spt Sed	850	2,560	4,260	10,650	14,910	21,300
NOTE: Add 5% for Premium pkg.						
2008 G35, 3.5L V6						
4d Sed	670	2,020	3,360	8,400	11,760	16,800
4d Journey Sed	680	2,030	3,390	8,480	11,870	16,950
4d Spt Sed	700	2,090	3,490	8,730	12,220	17,450
4d X AWD Sed	690	2,080	3,460	8,650	12,110	17,300
2008 G37, 3.7L V6						
2d Cpe	720	2,170	3,610	9,030	12,640	18,050
2d Journey Cpe	740	2,220	3,700	9,250	12,950	18,500
2d Spt Cpe	740	2,230	3,710	9,280	12,990	18,550
2008 M35, 3.5L V6						
4d Sed	730	2,200	3,670	9,180	12,850	18,350
4d X AWD Sed	760	2,290	3,810	9,530	13,340	19,050
Add 5% for Premium package.						
2008 M45, 4.5L V8						
4d Sed	810	2,420	4,030	10,080	14,110	20,150
4d Spt Sed	880	2,630	4,380	10,950	15,330	21,900
Add 5% for Premium package.						
2009 M37, 3.7L V6						
4d Sed	600	1,800	3,000	7,500	10,500	15,000
2d Cpe	620	1,870	3,120	7,800	10,920	15,600
2d Conv	18,600	740	2,230	3,720	9,300	13,020
4d Journey Sed	610	1,840	3,060	7,650	10,710	15,300
2d Journey Cpe	640	1,930	3,220	8,050	11,270	16,100
4d Spt Sed	640	1,910	3,180	7,950	11,130	15,900
2d Spt Cpe	670	2,020	3,360	8,400	11,760	16,800
2d Spt Conv	780	2,330	3,880	9,700	13,580	19,400
4d x AWD Sed	610	1,840	3,060	7,650	10,710	15,300
2d x AWD Cpe	640	1,920	3,200	8,000	11,200	16,000
2009 M35, 3.5L V6						
4d Sed	680	2,050	3,420	8,550	11,970	17,100
4d x AWD Sed	700	2,100	3,500	8,750	12,250	17,500
Add 5% for Premium package.						
2009 M45, 4.5L V8						
4d Sed	790	2,380	3,960	9,900	13,860	19,800
4d x AWD Sed	860	2,580	4,300	10,750	15,050	21,500
Add 5% for Premium package.						
2010 G37, 3.7L V6						
4d Sed	650	1,950	3,250	8,130	11,380	16,250
2d Cpe	700	2,090	3,490	8,730	12,220	17,450
4d Spt Sed	700	2,110	3,510	8,780	12,290	17,550
2d Spt Cpe	750	2,260	3,760	9,400	13,160	18,800
2d Spt Conv	900	2,700	4,500	11,250	15,750	22,500
4d Anniversary Sed	740	2,230	3,710	9,280	12,990	18,550
2d Anniversary Cpe	940	2,830	4,720	10,620	16,520	23,600
2d Anniversary Conv.	1,030	3,100	5,160	12,900	18,060	25,800
2d Conv	860	2,580	4,300	10,750	15,050	21,500
4d Journey Sed	660	1,990	3,310	8,280	11,590	16,550
2d Journey Cpe	720	2,170	3,610	9,030	12,640	18,050
4d X AWD Sed	660	1,990	3,310	8,280	11,590	16,550
2d X AWD Cpe	730	2,190	3,650	9,130	12,780	18,250
2010 M35, 3.5L V6						
4d Sed	760	2,270	3,780	9,450	13,230	18,900
4d X AWD Sed	760	2,280	3,800	9,500	13,300	19,000
2010 M45, 4.5L V8						
4d Sed	850	2,560	4,260	10,650	14,910	21,300
4d X AWD Sed	900	2,710	4,520	11,300	15,820	22,600
NOTE: Add 5% for Premium pkg.						
2011 G25, 2.57L V6						
4d Sed	430	1,280	2,140	5,350	7,490	10,700
4d Journey Sed	430	1,300	2,170	5,410	7,580	10,825
4d X AWD Sed	440	1,320	2,200	5,500	7,700	11,000
2011 G37, 3.7L V6						
2d Cpe	640	1,920	3,200	8,000	11,200	16,000

INFINITI

	6	5	4	3	2	1
2d Conv	540	1,620	2,700	6,750	9,450	13,500
4d Journey Sed	620	1,860	3,100	7,750	10,850	15,500
4d Journey Cpe	610	1,820	3,040	7,600	10,640	15,200
4d Spt Appearance ed	700	2,090	3,490	8,730	12,220	17,450
4d Spt Scd	700	2,110	3,510	8,780	12,290	17,550
2d Spt Cpe	750	2,260	3,760	9,400	13,160	18,800
2d Spt Conv	750	2,260	3,760	9,400	13,160	18,800
4d Ltd Ed Sed	800	2,400	4,000	10,000	14,000	20,000
4d X AWD Sed	610	1,820	3,040	7,600	10,640	15,200
2d X AWD Cpe	420	1,270	2,120	5,300	7,420	10,600
2d X AWD Spt Appearance	740	2,220	3,700	9,250	12,950	18,500
2011 G IPL, 3.7L V6						
2d Cpe	860	2,580	4,300	10,750	15,050	21,500
2011 M37, 3.57L V6						
4d Sed	620	1,870	3,120	7,800	10,920	15,600
4d x AWD Sed	640	1,910	3,180	7,950	11,130	15,900
2011 M56, 5.6L V8						
4d Sed	680	2,040	3,400	8,500	11,900	17,000
4d x AWD Sed	720	2,150	3,580	8,950	12,530	17,900
Add 5% for Premium Package						

ISUZU

	6	5	4	3	2	1
1961-65 Bellel 2000, 4-cyl., 1991cc, 99.6" wb						
Diesel 4d Sed	200	600	1,000	2,250	3,500	5,000
Diesel 4d Sta Wag	208	624	1,040	2,340	3,640	5,200
NOTE: An optional diesel engine DL200 was available.						
1966-80 Bellel 2000, 4-cyl., 1991cc, 99.6" wb						
NOTE: See detailed listings.						
1981-82 I-Mark, Gasoline, 4-cyl., 1817cc, 94.3" wb						
AT77B 2d DeL Cpe	180	540	900	2,030	3,150	4,500
AT69B 4d DeL Sed	180	540	900	2,030	3,150	4,500
AT77B 2d LS Cpe	192	576	960	2,160	3,360	4,800
1981-82 I-Mark, Diesel, 4-cyl., 1817cc, 94.3" wb						
AT77P 2d Cpe	160	480	800	1,800	2,800	4,000
AT77P 2d DeL Cpe	168	504	840	1,890	2,940	4,200
AT69P 4d DeL Sed	164	492	820	1,850	2,870	4,100
AT77P 2d LS Cpe	184	552	920	2,070	3,220	4,600
1983-85 I-Mark, Gasoline, 4-cyl., 1817cc, 94.3" wb						
T77 2d DeL Cpe	200	600	1,000	2,250	3,500	5,000
T69 4d DeL Sed	200	600	1,000	2,250	3,500	5,000
T77 2d LS Cpe	204	612	1,020	2,300	3,570	5,100
T69 4d LS Sed	204	612	1,020	2,300	3,570	5,100
1983-85 I-Mark, Diesel, 4-cyl., 1817cc, 94.3" wb						
T77 2d Cpe	212	636	1,060	2,390	3,710	5,300
1983-85 Impulse, 4-cyl., 1949cc, 96" wb						
2d Spt Cpe	280	840	1,400	3,150	4,900	7,000
1986 I-Mark, 4x4						
4d Sed	220	660	1,100	2,480	3,850	5,500
2d HBk	228	684	1,140	2,570	3,990	5,700
1986 Impulse						
2d Cpe	300	900	1,500	3,380	5,250	7,500
2d Turbo Cpe	320	960	1,600	3,600	5,600	8,000
1987 I-Mark, 4x4						
2d S HBk	224	672	1,120	2,520	3,920	5,600
2d HBk	232	696	1,160	2,610	4,060	5,800
2d RS Turbo HBk	248	744	1,240	2,790	4,340	6,200
4d S Sed	232	696	1,160	2,610	4,060	5,800
4d Scd	240	720	1,200	2,700	4,200	6,000
4d RS Turbo Sed	256	768	1,280	2,880	4,480	6,400
1987 Impulse						
2d RS Turbo Cpe	340	1,020	1,700	3,830	5,950	8,500
1988 I-Mark, 4x4						
2d S HBk	228	684	1,140	2,570	3,990	5,700
2d XS HBk	236	708	1,180	2,660	4,130	5,900
2d Turbo HBk	252	756	1,260	2,840	4,410	6,300
2d RS Turbo HBk	260	780	1,300	2,930	4,550	6,500
4d S Sed	232	696	1,160	2,610	4,060	5,800
4d XS Sed	240	720	1,200	2,700	4,200	6,000
4d Turbo Sed	256	768	1,280	2,880	4,480	6,400
4d LS Turbo Sed	264	792	1,320	2,970	4,620	6,600
1988 Impulse						
2d Cpe	340	1,020	1,700	3,830	5,950	8,500
2d Turbo Cpe	348	1,044	1,740	3,920	6,090	8,700
2d S Sta Wag	600	1,800	3,000	6,750	10,500	15,000
4d S Sta Wag	620	1,860	3,100	6,980	10,850	15,500
4d Ltd Sta Wag	640	1,920	3,200	7,200	11,200	16,000
1989 I-Mark						
2d S HBk	228	684	1,140	2,570	3,990	5,700
2d XS HBk	236	708	1,180	2,660	4,130	5,900

	6	5	4	3	2	1
2d RS HBk 16V	256	768	1,280	2,880	4,480	6,400
4d S Sed	232	696	1,160	2,610	4,060	5,800
4d XS Sed	236	708	1,180	2,660	4,130	5,900
4d RS Sed 16V	260	780	1,300	2,930	4,550	6,500
4d LS Turbo Sed	264	792	1,320	2,970	4,620	6,600
1989 Impulse						
2d Cpe	340	1,020	1,700	3,830	5,950	8,500
2d Turbo Cpe	352	1,056	1,760	3,960	6,160	8,800
1990 Impulse, 4x4						
2d XS 2 plus 2 Cpe	356	1,068	1,780	4,010	6,230	8,900
1990 Amigo						
2d S SUV	352	1,056	1,760	3,960	6,160	8,800
2d XS SUV	356	1,068	1,780	4,010	6,230	8,900
2d S SUV 4x4	552	1,656	2,760	6,210	9,660	13,800
2d XS SUV 4x4	556	1,668	2,780	6,260	9,730	13,900
1990 Trooper						
2d RS Sta Wag	600	1,800	3,000	6,750	10,500	15,000
4d S Sta Wag	620	1,860	3,100	6,980	10,850	15,500
1991 Stylus						
4d S Sed	144	432	720	1,620	2,520	3,600
4d XS Sed	160	480	800	1,800	2,800	4,000
1991 Impulse						
2d XS Cpe	200	600	1,000	2,250	3,500	5,000
2d RS Turbo Cpe	240	720	1,200	2,700	4,200	6,000
1992 Stylus, 4-cyl.						
4d S Sed	180	540	900	2,030	3,150	4,500
4d RS Sed	200	600	1,000	2,250	3,500	5,000
1992 Impulse, 4-cyl.						
2d XS HBk	220	660	1,100	2,480	3,850	5,500
2d XS Cpe	220	660	1,100	2,480	3,850	5,500
2d RS Cpe 4x4	300	900	1,500	3,380	5,250	7,500
1993 Stylus, 4-cyl.						
4d S Sed	140	420	700	1,580	2,450	3,500

JAGUAR

	6	5	4	3	2	1
1946-48 3.5 Litre, 6-cyl., 125 hp, 120" wb						
Conv Cpe	5,960	17,880	29,800	67,050	104,300	149,000
Saloon	2,260	6,780	11,300	25,430	39,550	56,500
1949 Mk V, 6-cyl., 125 hp, 120" wb						
Conv Cpe	5,960	17,880	29,800	67,050	104,300	149,000
Saloon	2,260	6,780	11,300	25,430	39,550	56,500
1950 Mk V, 6-cyl., 160 hp, 120" wb						
Saloon	2,260	6,780	11,300	25,430	39,550	56,500
Conv Cpe	5,960	17,880	29,800	67,050	104,300	149,000
1950 XK-120, 6-cyl., 160 hp, 102" wb						
Rds	5,800	17,400	29,000	65,250	101,500	145,000
NOTE: Some XK-120 models delivered as early 1949 models, use 1950 prices.						
1951 Mk VII, 6-cyl., 160 hp, 120" wb						
Saloon	1,660	4,980	8,300	18,680	29,050	41,500
1951 XK-120, 6-cyl., 160 hp, 102" wb						
Rds	5,800	17,400	29,000	65,250	101,500	145,000
Cpe	3,480	10,440	17,400	39,150	60,900	87,000
1952 Mk VII, 6-cyl., 160 hp, 120" wb, (twin-cam)						
Std Sed	1,580	4,740	7,900	17,780	27,650	39,500
DeL Sed	1,620	4,860	8,100	18,230	28,350	40,500
1952 XK-120S (modified), 160 hp, 102" wb						
Rds	5,800	17,400	29,000	65,250	101,500	145,000
Cpe	3,480	10,440	17,400	39,150	60,900	87,000
1952 XK-120, 6-cyl., 160 hp, 102" wb						
Rds	5,800	17,400	29,000	65,250	101,500	145,000
Cpe	3,480	10,440	17,400	39,150	60,900	87,000
1953 Mk VII, 6-cyl., 160 hp, 120" wb						
Std Sed	1,580	4,740	7,900	17,780	27,650	39,500
1953 XK-120S (modified), 6-cyl., 160 hp, 102" wb						
Rds	5,800	17,400	29,000	65,250	101,500	145,000
Cpe	3,480	10,440	17,400	39,150	60,900	87,000
Conv	3,960	11,880	19,800	44,550	69,300	99,000
1953 XK-120, 6-cyl., 160 hp, 102" wb						
Rds	5,600	16,800	28,000	63,000	98,000	140,000
Cpe	3,480	10,440	17,400	39,150	60,900	87,000
Conv	3,960	11,880	19,800	44,550	69,300	99,000
1954 Mk VII, 6-cyl., 160 hp, 120" wb						
Sed	1,580	4,740	7,900	17,780	27,650	39,500
1954 XK-120S (modified), 6-cyl., 102" wb						
Rds	5,800	17,400	29,000	65,250	101,500	145,000
Cpe	3,480	10,440	17,400	39,150	60,900	87,000
Conv	3,960	11,880	19,800	44,550	69,300	99,000
1954 XK-120, 6-cyl., 160 hp, 102" wb						
Rds	5,800	17,400	29,000	65,250	101,500	145,000

	6	5	4	3	2	1
Cpe	3,480	10,440	17,400	39,150	60,900	87,000
Conv	3,960	11,880	19,800	44,550	69,300	99,000

1955 Mk VII M, 6-cyl., 190 hp, 120" wb

	6	5	4	3	2	1
Saloon	1,580	4,740	7,900	17,780	27,650	39,500

1955 XK-140, 6-cyl., 190 hp, 102" wb

	6	5	4	3	2	1
Cpe	3,100	9,300	15,500	34,880	54,250	77,500
Rds	5,280	15,840	26,400	59,400	92,400	132,000
Conv	3,700	11,100	18,500	41,630	64,750	92,500

1955 XK-140M, 6-cyl., 190 hp, 102" wb

	6	5	4	3	2	1
Cpe	3,100	9,300	15,500	34,880	54,250	77,500
Rds	5,280	15,840	26,400	59,400	92,400	132,000
Conv	3,700	11,100	18,500	41,630	64,750	92,500

1955 XK-140MC, 6-cyl., 210 hp, 102" wb

	6	5	4	3	2	1
Cpe	3,900	11,700	19,500	43,880	68,250	97,500
Rds	7,480	22,440	37,400	84,150	130,900	187,000
Conv	5,580	16,740	27,900	62,780	97,650	139,500

1956 Mk VII M, 6-cyl., 190 hp, 120" wb

	6	5	4	3	2	1
Saloon	1,580	4,740	7,900	17,780	27,650	39,500

1956 XK-140, 6-cyl., 190 hp, 102" wb

	6	5	4	3	2	1
Cpe	2,680	8,040	13,400	30,150	46,900	67,000
Rds	5,000	15,000	25,000	56,250	87,500	125,000
Conv	3,600	10,800	18,000	40,500	63,000	90,000

1956 XK-140M, 6-cyl., 190 hp, 102" wb

	6	5	4	3	2	1
Cpe	3,100	9,300	15,500	34,880	54,250	77,500
Rds	5,280	15,840	26,400	59,400	92,400	132,000
Conv	3,700	11,100	18,500	41,630	64,750	92,500

1956 XK-140MC, 6-cyl., 210 hp, 102" wb

	6	5	4	3	2	1
Cpe	3,900	11,700	19,500	43,880	68,250	97,500
Rds	7,480	22,440	37,400	84,150	130,900	187,000
Conv	5,580	16,740	27,900	62,780	97,650	139,500

1956 2.4 Litre, 6-cyl., 112 hp, 108" wb

	6	5	4	3	2	1
Sed	1,500	4,500	7,500	16,880	26,250	37,500

1956 3.4 Litre, 6-cyl., 210 hp, 108" wb

	6	5	4	3	2	1
Sed	1,540	4,620	7,700	17,330	26,950	38,500

1956 Mk VIII, 6-cyl., 210 hp, 120" wb

	6	5	4	3	2	1
Lux Sed	1,620	4,860	8,100	18,230	28,350	40,500

NOTE: 3.4 Litre available 1957 only. Mk VIII luxury sedan available 1957

1957 Mk VIII, 6-cyl., 210 hp, 102" wb

	6	5	4	3	2	1
Saloon	1,130	3,400	5,670	12,760	19,850	28,350

1957 XK-140, 6-cyl., 190 hp, 102" wb

	6	5	4	3	2	1
Cpe	2,680	8,040	13,400	30,150	46,900	67,000
Rds	5,000	15,000	25,000	56,250	87,500	125,000
Conv	3,600	10,800	18,000	40,500	63,000	90,000

1957 XK-150, 6-cyl., 190 hp, 102" wb

	6	5	4	3	2	1
Cpe	3,160	9,480	15,800	35,550	55,300	79,000
Rds	5,680	17,040	28,400	63,900	99,400	142,000
Conv	3,960	11,880	19,800	44,550	69,300	99,000

1957 2.4 Litre, 6-cyl., 112 hp, 108" wb

	6	5	4	3	2	1
Sed	1,500	4,500	7,500	16,880	26,250	37,500

1957 3.4 Litre, 6-cyl., 210 hp, 108" wb

	6	5	4	3	2	1
Sed	1,540	4,620	7,700	17,330	26,950	38,500

1958 3.4 Litre, 6-cyl., 210 hp, 108" wb

	6	5	4	3	2	1
Sed	1,540	4,620	7,700	17,330	26,950	38,500

1958 XK-150, 6-cyl., 190 hp, 120" wb

	6	5	4	3	2	1
Cpe	3,160	9,480	15,800	35,550	55,300	79,000
Rds	5,680	17,040	28,400	63,900	99,400	142,000
Conv	3,900	11,000	19,000	44,550	60,300	00,000

1958 XK-150S, 6-cyl., 250 hp, 102" wb

	6	5	4	3	2	1
Rds	7,020	21,060	35,100	78,980	122,850	175,500

1958 Mk VIII, 6-cyl., 210 hp, 120" wb

	6	5	4	3	2	1
Saloon	1,660	4,980	8,300	18,680	29,050	41,500

1959-60 XK-150, 6-cyl., 210 hp, 102" wb

	6	5	4	3	2	1
Cpe	3,160	9,480	15,800	35,550	55,300	79,000
Rds	5,680	17,040	28,400	63,900	99,400	142,000
Conv	3,960	11,880	19,800	44,550	69,300	99,000

1959-60 XK-150SE, 6-cyl., 210 hp, 102" wb

	6	5	4	3	2	1
Cpe	3,400	10,200	17,000	38,250	59,500	85,000
Rds	6,000	18,000	30,000	67,500	105,000	150,000
Conv	4,200	12,600	21,000	47,250	73,500	105,000

1959-60 XK-150S, 6-cyl., 250 hp, 102" wb

	6	5	4	3	2	1
Rds	7,000	21,000	35,000	78,750	122,500	175,000

1959-60 3.4 Litre, 6-cyl., 210 hp, 108" wb

	6	5	4	3	2	1
Sed	1,540	4,620	7,700	17,330	26,950	38,500

1959-60 Mk IX, 6-cyl., 220 hp, 120" wb

	6	5	4	3	2	1
Sed	1,700	5,100	8,500	19,130	29,750	42,500

NOTE: Some factory prices increase for 1960.

1961 XK-150, 6-cyl., 210 hp, 102" wb

	6	5	4	3	2	1
Cpe	3,160	9,480	15,800	35,550	55,300	79,000

JAGUAR

	6	5	4	3	2	1
Conv	3,960	11,880	19,800	44,550	69,300	99,000
1961 XKE, 6-cyl., 265 hp, 96" wb						
Rds	6,000	18,000	30,000	67,500	105,000	150,000
Cpe	3,360	10,080	16,800	37,800	58,800	84,000
1961 3.8 Litre Mk II, 6-cyl., 265 hp, 108" wb						
Sed	1,940	5,820	9,700	21,830	33,950	48,500
1961 Mk IX, 6-cyl., 265 hp, 120" wb						
Sed	1,700	5,100	8,500	19,130	29,750	42,500
1962 XKE, 6-cyl., 265 hp, 96" wb						
Rds	6,000	18,000	30,000	67,500	105,000	150,000
Cpe	3,360	10,080	16,800	37,800	58,800	84,000
1962 3.8 Litre Mk II, 6-cyl., 265 hp, 108" wb						
Sed	1,940	5,820	9,700	21,830	33,950	48,500
1962 Mk X, 6-cyl., 265 hp, 120" wb						
Sed	1,100	3,300	5,500	12,380	19,250	27,500
1963 XKE, 6-cyl., 265 hp, 96" wb						
Rds	4,200	12,600	21,000	47,250	73,500	105,000
Cpe	3,360	10,080	16,800	37,800	58,800	84,000
1963 3.8 Litre Mk II, 6-cyl., 265 hp, 108" wb						
Sed	1,940	5,820	9,700	21,830	33,950	48,500
1963 Mk X, 6-cyl., 265 hp, 120" wb						
Sed	1,100	3,300	5,500	12,380	19,250	27,500
1964 XKE, 6-cyl., 265 hp, 96" wb						
Rds	6,000	18,000	30,000	67,500	105,000	150,000
Cpe	3,360	10,080	16,800	37,800	58,800	84,000
1964 Model 3.8 Liter Mk II, 6-cyl., 108" wb						
4d Sed	1,940	5,820	9,700	21,830	33,950	48,500
1964 Model Mk X, 6-cyl., 265 hp, 120" wb						
4d Sed	1,100	3,300	5,500	12,380	19,250	27,500
1965 XKE 4.2, 6-cyl., 265 hp, 96" wb						
Rds	6,000	18,000	30,000	67,500	105,000	150,000
Cpe	3,360	10,080	16,800	37,800	58,800	84,000
1965 Model Mk X 4.2						
4d Sed	1,100	3,300	5,500	12,380	19,250	27,500
1965 Model 3.8 Mk II						
4d Sed	1,940	5,820	9,700	21,830	33,950	48,500
S Sed	1,200	3,600	6,000	13,500	21,000	30,000
1966 XKE 4.2, 6-cyl., 265 hp, 96" wb						
Rds	6,000	18,000	30,000	67,500	105,000	150,000
Cpe	3,360	10,080	16,800	37,800	58,800	84,000
1966 Model Mk X 4.2						
4d Sed	1,000	3,000	5,000	11,250	17,500	25,000
1966 Model 3.8 Mk II						
4d Sed	2,740	8,220	13,700	30,830	47,950	68,500
S 4d Sed	1,200	3,600	6,000	13,500	21,000	30,000
1967 XKE 4.2, 6-cyl., 265 hp, 96" wb						
Rds	6,000	18,000	30,000	67,500	105,000	150,000
Cpe	3,360	10,080	16,800	37,800	58,800	84,000
2 plus 2 Cpe	2,080	6,240	10,400	23,400	36,400	52,000
1967 420, 6-cyl., 255 hp, 108" wb						
4d Sed	1,540	4,620	7,700	17,330	26,950	38,500
1967 340, 6-cyl., 225 hp, 108" wb						
4d Sed	1,340	4,020	6,700	15,080	23,450	33,500
1967 420 G, 6-cyl., 245 hp, 107" wb						
4d Sed	1,420	4,260	7,100	15,980	24,850	35,500
1968 Model XKE 4.2, 245 hp, 96" wb						
Rds	6,000	18,000	30,000	67,500	105,000	150,000
Cpe	3,360	10,080	16,800	37,800	58,800	84,000
2 plus 2 Cpe	2,080	6,240	10,400	23,400	36,400	52,000
1969 Model XKE, 246 hp, 96" wb						
Rds	4,800	14,400	24,000	54,000	84,000	120,000
Cpe	2,760	8,280	13,800	31,050	48,300	69,000
2 plus 2 Cpe	1,800	5,400	9,000	20,250	31,500	45,000
1969 Model XJ, 246 hp, 96" wb						
4d Sed	800	2,400	4,000	9,000	14,000	20,000
1970 Model XKE, 246 hp, 96" wb						
Rds	4,800	14,400	24,000	54,000	84,000	120,000
Cpe	2,760	8,280	13,800	31,050	48,300	69,000
2 plus 2 Cpe	1,800	5,400	9,000	20,250	31,500	45,000
1970 Model XJ, 246 hp, 96" wb						
4d Sed	800	2,400	4,000	9,000	14,000	20,000
1971 Model XKE, 246 hp, 96" wb						
Rds	4,800	14,400	24,000	54,000	84,000	120,000
Cpe	2,760	8,280	13,800	31,050	48,300	69,000
V-12 2 plus 2 Cpe	1,600	4,800	8,000	18,000	28,000	40,000
V-12 Conv	5,160	15,480	25,800	58,050	90,300	129,000
1971 Model XJ, 246 hp, 96" wb						
4d Sed	800	2,400	4,000	9,000	14,000	20,000

JAGUAR

	6	5	4	3	2	1
1972 Model XKE V-12, 272 hp, 105" wb						
Rds	5,160	15,480	25,800	58,050	90,300	129,000
2 plus 2 Cpe	1,600	4,800	8,000	18,000	28,000	40,000
1972 Model XJ6, 186 hp, 108.9" wb						
4d Sed	720	2,160	3,600	8,100	12,600	18,000
1973 Model XKE V-12, 272 hp, 105" wb						
Rds	5,160	15,480	25,800	58,050	90,300	129,000
2 plus 2 Cpe	1,760	5,280	8,800	19,800	30,800	44,000
1973 Model XJ, 186 hp, 108.9" wb						
4d XJ6	680	2,040	3,400	7,650	11,900	17,000
4d XJ12	840	2,520	4,200	9,450	14,700	21,000
1974 Model XKE V-12, 272 hp, 105" wb						
Rds	4,800	14,400	24,000	54,000	84,000	120,000
1974 Model XJ						
4d XJ6	640	1,920	3,200	7,200	11,200	16,000
4d XJ6 LWB	680	2,040	3,400	7,650	11,900	17,000
4d XJ12L	800	2,400	4,000	9,000	14,000	20,000
1975 Model XJ6						
C Cpe	800	2,400	4,000	9,000	14,000	20,000
4d L Sed	640	1,920	3,200	7,200	11,200	16,000
1975 Model XJ12						
C Cpe	880	2,640	4,400	9,900	15,400	22,000
4d L Sed	720	2,160	3,600	8,100	12,600	18,000
1976 Model XJ6						
C Cpe	800	2,400	4,000	9,000	14,000	20,000
4d L Sed	640	1,920	3,200	7,200	11,200	16,000
1976 Model XJ12						
C Cpe	880	2,640	4,400	9,900	15,400	22,000
4d L Sed	720	2,160	3,600	8,100	12,600	18,000
1976 Model XJS						
2 plus 2 Cpe	800	2,400	4,000	9,000	14,000	20,000
1977 Model XJ6						
C Cpe	800	2,400	4,000	9,000	14,000	20,000
4d L Sed	640	1,920	3,200	7,200	11,200	16,000
1977 Model XJ12L						
4d Sed	720	2,160	3,600	8,100	12,600	18,000
1977 Model XJS						
GT 2 plus 2 Cpe	800	2,400	4,000	9,000	14,000	20,000
1978 Model XJ6L						
4d Sed	640	1,920	3,200	7,200	11,200	16,000
1978 Model XJ12L						
4d Sed	720	2,160	3,600	8,100	12,600	18,000
1978 Model XJS						
Cpe	800	2,400	4,000	9,000	14,000	20,000
1979 Model XJ6						
4d Sed	600	1,800	3,000	6,750	10,500	15,000
4d Sed Series III	640	1,920	3,200	7,200	11,200	16,000
1979 Model XJ12						
4d Sed	720	2,160	3,600	8,100	12,600	18,000
1979 Model XJS						
Cpe	800	2,400	4,000	9,000	14,000	20,000
1980 Model XJS						
4d Sed XJ6	600	1,800	3,000	6,750	10,500	15,000
2d XJS 2 plus 2 Cpe	840	2,520	4,200	9,450	14,700	21,000
1981 Model XJS						
4d XJ6 Sed	600	1,800	3,000	6,750	10,500	15,000
2d XJS Cpe	840	2,520	4,200	9,450	14,700	21,000
1982 Model XJS						
4d XJ6 Sed	600	1,800	3,000	6,750	10,500	15,000
Vanden Plas 4d XJ6 Sed	760	2,280	3,800	8,550	13,300	19,000
2d XJS Cpe	840	2,520	4,200	9,450	14,700	21,000
1983 Model XJS						
4d XJ6 Sed	600	1,800	3,000	6,750	10,500	15,000
Vanden Plas 4d XJ6 Sed	760	2,280	3,800	8,550	13,300	19,000
2d XJS Cpe	840	2,520	4,200	9,450	14,700	21,000
1984 Model XJS						
4d XJ6 Sed	600	1,800	3,000	6,750	10,500	15,000
Vanden Plas 4d XJ6 Sed	760	2,280	3,800	8,550	13,300	19,000
2d XJS Cpe	840	2,520	4,200	9,450	14,700	21,000
1985 Model XJ6						
4d Sed	600	1,800	3,000	6,750	10,500	15,000
Vanden Plas 4d Sed	760	2,280	3,800	8,550	13,300	19,000
1985 Model XJS						
2d Cpe	840	2,520	4,200	9,450	14,700	21,000
1986 Model XJ6						
4d Sed	600	1,800	3,000	6,750	10,500	15,000
Vanden Plas 4d Sed	760	2,280	3,800	8,550	13,300	19,000

JAGUAR

JAGUAR

	6	5	4	3	2	1
1986 Model XJS						
2d Cpe	840	2,520	4,200	9,450	14,700	21,000
1987 Model XJ6						
4d Sed	600	1,800	3,000	6,750	10,500	15,000
Vanden Plas 4d Sed	760	2,280	3,800	8,550	13,300	19,000
1987 Model XJS						
2d Cpe	880	2,640	4,400	9,900	15,400	22,000
2d Cpe Cabr	1,000	3,000	5,000	11,250	17,500	25,000
1988 Model XJ6						
4d Sed	680	2,040	3,400	7,650	11,900	17,000
1988 Model XJS						
2d Cpe	880	2,640	4,400	9,900	15,400	22,000
2d Cpe Cabr	1,000	3,000	5,000	11,250	17,500	25,000
2d Conv	1,080	3,240	5,400	12,150	18,900	27,000
1989 Model XJ6						
4d Sed	720	2,160	3,600	8,100	12,600	18,000
1989 Model XJS						
2d Cpe	920	2,760	4,600	10,350	16,100	23,000
2d Conv	1,120	3,360	5,600	12,600	19,600	28,000
1990 Model XJ6						
4d Sed	760	2,280	3,800	8,550	13,300	19,000
4d Sovereign Sed	800	2,400	4,000	9,000	14,000	20,000
Vanden Plas 4d Sed	840	2,520	4,200	9,450	14,700	21,000
4d Majestic Sed	880	2,640	4,400	9,900	15,400	22,000
1990 Model XJS						
2d Cpe	920	2,760	4,600	10,350	16,100	23,000
2d Conv	1,120	3,360	5,600	12,600	19,600	28,000
NOTE: Add 10% for Collection Rouge Ed.						
1991 Model XJ6						
4d Sed	760	2,280	3,800	8,550	13,300	19,000
4d Sovereign Sed	800	2,400	4,000	9,000	14,000	20,000
Vanden Plas 4d Sed	840	2,520	4,200	9,450	14,700	21,000
1991 Model XJS						
2d Cpe	900	2,750	4,600	10,350	16,100	23,000
2d Conv	1,120	3,360	5,600	12,600	19,600	28,000
1992 Model XJ6						
4d Sed	800	2,400	4,000	9,000	14,000	20,000
4d Sovereign Sed	850	2,500	4,200	9,450	14,700	21,000
Vanden Plas 4d Sed	880	2,640	4,400	9,900	15,400	22,000
4d Majestic Sed	900	2,750	4,600	10,350	16,100	23,000
1992 Model XJS						
2d Cpe	960	2,880	4,800	10,800	16,800	24,000
2d Conv	1,160	3,480	5,800	13,050	20,300	29,000
1993 Model XJ6						
4d Sed	840	2,520	4,200	9,450	14,700	21,000
Vanden Plas 4d Sed	880	2,640	4,400	9,900	15,400	22,000
1993 Model XJS, V-12						
2d Cpe	960	2,880	4,800	10,800	16,800	24,000
2d Conv	1,160	3,480	5,800	13,050	20,300	29,000
NOTE: Deduct 10% for 6-cyl.						
1994 XJ6, 6-cyl.						
4d Sed	840	2,520	4,200	9,450	14,700	21,000
Vanden Plas 4d Sed	880	2,640	4,400	9,900	15,400	22,000
4d Sed XJ12	1,000	3,000	5,000	11,250	17,500	25,000
1994 XJS						
2d Cpe, 6-cyl.	860	2,580	4,300	9,680	15,050	21,500
2d Cpe, V-12	960	2,880	4,800	10,800	16,800	24,000
2d Conv, 6-cyl.	1,040	3,120	5,200	11,700	18,200	26,000
2d Conv, V-12	1,160	3,480	5,800	13,050	20,300	29,000
1995 XJ6, 6-cyl. & V-12						
4d Sed	840	2,520	4,200	9,450	14,700	21,000
Vanden Plas 4d Sed	880	2,640	4,400	9,900	15,400	22,000
4d XJR Sed (supercharged)	940	2,820	4,700	10,580	16,450	23,500
4d XJ12 Sed	1,000	3,000	5,000	11,250	17,500	25,000
1995 XJS, 6-cyl. & V-12						
2d Cpe, 6-cyl.	900	2,700	4,500	10,130	15,750	22,500
2d Cpe, V-12	1,000	3,000	5,000	11,250	17,500	25,000
2d Conv, 6-cyl.	1,080	3,240	5,400	12,150	18,900	27,000
2d Conv, V-12	1,200	3,600	6,000	13,500	21,000	30,000
1996 XJ6, 6-cyl.						
4d Sed	840	2,520	4,200	9,450	14,700	21,000
Vanden Plas 4d Sed	880	2,640	4,400	9,900	15,400	22,000
XJR 4d Sed (supercharged)	940	2,820	4,700	10,580	16,450	23,500
1996 XJ12, V-12						
XJ12 4d Sed	1,000	3,000	5,000	11,250	17,500	25,000
1996 XJS, 6-cyl.						
2d Conv	1,080	3,240	5,400	12,150	18,900	27,000
1997 XJ6, 6-cyl.						
4d Sed	840	2,520	4,200	9,450	14,700	21,000

	6	5	4	3	2	1
L 4d Sed	860	2,580	4,300	9,680	15,050	21,500
Vanden Plas 4d Sed	880	2,640	4,400	9,900	15,400	22,000
XJR 4d Sed (supercharged)	940	2,820	4,700	10,580	16,450	23,500
1997 XK8, V-8						
2d Cpe	980	2,940	4,900	11,030	17,150	24,500
2d Conv	1,160	3,480	5,800	13,050	20,300	29,000
1998 XJ8, V-8						
4d Sed	880	2,640	4,400	9,900	15,400	22,000
L 4d Sed	900	2,700	4,500	10,130	15,750	22,500
Vanden Plas 4d Sed	920	2,760	4,600	10,350	16,100	23,000
XJR 4d Sed (supercharged)	960	2,880	4,800	10,800	16,800	24,000
1998 XK8, V-8						
2d Cpe	1,020	3,060	5,100	11,480	17,850	25,500
2d Conv	1,200	3,600	6,000	13,500	21,000	30,000
1999 XJ8, V-8						
4d Sed	760	2,280	3,800	8,550	13,300	19,000
L 4d Sed	800	2,400	4,000	9,000	14,000	20,000
Vanden Plas 4d Sed	840	2,520	4,200	9,450	14,700	21,000
XJR 4d Sed (supercharged)	1,040	3,120	5,200	11,700	18,200	26,000
1999 XK8, V-8						
2d Cpe	1,020	3,060	5,100	11,480	17,850	25,500
2d Conv	1,200	3,600	6,000	13,500	21,000	30,000
2000 S-type, V-8						
4d Sed 3.0 (V-6)	760	2,280	3,800	8,550	13,300	19,000
4d Sed 4.0	800	2,400	4,000	9,000	14,000	20,000
2000 XJ8, V-8						
4d Sed	820	2,460	4,100	9,230	14,350	20,500
L 4d Sed	860	2,580	4,300	9,680	15,050	21,500
Vanden Plas 4d Sed	900	2,700	4,500	10,130	15,750	22,500
XJR 4d Sed (supercharged)	1,100	3,300	5,500	12,380	19,250	27,500
2000 XK8, V-8						
2d Cpe	1,060	3,180	5,300	11,930	18,550	26,500
2d Conv	1,200	3,600	6,000	13,500	21,000	30,000
2d XKR Cpe (supercharged)	1,300	3,900	6,500	14,630	22,750	32,500
2d XKR Conv (supercharged)	1,380	4,140	6,900	15,530	24,150	34,500
2001 S-type, V-8						
4d Sed 3.0 (V-6)	760	2,280	3,800	9,500	13,300	19,000
4d Sed 4.0	800	2,400	4,000	10,000	14,000	20,000
2001 XJ8, V-8						
4d Sed	820	2,460	4,100	10,250	14,350	20,500
L 4d Sed	860	2,580	4,300	10,750	15,050	21,500
Vanden Plas 4d Sed	900	2,700	4,500	11,250	15,750	22,500
XJR 4d Sed (supercharged)	1,100	3,300	5,500	13,750	19,250	27,500
NOTE: Add 10% for supercharged Vanden Plas model.						
2001 XK8, V-8						
2d Cpe	1,060	3,180	5,300	13,250	18,550	26,500
2d Conv	1,200	3,600	6,000	15,000	21,000	30,000
2d XKR Cpe (supercharged)	1,300	3,900	6,500	16,250	22,750	32,500
2d XKR Conv (supercharged)	1,380	4,140	6,000	17,250	24,150	34,500
NOTE: Add 10% for XKR Silverstone Ed.						
2002 X-type, V-6, AWD						
4d Sed 2.5	480	1,440	2,400	6,000	8,400	12,000
4d Sed 2.5 Sport	500	1,500	2,500	6,250	8,750	12,500
4d Sed 3.0	540	1,620	2,700	6,750	9,450	13,500
4d Sed 3.0 Sport	560	1,680	2,800	7,000	9,800	14,000
2002 S-type, V-6 & V-8						
4d Sed 3.0	600	1,800	3,000	7,500	10,500	15,000
4d Sed 3.0 Sport	620	1,860	3,100	7,750	10,850	15,500
4d Sed 4.0	640	1,920	3,200	8,000	11,200	16,000
4d Sed 4.0 Sport	660	1,980	3,300	8,250	11,550	16,500
2002 XJ8, V-8						
4d Sed	820	2,460	4,100	10,250	14,350	20,500
Sport 4d Sed	860	2,580	4,300	10,750	15,050	21,500
Vanden Plas 4d Sed	900	2,700	4,500	11,250	15,750	22,500
XJR 4d Sed (supercharged)	1,100	3,300	5,500	13,750	19,250	27,500
Super V8 4d Sed	1,140	3,420	5,700	14,250	19,950	28,500
2002 XK8, V-8						
2d Cpe	1,060	3,180	5,300	13,250	18,550	26,500
2d Conv	1,200	3,600	6,000	15,000	21,000	30,000
2d XKR Cpe (supercharged)	1,300	3,900	6,500	16,250	22,750	32,500
2d XKR Conv (supercharged)	1,380	4,140	6,900	17,250	24,150	34,500
2003 X-type, V-6, AWD						
4d Sed 2.5	480	1,440	2,400	6,000	8,400	12,000
4d Sed 2.5 Sport	500	1,500	2,500	6,250	8,750	12,500
4d Sed 3.0	540	1,620	2,700	6,750	9,450	13,500
4d Sed 3.0 Sport	560	1,680	2,800	7,000	9,800	14,000
2003 S-type, V-6 & V-8						
4d Sed 3.0	600	1,800	3,000	7,500	10,500	15,000
4d Sed 3.0 Sport	620	1,860	3,100	7,750	10,850	15,500

	6	5	4	3	2	1
4d Sed 4.2	640	1,920	3,200	8,000	11,200	16,000
4d Sed 4.2 Sport	660	1,980	3,300	8,250	11,550	16,500
4d Sed 4.2 R	790	2,380	3,960	9,900	13,860	19,800
2003 XJ8, V-8						
4d Sed	820	2,460	4,100	10,250	14,350	20,500
Sport 4d Sed	860	2,580	4,300	10,750	15,050	21,500
Vanden Plas 4d Sed	900	2,700	4,500	11,250	15,750	22,500
XJR 4d Sed (supercharged)	1,100	3,300	5,500	13,750	19,250	27,500
Super V8 4d Sed	1,140	3,420	5,700	14,250	19,950	28,500
2003 XK8, V-8						
2d Cpe	1,060	3,180	5,300	13,250	18,550	26,500
2d Conv	1,200	3,600	6,000	15,000	21,000	30,000
2d XKR Cpe (supercharged)	1,300	3,900	6,500	16,250	22,750	32,500
2d XKR Conv (supercharged)	1,380	4,140	6,900	17,250	24,150	34,500
2004 X-type, V-6, AWD						
2.5 4d Sed	480	1,440	2,400	6,000	8,400	12,000
3.0 4d Sed	540	1,620	2,700	6,750	9,450	13,500
3.0 Sport 4d Sed	560	1,680	2,800	7,000	9,800	14,000
2004 S-type, V-6 & V-8						
3.0 4d Sed	600	1,800	3,000	7,500	10,500	15,000
3.0 Sport 4d Sed	620	1,860	3,100	7,750	10,850	15,500
4.2 4d Sed	640	1,920	3,200	8,000	11,200	16,000
4.2 Sport 4d Sed	660	1,980	3,300	8,250	11,550	16,500
4.2 R 4d Sed	790	2,380	3,960	9,900	13,860	19,800
2004 XJ8, V-8						
4d Sed	820	2,460	4,100	10,250	14,350	20,500
Vanden Plas 4d Sed	900	2,700	4,500	11,250	15,750	22,500
XJR 4d Sed (supercharged)	1,100	3,300	5,500	13,750	19,250	27,500
2004 XK8, V-8						
2d Cpe	1,060	3,180	5,300	13,250	18,550	26,500
2d Conv	1,200	3,600	6,000	15,000	21,000	30,000
XKR 2d Cpe (supercharged)	1,300	3,900	6,500	16,250	22,750	32,500
XKR 2d Conv (supercharged)	1,380	4,140	6,900	17,250	24,150	34,500

NOTE: Add 5% for Handling pkg on XKR cpe. Deduct 5% for manual transmission on all Jaguars.

2005 X-type, V-6, AWD						
4d 2.5 Sed	480	1,440	2,400	5,400	8,400	12,000
4d 3.0 Sed	540	1,620	2,700	6,080	9,450	13,500
4d 3.0 Sport Sed	560	1,680	2,800	6,300	9,800	14,000
4d 3.0 VDP Sed	590	1,760	2,940	6,620	10,290	14,700
4d 3.0 Sta Wag	570	1,720	2,860	7,150	10,010	14,300

NOTE: Deduct 5% for manual transmission.

2005 S-type, V-6 & V-8						
4d 3.0 Sed (V-6)	600	1,800	3,000	7,500	10,500	15,000
4d 3.0 Sport Sed (V-6)	620	1,860	3,100	7,750	10,850	15,500
4d 4.2 Sed (V-8)	640	1,920	3,200	8,000	11,200	16,000
4d 4.2 Sport Sed (V-8)	660	1,980	3,300	8,250	11,550	16,500
4d 4.2 VDP Sed (V-8)	680	2,040	3,400	8,500	11,900	17,000
4d 4.2 R Sed (V-8)	790	2,380	3,960	9,900	13,860	19,800

NOTE: Deduct 5% for manual transmission.

2005 XJ8, V-8						
4d Sed	820	2,460	4,100	10,250	14,350	20,500
4d L Sed	830	2,500	4,160	10,400	14,560	20,800
4d Vanden Plas Sed	900	2,700	4,500	11,250	15,750	22,500
4d XJR Sed (supercharged)	1,100	3,300	5,500	13,750	19,250	27,500
4d Super V-8 Sed	1,230	3,680	6,140	15,350	21,490	30,700

NOTE: Deduct 5% for manual transmission.

2005 XK8, V-8						
2d Cpe	1,060	3,180	5,300	13,250	18,550	26,500
2d XKR Cpe (supercharged)	1,300	3,900	6,500	16,250	22,750	32,500
2d Conv	1,200	3,600	6,000	15,000	21,000	30,000
2d XKR Conv (supercharged)	1,380	4,140	6,900	17,250	24,150	34,500

NOTE: Add 10% for Handling pkg on XKR coupe. Deduct 5% for manual transmission.

2006 X Type, AWD 3.0L V-6						
4d 3.0L Sed	480	1,430	2,380	5,950	8,330	11,900
4d 3.0L Wag	540	1,610	2,690	6,730	9,420	13,450

2006 2 Type, AWD 3.0L V-6
NOTE: Add 10% for Sport package. Add 20% for VDP Edition.

2006 S Type, 3.0L V-6						
4d Sed	540	1,630	2,710	6,100	9,490	13,550

NOTE: Add 10% for VDP Edition. Add 7% for 4.2L V-8.

2006 S Type R, 4.2L Supercharged V-8						
4d Sed	720	2,160	3,600	9,000	12,600	18,000

2006 XJ8, 4.2L V-8						
4d Sed	620	1,850	3,080	7,700	10,780	15,400
4d l Sed	690	2,060	3,440	7,740	12,040	17,200

2006 Vanden Plas, 4.2L V-8						
4d Sed	730	2,200	3,660	9,150	12,810	18,300

2006 XJR, 4.2L Supercharged V-8						
4d Sed	820	2,450	4,080	10,200	14,280	20,400

	6	5	4	3	2	1
2006 XJ Super, 4.2L Supercharged V-8						
4d Sed 1,190	3,560	5,940	14,850	20,790	29,700	
4d Portfolio Sed 1,650	4,940	8,240	20,600	28,840	41,200	
2006 XK8, 4.2L V-8						
2d Cpe 880	2,650	4,420	11,050	15,470	22,100	
2d Conv 810	2,420	4,040	10,100	14,140	20,200	
2006 XKR, Supercharged 4.2L V-8						
2d Cpe 990	2,960	4,940	12,350	17,290	24,700	
2d Conv 970	2,900	4,840	12,100	16,940	24,200	
NOTE: Add 10% for handling package.						
2007 X Type, AWD 3.0L V-6						
4d 3.0L Sed 450	1,360	2,260	5,650	7,910	11,300	
4d 3.0L Wag 530	1,600	2,660	6,650	9,310	13,300	
NOTE: Add 10% for Sport pkg.; add 20% for VDP Edition.						
2007 S Type, 3.0L V-6						
4d Sed 500	1,500	2,500	6,250	8,750	12,500	
NOTE: Add 10% for VDP Edition; add 7% for 4.2L V-8.						
2007 S Type R, 4.2L Supercharged V-8						
4d Sed 790	2,380	3,960	9,900	13,860	19,800	
2007 XJ8, 4.2L V-8						
4d Sed 620	1,870	3,120	7,800	10,920	15,600	
4d L Sed 730	2,180	3,640	9,100	12,740	18,200	
2007 Vanden Plas, 4.2L V-8						
4d Sed 840	2,510	4,180	10,450	14,630	20,900	
2007 XJR, 4.2L Supercharged V-8						
4d Sed 920	2,770	4,620	11,550	16,170	23,100	
2007 XJ Super, 4.2L Supercharged V-8						
4d Sed 1,380	4,150	6,920	17,300	24,220	34,600	
2007 XK, 4.2L V-8						
2d Cpe 1,000	2,990	4,980	12,450	17,430	24,900	
2d Conv 1,090	3,260	5,440	13,600	19,040	27,200	
2007 XKR, Supercharged 4.2L V-8						
2d Cpe 1,090	3,200	5,460	13,650	19,110	27,300	
2d Conv 1,160	3,470	5,780	14,450	20,230	28,900	
NOTE: Add 10% for Handling pkg.						
2008 X Type, AWD 3.0L V6						
4d 3.0L Sed 380	1,150	1,920	4,800	6,720	9,600	
4d 3.0L Wag 480	1,440	2,400	6,000	8,400	12,000	
Add 5% for Luxury package.						
2008 S Type, 3.0L V6						
4d Sed 580	1,740	2,900	7,250	10,150	14,500	
Add 7% for 4.2L V8.						
2008 S Type R, 4.2L Supercharged V8						
4d Sed 840	2,520	4,200	10,500	14,700	21,000	
Add 5% for Luxury package.						
2008 XJ8, 4.2L V8						
4d Sed 680	2,030	3,380	8,450	11,830	16,900	
4d L Sed 820	2,470	4,120	10,300	14,420	20,600	
2008 Vanden Plas, 4.2L V8						
4d Sed 880	2,630	4,380	10,950	15,330	21,900	
2008 XJR, 4.2L Supercharged V8						
4d Sed 1,060	3,180	5,300	13,250	18,550	26,500	
2008 XJ Super, 4.2L Supercharged V8						
4d Sed 1,380	4,150	6,920	17,300	24,220	34,600	
2008 XK, 4.2L V8						
2d Cpe 1,000	2,990	4,980	12,450	17,430	24,900	
2d Conv 1,150	3,440	5,740	14,350	20,090	28,700	
2008 XKR, Supercharged 4.2L V8						
2d Cpe 1,090	3,280	5,460	13,650	19,110	27,300	
2d Portfolio Cpe 1,330	4,000	6,660	16,650	23,310	33,300	
2d Conv 1,120	3,360	5,600	14,000	19,600	28,000	
2d Portfolio Conv 1,340	4,020	6,700	16,750	23,450	33,500	
Add 5% for Luxury package.						
2009 XF 4.2L V8						
4d Luxury Sedan 630	1,880	3,140	7,850	10,990	15,700	
4d Premium Luxury Sedan 660	1,990	3,320	8,300	11,620	16,600	
2009 XF 4.2L V8 Supercharged						
4d Sedan 740	2,220	3,700	9,250	12,950	18,500	
2009 XJ8, 4.2L V8						
4d Sed 660	1,980	3,300	8,250	11,550	16,500	
4d L Sed 750	2,260	3,760	9,400	13,160	18,800	
2009 Vanden Plas, 4.2L V8						
4d Sed 820	2,460	4,100	10,250	14,350	20,500	
2009 XJR, 4.2L Supercharged V8						
4d Sed 820	2,460	4,100	10,250	14,350	20,500	
2009 XJ Super, 4.2L Supercharged V8						
4d Sed 1,000	3,000	5,000	12,500	17,500	25,000	
4d Portfolio Sed 1,420	4,260	7,100	17,750	24,850	35,500	

JAGUAR

	6	5	4	3	2	1
2009 XK, 4.2L V8						
2d Cpe	880	2,640	4,400	11,000	15,400	22,000
2d Conv	1,080	3,240	5,400	13,500	18,900	27,000
2009 XKR, Supercharged 4.2L V8						
2d Cpe	990	2,980	4,960	12,400	17,360	24,800
2d Portfolio Cpe	1,140	3,420	5,700	14,250	19,950	28,500
2d Conv	1,140	3,430	5,720	14,300	20,020	28,600
2d Portfolio Conv	110	340	560	1,400	1,960	2,800
Add 5% for Luxury package.						
2010 XF 4.2L V8/5.0L V8						
4d Sport Sedan	780	2,350	3,920	9,800	13,720	19,600
4d Premium Sedan	800	2,410	4,020	10,050	14,070	20,100
2010 XF 4.2L V8 Supercharged						
4d Sport Sedan	970	2,900	4,840	12,100	16,940	24,200
2010 XFR,5.0L Supercharged V8						
4d Sport Sedan	1,250	3,740	6,240	15,600	21,840	31,200
2010 XK, 5.0L V8						
2d Cpe	1,060	3,170	5,280	13,200	18,480	26,400
2d Conv	1,310	3,920	6,540	16,350	22,890	32,700
2010 XKR, Supercharged 5.0L V8						
2d Cpe	1,140	3,410	5,680	14,200	19,880	28,400
2d Conv	1,240	3,720	6,200	15,500	21,700	31,000
2011 XF 5.0L V8						
4d Sports Sedan	540	1,620	2,700	6,750	9,450	13,500
4d Premium Sedan	560	1,680	2,800	7,000	9,800	14,000
2011 XF 5.0 V8 Supercharged						
4d Sports Sedan	720	2,160	3,600	9,000	12,600	18,000
2011 XFR, 5.0L Supercharged V8						
4d Sports Sedan	1,000	3,000	5,000	12,500	17,500	25,000
2011 XK8, 5.0L V8						
2d Cpe	800	2,400	4,000	10,000	14,000	20,000
2d Conv	1,000	3,000	5,000	12,500	17,500	25,000
2011 XKR, Supercharged 5.0L V8						
2d Conv	1,200	3,600	6,000	15,000	21,000	30,000
2d Cpe	1,080	3,240	5,400	13,500	18,900	27,000

KIA

	6	5	4	3	2	1
2009 RIO 1.6L I4						
4d Sed	200	600	1,000	2,500	3,500	5,000
4d LX Sed	250	740	1,240	3,100	4,340	6,200
4d SX Sed	250	760	1,260	3,150	4,410	6,300
2009 RIO5 1.6L I4						
4d Hatch SX	250	740	1,240	3,100	4,340	6,200
4d Hatch LX	240	730	1,220	3,050	4,270	6,100
2009 Spectra5 2.0L I4						
4d LX Sed	220	670	1,120	2,800	3,920	5,600
4d EX Sed	250	760	1,260	3,150	4,410	6,300
4d SX Sed	270	800	1,340	3,350	4,690	6,700
2009 Spectra 2.0L I4						
4d SX Hatch	280	840	1,400	3,500	4,900	7,000
2009 Rondo 2,7L V6						
4d LX Wag	310	940	1,560	3,900	5,460	7,800
4d EX Wag	340	1,030	1,720	4,300	6,020	8,600
2009 Optima 2.4L I4						
4d LX Sed	310	920	1,540	3,850	5,390	7,700
4d EX Sed	340	1,030	1,720	4,300	6,020	8,600
4d SX Sed	380	1,130	1,880	4,700	6,580	9,400
2009 Amanti						
4d Sed	340	1,030	1,720	4,300	6,020	8,600
2010 Soul 2.0L I4						
4d Wagon	300	900	1,510	3,760	5,270	7,525
4d +Wagon	370	1,120	1,870	4,660	6,530	9,325
4d Sport Wagon	400	1,190	1,980	4,940	6,910	9,875
4d !Wagon	390	1,180	1,970	4,930	6,900	9,850
2010 Forte 2.0L/2.4L I4						
4d LX Sed	320	950	1,580	3,940	5,510	7,875
4d EX Sed	340	1,020	1,700	4,240	5,930	8,475
2d Koup EX	390	1,170	1,950	4,860	6,810	9,725
2d Koup SX	390	1,170	1,960	4,890	6,840	9,775
4d SX Hatch	410	1,240	2,070	5,180	7,250	10,350
2010 Optima 2.4L I4						
4d LX Sed	350	1,040	1,740	4,350	6,090	8,700
4d EX Sed	390	1,160	1,940	4,840	6,770	9,675
4d SX Sed	420	1,250	2,090	5,230	7,320	10,450
2010 Rondo 2.4L I4						
4d LX Wagon	380	1,150	1,920	4,800	6,720	9,600
2010 RIO 1.6L I4						
4d Sed	200	600	1,010	2,510	3,520	5,025
4d LX Sed	270	810	1,350	3,360	4,710	6,725

JAGUAR

	6	5	4	3	2	1
4d SX Sed 280	850	1,410	3,530	4,940	7,050	
2010 RIO5 1.6L I4						
4d Hatch SX 290	870	1,450	3,610	5,060	7,225	
4d Hatch LX 250	740	1,240	3,090	4,320	6,175	
2011 Forte 2.0L/2.4L I4						
2d Koup EX 280	850	1,420	3,200	4,970	7,100	
2d Koup SX 300	910	1,520	3,420	5,320	7,600	
4d SX Hatch 310	920	1,540	3,470	5,390	7,700	
2011 Optima 2.4L I4						
4d LX Sed 240	720	1,200	3,000	4,200	6,000	
4d EX Sed 370	1,110	1,860	4,640	6,490	9,275	
2011 Optima 2.4L I4 Turbo						
4d SX Sed 430	1,280	2,140	5,350	7,490	10,700	
2011 RIO 1.6L I4						
4d L Sed 180	530	890	2,230	3,120	4,450	
4d SX Sed 240	730	1,220	3,050	4,270	6,100	
2011 RIO 5 1.6L I4						
4d Hatch LX 210	640	1,060	2,650	3,710	5,300	
4d Hatch SX 260	770	1,280	3,200	4,480	6,400	
2011 Soul 1.6L/2.0L I4						
4d Wagon 220	650	1,080	2,700	3,780	5,399	
4d Sport Wagon 320	960	1,600	4,000	5,600	8,000	
4d ! Wagon 300	910	1,520	3,800	5,320	7,600	
2011 Soul 2.0L I4						
4d + Wagon 310	940	1,560	3,900	5,460	7,800	
2011 Forte 2.0L/2.4L I4						
4d LX Sed 240	710	1,180	2,660	4,130	5,900	

LAMBORGHINI

	6	5	4	3	2	1
1964-66 V-12, 3464/3929cc, 350/400 GT, 99.5" wb						
Cpe. 13,600	40,800	68,000	153,000	238,000	340,000	
1966-68 V-12, 3929cc, 99.5" wb, 400 GT 2 plus 2						
2 plus 2 Cpe 8,400	25,200	42,000	94,500	147,000	210,000	
1966-69 V-12, 3929cc, 97.5" wb, P400 Miura						
Cpe. 18,000	54,000	90,000	202,500	315,000	450,000	
1968-69 V-12, 3929cc, 99.5" wb, 400 GT Islero, Islero S						
2 plus 2 Cpe 4,400	13,200	22,000	49,500	77,000	110,000	
1968-78 V-12, 3929cc, 99.5" wb, Espada						
2 plus 2 Cpe 2,000	6,000	10,000	22,500	35,000	50,000	
1969-71 V-12, 3929cc, 97.7" wb, P400 Miura S						
Cpe. 23,600	70,800	118,000	265,500	413,000	590,000	
1970-73 V-12, 3929cc, 92.8" wb, 400 GT Jarama						
2 plus 2 Cpe 1,960	5,880	9,800	22,050	34,300	49,000	
1971-72 V-12, 3929cc, 97.7" wb, P400 Miura SV						
Cpe. 31,000	93,000	155,000	348,750	542,500	775,000	
1972-76 V-8, 2462cc, 95.5" wb, P 250 Urraco						
2 plus 2 Cpe 1,200	3,600	6,000	13,500	21,000	30,000	
1973-76 V-12, 3929cc, 92.8" wb, 400 GTS Jarama						
2 plus 2 Cpe 3,120	9,360	15,600	35,100	54,600	78,000	
1973-78 V-12, 3929cc, 95.5" wb, LP 400 Countach						
Cpe. 16,200	48,600	81,000	182,250	283,500	405,000	
1975-77 V-8, 1994cc, 95.5" wb, P 200 Urraco						
2 plus 2 Cpe 1,200	3,600	6,000	13,500	21,000	30,000	
1975-79 V-8, 2995.8cc, 95.5" wb, P 300 Urraco						
2 plus 2 Cpe 1,400	4,200	7,000	15,750	24,500	35,000	
1976-78 V-8, 2995.8cc, 95.5" wb, Silhouette						
Targa Conv 3,360	10,080	16,800	37,800	58,800	84,000	
1978-82 V-12, 3929cc, 95.5" wb, LP 400S Countach						
Cpe. 3,920	11,760	19,600	44,100	68,600	98,000	
1982-88 V-12, 4754cc, 95.5" wb, LP 5000 Countach						
Cpe. 4,440	13,320	22,200	49,950	77,700	111,000	
1982-88 V-8, 3485cc, 95.5" wb, P 350 Jalpa						
Targa Conv 1,340	4,020	6,700	15,080	23,450	33,500	
1990-91 Diablo						
2d Cpe 4,200	12,600	21,000	47,250	73,500	105,000	
1992 Diablo						
2d Cpe 4,400	13,200	22,000	49,500	77,000	110,000	
1993 Diablo						
2d Cpe 4,800	14,400	24,000	54,000	84,000	120,000	
1994 Diablo						
VT 4,800	14,400	24,000	54,000	84,000	120,000	
1995 Diablo						
VT 4,800	14,400	24,000	54,000	84,000	120,000	
1996 Diablo, V-12						
VT 2d Cpe 5,600	16,800	28,000	63,000	98,000	140,000	
VT 2d Rds (w/removable HT) 6,600	19,800	33,000	74,250	115,000	165,000	
1997 Diablo, V-12						
VT 2d Cpe 5,800	17,400	29,000	65,250	101,500	145,000	

LAMBORGHINI

	6	5	4	3	2	1
VT 2d Rds (w/removable HT)	6,800	20,400	34,000	76,500	119,000	170,000

1998 Diablo, V-12

	6	5	4	3	2	1
SV 2d Cpe	5,740	17,220	28,700	64,580	100,450	143,500
VT 2d Cpe	6,000	18,000	30,000	67,500	105,000	150,000
VT 2d Rds (w/removable HT)	7,000	21,000	35,000	78,750	122,500	175,000

1999 Diablo, V-12

	6	5	4	3	2	1
SV 2d Cpe	6,100	18,300	30,500	68,630	106,750	152,500
VT 2d Cpe	6,200	18,600	31,000	69,750	108,500	155,000
VT 2d Rds (w/removable HT)	7,200	21,600	36,000	81,000	126,000	180,000

2000 Diablo, V-12

	6	5	4	3	2	1
SV 2d Cpe	6,100	18,300	30,500	68,630	106,750	152,500
VT 2d Cpe	6,200	18,600	31,000	69,750	108,500	155,000
VT 2d Rds (w/removable HT)	7,200	21,600	36,000	81,000	126,000	180,000

2001 Diablo, V-12

	6	5	4	3	2	1
VT 6.2 2d Cpe	7,400	22,200	37,000	83,250	129,500	185,000

2002 Murcielago, V-12, AWD

	6	5	4	3	2	1
2d Cpe	7,520	22,560	37,600	94,000	131,600	188,000

2003 Murcielago, V-12, AWD

	6	5	4	3	2	1
2d Cpe	7,520	22,560	37,600	94,000	131,600	188,000

NOTE: Add 25% for 40th Anv Ed.

2004 Gallardo, V-10, AWD

	6	5	4	3	2	1
LP560-4 2d Cpe	6,720	20,160	33,600	84,000	117,600	168,000

NOTE: A limited-production rear-wheel-drive only LP550-2 cpe was also produced.

2004 Murcielago, V-12, AWD

	6	5	4	3	2	1
2d Cpe	7,520	22,560	37,600	84,600	131,600	188,000

2005 Gallardo, V-10, AWD

	6	5	4	3	2	1
2d LP560-4 Cpe	6,720	20,160	33,600	84,000	117,600	168,000

NOTE: A llimited-production rear-wheel-drive only LP550-2 coupe was also produced.

2005 Murcielago, V-12, AWD

	6	5	4	3	2	1
2d Cpe	7,520	22,560	37,600	94,000	131,600	188,000

2006 Galardo, 5.0L V-10

	6	5	4	3	2	1
2d Spyder Conv	5,280	15,840	26,400	66,000	92,400	132,000

2006 Gallardo, 5.0L V-10

	6	5	4	3	2	1
2d Cpe	5,480	16,440	27,400	68,500	95,900	137,000

2006 Murcielago, 6.2L V-12

	6	5	4	3	2	1
2d Spyder Conv	7,000	21,000	35,000	87,500	122,500	175,000
2d Cpe	7,200	21,600	36,000	90,000	126,000	180,000

2007 Gallardo, 5.0L V-10

	6	5	4	3	2	1
2d Spyder Conv	6,080	18,240	30,400	76,000	106,400	152,000
2d Cpe	6,280	18,840	31,400	70,650	109,900	157,000

2007 Murcielago, 6.2L V-12

	6	5	4	3	2	1
2d Spyder Conv	8,000	24,000	40,000	100,000	140,000	200,000

2007 LS 460, 4.6.5L Hybrid V-6

	6	5	4	3	2	1
4d L Sed	1,330	3,980	6,640	16,600	23,240	33,200

2008 Gallardo Superleggera, 5.0L V1

	6	5	4	3	2	1
2d Cpe	6,000	18,000	30,000	75,000	105,000	150,000

2008 Gallardo Superleggera, 5.0L V10

	6	5	4	3	2	1
2d Spyder Conv	6,360	19,080	31,800	79,500	111,300	159,000

2008 Murcielago, 6.2L V12

	6	5	4	3	2	1
2d Cpe	7,000	21,000	35,000	87,500	122,500	175,000
2d Rds	8,000	24,000	40,000	100,000	140,000	200,000

2009 Gallardo Superleggera, 5.2L V10

	6	5	4	3	2	1
2d LP 560-4 Cpe	6,200	18,600	31,000	77,500	108,500	155,000
2d LP 560-4 Roadster	7,600	22,800	38,000	95,000	133,000	190,000

2009 Murcielago, 6.5L V12

	6	5	4	3	2	1
2d Cpe	7,080	21,240	35,400	88,500	123,900	177,000
2d LP 640 Cpe	8,080	24,240	40,400	101,000	141,400	202,000

2010 Gallardo LP550, 5.2L V10

	6	5	4	3	2	1
2d Valentino Cpe	4,680	14,040	23,400	52,650	81,900	117,000

2010 Gallardo LP56/4, 5.2L V10, AWD

	6	5	4	3	2	1
2d Cpe	4,880	14,630	24,380	60,950	85,330	121,900
2d Rds	5,350	16,060	26,760	66,900	93,660	133,800

2010 Murcielago 6.5L V12, AWD

	6	5	4	3	2	1
2d LP-640-4 Cpe	8,540	25,610	42,680	106,700	149,380	213,400
2d LP-640-4 Conv	8,950	26,860	44,760	111,900	156,660	223,800
2d LP-650-4 Conv	9,800	29,390	48,980	122,450	171,430	244,900
2d Super Veloce	12,400	37,210	62,020	155,050	217,070	310,100

2011 Murcielago LP-640-4

	6	5	4	3	2	1
2d Coupe (Manual)	12,280	36,840	61,400	153,500	214,900	307,000
2d Coupe (EGear)	12,680	38,040	63,400	158,500	221,900	317,000
2d Roadster (Manual)	13,200	39,600	66,000	165,000	231,000	330,000
2d Roadster (EGearl)	13,640	40,920	68,200	170,500	238,700	341,000

2011 Murcielago LP-650-4

	6	5	4	3	2	1
2d Roadster (EGear)	14,400	43,200	72,000	180,000	252,000	360,000

2011 Murcielago LP-670-4

	6	5	4	3	2	1
2d Super Veloce	15,120	45,360	75,600	189,000	264,600	378,000

2011 Gallardo LP-530

	6	5	4	3	2	1
2d Coupe (Manual)	6,520	19,560	32,600	81,500	114,100	163,000

	6	5	4	3	2	1
2d Coupe (EGear)	6,600	19,800	33,000	82,500	115,500	165,000
2d VLN BAL (Manual)	6,800	20,400	34,000	85,000	119,000	170,000
2d VLN BAL (EGear)	7,120	21,360	35,600	89,000	124,600	178,000
2011 Gallardo LP-560						
2d Coupe (Manual)	6,520	19,560	32,600	81,500	114,100	163,000
2d Spyder (Manual)	7,040	21,120	35,200	88,000	123,200	176,000
2d Coupe (EGear)	6,680	20,040	33,400	83,500	116,900	167,000
2d Spyder (EGear)	6,880	20,640	34,400	86,000	120,400	172,000
2011 Gallardo LP-570						
2d Spyder (Manual)	8,480	25,440	42,400	106,000	148,400	212,000
2d Spyder (EGear)	8,520	25,560	42,600	106,500	149,100	213,000
2d Superlegara (EGear)	6,840	20,520	34,200	85,500	119,700	171,000

LEXUS

	6	5	4	3	2	1
1990 Lexus						
4d ES250 Sed	380	1,140	1,900	4,280	6,650	9,500
4d LS400 Sed	700	2,100	3,500	7,880	12,250	17,500
1991 Lexus						
4d ES250 Sed	420	1,260	2,100	4,730	7,350	10,500
4d LS400 Sed	740	2,220	3,700	8,330	12,950	18,500
1992 Lexus						
4d ES300 Sed	800	2,400	4,000	9,000	14,000	20,000
2d SC300 Cpe	1,000	3,000	5,000	11,250	17,500	25,000
2d SC400 Cpe	1,080	3,240	5,400	12,150	18,900	27,000
4d LS400 Sed	1,040	3,120	5,200	11,700	18,200	26,000
1993 ES						
4d ES300 Sed	760	2,280	3,800	8,550	13,300	19,000
1993 GS						
4d GS300 Sed	840	2,520	4,200	9,450	14,700	21,000
1993 SC						
2d SC300 Cpe	960	2,880	4,800	10,800	16,800	24,000
2d SC400 Cpe	980	2,940	4,900	11,030	17,150	24,500
1993 LS						
4d LS400 Sed, V-8	1,080	3,240	5,400	12,150	18,900	27,000
1994 ES, V-6						
4d ES300 Sed	560	1,680	2,800	6,300	9,800	14,000
1994 GS						
4d GS300 Sed	740	2,220	3,700	8,330	12,950	18,500
1994 SC, V-8						
2d SC300 Cpe	760	2,280	3,800	8,550	13,300	19,000
2d SC400 Cpe	840	2,520	4,200	9,450	14,700	21,000
1994 LS						
4d LS100 Sed	840	2,520	4,200	9,450	14,700	21,000
1995 ES, V-6						
4d ES300 Sed	560	1,680	2,800	6,300	9,800	14,000
1995 GS, 6-cyl.						
4d GS300 Sed	740	2,220	3,700	8,330	12,950	18,500
1995 SC, 6-cyl. & V-8						
2d SC300 Cpe	760	2,280	3,000	8,550	13,300	19,000
2d SC400 Cpe	840	2,520	4,200	9,450	14,700	21,000
1995 LS, V-8						
4d LS400 Sed	880	2,640	4,400	9,900	15,400	22,000
1996 ES, V-6						
4d ES300 Sed	520	1,560	2,600	5,850	9,100	13,000
1996 GS, 6-cyl.						
4d GS300 Sed	700	2,100	3,500	7,880	12,250	17,500
1996 SC, 6-cyl. & V-8						
2d SC300 Cpe	720	2,160	3,600	8,100	12,600	18,000
2d SC400 Cpe	800	2,400	4,000	9,000	14,000	20,000
1996 LS, V-8						
4d LS400 Sed	840	2,520	4,200	9,450	14,700	21,000
1997 ES, V-6						
ES300 4d Sed	520	1,560	2,600	5,850	9,100	13,000
1997 GS, 6-cyl.						
GS300 4d Sed	700	2,100	3,500	7,880	12,250	17,500
1997 SC, 6-cyl. & V-8						
SC300 2d Cpe	720	2,160	3,600	8,100	12,600	18,000
SC400 2d Cpe	800	2,400	4,000	9,000	14,000	20,000
1997 LS, V-8						
LS400 4d Sed	840	2,520	4,200	9,450	14,700	21,000
1998 ES, V-6						
ES300 4d Sed	520	1,560	2,600	5,850	9,100	13,000
1998 GS, 6-cyl. & V-8						
GS300 4d Sed	700	2,100	3,500	7,880	12,250	17,500
GS400 4d Sed	740	2,220	3,700	8,330	12,950	18,500
1998 SC, 6-cyl. & V-8						
SC300 2d Cpe	760	2,280	3,800	8,550	13,300	19,000
SC400 2d Cpe	840	2,520	4,200	9,450	14,700	21,000

LEXUS

	6	5	4	3	2	1
1998 LS, V-8						
LS400 4d Sed.............................	880	2,640	4,400	9,900	15,400	22,000
1999 ES, V-6						
ES300 4d Sed.............................	540	1,620	2,700	6,080	9,450	13,500
1999 GS, 6-cyl.						
GS300 4d Sed.............................	700	2,100	3,500	7,880	12,250	17,500
GS400 4d Sed (V-8)........................	740	2,220	3,700	8,330	12,950	18,500
1999 SC, 6-cyl.						
SC300 2d Cpe.............................	760	2,280	3,800	8,550	13,300	19,000
SC400 2d Cpe (V-8)........................	840	2,520	4,200	9,450	14,700	21,000
1999 LS, V-8						
LS400 4d Sed.............................	880	2,640	4,400	9,900	15,400	22,000
2000 ES, V-6						
ES300 4d Sed.............................	540	1,620	2,700	6,080	9,450	13,500
2000 GS, 6-cyl.						
GS300 4d Sed.............................	700	2,100	3,500	7,880	12,250	17,500
GS400 4d Sed (V-8)........................	740	2,220	3,700	8,330	12,950	18,500
2000 SC, 6-cyl.						
SC300 2d Cpe.............................	760	2,280	3,800	8,550	13,300	19,000
SC400 2d Cpe (V-8)........................	840	2,520	4,200	9,450	14,700	21,000
2000 LS, V-8						
LS400 4d Sed.............................	880	2,640	4,400	9,900	15,400	22,000
2001 ES, V-6						
ES300 4d Sed.............................	540	1,620	2,700	6,080	9,450	13,500
2001 IS, 6-cyl.						
IS300 4d Sed.............................	620	1,860	3,100	6,980	10,850	15,500
2001 GS, 6-cyl.						
GS300 4d Sed.............................	700	2,100	3,500	7,880	12,250	17,500
GS430 4d Sed (V-8)........................	740	2,220	3,700	8,330	12,950	18,500
2001 SC, V-8						
SC430 2d Conv............................	840	2,520	4,200	9,450	14,700	21,000
2001 LS, V-8						
LS430 4d Sed.............................	880	2,640	4,400	9,900	15,400	22,000
2002 ES, V-6						
ES300 4d Sed.............................	540	1,620	2,700	6,750	9,450	13,500
2002 IS, 6-cyl.						
IS300 4d Sed.............................	620	1,860	3,100	7,750	10,850	15,500
2002 GS, 6-cyl.						
GS300 4d Sed.............................	700	2,100	3,500	8,750	12,250	17,500
GS430 4d Sed (V-8)........................	740	2,220	3,700	9,250	12,950	18,500
2002 SC, V-8						
SC430 2d Conv............................	840	2,520	4,200	10,500	14,700	21,000
2002 LS, V-8						
LS430 4d Sed.............................	880	2,640	4,400	11,000	15,400	22,000
2003 ES, V-6						
ES300 4d Sed.............................	540	1,620	2,700	6,750	9,450	13,500
2003 IS, 6-cyl.						
IS300 4d Sed.............................	620	1,860	3,100	6,980	10,850	15,500
IS300 Sport 4d Sta Wag....................	600	1,800	3,000	7,500	10,500	15,000
2003 GS, 6-cyl.						
GS300 4d Sed.............................	700	2,100	3,500	8,750	12,250	17,500
GS430 4d Sed (V-8)........................	740	2,220	3,700	9,250	12,950	18,500
2003 SC, V-8						
SC430 2d Conv............................	840	2,520	4,200	10,500	14,700	21,000
2003 LS, V-8						
LS430 4d Sed.............................	880	2,640	4,400	11,000	15,400	22,000
2004 ES, V-6						
ES330 4d Sed.............................	540	1,620	2,700	6,750	9,450	13,500
2004 IS, 6-cyl.						
IS300 4d Sed.............................	620	1,860	3,100	7,750	10,850	15,500
IS300 Sport 4d Sta Wag....................	600	1,800	3,000	7,500	10,500	15,000
2004 GS, 6-cyl.						
GS300 4d Sed.............................	700	2,100	3,500	8,750	12,250	17,500
GS430 4d Sed (V-8)........................	740	2,220	3,700	9,250	12,950	18,500
2004 SC, V-8						
SC430 2d Conv............................	840	2,520	4,200	10,500	14,700	21,000
2004 LS, V-8						
LS430 4d Sed.............................	880	2,640	4,400	11,000	15,400	22,000
NOTE: Deduct 5% for manual transmission on all models.						
2005 ES, V-6						
4d ES330 Sed.............................	540	1,620	2,700	6,750	9,450	13,500
2005 IS, 6-cyl.						
4d IS300 Sed.............................	620	1,860	3,100	7,750	10,850	15,500
4d IS300 Sport Sta Wag....................	600	1,800	3,000	7,500	10,500	15,000
2005 GS, V-6 & V-8						
4d GS300 Sed (V-6)........................	700	2,100	3,500	8,750	12,250	17,500
4d GS430 Sed (V-8)........................	740	2,220	3,700	9,250	12,950	18,500

LEXUS

	6	5	4	3	2
2005 SC, V-8					
2d SC430 Conv 840	2,520	4,200	10,500	14,700	21,000
2005 LS, V-8					
4d LS430 Sed. 880	2,640	4,400	11,000	15,400	22,000
NOTE: Deduct 5% for manual transmission on all Lexus models.					
2006 ES 330, 3.3L V-6					
4d Sed 650	1,960	3,270	8,180	11,450	16,350
2006 IS 250, 2.5L V-6					
4d Sed 690	2,060	3,440	8,600	12,040	17,200
NOTE: Add 5% for AWD.					
2006 IS 350, 3.5L V-6					
4d Sed 790	2,370	3,950	9,880	13,830	19,750
2006 GS 300, 3.0L V-6					
4d Sed 820	2,460	4,100	10,250	14,350	20,500
NOTE: Add 5% for AWD.					
2006 GS 430, 4.3L V-8					
4d Sed 910	2,740	4,560	11,400	15,960	22,800
2006 LS 430, 4.3L V-8					
4d Sed 920	2,770	4,620	11,550	16,170	23,100
NOTE: Add 12% for Ultra Luxury package.					
2006 SC 430, 4.3L V-8					
2d Conv 960	2,870	4,780	11,950	16,730	23,900
NOTE: Add 10% for Pebble Beach package.					
2007 IS 250, 2.5L V-6					
4d Sed 740	2,210	3,680	9,200	12,880	18,400
NOTE: Add 5% each for Luxury pkg. and AWD.					
2007 IS 350, 3.5L V-6					
4d Sed 800	2,410	4,020	10,050	14,070	20,100
NOTE: Add 5% each for Luxury pkg. and AWD.					
2007 ES 350, 3.5L V-6					
4d Sed 700	2,110	3,520	8,800	12,320	17,600
NOTE. Add 10% for Ultra Luxury pkg.					
2007 GS 350 AWD, 3.5L V-6					
4d Sed 810	2,440	4,060	10,150	14,210	20,300
2007 GS 430, 4.3L V-8					
4d Sed 920	2,770	4,620	11,550	16,170	23,100
2007 GS 450h, 3.5L Hybrid V-6					
4d Sed 940	2,830	4,720	11,800	16,520	23,600
2007 LS 460, 4.6L Hybrid V-6					
4d Sed 1,160	3,470	5,780	13,010	20,230	28,900
4d L Sed 1,330	3,980	6,640	14,940	23,240	33,200
NOTE: Add 10% for Executive pkg.					
2007 SC 430, 4.3L V-8					
2d Conv 920	2,760	4,600	11,500	16,100	23,000
NOTE: Add 10% for Pebble Beach Special Edition pkg.					
2008 IS 250, 2.5L V6					
4d Sed 700	2,090	3,480	8,700	12,180	17,400
Add 5% for Luxury package and 5% for AWD.					
2008 IS 350, 3.5L V6					
4d Sed 820	2,450	4,080	10,200	14,280	20,400
Add 5% for Luxury package and 5% for AWD.					
2008 F 5.0L V8					
4d Sed 1,200	3,590	5,980	14,950	20,930	29,900
2008 ES 350, 3.5L V6					
4d Sed 640	1,920	3,200	8,000	11,200	16,000
Add 10% for Ultra Luxury package.					
2008 GS 350 AWD, 3.5L V6					
4d Sed 830	2,500	4,160	10,400	14,560	20,800
2008 GS 450h, 3.5L Hybrid V6					
4d Sed 980	2,950	4,920	12,300	17,220	24,600
2008 LS 460, 4.6 V6					
4d Sed 1,070	3,200	5,340	13,350	18,690	26,700
4d L Sed 1,200	3,610	6,020	15,050	21,070	30,100
Add 10% for Executive package.					
2008 LS 600h Hybrid, 5.0L V8					
4d Sed 1,580	4,750	7,920	19,800	27,720	39,600
2008 SC 430, 4.3L V8					
2d Conv 1,160	3,480	5,800	14,500	20,300	29,000
Add 10% Pebble Beach Special Edition package.					
2009 IS 250, 2.5L V6					
4d Sed 640	1,910	3,180	7,950	11,130	15,900
Add 5% for Luxury package and 5% for AWD.					
2009 IS 350, 3.5L V6					
4d Sed 780	2,340	3,900	9,750	13,650	19,500
Add 5% for Luxury package or Sport package.					
2009 IS F, 5.0L V8					
4d Sed 1,160	3,470	5,780	14,450	20,230	28,900

LEXUS

	6	5	4	3	2	1
2009 ES 350, 3.5L V6						
4d Sed	660	1,970	3,280	8,200	11,480	16,400
Add 10% for Ultra Luxury package						
2009 GS 350 AWD, 3.5L V6						
4d Sed	790	2,380	3,960	9,900	13,860	19,800
2009 GS 450h, 3.5L Hybrid V6						
GS 450h, 3.5L Hybrid V6	880	2,640	4,400	11,000	15,400	22,000
2009 GS 460h, 4.6L V8						
4d Sed	880	2,630	4,380	10,950	15,330	21,900
2009 LS 460, 4.6 V6						
LS 460, 4.6 V6	900	2,700	4,500	11,250	15,750	22,500
4d LSed	1,080	3,230	5,380	13,450	18,830	26,900
Add 5% for Luxury package. Add 5% for Touring package.						
2009 LS 600h Hybrid, 5.0L V8						
4d L Sed	1,360	4,080	6,800	17,000	23,800	34,000
2009 SC 430, 4.3L V8						
2d Conv	1,160	3,480	5,800	14,500	20,300	29,000
Add 10% for Pebble Beach Special Edition package.						
2010 HS 250h, 2.4L V8 Hybrid						
4d Sed	660	1,990	3,310	8,280	11,590	16,550
4d Prem Sed	690	2,060	3,440	8,600	12,040	17,200
2010 IS 250, 2.5L V6						
4d Sed	690	2,080	3,470	8,680	12,150	17,350
2d Conv	850	2,560	4,260	10,650	14,910	21,300
NOTE: Add 5% for Luxury pkg; 5% for AWD.						
2010 IS 350, 3.5L V6						
4d Sed	840	2,520	4,200	10,500	14,700	21,000
2d Conv	940	2,820	4,700	11,750	16,450	23,500
NOTE: Add 5% for Luxury pkg or Sport pkg.						
2010 IS F, 5.0L V8						
4d Sed	1,330	4,000	6,660	16,650	23,310	33,300
2010 ES 350, 3.5L V6						
4d Sed	710	2,140	3,560	8,900	12,460	17,800
NOTE: Add 10% for Ultra Luxury pkg.						
2010 GS 350, 3.5L V6						
4d Sed	880	2,650	4,420	11,050	15,470	22,100
2010 GS 450h, 3.5L Hybrid V6						
4d Sed	970	2,920	4,860	12,150	17,010	24,300
2010 GS 460h, 4.6L V8						
4d Sed	980	2,930	4,880	12,200	17,080	24,400
2010 LS 460, 4.6 V6						
4d Sed	1,120	3,370	5,620	14,050	19,670	28,100
4d L Sed	1,280	3,830	6,380	15,950	22,330	31,900
NOTE: Add 10% for Sport pkg; 12% for Executive seating; 7% for AWD.						
2010 LS 600h Hybrid, 5.0L V8						
4d L Sed	1,800	5,410	9,020	22,550	31,570	45,100
2010 SC 430, 4.3L V8						
2d Conv	1,300	3,890	6,480	16,200	22,680	32,400
NOTE: Add 10% for Pebble Beach Special Edition pkg.						
2011 CT 200h, 1.8L I4, Hybrid						
4d Hatch	500	1,510	2,510	6,280	8,790	12,550
4d Prem Hatch	540	1,630	2,710	6,780	9,490	13,550
2011 HS 250h, 2.4L I4 Hybrid						
4d Sed	500	1,510	2,520	6,300	8,820	12,600
4d Prem Sed	540	1,610	2,690	6,730	9,420	13,450
2011 IS 250, 2.5L V6						
4d Sed	610	1,830	3,050	7,630	10,680	15,250
Add 5% for Luxury package and 5% for AWD.						
2011 IS 250C, 2.5L V6						
2d Conv	750	2,240	3,740	9,350	13,090	18,700
2011 IS 350, 3.5L V6						
4d Sed	770	2,320	3,870	9,680	13,550	19,350
2011 IS 350C, 3.5L V6						
2d Conv	880	2,630	4,390	10,960	15,350	21,925
Add 5% for Luxury Package						
2011 IS F, 5.0L V8						
4d Sed	1,380	4,140	6,900	17,250	24,150	34,500
2011 ES 350, 3.5L V6						
4d Sed	570	1,710	2,850	7,130	9,980	14,250
Add 10% for Ultra Luxury package						
2011 GS 350 AWD, 3.5L V6						
4d Sed	620	1,870	3,120	7,800	10,920	15,600
2011 GS 450h, 3.5L Hybrid V6						
4d Sed	760	2,280	3,800	9,500	13,300	19,000
2011 GS 460, 4.6L V8						
4d Sed	840	2,510	4,190	10,480	14,670	20,950
2011 LS 460, 4.6L V6						
4d Sed	940	2,820	4,700	11,750	16,450	23,500

	6	5	4	3	2	1
4d LSed 960		2,880	4,800	12,000	16,800	24,000

Add 7% for AWD.

2011 LS 600h Hybrid, 5.0L V8

4d LSed 1,370	4,120	6,860	17,150	24,010	34,300

LOTUS

2009 Elise 1.8L I4

2d Cpe 1,200	3,600	6,000	13,500	21,000	30,000

Add $1,300 for Sport package, $900 for Touring package or $2,000 fo Track package.

2009 Elise 1.8L I4 Supercharged

Elise 1.8L I4 Supercharged.................. 1,400	4,200	7,000	17,500	24,500	35,000

2009 Exige 1.8L I4 Supercharged

2d S240 Cpe............................. 1,600	4,800	8,000	20,000	28,000	40,000
2d S250 Cpe............................. 1,960	5,880	9,800	24,500	34,300	49,000

Add $900 for Touring package. Add $2,000 for Track package.

2010 Elise 1.8L I4

2d Cpe 1,320	3,960	6,600	16,500	23,100	33,000

NOTE: Add $1,000 for Sport pkg; $900 for Touring pkg.

2010 Elise 1.8L I4 Supercharged

2d SC Cpe 1,500	4,500	7,500	18,750	26,250	37,500

NOTE: Add $1,000 for Sport pkg; $900 for Touring pkg.

2010 Exige 1.8L I4 Supercharged

2d S240 Cpe............................. 1,720	5,170	8,620	21,550	30,170	43,100

NOTE: Add $900 for Touring pkg, $2,000 for Track pkg.

2010 Evora 3.5L V6

2d Cpe 2,060	6,190	10,320	25,800	36,120	51,600

NOTE: Add $800 for Premium pkg; $1,300 for Technology pkg.

2011 Elise 1.8L I4

Add $1,000 for Sport package, $900 for Touring Package.

2d Cpe 1,320	3,960	6,600	16,500	23,100	33,000

2011 Elise 1.8L I4 Supercharged

2d SC Cpe 1,500	4,500	7,500	18,750	26,250	37,500

Add $1,000 for Sport Package, $900 for Touring Package.

2011 Exige 1.8L I4 Supercharged

2d S240 Spe............................. 1,720	5,170	8,620	21,550	30,170	43,100
2d S260 Spt Cpe 1,800	5,400	9,000	22,500	31,500	45,000

Add $900 for Touring package. Add $2,000 for Track package.

2011 Evora 3.5L V6

Add $800 for Sport package; add $1,300 for Technology package.

2d Cpe 2,060	6,190	10,320	25,800	36,120	51,600

MASERATI

1946-50 A6/1500, 6-cyl., 1488cc, 100.4" wb

2d Cpe (2 plus 2) 4,400	13,200	22,000	49,500	77,000	110,000
2d Cabr................................. 8,400	25,200	42,000	94,500	147,000	210,000

1951-53 A6G, 6-cyl., 1954cc, 100.4" wb

2d Cpe (2 plus 2) 6,400	19,200	32,000	72,000	112,000	160,000
2d Cabr (2 plus 2)....................... 12,400	37,200	62,000	139,500	217,000	310,000

1954-56 A6G, 6-cyl., 1954cc, 100.4" wb

2d Cpe (2 plus 2) 6,400	19,200	32,000	72,000	112,000	160,000
2d Cabr (2 plus 2)....................... 12,400	37,200	62,000	139,500	217,000	310,000

1954-56 A6G/2000, 6-cyl., 1985cc, 100.4" wb

2d Cpe (2 plus 2) 6,400	19,200	32,000	72,000	112,000	160,000
2d Cabr (2 plus 2)....................... 12,400	37,200	62,000	139,500	217,000	310,000

1957-61 A6G/2000/C, 6-cyl., 1985cc, 100.4" wb

Allemano Cpe (2 plus 2)................... 6,400	19,200	32,000	72,000	112,000	160,000
Frua Cabr (2 plus 2)...................... 12,400	37,200	62,000	139,500	217,000	310,000
Frua 2d Cpe 10,400	31,200	52,000	117,000	182,000	260,000
Zagato Cpe (2 plus 2).................... 12,400	37,200	62,000	139,500	217,000	310,000

1957-61 3500 GT, 6-cyl., 3485cc, 102.3" wb

2d Cpe 2,120	6,360	10,600	23,850	37,100	53,000

1957-61 3500 GT Spider 6-cyl., 3485cc, 98.4" wb

2d Rds 4,000	12,000	20,000	45,000	70,000	100,000

1962 3500 GTI, 6-cyl., 3485cc, 102.3" wb

2d Cpe (2 plus 2) 2,120	6,360	10,600	23,850	37,100	53,000

1962 3500 GTI, 6-cyl., 3485cc, 98.4" wb

Spider 2d Rds............................ 4,000	12,000	20,000	45,000	70,000	100,000

1962 Sebring, 6-cyl., 3485cc, 98.4" wb

2d Cpe (2 plus 2) 2,000	6,000	10,000	22,500	35,000	50,000

1963-64 3500 GTI, 6-cyl., 3485cc, 102.3" wb

2d Cpe (2 plus 2) 1,960	5,880	9,800	22,050	34,300	49,000
Spider 2d Conv.......................... 4,000	12,000	20,000	45,000	70,000	100,000

1963-64 Sebring, 6-cyl, 102.3" wb Early 3485cc, Later 3694cc

2d Cpe (2 plus 2) 2,080	6,240	10,400	23,400	36,400	52,000

1963-64 Mistral, 6-cyl., 94.5" wb Early 3485cc, Later 3694cc

2d Cpe 1,800	5,400	9,000	20,250	31,500	45,000
Spider 2d Conv.......................... 4,000	12,000	20,000	45,000	70,000	100,000

1963-64 Quattroporte, V-8, 4136cc, 108.3" wb

4d Sed 800	2,400	4,000	9,000	14,000	20,000

	6	5	4	3	2	1
1965-66 Sebring II, 6-cyl., 3694cc, 102.3" wb						
2d Cpe (2 plus 2)	1,720	5,160	8,600	19,350	30,100	43,000
1965-66 Mistral, 6-cyl., 3694cc, 94.5" wb						
2d Cpe	1,800	5,400	9,000	20,250	31,500	45,000
Spider 2d Conv.	4,000	12,000	20,000	45,000	70,000	100,000
NOTE: Optional Six engine 4014cc available in Sebring Mistral models.						
1965-66 Mexico, V-8, 4136cc, 103.9" wb						
2d Cpe	1,000	3,000	5,000	11,250	17,500	25,000
1965-66 Quattroporte, V-8, 4136cc, 108.3" wb						
4200 4d Sed	540	1,620	2,700	6,080	9,450	13,500
1967-68 Mistral, 6-cyl., 3694cc, 94.5" wb						
2d Cpe	1,800	5,400	9,000	20,250	31,500	45,000
Spider 2d Conv.	4,000	12,000	20,000	45,000	70,000	100,000
1967-68 Ghibli, V-8, 4719cc, 100.4" wb						
4700 2d Cpe	2,360	7,080	11,800	26,550	41,300	59,000
1967-68 Mexico, V-8, 4136cc-4719cc, 103.9" wb						
4200 2d Cpe	1,000	3,000	5,000	11,250	17,500	25,000
4700 2d Cpe	1,040	3,120	5,200	11,700	18,200	26,000
1967-68 Quattroporte, V-8, 4136cc-4719cc, 108.3" wb						
4200 4d Sed	540	1,620	2,700	6,080	9,450	13,500
4700 4d Sed	560	1,680	2,800	6,300	9,800	14,000
1969-70 Mistral, 6-cyl., 3694cc, 94.5" wb						
2d Cpe	1,800	5,400	9,000	20,250	31,500	45,000
Spider 2d Conv.	4,000	12,000	20,000	45,000	70,000	100,000
1969-70 Ghibli, V-8, 4719cc, 100.4" wb						
2d Cpe	2,360	7,080	11,800	26,550	41,300	59,000
Spider 2d Conv.	5,000	15,000	25,000	56,250	87,500	125,000
1969-70 Indy, V-8, 4136cc, 102.5" wb						
2d Cpe (2 plus 2)	1,160	3,480	5,800	13,050	20,300	29,000
1969-70 Quattroporte, V-8, 4719cc, 108.3" wb						
4d Sed	540	1,620	2,700	6,080	9,450	13,500
1971-73 Merak, V-6, 2965cc, 102.3" wb						
2d Cpe (2 plus 2)	920	2,760	4,600	10,350	16,100	23,000
1971-73 Bora, V-8, 4719cc, 102.3" wb						
2d Cpe	2,840	8,520	14,200	31,950	49,700	71,000
1971-73 Ghibli, V-8, 4930cc, 100.4" wb						
2d Cpe	2,360	7,080	11,800	26,550	41,300	59,000
Spider 2d Conv.	5,000	15,000	25,000	56,250	87,500	125,000
1971-73 Indy, V-8, 4136cc, 102.5" wb						
2d Cpe (2 plus 2)	1,160	3,480	5,800	13,050	20,300	29,000
1974-76 Merak, V-6, 2965cc, 102.3" wb						
2d Cpe (2 plus 2)	920	2,760	4,600	10,350	16,100	23,000
1974-76 Bora, V-8, 4930cc, 102.3" wb						
2d Cpe	2,840	8,520	14,200	31,950	49,700	71,000
1974-76 Indy, V-8, 4930cc, 102.5" wb						
2d Cpe	1,160	3,480	5,800	13,050	20,300	29,000
1977-83 Merak SS, 2965cc, 102.3" wb						
2d Cpe (2 plus 2)	1,120	3,360	5,600	12,600	19,600	28,000
1977-83 Bora, V-8, 4930cc, 102.3" wb						
2d Cpe	2,840	8,520	14,200	31,950	49,700	71,000
1977-83 Khamsin, V-8, 4930cc, 100.3" wb						
2d Cpe (2 plus 2)	1,320	3,960	6,600	14,850	23,100	33,000
1977-83 Kyalami, V-8, 4930cc, 102.4" wb						
2d Cpe (2 plus 2)	1,200	3,600	6,000	13,500	21,000	30,000
1984-88 Biturbo, V-6, 1996cc, 99" wb						
2d Cpe	400	1,200	2,000	4,500	7,000	10,000
E 2d Cpe	440	1,320	2,200	4,950	7,700	11,000
1984-88 Biturbo, V-6, 2491cc, 94.5" wb						
Spider 2d Conv.	600	1,800	3,000	6,750	10,500	15,000
425 4d Sed	400	1,200	2,000	4,500	7,000	10,000
1984-88 Quattroporte, V-8, 4930cc, 110.2" wb						
4d Sed	600	1,800	3,000	6,750	10,500	15,000
2008 Granturismo 4.2L V8						
2d Cpe	2,400	7,200	12,000	30,000	42,000	60,000
2008 Quattroporte 4.2L V8						
4d Sed	1,400	4,200	7,000	17,500	24,500	35,000
4d Executive GT Sed	1,600	4,800	8,000	20,000	28,000	40,000
2009 Granturismo 4.2L/4.7L V8						
2d Cpe	1,480	4,440	7,400	18,500	25,900	37,000
2d S Cpe	1,800	5,400	9,000	22,500	31,500	45,000
2009 Quattroporte 4.2L V8						
4d Sed	1,040	3,120	5,200	13,000	18,200	26,000
4d S Sed	1,200	3,600	6,000	15,000	21,000	30,000
4d Sport GT S Sedan	1,400	4,200	7,000	17,500	24,500	35,000
2010 Granturismo 4.2L/4.7L V8						
2d Cpe	1,660	4,990	8,320	20,800	29,120	41,600
2d S Cpe	1,960	5,880	9,800	24,500	34,300	49,000
2d S Conv.	2,350	7,060	11,760	29,400	41,160	58,800

MASERATI

2010 Granturismo 4.2L V8

	6	5	4	3	2	1
4d Sed	1,380	4,140	6,900	17,250	24,150	34,500
4d S Sed	1,540	4,610	7,680	19,200	26,880	38,400
4d Sport GT S Sedan	1,630	4,900	8,160	20,400	28,560	40,800

2011 Granturismo 4.2L/4.7L V8

2d S Cpe	1,960	5,880	9,800	24,500	34,300	49,000
2d MC Cpe	1,660	4,990	8,320	20,800	29,120	41,600
2d Conv	2,350	7,060	11,760	29,400	41,160	58,800

2011 Quattroporte 4.2L/4.7L V8

4d S Sed	1,540	4,610	7,680	19,200	26,880	38,400
4d Sport Gt S Sedan	1,630	4,900	8,160	20,400	28,560	40,800

MAZDA

1970-71 Conventional Engine 1200, 4-cyl., 1169cc, 88.9" wb

2d Sed	190	580	960	2,160	3,360	4,800
2d Cpe	200	600	1,000	2,250	3,500	5,000
2d Sta Wag	190	580	960	2,160	3,360	4,800

1970-71 616, 4-cyl., 1587cc, 97" wb

2d Cpe	200	600	1,000	2,250	3,500	5,000
4d Sed	190	580	960	2,160	3,360	4,800

1970-71 1800, 4-cyl., 1769cc, 98.4" wb

4d Sed	200	590	980	2,210	3,430	4,900
4d Sta Wag	200	610	1,020	2,300	3,570	5,100

1970-71 Wankel Rotary Engine R100, 1146cc, 88.9" wb

2d Spt Cpe (2 plus 2)	280	840	1,400	3,150	4,900	7,000

1970-71 RX-2, 1146cc, 97" wb

2d Cpe	210	620	1,040	2,340	3,640	5,200
4d Sed	200	600	1,000	2,250	3,500	5,000

1972 Conventional Engine 808, 4-cyl., 1587cc, 91" wb

2d Cpe	180	550	920	2,070	3,220	4,600
4d Sed	180	540	900	2,030	3,150	4,500
4d Sta Wag	190	560	940	2,120	3,290	4,700

1972 618, 4-cyl., 1796cc, 97" wb

2d Cpe	190	560	940	2,120	3,290	4,700
4d Sed	180	550	920	2,070	3,220	4,600

1972 Wankel Rotary Engine R100, 1146cc, 88.9" wb

2d Cpe (2 plus 2)	280	840	1,400	3,150	4,900	7,000

1972 RX 2, 1146cc, 97" wb

2d Cpe	200	600	1,000	2,250	3,500	5,000
4d Sed	190	560	940	2,120	3,290	4,700

1972 RX-3, 1146cc, 91" wb

2d Cpe	200	600	1,000	2,250	3,500	5,000
4d Sed	180	550	920	2,070	3,220	4,600
4d Sta Wag	190	560	940	2,120	3,290	4,700

1973 Conventional Engine 808, 4-cyl., 1587cc, 91" wb

2d Cpe	180	550	920	2,070	3,220	4,600
4d Sed	180	540	900	2,030	3,150	4,500
4d Sta Wag	190	560	940	2,120	3,290	4,700

1973 Wankel Rotary Engine RX-2, 1146cc, 97" wb

2d Cpe	200	600	1,000	2,250	3,500	5,000
4d Sed	180	550	920	2,070	3,220	4,600

1973 RX-3, 1146cc, 162" wb

2d Cpe	200	590	980	2,210	3,430	4,900
4d Sed	180	540	900	2,030	3,150	4,500
4d Sta Wag	190	560	940	2,120	3,290	4,700

1974 Conventional Engine 808, 4-cyl., 1587cc, 91" wb

2d Cpe	200	600	1,000	2,250	3,500	5,000
4d Sta Wag	190	580	960	2,160	3,360	4,800

1974 Wankel Rotary Engine RX-2, 1146cc, 97" wb

2d Cpe	200	610	1,020	2,300	3,570	5,100
4d Sed	200	590	980	2,210	3,430	4,900

1974 RX-3, 1146cc, 91" wb

2d Cpe	200	590	980	2,210	3,430	4,900
4d Sta Wag	190	560	940	2,120	3,290	4,700

1974 RX-4, 1308cc, 99" wb

2d HT Cpe	200	610	1,020	2,300	3,570	5,100
4d Sed	190	580	960	2,160	3,360	4,800
4d Sta Wag	200	590	980	2,210	3,430	4,900

1975 Conventional Engine 808, 4-cyl., 1587cc, 91" wb

2d Cpe	180	550	920	2,070	3,220	4,600
4d Sed	190	560	940	2,120	3,290	4,700

1975 Wankel Rotary Engine RX-3, 1146cc, 91" wb

2d Cpe	200	600	1,000	2,250	3,500	5,000
4d Sta Wag	190	580	960	2,160	3,360	4,800

1975 RX-4, 1308cc, 99" wb

2d HT Cpe	200	610	1,020	2,300	3,570	5,100
4d Sed	190	560	940	2,120	3,290	4,700
4d Sta Wag	190	580	960	2,160	3,360	4,800

	6	5	4	3	2	1
1976 Conventional Engine Mizer 808-1300, 4-cyl., 1272cc, 91" wb						
2d Cpe	180	540	900	2,030	3,150	4,500
4d Sed	180	550	920	2,070	3,220	4,600
4d Sta Wag	190	560	940	2,120	3,290	4,700
1976 808-1600, 4-cyl., 1587cc, 91" wb						
2d Cpe	180	550	920	2,070	3,220	4,600
4d Sed	190	560	940	2,120	3,290	4,700
4d Sta Wag	190	580	960	2,160	3,360	4,800
1976 Wankel Rotary Engine RX-3, 1146cc, 91" wb						
2d Cpe	200	600	1,000	2,250	3,500	5,000
4d Sta Wag	190	580	960	2,160	3,360	4,800
1976 RX-4, 1308cc, 99" wb						
2d HT Cpe	200	600	1,000	2,250	3,500	5,000
4d Sed	190	580	960	2,160	3,360	4,800
4d Sta Wag	200	590	980	2,210	3,430	4,900
Cosmo 2d HdTp Cpe	260	780	1,300	2,930	4,550	6,500
1977 Mizer, 4-cyl., 1272cc						
2d Cpe	180	540	900	2,030	3,150	4,500
4d Sed	180	540	900	2,030	3,150	4,500
4d Sta Wag	180	550	920	2,070	3,220	4,600
1977 GLC, 4-cyl., 1272cc, 91.1" wb						
2d HBk	180	540	900	2,030	3,150	4,500
2d DeL HBk	180	550	920	2,070	3,220	4,600
1977 808, 4-cyl., 1587cc, 91" wb						
2d Cpe	180	550	920	2,070	3,220	4,600
4d Sed	180	540	900	2,030	3,150	4,500
4d Sta Wag	190	560	940	2,120	3,290	4,700
1977 Wankel Rotary Engine RX-3SP, 1146cc, 91" wb						
2d Cpe	200	610	1,020	2,300	3,570	5,100
1977 RX-4, 1308cc, 99" wb						
4d Sed	180	550	920	2,070	3,220	4,600
4d Sta Wag	190	560	940	2,120	3,290	4,700
Cosmo 2d HT Cpe	260	780	1,300	2,930	4,550	6,500
1978 GLC, 4-cyl., 1272cc, 91.1" wb						
2d HBk	170	520	860	1,940	3,010	4,300
2d DeL HBk	180	530	880	1,980	3,080	4,400
2d Spt HBk	180	540	900	2,030	3,150	4,500
4d DeL HBk	180	540	900	2,030	3,150	4,500
1978 Wankel Rotary Engine RX-3SP, 1146cc, 91" wb						
2d Cpe	200	600	1,000	2,250	3,500	5,000
1978 RX-4, 1308cc, 99" wb						
4d Sed	180	540	900	2,030	3,150	4,500
4d Sta Wag	180	550	920	2,070	3,220	4,600
Cosmo 2d Cpe	260	780	1,300	2,930	4,550	6,500
1979 GLC, 4-cyl., 1415cc, 91" wb						
2d HBk	170	520	860	1,940	3,010	4,300
2d DeL HBk	180	530	880	1,980	3,080	4,400
2d Spt HBk	180	540	900	2,030	3,150	4,500
4d DeL HBk	180	540	900	2,030	3,150	4,500
4d Sta Wag	180	550	920	2,070	3,220	4,600
4d DeL Sta Wag	190	560	940	2,120	3,290	4,700
1979 626, 4-cyl., 1970cc, 98.8" wb						
2d Spt Cpe	200	600	1,000	2,250	3,500	5,000
4d Spt Sed	190	580	960	2,160	3,360	4,800
1979 Wankel Rotary Engine RX-7, 1146cc, 95.3" wb						
S 2d Cpe	260	780	1,300	2,930	4,550	6,500
GS 2d Cpe	270	800	1,340	3,020	4,690	6,700
1980 GLC, 4-cyl., 1415cc, 91" wb						
2d HBk	200	600	1,000	2,250	3,500	5,000
2d Cus HBk	200	610	1,020	2,300	3,570	5,100
2d Spt HBk	210	620	1,040	2,340	3,640	5,200
4d Cus HBk	210	620	1,040	2,340	3,640	5,200
4d Cus Sta Wag	210	640	1,060	2,390	3,710	5,300
1980 626, 4-cyl., 1970cc, 98.8" wb						
2d Spt Cpe	220	660	1,100	2,480	3,850	5,500
4d Spt Sed	220	650	1,080	2,430	3,780	5,400
1980 Wankel Rotary Engine RX-7, 1146cc, 95.3" wb						
S 2d Cpe	280	840	1,400	3,150	4,900	7,000
GS 2d Cpe	290	880	1,460	3,290	5,110	7,300
1981 GLC, 4-cyl., 1490cc, 93.1" wb						
2d HBk	200	600	1,000	2,250	3,500	5,000
2d Cus HBk	200	610	1,020	2,300	3,570	5,100
4d Cus HBk	200	600	1,000	2,250	3,500	5,000
4d Cus Sed	200	610	1,020	2,300	3,570	5,100
2d Cus L HBk	210	620	1,040	2,340	3,640	5,200
4d Cus L Sed	210	620	1,040	2,340	3,640	5,200
2d Spt HBk	210	640	1,060	2,390	3,710	5,300
4d Sta Wag	220	650	1,080	2,430	3,780	5,400

MAZDA

	6	5	4	3	2	1
1981 626, 4-cyl., 1970cc, 98.8" wb						
2d Spt Cpe	220	660	1,100	2,480	3,850	5,500
4d Spt Sed	220	650	1,080	2,430	3,780	5,400
2d Lux Spt Cpe	230	680	1,140	2,570	3,990	5,700
4d Lux Spt Sed	220	670	1,120	2,520	3,920	5,600
1981 Wankel Rotary Engine RX-7, 1146cc, 95.3" wb						
S 2d Cpe	300	900	1,500	3,380	5,250	7,500
GS 2d Cpe	320	960	1,600	3,600	5,600	8,000
GSL 2d Cpe	340	1,020	1,700	3,830	5,950	8,500
1982 GLC, 4-cyl., 1490cc, 93.1" wb						
2d HBk	220	660	1,100	2,480	3,850	5,500
2d Cus HBk	220	670	1,120	2,520	3,920	5,600
4d Cus Sed	220	670	1,120	2,520	3,920	5,600
2d Cus L HBk	230	680	1,140	2,570	3,990	5,700
4d Cus L Sed	230	680	1,140	2,570	3,990	5,700
2d Spt HBk	230	700	1,160	2,610	4,060	5,800
4d Cus Sta Wag	220	660	1,100	2,480	3,850	5,500
1982 626, 4-cyl., 1970cc, 98.8" wb						
2d Spt Cpe	220	670	1,120	2,520	3,920	5,600
4d Spt Sed	220	660	1,100	2,480	3,850	5,500
2d Lux Spt Cpe	230	680	1,140	2,570	3,990	5,700
4d Lux Spt Sed	220	670	1,120	2,520	3,920	5,600
1982 Wankel Rotary Engine RX-7, 1146cc, 95.3" wb						
S 2d Cpe	320	960	1,600	3,600	5,600	8,000
GS 2d Cpe	340	1,020	1,700	3,830	5,950	8,500
GSL 2d Cpe	350	1,060	1,760	3,960	6,160	8,800
1983 GLC, 4-cyl., 1490cc, 93.1" wb						
2d HBk	220	660	1,100	2,480	3,850	5,500
2d Cus HBk	220	670	1,120	2,520	3,920	5,600
4d Cus Sed	220	670	1,120	2,520	3,920	5,600
2d Cus L HBk	230	680	1,140	2,570	3,990	5,700
4d Cus L Sed	230	680	1,140	2,570	3,990	5,700
2d Spt HBk	230	700	1,160	2,610	4,060	5,800
4d Sed	220	670	1,120	2,520	3,920	5,600
4d Cus Sta Wag	220	670	1,120	2,520	3,920	5,600
1983 626, 4-cyl., 1998cc, 98.8" wb						
2d Spt Cpe	230	680	1,140	2,570	3,990	5,700
4d Spt Sed	230	680	1,140	2,570	3,990	5,700
2d Lux Spt Cpe	230	700	1,160	2,610	4,060	5,800
4d Lux Spt Sed	230	700	1,160	2,610	4,060	5,800
4d Lux HBk	240	720	1,200	2,700	4,200	6,000
1983 Wankel Rotary Engine RX-7, 1146cc, 95.3" wb						
S 2d Cpe	320	960	1,600	3,600	5,600	8,000
GS 2d Cpe	340	1,020	1,700	3,830	5,950	8,500
1984-85 GLC, 4-cyl., 1490cc, 93.1" wb						
2d HBk	240	710	1,180	2,660	4,130	5,900
2d DeL HBk	240	720	1,200	2,700	4,200	6,000
4d DeL Sed	240	720	1,200	2,700	4,200	6,000
2d Lux HBk	240	730	1,220	2,750	4,270	6,100
4d Lux Sed	240	730	1,220	2,750	4,270	6,100
1984-85 626, 4-cyl., 1998cc, 98.8" wb						
2d DeL Cpe	260	780	1,300	2,930	4,550	6,500
4d DeL Sed	260	780	1,300	2,930	4,550	6,500
2d Lux Cpe	270	800	1,340	3,020	4,690	6,700
4d Lux Sed	270	800	1,340	3,020	4,690	6,700
4d Tr HBk	270	820	1,360	3,060	4,760	6,800
1984-85 Wankel Rotary Engine RX-7, 1146cc, 95.3" wb						
S 2d Cpe	340	1,020	1,700	3,830	5,950	8,500
GS 2d Cpe	360	1,080	1,800	4,050	6,300	9,000
GSL 2d Cpe	380	1,140	1,900	4,280	6,650	9,500
1984-85 RX-7, 1308cc, 95.3" wb						
GSL-SE 2d Cpe	360	1,080	1,800	4,050	6,300	9,000
1986 323						
2d HBk	140	430	720	1,620	2,520	3,600
DX 2d HBk	150	440	740	1,670	2,590	3,700
LX 2d HBk	150	460	760	1,710	2,660	3,800
DX 4d Sed	160	470	780	1,760	2,730	3,900
LX 4d Sed	160	480	800	1,800	2,800	4,000
1986 626, 4-cyl.						
DX 4d Sed	170	520	860	1,940	3,010	4,300
DX 2d Cpe	180	530	880	1,980	3,080	4,400
LX 4d Sed	180	540	900	2,030	3,150	4,500
LX 2d Cpe	190	560	940	2,120	3,290	4,700
LX 4d HBk	190	580	960	2,160	3,360	4,800
GT 4d Sed (Turbo)	200	600	1,000	2,250	3,500	5,000
GT 2d Cpe (Turbo)	200	610	1,020	2,300	3,570	5,100
GT 4d HBk (Turbo)	210	620	1,040	2,340	3,640	5,200
1986 RX-7, 4-cyl.						
2d Cpe	220	660	1,100	2,480	3,850	5,500

MAZDA

	6	5	4	3	2	1
GXL 2d Cpe	240	720	1,200	2,700	4,200	6,000
1987 323, 4-cyl.						
2d HBk	150	460	760	1,710	2,660	3,800
SE 2d HBk	160	470	780	1,760	2,730	3,900
DX 2d HBk	170	500	840	1,890	2,940	4,200
DX 4d Sed	180	550	920	2,070	3,220	4,600
LX 4d Sed	190	580	960	2,160	3,360	4,800
DX 4d Sta Wag	180	540	900	2,030	3,150	4,500
1987 626, 4-cyl.						
DX 4d Sed	200	600	1,000	2,250	3,500	5,000
DX 2d Cpe	200	610	1,020	2,300	3,570	5,100
LX 4d Sed	210	620	1,040	2,340	3,640	5,200
LX 2d Cpe	220	650	1,080	2,430	3,780	5,400
LX 4d HBk	220	660	1,100	2,480	3,850	5,500
GT 4d Sed	210	620	1,040	2,340	3,640	5,200
GT 2d Cpe	210	640	1,060	2,390	3,710	5,300
GT 4d HBk	220	660	1,100	2,480	3,850	5,500
1987 RX-7, 4-cyl.						
2d Cpe	240	720	1,200	2,700	4,200	6,000
GXL 2d Cpe	280	840	1,400	3,150	4,900	7,000
2d Cpe Turbo	300	900	1,500	3,380	5,250	7,500
1988 323, 4-cyl.						
2d HBk	160	480	800	1,800	2,800	4,000
SE 2d HBk	170	500	840	1,890	2,940	4,200
GTX 2d HBk (4x4)	260	780	1,300	2,930	4,550	6,500
4d Sed	170	520	860	1,940	3,010	4,300
SE 4d Sed	180	540	900	2,030	3,150	4,500
LX 4d Sed	200	600	1,000	2,250	3,500	5,000
GT 4d Sed	220	660	1,100	2,480	3,850	5,500
4d Sta Wag	190	580	960	2,160	3,360	4,800
1988 626, 4-cyl.						
DX 4d Sed	200	600	1,000	2,250	3,500	5,000
LX 4d Sed	220	660	1,100	2,480	3,850	5,500
LX 4d HBk	240	720	1,200	2,700	4,200	6,000
4d Sed (Turbo)	260	780	1,300	2,930	4,550	6,500
4d HBk (Turbo)	270	820	1,360	3,060	4,760	6,800
4d Sed, (Turbo) 4WS	280	830	1,380	3,110	4,830	6,900
1988 MX-6, 4-cyl.						
DX 2d Cpe	240	710	1,180	2,660	4,130	5,900
LX 2d Cpe	260	780	1,300	2,930	4,550	6,500
GT 2d Cpe	270	820	1,360	3,060	4,760	6,800
1988 RX-7, 4-cyl.						
SE 2d Cpe	300	890	1,480	3,330	5,180	7,400
GTV 2d Cpe	300	900	1,500	3,380	5,250	7,500
GXL 2d Cpe	330	980	1,640	3,690	5,740	8,200
2d Cpe (Turbo)	340	1,020	1,700	3,830	5,950	8,500
2d Conv	600	1,800	3,000	6,750	10,500	15,000
1988 929						
LX 4d Sed	310	920	1,540	3,470	5,390	7,700
1989 323, 4-cyl.						
2d HBk	190	580	960	2,160	3,360	4,800
SE 2d HBk	200	590	980	2,210	3,430	4,900
GTX 2d HBk (4x4)	260	780	1,300	2,930	4,550	6,500
SE 4d Sed	240	720	1,200	2,700	4,200	6,000
LX 4d Sed	260	780	1,300	2,930	4,550	6,500
1989 626, 4-cyl.						
DX 4d Sed	260	780	1,300	2,930	4,550	6,500
LX 4d Sed	280	840	1,400	3,150	4,900	7,000
LX 4d HBk	300	900	1,500	3,380	5,250	7,500
4d HBk (Turbo)	320	960	1,600	3,600	5,600	8,000
1989 MX-6, 4-cyl.						
DX 2d Cpe	270	800	1,340	3,020	4,690	6,700
LX 2d Cpe	280	840	1,400	3,150	4,900	7,000
GT 2d Cpe	320	960	1,600	3,600	5,600	8,000
GT 2d Cpe 4WS	320	960	1,600	3,600	5,600	8,000
1989 RX-7, 4-cyl.						
GTV 2d Cpe	340	1,020	1,700	3,830	5,950	8,500
GXL 2d Cpe	380	1,140	1,900	4,280	6,650	9,500
2d Cpe (Turbo)	560	1,680	2,800	6,300	9,800	14,000
2d Conv	680	2,040	3,400	7,650	11,900	17,000
1989 929, V-6						
LX 4d Sed	340	1,020	1,700	3,830	5,950	8,500
1990 323, 4-cyl.						
2d HBk	200	600	1,000	2,250	3,500	5,000
2d HBk SE	220	660	1,100	2,480	3,850	5,500
1990 Protege, 4-cyl.						
SE 4d Sed	240	720	1,200	2,700	4,200	6,000
LX 4d Sed	260	780	1,300	2,930	4,550	6,500
4d Sed (4x4)	280	840	1,400	3,150	4,900	7,000

	6	5	4	3	2	1
1990 626, 4-cyl.						
DX 4d Sed	300	900	1,500	3,380	5,250	7,500
LX 4d Sed	320	960	1,600	3,600	5,600	8,000
LX 4d HBk	320	960	1,600	3,600	5,600	8,000
GT 4d HBk	360	1,080	1,800	4,050	6,300	9,000
1990 MX-6, 4-cyl.						
DX 2d Cpe	320	960	1,600	3,600	5,600	8,000
LX 2d Cpe	340	1,020	1,700	3,830	5,950	8,500
GT 2d Cpe	360	1,070	1,780	4,010	6,230	8,900
GT 2d Cpe 4WS	360	1,080	1,800	4,050	6,300	9,000
1990 MX-5 Miata, 4-cyl.						
2d Conv	440	1,320	2,200	4,950	7,700	11,000
1990 RX-7						
GTV 2d Cpe	560	1,680	2,800	6,300	9,800	14,000
GXL 2d Cpe	580	1,740	2,900	6,530	10,150	14,500
2d Cpe (Turbo)	600	1,800	3,000	6,750	10,500	15,000
2d Conv	720	2,160	3,600	8,100	12,600	18,000
1990 926, V-6						
4d Sed	580	1,740	2,900	6,530	10,150	14,500
S 4d Sed	600	1,800	3,000	6,750	10,500	15,000
1991 323						
2d HBk	200	600	1,000	2,250	3,500	5,000
2d HBk SE	220	660	1,100	2,480	3,850	5,500
1991 Protege						
4d Sed DX	220	660	1,100	2,480	3,850	5,500
4d Sed LX	240	720	1,200	2,700	4,200	6,000
4d Sed (4x4)	280	840	1,400	3,150	4,900	7,000
1991 626						
4d Sed DX	280	840	1,400	3,150	4,900	7,000
4d Sed LX	300	900	1,500	3,380	5,250	7,500
4d HBk LX	310	940	1,560	3,510	5,460	7,800
4d HBk GT	320	960	1,600	3,600	5,600	8,000
1991 Miata						
2d Conv	400	1,200	2,000	4,500	7,000	10,000
1991 NX 7						
2d Cpe	560	1,680	2,800	6,300	9,800	14,000
2d Cpe (Turbo)	600	1,800	3,000	6,750	10,500	15,000
2d Conv	700	2,100	3,500	7,880	12,250	17,500
1991 929, V-6						
4d Sed	380	1,140	1,900	4,280	6,650	9,500
4d Sed S	560	1,680	2,800	6,300	9,800	14,000
1992 323, 4-cyl.						
2d HBk	200	600	1,000	2,250	3,500	5,000
2d HBk SE	220	660	1,100	2,480	3,850	5,500
1992 Protege, 4-cyl.						
4d Sed DX	240	720	1,200	2,700	4,200	6,000
4d Sed LX	260	780	1,300	2,930	4,550	6,500
1992 MX-3, 4-cyl.						
2d Cpe	240	720	1,200	2,700	4,200	6,000
2d Cpe GS, V-6	260	780	1,300	2,930	4,550	6,500
1992 626, 4-cyl.						
4d Sed DX	280	840	1,400	3,150	4,900	7,000
4d Sed LX	300	900	1,500	3,380	5,250	7,500
1992 MX-6, 4-cyl.						
2d Cpe DX	300	900	1,500	3,380	5,250	7,500
2d Cpe LX	320	960	1,600	3,600	5,600	8,000
2d Cpe GT	360	1,080	1,800	4,050	6,300	9,000
1992 MX-5, 4-cyl.						
2d Miata Conv	440	1,320	2,200	4,950	7,700	11,000
1992 929, V-6						
4d Sed	620	1,860	3,100	6,980	10,850	15,500
1993 323, 4-cyl.						
2d HBk	220	660	1,100	2,480	3,850	5,500
2d SE HBk	220	670	1,120	2,520	3,920	5,600
1993 Protege, 4-cyl.						
4d DX Sed	260	780	1,300	2,930	4,550	6,500
4d LX Sed	270	800	1,340	3,020	4,690	6,700
1993 MX-3						
2d Cpe, 4-cyl.	300	900	1,500	3,380	5,250	7,500
2d Cpe, V-6	310	920	1,540	3,470	5,390	7,700
1993 626						
4d DX Sed, 4-cyl.	270	820	1,360	3,060	4,760	6,800
4d LX Sed, 4-cyl.	280	830	1,380	3,110	4,830	6,900
4d ES Sed, V-6	280	840	1,400	3,150	4,900	7,000
1993 MX-6						
2d Cpe, 4-cyl.	340	1,020	1,700	3,830	5,950	8,500
2d LS Cpe, V-6	350	1,040	1,740	3,920	6,090	8,700

MAZDA

	6	5	4	3	2	1
1993 MX-5 Miata, 4-cyl.						
2d Conv	440	1,320	2,200	4,950	7,700	11,000
1993 RX7						
2d Turbo Cpe	800	2,400	4,000	9,000	14,000	20,000
1994 323, 4-cyl.						
2d HBk	220	660	1,100	2,480	3,850	5,500
1994 Protege, 4-cyl.						
4d Sed	240	720	1,200	2,700	4,200	6,000
4d DX Sed	260	780	1,300	2,930	4,550	6,500
4d LX Sed	280	840	1,400	3,150	4,900	7,000
1994 MX-3						
2d Cpe, 4-cyl.	320	960	1,600	3,600	5,600	8,000
2d GS Cpe, V-6	360	1,080	1,800	4,050	6,300	9,000
1994 626						
4d DX Sed, 4-cyl.	320	960	1,600	3,600	5,600	8,000
4d LX Sed, 4-cyl.	340	1,020	1,700	3,830	5,950	8,500
4d LX Sed, V-6	360	1,080	1,800	4,050	6,300	9,000
4d ES Sed, V-6	380	1,140	1,900	4,280	6,650	9,500
1994 MX-6						
2d Cpe, 4-cyl.	360	1,080	1,800	4,050	6,300	9,000
2d Cpe, V-6	400	1,200	2,000	4,500	7,000	10,000
1994 MX-5 Miata, 4-cyl.						
2d Conv	440	1,320	2,200	4,950	7,700	11,000
2d Conv M	440	1,320	2,200	4,950	7,700	11,000
1994 RX-7 Rotary Turbo						
2d Cpe	800	2,400	4,000	9,000	14,000	20,000
1994 926						
4d Sed, V-6	480	1,440	2,400	5,400	8,400	12,000
1995 Protege, 4-cyl.						
4d DX Sed	260	780	1,300	2,930	4,550	6,500
4d LX Sed	280	840	1,400	3,150	4,900	7,000
4d ES Sed	300	900	1,500	3,380	5,250	7,500
1995 MX-3, 4-cyl.						
2d Cpe	320	960	1,600	3,600	5,600	8,000
1995 626, 4-cyl.						
4d DX Sed	320	960	1,600	3,600	5,600	8,000
4d LX Sed	340	1,020	1,700	3,830	5,950	8,500
4d LX Sed (V-6)	360	1,080	1,800	4,050	6,300	9,000
4d ES Sed (V-6)	400	1,200	2,000	4,500	7,000	10,000
1995 MX-6, 4-cyl.						
2d Cpe	360	1,080	1,800	4,050	6,300	9,000
2d LS Cpe (V-6)	400	1,200	2,000	4,500	7,000	10,000
1995 MX-5 Miata, 4-cyl.						
2d Conv	440	1,320	2,200	4,950	7,700	11,000
2d MConv	440	1,320	2,200	4,950	7,700	11,000
NOTE: Add 5% for detachable HT.						
1995 RX-7 Rotary Turbo						
2d Cpe	800	2,400	4,000	9,000	14,000	20,000
1995 Millenia, V-6						
4d Sed	400	1,200	2,000	4,500	7,000	10,000
4d L Sed	420	1,260	2,100	4,730	7,350	10,500
4d S Sed	440	1,320	2,200	4,950	7,700	11,000
1995 929, V-6						
4d Sed	480	1,440	2,400	5,400	8,400	12,000
1996 Protege, 4-cyl.						
4d DX Sed	260	780	1,300	2,930	4,550	6,500
4d LX Sed	280	840	1,400	3,150	4,900	7,000
4d ES Sed	300	900	1,500	3,380	5,250	7,500
1996 626, 4-cyl.						
4d DX Sed	320	960	1,600	3,600	5,600	8,000
4d LX Sed	340	1,020	1,700	3,830	5,950	8,500
4d LX Sed (V-6)	360	1,080	1,800	4,050	6,300	9,000
4d ES Sed (V-6)	400	1,200	2,000	4,500	7,000	10,000
1996 MX-6, 4-cyl.						
2d Cpe	360	1,080	1,800	4,050	6,300	9,000
2d LS Cpe (V-6)	400	1,200	2,000	4,500	7,000	10,000
1996 MX-5 Miata, 4-cyl.						
2d Conv	440	1,320	2,200	4,950	7,700	11,000
2d M Conv	460	1,380	2,300	5,180	8,050	11,500
NOTE: Add 5% for detachable HT.						
1996 Milenia, V-6						
4d Sed	400	1,200	2,000	4,500	7,000	10,000
4d L Sed	420	1,260	2,100	4,730	7,350	10,500
4d S Sed	440	1,320	2,200	4,950	7,700	11,000
1997 Protege, 4-cyl.						
4d DX Sed	260	780	1,300	2,930	4,550	6,500
4d LX Sed	280	840	1,400	3,150	4,900	7,000
4d ES Sed	300	900	1,500	3,380	5,250	7,500

	6	5	4	3	2	1
1997 626, 4-cyl.						
4d DX Sed	320	960	1,600	3,600	5,600	8,000
4d LX Sed	340	1,020	1,700	3,830	5,950	8,500
4d LX Sed (V-6)	360	1,080	1,800	4,050	6,300	9,000
4d ES Sed (V-6)	400	1,200	2,000	4,500	7,000	10,000
1997 MX-6, 4-cyl.						
2d Cpe	360	1,080	1,800	4,050	6,300	9,000
2d LS Cpe (V-6)	400	1,200	2,000	4,500	7,000	10,000
1997 MX-5 Miata, 4-cyl.						
2d Conv	440	1,320	2,200	4,950	7,700	11,000
2d M Conv	440	1,320	2,200	4,950	7,700	11,000
NOTE: Add 5% for detachable HT.						
1997 Millenia, V-6						
4d Sed	400	1,200	2,000	4,500	7,000	10,000
4d L Sed	420	1,260	2,100	4,730	7,350	10,500
4d S Sed (supercharged)	440	1,320	2,200	4,950	7,700	11,000
1998 Protege, 4-cyl.						
4d DX Sed	260	780	1,300	2,930	4,550	6,500
4d LX Sed	280	840	1,400	3,150	4,900	7,000
4d ES Sed	300	900	1,500	3,380	5,250	7,500
1998 626, 4-cyl.						
4d DX Sed	320	960	1,600	3,600	5,600	8,000
4d LX Sed	340	1,020	1,700	3,830	5,950	8,500
4d LX Sed (V-6)	360	1,080	1,800	4,050	6,300	9,000
4d ES Sed (V-6)	400	1,200	2,000	4,500	7,000	10,000
1998 Miata MX-5, 4-cyl.						
2d Conv	440	1,320	2,200	4,950	7,700	11,000
2d M Conv	460	1,380	2,300	5,180	8,050	11,500
NOTE: Add 5% for detachable HT.						
1998 Millenia, V-6						
4d Sed	400	1,200	2,000	4,500	7,000	10,000
4d Premium Sed	420	1,260	2,100	4,730	7,350	10,500
4d S Sed (supercharged)	440	1,320	2,200	4,950	7,700	11,000
1999 Protege, 4-cyl.						
4d DX Sed	260	780	1,300	2,930	4,550	6,500
4d LX Sed	280	840	1,400	3,150	4,900	7,000
4d ES Sed	300	900	1,500	3,380	5,250	7,500
1999 626, 4-cyl. & V-6						
4d LX Sed	320	960	1,600	3,600	5,600	8,000
4d ES Sed	360	1,080	1,800	4,050	6,300	9,000
1999 Miata MX-5, 4-cyl.						
2d Conv	440	1,320	2,200	4,950	7,700	11,000
NOTE: Add 5% for Anv Pkg. Add 5% for detachable HT.						
1999 Millenia, V-6						
4d Sed	400	1,200	2,000	4,500	7,000	10,000
4d Premium Sed	420	1,260	2,100	4,730	7,350	10,500
4d S Sed (supercharged)	440	1,320	2,200	4,950	7,700	11,000
2000 Protege, 4-cyl.						
4d DX Sed	260	780	1,300	2,930	4,550	6,500
4d LX Sed	280	840	1,400	3,150	4,900	7,000
4d ES Sed	300	900	1,500	3,380	5,250	7,500
2000 626, 4-cyl. & V-6						
4d LX Sed	320	960	1,600	3,600	5,600	8,000
4d ES Sed	360	1,080	1,800	4,050	6,300	9,000
2000 Miata MX5, 4-cyl.						
2d Conv	440	1,320	2,200	4,950	7,700	11,000
2d LS Conv	460	1,380	2,300	5,180	8,050	11,500
NOTE: Add 5% for detachable HT.						
2000 Millenia, V-6						
4d Sed	400	1,200	2,000	4,500	7,000	10,000
4d Premium Sed	420	1,260	2,100	4,730	7,350	10,500
4d S Sed (supercharged)	440	1,320	2,200	4,950	7,700	11,000
NOTE: Add 5% for Millennium Ed.						
2001 Protege, 4-cyl.						
4d DX Sed	260	780	1,300	3,250	4,550	6,500
4d LX Sed	280	840	1,400	3,500	4,900	7,000
4d LX 2.0 Sed	290	860	1,440	3,600	5,040	7,200
4d ES 2.0 Sed	300	900	1,500	3,750	5,250	7,500
4d MP3 Sed	320	950	1,580	3,950	5,530	7,900
2001 626, 4-cyl. & V-6						
4d LX Sed	320	960	1,600	4,000	5,600	8,000
4d ES Sed	360	1,080	1,800	4,500	6,300	9,000
2001 Miata MX-5, 4-cyl.						
2d Conv	480	1,440	2,400	5,400	8,400	12,000
2d LS Conv	520	1,560	2,600	5,850	9,100	13,000
2d SE Conv	520	1,560	2,600	5,850	9,100	13,000
NOTE: Add 5% for detachable HT.						
2001 Millenia, V-6						
4d Premium Sed	420	1,270	2,120	5,300	7,420	10,600

	6	5	4	3	2	1
4d S Sed (supercharged)	440	1,330	2,220	5,550	7,770	11,100
2002 Protege, 4-cyl.						
4d DX Sed	260	780	1,300	3,250	4,550	6,500
4d LX Sed.	280	840	1,400	3,500	4,900	7,000
4d ES Sed	300	900	1,500	3,750	5,250	7,500
4d 5 Sta Wag	320	950	1,580	3,950	5,530	7,900
2002 626, V-6						
4d LX Sed.	320	960	1,600	4,000	5,600	8,000
4d ES Sed	360	1,080	1,800	4,500	6,300	9,000
NOTE: Deduct 5% for LX model equipped with 4-cyl.						
2002 Miata MX-5, 4-cyl.						
2d Conv	480	1,440	2,400	5,400	8,400	12,000
2d LS Conv.	520	1,560	2,600	5,850	9,100	13,000
2d SE Conv	520	1,560	2,600	5,850	9,100	13,000
NOTE: Add 5% for detachable HT.						
2002 Millenia, V-6						
4d Premium Sed.	420	1,270	2,120	5,300	7,420	10,600
4d S Sed (supercharged)	440	1,330	2,220	5,550	7,770	11,100
2003 Protege, 4-cyl.						
4d DX Sed	260	780	1,300	3,250	4,550	6,500
4d LX Sed.	280	840	1,400	3,500	4,900	7,000
4d ES Sed	300	900	1,500	3,750	5,250	7,500
4d Mazda Speed Sed.	410	1,220	2,040	4,590	7,140	10,200
4d 5 Sta Wag	320	950	1,580	3,950	5,530	7,900
2003 Mazda 6, V-6						
4d i Sed (4-cyl.)	410	1,240	2,060	4,640	7,210	10,300
4d s Sed	510	1,520	2,540	5,720	8,890	12,700
2003 Miata MX-5, 4-cyl.						
2d Conv	490	1,460	2,440	5,490	8,540	12,200
2d LS Conv.	530	1,580	2,640	6,600	9,240	13,200
2d SE Conv	550	1,640	2,740	6,850	9,590	13,700
NOTE: Add 5% for detachable HT.						
2003 Mazda 3, 2.0L/2.3L I4						
4d s Trg Sed	480	1,430	2,380	5,950	8,330	11,900
2004 Mazda 3, 4-cyl.						
i 4d Sed	310	940	1,560	3,510	5,460	7,800
s 4d Sed	320	960	1,600	3,600	5,600	8,000
s 4d Sta Wag	320	970	1,620	3,650	5,670	8,100
NOTE: Deduct 5% for manual transmission.						
2004 Mazda 6, V-6						
i 4d HBk (4-cyl.)	360	1,090	1,820	4,100	6,370	9,100
s 4d HBk.	410	1,240	2,060	4,640	7,210	10,300
i 4d (4-cyl.)	350	1,060	1,760	3,960	6,160	8,800
s 4d Sed	400	1,200	2,000	4,500	7,000	10,000
s Sport 4d Sta Wag.	370	1,100	1,840	4,140	6,440	9,200
NOTE: Deduct 5% for manual transmission.						
2004 Miata MX-5, 4-cyl.						
2d Conv	490	1,460	2,440	6,100	8,540	12,200
LS 2d Conv.	530	1,580	2,640	6,600	9,240	13,200
Speed 2d Conv.	550	1,640	2,740	6,850	9,590	13,700
NOTE: Add 5% for detachable HT. Add 5% for automatic transmission.						
2004 RX-8, rotary engine						
2d Cpe	490	1,480	2,460	6,150	8,610	12,300
Touring 2d Cpe.	510	1,540	2,560	6,400	8,960	12,800
GT 2d Cpe	520	1,570	2,620	6,550	9,170	13,100
NOTE: Add 5% for Sport pkg on base cpe.						
2005 Mazda 3, 4-cyl.						
4d i Sed	310	940	1,560	3,900	5,460	7,800
4d s Sed	320	960	1,600	4,000	5,600	8,000
4d s Sta Wag	320	970	1,620	3,650	5,670	8,100
NOTE: Deduct 5% for manual transmission.						
2005 Mazda 6, V-6						
4d i HBk (4-cyl.)	360	1,090	1,820	4,100	6,370	9,100
4d s HBk.	410	1,240	2,060	5,150	7,210	10,300
4d i Sed (4-cyl.)	350	1,060	1,760	3,960	6,160	8,800
4d i GT Sed (4-cyl.)	370	1,120	1,860	4,650	6,510	9,300
4d s Sed	400	1,200	2,000	5,000	7,000	10,000
4d s GT Sed	420	1,260	2,100	5,250	7,350	10,500
4d s Sport Sta Wag.	370	1,100	1,840	4,600	6,440	9,200
4d s GT Sport Sta Wag.	390	1,160	1,940	4,850	6,790	9,700
NOTE: Deduct 5% for manual transmisison.						
2005 Miata MX-5, 4-cyl.						
2d Conv	490	1,460	2,440	6,100	8,540	12,200
2d LS Conv.	530	1,580	2,640	6,600	9,240	13,200
2d Mazda Speed Conv.	550	1,640	2,740	6,850	9,590	13,700
2d Mazda Speed GT Conv.	560	1,670	2,780	6,950	9,730	13,900
NOTE: Add 5% for detachable HT. Add 5% for automatic transmission.						
2005 RX-8, rotary engine						
2d Cpe	490	1,480	2,460	6,150	8,610	12,300

MAZDA

	6	5	4	3	2	1
2d Touring Cpe	510	1,540	2,560	6,400	8,960	12,800
2d GT Cpe	520	1,570	2,620	6,550	9,170	13,100
2d Shinka Cpe	540	1,620	2,700	6,080	9,450	13,500

NOTE: Add 5% for Sport pkg on base coupe. Add 5% for 6-Spd transmission.

2006 Mazda 3, 2.0L/2.3L 4-cyl.

	6	5	4	3	2	1
4d i Sed	340	1,030	1,710	4,280	5,990	8,550
4d l Trg Sed	350	1,050	1,750	4,380	6,130	8,750

2006 Mazda 3, 2.0L/s.3L 4-cyl.

	6	5	4	3	2	1
4d s Sed	360	1,090	1,820	4,080	6,350	9,075
4d s HBk	370	1,100	1,840	4,130	6,420	9,175

2006 Mazda 3, 2.0L/2.3L 4-cyl.

	6	5	4	3	2	1
4d s Trg Sed	380	1,130	1,880	4,220	6,560	9,375
4d s Trg HBk	380	1,140	1,900	4,260	6,630	9,475
4d s Grand Trg Sed	390	1,170	1,960	4,400	6,840	9,775
4d s Grand Trg HBk	400	1,190	1,980	4,440	6,910	9,875

2006 Mazda 6, 2.3L 4-cyl.

	6	5	4	3	2	1
4d i Sed	380	1,130	1,890	4,730	6,620	9,450
4d l Spt Sed	400	1,210	2,010	5,030	7,040	10,050
4d i Spt HBk	410	1,240	2,070	5,180	7,250	10,350
4d i Grand Trg Sed	420	1,270	2,120	5,300	7,420	10,600
4d i Grand Spt Sed	440	1,320	2,200	5,500	7,700	11,000

2006 Mazda 6, 3.0L V-6

	6	5	4	3	2	1
4d s Sed	400	1,200	2,000	5,000	7,000	10,000
4d s Wagon	420	1,250	2,080	5,200	7,280	10,400
4d s Spt Sed	420	1,250	2,090	5,230	7,320	10,450
4d s Spt HBk	430	1,280	2,130	5,330	7,460	10,650
4d s Spt Wagon	430	1,300	2,170	5,430	7,600	10,850
4d s Grand Trg Sed	450	1,340	2,240	5,600	7,840	11,200
4d s Grand Trg Wagon	450	1,350	2,250	5,630	7,880	11,250
4d s Grand Spt Sed	450	1,350	2,250	5,630	7,880	11,250
4d s Grand Spt HBk	450	1,360	2,270	5,680	7,950	11,350
4d s Grand Spt Wagon	470	1,410	2,350	5,000	8,230	11,750

2006 Mazda Speed 6, AWD 2.3L 4-cyl. Turbo

	6	5	4	3	2	1
4d Spt Sed	530	1,600	2,660	6,650	9,310	13,300
4d Grand Trg Sed	560	1,680	2,800	7,000	9,800	14,000

2006 Miata 2.0L 4-cyl.

	6	5	4	3	2	1
2d Clb Spl Conv	440	1,320	2,200	5,500	7,700	11,000
2d Conv	460	1,370	2,280	5,700	7,980	11,400
2d Trg Conv	470	1,420	2,370	5,930	8,300	11,850
2d Spt Conv	490	1,460	2,430	6,080	8,510	12,150
2d Grand Trg Conv	510	1,530	2,550	6,380	8,930	12,750
2d Gen III Ltd Conv	580	1,740	2,900	7,250	10,150	14,500

NOTE: Add 5% for hardtop.

2006 RX-8 1.3L Rotary

	6	5	4	3	2	1
4d Cpe	450	1,340	2,230	5,580	7,810	11,150
4d Shinka Spl Edition	480	1,430	2,380	5,950	8,330	11,900

NOTE: Add 5% for Sport or Touring packages. Add 10% for Grand Touring package.

2007 Mazda 3, 2.0L/2.3L 4-cyl.

	6	5	4	3	2	1
4d i Spt Sed	360	1,090	1,820	4,550	6,370	9,100
4d l Trg Sed	380	1,150	1,920	4,800	6,720	9,600
4d s Spt Sed	440	1,310	2,190	5,480	7,670	10,950
4d s Spt HBk	440	1,310	2,190	5,480	7,670	10,950
4d s Trg Sed	450	1,340	2,240	5,600	7,840	11,200
4d s Trg HBk	440	1,330	2,220	5,550	7,770	11,100
4d s Grand Trg Sed	450	1,360	2,270	5,680	7,950	11,350
4d s Grand Trg HBk	450	1,360	2,270	5,680	7,950	11,350

2007 Mazda Speed 3, 2.0L/2.3L 4-cyl.

	6	5	4	3	2	1
4d Spt HBk	510	1,540	2,560	6,400	8,960	12,800
4d Grand Trg HBk	620	1,850	3,090	7,730	10,820	15,450

2007 Mazda 6, 2.3L 4-cyl.

	6	5	4	3	2	1
4d i Spt Sed	340	1,010	1,690	4,210	5,900	8,425
4d l Spt Value Ed Sed	390	1,170	1,960	4,890	6,840	9,775
4d l Spt Value Ed HBk	400	1,200	2,000	5,000	7,000	10,000
4d i Trg Sed	380	1,140	1,900	4,750	6,650	9,500
4d i Trg HBk	440	1,330	2,220	5,550	7,770	11,100
4d i Grand Trg Sed	430	1,300	2,170	5,430	7,600	10,850
4d i Grand Spt Sed	450	1,340	2,240	5,600	7,840	11,200

2007 Mazda 6, 3.0L V-6

	6	5	4	3	2	1
4d s Spt Value Sed	380	1,140	1,900	4,750	6,650	9,500
4d s Spt Value HBk	430	1,280	2,130	5,330	7,460	10,650
4d s Spt Value Wagon	410	1,220	2,030	5,080	7,110	10,150
4d s Trg Sed	430	1,300	2,170	5,430	7,600	10,850
4d s Trg HBk	470	1,420	2,360	5,900	8,260	11,800
4d s Trg Wagon	500	1,490	2,480	6,200	8,680	12,400
4d s Grand Trg Sed	470	1,420	2,370	5,930	8,300	11,850
4d s Grand Trg HBk	490	1,480	2,470	6,180	8,650	12,350
4d s Grand Trg Wagon	510	1,520	2,530	6,330	8,860	12,650

2007 Mazda Speed 6, AWD 2.3L 4-cyl. Turbo

	6	5	4	3	2	1
4d Spt Sed	450	1,340	2,240	5,600	7,840	11,200

	6	5	4	3	2	1
4d Grand Trg Sed	500	1,490	2,490	6,230	8,720	12,450
2007 Miata 2.0L 4-cyl.						
2d SV Conv.	450	1,340	2,240	5,600	7,840	11,200
2d Spt Conv	470	1,410	2,350	5,880	8,230	11,750
2d Spt Conv HT	530	1,600	2,670	6,680	9,350	13,350
2d Trg Conv.	500	1,490	2,480	6,200	8,680	12,400
2d Trg Conv HT.	530	1,580	2,640	6,600	9,240	13,200
2d Grand Trg Conv	540	1,620	2,700	6,750	9,450	13,500
2d Grand Trg Conv HT	580	1,750	2,910	7,280	10,190	14,550
2007 RX-8 1.3L Rotary						
4d Spt Cpe	420	1,250	2,090	5,230	7,320	10,450
4d Trg Cpe	480	1,450	2,420	6,050	8,470	12,100
4d Grand Trg Cpe	560	1,690	2,810	7,030	9,840	14,050
NOTE: Add 5% for Performance pkg.						
2008 Mazda 3, 2.0L/2.3L I4						
4d i Spt Sed	370	1,100	1,830	4,580	6,410	9,150
4d I Trg Sed	390	1,170	1,960	4,890	6,840	9,775
4d I Trg Value Sed.	390	1,160	1,930	4,830	6,760	9,650
4d s Spt Sed.	450	1,350	2,250	5,630	7,880	11,250
4d s Spt HBk.	460	1,390	2,320	5,800	8,120	11,600
4d s Trg HBk.	480	1,450	2,410	6,030	8,440	12,050
4d s Grand Trg Sed.	530	1,590	2,650	6,630	9,280	13,250
4d s Grand Trg HBk	500	1,510	2,510	6,280	8,790	12,550
2008 Mazda Speed 3, 2.0L/2.3L I4						
4d Spt HBk	510	1,540	2,570	5,780	9,000	12,850
4d Grand Trg HBk.	560	1,670	2,790	6,280	9,770	13,950
2008 Mazda 6, 2.3L I4						
4d i Spt Sed	330	980	1,640	3,680	5,720	8,175
4d I Spt Value Ed Sed.	380	1,150	1,910	4,300	6,690	9,550
4d I Spt Value Ed Hbk.	440	1,310	2,180	4,910	7,630	10,900
4d i Trg Sed.	390	1,180	1,960	4,900	6,860	9,800
4d i Trg HBk	460	1,370	2,290	5,730	8,020	11,450
4d i Grand Sed	480	1,450	2,420	6,050	8,470	12,100
4d i Grand HBk.	500	1,510	2,510	6,280	8,790	12,550
2008 Mazda 6, 3.0L V6						
4d s Spt Value Sed.	430	1,290	2,150	5,380	7,530	10,750
4d s Spt Value HBk.	480	1,450	2,420	6,050	8,470	12,100
4d s Trg Sed	470	1,400	2,340	5,850	8,190	11,700
4d s Trg HBk	500	1,510	2,510	6,280	8,790	12,550
4d s Grand Trg Sed.	660	1,990	3,310	8,280	11,590	16,550
4d s Grand Trg HBk	650	1,950	3,250	8,130	11,380	16,250
2008 MX-5 Miata 2.0L I4						
2d SV Conv.	450	1,340	2,240	5,600	7,840	11,200
2d Spt Conv	470	1,420	2,360	5,900	8,260	11,800
2d Trg Conv.	510	1,540	2,560	6,400	8,960	12,800
2d Grand Trg Conv	500	1,500	2,500	6,250	8,750	12,500
2d SE Conv	580	1,740	2,900	6,530	10,150	14,500
Add 10% for power hardtop.						
2008 RX-8 1.3L Rotary						
4d Spt Cpe	360	1,090	1,810	4,530	6,340	9,050
4d Trg Cpe	520	1,550	2,590	6,480	9,070	12,950
4d Grand Trg Cpe	580	1,750	2,920	7,300	10,220	14,600
4d 40th Anniversary Cpe	590	1,760	2,930	6,590	10,260	14,650
Add 5% for Performance package.						
2009 Mazda 3, 2.0L/2.3L I4						
4d i Spt Sed	320	960	1,600	4,000	5,600	8,000
Mazda 3, 2.0L/2.3L I4.	330	1,000	1,660	4,150	5,810	8,300
4d s Spt Sed.	360	1,080	1,800	4,500	6,300	9,000
4d s Spt HBk.	390	1,160	1,940	4,850	6,790	9,700
4d s Trg Sed	390	1,180	1,960	4,900	6,860	9,800
4d s Trg HBk	400	1,200	2,000	5,000	7,000	10,000
4d s Grand Trg Sed.	420	1,260	2,100	5,250	7,350	10,500
4d s Grand Trg HBk	420	1,270	2,120	5,300	7,420	10,600
2009 MazdaSpeed3, 2.3L I4 Turbo						
4d Spt HBk	470	1,420	2,360	5,900	8,260	11,800
4d Grand Trg HBk.	490	1,460	2,440	6,100	8,540	12,200
2009 Mazda6, 2.5L I4						
4d I Spt Value Sed	350	1,040	1,740	4,350	6,090	8,700
4d I Spt Sed	360	1,080	1,800	4,500	6,300	9,000
4d I Spt Sed	360	1,080	1,800	4,500	6,300	9,000
4d i Trg Sed.	390	1,160	1,940	4,850	6,790	9,700
4d i Grand Touring Sed.	450	1,340	2,240	5,600	7,840	11,200
2009 Mazda6, 3.7L V6						
4d s Spt Sed	420	1,260	2,100	5,250	7,350	10,500
4d s Trg Sed	460	1,390	2,320	5,800	8,120	11,60
4d s Grand Trg Sed.	500	1,490	2,480	6,200	8,680	12,400
2009 MX-5 Miata 2.0L I4						
2d SV Conv.	370	1,120	1,860	4,650	6,510	9,300
2d Spt Conv	400	1,200	2,000	5,000	7,000	10,000

MAZDA

	6	5	4	3	2	1
2d Trg Conv.	430	1,300	2,160	5,400	7,560	10,800
2d Grand Trg Conv	450	1,360	2,260	5,650	7,910	11,300
2009 RX-8 1.3L Rotary						
4d Spt Cpe	360	1,070	1,780	4,450	6,230	8,900
4d Trg Cpe	420	1,250	2,080	5,200	7,280	10,400
4d Grand Trg Cpe	470	1,400	2,340	5,850	8,190	11,700
4d R3 Cpe	470	1,400	2,340	5,850	8,190	11,700
2010 Mazda 3, 2.0L I4						
4d i SV Sed	320	970	1,620	4,040	5,650	8,075
4d I Spt Sed	360	1,090	1,820	4,550	6,370	9,100
4d I Trg Sed	390	1,160	1,940	4,840	6,770	9,675
4d S Spt Sed	450	1,340	2,230	5,580	7,810	11,150
4d S Spt HBk	450	1,340	2,230	5,580	7,810	11,150
4d S Grand Trg Sed	460	1,390	2,320	5,800	8,120	11,600
4d S Grand Trg HBk	470	1,420	2,360	5,900	8,260	11,800
2010 MazdaSpeed3, 2.3L I4 Turbo						
4d Spt HBk	550	1,660	2,760	6,900	9,660	13,800
2010 Mazda6, 2.5L I4						
4d I Spt Value Sed	390	1,160	1,930	4,830	6,760	9,650
4d I Spt Sed	400	1,190	1,980	4,940	6,910	9,875
4d I Trg Sed	430	1,280	2,130	5,330	7,460	10,650
4d I Trg + Sed	450	1,340	2,240	5,600	7,840	11,200
4d I Grand Touring Sed.	470	1,420	2,370	5,930	8,300	11,850
2010 Mazda6, 3.7L V6						
4d S Trg + Sed	510	1,520	2,540	6,350	8,890	12,700
4d S Grand Trg Sed	530	1,600	2,670	6,680	9,350	13,350
2010 MX-5 Miata 2.0L I4						
2d Spt Conv	480	1,450	2,420	6,050	8,470	12,100
2d Trg Conv.	490	1,470	2,450	6,130	8,580	12,250
2d Grand Trg Conv	510	1,540	2,570	6,430	9,000	12,850
NOTE: Add 10% for power hardtop.						
2010 RX-8 1.3L Rotary						
4d Spt Cpe	410	1,230	2,050	5,130	7,180	10,250
4d Grand Trg Cpe	520	1,570	2,620	6,550	9,170	13,100
4d R3 Cpe	520	1,570	2,610	6,530	9,140	13,050
NOTE: Add 5% for Preformance pkg.						
2011 Mazda 2, 1.5L I4						
4d Spt HBk	230	700	1,160	2,900	4,060	5,800
4d Trg HBk	230	700	1,170	2,930	4,100	5,850
2011 Mazda 3, 2.0L I4						
4d i SV Sed	220	670	1,120	2,800	3,920	5,600
2011 Mazda 3, 2.0L/2.5L I4						
4d I Spt Sed	260	780	1,300	3,250	4,550	6,500
4d I Trg Sed	270	820	1,370	3,430	4,800	6,850
4d s Spt Sed	310	940	1,570	3,930	5,500	7,850
4d s Spt HBk	330	980	1,630	4,060	5,690	8,128
4d s Grand Trg Sed	370	1,100	1,840	4,590	6,420	9,175
4d s Grand Trg HBk	380	1,150	1,920	4,800	6,720	9,600
2011 MazdaSpeed3, 2.3L I4 Turbo						
4d Spt HBk	470	1,420	2,360	5,900	8,260	11,800
2011 Mazda6, 2.5L I4						
4d I Spt Sed	290	860	1,440	3,600	5,040	7,200
4d i Trg Sed	320	950	1,590	3,980	5,570	7,950
4d I Trg + Sed	340	1,020	1,700	4,250	5,950	8,500
4d i Grand Touring Sed	360	1,090	1,820	4,550	6,370	9,100
2011 Mazda6, 3.7L V6						
4d s Trg + Sed	360	1,080	1,800	4,500	6,300	9,000
4d s Grand Trg Sed	400	1,190	1,980	4,950	6,930	9,900
2011 MX-5 Miata 2.0L I4						
2d Spt Conv	370	1,110	1,850	4,630	6,480	9,250
2d Trg Conv.	410	1,240	2,070	5,170	7,240	10,345
2d Grand Trg Conv	480	1,430	2,380	5,950	8,330	11,900
2d Spl Edition Conv	500	1,500	2,500	6,250	8,750	12,500
Add 10% for power hardtop						
2011 RX-8 1.3L Rotary						
4d Spt Cpe	300	910	1,520	3,800	5,320	7,600
4d R3 Cpe	460	1,380	2,300	5,740	8,030	11,475
4d Grand Trg Cpe	370	1,120	1,860	4,650	6,510	9,300

MERCEDES-BENZ

	6	5	4	3	2	1
1951-53 Model 170S						
4d Sed	920	2,760	4,600	10,350	16,100	23,000
NOTE: Deduct 8% for lesser models; 10% for diesel.						
1951-53 Model 180						
4d Sed	1,200	3,600	6,000	13,500	21,000	30,000
1951-53 Model 220						
4d Sed	1,280	3,840	6,400	14,400	22,400	32,000
2d Conv	2,400	7,200	12,000	27,000	42,000	60,000
2d Cpe	1,600	4,800	8,000	18,000	28,000	40,000

	6	5	4	3	2	1
1951-53 Model 300						
4d Sed	1,000	3,000	5,000	11,250	17,500	25,000
4d Conv Sed.	5,020	15,060	25,100	56,480	87,850	125,500
2d Cpe	3,680	11,040	18,400	41,400	64,400	92,000
1951-53 Model 300S						
4d Conv Sed.	5,800	17,400	29,000	65,250	101,500	145,000
2d Conv	10,680	32,040	53,400	120,150	186,900	267,000
2d Cpe	5,500	16,500	27,500	61,880	96,250	137,500
2d Rds	12,280	36,840	61,400	138,150	214,900	307,000
1954 Model 170						
4d Sed	1,000	3,000	5,000	11,250	17,500	25,000
NOTE: Deduct 10% for diesel.						
1954 Model 180						
4d Sed	1,050	3,100	5,200	11,700	18,200	26,000
NOTE: Deduct 10% for diesel.						
1954 Model 220A						
4d Sed	1,320	3,960	6,600	14,850	23,100	33,000
2d Conv	2,360	7,080	11,800	26,550	41,300	59,000
2d Cpe	1,960	5,880	9,800	22,050	34,300	49,000
1954 Model 300						
4d Sed	1,400	4,200	7,000	15,750	24,500	35,000
4d Conv Sed.	5,020	15,060	25,100	56,480	87,850	125,500
2d Cpe	3,680	11,040	18,400	41,400	64,400	92,000
1954 Model 300B						
4d Sed	1,600	4,800	8,000	18,000	28,000	40,000
4d Conv Sed.	5,260	15,780	26,300	59,180	92,050	131,500
2d Cpe	3,600	10,800	18,000	40,500	63,000	90,000
1954 Model 300S						
4d Sed	1,960	5,880	9,800	22,050	34,300	49,000
2d Conv	10,680	32,040	53,400	120,150	186,900	267,000
2d Cpe	6,300	18,900	31,500	70,880	110,250	157,500
2d Rds	12,280	36,840	61,400	138,150	214,900	307,000
1954 Model 300SL						
2d GW Cpe.	25,420	76,260	127,100	285,980	444,850	635,500
1955 Model 170						
4d Sed	1,040	3,120	5,200	11,700	18,200	26,000
NOTE: Deduct 10% for diesel.						
1955 Model 180						
4d Sed	1,100	3,250	5,400	12,150	18,900	27,000
NOTE: Deduct 10% for diesel.						
1955 Model 190						
2d Rds	2,600	7,800	13,000	29,250	45,500	65,000
1955 Model 220A						
4d Sed	1,320	3,960	6,600	14,850	23,100	33,000
2d Conv	2,360	7,080	11,800	26,550	41,300	59,000
2d Cpe	1,960	5,880	9,800	22,050	34,300	49,000
1955 Model 300B						
4d Sed	1,600	4,800	8,000	18,000	28,000	40,000
4d Conv Sed.	5,260	15,780	26,300	59,180	92,050	131,500
2d Cpe	3,600	10,800	18,000	40,500	63,000	90,000
1955 Model 300S						
4d Sed	1,960	5,880	9,800	22,050	34,300	49,000
2d Conv	10,680	32,040	53,400	120,150	186,900	267,000
2d Cpe	6,300	18,900	31,500	70,880	110,250	157,500
2d Rds	12,280	36,840	61,400	138,150	214,900	307,000
1955 Model 300SL						
2d GW Cpe.	25,420	76,260	127,100	285,980	444,850	635,500
1956-57 Model 180						
4d Sed	760	2,280	3,800	8,550	13,300	19,000
NOTE: Deduct 10% for diesel.						
1956-57 Model 190						
4d Sed	800	2,400	4,000	9,000	14,000	20,000
SL Rds	2,740	8,220	13,700	30,830	47,950	68,500
NOTE: Add 10% for removable hardtop.						
1956-57 Model 219						
4d Sed	880	2,640	4,400	9,900	15,400	22,000
1956-57 Model 220S						
4d Sed	1,000	3,000	5,000	11,250	17,500	25,000
Cpe.	1,340	4,020	6,700	15,080	23,450	33,500
Cabr	3,100	9,300	15,500	34,880	54,250	77,500
1956-57 Model 300C						
4d Sed	1,560	4,680	7,800	17,550	27,300	39,000
4d Limo.	2,260	6,780	11,300	25,430	39,550	56,500
4d Conv Sed.	5,380	16,140	26,900	60,530	94,150	134,500
2d Cpe	4,320	12,960	21,600	48,600	75,600	108,000
1956-57 Model 300S						
4d Sed	1,920	5,760	9,600	21,600	33,600	48,000
2d Conv	11,500	34,500	57,500	129,380	201,250	287,500
2d Cpe	6,260	18,780	31,300	70,430	109,550	156,500

MERCEDES-BENZ

	6	5	4	3	2	1
2d Rds	12,720	38,160	63,600	143,100	222,600	318,000

1956-57 Model 300SC

	6	5	4	3	2	1
4d Sed	2,080	6,240	10,400	23,400	36,400	52,000
2d Conv	13,520	40,560	67,600	152,100	236,600	338,000
2d Rds	13,940	41,820	69,700	156,830	243,950	348,500

1956-57 Model 300SL

	6	5	4	3	2	1
2d GW Cpe	25,420	76,260	127,100	285,980	444,850	635,500

1958-60 Model 180a

	6	5	4	3	2	1
4d Sed	720	2,160	3,600	8,100	12,600	18,000

NOTE: Deduct 10% for diesel.

1958-60 Model 190

	6	5	4	3	2	1
4d Sed	720	2,160	3,600	8,100	12,600	18,000
SL Rds	2,580	7,740	12,900	29,030	45,150	64,500
SL Cpe	2,580	7,740	12,900	29,030	45,150	64,500

NOTE: Add 10% for removable hardtop. Deduct 10% for diesel.

1958-60 Model 219

	6	5	4	3	2	1
4d Sed	760	2,280	3,800	8,550	13,300	19,000

1958-60 Model 220S

	6	5	4	3	2	1
2d Cpe	1,180	3,540	5,900	13,280	20,650	29,500
4d Sed	980	2,940	4,900	11,030	17,150	24,500
2d Conv	2,980	8,940	14,900	33,530	52,150	74,500

NOTE: Add 15% for steel sunroof; 10% for Wabesto (canvas) sunroof.

1958-60 Model 220SE

	6	5	4	3	2	1
4d Sed	1,000	3,000	5,000	11,250	17,500	25,000
2d Cpe	1,300	3,900	6,500	14,630	22,750	32,500
2d Conv	3,280	9,840	16,400	36,900	57,400	82,000

1958-60 Model 300D

	6	5	4	3	2	1
4d HT	1,200	3,600	6,000	13,500	21,000	30,000
4d Conv	4,560	13,680	22,800	51,300	79,800	114,000

1958-60 Model 300SL

	6	5	4	3	2	1
2d Rds	20,100	60,300	100,500	226,130	351,750	502,500

NOTE: Add 10% for removable hardtop.

1961-62

	6	5	4	3	2	1
180 4d Sed	600	1,800	3,000	6,750	10,500	15,000
180D 4d Sed	640	1,920	3,200	7,200	11,200	16,000
190 4d Sed	620	1,860	3,100	6,980	10,850	15,500
190D 4d Sed	660	1,980	3,300	7,430	11,550	16,500
190SL Cpe/Rds	2,580	7,740	12,900	29,030	45,150	64,500
220 4d Sed	760	2,280	3,800	8,550	13,300	19,000
220S 4d Sed	800	2,400	4,000	9,000	14,000	20,000
220SE 4d Sed	840	2,520	4,200	9,450	14,700	21,000
220SE Cpe	1,120	3,360	5,600	12,600	19,600	28,000
220SE Cabr	2,320	6,960	11,600	26,100	40,600	58,000
220SEb Cpe	1,280	3,840	6,400	14,400	22,400	32,000
220SEb Cabr	2,640	7,920	13,200	29,700	46,200	66,000
220SEb 4d Sed	880	2,640	4,400	9,900	15,400	22,000
300 4d HT	2,000	6,000	10,000	22,500	35,000	50,000
300 4d Cabr	4,560	13,680	22,800	51,300	79,800	114,000
300SE 4d Sed	1,000	3,000	5,000	11,250	17,500	25,000
300SE 2d Cpe	1,480	4,440	7,400	16,650	25,900	37,000
300SE 2d Cabr	3,480	10,440	17,400	39,150	60,900	87,000
300SL Rds	20,100	60,300	100,500	226,130	351,750	502,500

NOTE: Add 5% for removable hardtop.

1963

	6	5	4	3	2	1
180Dc 4d Sed	550	1,700	2,800	6,300	9,800	14,000
190c 4d Sed	450	1,400	2,300	5,180	8,050	11,500
190Dc 4d Sed	600	1,750	2,900	6,530	10,200	14,500
190SL Hds	2,500	7,500	12,500	28,130	43,750	62,500

NOTE: Add 10% for removable hardtop.

	6	5	4	3	2	1
220 4d Sed	650	1,900	3,200	7,200	11,200	16,000
220S 4d Sed	700	2,050	3,400	7,650	11,900	17,000
220SE 4d Sed	700	2,150	3,600	8,100	12,600	18,000
220SEb Cpe	1,080	3,240	5,400	12,150	18,900	27,000
220SEb Cabr	2,560	7,680	12,800	28,800	44,800	64,000
300SE 4d Sed	1,050	3,100	5,200	11,700	18,200	26,000
300SE Cpe	1,320	3,960	6,600	14,850	23,100	33,000
300SE Cabr	3,400	10,200	17,000	38,250	59,500	85,000
300 4d HT	1,300	3,850	6,400	14,400	22,400	32,000
300SL Rds	20,020	60,060	100,100	225,230	350,350	500,500

NOTE: Add 5% for removable hardtop.

1964

	6	5	4	3	2	1
190c 4d Sed	440	1,320	2,200	4,950	7,700	11,000
190Dc 4d Sed	550	1,700	2,800	6,300	9,800	14,000
220 4d Sed	650	1,900	3,200	7,200	11,200	16,000
220S 4d Sed	700	2,050	3,400	7,650	11,900	17,000
220SE 4d Sed	700	2,150	3,600	8,100	12,600	18,000
220SEb Cpe	1,040	3,120	5,200	11,700	18,200	26,000
220SEb Cabr	2,100	6,300	10,500	23,630	36,750	52,500
230SL Cpe/Rds	2,240	6,720	11,200	25,200	39,200	56,000

MERCEDES-BENZ

	6	5	4	3	2	1
300SE 4d Sed 900	2,650	4,400	9,900	15,400	22,000
300SE 4d Sed (112) 920	2,760	4,600	10,350	16,100	23,000
300SE Cpe. 1,300	3,850	6,400	14,400	22,400	32,000
300SE Cabr 3,320	9,960	16,600	37,350	58,100	83,000
1965						
190c 4d Sed 450	1,300	2,200	4,950	7,700	11,000
190Dc 4d Sed. 550	1,700	2,800	6,300	9,800	14,000
220b 4d Sed 650	1,900	3,200	7,200	11,200	16,000
220Sb 4d Sed. 650	2,000	3,300	7,430	11,600	16,500
220SEb 4d Sed 700	2,050	3,400	7,650	11,900	17,000
220SEb Cpe. 1,000	3,000	5,000	11,250	17,500	25,000
220SEb Cabr 2,060	6,180	10,300	23,180	36,050	51,500
230SL Cpe/Rds 2,200	6,600	11,000	24,750	38,500	55,000
250SE Cpe. 1,080	3,240	5,400	12,150	18,900	27,000
250SE Cabr 1,880	5,640	9,400	21,150	32,900	47,000
300SE 4d Sed 750	2,300	3,800	8,550	13,300	19,000
300SEL 4d Sed 850	2,500	4,200	9,450	14,700	21,000
300SE Cpe. 1,240	3,720	6,200	13,950	21,700	31,000
300SE Cabr 3,280	9,840	16,400	36,900	57,400	82,000
600 4d Sed 5,400	16,200	27,000	60,750	94,500	135,000
600 Limo. 6,200	18,600	31,000	69,750	108,500	155,000
1966						
200 4d Sed. 450	1,300	2,200	4,950	7,700	11,000
200D 4d Sed. 550	1,700	2,800	6,300	9,800	14,000
230 4d Sed 450	1,400	2,300	5,180	8,050	11,500
230S 4d Sed. 450	1,400	2,350	5,270	8,200	11,700
230SL Cpe/Rds 2,200	6,600	11,000	24,750	38,500	55,000
250SE Cpe. 1,080	3,240	5,400	12,150	18,900	27,000
250SE Cabr 1,880	5,640	9,400	21,150	32,900	47,000
250S 4d Sed. 650	1,900	3,200	7,200	11,200	16,000
250SE 4d Sed 650	2,000	3,300	7,430	11,600	16,500
300SE Cpe. 1,240	3,720	6,200	13,950	21,700	31,000
300SE Cabr 3,280	9,840	16,400	36,900	57,400	82,000
600 4d Sed 5,400	16,200	27,000	60,750	94,500	135,000
600 Limo. 6,600	19,800	33,000	74,250	115,500	165,000
1967						
200 4d Sed. 450	1,400	2,300	5,180	8,050	11,500
200D 4d Sed. 600	1,750	2,900	6,530	10,200	14,500
230 4d Sed 550	1,700	2,800	6,300	9,800	14,000
230S 4d Sed. 550	1,700	2,850	6,390	9,950	14,200
230SL Cpe/Rds 2,160	6,480	10,800	24,300	37,800	54,000
250S 4d Sed. 650	1,900	3,200	7,200	11,200	16,000
250SE 4d Sed 650	2,000	3,300	7,430	11,600	16,500
250SE Cpe. 1,080	3,240	5,400	12,150	18,900	27,000
250SE Cabr 1,880	5,640	9,400	21,150	32,900	47,000
250SL Cpe/Rds 2,240	6,720	11,200	25,200	39,200	56,000
280SE Cpe. 1,020	3,060	5,100	11,480	17,850	25,500
280SE Cabr 2,360	7,080	11,800	26,550	41,300	59,000
300SE Cpe. 1,050	3,100	5,200	11,700	18,200	26,000
300SE Cabr 3,280	9,840	16,400	36,900	57,400	82,000
300SE 4d Sed 950	2,900	4,800	10,800	16,800	24,000
300SEL 4d Sed 1,000	3,000	5,000	11,250	17,500	25,000
600 4d Sed 5,400	16,200	27,000	60,750	94,500	135,000
600 Limo. 6,200	18,600	31,000	69,750	108,500	155,000
1968						
220 4d Sed. 450	1,400	2,300	5,180	8,050	11,500
220D 4d Sed. 600	1,750	2,900	6,530	10,200	14,500
230 4d Sed 560	1,680	2,800	6,300	9,800	14,000
250 4d Sed 600	1,750	2,900	6,570	10,200	14,600
280 4d Sed 600	1,800	2,950	6,660	10,400	14,800
280SE 4d Sed 650	1,900	3,200	7,200	11,200	16,000
280SEL 4d Sed 700	2,050	3,400	7,650	11,900	17,000
280SE Cpe. 1,020	3,060	5,100	11,480	17,850	25,500
280SE Cabr 2,360	7,080	11,800	26,550	41,300	59,000
280SL Cpe/Rds 2,520	7,560	12,600	28,350	44,100	63,000
300SEL 4d Sed 1,000	3,000	5,000	11,250	17,500	25,000
600 4d Sed 5,400	16,200	27,000	60,750	94,500	135,000
600 Limo. 6,200	18,600	31,000	69,750	108,500	155,000
1969						
220 4d Sed. 600	1,850	3,100	6,980	10,900	15,500
220D 4d Sed. 650	2,000	3,300	7,430	11,600	16,500
230 4d Sed 650	1,900	3,150	7,110	11,100	15,800
250 4d Sed 650	1,900	3,200	7,200	11,200	16,000
280S 4d Sed. 650	1,950	3,200	7,250	11,300	16,100
280SE 4d Sed 650	1,900	3,200	7,200	11,200	16,000
280SEL 4d Sed 650	2,000	3,300	7,430	11,600	16,500
280SE Cpe. 1,020	3,060	5,100	11,480	17,850	25,500
280SE Cabr 2,360	7,080	11,800	26,550	41,300	59,000
280SL Cpe/Rds 2,520	7,560	12,600	28,350	44,100	63,000

MERCEDES-BENZ

	6	5	4	3	2	1
300SEL 4d Sed	950	2,900	4,800	10,800	16,800	24,000
300SEL 6.3 4d Sed	1,460	4,380	7,300	16,430	25,550	36,500
600 4d Sed	5,400	16,200	27,000	60,750	94,500	135,000
600 Limo	6,200	18,600	31,000	69,750	108,500	155,000
1970						
220 4d Sed	550	1,700	2,800	6,300	9,800	14,000
220D 4d Sed	600	1,750	2,900	6,530	10,200	14,500
250 4d Sed	550	1,700	2,850	6,390	9,950	14,200
250C Cpe	700	2,050	3,400	7,650	11,900	17,000
280S 4d Sed	600	1,850	3,100	6,980	10,900	15,500
280SE 4d Sed	650	1,900	3,200	7,200	11,200	16,000
280SEL 4d Sed	650	2,000	3,300	7,430	11,600	16,500
280SE Cpe	1,100	3,300	5,500	12,380	19,250	27,500
280SE Cpe 3.5	1,700	5,150	8,600	19,350	30,100	43,000
280SE Cabr	2,440	7,320	12,200	27,450	42,700	61,000
280SE Cabr 3.5	2,600	7,800	13,000	29,250	45,500	65,000
280SL Cpe/Rds	2,520	7,560	12,600	28,350	44,100	63,000
300SEL 4d Sed	900	2,750	4,600	10,350	16,100	23,000
300SEL 6.3 4d Sed	1,460	4,380	7,300	16,430	25,550	36,500
600 4d Sed	5,800	17,400	29,000	65,250	101,500	145,000
600 Limo	6,600	19,800	33,000	74,250	115,500	165,000
1971						
220 4d Sed	550	1,700	2,800	6,300	9,800	14,000
220D 4d Sed	600	1,750	2,900	6,530	10,200	14,500
250 4d Sed	550	1,700	2,800	6,300	9,800	14,000
250C Cpe	650	1,900	3,200	7,200	11,200	16,000
280S 4 Sed	600	1,850	3,100	6,980	10,900	15,500
280SE 4d Sed	650	1,900	3,200	7,200	11,200	16,000
280SE 4.5 4d Sed	800	2,400	4,000	9,000	14,000	20,000
280SEL 4d Sed	650	2,000	3,300	7,430	11,600	16,500
280SE 3.5 Cpe	1,200	3,600	6,000	13,500	21,000	30,000
280SE 3.5 Cabr	3,900	11,700	19,500	43,880	68,250	97,500
280SL Cpe/Rds	2,520	7,560	12,600	28,350	44,100	63,000
300SEL 4d Sed	950	2,900	4,800	10,800	16,800	24,000
300SEL 6.3 4d Sed	1,460	4,380	7,300	16,430	25,550	36,500
600 4d Sed	5,800	17,400	29,000	65,250	101,500	145,000
600 4d Limo	6,600	19,800	33,000	74,250	115,500	165,000
1972						
220 4d Sed	550	1,700	2,800	6,300	9,800	14,000
220D 4d Sed	600	1,750	2,900	6,530	10,200	14,500
250 4d Sed	600	1,800	3,000	6,750	10,500	15,000
250C Cpe	700	2,050	3,400	7,650	11,900	17,000
280SE 4d Sed	650	1,900	3,200	7,200	11,200	16,000
280SE 4.5 4d Sed	800	2,400	4,000	9,000	14,000	20,000
280SE 3.5 Cpe	900	2,650	4,400	9,900	15,400	22,000
280SE 3.5 Cabr	1,550	4,700	7,800	17,550	27,300	39,000
280SEL 4d Sed	700	2,050	3,400	7,650	11,900	17,000
300SEL 4d Sed	900	2,750	4,600	10,350	16,100	23,000
350SL Cpe/Rds	1,450	4,300	7,200	16,200	25,200	36,000
600 4d Sed	5,800	17,400	29,000	65,250	101,500	145,000
600 Limo	6,600	19,800	33,000	74,250	115,500	165,000
1973						
220 4d Sed	550	1,700	2,800	6,300	9,800	14,000
220D 4d Sed	600	1,800	3,000	6,750	10,500	15,000
280 4d Sed	600	1,850	3,100	6,980	10,900	15,500
280C Cpe	700	2,150	3,600	8,100	12,600	18,000
280SE 4d Sed	700	2,050	3,400	7,650	11,900	17,000
280SE 4.5 4d Sed	850	2,500	4,200	9,450	14,700	21,000
280SEL 4d Sed	700	2,100	3,500	7,880	12,300	17,500
280SEL 4.5 4d Sed	880	2,640	4,400	9,900	15,400	22,000
300SEL 4d Sed	900	2,750	4,600	10,350	16,100	23,000
450SE 4d Sed	700	2,100	3,500	7,880	12,300	17,500
450SEL 4d Sed	750	2,200	3,700	8,330	13,000	18,500
450SL Cpe/Rds	1,350	4,100	6,800	15,300	23,800	34,000
450SLC Cpe	1,100	3,350	5,600	12,600	19,600	28,000
1974						
230 4d Sed	600	1,750	2,900	6,530	10,200	14,500
240D 4d Sed	600	1,800	3,000	6,750	10,500	15,000
280 4d Sed	650	1,900	3,200	7,200	11,200	16,000
280C Cpe	700	2,150	3,600	8,100	12,600	18,000
450SE 4d Sed	750	2,300	3,800	8,550	13,300	19,000
450SEL 4d Sed	850	2,500	4,200	9,450	14,700	21,000
450SL Cpe/Rds	1,300	3,950	6,600	14,850	23,100	33,000
450SLC Cpe	1,100	3,350	5,600	12,600	19,600	28,000
1975						
230 4d Sed	600	1,800	3,000	6,750	10,500	15,000
240D 4d Sed	650	1,900	3,200	7,200	11,200	16,000
300D 4d Sed	700	2,050	3,400	7,650	11,900	17,000
280 4d Sed	700	2,150	3,600	8,100	12,600	18,000

MERCEDES-BENZ

	6	5	4	3	2	1
280C Cpe.	750	2,300	3,800	8,550	13,300	19,000
280S 4d Sed.	700	2,150	3,600	8,100	12,600	18,000
450SE 4d Sed	800	2,400	4,000	9,000	14,000	20,000
450SEL 4d Sed	850	2,500	4,200	9,450	14,700	21,000
450SL Cpe/Rds	1,400	4,200	7,000	15,750	24,500	35,000
450SLC Cpe.	1,100	3,350	5,600	12,600	19,600	28,000
1976						
230 4d Sed.	700	2,050	3,400	7,650	11,900	17,000
240D 4d Sed.	700	2,050	3,400	7,650	11,900	17,000
300D 4d Sed.	700	2,100	3,500	7,880	12,300	17,500
280 4d Sed.	700	2,150	3,600	8,100	12,600	18,000
280C Cpe.	850	2,500	4,200	9,450	14,700	21,000
280S 4d Sed.	750	2,200	3,700	8,330	13,000	18,500
450SE 4d Sed	900	2,650	4,400	9,900	15,400	22,000
450SEL 4d Sed	900	2,750	4,600	10,350	16,100	23,000
450SL Cpe/Rds	1,400	4,200	7,000	15,750	24,500	35,000
450SLC Cpe.	1,100	3,250	5,400	12,150	18,900	27,000
1977						
230 4d Sed.	650	1,900	3,200	7,200	11,200	16,000
240D 4d Sed.	700	2,100	3,500	7,880	12,300	17,500
300D 4d Sed.	700	2,150	3,600	8,100	12,600	18,000
280E 4d Sed.	750	2,200	3,700	8,330	13,000	18,500
280SE 4d Sed	750	2,300	3,800	8,550	13,300	19,000
450SEL 4d Sed	900	2,750	4,600	10,350	16,100	23,000
450SL Cpe/Rds	1,400	4,200	7,000	15,750	24,500	35,000
450SLC Cpe.	1,100	3,250	5,400	12,150	18,900	27,000
1978						
230 4d Sed.	650	1,900	3,200	7,200	11,200	16,000
240D 4d Sed.	650	2,000	3,300	7,430	11,600	16,500
300D 4d Sed.	700	2,050	3,400	7,650	11,900	17,000
300CD Cpe.	700	2,150	3,600	8,100	12,600	18,000
300SD 4d Sed	800	2,350	3,900	8,780	13,700	19,500
280E 4d Sed.	700	2,100	3,500	7,880	12,300	17,500
280CE Cpe.	800	2,350	3,900	8,780	13,700	19,500
280SE 4d Sed	800	2,400	4,000	9,000	14,000	20,000
450SEL 4d Sed	950	2,900	4,800	10,800	16,800	24,000
450SL Cpe/Rds	1,350	4,100	6,800	15,300	23,800	34,000
450SLC Cpe.	1,150	3,500	5,800	13,050	20,300	29,000
6.9L 4d Sed	1,100	3,350	5,600	12,600	19,600	28,000
1979						
240D 4d Sed.	550	1,700	2,800	6,300	9,800	14,000
300D 4d Sed.	600	1,800	3,000	6,750	10,500	15,000
300CD Cpe.	700	2,050	3,400	7,650	11,900	17,000
300TD Sta Wag	900	2,750	4,600	10,350	16,100	23,000
300SD 4d Sed	750	2,300	3,800	8,550	13,300	19,000
280E 4d Sed.	650	1,900	3,200	7,200	11,200	16,000
280CE Cpe.	700	2,150	3,600	8,100	12,600	18,000
280SE 4d Sed	750	2,300	3,800	8,550	13,300	19,000
450SEL 4d Sed	900	2,650	4,400	9,900	15,400	22,000
450SL Cpe/Rds	1,300	3,850	6,400	14,400	22,400	32,000
450SLC Cpe.	1,100	3,350	5,600	12,600	19,600	28,000
6.9L 4d Sed	1,050	3,100	5,200	11,700	18,200	26,000
1980						
240D 4d Sed.	600	1,800	3,000	6,750	10,500	15,000
300D 4d Sed.	650	1,900	3,200	7,200	11,200	16,000
300CD 2d Cpe	700	2,150	3,600	8,100	12,600	18,000
300TD 4d Sta Wag	900	2,750	4,600	10,350	16,100	23,000
300SD 4d Sed	800	2,400	4,000	9,000	14,000	20,000
280E 4d Sed.	750	2,300	3,800	8,550	13,300	19,000
280CE 2d Cpe	800	2,400	4,000	9,000	14,000	20,000
280SE 4d Sed	750	2,300	3,800	8,550	13,300	19,000
450SEL 4d Sed	800	2,400	4,000	9,000	14,000	20,000
450SL 2d Conv.	1,350	4,100	6,800	15,300	23,800	34,000
450SLC 2d Cpe	1,050	3,100	5,200	11,700	18,200	26,000
1981						
240D 4d Sed.	600	1,800	3,000	6,750	10,500	15,000
300D 4d Sed.	650	1,900	3,200	7,200	11,200	16,000
300CD 2d Cpe	700	2,150	3,600	8,100	12,600	18,000
300TD-T 4d Turbo Sta Wag	1,020	3,060	5,100	11,480	17,850	25,500
300SD 4d Sed	750	2,300	3,800	8,550	13,300	19,000
280E 4d Sed.	700	2,150	3,600	8,100	12,600	18,000
280CE 2d Cpe	750	2,300	3,800	8,550	13,300	19,000
280SEL 4d Sed	950	2,900	4,800	10,800	16,800	24,000
380SL 2d Conv.	1,200	3,600	6,000	13,500	21,000	30,000
380SLC 2d Cpe	1,100	3,250	5,400	12,150	18,900	27,000
1982						
240D 4d Sed.	650	1,900	3,200	7,200	11,200	16,000
300D-T 4d Sed.	700	2,050	3,400	7,650	11,900	17,000
300CD-T 2d Cpe	750	2,300	3,800	8,550	13,300	19,000

MERCEDES-BENZ

	6	5	4	3	2	1
300TD-T 4d Turbo Sta Wag	1,020	3,060	5,100	11,480	17,850	25,500
300SD 4d Sed	800	2,400	4,000	9,000	14,000	20,000
380SEL 4d Sed	1,000	3,000	5,000	11,250	17,500	25,000
380SL 2d Conv	1,200	3,600	6,000	13,500	21,000	30,000
380SEC 2d Cpe	1,120	3,360	5,600	12,600	19,600	28,000
1983						
240D 4d Sed	650	1,900	3,200	7,200	11,200	16,000
300D-T 4d Sed	700	2,050	3,400	7,650	11,900	17,000
300CD-T 2d Cpe	750	2,300	3,800	8,550	13,300	19,000
300TD-T 4d Turbo Sta Wag	1,020	3,060	5,100	11,480	17,850	25,500
300SD 4d Sed	800	2,400	4,000	9,000	14,000	20,000
300SEL 4d Sed	1,000	3,000	5,000	11,250	17,500	25,000
380SL 2d Conv	1,200	3,600	6,000	13,500	21,000	30,000
380SEC 2d Cpe	1,120	3,360	5,600	12,600	19,600	28,000
1984						
190E 4d Sed	650	1,900	3,200	7,200	11,200	16,000
190D 4d Sed	600	1,800	3,000	6,750	10,500	15,000
300D-T 4d Sed	650	2,000	3,300	7,430	11,600	16,500
300CD-T 2d Cpe	700	2,050	3,400	7,650	11,900	17,000
300TD-T 4d Turbo Sta Wag	1,020	3,060	5,100	11,480	17,850	25,500
300SD 4d Sed	900	2,750	4,600	10,350	16,100	23,000
500SEL 4d Sed	1,040	3,120	5,200	11,700	18,200	26,000
500SEC 2d Cpe	1,160	3,480	5,800	13,050	20,300	29,000
380SE 4d Sed	880	2,640	4,400	9,900	15,400	22,000
380SL 2d Conv	1,200	3,600	6,000	13,500	21,000	30,000
1985						
190E 4d Sed	650	1,900	3,200	7,200	11,200	16,000
190D 4d Sed	600	1,850	3,100	6,980	10,900	15,500
300D-T 4d Sed	700	2,100	3,500	7,880	12,300	17,500
300CD-T 2d Cpe	700	2,150	3,600	8,100	12,600	18,000
300TD-T 4d Turbo Sta Wag	1,020	3,060	5,100	11,480	17,850	25,500
300SD 4d Sed	800	2,400	4,000	9,000	14,000	20,000
500SEL 4d Sed	1,040	3,120	5,200	11,700	18,200	26,000
500SEC 2d Cpe	1,160	3,480	5,800	13,050	20,300	29,000
380SE 4d Sed	880	2,640	4,400	9,900	15,400	22,000
380SL 2d Conv	1,200	3,600	6,000	13,500	21,000	30,000
1986						
190E 4d Sed	650	2,000	3,300	7,430	11,600	16,500
190D 4d Sed	650	1,900	3,200	7,200	11,200	16,000
190D 1.6 4d Sed	700	2,050	3,400	7,650	11,900	17,000
300E 4d Sed	750	2,200	3,700	8,330	13,000	18,500
300SDL 4d Sed	1,000	3,000	5,000	11,250	17,500	25,000
420SEL 4d Sed	1,080	3,240	5,400	12,150	18,900	27,000
560SEL 4d Sed	1,120	3,360	5,600	12,600	19,600	28,000
560SEC 2d Cpe	1,160	3,480	5,800	13,050	20,300	29,000
560SL 2d Conv	1,240	3,720	6,200	13,950	21,700	31,000
1987						
190D 4d Sed	700	2,150	3,600	8,100	12,600	18,000
190D-T 4d Sed	750	2,200	3,700	8,330	13,000	18,500
190E 4d Sed	800	2,350	3,900	8,780	13,700	19,500
190 2.6 4d Sed	800	2,450	4,100	9,230	14,300	20,500
190E-16V 4d Sed	980	2,940	4,900	11,030	17,150	24,500
260E 4d Sed	880	2,640	4,400	9,900	15,400	22,000
300E 4d Sed	900	2,700	4,500	10,130	15,750	22,500
300DT 4d Sed	950	2,800	4,700	10,580	16,500	23,500
300TD-T 4d Sta Wag	1,020	3,060	5,100	11,480	17,850	25,500
300SDL-T 4d Sed	1,040	3,120	5,200	11,700	18,200	26,000
420SEL 4d Sed	1,080	3,240	5,400	12,150	18,900	27,000
560SEL 4d Sed	1,120	3,360	5,600	12,600	19,600	28,000
560SEC 2d Cpe	1,160	3,480	5,800	13,050	20,300	29,000
560SL 2d Conv	1,240	3,720	6,200	13,950	21,700	31,000
1988						
190D 4d Sed	720	2,160	3,600	8,100	12,600	18,000
190E 4d Sed	780	2,340	3,900	8,780	13,650	19,500
190E 2.6 4d Sed	800	2,400	4,000	9,000	14,000	20,000
260E 4d Sed	880	2,640	4,400	9,900	15,400	22,000
300E 4d Sed	900	2,700	4,500	10,130	15,750	22,500
300CE 2d Cpe	1,000	3,000	5,000	11,250	17,500	25,000
300TE 4d Sta Wag	1,040	3,120	5,200	11,700	18,200	26,000
300SE 4d Sed	920	2,760	4,600	10,350	16,100	23,000
300SEL 4d Sed	940	2,820	4,700	10,580	16,450	23,500
420SEL 4d Sed	1,080	3,240	5,400	12,150	18,900	27,000
560SEL 4d Sed	1,120	3,360	5,600	12,600	19,600	28,000
560SEC 2d Cpe	1,160	3,480	5,800	13,050	20,300	29,000
560SL 2d Conv	1,240	3,720	6,200	13,950	21,700	31,000
1989						
190D 4d Sed	720	2,160	3,600	8,100	12,600	18,000
190E 4d 2.6 Sed	800	2,400	4,000	9,000	14,000	20,000
260E 4d Sed	880	2,640	4,400	9,900	15,400	22,000

MERCEDES-BENZ

	6	5	4	3	2	1
300E 4d Sed.	900	2,700	4,500	10,130	15,750	22,500
300CE 2d Cpe	1,000	3,000	5,000	11,250	17,500	25,000
300TE 4d Sta Wag	1,040	3,120	5,200	11,700	18,200	26,000
300SE 4d Sed	920	2,760	4,600	10,350	16,100	23,000
300SEC 4d Sed	940	2,820	4,700	10,580	16,450	23,500
420SEL 4d Sed	1,080	3,240	5,400	12,150	18,900	27,000
560SEL 4d Sed	1,120	3,360	5,600	12,600	19,600	28,000
560SEC 2d Cpe	1,160	3,480	5,800	13,050	20,300	29,000
560SL 2d Conv.	1,240	3,720	6,200	13,950	21,700	31,000
1990						
190E 4d 2.6 Sed.	900	2,650	4,400	9,900	15,400	22,000
300E 4d 2.6 Sed.	900	2,700	4,500	10,130	15,750	22,500
300D 4d 2.5 Turbo Sed.	1,000	3,000	5,000	11,250	17,500	25,000
300E 4d Sed.	920	2,760	4,600	10,350	16,100	23,000
300E Matic 4d Sed.	940	2,820	4,700	10,580	16,450	23,500
300CE 2d Cpe	1,000	3,000	5,000	11,250	17,500	25,000
300TE 4d Sta Wag	1,040	3,120	5,200	11,700	18,200	26,000
300TE Matic 4d Sta Wag	1,060	3,180	5,300	11,930	18,550	26,500
300SE 4d Sed	920	2,760	4,600	10,350	16,100	23,000
300SEL 4d Sed	960	2,880	4,800	10,800	16,800	24,000
350SDL 4d Turbo Sed	1,000	3,000	5,000	11,250	17,500	25,000
420SEL 4d Sed	1,080	3,240	5,400	12,150	18,900	27,000
560SEL 4d Sed	1,120	3,360	5,600	12,600	19,600	28,000
560SEC 2d Cpe	1,160	3,480	5,800	13,050	20,300	29,000
300SL 2d Conv.	1,180	3,540	5,900	13,280	20,650	29,500
500SL 2d Conv.	1,220	3,660	6,100	13,730	21,350	30,500
1991						
190 4d 2.3 Sed.	680	2,040	3,400	7,650	11,900	17,000
190 4d 2.6 Sed.	760	2,280	3,800	8,550	13,300	19,000
300TD 4d Turbo Sed.	880	2,640	4,400	9,900	15,400	22,000
300E 4d Sed.	920	2,760	4,600	10,350	16,100	23,000
300E Matic 4x4 4d Sed	960	2,880	4,800	10,800	16,800	24,000
300CE 2d Cpe	1,000	3,000	5,000	11,250	17,500	25,000
300TE 4d Sta Wag	1,040	3,120	5,200	11,700	18,200	26,000
300TE Matic 4x4 4d Sta Wag	1,060	3,180	5,300	11,930	18,550	26,500
300SE 4d Sed	920	2,760	4,600	10,350	16,100	23,000
300SEL 4d Sed	960	2,880	4,800	10,800	16,800	24,000
350SD 4d Sed	980	2,940	4,900	11,030	17,150	24,500
350SDL 4d Turbo Sed	1,000	3,000	5,000	11,250	17,500	25,000
420SEL 4d Sed	1,080	3,240	5,400	12,150	18,900	27,000
560SEL 4d Sed	1,120	3,360	5,600	12,600	19,600	28,000
560SEC 2d Cpe	1,160	3,480	5,800	13,050	20,300	29,000
300SL 2d Conv.	1,180	3,540	5,900	13,280	20,650	29,500
500SL 2d Conv.	1,220	3,660	6,100	13,730	21,350	30,500
1992						
190 4d 2.3 Sed.	680	2,040	3,400	7,650	11,900	17,000
190 4d 2.6 Sed.	750	2,300	3,800	8,550	13,300	19,000
300E 4d 2.6 Sed.	800	2,400	4,000	9,000	14,000	20,000
300DT 4d 2.5 Sed	900	2,700	4,500	10,130	15,700	22,500
300E 4d Sed.	920	2,760	4,600	10,350	16,100	23,000
300E 4d Sed 4 Matic	960	2,880	4,800	10,800	16,800	24,000
300CE 2d Cpe	1,000	3,000	5,000	11,250	17,500	25,000
300TE 4d Sta Wag	1,040	3,120	5,200	11,700	18,200	26,000
300TE 4d Sta Wag 4 Matic.	1,060	3,180	5,300	11,930	18,550	26,500
300SDT 4d Sed	960	2,880	4,800	10,800	16,800	24,000
300SE 4d Sed	920	2,760	4,600	10,350	16,100	23,000
400E 4d Sed.	1,040	3,120	5,200	11,700	18,200	26,000
400SE 4d Sed	1,060	3,180	5,300	11,930	18,550	26,500
500E 4d Sed.	1,080	3,240	5,400	12,150	18,900	27,000
500SEL 4d Sed	1,120	3,360	5,600	12,600	19,600	28,000
600SEL 4d Sed	1,160	3,480	5,800	13,050	20,300	29,000
300SL 2d Conv.	1,180	3,540	5,900	13,280	20,650	29,500
500SL 2d Conv.	1,220	3,660	6,100	13,730	21,350	30,500
1993						
190E 4d 2.3 Sed.	680	2,040	3,400	7,650	11,900	17,000
190E 4d 2.6 Sed.	760	2,280	3,800	8,550	13,300	19,000
300E 4d 2.8 Sed.	780	2,340	3,900	8,780	13,650	19,500
300DT 4d 2.5 Sed	900	2,700	4,500	10,130	15,750	22,500
300E 4d Sed.	920	2,760	4,600	10,350	16,100	23,000
300E Matic 4d Sed	960	2,880	4,800	10,800	16,800	24,000
300CE 2d Cpe	1,000	3,000	5,000	11,250	17,500	25,000
300CE 2d Conv	1,160	3,480	5,800	13,050	20,300	29,000
300TE 4d Sta Wag	1,040	3,120	5,200	11,700	18,200	26,000
300TE Matic 4d Sta Wag	1,060	3,180	5,300	11,930	18,550	26,500
300SDT 4d Sed	960	2,880	4,800	10,800	16,800	24,000
300SE 4d Sed	920	2,760	4,600	10,350	16,100	23,000
400E 4d Sed.	1,040	3,120	5,200	11,700	18,200	26,000
400SEL 4d Sed	1,060	3,180	5,300	11,930	18,550	26,500
500E 4d Sed.	1,080	3,240	5,400	12,150	18,900	27,000

	6	5	4	3	2	1
500SEL 4d Sed	1,120	3,360	5,600	12,600	19,600	28,000
500SEL 2d Cpe	1,160	3,480	5,800	13,050	20,300	29,000
600SEL 4d Sed	1,160	3,480	5,800	13,050	20,300	29,000
600SEL 2d Cpe	1,200	3,600	6,000	13,500	21,000	30,000
300SL 2d Rds	1,180	3,540	5,900	13,280	20,650	29,500
500SL 2d Rds	1,220	3,660	6,100	13,730	21,350	30,500
600SL 2d Rds	1,240	3,720	6,200	13,950	21,700	31,000
1994 C Class						
220C 4d Sed	320	960	1,600	3,600	5,600	8,000
280C 4d Sed	360	1,080	1,800	4,050	6,300	9,000
1994 E Class						
320E 2d Cpe	440	1,320	2,200	4,950	7,700	11,000
320E 2d Conv	740	2,220	3,700	8,330	12,950	18,500
320E 4d Sed	400	1,200	2,000	4,500	7,000	10,000
420E 4d Sed	480	1,440	2,400	5,400	8,400	12,000
500E 4d Sed	520	1,560	2,600	5,850	9,100	13,000
320E 4d Sta Wag	500	1,500	2,500	5,630	8,750	12,500
1994 S Class						
500S 2d Cpe	560	1,680	2,800	6,300	9,800	14,000
600S 2d Cpe	580	1,740	2,900	6,530	10,150	14,500
320S 4d Sed	440	1,320	2,200	4,950	7,700	11,000
350S 4d Sed Diesel Turbo	420	1,260	2,100	4,730	7,350	10,500
420S 4d Sed	480	1,440	2,400	5,400	8,400	12,000
500S 4d Sed	540	1,620	2,700	6,080	9,450	13,500
600S 4d Sed	560	1,680	2,800	6,300	9,800	14,000
1994 SL Class						
320SL 2d Rds	760	2,280	3,800	8,550	13,300	19,000
500SL 2d Rds	800	2,400	4,000	9,000	14,000	20,000
600SL 2d Rds	840	2,520	4,200	9,450	14,700	21,000
1995 C Class						
220C 4d Sed	320	960	1,600	3,600	5,600	8,000
280C 4d Sed	360	1,080	1,800	4,050	6,300	9,000
36C 4d Sed	500	1,500	2,500	5,630	8,750	12,500
1995 E Class						
300E 4d Sed Diesel Turbo	380	1,140	1,900	4,280	6,650	9,500
320E 2d Cpe	440	1,320	2,200	4,950	7,700	11,000
320E 2d Conv	740	2,220	3,700	8,330	12,950	18,500
320E 4d Sed	400	1,200	2,000	4,500	7,000	10,000
320E 4d Sta Wag	500	1,500	2,500	5,630	8,750	12,500
420E 4d Sed	480	1,440	2,400	5,400	8,400	12,000
1995 S Class						
320SW 4d Sed	440	1,320	2,200	4,950	7,700	11,000
320SV 4d Sed	460	1,380	2,300	5,180	8,050	11,500
350S 4d Sed Diesel Turbo	420	1,260	2,100	4,730	7,350	10,500
420S 4d Sed	480	1,440	2,400	5,400	8,400	12,000
500S 2d Cpe	560	1,680	2,800	6,300	9,800	14,000
500S 4d Sed	540	1,620	2,700	6,080	9,450	13,500
600S 2d Cpe	600	1,800	3,000	6,750	10,500	15,000
600S 4d Sed	560	1,680	2,800	6,300	9,800	14,000
1995 SL Class						
320SL 2d Rds	760	2,280	3,800	8,550	13,300	19,000
500SL 2d Rds	800	2,400	4,000	9,000	14,000	20,000
600SL 2d Rds	840	2,520	4,200	9,450	14,700	21,000
1996 C Class						
C220 4d Sed	320	960	1,600	3,600	5,600	8,000
C280 4d Sed	360	1,080	1,800	4,050	6,300	9,000
C36 4d Sed	500	1,500	2,500	5,630	8,750	12,500
1996 E Class						
E300 4d Sed, Diesel	380	1,140	1,900	4,280	6,650	9,500
E320 4d Sed	400	1,200	2,000	4,500	7,000	10,000
1996 S Class						
S320W 4d Sed	440	1,320	2,200	4,950	7,700	11,000
S320V 4d Sed	460	1,380	2,300	5,180	8,050	11,500
S420 4d Sed	480	1,440	2,400	5,400	8,400	12,000
S500 2d Cpe	560	1,680	2,800	6,300	9,800	14,000
S500 4d Sed	540	1,620	2,700	6,080	9,450	13,500
S600 2d Cpe	600	1,800	3,000	6,750	10,500	15,000
S600 4d Sed	560	1,680	2,800	6,300	9,800	14,000
1996 SL Class						
SL320 2d Rds	760	2,280	3,800	8,550	13,300	19,000
SL500 2d Rds	800	2,400	4,000	9,000	14,000	20,000
SL600 2d Rds	840	2,520	4,200	9,450	14,700	21,000
NOTE: Add 5% for Spt Pkg.						
1997 C Class						
C230 4d Sed	340	1,020	1,700	3,830	5,950	8,500
C280 4d Sed	360	1,080	1,800	4,050	6,300	9,000
C36 4d Sed	500	1,500	2,500	5,630	8,750	12,500
1997 E Class						
E300D 4d Sed, Diesel	380	1,140	1,900	4,280	6,650	9,500

MERCEDES-BENZ

	6	5	4	3	2	1
E320 4d Sed.............................. 400		1,200	2,000	4,500	7,000	10,000
E420 4d Sed.............................. 420		1,260	2,100	4,730	7,350	10,500
1997 S Class						
S320W 4d Sed............................ 440		1,320	2,200	4,950	7,700	11,000
S320V 4d Sed............................ 460		1,380	2,300	5,180	8,050	11,500
S420 4d Sed.............................. 480		1,440	2,400	5,400	8,400	12,000
S500 2d Cpe.............................. 560		1,680	2,800	6,300	9,800	14,000
S500 4d Sed.............................. 540		1,620	2,700	6,080	9,450	13,500
S600 2d Cpe.............................. 600		1,800	3,000	6,750	10,500	15,000
S600 4d Sed.............................. 560		1,680	2,800	6,300	9,800	14,000
1997 SL Class						
SL320 2d Rds............................. 760		2,280	3,800	8,550	13,300	19,000
SL500 2d Rds............................. 800		2,400	4,000	9,000	14,000	20,000
SL600 2d Rds............................. 840		2,520	4,200	9,450	14,700	21,000
NOTE: Add 5% for Spt Pkg.						
1998 C Class, 4-cyl. & V-6						
C230 4d Sed.............................. 340		1,020	1,700	3,830	5,950	8,500
C280 4d Sed.............................. 360		1,080	1,800	4,050	6,300	9,000
1998 CLK Class, V-6						
CLK320 2d Cpe 460		1,380	2,300	5,180	8,050	11,500
1998 E Class, 6-cyl. & V-6						
E300TD 4d Sed, turbo diesel 420		1,260	2,100	4,730	7,350	10,500
E320 4d Sed.............................. 400		1,200	2,000	4,500	7,000	10,000
E320 4d Sed AWD 440		1,320	2,200	4,950	7,700	11,000
E320 4d Sta Wag 420		1,260	2,100	4,730	7,350	10,500
E320 4d Sta Wag AWD................... 460		1,380	2,300	5,180	8,050	11,500
E320 4d Sed (V-8 only)................... 480		1,440	2,400	5,400	8,400	12,000
1998 S Class, 6-cyl. & V-8						
S320W 4d Sed............................ 440		1,320	2,200	4,950	7,700	11,000
S320V 4d Sed 460		1,380	2,300	5,180	8,050	11,500
S420 4d Sed.............................. 480		1,440	2,400	5,400	8,400	12,000
S500 4d Sed.............................. 540		1,620	2,700	6,080	9,450	13,500
S600 4d Sed (V-12 only).................. 560		1,680	2,800	6,300	9,800	14,000
1998 CL Class						
CL500 2d Cpe (V-8 only) 580		1,740	2,900	6,530	10,150	14,500
CL600 2d Cpe (V-12 only) 620		1,860	3,100	6,980	10,850	15,500
1998 SLK Class, Supercharged 4-cyl.						
SLK320 "Kompressor" 2d Rds 540		1,620	2,700	6,080	9,450	13,500
1998 SL Class						
SL500 2d Rds (V-8 only).................. 800		2,400	4,000	9,000	14,000	20,000
SL600 2d Rds (V-12 only)................. 840		2,520	4,200	9,450	14,700	21,000
NOTE: Add 5% for Spt Pkg.						
1999 C Class						
C230K 4d Sed (supercharged 4-cyl.) 340		1,020	1,700	3,830	5,950	8,500
C280 4d Sed (V-6) 360		1,080	1,800	4,050	6,300	9,000
C43 4d Sed (AMG V-8)................... 700		2,100	3,500	7,880	12,250	17,500
1999 CLK Class						
CLK320 2d Cpe (V-6) 460		1,380	2,300	5,180	8,050	11,500
CLK320 2d Conv (6-cyl.) 500		1,500	2,500	5,630	8,750	12,500
CLK430 2d Cpe (V-8) 480		1,440	2,400	5,400	8,400	12,000
1999 E Class, 6-cyl. & V-6						
E300TD 4d Sed, turbo diesel 420		1,260	2,100	4,730	7,350	10,500
E320 4d Sed.............................. 400		1,200	2,000	4,500	7,000	10,000
E320 4d Sed AWD 440		1,320	2,200	4,950	7,700	11,000
E320 4d Sta Wag 420		1,260	2,100	4,730	7,350	10,500
E320 4d Sta Wag AWD................... 460		1,380	2,300	5,180	8,050	11,500
E430 4d Sed (V-8 only)................... 500		1,500	2,500	5,630	8,750	12,500
1999 S Class, 6-cyl. & V-8						
S320W 4d Sed............................ 440		1,320	2,200	4,950	7,700	11,000
S320V 4d Sed 460		1,380	2,300	5,180	8,050	11,500
S420 4d Sed.............................. 480		1,440	2,400	5,400	8,400	12,000
S500 4d Sed.............................. 540		1,620	2,700	6,080	9,450	13,500
S600 4d Sed (V-12 only).................. 560		1,680	2,800	6,300	9,800	14,000
1999 CL Class						
CL500 2d Cpe (V-8 only) 580		1,740	2,900	6,530	10,150	14,500
CL600 2d Cpe (V-12 only) 620		1,860	3,100	6,980	10,850	15,500
1999 SLK Class, Supercharged 4-cyl.						
SLK230 "Kompressor" 2d Rds 540		1,620	2,700	6,080	9,450	13,500
NOTE: Add 5% for Sport Pkg.						
1999 SL Class						
SL500 2d Rds (V-8 only).................. 800		2,400	4,000	9,000	14,000	20,000
SL600 2d Rds (V-12 only)................. 840		2,520	4,200	9,450	14,700	21,000
NOTE: Add 5% for Sport Pkg.						
2000 C Class						
C230K 4d Sed (supercharged 4-cyl.) 340		1,020	1,700	3,830	5,950	8,500
C280 4d Sed (V-6) 360		1,080	1,800	4,050	6,300	9,000
C43 4d Sed (AMG V-8)................... 700		2,100	3,500	7,880	12,250	17,500
2000 CLK Class						
CLK320 2d Cpe (V-6)..................... 460		1,380	2,300	5,180	8,050	11,500

MERCEDES-BENZ

	6	5	4	3	2	1
CLK320 2d Conv (6-cyl.) 500		1,500	2,500	5,630	8,750	12,500
CLK430 2d Cpe (V-8) 480		1,440	2,400	5,400	8,400	12,000
CLK430 2d Conv (V-8) 520		1,560	2,600	5,850	9,100	13,000
2000 E Class, 6-cyl. & V-6						
E320 4d Sed 400		1,200	2,000	4,500	7,000	10,000
E320 4d Sed AWD 440		1,320	2,200	4,950	7,700	11,000
E320 4d Sta Wag 420		1,260	2,100	4,730	7,350	10,500
E320 4d Sta Wag AWD 460		1,380	2,300	5,180	8,050	11,500
E430 4d Sed (V-8 only) 500		1,500	2,500	5,630	8,750	12,500
E430 4d Sed AWD (V-8 only) 520		1,560	2,600	5,850	9,100	13,000
E55 4d Sed (V-8 only) 580		1,740	2,900	6,530	10,150	14,500
2000 S Class, V-8						
S430 4d Sed 540		1,620	2,700	6,080	9,450	13,500
S500 4d Sed 560		1,680	2,800	6,300	9,800	14,000
2000 CL Class, V-8						
CL500 2d Cpe 580		1,740	2,900	6,530	10,150	14,500
2000 SLK Class, Supercharged 4-cyl.						
SLK230 "Kompressor" 2d Rds 540		1,620	2,700	6,080	9,450	13,500
NOTE: Add 5% for Sport pkg.						
2000 SL Class						
SL500 2d Rds (V-8 only) 800		2,400	4,000	9,000	14,000	20,000
SL600 2d Rds (V-12 only) 840		2,520	4,200	9,450	14,700	21,000
NOTE: Add 5% for Sport pkg.						
2001 C Class, V-6						
C240K 4d Sed 400		1,200	2,000	4,500	7,000	10,000
C320 4d Sed 420		1,260	2,100	4,730	7,350	10,500
2001 CLK Class, V-6 & V-8						
CLK320 2d Cpe (V-6) 460		1,380	2,300	5,180	8,050	11,500
CLK320 2d Conv (V-6) 500		1,500	2,500	5,630	8,750	12,500
CLK430 2d Cpe (V-8) 480		1,440	2,400	5,400	8,400	12,000
CLK430 2d Conv (V-8) 520		1,560	2,600	5,850	9,100	13,000
CLK55 AMG 2d Cpe (V-8) 600		1,800	3,000	6,750	10,500	15,000
2001 E Class, V-6 & V-8						
E320 4d Sed (V-6) 400		1,200	2,000	4,500	7,000	10,000
E320 4d Sed AWD (V-6) 440		1,320	2,200	4,950	7,700	11,000
E320 4d Sta Wag (V-6) 420		1,260	2,100	4,730	7,350	10,500
E320 4d Sta Wag AWD (V-6) 460		1,380	2,300	5,180	8,050	11,500
E430 4d Sed (V-8) 500		1,500	2,500	5,630	8,750	12,500
E430 4d Sed AWD (V-8) 520		1,560	2,600	5,850	9,100	13,000
E55 AMG 4d Sed (V-8) 580		1,740	2,900	6,530	10,150	14,500
NOTE: Add 5% for Sport pkg. (excluding E55 Sed).						
2001 S Class, V-8						
S430 4d Sed 540		1,620	2,700	6,080	9,450	13,500
S500 4d Sed 560		1,680	2,800	6,300	9,800	14,000
S55 AMG 4d Sed 640		1,920	3,200	7,200	11,200	16,000
S600 4d Sed (V-12) 600		1,800	3,000	6,750	10,500	15,000
2001 CL Class, V-8						
CL500 2d Cpe 580		1,740	2,900	6,530	10,150	14,500
CL55 AMG 2d Cpe 660		1,980	3,300	7,430	11,550	16,500
CL600 2d Cpe (V-12) 600		1,800	3,000	6,750	10,500	15,000
2001 SLK Class, Supercharged 4-cyl.						
SLK230 "Kompressor" 2d Rds 540		1,620	2,700	6,080	9,450	13,500
SLK230 2d Rds (V-6) 560		1,680	2,800	6,300	9,800	14,000
NOTE: Add 5% for detachable HT. Add 5% for Sport pkg.						
2001 SL Class, V-8						
SL500 2d Rds 800		2,400	4,000	9,000	14,000	20,000
SL600 2d Rds (V-12) 840		2,520	4,200	9,450	14,700	21,000
NOTE: Add 5% for detachable HT. Add 5% for Sport pkg. AMG wheels on SL600 and body cladding on both models are standard equipment.						
2002 C Class, V-6						
C230 2d Sport Cpe (supercharged) 440		1,320	2,200	4,950	7,700	11,000
C240 4d Sed 400		1,200	2,000	4,500	7,000	10,000
C320 4d Sed 420		1,260	2,100	4,730	7,350	10,500
C320 4d Sta Wag 440		1,320	2,200	4,950	7,700	11,000
C32/AMG 4d Sed (supercharged) 520		1,560	2,600	5,850	9,100	13,000
2002 CLK Class, V-6 & V-8						
CLK320 2d Cpe 460		1,380	2,300	5,180	8,050	11,500
CLK320 2d Conv 500		1,500	2,500	5,630	8,750	12,500
CLK430 2d Cpe 480		1,440	2,400	5,400	8,400	12,000
CLK430 2d Conv 520		1,560	2,600	5,850	9,100	13,000
CLK55/AMG 2d Cpe 600		1,800	3,000	6,750	10,500	15,000
2002 E Class, V-6 & V-8						
E320 4d Sed 400		1,200	2,000	4,500	7,000	10,000
E320 4d Sta Wag 420		1,260	2,100	4,730	7,350	10,500
E430 4d Sed (V-8) 500		1,500	2,500	5,630	8,750	12,500
E55/AMG 4d Sed 580		1,740	2,900	6,530	10,150	14,500
NOTE: Add 5% for AWD. Add 5% for Sport pkg. excluding E55 sed.						
2002 S Class, V-8						
S430 4d Sed 540		1,620	2,700	6,080	9,450	13,500

	6	5	4	3	2	1
S500 4d Sed.	560	1,680	2,800	6,300	9,800	14,000
S55/AMG 4d Sed	640	1,920	3,200	7,200	11,200	16,000
S600 4d Sed (V-12)	600	1,800	3,000	6,750	10,500	15,000

NOTE: Add 5% for Sport pkg. excluding S55 sed.

2002 CL Class, V-8

	6	5	4	3	2	1
CL500 2d Cpe	580	1,740	2,900	6,530	10,150	14,500
CL55/AMG 2d Cpe	660	1,980	3,300	7,430	11,550	16,500
CL600 2d Cpe (V-12)	600	1,800	3,000	6,750	10,500	15,000

NOTE: Add 5% for Sport pkg. excluding CL55 model.

2002 SLK Class, Supercharged 4-cyl.

	6	5	4	3	2	1
SLK230 "Kompressor" 2d Rds	540	1,620	2,700	6,080	9,450	13,500
SLK320 2d Rds	560	1,680	2,800	6,300	9,800	14,000
SLK32/AMG 2d Rds	700	2,100	3,500	7,880	12,250	17,500

NOTE: Add 5% for detachable HT. Add 5% for Sport pkg. excluding SLK32 model.

2002 SL Class, V-8

	6	5	4	3	2	1
SL500 2d Rds.	800	2,400	4,000	9,000	14,000	20,000
SL600 2d Rds (V-12)	840	2,520	4,200	9,450	14,700	21,000

NOTE: Add 5% for detachable HT. Add 5% for Sport pkg.

2003 C Class, V-6

	6	5	4	3	2	1
C230 2d Sport Cpe (supercharged)	440	1,320	2,200	4,950	7,700	11,000
C230 4d Sport Sed (supercharged)	420	1,260	2,100	4,730	7,350	10,500
C240 4d Sed.	400	1,200	2,000	4,500	7,000	10,000
C320 2d Sport Cpe.	440	1,320	2,200	4,950	7,700	11,000
C320 4d Sed.	420	1,260	2,100	4,730	7,350	10,500
C320 4d Sport Sed.	440	1,320	2,200	4,950	7,700	11,000
C32/AMG 4d Sport Sed (supercharged)	500	1,500	2,500	5,630	8,750	12,500
C240 4d Sta Wag	420	1,260	2,100	4,730	7,350	10,500
C320 4d Sta Wag	440	1,320	2,200	4,950	7,700	11,000

NOTE: Add 5% for AWD on C240 sed or sta wag and C320 sed or sta wag.

2003 CLK Class, V-6 & V-8

	6	5	4	3	2	1
CLK320 2d Cpe	460	1,380	2,300	5,180	8,050	11,500
CLK320 2d Conv	500	1,500	2,500	5,630	8,750	12,500
CLK500 2d Cpe	500	1,500	2,500	5,630	8,750	12,500
CLK430 2d Conv	520	1,560	2,600	5,850	9,100	13,000
CLK55/AMG 2d Cpe.	600	1,800	3,000	6,750	10,500	15,000

2003 E Class, V-6 & V-8

	6	5	4	3	2	1
E320 4d Sed.	400	1,200	2,000	4,500	7,000	10,000
E320 4d Sta Wag	420	1,260	2,100	4,730	7,350	10,500
E500 4d Sed.	520	1,560	2,600	5,850	9,100	13,000
E55/AMG 4d Sed	580	1,740	2,900	6,530	10,150	14,500

NOTE: Add 5% for AWD on E320 Sta Wag. Add 5% for Sport pkg excluding E500 or E55 sed.

2003 S Class, V-8

	6	5	4	3	2	1
S430 4d Sed.	540	1,620	2,700	6,080	9,450	13,500
S500 4d Sed.	560	1,680	2,800	6,300	9,800	14,000
S55/AMG 4d Sed	640	1,920	3,200	7,200	11,200	16,000
S600 4d Sed (V-12)	600	1,800	3,000	6,750	10,500	15,000

NOTE: Add 5% for Sport pkg excluding S55 sed. Add 5% for AWD on S430 or S500 sed.

2003 CL Class, V-8

	6	5	4	3	2	1
CL500 2d Cpe	580	1,740	2,900	6,530	10,150	14,500
CL55/AMG 2d Cpe.	660	1,980	3,300	7,430	11,550	16,500
CL600 2d Cpe (V-12)	600	1,800	3,000	6,750	10,500	15,000

NOTE: Add 5% for Sport pkg excluding CL55 model.

2003 SLK Class, Supercharged 4-cyl.

	6	5	4	3	2	1
SLK230 "Kompressor" 2d Rds	540	1,620	2,700	6,080	9,450	13,500
SLK320 2d Rds	560	1,680	2,800	6,300	9,800	14,000
SLK32/AMG 2d Rds	700	2,100	3,500	7,880	12,250	17,500

NOTE: Add 5% for Sport pkg excluding SLK32 model.

2003 SL Class, V-8

	6	5	4	3	2	1
SL500 2d Rds.	800	2,400	4,000	9,000	14,000	20,000
SL55/AMG 2d Rds	920	2,760	4,600	10,350	16,100	23,000

NOTE: Add 5% for Sport pkg.

2004 C Class, V-6

	6	5	4	3	2	1
C230 2d Sport Cpe (supercharged)	440	1,320	2,200	4,950	7,700	11,000
C230 4d Sport Sed (supercharged)	420	1,260	2,100	4,730	7,350	10,500
C240 4d Sed.	400	1,200	2,000	4,500	7,000	10,000
C320 2d Sport Cpe.	440	1,320	2,200	4,950	7,700	11,000
C320 2d Sed.	420	1,260	2,100	4,730	7,350	10,500
C320 2d Sport Sed.	440	1,320	2,200	4,950	7,700	11,000
C32/AMG 4d Sport Sed (supercharged)	500	1,500	2,500	5,630	8,750	12,500
C240 4d Sta Wag	420	1,260	2,100	4,730	7,350	10,500
C320 4d Sta Wag	440	1,320	2,200	4,950	7,700	11,000

NOTE: Add 5% for AWD on C240 sed or sta wag and C320 sed or sta wag. Add 5% for AMG Sport pkg, except C32 sed.

2004 CLK Class, V-6 & V-8

	6	5	4	3	2	1
CLK320 2d Cpe	460	1,380	2,300	5,180	8,050	11,500
CLK320 2d Conv	500	1,500	2,500	5,630	8,750	12,500
CLK500 2d Cpe	500	1,500	2,500	5,630	8,750	12,500
CLK500 2d Conv	520	1,560	2,600	5,850	9,100	13,000
CLK55/AMG 2d Cpe.	600	1,800	3,000	6,750	10,500	15,000

MERCEDES-BENZ

	6	5	4	3	2	1
CLK55/AMG 2d Conv. 680		2,040	3,400	7,650	11,900	17,000

NOTE: Add 5% for AMG Sport pkg, except CLK55 models.

2004 E Class, V-6 & V-8

E320 4d Sed. 400		1,200	2,000	4,500	7,000	10,000
E320 4d Sta Wag 420		1,260	2,100	4,730	7,350	10,500
E500 4d Sed. 520		1,560	2,600	5,850	9,100	13,000
E500 4d Sta Wag 540		1,620	2,700	6,080	9,450	13,500
E55/AMG 4d Sed 580		1,740	2,900	6,530	10,150	14,500

NOTE: Add 5% for AWD on E320 sed and sta wag and E500 sed. Add 5% for AMG Sport pkg, except E55 sed. Add 5% for Appearance pkg on E320 models.

2004 S Class, V-8

S430 4d Sed. 540		1,620	2,700	6,080	9,450	13,500
S500 4d Sed. 560		1,680	2,800	6,300	9,800	14,000
S55/AMG 4d Sed 640		1,920	3,200	7,200	11,200	16,000
S600 4d Sed (V-12) 600		1,800	3,000	6,750	10,500	15,000

NOTE: Add 5% for AWD on S430 or S500 sed. Add 5% for Sport pkg, except S55 sed.

2004 CL Class, V-8

CL500 2d Cpe 580		1,740	2,900	6,530	10,150	14,500
CL55/AMG 2d Cpe 660		1,980	3,300	7,430	11,550	16,500
CL600 2d Cpe (V-12) 600		1,800	3,000	6,750	10,500	15,000

NOTE: Add 5% for Sport pkg, except CL55 cpe.

2004 SLK Class, 4-cyl.

SLK230 "Kompressor" 2d Rds (supercharged). 540		1,620	2,700	6,080	9,450	13,500
SLK320 2d Rds 560		1,680	2,800	6,300	9,800	14,000
SLK32/AMG 2d Rds (supercharged) 700		2,100	3,500	7,880	12,250	17,500

NOTE: Add 5% for Sport pkg, except SLK32 rds.

2004 SL Class, V-8

SL500 2d Rds. 800		2,400	4,000	9,000	14,000	20,000
SL55/AMG 2d Rds 920		2,760	4,600	10,350	16,100	23,000
SL600 2d Rds. 900		2,700	4,500	10,130	15,750	22,500

NOTE: Add 5% for Sport pkg, except SL55 rds. Deduct 5% for manual transmission on all Mercedes-Benz.

2005 C Class, V-8

2d C230 Sport Cpe (supercharged) 560		1,680	2,800	6,300	9,800	14,000
4d C230 Sport Sed (supercharged) 670		2,020	3,360	8,400	11,760	16,800
4d C240 Sed. 630		1,900	3,160	7,900	11,060	15,800
4d C240 Sta Wag 630		1,880	3,140	7,070	10,990	15,700
2d C320 Sport Cpe. 620		1,860	3,100	7,750	10,850	15,500
4d C320 Sed 800		2,400	4,000	10,000	14,000	20,000
4d C320 Sport Sed. 740		2,220	3,700	9,250	12,950	18,500
4d C55 AMG Sport Sed 1,040		3,120	5,200	13,000	18,200	26,000

NOTE: Add 5% for AWD on C240 sedan or station wagon and C320 sedan. Add 5% for AMG pkg, except C55 Sport sedan. Deduct 5% for manual transmission.

2005 E Class, V-6 & V-8

4d E320 Sed. 680		2,040	3,400	8,500	11,900	17,000
4d E320 CDI Sed 790		2,360	3,940	9,850	13,790	19,700
4d E320 Sta Wag 760		2,280	3,800	9,500	13,300	19,000
4d E500 Sed. 780		2,340	3,900	9,750	13,650	19,500
4d E500 Sta Wag 870		2,620	4,360	10,900	15,260	21,800
4d E55 AMG Sed 1,140		3,420	5,700	14,250	19,950	28,500
4d E55 AMG Sta Wag. 1,170		3,520	5,860	14,650	20,510	29,300

NOTE: Add 5% for Appearance pkg on E320 models. Add 5% for AMG pkg, except E55 sedan. Add 5% for AWD on E320 sedan or station wagon and E500 sedan and station wagon. Deduct 5% for manual transmission.

2005 S Class, V-8

4d S430 Sed. 1,320		3,900	6,000	10,500	20,100	30,000
4d S500 sed 1,720		5,160	8,600	21,500	30,100	43,000
4d S55 AMG Sed 1,800		5,400	9,000	22,500	31,500	45,000
4d S600 Sed (V-12) 1,980		5,940	9,900	24,750	34,650	49,500

NOTE: Add 5% for AMG pkg, except on S55 sedan. Deduct 5% for manual transmission.

2005 CLK Class, V-6 & V-8

2d CLK320 Cpe 860		2,580	4,300	10,750	15,050	21,500
2d CLK500 Cpe 990		2,980	4,960	11,160	17,360	24,800
2d CLK55 AMG Cpe. 1,040		3,120	5,200	11,700	18,200	26,000
2d CLK320 Conv 1,000		3,000	5,000	11,250	17,500	25,000
2d CLK500 Conv 1,100		3,300	5,500	13,750	19,250	27,500
2d CLK55 AMG Conv 1,220		3,660	6,100	15,250	21,350	30,500

NOTE: Add 5% for AMG pkg, except CLK55 models. Deduct 5% for manual transmission.

2005 CL Class, V-8

2d CL500 Cpe 1,800		5,400	9,000	22,500	31,500	45,000
2d CL55 AMG Cpe 1,860		5,580	9,300	23,250	32,550	46,500
2d CL600 Cpe (V-12) 2,020		6,060	10,100	25,250	35,350	50,500

NOTE: Add 5% for AMG pkg, except on CL55 coupe. Deduct 5% for manual transmission.

2005 SLK Class

2d SLK350 Rds 950		2,860	4,760	10,710	16,660	23,800
2d SLK55 AMG Rds 1,300		3,910	6,520	16,300	22,820	32,600

NOTE: Add 5% for AMG pkg, except on SLK55 roadster. Deduct 5% for rmanual transmission.

2005 SL Class

2d SL500 Rds. 1,800		5,400	9,000	22,500	31,500	45,000
2d SL55 AMG Rds 2,280		6,840	11,400	28,500	39,900	57,000

MERCEDES-BENZ

	6	5	4	3	2	1
2d SL600 Rds (V-12) 2,260	6,780	11,300	28,250	39,550	56,500
NOTE: Add 5% for AMG pkg, except SL55 roadster. Deduct 5% for manual transmission.						
2006 SLK Class 3.0L/3.5L V-6						
2d SLK 280 Rds 740	2,220	3,700	9,250	12,950	18,500
2d SLK 350 Rds 810	2,440	4,060	10,150	14,210	20,300
NOTE: Add 5% for Sport or Designer Edition packages.						
2006 SLK Class 5.5L V-8						
2d SLK 55 Rds 980	2,940	4,900	11,030	17,150	24,500
NOTE: Add 5% for Designer Edition package.						
2006 C Class 2.5L/3.0L/3.5L V-6						
4d C230 Spt Sed 580	1,750	2,920	7,300	10,220	14,600
4d C280 Sed 580	1,740	2,900	7,250	10,150	14,500
4d C280 4Matic Sed 620	1,860	3,100	7,750	10,850	15,500
4d C350 Sed 640	1,930	3,220	8,050	11,270	16,100
4d C350 4Matic Sed 690	2,060	3,430	8,580	12,010	17,150
2006 C Class 5.5L V-8						
4d C55 Sed 800	2,390	3,980	9,950	13,930	19,900
2006 CLK Class 3.5L V-6						
2d CLK350 Cpe 680	2,040	3,400	8,500	11,900	17,000
2d CLK350 Cabrio 850	2,540	4,240	10,600	14,840	21,200
2006 CLK Class 5.0L/5.5L V-8						
2d CLK500 Cpe 750	2,240	3,740	9,350	13,090	18,700
2d CLK500 Cabrio 900	2,700	4,500	11,250	15,750	22,499
2d CLK55 Cabrio 950	2,860	4,760	11,900	16,660	23,800
NOTE: Add 5% for Designer Edition package.						
2006 E Class 3.2L 6-cyl. Turbo Diesel						
4d E320 CDI Sed 870	2,600	4,340	10,850	15,190	21,700
2006 E Class 3.5L V-6						
4d E350 Sed 690	2,060	3,440	8,600	12,040	17,200
4d E350 4Matic Sed 750	2,240	3,740	9,350	13,090	18,700
4d E350 Wag 740	2,230	3,720	9,300	13,020	18,600
4d E350 4Matic Wag 800	2,390	3,980	9,950	13,930	19,900
NOTE: Add 5% for Sport or Designer Edition packages.						
2006 E Class 5.0L V-8						
4d E500 Sed 770	2,300	3,840	9,600	13,440	19,200
4d E500 4Matic Sed 800	2,410	4,020	10,050	14,070	20,100
4d E500 4Matic Wag 870	2,620	4,360	10,900	15,260	21,800
NOTE: Add 5% for Sport or Designer Edition packages.						
2006 E Class 5.5L Supercharged V-8						
4d E55 Sed 1,030	3,080	5,140	12,850	17,990	25,700
4d E55 Wag 1,140	3,410	5,680	14,200	19,880	28,400
2006 CL Class 5.0L V-8						
2d CL500 Cpe 920	2,750	4,580	11,450	16,030	22,900
NOTE: Add 5% for Designer Edition package.						
2006 CL Class 5.5L Supercharged V-8						
2d CL55 Cpe 1,230	3,680	6,140	15,350	21,490	30,700
2006 CL Class 5.5L/6.0L Twin Turbo V-12						
2d CL600 Cpe 1,170	3,500	5,840	14,600	20,440	29,200
2d CL65 Cpe 1,800	5,400	9,000	22,500	31,500	45,000
NOTE: Add 3% for Designer Edition package.						
2006 CLS Class 5.0L V-8						
4d CLS500 Cpe 1,020	3,060	5,100	12,750	17,850	25,500
NOTE: Add 6% for Sport package; add 3% for Designer Edition package.						
2006 CLS Class 5.5L Supercharged V-8						
4d CLS55 Cpe 1,300	3,910	6,520	14,670	22,820	32,600
NOTE: Add 3% for Designer Edition package.						
2006 S Class 2.7L V-6						
4d S350 Sed 750	2,250	3,750	9,380	13,130	18,750
2006 S Class 4.3L/5.0L V-8						
4d S430 Sed 800	2,390	3,990	9,980	13,970	19,950
4d S430 4Matic Sed 860	2,580	4,300	10,750	15,050	21,500
4d S500 Sed 860	2,570	4,280	10,700	14,980	21,400
4d S500 4Matic Sed 920	2,750	4,580	11,450	16,030	22,900
NOTE: Add 10% for Sport package; add 5% for Designer Edition package.						
2006 S Class 5.5L Supercharged V-8						
4d S55 Sed 1,090	3,280	5,460	13,650	19,110	27,300
NOTE: Add 3% for Designer Edition package.						
2006 S Class 5.5L/6.0L Twin Turbo V-12						
4d S600 Sed 960	2,880	4,800	12,000	16,800	24,000
4d S65 Sed 1,500	4,490	7,480	18,700	26,180	37,400
2006 SL Class 5.0L V-8						
2d SL500 Rds 1,180	3,540	5,900	14,750	20,650	29,500
NOTE: Add 6% for Sport package; add 3% for Designer Edition package.						
2006 SL Class 5.5L Supercharged V-8						
2d SLL55 Rds 1,350	4,040	6,740	16,850	23,590	33,700
NOTE: Add 3% for Designer Edition package.						
2006 SL Class 5.5L/6.0L Twin Turbo V-12						
2d SL600 Rds 1,330	3,980	6,640	16,600	23,240	33,200

	6	5	4	3	2	1
2d SL65 Rds..............................	1,970	5,920	9,860	24,650	34,510	49,300

NOTE: Add 3% for Designer Edition package.

2006 SLR Class 5.5L Supercharged V-8

	6	5	4	3	2	1
2d McLaren Cpe............................	900	2,700	4,500	10,130	15,750	22,500

2007 SLK Class 3.0L/3.5L V-6

	6	5	4	3	2	1
2d SLK 280 Rds	700	2,090	3,480	8,700	12,180	17,400
2d SLK 350 Rds	760	2,290	3,820	9,550	13,370	19,100

NOTE: Add 5% for AMG or Designo Edition pkgs.

2007 SLK Class 5.5L V-8

	6	5	4	3	2	1
2d SLK 55 Rds	1,300	3,900	6,500	16,250	22,750	32,500

NOTE: Add 5% for Designo Edition pkg.; add 20% for Performance pkg.

2007 C Class 2.5L/3.0L/3.5L V-6

	6	5	4	3	2	1
4d C230 Spt Sed	560	1,690	2,820	7,050	9,870	14,100
4d C280 Sed..............................	550	1,640	2,740	6,850	9,590	13,700
4d C280 4Matic Sed	590	1,770	2,950	7,380	10,330	14,750
4d C350 Sed..............................	620	1,850	3,080	7,700	10,780	15,400
4d C350 4Matic Sed	680	2,040	3,400	8,500	11,900	17,000

2007 CLK Class 3.5L V-6

	6	5	4	3	2	1
2d CLK350 Cpe	680	2,030	3,380	8,450	11,830	16,900
2d CLK350 Cabrio	770	2,320	3,860	9,650	13,510	19,300

NOTE: Add 5% for Designo Edition pkg.

2007 CLK Class 5.5L/6.3L V-8

	6	5	4	3	2	1
2d CLK500 Cpe	710	2,120	3,540	8,850	12,390	17,700
2d CLK500 Cabrio	870	2,620	4,360	10,900	15,260	21,800
2d CLK55 Cabrio	1,200	3,600	6,000	15,000	21,000	30,000

NOTE: Add 5% for Designo Edition pkg.

2007 E Class 3.0L 6-cyl. Turbo Diesel

	6	5	4	3	2	1
4d E320 Blue Tech Sed	900	2,690	4,480	11,200	15,680	22,400

NOTE: Add 5% for Designer Edition pkg.

2007 E Class 3.5L V-6

	6	5	4	3	2	1
4d E350 Sed..............................	740	2,230	3,720	9,300	13,020	18,600
4d E350 4Matic Sed	820	2,470	4,120	10,300	14,420	20,600
4d E350 4Matic Wag	950	2,860	4,760	11,900	16,660	23,800

NOTE: Add 5% for AMG or Designo Edition pkgs.

2007 E Class 5.5L/6.3L V-8

	6	5	4	3	2	1
4d E550 Sed..............................	840	2,510	4,180	10,450	14,630	20,900
4d E550 4Matic Sed	950	2,860	4,760	11,900	16,660	23,800
4d E63 4Matic Sed	1,230	3,700	6,160	15,400	21,560	30,800
4d E63 4Matic Wag	1,290	3,860	6,440	16,100	22,540	32,200

NOTE: Add 5% for Sport or Designo Edition pkgs.

2007 CL Class 5.5L/6.3L V-8

	6	5	4	3	2	1
2d CL550 Cpe	1,410	4,240	7,060	17,650	24,710	35,300

NOTE: Add 3% for Designo Edition pkg.

2007 CL Class 5.5L Twin Turbo V-12

	6	5	4	3	2	1
2d CL600 Cpe	1,560	4,690	7,820	19,550	27,370	39,100

NOTE: Add 3% for Designo Edition pkg.

2007 CLS Class 5.5L/6.3L V-8

	6	5	4	3	2	1
4d CLS550 Cpe	1,040	3,120	5,200	13,000	18,200	26,000
4d CLS3 Cpe	1,330	4,000	6,660	16,650	23,310	33,300

NOTE: Add 6% for Sport pkg.; add 3% for Designo Edition pkg.

2007 S Class 5.5L V-8

	6	5	4	3	2	1
4d S550 Sed..............................	1,200	3,600	6,000	15,000	21,000	30,000
4d S550 4Matic Sed	1,320	3,950	6,580	16,450	23,030	32,900

NOTE: Add 6% for AMG pkg.; add 3% for Designo Edition pkg.

2007 S Class 5.5L/6.0L Twin Turbo V-12

	6	5	4	3	2	1
4d S600 Sed..............................	1,480	4,440	7,400	18,500	25,900	37,000
4d S65 4Matic Sed	2,280	6,840	11,400	28,500	39,900	57,000

NOTE: Add 3% for Designo Edition pkg.

2007 SL Class 5.5L V-8

	6	5	4	3	2	1
2d SL550 Rds.............................	1,470	4,420	7,360	18,400	25,760	36,800

NOTE: Add 3% for Designo Edition pkg.; add 15% for AMG Sport pkg.

2007 SL Class 5.5L Supercharged V-8

	6	5	4	3	2	1
2d SLL55 Rds.............................	1,460	4,380	7,300	18,250	25,550	36,500

NOTE: Add 3% for Designo Edition pkg.; add 15% for Performance pkg.

2007 SL Class 5.5L/6.0L Twin Turbo V-12

	6	5	4	3	2	1
2d SL600 Rds.............................	1,370	4,100	6,840	17,100	23,940	34,200
2d SL65 Rds..............................	2,060	6,190	10,320	25,800	36,120	51,600

NOTE: Add 3% for Designo Edition pkg.; add 15% for AMG Sport pkg.

2007 SLR Class 5.5L Supercharged V-8

	6	5	4	3	2	1
2d McLaren Cpe...........................	10,400	31,200	52,000	130,000	182,000	260,000

2008 SLK Class 3.0L/3.5L V6

	6	5	4	3	2	1
2d SLK 280 Rds	700	2,090	3,480	8,700	12,180	17,400
2d SLK 280 Edition Rds	700	2,090	3,480	8,700	12,180	17,400
2d SLK 350 Rds	760	2,290	3,820	9,550	13,370	19,100
2d SLK 350 Edition Rds	700	2,090	3,480	7,830	12,180	17,400

Add 15% for AMG package or 10% for Designo Edition package.

2008 SLK Class 5.5L V8

	6	5	4	3	2	1
2d SLK 55 Rds	1,220	3,660	6,100	15,250	21,350	30,500

Add 20% for Performance package.

	6	5	4	3	2	1
2008 C Class 3.0L/3.5L V6						
4d C300 Spt Sed	670	2,000	3,330	8,330	11,660	16,650
4d C300 Spt 4Matic	700	2,100	3,500	8,750	12,250	17,500
4d C300 Luxury Sed.	650	1,940	3,230	8,080	11,310	16,150
4d C300 Luxury 4Matic	690	2,060	3,430	8,580	12,010	17,150
4d C350 Spt Sed	750	2,240	3,730	9,330	13,060	18,650
2008 C Class 6.3L V8						
4d C300 AMG Sed	1,150	3,460	5,760	14,400	20,160	28,800
2008 CLK Class 3.5L V6						
2d CLK350 Cpe	620	1,850	3,090	7,730	10,820	15,450
2d CLK350 Cabrio	750	2,240	3,740	9,350	13,090	18,700
Add 5% for Designo Edition package.						
2008 CLK Class 5.5L/6.3L V8						
2d CLK550 Cpe	730	2,180	3,630	9,080	12,710	18,150
2d CLK550 Cabrio	800	2,390	3,980	9,950	13,930	19,900
2d CLK63 Cabrio	1,120	3,360	5,600	14,000	19,600	28,000
2d CLK63 Black Series.	1,600	4,790	7,980	19,950	27,930	39,900
Add 5% for Designo Edition package.						
2008 E Class 3.0L 6-cyl Turbo Diesel						
4d E320 BlueTEC Sed	810	2,440	4,060	10,150	14,210	20,300
Add 5% for Designer Edition package.						
2008 E Class 3.5L V6						
4d E350 Sed.	660	1,990	3,320	8,300	11,620	16,600
4d E350 4Matic Sed.	680	2,030	3,380	8,450	11,830	16,900
4d E350 4Matic Wag	850	2,540	4,240	10,600	14,840	21,200
Add 5% for AMG or Designo Edition packages						
2008 E Class 5.5L/6.3L V8						
4d E550 Sed.	750	2,260	3,760	9,400	13,160	18,800
4d E550 4Matic Sed.	1,000	3,010	5,020	12,550	17,570	25,100
4d E63 Sed.	1,070	3,200	5,340	13,350	18,690	26,700
4d E63 Wag	1,210	3,640	6,060	15,150	21,210	30,300
Add 5% for Sport or Designo Edition packages.						
2008 CL Class 5.5L/6.3L V8						
2d CL550 Cpe	1,260	3,770	6,280	15,700	21,980	31,400
2d CL63 Cpe	1,710	5,120	8,540	21,350	29,890	42,700
Add 3% for Designo Edition package.						
2008 CL Class 5.5L/6.0L Twin Turbo V12						
2d CL600 Cpe	1,720	5,150	8,580	21,450	30,030	42,900
2d CL65 Cpe	3,180	9,540	15,900	39,750	55,650	79,500
Add 3% for Designo Edition package.						
2008 CLS Class 5.5L/6.3L V8						
4d CLS550 Cpe	1,040	3,110	5,180	12,950	18,130	25,900
4d CLS63 Cpe	1,180	3,550	5,920	14,800	20,720	29,600
Add 6% for AMG Sport package; add 3% for Designo Edition package.						
2008 S Class 5.5L/6.3L V-8						
4d S550 Sed.	1,150	3,460	5,760	14,400	20,160	28,800
4d S550 4Matic Sed.	1,220	3,670	6,120	15,300	21,420	30,600
4d S63 Sed.	1,470	4,420	7,360	18,400	25,760	36,800
Add 6% for AMG package; add 3% for Designo Edition package.						
4d S63 Sed.	1,470	4,420	7,360	18,400	25,760	36,800
2008 S Class 5.5L/6.0L Twin Turbo V-12						
4d S600 Sed.	1,350	4,040	6,740	16,850	23,590	33,700
4d S65 Sed.	2,120	6,350	10,580	26,450	37,030	52,900
Add 3% for Designo Edition package.						
2008 SL Class 5.5L V8						
2d SL550 Rds.	1,260	3,770	6,280	15,700	21,980	31,400
Add 3% for Designo Edition package add 15% for AMG Sport package.						
2008 SL Class 5.5L Supercharged V8						
2d SL55 Rds.	1,350	4,060	6,760	16,900	23,660	33,800
Add 3% for Designo Edition package add 15% for Performance package.						
2008 SL Class 5.5L/6.0L Twin Turbo V12						
2d SL600 Rds.	1,520	4,570	7,620	19,050	26,670	38,100
2d SL600 Rds.	1,520	4,570	7,620	19,050	26,670	38,100
2d SL65 Rds.	1,960	5,870	9,780	24,450	34,230	48,900
Add 3% for Designo Edition package add 15% for AMG Sport package.						
2008 SLR Class 5.5L Supercharged V8						
2d McLaren Rds	10,720	32,170	53,620	134,050	187,670	268,100
2009 SLK Class 3.0L/3.5L V6						
2d SLK 300 Rds	640	1,910	3,180	7,950	11,130	15,900
2d SLK 350 Rds	720	2,170	3,620	9,050	12,670	18,100
Add 15% for AMG package.						
2009 SLK Class 5.5L V8						
2d SLK 55 Rds	940	2,820	4,700	11,750	16,450	23,500
Add 20% for Performance package.						
2009 C Class 3.0L/3.5L V6						
4d C300 Spt Sed	560	1,690	2,820	7,050	9,870	14,100
4d C300 Spt 4Matic	600	1,810	3,020	7,550	10,570	15,100
4d C300 Luxury Sed.	550	1,640	2,740	6,850	9,590	13,700
4d C300 Luxury 4Matic	590	1,760	2,930	7,330	10,260	14,650

	6	5	4	3	2	1
2009 C Class 3.5L V6						
4d C350 Spt Sed 660	1,970	3,280	8,200	11,480	16,400	
2009 C Class 6.3L V8						
4d C63 Sed 1,050	3,160	5,260	13,150	18,410	26,300	
2009 CLK Class 3.5L V6						
2d CLK350 Cpe 540	1,620	2,700	6,750	9,450	13,500	
2d CLK350 Cabrio 700	2,100	3,500	8,750	12,250	17,500	
Add 5% for AMG Sport package. Add 5% for Designo Edition package.						
2009 CLK Class 5.5L						
2d CLK550 Cpe 660	1,990	3,320	8,300	11,620	16,600	
2d CLK550 Cabrio 800	2,390	3,980	9,950	13,930	19,900	
Add 5% for Designo Edition package.						
2009 E Class 3.0L 6-cyl Turbo Diesel						
4d E320 BlueTEC Sed .740	2,230	3,720	9,300	13,020	18,600	
2009 E Class 3.5L V6						
4d E350 Sed. 660	1,990	3,320	8,300	11,620	16,600	
4d E350 4Matic Sed 650	1,960	3,260	8,150	11,410	16,300	
4d E350 4Matic Wag 820	2,460	4,100	10,250	14,350	20,500	
Add 5% for AMG Sport package. Add 5% for Designo Edition package.						
2009 E Class 5.5L/6.3L V8						
4d E550 Sed 860	2,570	4,280	10,700	14,980	21,400	
4d E550 4Matic Sed 1,040	3,120	5,200	13,000	18,200	26,000	
4d E63 Sed	1,030	3,080	5,140	12,850	17,990	
25,700						
4d E63 Wag 1,220	3,650	6,080	15,200	21,280	30,400	
Add 5% for AMG Sport package. Add 5% for Designo Edition package.						
2009 CL Class 5.5L/6.3L V8						
2d CL550 4Matic Cpe 1,140	3,430	5,720	14,300	20,020	28,600	
2d CL63 Cpe 1,360	4,080	6,800	17,000	23,800	34,000	
Add 5% for AMG Sport package. Add 5% for Designo Edition package. Add 20% for Performance package.						
2009 CLS Class 5.5L/6.3L V8						
4d CLS550 Cpe 1,400	4,200	7,000	17,500	24,500	35,000	
4d CLS63 Cpe 2,000	6,000	10,000	25,000	35,000	50,000	
Add 10% for AMG Sport package. Add 5% for Designo Edition package.						
2009 S Class 5.5L/6.3L V-8						
4d S550 Sed. 920	2,760	4,600	11,500	16,100	23,000	
4d S63 Sed. 1,080	3,240	5,400	13,500	18,900	27,000	
Note: Add 10% for AMG Sport package. Add 5% for Designo Edition package. Add 20% for Performance package.						
2009 SL Class, 5.5L V8						
2d SL550 Rds. 1,610	4,820	8,040	20,100	28,140	40,200	
2d SL63 Rds. 2,080	6,240	10,400	26,000	36,400	52,000	
Add 5% for Designo Edition package.						
2009 SL Class 5.5L Supercharged V8						
2d McLaren Rds 10,800	32,400	54,000	135,000	189,000	270,000	
2010 SLK Class 3.0L/3.5L V6						
2d SLK 300 Rds 770	2,310	3,850	9,630	13,480	19,250	
2d SLK 350 Rds 840	2,530	4,220	10,550	14,770	21,100	
NOTE: Add 15% for AMG pkg.						
2010 SLK Class 5.5L V8						
2d SLK 55 Rds 1,120	3,360	5,600	14,000	19,600	28,000	
NOTE: Add 20% for Preformance pkg.						
2010 C Class 3.0L/3.5L V6						
4d C300 Spt Sed 620	1,870	3,110	7,780	10,890	15,550	
4d C300 Spt 4Matic 670	2,010	3,350	8,380	11,730	16,750	
4d C300 Luxury Sed. 610	1,840	3,060	7,650	10,710	15,300	
4d C300 Luxury 4Matic 640	1,910	3,190	7,980	11,170	15,950	
2010 C Class 3.5L V6						
4d C350 Spt Sed 670	2,010	3,350	7,540	11,730	16,750	
2010 C Class 6.3L V8						
4d C63 Sed. 1,220	3,660	6,100	15,250	21,350	30,500	
2010 E Class 3.5L V6						
4d E350 Sed. 870	2,620	4,360	10,900	15,260	21,800	
4d E350 4Matic Sed. 870	2,620	4,360	9,810	15,260	21,800	
4d E350 Cpe. 860	2,590	4,320	10,800	15,120	21,600	
NOTE: Add 5% for AMG Sport pkg; 5% for Designo Edition pkg.						
2010 E Class 5.5L/6.3L V8						
4d E550 Sed. 990	2,980	4,960	12,400	17,360	24,800	
4d E550 4Matic Sed. 1,090	3,280	5,460	13,650	19,110	27,300	
4d E550 Cpe 960	2,890	4,820	12,050	16,870	24,100	
4d E63 Sed. 1,280	3,830	6,380	15,950	22,330	31,900	
NOTE: Add 5% for AMG Sport pkg; 5% for Designo Edition Pkg; 20% for Performance pkg.						
2010 CL Class 5.5L V8						
2d CL550 4Matic Cpe. 1,350	4,040	6,740	16,850	23,590	33,700	
2010 CL Class 6.3L V8						
2d CL63 Cpe 1,660	4,980	8,300	20,750	29,050	41,500	
NOTE: Add 20% for Preformance pkg.						
2010 CL Class 5.5L/6.0L V12						
2d CL600 Cpe 1,700	5,100	8,500	21,250	29,750	42,500	
2d CL65 Cpe 2,380	7,150	11,920	29,800	41,720	59,600	

	6	5	4	3	2	1
2010 CCLS Class 5.5L/6.3L V8						
4d CLS550 Cpe 1,050	3,160	5,260	13,150	18,410	26,300	
4d CLS63 Cpe 1,170	3,500	5,840	14,600	20,440	29,200	
NOTE: Add 10% for AMG Sport pkg; 20% for Preformance pkg.						
2010 S Class 3.5L V6 Hybrid						
4d S400 Sed. 1,200	3,610	6,020	15,050	21,070	30,100	
NOTE: Add 7% for AMG Sport pkg.						
2010 S Class 5.5L/6.3L V8						
4d S550 Sed. 1,340	4,020	6,700	16,750	23,450	33,500	
4d S550 4Matic Sed. 1,400	4,210	7,020	17,550	24,570	35,100	
NOTE: Add 7% for AMG Sport pkg.						
2010 S Class 6.3L V8						
4d S63 Sed. 1,700	5,090	8,480	21,200	29,680	42,400	
NOTE: Add 10% for Preformance pkg.						
2010 S Class 5.5L Twin-Turbo V12						
4d S600 Sed. 1,620	4,860	8,100	20,250	28,350	40,500	
NOTE: Add 10% for Preformance pkg.						
2010 S Class 6.0L Twin-Turbo V12						
4d S65 Sed. 1,810	5,440	9,060	22,650	31,710	45,300	
NOTE: Add 10% for Preformance pkg.						
2011 SLK Class 3.0L/3.5L V6						
2d SLK 300 Rds 1,250	3,750	6,250	15,630	21,880	31,250	
2d SLK 350 Rds AMG 1,880	5,640	9,400	23,500	32,900	47,000	
2011 C Class 3.0L/3.5L V6						
4d C300 Spt Sed 510	1,520	2,540	6,350	8,890	12,700	
4d C300 Luxury Sed 460	1,380	2,300	5,750	8,050	11,500	
4d C300 Spt 4Matic 460	1,370	2,280	5,700	7,980	11,400	
4d C300 Luxury 4Matic 490	1,480	2,460	6,150	8,610	12,300	
4d C350 Spt Sed 470	1,410	2,350	5,880	8,230	11,750	
2011 C Class 6.3L V8						
4d C63 AMG Sed 1,220	3,660	6,100	15,250	21,350	30,500	
2011 E Class 3.5L V6						
4d E350 Sed 650	1,940	3,230	8,080	11,310	16,150	
4d E350 4Matic Sed 730	2,200	3,660	9,150	12,810	18,300	
2d E350 Cpe 650	1,940	3,240	8,100	11,340	16,200	
2d E350 Conv. 800	2,390	3,980	9,950	13,930	19,900	
2d E350 4Matic Wagon 830	2,490	4,150	10,380	14,530	20,750	
2011 E Class 3.0L V6 Turbo Diesel						
2d E350 BlueTECH Sed 640	1,910	3,180	7,950	11,130	15,900	
2011 E Class 5.5/6.3L V8						
4d E550 Sed 720	2,160	3,600	9,000	12,600	18,000	
4d E550 4Matic Sed 760	2,280	3,800	9,500	13,300	19,000	
2d E550 Cpe 690	2,060	3,430	8,580	12,010	17,150	
4d E63 AMG Sed 1,240	3,710	6,180	15,450	21,630	30,900	
2011 CL Class 4.6L/5.5L V8 Twin Turbo						
2d CL550 Cpe (AWD) 1,110	3,320	5,540	13,850	19,390	27,700	
2d CL63 Cpe AMG 1,800	5,400	9,000	22,500	31,500	45,000	
2011 CL Class 5.5L/6.0L V12 Tein Turbo						
2d CL65 Cpe 1,770	5,320	8,860	22,150	31,010	44,300	
2d CL600 Cpe 2,000	6,000	10,000	25,000	35,000	50,000	
2011 CLS Class 5.5L/6.30L V8 Twin Turbo						
4d CLS550 Cpe 740	2,230	3,720	9,300	13,020	18,600	
4d CLS63 Cpe 1,360	4,080	6,800	17,000	23,800	34,000	
2011 S Class, 3.5L V6 Hybrid						
4d S400 Sed 720	2,150	3,580	8,950	12,530	17,900	
Add 5% for port package.						
2011 S Class, 5.5L/6.3L V8						
4d S550 Sed 1,000	3,000	5,000	12,500	17,500	25,000	
4d S550 4Matic Sed 1,040	3,130	5,220	13,050	18,270	26,100	
4d S63 Sed AMG 1,410	4,230	7,050	17,610	24,660	35,225	
Add 5% for AMG Sport package.						
2011 S Class, 5.5L/6.0L Twin-Turbo V12						
4d S600 Sed 1,460	4,380	7,300	18,250	25,550	36,500	
4d S65 Sed. 1,410	4,240	7,060	17,650	24,710	35,300	
2011 S Class,6.0L V-12 Twin Turbo						
2d SL550 Rds 1,090	3,280	5,460	13,650	19,110	27,300	
2d SL65 AMG Rds 1,410	4,240	7,060	17,650	24,710	35,300	
2011 SLS Class, 6.3L V8						
2d AMG Cpe 1,620	4,860	8,100	20,250	28,350	40,500	
MERKUR						
1985						
HBk XR4Ti 240	720	1,200	2,700	4,200	6,000	
1986						
HBk XR4Ti 280	840	1,400	3,150	4,900	7,000	
1987						
HBk XR4Ti 360	1,080	1,800	4,050	6,300	9,000	
1988						
HBk XR4Ti 380	1,140	1,900	4,280	6,650	9,500	

	6	5	4	3	2	1
HBk Scorpio..............................	380	1,140	1,900	4,280	6,650	9,500
1989						
HBk XR4Ti................................	600	1,800	3,000	6,750	10,500	15,000
HBk Scorpio..............................	600	1,800	3,000	6,750	10,500	15,000

MG

	6	5	4	3	2	1
1945-49 MG-TC, 4-cyl., 94" wb						
Rds....................................	2,200	6,600	11,000	24,750	38,500	55,000
1950 MG-TD, 4-cyl., 54.4 hp, 94" wb						
Rds....................................	1,440	4,320	7,200	16,200	25,200	36,000
1951 MG-TD, 4-cyl., 54.4 hp, 94" wb						
Rds....................................	1,440	4,320	7,200	16,200	25,200	36,000
1951 Mk II, 4-cyl., 54.4 hp, 94" wb						
Rds....................................	1,520	4,560	7,600	17,100	26,600	38,000
1952 MG-TD, 4-cyl., 54.4 hp, 94" wb						
Rds....................................	1,440	4,320	7,200	16,200	25,200	36,000
1952 Mk II, 4-cyl., 62 hp, 94" wb						
Rds....................................	1,520	4,560	7,600	17,100	26,600	38,000
NOTE: Add 20% for Inskip 4 place Roadster.						
1953 MG-TD, 4-cyl., 54.4 hp, 94" wb						
Rds....................................	1,440	4,320	7,200	16,200	25,200	36,000
1953 MG-T/DC, 4-cyl.,TD/C 62 hp, 94" wb						
Rds....................................	1,480	4,440	7,400	16,650	25,900	37,000
1953 MG-TF, 4-cyl., 57 hp, 94" wb						
Rds....................................	1,760	5,280	8,800	19,800	30,800	44,000
1954 MG-TF, 4-cyl., 57 hp, 94" wb						
Rds....................................	1,760	5,280	8,800	19,800	30,800	44,000
1955 MG-TF, 4-cyl., 68 hp, 94" wb						
Rds....................................	1,840	5,520	9,200	20,700	32,200	46,000
1956 MG-"A", 4-cyl., 68 hp, 94" wb						
1500 Rds..............................	1,840	5,520	9,200	20,700	32,200	46,000
1957 MG-"A", 4-cyl., 68 hp, 94" wb						
1500 Rds..............................	1,840	5,520	9,200	20,700	32,200	46,000
1958 MG-"A", 4-cyl., 72 hp, 94" wb						
1500 Cpe..............................	1,440	4,320	7,200	16,200	25,200	36,000
1500 Rds..............................	1,840	5,520	9,200	20,700	32,200	46,000
1959-60 MG-"A", 4-cyl., 72 hp, 94" wb						
1000 Rds..............................	1,840	5,520	9,200	20,700	32,200	46,000
1600 Cpe..............................	1,440	4,320	7,200	16,200	25,200	36,000
1959-60 MG-"A", Twin-Cam, 4-cyl., 107 hp, 94" wb						
Rds....................................	3,600	10,800	18,000	40,500	63,000	90,000
Cpe....................................	2,600	7,800	13,000	29,250	45,500	65,000
1961 MG-"A", 4-cyl., 79 hp, 94" wb						
1600 Rds..............................	1,840	5,520	9,200	20,700	32,200	46,000
1600 Cpe..............................	1,400	4,200	7,000	15,750	24,500	35,000
1600 Mk II Rds.......................	1,840	5,520	9,200	20,700	32,200	46,000
1600 Mk II Cpe.......................	1,400	4,200	7,000	15,750	24,500	35,000
1962 MG Midget, 4-cyl., 50 hp, 80" wb						
Rds....................................	560	1,680	2,800	6,300	9,800	14,000
1962 MG-"A", 4-cyl., 90 hp, 94" wb						
1600 Mk II Rds.......................	1,840	5,520	9,200	20,700	32,200	46,000
1600 Mk II Cpe.......................	1,400	4,200	7,000	15,750	24,500	35,000
NOTE: Add 40% for 1600 Mk II Deluxe.						
1963 MG Midget, 4-cyl., 56 hp, 80" wb						
Rds....................................	560	1,680	2,800	6,300	9,800	14,000
1963 MG-B, 4-cyl., 95 hp, 91" wb						
Rds....................................	1,000	3,000	5,000	11,250	17,500	25,000
1964 MG Midget, 4-cyl., 56 hp, 80" wb						
Rds....................................	560	1,680	2,800	6,300	9,800	14,000
1964 MG-B, 4-cyl., 95 hp, 91" wb						
Rds....................................	960	2,880	4,800	10,800	16,800	24,000
1965 MG Midget Mk II, 4-cyl., 59 hp, 80" wb						
Rds....................................	560	1,680	2,800	6,300	9,800	14,000
1965 MG-B, 4-cyl., 95 hp, 91" wb						
Rds....................................	900	2,880	4,800	10,800	16,800	24,000
1966 MG Midget Mk III, 4-cyl., 59 hp, 80" wb						
Rds....................................	560	1,680	2,800	6,300	9,800	14,000
1966 MG-B, 4-cyl., 95 hp, 91" wb						
Rds....................................	960	2,880	4,800	10,800	16,800	24,000
1966 1100 Sport, 4-cyl., 58 hp, 93.5" wb						
2d Sed................................	300	850	1,400	3,150	4,900	7,000
4d Sed................................	300	850	1,450	3,240	5,050	7,200
1967 MG Midget Mk III, 4-cyl., 59 hp, 80" wb						
Rds....................................	560	1,680	2,800	6,300	9,800	14,000
1967 MG-B, 4-cyl., 98 hp, 91" wb						
Rds....................................	960	2,880	4,800	10,800	16,800	24,000
GT Cpe................................	480	1,440	2,400	5,400	8,400	12,000
1967 1100 Sport, 4-cyl., 58 hp, 93.5" wb						
2d Sed................................	300	850	1,400	3,150	4,900	7,000

	6	5	4	3	2	1
4d Sed	300	850	1,450	3,240	5,050	7,200
1968 MG Midget, 4-cyl., 65 hp, 80" wb						
Rds	560	1,680	2,800	6,300	9,800	14,000
1968 MG-B, 4-cyl., 98 hp, 91" wb						
Conv	960	2,880	4,800	10,800	16,800	24,000
GT Cpe	480	1,440	2,400	5,400	8,400	12,000
1969 MG Midget Mk III, 4-cyl., 65 hp, 80" wb						
Rds	560	1,680	2,800	6,300	9,800	14,000
1969 MG-B/GT, Mk II, 4-cyl., 98 hp, 91" wb						
Cpe	960	2,880	4,800	10,800	16,800	24,000
"B" Rds	1,120	3,360	5,600	12,600	19,600	28,000
1969 MG-C, 6-cyl., 145 hp, 91" wb						
Rds	1,280	3,840	6,400	14,400	22,400	32,000
GT Cpe	640	1,920	3,200	7,200	11,200	16,000
1970 MG Midget, 4-cyl., 65 hp, 80" wb						
Rds	560	1,680	2,800	6,300	9,800	14,000
1970 MG-B/GT, 4-cyl., 78.5 hp, 91" wb						
Rds	960	2,880	4,800	10,800	16,800	24,000
GT Cpe	480	1,440	2,400	5,400	8,400	12,000
NOTE: Add 10% for wire wheels; 5% for overdrive.						
1971 MG Midget, 4-cyl., 65 hp, 80" wb						
Rds	560	1,680	2,800	6,300	9,800	14,000
1971 MG-B/GT, 4-cyl., 78.5 hp, 91" wb						
Rds	800	2,400	4,000	9,000	14,000	20,000
GT Cpe	440	1,320	2,200	4,950	7,700	11,000
NOTE: Add 10% for wire wheels; 5% for overdrive.						
1972 MG Midget, 4-cyl., 54.5 hp, 80" wb						
Conv	560	1,680	2,800	6,300	9,800	14,000
1972 MG-B/GT, 4-cyl., 78.5 hp, 91" wb						
Conv	800	2,400	4,000	9,000	14,000	20,000
Cpe GT	440	1,320	2,200	4,950	7,700	11,000
NOTE: Add 10% for wire wheels; 5% for overdrive.						
1973 MG Midget, 4-cyl., 54.5 hp, 80" wb						
Conv	400	1,200	2,000	4,500	7,000	10,000
1973 MG-B/GT, 4-cyl., 78.5 hp, 91" wb						
Conv	800	2,400	4,000	9,000	14,000	20,000
GT Cpe	440	1,320	2,200	4,950	7,700	11,000
NOTE: Add 10% for wire wheels; 5% for overdrive.						
1974 MG Midget, 4-cyl., 54.5 hp, 80" wb						
Conv	400	1,200	2,000	4,500	7,000	10,000
1974 MG-B, 4-cyl., 78.5 hp, 91" wb						
Conv	800	2,400	4,000	9,000	14,000	20,000
GT Cpe	440	1,320	2,200	4,950	7,700	11,000
1974 Interim MG-B, 4-cyl., 62.9 hp, 91.125" wb						
Conv	800	2,400	4,000	9,000	14,000	20,000
GT Cpe	440	1,320	2,200	4,950	7,700	11,000
NOTE: Add 10% for wire wheels; 5% for overdrive.						
1975 MG Midget, 4-cyl., 50 hp, 80" wb						
Conv	400	1,200	2,000	4,500	7,000	10,000
1975 MG-B, 4-cyl., 62.9 hp, 91.125" wb						
Conv	660	1,980	3,300	7,430	11,550	16,500
NOTE: Add 10% for wire wheels; 5% for overdrive.						
1976 MG Midget, 4-cyl., 50 hp, 80" wb						
Conv	400	1,200	2,000	4,500	7,000	10,000
1976 MG-B, 4-cyl., 62.5 hp, 91.13" wb						
Conv	660	1,980	3,300	7,430	11,550	16,500
NOTE: Add 10% for wire wheels; 5% for overdrive.						
1977 MG Midget, 4-cyl., 50 hp, 80" wb						
Conv	400	1,200	2,000	4,500	7,000	10,000
1977 MG-B, 4-cyl., 62.5 hp, 91.13" wb						
Conv	560	1,680	2,800	6,300	9,800	14,000
NOTE: Add 10% for wire wheels; 5% for overdrive.						
1978 MG-B, 4-cyl., 62.5 hp, 91.13" wb						
Midget Conv	400	1,200	2,000	4,500	7,000	10,000
B Conv	560	1,680	2,800	6,300	9,800	14,000
1979 MG-B, 4-cyl., 62.5 hp, 91.13" wb						
Midget Conv	400	1,200	2,000	4,500	7,000	10,000
B Conv	560	1,680	2,800	6,300	9,800	14,000
1980 MG-B, 4-cyl., 62.5 hp, 91.13" wb						
B Conv	560	1,680	2,800	6,300	9,800	14,000

MINI

	6	5	4	3	2	1
2002 Mini Cooper, 1.6L 4-cyl						
2d HBk	250	760	1,260	2,840	4,410	6,300
NOTE: Add 5% for Sport Equipment package.						
2002 Mini CooperS, 1.6L Supercharged 4-cyl.						
2d Hbk	300	900	1,500	3,750	5,250	7,500
NOTE: Add 5% for Sport Equipment package; add 20% for John Cooper Works package.						

	6	5	4	3	2	1
2003 Mini Cooper, 1.6L 4-cyl						
2d Hbk	300	890	1,480	3,700	5,180	7,400
NOTE: Add 5% for Sport Equipment package.						
2003 Mini CooperS, 1.6L Supercharged 4-cyl.						
2d Hbk	340	1,030	1,720	4,300	6,020	8,600
NOTE: Add 5% for Sport Equipment; add 20% for John Cooper Works.						
2004 Mini Cooper, 1.6L 4-cyl.						
2d Hbk	340	1,010	1,680	4,200	5,880	8,400
NOTE: Add 5% for Sport Equipment package.						
2004 Mini CooperS, 1.6L Supercharged 4-cyl.						
2d Hbk	390	1,160	1,940	4,850	6,790	9,700
NOTE: Add 5% for Sport Equipment; add 20% for John Cooper Works; add 30% for MC40.						
2005 Mini Cooper, 1.6L 4-cyl.						
2d Hbk	380	1,130	1,880	4,700	6,580	9,400
2d Conv	440	1,310	2,180	5,450	7,630	10,900
2005 Mini Cooper, 1.6L 4-cyl						
NOTE: Add 5% for Sport Equipment package.						
2005 Mini CooperS, 1.6L Supercharged 4-cyl.						
2d HBk	430	1,280	2,140	5,350	7,490	10,700
2d Conv	490	1,460	2,440	6,100	8,540	12,200
NOTE: Add 5% for Sport Equipment; add 20% for John Cooper Works; add 30% for MC40.						
2006 Mini Cooper, 1.6L 4-cyl.						
2d HBk	480	1,440	2,400	6,000	8,400	12,000
2006 Mini Cooper, 1.6L 4-cyl						
2d Conv	550	1,660	2,770	6,930	9,700	13,850
2006 Mini Cooper, 1.6L 4-cyl.						
NOTE: Add 5% for Sport Equipment or Checkmate package.						
2006 Mini CooperS, 1.6L Supercharged 4-cyl.						
2d HBk	580	1,740	2,900	7,250	10,150	14,500
2d Conv	640	1,910	3,180	7,950	11,130	15,900
NOTE: Add 5% for Sport Equipment or Checkmate; add 20% for John Cooper or GT packages.						
2007 Mini Cooper, 1.6L 4-cyl.						
2d HBk	460	1,380	2,300	5,750	8,050	11,500
2d Conv	540	1,630	2,710	6,780	9,490	13,550
NOTE: Add 5% for Sport Equipment or Checkmate pkg.						
2007 Mini Cooper S, 1.6L Supercharged 4-cyl.						
2d HBk	520	1,570	2,620	6,550	9,170	13,100
2d Conv	620	1,870	3,110	7,780	10,890	15,550
NOTE: Add 5% for Sport Equipment; add 20% for John Cooper or GT pkgs.						
2008 Cooper, 1.6L I4						
2d HBk	400	1,200	2,000	4,500	7,000	10,000
Add 5% for Sport Equipment package.						
2008 Cooper S, 1.6L Turb						
2d HBk	480	1,440	2,400	5,400	8,400	12,000
Add 5% for Sport Equipment; add 20% for John Cooper or GT packages.						
2008 Cooper, 1.6L I4						
2d Conv	440	1,320	2,200	4,950	7,700	11,000
Add 5% for Sport Equipment package.						
2008 Cooper S, 1.6L I4 Turbo						
2d Conv	520	1,560	2,600	5,850	9,100	13,000
Add 5% for Sport Equipment package. Add 20% for John Cooper Works package.						
2008 Cooper Clubman, 1.6L I4						
2d HBk	420	1,260	2,100	4,730	7,350	10,500
Add 5% for Sport Equipment package.						
2008 Cooper S Clubman, 1.6L I4 Turbo						
2d HBk	500	1,500	2,500	5,630	8,750	12,500
2009 Cooper, 1.6L I4						
2d HBk	340	1,020	1,700	4,250	5,950	8,500
Add 5% for Sport Equipment package.						
2009 Cooper Hardtop, 1.6L Turbo						
2d HBk	360	1,080	1,800	4,500	6,300	9,000
2009 Cooper Convertible, 1.6L I4						
2d Conv	390	1,180	1,960	4,900	6,860	9,800
Add 5% for Sport Equipment package.						
2009 Cooper S Convertible, 1.6L I4 Turbo						
2d Conv	420	1,260	2,100	5,250	7,350	10,500
Add 5% for Sport Equipment package.						
2009 Cooper Clubman, 1.6L I4						
2d HBk	380	1,140	1,900	4,750	6,650	9,500
Add 5% for Sport Equipment package.						
2009 Cooper S Clubman, 1.6L I4 Turbo						
2d HBk	400	1,190	1,980	4,950	6,930	9,900
2009 Cooper Works Hardtop, 1.6L I4 Turbo						
2d HBk	500	1,500	2,500	6,250	8,750	12,500
2009 Cooper Works Convertible, 1.6L I4 Turbo						
2d Conv	640	1,920	3,200	8,000	11,200	16,000
2009 Cooper Works Clubman, 1.6L I4 Turbo						
2d HBk	480	1,440	2,400	6,000	8,400	12,000

MINI

MINI

	6	5	4	3	2	1
2010 Cooper, 1.6L I4						
2d Hbk 370		1,100	1,830	4,580	6,410	9,150
NOTE: Add 5% for Sport Edquipment; 10% for Mayfair; 12% for Camden.						
2010 Cooper Hardtop 1.6L Turbo						
2d S HBk 410		1,240	2,060	4,640	7,210	10,300
2010 Cooper Convertible, 1.6L I4						
2d Conv 430		1,280	2,140	5,350	7,490	10,700
NOTE: Add 5% for Sport Equipment; 10% for Mayfair; 12% for Camden.						
2010 Cooper S Convertible, 1.6L I4 Turbo						
2d Conv 490		1,480	2,470	6,180	8,650	12,350
NOTE: Add 5% for Sport Equipment pkg.						
2010 Cooper Clubman 1.6L I4						
2d HBk 410		1,230	2,050	5,130	7,180	10,250
NOTE: Add 5% for Sport Equipment pkg.						
2010 Cooper S Clubman 1.6L I4 Turbo						
2d HBk 450		1,340	2,230	5,580	7,810	11,150
NOTE: Add 5% for Sport Equipment pkg.						
2010 Cooper Works Hardtop 1.6L I4 Turbo						
2d HBk 580		1,730	2,880	7,200	10,080	14,400
2010 Cooper Works Convertible 1.6L I4 Turbo						
2d Conv 740		2,210	3,680	9,200	12,880	18,400
2010 Cooper Works Clubman 1.6L I4 Turbo						
2d HBk 600		1,800	3,000	7,500	10,500	15,000
2011 Cooper Hardtop, 1.6L I4						
2d HBk 290		860	1,430	3,580	5,010	7,150
2011 Cooper Hardtop, 1.6L I4 Turbo						
2d S HBk 330		1,000	1,660	4,150	5,810	8,300
2011 Cooper Convertible, 1.6L I4						
2d Conv 350		1,040	1,740	4,350	6,090	8,700
2011 Cooper S Convertible, 1.6L I4 Turbo						
2d Conv 370		1,120	1,870	4,680	6,550	9,350
2011 Cooper Clubman, 1.6L I4						
2d HBk 290		870	1,450	3,630	5,080	7,250
2011 Cooper Clubman, 1.6L I4 Turbo						
2d HBk 340		1,020	1,700	4,250	5,950	8,500
2011 Cooper Countryman, 1.6L I4						
2d HBk 360		1,070	1,780	4,450	6,230	8,900
2011 Cooper Countryman, 1.6L I4 Turbo						
2d HBk 440		1,320	2,200	5,500	7,700	11,000
2011 Cooper Countryman, AWD, 1.6L I4						
2d All4 HBk 460		1,370	2,290	5,710	8,000	11,425
2011 John Cooper Works Hardtop, 1.6L I4 Turbo						
2d HBk 560		1,680	2,800	7,000	9,800	14,000
2011 John Cooper Works Convertible, 1.6L I4 Turbo						
2d Conv 680		2,040	3,400	8,500	11,900	17,000
2011 John Cooper Works Clubman, 1.6L I4 Turbo						
2d HBk 600		1,800	3,000	7,500	10,500	15,000

MITSUBISHI

	6	5	4	3	2	1
1982-83 Cordia, 4-cyl., 1795cc, FWD, 96.3" wb						
2d HBk. 150	460	760	1,710	2,660	3,800	
L 2d HBk. 160	470	780	1,760	2,730	3,900	
LS 2d HBk 180	540	900	2,030	3,150	4,500	
1982-83 Tredia, 4-cyl., 1795cc, FWD, 96.3" wb						
4d Sed 140	420	700	1,580	2,450	3,500	
L 4d Sed. 150	460	760	1,710	2,660	3,800	
LS 4d Sed. 160	480	800	1,800	2,800	4,000	
1982-83 Starion, 4-cyl., 2555cc, 95.9" wb						
2d Cpe (2 plus 2) 190	560	940	2,120	3,290	4,700	
LS 2d Cpe (2 plus 2). 220	660	1,100	2,480	3,850	5,500	
1984 Cordia, 4-cyl., 1997cc, FWD, 96.3" wb						
2d HBk 190	560	940	2,120	3,290	4,700	
L 2d HBk. 200	610	1,020	2,300	3,570	5,100	
LS 2d HBk 210	620	1,040	2,340	3,640	5,200	
2d HBk Turbo 220	660	1,100	2,480	3,850	5,500	
1984 Tredia, 4-cyl., 1997cc, FWD, 96.3" wb						
4d Sed 170	500	840	1,890	2,940	4,200	
L 4d Sed. 170	520	860	1,940	3,010	4,300	
LS 4d Sed. 180	540	900	2,030	3,150	4,500	
1984 Tredia, 4-cyl., 1795cc, FWD, 96.3" wb						
4d Sed Turbo 190	560	940	2,120	3,290	4,700	
1984 Starion, 4-cyl., 2555cc, 95.9" wb						
LS Cpe (2 plus 2) 260	780	1,300	2,930	4,550	6,500	
LE Cpe (2 plus 2) 280	840	1,400	3,150	4,900	7,000	
ES Cpe (2 plus 2) 290	860	1,440	3,240	5,040	7,200	
1985-86 Mirage, 4-cyl., 1468cc, FWD, 93.7" wb						
2d HBk 180	540	900	2,030	3,150	4,500	
L 2d HBk. 190	560	940	2,120	3,290	4,700	
LS 2d HBk 200	600	1,000	2,250	3,500	5,000	

	6	5	4	3	2	1
1985-86 Mirage, 4-cyl., 1597cc, FWD, 93.7" wb						
2d HBk Turbo	220	660	1,100	2,480	3,850	5,500
1985-86 Cordia, 4-cyl., 1997cc, FWD, 96.3" wb						
L 2d HBk.	240	720	1,200	2,700	4,200	6,000
1985-86 Cordia, 4-cyl., 1795cc, FWD, 96.3" wb						
2d HBk Turbo	250	740	1,240	2,790	4,340	6,200
1985-86 Tredia, 4-cyl., 1997cc, FWD, 96.3" wb						
4d Sed	180	540	900	2,030	3,150	4,500
L 4d Sed	200	600	1,000	2,250	3,500	5,000
4d Sed Turbo	200	600	1,000	2,250	3,500	5,000
1985-86 Galant, 4-cyl., 2350cc, FWD, 102.4" wb						
4d Sed	220	660	1,100	2,480	3,850	5,500
1985-86 Starion (2 plus 2), 4-cyl., 2555cc, 95.9" wb						
LS 2d Cpe.	220	660	1,100	2,480	3,850	5,500
LE 2d Cpe.	220	660	1,100	2,480	3,850	5,500
ES 2d Cpe	230	700	1,160	2,610	4,060	5,800
ESI 2d Cpe	240	710	1,180	2,660	4,130	5,900
ESI-R 2d Cpe	240	720	1,200	2,700	4,200	6,000
1987 Precis						
2d HBk	180	530	880	1,980	3,080	4,400
LS 2d HBk	180	550	920	2,070	3,220	4,600
LS 4d HBk	180	550	920	2,070	3,220	4,600
1987 Mirage						
2d HBk	200	600	1,000	2,250	3,500	5,000
L 2d HBk.	200	610	1,020	2,300	3,570	5,100
2d HBk Turbo	210	620	1,040	2,340	3,640	5,200
4d Sed	200	610	1,020	2,300	3,570	5,100
1987 Cordia						
L 2d HBk.	240	710	1,180	2,660	4,130	5,900
2d HBk Turbo	240	730	1,220	2,750	4,270	6,100
1987 Tredia						
L 4d Sed	180	550	920	2,070	3,220	4,600
4d Sed Turbo	190	580	960	2,160	3,360	4,800
1987 Galant						
LUX 4d Sed	220	650	1,080	2,430	3,780	5,400
1987 Starion						
LE 2d Cpe.	230	680	1,140	2,570	3,990	5,700
ESi-R 2d Cpe	240	710	1,180	2,660	4,130	5,900
1988 Precis						
2d HBk	180	540	900	2,030	3,150	4,500
RS 2d HBk	180	550	920	2,070	3,220	4,600
LS 2d HBk	190	580	960	2,160	3,360	4,800
LS 4d HBk	200	590	980	2,210	3,430	4,900
1988 Mirage						
2d HBk Turbo	210	640	1,060	2,390	3,710	5,300
L 4d Sed.	200	600	1,000	2,250	3,500	5,000
1988 Cordia						
L 2d HBk.	240	720	1,200	2,700	4,200	6,000
2d HBk Turbo	250	740	1,240	2,790	4,340	6,200
1988 Galant						
Sigma 4d Sed.	220	670	1,120	2,520	3,920	5,600
1988 Starion						
ESi 2d Cpe	230	700	1,160	2,610	4,060	5,800
ESi-R 2d Cpe	240	720	1,200	2,700	4,200	6,000
1989 Precis						
2d HBk	180	550	920	2,070	3,220	4,600
RS 2d HBk	190	560	940	2,120	3,290	4,700
LS 2d HBk	200	590	980	2,210	3,430	4,900
LS 4d HBk	200	600	1,000	2,250	3,500	5,000
1989 Mirage						
2d HBk	200	610	1,020	2,300	3,570	5,100
2d HBk Turbo	220	650	1,080	2,430	3,780	5,400
4d Sed	200	600	1,000	2,250	3,500	5,000
LS 4d Sed.	200	610	1,020	2,300	3,570	5,100
1989 Galant						
4d Sed	230	680	1,140	2,570	3,990	5,700
LS 4d Sed.	230	700	1,160	2,610	4,060	5,800
GS 4d Sed	240	710	1,180	2,660	4,130	5,900
1989 Sigma						
4d Sed	240	730	1,220	2,750	4,270	6,100
1989 Starion						
ESi-R 2d Cpe	240	730	1,220	2,750	4,270	6,100
1990 Precis						
2d HBk	190	560	940	2,120	3,290	4,700
RS 2d HBk	190	580	960	2,160	3,360	4,800
1990 Mirage						
VL 2d HBk	210	620	1,040	2,340	3,640	5,200
2d HBk	210	640	1,060	2,390	3,710	5,300

MITSUBISHI

	6	5	4	3	2	1
RS 2d HBk	210	640	1,060	2,390	3,710	5,300
4d Sed	220	650	1,080	2,430	3,780	5,400
RS 4d Sed	220	660	1,100	2,480	3,850	5,500
1990 Galant						
4d Sed	230	700	1,160	2,610	4,060	5,800
LS 4d Sed	240	710	1,180	2,660	4,130	5,900
GS 4d Sed	240	720	1,200	2,700	4,200	6,000
GSX 4d Sed 4x4	280	840	1,400	3,150	4,900	7,000
1990 Sigma						
4d Sed	250	740	1,240	2,790	4,340	6,200
1990 Eclipse						
2d Cpe	250	760	1,260	2,840	4,410	6,300
GS 2d Cpe	260	770	1,280	2,880	4,480	6,400
2d Cpe Turbo	260	780	1,300	2,930	4,550	6,500
2d Cpe Turbo 4x4	300	900	1,500	3,380	5,250	7,500
1990 Van						
Cargo Van	230	680	1,140	2,570	3,990	5,700
Mini Van	240	710	1,180	2,660	4,130	5,900
1991 Precis						
2d HBk	160	480	800	1,800	2,800	4,000
RS 2d HBk	160	490	820	1,850	2,870	4,100
1991 Mirage						
VL 2d HBk	170	500	840	1,890	2,940	4,200
2d HBk	180	540	900	2,030	3,150	4,500
4d Sed	180	540	900	2,030	3,150	4,500
LS 4d Sed	190	560	940	2,120	3,290	4,700
GS 4d Sed	200	590	980	2,210	3,430	4,900
1991 Galant						
4d Sed	240	720	1,200	2,700	4,200	6,000
LS 4d Sed	260	780	1,300	2,930	4,550	6,500
GS 4d Sed	280	840	1,400	3,150	4,900	7,000
GSR 4d Sed	300	900	1,500	3,380	5,250	7,500
GSX 4d Sed 4x4	360	1,080	1,800	4,050	6,300	9,000
VR-4 4d Turbo Sed 4x4	580	1,740	2,900	6,530	10,150	14,500
1991 Eclipse						
2d Cpe	240	720	1,200	2,700	4,200	6,000
GS 2d Cpe	260	780	1,300	2,930	4,550	6,500
GS 2d Cpe 16V	280	840	1,400	3,150	4,900	7,000
GS 2d Cpe 16V Turbo	320	960	1,600	3,600	5,600	8,000
GSX 2d Cpe 16V Turbo 4x4	360	1,080	1,800	4,050	6,300	9,000
1991 3000 GT						
2d Cpe	560	1,680	2,800	6,300	9,800	14,000
SL 2d Cpe	660	1,980	3,300	7,430	11,550	16,500
VR-4 2d Turbo Cpe 4x4	780	2,340	3,900	8,780	13,650	19,500
1992 Precis, 4-cyl.						
2d HBk	160	470	780	1,760	2,730	3,900
1992 Mirage, 4-cyl.						
2d VL HBk	180	540	900	2,030	3,150	4,500
2d HBk	200	600	1,000	2,250	3,500	5,000
4d Sed	200	600	1,000	2,250	3,500	5,000
4d LS Sed	220	660	1,100	2,480	3,850	5,500
4d GS Sed	240	720	1,200	2,700	4,200	6,000
1992 Expo, 4-cyl.						
2d LRV Sta Wag	280	840	1,400	3,150	4,900	7,000
2d LRV Spt Sta Wag	300	900	1,500	3,380	5,250	7,500
2d LRV Spt Sta Wag 4x4	320	960	1,600	3,600	5,600	8,000
4d Sta Wag	300	900	1,500	3,380	5,250	7,500
4d SP Sta Wag	320	960	1,600	3,600	5,600	8,000
4d SP Sta Wag 4x4	360	1,080	1,800	4,050	6,300	9,000
1992 Galant, 4-cyl.						
4d Sed	200	600	1,000	2,250	3,500	5,000
4d LS Sed	220	660	1,100	2,480	3,850	5,500
4d GS Sed	240	720	1,200	2,700	4,200	6,000
4d GSR Sed	260	780	1,300	2,930	4,550	6,500
4d GSX Sed 4x4	320	960	1,600	3,600	5,600	8,000
4d VR4 Sed 4x4	360	1,080	1,800	4,050	6,300	9,000
1992 Eclipse, 4-cyl.						
2d Cpe	240	720	1,200	2,700	4,200	6,000
2d GS Cpe	260	780	1,300	2,930	4,550	6,500
1992 Eclipse, GS, 16V, 4-cyl.						
2d Cpe	300	900	1,500	3,380	5,250	7,500
2d Turbo Cpe	320	960	1,600	3,600	5,600	8,000
2d GSX Turbo Cpe 4x4	540	1,620	2,700	6,080	9,450	13,500
1992 Diamante, V-6						
4d Sed	360	1,080	1,800	4,050	6,300	9,000
4d LS Sed	560	1,680	2,800	6,300	9,800	14,000
1992 3000 GT, V-6						
2d Cpe	600	1,800	3,000	6,750	10,500	15,000
2d SL Cpe	700	2,100	3,500	7,880	12,250	17,500

	6	5	4	3	2	1
2d VR-4 Turbo Cpe 4x4	820	2,460	4,100	9,230	14,350	20,500
1993 Precis, 4-cyl.						
2d HBk	200	600	1,000	2,250	3,500	5,000
1993 Mirage, 4-cyl.						
2d S Cpe	220	660	1,100	2,480	3,850	5,500
2d ES Cpe	230	680	1,140	2,570	3,990	5,700
2d LS Cpe	240	720	1,200	2,700	4,200	6,000
4d S Sed	230	680	1,140	2,570	3,990	5,700
4d ES Sed	230	700	1,160	2,610	4,060	5,800
4d LS Sed	240	710	1,180	2,660	4,130	5,900
1993 Expo, 4-cyl.						
3d LRV Sta Wag	270	800	1,340	3,020	4,690	6,700
3d LRV Sta Wag 4x4	310	920	1,540	3,470	5,390	7,700
3d Spt Sta Wag	280	840	1,400	3,150	4,900	7,000
4d Sta Wag	300	900	1,500	3,380	5,250	7,500
4d Sta Wag 4x4	340	1,020	1,700	3,830	5,950	8,500
4d SP Sta Wag	320	960	1,600	3,600	5,600	8,000
4d SP Sta Wag 4x4	360	1,080	1,800	4,050	6,300	9,000
1993 Galant, 4-cyl.						
4d S Sed	280	840	1,400	3,150	4,900	7,000
4d ES Sed	280	850	1,420	3,200	4,970	7,100
4d LS Sed	290	860	1,440	3,240	5,040	7,200
1993 Eclipse, 4-cyl.						
2d Cpe	280	850	1,420	3,200	4,970	7,100
2d GS Cpe	290	860	1,440	3,240	5,040	7,200
2d GS Cpe 16V	300	890	1,480	3,330	5,180	7,400
2d GS Turbo Cpe	300	900	1,500	3,380	5,250	7,500
2d GSX Cpe 4x4	340	1,020	1,700	3,830	5,950	8,500
1993 Diamante, V-6						
4d ES Sed	320	960	1,600	3,600	5,600	8,000
4d LS Sed	320	970	1,620	3,650	5,670	8,100
4d ES Sta Wag	330	1,000	1,660	3,740	5,810	8,300
1993 3000 GT, V-6						
2d Cpe	540	1,620	2,700	6,080	9,450	13,500
2d SL Cpe	580	1,740	2,900	6,530	10,150	14,500
2d Turbo Cpe, 4x4	760	2,280	3,800	8,550	13,300	19,000
1994 Precis, 4-cyl.						
2d HBk	160	480	800	1,800	2,800	4,000
1994 Mirage, 4-cyl.						
2d S Cpe	180	540	900	2,030	3,150	4,500
2d ES Cpe	200	600	1,000	2,250	3,500	5,000
2d LS Cpe	220	660	1,100	2,480	3,850	5,500
4d S Sed	200	600	1,000	2,250	3,500	5,000
4d ES Sed	220	660	1,100	2,480	3,850	5,500
4d LS Sed	240	720	1,200	2,700	4,200	6,000
1994 Expo, 4-cyl.						
4d LRV Sta Wag	290	880	1,460	3,290	5,110	7,300
4d Spt LRV Sta Wag	300	900	1,500	3,380	5,250	7,500
4d Sta Wag	320	960	1,600	3,600	5,600	8,000
4d Sta Wag 4x4	340	1,020	1,700	3,830	5,950	8,500
1994 Galant, 4-cyl.						
4d S Sed	280	840	1,400	3,150	4,900	7,000
4d ES Sed	300	900	1,500	3,380	5,250	7,500
4d LS Sed	340	1,020	1,700	3,830	5,950	8,500
4d GS Sed	380	1,140	1,900	4,280	6,650	9,500
1994 Eclipse, 4-cyl.						
2d Cpe	260	780	1,300	2,930	4,550	6,500
2d GS Cpe	280	840	1,400	3,150	4,900	7,000
2d GS Cpe 16V	300	900	1,500	3,380	5,250	7,500
2d GSi Cpe Turbo 16V	340	1,020	1,700	3,830	5,950	8,500
2d GSX Cpe Turbo 4x4 16V	460	1,380	2,300	5,180	8,050	11,500
1994 Diamante, V-6						
4d ES Sed	380	1,140	1,900	4,280	6,650	9,500
4d LS Sed	500	1,500	2,500	5,630	8,750	12,500
4d ES Sta Wag	380	1,140	1,900	4,280	6,650	9,500
1994 3000 GT, V-6						
2d Cpe	540	1,620	2,700	6,080	9,450	13,500
2d SL Cpe	620	1,860	3,100	6,980	10,850	15,500
2d Cpe Turbo 4x4	860	2,580	4,300	9,680	15,050	21,500
1995 Mirage, 4-cyl.						
2d S Cpe	180	540	900	2,030	3,150	4,500
2d ES Cpe	200	600	1,000	2,250	3,500	5,000
2d LS Cpe	220	660	1,100	2,480	3,850	5,500
4d S Sed	200	600	1,000	2,250	3,500	5,000
4d ES Sed	220	660	1,100	2,480	3,850	5,500
1995 Expo, 4-cyl.						
4d Sta Wag	320	960	1,600	3,600	5,600	8,000
4d Sta Wag 4x4	340	1,020	1,700	3,830	5,950	8,500

	6	5	4	3	2	1
1995 Galant, 4-cyl.						
4d S Sed.	280	840	1,400	3,150	4,900	7,000
4d ES Sed	300	900	1,500	3,380	5,250	7,500
4d LS Sed.	340	1,020	1,700	3,830	5,950	8,500
1995 Eclipse, 4-cyl.						
2d RS Cpe	260	780	1,300	2,930	4,550	6,500
2d GS Cpe	280	840	1,400	3,150	4,900	7,000
2d GS Cpe Turbo	340	1,020	1,700	3,830	5,950	8,500
2d GSX Cpe Turbo 4x4.	460	1,380	2,300	5,180	8,050	11,500
1995 Diamante, V-6						
4d ES Sed	380	1,140	1,900	4,280	6,650	9,500
4d LS Sed.	500	1,500	2,500	5,630	8,750	12,500
4d ES Sta Wag	380	1,140	1,900	4,280	6,650	9,500
1995 3000GT, V-6						
2d Cpe	540	1,620	2,700	6,080	9,450	13,500
2d SL Cpe.	620	1,860	3,100	6,980	10,850	15,500
2d VR-4 Cpe Turbo 4x4	780	2,340	3,900	8,780	13,650	19,500
2d Spyder SL Cpe	960	2,880	4,800	10,800	16,800	24,000
2d Spyder VR-4 Cpe Turbo 4x4	1,140	3,420	5,700	12,830	19,950	28,500
1996 Mirage, 4-cyl.						
2d S Cpe.	180	540	900	2,030	3,150	4,500
2d LS Cpe.	220	660	1,100	2,480	3,850	5,500
4d S Sed.	200	600	1,000	2,250	3,500	5,000
1996 Galant, 4-cyl.						
4d S Sed.	280	840	1,400	3,150	4,900	7,000
4d ES Sed	300	900	1,500	3,380	5,250	7,500
4d LS Sed.	340	1,020	1,700	3,830	5,950	8,500
1996 Eclipse, 4-cyl.						
2d RS Cpe	260	780	1,300	2,930	4,550	6,500
2d GS Cpe	280	840	1,400	3,150	4,900	7,000
2d GS Cpe Turbo	340	1,020	1,700	3,830	5,950	8,500
2d GSX Cpe Turbo 4x4.	460	1,380	2,300	5,180	8,050	11,500
2d GS Spyder Conv	440	1,320	2,200	4,950	7,700	11,000
2d GS Spyder Conv Turbo	500	1,500	2,500	5,630	8,750	12,500
NOTE: The GS convertible debuted late in the 1996 model year.						
1996 Diamante, V-6						
4d ES Sed	380	1,140	1,900	4,280	6,650	9,500
4d LS Sed.	500	1,500	2,500	5,630	8,750	12,500
1996 3000GT, V-6						
2d Cpe	540	1,620	2,700	6,080	9,450	13,500
2d SL Cpe.	620	1,860	3,100	6,980	10,850	15,500
2d VR-4 Cpe Turbo 4x4	780	2,340	3,900	8,780	13,650	19,500
2d Spyder SL Cpe	960	2,880	4,800	10,800	16,800	24,000
2d Spyder VR-4 Cpe Turbo 4x4	1,140	3,420	5,700	12,830	19,950	28,500
1997 Mirage, 4-cyl.						
2d DE Cpe	180	540	900	2,030	3,150	4,500
2d LS Cpe.	220	660	1,100	2,480	3,850	5,500
4d DE Sed	200	600	1,000	2,250	3,500	5,000
4d LS Sed.	240	720	1,200	2,700	4,200	6,000
1997 Galant, 4-cyl.						
4d DE Sed	280	840	1,400	3,150	4,900	7,000
4d ES Sed	300	900	1,500	3,380	5,250	7,500
4d LS Sed.	340	1,020	1,700	3,830	5,950	8,500
1997 Eclipse, 4-cyl.						
2d Cpe	240	720	1,200	2,700	4,200	6,000
2d RS Cpe	260	780	1,300	2,930	4,550	6,500
2d GS Cpe	280	840	1,400	3,150	4,900	7,000
2d GS Cpe Turbo	340	1,020	1,700	3,830	5,950	8,500
2d GSX Cpe Turbo AWD.	460	1,380	2,300	5,180	8,050	11,500
2d GS Spyder Conv	440	1,320	2,200	4,950	7,700	11,000
2d GS Spyder Conv Turbo	500	1,500	2,500	5,630	8,750	12,500
1997 Diamante, V-6						
4d ES Sed	380	1,140	1,900	4,280	6,650	9,500
4d LS Sed.	500	1,500	2,500	5,630	8,750	12,500
1997 3000GT, V-6						
2d Cpe	540	1,620	2,700	6,080	9,450	13,500
2d SL Cpe.	620	1,860	3,100	6,980	10,850	15,500
2d VR-4 Cpe Turbo AWD	780	2,340	3,900	8,780	13,650	19,500
1998 Mirage, 4-cyl.						
2d DE Cpe	180	540	900	2,030	3,150	4,500
2d LS Cpe.	220	660	1,100	2,480	3,850	5,500
4d DE Sed	200	600	1,000	2,250	3,500	5,000
4d LS Sed.	240	720	1,200	2,700	4,200	6,000
1998 Galant, 4-cyl.						
4d DE Sed	280	840	1,400	3,150	4,900	7,000
4d ES Sed	300	900	1,500	3,380	5,250	7,500
4d LS Sed.	340	1,020	1,700	3,830	5,950	8,500
1998 Eclipse, 4-cyl.						
2d RS Cpe	260	780	1,300	2,930	4,550	6,500

MITSUBISHI

	6	5	4	3	2	1
2d GS Cpe	280	840	1,400	3,150	4,900	7,000
2d GS Cpe Turbo	340	1,020	1,700	3,830	5,950	8,500
2d GSX Cpe Turbo AWD	460	1,380	2,300	5,180	8,050	11,500
2d GS Spyder Conv	440	1,320	2,200	4,950	7,700	11,000
2d GS Spyder Conv Turbo	500	1,500	2,500	5,630	8,750	12,500
1998 Diamante, V-6						
4d ES Sed	380	1,140	1,900	4,280	6,650	9,500
4d LS Sed	500	1,500	2,500	5,630	8,750	12,500
1998 3000GT, V-6						
2d Cpe	540	1,620	2,700	6,080	9,450	13,500
2d SL Cpe	620	1,860	3,100	6,980	10,850	15,500
2d VR-4 Cpe Turbo AWD	780	2,340	3,900	8,780	13,650	19,500
1999 Mirage, 4-cyl.						
2d DE Cpe	180	540	900	2,030	3,150	4,500
2d LS Cpe	220	660	1,100	2,480	3,850	5,500
4d DE Sed	200	600	1,000	2,250	3,500	5,000
4d LS Sed	240	720	1,200	2,700	4,200	6,000
1999 Galant, 4-cyl. & V-6						
4d DE Sed	280	840	1,400	3,150	4,900	7,000
4d ES Sed	300	900	1,500	3,380	5,250	7,500
4d LS Sed (V-6 only)	340	1,020	1,700	3,830	5,950	8,500
4d GTZ Sed (V-6 only)	350	1,060	1,760	3,960	6,160	8,800
1999 Eclipse, 4-cyl.						
2d RS Cpe	260	780	1,300	2,930	4,550	6,500
2d GS Cpe	280	840	1,400	3,150	4,900	7,000
2d GS Cpe Turbo	340	1,020	1,700	3,830	5,950	8,500
2d GSX Cpe Turbo AWD	460	1,380	2,300	5,180	8,050	11,500
2d GSX Spyder Conv	440	1,320	2,200	4,950	7,700	11,000
2d GSX Spyder Conv Turbo	500	1,500	2,500	5,630	8,750	12,500
NOTE: Add 5% for Sport Value Pkg.						
1999 Diamante, V-6						
4d Sed	460	1,380	2,300	5,180	8,050	11,500
NOTE: Add 5% for Cold Weather Pkg.						
1999 3000GT, V-6						
2d Cpe	540	1,620	2,700	6,080	9,450	13,500
2d SL Cpe	620	1,860	3,100	6,980	10,850	15,500
2d VR-4 Cpe Turbo AWD	780	2,340	3,900	8,780	13,650	19,500
2000 Mirage, 4-cyl.						
2d DE Cpe	190	560	940	2,120	3,290	4,700
2d LS Cpe	230	680	1,140	2,570	3,990	5,700
4d DE Sed	210	620	1,040	2,340	3,640	5,200
4d LS Sed	250	740	1,240	2,790	4,340	6,200
2000 Galant, 4-cyl. & V-6						
4d DE Sed (4-cyl. only)	280	840	1,400	3,150	4,900	7,000
4d ES Sed	300	900	1,500	3,380	5,250	7,500
4d LS Sed (V-6 only)	340	1,020	1,700	3,830	5,950	8,500
4d GTZ Sed (V-6 only)	350	1,060	1,760	3,960	6,160	8,800
2000 Eclipse, 4-cyl.						
2d RS Cpe	270	800	1,340	3,020	4,690	6,700
2d GS Cpe	290	860	1,440	3,240	5,040	7,200
2d GT Cpe (V-6)	350	1,040	1,740	3,920	6,090	8,700
2000 Diamante, V-6						
4d ES Sed	440	1,320	2,200	4,950	7,700	11,000
4d LS Sed	460	1,380	2,300	5,180	8,050	11,500
NOTE: Add 5% for Cold Weather Pkg.						
2001 Mirage, 4-cyl.						
2d DE Cpe	190	560	940	2,350	3,290	4,700
2d LS Cpe	230	680	1,140	2,850	3,990	5,700
4d ES Sed	210	620	1,040	2,600	3,640	5,200
4d LS Sed	250	740	1,240	3,100	4,340	6,200
2001 Galant, 4-cyl. & V-6						
4d DE Sed (4-cyl. only)	280	840	1,400	3,500	4,900	7,000
4d ES Sed	300	900	1,500	3,750	5,250	7,500
4d LS Sed (V-6 only)	340	1,020	1,700	4,250	5,950	8,500
4d GTZ Sed (V-6 only)	350	1,060	1,760	4,400	6,160	8,800
2001 Eclipse, 4-cyl.						
2d RS Cpe	270	800	1,340	3,350	4,690	6,700
2d GS Cpe	290	860	1,440	3,600	5,040	7,200
2d GT Cpe (V-6)	350	1,040	1,740	4,350	6,090	8,700
2d GS Spyder Conv	360	1,080	1,800	4,500	6,300	9,000
2d GS Spyder Conv (V-6)	400	1,200	2,000	5,000	7,000	10,000
2001 Diamante, V-6						
4d ES Sed	440	1,320	2,200	5,500	7,700	11,000
4d LS Sed	460	1,380	2,300	5,750	8,050	11,500
2002 Mirage, 4-cyl.						
2d DE Cpe	190	560	940	2,350	3,290	4,700
2d LS Cpe	230	680	1,140	2,850	3,990	5,700
2002 Lancer, 4-cyl.						
4d ES Sed	220	660	1,100	2,750	3,850	5,500

MITSUBISHI

	6	5	4	3	2	1
4d LS Sed.	250	740	1,240	3,100	4,340	6,200
4d O-Z Rally Sed	280	850	1,420	3,550	4,970	7,100
2002 Galant, 4-cyl. & V-6						
4d DE Sed (4-cyl. only).	280	840	1,400	3,500	4,900	7,000
4d ES Sed	300	900	1,500	3,750	5,250	7,500
4d LS Sed.	340	1,020	1,700	4,250	5,950	8,500
4d GTZ Sed (V-6 only)	350	1,060	1,760	4,400	6,160	8,800
2002 Eclipse, 4-cyl.						
2d RS Cpe	270	800	1,340	3,350	4,690	6,700
2d GS Cpe	290	860	1,440	3,600	5,040	7,200
2d GT Cpe (V-6 only)	350	1,040	1,740	4,350	6,090	8,700
2d GS Spyder Conv	360	1,080	1,800	4,500	6,300	9,000
2d GT Spyder Conv (V-6 only)	400	1,200	2,000	5,000	7,000	10,000
2002 Diamante, V-6						
4d ES Sed	440	1,320	2,200	5,500	7,700	11,000
4d VR-X Sed.	460	1,370	2,280	5,700	7,980	11,400
4d LS Sed.	460	1,380	2,300	5,750	8,050	11,500
2003 Lancer, 4-cyl.						
4d ES Sed	220	660	1,100	2,750	3,850	5,500
4d LS Sed.	250	740	1,240	3,100	4,340	6,200
4d O-Z Rally Sed	280	850	1,420	3,550	4,970	7,100
4d Evolution Sed (AWD).	740	2,230	3,720	9,300	13,020	18,600
2003 Galant, 4-cyl. & V-6						
4d DE Sed (4-cyl. only).	280	840	1,400	3,500	4,900	7,000
4d ES Sed	300	900	1,500	3,750	5,250	7,500
4d LS Sed.	340	1,020	1,700	4,250	5,950	8,500
4d GTZ Sed (V-6 only)	350	1,060	1,760	4,400	6,160	8,800
2003 Eclipse, 4-cyl.						
2d RS Cpe	270	800	1,340	3,350	4,690	6,700
2d GS Cpe	290	860	1,440	3,600	5,040	7,200
2d GT Cpe (V-6 only)	350	1,040	1,740	4,350	6,090	8,700
2d GTS Cpe (V-6 only)	390	1,180	1,960	4,900	6,860	9,800
2d GS Spyder Conv	360	1,080	1,800	4,500	6,300	9,000
2d GT Spyder Conv (V-6 only)	400	1,200	2,000	5,000	7,000	10,000
2d GTS Spyder Conv (V-6 only)	430	1,280	2,140	5,350	7,490	10,700
2003 Diamante, V-6						
4d ES Sed	440	1,320	2,200	5,500	7,700	11,000
4d VR-X Sed.	460	1,370	2,280	5,700	7,980	11,400
4d LS Sed.	460	1,380	2,300	5,750	8,050	11,500
2004 Lancer, 4-cyl.						
ES 4d Sed	220	660	1,100	2,750	3,850	5,500
LS 4d Sed.	250	740	1,240	3,100	4,340	6,200
O-Z Rally 4d Sed	280	850	1,420	3,550	4,970	7,100
Ralliart 4d Sed	300	900	1,500	3,750	5,250	7,500
Evolution RS 4d Sed (AWD).	720	2,150	3,580	8,950	12,530	17,900
Evolution 4d Sed (AWD).	740	2,230	3,720	9,300	13,020	18,600
LS Sportback 4d Sta Wag	250	760	1,260	3,150	4,410	6,300
Ralliart Sportback 4d Sta Wag	290	860	1,440	3,600	5,040	7,200
NOTE: Deduct 5% for manual transmission, except Evolution models.						
2004 Galant, 4-cyl.						
DE 4d Sed	280	840	1,400	3,500	4,900	7,000
ES 4d Sed	300	900	1,500	3,750	5,250	7,500
LS 4d Sed (V-6 only).	340	1,020	1,700	4,250	5,950	8,500
GTS 4d Sed (V-6 only)	350	1,060	1,760	3,960	6,160	8,800
NOTE: Deduct 5% for manual transmission.						
2004 Eclipse, 4-cyl.						
RS 2d Cpe	270	800	1,340	3,350	4,690	6,700
GS 2d Cpe	290	860	1,440	3,600	5,040	7,200
GT 2d Cpe (V-6 only)	350	1,040	1,740	4,350	6,090	8,700
GTS 2d Cpe (V-6 only)	390	1,180	1,960	4,900	6,860	9,800
GS Spyder 2d Conv	360	1,080	1,800	4,500	6,300	9,000
GT Spyder 2d Conv (V-6 only)	400	1,200	2,000	5,000	7,000	10,000
GTS Spyder 2d Conv (V-6 only)	430	1,280	2,140	5,350	7,490	10,700
NOTE: Deduct 5% for manual transmission.						
2004 Diamante, V-6						
ES 4d Sed	440	1,320	2,200	5,500	7,700	11,000
VR-X 4d Sed.	460	1,370	2,280	5,700	7,980	11,400
LS 4d Sed.	460	1,380	2,300	5,750	8,050	11,500
2005 Lancer, 4-cyl.						
4d ES Sed	220	660	1,100	2,750	3,850	5,500
4d O-Z Rally Sed	280	850	1,420	3,550	4,970	7,100
4d Ralliart Sed	300	900	1,500	3,750	5,250	7,500
4d Evolution RS Sed (AWD).	720	2,150	3,580	8,950	12,530	17,900
4d Evolution Sed (AWD).	740	2,230	3,720	9,300	13,020	18,600
4d Evolution MR Sed (AWD)	770	2,320	3,860	9,650	13,510	19,300
NOTE: Deduct 5% for manual transmission, except Evolution models.						
2005 Galant, 4-cyl.						
4d DE Sed	280	840	1,400	3,500	4,900	7,000
4d ES Sed	300	900	1,500	3,750	5,250	7,500

MITSUBISHI

	6	5	4	3	2	1
4d LS Sed (V-6 only)	340	1,020	1,700	4,250	5,950	8,500
4d GT Sed (V-6 only)	350	1,060	1,760	4,400	6,160	8,800

NOTE: Deduct 5% for manual transmission.

2005 Eclipse, V-6

	6	5	4	3	2	1
2d GS Cpe (4-cyl. only)	290	860	1,440	3,600	5,040	7,200
2d GT Cpe	350	1,040	1,740	3,920	6,090	8,700
2d GTS Cpe	390	1,180	1,960	4,900	6,860	9,800
2d GS Spyder Conv (4-cyl. only)	360	1,080	1,800	4,500	6,300	9,000
2d GT Spyder Conv	400	1,200	2,000	5,000	7,000	10,000
2d GTS Spyder Conv	430	1,280	2,140	4,820	7,490	10,700

NOTE: Deduct 5% for manual transmission.

2006 Lancer, 2.0L/2.4L 4-cyl.

	6	5	4	3	2	1
4d ES Sed	260	790	1,320	3,300	4,620	6,600
4d SE Sed	270	810	1,350	3,360	4,710	6,725
4d OZ Rally Sed	300	910	1,520	3,790	5,300	7,575
4d Ralliart Sed	330	990	1,650	4,130	5,780	8,250

2006 Lancer AWD, 2.0L 4-cyl.

	6	5	4	3	2	1
4d Evolution RS Sed	680	2,050	3,410	8,530	11,940	17,050
4d Evolution LX Sed	740	2,220	3,700	9,250	12,950	18,500
4d Evolution MB Sed	800	2,390	3,990	9,980	13,970	19,950

2006 Eclipse, 2.4L 4-cyl.

	6	5	4	3	2	1
2d GS Cpe	390	1,170	1,950	4,860	6,810	9,725

2006 Eclipse, 3.8L V-6

	6	5	4	3	2	1
2d GT Cpe	430	1,300	2,160	5,400	7,560	10,800

NOTE: Add 10% for Special Edition option.

2006 Gallant, 2.4L 4-cyl.

	6	5	4	3	2	1
4d DE Sed	300	890	1,490	3,350	5,220	7,450
4d ES Sed	310	940	1,570	3,930	5,500	7,850
4d SE Sed	330	1,000	1,670	3,760	5,850	8,350

2006 Gallant, 3.8L V-6

	6	5	4	3	2	1
4d GTS Sed	380	1,130	1,890	4,710	6,600	9,426
4d Ralliart Sed	390	1,160	1,930	4,810	6,740	9,625

2007 Gallant, 2.4L 4-cyl.

	6	5	4	3	2	1
4d ES Sed	360	1,080	1,800	4,490	6,280	8,975

2007 Eclipse, 2.4L 4-cyl.

	6	5	4	3	2	1
2d GS Cpe	370	1,110	1,850	4,610	6,460	9,225

2007 Lancer, 2.0L/2.4L 4-cyl.

	6	5	4	3	2	1
4d ES Sed	270	800	1,340	3,350	4,690	6,700

2007 Eclipse, 2.4L 4-cyl.

	6	5	4	3	2	1
2d GS Cpe	370	1,110	1,850	4,610	6,460	9,225
2d GS Spyder	440	1,320	2,200	5,500	7,700	11,000
2d SE Cpe	410	1,240	2,070	5,180	7,250	10,350

2007 Eclipse, 3.8L V-6

	6	5	4	3	2	1
2d GT Cpe	470	1,420	2,360	5,900	8,260	11,800
2d GT Spyder	540	1,620	2,690	6,730	9,420	13,460

2007 Gallant, 2.4L 4-cyl.

	6	5	4	3	2	1
4d DE Sed	320	970	1,620	4,040	5,650	8,075
4d ES Sed	360	1,080	1,800	4,490	6,280	8,975
4d SE Sed	420	1,250	2,090	5,230	7,320	10,450

2007 Gallant, 3.8L V-6

	6	5	4	3	2	1
4d GTS Sed	490	1,460	2,430	6,080	8,510	12,150
4d Ralliart Sed	530	1,600	2,660	6,650	9,310	13,300

2008 Lancer, 2.0L/2.4L I4

	6	5	4	3	2	1
4d DE Sed	300	910	1,520	3,420	5,320	7,600
4d ES Sed	350	1,060	1,770	4,430	6,200	8,850
4d GTS Sed	460	1,370	2,290	5,730	8,020	11,450

2008 Lancer Evolution, 2.0LL I4 Turbo

	6	5	4	3	2	1
4d GSR Sed	860	2,570	4,280	10,700	14,980	21,400
4d MR Sed	1,090	3,280	5,460	13,650	19,110	27,300

2008 Eclipse, 2.0L I4

	6	5	4	3	2	1
2d GS Cpe	370	1,110	1,850	4,610	6,460	9,225
2d GS Spyder	440	1,310	2,180	5,450	7,630	10,900
2d SE Cpe	440	1,310	2,190	5,480	7,670	10,950

2008 Eclipse, 3.8L V6

	6	5	4	3	2	1
2d GT Cpe	470	1,420	2,360	5,900	8,260	11,800
2d GT Spyder	540	1,620	2,690	6,730	9,420	13,460

2008 Gallant, 2.4L I4

	6	5	4	3	2	1
4d DE Sed	540	1,620	2,690	6,730	9,420	13,460
4d ES Sed	440	1,330	2,210	5,530	7,740	11,060

2008 Gallant, 3.8L V6

	6	5	4	3	2	1
4d Ralliart Sed	580	1,750	2,920	7,300	10,220	14,600
4d Ralliart Sed	580	1,750	2,920	7,300	10,220	14,600

2009 Eclipse, 2.4L I4

	6	5	4	3	2	1
2d GS Cpe	320	960	1,600	4,000	5,600	8,000
2d GS Spyder	360	1,080	1,800	4,500	6,300	9,000

2009 Eclipse, 3.8L V6

	6	5	4	3	2	1
2d GT Cpe	410	1,220	2,040	5,100	7,140	10,200
2d GT Spyder	460	1,380	2,300	5,750	8,050	11,500

MITSUBISHI

	6	5	4	3	2	1
2009 Lancer, 2.0L/2.4L I4						
4d DE Sed	260	790	1,320	3,300	4,620	6,600
4d ES Sed	300	910	1,520	3,800	5,320	7,600
4d GTS Sed	380	1,150	1,920	4,800	6,720	9,600
2009 Lancer AWD, 2.0LL I4 Turbo						
4d Ralliart Sed	480	1,430	2,380	5,950	8,330	11,900
2009 Gallant, 2.4L I4						
4d ES Sed	310	930	1,550	3,880	5,430	7,750
4d Spt ED	360	1,080	1,800	4,500	6,300	9,000
2009 Gallant, 3.8L V6						
4d Sport Sed	450	1,350	2,250	5,630	7,880	11,250
4d Ralliart Sed	490	1,470	2,450	6,130	8,580	12,25
2010 Eclipse, 2.4L I4						
2d GS Cpe	440	1,320	2,200	5,500	7,700	11,000
2d GS Spt Cpe	410	1,230	2,050	5,130	7,180	10,250
2d GS Spyder	470	1,400	2,330	5,830	8,160	11,650
2010 Eclipse, 3.8L V6						
2d GT Cpe	510	1,520	2,530	6,330	8,860	12,650
2d GT Spyder	570	1,700	2,830	7,080	9,910	14,150
2010 Lancer, 2.0L I4						
4d DE Sed	350	1,040	1,740	4,340	6,070	8,675
4d ES SptBk	360	1,090	1,810	4,530	6,340	9,050
2010 Lancer, 2.0L/2.4L I4						
4d ES Sed	390	1,160	1,940	4,840	6,770	9,675
4d GTS Sed	480	1,440	2,400	6,000	8,400	12,000
4d GTS SptBk	480	1,430	2,390	5,980	8,370	11,950
2010 Lancer AWD, 2.0L I4 Turbo						
4d Ralliart Sed	610	1,840	3,060	7,650	10,710	15,300
4d Ralliart SptBk	620	1,870	3,120	7,800	10,920	15,600
4d Evolution GSR Sed	960	2,890	4,820	12,050	16,870	24,100
4d Evolution MR Sed	1,020	3,070	5,120	12,800	17,920	25,600
2010 Gallant, 2.4L I4						
4d FE Sed	330	990	1,660	4,140	5,790	8,275
4d ES Sed	360	1,070	1,780	4,440	6,210	8,875
4d SE Sed	770	2,320	3,870	9,680	13,550	19,350
2011 Eclipse, 2.4L I4						
2d GS Cpe	270	820	1,360	3,400	4,760	6,800
2d GS Spt Cpe	300	910	1,520	3,800	5,320	7,600
2d GS Spyder	350	1,040	1,730	4,330	6,060	8,650
2011 Eclipse, 3.8L V6						
2d GT Cpe	470	1,400	2,330	5,830	8,160	11,650
2d GT Spyder	490	1,460	2,430	6,080	8,510	12,150
2011 Lancer, 2.0L I4						
4d DE Sed	220	670	1,120	2,800	3,920	5,600
4d ES SptBk	280	830	1,380	3,450	4,830	6,900
2011 Lancer, 2.0L/2.4L I4						
4d ES Sed	240	730	1,220	3,050	4,270	6,100
4d GTS Sed	310	920	1,540	3,840	5,370	7,675
4d GTS SptBk	340	1,020	1,700	4,250	5,950	8,500
2011 Lancer AWD, 2.0LL I4 Turbo						
4d Ralliart Sed	460	1,390	2,320	5,800	8,120	11,600
4d Ralliart SptBk	480	1,450	2,420	6,050	8,470	12,100
4d Evolution GSR Sed	920	2,750	4,580	11,450	16,030	22,900
4d Evolution MR Sed	960	2,890	4,820	12,050	16,870	24,100
2011 Gallant, 2.4L i4						
4d FE Sed	250	740	1,240	3,100	4,340	6,200
4d ES Sed	240	730	1,220	3,050	4,270	6,100
4d SE Sed	290	860	1,440	3,600	5,040	7,200

MORGAN

	6	5	4	3	2	1
1945-50 4/4, Series I, 4-cyl., 1267cc, 92" wb						
2d Rds	1,600	4,800	8,000	18,000	28,000	40,000
2d Rds (2 plus 2)	1,560	4,680	7,800	17,550	27,300	39,000
2d DHC	1,640	4,920	8,200	18,450	28,700	41,000
1951-54 Plus Four I, 4-cyl., 2088cc, 96" wb						
2d Rds	1,400	4,200	7,000	15,750	24,500	35,000
2d Rds (2 plus 2)	1,320	3,960	6,600	14,850	23,100	33,000
2d DHC	1,600	4,800	8,000	18,000	28,000	40,000
2d DHC (2 plus 2)	1,480	4,440	7,400	16,650	25,900	37,000
1955-62 Plus Four I (1954-1962) 4-cyl., 1991cc, 96" wb						
2d Rds	1,360	4,080	6,800	15,300	23,800	34,000
2d Rds (2 plus 2)	1,280	3,840	6,400	14,400	22,400	32,000
2d DHC	1,560	4,680	7,800	17,550	27,300	39,000
1955-62 Plus Four Super Sports 4-cyl., 2138cc, 96" wb						
2d Rds	2,600	7,800	13,000	29,250	45,500	65,000
1955-62 4/4 II (1955-59) L-head, 4-cyl., 1172cc, 96" wb						
2d Rds	1,000	3,000	5,000	11,250	17,500	25,000
1955-62 4/4 III (1960-61) 4-cyl., 997cc, 96" wb						
2d Rds	1,080	3,240	5,400	12,150	18,900	27,000

MITSUBISHI

	6	5	4	3	2	1
1955-62 4/4 IV (1961-63) 4-cyl., 1340cc, 96" wb						
2d Rds	1,120	3,360	5,600	12,600	19,600	28,000
1963-67 Plus Four (1962-68) 4-cyl., 2138cc, 96" wb						
2d Rds	1,400	4,200	7,000	15,750	24,500	35,000
2d Rds (2 plus 2)	1,320	3,960	6,600	14,850	23,100	33,000
2d DHC	1,600	4,800	8,000	18,000	28,000	40,000
2d Sup Spt Rds	2,600	7,800	13,000	29,250	45,500	65,000
1963-67 Plus Four Plus (1963-66) 4-cyl., 2138cc, 96" wb						
2d Cpe	1,520	4,560	7,600	17,100	26,600	38,000
1963-67 4/4 Series IV (1962-63) 4-cyl., 1340cc, 96" wb						
2d Rds	1,120	3,360	5,600	12,600	19,600	28,000
1963-67 4/4 Series V (1963-68) 4-cyl., 1498cc, 96" wb						
2d Rds	960	2,880	4,800	10,800	16,800	24,000
1968-69 Plus Four (1962-68) 4-cyl., 2138cc, 96" wb						
2d Rds	1,440	4,320	7,200	16,200	25,200	36,000
2d Rds (2 plus 2)	1,360	4,080	6,800	15,300	23,800	34,000
2d DHC	1,640	4,920	8,200	18,450	28,700	41,000
2d Sup Spt Rds	2,640	7,920	13,200	29,700	46,200	66,000
1968-69 Plus 8, V-8, 3528cc, 98" wb						
2d Rds	1,800	5,400	9,000	20,250	31,500	45,000
1968-69 4/4 Series V (1963-68) 4-cyl., 1498cc, 96" wb						
2d Rds	960	2,880	4,800	10,800	16,800	24,000
1968-69 4/4 1600, 4-cyl., 1599cc, 96" wb						
2d Rds	1,040	3,120	5,200	11,700	18,200	26,000
2d Rds (2 plus 2)	1,000	3,000	5,000	11,250	17,500	25,000
1970-90 Plus 8 (1972-90) V-8, 3528cc, 98" wb						
2d Rds	1,720	5,160	8,600	19,350	30,100	43,000
1970-90 4/4 1600 (1970-81) 4-cyl., 1599cc, 96" wb						
2d Rds	1,160	3,480	5,800	13,050	20,300	29,000
2d Rds (2 plus 2)	1,120	3,360	5,600	12,600	19,600	28,000
1970-90 4/4 1600 (1982-87) 4-cyl., 1596cc, 96" wb						
2d Rds	1,200	3,600	6,000	13,500	21,000	30,000
2d Rds (2 plus 2)	1,100	3,400	5,000	10,050	20,300	29,000

MORRIS

	6	5	4	3	2	1
1946-48 Eight Series, 4-cyl., 918cc, 89" wb						
2d Sed	550	1,700	2,800	6,300	9,800	14,000
4d Sed	400	1,200	2,000	4,500	7,000	10,000
2d Rds	600	1,850	3,100	6,980	10,900	15,500
1946-48 Ten Series, 4-cyl., 1140cc						
4d Sed	400	1,200	2,000	4,500	7,000	10,000
1949 Minor MM, 4-cyl., 918.6cc, 86" wb						
2d Sed	400	1,250	2,100	4,730	7,350	10,500
2d Conv	600	1,850	3,100	6,980	10,900	15,500
1949 Oxford MO, 4-cyl., 1476cc, 97" wb						
4d Sed	400	1,200	2,000	4,500	7,000	10,000
1950 Minor MM, 4-cyl., 918.6cc, 86" wb						
2d Sed	400	1,250	2,100	4,730	7,350	10,500
2d Conv	600	1,850	3,100	6,980	10,900	15,500
1950 Oxford MO, 4-cyl., 1476cc, 97" wb						
4d Sed	400	1,200	2,000	4,500	7,000	10,000
1951 Minor MM, 4-cyl., 918.6cc, 86" wb						
2d Sed	400	1,250	2,100	4,730	7,350	10,500
2d Conv	600	1,850	3,100	6,980	10,900	15,500
4d Sed	400	1,200	2,000	4,500	7,000	10,000
1951 Oxford MO, 4-cyl., 1476cc, 97" wb						
4d Sed	400	1,200	2,000	4,500	7,000	10,000
1952 Minor MM, 4-cyl., 918.6cc, 86" wb						
2d Sed	400	1,250	2,100	4,730	7,350	10,500
2d Conv	650	2,000	3,300	7,430	11,600	16,500
4d Sed	400	1,200	2,000	4,500	7,000	10,000
1952 Oxford MO, 4-cyl., 1476cc, 97" wb						
4d Sed	400	1,200	2,000	4,500	7,000	10,000
1953 Minor II, 4-cyl., 803cc, 86" wb						
2d Sed	400	1,250	2,100	4,730	7,350	10,500
4d Sed	400	1,200	2,000	4,500	7,000	10,000
2d Conv	650	2,000	3,300	7,430	11,600	16,500
1953 Oxford MO, 4-cyl., 1476cc, 97" wb						
4d Sed	400	1,200	2,000	4,500	7,000	10,000
4d Sta Wag	650	2,000	3,300	7,430	11,600	16,500
1954 Minor II, 4-cyl., 803cc, 86" wb						
2d Sed	400	1,250	2,100	4,730	7,350	10,500
4d Sed	400	1,200	2,000	4,500	7,000	10,000
2d Tr Conv	650	2,000	3,300	7,430	11,600	16,500
2d Sta Wag	650	2,000	3,300	7,430	11,600	16,500
1954 Oxford MO, 4-cyl., 1476cc, 97" wb						
4d Sed	400	1,200	2,000	4,500	7,000	10,000
4d Sta Wag	700	2,050	3,400	7,650	11,900	17,000

MORRIS

	6	5	4	3	2	1
1955-56 Minor II, 4-cyl., 803cc, 86" wb						
2d Sed	400	1,250	2,100	4,730	7,350	10,500
4d Sed	400	1,200	2,000	4,500	7,000	10,000
2d Conv	650	2,000	3,300	7,430	11,600	16,500
2d Sta Wag	650	2,000	3,300	7,430	11,600	16,500
1957-59 Minor 1000, 4-cyl., 948cc, 86" wb						
2d Sed	400	1,250	2,100	4,730	7,350	10,500
4d Sed	400	1,200	2,000	4,500	7,000	10,000
2d Conv	650	2,000	3,300	7,430	11,600	16,500
2d Sta Wag	650	2,000	3,300	7,430	11,600	16,500
1960-62 Minor 1000, 4-cyl., 997cc, 86" wb						
2d Sed	400	1,250	2,100	4,730	7,350	10,500
2d DeL Sed	550	1,600	2,700	6,080	9,450	13,500
4d Sed	400	1,200	2,000	4,500	7,000	10,000
4d DeL Sed	550	1,600	2,700	6,080	9,450	13,500
2d Conv	700	2,050	3,400	7,650	11,900	17,000
2d DeL Conv	700	2,100	3,500	7,880	12,300	17,500
2d Sta Wag	650	2,000	3,300	7,430	11,600	16,500
2d DeL Sta Wag	700	2,050	3,400	7,650	11,900	17,000
1960-62 Mini-Minor, 4-cyl., 997cc, FWD, 80" wb						
850 2d Sed	400	1,250	2,100	4,730	7,350	10,500
850 2d Sta Wag	650	2,000	3,300	7,430	11,600	16,500
1960-62 Oxford V, 4-cyl., 1489cc, 99.2" wb						
4d Sed	400	1,200	2,000	4,500	7,000	10,000
1963-71 Minor 1000, 4-cyl., 1098cc, 86" wb						
2d Sed	400	1,250	2,100	4,730	7,350	10,500
2d Conv	700	2,050	3,400	7,650	11,900	17,000
2d Sta Wag	650	2,000	3,300	7,430	11,600	16,500
2d DeL Wag	700	2,050	3,400	7,650	11,900	17,000
1963-71 Mini-Minor 850 Cooper 4-cyl., 848cc, FWD, 80" wb						
2d Sed	550	1,700	2,800	6,300	9,800	14,000
2d Sta Wag	650	2,000	3,300	7,430	11,600	16,500

NOTE: The Mini-Minor Mark II 1000 1967-69 contained a 998cc engine. The Mini-Minor Cooper a 997cc until 1964 998cc thru 1964-65. The 1071 S a 1071cc the 970 S a 970cc the 1275 S a 1275cc. Add 50% for Mini-Minor Coopers.

NISSAN

	6	5	4	3	2	1
2009 Cube, 1.8L I4						
4d Wagon	290	860	1,440	3,600	5,040	7,200
4d SL Spt Wagon	350	1,040	1,730	4,330	6,060	8,650
4d KKrom Spt Wagon	380	1,130	1,890	4,730	6,620	9,450
4d S Spt Wagon	330	990	1,650	4,130	5,780	8,250
2009 Versa, 1.6L I4						
Versa, 1.6L I4	220	650	1,080	2,700	3,780	5,400
2009 Versa, 1.8L I4						
4d S Sedan	270	820	1,360	3,400	4,760	6,800
4d S Hatch	280	830	1,380	3,440	4,810	6,875
4d SL Sedan	290	880	1,460	3,650	5,110	7,300
4d SL Hatch	300	910	1,510	3,780	5,290	7,550
4d SL FE Plus Hatch	320	960	1,600	3,990	5,590	7,980
2009 Sentra, 2.0L I4						
4d Sedan	320	950	1,580	3,950	5,530	7,900
4d S Sedan	330	980	1,640	4,100	5,740	8,200
2009 Sentra, 2.0L/2.5L I4						
4d FE Plus Sedan	320	960	1,600	4,000	5,600	8,000
4d S FE Plus Sedan	330	980	1,640	4,100	5,740	8,200
4d SR FE Plus Sedan	320	970	1,620	4,050	5,670	8,100
4d SL Sedan	340	1,030	1,720	4,300	6,020	8,600
4d SL FE Plus Sedan	360	1,090	1,820	4,540	6,350	9,075
4d SE-R Sedan	370	1,110	1,850	4,630	6,480	9,250
4d SE-R Spl V Sedan	390	1,180	1,960	4,900	6,860	9,800
2009 Altima, 2.5L I4						
4d 2.5 Sedan	370	1,100	1,840	4,600	6,440	9,200
4d 2.5 S Sedan	400	1,190	1,980	4,950	6,930	9,900
2d 2.5 S Cpe	450	1,340	2,240	5,590	7,830	11,180
Add 10% for SL option.						
2009 Altima, 2.5L I4 Hybrid						
4d Sedan	470	1,400	2,330	5,830	8,160	11,650
2009 Altima, 3.5L V6						
4d 3.5 SE Sedan	510	1,520	2,530	6,330	8,860	12,650
2d 3.5 SE Cpe	550	1,650	2,750	6,880	9,630	13,750
4d 3,5 SL Sedan	530	1,600	2,670	6,680	9,350	13,360
2009 Maxima, 3.5L V6						
4d S Sedan	520	1,560	2,600	6,500	9,100	13,000
4d SV Sedan	540	1,620	2,700	6,750	9,450	13,500
2009 350Z, 3.5L V6						
2d Enthusiast Rds	690	2,080	3,460	8,650	12,110	17,300
2d Touring Rds	680	2,040	3,400	8,500	11,900	17,000
2d Grand Touring Rds	860	2,590	4,320	10,800	15,120	21,600

MORRIS

	6	5	4	3	2	1
2009 370Z, 3.7L V6						
2d Cpe	640	1,920	3,200	8,000	11,200	16,000
2d Touring Cpe	680	2,040	3,400	8,500	11,900	17,000
2d NISMO Cpe	860	2,580	4,300	10,750	15,050	21,500
Add 10% for Sport package.						
2009 LEAF, AC Electric						
4d S Hatch	440	1,320	2,200	5,500	7,700	11,000
4d SV Hatch	470	1,400	2,330	5,830	8,160	11,650
4d SL Hatch	530	1,580	2,640	6,600	9,240	13,200
2009 GT-R AWD 3.8L V6 Turbo						
2d Cpe	1,740	5,210	8,680	21,700	30,380	43,400
2d Premium Cpe	1,750	5,260	8,760	21,900	30,660	43,800
2010 Cube, 1.8L I4						
4d S Spt Wagon	360	1,080	1,810	4,510	6,320	9,025
4d Wagon	320	960	1,610	4,010	5,620	8,025
4d SL Spt Wagon	390	1,160	1,940	4,850	6,790	9,700
4d Krom Spt Wagon	420	1,270	2,110	5,280	7,390	10,550
2010 Versa, 1.6L I4						
4d Sed	260	780	1,300	3,240	4,530	6,475
2010 Versa, 1.8L I4						
4d S Sed	310	920	1,530	3,830	5,360	7,650
4d S Hatch	320	960	1,610	4,010	5,620	8,025
4d SL Sedan	340	1,030	1,710	3,850	5,990	8,550
4d SL Hatch	360	1,070	1,790	4,460	6,250	8,925
2010 Sentra, 2.0L I4						
4d Sedan	350	1,040	1,730	4,330	6,060	8,650
2010 Sentra, 2.0L/2.5L I4						
4d S Sedan	360	1,090	1,810	4,530	6,340	9,050
4d SR Sedan	360	1,070	1,780	4,440	6,210	8,875
4d SL Sedan	410	1,240	2,060	5,150	7,210	10,300
4d SE-R Sedan	430	1,280	2,140	5,350	7,490	10,700
4d SE-R Spl V Sedan	450	1,350	2,250	5,630	7,880	11,250
2010 Altima, 2.5L I4						
4d 2.5 Sedan	410	1,230	2,050	5,130	7,180	10,250
4d 2.5 S Sedan	430	1,280	2,140	5,350	7,490	10,700
2d 2.5 S Cpe	490	1,460	2,430	6,080	8,510	12,150
NOTE: Add 10% for SL option.						
2010 Altima, 2.5L I4 Hybrid						
4d Sedan	510	1,530	2,550	6,380	8,930	12,750
NOTE: Add 10% for Premium pkg.						
2010 Altima, 3.5L V6						
4d 3.5 SR Sedan	540	1,620	2,700	6,750	9,450	13,500
4d 3.5 SR Cpe	590	1,770	2,950	7,380	10,330	14,750
2010 Maxima, 3.5L V6						
4d S Sedan	580	1,730	2,880	7,200	10,080	14,400
4d SV Sedan	590	1,780	2,970	7,430	10,400	14,850
2010 370Z, 3.7L V6						
2d Cpe	680	2,050	3,410	8,530	11,940	17,050
2d Rds	800	2,390	3,980	9,950	13,930	19,900
2d Touring Cpe	740	2,210	3,680	9,200	12,880	18,400
2d Touring Rds	790	2,380	3,960	9,900	13,860	19,800
2d NISMO Cpe	890	2,660	4,440	11,100	15,540	22,200
NOTE: Add 8% for Sport pkg.						
2010 GT-R AWD 3.8L V6 Twin-Turbo						
2d Cpe	1,940	5,820	9,700	24,250	33,950	48,500
2d Premium Cpe	1,980	5,930	9,880	24,700	34,580	49,400
2011 Cube, 1.8L I4						
4d S Spt Wagon	240	720	1,210	3,010	4,220	6,025
4d Wagon	320	900	1,010	4,010	5,620	8,025
4d SL Spt Wagon	390	1,160	1,940	4,850	6,790	9,700
4d S Krom Spt Wagon	340	1,030	1,710	4,280	5,990	8,550
2011 Versa, 1.6L I4						
4d Sedan	220	660	1,100	2,740	3,830	5,475
2011 Versa, 1.8L I4						
4d S Sedan	230	680	1,140	2,850	3,990	5,700
4d S Hatch	230	690	1,150	2,880	4,030	5,750
4d SL Hatch	240	730	1,220	3,050	4,270	6,100
4d SL Sedan	240	720	1,200	3,000	4,200	6,000
2011 Sentra, 2.0L I4						
4d Sedan	240	730	1,210	3,030	4,240	6,050
2011 Sentra, 2.0L/2.5L I4						
4d S Sedan	250	740	1,240	3,100	4,340	6,200
4d SR Sedan	270	800	1,340	3,340	4,670	6,675
4d SL Sedan	290	880	1,460	3,650	5,110	7,300
4d SE-R Sedan	310	920	1,540	3,850	5,390	7,700
4d SE-R Spl V Sedan	340	1,010	1,680	4,200	5,880	8,400
2011 Altima, 2.5L I4						
4d 2.5 Sedan	300	910	1,520	3,790	5,300	7,575
4d 2.5 S Sedan	310	920	1,540	3,840	5,370	7,675

NISSAN

	6	5	4	3	2	1
2d 2.5 S Cpe.	320	970	1,620	4,050	5,670	8,100

Add 10% for SL option.

2011 Altima, 2.5L I4 Hybrid
Add 10% for Premium package.

	6	5	4	3	2	1
4d Sedan	300	900	1,500	3,750	5,250	7,500

2011 Altima, 3.5L V6

	6	5	4	3	2	1
4d 3.5 SR Sedan	350	1,060	1,770	4,420	6,180	8,830
2d 3.5 SR Cpe	420	1,250	2,080	5,200	7,280	10,400

2011 Maxima, 3.5L V6

	6	5	4	3	2	1
4d S Sedan	430	1,300	2,160	5,400	7,560	10,800
4d SV Sedan	460	1,370	2,280	5,700	7,980	11,400

2011 370Z, 3.7L V6

	6	5	4	3	2	1
2d Cpe	490	1,460	2,440	6,100	8,540	12,200
2d Rds	580	1,740	2,900	7,250	10,150	14,500
2d Touring Cpe	560	1,680	2,800	7,000	9,800	14,000
2d Touring Rds	730	2,180	3,640	9,100	12,740	18,200
2d NISMO Cpe	720	2,160	3,600	9,000	12,600	18,000

Add 8% for Sport Package

2011 LEAF, A C Electric

	6	5	4	3	2	1
4d SV Hatch	200	600	1,000	2,500	3,500	5,000
4d SL Hatch	220	650	1,080	2,700	3,780	5,400

2011 GT-R AWD 3.8L V6 Twin -Turbo

	6	5	4	3	2	1
2d Premium Cpe	1,980	5,930	9,880	24,700	34,580	49,400

OPEL

1947-52 Olympia, 4-cyl., 1488cc, 94.3" wb

	6	5	4	3	2	1
2d Sed	300	900	1,500	3,380	5,250	7,500

1947-52 Kapitan, 6-cyl., 2473cc, 106.1" wb

	6	5	4	3	2	1
4d Sed	300	900	1,500	3,380	5,250	7,500

1953-57 Olympia Rekord, 4-cyl., 1488cc, 97.9" wb

	6	5	4	3	2	1
2d Sed	280	840	1,400	3,150	4,900	7,000

1953-57 Caravan, 4-cyl.

	6	5	4	3	2	1
2d Sta Wag	290	860	1,440	3,240	5,040	7,200

1953-57 Kapitan, 6-cyl., 2473cc, 108.3" wb

	6	5	4	3	2	1
4d Sed	300	900	1,500	3,380	5,250	7,500

1958-59 Olympia Rekord 28, 4-cyl., 1488cc, 100.4" wb

	6	5	4	3	2	1
2d Sed	280	840	1,400	3,150	4,900	7,000

1958-59 Caravan 29, 4-cyl., 100.4" wb

	6	5	4	3	2	1
2d Sta Wag	300	900	1,500	3,380	5,250	7,500

1960 Olympia Rekord 28, 4-cyl., 1488cc, 100.4" wb

	6	5	4	3	2	1
2d Sed	280	840	1,400	3,150	4,900	7,000

1960 Caravan 29, 4-cyl., 100.4" wb

	6	5	4	3	2	1
2d Sta Wag	300	900	1,500	3,380	5,250	7,500

1961-62 Olympia Rekord 11, 4-cyl., 1680cc, 100" wb

	6	5	4	3	2	1
2d Sed	280	840	1,400	3,150	4,900	7,000

1961-62 Caravan 14, 4-cyl., 1680cc

	6	5	4	3	2	1
2d Sta Wag	290	860	1,440	3,240	5,040	7,200

1964-65 Kadett, 4-cyl., 987cc, 91.5" wb

	6	5	4	3	2	1
31 2d Sed	280	840	1,400	3,150	4,900	7,000
32 2d Spt Cpe	300	900	1,500	3,380	5,250	7,500
34 2d Sta Wag	320	960	1,600	3,600	5,600	8,000

1966-67 Kadett, 4-cyl., 1077cc, 95.1" wb

	6	5	4	3	2	1
31 2d Sed	280	840	1,400	3,150	4,900	7,000
32 2d Spt Cpe	300	900	1,500	3,380	5,250	7,500
38 2d DeL Sed	290	860	1,440	3,240	5,040	7,200
37 4d DeL Sed	300	910	1,520	3,420	5,320	7,600
39 2d DeL Sta Wag	320	960	1,600	3,600	5,600	8,000

1966-67 Rallye, 4-cyl., 1077cc, 95.1" wb

	6	5	4	3	2	1
32 2d Spt Cpe	310	940	1,560	3,510	5,460	7,800

1968 Kadett, 4-cyl., 1077cc, 95.1" wb

	6	5	4	3	2	1
31 2d Sed	280	840	1,400	3,150	4,900	7,000
39 2d Sta Wag	290	860	1,440	3,240	5,040	7,200

1968 Rallye, 4-cyl., 1491cc, 95.1" wb

	6	5	4	3	2	1
92 2d Spt Cpe	300	910	1,520	3,420	5,320	7,600

1968 Sport Series, 4-cyl., 1491cc, 95.1" wb

	6	5	4	3	2	1
91 2d Spt Sed	290	860	1,440	3,240	5,040	7,200
99 2d LS Cpe	300	900	1,500	3,380	5,250	7,500
95 2d DeL Spt Cpe	310	940	1,560	3,510	5,460	7,800

NOTE: Two larger engines were optional in 1968. The 4-cyl. 149cc engine that was standard in the Rallye Cpe and the even larger 4-cyl. 1897cc.

1969 Kadett, 4-cyl., 1077cc, 95.1" wb

	6	5	4	3	2	1
31 2d Sed	280	850	1,420	3,200	4,970	7,100
39 2d Sta Wag	290	860	1,440	3,240	5,040	7,200

1969 Rallye/Sport Series, 4-cyl., 1077cc, 95.1" wb

	6	5	4	3	2	1
92 Rallye Spe Cpe	300	910	1,520	3,420	5,320	7,600
91 2d Spt Sed	290	880	1,460	3,290	5,110	7,300
95 DeL Spt Cpe	300	900	1,500	3,380	5,250	7,500

	6	5	4	3	2	1
1969 GT, 4-cyl., 1077cc, 95.7" wb						
2d Cpe	490	1,460	2,440	5,490	8,540	12,200
NOTE: Optional 4-cyl. 1897cc engine.						
1970 Kadett, 4-cyl., 1077cc, 95.1" wb						
31 2d Sed	280	850	1,420	3,200	4,970	7,100
39 2d Sta Wag	290	860	1,440	3,240	5,040	7,200
1970 Rallye/Sport (FB) Series, 4-cyl., 1077cc, 95.1" wb						
92 Rallye Spt Cpe	300	910	1,520	3,420	5,320	7,600
91 2d Spt Sed	290	880	1,460	3,290	5,110	7,300
95 DeL Spt Cpe	300	890	1,480	3,330	5,180	7,400
1970 GT, 4-cyl., 1077cc, 95.7" wb						
93 2d Cpe	490	1,460	2,440	5,490	8,540	12,200
1971-72 Kadett, 4-cyl., 1077cc, 95.1" wb						
31 2d Sed	290	860	1,440	3,240	5,040	7,200
31D DeL 2d Sed	290	880	1,460	3,290	5,110	7,300
36 4d Sed	280	850	1,420	3,200	4,970	7,100
36D DeL 4d Sed	290	860	1,440	3,240	5,040	7,200
39 DeL 2d Sta Wag	300	900	1,500	3,380	5,250	7,500
1971-72 1900 Series, 4-cyl., 1897cc, 95.7" wb						
51 2d Sed	300	900	1,500	3,380	5,250	7,500
53 4d Sed	300	890	1,480	3,330	5,180	7,400
54 2d Sta Wag	300	910	1,520	3,420	5,320	7,600
57 2d Spt Cpe	300	910	1,520	3,420	5,320	7,600
57R 2d Rallye Cpe	320	960	1,600	3,600	5,600	8,000
1971-72 GT, 4-cyl., 1897cc, 95.7" wb						
77 2d Cpe	490	1,460	2,440	5,490	8,540	12,200
1973 1900 Series, 4-cyl., 1897cc, 95.7" wb						
51 2d Sed	300	900	1,500	3,380	5,250	7,500
53 4d Sed	300	890	1,480	3,330	5,180	7,400
54 2d Sta Wag	300	910	1,520	3,420	5,320	7,600
1973 Manta 57, 4-cyl., 1897cc, 95.7" wb						
2d Spt Cpe	310	920	1,540	3,470	5,390	7,700
Luxus 2d Spt Cpe	490	1,460	2,440	5,490	8,540	12,200
R 2d Rallye Cpe	340	1,010	1,680	3,780	5,880	8,400
1973 GT, 4-cyl., 1897cc, 95.7" wb						
77 2d Cpe	330	980	1,640	3,690	5,740	8,200
1974-75 1900, 4-cyl., 1897cc, 95.7" wb						
51 2d Sed	290	860	1,440	3,240	5,040	7,200
54 2d Sta Wag	300	900	1,500	3,380	5,250	7,500
1974-75 Manta 57, 1897cc, 95.7" wb						
2d Spt Cpe	300	910	1,520	3,420	5,320	7,600
Luxus Spt Cpe	330	980	1,640	3,690	5,740	8,200
R 2d Rallye Cpe	340	1,010	1,680	3,780	5,880	8,400
NOTE: FI was available in 1975.						
1976-79 Opel Isuzu, 1976 models 4-cyl., 1817cc, 94.3" wb						
77 2d Cpe	230	700	1,160	2,610	4,060	5,800
2d DeL Cpe	240	710	1,180	2,660	4,130	5,900
T77 2d Cpe	230	700	1,160	2,610	4,060	5,800
Y77 2d DeL Cpe	240	710	1,180	2,660	4,130	5,900
Y69 4d DeL Sed	240	710	1,180	2,660	4,130	5,900
W77 2d Spt Cpe	240	720	1,200	2,700	4,200	6,000

PEUGEOT

	6	5	4	3	2	1
1945-48 202, 4-cyl., 1133cc						
Sed	300	900	1,500	3,380	5,250	7,500
1949-54 203, 4-cyl., 1290cc, 102 or 110" wb						
4d Sed	300	900	1,500	3,380	5,250	7,500
4d Family Limo	280	840	1,400	3,150	4,900	7,000
2d Cabr	660	1,980	3,300	7,430	11,550	16,500
4d Conv	700	2,100	3,500	7,880	12,250	17,500
1955-57 203, minimal changes 403, 4-cyl., 1468cc, 105" wb						
4d Sed	300	900	1,500	3,380	5,250	7,500
4d Sta Wag	280	850	1,420	3,200	4,970	7,100
2d Conv Cpe	700	2,100	3,500	7,880	12,250	17,500
1955-57 403L, 4-cyl., 1468cc, 114" wb						
4d Family Sed	260	780	1,300	2,930	4,550	6,500
1958-59 403, 4-cyl., 1468cc, 105" wb						
4d Sed	260	780	1,300	2,930	4,550	6,500
L 4d Family Sed	300	900	1,500	3,380	5,250	7,500
4d Sta Wag	540	1,620	2,700	6,080	9,450	13,500
2d Conv Cpe	700	2,100	3,500	7,880	12,250	17,500
1960 403, 4-cyl., 1468cc, 105" wb						
4d Sed	280	840	1,400	3,150	4,900	7,000
1960 403, 4-cyl., 1468cc, 116" wb						
4d Sta Wag	300	900	1,500	3,380	5,250	7,500
1961-62 403, 4-cyl., 1468cc, 105" wb						
4d Sed	280	840	1,400	3,150	4,900	7,000
1961-62 403, 4-cyl., 1468cc, 116" wb						
4d Sta Wag	280	840	1,400	3,150	4,900	7,000

	6	5	4	3	2	1
1961-62 404, 4-cyl., 1618cc, 104.3" wb						
4d Sed 280		840	1,400	3,150	4,900	7,000
1963-64 403, 4-cyl., 1468cc, 105" wb						
4d Sed 280		840	1,400	3,150	4,900	7,000
1963-64 404, 4-cyl., 1618cc, 104.3" wb						
4d Sed 280		840	1,400	3,150	4,900	7,000
4d Sta Wag 300		900	1,500	3,380	5,250	7,500
1965-67 403, 4-cyl., 1468cc, 105" wb						
4d Sed 280		840	1,400	3,150	4,900	7,000
1965-67 404, 4-cyl., 1618cc, 104.3" wb						
4d Sed 260		780	1,300	2,930	4,550	6,500
1965-67 404, 4-cyl., 1618cc, 111.8" wb						
4d Sta Wag 280		840	1,400	3,150	4,900	7,000
1968-69 404, 4-cyl., 1618cc, 104.3" wb						
4d Sed 260		780	1,300	2,930	4,550	6,500
1968-69 404, 4-cyl., 1618cc, 111.8" wb						
4d Sta Wag 280		840	1,400	3,150	4,900	7,000
NOTE: Convertibles were available on a special order basis.						
1970 404, 4-cyl., 1796cc, 111.8" wb						
4d Sta Wag 240		720	1,200	2,700	4,200	6,000
1970 504, 4-cyl., 1796cc, 108" wb						
4d Sed 240		720	1,200	2,700	4,200	6,000
1971-72 304, 4-cyl., 1288cc, 101.9" wb						
4d Sed 240		720	1,200	2,700	4,200	6,000
4d Sta Wag 260		780	1,300	2,930	4,550	6,500
1971-72 504, 4-cyl., 1971cc, 108" wb						
4d Sed 240		720	1,200	2,700	4,200	6,000
4d Sta Wag 260		780	1,300	2,930	4,550	6,500
1973-76 504, 1973 models 4-cyl., 1971cc						
4d Sed 240		720	1,200	2,700	4,200	6,000
4d Sta Wag 260		780	1,300	2,930	4,550	6,500
1973-76 504, 1974 models 4-cyl., 1971cc						
4d Sed 240		720	1,200	2,700	4,200	6,000
4d Sta Wag 240		720	1,200	2,700	4,200	6,000
1973-76 Diesel, 2111cc						
4d Sed 240		720	1,200	2,700	4,200	6,000
4d Sta Wag 260		780	1,300	2,930	4,550	6,500
1973-76 504, 1975 models 4-cyl., 1971cc						
4d Sed 240		720	1,200	2,700	4,200	6,000
4d Sta Wag 260		780	1,300	2,930	4,550	6,500
1973-76 Diesel, 2111cc						
4d Sed 240		720	1,200	2,700	4,200	6,000
4d Sta Wag 260		780	1,300	2,930	4,550	6,500
1973-76 504, 1976 models 4-cyl., 1971cc						
GL 4d Sed 240		720	1,200	2,700	4,200	6,000
SL 4d Sed. 260		780	1,300	2,930	4,550	6,500
4d Sta Wag. 260		780	1,300	2,930	4,550	6,500
1973-76 Diesel, 2111cc						
4d Sed 240		720	1,200	2,700	4,200	6,000
4d Sta Wag. 260		780	1,300	2,930	4,550	6,500
NOTE: The sedans had a 108"wb. The station wagons had a 114"wb.						
1977-79 504, 1977 models 4-cyl., 1971cc						
SL 4d Sed. 240		720	1,200	2,700	4,200	6,000
4d Sta Wag. 260		780	1,300	2,930	4,550	6,500
1977-79 Diesel, 2304cc						
4d Sed 240		720	1,200	2,700	4,200	6,000
4d Sta Wag. 260		780	1,300	2,930	4,550	6,500
1977-79 604, 1977 models V-6, 2664cc, 110.2" wb						
4d Sed 240		720	1,200	2,700	4,200	6,000
NOTE: 504 sedans - 108"wb, 504 wagons - 114"wb.						
1980-81 505/504, 1980 models, 4-cyl., 1971cc, 107.9" wb						
4d Sed 240		720	1,200	2,700	4,200	6,000
1980-81 Diesel, 2304cc						
505 4d Sed. 240		720	1,200	2,700	4,200	6,000
504 4d Sta Wag 260		780	1,300	2,930	4,550	6,500
1980-81 505 Turbodiesel, 1981 models						
D 4d Sed. 240		720	1,200	2,700	4,200	6,000
1980-81 604, 1980 models V-6, 2849cc, 110.2" wb						
SL 4d Sed. 240		720	1,200	2,700	4,200	6,000
1982 505, 4-cyl., 1971cc, 107.9" wb						
4d Sed 260		780	1,300	2,930	4,550	6,500
S 4d Sed. 260		780	1,300	2,930	4,550	6,500
STI 4d Sed 270		820	1,360	3,060	4,760	6,800
1982 Diesel, 2304cc						
505 4d Sed. 220		660	1,100	2,480	3,850	5,500
504 4d Sta Wag 230		700	1,160	2,610	4,060	5,800
1982 505/604 Turbodiesel, 2304cc						
505 4d Sed. 230		700	1,160	2,610	4,060	5,800

	6	5	4	3	2	1
505S 4d Sed.	230	700	1,160	2,610	4,060	5,800
604TD 4d Sed	240	720	1,200	2,700	4,200	6,000
1983 505/504						
505 4d Sed.	260	780	1,300	2,930	4,550	6,500
505S 4d Sed.	260	780	1,300	2,930	4,550	6,500
505 STI 4d Sed.	260	780	1,300	2,930	4,550	6,500
505 Dsl 4d Sed.	220	660	1,100	2,480	3,850	5,500
504 Dsl Sta Wag.	240	720	1,200	2,700	4,200	6,000
1983 505/604 Turbodiesel						
505 4d Sed.	260	780	1,300	2,930	4,550	6,500
505 S 4d Sed	260	780	1,300	2,930	4,550	6,500
604 4d Sed	260	780	1,300	2,930	4,550	6,500
1984 505 Series						
GL 4d Sed	280	840	1,400	3,150	4,900	7,000
S 4d Sed.	280	840	1,400	3,150	4,900	7,000
STI 4d Sed.	280	840	1,400	3,150	4,900	7,000
GL 4d Sta Wag.	300	900	1,500	3,380	5,250	7,500
S 4d Sta Wag	300	900	1,500	3,380	5,250	7,500
1984 505/604 Turbodiesel						
GL 4d Sed	260	780	1,300	2,930	4,550	6,500
S 4d Sed.	260	780	1,300	2,930	4,550	6,500
STI 4d Sed.	260	780	1,300	2,930	4,550	6,500
GL 4d Sta Wag.	280	840	1,400	3,150	4,900	7,000
S 4d Sta Wag.	280	840	1,400	3,150	4,900	7,000
604 4d Sed.	280	840	1,400	3,150	4,900	7,000
1985 505						
GL 4d Sed	300	900	1,500	3,380	5,250	7,500
S 4d Sed.	300	900	1,500	3,380	5,250	7,500
STI 4d Sed	300	900	1,500	3,380	5,250	7,500
Turbo 4d Sed	310	940	1,560	3,510	5,460	7,800
GL 4d Sta Wag	310	940	1,560	3,510	5,460	7,800
S 4d Sta Wag	310	940	1,560	3,510	5,460	7,800
1985 505 Turbodiesel						
GL 4d Sed	280	840	1,400	3,150	4,900	7,000
S 4d Sed.	280	840	1,400	3,150	4,900	7,000
STI 4d Sed	260	780	1,300	2,930	4,550	6,500
GL 4d Sta Wag	300	900	1,500	3,380	5,250	7,500
S 4d Sta Wag	300	900	1,500	3,380	5,250	7,500
1986 505						
GL 4d Sed	310	920	1,540	3,470	5,390	7,700
S 4d Sed.	310	920	1,540	3,470	5,390	7,700
S 4d Sed Turbodiesel	300	910	1,520	3,420	5,320	7,600
STI 4d Sed	310	940	1,560	3,510	5,460	7,800
GL 4d Sed Turbo.	320	960	1,600	3,600	5,600	8,000
4d Sed Turbo	310	940	1,560	3,510	5,460	7,800
GL 4d Sta Wag	310	940	1,560	3,510	5,460	7,800
S 4d Sta Wag.	320	950	1,580	3,560	5,530	7,900
S 4d Sta Wag Turbodiesel.	310	920	1,540	3,470	5,390	7,700
4d Sta Wag Turbo.	320	960	1,600	3,600	5,600	8,000
1987 505						
GL 4d Sed	000	010	1,520	3,420	5,320	7,600
GLS 4d Sed	310	940	1,560	3,510	5,460	7,800
4d Sed Turbo	310	940	1,560	3,510	5,460	7,800
S 4d Sed Turbo.	320	960	1,600	3,600	5,600	8,000
STI 4d Sed	320	970	1,620	3,650	5,670	8,100
STI 4d Sed V-6	320	950	1,580	3,560	5,530	7,900
STX 4d Sed V-6	320	960	1,600	3,600	5,600	8,000
Lib. 4d Sed	320	970	1,620	3,650	5,670	8,100
Lib. 4d Sta Wag.	320	950	1,580	3,560	5,530	7,900
4d Sta Wag Turbo	320	960	1,600	3,600	5,600	8,000
S 4d Sta Wag Turbo	320	970	1,620	3,650	5,670	8,100
1988 505						
DL 4d Sed.	320	950	1,580	3,560	5,530	7,900
GLS 4d Sed	320	960	1,600	3,600	5,600	8,000
S 4d Sed Turbo.	320	970	1,620	3,650	5,670	8,100
STI 4d Sed	320	950	1,580	3,560	5,530	7,900
GLX 4d Sed V-6	330	980	1,640	3,690	5,740	8,200
STX 4d Sed V-6	330	980	1,640	3,690	5,740	8,200
DL 4d Sta Wag.	320	960	1,600	3,600	5,600	8,000
GLS 4d Sta Wag.	320	970	1,620	3,650	5,670	8,100
SW8 4d Sta Wag	330	980	1,640	3,690	5,740	8,200
S 4d Sta Wag Turbo	330	1,000	1,660	3,740	5,810	8,300
1989 405						
DL 4d Sed.	320	960	1,600	3,600	5,600	8,000
S 4d Sed.	320	970	1,620	3,650	5,670	8,100
Mk 4d Sed	330	980	1,640	3,690	5,740	8,200
1989 505						
S 4d Sed.	320	970	1,620	3,650	5,670	8,100
S 4d Sed V-6.	330	1,000	1,660	3,740	5,810	8,300

PEUGEOT

		6	5	4	3	2	1
STX 4d Sed V-6	340	1,010	1,680	3,780	5,880	8,400
4d Sed Turbo	340	1,020	1,700	3,830	5,950	8,500
DL 4d Sta Wag	340	1,010	1,680	3,780	5,880	8,400
SW8 4d Sta Wag	340	1,020	1,700	3,830	5,950	8,500
4d Sta Wag Turbo	350	1,040	1,740	3,920	6,090	8,700
SW8 4d Sta Wag Turbo	360	1,080	1,800	4,050	6,300	9,000
1990 405						
DL 4d Sed	340	1,010	1,680	3,780	5,880	8,400
DL 4d Sta Wag	350	1,040	1,740	3,920	6,090	8,700
S 4d Sta Wag	360	1,080	1,800	4,050	6,300	9,000
1991 405						
DL 4d Sed	220	660	1,100	2,480	3,850	5,500
S 4d Sed	240	720	1,200	2,700	4,200	6,000
Mi 4d Sed 16V	260	780	1,300	2,930	4,550	6,500
DL 4d Sta Wag	330	980	1,640	3,690	5,740	8,200
S 4d Sta Wag	260	780	1,300	2,930	4,550	6,500
1991 505						
DL 4d Sta Wag	240	720	1,200	2,700	4,200	6,000
SW8 4d 2.2 Sta Wag	260	780	1,300	2,930	4,550	6,500
SW8 4d Turbo Sta Wag	300	900	1,500	3,380	5,250	7,500

PORSCHE

		6	5	4	3	2	1
1950 Model 356, 40 hp 1100cc						
Cabr	12,000	36,000	60,000	135,000	210,000	300,000
1950 Model 356, 40 hp, 1100cc						
Cpe	9,000	27,000	45,000	101,250	157,500	225,000
1951 Model 356, 40 hp, 1100cc						
Cpe	1,800	5,400	9,000	20,250	31,500	45,000
Cabr	2,520	7,560	12,600	28,350	44,100	63,000
1952 Model 356, 40 hp, 1100cc						
Cpe	1,960	5,880	9,800	22,050	34,300	49,000
Cabr	2,720	8,160	13,600	30,600	47,600	68,000
1953 Model 356, 40 hp						
Cpe	9,000	27,000	45,000	101,250	157,500	225,000
Cabr	12,000	36,000	60,000	135,000	210,000	300,000
1954 Model 356, 1.5 liter, 55 hp						
Spds	18,000	54,000	90,000	202,500	315,000	450,000
Cpe	9,000	27,000	45,000	101,250	157,500	225,000
Cabr	11,000	33,000	55,000	123,750	192,500	275,000
1954 Model 356, 1.5 liter, Super						
Spds	18,000	54,000	90,000	202,500	315,000	450,000
Cpe	9,200	27,600	46,000	103,500	161,000	230,000
Cabr	11,200	33,600	56,000	126,000	196,000	280,000
1955 Model 356, 4-cyl., 55 hp						
Spds	18,400	55,200	92,000	207,000	322,000	460,000
Cpe	9,400	28,200	47,000	105,750	164,500	235,000
Cabr	11,400	34,200	57,000	128,250	199,500	285,000
1955 Model 356, Super, 1.5 liter, 70 hp						
Spds	18,800	56,400	94,000	211,500	329,000	470,000
Cpe	9,600	28,800	48,000	108,000	168,000	240,000
Cabr	11,800	35,400	59,000	132,750	206,500	295,000
1956 Model 356A, Normal, 1.6 liter, 60 hp						
Spds	18,000	54,000	90,000	202,500	315,000	450,000
Cpe	6,480	19,440	32,400	72,900	113,400	162,000
Cabr	9,000	27,000	45,000	101,250	157,500	225,000
1956 Model 356A, Super, 1.6 liter, 75 hp						
Spds	19,200	57,600	96,000	216,000	336,000	480,000
Cpe	6,800	20,400	34,000	76,500	119,000	170,000
Cabr	10,960	32,880	54,800	123,300	191,800	274,000
1956 Model 356A, Carrera, 1.5 liter, 100 hp						
Spds	59,000	177,000	295,000	663,750	1,032,500	1,475,000
Cpe	26,000	78,000	130,000	292,500	455,000	650,000
Cabr	28,000	84,000	140,000	315,000	490,000	700,000
1957 Model 356A, Normal, 1.6 liter, 60 hp						
Spds	18,800	56,400	94,000	211,500	329,000	470,000
Cpe	6,000	18,000	30,000	67,500	105,000	150,000
Cabr	9,200	27,600	46,000	103,500	161,000	230,000
1957 Model 356A, Super, 1.6 liter, 75 hp						
Spds	20,000	60,000	100,000	225,000	350,000	500,000
Cpe	7,200	21,600	36,000	81,000	126,000	180,000
Cabr	11,600	34,800	58,000	130,500	203,000	290,000
1957 Model 356A, Carrera, 1.5 liter, 100 hp						
Spds	50,000	150,000	250,000	562,500	875,000	1,250,000
Cpe	26,400	79,200	132,000	297,000	462,000	660,000
Cabr	28,000	84,000	140,000	315,000	490,000	700,000
1958 Model 356A, Normal, 1.6 liter, 60 hp						
Spds	18,000	54,000	90,000	202,500	315,000	450,000
Cpe	7,200	21,600	36,000	81,000	126,000	180,000

PEUGEOT

	6	5	4	3	2	1
Cabr	9,400	28,200	47,000	105,750	164,500	235,000

1958 Model 356A, Super, 1.6 liter, 75 hp

	6	5	4	3	2	1
Spds	20,000	60,000	100,000	225,000	350,000	500,000
Cpe	7,000	21,000	35,000	78,750	122,500	175,000
Cabr	9,600	28,800	48,000	108,000	168,000	240,000

1958 Model 356A, Carrera, 1.5 liter, 100 hp

	6	5	4	3	2	1
Spds	49,600	148,800	248,000	558,000	868,000	1,240,000
Cpe	26,400	79,200	132,000	297,000	462,000	660,000
Cabr	28,000	84,000	140,000	315,000	490,000	700,000

1959 Model 356A, Normal, 60 hp

	6	5	4	3	2	1
Cpe	7,000	21,000	35,000	78,750	122,500	175,000
Conv D	11,000	33,000	55,000	123,750	192,500	275,000
Cabr	9,600	28,800	48,000	108,000	168,000	240,000

1959 Model 356A, Super, 75 hp

	6	5	4	3	2	1
Cpe	6,600	19,800	33,000	74,250	115,500	165,000
Spstr	15,000	45,000	75,000	168,750	262,500	375,000
Cabr	10,000	30,000	50,000	112,500	175,000	250,000

1959 Model 356A, Carrera, 1.6 liter, 105 hp

	6	5	4	3	2	1
Cpe	26,200	78,600	131,000	294,750	458,500	655,000
Spstr	49,600	148,800	248,000	558,000	868,000	1,240,000
Cabr	28,000	84,000	140,000	315,000	490,000	700,000

1960 Model 356B, Normal, 1.6 liter, 60 hp

	6	5	4	3	2	1
Cpe	2,180	6,530	10,880	24,480	38,080	54,400
Rds	10,400	31,200	52,000	117,000	182,000	260,000
Cabr	9,600	28,800	48,000	108,000	168,000	240,000

1960 Model 356B, Super, 1.6 liter, 75 hp

	6	5	4	3	2	1
Cpe	7,000	21,000	35,000	78,750	122,500	175,000
Rds	11,200	33,600	56,000	126,000	196,000	280,000
Cabr	10,400	31,200	52,000	117,000	182,000	260,000

1960 Model 356B, Super 90, 1.6 liter, 90 hp

	6	5	4	3	2	1
Cpe	8,000	24,000	40,000	90,000	140,000	200,000
Rds	12,400	37,200	62,000	139,500	217,000	310,000
Cabr	12,000	36,000	60,000	135,000	210,000	300,000

1961 Model 356B, Normal, 1.6 liter, 60 hp

	6	5	4	3	2	1
Cpe	6,600	19,800	33,000	74,250	115,500	165,000
HT	7,000	21,000	35,000	78,750	122,500	175,000
Rds	10,400	31,200	52,000	117,000	182,000	260,000
Cabr	10,000	30,000	50,000	112,500	175,000	250,000

1961 Model 356B, Super 90, 1.6 liter, 90 hp

	6	5	4	3	2	1
Cpe	6,880	20,640	34,400	77,400	120,400	172,000
Rds	11,200	33,600	56,000	126,000	196,000	280,000
Cabr	10,080	30,240	50,400	113,400	176,400	252,000

1962 Model 356B, Normal, 1.6 liter, 60 hp

	6	5	4	3	2	1
Cpe	6,800	20,400	34,000	76,500	119,000	170,000

1962 Model 356B, Super 90, 1.6 liter, 90 hp

	6	5	4	3	2	1
Cpe	7,400	22,200	37,000	83,250	129,500	185,000
Rds	12,600	37,800	63,000	141,750	220,500	315,000
Cabr	12,600	37,800	63,000	141,750	220,500	315,000

1962 Model 356B, Carrera 2, 2.0 liter, 130 hp

	6	5	4	3	2	1
Cpe	24,400	73,200	122,000	274,500	427,000	610,000
Cabr	36,000	108,000	180,000	405,000	630,000	900,000

1963 Model 356C, Standard, 1.6 liter, 75 hp

	6	5	4	3	2	1
Cpe	7,000	21,000	35,000	78,750	122,500	175,000
Cabr	8,600	25,800	43,000	96,750	150,500	215,000

1963 Model 356C, SC, 1.6 liter, 95 hp

	6	5	4	3	2	1
Cpe	8,000	24,000	40,000	90,000	140,000	200,000
Cabr	12,200	36,600	61,000	137,250	213,500	305,000

1963 Model 356C, Carrera 2, 2.0 liter, 130 hp

	6	5	4	3	2	1
Cpe	24,800	74,400	124,000	279,000	434,000	620,000
Cabr	36,000	108,000	180,000	405,000	630,000	900,000

1964 Model 356C, Normal, 1.6 liter, 75 hp

	6	5	4	3	2	1
Cpe	6,600	19,800	33,000	74,250	115,500	165,000
Cabr	11,000	33,000	55,000	123,750	192,500	275,000

1964 Model 356C, SC, 1.6 liter, 95 hp

	6	5	4	3	2	1
Cpe	8,200	24,600	41,000	92,250	143,500	205,000
Cabr	13,200	39,600	66,000	148,500	231,000	330,000

1964 Model 356C, Carrera 2, 2.0 liter, 130 hp

	6	5	4	3	2	1
Cpe	24,400	73,200	122,000	274,500	427,000	610,000
Cabr	35,000	105,000	175,000	393,750	612,500	875,000

1965 Model 356C, 1.6 liter, 75 hp

	6	5	4	3	2	1
Cpe	7,000	21,000	35,000	78,750	122,500	175,000
Cabr	11,600	34,800	58,000	130,500	203,000	290,000

1965 Model 356SC, 1.6 liter, 95 hp

	6	5	4	3	2	1
Cpe	8,200	24,600	41,000	92,250	143,500	205,000
Cabr	12,600	37,800	63,000	141,750	220,500	315,000

1966 Model 912, 4-cyl., 90 hp

	6	5	4	3	2	1
Cpe	2,000	6,000	10,000	22,500	35,000	50,000

	6	5	4	3	2	1
1966 Model 911, 6-cyl., 130 hp						
Cpe...................................6,600	19,800	33,000	74,250	115,500	165,000	
1967 Model 912, 4-cyl., 90 hp						
Cpe...................................1,980	5,940	9,900	22,280	34,650	49,500	
Targa.................................3,200	9,600	16,000	36,000	56,000	80,000	
1967 Model 911, 6-cyl., 110 hp						
Cpe...................................4,800	14,400	24,000	54,000	84,000	120,000	
Targa.................................5,800	17,400	29,000	65,250	101,500	145,000	
1967 Model 911S, 6-cyl., 160 hp						
Cpe...................................10,400	31,200	52,000	117,000	182,000	260,000	
Targa.................................9,400	28,200	47,000	105,750	164,500	235,000	
1968 Model 912, 4-cyl., 90 hp						
Cpe...................................2,280	6,840	11,400	25,650	39,900	57,000	
Targa.................................2,840	8,520	14,200	31,950	49,700	71,000	
1968 Model 911, 6-cyl., 130 hp						
Cpe...................................4,800	14,400	24,000	54,000	84,000	120,000	
Targa.................................4,600	13,800	23,000	51,750	80,500	115,000	
1968 Model 911S, 6-cyl., 160 hp						
Cpe...................................9,800	29,400	49,000	110,250	171,500	245,000	
Targa.................................9,080	27,240	45,400	102,150	158,900	227,000	
1969 Model 912, 4-cyl., 90 hp						
Cpe...................................2,400	7,200	12,000	27,000	42,000	60,000	
Targa.................................2,920	8,760	14,600	32,850	51,100	73,000	
1969 Model 911T, 6-cyl., 110 hp						
Cpe...................................3,200	9,600	16,000	36,000	56,000	80,000	
Targa.................................3,400	10,200	17,000	38,250	59,500	85,000	
1969 Model 911E, 6-cyl., 140 hp						
Cpe...................................4,600	13,800	23,000	51,750	80,500	115,000	
Targa.................................4,920	14,760	24,600	55,350	86,100	123,000	
1969 Model 911S, 6-cyl., 170 hp						
Cpe...................................7,200	21,600	36,000	81,000	126,000	180,000	
Targa.................................6,600	19,800	33,000	74,250	115,500	165,000	
1970 Model 914, 4-cyl., 1.7 liter, 80 hp						
Cpe/Targa......................... 960	2,880	4,800	10,800	16,800	24,000	
1970 Model 914/6, 6-cyl., 2.0 liter, 110 hp						
Cpe/Targa...........................3,200	9,600	16,000	36,000	56,000	80,000	
1970 Model 911T, 6-cyl., 125 hp						
Cpe...................................3,400	10,200	17,000	38,250	59,500	85,000	
Targa.................................3,160	9,480	15,800	35,550	55,300	79,000	
1970 Model 911E, 6-cyl., 155 hp						
Cpe...................................4,600	13,800	23,000	51,750	80,500	115,000	
Targa.................................3,120	9,360	15,600	35,100	54,600	78,000	
1970 Model 911S, 6-cyl., 180 hp						
Cpe...................................6,800	20,400	34,000	76,500	119,000	170,000	
Targa.................................6,880	20,640	34,400	77,400	120,400	172,000	
1971 Model 914, 4-cyl., 1.7 liter, 80 hp						
Cpe/Targa...........................1,200	3,600	6,000	13,500	21,000	30,000	
1971 Model 914/6, 6-cyl., 2.0 liter, 110 hp						
Cpe/Targa...........................3,000	9,000	15,000	33,750	52,500	75,000	
1971 Model 911T, 6-cyl., 125 hp						
Cpe...................................3,440	10,320	17,200	38,700	60,200	86,000	
Targa.................................3,480	10,440	17,400	39,150	60,900	87,000	
1971 Model 911E, 6-cyl., 155 hp						
Cpe...................................4,560	13,680	22,800	51,300	79,800	114,000	
Targa.................................4,680	14,040	23,400	52,650	81,900	117,000	
1971 Model 911S, 6-cyl., 180 hp						
Cpe...................................6,720	20,160	33,600	75,600	117,600	168,000	
Targa.................................6,680	20,040	33,400	75,150	116,900	167,000	
1972 Model 914, 4-cyl., 1.7 liter, 80 hp						
Cpe/Targa...........................1,200	3,600	6,000	13,500	21,000	30,000	
1972 Model 911T, 6-cyl., 130 hp						
Cpe...................................2,880	8,640	14,400	32,400	50,400	72,000	
Targa.................................3,000	9,000	15,000	33,750	52,500	75,000	
1972 Model 911E, 6-cyl., 165 hp						
Cpe...................................5,000	15,000	25,000	56,250	87,500	125,000	
Targa.................................4,760	14,280	23,800	53,550	83,300	119,000	
1972 Model 911S, 6-cyl., 190 hp						
Cpe...................................7,840	23,520	39,200	88,200	137,200	196,000	
Targa.................................7,480	22,440	37,400	84,150	130,900	187,000	
1973 Model 914, 4-cyl., 1.7 liter, 76 hp						
Cpe/Targa...........................1,160	3,480	5,800	13,050	20,300	29,000	
1973 Model 914, 4-cyl., 2.0 liter, 95 hp						
Cpe/Targa...........................1,520	4,560	7,600	17,100	26,600	38,000	
1973 Model 911T, 6-cyl., 140 hp						
Cpe...................................2,920	8,760	14,600	32,850	51,100	73,000	
Targa.................................3,120	9,360	15,600	35,100	54,600	78,000	
1973 Model 911E, 6-cyl., 165 hp						
Cpe...................................3,400	10,200	17,000	38,250	59,500	85,000	

	6	5	4	3	2	1
Targa............................... 3,320	9,960	16,600	37,350	58,100	83,000

1973 Model 911S, 6-cyl., 190 hp

Cpe............................... 8,600	25,800	43,000	96,750	150,500	215,000
Targa............................. 8,000	24,000	40,000	90,000	140,000	200,000

1974 Model 914, 4-cyl., 1.8 liter, 76 hp

Cpe/Targa........................ 1,280	3,840	6,400	14,400	22,400	32,000

1974 Model 914, 4-cyl., 2 liter, 95 hp

Cpe/Targa........................ 1,480	4,440	7,400	16,650	25,900	37,000

1974 Model 911, 6-cyl., 150 hp

Cpe............................... 1,920	5,760	9,600	21,600	33,600	48,000
Targa............................. 1,840	5,520	9,200	20,700	32,200	46,000

1974 Model 911 Carrera, 6-cyl., 175 hp

Cpe.............................. 32,000	96,000	160,000	360,000	560,000	800,000
Targa............................ 31,600	94,800	158,000	355,500	553,000	790,000

NOTE: Add 10% for RS; 20% for RSR.

1975 Model 914, 4-cyl., 1.8 liter, 76 hp

Cpe/Targa........................ 1,360	4,080	6,800	15,300	23,800	34,000

1975 Model 914, 4-cyl., 2 liter, 95 hp

Cpe/Targa........................ 1,560	4,680	7,800	17,550	27,300	39,000

1975 Model 911S, 6-cyl., 175 hp

Cpe............................... 2,560	7,680	12,800	28,800	44,800	64,000
Targa............................. 2,760	8,280	13,800	31,050	48,300	69,000

1975 Model 911 Carrera, 6-cyl., 210 hp

Cpe............................... 2,960	8,880	14,800	33,300	51,800	74,000
Targa............................. 3,040	9,120	15,200	34,200	53,200	76,000

1976 Model 914, 4-cyl., 2 liter, 95 hp

Cpe/Targa........................ 1,360	4,080	6,800	15,300	23,800	34,000

1976 Model 912E, 4-cyl., 90 hp

Cpe............................... 970	2,900	4,840	10,890	16,940	24,200

1976 Model 911S, 6-cyl., 165 hp

Cpe............................... 2,000	6,000	10,000	22,500	35,000	50,000
Cpe 3.0........................... 5,600	16,800	28,000	63,000	98,000	140,000
Targa............................. 2,120	6,360	10,600	23,850	37,100	53,000

1977 Model 924, 4-cyl., 95 hp

Cpe............................... 690	2,080	3,460	7,790	12,110	17,300

1977 Model 911S, 6-cyl., 165 hp

Cpe............................... 2,120	6,360	10,600	23,850	37,100	53,000
Targa............................. 2,360	7,080	11,800	26,550	41,300	59,000
Targa 3.0 (200 hp) 3,280	9,840	16,400	36,900	57,400	82,000

1978 Model 924

Cpe............................... 680	2,040	3,400	7,650	11,900	17,000

1978 Model 911SC

Cpe............................... 1,200	3,590	5,980	13,460	20,930	29,900
Cpe Targa......................... 1,110	3,320	5,540	12,470	19,390	27,700

1978 Model 928

Cpe............................... 680	2,040	3,400	7,650	11,900	17,000

1979 Model 924

Cpe............................... 250	760	1,260	2,840	4,410	6,300

1979 Model 911SC

Cpe............................... 1,200	3,590	5,980	13,460	20,930	29,900
Targa............................. 1,110	3,320	5,540	12,470	19,390	27,700

1979 Model 928

Cpe............................... 680	2,040	3,400	7,650	11,900	17,000

1980 Model 924

Cpe............................... 440	1,320	2,200	4,950	7,700	11,000
Cpe Turbo......................... 560	1,680	2,800	6,300	9,800	14,000

1980 Model 911SC

Cpe............................... 1,840	5,520	9,200	20,700	32,200	46,000
Cpe Targa......................... 1,960	5,880	9,800	22,050	34,300	49,000

1980 Model 928

Cpe............................... 760	2,280	3,800	8,550	13,300	19,000

1981 Model 924

Cpe............................... 440	1,320	2,200	4,950	7,700	11,000
Cpe Turbo......................... 600	1,800	3,000	6,750	10,500	15,000

1981 Model 911SC

Cpe............................... 1,880	5,640	9,400	21,150	32,900	47,000
Cpe Targa......................... 2,000	6,000	10,000	22,500	35,000	50,000

1981 Model 928

Cpe............................... 800	2,400	4,000	9,000	14,000	20,000

1982 Model 924

Cpe............................... 440	1,320	2,200	4,950	7,700	11,000
Cpe Turbo......................... 600	1,800	3,000	6,750	10,500	15,000

1982 Model 911SC

Cpe............................... 1,720	5,160	8,600	19,350	30,100	43,000
Cpe Targa......................... 1,680	5,040	8,400	18,900	29,400	42,000

1982 Model 928

Cpe............................... 760	2,280	3,800	8,550	13,300	19,000

PORSCHE

	6	5	4	3	2	1
1983 Model 944						
Cpe. 720	2,160	3,600	8,100	12,600	18,000
1983 Model 911SC						
Cpe. 1,760	5,280	8,800	19,800	30,800	44,000
Cpe Targa 1,720	5,160	8,600	19,350	30,100	43,000
Conv 2,240	6,720	11,200	25,200	39,200	56,000
1983 Model 928						
Cpe. 800	2,400	4,000	9,000	14,000	20,000
1984 Model 944						
2d Cpe 1,800	5,400	9,000	20,250	31,500	45,000
1984 Model 911						
2d Cpe 1,800	5,400	9,000	20,250	31,500	45,000
2d Cpe Targa 1,720	5,160	8,600	19,350	30,100	43,000
2d Conv 2,400	7,200	12,000	27,000	42,000	60,000
1984 Model 928S						
Cpe. 800	2,400	4,000	9,000	14,000	20,000
1985 Model 944						
2d Cpe 720	2,160	3,600	8,100	12,600	18,000
1985 Model 911						
Carrera 2d Cpe. 2,720	8,160	13,600	30,600	47,600	68,000
Carrera 2d Conv 2,880	8,640	14,400	32,400	50,400	72,000
Targa 2d Cpe 2,560	7,680	12,800	28,800	44,800	64,000
1985 Model 928S						
2d Cpe 760	2,280	3,800	8,550	13,300	19,000
1986 Model 944						
2d Cpe 720	2,160	3,600	8,100	12,600	18,000
Turbo 2d Cpe 880	2,640	4,400	9,900	15,400	22,000
1986 Model 911 Carrera						
2d Cpe 2,000	6,000	10,000	22,500	35,000	50,000
2d Conv 2,200	6,600	11,000	24,750	38,500	55,000
2d Cpe Targa 1,960	5,880	9,800	22,050	34,300	49,000
2d Cpe Turbo 6,000	18,000	30,000	67,500	105,000	150,000
1986 Model 928S						
2d Cpe 690	2,080	3,460	7,790	12,110	17,300
1987 Model 924S						
2d Cpe 640	1,920	3,200	7,200	11,200	16,000
1987 Model 928S4						
2d Cpe 1,000	3,000	5,000	11,250	17,500	25,000
1987 Model 944						
2d Cpe 640	1,920	3,200	7,200	11,200	16,000
2d Cpe Turbo 1,360	4,080	6,800	15,300	23,800	34,000
1987 Model 944S						
2d Cpe 800	2,400	4,000	9,000	14,000	20,000
1987 Model 911 Carrera						
2d Cpe 2,520	7,560	12,600	28,350	44,100	63,000
2d Cpe Targa 2,480	7,440	12,400	27,900	43,400	62,000
2d Conv 2,760	8,280	13,800	31,050	48,300	69,000
2d Turbo 5,800	17,400	29,000	65,250	101,500	145,000
1988 Porsche						
2d 924S Cpe. 520	1,560	2,600	5,850	9,100	13,000
2d 944 Cpe. 680	2,040	3,400	7,650	11,900	17,000
2d 944S Cpe. 720	2,160	3,600	8,100	12,600	18,000
2d 944 Cpe Turbo 1,400	4,200	7,000	15,750	24,500	35,000
2d 911 Cpe Carrera 4,800	14,400	24,000	54,000	84,000	120,000
2d 911 Cpe Targa 2,400	7,200	12,000	27,000	42,000	60,000
2d 911 Conv 2,600	7,800	13,000	29,250	45,500	65,000
2d 928S4 Cpe. 2,000	6,000	10,000	22,500	35,000	50,000
2d 911 Turbo Conv 5,320	15,960	26,600	59,850	93,100	133,000
1989 Model 944						
2d Cpe 720	2,160	3,600	8,100	12,600	18,000
2d Cpe (Turbo) 2,120	6,360	10,600	23,850	37,100	53,000
2d S2 Cpe. 1,200	3,600	6,000	13,500	21,000	30,000
2d S2 Conv 1,480	4,440	7,400	16,650	25,900	37,000
1989 Model 911						
2d Carrera. 2,120	6,360	10,600	23,850	37,100	53,000
2d Targa 2,120	6,360	10,600	23,850	37,100	53,000
2d Conv 2,600	7,800	13,000	29,250	45,500	65,000
2d Conv Turbo 5,680	17,040	28,400	63,900	99,400	142,000
1989 Model 928						
2d Cpe 1,200	3,600	6,000	13,500	21,000	30,000
1990 Model 944S						
2d Cpe 1,200	3,600	6,000	13,500	21,000	30,000
2d Conv 1,480	4,440	7,400	16,650	25,900	37,000
1990 Model 911						
2d Carrera Cpe 2P 2,000	6,000	10,000	22,500	35,000	50,000
2d Targa Cpe 2P. 1,840	5,520	9,200	20,700	32,200	46,000
2d Carrera Conv 2P 2,160	6,480	10,800	24,300	37,800	54,000
2d Carrera Cpe 4P 2,400	7,200	12,000	27,000	42,000	60,000
2d Targa Cpe 4P. 2,520	7,560	12,600	28,350	44,100	63,000

PORSCHE

	6	5	4	3	2	1
2d Carrera Conv 4P 2,680		8,040	13,400	30,150	46,900	67,000
1990 Model 928S						
2d Cpe 1,080		3,240	5,400	12,150	18,900	27,000
1991 Model 944S						
2d Cpe 2P. 720		2,160	3,600	8,100	12,600	18,000
2d Conv 2P. 840		2,520	4,200	9,450	14,700	21,000
1991 Model 911						
2d Carrera 2P 2,140		6,420	10,700	24,080	37,450	53,500
2d Carrera Targa 2P 1,980		5,950	9,920	22,320	34,720	49,600
2d Carrera Conv 2P 2,280		6,840	11,400	25,650	39,900	57,000
2d Carrera 4P 2,460		7,380	12,300	27,680	43,050	61,500
2d Carrera Targa 4P 2,040		6,120	10,200	22,950	35,700	51,000
2d Carrera Conv 4P 2,720		8,160	13,600	30,600	47,600	68,000
2d Turbo Cpe 5,680		17,040	28,400	63,900	99,400	142,000
1991 Model 928S						
2d Cpe 4P. 1,560		4,680	7,800	17,550	27,300	38,995
1992 968, 4-cyl.						
2d Cpe 920		2,760	4,600	10,350	16,100	23,000
2d Conv 1,100		3,300	5,500	12,380	19,250	27,500
1992 911, 6-cyl.						
2d Cpe 2P. 2,180		6,540	10,900	24,530	38,150	54,500
2d Targa Cpe 2P. 2,000		6,000	10,000	22,500	35,000	50,000
2d Conv 2P. 2,340		7,020	11,700	26,330	40,950	58,500
2d Cpe 4P. 2,480		7,440	12,400	27,900	43,400	62,000
2d Targa Cpe 4P. 2,360		7,080	11,800	26,550	41,300	59,000
2d Conv 4P. 2,750		8,250	13,750	30,940	48,130	68,750
2d Turbo Cpe 5,680		17,040	28,400	63,900	99,400	142,000
1993 968, 4-cyl.						
2d Cpe 980		2,950	4,920	11,070	17,220	24,600
2d Conv 1,120		3,360	5,600	12,600	19,600	28,000
1993 911, 6-cyl.						
2d Carrera. 2,160		6,480	10,800	24,300	37,800	54,000
2d Carrera Targa 2,040		6,120	10,200	22,950	35,700	51,000
2d Carrera Cabrio 2,340		7,020	11,700	26,330	40,950	58,500
2d Carrera Turbo. 5,680		17,040	28,400	63,900	99,400	142,000
1993 928 GTS, V-8						
2d Cpe 3,380		10,140	16,900	38,030	59,150	84,500
1994 968, 4-cyl.						
2d Cpe 960		2,880	4,800	10,800	16,800	24,000
2d Conv 1,120		3,360	5,600	12,600	19,600	28,000
1994 911, 6-cyl.						
2d Cpe Carrera. 2,160		6,480	10,800	24,300	37,800	54,000
2d Cpe Carrera Targa 2,060		6,180	10,300	23,180	36,050	51,500
2d Cpe Carrera Conv 2,350		7,050	11,750	26,440	41,130	58,750
1994 928 GTS, V-8						
2d Cpe 3,400		10,200	17,000	38,250	59,500	85,000
1995 968, 4-cyl.						
2d Cpe 980		2,940	4,900	11,030	17,150	24,500
2d Conv 1,140		3,420	5,700	12,830	19,950	28,500
1995 911, 6-cyl						
2d Cpe Carrera 2 2,000		6,000	10,000	22,500	35,000	50,000
2d Cpe Carrera 2 Conv. 2,160		6,480	10,800	24,300	37,800	54,000
2d Cpe Carrera 4 2,600		7,800	13,000	29,250	45,500	65,000
2d Cpe Carrera 4 Conv. 2,720		8,160	13,600	30,600	47,600	68,000
1995 928GTS, V-8						
2d Cpe 2,800		8,400	14,000	31,500	49,000	70,000
1996 911, 6-cyl.						
2d Cpe Carrera 2 2,040		6,120	10,200	22,950	35,700	51,000
2d Cpe Carrera 2 Conv. 2,160		6,480	10,800	24,300	37,800	54,000
2d Cpe Carrera 4 2,640		7,920	13,200	29,700	46,200	66,000
2d Cpe Carrera 4S 3,580		10,740	17,900	40,280	62,650	89,500
2d Cpe Carrera 4 Conv. 2,640		7,920	13,200	29,700	46,200	66,000
2d Targa Cpe 2,000		6,000	10,000	22,500	35,000	50,000
2d Turbo Cpe 4x4 6,400		19,200	32,000	72,000	112,000	160,000
1997 Boxster, 6-cyl.						
2d Conv 600		1,800	3,000	6,750	10,500	15,000
NOTE: Add 5% for detachable HT.						
1998 911, 6-cyl.						
2d Cpe Carrera S 3,920		11,760	19,600	44,100	68,600	98,000
2d Conv Cpe Carrera 2. 2,000		6,000	10,000	22,500	35,000	50,000
2d Cpe Carrera 4 2,680		8,040	13,400	30,150	46,900	67,000
2d Cpe Carrera 4S 3,580		10,740	17,900	40,280	62,650	89,500
2d Conv Cpe Carrera 4. 2,840		8,520	14,200	31,950	49,700	71,000
2d Targa Cpe 2,000		6,000	10,000	22,500	35,000	50,000
1998 Boxster, 6-cyl.						
2d Conv 600		1,800	3,000	6,750	10,500	15,000
NOTE: Add 5% for detachable HT.						
1999 911, 6-cyl.						
2d Cpe Carrera S 720		2,160	3,600	8,100	12,600	18,000

	6	5	4	3	2	1
2d Conv Cpe Carrera 2	880	2,640	4,400	9,900	15,400	22,000
2d Cpe Carrera 4	880	2,640	4,400	9,900	15,400	22,000
2d Conv Cpe Carrera 4	960	2,880	4,800	10,800	16,800	24,000
1999 Boxster, 6-cyl.						
2d Conv	600	1,800	3,000	6,750	10,500	15,000
NOTE: Add 5% for detachable HT.						
2000 911, 6-cyl.						
2d Cpe Carrera 2	740	2,220	3,700	8,330	12,950	18,500
2d Conv Cpe Carrera 2	900	2,700	4,500	10,130	15,750	22,500
2d Cpe Carrera 4	900	2,700	4,500	10,130	15,750	22,500
2d Conv Cpe Carrera 4	960	2,880	4,800	10,800	16,800	24,000
2000 Boxster, 6-cyl.						
2d Conv	600	1,800	3,000	6,750	10,500	15,000
2d S Conv	640	1,920	3,200	7,200	11,200	16,000
NOTE: Add 5% for detachable HT.						
2001 911, 6-cyl.						
2d Cpe Carrera 2	780	2,340	3,900	8,780	13,650	19,500
2d Conv Cpe Carrera 2	900	2,700	4,500	10,130	15,750	22,500
2d Cpe Carrera 4	920	2,760	4,600	10,350	16,100	23,000
2d Conv Cpe Carrera 4	1,000	3,000	5,000	11,250	17,500	25,000
2d Cpe Turbo AWD	2,000	6,000	10,000	22,500	35,000	50,000
2001 Boxster, 6-cyl.						
2d Conv	600	1,800	3,000	6,750	10,500	15,000
2d S Conv	640	1,920	3,200	7,200	11,200	16,000
NOTE: Add 5% for detachable HT.						
2002 911, 6-cyl.						
2d Cpe Carrera	800	2,400	4,000	9,000	14,000	20,000
2d Targa Cpe Carrera	920	2,760	4,600	10,350	16,100	23,000
2d Cabr Cpe Carrera	1,000	3,000	5,000	11,250	17,500	25,000
2d 4S Cpe Carrera	1,000	3,000	5,000	11,250	17,500	25,000
2d 4 Cabr Cpe Carrera	1,080	3,240	5,400	12,150	18,900	27,000
2d Turbo Cpe, AWD	2,540	7,620	12,700	28,580	44,450	63,500
2002 Boxster, 6-cyl.						
2d Conv	600	1,800	3,000	6,750	10,500	15,000
2d S Conv	680	2,040	3,400	7,650	11,900	17,000
NOTE: Add 5% for detachable HT.						
2003 911, 6-cyl.						
2d Cpe Carrera	800	2,400	4,000	9,000	14,000	20,000
2d Targa Cpe Carrera	940	2,820	4,700	10,580	16,450	23,500
2d Cabr Cpe Carrera	1,040	3,120	5,200	11,700	18,200	26,000
2d 4S Cpe Carrera	1,000	3,000	5,000	11,250	17,500	25,000
2d 4 Cabr Cpe Carrera	1,100	3,300	5,500	12,380	19,250	27,500
2d Turbo Cpe, AWD	1,550	4,660	7,760	17,460	27,160	38,800
2003 Boxster, 6-cyl.						
2d Conv	600	1,800	3,000	6,750	10,500	15,000
2d S Conv	660	1,980	3,300	7,430	11,550	16,500
NOTE: Add 5% for detachable HT.						
2004 911, 6-cyl.						
Carrera 2d Cpe	1,120	3,360	5,600	12,600	19,600	28,000
Carrera Targa 2d Cpe	1,100	3,300	5,500	12,380	19,250	27,500
Carrera 4S 2d Cpe	1,400	4,200	7,000	15,750	24,500	35,000
Carrera 40th Anv 2d Cpe	1,920	5,760	9,600	21,600	33,600	48,000
Turbo 2d Cpe, AWD	2,000	6,000	10,000	22,500	35,000	50,000
Carrera 2d Cabr	1,280	3,840	6,400	14,400	22,400	32,000
Carrera 4 2d Cabr	1,240	3,720	6,200	13,950	21,700	31,000
Carrera 4S 2d Cabr	1,600	4,800	8,000	18,000	28,000	40,000
Turbo 2d Cabr, AWD	2,080	6,240	10,400	23,400	36,400	52,000
2004 Boxster, 6-cyl.						
2d Conv	600	1,800	3,000	6,750	10,500	15,000
S 2d Conv	640	1,920	3,200	7,200	11,200	16,000
S 50th Anv 2d Conv	740	2,220	3,700	8,330	12,950	18,500
NOTE: Add 5% for detachable HT. Add 5% for traction control when optional. Add 10% for Tiptronic transmission.						
2005 996 911, 6-cyl.						
2d Carrera Targa Cpe	1,590	4,760	7,940	19,850	27,790	39,700
2d Carrera Cabriolet Cpe	1,680	5,050	8,420	21,050	29,470	42,100
2d Carrera 4S Cpe	1,760	5,280	8,800	22,000	30,800	44,000
2d Carrera 4S Cabriolet Cpe	1,920	5,750	9,580	21,560	33,530	47,900
2d Turbo Cpe (AWD)	2,700	8,100	13,500	30,380	47,250	67,500
2d Turbo Cabriolet Cpe (AWD)	2,790	8,360	13,940	34,850	48,790	69,700
2d Turbo S Cpe (AWD)	2,800	8,400	14,000	35,000	49,000	70,000
2d Turbo S Cabriolet Cpe (AWD)	2,980	8,940	14,900	37,250	52,150	74,500
NOTE: Add 10% for Tiptronic transmission. Add 5% for traction control, when optional.						
2005 997 911, 6-cyl.						
2d Carrera Cpe	1,590	4,780	7,960	19,900	27,860	39,800
2d Carrera Cabriolet Cpe	1,810	5,420	9,040	22,600	31,640	45,200
2d Carrera S Cpe	1,750	5,260	8,760	21,900	30,660	43,800
2d Carrera S Cabriolet Cpe	1,920	5,760	9,600	24,000	33,600	48,000
NOTE: Add 10% for Tiptronic transmission.						

	6	5	4	3	2	1
2005 Boxster, 6-cyl.						
2d Conv	380	1,140	1,900	4,280	6,650	9,500
2d S Conv	460	1,370	2,280	5,130	7,980	11,400
NOTE: Add 5% for detachable HT. Add 10 pecent for Tiptronic transmission.						
2006 Boxster, 2.7L/3.2L 6-cyl.						
2d Cabrio	670	2,000	3,340	7,520	11,690	16,700
2d S Cabrio	920	2,770	4,620	10,400	16,170	23,100
NOTE: Add 10% for Aero kit.						
2006 Cayman, 3.4L 6-cyl.						
2d Cpe	1,040	3,120	5,200	13,000	18,200	26,000
2d S Cpe	1,250	3,740	6,240	14,040	21,840	31,200
2006 911 Carerra, 3.6L/3.8L 6-cyl.						
2d Cpe	1,600	4,800	8,000	20,000	28,000	40,000
2d Cabrio	1,780	5,350	8,920	22,300	31,220	44,600
2d S Cpe	1,800	5,410	9,020	22,550	31,570	45,100
2d S Cabrio	1,930	5,780	9,640	24,100	33,740	48,200
NOTE: Add 5% for Aero kit.						
2006 911 Carerra 4 AWD, 3.6L/3.8L 6-cyl.						
2d Cpe	1,840	5,520	9,200	20,700	32,200	46,000
2d Cabrio	1,930	5,780	9,640	21,690	33,740	48,200
2d 4S Cpe	1,880	5,640	9,400	21,150	32,900	47,000
2d 4S Cabrio	2,160	6,480	10,800	24,300	37,800	54,000
NOTE: Add 5% for Aero kit.						
2006 911 Targa AWD, 3.8L 6-cyl.						
2d 4 Cpe	1,840	5,520	9,200	20,700	32,200	46,000
2d 4S Cpe	1,980	5,940	9,900	22,280	34,650	49,500
2006 911 GT, 3.6L/3.8L 6-cyl.						
2d Cpe	2,800	8,400	14,000	31,500	49,000	70,000
2006 911 Turbo T, 3.6L 6-cyl.						
2d Cpe	2,700	8,100	13,500	30,380	47,250	67,500
2007 Boxster, 2.7L/3.2L 6-cyl.						
2d Cabrio	940	2,820	4,700	10,580	16,450	23,500
2d S Cabrio	1,280	3,840	6,400	14,400	22,400	32,000
NOTE: Add 10% for Aero kit.						
2007 Cayman, 3.4L 6-cyl.						
2d Cpe	960	2,880	4,800	10,800	16,800	24,000
2d S Cpe	1,220	3,660	6,100	13,730	21,350	30,500
2007 911 Carerra, 3.6L 6-cyl.						
2d Cpe	1,960	5,880	9,800	22,050	34,300	49,000
2d Cabrio	2,120	6,360	10,600	23,850	37,100	53,000
2007 911 Carerra, 3.8L 6-cyl.						
2d S Cpe	2,000	6,000	10,000	22,500	35,000	50,000
2d S Cabrio	2,120	6,360	10,600	23,850	37,100	53,000
NOTE: Add 5% for Aero kit.						
2007 911 Carerra 4 AWD, 3.6L 6-cyl.						
2d Cpe	1,540	4,610	7,680	17,280	26,880	38,400
2d Cabrio	1,720	5,160	8,600	19,350	30,100	43,000
2007 911 Carerra 4 AWD, 3.8L 6-cyl.						
2d 4S Cpe	1,760	5,270	8,780	19,760	30,730	43,900
2d 4S Cabrio	2,000	6,000	10,000	22,500	35,000	50,000
NOTE: Add 5% fo Aero kit.						
2007 911 Targa AWD, 3.8L 6-cyl.						
2d 4 Cpe	1,780	5,330	8,880	19,980	31,080	44,400
2d 4S Cpe	1,880	5,650	9,420	21,200	32,970	47,100
2007 911 GT3, 3.6L/3.8L 6-cyl.						
2d Cpe	7,200	21,600	36,000	81,000	126,000	180,000
2007 911 Turbo, AWD, 3.6L 6-cyl.						
2d Cpe	3,000	9,000	15,000	33,750	52,500	75,000
2008 Boxster, 2.7L/3.2L 6-cyl						
2d Cabrio	1,080	3,250	5,420	12,200	18,970	27,100
2d Limited Edition Cabrio	1,320	3,950	6,580	14,810	23,030	32,900
2d S Cabrio	1,360	4,090	6,820	15,350	23,870	34,100
2d Limited Edition S Cabrio	1,460	4,370	7,280	16,380	25,480	36,400
Add 10% for Aero kit.						
2008 Cayman, 3.4L 6-cyl						
2d Cpe	1,080	3,230	5,380	12,110	18,830	26,900
2d S Cpe	1,240	3,720	6,200	13,950	21,700	31,000
2d S Design Edition Cpe	2,080	6,240	10,400	23,400	36,400	52,000
2008 911 Carerra, 3.6L 6-cyl						
2d Cpe	1,460	4,380	7,300	16,430	25,550	36,500
2d Cabrio	1,720	5,160	8,600	19,350	30,100	43,000
2008 911 Carerra, 3.8L 6-cyl						
2d S Cpe	1,780	5,330	8,880	19,980	31,080	44,400
2d S Cabrio	1,880	5,640	9,400	21,150	32,900	47,000
Add 5% for Aero kit.						
2008 911 Carerra 4 AWD, 3.6L 6-cyl						
2d Cpe	1,560	4,690	7,820	17,600	27,370	39,100
2008 911 Carerra 4 AWD, 3.6L/3.8L 6-cyl						
2d Cabrio	1,720	5,170	8,620	19,400	30,170	43,100

PORSCHE

	6	5	4	3	2	1
2d 4S Cpe.	1,840	5,520	9,200	20,700	32,200	46,000
2d 4S Cabrio.	2,040	6,110	10,180	22,910	35,630	50,900
Add 5% for Aero kit.						
2008 911 Targa AWD, 3.6L 6-cyl						
2d 4 Cpe.	1,800	5,410	9,020	20,300	31,570	45,100
2008 911 Targa AWD, 3.8L 6-cyl						
2d 4S Cpe.	1,900	5,690	9,480	21,330	33,180	47,400
2008 911 Turbo, AWD, 3.6L 6-cyl						
2d Cpe.	3,000	9,000	15,000	33,750	52,500	75,000
2d Cabrio	3,200	9,600	16,000	36,000	56,000	80,000
2008 911 GT2, 3.6L Twin Turbo 6-cyl						
2d Cpe.	7,200	21,600	36,000	81,000	126,000	180,000
2008 911 GT3, 3.6L 6-cyl						
2d Cpe.	5,200	15,600	26,000	58,500	91,000	130,000
2009 Boxster, 2.7L/3.2L 6-cyl						
2d Cabrio	920	2,760	4,600	10,350	16,100	23,000
2d S Cabrio.	1,200	3,600	6,000	13,500	21,000	30,000
Add 10% for Aero kit.						
2009 Cayman, 2.9L/3.4L 6-cyl						
2d Cpe.	980	2,940	4,900	11,030	17,150	24,500
2d S Cpe.	1,320	3,960	6,600	14,850	23,100	33,000
2009 911 Carerra, 3.6L 6-cyl						
2d Cpe	2,000	6,000	10,000	22,500	35,000	50,000
Add 5% for Aero kit.						
2009 911 Carerra, 3.8L 6-cyl						
2d S Cpe.	2,160	6,480	10,800	24,300	37,800	54,000
2009 911 Carerra, 3.6L 6-cyl						
2d Cabrio	2,000	6,000	10,000	22,500	35,000	50,000
2009 911 Carerra, 3.8L 6-cyl						
2d S Cabrio.	2,200	6,600	11,000	24,750	38,500	55,000
2009 911 Carerra 4 AWD, 3.6L/3.8L 6-cyl						
2d Cpe.	2,000	6,000	10,000	22,500	35,000	50,000
2d 4S Cpe.	2,200	6,600	11,000	24,750	38,500	55,000
Add 5% for Aero kit.						
2d 4S Cabrio.	2,460	7,380	12,300	27,680	43,050	61,500
2009 911 Targa 4 AWD, 3.6L 6-cyl						
2d 4 Cpe.	2,000	6,000	10,000	22,500	35,000	50,000
2d 4S Cpe.	2,200	6,600	11,000	24,750	38,500	55,000
2009 911 Turbo 4 AWD, 3.6L 6-cyl						
2d 4 Cpe.	2,080	6,240	10,400	23,400	36,400	51,995
2009 911 Turbo 4 AWD, 3.8L 6-cyl						
2d Cabrio	2,280	6,840	11,400	25,650	39,900	57,000
2009 911 GT2, 3.6L Twin Turbo 6-cyl						
2d Cpe.	7,200	21,600	36,000	81,000	126,000	180,000
2010 Boxster, 2.9L/3.4L 6-cyl						
2d Cabrio	1,040	3,130	5,220	11,750	18,270	26,100
2d S Cabrio.	1,340	4,010	6,680	15,030	23,380	33,400
2010 Cayman, 2.9L/3.4L 6-cyl						
2d Cpe	1,080	3,230	5,380	12,110	18,830	26,900
2d S Cpe.	1,480	4,450	7,420	16,700	25,970	37,100
2010 911 Carerra, 3.6L 6-cyl						
2d Cpe	1,580	4,740	7,900	17,780	27,650	39,500
2d Cabrio	1,840	5,510	9,180	20,660	32,130	45,900
NOTE: Add 5% for Aero kit.						
2010 911 Carerra, 3.8L 6-cyl						
2d S Cpe.	2,020	6,050	10,080	22,680	35,280	50,400
NOTE: Add 5% for Aero kit.						
2d S Cabrio.	2,180	6,530	10,880	24,480	38,080	54,400
NOTE: Add 5% for Aero kit.						
2010 911 Carerra 4 AWD, 3.6L/3.8L 6-cyl						
2d Cpe	1,680	5,050	8,420	18,950	29,470	42,100
2d 4S Cpe.	1,940	5,810	9,680	21,780	33,880	48,400
NOTE: Add 5% for Aero kit.						
2d Cabrio	1,960	5,870	9,780	22,010	34,230	48,900
2d 4S Cabrio.	2,160	6,490	10,820	24,350	37,870	54,100
NOTE: Add 5% for Aero kit.						
2010 911 Targa AWD, 3.6L 6-cyl						
2d Cpe.	1,880	5,650	9,420	21,200	32,970	47,100
2010 911 Targa AWD, 3.8L 6-cyl						
2d Cpe	2,040	6,130	10,220	23,000	35,770	51,100
2010 911 Targa AWD, 3.6L 6-cyl						
2d Cpe	2,400	7,200	12,000	27,000	42,000	60,000
2d Cabrio	2,700	8,100	13,500	30,380	47,250	67,500
2010 911 GT3, 3.8L 6-cyl						
2d Cpe.	5,000	15,000	25,000	56,250	87,500	125,000
2d RS Cpe.	6,300	18,900	31,500	70,880	110,250	157,500
2010 PanAmera, 4.8L V8						
4d S Sed.	1,820	5,450	9,080	20,430	31,780	45,400

	6	5	4	3	2	1
2010 PanAmera AWD, 4.8L V8						
4d 4S Sed 1,780		5,330	8,880	19,980	31,080	44,400
2010 PanAmera AWD, 4.8L Twin-Turbo V8						
4d Sed 2,160		6,490	10,820	24,350	37,870	54,100
2011 Boxster, 2.9L/3.4L 6-cyl						
2d Cabrio 980		2,950	4,920	12,300	17,220	24,600
2d S Cabrio 1,240		3,710	6,180	15,450	21,630	30,900
2d Spyder Cabrio 1,320		3,950	6,580	16,450	23,030	32,900
2011 Cayman, 2.9L/ 3.4L 6-cyl						
2d Cpe 980		2,950	4,920	12,300	17,220	24,600
2d S Cpe 1,390		4,180	6,960	17,400	24,360	34,800
2011 911 Carerra, 3.6L 6-cyl						
2d Cpe 1,480		4,450	7,420	18,550	25,970	37,100
2d Cabrio 1,750		5,240	8,740	21,850	30,590	43,700
Add 5% for Aero kit						
2d S Cabrio. 2,080		6,240	10,400	26,000	36,400	52,000
2011 911 Carerra 4 AWD, 3.6L/3.8l 6-cyl						
2d Cpe 1,620		4,870	8,120	20,300	28,420	40,600
2d Cabrio 1,860		5,570	9,280	23,200	32,480	46,400
2d 4S Cpe. 1,970		5,920	9,860	24,650	34,510	49,300
Add 5% for Aero kit.						
2d 4S Cabrio. 2,210		6,640	11,060	27,650	38,710	55,300
2011 911 Targa AWD, 3.6L 6-cyl						
2d Cpe 1,820		5,450	9,080	22,700	31,780	45,400
2011 911 Targa AWD, 3.8L 6-cyl						
2d Cpe 2,180		6,530	10,880	27,200	38,080	54,400
2011 911 Turbo AWD, 3.8L Twin-Turbo 6-cyl						
2d Cpe 2,630		7,900	13,160	32,900	46,060	65,800
2d Conv 2,870		8,620	14,360	35,900	50,260	71,800
2d Cpe 3,150		9,460	15,760	39,400	55,160	78,800
2d Conv 3,310		9,940	16,570	41,430	58,000	82,850
2011 PanAmera, 3.6L V6						
4d GT Sed 1,070		3,220	5,360	13,400	18,760	26,800
2011 PanAmera, AWD, 3.6L V8						
4d GTSed 1,360		4,080	6,800	17,000	23,800	34,000
2011 PanAmera, 4.8L V8						
4d S GT Sed 1,360		4,070	6,780	16,950	23,730	33,900
2011 PanAmera, AWD, 4.8L V8						
4d4 S GT Sed 1,280		3,830	6,380	15,950	22,330	31,900
2011 PanAmera, AWD, 4.8L Twin-Turbo V8						
4d GT Sed 1,710		5,140	8,560	21,400	29,960	42,800

RENAULT

	6	5	4	3	2	1
1946-48 Juvaquatre, 4-cyl., 760cc 4CV, 4-cyl., 760cc. 83" wb						
4d Sed 300		850	1,400	3,150	4,900	7,000
1949 4CV, 4-cyl., 760cc, 83" wb						
Std 4d Sed 300		850	1,400	3,150	4,900	7,000
Grande Luxe 4d Sed. 280		840	1,400	3,150	4,900	7,000
1950 4CV, 4-cyl., 760cc, 83" wb						
Grande Luxe 4d Sed. 280		840	1,400	3,150	4,900	7,000
1951 4CV, Sliding Windows 4-cyl., 747cc, 83" wb						
R-1060 4d Sed 300		850	1,400	3,150	4,900	7,000
1951 4CV Luxe, Rolldown Windows						
R-1062 4d Sed 300		850	1,400	3,150	4,900	7,000
1951 4CV Super Grande Luxe, Rolldown Windows						
R-1062 4d Sed 300		850	1,400	3,150	4,900	7,000
R-1062 4d Conv 300		900	1,500	3,380	5,250	7,500
1952 4CV Luxe, 4-cyl., 747cc, 83" wb						
R-1062 4d Sed 300		850	1,400	3,150	4,900	7,000
1952 4CV Super Grande Luxe						
R-1062 4d Sed 300		850	1,400	3,150	4,900	7,000
R-1062 4d Conv 300		900	1,500	3,380	5,250	7,500
NOTE: All models had rollup windows.						
1953-54 4CV Luxe, Sport Line 4-cyl., 747cc, 83" wb						
R-1062 4d Sed 300		850	1,400	3,150	4,900	7,000
1953-54 4CV Super Grande Luxe, Sport Line 4-cyl., 747cc, 83" wb						
R-1062 4d Conv 300		900	1,500	3,380	5,250	7,500
1953-54 Fregate, 4-cyl., 1997cc, 110.25" wb						
R-1100 4d Sed 200		650	1,100	2,480	3,850	5,500
1955-56 4CV Luxe, Sport Line 4-cyl., 747cc, 82.7" wb						
R-1062 4d Sed 300		850	1,400	3,150	4,900	7,000
1955-56 4CV Super Grande Luxe 4-cyl., 747cc, 82.7" wb						
R-1062 4d Conv 300		900	1,500	3,380	5,250	7,500
1957-59 4CV, Sport Line 4-cyl., 747cc, 82.7" wb						
R-1062 4d Sed 300		850	1,400	3,150	4,900	7,000
1957-59 Dauphine, 4-cyl., 845cc, 89" wb						
R-1090 4d Sed 250		700	1,200	2,700	4,200	6,000
1960-62 4CV, 1960-61 4-cyl., 747cc, 83" wb						
R-1062 4d Sed 300		850	1,400	3,150	4,900	7,000

	6	5	4	3	2	1
4d Sed S/R	300	850	1,400	3,150	4,900	7,000
1960-62 Dauphine, 4-cyl., 845cc, 89" wb						
R-1090 4d Sed	250	700	1,200	2,700	4,200	6,000
4d Sed S/R	250	700	1,200	2,700	4,200	6,000
1960-62 Gordini, 1961-62 4-cyl., 845cc, 89" wb						
R-1091A 4d Spt Sed.	220	660	1,100	2,480	3,850	5,500
1960-62 Caravella R-1092, 4-cyl., 845cc, 89" wb						
2d Conv	350	1,000	1,700	3,830	5,950	8,500
2d Cpe	300	950	1,600	3,600	5,600	8,000
2d HdTp Conv	350	1,000	1,700	3,830	5,950	8,500
1963-66 Dauphine, 4-cyl., 845cc, 89" wb						
R-1090 4d Sed	250	700	1,200	2,700	4,200	6,000
1963-66 Caravella S, 1963, 4-cyl., 956cc, 89" wb						
R-1133 2d Conv	350	1,000	1,700	3,830	5,950	8,500
R-1131 2d Cpe	300	950	1,600	3,600	5,600	8,000
2d HT Cpe	350	1,000	1,700	3,830	5,950	8,500
1963-66 Caravella 1964-66, 4-cyl., 89" wb						
R-1133 2d Conv	350	1,000	1,700	3,830	5,950	8,500
R-1131 2d Cpe	300	950	1,600	3,600	5,600	8,000
1963-66 R8, 4-cyl., 956cc, 89" wb						
R-1130 4d Sed	200	650	1,100	2,480	3,850	5,500
1963-66 R8 1100, 1964-66, 4-cyl., 1108cc, 89" wb						
R-1132 4d Sed	200	650	1,100	2,480	3,850	5,500
1963-66 R8 Gordini, 1965-66, 4-cyl., 89" wb						
R-1134 4d Sed	250	700	1,200	2,700	4,200	6,000
1967-68 10, R-10, 4-cyl., 1108cc, 89" wb						
R-1190 4d Sed	200	650	1,100	2,480	3,850	5,500
1969-70 10, 1969 R-10, 4-cyl., 1108cc, 89" wb						
R-1190 4d Sed	200	650	1,100	2,480	3,850	5,500
1969-70 10, 1970 R-10, 4-cyl., 1289cc, 89" wb						
4d Sed	250	700	1,200	2,700	4,200	6,000
1969-70 16, 1970 R-16, 4-cyl., 1565cc, FWD, 105.8" wb						
R-1152 4d Sed Wag	260	780	1,300	2,930	4,550	6,500
1971-75 R-10, 1971 only, 4-cyl., 1289cc, 89" wb						
4d Sed	250	700	1,200	2,700	4,200	6,000
1971-75 R-12, 1972-up, 4-cyl., 1565cc, FWD, 96" wb						
4d Sed	250	800	1,300	2,930	4,550	6,500
4d Sta Wag	250	700	1,200	2,700	4,200	6,000
1971-75 R-15, 1972-up, 4-cyl., 1647cc, FWD, 96" wb						
2d Cpe	250	800	1,300	2,930	4,550	6,500
1971-75 R-16, 1971-72 only, 4-cyl., 1565cc, FWD, 105.8" wb						
4d Sed	200	650	1,100	2,480	3,850	5,500
1971-75 R-17, 1972-up, 4-cyl., 1565cc-1647cc, FWD, 96" wb						
2d Spt Cpe	300	850	1,400	3,150	4,900	7,000
1976-80 R-5, 1976, 4-cyl., 1289cc, FWD, 94.6-95.8" wb						
R-5TL 2d HBk.	200	650	1,100	2,480	3,850	5,500
R-5GTL 2d HBk	200	650	1,100	2,480	3,850	5,500
1976-80 LeCar, 1977-up, 4-cyl., 1289cc-1397cc, FWD						
TL 2d HBk.	200	650	1,100	2,480	3,850	5,500
GTL 2d HBk	200	650	1,100	2,480	3,850	5,500
1976-80 R-12, 1976-77 only, 4-cyl., 1647cc, FWD, 96" wb						
TL 4d Sed.	200	600	1,000	2,250	3,500	5,000
GTL 4d Sed	200	600	1,000	2,250	3,500	5,000
R-12 4d Sta Wag	200	650	1,050	2,390	3,700	5,300
1976-80 R-15, 1976 only, 4-cyl., 1647cc, FWD, 96" wb						
TL 2d Cpe.	200	600	1,000	2,250	3,500	5,000
1976-80 R-17, 4-cyl., 1647cc, FWD, 96" wb						
TL 2d Cpe/Conv	250	800	1,300	2,930	4,550	6,500
Gordini 2d Cpe/Conv	280	840	1,400	3,150	4,900	7,000
1981 LeCar, 4-cyl., 1397cc, FWD, 95.2" wb						
2d HBk	200	650	1,100	2,480	3,850	5,500
1981 LeCar, 4-cyl., 95.2" wb, 1397cc, FWD						
DeL 2d HBk	200	650	1,100	2,480	3,850	5,500
DeL 4d HBk	200	650	1,100	2,480	3,850	5,500
1981 18i, 4-cyl., 1647cc, FWD, 96.1" wb						
4d Sed	200	650	1,100	2,480	3,850	5,500
4d Sta Wag.	250	700	1,150	2,570	4,000	5,700
DeL 4d Sed.	250	700	1,150	2,570	4,000	5,700
DeL 4d Sta Wag	250	700	1,200	2,660	4,150	5,900
1982 LeCar, 4-cyl., 1397cc, FWD, 95.2" wb						
2d HBk	200	650	1,100	2,480	3,850	5,500
DeL 2d HBk	250	700	1,150	2,570	4,000	5,700
DeL 4d HBk	250	700	1,150	2,570	4,000	5,700
1982 Fuego, 4-cyl., 1647cc, FWD, 96.1" wb						
2d Cpe	250	800	1,300	2,930	4,550	6,500
1982 18i, 4-cyl., 1647cc, FWD, 96.1" wb						
4d Sed	200	650	1,100	2,480	3,850	5,500
4d Sta Wag.	250	700	1,150	2,570	4,000	5,700

	6	5	4	3	2	1
DeL 4d Sed.	250	700	1,150	2,570	4,000	5,700
DeL 4d Sta Wag	250	700	1,200	2,660	4,150	5,900
1983 LeCar, 4-cyl., 1397cc, FWD, 95.2" wb						
2d HBk	200	650	1,100	2,480	3,850	5,500
DeL 2d HBk	250	700	1,150	2,570	4,000	5,700
DeL 4d HBk	250	700	1,200	2,660	4,150	5,900
1983 Fuego, 4-cyl., 1647cc, FWD, 96.1" wb						
2d Cpe	250	800	1,300	2,930	4,550	6,500
1983 Fuego Turbo, 4-cyl., 1565cc, FWD, 96.1" wb						
2d Cpe	300	850	1,400	3,150	4,900	7,000
1983 18i, 4-cyl., 1647cc, FWD, 96.1" wb						
DeL 4d Sed	200	650	1,100	2,480	3,850	5,500
DeL 4d Sta Wag	250	700	1,150	2,570	4,000	5,700
1984 Fuego, 4-cyl., 2165cc, FWD, 96.1" wb						
2d Cpe	250	800	1,300	2,930	4,550	6,500
1984 Fuego Turbo, 4-cyl., 1565cc, FWD, 96.1" wb						
2d Cpe	300	850	1,400	3,150	4,900	7,000
1984 Sportwagon, 4-cyl., 2165cc, FWD, 96.1" wb						
4d Sta Wag	250	700	1,150	2,570	4,000	5,700
1985 Fuego, 4-cyl., 2165cc, FWD, 96.1" wb						
2d Cpe	300	850	1,400	3,150	4,900	7,000
1985 Sportwagon, 4-cyl., 2165cc, FWD, 96.1" wb						
4d Sta Wag	250	700	1,150	2,570	4,000	5,700

ROLLS-ROYCE

	6	5	4	3	2	1
1947-51 6-cyl., 4257cc, 127" wb, 133" wb (1951), Silver Wraith Freestone & Webb						
Cpe	3,320	9,960	16,600	37,350	58,100	83,000
Limo	2,200	6,600	11,000	24,750	38,500	55,000
Saloon	1,960	5,880	9,800	22,050	34,300	49,000
Spt Saloon	2,040	6,120	10,200	22,950	35,700	51,000
1947-51 Hooper						
DHC	4,320	12,960	21,600	48,600	75,600	108,000
Treviot	2,200	6,600	11,000	24,750	38,500	55,000
Treviot II	2,240	6,720	11,200	25,200	39,200	56,000
Treviot III	2,280	6,840	11,400	25,650	39,900	57,000
1947-51 H.J. Mulliner						
Sedanca de Ville	3,320	9,960	16,600	37,350	58,100	83,000
Tr Limo	2,280	6,840	11,400	25,650	39,900	57,000
1947-51 Park Ward						
Saloon	2,120	6,360	10,600	23,850	37,100	53,000
1947-51 James Young						
Limo	2,280	6,840	11,400	25,650	39,900	57,000
Saloon	2,200	6,000	11,000	24,750	38,500	55,000
1949-51 6-cyl., 4257cc, 120" wb, Silver Dawn						
Std Steel Saloon	2,200	6,600	11,000	24,750	38,500	55,000
1949-51 Farina						
Spl Saloon	2,800	8,400	14,000	31,500	49,000	70,000
1949-51 Freestone & Webb						
Saloon	2,280	6,840	11,400	25,650	39,900	57,000
1949-51 Park Ward						
DHC	3,440	10,320	17,200	38,700	60,200	86,000
FHC	3,000	9,000	15,000	33,750	52,500	75,000
1950-56 8-cyl., 5675cc, 145" wb, Phantom IV						
Park Ward Limo	6,360	19,080	31,800	71,550	111,300	159,000
1951-52 6-cyl., 4566cc, 127" wb, Silver Wraith Freestone & Webb						
Cpe	2,880	8,640	14,400	32,400	50,400	72,000
1951-55 6-cyl., 4566cc, 127" wb, Silver Wraith Freestone & Webb						
Spt Saloon	2,280	6,840	11,400	25,650	39,900	57,000
1951-55 Hooper						
Tr Limo	2,120	6,360	10,600	23,850	37,100	53,000
1951-55 H.J. Mulliner						
Tr Limo	2,280	6,840	11,400	25,650	39,900	57,000
1951-55 Park Ward						
Limo	2,240	6,720	11,200	25,200	39,200	56,000
1951-55 6-cyl., 4566cc, 120" wb, Silver Dawn						
Std Steel Saloon	2,200	6,600	11,000	24,750	38,500	55,000
1951-55 Park Ward						
DHC	3,520	10,560	17,600	39,600	61,600	88,000
1955-59 6-cyl., 4887cc, 123" wb, 127" wb (after 1957), Silver Cloud						
Std Steel Saloon	2,120	6,360	10,600	23,850	37,100	53,000
1955-59 H.J. Mulliner						
DHC	4,400	13,200	22,000	49,500	77,000	110,000
1955-59 Park Ward						
Saloon, LWB	2,160	6,480	10,800	24,300	37,800	54,000
1955-59 James Young						
Saloon	2,600	7,800	13,000	29,250	45,500	65,000
NOTE: Deduct 30% for RHD.						
1955-59 6-cyl., 4887cc, 133" wb, Silver Wraith Hooper						
Limo, LWB	2,280	6,840	11,400	25,650	39,900	57,000

ROLLS-ROYCE

	6	5	4	3	2	1
Saloon	2,200	6,600	11,000	24,750	38,500	55,000
1955-59 H.J. Mulliner						
Tr Limo	2,360	7,080	11,800	26,550	41,300	59,000
1955-59 Park Ward						
Limo	2,120	6,360	10,600	23,850	37,100	53,000
Saloon	2,080	6,240	10,400	23,400	36,400	52,000
NOTE: Deduct 30% for RHD.						
1959-62 V-8, 6230cc, 123" wb, 127" wb (after 1960), Silver Cloud II						
Std Steel Saloon	1,960	5,880	9,800	22,050	34,300	49,000
1959-62 H.J. Mulliner						
DHC	4,240	12,720	21,200	47,700	74,200	106,000
1959-62 Radford						
Countryman	2,200	6,600	11,000	24,750	38,500	55,000
1959-62 James Young						
Limo, LWB	2,640	7,920	13,200	29,700	46,200	66,000
NOTE: Deduct 30% for RHD.						
1960-68 V-8, 6230cc, 144" wb, Phantom V H.J. Mulliner-Park Ward						
Landaulette	6,360	19,080	31,800	71,550	111,300	159,000
Limo	2,960	8,880	14,800	33,300	51,800	74,000
1960-68 Park Ward						
Limo	2,400	7,200	12,000	27,000	42,000	60,000
1960-68 James Young						
Limo	3,360	10,080	16,800	37,800	58,800	84,000
Sedanca de Ville	6,360	19,080	31,800	71,550	111,300	159,000
NOTE: Deduct 30% for RHD.						
1962-66 V-8, 6230cc, 123" wb, 127" wb, Silver Cloud III						
Std Steel Saloon	3,120	9,360	15,600	35,100	54,600	78,000
1962-66 H.J. Mulliner						
2d Saloon	2,360	7,080	11,800	26,550	41,300	59,000
DHC	5,280	15,840	26,400	59,400	92,400	132,000
Flying Spur	3,600	10,800	18,000	40,500	63,000	90,000
NOTE: Deduct 30% for RHD.						
1962-66 James Young						
4d Spt Saloon	1,960	5,880	9,800	22,050	34,300	49,000
Cpe	2,400	7,200	12,000	27,000	42,000	60,000
Tr Limo, SWB	2,720	8,160	13,600	30,600	47,600	68,000
Tr Limo, LWB	3,200	9,600	16,000	36,000	56,000	80,000
1962-66 Park Ward						
DHC	2,600	7,800	13,000	29,250	45,500	65,000
Limo, LWB	2,720	8,160	13,600	30,600	47,600	68,000
NOTE: Deduct 30% for RHD.						
1965-69 V-8, 6230cc, 119.5" wb, 123.5" wb, Silver Shadow						
Std Steel Saloon	1,920	5,760	9,600	21,600	33,600	48,000
LWB Saloon	2,040	6,120	10,200	22,950	35,700	51,000
1965-69 Mulliner-Park Ward						
2d Saloon	2,160	6,480	10,800	24,300	37,800	54,000
DHC	2,280	6,840	11,400	25,650	39,900	57,000
1965-69 James Young						
2d Saloon	2,160	6,480	10,800	24,300	37,800	54,000
NOTE: Deduct 30% for RHD.						
1968-77 V-8, 6230cc, 145" wb, Phantom VI						
Landau	4,000	12,000	20,000	45,000	70,000	100,000
Limo	3,600	10,800	18,000	40,500	63,000	90,000
1968-77 Mulliner-Park Ward						
Laudaulette	7,360	22,080	36,800	82,800	128,800	184,000
NOTE: Deduct 30% for RHD.						
1970-76 V-8, 6750cc, 119.5" wb, 123.5" wb, Silver Shadow						
Std Steel Saloon	2,040	6,120	10,200	22,950	35,700	51,000
1970-76 V-8, 6750cc, 119.5" wb, 123.5" wb Silver Shadow						
LWB Saloon	2,240	6,720	11,200	25,200	39,200	56,000
1970-76 Mulliner-Park Ward						
2d Saloon	2,480	7,440	12,400	27,900	43,400	62,000
DHC	2,880	8,640	14,400	32,400	50,400	72,000
NOTE: Deduct 30% for RHD.						
1971-77 V-8, 6750cc, 119" wb, Corniche						
2d Saloon	2,640	7,920	13,200	29,700	46,200	66,000
Conv	3,280	9,840	16,400	36,900	57,400	82,000
NOTE: Deduct 30% for RHD.						
1975-78 V-8, 6750cc, 108.5" wb						
Camarque	2,240	6,720	11,200	25,200	39,200	56,000
NOTE: Deduct 30% for RHD.						
1977-78 V-8, 6750cc, 120" wb						
Silver Shadow II	2,040	6,120	10,200	22,950	35,700	51,000
1977-78 V-8, 6750cc, 123.5" wb						
Silver Wraith II	2,240	6,720	11,200	25,200	39,200	56,000
NOTE: Add 10% for factory sunroof. Deduct 30% for RHD.						
1979 V-8, 6750cc, 123.5" wb						
4d Silver Spirit	2,550	7,700	12,800	28,800	44,800	64,000
4d Silver Spur	2,650	7,900	13,200	29,700	46,200	66,000

ROLLS-ROYCE

	6	5	4	3	2	1
2d Conv Corniche	3,500	10,600	17,600	39,600	61,500	88,000
2d Camargue	2,600	7,800	13,000	29,250	45,500	65,000
4d Phantom VI	6,700	20,000	33,400	75,150	117,000	167,000
4d Silver Shadow	2,450	7,300	12,200	27,450	42,700	61,000
4d Silver Wraith	2,550	7,700	12,800	28,800	44,800	64,000
1980 V-8, 6750cc, 123.5" wb						
4d Silver Spirit	2,550	7,700	12,800	28,800	44,800	64,000
4d Silver Spur	2,650	7,900	13,200	29,700	46,200	66,000
2d Conv Corniche	3,500	10,600	17,600	39,600	61,500	88,000
2d Camargue	2,650	7,900	13,200	29,700	46,200	66,000
4d Phantom VI	6,700	20,000	33,400	75,150	117,000	167,000
4d Silver Shadow	2,450	7,300	12,200	27,450	42,700	61,000
4d Silver Wraith	2,550	7,700	12,800	28,800	44,800	64,000
1981 V-8, 6750cc, 123.5" wb						
4d Silver Spirit	2,550	7,700	12,800	28,800	44,800	64,000
4d Silver Spur	2,650	7,900	13,200	29,700	46,200	66,000
2d Conv Corniche	3,500	10,600	17,600	39,600	61,500	88,000
2d Camargue	2,600	7,800	13,000	29,250	45,500	65,000
4d Phantom VI	6,700	20,000	33,400	75,150	117,000	167,000
1982 V-8, 6750cc, 123.5" wb						
4d Silver Spirit	2,500	7,550	12,600	28,350	44,100	63,000
4d Silver Spur	2,650	7,900	13,200	29,700	46,200	66,000
2d Conv Corniche	3,600	10,800	18,000	40,500	63,000	90,000
2d Camargue	2,550	7,700	12,800	28,800	44,800	64,000
4d Phantom VI	6,700	20,000	33,400	75,150	117,000	167,000
1983 V-8, 6750cc, 123.5" wb						
4d Silver Spirit	2,500	7,550	12,600	28,350	44,100	63,000
4d Silver Spur	2,650	7,900	13,200	29,700	46,200	66,000
2d Conv Corniche	3,600	10,800	18,000	40,500	63,000	90,000
2d Camargue	2,550	7,700	12,800	28,800	44,800	64,000
4d Phantom VI	6,700	20,000	33,400	75,150	117,000	167,000
1984 V-8, 6750cc, 123.5" wb						
4d Silver Spirit Sed	2,000	7,800	13,000	29,250	45,500	65,000
4d Silver Spur Sed	2,720	8,160	13,600	30,600	47,600	68,000
2d Camargue Cpe	2,700	8,150	13,600	30,600	47,600	68,000
2d Corniche Conv	3,750	11,300	18,800	42,300	66,000	94,000
1985 V-8, 6750cc, 123.5" wb						
4d Silver Spirit Sed	2,720	8,160	13,600	30,600	47,600	68,000
4d Silver Spur Sed	2,960	8,880	14,800	33,300	51,800	74,000
2d Camargue Cpe	3,000	9,000	15,000	33,750	52,500	75,000
2d Corniche Conv	4,000	12,000	20,000	45,000	70,000	100,000
1986 V-8, 6750cc, 123.5" wb						
4d Silver Spirit Sed	2,960	8,880	14,800	33,300	51,800	74,000
4d Silver Spur Sed	3,160	9,480	15,800	35,550	55,300	79,000
2d Camargue Cpe	3,200	9,600	16,000	36,000	56,000	80,000
2d Corniche Conv	4,100	12,200	20,400	45,900	71,500	102,000
1987 V-8, 6750cc, 123.5" wb						
4d Silver Spirit Sed	2,320	6,960	11,600	26,100	40,600	58,000
4d Silver Spur Sed	2,440	7,320	12,200	27,450	42,700	61,000
2d Camargue Cpe	3,400	10,200	17,000	38,250	59,500	85,000
2d Corniche Conv	5,300	15,800	26,400	59,400	92,500	132,000
4d Silver Spur Limo	4,880	14,640	24,400	54,900	85,400	122,000
1988 V-8, 6750cc, 123.5" wb						
4d Silver Spirit Sed	2,020	6,900	11,000	26,100	40,000	58,000
4d Silver Spur Sed	2,440	7,320	12,200	27,450	42,700	61,000
2d Corniche Conv	5,500	16,600	27,600	62,100	96,500	138,000
1989 V-8, 6750cc, 123.5" wb						
4d Silver Spirit Sed	2,520	7,560	12,600	28,350	44,100	63,000
4d Silver Spur Sed	2,640	7,920	13,200	29,700	46,200	66,000
2d Corniche Conv	5,600	16,800	28,000	63,000	98,000	140,000
1990 V-8, 6750cc, 123.5" wb						
4d Silver Spirit Sed	2,720	8,160	13,600	30,600	47,600	68,000
4d Silver Spur Sed	2,800	8,400	14,000	31,500	49,000	70,000
2d Corniche Conv	5,600	16,800	28,000	63,000	98,000	140,000
1991 Silver Spirit II						
4d Sed, SWB	2,900	8,650	14,400	32,400	50,400	72,000
4d Sed, LWB	3,100	9,350	15,600	35,100	54,600	78,000
1991 Corniche III						
2d Conv	5,700	17,000	28,400	63,900	99,500	142,000
1992 Silver Spirit, V-8						
4d Sed	3,100	9,350	15,600	35,100	54,600	78,000
1992 Silver Spur, V-8						
4d Sed	3,500	10,600	17,600	39,600	61,500	88,000
4d Limo	5,500	16,600	27,600	62,100	96,500	138,000
1992 Corniche IV, V-8						
2d Conv	5,900	17,600	29,400	66,150	103,000	147,000
1993 Silver Spur IV						
4d Sed	3,900	11,600	19,400	43,650	68,000	97,000

ROLLS-ROYCE

	6	5	4	3	2	1
1993 Silver Spur						
4d Limo	5,700	17,000	28,400	63,900	99,500	142,000
1993 Corniche IV						
2d Conv	6,500	19,400	32,400	72,900	113,000	162,000
1994 Corniche IV, V-8						
2d Conv	7,500	22,400	37,400	84,150	131,000	187,000
1994 Silver Spirit II, V-8						
4d Sed	3,950	11,900	19,800	44,550	69,500	99,000
1994 Silver Spur III, V-8						
4d Sed, LWB	4,050	12,100	20,200	45,450	70,500	101,000
4d Limo	7,300	21,800	36,400	81,900	127,000	182,000
1995 Corniche IV, V-8						
2d Conv	7,300	22,000	36,600	82,350	128,000	183,000
2d Conv, Turbo	10,200	30,600	51,000	114,750	179,000	255,000
1995 Silver Dawn, V-8						
4d Sed	2,900	8,750	14,600	32,850	51,100	73,000
1995 Silver Spur III, V-8						
4d Sed, LWB	3,900	11,600	19,400	43,650	68,000	97,000
4d Limo	7,100	21,400	35,600	80,100	125,000	178,000
1996 Silver Dawn, V-8						
4d Sed	3,000	9,000	15,000	33,750	52,500	75,000
1996 Silver Spur III, V-8						
4d Sed, LWB	3,950	11,900	19,800	44,550	69,500	99,000
4d Limo	7,200	21,600	36,000	81,000	126,000	180,000
1997 Silver Dawn, V-8						
4d Sed	3,000	9,000	15,000	33,750	52,500	75,000
1997 Silver Spur III, V-8						
4d Sed, LWB	3,960	11,880	19,800	44,550	69,300	99,000
4d Limo	7,200	21,600	36,000	81,000	126,000	180,000
1997 Corniche IV, V-8						
2d Conv	6,000	18,000	30,000	67,500	105,000	150,000
1998 Silver Spur III, V-8						
4d Sed, LWB	3,960	11,880	19,800	44,550	69,300	99,000
4d Limo	7,200	21,600	36,000	81,000	126,000	180,000
1999 Silver Seraph, V-12						
4d Sed	4,400	13,200	22,000	49,500	77,000	110,000
2000 Silver Seraph, V-12						
4d Sed	4,600	13,800	23,000	51,750	80,500	115,000
2000 Corniche IV, V-8						
2d Conv Cpe	8,400	25,200	42,000	94,500	147,000	210,000
2001 Silver Seraph, V-12						
4d Sed	4,600	13,800	23,000	57,500	80,500	115,000
2001 Park Ward, V-12						
4d Sed	5,000	15,000	25,000	62,500	87,500	125,000
2001 Corniche IV, V-8						
2d Conv Cpe	8,400	25,200	42,000	105,000	147,000	210,000
2002 Silver Seraph, V-12						
4d Sed	4,600	13,800	23,000	57,500	80,500	115,000
2002 Park Ward, V-12						
4d Sed	5,000	15,000	25,000	62,500	87,500	125,000
2002 Corniche IV, V-8						
2d Conv	8,400	25,200	42,000	105,000	147,000	210,000
2003 Phantom VI, V-12						
4d Sed	5,400	16,200	27,000	67,500	94,500	135,000
2004 Phantom VI, V-12						
4d Sed	5,400	16,200	27,000	67,500	94,500	135,000
2005 Phantom VI, V-12						
4d Sed	5,400	16,200	27,000	67,500	94,500	135,000
2006 Phantom, 6.7L V-12						
4d Saloon	7,200	21,600	36,000	81,000	126,000	180,000
4d Drophead	10,000	30,000	50,000	112,500	175,000	250,000
2007 Phantom, 6.7L V-12						
4d Saloon	7,510	22,520	37,540	93,850	131,390	187,700
4d Drophead	9,400	28,200	47,000	117,500	164,500	235,000
2008 Rolls-Royce Phantom, 6.7L V-12						
4d Saloon	8,240	24,720	41,200	103,000	144,200	206,000
4d Extended Saloon	10,200	30,600	51,000	127,500	178,500	255,000
4d Drophead	11,400	34,200	57,000	142,500	199,500	285,000
2009 Rolls-Royce Phantom, 6.7L V-12						
4d Saloon	7,600	22,800	38,000	95,000	133,000	190,000
4d Extended Saloon	9,000	27,000	45,000	112,500	157,500	225,000
2d Cpe	9,800	29,400	49,000	122,500	171,500	245,000
2d Drophead Cpr	11,000	33,000	55,000	137,500	192,500	275,000
2010 Rolls-Royce Ghost, 6.6L V12 Twin-Turbo						
4d Saloon	5,380	16,150	26,920	67,300	94,220	134,600
2010 Rolls-RoycePhantom, 6.7L V12						
4d Saloon	8,570	25,700	42,840	107,100	149,940	214,200
2d Cpe	10,050	30,160	50,260	125,650	175,910	251,300

	6	5	4	3	2	1
4d Extended Saloon	10,840	32,510	54,180	135,450	189,630	270,900
2d Drophead Cpe	11,960	35,870	59,780	149,450	209,230	298,900
2011 Rolls- Royce Ghost, 6.6L V-12 Twin-Turbo						
4d Saloon	5,380	16,150	26,920	67,300	94,220	134,600
2011 Rolls- Royce Phantom, 6.8						
4d Extended Saloon	10,840	32,510	54,180	135,450	189,630	270,900
4d Cpe	10,050	30,160	50,260	125,650	175,910	251,300
4d Drophead Cpe	11,960	35,870	59,780	149,450	209,230	298,900

SAAB

	6	5	4	3	2	1
1950-52 2-cyl., 764cc, 97.2" wb						
92 2d Sed	350	1,060	1,760	3,960	6,160	8,800
1953-55 2-cyl., 764cc, 97.2" wb						
92B 2d Sed	330	1,000	1,660	3,740	5,810	8,300
1956-57 3-cyl., 748cc, 98" wb						
93 2d Sed	310	940	1,560	3,510	5,460	7,800
1958 3-cyl., 748cc, 98" wb						
93B 2d Sed	290	880	1,460	3,290	5,110	7,300
GT 750 2d Sed	310	940	1,560	3,510	5,460	7,800
1959 3-cyl., 748cc, 98" wb						
93B 2d Sed	290	880	1,460	3,290	5,110	7,300
GT 750 2d Sed	310	940	1,560	3,510	5,460	7,800
1959 3-cyl., 841cc, 98" wb						
95 2d Sta Wag	300	910	1,520	3,420	5,320	7,600
1960 3-cyl., 748cc, 98" wb						
93F 2d Sed	290	880	1,460	3,290	5,110	7,300
GT 750 2d Sed	310	940	1,560	3,510	5,460	7,800
1960 3-cyl., 841cc, 98" wb						
96 2d Sed	290	880	1,460	3,290	5,110	7,300
95 2d Sta Wag	300	910	1,520	3,420	5,320	7,600
1961 3-cyl., 748cc, 98" wb						
GT 750 2d Sed	310	940	1,560	3,510	5,460	7,800
1961 3-cyl., 841cc, 98" wb						
96 2d Sed	280	840	1,400	3,150	4,900	7,000
95 2d Sta Wag	280	850	1,420	3,200	4,970	7,100
1962 3-cyl., 748cc, 98" wb						
GT 750 2d Sed	310	940	1,560	3,510	5,460	7,800
1962 3-cyl., 841cc, 98" wb						
96 2d Sed	280	840	1,400	3,150	4,900	7,000
95 2d Sta Wag	280	850	1,420	3,200	4,970	7,100
2d Spt Sed	290	880	1,460	3,290	5,110	7,300
1963 3-cyl., 841cc, 98" wb						
96 2d Sed	280	840	1,400	3,150	4,900	7,000
95 2d Sta Wag	280	850	1,420	3,200	4,970	7,100
Spt/GT 850 2d Sed	290	880	1,460	3,290	5,110	7,300
1964 3-cyl., 841cc, 98" wb						
96 2d Sed	280	840	1,400	3,150	4,900	7,000
95 2d Sta Wag	290	880	1,460	3,290	5,110	7,300
Spt/Monte Carlo 850 2d Sed	330	1,000	1,660	3,740	5,810	8,300
1965 3-cyl., 841cc, 98" wb						
96 2d Sed	280	840	1,400	3,150	4,900	7,000
95 2d Sta Wag	280	850	1,420	3,200	4,970	7,100
Spt/Monte Carlo 850 2d Sed	330	1,000	1,660	3,740	5,810	8,300
1966 3-cyl., 841cc, 98" wb						
96 2d Sed	280	840	1,400	3,150	4,900	7,000
96 Spl 2d Sed	280	850	1,420	3,200	4,970	7,100
95 2d Sta Wag	290	860	1,440	3,240	5,040	7,200
Monte Carlo 850 2d Sed	330	1,000	1,660	3,740	5,810	8,300
1966 3-cyl., 841cc, 84.6" wb						
Sonett II	330	1,000	1,660	3,740	5,810	8,300
1967 3-cyl., 841cc, 98" wb						
96 Shrike 2d Sed	240	720	1,200	2,700	4,200	6,000
95 2d Sta Wag	240	730	1,220	2,750	4,270	6,100
Monte Carlo 850 2d Sed	330	1,000	1,660	3,740	5,810	8,300
1967 3-cyl., 841cc, 84.6" wb						
Sonett II	330	1,000	1,660	3,740	5,810	8,300
1967 V-4, 1498cc, 98" wb						
90 V4 2d Sed	240	720	1,200	2,700	4,200	6,000
95 V4 2d Sta Wag	240	730	1,220	2,750	4,270	6,100
Monte Carlo V4 2d Sed	340	1,020	1,700	3,830	5,950	8,500
1967 V-4, 1498cc, 84.6" wb						
Sonett V4	330	1,000	1,660	3,740	5,810	8,300
1968 3-cyl., 841cc (816cc Shrike), 98" wb						
96 Shrike 2d Sed	270	820	1,360	3,060	4,760	6,800
96 2d Sed	280	830	1,380	3,110	4,830	6,900
95 Shrike 2d Sta Wag	270	820	1,360	3,060	4,760	6,800
95 2d Sta Wag	280	830	1,380	3,110	4,830	6,900
1968 V-4, 1498cc, 98" wb						
96 V4 2d Sed	290	880	1,460	3,290	5,110	7,300

	6	5	4	3	2	1
96 V4 2d DeL Sed	300	890	1,480	3,330	5,180	7,400
95 V4 2d Sta Wag	300	900	1,500	3,380	5,250	7,500
95 V4C 2d Sta Wag	300	910	1,520	3,420	5,320	7,600
Monte Carlo V4 2d Sed	340	1,010	1,680	3,780	5,880	8,400
1968 V-4, 1498cc, 84.6" wb						
Sonett V4	320	960	1,600	3,600	5,600	8,000
1969 V-4, 1498cc, 98" wb						
96 V4 2d Sed	290	880	1,460	3,290	5,110	7,300
96 V4 2d DeL Sed	300	890	1,480	3,330	5,180	7,400
95 V4 2d Sta Wag	290	880	1,460	3,290	5,110	7,300
1969 V-4, 1498cc, 84.6" wb						
Sonett V4	320	960	1,600	3,600	5,600	8,000
1969 4-cyl., 1709cc, 97.4" wb						
99 2d Sed	290	880	1,460	3,290	5,110	7,300
1970 V-4, 1498cc, 98" wb						
96 V4 2d Sed	290	880	1,460	3,290	5,110	7,300
95 V4 2d Sta Wag	300	910	1,520	3,420	5,320	7,600
1970 V-4, 84.6" wb						
Sonett III	340	1,020	1,700	3,830	5,950	8,500
1970 4-cyl., 1709cc, 97.4" wb						
99 2d Sed	290	860	1,440	3,240	5,040	7,200
99 4d Sed	280	850	1,420	3,200	4,970	7,100
1971 V-4, 1698cc, 98" wb						
96 V4 2d Sed	250	760	1,260	2,840	4,410	6,300
95 V4 2d Sta Wag	260	790	1,320	2,970	4,620	6,600
1971 V-4, 1698cc, 84.6" wb						
Sonett III	320	960	1,600	3,600	5,600	8,000
1971 4-cyl., 1709cc, 97.4" wb						
99 2d Sed	250	760	1,260	2,840	4,410	6,300
99 4d Sed	250	740	1,240	2,790	4,340	6,200
1972 V-4, 1698cc, 98" wb						
96 V4 2d Sed	250	760	1,260	2,840	4,410	6,300
95 V4 2d Sta Wag	260	790	1,320	2,970	4,620	6,600
1972 V-4, 1698cc, 84.6" wb						
Sonett III	320	960	1,600	3,600	5,600	8,000
1972 4-cyl., 1850/1985cc, 97.4" wb						
99 2d Sed	250	760	1,260	2,840	4,410	6,300
99EMS 2d Sed	270	820	1,360	3,060	4,760	6,800
99 4d Sed	250	760	1,260	2,840	4,410	6,300
1973 V-4, 1698cc, 98" wb						
96 V4	250	760	1,260	2,840	4,410	6,300
95 V4 2d Sta Wag	260	790	1,320	2,970	4,620	6,600
1973 V-4, 1698cc, 84.6" wb						
Sonett III	320	960	1,600	3,600	5,600	8,000
1973 4-cyl., 1850/1985cc, 97.4" wb						
99X7 2d Sed	250	740	1,240	2,790	4,340	6,200
99L 2d Sed	250	740	1,240	2,790	4,340	6,200
99L 4d Sed	240	730	1,220	2,750	4,270	6,100
99EMS 2d Sed	270	820	1,360	3,060	4,760	6,800
1974 V-4, 1698cc, 98" wb						
96 V4 2d Sed	250	760	1,260	2,840	4,410	6,300
95 V4 2d Sta Wag	260	780	1,300	2,930	4,550	6,500
1974 V-4, 1698cc, 84.6" wb						
Sonett III	320	960	1,600	3,600	5,600	8,000
1974 4-cyl., 1985cc, 97.4" wb						
99X7 2d Sed	250	760	1,260	2,840	4,410	6,300
99L 2d Sed	260	770	1,280	2,880	4,480	6,400
99L 4d Sed	250	760	1,260	2,840	4,410	6,300
99L 3d Combi Cpe	260	780	1,300	2,930	4,550	6,500
99EMS 2d Sed	270	820	1,360	3,060	4,760	6,800
1975 V-4, 1498cc, 98" wb						
96 V4 2d Sed	230	700	1,160	2,610	4,060	5,800
95 V4 2d Sta Wag	240	720	1,200	2,700	4,200	6,000
1975 4-cyl., 1985cc, 97.4" wb						
99 2d Sed	210	620	1,040	2,340	3,640	5,200
99L 2d Sed	220	660	1,100	2,480	3,850	5,500
99L 4d Sed	220	660	1,100	2,480	3,850	5,500
99L 3d Combi Cpe	220	670	1,120	2,520	3,920	5,600
99EMS 2d Sed	240	720	1,200	2,700	4,200	6,000
1976 4-cyl., 1985cc, 97.4" wb						
99L 2d Sed	210	640	1,060	2,390	3,710	5,300
99GL 2d Sed	220	650	1,080	2,430	3,780	5,400
99GL 4d Sed	210	640	1,060	2,390	3,710	5,300
99GL 3d Combi Cpe	220	660	1,100	2,480	3,850	5,500
99GL 5d Combi Cpe	220	670	1,120	2,520	3,920	5,600
99EMS 2d Sed	250	740	1,240	2,790	4,340	6,200
99GLE 4d Sed	240	730	1,220	2,750	4,270	6,100

	6	5	4	3	2	1
1977 4-cyl., 1985cc, 97.4" wb						
99L 2d Sed	200	600	1,000	2,250	3,500	5,000
99GL 2d Sed	210	640	1,060	2,390	3,710	5,300
99GL 4d Sed	210	640	1,060	2,390	3,710	5,300
99GL 3d Combi Cpe	220	660	1,100	2,480	3,850	5,500
99GL 5d Combi Cpe	220	670	1,120	2,520	3,920	5,600
99EMS 2d Sed	230	700	1,160	2,610	4,060	5,800
99GLE 4d Sed	230	680	1,140	2,570	3,990	5,700
1978 4-cyl., 1985cc, 97.4" wb						
99L 2d Sed	200	600	1,000	2,250	3,500	5,000
99L 4d Sed	200	600	1,000	2,250	3,500	5,000
99L 3d Combi Cpe	210	640	1,060	2,390	3,710	5,300
99GL 2d Sed	200	610	1,020	2,300	3,570	5,100
99GL 4d Sed	210	620	1,040	2,340	3,640	5,200
99GL 3d Combi Cpe	220	650	1,080	2,430	3,780	5,400
99GL 5d Combi Cpe	220	650	1,080	2,430	3,780	5,400
99EMS 2d Sed	220	660	1,100	2,480	3,850	5,500
99EMS 3d Combi Cpe	220	670	1,120	2,520	3,920	5,600
99GLE 5d Combi Cpe	220	670	1,120	2,520	3,920	5,600
99 Turbo 3d Combi Cpe	250	760	1,260	2,840	4,410	6,300
1979 4-cyl., 1985cc, 97.4" wb						
99GL 2d Sed	220	660	1,100	2,480	3,850	5,500
900GL 2d HBk	220	670	1,120	2,520	3,920	5,600
900GLE 4d HBk	240	710	1,180	2,660	4,130	5,900
900EMS 2d HBk	240	720	1,200	2,700	4,200	6,000
900 Turbo 2d HBk	250	740	1,240	2,790	4,340	6,200
900 Turbo 4d HBk	250	740	1,240	2,790	4,340	6,200
1980 4-cyl., 1985cc, 97.4" wb						
99GL 2d Sed	230	680	1,140	2,570	3,990	5,700
900GLI 2d HBk	230	700	1,160	2,610	4,060	5,800
900GLE 4d HBk	240	710	1,180	2,660	4,130	5,900
900EMS 2d HBk	240	720	1,200	2,700	4,200	6,000
900 Turbo 2d HBk	250	740	1,240	2,790	4,340	6,200
900 Turbo 4d HBk	250	740	1,240	2,790	4,340	6,200
1981 4-cyl., 1985cc, 97.4" wb						
900 2d HBk	240	730	1,220	2,750	4,270	6,100
900S 2d HBk	250	740	1,240	2,790	4,340	6,200
900S 4d Sed	250	740	1,240	2,790	4,340	6,200
900 Turbo 2d HBk	250	760	1,260	2,840	4,410	6,300
900 Turbo 4d HBk	250	760	1,260	2,840	4,410	6,300
1982 4-cyl., 1985cc, 97.4" wb						
900 2d HBk	240	720	1,200	2,700	4,200	6,000
900 4d Sed	240	730	1,220	2,750	4,270	6,100
900S 2d HBk	240	730	1,220	2,750	4,270	6,100
900S 4d Sed	250	740	1,240	2,790	4,340	6,200
900 Turbo 2d HBk	260	770	1,280	2,880	4,480	6,400
900 Turbo 4d Sed	260	770	1,280	2,880	4,480	6,400
1983 4-cyl., 1985cc, 97.4" wb						
900 2d HBk	240	720	1,200	2,700	4,200	6,000
900 4d Sed	240	730	1,220	2,750	4,270	6,100
900S 2d HBk	240	730	1,220	2,750	4,270	6,100
900S 4d Sed	250	740	1,240	2,790	4,340	6,200
900 Turbo 2d HBk	260	770	1,280	2,880	4,480	6,400
900 Turbo 4d Sed	260	770	1,280	2,880	4,480	6,400
1984 4-cyl., 1985cc, 97.4" wb						
900 2d HBk	240	720	1,200	2,700	4,200	6,000
900 4d Sed	240	730	1,220	2,750	4,270	6,100
900 2d HBk	240	730	1,220	2,750	4,270	6,100
900S 4d Sed	250	740	1,240	2,700	4,340	6,200
900 Turbo 2d HBk	260	780	1,300	2,930	4,550	6,500
900 Turbo 4d Sed	260	780	1,300	2,930	4,550	6,500
1985 4-cyl., 1985cc, 97.4" wb						
900 2d HBk	260	780	1,300	2,930	4,550	6,500
900 4d Sed	270	800	1,340	3,020	4,690	6,700
900S 2d HBk	290	880	1,460	3,290	5,110	7,300
900S 4d Sed	290	880	1,460	3,290	5,110	7,300
NOTE: Add 10% for Turbo.						
1986 4-cyl., 1985cc, 97.4" wb						
900 2d HBk	260	780	1,300	2,930	4,550	6,500
900 4d Sed	270	800	1,340	3,020	4,690	6,700
900S 2d Sed	300	890	1,480	3,330	5,180	7,400
900S 2d HBk	300	890	1,480	3,330	5,180	7,400
900S 4d Sed	300	900	1,500	3,380	5,250	7,500
NOTE: Add 10% for Turbo.						
1987 4-cyl., 1985cc, 97.4" wb						
900 2d HBk	300	900	1,500	3,380	5,250	7,500
900 4d Sed	310	920	1,540	3,470	5,390	7,700
900S 2d HBk	320	960	1,600	3,600	5,600	8,000
900S 4d Sed	320	960	1,600	3,600	5,600	8,000

	6	5	4	3	2	1
900 2d HBk Turbo	360	1,080	1,800	4,050	6,300	9,000
900 2d Conv Turbo	700	2,100	3,500	7,880	12,250	17,500
9000S 4d HBk	360	1,080	1,800	4,050	6,300	9,000
9000 4d HBk Turbo	380	1,140	1,900	4,280	6,650	9,500
1988 4-cyl., 1985cc, 97.4" wb						
900 2d HBk	340	1,020	1,700	3,830	5,950	8,500
900 4d Sed	340	1,020	1,700	3,830	5,950	8,500
900S 2d HBk	380	1,130	1,880	4,230	6,580	9,400
900S 4d Sed	380	1,140	1,900	4,280	6,650	9,500
900 2d HBk Turbo	460	1,380	2,300	5,180	8,050	11,500
900 2d Conv Turbo	780	2,340	3,900	8,780	13,650	19,500
9000 4d HBk	380	1,140	1,900	4,280	6,650	9,500
9000 4d HBk Turbo	420	1,260	2,100	4,730	7,350	10,500
1989 4-cyl., 1985cc, 97.4" wb						
900 2d HBk	340	1,020	1,700	3,830	5,950	8,500
900 4d Sed	340	1,020	1,700	3,830	5,950	8,500
900S 2d HBk	380	1,140	1,900	4,280	6,650	9,500
900S 4d Sed	380	1,140	1,900	4,280	6,650	9,500
900 2d HBk Turbo	420	1,260	2,100	4,730	7,350	10,500
900 4d Sed Turbo	420	1,260	2,100	4,730	7,350	10,500
900 2d Conv Turbo	900	2,700	4,500	10,130	15,750	22,500
9000S 4d HBk	460	1,380	2,300	5,180	8,050	11,500
9000 4d HBk Turbo	500	1,500	2,500	5,630	8,750	12,500
9000 4d Sed Turbo	540	1,620	2,700	6,080	9,450	13,500
1990 4-cyl., 1985 cc, 97.4" wb						
900 2d Sed	360	1,080	1,800	4,050	6,300	9,000
1990 4-cyl., 1985cc, 97.4" wb						
900 4d Sed	360	1,090	1,820	4,100	6,370	9,100
900S 2d Sed	380	1,140	1,900	4,280	6,650	9,500
900S 4d Sed	380	1,150	1,920	4,320	6,720	9,600
900 2d Sed Turbo	460	1,380	2,300	5,180	8,050	11,500
900 4d Sed Turbo	460	1,390	2,320	5,220	8,120	11,600
900 2d Conv Turbo	660	1,980	3,300	7,430	11,550	16,500
9000S 4d Sed	460	1,380	2,300	5,180	8,050	11,500
9000S 4d HBk Sed	460	1,390	2,320	5,220	8,120	11,600
9000 4d HBk Sed Turbo	540	1,620	2,700	6,080	9,450	13,500
9000 4d Sed Turbo	580	1,740	2,900	6,530	10,150	14,500
1991 4-cyl., 1985cc, 97.4" wb						
900 2d Sed	320	960	1,600	3,600	5,600	8,000
900S 2d Sed	360	1,080	1,800	4,050	6,300	9,000
900S 2d Conv	540	1,620	2,700	6,080	9,450	13,500
900 2d Sed Turbo	460	1,380	2,300	5,180	8,050	11,500
900 2d Conv Turbo	620	1,860	3,100	6,980	10,850	15,500
900 4d Sed	320	960	1,600	3,600	5,600	8,000
900S 4d Sed	360	1,080	1,800	4,050	6,300	9,000
9000 HBk	380	1,140	1,900	4,280	6,650	9,500
9000S 4d HBk	400	1,200	2,000	4,500	7,000	10,000
9000S 4d Turbo HBk	460	1,380	2,300	5,180	8,050	11,500
9000CD 4d Sed	420	1,260	2,100	4,730	7,350	10,500
9000CD 4d Turbo Sed	460	1,380	2,300	5,180	8,050	11,500
1992 900, 4-cyl.						
2d HBk	360	1,080	1,800	4,050	6,300	9,000
4d Sed	360	1,080	1,800	4,050	6,300	9,000
2d S HBk	400	1,200	2,000	4,500	7,000	10,000
4d S Sed	400	1,200	2,000	4,500	7,000	10,000
2d S Conv	500	1,500	2,500	5,630	8,750	12,500
2d Turbo HBk	420	1,260	2,100	4,730	7,350	10,500
2d Turbo Conv	620	1,860	3,100	6,980	10,850	15,500
1992 9000, 4-cyl.						
4d HBk	440	1,320	2,200	4,950	7,700	11,000
4d S HBk	460	1,380	2,300	5,180	8,050	11,500
4d CD Sed	460	1,380	2,300	5,180	8,050	11,500
4d Turbo HBk	500	1,500	2,500	5,630	8,750	12,500
4d CD Turbo Sed	500	1,500	2,500	5,630	8,750	12,500
1993 900, 4-cyl.						
2d S Sed	380	1,130	1,880	4,230	6,580	9,400
4d S Sed	380	1,140	1,900	4,280	6,650	9,500
2d S Conv	520	1,560	2,600	5,850	9,100	13,000
2d Sed Turbo	400	1,200	2,000	4,500	7,000	10,000
2d Conv Turbo	560	1,680	2,800	6,300	9,800	14,000
1993 9000, 4-cyl.						
4d CD Sed	390	1,160	1,940	4,370	6,790	9,700
4d CD Turbo Sed	400	1,210	2,020	4,550	7,070	10,100
CS 4d HBk	420	1,260	2,100	4,730	7,350	10,500
CS 4d HBk, Turbo	440	1,320	2,200	4,950	7,700	11,000
4d CDE Sed	410	1,240	2,060	4,640	7,210	10,300
4d CDE Turbo Sed	430	1,280	2,140	4,820	7,490	10,700
CSE 4d HBk	400	1,200	2,000	4,500	7,000	10,000
CSE 4d Turbo HBk	420	1,260	2,100	4,730	7,350	10,500

	6	5	4	3	2	1
4d Aero Turbo Sed	460	1,380	2,300	5,180	8,050	11,500
1994 900, 4-cyl.						
2d S Cpe HBk.	460	1,380	2,300	5,180	8,050	11,500
2d SE Cpe HBk Turbo.	480	1,440	2,400	5,400	8,400	12,000
4d S Sed HBk.	480	1,440	2,400	5,400	8,400	12,000
4d S Sed HBk, V-6	500	1,500	2,500	5,630	8,750	12,500
4d SE Sed HBk, V-6	560	1,680	2,800	6,300	9,800	14,000
2d S Conv.	580	1,740	2,900	6,530	10,150	14,500
2d Conv, Turbo	660	1,980	3,300	7,430	11,550	16,500
1994 9000, 4-cyl.						
4d Sed Cpe, Turbo	580	1,740	2,900	6,530	10,150	14,500
CS 4d Sed HBk	500	1,500	2,500	5,630	8,750	12,500
CS 4d Sed HBk, Turbo	540	1,620	2,700	6,080	9,450	13,500
CSE 4d Sed HBk	540	1,620	2,700	6,080	9,450	13,500
CSE 4d Sed Hbk, Turbo	580	1,740	2,900	6,530	10,150	14,500
4d Sed HBk Aero, Turbo	700	2,100	3,500	7,880	12,250	17,500
1995 900, 4-cyl. & V-6						
2d S Cpe.	460	1,380	2,300	5,180	8,050	11,500
2d S Conv.	580	1,740	2,900	6,530	10,150	14,500
4d S Sed.	480	1,440	2,400	5,400	8,400	12,000
2d SE Cpe, Turbo	480	1,440	2,400	5,400	8,400	12,000
4d SE Sed, V-6.	560	1,680	2,800	6,300	9,800	14,000
2d SE Conv, Turbo	660	1,980	3,300	7,430	11,550	16,500
2d SE Conv, V-6	650	1,960	3,260	7,340	11,410	16,300
1995 9000, 4-cyl. & V-6						
4d CDE Sed, V-6	540	1,620	2,700	6,080	9,450	13,500
CS 4d Sed, Turbo	500	1,500	2,500	5,630	8,750	12,500
CS 4d Sup Sed, Turbo	540	1,620	2,700	6,080	9,450	13,500
CSE 4d Sed, Turbo.	580	1,740	2,900	6,530	10,150	14,500
CSE 4d Sed, V-6.	560	1,680	2,800	6,300	9,800	14,000
4d Aero Sed, Turbo	700	2,100	3,500	7,880	12,250	17,500
1996 900, 4-cyl.						
2d S Cpe.	440	1,320	2,200	4,950	7,700	11,000
2d S Conv.	560	1,680	2,800	6,300	9,800	14,000
4d S Sed.	460	1,380	2,300	5,180	8,050	11,500
2d SE Cpe, Turbo	460	1,380	2,300	5,180	8,050	11,500
2d SE Conv, Turbo	640	1,920	3,200	7,200	11,200	16,000
4d SE Sed, Turbo	470	1,400	2,340	5,270	8,190	11,700
1996 900, V-6						
2d SE Conv	630	1,900	3,160	7,110	11,060	15,800
4d SE Sed	540	1,620	2,700	6,080	9,450	13,500
1996 9000, 4-cyl.						
CS 4d Sed, Turbo	480	1,440	2,400	5,400	8,400	12,000
CSE 4d Sed, Turbo.	560	1,680	2,800	6,300	9,800	14,000
4d Aero Sed, Turbo.	680	2,040	3,400	7,650	11,900	17,000
1996 9000, V-6.						
CSE 4d Sed	540	1,620	2,700	6,080	9,450	13,500
1997 900, 4-cyl.						
2d S Cpe.	440	1,320	2,200	4,950	7,700	11,000
2d S Conv.	560	1,680	2,800	6,300	9,800	14,000
4d S Sed.	460	1,380	2,300	5,180	8,050	11,500
2d SE Cpe, Turbo	460	1,380	2,300	5,180	8,050	11,500
2d SE Conv, Turbo	640	1,920	3,200	7,200	11,200	16,000
4d SE Sed, Turbo	470	1,400	2,340	5,270	8,190	11,700
1997 900, V-6						
2d SE Conv	630	1,890	3,150	7,090	11,030	15,750
4d SE Sed	540	1,620	2,700	6,080	9,450	13,500
1997 9000, 4-cyl.						
CS 4d Sed, Turbo	480	1,440	2,400	5,400	8,400	12,000
CSE 4d Sed, Turbo.	560	1,680	2,800	6,300	9,800	14,000
4d Aero Sed, Turbo	680	2,040	3,400	7,650	11,900	17,000
1997 9000, V-6						
CSE 4d Sed	540	1,620	2,700	6,080	9,450	13,500
1998 900, 4-cyl.						
2d S Cpe Turbo.	440	1,320	2,200	4,950	7,700	11,000
2d S Conv.	560	1,680	2,800	6,300	9,800	14,000
4d S Sed.	460	1,380	2,300	5,180	8,050	11,500
2d SE Cpo Turbo	460	1,380	2,300	5,180	8,050	11,500
2d SE Conv Turbo.	640	1,920	3,200	7,200	11,200	16,000
4d SE Sed Turbo.	470	1,400	2,340	5,270	8,190	11,700
1998 9000, Turbo 4-cyl.						
CS 4d Sed	520	1,560	2,600	5,850	9,100	13,000
CSE 4d Sed	600	1,800	3,000	6,750	10,500	15,000
1999 9-3, Turbo 4-cyl.						
2d Cpe	320	960	1,600	3,600	5,600	8,000
2d Conv	400	1,200	2,000	4,500	7,000	10,000
2d Viggen Cpe	440	1,320	2,200	4,950	7,700	11,000
4d Sed	340	1,020	1,700	3,830	5,950	8,500
4d SE Sed	360	1,080	1,800	4,050	6,300	9,000

SAAB

	6	5	4	3	2	1
2d SE Conv	480	1,440	2,400	5,400	8,400	12,000
1999 9-5, Turbo 4-cyl.						
4d Sed	380	1,140	1,900	4,280	6,650	9,500
4d SE Sed	400	1,200	2,000	4,500	7,000	10,000
4d SE Sed (Turbo V-6)	440	1,320	2,200	4,950	7,700	11,000
2000 9-3, Turbo 4-cyl.						
2d Cpe	320	960	1,600	3,600	5,600	8,000
4d Sed	340	1,020	1,700	3,830	5,950	8,500
2d Conv	400	1,200	2,000	4,500	7,000	10,000
4d SE Sed	360	1,080	1,800	4,050	6,300	9,000
2d SE Conv	480	1,440	2,400	5,400	8,400	12,000
2d Viggen Cpe	440	1,320	2,200	4,950	7,700	11,000
4d Viggen Sed	450	1,340	2,240	5,040	7,840	11,200
2d Viggen Conv	580	1,740	2,900	6,530	10,150	14,500
2000 9-5, Turbo 4-cyl.						
4d Sed	380	1,140	1,900	4,280	6,650	9,500
4d SE Sed	400	1,200	2,000	4,500	7,000	10,000
4d SE Sed (Turbo V-6)	440	1,320	2,200	4,950	7,700	11,000
4d Aero Sed	460	1,380	2,300	5,180	8,050	11,500
4d Sta Wag	470	1,400	2,340	5,270	8,190	11,700
4d SE Sta Wag (Turbo V-6)	510	1,520	2,540	5,720	8,890	12,700
4d Aero Sta Wag	560	1,680	2,800	6,300	9,800	14,000
2001 9-3, Turbo 4-cyl.						
2d Cpe	320	960	1,600	3,600	5,600	8,000
4d Sed	340	1,020	1,700	3,830	5,950	8,500
4d SE Sed	360	1,080	1,800	4,050	6,300	9,000
2d SE Conv	480	1,440	2,400	5,400	8,400	12,000
2d Viggen Cpe	440	1,320	2,200	4,950	7,700	11,000
4d Viggen Sed	450	1,340	2,240	5,040	7,840	11,200
2d Viggen Conv	580	1,740	2,900	6,530	10,150	14,500
2001 9-5, Turbo 4-cyl.						
4d Sed	380	1,140	1,900	4,280	6,650	9,500
4d SE Sed	400	1,200	2,000	4,500	7,000	10,000
4d SE Sed (Turbo V-6)	440	1,320	2,200	4,950	7,700	11,000
4d Aero Sed	460	1,380	2,300	5,180	8,050	11,500
4d Sta Wag	470	1,400	2,340	5,270	8,190	11,700
4d SE Sta Wag (Turbo V-6)	510	1,520	2,540	5,720	8,890	12,700
4d Aero Sta Wag	560	1,680	2,800	6,300	9,800	14,000
2002 9-3, Turbo, 4-cyl.						
4d SE Sed	360	1,080	1,800	4,050	6,300	9,000
2d SE Conv	480	1,440	2,400	5,400	8,400	12,000
2d Viggen Cpe	440	1,320	2,200	4,950	7,700	11,000
2d Viggen Sed	450	1,340	2,240	5,040	7,840	11,200
2d Viggen Conv	580	1,740	2,900	6,530	10,150	14,500
2002 9-5, Turbo, 4-cyl.						
4d Linear Sed	380	1,140	1,900	4,280	6,650	9,500
4d Arc Sed (V-6)	400	1,200	2,000	4,500	7,000	10,000
4d Aero Sed	460	1,380	2,300	5,180	8,050	11,500
4d Linear Sta Wag	470	1,400	2,340	5,270	8,190	11,700
4d Arc Sta Wag (V-6)	490	1,460	2,440	5,490	8,540	12,200
4d Aero Sta Wag	520	1,560	2,600	5,850	9,100	13,000
2003 9-3, Turbo 4-cyl.						
4d Linear Sed	380	1,130	1,880	4,230	6,580	9,400
4d Arc Sed	400	1,190	1,980	4,460	6,930	9,900
4d Vector Sed	440	1,310	2,180	4,910	7,630	10,900
2d SE Conv	570	1,720	2,860	6,440	10,010	14,300
2003 9-5, Turbo 4-cyl.						
4d Linear Sed	380	1,140	1,900	4,280	6,650	9,500
4d Arc Sed (V-6)	400	1,200	2,000	4,500	7,000	10,000
4d Aero Sed	460	1,380	2,300	5,180	8,050	11,500
4d Linear Sta Wag	470	1,400	2,340	5,270	8,190	11,700
4d Arc Sta Wag (V-6)	490	1,460	2,440	5,490	8,540	12,200
4d Aero Sta Wag	520	1,560	2,600	5,850	9,100	13,000
2004 9-3, Turbo 4-cyl.						
Linear 4d Sed	380	1,140	1,900	4,280	6,650	9,500
Arc 4d Sed	400	1,200	2,000	4,500	7,000	10,000
Aero 4d Sed	440	1,310	2,180	4,910	7,630	10,900
Arc 2d Conv	570	1,720	2,860	6,440	10,010	14,300
Aero 2d Conv	610	1,820	3,040	6,840	10,640	15,200
2004 9-5, Turbo 4-cyl.						
Arc 4d Sed	400	1,200	2,000	4,500	7,000	10,000
Aero 4d Sed	460	1,380	2,300	5,180	8,050	11,500
Linear 4d Sta Wag	470	1,400	2,340	5,270	8,190	11,700
Arc 4d Sta Wag	490	1,460	2,440	5,490	8,540	12,200
Aero 4d Sta Wag	520	1,560	2,600	5,850	9,100	13,000

NOTE: Deduct 5% for manual transmission on all Saabs.

	6	5	4	3	2	1
2005 9-2X, 4-cyl., AWD						
4d Linear Sta Wag	320	950	1,580	3,950	5,530	7,900

	6	5	4	3	2	1
4d Aero Turbo Sta Wag	390	1,180	1,960	4,900	6,860	9,800

NOTE: Deduct 5% for manual transmission.

2005 9-3, Turbo 4-cyl.

	6	5	4	3	2	1
4d Linear Sed	380	1,140	1,900	4,750	6,650	9,500
4d Arc Sed	400	1,200	2,000	5,000	7,000	10,000
4d Aero Sed	440	1,310	2,180	5,450	7,630	10,900
2d Linear Conv	510	1,540	2,560	6,400	8,960	12,800
2d Arc Conv	570	1,720	2,860	7,150	10,010	14,300
2d Aero Conv	610	1,820	3,040	6,840	10,640	15,200

NOTE: Deduct 5% for manual transmission.

2005 9-5, Turbo 4-cyl.

	6	5	4	3	2	1
4d Arc Sed	400	1,200	2,000	5,000	7,000	10,000
4d Aero Sed	460	1,380	2,300	5,750	8,050	11,500
4d Linear Sta Wag	470	1,400	2,340	5,850	8,190	11,700
4d Arc Sta Wag	490	1,460	2,440	5,490	8,540	12,200
4d Aero Sta Wag	520	1,560	2,600	6,500	9,100	13,000

NOTE: Deduct 5% for manual transmission.

2006 9-2X AWD, 2.5L 4-cyl.

	6	5	4	3	2	1
4d 2.5i Wagon	400	1,190	1,980	4,950	6,930	9,900
4d Aero Wagon	460	1,370	2,290	5,730	8,020	11,450

2006 9-3, 2.0L 4-cyl. Turbo

	6	5	4	3	2	1
4d 2.0T Sed	320	970	1,620	4,050	5,670	8,100
2d 2.0T Conv	460	1,380	2,300	5,750	8,050	11,500
4d 2.0T Spt Combi Wagon	380	1,140	1,900	4,750	6,650	9,500

2006 9-3, 2.8L 6-cyl. Turbo

	6	5	4	3	2	1
4d Aero Sed	380	1,150	1,920	4,800	6,720	9,600
2d Aero Conv	550	1,660	2,760	6,900	9,660	13,800
4d Aero Spt Combi Wagon	480	1,430	2,380	5,950	8,330	11,900

NOTE: Add 10% for 20th Anniversary option.

2006 9-5, 2.3L 4-cyl. Turbo

	6	5	4	3	2	1
4d 2.3T Sed	390	1,160	1,940	4,850	6,790	9,700
4d 2.3T Spt Combi Wagon	790	2,360	3,930	9,830	13,760	19,650

NOTE: Add 10% for 20th Anniversary option.

2007 9-3, 2.0L 4-cyl. Turbo

	6	5	4	3	2	1
4d 2.0T Sed	310	940	1,570	3,930	5,500	7,850
2d 2.0T Conv	430	1,300	2,160	5,400	7,560	10,800
4d 2.0T Spt Combi Wagon	360	1,080	1,800	4,490	6,280	8,975

2007 9-3, 2.8L 6-cyl. Turbo

	6	5	4	3	2	1
4d Aero Sed	410	1,220	2,040	5,100	7,140	10,200
2d Aero Conv	520	1,560	2,600	6,500	9,100	13,000
4d Aero Spt Combi Wag	430	1,300	2,160	5,400	7,560	10,800

2007 9-5, 2.3L 4-cyl. Turbo

	6	5	4	3	2	1
4d 2.3T Sed	330	1,000	1,670	4,180	5,850	8,350
4d 2.3T Aero Sed	360	1,070	1,790	4,480	6,270	8,950
4d 2.3T Spt Combi Wag	400	1,200	2,000	5,000	7,000	10,000
4d 2.3T Aero Spt Combi Wag	430	1,290	2,150	5,380	7,530	10,750

2008 9-3, 2.0L I4 Turbo

	6	5	4	3	2	1
4d 2.0T Sed	350	1,040	1,730	4,310	6,040	8,625
2d 2.0T Conv	480	1,450	2,410	6,030	8,440	12,050
4d 2.0T Spt Combi Wagon	390	1,160	1,940	4,850	6,790	9,700

2008 9-3, 2.8L 6-cyl Turbo

	6	5	4	3	2	1
4d Aero Sed	430	1,280	2,130	5,330	7,460	10,650
2d Aero Conv	600	1,790	2,980	7,450	10,430	14,900
4d Aero Spt Combi Wagon	500	1,490	2,490	6,230	8,720	12,450

2008 9-3 AWD, 2.8L 6-cyl Turbo

	6	5	4	3	2	1
4d Turbo X Sed	570	1,700	2,830	7,080	9,910	14,150
4d Turbo X Spt Combi Wagon	570	1,720	2,870	7,180	10,050	14,350

2008 9-5, 2.3L I4 Turbo

	6	5	4	3	2	1
4d 2.3T Sed	350	1,060	1,770	4,410	6,180	8,825
4d 2.3T Aero Sed	390	1,160	1,930	4,830	6,760	9,650
4d 2.3T Spt Combi Wagon	410	1,230	2,050	5,130	7,180	10,250
4d 2.3T Aero Spt Combi Wagon	440	1,310	2,190	5,480	7,670	10,950

2009 9-3, 2.0L I4 Turbo

	6	5	4	3	2	1
4d 2.0T Sed	320	950	1,580	3,950	5,530	7,900
2d 2.0T Conv	480	1,450	2,410	6,030	8,440	12,050
4d 2.0T Spt Combi Wagon	350	1,040	1,740	4,350	6,090	8,700

2009 9-3, 2.8L V6 Turbo

	6	5	4	3	2	1
2d Aero Conv	560	1,680	2,800	7,000	9,800	14,000

2009 9-3 AWD, 2.8L V6 Turbo

	6	5	4	3	2	1
4d Aero Sed	470	1,420	2,370	5,930	8,300	11,860
4d Aero Spt Combi Wagon	490	1,470	2,450	6,130	8,580	12,250

2009 9-5, 2.3L I4 Turbo

	6	5	4	3	2	1
4d 2.3T Sed	390	1,160	1,940	4,850	6,790	9,700
4d 2.3T Spt Combi Wagon	440	1,310	2,180	5,450	7,630	10,900
4d Aero Sed	440	1,320	2,200	5,500	7,700	11,000
4d Aero Spt Combi Wagon	450	1,360	2,260	5,650	7,910	11,300
4d Griffin Sed	440	1,330	2,210	5,530	7,740	11,050
4d Griffin Spt Combi Wagon	450	1,360	2,260	5,650	7,910	11,300

SAAB

	6	5	4	3	2	1
2010 9-3, 2.0L I4 Turbo						
4d 2.0T Sed	360	1,070	1,780	4,440	6,210	8,875
2d 2.0T Conv	550	1,660	2,760	6,900	9,660	13,800
4d 2.0T Spt Combi Wagon	400	1,210	2,020	5,050	7,070	10,100
4d 2.0T Aero Sport Sed	540	1,610	2,690	6,730	9,420	13,450
2d 2.0T Aero Sport Conv	670	2,000	3,330	8,330	11,660	16,650
4d 2.0T Aero Sport Combi Wagon	560	1,670	2,780	6,950	9,730	13,900
2010 9-3X AWD, 2.0L 4-cyl Turbo						
2d Aero Spt Combi Wagon	520	1,550	2,590	6,480	9,070	12,950
2010 9-5, 2.3L I4 Turbo						
4d Aero Sed	630	1,900	3,160	7,900	11,060	15,800
2011 9-3, 2.0L I4 Turbo						
4d 2.0T Spt Sed	300	910	1,520	3,800	5,320	7,600
2d 2.0T Conv	490	1,480	2,460	6,150	8,610	12,300
4d 2.0T Spt Combi Wagon	370	1,120	1,860	4,650	6,510	9,300
4d 2.0TAero Sport Sed	440	1,330	2,220	5,550	7,770	11,100
2d 2.0T Aero Sport Conv	600	1,790	2,980	7,450	10,430	14,900
4d 2.0T Aero Sport Combi Wagon	510	1,540	2,560	6,400	8,960	12,800
2011 9-3X AWD, 2.0L 4-cyl. Turbo						
2d Spt Combi Wagon	550	1,660	2,760	6,900	9,660	13,800
4d Turbo4 XWD Sed	520	1,550	2,590	6,480	9,070	12,950
4d Aero XWD Spt Sed	530	1,600	2,660	6,650	9,310	13,300
2011 9-5, 2.0L I4 Turbo						
4d Turbo4 Sed	350	1,060	1,760	4,400	6,160	8,800
4d Turbo4 Prem Sed	430	1,300	2,170	5,430	7,600	10,850
2011 9-5 AWD, 2.8L V6 Turbo						
4d Turbo6 Sed	490	1,460	2,440	6,100	8,540	12,200
4d Aero Sed	540	1,610	2,680	6,700	9,380	13,400
SCION						
2004 xA, 4-cyl.						
4d HBk	230	680	1,140	2,850	3,990	5,700
2004 xA, 1.5L 4-cyl.						
4d HBk	250	740	1,240	2,790	4,340	6,200
2004 xB, 4-cyl.						
4d Sta Wag	240	730	1,220	3,050	4,270	6,100
NOTE: Deduct 5% for manual transmission on all Scions.						
2004 xB, 1.5L 4-cyl.						
4d Spt Wag	260	790	1,320	3,300	4,620	6,600
2005 xA, 4-cyl.						
4d HBk	230	680	1,140	2,850	3,990	5,700
2005 xA, 1.5L 4-cyl.						
4d HBk	280	830	1,380	3,450	4,830	6,900
2005 xB, 4-cly.						
4d Sta Wag	240	730	1,220	3,050	4,270	6,100
2005 xB, 1.5L 4-cyl.						
4d Spt Wag	320	970	1,620	4,050	5,670	8,100
2005 +C, 4-cyl.						
2d LBk	260	790	1,320	2,970	4,620	6,600
NOTE: Deduct 5% for manual transmission on all Scion models.						
2005 tC, 2.4L 4-cyl.						
2d HBk Cpe	390	1,180	1,960	4,900	6,860	9,800
2006 xA, 1.5L 4-cyl.						
4d HBk	360	1,070	1,780	4,450	6,230	8,900
2006 xB, 1.5L 4-cyl.						
4d Spt Wag	380	1,140	1,900	4,750	6,650	9,500
2006 tC, 2.4L 4-cyl.						
2d HBk Cpe	500	1,500	2,500	6,250	8,750	12,500
2007 tC, 2.4L 4-cyl.						
2d HBk Cpe	380	1,150	1,920	4,800	6,720	9,600
2008 xD, 1.8L I4						
4d HBk Cpe	400	1,190	1,990	4,980	6,970	9,950
2008 xB, 2.4L I4						
4d Spt Wag	440	1,320	2,200	5,500	7,700	11,000
2008 tC, 2.4L I4						
2d Spl HBk Cpe	390	1,170	1,950	4,380	6,810	9,725
2d HBk Cpe	410	1,220	2,040	5,100	7,140	10,200
2009 xD, 1.8L I4						
xD, 1.8L I4	330	1,000	1,660	4,150	5,810	8,300
2009 xB, 2.4L I4						
4d Spt Wag	340	1,010	1,680	4,190	5,860	8,375
2009 tC, 2.4L I4						
2d HBk Cpe	290	860	1,440	3,600	5,040	7,200
2010 xD, 1.8L I4						
4d HBk Cpe	360	1,080	1,800	4,500	6,300	9,000
2010 xB, 2.4L I4						
4d Spt Wag	400	1,210	2,010	5,030	7,040	10,050
4d Release 7.0 Wag	420	1,250	2,080	5,200	7,280	10,400

	6	5	4	3	2	1
2010 tC, 2.4L I4						
2d HBk Cpe	370	1,100	1,840	4,590	6,420	9,175
2d Release 6.0	420	1,270	2,110	5,280	7,390	10,550
2011 xD, 1.8L I4						
4d HBk Cpe	290	860	1,440	3,600	5,040	7,200
2011 xB, 2.4L I4						
4d Spt Wag	300	910	1,520	3,800	5,320	7,600
2011 tC, 2.4L I4						
2d HBk Cpe	300	900	1,500	3,750	5,250	7,500

SIMCA

	6	5	4	3	2	1
1946-50 Series 5, 4-cyl., 570cc, 79" wb						
2d Cpe	350	1,000	1,700	3,830	5,950	8,500
1946-50 Series 6, 4-cyl., 570cc, 79" wb						
2d Cpe	350	1,000	1,700	3,830	5,950	8,500
1946-50 Series 8, 1000, 4-cyl., 1089cc, 95" wb						
4d Sed	300	950	1,600	3,600	5,600	8,000
2d Bus Cpe	350	1,000	1,700	3,830	5,950	8,500
2d Conv Cpe	600	1,750	2,900	6,530	10,200	14,500
1946-50 Series 8, 1200, 4-cyl., 1221cc, 95" wb						
4d Sed	300	950	1,600	3,600	5,600	8,000
2d Bus Cpe	350	1,000	1,700	3,830	5,950	8,500
2d Conv Cpe	600	1,750	2,900	6,530	10,200	14,500
1946-50 Series 8, 4-cyl., 1221cc, 95" wb						
2d Spt Rds	700	2,050	3,400	7,650	11,900	17,000
1951-55 Series 8, 4-cyl., 1221cc, 95" wb						
2d Spt Rds	700	2,050	3,400	7,650	11,900	17,000
2d Spt Cpe	600	1,750	2,900	6,530	10,200	14,500
2d Sed	300	950	1,600	3,600	5,600	8,000
1951-55 Aronde 9, 4-cyl., 1221cc, 96" wb						
4d Sed	200	600	1,000	2,250	3,500	5,000
2d Sta Wag	200	650	1,100	2,480	3,850	5,500
2d HT Cpe	250	800	1,300	2,930	4,550	6,500
1956-58 Aronde 1300, 4-cyl., 1290cc, 96.2" wb						
4d DeL Sed	200	550	900	2,030	3,150	4,500
4d Elysee Sed	200	600	950	2,160	3,350	4,800
2d Plein Ciel Sed	200	600	1,000	2,250	3,500	5,000
Grand Large HT Cpe	260	780	1,300	2,930	4,550	6,500
Chatelaine Sta Wag	200	650	1,100	2,480	3,850	5,500
Oceane 2d Conv	600	1,750	2,900	6,530	10,200	14,500
1956-58 Vedette, V-8, 2351cc, 106" wb						
Versailles Sed	200	650	1,100	2,480	3,850	5,500
1959-61 Aronde, 4-cyl., 1290cc, 96.3" wb						
4d DeL Sed	200	550	900	2,030	3,150	4,500
Sup DeL Sed	200	600	950	2,160	3,350	4,800
4d Elysee Sed	200	600	1,000	2,250	3,500	5,000
Montlhery Sed	200	600	1,050	2,340	3,650	5,200
Grand Large HT Cpe	260	780	1,300	2,930	4,550	6,500
Plain Ciel HT Cpe	250	800	1,300	2,930	4,550	6,500
Chatelaine Sta Wag	200	650	1,100	2,480	3,850	5,500
Oceane 2d Conv	600	1,750	2,900	6,530	10,200	14,500
1959-61 Aronde (Second Series 1959) 4-cyl., 1290cc, 96.3" wb						
Elysee 4d Sed	200	550	900	2,030	3,150	4,500
Montlhery Sed	200	600	950	2,160	3,350	4,800
Grand Large HT Cpe	260	780	1,300	2,930	4,550	6,500
Monaco HT Cpe	250	800	1,300	2,930	4,550	6,500
Etoile 4d Sed	200	600	950	2,160	3,350	4,800
1959-61 Vodotto Boauliou, V-8, 2351cc, 106" wb						
4d Sed	200	650	1,100	2,480	3,850	5,500
1959-61 Ariane, 235cc, 106" wb						
Four 4d Sed	200	550	900	2,030	3,150	4,500
1959-61 Ariane, 2351cc, 106" wb						
V-8 4d Sed	200	650	1,100	2,480	3,850	5,500
1962-68 Series 5, 4-cyl., 1290cc, 96.3" wb						
4d Sed	200	550	900	2,030	3,150	4,500
1962-68 Series 1000, 4-cyl., 944cc, 87.3" wb						
4d Sed	200	550	900	2,030	3,150	4,500
1962-68 Bertone 1000, 4-cyl., 944cc, 87.7" wb						
2d Cpe	200	650	1,100	2,480	3,850	5,500
1969-71 Series 1118, 4-cyl., 1118cc, 87.4" wb						
GL 4d Sed	200	550	900	2,030	3,150	4,500
GLS 4d Sed	200	550	900	2,030	3,150	4,500
1969-71 Series 1204, 4-cyl., 1204cc, 99.2" wb						
LS 2d Sed	200	550	900	2,030	3,150	4,500
GLS 2d Sed	200	550	900	2,070	3,200	4,600
GLS 4d Sed	200	550	900	2,030	3,150	4,500
GLS 2d Sta Wag	200	600	950	2,160	3,350	4,800
GLS 4d Sta Wag	200	600	950	2,160	3,350	4,800

	6	5	4	3	2	1

SMART

2009 Four-Two 1.0-liter 3-cyl.

	6	5	4	3	2	1
2d Pure HBk Cpe	190	580	960	2,400	3,360	4,800
2d Passion HBk		220	670	1,120	2,800	3,920
	5,600					
2d Passion Conv.	240	710	1,180	2,950	4,130	5,900
2d Brabus HBk	260	790	1,320	3,300	4,620	6,600
2d Brabus Conv	300	900	1,510	3,760	5,270	7,525

First year for Smart car.

2010 Four-Two 1.0-liter 3-cyl.

	6	5	4	3	2	1
2d Pure Cpe	210	640	1,070	2,680	3,750	5,350
2d Passion Cpe	240	710	1,190	2,980	4,170	5,950
2d Passion Cabrio	260	790	1,320	3,290	4,600	6,575

2011 Four-Two 1.0-liter 3-cyl

	6	5	4	3	2	1
2d Pure Cpe	160	490	820	2,050	2,870	4,100
2d Passion Cpe	190	560	940	2,350	3,290	4,700
2d Passion Cabrio	210	620	1,040	2,600	3,640	5,200

SUBARU

1958-70 360, 2-cyl., 356cc, 70.9" wb

	6	5	4	3	2	1
2d Cpe	220	660	1,100	2,480	3,850	5,500
2d Cus Cpe	230	680	1,140	2,570	3,990	5,700

NOTE: Imports began in the late 1960s.

1971 FF-1 Star, 4-cyl., 1088cc, 95.2" wb

	6	5	4	3	2	1
1100 2d Sed	220	670	1,120	2,520	3,920	5,600
1100 4d Sed	220	660	1,100	2,480	3,850	5,500
1100 4d Sta Wag	230	680	1,140	2,570	3,990	5,700

1972 1300, 4-cyl., 1267cc, 95.3" wb

	6	5	4	3	2	1
A15L 2d Sed	220	670	1,120	2,520	3,920	5,600
A15L 4d Sed	220	660	1,100	2,480	3,850	5,500
A44L 4d Sta Wag	230	680	1,140	2,570	3,990	5,700
GL 2d Cpe	240	720	1,200	2,700	4,200	6,000

1973-76 1400, 4-cyl., 1361cc, 96.7" wb

	6	5	4	3	2	1
DL 2d Sed	220	670	1,120	2,520	3,920	5,600
DL 4d Sed	220	660	1,100	2,480	3,850	5,500
DL 4d Sta Wag	220	660	1,100	2,480	3,850	5,500
GL 2d Cpe	240	720	1,200	2,700	4,200	6,000

NOTE: A 4WD Station Wagon was available in 1975 with a 96.1"wb.

1977-79 1600, 4-cyl., 1595cc, 96.7" wb

	6	5	4	3	2	1
STD 2d Sed	220	660	1,100	2,480	3,850	5,500
DL 2d Sed	220	670	1,120	2,520	3,920	5,600
DL 4d Sed	220	660	1,100	2,480	3,850	5,500
DL 2d Cpe	230	680	1,140	2,570	3,990	5,700
GF 2d HT Cpe	240	720	1,200	2,700	4,200	6,000
DL 4d Sta Wag	230	680	1,140	2,570	3,990	5,700
DL 4x4 Sta Wag	260	780	1,300	2,930	4,550	6,500

1980-84 1600

	6	5	4	3	2	1
STD 2d HBk	220	660	1,100	2,480	3,850	5,500
STD 2d HBk, 4x4	240	720	1,200	2,700	4,200	6,000
DL 2d HBk	220	660	1,100	2,480	3,850	5,500
DL 2d HBk, 4x4	240	720	1,200	2,700	4,200	6,000
DL 4d Sed	220	660	1,100	2,480	3,850	5,500
DL 2d HT Cpe	240	720	1,200	2,700	4,200	6,000
DL 4d Sta Wag	220	660	1,100	2,480	3,850	5,500
DL Sta Wag, 4x4	260	780	1,300	2,930	4,550	6,500
GL 4d Sed	220	660	1,100	2,480	3,850	5,500
GL 4d Sta Wag	240	720	1,200	2,700	4,200	6,000
GL Sta Wag, 4x4	260	780	1,300	2,930	4,550	6,500
GLF HT Cpe	240	720	1,200	2,700	4,200	6,000

NOTE: Optional 4-cyl. 1781cc engine also available.

1985-86 STD

	6	5	4	3	2	1
STD 2d HBk	240	720	1,200	2,700	4,200	6,000
DL 4d Sed	260	780	1,300	2,930	4,550	6,500
DL 4d Sta Wag	280	840	1,400	3,150	4,900	7,000
GL 2d HBk	290	860	1,440	3,240	5,040	7,200
GL HBk, 4x4	310	920	1,540	3,470	5,390	7,700
GL 4d Sed	250	740	1,240	2,790	4,340	6,200
GL 4d Sed, 4x4	280	840	1,400	3,150	4,900	7,000
GL 4d Sta Wag	260	780	1,300	2,930	4,550	6,500
GL Sta Wag, 4x4	300	900	1,500	3,380	5,250	7,500

1985-86 Turbo RX

	6	5	4	3	2	1
RX 4d Sed, 4x4	300	900	1,500	3,380	5,250	7,500
GL 4d Sed, 4x4	300	900	1,500	3,380	5,250	7,500

1985-86 XT

	6	5	4	3	2	1
DL 2d Cpe	280	840	1,400	3,150	4,900	7,000
GL 2d Cpe	290	860	1,440	3,240	5,040	7,200
Turbo 2d Cpe, 4x4	300	900	1,500	3,380	5,250	7,500

1987 STD

	6	5	4	3	2	1
2d HBk	190	580	960	2,160	3,360	4,800

	6	5	4	3	2	1
1987 Justy						**645**
DL 2d HBk	210	620	1,040	2,340	3,640	5,200
GL 2d HBk	220	650	1,080	2,430	3,780	5,400
1987 DL						
2d Cpe	220	670	1,120	2,520	3,920	5,600
4d Sed	220	660	1,100	2,480	3,850	5,500
4d Sta Wag	230	680	1,140	2,570	3,990	5,700
4d Sta Wag, 4x4	270	800	1,340	3,020	4,690	6,700
1987 GL						
2d HBk	230	680	1,140	2,570	3,990	5,700
2d HBk, 4x4	270	800	1,340	3,020	4,690	6,700
2d Cpe	220	670	1,120	2,520	3,920	5,600
2d Cpe, 4x4	260	790	1,320	2,970	4,620	6,600
4d Sed	220	660	1,100	2,480	3,850	5,500
4d Sed, 4x4	260	780	1,300	2,930	4,550	6,500
4d Sta Wag	230	700	1,160	2,610	4,060	5,800
4d Sta Wag, 4x4	270	820	1,360	3,060	4,760	6,800
4d Sed RX Turbo, 4x4	300	910	1,520	3,420	5,320	7,600
1987 XT						
DL 2d Cpe	270	820	1,360	3,060	4,760	6,800
GL 2d Cpe	280	830	1,380	3,110	4,830	6,900
GL 2d Cpe, 4x4	310	940	1,560	3,510	5,460	7,800
1988 Justy						
DL 2d HBk	220	650	1,080	2,430	3,780	5,400
GL 2d HBk	220	660	1,100	2,480	3,850	5,500
GL 2d HBk, 4x4	260	770	1,280	2,880	4,480	6,400
RS 2d HBk, 4x4	260	780	1,300	2,930	4,550	6,500
1988 DL						
2d Cpe	230	680	1,140	2,570	3,990	5,700
4d Sed	220	670	1,120	2,520	3,920	5,600
4d Sta Wag	230	700	1,160	2,610	4,060	5,800
4d Sta Wag, 4x4	270	820	1,360	3,060	4,760	6,800
1988 GL						
2d HBk	230	680	1,140	2,570	3,990	5,700
2d HBk, 4x4	270	800	1,340	3,020	4,690	6,700
2d Cpe	240	710	1,180	2,660	4,130	5,900
2d Cpe, 4x4	270	820	1,360	3,060	4,760	6,800
2d Cpe RX Turbo, 4x4	300	900	1,500	3,380	5,250	7,500
4d Sed	230	700	1,160	2,610	4,060	5,800
4d Sed, 4x4	280	830	1,380	3,110	4,830	6,900
4d Sed RX Turbo, 4x4	300	910	1,520	3,420	5,320	7,600
4d Sta Wag	240	730	1,220	2,750	4,270	6,100
4d Sta Wag, 4x4	280	850	1,420	3,200	4,970	7,100
1988 XT						
DL 2d Cpe	280	830	1,380	3,110	4,830	6,900
GL 2d Cpe	280	840	1,400	3,150	4,900	7,000
GL 2d Cpe, 4x4	320	960	1,600	3,600	5,600	8,000
2d Cpe XT6	300	900	1,500	3,380	5,250	7,500
2d Cpe XT6, 4x4	340	1,020	1,700	3,830	5,950	8,500
1989 Justy						
DL 2d HBk	220	660	1,100	2,480	3,850	5,500
GL 2d HBk	220	670	1,120	2,520	3,920	5,600
DL 2d HBk, 4x4	260	780	1,300	2,930	4,550	6,500
GL 2d HBk, 4x4	260	790	1,320	2,970	4,620	6,600
1989 DL						
2d Cpe	230	700	1,160	2,610	4,060	5,800
4d Sed	230	680	1,140	2,570	3,990	5,700
4d Sta Wag	240	710	1,180	2,660	4,130	5,900
4d Sta Wag, 4x4	280	830	1,380	3,110	4,830	6,900
1989 GL						
2d HBk	230	700	1,160	2,610	4,060	5,800
2d HBk, 4x4	270	820	1,360	3,060	4,760	6,800
2d Cpe	240	720	1,200	2,700	4,200	6,000
2d Cpe, 4x4	280	830	1,380	3,110	4,830	6,900
2d Cpe RX Turbo, 4x4	310	940	1,560	3,510	5,460	7,800
4d Sed	240	710	1,180	2,660	4,130	5,900
4d Sed, 4x4	280	840	1,400	3,150	4,900	7,000
4d Sta Wag	250	740	1,240	2,790	4,340	6,200
4d Sta Wag, 4x4	290	860	1,440	3,240	5,040	7,200
1989 XT						
GL 2d Cpe	280	840	1,400	3,150	4,900	7,000
GL 2d Cpe, 4x4	320	960	1,600	3,600	5,600	8,000
2d Cpe XT6	310	940	1,560	3,510	5,460	7,800
2d Cpe XT6, 4x4	350	1,060	1,760	3,960	6,160	8,800
1990 Justy						
2d DL HBk	220	670	1,120	2,520	3,920	5,600
2d GL HBk	230	680	1,140	2,570	3,990	5,700
2d GL HBk 4x4	270	800	1,340	3,020	4,690	6,700
4d GL HBk 4x4	260	790	1,320	2,970	4,620	6,600

SUBARU

	6	5	4	3	2	1
1990 Loyale						
2d Cpe	220	650	1,080	2,430	3,780	5,400
2d RS Cpe 4x4	270	820	1,360	3,060	4,760	6,800
2d RS Cpe Turbo 4x4	280	840	1,400	3,150	4,900	7,000
4d Sed	230	700	1,160	2,610	4,060	5,800
4d Sed 4x4	280	830	1,380	3,110	4,830	6,900
4d Sta Wag	240	720	1,200	2,700	4,200	6,000
4d Sta Wag 4x4	280	840	1,400	3,150	4,900	7,000
1990 Legacy						
4d Sed	240	720	1,200	2,700	4,200	6,000
4d L Sed	240	730	1,220	2,750	4,270	6,100
4d L Sed 4x4	280	850	1,420	3,200	4,970	7,100
4d Sta Wag	240	730	1,220	2,750	4,270	6,100
4d L Sta Wag	250	740	1,240	2,790	4,340	6,200
4d L Sta Wag 4x4	290	860	1,440	3,240	5,040	7,200
1991 Justy						
2d DL HBk	160	480	800	1,800	2,800	4,000
2d GL HBk	170	500	840	1,890	2,940	4,200
2d GL HBk 4x4	240	720	1,200	2,700	4,200	6,000
4d GL HBk 4x4	240	710	1,180	2,660	4,130	5,900
1991 Loyale						
4d Sed	230	680	1,140	2,570	3,990	5,700
4d Sed 4x4	260	780	1,300	2,930	4,550	6,500
4d Sta Wag	240	720	1,200	2,700	4,200	6,000
4d Sta Wag 4x4	280	840	1,400	3,150	4,900	7,000
1991 Legacy						
4d L Sed	280	840	1,400	3,150	4,900	7,000
4d L Sed 4x4	340	1,020	1,700	3,830	5,950	8,500
4d LS Sed	300	900	1,500	3,380	5,250	7,500
4d LS Sed 4x4	360	1,080	1,800	4,050	6,300	9,000
4d Sed Spt Turbo 4x4	560	1,680	2,800	6,300	9,800	14,000
4d L Sta Wag	320	960	1,600	3,600	5,600	8,000
4d L Sta Wag 4x4	360	1,080	1,800	4,050	6,300	9,000
4d LS Sta Wag	340	1,020	1,700	3,830	5,950	8,500
4d LS Sta Wag 4x4	380	1,140	1,900	4,280	6,650	9,500
1991 XT						
2d GL HBk	280	840	1,400	3,150	4,900	7,000
2d XT6 HBk	300	900	1,500	3,380	5,250	7,500
2d XT6 HBk 4x4	320	960	1,600	3,600	5,600	8,000
1992 Justy, 3-cyl.						
2d DL HBk	170	500	840	1,890	2,940	4,200
2d GL HBk	180	540	900	2,030	3,150	4,500
2d GL HBk, 4x4	220	670	1,120	2,520	3,920	5,600
4d GL HBk, 4x4	220	660	1,100	2,480	3,850	5,500
1992 Loyale, 4-cyl.						
4d Sed	240	720	1,200	2,700	4,200	6,000
4d Sed 4x4	280	840	1,400	3,150	4,900	7,000
4d Sta Wag	250	740	1,240	2,790	4,340	6,200
4d Sta Wag 4x4	300	900	1,500	3,380	5,250	7,500
1992 Legacy, 4-cyl.						
4d L Sed	290	860	1,440	3,240	5,040	7,200
4d L Sed 4x4	320	960	1,600	3,600	5,600	8,000
4d LS Sed	320	960	1,600	3,600	5,600	8,000
4d LS Sed 4x4	360	1,080	1,800	4,050	6,300	9,000
4d LSi Sed	340	1,020	1,700	3,830	5,950	8,500
4d LSi Sed 4x4	580	1,740	2,900	6,530	10,150	14,500
4d Turbo Sed 4x4	600	1,800	3,000	6,750	10,500	15,000
4d L Sta Wag	340	1,020	1,700	3,830	5,950	8,500
4d L Sta Wag 4x4	580	1,740	2,900	6,530	10,150	14,500
4d LS Sta Wag	560	1,680	2,800	6,300	9,800	14,000
4d LS Sta Wag 4x4	600	1,800	3,000	6,750	10,500	15,000
4d Turbo Sta Wag 4x4	620	1,860	3,100	6,980	10,850	15,500
1992 SVX, 6-cyl.						
2d LS Cpe	640	1,920	3,200	7,200	11,200	16,000
2d LSL Cpe	680	2,040	3,400	7,650	11,900	17,000
1993 Justy, 3-cyl.						
2d HBk	220	660	1,100	2,480	3,850	5,500
2d GL HBk	220	670	1,120	2,520	3,920	5,600
2d GL HBk 4x4	260	790	1,320	2,970	4,620	6,600
4d GL HBk 4x4	260	780	1,300	2,930	4,550	6,500
1993 Loyale, 4-cyl.						
4d Sed	240	710	1,180	2,660	4,130	5,900
4d Sed, 4x4	280	830	1,380	3,110	4,830	6,900
4d Sta Wag	240	730	1,220	2,750	4,270	6,100
4d Sta Wag 4x4	280	850	1,420	3,200	4,970	7,100
1993 Impreza, 4-cyl.						
4d Sed	290	860	1,440	3,240	5,040	7,200
4d Sed L	300	900	1,500	3,380	5,250	7,500
4d Sed L 4x4	340	1,020	1,700	3,830	5,950	8,500

	6	5	4	3	2	1
4d Sed LS	300	910	1,520	3,420	5,320	7,600
4d Sed LS 4x4	340	1,030	1,720	3,870	6,020	8,600
4d Sta Wag L	320	960	1,600	3,600	5,600	8,000
4d Sta Wag L 4x4	360	1,080	1,800	4,050	6,300	9,000
4d Sta Wag LS	330	980	1,640	3,690	5,740	8,200
4d Sta Wag LS 4x4	370	1,100	1,840	4,140	6,440	9,200
1993 Legacy, 4-cyl.						
4d Sed L	380	1,140	1,900	4,280	6,650	9,500
4d Sed L 4x4	580	1,740	2,900	6,530	10,150	14,500
4d Sed LS	380	1,150	1,920	4,320	6,720	9,600
4d Sed LS 4x4	580	1,750	2,920	6,570	10,220	14,600
4d Sed LSi 4x4	590	1,780	2,960	6,660	10,360	14,800
4d Turbo Sed 4x4	600	1,800	3,000	6,750	10,500	15,000
4d Sta Wag L	580	1,740	2,900	6,530	10,150	14,500
4d Sta Wag L 4x4	620	1,860	3,100	6,980	10,850	15,500
4d Sta Wag LS	580	1,750	2,920	6,570	10,220	14,600
4d Sta Wag LS 4x4	620	1,870	3,120	7,020	10,920	15,600
4d Sta Wag LSi 4x4	640	1,920	3,200	7,200	11,200	16,000
4d Turbo Sta Wag 4x4	680	2,040	3,400	7,650	11,900	17,000
1993 SVX, 6-cyl.						
2d Cpe LSL	590	1,780	2,960	6,660	10,360	14,800
1994 Justy, 3-cyl.						
2d HBk	170	500	840	1,890	2,940	4,200
4d HBk GL 4x4	180	540	900	2,030	3,150	4,500
1994 Loyale, 4-cyl.						
4d Sta Wag 4x4	340	1,020	1,700	3,830	5,950	8,500
1994 Impreza, 4-cyl.						
4d Sed	260	780	1,300	2,930	4,550	6,500
4d Sed L	280	840	1,400	3,150	4,900	7,000
4d Sed L 4x4	340	1,020	1,700	3,830	5,950	8,500
4d Sed LS 4x4	380	1,140	1,900	4,280	6,650	9,500
4d Sta Wag L	360	1,080	1,800	4,050	6,300	9,000
4d Sta Wag L 4x4	420	1,260	2,100	4,730	7,350	10,500
4d Sta Wag LS 4x4	440	1,320	2,200	4,950	7,700	11,000
1994 Legacy, 4-cyl.						
4d Sed L	320	960	1,600	3,600	5,600	8,000
4d Sed L 4x4	380	1,140	1,900	4,280	6,650	9,500
4d Sed LS	360	1,080	1,800	4,050	6,300	9,000
4d Sed LS 4x4	420	1,260	2,100	4,730	7,350	10,500
4d Sed LSi 4x4	440	1,320	2,200	4,950	7,700	11,000
4d Sed Spt Turbo 4x4	480	1,440	2,400	5,400	8,400	12,000
4d Sta Wag L	360	1,080	1,800	4,050	6,300	9,000
4d Sta Wag L 4x4	400	1,200	2,000	4,500	7,000	10,000
4d Sta Wag LS	400	1,200	2,000	4,500	7,000	10,000
4d Sta Wag LS 4x4	460	1,380	2,300	5,180	8,050	11,500
4d Sta Wag LSi 4x4	480	1,440	2,400	5,400	8,400	12,000
4d Sta Wag Spt Turbo 4x4	520	1,560	2,600	5,850	9,100	13,000
1994 SVX, 6-cyl.						
2d Cpe L	340	1,020	1,700	3,830	5,950	8,500
2d Cpe LS	380	1,140	1,900	4,280	6,650	9,500
2d Cpe LSi 4x4	440	1,320	2,200	4,950	7,700	11,000
1995 Impreza, 4-cyl.						
2d Cpe	180	550	920	2,070	3,220	4,600
2d Cpe 4x4	200	600	1,000	2,250	3,500	5,000
2d L Cpe	210	640	1,060	2,390	3,710	5,300
2d L Cpe 4x4	240	710	1,180	2,660	4,130	5,900
2d LX Cpe 4x4	280	840	1,400	3,150	4,900	7,000
4d Sed	260	700	1,300	2,930	4,550	6,500
4d Sed 4x4	270	820	1,360	3,060	4,760	6,800
4d L Sed	280	840	1,400	3,150	4,900	7,000
4d L Sed 4x4	340	1,020	1,700	3,830	5,950	8,500
4d LX Sed 4x4	380	1,140	1,900	4,280	6,650	9,500
4d L Sta Wag 4x4	420	1,260	2,100	4,730	7,350	10,500
4d LX Sta Wag 4x4	440	1,320	2,200	4,950	7,700	11,000
1995 Legacy, 4-cyl.						
4d Sed	290	880	1,460	3,290	5,110	7,300
4d L Sed	320	960	1,600	3,600	5,600	8,000
4d L Sed 4x4	380	1,140	1,900	4,280	6,650	9,500
4d LS Sed 4x4	420	1,260	2,100	4,730	7,350	10,500
4d LSi Sed 4x4	440	1,320	2,200	4,950	7,700	11,000
4d Brighton Sta Wag 4x4	380	1,140	1,900	4,280	6,650	9,500
4d L Sta Wag	360	1,080	1,800	4,050	6,300	9,000
4d L Sta Wag 4x4	400	1,200	2,000	4,500	7,000	10,000
4d Outback Sta Wag 4x4	420	1,260	2,100	4,730	7,350	10,500
4d LS Sta Wag 4x4	460	1,380	2,300	5,180	8,050	11,500
4d LSi Sta Wag 4x4	480	1,440	2,400	5,400	8,400	12,000
1995 SVX, 6-cyl.						
2d L Cpe	340	1,020	1,700	3,830	5,950	8,500
2d L Cpe 4x4	380	1,140	1,900	4,280	6,650	9,500

SUBARU

	6	5	4	3	2	1
2d LSi Cpe 4x4	440	1,320	2,200	4,950	7,700	11,000
1996 Impreza, 4-cyl.						
2d Brighton Cpe 4x4	180	550	920	2,070	3,220	4,600
2d L Cpe	210	640	1,060	2,390	3,710	5,300
2d L Cpe 4x4	240	710	1,180	2,660	4,130	5,900
2d LX Cpe 4x4	280	840	1,400	3,150	4,900	7,000
4d L Sed	280	840	1,400	3,150	4,900	7,000
4d L Sed 4x4	340	1,020	1,700	3,830	5,950	8,500
4d LX Sed 4x4	380	1,140	1,900	4,280	6,650	9,500
4d L Sta Wag 4x4	420	1,260	2,100	4,730	7,350	10,500
4d LX Sta Wag 4x4	440	1,320	2,200	4,950	7,700	11,000
4d Outback Sta Wag 4x4	460	1,380	2,300	5,180	8,050	11,500
1996 Legacy, 4-cyl.						
4d L Sed	320	960	1,600	3,600	5,600	8,000
4d L Sed 4x4	380	1,140	1,900	4,280	6,650	9,500
4d LS Sed 4x4	420	1,260	2,100	4,730	7,350	10,500
4d LSi Sed 4x4	440	1,320	2,200	4,950	7,700	11,000
4d Brighton Sta Wag 4x4	380	1,140	1,900	4,280	6,650	9,500
4d L Sta Wag 4x4	400	1,200	2,000	4,500	7,000	10,000
4d Outback Sta Wag 4x4	420	1,260	2,100	4,730	7,350	10,500
4d LS Sta Wag 4x4	460	1,380	2,300	5,180	8,050	11,500
4d LSi Sta Wag 4x4	480	1,440	2,400	5,400	8,400	12,000
4d 2.5 GT Sed	440	1,320	2,200	4,950	7,700	11,000
4d 2.5 GT Sta Wag	460	1,380	2,300	5,180	8,050	11,500
1996 SVX, 6-cyl.						
2d L Cpe 4x4	380	1,140	1,900	4,280	6,650	9,500
2d LSi Cpe 4x4	440	1,320	2,200	4,950	7,700	11,000
1997 Impreza, 4-cyl.						
2d Brighton Cpe AWD	180	550	920	2,070	3,220	4,600
2d L Cpe AWD	240	710	1,180	2,660	4,130	5,900
4d L Sed AWD	340	1,020	1,700	3,830	5,950	8,500
4d L Sta Wag AWD	420	1,260	2,100	4,730	7,350	10,500
4d Outback Sta Wag AWD	460	1,380	2,300	5,180	8,050	11,500
1997 Legacy, 4-cyl.						
4d L Sed AWD	380	1,140	1,900	4,280	6,650	9,500
4d GT Sed AWD	420	1,260	2,100	4,730	7,350	10,500
4d LSi Sed AWD	440	1,320	2,200	4,950	7,700	11,000
4d Brighton Sta Wag AWD	380	1,140	1,900	4,280	6,650	9,500
4d L Sta Wag AWD	400	1,200	2,000	4,500	7,000	10,000
4d GT Sta Wag AWD	440	1,320	2,200	4,950	7,700	11,000
4d Outback Sta Wag AWD	460	1,380	2,300	5,180	8,050	11,500
4d Outback Ltd Sta Wag AWD	480	1,440	2,400	5,400	8,400	12,000
4d LSi Sta Wag AWD	500	1,500	2,500	5,630	8,750	12,500
1997 SVX, 6-cyl.						
2d L Cpe AWD	380	1,140	1,900	4,280	6,650	9,500
2d LSi Cpe AWD	520	1,560	2,600	5,850	9,100	13,000
1998 Impreza, 4-cyl.						
2d L Cpe AWD	240	710	1,180	2,660	4,130	5,900
4d L Sed AWD	340	1,020	1,700	3,830	5,950	8,500
4d L Sta Wag AWD	420	1,260	2,100	4,730	7,350	10,500
4d Outback Sta Wag AWD	460	1,380	2,300	5,180	8,050	11,500
2d 2.5 RS Cpe AWD	500	1,500	2,500	5,630	8,750	12,500
1998 Legacy, 4-cyl.						
4d L Sed AWD	380	1,140	1,900	4,280	6,650	9,500
4d Spt Utly Sed AWD	400	1,200	2,000	4,500	7,000	10,000
4d GT Sed AWD	420	1,260	2,100	4,730	7,350	10,500
4d Brighton Sta Wag AWD	380	1,140	1,900	4,280	6,650	9,500
4d L Sta Wag AWD	400	1,200	2,000	4,500	7,000	10,000
4d GT Sta Wag AWD	440	1,320	2,200	4,950	7,700	11,000
4d Outback Sta Wag AWD	460	1,380	2,300	5,180	8,050	11,500
NOTE: Add 5% for Limited Pkg.						
1998 Forester, 4-cyl.						
4d Sta Wag AWD	440	1,320	2,200	4,950	7,700	11,000
4d L Sta Wag AWD	480	1,440	2,400	5,400	8,400	12,000
4d S Sta Wag AWD	520	1,560	2,600	5,850	9,100	13,000
1999 Impreza, 4-cyl.						
2d L Cpe AWD	240	710	1,180	2,660	4,130	5,900
4d L Sed AWD	340	1,020	1,700	3,830	5,950	8,500
4d L Sta Wag AWD	420	1,260	2,100	4,730	7,350	10,500
4d Outback Sta Wag AWD	460	1,380	2,300	5,180	8,050	11,500
2d 2.5 RS Cpe AWD	500	1,500	2,500	5,630	8,750	12,500
1999 Legacy, 4-cyl.						
4d L Sed AWD	380	1,140	1,900	4,280	6,650	9,500
4d Spt Utly Sed AWD	400	1,200	2,000	4,500	7,000	10,000
4d GT Sed AWD	420	1,260	2,100	4,730	7,350	10,500
4d Brighton Sta Wag AWD	380	1,140	1,900	4,280	6,650	9,500
4d L Sta Wag AWD	400	1,200	2,000	4,500	7,000	10,000
4d GT Sta Wag AWD	440	1,320	2,200	4,950	7,700	11,000

	6	5	4	3	2	1
4d Outback Sta Wag AWD	460	1,380	2,300	5,180	8,050	11,500

NOTE: Add 5% for Limited Pkg. Add 5% for 30th Anv Pkg.

1999 Forester, 4-cyl.

	6	5	4	3	2	1
4d Sta Wag AWD	440	1,320	2,200	4,950	7,700	11,000
4d L Sta Wag AWD	480	1,440	2,400	5,400	8,400	12,000
4d S Sta Wag AWD	520	1,560	2,600	5,850	9,100	13,000

2000 Impreza, 4-cyl., AWD

	6	5	4	3	2	1
2d L Cpe	240	710	1,180	2,660	4,130	5,900
4d L Sed	340	1,020	1,700	3,830	5,950	8,500
4d L Sta Wag	420	1,260	2,100	4,730	7,350	10,500
4d Outback Sta Wag	460	1,380	2,300	5,180	8,050	11,500
2d 2.5 RS Cpe	500	1,500	2,500	5,630	8,750	12,500
4d 2.5 RS Sed	520	1,560	2,600	5,850	9,100	13,000

2000 Legacy, 4-cyl., AWD

	6	5	4	3	2	1
4d L Sed	380	1,140	1,900	4,280	6,650	9,500
4d GT Sed	420	1,260	2,100	4,730	7,350	10,500
4d GT Ltd Sed	440	1,320	2,200	4,950	7,700	11,000
4d Outback Ltd Sed	460	1,380	2,300	5,180	8,050	11,500
4d Brighton Sta Wag	390	1,160	1,940	4,370	6,790	9,700
4d L Sta Wag	400	1,200	2,000	4,500	7,000	10,000
4d GT Sta Wag	450	1,340	2,240	5,040	7,840	11,200
4d Outback Sta Wag	470	1,400	2,340	5,270	8,190	11,700
4d Outback Ltd Sta Wag	500	1,500	2,500	5,630	8,750	12,500

2000 Forester, 4-cyl., AWD

	6	5	4	3	2	1
4d L Sta Wag	480	1,440	2,400	5,400	8,400	12,000
4d S Sta Wag	520	1,560	2,600	5,850	9,100	13,000

2001 Impreza, 4-cyl., AWD

	6	5	4	3	2	1
2d L Cpe	240	710	1,180	2,950	4,130	5,900
4d L Sed	340	1,020	1,700	4,250	5,950	8,500
4d L Sta Wag	420	1,260	2,100	5,250	7,350	10,500
4d Outback Sta Wag	460	1,380	2,300	5,750	8,050	11,500
2d 2.5 RS Cpe	500	1,500	2,500	6,250	8,750	12,500
4d 2.5 RS Sed	520	1,560	2,600	6,500	9,100	13,000

2001 Legacy, 4-cyl., AWD

	6	5	4	3	2	1
4d L Sed	380	1,140	1,900	4,750	6,650	9,500
4d GT Sed	420	1,260	2,100	5,250	7,350	10,500
4d GT Ltd Sed	440	1,320	2,200	5,500	7,700	11,000
4d L Sta Wag	400	1,200	2,000	5,000	7,000	10,000
4d GT Sta Wag	450	1,340	2,240	5,600	7,840	11,200
4d Sport Sta Wag	400	1,200	2,000	5,000	7,000	10,000
4d Outback Ltd Sed	460	1,380	2,300	5,750	8,050	11,500
4d Outback Sta Wag	470	1,400	2,340	5,850	8,190	11,700
4d Outback Ltd Sta Wag	500	1,500	2,500	6,250	8,750	12,500
4d Outback LL Bean Sta Wag (6-cyl.)	560	1,680	2,800	7,000	9,800	14,000
4d Outback VDC Sta Wag (6-cyl.)	460	1,380	2,300	5,750	8,050	11,500

2001 Forester, 4-cyl., AWD

	6	5	4	3	2	1
4d L Sta Wag	480	1,440	2,400	6,000	8,400	12,000
4d S Sta Wag	520	1,560	2,600	6,500	9,100	13,000

2002 Impreza, 4-cyl., AWD

	6	5	4	3	2	1
4d RS Sed	380	1,140	1,900	4,750	6,650	9,500
4d WRX Sed	490	1,480	2,460	6,150	8,610	12,300
4d TS Sta Wag	390	1,180	1,960	4,900	6,860	9,800
4d Outback Sta Wag	460	1,380	2,300	5,750	8,050	11,500
4d WRX Sta Wag	500	1,500	2,500	6,250	8,750	12,500

2002 Legacy, 4-cyl., AWD

	6	5	4	3	2	1
4d L Sed	380	1,140	1,900	4,750	6,650	9,500
4d GT Sed	420	1,260	2,100	5,250	7,350	10,500
4d GT Ltd Sed	440	1,320	2,200	5,500	7,700	11,000
4d L Sta Wag	400	1,200	2,000	5,000	7,000	10,000
4d GT Sta Wag	450	1,340	2,240	5,600	7,840	11,200
4d Outback Ltd Sed	460	1,380	2,300	5,750	8,050	11,500
4d Outback 3.0 Sed (6-cyl.)	480	1,430	2,380	5,950	8,330	11,900
4d Outback VDC Sed (6-cyl.)	530	1,580	2,640	6,600	9,240	13,200
4d Outback Sta Wag	470	1,400	2,340	5,850	8,190	11,700
4d Outback Ltd Sta Wag	500	1,500	2,500	6,250	8,750	12,500
4d Outback LL Bean Sta Wag (6-cyl.)	560	1,680	2,800	7,000	9,800	14,000
4d Outback VDC Sta Wag (6-cyl.)	580	1,740	2,900	7,250	10,150	14,500

2002 Forester, 4-cyl., AWD

	6	5	4	3	2	1
4d L Sta Wag	480	1,440	2,400	6,000	8,400	12,000
4d S Sta Wag	520	1,560	2,600	6,500	9,100	13,000

2003 Impreza, 4-cyl., AWD

	6	5	4	3	2	1
4d RS Sed	380	1,140	1,900	4,750	6,650	9,500
4d WRX Sed	490	1,480	2,460	6,150	8,610	12,300
4d TS Sta Wag	390	1,180	1,960	4,900	6,860	9,800
4d Outback Sta Wag	460	1,380	2,300	5,750	8,050	11,500
4d WRX Sta Wag	500	1,500	2,500	6,250	8,750	12,500

2003 Legacy, 4-cyl., AWD

	6	5	4	3	2	1
4d L Sed	380	1,140	1,900	4,750	6,650	9,500
4d GT Sed	420	1,260	2,100	5,250	7,350	10,500

SUBARU

	6	5	4	3	2	1
4d L Sta Wag	400	1,200	2,000	5,000	7,000	10,000
4d GT Sta Wag	450	1,340	2,240	5,600	7,840	11,200
4d Outback Ltd Sed	460	1,380	2,300	5,750	8,050	11,500
4d Outback 3.0 Sed (6-cyl.)	480	1,430	2,380	5,950	8,330	11,900
4d Outback VDC Sed (6-cyl.)	530	1,580	2,640	6,600	9,240	13,200
4d Outback Sta Wag	470	1,400	2,340	5,850	8,190	11,700
4d Outback Ltd Sta Wag	500	1,500	2,500	6,250	8,750	12,500
4d Outback LL Bean Sta Wag (6-cyl.)	560	1,680	2,800	7,000	9,800	14,000
4d Outback VDC Sta Wag (6-cyl.)	580	1,740	2,900	7,250	10,150	14,500
2003 Forester, 4-cyl., AWD						
4d X Sta Wag	440	1,330	2,220	5,550	7,770	11,100
4d XS Sta Wag	500	1,510	2,520	6,300	8,820	12,600
2003 Baja, 4-cyl., AWD						
4d Spt Utly	480	1,450	2,420	6,050	8,470	12,100
4d Utly	510	1,540	2,560	6,400	8,960	12,800
2004 Impreza, 4-cyl., AWD						
RS 4d Sed	380	1,140	1,900	4,750	6,650	9,500
WRX 4d Sed	490	1,480	2,460	6,150	8,610	12,300
WRX STi 4d Sed	620	1,850	3,080	7,700	10,780	15,400
TS 4d Sta Wag	390	1,180	1,960	4,900	6,860	9,800
Outback 4d Sta Wag	460	1,380	2,300	5,750	8,050	11,500
WRX 4d Sta Wag	500	1,500	2,500	6,250	8,750	12,500
2004 Legacy, 4-cyl., AWD						
L 4d Sed	380	1,140	1,900	4,750	6,650	9,500
GT 4d Sed	420	1,260	2,100	5,250	7,350	10,500
Outback Ltd 4d Sed	460	1,380	2,300	5,750	8,050	11,500
Outback 3.0 4d Sed (6-cyl.)	480	1,430	2,380	5,950	8,330	11,900
Outback VDC 4d Sed (6-cyl.)	530	1,580	2,640	6,600	9,240	13,200
L 4d Sta Wag	400	1,200	2,000	5,000	7,000	10,000
GT 4d Sta Wag	450	1,340	2,240	5,600	7,840	11,200
Outback 4d Sta Wag	470	1,400	2,340	5,850	8,190	11,700
Outback Ltd 4d Sta Wag	500	1,500	2,500	6,250	8,750	12,500
Outback LL Bean 4d Sta Wag (6-cyl.)	560	1,680	2,800	7,000	9,800	14,000
Outback VDC 4d Sta Wag (6-cyl.)	580	1,740	2,900	7,250	10,150	14,500
NOTE: Add 5% for Anniversary Ed L and base Outback models.						
2004 Forester, 4-cyl., AWD						
X 4d Sta Wag	440	1,330	2,220	5,550	7,770	11,100
XS 4d Sta Wag	500	1,510	2,520	6,300	8,820	12,600
XT 4d Sta Wag	530	1,580	2,640	6,600	9,240	13,200
2004 Baja, 4-cyl., AWD						
Sport 4d Utly	480	1,450	2,420	6,050	8,470	12,100
Turbo 4d Utly	510	1,540	2,560	6,400	8,960	12,800
NOTE: Deduct 5% for manual transmission on all Subarus, except Impreza WRX models.						
2005 Impreza, 4-cyl., AWD						
4d RS Sed	380	1,140	1,900	4,750	6,650	9,500
4d RS Sport Sed	380	1,150	1,920	4,800	6,720	9,600
4d WRX Sed	490	1,480	2,460	5,540	8,610	12,300
4d WRX STi Sed	620	1,850	3,080	7,700	10,780	15,400
4d RS Sta Wag	400	1,190	1,980	4,950	6,930	9,900
4d Outback Sta Wag	460	1,380	2,300	5,750	8,050	11,500
4d WRX Sta Wag	500	1,500	2,500	6,250	8,750	12,500
NOTE: Deduct 5% for manual transmission, except WRX models.						
2005 Legacy, 4-cyl., AWD						
4d i Sed	390	1,160	1,940	4,850	6,790	9,700
4d i Ltd Sed	400	1,190	1,980	4,950	6,930	9,900
4d GT Sed	420	1,260	2,100	5,250	7,350	10,500
4d GT Ltd Sed	450	1,340	2,240	5,600	7,840	11,200
4d Outback 3.0 Sed (6-cyl. only)	480	1,430	2,380	5,950	8,330	11,900
4d i Sta Wag	390	1,180	1,960	4,900	6,860	9,800
4d i Ltd Sta Wag	430	1,300	2,160	5,400	7,560	10,800
4d GT Sta Wag	450	1,340	2,240	5,600	7,840	11,200
4d GT Ltd Sta Wag	460	1,390	2,320	5,800	8,120	11,600
4d Outback i Sta Wag	420	1,270	2,120	5,300	7,420	10,600
4d Outback i Ltd Sta Wag	450	1,340	2,240	5,600	7,840	11,200
4d Outback XT Sta Wag	480	1,430	2,380	5,950	8,330	11,900
4d Outback XT Ltd Sta Wag	530	1,580	2,640	6,600	9,240	13,200
4d Outback L.L. Bean Sta Wag (6-cyl. only)	560	1,680	2,800	7,000	9,800	14,000
4d Outback VDC Sta Wag (6-cyl. only)	580	1,740	2,900	7,250	10,150	14,500
NOTE: Deduct 5% for manual transmission.						
2005 Forester, 4-cyl., AWD						
4d X Sta Wag	440	1,330	2,220	5,000	7,770	11,100
4d XS Sta Wag	500	1,510	2,520	5,670	8,820	12,600
4d XS L.L. Bean Sta Wag	520	1,560	2,600	5,850	9,100	13,000
4d XT Sta Wag	530	1,580	2,640	5,940	9,240	13,200
NOTE: Deduct 5% for manual transmission.						
2005 Baja, 4-cyl., AWD						
4d Sport Utility	480	1,450	2,420	6,050	8,470	12,100
4d Turbo Utility	510	1,540	2,560	6,400	8,960	12,800
NOTE: Deduct 5% for manual transmission.						

SUBARU

	6	5	4	3	2	1
2006 Impreza AWD, 2.5L 4-cyl.						
4d 2.5i Spt Wag	250	740	1,240	3,100	4,340	6,200
4d 2.5i Sed	250	740	1,240	3,100	4,340	6,200
4d Outback Spt Wag	250	740	1,240	3,100	4,340	6,200
2006 Impreza AWD, 2.5L Turbo 4-cyl.						
4d WRX Trg Sed	500	1,510	2,520	6,300	8,820	12,600
4d WRX Sed	550	1,640	2,740	6,850	9,590	13,700
4d WRX Spt Wag	530	1,600	2,660	6,650	9,310	13,300
4d WRX Ltd Sed	600	1,790	2,980	6,710	10,430	14,900
4d WRX Ltd Spt Wag	580	1,750	2,920	7,300	10,220	14,600
2006 Impreza AWD, 2.5L HO Turbo 4-cyl.						
4d WRX Sti Sed	740	2,230	3,720	9,300	13,020	18,600
2006 Legacy AWD, 2.5L 4-cyl.						
4d Sed	410	1,220	2,040	5,100	7,140	10,200
4d Wag	440	1,310	2,180	5,450	7,630	10,900
4d WRX Ltd Sed	460	1,370	2,280	5,700	7,980	11,400
4d WRX Ltd Wag	460	1,390	2,320	5,800	8,120	11,600
2006 Legacy AWD, 2.5L Turbo 4-cyl.						
4d GT Ltd Sed	580	1,750	2,920	7,300	10,220	14,600
4d GT Ltd Wag	600	1,800	3,000	7,500	10,500	15,000
2006 Outback AWD, 2.5L 4-cyl.						
4d 2.5L Wag	530	1,600	2,660	6,650	9,310	13,300
4d 2.5L Ltd Sed	550	1,660	2,760	6,900	9,660	13,800
4d 2.5L Ltd Wag	560	1,690	2,820	7,050	9,870	14,100
2006 Outback AWD, 2.5L Turbo 4-cyl.						
4d 2.5LXT Wag	580	1,740	2,900	7,250	10,150	14,500
4d 2.5LXT Ltd Wag	600	1,790	2,980	7,450	10,430	14,900
2006 Outback AWD, 3.0 H6						
4d 3.0R Wag	590	1,780	2,960	7,400	10,360	14,800
4d 3.0R LL Bean Sed	640	1,930	3,220	8,050	11,270	16,100
4d 3.0R LL Bean WAg	660	1,990	3,320	8,300	11,620	16,600
4d 3.0R VDC Ltd Wag	710	2,140	3,560	8,900	12,460	17,800
2007 Impreza AWD, 2.5L 4-cyl.						
4d 2.5i Sed	380	1,130	1,880	4,700	6,580	9,400
4d 2.5i Spt Wag	400	1,190	1,990	4,900	6,970	9,950
4d Outback Spt Wag	460	1,380	2,300	5,750	8,050	11,500
2007 Impreza AWD, 2.5L Turbo 4-cyl.						
4d WRX Trg Sed	600	1,810	3,020	7,550	10,570	15,100
4d WRX Sed	680	2,030	3,380	8,450	11,830	16,900
4d WRX Spt Wag	660	1,970	3,280	8,200	11,480	16,400
4d WRX Ltd Sed	720	2,170	3,620	9,050	12,670	18,100
4d WRX Ltd Spt Wag	710	2,140	3,560	8,900	12,460	17,800
2007 Impreza AWD, 2.5L HO Turbo 4-cyl.						
4d WRX Sti Sed	1,040	3,120	5,200	13,000	18,200	26,000
4d WRX Sti Ltd Sed	1,110	3,320	5,540	13,850	19,300	27,700
2007 Legacy AWD, 2.5L 4-cyl.						
4d I Sed	450	1,360	2,260	5,650	7,910	11,300
4d I Wag	490	1,460	2,440	6,100	8,540	12,200
4d I Ltd Sed	590	1,780	2,960	7,400	10,360	14,800
4d I Ltd Wag	610	1,820	3,030	7,580	10,610	15,150
2007 Legacy AWD, 2.5L Turbo 4-cyl.						
4d GT Ltd Sed	800	2,390	3,980	9,950	13,930	19,900
4d GT Ltd Wag	810	2,420	4,040	10,100	14,140	20,200
4d GT Spl B Sed	880	2,640	4,400	11,000	15,400	22,000
2007 Outback AWD, 2.5L 4-cyl.						
4d 2.5i Basic Wag	500	1,500	2,500	6,250	8,750	12,500
4d 2.5i Wag	520	1,550	2,590	6,480	9,070	12,950
4d 2.5i Ltd Sed	570	1,720	2,870	7,180	10,050	14,350
4d 2.5i Ltd Wag	610	1,840	3,060	7,650	10,710	15,300
2007 Outback AWD, 2.5L Turbo 4-cyl.						
4d 2.5LXT Ltd Wag	670	2,000	3,340	8,350	11,690	16,700
2007 Outback AWD, 3.0 H6						
4d 3.0R LL Bean Sed	750	2,260	3,770	9,430	13,200	18,850
4d 3.0R LL Bean Wag	750	2,240	3,740	9,350	13,090	18,700
2008 Impreza AWD, 2.5L I4						
4d 2.5i Prem Wag	490	1,460	2,430	6,080	8,510	12,150
2008 Forester, AWD, I4						
4d X SUV	420	1,270	2,120	4,770	7,420	10,600
Sports X SUV	510	1,540	2,570	5,780	9,000	12,850
X LL Bean SUV	660	1,990	3,310	8,280	11,590	16,550
2008 Forester, AWD, I4 Turbo						
Sports XT SUV	680	2,030	3,390	8,480	11,870	16,950
XT Ltd SUV	730	2,180	3,640	9,100	12,740	18,200
2008 Impreza AWD, 2.5L I4						
4d 2.5i Sed	390	1,180	1,960	4,900	6,860	9,800
4d 2.5i Prem Sed	460	1,380	2,300	5,750	8,050	11,500
4d 2.5i Spt Wag	450	1,340	2,230	5,580	7,810	11,150
4d 2.5i Spt Wag	450	1,340	2,230	5,580	7,810	11,150
4d Outback Spt Wag	560	1,680	2,800	7,000	9,800	14,000

SUBARU

SUBARU

	6	5	4	3	2	1
2008 Impreza AWD, 2.5L Turbo I4						
4d WRX Sed	660	1,980	3,300	8,250	11,550	16,500
4d WRX Prem Sed	690	2,060	3,430	8,580	12,010	17,150
4d WRX Spt Wag	680	2,030	3,380	8,450	11,830	16,900
4d WRX Prem Wag	700	2,100	3,500	8,750	12,250	17,500
4d WRX STI Spt Wag	980	2,930	4,880	12,200	17,080	24,400
2008 Legacy AWD, 2.5L I4						
4d I Sed	410	1,220	2,030	5,080	7,110	10,150
4d I Ltd Sed	570	1,710	2,850	7,130	9,980	14,250
2008 Legacy AWD, 2.5L Turbo I4						
4d GT Ltd Sed	730	2,200	3,670	9,180	12,850	18,350
4d GT Ltd Sed	730	2,200	3,670	9,180	12,850	18,350
4d GT Spl B Sed	830	2,480	4,140	10,350	14,490	20,700
2008 Legacy AWD, 3.0L V6						
4d 3.0 Ltd Sed	760	2,290	3,820	9,550	13,370	19,100
2008 Outback AWD, 2.5L I4						
4d 2.5i Basic Wag	470	1,410	2,350	5,880	8,230	11,750
4d 2.5i Wag	500	1,490	2,490	6,230	8,720	12,450
4d 2.5i Ltd Wag	620	1,870	3,110	7,780	10,890	15,550
2008 Outback AWD, 2.5L Turbo I4						
4d 2.5XT Ltd Wag	670	2,020	3,360	8,400	11,760	16,800
2008 Outback AWD, 3.0 H6						
4d 3.0R LL Bean Wag	710	2,120	3,540	8,850	12,390	17,700
2008 Tribeca, AWD, H6						
4d SUV	530	1,600	2,660	5,990	9,310	13,300
Ltd SUV	620	1,870	3,120	7,020	10,920	15,600
2009 Impreza AWD, 2.5L I4						
4d 2.5i Sed	390	1,180	1,960	4,900	6,860	9,800
4d 2.5i Prem Sed	420	1,260	2,100	5,250	7,350	10,500
4d 2.5i Spt Wag	430	1,280	2,140	5,350	7,490	10,700
4d 2.5i Prem Wag	450	1,340	2,230	5,580	7,810	11,150
4d Outback Spt Wag	470	1,410	2,350	5,880	8,230	11,750
2009 Impreza AWD, 2.5L Turbo I4						
4d WRX Sed	640	1,910	3,190	7,980	11,170	15,950
4d WRX Prem Sed	660	1,980	3,300	8,250	11,550	16,500
4d WRX Spt Wag	680	2,030	3,380	8,450	11,830	16,900
4d WRX Prem Wag	670	2,010	3,350	8,380	11,730	16,750
4d WRX STI Spt Wag	600	1,790	2,990	7,480	10,470	14,950
4d 2,5 GT Sed	600	1,790	2,990	7,480	10,470	14,950
4d 2,5 GT Spt Wag	930	2,780	4,640	11,600	16,240	23,200
2009 Legacy AWD, 2.5L I4						
4d I Sed	390	1,170	1,960	4,890	6,840	9,775
4d I Ltd Sed	470	1,410	2,350	5,880	8,230	11,750
2009 Legacy AWD, 2.5L Turbo I4						
4d GT Ltd Sed	590	1,780	2,960	7,400	10,360	14,800
4d GT Spl B Sed	650	1,940	3,240	8,100	11,340	16,200
2009 Legacy AWD, 3.0L V6						
4d 3.0R Sed	500	1,490	2,480	6,200	8,680	12,400
4d 3.0R Ltd Sed	580	1,750	2,920	7,300	10,220	14,600
2009 Outback AWD, 2.5L I4						
4d 2.5i Wag	470	1,400	2,340	5,850	8,190	11,700
4d 2.5i Ltd Wag	560	1,690	2,820	7,050	9,870	14,100
2009 Outback AWD, 2.5L Turbo I4						
4d 2.5XT Ltd Wag	610	1,820	3,040	7,600	10,640	15,200
2009 Outback AWD, 3.0 H6						
4d 3.0R Ltd Wag	610	1,840	3,060	7,650	10,710	15,300
2010 Impreza AWD, 2.5L I4						
4d 2.5i Sed	450	1,340	2,230	5,580	7,810	11,150
4d 2.5i Spt Wag	460	1,380	2,300	5,750	8,050	11,500
4d 2.5i Prem Sed	470	1,400	2,340	5,850	8,190	11,700
4d 2.5i Prem Wag	510	1,520	2,530	6,330	8,860	12,650
4d Outback Spt Wag	510	1,520	2,540	6,350	8,890	12,700
2010 Impreza AWD, 2.5L Turbo I4						
4d WRX Sed	710	2,120	3,530	8,830	12,360	17,650
4d WRX Spt Wag	720	2,170	3,620	9,050	12,670	18,100
4d WRX Prem Sed	740	2,210	3,680	9,200	12,880	18,400
4d WRX Prem Wag	770	2,300	3,840	9,600	13,440	19,200
4d WRX LTD Sed	840	2,510	4,180	10,450	14,630	20,900
4d WRX LTD Wag	860	2,580	4,300	10,750	15,050	21,500
4d WRX STI Spl Ed Wag	1,060	3,170	5,280	13,200	18,480	26,400
4d WRX Spt Wag	1,050	3,140	5,240	13,100	18,340	26,200
4d 2.5 GT Sed	650	1,940	3,240	8,100	11,340	16,200
4d 2.5 GT Spt Wag	660	1,970	3,290	8,230	11,520	16,450
2010 Legacy AWD, 2.5L I4						
4d 2.5i Sed	470	1,400	2,340	5,850	8,190	11,700
4d 2.5i Prem Sed	480	1,450	2,410	6,030	8,440	12,050
4d 2.5i LTD Sed	540	1,620	2,700	6,750	9,450	13,500
2010 Legacy AWD, 2.5L Turbo I4						
4d 2.5 GT Prem Sed	710	2,120	3,540	8,850	12,390	17,700

	6	5	4	3	2	1
4d 2.5 GT Ltd Sed	750	2,250	3,750	9,380	13,130	18,750
2010 Legacy AWD, 3.6L 6-cyl						
4d 3.6R Sed	550	1,650	2,750	6,880	9,630	13,750
4d 3.6R Prem Sed	600	1,790	2,980	7,450	10,430	14,900
4d 3.6R LTD Sed	670	2,000	3,340	8,350	11,690	16,700
2010 Outback AWD, 2.5L I4						
4d 2.5i Wag	550	1,660	2,760	6,900	9,660	13,800
4d 2.5i Prem Wag	620	1,850	3,080	7,700	10,780	15,400
4d 2.5i LTD Wag	680	2,040	3,400	8,500	11,900	17,000
4d 3.6R Wag	680	2,050	3,410	8,530	11,940	17,050
4d 3.6R Prem Wag	720	2,170	3,620	9,050	12,670	18,100
4d 3.6R LTD Wag	740	2,220	3,700	9,250	12,950	18,500
2011 Impreza AWD, 2.5L I4						
4d 2.5i Sed	320	960	1,600	4,000	5,600	8,000
4d 2.5i Prem Sed	340	1,020	1,700	4,250	5,950	8,500
4d 2.5i Spt Wag	320	960	1,600	4,000	5,600	8,000
4d 2.5i Prem Wag	340	1,020	1,700	4,250	5,950	8,500
4d Outback Spt Wag	400	1,200	2,000	5,000	7,000	10,000
2011 Impreza AWD, 2.5L Turbo I4						
4d WRX Sed	600	1,810	3,020	7,550	10,570	15,100
4d WRX Prem Sed	660	1,970	3,280	8,200	11,480	16,400
4d WRX LTD Sed	890	2,680	4,460	11,150	15,610	22,300
4d WRX Spt Wag	740	2,220	3,700	9,250	12,950	18,500
4d WRX Prem Wag	700	2,110	3,520	8,800	12,320	17,600
4d WRX LTD Wag	720	2,150	3,580	8,950	12,530	17,900
4d WRX STI Sed	540	1,630	2,720	6,800	9,520	13,600
4d WRX STI LTD Sed	660	1,990	3,320	8,300	11,620	16,600
4d WRX STI Spt Wag	890	2,680	4,460	11,150	15,610	22,300
2011 Legacy Awd, 2.5L I4						
4d 2.5i Sed	280	830	1,380	3,450	4,830	6,900
4d 2.5i Prem Sed	290	860	1,440	3,600	5,040	7,200
4d 2.5i LTD Sed	410	1,240	2,060	5,150	7,210	10,300
2011 Legacy AWD, 2.5L Turbo I4						
4d 2.5 LTD Sed	440	1,310	2,190	5,480	7,670	10,950
2011 Legacy AWD, 3.6L 6-Cyl						
4d 3.6R Sed	450	1,360	2,260	5,650	7,910	11,300
4d 3.6R Prem Sed	480	1,440	2,400	6,000	8,400	12,000
4d 3.6R LTD Sed	640	1,910	3,180	7,950	11,130	15,900
2011 Outback AWD, 2.5L I4						
4d 2.5i Wag	410	1,220	2,040	5,100	7,140	10,200
4d 2.5i Prem Wag	760	2,270	3,780	9,450	13,230	18,900
4d 2.5i LTD Wag	480	1,450	2,420	6,050	8,470	12,100
2011 Outback AWD, 3.6L I4						
4d 3.6R Wag	450	1,360	2,260	5,650	7,910	11,300
4d 3.6R Prem Wag	440	1,330	2,220	5,550	7,770	11,100
4d 3.6R LTD Wag	200	600	1,000	2,500	3,500	5,000

SUNBEAM

	6	5	4	3	2	1
1948-51 4-cyl., 1944cc, 97.5" wb, Sunbeam-Talbot 90						
4d Sed	400	1,200	2,000	4,500	7,000	10,000
DHC	880	2,640	4,400	9,900	15,400	22,000
1948-57 4-cyl., 2267cc, 97.5" wb, Sunbeam-Talbot 90						
4d Sed	420	1,260	2,100	4,730	7,350	10,500
DHC	940	2,820	4,700	10,580	16,450	23,500
1953-55 4-cyl., 2267cc, 97.5" wb, Sunbeam Alpine						
Rds	1,020	3,060	5,100	11,480	17,850	25,500
1956-58 4-cyl., 1390cc, 96" wb, Sunbeam Rapier Series I						
2d HT	320	960	1,600	3,600	5,600	8,000
Conv	600	1,800	3,000	6,750	10,500	15,000
1959-61 4-cyl., 1494cc, 96" wb, Sunbeam Rapier Series II/III						
2d HT	320	960	1,600	3,600	5,600	8,000
Conv	600	1,800	3,000	6,750	10,500	15,000
1960 4-cyl., 1494cc, 86" wb, Sunbeam Alpine Series I						
Conv	1,180	3,540	5,900	13,280	20,650	29,500
1961 4-cyl., 1592cc, 86" wb, Sunbeam Alpine Series II/III						
Conv	1,180	3,540	5,900	13,280	20,650	29,500
1962 4-cyl., 1592cc, 86" wb, Sunbeam Alpine Series II/III						
Conv	1,180	3,540	5,900	13,280	20,650	29,500
1962 Sunbeam Herrington LeMans						
Cpe	1,060	3,180	5,300	11,930	18,550	26,500
1962-65 4-cyl., 1592cc, 96" wb, Sunbeam Rapier Series III/IV						
2d HT	300	900	1,500	3,380	5,250	7,500
Conv	580	1,740	2,900	6,530	10,150	14,500
1963 4-cyl., 1592cc, 86" wb, Sunbeam Alpine Series II/III						
Conv	1,160	3,480	5,800	13,050	20,300	29,000
Conv GT	1,200	3,600	6,000	13,500	21,000	30,000
1963 Sunbeam Herrington LeMans						
Cpe	1,060	3,180	5,300	11,930	18,550	26,500

	6	5	4	3	2	1
1964 4-cyl., 1592cc, 86" wb, Sunbeam Alpine Series III/IV						
Conv	1,160	3,480	5,800	13,050	20,300	29,000
Conv GT	1,200	3,600	6,000	13,500	21,000	30,000
1964 Sunbeam Venezia by Superleggera						
Cpe	940	2,820	4,700	10,580	16,450	23,500
1964 V-8, 260 cid, 86" wb, Sunbeam Tiger Series I						
Conv	5,600	16,800	28,000	63,000	98,000	140,000
1965 4-cyl., 1592cc, 86" wb, Sunbeam Alpine Series IV						
Conv	1,200	3,600	6,000	13,500	21,000	30,000
1965 Sunbeam Venezia by Superleggera						
Cpe	780	2,340	3,900	8,780	13,650	19,500
1965 V-8, 260 cid, 86" wb, Sunbeam Tiger Series I						
Conv	5,600	16,800	28,000	63,000	98,000	140,000
1966 V-8, 260 cid, 86" wb, Sunbeam Tiger Series I/IA						
Conv	5,800	17,400	29,000	65,250	101,500	145,000
1966-67 4-cyl., 1725cc, 96" wb, Sunbeam Rapier Series V						
2d HT	320	960	1,600	3,600	5,600	8,000
Conv	600	1,800	3,000	6,750	10,500	15,000
1967-68 4-cyl., 1725cc, 86" wb, Sunbeam Alpine Series V						
Conv	1,200	3,600	6,000	13,500	21,000	30,000
1967-68 V-8, 289cc, 86" wb, Sunbeam Tiger Series II						
Conv	7,000	21,000	35,000	78,750	122,500	175,000
1969-70 4-cyl., 1725cc, 98.5" wb, Sunbeam Alpine						
HT FBk	1,280	3,840	6,400	14,400	22,400	32,000
GT HT FBk	1,280	3,840	6,400	14,400	22,400	32,000
SUZUKI						
1989 Swift FWD						
2d GTi HBk	200	650	1,100	2,480	3,850	5,500
4d GLX HBk	200	600	1,000	2,250	3,500	5,000
1990 Swift, 4-cyl.						
2d GA HBk	150	400	700	1,580	2,450	3,500
2d GT HBk	150	500	850	1,940	3,000	4,300
4d GA Sed	150	450	750	1,710	2,650	3,800
4d GS Sed	150	500	800	1,850	2,850	4,100
1991 Swift						
2d GA HBk	150	400	700	1,580	2,450	3,500
2d GT HBk	150	500	850	1,940	3,000	4,300
4d GA Sed	150	450	750	1,710	2,650	3,800
4d GT Sed	150	500	800	1,850	2,850	4,100
1992 Swift, 4-cyl.						
2d GA HBk	150	400	700	1,580	2,450	3,500
2d GT HBk	150	500	850	1,940	3,000	4,300
4d GA Sed	150	450	750	1,710	2,650	3,800
4d GS Sed	150	500	800	1,850	2,850	4,100
1993 Swift, 4-cyl.						
2d GA HBk	150	400	700	1,580	2,450	3,500
2d GT HBk	150	500	850	1,940	3,000	4,300
4d GA Sed	150	450	750	1,710	2,650	3,800
4d GS Sed	150	500	800	1,850	2,850	4,100
1994 Swift, 4-cyl.						
2d GA HBk	150	400	700	1,580	2,450	3,500
2d GT HBk	150	500	850	1,940	3,000	4,300
4d GA Sed	150	450	750	1,710	2,650	3,800
4d GS Sed	150	500	800	1,850	2,850	4,100
1995 Swift, 4-cyl.						
2d HBk	150	450	800	1,760	2,750	3,900
1995 Esteem, 4-cyl.						
4d GL Sed	200	600	950	2,160	3,350	4,800
4d GLX Sed	200	600	1,000	2,250	3,500	5,000
1996 Swift, 4-cyl.						
2d HBk	150	450	800	1,760	2,750	3,900
1996 Esteem, 4-cyl.						
4d GL Sed	200	600	950	2,160	3,350	4,800
4d GLX Sed	200	600	1,000	2,250	3,500	5,000
1997 Swift, 4-cyl.						
2d HBk	156	468	780	1,760	2,730	3,900
1997 Esteem, 4-cyl.						
4d GL Sed	192	576	960	2,160	3,360	4,800
4d GLi Sed	200	600	1,000	2,250	3,500	5,000
4d GLX Sed	208	624	1,040	2,340	3,640	5,200
1998 Swift, 4-cyl.						
2d HBk	160	470	780	1,760	2,730	3,900
1998 Esteem, 4-cyl.						
4d GL Sed	190	580	960	2,160	3,360	4,800
4d GLX Sed	210	620	1,040	2,340	3,640	5,200
4d GL Sta Wag	210	640	1,060	2,390	3,710	5,300
4d GLX Sta Wag	220	660	1,100	2,480	3,850	5,500

	6	5	4	3	2	1
1999 Swift, 4-cyl.						
2d HBk	160	470	780	1,760	2,730	3,900
1999 Esteem, 4-cyl.						
4d GL Sed	190	580	960	2,160	3,360	4,800
4d GLX Sed	210	620	1,040	2,340	3,640	5,200
4d GL Sta Wag	210	640	1,060	2,390	3,710	5,300
4d GLX Sta Wag	220	660	1,100	2,480	3,850	5,500
2000 Swift, 4-cyl.						
2d GA HBk	160	470	780	1,760	2,730	3,900
2d GL HBk	180	530	880	1,980	3,080	4,400
2000 Esteem, 4-cyl.						
4d GL Sed	190	580	960	2,160	3,360	4,800
4d GLX Sed	210	620	1,040	2,340	3,640	5,200
4d GL Sta Wag	210	640	1,060	2,390	3,710	5,300
4d GLX Sta Wag	220	660	1,100	2,480	3,850	5,500
2001 Swift, 4-cyl.						
2d GA HBk	160	470	780	1,950	2,730	3,900
2d GL HBk	180	530	880	2,200	3,080	4,400
2001 Esteem, 4-cyl.						
4d GL Sed	190	580	960	2,400	3,360	4,800
4d GLX Sed	210	620	1,040	2,600	3,640	5,200
4d GL Sta Wag	210	640	1,060	2,650	3,710	5,300
4d GLX Sta Wag	220	660	1,100	2,750	3,850	5,500
2002 Esteem, 4-cyl.						
4d GL Sed	160	490	820	2,050	2,870	4,100
4d GLX Sed	180	540	900	2,250	3,150	4,500
4d GL Sta Wag	180	530	880	2,200	3,080	4,400
4d GLX Sta Wag	190	580	960	2,400	3,360	4,800
2002 Aerio, 4-cyl.						
4d S Sed	190	560	940	2,350	3,290	4,700
4d GS Sed	200	590	980	2,450	3,430	4,900
4d EX Sta Wag	220	660	1,100	2,750	3,850	5,500
2003 Aerio, 4-cyl.						
4d S Sed	190	560	940	2,350	3,290	4,700
4d GS Sed	200	590	980	2,450	3,430	4,900
4d SX Sta Wag	220	660	1,100	2,750	3,850	5,500
NOTE: Add 5% for AWD (excluding S sed.).						
2004 Forenza, 4-cyl.						
S 4d Sed	140	420	700	1,750	2,450	3,500
LX 4d Sed	160	470	780	1,950	2,730	3,900
EX 4d Sed	160	490	820	2,050	2,870	4,100
2004 Aerio, 4-cyl.						
S 4d Sed	190	560	940	2,350	3,290	4,700
LX 4d Sed	200	590	980	2,450	3,430	4,900
SX 4d Sta Wag	220	660	1,100	2,750	3,850	5,500
NOTE: Add 5% for AWD (except S sed).						
2004 Verona, 6-cyl.						
S 4d Sed	230	680	1,140	2,850	3,990	5,700
LX 4d Sed	240	710	1,180	2,950	4,130	5,900
EX 4d Sed	260	780	1,300	3,250	4,550	6,500
NOTE: Deduct 5% for manual transmission on all Suzukis.						
2005 Reno, 4-cyl.						
4d S HBk	140	410	680	1,700	2,380	3,400
4d LX HBk	150	460	760	1,900	2,660	3,800
4d EX HBk	160	480	800	2,000	2,800	4,000
NOTE: Deduct 5% for manual transmission.						
2005 Forenza, 4 cyl.						
4d S Sed	140	420	700	1,750	2,450	3,500
4d LX Sed	160	470	780	1,950	2,730	3,900
4d EX Sed	160	490	820	2,050	2,870	4,100
4d S Sta Wag	150	460	760	1,900	2,660	3,800
4d LX Sta Wag	160	480	800	2,000	2,800	4,000
4d EX Sta Wag	170	500	840	2,100	2,940	4,200
NOTE: Deduct 5% for manual transmission.						
2005 Aerio, 4-cyl.						
4d Sed	190	560	940	2,350	3,290	4,700
4d LX Sed	200	590	980	2,450	3,430	4,900
4d SX Sta Wag	220	660	1,100	2,750	3,850	5,500
NOTE: Add 5% for AWD, except S sedan. Deduct 5% for manual transmission.						
2005 Verona, 6-cyl.						
4d S Sed	230	680	1,140	2,850	3,990	5,700
4d LX Sed	240	710	1,180	2,950	4,130	5,900
4d EX Sed	260	780	1,300	3,250	4,550	6,500
NOTE: Deduct 5% for manual transmission						
2006 Aerio, 2.3L 4-cyl.						
4d Sed	220	670	1,120	2,800	3,920	5,600
4d SX Wag	250	760	1,260	3,150	4,410	6,300
NOTE: Add 8% for AWD.						

SUZUKI

2006 Forenza, 2.0L 4-cyl.

	6	5	4	3	2	1
4d Sed	230	700	1,160	2,900	4,060	5,800
4d Wag	240	710	1,180	2,950	4,130	5,900
2006 Reno, 2.0L 4-cyl.						
4d HBk	240	720	1,200	3,000	4,200	6,000
2006 Verona, 2.5L 4-cyl.						
4d Sed	190	560	940	2,350	3,290	4,700
4d Luxury Sed	200	610	1,020	2,550	3,570	5,100
2007 Aerio, 2.3L 4-cyl.						
4d Sed	280	830	1,380	3,450	4,830	6,900
2007 Aerio AWD, 2.3L 4-cyl.						
4d Premium Sed	320	970	1,620	4,050	5,670	8,100
2007 SX4, 2.0L 4-cyl.						
4d HBk Sed	290	880	1,460	3,650	5,110	7,300
4d Spt HBk Sed	320	950	1,580	3,950	5,530	7,900
2007 Forenza, 2.0L 4-cyl.						
4d Sed	220	660	1,110	2,760	3,870	5,525
4d Wag	240	710	1,190	2,980	4,170	5,950
2007 Reno, 2.0L 4-cyl.						
4d HBk	210	640	1,070	2,680	3,750	5,350
2008 SX4, 2.0L I4						
4d Sed	210	620	1,030	2,560	3,590	5,125
4d Spt Sed	290	870	1,450	3,610	5,060	7,225
Road Trip Sed	350	1,050	1,750	4,380	6,130	8,750
Road Trip ED Hatch	360	1,070	1,780	4,440	6,210	8,875
2008 SX4 AWD, 2.0L I4						
4d HBk Sed	320	950	1,590	3,980	5,570	7,950
2008 Forenza, 2.0L I4						
4d Sed	190	570	950	2,360	3,310	4,725
4d Wag	200	600	1,000	2,500	3,500	5,000
2008 Reno, 2.0L I4						
4d HBk	180	530	880	2,190	3,060	4,375
2009 SX4, 2.0L I4						
4d Sed	180	530	880	2,200	3,080	4,400
4d LE Sed	220	670	1,120	2,790	3,900	5,575
4d Spt Sed	250	740	1,230	3,080	4,310	6,150
2009 SX4 AWD, 2.0L I4						
4d HBk Sed	290	860	1,440	3,600	5,040	7,200
2010 SX4, 2.0L I4						
4d Sed	200	590	980	2,450	3,430	4,900
4d Sportback	320	950	1,590	3,980	5,570	7,950
4d LE Sed	250	740	1,230	3,080	4,310	6,150
4d Sport S Sed	280	830	1,380	3,440	4,810	6,875
4d Sport SE Sed	290	870	1,450	3,630	5,080	7,250
4d Spt GTS Sed	320	970	1,620	4,040	5,650	8,075
2010 SX4 AWD, 2.0L I4						
4d HBk Sed	300	900	1,500	3,750	5,250	7,500
2010 Kizashi, 2.4L I4						
4d S Sed	230	700	1,170	2,930	4,100	5,850
4d SE Sed	290	860	1,430	3,560	4,990	7,125
4d GTS Sed	360	1,070	1,780	4,440	6,210	8,875
4d SLS Sed	420	1,250	2,090	5,230	7,320	10,450
2011 SX4, 2.0L I4						
4d Sed	160	490	820	2,050	2,870	4,100
4d LE Sed	190	580	960	2,400	3,360	4,800
4d LE Anniv Ed Sed	230	700	1,160	2,900	4,060	5,800
4d Sport S Sed	210	620	1,040	2,600	3,640	5,200
4d Sport SE Sed	240	710	1,180	2,950	4,130	5,900
4d Spt GTS Sed	260	780	1,300	3,250	4,550	6,500
4d Sptbk	220	660	1,100	2,750	3,850	5,500
2011 SX4 AWD, 2.0L I4						
4d HBk Sed	250	760	1,260	3,150	4,410	6,300
2011 Kizaski, 2.4L I4						
4d S Sed	190	580	970	2,430	3,400	4,850
4d SE Sed	210	620	1,040	2,600	3,640	5,200
4d GTS Sed	240	730	1,220	3,050	4,270	6,100
4d SLS Sed	270	800	1,340	3,350	4,690	6,700
Add 8% for AWD.						

TOYOTA (TOYOPET)

	6	5	4	3	2	1
1958-60 Crown, 4-cyl., 1453cc, 99.6" wb						
RSL 4d Sed	260	780	1,300	2,930	4,550	6,500
1961-66 Tiara, 4-cyl., 1453cc, 94.5" wb						
4d Sed	240	720	1,200	2,700	4,200	6,000
1961-66 Crown, 4-cyl., 1879cc, 99.6" wb						
4d Cus Sed	268	804	1,340	3,020	4,690	6,700
4d Cus Sta Wag	272	816	1,360	3,060	4,760	6,800

TOYOTA

	6	5	4	3	2	1
1967-68 Corona, 4-cyl., 1879cc, 95.3" wb						
4d Sed	240	720	1,200	2,700	4,200	6,000
2d HT Cpe	280	840	1,400	3,150	4,900	7,000
1967-68 Crown, 6-cyl., 2254cc, 105.9" wb						
4d Sed	240	720	1,200	2,700	4,200	6,000
4d Sta Wag	248	744	1,240	2,790	4,340	6,200
1967-68 2000 GT, 6-cyl., 1988cc, 91.7" wb						
2d FBk Cpe	27,000	81,000	135,000	303,750	472,500	675,000
1969-70 1969 - Corolla, 4-cyl., 1079cc, 90" wb; 1970 - Corolla, 4-cyl., 1166cc, 90" wb						
2d Sed	220	660	1,100	2,480	3,850	5,500
2d FBk Cpe	240	720	1,200	2,700	4,200	6,000
2d Sta Wag	232	696	1,160	2,610	4,060	5,800
1969-70 Corona, 4-cyl., 1879cc, 95.3" wb						
4d Sed	220	660	1,100	2,480	3,850	5,500
2d HT Cpe	260	780	1,300	2,930	4,550	6,500
1969-70 Corona Mk II, 4-cyl., 1859cc, 98.8" wb						
4d Sed	240	720	1,200	2,700	4,200	6,000
2d HT Cpe	268	804	1,340	3,020	4,690	6,700
4d Sta Wag	252	756	1,260	2,840	4,410	6,300
1969-70 Crown, 6-cyl., 2254cc, 105.9" wb						
4d Sed	240	720	1,200	2,700	4,200	6,000
4d Sta Wag	260	780	1,300	2,930	4,550	6,500
1971-77 Corolla 1200, 4-cyl., 1166cc, 91.9" wb						
2d Sed	220	660	1,100	2,480	3,850	5,500
2d Cpe	220	660	1,100	2,480	3,850	5,500
2d Sta Wag	230	700	1,160	2,610	4,060	5,800
1971-77 Corolla 1600, 4-cyl., 1588cc, 91.9" wb						
2d Sed	220	660	1,100	2,480	3,850	5,500
4d Sed	220	660	1,100	2,480	3,850	5,500
2d Cpe	232	696	1,160	2,610	4,060	5,800
2d Sta Wag	236	708	1,180	2,660	4,130	5,900
1971-77 1971-74 - Celica, 4-cyl., 1967cc; 1975-77 - 2189cc						
2d Cpe	300	900	1,500	3,380	5,250	7,500
1971-77 Corona, 4-cyl., 1859cc, 95.7" wb						
4d Sed	240	720	1,200	2,700	4,200	6,000
2d HT Cpe	268	804	1,340	3,020	4,690	6,700
1971-77 Corona Mk II, 4-cyl., 1859cc, 98.8" wb						
4d Sed	240	720	1,200	2,700	4,200	6,000
2d HT Cpe	268	804	1,340	3,020	4,690	6,700
4d Sta Wag	260	780	1,300	2,930	4,550	6,500
1971-77 Crown, 1971 only, 6-cyl., 2254cc, 105.9" wb						
4d Sed	240	720	1,200	2,700	4,200	6,000
4d Sta Wag	260	780	1,300	2,930	4,550	6,500
1978-83 Corolla, 4-cyl., 1770cc, 94.5" wb						
2d Sed	200	600	1,000	2,250	3,500	5,000
DeL 2d Sed	200	600	1,000	2,250	3,500	5,000
DeL 4d Sed	200	600	1,000	2,260	3,500	5,000
DeL Sta Wag	200	600	1,000	2,300	3,550	5,100
DeL HT Cpe	200	650	1,100	2,480	3,850	5,500
SR5 2d HT Cpe	250	700	1,150	2,570	4,000	5,700
DeL 3d LBk	200	600	1,000	2,250	3,500	5,000
DeL 2d Spt Cpe	200	650	1,050	2,390	3,700	5,300
SR5 3d LBk	200	650	1,100	2,480	3,850	5,500
SR5 2d Spt Cpe	200	650	1,100	2,480	3,850	5,500
1978-83 Tercel, 4-cyl., 1452cc, 98.4" wb						
2d Sed	200	650	1,100	2,480	3,850	5,500
DeL 2d Sed	200	650	1,100	2,480	3,850	5,500
4d Sed	200	650	1,100	2,480	3,850	5,500
DeL 3d LBk	200	650	1,100	2,480	3,850	5,500
SR5 3d LBk	250	700	1,150	2,570	4,000	5,700
1978-83 Starlet, 4-cyl., 1290cc, 90.6" wb						
3d LBk	200	650	1,100	2,480	3,850	5,500
1978-83 Celica, 4-cyl., 2366cc, 98.4" wb						
ST 2d Spt Cpe	250	800	1,300	2,930	4,550	6,500
GT 2d Spt Cpe	250	800	1,300	2,970	4,600	6,600
GT 3d LBk	250	800	1,350	3,020	4,700	6,700
1978-83 Celica Supra, 6-cyl., 2759cc, 103.5" wb						
GT 2d Spt Cpe	300	900	1,500	3,380	5,250	7,500
1978-83 Corona, 4-cyl., 2366cc, 99.4" wb						
DeL 4d Sed	200	650	1,100	2,480	3,850	5,500
DeL 5d Sta Wag	250	700	1,200	2,700	4,200	6,000
LE 4d Sed	200	650	1,100	2,480	3,850	5,500
LE 5d LBk	250	700	1,200	2,700	4,200	6,000
1978-83 Cressida, 6-cyl., 2759cc, 104.1" wb						
Lux 4d Sed	250	700	1,150	2,570	4,000	5,700
Lux 4d Sta Wag	250	740	1,240	2,790	4,340	6,200

	6	5	4	3	2	1

1978-83 Cressida, 6-cyl., 2759cc, 103.5" wb
NOTE: Specifications in this section are for 1981 models only. Prices are averages for the 1980-1981 model years.

1984 Starlet

2d LBk	100	290	480	1,080	1,680	2,400

1984 Tercel

2d LBk	100	310	520	1,170	1,820	2,600
4d Sta Wag	110	320	540	1,220	1,890	2,700

NOTE: Add 20% for 4x4 option where available.

1984 Corolla

4d Sed	110	340	560	1,260	1,960	2,800
4d LBk	120	350	580	1,310	2,030	2,900
2d HT	120	360	600	1,350	2,100	3,000

1984 Celica

2d Cpe	250	700	1,150	2,610	4,050	5,800
2d LBk	250	700	1,200	2,700	4,200	6,000
2d Supra	250	760	1,260	2,840	4,410	6,300

1984 Camry

4d Sed	90	280	460	1,040	1,610	2,300
4d LBk	100	290	480	1,080	1,680	2,400

1984 Cressida

4d Sed	80	240	400	900	1,400	2,000
4d Sta Wag	100	300	500	1,130	1,750	2,500

1984 Tercel

4d Sta Wag	110	320	540	1,220	1,890	2,700

1984 Camry

4d Sed	90	280	460	1,040	1,610	2,300

1985 Tercel

2d LBk	80	250	420	950	1,470	2,100
4d LBk	90	280	460	1,040	1,610	2,300
4d Sta Wag	100	300	500	1,130	1,750	2,500

NOTE: Add 20% for 4x4 option where available.

1985 Corolla

4d Sed	80	240	400	900	1,400	2,000
4d LBk	90	260	430	970	1,510	2,150
2d Cpe	90	280	460	1,040	1,610	2,300
2d LBk	100	300	500	1,130	1,750	2,500

1985 Celica

2d Cpe	250	700	1,150	2,610	4,050	5,800
2d LBk	250	700	1,200	2,700	4,200	6,000
2d Conv	300	900	1,500	3,380	5,250	7,500
2d Supra	270	820	1,360	3,060	4,760	6,800

1985 Camry

4d Sed	100	290	480	1,080	1,680	2,400
4d LBk	100	300	500	1,130	1,750	2,500

1985 MR2

2d Cpe	180	540	900	2,030	3,150	4,500

1985 Cressida

4d Sed	90	280	460	1,040	1,610	2,300
4d Sta Wag	100	290	480	1,080	1,680	2,400
4d Sed	90	280	460	1,040	1,610	2,300

1986 Tercel

2d LBk	90	260	440	990	1,540	2,200
4d Sta Wag	100	310	520	1,170	1,820	2,600

NOTE: Add 20% for 4x4 option where available.

1986 Corolla

4d Sed	80	250	420	950	1,470	2,100
4d LBk	90	260	440	990	1,540	2,200
2d Cpe	110	340	560	1,260	1,960	2,800

1986 Celica

2d Cpe	250	700	1,200	2,660	4,150	5,900
2d LBk	250	750	1,200	2,750	4,250	6,100

1986 Supra

2d LBk	250	750	1,300	2,880	4,500	6,400

1986 Camry

4d Sed	100	300	500	1,130	1,750	2,500
4d LBk	100	310	520	1,170	1,820	2,600

1986 MR2

2d Cpe	180	540	900	2,030	3,150	4,500

1986 Cressida

4d Sed	110	340	560	1,260	1,960	2,800
4d Sta Wag	120	360	600	1,350	2,100	3,000

1987 Tercel

2d LBk	80	240	400	900	1,400	2,000
4d LBk	80	250	420	950	1,470	2,100
2d Cpe	80	240	400	900	1,400	2,000
4d Sta Wag	100	290	480	1,080	1,680	2,400

NOTE: Add 20% for 4x4 option where available.

1987 Corolla

4d Sed	90	260	440	990	1,540	2,200

	6	5	4	3	2	1
4d LBk	90	280	460	1,040	1,610	2,300
2d Cpe	110	330	550	1,240	1,930	2,750
2d LBk	100	300	500	1,130	1,750	2,500
1987 Celica						
2d Cpe	180	540	900	2,030	3,150	4,500
2d LBk	190	570	950	2,140	3,330	4,750
2d Conv	300	900	1,500	3,380	5,250	7,500
1987 Supra						
2d LBk	290	860	1,440	3,240	5,040	7,200
1987 Camry						
4d Sed	100	300	500	1,130	1,750	2,500
4d Sta Wag	100	290	480	1,080	1,680	2,400
1987 MR2						
2d Cpe	190	560	940	2,120	3,290	4,700
1987 Cressida						
4d Sed	100	290	480	1,080	1,680	2,400
4d Sta Wag	100	310	520	1,170	1,820	2,600
1988 Tercel						
2d LBk	90	260	440	990	1,540	2,200
4d LBk	80	250	420	950	1,470	2,100
2d Cpe	90	280	460	1,040	1,610	2,300
4d Sta Wag	90	280	460	1,040	1,610	2,300
NOTE: Add 20% for 4x4 option where available.						
1988 Corolla						
4d Sed	90	260	440	990	1,540	2,200
4d Sta Wag	80	240	400	900	1,400	2,000
2d Cpe	120	360	600	1,350	2,100	3,000
2d LBk	80	240	400	900	1,400	2,000
NOTE: Add 20% for 4x4 option where available.						
1988 Celica						
2d Cpe	250	750	1,200	2,750	4,250	6,100
2d LBk	250	750	1,250	2,790	4,350	6,200
2d Conv	300	900	1,500	3,380	5,250	7,500
1988 Supra						
2d LBk	280	840	1,400	3,150	4,900	7,000
1988 Camry						
4d Sed	90	280	460	1,040	1,610	2,300
4d Sta Wag	80	240	400	900	1,400	2,000
NOTE: Add 20% for 4x4 option where available.						
1988 MR2						
2d Cpe	180	550	920	2,070	3,220	4,600
1988 Cressida						
4d Sed	90	280	460	1,040	1,610	2,300
1989 Tercel						
2d LBk	80	240	400	900	1,400	2,000
4d LBk	80	240	400	900	1,400	2,000
2d Cpe	80	240	400	900	1,400	2,000
1989 Corolla						
4d Sed	80	240	400	900	1,400	2,000
4d Sta Wag	80	240	400	900	1,400	2,000
2d Cpe	80	240	400	900	1,400	2,000
NOTE: Add 20% for 4x4 option.						
1989 Celica						
2d Cpe	170	520	860	1,940	3,010	4,300
2d LBk	180	530	880	1,980	3,080	4,400
2d Conv	180	540	900	2,030	3,150	4,500
1989 Supra						
2d LBk	300	890	1,480	3,330	5,180	7,400
1989 Camry						
4d Sed	200	600	1,000	2,300	3,550	5,100
4d Sta Wag	200	600	1,050	2,340	3,650	5,200
1989 MR2						
2d Cpe	250	750	1,250	2,840	4,400	6,300
1989 Cressida						
4d Sed	250	750	1,250	2,790	4,350	6,200
1989 Corolla						
4d Sta Wag	90	260	440	990	1,540	2,200
1990 Tercel, 4-cyl.						
2d EZ HBk	80	240	400	900	1,400	2,000
2d HBk	80	250	420	950	1,470	2,100
2d Cpe	80	250	420	950	1,470	2,100
2d DLX Cpe	90	260	440	990	1,540	2,200
1990 Corolla, 4-cyl.						
4d Sed	90	280	460	1,040	1,610	2,300
DLX 4d Sed	100	290	480	1,080	1,680	2,400
LE 4d Sed	100	300	500	1,130	1,750	2,500
DLX 4d Sta Wag	100	310	520	1,170	1,820	2,600
DLX 4d Sed 4x4	120	360	600	1,350	2,100	3,000
DLX 4d Sta Wag 4x4	120	360	600	1,350	2,100	3,000

TOYOTA

	6	5	4	3	2	1
SR5 4d Sta Wag 4x4	140	420	700	1,580	2,450	3,500
SR5 2d Cpe	150	450	750	1,690	2,630	3,750
GT-S 2d Cpe	160	490	820	1,850	2,870	4,100
1990 Celica, 4-cyl.						
ST 2d Cpe	170	520	860	1,940	3,010	4,300
GT 2d Cpe	180	530	880	1,980	3,080	4,400
GT 2d HBk	180	540	900	2,030	3,150	4,500
GT-S 2d HBk.	210	620	1,040	2,340	3,640	5,200
2d HBk 4x4, Turbo	240	720	1,200	2,700	4,200	6,000
1990 Supra, 6-cyl.						
2d HBk	280	840	1,400	3,150	4,900	7,000
2d HBk, Turbo.	520	1,560	2,600	5,850	9,100	13,000
1990 Camry 4-cyl.						
4d Sed	90	260	440	990	1,540	2,200
DLX 4d Sed	90	280	460	1,040	1,610	2,300
LE 4d Sed.	100	290	480	1,080	1,680	2,400
DLX 4d Sed 4x4	120	360	600	1,350	2,100	3,000
LE 4d Sed 4x4	120	370	620	1,400	2,170	3,100
DLX 4d Sta Wag.	90	280	460	1,040	1,610	2,300
1990 V-6						
DLX 4d Sed	100	290	480	1,080	1,680	2,400
LE 4d Sed.	100	300	500	1,130	1,750	2,500
DLX 4d Sta Wag	90	280	460	1,040	1,610	2,300
LE 4d Sta Wag	100	290	480	1,080	1,680	2,400
1990 Cressida, 6-cyl.						
LUX 4d Sed	150	450	750	1,690	2,630	3,750
1990 Camry 4-cyl.						
DLX 4d Sed	90	280	460	1,040	1,610	2,300
1991 Tercel						
2d Sed	80	240	400	900	1,400	2,000
DX 2d Sed	80	250	420	950	1,470	2,100
DX 4d Sed	90	280	460	1,040	1,610	2,300
LE 4d Sed.	90	280	460	1,040	1,610	2,300
1991 Corolla						
4d Sed	80	250	420	950	1,470	2,100
DX 4d Sed	90	260	440	990	1,540	2,200
LE 4d Sed.	90	280	460	1,040	1,610	2,300
DX 4d Sta Wag.	90	280	460	1,040	1,610	2,300
DX 4d Sta Wag 4x4	100	310	520	1,170	1,820	2,600
SR5 2d Cpe.	130	380	640	1,440	2,240	3,200
GT-S 2d Cpe.	140	420	700	1,580	2,450	3,500
1991 Celica						
ST 2d Cpe	140	420	700	1,580	2,450	3,500
GT 2d Cpe	160	480	800	1,800	2,800	4,000
GT 2d Conv	200	600	1,000	2,250	3,500	5,000
GT 2d HBk	170	500	840	1,890	2,940	4,200
GT-S 2d HBk.	180	540	900	2,030	3,150	4,500
2d HBk 4x4, Turbo	230	680	1,140	2,570	3,990	5,700
1991 Supra						
2d HBk	220	670	1,120	2,520	3,920	5,600
2d HBk, Turbo.	520	1,560	2,600	5,850	9,100	13,000
1991 Camry						
4d Sed	90	280	460	1,040	1,610	2,300
DX 4d Sed	100	290	480	1,080	1,680	2,400
LE 4d Sed.	100	300	500	1,130	1,750	2,500
DX 4d Sed 4x4	120	370	620	1,400	2,170	3,100
LE 4d Sed 4x4	130	380	640	1,440	2,240	3,200
DX 4d Sta Wag.	100	290	480	1,080	1,680	2,400
LE 4d Sta Wag V-6	100	290	480	1,080	1,680	2,400
NOTE: Add 5% for V-6 on LE and DX 2x4 sedans.						
1991 MR2						
2d Cpe	140	410	680	1,530	2,380	3,400
2d Cpe, Turbo	150	460	760	1,710	2,660	3,800
1991 Cressida						
4d Sed	150	460	760	1,710	2,660	3,800
1991 Corolla						
DX 4d Sed	90	260	440	990	1,540	2,200
DX 4d Sta Wag.	90	280	460	1,040	1,610	2,300
1992 & 1993 Tercel, 4-cyl.						
2d Sed	80	240	400	900	1,400	2,000
DX 2d Sed	80	250	420	950	1,470	2,100
DX 4d Sed	90	260	440	990	1,540	2,200
LE 4d Sed.	90	280	460	1,040	1,610	2,300
1992 & 1993 Corolla, 4-cyl.						
4d Sed	90	280	460	1,040	1,610	2,300
DX 4d Sed	100	290	480	1,080	1,680	2,400
LE 4d Sed.	100	300	500	1,130	1,750	2,500
DX 4d Sta Wag.	100	310	520	1,170	1,820	2,600

	6	5	4	3	2	1

1992 & 1993 Paseo, 4-cyl.

2d Cpe 110		330	550	1,240	1,930	2,750

1992 & 1993 Celica, 4-cyl.

ST 2d Cpe 150		460	760	1,710	2,660	3,800
GT 2d Cpe 160		480	800	1,800	2,800	4,000
GT 2d HBk 160		490	820	1,850	2,870	4,100
GT-S 2d HBk. 180		530	880	1,980	3,080	4,400
2d HBk, Turbo. 240		730	1,220	2,750	4,270	6,100
GT 2d Conv 240		730	1,220	2,750	4,270	6,100

1992 & 1993 Camry, 4-cyl.

DX 4d Sed 120		360	600	1,350	2,100	3,000
LE 4d Sed. 120		370	620	1,400	2,170	3,100
XLE 4d Sed 130		380	640	1,440	2,240	3,200
DX 4d Sta Wag 120		360	600	1,350	2,100	3,000
LE 4d Sta Wag 120		370	620	1,400	2,170	3,100

1992 & 1993 Camry, V-6

DX 4d Sed 120		360	600	1,350	2,100	3,000
LE 4d Sed. 120		370	620	1,400	2,170	3,100
SE 4d Sed 120		360	600	1,350	2,100	3,000
XLE 4d Sed 120		370	620	1,400	2,170	3,100
LE 4d Sta Wag 130		380	640	1,440	2,240	3,200

1992 & 1993 MR2, 4-cyl.

2d Cpe 140		420	700	1,580	2,450	3,500
2d Cpe, Turbo 170		510	850	1,910	2,980	4,250

1992 & 1993 Supra

2d HBk 240		730	1,220	2,750	4,270	6,100
2d HBk, Turbo. 720		2,160	3,600	8,100	12,600	18,000

1994 Tercel, 4-cyl.

2d Sed 80		240	400	900	1,400	2,000
DX 2d Sed 80		250	420	950	1,470	2,100
DX 4d Sed 90		260	440	990	1,540	2,200

1994 Corolla, 4-cyl.

4d Sed 90		260	440	990	1,540	2,200
DX 4d Sed 90		280	460	1,040	1,610	2,300
LE 4d Sed. 100		290	480	1,080	1,680	2,400
DX 4d Sta Wag 90		280	460	1,040	1,610	2,300

1994 Paseo, 4-cyl.

2d Cpe 110		330	550	1,240	1,930	2,750

1994 Celica, 4-cyl.

ST 2d Cpe 170		500	840	1,890	2,940	4,200
GT 2d Cpe 160		480	800	1,800	2,800	4,000
ST 2d HBk 170		500	840	1,890	2,940	4,200
GT 2d HBk 160		490	820	1,850	2,870	4,100

1994 Camry

DX 2d Cpe, 4-cyl. 120		350	580	1,310	2,030	2,900
LE 2d Cpe, 4-cyl. 120		360	600	1,350	2,100	3,000
LE 2d Cpe, V-6 120		370	620	1,400	2,170	3,100
SE 2d Cpe, V-6 130		380	640	1,440	2,240	3,200
DX 4d Sed, 4-cyl. 120		360	600	1,350	2,100	3,000
LE 4d Sed, 4-cyl. 120		370	620	1,400	2,170	3,100
LE 4d Sed, V-6 120		370	620	1,400	2,170	3,100
SE 4d Sed, V-6 130		380	640	1,440	2,240	3,200
XLE 4d Sed, 4-cyl. 130		380	640	1,440	2,240	3,200
XLE 4d Sed, V-6 130		400	660	1,490	2,310	3,300
DX 4d Sta Wag, 4-cyl.. 130		400	660	1,490	2,310	3,300
LE 4d Sta Wag, 4-cyl. 130		380	640	1,440	2,240	3,200
LE 4d Sta Wag, V-6. 130		380	640	1,440	2,240	3,200

1994 MR2, 4-cyl.

2d Cpe 150		460	760	1,710	2,660	3,800
2d Cpe, Turbo. 170		520	860	1,940	3,010	4,300

1994 Supra

2d HBk 1,040		3,120	5,200	11,700	18,200	26,000
2d HBk, Turbo. 1,280		3,840	6,400	14,400	22,400	32,000

1994 Tercel, 4-cyl.

DX 4d Sed 90		280	460	1,040	1,610	2,300

1994 Corolla, 4-cyl.

4d Sed 100		290	480	1,080	1,680	2,400
4d Sed 90		260	440	990	1,540	2,200

1995 Tercel, 4-cyl.

2d Sed 80		240	400	900	1,400	2,000
DX 2d Sed 80		250	420	950	1,470	2,100
DX 4d Sed 90		260	440	990	1,540	2,200

1995 Corolla, 4-cyl.

4d Sed 100		300	500	1,130	1,750	2,500
DX 4d Sed 100		310	520	1,170	1,820	2,600
DX 4d Sta Wag 100		310	520	1,170	1,820	2,600
LE 4d Sed. 110		320	540	1,220	1,890	2,700

1995 Paseo, 4-cyl.

2d Cpe 120		360	600	1,350	2,100	3,000

TOYOTA

	6	5	4	3	2	1
1995 Celica, 4-cyl.						
ST 2d Cpe	150	460	760	1,710	2,660	3,800
ST 2d HBk	150	460	760	1,710	2,660	3,800
GT 2d Cpe	160	490	820	1,850	2,870	4,100
GT 2d HBk	160	490	820	1,850	2,870	4,100
GT 2d Conv	200	600	1,000	2,250	3,500	5,000
1995 Camry, 4-cyl. & V-6						
DX 2d Cpe	120	370	620	1,400	2,170	3,100
DX 4d Sed	120	370	620	1,400	2,170	3,100
LE 2d Cpe	130	380	640	1,440	2,240	3,200
LE 2d Cpe, V-6	140	410	680	1,530	2,380	3,400
LE 4d Sed	130	380	640	1,440	2,240	3,200
LE 4d Sed, V-6	130	400	660	1,490	2,310	3,300
LE 4d Sta Wag	130	380	640	1,440	2,240	3,200
LE 4d Sta Wag, V-6	130	400	660	1,490	2,310	3,300
SE 2d Cpe, V-6	140	410	680	1,530	2,380	3,400
SE 4d Sed, V-6	140	410	680	1,530	2,380	3,400
XLE 4d Sed	130	380	640	1,440	2,240	3,200
XLE 4d Sed, V-6	140	410	680	1,530	2,380	3,400
1995 MR2, 4-cyl.						
2d Cpe	150	450	750	1,690	2,630	3,750
2d Cpe, Turbo	170	500	840	1,890	2,940	4,200
1995 Avalon, V-6						
XL 4d Sed	170	500	840	1,890	2,940	4,200
XLS 4d Sed	180	550	920	2,070	3,220	4,600
1995 Supra, 6-cyl.						
2d HBk	1,100	3,300	5,500	12,380	19,250	27,500
2d HBk, Turbo	1,280	3,840	6,400	14,400	22,400	32,000
1996 Tercel, 4-cyl.						
2d Sed	80	240	400	900	1,400	2,000
DX 2d Sed	80	250	420	950	1,470	2,100
DX 4d Sed	90	260	440	990	1,540	2,200
1996 Corolla, 4-cyl.						
4d Sed	100	290	480	1,080	1,680	2,400
DX 4d Sed	100	300	500	1,130	1,750	2,500
DX 4d Sta Wag	100	310	520	1,170	1,820	2,600
1996 Paseo, 4-cyl.						
2d Cpe	120	360	600	1,350	2,100	3,000
1996 Celica, 4-cyl.						
ST 2d Cpe	160	470	780	1,760	2,730	3,900
ST 2d HBk	160	470	780	1,760	2,730	3,900
GT 2d Cpe	160	490	820	1,850	2,870	4,100
GT 2d HBk	160	490	820	1,850	2,870	4,100
GT 2d Conv	210	620	1,040	2,340	3,640	5,200
1996 Camry, 4-cyl.						
DX 2d Cpe	130	400	660	1,490	2,310	3,300
DX 4d Sed	130	400	660	1,490	2,310	3,300
LE 2d Cpe	140	420	700	1,580	2,450	3,500
LE 4d Sed	140	420	700	1,580	2,450	3,500
LE 4d Sta Wag	130	400	660	1,490	2,310	3,300
XLE 4d Sed	140	410	690	1,550	2,420	3,450
1996 Camry, V-6.						
LE 2d Cpe	140	410	680	1,530	2,380	3,400
LE 4d Sed	140	420	700	1,580	2,450	3,500
LE 4d Sta Wag	140	420	700	1,580	2,450	3,500
SE 2d Cpe	140	430	720	1,620	2,520	3,600
SE 4d Sed	140	430	720	1,620	2,520	3,600
XLE 4d Sed	140	430	720	1,620	2,520	3,600
1996 Avalon, V-6.						
XL 4d Sed	180	530	880	1,980	3,080	4,400
XLS 4d Sed	190	570	950	2,140	3,330	4,750
1996 Supra, 6-cyl.						
2d HBk	1,240	3,720	6,200	13,950	21,700	31,000
2d HBk, Turbo	1,360	4,080	6,800	15,300	23,800	34,000
1996 Corolla, 4-cyl.						
4d Sed	100	290	480	1,080	1,680	2,400
DX 4d Sed	100	300	500	1,130	1,750	2,500
1997 Tercel, 4-cyl.						
CE 2d Sed	80	240	400	900	1,400	2,000
CE 4d Sed	80	240	400	900	1,400	2,000
1997 Corolla, 4-cyl.						
VE 4d Sed	100	300	500	1,130	1,750	2,500
CE 4d Sed	100	310	520	1,170	1,820	2,600
LE 4d Sed	110	330	550	1,240	1,930	2,750
1997 Paseo, 4-cyl.						
2d Cpe	120	370	620	1,400	2,170	3,100
2d Conv	150	450	750	1,690	2,630	3,750
1997 Celica, 4-cyl.						
ST 2d Cpe	170	500	840	1,890	2,940	4,200

TOYOTA

	6	5	4	3	2	1
ST 2d HBk	170	500	840	1,890	2,940	4,200
GT 2d HBk	180	530	880	1,980	3,080	4,400
GT 2d Conv	200	610	1,020	2,300	3,570	5,100
1997 Camry, 4-cyl.						
CE 4d Sed	140	420	700	1,580	2,450	3,500
LE 4d Sed	150	440	740	1,670	2,590	3,700
XLE 4d Sed	160	480	800	1,800	2,800	4,000
1997 Camry, V-6						
CE 4d Sed	140	420	700	1,580	2,450	3,500
LE 4d Sed	150	440	740	1,670	2,590	3,700
XLE 4d Sed	160	480	800	1,800	2,800	4,000
1997 Avalon, V-6						
XL 4d Sed	190	570	950	2,140	3,330	4,750
XLS 4d Sed	200	600	1,000	2,250	3,500	5,000
1997 Supra, 6-cyl.						
2d HBk	1,280	3,840	6,400	14,400	22,400	32,000
2d HBk, Turbo	1,500	4,500	7,500	16,880	26,250	37,500
NOTE: 15th Anv. Ed.						
1998 Tercel, 4-cyl.						
CE 2d Sed	80	240	400	900	1,400	2,000
CE 4d Sed	80	240	400	900	1,400	2,000
1998 Corolla, 4-cyl.						
VE 4d Sed	80	240	400	900	1,400	2,000
CE 4d Sed	100	290	480	1,080	1,680	2,400
LE 4d Sed	110	330	550	1,240	1,930	2,750
1998 Paseo, 4-cyl.						
2d Cpe	130	380	640	1,440	2,240	3,200
2d Conv	160	480	800	1,800	2,800	4,000
1998 Celica GT, 4-cyl.						
2d Cpe	170	500	840	1,890	2,940	4,200
2d HBk	170	500	840	1,890	2,940	4,200
2d Conv	210	620	1,040	2,340	3,640	5,200
1998 Camry, 4-cyl.						
CE 4d Sed	140	420	700	1,580	2,450	3,500
LE 4d Sed	150	440	740	1,670	2,590	3,700
XLE 4d Sed	160	480	800	1,800	2,800	4,000
1998 Camry, V-6						
CE 4d Sed	150	450	750	1,690	2,630	3,750
LE 4d Sed	150	460	760	1,710	2,660	3,800
XLE 4d Sed	160	480	800	1,800	2,800	4,000
1998 Avalon, V-6						
XL 4d Sed	160	480	800	1,800	2,800	4,000
XLS 4d Sed	190	570	950	2,140	3,330	4,750
1998 Supra, 6-cyl.						
2d HBk	1,280	3,840	6,400	14,400	22,400	32,000
2d HBk, Turbo	1,640	4,920	8,200	18,450	28,700	41,000
1999 Echo, 4-cyl.						
2d Sed	70	220	360	810	1,260	1,800
4d Sed	70	220	360	810	1,200	1,800
1999 Corolla, 4-cyl.						
VE 4d Sed	80	250	420	950	1,470	2,100
CE 4d Sed	100	290	480	1,080	1,680	2,400
LE 4d Sed	110	330	550	1,240	1,930	2,750
1999 Celica GT, 4-cyl.						
2d HBk	170	520	860	1,940	3,010	4,300
2d Conv	210	620	1,040	2,340	3,640	5,200
1999 Camry, 4-cyl. & V-6						
CE 4d Sed (4-cyl. only)	140	420	700	1,580	2,450	3,500
LE 4d Sed	140	430	720	1,620	2,520	3,600
XLE 4d Sed	150	440	740	1,670	2,590	3,700
1999 Camry Solara, 4-cyl. & V-6						
SE 2d Cpe	150	460	760	1,710	2,660	3,800
SLE 2d Cpe (V-6 only)	160	470	780	1,760	2,730	3,900
1999 Avalon, V-6						
XL 4d Sed	160	490	820	1,850	2,870	4,100
XLS 4d Sed	180	530	880	1,980	3,080	4,400
2000 Camry Solara, 4-cyl. & V-6						
SE 2d Conv	200	600	1,000	2,250	3,500	5,000
SLE 2d Conv (V-6 only)	210	630	1,050	2,360	3,680	5,250
2000 Avalon, V-6						
XL 4d Sed	180	530	880	1,980	3,080	4,400
XLS 4d Sed	180	550	920	2,070	3,220	4,600
2000 Prius, 4-cyl. hybrid						
4d Sed (gas/elect)	140	420	700	1,580	2,450	3,500
2001 Echo, 4-cyl.						
2d Sed	70	220	360	810	1,260	1,800
4d Sed	70	220	360	810	1,260	1,800
2001 Corolla, 4-cyl.						
CE 4d Sed	110	320	540	1,220	1,890	2,700

TOYOTA

	6	5	4	3	2	1
S 4d Sed.	120	360	600	1,350	2,100	3,000
LE 4d Sed.	130	400	660	1,490	2,310	3,300
2001 Celica, 4-cyl.						
2d GT Cpe	170	520	860	1,940	3,010	4,300
2d GT-S Cpe.	190	560	940	2,120	3,290	4,700
2001 Camry, 4-cyl. & V-6						
CE 4d Sed (4-cyl. only).	160	490	820	1,850	2,870	4,100
LE 4d Sed.	170	500	840	1,890	2,940	4,200
XLE 4d Sed	180	530	880	1,980	3,080	4,400
NOTE: Add 5% for LE Gallery Series Ed.						
2001 Camry Solara, 4-cyl. & V-6						
SE 2d Cpe	170	500	840	1,890	2,940	4,200
SLE 2d Cpe (V-6 only)	170	520	860	1,940	3,010	4,300
SE 2d Conv	200	600	1,000	2,250	3,500	5,000
SLE 2d Conv (V-6 only)	210	640	1,060	2,390	3,710	5,300
2001 Avalon, V-6						
XL 4d Sed.	210	640	1,060	2,390	3,710	5,300
XLS 4d Sed	220	660	1,100	2,480	3,850	5,500
2001 Prius, 4-cyl. hybrid						
4d Sed (gas/elect)	150	450	750	1,690	2,630	3,750
2001 MR2, 4-cyl.						
2d Spyder Conv	220	660	1,100	2,480	3,850	5,500
2002 Echo, 4-cyl.						
2d Sed	70	220	360	810	1,260	1,800
4d Sed	70	220	360	810	1,260	1,800
2002 Corolla, 4-cyl.						
CE 4d Sed	110	330	550	1,240	1,930	2,750
S 4d Sed.	110	340	570	1,280	2,000	2,850
LE 4d Sed.	130	380	640	1,440	2,240	3,200
2002 Celica, 4-cyl.						
2d GT Cpe	170	500	840	1,890	2,940	4,200
2d GT-S Cpe.	190	580	960	2,160	3,360	4,800
2002 Camry, 4-cyl.						
LE 4d Sed.	170	500	840	1,890	2,940	4,200
SE 4d Sed	170	520	870	1,960	3,050	4,350
XLE 4d Sed	180	550	920	2,070	3,220	4,600
NOTE: Add 5% for V-6.						
2002 Camry Solara, 4-cyl.						
SE 2d Cpe	160	490	820	1,850	2,870	4,100
SLE 2d Cpe	180	530	880	1,980	3,080	4,400
SE 2d Conv	200	610	1,020	2,300	3,570	5,100
SLE 2d Conv	220	650	1,080	2,430	3,780	5,400
NOTE: Deduct 5% for 4-cyl.						
2002 Avalon, V-6						
XL 4d Sed.	220	650	1,080	2,430	3,780	5,400
XLS 4d Sed	230	690	1,150	2,590	4,030	5,750
2002 Prius, 4-cyl. hybrid						
4d Sed (gas/elect)	160	480	800	1,800	2,800	4,000
2002 MR2, 4-cyl.						
2d Spyder Conv	230	680	1,140	2,570	3,990	5,700
2003 Echo, 4-cyl.						
2d Sed	70	220	360	810	1,260	1,800
4d Sed	70	220	360	810	1,260	1,800
2003 Corolla, 4-cyl.						
CE 4d Sed	170	500	840	1,890	2,940	4,200
S 4d Sed.	190	560	940	2,120	3,290	4,700
LE 4d Sed.	180	540	900	2,030	3,150	4,500
2003 Matrix, 4-cyl.						
4d Sta Wag.	200	590	980	2,210	3,430	4,900
XR 4d Sta Wag.	210	620	1,040	2,340	3,640	5,200
XRS 4d Sta Wag.	220	650	1,090	2,450	3,820	5,450
NOTE: Add 5% for AWD (excluding XRS sta wag.).						
2003 Celica, 4-cyl.						
2d GT Cpe	180	540	900	2,030	3,150	4,500
2d GT-S Cpe.	200	590	980	2,210	3,430	4,900
2003 Camry, 4-cyl.						
LE 4d Sed.	180	530	880	1,980	3,080	4,400
SE 4d Sed	180	550	920	2,070	3,220	4,600
XLE 4d Sed	190	570	950	2,140	3,330	4,750
NOTE: Add 5% for V-6.						
2003 Camry Solara, V-6						
SE 2d Cpe	180	540	900	2,030	3,150	4,500
SLE 2d Cpe	190	570	950	2,140	3,330	4,750
SE 2d Conv	240	720	1,200	2,700	4,200	6,000
SLE 2d Conv	250	750	1,250	2,810	4,380	6,250
NOTE: Deduct 5% for 4-cyl. on SE models.						
2003 Avalon, V-6						
XL 4d Sed.	230	690	1,150	2,590	4,030	5,750
XLS 4d Sed	240	720	1,200	2,700	4,200	6,000

TOYOTA

2003 Prius, 4-cyl. hybrid

	6	5	4	3	2	1
4d Sed (gas/elect)	160	480	800	1,800	2,800	4,000

2003 MR2, 4-cyl.

2d Spyder Conv.	270	810	1,350	3,040	4,730	6,750

2004 Echo, 4-cyl.

2d Sed	70	220	360	810	1,260	1,800
4d Sed	70	220	360	810	1,260	1,800

NOTE: Deduct 5% for manual transmission.

2004 Corolla, 4-cyl.

CE 4d Sed	180	530	880	1,980	3,080	4,400
S 4d Sed	190	580	960	2,160	3,360	4,800
LE 4d Sed	180	550	920	2,070	3,220	4,600

NOTE: Deduct 5% for manual transmission.

2004 Matrix, 4-cyl.

4d Sta Wag	200	590	980	2,210	3,430	4,900
XR 4d Sta Wag	210	620	1,040	2,340	3,640	5,200
XRS 4d Sta Wag	220	650	1,090	2,450	3,820	5,450

NOTE: Add 5% for AWD. Deduct 5% for manual transmission.

2004 Celica, 4-cyl.

GT 2d Cpe	190	580	960	2,160	3,360	4,800
GT-S 2d Cpe	210	620	1,040	2,340	3,640	5,200

NOTE: Deduct 5% for manual transmission.

2004 Camry, 4-cyl.

Standard 4d Sed	210	630	1,050	2,360	3,680	5,250
LE 4d Sed	220	660	1,100	2,480	3,850	5,500
SE 4d Sed	230	700	1,160	2,610	4,060	5,800
XLE 4d Sed	240	720	1,200	2,700	4,200	6,000

NOTE: Add 5% for V-6, except Standard sed. Deduct 5% for manual transmission.

2004 Camry Solara, V-6

SE 2d Cpe	210	630	1,050	2,360	3,680	5,250
SE Sport 2d Cpe	220	670	1,120	2,520	3,920	5,600
SLE 2d Cpe	230	690	1,150	2,590	4,030	5,750
SE 2d Conv	250	760	1,260	2,840	4,410	6,300
SLE 2d Conv	260	770	1,280	2,880	4,480	6,400

NOTE: Deduct 5% for 4-cyl. Deduct 5% for manual transmission.

2004 Avalon, V-6

XL 4d Sed	240	720	1,200	2,700	4,200	6,000
XLS 4d Sed	260	780	1,300	2,930	4,550	6,500

2004 Prius, 4-cyl. hybrid

4d Sed (gas/elect)	200	600	1,000	2,250	3,500	5,000

NOTE: Deduct 5% for manual transmission.

2004 MR2, 4-cyl.

Spyder 2d Conv	340	1,020	1,700	3,830	5,950	8,500

NOTE: Add 5% for sequential manual transmission.

2005 Echo, 4-cyl.

2d Cpe	80	240	400	900	1,400	2,000
4d Sed	90	260	440	990	1,540	2,200

NOTE: Deduct 5% for manual transmission.

2005 Corolla, 4-cyl.

4d CE Sed	180	550	920	2,070	3,220	4,600
4d S Sed	200	600	1,000	2,250	3,500	5,000
4d LE Sed	190	580	960	2,160	3,360	4,800
4d XRS Sed	200	610	1,020	2,300	3,570	5,100

NOTE: Deduct 5% for manual transmission, except XRS sedan.

2005 Matrix, 4-cyl.

4d Sta Wag	200	600	1,000	2,250	3,500	5,000
4d XR Sta Wag	210	640	1,060	2,390	3,710	5,300
4d XRS Sta Wag	220	660	1,100	2,480	3,850	5,500

NOTE: Add 5% for AWD. Deduct 5% for manual transmission, except XRS station wagon.

2005 Celica, 4-cyl.

2d GT Cpe	200	600	1,000	2,250	3,500	5,000
2d GT-S Cpe	220	650	1,080	2,430	3,780	5,400

NOTE: Deduct 5% for manual transmission.

2005 Camry, 4-cyl. & V-6

4d Standard Sed	220	660	1,100	2,480	3,850	5,500
4d LE Sed	230	680	1,140	2,570	3,990	5,700
4d SE Sed	240	720	1,200	2,700	4,200	6,000
4d XLE Sed	250	740	1,240	2,790	4,340	6,200

NOTE: Add 5% for V-6, except Standard sedan. Deduct 5% for manual transmission.

2005 Camry Solara, 4-cyl. & V-6

2d SE Cpe	220	650	1,080	2,430	3,780	5,400
2d SE Sport Cpe	230	680	1,130	2,540	3,960	5,650
2d SLE Cpe	230	700	1,160	2,610	4,060	5,800
2d SE Conv (V-6 only)	250	760	1,270	2,860	4,450	6,350
2d SLE Conv (V-6 only)	260	770	1,280	2,880	4,480	6,400

2005 Camary Solara, 4-cyl. & V-6

NOTE: Deduct 5% for manual transmission.

2005 Avalon, V-6

4d XL Sed	260	780	1,300	2,930	4,550	6,500

	6	5	4	3	2	1
4d Touring Sed	280	840	1,400	3,150	4,900	7,000
4d XLS Sed	290	860	1,440	3,240	5,040	7,200
4d Limited Sed	300	890	1,480	3,330	5,180	7,400
2005 Prius, Hybrid 4-cyl.						
4d Sed (gal/elect)	210	620	1,040	2,340	3,640	5,200
NOTE: Deduct 5% for manual transmission.						
2005 MR2, 4-cyl.						
2d Spyder Conv	510	1,540	2,560	6,400	8,960	12,800
NOTE: Add 5% for sequential manual transmission.						
2006 Corolla, 1.8L 4-cyl.						
4d CE Sed	220	670	1,120	2,800	3,920	5,600
4d S Sed	250	760	1,260	3,150	4,410	6,300
4d LX Sed	220	670	1,120	2,800	3,920	5,600
4d XRS Sed	220	670	1,120	2,800	3,920	5,600
2006 Prius, 1.5L 4-cyl. Hybrid						
4d HBk Sed	220	670	1,120	2,800	3,920	5,600
2006 Matrixa, 1.8L 4-cyl.						
4d Spt Wag	230	700	1,160	2,610	4,060	5,800
4d XR Spt Wag	250	740	1,240	2,790	4,340	6,200
4d XRS Spt Wag	270	820	1,360	3,060	4,760	6,800
NOTE: Add 12% for AWD.						
2006 Camry, 2.4L 4-cyl.						
4d Sed	220	670	1,120	2,800	3,920	5,600
4d LE Sed	240	730	1,220	2,750	4,270	6,100
4d SE Sed	220	670	1,120	2,800	3,920	5,600
4d XLR Sed	260	770	1,280	2,880	4,480	6,400
NOTE: Add 5% for 3.0L V-6.						
2006 Solara, 2.4L 4-cyl.						
2d SE Cpe	220	670	1,120	2,800	3,920	5,600
2d SE Spt Cpe	250	760	1,260	3,150	4,410	6,300
2d SLE Cpe	220	670	1,120	2,800	3,920	5,600
NOTE: Add 5% for 3.3L V-6.						
2006 Solara, 3.34L 4-cyl.						
2d SE Conv	280	840	1,400	3,150	4,900	7,000
2d SLE Conv	290	860	1,440	3,240	5,040	7,200
NOTE: Add 5% for 3.3L V-6.						
2006 Avalon, 3.5L V-6						
4d XL Sed	310	940	1,560	3,510	5,460	7,800
4d Trg Sed	320	950	1,580	3,560	5,530	7,900
4d XLE Sed	320	960	1,600	3,600	5,600	8,000
4d Ltd Sed	340	1,010	1,680	3,780	5,880	8,400
2007 Taris, 1.5L 4-cyl.						
2d HBk	170	520	860	1,940	3,010	4,300
4d Sed	170	520	860	1,940	3,010	4,300
4d S Sed	190	570	950	2,140	3,330	4,750
2007 Corolla, 1.8L 4-cyl.						
4d CE Sed	240	730	1,220	2,750	4,270	6,100
4d S Sed	260	790	1,320	2,970	4,620	6,600
4d LE Sed	250	760	1,260	2,840	4,410	6,300
2007 Prius, 1.5L 4-cyl. Hybrid						
4d HBk Sed	250	740	1,240	2,790	4,340	6,200
4d Trg HBk	270	810	1,350	3,040	4,730	6,750
2007 Matrixa, 1.8L 4-cyl.						
4d Spt Wag	260	780	1,300	2,930	4,550	6,500
4d XR Spt Wag	280	830	1,380	3,110	4,830	6,900
2007 Camry, 2.4L 4-cyl.						
4d CE Sed	250	740	1,240	2,790	4,340	6,200
4d LE Sed	260	780	1,300	2,930	4,550	6,500
4d SE Sed	280	840	1,400	3,150	4,900	7,000
4d XLE Sed	300	900	1,500	3,380	5,250	7,500
NOTE: Add 5% for 3.5L V-6.						
2007 Camry Hybrid, 2.4L 4-cyl.						
4d Sed	270	800	1,340	3,020	4,690	6,700
2007 Solara, 2.4L 4-cyl.						
2d SE Cpe	280	840	1,400	3,150	4,900	7,000
2d Spt Cpe	290	880	1,460	3,290	5,110	7,300
NOTE: Add 5% for 3.3L V-6.						
2007 Solara, 3.3L 4-cyl.						
2d SLE Cpe	290	860	1,440	3,240	5,040	7,200
2007 Solara, 3.34L 6-cyl.						
2d SE Conv	320	960	1,600	3,600	5,600	8,000
2d Spt Conv	340	1,020	1,700	3,830	5,950	8,500
2d SLE Conv	360	1,080	1,800	4,050	6,300	9,000
2007 Solara, 3.34L 4-cyl.						
NOTE: Add 5% for 3.3L V-6.						
2007 Avalon, 3.5L V-6						
4d XL Sed	320	960	1,600	3,600	5,600	8,000
4d Trg Sed	340	1,010	1,680	3,780	5,880	8,400
4d XLE Sed	340	1,020	1,700	3,830	5,950	8,500

TOYOTA

	6	5	4	3	2	1
4d Ltd Sed	360	1,080	1,800	4,050	6,300	9,000
2008 Yaris, 1.5L I4						
2d HBk	180	540	900	2,030	3,150	4,500
4d Sed	180	540	900	2,030	3,150	4,500
2d s HBk	190	570	950	2,140	3,330	4,750
4d S Sed	190	570	950	2,140	3,330	4,750
2008 Corolla, 1.8L I4						
4d CE Sed	260	770	1,280	2,880	4,480	6,400
4d S Sed	260	790	1,320	2,970	4,620	6,600
4d LE Sed	270	820	1,360	3,060	4,760	6,800
2008 Prius, 1.5L I4 Hybrid						
4d Standard	280	840	1,400	3,150	4,900	7,000
4d Standard	280	840	1,400	3,150	4,900	7,000
4d HBk Sed	280	840	1,400	3,150	4,900	7,000
4d Trg HBk	290	860	1,440	3,240	5,040	7,200
2008 Matrixa, 1.8L I4						
4d Spt Wag	270	810	1,350	3,040	4,730	6,750
4d XR Spt Wag	290	860	1,440	3,240	5,040	7,200
2008 Camry, 2.4L I4						
4d Sed	250	760	1,260	2,840	4,410	6,300
4d LE Sed	260	780	1,300	2,930	4,550	6,500
4d SE Sed	270	810	1,350	3,040	4,730	6,750
4d XLE Sed	280	840	1,400	3,150	4,900	7,000
Add 5% for 3.5L V6.						
2008 Camry Hybrid, 2.4L I4						
4d Sed	280	840	1,400	3,150	4,900	7,000
2008 Solara, 2.4L I4						
2d SE Cpe	290	860	1,440	3,240	5,040	7,200
2d Spt Cpe	300	900	1,500	3,380	5,250	7,500
Add 5% for 3.3L V6.						
2008 Solara, 3.3L V6						
2d SLE Cpe	290	880	1,460	3,200	5,110	7,300
2d SE Conv	320	960	1,600	3,600	5,600	8,000
2d Spt Conv	330	980	1,640	3,690	5,740	8,200
2d SLE Conv	330	1,000	1,660	3,740	5,810	8,300
Add 5% for 3.3L V6.						
2008 Avalon, 3.5L V6						
4d XL Sed	360	1,080	1,800	4,050	6,300	9,000
4d Trg Sed	380	1,140	1,900	4,280	6,650	9,500
4d XLS Sed	390	1,180	1,960	4,410	6,860	9,800
4d Ltd Sed	410	1,220	2,040	4,590	7,140	10,200
2009 Yaris, 1.5L I4						
2d HBk	190	560	940	2,120	3,290	4,700
4d Sed	190	560	940	2,120	3,290	4,700
2d S HBk	200	590	980	2,210	3,430	4,900
4d S Sed	200	590	980	2,210	3,430	4,900
2d HBk	210	620	1,030	2,320	3,610	5,150
2d S HBk	210	620	1,040	2,340	3,640	5,200
2009 Corolla, 1.8L/2.4L I4						
4d Sed	270	800	1,340	3,020	4,690	6,700
2009 416663186						
4d S Sed	270	820	1,360	3,060	4,760	6,800
2009 Corolla, 1.8L/2.4L I4						
4d XRS Sed	290	860	1,440	3,240	5,040	7,200
2009 Corolla, 1.8L I4						
4d LE Sed	270	800	1,340	3,020	4,690	6,700
4d XLE Sed	280	830	1,390	3,110	4,830	6,900
2009 Prius, 1.5L I4 Hybrid						
4d Standard HBk Sed	290	880	1,460	3,290	5,110	7,300
4d HBk Sed	290	880	1,460	3,290	5,110	7,300
4d Trg HBk Sed	300	900	1,500	3,380	5,250	7,500
2009 Matrixa, 1.8L/2.4L I4						
4d Spt Wag	280	830	1,380	3,110	4,830	6,900
4d XRS Spt Wag	290	860	1,440	3,240	5,040	7,200
2009 Matrixa, 2.4L I4						
4d S Spt Wag	290	860	1,440	3,240	5,040	7,200
2009 Camry, 2.4L I4						
4d Sed	200	700	1,300	2,930	4,550	6,500
4d LE Sed	270	810	1,350	3,040	4,730	6,750
4d SE Sed	280	830	1,380	3,110	4,830	6,900
4d XLE Sed	290	860	1,440	3,240	5,040	7,200
Add 5% for 3.5L V6.						
2009 Camry Hybrid, 2.4L I4						
4d Sed	340	1,020	1,700	3,830	5,950	8,500
2009 Avalon, 3.5L V6						
Avalon, 3.5L V6	420	1,260	2,100	4,730	7,350	10,500
4d XLS Sed	440	1,320	2,200	4,950	7,700	11,000
4d Ltd Sed	470	1,410	2,350	5,290	8,230	11,750

TOYOTA

	6	5	4	3	2	1
2009 Jetta, 2.0L 4-cyl Turbo						
4d Wolfsburg Edition Sed	370	1,110	1,850	4,630	6,480	9,260
2010 Yaris, 1.5L I4						
2d HBk	190	570	950	2,140	3,330	4,750
4d Sed	190	570	950	2,140	3,330	4,750
2d S HBk	200	590	980	2,210	3,430	4,900
4d S Sed	200	590	980	2,210	3,430	4,900
2d HBk	190	570	950	2,140	3,330	4,750
2d S HBk	200	590	980	2,210	3,430	4,900
2010 Corolla, 1.8L/2.4L I4						
4d Sed	270	820	1,360	3,060	4,760	6,800
4d S Sed	280	840	1,400	3,150	4,900	7,000
4d XRS Sed	300	900	1,500	3,380	5,250	7,500
2010 Corolla, 1.8L I4						
4d LE Sed	280	830	1,380	3,110	4,830	6,900
4d XLE Sed	310	930	1,550	3,490	5,430	7,750
2010 Prius, 1.5L I4 Hybrid						
4d Standard HBk Sed	300	890	1,480	3,330	5,180	7,400
4d HBk Sed	300	890	1,480	3,330	5,180	7,400
4d Trg HBk Sed	310	930	1,550	3,490	5,430	7,750
2010 Matrix, 1.8L/2.4L I4						
4d Spt Wag	280	840	1,400	3,150	4,900	7,000
4d XRS Spt Wag	300	900	1,500	3,380	5,250	7,500
2010 Matrix, 2.4L I4						
4d S Spt Wag	310	930	1,550	3,490	5,430	7,750
2010 Camry, 2.4L I4						
4d Sed	270	810	1,350	3,040	4,730	6,750
4d LE Sed	280	830	1,380	3,110	4,830	6,900
4d SE Sed	280	840	1,400	3,150	4,900	7,000
4d XLE Sed	290	880	1,460	3,290	5,110	7,300
NOTE: Add 5% for 3.5L V6.						
2010 Camry Hybrid, 2.4L I4						
4d Sed	320	960	1,600	3,600	5,600	8,000
2010 Avalon, 23.5L V6						
4d XL Sed	370	1,120	1,860	4,190	6,510	9,300
4d XLS Sed	380	1,150	1,920	4,320	6,720	9,600
4d Ltd Sed	400	1,200	2,000	4,500	7,000	10,000
2011 Yaris, 1.5L I4						
2d HBk	240	710	1,180	2,950	4,130	5,900
4d HBk	280	830	1,380	3,450	4,830	6,900
4d Sed	270	820	1,360	3,400	4,760	6,800
2011 Corolla, 1.8L I4						
4d Sed	300	910	1,520	3,790	5,300	7,575
4d S Sed	350	1,040	1,740	4,350	6,090	8,700
4d LE Sed	330	980	1,630	4,080	5,710	8,150
2011 Prius, 1.8L I4 Hybrid						
4d One HBk	370	1,110	1,850	4,630	6,480	9,250
4d Two HBk	370	1,120	1,870	4,680	6,550	9,350
4d Three HBk	380	1,150	1,910	4,780	6,690	9,550
4d Four HBk	440	1,310	2,190	5,480	7,670	10,950
4d Five HBk	450	1,340	2,240	5,600	7,840	11,200
2011 Matrix, 1.8L/2.4L I4						
4d Spt Wag	340	1,030	1,710	4,280	5,990	8,550
2011 Matrix, 2.4L I4						
4d S Spt Wag	360	1,070	1,780	4,440	6,210	8,875
2011 Camry, 2.5L I4						
4d Sed	340	1,030	1,720	4,300	6,020	8,600
4d LE Sed	360	1,080	1,800	4,500	6,300	9,000
4d SE Sed	410	1,240	2,070	5,180	7,250	10,350
4d XLE Sed	420	1,270	2,120	5,300	7,420	10,600
Add 5% for 3.5L V6.						
2011 Camry Hybrid, 2.4L I4						
4d Sed	370	1,120	1,860	4,650	6,510	9,300
2011 Avalon, 3.5L V6						
4d Sed	520	1,560	2,600	6,500	9,100	13,000
4d Ltd Sed	540	1,620	2,700	6,750	9,450	13,500
TRIUMPH						
1946-48 1800, 4-cyl., 63 hp, 108" wb						
T&C Saloon	600	1,800	3,000	6,750	10,500	15,000
1946-48 1800, 4-cyl., 63 hp, 100" wb						
Rds	1,600	4,800	8,000	18,000	28,000	40,000
1949 1800, 4-cyl., 63 hp, 108" wb						
T&C Saloon	520	1,560	2,600	5,850	9,100	13,000
1949 2000, 4-cyl., 68 hp, 108" wb						
Saloon	380	1,150	1,920	4,320	6,720	9,600
1949 2000 Renown, 4-cyl., 68 hp, 108" wb						
Saloon	420	1,260	2,100	4,730	7,350	10,500

TOYOTA

	6	5	4	3	2	1
1949 Mayflower, 4-cyl., 38 hp, 84" wb						
Saloon 600	1,800	3,000	6,750	10,500	15,000
1949 2000, 4-cyl., 68 hp, 100" wb						
Rds 1,600	4,800	8,000	18,000	28,000	40,000
1950 2000 Renown, 4-cyl., 68 hp, 108" wb						
Saloon 380	1,140	1,900	4,280	6,650	9,500
1950 Mayflower, 4-cyl., 38 hp, 84" wb						
Saloon 600	1,800	3,000	6,750	10,500	15,000
Conv 700	2,100	3,500	7,880	12,250	17,500
1950 TRX (New Roadster Prototype) 4-cyl., 71 hp, 94" wb						
Rds		value not estimable				
NOTE: Car was offered but none were ever delivered.						
1951 2000 Renown, 4-cyl., 68 hp, 108" wb						
Saloon 380	1,140	1,900	4,280	6,650	9,500
1951 2000, 4-cyl., 68 hp, 111" wb						
Limo 390	1,180	1,960	4,410	6,860	9,800
1951 Mayflower, 4-cyl., 38 hp, 84" wb						
Saloon 600	1,800	3,000	6,750	10,500	15,000
1952 2000, 4-cyl., 68 hp, 111" wb						
Limo 390	1,180	1,960	4,410	6,860	9,800
1952 Mayflower, 4-cyl., 38 hp, 84" wb						
Saloon 600	1,800	3,000	6,750	10,500	15,000
1952 20TS (prototype), 4-cyl., 75 hp, 130" wb						
TR-1 Rds		value not estimable				
NOTE: Only one prototype built.						
1952 2000 Renown, 4-cyl., 68 hp, 111" wb						
Saloon 380	1,140	1,900	4,280	6,650	9,500
1953 2000 Renown, 4-cyl., 68 hp, 108" wb						
Saloon 380	1,140	1,900	4,280	6,650	9,500
1953 2000, 4-cyl., 68 hp, 111" wb						
Limo 380	1,150	1,920	4,320	6,720	9,600
1953 Mayflower, 4-cyl., 38 hp, 84" wb						
Saloon 600	1,800	3,000	6,750	10,500	15,000
1953 TR-2, 4-cyl., 90 hp, 88" wb						
Rds 1,440	4,320	7,200	16,200	25,200	36,000
1954 2000 Renown, 4-cyl., 68 hp, 108" wb						
Saloon 380	1,140	1,900	4,280	6,650	9,500
1954 TR-2, 4-cyl., 90 hp, 88" wb						
Rds 2,200	6,600	11,000	24,750	38,500	55,000
1955 TR-3, 4-cyl., 95 hp, 88" wb						
Rds 1,440	4,320	7,200	16,200	25,200	36,000
1956 TR-3, 4-cyl., 95 hp, 88" wb						
HT Rds 1,480	4,440	7,400	16,650	25,900	37,000
1957 TR-3, 4-cyl., 100 hp, 88" wb						
Rds 1,520	4,560	7,600	17,100	26,600	38,000
HT Rds 1,560	4,680	7,800	17,550	27,300	39,000
1957 TR-10, 4-cyl., 40 hp, 84" wb						
Saloon 620	1,860	3,100	6,980	10,850	15,500
1958 TR-3, 4-cyl., 100 hp, 88" wb						
Rds 1,520	4,560	7,600	17,100	26,600	38,000
HT Rds 1,560	4,680	7,800	17,550	27,300	39,000
1958 TR-10, 4-cyl., 40 hp, 84" wb						
Saloon 620	1,860	3,100	6,980	10,850	15,500
Sta Wag 630	1,880	3,140	7,070	10,990	15,700
NOTE: All cars registered after 9-15-58 are 1959 models.						
1959 TR-3, 4-cyl., 100 hp, 88" wb						
Rds 1,520	4,560	7,600	17,100	26,600	38,000
HT Rds 1,560	4,680	7,800	17,550	27,300	39,000
1959 TR-10, 4-cyl., 40 hp, 84" wb						
Saloon 620	1,860	3,100	6,980	10,850	15,500
Sta Wag 630	1,880	3,140	7,070	10,990	15,700
1960 Herald, 4-cyl., 40 hp, 84" wb						
Sed 250	750	1,200	2,750	4,250	6,100
Cpe 250	750	1,250	2,790	4,350	6,200
Conv 450	1,300	2,200	4,950	7,700	11,000
Sta Wag 250	800	1,300	2,930	4,550	6,500
1960 TR-3, 4-cyl., 100 hp, 88" wb						
Rds 1,520	4,560	7,600	17,100	26,600	38,000
HT Rds 1,560	4,680	7,800	17,550	27,300	39,000
NOTE: All cars registered after 9-15-60 are 1961 models.						
1961 Herald, 4-cyl., 40 hp, 91.5" wb						
Sed 250	750	1,250	2,790	4,350	6,200
Cpe 250	750	1,250	2,840	4,400	6,300
Conv 450	1,300	2,200	4,950	7,700	11,000
Sta Wag 250	750	1,250	2,790	4,350	6,200
1961 TR-3, 4-cyl., 100 hp, 88" wb						
Rds 1,520	4,560	7,600	17,100	26,600	38,000
HT Rds 1,560	4,680	7,800	17,550	27,300	39,000

TRIUMPH

TRIUMPH

	6	5	4	3	2	1
1962 Herald, 4-cyl., 40 hp, 91.5" wb						
Sed	250	750	1,200	2,750	4,250	6,100
Cpe	250	750	1,250	2,790	4,350	6,200
Conv	450	1,300	2,200	4,950	7,700	11,000
1962 TR-3, 4-cyl., 100 hp, 88" wb						
Rds	1,520	4,560	7,600	17,100	26,600	38,000
HT Rds	1,560	4,680	7,800	17,550	27,300	39,000
1962 TR-4, 4-cyl., 105 hp, 88" wb						
Rds	1,040	3,120	5,200	11,700	18,200	26,000
HT Rds	1,060	3,180	5,300	11,930	18,550	26,500
1962 Spitfire, 4-cyl., 57 hp, 83" wb						
Conv	680	2,040	3,400	7,650	11,900	17,000
1963 TR-3B, 4-cyl., 100 hp, 88" wb						
Rds	1,440	4,320	7,200	16,200	25,200	36,000
HT Rds	1,520	4,560	7,600	17,100	26,600	38,000
1963 TR-4, 4-cyl., 105 hp, 88" wb						
Conv	1,120	3,360	5,600	12,600	19,600	28,000
HT	1,200	3,600	6,000	13,500	21,000	30,000
1963 Four, 4-cyl., 40 hp, 91.5" wb						
Sed	250	800	1,300	2,930	4,550	6,500
Conv	300	950	1,600	3,600	5,600	8,000
1963 Spitfire, 4-cyl., 57 hp, 83" wb						
Spt Conv	600	1,800	3,000	6,750	10,500	15,000
1963 Six, 6-cyl., 70 hp, 91.5" wb						
Spt Conv	600	1,750	2,900	6,530	10,200	14,500
1964 TR-4, 4-cyl., 105 hp, 88" wb						
Conv	1,120	3,360	5,600	12,600	19,600	28,000
HT Cpe	1,200	3,600	6,000	13,500	21,000	30,000
1965 TR-4 and TR-4A, 4-cyl., 105 hp, 88" wb						
Conv	1,160	3,480	5,800	13,050	20,300	29,000
HT Cpe	1,240	3,720	6,200	13,950	21,700	31,000
1965 Spitfire Mk II, 4-cyl., 57 hp, 83" wb						
Conv	560	1,680	2,800	6,300	9,800	14,000
1966 TR-4A, 4-cyl., 105 hp, 88" wb						
Conv	1,160	3,480	5,800	13,050	20,300	29,000
HT Cpe	1,240	3,720	6,200	13,950	21,700	31,000
1966 2000, 6-cyl., 90 hp, 106" wb						
Sed	300	900	1,500	3,380	5,250	7,500
1966 Spitfire Mk II, 4-cyl., 57 hp, 83" wb						
Conv	560	1,680	2,800	6,300	9,800	14,000
1967 TR-4A, 4-cyl., 105 hp, 88" wb						
Conv	1,160	3,480	5,800	13,050	20,300	29,000
HT Cpe	1,240	3,720	6,200	13,950	21,700	31,000
1967 2000						
Sed	250	700	1,200	2,700	4,200	6,000
1967 Spitfire Mk II, 4-cyl., 68 hp, 83" wb						
Conv	600	1,750	2,900	6,530	10,200	14,500
HT Cpe	400	1,150	1,900	4,280	6,650	9,500
1967 1200 Sport						
Sed	250	700	1,150	2,570	4,000	5,700
Conv	450	1,400	2,300	5,180	8,050	11,500
1968 TR-250, 6-cyl., 104 hp, 88" wb						
Conv	1,520	4,560	7,600	17,100	26,600	38,000
1968 Spitfire Mk III, 4-cyl., 68 hp, 83" wb						
Conv	600	1,750	2,900	6,530	10,200	14,500
1968 GT-6 Plus, 6-cyl., 95 hp, 83" wb						
Cpe	420	1,260	2,100	4,730	7,350	10,500
NOTE: Add 10% for wire wheels; 10% for factory hardtop; 5% for overdrive.						
1969 TR-6, 6-cyl., 104 hp, 88" wb						
Conv	1,040	3,120	5,200	11,700	18,200	26,000
1969 Spitfire Mk III, 4-cyl., 68 hp, 83" wb						
Conv	600	1,750	2,900	6,530	10,200	14,500
1969 GT-6 Plus, 6-cyl., 95 hp, 83" wb						
Cpe	640	1,920	3,200	7,200	11,200	16,000
NOTE: Add 10% for wire wheels; 10% for factory hardtop; 5% for overdrive.						
1970 TR-6, 6-cyl., 104 hp, 88" wb						
Conv	1,040	3,120	5,200	11,700	18,200	26,000
1970 Spitfire Mk III, 4-cyl., 68 hp, 83" wb						
Conv	600	1,750	2,900	6,530	10,200	14,500
1970 GT-6 Plus, 6-cyl., 95 hp, 83" wb						
Cpe	640	1,920	3,200	7,200	11,200	16,000
1970 Stag, 8-cyl., 145 hp, 100" wb						
Conv	860	2,580	4,300	9,680	15,050	21,500
NOTE: Add 10% for wire wheels; 10% for factory hardtop; 5% for overdrive.						
1971 TR-6, 6-cyl., 104 hp, 88" wb						
Conv	1,040	3,120	5,200	11,700	18,200	26,000
1971 Spitfire Mk IV, 4-cyl., 58 hp, 83" wb						
Conv	600	1,750	2,900	6,530	10,200	14,500

	6	5	4	3	2	1
1971 GT-6 Mk III, 6-cyl., 90 hp, 83" wb						
Cpe.	640	1,920	3,200	7,200	11,200	16,000
1971 Stag, 8-cyl., 145 hp, 100" wb						
Conv	840	2,520	4,200	9,450	14,700	21,000
NOTE: Add 10% for wire wheels; 10% for factory hardtop; 5% for overdrive.						
1972 TR-6, 6-cyl., 106 hp, 88" wb						
Conv	1,040	3,120	5,200	11,700	18,200	26,000
1972 Spitfire Mk IV, 4-cyl., 48 hp, 83" wb						
Conv	600	1,750	2,900	6,530	10,200	14,500
1972 GT-6 Mk III, 6-cyl., 79 hp, 83" wb						
Cpe	640	1,920	3,200	7,200	11,200	16,000
1972 Stag, 8-cyl., 127 hp, 100" wb						
Conv	840	2,520	4,200	9,450	14,700	21,000
NOTE: Add 10% for wire wheels; 10% for factory hardtop; 5% for overdrive.						
1973 TR-6, 6-cyl., 106 hp, 88" wb						
Conv	1,040	3,120	5,200	11,700	18,200	26,000
1973 Spitfire Mk IV, 4-cyl., 57 hp, 83" wb						
Conv	450	1,400	2,300	5,180	8,050	11,500
1973 GT-6 Mk III, 6-cyl., 79 hp, 83" wb						
Cpe	640	1,920	3,200	7,200	11,200	16,000
1973 Stag, 8-cyl., 127 hp, 100" wb						
Conv	820	2,460	4,100	9,230	14,350	20,500
NOTE: Add 10% for wire wheels; 10% for factory hardtop; 5% for overdrive.						
1974 TR-6, 6-cyl., 106 hp, 88" wb						
Conv	1,040	3,120	5,200	11,700	18,200	26,000
1974 Spitfire Mk IV, 4-cyl., 57 hp, 83" wb						
Conv	450	1,400	2,300	5,180	8,050	11,500
NOTE: Add 10% for factory hardtop; 5% for overdrive.						
1975 TR-6, 6-cyl., 106 hp, 88" wb						
Conv	980	2,940	4,900	11,030	17,150	24,500
1975 TR-7, 4-cyl., 92 hp, 85" wb						
Cpe	450	1,300	2,200	4,950	7,700	11,000
1975 Spitfire 1500, 4-cyl., 57 hp, 83" wb						
Conv	450	1,400	2,300	5,180	8,050	11,500
NOTE: Add 10% for factory hardtop; 5% for overdrive.						
1976 TR-6, 6-cyl., 106 hp, 88" wb						
Conv	880	2,640	4,400	9,900	15,400	22,000
1976 TR-7, 4-cyl., 92 hp, 85" wb						
Cpe	480	1,440	2,400	5,400	8,400	12,000
1976 Spitfire 1500, 4-cyl., 57 hp, 83" wb						
Conv	450	1,400	2,300	5,180	8,050	11,500
NOTE: Add 10% for factory hardtop; 5% for overdrive.						
1977 TR-7, 4 cyl., 92 hp, 85" wb						
Cpe	480	1,440	2,400	5,400	8,400	12,000
1977 Spitfire 1500, 4-cyl., 57 hp, 83" wb						
Conv	450	1,400	2,300	5,180	8,050	11,500
NOTE: Add 10% for factory hardtop; 5% for overdrive.						
1978 TR-7, 4-cyl., 92 hp, 85" wb						
Cpe	480	1,440	2,400	5,400	8,400	12,000
1978 TR-8, 8-cyl., 133 hp, 85" wb (About 150 prototypes in USA)						
Cpe	650	2,000	3,300	7,430	11,600	16,500
1978 Spitfire 1500, 4-cyl., 57 hp, 83" wb						
Conv	450	1,300	2,200	4,950	7,700	11,000
NOTE: Add 10% for factory hardtop; 5% for overdrive.						
1979 TR-7, 4-cyl., 86 hp, 85" wb						
Conv	600	1,800	3,000	6,750	10,500	15,000
Cpe	480	1,440	2,400	5,400	8,400	12,000
1979 Spitfire 1500, 4-cyl., 53 hp, 83" wb						
Conv	350	1,000	1,700	3,830	5,950	8,500
NOTE: Add 10% for factory hardtop; 5% for overdrive.						
1980 TR-7, 4-cyl., 86 hp, 85" wb						
Conv	600	1,800	3,000	6,750	10,500	15,000
Spider Conv	640	1,920	3,200	7,200	11,200	16,000
Cpe	440	1,320	2,200	4,950	7,700	11,000
1980 TR-8, 8-cyl., 133 hp, 85" wb						
Conv	1,200	3,600	6,000	13,500	21,000	30,000
Cpe	800	2,400	4,000	9,000	14,000	20,000
1980 Spitfire 1500, 4-cyl., 57 hp, 83" wb						
Conv	450	1,350	2,300	5,130	8,000	11,400
NOTE: Add 10% for factory hardtop; 5% for overdrive.						
1981 TR-7, 4-cyl., 89 hp, 85" wb						
Conv	600	1,800	3,000	6,750	10,500	15,000
1981 TR-8, 8-cyl., 148 hp, 85" wb						
Conv	1,200	3,600	6,000	13,500	21,000	30,000

VAUXHALL

1946-56 Ten, 4-cyl., 1203cc. 97.8" wb						
Saloon	248	744	1,240	2,790	4,340	6,200

	6	5	4	3	2	1
1946-56 Twelve, 4-cyl., 1442cc, 97.8" wb						
Saloon 280		840	1,400	3,150	4,900	7,000
1946-56 Fourteen, 6-cyl., 1781cc, 105" wb						
Saloon 320		960	1,600	3,600	5,600	8,000
1946-56 Wyvern, 1948, 1442cc, 97.8" wb; 1951, 103" wb						
Saloon 320		960	1,600	3,600	5,600	8,000
1946-56 Velox, 1948, 6-cyl., 97.8" wb, 2275cc 1951, 103" wb						
Saloon 340		1,020	1,700	3,830	5,950	8,500
1957-59 Victor Super, 4-cyl., 1507cc, 98" wb						
FD 4d Sed 300		850	1,450	3,240	5,050	7,200
FW 4d Sta Wag 300		950	1,550	3,510	5,450	7,800
1960-61 Victor Super, 4-cyl., 1507cc Series 2, 98" wb						
FD 4d Sed 300		850	1,450	3,240	5,050	7,200
FW 4d Sta Wag 300		950	1,550	3,510	5,450	7,800
1962 Victor FB Super, 4-cyl., 1507cc, 100" wb						
FBD 4d Sed 300		850	1,450	3,240	5,050	7,200
FBW 4d Sta Wag 300		950	1,550	3,510	5,450	7,800

VOLKSWAGEN

	6	5	4	3	2	1
1945 Standard, 4-cyl., 25 hp, 94.5" wb						
2d Sed 1,280		3,840	6,400	14,400	22,400	32,000
1946 Standard, 4-cyl., 25 hp, 94.5" wb						
2d Sed 1,240		3,720	6,200	13,950	21,700	31,000
1947-48 4-cyl., 25 hp, 94.5" wb						
Std 1,100		3,300	5,500	12,380	19,250	27,500
Export 1,200		3,600	6,000	13,500	21,000	30,000
1949 Standard, 4-cyl., 25 hp, 94.5" wb						
2d Sed 1,100		3,300	5,500	12,380	19,250	27,500
1949 DeLuxe, 4-cyl., 10 hp, 94.5" wb						
2d Sed 1,160		3,480	5,800	13,050	20,300	29,000
Conv 1,320		3,950	6,580	14,810	23,030	32,900
Heb Conv 1,360		4,070	6,780	15,260	23,730	33,900
NOTE: Only 700 Hebmuller Cabr convertibles were built during 1949-1950. Add 10% for sunroof.						
1950 DeLuxe, 4-cyl., 25 hp, 94.5" wb						
2d Sed 1,140		3,420	5,700	12,830	19,950	28,500
Conv 1,220		3,660	6,100	13,730	21,350	30,500
Heb Conv 1,360		4,080	6,800	15,300	23,800	34,000
NOTE: Add 10% for sunroof.						
1950 Transporter, 4-cyl., 25 hp, 94.5" wb						
DeL Van 1,240		3,720	6,200	13,950	21,700	31,000
Kombi 1,140		3,420	5,700	12,830	19,950	28,500
1951-52 (Serial Nos. 170000-Up) DeLuxe, 4-cyl., 25 hp, 94.5" wb						
2d Sed 1,100		3,300	5,500	12,380	19,250	27,500
Conv 1,160		3,480	5,800	13,050	20,300	29,000
NOTE: Add 10% for sunroof.						
1951-52 Transporter, 4-cyl., 25 hp, 94.5" wb						
DeL Van 1,240		3,720	6,200	13,950	21,700	31,000
Kombi 1,140		3,420	5,700	12,830	19,950	28,500
NOTE: Overdrive is standard equipment.						
1952-53 (Serial Nos. 1-0264198-Up) DeLuxe 4-cyl., 25 hp, 94.5" wb						
2d Sed 1,100		3,300	5,500	12,380	19,250	27,500
Conv 1,220		3,660	6,100	13,730	21,350	30,500
NOTE: Add 10% for sunroof.						
1952-53 Transporter, 4-cyl., 25 hp, 94.5" wb						
DeL Van 1,240		3,720	6,200	13,950	21,700	31,000
Kombi 1,140		3,420	5,700	12,830	19,950	28,500
1953 (Serial Nos. later than March 1953) DeLuxe, 4-cyl., 94.5" wb, 25 hp						
2d Sed 700		2,100	3,500	7,880	12,250	17,500
Conv 1,220		3,660	6,100	13,730	21,350	30,500
NOTE: Add 10% for sunroof.						
1953 Transporter, 4-cyl., 25 hp, 94.5" wb						
DeL Van 1,140		3,420	5,700	12,830	19,950	28,500
Kombi 1,240		3,720	6,200	13,950	21,700	31,000
1954 DeLuxe, 4-cyl., 36 hp, 94.5" wb						
2d Sed 700		2,100	3,500	7,880	12,250	17,500
Conv 1,220		3,660	6,100	13,730	21,350	30,500
NOTE: Add 10% for sunroof.						
1954 Station Wagons, 4-cyl., 30 hp, 94.5" wb						
Microbus 1,220		3,660	6,100	13,730	21,350	30,500
DeL Microbus 1,240		3,720	6,200	13,950	21,700	31,000
NOTE: Microbus 165"overall; DeLuxe Microbus 166.1"overall; Beetle 160.3"overall.						
1955 DeLuxe, 4-cyl., 36 hp, 94.5" wb						
2d Sed 700		2,100	3,500	7,880	12,250	17,500
Conv 1,220		3,660	6,100	13,730	21,350	30,500
NOTE: Add 10% for sunroof.						
1955 Station Wagons, 4-cyl., 36 hp, 94.5" wb						
Kombi 1,140		3,420	5,700	12,830	19,950	28,500
Microbus 1,220		3,660	6,100	13,730	21,350	30,500
Microbus DeL 1,240		3,720	6,200	13,950	21,700	31,000

	6	5	4	3	2	1
1956 DeLuxe, 4-cyl., 36 hp, 94.5" wb						
2d Sed	700	2,100	3,500	7,880	12,250	17,500
Conv	1,220	3,660	6,100	13,730	21,350	30,500
NOTE: Add 10% for sunroof.						
1956 Karmann-Ghia, 4-cyl., 36 hp, 94.5" wb						
Cpe	740	2,220	3,700	8,330	12,950	18,500
1956 Station Wagons, 4-cyl., 36 hp, 94.5" wb						
Kombi	1,140	3,420	5,700	12,830	19,950	28,500
Microbus	1,260	3,780	6,300	14,180	22,050	31,500
Microbus DeL	1,280	3,840	6,400	14,400	22,400	32,000
1957 Beetle, 4-cyl., 36 hp, 94.5" wb						
2d Sed	700	2,100	3,500	7,880	12,250	17,500
Conv	1,220	3,660	6,100	13,730	21,350	30,500
NOTE: Add 10% for sunroof.						
1957 Karmann-Ghia, 4-cyl., 36 hp, 94.5" wb						
Cpe	700	2,100	3,500	7,880	12,250	17,500
1957 Station Wagons, 4-cyl., 36 hp, 94.5" wb						
Kombi	1,180	3,540	5,900	13,280	20,650	29,500
Microbus	1,320	3,960	6,600	14,850	23,100	33,000
Microbus SR	1,340	4,020	6,700	15,080	23,450	33,500
Camper	1,380	4,140	6,900	15,530	24,150	34,500
NOTE: Add 10% for sunroof.						
1958 Beetle, 4-cyl., 36 hp, 94.5" wb						
2d DeL Sed	700	2,100	3,500	7,880	12,250	17,500
Conv	1,220	3,660	6,100	13,730	21,350	30,500
1958 Karmann-Ghia, 4-cyl., 36 hp, 94.5" wb						
Cpe	780	2,340	3,900	8,780	13,650	19,500
Conv	1,220	3,660	6,100	13,730	21,350	30,500
1958 Station Wagons, 4-cyl., 36 hp, 94.5" wb						
Kombi	1,180	3,540	5,900	13,280	20,650	29,500
Microbus	1,360	4,080	6,800	15,300	23,800	34,000
Microbus DeL SR	1,380	4,140	6,900	15,530	24,150	34,500
Camper	1,420	4,260	7,100	15,980	24,850	35,500
1959 Beetle, 4-cyl., 36 hp, 94.5" wb						
2d Sed	680	2,040	3,400	7,650	11,900	17,000
Conv	1,200	3,600	6,000	13,500	21,000	30,000
NOTE: Add 10% for sunroof.						
1959 Karmann-Ghia, 4-cyl., 36 hp, 94.5" wb						
Cpe	740	2,220	3,700	8,330	12,950	18,500
Conv	1,180	3,540	5,900	13,280	20,650	29,500
1959 Station Wagons, 4-cyl., 36 hp, 94.5" wb						
Kombi	1,180	3,540	5,900	13,280	20,650	29,500
Microbus	1,380	4,140	6,900	15,530	24,150	34,500
Microbus DeL SR	1,500	4,500	7,500	16,880	26,250	37,500
Camper	1,440	4,320	7,200	16,200	25,200	36,000
1960 Beetle, 4-cyl., 36 hp, 94.5" wb						
2d DeL Sed	680	2,040	3,400	7,650	11,900	17,000
Conv	1,200	3,600	6,000	13,500	21,000	30,000
1960 Karmann-Ghia, 4-cyl., 36 hp, 94.5" wb						
Cpe	740	2,220	3,700	8,330	12,950	18,500
Conv	1,180	3,540	5,900	13,280	20,650	29,500
1960 Station Wagons, 4-cyl., 36 hp, 94.5" wb						
Kombi	1,100	3,510	5,000	10,200	20,650	20,500
Microbus	1,380	4,140	6,900	15,530	24,150	34,500
Microbus DeL SR	1,500	4,500	7,500	16,880	26,250	37,500
Camper	1,440	4,320	7,200	16,200	25,200	36,000
NOTE: Add 10% for sunroof.						
1961 Beetle, 4-cyl., 40 hp, 94.5" wb						
2d DeL Sed	680	2,040	3,400	7,650	11,900	17,000
Conv	1,160	3,480	5,800	13,050	20,300	29,000
1961 Karmann-Ghia, 4-cyl., 40 hp, 94.5" wb						
Cpe	780	2,340	3,900	8,780	13,650	19,500
Conv	1,220	3,660	6,100	13,730	21,350	30,500
1961 Station Wagons, 4-cyl., 40 hp, 94.5" wb						
Kombi	1,180	3,540	5,900	13,280	20,650	29,500
Sta Wag	1,420	4,260	7,100	15,980	24,850	35,500
Sta Wag DeL/SR	1,540	4,620	7,700	17,330	26,950	38,500
Camper	1,480	4,440	7,400	16,650	25,900	37,000
NOTE: Add 5% for extra seats (sta. wag.).						
1962 Beetle, 4-cyl., 40 hp, 94.5" wb						
2d DeL Sed	680	2,040	3,400	7,650	11,900	17,000
Conv	1,160	3,480	5,800	13,050	20,300	29,000
NOTE: Add 10% for sunroof.						
1962 Karmann-Ghia, 4-cyl., 40 hp, 94.5" wb						
Cpe	780	2,340	3,900	8,780	13,650	19,500
Conv	1,220	3,660	6,100	13,730	21,350	30,500
1962 Station Wagons, 4-cyl., 40 hp, 94.5" wb						
Kombi	1,180	3,540	5,900	13,280	20,650	29,500

VOLKSWAGEN

	6	5	4	3	2	1
Sta Wag	1,440	4,320	7,200	16,200	25,200	36,000
DeL Sta Wag	1,540	4,620	7,700	17,330	26,950	38,500
Camper	1,500	4,500	7,500	16,880	26,250	37,500
1963 Beetle, 4-cyl., 40 hp, 94.5" wb						
2d DeL Sed	660	1,980	3,300	7,430	11,550	16,500
Conv	1,140	3,420	5,700	12,830	19,950	28,500
NOTE: Add 10% for sunroof.						
1963 Karmann-Ghia, 4-cyl., 40 hp, 94.5" wb						
Cpe	740	2,220	3,700	8,330	12,950	18,500
Conv	1,180	3,540	5,900	13,280	20,650	29,500
1963 Station Wagons, 4-cyl., 40 hp, 94.5" wb						
Kombi	1,180	3,540	5,900	13,280	20,650	29,500
Sta Wag	1,440	4,320	7,200	16,200	25,200	36,000
DeL Sta Wag	1,540	4,620	7,700	17,330	26,950	38,500
Camper	1,500	4,500	7,500	16,880	26,250	37,500
1964 Beetle, 4-cyl., 40 hp, 94.5" wb						
2d DeL Sed	660	1,980	3,300	7,430	11,550	16,500
Conv	1,140	3,420	5,700	12,830	19,950	28,500
NOTE: Add 10% for sunroof.						
1964 Karmann-Ghia, 4-cyl., 40 hp, 94.5" wb						
Cpe	740	2,220	3,700	8,330	12,950	18,500
Conv	980	2,940	4,900	11,030	17,150	24,500
1964 Station Wagons (1200 Series), 4-cyl., 40 hp, 94.5" wb						
Kombi	1,180	3,540	5,900	13,280	20,650	29,500
Sta Wag	1,440	4,320	7,200	16,200	25,200	36,000
DeL Sta Wag	1,480	4,440	7,400	16,650	25,900	37,000
1964 Station Wagons (1500 Series), 4-cyl., 50 hp, 94.5" wb						
Kombi	820	2,460	4,100	9,230	14,350	20,500
Sta Wag	1,060	3,180	5,300	11,930	18,550	26,500
DeL Sta Wag	1,140	3,420	5,700	12,830	19,950	28,500
Camper	1,140	3,420	5,700	12,830	19,950	28,500
1965 Beetle, 4-cyl., 40 hp, 94.5" wb						
2d DeL Sed	660	1,980	3,300	7,430	11,550	16,500
Conv	940	2,820	4,700	10,580	16,450	23,500
NOTE: Add 10% for sunroof.						
1965 Karmann-Ghia, 4-cyl., 40 hp, 94.5" wb						
Cpe	740	2,220	3,700	8,330	12,950	18,500
Conv	980	2,940	4,900	11,030	17,150	24,500
1965 Station Wagons (1500 Series), 4-cyl., 40 hp, 94.5" wb						
Kombi	780	2,340	3,900	8,780	13,650	19,500
Sta Wag	1,040	3,120	5,200	11,700	18,200	26,000
DeL Sta Wag	1,140	3,420	5,700	12,830	19,950	28,500
Camper	1,100	3,300	5,500	12,380	19,250	27,500
1965 Commercial, (1500 Series), 4-cyl., 40 hp, 94.5" wb						
Panel	660	1,980	3,300	7,430	11,550	16,500
PU	680	2,040	3,400	7,650	11,900	17,000
Dbl Cab PU	684	2,052	3,420	7,700	11,970	17,100
1966 Beetle, 50 hp						
2d DeL Sed	660	1,980	3,300	7,430	11,550	16,500
Conv	740	2,220	3,700	8,330	12,950	18,500
NOTE: Add 10% for sunroof.						
1966 Karmann-Ghia, 53 hp						
Cpe	740	2,220	3,700	8,330	12,950	18,500
Conv	780	2,340	3,900	8,780	13,650	19,500
1966 Station Wagons, 57 hp						
Kombi	780	2,340	3,900	8,780	13,650	19,500
Sta Wag	1,040	3,120	5,200	11,700	18,200	26,000
DeL Sta Wag	1,140	3,420	5,700	12,830	19,950	28,500
Camper	1,100	3,300	5,500	12,380	19,250	27,500
1966 1600 Series, 65 hp						
2d FBk Sed	304	912	1,520	3,420	5,320	7,600
2d SqBk Sed	308	924	1,540	3,470	5,390	7,700
NOTE: Add 10% for sunroof.						
1966 Commercial						
Panel	660	1,980	3,300	7,430	11,550	16,500
PU	680	2,040	3,400	7,650	11,900	17,000
Dbl Cab PU	684	2,052	3,420	7,700	11,970	17,100
1967 Beetle, 53 hp						
2d DeL Sed	680	2,040	3,400	7,650	11,900	17,000
Conv	760	2,280	3,800	8,550	13,300	19,000
NOTE: Add 10% for sunroof.						
1967 Karmann-Ghia, 53 hp						
Cpe	740	2,220	3,700	8,330	12,950	18,500
Conv	780	2,340	3,900	8,780	13,650	19,500
1967 Station Wagon, 57 hp						
Kombi	780	2,340	3,900	8,780	13,650	19,500
Sta Wag	1,040	3,120	5,200	11,700	18,200	26,000
DeL Sta Wag	1,140	3,420	5,700	12,830	19,950	28,500
Camper	1,100	3,300	5,500	12,380	19,250	27,500

	6	5	4	3	2	1	675

1967 1600 Series, 65 hp

	6	5	4	3	2	1
2d FBk Sed.	316	948	1,580	3,560	5,530	7,900
2d SqBk Sed.	324	972	1,620	3,650	5,670	8,100

NOTE: Add 10% for sunroof.

1967 Commercial

Panel	660	1,980	3,300	7,430	11,550	16,500
PU.	680	2,040	3,400	7,650	11,900	17,000
Dbl Cab PU.	684	2,052	3,420	7,700	11,970	17,100

1968 Beetle, 53 hp

2d Sed	660	1,980	3,300	7,430	11,550	16,500
Conv	740	2,220	3,700	8,330	12,950	18,500

NOTE: Add 10% for sunroof.

1968 Karmann-Ghia, 53 hp

Cpe.	740	2,220	3,700	8,330	12,950	18,500
Conv	780	2,340	3,900	8,780	13,650	19,500

1968 1600 Series, 65 hp

2d FBk Sed.	316	948	1,580	3,560	5,530	7,900
2d SqBk Sed.	324	972	1,620	3,650	5,670	8,100

NOTE: Add 10% for sunroof.

1968 Station Wagons, 57 hp

Kombi	780	2,340	3,900	8,780	13,650	19,500
Sta Wag	980	2,940	4,900	11,030	17,150	24,500
Camper	1,020	3,060	5,100	11,480	17,850	25,500

1968 Commercial

Panel	620	1,860	3,100	6,980	10,850	15,500
PU.	640	1,920	3,200	7,200	11,200	16,000
Dbl Cab PU.	644	1,932	3,220	7,250	11,270	16,100

1969 Beetle, 53 hp

2d Sed	660	1,980	3,300	7,430	11,550	16,500
Conv	740	2,220	3,700	8,330	12,950	18,500

NOTE: Add 10% for sunroof.

1969 Karmann-Ghia, 53 hp

Cpe.	740	2,220	3,700	8,330	12,950	18,500
Conv	780	2,340	3,900	8,780	13,650	19,500

1969 1600 Series, 65 hp

2d FBk Sed.	324	972	1,620	3,650	5,670	8,100
2d SqBk Sed.	328	984	1,640	3,690	5,740	8,200

NOTE: Add 10% for sunroof.

1969 Station Wagons, 57 hp

Kombi	740	2,220	3,700	8,330	12,950	18,500
Sta Wag	980	2,940	4,900	11,030	17,150	24,500
Camper	1,000	3,000	5,000	11,250	17,500	25,000

1969 Commercial

Panel	620	1,860	3,100	6,980	10,850	15,500
PU.	640	1,920	3,200	7,200	11,200	16,000
Dbl Cab PU.	644	1,932	3,220	7,250	11,270	16,100

1970 Beetle, 60 hp

2d Sed	660	1,980	3,300	7,430	11,550	16,500
Conv	740	2,220	3,700	8,330	12,950	18,500

NOTE: Add 10% for sunroof.

1970 Karmann-Ghia, 60 hp

Cpe.	740	2,220	3,700	8,330	12,950	18,500
Conv	780	2,340	3,900	8,780	13,650	19,500

1970 1600 Series, 65 hp

2d FBk Sed.	320	960	1,600	3,600	5,600	8,000
2d SqBk Sed.	324	972	1,620	3,650	5,670	8,100

NOTE: Add 10% for sunroof.

1970 Station Wagons, 60 hp

Kombi	740	2,220	3,700	8,330	12,950	18,500
Sta Wag	980	2,940	4,900	11,030	17,150	24,500
Camper	1,000	3,000	5,000	11,250	17,500	25,000

1970 Commercial

Panel	620	1,860	3,100	6,980	10,850	15,500
PU.	640	1,920	3,200	7,200	11,200	16,000
Dbl Cab PU.	644	1,932	3,220	7,250	11,270	16,100

1971 Beetle, 60 hp

2d Sed	650	1,900	3,200	7,200	11,200	16,000
2d Sup Sed.	650	2,000	3,300	7,430	11,600	16,500
Conv	700	2,150	3,600	8,100	12,600	18,000

NOTE: Add 10% for sunroof.

1971 Karmann-Ghia

Cpe.	700	2,050	3,400	7,650	11,900	17,000
Conv	750	2,200	3,700	8,330	13,000	18,500

1971 Thing

4d Conv	440	1,320	2,200	4,950	7,700	11,000

1971 Type 3, Sq. Back 411

2d SqBk Sed.	300	900	1,500	3,380	5,250	7,500
3d 411 Sed.	304	912	1,520	3,420	5,320	7,600
4d 411 Sed.	304	912	1,520	3,420	5,320	7,600

	6	5	4	3	2	1
2d Type 3 Sed.	300	900	1,500	3,380	5,250	7,500
1971 Transporter						
Kombi	700	2,050	3,400	7,650	11,900	17,000
Sta Wag	800	2,400	4,000	9,000	14,000	20,000
Sta Wag SR	800	2,400	4,050	9,090	14,100	20,200
Campmobile	800	2,450	4,100	9,230	14,300	20,500
1971 Commercial						
Panel	550	1,700	2,800	6,300	9,800	14,000
PU.	600	1,750	2,900	6,530	10,200	14,500
Dbl Cab PU.	600	1,750	2,900	6,570	10,200	14,600
1972 Beetle, 60 hp						
2d Sed	650	1,900	3,200	7,200	11,200	16,000
2d Sup Sed.	650	2,000	3,300	7,430	11,600	16,500
Conv.	700	2,150	3,600	8,100	12,600	18,000
NOTE: Add 10% for sunroof.						
1972 Karmann-Ghia						
Cpe.	700	2,050	3,400	7,650	11,900	17,000
Conv.	750	2,200	3,700	8,330	13,000	18,500
1972 Thing						
4d Conv	440	1,320	2,200	4,950	7,700	11,000
1972 Type 3, Sq. Back 411						
2d Sed	300	900	1,500	3,380	5,250	7,500
2d Sed Type 3.	300	900	1,500	3,380	5,250	7,500
2d Sed 411.	304	912	1,520	3,420	5,320	7,600
4d Sed AT 411.	304	912	1,520	3,420	5,320	7,600
3d Wagon 411.	308	924	1,540	3,470	5,390	7,700
NOTE: Add 10% for sunroof.						
1972 Transporter						
Kombi	700	2,050	3,400	7,650	11,900	17,000
Sta Wag	800	2,400	4,000	9,000	14,000	20,000
Campmobile	800	2,450	4,100	9,230	14,300	20,500
1972 Commercial						
Panel	550	1,700	2,800	6,300	9,800	14,000
PU.	600	1,750	2,900	6,530	10,200	14,500
Dbl Cab PU.	600	1,750	2,900	6,570	10,200	14,600
1973 Beetle, 46 hp						
2d Sed	650	1,900	3,200	7,200	11,200	16,000
2d Sup Sed.	650	2,000	3,300	7,430	11,600	16,500
Conv.	700	2,150	3,600	8,100	12,600	18,000
1973 Karmann-Ghia						
Cpe.	650	1,900	3,200	7,200	11,200	16,000
Conv.	700	2,150	3,600	8,100	12,600	18,000
1973 Type 3, Sq. Back 412						
2d Sed SqBk.	300	900	1,500	3,380	5,250	7,500
2d Sed Type 3.	300	900	1,500	3,380	5,250	7,500
2d Sed 412.	304	912	1,520	3,420	5,320	7,600
4d Sed 412.	304	912	1,520	3,420	5,320	7,600
3d Sed 412.	304	912	1,520	3,420	5,320	7,600
1973 Thing						
4d Conv	440	1,320	2,200	4,950	7,700	11,000
1973 Transporter						
Kombi	650	1,900	3,200	7,200	11,200	16,000
Sta Wag	750	2,300	3,800	8,550	13,300	19,000
Campmobile	800	2,350	3,900	8,780	13,700	19,500
Panel	600	1,850	3,100	6,980	10,900	15,500
1974 Beetle						
2d Sed	650	1,900	3,200	7,200	11,200	16,000
2d Sup Sed.	650	2,000	3,300	7,430	11,600	16,500
2d Sun Bug Sed.	650	2,000	3,300	7,470	11,600	16,600
Conv.	700	2,100	3,500	7,880	12,300	17,500
1974 Karmann-Ghia						
Cpe.	600	1,850	3,100	6,980	10,900	15,500
Conv.	700	2,100	3,500	7,880	12,300	17,500
1974 Thing						
4d Conv	440	1,320	2,200	4,950	7,700	11,000
NOTE: Add 5% for Acupulco pkg.						
1974 Dasher						
2d Sed	300	950	1,550	3,510	5,450	7,800
4d Sed	300	950	1,600	3,560	5,550	7,900
4d Wag	300	950	1,600	3,600	5,600	8,000
1974 412						
2d Sed	300	950	1,550	3,510	5,450	7,800
4d Sed	300	950	1,600	3,560	5,550	7,900
3d Sed	300	950	1,600	3,560	5,550	7,900
1974 Transporter						
Kombi	650	1,900	3,200	7,200	11,200	16,000
Sta Wag	700	2,150	3,600	8,100	12,600	18,000
Campmobile	750	2,200	3,700	8,330	13,000	18,500
Panel	600	1,800	3,000	6,750	10,500	15,000

VOLKSWAGEN

	6	5	4	3	2	1
1975 Beetle						
2d Sed	600	1,800	3,000	6,750	10,500	15,000
2d Sup Sed	600	1,850	3,100	6,980	10,900	15,500
Conv	700	2,050	3,400	7,650	11,900	17,000
1975 Rabbit						
2d Cus Sed	300	900	1,500	3,420	5,300	7,600
4d Cus Sed	300	900	1,550	3,470	5,400	7,700
NOTE: Add 5% for DeLuxe.						
1975 Dasher						
2d Sed	300	900	1,500	3,420	5,300	7,600
4d Sed	300	950	1,550	3,510	5,450	7,800
HBk	300	950	1,600	3,560	5,550	7,900
4d Wag	300	950	1,600	3,600	5,600	8,000
1975 Scirocco						
Cpe	350	1,000	1,700	3,780	5,900	8,400
1975 Transporter						
Kombi	600	1,850	3,100	6,980	10,900	15,500
Sta Wag	700	2,050	3,400	7,650	11,900	17,000
Campmobile	700	2,100	3,500	7,880	12,300	17,500
Panel	600	1,750	2,900	6,530	10,200	14,500
1976 Beetle						
2d Sed	600	1,800	3,000	6,750	10,500	15,000
Conv	600	1,850	3,100	6,980	10,900	15,500
1976 Rabbit						
2d Sed	250	800	1,300	2,970	4,600	6,600
2d Cus Sed	250	800	1,350	3,020	4,700	6,700
4d Cus Sed	250	800	1,350	3,020	4,700	6,700
NOTE: Add 10% for DeLuxe.						
1976 Dasher						
2d Sed	250	800	1,350	3,020	4,700	6,700
4d Sod	300	850	1,400	3,110	4,850	6,900
4d Wag	300	850	1,450	3,240	5,050	7,200
1976 Scirocco						
Cpe	300	950	1,550	3,510	5,450	7,800
1976 Transporter						
Kombi	600	1,850	3,100	6,980	10,900	15,500
Sta Wag	700	2,050	3,400	7,650	11,900	17,000
Campmobile	700	2,100	3,500	7,880	12,300	17,500
1977 Beetle						
2d Sed	600	1,800	3,000	6,750	10,500	15,000
Conv	700	2,050	3,400	7,650	11,900	17,000
1977 Rabbit						
2d Sed	250	800	1,300	2,970	4,600	6,600
2d Cus Sed	250	800	1,350	3,020	4,700	6,700
4d Cus Sed	250	800	1,350	3,020	4,700	6,700
NOTE: Add 10% for DeLuxe; 15% for Champagne Edition.						
1977 Dasher						
2d Sed	250	800	1,350	3,020	4,700	6,700
4d Sed	300	850	1,400	3,110	4,850	6,900
4d Wag	300	850	1,450	3,240	5,050	7,200
1977 Scirocco						
Cpe	300	950	1,600	3,560	5,550	7,900
1977 Transporter						
Kombi	600	1,800	3,000	6,750	10,500	15,000
Sta Wag	680	2,040	3,400	7,650	11,900	17,000
Campmobile	700	2,100	3,500	7,880	12,300	17,500
1978 Beetle						
2d Conv	650	1,900	3,200	7,200	11,200	16,000
1978 Rabbit						
2d	250	800	1,300	2,930	4,550	6,500
2d Cus	250	800	1,300	2,970	4,600	6,600
4d Cus	250	800	1,300	2,970	4,600	6,600
2d DeL	250	800	1,350	3,020	4,700	6,700
4d DeL	250	800	1,350	3,020	4,700	6,700
1978 Dasher						
2d	300	850	1,400	3,150	4,900	7,000
4d	300	850	1,400	3,150	4,900	7,000
4d Sta Wag	300	850	1,400	3,200	4,950	7,100
1978 Scirocco						
2d Cpe	300	900	1,500	3,380	5,250	7,500
1978 Transporter						
Kombi	600	1,800	3,000	6,750	10,500	15,000
Sta Wag	700	2,050	3,400	7,650	11,900	17,000
Campmobile	700	2,100	3,500	7,880	12,300	17,500
1979 Beetle						
2d Conv	650	2,000	3,300	7,430	11,600	16,500
1979 Rabbit						
2d	250	800	1,300	2,930	4,550	6,500
2d Cus	250	800	1,300	2,970	4,600	6,600

	6	5	4	3	2	1
4d Cus	250	800	1,300	2,970	4,600	6,600
2d DeL	250	800	1,350	3,020	4,700	6,700
4d DeL	250	800	1,350	3,020	4,700	6,700
1979 Dasher						
2d HBk	300	850	1,400	3,150	4,900	7,000
4d HBk	300	850	1,400	3,150	4,900	7,000
4d Sta Wag	300	850	1,400	3,200	4,950	7,100
1979 Scirocco						
2d Cpe	300	900	1,500	3,380	5,250	7,500
1979 Transporter						
Kombi	600	1,800	3,000	6,750	10,500	15,000
Sta Wag	700	2,050	3,400	7,650	11,900	17,000
Campmobile	700	2,100	3,500	7,880	12,300	17,500
1980 Rabbit						
2d Conv	350	1,000	1,700	3,780	5,900	8,400
2d Cus	250	700	1,200	2,700	4,200	6,000
4d Cus	250	700	1,200	2,700	4,200	6,000
2d DeL	250	750	1,200	2,750	4,250	6,100
4d DeL	250	750	1,200	2,750	4,250	6,100
1980 Jetta						
2d	250	750	1,300	2,880	4,500	6,400
4d	250	750	1,300	2,880	4,500	6,400
1980 Dasher						
2d	250	750	1,250	2,840	4,400	6,300
4d	250	750	1,250	2,840	4,400	6,300
4d Sta Wag	250	750	1,300	2,880	4,500	6,400
1980 Scirocco						
2d Cpe	250	800	1,300	2,970	4,600	6,600
2d Cpe S	250	800	1,350	3,060	4,750	6,800
1980 Pickup						
Cus	250	800	1,300	2,970	4,600	6,600
LX	250	800	1,350	3,020	4,700	6,700
Spt	250	800	1,350	3,060	4,750	6,800
1980 Vanagon Transporter						
Kombi	400	1,150	1,900	4,280	6,650	9,500
Sta Wag	400	1,250	2,100	4,730	7,350	10,500
Campmobile	600	1,800	3,000	6,750	10,500	15,000
1981 Rabbit						
2d Conv	300	900	1,450	3,290	5,100	7,300
2d	200	600	1,000	2,250	3,500	5,000
2d L	200	600	1,000	2,250	3,500	5,000
4d L	200	600	1,000	2,250	3,500	5,000
2d LS	200	600	1,000	2,300	3,550	5,100
4d LS	200	600	1,000	2,300	3,550	5,100
2d S	200	600	1,050	2,340	3,650	5,200
1981 Jetta						
2d	200	650	1,100	2,430	3,800	5,400
4d	200	650	1,100	2,430	3,800	5,400
1981 Dasher						
4d	200	600	1,050	2,340	3,650	5,200
1981 Scirocco						
2d Cpe	200	650	1,100	2,520	3,900	5,600
2d Cpe S	250	700	1,150	2,570	4,000	5,700
1981 Pickup						
PU	200	650	1,100	2,520	3,900	5,600
LX	250	700	1,150	2,570	4,000	5,700
Spt	250	700	1,150	2,610	4,050	5,800
1981 Vanagon Transporter						
Kombi	350	1,000	1,700	3,830	5,950	8,500
Sta Wag	400	1,150	1,900	4,280	6,650	9,500
Campmobile	450	1,300	2,200	4,950	7,700	11,000
1982 Rabbit						
2d Conv	300	850	1,400	3,200	4,950	7,100
2d	200	600	1,000	2,250	3,500	5,000
2d L	200	600	1,000	2,300	3,550	5,100
4d L	200	600	1,000	2,250	3,500	5,000
2d LS	200	600	1,000	2,300	3,550	5,100
4d LS	200	600	1,000	2,300	3,550	5,100
2d S	200	600	1,050	2,340	3,650	5,200
1982 Jetta						
2d	200	650	1,050	2,390	3,700	5,300
4d	200	650	1,050	2,390	3,700	5,300
1982 Scirocco						
2d Cpe	250	700	1,150	2,570	4,000	5,700
1982 Quantum						
2d Cpe	250	700	1,200	2,700	4,200	6,000
4d	250	700	1,200	2,700	4,200	6,000
4d Sta Wag	250	750	1,200	2,750	4,250	6,100

	6	5	4	3	2	1
1982 Pickup						
PU.	200	650	1,100	2,520	3,900	5,600
LX.	250	700	1,150	2,570	4,000	5,700
Spt	250	700	1,150	2,610	4,050	5,800
1982 Vanagon						
Sta Wag	350	1,000	1,700	3,830	5,950	8,500
Campmobile	450	1,300	2,200	4,950	7,700	11,000
1983 Rabbit						
2d Conv	300	850	1,450	3,240	5,050	7,200
2d L	200	600	1,000	2,250	3,500	5,000
4d L	200	600	1,000	2,250	3,500	5,000
2d LS	200	600	1,000	2,250	3,500	5,000
4d LS	200	600	1,000	2,250	3,500	5,000
GL 2d	200	600	1,000	2,300	3,550	5,100
GL 4d	200	600	1,000	2,300	3,550	5,100
GTI 2d.	200	650	1,100	2,480	3,850	5,500
1983 Jetta						
2d	200	650	1,100	2,430	3,800	5,400
4d	200	650	1,100	2,430	3,800	5,400
1983 Scirocco						
2d Cpe	250	750	1,200	2,750	4,250	6,100
1983 Quantum						
2d Cpe	250	750	1,200	2,750	4,250	6,100
4d.	250	750	1,200	2,750	4,250	6,100
4d Sta Wag.	250	750	1,250	2,790	4,350	6,200
1983 Pickup						
PU.	200	650	1,100	2,520	3,900	5,600
LX.	250	700	1,150	2,570	4,000	5,700
Spt	250	700	1,150	2,610	4,050	5,800
1983 Vanagon						
Sta Wag	350	1,000	1,700	3,830	5,950	8,500
Campmobile	450	1,300	2,200	4,950	7,700	11,000
1984 Rabbit						
2d Conv	300	950	1,550	3,510	5,450	7,800
2d L HBk.	200	600	1,000	2,250	3,500	5,000
4d L HBk.	200	600	1,000	2,300	3,550	5,100
GL 4d HBk	200	650	1,100	2,480	3,850	5,500
GTI 2d HBk.	250	700	1,200	2,700	4,200	6,000
1984 Jetta						
2d Sed	250	700	1,150	2,610	4,050	5,800
4d Sed	250	700	1,200	2,660	4,150	5,900
GL 4d Sed	250	700	1,200	2,700	4,200	6,000
GLI 4d Sed	250	750	1,250	2,790	4,350	6,200
1984 Scirocco						
2d Cpe	250	700	1,200	2,700	4,200	6,000
1984 Quantum						
GL 4d Sed	250	700	1,150	2,610	4,050	5,800
GL 4d Sta Wag.	250	700	1,150	2,570	4,000	5,700
1984 Vanagon						
Sta Wag	300	950	1,600	3,600	5,600	8,000
Campmobile	450	1,300	2,200	4,050	7,700	11,000
1985 Golf						
2d HBk	200	600	1,000	2,300	3,550	5,100
GTI 2d HBk.	200	650	1,100	2,480	3,850	5,500
4d HBk	200	600	1,050	2,340	3,650	5,200
1985 Jetta						
2d Sed	200	600	1,050	2,340	3,650	5,200
4d Sed	200	650	1,050	2,390	3,700	5,300
NOTE: Add 5% for GL and GLI option.						
1985 Cabriolet						
2d Conv	350	1,000	1,700	3,830	5,950	8,500
1985 Scirocco						
2d Cpe	200	650	1,100	2,480	3,850	5,500
1985 Quantum						
4d Sed	200	650	1,050	2,390	3,700	5,300
4d Sta Wag.	200	650	1,100	2,430	3,800	5,400
1985 Vanagon						
Sta Wag	300	950	1,600	3,600	5,600	8,000
Camper.	450	1,300	2,200	4,950	7,700	11,000
1986 Golf						
2d HBk	250	800	1,300	2,970	4,600	6,600
GTI 2d HBk.	300	850	1,400	3,150	4,900	7,000
4d HBk	250	800	1,350	3,020	4,700	6,700
1986 Jetta						
2d Sed	250	800	1,350	3,020	4,700	6,700
4d Sed	250	800	1,350	3,060	4,750	6,800
NOTE: Add 5% for GL and GLi option.						
1986 Cabriolet						
2d Conv	400	1,250	2,100	4,730	7,350	10,500

VOLKSWAGEN

	6	5	4	3	2	1
1986 Scirocco						
2d Cpe	300	850	1,400	3,150	4,900	7,000
1986 Quantum						
GL 4d Sed	250	800	1,350	3,060	4,750	6,800
1986 Vanagon						
Sta Wag	350	1,100	1,800	4,050	6,300	9,000
Camper	600	1,800	3,000	6,750	10,500	15,000
1987 Fox						
2d Sed	250	800	1,350	3,020	4,700	6,700
GL 4d Sed	250	800	1,350	3,060	4,750	6,800
GL 2d Sta Wag	300	850	1,400	3,110	4,850	6,900
1987 Cabriolet						
2d Conv	450	1,300	2,150	4,860	7,550	10,800
1987 Golf						
2d HBk GL	250	800	1,350	3,060	4,750	6,800
GL 4d HBk	300	850	1,400	3,110	4,850	6,900
GT 2d HBk	300	850	1,400	3,110	4,850	6,900
GT 4d HBk	300	850	1,400	3,150	4,900	7,000
GTI 2d HBk	300	950	1,550	3,510	5,450	7,800
GTI 2d HBk 16V	350	1,050	1,750	3,960	6,150	8,800
1987 Jetta						
2d Sed	300	850	1,400	3,110	4,850	6,900
4d Sed	300	850	1,400	3,150	4,900	7,000
GL 4d Sed	300	850	1,450	3,240	5,050	7,200
GLi 4d Sed	300	950	1,600	3,560	5,550	7,900
GLi 4d Sed 16V	350	1,050	1,800	4,010	6,250	8,900
1987 Scirocco						
2d Cpe	300	850	1,450	3,240	5,050	7,200
2d Cpe 16V	350	1,000	1,650	3,690	5,750	8,200
1987 Quantum						
GL 4d Sed	300	850	1,400	3,150	4,900	7,000
4d Sta Wag	300	850	1,400	3,200	4,950	7,100
GL 4d Sta Wag	300	900	1,450	3,290	5,100	7,300
1987 Vanagon						
Sta Wag	350	1,100	1,800	4,050	6,300	9,000
GL Sta Wag	400	1,150	1,900	4,280	6,650	9,500
Camper	400	1,200	2,000	4,500	7,000	10,000
GL Camper	400	1,200	2,050	4,590	7,150	10,200
1988 Fox						
2d Sed	250	700	1,200	2,700	4,200	6,000
GL 4d Sed	250	750	1,250	2,790	4,350	6,200
GL 2d Sta Wag	250	800	1,300	2,930	4,550	6,500
1988 Cabriolet						
2d Conv	500	1,450	2,400	5,400	8,400	12,000
1988 Golf						
2d HBk	250	800	1,300	2,930	4,550	6,500
GL 2d HBk	300	850	1,400	3,150	4,900	7,000
GL 4d HBk	300	850	1,450	3,240	5,050	7,200
GT 2d HBk	300	900	1,500	3,420	5,300	7,600
GT 4d HBk	300	950	1,550	3,510	5,450	7,800
GTI 2d HBk	300	950	1,600	3,560	5,550	7,900
1988 Jetta						
2d Sed	300	950	1,550	3,510	5,450	7,800
4d Sed	300	950	1,600	3,650	5,650	8,100
GL 4d Sed	350	1,000	1,700	3,780	5,900	8,400
4d Sed Carat	350	1,000	1,700	3,830	5,950	8,500
GLi 4d Sed	400	1,150	1,900	4,280	6,650	9,500
1988 Scirocco						
2d Cpe	300	950	1,550	3,510	5,450	7,800
1988 Quantum						
GL 4d Sed	300	850	1,450	3,240	5,050	7,200
GL 4d Sta Wag	300	850	1,450	3,240	5,050	7,200
1988 Vanagon						
GL Sta Wag	400	1,250	2,100	4,730	7,350	10,500
GL Camper	500	1,550	2,600	5,850	9,100	13,000
1989 Fox						
2d Sed	250	750	1,250	2,790	4,350	6,200
GL 2d Sed	250	800	1,300	2,930	4,550	6,500
GL 4d Sed	250	800	1,350	3,020	4,700	6,700
GL 4d Sta Wag	300	850	1,400	3,110	4,850	6,900
1989 Cabriolet						
2d Conv	500	1,500	2,500	5,630	8,750	12,500
1989 Golf						
2d HBk	250	800	1,350	3,020	4,700	6,700
GL 2d HBk	300	850	1,400	3,200	4,950	7,100
GL 4d HBk	300	850	1,450	3,240	5,050	7,200
GTI 2d HBk	300	950	1,600	3,600	5,600	8,000
1989 Jetta						
2d Sed	300	950	1,600	3,600	5,600	8,000

VOLKSWAGEN

	6	5	4	3	2	1
4d Sed	350	1,000	1,650	3,690	5,750	8,200
GL 4d Sed	350	1,000	1,700	3,830	5,950	8,500
4d Sed Carat	350	1,050	1,700	3,870	6,000	8,600
GLi 4d Sed	400	1,150	1,950	4,370	6,800	9,700
1989 Vanagon						
GL Sta Wag	500	1,450	2,400	5,400	8,400	12,000
GL Camper	550	1,600	2,700	6,080	9,450	13,500
Carat Sta Wag	550	1,600	2,700	6,080	9,450	13,500
1990 Fox, 4-cyl.						
2d Sed	250	700	1,200	2,700	4,200	6,000
4d Sed	250	800	1,300	2,930	4,550	6,500
2d Sta Wag	250	800	1,350	3,060	4,750	6,800
4d Spt Sed	250	800	1,300	2,970	4,600	6,600
1990 Cabriolet, 4-cyl.						
2d Conv	500	1,450	2,400	5,400	8,400	12,000
1990 Golf, 4-cyl.						
GL 2d HBk	300	850	1,400	3,150	4,900	7,000
GL 4d HBk	300	850	1,400	3,200	4,950	7,100
GTI 2d HBk	300	950	1,600	3,560	5,550	7,900
1990 Jetta, 4-cyl.						
GL 2d Sed	350	1,000	1,650	3,740	5,800	8,300
GL 4d Sed	350	1,000	1,700	3,780	5,900	8,400
GL 4d Sed Diesel	300	950	1,550	3,510	5,450	7,800
4d Carat Sed	350	1,000	1,700	3,830	5,950	8,500
GLi 4d Sed	400	1,150	1,900	4,280	6,650	9,500
1990 Passat, 4-cyl.						
4d Sed	400	1,150	1,900	4,280	6,650	9,500
4d Sta Wag	400	1,200	2,000	4,500	7,000	10,000
1990 Corrado, 4-cyl.						
2d Cpe	400	1,250	2,100	4,730	7,350	10,500
1991 Fox						
2d Sed	150	500	850	1,890	2,950	4,200
GL 4d Sed	200	550	900	2,030	3,150	4,500
1991 Cabriolet						
2d Conv	400	1,150	1,900	4,280	6,650	9,500
1991 Golf						
GL 2d HBk	250	700	1,200	2,700	4,200	6,000
GTI 2d HBk	300	900	1,500	3,380	5,250	7,500
GTI 2d HBk 16V	300	950	1,600	3,600	5,600	8,000
GL 4d HBk	250	800	1,350	3,020	4,700	6,700
1991 Jetta						
GL 2d Sed	250	800	1,300	2,930	4,550	6,500
GL 4d Sed	250	800	1,350	3,020	4,700	6,700
GL 4d Sed Diesel	200	650	1,100	2,480	3,850	5,500
4d Carat Sed	300	850	1,450	3,240	5,050	7,200
GLi 4d Sed 16V	300	950	1,600	3,600	5,600	8,000
1991 Passat						
GL 4d Sed	300	900	1,500	3,380	5,250	7,500
GL 4d Sta Wag	300	950	1,600	3,600	5,600	8,000
1991 Corrado						
2d Cpe	400	1,150	1,900	4,280	6,650	9,500
1992 Fox, 4-cyl.						
2d Sed	200	600	1,000	2,250	3,500	5,000
GL 4d Sed	200	650	1,100	2,480	3,850	5,500
1992 Golf, 4-cyl.						
GL 2d HBk	300	850	1,400	3,150	4,900	7,000
GL 4d HBk	300	900	1,500	3,380	5,250	7,500
GTI 2d HBk	300	950	1,600	3,600	5,600	8,000
GTI 2d HBk 16V	350	1,000	1,700	3,830	5,950	8,500
1992 Cabriolet, 4-cyl.						
2d Conv	400	1,150	1,900	4,280	6,650	9,500
1992 Jetta, 4-cyl.						
GL 4d Sed	300	900	1,500	3,380	5,250	7,500
GL 4d Sed Diesel	300	850	1,400	3,150	4,900	7,000
4d Carat Sed	350	1,000	1,700	3,830	5,950	8,500
GLi 4d Sed 16V	400	1,150	1,900	4,280	6,650	9,500
1992 Passat, 4-cyl.						
CL 4d Sed	300	900	1,500	3,380	5,250	7,500
GL 4d Sed	350	1,000	1,700	3,830	5,950	8,500
GL 4d Sta Wag	400	1,150	1,900	4,280	6,650	9,500
1992 Corrado, 4-cyl.						
2d G60 Cpe	450	1,300	2,200	4,950	7,700	11,000
SLC 2d Cpe	500	1,550	2,600	5,850	9,100	13,000
1993 Fox, 4-cyl.						
2d Sed	200	550	900	2,070	3,200	4,600
GL 4d Sed	200	600	950	2,160	3,350	4,800
1993 Golf						
GL 4d HBk	300	950	1,600	3,600	5,600	8,000

VOLKSWAGEN

	6	5	4	3	2	1
1993 Cabriolet, 4-cyl.						
2d Conv	400	1,150	1,950	4,370	6,800	9,700
1993 Jetta, 4-cyl.						
GL 4d Sed	300	950	1,550	3,510	5,450	7,800
1993 Passat, 4-cyl.						
GL 4d Sed	350	1,100	1,800	4,050	6,300	9,000
GLX 4d Sed	400	1,150	1,900	4,280	6,650	9,500
GLX 4d Sta Wag.	400	1,200	2,000	4,500	7,000	10,000
1993 Corrado, V-6						
SLC 2d Cpe	500	1,450	2,400	5,400	8,400	12,000
1994 Golf, 4-cyl.						
GL 2d HBk	300	900	1,500	3,380	5,250	7,500
GL 4d HBk	300	950	1,550	3,510	5,450	7,800
1994 Jetta, 4-cyl.						
GL 4d Sed	350	1,000	1,700	3,830	5,950	8,500
GLS 4d Sed	350	1,100	1,800	4,050	6,300	9,000
GLX 4d Sed, V-6.	400	1,250	2,100	4,730	7,350	10,500
1994 Passat, V-6						
GLX 4d Sed	450	1,300	2,200	4,950	7,700	11,000
GLX 4d Sta Wag.	500	1,450	2,400	5,400	8,400	12,000
1994 Corrado, V-6						
SLC 2d Cpe	550	1,700	2,800	6,300	9,800	14,000
1995 Golf III, 4-cyl. & V-6						
4d HBk	300	900	1,450	3,290	5,100	7,300
GL 2d HBk	300	900	1,500	3,380	5,250	7,500
GL 4d HBk	300	950	1,550	3,510	5,450	7,800
2d Spt HBk	300	950	1,600	3,600	5,600	8,000
GTI 2d HBk, V-6	400	1,250	2,100	4,730	7,350	10,500
1995 Jetta III, 4-cyl. & V-6						
4d Sed	300	950	1,600	3,600	5,600	8,000
GL 4d Sed	350	1,000	1,700	3,830	5,950	8,500
GLS 4d Sed	350	1,100	1,800	4,050	6,300	9,000
GLX 4d Sed, V-6.	400	1,250	2,100	4,730	7,350	10,500
1995 Cabrio, 4-cyl.						
2d Conv	450	1,300	2,200	4,950	7,700	11,000
1995 Passat, 4-cyl.						
GLS 4d Sed	350	1,000	1,700	3,830	5,950	8,500
GLX 4d Sed, V-6.	450	1,300	2,200	4,950	7,700	11,000
GLX 4d Sta Wag, V-6	480	1,440	2,400	5,400	8,400	12,000
1996 Golf, 4-cyl.						
GL 4d HBk	250	800	1,350	3,060	4,750	6,800
GTI 2d HBk.	300	950	1,550	3,510	5,450	7,800
GTI VR6 2d HBk (V-6 only).	400	1,150	1,900	4,280	6,650	9,500
1996 Jetta, 4-cyl.						
GL 4d Sed	300	900	1,500	3,380	5,250	7,500
GLS 4d Sed	300	950	1,600	3,600	5,600	8,000
GLX VR6 4d Sed (V-6 only)	400	1,150	1,900	4,280	6,650	9,500
1996 Cabrio, 4-cyl.						
2d Conv	400	1,200	2,000	4,500	7,000	10,000
1996 Passat, 4-cyl.						
GLS 4d Sed	300	900	1,500	3,380	5,250	7,500
TDI 4d Sed	350	1,100	1,800	4,050	6,300	9,000
TDI 4d Sta Wag	400	1,150	1,900	4,280	6,650	9,500
1996 Passat, V-6.						
GLX VR6 4d Sed	400	1,200	2,000	4,500	7,000	10,000
GLX VR6 4d Sta Wag.	440	1,320	2,200	4,950	7,700	11,000
1997 Golf, 4-cyl.						
GL 4d HBk.	272	816	1,360	3,060	4,760	6,800
GTI 2d HBk.	312	936	1,560	3,510	5,460	7,800
GTI VR6 2d HBk (V-6 only).	380	1,140	1,900	4,280	6,650	9,500
1997 Jetta, 4-cyl.						
GL 4d Sed	300	900	1,500	3,380	5,250	7,500
GT 4d Sed	320	960	1,600	3,600	5,600	8,000
GLS 4d Sed	340	1,020	1,700	3,830	5,950	8,500
GLX VR6 4d Sed (V-6 only)	380	1,140	1,900	4,280	6,650	9,500
NOTE: Add 5% for TDI (diesel) engine.						
1997 Cabrio, 4-cyl.						
2d Conv	400	1,200	2,000	4,500	7,000	10,000
2d Highline Conv	420	1,260	2,100	4,730	7,350	10,500
1997 Passat, TDI 4-cyl.						
4d Sed	360	1,080	1,800	4,050	6,300	9,000
4d Sta Wag.	380	1,140	1,900	4,280	6,650	9,500
1997 Passat, V-6						
GLX VR6 4d Sed	400	1,200	2,000	4,500	7,000	10,000
GLX VR6 4d Sta Wag.	440	1,320	2,200	4,950	7,700	11,000
1998 Golf, 4-cyl.						
GL 4d HBk.	270	820	1,360	3,060	4,760	6,800
GTI 2d HBk.	310	940	1,560	3,510	5,460	7,800
GTI VR6 2d HBk (V-6 only).	380	1,140	1,900	4,280	6,650	9,500

VOLKSWAGEN

	6	5	4	3	2	1
1998 Jetta, 4-cyl.						
GL 4d Sed	300	900	1,500	3,380	5,250	7,500
GT 4d Sed	320	960	1,600	3,600	5,600	8,000
GLS 4d Sed	340	1,020	1,700	3,830	5,950	8,500
GLX VR6 4d Sed (V-6 only)	380	1,140	1,900	4,280	6,650	9,500
TDI 4d Sed	360	1,080	1,800	4,050	6,300	9,000
1998 Cabrio, 4-cyl.						
2d Conv	400	1,200	2,000	4,500	7,000	10,000
2d GLS Conv	440	1,320	2,200	4,950	7,700	11,000
1998 Passat, Turbo 4-cyl.						
GLS 4d Sed	400	1,200	2,000	4,500	7,000	10,000
GLX 4d Sed	440	1,320	2,200	4,950	7,700	11,000
1998 New Beetle, 4-cyl.						
2d Cpe	320	960	1,600	3,600	5,600	8,000
TDI 2d Cpe	340	1,020	1,700	3,830	5,950	8,500
1999 Golf, 4-cyl.						
GL 2d HBk	270	820	1,360	3,060	4,760	6,800
GLS 2d HBk	270	820	1,360	3,060	4,760	6,800
GTI GLS 2d HBk.	310	940	1,560	3,510	5,460	7,800
GTI GLX VR6 2d HBk (V-6 only).	380	1,140	1,900	4,280	6,650	9,500
NOTE: Add 10% for TDI 4-cyl.						
1999 Jetta, 4-cyl. & V-6						
GL 4d Sed (4-cyl. only)	300	900	1,500	3,380	5,250	7,500
GLS 4d Sed	340	1,020	1,700	3,830	5,950	8,500
GLX VR6 4d Sed (V-6 only)	380	1,140	1,900	4,280	6,650	9,500
NOTE: Add 10% for TDI 4-cyl.						
1999 Cabrio, 4-cyl.						
2d GL Conv	400	1,200	2,000	4,500	7,000	10,000
2d GLS Conv	440	1,320	2,200	4,950	7,700	11,000
1999 Passat, Turbo 4-cyl. & V-6						
GLS 4d Sed	400	1,200	2,000	4,500	7,000	10,000
GLS 4d Sta Wag	420	1,260	2,100	4,730	7,350	10,500
GLX 4d Sed (V-6 only)	440	1,320	2,200	4,950	7,700	11,000
1999 New Beetle, 4-cyl.						
GL 2d Cpe	320	960	1,600	3,600	5,600	8,000
GLS 2d Cpe	330	980	1,640	3,690	5,740	8,200
GLS TDI 2d Cpe	340	1,020	1,700	3,830	5,950	8,500
GLS 1.8T 2d Cpe	330	1,000	1,660	3,740	5,810	8,300
GLX 1.8T 2d Cpe	360	1,080	1,800	4,050	6,300	9,000
2000 Golf, 4-cyl.						
GL 2d HBk	270	820	1,360	3,060	4,760	6,800
GLS 2d HBk	270	820	1,360	3,060	4,760	6,800
GTI GLS 2d HBk.	310	940	1,560	3,510	5,460	7,800
GTI GLX VR6 2d HBk (V-6 only).	380	1,140	1,900	4,280	6,650	9,500
GLS 4d HBk	360	1,080	1,800	4,050	6,300	9,000
NOTE: Add 10% for TDI 4-cyl.						
2000 Jetta, 4-cyl. & V-6						
GL 4d Sed (4-cyl. only)	300	900	1,500	3,380	5,250	7,500
GLS 4d Sed	340	1,020	1,700	3,830	5,950	8,500
GLX VR6 4d Sed (V-6 only)	380	1,140	1,900	4,280	6,650	9,500
NOTE: Add 10% for TDI 4-cyl.						
2000 Cabrio, 4-cyl.						
2d GL Conv	400	1,200	2,000	4,500	7,000	10,000
2d GLS Conv	440	1,320	2,200	4,950	7,700	11,000
2000 Passat, 4-cyl. & V-6						
GLS 4d Sed	400	1,200	2,000	4,500	7,000	10,000
GLS 4d Sta Wag	420	1,260	2,100	4,730	7,350	10,500
GLX 4d Sed (V-6 only)	440	1,320	2,200	4,950	7,700	11,000
CLX 4d Sta Wag (V-6 only)	460	1,380	2,300	5,180	8,050	11,500
2000 New Beetle, 4-cyl.						
GL 2d Cpe	320	960	1,600	3,600	5,600	8,000
GLS 2d Cpe	330	980	1,640	3,690	5,740	8,200
TDI 2d Cpe	340	1,020	1,700	3,830	5,950	8,500
GLS 1.8T 2d Cpe	330	1,000	1,660	3,740	5,810	8,300
GLX 1.8T 2d Cpe	360	1,080	1,800	4,050	6,300	9,000
2001 Golf, 4-cyl.						
GL 2d HBk	270	820	1,360	3,400	4,760	6,800
GLS 4d HBk	270	820	1,360	3,400	4,760	6,800
GLS Turbo 4d HBk (diesel)	360	1,080	1,800	4,500	6,300	9,000
GTI GLS 2d HBk.	370	1,100	1,840	4,600	6,440	9,200
GTI GLX 2d HBk.	380	1,140	1,900	4,750	6,650	9,500
NOTE: Add 10% for TDI 4-cyl.						
2001 Jetta, 4-cyl.						
GL 2d Sed	300	900	1,500	3,750	5,250	7,500
GLS 2d Sed	340	1,020	1,700	4,250	5,950	8,500
GLS Turbo 4d Sed	360	1,080	1,800	4,500	6,300	9,000
GLX VR6 4d Sed (V-6)	380	1,140	1,900	4,750	6,650	9,500
Wolfsburg 4d Sed	390	1,160	1,940	4,850	6,790	9,700
GLS 4d Sta Wag.	370	1,100	1,840	4,600	6,440	9,200

VOLKSWAGEN

	6	5	4	3	2	1
GLX 4d Sta Wag (V-6)	410	1,220	2,040	5,100	7,140	10,200

NOTE: Add 10% for TDI 4-cyl. Add 5% for Sport pkg.

2001 Cabrio, 4-cyl.

2d GL Conv	400	1,200	2,000	5,000	7,000	10,000
2d GLS Conv	440	1,320	2,200	5,500	7,700	11,000
2d GLX Conv	450	1,340	2,240	5,600	7,840	11,200

2001 Passat, 4-cyl. & V-6

GLS 4d Sed	400	1,200	2,000	5,000	7,000	10,000
GLS 4d Sta Wag	420	1,260	2,100	5,250	7,350	10,500
GLX 4d Sed (V-6 only)	440	1,320	2,200	5,500	7,700	11,000
GLX 4d Sta Wag (V-6 only)	460	1,380	2,300	5,750	8,050	11,500

NOTE: Add 5% for 4Motion option.

2001 New Beetle, 4-cyl.

GL 2d Cpe	320	960	1,600	4,000	5,600	8,000
GLS 2d Cpe	330	980	1,640	4,100	5,740	8,200
GLS Turbo 2d Cpe	330	1,000	1,660	4,150	5,810	8,300
GLX Turbo 2d Cpe	360	1,080	1,800	4,500	6,300	9,000
Sport 2d Cpe	380	1,140	1,900	4,750	6,650	9,500

NOTE: Add 10% for TDI 4-cyl.

2002 Golf, 4-cyl.

GL 2d HBk	270	820	1,360	3,400	4,760	6,800
GL TDi 2d HBk	350	1,060	1,760	4,400	6,160	8,800
GTi 1.8 2d HBk	410	1,220	2,040	5,100	7,140	10,200
GTi 337 2d HBk	470	1,400	2,340	5,850	8,190	11,700
GTi VR6 2d HBk	450	1,360	2,260	5,650	7,910	11,300
GTi VR6 2d HBk (24V)	470	1,420	2,360	5,900	8,260	11,800
GL 4d HBk	300	900	1,500	3,750	5,250	7,500
GL TDi 4d HBk	400	1,210	2,020	5,050	7,070	10,100
GLS 4d HBk	350	1,040	1,740	4,350	6,090	8,700
GLS TDi 4d HBk	400	1,190	1,980	4,950	6,930	9,900

2002 Jetta, 4-cyl.

GL 4d Sed	320	950	1,580	3,950	5,530	7,900
GL TDi 4d Sed	330	1,000	1,660	4,150	5,810	8,300
GLS 4d Sed	340	1,020	1,700	4,250	5,950	8,500
GLS TDi 4d Sed	360	1,080	1,800	4,500	6,300	9,000
GLS 1.8T 4d Sed	390	1,160	1,940	4,850	6,790	9,700
GLS VR6 4d Sed	400	1,190	1,980	4,950	6,930	9,900
GLi VR6 4d Sed	410	1,220	2,040	5,100	7,140	10,200
GLX VR6 4d Sed	440	1,320	2,200	5,500	7,700	11,000
GLX VR6 4d Sed (24V)	450	1,360	2,260	5,650	7,910	11,300
GL 4d Sta Wag	330	980	1,640	4,100	5,740	8,200
GL TDi 4d Sta Wag	340	1,020	1,700	4,250	5,950	8,500
GLS 4d Sta Wag	370	1,100	1,840	4,600	6,440	9,200
GLS TDi 4d Sta Wag	400	1,200	2,000	5,000	7,000	10,000
GLS 1.8T 4d Sta Wag	400	1,190	1,980	4,950	6,930	9,900
GLS VR6 4d Sta Wag	430	1,280	2,140	5,350	7,490	10,700
GLX VR6 4d Sta Wag	450	1,340	2,240	5,600	7,840	11,200

NOTE: Add 5% for V-6.

2002 Cabrio, 4-cyl.

2d GL Conv	400	1,200	2,000	5,000	7,000	10,000
2d GLS Conv	440	1,320	2,200	5,500	7,700	11,000
2d GLX Conv	450	1,340	2,240	5,600	7,840	11,200

2002 Passat, 4-cyl. & V-6

GLS 4d Sed	400	1,200	2,000	5,000	7,000	10,000
GLS 4d Sta Wag	420	1,260	2,100	5,250	7,350	10,500
GLX 4d Sed (V-6 only)	440	1,320	2,200	5,500	7,700	11,000
GLX 4d Sta Wag (V-6 only)	460	1,380	2,300	5,750	8,050	11,500
W8 4Motion 4d Sed (V-6 only)	580	1,740	2,900	7,250	10,150	14,500
W8 4Motion 4d Sta Wag (V-6 only)	600	1,800	3,000	7,500	10,500	15,000

NOTE: Add 5% for 4Motion option excluding W8 models.

2002 New Beetle, 4-cyl.

GL 2d Cpe	320	960	1,600	4,000	5,600	8,000
GLS 2d Cpe	330	980	1,640	4,100	5,740	8,200
GLS TDi 2d Cpe	330	1,000	1,660	4,150	5,810	8,300
GLS Turbo 2d Cpe	360	1,080	1,800	4,500	6,300	9,000
Sport 2d Cpe	380	1,140	1,900	4,750	6,650	9,500
GLX Turbo 2d Cpe	390	1,160	1,940	4,850	6,790	9,700
Turbo S 2d Cpe	400	1,210	2,020	5,050	7,070	10,100

2003 Golf, 4-cyl.

GL 2d HBk	270	820	1,360	3,400	4,760	6,800
GL TDi 2d HBk	350	1,060	1,760	4,400	6,160	8,800
GTi 1.8T 2d HBk	410	1,220	2,040	5,100	7,140	10,200
GTi VR6 2d HBk	450	1,360	2,260	5,650	7,910	11,300
GTi VR6 2d HBk (24V)	470	1,420	2,360	5,900	8,260	11,800
GL 4d HBk	300	900	1,500	3,750	5,250	7,500
GL TDi 4d HBk	400	1,210	2,020	5,050	7,070	10,100
GLS 4d HBk	350	1,040	1,740	4,350	6,090	8,700
GLS TDi 4d HBk	400	1,190	1,980	4,950	6,930	9,900

NOTE: Add 10% for GTi HBk 20th Anv Ed. Add 5% for automatic transmission.

VOLKSWAGEN

	6	5	4	3	2	1
2003 Jetta, 4-cyl.						
GL 4d Sed	320	950	1,580	3,950	5,530	7,900
GL TDi 4d Sed	330	1,000	1,660	4,150	5,810	8,300
GL 1.8T 4d Sed	320	970	1,620	4,050	5,670	8,100
GLS 4d Sed	340	1,020	1,700	4,250	5,950	8,500
GLS TDi 4d Sed	360	1,080	1,800	4,500	6,300	9,000
GLS 1.8T 4d Sed	390	1,160	1,940	4,850	6,790	9,700
Wolfsburg 4d Sed	380	1,140	1,900	4,750	6,650	9,500
GLi VR6 4d Sed	410	1,220	2,040	5,100	7,140	10,200
GLX VR6 4d Sed	440	1,320	2,200	5,500	7,700	11,000
GL 4d Sta Wag	330	980	1,640	4,100	5,740	8,200
GL TDi 4d Sta Wag	340	1,020	1,700	4,250	5,950	8,500
GL 1.8T 4d Sta Wag	340	1,010	1,680	4,200	5,880	8,400
GLS 4d Sta Wag	370	1,100	1,840	4,600	6,440	9,200
GLS TDi 4d Sta Wag	400	1,200	2,000	5,000	7,000	10,000
GLS 1.8T 4d Sta Wag	400	1,190	1,980	4,950	6,930	9,900
GLS 1.8T Premium 4d Sta Wag	430	1,300	2,160	5,400	7,560	10,800
NOTE: Add 5% for Sport pkg (excluding GLS 1.8T model).						
2003 Passat, Turbo 4-cyl.						
GL 4d Sed	360	1,090	1,820	4,550	6,370	9,100
GLS 4d Sed	400	1,200	2,000	5,000	7,000	10,000
GL 4d Sta Wag	400	1,190	1,980	4,950	6,930	9,900
GLS 4d Sta Wag	430	1,300	2,160	5,400	7,560	10,800
2003 Passat, V-6						
GLS 4d Sed	440	1,310	2,180	5,450	7,630	10,900
GLX 4d Sed	450	1,340	2,240	5,600	7,840	11,200
W8 4Motion 4d Sed	580	1,740	2,900	7,250	10,150	14,500
GLS 4d Sta Wag	440	1,320	2,200	5,500	7,700	11,000
GLX 4d Sta Wag	460	1,380	2,300	5,750	8,050	11,500
W8 4Motion 4d Sta Wag	600	1,800	3,000	7,500	10,500	15,000
NOTE: Add 5% for 4Motion option excluding W8 models.						
2003 New Beetle, 4-cyl.						
GL 2d Cpe	320	960	1,600	4,000	5,600	8,000
GL TDi 2d Cpe	320	970	1,620	4,050	5,670	8,100
GL Turbo 2d Cpe	320	960	1,600	4,000	5,600	8,000
GLS 2d Cpe	330	980	1,640	4,100	5,740	8,200
GLS TDI 2d Cpe	330	1,000	1,660	4,150	5,810	8,300
GLS Turbo 2d Cpe	360	1,080	1,800	4,500	6,300	9,000
GLX Turbo 2d Cpe	390	1,160	1,940	4,850	6,790	9,700
Turbo S 2d Cpe	400	1,210	2,020	5,050	7,070	10,100
GL 2d Conv	420	1,260	2,100	5,250	7,350	10,500
GLS 2d Conv	440	1,330	2,220	5,550	7,770	11,100
GLS Turbo 2d Conv	490	1,460	2,440	6,100	8,540	12,200
GLX Turbo 2d Conv	510	1,520	2,540	6,350	8,890	12,700
2004 Golf, 4-cyl.						
GL 2d HBk	270	820	1,360	3,400	4,760	6,800
GTi 1.8T 2d HBk	410	1,220	2,040	5,100	7,140	10,200
GTi VR6 2d HBk	450	1,360	2,260	5,650	7,910	11,300
R32 4Motion 2d HBk (AWD)	700	2,110	3,520	8,800	12,320	17,600
GL 4d HBk	300	900	1,500	3,750	5,250	7,500
GL TDi 4d HBk	400	1,210	2,020	5,050	7,070	10,100
GLS 4d HBk	350	1,040	1,740	4,350	6,090	8,700
GLS TDi 4d HBk	400	1,190	1,980	4,950	6,930	9,900
NOTE: Add 5% for automatic transmission.						
2004 Jetta, 4-cyl.						
GL 4d Sed	320	950	1,580	3,950	5,530	7,900
GL TDi 4d Sed	330	1,000	1,660	4,150	5,810	8,300
GL 1.8T 4d Sed	320	970	1,620	4,050	5,670	8,100
GLS 4d Sed	340	1,020	1,700	4,250	5,950	8,500
GLS TDi 4d Sed	360	1,080	1,800	4,500	6,300	9,000
GLS 1.8T 4d Sed	390	1,160	1,940	4,850	6,790	9,700
GLi 1.8T 4d Sed	400	1,190	1,980	4,950	6,930	9,900
GLi VR6 4d Sed	410	1,220	2,040	5,100	7,140	10,200
GL 4d Sta Wag	330	980	1,640	4,100	5,740	8,200
GL TDi 4d Sta Wag	340	1,020	1,700	4,250	5,950	8,500
GLS 4d Sta Wag	370	1,100	1,840	4,600	6,440	9,200
GLS TDi 4d Sta Wag	400	1,200	2,000	5,000	7,000	10,000
GLS 1.8T 4d Sta Wag	400	1,190	1,980	4,950	6,930	9,900
NOTE: Add 5% for Sport pkg on GLS 1.8T models. Add 5% for automatic transmission.						
2004 Passat, Turbo 4-cyl.						
GL 4d Sed	360	1,090	1,820	4,550	6,370	9,100
GL TDi 4d Sed	450	1,360	2,260	5,650	7,910	11,300
GLS 4d Sed	40	120	200	500	700	1,000
GLS 4Motion 4d Sed	460	1,370	2,280	5,700	7,980	11,400
GLS TDi 4d Sed	460	1,390	2,320	5,800	8,120	11,600
GL 4d Sta Wag	400	1,190	1,980	4,950	6,930	9,900
GL TDi 4d Sta Wag	460	1,370	2,280	5,700	7,980	11,400
GLS 4d Sta Wag	430	1,300	2,160	5,400	7,560	10,800
GLS 4Motion 4d Sta Wag	470	1,400	2,340	5,850	8,190	11,700

	6	5	4	3	2	1
GLS TDi 4d Sta Wag. 480	1,440	2,400	6,000	8,400	12,000
2004 Passat, V-6						
GLX 4d Sed 440	1,310	2,180	5,450	7,630	10,900
GLX 4Motion 4d Sed 460	1,380	2,300	5,750	8,050	11,500
W8 4Motion 4d Sed 580	1,750	2,920	7,300	10,220	14,600
GLX 4d Sta Wag. 440	1,320	2,200	5,500	7,700	11,000
GLX 4Motion 4d Sta Wag 470	1,400	2,340	5,850	8,190	11,700
W8 4Motion 4d Sta Wag. 610	1,820	3,040	7,600	10,640	15,200
NOTE: Add 5% for Sport pkg. Deduct 5% for manual transmission.						
2004 New Beetle, 4-cyl.						
GL 2d Cpe 320	960	1,600	4,000	5,600	8,000
GL TDi 2d Cpe 320	970	1,620	4,050	5,670	8,100
GLS 2d Cpe 330	980	1,640	4,100	5,740	8,200
GLS TDi 2d Cpe 330	1,000	1,660	4,150	5,810	8,300
GLS Turbo 2d Cpe 360	1,080	1,800	4,500	6,300	9,000
Turbo S 2d Cpe. 400	1,210	2,020	5,050	7,070	10,100
GL 2d Conv 420	1,260	2,100	5,250	7,350	10,500
GLS 2d Conv 440	1,330	2,220	5,550	7,770	11,100
GLS Turbo 2d Conv 490	1,460	2,440	6,100	8,540	12,200
NOTE: Add 5% for automatic transmission.						
2004 Phaeton 4Motion						
V-8 4d Sed 950	2,860	4,760	11,900	16,660	23,800
W12 4Motion 4d Sed 1,260	3,790	6,320	15,800	22,120	31,600
NOTE: Add 10% for Comfort/Four Seat pkg.						
2005 Golf, 4-cyl.						
2d GL HBk 270	820	1,360	3,060	4,760	6,800
2d GTi 1.8T HBk 410	1,220	2,040	5,100	7,140	10,200
2d GTi VR6 HBk 450	1,360	2,260	5,650	7,910	11,300
4d GL HBk 300	900	1,500	3,750	5,250	7,500
4d GL TDi HBk 400	1,210	2,020	4,550	7,070	10,100
4d GLS HBk 350	1,040	1,740	4,350	6,090	8,700
4d GLS TDi HBk 400	1,190	1,980	4,460	6,930	9,900
NOTE: Add 5% for automatic transmission, except VR6 model.						
2005 Jetta, 4-cyl.						
4d GL Sed 320	950	1,580	3,560	5,530	7,900
4d GLS Sed 340	1,020	1,700	4,250	5,950	8,500
4d GLS TDi Sed 360	1,080	1,800	4,500	6,300	9,000
4d GLi 1.8T Sed 400	1,190	1,980	4,950	6,930	9,900
4d GL Sta Wag 330	980	1,640	3,690	5,740	8,200
4d GL TDi Sta Wag 340	1,020	1,700	3,830	5,950	8,500
4d GLS Sta Wag. 370	1,100	1,840	4,600	6,440	9,200
4d GLS TDi Sta Wag. 400	1,200	2,000	5,000	7,000	10,000
4d GLS 1.8T Sta Wag 400	1,190	1,980	4,950	6,930	9,900
2005 Jetta, 5-cyl.						
4d Value Sed 340	1,030	1,720	3,870	6,020	8,600
4d 2.5 Sed 400	1,200	2,000	5,000	7,000	10,000
4d TDi Sed (4-cyl. only) 400	1,210	2,020	5,050	7,070	10,100
NOTE: Add 5% for Sport pkg on GLS 1.8T model. Add 5% for automatic transmission.						
2005 Passat, Turbo 4-cyl.						
4d GL Sed 360	1,090	1,820	4,100	6,370	9,100
4d GL TDi Sed 450	1,360	2,260	5,650	7,910	11,300
4d GLS Sed 400	1,200	2,000	5,000	7,000	10,000
4d GLS 4Motion Sed 460	1,370	2,280	5,700	7,980	11,400
4d GLS TDi Sed 460	1,390	2,320	5,220	8,120	11,600
4d GL Sta Wag 400	1,190	1,980	4,950	6,930	9,900
4d GL TDi Sta Wag. 460	1,370	2,280	5,700	7,980	11,400
4d GLS Sta Wag. 430	1,300	2,160	5,400	7,560	10,800
4d GLS 4Motion Sta Wag 470	1,400	2,340	5,850	8,190	11,700
4d GLS TDi Sta Wag. 480	1,440	2,400	6,000	8,400	12,000
2005 Passat, V-6						
4d GLX Sed 440	1,310	2,180	5,450	7,630	10,900
4d GLX 4Motion Sed 460	1,380	2,300	5,750	8,050	11,500
4d GLX Sta Wag. 440	1,320	2,200	5,500	7,700	11,000
4d GLX 4Motion Sta Wag. 470	1,400	2,340	5,850	8,190	11,700
NOTE: Deduct 5% for manual transmission.						
2005 New Beetle, 4-cyl.						
2d GL Cpe 320	960	1,600	4,000	5,600	8,000
2d GLS Cpe 330	980	1,640	4,100	5,740	8,200
2d GLS TDi Cpe 330	1,000	1,660	4,150	5,810	8,300
2d GLS Turbo Cpe 360	1,080	1,800	4,050	6,300	9,000
2d GL Conv 420	1,260	2,100	5,250	7,350	10,500
2d GLS Conv 440	1,330	2,220	5,550	7,770	11,100
2d GLS Turbo Conv 490	1,460	2,440	6,100	8,540	12,200
NOTE: Add 5% for automatic transmission.						
2005 Phaeton 4Motion						
4d V8 Sed. 950	2,860	4,760	11,900	16,660	23,800
4d W12 Sed 1,260	3,790	6,320	15,800	22,120	31,600
2006 Rabbit, 2.5L 5-cyl.						
2d HBk 350	1,040	1,740	4,350	6,090	8,700

	6	5	4	3	2	1
4d HBk	360	1,090	1,820	4,550	6,370	9,100
2006 Golf, 2.0L 4-cyl.						
4d GL HBk	280	850	1,420	3,550	4,970	7,100
4d GLS HBk	300	900	1,500	3,750	5,250	7,500
2006 Golf, 1.9L 4-cyl. Turbo Diesel						
4d GLS TDI HBk	500	1,500	2,500	6,250	8,750	12,500
2006 GTI, 1.8L/2.0L 4-cyl. Turbo						
2d 1.8T HBk	380	1,130	1,880	4,700	6,580	9,400
2d 2.0T HBk	460	1,380	2,300	5,750	8,050	11,500
2006 New Beetle, 2.5L 5-cyl.						
2d 2.5 HBk	340	1,010	1,680	4,200	5,880	8,400
2d 2.5 Conv	420	1,260	2,100	5,250	7,350	10,500
2006 New Beetle, 1.9L 4-cyl. Turbo Diesel						
2d TDI HBk	440	1,310	2,180	5,450	7,630	10,900
2006 Jetta, 2.5L 5-cyl.						
4d 2.5 Value Ed Sed	360	1,080	1,800	4,500	6,300	9,000
4d 2.5 Sed	390	1,160	1,940	4,850	6,790	9,700
2006 Jetta, 2.0L 4-cyl. Turbo						
4d 2.0T Sed	400	1,200	2,000	5,000	7,000	10,000
4d GLI Sed	420	1,260	2,100	5,250	7,350	10,500
2006 Jetta, 1.9L 4-cyl. Turbo Diesel						
4d TDI Sed	530	1,580	2,640	6,600	9,240	13,200
4d TDI Spl Ed Sed	540	1,610	2,680	6,700	9,380	13,400
2006 Passat, 2.0L 4-cyl. Turbo						
4d 2.0T Value Ed Sed	400	1,210	2,020	5,050	7,070	10,100
4d 2.0T Sed	410	1,220	2,040	5,100	7,140	10,200
NOTE: Add 10% for Luxury package.						
2006 Passat, 3.6L V-6						
4d 3.6 Sed	500	1,510	2,520	6,300	8,820	12,600
NOTE: Add 8% for Luxury package.						
2006 Passat 4Motion AWD, 3.6L V-6						
4d 3.6 Sed	500	1,600	2,670	6,680	9,350	13,350
2006 Phaeton, 4.2L V-8						
4d Sed	820	2,450	4,080	9,180	14,280	20,400
NOTE: Add 5% for 4-passenger seating; add 30% for 6.0L W12 engine.						
2007 Rabbit, 2.5L 5-cyl.						
2d HBk	390	1,180	1,970	4,930	6,900	9,850
4d HBk	400	1,210	2,010	5,030	7,040	10,050
2007 GTI, 2.0L 4-cyl. Turbo						
2d 2.0T HBk	490	1,480	2,470	6,180	8,650	12,350
4d 2.0T HBk	530	1,600	2,660	6,650	9,310	13,300
2007 EOS, 2.0L 4-cyl. Turbo						
2d HT Conv	490	1,460	2,440	6,100	8,540	12,200
2d 2.0T HT Conv	510	1,540	2,570	6,430	9,000	12,850
2007 EOS, 3.2L V-6						
2d 3.2L HT Conv	580	1,740	2,900	7,250	10,150	14,500
2007 New Beetle, 2.5L 5-cyl.						
2d 2.5 HBk	370	1,110	1,850	4,630	6,480	9,250
2d 2.5 Conv	440	1,320	2,200	5,500	7,700	11,000
2007 Jetta, 2.5L 5-cyl.						
4d Sed	360	1,070	1,780	4,450	6,230	8,900
4d 2.5 Sed	370	1,120	1,860	4,650	6,510	9,300
4d Wolfsburg Edition Sed	420	1,260	2,100	5,250	7,350	10,500
2007 Jetta, 2.0L 4-cyl. Turbo						
4d 2.0T Sed	500	1,510	2,520	6,300	8,820	12,600
2007 Jetta, 1.9L 4-cyl. Turbo						
4d GLI Sed	530	1,600	2,670	6,680	9,350	13,350
2007 Passat, 2.0L 4-cyl. Turbo						
4d Sed	370	1,100	1,830	4,580	6,410	9,150
4d Wag	410	1,220	2,030	5,080	7,110	10,150
4d 2.0T Sed	370	1,100	1,840	4,600	6,440	9,200
4d 2.0T Value Ed Wag	390	1,180	1,960	4,900	6,860	9,800
4d 2.0T Wag	410	1,240	2,070	5,180	7,250	10,350
4d Wolfsburg Edition Sed	480	1,430	2,380	5,950	8,330	11,900
NOTE: Add 10% each for Luxury and Sport pkg.						
2007 Passat, 3.6L V-6						
4d 3.6 Sed	600	1,790	2,990	7,480	10,470	14,950
4d 3.6 Wag	700	2,110	3,510	8,780	12,290	17,550
NOTE: Add 8% for Luxury pkg.						
2007 Passat 4Motion AWD, 3.6L V-6						
4d 3.6 Sed	630	1,890	3,150	7,880	11,030	15,750
4d 3.6 Wag	760	2,270	3,780	9,450	13,230	18,900
NOTE: Add 8% each for Luxury and Sport pkg.						
2008 Rabbit, 2.5L 5-cyl						
2d HBk	360	1,070	1,780	4,440	6,210	8,876
4d HBk	390	1,180	1,970	4,930	6,900	9,850
2008 GTI, 2.0L I4 Turbo						
2d 2.0T HBk	470	1,420	2,360	5,900	8,260	11,800
4d 2.0T HBk	530	1,590	2,650	6,630	9,280	13,250

	6	5	4	3	2	1
2008 EOS, 2.0L I4 Turbo						
2d HT Conv	420	1,260	2,100	5,250	7,350	10,500
2d Komfort HT Conv	440	1,320	2,200	5,500	7,700	11,000
2d Luxury HT Conv	520	1,560	2,600	6,500	9,100	13,000
2008 EOS, 3.2L V-6						
2d VR6 HT Conv	540	1,620	2,700	6,750	9,450	13,500
2008 New Beetle, 2.5L 5-cyl						
2d S HBk	380	1,140	1,900	4,750	6,650	9,500
2d S Conv	440	1,320	2,200	5,500	7,700	11,000
2d SE HBk	400	1,200	2,000	5,000	7,000	10,000
2d SE Conv	460	1,380	2,300	5,750	8,050	11,500
2008 GLI, 2.0L I4 Turbo						
4d S Sed	590	1,770	2,950	7,380	10,330	14,750
2008 Jetta, 2.5L 5-cyl						
4d S Sed	340	1,030	1,720	4,300	6,020	8,600
4d SE Sed	410	1,220	2,040	5,100	7,140	10,200
4d SEL Sed	460	1,390	2,310	5,780	8,090	11,550
2008 Jetta, 2.0L 4-cyl Turbo						
4d Wolfsburg Edition Sed	480	1,450	2,420	6,050	8,470	12,100
2008 R32, 3.2L V6						
2d Hatch	630	1,890	3,150	7,880	11,030	15,750
2008 Passat, 2.0L I4 Turbo						
4d Sed	290	880	1,470	3,660	5,130	7,325
4d Wag	310	930	1,550	3,880	5,430	7,750
4d Kumfort Sed	380	1,130	1,880	4,700	6,580	9,400
4d Kumfort Wag	510	1,530	2,550	6,380	8,930	12,750
4d Luxury Seda	450	1,340	2,230	5,580	7,810	11,150
4d Luxury Wagon	580	1,750	2,920	7,300	10,220	14,600
2008 Passat, 3.6L V6						
4d VR6 Sed	530	1,600	2,670	6,680	9,350	13,350
2008 Passat 4Motion AWD, 3.6L V6						
4d VR6 Sed	580	1,730	2,890	7,230	10,120	14,450
4d VR6 Wag	680	2,050	3,410	8,530	11,940	17,050
2009 Rabbit, 2.5L 5-cyl						
2d S HBk	290	870	1,450	3,630	5,080	7,250
Rabbit, 2.5L 5-cyl	340	1,020	1,710	4,260	5,970	8,525
2009 GTI, 2.0L I4 Turbo						
2d 2.0T HBk	410	1,240	2,060	5,150	7,210	10,300
4d 2.0T HBk	450	1,350	2,250	5,630	7,880	11,250
2009 EOS, 2.0L I4 Turbo						
2d Komfort HT Conv	410	1,230	2,050	5,130	7,180	10,250
2d Luxury HT Conv	500	1,510	2,510	6,280	8,790	12,550
2009 New Beetle, 2.5L 5-cyl						
2d S HBk	290	880	1,470	3,680	5,150	7,350
2d S Conv	400	1,190	1,980	4,940	6,920	9,880
2009 GLI, 2.0L I4 Turbo						
4d S Sed	440	1,330	2,220	5,550	7,770	11,100
2009 Jetta, 2.5L 5-cyl						
4d S Sed	300	900	1,500	3,740	5,240	7,480
4d S Spt Wag	350	1,040	1,730	4,330	6,060	8,650
4d SE Sed	340	1,030	1,720	4,290	6,000	8,575
Jetta, 2.5L 5-cyl	360	1,090	1,820	4,550	6,370	9,100
2009 Jetta, 2.0L 4-cyl Turbo						
4d Wolfsburg Edition Sed	370	1,110	1,850	4,630	6,480	9,260
4d SEL Spt Wag	420	1,260	2,100	5,250	7,350	10,500
2009 Jetta, 2.0L 4-cyl Turbo Diesel						
4d TDI Sed	400	1,200	2,000	4,990	6,980	9,975
4d Loyal EditionI Sed	400	1,210	2,010	5,030	7,040	10,050
4d TDI Spt Wag	480	1,430	2,390	5,980	8,370	11,950
2009 Passat, 2.0L I4 Turbo						
4d Kumfort Sed	350	1,040	1,730	4,310	6,040	8,625
4d Kumfort Wag	390	1,180	1,970	4,910	6,880	9,825
2009 CC, 2.0L I4 Turbo						
4d Spt Sed	390	1,160	1,940	4,840	6,770	9,675
4d Lux Sed	430	1,300	2,160	5,400	7,560	10,80
2009 CC, 3.6L, V6						
4d VR6 Spt Sed	460	1,390	2,310	5,780	8,090	11,550
2009 CC, 4Motion AWD, 3.6L, V6						
4d VR6 Spt Sed	500	1,510	2,520	6,300	8,820	12,600
2010 Golf, 2.5L 5-cyl						
2d HBk	350	1,050	1,760	4,390	6,140	8,775
4d HBk	370	1,110	1,860	4,640	6,490	9,275
2010 Golf, 2.0L I4 Turbo Diesel						
2d TDI HBk	470	1,400	2,330	5,830	8,160	11,650
4d TDI HBk	490	1,480	2,470	6,180	8,650	12,350
2010 GTI, 2.0L I4 Turbo						
2d 2.0T HBk	520	1,570	2,610	6,530	9,140	13,050
4d 2.0T HBk	580	1,740	2,900	7,250	10,150	14,500

	6	5	4	3	2	1
2010 EOS, 2.0L I4 Turbo						
2d Komfort HT Conv	530	1,580	2,640	5,940	9,240	13,200
2d Luxury HT Conv	610	1,840	3,060	7,650	10,710	15,300
2010 New Beetle, 2.5L 5-cyl						
2d S HBk	320	970	1,610	4,030	5,640	8,050
2d Final Ed HBk	370	1,120	1,870	4,680	6,550	9,350
2d Red Rock Ed HBk	350	1,040	1,740	4,350	6,090	8,700
2d Conv	470	1,400	2,330	5,830	8,160	11,650
2d Final Ed Conv	500	1,510	2,510	6,280	8,790	12,550
2010 Jetta, 2.5L 5-cyl						
4d S Sed	340	1,020	1,700	4,250	5,950	8,500
4d S Spt Wag	390	1,160	1,940	4,840	6,770	9,675
4d LTD Ed Sed	370	1,100	1,840	4,590	6,420	9,175
4d SE Sed	390	1,160	1,940	4,840	6,770	9,675
4d SE Spt Wag	420	1,260	2,100	5,250	7,350	10,500
4d SEL Sed	420	1,270	2,120	5,300	7,420	10,600
2010 Jetta, 2.0L 4-cyl Turbo						
4d Wolfsburg Ed Sed	430	1,280	2,130	5,330	7,460	10,650
2010 Jetta, 2.0L 4-cyl Turbo Diesel						
4d TDI Sed	440	1,330	2,210	5,530	7,740	11,050
4d Cup Ed Sed	540	1,630	2,710	6,780	9,490	13,550
4d TDI Spt Wag	510	1,540	2,570	6,430	9,000	12,850
2010 Passat, 2.0L 4-cyl Turbo						
4d Kumfort Sed	410	1,240	2,070	4,660	7,250	10,350
2010 Passat, 2.0L I4 Turbo						
4d Kumfort Wag	480	1,430	2,380	5,950	8,330	11,900
2010 Passat, 2.0L 4-cyl Turbo						
4d Spt Sed	450	1,340	2,240	5,040	7,840	11,200
4d Lux Sed	500	1,510	2,520	5,670	8,820	12,600
2010 CC, 3.6L V6						
4d VR6 Spt Sed	580	1,750	2,920	6,570	10,220	14,600
2010 CC, 4Motion AWD, 3.6L V6						
4d Sed	510	1,530	2,550	5,740	8,930	12,750
2011 Golf, 2.5L 5-cyl						
2d HBk	290	860	1,440	3,600	5,040	7,200
4d HBk	310	940	1,560	3,900	5,460	7,800
2011 Golf, 2.0L I4 Turbo Diesel						
2d TDi HBK	410	1,230	2,050	5,130	7,180	10,250
2d TDI HBK	430	1,290	2,150	5,380	7,530	10,750
2011 GTI, 2.0L I4 Turbo						
2d 2.0T HBk	410	1,230	2,050	5,130	7,180	10,250
4d 2.0T HBk	430	1,280	2,130	5,330	7,460	10,650
2011 EOS, 2.0L I4 Turbo						
2d Komfort HT Conv	390	1,160	1,940	4,850	6,790	9,700
2d Luxury HT Conv	430	1,290	2,150	5,360	7,510	10,725

The New Beetle was replaced by a redesigned car called The Beetle, which was build in 2011, as a 2012 model. On Nov. 22, 2010, on the last Oprah's Favorite Things special, Oprah Winfrey and Volkswagen announced every audience member would get a Beetle upon its release in 2011. VW staff gave the audience their special keys to the cars. The giveaway cars caused quite a stir and may be extra collectible in the future.

	6	5	4	3	2	1
2011 Jetta, 2.0L I4						
4d S Sed	250	760	1,270	3,180	4,450	6,350
2011 Jetta, 2.5L 5-cyl						
4d S Spt Wag	310	940	1,570	3,910	5,480	7,825
4d SE Sed	280	850	1,420	3,550	4,970	7,100
4d SEL Sed	310	940	1,560	3,900	5,460	7,800
4d SE Spt Wag	360	1,090	1,820	4,550	6,370	9,100
2011 Jetta, 2.0L 4-cyl Turbo Diesel						
4d TDI Sed	520	1,560	2,600	6,500	9,100	13,000
4d TDI Spt Wag	550	1,640	2,740	6,850	9,590	13,700
2011 CC, 2.0L, Turbo I4						
4d Spt Sed	320	950	1,590	3,960	5,550	7,925
4d Lux Sed	370	1,120	1,860	4,650	6,510	9,300
4d R-Line Sed	330	980	1,640	4,100	5,740	8,200
2011 CC, 4Motion AWD, 3.6L, V6						
4d VR6 Sed	470	1,410	2,350	5,880	8,230	11,750

VOLVO

	6	5	4	3	2	1
1944-50 4-cyl., 1414cc, 102.4" wb						
PV444 2d Sed	568	1,704	2,840	6,390	9,940	14,200
1951 4-cyl., 1414cc, 102.4" wb						
PV444 2d Sed	550	1,700	2,800	6,300	9,800	14,000
1952 4-cyl., 1414cc, 102.4" wb						
PV444 2d Sed	550	1,700	2,800	6,300	9,800	14,000
1953 4-cyl., 1414cc, 102.4" wb						
PV444 2d Sed	550	1,700	2,800	6,300	9,800	14,000
1954 4-cyl., 1414cc, 102.4" wb						
PV444 2d Sed	550	1,700	2,800	6,300	9,800	14,000
PV445 2d Sta Wag	550	1,700	2,800	6,350	9,850	14,100

	6	5	4	3	2	1
1955 4-cyl., 1414cc, 102.4" wb						
PV444 2d Sed	550	1,700	2,800	6,300	9,800	14,000
PV445 2d Sta Wag	550	1,700	2,800	6,350	9,850	14,100
1956 4-cyl., 1414cc, 102.4" wb						
PV444 2d Sed	550	1,700	2,800	6,300	9,800	14,000
PV445 2d Sta Wag	550	1,700	2,800	6,350	9,850	14,100
1957 4-cyl., 1414cc, 102.4" wb						
PV444 2d Sed	550	1,700	2,800	6,300	9,800	14,000
PV445 2d Sta Wag	550	1,700	2,800	6,350	9,850	14,100
1957 4-cyl., 104.4" wb, 1583cc, 4-cyl., 94.5" wb, 1414cc						
P1900 Conv	1,320	3,960	6,600	14,850	23,100	33,000
1958 4-cyl., 1583cc, 102.4" wb						
PV544 2d Sed	550	1,700	2,800	6,300	9,800	14,000
PV445 2d Sta Wag	550	1,700	2,800	6,350	9,850	14,100
1959 4-cyl., 1583cc, 102.4" wb						
PV544 2d Sed	550	1,700	2,800	6,300	9,800	14,000
PV445 2d Sta Wag	550	1,700	2,800	6,350	9,850	14,100
122S 4d Sed	600	1,750	2,900	6,530	10,200	14,500
1960 4-cyl., 1583cc, 102.4" wb						
PV544 2d Sed	550	1,700	2,800	6,300	9,800	14,000
PV445 2d Sta Wag	550	1,700	2,850	6,440	10,000	14,300
122S 4d Sed	600	1,750	2,900	6,530	10,200	14,500
1961 4-cyl., 1583cc, 102.4" wb						
PV544 2d Sed	450	1,400	2,300	5,180	8,050	11,500
P210 2d Sta Wag	450	1,400	2,350	5,310	8,250	11,800
122 4d Sed	550	1,700	2,800	6,300	9,800	14,000
1961 4-cyl., 1778cc, 96.5" wb						
P1800 Cpe	550	1,700	2,800	6,300	9,800	14,000
1962 4-cyl., 1583cc, 102.4" wb						
P210 2d Sta Wag	450	1,400	2,350	5,270	8,200	11,700
1962 4-cyl., 1778cc, 102.4" wb						
PV544 2d Sed	450	1,300	2,200	4,950	7,700	11,000
122S 4d Sed	350	1,000	1,700	3,830	5,950	8,500
122S 2d Sed	350	1,050	1,750	3,920	6,100	8,700
122S 4d Sta Wag	450	1,300	2,200	4,950	7,700	11,000
1962 4-cyl., 1778cc, 96.5" wb						
P1800 Cpe	550	1,700	2,800	6,300	9,800	14,000
1963 4-cyl., 1778cc, 102.4" wb						
PV544 2d Sed	450	1,400	2,350	5,270	8,200	11,700
210 2d Sta Wag	450	1,400	2,350	5,310	8,250	11,800
P122S 4d Sed	450	1,300	2,200	4,950	7,700	11,000
P122S 2d Sed	450	1,350	2,250	5,040	7,850	11,200
P122S 4d Sta Wag	450	1,400	2,300	5,180	8,050	11,500
1963 4-cyl., 1778cc, 96.5" wb						
1800S Cpe	550	1,700	2,800	6,300	9,800	14,000
1964 4-cyl., 1778cc, 102.4" wb						
PV544 2d Sed	450	1,400	2,350	5,270	8,200	11,700
P210 2d Sta Wag	600	1,750	2,900	6,530	10,200	14,500
122S 4d Sed	450	1,300	2,200	4,950	7,700	11,000
122S 2d Sed	450	1,350	2,250	5,040	7,850	11,200
122S 4d Sta Wag	450	1,400	2,300	5,180	8,050	11,500
1964 4-cyl., 1778cc, 96.5" wb						
1800S Cpe	600	1,750	2,900	6,530	10,200	14,500
1965 4-cyl., 1778cc, 102.4" wb						
PV544 2d Sed	450	1,400	2,300	5,180	8,050	11,500
P210 Sta Wag	550	1,700	2,800	6,300	9,800	14,000
122S 4d Sed	450	1,350	2,250	5,040	7,850	11,200
122S 2d Sed	450	1,300	2,200	4,950	7,700	11,000
122S 4d Sta Wag	450	1,400	2,300	5,180	8,050	11,500
1965 4-cyl., 1778cc, 96.5" wb						
1800S Cpe	600	1,800	3,000	6,750	10,500	15,000
1966 4-cyl., 1778cc, 102.4" wb						
210S 2d Sta Wag	550	1,700	2,800	6,300	9,800	14,000
122S 4d Sed	450	1,300	2,200	4,950	7,700	11,000
122S 2d Sed	450	1,350	2,250	5,040	7,850	11,200
122S 4d Sta Wag	450	1,400	2,300	5,180	8,050	11,500
1966 4-cyl., 1778cc, 96.5" wb						
1800S Cpe	550	1,700	2,800	6,300	9,800	14,000
1967 4-cyl., 1778cc, 102.4" wb						
P210 2d Sta Wag	600	1,750	2,900	6,530	10,200	14,500
122S 2d Sed	450	1,350	2,250	5,040	7,850	11,200
122S 4d Sed	450	1,300	2,200	4,950	7,700	11,000
122S 4d Sta Wag	450	1,400	2,300	5,180	8,050	11,500
1967 4-cyl., 1778cc, 96.5" wb						
123 GT	550	1,700	2,800	6,300	9,800	14,000
1800S Cpe	600	1,850	3,100	6,980	10,900	15,500
1968 4-cyl., 1778cc, 102.4" wb						
122S 2d Sed	450	1,350	2,250	5,040	7,850	11,200
122S 4d Sta Wag	450	1,400	2,300	5,180	8,050	11,500

	6	5	4	3	2	1
123 GT	550	1,700	2,800	6,300	9,800	14,000
142S 2d Sed	350	1,000	1,700	3,830	5,950	8,500
144 4d Sed	350	1,000	1,650	3,740	5,800	8,300
1968 4-cyl., 1778cc, 96.5" wb						
1800S Cpe	600	1,800	3,000	6,750	10,500	15,000
1969 4-cyl., 1986cc, 102.4" wb						
142S 2d Sed	450	1,350	2,200	5,000	7,750	11,100
144S 4d Sed	450	1,300	2,200	4,950	7,700	11,000
145S 4d Sta Wag	450	1,350	2,250	5,040	7,850	11,200
1969 4-cyl., 1986cc, 96.5" wb						
1800S Cpe	600	1,850	3,100	6,980	10,900	15,500
1970 4-cyl., 1986cc, 102.4" wb						
142 2d Sed	450	1,350	2,250	5,040	7,850	11,200
144 4d Sed	450	1,350	2,200	5,000	7,750	11,100
145 4d Sta Wag	450	1,350	2,200	5,000	7,750	11,100
1970 4-cyl., 1986cc, 96.5" wb						
1800E Cpe	600	1,850	3,100	6,980	10,900	15,500
1970 6-cyl., 2978cc, 106.3" wb						
164 4d Sed	350	1,000	1,700	3,830	5,950	8,500
1971 4-cyl., 1986cc, 103.2" wb						
142 2d Sed	350	1,050	1,750	3,920	6,100	8,700
144 4d Sed	350	1,000	1,700	3,830	5,950	8,500
145 4d Sta Wag	350	1,050	1,800	4,010	6,250	8,900
1971 4-cyl., 1986cc, 96.5" wb						
1800E Cpe	650	1,900	3,200	7,200	11,200	16,000
1971 6-cyl., 2978cc, 107" wb						
164 4d Sed	350	1,050	1,700	3,870	6,000	8,600
1972 4-cyl., 1986cc, 103.2" wb						
142 2d Sed	350	1,050	1,750	3,960	6,150	8,800
144 4d Sed	350	1,050	1,750	3,920	0,100	0,700
145 4d Sta Wag	450	1,300	2,200	4,950	7,700	11,000
1972 4-cyl., 1986cc, 96.5" wb						
1800E Cpe	650	1,900	3,200	7,200	11,200	16,000
1800ES Spt Wag	650	2,000	3,300	7,430	11,600	16,500
1972 6-cyl., 2978cc, 107" wb						
164 4d Sed	350	1,050	1,700	3,870	6,000	8,600
1973 4-cyl., 1986cc, 103.2" wb						
142 2d Sed	350	1,000	1,700	3,830	5,950	8,500
144 4d Sed	350	1,000	1,700	3,780	5,900	8,400
145 4d Sta Wag	350	1,050	1,750	3,920	6,100	8,700
1973 4-cyl., 1986cc, 96.5" wb						
1800ES Spt Wag	700	2,050	3,400	7,650	11,900	17,000
1973 6-cyl., 2978cc, 107" wb						
164E 4d Sed	350	1,000	1,700	3,830	5,950	8,500
1974 4-cyl., 1986cc, 103.2" wb						
142 2d Sed	300	950	1,600	3,650	5,650	8,100
144 4d Sed	300	950	1,600	3,650	5,650	8,100
145 4d Sta Wag	350	1,000	1,650	3,740	5,800	8,300
142GL 2d Sed	350	1,000	1,650	3,690	5,750	8,200
144GL 4d Sed	350	1,000	1,650	3,690	5,750	8,200
1974 6-cyl., 2978cc, 107" wb						
164E 4d Sed	350	1,000	1,700	3,780	5,900	8,400
1975 4-cyl., 2127cc, 103.9" wb						
242 2d Sed	300	850	1,450	3,240	5,050	7,200
244 4d Sed	300	850	1,450	3,240	5,050	7,200
245 4d Sta Wag	300	900	1,500	3,380	5,250	7,500
242GL 2d Sed	300	900	1,500	3,330	5,200	7,400
244GL 4d Sed	300	900	1,500	3,330	5,200	7,400
1975 6-cyl., 2978cc, 107" wb						
164 4d Sed	300	900	1,500	3,380	5,250	7,500
1976 4-cyl., 2127cc, 103.9" wb						
242 2d Sed	300	900	1,500	3,380	5,250	7,500
244 4d Sed	300	900	1,500	3,380	5,250	7,500
245 4d Sta Wag	300	950	1,550	3,510	5,450	7,800
1976 6-cyl., 2664cc, 103.9" wb						
262GL 2d Sed	300	950	1,550	3,510	5,450	7,800
264 4d Sed	300	950	1,000	3,560	5,550	7,900
265 4d Sta Wag	300	950	1,600	3,650	5,650	8,100
264GL 4d Sed	300	950	1,600	3,600	5,600	8,000
1977 4-cyl., 2127cc, 103.9" wb						
242 2d Sed	300	950	1,550	3,510	5,450	7,800
244 4d Sed	300	950	1,550	3,510	5,450	7,800
245 4d Sta Wag	350	1,000	1,650	3,690	5,750	8,200
1977 6-cyl., 2664cc, 103.9" wb						
264GL 4d Sed	300	950	1,600	3,650	5,650	8,100
265GL 4d Sta Wag	350	1,000	1,650	3,740	5,800	8,300
262C 2d Cpe	600	1,800	3,000	6,750	10,500	15,000

	6	5	4	3	2	1
1978 6-cyl., 2664cc, 103.9" wb						
244 4d	300	850	1,400	3,150	4,900	7,000
242GT 2d	300	850	1,400	3,200	4,950	7,100
242 2d	300	850	1,450	3,240	5,050	7,200
245 4d Sta Wag	300	900	1,450	3,290	5,100	7,300
264GL 4d	300	850	1,450	3,240	5,050	7,200
265GL 4d Sta Wag	300	900	1,500	3,330	5,200	7,400
262C 2d	600	1,800	3,000	6,750	10,500	15,000
1979 6-cyl., 2664cc, 103.9" wb						
242DL 2d	250	800	1,350	3,060	4,750	6,800
242GT 2d	300	850	1,400	3,110	4,850	6,900
244DL 4d	300	850	1,400	3,110	4,850	6,900
245DL 4d Sta Wag	300	850	1,400	3,150	4,900	7,000
245GL 4d	300	850	1,400	3,150	4,900	7,000
265GL 4d Sta Wag	300	850	1,400	3,200	4,950	7,100
262C 2d Cpe	600	1,850	3,100	6,980	10,900	15,500
1980 6-cyl., 2664cc, 103.9" wb						
DL 2d	250	750	1,250	2,790	4,350	6,200
DL GT 2d	250	750	1,300	2,880	4,500	6,400
DL 4d	250	750	1,300	2,880	4,500	6,400
DL 4d Sta Wag	250	800	1,350	3,020	4,700	6,700
GL 4d	250	800	1,350	3,020	4,700	6,700
GLE 4d	250	800	1,350	3,060	4,750	6,800
GLE 4d Sta Wag	300	850	1,400	3,110	4,850	6,900
GLE 2d Cpe Bertone	600	1,810	3,020	6,800	10,570	15,100
1981 6-cyl., 2664cc, 103.9" wb						
DL 2d	250	750	1,250	2,790	4,350	6,200
DL 4d	250	750	1,300	2,880	4,500	6,400
DL 4d Sta Wag	250	800	1,350	3,020	4,700	6,700
GL 2d	250	800	1,300	2,930	4,550	6,500
GL 4d	250	800	1,300	2,930	4,550	6,500
GLT 2d	250	800	1,300	2,930	4,550	6,500
GLT 4d Sta Wag	250	800	1,350	3,060	4,750	6,800
GLT 2d, Turbo	300	850	1,400	3,150	4,900	7,000
GLT 4d, Turbo	300	850	1,400	3,150	4,900	7,000
GLE 4d	300	850	1,400	3,150	4,900	7,000
2d Bertone Cpe	600	1,850	3,100	6,980	10,900	15,500
1982 6-cyl., 2664cc, 103.9" wb						
DL 2d	250	750	1,250	2,790	4,350	6,200
DL 4d	250	750	1,250	2,790	4,350	6,200
DL 4d Sta Wag	250	750	1,250	2,840	4,400	6,300
GL 4d	250	750	1,250	2,840	4,400	6,300
GL 4d Sta Wag	250	750	1,300	2,880	4,500	6,400
GLT 2d	250	750	1,250	2,840	4,400	6,300
GLT 2d, Turbo	250	800	1,350	3,020	4,700	6,700
GLT 4d, Turbo	250	800	1,350	3,020	4,700	6,700
GLT 4d Sta Wag, Turbo	270	800	1,340	3,020	4,690	6,700
GLE 4d	250	800	1,350	3,020	4,700	6,700
1983 4-cyl., 2316cc						
DL 2d	250	750	1,250	2,790	4,350	6,200
DL 4d	250	750	1,250	2,790	4,350	6,200
DL 4d Sta Wag	250	750	1,250	2,840	4,400	6,300
GL 4d	250	750	1,250	2,840	4,400	6,300
GL 4d Sta Wag	250	750	1,300	2,880	4,500	6,400
GLT 2d, Turbo	250	750	1,250	2,840	4,400	6,300
GLT 4d, Turbo	250	800	1,300	2,970	4,600	6,600
GLT 4d Sta Wag, Turbo	270	800	1,340	3,020	4,690	6,700
760 GLE 4d	250	800	1,350	3,020	4,700	6,700
760 GLE 4d, Turbo Diesel	270	820	1,360	3,060	4,760	6,800
NOTE: Add 5% for 6-cyl.						
1984 4-cyl., 2316cc						
DL 2d	350	1,000	1,700	3,830	5,950	8,500
DL 4d	450	1,300	2,200	4,950	7,700	11,000
DL 4d Sta Wag	450	1,400	2,300	5,180	8,050	11,500
GL 4d	550	1,700	2,800	6,300	9,800	14,000
GL 4d Sta Wag	600	1,750	2,900	6,530	10,200	14,500
GLT 2d, Turbo	600	1,800	3,000	6,750	10,500	15,000
GLT 4d, Turbo	600	1,850	3,100	6,980	10,900	15,500
GLT 4d Sta Wag, Turbo	620	1,860	3,100	6,980	10,850	15,500
760 GLE 4d	600	1,850	3,100	6,980	10,900	15,500
760 GLE 4d, Turbo	650	1,900	3,200	7,200	11,200	16,000
760 GLE 4d, Turbo Diesel	600	1,800	3,000	6,750	10,500	15,000
NOTE: Add 5% for 6-cyl.						
1985 4-cyl., 2316cc						
DL 4d Sed	350	1,000	1,700	3,830	5,950	8,500
DL 4d Sta Wag	350	1,050	1,700	3,870	6,000	8,600
GL 4d Sed	450	1,400	2,300	5,180	8,050	11,500
GL 4d Sta Wag	450	1,400	2,300	5,220	8,100	11,600
NOTE: Add 10% for Turbo.						

VOLVO

	6	5	4	3	2	1
740 4d Sed	600	1,850	3,100	6,980	10,900	15,500
740 4d Sta Wag	650	1,900	3,200	7,200	11,200	16,000

NOTE: Deduct 10% for Diesel. Add 10% for Turbo. Add 5% for 6-cyl.

760 4d Sed	700	2,050	3,400	7,650	11,900	17,000
760 4d Sta Wag	700	2,100	3,500	7,880	12,300	17,500

NOTE: Deduct 10% for Diesel. Add 10% for Turbo. Add 5% for 6-cyl.

1986 4-cyl., 2316cc

DL 4d Sed	550	1,700	2,800	6,300	9,800	14,000
DL 4d Sta Wag	550	1,700	2,800	6,350	9,850	14,100
GL 4d Sed	600	1,850	3,100	6,980	10,900	15,500
GL 4d Sta Wag	600	1,850	3,100	7,020	10,900	15,600
740 4d Sed	700	2,100	3,500	7,880	12,300	17,500
740 4d Sta Wag	700	2,150	3,600	8,100	12,600	18,000

NOTE: Deduct 10% for Diesel. Add 10% for Turbo.

760 4d Sed	750	2,300	3,800	8,550	13,300	19,000
760 4d Sta Wag	800	2,400	4,000	9,000	14,000	20,000

NOTE: Add 5% for 6-cyl.

1987 240

DL 4d Sed	600	1,800	3,000	6,750	10,500	15,000
DL 4d Sta Wag	650	1,900	3,200	7,200	11,200	16,000
GL 4d Sed	650	1,900	3,200	7,200	11,200	16,000
GL 4d Sta Wag	700	2,050	3,400	7,650	11,900	17,000

1987 740

GLE 4d Sed	700	2,100	3,500	7,880	12,300	17,500
GLE 4d Sed, Turbo	750	2,300	3,800	8,550	13,300	19,000
GLE 4d Sta Wag	700	2,150	3,600	8,100	12,600	18,000
GLE 4d Sta Wag, Turbo	800	2,400	4,000	9,000	14,000	20,000

1987 760

GLE 4d Sed, Turbo	850	2,500	4,200	9,450	14,700	21,000
GLE 4d Sta Wag, Turbo	880	2,640	4,400	9,900	15,400	22,000

1987 780

GLE 2d Cpe	1,100	3,250	5,400	12,150	18,900	27,000

1987 240

DL 4d Sed	600	1,750	2,900	6,530	10,200	14,500
DL 4d Sta Wag	600	1,850	3,100	6,980	10,900	15,500
GL 4d Sed	600	1,850	3,100	7,020	10,900	15,600
GL 4d Sta Wag	600	1,850	3,100	6,980	10,900	15,500

1987 740

GLE 4d Sed	700	2,100	3,500	7,880	12,300	17,500
GLE 4d Sta Wag	700	2,150	3,600	8,100	12,600	18,000
GLE 4d Sed, Turbo	750	2,300	3,800	8,550	13,300	19,000
GLE Sta Wag	800	2,400	4,000	9,000	14,000	20,000

1987 760

4d Sed	750	2,300	3,800	8,550	13,300	19,000
4d Sed, Turbo	850	2,500	4,200	9,450	14,700	21,000
4d Sta Wag, Turbo	900	2,650	4,400	9,900	15,400	22,000

1987 780

GLE 2d Cpe	1,100	3,250	5,400	12,150	18,900	27,000

NOTE: Deduct 5% for 4-cyl.

1988 240

DL 4d Sed	700	2,050	3,400	7,650	11,900	17,000
DL 4d Sta Wag	700	2,150	3,600	8,100	12,600	18,000
GL 4d Sed	750	2,300	3,800	8,550	13,300	19,000
GL 4d Sta Wag	800	2,400	4,000	9,000	14,000	20,000

1988 740

GLE 4d Sed	800	2,400	4,000	9,000	14,000	20,000
GLE 4d Sta Wag	850	2,500	4,200	9,450	14,700	21,000
GLE 4d Sed, Turbo	1,000	3,000	5,000	11,250	17,500	25,000
GLE 4d Sta Wag, Turbo	1,040	3,120	5,200	11,700	18,200	26,000

1988 760

4d Sed	1,100	3,250	5,400	12,150	18,900	27,000
GLE 4d Sed, Turbo	1,100	3,350	5,600	12,600	19,600	28,000
GLE 4d Sta Wag, Turbo	1,160	3,480	5,800	13,050	20,300	29,000

1988 780

GLE 2d Cpe	1,250	3,700	6,200	13,950	21,700	31,000

NOTE: Deduct 5% for 4-cyl.

1989 DL

4d Sed	650	1,900	3,200	7,200	11,200	16,000
4d Sta Wag	700	2,050	3,400	7,650	11,900	17,000

1989 GL

4d Sed	700	2,050	3,400	7,650	11,900	17,000
4d Sta Wag	700	2,150	3,600	8,100	12,600	18,000

1989 740 GL

4d	750	2,300	3,800	8,550	13,300	19,000
4d Sta Wag	800	2,400	4,000	9,000	14,000	20,000

1989 740 GLE

4d Sed (16V)	900	2,650	4,400	9,900	15,400	22,000
4d Sta Wag (16V)	900	2,750	4,600	10,350	16,100	23,000

VOLVO

	6	5	4	3	2	1
1989 740 (Turbo)						
4d Sed	950	2,900	4,800	10,800	16,800	24,000
4d Sta Wag	1,000	3,000	5,000	11,250	17,500	25,000
1989 760 GLE						
4d Sed	1,100	3,350	5,600	12,600	19,600	28,000
4d Sed, Turbo	1,150	3,500	5,800	13,050	20,300	29,000
4d Sta Wag, Turbo	1,200	3,600	6,000	13,500	21,000	30,000
1989 780						
2d Cpe	1,200	3,600	6,000	13,500	21,000	30,000
2d Cpe, Turbo	1,250	3,700	6,200	13,950	21,700	31,000
NOTE: Deduct 5% for 4-cyl.						
1990 240, 4-cyl.						
4d Sed	600	1,800	3,000	6,750	10,500	15,000
4d Sta Wag	650	1,900	3,200	7,200	11,200	16,000
DL 4d Sed	650	1,900	3,200	7,200	11,200	16,000
DL 4d Sta Wag	700	2,050	3,400	7,650	11,900	17,000
1990 740, 4-cyl.						
4d Sed	650	1,900	3,200	7,200	11,200	16,000
4d Sta Wag	700	2,050	3,400	7,650	11,900	17,000
GL 4d Sed	700	2,150	3,600	8,100	12,600	18,000
GL 4d Sta Wag	750	2,300	3,800	8,550	13,300	19,000
GLE 4d Sed	800	2,400	4,000	9,000	14,000	20,000
GLE 4d Sta Wag	850	2,500	4,200	9,450	14,700	21,000
4d Sed, Turbo	900	2,650	4,400	9,900	15,400	22,000
4d Sta Wag, Turbo	900	2,750	4,600	10,350	16,100	23,000
1990 760, 6-cyl.						
GLE 4d Sed	950	2,900	4,800	10,800	16,800	24,000
GLE 4d Sed, Turbo	1,000	3,000	5,000	11,250	17,500	25,000
GLE 4d Sta Wag, Turbo	1,040	3,120	5,200	11,700	18,200	26,000
1990 780, 6-cyl.						
2d Cpe	1,050	3,100	5,200	11,700	18,200	26,000
2d Cpe, Turbo	1,100	3,250	5,400	12,150	18,900	27,000
NOTE: Deduct 5% for 4-cyl.						
1991 240						
4d Sed	600	1,750	2,900	6,530	10,200	14,500
4d Sta Wag	600	1,800	2,950	6,660	10,400	14,800
4d SE Sta Wag	650	1,900	3,200	7,200	11,200	16,000
1991 740						
4d Sed	650	1,900	3,150	7,070	11,000	15,700
4d Sed, Turbo	700	2,150	3,600	8,100	12,600	18,000
4d SE Sed, Turbo	700	2,100	3,500	7,880	12,300	17,500
4d Sta Wag	700	2,150	3,600	8,100	12,600	18,000
4d Sta Wag, Turbo	750	2,300	3,800	8,550	13,300	19,000
4d SE Sta Wag, Turbo	800	2,400	4,000	9,000	14,000	20,000
1991 940						
GLE 4d Sed (16V)	700	2,150	3,600	8,100	12,600	18,000
4d Sed, Turbo	750	2,300	3,800	8,550	13,300	19,000
4d SE Sed, Turbo	800	2,400	4,000	9,000	14,000	20,000
GLE 4d Sta Wag (16V)	760	2,280	3,800	8,550	13,300	19,000
4d Sta Wag, Turbo	800	2,400	4,000	9,000	14,000	20,000
4d SE Sta Wag, Turbo	800	2,400	4,000	9,000	14,000	20,000
1991 780						
2d Cpe, Turbo	900	2,750	4,600	10,350	16,100	23,000
1992 240, 4-cyl.						
4d Sed	600	1,850	3,100	6,980	10,900	15,500
4d Sta Wag	650	2,000	3,300	7,430	11,600	16,500
GL 4d Sed	650	1,900	3,200	7,200	11,200	16,000
1992 740, 4-cyl.						
4d Sed	650	1,900	3,200	7,200	11,200	16,000
4d Sta Wag	700	2,050	3,400	7,650	11,900	17,000
4d Sta Wag, Turbo	750	2,300	3,800	8,550	13,300	19,000
1992 940, 4-cyl.						
CL 4d Sed	650	1,900	3,200	7,200	11,200	16,000
4d Sed, Turbo	750	2,200	3,650	8,190	12,700	18,200
4d Sta Wag, Turbo	750	2,300	3,850	8,640	13,400	19,200
1992 960, 4-cyl.						
4d Sed (16V)	750	2,200	3,650	8,240	12,800	18,300
4d Sta Wag (16V)	750	2,300	3,850	8,690	13,500	19,300
1993 240, 4-cyl.						
4d Sed	600	1,800	3,000	6,750	10,500	15,000
4d Sta Wag	650	1,900	3,200	7,200	11,200	16,000
1993 850, 5-cyl.						
GLT 4d Sed	650	1,900	3,200	7,200	11,200	16,000
1993 940, 4-cyl.						
4d Sed	650	2,000	3,300	7,430	11,600	16,500
4d Sta Wag	650	2,000	3,300	7,430	11,600	16,500
4d Sed, Turbo	700	2,050	3,400	7,650	11,900	17,000
4d Sta Wag, Turbo	700	2,100	3,500	7,880	12,300	17,500

	6	5	4	3	2	1

695

	6	5	4	3	2	1
1993 960, 4-cyl.						
4d Sed	700	2,150	3,600	8,100	12,600	18,000
4d Sta Wag	800	2,350	3,900	8,780	13,700	19,500
1994 850, 4-cyl.						
4d Sed	650	1,900	3,200	7,200	11,200	16,000
4d Sed, Turbo	700	2,150	3,600	8,100	12,600	18,000
4d Sta Wag	700	2,050	3,400	7,650	11,900	17,000
4d Sta Wag, Turbo	750	2,300	3,800	8,550	13,300	19,000
1994 940, 4-cyl.						
4d Sed	500	1,550	2,600	5,850	9,100	13,000
4d Sed, Turbo	600	1,800	3,000	6,750	10,500	15,000
4d Sta Wag	550	1,700	2,800	6,300	9,800	14,000
4d Sta Wag, Turbo	650	1,900	3,200	7,200	11,200	16,000
1994 960, 4-cyl.						
4d Sed	650	1,900	3,200	7,200	11,200	16,000
4d Sta Wag	700	2,050	3,400	7,650	11,900	17,000
1995 850, 4-cyl.						
4d Sed	650	1,900	3,200	7,200	11,200	16,000
4d Sed, Turbo	700	2,150	3,600	8,100	12,600	18,000
4d Sta Wag	700	2,050	3,400	7,650	11,900	17,000
4d Sta Wag, Turbo	750	2,300	3,800	8,550	13,300	19,000
GLT 4d Sed	700	2,100	3,500	7,880	12,300	17,500
GLT 4d Sta Wag	750	2,200	3,700	8,330	13,000	18,500
T-5R 4d Sed, Turbo	780	2,340	3,900	8,780	13,650	19,500
T-5R 4d Sta Wag, Turbo	840	2,520	4,200	9,450	14,700	21,000
1995 940, 4-cyl.						
4d Sed	500	1,550	2,600	5,850	9,100	13,000
4d Sta Wag	550	1,700	2,800	6,300	9,800	14,000
4d Sed, Turbo	600	1,800	3,000	6,750	10,500	15,000
4d Sta Wag, Turbo	650	1,900	3,200	7,200	11,200	16,000
1995 960, 6-cyl.						
4d Sed	650	1,900	3,200	7,200	11,200	16,000
4d Sta Wag	700	2,050	3,400	7,650	11,900	17,000
1996 850, 5-cyl.						
4d Sed	600	1,800	3,000	6,750	10,500	15,000
4d Sed, Turbo	700	2,050	3,400	7,650	11,900	17,000
4d Sta Wag	650	1,900	3,200	7,200	11,200	16,000
4d Sta Wag, Turbo	700	2,150	3,600	8,100	12,600	18,000
GLT 4d Sed	650	2,000	3,300	7,430	11,600	16,500
GLT 4d Sta Wag	700	2,100	3,500	7,880	12,300	17,500
T-5R 4d Sed, Turbo	740	2,220	3,700	8,330	12,950	18,500
T-5R 4d Sta Wag, Turbo	800	2,400	4,000	9,000	14,000	20,000
1996 960, 6-cyl.						
4d Sed	600	1,800	3,000	6,750	10,500	15,000
4d Sta Wag	650	1,900	3,200	7,200	11,200	16,000
1997 850, 5-cyl.						
4d Sed	600	1,800	3,000	6,750	10,500	15,000
GLT 4d Sed, Turbo	640	1,920	3,200	7,200	11,200	16,000
T5 4d Sed, Turbo	660	1,980	3,300	7,430	11,550	16,500
R 4d Sed, Turbo	700	2,100	3,500	7,880	12,250	17,500
4d Sta Wag	640	1,920	3,200	7,200	11,200	16,000
GLT 4d Sta Wag, Turbo	700	2,100	3,500	7,880	12,250	17,500
T5 4d Sta Wag, Turbo	720	2,160	3,600	8,100	12,600	18,000
R 4d Sta Wag, Turbo	740	2,220	3,700	8,330	12,950	18,500
1997 960, 6-cyl.						
4d Sed	600	1,800	3,000	6,750	10,500	15,000
4d Sta Wag	640	1,920	3,200	7,200	11,200	16,000
1998 70 Series, 5-cyl.						
C70 2d Cpe	800	2,400	4,000	9,000	14,000	20,000
S70 4d Sed	600	1,800	3,000	6,750	10,500	15,000
S70 GLT 4d Sed Turbo	640	1,920	3,200	7,200	11,200	16,000
S70 T5 4d Sed Turbo	660	1,980	3,300	7,430	11,550	16,500
V70 4d Sta Wag	640	1,920	3,200	7,200	11,200	16,000
V70 GLT 4d Sta Wag Turbo	700	2,100	3,500	7,880	12,250	17,500
V70 T5 4d Sta Wag Turbo	720	2,160	3,600	8,100	12,600	18,000
V70 4d Sta Wag AWD	720	2,160	3,600	8,100	12,600	18,000
V70 R 4d Sta Wag AWD	740	2,220	3,700	8,330	12,950	18,500
V70 XC 4d Sta Wag AWD	800	2,400	4,000	9,000	14,000	20,000
1998 90 Series, 6-cyl.						
S90 4d Sed	600	1,800	3,000	6,750	10,500	15,000
V90 4d Sta Wag	640	1,920	3,200	7,200	11,200	16,000
1999 70 Series, 5-cyl.						
C70 2d Cpe	720	2,160	3,600	8,100	12,600	18,000
C70 2d Conv	840	2,520	4,200	9,450	14,700	21,000
S70 4d Sed	600	1,800	3,000	6,750	10,500	15,000
S70 GLT 4d Sed Turbo	640	1,920	3,200	7,200	11,200	16,000
S70 T5 4d Sed Turbo	660	1,980	3,300	7,430	11,550	16,500
S70 4d Sed AWD Turbo	680	2,040	3,400	7,650	11,900	17,000
V70 4d Sta Wag	640	1,920	3,200	7,200	11,200	16,000

VOLVO

	6	5	4	3	2	1
V70 GLT 4d Sta Wag Turbo	700	2,100	3,500	7,880	12,250	17,500
V70 T5 4d Sta Wag Turbo.	720	2,160	3,600	8,100	12,600	18,000
V70 4d Sta Wag AWD Turbo.	720	2,160	3,600	8,100	12,600	18,000
V70 R 4d Sta Wag AWD Turbo	740	2,220	3,700	8,330	12,950	18,500
V70 XC 4d Sta Wag AWD Turbo.	800	2,400	4,000	9,000	14,000	20,000
1999 80 Series, 6-cyl.						
2.9 4d Sed	630	1,880	3,140	7,070	10,990	15,700
2.8 T-6 4d Sed	660	1,980	3,300	7,430	11,550	16,500
2000 40 Series, 4-cyl.						
S40 4d Sed.	400	1,200	2,000	4,500	7,000	10,000
V40 4d Sta Wag	420	1,260	2,100	4,730	7,350	10,500
2000 70 Series, 5-cyl.						
C70 LT 2d Cpe.	520	1,560	2,600	5,850	9,100	13,000
C70 HT 2d Cpe.	600	1,800	3,000	6,750	10,500	15,000
C70 LT 2d Conv	680	2,040	3,400	7,650	11,900	17,000
C70 HT 2d Conv.	720	2,160	3,600	8,100	12,600	18,000
S70 4d Sed.	600	1,800	3,000	6,750	10,500	15,000
S70 GLT 4d Sed Turbo	640	1,920	3,200	7,200	11,200	16,000
S70 T5 4d Sed Turbo	660	1,980	3,300	7,430	11,550	16,500
S70 4d Sed AWD Turbo	680	2,040	3,400	7,650	11,900	17,000
V70 4d Sta Wag	640	1,920	3,200	7,200	11,200	16,000
V70 GLT 4d Sta Wag Turbo	700	2,100	3,500	7,880	12,250	17,500
V70 XC 4d Sta Wag AWD Turbo.	740	2,220	3,700	8,330	12,950	18,500
V70 R 4d Sta Wag AWD Turbo	800	2,400	4,000	9,000	14,000	20,000
2000 80 Series, 6-cyl.						
2.9 4d Sed	630	1,880	3,140	7,070	10,990	15,700
2.8 T-6 4d Sed	660	1,980	3,300	7,430	11,550	16,500
2001 40 Series, 4-cyl.						
S40 4d Sed.	400	1,210	2,020	5,050	7,070	10,100
V40 4d Sta Wag	420	1,270	2,120	5,300	7,420	10,600
2001 60 Series, Turbo 5-cyl.						
S60 4d Sed.	410	1,220	2,040	5,100	7,140	10,200
S60 2.4T 4d Sed.	430	1,280	2,140	5,350	7,490	10,700
S60 T5 4d Sed	440	1,320	2,200	5,500	7,700	11,000
2001 70 Series, Turbo 5-cyl.						
C70 HT 2d Cpe.	600	1,800	3,000	7,500	10,500	15,000
C70 LT 2d Conv	680	2,040	3,400	8,500	11,900	17,000
C70 HT 2d Conv.	720	2,160	3,600	9,000	12,600	18,000
V70 2.4 4d Sta Wag (non-turbocharged)	500	1,500	2,500	6,250	8,750	12,500
V70 2.4T 4d Sta Wag	520	1,560	2,600	6,500	9,100	13,000
V70 T5 4d Sta Wag.	560	1,680	2,800	7,000	9,800	14,000
2001 80 Series, 6-cyl.						
2.9 4d Sed	630	1,880	3,140	7,850	10,990	15,700
2.8 T-6 4d Sed	660	1,980	3,300	8,250	11,550	16,500
NOTE: Add 5% for Executive Ed.						
2001 Cross Country, Turbo 5-cyl.						
XC 4d Sta Wag	620	1,860	3,100	7,750	10,850	15,500
2002 40 Series, Turbo 4-cyl.						
S40 4d Sed.	400	1,210	2,020	5,050	7,070	10,100
V40 4d Sta Wag	420	1,270	2,120	5,300	7,420	10,600
2002 S60 Series, Turbo 5-cyl.						
4d Sed (non-turbocharged)	410	1,220	2,040	5,100	7,140	10,200
2.4T 4d Sed	430	1,280	2,140	5,350	7,490	10,700
T5 4d Sed.	440	1,320	2,200	5,500	7,700	11,000
NOTE: Add 5% for AWD on 2.4T model.						
2002 C70 Series, Turbo 5-cyl.						
HT 2d Cpe	530	1,580	2,640	6,600	9,240	13,200
LT 2d Conv	620	1,860	3,100	7,750	10,850	15,500
HT 2d Conv	640	1,920	3,200	8,000	11,200	16,000
2002 V70 Series, Turbo 5-cyl.						
4d Sta Wag (non-turbocharged)	500	1,500	2,500	6,250	8,750	12,500
2.4T 4d Sta Wag.	520	1,560	2,600	6,500	9,100	13,000
T5 4d Sta Wag	560	1,680	2,800	7,000	9,800	14,000
XC 4d Sta Wag, AWD	620	1,860	3,100	7,750	10,850	15,500
NOTE: Add 5% for AWD on 2.4T model.						
2002 S80 Series, 6-cyl.						
4d Sed	630	1,880	3,140	7,850	10,990	15,700
T-6 4d Sed	660	1,980	3,300	8,250	11,550	16,500
2003 40 Series, Turbo 4-cyl.						
S40 4d Sed.	400	1,210	2,020	5,050	7,070	10,100
V40 4d Sta Wag	420	1,270	2,120	5,300	7,420	10,600
2003 S60 Series, Turbo 5-cyl.						
4d Sed (non-turbocharged)	410	1,220	2,040	5,100	7,140	10,200
2.4T 4d Sed	430	1,280	2,140	5,350	7,490	10,700
T5 4d Sed.	440	1,320	2,200	5,500	7,700	11,000
NOTE: Add 5% for AWD on 2.4T model.						
2003 C70 Series, Turbo 5-cyl.						
LT 2d Conv	620	1,860	3,100	7,750	10,850	15,500
HT 2d Conv	640	1,920	3,200	8,000	11,200	16,000

VOLVO

	6	5	4	3	2	1

2003 V70 Series, Turbo 5-cyl.

	6	5	4	3	2	1
4d Sta Wag (non-turbocharged)	500	1,500	2,500	6,250	8,750	12,500
2.4T 4d Sta Wag	520	1,560	2,600	6,500	9,100	13,000
2.5T 4d Sta Wag, AWD	590	1,780	2,960	7,400	10,360	14,800
T5 4d Sta Wag	560	1,680	2,800	7,000	9,800	14,000
XC 4d Sta Wag, AWD	620	1,860	3,100	7,750	10,850	15,500

2003 S80 Series, 6-cyl.

	6	5	4	3	2	1
4d Sed	630	1,880	3,140	7,850	10,990	15,700
T-6 4d Sed	660	1,980	3,300	8,250	11,550	16,500

2004 40 Series, Turbo 4-cyl.

	6	5	4	3	2	1
S40 4d Sed	400	1,210	2,020	5,050	7,070	10,100
V40 4d Sta Wag	420	1,270	2,120	5,300	7,420	10,600

NOTE: Deduct 5% for manual transmission.

2004 S40 Series, 5-cyl.

	6	5	4	3	2	1
2.4i 4d Sed	440	1,330	2,220	5,550	7,770	11,100
Turbo T5 4d Sed	490	1,480	2,460	6,150	8,610	12,300

NOTE: Introduced mid-model year. Add 5% for Sport pkg. Deduct 5% for manual transmission.

2004 S60 Series, Turbo 5-cyl.

	6	5	4	3	2	1
4d Sed (non-turbocharged)	450	1,340	2,240	5,600	7,840	11,200
2.5T 4d Sed	470	1,400	2,340	5,850	8,190	11,700
T5 4d Sed	510	1,540	2,560	6,400	8,960	12,800
R 4d Sed	550	1,640	2,740	6,850	9,590	13,700

NOTE: Add 5% for AWD on 2.5T and R sed. Add 5% for Sport pkg on T5 sed. Deduct 5% for manual transmission, except R sed.

2004 C70 Series, Turbo 5-cyl.

	6	5	4	3	2	1
LT 2d Conv	620	1,860	3,100	7,750	10,850	15,500
HT 2d Conv	640	1,920	3,200	8,000	11,200	16,000

2004 V70 Series, Turbo 5-cyl.

	6	5	4	3	2	1
4d Sta Wag (non-turbocharged)	500	1,500	2,500	6,250	8,750	12,500
2.5T 4d Sta Wag	520	1,560	2,600	6,500	9,100	13,000
2.5T 4d Sta Wag, AWD	590	1,780	2,960	7,400	10,360	14,800
T5 4d Sta Wag	560	1,680	2,800	7,000	9,800	14,000
XC 4d Sta Wag, AWD	620	1,860	3,100	7,750	10,850	15,500
R 4d Sta Wag, AWD	640	1,910	3,180	7,950	11,130	15,900

NOTE: Deduct 5% for manual transmission, except R wag.

2004 S80 Series, 5-cyl. & 6-cyl.

	6	5	4	3	2	1
4d Sed	630	1,880	3,140	7,850	10,990	15,700
2.5T 4d Sed	630	1,900	3,160	7,900	11,060	15,800
T-6 4d Sed	660	1,980	3,300	8,250	11,550	16,500

NOTE: Add 5% for AWD on 2.5T sed. Deduct 5% for manual transmission.

2005 S40, 5-cyl.

	6	5	4	3	2	1
4d 2.4i Sed	440	1,330	2,220	5,550	7,770	11,100
4d Turbo T5 Sed	490	1,480	2,460	6,150	8,610	12,300

NOTE: Add 5% for AWD on Turbo T5 Sedan. Add 5% for Sport pkg. Deduct 5% for manual transmission.

2005 V50, 5-cyl.

	6	5	4	3	2	1
4d 2.4i Sta Wag	450	1,360	2,260	5,650	7,910	11,300
4d Turbo T5 Sta Wag	500	1,500	2,500	6,250	8,750	12,500

NOTE: Add 5% for AWD on Turbo T5 station wagon. Add 5% for Sport pkg. Deduct 5% for manual transmission.

2005 S60, 5-cyl.

	6	5	4	3	2	1
4d Sed	450	1,340	2,240	5,600	7,840	11,200
4d Turbo 2.5T Sed	470	1,400	2,340	5,850	8,190	11,700
4d Turbo T5 Sed	500	1,500	2,500	6,250	8,750	12,500
4d R Sed (AWD)	550	1,640	2,740	6,850	9,590	13,700

NOTE: Add 5% for AWD on Turbo 2.5T sedan. Deduct 5% for manual transmission.

2005 V70, 5-cyl.

	6	5	4	3	2	1
4d Sta Wag	500	1,500	2,500	6,250	8,750	12,500
4d Turbo 2.5T Sta Wag	590	1,780	2,960	7,400	10,360	14,800
4d Turbo T5 Sta Wag	560	1,680	2,800	7,000	9,800	14,000
4d XC Turbo Sta Wag (AWD)	620	1,860	3,100	7,750	10,850	15,500
4d R Sta Wag (AWD)	640	1,910	3,180	7,950	11,130	15,900

NOTE: Deduct 5% for manual transmission, except R station wagon.

2005 S80, 5-cyl.

	6	5	4	3	2	1
4d 2.5T Sed	630	1,900	3,160	7,900	11,060	15,800
4d T-6 Sed (Turbo 6-cyl. only)	660	1,980	3,300	8,250	11,550	16,500

NOTE: Add 5% for AWD on 2.5T sedan.

2006 40 Series, 2.4L 5-cyl.

	6	5	4	3	2	1
4d S40 2.4i Sed	440	1,310	2,180	5,450	7,630	10,900

2006 40 Series, 2.5L 5-cyl. Turbo

	6	5	4	3	2	1
4d S40 T5 Sed	470	1,420	2,360	5,900	8,260	11,800

NOTE: Add 5% for AWD.

2006 50 Series, 2.4L 5-cyl.

	6	5	4	3	2	1
4d V50 2.4i Spt Wag	480	1,450	2,420	6,050	8,470	12,100

2006 50 Series, 2.4L 5-cyl. Turbo

	6	5	4	3	2	1
4d V50 T5 Spt Wag	540	1,630	2,720	6,800	9,520	13,600

2006 60 Series, 2.4L/2.5L 5-cyl. Turbo

	6	5	4	3	2	1
4d S60 2.5T Sed	440	1,310	2,180	5,450	7,630	10,900
4d S60 T5 Sed	480	1,450	2,420	5,450	8,470	12,100
4d S60 R AWD Sed	540	1,630	2,720	6,800	9,520	13,600

NOTE: Add 10% for 2.5T AWD.

VOLVO

	6	5	4	3	2	1
2006 70 Series, 2.4L 5-cyl.						
4d V70 2.4i Wag	530	1,580	2,640	6,600	9,240	13,200
2006 70 Series, 2.5L 5-cyl. Turbo						
2d C70 T5 Conv	690	2,060	3,440	8,600	12,040	17,200
4d V70 2.5T Wag	560	1,670	2,780	6,950	9,730	13,900
4d V70 R AWD Wag	660	1,980	3,300	8,250	11,550	16,500
4d XC70 AWD Wag	610	1,840	3,060	7,650	10,710	15,300
4d XC70 Ocean Race Wag	680	2,030	3,380	8,450	11,830	16,900
2006 80 Series, 2.5L 5-cyl. Turbo						
4d S80 2.5T Sed	480	1,430	2,380	5,950	8,330	11,900
NOTE: Add 8% for AWD.						
2007 40 Series, 2.4L 5-cyl.						
4d S40 2.4i Sed	460	1,390	2,310	5,780	8,090	11,550
2007 40 Series, 2.5L 5-cyl. Turbo						
4d S40 T5 Sed	500	1,510	2,510	6,280	8,790	12,550
NOTE: Add 5% for AWD.						
2007 50 Series, 2.4L 5-cyl.						
4d V50 2.4i Spt Wag	460	1,370	2,290	5,730	8,020	11,450
2007 50 Series, 2.4L 5-cyl. Turbo						
4d V50 T5 Spt Wag	530	1,580	2,640	6,600	9,240	13,200
2007 60 Series, 2.4L/2.5L 5-cyl. Turbo						
4d S60 2.5T Sed	410	1,220	2,030	5,080	7,110	10,150
4d S60 T5 Sed	450	1,340	2,230	5,020	7,810	11,150
4d S60 R AWD Sed	540	1,630	2,710	6,780	9,490	13,550
NOTE: Add 10% for 2.5T AWD.						
2007 70 Series, 2.4L 5-cyl.						
4d V70 2.4i Wag	460	1,380	2,300	5,750	8,050	11,500
2007 70 Series, 2.5L 5-cyl. Turbo						
2d C70 T5 Conv	660	1,970	3,280	8,200	11,480	16,400
4d V70 2.5T Wag	580	1,750	2,910	7,280	10,190	14,550
4d V70 R AWD Wag	740	2,230	3,710	9,280	12,990	18,550
4d XC70 AWD Wag	670	2,000	3,340	8,350	11,690	16,700
2007 80 Series, 2.5L 5-cyl. Turbo						
4d S80 2.5T Sed	580	1,730	2,880	7,200	10,080	14,400
NOTE: Add 8% for AWD.						
2008 30 Series, 2.5L 5-cyl. Turbo						
2d 1.0 Hatch	440	1,320	2,200	5,500	7,700	11,000
2d 2.0 Hatch	500	1,510	2,520	6,300	8,820	12,600
2d 2.0 R Design	520	1,560	2,600	6,500	9,100	13,000
2008 40 Series, 2.4L 5-cyl.						
4d S40 2.4i Sed	430	1,300	2,160	5,400	7,560	10,800
2008 40 Series, 2.5L 5-cyl. Turbo						
4d S40 T5 Sed	470	1,420	2,360	5,900	8,260	11,800
Add 5% for AWD.						
2008 50 Series, 2.4L 5-cyl.						
4d V50 2.4i Spt Wag	450	1,350	2,250	5,630	7,880	11,250
2008 50 Series, 2.5L 5-cyl. Turbo						
4d V50 T5 Spt Wag	430	1,300	2,170	5,430	7,600	10,850
2008 60 Series, 2.4L/2.5L 5-cyl. Turbo						
4d S60 2.5T Sed	410	1,220	2,030	5,080	7,110	10,150
4d S60 T5 Sed	450	1,340	2,230	5,580	7,810	11,150
Add 10% for 2.5T AWD.						
2008 70 Series, 2.5L 5-cyl. Turbo						
2d C70 T5 Conv	600	1,810	3,020	7,550	10,570	15,100
2008 70 Series, 3.2L V6						
4d V70 2.4i Wag	500	1,510	2,520	6,300	8,820	12,600
4d XC70 AWD Wag	690	2,070	3,450	8,630	12,080	17,250
2008 80 Series, 3.2L V6						
4d S80 3.2 Sed	450	1,360	2,270	5,680	7,950	11,350
Add 8% for AWD.						
2008 80 Series AWD, 3.0L V6						
4d S80 T6 Sed	590	1,760	2,930	7,330	10,260	14,650
2009 30 Series, 2.5L 5-cyl. Turbo						
2d C30 2.0 Hatch	430	1,290	2,150	5,380	7,530	10,750
2d C30 2.0 R Design	510	1,520	2,530	6,330	8,860	12,650
2009 40 Series, 2.4L 5-cyl.						
4d S40 2.4i Sed	410	1,220	2,030	5,080	7,110	10,150
2009 40 Series, 2.5L 5-cyl. Turbo						
4d S40 T5 R Design Sed	450	1,340	2,240	5,600	7,840	11,200
Add 5% for AWD.						
2009 50 Series, 2.4L 5-cyl.						
4d V50 2.4i Spt Wag	430	1,300	2,170	5,430	7,600	10,850
2009 50 Series AWD, 2.5L 5-cyl. Turbo						
4d V50 T5 Spt Wag	600	1,800	3,000	7,500	10,500	15,000
2009 60 Series, 2.4L/2.5L 5-cyl. Turbo						
4d S60 2.5T SE Sed	360	1,090	1,810	4,530	6,340	9,050
4d S60 2.5T Sed	390	1,180	1,960	4,900	6,860	9,800
4d S60 T5 Sed	440	1,320	2,200	5,500	7,700	11,000

VOLVO

	6	5	4	3	2	1
4d S60 T5 Sed 440		1,320	2,200	5,500	7,700	11,000
Add 10% for 2.5T AWD.						
2009 70 Series, 2.5L 5-cyl. Turbo						
2d C70 T5 Conv 540		1,620	2,700	6,750	9,450	13,500
2009 70 Series, 3.2L V6						
4d V70 Wag 510		1,540	2,560	6,400	8,960	12,800
2009 70 Series AWD, 3.0L/3.2L V6						
4d XC70 3.2 Wag 610		1,820	3,040	7,600	10,640	15,200
4d XC70 T6 Wag. 680		2,040	3,400	8,500	11,900	17,000
2009 80 Series, 3.2L V6						
4d S80 3,2 Sed. 410		1,240	2,070	5,180	7,250	10,350
2009 80 Series AWD, 3.0L V6						
4d S80 T6 Sed 550		1,640	2,730	6,830	9,560	13,650
2009 80 Series AWD, 4.4L V6						
4d S80 Sed. 720		2,150	3,580	8,950	12,530	17,900
2010 30 Series, 2.5L 5-cyl. Turbo						
2d C30 T5 Hatch. 480		1,440	2,400	6,000	8,400	12,000
2d C30 T5 R Design 550		1,650	2,750	6,880	9,630	13,750
2010 40 Series, 2.4L 5-cyl.						
4d S40 2.4i Sed 490		1,460	2,440	6,100	8,540	12,200
2010 40 Series, 2.5L 5-cyl. Turbo						
4d S40 T5 R Design Sed 520		1,570	2,620	6,550	9,170	13,100
NOTE: Add 5% for AWD.						
2010 50 Series, 2.4L 5-cyl.						
4d V50 2.4i Spt Wag. 540		1,620	2,700	6,750	9,450	13,500
2010 50 Series AWD, 2.5L 5-cyl. Turbo						
4d V50 T5 R Design Wag 700		2,110	3,510	8,780	12,290	17,550
2010 70 Series, 2.5L 5-cyl. Turbo						
2d C70 T5 Conv 580		1,730	2,880	7,200	10,080	14,400
2010 70 Series, 3.2L 6-cyl.						
4d V70 3.2 Wag 650		1,960	3,260	8,150	11,410	16,300
4d V70 R Design Wag 820		2,470	4,120	10,300	14,420	20,600
2010 70 Series AWD, 3.0L/3.2L 6-cyl.						
4d XC70 3.2 Wag 750		2,260	3,770	9,430	13,200	18,850
4d XC70 T6 Wag. 830		2,480	4,140	10,350	14,490	20,700
2010 80 Series, 3.2L 6-cyl.						
4d S80 3.2 Sed. 520		1,570	2,610	6,530	9,140	13,050
2010 80 Series AWD, 3.0L 6-cyl. Turbo						
4d S80 T6 Sed 630		1,880	3,130	7,830	10,960	15,650
2010 80 Series AWD, 4.4L V8						
4d S80 Sed. 760		2,280	3,800	9,500	13,300	19,000
2011 30 Series, 2.5L 5-cyl. Turbo						
2d C30 T5 Hatch 400		1,200	2,000	5,000	7,000	10,000
2d C30 T5 R Design 430		1,290	2,150	5,380	7,530	10,750
2011 40 Series, 2.5L 5-cyl. Turbo						
4d S40 T5 Sed 370		1,110	1,850	4,630	6,480	9,250
4d S40 T5 R Design Sed 400		1,210	2,010	5,030	7,040	10,050
2011 50 Series, 2.5L 5-cyl. Turbo						
4d V40 T5 Spt Wag. 460		1,380	2,300	5,750	8,050	11,500
4d V50 R Design Wag 490		1,480	2,460	6,150	8,610	12,300
2011 60 Series AWD, 3.0L 6-cyl Turbo						
4d S50 T5 Sed 430		1,280	2,130	5,310	7,440	10,625
2011 70 Series, 2.5L 5-cyl Turbo						
2d C70 T5 Conb 460		1,370	2,280	5,700	7,980	11,400
2011 70 Series, 3.2L 6-Cyl.						
4d XC70 3.2 Wag 490		1,480	2,470	6,180	8,650	12,350
2011 70 Series, AWD, 3.0L 6-Cyl						
4d XC70 T6 Wag. 580		1,750	2,920	7,300	10,220	14,600
2011 80 Series, 3.2L 6-Cyl						
4d S80 Sed 390		1,180	1,970	4,930	6,900	9,850
2011 80 Series AWD, 3.0L 6-Cyl Turbo						
4d S80 T6 Sed 530		1,580	2,640	6,600	9,240	13,200

YUGO

	6	5	4	3	2	1
1986						
2d HBk GV 150		400	650	1,490	2,300	3,300
1987						
2d HBk GV 150		400	650	1,490	2,300	3,300
1988						
2d HBk GV 150		400	650	1,490	2,300	3,300
2d HBk GVL 150		400	700	1,530	2,400	3,400

TRUCKS

AMERICAN AUSTIN TRUCKS

	6	5	4	3	2	1
1932 Series A, 4-cyl., 14 hp, 75" wb						
2d Rds PU 1,600		4,800	8,000	20,000	28,000	40,000
2d Panel Dly. 1,360		4,080	6,800	17,000	23,800	34,000
2d Bantam Van. 1,800		5,400	9,000	22,500	31,500	45,000

	6	5	4	3	2	1
1933 Series 275, 4-cyl., 14 hp, 75" wb						
2d PU	1,400	4,200	7,000	17,500	24,500	35,000
2d Rds PU	1,600	4,800	8,000	20,000	28,000	40,000
2d Panel Dly	1,360	4,080	6,800	17,000	23,800	34,000
2d Bantam Van	1,800	5,400	9,000	22,500	31,500	45,000
1934 Series 375, 4-cyl., 14 hp, 75" wb						
2d PU	1,400	4,200	7,000	17,500	24,500	35,000
2d Panel Dly	1,360	4,080	6,800	17,000	23,800	34,000
2d Pony Exp	1,800	5,400	9,000	22,500	31,500	45,000
1935 Series 475, 4-cyl., 14 hp, 75" wb						
2d PU	1,400	4,200	7,000	17,500	24,500	35,000

BUICK TRUCKS

	6	5	4	3	2	1
2002 Rendezvous, V-6						
CX 4d SUV	400	1,200	2,000	4,500	7,000	10,000
CX 4d SUV, 4x4	440	1,320	2,200	4,950	7,700	11,000
CXL 4d SUV, 4x4	480	1,440	2,400	5,400	8,400	12,000
2003 Rendezvous, V-6						
CX 4d SUV	400	1,200	2,000	5,000	7,000	10,000
CXL 4d SUV	480	1,440	2,400	6,000	8,400	12,000
NOTE: Add 5% for AWD; 5% for V-8.						
2004 Rendezvous, V-6						
CX 4d SUV	400	1,200	2,000	5,000	7,000	10,000
CXL 4d SUV	480	1,440	2,400	6,000	8,400	12,000
Ultra AWD 4d SUV	580	1,740	2,900	7,250	10,150	14,500
NOTE: Add 5% for AWD on CX and CXL; 5% for 3.6L V-6, except Ultra.						
2004 Rainer, 6-cyl.						
CXL 4d SUV	550	1,650	2,750	6,880	9,630	13,750
CXL AWD 4d SUV	600	1,800	3,000	7,500	10,500	15,000
NOTE: Add 10% for V-8.						
2005 Rendezvous, V-6						
4d CX SUV	400	1,200	2,000	5,000	7,000	10,000
4d CXL SUV	480	1,440	2,400	6,000	8,400	12,000
4d Ultra SUV	580	1,740	2,900	7,250	10,150	14,500
NOTE: Add 5% for AWD; 5% for 3.6L V-6, except Ultra.						
2005 Ranier, 6-cyl. & 8-cyl.						
4d CXL SUV (6-cyl.)	550	1,650	2,750	6,880	9,630	13,750
4d CXL SUV (V-8)	660	1,980	3,300	8,250	11,550	16,500
NOTE: Add 5% for AWD.						
2005 Terraza, V-6						
4d CX Van	450	1,360	2,260	5,650	7,910	11,300
4d CXL Van	470	1,400	2,340	5,270	8,190	11,700
NOTE: Add 10% for AWD.						
2006 Terrazar, V-6						
4d CX Minivan	270	800	1,340	3,350	4,690	6,700
4d CXL Minivan	280	840	1,400	3,500	4,900	7,000
NOTE: Add 10% for AWD.						
2006 Rendezvouse, V-6						
4d CX Sed	270	800	1,340	3,350	4,690	6,700
4d CXL Sed	280	840	1,400	3,500	4,900	7,000
NOTE: Add 12% for AWD; 5% for 3.8L V-6.						
2006 Rainier AWD, V-6						
4d CXL SUV	270	800	1,340	3,020	4,690	6,700
NOTE: Add 5% for 3.8L V-6. Deduct 20% for 2WD.						
2007 Rendezvouse, V-6						
4d CX SUV	410	1,240	2,070	5,180	7,250	10,350
4d CXL SUV	460	1,380	2,300	5,750	8,050	11,500
2007 Terrazar, V-6						
4d CX Minivan	450	1,360	2,260	5,650	7,910	11,300
4d CX Plus Minivan	460	1,370	2,290	5,730	8,020	11,450
4d CXL Minivan	530	1,590	2,650	6,630	9,280	13,250
NOTE: Add 10% for AWD.						
2007 Rainier AWD, V-6						
4d CXL SUV	500	1,490	2,490	6,230	8,720	12,450
NOTE: Add 5% for 5.3L V-8. Deduct 20% for 2WD.						
2008 Enclave, V6						
4d CX SUV	620	1,860	3,100	7,750	10,850	15,500
4d CXL SUV	740	2,220	3,700	9,250	12,950	18,500
Add 5% for AWD						
2009 Enclavee, V6						
4d CX SUV	550	1,660	2,760	6,900	9,660	13,800
2009 Enclavee, V6						
4d CXL SUV	660	1,980	3,300	8,250	11,550	16,500
Add 5% for AWD.						
2010 Enclave, V6						
4d CX SUV	660	1,990	3,310	8,280	11,590	16,550
4d CXL SUV	760	2,270	3,790	9,480	13,270	18,950
NOTE: Add 5% for AWD.						

	6	5	4	3	2	1

2011 Enclave, V6, AWD

	6	5	4	3	2	1
4d CX SUV	550	1,640	2,740	6,850	9,590	13,700
4d CXL SUV	600	1,790	2,990	7,480	10,470	14,950

Add 5% for AWD.

CADILLAC TRUCKS

1999 Escalade, V-8, 4x4

4d SUV	520	1,560	2,600	5,850	9,100	13,000

2000 Escalade, V-8, 4x4

4d SUV	540	1,620	2,700	6,080	9,450	13,500

2001 Escalade, V-8, 4x4
NOTE: Cadillac did not offer Escalade in 2001, but it returned in 2002.

2002 Escalade, V-8

EXT 4d SUV, 4x4	640	1,920	3,200	7,200	11,200	16,000
4d SUV	520	1,560	2,600	5,850	9,100	13,000
4d SUV, 4x4	580	1,740	2,900	6,530	10,150	14,500

2003 Escalade, V-8, AWD

4d SUV	520	1,560	2,600	5,850	9,100	13,000
ESV 4d SUV	580	1,740	2,900	6,530	10,150	14,500
EXT 4d SUV	640	1,920	3,200	7,200	11,200	16,000

NOTE: Deduct 5% on base model when equipped with 2WD.

2004 SRX, V-6 & V-8

3.6L 4d SUV (V-6)	310	940	1,560	3,900	5,460	7,800
3.6L Luxury 4d SUV (V-6)	330	980	1,640	4,100	5,740	8,200
4.6L Luxury 4d SUV (V-8)	420	1,260	2,100	5,250	7,350	10,500

NOTE: Add 5% for AWD.

2004 Escalade, V-8, AWD

4d SUV	520	1,560	2,600	6,500	9,100	13,000
ESV 4d SUV	580	1,740	2,900	7,250	10,150	14,500
EXT 4d SUV	640	1,920	3,200	8,000	11,200	16,000
ESV Platinum 4d SUV	720	2,150	3,580	8,950	12,530	17,900

NOTE: Deduct 5% on base model when equipped with 2WD.

2005 SRX, V-6 & V-8

4d 3.6L SUV (V-6)	310	940	1,560	3,900	5,460	7,800
4d 3.6L, Luxury SUV (V-6)	330	980	1,640	4,100	5,740	8,200
4d 4.6L Luxury SUV (V-8)	420	1,260	2,100	5,250	7,350	10,500

NOTE: Add 5% for AWD, except 3.6L base model.

2005 Escalade, V-8, AWD

4d SUV	520	1,560	2,600	6,500	9,100	13,000
4d ESV SUV	580	1,740	2,900	7,250	10,150	14,500
4d ESV Platinum SUV	720	2,150	3,580	8,950	12,530	17,900
4d EXT SUV	640	1,920	3,200	8,000	11,200	16,000

NOTE: Deduct 5% for 2WD on base model.

2006 SRX, V-8

4d SUV	580	1,730	2,890	7,230	10,120	14,450

2006 Escalade, V-8, AWD

4d SUV	730	2,200	3,660	8,240	12,810	18,300

2006 Escalade EXT, V-8, AWD

4d Pickup	720	2,160	3,600	9,000	12,600	18,000

2006 Escalade ESV, V-8, AWD

4d SUV	720	2,160	3,600	9,000	12,600	18,000
4d Platinum SUV	920	2,770	4,620	11,550	16,170	23,100

2007 SRX, V-8

4d SUV	580	1,740	2,900	7,250	10,150	14,500

2007 Escalade, V-8 AWD

4d SUV	1,160	3,480	5,800	14,500	20,300	29,000

2007 Escalade EXT, V-8 AWD

4d SUV Pickup	1,200	3,600	6,000	15,000	21,000	30,000

2007 Escalade ESV, V-8 AWD

4d SUV	1,240	3,710	6,180	15,450	21,630	30,900

2008 SRX, V8

4d SUV	600	1,800	3,000	7,500	10,500	15,000

Add 5% for third seat

2008 Escalade, V8

4d SUV	1,180	3,540	5,900	14,750	20,650	29,500

2008 Escalade EXT, V8 AWD

4d SUV Pickup	1,200	3,600	6,000	15,000	21,000	30,000

Add 5% for Luxury Edition

2008 Escalade ESV, V8 AWD

4d SUV	1,220	3,660	6,100	13,730	21,350	30,500

Add 5% for Luxury Edition. Add 10% for Platinum Edition

2009 SRX, V8

4d SUV	550	1,640	2,740	6,850	9,590	13,700

Add 5% for third seat.

2009 Escalade, V8, AWD

4d SUV	1,100	3,310	5,520	13,800	19,320	27,600

2009 SRX, V8

4d SUV	550	1,640	2,740	6,850	9,590	13,700

Add 5% for third seat.

CADILLAC TRUCKS

	6	5	4	3	2	1
2009 Escalade EXT, V8 AWD						
4d SUV Pickup	990	2,960	4,930	12,330	17,260	24,650
Add 5% for Luxury Collection Edition.						
2009 Escalade ESV, V8 AWD						
4d SUV	1,000	3,000	5,000	12,500	17,500	25,000
Add 5% for Luxury Edition. Add 10% for Platinum Edition.						
2010 SRX, V8						
4d SUV	790	2,360	3,930	9,830	13,760	19,650
NOTE: Add 5% for third seat.						
2010 Escalade, AWD V8						
4d SUV	990	2,980	4,960	12,400	17,360	24,800
2010 Escalade EXT, AWD V8						
4d SUV Pickup	990	2,960	4,940	12,350	17,290	24,700
NOTE: Add 5% for Luxury Collection Edition.						
2010 Escalade ESV, AWD V8						
4d SUV	1,040	3,110	5,180	12,950	18,130	25,900
NOTE: Add 5% for Luxury Edition; 10% for Platinum Edition.						
2011 SRX, V8						
4d SUV	500	1,500	2,500	6,250	8,750	12,500
Add 10% for 2.8L Turbo V6.						
2011 Escalade, V8 AWD, Flex Fuel						
4d SUV	500	1,510	2,520	6,300	8,820	12,600
2011 Escalade, V8 AWD, Hybrid						
4d SUV	820	2,460	4,100	10,250	14,350	20,500
2011 Escalade EXT, V8 AWD, Flex Fuel						
4d SUV Pickup	960	2,880	4,800	12,000	16,800	24,000
Add 5% for Premium package.						
2011 Escalade ESV, V8 AWD, Flex Fuel						
4d SUV	880	2,640	4,400	11,000	15,400	22,000
Add 10% for Platinum Edition.						

CHEVROLET TRUCKS

	6	5	4	3	2	1
1918 Series "490"						
1/2-Ton Light Dly.	800	2,400	4,000	9,000	14,000	20,000
1918 Series "T"						
1-Ton Flare Exp.	620	1,860	3,100	6,980	10,850	15,500
1-Ton Covered Flare	640	1,920	3,200	7,200	11,200	16,000
1919 Series "490"						
1/2-Ton Light Dly.	760	2,280	3,800	8,550	13,300	19,000
1919 Series "T"						
1-Ton Flare Exp.	640	1,920	3,200	7,200	11,200	16,000
1-Ton Covered Flare	680	2,040	3,400	7,650	11,900	17,000
1920 Series "490"						
Light Dly Wag 1-Seat	720	2,160	3,600	8,100	12,600	18,000
Light Dly Wag 2-Seat	740	2,220	3,700	8,330	12,950	18,500
1920 Model T						
Flareboard Exp.	660	1,980	3,300	7,430	11,550	16,500
Covered Flare	700	2,100	3,500	7,880	12,250	17,500
1921 Series "490"						
Open Exp.	680	2,040	3,400	7,650	11,900	17,000
Canopy Exp 3 Seat.	740	2,220	3,700	8,330	12,950	18,500
1921 Series G						
Open Exp.	640	1,920	3,200	7,200	11,200	16,000
Canopy Exp	730	2,180	3,640	8,190	12,740	18,200
1921 Series T						
Open Exp.	640	1,920	3,200	7,200	11,200	16,000
Canopy Exp	700	2,100	3,500	7,880	12,250	17,500
1922 Series "490"						
Dly Wag	700	2,100	3,500	7,880	12,250	17,500
Panel Dly	740	2,220	3,700	8,330	12,950	18,500
Sta Wag	860	2,580	4,300	9,680	15,050	21,500
1922 Series G						
Exp.	640	1,920	3,200	7,200	11,200	16,000
Canopy Exp	700	2,100	3,500	7,880	12,250	17,500
1922 Series T						
Open Exp.	640	1,920	3,200	7,200	11,200	16,000
Canopy Exp	650	1,940	3,240	7,290	11,340	16,200
Canopy Exp w/curtains.	700	2,100	3,500	7,880	12,250	17,500
1923 Series B Superior						
Canopy Exp	720	2,160	3,600	8,100	12,600	18,000
Panel Dly	720	2,160	3,600	8,100	12,600	18,000
Sta Wag	860	2,580	4,300	9,680	15,050	21,500
1923 Series D Superior						
Utl Dly (Exp)	1,080	3,240	5,400	12,150	18,900	27,000
Cattle Body (Stake).	610	1,840	3,060	6,890	10,710	15,300
Dly Wag	660	1,980	3,300	7,430	11,550	16,500
Panel Body	680	2,040	3,400	7,650	11,900	17,000
Gravity Dump	630	1,880	3,140	7,070	10,990	15,700
Petroleum Tanker	640	1,920	3,200	7,200	11,200	16,000

	6	5	4	3	2	1
1924 Series F						
Open Exp	660	1,980	3,300	7,430	11,550	16,500
Canopy Exp	700	2,100	3,500	7,880	12,250	17,500
Panel Dly	720	2,160	3,600	8,100	12,600	18,000
Sta Wag	860	2,580	4,300	9,680	15,050	21,500
1924 Series H						
Open Cab Grain/Stock Body	540	1,630	2,720	6,120	9,520	13,600
Closed Cab Grain/Stock Body	550	1,640	2,740	6,170	9,590	13,700
Flareboard Exp	580	1,730	2,880	6,480	10,080	14,400
Panel Body	630	1,900	3,160	7,110	11,060	15,800
Dump/Coal Body	570	1,720	2,860	6,440	10,010	14,300
Tanker (3 compartment)	600	1,790	2,980	6,710	10,430	14,900
1925 Series M, 1924-25, 1-Ton						
Flareboard Exp	600	1,790	2,980	6,710	10,430	14,900
Panel Body	560	1,670	2,780	6,260	9,730	13,900
1925 Series K, 1/2-Ton						
Flareboard Exp	620	1,850	3,080	6,930	10,780	15,400
Panel Body	600	1,800	3,000	6,750	10,500	15,000
Sta Wag	760	2,280	3,800	8,550	13,300	19,000
1925 Series R, 1-Ton						
Flareboard Exp	610	1,840	3,070	6,910	10,750	15,350
Panel Body	590	1,780	2,970	6,680	10,400	14,850
Grain Body	520	1,570	2,610	5,870	9,140	13,050
Stake-Platform	520	1,550	2,590	5,830	9,070	12,950
Tanker (3 compartment)	550	1,660	2,770	6,230	9,700	13,850
Dump Body	530	1,590	2,650	5,960	9,280	13,250
Wrecker	590	1,780	2,970	6,680	10,400	14,850
1926 Series V						
Rds PU (Factory)	840	2,520	4,200	9,450	14,700	21,000
Commercial Rds (Factory)	640	1,920	3,200	7,200	11,200	16,000
Hercules Panel Dly	620	1,860	3,100	6,980	10,850	15,500
Springfield Ctry Clb Sub	800	2,400	4,000	9,000	14,000	20,000
Springfield Panel Dly	720	2,160	3,600	8,100	12,600	18,000
1926 Series X, 1926-27						
Flareboard Exp (Factory)	600	1,800	3,000	6,750	10,500	15,000
Canopy Exp (Factory)	620	1,860	3,100	6,980	10,850	15,500
Screenside Exp (Factory)	620	1,860	3,100	6,980	10,850	15,500
Peddler's Wag (Factory)	620	1,870	3,120	7,020	10,920	15,600
Mifflinburg Depot Hack	720	2,160	3,600	8,100	12,600	18,000
Springfield 12P Sub	720	2,160	3,600	8,100	12,600	18,000
Proctor-Keefe Dump	630	1,880	3,140	7,070	10,990	15,700
Mifflinburg Jitney/Exp	620	1,860	3,100	6,980	10,850	15,500
Platform Stake	610	1,840	3,060	6,890	10,710	15,300
Rack Body w/Coach Front	610	1,840	3,060	6,890	10,710	15,300
1927-28						
Rds PU	890	2,670	4,450	10,010	15,580	22,250
Commercial Rds	850	2,550	4,250	9,560	14,880	21,250
Open Exp	770	2,310	3,850	8,660	13,480	19,250
Sta Wag	960	2,880	4,800	10,800	16,800	24,000
Panel Dly	810	2,430	4,050	9,110	14,180	20,250
Closed Cab PU	820	2,400	4,100	10,250	14,050	20,500
1929-30						
Rds w/Slip-in Cargo Box	1,120	3,350	5,580	12,560	19,530	27,900
Rds w/Panel Carrier	1,120	3,350	5,580	12,560	19,530	27,900
Open Exp	980	2,930	4,880	10,980	17,080	24,400
Canopy Exp	1,020	3,050	5,080	11,430	17,780	25,400
Sed Dly	1,100	3,290	5,480	12,330	19,180	27,400
Screenside Exp	1,060	3,170	5,280	11,880	18,480	26,400
Panel Dly	1,060	3,170	5,280	11,880	18,480	26,400
Ambassador Panel Dly	1,100	3,290	5,480	12,330	19,180	27,400
Closed Cab PU	1,020	3,060	5,100	12,750	17,850	25,500
1931-32						
Open Cab PU	1,450	4,360	7,260	16,340	25,410	36,300
Closed Cab PU	1,370	4,120	6,860	15,440	24,010	34,300
Panel Dly	1,330	4,000	6,660	14,990	23,310	33,300
Canopy Dly (curtains)	1,370	4,120	6,860	15,440	24,010	34,300
Canopy Dly (screens)	1,370	4,120	6,860	15,440	24,010	34,300
Sed Dly	1,450	4,360	7,260	16,340	25,410	36,300
DeL Sta Wag	1,920	5,760	9,600	21,600	33,600	48,000

NOTE: Add 5% for Deluxe 1/2-Ton models; 5% for Special Equipment on models other than those noted as "Specials" above; 20% for Canopy Tops on both pickups.

	6	5	4	3	2	1
1933-36						
Sed Dly	1,400	4,200	7,000	15,750	24,500	35,000
Spl Sed Dly	1,440	4,320	7,200	16,200	25,200	36,000
Closed Cab PU	1,360	4,080	6,800	15,300	23,800	34,000
Panel Dly	1,240	3,720	6,200	13,950	21,700	31,000
Spl Panel Dly	1,250	3,760	6,270	14,110	21,950	31,350
Canopy Exp	1,290	3,880	6,470	14,560	22,650	32,350
Spl Canopy Exp	1,290	3,880	6,470	14,560	22,650	32,350

CHEVROLET TRUCKS

	6	5	4	3	2	1
Screenside Exp	1,250	3,760	6,270	14,110	21,950	31,350
NOTE: Add 20% for canopied pickups.						
1937-40						
Sed Dly	1,420	4,250	7,080	15,930	24,780	35,400
PU	1,760	5,280	8,800	19,800	30,800	44,000
Panel	1,300	3,890	6,480	14,580	22,680	32,400
Canopy Exp	1,360	4,070	6,780	15,260	23,730	33,900
Carryall Suburban	1,630	4,890	8,150	18,340	28,530	40,750
1937-40 1/2-Ton						
PU	1,720	5,160	8,600	19,350	30,100	43,000
Stake	1,140	3,420	5,700	12,830	19,950	28,500
1937-40 3/4-Ton						
PU	1,640	4,920	8,200	18,450	28,700	41,000
Stake	1,060	3,180	5,300	11,930	18,550	26,500
1941-47 1/2-Ton						
PU	1,840	5,520	9,200	20,700	32,200	46,000
Panel Dly	1,380	4,140	6,900	15,530	24,150	34,500
Canopy	1,420	4,260	7,100	15,980	24,850	35,500
Suburban	1,590	4,770	7,950	17,890	27,830	39,750
1941-47 3/4-Ton						
Cpe PU	1,720	5,160	8,600	19,350	30,100	43,000
Sed Dly	1,540	4,620	7,700	17,330	26,950	38,500
1948-53 1/2-Ton						
Sed Dly	1,480	4,440	7,400	16,650	25,900	37,000
PU	1,560	4,680	7,800	17,550	27,300	39,000
Panel	1,280	3,840	6,400	14,400	22,400	32,000
Canopy Exp	1,320	3,960	6,600	14,850	23,100	33,000
Suburban	1,480	4,440	7,400	16,650	25,900	37,000
1948-53 3/4-Ton						
PU	1,440	4,320	7,200	16,200	25,200	36,000
Platform	1,160	3,480	5,800	13,050	20,300	29,000
Stake	1,160	3,480	5,800	13,050	20,300	29,000
1948-53 1-Ton						
PU	1,340	4,020	6,700	15,080	23,450	33,500
Panel	1,190	3,580	5,960	13,410	20,860	29,800
Canopy Exp	1,200	3,600	6,000	13,500	21,000	30,000
Platform	1,070	3,220	5,360	12,060	18,760	26,800
Stake	1,080	3,240	5,400	12,150	18,900	27,000
1954						
Sed Dly	1,680	5,040	8,400	18,900	29,400	42,000
1954 - First Series 1955 1/2-Ton						
PU	1,600	4,800	8,000	18,000	28,000	40,000
Panel	1,640	4,920	8,200	18,450	28,700	41,000
Canopy	1,640	4,920	8,200	18,450	28,700	41,000
Suburban	1,440	4,320	7,200	16,200	25,200	36,000
NOTE: Add 10% for "big window" pickup.						
1954 - First Series 1955 3/4-Ton						
PU	1,400	4,200	7,000	15,750	24,500	35,000
Platform	1,080	3,250	5,420	12,200	18,970	27,100
Stake	1,090	3,280	5,460	12,290	19,110	27,300
NOTE: Add 10% for "big window" pickup.						
1954 - First Series 1955 1-Ton						
PU	1,360	4,080	6,800	15,300	23,800	34,000
Panel	1,520	4,560	7,600	17,100	26,600	38,000
Canopy	1,520	4,560	7,600	17,100	26,600	38,000
Platform	1,080	3,240	5,400	12,150	18,900	27,000
Stake	1,040	3,120	5,200	11,700	18,200	26,000
NOTE: Add 10% for "big window" pickup.						
1955-57 - Second Series 1/2-Ton, V-8						
Sed Dly	2,040	6,120	10,200	22,950	35,700	51,000
PU	1,600	4,800	8,000	18,000	28,000	40,000
Cus Cab PU	1,600	4,800	8,000	18,000	28,000	40,000
Panel Dly	1,600	4,800	8,000	18,000	28,000	40,000
Suburban	2,200	6,600	11,000	24,750	38,500	55,000
Cameo Carrier	2,400	7,200	12,000	27,000	42,000	60,000
Cantrell Sta Wag	2,200	6,600	11,000	24,750	38,500	55,000
NOTE: Deduct 20% for 6-cyl.						
1958-59 1/2-Ton, V-8						
Sed Dly	1,600	4,800	8,000	18,000	28,000	40,000
El Camino - 1959 only	2,000	6,000	10,000	22,500	35,000	50,000
Stepside PU	1,400	4,200	7,000	15,750	24,500	35,000
Fleetside PU	1,400	4,200	7,000	15,750	24,500	35,000
Cameo PU - 1958 only	2,400	7,200	12,000	27,000	42,000	60,000
Panel	1,280	3,840	6,400	14,400	22,400	32,000
Suburban	1,760	5,280	8,800	19,800	30,800	44,000
Fleetside (LBx)	1,240	3,720	6,200	13,950	21,700	31,000
NOTE: 1955-up prices based on top of the line models. Deduct 20% for 6-cyl., except Cameo deduct 10%.						
1960-66 1/2-Ton, V-8						
Sed Dly (1960 only)	1,600	4,800	8,000	18,000	28,000	40,000

CHEVROLET TRUCKS

	6	5	4	3	2	1
El Camino.	1,920	5,760	9,600	21,600	33,600	48,000
Stepside PU	1,000	3,000	5,000	11,250	17,500	25,000
Fleetside PU	1,000	3,000	5,000	11,250	17,500	25,000
Panel	800	2,400	4,000	9,000	14,000	20,000
Suburban	1,200	3,600	6,000	13,500	21,000	30,000
1960-66 "Long Box", 1/2-Ton, V-8						
Stepside PU	1,400	4,200	7,000	15,750	24,500	35,000
Fleetside PU	1,440	4,320	7,200	16,200	25,200	36,000
1960-66 3/4-Ton, V-8						
Stepside PU	1,320	3,960	6,600	14,850	23,100	33,000
Fleetside PU	1,360	4,080	6,800	15,300	23,800	34,000
8-ft. Stake	800	2,400	4,000	9,000	14,000	20,000
NOTE: Deduct 20% for 6-cyl.						
1961-65 Corvair Series 95, 61-64						
Loadside	880	2,640	4,400	9,900	15,400	22,000
Rampside	920	2,760	4,600	10,350	16,100	23,000
1961-65 Corvan Series, 61-64						
Corvan Panel	840	2,520	4,200	9,450	14,700	21,000
Greenbriar Spt Van	960	2,880	4,800	10,800	16,800	24,000
1967 El Camino Series, V-8						
Spt PU	1,600	4,800	8,000	18,000	28,000	40,000
Cus Spt PU	1,680	5,040	8,400	18,900	29,400	42,000
1967-68 Fleetside Pickups, V-8						
C10 PU (SBx)	1,600	4,800	8,000	18,000	28,000	40,000
C10 PU (LBx)	1,520	4,560	7,600	17,100	26,600	38,000
K10 PU (SBx)	1,680	5,040	8,400	18,900	29,400	42,000
K10 PU (LBx)	1,600	4,800	8,000	18,000	28,000	40,000
C20 PU (LBx)	1,400	4,200	7,000	15,750	24,500	35,000
C20 PU (8-1/2 ft. bed)	1,320	3,960	6,600	14,850	23,100	33,000
K20 PU (LBx)	1,480	4,440	7,400	16,650	25,900	37,000
K20 PU (8-1/2 ft. bed)	1,400	4,200	7,000	15,750	24,500	35,000
1967-68 Stepside Pickups, V-8						
C10 PU (SBx)	1,600	4,800	8,000	18,000	28,000	40,000
C10 PU (LBx)	1,520	4,560	7,600	17,100	26,600	38,000
C20 PU (LBx)	1,400	4,200	7,000	15,750	24,500	35,000
K10 PU (SBx)	1,680	5,040	8,400	18,900	29,400	42,000
K20 PU (LBx)	1,600	4,800	8,000	18,000	28,000	40,000
1967-68 Panel/Suburbans, Stakes, V-8						
C10 Panel	1,000	3,000	5,000	11,250	17,500	25,000
C10 Suburban	1,040	3,120	5,200	11,700	18,200	26,000
C20 Panel	800	2,400	4,000	9,000	14,000	20,000
C20 Suburban	840	2,520	4,200	9,450	14,700	21,000
1968-70 El Camino Series, V-8						
Spt PU	1,040	3,120	5,200	11,700	18,200	26,000
Cus Spt PU	1,200	3,600	6,000	13,500	21,000	30,000
NOTE: Add 25% for SS-396 option; 45% for 454 engine option.						
1969-70 Blazer Series, 4x4						
Blazer, V-8	1,280	3,840	6,400	14,400	22,400	32,000
1969-70 Fleetside Series, V-8						
C10 PU (SBx)	980	2,940	4,900	11,030	17,150	24,500
C10 PU (LBx)	060	2,000	4,000	10,000	10,000	24,000
K10 PU (SBx)	1,000	3,000	5,000	11,250	17,500	25,000
K10 PU (LBx)	980	2,940	4,900	11,030	17,150	24,500
C20 PU (LBx)	800	2,400	4,000	9,000	14,000	20,000
C20 PU (long horn)	920	2,760	4,600	10,350	16,100	23,000
K20 PU (LBx)	840	2,520	4,200	9,450	14,700	21,000
K20 PU (long horn)	940	2,820	4,700	10,580	16,450	23,500
1969-70 Stepside Series, V-8						
C10 PU (SBx)	980	2,940	4,900	11,030	17,150	24,500
C10 PU (LBx)	960	2,880	4,800	10,800	16,800	24,000
K10 PU (SBx)	960	2,880	4,800	10,800	16,800	24,000
K10 PU (LBx)	940	2,820	4,700	10,580	16,450	23,500
C20 PU (LBx)	800	2,400	4,000	9,000	14,000	20,000
C20 PU (long horn)	920	2,760	4,600	10,350	16,100	23,000
K20 PU (LBx)	840	2,520	4,200	9,450	14,700	21,000
K20 PU (long horn)	940	2,820	4,700	10,580	16,450	23,500
1969-70 Panel/Suburban Series C10/K10, V-8, 115" wb						
C10 Suburban	1,000	3,000	5,000	11,250	17,500	25,000
K10 Suburban	1,040	3,120	5,200	11,700	18,200	26,000
1969-70 Panel/Suburban Series C20/K20, V-8, 127" wb						
C20 Suburban	960	2,880	4,800	10,800	16,800	24,000
K20 Suburban	1,000	3,000	5,000	11,250	17,500	25,000
1971-72 Vega, 1/2-Ton, V-8						
Panel Exp	380	1,140	1,900	4,280	6,650	9,500
1971-72 LUV Pickup, 1/2-Ton, 1972 only						
PU	352	1,056	1,760	3,960	6,160	8,800
1971-72 El Camino, V-8						
Spt PU	840	2,520	4,200	9,450	14,700	21,000
Cus Spt PU	880	2,640	4,400	9,900	15,400	22,000

	6	5	4	3	2	1
SS PU. 1,120		3,360	5,600	12,600	19,600	28,000

NOTE: Add 30% for 350; 40% for 402; 45% for 454 engine. Deduct 20% for 6-cyl.

1971-72 Blazer, 4x4

	6	5	4	3	2	1
C10 Blazer, V-8 (1972 only) 1,800		5,400	9,000	20,250	31,500	45,000
K10 Blazer, V-8 1,800		5,400	9,000	20,250	31,500	45,000

1971-72 Fleetside Pickups, V-8

	6	5	4	3	2	1
C10 PU (SBx). 860		2,580	4,300	9,680	15,050	21,500
C10 PU (LBx). 840		2,520	4,200	9,450	14,700	21,000
K10 PU (SBx). 880		2,640	4,400	9,900	15,400	22,000
K10 PU (LBx). 860		2,580	4,300	9,680	15,050	21,500
C20 PU (SBx). 752		2,256	3,760	8,460	13,160	18,800
C20 PU (LBx). 760		2,280	3,800	8,550	13,300	19,000
K20 PU (SBx). 800		2,400	4,000	9,000	14,000	20,000
K20 PU (LBx). 780		2,340	3,900	8,780	13,650	19,500

1971-72 Stepside Pickups, V-8

	6	5	4	3	2	1
C10 PU (SBx). 800		2,400	4,000	9,000	14,000	20,000
C10 PU (LBx). 780		2,340	3,900	8,780	13,650	19,500
K10 PU (SBx). 820		2,460	4,100	9,230	14,350	20,500
K10 PU (LBx). 800		2,400	4,000	9,000	14,000	20,000
K20 PU (LBx). 780		2,340	3,900	8,780	13,650	19,500

1971-72 Suburban, V-8

	6	5	4	3	2	1
C10 Suburban. 800		2,400	4,000	9,000	14,000	20,000
K10 Suburban. 780		2,340	3,900	8,780	13,650	19,500
C20 Suburban 780		2,340	3,900	8,780	13,650	19,500
K20 Suburban. 760		2,280	3,800	8,550	13,300	19,000

NOTE: 1955-up prices based on top of the line models. Add 15% for 4x4. Deduct 20% for 6-cyl.

1973-77 El Camino, V-8

	6	5	4	3	2	1
PU. 600		1,800	3,000	6,750	10,500	15,000
Cus PU 620		1,860	3,100	6,980	10,850	15,500

NOTE: Add 25% for 454 engine option.

1973-80 Vega

	6	5	4	3	2	1
Panel 360		1,080	1,800	4,050	6,300	9,000

1973-80 LUV

	6	5	4	3	2	1
PU. 312		936	1,560	3,510	5,460	7,800

1973-80 Blazer K10, V-8

	6	5	4	3	2	1
Blazer 2WD 800		2,400	4,000	9,000	14,000	20,000
Blazer (4x4) 840		2,520	4,200	9,450	14,700	21,000

1973-80 C10, 1/2-Ton, V-8

	6	5	4	3	2	1
Stepside (SBx). 660		1,980	3,300	7,430	11,550	16,500
Stepside (LBx). 620		1,860	3,100	6,980	10,850	15,500
Fleetside (SBx). 620		1,860	3,100	6,980	10,850	15,500
Fleetside (LBx). 600		1,800	3,000	6,750	10,500	15,000
Suburban 620		1,860	3,100	6,980	10,850	15,500

1973-80 K10, 4x4, 1/2-Ton, V-8

	6	5	4	3	2	1
Stepside (SBx). 680		2,040	3,400	7,650	11,900	17,000
Stepside (LBx). 660		1,980	3,300	7,430	11,550	16,500
Fleetside (SBx). 640		1,920	3,200	7,200	11,200	16,000
Fleetside (LBx). 620		1,860	3,100	6,980	10,850	15,500
Suburban 640		1,920	3,200	7,200	11,200	16,000

1973-80 C20, 3/4-Ton

	6	5	4	3	2	1
Stepside (LBx). 360		1,080	1,800	4,050	6,300	9,000
Fleetside (LBx). 368		1,104	1,840	4,140	6,440	9,200
6P (LBx). 352		1,056	1,760	3,960	6,160	8,800
Suburban 460		1,380	2,300	5,180	8,050	11,500

1973-80 K20, 4x4, 3/4-Ton, V-8

	6	5	4	3	2	1
Stepside (LBx). 420		1,260	2,100	4,730	7,350	10,500
Fleetside (LBx). 420		1,260	2,100	4,730	7,350	10,500
6P (LBx). 376		1,128	1,880	4,230	6,580	9,400
Suburban 480		1,440	2,400	5,400	8,400	12,000

NOTE: Deduct 20% for 6-cyl.

1978-80 El Camino, V-8

	6	5	4	3	2	1
PU. 520		1,560	2,600	5,850	9,100	13,000
Cus PU 540		1,620	2,700	6,080	9,450	13,500

NOTE: Deduct 20% for V-6.

1981-82 Luv, 1/2-Ton, 104.3" or 117.9" wb

	6	5	4	3	2	1
PU (SBx). 264		792	1,320	2,970	4,620	6,600
PU (LBx). 268		804	1,340	3,020	4,690	6,700

1981-82 El Camino, 1/2-Ton, V-8, 117" wb

	6	5	4	3	2	1
PU. 460		1,380	2,300	5,180	8,050	11,500
SS PU. 560		1,680	2,800	6,300	9,800	14,000

1981-82 Blazer K10, 1/2-Ton, V-8, 106.5" wb

	6	5	4	3	2	1
Blazer (4x4), V-8 800		2,400	4,000	9,000	14,000	20,000

1981-82 C10, 1/2-Ton, V-8, 117" or 131" wb

	6	5	4	3	2	1
Stepside PU (SBx) 452		1,356	2,260	5,090	7,910	11,300
Stepside PU (LBx) 448		1,344	2,240	5,040	7,840	11,200
Fleetside PU (SBx) 480		1,440	2,400	5,400	8,400	12,000
Fleetside PU (LBx) 580		1,740	2,900	6,530	10,150	14,500
Suburban 480		1,440	2,400	5,400	8,400	12,000

	6	5	4	3	2	1	707

1981-82 C20, 3/4-Ton, V-8, 131" or 164" wb

	6	5	4	3	2	1
Stepside PU (LBx)	448	1,344	2,240	5,040	7,840	11,200
Fleetside PU (LBx)	452	1,356	2,260	5,090	7,910	11,300
Fleetside PU Bonus Cab (LBx)	460	1,380	2,300	5,180	8,050	11,500
Fleetside PU Crew Cab (LBx)	456	1,368	2,280	5,130	7,980	11,400
Suburban	468	1,404	2,340	5,270	8,190	11,700

NOTE: Add 15% for 4x4. Deduct 20% for 6-cyl.

1983-87 El Camino, 1/2-Ton, 117" wb

	6	5	4	3	2	1
PU	420	1,260	2,100	4,730	7,350	10,500
SS PU	520	1,560	2,600	5,850	9,100	13,000

NOTE: Add 30% for ChooChoo model where available. Deduct 20% for V-6.

1983-87 S10, 1/2-Ton, 100.5" wb

	6	5	4	3	2	1
Blazer 2WD	320	960	1,600	3,600	5,600	8,000
Blazer (4x4)	340	1,020	1,700	3,830	5,950	8,500

1983-87 Blazer K10, 1/2-Ton, 106.5" wb

	6	5	4	3	2	1
Blazer (4x4)	980	2,940	4,900	11,030	17,150	24,500

1983-87 S10, 1/2-Ton, 108" or 122" wb

	6	5	4	3	2	1
Fleetside PU (SBx)	288	864	1,440	3,240	5,040	7,200
Fleetside PU (LBx)	292	876	1,460	3,290	5,110	7,300
Fleetside PU Ext Cab	300	900	1,500	3,380	5,250	7,500

1983-87 C10, 1/2-Ton, 117" or 131" wb

	6	5	4	3	2	1
Stepside PU (SBx)	372	1,116	1,860	4,190	6,510	9,300
Fleetside PU (SBx)	376	1,128	1,880	4,230	6,580	9,400
Fleetside PU (LBx)	364	1,092	1,820	4,100	6,370	9,100
Suburban	432	1,296	2,160	4,860	7,560	10,800

1983-87 C20, 3/4-Ton, 131" or 164" wb

	6	5	4	3	2	1
Stepside PU (LBx)	368	1,104	1,840	4,140	6,440	9,200
Fleetside PU (LBx)	372	1,116	1,860	4,190	6,510	9,300
Fleetside PU Bonus Cab (LBx)	424	1,272	2,120	4,770	7,420	10,600
Fleetside PU Crew Cab (LBx)	364	1,092	1,820	4,100	6,370	9,100
Suburban	432	1,296	2,160	4,860	7,560	10,800

NOTE: Add 15% for 4x4. Deduct 20% for 6-cyl. on full-size vehicles.

1988-91 Blazer, 106.5" wb

	6	5	4	3	2	1
V10 (4x4)	940	2,820	4,700	10,580	16,450	23,500
S10 2WD	320	960	1,600	3,600	5,600	8,000
S10 (4x4)	400	1,200	2,000	4,500	7,000	10,000

1988-91 S10 Pickup, 108.3" or 122.9" wb

	6	5	4	3	2	1
Fleetside (SBx)	280	840	1,400	3,150	4,900	7,000
Fleetside (LBx)	288	864	1,440	3,240	5,040	7,200
Fleetside Ext Cab	300	900	1,500	3,380	5,250	7,500

1988-91 C1500, 1/2-Ton, 117.5" or 131" wb

	6	5	4	3	2	1
Sportside PU (SBx)	400	1,200	2,000	4,500	7,000	10,000
SS 454 PU (SBx), 1000 & 1001 only	760	2,280	3,800	8,550	13,300	19,000
Fleetside PU (SBx)	400	1,200	2,000	4,500	7,000	10,000
Fleetside PU (LBx)	420	1,260	2,100	4,730	7,350	10,500
Fleetside PU Ext Cab (LBx)	460	1,380	2,300	5,180	8,050	11,500
Suburban	560	1,680	2,800	6,300	9,800	14,000

1988-91 C2500, 3/4-Ton, 129.5" or 164.5" wb

	6	5	4	3	2	1
Stepside PU (LBx)	520	1,560	2,600	5,850	9,100	13,000
Fleetside PU (LBx)	520	1,560	2,600	5,850	9,100	13,000
Bonus Cab PU (LBx)	460	1,380	2,300	5,180	8,050	11,500
Crew Cab PU (LBx)	472	1,416	2,360	5,310	8,260	11,800
Suburban	600	1,800	3,000	6,750	10,500	15,000

NOTE: Add 25% for 4x4.

1992 K1500 Blazer, V-8

	6	5	4	3	2	1
2d SUV (4x4)	640	1,920	3,200	7,200	11,200	16,000

1992 S10 Blazer, V-6

	6	5	4	3	2	1
2d SUV	320	960	1,600	3,600	5,600	8,000
2d SUV (4x4)	360	1,080	1,800	4,050	6,300	9,000
4d SUV	500	1,500	2,500	5,630	8,750	12,500
4d SUV (4x4)	540	1,620	2,700	6,080	9,450	13,500

1992 Astro Van, V-6

	6	5	4	3	2	1
3d Van	250	800	1,350	3,020	4,700	6,700

1992 Lumina, V-6

	6	5	4	3	2	1
3d Van	250	800	1,300	2,930	4,550	6,500

1992 Suburban 1500, V-8

	6	5	4	3	2	1
4d Sta Wag	680	2,040	3,400	7,650	11,900	17,000
4d Sta Wag (4x4)	720	2,160	3,600	8,100	12,600	18,000

1992 Suburban 2500, V-8

	6	5	4	3	2	1
4d Sta Wag	720	2,160	3,600	8,100	12,600	18,000
4d Sta Wag (4x4)	760	2,280	3,800	8,550	13,300	19,000

1992 S10, 1/2-Ton, V-6

	6	5	4	3	2	1
2d PU (SBx)	400	1,200	2,000	4,500	7,000	10,000
2d PU (LBx)	400	1,200	2,000	4,500	7,000	10,000

1992 C1500, 1/2-Ton, V-8

	6	5	4	3	2	1
2d Sportside PU (SBx)	480	1,440	2,400	5,400	8,400	12,000
2d Fleetside PU (SBx)	480	1,440	2,400	5,400	8,400	12,000
2d Fleetside PU (LBx)	500	1,500	2,500	5,630	8,750	12,500

NOTE: Add $2,000 for 4x4; 25% for 454 SS Pkg.

	6	5	4	3	2	1
1992 C2500, 3/4-Ton, V-8						
2d Fleetside PU (LBx)	520	1,560	2,600	5,850	9,100	13,000
NOTE: Add 25% for 4x4						
1993 K1500 Blazer, V-8						
2d SUV 4x4	680	2,040	3,400	7,650	11,900	17,000
1993 S10 Blazer, V-6						
2d SUV 2WD	350	1,000	1,700	3,830	5,950	8,500
4d SUV 2WD	350	1,050	1,750	3,960	6,150	8,800
2d SUV 4x4	500	1,500	2,500	5,630	8,750	12,500
4d SUV 4x4	520	1,560	2,600	5,850	9,100	13,000
1993 Astro, V-6						
Van	250	700	1,200	2,700	4,200	6,000
1993 Lumina, V-6, FWD						
Van	250	700	1,200	2,700	4,200	6,000
1993 G Van, V-8						
Spt Van	250	800	1,300	2,930	4,550	6,500
1993 Suburban C1500/C2500, V-8						
4d Sta Wag 1500	720	2,160	3,600	8,100	12,600	18,000
4d Sta Wag 2500	720	2,160	3,600	8,100	12,600	18,000
1993 S10, V-6						
2d PU (SBx)	350	1,100	1,850	4,140	6,450	9,200
2d PU (LBx)	400	1,150	1,900	4,280	6,650	9,500
1993 C1500/C2500, V-8						
2d PU 1500 (SBx)	490	1,460	2,440	5,490	8,540	12,200
2d PU 1500 (LBx)	500	1,500	2,500	5,630	8,750	12,500
2d PU 2500 (SBx)	500	1,500	2,500	5,630	8,750	12,500
2d PU 2500 (LBx)	510	1,520	2,540	5,720	8,890	12,700
NOTE: Add 25% for 4x4						
1994 K1500 Blazer, V-8						
2d SUV 4x4	640	1,920	3,200	7,200	11,200	16,000
1994 S10 Blazer, V-6						
2d SUV	320	960	1,600	3,600	5,600	8,000
4d SUV	330	980	1,640	3,690	5,740	8,200
2d SUV 4x4	400	1,200	2,000	4,500	7,000	10,000
4d SUV 4x4	440	1,320	2,200	4,950	7,700	11,000
1994 Astro, V-6						
Cargo Van	350	1,000	1,700	3,830	5,950	8,500
Cargo Van LWB	350	1,100	1,800	4,050	6,300	9,000
CS Van	400	1,150	1,900	4,280	6,650	9,500
CS Van LWB	380	1,140	1,900	4,280	6,650	9,500
1994 Lumina, V-6						
Cargo Van	280	840	1,400	3,150	4,900	7,000
Window Van	340	1,020	1,700	3,830	5,950	8,500
1994 G10, V-8						
Van	380	1,140	1,900	4,280	6,650	9,500
1994 G20, V-8						
Van	440	1,320	2,200	4,950	7,700	11,000
Van Spt	480	1,440	2,400	5,400	8,400	12,000
1994 Suburban, V-8						
4d C1500	680	2,040	3,400	7,650	11,900	17,000
4d C2500	720	2,160	3,600	8,100	12,600	18,000
1994 S10, V-6						
2d PU 6 ft.	300	900	1,500	3,380	5,250	7,500
2d PU 7-1/2 ft.	300	900	1,500	3,420	5,300	7,600
2d PU 6 ft. Ext Cab	400	1,150	1,900	4,280	6,650	9,500
1994 C1500, V-8						
2d PU 6-1/2 ft.	320	960	1,600	3,600	5,600	8,000
2d PU 8 ft.	340	1,020	1,700	3,830	5,950	8,500
2d PU 6-1/2 ft. Ext Cab	460	1,380	2,300	5,180	8,050	11,500
2d PU 8 ft. Ext Cab	480	1,440	2,400	5,400	8,400	12,000
NOTE: Deduct 10% for V-6.						
1994 C2500, V-8						
2d PU 8 ft.	360	1,080	1,800	4,050	6,300	9,000
2d PU 6 ft. Ext Cab	480	1,440	2,400	5,400	8,400	12,000
2d PU 8 ft. Ext Cab	520	1,560	2,600	5,850	9,100	13,000
NOTE: Add 25% for 4x4.						
1995 Tahoe, V-8						
LS 4d SUV	480	1,440	2,400	5,400	8,400	12,000
2d SUV, 4x4	500	1,500	2,500	5,630	8,750	12,500
LS 2d SUV, 4x4	520	1,560	2,600	5,850	9,100	13,000
LS 4d SUV, 4x4	560	1,680	2,800	6,300	9,800	14,000
1995 Blazer, V-6						
2d SUV	280	840	1,400	3,150	4,900	7,000
4d SUV	320	960	1,600	3,600	5,600	8,000
2d SUV, 4x4	330	1,000	1,660	3,740	5,810	8,300
4d SUV, 4x4	370	1,120	1,860	4,190	6,510	9,300
1995 Astro, V-6						
Cargo Van	350	1,000	1,700	3,830	5,950	8,500
CS Van	400	1,150	1,900	4,280	6,650	9,500

CHEVROLET TRUCKS

	6	5	4	3	2	1
1995 Lumina, V-6						
Cargo Van	300	850	1,400	3,150	4,900	7,000
Window Van	350	1,000	1,700	3,830	5,950	8,500
1995 G-10, V-8						
Van	380	1,140	1,900	4,280	6,650	9,500
1995 G-20, V-8						
Van	440	1,320	2,200	4,950	7,700	11,000
Van Spt	480	1,440	2,400	5,400	8,400	12,000
1995 Suburban, V-8						
4d C1500	640	1,920	3,200	7,200	11,200	16,000
4d C1500 LS	660	1,980	3,300	7,430	11,550	16,500
4d C1500 LT	680	2,040	3,400	7,650	11,900	17,000
4d C2500	680	2,040	3,400	7,650	11,900	17,000
4d C2500 LS	700	2,100	3,500	7,880	12,250	17,500
4d C2500 LT	720	2,160	3,600	8,100	12,600	18,000
1995 S-10, V-6						
2d PU, 6 ft.	300	900	1,500	3,380	5,250	7,500
2d PU, 7-1/2 ft.	300	900	1,500	3,420	5,300	7,600
2d PU, 6 ft. Ext Cab	340	1,020	1,700	3,830	5,950	8,500
NOTE: Deduct 10% for 4-cyl.						
1995 C1500, V-8						
2d Fleetside WT PU, 6-1/2 ft.	320	960	1,600	3,600	5,600	8,000
2d Fleetside WT PU, 8 ft.	340	1,020	1,700	3,830	5,950	8,500
2d Sportside PU, 6-1/2 ft.	360	1,080	1,800	4,050	6,300	9,000
2d Fleetside PU, 6-1/2 ft.	380	1,140	1,900	4,280	6,650	9,500
2d Fleetside PU, 8 ft.	400	1,200	2,000	4,500	7,000	10,000
2d Fleetside PU, 6-1/2 ft. Ext Cab	460	1,380	2,300	5,180	8,050	11,500
2d Fleetside PU, 8 ft. Ext Cab	480	1,440	2,400	5,400	8,400	12,000
2d Sportside PU, 6-1/2 ft. Ext Cab	480	1,440	2,400	5,400	8,400	12,000
NOTE: Deduct 10% for V-6.						
1995 C2500, V-8						
2d Fleetside PU, 8 ft	360	1,080	1,800	4,050	6,300	9,000
2d Fleetside PU, 6-1/2 ft. Ext Cab	480	1,440	2,400	5,400	8,400	12,000
2d Fleetside PU, 8 ft. Ext Cab	520	1,560	2,600	5,850	9,100	13,000
NOTE: Add 25% for 4x4.						
1996 Tahoe, V-8						
2d SUV	390	1,180	1,960	4,410	6,860	9,800
LS 2d SUV	420	1,260	2,100	4,730	7,350	10,500
LS 4d SUV	440	1,320	2,200	4,950	7,700	11,000
2d SUV, 4x4	460	1,380	2,300	5,180	8,050	11,500
LS 2d SUV, 4x4	480	1,440	2,400	5,400	8,400	12,000
LS 4d SUV, 4x4	520	1,560	2,600	5,850	9,100	13,000
NOTE: Add 10% for turbo diesel V-8.						
1996 Blazer, V-6						
2d SUV	300	850	1,400	3,150	4,900	7,000
4d SUV	300	950	1,600	3,600	5,600	8,000
2d SUV, 4x4	350	1,000	1,650	3,740	5,800	8,300
4d SUV, 4x4	350	1,100	1,850	4,190	6,500	9,300
1996 Astro, V-6						
Cargo Van	300	900	1,500	3,380	5,250	7,500
Van	340	1,020	1,700	3,830	5,950	8,500
NOTE: Add 15% for 4x4.						
1996 Lumina, V-6						
Cargo Van	250	700	1,200	2,700	4,200	6,000
Window Van	300	900	1,500	3,380	5,250	7,500
1996 G10, V-8						
Van	340	1,020	1,700	3,830	5,950	8,500
Express Van	380	1,140	1,900	4,280	6,650	9,500
1996 G20, V-8						
Van	400	1,200	2,000	4,500	7,000	10,000
Express Van	440	1,320	2,200	4,950	7,700	11,000
1996 Suburban, V-8						
4d C1500	600	1,800	3,000	6,750	10,500	15,000
4d C1500 LS	620	1,860	3,100	6,980	10,850	15,500
4d C1500 LT	640	1,920	3,200	7,200	11,200	16,000
4d C2500	640	1,920	3,200	7,200	11,200	16,000
4d C2500 LS	660	1,980	3,300	7,430	11,550	16,500
4d C2500 LT	680	2,040	3,400	7,650	11,900	17,000
NOTE: Add 10% for turbo diesel V-8, 25% for 4x4.						
1996 S10, V-6						
2d PU, 6 ft.	250	800	1,300	2,930	4,550	6,500
2d PU, 7-1/2 ft.	250	800	1,300	2,970	4,600	6,600
2d PU, 6 ft. Ext Cab	340	1,020	1,700	3,830	5,950	8,500
NOTE: Add 25% for 4x4. Deduct 10% for 4-cyl.						
1996 C1500, V-8						
2d Fleetside WT PU, 6-1/2 ft.	300	950	1,600	3,600	5,600	8,000
2d Fleetside WT PU, 8 ft.	340	1,020	1,700	3,830	5,950	8,500
2d Sportside PU, 6-1/2 ft.	360	1,080	1,800	4,050	6,300	9,000
2d Fleetside PU, 6-1/2 ft.	380	1,140	1,900	4,280	6,650	9,500

	6	5	4	3	2	1
2d Fleetside PU, 8 ft.	400	1,200	2,000	4,500	7,000	10,000
2d Fleetside PU, 6-1/2 ft. Ext Cab.	460	1,380	2,300	5,180	8,050	11,500
2d Fleetside PU, 8 ft. Ext. Cab	480	1,440	2,400	5,400	8,400	12,000
2d Sportside PU, 6-1/2 ft. Ext Cab	480	1,440	2,400	5,400	8,400	12,000
1996 C2500, V-8						
2d Fleetside PU, 8 ft.	360	1,080	1,800	4,050	6,300	9,000
2d Fleetside PU, 6-1/2 ft. Ext Cab.	480	1,440	2,400	5,400	8,400	12,000
2d Fleetside PU, 8 ft. Ext Cab.	520	1,560	2,600	5,850	9,100	13,000
NOTE: Add 25% for 4x4; 10% for turbo diesel V-8.						
1997 Tahoe, V-8						
2d SUV.	390	1,180	1,960	4,410	6,860	9,800
LS 2d SUV.	420	1,260	2,100	4,730	7,350	10,500
LS 4d SUV.	440	1,320	2,200	4,950	7,700	11,000
2d SUV, 4x4.	460	1,380	2,300	5,180	8,050	11,500
LS 2d SUV, 4x4.	480	1,440	2,400	5,400	8,400	12,000
LS 4d SUV, 4x4.	520	1,560	2,600	5,850	9,100	13,000
NOTE: Add 10% for turbo diesel V-8.						
1997 Blazer, V-6						
2d SUV.	280	840	1,400	3,150	4,900	7,000
4d SUV.	320	960	1,600	3,600	5,600	8,000
2d SUV, 4x4.	332	996	1,660	3,740	5,810	8,300
4d SUV, 4x4.	372	1,116	1,860	4,190	6,510	9,300
1997 Astro, V-6						
Cargo Van.	300	900	1,500	3,380	5,250	7,500
Van.	340	1,020	1,700	3,830	5,950	8,500
NOTE: Add 15% for 4x4.						
1997 Venture, V-6						
2d Van.	240	720	1,200	2,700	4,200	6,000
4d Van.	300	900	1,500	3,380	5,250	7,500
NOTE: Add 5% for extended model.						
1997 G Series, V-8						
G10 Van.	340	1,020	1,700	3,830	5,950	8,500
G10 Express Van.	380	1,140	1,900	4,280	6,650	9,500
G20 Van.	400	1,200	2,000	4,500	7,000	10,000
G20 Express Van.	440	1,320	2,200	4,950	7,700	11,000
NOTE: Add 10% for turbo diesel V-8; 5% for 7.4L V-8.						
1997 Suburban, V-8						
4d C1500.	600	1,800	3,000	6,750	10,500	15,000
4d C1500 LS.	620	1,860	3,100	6,980	10,850	15,500
4d C1500 LT.	640	1,920	3,200	7,200	11,200	16,000
4d C2500.	640	1,920	3,200	7,200	11,200	16,000
4d C2500 LS.	660	1,980	3,300	7,430	11,550	16,500
4d C2500 LT.	680	2,040	3,400	7,650	11,900	17,000
4d K1500.	620	1,860	3,100	6,980	10,850	15,500
4d K1500 LS.	640	1,920	3,200	7,200	11,200	16,000
4d K1500 LT.	680	2,040	3,400	7,650	11,900	17,000
4d K2500.	660	1,980	3,300	7,430	11,550	16,500
4d K2500 LS.	700	2,100	3,500	7,880	12,250	17,500
4d K2500 LT.	720	2,160	3,600	8,100	12,600	18,000
NOTE: Add 10% for turbo diesel V-8; 25% for 4x4.						
1997 S10, V-6						
2d PU, 6 ft.	260	780	1,300	2,930	4,550	6,500
2d PU, 7-1/2 ft.	264	792	1,320	2,970	4,620	6,600
2d PU, 6 ft. Ext Cab	340	1,020	1,700	3,830	5,950	8,500
NOTE: Add 25% for 4x4. Deduct 10% for 4-cyl.						
1997 C1500, V-8						
2d Fleetside WT PU, 6-1/2 ft.	320	960	1,600	3,600	5,600	8,000
2d Fleetside WT PU, 8 ft.	340	1,020	1,700	3,830	5,950	8,500
2d Sportside PU, 6-1/2 ft.	360	1,080	1,800	4,050	6,300	9,000
2d Fleetside PU, 6-1/2 ft.	380	1,140	1,900	4,280	6,650	9,500
2d Fleetside PU, 8 ft.	400	1,200	2,000	4,500	7,000	10,000
2d Fleetside PU, 6-1/2 ft. Ext Cab.	460	1,380	2,300	5,180	8,050	11,500
2d Fleetside PU, 8 ft. Ext Cab.	480	1,440	2,400	5,400	8,400	12,000
2d Sportside PU, 6-1/2 ft. Ext Cab	480	1,440	2,400	5,400	8,400	12,000
NOTE: Add 25% for 4x4; 10% for turbo diesel V-8.						
1997 C2500, V-8						
2d Fleetside PU, 8 ft.	360	1,080	1,800	4,050	6,300	9,000
2d Fleetside PU, 6-1/2 ft. Ext Cab.	480	1,440	2,400	5,400	8,400	12,000
2d Fleetside PU, 8 ft. Ext Cab.	520	1,560	2,600	5,850	9,100	13,000
NOTE: Add 25% for 4x4; 10% for turbo diesel V-8.						
1998 Tracker, 4-cyl.						
2d Utly Conv.	210	620	1,040	2,340	3,640	5,200
4d SUV.	230	680	1,140	2,570	3,990	5,700
2d Utly Conv, 4x4.	250	740	1,240	2,790	4,340	6,200
4d SUV, 4x4.	270	800	1,340	3,020	4,690	6,700
1998 Tahoe, V-8						
2d SUV.	390	1,180	1,960	4,410	6,860	9,800
LS 2d SUV.	420	1,260	2,100	4,730	7,350	10,500
LS 4d SUV.	440	1,320	2,200	4,950	7,700	11,000

CHEVROLET TRUCKS

	6	5	4	3	2	1
2d SUV, 4x4	460	1,380	2,300	5,180	8,050	11,500
LS 2d SUV, 4x4	480	1,440	2,400	5,400	8,400	12,000
LS 4d SUV, 4x4	520	1,560	2,600	5,850	9,100	13,000

NOTE: Add 10% for turbo diesel V-8.

1998 Blazer, V-6

	6	5	4	3	2	1
2d SUV	280	840	1,400	3,150	4,900	7,000
4d SUV	320	960	1,600	3,600	5,600	8,000
2d SUV, 4x4	330	1,000	1,660	3,740	5,810	8,300
4d SUV, 4x4	370	1,120	1,860	4,190	6,510	9,300

1998 Astro, V-6

	6	5	4	3	2	1
Cargo Van	300	900	1,500	3,380	5,250	7,500
Van	340	1,020	1,700	3,830	5,950	8,500

NOTE: Add 15% for 4x4.

1998 Venture, V-6

	6	5	4	3	2	1
2d Van	240	720	1,200	2,700	4,200	6,000
4d Van	300	900	1,500	3,380	5,250	7,500

NOTE: Add 5% for extended model.

1998 G Series, V-8

	6	5	4	3	2	1
G15 Van	340	1,020	1,700	3,830	5,950	8,500
G15 Express Van	380	1,140	1,900	4,280	6,650	9,500
G20 Van	400	1,200	2,000	4,500	7,000	10,000
G20 Express Van	440	1,320	2,200	4,950	7,700	11,000

NOTE: Add 5% for extended model; 10% for turbo diesel V-8; 5% for 7.4L V-8.

1998 Suburban, V-8

	6	5	4	3	2	1
4d C1500	600	1,800	3,000	6,750	10,500	15,000
4d C1500 LS	620	1,860	3,100	6,980	10,850	15,500
4d C1500 LT	640	1,920	3,200	7,200	11,200	16,000
4d C2500	640	1,920	3,200	7,200	11,200	16,000
4d C2500 LS	660	1,980	3,300	7,430	11,550	16,500
4d C2500 LT	680	2,040	3,400	7,650	11,900	17,000
4d K1500	620	1,860	3,100	6,980	10,850	15,500
4d K1500 LS	640	1,920	3,200	7,200	11,200	16,000
4d K1500 LT	680	2,040	3,400	7,650	11,900	17,000
4d K2500	660	1,980	3,300	7,430	11,550	16,500
4d K2500 LS	700	2,100	3,500	7,880	12,250	17,500
4d K2500 LT	720	2,160	3,600	8,100	12,600	18,000

NOTE: Add 10% for turbo diesel V-8; 25% for 4x4.

1998 S10, V-6

	6	5	4	3	2	1
2d PU, 6 ft.	260	780	1,300	2,930	4,550	6,500
2d PU, 7-1/2 ft.	260	790	1,320	2,970	4,620	6,600
2d PU, 6 ft. Ext Cab	340	1,020	1,700	3,830	5,950	8,500
2d PU, 7-1/2 ft. Ext Cab	340	1,030	1,720	3,870	6,020	8,600

NOTE: Add 25% for 4x4. Deduct 10% for 4-cyl.

1998 C1500, V-8

	6	5	4	3	2	1
2d Fleetside WT PU (V-6)	320	960	1,600	3,600	5,600	8,000
2d Fleetside PU	360	1,080	1,800	4,050	6,300	9,000
2d Sportside PU	400	1,200	2,000	4,500	7,000	10,000

NOTE: Add 5% for extended cab; 25% for 4x4; 10% for turbo diesel V-8; 5% for 7.4L V-8.

1998 C2500, V-8

	6	5	4	3	2	1
2d Fleetside PU	400	1,200	2,000	4,500	7,000	10,000
2d HD Fleetside PU	440	1,320	2,200	4,950	7,700	11,000

NOTE: Add 5% for extended cab; 25% for 4x4; 10% for turbo diesel V-8; 5% for 7.4L V-8.

1999 Tracker, 4-cyl.

	6	5	4	3	2	1
2d Utly Conv	210	620	1,040	2,340	3,640	5,200
4d SUV	230	680	1,140	2,570	3,990	5,700
2d Utly Conv, 4x4	250	740	1,240	2,790	4,340	6,200
4d SUV, 4x4	270	800	1,340	3,020	4,690	6,700

1999 Tahoe, V-8

	6	5	4	3	2	1
2d SUV	390	1,180	1,960	4,410	6,860	9,800
LS 2d SUV	420	1,260	2,100	4,730	7,350	10,500
LS 4d SUV	440	1,320	2,200	4,950	7,700	11,000
LT 2d SUV	460	1,380	2,300	5,180	8,050	11,500
LT 4d SUV	480	1,440	2,400	5,400	8,400	12,000
2d SUV, 4x4	460	1,380	2,300	5,180	8,050	11,500
LS 2d SUV, 4x4	480	1,440	2,400	5,400	8,400	12,000
LS 4d SUV, 4x4	520	1,560	2,600	5,850	9,100	13,000
LT 2d SUV, 4x4	520	1,560	2,600	5,850	9,100	13,000
LT 4d SUV, 4x4	540	1,620	2,700	6,080	9,450	13,500

NOTE: Add 10% for turbo diesel V-8.

1999 Blazer, V-6

	6	5	4	3	2	1
2d SUV	280	840	1,400	3,150	4,900	7,000
4d SUV	320	960	1,600	3,600	5,600	8,000
2d SUV, 4x4	330	1,000	1,660	3,740	5,810	8,300
4d SUV, 4x4	370	1,120	1,860	4,190	6,510	9,300

NOTE: Add 5% for LS, LT, Trailblazer or ZR2 Pkgs.

1999 Astro, V-6

	6	5	4	3	2	1
Cargo Van	300	900	1,500	3,380	5,250	7,500
Van	340	1,020	1,700	3,830	5,950	8,500

NOTE: Add 15% for 4x4; 5% for LS or LT Pkgs.

	6	5	4	3	2	1
1999 Venture, V-6						
2d Van.	240	720	1,200	2,700	4,200	6,000
4d Van.	300	900	1,500	3,380	5,250	7,500
NOTE: Add 5% for extended model; 5% for LS or LT Pkgs.						
1999 G Series, V-8						
G15 Van	340	1,020	1,700	3,830	5,950	8,500
G15 Express Van	380	1,140	1,900	4,280	6,650	9,500
G25 Van	400	1,200	2,000	4,500	7,000	10,000
G25 Express Van	440	1,320	2,200	4,950	7,700	11,000
NOTE: Add 5% for extended model; 5% for LS Pkg.; 10% for turbo diesel V-8; 5% for 7.4L V-8. Deduct 5% for V-6.						
1999 Suburban, V-8						
4d C1500	600	1,800	3,000	6,750	10,500	15,000
4d C1500 LS.	620	1,860	3,100	6,980	10,850	15,500
4d C1500 LT	640	1,920	3,200	7,200	11,200	16,000
4d C2500	640	1,920	3,200	7,200	11,200	16,000
4d C2500 LS.	660	1,980	3,300	7,430	11,550	16,500
4d C2500 LT	680	2,040	3,400	7,650	11,900	17,000
4d K1500	620	1,860	3,100	6,980	10,850	15,500
4d K1500 LS	640	1,920	3,200	7,200	11,200	16,000
4d K1500 LT	680	2,040	3,400	7,650	11,900	17,000
4d K2500	660	1,980	3,300	7,430	11,550	16,500
4d K2500 LS	700	2,100	3,500	7,880	12,250	17,500
4d K2500 LT	720	2,160	3,600	8,100	12,600	18,000
NOTE: Add 10% for turbo diesel V-8; 25% for 4x4; 5% for 7.4L V-8.						
1999 S10, V-6						
2d Fleetside PU	260	780	1,300	2,930	4,550	6,500
2d Sportside PU	260	790	1,320	2,970	4,620	6,600
2d Fleetside Ext Cab PU	340	1,020	1,700	3,830	5,950	8,500
2d Sportside Ext Cab PU	340	1,030	1,720	3,870	6,020	8,600
NOTE: Add 5% for LS, Extreme or ZR2 Pkgs.; 25% for 4x4. Deduct 10% for 4-cyl.						
1999 C1500, V-8						
2d LS Ext Cab PU.	400	1,200	2,000	4,500	7,000	10,000
2d Silverado Fleetside PU	360	1,080	1,800	4,050	6,300	9,000
2d Silverado Sportside PU	400	1,200	2,000	4,500	7,000	10,000
NOTE: Add 5% for Silverado extended cab; 5% for LS or LT Pkgs.; 25% for 4x4; 10% for turbo diesel V-8; 5% for 7.4L V-8. Deduct 5% for V-6.						
1999 C2500, V-8						
2d Fleetside PU	400	1,200	2,000	4,500	7,000	10,000
2d HD Fleetside PU (6.0L V-8)	420	1,260	2,100	4,730	7,350	10,500
4d Fleetside Crew Cab PU	440	1,320	2,200	4,950	7,700	11,000
NOTE: Add 5% for extended cab; 5% for LS or LT Pkgs.; 25% for 4x4; 10% for turbo diesel V-8; 5% for 7.4L V-8.						
2000 Tracker, 4-cyl.						
2d Utly Conv.	1,040	3,120	5,200	11,700	18,200	26,000
4d SUV	1,080	3,240	5,400	12,150	18,900	27,000
2d Utly Conv, 4x4	1,080	3,240	5,400	12,150	18,900	27,000
4d SUV, 4x4	1,040	3,120	5,200	11,700	18,200	26,000
NOTE: Add 5% for Hang Ten Edition.						
2000 Tahoe, V-8						
Limited 4d SUV.	400	1,190	1,980	4,460	6,930	9,900
Z71 4d SUV, 4x4.	460	1,380	2,300	5,180	8,050	11,500
2000 New Tahoe, V-8						
4d SUV.	390	1,180	1,960	4,410	6,860	9,800
LS 4d SUV	440	1,320	2,200	4,950	7,700	11,000
4d SUV, 4x4	480	1,440	2,400	5,400	8,400	12,000
LS 4d SUV, 4x4	520	1,560	2,600	5,850	9,100	13,000
NOTE: Add 5% for LT Pkg. on LS.						
2000 Blazer, V-6						
LS 2d SUV	280	840	1,400	3,150	4,900	7,000
LS 4d SUV	320	960	1,600	3,600	5,600	8,000
LS 2d SUV, 4x4	330	1,000	1,660	3,740	5,810	8,300
LS 4d SUV, 4x4	370	1,120	1,860	4,190	6,510	9,300
NOTE: Add 5% for LT, Trailblazer or ZR2 Pkgs.						
2000 Astro, V-6						
Cargo Van.	300	900	1,500	3,380	5,250	7,500
Van.	340	1,020	1,700	3,830	5,950	8,500
NOTE: Add 15% for 4x4; 5% for LS or LT Pkg.						
2000 Venture, V-6						
4d Van.	300	900	1,500	3,380	5,250	7,500
NOTE: Add 5% for extended model; 5% for LS or LT Pkgs.; 5% for Warner Bros. Edition.						
2000 G Series, V-8						
G1500 Van	340	1,020	1,700	3,830	5,950	8,500
G1500 Express Van	380	1,140	1,900	4,280	6,650	9,500
G2500 Van	400	1,200	2,000	4,500	7,000	10,000
G2500 Express Van	440	1,320	2,200	4,950	7,700	11,000
NOTE: Add 5% for extended model; 5% for LS Pkg.; 10% for turbo diesel V-8; 5% for 7.4L V-8. Deduct 5% for V-6.						
2000 Suburban, V-8						
4d C1500	600	1,800	3,000	6,750	10,500	15,000
4d C1500 LS.	620	1,860	3,100	6,980	10,850	15,500
4d C1500 LT	640	1,920	3,200	7,200	11,200	16,000

	6	5	4	3	2	1
4d C2500	640	1,920	3,200	7,200	11,200	16,000
4d C2500 LS	660	1,980	3,300	7,430	11,550	16,500
4d C2500 LT	680	2,040	3,400	7,650	11,900	17,000
4d K1500	620	1,860	3,100	6,980	10,850	15,500
4d K1500 LS	640	1,920	3,200	7,200	11,200	16,000
4d K1500 LT	680	2,040	3,400	7,650	11,900	17,000
4d K2500	660	1,980	3,300	7,430	11,550	16,500
4d K2500 LS	700	2,100	3,500	7,880	12,250	17,500
4d K2500 LT	720	2,160	3,600	8,100	12,600	18,000

NOTE: Add 25% for 4x4.

2000 S10, V-6

	6	5	4	3	2	1
2d Fleetside PU	260	780	1,300	2,930	4,550	6,500
2d Sportside PU	260	790	1,320	2,970	4,620	6,600
2d Fleetside Ext Cab PU	340	1,020	1,700	3,830	5,950	8,500
2d Sportside Ext Cab PU	340	1,030	1,720	3,870	6,020	8,600

NOTE: Add 5% for LS, Extreme or ZR2 Pkgs.; 25% for 4x4. Deduct 10% for 4-cyl.

2000 C1500, V-8

	6	5	4	3	2	1
2d Silverado Fleetside PU	360	1,080	1,800	4,050	6,300	9,000
2d Silverado Sportside PU	400	1,200	2,000	4,500	7,000	10,000

NOTE: Add 5% for Silverado extended cab; 5% for Z71, LS or LT Pkgs.; 25% for 4x4; 10% for turbo diesel V-8; 5% for 7.4L V-8. Deduct 5% for V-6.

2000 C2500, V-8

	6	5	4	3	2	1
2d Fleetside PU	380	1,140	1,900	4,280	6,650	9,500
2d HD Fleetside PU	400	1,200	2,000	4,500	7,000	10,000
4d Fleetside Crew Cab PU	460	1,380	2,300	5,180	8,050	11,500

NOTE: Add 5% for dual rear wheels; 5% for Z71, LS or LT Pkgs.; 25% for 4x4; 10% for turbo diesel V-8; 5% for 7.4L V-8.

2001 Tracker, 4-cyl.

	6	5	4	3	2	1
2d Utly Conv	210	640	1,060	2,650	3,710	5,300
ZR2 2d Utly Conv	240	730	1,220	3,050	4,270	6,100
2d Utly Conv, 4x4	250	760	1,260	3,150	4,410	6,300
4d SUV	230	700	1,160	2,900	4,060	5,800
4d SUV, 4x4	270	820	1,360	3,400	4,760	6,800
LT 4d SUV (V-6)	260	770	1,280	3,200	4,480	6,400
LT 4d SUV, 4x4 (V-6)	260	790	1,320	3,300	4,620	6,600
ZR2 4d SUV (V-6)	270	820	1,360	3,400	4,760	6,800

2001 Tahoe, V-8

	6	5	4	3	2	1
4d SUV	300	900	1,500	3,380	5,250	7,500
LS 4d SUV	330	1,000	1,660	3,740	5,810	8,300
LT 4d SUV	400	1,190	1,980	4,460	6,930	9,900
4d SUV, 4x4	460	1,380	2,300	5,180	8,050	11,500
LS 4d SUV, 4x4	480	1,430	2,380	5,360	8,330	11,900
LT 4d SUV, 4x4	500	1,500	2,500	5,630	8,750	12,500

NOTE: Add 10% for Z72 Pkg.

2001 Blazer, V-6

	6	5	4	3	2	1
LS 2d SUV	280	840	1,400	3,500	4,900	7,000
Extreme 2d SUV	380	1,140	1,900	4,750	6,650	9,500
LS 4d SUV	320	960	1,600	4,000	5,600	8,000
LS 2d SUV, 4x4	330	1,000	1,660	4,150	5,810	8,300
LS 4d SUV, 4x4	370	1,120	1,860	4,650	6,510	9,300

NOTE: Add 5% for LT, Trailblazer or ZR2 Pkgs.

2001 Astro, V-6

	6	5	4	3	2	1
Cargo Van	300	900	1,500	3,750	5,250	7,500
Van	340	1,020	1,700	4,250	5,950	8,500

NOTE: Add 15% for 4x4; 5% for LS or LT Pkgs.

2001 Venture, V-6

	6	5	4	3	2	1
4d Van	300	900	1,500	3,750	5,250	7,500

NOTE: Add 5% for extended model; 5% for LS or LT Pkgs.; 5% for Warner Bros. Edition.

2001 G Series, V-8

	6	5	4	3	2	1
G1500 Van	340	1,020	1,700	3,830	5,950	8,500
G1500 Express Van	380	1,140	1,900	4,280	6,650	9,500
G2500 Van	400	1,200	2,000	4,500	7,000	10,000
G2500 Express Van	440	1,320	2,200	4,950	7,700	11,000

NOTE: Add 5% for extended model; 5% for LS Pkg.; 10% for turbo diesel V-8; 5% for 8.1L V-8. Deduct 5% for V-6.

2001 Suburban, V-8

	6	5	4	3	2	1
4d C1500	600	1,800	3,000	6,750	10,500	15,000
4d C1500 LS	620	1,860	3,100	6,980	10,850	15,500
4d C1500 LT	640	1,920	3,200	7,200	11,200	16,000
4d C2500	640	1,920	3,200	7,200	11,200	16,000
4d C2500 LS	660	1,980	3,300	7,430	11,550	16,500
4d C2500 LT	680	2,040	3,400	7,650	11,900	17,000
4d K1500	620	1,860	3,100	6,980	10,850	15,500
4d K1500 LS	640	1,920	3,200	7,200	11,200	16,000
4d K1500 LT	680	2,040	3,400	7,650	11,900	17,000
4d K2500	660	1,980	3,300	7,430	11,550	16,500
4d K2500 LS	700	2,100	3,500	7,880	12,250	17,500
4d K2500 LT	720	2,160	3,600	8,100	12,600	18,000

NOTE: Add 25% for 4x4; 10% for Z71 Pkg.; 5% for 8.1L V-8.

2001 S10, V-6

	6	5	4	3	2	1
2d Fleetside PU	260	780	1,300	3,250	4,550	6,500

CHEVROLET TRUCKS

	6	5	4	3	2	1
2d Sportside PU	260	790	1,320	3,300	4,620	6,600
2d Fleetide Ext Cab PU	340	1,020	1,700	4,250	5,950	8,500
2d Sportside Ext Cab PU	340	1,030	1,720	4,300	6,020	8,600
4d LS Crew Cab PU	380	1,140	1,900	4,280	6,650	9,500

NOTE: Add 5% for LS, Extreme or ZR2 Pkgs.; 25% for 4x4. Deduct 10% for 4-cyl.

2001 C1500, V-8

2d Silverado Fleetside PU	360	1,080	1,800	4,050	6,300	9,000
2d Silverado Sportside PU	400	1,200	2,000	4,500	7,000	10,000

NOTE: Add 5% for Silverado extended cab; 5% for Z71, LS or LT Pkgs.; 25% for 4x4; 10% for turbo diesel V-8; 5% for 8.1L V-8. Deduct 5% for V-6.

2001 C2500, V-8

2d Fleetside PU	380	1,140	1,900	4,280	6,650	9,500
2d HD Fleetside PU	400	1,200	2,000	4,500	7,000	10,000
4d Fleetside Crew Cab PU	460	1,380	2,300	5,180	8,050	11,500

NOTE: Add 5% for dual rear wheels; 5% for Z71, LS or LT Pkgs.; 25% for 4x4; 10% for turbo diesel V-8; 5% for 7.4L V-8.

2002 Tracker, 4-cyl.

2d Utly Conv	210	640	1,060	2,650	3,710	5,300
ZR2 2d Utly Conv	240	730	1,220	2,750	4,270	6,100
2d Utly Conv, 4x4	250	760	1,260	3,150	4,410	6,300
4d SUV	230	700	1,160	2,900	4,060	5,800
4d SUV, 4x4	270	820	1,360	3,400	4,760	6,800
LT 4d SUV (V-6)	260	770	1,280	3,200	4,480	6,400
LT 4d SUV, 4x4 (V-6)	260	790	1,320	3,300	4,620	6,600
ZR2 4d SUV (V-6)	270	820	1,360	3,400	4,760	6,800

2002 Tahoe, V-8

LS 4d SUV	410	1,240	2,060	5,150	7,210	10,300
LT 4d SUV	480	1,430	2,380	5,950	8,330	11,900
LS 4d SUV, 4x4	560	1,670	2,780	6,950	9,730	13,900
LT 4d SUV, 4x4	580	1,740	2,900	7,250	10,150	14,500

NOTE: Add 10% for Z71 Pkg.

2002 Blazer, V-6

LS 2d SUV	280	840	1,400	3,500	4,900	7,000
Xtreme 2d SUV	380	1,140	1,900	4,750	6,650	9,500
LS 4d SUV	320	960	1,600	4,000	5,600	8,000
LS 2d SUV, 4x4	330	1,000	1,660	4,150	5,810	8,300
LS 4d SUV, 4x4	370	1,120	1,860	4,650	6,510	9,300

NOTE: Add 5% for ZR2 Pkg.

2002 Trailblazer, 6-cyl.

LS 4d SUV	400	1,200	2,000	5,000	7,000	10,000
LS 4d SUV, 4x4	460	1,380	2,300	5,750	8,050	11,500
LT 4d SUV	440	1,320	2,200	5,500	7,700	11,000
LT 4d SUV, 4x4	500	1,500	2,500	6,250	8,750	12,500
EXT LT 4d SUV	480	1,440	2,400	6,000	8,400	12,000
EXT LT 4d SUV, 4x4	520	1,560	2,600	6,500	9,100	13,000
LTZ 4d SUV	480	1,440	2,400	6,000	8,400	12,000
LTZ 4d SUV, 4x4	520	1,560	2,600	6,500	9,100	13,000

2002 Astro, V-6

Cargo Van	300	900	1,500	3,750	5,250	7,500
LS Van	340	1,020	1,700	4,250	5,950	8,500
LT Van	380	1,140	1,900	4,750	6,650	9,500

NOTE: Add 15% for 4x4.

2002 Venture, V-6

4d Van	300	900	1,500	3,750	5,250	7,500

NOTE: Add 5% for extended model; 5% for LS or LT Pkgs.; 5% for Warner Bros. Edition.

2002 Avalanche, V-8

1500 PU	580	1,740	2,900	7,250	10,150	14,500
1500 PU, 4x4	640	1,920	3,200	8,000	11,200	16,000
2500 PU	620	1,860	3,100	7,750	10,850	15,500
2500 PU, 4x4	660	1,980	3,300	8,250	11,550	16,500

NOTE: Add 5% for Z71 Pkg.

2002 G Series, V-8

G1500 Van	380	1,140	1,900	4,750	6,650	9,500
G1500 Express Van	420	1,260	2,100	5,250	7,350	10,500
G2500 Van	440	1,320	2,200	5,500	7,700	11,000
G2500 Express Van	480	1,440	2,400	6,000	8,400	12,000

NOTE: Add 5% for extended model; 5% for LS Pkg.; 10% for turbo diesel V-8; 5% for 8.1L V-8. Deduct 5% for V-6.

2002 Suburban, V-8

4d C1500 LS	700	2,100	3,500	8,750	12,250	17,500
4d C1500 LT	720	2,160	3,600	9,000	12,600	18,000
4d C2500 LS	740	2,220	3,700	9,250	12,950	18,500
4d C2500 LT	760	2,280	3,800	9,500	13,300	19,000
4d K1500 LS	720	2,160	3,600	9,000	12,600	18,000
4d K1500 LT	760	2,280	3,800	9,500	13,300	19,000
4d K2500 LS	780	2,340	3,900	9,750	13,650	19,500
4d K2500 LT	800	2,400	4,000	10,000	14,000	20,000

NOTE: Add 25% for 4x4; 10% for Z71 Pkg.; 5% for 8.1L V-8.

2002 S10, V-6

2d Fleetside PU	260	780	1,300	3,250	4,550	6,500
2d Sportside PU	260	790	1,320	3,300	4,620	6,600

	6	5	4	3	2	1
2d Fleetside Ext Cab PU	340	1,020	1,700	4,250	5,950	8,500
2d Sportside Ext Cab PU	340	1,030	1,720	4,300	6,020	8,600
4d LS Crew Cab PU	420	1,260	2,100	5,250	7,350	10,500

NOTE: Add 5% for LS, Extreme, ZR2 or ZR5 Pkgs.; 25% for 4x4. Deduct 10% for 4-cyl.

2002 Silverado 1500, V-8

2d Fleetside PU	400	1,200	2,000	5,000	7,000	10,000
2d Sportside PU	440	1,320	2,200	5,500	7,700	11,000

NOTE: Add 5% for extended cab; 5% for Z71, LS or LT Pkgs.; 25% for 4x4; 10% for turbo diesel V-8; 5% for 8.1L V-8. Deduct 5% for V-6.

2002 Silverado 1500 HD, V-8

2d LS Fleetside Crew Cab PU	560	1,680	2,800	7,000	9,800	14,000
2d LT Fleetside Crew Cab PU	600	1,800	3,000	7,500	10,500	15,000

NOTE: Add 5% for Z71 Pkg.; 25% for 4x4; 10% for turbo diesel V-8; 5% for 8.1L V-8. Deduct 5% for V-6.

2002 Silverado LD 2500, V-8

2d Fleetside PU	500	1,500	2,500	6,250	8,750	12,500
4d Fleetside Extended Cab PU	640	1,920	3,200	8,000	11,200	16,000

NOTE: Add 5% for Z71, LS or LT Pkgs.; 25% for 4x4; 10% for turbo diesel V-8; 5% for 7.4L V-8.

2002 Silverado HD 2500, V-8

2d Fleetside PU	520	1,560	2,600	6,500	9,100	13,000
4d Fleetside Extended Cab PU	600	1,800	3,000	7,500	10,500	15,000
4d Fleetside Crew Cab PU	640	1,920	3,200	8,000	11,200	16,000

NOTE: Add 5% for Z71, LS or LT Pkgs.; 25% for 4x4; 10% for turbo diesel V-8; 5% for 7.4L V-8.

2003 Tracker, 4-cyl., FWD

2d Conv	210	640	1,060	2,650	3,710	5,300
ZR2 2d Conv	240	730	1,220	3,050	4,270	6,100
4d SUV	230	700	1,160	2,900	4,060	5,800
LT 4d SUV (V-6)	260	770	1,280	3,200	4,480	6,400
XR2 4d SUV (V-6)	270	820	1,360	3,400	4,760	6,800

NOTE: Add 5% when equipped with V-6 other than LT and ZR2 SUV models. Deduct 5% when equipped with 2WD.

2003 Tahoe, V-8

LS 4d SUV	410	1,240	2,060	5,150	7,210	10,300
LT 4d SUV	480	1,430	2,380	5,950	8,330	11,900

NOTE: Add 10% for Z71 Pkg.; 25% for 4x4.

2003 Blazer, V-6

LS 2d SUV	280	840	1,400	3,500	4,900	7,000
Extreme 2d SUV	380	1,140	1,900	4,750	6,650	9,500
LS 4d SUV	320	960	1,600	4,000	5,600	8,000

NOTE: Add 5% for ZR2 Pkg.; 25% for 4x4.

2003 Trailblazer, 6-cyl.

LS 4d SUV	500	1,500	2,500	5,630	8,750	12,500
LT 4d SUV	520	1,560	2,600	5,850	9,100	13,000
LTZ 4d SUV	480	1,440	2,400	6,000	8,400	12,000

NOTE: Add 25% for 4x4.

2003 Trailblazer EXT, 6-cyl.

LS 4d SUV	400	1,200	2,000	5,000	7,000	10,000
LT 4d SUV	440	1,320	2,200	5,500	7,700	11,000

NOTE: Add 5% for V-8; 25% for 4x4.

2003 SSR, V-8

Conv PU	740	2,230	3,720	9,300	13,020	18,600

2003 Astro, V-6

Cargo Van	300	900	1,500	3,750	5,250	7,500
Van	310	940	1,560	3,900	5,460	7,800
LS Van	340	1,020	1,700	4,250	5,950	8,500
LT Van	380	1,140	1,900	4,750	6,650	9,500

NOTE: Add 5% for AWD.

2003 Venture, V-6

4d Van	300	900	1,500	3,750	5,250	7,500

NOTE: Add 5% for extended model; 5% for LS or LT Pkgs.; 5% for Warner Bros. Edition.

2003 Avalanche, V-8

1500 PU	580	1,740	2,900	7,250	10,150	14,500
2500 PU	620	1,860	3,100	7,750	10,850	15,500

NOTE: Add 5% for Z71 Pkg.; 5% for 4x4.

2003 G Series, V-8

G1500 Van	380	1,140	1,900	4,750	6,650	9,500
G1500 Express Van	420	1,260	2,100	5,250	7,350	10,500
G2500 Van	440	1,320	2,200	5,500	7,700	11,000
G2500 Express Van	480	1,440	2,400	6,000	8,400	12,000

NOTE: Add 5% for extended model; 5% for LS Pkg.; 10% for 6.0L V-8; 5% for AWD. Deduct 5% for V-6.

2003 Suburban, V-8

4d C1500 LS	700	2,100	3,500	8,750	12,250	17,500
4d C1500 LT	720	2,160	3,600	9,000	12,600	18,000
4d C2500 LS	740	2,220	3,700	9,250	12,950	18,500
4d C2500 LT	760	2,280	3,800	9,500	13,300	19,000
4d K1500 LS	720	2,160	3,600	9,000	12,600	18,000
4d K1500 LT	760	2,280	3,800	9,500	13,300	19,000
4d K2500 LS	780	2,340	3,900	8,780	13,650	19,500
4d K2500 LT	800	2,400	4,000	10,000	14,000	20,000

NOTE: Add 25% for 4x4; 10% for Z71 Pkg.; 5% for 8.1L V-8.

CHEVROLET TRUCKS

	6	5	4	3	2	1
2003 S10, V-6						
2d Fleetside PU	260	780	1,300	3,250	4,550	6,500
2d Sportside PU	260	790	1,320	3,300	4,620	6,600
2d Fleetside Ext Cab PU	340	1,020	1,700	4,250	5,950	8,500
2d Sportside Ext Cab PU	340	1,030	1,720	4,300	6,020	8,600
4d LS Crew Cab PU	420	1,260	2,100	5,250	7,350	10,500
NOTE: Add 5% for LS, Extreme, ZR2 or ZR5 Pkgs.; 25% for 4x4. Deduct 10% for 4-cyl.						
2003 Silverado 1500, V-8						
2d Fleetside PU	400	1,200	2,000	5,000	7,000	10,000
2d Sportside PU	440	1,320	2,200	5,500	7,700	11,000
2d Ext Cab SS, AWD	730	2,200	3,660	9,150	12,810	18,300
NOTE: Add 5% for extended cab (excluding SS); 5% for Z71, LS or LT Pkgs.; 25% for 4x4; 10% for turbo diesel V-8; 5% for 8.1L V-8. Deduct 5% for V-6.						
2003 Silverado 1500 HD, V-8						
4d LS Fleetside Crew Cab PU	560	1,680	2,800	6,300	9,800	14,000
4d LT Fleetside Crew Cab PU	600	1,800	3,000	6,750	10,500	15,000
NOTE: Add 5% for Z71 Pkg.; 25% for 4x4; 10% for turbo diesel V-8; 5% for 8.1L V-8. Deduct 5% for V-6.						
2003 Silverado LD 2500, V-8						
2d Fleetside PU	500	1,500	2,500	6,250	8,750	12,500
4d Fleetside Extended Cab PU, 4x4	640	1,920	3,200	8,000	11,200	16,000
NOTE: Add 5% for Z71, LS or LT Pkgs.; 25% for 4x4; 10% for turbo diesel V-8; 5% for 8.1L V-8.						
2003 Silverado HD 2500, V-8						
2d Fleetside PU	520	1,560	2,600	6,500	9,100	13,000
4d Fleetside Extended Cab PU	600	1,800	3,000	7,500	10,500	15,000
4d Fleetside Crew Cab PU	640	1,920	3,200	8,000	11,200	16,000
NOTE: Add 5% for Z71, LS or LT Pkgs.; 25% for 4x4; 10% for turbo diesel V-8; 5% for 8.1L V-8.						
2004 Tracker, V-6, 4WD						
4d SUV	230	700	1,160	2,900	4,060	5,800
LT 4d SUV	260	770	1,280	3,200	4,480	6,400
ZR2 4d SUV	270	820	1,360	3,400	4,760	6,800
NOTE: Deduct 5% when base and LT models equipped with 2WD.						
2004 Tahoe, V-8						
LS 4d SUV	410	1,240	2,060	5,150	7,210	10,300
LT 4d SUV	480	1,430	2,380	5,950	8,330	11,900
NOTE : Add 10% for Z71 Pkg.; 25% for 4WD.						
2004 Blazer, V-6						
LS 2d SUV	280	840	1,400	3,500	4,900	7,000
Xtreme 2d SUV	380	1,140	1,900	4,280	6,650	9,500
LS 4d SUV	320	960	1,600	4,000	5,600	8,000
NOTE: Add 5% for ZR2 Pkg.; 25% on LS for 4WD. Deduct 5% for manual transmission.						
2004 Trailblazer, 6-cyl.						
LS 4d SUV	400	1,200	2,000	5,000	7,000	10,000
LT 4d SUV	440	1,320	2,200	5,500	7,700	11,000
NOTE: Add 25% for 4WD.						
2004 Trailblazer EXT, 6-cyl.						
LS 4d SUV	500	1,500	2,500	5,630	8,750	12,500
LT 4d SUV	520	1,560	2,600	5,850	9,100	13,000
NOTE: Add 5% for V-8; 25% for 4WD.						
2004 SSR, V-8						
Conv PU	740	2,230	3,720	9,300	13,020	18,600
2004 Astro, V-6						
Cargo Van	300	900	1,500	3,750	5,250	7,500
Van	310	940	1,560	3,900	5,460	7,800
LS Van	340	1,020	1,700	4,250	5,950	8,500
LT Van	350	1,060	1,760	3,960	6,160	8,800
NOTE: Add 5% for AWD.						
2004 Venture, V-6						
4d Van	300	900	1,500	3,750	5,250	7,500
NOTE: Add 5% for extended model; 5% for LS or LT Pkgs.; 25% for AWD.						
2004 Avalanche, V-8						
1500 PU	580	1,740	2,900	7,250	10,150	14,500
2500 PU	620	1,860	3,100	7,750	10,850	15,500
NOTE: Add 5% for Z71 Pkg.; 5% for AWD.						
2004 G Series, V-8						
G1500 Van	380	1,140	1,900	4,750	6,650	9,500
G1500 Express Van	420	1,260	2,100	5,250	7,350	10,500
G2500 Van	440	1,320	2,200	5,500	7,700	11,000
G2500 Express Van	480	1,440	2,400	6,000	8,400	12,000
NOTE: Add 5% for extended model; 5% for LS Pkg.; 5% for 6.0L V-8; 5% for AWD. Deduct 5% for V-6.						
2004 Suburban, V-8						
4d C1500 LS	700	2,100	3,500	8,750	12,250	17,500
4d C1500 LT	720	2,160	3,600	9,000	12,600	18,000
4d C2500 LS	740	2,220	3,700	9,250	12,950	18,500
4d C2500 LT	760	2,280	3,800	9,500	13,300	19,000
4d K1500 LS	720	2,160	3,600	9,000	12,600	18,000
4d K1500 LT	760	2,280	3,800	9,500	13,300	19,000
4d K2500 LS	780	2,340	3,900	9,750	13,650	19,500
4d K2500 LT	800	2,400	4,000	10,000	14,000	20,000
NOTE: Add 25% for 4WD; 10% for Z71 Pkg., except LS 4WD; 5% for 8.1L V-8; 5% for Quadrasteer.						

CHEVROLET TRUCKS

	6	5	4	3	2	1
2004 S10, V-6, 4WD						
4d LS Crew Cab PU	420	1,260	2,100	5,250	7,350	10,500
NOTE: Add 5% for ZR5 Pkg.						
2004 Colorado, 5-cyl.						
2d Z85 PU	280	840	1,400	3,500	4,900	7,000
2d Sport PU	330	1,000	1,660	4,150	5,810	8,300
2d Z71 PU	340	1,010	1,680	4,200	5,880	8,400
4d Z85 LS PU	410	1,240	2,060	5,150	7,210	10,300
4d Sport LS PU	450	1,340	2,240	5,600	7,840	11,200
4d Z71 LS PU	450	1,360	2,260	5,650	7,910	11,300
NOTE: Add 5% for ext cab or LS Pkg. on base models; 25% for 4WD. Deduct 5% for 4-cyl.; 5% for manual transmission.						
2004 Silverado 1500, V-8						
2d Fleetside PU	400	1,200	2,000	5,000	7,000	10,000
2d Sportside PU	440	1,320	2,200	5,500	7,700	11,000
2d Ext Cab SS, 4WD	730	2,200	3,660	9,150	12,810	18,300
4d LS Fleetside Crew Cab PU	560	1,680	2,800	7,000	9,800	14,000
4d LT Fleetside Crew Cab PU	640	1,920	3,200	8,000	11,200	16,000
NOTE: Add 5% for extended cab, except SS; 5% for Z71, LS or LT Pkgs.; 25% for 4WD, when optional; 5% for Quadrasteer; 5% for Limited Edition Pkg.; 10% for Performance Pkg.; 10% for turbo diesel V-8; 5% for 8.1L V-8. Deduct 5% for V-						
2004 Silverado 2500 LD, V-8						
2d Fleetside PU	500	1,500	2,500	6,250	8,750	12,500
2d Fleetside Ext Cab PU, 4WD	640	1,920	3,200	8,000	11,200	16,000
4d Fleetside Crew Cab LS PU	630	1,890	3,150	7,880	11,030	15,750
4d Fleetside Crew Cab LT PU	660	1,980	3,300	8,250	11,550	16,500
2004 Silverado 2500 HD, V-8						
2d Fleetside PU	600	1,800	3,000	6,750	10,500	15,000
2d Fleetside Ext Cab PU	660	1,980	3,300	8,250	11,550	16,500
4d Fleetside Crew Cab PU	680	2,040	3,400	8,500	11,900	17,000
NOTE: Add 5% for Z71, LS or LT Pkgs.; 25% for 4WD, when optional; 5% for Quadrasteer; 10% for turbo diesel V-8; 5% for 8.1L V-8. Deduct 5% for V-6; 5% for manual transmission.						
2005 Equinox, V-6						
4d LS Utility	390	1,160	1,940	4,850	6,790	9,700
4d LT Utility	400	1,190	1,980	4,460	6,930	9,900
NOTE: Add 5% for AWD.						
2005 Tahoe, V-8						
4d LS SUV	410	1,240	2,060	5,150	7,210	10,300
4d LT SUV	480	1,430	2,380	5,950	8,330	11,900
NOTE: Add 25% for 4x4; 10% for Z71 Off-Road Pkg. on LS model.						
2005 Blazer, V-6						
2d LS SUV	280	840	1,400	3,500	4,900	7,000
4d LS SUV	320	960	1,600	4,000	5,600	8,000
NOTE: Add 5% for ZR2 Pkg.; 25% for 4x4. Deduct 5% for manual transmission.						
2006 Trailblazer, 6-cyl.						
4d LS SUV	400	1,200	2,000	5,000	7,000	10,000
4d LT SUV	440	1,320	2,200	5,500	7,700	11,000
NOTE: Add 25% for 4x4.						
2005 Trailblazer EXT, 6-cyl.						
4d LS EXT SUV	440	1,320	2,200	5,500	7,700	11,000
4d LT EXT SUV	480	1,440	2,400	6,000	8,400	12,000
NOTE: Add 5% for V-8; 25% for 4x4.						
2005 SSR, V-8						
2d Conv PU	740	2,230	3,720	9,300	13,020	18,600
NOTE: Add 5% for automatic transmission.						
2005 Uplander, V-6						
4d Cargo Van	290	860	1,440	3,600	5,040	7,200
4d Van	300	900	1,500	3,750	5,250	7,500
4d LS Van	310	940	1,560	3,900	5,460	7,800
4d LT Van	320	960	1,600	4,000	5,600	8,000
NOTE: Add 10% for AWD.						
2005 Astro, V-6						
Cargo Van	300	900	1,500	3,750	5,250	7,500
Van	310	940	1,560	3,900	5,460	7,800
LS Van	340	1,020	1,700	3,830	5,950	8,500
LT Van	350	1,060	1,760	4,400	6,160	8,800
2005 Venture, V-6						
4d Extended Cargo Van	280	850	1,420	3,550	4,970	7,100
4d Extended Van	300	890	1,480	3,700	5,180	7,400
NOTE: Add 5% for LS Pkg.; 10% for LT Pkg.						
2005 Avalanche, V-8, 4x4						
1500 LS PU	580	1,740	2,900	7,250	10,150	14,500
2500 LS PU	620	1,860	3,100	7,750	10,850	15,500
NOTE: Add 5% for Z71 Off-Road Pkg.; 10% for LT Pkg. Deduct 5% for 2WD on 1500 LS model.						
2005 G Series, V-8						
G1500 Cargo Van	380	1,140	1,900	4,750	6,650	9,500
G1500 Express Van	420	1,260	2,100	5,250	7,350	10,500
G2500 Cargo Van	440	1,320	2,200	5,500	7,700	11,000
G2500 Extended Cargo Van	460	1,380	2,300	5,750	8,050	11,500
G2500 Express Van	480	1,440	2,400	6,000	8,400	12,000
NOTE: Add 10% for AWD; 5% for LS Pkg.; 5% for 6.0L V-8 on 2500 models. Deduct 5% for V-6.						

	6	5	4	3	2	1
2005 Suburban, V-8						
4d C1500 LS SUV	700	2,100	3,500	8,750	12,250	17,500
4d C1500 LT SUV	720	2,160	3,600	9,000	12,600	18,000
4d C2500 LS SUV	740	2,220	3,700	9,250	12,950	18,500
4d C2500 LT SUV	760	2,280	3,800	9,500	13,300	19,000
4d K1500 LS SUV	720	2,160	3,600	9,000	12,600	18,000
4d K1500 LT SUV	760	2,280	3,800	9,500	13,300	19,000
4d K2500 LS SUV	780	2,340	3,900	9,750	13,650	19,500
4d K2500 LT SUV	800	2,400	4,000	10,000	14,000	20,000

NOTE: Add 25% for 4x4; 10% for Z71 Off-Road Pkg, except LS models; 5% for 8.1L V-8; 5% for Quadrasteer.

	6	5	4	3	2	1
2005 Colorado, 5-cyl.						
2d Z85 PU	280	840	1,400	3,150	4,900	7,000
2d Sport PU	330	1,000	1,660	4,150	5,810	8,300
2d Z71 PU	340	1,010	1,680	4,200	5,880	8,400
4d Crew Cab Xtreme LS PU	460	1,380	2,300	5,750	8,050	11,500
2d Xtreme LS PU	340	1,030	1,720	4,300	6,020	8,600
4d Crew Cab Z85 LS PU	410	1,240	2,060	5,150	7,210	10,300
4d Crew Cab Sport LS PU	450	1,340	2,240	5,600	7,840	11,200
4d Crew Cab Z71 LS PU	450	1,360	2,260	5,650	7,910	11,300
4d Crew Cab Xtreme LS PU	460	1,380	2,300	5,750	8,050	11,500
4d Crew Cab Xtreme LS PU	460	1,380	2,300	5,750	8,050	11,500

NOTE: Add 5% for extended cab models; 5% for LS Pkg, except Xtreme or Crew Cab models; 25% for 4x4. Deduct 5% for 4-cyl.; 5% for manual transmission.

	6	5	4	3	2	1
2005 Silverado 1500, V-8						
2d Fleetside PU	400	1,200	2,000	4,500	7,000	10,000
2d Sportside PU	440	1,320	2,200	5,500	7,700	11,000
2d Fleetside Extended Cab PU	480	1,440	2,400	6,000	8,400	12,000
2d Sportside Extended Cab PU	520	1,560	2,600	6,500	9,100	13,000
2d Hybrid LS Extended Cab PU	560	1,670	2,780	6,950	9,730	13,900
2d SS Extended Cab PU	730	2,200	3,660	9,150	12,810	18,300
4d Fleetside LS Crew Cab PU	560	1,680	2,800	7,000	9,800	14,000
4d Fleetside LT Crew Cab PU	640	1,920	3,200	8,000	11,200	16,000
2005 Silverado 1500 HD, V-8						
4d Fleetside LS Crew Cab PU	640	1,920	3,200	8,000	11,200	16,000
4d Fleetside LT Crew Cab PU	660	1,980	3,300	8,250	11,550	16,500
2005 Silverado 2500 HD, V-8						
2d Fleetside PU	600	1,800	3,000	7,500	10,500	15,000
2d Fleetside Extended Cab PU	660	1,980	3,300	8,250	11,550	16,500
4d Fleetside Crew Cab PU	680	2,040	3,400	7,650	11,900	17,000

NOTE: Add 10% for Limited Ed pkg or LT pkg, when optional. Add 5% for LS pkg or Z71 Off-Road pkg, when optional. Add 10% for 6.6L Turbo Diesel V-8. Add 10% for 4x4. Add 5% for Quadrasteer. Deduct 5% for Work Truck pkg. Deduct 5% for V-6, 5% for manual

	6	5	4	3	2	1
2006 Equinox, V-6						
4d LS SUV	360	1,080	1,800	4,500	6,300	9,000
4d LT SUV	340	1,030	1,720	4,300	6,020	8,600

NOTE: Add 8% for 4WD.

	6	5	4	3	2	1
2006 Trailblazer, 6-cyl., 4WD						
4d LS SUV	380	1,150	1,920	4,800	6,720	9,600
4d LT SUV	400	1,200	2,000	4,500	7,000	10,000
4d LS Ext SUV	440	1,310	2,180	5,450	7,630	10,900
4d LT Ext SUV	450	1,360	2,260	5,650	7,910	11,300

NOTE: Add 8% for 4WD

	6	5	4	3	2	1
2006 Trailblazer, V-8, 4WD						
4d SS SUV	580	1,740	2,900	7,250	10,150	14,500
2006 Tahoe, V-8, 4WD						
4d LS SUV	610	1,840	3,060	7,650	10,710	15,300
4d LT SUV	650	1,960	3,260	8,150	11,410	16,300
2006 Suburban, V-8, 4WD						
4d K1500 LS Wag	520	1,570	2,620	6,550	9,170	13,100
4d K1500 LT Wag	570	1,700	2,840	7,100	9,940	14,200
4d K1500 LTZ Wag	630	1,900	3,160	7,900	11,060	15,800
4d K2500 LS Wag	580	1,740	2,900	7,250	10,150	14,500
4d K2500 LT Wag	620	1,850	3,080	7,700	10,780	15,400

NOTE: Deduct 10% for 2WD.

	6	5	4	3	2	1
2006 Uplander, V-6						
4d Cargo Minivan	200	590	980	2,450	3,430	4,900
4d LS Minivan	260	790	1,320	3,300	4,620	6,600
4d LS Ext Minivan	290	880	1,460	3,650	5,110	7,300
4d LT Ext Minivan	320	970	1,620	4,050	5,670	8,100
2006 Express Passenger Van, V-8						
1500 LS Van	380	1,130	1,880	4,700	6,580	9,400
1500 LT Van	390	1,160	1,940	4,850	6,790	9,700
2500 LS Van	380	1,150	1,920	4,800	6,720	9,600
2500 LT Van	400	1,190	1,980	4,950	6,930	9,900
3500 LS Van	400	1,200	2,000	5,000	7,000	10,000
3500 LS Ext Van	410	1,220	2,040	5,100	7,140	10,200
3500 LT Van	410	1,240	2,060	5,150	7,210	10,300
3500 LT Ext Van	420	1,270	2,120	5,300	7,420	10,600

	6	5	4	3	2	1
2006 Express Cargo Van, V-8						
1500 Van	360	1,090	1,820	4,550	6,370	9,100
2500 Van	380	1,130	1,880	4,700	6,580	9,400
2500 Ext Van	380	1,140	1,900	4,750	6,650	9,500
3500 Van	380	1,150	1,920	4,000	6,720	9,600
3500 Ext Van	390	1,160	1,940	4,850	6,790	9,700
2006 Colorado, 4-cyl.						
2d LS/SL Mini Pickup 6'	280	830	1,380	3,450	4,830	6,900
2d LT/SLE Mini Pickup 6'	300	900	1,500	3,750	5,250	7,500
4d Work Truck Ext Cab Mini Pickup 6'	310	940	1,560	3,900	5,460	7,800
4d LS/SL Ext Cab Mini Pickup 6'	330	1,000	1,660	4,150	5,810	8,300
4d LT/SLE Ext Cab Mini Pickup 6'	350	1,060	1,760	4,400	6,160	8,800
4d LT/SLE Crew Cab Mini Pickup 5.25'	400	1,190	1,980	4,460	6,930	9,900
NOTE: Add 20% for 4WD.						
2006 SSR Regular Cab Pickup, V-8						
2d Conv	860	2,570	4,280	10,700	14,980	21,400
2006 Avalanche, V-8, 4WD						
1500 LS Utility Pickup	660	1,990	3,320	8,300	11,620	16,600
1500 LT Utility Pickup	680	2,030	3,380	8,450	11,830	16,900
2500 LS Utility Pickup	730	2,180	3,640	8,190	12,740	18,200
2500 LT Utility Pickup	740	2,220	3,700	9,250	12,950	18,500
NOTE: Deduct 30% for 2WD.						
2006 Silverado Regular Cab Pickup, V-8, 2WD						
2d 1500 WT 6.5'	300	900	1,500	3,380	5,250	7,500
2d 1500 WT 8'	280	850	1,420	3,200	4,970	7,100
2d 1500 LS/SL 6.5'	360	1,090	1,820	4,100	6,370	9,100
2d 1500 LS/SL 8'	350	1,040	1,740	3,920	6,090	8,700
2d 1500 LT/SLE 6.5'	370	1,120	1,860	4,190	6,510	9,300
2d 1500 LT/SLE 8'	360	1,070	1,780	4,010	6,230	8,900
2d 2500 H-D WT 8'	390	1,180	1,960	4,410	6,860	9,800
2d 2500 H-D LS/SL 8'	460	1,370	2,280	5,130	7,980	11,400
2d 2500 H-D LT/SLE 8'	470	1,400	2,340	5,270	8,190	11,700
2d 3500 WT 8'	400	1,210	2,020	4,660	7,070	10,100
2d 3500 LS/SL 8'	460	1,390	2,320	5,220	8,120	11,600
2d 3500 LT/SLE 8'	480	1,430	2,380	5,360	8,330	11,900
NOTE: Add 30% for 4WD; 50% for 6.6L Turbo Diesel.						
2006 Silverado Extended Cab Pickup, V-8, 2WD, Hybrid						
1500 LT/SLE 6.5'	650	1,940	3,240	7,290	11,340	16,200
NOTE: Add 25% for 4WD.						
2006 Silverado Extended Cab Pickup, V-8, 2WD						
4d 1500 LT/SLE 8'	450	1,360	2,260	5,650	7,910	11,300
4d 1500 SLT 6.5'	500	1,490	2,480	6,200	8,680	12,400
NOTE: Add 25% for 4WD.						
1500 WT 6.5'	400	1,200	2,000	5,000	7,000	10,000
1500 WT 8'	380	1,140	1,900	4,750	6,650	9,500
4d 1500 LS/SL 6.5'	460	1,390	2,320	5,800	8,120	11,600
4d 1500 LS/SL 8'	450	1,340	2,240	5,600	7,840	11,200
4d 1500 LT 5.75'	480	1,450	2,420	6,050	8,470	12,100
4d 1500 LT/SLE 6.5'	470	1,420	2,360	5,310	8,260	11,800
4d 1500 SLT 5.75'	520	1,550	2,580	5,810	9,030	12,900
4d 1500 SLT 8'	460	1,370	2,280	5,130	7,980	11,400
4d 2500 H-D WT 6.5'	530	1,600	2,660	5,990	9,310	13,300
4d 2500 H-D WT 8'	520	1,570	2,620	5,900	9,170	13,100
4d 2500 H-D LS/SL 6.5'	590	1,760	2,940	6,620	10,290	14,700
4d 2500 H-D LS/SL 8'	580	1,750	2,920	6,570	10,220	14,600
4d 2500 H-D LT/SLE 6.5'	590	1,780	2,960	6,660	10,360	14,800
4d 2500 H-D LT/SLE 8'	590	1,760	2,940	6,620	10,290	14,700
4d 2500 H-D SLT 6.5'	620	1,870	3,120	7,020	10,920	15,600
4d 2500 H-D SLT 8'	620	1,850	3,080	6,930	10,780	15,400
4d 3500 WT 8'	530	1,600	2,660	5,990	9,310	13,300
4d 3500 LS/SL 8'	600	1,790	2,980	6,710	10,430	14,900
4d 3500 LT/SLE 8'	660	1,980	3,300	7,430	11,550	16,500
NOTE: Add 30% for 4WD; 50% for 6.6L Turbo Diesel.						
2006 Silverado SS Extended Cab Pickup, V-8						
4d 1500 6.5'	720	2,150	3,580	8,060	12,530	17,900
2006 Silverado Crew Cab Pickup, V-8, 2WD						
4d 1500 WT 6.5'	400	1,200	2,000	5,000	7,000	10,000
4d 1500 WT 8'	380	1,140	1,900	4,750	6,650	9,500
4d 1500 LS/SL 5.75'	520	1,560	2,600	6,500	9,100	13,000
4d 1500 LT/SLE 5.75'	540	1,610	2,680	6,700	9,380	13,400
4d 1500 SLT 5.75'	550	1,660	2,760	6,900	9,660	13,800
4d 1500 H-D LT/SLE 6.5'	560	1,680	2,800	7,000	9,800	14,000
4d 1500 H-D SLT 6.5'	590	1,780	2,960	7,400	10,360	14,800
4d 2500 H-D WT 6.5'	590	1,760	2,940	6,620	10,290	14,700
4d 2500 H-D WT 8'	580	1,750	2,920	6,570	10,220	14,600
4d 2500 H-D LS/SL 6.5'	660	1,970	3,280	7,380	11,480	16,400
4d 2500 H-D LS/SL 8'	650	1,960	3,260	7,340	11,410	16,300
4d 2500 H-D LT/SLE 6.5'	660	1,980	3,300	7,430	11,550	16,500
4d 2500 H-D LT/SLE 8'	650	1,960	3,260	7,340	11,410	16,300

CHEVROLET TRUCKS

	6	5	4	3	2	1
4d 2500 H-D SLT 6.5'	680	2,050	3,420	7,700	11,970	17,100
4d 2500 H-D SLT 8'	680	2,040	3,400	7,650	11,900	17,000
4d 3500 LS/SL 8'	660	1,980	3,300	7,430	11,550	16,500
4d 3500 LT/SLE 8'	660	1,990	3,320	7,470	11,620	16,600
4d 3500 SLT 8'	690	2,080	3,460	7,790	12,110	17,300

NOTE: Add 30% for 4WD; 50% for 6.6L Turbo Diesel.

2007 Equinox, V-6

	6	5	4	3	2	1
4d LS SUV	370	1,110	1,850	4,630	6,480	9,250
4d LT SUV	410	1,240	2,070	5,180	7,250	10,350

NOTE: Add 8% for 4WD.

2007 Trailblazer, 6-cyl. 4WD

	6	5	4	3	2	1
4d LS SUV	460	1,390	2,320	5,800	8,120	11,600
4d LT SUV	510	1,520	2,530	6,330	8,860	12,650

2007 Trailblazer, V-8 AWD

	6	5	4	3	2	1
4d SS SUV	740	2,220	3,700	9,250	12,950	18,500

2007 Envoy, 6-cyl. 4WD

	6	5	4	3	2	1
4d SLE SUV	490	1,480	2,460	6,150	8,610	12,300
4d SLT SUV	520	1,560	2,600	6,500	9,100	13,000

2007 Envoy Danali, V-8 4WD

	6	5	4	3	2	1
4d SLE SUV	700	2,110	3,520	8,800	12,320	17,600

2007 Acadia, V-6

	6	5	4	3	2	1
4d SLE SUV	580	1,750	2,920	7,300	10,220	14,600

NOTE: Add 5% for AWD.

2007 Acadia, V-6 AWD

	6	5	4	3	2	1
4d SLT SUV	800	2,410	4,020	10,050	14,070	20,100

2007 Tahoe, V-8

	6	5	4	3	2	1
4d LS SUV	790	2,360	3,940	9,850	13,790	19,700

NOTE: Add 5% for 4WD.

2007 Tahoe, V-8 4WD

	6	5	4	3	2	1
4d LT SUV	980	2,930	4,880	12,200	17,080	24,400
4d LTZ SUV	1,020	3,060	5,100	12,750	17,850	25,500

2007 Yukon, V-8

	6	5	4	3	2	1
4d SLE SUV	880	2,640	4,400	11,000	15,400	22,000

NOTE: Add 8% for 4WD.

2007 Yukon, V-8 4WD

	6	5	4	3	2	1
4d SLT SUV	1,040	3,130	5,220	13,050	18,270	26,100

2007 Yukon Denali, V-8 AWD

	6	5	4	3	2	1
4d SUV	1,070	3,210	5,350	13,380	18,730	26,750

2007 Suburban, V-8 4WD

	6	5	4	3	2	1
4d K1500 LS Wag	880	2,630	4,380	10,950	15,330	21,900
4d K1500 LT Wag	960	2,880	4,800	12,000	16,800	24,000
4d K1500 LTZ Wag	1,020	3,060	5,100	11,480	17,850	25,500
4d K2500 LS Wag	960	2,890	4,820	12,050	16,870	24,100
4d K2500 LT Wag	1,020	3,060	5,100	12,750	17,850	25,500

NOTE: Deduct 10% for 2WD.

2007 Yukon XL, V-8 4WD

	6	5	4	3	2	1
4d K1500 SLE Wag	920	2,760	4,600	11,500	16,100	23,000
4d K1500 SLT Wag	1,010	3,020	5,040	12,600	17,640	25,200
4d K2500 SLE Wag	950	2,840	4,740	11,850	16,590	23,700
4d K2500 SLT Wag	1,070	3,200	5,340	13,350	18,690	26,700

NOTE: Deduct 10% for 2WD.

2007 Yukon XL Denali, V-8 AWD

	6	5	4	3	2	1
4d Wag	1,080	3,250	5,420	13,550	18,970	27,100

2007 Uplander, V-6

	6	5	4	3	2	1
4d Cargo Minivan	350	1,040	1,740	4,340	6,070	8,675
4d LS Minivan	290	860	1,440	3,600	5,040	7,200
4d LS Ext Minivan	330	980	1,640	4,100	5,740	8,200
4d LT Ext Minivan	420	1,250	2,090	5,230	7,320	10,450

2007 Express/Savana Passenger Van, V-8

	6	5	4	3	2	1
1500 LS Van	490	1,480	2,470	5,560	8,650	12,350
1500 LT Van	510	1,540	2,560	6,400	8,960	12,800
2500 LS Van	510	1,520	2,530	6,330	8,860	12,650
2500 LT Van	520	1,570	2,620	6,550	9,170	13,100
3500 LS Van	550	1,640	2,740	6,850	9,590	13,700
3500 LS Ext Van	620	1,850	3,080	6,930	10,780	15,400
3500 LT Van	610	1,820	3,030	6,820	10,610	15,150
3500 LT Ext Van	650	1,950	3,250	8,130	11,380	16,250

2007 Express Cargo Van, V-6

	6	5	4	3	2	1
1500 LS Van	480	1,430	2,390	5,980	8,370	11,950

NOTE: Add 5% for 5.3L V-8.

2007 Savana Cargo Van, V-8

	6	5	4	3	2	1
1500 LS Van	500	1,490	2,480	6,200	8,680	12,400

NOTE: Add 5% for 4.3L V-8.

2007 Express/Savana Cargo Van, V-8

	6	5	4	3	2	1
2500 Cargo Van	520	1,560	2,600	6,500	9,100	13,000
2500 Ext Cargo Van	540	1,610	2,680	6,700	9,380	13,400
3500 Cargo Van	540	1,630	2,720	6,800	9,520	13,600
3500 Ext Cargo Van	550	1,660	2,760	6,900	9,660	13,800
3500 Van Chassis-Cab	520	1,560	2,600	5,850	9,100	13,000

	6	5	4	3	2	1
2007 Colorado/Canyon, 4-cyl.						
2d Work Truck	320	950	1,580	3,950	5,530	7,900
2d LS/SL Mini Pickup 6'	340	1,020	1,700	4,250	5,950	8,500
2d LT/SLE Mini Pickup 6'	370	1,120	1,860	4,650	6,510	9,300
4d Work Truck Ext Cab Mini Pickup 6'	410	1,240	2,070	4,600	7,250	10,350
4d LS/SL Ext Cab Mini Pickup 6'	440	1,310	2,190	5,480	7,670	10,950
NOTE: Add 20% for 4WD.						
2007 Colorado/Canyon, 5-cyl.						
4d LT/SLE Ext Cab Mini Pickup 6'	520	1,550	2,590	5,830	9,070	12,950
4d LT/SLE Crew Cab Mini Pickup 5.25'	550	1,640	2,740	6,170	9,590	13,700
4d SLT Crew Cab Mini Pickup 5'	590	1,760	2,930	7,330	10,260	14,650
NOTE: Add 20% for 4WD						
2007 Avalanche, V-8 4WD						
LS Spt Utility Pickup	820	2,460	4,100	10,250	14,350	20,500
LT Spt Utility Pickup	860	2,570	4,280	10,700	14,980	21,400
LTZ Spt Utility Pickup	940	2,820	4,700	11,750	16,450	23,500
NOTE: Deduct 7% for 2WD.						
2007 Silverado/Sierra Regular Cab Pickup, V-8 2WD						
2d 1500 WT 6.5'	260	770	1,280	3,200	4,480	6,400
2d 1500 WT 8'	230	680	1,130	2,830	3,960	5,650
2d 1500 SL 6.5'	330	990	1,650	4,130	5,780	8,250
2d 1500 SL 8'	290	880	1,460	3,650	5,110	7,300
2d 1500 LS/SL 8'	350	1,040	1,740	4,350	6,090	8,700
2d 1500 LT/SLE 6.5'	350	1,040	1,730	4,330	6,060	8,650
2d 1500 LT/SLE 8'	360	1,080	1,800	4,500	6,300	9,000
2d 2500 H-D WT 8'	350	1,060	1,770	4,430	6,200	8,850
2d 2500 H-D LT/SLE 8'	460	1,390	2,310	5,780	8,090	11,550
2d 3500 WT 8'	480	1,430	2,380	5,950	8,330	11,900
2d 3500 LS/SL 8'	550	1,660	2,760	6,900	9,660	13,800
2d 3500 SLE 8'	580	1,730	2,880	7,200	10,080	14,400
NOTE: Add 30% for 4WD; 50% for 6.6L Turbo Diesel.						
2007 Sierra Classic Regular Cab Pickup, V-8 4WD						
2500 HD SL 8'	690	2,060	3,440	8,600	12,040	17,200
2007 Sierra Classic Regular Cab Pickup, V-8 Turbo Diesel						
2500 HD LS 8'	800	2,390	3,980	9,950	13,930	19,900
NOTE: Add 20% for 4WD.						
2007 Sierra Classic Regular Cab Pickup, V-8						
3500 HD LT 8'	750	2,260	3,760	9,400	13,160	18,800
NOTE: Add 25% for 4WD.						
2007 Silverado/Sierra Classic Extended Cab Pickup, V-8 2WD						
4d 1500 LT/SLE 5.75'	580	1,730	2,880	7,200	10,080	14,400
4d 1500 LT/SLE 8'	520	1,560	2,600	6,500	9,100	13,000
4d 1500 SLT 5.75'	610	1,840	3,070	7,680	10,750	15,350
4d 1500 SLT 8'	560	1,690	2,820	7,050	9,870	14,100
NOTE: Add 20% for 4WD.						
2007 Silverado/Sierra Classic Extended Cab Pickup, V-8 Hybrid 4WD						
4d 1500 LT/SLE 6.5'	980	2,950	4,920	12,300	17,220	24,600
NOTE: Deduct 15% for 4WD.						
2007 Silverado/Sierra Extended Cab Pickup, V-8 2WD						
1500 WT 6.5'	400	1,210	2,010	5,030	7,040	10,050
1500 WT 8'	370	1,120	1,870	4,680	6,550	9,350
4d 1500 LS 6.5'	510	1,520	2,540	6,350	8,890	12,700
4d 1500 LS/SL 8'	470	1,420	2,370	5,930	8,300	11,850
4d 1500 LT/SLE 6.5'	520	1,570	2,620	6,550	9,170	13,100
4d 2500 H-D WT 6.5'	640	1,920	3,200	8,000	11,200	16,000
4d 2500 H-D WT 8'	630	1,900	3,170	7,930	11,100	15,850
4d 2500 H-d LS 6.5'	740	2,230	3,710	9,280	12,990	18,550
4d 2500 H-D LS/SL 8'	720	2,150	3,580	8,950	12,530	17,900
4d 2500 H-D LE 6.5'	760	2,270	3,780	9,450	13,230	18,900
4d 2500 H-D LT/SLE 8'	720	2,160	3,600	9,000	12,600	18,000
4d 2500 H-D SLT 6.5'	800	2,400	4,000	10,000	14,000	20,000
4d 2500 H-D SLT 8'	790	2,380	3,970	9,930	13,900	19,850
4d 3500 WT 8'	640	1,920	3,200	8,000	11,200	16,000
4d 3500 LS/SL 8'	740	2,220	3,700	9,250	12,950	18,500
4d 3500 SLE 8'	700	2,270	3,700	9,160	13,230	18,900
NOTE: Add 25% for 4WD; 30% for 6.6L Turbo Diesel.						
2007 Silverado Classic Extended Cab Pickup, V-8						
4d 3500 LT 8'	1,000	3,010	5,020	12,550	17,570	25,100
4d 2500 H-D LT 6.5'	920	2,760	4,600	11,500	16,100	23,000
NOTE: Add 30% for 6.6L Turbo Diesel.						
2007 Sierra Classic Extended Cab Pickup, V-8						
4d 1500 SL 6.5'	660	1,990	3,320	8,300	11,620	16,600
4d 1500 SLT 6.5'	740	2,210	3,690	9,230	12,920	18,450
4d 2500 H-D SL 6.5'	890	2,660	4,440	11,100	15,540	22,200
2007 Silverado SS Extended Cab Pickup, V-8						
4d 1500 6.5'	860	2,580	4,300	10,750	15,050	21,500
2007 Silverado/Sierra Classic Crew Cab Pickup, V-8 2WD						
4d 1500 LS/SL 5.75'	600	1,810	3,020	7,550	10,570	15,100
4d 1500 LTE 5.75'	610	1,840	3,070	7,680	10,750	15,350

CHEVROLET TRUCKS

	6	5	4	3	2	1
4d 1500 SLT 5.75'.	660	1,990	3,320	7,470	11,620	16,600
4d 1500 H-D LT 6.5'.	660	1,990	3,320	8,300	11,620	16,600
4d 1500 H-D SLT 6.5'.	730	2,200	3,660	9,150	12,810	18,300
4d 2500 H-D WT 6.5'.	730	2,180	3,640	9,100	12,740	18,200
4d 2500 H-D WT 8'.	720	2,160	3,600	9,000	12,600	18,000
4d 2500 H-D LS/SL 8'.	800	2,400	4,000	10,000	14,000	20,000
4d 2500 H-D LT/SLE 8'.	820	2,460	4,100	9,230	14,350	20,500
4d 2500 H-D SLT 8'	870	2,600	4,340	10,850	15,190	21,700
4d 3500 WT 8'.	720	2,150	3,580	8,950	12,530	17,900
4d 3500 SLE DR 8'.	840	2,520	4,200	10,500	14,700	21,000
4d 3500 SLT 8'	890	2,680	4,460	11,150	15,610	22,300

NOTE: Add 5% for 4WD; 30% for 6.6L Turbo Diesel.

2007 Sierra Classic Crew Cab Pickup, V-8 4WD

	6	5	4	3	2	1
4d 1500 SLE 5.75'.	770	2,320	3,860	9,650	13,510	19,300
4d 1500 H-D SLE 6.5'.	820	2,460	4,100	10,250	14,350	20,500
4d 2500 SL 6.5'.	970	2,920	4,860	10,940	17,010	24,300
4d 2500 H-D SLE 6.5'.	1,230	3,680	6,140	15,350	21,490	30,700
4d 3500 SL 8'.	1,320	3,960	6,600	14,850	23,100	33,000

NOTE: Add 30% for 6.6L Turbo Diesel.

2007 Silverado Classic Crew Cab Pickup, V-8 Turbo diesel

	6	5	4	3	2	1
2500 HD LS 6.5'.	1,230	3,700	6,160	15,400	21,560	30,800
2500 LS 8'.	1,320	3,970	6,620	16,550	23,170	33,100

NOTE: Add 20% for 4WD.

2007 Silverado/Sierra Classic Crew Cab Pickup, V-8 Turbo Diesel 4WD

	6	5	4	3	2	1
4d 2500 H-D LT 6.5'.	1,230	3,680	6,140	15,350	21,490	30,700
4d 2500 H-D SLT 6.5'.	1,280	3,840	6,400	14,400	22,400	32,000
4d 3500 LT 8'.	1,230	3,680	6,140	15,350	21,490	30,700

2007 Silverado Denali Classic Crew Cab Pickup, V-8 4WD

	6	5	4	3	2	1
4d 1500 5.75'.	1,020	3,060	5,100	12,750	17,850	25,500

2007 Silverado/Sierra Regular Cab Pickup, V-8

	6	5	4	3	2	1
4d 1500 WT 6.5'.	380	1,130	1,890	4,730	6,620	9,450

NOTE: Add 20% for 4WD.

2007 Silverado Regular Cab Pickup, V-6

	6	5	4	3	2	1
4d 1500 WT 8'.	320	950	1,580	3,950	5,530	7,900

NOTE: Add 20% for 4WD.

2007 Sierra Regular Cab Pickup, V-8

	6	5	4	3	2	1
4d 1500 WT 8.5'.	270	810	1,350	3,360	4,710	6,725

NOTE: Add 20% for 4WD.

2007 Silverado/Sierra Regular Cab Pickup, V-8 2WD

	6	5	4	3	2	1
2d 1500 LS/SL 6.5'.	460	1,380	2,300	5,750	8,050	11,500
2d 1500 LS/SL 8.5'.	440	1,320	2,200	5,500	7,700	11,000
2d 2500 H-D WT 8'.	500	1,490	2,480	5,580	8,680	12,400
2d 2500 H-D LT/SLE 8'.	650	1,940	3,240	8,100	11,340	16,200
2d 3500 WT 8'.	500	1,500	2,500	6,250	8,750	12,500
2d 3500 SLE 8'.	660	1,980	3,300	8,250	11,550	16,500

NOTE: Add 20% for 4WD; 30% for 6.6L Turbo Diesel.

2007 Silverado Regular Cab Pickup, V-8 4WD

	6	5	4	3	2	1
2d 3500 H-D LT 8'.	970	2,920	4,860	12,150	17,010	24,300

2007 Silverado Extended Cab Pickup, V-6

	6	5	4	3	2	1
2d 1500 8'.	480	1,430	2,380	5,950	8,330	11,900

NOTE: Add 20% for 4WD; 50% for 6.6L Turbo Diesel.

2007 Silverado/Sierra Extended Cab Pickup, V-8

	6	5	4	3	2	1
2d 1500 WT 5.75'.	510	1,520	2,530	6,330	8,860	12,650
2d 1500 WT 8'.	510	1,540	2,560	6,400	8,960	12,800
2d 1500 LS 5.75'.	590	1,760	2,940	7,350	10,290	14,700
2d 1500 LS 6.5'.	580	1,750	2,910	7,280	10,190	14,550
2d 1500 LS 8'.	560	1,670	2,790	6,980	9,770	13,950
2d 1500 LT/SLE 8'.	650	1,940	3,230	8,080	11,310	16,150
2d 1500 LTZ/SLT 5.75'.	710	2,140	3,570	8,930	12,500	17,850
2d 1500 LTZ/SLT 8'.	640	1,920	3,200	8,000	11,200	16,000

NOTE: Add 20% for 4WD; 30% for 6.6L Turbo Diesel.

2007 Silverado/Sierra Extended Cab Pickup, V-8 4WD

	6	5	4	3	2	1
2d 1500 LTZ/SLT 6.5'.	870	2,600	4,340	10,850	15,190	21,700

NOTE: Add 30% for 6.6L Turbo Diesel.

2007 Silverado/Sierra Extended Cab Pickup, V-8

	6	5	4	3	2	1
4d 1500 LT/SLE 5.75'.	670	2,010	3,350	8,380	11,730	16,750
4d 1500 LT/SLE 6.5'.	640	1,910	3,190	7,980	11,170	15,950
4d 2500 H-D WT 6'.	710	2,140	3,560	8,900	12,460	17,800
4d 2500 H-D WT 8'.	700	2,110	3,520	8,800	12,320	17,600
4d 3500 H-D WT 8'.	740	2,220	3,700	9,250	12,950	18,500
4d 3500 LTZ/SLT 8'.	910	2,740	4,560	11,400	15,960	22,800

NOTE: Add 20% for 4WD; 30% for 6.6L Turbo Diesel.

2007 Silverado/Sierra Extended Cab Pickup, V-8 4WD

	6	5	4	3	2	1
4d 2500 LT/SLE 6.5'.	1,000	2,990	4,980	12,450	17,430	24,900
4d 2500 LT/SLE 8'	990	2,960	4,940	12,350	17,290	24,700
4d 2500 LTZ/SLT 6'.	1,040	3,130	5,220	13,050	18,270	26,100
4d 2500 LTZ/SLT 8'.	1,040	3,110	5,180	12,950	18,130	25,900

NOTE: Add 20% for 6.6L Turbo Diesel.

CHEVROLET TRUCKS

	6	5	4	3	2	1
2007 Silverado/Sierra Extended Cab Pickup, V-8 4WD Turbo Diesel						
4d 3500 H-D LT/SLE 8'. 1,250	3,740	6,240	15,600	21,840	31,200	
2007 Silverado/Sierra Crew Cab Pickup, V-8						
4d 1500 WT 5.75'. 630	1,890	3,150	7,880	11,030	15,750	
4d 1500 LT/SLE 5.75'. 760	2,280	3,800	9,500	13,300	19,000	
4d 2500 H-D LT/SLE 8'. 960	2,870	4,780	11,950	16,730	23,900	
4d 3500 LTZ/SLT 8'. 1,000	3,010	5,020	12,550	17,570	25,100	
NOTE: Add 20% for 4WD; 30% for 6.6L Turbo Diesel.						
2007 Sierra Crew Cab Pickup, V-8						
4d 2500 H-D WT 6'. 830	2,500	4,160	10,400	14,560	20,800	
4d 2500 H-D WT 8'. 820	2,470	4,120	10,300	14,420	20,600	
4d 3500 H-D WT 8'. 860	2,580	4,300	10,750	15,050	21,500	
NOTE: Add 20% for 4WD; 30% for 6.6L Turbo Diesel.						
2007 Silverado/Sierra Crew Cab Pickup, V-8 4WD						
4d 1500 LTZ/SLT 5.75'. 970	2,920	4,860	12,150	17,010	24,300	
2007 Silverado/Sierra Crew Cab Pickup, V-8 4WD Turbo Diesel						
4d 3500 H-D LT/SLE 8'. 1,370	4,120	6,860	17,150	24,010	34,300	
4d 3500 H-D LTZ/SLT 8'. 1,420	4,270	7,120	17,800	24,920	35,600	
2007 Silverado/Sierra Crew Cab Pickup, V-8						
4d 2500 H-D WT 6'. 840	2,510	4,180	10,450	14,630	20,900	
NOTE: Add 20% for 4WD; 30% for 6.6L Turbo Diesel.						
2007 Silverado Crew Cab Pickup, V-8 Turbo Diesel						
4d 2500 H-D WT 8'. 1,080	3,240	5,400	13,500	18,900	27,000	
4d 3500 H-D WT 8'. 1,100	3,310	5,520	12,420	19,320	27,600	
4d 2500 H-D LT/SLE 6'. 1,350	4,060	6,760	15,210	23,660	33,800	
4d 2500 H-D LTZ/SLT 6'. 1,400	4,210	7,020	17,550	24,570	35,100	
2007 Sierra Denali Crew Cab Pickup, V-8 AWD						
4d 1500 5.75'. 1,240	3,720	6,200	13,950	21,700	31,000	
2008 Acadia, V6						
4d SLE SUV. 590	1,780	2,960	7,400	10,360	14,800	
Add 5% for AWD.						
4d SLT SUV 800	2,400	4,000	10,000	14,000	20,000	
2008 Envoy, 6-cyl, 4WD						
4d SLE SUV 520	1,550	2,580	6,450	9,030	12,900	
4d SLT SUV 560	1,670	2,780	6,950	9,730	13,900	
2008 Envoy Denali, V8, 4WD						
4d SUV 720	2,160	3,600	9,000	12,600	18,000	
2008 Equinox, V6						
4d LS SUV 380	1,140	1,900	4,750	6,650	9,500	
4d LT SUV 420	1,260	2,100	5,250	7,350	10,500	
Add 8% for AWD.						
4d LTZ SUV 580	1,740	2,900	7,250	10,150	14,500	
4d Spt SUV 620	1,860	3,100	7,750	10,850	15,500	
2008 Suburban, V8, 4WD						
4d K1500 LS Wag. 880	2,630	4,380	10,950	15,330	21,900	
4d K1500 LT Wag 960	2,880	4,800	10,800	16,800	24,000	
4d K1500 LTZ Wag 1,020	3,060	5,100	12,750	17,850	25,500	
4d K2500 LS Wag. 960	2,890	4,820	12,050	16,870	24,100	
4d K2500 LT Wag 1,030	3,100	5,160	11,610	18,060	25,800	
Deduct 10% for 2WD.						
2008 Tahoe, V8						
4d LS SUV 590	1,780	2,960	7,400	10,360	14,800	
Add 5% for AWD.						
2008 Tahoe, V8, 4WD						
4d LT SUV 920	2,760	4,600	10,350	16,100	23,000	
4d LTZ SUV 1,030	3,100	5,160	11,610	18,060	25,800	
2008 Tahoe, V8 Hybrid, 4WD						
4d LT SUV 1,040	3,120	5,200	13,000	18,200	26,000	
2008 Trailblazer, 6-cyl., 4WD						
4d LS SUV 460	1,390	2,320	5,800	8,120	11,600	
4d LT SUV 490	1,470	2,450	6,130	8,580	12,250	
2008 Trailblazer, V8, AWD						
4d SS SUV 800	2,400	4,000	10,000	14,000	20,000	
2008 Uplander, V6						
4d Cargo Minivan. 350	1,040	1,740	4,340	6,070	8,675	
4d LS Minivan. 320	950	1,580	3,950	5,530	7,900	
4d KS Ext Minivan 360	1,080	1,800	4,500	6,300	9,000	
4d LT Ext Minivan. 430	1,300	2,170	5,430	7,600	10,850	
2008 Yukon, V8						
4d SLE SUV 840	2,520	4,200	10,500	14,700	21,000	
Add 8% for 4WD.						
2008 Yukon, V8, 4WD						
4d SLT SUV 1,040	3,120	5,200	13,000	18,200	26,000	
2008 Yukon Denali, V8, AWD						
4d SUV 1,080	3,240	5,400	13,500	18,900	27,000	
2008 Express Passenger Van, V8						
1500 LS Van. 540	1,610	2,690	6,730	9,420	13,450	
1500 LT Van. 560	1,680	2,800	7,000	9,800	14,000	
2500 LS Van. 560	1,670	2,780	6,950	9,730	13,900	

	6	5	4	3	2	1
2500 LT Van	580	1,730	2,880	7,200	10,080	14,400
3500 LS Van	590	1,760	2,940	7,350	10,290	14,700
3500 LS Ext Van	640	1,920	3,200	8,000	11,200	16,000
3500 LT Van	640	1,910	3,180	7,950	11,130	15,900
3500 LT Ext Van	680	2,030	3,380	8,450	11,830	16,900
2008 Express Cargo Van, V6						
1500 LS Van	540	1,620	2,700	6,750	9,450	13,500
Add 5% for 5.3L V8.						
2008 Express Cargo Van, V8						
2500 Cargo Van	600	1,790	2,980	7,450	10,430	14,900
2500 Ext Cargo Van	630	1,880	3,140	7,850	10,990	15,700
3500 Cargo Van	640	1,920	3,200	7,200	11,200	16,000
3500 Ext Cargo Van	640	1,930	3,220	8,050	11,270	16,100
2008 Colorado, 4-cyl.						
2d Work Truck	300	900	1,500	3,750	5,250	7,500
2d LT	360	1,080	1,800	4,500	6,300	9,000
2008 Colorado, 4-cyl						
2d LS/SL Mini Pickup 6'	340	1,020	1,700	4,250	5,950	8,500
Add 20% for 4WD.						
2008 Colorado, 5-cyl.						
2d SLE Mini Pickup 6'	380	1,150	1,920	4,800	6,720	9,600
2008 Colorado, 4-cyl.						
4d Work Truck Ext Cab Mini Pickup 6'	440	1,320	2,200	4,950	7,700	11,000
4d LS/Sl Ext Cab Mini Pickup 6'	450	1,360	2,260	5,650	7,910	11,300
2008 Colorado, 5-cyl.						
4d LT/SLE Ext Cab Mini Pickup 6'	520	1,560	2,600	6,500	9,100	13,000
4d LT/SLE Crew Cab Mini Pickup 5.25'	550	1,640	2,740	6,850	9,590	13,700
2008 Avalanche, V8, 4WD						
LS Spt Utility Pickup	880	2,640	4,400	11,000	15,400	22,000
LT Spt Utility Pickup	950	2,860	4,760	11,900	16,660	23,800
LTZ Spt Utility Pickup	1,060	3,170	5,280	11,880	18,480	26,400
Deduct 7% for 2WD.						
2008 Silverado Regular Cab Pickup, V8, 2WD						
2d 1500 WT 6.5'	420	1,260	2,100	5,250	7,350	10,500
2d 1500 WT 8'	380	1,140	1,900	4,750	6,650	9,500
2d 1500 LS/SL 6.5'	480	1,440	2,400	6,000	8,400	12,000
2d 1500 LS/SL 8'	450	1,360	2,260	5,650	7,910	11,300
2d 1500 LT/SLE 6.5'	520	1,570	2,620	5,900	9,170	13,100
2d 1500 LT/SLE 8'	500	1,500	2,500	6,250	8,750	12,500
2d 1500 H-D WT 8'	480	1,440	2,400	6,000	8,400	12,000
2d 2500 H-D LT/SLE 8'	610	1,830	3,050	7,630	10,680	15,250
2d 3500 WT 8'	490	1,460	2,430	6,080	8,510	12,150
2d 3500 SLE 8'	620	1,850	3,090	7,730	10,820	15,450
Add 30% for 4WD. Add 45% for 6.6L Turbo Diesel.						
2008 Silverado Regular Cab Pickup, V8 Turbo Diesel, 4WD						
3500 HD LT 8í	1,020	3,060	5,100	12,750	17,850	25,500
2008 Silverado Classic Extended Cab Pickup, V8, 2WD						
4d 1500 Work Truck 8í	540	1,630	2,710	6,780	9,490	13,550
4d 1500 LT/SLE 8í	670	2,000	3,340	8,350	11,690	16,700
4d 1500 LTZ/SLT 5.75í	760	2,270	3,790	9,480	13,270	18,950
4d 1500 LTZ/SLT 8í	720	2,170	3,620	8,150	12,670	18,100
Add 20% for 4WD.						
2008 Silverado Classic Extended Cab Pickup, V8, 4wd						
4d 1500 LTZ/SLT 6.5'	920	2,760	4,600	10,350	16,100	23,000
2008 Silverado Extended Cab Pickup, V6, 2WD						
4d 1500 Work Truck 6.5'	540	1,620	2,700	6,750	9,450	13,500
Add 30% for 4WD.						
2008 Silverado Extended Cab Pickup, V8, 2WD						
4d 1500 WT 5.75'	560	1,670	2,790	6,280	9,770	13,950
4d 1500 LS 5.75'	640	1,930	3,220	8,050	11,270	16,100
4d 1500 LS/SL 6.5'	640	1,910	3,180	7,950	11,130	15,900
4d 1500 LS 8'	610	1,840	3,060	7,650	10,710	15,300
4d 1500 LT/SLE 5.75'	670	2,020	3,360	8,400	11,760	16,800
4d 1500 LT/SLE 6.5'	670	2,020	3,370	8,430	11,800	16,850
2500 H-D WT 6.5'	700	2,110	3,520	8,800	12,320	17,600
2500 H-D WT 8'	700	2,090	3,490	8,730	12,220	17,450
3500 WT 8'	720	2,150	3,580	8,950	12,530	17,900
3500 LTZ/SLT 8'	880	2,640	4,400	11,000	15,400	22,000
Add 25% for 4WD.						
2008 Silverado Extended Cab Pickup, V8, 4WD						
2500 H-D LT/SLE 6.5í	970	2,920	4,860	12,150	17,010	24,300
2500 H-D LT/SLE 6.5í	970	2,920	4,860	12,150	17,010	24,300
2500 H-D LT/SLE 8í	960	2,870	4,780	11,950	16,730	23,900
2500 H-D LTZ/SLT 6í	1,030	3,080	5,140	12,850	17,990	25,700
3500 H-D LTZ/SLT 8í	1,020	3,060	5,100	12,750	17,850	25,500
Add 20% 6.6L Turbo Diesel.						
2008 Silverado Classic Extended Cab Pickup, V8, Turbo Diesel						
4d 3500 H-D LT/SLE 8í	1,200	3,590	5,980	14,950	20,930	29,900

2008 Silverado Classic Crew Cab Pickup, V8, 2WD

	6	5	4	3	2	1
4D 1500 Work Truck 5.75í	700	2,090	3,490	8,730	12,220	17,450
4D 1500 LS/SL 5.75í	760	2,290	3,810	9,530	13,340	19,050
4D 1500 LT/SLE 5.75í	820	2,450	4,080	10,200	14,280	20,400
4D 2500 H-D WT 6.5í	830	2,480	4,140	10,350	14,490	20,700
4D 2500 H-D LT/SLE 8í	950	2,860	4,760	11,900	16,660	23,800
4D 2500 H-D LTZ/SLT 8í	1,000	3,010	5,020	12,550	17,570	25,100

Add 5% for 4WD. Add 30% for 6.6L Turbo Diesel.

2008 Silverado Crew Cab Pickup, 4WD, V8

	6	5	4	3	2	1
4D 1500 LTZ/SLT 5.75í	1,110	3,340	5,560	12,510	19,460	27,800
4D 1500 LTZ/SLT 5.75í	1,110	3,340	5,560	12,510	19,460	27,800

2008 Silverado Crew Cab Pickup, V8 Turbo Diesel

	6	5	4	3	2	1
4D 2500 H-D WT 8í	1,080	3,240	5,400	12,150	18,900	27,000
4D 3500 H-D WT 8í	1,100	3,310	5,520	12,420	19,320	27,600

2008 Silverado Crew Cab Pickup, 4WD, V8 Turbo Diesel

	6	5	4	3	2	1
4D 2500 H-D LT/SLE 6.5í	1,360	4,090	6,820	17,050	23,870	34,100
4D 2500 H-D LTZ/SLT 6í	1,420	4,260	7,100	17,750	24,850	35,500
4D 3500 H-D LT/SLE 8í	1,380	4,140	6,900	17,250	24,150	34,500
4D 3500 H-D LTZ/SLT 8í	1,430	4,280	7,140	17,850	24,990	35,700

2008 Silverado Denali Crew Cab Pickup, 4WD, V8

	6	5	4	3	2	1
4D 1500 5.75	1,280	3,830	6,380	15,950	22,330	31,900

2009 Equinox, V6

	6	5	4	3	2	1
4d LS SUV	360	1,090	1,810	4,530	6,340	9,050

2009 Equinox, V6

	6	5	4	3	2	1
4d LT SUV	390	1,170	1,950	4,880	6,830	9,750

Add 8% for 4WD.

	6	5	4	3	2	1
4d LTZ SUV	490	1,470	2,450	6,130	8,580	12,250

2009 Equinox, V6

	6	5	4	3	2	1
4d Spt SUV	520	1,560	2,600	6,500	9,100	13,000

2009 Equinox, V6

	6	5	4	3	2	1
4d LT SUV	460	1,380	2,300	5,750	8,050	11,500

2009 Trailblazer, V6, AWD

	6	5	4	3	2	1
4d LT SUV	460	1,380	2,300	5,750	8,050	11,500

2009 Trailblazer, V8, AWD

	6	5	4	3	2	1
4d SS SUV	760	2,280	3,800	9,500	13,300	19,000

2009 Traverse, V6

	6	5	4	3	2	1
4d LS SUV	480	1,440	2,400	6,000	8,400	12,000

Add 5% for 4WD.

2009 Traverse, V6, 4WD

	6	5	4	3	2	1
4d LT SUV	620	1,860	3,100	7,750	10,850	15,500
4d LTZ SUV	720	2,150	3,580	8,950	12,530	17,900

Add 5% for 4WD.

2009 Tahoe, V8, 4WD

	6	5	4	3	2	1
4d LS XFE SUV	770	2,320	3,860	9,650	13,510	19,300
4d LT XFE SUV	810	2,440	4,060	10,150	14,210	20,300

2009 Tahoe, V8

	6	5	4	3	2	1
Tahoe, V8	730	2,200	3,660	9,150	12,810	18,300

Add 5% for 4WD.

2009 Tahoe, V8 4WD

	6	5	4	3	2	1
4d LT SUV	8,940	26,830	44,720	111,800	156,520	223,600

2009 Tahoe, V8 4WD

	6	5	4	3	2	1
4d LTZ SUV	1,080	3,250	5,420	13,550	18,970	27,100

2009 Tahoe, V8 Hybrid, 4WD

	6	5	4	3	2	1
4d SUV	960	2,880	4,800	12,000	16,800	24,000

2009 Suburban, V8, 4WD

	6	5	4	3	2	1
4d K1500 LS Wag	810	2,430	4,050	10,130	14,180	20,250
4d K1500 LT Wag	910	2,740	4,560	11,400	15,960	22,800
4d K1500 LTZ Wag	1,090	3,260	5,440	13,600	19,040	27,200
4d K2500 LS Wag	930	2,780	4,640	11,600	16,240	23,200
4d K2500 LT Wag	980	2,940	4,900	12,250	17,150	24,500

Deduct 10% for 2WD.

2009 Express/Savana Passenger Van, V8

	6	5	4	3	2	1
1500 LS Van	510	1,520	2,530	6,330	8,860	12,650
1500 LT Van	550	1,640	2,730	6,830	9,560	13,650
2500 LS Van	530	1,580	2,630	6,580	9,210	13,150
2500 LT Van	570	1,700	2,840	7,100	9,940	14,200
3500 LS Van	570	1,720	2,870	7,180	10,050	14,350
3500 LS Ext Van	620	1,870	3,110	7,780	10,890	15,550
3500 LT Van	630	1,880	3,130	7,830	10,960	15,650
3500 LT Ext Van	660	1,970	3,280	8,200	11,480	16,400

Add 5% for AWD.

2009 Express Cargo Van, V6

	6	5	4	3	2	1
1500 Van	580	1,730	2,880	7,200	10,080	14,400

Add five% for 5.3L V8.

2009 Savana Cargo Van, V8

	6	5	4	3	2	1
1500 LS Van	600	1,810	3,020	7,550	10,570	15,100

Add five% for 4.3L V8. Add 5% for AWD.

2009 Express/Savana Cargo Van, V8

	6	5	4	3	2	1
2500 Cargo Van	640	1,910	3,180	7,950	11,130	15,900

CHEVROLET TRUCKS

	6	5	4	3	2	1
2500 Ext Cargo Van 650	1,960	3,270	8,180	11,450	16,350
3500 Cargo Van 650	1,960	3,260	8,150	11,410	16,300
Ext Cargo Van. 670	2,000	3,340	8,350	11,690	16,700

Add 25% for 6.6L Turbo Diesel.
2009 Colorado/Canyon Regular Cab pickup, 4-cyl.

	6	5	4	3	2	1
2d Work Truck 6'. 330	990	1,640	4,110	5,750	8,215
2d LT/SLE 6'. 340	1,010	1,680	4,190	5,870	8,380

2009 Canyon Regular Cab pickup, 5-cyl.

	6	5	4	3	2	1
2d SLE Mini Pickup 6'. 360	1,080	1,800	4,490	6,280	8,975

Add 20% for 4WD.
2009 Colorado/Canyon, Extended Cab pickup 4-cyl.

	6	5	4	3	2	1
4d Work Truck Mini Pickup 6' 450	1,340	2,230	5,580	7,810	11,150

2009 Colorado/Canyon Extended Cab pickup, 5-cyl.

	6	5	4	3	2	1
4d LT/SLE Mini Pickup 6' 500	1,500	2,500	6,250	8,750	12,500

2009 Canyon Extended Cab pickup, 5-cyl.

	6	5	4	3	2	1
4d SLT Mini Pickup 6' 560	1,690	2,820	7,050	9,870	14,100

2009 Colorado/Canyon, 5-cyl.

	6	5	4	3	2	1
4d LT/SLE Crew Cab Mini Pickup 5.25' 650	1,940	3,230	8,080	11,310	16,150

2009 Canyon, 5-cyl.

	6	5	4	3	2	1
4d SLT Crew Cab Mini Pickup 5'. 660	1,980	3,300	8,250	11,550	16,500

2009 Avalanche, V8, 4WD

	6	5	4	3	2	1
LS Spt Utility Pickup 800	2,410	4,020	10,050	14,070	20,100
LT Spt Utility Pickup 840	2,520	4,200	10,500	14,700	21,000
LTZ Spt Utility Pickup 940	2,820	4,700	11,750	16,450	23,500

Deduct 7% for 2WD.
2009 Silverado/Sierra Regular Cab Pickup, V8, 2WD

	6	5	4	3	2	1
2D 1500 WT 6.5'. 510	1,520	2,540	6,350	8,890	12,700

Add 10% for 4WD.
2009 Silverado Regular Cab Pickup, V6, 2WD

	6	5	4	3	2	1
2D 1500 WT 8' 450	1,360	2,270	5,680	7,950	11,350

Add 10% for 4WD.
2009 Silverado Regular Cab Pickup, V8 Turbo Diesel, 4WD

	6	5	4	3	2	1
3500 LT 8'. 940	2,810	4,680	11,700	16,380	23,400

2009 Silverado Extended Cab Pickup, V6,

	6	5	4	3	2	1
4d 1500 Work Trk 6.5' 530	1,600	2,660	6,650	9,310	13,300

Add 30% for 4WD.
2009 Silverado Extended Cab Pickup, V8

	6	5	4	3	2	1
4d 1500 Work Trk 6.5' 560	1,670	2,790	6,980	9,770	13,950

2009 Silverado/Sierra Classic Extended Cab Pickup, V8, 2WD

	6	5	4	3	2	1
4d 1500 Work Truck 8'. 580	1,750	2,910	7,280	10,190	14,550
4d 1500 LT/SLE 8'. 660	1,990	3,320	8,300	11,620	16,600
4d 1500 LTZ/SLT 5.75' 770	2,320	3,870	9,680	13,550	19,350
4d 1500 LTZ/SLT 8'. 700	2,110	3,510	8,780	12,290	17,550

Add 20% for 4WD.

	6	5	4	3	2	1
4d 1500 LTZ/SLT 8'. 700	2,110	3,510	8,780	12,290	17,550

2009 Silverado/Sierra Classic Extended Cab Pickup, V8, 4WD

	6	5	4	3	2	1
4d 1500 LTZ/SLT 6.5' 860	2,580	4,300	10,750	15,050	21,500

Deduct 7% for 2WD.
2009 Silverado/Sierra Extended Cab Pickup, V8 Turbo Diesel, 4WD

	6	5	4	3	2	1
3500 H-D LT/SLE 8' 1,170	3,500	5,840	14,600	20,440	29,200

2009 Silverado/Sierra Extended Cab Pickup, V8, 2WD

	6	5	4	3	2	1
1500 WT 5.75'. 590	1,770	2,950	7,380	10,330	14,750
4d 1500 LS/SL 6.5' 640	1,920	3,200	8,000	11,200	16,000
4D 1500 LT/SLE 5.75'. 710	2,140	3,560	8,900	12,460	17,800
4D 1500 LT/SLE 6.5'. 680	2,030	3,390	8,480	11,870	16,950
2500 H-D WT 6.5'. 640	1,910	3,190	7,980	11,170	15,950
2500 H-D WT 8'. 590	1,780	2,970	7,430	10,400	14,850
3500 H-D WT 8'. 640	1,930	3,220	8,050	11,270	16,100
3500 H-D LTZ/SLT 8' 830	2,480	4,140	10,350	14,490	20,700

Add 25% for 4WD.
2009 Silverado/Sierra Extended Cab Pickup, V8, 4WD

	6	5	4	3	2	1
2500 H-D LT/SLE 6.5'. 880	2,630	4,380	10,950	15,330	21,900
2500 H-D LT/SLE 8' 900	2,690	4,480	11,200	15,680	22,400
2500 H-D LTZ/SLT 6' 970	2,920	4,860	12,150	17,010	24,300
3500 H-D LTZ/SLT 8' 960	2,890	4,820	12,050	16,870	24,100

Add 20% for 6.6L Turbo Diesel.
2009 Silverado/Sierra Crew Cab Pickup, V8, 2WD

	6	5	4	3	2	1
4D 1500 Work Trk 5.75'. 730	2,200	3,670	9,180	12,850	18,350
4D 1500 XFE 5.75' 820	2,470	4,120	10,300	14,420	20,600
4D 1500 LS/SL 5.75'. 770	2,300	3,830	9,580	13,410	19,150
4D 1500 LT/SLE 5.75'. 840	2,510	4,180	10,450	14,630	20,900
4D 2500 H-D WT 6'. 750	2,250	3,750	9,380	13,130	18,750
4D 2500 H-D LT/SLE 8' 850	2,560	4,260	10,650	14,910	21,300
4D 2500 H-D LTZ/SLT 8'. 920	2,760	4,600	11,500	16,100	23,000

Add 25 for 4WD. Add 30% for 6.6L Turbo Diesel.
2010 Equinox, V6

	6	5	4	3	2	1
4d LS SUV 510	1,520	2,540	6,350	8,890	12,700
4d LT SUV 540	1,620	2,700	6,750	9,450	13,500

NOTE: Add 8% for 4WD.

CHEVROLET TRUCKS

	6	5	4	3	2	1
2010 Equinox, AWD V6						
4d LTZ SUV	670	2,000	3,330	8,330	11,660	16,650
2010 Terrain, I4						
4d SLE SUV	530	1,600	2,660	6,650	9,310	13,300
4d SLT SUV	610	1,830	3,050	7,630	10,680	15,250
2010 Traverse, V6						
4d LS SUV	540	1,630	2,720	6,800	9,520	13,600
NOTE: Add 5% for 4WD.						
2010 Traverse, AWD V6						
4d LT SUV	680	2,050	3,410	8,530	11,940	17,050
4d LTZ SUV	800	2,390	3,980	9,950	13,930	19,900
2010 Tahoe, V8						
4d LS SUV	840	2,530	4,220	10,550	14,770	21,100
NOTE: Add 5% for 4WD.						
2010 Tahoe, 4WD V8						
4d LT SUV	1,070	3,200	5,340	13,350	18,690	26,700
4d LTZ SUV	1,240	3,720	6,200	15,500	21,700	31,000
2010 Tahoe, 4WD V8 Hybrid						
4d SUV	1,100	3,300	5,500	13,750	19,250	27,500
2010 Suburban, 4WD V8						
4d K1500 LS Wag.	950	2,840	4,740	11,850	16,590	23,700
4d K1500 LT Wag.	1,050	3,160	5,260	13,150	18,410	26,300
4d K1500 LTZ SUV	1,240	3,720	6,200	15,500	21,700	31,000
4d K1500 75 Diamond	1,280	3,830	6,380	15,950	22,330	31,900
4d K2500 LS Wag.	1,060	3,190	5,320	13,300	18,620	26,600
4d K2500 LT Wag.	1,140	3,410	5,680	14,200	19,880	28,400
NOTE: Deduct 10% for 2WD.						
2010 Yukon XL, 4WD V8						
4d K1500 SLE Wag.	980	2,940	4,900	12,250	17,150	24,500
4d K1500 SLT Wag.	1,100	3,290	5,480	13,700	19,180	27,400
4d K2500 SLE Wag.	1,040	3,120	5,200	13,000	18,200	26,000
4d K2500 SLI Wag.	1,160	3,480	5,800	14,500	20,300	29,000
NOTE: Deduct 10% for 2WD.						
2010 Yukon XL Denali, 4WD V8						
4d K1600 Wag	1,300	3,900	6,500	16,250	22,750	32,500
2010 Express/Savana Passenger Van, V8						
1500 LS Van	570	1,700	2,840	7,100	9,940	14,200
1500 LI Van	610	1,830	3,050	7,630	10,680	15,250
1500 LS Van	580	1,750	2,910	7,280	10,190	14,550
2500 LT Van	620	1,850	3,090	7,730	10,820	15,450
3500 LS Van	640	1,910	3,180	7,950	11,130	15,900
3500 LT Van	680	2,050	3,420	8,550	11,970	17,100
3500 LS Ext Van	710	2,130	3,550	8,880	12,430	17,750
3500 LT Ext Van	730	2,180	3,630	9,080	12,710	18,150
NOTE: Add 5% for AWD.						
2010 Express Cargo Van, V6						
1500 Van	680	2,030	3,380	8,450	11,830	16,900
NOTE: Add 5% for 5.3L V8.						
2010 Savana Cargo Van, V8						
1500 LS Van	700	2,100	3,500	8,750	12,250	17,500
NOTE: Add 5% for 4.3L V8; 5% for AWD.						
2010 Express/Savana Cargo Van, V8						
2500 Cargo Van	740	2,210	3,690	9,230	12,920	18,450
2500 EXT Cargo Van	750	2,260	3,760	9,400	13,160	18,800
3500 Cargo Van	750	2,260	3,760	9,400	13,160	18,800
3500 EXT Cargo Van	770	2,320	3,860	9,650	13,510	19,300
NOTE: Add 25% for 6.6L Turbo Diesel.						
2010 Express/Savana Cargo Van, V8 Turbo Diesel						
2500 Cargo Van	980	2,940	4,900	12,250	17,150	24,500
2500 Ext Cargo Van	1,000	2,990	4,980	12,450	17,430	24,900
3500 Cargo Van	1,000	3,010	5,020	12,550	17,570	25,100
3500 Ext Cargo Van	1,020	3,070	5,120	12,800	17,920	25,600
NOTE: Add 25% for 6.6L Turbo Diesel.						
2010 Colorado/Canyon Regular Cab Pickup, 4-cyl						
2d Work Truck 6'	380	1,130	1,880	4,690	6,560	9,375
2d LT/SLE 6'	410	1,230	2,050	5,130	7,180	10,250
2010 Canyon Regular Cab Pickup, 5-cyl						
2d SLE Mini Pickup 6'	440	1,320	2,200	5,500	7,700	11,000
NOTE: Add 20% for 4WD.						
2010 Colorado/Canyon Extended Cab Pickup, 4-cyl						
4d Work Truck Mini Pickup 6'	510	1,520	2,530	6,330	8,860	12,650
NOTE: Add 20% for 4WD.						
2010 Colorado/Canyon Extended Cab Pickup, 5-cyl						
4d LT/SLE Mini Pickup 6'	560	1,690	2,820	7,050	9,870	14,100
NOTE: Add 20% for 4WD.						
2010 Canyon Extended Cab Pickup, 5-cyl						
4d SLT Mini Pickup 6'	620	1,850	3,090	7,730	10,820	15,450
NOTE: Add 20% for 4WD.						

	6	5	4	3	2	1
2010 Colorado/Canyon, 5-cyl						
4d LT/SLE Crew Cab Mini Pickup 5.25' 690	2,070	3,450	8,630	12,080	17,250	
NOTE: Add 20% for 4WD.						
2010 Canyon, 5-cyl						
4d SLT Crew Cab Mini Pickup 5'. 720	2,170	3,610	9,030	12,640	18,050	
NOTE: Add 20% for 4WD.						
2010 Avalanche, 4WD V8						
LS Spt Utility Pickup 850	2,540	4,240	10,600	14,840	21,200	
LT Spt Utility Pickup 950	2,860	4,760	11,900	16,660	23,800	
LTZ Spt Utility Pickup 1,080	3,250	5,420	13,550	18,970	27,100	
NOTE: Deduct 7% for 2WD.						
2010 Silverado Regular Cab Pickup, 2WD V6						
2d 1500 WT 6.5' 500	1,510	2,520	6,300	8,820	12,600	
NOTE: Add 10% for 4WD.						
2010 Silverado/Sierra Regular Cab Pickup, 2WD V8						
2d 1500 WT 6.5' 580	1,730	2,880	7,200	10,080	14,400	
2d 1500 LT/SLE 6.5' 630	1,880	3,140	7,850	10,990	15,700	
2d 1500 LT/SLE 8' 610	1,820	3,030	7,580	10,610	15,150	
2d 2500 H-D WT 8' 470	1,400	2,340	5,850	8,190	11,700	
2d 2500 H-D LT/SLE 8' 570	1,700	2,840	7,100	9,940	14,200	
2d 3500 WT 8' 440	1,330	2,210	5,530	7,740	11,050	
2d 3500 SLE 8' 580	1,730	2,880	7,200	10,080	14,400	
NOTE: Add 30% for AWD; 45% for 6.6L Turbo Diesel.						
2010 Silverado Regular Cab Pickup, 4WD Turbo Diesel V8						
3500 LT 8' 990	2,960	4,940	12,350	17,290	24,700	
2010 Silverado/Sierra Extended Cab Pickup, V6						
2d 1500 Work Trk 6.5' 540	1,630	2,710	6,100	9,490	13,550	
NOTE: Add 30% for 4WD.						
2010 Silverado/Sierra Extended Cab Pickup, V8						
2d 1500 Work Trk 8' 580	1,740	2,900	7,250	10,150	14,500	
2d 1500 LT/SLE 8' 720	2,150	3,580	8,950	12,530	17,900	
2d 1500 LTZ/SLT 8' 760	2,280	3,800	9,500	13,300	19,000	
NOTE: Add 30% for 4WD.						
2010 Silverado/Sierra Extended Cab Pickup, 4WD V8						
2D 1500 LTZ/SLT 6.5' 980	2,940	4,900	12,250	17,150	24,500	
2010 Silverado/Sierra Extended Cab Pickup, 2WD V8						
2D 1500 LS/SL 6.5' 660	1,970	3,290	8,230	11,520	16,450	
2D 1500 LT/SLE 6.5' 720	2,170	3,610	9,030	12,640	18,050	
2D 2500 H-D WT 6' 640	1,910	3,190	7,980	11,170	15,950	
2D 2500 H-D WT 8' 650	1,940	3,230	8,080	11,310	16,150	
2D 3500 WT 8' 690	2,060	3,430	8,580	12,010	17,150	
2D 3500 H-D LTZ/SLT 8' 860	2,590	4,320	10,800	15,120	21,600	
NOTE: Add 20% for 4WD.						
2010 Silverado/Sierra Extended Cab Pickup, 4WD V8						
2500 H-D LT/SLE 6' 920	2,760	4,600	11,500	16,100	23,000	
2500 H-D LT/SLE 8' 930	2,800	4,660	11,650	16,310	23,300	
2500 H-D LTZ/SLT 6' 1,010	3,040	5,060	12,650	17,710	25,300	
2500 H-D LTZ/SLT 8' 1,000	3,010	5,020	12,550	17,570	25,100	
NOTE: Add 20% for 6.6L Turbo Diesel.						
2010 Silverado/Sierra Extended Cab Pickup, 4WD Turbo Diesel V8						
3500 H-D LT/SLE 8' 1,200	3,600	6,000	15,000	21,000	30,000	
2010 Silverado/Sierra Crew Cab Pickup, 2WD V8						
4d 1500 XFE 5.75' 830	2,480	4,140	10,350	14,490	20,700	
NOTE: Add 25% for 4WD; 30% for 6.6L Turbo Diesel.						
2010 Silverado/Sierra Crew Cab Pickup, 4WD V8						
4D 1500 LTZ/SLT 5.75' 1,110	3,340	5,560	13,900	19,460	27,800	
2010 Silverado Crew Cab Pickup, Hybrid V8						
4D 1500 5.75' 920	2,770	4,620	11,550	16,170	23,100	
2010 Sierra Crew Cab Pickup, 4WD Hybrid V8						
4D 1500 5.75' 1,060	3,170	5,280	13,200	18,480	26,400	
2010 Silverado/Sierra Crew Cab Pickup, V8						
4D 1500 Work Trk 5.75' 730	2,200	3,660	9,150	12,810	18,300	
4D 1500 LS/SL 5.75' 790	2,380	3,970	9,930	13,900	19,850	
4D 1500 LT/SLE 5.75' 880	2,630	4,380	10,950	15,330	21,900	
4D 2500 H-D WT 6' 790	2,370	3,950	9,880	13,830	19,750	
4D 2500 LT/SLE WT 8' 910	2,740	4,560	11,400	15,960	22,800	
4D 2500 H-D LTZ/SLT 8' 960	2,890	4,820	12,050	16,870	24,100	
NOTE: Add 25% for 4WD.						
2010 Silverado/Sierra Crew Cab Cab Pickup, V8						
4d 2500 H-D LT 6' 1,250	3,740	6,240	15,600	21,840	31,200	
4d 2500 H-D LTZ/SLT 6' 1,410	4,220	7,040	17,600	24,640	35,200	
NOTE: Add 15% for Turbo Diesel						
2010 Sierra Crew Cab Pickup, 4WD Turbo Diesel V8						
4D 3500 WT 8' 840	2,510	4,180	10,450	14,630	20,900	
2010 Silverado Crew Cab Pickup, Turbo Diesel V8						
4D 2500 H-D WT 8' 1,000	2,990	4,980	12,450	17,430	24,900	
4D 3500 WT 8' 1,090	3,280	5,460	13,650	19,110	27,300	
2010 Silverado Crew Cab Pickup, 4WD Turbo Diesel						
4D 3500 LTZ 8' 1,460	4,380	7,300	18,250	25,550	36,500	

	6	5	4	3	2	1
2010 Silverado/Sierra Crew Cab Pickup, 4WD Turbo Diesel						
4D 3500 LT/SLE 8'	1,340	4,010	6,680	16,700	23,380	33,400
2010 Sierra Crew Cab Pickup, Turbo Diesel V8						
4D 3500 SLT 8'	1,260	3,780	6,300	15,750	22,050	31,500
2010 Silverado Denali Crew Cab Pickup, AWD V8						
4d 1500 5.75'	1,190	3,580	5,960	14,900	20,860	29,800
2011 Equinox, I4						
4d LS SUV	370	1,100	1,840	4,600	6,440	9,200
Add 8% for AWD.						
4d LT SUV	410	1,220	2,040	5,100	7,140	10,200
Add 8% for AWD.						
2011 Equinox AWD, V6						
4d LTZ SUV	550	1,660	2,760	6,900	9,660	13,800
2011 GMC Terrain, I4						
4d SLE SUV	410	1,240	2,060	5,150	7,210	10,300
4d SLT SUV	440	1,310	2,180	5,450	7,630	10,900
2011 GMC Acadia, V6						
4d SL SUV	460	1,380	2,300	5,750	8,050	11,500
4d SLE SUV	520	1,550	2,590	6,480	9,070	12,950
4d Denali SUV	720	2,160	3,600	9,000	12,600	18,000
4d Denali SUV	720	2,160	3,600	9,000	12,600	18,000
Add 5% for AWD.						
2011 GMC Acadia AWD, V6						
4d SLT SUV	540	1,630	2,720	6,800	9,520	13,600
2011 Traverse, V6						
4d LS SUV	420	1,250	2,080	5,200	7,280	10,400
Add 5% for 4WD.						
2011 Traverse AWD, V6						
4d LT SUV	460	1,390	2,320	5,800	8,120	11,600
4d LTZ SUV	550	1,660	2,760	6,900	9,660	13,800
2011 Tahoe, V8						
4d LS SUV	720	2,160	3,600	9,000	12,600	18,000
Add 5% for 4WD						
2011 Tahoe, V8 4WD						
4d LT SUV	830	2,480	4,140	10,350	14,490	20,700
4d LTZ SUV	960	2,870	4,790	11,980	16,770	23,950
2011 Tahoe, V8 Hybrid, 4WD						
4d SUV	810	2,420	4,040	10,100	14,140	20,200
2011 GMC Yukon, V8						
4d SLE SUV	720	2,160	3,600	8,990	12,580	17,975
2011 GMC Yukon 4WD, V8						
4d SLT SUV	800	2,400	4,000	9,990	13,980	19,975
2011 GMC Yukon, V8, 4WD Hybrid						
4d SLT SUV	850	2,560	4,260	10,650	14,910	21,300
2011 GMC Yukon Denali, V8, AWD						
4d SUV	930	2,780	4,630	11,580	16,210	23,150
2011 GMC Yukon Denali, V8 Hybrid, 4WD						
4d SUV	880	2,640	4,400	11,000	15,400	22,000
2011 Suburban, V8, 4WD						
4d K1500 LS Wag	770	2,310	3,850	9,630	13,480	19,250
4d K1500 LT Wag	850	2,560	4,260	10,650	14,910	21,300
4d K1500 LTZ SUV	990	2,960	4,930	12,330	17,260	24,650
4d K2500 LS Wag	840	2,520	4,200	10,490	14,680	20,975
4d K2500 LT Wag	920	2,770	4,620	11,550	16,170	23,100
2011 GMC Yukon XL, V8, 4WD						
4d K1500 SLE Wag	780	2,350	3,920	9,800	13,720	19,600
4d K1500 SLT Wag	860	2,590	4,320	10,000	15,120	21,600
4d K2500 SLE Wag	880	2,640	4,400	10,990	15,380	21,975
4d K2500 SLT Wag	960	2,870	4,790	11,960	16,750	23,925
Deduct 10% for 2WD.						
2011 GMC Yukon XL Denali, V8, AWD						
4d K1500 Wag	1,000	2,990	4,990	12,480	17,470	24,950
2011 Express/Savana Passenger Van, V8						
1500 LS Van	500	1,490	2,480	6,200	8,680	12,400
1500 LT Van	530	1,580	2,640	6,600	9,240	13,200
2500 LS Van	510	1,540	2,570	6,430	9,000	12,850
2500 LT Van	550	1,640	2,730	6,830	9,560	13,650
Add $6,000 for Turbo diesel, Add 5% for AWD.						
2011 Express/Savana Passenger Van, V8 Turbo Diesel						
3500 LS Van	540	1,620	2,700	6,740	9,430	13,475
3500 LT Van	570	1,710	2,860	7,140	9,990	14,275
3500 LS Ext Van	580	1,740	2,900	7,250	10,150	14,500
3500 LT Ext Van	600	1,800	2,990	7,480	10,470	14,960
Add 5% for AWD.						
2011 Colorado/Canyon Regular Cab pickup, 4.cyl						
2d Work Truck 6'	360	1,080	1,800	4,500	6,300	9,000
2d LT 6'	370	1,100	1,830	4,580	6,410	9,150

CHEVROLET TRUCKS

	6	5	4	3	2	1
2011 GMC Canyon Regular Cab pickup, 5-cyl						
2d SLE Mini Pickup 6'	370	1,100	1,830	4,580	6,410	9,150
Add 20% for 4WD.						
2011 Colorado/Canyon, Extended Cab pickup 4-cyl						
4d Work Truck Mini Pickup 6'	430	1,280	2,130	5,330	7,460	10,650
2011 Colorado/Canyon, Extended Cab pickup 5-cyl						
4d LT/SLE Mini Pickup 5'	440	1,310	2,180	5,450	7,630	10,900
Add 20% for 4WD.						
2011 Colorado/Canyon Crew Cab pickup, 5-cyl						
4d LT/SLE Mini Pickup 5'	550	1,650	2,760	6,890	9,640	13,775
2011 GMC Canyon Crew Cab pickup, 5-cyl						
4d SLT Mini Pickup 5'	620	1,860	3,100	7,750	10,850	15,500
Add 20% for 4WD.						
2011 Colorado/Canyon Crew Cab pickup, 5-cyl						
2011 Silverado/Sierra Regular Cab Pickup, V8, 2WD						
2D 1500 WT 6.5'	500	1,500	2,510	6,260	8,770	12,525
2D 1500 WT 8'	510	1,520	2,530	6,310	8,840	12,625
2D 1500 LT/SLE 6.5'	560	1,690	2,820	7,050	9,870	14,100
2D 1500 LT/SLE 8'	570	1,720	2,860	7,150	10,010	14,300
2D 2500 H-D WT 8'	580	1,750	2,920	7,300	10,220	14,600
2D 2500 H-D LT/SLE 8'	610	1,820	3,040	7,600	10,640	15,200
2D 3500 WT 8'	610	1,840	3,060	7,650	10,710	15,300
Add 30% for 4WD. Add 45% for 6.6L Turbo Diesel.						
2011 Silverado/Sierra Regular Cab Pickup, V8 Turbo Diesel , 4WD						
3500 LT/SLE 8'	960	2,890	4,820	12,050	16,870	24,100
2011 Silverado/Sierra Extended Cab Pickup, V8						
2D 1500 LT/SLE 8'	690	2,060	3,440	8,600	12,040	17,200
2D 1500 LTZ/SLT 8'	780	2,350	3,910	9,780	13,690	19,550
Add 30% for 4WD.						
2D 1500 WT8'	560	1,680	2,810	7,010	9,820	14,025
2011 Silverado/Sierra Extended Cab Pickup 4WD, V8						
2D 1500 LTZ/SLT 6.5'	820	2,470	4,120	10,290	14,400	20,575
2011 Silverado/Sierra Extended Cab Pickup, V8, 2WD						
2D 1500 LS/SL 6.5'	590	1,760	2,930	7,330	10,260	14,650
2D 1500 LT/SLE 6.5'	680	2,050	3,410	8,530	11,940	17,050
2D 2500 H-D WT 6'	610	1,830	3,060	7,640	10,690	15,275
2D 2500 H-D WT 8'	610	1,830	3,060	7,640	10,690	15,275
2D 3500 WT 8'	640	1,930	3,210	8,030	11,240	16,050
2D 3500 H-D LTZ/SLT 8'	800	2,410	4,020	10,040	14,050	20,075
Add 25% for 4WD.						
2011 Silverado/Sierra Extended Cab Pickup, V8, 4WD						
2500 H-D LT/SLE 6'	750	2,240	3,740	9,340	13,070	18,675
2500 H-D LT/SLE 8'	750	2,240	3,740	9,340	13,070	18,675
2500 H-D LTZ/SLT 6'	1,060	3,170	5,280	13,200	18,480	26,400
2500 H-D LTZ/SLT 8'	1,060	3,170	5,280	13,200	18,480	26,400
Add 20% for 6.6L Turbo Diesel.						
2011 Silverado/Sierra Extended Cab Pickup, V8 Turbo Diesel, 4WD						
3500 H-D LT/SLE 8'	1,130	3,380	5,630	14,080	19,710	28,150
2011 Silverado/Sierra Crew Cab Pickup, V8, 2WD						
4D 1500 XFE 5.75'	810	2,430	4,050	10,110	14,160	20,225
Add 25% for 4WD. Add 30% for 6.6L Turbo Diesel.						
2011 Silverado/Sierra Crew Cab Pickup, V8, 4WD						
4D 1500 LTZ 5.75'	920	2,760	4,600	11,500	16,100	23,000
4D 1500 SLT 5.75'	950	2,860	4,760	11,900	16,660	23,800
2011 Silverado/Sierra Crew Cab Pickup, V8, Hybrid						
4D 1500 5.75'	710	2,120	3,540	8,850	12,390	17,700
2011 Silverado/Sierra Crew Cab Pickup, V8, 4WD, Hybrid						
4D 1500 5.75'	820	2,450	4,080	10,200	14,280	20,400
2011 Silverado/Sierra Crew Cab Pickup, V8						
4D 1500 Work Trk 5.75'	650	1,960	3,260	8,150	11,410	16,300
4D 1500 LS 5.75'	680	2,030	3,390	8,480	11,870	16,950
4D 1500 LT 5.75'	760	2,270	3,790	9,460	13,250	18,925
4D 2500 H-D WT 6'	760	2,280	3,800	9,500	13,300	19,000
4D 2500 LT/SLE 8'	830	2,480	4,130	10,330	14,460	20,650
4D 2500 H-D LTZ/SLT 8'	960	2,870	4,780	11,940	16,710	23,875
4D 3500 WT 6.5'	840	2,520	4,200	10,500	14,700	21,000
4D 3500 H-D LT/SLE 6.5'	890	2,660	4,440	11,100	15,540	22,200
4D 3500 H-D LTZ/SLT 6.5'	1,110	3,320	5,530	13,830	19,360	27,650
Add 25% for 4WD.						
2011 Silverado/Sierra Crew Cab Pickup, AWD, Turbo Diesel V-8						
4D 2500 H-D LT/SLE 6'	1,190	3,560	5,930	14,830	20,760	29,650
2011 Sierra Crew Cab Pickup, V8						
4D 2500 WT 8'	890	2,680	4,460	11,150	15,610	22,300
2011 Silverado/Sierra Crew Cab Pickup, AWD, Turbo Diesel V-8						
Add 20% for 6.0L Turbo Diesel.						
2011 Sierra Crew Cab Pickup, V8						
4D 3500 WT 8'	900	2,700	4,500	11,250	15,750	22,500
Add 20% for 6.0L Turbo Diesel						

	6	5	4	3	2	1
2011 Silverado Crew Cab Pickup, V8, Turbo Diesel						
4D 2500 H-D WT 8'	1,250	3,760	6,260	15,650	21,910	31,300
4D 3500 WT 8'	1,260	3,780	6,300	15,750	22,050	31,500
Add 20% for 6.0L Turbo Diesel.						
2011 Silverado Crew Cab Pickup, 4WD, V-8, Turbo Diesel						
4D 3500 HD LTZ/SLE 6'	1,320	3,950	6,590	16,480	23,070	32,950
4D 3500 LT 8'	1,220	3,660	6,100	15,250	21,350	30,500
4D 3500 LTZ 8'	1,240	3,720	6,200	15,500	21,700	31,000
2011 GMC Sierra Denali Crew Cab Pickup, AWD, V-8						
4D 1500 6.5'	1,210	3,640	6,060	15,150	21,210	30,300
2011 GMC Sierra Denali Crew Cab Pickup, V-8						
4D 3500 6.5'	1,120	3,350	5,590	13,980	19,570	27,950
4D 3500 8'	1,120	3,350	5,590	13,980	19,570	27,950
2011 GMC Sierra Denali Crew Cab Pickup, 4WD, V8 Turbo Diesel						
4D 3500 6.5'	1,570	4,720	7,860	19,650	27,510	39,300

CHRYSLER TRUCKS

	6	5	4	3	2	1
1990 Town & Country						
Window Van	230	680	1,140	2,570	3,990	5,700
1991 Town & Country						
Window Van	250	740	1,240	2,790	4,340	6,200
1992 Town & Country						
Window Van	290	860	1,440	3,240	5,040	7,200
NOTE: Add 5% for 4x4.						
1993 Town & Country						
Window Van	320	950	1,580	3,560	5,530	7,900
NOTE: Add 5% for 4x4.						
1994 Town & Country						
Window Van	390	1,160	1,940	4,370	6,790	9,700
NOTE: Add 5% for 4x4.						
1995 Town & Country						
Window Van	390	1,160	1,940	4,370	6,790	9,700
NOTE: Add 5% for 4x4.						
1996 Town & Country, V-6						
Window Van LX	370	1,100	1,840	4,140	6,440	9,200
Window Van LXi	410	1,240	2,000	4,640	7,210	10,300
NOTE: Add 5% for 4x4.						
1997 Town & Country, V-6						
Window Van SX	320	960	1,600	3,600	5,600	8,000
Window Van LX	360	1,080	1,800	4,050	6,300	9,000
Window Van LXi	410	1,240	2,060	4,640	7,210	10,300
NOTE: Add 5% for 4x4.						
1998 Town & Country, V-6						
Window Van SX	320	960	1,600	3,600	5,600	8,000
Window Van LX	360	1,080	1,800	4,050	6,300	9,000
Window Van LXi	410	1,240	2,060	4,640	7,210	10,300
NOTE: Add 5% for 4x4.						
1999 Town & Country, V-6						
Window Van SX	320	960	1,600	3,600	5,600	8,000
Window Van LX	360	1,080	1,800	4,050	6,300	9,000
Window Van LXi	410	1,240	2,060	4,640	7,210	10,300
NOTE: Add 5% for 4x4.						
2000 Voyager, V-6						
Voyager (4-cyl.)	240	720	1,200	2,700	4,200	6,000
Voyager SE (4-cyl.)	250	740	1,240	2,790	4,340	6,200
Grand Voyager	290	860	1,440	3,240	5,040	7,200
Grand Voyager SE	300	890	1,480	3,330	5,180	7,400
2000 Town & Country, V 6						
SX	320	960	1,600	3,600	5,600	8,000
LX	330	980	1,640	3,690	5,740	8,200
LXi	370	1,100	1,840	4,140	6,440	9,200
Limited	410	1,220	2,040	4,590	7,140	10,200
NOTE: Add 5% for 4x4.						
2001 Voyager, V-6						
Voyager	250	740	1,240	2,790	4,340	6,200
Voyager LX	260	780	1,300	2,930	4,550	6,500
NOTE: Deduct 5% for 4-cy.						
2001 Town & Country, V-6						
LX	330	980	1,640	3,690	5,740	8,200
EX	340	1,020	1,700	3,830	5,950	8,500
LXi	370	1,100	1,840	4,140	6,440	9,200
Limited	410	1,220	2,040	4,590	7,140	10,200
NOTE: Add 5% for 4x4.						
2002 Voyager, V-6						
Voyager eC (4-cyl.)	240	710	1,180	2,660	4,130	5,900
Voyager	250	740	1,240	2,790	4,340	6,200
Voyager LX	260	780	1,300	2,930	4,550	6,500
NOTE: Deduct 5% for 4-cyl. except eC model.						

CHRYSLER TRUCKS

CHRYSLER TRUCKS

	6	5	4	3	2	1
2002 Town & Country, V-6						
eL	330	1,000	1,660	3,740	5,810	8,300
LX	330	980	1,640	3,690	5,740	8,200
EX	340	1,020	1,700	3,830	5,950	8,500
LXi	370	1,100	1,840	4,140	6,440	9,200
Limited	410	1,220	2,040	4,590	7,140	10,200
NOTE: Add 5% for 4x4.						
2003 Voyager, V-6						
LX Base	250	740	1,240	3,100	4,340	6,200
LX	260	780	1,300	3,250	4,550	6,500
NOTE: Deduct 5% for 4-cyl.						
2003 Town & Country, V-6						
Van	320	970	1,620	4,050	5,670	8,100
eL	330	1,000	1,660	4,150	5,810	8,300
LX	330	980	1,640	4,100	5,740	8,200
EX	340	1,020	1,700	4,250	5,950	8,500
LXi	370	1,100	1,840	4,600	6,440	9,200
Limited	410	1,220	2,040	5,100	7,140	10,200
NOTE: Add 5% for AWD.						
2004 Pacifica, V-6						
4d Wag	380	1,140	1,900	4,750	6,650	9,500
NOTE: Add 5% for AWD.						
2004 Town & Country, V-6						
Van	320	970	1,620	4,050	5,670	8,100
LX	330	980	1,640	4,100	5,740	8,200
EX	340	1,020	1,700	4,250	5,950	8,500
Touring	370	1,100	1,840	4,600	6,440	9,200
Touring Platinum	390	1,160	1,940	4,850	6,790	9,700
Limited	410	1,220	2,040	5,100	7,140	10,200
NOTE: Add 5% for AWD.						
2005 Pacifica, V-6						
4d Utility	380	1,140	1,900	4,750	6,650	9,500
4d Touring Utility	390	1,160	1,940	4,850	6,790	9,700
4d Limited Utility	400	1,190	1,980	4,950	6,930	9,900
NOTE: Add 5% for AWD.						
2005 Town & Country, V-6						
Van	320	970	1,620	4,050	5,670	8,100
LX Van	330	980	1,640	4,100	5,740	8,200
Touring Van	370	1,100	1,840	4,600	6,440	9,200
Limited Van	410	1,220	2,040	5,100	7,140	10,200
2006 Town & Country, V-6						
Minivan	300	910	1,520	3,800	5,320	7,600
LX Minivan	350	1,060	1,760	4,400	6,160	8,800
Trg Minivan	410	1,240	2,060	5,150	7,210	10,300
Ltd Minivan	500	1,510	2,520	6,300	8,820	12,600
2006 Pacifica, V-6						
Minivan	360	1,080	1,800	4,500	6,300	9,000
Trg Minivan	440	1,320	2,200	5,500	7,700	11,000
Ltd Minivan	510	1,520	2,540	6,350	8,890	12,700
2007 Aspen SUV, V-8 4WD						
4d LTD SUV	700	2,110	3,520	8,800	12,320	17,600
NOTE: Add 8% for 5.7L Hemi.						
2007 Town & Country, V-6						
Minivan	300	890	1,480	3,700	5,180	7,400
LX Minivan	340	1,030	1,720	4,290	6,000	8,575
Trg Minivan	450	1,360	2,270	5,680	7,950	11,350
Ltd Minivan	600	1,810	3,020	7,550	10,570	15,100
2007 Pacifica, V-6						
Minivan	310	920	1,530	3,830	5,360	7,650
Trg Minivan	380	1,130	1,880	4,700	6,580	9,400
NOTE: Add 10% for AWD.						
LTD Minivan	520	1,570	2,620	6,550	9,170	13,100
2008 Aspen SUV, 4WD, V8						
4d LTD SUV	660	1,990	3,320	8,300	11,620	16,600
Add 8% for 5.7L Hemi.						
2008 Town & Country, V6						
LX Minivan	400	1,200	2,000	5,000	7,000	10,000
Trg Minivan	520	1,570	2,610	6,530	9,140	13,050
Ltd Minivan	650	1,960	3,270	8,180	11,450	16,350
2008 Pacifica, V6						
Minivan	340	1,020	1,700	4,250	5,950	8,500
Trg Minivan	410	1,220	2,040	4,590	7,140	10,200
Add 10% for AWD.						
2008 Pacifica AWD, V6						
LTD Minivan	520	1,550	2,580	6,450	9,030	12,900
2009 Aspen SUV, 4WD, V8						
4d LTD SUV	580	1,750	2,910	7,280	10,190	14,550
Add 8% for 5.7L Hemi						

	6	5	4	3	2	1
2009 Aspen SUV, 4WD, V8 Hybrid						
4d LTD SUV	640	1,910	3,180	7,950	11,130	15,900
2009 Town & Country, V6						
LX Minivan	380	1,140	1,900	4,750	6,650	9,500
Town & Country, V6	440	1,320	2,200	5,500	7,700	11,000
Ltd Minivan	580	1,740	2,900	7,250	10,150	14,500
2010 Town & Country, V6						
LX Minivan	410	1,220	2,040	5,100	7,140	10,200
Trg Minivan	450	1,340	2,240	5,600	7,840	11,200
Ltd Minivan	590	1,760	2,940	7,350	10,290	14,700
2011 Town & Country, V6						
Trg Minivan	400	1,200	2,000	5,000	7,000	9,995
Trg L Minivan	470	1,400	2,330	5,810	8,140	11,625
Ltd Minivan	490	1,480	2,470	6,180	8,650	12,350
CROFTON TRUCKS						
1959-62 Bug Series, 4-cyl., 63" wb						
Bug Utl	570	1,700	2,840	6,390	9,940	14,200
Brawny Bug Utl	580	1,740	2,900	6,530	10,150	14,500
CROSLEY TRUCKS						
1940 Series C2A, 2-cyl., 80" wb						
2d Parkway Dly	800	2,400	4,000	9,000	14,000	20,000
1941 Series CB41, 2-cyl., 80" wb						
2d PU Dly	660	1,980	3,300	7,430	11,550	16,500
2d Parkway Dly	800	2,400	4,000	9,000	14,000	20,000
2d Panel Dly	680	2,040	3,400	7,650	11,900	17,000
1942 Series CB42, 2-cyl., 80" wb						
2d PU Dly	660	1,980	3,300	7,430	11,550	16,500
2d Parkway Dly	800	2,400	4,000	9,000	14,000	20,000
2d Panel Dly	680	2,040	3,400	7,650	11,900	17,000
1947 Series CC, 4-cyl., 80" wb						
2d PU	500	1,500	2,500	5,630	8,750	12,500
2d Panel	490	1,470	2,450	6,130	8,580	12,250
1948 Series CC, 4-cyl., 80" wb						
2d PU	470	1,410	2,350	5,290	8,230	11,750
2d Panel	490	1,470	2,450	5,510	8,580	12,250
1949 Standard Series CD, 4-cyl., 80" wb						
2d PU	490	1,470	2,450	5,510	8,580	12,250
2d Panel	510	1,530	2,550	5,740	8,930	12,750
1949 Deluxe Series CD, 4-cyl., 80" wb						
2d PU	510	1,530	2,550	6,380	8,930	12,750
2d Panel	530	1,590	2,650	6,630	9,280	13,250
1950 Standard Series CD, 4-cyl., 80" wb						
2d PU	490	1,470	2,450	5,510	8,580	12,250
2d Panel	510	1,530	2,550	5,740	8,930	12,750
1950 Deluxe Series CD, 4-cyl., 80" wb						
2d PU	510	1,530	2,550	6,380	8,930	12,750
2d Panel	530	1,590	2,650	6,630	9,280	13,250
1950 Series FR, 4-cyl., 63" wb						
FarmOroad	600	1,800	3,000	7,500	10,500	15,000
1951 Deluxe Series CD, 4-cyl., 80" wb						
2d PU	510	1,530	2,550	5,740	8,930	12,750
2d Panel	530	1,590	2,650	5,960	9,280	13,250
1951 Super Series CD, 4-cyl., 80" wb						
2d PU	520	1,560	2,600	5,850	9,100	13,000
2d Panel	540	1,620	2,700	6,750	9,450	13,500
1951 Series FR, 4-cyl., 63" wb						
FarmOroad	600	1,800	3,000	7,500	10,500	15,000
1952 Deluxe Series CD, 4-cyl., 80" wb						
2d PU	510	1,530	2,550	5,740	8,930	12,750
2d Panel	530	1,590	2,650	5,960	9,280	13,250
1952 Super Series CD, 4-cyl., 80" wb						
2d PU	520	1,560	2,600	6,500	9,100	13,000
2d Panel	540	1,620	2,700	6,750	9,450	13,500
1952 Series FR, 4-cyl., 63" wb						
FarmOroad	600	1,800	3,000	7,500	10,500	15,000
DODGE TRUCKS						
1917 Commercial Car, 1/2-Ton						
Screenside	680	2,040	3,400	7,650	11,900	17,000
1918 Commercial/Business Car, 1/2-Ton						
Screenside	680	2,040	3,400	7,650	11,900	17,000
Panel	660	1,980	3,300	7,430	11,550	16,500
1919 Commercial/Business Car, 1/2-Ton						
Screenside	680	2,040	3,400	7,650	11,900	17,000
Panel	660	1,980	3,300	7,430	11,550	16,500
1920 Commercial/Business Car, 1/2-Ton						
Screenside	640	1,920	3,200	7,200	11,200	16,000

DODGE TRUCKS

DODGE TRUCKS

	6	5	4	3	2	1
Panel	640	1,920	3,200	7,200	11,200	16,000
1921 Commercial/Business Car, 1/2-Ton						
Screenside	640	1,920	3,200	7,200	11,200	16,000
Panel	640	1,920	3,200	7,200	11,200	16,000
1922 Commercial/Business Car, 1/2-Ton						
Screenside	640	1,920	3,200	7,200	11,200	16,000
Panel	640	1,920	3,200	7,200	11,200	16,000
1923 Commercial/Business Car, 3/4-Ton						
Screenside	650	1,960	3,260	7,340	11,410	16,300
Panel	640	1,920	3,200	7,200	11,200	16,000
1924 Commercial/Business Car, 3/4-Ton						
Screenside	650	1,960	3,260	7,340	11,410	16,300
Panel	640	1,920	3,200	7,200	11,200	16,000
1925 Commercial/Business Car, 3/4-Ton						
Screenside	650	1,960	3,260	7,340	11,410	16,300
Panel	640	1,920	3,200	7,200	11,200	16,000
1926 Commercial/Business Car, 3/4-Ton, 116" wb						
Screenside	680	2,040	3,400	7,650	11,900	17,000
Panel (72" wb)	640	1,920	3,200	7,200	11,200	16,000
1926 Business Car, 3/4-Ton, 140" wb						
Panel (96" wb)	640	1,920	3,200	7,200	11,200	16,000
1927 Series DC, 3/4-Ton, 116" wb						
Exp	630	1,880	3,140	7,070	10,990	15,700
Canopy	660	1,980	3,300	7,430	11,550	16,500
Screen	640	1,910	3,180	7,160	11,130	15,900
Panel	640	1,920	3,200	7,200	11,200	16,000
1927 Series BD, 1-Ton, 126" wb						
Exp	600	1,800	3,000	6,750	10,500	15,000
Farm Box	580	1,750	2,920	6,570	10,220	14,600
Canopy	640	1,910	3,180	7,160	11,130	15,900
Panel	590	1,780	2,960	6,660	10,360	14,800
Stake	580	1,750	2,920	6,570	10,220	14,600
1927 Series ID, 1-Ton,137" wb						
Exp	600	1,790	2,980	6,710	10,430	14,900
Canopy	630	1,900	3,160	7,110	11,060	15,800
Panel	600	1,800	3,000	6,750	10,500	15,000
1928-29 Series SE, 1/2-Ton						
Panel	620	1,860	3,100	6,980	10,850	15,500
1928-29 Series DA-120, 3/4-Ton						
PU Exp	620	1,860	3,100	6,980	10,850	15,500
Canopy Dly	650	1,960	3,260	7,340	11,410	16,300
Screen Dly	620	1,870	3,120	7,020	10,920	15,600
Panel Dly	610	1,820	3,040	6,840	10,640	15,200
Platform	600	1,800	3,000	6,750	10,500	15,000
Stake	600	1,790	2,980	6,710	10,430	14,900
1928-29 Series DA-130, 1-Ton						
PU Exp	600	1,800	3,000	6,750	10,500	15,000
Farm	580	1,740	2,900	6,530	10,150	14,500
Canopy Dly	630	1,900	3,160	7,110	11,060	15,800
Screen Dly	600	1,810	3,020	6,800	10,570	15,100
Panel Dly	590	1,760	2,940	6,620	10,290	14,700
Platform	580	1,740	2,900	6,530	10,150	14,500
Stake	580	1,740	2,900	6,530	10,150	14,500
1928-29 Series DA-140, 1-Ton						
PU Exp	600	1,800	3,000	6,750	10,500	15,000
Canopy Dly	630	1,880	3,140	7,070	10,990	15,700
Screen Dly	600	1,800	3,000	6,750	10,500	15,000
Panel Dly	580	1,750	2,920	6,570	10,220	14,600
Side Door Panel	580	1,740	2,900	6,530	10,150	14,500
Carryall	580	1,750	2,920	6,570	10,220	14,600
Platform	580	1,730	2,880	6,480	10,080	14,400
Stake	580	1,730	2,880	6,480	10,080	14,400
1929 Merchant's Exp, 1/2-Ton, 109" wb						
Panel	620	1,860	3,100	6,980	10,850	15,500
1930 Series UI-A-109, 1/2-Ton						
PU	710	2,140	3,560	8,010	12,460	17,800
Canopy	730	2,200	3,660	8,240	12,810	18,300
Screen	700	2,090	3,480	7,830	12,180	17,400
Panel	700	2,100	3,500	7,880	12,250	17,500
1930 Series UI-B-124, 3/4-Ton, 4-cyl.						
PU	720	2,160	3,600	8,100	12,600	18,000
Canopy	710	2,140	3,560	8,010	12,460	17,800
Screen	680	2,030	3,380	7,610	11,830	16,900
Panel	680	2,040	3,400	7,650	11,900	17,000
Platform	640	1,920	3,200	7,200	11,200	16,000
Stake	650	1,940	3,240	7,290	11,340	16,200
1930 Series DA1-B-124, 3/4-Ton, 6-cyl., Note 1 Series UI-C-133, 1-Ton, 4-cyl.						
Farm	640	1,930	3,220	7,250	11,270	16,100
Exp	680	2,030	3,380	7,610	11,830	16,900

	6	5	4	3	2	1
Canopy	710	2,120	3,540	7,970	12,390	17,700
Screen	670	2,020	3,360	7,560	11,760	16,800
Panel	680	2,040	3,400	7,650	11,900	17,000
Platform	640	1,910	3,180	7,160	11,130	15,900
Stake	640	1,930	3,220	7,250	11,270	16,100

1930 Series DA1-C-133, 1-Ton, 6-cyl., Note 2 Series DA1-C-140, 1-Ton, 140" wb

	6	5	4	3	2	1
Exp	640	1,930	3,220	7,250	11,270	16,100
Canopy	710	2,120	3,540	7,970	12,390	17,700
Screen	670	2,020	3,360	7,560	11,760	16,800
Panel	680	2,040	3,400	7,650	11,900	17,000
Side Door Panel	660	1,980	3,300	7,430	11,550	16,500
Carryall	720	2,160	3,600	8,100	12,600	18,000
Platform	640	1,910	3,180	7,160	11,130	15,900
Stake	640	1,930	3,220	7,250	11,270	16,100

NOTE 1: For 6-cyl. models, add 5% from figure given for equivalent 4-cyl. (UI-B-124). NOTE 2: For 6-cyl. models, add 5% from figure given for equivalent 4-cyl. (UI-C-133).

1931 Series UF-10, 1/2-Ton, 4-cyl.

	6	5	4	3	2	1
PU	760	2,280	3,800	8,550	13,300	19,000
Canopy	640	1,930	3,220	7,250	11,270	16,100
Screen	650	1,940	3,240	7,290	11,340	16,200
Panel	660	1,980	3,300	7,430	11,550	16,500

1931 Series F-10, 1/2-Ton, 6-cyl., Note 1 Series UI-B-124, 3/4-Ton, 4-cyl.

	6	5	4	3	2	1
PU	720	2,160	3,600	8,100	12,600	18,000
Canopy	610	1,840	3,060	6,890	10,710	15,300
Screen	620	1,850	3,080	6,930	10,780	15,400
Panel	660	1,980	3,300	7,430	11,550	16,500
Platform	580	1,740	2,900	6,530	10,150	14,500
Stake	590	1,760	2,940	6,620	10,290	14,700
Exp	620	1,850	3,080	6,930	10,780	15,400
Farm	580	1,750	2,920	6,570	10,220	14,600
Canopy	610	1,820	3,040	6,840	10,640	15,200
Screen	610	1,840	3,060	6,890	10,710	15,300

1931 Series DA1-B-124, 3/4-Ton, 6-cyl., Note 2 Series UI-C-133, 1-Ton, 4-cyl.

	6	5	4	3	2	1
Panel	620	1,860	3,100	6,980	10,850	15,500
Platform	580	1,730	2,880	6,480	10,080	14,400
Stake	580	1,750	2,920	6,570	10,220	14,600

1931 Series DA1-C-133, 1-Ton, 6-cyl., Note 3

NOTE 1: For 6-cyl. model F-10, add 5% from figure given for equivalent 4-cyl. (UF-10). NOTE 2: For 6-cyl. model DA1-B-124, add 5% from figure given for equivalent 4-cyl. (UI-B-124). NOTE 3: For 6-cyl. model DA1-C-133, add 5% from figure given for equivalent 4-cyl. (UI-C-133).

1932 Series UF-10, 1/2-Ton, 4-cyl.

	6	5	4	3	2	1
PU	760	2,280	3,800	8,550	13,300	19,000
Canopy	640	1,930	3,220	7,250	11,270	16,100
Screen	650	1,940	3,240	7,290	11,340	16,200
Panel	660	1,980	3,300	7,430	11,550	16,500

1932 Series F-10, 1/2-Ton, 6-cyl., Note 1 Series UI-B-124, 3/4-Ton, 4-cyl.

	6	5	4	3	2	1
PU	720	2,160	3,600	8,100	12,600	18,000
Canopy	610	1,840	3,060	6,890	10,710	15,300
Screen	620	1,850	3,080	6,930	10,780	15,400
Panel	660	1,880	3,140	7,070	10,990	15,700
Platform	580	1,740	2,900	6,500	10,150	14,500
Stake	590	1,760	2,940	6,620	10,290	14,700

1932 Series DA1-B-124, 3/4-Ton, 6-cyl., Note 2 Series UI-C-133, 1-Ton, 4-cyl.

	6	5	4	3	2	1
Exp	620	1,850	3,080	6,930	10,780	15,400
Farm	580	1,750	2,920	6,570	10,220	14,600
Canopy	610	1,820	3,040	6,840	10,640	15,200
Screen	610	1,840	3,060	6,890	10,710	15,300
Panel	630	1,880	3,140	7,070	10,990	15,700
Platform	580	1,730	2,880	6,480	10,080	14,400
Stake	580	1,750	2,920	6,570	10,220	14,600

1932 Series DA1-C-133, 1-Ton, 6-cyl., Note 3

NOTE 1: For 6-cyl. model F-10, add 5% from figure given for equivalent 4-cyl. (UF-10). NOTE 2: For 6-cyl. model DA1-B-124, add 5% from figure given for equivalent 4-cyl. (UI-B-124). NOTE 3: For 6-cyl. model DA1-C-133, add 5% from figure given for equivalent 4-cyl. (UI-C-133).

1933-35 1/2-Ton, 111.25" wb

	6	5	4	3	2	1
PU	920	2,760	4,600	10,350	16,100	23,000
Canopy	860	2,590	4,320	9,720	15,120	21,600
Comm Sed	770	2,320	3,860	8,690	13,510	19,300
Panel	770	2,320	3,860	8,690	13,510	19,300

1933-35 1/2-Ton, 119" wb

	6	5	4	3	2	1
Panel	770	2,300	3,840	8,640	13,440	19,200

1933-35 1/2-Ton, 109" wb

	6	5	4	3	2	1
PU	920	2,760	4,600	10,350	16,100	23,000
Canopy	840	2,520	4,200	9,450	14,700	21,000
Screen	780	2,330	3,880	8,730	13,580	19,400
Panel	770	2,320	3,860	8,690	13,510	19,300

1933-35 3/4-Ton, 131" wb

	6	5	4	3	2	1
Panel	760	2,280	3,800	8,550	13,300	19,000

	6	5	4	3	2	1
1936-38 1/2-Ton						
PU.	860	2,580	4,300	9,680	15,050	21,500
Canopy	760	2,290	3,820	8,600	13,370	19,100
Screen	770	2,300	3,840	8,640	13,440	19,200
Comm Sed	770	2,320	3,860	8,690	13,510	19,300
Panel	760	2,280	3,800	8,550	13,300	19,000
Westchester Suburban	1,920	5,760	9,600	21,600	33,600	48,000
1936-38 3/4-Ton, 136" wb						
PU.	880	2,640	4,400	9,900	15,400	22,000
Canopy	820	2,460	4,100	9,230	14,350	20,500
Screen	780	2,330	3,880	8,730	13,580	19,400
Panel	760	2,270	3,780	8,510	13,230	18,900
Platform	690	2,060	3,440	7,740	12,040	17,200
Stake	700	2,090	3,480	7,830	12,180	17,400
1939-42, 1946-47 1/2-Ton, 116" wb						
PU.	900	2,700	4,500	10,130	15,750	22,500
Canopy	830	2,490	4,150	9,340	14,530	20,750
Screen	800	2,390	3,980	8,960	13,930	19,900
Panel	800	2,410	4,020	9,050	14,070	20,100
1939-42, 1946-47 3/4-Ton, 120" wb						
PU.	880	2,640	4,400	9,900	15,400	22,000
Platform	750	2,240	3,740	8,420	13,090	18,700
Stake	750	2,240	3,740	8,420	13,090	18,700
1948-49 1/2-Ton, 108" wb						
PU.	820	2,460	4,100	9,230	14,350	20,500
Panel	740	2,220	3,700	8,330	12,950	18,500
1948-49 3/4-Ton, 116" wb						
PU.	810	2,420	4,040	9,090	14,140	20,200
Platform	720	2,160	3,600	8,100	12,600	18,000
Stake	700	2,110	3,520	7,920	12,320	17,600
1948-49 Power Wagon, 1-Ton, 126" wb						
PU.	900	2,700	4,500	10,130	15,750	22,500
1950-52 1/2-Ton, 108" wb						
PU.	1,000	3,000	5,000	11,250	17,500	25,000
Panel	920	2,760	4,600	10,350	16,100	23,000
1950-52 3/4-Ton, 116" wb						
PU.	960	2,880	4,800	10,800	16,800	24,000
Platform	740	2,220	3,700	8,330	12,950	18,500
Stake	740	2,230	3,720	8,370	13,020	18,600
1950-52 Power-Wagon, 1-Ton, 126" wb						
PU.	1,600	4,800	8,000	18,000	28,000	40,000
NOTE: Add 3% for Fluid Drive; Add 10% for pilot house cab.						
1953-54 1/2-Ton, 108" wb						
PU.	1,000	3,000	5,000	11,250	17,500	25,000
Panel	920	2,760	4,600	10,350	16,100	23,000
1953-54 1/2-Ton, 116" wb						
PU.	1,000	3,000	5,000	11,250	17,500	25,000
1953-54 3/4-Ton, 116" wb						
PU.	960	2,880	4,800	10,800	16,800	24,000
Platform	740	2,220	3,700	8,330	12,950	18,500
Stake	740	2,220	3,700	8,330	12,950	18,500
NOTE: Add 3% for Fluid Drive; 10% for V-8; 5% for automatic transmission.						
1953-54 Power-Wagon, 1-Ton, 126" wb						
PU.	1,600	4,800	8,000	18,000	28,000	40,000
1955-57 1/2-Ton, 108" wb						
Lowside PU	1,000	3,000	5,000	11,250	17,500	25,000
Highside PU	1,040	3,120	5,200	11,700	18,200	26,000
Panel	1,080	3,240	5,400	12,150	18,900	27,000
1955-57 1/2-Ton, 116" wb						
Lowside PU	960	2,880	4,800	10,800	16,800	24,000
Highside PU	1,000	3,000	5,000	11,250	17,500	25,000
Sweptside PU, 1957 only	1,800	5,400	9,000	20,250	31,500	45,000
Platform	800	2,400	4,000	9,000	14,000	20,000
Stake	840	2,520	4,200	9,450	14,700	21,000
1955-57 3/4-Ton, 116" wb						
PU.	920	2,760	4,600	10,350	16,100	23,000
Platform	760	2,280	3,800	8,550	13,300	19,000
Stake	800	2,400	4,000	9,000	14,000	20,000
NOTE: Add 10% for V-8 engine; 5% for automatic transmission; Add 25% for HEMI engine.						
1955-57 Power-Wagon, 1-Ton, 126" wb						
PU.	1,600	4,800	8,000	18,000	28,000	40,000
1958-60 1/2-Ton, 108" wb						
PU.	880	2,640	4,400	9,900	15,400	22,000
Twn Panel	800	2,400	4,000	9,000	14,000	20,000
6P Wag	800	2,400	4,000	9,000	14,000	20,000
8P Wag	840	2,520	4,200	9,450	14,700	21,000
1958-60 1/2-Ton, 116" wb						
PU.	840	2,520	4,200	9,450	14,700	21,000
Sweptside PU (1958-1959)	1,800	5,400	9,000	20,250	31,500	45,000

DODGE TRUCKS

	6	5	4	3	2	1
Platform	600	1,800	3,000	6,750	10,500	15,000
Stake	640	1,920	3,200	7,200	11,200	16,000

1958-60 3/4-Ton, 116" wb

	6	5	4	3	2	1
PU	800	2,400	4,000	9,000	14,000	20,000
Platform	580	1,740	2,900	6,530	10,150	14,500
Stake	600	1,800	3,000	6,750	10,500	15,000

NOTE: Add 10% for V-8 engine; 5% for automatic transmission; Add 25% for HEMI engine.

1958-60 Power-Wagon, 1-Ton, 126" wb

	6	5	4	3	2	1
PU	1,520	4,560	7,600	17,100	26,600	38,000

1961-71 1/2-Ton, 114" wb

	6	5	4	3	2	1
Utiline PU	760	2,280	3,800	8,550	13,300	19,000
Sweptline PU	750	2,260	3,760	8,460	13,160	18,800
Twn Panel	660	1,990	3,320	7,470	11,620	16,600
6P Wag	670	2,020	3,360	7,560	11,760	16,800
8P Wag	710	2,140	3,560	8,010	12,460	17,800

1961-71 1/2-Ton, 122" wb Power-Wagon, 1-Ton, 126" wb

	6	5	4	3	2	1
PU	800	2,400	4,000	9,000	14,000	20,000
Utiline PU	750	2,260	3,760	8,460	13,160	18,800
Sweptline PU	740	2,230	3,720	8,370	13,020	18,600
Platform	600	1,800	3,000	6,750	10,500	15,000
Stake	610	1,820	3,040	6,840	10,640	15,200

1961-71 3/4-Ton, 122" wb

	6	5	4	3	2	1
Utiline PU	730	2,180	3,640	8,190	12,740	18,200
Sweptline PU	720	2,160	3,600	8,100	12,600	18,000
Platform	590	1,780	2,960	6,660	10,360	14,800
Stake	600	1,800	3,000	6,750	10,500	15,000

NOTE: Add 10% for V-8 engine; 5% for automatic transmission.

1964-71 A100, 90" wb

	6	5	4	3	2	1
PU	600	1,800	3,000	6,750	10,500	15,000
Van	480	1,440	2,400	5,400	8,400	12,000
Wag	500	1,500	2,500	5,630	8,750	12,500

NOTE: Add 10% for Sportsman models.

1972-80 1/2-Ton

	6	5	4	3	2	1
Van (109" wb)	184	552	920	2,070	3,220	4,600
Van (127" wb)	192	576	960	2,160	3,360	4,800

1972-80 3/4-Ton

	6	5	4	3	2	1
Van (109" wb)	176	528	880	1,980	3,080	4,400
Van (127" wb)	184	552	920	2,070	3,220	4,600
Maxivan	192	576	960	2,160	3,360	4,800

1972-80 1-Ton

	6	5	4	3	2	1
Van (109" wb)	168	504	840	1,890	2,940	4,200
Van (127" wb)	176	528	880	1,980	3,080	4,400
Maxivan	184	552	920	2,070	3,220	4,600

1972-80 1/2-Ton

	6	5	4	3	2	1
Utiline PU (115" wb)	290	880	1,460	3,290	5,110	7,300
Sweptline PU (115" wb)	290	860	1,440	3,240	5,040	7,200
Utiline PU (131" wb)	290	860	1,440	3,240	5,040	7,200
Sweptline PU (131" wb)	290	880	1,460	3,290	5,110	7,300

NOTE: Add 20% for Macho Power Wagon Pkg.

1972-80 3/4-Ton, 131" wb

	6	5	4	3	2	1
Utiline PU	280	840	1,400	3,150	4,900	7,000
Sweptline PU	284	852	1,420	3,200	4,970	7,100

1972-80 Crew Cab, 3/4-Ton

	6	5	4	3	2	1
Utiline PU (149" wb)	230	700	1,160	2,610	4,060	5,800
Sweptline PU (149" wb)	240	710	1,180	2,660	4,130	5,900
Utiline PU (165" wb)	230	680	1,140	2,570	3,990	5,700
Sweptline PU (165" wb)	230	700	1,160	2,610	4,060	5,800
1970 Little Red Express PU	800	2,400	4,000	9,000	14,000	20,000
1979 Little Red Express PU	760	2,280	3,800	8,550	13,300	19,000

NOTE: Add 10% for V-8 engine; 20% for Warlock Pkg. (1977).

1981-91 Rampage

	6	5	4	3	2	1
PU	168	504	840	1,890	2,940	4,200

1981-91 Ram 50

	6	5	4	3	2	1
Cus PU	180	540	900	2,030	3,150	4,500
Royal PU	184	552	920	2,070	3,220	4,600
Spt PU	188	564	940	2,120	3,290	4,700

1981-91 Ramcharger

	6	5	4	3	2	1
2WD	680	2,040	3,400	7,650	11,900	17,000
4x4	760	2,280	3,800	8,550	13,300	19,000

1981-91 B150

	6	5	4	3	2	1
Van	220	660	1,100	2,480	3,850	5,500
Long Range Van	212	636	1,060	2,390	3,710	5,300
Wag	256	768	1,280	2,880	4,480	6,400
Mini-Ram Wag	252	756	1,260	2,840	4,410	6,300

1981-91 B250

	6	5	4	3	2	1
Van	216	648	1,080	2,430	3,780	5,400
Wag	256	768	1,280	2,880	4,480	6,400
Mini-Ram Wag	252	756	1,260	2,840	4,410	6,300

	6	5	4	3	2	1
1981-91 B350						
Van	216	648	1,080	2,430	3,780	5,400
Wag	256	768	1,280	2,880	4,480	6,400
1981-91 D150						
Utiline PU (SBx)	176	528	880	1,980	3,080	4,400
Sweptline PU (SBx)	180	540	900	2,030	3,150	4,500
Clb Cab PU (SBx)	196	588	980	2,210	3,430	4,900
Utiline PU (LBx)	180	540	900	2,030	3,150	4,500
Sweptline PU (LBx)	184	552	920	2,070	3,220	4,600
Clb Cab PU (LBx)	200	600	1,000	2,250	3,500	5,000
1981-91 D250						
Utiline PU (LBx)	172	516	860	1,940	3,010	4,300
Sweptline PU (LBx)	176	528	880	1,980	3,080	4,400
Clb Cab PU (LBx)	196	588	980	2,210	3,430	4,900
Crew Cab PU (SBx)	192	576	960	2,160	3,360	4,800
Crew Cab PU (LBx)	196	588	980	2,210	3,430	4,900
NOTE: Add 15% for 4x4.						
1981-91 Dakota, 1/2-Ton, V-6, 1987-91						
PU (SBx)	180	540	900	2,030	3,150	4,500
PU (LBx)	176	528	880	1,980	3,080	4,400
PU Spt Conv (1989-91)	340	1,020	1,700	3,830	5,950	8,500
NOTE: Add 30% for V-8 (1991); 5% for 2.2 Turbo; 15% for Shelby Pkg. (1987, 1988 & 1989 only). Deduct 10% for 4-cyl.						
1984-91						
Caravan	192	576	960	2,160	3,360	4,800
Caravan SE	204	612	1,020	2,300	3,570	5,100
Caravan LE	212	636	1,060	2,390	3,710	5,300
1984-91 Caravan, V-6						
Sta Wag	232	696	1,160	2,610	4,060	5,800
Sta Wag SE	236	708	1,180	2,660	4,130	5,900
Sta Wag LE	240	720	1,200	2,700	4,200	6,000
NOTE: Add 5% for 4x4.						
1992 Ram 50, 1/2-Ton, 4-cyl.						
2d PU	200	600	1,000	2,250	3,500	5,000
2d LB PU	208	624	1,040	2,340	3,640	5,200
2d SE PU	220	660	1,100	2,480	3,850	5,500
1992 Ramcharger, V-8						
2d 150S SUV	720	2,160	3,600	8,100	12,600	18,000
2d 150S SUV (4x4)	780	2,340	3,900	8,780	13,650	19,500
2d 150 SUV	740	2,220	3,700	8,330	12,950	18,500
2d 150 SUV (4x4)	820	2,460	4,100	9,230	14,350	20,500
1992 Caravan, V-6						
3d CV Van	228	684	1,140	2,570	3,990	5,700
3d SE Van	232	696	1,160	2,610	4,060	5,800
3d LE Van	236	708	1,180	2,660	4,130	5,900
3d ES Van	240	720	1,200	2,700	4,200	6,000
NOTE: Add 10% for Grand models; 5% for 4x4.						
1992 B Series Van, V-8						
B150 Van	280	840	1,400	3,150	4,900	7,000
B150 Wag	300	900	1,500	3,380	5,250	7,500
B250 Van	300	900	1,500	3,380	5,250	7,500
B250 Sta Wag	320	960	1,600	3,600	5,600	8,000
B250 Maxi Van	320	960	1,600	3,600	5,600	8,000
B250 Maxi Wag	340	1,020	1,700	3,830	5,950	8,500
1992 Dakota, 1/2-Ton						
2d PU (SBx)	220	660	1,100	2,480	3,850	5,500
2d PU (LBx)	240	720	1,200	2,700	4,200	6,000
NOTE: Add 10% for V-8; 5% for 4x4.						
1992 D Series, V-8						
2d D150 PU	260	780	1,300	2,930	4,550	6,500
2d D250 PU	300	900	1,500	3,380	5,250	7,500
1993 Ram 50, 4-cyl.						
2d PU SBx	208	624	1,040	2,340	3,640	5,200
2d PU LBx	212	636	1,060	2,390	3,710	5,300
1993 Ramcharger, V-8						
2d SUV 2WD	280	840	1,400	3,150	4,900	7,000
2d SUV 4x4	320	960	1,600	3,600	5,600	8,000
1993 Caravan, V-6						
Sta Wag	272	816	1,360	3,060	4,760	6,800
1993 B150/250						
Window Van	276	828	1,380	3,110	4,830	6,900
1993 Dakota, V-8						
2d PU SBx	260	780	1,300	2,930	4,550	6,500
2d PU LBx	264	792	1,320	2,970	4,620	6,600
1993 D150/250/, V-8						
2d PU SBx D150	280	840	1,400	3,150	4,900	7,000
2d PU LBx D150	284	852	1,420	3,200	4,970	7,100
2d PU SBx D250	284	852	1,420	3,200	4,970	7,100
2d PU LBx D250	288	864	1,440	3,240	5,040	7,200

	6	5	4	3	2	1
1994						
Caravan	200	550	900	2,030	3,150	4,500
Caravan LWB	250	700	1,200	2,700	4,200	6,000
Caravan SE	300	850	1,400	3,150	4,900	7,000
Caravan LE	300	900	1,500	3,380	5,250	7,500
Caravan ES	300	950	1,600	3,600	5,600	8,000
Caravan Grand SE	300	900	1,500	3,380	5,250	7,500
Caravan Grand LE	300	950	1,600	3,600	5,600	8,000
Caravan Grand ES	350	1,000	1,700	3,830	5,950	8,500
1994 B150 & B250, V-8						
Window Van	400	1,200	2,000	4,500	7,000	10,000
Van	360	1,080	1,800	4,050	6,300	9,000
Maxi Van	440	1,320	2,200	4,950	7,700	11,000
1994 Dakota, V-6						
2d PU 6 ft.	250	800	1,300	2,930	4,550	6,500
2d PU 8 ft.	250	800	1,350	3,020	4,700	6,700
2d PU Spt 6 ft.	300	900	1,500	3,380	5,250	7,500
2d PU Spt 8 ft.	300	950	1,600	3,600	5,600	8,000
1994 Ram 1500 & 2500, V-8						
2d Pu 6-1/2 ft.	360	1,080	1,800	4,050	6,300	9,000
2d PU 8 ft.	380	1,140	1,900	4,280	6,650	9,500
1995						
Caravan C/V	150	400	700	1,580	2,450	3,500
Caravan C/V, LWB	150	500	850	1,940	3,000	4,300
Caravan	200	550	900	2,030	3,150	4,500
Caravan SE	300	850	1,400	3,150	4,900	7,000
Caravan LE	300	900	1,500	3,380	5,250	7,500
Caravan ES	300	950	1,600	3,600	5,600	8,000
Grand Caravan	300	850	1,400	3,150	4,900	7,000
Grand Caravan SE	300	900	1,500	3,380	5,250	7,500
Grand Caravan LE	300	950	1,600	3,600	5,600	8,000
Grand Caravan ES	350	1,000	1,700	3,830	5,950	8,500
NOTE: Add 5% for 4x4. Deduct 5% for 4-cyl.						
1995 Ram Van 1500 & 2500, V-8						
Window Van	400	1,200	2,000	4,500	7,000	10,000
Van	360	1,080	1,800	4,050	6,300	9,000
Maxi Van	440	1,320	2,200	4,950	7,700	11,000
1995 Dakota, V-6						
2d PU, 6-1/2 ft.	250	800	1,300	2,930	4,550	6,500
2d PU, 8 ft.	250	800	1,350	3,020	4,700	6,700
2d PU Spt, 6-1/2 ft.	300	900	1,500	3,380	5,250	7,500
Club Cab PU, 6-1/2 ft.	320	960	1,600	3,600	5,600	8,000
Club Cab Spt PU, 6-1/2 ft.	300	950	1,600	3,650	5,650	8,100
1995 Ram 1500 & 2500, V-8						
2d PU, 6-1/2 ft.	360	1,080	1,800	4,050	6,300	9,000
2d PU, 8 ft.	380	1,140	1,900	4,280	6,650	9,500
Club Cab PU, 6-1/2 ft.	440	1,320	2,200	4,950	7,700	11,000
Club Cab PU, 8 ft.	450	1,340	2,240	5,040	7,840	11,200
1996 Caravan, V-6						
Caravan	200	550	900	2,030	3,150	4,500
Caravan SE	300	850	1,400	3,150	4,900	7,000
Caravan LE	300	900	1,500	3,380	5,250	7,500
Caravan ES	300	950	1,600	3,600	5,600	8,000
Grand Caravan	300	850	1,400	3,150	4,900	7,000
Grand Caravan SE	300	900	1,500	3,380	5,250	7,500
Grand Caravan LE	300	950	1,600	3,600	5,600	8,000
Grand Caravan ES	350	1,000	1,700	3,830	5,950	8,500
NOTE: Add 5% for 4x4. Deduct 5% for 4-cyl.						
1996 Ram Van 1500 & 2500, V-8						
Window Van	400	1,200	2,000	4,500	7,000	10,000
Van	360	1,080	1,800	4,050	6,300	9,000
Maxi Van	440	1,320	2,200	4,950	7,700	11,000
1996 Dakota, V-6						
2d PU, 6-1/2 ft.	250	800	1,300	2,930	4,550	6,500
2d PU, 8 ft.	250	800	1,350	3,020	4,700	6,700
2d PU Spt, 6-1/2 ft.	300	900	1,500	3,380	5,250	7,500
Club Cab PU, 6-1/2 ft.	320	960	1,600	3,600	5,600	8,000
Club Cab Spt PU, 6-1/2 ft.	300	950	1,600	3,650	5,650	8,100
NOTE: Add $2,000 for 4x4. Add 5% for V-8.						
1996 Ram 1500 & 2500, V-8						
2d PU, 6-1/2 ft.	360	1,080	1,800	4,050	6,300	9,000
2d PU, 8 ft.	380	1,140	1,900	4,280	6,650	9,500
Club Cab PU, 6-1/2 ft.	440	1,320	2,200	4,950	7,700	11,000
Club Cab PU, 8 ft.	450	1,340	2,240	5,040	7,840	11,200
NOTE: Add $2,000 for 4x4. Add 5% for V-10.						
1997 Caravan, V-6						
Caravan	180	540	900	2,030	3,150	4,500
Caravan SE	280	840	1,400	3,150	4,900	7,000
Caravan LE	300	900	1,500	3,380	5,250	7,500

739

DODGE TRUCKS

	6	5	4	3	2	1
Caravan ES	320	960	1,600	3,600	5,600	8,000
Grand Caravan	280	840	1,400	3,150	4,900	7,000
Grand Caravan SE	300	900	1,500	3,380	5,250	7,500
Grand Caravan LE	320	960	1,600	3,600	5,600	8,000
Grand Caravan ES	340	1,020	1,700	3,830	5,950	8,500

NOTE: Add 5% for 4x4. Deduct 5% fo 4-cyl.

1997 Ram Van 1500 & 2500, V-8

	6	5	4	3	2	1
Window Van	400	1,200	2,000	4,500	7,000	10,000
Van	360	1,080	1,800	4,050	6,300	9,000
Maxi Van	440	1,320	2,200	4,950	7,700	11,000

NOTE: Deduct 5% for V-6.

1997 Dakota, V-6

	6	5	4	3	2	1
2d PU, 6-1/2 ft.	260	780	1,300	2,930	4,550	6,500
2d PU, 8 ft.	268	804	1,340	3,020	4,690	6,700
Club Cab 2d PU, 6-1/2 ft.	320	960	1,600	3,600	5,600	8,000

NOTE: Add $2,000 for 4x4; 5% for V-8. Deduct 5% for 4-cyl.

1997 Ram 1500 & 2500, V-8

	6	5	4	3	2	1
2d PU, 6-1/2 ft.	360	1,080	1,800	4,050	6,300	9,000
2d PU, 8 ft.	380	1,140	1,900	4,280	6,650	9,500
Club Cab PU, 6-1/2 ft.	440	1,320	2,200	4,950	7,700	11,000
Club Cab PU, 8 ft.	450	1,340	2,240	5,040	7,840	11,200

NOTE: Add $2,000 for 4x4; 5% for V-10; 25% for turbo diesel V-8.

1998 Caravan, V-6

	6	5	4	3	2	1
Caravan	180	540	900	2,030	3,150	4,500
Caravan SE	280	840	1,400	3,150	4,900	7,000
Caravan LE	300	900	1,500	3,380	5,250	7,500
Grand Caravan	280	840	1,400	3,150	4,900	7,000
Grand Caravan SE	300	900	1,500	3,380	5,250	7,500
Grand Caravan LE	320	960	1,600	3,600	5,600	8,000
Grand Caravan ES	340	1,020	1,700	3,830	5,950	8,500

NOTE: Add 5% for 4x4. Deduct 5% for 4-cyl.

1998 Durango, V-8, 4x4

	6	5	4	3	2	1
SLT 4d SUV	340	1,020	1,700	3,830	5,950	8,500

1998 Ram Van 1500 & 2500, V-8

	6	5	4	3	2	1
Window Van	400	1,200	2,000	4,500	7,000	10,000
Van	360	1,080	1,800	4,050	6,300	9,000
Maxi Van	440	1,320	2,200	4,950	7,700	11,000

NOTE: Deduct 5% for V-6.

1998 Dakota, V-6

	6	5	4	3	2	1
2d PU	260	780	1,300	2,930	4,550	6,500
R/T Spt 2d PU	330	980	1,640	3,690	5,740	8,200
Club Cab 2d PU	320	960	1,600	3,600	5,600	8,000
R/T Spt Club Cab 2d PU	400	1,200	2,000	4,500	7,000	10,000

NOTE: Add $2,000 for 4x4; 5% for V-8. Deduct 5% for 4-cyl.

1998 Ram 1500 & 2500, V-8

	6	5	4	3	2	1
2d PU WS (V-6)	280	840	1,400	3,150	4,900	7,000
2d PU	320	960	1,600	3,600	5,600	8,000
2d PU HD	360	1,080	1,800	4,050	6,300	9,000
Club Cab PU	400	1,200	2,000	4,500	7,000	10,000
Club Cab PU HD	420	1,260	2,100	4,730	7,350	10,500
Quad Cab PU	400	1,200	2,000	4,500	7,000	10,000
Quad Cab PU HD	440	1,320	2,200	4,950	7,700	11,000

NOTE: Add $2,000 for 4x4; 5% for V-10; 25% for turbo diesel 6-cyl.; 5% for SST Pkg.

1999 Caravan, V-6

	6	5	4	3	2	1
Caravan	180	540	900	2,030	3,150	4,500
Caravan SE	280	840	1,400	3,150	4,900	7,000
Caravan LE	300	900	1,500	3,380	5,250	7,500
Grand Caravan	280	840	1,400	3,150	4,900	7,000
Grand Caravan SE	300	900	1,500	3,380	5,250	7,500
Grand Caravan LE	320	960	1,600	3,600	5,600	8,000
Grand Caravan ES	340	1,020	1,700	3,830	5,950	8,500

NOTE: Add 5% for Sport Pkg.; 5% for 4x4. Deduct 5% for 4-cyl.

1999 Durango, V-8

	6	5	4	3	2	1
SLT 4d SUV	340	1,020	1,700	3,830	5,950	8,500

NOTE: Add 5% for 4x4.

1999 Ram Van 1500 & 2500, V-8

	6	5	4	3	2	1
Window Van	400	1,200	2,000	4,500	7,000	10,000
Van	360	1,080	1,800	4,050	6,300	9,000
Maxi Van	440	1,320	2,200	4,950	7,700	11,000

NOTE: Add 5% for Premium Pkg. Deduct 5% for V-6.

1999 Dakota, V-6

	6	5	4	3	2	1
2d Sweptline PU	260	780	1,300	2,930	4,550	6,500
2d Sweptline R/T Spt PU	330	980	1,640	3,690	5,740	8,200
2d Club Cab PU	320	960	1,600	3,600	5,600	8,000
2d Club Cab R/T Spt PU	400	1,200	2,000	4,500	7,000	10,000

NOTE: Add $2,000 for 4x4; 5% for V-8; 5% for SLT Pkg. Deduct 5% for 4-cyl.

1999 Ram 1500 & 2500, V-8

	6	5	4	3	2	1
2d Sweptline PU	320	960	1,600	3,600	5,600	8,000
2d Sweptline HD PU	360	1,080	1,800	4,050	6,300	9,000

DODGE TRUCKS

	6	5	4	3	2	1
Club Cab PU	400	1,200	2,000	4,500	7,000	10,000
HD Club Cab PU	420	1,260	2,100	4,730	7,350	10,500
Quad Cab PU	400	1,200	2,000	4,500	7,000	10,000
HQ Quad Cab PU	440	1,320	2,200	4,950	7,700	11,000

NOTE: Add $2,000 for 4x4; 5% for V-10; 25% for turbo diesel 6-cyl.; 5% for Sport or Laramie SLT Pkgs.

2000 Caravan, V-6

Caravan	180	540	900	2,030	3,150	4,500
Caravan SE	280	840	1,400	3,150	4,900	7,000
Grand Caravan	280	840	1,400	3,150	4,900	7,000
Grand Caravan SE	300	900	1,500	3,380	5,250	7,500
Grand Caravan LE	320	960	1,600	3,600	5,600	8,000
Grand Caravan ES	340	1,020	1,700	3,830	5,950	8,500

NOTE. Add 5% for Sport Pkg.; 5% for 4x4. Deduct 5% for 4-cyl.

2000 Durango, V-8

Sport 4d SUV	320	960	1,600	3,600	5,600	8,000
SLT 4d SUV	340	1,020	1,700	3,830	5,950	8,500
SLT Plus 4d SUV	360	1,080	1,800	4,050	6,300	9,000
R/T Sport 4d SUV	440	1,320	2,200	4,950	7,700	11,000

NOTE: Add 5% for 4x4.

2000 Ram Van 1500 & 2500, V-8

Window Van	400	1,200	2,000	4,500	7,000	10,000
Van	360	1,080	1,800	4,050	6,300	9,000
Maxi Van	440	1,320	2,200	4,950	7,700	11,000

NOTE: Add 5% for Premium Pkg. Deduct 5% for V-6.

2000 Dakota, V-6

2d Sweptline PU	260	780	1,300	2,930	4,550	6,500
2d Sweptline PU R/T Spt PU	330	980	1,640	3,690	5,740	8,200
2d Club Cab PU	320	960	1,600	3,600	5,600	8,000
2d Club Cab R/T Spt PU	400	1,200	2,000	4,500	7,000	10,000
Quad Cab Sport SLT PU	380	1,140	1,900	4,280	6,650	9,500

NOTE: Add $2,000 for 4x4; 5% for V-8; 5% for SLT or Sport Pkgs. Deduct 5% for 4-cyl.

2000 Ram 1500 & 2500, V-8

2d Sweptline PU	320	960	1,600	3,600	5,600	8,000
2d Sweptline HD PU	360	1,080	1,800	4,050	6,300	9,000
Club Cab PU	400	1,200	2,000	4,500	7,000	10,000
Quad Cab PU	400	1,200	2,000	4,500	7,000	10,000
HD Quad Cab PU	440	1,320	2,200	4,950	7,700	11,000

NOTE: Add $2,000 for 4x4; 5% for V-10; 25% for turbo diesel V-8; 5% for Sport, SLT Plus or Laramie SLT Pkgs. Deduct 5% for V-6.

2001 Caravan, V-6

Caravan SE	280	840	1,400	3,500	4,900	7,000
Caravan Sport	290	860	1,440	3,600	5,040	7,200
Grand Caravan SE	300	900	1,500	3,750	5,250	7,500
Grand Caravan Sport	320	960	1,600	4,000	5,600	8,000
Grand Caravan EX	330	980	1,640	4,100	5,740	8,200
Grand Caravan ES	340	1,020	1,700	4,250	5,950	8,500

NOTE: Add 5% for 4x4. Deduct 5% for 4-cyl.

2001 Durango, V-8

Sport 4d SUV	320	960	1,600	3,600	5,600	8,000
SLT 4d SUV	340	1,020	1,700	3,830	5,950	8,500
SLT Plus 4d SUV	360	1,080	1,800	4,050	6,300	9,000
R/T Sport 4d SUV	440	1,320	2,200	4,950	7,700	11,000

NOTE: Add 5% for 4x4.

2001 Ram Van 1500 & 2500, V-8

Window Van	400	1,200	2,000	4,500	7,000	10,000
Van	360	1,080	1,800	4,050	6,300	9,000
Maxi Van	440	1,320	2,200	4,950	7,700	11,000

NOTE: Add 5% for Premium Pkg. Deduct 5% for V-6

2001 Dakota, V-6

2d Sweptline PU	260	780	1,300	3,250	4,550	6,500
2d Sweptline R/T Spt PU	330	980	1,640	4,100	5,740	8,200
2d Club Cab PU	320	960	1,600	4,000	5,600	8,000
2d Club Cab R/T Sport PU	400	1,200	2,000	5,000	7,000	10,000
Quad Cab Sport SLT PU	380	1,140	1,900	4,750	6,650	9,500

NOTE: Add $2,000 for 4x4; 5% for V-8; 5% for SLT or Sport Pkgs. Deduct 5% for 4-cyl.

2001 Ram 1500 & 2500, V-8

2d Sweptline PU	320	960	1,600	3,600	5,600	8,000
2d Sweptline HD PU	360	1,080	1,800	4,050	6,300	9,000
Club Cab PU	400	1,200	2,000	4,500	7,000	10,000
Quad Cab PU	400	1,200	2,000	4,500	7,000	10,000
HD Quad Cab PU	440	1,320	2,200	4,950	7,700	11,000

NOTE: Add $2,000 for 4x4; 5% for V-10; 25% for turbo diesel V-8; 5% for Sport, SLT or SLT Plus or Pkgs. Deduct 5% for V-6.

2002 Caravan, V-6

Caravan eC (4-cyl.)	240	720	1,200	3,000	4,200	6,000
Caravan SE	280	840	1,400	3,500	4,900	7,000
Caravan Sport	290	860	1,440	3,600	5,040	7,200
Grand Caravan SE	300	900	1,500	3,750	5,250	7,500
Grand Caravan eL	320	970	1,620	4,050	5,670	8,100
Grand Caravan Sport	320	960	1,600	4,000	5,600	8,000

DODGE TRUCKS

	6	5	4	3	2	1
Grand Caravan EX	330	980	1,640	4,100	5,740	8,200
Grand Caravan ES	340	1,020	1,700	4,250	5,950	8,500

NOTE: Add 5% for 4x4. Deduct 5% for 4-cyl. except eC model.

2002 Durango, V-8

	6	5	4	3	2	1
Sport 4d SUV	360	1,080	1,800	4,500	6,300	9,000
SXT 4d SUV	370	1,120	1,860	4,650	6,510	9,300
SLT 4d SUV	380	1,140	1,900	4,750	6,650	9,500
SLT Plus 4d SUV	400	1,200	2,000	5,000	7,000	10,000
R/T Sport 4d SUV	480	1,440	2,400	6,000	8,400	12,000

NOTE: Add 5% for 4x4.

2002 Ram Van 1500 & 2500, V-8

	6	5	4	3	2	1
Window Van	440	1,320	2,200	5,500	7,700	11,000
Van	400	1,200	2,000	5,000	7,000	10,000
Maxi Van	480	1,440	2,400	6,000	8,400	12,000

NOTE: Add 5% for Premium Pkg. Deduct 5% for V-6.

2002 Dakota, V-6

	6	5	4	3	2	1
2d Sweptline PU	260	780	1,300	3,250	4,550	6,500
2d Sweptline SXT PU	280	840	1,400	3,500	4,900	7,000
2d Sweptline Sport PU	300	900	1,500	3,750	5,250	7,500
2d Sweptline SLT PU	320	960	1,600	4,000	5,600	8,000
2d Sweptline R/T Sport PU	330	980	1,640	4,100	5,740	8,200
2d Club Cab PU	320	960	1,600	4,000	5,600	8,000
2d Club Cab SXT PU	340	1,020	1,700	4,250	5,950	8,500
2d Club Cab Sport PU	360	1,080	1,800	4,500	6,300	9,000
2d Club Cab SLT PU	380	1,140	1,900	4,750	6,650	9,500
2d Club Cab R/T Sport PU	400	1,200	2,000	5,000	7,000	10,000
Quad Cab Sport PU	380	1,140	1,900	4,750	6,650	9,500
Quad Cab SLT PU	400	1,200	2,000	5,000	7,000	10,000

NOTE: Add $2,000 for 4x4; 5% for V-8 except R/T Sport. Deduct 5% for 4-cyl.

2002 Ram 1500 & 2500, V-8

	6	5	4	3	2	1
2d Sweptline PU	360	1,080	1,800	4,500	6,300	9,000
Quad Cab PU	440	1,320	2,200	5,500	7,700	11,000

NOTE: Add $2,000 for 4x4; 5% for V-10; 25% for turbo diesel V-8; 5% for Sport, SLT or SLT Plus Pkgs. Deduct 5% for V-6.

2003 Caravan, V-6

	6	5	4	3	2	1
Caravan C/V	250	740	1,240	3,100	4,340	6,200
Caravan SE	280	840	1,400	3,500	4,900	7,000
Caravan SXT	280	850	1,420	3,550	4,970	7,100
Caravan Sport	290	860	1,440	3,600	5,040	7,200
Grand Caravan C/V	300	890	1,480	3,700	5,180	7,400
Grand Caravan SE	300	900	1,500	3,750	5,250	7,500
Grand Caravan eL	320	970	1,620	4,050	5,670	8,100
Grand Caravan Sport	320	960	1,600	4,000	5,600	8,000
Grand Caravan EX	330	980	1,640	4,100	5,740	8,200
Grand Caravan ES	340	1,020	1,700	4,250	5,950	8,500

NOTE: Add 5% for AWD. Deduct 5% for 4-cyl.

2003 Durango, V-8

	6	5	4	3	2	1
Sport 4d SUV	360	1,080	1,800	4,500	6,300	9,000
SXT 4d SUV	370	1,120	1,860	4,650	6,510	9,300
SLT 4d SUV	380	1,140	1,900	4,750	6,650	9,500
SLT Plus 4d SUV	400	1,200	2,000	5,000	7,000	10,000
R/T Sport 4d SUV	480	1,440	2,400	6,000	8,400	12,000

NOTE: Add 5% for 4x4.

2003 Ram Van 1500 & 2500, V-8

	6	5	4	3	2	1
Van	400	1,200	2,000	5,000	7,000	10,000
Maxi Van	480	1,440	2,400	6,000	8,400	12,000

NOTE: Deduct 5% for V-6.

2003 Dakota, V-6

	6	5	4	3	2	1
2d Sweptline PU	260	780	1,300	3,250	4,550	6,500
2d Sweptline SXT PU	280	840	1,400	3,500	4,900	7,000
2d Sweptline Sport PU	300	900	1,500	3,750	5,250	7,500
2d Sweptline SLT PU	320	960	1,600	4,000	5,600	8,000
2d Sweptline R/T Sport PU	330	980	1,640	4,100	5,740	8,200
2d Club Cab PU	320	960	1,600	4,000	5,600	8,000
2d Club Cab SXT PU	340	1,020	1,700	4,250	5,950	8,500
2d Club Cab Sport PU	360	1,080	1,800	4,500	6,300	9,000
2d Club Cab SLT PU	380	1,140	1,900	4,750	6,650	9,500
2d Club Cab R/T Sport PU	400	1,200	2,000	5,000	7,000	10,000
Quad Cab Sport PU	380	1,140	1,900	4,750	6,650	9,500
Quad Cab SLT PU	400	1,200	2,000	5,000	7,000	10,000

NOTE: Add $2,000 for 4x4; 5% for V-8 except R/T Sport.

2003 Ram 1500 & 2500, V-8

	6	5	4	3	2	1
2d Sweptline PU	360	1,080	1,800	4,500	6,300	9,000
Quad Cab PU	440	1,320	2,200	5,500	7,700	11,000

NOTE: Add $2,000 for 4x4; 5% for V-10; 5% for Hemi V-8; 25% for turbo diesel V-8; 5% for Off Road, Sport or SLT Pkgs.; 10% for Laramie Pkg. Deduct 5% for V-6.

2004 Caravan, V-6

	6	5	4	3	2	1
Caravan C/V	250	740	1,240	3,100	4,340	6,200
Caravan SE	280	840	1,400	3,500	4,900	7,000
Caravan SXT	280	850	1,420	3,550	4,970	7,100

DODGE TRUCKS

	6	5	4	3	2	1
Grand Caravan C/V	300	890	1,480	3,700	5,180	7,400
Grand Caravan SE	300	900	1,500	3,750	5,250	7,500
Grand Caravan EX	330	980	1,640	4,100	5,740	8,200
Grand Caravan SXT	380	1,140	1,900	4,750	6,650	9,500

NOTE: Add 5% for Anniversary Edition; 5% for AWD. Deduct 5% for 4-cyl.

2004 Durango, V-8

	6	5	4	3	2	1
ST 4d SUV	360	1,080	1,800	4,500	6,300	9,000
SLT 4d SUV	380	1,140	1,900	4,750	6,650	9,500
SLT Hemi 4d SUV	400	1,200	2,000	5,000	7,000	10,000
Limited 4d SUV	480	1,440	2,400	6,000	8,400	12,000
Limited Hemi 4d SUV	520	1,560	2,600	6,500	9,100	13,000

NOTE: Add 5% for 4x4. Deduct 5% for V-6.

2004 Dakota, V-6

	6	5	4	3	2	1
2d Sweptline PU	260	780	1,300	3,250	4,550	6,500
2d Sweptline SXT PU	280	840	1,400	3,500	4,900	7,000
2d Sweptline Sport PU	300	900	1,500	3,750	5,250	7,500
2d Sweptline SLT PU	320	960	1,600	4,000	5,600	8,000
2d Club Cab PU	320	960	1,600	4,000	5,600	8,000
2d Club Cab SXT PU	340	1,020	1,700	4,250	5,950	8,500
2d Club Cab Sport PU	360	1,080	1,800	4,500	6,300	9,000
2d Club Cab SLT PU	380	1,140	1,900	4,750	6,650	9,500
Quad Cab SXT PU	380	1,150	1,920	4,800	6,720	9,600
Quad Cab Sport PU	390	1,180	1,960	4,900	6,860	9,800
Quad Cab SLT PU	400	1,200	2,000	5,000	7,000	10,000

NOTE: Add $2,000 for 4x4; 5% for V-8. Deduct 5% for manual transmission.

2004 Ram 1500, V-8

	6	5	4	3	2	1
2d Sweptline PU	360	1,080	1,800	4,500	6,300	9,000
Quad Cab PU	440	1,320	2,200	5,500	7,700	11,000
2d Sweptline SRT-10 PU(V-10, 6-Spd only)	740	2,220	3,700	9,250	12,950	18,500

2004 Ram 2500, V-8

	6	5	4	3	2	1
2d Sweptline PU	420	1,260	2,100	5,250	7,350	10,500
Quad Cab PU	480	1,440	2,400	6,000	8,400	12,000

NOTE: Add $2,000 for 4x4; 5% for Hemi V-8; 25% for turbo diesel V-8; 10% for Laramie Pkg.; 5% for Off Road, Sport or SLT Pkgs. Deduct 5% for V-6; 5% for manual transmission.

2005 Caravan, V-6

	6	5	4	3	2	1
Caravan C/V	250	740	1,240	2,790	4,340	6,200
Grand Caravan C/V	260	770	1,280	2,880	4,480	6,400
Caravan SE	280	840	1,400	3,500	4,900	7,000
Caravan SXT	280	850	1,420	3,550	4,970	7,100
Grand Caravan SE	300	900	1,500	3,750	5,250	7,500
Grand Caravan SXT	380	1,140	1,900	4,750	6,650	9,500

NOTE: Deduct 5% for 4 cyl.

2005 Durango, V-8

	6	5	4	3	2	1
4d ST SUV	360	1,080	1,800	4,500	6,300	9,000
4d SXT SUV	370	1,120	1,860	4,650	6,510	9,300
4d SLT SUV	380	1,140	1,900	4,750	6,650	9,500
4d SLT Hemi SUV	400	1,200	2,000	5,000	7,000	10,000
4d Adventurer SUV	390	1,180	1,960	4,900	6,860	9,800
4d Adventurer Hemi SUV	430	1,300	2,160	5,400	7,560	10,800
4d Limited SUV	480	1,440	2,400	6,000	8,400	12,000
4d Limited Hemi SUV	520	1,560	2,600	6,500	9,100	13,000

NOTE: Add 5% for 4x4. Deduct 5% for V-6.

2005 Dakota, V-6

	6	5	4	3	2	1
2d ST Club Cab PU	280	830	1,380	3,450	4,830	6,900
2d SLT Club Cab PU	300	910	1,520	3,800	5,320	7,600
2d Laramie Club Cab PU	330	1,000	1,660	4,150	5,810	8,300
4d ST Quad Cab PU	360	1,080	1,800	4,500	6,300	9,000
4d SLT Quad Cab PU	400	1,200	2,000	5,000	7,000	10,000
4d Laramie Quad Cab PU	420	1,270	2,120	5,300	7,420	10,600

NOTE: Add 10% for 4x4; 5% for 4.7L V-8 or 4.7L High Output V-8. Deduct 5% for manual transmission.

2005 Ram 1500, V-8

	6	5	4	3	2	1
2d Sweptline PU	360	1,080	1,800	4,500	6,300	9,000
2d Sweptline SRT-10 PU (V-10, 6-Spd only)	740	2,220	3,700	9,250	12,950	18,500
4d Quad Cab PU	440	1,320	2,200	5,500	7,700	11,000
4d Quad Cab SRT-10 PU (V-10 only)	780	2,340	3,900	9,750	13,650	19,500

2005 Ram 2500, V-8

	6	5	4	3	2	1
2d Sweptline PU	420	1,260	2,100	5,250	7,350	10,500
2d Sweptline Power Wagon PU (4x4)	520	1,560	2,600	6,500	9,100	13,000
4d Quad Cab PU	480	1,440	2,400	6,000	8,400	12,000
4d Power Wagon Quad Cab PU (4x4)	640	1,920	3,200	8,000	11,200	16,000

NOTE: Add 10% for Daytona or Laramie Pkg.; 10% for 4x4, except Power Wagon models; 5% for SLT or Off-Road Pkg.; 5% for Sport Pkg, except w/Daytona Pkg.; 5% for 5.7L Hemi V-8, when optional; 25% for 5.9L High Output Turbo Diesel, when optional.

2006 Durango, V-8 4WD

	6	5	4	3	2	1
4d SXT SUV	370	1,120	1,860	4,190	6,510	9,300
4d SLT SUV	390	1,160	1,940	4,370	6,790	9,700
4d Ltd SUV	480	1,450	2,420	5,450	8,470	12,100

2006 Caravan Cargo, V-6

	6	5	4	3	2	1
Minivan	200	600	1,000	2,500	3,500	5,000

DODGE TRUCKS

	6	5	4	3	2	1
Grand Minivan	220	650	1,080	2,700	3,780	5,400
2006 Caravan Passenger, V-6						
4d SE Minivan	280	850	1,420	3,550	4,970	7,100
4d SXT Minivan	290	860	1,440	3,600	5,040	7,200
4d Grand Minivan	300	890	1,480	3,700	5,180	7,400
4d EXT Grand Minivan	300	910	1,520	3,800	5,320	7,600
2006 Dakota Club Cab Pickup, V-6						
2d ST 6.5'	340	1,020	1,700	4,250	5,950	8,500
2d SLT 6.5'	360	1,090	1,820	4,550	6,370	9,100
2d Laramie 6.5'	380	1,130	1,880	4,700	6,580	9,400
NOTE: Add 5% for V-8's; 20% for 4WD.						
2006 Dakota Quad Cab Pickup, V-6						
4d ST 5.5'	390	1,160	1,940	4,850	6,790	9,700
4d SLT 5.5'	400	1,200	2,000	5,000	7,000	10,000
4d Laramie 5.5'	410	1,240	2,060	5,150	7,210	10,300
NOTE: Add 5% for V-8's; 20% for 4WD.						
2006 Ram Pickup, V-8						
2d 1500 ST 6.25'	320	950	1,580	3,950	5,530	7,900
2d 1500 ST 8'	300	900	1,500	3,750	5,250	7,500
2d 1500 SLT 6.5'	320	970	1,620	4,050	5,670	8,100
2d 1500 SLT 8'	310	920	1,540	3,850	5,390	7,700
2d 1500 Laramie 6.5'	340	1,010	1,680	4,200	5,880	8,400
2d 1500 Laramie 8'	320	950	1,580	3,950	5,530	7,900
NOTE: Add 10% for HEMI; 30% for 4WD.						
2006 Ram Pickup, V-8 HEMI						
2d 2500 ST 8'	420	1,260	2,100	4,730	7,350	10,500
2d 2500 SLT 8'	430	1,280	2,140	4,820	7,490	10,700
2d 2500 Laramie 8'	450	1,360	2,260	5,090	7,910	11,300
2d 3500 ST 8'	480	1,450	2,420	5,450	8,470	12,100
2d 3500 SLT 8'	490	1,480	2,460	5,540	8,610	12,300
2d 3500 Laramie 8'	510	1,540	2,560	5,760	8,960	12,800
NOTE: Add 30% for 4WD; 50% for Power Wagon or HO Turbo Diesel.						
2006 Ram Pickup, V-10						
2d 1500 SRT-10 6.25'	730	2,180	3,640	9,100	12,740	18,200
2006 Ram Quad Cab Pickup, V-8						
4d 1500 ST 6.25'	420	1,270	2,120	5,300	7,420	10,600
4d 1500 ST 8'	410	1,220	2,040	5,100	7,140	10,200
4d 1500 SLT 6.25'	430	1,300	2,160	5,400	7,560	10,800
4d 1500 SLT 8'	420	1,260	2,100	5,250	7,350	10,500
4d 1500 Laramie 6.25'	440	1,330	2,220	5,550	7,770	11,100
4d 1500 Laramie 8'	430	1,280	2,140	5,350	7,490	10,700
NOTE: Add 10% for HEMI; 30% for 4WD.						
2006 Ram Quad Cab Pickup, V-10						
4d 1500 SRT-10 6.25'	830	2,480	4,140	10,350	14,490	20,700
2006 Ram Quad Cab Pickup, V-8 HEMI						
4d 2500 ST 6.25'	550	1,640	2,740	6,170	9,590	13,700
4d 2500 ST 8'	530	1,600	2,660	5,990	9,310	13,300
4d 2500 SLT 6.25'	560	1,680	2,800	6,300	9,800	14,000
4d 2500 SLT 8'	550	1,660	2,760	6,210	9,660	13,800
4d 2500 Laramie 6.25'	580	1,740	2,900	6,530	10,150	14,500
4d 2500 Laramie 8'	570	1,720	2,860	6,440	10,010	14,300
4d 3500 ST 8'	550	1,640	2,740	6,170	9,590	13,700
4d 3500 SLT 8'	560	1,690	2,820	6,350	9,870	14,100
4d 3500 Laramie 8'	580	1,750	2,920	6,570	10,220	14,600
NOTE: Add 30% for 4WD; 50% for Power Wagon or HO Turbo Diesel.						
2006 Ram Quad Cab Pickup, 6-cyl. HO Turbo Diesel						
4d 3500 ST 6.25'	760	2,280	3,800	9,500	13,300	19,000
4d 3500 SLT 6.25'	770	2,300	3,840	9,600	13,440	19,200
4d 3500 Laramie 6.25'	790	2,380	3,960	9,900	13,860	19,800
NOTE: Add 30% for 4WD.						
2006 Ram Mega Cab Pickup, V-8 HEMI						
4d 1500 ST 6.25'	540	1,630	2,720	6,120	9,520	13,600
4d 1500 Laramie 6.25'	560	1,670	2,780	6,260	9,730	13,900
4d 2500 SLT 6.25'	700	2,090	3,480	7,830	12,180	17,400
4d 2500 Laramie 6.25'	720	2,150	3,580	8,060	12,530	17,900
NOTE: Add 30% for 4WD; 50% for HO Turbo Diesel.						
2006 Ram Mega Cab Pickup, 6-cyl. HO Turbo Diesel						
4d 3500 SLT 6.25'	880	2,640	4,400	11,000	15,400	22,000
4d 3500 Laramie 6.25'	910	2,740	4,560	11,400	15,960	22,800
NOTE: Add 30% for 4WD.						
2007 Nitro, V-6 4WD						
4d SXT SUV	440	1,320	2,200	5,500	7,700	11,000
4d SLT SUV	490	1,480	2,460	6,150	8,610	12,300
4d R/T SUV	640	1,920	3,200	7,200	11,200	16,000
2007 Durango, V-8 4WD						
4d SXT SUV	430	1,300	2,160	5,400	7,560	10,800
4d SLT SUV	480	1,430	2,380	5,950	8,330	11,900
4d Ltd SUV	580	1,730	2,880	6,480	10,080	14,400

	6	5	4	3	2	1
2007 Caravan Cargo, V-6						
Minivan	230	700	1,160	2,900	4,060	5,800
Grand Minivan	240	720	1,200	3,000	4,200	6,000
2007 Caravan Passenger, V-6						
4d Minivan	240	720	1,200	2,700	4,200	6,000
4d SXT Minivan	280	830	1,390	3,480	4,870	6,950
4d Grand Minivan	300	900	1,500	3,750	5,250	7,500
4d SXT Grand Minian	370	1,100	1,840	4,140	6,440	9,200
2007 Dakota Club Cab Pickup, V-6						
2d ST 6.5'	320	950	1,580	3,950	5,530	7,900
2d SLT 6.5'	430	1,280	2,140	5,350	7,490	10,700
NOTE: Add 5% for V-8's; 20% for 4WD.						
2007 Dakota Club Cab Pickup, V-6 4WD						
2d Laramie 6.5'	570	1,700	2,840	7,100	9,940	14,200
NOTE: Add 5% for V-8's; 20% for 4WD.						
2007 Dakota Quad Cab Pickup, V-6						
4d ST 5.5'	430	1,280	2,130	5,330	7,460	10,650
2007 Dakota Quad Cab Pickup, V-6 4WD						
4d SLT 5.5'	610	1,820	3,040	7,600	10,640	15,200
2007 Dakota Quad Cab Pickup, V-8 4WD						
4d Laramie 5.5'	640	1,920	3,200	8,000	11,200	16,000
NOTE: Add 5% for V-8's; 20% for 4WD.						
2007 Ram Pickup, V-8						
2d 1500 ST 6.25'	340	1,020	1,700	4,250	5,950	8,500
NOTE: Add 20% for HEMI; 30% for 4WD.						
2d 1500 ST 8'	330	980	1,640	4,100	5,740	8,200
2d 1500 SLT 6.25'	400	1,210	2,020	5,050	7,070	10,100
2d 1500 SLT 8'	380	1,140	1,900	4,750	6,650	9,500
NOTE: Add 20% for HEMI; 30% for 4WD.						
2007 Ram Pickup, V-8 HEMI						
2d 3500 ST 8'	660	1,980	3,300	8,250	11,550	16,500
NOTE: Add 30% for 4WD; 40% for Power Wagon or HO Turbo Diesel.						
2007 Ram Pickup, V-8 4WD HEMI						
2d 2500 ST 8'	700	2,110	3,510	8,780	12,290	17,550
2d 2500 SLT 8'	730	2,180	3,640	9,100	12,740	18,200
NOTE: Add 40% for 5.9L HO Turbo Diesel or 6.7L diesel.						
2007 Ram Pickup, 6.7L 6-cyl. Turbo Diesel						
2d 3500 ST 8' DR	920	2,770	4,620	11,550	16,170	23,100
NOTE: Add 30% for 4WD.						
2007 Ram Quad Cab Pickup, V-8						
4d 1500 St 6.25'	540	1,630	2,720	6,800	9,520	13,600
4d 1500 ST 8'	500	1,510	2,520	6,300	8,820	12,600
4d 1500 SLT 6.25'	580	1,750	2,920	7,300	10,220	14,600
4d 1500 SLT 8'	540	1,630	2,720	6,800	9,520	13,600
NOTE: Add 30% for 4WD; 40% for 5.9L HO Turbo Diesel.						
2007 Ram Quad Cab Pickup, V-8 4WD HEMI						
4d 1500 Laramie 6.25'	840	2,520	4,200	10,500	14,700	21,000
2007 Ram Quad Cab Pickup, V-8 HEMI						
4d 2500 ST 8'	700	2,100	3,500	8,750	12,250	17,500
4d 2500 SLT 8'	740	2,220	3,700	9,250	12,950	18,500
4d 2500 Laramie 8'	780	2,340	3,900	9,750	13,650	19,500
NOTE: Add 40% for 5.9L HO Turbo Diesel or 6.7L diesel.						
2007 Ram Quad Cab Pickup, V-8 4WD HEMI						
4d 2500 ST 6.25'	900	2,690	4,480	11,200	15,680	22,400
4d 2500 Laramie 5.25'	940	2,820	4,700	11,750	16,450	23,500
4d 3500 ST 8'	880	2,630	4,380	10,950	15,330	21,900
NOTE: Add 40% for 5.9L HO Turbo Diesel or 6.7L diesel.						
2007 Ram Quad Cab Pickup, 6-cyl. 4WD Turbo Diesel						
4d 3500 Laramie 8'	1,230	3,680	6,140	13,820	21,490	30,700
4d 3500 ST 6.25'	1,020	3,070	5,120	12,800	17,920	25,600
NOTE: Add 30% for 4WD.						
4d 2500 SLT 6.25'	1,180	3,540	5,900	13,280	20,650	29,500
4d 3500 SLT 6.25'	1,210	3,620	6,040	13,590	21,140	30,200
4d 3500 SLT 8'	1,200	3,600	6,000	15,000	21,000	30,000
4d 3500 Laramie 6.25'	1,240	3,710	6,180	15,450	21,630	30,900
NOTE: Add 40% for Power Wagon.						
2007 Ram Mega Cab Pickup, V-8 4WD HEMI						
4d 1500 ST 6.25'	950	2,840	4,740	11,850	16,590	23,700
4d 1500 Laramie 6.25'	980	2,950	4,920	12,300	17,220	24,600
2007 Ram Mega Cab Pickup, 4WD HO Turbo Diesel						
4d 2500 SLT 6.25'	1,380	4,150	6,920	17,300	24,220	34,600
4d 2500 Laramie 6.25'	1,400	4,190	6,980	17,450	24,430	34,900
2007 Ram Mega Cab Pickup, 6-cyl. 4WD HO Turbo Diesel						
4d 3500 SLT 6.25'	1,370	4,120	6,860	17,150	24,010	34,300
4d 3500 Laramie 6.25'	1,420	4,250	7,080	17,700	24,780	35,400
2008 Nitro 4WD, V6						
4d SXT SUV	460	1,380	2,300	5,750	8,050	11,500
4d SLT SUV	530	1,580	2,630	6,580	9,210	13,150
4d R/T SUV	650	1,960	3,270	8,180	11,450	16,350

DODGE TRUCKS

	6	5	4	3	2	1
2008 Durango 4WD, V8						
4d SXT SUV	480	1,450	2,410	6,030	8,440	12,050
Adventurer SUV	540	1,630	2,720	6,800	9,520	13,600
2008 Durango 4WD, HEMI V8						
4d SLT SUV	530	1,600	2,670	6,680	9,350	13,350
4d Ltd SUV	560	1,690	2,810	7,030	9,840	14,050
2008 Caravan Cargo, V6						
SE Grand Minivan	350	1,060	1,770	4,410	6,180	8,825
2008 Caravan Passenger, V6						
4d SE Minivan	420	1,250	2,090	5,230	7,320	10,450
2008 Caravan Passenger, V6						
4d SXT Minivan	490	1,460	2,440	6,100	8,540	12,200
2008 Dakota Extended Cab Pickup, 2WD, V6						
4d ST 6.5'	330	1,000	1,670	4,180	5,850	8,350
4d SLT 6.5'	410	1,230	2,050	5,130	7,180	10,250
4d SXT 6.5'	420	1,260	2,100	5,250	7,350	10,500
4d Spt 6.5'	410	1,240	2,070	5,180	7,250	10,350
4d TRX 6.5'	430	1,300	2,160	5,400	7,560	10,800
Add 5% for 4.7L Flex Fuel V8s. Add 20% fro 4WD.						
2008 Dakota Extended Cab Pickup, 4WD, V8						
4d Laramie 6.5'	570	1,720	2,870	7,180	10,050	14,350
2008 Dakota Crew Cab Pickup, 2WD, V6						
4d SXT 5.25'	560	1,680	2,800	7,000	9,800	14,000
2008 Dakota Crew Cab Pickup, 4WD, V6						
4d ST 5.25'	600	1,800	3,000	7,500	10,500	15,000
2008 Dakota Crew Cab Pickup, Flex Fuel, V8						
4d SLT 5.25'	610	1,820	3,030	7,580	10,610	15,150
4d TRX 5.25'	680	2,050	3,420	8,550	11,970	17,100
4d Sport 5.25'	720	2,160	3,600	9,000	12,600	18,000
2008 Dakota Crew Cab Pickup, 4WD, V8						
4d Laramie 5.25'	690	2,080	3,460	8,650	12,110	17,300
2008 Ram Charger Cab Pickup, V6						
2d 1500 ST 6.25'	390	1,180	1,960	4,900	6,860	9,800
2d 1500 SXT 6.25'	430	1,300	2,160	4,860	7,560	10,800
Add 15% for HEMI. Add 30% for 4WD.						
2008 Ram Regular Cab Pickup, V8						
2d 1500 ST 8'	390	1,160	1,930	4,830	6,760	9,650
2d 1500 SXT 8'	440	1,310	2,180	5,450	7,630	10,900
2d 1500 SLT 6.25'	480	1,440	2,400	6,000	8,400	12,000
2d SLT 8'	450	1,340	2,230	5,580	7,810	11,150
Add 15% for HEMI. Add 30% for 4WD.						
2008 Ram Regular Cab Pickup, HEMI V8						
2d 2500 SXT 8'	550	1,660	2,760	6,900	9,660	13,800
2d 3500 ST 8' DR	630	1,900	3,160	7,110	11,060	15,800
Add 30% for 4WD. Add 40% for Turbo Diesel.						
2008 Ram Regular Cab Pickup, 4WD, Turbo Diesel						
2d 3500 SLT 8' DR	950	2,860	4,760	11,900	16,660	23,800
Add 30% for 4WD.						
2008 Ram Regular Cab Pickup, 4WD, HEMI V8						
2d 3500 SXT 8' DR	810	2,440	4,060	10,150	14,210	20,300
Add 30% for Turbo Diesel.						
2d 2500 ST 8'	680	2,050	3,410	8,530	11,940	17,050
2d 2500 SLT 8'	700	2,110	3,520	8,800	12,320	17,600
Add 40% for Power Wagon or Turbo Diesel.						
2008 Ram Quad Cab Pickup, V8						
4d 1500 ST 6.25'	590	1,780	2,970	7,430	10,400	14,850
4d 1500 ST 8'	580	1,730	2,890	7,230	10,120	14,450
4d 1500 SXT 6.25'	630	1,900	3,160	7,900	11,060	15,800
4d 1500 SXT 8'	600	1,810	3,020	7,550	10,570	15,100
4d 1500 SLT 6.25'	640	1,920	3,200	8,000	11,200	16,000
4d 1500 SLT 8'	610	1,840	3,070	7,680	10,750	15,350
Add 25% for 4WD. Add 10% for HEMI V8.						
2008 Ram Quad Cab Pickup, 4WD, V8 HEMI						
4d Laramie 6.25'	910	2,740	4,560	11,400	15,960	22,800
2008 Ram Quad Cab Pickup, V8 HEMI						
4d 2500 ST 8'	720	2,150	3,580	8,950	12,530	17,900
4d 2500 SXT 8'	760	2,270	3,780	9,450	13,230	18,900
4d 2500 SLT 8'	750	2,240	3,740	9,350	13,090	18,700
4d 2500 Laramie 8'	800	2,400	4,000	10,000	14,000	20,000
4d 3500 SXT 8'	760	2,290	3,810	9,530	13,340	19,050
Add 25% for 4WD. Add 35% for 6.7L HO Turbo Diesel.						
2008 Ram Quad Cab Pickup, 4WD, V8 HEMI						
4d 2500 ST 6.25'	890	2,680	4,460	11,150	15,610	22,300
4d 2500 Laramie 5.25'	970	2,900	4,840	12,100	16,940	24,200
4d 3500 ST 8'	880	2,650	4,420	11,050	15,470	22,100
Add 25% for Turbo Diesel.						
2008 Ram Quad Cab Pickup, 4WD, 6-cyl. Turbo Diesel						
4d 5500 SXT 6.25'	1,200	3,600	6,000	15,000	21,000	30,000
4d 5500 SLT 6.25'	1,210	3,620	6,040	15,100	21,140	30,200

	6	5	4	3	2	1
4d 3500 SLT 8'	1,230	3,680	6,140	15,350	21,490	30,700
4d 3500 Laramie 8'	1,260	3,780	6,300	15,750	22,050	31,500
2008 Ram Quad Cab Pickup, 6-cyl. Turbo Diesel						
4d 3500 ST 6.25'	1,040	3,120	5,200	13,000	18,200	26,000
4d 3500 SXT 8'	1,060	3,180	5,300	11,930	18,550	26,500
Add 30% for 4WD.						
2008 Ram Quad Cab Pickup, 4WD 6-cyl. Turbo Diesel						
4d 3500 SLT 6.25'	1,240	3,720	6,200	15,500	21,700	31,000
4d 3500 Laramie 6.25'	1,260	3,770	6,280	15,700	21,980	31,400
2008 Ram Mega Cab Pickup, HEMI V8						
4d 1500 SXT 6.25'	830	2,480	4,140	10,350	14,490	20,700
Add 30% for 4WD.						
2008 Ram Mega Cab Pickup, 4WD, HO Turbo Diesel						
4df 1500 SLT 6.25'	1,000	2,990	4,980	12,450	17,430	24,900
4d 1500 Laramie 6.25'	1,050	3,160	5,260	13,150	18,410	26,300
2008 Ram Mega Cab Pickup, 4WD, 6-Cyl. Turbo Diesel						
4d 2500 SXT 6.25'	1,400	4,210	7,020	17,550	24,570	35,100
4d 2500 SLT 6.25'	1,420	4,260	7,100	17,750	24,850	35,500
4d 2500 Laramie 6.25'	1,440	4,320	7,200	18,000	25,200	36,000
2008 Ram Mega Cab Pickup, 4WD, 6-Cyl. HO Turbo Diesel						
4d 3500 SXT 6.25'	1,420	4,260	7,100	17,750	24,850	35,500
4d 3500 SLT 6.25'	1,430	4,280	7,140	17,850	24,990	35,700
4d 3500 Laramie 6.25'	1,460	4,370	7,280	18,200	25,480	36,400
2009 Nitro 4WD, V6						
4d SE SUV	460	1,380	2,300	5,750	8,050	11,500
2009 Nitro 4WD, V6						
4d SLT SUV	490	1,470	2,450	6,130	8,580	12,250
4d R/T SUV	630	1,880	3,140	7,850	10,990	15,700
2009 Journey, I4						
4d SE SUV	350	1,040	1,740	4,340	6,070	8,675
2009 Journey, V6						
4d SXT SUV	390	1,180	1,960	4,900	6,860	9,800
2009 Journey, V6						
4d R/T SUV	500	1,510	2,520	6,300	8,820	12,600
Add 10% for AWD.						
2009 Durango 4WD, V8						
4d SE SUV	490	1,470	2,450	6,130	8,580	12,250
2009 Durango 4WD, HEMI V8						
4d SLT SUV	570	1,720	2,870	7,180	10,050	14,350
Durango 4WD, HEMI V8	530	1,600	2,660	6,650	9,310	13,300
2009 Durango 4WD, Hybrid HEMI V8						
4d Ltd SUV	580	1,730	2,890	7,230	10,120	14,450
2009 Grand Caravan Passenger, V6						
4d SE Minivan	380	1,130	1,880	4,690	6,560	9,375
2009 Grand Caravan Passenger, V6						
4d SXT Minivan	430	1,280	2,140	5,350	7,490	10,700
2009 Dakota Extended Cab Pickup, 2WD, V6						
4d ST 6.5'	340	1,030	1,710	4,280	5,990	8,550
2009 Dakota Extended Cab Pickup, 2WD, V6						
4d Big Horn Lone Ster	400	1,200	2,000	5,000	7,000	10,000
Add 20% for 4WD.						
2009 Dakota Extended Cab Pickup, 4WD, V6						
4d Laramie 6.5'	550	1,650	2,750	6,880	9,630	13,750
Deduct 20% for 2WD.						
4d TRX 6.5'	440	1,330	2,220	5,550	7,770	11,100
2009 Dakota Crew Cab Pickup, 2WD, V6						
4d Big Horn/Lone Star	540	1,630	2,720	6,800	9,520	13,000
Add 20% for 4WD.						
2009 Dakota Crew Cab Pickup, 4WD, V6						
4d ST 5.25'	610	1,820	3,040	7,600	10,640	15,200
Deduct 20% for 2WD.						
2009 Dakota Crew Cab Pickup, Flex Fuel V8						
4d Laramie 5.25'	730	2,180	3,630	9,080	12,710	18,150
2009 Dakota Crew Cab Pickup, 4WD, Flex Fuel V8						
4d TRX 5.25'	670	2,000	3,330	8,330	11,660	16,650
2009 Ram Regular Cab Pickup, V6						
2d 1500 ST 6.25'	410	1,220	2,040	5,100	7,140	10,200
Add 15% for HEMI. Add 30% for 4WD.						
2009 Ram Regular Cab Pickup, V8						
2d 1500 ST 8'	390	1,180	1,970	4,930	6,900	9,850
2d 1500 SLT 6.25'	510	1,520	2,530	6,330	8,860	12,650
2d 1500 SLT 8'	470	1,400	2,330	5,830	8,160	11,650
Add 15% for HEMI. Add 30% for 4WD.						
2009 Ram Regular Cab Pickup, HEMI V8						
2d 2500 SXT 8'	550	1,650	2,750	6,880	9,630	13,750
Add 30% for 4WD. Add 40% for Turbo Diesel.						
2009 Ram Regular Cab Pickup, 4WD HEMI V8						
2d 2500 ST 8' DR	690	2,060	3,440	8,600	12,040	17,200

	6	5	4	3	2	1
2009 Ram Regular Cab Pickup, 4WD HEMI V8						
2d 2500 SLT 8' DR 700		2,090	3,490	8,730	12,220	17,450
Add 30% for 4WD. Add 40% for Turbo Diesel.						
2009 Ram Regular Cab Pickup, 4WD, 6-cyl. Turbo Diesel						
2d 3500 ST 8' DR 900		2,710	4,520	11,300	15,820	22,600
2009 Ram Regular Cab Pickup, 4WD, 6-cyl. Turbo Diesel						
2d 3500 SLT 8' DR 940		2,830	4,720	11,800	16,520	23,600
2009 Ram Regular Cab Pickup, 4WD, 6-cyl. Turbo Diesel						
2d 3500 SXT 8' DR 1,100		3,300	5,500	13,750	19,250	27,500
2009 436054889						
4d 1500 ST 6.25' 590		1,760	2,940	7,350	10,290	14,700
2009 Ram Quad Cab Pickup, V8						
4d 1500 SLT 6.25' 630		1,880	3,130	7,830	10,960	15,650
Add 25% for 4WD. Add 10% for HEMI V-8.						
2009 Ram Quad Cab Pickup, 4WD, V8 HEMI						
4d 1500 Laramie 6.25' 860		2,580	4,300	10,750	15,050	21,500
2009 Ram Quad Cab Pickup, V8 HEMI						
4d 2500 ST 8' 700		2,090	3,490	8,730	12,220	17,450
4d 2500 SXT 8' 760		2,270	3,780	9,450	13,230	18,900
4d 2500 SLT 8' 750		2,240	3,740	9,350	13,090	18,700
4d 2500 Laramie 8' 800		2,410	4,020	10,050	14,070	20,100
Add 25% for 4WD. Add 35% for 6.7L HO Turbo Diesel.						
2009 Ram Quad Cab Pickup, 4WD, V8 HEMI						
4d 2500 ST 6.25' 850		2,560	4,260	10,650	14,910	21,300
4d 2500 Laramie 6.25' 930		2,780	4,640	11,600	16,240	23,200
Add 25% for Turbo Diesel.						
2009 Ram Quad Cab Pickup, 4WD, 6-cyl. Turbo Diesel						
4d 2500 SLT 6.25' 1,160		3,470	5,780	14,450	20,230	28,900
4d 2500 SXT 6.25' 1,150		3,460	5,760	14,400	20,160	28,800
Deduct 10% for 2WD. Deduct 20% for HEMI V8.						
2009 Ram Quad Cab Pickup, 6-cyl. Turbo Diesel						
4d 3500 ST 6.25' 1,010		3,020	5,040	12,600	17,640	25,200
4d 3500 SX 6.25' 1,030		3,080	5,140	12,850	17,990	25,700
4d 3500 SXT 8' 1,020		3,060	5,100	12,750	17,850	25,500
Add 10% for 4WD.						
2009 Ram Quad Cab Pickup, 4WD 6-cyl. Turbo Diesel						
4d 2500 SLT 6.25' 1,160		3,470	5,780	14,450	20,230	28,900
4d 3500 ST 8' 1,110		3,320	5,540	13,850	19,390	27,700
4d 3500 SLT 6.25' 1,190		3,580	5,960	14,900	20,860	29,800
4d 3500 SLT 8' 1,180		3,550	5,920	14,800	20,720	29,600
4d 3500 Laramie 6.25' 1,220		3,670	6,120	15,300	21,420	30,600
4d 3500 Laramie 8' 1,200		3,610	6,020	15,050	21,070	30,100
Add 20% for Power Wagon option. Deduct 20% for HEMI V8. Deduct 10% for 4WD.						
2009 Ram Crew Cab Pickup, V8						
4d 1500 SLT 5.50' 760		2,280	3,800	9,500	13,300	19,000
Add 20% for 4WD. Add 7% for Hemi V8.						
2009 Ram Crew Cab Pickup, 4WD, V8						
4d 1500 ST 5.50' 880		2,640	4,400	11,000	15,400	22,000
2009 Ram Crew Cab Pickup, 4WD, HEMI V8						
4d 1500 Laramie 5.50' 920		2,770	4,620	11,550	16,170	23,100
Deduct 10% for 2WD.						
2009 Ram Mega Cab Pickup, 4WD, 6-cyl. Turbo Diesel						
4d 2500 SXT 6.25' 1,360		4,090	6,820	17,050	23,870	34,100
4d 2500 Laramie 6.25' 1,450		4,360	7,260	18,150	25,410	36,300
Deduct 10% for 2WD. Deduct 20% for Hemi V8.						
4d 3500 SXT 6.25' 1,380		4,150	6,920	17,300	24,220	34,600
4d 3500 Laramie 6.25' 1,400		4,190	6,980	17,450	24,430	34,900
Deduct 10% for 2WD.						
2010 Nitro 4WD, V6						
4d SE SUV 520		1,560	2,600	6,500	9,100	13,000
4d Heat SUV 550		1,640	2,730	6,830	9,560	13,650
4d SXT SUV 550		1,660	2,760	6,900	9,660	13,800
4d Detonator SUV 620		1,850	3,090	7,730	10,820	15,450
4d Shock SUV 650		1,950	3,250	8,130	11,380	16,250
2010 Journey, I4						
4d SE SUV 400		1,210	2,010	5,030	7,040	10,050
2010 Journey, V6 HO						
4d SXT SUV 450		1,340	2,230	5,580	7,810	11,150
NOTE: Add 10% for AWD.						
2010 Journey, AWD V6 HO						
4d R/T SUV 550		1,640	2,730	6,830	9,560	13,650
2010 Caravan Cargo, V6						
4d Grand Minivan 340		1,010	1,680	4,190	5,860	8,375
2010 Grand Caravan Passenger, V6						
4d SE Minivan 420		1,270	2,110	5,280	7,390	10,550
4d Hero Minivan 440		1,330	2,210	5,530	7,740	11,050
4d SXT Minivan 470		1,410	2,350	5,880	8,230	11,750
2010 Grand Caravan, V6						
4d Crew Minivan 490		1,460	2,430	6,080	8,510	12,150

	6	5	4	3	2	1
2010 Dakota Extended Cab Pickup, 2WD V6						
4d ST 6.5'.	410	1,240	2,070	5,180	7,250	10,350
4d Big Horn Lone Star	500	1,500	2,500	6,250	8,750	12,500
NOTE: Add 20% for 4WD.						
2010 Dakota Crew Cab Pickup, 2WD V6						
4d Big Horn Lone Star	630	1,900	3,160	7,900	11,060	15,800
NOTE: Add 20% for 4WD.						
2010 Dakota Crew Cab Pickup, 4WD V6						
4d ST 5.25'.	670	2,010	3,350	8,380	11,730	16,750
2010 Dakota Crew Cab Pickup, 4WD V8						
4d Laramie 5.25'.	810	2,440	4,060	10,150	14,210	20,300
2010 Dakota Crew Cab Pickup, 4WD V8 Flex Fuel						
4d Laramie 5.25'.	710	2,120	3,540	8,850	12,390	17,700
2010 Dakota Ram Regular Cab Pickup, V6						
2d 1500 ST 6.33'.	450	1,340	2,230	5,580	7,810	11,150
NOTE: Add 15% for HEMI; 30% for 4WD.						
2010 Ram Regular Cab Pickup, V8						
2d 1500 ST 8'.	420	1,270	2,120	5,300	7,420	10,600
2d 1500 SLT 6.33'.	530	1,580	2,630	6,580	9,210	13,150
2d 1500 SLT 8'.	500	1,490	2,490	6,230	8,720	12,450
NOTE: Add 15% for HEMI; 30% for 4WD.						
2010 Ram Regular Cab Pickup, HEMI V8						
2d 2500 SLT 8'.	600	1,810	3,010	7,530	10,540	15,050
NOTE: Add 30% for 4WD; 40% for Turbo Diesel.						
2010 Ram Regular Cab Pickup, 4WD HEMI V8						
2d 2500 ST 8' DR	710	2,120	3,530	8,830	12,360	17,650
NOTE: Add 40% for Turbo Diesel.						
2010 Ram Regular Cab Pickup, 4WD 6-cyl Turbo Diesel						
2d 3500 ST 8' DR	940	2,820	4,700	11,750	16,450	23,500
2d 3500 SLT 8' DR	970	2,920	4,860	12,150	17,010	24,300
2010 Ram Quad Cab Pickup, V8						
4d 1500 SLT 6.33'.	670	2,020	3,370	8,430	11,800	16,850
NOTE: Add 25% for 4WD; 10% for HEMI V8.						
2010 Ram Quad Cab Pickup, 4WD V8						
4d 1500 ST 6.33'.	800	2,390	3,980	9,950	13,930	19,900
2010 Ram Quad Cab Pickup, HEMI V8						
4d 1500 SLT 6.33'.	810	2,420	4,040	10,100	14,140	20,200
2010 Ram Crew Cab Pickup, HEMI V8						
4d 1500 SLT 5.50'.	800	2,400	4,000	10,000	14,000	20,000
NOTE: Add 20% for 4WD; 7% for HEMI V8.						
2010 Ram Crew Cab Pickup, 4WD HEMI V8						
4d 1500 ST 5.50'.	940	2,820	4,700	11,750	16,450	23,500
4d 1500 Laramie 5.50'	1,050	3,160	5,260	13,150	18,410	26,300
2010 Ram Crew Cab Pickup, 4WD, HEMI V8						
4d 2500 ST 6.33'	910	2,740	4,560	11,400	15,960	22,800
4d 2500 ST 8'.	730	2,200	3,670	9,180	12,850	18,350
4d 2500 SLT 8'	800	2,390	3,980	9,950	13,930	19,900
4d 2500 Laramie 8'.	850	2,540	4,240	10,600	14,840	21,200
2010 Ram Crew Cab Pickup, 4WD, 6-cyl Turbo Diesel						
4d 2500 SLT 6.33'.	1,220	3,670	6,120	15,300	21,420	30,600
4d 2500 Laramie 6.33'	1,340	4,010	6,680	16,700	23,380	33,400
2010 Ram Crew Cab Pickup, 6-cyl Turbo Diesel						
4d 3500 ST 6.33'	1,080	3,250	5,420	13,550	18,970	27,100
4d 3500 ST 8'.	1,050	3,140	5,240	13,100	18,340	26,200
2010 Ram Crew Cab Pickup, 4WD 6-cyl Turbo Diesel						
4d 3500 SLT 6.33'.	1,320	3,960	6,600	16,500	23,100	33,000
4d 3500 SLT 8'	1,260	3,790	6,320	15,800	22,120	31,600
4d 3500 Laramie 6.33'	1,380	4,130	6,880	15,480	24,080	34,400
4d 3500 Laramie 8'.	1,340	4,030	6,720	16,800	23,520	33,600
NOTE: Deduct 10% for 2WD.						
2010 Ram Mega Cab Pickup, 4WD 6-cyl Turbo Diesel						
4d 2500 SLT 6.33'.	1,370	4,120	6,860	17,150	24,010	34,300
NOTE: Deduct 10% for 2WD; 20% for Hemi V8.						
2010 Ram Mega Cab Pickup, V8 Hemi						
4d 2500 Laramie 6.33'	1,000	3,000	5,000	12,500	17,500	25,000
2010 Ram Mega Cab Pickup, 6-cyl Turbo Diesel						
4d 3500 Laramie 6.33'	1,260	3,790	6,320	15,800	22,120	31,600
NOTE: Add 10% for 2WD.						
2010 Ram Mega Cab Pickup, 4WD, 6-cyl Turbo Diesel						
4d 3500 SLT 6.33'.	1,370	4,100	6,840	17,100	23,940	34,200
NOTE: Deduct 10% for 2WD; 20% for Hemi V8.						
2011 Nitro 4WD, V6						
4d SE SUV	330	990	1,650	4,110	5,760	8,225
4d Heat Suv	390	1,170	1,950	4,880	6,830	9,750
4d SXT Suv	370	1,110	1,860	4,640	6,490	9,275
4d SXT SUV	370	1,110	1,860	4,640	6,490	9,275
4d Detonator SUV.	500	1,490	2,490	6,230	8,720	12,450
4d Shock SUV	550	1,650	2,760	6,890	9,640	13,775

DODGE TRUCKS

	6	5	4	3	2	1
2011 Durango AWD, V6						
4d Express SUV	550	1,640	2,740	6,840	9,570	13,675
4d Heat SUV	540	1,610	2,690	6,710	9,400	13,425
4d Crew SUV	590	1,780	2,960	7,400	10,360	14,800
2011 Durango AWD, V8 Hemi						
4d R/T SUV	800	2,410	4,010	10,030	14,040	20,050
4d Citadel SUV	750	2,260	3,770	9,430	13,200	18,850
2011 Journey, I4						
4d Express SUV	330	980	1,640	4,100	5,740	8,200
2011 Journey, V6 HO						
4d Main St SUV	340	1,010	1,690	4,230	5,920	8,450
4d Crew SUV	400	1,190	1,980	4,950	6,930	9,900
Add 10% for AWD.						
2011 Journey, AWD, V6 HO						
4d R/T SUV	490	1,470	2,450	6,110	8,560	12,225
4d LUX SUV	540	1,610	2,680	6,700	9,380	13,400
2011 Caravan Cargo, V6						
4d Grand Minivan	340	1,010	1,680	4,190	5,860	8,375
2011 Grand Caravan Passenger, V6						
4d Express Minivan	300	890	1,490	3,730	5,220	7,450
4d Main St Minivan	370	1,110	1,850	4,610	6,460	9,225
4d Crew Minivan	390	1,160	1,930	4,830	6,760	9,650
2011 Grand Caravan, V6						
4d Crew Minivan	390	1,160	1,930	4,830	6,760	9,650

FORD TRUCKS

	6	5	4	3	2	1
1905 Model E, 78" wb						
Dly Car	1,400	4,200	7,000	15,750	24,500	35,000
1906 Model N, 84" wb						
PU	1,360	4,080	6,800	15,300	23,800	34,000
Dly Van	1,400	4,200	7,000	15,750	24,500	35,000
1907 Model N, 84" wb						
PU	1,360	4,080	6,800	15,300	23,800	34,000
Dly Van	1,400	4,200	7,000	15,750	24,500	35,000
1908 Model N, 84" wb						
PU	1,360	4,080	6,800	15,300	23,800	34,000
Dly Van	1,400	4,200	7,000	15,750	24,500	35,000
1909 Model T, 100" wb						
PU	1,360	4,080	6,800	15,300	23,800	34,000
Dly Van	1,400	4,200	7,000	15,750	24,500	35,000
1910 Model T, 100" wb						
PU	1,360	4,080	6,800	15,300	23,800	34,000
Dly Van	1,400	4,200	7,000	15,750	24,500	35,000
1911 Model T, 100" wb						
PU	1,360	4,080	6,800	15,300	23,800	34,000
Dly Van	1,400	4,200	7,000	15,750	24,500	35,000

NOTE: The 1906-1911 Ford trucks were commercial adaptations of passenger car chassis. As there were no factory truck bodies, the above prices should be used as a general guide only.

	6	5	4	3	2	1
1912 Model T, 84" wb						
Commercial Rds	1,480	4,440	7,400	16,650	25,900	37,000
Dly Van	1,360	4,080	6,800	15,300	23,800	34,000

NOTE: In 1912 the company marketed a true commercial roadster and also builIt Delivery Car (Van) prototypes that were listed by firms such as Bell Telephone, John Wanamaker and Milwaukee Novelty Dye Works.

	6	5	4	3	2	1
1913 Model T, 84" wb						
Dly Van	1,400	4,200	7,000	15,750	24,500	35,000
Panel truck	1,320	3,960	6,600	14,850	23,100	33,000

NOTE: Ford again stopped making factory truck bodies. Trucks built on the 1913-1916 Model T chassis have aftermarket bodies. Therefore, prices given here should be considered only a general guide to typical body styles that exist.

	6	5	4	3	2	1
1914 Model T, 84" wb						
C-Cab Dly	800	2,400	4,000	9,000	14,000	20,000
Panel truck	640	1,920	3,200	7,200	11,200	16,000
Fire truck (TT)	720	2,160	3,600	8,100	12,600	18,000
1915 Model T, 84" wb						
C-Cab Dly	680	2,040	3,400	7,650	11,900	17,000
Panel truck	640	1,920	3,200	7,200	11,200	16,000
Express	640	1,920	3,200	7,200	11,200	16,000
1916 Model T, 100" wb						
Panel truck	640	1,920	3,200	7,200	11,200	16,000
Swellside Panel	640	1,920	3,200	7,200	11,200	16,000
Fire truck	720	2,160	3,600	8,100	12,600	18,000
1917 Model T, 100" wb						
Box Body Dly	640	1,920	3,200	7,200	11,200	16,000
Open Front Panel	640	1,920	3,200	7,200	11,200	16,000
Enclosed Panel	640	1,920	3,200	7,200	11,200	16,000
Huckster	760	2,280	3,800	8,550	13,300	19,000
1917 Model TT, 124" wb						
Exp	560	1,680	2,800	6,300	9,800	14,000
Stake	560	1,680	2,800	6,300	9,800	14,000
Open Front Panel	600	1,800	3,000	6,750	10,500	15,000

	6	5	4	3	2	1
Enclosed Panel	560	1,680	2,800	6,300	9,800	14,000
1918-20 Model T, 100" wb						
Rds PU	1,080	3,240	5,400	12,150	18,900	27,000
Box Body Dly	700	2,100	3,500	7,880	12,250	17,500
Open Front Panel	720	2,160	3,600	8,100	12,600	18,000
Enclosed Panel	680	2,040	3,400	7,650	11,900	17,000
Huckster	880	2,640	4,400	9,900	15,400	22,000
1918-20 Model TT, 124" wb						
Exp	620	1,860	3,100	6,980	10,850	15,500
Stake	600	1,800	3,000	6,750	10,500	15,000
Open Front Panel	660	1,980	3,300	7,430	11,550	16,500
Enclosed Panel	620	1,860	3,100	6,980	10,850	15,500
Huckster	1,000	3,000	5,000	11,250	17,500	25,000
1921-27 Model T, 100" wb						
Rds PU	1,080	3,240	5,400	12,150	18,900	27,000
Box Body Dly	620	1,860	3,100	6,980	10,850	15,500
Open Front Panel	720	2,160	3,600	8,100	12,600	18,000
Enclosed Panel	680	2,040	3,400	7,650	11,900	17,000
Huckster	1,000	3,000	5,000	11,250	17,500	25,000
1921-27 Model TT, 124" wb						
Exp	640	1,920	3,200	7,200	11,200	16,000
Stake	620	1,860	3,100	6,980	10,850	15,500
Open Front Panel	700	2,100	3,500	7,880	12,250	17,500
Enclosed Panel	660	1,980	3,300	7,430	11,550	16,500
Huckster	1,000	3,000	5,000	11,250	17,500	25,000
1928-29 Model A, 103" wb						
Sed Dly	1,160	3,480	5,800	13,050	20,300	29,000
Open Cab PU	1,350	4,040	6,740	15,170	23,590	33,700
Closed Cab PU	1,360	4,080	6,800	15,300	23,800	34,000
Canopy Exp	1,360	4,080	6,800	15,300	23,800	34,000
Screenside Exp	1,360	4,080	6,800	15,300	23,800	34,000
Panel	1,120	3,360	5,600	12,600	19,600	28,000
1930-31 Model A, 103" wb						
Sed Dly	1,160	3,480	5,800	13,050	20,300	29,000
Twn Car Dly	1,350	4,040	6,740	15,170	23,590	33,700
Open Cab PU	2,200	6,600	11,000	24,750	38,500	55,000
Closed Cab PU	1,280	3,840	6,400	14,400	22,400	32,000
Panel	1,120	3,360	5,600	12,600	19,600	28,000

NOTE: Sedan Delivery officially called "Deluxe Delivery".

	6	5	4	3	2	1
1932 Model B, 4-cyl., 106" wb						
Sed Dly	2,300	6,900	11,500	25,880	40,250	57,500
Open Cab PU	1,720	5,160	8,600	19,350	30,100	43,000
Closed Cab PU	1,320	3,960	6,600	14,850	23,100	33,000
Std Panel	1,120	3,360	5,600	12,600	19,600	28,000
DeL Panel	1,140	3,420	5,700	12,830	19,950	28,500
1932 Model B-18, V-8, 106" wb						
Sed Dly	2,340	7,020	11,700	26,330	40,950	58,500
Open Cab PU	1,760	5,280	8,800	19,800	30,800	44,000
Closed Cab PU	1,360	4,080	6,800	15,300	23,800	34,000
Std Panel	1,160	3,480	5,800	13,050	20,300	29,000
DeL Panel	1,180	3,540	5,900	13,280	20,650	29,500
1933-34 Model 46, 4-cyl., 112" wb						
Sed Dly	2,220	6,660	11,100	24,980	38,850	55,500
Panel	1,170	3,510	5,850	13,160	20,480	29,250
DeL Panel	1,190	3,570	5,950	13,390	20,830	29,750
PU	1,150	3,450	5,750	12,940	20,130	28,750
1933-34 Model 46, V-8, 112" wb						
Sed Dly	2,160	6,480	10,800	24,300	37,800	54,000
Panel	1,180	3,540	5,900	13,280	20,650	29,500
DeL Panel	1,200	3,600	6,000	13,500	21,000	30,000
PU	1,160	3,480	5,800	13,050	20,300	29,000
1935 Model 48, V-8, 112" wb						
Sed Dly	1,420	4,260	7,100	15,980	24,850	35,500
1935 Model 50, V-8, 112" wb						
Panel	1,060	3,180	5,300	11,930	18,550	26,500
DeL Panel	1,080	3,240	5,400	12,150	18,900	27,000
PU	1,120	3,360	5,600	12,600	19,600	28,000
1936 Model 68, V-8, 112" wb						
Sed Dly	1,400	4,200	7,000	15,750	24,500	35,000
1936 Model 67, V-8, 112" wb						
Panel	1,040	3,120	5,200	11,700	18,200	26,000
DeL Panel	1,060	3,180	5,300	11,930	18,550	26,500
PU	1,020	3,060	5,100	11,480	17,850	25,500
1937-39 V-8, 60 hp, 112" wb						
Cpe PU	1,760	5,280	8,800	19,800	30,800	44,000
Sed Dly	1,360	4,080	6,800	15,300	23,800	34,000
1937-39 V-8, 60 hp, 142" wb						
PU	940	2,820	4,700	10,580	16,450	23,500
Platform	760	2,280	3,800	8,550	13,300	19,000

FORD TRUCKS

	6	5	4	3	2	1
Stake	760	2,280	3,800	8,550	13,300	19,000
Panel	890	2,680	4,460	10,040	15,610	22,300
DeL Panel	900	2,700	4,500	10,130	15,750	22,500
1937-39 V-8, 85 hp, 112" wb						
Cpe PU	1,740	5,220	8,700	19,580	30,450	43,500
DeL Cpe PU	1,760	5,280	8,800	19,800	30,800	44,000
Sed Dly	1,380	4,140	6,900	15,530	24,150	34,500
PU	1,000	3,000	5,000	11,250	17,500	25,000
Platform	740	2,230	3,720	8,370	13,020	18,600
Stake	740	2,230	3,720	8,370	13,020	18,600
Panel	1,400	4,200	7,000	15,750	24,500	35,000
DeL Panel	930	2,800	4,660	10,490	16,310	23,300
1937-39 3/4-Ton, 85 hp, 122" wb (1939)						
PU Exp	900	2,690	4,480	10,080	15,680	22,400
NOTE: Deduct 10% for 60 hp V-8.						
1940-41 1/2-Ton, 112" wb						
PU	2,400	7,200	12,000	27,000	42,000	60,000
Platform	720	2,160	3,600	8,100	12,600	18,000
Stake	720	2,160	3,600	8,100	12,600	18,000
Panel	960	2,880	4,800	10,800	16,800	24,000
Sed Dly	1,640	4,920	8,200	18,450	28,700	41,000
1940-41 3/4-Ton, 122" wb						
Platform	720	2,160	3,600	8,100	12,600	18,000
PU Exp	920	2,760	4,600	10,350	16,100	23,000
Stake	720	2,160	3,600	8,100	12,600	18,000
Panel	960	2,880	4,800	10,800	16,800	24,000
NOTE: Deduct 5% for 60 hp V-8 where available; 10% for 4-cyl. (1941 only) where available.						
1942-47 1/2-Ton, 6-cyl., 114" wb						
Sed Dly	1,440	4,320	7,200	16,200	25,200	36,000
1942-47 1/2-Ton, 114" wb						
PU	900	2,700	4,500	10,130	15,750	22,500
Platform	650	1,960	3,260	7,340	11,410	16,300
Stake	660	1,990	3,320	7,470	11,620	16,600
Panel	820	2,460	4,100	9,230	14,350	20,500
1942-47 3/4-Ton, 122" wb						
Platform	670	2,020	3,360	7,560	11,760	16,800
PU Exp	900	2,700	4,500	10,130	15,750	22,500
Stake	680	2,050	3,420	7,700	11,970	17,100
Panel	840	2,520	4,200	9,450	14,700	21,000
NOTE: Deduct 10% for 4-cyl. (1942 only) where available.						
1948-50 F-1 Model 8HC, 1/2-Ton, V-8, 114" wb						
DeL Sed Dly	1,520	4,560	7,600	17,100	26,600	38,000
PU	1,280	3,840	6,400	14,400	22,400	32,000
Platform	1,060	3,180	5,300	11,930	18,550	26,500
Stake	1,030	3,080	5,140	11,570	17,990	25,700
Panel	1,180	3,540	5,900	13,280	20,650	29,500
1948-50 F-2 Model 8HD, 3/4-Ton, V-8, 112" wb						
PU	1,180	3,540	5,900	13,280	20,650	29,500
Platform	1,000	3,000	5,000	11,250	17,500	25,000
Stake	1,010	3,020	5,040	11,340	17,640	25,200
1948-50 F-3 Model 8HY, HD 3/4-Ton, V-8, 122" wb						
PU	1,150	3,440	5,740	12,920	20,090	28,700
Platform	1,000	3,010	5,020	11,300	17,570	25,100
Stake	1,010	3,040	5,060	11,390	17,710	25,300
NOTE: Deduct 10% for 6-cyl.						
1951-52 Courier Sed Dly 6-cyl., 115" wb						
1952 only	1,680	5,040	8,400	18,900	29,400	42,000
1951-52 F-1 Model 1HC, 1/2-Ton, V-8, 114" wb						
PU	1,600	4,800	8,000	18,000	28,000	40,000
Platform	1,080	3,240	5,400	12,150	18,900	27,000
Stake	1,100	3,300	5,500	12,380	19,250	27,500
Panel	1,460	4,380	7,300	16,430	25,550	36,500
1951-52 F-2 Model 1HD, 3/4-Ton, V-8, 122" wb						
PU	1,400	4,200	7,000	15,750	24,500	35,000
Platform	1,080	3,250	5,420	12,200	18,970	27,100
Stake	1,090	3,280	5,460	12,290	19,110	27,300
1951-52 F-3 Model 1HY, Heavy 3/4-Ton, 6-cyl., 112" wb						
PU	1,360	4,080	6,800	15,300	23,800	34,000
Platform	1,000	3,010	5,020	11,300	17,570	25,100
Stake	1,010	3,040	5,060	11,390	17,710	25,300
1951-52 F-3 Model 1HJ, 104" wb; Model 1H2J, 122" wb 3/4-Ton, 6-cyl.						
Parcel Dly	1,260	3,780	6,300	14,180	22,050	31,500
NOTE: Add 10% for V-8.						
1953-54 Courier Series, 1/2-Ton, 6-cyl., 115" wb						
Sed Dly	1,680	5,040	8,400	18,900	29,400	42,000
1953-55 F-100 Series, 1/2-Ton, 6-cyl., 110" wb						
PU	1,600	4,800	8,000	18,000	28,000	40,000
Platform	1,040	3,120	5,200	11,700	18,200	26,000
Stake	1,050	3,140	5,240	11,790	18,340	26,200

	6	5	4	3	2	1
Panel	1,400	4,200	7,000	15,750	24,500	35,000

1953-55 F-250 Series, 3/4-Ton, 6-cyl., 118" wb

	6	5	4	3	2	1
PU	1,400	4,200	7,000	15,750	24,500	35,000
Platform	1,000	3,000	5,000	11,250	17,500	25,000
Stake	1,010	3,020	5,040	11,340	17,640	25,200

NOTE: Add 10% for V-8.

1955 Courier Series, 1/2-Ton, 6-cyl., 115.5" wb

	6	5	4	3	2	1
Sed Dly	1,680	5,040	8,400	18,900	29,400	42,000

1956 F-100 Series, 1/2-Ton, 6-cyl., 110" wb

	6	5	4	3	2	1
PU	1,620	4,860	8,100	18,230	28,350	40,500
PU (118" wb)	1,430	4,300	7,160	16,110	25,060	35,800
Platform	1,020	3,060	5,100	11,480	17,850	25,500
Stake	1,030	3,080	5,140	11,570	17,990	25,700
Panel	1,260	3,780	6,300	14,180	22,050	31,500
Cus Panel	1,280	3,840	6,400	14,400	22,400	32,000

1956 F-250 Series, 3/4-Ton, 6-cyl., 118" wb

	6	5	4	3	2	1
PU	1,400	4,200	7,000	15,750	24,500	35,000
Platform	1,100	3,310	5,520	12,420	19,320	27,600
Stake	1,110	3,340	5,560	12,510	19,460	27,800

NOTE: Add 10% for V-8.

1957-59 Ranchero Series, 1/2-Ton, 6-cyl., 116" wb

	6	5	4	3	2	1
PU	1,240	3,720	6,200	13,950	21,700	31,000
Cus PU	1,400	4,200	7,000	15,750	24,500	35,000

1957-60 Courier Series, 1/2-Ton, 6-cyl., 116" wb

	6	5	4	3	2	1
Sed Dly	1,600	4,800	8,000	18,000	28,000	40,000

1957-60 F-100 Series, 1/2-Ton, 6-cyl., 110" wb

	6	5	4	3	2	1
Flareside PU	1,000	3,000	5,000	11,250	17,500	25,000
Styleside PU (118" wb)	960	2,880	4,800	10,800	16,800	24,000
Styleside PU	980	2,940	4,900	11,030	17,150	24,500
Platform	580	1,740	2,900	6,530	10,150	14,500
Stake	588	1,764	2,940	6,620	10,290	14,700
Panel	1,080	3,240	5,400	12,150	18,900	27,000

1957-60 F-250 Series, 3/4-Ton, 6-cyl., 118" wb

	6	5	4	3	2	1
Flareside PU	880	2,640	4,400	9,900	15,400	22,000
Styleside PU	860	2,580	4,300	9,680	15,050	21,500
Platform	520	1,560	2,600	5,850	9,100	13,000
Stake	540	1,620	2,700	6,080	9,450	13,500

NOTE: Add 10% for V-8.

1960-66 Falcon Series, 1/2-Ton, 6-cyl., 109.5" wb

	6	5	4	3	2	1
Ranchero PU (to 1965)	920	2,760	4,600	10,350	16,100	23,000
Sed Dly (1961 to 1965)	1,000	3,000	5,000	11,250	17,500	25,000

1961-66 Econoline, Series E-100 1/2-Ton, 6-cyl., 90" wb

	6	5	4	3	2	1
PU	800	2,400	4,000	9,000	14,000	20,000
Van	740	2,220	3,700	8,330	12,950	18,500
Station Bus	760	2,280	3,800	8,550	13,300	19,000

1961-66 F-100 Series, 1/2-Ton, 6-cyl., 110" wb

	6	5	4	3	2	1
Styleside PU, 6-1/2 ft.	910	2,720	4,540	10,220	15,890	22,700
Flareside PU, 6-1/2 ft.	900	2,700	4,500	10,130	15,750	22,500
Platform	620	1,860	3,100	6,980	10,850	15,500
Stake	630	1,880	3,140	7,070	10,990	15,700
Panel	850	2,560	4,260	9,590	14,910	21,300
Styleside PU, 8 ft.	880	2,640	4,400	9,900	15,400	22,000
Flareside PU, 8 ft.	860	2,580	4,300	9,680	15,050	21,500

NOTE: Add 10% for Intergal Body PU 1961-1964. Deduct 5% for F-250.

1966 Bronco U-100, 1/2-Ton, 4x4, 6-cyl., 90" wb

	6	5	4	3	2	1
Rds	2,800	8,400	14,000	31,500	49,000	70,000
Spt Utl	2,400	7,200	12,000	27,000	42,000	60,000
Wag	2,600	7,800	13,000	29,250	45,500	65,000

1966 Fairlane Ranchero, 1/2-Ton, 113" wb

	6	5	4	3	2	1
PU	760	2,280	3,800	8,550	13,300	19,000
Cus PU	800	2,400	4,000	9,000	14,000	20,000

NOTE: Add 10% for V-8; Add 15% for 390 V-8; Add 20% for 427 V-8.

1967-72 Bronco U-100, 1/2-Ton, 113" wb

	6	5	4	3	2	1
Rds	2,800	8,400	14,000	31,500	49,000	70,000
Spt Utl	2,400	7,200	12,000	27,000	42,000	60,000
Wag	2,600	7,800	13,000	29,250	45,500	65,000

1967-72 Econoline E-100, 1/2-Ton, 6-cyl.

	6	5	4	3	2	1
PU	800	2,400	4,000	9,000	14,000	20,000
Van	740	2,220	3,700	8,330	12,950	18,500
Sup Van	760	2,280	3,800	8,550	13,300	19,000
Panel Van	600	1,800	3,000	6,750	10,500	15,000
Sup Panel Van	620	1,860	3,100	6,980	10,850	15,500

1967-72 Ranchero, 1/2-Ton, 6-cyl.

	6	5	4	3	2	1
PU (1967-1971)	680	2,040	3,400	7,650	11,900	17,000
500 PU	740	2,220	3,700	8,330	12,950	18,500
500 XL PU (1967 only)	760	2,280	3,800	8,550	13,300	19,000
500 GT PU (1968-1972)	800	2,400	4,000	9,000	14,000	20,000
500 Squire PU (1970-1972)	780	2,340	3,900	8,780	13,650	19,500

NOTE: Add 10% for V-8.

FORD TRUCKS

	6	5	4	3	2	1
1967-72 F-100/ Model F-101, 1/2-Ton, 6-cyl.						
Flareside PU, 6-1/2 ft.	800	2,400	4,000	9,000	14,000	20,000
Styleside PU, 6-1/2 ft.	760	2,280	3,800	8,550	13,300	19,000
Platform	460	1,380	2,300	5,180	8,050	11,500
Stake	500	1,500	2,500	5,630	8,750	12,500
Flareside, 8 ft.	740	2,220	3,700	8,330	12,950	18,500
Styleside, 8 ft.	750	2,260	3,760	8,460	13,160	18,800
1967-72 F-250, 3/4-Ton, 6-cyl.						
Flareside PU, 8 ft.	760	2,280	3,800	8,550	13,300	19,000
Styleside PU, 8 ft.	780	2,340	3,900	8,780	13,650	19,500
Platform	440	1,320	2,200	4,950	7,700	11,000
Stake	460	1,380	2,300	5,180	8,050	11,500
NOTE: Add 10% for V-8; 5% for 4x4.						
1973-79 Courier, 1/2-Ton, 4-cyl.						
PU	360	1,080	1,800	4,050	6,300	9,000
1973-79 Fairlane/Torino, 1/2-Ton, V-8						
Ranchero 500 PU	580	1,740	2,900	6,530	10,150	14,500
Ranchero Squire PU	600	1,800	3,000	6,750	10,500	15,000
Ranchero GT PU	620	1,860	3,100	6,980	10,850	15,500
NOTE: Deduct 5% for 6-cyl.						
1973-79 Club Wagon E-100, 1/2-Ton, 6-cyl.						
Clb Wag	348	1,044	1,740	3,920	6,090	8,700
Cus Clb Wag.	360	1,080	1,800	4,050	6,300	9,000
Chateau Wag	400	1,200	2,000	4,500	7,000	10,000
1973-79 Bronco U-100, 1/2-Ton, 6-cyl.						
Wag	1,400	4,200	7,000	15,750	24,500	35,000
1973-79 Econoline E-100, 1/2-Ton, 6-cyl.						
Cargo Van	280	840	1,400	3,150	4,900	7,000
Window Van	300	900	1,500	3,380	5,250	7,500
Display Van	292	876	1,460	3,290	5,110	7,300
1973-79 Econoline E-200, 3/4-Ton, 6-cyl.						
Cargo Van	276	828	1,380	3,110	4,830	6,900
Window Van	296	888	1,480	3,330	5,180	7,400
Display Van	288	864	1,440	3,240	5,040	7,200
1973-79 Econoline E-300, HD 3/4-Ton, 6-cyl.						
Cargo Van	272	816	1,360	3,060	4,760	6,800
Window Van	292	876	1,460	3,290	5,110	7,300
Display Van	284	852	1,420	3,200	4,970	7,100
1973-79 F-100, 1/2-Ton, 6-cyl.						
Flareside PU, 6-1/2 ft.	540	1,620	2,700	6,080	9,450	13,500
Styleside PU, 6-1/2 ft.	540	1,630	2,720	6,120	9,520	13,600
Flareside PU, 8 ft.	540	1,610	2,680	6,030	9,380	13,400
Styleside PU, 8 ft.	540	1,620	2,700	6,080	9,450	13,500
1973-79 F-250, 3/4-Ton, 6-cyl.						
Flareside PU	440	1,310	2,180	4,910	7,630	10,900
Styleside PU	430	1,300	2,160	4,860	7,560	10,800
Platform	300	900	1,500	3,380	5,250	7,500
Stake	308	924	1,540	3,470	5,390	7,700
1973-79 F-350, HD 3/4-Ton, 6-cyl.						
Flareside PU	430	1,280	2,140	4,820	7,490	10,700
Styleside PU	420	1,270	2,120	4,770	7,420	10,600
Platform	292	876	1,460	3,290	5,110	7,300
Stake	300	900	1,500	3,380	5,250	7,500
NOTE: Add 5% for base V-8; 10% for optional V-8; 5% for 4x4 on F-250 and F-350 models only.						
1975-82 F-150, 1/2-Ton						
Flareside PU (SBx)	460	1,380	2,300	5,180	8,050	11,500
Styleside PU (SBx)	480	1,440	2,400	5,400	8,400	12,000
Styleside PU (LBx)	500	1,500	2,500	5,630	8,750	12,500
Styleside PU Sup Cab (SBx)	520	1,560	2,600	5,850	9,100	13,000
Styleside PU Sup Cab (LBx)	560	1,680	2,800	6,300	9,800	14,000
1980-83 F-100, 1/2-Ton						
Flareside PU	280	840	1,400	3,150	4,900	7,000
Styleside PU	284	852	1,420	3,200	4,970	7,100
Sup Cab	284	852	1,420	3,200	4,970	7,100
NOTE: F-100 was discontinued after 1983.						
1980-86 Courier to 1982, replaced by Ranger 1983-1986						
PU	280	840	1,400	3,150	4,900	7,000
1980-86 Bronco						
Wag	800	2,400	4,000	9,000	14,000	20,000
1980-86 Econoline E-100						
Cargo Van	240	720	1,200	2,700	4,200	6,000
Window Van	248	744	1,240	2,790	4,340	6,200
Display Van	256	768	1,280	2,880	4,480	6,400
Clb Wag	276	828	1,380	3,110	4,830	6,900
Cus Clb Wag	284	852	1,420	3,200	4,970	7,100
Chateau Clb Wag	292	876	1,460	3,290	5,110	7,300
1980-86 Econoline E-200						
Cargo Van	240	720	1,200	2,700	4,200	6,000
Window Van	244	732	1,220	2,750	4,270	6,100

FORD TRUCKS

	6	5	4	3	2	1
Display Van	248	744	1,240	2,790	4,340	6,200
1980-86 Econoline E-300						
Cargo Van	236	708	1,180	2,660	4,130	5,900
Window Van	240	720	1,200	2,700	4,200	6,000
Display Van	244	732	1,220	2,750	4,270	6,100
1980-86 F-250, 3/4-Ton						
Flareside PU	280	840	1,400	3,150	4,900	7,000
Styleside PU	284	852	1,420	3,200	4,970	7,100
Sup Cab	288	864	1,440	3,240	5,040	7,200
1980-86 F-350, 1-Ton						
PU	272	816	1,360	3,060	4,760	6,800
Crew Cab PU	276	828	1,380	3,110	4,830	6,900
Stake	260	780	1,300	2,930	4,550	6,500
NOTE: Add 10% for 4x4.						
1983-86 F-150, 1/2-Ton						
Flareside PU (SBx)	260	780	1,300	2,930	4,550	6,500
Styleside PU (SBx)	280	840	1,400	3,150	4,900	7,000
Styleside PU (LBx)	300	900	1,500	3,380	5,250	7,500
Styleside PU Sup Cab (SBx)	320	960	1,600	3,600	5,600	8,000
Styleside PU Sup Cab (LBx)	360	1,080	1,800	4,050	6,300	9,000
1987-91 Bronco II, 1/2-Ton, 94" wb						
Wag	220	660	1,100	2,480	3,850	5,500
Wag (4x4)	280	840	1,400	3,150	4,900	7,000
1987-91 Bronco, 1/2-Ton, 105" wb						
Wag (4x4)	880	2,640	4,400	9,900	15,400	22,000
1987-91 Aerostar, 1/2-Ton, 119" wb						
Cargo Van	200	600	1,000	2,250	3,500	5,000
Wag	260	780	1,300	2,930	4,550	6,500
Window Van	200	600	1,000	2,250	3,500	5,000
1987-91 Club Wagon, 138" wb						
E-150 Wag	300	900	1,500	3,380	5,250	7,500
E-250 Wag	320	960	1,600	3,600	5,600	8,000
E-350 Sup Clb Wag	340	1,020	1,700	3,830	5,950	8,500
1987-91 Econoline E-150, 1/2-Ton, 124" or 138" wb						
Cargo Van	240	720	1,200	2,700	4,200	6,000
Sup Cargo Van	260	780	1,300	2,930	4,550	6,500
1987-91 Econoline E-250, 3/4-Ton, 138" wb						
Cargo Van	260	780	1,300	2,930	4,550	6,500
Sup Cargo Van	280	840	1,400	3,150	4,900	7,000
1987-91 Econoline E-350, 1-Ton , 138" or 176" wb						
Cargo Van	280	840	1,400	3,150	4,900	7,000
Sup Cargo Van	300	900	1,500	3,380	5,250	7,500
1987-91 Ranger, 1/2-Ton, 108" or 125" wb						
Styleside PU (SBx)	196	588	980	2,210	3,430	4,900
Styleside PU (LBx)	200	600	1,000	2,250	3,500	5,000
Styleside PU Sup Cab	220	660	1,100	2,480	3,850	5,500
1987-91 F-150, 1/2-Ton, 116" or 155" wb						
Flareside PU (SBx)	220	660	1,100	2,480	3,850	5,500
Styleside PU (SBx)	240	720	1,200	2,700	4,200	6,000
Styleside PU (LBx)	260	780	1,300	2,930	4,550	6,500
Styleside PU Sup Cab (SBx)	280	840	1,400	3,150	4,900	7,000
Styleside PU Sup Cab (LBx)	320	960	1,600	3,600	5,600	8,000
1987-91 F-250, 3/4-Ton, 133" or 155" wb						
Styleside PU (LBx)	300	900	1,500	3,380	5,250	7,500
Styleside PU Sup Cab (LBx)	320	960	1,600	3,600	5,600	8,000
1987-91 F-350, 1-Ton , 133" or 168.4" wb						
Styleside PU (LBx)	320	960	1,600	3,600	5,600	8,000
Styleside PU Crew Cab	340	1,020	1,700	3,830	5,950	8,500
NOTE: Add 15% for 4x4.						
1992 Explorer, V-6						
2d SUV	520	1,560	2,600	5,850	9,100	13,000
4d SUV	540	1,620	2,700	6,080	9,450	13,500
2d SUV, 4x4	540	1,620	2,700	6,080	9,450	13,500
4d SUV, 4x4	560	1,680	2,800	6,300	9,800	14,000
1992 Bronco, V-8						
2d SUV	960	2,880	4,800	10,800	16,800	24,000
1992 Aerostar, V-6						
Van	350	1,000	1,700	3,830	5,950	8,500
Window Van	350	1,100	1,800	4,050	6,300	9,000
Ext Van	350	1,100	1,800	4,050	6,300	9,000
Ext Window Van	400	1,150	1,900	4,280	6,650	9,500
NOTE: Add 5% for 4x4.						
1992 E Series, V-8						
Cargo Van	500	1,500	2,500	5,630	8,750	12,500
1992 Club Wagon, V-8						
E-150 Wag	520	1,560	2,600	5,850	9,100	13,000
1992 Ranger, 1/2-Ton, V-6						
2d PU (SBx)	250	800	1,300	2,930	4,550	6,500

FORD TRUCKS

	6	5	4	3	2	1
2d PU (LBx)	300	850	1,400	3,150	4,900	7,000
NOTE: Add 5% for 4x4.						
1992 F-150, F-250, V-8						
2d PU 1/2-Ton (SBx)	520	1,560	2,600	5,850	9,100	13,000
2d PU 1/2-Ton (LBx)	540	1,620	2,700	6,080	9,450	13,500
2d PU 3/4-Ton (SBx)	540	1,620	2,700	6,080	9,450	13,500
2d PU 3/4-Ton (LBx)	560	1,680	2,800	6,300	9,800	14,000
NOTE: Add 5% for 4x4.						
1993 Explorer, V-6						
2d SUV 2WD	520	1,560	2,600	5,850	9,100	13,000
4d SUV 2WD	520	1,560	2,600	5,850	9,100	13,000
2d SUV, 4x4	560	1,680	2,800	6,300	9,800	14,000
4d SUV, 4x4	560	1,680	2,800	6,300	9,800	14,000
1993 Bronco, V-8						
2d SUV	980	2,940	4,900	11,030	17,150	24,500
1993 Aerostar, V-6						
Window Van	400	1,150	1,900	4,280	6,650	9,500
1993 E150/250 Van, V-8						
Window Van	500	1,500	2,500	5,630	8,750	12,500
1993 Ranger, V-6						
2d PU SBx	250	800	1,300	2,930	4,550	6,500
2d PU LBx	250	800	1,350	3,020	4,700	6,700
1993 F150/F250, V-8						
2d PU SBx F150	520	1,560	2,600	5,850	9,100	13,000
2d PU LBx F150	520	1,560	2,600	5,850	9,100	13,000
2d PU SBx F250	560	1,680	2,800	6,300	9,800	14,000
2d PU LBx F250	560	1,680	2,800	6,300	9,800	14,000
NOTE: Add 25% for F150 Lightning option.						
1994 Explorer, V-6						
2d SUV	300	900	1,500	3,380	5,250	7,500
4d SUV	320	960	1,600	3,600	5,600	8,000
2d SUV, 4x4	400	1,200	2,000	4,500	7,000	10,000
4d SUV, 4x4	440	1,320	2,200	4,950	7,700	11,000
1994 Bronco, V-8						
2d SUV	960	2,880	4,800	10,800	16,800	24,000
1994 Aerostar, V-6						
Cargo Van	300	850	1,400	3,150	4,900	7,000
Window Van	300	900	1,500	3,380	5,250	7,500
Cargo Van LWB	300	950	1,600	3,560	5,550	7,900
Window Van LWB	300	950	1,600	3,600	5,600	8,000
1994 E150/250, V-8						
Cargo Van	340	1,020	1,700	3,830	5,950	8,500
Window Van	400	1,200	2,000	4,500	7,000	10,000
Club Wag	480	1,440	2,400	5,400	8,400	12,000
1994 Ranger, V-6						
2d PU	300	900	1,500	3,380	5,250	7,500
2d PU 4x4	380	1,140	1,900	4,280	6,650	9,500
2d PU Sup Cab 4x4	400	1,200	2,000	4,500	7,000	10,000
1994 F150/250, V-8						
2d PU XL 6 ft.	380	1,140	1,900	4,280	6,650	9,500
2d PU XL 8 ft.	400	1,200	2,000	4,500	7,000	10,000
2d PU Sup Cab XL 6 ft.	440	1,320	2,200	4,950	7,700	11,000
2d PU Sup Cab XL 8 ft.	480	1,440	2,400	5,400	8,400	12,000
NOTE: Add 10% for 4x4; 25% for F150 Lightning option.						
1995 Explorer, V-6						
2d SUV	300	900	1,500	3,380	5,250	7,500
4d SUV	320	960	1,600	3,600	5,600	8,000
2d SUV, 4x4	400	1,200	2,000	4,500	7,000	10,000
4d SUV, 4x4	440	1,320	2,200	4,950	7,700	11,000
NOTE: Add 5% for Spt, XLT, Eddie Bauer, Ltd or Expedition Trim Pkg..						
1995 Bronco, V-8						
2d SUV	960	2,880	4,800	10,800	16,800	24,000
NOTE: Add 5% for XL or Eddie Bauer Trim Pkg.						
1995 Aerostar, V-6						
Cargo Van	300	850	1,400	3,150	4,900	7,000
XLT Van	300	900	1,500	3,380	5,250	7,500
XLT Van, LWB	300	950	1,600	3,600	5,600	8,000
NOTE: Add 10% for 4x4.						
1995 Windstar, V-6						
Cargo Van	250	800	1,300	2,930	4,550	6,500
GL Van	300	950	1,600	3,600	5,600	8,000
LX Van	400	1,150	1,900	4,280	6,650	9,500
1995 E150 & E250, V-8						
Cargo Van	380	1,140	1,900	4,280	6,650	9,500
Window Van	400	1,200	2,000	4,500	7,000	10,000
Club Wag	480	1,440	2,400	5,400	8,400	12,000
1995 Ranger, 4-cyl. & V-6						
2d PU	300	900	1,500	3,380	5,250	7,500
2d LB PU	300	900	1,550	3,470	5,400	7,700

FORD TRUCKS

	6	5	4	3	2	1
2d Splash	350	1,000	1,700	3,830	5,950	8,500
2d Sup Cab PU	400	1,200	2,000	4,500	7,000	10,000
2d Splash Sup Cab PU	440	1,320	2,200	4,950	7,700	11,000

NOTE: Add 5% for XLT, Spt or STX Trim Pkg.; 10% for 4x4. Deduct 5% for 4-cyl.

1995 F150 & F250, V-8

	6	5	4	3	2	1
2d XL PU, 6-3/4 ft.	380	1,140	1,900	4,280	6,650	9,500
2d XL PU, 8 ft.	400	1,200	2,000	4,500	7,000	10,000
2d Lightning PU, 6-3/4 ft.	400	1,200	2,000	4,500	7,000	10,000
2d Sup Cab XL PU, 6-3/4 ft.	440	1,320	2,200	4,950	7,700	11,000
2d Sup Cab XL PU, 8 ft.	520	1,560	2,600	5,850	9,100	13,000

NOTE: Add 10% for 4x4.

1996 Explorer, V-6

	6	5	4	3	2	1
2d SUV	300	900	1,500	3,380	5,250	7,500
4d SUV	320	960	1,600	3,600	5,600	8,000
2d SUV, 4x4	400	1,200	2,000	4,500	7,000	10,000
4d SUV, 4x4	320	1,320	2,200	4,950	7,700	11,000

NOTE: Add 5% for Sport, XLT, Eddie Bauer or Limited Pkg.

1996 Bronco, V-8

	6	5	4	3	2	1
2d SUV	960	2,880	4,800	10,800	16,800	24,000

NOTE: Add 5% for XLT or Eddie Bauer Pkg.

1996 Aerostar, V-6

	6	5	4	3	2	1
Cargo Van	250	700	1,200	2,700	4,200	6,000
XLT Van	260	780	1,300	2,930	4,550	6,500
XLT Van, LWB	280	840	1,400	3,150	4,900	7,000

NOTE: Add 10% for 4x4.

1996 Windstar, V-6

	6	5	4	3	2	1
Cargo Van	200	650	1,100	2,480	3,850	5,500
GL Van	300	850	1,400	3,150	4,900	7,000
LX Van	350	1,000	1,700	3,830	5,950	8,500

1996 E150 & E250, V-8

	6	5	4	3	2	1
Cargo Van	340	1,020	1,700	3,830	5,950	8,500
Sup Cargo Van	360	1,080	1,800	4,050	6,300	9,000
Club Wag	440	1,320	2,200	4,950	7,700	11,000

1996 Ranger, 4-cyl. & V-6

	6	5	4	3	2	1
2d PU	250	800	1,300	2,930	4,550	6,500
2d LB PU	250	800	1,350	3,020	4,700	6,700
2d Splash	300	900	1,500	3,380	5,250	7,500
2d Sup Cab PU	360	1,080	1,800	4,050	6,300	9,000
2d Splash Sup Cab PU	400	1,200	2,000	4,500	7,000	10,000

NOTE: Add 5% for XLT, Sport or STX Pkg.; 10% for 4x4. Deduct 5% for 4-cyl.

1996 F150 & F250, V-8

	6	5	4	3	2	1
2d PU, 6-3/4 ft.	300	850	1,400	3,150	4,900	7,000
2d PU, 8 ft.	300	900	1,500	3,380	5,250	7,500
2d XL PU, 6-3/4 ft.	340	1,020	1,700	3,830	5,950	8,500
2d XL PU, 8 ft.	360	1,080	1,800	4,050	6,300	9,000
2d Sup Cab XL PU, 6-3/4 ft	400	1,200	2,000	4,500	7,000	10,000
2d Sup Cab XL PU, 8 ft.	440	1,320	2,200	4,950	7,700	11,000
2d Heavy-Duty Sup Cab XL PU, 6-3/4 ft.	480	1,440	2,400	5,400	8,400	12,000
2d Heavy-Duty Sup Cab XL PU, 8 ft.	520	1,560	2,600	5,850	9,100	13,000

NOTE: Add 10% for 4x4; 15% for turbo diesel V-8.

1997 Explorer, V-6

	6	5	4	3	2	1
2d SUV	300	900	1,500	3,380	5,250	7,500
4d SUV	320	960	1,600	3,600	5,600	8,000
2d SUV, 4x4	400	1,200	2,000	4,500	7,000	10,000
4d SUV, 4x4	440	1,320	2,200	4,950	7,700	11,000

NOTE: Add 5% for Sport, XLT, Eddie Bauer or Limited Pkg.; 5% for V-8.

1997 Expedition, V-8

	6	5	4	3	2	1
XLT SUV	520	1,560	2,600	5,850	9,100	13,000
Eddie Bauer SUV	540	1,620	2,700	6,080	9,450	13,500
XLT SUV, 4x4	560	1,680	2,800	6,300	9,800	14,000
Eddie Bauer, 4x4	580	1,740	2,900	6,530	10,150	14,500

NOTE: Deduct 5% for 4.6L V-8.

1997 Aerostar, V-6

	6	5	4	3	2	1
Cargo Van	240	720	1,200	2,700	4,200	6,000
XLT Van	260	780	1,300	2,930	4,550	6,500
XLT Van, LWB	280	840	1,400	3,150	4,900	7,000

NOTE: Add 10% for 4x4.

1997 Windstar, V-6

	6	5	4	3	2	1
Cargo Van	220	660	1,100	2,480	3,850	5,500
GL Van	280	840	1,400	3,150	4,900	7,000
LX Van	340	1,020	1,700	3,830	5,950	8,500

1997 E150 & E250, V-8

	6	5	4	3	2	1
Cargo Van	340	1,020	1,700	3,830	5,950	8,500
Sup Cargo Van	400	1,200	2,000	4,500	7,000	10,000
Club Wag	480	1,440	2,400	5,400	8,400	12,000

1997 Ranger, V-6

	6	5	4	3	2	1
2d PU	260	780	1,300	2,930	4,550	6,500
2d LBx PU	268	804	1,340	3,020	4,690	6,700
2d Splash	300	900	1,500	3,380	5,250	7,500

FORD TRUCKS

	6	5	4	3	2	1
2d Sup Cab PU. 360		1,080	1,800	4,050	6,300	9,000
2d Splash Sup Cab PU. 400		1,200	2,000	4,500	7,000	10,000
NOTE: Add 5% for XLT or STX Pkg.; 10% for 4x4. Deduct 5% for 4-cyl.						
1997 F150 & F250, V-6						
2d PU, 6-3/4 ft. 280		840	1,400	3,150	4,900	7,000
2d PU, 8 ft. 300		900	1,500	3,380	5,250	7,500
2d XL PU, 6-3/4 ft. 340		1,020	1,700	3,830	5,950	8,500
2d XL PU, 8 ft.. 360		1,080	1,800	4,050	6,300	9,000
2d Sup Cab XL PU, 6-3/4 ft. 400		1,200	2,000	4,500	7,000	10,000
2d Sup Cab XL PU, 8 ft. 440		1,320	2,200	4,950	7,700	11,000
2d Heavy-Duty Sup Cab XL PU, 6-3/4 ft. 480		1,440	2,400	5,400	8,400	12,000
2d Heavy-Duty Sup Cab XL PU, 8 ft. 560		1,680	2,800	6,300	9,800	14,000
NOTE: Add 10% for 4x4; 15% for turbo diesel V-8; 5% for 7.5L V-8.						
1998 Explorer, V-6						
2d Spt SUV. 300		900	1,500	3,380	5,250	7,500
4d SUV 320		960	1,600	3,600	5,600	8,000
2d Spt SUV, 4x4 400		1,200	2,000	4,500	7,000	10,000
4d SUV, 4x4 440		1,320	2,200	4,950	7,700	11,000
NOTE: Add 5% for XLT, Eddie Bauer or Limited Pkg.; 5% for V-8.						
1998 Expedition, V-8						
XLT SUV. 520		1,560	2,600	5,850	9,100	13,000
Eddie Bauer SUV 540		1,620	2,700	6,080	9,450	13,500
XLT SUV, 4x4 560		1,680	2,800	6,300	9,800	14,000
Eddie Bauer, 4x4 580		1,740	2,900	6,530	10,150	14,500
NOTE: Deduct 5% for 4.6L V-8.						
1998 Windstar, V-6						
Cargo Van. 240		720	1,200	2,700	4,200	6,000
GL Van 280		840	1,400	3,150	4,900	7,000
LX Van 300		900	1,500	3,380	5,250	7,500
Ltd Van 320		960	1,600	3,600	5,600	8,000
1998 E150 & E250, V-8						
Cargo Van. 340		1,020	1,700	3,830	5,950	8,500
Sup Cargo Van 400		1,200	2,000	4,500	7,000	10,000
Club Wag 480		1,440	2,400	5,400	8,400	12,000
NOTE: Add 5% for Chateau or XLT Pkg.; 5% for V-10; 10% for turbo diesel V-8. Deduct 5% for V-6.						
1998 Ranger, V-6						
2d PU 260		780	1,300	2,930	4,550	6,500
2d Splash PU 300		900	1,500	3,380	5,250	7,500
2d Sup Cab PU. 360		1,080	1,800	4,050	6,300	9,000
2d Splash Sup Cab PU. 400		1,200	2,000	4,500	7,000	10,000
NOTE: Add 5% for XLT Pkg.; 10% for 4x4. Deduct 5% for 4-cyl.						
1998 F150 & F250, V-8						
S 2d PU 300		900	1,500	3,380	5,250	7,500
XL 2d PU 320		960	1,600	3,600	5,600	8,000
S 2d Sup Cab PU 360		1,080	1,800	4,050	6,300	9,000
XL 2d Sup Cab PU 400		1,200	2,000	4,500	7,000	10,000
NOTE: Add 5% for Lariat, STX or XLT Pkg.; 10% for 4x4. Deduct 5% for V-6.						
1999 Explorer, V-6						
2d Spt SUV. 300		900	1,500	3,380	5,250	7,500
4d SUV. 320		960	1,600	3,600	5,600	8,000
2d Spt SUV, 4x4 400		1,200	2,000	4,500	7,000	10,000
4d SUV, 4x4 440		1,320	2,200	4,950	7,700	11,000
NOTE: Add 5% for XLS, XLT, Eddie Bauer or Limited Pkgs.; 5% for V-8.						
1999 Expedition, V-8						
XLT SUV. 520		1,560	2,600	5,850	9,100	13,000
Eddie Bauer SUV 540		1,620	2,700	6,080	9,450	13,500
XLT SUV, 4x4 560		1,680	2,800	6,300	9,800	14,000
Eddie Bauer, 4x4 580		1,740	2,900	6,530	10,150	14,500
NOTE: Deduct 5% for 4.6L V-8.						
1999 Windstar, V-6						
Cargo Van. 240		720	1,200	2,700	4,200	6,000
LX Van 300		900	1,500	3,380	5,250	7,500
SE Van 320		960	1,600	3,600	5,600	8,000
SEL Van 340		1,020	1,700	3,830	5,950	8,500
1999 E150 & E250, V-8						
Cargo Van. 340		1,020	1,700	3,830	5,950	8,500
Ext Cargo Van. 400		1,200	2,000	4,500	7,000	10,000
Club Wag 480		1,440	2,400	5,400	8,400	12,000
NOTE: Add 5% for Chateau or XLT Pkg.; 5% for V-10; 20% for turbo diesel V-8. Deduct 5% for V-6.						
1999 Ranger, V-6						
2d Styleside PU 240		720	1,200	2,700	4,200	6,000
2d Flareside PU 260		780	1,300	2,930	4,550	6,500
2d Styleside Sup Cab PU. 280		840	1,400	3,150	4,900	7,000
2d Flareside Sup Cab PU. 300		900	1,500	3,380	5,250	7,500
4d Styleside Sup Cab PU. 320		960	1,600	3,600	5,600	8,000
4d Flareside Sup Cab PU. 340		1,020	1,700	3,830	5,950	8,500
NOTE: Add 5% for XLT Pkg.; 10% for 4x4. Deduct 5% for 4-cyl.						
1999 F150 & F250, V-8						
2d Styleside XL PU 280		840	1,400	3,150	4,900	7,000

FORD TRUCKS

	6	5	4	3	2	1
2d Flareside XL PU	300	900	1,500	3,380	5,250	7,500
Styleside XL Sup Cab PU	360	1,080	1,800	4,050	6,300	9,000
Flareside XL Sup Cab PU	380	1,140	1,900	4,280	6,650	9,500
2d Flareside Lightning PU	620	1,860	3,100	6,980	10,850	15,500
4d XL Crew Cab PU (F250 only)	540	1,620	2,700	6,080	9,450	13,500

NOTE: Add 5% for Lariat or XLT Pkg.; 10% for 4x4; 5% for V-10; 25% for turbo diesel V-8; 5% for dually version. Deduct 5% for V-6.

2000 Explorer, V-6

	6	5	4	3	2	1
2d Spt SUV	300	900	1,500	3,380	5,250	7,500
4d XL SUV	320	960	1,600	3,600	5,600	8,000
2d Spt SUV, 4x4	400	1,200	2,000	4,500	7,000	10,000
4d XL SUV, 4x4	440	1,320	2,200	4,950	7,700	11,000

NOTE: Add 5% for XLS, XLT, Eddie Bauer or Limited Pkgs.; 5% for V-8.

2000 Expedition, V-8

	6	5	4	3	2	1
XLT SUV	520	1,560	2,600	5,850	9,100	13,000
Eddie Bauer SUV	540	1,620	2,700	6,080	9,450	13,500
XLT SUV, 4x4	560	1,680	2,800	6,300	9,800	14,000
Eddie Bauer, 4x4	580	1,740	2,900	6,530	10,150	14,500

NOTE: Deduct 5% for 4.6L V-8.

2000 Excursion, V-10

	6	5	4	3	2	1
XLT SUV	550	1,640	2,740	6,170	9,590	13,700
Limited SUV	560	1,670	2,780	6,260	9,730	13,900
XLT SUV (turbo diesel)	620	1,860	3,100	6,980	10,850	15,500
Limited SUV (turbo diesel)	660	1,980	3,300	7,430	11,550	16,500

NOTE: Add 10% for 4x4. Deduct 5% for 4.6L V-8.

2000 Windstar, V-6

	6	5	4	3	2	1
Cargo Van	240	720	1,200	2,700	4,200	6,000
Window Van	250	740	1,240	2,790	4,340	6,200
LX Van	300	900	1,500	3,380	5,250	7,500
SE Van	320	960	1,600	3,600	5,600	8,000
SEL Van	340	1,020	1,700	3,830	5,950	8,500
Limited Van	360	1,080	1,800	4,050	6,300	9,000

2000 E150 & E250, V-8

	6	5	4	3	2	1
Cargo Van	340	1,020	1,700	3,830	5,950	8,500
Ext Cargo Van	400	1,200	2,000	4,500	7,000	10,000
Club Wag	480	1,440	2,400	5,400	8,400	12,000

NOTE: Add 5% for Chateau or XLT Pkgs.; 5% for V-10; 20% for turbo diesel V-8. Deduct 5% for V-6.

2000 Ranger, V-6

	6	5	4	3	2	1
2d Styleside PU	240	720	1,200	2,700	4,200	6,000
2d Flareside PU	260	780	1,300	2,930	4,550	6,500
2d Styleside Sup Cab PU	280	840	1,400	3,150	4,900	7,000
2d Flareside Sup Cab PU	300	900	1,500	3,380	5,250	7,500
4d Styleside Sup Cab PU	320	960	1,600	3,600	5,600	8,000
4d Flareside Sup Cab PU	340	1,020	1,700	3,830	5,950	8,500

NOTE: Add 5% for XLT Pkg.; 10% for 4x4. Deduct 5% for 4-cyl.

2000 F150 & F250, V-8

	6	5	4	3	2	1
2d Styleside XL PU	280	840	1,400	3,150	4,900	7,000
2d Flareside XL PU	300	900	1,500	3,380	5,250	7,500
Styleside XL Sup Cab PU	360	1,080	1,800	4,050	6,300	9,000
Flareside XL Sup Cab PU	380	1,140	1,900	4,280	6,650	9,500
2d Flareside Lightning PU	620	1,860	3,100	6,980	10,850	15,500
4d XL Crew Cab PU (F250 only)	540	1,620	2,700	6,080	9,450	13,500
Flareside XL Sup Cab Harley PU (F150 only)	690	2,060	3,440	7,740	12,040	17,200

NOTE: Add 5% for Lariat or XLT Pkgs.; 10% for 4x4; 5% for V-10; 25% for turbo diesel V-8; 5% for dually version. Deduct 5% for V-6.

2001 Escape, V-6

	6	5	4	3	2	1
4d XLS SUV	300	900	1,500	3,750	5,250	7,500
4d XLT SUV	320	960	1,600	4,000	5,600	8,000
4d XLS SUV, 4x4	340	1,020	1,700	4,250	5,950	8,500
4d XLT SUV, 4x4	360	1,080	1,800	4,500	6,300	9,000

NOTE: Deduct 5% for 4-cyl.

2001 Explorer Sport Trac, V-6

	6	5	4	3	2	1
4d SUV	360	1,080	1,800	4,050	6,300	9,000
4d SUV, 4x4	380	1,140	1,900	4,280	6,650	9,500

NOTE: Add 5% for Eddie Bauer or Limited Pkgs.; 5% for V-8.

2001 Explorer, V-6

	6	5	4	3	2	1
2d Spt SUV	300	900	1,500	3,380	5,250	7,500
4d XLS SUV	320	960	1,600	3,600	5,600	8,000
4d XLT SUV	340	1,020	1,700	3,830	5,950	8,500
2d Spt SUV, 4x4	400	1,200	2,000	4,500	7,000	10,000
4d XLS SUV, 4x4	440	1,320	2,200	4,950	7,700	11,000
4d XLT SUV, 4x4	460	1,380	2,300	5,180	8,050	11,500

NOTE: Add 5% for Eddie Bauer or Limited Pkgs.; 5% for V-8.

2001 Expedition, V-8

	6	5	4	3	2	1
XLT SUV	520	1,560	2,600	5,850	9,100	13,000
Eddie Bauer SUV	540	1,620	2,700	6,080	9,450	13,500
XLT SUV, 4x4	560	1,680	2,800	6,300	9,800	14,000
Eddie Bauer SUV, 4x4	580	1,740	2,900	6,530	10,150	14,500

NOTE: Deduct 5% for 4.6L V-8.

FORD TRUCKS

	6	5	4	3	2	1
2001 Excursion, V-10						
XLT SUV	550	1,640	2,740	6,170	9,590	13,700
Limited SUV	560	1,670	2,780	6,260	9,730	13,900
XLT SUV (turbo diesel)	620	1,860	3,100	6,980	10,850	15,500
Limited SUV (turbo diesel)	660	1,980	3,300	7,430	11,550	16,500
NOTE: Add 10% for 4x4. Deduct 5% for 5.4L V-8.						
2001 Windstar, V-6						
Cargo Van	240	720	1,200	3,000	4,200	6,000
Window Van	250	740	1,240	3,100	4,340	6,200
LX Van	300	900	1,500	3,750	5,250	7,500
SE Van	320	960	1,600	4,000	5,600	8,000
SEL Van	340	1,020	1,700	4,250	5,950	8,500
Limited Van	360	1,080	1,800	4,500	6,300	9,000
NOTE: Add 5% for SE Sport Pkg.						
2001 Econoline E150 & E250, V-8						
Cargo Van	340	1,020	1,700	3,830	5,950	8,500
Ext Cargo Van	400	1,200	2,000	4,500	7,000	10,000
Club Wag	480	1,440	2,400	5,400	8,400	12,000
NOTE: Add 5% for Chateau or XLT Pkgs.; 5% for V-10; 20% for turbo diesel V-8. Deduct 5% for V-6.						
2001 Ranger, V-6						
2d Styleside PU	240	720	1,200	3,000	4,200	6,000
2d Flareside PU	260	780	1,300	3,250	4,550	6,500
2d Styleside Sup Cab PU	280	840	1,400	3,500	4,900	7,000
2d Flareside Sup Cab PU	300	900	1,500	3,750	5,250	7,500
4d Styleside Sup Cab PU	320	960	1,600	4,000	5,600	8,000
4d Flareside Sup Cab PU	340	1,020	1,700	4,250	5,950	8,500
NOTE: Add 5% for Edge or XLT Pkgs.; 10% for 4x4. Deduct 5% for 4-cyl.						
2001 F150 & F250, V-8						
2d Styleside XL PU	280	840	1,400	3,150	4,900	7,000
2d Flareside XL PU	300	900	1,500	3,380	5,250	7,500
Styleside XL Sup Cab PU	360	1,080	1,800	4,050	6,300	9,000
Flareside XL Sup Cab PU	380	1,140	1,900	4,280	6,650	9,500
2d Flareside Lightning PU	620	1,860	3,100	6,980	10,850	15,500
4d XL Crew Cab PU (F250 only)	540	1,620	2,700	6,080	9,450	13,500
Flareside XL Sup Cab Harley PU (F150 only)	690	2,060	3,440	7,740	12,040	17,200
NOTE: Add 5% for F150 King Ranch Pkg.; 5% for Lariat or XLT Pkgs.; 10% for 4x4; 5% for V-10; 25% for turbo diesel V-8; 5% for dually version. Deduct 5% for V-6.						
2002 Escape, V-6						
4d XLS SUV	300	900	1,500	3,750	5,250	7,500
4d XLT SUV	320	960	1,600	4,000	5,600	8,000
4d XLS SUV, 4x4	340	1,020	1,700	4,250	5,950	8,500
4d XLT SUV, 4x4	360	1,080	1,800	4,500	6,300	9,000
NOTE: Deduct 5% for 4-cyl.						
2002 Explorer Sport Trac, V-6						
4d SUV	400	1,200	2,000	5,000	7,000	10,000
4d SUV, 4x4	420	1,260	2,100	5,250	7,350	10,500
NOTE: Add 5% for V-8.						
2002 Explorer, V-6						
2d Spt SUV	340	1,020	1,700	4,250	5,950	8,500
4d XLS SUV	360	1,080	1,800	4,500	6,300	9,000
4d XLT SUV	380	1,140	1,900	4,750	6,650	9,500
4d Eddie Bauer SUV	400	1,200	2,000	5,000	7,000	10,000
4d Limited SUV	420	1,260	2,100	5,250	7,350	10,500
2d Spt SUV, 4x4	440	1,320	2,200	5,500	7,700	11,000
4d XLS SUV, 4x4	480	1,440	2,400	6,000	8,400	12,000
4d XLT SUV, 4x4	500	1,500	2,500	6,250	8,750	12,500
4d Eddie Bauer SUV, 4x4	520	1,560	2,600	6,500	9,100	13,000
4d Limited SUV, 4x4	540	1,620	2,700	6,750	9,450	13,500
NOTE: Add 5% for V-8.						
2002 Expedition, V-8						
XLT SUV	600	1,800	3,000	7,500	10,500	15,000
Eddie Bauer SUV	620	1,860	3,100	7,750	10,850	15,500
XLT SUV, 4x4	640	1,920	3,200	8,000	11,200	16,000
Eddie Bauer SUV, 4x4	660	1,980	3,300	8,250	11,550	16,500
NOTE: Deduct 5% for 4.6L V-8.						
2002 Excursion, V-10						
XLT SUV	630	1,880	3,140	7,850	10,990	15,700
Limited SUV	640	1,910	3,180	7,950	11,130	15,900
XLT SUV (turbo diesel)	700	2,100	3,500	8,750	12,250	17,500
Limited SUV (turbo diesel)	740	2,220	3,700	9,250	12,950	18,500
NOTE: Add 10% for 4x4. Deduct 5% for 5.4L V-8.						
2002 Windstar, V-6						
Cargo Van	240	720	1,200	3,000	4,200	6,000
LX Van	300	900	1,500	3,750	5,250	7,500
SE Van	320	960	1,600	4,000	5,600	8,000
SEL Van	340	1,020	1,700	4,250	5,950	8,500
Limited Van	360	1,080	1,800	4,500	6,300	9,000
2002 Econoline E150 & E250, V-8						
Cargo Van	380	1,140	1,900	4,750	6,650	9,500

FORD TRUCKS

	6	5	4	3	2	1
Ext Cargo Van.	440	1,320	2,200	5,500	7,700	11,000
Club Wag	520	1,560	2,600	6,500	9,100	13,000

NOTE: Add 5% for Chateau or XLT Pkgs.; 5% for V-10; 20% for turbo diesel V-8. Deduct 5% for V-6.

2002 Ranger, V-6

2d Styleside PU	240	720	1,200	3,000	4,200	6,000
2d Flareside PU	260	780	1,300	3,250	4,550	6,500
2d Styleside Sup Cab PU	280	840	1,400	3,500	4,900	7,000
2d Flareside Sup Cab PU	300	900	1,500	3,750	5,250	7,500
4d Styleside Sup Cab PU	320	960	1,600	4,000	5,600	8,000
4d Flareside Sup Cab PU	340	1,020	1,700	4,250	5,950	8,500

NOTE: Add 5% for Edge, FX4, XLT or Tremor Pkgs.; 10% for 4x4. Deduct 5% for 4-cyl.

2002 F150 & F250, V-8

F150 2d Styleside XL PU	320	960	1,600	4,000	5,600	8,000
F150 2d Flareside XL PU	340	1,020	1,700	4,250	5,950	8,500
F150 Styleside XL Sup Cab PU	400	1,200	2,000	5,000	7,000	10,000
F150 Flareside XL Sup Cab PU	420	1,260	2,100	5,250	7,350	10,500
F150 2d Flareside Lightning PU	660	1,980	3,300	8,250	11,550	16,500
F150 Supercab King Ranch PU	520	1,560	2,600	6,500	9,100	13,000
F150 Supercrew XLT PU	500	1,500	2,500	5,630	8,750	12,500
F150 Supercrew Lariat	540	1,620	2,700	6,080	9,450	13,500
F150 Supercrew King Ranch PU	580	1,740	2,900	6,530	10,150	14,500
F150 Supercrew Harley-Davidson PU	780	2,340	3,900	8,780	13,650	19,500
F250 Superduty Styleside XL PU	560	1,680	2,800	7,000	9,800	14,000
F250 Superduty Styleside XL Sup Cab PU	600	1,800	3,000	7,500	10,500	15,000
F250 Superduty Styleside XL Crew Cab PU	640	1,920	3,200	8,000	11,200	16,000

NOTE: Add 5% for FX4 Pkg.; 10% for 4x4; 5% for V-10; 25% for turbo diesel V-8; 5% for dually version. Deduct 5% for V-6.

2003 Escape, V-6

4d XLS SUV	300	900	1,500	3,380	5,250	7,500
4d XLT SUV	320	960	1,600	4,000	5,600	8,000
4d Limited SUV	340	1,020	1,700	4,250	5,950	8,500

NOTE: Add 5% for 4x4. Deduct 5% for 4-cyl.

2003 Explorer Sport Trac, V-6

4d XLS SUV	400	1,200	2,000	5,000	7,000	10,000
4d XLT SUV	420	1,260	2,100	5,250	7,350	10,500

NOTE: Add 5% for V-8; 5% for 4x4.

2003 Explorer, V-6

2d XLS Sport SUV	340	1,020	1,700	4,250	5,950	8,500
2d XLT Sport SUV	360	1,080	1,800	4,500	6,300	9,000
4d XLS SUV	360	1,080	1,800	4,500	6,300	9,000
4d XLT SUV	380	1,140	1,900	4,750	6,650	9,500
4d Eddie Bauer SUV	400	1,200	2,000	5,000	7,000	10,000
4d Limited SUV	420	1,260	2,100	5,250	7,350	10,500

NOTE: Add 5% for V-8; 5% for 4x4; 5% for NBX Pkg on XLT models.

2003 Expedition, V-8

XLT SUV	600	1,800	3,000	7,500	10,500	15,000
Eddie Bauer SUV	620	1,860	3,100	7,750	10,850	15,500

NOTE: Add 5% for 4x4; 5% for FX4 Off Road Pkg on XLT. Deduct 5% for 4.6L V-8.

2003 Expedition, V-10

XLT SUV	630	1,880	3,140	7,850	10,990	15,700
Eddie Bauer SUV	630	1,900	3,160	7,900	11,060	15,800
Limited SUV	640	1,910	3,180	7,950	11,130	15,900

NOTE: Add 5% for 4x4; 10% for turbo diesel V-8. Deduct 5% for 5.4L V-8.

2003 Windstar, V-6

Cargo Van	240	720	1,200	3,000	4,200	6,000
Van	270	800	1,340	3,350	4,690	6,700
LX Van	300	900	1,500	3,750	5,250	7,500
SE Van	320	960	1,600	4,000	5,600	8,000
SEL Van	340	1,020	1,700	4,250	5,950	8,500
Limited Van	360	1,080	1,800	4,500	6,300	9,000

2003 Econoline E150 & E250, V-8

Cargo Van	380	1,140	1,900	4,750	6,650	9,500
Ext Cargo Van (E250 only)	440	1,320	2,200	4,950	7,700	11,000
Club Wag	520	1,560	2,600	6,500	9,100	13,000

NOTE: Add 5% for Chateau or XLT Pkgs.; 5% for V-10; 20% for turbo diesel V-8. Deduct 5% for V-6.

2003 Ranger, V-6

2d Styleside PU	240	720	1,200	2,700	4,200	6,000
2d Flareside PU	260	780	1,300	2,930	4,550	6,500
2d Styleside Sup Cab PU	280	840	1,400	3,500	4,900	7,000
2d Flareside Sup Cab PU	300	900	1,500	3,750	5,250	7,500
4d Styleside Sup Cab PU	320	960	1,600	3,600	5,600	8,000
4d Flareside Sup Cab PU	340	1,020	1,700	3,830	5,950	8,500

NOTE: Add 5% for Edge, FX4, XLT or Tremor Pkgs.; 10% for 4x4. Deduct 5% for 4-cyl.

2003 F150 & F250, V-8

F150 2d Styleside XL PU	320	960	1,600	4,000	5,600	8,000
F150 2d Flareside XL PU	340	1,020	1,700	4,250	5,950	8,500
F150 Styleside XL Sup Cab PU	400	1,200	2,000	5,000	7,000	10,000
F150 Flareside XL Sup Cab PU	420	1,260	2,100	5,250	7,350	10,500
F150 2d Flareside Lightning PU	660	1,980	3,300	8,250	11,550	16,500
F150 Flareside Supercab King Ranch PU	520	1,560	2,600	6,500	9,100	13,000

FORD TRUCKS

	6	5	4	3	2	1
F150 Supercrew XLT PU	500	1,500	2,500	6,250	8,750	12,500
F150 Supercrew Lariat PU	540	1,620	2,700	6,750	9,450	13,500
F150 Supercrew King Ranch PU	580	1,740	2,900	7,250	10,150	14,500
F150 Supercrew Harley-Davidson PU	780	2,340	3,900	9,750	13,650	19,500
F250 Superduty Styleside XL PU	560	1,680	2,800	7,000	9,800	14,000
F250 Superduty Styleside XL Sup Cab PU	600	1,800	3,000	7,500	10,500	15,000
F250 Superduty Styleside XL Crew Cab PU	640	1,920	3,200	8,000	11,200	16,000

NOTE: Add 5% for FX4, STX or XLT Pkgs.; $1,000 for Heritage Pkg. (excluding XLT); $2,000 for Lariat Pkg. on XL or King Ranch Pkg. on Super Duty PU's; 10% for 4x4; 5% for V-10; 25% for turbo diesel V-8; 5% for dually version. Deduct 5% for V-6.

2003 Super Duty Crew Cab Pickup, V8
4d F350 XL 8'	670	2,020	3,360	8,400	11,760	16,800

2004 Escape, V-6
4d XLS SUV	300	900	1,500	3,750	5,250	7,500
4d XLT SUV	320	960	1,600	4,000	5,600	8,000
4d Limited SUV	340	1,020	1,700	4,250	5,950	8,500

NOTE: Add 5% for 4x4. Deduct 5% for 4-cyl.; 5% for manual transmission.

2004 Explorer Sport Trac, V-6
4d XLS SUV	400	1,200	2,000	5,000	7,000	10,000
4d XLT SUV	420	1,260	2,100	5,250	7,350	10,500

NOTE: Add 5% for V-8; 5% for 4x4.

2004 Explorer, V-6
4d XLS SUV	360	1,080	1,800	4,500	6,300	9,000
4d XLT SUV	380	1,140	1,900	4,750	6,650	9,500
4d Eddie Bauer SUV	400	1,200	2,000	5,000	7,000	10,000
4d Limited SUV	420	1,260	2,100	5,250	7,350	10,500

NOTE: Add 5% for V-8; 5% for AWD/4x4; 5% for Adrenalin Pkg. on Sport Trac XLT; 5% for NBX Pkg. on XLT models.

2004 Expedition, V-8
XLS SUV	580	1,740	2,900	7,250	10,150	14,500
XLT SUV	600	1,800	3,000	7,500	10,500	15,000
Eddie Bauer SUV	620	1,860	3,100	7,750	10,850	15,500

NOTE: Add 5% for 4x4; 5% for NBX Pkg. on XLT. Deduct 5% for 4.6L V-8 except XLS.

2004 Excursion, V-10
XLS SUV	600	1,810	3,020	7,550	10,570	15,100
XLT SUV	630	1,880	3,140	7,850	10,990	15,700
Eddie Bauer SUV	630	1,900	3,160	7,900	11,060	15,800
Limited SUV	640	1,910	3,180	7,950	11,130	15,900

NOTE: Add 5% for 4x4; 10% for turbo diesel V-8. Deduct 5% for 5.4L V-8.

2004 Freestar, V-6
Cargo Van	240	720	1,200	3,000	4,200	6,000
S Van	270	800	1,340	3,350	4,690	6,700
SE Van	320	960	1,600	4,000	5,600	8,000
SES Van	330	990	1,650	4,130	5,780	8,250
SEL Van	340	1,020	1,700	4,250	5,950	8,500
Limited Van	360	1,080	1,800	4,500	6,300	9,000

2004 Econoline E150 & E250, V-8
Cargo Van	380	1,140	1,900	4,750	6,650	9,500
Ext Cargo Van (E250 only)	440	1,320	2,200	5,500	7,700	11,000
Club Wag	520	1,560	2,600	6,500	9,100	13,000

NOTE: Add 5% for Chateau or XLT Pkgs.; 5% for V-10; 20% for turbo diesel V-8.

2004 Ranger, V-6
2d Styleside PU	240	720	1,200	3,000	4,200	6,000
2d Flareside PU	260	780	1,300	3,250	4,550	6,500
2d Styleside Sup Cab PU	280	840	1,400	3,500	4,900	7,000
2d Flareside Sup Cab PU	300	900	1,500	3,750	5,250	7,500
4d Styleside Sup Cab PU	320	960	1,600	4,000	5,600	8,000
4d Flareside Sup Cab PU	340	1,020	1,700	4,250	5,950	8,500

NOTE: Add 5% for Edge, FX4, XLT or Tremor Pkgs; 10% for 4x4. Deduct 5% for 4-cyl.; 5% for manual transmission.

2004 F150 & F250, V-8
F150 Heritage 2d Styleside XL PU	300	890	1,480	3,700	5,180	7,400
F150 Heritage 2d Flareside XL PU	300	900	1,500	3,750	5,250	7,500
F150 Heritage 2d Styleside XL Sup Cab PU	340	1,020	1,700	4,250	5,950	8,500
F150 Heritage 2d Flareside Lightning PU	700	2,100	3,500	8,750	12,250	17,500
F150 2d Styleside XL PU	320	960	1,600	4,000	5,600	8,000
F150 2d Styleside SXT PU	330	980	1,640	4,100	5,740	8,200
F150 2d Styleside XLT PU	350	1,040	1,740	4,350	6,090	8,700
F150 2d Styleside FX4 PU (AWD)	410	1,230	2,050	5,130	7,180	10,250
F150 2d Flareside STX PU	350	1,060	1,760	4,400	6,160	8,800
F150 2d Flareside XLT PU	360	1,080	1,800	4,500	6,300	9,000
F150 2d Flareside FX4 PU (AWD)	440	1,320	2,200	5,500	7,700	11,000
F150 Styleside XL Sup Cab PU	400	1,200	2,000	4,500	7,000	10,000
F150 Styleside STX Sup Cab PU	410	1,230	2,050	5,130	7,180	10,250
F150 Styleside XLT Sup Cab PU	420	1,260	2,100	5,250	7,350	10,500
F150 Styleside FX4 Sup Cab PU (AWD)	520	1,560	2,600	6,500	9,100	13,000
F150 Styleside Lariat Sup Cab PU	460	1,380	2,300	5,750	8,050	11,500
F150 Flareside STX Sup Cab PU	430	1,290	2,150	5,380	7,530	10,750
F150 Flareside XLT Sup Cab PU	440	1,320	2,200	5,500	7,700	11,000
F150 Flareside FX4 Sup Cab PU (AWD)	560	1,680	2,800	7,000	9,800	14,000
F150 Supercrew XLT PU	480	1,440	2,400	6,000	8,400	12,000

FORD TRUCKS

	6	5	4	3	2	1
F150 Supercrew Lariat PU	540	1,620	2,700	6,750	9,450	13,500
F150 Supercrew FX4 PU (AWD)	580	1,740	2,900	7,250	10,150	14,500
F250 Superduty Styleside XL PU	560	1,680	2,800	7,000	9,800	14,000
F250 Superduty Styleside XL Sup Cab PU	600	1,800	3,000	7,500	10,500	15,000
F250 Superduty Styleside XL Crew Cab PU	640	1,920	3,200	8,000	11,200	16,000

NOTE: Add 10% for 4x4; 5% for FX4 or XLT Pkg. on Super Duty; 5% for XLT Pkg. on Heritage Edition; 20% for Harley-Davidson, King Ranch or Lariat Pkg. on Super Duty; 5% for V-10; 25% for turbo diesel V-8; 5% for dually version. Deduct 5% for

2005 Escape, V-6

	6	5	4	3	2	1
4d XLS SUV (4-cyl.)	280	840	1,400	3,150	4,900	7,000
4d XLT SUV	320	960	1,600	3,600	5,600	8,000
4d Limited SUV	340	1,020	1,700	4,250	5,950	8,500
4d Hybrid SUV (4-cyl.)	300	900	1,500	3,750	5,250	7,500

NOTE: Add 5% for 4x4. Deduct 5% for manual transmission.

2005 Explorer Sport Trac, V-6

	6	5	4	3	2	1
4d XLS SUV	400	1,200	2,000	5,000	7,000	10,000
4d XLT SUV	420	1,260	2,100	5,250	7,350	10,500

2005 Explorer, V-6

	6	5	4	3	2	1
4d XLS SUV	360	1,080	1,800	4,500	6,300	9,000
4d XLT SUV	380	1,140	1,900	4,750	6,650	9,500
4d Eddie Bauer SUV	400	1,200	2,000	5,000	7,000	10,000
4d Limited SUV	420	1,260	2,100	5,250	7,350	10,500

NOTE: Add 5% for 4.6L V-8; 5% for Adrenalin Pkg. on Sport Trac XLT model; 5% for 4x4.

2005 Expedition, V-8

	6	5	4	3	2	1
XLS SUV	580	1,740	2,900	7,250	10,150	14,500
XLT SUV	600	1,800	3,000	7,500	10,500	15,000
Eddie Bauer SUV	620	1,860	3,100	7,750	10,850	15,500
Limited SUV	640	1,920	3,200	8,000	11,200	16,000
King Ranch SUV	650	1,940	3,240	8,100	11,340	16,200

NOTE: Add 5% for 4x4; 5% for NBX Pkg. on XLT model.

2005 Excursion, V-10

	6	5	4	3	2	1
XLS SUV	600	1,810	3,020	7,550	10,570	15,100
XLT SUV	630	1,880	3,140	7,850	10,990	15,700
Eddie Bauer SUV	630	1,900	3,160	7,900	11,060	15,800
Limited SUV	640	1,910	3,180	7,950	11,130	15,900

NOTE: Add 5% for 4x4; 10% for Turbo Diesel V-8. Deduct 5% for 5.4L V-8.

2005 Freestar, V-6

	6	5	4	3	2	1
4d Cargo Van	240	720	1,200	3,000	4,200	6,000
4d S Van	270	800	1,340	3,350	4,690	6,700
4d SE Van	320	960	1,600	4,000	5,600	8,000
4d SES Van	330	990	1,650	4,130	5,780	8,250
4d SEL Van	340	1,020	1,700	4,250	5,950	8,500
4d Limited Van	360	1,080	1,800	4,500	6,300	9,000

2005 Freestyle, V-6

	6	5	4	3	2	1
4d SE Utility	350	1,040	1,740	3,920	6,090	8,700
4d SEL Utility	370	1,100	1,840	4,600	6,440	9,200
4d Limited Utility	400	1,190	1,980	4,950	6,930	9,900

NOTE: Add 5% for AWD.

2005 Econoline E150 & E250, V-8

	6	5	4	3	2	1
Cargo Van	380	1,140	1,900	4,750	6,650	9,500
Club Wagon (E150 only)	520	1,560	2,600	6,500	9,100	13,000
Extended Cargo Van (E250 only)	440	1,320	2,200	5,500	7,700	11,000

NOTE: Add 5% for Chateau or XLT Pkg.; 5% for 6.8L V-10; 20% for 6.0L Turbo Diesel V-8.

2005 Ranger, V-6

	6	5	4	3	2	1
2d Styleside PU	240	720	1,200	3,000	4,200	6,000
2d Styleside Supercab PU	280	840	1,400	3,500	4,900	7,000
4d Styleside Supercab PU	320	960	1,600	4,000	5,600	8,000

NOTE: Add 10% for 4x4; 5% for Edge, STX or XLT Pkg.; 10% for FX4 Off-Road or Tremor Pkg. Deduct 5% for 4-cyl.; 5% for manual transmission.

2005 F150, V-8

	6	5	4	3	2	1
XL Styleside PU	320	960	1,600	4,000	5,600	8,000
STX Styleside PU	330	980	1,640	4,100	5,740	8,200
XLT Styleside PU	350	1,040	1,740	4,350	6,090	8,700
FX4 Styleside PU (4x4)	410	1,230	2,050	5,130	7,180	10,250
STX Flareside PU	350	1,060	1,760	4,400	6,160	8,800
XLT Flareside PU	360	1,080	1,800	4,500	6,300	9,000
FX4 Flareside PU (4x4)	440	1,320	2,200	5,500	7,700	11,000

2005 F150 Supercab, V-8

	6	5	4	3	2	1
XL Styleside PU	400	1,200	2,000	5,000	7,000	10,000
STX Styleside PU	410	1,230	2,050	5,130	7,180	10,250
XLT Styleside PU	420	1,260	2,100	4,730	7,350	10,500
FX4 Styleside PU (4x4)	520	1,560	2,600	6,500	9,100	13,000
Lariat Styleside PU	460	1,380	2,300	5,750	8,050	11,500
STX Flareside PU	430	1,290	2,150	5,380	7,530	10,750
XLT Flareside PU	440	1,320	2,200	5,500	7,700	11,000
FX4 Flareside PU (4x4)	560	1,680	2,800	7,000	9,800	14,000

2005 F150 Supercrew, V-8

	6	5	4	3	2	1
XLT PU	480	1,440	2,400	6,000	8,400	12,000
FX4 PU (4x4)	580	1,740	2,900	7,250	10,150	14,500
Lariat PU	540	1,620	2,700	6,750	9,450	13,500

	6	5	4	3	2	1
King Ranch PU	560	1,680	2,800	7,000	9,800	14,000
2005 F250 Super Duty, V-8						
XL Styleside PU	560	1,680	2,800	7,000	9,800	14,000
XL Styleside Supercab PU	600	1,800	3,000	7,500	10,500	15,000
XL Styleside Crew Cab PU	640	1,920	3,200	8,000	11,200	16,000

NOTE: Add 10% for 4x4 when optional; 5% for FX4 Off-Road or XLT Pkg. on F250 Super Duty models; 20% for Harley-Davidson, King Ranch or Lariat Pkg. on F250 Super Duty models; 25% for 6.0L Turbo Diesel V-8; 5% for 6.8L V-10; 5% for dually version; 5% for Heavy-Duty Payload Pkg. on F150 models. Deduct 5% for Work Truck Pkg.; 5% for V-6; 5% for manual transmission.

	6	5	4	3	2	1
2006 Escape, 4-cyl. Hybrid						
4d SUV	440	1,330	2,220	5,000	7,770	11,100

NOTE: Deduct 10% for 2WD.

	6	5	4	3	2	1
2006 Escape, V-6, 4WD						
4d XLS SUV	350	1,040	1,740	4,350	6,090	8,700
4d XLT Spt SUV	400	1,210	2,020	5,050	7,070	10,100
4d XLT SUV	380	1,140	1,900	4,750	6,650	9,500
4d Ltd SUV	420	1,250	2,080	5,200	7,280	10,400

NOTE: Deduct 10% for 2WD.

	6	5	4	3	2	1
2006 Freestyle, V-6, AWD						
4d SE SUV	350	1,060	1,760	4,400	6,160	8,800
4d SEL SUV	380	1,140	1,900	4,750	6,650	9,500
4d Ltd SUV	410	1,220	2,040	5,100	7,140	10,200

NOTE: Deduct 10% for 2WD.

	6	5	4	3	2	1
2006 Explorer, V-6, AWD						
4d XLS SUV	390	1,160	1,940	4,850	6,790	9,700
4d XLT SUV	420	1,250	2,080	5,200	7,280	10,400
4d Eddie Bauer SUV	480	1,430	2,380	5,950	8,330	11,900
4d Ltd SUV	500	1,490	2,480	6,200	8,680	12,400

NOTE: Deduct 15% for 2WD.

	6	5	4	3	2	1
2006 Expedition, V-8, AWD						
4d XLS SUV	440	1,320	2,200	5,500	7,700	11,000
4d XLT SUV	470	1,400	2,340	5,850	8,190	11,700
4d XLT Spt SUV	490	1,480	2,460	6,150	8,610	12,300
4d Eddie Bauer SUV	580	1,750	2,920	7,300	10,220	14,600
4d Ltd SUV	630	1,900	3,160	7,900	11,060	15,800
4d King Ranch SUV	650	1,960	3,260	8,150	11,410	16,300

NOTE: Deduct 10% for 2WD.

	6	5	4	3	2	1
2006 Freestar, V-6						
Cargo Minivan	220	660	1,100	2,750	3,850	5,500
SE Minivan	280	830	1,380	3,450	4,830	6,900
SEL Minivan	300	890	1,480	3,700	5,180	7,400
Ltd Minivan	240	730	1,220	3,050	4,270	6,100

	6	5	4	3	2	1
2006 Econoline, V-8						
E150 XL S-D Wag.	360	1,080	1,800	4,500	6,300	9,000
E150 XLT S-D Wag.	380	1,150	1,920	4,800	6,720	9,600
E150 Chateu S-D Wag	410	1,240	2,060	4,640	7,210	10,300
E350 XL S-D Wag	380	1,130	1,880	4,690	6,560	9,375
E350 XLT S-D Wag.	420	1,270	2,120	5,300	7,420	10,600
E350 Chateu S-D Wag	490	1,480	2,460	6,150	8,610	12,300
E350 XL S-D Ext Wag	410	1,240	2,060	5,150	7,210	10,300
E350 XLT S-D Ext Wag	440	1,310	2,180	5,450	7,630	10,900
E150 Super Cargo Van	340	1,020	1,700	4,250	5,950	8,500
E250 Super Cargo Van	360	1,070	1,780	4,450	6,230	8,900
E250 Ext Van	390	1,180	1,960	4,900	6,860	9,800
E350 Super Cargo Van	370	1,120	1,860	4,650	6,510	9,300
E350 Ext Van	410	1,240	2,060	5,150	7,210	10,300

NOTE: Add 30% for 6.0L Turbo Diesel.

	6	5	4	3	2	1
2006 Ranger Regular Cab Pickup, 4-cyl.						
2d XL 6'	260	780	1,300	3,250	4,550	6,500
2d XL 7'	240	720	1,200	3,000	4,200	6,000
2d STX 6'	270	800	1,340	3,350	4,690	6,700
2d XLT 6'	280	830	1,380	3,450	4,830	6,900

NOTE: Add 25% for 4WD.

	6	5	4	3	2	1
2006 Ranger Regular Cab Pickup, V-6						
2d Spt 6'	280	850	1,420	3,550	4,970	7,100
2d XLT 7'	280	830	1,380	3,450	4,830	6,900

NOTE: Add 25% for 4WD.

	6	5	4	3	2	1
2006 Ranger Super Cab Pickup, 4-cyl.						
2d XL 6'	330	980	1,640	4,100	5,740	8,200
2d XLT 6'	340	1,030	1,720	4,300	6,020	8,600

NOTE: Add 25% for 4WD.

	6	5	4	3	2	1
2006 Ranger Super Cab Pickup, V-6						
2d STX 6'	350	1,040	1,740	4,350	6,090	8,700
4d STX 6'	390	1,160	1,940	4,850	6,790	9,700
2d Spt 6'	360	1,080	1,800	4,500	6,300	9,000
4d Spt 6'	390	1,180	1,960	4,900	6,860	9,800
4d XLT 6'	400	1,190	1,980	4,950	6,930	9,900

NOTE: Add 25% for 4WD.

FORD TRUCKS

	6	5	4	3	2	1
2006 Ranger Super Cab Pickup, V-6, 4WD						
2d XLT FX4 Off-Road	460	1,370	2,280	5,700	7,980	11,400
4d XLT FX4 Off-Road	490	1,460	2,440	6,100	8,540	12,200
XLT FX4 Level IT 6'	500	1,490	2,480	6,200	8,680	12,400
2006 Pickup, V-8						
2d F150 XL 6.5'	360	1,080	1,800	4,500	6,300	9,000
2d F150 XL 8'	340	1,020	1,700	4,250	5,950	8,500
2d F150 STX 6.5'	370	1,100	1,840	4,600	6,440	9,200
2d F150 XLT 6.5'	380	1,140	1,900	4,750	6,650	9,500
2d F150 XLT 8'	360	1,070	1,780	4,450	6,230	8,900
NOTE: Add 30% for 4WD.						
2006 Pickup, V-8, 4WD						
4d FX4 6.5'	510	1,540	2,560	6,400	8,960	12,800
2006 Super Cab Pickup, V-8						
4d F150 XL 6.5'	440	1,330	2,220	5,550	7,770	11,100
4d F150 XL 8'	430	1,300	2,160	5,400	7,560	10,800
4d F150 STX 5.5'	450	1,340	2,240	5,600	7,840	11,200
4d F150 STX 6.5'	450	1,360	2,260	5,650	7,910	11,300
4d F150 XLT 5.5'	460	1,370	2,280	5,700	7,980	11,400
4d F150 XLT 6.5'	460	1,380	2,300	5,750	8,050	11,500
4d F150 Lariat 6.5'	490	1,460	2,440	6,100	8,540	12,200
4d F150 XLT 8'	460	1,390	2,320	5,800	8,120	11,600
4d F150 Lariat 5.5'	480	1,440	2,400	6,000	8,400	12,000
4d F150 Harley 6.5'	640	1,920	3,200	7,200	11,200	16,000
NOTE: Add 30% for 4WD.						
2006 Super Cab Pickup, V-8, 4WD						
4d FX4 5.5'	580	1,750	2,920	7,300	10,220	14,600
4d FX4 6.5'	590	1,780	2,960	7,400	10,360	14,800
2006 Supercrew Pickup, V-8						
4d F150 XLT 5.5'	540	1,610	2,680	6,700	9,380	13,400
4d F150 XLT 6.5'	530	1,580	2,640	6,600	9,240	13,200
4d F150 Lariat 5.5'	600	1,800	3,000	7,500	10,500	15,000
4d F150 Lariat 6.5'	590	1,780	2,960	7,400	10,360	14,800
4d F150 King Ranch 5.5'	660	1,990	3,320	8,300	11,620	16,600
4d F150 King Ranch 6.75'	660	1,970	3,280	8,200	11,480	16,400
NOTE: Add 25% for 4WD.						
2006 Supercrew Pickup, V-8, 4WD						
4d FX4 5.5'	670	2,000	3,340	8,350	11,690	16,700
4d FX4 6.5'	660	1,980	3,300	8,250	11,550	16,500
2006 Super Duty Pickup, V-8						
2d F250 XL 6.75'	420	1,260	2,100	5,250	7,350	10,500
2d F250 XLT 8'	440	1,310	2,180	5,450	7,630	10,900
2d F350 XL 8'	430	1,300	2,160	5,400	7,560	10,800
2d F350 XLT 8'	450	1,340	2,240	5,600	7,840	11,200
NOTE: Add 25% for 4WD; 45% for 6.0L Turbo Diesel.						
2006 Super Duty Super Cab Pickup, V-8						
4d F250 XL 6.75'	520	1,560	2,600	6,500	9,100	13,000
4d F250 XL 8'	500	1,510	2,520	6,300	8,820	12,600
4d F250 XLT 6.75'	540	1,610	2,680	6,700	9,380	13,400
4d F250 XLT 8'	530	1,580	2,640	6,600	9,240	13,200
4d F250 Lariat 6.75'	540	1,630	2,720	6,800	9,520	13,600
4d F250 Lariat 8'	530	1,600	2,660	6,650	9,310	13,300
4d F350 XL 6.75'	530	1,580	2,640	6,600	9,240	13,200
4d F350 XL 8'	520	1,570	2,620	6,550	9,170	13,100
4d F350 XLT 6.75'	550	1,640	2,740	6,850	9,590	13,700
4d F350 XLT 8'	540	1,620	2,700	6,750	9,450	13,500
4d F350 Lariat 6.75'	560	1,670	2,780	6,950	9,730	13,900
4d F350 Lariat 8.5'	550	1,640	2,740	6,850	9,590	13,700
NOTE: Add 25% for 4WD; 45% for 6.0L Turbo Diesel.						
2006 Super Duty Crew Cab Pickup, V-8						
4d F250 XL 6.75'	570	1,720	2,860	7,150	10,010	14,300
4d F250 XL 8'	560	1,670	2,780	6,950	9,730	13,900
4d F250 XLT 6.75'	590	1,760	2,940	7,350	10,290	14,700
4d F250 XLT 8'	580	1,730	2,880	7,200	10,080	14,400
4d F250 Lariat 6.75'	600	1,800	3,000	7,500	10,500	15,000
4d F250 Lariat 8'	590	1,780	2,960	7,400	10,360	14,800
4d F250 King Ranch 6.75'	620	1,870	3,120	7,800	10,920	15,600
4d F250 King Ranch 8'	600	1,810	3,020	7,550	10,570	15,100
4d F350 XL 6.75'	580	1,750	2,920	7,300	10,220	14,600
4d F350 XL 8'	570	1,700	2,840	7,100	9,940	14,200
4d F350 XLT 6.75'	610	1,820	3,040	7,600	10,640	15,200
4d F350 XLT 8'	600	1,790	2,980	7,450	10,430	14,900
4d F350 Lariat 6.75'	620	1,860	3,100	7,750	10,850	15,500
4d F350 Lariat 8.5'	610	1,840	3,060	7,650	10,710	15,300
4d F350 King Ranch 6.75'	640	1,920	3,200	8,000	11,200	16,000
4d F350 King Ranch 8'	620	1,870	3,120	7,800	10,920	15,600
NOTE: Add 25% for 4WD; 45% for 6.0L Turbo Diesel.						
2006 Super Duty Crew Cab Pickup, V-8, 4WD						
4d F250 Harley 6.75'	940	2,830	4,720	11,800	16,520	23,600

FORD TRUCKS

	6	5	4	3	2	1
4d F250 Harley 8'...........................	940	2,810	4,680	11,700	16,380	23,400
4d F350 Harley 6.75'........................	960	2,880	4,800	12,000	16,800	24,000
4d F350 Harley 8'...........................	950	2,860	4,760	11,900	16,660	23,800
2007 Escape, 4-cyl.						
4d XLS SUV	260	770	1,290	3,210	4,500	6,425
NOTE: Add 15% for 4WD.						
2007 Escape, 4-cyl. 4WD Hybrid						
4d SUV....................................	450	1,350	2,250	5,630	7,880	11,250
2007 Escape, V-6 4WD						
4d XLT Spt SUV	390	1,160	1,930	4,830	6,760	9,650
4d XLT SUV	410	1,220	2,040	5,100	7,140	10,200
4d Ltd SUV................................	450	1,350	2,250	5,630	7,880	11,250
2007 Edge, V-6						
4d SE SUV.................................	480	1,430	2,380	5,950	8,330	11,900
4d SEL SUV................................	550	1,660	2,770	6,930	9,700	13,850
4d SEL Plus SUV	650	1,960	3,260	8,150	11,410	16,300
NOTE: Add 8% for AWD.						
2007 Freestyle, V-6						
4d SEL SUV	340	1,030	1,720	4,290	6,000	8,575
NOTE: Add 8% for AWD.						
2007 Freestyle, V-6 AWD						
4d Ltd SUV	440	1,330	2,210	5,530	7,740	11,050
2007 Explorer, V-6 AWD						
4d XLT SUV	470	1,420	2,360	5,900	8,260	11,800
4d Eddie Bauer SUV	560	1,670	2,790	6,980	9,770	13,950
2007 Explorer, V-8 4WD						
4d Ltd SUV	640	1,910	3,190	7,980	11,170	15,950
2007 Explorer Sport Trac, V-6						
4d XLT SUV	650	1,960	3,270	7,360	11,450	16,350
NOTE: Add 10% for 4WD.						
2007 Explorer Sport Trac, V-8 4WD						
4d Ltd SUV	770	2,300	3,840	9,600	13,440	19,200
2007 Expedition, V-8 4WD						
4d XLT SUV	640	1,930	3,220	8,050	11,270	16,100
4d Eddie Bauer SUV	800	2,410	4,020	10,050	14,070	20,100
4d Ltd SUV................................	800	2,400	4,000	10,000	14,000	20,000
2007 Expedition EL, V-8 4WD						
4d XLT SUV	710	2,130	3,550	8,880	12,430	17,750
4d Eddie Bauer SUV	830	2,480	4,140	10,350	14,490	20,700
4d Ltd SUV................................	840	2,520	4,200	10,500	14,700	21,000
2007 Freestar, V-6						
Cargo Minivan.............................	380	1,140	1,900	4,750	6,650	9,500
SE Minivan................................	430	1,300	2,160	5,400	7,560	10,800
SEL Minivan...............................	470	1,400	2,340	5,850	8,190	11,700
Ltd Minivan................................	520	1,570	2,610	6,530	9,140	13,050
2007 Econoline, V-8						
E150 XL S-D Wag...........................	490	1,470	2,450	6,130	8,580	12,250
E150 XLT S-D Wag..........................	560	1,670	2,780	6,950	9,730	13,900
E150 Chateu S-D Wag	640	1,910	3,180	7,950	11,130	15,900
E350 XL S-D Wag...........................	530	1,580	2,640	6,600	9,240	13,200
E350 XLT S-D Wag..........................	650	1,950	3,250	8,130	11,380	16,250
E350 XL S-D Ext Wag.......................	590	1,770	2,950	7,380	10,330	14,750
E350 XLT Ext Wag	700	2,090	3,490	8,730	12,220	17,450
E150 Super Cargo Van......................	460	1,370	2,280	5,700	7,980	11,400
E250 Super Cargo Van......................	480	1,430	2,380	5,950	8,330	11,900
E250 Ext Van	540	1,630	2,720	6,800	9,520	13,600
E350 Super Cargo Van......................	500	1,510	2,520	6,300	8,820	12,600
E350 Ext SD Cargo Van	580	1,750	2,920	7,300	10,220	14,600
NOTE: Add 30% for 6.0L Turbo Diesel.						
2007 Ranger Regular Cab Pickup, 4-cyl.						
2d XL 7'...................................	260	790	1,320	3,300	4,620	6,600
2d XLT 7'..................................	320	960	1,610	4,010	5,620	8,025
2d XL 6'...................................	300	910	1,510	3,780	5,290	7,550
2d XLT 6'..................................	360	1,070	1,790	4,480	6,270	8,950
NOTE: Add 25% for 4WD.						
2007 Ranger Regular Cab Pickup, V-6						
2d STX 6'.................................	430	1,300	2,170	5,410	7,580	10,825
2d Spt 6'..................................	380	1,140	1,900	4,750	6,650	9,500
NOTE: Add 25% for 4WD.						
2007 Ranger Super Cab Pickup, 4-cyl.						
2d XL 6'...................................	400	1,200	2,000	5,000	7,000	10,000
NOTE: Add 25% for 4WD.						
2007 Ranger Super Cab Pickup, V-6						
2d STX 6'.................................	430	1,300	2,170	5,430	7,600	10,850
2d XLT 6'..................................	480	1,450	2,410	5,420	8,440	12,050
4d XLT 6'..................................	510	1,520	2,540	6,350	8,890	12,700
2d Spt 6'..................................	500	1,490	2,490	6,230	8,720	12,450
4d Spt 6'..................................	540	1,620	2,700	6,750	9,450	13,500

	6	5	4	3	2	1
4d STX 6' 530	1,580	2,630	6,580	9,210	13,150

NOTE: Add 25% for 4WD.

2007 Ranger Super Cab Pickup, V-6 4WD

	6	5	4	3	2	1
2d FX4 Off-Road 6' 600	1,800	3,000	7,500	10,500	15,000
2d FX4 Level IT 6' 650	1,940	3,240	8,100	11,340	16,200
2d FX4 Off-Road 6' 660	1,980	3,300	8,250	11,550	16,500

2007 Pickup, V-6

	6	5	4	3	2	1
2d F150 XL 6.5' 360	1,080	1,800	4,500	6,300	9,000
2d F150 XL 8' 260	780	1,300	3,250	4,550	6,500
2d F150 STX 6.5' 430	1,290	2,150	4,840	7,530	10,750
2d F150 XLT 6.5' 480	1,430	2,380	5,950	8,330	11,900
2d F150 XLT 8' 440	1,310	2,180	5,450	7,630	10,900

NOTE: Add 30% for 4WD; 10% for 5.4L V-8.

2007 Pickup, V-8 4WD

	6	5	4	3	2	1
4d FX4 6.5' 730	2,180	3,640	9,100	12,740	18,200

2007 Super Cab Pickup, V-8

	6	5	4	3	2	1
4d F150 XL 6.5' 440	1,310	2,180	5,450	7,630	10,900
4d F150 XL 8' 420	1,270	2,120	5,300	7,420	10,600
4d F150 STX 5.5' 450	1,360	2,260	5,650	7,910	11,300
4d F150 XLT 5.5' 490	1,470	2,450	5,510	8,580	12,250

NOTE: Add 30% for 4WD.

2007 Super Cab Pickup, V-8 4WD

	6	5	4	3	2	1
4d F150 STX 6.5' 620	1,850	3,080	7,700	10,780	15,400
4d F150 XLT 6.5' 640	1,930	3,220	8,050	11,270	16,100

2007 Super Cab Pickup, V-8

	6	5	4	3	2	1
4d F150 Lariat 5.5' 530	1,600	2,660	6,650	9,310	13,300
4d F150 Lariat 6.5' 560	1,670	2,780	6,950	9,730	13,900

NOTE: Add 30% for 4WD.

2007 Super Cab Pickup, V-8 4WD

	6	5	4	3	2	1
4d F150 XLT 8' 640	1,930	3,220	8,050	11,270	16,100
4d FX4 5.5' 690	2,080	3,470	8,680	12,150	17,350
4d FX4 6.5' 700	2,090	3,490	7,850	12,220	17,450

2007 Supercrew Pickup, V-8

	6	5	4	3	2	1
4d F150 XLT 5.5' 620	1,870	3,120	7,800	10,920	15,600
4d F150 King Ranch 6.5' 820	2,460	4,100	10,250	14,350	20,500
4d F150 Harley 5.5' 890	2,660	4,440	11,100	15,540	22,200

NOTE: Add 30% for 4WD.

2007 Supercrew Pickup, V-8 4WD

	6	5	4	3	2	1
4d F150 XLT 6.5' 760	2,270	3,790	9,480	13,270	18,950
4d F150 Lariat 5.5' 930	2,780	4,640	11,600	16,240	23,200
4d F150 Lariat 6.5' 920	2,750	4,580	11,450	16,030	22,900
4d F150 King Ranch 5.5' 990	2,980	4,960	12,400	17,360	24,800
4d FX4 5.5' 820	2,470	4,120	10,300	14,420	20,600
4d FX4 6.5' 810	2,440	4,060	10,150	14,210	20,300

2007 Super Duty Pickup, V-8

	6	5	4	3	2	1
4d F250 XL 8' 410	1,240	2,070	5,180	7,250	10,350
4d F350 XL 8' 430	1,300	2,100	5,400	7,500	10,800

NOTE: Add 30% for 4WD; 45% for 6.0L Turbo Diesel.

2007 Super Duty Pickup, V-8 4WD

	6	5	4	3	2	1
4d F250 XLT 8' 630	1,890	3,150	7,880	11,030	15,750

NOTE: Add 45% for 6.0L Turbo Diesel.

2007 Super Duty Pickup, V-8 4WD Turbo Diesel

	6	5	4	3	2	1
4d F350 XLT 8' 870	2,600	4,340	10,850	15,190	21,700

2007 Super Duty Super Cab Pickup, V-8

	6	5	4	3	2	1
4d F250 XL 6.75' 560	1,690	2,820	7,050	9,870	14,100
4d F250 XL 8' 540	1,620	2,700	6,750	9,450	13,500
4d F250 XLT 8' 610	1,840	3,070	7,680	10,750	15,350
4d F250 Lariat 8' 630	1,890	3,150	7,880	11,030	15,750
4d F350 XL 6.75' 620	1,850	3,080	7,700	10,780	15,400
4d F350 XL 8' 570	1,710	2,850	7,130	9,980	14,250
4d F350 XLT 8' 640	1,910	3,180	7,950	11,130	15,900
4d F350 Laria 8' 650	1,960	3,260	8,150	11,410	16,300

NOTE: Add 45% for 6.0L Turbo Diesel.

2007 Super Duty Super Cab Pickup, 4WD Turbo Diesel

	6	5	4	3	2	1
4d F250 XLT 6.75' 780	2,340	3,900	9,750	13,650	19,500
4d F350 Lariat 6.75' 820	2,460	4,100	10,250	14,350	20,500

2007 Super Duty Crew Cab Pickup, V-8

	6	5	4	3	2	1
4d F250 XL 6.75' 650	1,960	3,260	8,150	11,410	16,300
4d F250 XL 8' 630	1,890	3,150	7,880	11,030	15,750
4d F250 XLT 8' 690	2,070	3,450	8,630	12,080	17,250
4d F250 King Ranch 8' 730	2,200	3,670	9,180	12,850	18,350
4d F350 XL 8' 660	1,970	3,280	8,200	11,480	16,400
4d F350 Lariat 8' 750	2,250	3,750	9,380	13,130	18,750

NOTE: Add 30% for 4WD; 45% for 6.0L Turbo Diesel.

2007 Super Duty Crew Cab Pickup, V-8 Turbo Diesel

	6	5	4	3	2	1
4d F350 XLT 6.75' 920	2,750	4,580	11,450	16,030	22,900

NOTE: Add 30% for 4WD.

2007 Super Duty Crew Cab Pickup, V-8 4WD

	6	5	4	3	2	1
4d F350 XLT 8' 870	2,620	4,360	10,900	15,260	21,800

FORD TRUCKS

	6	5	4	3	2	1
4d F350 King Ranch 8'.	920	2,750	4,580	10,310	16,030	22,900

NOTE: Add 45% for 6.0L Turbo Diesel.

2007 Super Duty Crew Cab Pickup, V-8 4WD Turbo Diesel

	6	5	4	3	2	1
4d F250 XLT 6.75'.	1,120	3,350	5,580	13,950	19,530	27,900
4d F250 Lariat 6.75'.	1,140	3,430	5,720	14,300	20,020	28,600
4d F250 Lariat 8'.	1,110	3,340	5,560	13,900	19,460	27,800
4d F250 King Ranch 6.75'	1,180	3,530	5,880	14,700	20,580	29,400
4d F350 XLT 6.75'.	1,140	3,420	5,700	14,250	19,950	28,500
4d F350 Lariat 6.75'.	1,170	3,520	5,860	14,650	20,510	29,300
4d F350 King Ranch 6.75'	1,210	3,620	6,040	15,100	21,140	30,200
4d F250 Harley 6.75'.	1,210	3,640	6,060	15,150	21,210	30,300
4d F250 Harley 8'.	1,200	3,600	6,000	15,000	21,000	30,000
4d F350 Harley 6.75'.	1,230	3,700	6,160	15,400	21,560	30,800
4d F350 Harley 8'.	1,210	3,620	6,040	15,100	21,140	30,200

2008 Escape, I4

	6	5	4	3	2	1
4d XLS SUV.	360	1,080	1,800	4,500	6,300	9,000

Add 15% for 4WD.

2008 Escape, I4, 4WD, Hybrid

	6	5	4	3	2	1
4d SUV.	540	1,630	2,710	6,780	9,490	13,550

2008 Escape, V6, 4WD

	6	5	4	3	2	1
4d XLT SUV.	460	1,390	2,310	5,780	8,090	11,550
4d Ltd SUV.	580	1,750	2,910	7,280	10,190	14,550

2008 Edge, V6

	6	5	4	3	2	1
4d SE SUV.	500	1,490	2,480	6,200	8,680	12,400
4d SEL SUV.	570	1,700	2,840	7,100	9,940	14,200
4d SEL Ltd SUV.	630	1,900	3,170	7,130	11,100	15,850

Add 8% for AWD.

2008 Taurus X, V6

	6	5	4	3	2	1
4d SEL SUV.	340	1,030	1,720	4,290	6,000	8,575

Add 6% for AWD.

	6	5	4	3	2	1
4d Eddie Bauer SUV.	530	1,590	2,650	6,630	9,280	13,250
4d Ltd SUV.	560	1,670	2,790	6,280	9,770	13,950

Add 10% for AWD.

2008 Explorer, V6, AWD

	6	5	4	3	2	1
4d XLT SUV.	450	1,340	2,230	5,580	7,810	11,150
4d Eddie Bauer SUV.	540	1,610	2,690	6,730	9,420	13,450

2008 Explorer, V8, 4WD

	6	5	4	3	2	1
4d Ltd SUV.	610	1,820	3,040	7,600	10,640	15,200

2008 Explorer Sport Trac, V6

	6	5	4	3	2	1
4d XLT SUV.	620	1,850	3,090	7,730	10,820	15,450

Add 10% for 4WD.

2008 Explorer Sport Trac, V6, 4WD

	6	5	4	3	2	1
4d Ltd SUV.	800	2,400	4,000	10,000	14,000	20,000

2008 Expedition, V8, 4WD

	6	5	4	3	2	1
4d XLT SUV.	610	1,820	3,040	7,600	10,640	15,200
4d Eddie Bauer SUV.	790	2,360	3,930	9,830	13,760	19,650
4d Ltd SUV.	790	2,380	3,960	9,900	13,860	19,800
4d King Ranch SUV.	820	2,460	4,100	9,230	14,350	20,500

2008 Expedition EL, V8, 4WD

	6	5	4	3	2	1
4d XLT SUV.	680	2,030	3,390	8,480	11,870	16,950
4d Eddie Bauer SUV.	810	2,420	4,040	10,100	14,140	20,200
4d Ltd SUV.	850	2,540	4,240	10,600	14,840	21,200
4d King Ranch SUV.	880	2,650	4,420	9,950	15,470	22,100

2008 Econoline, V8

	6	5	4	3	2	1
E150 XL S-D Wag.	470	1,400	2,340	5,850	8,190	11,700
E150 XLT S-D Wag.	550	1,660	2,770	6,930	9,700	13,850
E350 XL S-D Wag	500	1,510	2,520	6,300	8,820	12,600
E350 XLT S-D Wag.	640	1,930	3,210	8,030	11,240	16,050
E350 XL S-D Ext Wag	590	1,760	2,940	7,350	10,290	14,700
E350 XLT Ext Wag	690	2,080	3,470	7,810	12,150	17,350

Add 25% for 6.0L Turbo Diesel.

	6	5	4	3	2	1
E150 Cargo Van	480	1,450	2,410	6,030	8,440	12,050
E150 Cargo Van	480	1,450	2,410	6,030	8,440	12,050
E150 Extended Van	530	1,600	2,660	6,650	9,310	13,300
E250 Cargo Van	520	1,550	2,580	6,450	9,030	12,900
E250 Extended Van	580	1,750	2,920	7,300	10,220	14,600
E350 Super Cargo Van.	550	1,640	2,730	6,830	9,560	13,650
E350 Ext SD Cargo Van	620	1,850	3,080	6,930	10,780	15,400

Add 25% for 6.0L Turbo Diesel.

2008 Ranger Regular Cab Pickup, I4

	6	5	4	3	2	1
2d XL 7'.	320	970	1,620	4,050	5,670	8,100
2d XLT 7'.	390	1,160	1,930	4,340	6,760	9,650

Add 15% for 4WD.

	6	5	4	3	2	1
2d XL 6'.	400	1,200	2,000	4,990	6,980	9,975
2d XLT 6'.	430	1,280	2,130	4,790	7,460	10,650

Add 15% for 4WD.

2008 Ranger Regular Cab Pickup, V6

	6	5	4	3	2	1
2d Spt 6'.	440	1,310	2,190	4,930	7,670	10,950

	6	5	4	3	2	1
2008 Ranger Super Cab Pickup, I4						
2d XL 6'.	470	1,420	2,370	5,930	8,300	11,850
2008 Ranger Super Cab Pickup, V6						
2d XLT 6'.	530	1,580	2,640	6,600	9,240	13,200
Add 15% for 4WD.						
2d Spt 6'.	590	1,780	2,960	7,400	10,360	14,800
4d Spt 6'.	620	1,870	3,110	7,780	10,890	15,550
4d XLT 6'.	620	1,850	3,080	7,700	10,780	15,400
Add 15% for 4WD.						
2008 Ranger Super Cab Pickup, V6, 4WD						
2d FX4 Off-Road 6'.	650	1,950	3,250	8,130	11,380	16,250
4d FX4 Off-Road 6'.	700	2,090	3,480	8,700	12,180	17,400
2008 Pickup, V6						
2d F150 XL 6.5'.	380	1,140	1,900	4,750	6,650	9,500
2d F150 XL 8'.	360	1,090	1,810	4,530	6,340	9,050
Add 10% for 5.4L V8.						
2d F150 STX 6.5'.	470	1,400	2,330	5,830	8,160	11,650
2d F150 XLT 6.5'.	500	1,510	2,510	6,280	8,790	12,550
2d F150 XLT 8'.	470	1,400	2,330	5,830	8,160	11,650
Add 30% for 4WD.						
2008 Pickup, V8, 4WD						
4d FX4 6.5'.	770	2,320	3,870	9,680	13,550	19,350
2008 Super Cab Pickup, V8						
4d F150 XL 6.5'.	450	1,340	2,230	5,580	7,810	11,150
4d F150 STX 5.5'.	460	1,390	2,310	5,780	8,090	11,550
4d F150 XLT 5.5'.	480	1,440	2,400	6,000	8,400	12,000
4d F150 XLT 60th 6.5'.	520	1,560	2,600	6,500	9,100	13,000
Add 30% for 4WD.						
2008 Super Cab Pickup, 4WD, V8						
4d F150 STX 6.5'.	620	1,870	3,110	7,780	10,890	15,550
4d F150 XLT 6.5'.	650	1,940	3,240	8,100	11,340	16,200
2008 Super Cab Pickup, V8						
4d F150 XLT 8'.	430	1,300	2,160	5,400	7,560	10,800
2008 Super Cab Pickup, 4WD, V8						
4d F150 XLT 8'.	650	1,940	3,240	8,100	11,340	16,200
2008 Super Cab Pickup, V8						
4d F150 Lariat 5.5'.	550	1,650	2,750	6,190	9,630	13,750
Add 30% for 4WD.						
4d F150 Lariat 6.5'.	550	1,660	2,770	6,930	9,700	13,850
2008 Super Cab Pickup, 4WD, V8						
4d F150 XLT 8'.	650	1,940	3,240	8,100	11,340	16,200
4d FX4 5.5'.	700	2,100	3,500	8,750	12,250	17,500
4d FX4 6.5'.	700	2,110	3,520	8,800	12,320	17,600
2008 Supercrew Pickup, V8						
4d F150 XL 5.5'.	620	1,870	3,120	7,800	10,920	15,600
4d F150 XL 6.5'.	620	1,870	3,120	7,800	10,920	15,600
4d F150 XLT 5.5'.	660	1,970	3,280	8,200	11,480	16,400
4d F150 XLT 60th 5.5'.	670	2,010	3,350	8,380	11,730	16,750
4d F150 XLT 60th 6.5'.	660	1,970	3,280	7,380	11,480	16,400
Add 30% for 4WD.						
2008 Supercrew Pickup, 4WD, V8						
4d F150 XLT 6.5'.	800	2,390	3,980	9,950	13,930	19,900
4d F150 King Ranch 6.5'	830	2,500	4,160	10,400	14,560	20,800
4d F150 Lariat 5.5'.	990	2,960	4,940	12,350	17,290	24,700
4d F150 Lariat 6.5'.	960	2,880	4,800	12,000	16,800	24,000
4d F150 King Ranch 5.5'.	920	2,760	4,600	11,500	16,100	23,000
4d FX4 5.5'.	840	2,530	4,220	10,550	14,770	21,100
4d FX4 6.5'.	840	2,510	4,180	10,460	14,630	20,900
2008 Harley-Davidson Supercrew Pickup, 4WD, V8						
4d F150 5.5'.	940	2,830	4,720	11,800	16,520	23,600
2008 Super Duty Pickup, V8						
4d F250 XL 8'.	430	1,280	2,130	5,330	7,460	10,650
4d F350 XL 8'.	450	1,340	2,230	5,020	7,810	11,150
Add 30% for 4WD. Add 25% for 6.0L Turbo diesel.						
2008 Super Duty Pickup, V8, 4WD						
4d F250 XLT 8'.	660	1,970	3,290	8,230	11,520	16,450
Add 25% for 6.0L Turbo Diesel.						
2008 Super Duty Pickup, V8, Turbo Diesel, 4WD						
4d F350 XLT 8'.	920	2,760	4,600	11,500	16,100	23,000
2008 Super Duty Super Cab Pickup, V8						
4d F250 XL 6.75'	580	1,750	2,910	7,280	10,190	14,550
4d F250 XL 8'.	560	1,670	2,780	6,950	9,730	13,900
4d F350 XL 8'.	590	1,760	2,940	7,350	10,290	14,700
4d F350 XLT 8'.	670	2,020	3,370	8,430	11,800	16,850
4d F350 Lariat 8'.	700	2,090	3,490	8,730	12,220	17,450
Add 30% for 4WD. Add 25% for 6.0L Turbo Diesel.						
2008 Super Duty Super Cab Pickup, 4WD, V8						
4d F250 XLT 6.75'.	820	2,460	4,100	10,250	14,350	20,500
4d F250 XLT 8'.	800	2,410	4,020	10,050	14,070	20,100

FORD TRUCKS

	6	5	4	3	2	1
4d F250 Lariat 8'.	820	2,460	4,100	10,250	14,350	20,500
4d F350 XLT 6.75'.	840	2,530	4,220	10,550	14,770	21,100
4d F350 Lariat 6.75'.	820	2,470	4,120	10,300	14,420	20,600

Add 25% for 6.0L Turbo Diesel.

2008 Super Duty Super Cab Pickup, 4WD, Turbo Diesel V8

	6	5	4	3	2	1
4d F250 Lariat 6.75'	1,120	3,370	5,620	14,050	19,670	28,100
4d F350 XL 6.75'	1,040	3,110	5,180	12,950	18,130	25,900

2008 Super Duty Super Cab Pickup, 4WD, V8

	6	5	4	3	2	1
4d F250 FX4 6.75'	840	2,510	4,180	10,450	14,630	20,900
4d F250 FX4 8'	830	2,480	4,140	10,350	14,490	20,700
4d F350 FX4 6.75'	860	2,580	4,300	10,750	15,050	21,500
4d F350 FX4 8'	850	2,540	4,240	10,600	14,840	21,200

Add 30% for 4WD. Add 45% for 6.0L Turbo Diesel.

2008 Super Duty Crew Cab Pickup, V8

	6	5	4	3	2	1
4d F250 XL 6.75'	670	2,020	3,360	8,400	11,760	16,800
4d F250 King Ranch 8'	770	2,320	3,870	9,680	13,550	19,350
4d F350 XLT 8'	760	2,280	3,800	9,500	13,300	19,000
4d F350 Lariat 8'.	800	2,410	4,020	10,050	14,070	20,100

Add 30% for 4WD. Add 25% for 6.0L Turbo Diesel.

2008 Super Duty Crew Cab Pickup, 4WD, V8

	6	5	4	3	2	1
4d F250 XLT 8'	920	2,760	4,600	11,500	16,100	23,000
4d F350 King Ranch 8'	970	2,920	4,860	10,940	17,010	24,300

Add 25% fir 6,0L Turbo Diesel.

2008 Super Duty Crew Cab Pickup, V8, Turbo Diesel

	6	5	4	3	2	1
4d F250 XL 8'	900	2,690	4,480	11,200	15,680	22,400
4d F250 Lariat 8'.	1,040	3,130	5,220	13,050	18,270	26,100
4d F350 XL 6.75'	940	2,810	4,680	10,530	16,380	23,400

Add 25% for 4WD.

2008 Super Duty Crew Cab Pickup, 4WD, V8, Turbo Diesel

	6	5	4	3	2	1
4d F250 XLT 6.75'.	1,200	3,590	5,980	14,950	20,930	29,900
4d F250 Lariat 6.75'	1,240	3,730	6,220	15,550	21,770	31,100
4d F250 King Ranch 6.75'	1,260	3,780	6,300	15,750	22,050	31,500
4d F350 Lariat 6.75'	1,260	3,790	6,320	15,800	22,120	31,600
4d F350 XLT 6.75'.	1,220	3,650	6,080	15,200	21,280	30,400
4d F350 King Ranch 6.75'	1,280	3,830	6,380	15,950	22,330	31,900

2008 Super Duty Super Cab Pickup, 4WD, V8

	6	5	4	3	2	1
4d F250 FX4 8'	940	2,810	4,680	11,700	16,380	23,400
4d F350 FX4 6.75'	970	2,920	4,860	12,150	17,010	24,300
4d F350 FX4 8'	1,080	3,230	5,380	13,450	18,830	26,900

Add 30% for 4WD. Add 45% for 6.0L Turbo Diesel.

	6	5	4	3	2	1
4d F250 FX4 6.75'	1,230	3,680	6,140	15,350	21,490	30,700

2008 Super Duty Super Cab Pickup, 4WD, V8, Turbo Diesel

	6	5	4	3	2	1
4d F250 Harley 6.75'	1,450	4,340	7,240	18,100	25,340	36,200
4d F250 Harley 8'	1,440	4,320	7,200	18,000	25,200	36,000
4d F350 Harley 6.75'	1,470	4,400	7,340	18,350	25,690	36,700
4d F350 Harley 8'	1,460	4,380	7,300	18,250	25,550	36,500

2008 Super Duty Crew Cab Pickup, 4WD, V8, Turbo Diesel

	6	5	4	3	2	1
4d F450 8'.	1,090	3,260	5,440	13,600	19,040	27,200
4d F450 XLT 8'	1,160	3,490	5,820	14,550	20,370	29,100
4d F450 King Ranch 8'	1,320	3,970	6,620	16,550	23,170	33,100

Add 30% fir 4WD.

	6	5	4	3	2	1
4d F450 Lariat 8'.	1,330	4,000	6,660	16,650	23,310	33,300

2009 Escape, I4

	6	5	4	3	2	1
4d XLS SUV	300	900	1,500	3,750	5,250	7,500

Add 15% for 4WD.

2009 Escape, I4, 4WD, Hybrid

	6	5	4	3	2	1
4d SUV	520	1,550	2,590	6,480	9,070	12,950
4d Ltd SUV	630	1,880	3,140	7,850	10,990	15,700

2009 Escape, V6, 4WD

	6	5	4	3	2	1
4d XLT SUV	430	1,280	2,140	5,350	7,490	10,700
4d Ltd SUV	480	1,450	2,420	6,050	8,470	12,100

Deduct 10% for 2WD.

2009 Edge, V6

	6	5	4	3	2	1
4d SE SUV	450	1,360	2,260	5,650	7,910	11,300
4d SEL SUV	480	1,450	2,420	6,050	8,470	12,100
4d Ltd SUV	540	1,610	2,690	6,730	9,420	13,450
4d Spt SUV	710	2,140	3,560	8,900	12,460	17,800

Add 8% for AWD.

2009 Taurus X, V6

	6	5	4	3	2	1
4d SEL SUV	350	1,060	1,770	4,430	6,200	8,850

Add 10% for AWD.

	6	5	4	3	2	1
4d Eddie Bauer SUV	480	1,450	2,420	6,050	8,470	12,100
4d Ltd SUV	520	1,550	2,580	6,450	9,030	12,900

Add 10% for AWD.

2009 Explorer, V6, AWD

	6	5	4	3	2	1
4d XLT SUV	500	1,510	2,510	6,280	8,790	12,550
4d Eddie Bauer SUV	570	1,710	2,850	7,130	9,980	14,250

FORD TRUCKS

	6	5	4	3	2	1
2009 Explorer, V8, 4WD						
4d Ltd SUV............................	660	1,980	3,300	8,250	11,550	16,500
2009 Explorer Sport Trac, V6						
4d XLT SUV............................	660	1,970	3,280	8,200	11,480	16,400
Add 10% for 4WD.						
2009 Explorer Sport Trac, V6, 4WD						
4d Ltd SUV............................	860	2,590	4,320	10,800	15,120	21,600
2009 Flex, V6						
4d SE SUV.............................	480	1,440	2,400	6,000	8,400	12,000
4d SEL SUV............................	520	1,570	2,620	6,550	9,170	13,100
4d Ltd SUV............................	620	1,860	3,100	7,750	10,850	15,500
Add 8% for AWD.						
2009 Expedition, V8, 4WD						
4d XLT SUV............................	640	1,920	3,200	8,000	11,200	16,000
4d Eddie Bauer SUV....................	810	2,420	4,040	10,100	14,140	20,200
Deduct 5% for 2WD.						
4d Ltd SUV............................	810	2,420	4,040	10,100	14,140	20,200
2009 Deduct 5% for 2WD.						
4d King Rabch SUV.....................	820	2,450	4,080	10,200	14,280	20,400
2009 Expedition EL, V8, 4WD						
4d XLT SUV............................	710	2,120	3,530	8,830	12,360	17,650
4d Eddie Bauer SUV....................	860	2,570	4,290	10,730	15,020	21,450
4d Ltd SUV............................	840	2,510	4,190	10,480	14,670	20,950
King Rabch SUV........................	860	2,580	4,300	10,750	15,050	21,500
2009 Econoline, V8						
E150 XL S-D Wag.......................	490	1,460	2,430	6,080	8,510	12,150
E150 XLT S-D Wag......................	560	1,680	2,800	7,000	9,800	14,000
E350 XL S-D Wag.......................	530	1,580	2,640	6,600	9,240	13,200
E350 XLT S-D Wag......................	620	1,870	3,110	7,780	10,890	15,550
E350 XL S-D Ext Wag...................	610	1,820	3,040	7,600	10,640	15,200
E350 XLT Ext Wag......................	690	2,080	3,460	8,650	12,110	17,300
E150 Cargo Van........................	530	1,600	2,670	6,680	9,350	13,350
E150 Extended Van.....................	580	1,730	2,880	7,200	10,080	14,400
E250 Cargo Van........................	590	1,760	2,930	7,330	10,260	14,650
E250 Extended Van.....................	640	1,910	3,180	7,950	11,130	15,900
E350 Super Cargo Van..................	620	1,850	3,080	7,700	10,780	15,400
E350 Ext SD Cargo Van.................	680	2,040	3,400	8,500	11,900	17,000
Add 25% for 6.0L Turbo Diesel.						
2009 Ranger Regular Cab Pickup, I4						
2d XL 7'..............................	260	790	1,320	3,300	4,620	6,600
2d XLT 7'.............................	300	900	1,500	3,750	5,250	7,500
2d XL 6'..............................	300	910	1,510	3,780	5,290	7,550
2d Sport 6'...........................	360	1,090	1,820	4,550	6,370	9,100
2d XLT 6'.............................	360	1,070	1,790	4,460	6,250	8,925
Add 15% for 4WD.						
2009 Ranger Super Cab Pickup, I4						
2d XL 6'..............................	410	1,220	2,050	5,120	7,190	10,250
Add 15% for 4WD. Add 5% for 4.0L V6.						
2009 Ranger Super Cab Pickup, V6						
2d XLT 6'.............................	490	1,460	2,440	6,100	8,540	12,200
2d Spt 6'.............................	510	1,540	2,560	6,400	8,960	12,800
4d Spt 6'.............................	530	1,600	2,670	6,680	9,350	13,350
4d XLT 6'.............................	520	1,560	2,600	6,500	9,100	13,000
Add 15% for 4WD.						
2009 Ranger Super Cab Pickup, V6, 4WD						
2d FX4 Off-Road 6'....................	570	1,710	2,850	7,130	9,980	14,250
4d FX4 Off Road 6'....................	610	1,820	3,040	7,600	10,640	15,200
2009 Pickup, V6						
2d F150 XL 6.5'.......................	410	1,220	2,040	5,100	7,140	10,200
2d F150 XL 8'.........................	390	1,180	1,970	4,930	6,900	9,850
2d F150 STX 6.5'......................	460	1,390	2,320	5,800	8,120	11,600
2d F150 XLT 6.5'......................	490	1,480	2,460	6,150	8,610	12,300
2d F150 XLT 8'........................	470	1,400	2,330	5,830	8,160	11,650
Add 30% for 4WD.						
2009 F150 Super Cab Pickup, V8						
4d F150 XL 6.5'.......................	490	1,460	2,430	6,080	8,510	12,150
F150 Super Cab Pickup, V8.............	530	1,580	2,640	6,600	9,240	13,200
2009 F160 Super Cab Pickup, V8						
4d F150 STX 6.5'......................	610	1,820	3,030	7,580	10,610	15,150
2009 F150 Super Cab Pickup, V8						
4d F150 XLT 5.5'......................	580	1,750	2,920	7,300	10,220	14,600
4d F150 XLT 6.5'......................	610	1,820	3,030	7,580	10,610	15,150
Add 30% for 4WD.						
2009 Super Cab Pickup, V8						
4d F150 XL 8'.........................	480	1,440	2,400	6,000	8,400	12,000
Super Cab Pickup, V8..................	590	1,770	2,950	7,380	10,330	14,750
4d F150 Lariat 5.5'...................	620	1,870	3,120	7,800	10,920	15,600
4d F150 Lariat 6.5'...................	650	1,950	3,250	8,130	11,380	16,250
Add 30% for 4WD.						

FORD TRUCKS

	6	5	4	3	2	1
2009 Super Cab Pickup, V8, 4WD						
4d FX4 5,5	770	2,310	3,850	9,630	13,480	19,250
4d FX4 6.5'	810	2,420	4,040	10,100	14,140	20,200
2009 Supercrew Pickup, V8						
Supercrew Pickup, V8	660	1,990	3,310	8,280	11,590	16,550
4d F150 XL 6.5'	650	1,960	3,260	8,150	11,410	16,300
4d F150 XLT 5.5'	720	2,150	3,590	8,980	12,570	17,950
Add 30% for 4WD.						
2009 Supercrew Pickup, 4WD, V8						
4d F150 XLT 6.5'	860	2,570	4,280	10,700	14,980	21,400
4d F150 King Ranch 6.5'	930	2,800	4,660	11,650	16,310	23,300
4d F150 Platinum 6.5'	960	2,890	4,820	12,050	16,870	24,100
Add 30% for 4WD.						
4d F150 Lariat 5.5'	1,030	3,100	5,160	12,900	18,060	25,800
4d F150 Lariat 6.5'	1,020	3,060	5,100	12,750	17,850	25,500
2009 Supercrew Pickup, 4WD, V8						
4d F150 King Ranch 5.5'	990	2,970	4,960	12,390	17,350	24,780
2009 Supercrew Pickup, 4WD, V8						
4d F150 Platinum 56.5'	1,060	3,180	5,300	13,250	18,550	26,500
Deduct 15% for 2WD.						
2009 Supercrew Pickup, V8, 4WD						
4d F150 FX4 5,5	940	2,820	4,700	11,750	16,450	23,500
2009 Supercrew Pickup, V8, 4WD						
4d F150 FX4 6.5'	930	2,790	4,660	11,640	16,290	23,275
2009 Super Duty Pickup, V8						
4d F250 XL 8"	390	1,160	1,940	4,850	6,790	9,700
4d F350 XL 8'	380	1,140	1,900	4,750	6,650	9,500
Add 30% for 4WD. Add 25% for 6.0L Turbo Diesel.						
2009 Super Duty Pickup, V8, 4WD						
4d F250 XLT 8'	840	2,520	4,200	10,500	14,700	21,000
Add 25% for 6.0L Turbo Diesel.						
2009 Super Duty Pickup, V8 Turbo Diesel, 4WD						
4d F350 XLT 8'	860	2,590	4,320	10,800	15,120	21,600
Deduct 15% for 2WD.						
2009 Super Duty Super Cab Pickup, V8						
4d F250 XL 6.75'	440	1,320	2,200	5,500	7,700	11,000
4d F250 XL 8'	460	1,390	2,320	5,800	8,120	11,600
4d F250 Lariat 8'	760	2,290	3,820	9,550	13,370	19,100
4d F350 XL 8'	480	1,430	2,390	5,980	8,370	11,950
4d F350 XLT 8'	590	1,770	2,950	7,380	10,330	14,750
4d F350 Lariat 8'	640	1,920	3,200	8,000	11,200	16,000
Add 30% for 4WD. Add 25% for 6.0L Turbo Diesel.						
2009 Super Duty Super Cab Pickup 4WD, V8						
4d F250 XLT 6.75'	700	2,100	3,500	8,750	12,250	17,500
4d F250 XLT 8'	700	2,090	3,480	8,700	12,180	17,400
4d F350 XLT 6.75'	740	2,230	3,720	9,300	13,020	18,600
4d F350 Lariat 6.75'	770	2,300	3,840	9,600	13,440	19,200
Add 25% for 6.0L Turbo Diesel. Deduct 15% for 2WD.						
2009 Super Duty Super Cab Pickup, 4WD, Turbo Diesel V8						
4d F350 XL 6.75'	850	2,560	4,260	10,650	14,910	21,300
Add 30% for 4WD.						
4d F250 Lariat 6.75'	1,040	3,120	5,200	13,000	18,200	26,000
4d F250 Lariat 6.75'						
2009 Super Duty Super Cab Pickup, 4WD, V8						
4d F250 FX4 6.75'	800	2,400	4,000	10,000	14,000	20,000
4d F250 FX4 8'	780	2,340	3,900	9,750	13,650	19,500
4d F350 FX4 6.75'	830	2,480	4,140	10,350	14,490	20,700
4d F350 FX4 8'	800	2,410	4,020	10,050	14,070	20,100
Add 30% for 4WD. Add 25% for 6.0L Turbo Diesel.						
2009 Super Duty Crew Cab Pickup, V8						
4d F250 XL 6'	560	1,680	2,800	7,000	9,800	14,000
4d F250 King Ranch 8'	750	2,250	3,750	9,380	13,130	18,750
4d F350 XL 8'	580	1,740	2,900	7,250	10,150	14,500
4d F350 XLT 8'	720	2,150	3,580	8,950	12,530	17,900
4d F350 Lariat 8'	780	2,350	3,910	9,780	13,690	19,550
Add 30% for 4WD. Add 25% for 6.0L Turbo Diesel.						
4d F250 XLT 8'	840	2,530	4,220	10,550	14,770	21,100
4d F350 King Ranch 8'	940	2,810	4,680	11,700	16,380	23,400
Add 25% for 6.0L Turbo Diesel. Deduct 15% for 2WD.						
2009 Super Duty Crew Cab Pickup, V8 Turbo Diesel						
4d F250 XL 8'	770	2,300	3,840	9,600	13,440	19,200
4d F250 Lariat 8'	960	2,890	4,820	12,050	16,870	24,100
4d F350 XL 6.75'	820	2,460	4,100	10,250	14,350	20,500
Add 25% for 4WD.						
2009 Super Duty Crew Cab Pickup, 4WD, V8 Turbo Diesel						
4d F250 XLT 6,75'	1,080	3,240	5,400	13,500	18,900	27,000
4d F250 Lariat 6,75'	1,200	3,610	6,020	15,050	21,070	30,100
4d F250 King Ranch 6,75'	1,220	3,660	6,100	15,250	21,350	30,500
4d F350 XLT 6.75'	1,090	3,260	5,440	13,600	19,040	27,200

FORD TRUCKS

	6	5	4	3	2	1
4d F350 Lariat 6.75'	1,130	3,380	5,640	14,100	19,740	28,200
4d F350 King Ranch 6,75'	1,150	3,440	5,740	14,350	20,090	28,700
2009 Super Duty Super Cab Pickup, 4WD, V8						
4d F250 FX4 8'	880	2,630	4,390	10,980	15,370	21,950
2009 Super Duty Super Cab Pickup, 4WD, V8						
4d F350 FX4 6.75'	920	2,770	4,620	11,550	16,170	23,100
2009 Super Duty Super Cab Pickup, 4WD, V8						
4d F350 FX4 8'	900	2,700	4,500	11,250	15,750	22,500
Add 30% for 4WD. Add 45% for 6.0L Turbo Diesel.						
4d F250 FX4 6.75"	1,160	3,470	5,780	14,450	20,230	28,900
2009 Super Duty Crew Cab Pickup, 4WD, V8 Turbo Diesel						
4d F250 Harley 6.75'	1,470	4,420	7,360	18,400	25,760	36,800
Super Duty Crew Cab Pickup, 4WD, V8 Turbo Diesel	1,460	4,390	7,320	18,300	25,620	36,600
4d F350 Harley 6.75'	1,500	4,510	7,520	18,800	26,320	37,600
4d F350 Harley 8'	1,490	4,480	7,460	18,650	26,110	37,300
4d F450 8'	1,130	3,380	5,640	14,100	19,740	28,200
4d F450 XLT 8'	1,180	3,550	5,920	14,800	20,720	29,600
4d F450 King Ranch 8'	1,340	4,030	6,710	15,100	23,490	33,550
Add 30% for 4WD.						
4d F450 Lariat 8'.	1,360	4,090	6,820	17,050	23,870	34,100
4d F450 Harley 8'	1,500	4,500	7,500	18,750	26,250	37,500
2010 Escape, I4						
4d XLS SUV	380	1,130	1,890	4,730	6,620	9,450
NOTE: Add 15% for 4WD.						
2010 Escape, I4, 4WD Hybrid						
4d SUV	770	2,300	3,830	9,580	13,410	19,150
4d Ltd SUV	1,240	3,730	6,220	15,550	21,770	31,100
2010 Escape, V6, 4WD						
4d XLT SUV	500	1,490	2,490	6,230	8,720	12,450
4d Ltd SUV	560	1,680	2,800	7,000	9,800	14,000
NOTE: Deduct 10% for 2WD.						
2010 Edge, V6						
4d SE SUV	480	1,430	2,390	5,980	8,370	11,950
4d SEL SUV	560	1,690	2,810	7,030	9,840	14,050
4d Ltd SUV	600	1,810	3,010	7,530	10,540	15,050
4d Spt SUV	730	2,200	3,660	9,150	12,810	18,300
NOTE: Add 8% for AWD.						
2010 Explorer, V6, AWD						
4d XLT SUV	530	1,580	2,640	6,600	9,240	13,200
4d Eddie Bauer SUV	660	1,970	3,290	8,230	11,520	16,450
2010 Explorer, V8, 4WD						
4d Ltd SUV	690	2,080	3,470	8,680	12,150	17,350
2010 Explorer Sprt Trac, V6						
4d XLT SUV	770	2,300	3,840	9,600	13,440	19,200
NOTE: Add 10% for 4WD.						
2010 Explorer Sprt Trac, V6, 4WD						
4d Ltd SUV	930	2,800	4,660	11,650	16,310	23,300
2010 Flex, V6						
4d SE SUV	550	1,660	2,770	6,930	9,700	13,860
4d SEL SUV	620	1,850	3,090	7,730	10,820	15,450
4d Ltd SUV	680	2,050	3,420	8,550	11,970	17,100
NOTE: Add 8% for AWD.						
2010 Expedition, V8, 4WD						
4d XLT SUV	720	2,150	3,590	8,980	12,570	17,950
4d Eddie Bauer SUV	900	2,710	4,520	11,300	15,820	22,600
4d Ltd SUV	1,020	3,070	5,120	12,800	17,920	25,600
4d King Ranch SUV	1,040	3,130	5,220	13,050	18,270	26,100
NOTE: Deduct 5% for 2WD.						
2010 Expedition EL, V8, 4WD						
4d XLT SUV	800	2,410	4,020	10,050	14,070	20,100
4d Eddie Bauer SUV	950	2,840	4,740	11,850	16,590	23,700
4d Ltd SUV	1,060	3,190	5,320	13,300	18,620	26,600
4d LLing Ranch SUV	1,040	3,120	5,200	13,000	18,200	26,000
NOTE: Deduct 5% for 2WD						
2010 Transit, Connect Cargo Van, I-4						
4d XL Cargo Van	470	1,410	2,350	5,290	8,230	11,750
4d XLT Cargo Van	490	1,480	2,460	6,150	8,610	12,300
2010 Transit, Connect Passenger Van, I-4						
4d XL Passenger Van	440	1,320	2,200	5,500	7,700	11,000
4d XLT Passenger Van	480	1,450	2,420	6,050	8,470	12,100
2010 Econoline, V8						
E150 XL S-D Wag.	580	1,730	2,880	7,200	10,080	14,400
E150 XLT S-D Wag.	640	1,910	3,180	7,950	11,130	15,900
E350 XL S-D Wag	610	1,820	3,040	7,600	10,640	15,200
E350 XLT S-D Wag.	670	2,010	3,350	8,380	11,730	16,750
E350 XL S-D Ext Wag	690	2,060	3,430	8,580	12,010	17,150
E350 XL Ext Wag	760	2,270	3,790	9,480	13,270	18,950
E150 Cargo Van	630	1,900	3,170	7,930	11,100	15,850
E150 Extended Van	670	2,020	3,360	8,400	11,760	16,800

FORD TRUCKS

	6	5	4	3	2	1
E250 Cargo Van 680	2,050	3,410	8,530	11,940	17,050
E250 Extended Van 740	2,210	3,690	9,230	12,920	18,450
E350 Super Cargo Van. 700	2,110	3,510	8,780	12,290	17,550
E350 Ext SD Cargo Van 780	2,340	3,900	9,750	13,650	19,500
NOTE: Add 25% for 6.0L Turbo Diesel.					
2010 Ranger Regular Cab Pickup, I4					
2d XL 7'. 300	900	1,500	3,740	5,230	7,475
2d XL 6'. 370	1,110	1,850	4,610	6,460	9,225
2d XLT 6'. 420	1,270	2,110	5,280	7,390	10,550
NOTE: Add 15% for 4WD.					
2010 Ranger Super Cab Pickup, I4					
2d XL 6'. 450	1,340	2,230	5,580	7,810	11,150
NOTE: Add 15% for 4WD; 5% for 4.0L V6.					
2010 Ranger Super Cab Pickup, V6					
2d XLT 6'. 540	1,610	2,690	6,730	9,420	13,450
NOTE: Add 15% for 4WD; 5% for 4.1L V6.					
2d Spt 6' 580	1,730	2,890	7,230	10,120	14,450
4d Spt 6' 610	1,820	3,030	7,580	10,610	15,150
4d XLT 6'. 590	1,760	2,940	7,350	10,290	14,700
NOTE: Add 15% for 4WD.					
2010 Regular Cab Pickup, V8					
2d F150 XL 6.5'. 440	1,330	2,210	5,530	7,740	11,050
2d F150 XL 8'. 430	1,280	2,130	5,330	7,460	10,650
2d F150 STX 6.5'. 500	1,510	2,510	6,280	8,790	12,550
2d F150 XLT 6.5'. 540	1,630	2,720	6,800	9,520	13,600
2d F150 XLT 8' 510	1,540	2,560	6,400	8,960	12,800
NOTE: Add 30% for 4WD.					
2010 F150 Super Cab Pickup, V8					
4d F150 XL 6.5'. 570	1,710	2,850	7,130	9,980	14,250
4d F150 STX 6.5' 660	1,970	3,290	8,230	11,520	16,450
4d F150 XLT 6.5' 700	2,110	3,510	8,780	12,290	17,550
4d F150 XL 8' 540	1,610	2,680	6,700	9,380	13,400
4d F150 XLT 8' 720	2,150	3,590	8,980	12,570	17,950
4d F150 Lariat 6.5' 780	2,330	3,890	9,730	13,620	19,450
NOTE: Add 30% for 4WD.					
2010 Super Cab Pickup, V8, 4WD					
4d F150 FX 6.5' 920	2,770	4,620	11,550	16,170	23,100
4d F150 SVT Raptor 5.5' 1,350	4,040	6,740	16,850	23,590	33,700
2010 Supercrew Pickup, V8					
4d F150 XL 5.5'. 750	2,240	3,740	9,350	13,090	18,700
4d F150 XLT 5.5'. 780	2,330	3,890	9,730	13,620	19,450
4d F150 King Ranch 6.5' 1,050	3,140	5,240	13,100	18,340	26,200
4d F150 Platinum 6.5'. 1,060	3,180	5,300	13,250	18,550	26,500
4d F150 Harley 5.5'. 1,080	3,250	5,420	13,550	18,970	27,100
NOTE: Add 30% for 4WD.					
4d F150 XL 6.5'. 760	2,290	3,820	9,550	13,370	19,100
2010 Supercrew Pickup, V8, 4WD					
4d F150 XLT 6.5'. 960	2,880	4,800	12,000	16,800	24,000
4d F150 Lariat 5.5' 1,100	3,310	5,520	13,800	19,320	27,600
4d F150 Lariat 6.5' 1,120	3,350	5,580	13,950	19,530	27,900
4d F150 King Ranch 5.5" 1,140	3,430	5,720	14,300	20,020	28,600
4d F150 Platinum 6.5'. 1,130	3,400	5,660	14,150	19,810	28,300
NOTE: Deduct 15% for 2WD.					
4d F150 FX4 5.5' 1,020	3,050	5,080	12,700	17,780	25,400
4d F150 FX4 6.5' 1,020	3,050	5,080	12,700	17,780	25,400
2010 Super Duty Pickup, V8					
2d F250 XL 8'. 390	1,180	1,960	4,900	6,860	9,800
2d F350 XL 8'. 350	1,050	1,750	4,380	6,130	8,750
NOTE: Add 30% for 4WD; 25% for 6.0L Turbo Diesel.					
2010 Super Duty Pickup, V8, 4WD					
2d F250 XLT 8' 610	1,840	3,060	7,650	10,710	15,300
NOTE: Add 25% for 6.0L Turbo Diesel.					
2010 Super Duty Pickup, V8, Turbo Diesel,4WD					
2d F350 XLT 8' 860	2,580	4,300	10,750	15,050	21,500
NOTE: Deduct 15% for 2WD.					
2010 Super Duty Super Cab Pickup, V8					
4d F250 XL 6.75' 490	1,460	2,430	6,080	8,510	12,150
4d F250 XL 8' 470	1,420	2,370	5,930	8,300	11,850
4d F250 XLT 8' 640	1,910	3,180	7,950	11,130	15,900
4d F250 Lariat 8'. 880	2,640	4,400	11,000	15,400	22,000
4d F350 XL 8' 500	1,500	2,500	6,250	8,750	12,500
4d F350 XLT 8' 590	1,780	2,960	7,400	10,360	14,800
4d F350 Lariat 8'. 640	1,910	3,180	7,950	11,130	15,900
NOTE: Add 30% for 4WD; 25% for 6.0L Turbo Diesel.					
2010 Super Duty Super Cab Pickup, V8, 4WD					
4d F350 XLT 6.75'. 790	2,360	3,930	9,830	13,760	19,650
4d F350 Lariat 6.75' 780	2,340	3,900	9,750	13,650	19,500
NOTE: Add 25% for 6.0L Turbo Diesel. Dedcut 15% for 2WD.					

FORD TRUCKS

	6	5	4	3	2	1
2010 Super Duty Super Cab Pickup, 4WD Turbo Diesel, V8						
4d F250 XLT 6.75'.	980	2,930	4,880	12,200	17,080	24,400
4d F250 Lariat 6.75'	1,060	3,190	5,320	13,300	18,620	26,600
4d F350 XL 6.75'	850	2,540	4,240	10,600	14,840	21,200
NOTE: Add 30% for 4WD.						
2010 Super Duty Crew Cab Pickup, V8						
4d F250 XL 6.75'	530	1,600	2,670	6,680	9,350	13,350
4d F250 King Ranch 8'.	750	2,260	3,760	9,400	13,160	18,800
4d F350 XLT 8'	710	2,140	3,570	8,930	12,500	17,850
4d F350 XL 8'.	580	1,740	2,900	7,250	10,150	14,500
4d F350 Lariat 8'.	830	2,500	4,160	10,400	14,560	20,800
NOTE: Add 30% for 4WD; 25% for 6.0L Turbo Diesel.						
4d F250 XLT 8'	870	2,600	4,340	9,770	15,190	21,700
4d F350 King Ranch 8'.	980	2,950	4,920	12,300	17,220	24,600
NOTE: Add 25% for 6.0L Turbo Diesel. Deduct 15% for 2WD.						
2010 Super Duty Crew Cab Pickup, V8 Turbo Diesel						
4d F250 XL 8'.	770	2,300	3,830	9,580	13,410	19,150
4d F250 Lariat 8'.	960	2,880	4,800	12,000	16,800	24,000
4d F350 XL 6.75'	820	2,470	4,120	10,300	14,420	20,600
NOTE: Add 25% for 4WD.						
2010 Super Duty Crew Cab Pickup, 4WD, V8 Turbo Diesel						
4d F250 XLT 6.75'.	1,080	3,250	5,420	13,550	18,970	27,100
4d F250 Lariat 6.75'	1,230	3,700	6,160	15,400	21,560	30,800
4d F250 King Ranch 6.75'	1,290	3,880	6,460	16,150	22,610	32,300
4d F350 XLT 6.75'.	1,080	3,250	5,420	13,550	18,970	27,100
4d F350 Lariat 6.75'	1,170	3,520	5,860	14,650	20,510	29,300
4d F350 King Ranch 6.00'	1,140	3,430	5,720	14,300	20,020	28,600
2010 Super Duty Cab Pickup, 4WD, V8						
4d F250 Cabella's 6'.	1,360	4,070	6,780	16,950	23,730	33,900
4d F250 Cabella's 8'.	1,340	4,020	6,700	16,750	23,450	33,500
4d F350 Cabella's 6'.	1,380	4,130	6,880	17,200	24,080	34,400
4d F350 Cabella's 9'.	1,360	4,080	6,800	17,000	23,800	34,000
NOTE: Add 30% for 4WD; 45% for 6.0L Turbo Diesel.						
2010 Super Duty Crew Cab Pickup, 4WD, V8 Turbo Diesel						
4d F250 Harley 6.75'	1,540	4,630	7,720	19,300	27,020	38,600
4d F250 Harley 8'.	1,530	4,580	7,640	19,100	26,740	38,200
4d F350 Harley 6.75'	1,560	4,670	7,780	19,450	27,230	38,900
4d F350 Harley 8'.	1,560	4,670	7,780	19,450	27,230	38,900
4d F450 XL 8'.	1,180	3,540	5,900	14,750	20,650	29,500
4d F450 XLT 8'.	1,280	3,830	6,380	15,950	22,330	31,900
4d F450 King Ranch 8'.	1,430	4,280	7,140	17,850	24,990	35,700
NOTE: Add 30% for 4WD.						
4d F450 Lariat 8'.	1,420	4,260	7,100	17,750	24,850	35,500
4d F450 Harley 8'.	1,560	4,690	7,820	19,550	27,370	39,100
2011 Escape, I4						
4d XLS SUV	310	930	1,560	3,890	5,440	7,775
Add 15% for 4WD						
2011 Escape, I4, 4WD, Hybrid						
4d SUV.	380	1,150	1,910	4,780	6,690	9,550
4d Ltd SUV.	480	1,440	2,400	5,990	8,380	11,975
2011 Escape, V6, 4WD						
4d XLT SUV.	380	1,150	1,920	4,800	6,720	9,600
4d Ltd SUV.	400	1,200	2,010	5,010	7,020	10,025
Deduct 10% for 2WD.						
2011 Edge, V6						
4d SE SUV.	380	1,150	1,920	4,800	6,720	9,600
4d SEL SUV.	480	1,430	2,380	5,940	8,310	11,875
4d Ltd SUV.	520	1,560	2,600	6,490	9,080	12,975
4d Spt SUV.	620	1,870	3,110	7,780	10,890	15,550
Add 8% for AWD.						
2011 Explorer, V6, AWD						
4d SUV.	500	1,490	2,480	6,190	8,660	12,375
4d XLT SUV	610	1,830	3,050	7,630	10,680	15,250
4d Limited SUV.	660	1,970	3,200	8,230	11,520	16,450
Deduct 10% for 2WD.						
2011 Flex, V6						
4d SE SUV.	400	1,190	1,980	4,950	6,930	9,900
4d SEL SUV	460	1,380	2,300	5,750	8,050	11,500
4d Ltd SUV	510	1,520	2,540	6,340	8,870	12,675
Add 8% for AWD.						
2011 Flex Titanium AWD, V6						
4d SUV	580	1,730	2,890	7,210	10,100	14,425
Add 8% for 3.5L V-6						
2011 Expedition, V8, 4WD						
4d XLT SUV	660	1,990	3,320	8,300	11,620	16,600
4d Ltd SUV.	740	2,220	3,700	9,240	12,930	18,475
4d King Ranch SUV	780	2,350	3,920	9,790	13,700	19,575
Deduct 5% for 2WD.						

	6	5	4	3	2	1
2011 Expedition EL, V8, 4WD						
4d XL SUV	510	1,520	2,540	6,340	8,870	12,675
4d XLT SUV	630	1,880	3,130	7,810	10,940	15,625
4d Ltd SUV	720	2,170	3,620	9,050	12,670	18,100
4d King Ranch SUV	800	2,390	3,980	9,940	13,910	19,875
Deduct 5% for 2WD.						
2011 Transit, Connect Cargo Van, I-4						
4d XL Cargo Van	360	1,080	1,810	4,510	6,320	9,025
4d XLT Cargo Van	370	1,100	1,830	4,580	6,410	9,150
2011 Transit, Connect Passenger Van, I-4						
4d XLT Van	380	1,140	1,910	4,760	6,670	9,525
4d XLT Premium Van	390	1,160	1,930	4,830	6,760	9,650
2011 Econoline Wagon, V8						
E150 XL	490	1,460	2,440	6,090	8,520	12,175
E150 XLT	520	1,550	2,590	6,460	9,050	12,925
E350 XL Super Duty	500	1,500	2,500	6,250	8,750	12,500
E350 XLT Super Duty EXT	520	1,560	2,600	6,500	9,100	13,000
E350 XLT Super Duty	550	1,650	2,750	6,860	9,610	13,725
E350 XLT Super Duty EXT	580	1,730	2,880	7,190	10,060	14,375
Deduct 10% for cargo van models.						
2011 Ranger Regular Cab Pickup, I4						
2d XL 7'.	380	1,150	1,920	4,800	6,720	9,600
2d XL 6'.	380	1,150	1,920	4,800	6,720	9,600
2d XLT 6'.	390	1,160	1,930	4,830	6,760	9,650
Add 15% for 4WD.						
2011 Ranger Super Cab Pickup, I4						
2d XL 6'.	410	1,230	2,050	5,130	7,180	10,250
Add 15% for 4WD. Add 5% for 4.0L V6.						
2011 Ranger Super Cab Pickup, V6						
2d XLT 6'.	450	1,340	2,240	5,590	7,820	11,175
2d Spt 6'.	480	1,440	2,400	6,000	8,400	12,000
4d Spt 6'.	520	1,570	2,610	6,530	9,140	13,050
Add 15% for 4WD.						
4d XLT 6'.	500	1,490	2,490	6,210	8,700	12,425
Add 15% for 4WD.						
2011 Regular Cab Pickup, V8						
2d F150 XL 6.5'.	440	1,330	2,220	5,540	7,750	11,075
2d F150 XL 8'.	440	1,330	2,220	5,540	7,750	11,075
2d F150 STX 6.5'.	480	1,430	2,380	5,940	8,310	11,875
2d F150 XLT 6.5'.	490	1,470	2,450	6,130	8,580	12,252
2d F150 XLT 8'.	490	1,470	2,450	6,130	8,580	12,252
Add 30% for 4WD.						
2011 F150 Super Cab Pickup, V8						
4d F150 XL 6.5'.	490	1,480	2,470	6,180	8,650	12,350
4d F150 XL 8'.	490	1,480	2,470	6,180	8,650	12,350
4d F150 STX 6.5'.	560	1,670	2,780	6,950	9,730	13,900
4d F150 XLT 6.5'.	600	1,790	2,980	7,450	10,430	14,900
4d F150 XLT 8'.	600	1,790	2,980	7,450	10,430	14,900
4d F150 FX2 6.5'.	640	1,930	3,220	8,040	11,250	16,075
4d F150 Lariat 6.5'.	760	2,280	3,800	9,490	13,280	18,975
Add 30% for 4WD.						
2011 Super Cab Pickup, V8, 4WD						
4d F150 FX4 6.5'.	910	2,730	4,560	11,390	15,940	22,775
4d F150 SVT Raptor 5.5'.	1,180	3,540	5,900	14,750	20,650	29,500
Deduct 15% for 2WD.						
2011 Supercrew Pickup, V8						
4d F150 XL 5.5'.	620	1,870	3,110	7,780	10,890	15,550
4d F150 XL 6.5'.	620	1,870	3,110	7,780	10,890	15,550
4d F150 XLT 5.5'.	690	2,070	3,450	8,610	12,060	17,225
4d F150 FX2 5.5'.	610	1,840	3,070	7,680	10,750	15,350
4d F150 FX2 6.5'.	610	1,840	3,070	7,680	10,750	15,350
4d F150 King Ranch 6.5'.	880	2,640	4,410	11,010	15,420	22,025
4d F150 Platinum 6.5'.	930	2,790	4,660	11,640	16,290	23,275
2011 Supercrew Pickup, 4WD, V8						
4d F150 XLT 6.5'.	770	2,300	3,830	9,580	13,410	19,150
4d F150 Lariat 5.5'.	910	2,730	4,550	11,380	15,930	22,750
4d F150 Lariat 5.5'.	910	2,730	4,550	11,380	15,930	22,750
4d F150 Lariat 6.5'.	910	2,730	4,550	11,380	15,930	22,750
4d F150 King Ranch 5.5'.	940	2,830	4,720	11,790	16,500	23,575
4d F150 Platinum 56.5'.	960	2,880	4,810	12,010	16,820	24,025
2011 Supercrew, V8						
4d F150 Harley 5.5'.	1,070	3,220	5,370	13,410	18,780	26,825
2011 Supercrew Pickup, V8, 4WD						
4d F150 Lariat Ltd 5'.	910	2,730	4,550	11,380	15,930	22,750
4d F150 FX4 5.5'.	910	2,730	4,560	11,390	15,940	22,775
4d F150 FX4 6.5'.	910	2,730	4,560	11,390	15,940	22,775
4d FSVT Raptor 5'.	1,280	3,850	6,420	16,040	22,450	32,075
2011 Super Duty Pickup, V8						
4d F250 XL 8'	540	1,620	2,700	6,060	9,430	13,475

FORD TRUCKS

	6	5	4	3	2	1
4d F350 XL 8'	560	1,680	2,800	6,290	9,780	13,975

Add 30% for 4WD. Add 25% for 6.0L Turbo Diesel.

2011 Super Duty Pickup, V8, 4WD

4d F250 XLT 8'	600	1,800	3,010	7,510	10,520	15,025

Add 25% for 0.0L Turbo Diesel.

2011 Super Duty Pickup, V8 Turbo Diesel, 4WD

2d F350 XLT 8'	920	2,760	4,610	11,510	16,120	23,025

2011 Super Duty Super Cab Pickup, V8

4d F250 XL 6.75'	580	1,750	2,920	7,290	10,200	14,575

2011 Super Duty Pickup, V8 Turbo Diesel, 4WD
Deduct 15% for 2WD.

2011 Super Duty Super Cab Pickup, V8

4d F250 XL 8'	580	1,750	2,920	7,290	10,200	14,575
4d F350 XL 6.75'	600	1,790	2,980	7,440	10,410	14,875
4d F350 XL 8'	600	1,790	2,980	7,440	10,410	14,875
4d F350 Lariat 8'	600	1,790	2,980	7,440	10,410	14,875
4d F350 Lariat 8'	780	2,350	3,910	9,780	13,690	19,550

Add 30% for 4WD. Add 25% for 6.0L Turbo Diesel.

2011 Super Duty Super Cab Pickup 4WD, V8

4d F250 XLT 6.75'	860	2,580	4,310	10,760	15,070	21,525
4d F250 XLT 8'	860	2,580	4,310	10,760	15,070	21,525
4d F250 Lariat 6.75'	1,120	3,360	5,600	13,990	19,580	27,975
4d F350 XLT 6.75'	720	2,160	3,600	9,000	12,600	18,000
4d F350 Lariat 6.75'	960	2,880	4,800	12,000	16,800	24,000

Add 25% for 6.0L Turbo Diesel. Deduct 15% for 2WD.

2011 Super Duty Super Cab Pickup, Turbo Diesel V8

4d F350 XLT 8'	1,190	3,560	5,940	14,850	20,790	29,700

Add 30% for 4WD.

2011 Super Duty Super Cab Pickup, 4WD, Turbo Diesel V8

4d F250 Lariat 8'	1,230	3,690	6,150	15,380	21,530	30,750

2011 Super Duty Crew Cab Pickup, V8

4d F250 XL 6.75'	650	1,950	3,260	8,140	11,390	16,275
4d F250 King Ranch 8'	900	2,710	4,520	11,300	15,820	22,600
4d F350 XL 6-3/4'	660	1,980	3,300	8,240	11,530	16,475

Add 20% for 4WD. Add 25% for 6.0L Turbo Diesel.

4d F250 XLT 8'	720	2,150	3,590	8,960	12,550	17,925
4d F350 XLT 6.75'	720	2,170	3,620	9,050	12,670	18,100
4d F350 King Ranch 6.75'	930	2,800	4,670	11,680	16,350	23,350

Add 25% for 6.0L Turbo Diesel. Deduct 15% for 2WD.

2011 Super Duty Crew Cab Pickup, V8 Turbo Diesel

4d F250 XL 8'	970	2,910	4,860	12,140	16,990	24,275
4d F250 Lariat 8'	1,210	3,640	6,060	15,150	21,210	30,300
4d F350 XL 8'	980	2,940	4,900	12,240	17,130	24,475
4d F350 XLT 8'	1,040	3,130	5,220	13,050	18,270	26,100

Add 25% for 4WD.

2011 Super Duty Crew Cab Pickup, 4WD, V8 Turbo Diesel

4d F250 XLT 6.75'	1,180	3,540	5,910	13,290	20,670	29,525
4d F250 Lariat 6.75'	1,360	4,070	6,780	15,240	23,710	33,875
4d F250 King Ranch 6'	1,290	3,880	6,460	14,540	22,610	32,300
4d F350 Lariat 6.75'	1,410	4,220	7,030	15,820	24,610	35,150
4d F350 King Ranch 8'	1,440	4,310	7,190	16,180	25,170	35,950
4d F350 Lariat 8'	1,400	4,210	7,010	15,770	24,540	35,050
4d F450 XL 8'	1,240	3,730	6,210	15,530	21,740	31,050
4d F450 XLT 8'	1,590	4,780	7,970	19,910	27,880	39,825
4d F450 Lariat 8'	1,780	5,340	8,900	22,250	31,150	44,500
4d F450 King Ranch 8'	1,830	5,480	9,130	22,830	31,960	45,650

GMC TRUCKS

1920-26

Canopy	680	2,040	3,400	7,650	11,900	17,000

1927-29 Light Duty

PU	680	2,040	3,400	7,650	11,900	17,000
Panel	630	1,900	3,160	7,110	11,060	15,800

1930-33 Light Duty

PU	690	2,060	3,440	7,740	12,040	17,200
Panel	640	1,920	3,200	7,200	11,200	16,000
Stake	600	1,800	3,000	6,750	10,500	15,000

1934-35 Light Duty

PU	720	2,160	3,600	8,100	12,600	18,000
Panel	640	1,920	3,200	7,200	11,200	16,000

1936-40 Light Duty

PU	760	2,280	3,800	8,550	13,300	19,000
Panel	680	2,040	3,400	7,650	11,900	17,000

1940 Light Duty, 1/2-Ton, 113.5" wb

Canopy Dly	760	2,280	3,800	8,550	13,300	19,000
Screenside Dly	720	2,160	3,600	8,100	12,600	18,000
Suburban	780	2,340	3,900	8,780	13,650	19,500

1941-42, 1946-47 Light Duty, 1/2-Ton, 115" wb

PU	880	2,640	4,400	9,900	15,400	22,000

	6	5	4	3	2	1
Panel	788	2,364	3,940	8,870	13,790	19,700
Canopy Dly	820	2,460	4,100	9,230	14,350	20,500
Screenside Dly	820	2,460	4,100	9,230	14,350	20,500
Suburban (Woody)	3,960	11,880	19,800	44,550	69,300	99,000
Stake	660	1,980	3,300	7,430	11,550	16,500
1941-42, 1946-47 Light Duty, 1/2-Ton, 125" wb						
PU	880	2,640	4,400	9,900	15,400	22,000
Panel	780	2,340	3,900	8,780	13,650	19,500
Stake	672	2,016	3,360	7,560	11,760	16,800
1941-42, 1946-47 Medium Duty, 3/4-Ton, 125" wb						
PU	1,680	5,040	8,400	18,900	29,400	42,000
Panel	1,220	3,660	6,100	13,730	21,350	30,500
Stake	1,160	3,480	5,800	13,050	20,300	29,000
1948-53 Light Duty, 1/2-Ton						
PU	1,480	4,440	7,400	16,650	25,900	37,000
Panel	1,200	3,600	6,000	13,500	21,000	30,000
Canopy Exp	1,240	3,720	6,200	13,950	21,700	31,000
Suburban	1,400	4,200	7,000	15,750	24,500	35,000
1948-53 Medium Duty, 3/4-Ton						
PU	1,340	4,020	6,700	15,080	23,450	33,500
Stake	1,080	3,240	5,400	12,150	18,900	27,000
1948-53 Heavy Duty, 1-Ton						
PU	1,320	3,960	6,600	14,850	23,100	33,000
Stake	1,120	3,370	5,620	12,650	19,670	28,100
1954-55 First Series Light Duty, 1/2-Ton						
PU	1,600	4,800	8,000	18,000	28,000	40,000
Panel	1,640	4,920	8,200	18,450	28,700	41,000
Canopy Dly	1,640	4,920	8,200	18,450	28,700	41,000
Suburban	1,440	4,320	7,200	16,200	25,200	36,000
PU (LWB)	1,520	4,560	7,600	17,100	26,600	38,000
Stake Rack	1,160	3,480	5,800	13,050	20,300	29,000
1954-55 First Series Medium Duty, 3/4-Ton						
PU	1,400	4,200	7,000	15,750	24,500	35,000
Stake Rack	1,090	3,280	5,460	12,290	19,110	27,300
1954-55 First Series Heavy Duty, 1-Ton						
PU	1,360	4,080	6,800	15,300	23,800	34,000
Panel	1,520	4,560	7,600	17,100	26,600	38,000
Canopy Exp	1,520	4,560	7,600	17,100	26,600	38,000
Stake Rack	1,080	3,240	5,400	12,150	18,900	27,000
Platform	1,040	3,120	5,200	11,700	18,200	26,000
1955-57 Second Series Light Duty, 1/2-Ton, V-8						
PU	1,600	4,800	8,000	18,000	28,000	40,000
Panel	1,520	4,560	7,600	17,100	26,600	38,000
DeL Panel	1,600	4,800	8,000	18,000	28,000	40,000
Suburban PU	2,400	7,200	12,000	27,000	42,000	60,000
Suburban	2,200	6,600	11,000	24,750	38,500	55,000
1955-57 Second Series Medium Duty, 3/4-Ton, V-8						
PU	1,200	3,600	6,000	13,500	21,000	30,000
Stake Rack	1,000	3,000	5,000	11,250	17,500	25,000
1955-57 Second Series Heavy Duty, 1-Ton, V-8						
PU	1,120	3,360	5,600	12,600	19,600	28,000
Panel	1,160	3,480	5,800	13,050	20,300	29,000
DeL Panel	1,180	3,540	5,900	13,280	20,650	29,500
Stake Rack	960	2,880	4,800	10,800	16,800	24,000
Platform	940	2,820	4,700	10,580	16,450	23,500
NOTE: Deduct 20% for 6-cyl.						
1958-59 Light Duty, 1/2-Ton, V-8						
PU	1,400	4,200	7,000	15,750	24,500	35,000
Wide-Side PU	1,400	4,200	7,000	15,750	24,500	35,000
PU (LWB)	1,240	3,720	6,200	13,950	21,700	31,000
Wide-Side PU (LWB)	1,280	3,840	6,400	14,400	22,400	32,000
Panel	1,240	3,720	6,200	13,950	21,700	31,000
Panel DeL	1,300	3,900	6,500	14,630	22,750	32,500
Suburban	1,760	5,280	8,800	19,800	30,800	44,000
1958-59 Medium Duty, 3/4-Ton, V-8						
PU	1,320	3,960	6,600	14,850	23,100	33,000
Wide-Side PU	1,320	3,960	6,600	14,850	23,100	33,000
Stake Rack	1,000	3,000	5,000	11,250	17,500	25,000
1958-59 V-8						
Panel, 8 ft.	1,160	3,480	5,800	13,050	20,300	29,000
Panel, 10 ft.	1,200	3,600	6,000	13,500	21,000	30,000
Panel, 12 ft.	1,080	3,240	5,400	12,150	18,900	27,000
1958-59 Heavy Duty, 1-Ton, V-8						
PU	1,240	3,720	6,200	13,950	21,700	31,000
Panel	1,120	3,360	5,600	12,600	19,600	28,000
Panel DeL	1,140	3,420	5,700	12,830	19,950	28,500
Stake Rack	920	2,760	4,600	10,350	16,100	23,000
NOTE: Deduct 20% for 6-cyl.						

GMC TRUCKS

	6	5	4	3	2	1
1960-66 95" wb						
Dly Van	620	1,860	3,100	6,980	10,850	15,500
1960-66 1/2-Ton, 6-cyl., 115" wb						
Fender-Side PU	1,400	4,200	7,000	15,750	24,500	35,000
Wide-Side PU	1,440	4,320	7,200	10,200	25,200	36,000
1960-66 1/2-Ton, 6-cyl., 127" wb						
Fender-Side PU	1,400	4,200	7,000	15,750	24,500	35,000
Wide-Side PU	1,360	4,080	6,800	15,300	23,800	34,000
Panel	1,000	3,000	5,000	11,250	17,500	25,000
Suburban	1,200	3,600	6,000	13,500	21,000	30,000
1960-66 3/4-Ton, 6-cyl., 127" wb						
Fender-Side PU	1,320	3,960	6,600	14,850	23,100	33,000
Wide-Side PU	1,280	3,840	6,400	14,400	22,400	32,000
Stake	800	2,400	4,000	9,000	14,000	20,000
1960-66 1-Ton, 6-cyl., 121" or 133" wb						
PU	1,200	3,600	6,000	13,500	21,000	30,000
Panel	920	2,760	4,600	10,350	16,100	23,000
Stake	720	2,160	3,600	8,100	12,600	18,000
NOTE: Add 10% for V-6, when used instead of inline 6.						
1967-68 1/2-Ton, 90" wb						
Handi Van	460	1,380	2,300	5,180	8,050	11,500
Handi Bus	436	1,308	2,180	4,910	7,630	10,900
1967-68 1/2-Ton, 102" wb						
Van	440	1,320	2,200	4,950	7,700	11,000
1967-68 1/2-Ton, V-8, 115" wb						
Fender-Side PU	760	2,280	3,800	8,550	13,300	19,000
Wide-Side PU	780	2,340	3,900	8,780	13,650	19,500
1967-68 1/2-Ton, V-8, 127" wb						
Fender-Side PU	744	2,232	3,720	8,370	13,020	18,600
Wide-Side PU	748	2,244	3,740	8,420	13,090	18,700
Panel	672	2,016	3,360	7,560	11,760	16,800
Suburban	740	2,220	3,700	8,330	12,950	18,500
1967-68 3/4-Ton, V-8, 127" wb						
Fender-Side PU	660	1,980	3,300	7,430	11,550	16,500
Wide-Side PU	680	2,040	3,400	7,650	11,900	17,000
Panel	420	1,260	2,100	4,730	7,350	10,500
Suburban	700	2,100	3,500	7,880	12,250	17,500
Stake	416	1,248	2,080	4,680	7,280	10,400
1967-68 1-Ton, V-8, 133" wb						
PU	620	1,860	3,100	6,980	10,850	15,500
Stake Rack	500	1,500	2,500	5,630	8,750	12,500
NOTE: Add 5% for 4x4 where available. Deduct 20% for 6-cyl.						
1969-70 1/2-Ton, 90" wb						
Handi Van	460	1,380	2,300	5,180	8,050	11,500
Handi Bus DeL	356	1,068	1,780	4,010	6,230	8,900
1969-70 1/2-Ton, 102" wb						
Van	440	1,320	2,200	4,950	7,700	11,000
1969-70 1/2-Ton, V-8, 115" wb						
Fender-Side PU	760	2,280	3,800	8,550	13,300	19,000
Wide-Side PU	768	2,304	3,840	8,640	13,440	19,200
1969-70 1/2-Ton, V-8, 127" wb						
Fender-Side PU	980	2,940	4,900	11,030	17,150	24,500
Wide-Side PU	960	2,880	4,800	10,800	16,800	24,000
Panel	800	2,400	4,000	9,000	14,000	20,000
Suburban	840	2,520	4,200	9,450	14,700	21,000
1969-70 3/4-Ton, V-8, 127" wb						
Fender-Side PU	800	2,400	4,000	9,000	14,000	20,000
Wide-Side PU	840	2,520	4,200	9,450	14,700	21,000
Panel	460	1,380	2,300	5,180	8,050	11,500
Suburban	920	2,760	4,600	10,350	16,100	23,000
Stake	600	1,800	3,000	6,750	10,500	15,000
1969-70 1-Ton, V-8, 133" wb						
PU	720	2,160	3,600	8,100	12,600	18,000
Stake Rack	560	1,680	2,800	6,300	9,800	14,000
NOTE: Add 5% for 4x4 where available. Deduct 20% for 6-cyl.						
1971-72 Sprint, 1/2-Ton, V-8						
PU	840	2,520	4,200	9,450	14,700	21,000
Cus PU	880	2,640	4,400	9,900	15,400	22,000
NOTE: Add 30% for 350; 40% for 402; 45% for 454 engine options.						
1971-72 1/2-Ton, 90" wb						
Handi Van	400	1,200	2,000	4,500	7,000	10,000
Handi Bus DeL	400	1,200	2,000	4,500	7,000	10,000
1971-72 1/2-Ton, 102" wb						
Van	420	1,260	2,100	4,730	7,350	10,500
1971-72 1/2-Ton, V-8, 115" wb						
Fender-Side PU	800	2,400	4,000	9,000	14,000	20,000
Wide-Side PU	820	2,460	4,100	9,230	14,350	20,500
1971-72 1/2-Ton, V-8, 127" wb						
Fender-Side PU	780	2,340	3,900	8,780	13,650	19,500

GMC TRUCKS

GMC TRUCKS

	6	5	4	3	2	1
Wide-Side PU.............................. 800		2,400	4,000	9,000	14,000	20,000
Suburban 700		2,100	3,500	7,880	12,250	17,500
1971-72 3/4-Ton, V-8, 127" wb						
Fender-Side PU........................... 720		2,160	3,600	8,100	12,600	18,000
Wide-Side PU..............................740		2,220	3,700	8,330	12,950	18,500
Suburban 640		1,920	3,200	7,200	11,200	16,000
Stake 420		1,270	2,120	4,770	7,420	10,600
1971-72 1-Ton, V-8, 133" wb						
PU.. 630		1,900	3,160	7,110	11,060	15,800
Stake Rack 580		1,740	2,900	6,530	10,150	14,500
1971-72 Jimmy, V-8, 104" wb						
Jimmy (2WD) 1,680		5,040	8,400	18,900	29,400	42,000
Jimmy (4x4) 1,760		5,280	8,800	19,800	30,800	44,000
NOTE: Add 5% for 4x4 where available. Deduct 20% for 6-cyl.						
1973-77 Sprint 1/2-Ton, V-8, 116" wb						
Sprint Cus. 580		1,740	2,900	6,530	10,150	14,500
1973-80 Jimmy, 1/2-Ton, V-8, 106" wb						
Jimmy (2WD) 760		2,280	3,800	8,550	13,300	19,000
Jimmy (4x4) 800		2,400	4,000	9,000	14,000	20,000
1973-80 1/2-Ton, V-8, 110" wb						
Rally Van................................... 370		1,100	1,840	4,140	6,440	9,200
1973-80 1/2-Ton, V-8, 117" wb						
Fender-Side PU........................... 580		1,740	2,900	6,530	10,150	14,500
Wide-Side PU.............................. 580		1,740	2,900	6,530	10,150	14,500
1973-80 1/2-Ton, V-8, 125" wb						
Fender-Side PU........................... 600		1,800	3,000	6,750	10,500	15,000
Wide-Side PU.............................. 600		1,800	3,000	6,750	10,500	15,000
Suburban 520		1,560	2,600	5,850	9,100	13,000
1973-80 3/4-Ton, V-8, 125" wb						
Fender-Side PU........................... 400		1,200	2,000	4,500	7,000	10,000
Wide-Side PU.............................. 410		1,220	2,040	4,590	7,140	10,200
Suburban 520		1,560	2,600	5,850	9,100	13,000
Rally Van................................... 360		1,080	1,800	4,050	6,300	9,000
1973-80 1-Ton, V-8, 125" or 135" wb						
PU.. 360		1,080	1,800	4,050	6,300	9,000
Crew Cab PU 270		800	1,340	3,020	4,690	6,700
NOTE: Add 5% for 4x4 where available. Deduct 20% for 6-cyl.						
1978-80 Caballero, V-8						
PU.. 500		1,500	2,500	5,630	8,750	12,500
Cus PU...................................... 520		1,560	2,600	5,850	9,100	13,000
NOTE: Deduct 20% for V-6.						
1981-82 Caballero, 1/2-Ton, 117" wb						
Caballero PU 460		1,380	2,300	5,180	8,050	11,500
Diablo PU 480		1,440	2,400	5,400	8,400	12,000
1981-82 K1500, 1/2-Ton, 106.5" wb						
Jimmy (4x4) 780		2,340	3,900	8,780	13,650	19,500
Jimmy Conv. Top (4x4) 800		2,400	4,000	9,000	14,000	20,000
1981-82 G1500 Van, 1/2-Ton, 110" or 125" wb						
Vandura 252		756	1,260	2,840	4,410	6,300
Rally 288		864	1,440	3,240	5,040	7,200
Rally Cus 296		888	1,480	3,330	5,180	7,400
Rally STX 304		912	1,520	3,420	5,320	7,600
1981-82 G2500 Van, 3/4-Ton, 110" or 125" wb						
Vandura 248		744	1,240	2,790	4,340	6,200
Rally 284		852	1,420	3,200	4,970	7,100
Rally Cus 292		876	1,460	3,290	5,110	7,300
Rally STX 300		900	1,500	3,380	5,250	7,500
Gaucho...................................... 300		900	1,500	3,380	5,250	7,500
1981-82 G3500 Van, 1-Ton, 125" or 146" wb						
Vandura 244		732	1,220	2,750	4,270	6,100
Vandura Spl 280		840	1,400	3,150	4,900	7,000
Rally Camper Spl 288		864	1,440	3,240	5,040	7,200
Rally 296		888	1,480	3,330	5,180	7,400
Rally Cus 304		912	1,520	3,420	5,320	7,600
Rally STX 312		936	1,560	3,510	5,460	7,800
Magna Van 10 ft.......................... 280		840	1,400	3,150	4,900	7,000
Magna Van 12 ft.......................... 280		840	1,400	3,150	4,900	7,000
1981-82 C1500, 1/2-Ton, 117.5" or 131.5" wb						
Fender-Side PU (SBx) 310		940	1,560	3,510	5,460	7,800
Wide-Side PU (SBx)...................... 320		950	1,580	3,560	5,530	7,900
Wide-Side PU (LBx) 310		920	1,540	3,470	5,390	7,700
Suburban 4d............................... 370		1,100	1,840	4,140	6,440	9,200
1981-82 C2500, 3/4-Ton, 131" wb						
Fender-Side PU (LBx)..................... 310		920	1,540	3,470	5,390	7,700
Wide-Side PU (LBx) 310		940	1,560	3,510	5,460	7,800
Bonus Cab 2d PU (LBx).................. 320		960	1,600	3,600	5,600	8,000
Crew Cab 4d PU (LBx).................... 320		950	1,580	3,560	5,530	7,900
Suburban 4d............................... 370		1,120	1,860	4,190	6,510	9,300

	6	5	4	3	2	1
1981-82 C3500, 1-Ton, 131.5" or 164.5" wb						
Fender-Side PU (LBx)	300	910	1,520	3,420	5,320	7,600
Wide-Side PU (LBx)	310	920	1,540	3,470	5,390	7,700
Bonus Cab 2d PU (LBx)	310	940	1,560	3,510	5,460	7,800
Crew Cab 4d PU (LBx)	310	920	1,540	3,470	5,390	7,700
NOTE: Add 5% for 4x4. Deduct 20% for 6-cyl.						
1983-87 Caballero, V-8						
PU	460	1,380	2,300	5,180	8,050	11,500
Cus PU	480	1,440	2,400	5,400	8,400	12,000
NOTE: Deduct 20% for V-6. Add 30% for Choo Choo model where available.						
PU	460	1,380	2,300	5,180	8,050	11,500
1983-87 Caballero, V-8						
Cus PU	480	1,440	2,400	5,400	8,400	12,000
1983-87 Caballero, V-8						
NOTE: Add 30% for Choo Choo model where available. Deduct 20% for V-6.						
1983-87 S15, 1/2-Ton, 100.5" wb						
Jimmy (2WD)	260	780	1,300	2,930	4,550	6,500
Jimmy (4x4)	320	960	1,600	3,600	5,600	8,000
1983-87 K1500, 1/2-Ton, 106.5" wb						
Jimmy (4x4)	840	2,520	4,200	9,450	14,700	21,000
1983-87 G1500 Van, 1/2-Ton, 110" or 125" wb						
Vandura	240	720	1,200	2,700	4,200	6,000
Rally	252	756	1,260	2,840	4,410	6,300
Rally Cus	260	780	1,300	2,930	4,550	6,500
Rally STX	268	804	1,340	3,020	4,690	6,700
1983-87 G2500 Van, 3/4-Ton, 110" or 125" wb						
Vandura	240	720	1,200	2,700	4,200	6,000
Rally	248	744	1,240	2,790	4,340	6,200
Rally Cus	256	768	1,280	2,880	4,480	6,400
Rally STX	264	792	1,320	2,970	4,620	6,600
1983-87 G3500 Van, 1-Ton, 125" or 146" wb						
Vandura	240	720	1,200	2,700	4,200	6,000
Rally	244	732	1,220	2,750	4,270	6,100
Rally Cus	252	756	1,260	2,840	4,410	6,300
Rally STX	260	780	1,300	2,930	4,550	6,500
Magna Van 10 ft	240	720	1,200	2,700	4,200	6,000
Magna Van 12 ft	240	720	1,200	2,700	4,200	6,000
1983-87 S15, 1/2-Ton, 108.3" or 122.9" wb						
Wide-Side PU (SBx)	210	640	1,060	2,390	3,710	5,300
Wide-Side PU (LBx)	220	650	1,080	2,430	3,780	5,400
Wide-Side Ext Cab PU	220	670	1,120	2,520	3,920	5,600
1983-87 C1500, 1/2-Ton, 117.5" or 131.5" wb						
Fender-Side PU (SBx)	280	830	1,380	3,110	4,830	6,900
Wide-Side PU (SBx)	280	840	1,400	3,150	4,900	7,000
Wide-Side PU (LBx)	270	800	1,340	3,020	4,690	6,700
Suburban 4d	376	1,128	1,880	4,230	6,580	9,400
1983-87 C2500, 3/4-Ton, 131" wb						
Fender-Side PU (LBx)	270	820	1,360	3,060	4,760	6,800
Wide-Side PU (LBx)	280	830	1,380	3,110	4,830	6,900
Bonus Cab 2d PU (LBx)	290	860	1,440	3,240	5,040	7,200
Crew Cab 4d PU (LBx)	310	920	1,540	3,470	5,390	7,700
Suburban 4d	380	1,140	1,900	4,280	6,650	9,500
1983-87 C3500, 1-Ton, 131.5" or 164.5" wb						
Fender-Side PU (LBx)	260	790	1,320	2,970	4,620	6,600
Wide-Side PU (LBx)	270	800	1,340	3,020	4,690	6,700
Bonus Cab 2d PU (LBx)	280	830	1,380	3,110	4,830	6,900
Crew Cab 4d PU (LBx)	270	820	1,360	3,060	4,760	6,800
NOTE: Add 5% for 4x4.						
1988-91 V1500 Jimmy, 1/2-Ton, 106.5" wb						
Wag (4x4)	920	2,760	4,600	10,350	16,100	23,000
1988-91 S15, 1/2-Ton, 100.5" wb						
Wag	308	924	1,540	3,470	5,390	7,700
Wag (4x4)	390	1,160	1,940	4,370	6,790	9,700
1988-91 Safari, 1/2-Ton, 111" wb						
Cargo Van	260	780	1,300	2,930	4,550	6,500
SLX Van	380	1,140	1,900	4,280	6,650	9,500
SLE Van	420	1,260	2,100	4,730	7,350	10,500
SLT Van	500	1,500	2,500	5,630	8,750	12,500
1988-91 G1500 Van, 1/2-Ton, 110" or 125" wb						
Vandura	288	864	1,440	3,240	5,040	7,200
Rally	350	1,040	1,740	3,920	6,090	8,700
Rally Cus	390	1,160	1,940	4,370	6,790	9,700
Rally STX	510	1,520	2,540	5,720	8,890	12,700
1988-91 G2500 Van, 3/4-Ton, 110" or 125" wb						
Vandura	320	960	1,600	3,600	5,600	8,000
Rally	380	1,140	1,900	4,280	6,650	9,500
Rally Cus	490	1,460	2,440	5,490	8,540	12,200
Rally STX	530	1,580	2,640	5,940	9,240	13,200

GMC TRUCKS

	6	5	4	3	2	1
1988-91 G3500, 1-Ton, 125" or 146" wb						
Vandura	390	1,160	1,940	4,370	6,790	9,700
Rally	450	1,340	2,240	5,040	7,840	11,200
Rally Cus	530	1,580	2,640	5,940	9,240	13,200
Rally STX	550	1,640	2,740	6,170	9,590	13,700
Magna Van 10 ft.	480	1,440	2,400	5,400	8,400	12,000
Magna Van 12 ft.	520	1,560	2,600	5,850	9,100	13,000
1988-91 S15, 1/2-Ton, 108.3" or 122.9" wb						
Wide-Side PU (SBx)	240	710	1,180	2,660	4,130	5,900
Wide-Side PU (LBx)	240	720	1,200	2,700	4,200	6,000
Wide-Side Ext Cab PU (SBx)	244	732	1,220	2,750	4,270	6,100
1988-91 C1500, 1/2-Ton, 117.5" or 131.5" wb						
Fender-Side PU (SBx)	310	920	1,540	3,470	5,390	7,700
Wide-Side PU (SBx)	310	920	1,540	3,470	5,390	7,700
Wide-Side PU (LBx)	320	960	1,600	3,600	5,600	8,000
Wide-Side Clb Cab PU (LBx)	360	1,080	1,800	4,050	6,300	9,000
Suburban	600	1,800	3,000	6,750	10,500	15,000
1988-91 C2500, 3/4-Ton, 117.5" or 131.5" wb						
Fender-Side PU (LBx)	350	1,040	1,740	3,920	6,090	8,700
Wide-Side PU (LBx)	350	1,040	1,740	3,920	6,090	8,700
Wide-Side Bonus Cab (LBx)	368	1,104	1,840	4,140	6,440	9,200
Wide-Side Crew Cab (LBx)	380	1,140	1,900	4,280	6,650	9,500
Suburban	640	1,920	3,200	7,200	11,200	16,000
Wide-Side PU (LBx)	370	1,100	1,840	4,140	6,440	9,200
1988-91 C2500, 1-Ton, 131.5" or 164.5" wb						
Wide-Side Clb Cpe PU (LBx)	330	980	1,640	3,690	5,740	8,200
Wide-Side Bonus Cab (LBx)	490	1,460	2,440	5,490	8,540	12,200
Wide-Side Crew Cab (LBx)	500	1,500	2,500	5,630	8,750	12,500
NOTE: Add 5% for 4x4.						
1992 Yukon, V-8						
2d SUV	600	1,800	3,000	6,750	10,500	15,000
1992 Jimmy, V-6						
2d SUV	280	840	1,400	3,150	4,900	7,000
4d SUV	320	960	1,600	3,600	5,600	8,000
2d SUV (4x4)	500	1,500	2,500	5,630	8,750	12,500
4d SUV (4x4)	540	1,620	2,700	6,080	9,450	13,500
2d Typhoon SUV (4x4)	640	1,920	3,200	7,200	11,200	16,000
1992 Safari, V-6						
3d Van	300	900	1,500	3,380	5,250	7,500
3d SLX Van	350	1,000	1,700	3,830	5,950	8,500
1992 G Series, V-8						
G150 Van	300	900	1,500	3,380	5,250	7,500
G250 Van	300	950	1,600	3,600	5,600	8,000
1992 Suburban 1500, V-8						
4d	640	1,920	3,200	7,200	11,200	16,000
4d (4x4)	680	2,040	3,400	7,650	11,900	17,000
1992 Suburban 2500, V-8						
4d	680	2,040	3,400	7,650	11,900	17,000
4d (4x4)	720	2,160	3,600	8,100	12,600	18,000
1992 Sonoma, 1/2-Ton, V-6						
2d PU (SBx)	350	1,100	1,800	4,050	6,300	9,000
2d PU (LBx)	350	1,100	1,800	4,050	6,300	9,000
2d Syclone PU (AWD) (1991-1992 only)	900	2,700	4,500	10,130	15,700	22,500
NOTE: Add 5% for 4x4.						
1992 Sierra 1500, 1/2-Ton, V-8						
2d Sportside PU (SBx)	440	1,320	2,200	4,950	7,700	11,000
2d Fleetside PU (SBx)	440	1,320	2,200	4,950	7,700	11,000
2d Fleetside PU (LBx)	480	1,440	2,400	5,400	8,400	12,000
NOTE: Add 5% for 4x4.						
1992 Sierra 2500, 3/4-Ton, V-8						
2d Fleetside PU (SBx)	480	1,440	2,400	5,400	8,400	12,000
2d Fleetside PU (LBx)	520	1,560	2,600	5,850	9,100	13,000
NOTE: Add 5% for 4x4.						
1993 Yukon, V-8						
2d SUV (4x4)	600	1,800	3,000	6,750	10,500	15,000
1993 Jimmy, V-6						
2d SUV 2WD	300	900	1,500	3,380	5,250	7,500
4d SUV 2WD	310	940	1,560	3,510	5,460	7,800
2d SUV (4x4)	500	1,500	2,500	5,630	8,750	12,500
4d SUV (4x4)	520	1,560	2,600	5,850	9,100	13,000
1993 Safari, V-6						
Window Van	250	700	1,200	2,700	4,200	6,000
1993 G Van, V-8						
Window Van	250	800	1,300	2,930	4,550	6,500
1993 Suburban C1500/C2500						
4d Sta Wag 1500	640	1,920	3,200	7,200	11,200	16,000
4d Sta Wag 2500	680	2,040	3,400	7,650	11,900	17,000
1993 Sonoma, V-6						
2d PU (SBx)	350	1,100	1,850	4,140	6,450	9,200

GMC TRUCKS

	6	5	4	3	2	1
2d PU (LBx)	400	1,150	1,900	4,280	6,650	9,500
1993 Sierra 1500/2500, V-8						
2d PU 1500 (SBx)	490	1,460	2,440	5,490	8,540	12,200
2d PU 1500 (LBx)	500	1,500	2,500	5,630	8,750	12,500
2d PU 2500 (SBx)	500	1,500	2,500	5,630	8,750	12,500
2d PU 2500 (LBx)	510	1,520	2,540	5,720	8,890	12,700
1994 Yukon, V-8						
2d SUV 4x4	600	1,800	3,000	6,750	10,500	15,000
1994 Jimmy, V-6						
2d SUV	320	960	1,600	3,600	5,600	8,000
2d SUV 4x4	330	980	1,640	3,690	5,740	8,200
4d SUV	400	1,200	2,000	4,500	7,000	10,000
4d SUV 4x4	440	1,320	2,200	4,950	7,700	11,000
1994 Safari, V-6						
Van Cargo	300	900	1,500	3,380	5,250	7,500
Van Cargo XT	320	960	1,600	3,600	5,600	8,000
Van SLX	340	1,020	1,700	3,830	5,950	8,500
Van SLX XT	380	1,140	1,900	4,280	6,650	9,500
1994 G1500/G2500, V-8						
Van	380	1,140	1,900	4,280	6,650	9,500
Rally (G2500 only)	440	1,320	2,200	4,950	7,700	11,000
1994 Suburban, V-8						
4d C1500	600	1,800	3,000	6,750	10,500	15,000
4d C2500	680	2,040	3,400	7,650	11,900	17,000
1994 Sonoma, V-6						
2d PU 6 ft.	300	900	1,500	3,380	5,250	7,500
2d PU 7 ft.	300	900	1,500	3,420	5,300	7,600
2d PU Club Cab 6 ft.	380	1,140	1,900	4,280	6,650	9,500
1994 Sierra 1500/2500, V-8						
2d PU 6 ft.	320	960	1,600	3,600	5,600	8,000
2d PU 8 ft.	440	1,320	2,200	4,950	7,700	11,000
2d PU Club Cab 6 ft.	480	1,440	2,400	5,400	8,400	12,000
2d PU Club Cab 8 ft.	520	1,560	2,600	5,850	9,100	13,000
1995 Yukon, V-8						
2d SUV, 4x4	600	1,800	3,000	6,750	10,500	15,000
4d SUV, 4x4	620	1,860	3,100	6,980	10,850	15,500
NOTE: Add 10% for turbo diesel.						
1995 Jimmy, V-6						
2d SUV	320	960	1,600	3,600	5,600	8,000
4d SUV	400	1,200	2,000	4,500	7,000	10,000
2d SUV, 4x4	330	980	1,640	3,690	5,740	8,200
4d SUV, 4x4	440	1,320	2,200	4,950	7,700	11,000
NOTE: Add 5% for SLS, SLE or SLT Trim Pkg.						
1995 Safari, V-6						
Cargo Van XT	320	960	1,600	3,600	5,600	8,000
Van SLX XT	380	1,140	1,900	4,280	6,650	9,500
NOTE: Add 5% for SLE or SLT Trim Pkg.; 10% for 4x4.						
1995 G1500 & G2500, V-8						
Van	380	1,140	1,900	4,280	6,650	9,500
Rally (G2500 only)	440	1,320	2,200	4,950	7,700	11,000
1995 Suburban, V-8						
C1500	600	1,800	3,000	6,750	10,500	15,000
C2500	680	2,040	3,400	7,650	11,900	17,000
NOTE: Add 10% for 4x4; 10% for turbo diesel.						
1995 Sonoma, 4-cyl. & V-6						
2d PU, 6 ft.	300	900	1,500	3,380	5,250	7,500
2d PU, 7-1/2 ft.	300	900	1,500	3,420	5,300	7,600
Club Cab PU, 6 ft.	380	1,140	1,900	4,280	6,650	9,500
NOTE: Add 5% SLS or SLE Trim Pkg.; 10% for 4x4. Deduct 5% for 4-cyl.						
1995 Sierra 1500 & 2500, V-6 & V-8						
2d PU, 6-1/2 ft.	360	1,080	1,800	4,050	6,300	9,000
2d PU, 8 ft.	440	1,320	2,200	4,950	7,700	11,000
Club Cab PU, 6-1/2 ft.	480	1,440	2,400	5,400	8,400	12,000
Club Cab PU, 8 ft.	520	1,560	2,600	5,850	9,100	13,000
NOTE: Add 5% for SLE or SLT Trim Pkg.; 10% for 4x4; 10% for turbo diesel. Deduct 5% for V-6.						
1996 Yukon, V-8						
2d SUV	520	1,560	2,600	5,850	9,100	13,000
SLE 2d SUV	540	1,620	2,700	6,080	9,450	13,500
SLE 4d SUV	560	1,680	2,800	6,300	9,800	14,000
NOTE: Add 10% for turbo diesel V-8; 10% for 4x4.						
1996 Jimmy, V-6						
2d SUV	280	840	1,400	3,150	4,900	7,000
4d SUV	360	1,080	1,800	4,050	6,300	9,000
NOTE: Add 5% for SLS, SLE or SLT Pkg.; 10% for 4x4.						
1996 Safari, V-6						
Cargo Van	280	840	1,400	3,150	4,900	7,000
SLX Van	340	1,020	1,700	3,830	5,950	8,500
NOTE: Add 5% for SLE or SLT Pkg.; 10% for 4x4.						

GMC TRUCKS

	6	5	4	3	2	1
1996 G1500 & G2500, V-8						
Cargo Van	340	1,020	1,700	3,830	5,950	8,500
Savana Van	400	1,200	2,000	4,500	7,000	10,000
1996 Suburban, V-8						
C1500	560	1,680	2,800	6,300	9,800	14,000
C2500	640	1,920	3,200	7,200	11,200	16,000
NOTE: Add 5% for SLE or SLT Pkg.; 10% for 4x4; 10% for turbo diesel V-8.						
1996 Sonoma, 4-cyl. & V-6						
2d PU, 6 ft.	250	800	1,300	2,930	4,550	6,500
2d PU, 7-1/2 ft.	250	800	1,300	2,970	4,600	6,600
Club Cab PU, 6 ft.	340	1,020	1,700	3,830	5,950	8,500
NOTE: Add 5% SLS or SLE Trim Pkg.; 10% for 4x4. Deduct 5% for 4-cyl.						
1996 Sierra 1500 & 2500, V-6 & V-8						
2d PU, 6-1/2 ft.	320	960	1,600	3,600	5,600	8,000
2d PU, 8 ft.	400	1,200	2,000	4,500	7,000	10,000
Club Cab PU, 6-1/2 ft.	440	1,320	2,200	4,950	7,700	11,000
Club Cab PU, 8 ft.	480	1,440	2,400	5,400	8,400	12,000
NOTE: Add 5% for SLE or SLT Pkg.; 10% for 4x4; 10% for turbo diesel V-8. Deduct 5% for V-6.						
1997 Yukon, V-8						
2d SUV	520	1,560	2,600	5,850	9,100	13,000
SLE 2d SUV	540	1,620	2,700	6,080	9,450	13,500
SLE 4d SUV	560	1,680	2,800	6,300	9,800	14,000
NOTE: Add 10% for turbo diesel V-8; 10% for 4x4.						
1997 Jimmy, V-6						
2d SUV	280	840	1,400	3,150	4,900	7,000
4d SUV	360	1,080	1,800	4,050	6,300	9,000
NOTE: Add 5% for SLS, SLE or SLT Pkg.; 10% for 4x4.						
1997 Safari, V-6						
Cargo Van	280	840	1,400	3,150	4,900	7,000
SLX Van	340	1,020	1,700	3,830	5,950	8,500
NOTE: Add 5% for SLE or SLT Pkg.; 10% for 4x4.						
1997 G1500 & G2500, V-8						
Cargo Van	340	1,020	1,700	3,830	5,950	8,500
Savana Van	400	1,200	2,000	4,500	7,000	10,000
NOTE: Add 5% for extended model; 10% for turbo diesel V-8; 5% for 7.4L V-8. Deduct 5% for V-6.						
1997 Suburban, V-8						
C1500	560	1,680	2,800	6,300	9,800	14,000
C2500	600	1,800	3,000	6,750	10,500	15,000
K1500	620	1,860	3,100	6,980	10,850	15,500
K2500	640	1,920	3,200	7,200	11,200	16,000
NOTE: Add 5% for SLE or SLT Pkg.; 10% for 4x4; 10% for turbo diesel V-8; 5% for 7.4L V-8.						
1997 Sonoma, V-6						
2d PU, 6 ft.	260	780	1,300	2,930	4,550	6,500
2d PU, 7-1/2 ft.	264	792	1,320	2,970	4,620	6,600
Club Cab PU, 6 ft.	340	1,020	1,700	3,830	5,950	8,500
NOTE: Add 5% SLS or SLE Pkg.; 10% for 4x4. Deduct 5% for 4-cyl.						
1997 Sierra 1500 & 2500, V-8						
2d PU, 6-1/2 ft.	320	960	1,600	3,600	5,600	8,000
2d PU, 8 ft.	400	1,200	2,000	4,500	7,000	10,000
Club Cab PU, 6-1/2 ft.	440	1,320	2,200	4,950	7,700	11,000
Club Cab PU, 8 ft.	480	1,440	2,400	5,400	8,400	12,000
NOTE: Add 5% for SLE or SLT Pkg.; 10% for 4x4; 10% for turbo diesel V-8; 5% for 7.4L V-8. Deduct 5% for V-6.						
1998 Yukon, V-8						
SLE 4d SUV	560	1,680	2,800	6,300	9,800	14,000
NOTE: Add 10% for 4x4.						
1998 Jimmy, V-6						
2d SUV	280	840	1,400	3,150	4,900	7,000
4d SUV	360	1,080	1,800	4,050	6,300	9,000
NOTE: Add 5% for SLS, SLE or SLT Pkg.; 10% for 4x4.						
1998 Envoy, V-6, 4x4						
4d SUV	360	1,080	1,800	4,050	6,300	9,000
1998 Safari, V-6						
Cargo Van	280	840	1,400	3,150	4,900	7,000
SLX Van	340	1,020	1,700	3,830	5,950	8,500
NOTE: Add 5% for SLE or SLT Pkg.; 10% for 4x4.						
1998 G1500 & G2500, V-8						
Cargo Van	340	1,020	1,700	3,830	5,950	8,500
Savana Van	400	1,200	2,000	4,500	7,000	10,000
NOTE: Add 5% for extended model; 10% for turbo diesel V-8; 5% for 7.4L V-8. Deduct 5% for V-6.						
1998 Suburban, V-8						
C1500	560	1,680	2,800	6,300	9,800	14,000
C2500	600	1,800	3,000	6,750	10,500	15,000
K1500	620	1,860	3,100	6,980	10,850	15,500
K2500	640	1,920	3,200	7,200	11,200	16,000
NOTE: Add 5% for SLE or SLT Pkg.; 10% for 4x4; 10% for turbo diesel V-8; 5% for 7.4L V-8.						
1998 Sonoma, V-6						
2d Wideside PU	260	780	1,300	2,930	4,550	6,500
2d Sportside PU	260	790	1,320	2,970	4,620	6,600
NOTE: Add 5% for extended cab; 5% for SLE, SLS or ZR2 Highrider Pkg.; 10% for 4x4. Deduct 5% for 4-cyl.						

GMC TRUCKS

	6	5	4	3	2	1
1998 Sierra 1500 & 2500, V-8						
WS 2d PU (V-6)	240	720	1,200	2,700	4,200	6,000
2d Wideside PU	320	960	1,600	3,600	5,600	8,000
2d Sportside PU	400	1,200	2,000	4,500	7,000	10,000

NOTE: Add 5% for SLE or SLT Pkg.; 5% for extended cab; 10% for 4x4; 10% for Heavy Duty Pkg., 10% for turbo diesel V-8; 5% for 7.4L V-8; 5% for dual rear wheels. Deduct 5% for V-6.

	6	5	4	3	2	1
1999 Yukon, V-8						
SLE 4d SUV	480	1,440	2,400	5,400	8,400	12,000
SLT 4d SUV	500	1,500	2,500	5,630	8,750	12,500

NOTE: Add 10% for 4x4.

	6	5	4	3	2	1
1999 Jimmy, V-6						
2d SUV	240	720	1,200	2,700	4,200	6,000
4d SUV	320	960	1,600	3,600	5,600	8,000
4d Envoy SUV 4x4	360	1,080	1,800	4,050	6,300	9,000

NOTE: Add 5% for SLE or SLT Pkgs.; 10% for 4x4.

	6	5	4	3	2	1
1999 Denali, V-8, 4x4						
4d SUV	460	1,380	2,300	5,180	8,050	11,500

	6	5	4	3	2	1
1999 Safari, V-6						
Cargo Van	280	840	1,400	3,150	4,900	7,000
SL Van	340	1,020	1,700	3,830	5,950	8,500

NOTE: Add 5% for SLE or SLT Pkgs.; 10% for 4x4.

	6	5	4	3	2	1
1999 G1500 & G2500, V-8						
Cargo Van	340	1,020	1,700	3,830	5,950	8,500
Savana Van	400	1,200	2,000	4,500	7,000	10,000

NOTE: Add 5% for SLE Pkg.; 5% for extended model; 10% for turbo diesel V-8; 5% for 7.4L V-8. Deduct 5% for V-6.

	6	5	4	3	2	1
1999 Suburban, V-8						
C1500	560	1,680	2,800	6,300	9,800	14,000
C2500	600	1,800	3,000	6,750	10,500	15,000
K1500	620	1,860	3,100	6,980	10,850	15,500
K2500	640	1,920	3,200	7,200	11,200	16,000

NOTE: Add 5% for SLE or SLT Pkgs.; 10% for 4x4; 10% for turbo diesel V-8; 5% for 7.4L V-8.

	6	5	4	3	2	1
1999 Sonoma, V-6						
2d Wideside PU	260	780	1,300	2,930	4,550	6,500
2d Sportside PU	260	790	1,320	2,970	4,620	6,600

NOTE: Add 5% for extended cab, 5% SLE or ZR2 Pkgs., 10% for 4x4. Deduct 5% for 4 cyl.

	6	5	4	3	2	1
1999 Sierra 1500 & 2500, V-8						
2d Wideside PU	320	960	1,600	3,600	5,600	8,000
2d Sportside PU	400	1,200	2,000	4,500	7,000	10,000
4d Crew Cab PU (2500 only)	440	1,320	2,200	4,950	7,700	11,000

NOTE: Add 5% for SLE or SLT Pkgs.; 5% for extended cab; 10% for 4x4; 10% for Heavy Duty Pkg.; 10% for turbo diesel V-8; 5% for 7.4L V-8; 5% for dually version. Deduct 5% for V-6.

	6	5	4	3	2	1
2000 Yukon, V-8						
SLE 4d SUV	480	1,440	2,400	5,400	8,400	12,000

NOTE: Add 5% for SLT Pkg.; 10% for 4x4.

	6	5	4	3	2	1
2000 Jimmy, V-6						
2d SLS SUV	240	720	1,200	2,700	4,200	6,000
4d SLE SUV	320	960	1,600	3,600	5,600	8,000
4d Diamond SUV	330	980	1,640	3,690	5,740	8,200
4d Envoy SUV (4x4 only)	360	1,080	1,800	4,050	6,300	9,000

NOTE: Add 5% for SLT Pkg.; 10% for 4x4.

	6	5	4	3	2	1
2000 Denali, V-8, 4x4						
4d SUV	460	1,380	2,300	5,180	8,050	11,500

	6	5	4	3	2	1
2000 Safari, V-6						
Cargo Van	280	840	1,400	3,150	4,900	7,000
SL Van	340	1,020	1,700	3,830	5,950	8,500

NOTE: Add 5% for SLE or SLT Pkgs.; 10% for 4x4.

	6	5	4	3	2	1
2000 G1500 & G2500, V-8						
Cargo Van	340	1,020	1,700	3,830	5,950	8,500
Savana Van	400	1,200	2,000	4,500	7,000	10,000

NOTE: Add 5% for SLE Pkg.; 5% for extended model; 10% for turbo diesel V-8; 5% for 7.4L V-8. Deduct 5% for V-6.

	6	5	4	3	2	1
2000 Yukon XL, V-8						
C1500 SLE SUV	480	1,440	2,400	5,400	8,400	12,000
C1500 SLT SUV	500	1,500	2,500	5,630	8,750	12,500
C2500 SLE SUV	500	1,510	2,520	5,670	8,820	12,600
C2500 SLT SUV	520	1,560	2,600	5,850	9,100	13,000
K1500 SLE SUV, 4x4	540	1,620	2,700	6,080	9,450	13,500
K1500 SLT SUV, 4x4	560	1,680	2,800	6,300	9,800	14,000
K2500 SLE SUV, 4x4	580	1,740	2,900	6,530	10,150	14,500
K2500 SLT SUV, 4x4	600	1,800	3,000	6,750	10,500	15,000

NOTE: Add 10% for C Series 4x4.

	6	5	4	3	2	1
2000 Sonoma, V-6						
2d Wideside PU	260	780	1,300	2,930	4,550	6,500
2d Sportside PU	260	790	1,320	2,970	4,620	6,600

NOTE: Add 5% for extended cab; 5% SLE, SLS or ZR2 Pkgs.; 10% for 4x4. Deduct 5% for 4-cyl.

	6	5	4	3	2	1
2000 New Sierra 1500, V-8						
2d Wideside PU	320	960	1,600	3,600	5,600	8,000
2d Sportside PU	400	1,200	2,000	4,500	7,000	10,000

	6	5	4	3	2	1
2000 Classic Seirra 2500, V-8						
2d Wideside PU	360	1,080	1,800	4,050	6,300	9,000

GMC TRUCKS

	6	5	4	3	2	1
2d Wideside Crew Cab PU 440		1,320	2,200	4,950	7,700	11,000

2000 New Seirra 2500, V-8

	6	5	4	3	2	1
2d Wideside PU 410		1,220	2,040	4,590	7,140	10,200

NOTE (all Sierra): Add 5% for Z71, SLE or SLT Pkgs.; 5% for extended cab; 10% for 4x4; 10% for Heavy Duty Pkg.; 10% for turbo diesel V-8; 5% for 7.4L V-8; 5% for dually version. Deduct 5% for V-6.

2001 Yukon, V-8

	6	5	4	3	2	1
SLE 4d SUV 480		1,440	2,400	5,400	8,400	12,000
SLT 4d SUV 520		1,560	2,600	5,850	9,100	13,000

NOTE: Add 10% for 4x4.

2001 Jimmy, V-6

	6	5	4	3	2	1
2d SLS SUV 240		720	1,200	2,700	4,200	6,000
4d SL SUV 230		680	1,140	2,570	3,990	5,700
4d SLE SUV 320		960	1,600	3,600	5,600	8,000
4d Diamond SUV 330		980	1,640	3,690	5,740	8,200

NOTE: Add 5% for SLT Pkg. on SLE; 10% for 4x4.

2001 Denali, V-8, 4x4

	6	5	4	3	2	1
4d SUV 480		1,440	2,400	5,400	8,400	12,000
4d XL SUV 490		1,470	2,450	5,510	8,580	12,250

2001 Safari, V-6

	6	5	4	3	2	1
Cargo Van 280		840	1,400	3,150	4,900	7,000
SLE Van 340		1,020	1,700	3,830	5,950	8,500
SLT Van 350		1,040	1,740	3,920	6,090	8,700

NOTE: Add 10% for 4x4.

2001 G1500 & G2500, V-8

	6	5	4	3	2	1
Cargo Van 340		1,020	1,700	3,830	5,950	8,500
Savana Van 400		1,200	2,000	4,500	7,000	10,000

NOTE: Add 5% for SLE Pkg.; 5% for extended model; 10% for turbo diesel V-8; 5% for 8.1L V-8. Deduct 5% for V-6.

2001 Yukon XL, V-8

	6	5	4	3	2	1
C1500 SLE SUV 520		1,560	2,600	5,850	9,100	13,000
C1500 SLT SUV 540		1,620	2,700	6,080	9,450	13,500
C2500 SLE SUV 540		1,630	2,720	6,120	9,520	13,600
C2500 SLT SUV 560		1,680	2,800	6,300	9,800	14,000
K1500 SLE SUV, 4x4 580		1,740	2,900	6,530	10,150	14,500
K1500 SLT SUV, 4x4 600		1,800	3,000	6,750	10,500	15,000
K2500 SLE SUV, 4x4 620		1,860	3,100	6,980	10,850	15,500
K2500 SLT SUV, 4x4 640		1,920	3,200	7,200	11,200	16,000

NOTE: Add 10% for C Series 4x4; 5% for 8.1L V-8.

2001 Sonoma, V-6

	6	5	4	3	2	1
2d Wideside PU 260		780	1,300	3,250	4,550	6,500
2d Sportside PU 260		790	1,320	3,300	4,620	6,600
4d SLS Crew Cab PU, 4x4 370		1,100	1,840	4,140	6,440	9,200

NOTE: Add 5% for extended cab; 5% for SLE, SLS or ZR2 Pkgs.; 10% for 4x4. Deduct 5% for 4-cyl.

2001 Sierra 1500 & 2500, V-8

	6	5	4	3	2	1
2d Wideside PU 320		960	1,600	3,600	5,600	8,000
2d Sportside PU 400		1,200	2,000	4,500	7,000	10,000

NOTE: Add 5% for Z71, SLE or SLT Pkgs.; 5% for extended cab; 10% for 4x4; 10% for Heavy Duty Pkg.; 10% for turbo diesel V-8; 5% for 8.1L V-8; 5% for dually version. Deduct 5% for V-6.

2002 Yukon, V-8

	6	5	4	3	2	1
SLE 4d SUV 560		1,680	2,800	7,000	9,800	14,000
SLT 4d SUV 600		1,800	3,000	7,500	10,500	15,000

NOTE: Add 10% for 4x4.

2002 Envoy, 6-cyl.

	6	5	4	3	2	1
4d SLE SUV 440		1,320	2,200	5,500	7,700	11,000
4d SLT SUV 480		1,440	2,400	6,000	8,400	12,000

NOTE: Add 10% for 4x4.

2002 Envoy XL, 6-cyl.

	6	5	4	3	2	1
4d XL SLE SUV 500		1,500	2,500	6,250	8,750	12,500
4d XL SLT SUV 520		1,560	2,600	6,500	9,100	13,000

NOTE: Add 10% for 4x4.

2002 Denali, V-8, 4x4

	6	5	4	3	2	1
4d SUV 560		1,680	2,800	7,000	9,800	14,000
4d XL SUV 570		1,710	2,850	7,130	9,980	14,250
4d Sierra SUV 640		1,920	3,200	8,000	11,200	16,000

2002 Safari, V-6

	6	5	4	3	2	1
Cargo Van 320		960	1,600	4,000	5,600	8,000
SLE Van 380		1,140	1,900	4,750	6,650	9,500
SLT Van 390		1,160	1,940	4,850	6,790	9,700

NOTE: Add 10% for 4x4.

2002 G1500 & G2500, V-8

	6	5	4	3	2	1
Cargo Van 380		1,140	1,900	4,750	6,650	9,500
Savana Van 480		1,440	2,400	6,000	8,400	12,000

NOTE: Add 5% for SLT or SLE Pkgs.; 5% for extended model; 10% for turbo diesel V-8; 5% for 8.1L V-8. Deduct 5% for V-6.

2002 Yukon XL, V-8

	6	5	4	3	2	1
C1500 SLE SUV 600		1,800	3,000	7,500	10,500	15,000
C1500 SLT SUV 620		1,860	3,100	7,750	10,850	15,500
C2500 SLE SUV 620		1,870	3,120	7,800	10,920	15,600
C2500 SLT SUV 640		1,920	3,200	8,000	11,200	16,000
K1500 SLE SUV, 4x4 660		1,980	3,300	8,250	11,550	16,500
K1500 SLT SUV, 4x4 680		2,040	3,400	8,500	11,900	17,000

	6	5	4	3	2	1
K2500 SLE SUV, 4x4	700	2,100	3,500	8,750	12,250	17,500
K2500 SLT SUV, 4x4	720	2,160	3,600	9,000	12,600	18,000

NOTE: Add 5% for 8.1L V-8.

2002 Sonoma, V-6

	6	5	4	3	2	1
2d Wideside PU	260	780	1,300	3,250	4,550	6,500
2d Sportside PU	260	790	1,320	3,300	4,620	6,600
4d SLS Crew Cab PU, 4x4	410	1,220	2,040	5,100	7,140	10,200

NOTE: Add 5% for extended cab; 5% SLS, ZR2 or ZR5 Pkgs.; 10% for 4x4. Deduct 5% for 4-cyl.

2002 Sierra 1500 & 2500, V-8

	6	5	4	3	2	1
1500 2d Wideside PU	360	1,080	1,800	4,500	6,300	9,000
1500 2d Sportside PU	480	1,440	2,400	6,000	8,400	12,000
1500 HD Wideside Crew Cab SLE PU	560	1,680	2,800	7,000	9,800	14,000
1500 HD Wideside Crew Cab SLT PU	600	1,800	3,000	7,500	10,500	15,000
2500 LD Wideside PU	440	1,320	2,200	5,500	7,700	11,000
2500 HD Wideside PU	480	1,440	2,400	6,000	8,400	12,000
2500 HD Crew Cab PU	640	1,920	3,200	8,000	11,200	16,000

NOTE: Add 5% for Z71 Pkg.; 5% for extended cab; 10% for 4x4; 10% for turbo diesel V-8; 5% for 8.1L V-8; 5% for dually version. Deduct 5% for V-6.

2003 Yukon, V-8

	6	5	4	3	2	1
SLE 4d SUV	560	1,680	2,800	7,000	9,800	14,000
SLT 4d SUV	600	1,800	3,000	7,500	10,500	15,000

NOTE: Add 5% for 4x4. Deduct 5% for Z71 Pkg.

2003 Envoy, 6-cyl.

	6	5	4	3	2	1
4d SLE SUV	440	1,320	2,200	5,500	7,700	11,000
4d SLT SUV	480	1,440	2,400	6,000	8,400	12,000

NOTE: Add 5% for 4x4.

2003 Envoy XL, 6-cyl.

	6	5	4	3	2	1
4d SLE SUV	500	1,500	2,500	6,250	8,750	12,500
4d SLT SUV	520	1,560	2,600	6,500	9,100	13,000

NOTE: Add 5% for 4x4; 5% for V-8.

2003 Denali, V-8, 4x4

	6	5	4	3	2	1
4d SUV	560	1,680	2,800	7,000	9,800	14,000
4d XL SUV	570	1,710	2,850	7,130	9,980	14,250
4d Sierra SUV	640	1,920	3,200	8,000	11,200	16,000

2003 Safari, V-6

	6	5	4	3	2	1
Cargo Van	320	960	1,600	4,000	5,600	8,000
Van	340	1,020	1,700	4,250	5,950	8,500
SLE Van	380	1,140	1,900	4,750	6,650	9,500
SLT Van	390	1,160	1,940	4,850	6,790	9,700

NOTE: Add 5% for 4x4.

2003 G1500 & G2500, V-8

	6	5	4	3	2	1
Cargo Van	380	1,140	1,900	4,750	6,650	9,500
Savana Van	400	1,440	2,400	6,000	8,400	12,000

NOTE: Add 5% for SLE Pkg.; 5% for AWD; 5% for extended model; 5% for 6.0L V-8. Deduct 5% for V-6.

2003 Yukon XL, V-8

	6	5	4	3	2	1
C1500 SLE SUV	600	1,800	3,000	7,500	10,500	15,000
C1500 SLT SUV	620	1,860	3,100	7,750	10,850	15,500
C2500 SLE SUV	620	1,870	3,120	7,800	10,920	15,600
C2500 SLT SUV	640	1,920	3,200	8,000	11,200	16,000
K1500 SLE SUV, 4x4	660	1,980	3,300	8,250	11,550	16,500
K1500 SLT SUV, 4x4	680	2,040	3,400	8,500	11,900	17,000
K2500 SLE SUV, 4x4	700	2,100	3,500	8,750	12,250	17,500
K2500 SLT SUV, 4x4	720	2,160	3,600	9,000	12,600	18,000

NOTE: Add 5% for 8.1L V-8.

2003 Sonoma, V-6

	6	5	4	3	2	1
2d Wideside PU	260	780	1,300	3,250	4,550	6,500
2d Sportside PU	260	790	1,320	3,300	4,620	6,600
4d SLS Crew Cab PU, 4x4	410	1,220	2,040	5,100	7,140	10,200

NOTE: Add 5% for extended cab; 5% SLS, ZR2, ZR5 or ZRX Pkgs.; 10% for 4x4 when not so equipped. Deduct 5% for 4-cyl.

2003 Sierra 1500 & 2500, V-8

	6	5	4	3	2	1
1500 2d Wideside PU	360	1,080	1,800	4,500	6,300	9,000
1500 2d Sportside PU	480	1,440	2,400	6,000	8,400	12,000
1500 HD Wideside Crew Cab SLE PU	560	1,680	2,800	7,000	9,800	14,000
1500 HD Wideside Crew Cab SLT PU	600	1,800	3,000	7,500	10,500	15,000
2500 LD Wideside PU	440	1,320	2,200	5,500	7,700	11,000
2500 HD Wideside PU	480	1,440	2,400	6,000	8,400	12,000
2500 HD Crew Cab PU	640	1,920	3,200	8,000	11,200	10,000

NOTE: Add 5% for SLE or Z71 Pkg.; 10% for SLT Pkg.; 5% for extended cab; 10% for 4x4; 10% for turbo diesel V-8; 5% for 8.1L V-8; 5% for dually version. Deduct 5% for V-6.

2003 Savana Passenger Van, V8

	6	5	4	3	2	1
3500 LS Van	590	1,760	2,940	7,350	10,290	14,700

2004 Yukon, V-8

	6	5	4	3	2	1
SLE 4d SUV	560	1,680	2,800	7,000	9,800	14,000
SLT 4d SUV	600	1,800	3,000	6,750	10,500	15,000

NOTE: Add 5% for 4x4; 5% for Z71 Pkg.

2004 Envoy, 6-cyl.

	6	5	4	3	2	1
4d SLE SUV	440	1,320	2,200	5,500	7,700	11,000

GMC TRUCKS

	6	5	4	3	2	1
4d SLT SUV	480	1,440	2,400	6,000	8,400	12,000

NOTE: *Add 5% for 4x4.*

2004 Envoy XL, 6-cyl.

	6	5	4	3	2	1
4d SLE SUV	500	1,500	2,500	6,250	8,750	12,500
4d SLT SUV	520	1,560	2,600	6,500	9,100	13,000

NOTE: *Add 5% for 4x4; 5% for V-8.*

2004 Envoy XUV, 6-cyl.

	6	5	4	3	2	1
4d SLE SUV	540	1,620	2,700	6,750	9,450	13,500
4d SLT SUV	560	1,680	2,800	7,000	9,800	14,000

NOTE: *Add 5% for 4x4; 5% for V-8.*

2004 Denali, V-8, 4x4

	6	5	4	3	2	1
4d SUV	560	1,680	2,800	7,000	9,800	14,000
4d XL SUV	570	1,710	2,850	7,130	9,980	14,250
4d Sierra SUV	640	1,920	3,200	8,000	11,200	16,000

2004 Safari, V-6

	6	5	4	3	2	1
Cargo Van	320	960	1,600	4,000	5,600	8,000
Van	340	1,020	1,700	4,250	5,950	8,500
SLE Van	380	1,140	1,900	4,750	6,650	9,500
SLT Van	390	1,160	1,940	4,850	6,790	9,700

NOTE: *Add 5% for AWD.*

2004 G1500 & G2500, V-8

	6	5	4	3	2	1
Cargo Van	380	1,140	1,900	4,750	6,650	9,500
Savana Van	480	1,440	2,400	6,000	8,400	12,000

NOTE: *Add 5% for SLE Pkg.; 5% for AWD; 5% for extended model; 5% for 6.0L V-8. Deduct 5% for V-6.*

2004 Yukon XL, V-8

	6	5	4	3	2	1
C1500 SLE SUV	600	1,800	3,000	7,500	10,500	15,000
C1500 SLT SUV	620	1,860	3,100	7,750	10,850	15,500
C2500 SLE SUV	620	1,870	3,120	7,800	10,920	15,600
C2500 SLT SUV	640	1,920	3,200	8,000	11,200	16,000
K1500 SLE SUV, 4x4	660	1,980	3,300	8,250	11,550	16,500
K1500 SLT SUV, 4x4	680	2,040	3,400	8,500	11,900	17,000
K2500 SLE SUV, 4x4	700	2,100	3,500	8,750	12,250	17,500
K2500 SLT SUV, 4x4	720	2,160	3,600	9,000	12,600	18,000

NOTE: *Add 5% for 8.1L V-8; 5% for Quadrasteer.*

2004 Sonoma, V-6, 4x4

	6	5	4	3	2	1
SLS Crew Cab PU	410	1,220	2,040	5,100	7,140	10,200

NOTE: *Add 5% for ZR5 Pkg.*

2004 Canyon, 5-cyl.

	6	5	4	3	2	1
Z85 PU	290	860	1,440	3,600	5,040	7,200
Z71 PU	300	900	1,500	3,750	5,250	7,500

NOTE: *Add 5% for ext cab; 5% for crew cab; 10% for 4x4; 5% for SLE Pkg. except crew cab. Deduct 5% for 4-cyl.; 5% for manual transmission.*

2004 Sierra 1500 & 2500, V-8

	6	5	4	3	2	1
1500 2d Wideside PU	460	1,380	2,300	5,180	8,050	11,500
1500 2d Sportside PU	480	1,440	2,400	6,000	8,400	12,000
1500 2d Wideside Ext Cab PU	520	1,560	2,600	6,500	9,100	13,000
1500 2d Sportside Ext Cab PU	540	1,620	2,700	6,750	9,450	13,500
1500 Wideside Crew Cab SLE PU	560	1,680	2,800	7,000	9,800	14,000
1500 Wideside Crew Cab SLT PU	600	1,800	3,000	7,500	10,500	15,000
2500 LD Wideside PU	480	1,440	2,400	6,000	8,400	12,000
2500 LD Wideside Ext Cab PU (AWD)	600	1,800	3,000	7,500	10,500	15,000
2500 LD Wideside Crew Cab SLE PU	580	1,740	2,900	7,250	10,150	14,500
2500 LD Wideside Crew Cab SLT PU	620	1,860	3,100	7,750	10,850	15,500
2500 HD Wideside PU	500	1,500	2,500	6,250	8,750	12,500
2500 HD Wideside Ext Cab PU	570	1,710	2,850	7,130	9,980	14,250
2500 HD Wideside Crew Cab PU	580	1,740	2,900	7,250	10,150	14,500

NOTE: *Add 5% for SLE, SLT or Z71 Pkg. when available; 10% for Limited Edition or Performance Edition Pkg. when available; 10% for 4x4 when optional; 10% for turbo diesel V-8; 5% for 8.1L V-8. Deduct 5% for V-6; 5% for manual transmission.*

2005 Yukon, V-8

	6	5	4	3	2	1
4d SLE SUV	580	1,740	2,900	7,250	10,150	14,500
4d SLT SUV	600	1,800	3,000	7,500	10,500	15,000

NOTE: *Add 5% for 4x4; 5% for Z71 Pkg.*

2005 Envoy, 6-cyl.

	6	5	4	3	2	1
4d SLE SUV	440	1,320	2,200	5,500	7,700	11,000
4d SLT SUV	480	1,440	2,400	6,000	8,400	12,000

2005 Envoy XL, 6-cyl.

	6	5	4	3	2	1
4d SLE SUV	500	1,500	2,500	6,250	8,750	12,500
4d SLT SUV	520	1,560	2,600	6,500	9,100	13,000

2005 Envoy XUV, 6-cyl.

	6	5	4	3	2	1
4d SLE SUV	540	1,620	2,700	6,080	9,450	13,500
4d SLT SUV	560	1,680	2,800	7,000	9,800	14,000

NOTE: *Add 5% for 4x4; 5% for V-8.*

2005 Envoy Denali, V-8

	6	5	4	3	2	1
4d SUV	560	1,680	2,800	7,000	9,800	14,000
4d XL SUV	570	1,710	2,850	7,130	9,980	14,250

NOTE: *Add 5% for 4x4.*

2005 Denali, V-8, 4x4

	6	5	4	3	2	1
4d SUV	560	1,680	2,800	7,000	9,800	14,000
4d XL SUV	570	1,710	2,850	7,130	9,980	14,250

	6	5	4	3	2	1
4d Sierra SUV...............................	640	1,920	3,200	8,000	11,200	16,000
2005 Safari, V-6						
Cargo Van..................................	320	960	1,600	4,000	5,600	8,000
Van.......................................	340	1,020	1,700	4,250	5,950	8,500
SLE Van	380	1,140	1,900	4,750	6,650	9,500
SLT Van	390	1,160	1,940	4,850	6,790	9,700
NOTE: Add 10% for AWD.						
2005 G1500 & G2500, V-8						
Cargo Van..................................	380	1,140	1,900	4,750	6,650	9,500
Savana Van.................................	480	1,440	2,400	6,000	8,400	12,000
Extended Cargo Van (G2500 only)..............	400	1,200	2,000	5,000	7,000	10,000
NOTE: Add 10% for AWD; 5% for SLE Pkg.; 5% for 6.0L V-8 on G2500 models. Deduct 5% for V-6.						
2005 Yukon XL, V-8						
C1500 SLE SUV.............................	600	1,800	3,000	7,500	10,500	15,000
C1500 SLT SUV.............................	620	1,860	3,100	7,750	10,850	15,500
C2500 SLE SUV.............................	620	1,870	3,120	7,800	10,920	15,600
C2500 SLT SUV.............................	640	1,920	3,200	8,000	11,200	16,000
K1500 SLE SUV (4x4).......................	660	1,980	3,300	8,250	11,550	16,500
K1500 SLT SUV (4x4).......................	680	2,040	3,400	8,500	11,900	17,000
K2500 SLE SUV.............................	700	2,100	3,500	8,750	12,250	17,500
K2500 SLT SUV (4x4).......................	720	2,160	3,600	9,000	12,600	18,000
NOTE: Add 5% for 8.1L V-8; 5% for Quadrasteer.						
2005 Canyon, 5-cyl.						
2d Z85 PU.................................	290	860	1,440	3,600	5,040	7,200
2d Z71 PU	300	900	1,500	3,750	5,250	7,500
4d Z85 SLE Crew Cab PU.....................	340	1,030	1,720	4,300	6,020	8,600
4d Z71 SLE Crew Cab PU.....................	360	1,070	1,780	4,450	6,230	8,900
NOTE: Add 10% for 4x4; 5% for extended cab models; 5% for SLE Pkg, except Crew Cab models. Deduct 5% for 4-cyl.; 5% for manual transmission.						
2005 Sierra 1500, V-8						
2d Wideside PU.............................	460	1,380	2,300	5,750	8,050	11,500
2d Sportside PU............................	480	1,440	2,400	6,000	8,400	12,000
2d Wideside Extended Cab PU.................	520	1,560	2,600	6,500	9,100	13,000
2d Sportside Extended Cab PU................	540	1,620	2,700	6,750	9,450	13,500
2d Hybrid SLE Extended Cab PU...............	500	1,690	2,820	7,050	9,870	14,100
4d SLE Wideside Crew Cab PU.................	560	1,680	2,800	7,000	9,800	14,000
4d SLT Wideside Crew Cab PU.................	600	1,800	3,000	7,500	10,500	15,000
2005 Sierra 1500 HD, V-8						
4d SLE Wideside Crew Cab PU.................	580	1,740	2,900	7,250	10,150	14,500
4d SLT Wideside Crew Cab PU.................	620	1,860	3,100	7,750	10,850	15,500
2005 Sierra 2500 HD, V-8						
2d Wideside PU.............................	550	1,660	2,760	6,900	9,660	13,800
2d Wideside Extended Cab PU.................	630	1,880	3,140	7,850	10,990	15,700
4d Wideside Crew Cab PU.....................	670	2,020	3,360	8,400	11,760	16,800
NOTE: Add 10% for 4x4; 5% for SLE Pkg. or Z71 Off-Road Pkg, when optional; 10% for Limited Edition Pkg. or Performance Pkg, when optional; 15% for SLT Pkg, when optional; 25% for 6.6L Turbo Diesel V-8; 10% for 8.1L V-8, 5% for Quadrasteer.						
2006 Envoy, 6-cyl., 4WD						
4d SLE SUV................................	420	1,260	2,100	5,250	7,350	10,500
4d SLT SUV................................	430	1,300	2,160	5,400	7,560	10,800
2006 Envoy Denali, V-8, 4WD						
4d SLE SUV................................	600	1,810	3,020	7,550	10,570	15,100
2006 Envoy XL, 6-cyl., 4WD						
4d SLE SUV................................	490	1,460	2,440	6,100	8,540	12,200
4d SLT SUV................................	520	1,550	2,580	6,450	9,030	12,900
2006 Envoy XL Denali, V-8, 4WD						
4d SUV....................................	680	2,030	3,380	8,450	11,830	16,900
2006 Yukon, V-8, 4WD						
4d SL SUV.................................	600	1,800	3,000	7,500	10,500	15,000
4d SLE SUV................................	630	1,880	3,140	7,070	10,990	15,700
4d SLT SUV................................	680	2,030	3,380	8,450	11,830	16,900
2006 Yukon Denali, V-8, AWD						
4d SUV....................................	840	2,530	4,220	10,550	14,770	21,100
2006 Yukon XL, V-8, 4WD						
4d K1500 SL Wag...........................	520	1,570	2,620	6,550	9,170	13,100
4d K1500 SLE Wag..........................	540	1,630	2,720	6,800	9,520	13,600
4d K1500 SLT Wag..........................	600	1,810	3,020	7,550	10,570	15,100
4d K2500 SLE Wag..........................	550	1,660	2,760	6,210	9,660	13,800
4d K2500 SLT Wag..........................	610	1,840	3,060	7,650	10,710	15,300
NOTE: Add 10% for 2WD.						
2006 Yukon XL Denali, V-8, AWD						
4d Wag....................................	780	2,340	3,900	9,750	13,650	19,500
2006 Savana Passenger Van, V-8						
1500 LS Van...............................	380	1,130	1,880	4,230	6,580	9,400
1500 LT Van...............................	390	1,160	1,940	4,850	6,790	9,700
2500 LS Van...............................	380	1,150	1,920	4,800	6,720	9,600
2500 LT Van...............................	400	1,190	1,980	4,950	6,930	9,900
3500 LS Van...............................	400	1,200	2,000	5,000	7,000	10,000
3500 LS Ext Van...........................	410	1,220	2,040	5,100	7,140	10,200
3500 LT Van...............................	410	1,240	2,060	5,150	7,210	10,300

GMC TRUCKS

	6	5	4	3	2	1
3500 LT Ext Van	420	1,270	2,120	5,300	7,420	10,600
2006 Savana Cargo Van, V-8						
1500 Van	360	1,090	1,820	4,550	6,370	9,100
2500 Van	380	1,130	1,880	4,700	6,580	9,400
2500 Ext Van	380	1,140	1,900	4,750	6,650	9,500
3500 Van	380	1,150	1,920	4,800	6,720	9,600
3500 Ext Van	390	1,160	1,940	4,850	6,790	9,700
2006 Canyon, 4-cyl.						
2d LS/SL Mini Pickup 6'	280	830	1,380	3,450	4,830	6,900
2d LT/SLE Mini Pickup 6'	300	900	1,500	3,750	5,250	7,500
4d Work Truck Ext Cab Mini Pickup 6'	310	940	1,560	3,900	5,460	7,800
4d LS/SL Ext Cab Mini Pickup 6'	330	1,000	1,660	4,150	5,810	8,300
4d LT/SLE Ext Cab Mini Pickup 6'	350	1,060	1,760	3,960	6,160	8,800
4d LT/SLE Crew Cab Mini Pickup 5.25'	400	1,190	1,980	4,460	6,930	9,900
NOTE: Add 20% for 4WD.						
2006 Canyon, 5-cyl.						
4d SLT Crew Cab Mini Pickup 5'	410	1,220	2,040	4,590	7,140	10,200
NOTE: Add 20% for 4WD.						
2006 Sierra Regular Cab Pickup, V-8, 2WD						
2D 1500 WT 6.5'	300	900	1,500	3,750	5,250	7,500
2D 1500 WT 8'	280	850	1,420	3,550	4,970	7,100
2D 1500 LS/SL 6.5'	360	1,090	1,820	4,550	6,370	9,100
2D 1500 LS/SL 8'	350	1,040	1,740	4,350	6,090	8,700
2D 1500 LT/SLE 6.5'	370	1,120	1,860	4,650	6,510	9,300
2D 1500 LT/SLE 8'	360	1,070	1,780	4,450	6,230	8,900
2D 2500 H-D WT 8'	390	1,180	1,960	4,900	6,860	9,800
2D 2500 H-D LS/SL 8'	460	1,370	2,280	5,700	7,980	11,400
2D 2500 H-D LT/SLE 8'	470	1,400	2,340	5,850	8,190	11,700
2D 3500 WT 8'	400	1,210	2,020	5,050	7,070	10,100
2D 3500 LS/SL 8'	460	1,390	2,320	5,800	8,120	11,600
2D 3500 LT/SLE 8'	480	1,430	2,380	5,950	8,330	11,900
NOTE: Add 30% for 4WD; 50% for 6.6L Turbo Diesel.						
2006 Sierra Extended Cab Pickup, V-8, 2WD, Hybrid						
1500 LT/SLE 6.5'	650	1,940	3,240	7,290	11,340	16,200
NOTE: Add 25% for 4WD.						
2006 Sierra Extended Cab Pickup, V-8, 2WD						
4d 1500 LT/SLE 8'	450	1,360	2,260	5,650	7,910	11,300
4d 1500 SLT 6.5'	500	1,490	2,480	6,200	8,680	12,400
1500 WT 6.5'	400	1,200	2,000	5,000	7,000	10,000
1500 WT 8'	380	1,140	1,900	4,750	6,650	9,500
4d 1500 LS/SL 6.5'	460	1,390	2,320	5,800	8,120	11,600
4d 1500 LS/SL 8'	450	1,340	2,240	5,600	7,840	11,200
4d 1500 LT 5.75'	480	1,450	2,420	6,050	8,470	12,100
4D 1500 LT/SLE 6.5'	470	1,420	2,360	5,900	8,260	11,800
4D 1500 SLT 5.75'	520	1,550	2,580	6,450	9,030	12,900
4D 1500 SLT 8'	460	1,370	2,280	5,700	7,980	11,400
4D 2500 H-D WT 6.5'	530	1,600	2,660	6,650	9,310	13,300
4D 2500 H-D WT 8'	520	1,570	2,620	6,550	9,170	13,100
4D 2500 H-D LS/SL 6.5'	590	1,760	2,940	7,350	10,290	14,700
4D 2500 H-D LS/SL 8'	580	1,750	2,920	7,300	10,220	14,600
4D 2500 H-D LT/SLE 6.5'	590	1,780	2,960	7,400	10,360	14,800
4D 2500 H-D LT/SLE 8'	590	1,760	2,940	7,350	10,290	14,700
4D 2500 H-D SLT 6.5'	620	1,870	3,120	7,800	10,920	15,600
4D 2500 H-D SLT 8'	620	1,850	3,080	7,700	10,780	15,400
4D 3500 WT 8'	530	1,600	2,660	6,650	9,310	13,300
4D 3500 LS/SL 8'	600	1,790	2,980	7,450	10,430	14,900
4D 3500 LT/SLE 8'	660	1,980	3,300	7,430	11,550	16,500
NOTE: Add 30% for 4WD; 50% for 6.6L Turbo Diesel.						
2006 Sierra Crew Cap Pickup, V-8, 2WD						
4d 1500 WT 6.5'	400	1,200	2,000	5,000	7,000	10,000
2006 Sierra Crew Cab Pickup, V-8, 2WD						
4d 1500 WT 8'	380	1,140	1,900	4,750	6,650	9,500
4d 1500 LS/SL 5.75'	520	1,560	2,600	6,500	9,100	13,000
4d 1500 LT/SLE 5.75'	540	1,610	2,680	6,700	9,380	13,400
4d 1500 SLT 5.75'	550	1,660	2,760	6,900	9,660	13,800
4d 1500 H-D LT/SLE 6.5'	560	1,680	2,800	7,000	9,800	14,000
4d 1500 H-D SLT 6.5'	590	1,780	2,960	7,400	10,360	14,800
4D 2500 H-D WT 6.5'	590	1,760	2,940	7,350	10,290	14,700
4D 2500 H-D WT 8'	580	1,750	2,920	7,300	10,220	14,600
4D 2500 H-D LS/SL 6.5'	660	1,970	3,280	8,200	11,480	16,400
4D 2500 H-D LS/SL 8'	650	1,960	3,260	8,150	11,410	16,300
4D 2500 H-D LT/SLE 6.5	660	1,980	3,300	8,250	11,550	16,500
4D 2500 H-D LT/SLE 8'	650	1,960	3,260	8,150	11,410	16,300
4D 2500 H-D SLT 6.5	680	2,050	3,420	8,550	11,970	17,100
4D 2500 H-D SLT 8'	680	2,040	3,400	8,500	11,900	17,000
4D 3500 LS/SL 8'	660	1,980	3,300	8,250	11,550	16,500
4D 3500 LT/SLE 8'	660	1,990	3,320	8,300	11,620	16,600
4D 3500 SLT 8'	690	2,080	3,460	8,650	12,110	17,300
NOTE: Add 30% for 4WD; 50% for 6.6L Turbo Diesel.						

	6	5	4	3	2	1

2008 Yukon XL, V8, 4WD

	6	5	4	3	2	1
4d K1500 SLE Wag	920	2,760	4,600	11,500	16,100	23,000
4d K1500 SLT Wag	1,010	3,040	5,060	12,650	17,710	25,300
4d K2500 SLE Wag	950	2,840	4,740	11,850	16,590	23,700
4d K2500 SLT Wag	1,060	3,180	5,300	13,250	18,550	26,500

Deduct 10% for 2WD.

2008 Yukon XL Denali, V8, AWD

	6	5	4	3	2	1
4d Wag	1,080	3,250	5,420	13,550	18,970	27,100

2008 Savana Passenger Van, V8

	6	5	4	3	2	1
1500 LS Van	540	1,610	2,690	6,730	9,420	13,450
1500 LT Van	560	1,680	2,800	7,000	9,800	14,000
2500 LS Van	560	1,670	2,780	6,950	9,730	13,900
2500 LT Van	580	1,730	2,880	7,200	10,080	14,400
3500 LS Ext Van	640	1,920	3,200	8,000	11,200	16,000
3500 LS Van	610	1,810	3,180	7,950	11,130	15,900
3500 LT Ext Van	680	2,030	3,380	8,450	11,830	16,900

2008 Savana Cargo Van, V8

	6	5	4	3	2	1
1500 LS Van	560	1,680	2,800	6,300	9,800	14,000

Add 5% for 4.3L V8.

	6	5	4	3	2	1
2500 Cargo Van	600	1,790	2,980	7,450	10,430	14,900
2500 Ext Cargo Van	630	1,880	3,140	7,850	10,990	15,700
3500 Cargo Van	640	1,920	3,200	8,000	11,200	16,000
3500 Ext Cargo Van	640	1,930	3,220	8,050	11,270	16,100

2008 Canyon, 4-cyl.

	6	5	4	3	2	1
2d Work Truck	300	900	1,500	3,380	5,250	7,500
2d LT	360	1,080	1,800	4,500	6,300	9,000
2d LS/SL Mini Pickup 6'	340	1,020	1,700	4,250	5,950	8,500

Add 20% for 4WD.

2008 Canyon, 5-cyl.

	6	5	4	3	2	1
2d SLE Mini Pickup 6'	380	1,150	1,920	4,800	6,720	9,600

2008 Canyon, 4-cyl.

	6	5	4	3	2	1
4d Work Truck Ext Cab Mini Pickup 6'	440	1,320	2,200	5,500	7,700	11,000
4d LS/SL Ext Cab Mini Pickup 6'	450	1,360	2,260	5,650	7,910	11,300

2008 Canyon, 5-cyl.

	6	5	4	3	2	1
4d LT/SLE Ext Cab Mini Pickup 6'	520	1,560	2,600	6,500	9,100	13,000
4d LT/SLE Crew Cab Mini Pickup 5.25'	550	1,640	2,740	6,850	9,590	13,700

Add 20% for 4WD.

	6	5	4	3	2	1
4d SLT Crew Cab Mini Pickup 5'	620	1,870	3,120	7,800	10,920	15,600

Add 20% for 4WD.

2008 Sierra Regular Cab Pickup, V8, 2WD

	6	5	4	3	2	1
2d 1500 WT 6.5'	420	1,260	2,100	5,250	7,350	10,500
2d 1500 WT 8'	380	1,140	1,900	4,750	6,650	9,500
2d 1500 LS/SL 6.5'	480	1,440	2,400	5,400	8,400	12,000
2d 1500 LS/SL 8'	450	1,360	2,260	5,650	7,910	11,300
2D 1500 LT/SLE 6.5'	520	1,570	2,620	6,550	9,170	13,100
2D 1500 LT/SLE 8'	500	1,500	2,500	6,250	8,750	12,500
2D 2500 H-D WT 8'	480	1,440	2,400	6,000	8,400	12,000
2D 2500 H-D LT/SLE 8'	610	1,830	3,050	7,630	10,680	15,250
2D 3500 WT 8'	490	1,460	2,430	6,080	8,510	12,150
2d 3500 SLE 8'	620	1,850	3,090	6,950	10,820	15,450

Add 30% for 4WD. Add 45% for 6.6L Turbo Diesel.

2008 Sierra Classic Extended Cab Pickup, V8, 2WD

	6	5	4	3	2	1
4d 1500 Work Truck 8'	540	1,630	2,710	6,780	9,490	13,550

2008 Sierra Classic Extended Cab Pickup,

	6	5	4	3	2	1
4d 1500 LST/SLE 8'	670	2,000	3,340	8,350	11,690	16,700
4d 1500 LTZ/SLT 5.75'	760	2,270	3,790	9,480	13,270	18,950
4d 1500 LTZ/SLT 8'	720	2,170	3,620	8,150	12,670	18,100

Add 20% for 4WD.

2008 Sierra Classic Extended Cab Pickup, V8, 4WD

	6	5	4	3	2	1
4d 1500 LTZ/SLT 6.5'	920	2,760	4,600	11,500	16,100	23,000

2008 Sierra Extended Cab Pickup, V6, 2WD

	6	5	4	3	2	1
4d 1500 Work Truck 6.5'	540	1,620	2,700	6,750	9,450	13,500

Add 30% for 4WD.

2008 Sierra Extended Cab Pickup, V8, 2WD

	6	5	4	3	2	1
1500 WT 5.75'	560	1,670	2,790	6,980	9,770	13,950
4d 1500 LS 5.75'	640	1,930	3,220	8,050	11,270	16,100
4d 1500 LS/SL 6.5'	640	1,910	3,180	7,950	11,130	15,900
4d 1500 LS 8'	610	1,840	3,060	7,650	10,710	15,300
4d 1500 LT/SLE 5.75'	670	2,020	3,360	8,400	11,760	16,800
4d 1500 LT/SLE 6.5'	670	2,020	3,370	8,430	11,800	16,850
2500 H-D WT 6.5'	700	2,110	3,520	8,800	12,320	17,600
2500 H-D WT 8'	700	2,090	3,490	8,730	12,220	17,450
3500 WT 8'	720	2,150	3,580	8,950	12,530	17,900
3500 LTZ/SLT 8'	890	2,660	4,440	11,100	15,540	22,200

Add 25% for 4WD.

2008 Sierra Extended Cab Pickup, V8, 4WD

	6	5	4	3	2	1
2500 H-D LT/SLE 6.5'	970	2,920	4,860	12,150	17,010	24,300
2500 H-D LT/SLE 8'	960	2,870	4,780	11,950	16,730	23,900
2500 H-D LTZ/SLT 6'	1,030	3,080	5,140	12,850	17,990	25,700

GMC TRUCKS

	6	5	4	3	2	1
3500 H-D LTZ/SLT 8í 1,020		3,060	5,100	12,750	17,850	25,500
Add 20% for 6.6L Turbo Diesel.						
2008 Sierra Classic Crew Cab Pickup, V8, 2WD						
4D 1500 Work Truck 5.75í 700		2,090	3,490	8,730	12,220	17,450
4D 1500 LS/SL 5.75í 760		2,290	3,810	9,530	13,340	19,050
4D 1500 LT/SLE 5.75í 820		2,450	4,080	10,200	14,280	20,400
4D 2500 H-D WT 6.5í 830		2,480	4,140	10,350	14,490	20,700
4D 2500 H-D LT/SLE 8í 950		2,860	4,760	11,900	16,660	23,800
4D 2500 H-D LTZ/SLT 8í 1,000		3,010	5,020	12,550	17,570	25,100
Add 5% for 4WD. Add 30% for 6.6L Turbo Diesel.						
2008 Sierra Crew Cab Pickup, 4WD, V8						
4D 1500 LTZ/SLT 5.75í 1,110		3,340	5,560	12,510	19,460	27,800
2008 Sierra Crew Cab Pickup, 4WD, V8 Turbo Diesel						
4D 2500 H-D LT/SLE 6.5í 1,360		4,090	6,820	15,350	23,870	34,100
2008 Sierra Crew Cab Pickup, 4WD, V8						
4D 3500 Work Truck 8í 860		2,580	4,300	10,750	15,050	21,500
Add 20% for 6.6L Turbo Diesel.						
2008 Sierra Crew Cab Pickup, 4WD, V8 Turbo Diesel						
4D 2500 H-D LTZ/SLT 6í 1,420		4,260	7,100	15,980	24,850	35,500
4D 2500 H-D LTZ/SLT 6í 1,380		4,140	6,900	17,250	24,150	34,500
4D 3500 H-D LTZ/SLT 8í 1,430		4,280	7,140	17,850	24,990	35,700
2009 Envoy, 6-cyl, 4WD						
4d SLE SUV 500		1,500	2,500	6,250	8,750	12,500
2009 Envoy, 6-cyl, 4WD						
4d SLT SUV 550		1,640	2,740	6,850	9,590	13,700
2009 Envoy Danali, V8, 4WD						
4d SUV 730		2,190	3,650	9,130	12,780	18,250
2009 Acadia, V-6						
Acadia, V-6 540		1,620	2,700	6,080	9,450	13,500
Add 5% for 4WD						
2009 Acadia, AWD, V-6						
4d SLT SUV 650		1,940	3,240	8,100	11,340	16,200
2009 Yukon, V8						
4d SLE XFE SUV 850		2,550	4,250	10,630	14,880	21,250
4d SLT XFE SUV 900		2,710	4,520	11,300	15,820	22,600
4d SLE SUV 810		2,420	4,040	10,100	14,140	20,200
Add 5% for 4WD.						
2009 Yukon, V8, 4WD						
Yukon, V8, 4WD 1,000		3,010	5,020	12,550	17,570	25,100
2009 Yukon, V8, 4WD Hybrid						
4d SUV 960		2,890	4,820	12,050	16,870	24,100
2009 Yukon Denali, V8, AWD						
4d SUV 1,080		3,240	5,400	13,500	18,900	27,000
2009 Yukon Denali, V8, 4WD						
4d SUV 1,080		3,230	5,380	13,450	18,830	26,900
2009 Yukon XL, V8, 4WD						
4d K1500 SLE Wag 840		2,530	4,220	10,550	14,770	21,100
4d K1500 SLT Wag 950		2,860	4,760	11,900	16,660	23,800
4d K2500 SLE Wag 900		2,690	4,490	11,230	15,720	22,450
4d K2500 SLT Wag 1,000		3,010	5,020	12,550	17,570	25,100
Deduct 10% for 2WD.						
2009 Yukon XL Denali, V8, AWD						
4d K1500 Wag 1,100		3,290	5,480	13,700	19,180	27,400
2009 Sierra Crew Cab Cab Pickup, V8						
4D 2500 H-D WT 8'. 770		2,300	3,830	9,580	13,410	19,150
4D 3500 H-D WT 8'. 770		2,310	3,850	9,630	13,480	19,250
Add 25% for 4WD.						
2010 Acadia, V-6						
4d SL SUV 600		1,810	3,010	7,530	10,540	15,050
4d SLE SUV 640		1,930	3,220	8,050	11,270	16,100
NOTE: Add 5% for AWD.						
2010 Acadia, AWD V-6						
4d SLT SUV 790		2,380	3,970	9,930	13,900	19,850
2010 Yukon, V-8						
4d SLE SUV 910		2,720	4,540	11,350	15,890	22,700
2010 Yukon, 4WD V-8						
4d SLT SUV 1,120		3,370	5,620	14,050	19,670	28,100
2010 Yukon, 4WD Hybrid V-8						
4d SUV 1,160		3,470	5,780	14,450	20,230	28,900
2010 Yukon Denali, AWD V-8						
4d SUV 1,230		3,680	6,140	15,350	21,490	30,700
2010 Yukon Denali, AWD Hybrid V-8						
4d SUV 1,220		3,650	6,080	15,200	21,280	30,400
2010 Sierra Regular Cab Pickup, 2WD V8						
2d 1500 WT 8'. 540		1,620	2,700	6,750	9,450	13,500
NOTE: Add 10% for 4WD						

GMC TRUCKS

	6	5	4	3	2	1

HUDSON TRUCKS

1929 Dover Series

	6	5	4	3	2	1
Canopy Exp	740	2,220	3,700	8,330	12,950	18,500
Screenside Dly	740	2,220	3,700	8,330	12,950	18,500
Panel Dly	740	2,220	3,700	8,330	12,950	18,500
Flareboard PU	780	2,340	3,900	8,780	13,650	19,500
Bed Rail PU	860	2,580	4,300	9,680	15,050	21,500
Sed Dly	780	2,340	3,900	8,780	13,650	19,500
Mail Truck w/sl doors	1,020	3,060	5,100	11,480	17,850	25,500

1930-31 Essex Commercial Car Series

	6	5	4	3	2	1
PU	1,050	3,160	5,260	11,840	18,410	26,300
Canopy Exp	1,000	3,000	5,000	11,250	17,500	25,000
Screenside Exp	1,010	3,040	5,060	11,390	17,710	25,300
Panel Exp	1,030	3,100	5,160	11,610	18,060	25,800
Sed Dly	1,070	3,220	5,360	12,060	18,760	26,800

1933 Essex-Terraplane Series

	6	5	4	3	2	1
PU Exp	1,000	3,000	5,000	11,250	17,500	25,000
Canopy Dly	980	2,940	4,900	11,030	17,150	24,500
Screenside Dly	990	2,980	4,960	11,160	17,360	24,800
Panel Dly	1,000	3,010	5,020	11,300	17,570	25,100
DeL Panel Dly	1,010	3,040	5,060	11,390	17,710	25,300
Sed Dly	1,030	3,100	5,160	11,610	18,060	25,800
Mail Dly Van	1,190	3,580	5,960	13,410	20,860	29,800

1934 Terraplane Series

	6	5	4	3	2	1
Cab PU	1,080	3,240	5,400	12,150	18,900	27,000
Sed Dly	1,030	3,100	5,160	11,610	18,060	25,800
Cantrell Sta Wag	2,360	7,080	11,800	26,550	41,300	59,000
Cotton Sta Wag	1,560	4,680	7,800	17,550	27,300	39,000

1935-36 Terraplane Series GU

	6	5	4	3	2	1
Cab PU	1,100	3,310	5,510	12,400	19,290	27,550
Sed Dly	1,040	3,130	5,210	11,720	18,240	26,050

1937 Terraplane Series 70, 1/2-Ton

	6	5	4	3	2	1
Utl Cpe PU	990	2,970	4,950	11,140	17,330	24,750

1937 Terraplane Series 70, 3/4-Ton

	6	5	4	3	2	1
Cab PU	1,060	3,190	5,310	11,950	18,590	26,550
Panel Dly	990	2,980	4,970	11,180	17,400	24,850

1937 "Big Boy" Series 78, 3/4-Ton

	6	5	4	3	2	1
Cab PU	960	2,880	4,800	10,800	16,800	24,000
Cus Panel Dly	980	2,940	4,900	11,030	17,150	24,500

1938 Hudson-Terraplane Series 80

	6	5	4	3	2	1
Cab PU	1,020	3,070	5,110	11,500	17,090	25,550
Cus Panel Dly	960	2,890	4,810	10,820	16,840	24,050

1938 Hudson "Big Boy" Series 88

	6	5	4	3	2	1
Cab PU	980	2,940	4,900	11,030	17,150	24,500
Cus Panel Dly	1,000	3,000	5,000	11,250	17,500	25,000

1938 Hudson 112 Series 89

	6	5	4	3	2	1
Cab PU	940	2,830	4,710	10,600	16,490	23,550
Panel Dly	960	2,890	4,810	10,820	16,840	24,050

1939 Hudson 112 Series

	6	5	4	3	2	1
PU	860	2,590	4,310	9,700	15,090	21,550
Cus Panel	880	2,650	4,410	9,920	15,440	22,050

1939 Hudson "Big Boy" Series

	6	5	4	3	2	1
PU	920	2,760	4,600	10,350	16,100	23,000
Cus Panel	940	2,820	4,700	10,580	16,450	23,500

1939 Hudson Pacemaker Series

	6	5	4	3	2	1
Cus Panel	1,200	3,600	6,000	13,500	21,000	30,000

1940 Hudson Six Series

	6	5	4	3	2	1
PU	1,090	3,280	5,460	12,290	19,110	27,300
Panel Dly	1,070	3,220	5,360	12,060	18,760	26,800

1940 "Big Boy" Series

	6	5	4	3	2	1
PU	1,110	3,340	5,560	12,510	19,460	27,800
Panel Dly	1,090	3,280	5,460	12,290	19,110	27,300

1941 Hudson Six Series

	6	5	4	3	2	1
PU	1,070	3,220	5,360	12,060	18,760	26,800
All-Purpose Dly	1,080	3,230	5,380	12,110	18,830	26,900

1941 "Big Boy" Series

	6	5	4	3	2	1
PU	1,090	3,280	5,460	12,290	19,110	27,300

1942 Hudson Six Series

	6	5	4	3	2	1
PU	1,070	3,220	5,360	12,060	18,760	26,800

1942 Hudson "Big Boy" Series

	6	5	4	3	2	1
PU	1,090	3,280	5,460	12,290	19,110	27,300

1946-47 Cab Pickup Series 178

	6	5	4	3	2	1
Cab PU	1,420	4,260	7,100	15,980	24,850	35,500

IHC TRUCKS

NOTE: Add 15% for MAX or MWX (x = widetrack) versions through 1915. IHC designated their trucks through 1915 as "Auto Wagons."

	6	5	4	3	2	1
1909-11 Model A Series						
Auto Wag / Auto Buggy	1,640	4,920	8,200	18,450	28,700	41,000
NOTE: Both versions were used commercially.						
1912 Series AA						
Dly Wag	1,600	4,800	8,000	18,000	28,000	40,000
1912 Series MW						
Dly Wag	1,560	4,680	7,800	17,550	27,300	39,000
Panel Exp	1,520	4,560	7,600	17,100	26,600	38,000
1912 Series AW						
Panel Exp	1,500	4,500	7,500	16,880	26,250	37,500
1913-14 Series AA						
Panel Exp	1,600	4,800	8,000	18,000	28,000	40,000
1913-14 Series AW						
Panel Exp	1,500	4,500	7,500	16,880	26,250	37,500
1913-14 Series MA						
Panel Exp	1,600	4,800	8,000	18,000	28,000	40,000
1913-14 Series MW						
Panel Exp	1,500	4,500	7,500	16,880	26,250	37,500
1915 Model M						
1/2-Ton Chassis	1,600	4,800	8,000	18,000	28,000	40,000
1915 Model E						
3/4-Ton Chassis	1,520	4,560	7,600	17,100	26,600	38,000
1915 Model F						
1-Ton Chassis	1,400	4,200	7,000	15,750	24,500	35,000
1916-20 Model F						
1-Ton Chassis	1,400	4,200	7,000	15,750	24,500	35,000
1916-20 Model H						
3/4-Ton Chassis	1,480	4,440	7,400	16,650	25,900	37,000
1921 Model S Series, 3/4-Ton						
Chassis	660	1,980	3,300	7,430	11,550	16,500
PU	760	2,280	3,800	8,550	13,300	19,000
Exp	740	2,220	3,700	8,330	12,950	18,500
Stake	740	2,220	3,700	8,330	12,950	18,500
Ambulance	760	2,280	3,800	8,550	13,300	19,000
Panel	760	2,280	3,800	8,550	13,300	19,000
1921 Model 21 Series, 1-Ton						
Chassis	640	1,920	3,200	7,200	11,200	16,000
Exp	700	2,100	3,500	7,880	12,250	17,500
Panel	680	2,040	3,400	7,650	11,900	17,000
Stake	700	2,100	3,500	7,880	12,250	17,500
Dump	720	2,160	3,600	8,100	12,600	18,000
Tank	740	2,220	3,700	8,330	12,950	18,500
1922 Model S Series, 3/4-Ton						
Chassis	660	1,980	3,300	7,430	11,550	16,500
PU	760	2,280	3,800	8,550	13,300	19,000
Exp	740	2,220	3,700	8,330	12,950	18,500
Panel	760	2,280	3,800	8,550	13,300	19,000
Stake	740	2,220	3,700	8,330	12,950	18,500
Ambulance	760	2,280	3,800	8,550	13,300	19,000
1922 Model 21 Series, 1-Ton						
Chassis	640	1,920	3,200	7,200	11,200	16,000
Exp	700	2,100	3,500	7,880	12,250	17,500
Panel	720	2,160	3,600	8,100	12,600	18,000
Stake	700	2,100	3,500	7,880	12,250	17,500
Dump	720	2,160	3,600	8,100	12,600	18,000
Tank	740	2,220	3,700	8,330	12,950	18,500
1923 Model S Series, 3/4-Ton						
Chassis	660	1,980	3,300	7,430	11,550	16,500
PU	760	2,280	3,800	8,550	13,300	19,000
Exp	740	2,220	3,700	8,330	12,950	18,500
Panel	760	2,280	3,800	8,550	13,300	19,000
Stake	740	2,220	3,700	8,330	12,950	18,500
Ambulance	760	2,280	3,800	8,550	13,300	19,000
1923 Model 21 Series, 1-Ton						
Chassis	640	1,920	3,200	7,200	11,200	16,000
Exp	700	2,100	3,500	7,880	12,250	17,500
Panel	720	2,160	3,600	8,100	12,600	18,000
Stake	700	2,100	3,500	7,880	12,250	17,500
Dump	720	2,160	3,600	8,100	12,600	18,000
Tank	740	2,220	3,700	8,330	12,950	18,500
1925 Special Delivery Series, 3/4-Ton						
Chassis	700	2,100	3,500	7,880	12,250	17,500
Panel Dly	740	2,220	3,700	8,330	12,950	18,500
1925 Model S Series, 1-Ton						
Chassis	660	1,980	3,300	7,430	11,550	16,500
PU	740	2,220	3,700	8,330	12,950	18,500
Exp	720	2,160	3,600	8,100	12,600	18,000
Panel	660	1,980	3,300	7,430	11,550	16,500
Stake	720	2,160	3,600	8,100	12,600	18,000

IHC TRUCKS

	6	5	4	3	2	1
Ambulance	740	2,220	3,700	8,330	12,950	18,500
Lang Bus	640	1,920	3,200	7,200	11,200	16,000
1925 Model SD Series, 1-Ton						
Chassis	640	1,920	3,200	7,200	11,200	16,000
1925 Model SL Series, 1-Ton						
Chassis	640	1,920	3,200	7,200	11,200	16,000
1927-28 Series S, 3/4-Ton						
PU	720	2,160	3,600	8,100	12,600	18,000
Canopy Dly	700	2,110	3,520	7,920	12,320	17,600
Screen Dly	690	2,060	3,440	7,740	12,040	17,200
Panel Dly	740	2,210	3,680	8,280	12,880	18,400
Sed Dly	760	2,270	3,780	8,510	13,230	18,900
1929 Series S, 3/4-Ton						
PU	720	2,150	3,580	8,060	12,530	17,900
Canopy Dly	700	2,110	3,520	7,920	12,320	17,600
Screen Dly	690	2,060	3,440	7,740	12,040	17,200
Panel Dly	740	2,210	3,680	8,280	12,880	18,400
Sed Dly	760	2,270	3,780	8,510	13,230	18,900
1930 Series AW-1, 3/4-Ton, 134" wb						
Chassis	680	2,040	3,400	7,650	11,900	17,000
PU	710	2,140	3,560	8,010	12,460	17,800
Canopy Dly	710	2,140	3,560	8,010	12,460	17,800
Screen Dly	700	2,100	3,500	7,880	12,250	17,500
Panel Dly	740	2,220	3,700	8,330	12,950	18,500
Sed Dly	760	2,280	3,800	8,550	13,300	19,000
1930 Series AW-1, 3/4-Ton, 136" wb						
Chassis	640	1,920	3,200	7,200	11,200	16,000
PU	700	2,110	3,520	7,920	12,320	17,600
Canopy Dly	690	2,060	3,440	7,740	12,040	17,200
Screen Dly	670	2,020	3,360	7,560	11,760	16,800
Panel Dly	720	2,160	3,600	8,100	12,600	18,000
Sed Dly	710	2,220	3,700	8,330	12,950	18,500
1931 Series AW-1, 3/4-Ton						
Chassis	680	2,040	3,400	7,650	11,900	17,000
PU	740	2,220	3,700	8,330	12,950	18,500
Canopy Dly	740	2,210	3,680	8,280	12,880	18,400
Screen Dly	710	2,140	3,560	8,010	12,460	17,800
Panel	700	2,100	3,500	7,880	12,250	17,500
Sed Dly	760	2,280	3,800	8,550	13,300	19,000
1931 Series A-1, 3/4-Ton						
Chassis	660	1,980	3,300	7,430	11,550	16,500
1932 Series AW-1, 3/4-Ton						
Chassis	680	2,040	3,400	7,650	11,900	17,000
PU	740	2,220	3,700	8,330	12,950	18,500
Canopy Dly	740	2,210	3,680	8,280	12,880	18,400
Screen Dly	710	2,140	3,560	8,010	12,460	17,800
Panel	700	2,100	3,500	7,880	12,250	17,500
Sed Dly	760	2,280	3,800	8,550	13,300	19,000
1932 Series A-1, 3/4-Ton						
Chassis	680	2,040	3,400	7,650	11,900	17,000
PU	700	2,100	3,500	7,880	12,250	17,500
Canopy Dly	700	2,090	3,480	7,830	12,180	17,400
Screen Dly	670	2,020	3,360	7,560	11,760	16,800
Panel	660	1,980	3,300	7,430	11,550	16,500
Sed Dly	720	2,160	3,600	8,100	12,600	18,000
1932 Series M-2, 1-Ton						
Chassis	650	1,960	3,260	7,340	11,410	16,300
1933 Series D-1, 1/2-Ton						
Chassis	660	1,990	3,320	7,470	11,620	16,600
PU	680	2,050	3,420	7,700	11,970	17,100
Canopy Dly	680	2,040	3,400	7,650	11,900	17,000
Screen Dly	660	1,970	3,280	7,380	11,480	16,400
Panel	640	1,930	3,220	7,250	11,270	16,100
Sed Dly	700	2,110	3,520	7,920	12,320	17,600
1933 Series A-1, 3/4-Ton						
Chassis	820	2,460	4,100	9,230	14,350	20,500
PU	840	2,520	4,200	9,450	14,700	21,000
Canopy Dly	840	2,510	4,180	9,410	14,630	20,900
Screen Dly	810	2,440	4,060	9,140	14,210	20,300
Panel	800	2,400	4,000	9,000	14,000	20,000
Sed Dly	860	2,580	4,300	9,680	15,050	21,500
1933 Series M-2, 1-Ton						
Chassis	830	2,500	4,160	9,360	14,560	20,800
1934-36 Series D-1, 1/2-Ton						
PU	720	2,170	3,620	8,150	12,670	18,100
Canopy Dly	720	2,160	3,600	8,100	12,600	18,000
Screen Dly	740	2,220	3,700	8,330	12,950	18,500
Panel	720	2,160	3,600	8,100	12,600	18,000
Sed Dly	740	2,230	3,720	8,370	13,020	18,600

IHC TRUCKS

	6	5	4	3	2	1
1934-36 Series C-1, 1/2-Ton						
PU (113" wb) 740	2,220	3,700	8,330	12,950	18,500
1934-36 Series A-1, 3/4-Ton						
PU. 720	2,160	3,600	8,100	12,600	18,000
Canopy Dly 700	2,100	3,500	7,880	12,250	17,500
Screen Dly 730	2,180	3,640	8,190	12,740	18,200
Panel 720	2,160	3,600	8,100	12,600	18,000
Sed Dly 740	2,220	3,700	8,330	12,950	18,500
1937-40 Series D-2, 6-cyl., 1/2-Ton, 113" wb						
Exp 710	2,140	3,560	8,010	12,460	17,800
Canopy Exp 720	2,150	3,580	8,060	12,530	17,900
Panel 720	2,160	3,600	8,100	12,600	18,000
DM Body. 700	2,100	3,500	7,880	12,250	17,500
DB Body. 700	2,100	3,500	7,880	12,250	17,500
Sta Wag 2,520	7,560	12,600	28,350	44,100	63,000
Metro 620	1,860	3,100	6,980	10,850	15,500
1937-40 Series D-2, 6-cyl., 1-Ton, 125" wb						
Exp 700	2,110	3,520	7,920	12,320	17,600
Canopy Exp 960	2,880	4,800	10,800	16,800	24,000
Panel 710	2,140	3,560	8,010	12,460	17,800
Stake 690	2,060	3,440	7,740	12,040	17,200
1941-42, 1946-49 Series K-1, 1/2-Ton, 113" wb						
PU. 860	2,580	4,300	9,680	15,050	21,500
1941-42, 1946-49 Series K-1, 1/2-Ton, 125" wb						
Canopy. 870	2,600	4,340	9,770	15,190	21,700
Panel 860	2,590	4,320	9,720	15,120	21,600
Milk Dly 760	2,280	3,800	8,550	13,300	19,000
Sta Wag 2,520	7,560	12,600	28,350	44,100	63,000
PU. 860	2,580	4,300	9,680	15,050	21,500
Canopy. 860	2,580	4,300	9,680	15,050	21,500
Panel 840	2,520	4,200	9,450	14,700	21,000
Stake 780	2,340	3,900	8,780	13,650	19,500
Bakery Dly 750	2,260	3,760	8,460	13,160	18,800
1941-42, 1946-49 Series K-2, 3/4-Ton, 125" wb						
PU. 790	2,370	3,950	8,890	13,830	19,750
Canopy. 800	2,390	3,990	8,980	13,970	19,950
Panel 790	2,380	3,970	8,930	13,900	19,850
Stake 770	2,310	3,850	8,660	13,480	19,250
Bakery Dly 740	2,210	3,690	8,300	12,920	18,450
1950-52 Series L-110/L-111, 1/2-Ton						
PU (6-1/2 ft.). 800	2,400	4,000	9,000	14,000	20,000
PU (8 ft.) 780	2,340	3,900	8,780	13,650	19,500
Sta Wag 920	2,760	4,600	10,350	16,100	23,000
Panel (7-1/2 ft.) 760	2,280	3,800	8,550	13,300	19,000
1950-52 Series L-112, 3/4-Ton						
PU (6-1/2 ft.). 740	2,220	3,700	8,330	12,950	18,500
PU (8 ft.) 740	2,220	3,700	8,330	12,950	18,500
Sta Wag 940	2,820	4,700	10,580	16,450	23,500
PU (8 ft.) 684	2,052	3,420	7,700	11,970	17,100
1950-52 Series L-120, 3/4-Ton						
PU (6-1/2 ft.). 700	2,100	3,500	7,880	12,250	17,500
PU (8 ft.) 704	2,112	3,520	7,920	12,320	17,600
Panel (7-1/2 ft.) 680	2,040	3,400	7,650	11,900	17,000
1953-55 Series R-100 Light Duty, 1/2-Ton, 115" wb						
PU (6-1/2 ft.). 720	2,160	3,600	8,100	12,600	18,000
1953-55 Series R-110 Heavy Duty, 1/2-Ton, 115" or 127" wb						
PU (6-1/2 ft.). 716	2,148	3,580	8,060	12,530	17,900
Panel (7-1/2 ft.) 700	2,100	3,500	7,880	12,250	17,500
PU (8 ft.) 700	2,100	3,500	7,880	12,250	17,500
Stake 580	1,740	2,900	6,530	10,150	14,500
1953-55 Series R-120, 3/4-Ton, 115" or 127" wb						
PU (6-1/2 ft.). 668	2,004	3,340	7,520	11,690	16,700
Panel (7-1/2 ft.) 660	1,980	3,300	7,430	11,550	16,500
PU (8 ft.) 640	1,920	3,200	7,200	11,200	16,000
Stake 632	1,896	3,160	7,110	11,060	15,800
1956-57 Series S-100, 1/2-Ton, 115" wb						
PU (6-1/2 ft.). 720	2,160	3,600	8,100	12,600	18,000
1956-57 Series S-110, Heavy Duty 1/2-Ton, 115" or 127" wb						
PU (6-1/2 ft.). 720	2,160	3,600	8,100	12,600	18,000
Panel 668	2,004	3,340	7,520	11,690	16,700
Travelall. 672	2,016	3,360	7,560	11,760	16,800
PU (8 ft.) 700	2,100	3,500	7,880	12,250	17,500
Stake 580	1,740	2,900	6,530	10,150	14,500
Platform 580	1,740	2,900	6,530	10,150	14,500
1956-57 Series S-120, 3/4-Ton, 115" or 127" wb						
PU (6-1/2 ft.). 720	2,160	3,600	8,100	12,600	18,000
Panel 560	1,680	2,800	6,300	9,800	14,000
Travelall. 564	1,692	2,820	6,350	9,870	14,100
PU (8 ft.) 620	1,860	3,100	6,980	10,850	15,500

	6	5	4	3	2	1
Stake	580	1,740	2,900	6,530	10,150	14,500

1957-1/2 - 1958 Series A-100, 1/2-Ton, 7 ft.

	6	5	4	3	2	1
PU	700	2,150	3,600	8,100	12,600	18,000
Cus PU	800	2,450	4,100	9,230	14,300	20,500
Panel	600	1,800	3,000	6,800	10,600	15,100
Travelall	600	1,850	3,100	7,020	10,900	15,600

1957-1/2 - 1958 Series A-110, Heavy Duty, 1/2-Ton

	6	5	4	3	2	1
PU (7 ft.)	750	2,200	3,700	8,330	13,000	18,500
Cus PU (7 ft.)	800	2,350	3,900	8,780	13,700	19,500
Panel (7 ft.)	600	1,800	3,000	6,750	10,500	15,000
Travelall	600	1,850	3,100	6,980	10,900	15,500
PU (8-1/2 ft.)	600	1,850	3,100	6,980	10,900	15,500
Utl PU (6 ft.)	600	1,750	2,900	6,530	10,200	14,500
Cus Utl PU (6 ft.)	650	2,000	3,300	7,430	11,600	16,500

1957-1/2 - 1958 Series A-120, 3/4-Ton

	6	5	4	3	2	1
PU (7 ft.)	600	1,750	2,900	6,530	10,200	14,500
Cus PU (7 ft.)	650	2,000	3,300	7,430	11,600	16,500
Panel (7 ft.)	450	1,300	2,150	4,860	7,550	10,800
Travelall (7 ft.)	550	1,700	2,850	6,440	10,000	14,300
PU (8-1/2 ft.)	550	1,700	2,850	6,440	10,000	14,300
Utl PU (6 ft.)	550	1,700	2,800	6,350	9,850	14,100
Cus Utl PU (6 ft.)	650	1,900	3,200	7,200	11,200	16,000

1959-60 Series B-100/B-102, 3/4-Ton

	6	5	4	3	2	1
PU (7 ft.)	428	1,284	2,140	4,820	7,490	10,700
Panel (7 ft.)	388	1,164	1,940	4,370	6,790	9,700
Travelall	416	1,248	2,080	4,680	7,280	10,400

1959-60 Series B-110/B-112, Heavy Duty, 1/2-Ton

	6	5	4	3	2	1
PU (7 ft.)	428	1,284	2,140	4,820	7,490	10,700
Panel	388	1,164	1,940	4,370	6,790	9,700
Travelall	416	1,248	2,080	4,680	7,280	10,400
PU (8-1/2 ft.)	408	1,224	2,040	4,590	7,140	10,200
Travelette	396	1,188	1,980	4,460	6,930	9,900

NOTE: Add 10% for Custom Trim Pkg

1959-60 Series B-120/B-122, 3/4-Ton

	6	5	4	3	2	1
PU (7 ft.)	408	1,224	2,040	4,590	7,140	10,200
Panel (7 ft.)	404	1,212	2,020	4,550	7,070	10,100
Travelall	408	1,224	2,040	4,590	7,140	10,200
PU (8-1/2 ft.)	392	1,176	1,960	4,410	6,860	9,800
Travelette (6 ft.)	388	1,164	1,940	4,370	6,790	9,700

NOTE: Add 5% for 4x4 trucks.

1959-60 Series B-130/B-132, 1-Ton

	6	5	4	3	2	1
PU (8-1/2 ft.)	388	1,164	1,940	4,370	6,790	9,700
Travelette	392	1,176	1,960	4,410	6,860	9,800

NOTE: Add 5% for V-8 engines.

1961-64 Series 80 Scout, 1/4-Ton, 5 ft.

	6	5	4	3	2	1
PU	480	1,440	2,400	5,400	8,400	12,000
PU (4x4)	540	1,620	2,700	6,080	9,450	13,500

NOTE: Add 5% for Vinyl Sport-Top (full enclosure); 4% for Steel Travel-Top.

1961-68 Series C-100/C-1000 (1963-'68), 1/2-Ton

	6	5	4	3	2	1
PU (7 ft.)	290	860	1,440	3,240	5,040	7,200
Panel (7 ft.)	270	800	1,340	3,020	4,690	6,700
Travelall	400	1,200	2,000	4,500	7,000	10,000
Cus Travelall	420	1,260	2,100	4,730	7,350	10,500

1961-68 Series C-110/C-1100 (1963-'68), Heavy Duty, 1/2-Ton

	6	5	4	3	2	1
PU (7 ft.)	290	880	1,460	3,290	5,110	7,300
Panel (7 ft.)	270	820	1,360	3,060	4,760	6,800
Travelall	400	1,200	2,000	4,500	7,000	10,000
Cus Travelall	420	1,260	2,100	4,730	7,350	10,500
PU (8-1/2 ft.)	290	860	1,440	3,240	5,040	7,200
Travelette PU	300	900	1,500	3,380	5,250	7,500

1961-68 Series C-120/C-1200 (1963-'68), 3/4-Ton

	6	5	4	3	2	1
PU (7 ft.)	270	820	1,360	3,060	4,760	6,800
Panel (7 ft.)	260	790	1,320	2,970	4,620	6,600
Travelall	400	1,200	2,000	4,500	7,000	10,000
Cus Travelall	440	1,320	2,200	4,950	7,700	11,000
PU (8-1/2 ft.)	270	800	1,340	3,020	4,690	6,700
Travelette PU	290	880	1,460	3,290	5,110	7,300

NOTE: Add 5% for Vinyl Sport-Top (full enclosure), 4% for Steel Travel-Top.

1965-69 Series 80 Scout, 1/4-Ton, 5 ft.

	6	5	4	3	2	1
PU	480	1,440	2,400	5,400	8,400	12,000
PU (4x4)	540	1,620	2,700	6,080	9,450	13,500

NOTE: Add 10% for 1966-on Sport-Top.

1969-70 Scout 800A and 1971 800B Series

	6	5	4	3	2	1
PU	268	804	1,340	3,020	4,690	6,700
Rds	248	744	1,240	2,790	4,340	6,200
Travel-Top	272	816	1,360	3,060	4,760	6,800
Aristocrat	372	1,116	1,860	4,190	6,510	9,300

NOTE: Add 45% for 4x4.

	6	5	4	3	2	1
1969-75 Metro Series						
M-1100 Panel	260	780	1,300	2,930	4,550	6,500
M-1200 Panel	260	780	1,300	2,930	4,550	6,500
MA-1200 Panel	264	792	1,320	2,970	4,620	6,600
1969-75 Series 1000D						
PU (6-1/2 ft.)	252	756	1,260	2,840	4,410	6,300
Bonus Load PU (6-1/2 ft.)	256	768	1,280	2,880	4,480	6,400
PU (8 ft.)	248	744	1,240	2,790	4,340	6,200
Bonus Load PU (8 ft.)	250	760	1,260	2,840	4,410	6,300
Panel	228	684	1,140	2,570	3,990	5,700
1969-75 Series 1100D						
PU (6-1/2 ft.)	260	780	1,300	2,930	4,550	6,500
Bonus Load PU (6-1/2 ft.)	264	792	1,320	2,970	4,620	6,600
PU (8 ft.)	240	720	1,200	2,700	4,200	6,000
Bonus Load PU (8 ft.)	240	730	1,220	2,750	4,270	6,100
Panel	232	696	1,160	2,610	4,060	5,800
1969-75 Series 1200D						
PU (6-1/2 ft.)	256	768	1,280	2,880	4,480	6,400
Bonus Load PU (6-1/2 ft.)	260	780	1,300	2,930	4,550	6,500
PU (8 ft.)	248	744	1,240	2,790	4,340	6,200
Bonus Load PU (8 ft.)	250	760	1,260	2,840	4,410	6,300
Panel	228	684	1,140	2,570	3,990	5,700
Travelette (6-1/2 ft.)	248	744	1,240	2,790	4,340	6,200
BL Travelette (8 ft.)	252	756	1,260	2,840	4,410	6,300
1969-75 Series 1300D						
PU (9 ft.)	264	792	1,320	2,970	4,620	6,600
Travelette	248	744	1,240	2,790	4,340	6,200
B.L. Travelette (6-1/2 ft.)	240	730	1,220	2,750	4,270	6,100

NOTE: See 1967 for% additions for special equipment, optional engines and 4x4 models (all series).

	6	5	4	3	2	1
1971-75 Scout II						
Travel-Top (2WD)	340	1,020	1,700	3,830	5,950	8,500
Travel-Top (4x4)	348	1,044	1,740	3,920	6,090	8,700
PU (2WD)	320	960	1,600	3,600	5,600	8,000
PU (4x4)	328	984	1,640	3,690	5,740	8,200
1976-80 Scout II						
Travel-Top (2WD)	340	1,020	1,700	3,830	5,950	8,500
Travel-Top (4x4)	348	1,044	1,740	3,920	6,090	8,700
1976-80 Scout II Diesel						
Travel-Top (2WD)	328	984	1,640	3,690	5,740	8,200
Travel-Top (4x4)	336	1,008	1,680	3,780	5,880	8,400
1976-80 Terra						
PU (2WD)	252	756	1,260	2,840	4,410	6,300
PU (4x4)	260	780	1,300	2,930	4,550	6,500
1976-80 Terra Diesel						
PU (2WD)	240	720	1,200	2,700	4,200	6,000
PU (4x4)	248	744	1,240	2,790	4,340	6,200
1976-80 Traveler						
Sta Wag (2WD)	268	804	1,340	3,020	4,690	6,700
Sta Wag (4x4)	276	828	1,380	3,110	4,830	6,900
1976-80 Traveler Diesel						
Sta Wag (2WD)	256	768	1,280	2,880	4,480	6,400
Sta Wag (4x4)	264	792	1,320	2,970	4,620	6,600

NOTE: Add 3% for V-8 engines; 3% for 4-speed transmission; 6% for Rally Pkg.; 4% for Custom trim; 2% for Deluxe trim.

	6	5	4	3	2	1
1977-79 Scout SS-II, 4x4 only						
Rds	420	1,260	2,100	4,730	7,350	10,500

WILLYS OVERLAND JEEP/TRUCKS (1945-1962)

	6	5	4	3	2	1
1945 Jeep Series, 4x4						

NOTE: All Jeep prices in this catalog are for civilian models unless noted otherwise. Military Jeeps may sell for higher prices.

	6	5	4	3	2	1
CJ-2 Jeep (1,824 produced)	1,430	4,290	7,150	16,090	25,030	35,750
1946 Jeep Series, 4x4						
CJ-2 Jeep	1,110	3,340	5,560	12,510	19,460	27,800
1947 Willys Jeep, 4x4						
CJ-2 Jeep	1,110	3,340	5,560	12,510	19,460	27,800
1947 Willys Jeep, 2WD						
Panel	740	2,220	3,700	8,330	12,950	18,500
1947 Willys Truck, 4x4						
PU	640	1,920	3,200	7,200	11,200	16,000
1948 Jeep Series, 4x4						
CJ-2 Jeep	1,110	3,340	5,560	12,510	19,460	27,800
1948 Willys Jeep, 2WD						
PU	640	1,920	3,200	7,200	11,200	16,000
Panel	740	2,220	3,700	8,330	12,950	18,500
1948 Willys Truck, 4x4						
PU	640	1,920	3,200	7,200	11,200	16,000
1949 Jeep Series, 4x4						
CJ-2 Jeep	1,110	3,340	5,560	12,510	19,460	27,800
CJ-3 Jeep	730	2,190	3,650	8,210	12,780	18,250

	6	5	4	3	2	1
1949 Willys Truck, 2WD						
PU.	640	1,920	3,200	7,200	11,200	16,000
Panel	740	2,220	3,700	8,330	12,950	18,500
1949 Willys Truck, 4x4						
PU.	740	2,220	3,700	8,330	12,950	18,500
1950 Jeep Series, 4x4						
CJ-3 Jeep	730	2,190	3,650	8,210	12,780	18,250
1950 Willys Truck, 2WD						
PU.	650	1,950	3,250	7,310	11,380	16,250
Panel	760	2,280	3,800	8,550	13,300	19,000
1950 Jeep Truck, 4x4						
PU.	660	1,980	3,300	7,430	11,550	16,500
Utl Wag	800	2,400	4,000	9,000	14,000	20,000
1951 Jeep Series, 4x4						
Farm Jeep	1,000	3,000	5,000	11,250	17,500	25,000
CJ-3 Jeep	730	2,190	3,650	8,210	12,780	18,250
1951 Jeep Trucks, 2WD						
PU.	650	1,950	3,250	7,310	11,380	16,250
Sed Dly	760	2,280	3,800	8,550	13,300	19,000
1951 Jeep Trucks, 4x4						
PU.	660	1,980	3,300	7,430	11,550	16,500
Utl Wag	800	2,400	4,000	9,000	14,000	20,000
1952 Jeep Series, 4x4						
CJ-3 Open	730	2,190	3,650	8,210	12,780	18,250
1952 Jeep Trucks, 2WD						
Sed Dly	760	2,280	3,800	8,550	13,300	19,000
1952 Jeep Trucks, 4x4						
PU.	660	1,980	3,300	7,430	11,550	16,500
Utl Wag	800	2,400	4,000	9,000	14,000	20,000
1953 Jeep Series, 4x4						
CJ-3B Jeep	730	2,190	3,650	8,210	12,780	18,250
CJ-3B Farm Jeep	1,000	3,000	5,000	11,250	17,500	25,000
CJ-3A Jeep	730	2,190	3,650	8,210	12,780	18,250
1953 Jeep Trucks, 2WD						
Sed Dly	760	2,280	3,800	8,550	13,300	19,000
1953 Jeep Trucks, 4x4						
Sed Dly	780	2,340	3,900	8,780	13,650	19,500
PU.	660	1,980	3,300	7,430	11,550	16,500
Utl Wag	800	2,400	4,000	9,000	14,000	20,000
1954 Jeep Series, 4x4						
Open Jeep	730	2,190	3,650	8,210	12,780	18,250
Farm Jeep	1,000	3,000	5,000	11,250	17,500	25,000
1954 Jeep Trucks, 2WD						
Sed Dly	760	2,280	3,800	8,550	13,300	19,000
1954 Jeep Trucks, 4x4						
PU.	660	1,980	3,300	7,430	11,550	16,500
Sed Dly	780	2,340	3,900	8,780	13,650	19,500
Utl Wag	800	2,400	4,000	9,000	14,000	20,000
1955 Jeep Series, 4x4						
CJ-3B	770	2,310	3,850	8,660	13,480	19,250
CJ-5	780	2,330	3,880	8,730	13,580	19,400
1955 Jeep Trucks, 2WD						
Sed Dly	760	2,280	3,800	8,550	13,300	19,000
Utl Wag	760	2,280	3,800	8,550	13,300	19,000
1955 Jeep Trucks, 4x4						
Sed Dly	780	2,340	3,900	8,780	13,650	19,500
Utl Wag	820	2,460	4,100	9,230	14,350	20,500
1956 Jeep Series, 4x4						
CJ-3B	770	2,310	3,850	8,660	13,480	19,250
CJ-5	780	2,330	3,880	8,730	13,580	19,400
CJ-6	770	2,310	3,850	8,660	13,480	19,250
1956 Dispatcher Series, 2WD						
Open Jeep	770	2,310	3,850	8,660	13,480	19,250
Canvas Top	770	2,320	3,870	8,710	13,550	19,350
HT	780	2,340	3,900	8,780	13,650	19,500
1956 Jeep Trucks, 2WD						
Utl Wag	800	2,400	4,000	9,000	14,000	20,000
Sed Dly	760	2,280	3,800	8,550	13,300	19,000
1956 Jeep Trucks, 4x4						
Sed Dly	780	2,340	3,900	8,780	13,650	19,500
Sta Wag	820	2,460	4,100	9,230	14,350	20,500
PU.	660	1,980	3,300	7,430	11,550	16,500
1957 Jeep Series, 4x4						
CJ-3B	770	2,310	3,850	8,660	13,480	19,250
CJ-5	780	2,330	3,880	8,730	13,580	19,400
CJ-6	770	2,310	3,850	8,660	13,480	19,250
1957 Dispatcher Series, 2WD						
Open Jeep	770	2,310	3,850	8,660	13,480	19,250

	6	5	4	3	2	1
Soft Top	770	2,320	3,870	8,710	13,550	19,350
HT	780	2,340	3,900	8,780	13,650	19,500
1957 Jeep Trucks, 2WD						
Dly	760	2,280	3,800	8,550	13,300	19,000
Utl Wag	800	2,400	4,000	9,000	14,000	20,000
1957 Jeep Trucks, 4x4						
Dly	780	2,340	3,900	8,780	13,650	19,500
PU	660	1,980	3,300	7,430	11,550	16,500
Utl Wag	820	2,460	4,100	9,230	14,350	20,500
1957 Forward Control, 4x4						
1/2-Ton PU	920	2,760	4,600	10,350	16,100	23,000
3/4-Ton PU	880	2,640	4,400	9,900	15,400	22,000
1958 Jeep Series, 4x4						
CJ-3B	770	2,310	3,850	8,660	13,480	19,250
CJ-5	780	2,330	3,880	8,730	13,580	19,400
CJ-6	770	2,310	3,850	8,660	13,480	19,250
1958 Dispatcher Series, 2WD						
Open Jeep	770	2,310	3,850	8,660	13,480	19,250
Soft Top	770	2,320	3,870	8,710	13,550	19,350
HT	780	2,340	3,900	8,780	13,650	19,500
1958 Jeep Trucks, 2WD						
Dly	760	2,280	3,800	8,550	13,300	19,000
Utl Wag	800	2,400	4,000	9,000	14,000	20,000
1958 Jeep Trucks, 4x4						
Dly	780	2,340	3,900	8,780	13,650	19,500
Utl Wag	920	2,760	4,600	10,350	16,100	23,000
1958 Forward Control, 4x4						
1/2-Ton PU	920	2,760	4,600	10,350	16,100	23,000
3/4-Ton PU	880	2,640	4,400	9,900	15,400	22,000
NOTE: Add 3% for 6-cyl. trucks, not available in Jeeps.						
1959 Jeep Series, 4x4						
CJ-3	770	2,310	3,850	8,660	13,480	19,250
CJ-5	780	2,330	3,880	8,730	13,580	19,400
CJ-6	770	2,320	3,870	8,710	13,550	19,350
1959 Dispatcher Series, 2WD						
Soft Top	770	2,320	3,870	8,710	13,550	19,350
HT	780	2,340	3,900	8,780	13,650	19,500
1959 Jeep Trucks, 2WD						
Utl Wag	720	2,160	3,600	8,100	12,600	18,000
Dly	600	1,790	2,980	6,710	10,430	14,900
1959 Jeep Trucks, 4x4						
Utl Dly	760	2,280	3,800	8,550	13,300	19,000
PU	660	1,980	3,300	7,430	11,550	16,500
Utl Wag	820	2,460	4,100	9,230	14,350	20,500
1959 Forward Control, 4x4						
1/2-Ton PU	920	2,760	4,600	10,350	16,100	23,000
3/4-Ton PU	880	2,640	4,400	9,900	15,400	22,000
NOTE: Add 3% for 6-cyl. trucks, not available for Jeeps; 5% for Maverick.						
1960 Jeep Series, 4x4						
CJ-3	770	2,310	3,850	8,660	13,480	19,250
CJ-5	780	2,330	3,880	8,730	13,580	19,400
CJ-6	770	2,320	3,870	8,710	13,550	19,350
1960 Dispatcher Series, 2WD						
Soft Top	770	2,320	3,870	8,710	13,550	19,350
HT	780	2,340	3,900	8,780	13,650	19,500
Surrey	1,200	3,600	6,000	13,500	21,000	30,000
1960 Jeep Trucks, 2WD						
Economy Dly	720	2,160	3,600	8,100	12,600	18,000
Sta Wag	880	2,640	4,400	9,900	15,400	22,000
Utl Wag	800	2,400	4,000	9,000	14,000	20,000
Utl Dly	760	2,280	3,800	8,550	13,300	19,000
1960 Jeep Trucks, 4x4						
Utl Wag	820	2,460	4,100	9,230	14,350	20,500
Utl Dly	780	2,340	3,900	8,780	13,650	19,500
1960 Forward Control, 4x4						
1/2-Ton PU	920	2,760	4,600	10,350	16,100	23,000
3/4-Ton PU	880	2,640	4,400	9,900	15,400	22,000
NOTE: Add 3% for 6-cyl. trucks; 5% for custom two-tone trim.						
1961 Jeep Series, 4x4						
CJ-3	770	2,310	3,850	8,660	13,480	19,250
CJ-5	780	2,330	3,880	8,730	13,580	19,400
CJ-6	770	2,320	3,870	8,710	13,550	19,350
1961 Dispatcher Series, 2WD						
Jeep (Open)	760	2,280	3,800	8,550	13,300	19,000
Soft Top	770	2,320	3,870	8,710	13,550	19,350
HT	780	2,340	3,900	8,780	13,650	19,500
Surrey	1,200	3,600	6,000	13,500	21,000	30,000
1961 Jeep Trucks, 2WD						
Fleetvan	630	1,900	3,160	7,110	11,060	15,800

	6	5	4	3	2	1
Economy Dly	720	2,160	3,600	8,100	12,600	18,000
Sta Wag	880	2,640	4,400	9,900	15,400	22,000
Utl Wag	800	2,400	4,000	9,000	14,000	20,000
Utl Dly	760	2,280	3,800	8,550	13,300	19,000
1961 Jeep Trucks, 4x4						
Utl Wag	820	2,460	4,100	9,230	14,350	20,500
Utl Dly	780	2,340	3,900	8,780	13,650	19,500
1-Ton PU	640	1,910	3,180	7,160	11,130	15,900
1961 Forward Control, 4x4						
1/2-Ton PU	920	2,760	4,600	10,350	16,100	23,000
3/4-Ton PU	880	2,640	4,400	9,900	15,400	22,000
NOTE: Add 3% for 6-cyl. trucks.						
1962 Jeep Series, 4x4						
CJ-3	770	2,310	3,850	8,660	13,480	19,250
CJ-5	780	2,330	3,880	8,730	13,580	19,400
CJ-6	770	2,320	3,870	8,710	13,550	19,350
1962 Dispatcher Series, 2WD						
Basic Jeep	760	2,280	3,800	8,550	13,300	19,000
Jeep w/Soft Top	770	2,320	3,870	8,710	13,550	19,350
Jeep w/HT	780	2,340	3,900	8,780	13,650	19,500
Surrey	1,200	3,600	6,000	13,500	21,000	30,000
1962 Jeep Trucks, 2WD						
Fleetvan	630	1,900	3,160	7,110	11,060	15,800
Economy Dly	720	2,160	3,600	8,100	12,600	18,000
Sta Wag	880	2,640	4,400	9,900	15,400	22,000
Utl Wag	800	2,400	4,000	9,000	14,000	20,000
Utl Dly	760	2,280	3,800	8,550	13,300	19,000
1962 Jeep Trucks, 4x4						
Utl Wag	810	2,440	4,060	9,140	14,210	20,300
Utl Dly	780	2,340	3,900	8,780	13,650	19,500
1962 Forward Control, 4x4						
1/2-Ton PU	920	2,760	4,600	10,350	16,100	23,000
3/4-Ton PU	880	2,640	4,400	9,900	15,400	22,000
NOTE: Add 3% for 6-cyl. trucks.						

KAISER JEEP

	6	5	4	3	2	1
1963 Jeep Universal, 4x4						
CJ-3B Jeep	770	2,310	3,850	8,660	13,480	19,250
CJ-5 Jeep	780	2,330	3,880	8,730	13,580	19,400
CJ-6 Jeep	770	2,320	3,870	8,710	13,550	19,350
1963 Dispatcher, 2WD						
Jeep	760	2,280	3,800	8,550	13,300	19,000
HT	780	2,340	3,900	8,780	13,650	19,500
Soft Top	770	2,320	3,870	8,710	13,550	19,350
1963 Dispatcher Series, 2WD						
Surrey	1,200	3,600	6,000	13,500	21,000	30,000
1963 "Jeep" Wagons and Trucks, 1/2-Ton						
Sta Wag	900	2,690	4,480	10,080	15,680	22,400
Traveller	900	2,700	4,500	10,130	15,750	22,500
Utl (2WD)	760	2,280	3,800	8,550	13,300	19,000
Utl (4x4)	780	2,340	3,900	8,780	13,650	19,500
Panel (2WD)	800	2,400	4,000	9,000	14,000	20,000
Panel (4x4)	820	2,460	4,100	9,230	14,350	20,500
1963 "Jeep" Wagons and Truck, 1-Ton						
PU (4WD)	880	2,640	4,400	9,900	15,400	22,000
NOTE: Add 3% for L-Head 6-cyl.; 4% for OHC 6-cyl.						
1963 Forward-Control, 4x4, 1/2-Ton						
PU	920	2,760	4,600	10,350	16,100	23,000
1963 Forward-Control, 4x4, 3/4-Ton						
PU	880	2,640	4,400	9,900	15,400	22,000
1963 Forward-Control, 1-Ton						
PU	730	2,200	3,660	8,240	12,810	18,300
Stake	750	2,250	3,750	8,440	13,130	18,750
HD PU	750	2,250	3,750	8,440	13,130	18,750
1963 Gladiator/Wagoneer, 1/2-Ton						
2d Wag	800	2,400	4,000	9,000	14,000	20,000
4d Wag	1,000	3,000	5,000	11,250	17,500	25,000
2d Cus Wag	880	2,640	4,400	9,900	15,400	22,000
4d Cus Wag	1,080	3,240	5,400	12,150	18,900	27,000
Panel Dly	800	2,400	4,000	9,000	14,000	20,000
1963 Gladiator, 1/2-Ton, 120" wb						
Thriftside PU	570	1,700	2,840	6,390	9,940	14,200
Townside PU	580	1,730	2,880	6,480	10,080	14,400
1963 Gladiator, 1/2-Ton, 126" wb						
Thriftside PU	560	1,680	2,800	6,300	9,800	14,000
Townside PU	570	1,700	2,840	6,390	9,940	14,200
1963 Gladiator, 3/4-Ton, 120" wb						
Thriftside PU	550	1,640	2,740	6,170	9,590	13,700
Townside PU	560	1,670	2,780	6,260	9,730	13,900

	6	5	4	3	2	1
1963 Gladiator, 1-Ton, 126" wb						
PU..	540	1,620	2,700	6,080	9,450	13,500
NOTE: Add 5% for 4x4.						
1964 Jeep Universal, 4x4						
CJ-3B Jeep...............................	770	2,310	3,850	8,660	13,480	19,250
CJ-5 Jeep.................................	780	2,330	3,880	8,730	13,580	19,400
CJ-5A Tuxedo Park......................	800	2,400	4,000	9,000	14,000	20,000
CJ-6 Jeep.................................	770	2,320	3,870	8,710	13,550	19,350
CJ-6A Jeep Tuxedo Park	800	2,400	4,000	9,000	13,990	19,990
1964 Dispatcher, 2WD						
Jeep.......................................	760	2,280	3,800	8,550	13,300	19,000
HT..	780	2,340	3,900	8,780	13,650	19,500
Soft Top..................................	770	2,320	3,870	8,710	13,550	19,350
Surrey....................................	1,160	3,480	5,800	13,050	20,300	29,000
1964 "Jeep" Wagons and Trucks, 1/2-Ton						
Sta Wag	880	2,640	4,400	9,900	15,400	22,000
Utl (2WD).................................	760	2,280	3,800	8,550	13,300	19,000
Utl (4x4).................................	780	2,340	3,900	8,780	13,650	19,500
Traveler (2WD)...........................	880	2,640	4,400	9,900	15,400	22,000
Traveler (4x4)...........................	920	2,760	4,600	10,350	16,100	23,000
Panel (2WD)..............................	800	2,400	4,000	9,000	14,000	20,000
Panel (4x4)..............................	820	2,460	4,100	9,230	14,350	20,500
1964 "Jeep" Wagons and Trucks, 1-Ton, 4x4						
PU..	880	2,640	4,400	9,900	15,400	22,000
NOTE: Add 3% for L-Head 6-cyl.; 4% for OHC 6-cyl.						
1964 Forward-Control, 1/2-Ton, 4x4						
PU..	920	2,760	4,600	10,350	16,100	23,000
1964 Forward-Control, 3/4-Ton, 4x4						
Stake	940	2,820	4,700	10,580	16,450	23,500
PU..	880	2,640	4,400	9,900	15,400	22,000
HD PU	940	2,820	4,700	10,580	16,450	23,500
1964 Gladiator/Wagoneer, 1/2-Ton						
2d Wag	800	2,400	4,000	9,000	14,000	20,000
4d Wag	1,000	3,000	5,000	11,250	17,500	25,000
2d Cus Wag	880	2,640	4,400	9,900	15,400	22,000
4d Cus Wag	1,080	3,240	5,400	12,150	18,900	27,000
Panel Dly	800	2,400	4,000	9,000	14,000	20,000
1964 Gladiator Pickup Truck, 1/2-Ton, 120" wb						
Thriftside PU.............................	570	1,700	2,840	6,390	9,940	14,200
Townside PU..............................	580	1,730	2,880	6,480	10,080	14,400
1964 Gladiator Pickup Truck, 1/2-Ton, 126" wb						
Thriftside PU.............................	560	1,680	2,800	6,300	9,800	14,000
Townside PU..............................	570	1,700	2,840	6,390	9,940	14,200
1964 Gladiator Pickup Truck, 3/4-Ton, 120" wb						
Thriftside PU.............................	550	1,640	2,740	6,170	9,590	13,700
Townside PU..............................	560	1,670	2,780	6,260	9,730	13,900
1964 Gladiator Pickup Truck, 3/4-Ton, 126" wb						
Thriftside PU.............................	540	1,620	2,700	6,080	9,450	13,500
Townside PU..............................	550	1,640	2,740	6,170	9,590	13,700
1965 Jeep Universal, 4x4						
CJ-3B Jeep...............................	770	2,310	3,850	8,660	13,480	19,250
CJ-5 Jeep.................................	780	2,330	3,880	8,730	13,580	19,400
CJ-5A Tuxedo Park......................	800	2,400	4,000	9,000	14,000	20,000
CJ-6 Jeep.................................	770	2,320	3,870	8,710	13,550	19,350
CJ-6A Tuxedo Park......................	800	2,400	4,000	9,000	13,990	19,990
1965 Dispatcher, 2WD						
DJ-5 Courier..............................	600	1,800	3,000	6,750	10,500	15,000
DJ-6 Courier..............................	620	1,870	3,110	7,000	10,890	15,550
DJ-3A Jeep...............................	760	2,280	3,800	8,550	13,300	19,000
DJ-3A HT	780	2,340	3,900	8,780	13,650	19,500
1965 "Jeep" Wagons and Trucks, 1/2-Ton						
Sta Wag	880	2,640	4,400	9,900	15,400	22,000
Utl Wag (4x4)............................	780	2,340	3,900	8,780	13,650	19,500
Traveler (4x4)...........................	920	2,760	4,600	10,350	16,100	23,000
Panel (2WD)..............................	800	2,400	4,000	9,000	14,000	20,000
Panel (4x4)..............................	820	2,460	4,100	9,230	14,350	20,500
1965 "Jeep" Wagons and Trucks, 1-Ton, 4x4						
PU..	880	2,640	4,400	9,900	15,400	22,000
NOTE: Add 3% for L-Head 6-cyl. engine.						
1965 Forward-Control, 4x4, 1/2-Ton						
PU..	920	2,760	4,600	10,350	16,100	23,000
1965 Forward-Control, 4x4, 3/4-Ton						
PU..	880	2,640	4,400	9,900	15,400	22,000
1965 Gladiator/Wagoneer, 1/2-Ton						
2d Wag	800	2,400	4,000	9,000	14,000	20,000
4d Wag	1,000	3,000	5,000	11,250	17,500	25,000
2d Cus Wag	880	2,640	4,400	9,900	15,400	22,000
4d Cus Wag	1,080	3,240	5,400	12,150	18,900	27,000
Panel Dly	800	2,400	4,000	9,000	14,000	20,000

	6	5	4	3	2	1
1965 Gladiator Pickup Truck, 1/2-Ton, 120" wb						
Thriftside PU	570	1,700	2,840	6,390	9,940	14,200
Townside PU	580	1,730	2,880	6,480	10,080	14,400
1965 Gladiator Pickup Truck, 1/2-Ton, 126" wb						
Thriftside PU	560	1,680	2,800	6,300	9,800	14,000
Townside PU	540	1,620	2,700	6,080	9,450	13,500
1965 Gladiator Pickup Truck, 3/4-Ton, 120" wb						
Thriftside PU	550	1,640	2,740	6,170	9,590	13,700
Townside PU	560	1,680	2,800	6,300	9,800	14,000
1965 Gladiator Pickup Truck, 3/4-Ton, 126" wb						
Thriftside PU	550	1,640	2,740	6,170	9,590	13,700
Townside PU	560	1,670	2,780	6,260	9,730	13,900
1965 Gladiator Pickup Truck, 3/4-Ton, 120" wb						
Thriftside PU	540	1,620	2,700	6,080	9,450	13,500
Townside PU	550	1,640	2,740	6,170	9,590	13,700

NOTE: Add 5% for 4x4; 5% for V-8. For "First Series" 1965 Gladiators, refer to 1964 prices.

	6	5	4	3	2	1
1966 Jeep Universal, 4x4						
CJ-3B Jeep	770	2,310	3,850	8,660	13,480	19,250
CJ-5 Jeep	780	2,330	3,880	8,730	13,580	19,400
CJ-5A Tuxedo Park	800	2,400	4,000	9,000	14,000	20,000
CJ-6 Jeep	770	2,320	3,870	8,710	13,550	19,350
CJ-6A Tuxedo Park	800	2,390	3,980	8,960	13,930	19,900
1966 Dispatcher, 2WD						
DJ-5 Courier	600	1,800	3,000	6,750	10,500	15,000
DJ-6 Courier	620	1,860	3,100	6,980	10,850	15,500
DJ-3A Jeep	760	2,280	3,800	8,550	13,300	19,000
DJ-3A HT	780	2,340	3,900	8,780	13,650	19,500
1966 Forward-Control, 4x4, 1/2-Ton						
PU	920	2,760	4,600	10,350	16,100	23,000
1966 Forward-Control, 4x4, 3/4-Ton						
PU	880	2,640	4,400	9,900	15,400	22,000
1966 Wagoneer, 1/2-Ton						
2d Wag	800	2,400	4,000	9,000	14,000	20,000
4d Wag	1,000	3,000	5,000	11,250	17,500	25,000
2d Cus Sta Wag	880	2,640	4,400	9,900	15,400	22,000
4d Cus Sta Wag	1,080	3,240	5,400	12,150	18,900	27,000
Panel Dly	800	2,400	4,000	9,000	14,000	20,000
4d Super Wag	1,100	3,300	5,500	12,380	19,250	27,500
1966 Gladiator, 1/2-Ton, 120" wb						
Thriftside PU	570	1,700	2,840	6,390	9,940	14,200
Townside PU	580	1,730	2,880	6,480	10,080	14,400
1966 Gladiator, 1/2-Ton, 126" wb						
Thriftside PU	550	1,640	2,740	6,170	9,590	13,700
Townside PU	540	1,610	2,680	6,030	9,380	13,400
1966 Gladiator, 3/4-Ton, 120" wb						
Thriftside PU	540	1,620	2,700	6,080	9,450	13,500
Townside PU	550	1,640	2,740	6,170	9,590	13,700
1966 Gladiator, 3/4-Ton, 126" wb						
Thriftside PU	540	1,620	2,700	6,080	9,450	13,500
Townside PU	550	1,640	2,740	6,170	9,590	13,700

NOTE: Add 5% for 4x4; 6% for V-8.

	6	5	4	3	2	1
1967 Jeep Universal, 4x4						
CJ-5 Jeep	780	2,330	3,880	8,730	13,580	19,400
CJ-5A Jeep	800	2,400	4,000	9,000	14,000	20,000
CJ-6 Jeep	770	2,320	3,870	8,710	13,550	19,350
CJ-6A Jeep	800	2,390	3,980	8,960	13,930	19,900
1967 Dispatcher, 2WD						
DJ-5 Courier	600	1,800	3,000	6,750	10,500	15,000
DJ-6 Courier	620	1,860	3,100	6,980	10,850	15,500
1967 Jeepster Commando, 4x4						
Conv	1,200	3,600	6,000	13,500	21,000	30,000
Sta Wag	1,000	3,000	5,000	11,250	17,500	25,000
Cpe-Rds	1,080	3,240	5,400	12,150	18,900	27,000
PU	800	2,400	4,000	9,000	14,000	20,000
1967 Wagoneer						
2d Wag	800	2,400	4,000	9,000	14,000	20,000
4d Wag	1,000	3,000	5,000	11,250	17,500	25,000
2d Cus Sta Wag	880	2,640	4,400	9,900	15,400	22,000
4d Cus Sta Wag	1,080	3,240	5,400	12,150	18,900	27,000
Panel Dly	600	1,800	3,000	6,750	10,500	15,000
4d Sup Wag	1,200	3,600	6,000	13,500	21,000	30,000
1967 Gladiator, 4x4, 1/2-Ton, 120" wb						
Thriftside PU	570	1,700	2,840	6,390	9,940	14,200
Townside PU	580	1,730	2,880	6,480	10,080	14,400
1967 Gladiator, 3/4-Ton, 120" wb						
Thriftside PU	480	1,430	2,380	5,340	8,310	11,875
Townside PU	550	1,640	2,740	6,170	9,590	13,700
1967 Gladiator, 1/2-Ton, 126" wb						
Thriftside PU	540	1,610	2,680	6,030	9,380	13,400

KAISER JEEP

	6	5	4	3	2	1
Townside PU.	540	1,610	2,680	6,030	9,380	13,400
1967 Gladiator, 3/4-Ton, 126" wb						
Thriftside PU.	540	1,620	2,700	6,080	9,450	13,500
Townside PU.	550	1,640	2,740	6,170	9,590	13,700

NOTE: Add 5% for V-8 (except Super V-8); 5% for 2WD (Series 2500 only); 4% for V-6 engine; 5% for 4x4.

	6	5	4	3	2	1
1968 Jeep Universal, 4x4						
CJ-5 Jeep.	780	2,330	3,880	8,730	13,580	19,400
CJ-5A Jeep.	800	2,400	4,000	9,000	14,000	20,000
CJ-6 Jeep.	770	2,320	3,870	8,710	13,550	19,350
CJ-6A Jeep.	800	2,400	4,000	9,000	13,990	19,990
1968 Dispatcher, 2WD						
DJ-5 Courier.	600	1,800	3,000	6,750	10,500	15,000
DJ-6 Courier.	620	1,860	3,100	6,980	10,850	15,500

NOTE: Add 4% for V-6 engine; 5% for diesel engine.

	6	5	4	3	2	1
1968 Wagoneer, V-8, 4x4						
4d Sta Wag.	1,000	3,000	5,000	11,250	17,500	25,000
4d Sta Wag Cus.	1,080	3,240	5,400	12,150	18,900	27,000
4d Sta Wag Sup.	1,200	3,600	6,000	13,500	21,000	30,000
1968 Jeepster Commando, 4x4						
Conv.	1,200	3,600	6,000	13,500	21,000	30,000
Sta Wag.	1,000	3,000	5,000	11,250	17,500	25,000
Cpe-Rds.	1,080	3,240	5,400	12,150	18,900	27,000
PU.	800	2,400	4,000	9,000	14,000	20,000

NOTE: Add 4% for V-6 engine.

	6	5	4	3	2	1
1969 Jeep						
CJ-5 Jeep.	780	2,330	3,880	8,730	13,580	19,400
CJ-6 Jeep.	770	2,320	3,870	8,710	13,550	19,350
DJ-5 Courier.	800	2,390	3,980	8,960	13,930	19,900
1969 Jeepster Commando, 4x4						
Conv.	1,200	3,600	6,000	13,500	21,000	30,000
Sta Wag.	1,000	3,000	5,000	11,250	17,500	25,000
Cpe-Rds.	1,080	3,240	5,400	12,150	18,900	27,000
PU.	800	2,400	4,000	9,000	14,000	20,000
1969 Wagoneer						
4d Wag.	1,000	3,000	5,000	11,250	17,500	25,000
4d Cus Wag	1,080	3,240	5,400	12,150	18,900	27,000
1969 Gladiator, 1/2-Ton, 120" wb						
Thriftside PU.	550	1,640	2,740	6,170	9,590	13,700
Townside PU.	540	1,610	2,680	6,030	9,380	13,400
1969 Gladiator, 3/4-Ton, 120" wb						
Thriftside PU.	540	1,620	2,700	6,080	9,450	13,500
Townside PU.	550	1,640	2,740	6,170	9,590	13,700
1969 Gladiator, 1/2-Ton, 126" wb						
Townside.	530	1,580	2,640	5,940	9,240	13,200
1969 Gladiator, 3/4-Ton, 126" wb						
Townside.	520	1,560	2,600	5,850	9,100	13,000

NOTE: Add 4% for V-6; 5% for V-8; 10% for factory Camper Pkg.

AMC JEEP

	6	5	4	3	2	1
1970-76 Model J-100, 110" wb						
PU.	540	1,620	2,700	6,080	9,450	13,500
4d Cus Sta Wag	800	2,400	4,000	9,000	14,000	20,000
1970-76 Model J-100, 101" wb						
4d Cust Sta Wag.	800	2,400	4,000	9,000	14,000	20,000
1970-76 Jeepster Commando, 101" wb						
Sta Wag.	1,080	3,240	5,400	12,150	18,900	27,000
Rds.	1,160	3,480	5,800	13,050	20,300	29,000
1970-76 Jeepster						
Conv.	1,200	3,600	6,000	13,500	21,000	30,000
Conv Commando	1,320	3,960	6,600	14,850	23,100	33,000
1970-76 CJ-5, 1/4-Ton, 81" wb						
Jeep.	780	2,330	3,880	8,730	13,580	19,400
1970-76 CJ-6, 101" wb						
Jeep.	770	2,320	3,870	8,710	13,550	19,350
1970-76 CJ-7, 94" wb						
Jeep.	760	2,280	3,800	8,550	13,300	19,000
1970-76 DJ-5, 1/4-Ton, 81" wb						
Jeep.	640	1,920	3,200	7,200	11,200	16,000
1970-76 Jeepster, 1/4-Ton, 101" wb						
PU.	800	2,400	4,000	9,000	14,000	20,000
1970-76 Wagoneer, V-8						
4d Cus Sta Wag	880	2,640	4,400	9,900	15,400	22,000

NOTE: Deduct 10% for 6-cyl.

	6	5	4	3	2	1
1970-76 Series J-2500						
Thriftside PU.	480	1,440	2,400	5,400	8,400	12,000
Townside PU.	500	1,500	2,500	5,630	8,750	12,500
1970-76 Series J-2600						
Thriftside PU.	490	1,460	2,440	5,490	8,540	12,200
Townside PU.	510	1,520	2,540	5,720	8,890	12,700

	6	5	4	3	2	1
1970-76 Series J-2700, 3/4-Ton						
Thriftside PU.	520	1,560	2,600	5,850	9,100	13,000
Townside PU	440	1,320	2,200	4,950	7,700	11,000
1970-76 Series J-3500, 1/2-Ton						
Townside PU.	660	1,980	3,300	7,430	11,550	16,500
1970-76 Series J-3600, 1/2-Ton						
Townside PU.	640	1,920	3,200	7,200	11,200	16,000
1970-76 Series J-3700, 3/4-Ton						
Townside PU.	1,000	3,000	5,000	11,250	17,500	25,000
1977-80 Wagoneer, V-8						
4d Sta Wag	460	1,380	2,310	5,190	8,070	11,525
1977-80 Cherokee, 6-cyl.						
2d Sta Wag	400	1,190	1,990	4,480	6,970	9,950
2d "S" Sta Wag	400	1,200	2,000	4,500	7,000	10,000
4d Sta Wag	400	1,190	1,990	4,480	6,970	9,950
1977-80 CJ-5, 1/4-Ton, 84" wb						
Jeep	710	2,120	3,530	7,940	12,360	17,650
1977-80 CJ-7, 1/4-Ton, 94" wb						
Jeep	700	2,090	3,480	7,830	12,180	17,400
1977-80 Series J-10, 1/2-Ton, 119" or 131" wb						
Townside PU, SWB.	340	1,020	1,710	3,840	5,970	8,525
Townside PU, LWB.	340	1,010	1,680	3,780	5,880	8,400
1977-80 Series J-20, 3/4-Ton, 131" wb						
Townside PU.	330	1,000	1,660	3,740	5,810	8,300
1981-83 Wagoneer, 108.7" wb						
4d Sta Wag	460	1,380	2,300	5,180	8,050	11,500
4d Brgm Sta Wag	470	1,400	2,330	5,240	8,160	11,650
4d Ltd Sta Wag	480	1,430	2,380	5,340	8,310	11,875
1981-83 Cherokee						
2d Sta Wag	360	1,070	1,780	4,010	6,230	8,900
2d Sta Wag, Wide Wheels	360	1,080	1,800	4,050	6,300	9,000
4d Sta Wag	370	1,100	1,830	4,110	6,390	9,125
1901-03 Scrambler, 1/2-Ton, 104" wb						
PU.	290	860	1,440	3,240	5,040	7,200
1981-83 CJ-5, 1/4-Ton, 84" wb						
Jeep	310	940	1,560	3,510	5,460	7,800
1981-83 CJ-7, 1/4-Ton, 94" wb						
Jeep	320	970	1,610	3,620	5,640	8,050
1981-83 Series J-10, 1/2-Ton, 119" or 131" wb						
Townside PU, SWB.	340	1,010	1,680	3,780	5,880	8,400
Townside PU, LWB.	430	1,280	2,140	4,800	7,470	10,675
1981-83 Series J-20, 3/4-Ton, 131" wb						
Townside PU.	330	980	1,630	3,670	5,710	8,150
1983-85 Wagoneer, 4-cyl.						
4d Sta Wag	510	1,540	2,570	5,780	9,000	12,850
4d Ltd Sta Wag	530	1,580	2,640	5,940	9,240	13,200
1983-85 Wagoneer, 6-cyl.						
4d Sta Wag	520	1,570	2,620	5,880	9,150	13,075
4d Ltd Sta Wag	540	1,610	2,690	6,050	9,420	13,450
1983-85 Grand Wagoneer, V-8						
4d Sta Wag	540	1,630	2,710	6,100	9,490	13,550
1983-85 Cherokee, 4-cyl.						
2d Sta Wag	384	1,152	1,920	4,320	6,720	9,600
4d Sta Wag	470	1,420	2,360	5,310	8,260	11,800
1983-85 Cherokee, 6-cyl.						
2d Sta Wag	470	1,410	2,350	5,290	8,230	11,750
4d Sta Wag	470	1,400	2,330	5,240	8,160	11,650
1983-85 Scrambler, 1/2-Ton, 103.4" wb						
PU.	330	990	1,660	3,720	5,790	8,275
1983-85 CJ-7, 1/4-Ton, 93.4" wb						
Jeep	500	1,490	2,480	5,570	8,660	12,375
1983-85 Series J-10, 1/2-Ton, 119" or 131" wb						
Townside PU.	370	1,110	1,850	4,160	6,480	9,250
1983-85 Series J-20, 3/4-Ton, 131" wb						
Townside PU.	480	1,440	2,400	5,400	8,400	12,000
1986-87 Wagoneer, 1/2-Ton, 4x4						
4d Sta Wag	580	1,740	2,900	6,530	10,150	14,500
4d Ltd Sta Wag	590	1,770	2,900	6,650	10,340	14,775
4d Grand Sta Wag	620	1,870	3,120	7,020	10,920	15,600
1986-87 Cherokee, V-6						
2d Sta Wag 2WD	460	1,370	2,280	5,130	7,980	11,400
4d Sta Wag 2WD	480	1,440	2,400	5,400	8,400	12,000
2d Sta Wag (4x4)	480	1,440	2,400	5,400	8,400	12,000
4d Sta Wag (4x4)	500	1,510	2,520	5,670	8,820	12,600
1986-87 Wrangler, 1/4-Ton, 93.4" wb						
Jeep 2WD	480	1,440	2,400	5,400	8,400	12,000
1986-87 Comanche, 120" wb, 4x2						
PU.	430	1,280	2,140	4,800	7,470	10,675

AMC JEEP

	6	5	4	3	2	1
1986-87 CJ-7, 1/4-Ton, 93.5" wb, 4x4						
Jeep	530	1,580	2,640	5,940	9,240	13,200
1986-87 Series J-10, 1/2-Ton, 131" wb, 4x4						
Townside PU	460	1,380	2,310	5,190	8,070	11,525
1986-87 Series J-20, 3/4-Ton, 131" wb, 4x4						
Townside PU	480	1,440	2,400	5,400	8,400	12,000
CHRYSLER JEEP						
1988 Jeep Wagoneer						
4d Limited Sta Wag, 6-cyl.	580	1,730	2,880	6,480	10,080	14,400
4d Grand Wagoneer, V-8	650	1,940	3,240	7,290	11,340	16,200
1988 Jeep Cherokee, 6-cyl.						
2d Sta Wag 2WD	340	1,010	1,680	3,780	5,880	8,400
4d Sta Wag 2WD	360	1,080	1,800	4,050	6,300	9,000
2d Sta Wag, 4x4	430	1,300	2,160	4,860	7,560	10,800
4d Sta Wag, 4x4	460	1,370	2,280	5,130	7,980	11,400
2d Limited Sta Wag, 4x4	580	1,730	2,880	6,480	10,080	14,400
4d Limited Sta Wag, 4x4	650	1,940	3,240	7,290	11,340	16,200
NOTE: Deduct 7% for 4-cyl. models.						
1988 Wrangler, 4x4, 93.5" wb						
Jeep	660	1,990	3,310	7,450	11,590	16,550
Jeep S	480	1,440	2,400	5,400	8,400	12,000
1988 Comanche, 113" or 120" wb						
PU (SBx)	410	1,220	2,040	4,590	7,140	10,200
PU (LBx)	440	1,330	2,210	4,970	7,740	11,050
1988 J10, 131" wb						
PU	620	1,870	3,120	7,020	10,920	15,600
1988 J20, 131" wb						
PU	650	1,940	3,240	7,290	11,340	16,200
1989 Jeep Wagoneer						
4d Sta Wag, V-6	720	2,160	3,600	8,100	12,600	18,000
4d Grand Wagoneer, V-8	670	2,020	3,360	7,560	11,760	16,800
1989 Jeep Cherokee, 4-cyl.						
2d Sta Wag 2WD	480	1,440	2,400	5,400	8,400	12,000
4d Sta Wag 2WD	490	1,470	2,450	5,510	8,580	12,250
2d Sta Wag, 4x4	500	1,510	2,520	5,670	8,820	12,600
4d Sta Wag, 4x4	650	1,960	3,270	7,350	11,430	16,325
1989 Jeep Cherokee, 6-cyl.						
2d Sta Wag 2WD	500	1,510	2,520	5,670	8,820	12,600
4d Sta Wag 2WD	510	1,530	2,550	5,730	8,910	12,725
2d Sta Wag, 4x4	610	1,840	3,070	6,910	10,750	15,350
4d Sta Wag, 4x4	620	1,870	3,120	7,020	10,920	15,600
2d Limited Sta Wag, 4x4	700	2,090	3,480	7,830	12,180	17,400
4d Limited Sta Wag, 4x4	710	2,120	3,530	7,940	12,360	17,650
1989 Jeep						
2d Wrangler, 4x4	600	1,800	3,000	6,750	10,500	15,000
2d Laredo Sta Wag, 4x4	650	1,940	3,240	7,290	11,340	16,200
4d Laredo Sta Wag, 4x4	660	1,970	3,290	7,400	11,520	16,450
1990 Wrangler, 6-cyl., 4x4						
Jeep	660	1,970	3,290	7,400	11,520	16,450
Jeep S	680	2,030	3,390	7,620	11,850	16,925
1990 Comanche, 6-cyl.						
PU	510	1,540	2,570	5,780	9,000	12,850
PU (LBx)	520	1,550	2,590	5,830	9,070	12,950
1990 Wagoneer, 6-cyl., 4x4						
4d Sta Wag	740	2,230	3,720	8,370	13,020	18,600
1990 Grand Wagoneer, V-8, 4x4						
4d Sta Wag	790	2,380	3,960	8,910	13,860	19,800
1990 Cherokee, 4-cyl.						
4d Sta Wag, 2x4	700	2,090	3,480	7,830	12,180	17,400
2d Sta Wag, 2x4	670	2,020	3,360	7,560	11,760	16,800
4d Sta Wag, 4x4	770	2,300	3,840	8,640	13,440	19,200
2d Sta Wag, 4x4	740	2,230	3,720	8,370	13,020	18,600
1990 Cherokee, 6-cyl.						
4d Sta Wag, 2x4	770	2,300	3,840	8,640	13,440	19,200
2d Sta Wag, 2x4	720	2,160	3,600	8,100	12,600	18,000
4d Sta Wag, 4x4	790	2,380	3,960	8,910	13,860	19,800
2d Sta Wag, 4x4	770	2,300	3,840	8,640	13,440	19,200
4d Limited Sta Wag, 4x4	840	2,520	4,200	9,450	14,700	21,000
2d Limited Sta Wag, 4x4	820	2,450	4,080	9,180	14,280	20,400
1991 Wrangler Jeep, 6-cyl.						
2d Jeep	600	1,790	2,990	6,730	10,470	14,950
2d Sahara	640	1,930	3,220	7,250	11,270	16,100
2d Renegade	670	2,000	3,340	7,500	11,670	16,675
NOTE: Deduct 5% for 4-cyl.						
1991 Comanche, 6-cyl.						
2d PU	390	1,170	1,960	4,400	6,840	9,775
2d PU (LBx)	410	1,220	2,030	4,560	7,090	10,125
NOTE: Deduct 5% for 4-cyl.						

	6	5	4	3	2	1
1991 Wagoneer, V-6, 4x4						
4d Limited Sta Wag	670	2,010	3,350	7,540	11,730	16,750
1991 Grand Wagoneer, V-8, 4x4						
4d Sta Wag	770	2,300	3,840	8,640	13,440	19,200
1991 Cherokee, 4-cyl.						
2d Sta Wag 2WD	370	1,100	1,840	4,140	6,440	9,200
4d Sta Wag 2WD	370	1,100	1,840	4,140	6,440	9,200
2d Sta Wag, 4x4	450	1,360	2,260	5,090	7,910	11,300
4d Sta Wag, 4x4	390	1,170	1,960	4,400	6,840	9,775
1991 Cherokee, 6-cyl.						
2d Sta Wag, 2x4	390	1,170	1,960	4,400	6,840	9,775
4d Sta Wag, 4x4	390	1,170	1,960	4,400	6,840	9,775
1991 Cherokee, 4x4						
2d Sta Wag	480	1,450	2,420	5,430	8,450	12,075
4d Sta Wag	480	1,450	2,420	5,430	8,450	12,075
4d Limited Sta Wag	690	2,070	3,450	7,760	12,080	17,250
4d Briarwood Sta Wag	710	2,140	3,570	8,020	12,480	17,825
1992 Wrangler, 4-cyl.						
Jeep S	600	1,790	2,990	6,730	10,470	14,950
Jeep	620	1,860	3,110	6,990	10,870	15,525
Jeep, 6-cyl.	690	2,070	3,450	7,760	12,080	17,250
1992 Cherokee, 4-cyl.						
2d SUV	300	900	1,500	3,360	5,230	7,475
4d SUV	320	970	1,610	3,620	5,640	8,050
2d SUV, 4x4	390	1,170	1,960	4,400	6,840	9,775
4d SUV, 4x4	410	1,240	2,070	4,660	7,250	10,350
NOTE: Add 10% for 6-cyl.; 5% for Deluxe models.						
1992 Comanche, 6-cyl.						
2d PU (SBx)	410	1,240	2,070	4,660	7,250	10,350
2d PU (LBx)	440	1,310	2,190	4,920	7,650	10,925
NOTE: Add 5% for 4x4.						
1993 Wrangler, 6-cyl.						
Jeep	620	1,860	3,110	6,990	10,870	15,525
1993 Cherokee, 6-cyl.						
2d SUV 2WD	310	940	1,570	3,520	5,480	7,825
4d SUV 2WD	320	950	1,590	3,570	5,550	7,925
2d SUV, 4x4	410	1,220	2,030	4,560	7,090	10,125
4d SUV, 4x4	410	1,230	2,050	4,600	7,100	10,225
1993 Grand Cherokee, V-8						
4d Sta Wag, 4x4	690	2,070	3,450	7,760	12,080	17,250
4d Sta Wag 2WD 6-cyl.	610	1,840	3,070	6,900	10,730	15,325
1994 Wrangler 4x4						
2d Jeep S	460	1,380	2,300	5,180	8,050	11,500
2d Jeep Sahara	510	1,520	2,530	5,690	8,860	12,650
2d Jeep Renegade	530	1,590	2,660	5,970	9,290	13,275
1994 Cherokee, 6-cyl.						
2d Sta Wag	370	1,100	1,840	4,140	6,440	9,200
4d Sta Wag	380	1,150	1,910	4,300	6,690	9,550
2d Sta Wag, 4x4	440	1,310	2,190	4,920	7,650	10,925
4d Sta Wag, 4x4	450	1,350	2,260	5,070	7,890	11,275
1994 Grand Cherokee 4x4, V-8						
4d Sta Wag Laredo	640	1,930	3,220	7,250	11,270	16,100
4d Limited Sta Wag	690	2,070	3,450	7,760	12,080	17,250
1995 Wrangler 4x4						
2d Jeep S, 4-cyl.	460	1,380	2,300	5,180	8,050	11,500
2d Jeep SE, 6-cyl.	480	1,450	2,420	5,430	8,450	12,075
2d Jeep Sahara, 6-cyl.	510	1,520	2,530	5,690	8,860	12,650
NOTE: Add 5% for Spt or Rio Grande Trim Pkg.						
1995 Cherokee, 4-cyl. & 6-cyl.						
2d Sta Wag	370	1,100	1,840	4,140	6,440	9,200
4d Sta Wag	380	1,150	1,910	4,300	6,690	9,550
2d Sta Wag, 4x4	420	1,250	2,090	4,690	7,300	10,425
4d Sta Wag, 4x4	450	1,350	2,260	5,070	7,890	11,275
NOTE: Deduct 5% for 4-cyl.						
1995 Grand Cherokee, 6-cyl. & V-8						
4d SE Sta Wag	460	1,380	2,300	5,180	8,050	11,500
4d SE Sta Wag, 4x4	550	1,660	2,760	6,210	9,660	13,800
4d Laredo Sta Wag	550	1,660	2,760	6,210	9,660	13,800
4d Laredo Sta Wag, 4x4	640	1,930	3,220	7,250	11,270	16,100
4d Limited Sta Wag	600	1,790	2,990	6,730	10,470	14,950
4d Limited Sta Wag, 4x4	690	2,070	3,450	7,760	12,080	17,250
NOTE: Deduct 5% for 6-cyl.						
1996 Cherokee, 4-cyl. & 6-cyl.						
2d Sta Wag	370	1,100	1,840	4,140	6,440	9,200
4d Sta Wag	380	1,150	1,910	4,300	6,690	9,550
2d Sta Wag, 4x4	440	1,310	2,190	4,920	7,650	10,925
4d Sta Wag, 4x4	450	1,350	2,260	5,070	7,890	11,275
1996 Grand Cherokee, 6-cyl. & V-8						
4d Laredo Sta Wag	450	1,360	2,260	5,090	7,910	11,300

CHRYSLER JEEP

	6	5	4	3	2	1
4d Laredo Sta Wag, 4x4	550	1,660	2,760	6,210	9,660	13,800
4d Limited Sta Wag	600	1,790	2,990	6,730	10,470	14,950
4d Limited Sta Wag, 4x4	690	2,070	3,450	7,760	12,080	17,250

NOTE: Deduct 5% for 6-cyl.

1997 Wrangler, 6-cyl.

SE Utly (4-cyl. only)	320	970	1,610	3,620	5,640	8,050
Sport Utly	370	1,100	1,840	4,140	6,440	9,200
Sahara Utly	510	1,520	2,530	5,690	8,860	12,650

NOTE: Add 5% for detachable HT.

1997 Cherokee, 6-cyl.

2d SE Sta Wag	370	1,100	1,840	4,140	6,440	9,200
4d SE Sta Wag	380	1,150	1,910	4,300	6,690	9,550
2d Sport Sta Wag	440	1,310	2,190	4,920	7,650	10,925
4d Sport Sta Wag	450	1,350	2,260	5,070	7,890	11,275
4d Country Sta Wag	480	1,450	2,420	5,430	8,450	12,075

NOTE: Add 10% for 4x4. Deduct 5% for 4-cyl.

1997 Grand Cherokee, 6-cyl.

4d Laredo Sta Wag	460	1,380	2,300	5,180	8,050	11,500
4d TSi Sta Wag	460	1,380	2,300	5,180	8,050	11,500
4d Limited Sta Wag	600	1,790	2,990	6,730	10,470	14,950

NOTE: Add 10% for 4x4; 5% for V-8.

1998 Wrangler, 6-cyl., 4x4

SE Utly (4-cyl. only)	320	970	1,610	3,620	5,640	8,050
Sport Utly	370	1,100	1,840	4,140	6,440	9,200
Sahara Utly	510	1,520	2,530	5,690	8,860	12,650

NOTE: Add 5% for detachable HT.

1998 Cherokee, 6-cyl.

2d SE Sta Wag	370	1,100	1,840	4,140	6,440	9,200
4d SE Sta Wag	370	1,120	1,870	4,210	6,550	9,350
2d Sport Sta Wag	440	1,310	2,190	4,920	7,650	10,925
4d Sport Sta Wag	450	1,350	2,260	5,070	7,890	11,275
4d Classic Sta Wag	480	1,450	2,420	5,430	8,450	12,075
4d Classic Sta Wag	510	1,520	2,530	5,690	8,860	12,650

NOTE: Add 10% for 4x4. Deduct 5% for 4-cyl.

1998 Grand Cherokee, V-8

4d Laredo Sta Wag	460	1,380	2,300	5,180	8,050	11,500
4d TSi Sta Wag	550	1,660	2,760	6,210	9,660	13,800
4d SE Sta Wag	600	1,790	2,990	6,730	10,470	14,950
4d Limited Sta Wag	690	2,070	3,450	7,760	12,080	17,250

NOTE: Add 10% for 4x4. Deduct 5% for 6-cyl.

1999 Wrangler, 6-cyl., 4x4

SE Utly (4-cyl. only)	320	970	1,610	3,620	5,640	8,050
Sport Utly	370	1,100	1,840	4,140	6,440	9,200
Sahara Utly	510	1,520	2,530	5,690	8,860	12,650

NOTE: Add 5% for detachable HT.

1999 Cherokee, 6-cyl.

2d SE Sta Wag	370	1,100	1,840	4,140	6,440	9,200
4d SE Sta Wag	380	1,150	1,910	4,300	6,690	9,550
2d Sport Sta Wag	440	1,310	2,190	4,920	7,650	10,925
4d Sport Sta Wag	450	1,350	2,260	5,070	7,890	11,275
4d Classic Sta Wag	480	1,450	2,420	5,430	8,450	12,075
4d Limited Sta Wag	510	1,520	2,530	5,690	8,860	12,650

NOTE: Add 10% for 4x4. Deduct 5% for 4-cyl.

1999 Grand Cherokee, 6-cyl.

4d Laredo Sta Wag	460	1,380	2,300	5,180	8,050	11,500
4d Limited Sta Wag	510	1,520	2,530	5,690	8,860	12,650

NOTE: Add 10% for 4x4; 10% for V-8.

2000 Wrangler, 6-cyl., 4x4

SE Utly (4-cyl. only)	330	990	1,660	3,720	5,790	8,275
Sport Utly	380	1,130	1,890	4,240	6,600	9,425
Sahara Utly	520	1,550	2,580	5,790	9,010	12,875

NOTE: Add 5% for automatic transmission. Add 5% for detachable HT.

2000 Cherokee, 6-cyl.

2d SE Sta Wag	370	1,100	1,840	4,140	6,440	9,200
4d SE Sta Wag	380	1,150	1,910	4,300	6,690	9,550
2d Sport Sta Wag	440	1,310	2,190	4,920	7,650	10,925
4d Sport Sta Wag	450	1,350	2,260	5,070	7,890	11,275
4d Classic Sta Wag	480	1,450	2,420	5,430	8,450	12,075
4d Limited Sta Wag	510	1,520	2,530	5,690	8,860	12,650

NOTE: Add 10% for 4x4. Deduct 5% for 4-cyl.

2000 Grand Cherokee, 6-cyl.

4d Laredo Sta Wag	460	1,380	2,300	5,180	8,050	11,500
4d Limited Sta Wag	510	1,520	2,530	5,690	8,860	12,650

NOTE: Add 10% for 4x4; 10% for V-8.

2001 Wrangler, 6-cyl., 4x4

SE Utly (4-cyl. only)	330	990	1,660	3,720	5,790	8,275
Sport Utly	380	1,130	1,890	4,240	6,600	9,425
Sahara Utly	520	1,550	2,580	5,790	9,010	12,875

NOTE: Add 5% for detachable HT.

2001 Cherokee, 6-cyl.

	6	5	4	3	2	1
2d SE Sta Wag	370	1,100	1,840	4,140	6,440	9,200
4d SE Sta Wag	380	1,150	1,910	4,300	6,690	9,550
2d Sport Sta Wag	440	1,310	2,190	4,920	7,650	10,925
4d Sport Sta Wag	450	1,350	2,260	5,070	7,890	11,275
4d Classic Sta Wag	480	1,450	2,420	5,430	8,450	12,075
4d Limited Sta Wag	510	1,520	2,530	5,690	8,860	12,650

NOTE: Add 10% for 4x4.

2001 Grand Cherokee, 6-cyl.

4d Laredo Sta Wag	460	1,380	2,300	5,180	8,050	11,500
4d Limited Sta Wag	510	1,520	2,530	5,690	8,860	12,650

NOTE: Add 10% for 4x4; 10% for V-8.

2002 Wrangler, 6-cyl., 4x4

SE Utly (4-cyl. only)	330	990	1,660	3,720	5,790	8,275
X Utly	370	1,100	1,840	4,140	6,440	9,200
Sport Utly	380	1,130	1,890	4,240	6,600	9,425
Sahara Utly	520	1,550	2,589	5,790	9,010	12,875

NOTE: Add 5% for detachable HT.

2002 Liberty, V-6

4d Sport SUV	440	1,310	2,190	4,920	7,650	10,925
4d Renegade SUV	510	1,520	2,530	5,690	8,860	12,650
4d Limited SUV	550	1,660	2,760	6,210	9,660	13,800

NOTE: Add 10% for 4x4. Deduct 5% for 4-cyl.

2002 Grand Cherokee, 6-cyl.

4d Sport SUV	440	1,310	2,190	4,920	7,650	10,925
4d Laredo SUV	460	1,380	2,300	5,180	8,050	11,500
4d Limited SUV	510	1,520	2,530	5,690	8,860	12,650
4d Limited HO SUV	580	1,730	2,880	6,470	10,060	14,375
4d Overland HO SUV	620	1,860	3,110	6,990	10,870	15,525

NOTE: Add 10% for 4x4; 10% for V-8 except HO models.

2003 Wrangler, 6-cyl., 4x4

SE Utly (4-cyl. only)	330	990	1,660	3,720	5,790	8,275
X Utly	370	1,100	1,840	4,140	6,440	9,200
Sport Utly	380	1,130	1,890	4,240	6,600	9,425
Sahara Utly	520	1,550	2,580	5,790	9,010	12,875
Rubicon Utly	540	1,610	2,690	6,050	9,420	13,455

NOTE: Add 5% for detachable HT; 5% for Freedom Pkg. on X model.

2003 Liberty, V-6

4d Sport SUV	440	1,310	2,190	4,920	7,650	10,925
4d Renegade SUV	530	1,590	2,650	5,950	9,260	13,225
4d Limited SUV	550	1,660	2,760	6,210	9,660	13,800

NOTE: Add 10% for 4x4; 5% for Freedom Pkg. on Sport model. Deduct 5% for 4-cyl.

2003 Grand Cherokee, 6-cyl.

4d Laredo SUV	460	1,380	2,300	5,180	8,050	11,500
4d Limited SUV	510	1,520	2,530	5,690	8,860	12,650
4d Limited HO SUV	580	1,730	2,880	6,470	10,060	14,375
4d Overland HO SUV	620	1,860	3,110	6,990	10,870	15,525

NOTE: Add 10% for 4x4 (excluding Overland HO model); 10% for V-8 (excluding HO models).

2004 Wrangler, 6-cyl., 4x4

SE Utly (4-cyl. only)	330	990	1,660	3,720	5,790	8,275
X Utly	370	1,100	1,840	4,140	6,440	9,200
Sport Utly	380	1,130	1,890	4,240	6,600	9,425
Unlimited Utly	410	1,230	2,050	4,600	7,160	10,225
Sahara Utly	520	1,550	2,500	5,700	9,010	12,875
Rubicon Utly	540	1,610	2,690	6,050	9,420	13,455

NOTE: Add 5% for detachable HT; 5% for Columbia or Rocky Mountain Pkg. on X-model; 5% for automatic transmission except Unlimited.

2004 Liberty, V-6

4d Sport SUV	440	1,310	2,190	4,920	7,650	10,925
4d Renegade SUV	510	1,520	2,530	5,690	8,860	12,650
4d Limited SUV	550	1,660	2,760	6,210	9,660	13,800

NOTE: Add 10% for 4x4; 5% for Columbia or Rocky Mountain Pkg. on Sport model. Deduct 5% for 4-cyl.; 5% for manual transmission.

2004 Grand Cherokee, 6-cyl.

4d Laredo SUV	460	1,380	2,300	5,180	8,050	11,500
4d Limited SUV	510	1,520	2,530	5,690	8,860	12,650
4d Limited HO SUV	580	1,730	2,880	6,470	10,060	14,375
4d Overland HO SUV	620	1,860	3,110	6,990	10,870	15,525

NOTE: Add 10% for 4x4; 5% for 4.7L V-8 (excluding HO models); 5% for Columbia, Freedom, Rocky Mountain or Special Edition Pkg. on Laredo.

2005 Wrangler, 6-cyl., 4x4

SE Utility (4-cyl. only)	330	990	1,660	3,720	5,790	8,275
X Utility	370	1,100	1,840	4,140	6,440	9,200
Sport Utility	380	1,130	1,890	4,240	6,600	9,425
Unlimited Utility	410	1,230	2,050	4,600	7,160	10,225
Rubicon Utility	540	1,610	2,690	6,050	9,420	13,450
Unlimited Rubicon Utility	550	1,660	2,760	6,210	9,660	13,800

NOTE: Add 5% for detachable HT; 5% for Rocky Mountain Pkg. on X model; 5% for 4.0L 6-cyl. on SE model; 5% for automatic transmission.

	6	5	4	3	2	1
2005 Liberty, V-6						
4d Sport SUV	440	1,310	2,190	4,920	7,650	10,925
4d Sport CRD SUV (4-cyl. only)	510	1,520	2,530	5,690	8,860	12,650
4d Renegade SUV	510	1,520	2,530	5,690	8,860	12,650
4d Limited SUV	550	1,660	2,760	6,210	9,660	13,800
4d Limited CRD SUV (4-cyl. only)	620	1,860	3,110	6,990	10,870	15,525

NOTE: Add 10% for 4x4; 5% for Rocky Mountain Pkg. on Renegade model. Deduct 5% for 4-cyl., except CRD models; 5% for manual transmission.

	6	5	4	3	2	1
2005 Grand Cherokee, V-6						
4d Laredo SUV	460	1,380	2,300	5,180	8,050	11,500
2005 Grand Cherokee, V-8						
4d Laredo SUV	510	1,520	2,530	5,690	8,860	12,650
4d Limited SUV	600	1,790	2,990	6,730	10,470	14,950
4d Limited Hemi SUV	710	2,140	3,570	8,020	12,480	17,825

NOTE: Add 10% for 4x4; 5% for Rocky Mountain Pkg. on Laredo models.

	6	5	4	3	2	1
2006 Wrangler, 4-cyl., 4WD						
2d SE SUV	530	1,600	2,670	6,010	9,350	13,350

NOTE: Add 8% for 4.0-L 6-cyl.

	6	5	4	3	2	1
2006 Wrangler, 6-cyl., 4WD						
2d X SUV	600	1,790	2,990	6,730	10,470	14,950
2d Sport SUV	610	1,840	3,060	6,890	10,710	15,300
2d Unlimited SUV LWB	650	1,950	3,250	7,300	11,360	16,225
2d Rubicon SUV	710	2,140	3,570	8,020	12,480	17,825
2d Unlimited Rubicon SUV LWB	720	2,150	3,590	8,080	12,570	17,950
2006 Liberty, V-6, 4WD						
4d SUV	440	1,310	2,190	4,920	7,650	10,925
4d Renegade SUV	480	1,450	2,420	5,430	8,450	12,075
4d Limited SUV	490	1,480	2,460	5,540	8,610	12,300

NOTE: Add 25% for 2.8L 4-cyl. Turbo Diesel.

	6	5	4	3	2	1
2006 Commander, V-8, 4WD						
4d SUV	480	1,450	2,420	5,430	8,450	12,075
4d Limited SUV	590	1,770	2,950	6,630	10,310	14,725

NOTE: Add 5% for 5.7L HEMI V-8.

	6	5	4	3	2	1
2006 Grand Cherokee, V-6, 4WD						
4d Laredo SUV	480	1,450	2,420	5,430	8,450	12,075
2006 Grand Cherokee, V-8, 4WD						
4d Limited SUV	640	1,910	3,180	7,140	11,110	15,875

NOTE: Add 5% for 5.7L HEMI V-8.

	6	5	4	3	2	1
2006 Grand Cherokee, 5.7L HEMI V-8, 4WD						
4d SRT-8 SUV	1,010	3,040	5,060	11,390	17,710	25,300
4d Overland SUV	710	2,130	3,550	7,980	12,410	17,725
2007 Patriot, 4-cyl. 4WD						
4d SUV	470	1,410	2,350	5,280	8,210	11,725
4d LTD SUV	570	1,700	2,830	6,370	9,910	14,150
2007 Compasst, 4-cyl. 4WD						
4d SUV	430	1,290	2,150	4,840	7,530	10,750
2007 Compasst, 4-cly. 4WD						
4d LTD SUV	490	1,470	2,450	5,510	8,580	12,250
2007 Wrangler, V-6 4WD						
2d X SUV	750	2,240	3,740	8,400	13,070	18,675
2d Unlimited X SUV	880	2,630	4,380	9,860	15,330	21,900
2d Sahara SUV	850	2,550	4,260	9,570	14,890	21,275
4d Unlimited Sahara SUV	960	2,890	4,810	10,820	16,840	24,050
2d Rubicon SUV	910	2,720	4,530	10,190	15,860	22,650
4d Unlimited Rubicon SUV	1,080	3,240	5,410	12,160	18,920	27,025
2007 Liberty, V-6 4WD						
4d SUV	470	1,410	2,350	5,290	8,230	11,750
4d Limited SUV	530	1,580	2,640	5,930	9,220	13,175
2007 Commander, V-6 4WD						
4d SUV	590	1,780	2,970	6,680	10,400	14,850
2007 Commander, V-8 4WD						
4d Limited SUV	780	2,340	3,900	8,780	13,650	19,500

NOTE: Add 5% for 5.7L V8 HEMI.

	6	5	4	3	2	1
2007 Commander, V-8 4WD HEMI						
4d Overland SUV	870	2,620	4,360	9,810	15,260	21,800
2007 Grand Cherokee, V-6 4WD						
4d Laredo SUV	580	1,730	2,880	6,470	10,060	14,375
2007 Grand Cherokee, V-8 4WD						
4d Limited SUV	780	2,350	3,920	8,820	13,720	19,600
2007 Grand Cherokee, 5.7L V-8 4WD HEMI						
4d SRT-8 SUV	1,250	3,740	6,240	14,030	21,820	31,175
4d Overland SUV	850	2,550	4,250	9,550	14,860	21,225
2008 Patriot, I4, 4WD						
4d SUV	260	790	1,320	2,970	4,620	6,600
4d LTD SUV	320	960	1,600	3,600	5,600	8,000
2008 Compasst, I4, 4WD						
4d Spt SUV	240	720	1,200	2,700	4,200	6,000
4d LTD SUV	240	730	1,220	2,750	4,270	6,100

	6	5	4	3	2	1
2008 Wrangler, V6, 4WD						
2d X SUV	610	1,840	3,060	6,890	10,710	15,300
2d Unlimited X SUV	710	2,140	3,560	8,010	12,460	17,800
2d Sahara SUV	710	2,120	3,540	7,970	12,390	17,700
4d Unlimited Sahara SUV	710	2,140	3,560	8,010	12,460	17,800
2d Rubicon SUV	720	2,150	3,580	8,060	12,530	17,900
2d Rubicon SUV.	720	2,160	3,600	8,100	12,600	18,000
2008 Liberty, V6, 4WD						
4d SUV	350	1,060	1,760	3,960	6,160	8,800
4d Limited SUV.	360	1,070	1,780	4,010	6,230	8,900
2008 Commander, V6, 4WD						
4d SUV	380	1,130	1,880	4,230	6,580	9,400
2008 Commander, V8, 4WD						
4d Limited SUV.	390	1,180	1,970	4,440	6,910	9,870
Add 5% for 5.7L HEMI V8						
2008 Commander, Hemi V8, 4WD						
4d Overland SUV	460	1,380	2,300	5,180	8,050	11,500
2008 Grand Cherokee, V6, 4WD						
4d Laredo SUV	360	1,080	1,800	4,050	6,300	9,000
2008 Grand Cherokee, V8, 4WD						
4d Limited SUV.	480	1,430	2,380	5,360	8,330	11,900
2008 Grand Cherokee, 5.7L HEMI V8, 4WD						
4d SRT-8 SUV	1,090	3,280	5,460	12,290	19,110	27,300
4d Overland SUV	600	1,800	3,000	6,750	10,500	15,000
2009 Patriot, I4, 4WD						
4d SUV	270	820	1,360	3,060	4,760	6,800
4d LTD SUV	330	980	1,640	3,690	5,740	8,200
2009 Compasst, I4, 4WD						
4d Spt SUV	250	740	1,240	2,790	4,340	6,200
2009 Compasst, I4, 4WD						
4d LTD SUV	250	750	1,250	2,810	4,380	6,250
Deduct 5% for 2WD.						
2009 Wrangler, V6, 4WD						
2d X SUV	620	1,860	3,100	6,980	10,850	15,500
2d Unlimited X SUV	720	2,160	3,600	8,100	12,600	18,000
2009 Wrangler, V6, 4WD						
2d Sahara SUV	730	2,180	3,640	8,190	12,740	18,200
4d Unlimited Sahara SUV	900	2,700	4,500	10,130	15,750	22,500
2d Rubicon SUV	800	2,390	3,990	8,980	13,970	19,950
2009 Liberty, V6, 4WD						
4d SUV	340	1,020	1,690	3,810	5,930	8,470
2009 Wrangler, V6, 4WD						
4d Unlimited Rubicon SUV	700	2,090	3,490	7,840	12,200	17,430
Deduct 7% for 2WD.						
2009 Liberty, V6, 4WD						
4d Limited SUV.	360	1,080	1,800	4,050	6,300	9,000
2009 Commander, V6, 4WD						
4d SUV	380	1,140	1,900	4,280	6,650	9,500
2009 Commander, V8, 4WD						
4d Limited SUV.	400	1,200	2,000	4,500	7,000	10,000
Deduct 7% for 2WD. Add 5% for V8.						
2009 Commander, Hemi V8, 4WD						
Commander, Hemi V8, 4WD	480	1,440	2,400	5,400	8,400	12,000
2009 Grand Cherokee, V6, 4WD						
4d Laredo SUV.	370	1,100	1,840	4,140	6,440	9,200
Add 5% for Flex Fuel V8 Add 10% for turbo diesel.						
2009 Grand Cherokee, 5.7L HEMI V8, 4WD						
4d Limited SUV.	480	1,440	2,400	5,400	8,400	12,000
4d SRT-8 SUV	1,090	3,280	5,460	13,650	19,110	27,300
4d Overland SUV	550	1,640	2,730	6,140	9,560	13,650
2010 Patriot, I4, 4WD						
4d SUV	300	900	1,500	3,380	5,250	7,500
4d LTD SUV	360	1,070	1,780	4,010	6,230	8,900
2010 Compass, I4, 4WD						
4d Spt SUV.	280	840	1,400	3,140	4,880	6,975
4d SLtd SUV.	340	1,030	1,720	3,870	6,020	8,600
NOTE: Deduct 5% for 2WD.						
2010 Wrangler, V6, 4WD						
2d Sport SUV	640	1,920	3,200	7,200	11,200	16,000
2d Unlimited Sport SUV	720	2,160	3,600	8,100	12,600	18,000
2d Sahara Sport SUV	740	2,220	3,700	8,330	12,950	18,500
4d Unlimited Sahara SUV.	790	2,380	3,960	8,910	13,860	19,800
4d Unlimited Sport SUV	720	2,160	3,600	8,100	12,600	18,000
2d Rubicon SUV.	840	2,520	4,200	9,450	14,700	21,000
4d Unlimited Rubicon SUV	890	2,660	4,440	9,990	15,540	22,200
NOTE: Deduct 7% for 2WD.						
2010 Liberty, V6, 4WD						
4d Sport SUV	380	1,130	1,880	4,230	6,580	9,400
4d Renegade SUV	440	1,320	2,200	4,950	7,700	11,000

CHRYSLER JEEP

	6	5	4	3	2	1
4d Limited SUV.	420	1,260	2,100	4,730	7,350	10,500
NOTE: Deduct 7% for 2WD.						
2010 Commander, V6, 4WD						
4d SUV.	420	1,250	2,080	4,680	7,280	10,400
NOTE: Deduct 7% for 2WD.						
2010 Commander, Hemi V8, 4WD						
4d Limited SUV.	550	1,660	2,770	6,230	9,700	13,850
2010 Grand Cherokee, V6, 4WD						
4d Laredo SUV.	440	1,310	2,180	4,910	7,630	10,900
NOTE: Add 5% for Flex Fuel V8; 10% for Turbo Diesel.						
2010 Grand Cherokee, 5.7L Hemi V8, 4WD						
4d Limited SUV.	540	1,610	2,680	6,030	9,380	13,400
4d SRT-8 SUV.	1,080	3,250	5,420	12,200	18,970	27,100
2011 Patriot, I4, 4WD						
4d Sport SUV	360	1,090	1,820	4,550	6,370	9,100
4d Latitude X Sport SUV	380	1,130	1,880	4,700	6,580	9,400
2011 Compass, I4, 4WD						
4d Spt SUV.	350	1,050	1,760	4,390	6,140	8,775
4d Ltd Sport SUV.	470	1,400	2,330	5,810	8,140	11,625
Deduct 5% for 2WD.						
2011 Wrangler , V6, 4WD						
2d Sport SUV	690	2,060	3,440	8,590	12,020	17,175
2d Unlimited Sport SUV	800	2,410	4,020	10,040	14,050	20,075
2d Sahara Sport SUV	840	2,530	4,220	10,550	14,770	21,100
2d 10th Anniv. Sport SUV	870	2,600	4,340	10,840	15,170	21,675
2d Rubicon SUV	870	2,620	4,360	10,900	15,260	21,800
2d Unlimited Sahara SUV	920	2,760	4,600	11,500	16,100	23,000
2d Unlimited 10th Anni. Sport SUV	940	2,830	4,720	11,800	16,520	23,600
4d Unlimited Rubicon SUV	1,000	3,010	5,020	12,550	17,570	25,100
Deduct 7% for 2WD.						
2011 Liberty, V6, 4WD						
4d Sport SUV	430	1,300	2,160	5,400	7,560	10,800
4d Renegade SUV	490	1,480	2,470	6,180	8,650	12,350
4d Limited SUV.	520	1,550	2,580	6,450	9,030	12,900
2011 Grand Cherokee, V6, 4WD						
4d Laredo SUV.	600	1,800	3,000	7,500	10,500	15,000
Add 5% for Flex Fuel V8. Add 10% for turbo Diesel.						
2011 Grand Cherokee, 5.7L HEMI V8, 4WD						
4d Limited SUV.	690	2,080	3,470	8,680	12,150	17,350
4d Overland SUV	720	2,170	3,620	9,050	12,670	18,100

LINCOLN TRUCKS

	6	5	4	3	2	1
1998 Navigator, V-8						
4d SUV.	500	1,500	2,500	5,630	8,750	12,500
NOTE: Add 10% for 4x4.						
1999 Navigator, V-8, 4x4						
4d SUV.	500	1,500	2,500	5,630	8,750	12,500
NOTE: Add 10% for 4x4.						
2000 Navigator, V-8, 4x4						
4d SUV.	500	1,500	2,500	5,630	8,750	12,500
NOTE: Add 10% for 4x4.						
2001 Navigator, V-8						
4d SUV.	500	1,500	2,500	5,630	8,750	12,500
NOTE: Add 10% for 4x4.						
2002 Navigator, V-8						
4d SUV.	580	1,740	2,900	6,530	10,150	14,500
NOTE: Add 10% for 4x4.						
2002 Blackwood, V-8						
4d PU.	800	2,400	4,000	9,000	14,000	20,000
2003 Aviator, V-8						
4d Luxury SUV.	400	1,210	2,020	5,050	7,070	10,100
4d Premium SUV	530	1,600	2,660	6,650	9,310	13,300
NOTE: Add 10% for AWD.						
2003 Navigator, V-8						
4d SUV.	580	1,740	2,900	7,250	10,150	14,500
4d Ultimate SUV.	660	1,970	3,280	8,200	11,480	16,400
NOTE: Add 10% for 4x4.						
2004 Aviator, V-8						
4d Luxury SUV.	400	1,210	2,020	5,050	7,070	10,100
4d Ultimate SUV.	530	1,600	2,660	6,650	9,310	13,300
NOTE: Add 10% for AWD.						
2004 Navigator, V-8						
4d SUV.	580	1,740	2,900	7,250	10,150	14,500
4d Ultimate SUV.	660	1,970	3,280	8,200	11,480	16,400
NOTE: Add 10% for 4x4.						
2005 Aviator, V-8						
4d Luxury SUV.	400	1,210	2,020	5,050	7,070	10,100
4d Elite SUV.	530	1,600	2,660	6,650	9,310	13,300
NOTE: Add 10% for 4x4.						

CHRYSLER JEEP

	6	5	4	3	2	1
2005 Navigator, V-8						
4d SUV	580	1,740	2,900	7,250	10,150	14,500
4d Ultimate SUV	660	1,970	3,280	8,200	11,480	16,400
NOTE: Add 10% for 4x4.						
2006 MARK LT, V-8						
4d Super Crew Pickup	720	2,170	3,620	8,150	12,670	18,100
NOTE: Add 15% for 4WD.						
2006 Navigator, V-8, 4WD						
4d SUV	690	2,080	3,460	7,790	12,110	17,300
2007 MKX, V-8 AWD						
4d SUV	660	1,970	3,280	8,200	11,480	16,400
2007 MARK LT, V-8						
4d Super Crew Pickup 6.5'	810	2,430	4,050	10,130	14,180	20,250
NOTE: Add 15% for 4WD.						
2007 MARK LT, V-8 4WD						
4d Super Crew Pickup 5.5'	970	2,900	4,840	12,100	16,940	24,200
NOTE: Add 15% for 4WD.						
2007 Navigator, V-8 4WD						
4d SUV	900	2,690	4,480	11,200	15,680	22,400
2007 Navigator L, V-8 4WD						
4d SUV	1,040	3,110	5,180	12,950	18,130	25,900
2008 MKX, V8, AWD						
4d SUV	660	1,990	3,310	8,280	11,590	16,550
2008 MARK LT, V8						
4d Super Crew Pickup 6.5í	870	2,600	4,340	10,850	15,190	21,700
Add 15% for 4WD.						
2008 MARK LT 4WD, V8						
4d Super Crew Pickup 5.5í	1,030	3,080	5,140	12,850	17,990	25,700
2008 Navigator, V8, 4WD						
4d SUV	820	2,470	4,120	10,300	14,420	20,600
2008 Navigator L, V8, 4WD						
4d SUV	940	2,810	4,680	11,700	16,380	23,400
2008 Mariner, V6, 4WD						
4d Premier SUV	480	1,430	2,380	5,950	8,330	11,900
2009 MKX, V8, AWD						
4d SUV	620	1,850	3,080	7,700	10,780	15,400
2009 Navigator, V8, 4WD						
4d SUV	800	2,400	4,000	10,000	14,000	20,000
2009 Navigator L, V8, 4WD						
4d SUV	870	2,620	4,360	10,900	15,260	21,800
2010 MKX, V6, AWD						
4d SUV	700	2,090	3,480	8,700	12,180	17,400
2010 MKT, V6						
4d SUV	650	1,940	3,230	8,080	11,310	16,150
2010 MKT, EcoBoost Twin Turbo V6, AWD						
4d SUV	740	2,210	3,690	9,230	12,920	18,450
2010 Navigator, V8, 4WD						
4d SUV	960	2,880	4,800	12,000	16,800	24,000
2010 Navigator L, V8, 4WD						
4d SUV	1,010	3,040	5,060	12,650	17,710	25,300
2011 MKX, V6, AWD						
4d SUV	520	1,550	2,590	6,460	9,050	12,925
2011 MKT, V6						
4d SUV	500	1,490	2,490	6,210	8,700	12,425
2011 MKT, EcoBoost Twin Turbo V6, AWD						
4d SUV	530	1,590	2,660	6,640	9,290	13,275
2011 Navigator, V8, 2WD						
4d SUV	700	2,110	3,520	8,790	12,300	17,575
2011 Navigator L, V8, 4WD						
4d SUV	740	2,220	3,710	9,260	12,970	18,525

MERCURY TRUCKS

	6	5	4	3	2	1
1993 Villager FWD, V-6						
GS Sta Wag	320	960	1,600	3,600	5,600	8,000
LS Sta Wag	360	1,080	1,800	4,050	6,300	9,000
1994 Villager, V-6						
GS Window Van	360	1,080	1,800	4,050	6,300	9,000
LS Window Van	430	1,300	2,160	4,860	7,560	10,800
Nautica Window Van	440	1,320	2,200	4,950	7,700	11,000
1995 Villager, V-6						
GS Window Van	360	1,080	1,800	4,050	6,300	9,000
LS Window Van	430	1,300	2,160	4,860	7,560	10,800
Nautica Window Van	440	1,320	2,200	4,950	7,700	11,000
1996 Villager, V-6						
GS Window Van	360	1,080	1,800	4,050	6,300	9,000
LS Window Van	430	1,300	2,160	4,860	7,560	10,800
Nautica Window Van	440	1,320	2,200	4,950	7,700	11,000
1997 Villager, V-6						
GS Window Van	360	1,080	1,800	4,050	6,300	9,000

	6	5	4	3	2	1
LS Window Van. 430	1,300	2,160	4,860	7,560	10,800
Nautica Window Van. 440	1,320	2,200	4,950	7,700	11,000
1997 Mountaineer, V-8						
4d Wag 280	840	1,400	3,150	4,900	7,000
NOTE: Add 10% for AWD.						
1998 Villager, V-6						
GS Window Van 360	1,080	1,800	4,050	6,300	9,000
LS Window Van. 430	1,300	2,160	4,860	7,560	10,800
Nautica Window Van. 440	1,320	2,200	4,950	7,700	11,000
1998 Mountaineer, V-6						
4d Wag 280	840	1,400	3,150	4,900	7,000
NOTE: Add 10% for AWD. Add 5% for V-8.						
1999 Villager, V-6						
Van 280	840	1,400	3,150	4,900	7,000
Sport Van 320	960	1,600	3,600	5,600	8,000
Estate Van. 340	1,020	1,700	3,830	5,950	8,500
1999 Mountaineer, V-6						
4d SUV 280	840	1,400	3,150	4,900	7,000
NOTE: Add 10% for 4x4. Add 5% for V-8.						
2000 Villager, V-6						
Van 280	840	1,400	3,150	4,900	7,000
Sport Van 320	960	1,600	3,600	5,600	8,000
Estate Van. 340	1,020	1,700	3,830	5,950	8,500
2000 Mountaineer, V-6						
4d SUV 280	840	1,400	3,150	4,900	7,000
NOTE: Add 10% for 4x4. Add 5% for V-8.						
2001 Villager, V-6						
Van 280	840	1,400	3,150	4,900	7,000
Sport Van 320	960	1,600	3,600	5,600	8,000
Estate Van. 340	1,020	1,700	3,830	5,950	8,500
2001 Mountaineer, V-6						
4d SUV 280	840	1,400	3,150	4,900	7,000
NOTE: Add 10% for 4x4. Add 5% for V-8.						
2002 Villager, V-6						
Van 280	840	1,400	3,150	4,900	7,000
Sport Van 320	960	1,600	3,600	5,600	8,000
Estate Van. 340	1,020	1,700	3,830	5,950	8,500
2002 Mountaineer, V-6						
4d SUV 320	960	1,600	3,600	5,600	8,000
4d Luxury SUV 360	1,080	1,800	4,050	6,300	9,000
NOTE: Add 10% for 4x4. Add 5% for V-8.						
2003 Mountaineer, V-6						
4d SUV 320	960	1,600	4,000	5,600	8,000
4d Luxury SUV 360	1,080	1,800	4,500	6,300	9,000
4d Premier SUV 410	1,220	2,040	5,100	7,140	10,200
NOTE: Add 10% for AWD. Add 5% for V-8.						
2004 Mountaineer, V-6						
4d SUV 320	960	1,600	4,000	5,600	8,000
4d Luxury SUV 360	1,080	1,800	4,500	6,300	9,000
4d Premier SUV 410	1,220	2,040	5,100	7,140	10,200
NOTE: Add 10% for AWD. Add 5% for V-8.						
2004 Monterey, V-6						
4d Wag 280	840	1,400	3,500	4,900	7,000
4d Luxury Wag 300	900	1,500	3,750	5,250	7,500
4d Premier Wag 330	980	1,640	4,100	5,740	8,200
2005 Mountaineer, V-6						
4d SUV 320	960	1,600	4,000	5,600	8,000
4d Luxury SUV 360	1,080	1,800	4,500	6,300	9,000
4d Premier SUV 410	1,220	2,040	5,100	7,140	10,200
NOTE: Add 10% for AWD. Add 5% for 4.6L V-8.						
2005 Monterey, V-6						
4d Van. 280	840	1,400	3,500	4,900	7,000
4d Luxury Van. 300	900	1,500	3,750	5,250	7,500
4d Premier Van 330	980	1,640	4,100	5,740	8,200
2005 Mariner, V-6						
4d Utility (4-cyl. only) 270	800	1,340	3,350	4,690	6,700
4d Luxury Utility 290	860	1,440	3,600	5,040	7,200
4d Premier Utility 310	920	1,540	3,850	5,390	7,700
NOTE: Add 10% for 4x4.						
2006 Monterey, V-6						
Minivan 320	950	1,580	3,950	5,530	7,900
2006 Mariner, 4-cyl., 4WD, Hybrid						
4d SUV 440	1,320	2,200	5,500	7,700	11,000
2006 Mariner, V-6, 4WD						
4d SUV 390	1,180	1,960	4,900	6,860	9,800
4d Premier SUV 400	1,210	2,020	5,050	7,070	10,100
2006 Mountaineer, V-8, AWD						
4d SUV 450	1,360	2,260	5,650	7,910	11,300

MERCURY TRUCKS

	6	5	4	3	2	1	815

2006 Mountaineer, V-6, AWD

	6	5	4	3	2	1
4d Premier SUV 480	1,440	2,400	6,000	8,400	12,000
2007 Monterey, V-6					
Minivan 510	1,540	2,570	6,430	9,000	12,850
2007 Mariner, 4-cyl. 4WD Hybrid					
4d SUV 460	1,380	2,300	5,750	8,050	11,500
2007 Mariner, V-6 4WD					
4d SUV 400	1,190	1,990	4,960	6,950	9,925
4d Premier SUV 430	1,280	2,140	5,350	7,490	10,700
2007 Mountaineer, V-8 AWD					
4d SUV 490	1,460	2,430	6,080	8,510	12,150
2007 Mountaineer, V-6 AWD					
4d Premie SUV 540	1,610	2,680	6,700	9,380	13,400
2008 Mariner, 4-cyl., 4WD, Hybrid					
4d SUV 560	1,690	2,820	7,050	9,870	14,100
2008 Mariner, V6, 4WD					
4d SUV 440	1,310	2,190	5,480	7,670	10,950
2008 Mountaineer, V8, AWD					
4d SUV 470	1,420	2,370	5,930	8,300	11,850
2008 Mountaineer, V6, AWD					
4d Premier SUV 510	1,530	2,550	6,380	8,930	12,750
2009 Mariner, 4-cyl., 4WD, Hybrid					
4d SUV 500	1,490	2,480	6,200	8,680	12,400
2009 Mariner, V6, 4WD					
4d SUV 410	1,240	2,070	5,180	7,250	10,350
4d Premier SUV 440	1,310	2,180	5,450	7,630	10,900
2009 Mountaineer, V8, AWD					
4d SUV 520	1,550	2,590	6,480	9,070	12,950
2009 Mountaineer, V6, AWD					
4d Premier SUV 590	1,760	2,930	7,330	10,260	14,660
2010 Mariner, 4-cyl., 4WD, Hybrid					
4d SUV 620	1,870	3,110	7,780	10,890	15,550
2010 Mariner, V6, 4WD					
4d SUV 490	1,480	2,470	6,180	8,650	12,350
4d Premier SUV 530	1,580	2,640	6,600	9,240	13,200
2010 Mountaineer, V6, AWD					
4d SUV 550	1,650	2,750	6,880	9,630	13,750
2010 Mountaineer, V8, AWD					
4d Premier SUV 680	2,050	3,410	8,530	11,940	17,050
2011 Mariner, 4-cyl., 4WD, Hybrid					
4d SUV 400	1,210	2,020	5,050	7,070	10,100
2011 Mariner, V6, 4WD					
4d SUV 380	1,130	1,890	4,730	6,620	9,450
4d Premier SUV 400	1,190	1,990	4,980	6,970	9,950

OLDSMOBILE TRUCKS

	6	5	4	3	2	1
1990 Silhouette FWD, V-6					
Sta Wag 280	840	1,400	3,150	4,900	7,000
1991 Bravada 4x4, V-6					
Sta Wag 340	1,020	1,700	3,830	5,950	8,500
1991 Silhouette FWD, V-6					
Sta Wag 300	900	1,500	3,380	5,250	7,500
1992 Bravada 4x4, V-6					
Sta Wag 360	1,080	1,800	4,050	6,300	9,000
1992 Silhouette FWD, V-6					
Sta Wag 320	960	1,600	3,600	5,600	8,000
1993 Bravada 4x4, V-6					
Sta Wag 400	1,200	2,000	4,500	7,000	10,000
1993 Silhouette FWD, V-6					
Sta Wag 340	1,020	1,700	3,830	5,950	8,500
1994 Bravada, V-6					
4d Utility 420	1,260	2,100	4,730	7,350	10,500
1994 Silhouette, V-6					
Window Van 380	1,140	1,900	4,280	6,650	9,500
1995 Silhouette, V-6					
Window Van 380	1,140	1,900	4,280	6,650	9,500
1996 Silhouette, V-6					
Window Van 380	1,140	1,900	4,280	6,650	9,500
1996 Bravada, V-6					
4d SUV 420	1,260	2,100	4,730	7,350	10,500
1997 Silhouette, V-6					
Window Van 340	1,020	1,700	3,830	5,950	8,500
GL Window Van 380	1,140	1,900	4,280	6,650	9,500
GLS Window Van 440	1,320	2,200	4,950	7,700	11,000
1997 Bravada, V-6					
4d SUV 420	1,260	2,100	4,730	7,350	10,500
1998 Silhouette, V-6					
GS Window Van 320	960	1,600	3,600	5,600	8,000

	6	5	4	3	2	1
GL Window Van	360	1,080	1,800	4,050	6,300	9,000
GLS Window Van	420	1,260	2,100	4,730	7,350	10,500
1998 Bravada, V-6, 4x4						
4d SUV	400	1,200	2,000	4,500	7,000	10,000
1999 Silhouette, V-6						
GS Van	320	960	1,600	3,600	5,600	8,000
GL Van	360	1,080	1,800	4,050	6,300	9,000
GLS Van	380	1,140	1,900	4,280	6,650	9,500
Premiere Van	400	1,200	2,000	4,500	7,000	10,000
1999 Bravada, V-6, 4x4						
4d SUV	320	960	1,600	3,600	5,600	8,000
2000 Silhouette, V-6						
GL Van	360	1,080	1,800	4,050	6,300	9,000
GLS Van	380	1,140	1,900	4,280	6,650	9,500
Premiere Van	400	1,200	2,000	4,500	7,000	10,000
2000 Bravada, V-6, 4x4						
4d SUV	320	960	1,600	3,600	5,600	8,000
2001 Silhouette, V-6						
GL Van	360	1,080	1,800	4,050	6,300	9,000
GLS Van	380	1,140	1,900	4,280	6,650	9,500
Premiere Van	400	1,200	2,000	4,500	7,000	10,000
2001 Bravada, V-6, 4x4						
4d SUV	320	960	1,600	3,600	5,600	8,000
2002 Silhouette, V-6						
GL Van	360	1,080	1,800	4,050	6,300	9,000
GLS Van	380	1,140	1,900	4,280	6,650	9,500
Premiere Van	400	1,200	2,000	4,500	7,000	10,000
NOTE: Add 10% for 4x4.						
2002 Bravada, 6-cyl.						
4d SUV	360	1,080	1,800	4,050	6,300	9,000
NOTE: Add 10% for 4x4.						
2003 Silhouette, V-6						
GL Van	360	1,080	1,800	4,500	6,300	9,000
GLS Van	380	1,140	1,900	4,750	6,650	9,500
Premiere Van	400	1,200	2,000	5,000	7,000	10,000
NOTE: Add 10% for AWD.						
2003 Bravada, 6-cyl.						
4d SUV	360	1,080	1,800	4,500	6,300	9,000
NOTE: Add 10% for AWD.						
2004 Silhouette, V-6						
GL Van	360	1,080	1,800	4,500	6,300	9,000
GLS Van	380	1,140	1,900	4,750	6,650	9,500
Premiere Van	400	1,200	2,000	5,000	7,000	10,000
NOTE: Add 10% for AWD.						
2004 Bravada, 6-cyl.						
4d SUV	360	1,080	1,800	4,500	6,300	9,000
NOTE: Add 10% for AWD. Production of all Oldsmobiles was ended after the 2004 model year.						

PLYMOUTH TRUCKS

	6	5	4	3	2	1
1930-31 Series 30U						
Commercial Sed	1,140	3,420	5,700	12,830	19,950	28,500
1935 Series PJ						
Sed Dly	1,240	3,720	6,200	13,950	21,700	31,000
1936 Series P-1						
Sed Dly	1,240	3,720	6,200	13,950	21,700	31,000
1937 Series PT-50						
PU	1,540	4,620	7,700	17,330	26,950	38,500
Sed Dly	1,260	3,780	6,300	14,180	22,050	31,500
1938 Series PT-57						
PU	1,100	3,300	5,500	12,380	19,250	27,500
Sed Dly	1,260	3,780	6,300	14,180	22,050	31,500
1939 Series PT-81						
PU	1,040	3,120	5,200	11,700	18,200	26,000
Sed Dly	1,260	3,780	6,300	14,180	22,050	31,500
1940 Series PT-105						
PU	1,040	3,120	5,200	11,700	18,200	26,000
Sed Dly	1,260	3,780	6,300	14,180	22,050	31,500
1941 Series PT-125						
Sed Dly	1,260	3,780	6,300	14,180	22,050	31,500
PU	1,030	3,090	5,150	11,590	18,030	25,750
1974-91 Scamp (1983 only)						
PU	188	564	940	2,120	3,290	4,700
1974-91 Trail Duster, (4x4), 1/2-Ton						
Utl	420	1,260	2,100	4,730	7,350	10,500
1974-91 PB-100 Voyager Van, 1/2-Ton, 109" wb						
Wag	260	780	1,300	2,930	4,550	6,500
1984-91 Voyager, V-6						
Sta Wag	252	756	1,260	2,840	4,410	6,300
SE Sta Wag	256	768	1,280	2,880	4,480	6,400

OLDSMOBILE TRUCKS

	6	5	4	3	2	1
LE Sta Wag.	260	780	1,300	2,930	4,550	6,500

NOTE: Add 5% for 4x4.

1992 Voyager, V-6

	6	5	4	3	2	1
3d Van.	248	744	1,240	2,790	4,340	6,200
SE 3d Van.	252	756	1,260	2,840	4,410	6,300
LE 3d Van.	256	768	1,280	2,880	4,480	6,400

NOTE: Add 5% for Grand Pkg.; 5% for 4x4.

1993 Voyager, V-6

	6	5	4	3	2	1
Window Van	292	876	1,460	3,290	5,110	7,300

NOTE: Add 5% for 4x4.

1994 Voyager, V-6

	6	5	4	3	2	1
Window Van Voyager	280	840	1,400	3,150	4,900	7,000
SE Window Van Voyager.	300	900	1,500	3,380	5,250	7,500
LE Window Van Voyager.	320	960	1,600	3,600	5,600	8,000
Window Van Grand Voyager.	320	960	1,600	3,600	5,600	8,000
SE Window Van Grand Voyager	340	1,020	1,700	3,830	5,950	8,500
LE Window Van Grand Voyager	360	1,080	1,800	4,050	6,300	9,000
Window Van Grand Voyager 4x4	420	1,260	2,100	4,730	7,350	10,500

NOTE: Add 5% for 4x4.

1995 Voyager, 4-cyl. & V-6

	6	5	4	3	2	1
Window Van	280	840	1,400	3,150	4,900	7,000
SE Window Van	300	900	1,500	3,380	5,250	7,500
LE Window Van.	320	960	1,600	3,600	5,600	8,000
Grand Voyager Window Van	320	960	1,600	3,600	5,600	8,000
SE Grand Voyager Window Van	340	1,020	1,700	3,830	5,950	8,500
LE Grand Voyager Window Van	360	1,080	1,800	4,050	6,300	9,000

NOTE: Add 10% for 4x4. Deduct 5% for 4-cyl.

1996 Voyager, 4-cyl. & V-6

	6	5	4	3	2	1
Window Van	280	840	1,400	3,150	4,900	7,000
SE Window Van	300	900	1,500	3,380	5,250	7,500
Grand Voyager Window Van	320	960	1,600	3,600	5,600	8,000
Grand Voyager SE Window Van	340	1,020	1,700	3,830	5,950	8,500

NOTE: Deduct 5% for 4-cyl.

1997 Voyager, V-6

	6	5	4	3	2	1
Window Van	280	840	1,400	3,150	4,900	7,000
SE Window Van	300	900	1,500	3,380	5,250	7,500
Grand Voyager Window Van	320	960	1,600	3,600	5,600	8,000
Grand Voyager SE Window Van	340	1,020	1,700	3,830	5,950	8,500

NOTE: Deduct 5% for 4-cyl.

1998 Voyager, V-6

	6	5	4	3	2	1
Window Van	260	780	1,300	2,930	4,550	6,500
SE Window Van	280	840	1,400	3,150	4,900	7,000
Expresso Window Van	290	870	1,450	3,260	5,080	7,250
Grand Voyager Window Van	300	900	1,500	3,380	5,250	7,500
Grand Voyager SE Window Van	320	960	1,600	3,600	5,600	8,000
Grand Voyager Expresso Window Van	330	990	1,650	3,710	5,780	8,250

NOTE: Deduct 5% for 4-cyl.

1999 Voyager, V-6

	6	5	4	3	2	1
Van.	260	780	1,300	2,930	4,550	6,500
SE Van.	280	840	1,400	3,150	4,900	7,000
Expresso Van	290	870	1,450	3,260	5,080	7,250
Grand Voyager Van.	300	900	1,500	3,380	5,250	7,500
Grand Voyager SE Van.	320	960	1,600	3,600	5,600	8,000
Grand Voyager Expresso Van.	330	990	1,650	3,710	5,780	8,250

NOTE: Deduct 5% for 4-cyl.
NOTE: Plymouth Voyager vans were produced only to December 1999, and then were badged as Chryslers, as Plymouth ceased truck production.

PONTIAC TRUCKS

1949-51 Streamliner Series 6

	6	5	4	3	2	1
Sed Dly.	960	2,880	4,800	10,800	16,800	24,000

1949-51 Streamliner Series 8

	6	5	4	3	2	1
Sed Dly.	1,000	3,000	5,000	11,250	17,500	25,000

1952-53 Chieftain Series 6

	6	5	4	3	2	1
Sed Dly.	960	2,880	4,800	10,800	16,800	24,000

1952-53 Chieftain Series 8

	6	5	4	3	2	1
Sed Dly.	1,000	3,000	5,000	11,250	17,500	25,000

1990 Trans Sport FWD, V-6

	6	5	4	3	2	1
Sta Wag.	260	780	1,300	2,930	4,550	6,500
SE Sta Wag	280	840	1,400	3,150	4,900	7,000

1991 Trans Sport FWD, V-6

	6	5	4	3	2	1
Sta Wag.	300	900	1,500	3,380	5,250	7,500
SE Sta Wag	320	960	1,600	3,600	5,600	8,000

1992 Trans Sport FWD, V-6

	6	5	4	3	2	1
SE Sta Wag	352	1,056	1,760	3,960	6,160	8,800
GS Sta Wag	360	1,080	1,800	4,050	6,300	9,000

1993 Trans Sport FWD, V-6

	6	5	4	3	2	1
SE Sta Wag	372	1,116	1,860	4,190	6,510	9,300

PONTIAC TRUCKS

PONTIAC TRUCKS

	6	5	4	3	2	1
1994 Trans Sport, V-6						
SE Window Van	380	1,140	1,900	4,280	6,650	9,500
1995 Trans Sport, V-6						
SE Window Van	380	1,140	1,900	4,280	6,650	9,500
1996 Trans Sport, V-6						
SE Window Van	380	1,140	1,900	4,280	6,650	9,500
1997 Trans Sport, V-6						
SE Window Van	380	1,140	1,900	4,280	6,650	9,500
NOTE: Add 5% for extended model.						
1998 Trans Sport, V-6						
SE Window Van	360	1,080	1,800	4,050	6,300	9,000
NOTE: Add 5% for extended model; 5% for Montana Pkg.						
1999 Montana, V-6						
Van	280	840	1,400	3,150	4,900	7,000
NOTE: Add 5% for extended model.						
2000 Montana, V-6						
Van	280	840	1,400	3,150	4,900	7,000
NOTE: Add 5% for extended model; 5% for Luxury Pkg.						
2001 Aztek, V-6						
4d SUV	280	840	1,400	3,500	4,900	7,000
4d GT SUV	290	860	1,440	3,600	5,040	7,200
NOTE: Add 5% for AWD.						
2001 Montana, V-6						
Van	280	840	1,400	3,500	4,900	7,000
NOTE: Add 5% for extended model; 5% for Luxury Pkg.						
2002 Aztek, V-6						
4d SUV	280	840	1,400	3,500	4,900	7,000
NOTE: Add 5% for AWD.						
2002 Montana, V-6						
Van	280	840	1,400	3,500	4,900	7,000
NOTE: Add 10% for AWD; 5% for extended model; 5% for Thunder or Luxury Pkgs.						
2003 Aztek, V-6						
4d SUV	280	840	1,400	3,500	4,900	7,000
NOTE: Add 5% for AWD.						
2003 Montana, V-6						
4d Van	280	840	1,400	3,500	4,900	7,000
4d Luxury Van	330	980	1,640	4,100	5,740	8,200
NOTE: Add 10% for AWD; 5% for extended base model; 5% for Thunder Pkg.						
2004 Aztec, V-6						
4d SUV	280	840	1,400	3,500	4,900	7,000
NOTE: Add 5% for AWD.						
2004 Montana, V-6						
4d Van	280	840	1,400	3,500	4,900	7,000
4d Luxury Van	330	980	1,640	4,100	5,740	8,200
NOTE: Add 10% for AWD; 5% for extended base model.						
2005 Aztek, V-6						
4d SUV	290	860	1,440	3,600	5,040	7,200
NOTE: Add 5% for AWD.						
2005 Montana, V-6						
4d Extended Van	280	840	1,400	3,500	4,900	7,000
4d Luxury Extended Van	330	980	1,640	4,100	5,740	8,200
2005 Montana SV6, V-6						
4d (Base) Extended Van	300	890	1,480	3,700	5,180	7,400
4d Extended Van	330	1,000	1,660	4,150	5,810	8,300
NOTE: Add 10% for AWD.						
2006 Torrent, V-6						
4d SUV	360	1,080	1,800	4,050	6,300	9,000
NOTE: Add 8% for 4WD.						
2006 Montana SV6, V-6						
4d Minivan	290	880	1,460	3,290	5,110	7,300
NOTE: Add 8% for 4WD.						
2007 Torrent, V-6						
4d SUV	370	1,110	1,850	4,630	6,480	9,250
NOTE: Add 8% for 4WD.						
2008 Torrent, V6						
4d SUV	340	1,010	1,690	4,210	5,900	8,425
4d GPX SUV	390	1,160	1,940	4,840	6,770	9,675
Add 8% for 4WD.						
2009 Torrent, V6						
4d SUV	350	1,040	1,730	4,310	6,040	8,625
4d GPX SUV	390	1,170	1,950	4,860	6,810	9,725
Add 8% for 4WD.						

SATURN TRUCKS

	6	5	4	3	2	1
2002 Vue, V-6						
4d SUV	300	900	1,500	3,380	5,250	7,500
NOTE: Add 10% for AWD. Deduct 5% for 4-cyl.						

	6	5	4	3	2	1 819
2003 Vue, V-6						
4d SUV	300	900	1,500	3,750	5,250	7,500
NOTE: Add 10% for AWD. Deduct 5% for 4-cyl.						
2004 Vue, V-6						
4d SUV	300	900	1,500	3,750	5,250	7,500
Red Line 4d SUV	320	960	1,600	4,000	5,600	8,000
NOTE: Add 10% for AWD. Deduct 5% for 4-cyl.; 5% for manual transmission.						
2005 Vue, V-6						
4d SUV	300	900	1,500	3,750	5,250	7,500
4d Red Line SUV	320	960	1,600	4,000	5,600	8,000
NOTE: Add 10% for AWD. Deduct 5% for 4-cyl.; 5% for manual transmission.						
2005 Relay, V-6						
4d Relay-2 Van	290	880	1,460	3,650	5,110	7,300
4d Relay-3 Van	310	940	1,560	3,900	5,460	7,800
NOTE: Add 10% for AWD.						
2006 Vue, V-6						
4d SUV	290	880	1,460	3,290	5,110	7,300
NOTE: Add 8% for 4WD.						
2006 Relay, V-6						
4d Relay-2 Minivan	380	1,140	1,900	4,280	6,650	9,500
4d Relay-3 Minivan	410	1,240	2,060	5,150	7,210	10,300
NOTE: Add 8% for 4WD.						
2007 Vue, 4-cyl. Hybrid						
4d SUV	400	1,190	1,990	4,960	6,950	9,925
2007 Vue, 4-cyl.						
4d SUV	310	940	1,570	3,910	5,480	7,825
NOTE: Add 8% for 4WD; 6% for V-6.						
2007 Relay, V-6						
Minivan	370	1,100	1,830	4,580	6,410	9,150
2 Minivan	410	1,240	2,060	5,150	7,210	10,300
3 Minivan	520	1,550	2,580	6,450	9,030	12,900
NOTE. Add 8% for 4WD.						
2007 Outlook, V-6						
4d XE SUV	490	1,480	2,470	6,180	8,650	12,350
4d XR SUV	630	1,880	3,130	7,040	10,960	15,650
NOTE: Add 5% for AWD.						
2008 Vue, I4, Hybrid						
4d SUV	390	1,160	1,930	4,830	6,760	9,650
2008 Vue, I4						
4d XE SUV	450	1,340	2,230	5,580	7,810	11,150
Add 8% for 4WD. Add 6% for V-6.						
2008 Vue, V6						
4d XR SUV	510	1,520	2,530	6,330	8,860	12,650
4d Redline SUV	520	1,550	2,590	6,480	9,070	12,950
2008 Outlook, V6						
4d XE SUV	570	1,720	2,870	7,180	10,050	14,350
4d XR SUV	660	1,980	3,300	8,250	11,550	16,500
Note: Add 5% for AWD						
2009 Vue, I4, Hybrid						
4d SUV	340	1,010	1,690	4,210	5,900	8,425
2009 Vue, I4						
4d XE SUV	330	980	1,640	4,100	5,740	8,200
Add 8% for 4WD. Add 6% for V-6.						
2009 Vue, V6						
4d XR SUV	370	1,100	1,840	4,130	6,420	9,175
4d Redline SUV	420	1,260	2,100	5,250	7,350	10,500
2009 Outlook, V6						
4d XE SUV	450	1,360	2,260	5,650	7,910	11,300
2009 Outlook, V6						
4d XR SUV	510	1,540	2,570	6,430	9,000	12,850
2010 Vue, I4						
4d XE SUV	410	1,220	2,030	5,080	7,110	10,150
2010 Vue, V6						
4d XR SUV	440	1,310	2,180	5,450	7,630	10,900
4d XS SUV	490	1,480	2,470	6,180	8,650	12,350
NOTE: Add 8% for 4WD; 6% for V6.						
4d Redline SUV	420	1,250	2,080	5,200	7,280	10,400
NOTE: Add 8% for 4WD; 6% for V6.						
2010 Outlook, V6						
4d XE SUV	450	1,340	2,240	5,600	7,840	11,200
4d XR SUV	510	1,530	2,550	6,380	8,930	12,750
NOTE: Add 5% for AWD.						

STUDEBAKER TRUCKS

	6	5	4	3	2	1
1937 Model 5A/6A, Dictator Six						
Cpe Exp	1,640	4,920	8,200	18,450	28,700	41,000
1938 Model 7A, Commander Six						
Cpe Exp	1,640	4,920	8,200	18,450	28,700	41,000

STUDEBAKER TRUCKS

	6	5	4	3	2	1
1939 Model 9A, Commander Six						
Cpe Exp 1,660	4,980	8,300	18,680	29,050	41,500
1941-42, 1946-48 Six-cyl., 113" wb						
1/2-Ton 780	2,340	3,900	8,780	13,650	19,500
1949-53 Pickup, 1/2-Ton, 6-cyl.						
2R5 1,010	3,040	5,060	11,390	17,710	25,300
2R6 1,020	3,050	5,080	11,430	17,780	25,400
1949-53 Pickup, 3/4-Ton, 6-cyl.						
2R10 990	2,980	4,960	11,160	17,360	24,800
2R11 1,000	2,990	4,980	11,210	17,430	24,900
1954 Pickup, 1/2-Ton, 6-cyl.						
3R5 1,010	3,040	5,060	11,390	17,710	25,300
3R6 1,020	3,050	5,080	11,430	17,780	25,400
1954 Pickup, 3/4-Ton, 6-cyl.						
3R10 990	2,980	4,960	11,160	17,360	24,800
3R11 1,000	2,990	4,980	11,210	17,430	24,900
1955 Pickup, 1/2-Ton, 6-cyl.						
E5 1,020	3,060	5,100	11,480	17,850	25,500
E7 1,020	3,070	5,120	11,520	17,920	25,600
1955 Pickup, 3/4-Ton, 6-cyl.						
E10 1,000	3,010	5,020	11,300	17,570	25,100
E12 1,010	3,020	5,040	11,340	17,640	25,200
NOTE: Add 10% for V-8.						
1956-58 Pickup, 1/2-Ton, 6-cyl.						
2E5 (SWB) 990	2,960	4,940	11,120	17,290	24,700
2E5 (LWB) 980	2,940	4,900	11,030	17,150	24,500
2E7 (SWB) 1,000	3,000	5,000	11,250	17,500	25,000
2E7 (LWB) 990	2,980	4,960	11,160	17,360	24,800
1956-58 Pickup, 3/4-Ton, 6-cyl.						
2E12 980	2,940	4,900	11,030	17,150	24,500
NOTE: Add 10% for V-8; Add 10% for NAP OO 4x4 option; Add 10% for Trans Star.						
1959-64 Pickup, 1/2-Ton, 6-cyl.						
4E1 (SWB) 960	2,880	4,800	10,800	16,800	24,000
4E1 (LWB) 960	2,880	4,800	10,800	16,800	24,000
4E5 (SWB) 970	2,900	4,840	10,890	16,940	24,200
4E5 (LWB) 970	2,900	4,840	10,890	16,940	24,200
4E6 (SWB) 990	2,980	4,960	11,160	17,360	24,800
4E6 (LWB) 970	2,920	4,860	10,940	17,010	24,300
4E7 (SWB) 1,000	3,000	5,000	11,250	17,500	25,000
4E7 (LWB) 1,000	3,000	5,000	11,250	17,500	25,000
NOTE: Add 10% for V-8; Add 10% for 4x4.						
1959-64 Pickup, 3/4-Ton, 6-cyl.						
4E11 950	2,860	4,760	10,710	16,660	23,800
4E12 970	2,920	4,860	10,940	17,010	24,300
NOTE: Add 10% for V-8; Add 10% for 4x4.						

WILLYS OVERLAND TRUCKS (1911-1942)

	6	5	4	3	2	1
1911-12 Overland "37"						
Dly 780	2,340	3,900	8,780	13,650	19,500
Spl Dly 820	2,460	4,100	9,230	14,350	20,500
1911-12 Overland						
1-Ton Truck 700	2,100	3,500	7,880	12,250	17,500
1911-12 Gramm						
1-Ton Truck 720	2,160	3,600	8,100	12,600	18,000
1913 Overland						
Open Exp 740	2,220	3,700	8,330	12,950	18,500
Full Panel 760	2,280	3,800	8,550	13,300	19,000
1913 Gramm						
Chassis (1-Ton) 720	2,160	3,600	8,100	12,600	18,000
1913 Willys						
Chassis (3/4-Ton) 720	2,160	3,600	8,100	12,600	18,000
1914 Overland "79"						
Exp 740	2,220	3,700	8,330	12,950	18,500
Panel 760	2,280	3,800	8,550	13,300	19,000
1914 Willys Utility "65"						
Exp 760	2,280	3,800	8,550	13,300	19,000
Panel 770	2,310	3,850	8,660	13,480	19,250
1915 Willys Utility						
3/4-Ton Exp 760	2,280	3,800	8,550	13,300	19,000
1916 Overland "83"						
Exp Dly 660	1,980	3,300	7,430	11,550	16,500
Spl Dly 700	2,100	3,500	7,880	12,250	17,500
Open Exp 640	1,920	3,200	7,200	11,200	16,000
1916 Overland "75"						
Screen 700	2,110	3,520	7,920	12,320	17,600
Panel 710	2,120	3,540	7,970	12,390	17,700
1917 Overland "90"						
Panel 680	2,040	3,400	7,650	11,900	17,000

STUDEBAKER TRUCKS

	6	5	4	3	2	1
1918 Overland "90"						
Exp (800 lbs.)	660	1,990	3,320	7,470	11,620	16,600
Panel (800 lbs.)	680	2,040	3,400	7,650	11,900	17,000
Exp (1200 lbs.)	640	1,920	3,200	7,200	11,200	16,000
1919 Overland Light Four						
Exp (800 lbs.)	660	1,990	3,320	7,470	11,620	16,600
Panel (800 lbs.)	680	2,040	3,400	7,650	11,900	17,000
Exp (1200 lbs.)	640	1,920	3,200	7,200	11,200	16,000
1920 Overland Model 5 - ("Light Four")						
Exp (800 lbs.)	670	2,000	3,340	7,520	11,690	16,700
Panel (800 lbs.)	690	2,060	3,440	7,740	12,040	17,200
Exp (1000 lbs.)	640	1,930	3,220	7,250	11,270	16,100
1921 Overland Model Four						
Exp (800 lbs.)	590	1,760	2,940	6,620	10,290	14,700
Panel (800 lbs.)	610	1,820	3,040	6,840	10,640	15,200
Exp (1000 lbs.)	560	1,690	2,820	6,350	9,870	14,100
1922 Overland Model Four						
Exp (800 lbs.)	670	2,000	3,340	7,520	11,690	16,700
Panel (800 lbs.)	690	2,060	3,440	7,740	12,040	17,200
Exp (1000 lbs.)	640	1,930	3,220	7,250	11,270	16,100
1923 Overland "91CE"						
Exp	670	2,000	3,340	7,520	11,690	16,700
Canopy	710	2,120	3,540	7,970	12,390	17,700
Screen	680	2,040	3,400	7,650	11,900	17,000
Panel	690	2,060	3,440	7,740	12,040	17,200
1924 Overland "91CE"						
Exp	670	2,000	3,340	7,520	11,690	16,700
Canopy	680	2,040	3,400	7,650	11,900	17,000
Screen	680	2,030	3,380	7,610	11,830	16,900
Panel	690	2,060	3,440	7,740	12,040	17,200
1925 Overland "91CE"						
Open Exp	670	2,000	3,340	7,520	11,690	16,700
Canopy	680	2,040	3,400	7,650	11,900	17,000
Screen	680	2,030	3,380	7,610	11,830	16,900
Panel	690	2,060	3,440	7,740	12,040	17,200
NOTE: With aftermarket bodies.						
1926 Overland Model 91						
Open Exp	670	2,000	3,340	7,520	11,690	16,700
Canopy	680	2,040	3,400	7,650	11,900	17,000
Screen	680	2,030	3,380	7,610	11,830	16,900
Panel	690	2,060	3,440	7,740	12,040	17,200
NOTE: With aftermarket bodies.						
1927 Whippet Model 96						
PU	580	1,740	2,900	6,530	10,150	14,500
Canopy	600	1,800	3,000	6,750	10,500	15,000
Screen	590	1,780	2,960	6,660	10,360	14,800
Panel	600	1,800	3,000	6,750	10,500	15,000
Sed Dly	620	1,850	3,080	6,930	10,780	15,400
NOTE: Add 12% for 6-cyl. engine.						
1928 Whippet Series 96						
PU	580	1,740	2,900	6,530	10,150	14,500
Canopy	600	1,800	3,000	6,750	10,500	15,000
Screen	590	1,780	2,960	6,660	10,360	14,800
Panel	600	1,800	3,000	6,750	10,500	15,000
Sed Dly	620	1,850	3,080	6,930	10,780	15,400
NOTE: Add 12% for 6-cyl. engine.						
1929 Whippet Series 96, 100" wb						
PU	580	1,740	2,900	6,530	10,150	14,500
Screen	590	1,760	2,940	6,620	10,290	14,700
Canopy	600	1,800	3,000	6,750	10,500	15,000
Panel	600	1,800	3,000	6,750	10,500	15,000
Sed Dly	620	1,850	3,080	6,930	10,780	15,400
1929 Whippet Series 96A, 103" wb						
PU	580	1,740	2,900	6,530	10,150	14,500
Canopy	600	1,800	3,000	6,750	10,500	15,000
Screen	600	1,800	3,000	6,750	10,500	15,000
Panel	610	1,820	3,040	6,840	10,640	15,200
Sed Dly	620	1,870	3,120	7,020	10,920	15,600
NOTE: Add 12% for Whippet Six.						
1929 Willys Series 98B						
PU	620	1,850	3,080	6,930	10,780	15,400
Canopy	620	1,860	3,100	6,980	10,850	15,500
Screenside	630	1,880	3,140	7,070	10,990	15,700
Panel	640	1,910	3,180	7,160	11,130	15,900
Sed Dly	660	1,980	3,300	7,430	11,550	16,500
1930 Whippet Series 96A						
PU	580	1,740	2,900	6,530	10,150	14,500
Canopy	600	1,800	3,000	6,750	10,500	15,000
Screenside	600	1,800	3,000	6,750	10,500	15,000

	6	5	4	3	2	1
Panel	610	1,820	3,040	6,840	10,640	15,200
Screen Dly	620	1,870	3,120	7,020	10,920	15,600
1931 Whippet Series 96						
PU	580	1,740	2,900	6,530	10,150	14,500
Canopy	600	1,800	3,000	6,750	10,500	15,000
Screenside	600	1,800	3,000	6,750	10,500	15,000
Panel	610	1,820	3,040	6,840	10,640	15,200
Sed Dly	620	1,870	3,120	7,020	10,920	15,600
NOTE: Add 12% for Whippet Six.						
1931 Willys Series 98B						
PU	610	1,840	3,060	6,890	10,710	15,300
Canopy	620	1,850	3,080	6,930	10,780	15,400
Screenside	620	1,870	3,120	7,020	10,920	15,600
Panel	630	1,900	3,160	7,110	11,060	15,800
Sed Dly	660	1,970	3,280	7,380	11,480	16,400
1931 Willys Series C-113						
PU	550	1,660	2,760	6,210	9,660	13,800
Canopy	560	1,670	2,780	6,260	9,730	13,900
Screenside	560	1,680	2,800	6,300	9,800	14,000
Panel	570	1,700	2,840	6,390	9,940	14,200
Sed Dly	580	1,740	2,900	6,530	10,150	14,500
1932 Willys Series C-113						
PU	630	1,900	3,160	7,110	11,060	15,800
Canopy	640	1,910	3,180	7,160	11,130	15,900
Screenside	640	1,920	3,200	7,200	11,200	16,000
Panel	650	1,940	3,240	7,290	11,340	16,200
Sed Dly	660	1,980	3,300	7,430	11,550	16,500
1933 Willys "77"						
Panel	1,450	4,360	7,260	16,340	25,410	36,300
1934 Willys Model 77						
Panel	1,450	4,360	7,260	16,340	25,410	36,300
1935 Willys Model 77						
PU	1,410	4,240	7,060	15,890	24,710	35,300
Panel	1,450	4,360	7,260	16,340	25,410	36,300
1936 Willys Model 77						
PU	1,410	4,240	7,060	15,890	24,710	35,300
Panel	1,450	4,360	7,260	16,340	25,410	36,300
1937 Willys Model 77						
PU	1,620	4,850	8,080	18,180	28,280	40,400
Panel	1,640	4,910	8,180	18,410	28,630	40,900
1938 Willys Model 38						
PU	1,620	4,850	8,080	18,180	28,280	40,400
Stake	1,180	3,530	5,880	13,230	20,580	29,400
Panel	1,240	3,710	6,180	13,910	21,630	30,900
1939 Willys Model 38						
PU	1,620	4,850	8,080	18,180	28,280	40,400
Stake	1,180	3,530	5,880	13,230	20,580	29,400
Panel	1,240	3,710	6,180	13,910	21,630	30,900
1939 Willys Model 48						
PU	1,640	4,910	8,180	18,410	28,630	40,900
Stake	1,180	3,530	5,880	13,230	20,580	29,400
Panel	1,240	3,710	6,180	13,910	21,630	30,900
1940 Willys Model 440						
PU	1,660	4,970	8,280	18,630	28,980	41,400
Panel Dly	1,260	3,770	6,280	14,130	21,980	31,400
1941 Willys Model 441						
PU	1,740	5,210	8,680	19,530	30,380	43,400
Panel Dly	1,340	4,010	6,680	15,030	23,380	33,400
1942 Willys Model 442						
PU	1,740	5,210	8,680	19,530	30,380	43,400
Panel Dly	1,340	4,010	6,680	15,030	23,380	33,400

IMPORT TRUCKS

ACURA TRUCKS

	6	5	4	3	2	1
1998 SLX, V-6, 4x4						
4d Utility	400	1,200	2,000	4,500	7,000	10,000
1999 SLX, V-6, 4x4						
4d Utility	400	1,200	2,000	4,500	7,000	10,000
2000						
NOTE: The SLX SUV was not continued in 2000, and its replacement, the MDX was released as a 2001 model.						
2001 MDX, V-6, 4x4						
4d SUV	600	1,800	3,000	7,500	10,500	15,000
2002 MDX, V-6, 4x4						
4d SUV	600	1,800	3,000	7,500	10,500	15,000
2003 MDX, V-6, 4x4						
4d SUV	600	1,800	3,000	7,500	10,500	15,000
4d Touring SUV	680	2,040	3,400	8,500	11,900	17,000

	6	5	4	3	2	1
2004 MDX, V-6, 4x4						
4d SUV	600	1,800	3,000	7,500	10,500	15,000
4d Touring SUV	680	2,040	3,400	8,500	11,900	17,000
2005 MDX, V-6, 4x4						
4d SUV	600	1,800	3,000	7,500	10,500	15,000
4d Tourng SUV	700	2,100	3,500	8,750	12,250	17,500
2006 MDX, V-6, AWD						
4d SUV	650	1,960	3,260	8,150	11,410	16,300
4d Trg SUV	710	2,120	3,540	8,850	12,390	17,700
2007 RDX, 4-cyl. Turbo AWD						
4d SUV	670	2,010	3,350	8,380	11,730	16,750
2007 MDX, V-6 AWD						
4d SUV	880	2,640	4,400	11,000	15,400	22,000
2008 RDX, I4 Turbo, AWD						
4d SUV	650	1,960	3,270	8,180	11,450	16,350
2008 MDX, V6 AWD						
4d SUV	850	2,560	4,260	10,650	14,910	21,300
2009 RDX AWD, I4 Turbo						
4d SUV	600	1,800	3,000	7,500	10,500	15,000
2009 MDX AWD, V6 VTEC						
4d SUV	810	2,440	4,060	10,150	14,210	20,300
2010 RDX, I4 Turbo, AWD						
4d SUV	740	2,220	3,700	9,250	12,950	18,500
2010 MDX AWD, V6 Vtec						
4d SUV	930	2,800	4,660	11,650	16,310	23,300
2010 ZDX AWD, V6 VTEC						
4d SUV	890	2,680	4,460	11,150	15,610	22,300
2011 RDX AWD, I4 Turbo						
4d SUV	480	1,440	2,400	6,000	8,400	12,000
2011 RDX SH AWD, I4 Turbo						
4d SUV	510	1,540	2,560	6,400	8,960	12,800
2011 MDX AWD, V6 VTEC						
4d SUV	730	2,200	3,660	9,150	12,810	18,300
2011 ZDX AWD, V6 VTEC						
4d SUV	640	1,930	3,220	8,050	11,270	16,100

BMW TRUCKS

	6	5	4	3	2	1
2000 X5, V-8, 4x4						
4.4i SUV	1,000	3,000	5,000	11,250	17,500	25,000
NOTE: Add 5% for Spt pkg.						
2001 X5, 6-cyl. & V-8, 4x4						
3.0i SUV (6-cyl.)	860	2,580	4,300	10,750	15,050	21,500
4.4i SUV (V-8)	1,000	3,000	5,000	12,500	17,500	25,000
NOTE: Add 5% for Sport pkg.						
2002 X5, 6-cyl. & V-8, 4x4						
3.0i SUV	860	2,580	4,300	10,750	15,050	21,500
4.4i SUV	1,000	3,000	5,000	12,500	17,500	25,000
4.6is SUV (V-8 only)	1,200	3,600	6,000	15,000	21,000	30,000
NOTE: Add 5% for Sport pkg.						
2003 X5, 6-cyl. & V-6, 4x4						
3.0i SUV	860	2,580	4,300	10,750	15,050	21,500
4.4i SUV	1,000	3,000	5,000	12,500	17,500	25,000
4.6is SUV (V-8 only)	1,200	3,600	6,000	15,000	21,000	30,000
NOTE: Add 5% for Sport pkg.						
2004 X3, 6-cyl., 4x4						
2.5i 4d SUV	750	2,250	3,750	9,380	13,130	18,750
3.0i 4d SUV	820	2,460	4,100	10,250	14,350	20,500
2004 X5, 6-cyl. & V-8, 4x4						
3.0i 4d SUV	860	2,580	4,300	10,750	15,050	21,500
4.4i 4d SUV	1,000	3,000	5,000	12,500	17,500	25,000
4.8is 4d SUV (V-8 only)	1,200	3,600	6,000	15,000	21,000	30,000
NOTE: Add 5% for Sport pkg except 4.8is. Deduct 5% for manual transmission.						
2005 X3, 6-cyl., 4x4						
4d 2.5i SUV	750	2,250	3,750	9,380	13,130	18,750
4d 3.0i SUV	820	2,460	4,100	10,250	14,350	20,500
2005 X5, 6-cyl. & V-8, 4x4						
4d 3.0i SUV	860	2,580	4,300	10,750	15,050	21,500
4d 4.4i SUV	1,000	3,000	5,000	12,500	17,500	25,000
4d 4.8i SUV (V-8 only)	1,200	3,600	6,000	15,000	21,000	30,000
NOTE: Add 5% for Sport pkg, except 4.8i. Deduct 5% for manual transmission.						
2006 X3, 6-cyl. AWD						
4d 3.0i SUV	660	1,970	3,280	8,200	11,480	16,400
2006 X5, 6-cyl. AWD						
4d 3.0i SUV	760	2,280	3,800	9,500	13,300	19,000
2006 X5, V-8 AWD						
4d 4.4i SUV	800	2,400	4,000	10,000	14,000	20,000
4d 4.8i SUV	950	2,860	4,760	11,900	16,660	23,800
2007 X3, 6-cyl. AWD						
4d 3.0i SUV	650	1,940	3,240	8,100	11,340	16,200

BMW TRUCKS

	6	5	4	3	2	1
2007 X5, 6-cyl. AWD						
4d 3.0i SUV	920	2,760	4,600	11,500	16,100	23,000
2007 X5, V-8 AWD						
4d 4.8i SUV	1,070	3,220	5,360	13,400	18,760	26,800
2009 X3 AWD - 6-cyl.						
4d 3.0i SUV	610	1,830	3,050	7,630	10,680	15,250
Add 5% for Premium package.						
2009 X5 AWD - 6-cyl.						
4d 3.0i SUV	740	2,210	3,680	9,200	12,880	18,400
2009 X5 AWD - 6-cyl. Turbo Diesel						
4d 35d SUV	820	2,450	4,080	10,200	14,280	20,400
4d 35d SUV	820	2,450	4,080	10,200	14,280	20,400
2009 X5 AWD - V8						
4d 48i SUV	840	2,510	4,180	10,450	14,630	20,900
2009 X63 AWD - Twin Turbo V6						
4d 35i SUV	1,030	3,080	5,140	12,850	17,990	25,700
2009 X3 AWD - Twin Turbo V8						
4d 50i SUV	1,070	3,220	5,360	13,400	18,760	26,800
2010 X3 AWD - 6-cyl.						
4d 3.0i SUV	700	2,110	3,520	8,800	12,320	17,600
NOTE: Add 5% for Premium pkg.						
2010 X5 AWD - 6-cyl.						
4d xDrive 3.0i SUV	870	2,600	4,340	10,850	15,190	21,700
NOTE: Add 5% for Premium pkg.						
2010 X5 AWD - 6-cyl. Turbo Diesel						
4d xDrive 3.5i SUV	910	2,720	4,540	11,350	15,890	22,700
NOTE: Add 5% for Premium pkg.						
2010 X5 AWD - V8						
4d xDrive 4.8i SUV	950	2,840	4,740	11,850	16,590	23,700
NOTE: Add 5% for Premium pkg.						
2010 X5 M AWD - V8 Twin Turbo						
4d SUV	1,400	4,200	7,000	17,500	24,500	35,000
2010 X6 AWD - V6 Twin Turbo						
4d 3.5i SUV	1,170	3,520	5,860	14,650	20,510	29,300
2010 X6 AWD - Twin Turbo V8						
4d 50i SUV	1,220	3,670	6,120	15,300	21,420	30,600
2010 X6 M AWD - Twin Turbo V8						
4d SUV	3,530	10,580	17,640	44,100	61,740	88,200
2010 X6 AWD - Twin Turbo Active Hybrid V8						
4d SUV	1,280	3,840	6,400	16,000	22,400	32,000
2011 X3 AWD - 2.5L, 6-cyl.						
4d XDrive 28i SUV	520	1,550	2,580	6,450	9,030	12,900
Add 5% for Premium package.						
2011 X3 AWD - 3.2L, 6-cyl., Twin Turbo						
4d XDrive 35i SUV	600	1,800	3,000	7,500	10,500	15,000
Add 5% for Premium package.						
2011 X5 AWD - 3.5L, 6-cyl. Turbo Diesel						
4d 35i SUV	660	1,970	3,280	8,200	11,480	16,400
2011 X5 AWD - V8 Twin Turbo						
Add 5% for Sport package.						
2011 X5 M AWD - V8 Twin Turbo						
4d XDrive SUV	1,140	3,420	5,700	14,250	19,950	28,500
2011 X6 AWD - V6 Twin Turbo						
3.5i 4d SUV	910	2,720	4,540	11,350	15,890	22,700
2011 X6 AWD - Twin Turbo V8						
4d 50i SUV	910	2,740	4,560	11,400	15,960	22,800
2011 X6 M AWD - Twin Turbo V8						
4d SUV	1,210	3,620	6,040	15,100	21,140	30,200
2011 X6 AWD - Twin Turbo Active Hybrid V8						
4d SUV	940	2,810	4,680	11,700	16,380	23,400
2011 X5 AWD - 3.5L, 6-cyl. Turbo Diesel						
4d 35i Premium SUV	690	2,060	3,440	8,600	12,040	17,200
4d 35i Sport Activity	820	2,460	4,100	10,250	14,350	20,500
2011 X5 AWD - 3.5L, 6-cyl., Twin Turbo Diesel						
4d d SUV	840	2,520	4,200	10,500	14,700	21,000
2011 X5 AWD - V8 Twin Turbo						
4d 50i SUV	860	2,580	4,300	10,750	15,050	21,500

DAIHATSU TRUCKS

	6	5	4	3	2	1
1991 Rocky						
SE 2d Utly Conv	200	650	1,100	2,480	3,850	5,500
SE 2d Utly	250	700	1,150	2,610	4,050	5,800
SX 2d Utly	250	700	1,200	2,700	4,200	6,000
1992 Rocky, 4-cyl.						
SE 2d Utly Conv	200	650	1,100	2,480	3,850	5,500
SE 2d Utly HT	250	700	1,200	2,660	4,150	5,900
SX 2d Utly HT	250	750	1,200	2,750	4,250	6,100

BMW TRUCKS

GEO TRUCKS

1991

		6	5	4	3	2	1
2d Utility 4x4	200	550	950	2,120	3,300	4,700
2d Conv 2x4	250	700	1,150	2,570	4,000	5,700
2d Conv 4x4	250	700	1,200	2,660	4,150	5,900
1992 Tracker, 4-cyl.						
2d Utility Conv 2x4	150	500	850	1,890	2,950	4,200
2d Utility HT 4x4	200	600	1,050	2,340	3,650	5,200
2d Utility Conv 4x4	250	700	1,150	2,570	4,000	5,700
1993 Tracker, 4-cyl.						
2d Utility Conv 2x4	150	500	850	1,940	3,000	4,300
2d Utility HT 4x4	200	650	1,100	2,430	3,800	5,400
2d Utility Conv 4x4	250	700	1,200	2,660	4,150	5,900
1994 Tracker						
2d Utility Conv	200	600	1,050	2,340	3,650	5,200
2d Utility HT 4x4	250	750	1,250	2,790	4,350	6,200
2d Utility Conv 4x4	250	800	1,350	3,020	4,700	6,700
1995 Tracker, 4-cyl.						
2d Utility Conv	200	600	1,050	2,340	3,650	5,200
2d Utility HT 4x4	250	750	1,250	2,790	4,350	6,200
2d Utility Conv 4x4	250	800	1,350	3,020	4,700	6,700
1996 Tracker, 4-cyl.						
2d Utility Conv	200	600	1,050	2,340	3,650	5,200
2d Utility HT	250	700	1,150	2,570	4,000	5,700
2d Utility Conv 4x4	250	750	1,250	2,790	4,350	6,200
2d Utility HT 4x4	250	800	1,350	3,020	4,700	6,700
1997 Tracker, 4-cyl.						
2d Utility Conv	208	624	1,040	2,340	3,640	5,200
2d Utility HT	228	684	1,140	2,570	3,990	5,700
2d Utility Conv 4x4	248	744	1,240	2,790	4,340	6,200
2d Utility HT 4x4	268	804	1,340	3,020	4,690	6,700
2007 Odyssey, V-6						
4d Trg Minivan	700	2,110	3,520	8,800	12,320	17,600

HONDA TRUCKS

		6	5	4	3	2	1
1997 CR-V, 4-cyl.						
4d Utility	560	1,680	2,800	6,300	9,800	14,000
1997 Passport, V-6						
4d LX Utility	320	960	1,600	3,600	5,600	8,000
4d EX Utility	360	1,080	1,800	4,050	6,300	9,000
4d LX Utility 4x4	380	1,140	1,900	4,280	6,650	9,500
4d EX Utility 4x4	400	1,200	2,000	4,500	7,000	10,000
1997 Odyssey, 4-cyl.						
4d LX Window Van	408	1,224	2,040	4,590	7,140	10,200
4d EX Window Van	420	1,260	2,100	4,730	7,350	10,500
1990 CR-V, 4-cyl.						
LX 4d Utility	480	1,440	2,400	5,400	8,400	12,000
EX 4d Utility	520	1,560	2,600	5,850	9,100	13,000
NOTE: Add 5% for 4x4.						
1998 Passport, V-6						
4d LX Utility	320	960	1,600	3,600	5,600	8,000
4d EX Utility	360	1,080	1,800	4,050	6,300	9,000
NOTE: Add 5% for 4x4.						
1998 Odyssey, 4-cyl.						
4d LX Window Van	410	1,220	2,040	4,590	7,140	10,200
4d EX Window Van	420	1,260	2,100	4,730	7,350	10,500
1999 CR-V, 4-cyl.						
LX 4d Utility	480	1,440	2,400	5,400	8,400	12,000
EX 4d Utility	520	1,560	2,600	5,850	9,100	13,000
NOTE: Add 5% for 4x4.						
1999 Passport, V-6						
4d LX Utility	320	960	1,600	3,600	5,600	8,000
4d EX Utility	360	1,080	1,800	4,050	6,300	9,000
NOTE: Add 5% for 4x4.						
1999 Odyssey, 4-cyl.						
4d LX Van	410	1,220	2,040	4,590	7,140	10,200
4d EX Van	420	1,260	2,100	4,730	7,350	10,500
2000 CR-V, 4-cyl.						
LX 4d Utility	480	1,440	2,400	5,400	8,400	12,000
EX 4d Utility	520	1,560	2,600	5,850	9,100	13,000
SE 4d Utility	540	1,620	2,700	6,080	9,450	13,500
NOTE: Add 5% for 4x4.						
2000 Passport, V-6						
4d LX Utility	320	960	1,600	3,600	5,600	8,000
4d EX Utility	360	1,080	1,800	4,050	6,300	9,000
NOTE: Add 5% for 4x4.						
2000 Odyssey, V-6						
4d LX Van	410	1,220	2,040	4,590	7,140	10,200
4d EX Van	420	1,260	2,100	4,730	7,350	10,500

HONDA TRUCKS

	6	5	4	3	2	1
2001 CR-V, 4-cyl.						
LX 4d Utility	480	1,440	2,400	6,000	8,400	12,000
EX 4d Utility	520	1,560	2,600	6,500	9,100	13,000
SE 4d Utility	540	1,620	2,700	6,750	9,450	13,500
NOTE: Add 5% for 4x4.						
2001 Passport, V-6						
4d LX Utility	320	960	1,600	4,000	5,600	8,000
4d EX Utility	360	1,080	1,800	4,500	6,300	9,000
NOTE: Add 5% for 4x4.						
2001 Odyssey, V-6						
4d LX Van	410	1,220	2,040	5,100	7,140	10,200
4d EX Van	420	1,260	2,100	5,250	7,350	10,500
2002 CR-V, 4-cyl.						
LX 4d Utility	480	1,440	2,400	6,000	8,400	12,000
EX 4d Utility	520	1,560	2,600	6,500	9,100	13,000
NOTE: Add 5% for 4x4.						
2002 Passport, V-6						
4d LX Utility	320	960	1,600	4,000	5,600	8,000
4d EX Utility	360	1,080	1,800	4,500	6,300	9,000
NOTE: Add 5% for 4x4.						
2002 Odyssey, V-6						
4d LX Van	410	1,220	2,040	5,100	7,140	10,200
4d EX Van	420	1,260	2,100	5,250	7,350	10,500
4d EX-L Van	460	1,380	2,300	5,750	8,050	11,500
2003 CR-V, 4-cyl.						
LX 4d Utility	480	1,440	2,400	6,000	8,400	12,000
EX 4d Utility	520	1,560	2,600	6,500	9,100	13,000
NOTE: Add 5% for 4x4.						
2003 Pilot, V-6, 4x4						
4d LX Utility	510	1,520	2,540	6,350	8,890	12,700
4d EX Utility	550	1,640	2,740	6,850	9,590	13,700
4d EX-L Utility	570	1,700	2,840	7,100	9,940	14,200
NOTE: Add 5% for 4x4.						
2003 Odyssey, V-6						
4d LX Van	410	1,220	2,040	5,100	7,140	10,200
4d EX Van	420	1,260	2,100	5,250	7,350	10,500
4d EX-L Van	460	1,380	2,300	5,750	8,050	11,500
2003 Element, 4-cyl.						
4d DX Van	400	1,210	2,020	5,050	7,070	10,100
4d EX Van	420	1,250	2,080	5,200	7,280	10,400
NOTE: Add 5% for 4x4.						
2004 CR-V, 4-cyl.						
LX 4d Utility	480	1,440	2,400	6,000	8,400	12,000
EX 4d Utility	520	1,560	2,600	6,500	9,100	13,000
NOTE: Add 5% for 4x4. Deduct 5% for manual transmission.						
2004 Pilot, V-6, 4x4						
4d LX Utility	510	1,520	2,540	6,350	8,890	12,700
4d EX Utility	550	1,640	2,740	6,850	9,590	13,700
4d EX-L Utility	570	1,700	2,840	7,100	9,940	14,200
NOTE: Add 5% for 4x4.						
2004 Odyssey, V-6						
4d LX Van	410	1,220	2,040	5,100	7,140	10,200
4d EX Van	420	1,260	2,100	5,250	7,350	10,500
4d EX-L Van	460	1,380	2,300	5,750	8,050	11,500
2004 Element, 4-cyl.						
4d LX Van	400	1,210	2,020	5,050	7,070	10,100
4d EX Van	420	1,250	2,080	5,200	7,280	10,400
NOTE: Add 5% for 4x4. Deduct 5% for manual transmission.						
2005 CR-V, 4-cyl.						
4d LX Utility	480	1,440	2,400	6,000	8,400	12,000
4d EX Utility	520	1,560	2,600	6,500	9,100	13,000
4d SE Utility	560	1,680	2,800	7,000	9,800	14,000
NOTE: Add 5% for 4x4. Deduct 5% for manual transmission.						
2005 Pilot, V-6, 4x4						
4d LX Utility	510	1,520	2,540	6,350	8,890	12,700
4d EX Utility	550	1,640	2,740	6,850	9,590	13,700
4d EX-L Utility	570	1,700	2,840	7,100	9,940	14,200
2005 Odyssey, V-6						
4d LX Van	410	1,220	2,040	5,100	7,140	10,200
4d EX Van	420	1,260	2,100	5,250	7,350	10,500
4d EX-L Van	460	1,380	2,300	5,750	8,050	11,500
4d Touring Van	480	1,430	2,380	5,950	8,330	11,900
2005 Element, 4-cyl.						
4d LX Van	400	1,210	2,020	5,050	7,070	10,100
4d EX Van	420	1,250	2,080	5,200	7,280	10,400
NOTE: Add 5% for 4x4. Deduct 5% for manual transmission.						
2006 Element, 4-cyl., 4WD						
4d LX SUV	430	1,280	2,140	5,350	7,490	10,700
4d EX SUV	460	1,380	2,300	5,750	8,050	11,500

	6	5	4	3	2	1
4d EX-P SUV 470		1,400	2,340	5,850	8,190	11,700
2006 CR-V, 4-cyl., 4WD						
4d LX SUV 470		1,420	2,360	5,900	8,260	11,800
4d EX SUV 520		1,550	2,580	6,450	9,030	12,900
4d SE SUV 550		1,640	2,740	6,850	9,590	13,700
2006 Pilot, V-6, 4WD						
4d LX SUV 450		1,360	2,260	5,650	7,910	11,300
4d EX SUV 530		1,600	2,660	6,650	9,310	13,300
2006 Odyssey, V-6						
4d LX Minivan. 440		1,310	2,180	5,450	7,630	10,900
4d EX Minivan 500		1,490	2,480	6,200	8,680	12,400
4d Trg Minivan. 580		1,750	2,920	7,300	10,220	14,600
2006 Ridgeline, V-6						
4d RT Short Bed. 530		1,600	2,660	6,650	9,310	13,300
4d RTS Short Bed 580		1,730	2,880	7,200	10,080	14,400
4d RTL Short Bed. 660		1,990	3,320	8,300	11,620	16,600
2007 Element, 4-cyl.						
4d LX SUV 440		1,320	2,200	5,500	7,700	11,000
NOTE: Add 10% for 4WD.						
2007 Element, 4-cyl. 4WD						
4d EX SUV 540		1,630	2,720	6,800	9,520	13,600
2007 Element, 4-cyl.						
4d SC SUV 570		1,720	2,870	7,180	10,050	14,350
2007 CR-V, 4-cyl. 4WD						
4d LX SUV 540		1,610	2,690	6,730	9,420	13,450
4d EX SUV 620		1,870	3,110	7,780	10,890	15,550
2007 Pilot, V-6 4WD						
4d LX SUV 540		1,610	2,680	6,700	9,380	13,400
4d EX SUV 600		1,810	3,020	7,550	10,570	15,100
4d EX-L SUV 670		2,020	3,370	7,580	11,800	16,850
2007 Odyssey, V-6						
4d LX Minivan. 430		1,300	2,160	5,400	7,560	10,800
4d EX Minivan 480		1,450	2,410	6,030	8,440	12,050
4d Trg Minivan. 700		2,110	3,520	8,800	12,320	17,600
2007 Ridgeline, V-6 4WD						
4d RT Short Bed. 590		1,780	2,970	7,430	10,400	14,850
4d RTX Short Bed 620		1,860	3,100	7,750	10,850	15,500
4d RTS Short Bed 650		1,940	3,230	8,080	11,310	16,150
4d RTL Short Bed. 770		2,320	3,860	9,650	13,510	19,300
2008 Element, I4 VTEC						
4d LX SUV 460		1,380	2,300	5,750	8,050	11,500
Note: Add 10% for 4WD						
2008 Element, I4 VTEC, 4WD						
4d EX SUV 570		1,700	2,840	7,100	9,940	14,200
2008 Element, I4 VTEC						
4d SC SUV 590		1,770	2,950	7,380	10,330	14,750
2008 CR-V, I4 VTEC, 4WD						
4d LX SUV 600		1,790	2,980	7,450	10,430	14,900
4d EX SUV 650		1,960	3,270	8,180	11,450	16,350
2008 Pilot, V6 VTEC, 4WD						
4d VP SUV 560		1,670	2,780	6,950	9,730	13,900
4d EX SUV 620		1,860	3,100	7,750	10,850	15,500
4d EX-L SUV 680		2,050	3,420	8,550	11,970	17,100
4d SE SUV 660		1,970	3,280	8,200	11,480	16,400
2008 Odyssey, V6, VTEC						
4d LX Minivan. 460		1,390	2,310	5,780	8,090	11,550
4d EX Minivan 550		1,640	2,730	6,830	9,560	13,650
4d Trg Minivan. 760		2,270	3,790	9,480	13,270	18,950
4d Trg Minivan. 760		2,270	3,790	9,480	13,270	18,950
2008 Ridgeline, V6, 4WD						
4d RT Short Bed. 570		1,700	2,830	7,080	9,910	14,150
4d RTX Short Bed 610		1,840	3,070	7,680	10,750	15,350
4d RTS Short Bed 650		1,940	3,240	8,100	11,340	16,200
4d RTL Short Bed. 770		2,320	3,860	9,650	13,510	19,300
2009 Element, I4 VTEC						
4d LX SUV 480		1,440	2,400	6,000	8,400	12,000
Add 10% for 4WD.						
2009 Element, I4 VTEC, 4WD						
4d EX SUV 600		1,790	2,980	7,450	10,430	14,900
2009 Element, I4 VTEC						
4d SC SUV 630		1,880	3,140	7,850	10,990	15,700
2009 CR-V, I4 VTEC, 4WD						
4d LX SUV 510		1,540	2,560	6,400	8,960	12,800
2009 CR-V, I4 VTEC, 4WD						
4d EX SUV 590		1,760	2,940	7,350	10,290	14,700
2009 CR-V, I4 VTEC, 4WD						
4d EX-L SUV 630		1,880	3,130	7,830	10,960	15,660
2009 Pilot, V6 VTEC, 4WD						
4d LX SUV 600		1,800	3,000	7,500	10,500	15,000

	6	5	4	3	2	1
2009 Pilot, V6 VTEC, 4WD						
4d EX SUV	620	1,860	3,100	7,750	10,850	15,500
2009 Pilot, V6 VTEC, 4WD						
4d EX-L SUV	720	2,170	3,620	9,050	12,670	18,100
4d Touring SUV	780	2,340	3,900	9,750	13,650	19,500
2009 Odyssey, V6 VTEC						
4d LX Minivan	420	1,270	2,120	5,300	7,420	10,600
4d EX Minivan	500	1,490	2,480	6,200	8,680	12,400
4d Trg Minivan	620	1,850	3,080	7,700	10,780	15,400
2009 Ridgeline, V6, 4WD						
4d RT Short Bed	580	1,730	2,890	7,230	10,120	14,450
4d RTS Short Bed	650	1,960	3,260	8,150	11,410	16,300
4d RTL Short Bed	770	2,320	3,860	9,650	13,510	19,300
2010 Element, I4 VTEC						
4d LX SUV	550	1,650	2,750	6,880	9,630	13,750
NOTE: Add 10% for 4WD.						
2010 Element, I4 VTEC, 4WD						
4d EX SUV	680	2,050	3,410	8,530	11,940	17,050
2010 Element, I4 VTEC						
4d SC SUV	680	2,050	3,410	8,530	11,940	17,050
2010 CR-V, I4 VTEC, 4WD						
4d LX SUV	610	1,820	3,030	7,580	10,610	15,150
4d EX SUV	660	1,990	3,320	8,300	11,620	16,600
4d EX-L SUV	720	2,160	3,590	8,980	12,570	17,960
2010 Pilot, V6 VTEC, 4WD						
4d LX SUV	690	2,060	3,440	8,600	12,040	17,200
4d EX SUV	750	2,240	3,740	9,350	13,090	18,700
4d EX-L SUV	830	2,480	4,140	10,350	14,490	20,700
4d Touring SUV	910	2,720	4,540	11,350	15,890	22,700
2010 Accord Crosstour, V6 VTEC						
4d EX SUV	560	1,680	2,800	7,000	9,800	14,000
4d EX-L SUV	590	1,760	2,930	7,330	10,260	14,650
NOTE: Add 10% for 4WD.						
2010 Odyssey, V6 VTEC						
4d LX Minivan	500	1,490	2,490	6,230	8,720	12,450
4d EX Minivan	570	1,720	2,860	7,150	10,010	14,300
4d EX-L Minivan	680	2,040	3,400	8,500	11,900	17,000
4d Trg Minivan	750	2,260	3,770	9,430	13,200	18,850
2010 Ridgeline, V6 VTEC						
RT Short Bed	670	2,000	3,330	8,330	11,660	16,650
RTS Short Bed	770	2,320	3,870	9,680	13,550	19,350
RTL Short Bed	870	2,620	4,360	10,900	15,260	21,800
2011 Element, I4 VTEC						
4d LX SUV	500	1,490	2,490	6,210	8,700	12,425
Add 10% for 4WD.						
2011 Element, I4 VTEC, 4WD						
4d EX SUV	550	1,640	2,730	6,830	9,560	13,650
2011 CR-V, I4 VTEC, 4WD						
4d LX SUV	400	1,200	2,010	5,010	7,020	10,025
4d SE SUV	420	1,260	2,100	5,240	7,330	10,475
4d EX SUV	450	1,350	2,260	5,640	7,890	11,275
4d EX-L SUV	490	1,480	2,460	6,150	8,610	12,300
2011 Pilot, V6 VTEC, 4WD						
4d LX SUV	480	1,430	2,380	5,940	8,310	11,875
4d EX SUV	540	1,630	2,720	6,790	9,500	13,575
4d EX-L SUV	600	1,790	2,990	7,460	10,450	14,925
4d Touring SUV	650	1,940	3,240	8,100	11,340	16,200
2011 Accord Crosstour, V6 VTEC						
4d EX SUV	420	1,270	2,120	5,290	7,400	10,575
4d EX-L SUV	460	1,370	2,280	5,690	7,960	11,375
Add 10% for 4WD.						
2011 Odyssey, V6 VTEC						
4d LX Minivan	470	1,410	2,360	5,890	8,240	11,775
4d EX Minivan	590	1,760	2,930	7,310	10,240	14,625
4d EX-L Minivan	710	2,140	3,560	8,900	12,460	17,800
4d Trg Minivan	770	2,320	3,870	9,660	13,530	19,325
2011 Ridgeline, V6, 4WD						
RT Short Bed	680	2,030	3,380	8,440	11,810	16,875
RTS Short Bed	730	2,190	3,660	9,140	12,790	18,275
RTL Short Bed	810	2,440	4,060	10,150	14,210	20,300

INFINITI TRUCKS

	6	5	4	3	2	1
1998 QX4, V-6, 4x4						
4d Utility	480	1,440	2,400	5,400	8,400	12,000
1999 QX4, V-6, 4x4						
4d Utility	480	1,440	2,400	5,400	8,400	12,000
2000 QX4, V-6, 4x4						
4d Utility	520	1,560	2,600	5,850	9,100	13,000

HONDA TRUCKS

	6	5	4	3	2	1

2001 QX4, V-6
4d Utility . . . . 520 | 1,560 | 2,600 | 6,500 | 9,100 | 13,000
NOTE: Add 10% for 4x4.

2002 QX4, V-6
4d Utility . . . . 520 | 1,560 | 2,600 | 6,500 | 9,100 | 13,000
NOTE: Add 10% for 4x4.

2003 QX4, V-6
4d Utility . . . . 520 | 1,560 | 2,600 | 6,500 | 9,100 | 13,000
NOTE: Add 10% for 4x4.

2003 FX, V-6 & V-8, AWD
4d FX35 Utility . . . . 760 | 2,280 | 3,800 | 9,500 | 13,300 | 19,000
4d FX35 Premium Utility . . . . 810 | 2,440 | 4,060 | 10,150 | 14,210 | 20,300
4d FX45 Utility . . . . 900 | 2,700 | 4,500 | 11,250 | 15,750 | 22,500
4d FX45 Premium Utility . . . . 940 | 2,820 | 4,700 | 11,750 | 16,450 | 23,500
NOTE: Deduct 10% for 2WD.

2004 FX, V-6 & V-8, AWD
4d FX35 Utility . . . . 760 | 2,280 | 3,800 | 9,500 | 13,300 | 19,000
4d FX35 Touring Utility . . . . 810 | 2,440 | 4,060 | 10,150 | 14,210 | 20,300
4d FX45 Utility . . . . 900 | 2,700 | 4,500 | 11,250 | 15,750 | 22,500
4d FX45 Premium Utility . . . . 940 | 2,820 | 4,700 | 11,750 | 16,450 | 23,500
NOTE: Deduct 10% for FX35 w/o AWD. Add 5% for Sport pkg on FX35 Touring. Add 10 pecent for Technology pkg on Touring/Premium models.

2004 QX56, V-8, AWD
4d Utility . . . . 1,020 | 3,060 | 5,100 | 12,750 | 17,850 | 25,500
NOTE: Deduct 10% w/o AWD.

2005 FX, V-6 & V-8, AWD
4d FX 35 Utility . . . . 760 | 2,280 | 3,800 | 8,550 | 13,300 | 19,000
4d FX 35 Touring Utility . . . . 810 | 2,440 | 4,060 | 10,150 | 14,210 | 20,300
4d FX 45 Utility . . . . 900 | 2,700 | 4,500 | 11,250 | 15,750 | 22,500
4d FX 45 Premium Utility . . . . 940 | 2,820 | 4,700 | 11,750 | 16,450 | 23,500
NOTE: Deduct 10% for FX 35 models w/o AWD. Add 5% for Sport pkg on FX 35 Touring model. Add 10% for Technology pkg on Touring/Premium models.

2005 QX 56, V-8, AWD
4d Utility . . . . 1,020 | 3,060 | 5,100 | 11,480 | 17,850 | 25,500
NOTE: Deduct 10% w/o AWD.

2006 FX35, V-6 AWD
4d SUV . . . . 820 | 2,470 | 4,120 | 10,300 | 14,420 | 20,600

2006 FX45, V-8 AWD
4d SUV . . . . 880 | 2,650 | 4,420 | 11,050 | 15,470 | 22,100
NOTE: Add 5% for Sport package.

2006 QX56, V-8 AWD
4d SUV . . . . 840 | 2,530 | 4,220 | 10,550 | 14,770 | 21,100

2007 FX05, V-6 AWD
4d SUV . . . . 800 | 2,390 | 3,980 | 9,950 | 13,930 | 19,900

2007 FX45, V-8 AWD
4d SUV . . . . 950 | 2,840 | 4,740 | 11,850 | 16,590 | 23,700
NOTE: Add 5% for Sport pkg.

2007 QX56, V-8 AWD
4d SUV . . . . 880 | 2,640 | 4,400 | 11,000 | 15,400 | 22,000

2008 EX35, V6
4d SUV . . . . 660 | 1,990 | 3,320 | 8,300 | 11,620 | 16,600

2008 EX35, V6 AWD
4d SUV . . . . 650 | 1,960 | 3,270 | 8,180 | 11,450 | 16,350

2008 FX35, V6 AWD
4d SUV . . . . 730 | 2,180 | 3,640 | 9,100 | 12,740 | 18,200

2008 FX45, V8 AWD
4d SUV . . . . 890 | 2,680 | 4,460 | 11,150 | 15,610 | 22,300
Note: Add 5% for Sport package.

2008 QX56, V8 AWD
4d SUV . . . . 940 | 2,820 | 4,700 | 11,750 | 16,450 | 23,500

2009 EX35, V6
4d Journey SUV . . . . 650 | 1,940 | 3,240 | 8,100 | 11,340 | 16,200
Add 10% for AWD.

2009 EX35, V6 AWD
4d SUV . . . . 610 | 1,840 | 3,070 | 7,680 | 10,750 | 15,350
Deduct 10% for RWD.

2009 FX35, V6 AWD
4d SUV . . . . 830 | 2,500 | 4,160 | 10,400 | 14,560 | 20,800

2009 FX50, V8 AWD
4d SUV . . . . 920 | 2,750 | 4,580 | 11,450 | 16,030 | 22,900
Add 5% for Sport package.

2009 QX56, V8 AWD
4d SUV . . . . 900 | 2,700 | 4,500 | 11,250 | 15,750 | 22,500
Deduct 5% for 2WD.

2010 EX35, V6
4d Journey SUV . . . . 720 | 2,160 | 3,600 | 9,000 | 12,600 | 18,000
NOTE: Add 10% for AWD.

INFINITI TRUCKS

	6	5	4	3	2	1
2010 EX35, V6 AWD						
4d SUV	700	2,100	3,500	8,750	12,250	17,500
NOTE: Deduct 10% for RWD.						
2010 FX35, V6 AWD						
4d SUV	900	2,710	4,520	11,300	15,820	22,600
NOTE: Deduct 10% for RWD.						
2010 FX50, V8 AWD						
4d SUV	1,030	3,080	5,140	12,850	17,990	25,700
NOTE: Add 5% for Sport pkg.						
2010 QX56, V8 AWD						
4d SUV	1,100	3,300	5,500	13,750	19,250	27,500
NOTE: Deduct 5% for 2WD.						
2011 EX35, V6						
4d Journey SUV	580	1,730	2,890	7,210	10,100	14,425
Add 10% for AWD.						
2011 EX35, V6 AWD						
4d SUV	510	1,520	2,530	5,680	8,840	12,625
Deduct 10% for RWD.						
2011 FX35, V6 AWD						
4d SUV	730	2,190	3,660	9,140	12,790	18,275
Deduct 10% for RWD.						
2011 FX50, V8 AWD						
4d SUV	810	2,440	4,070	10,180	14,250	20,350
Add 5% for Sport package.						
2011 QX56, V8 AWD						
4d SUV	990	2,960	4,930	12,330	17,260	24,650
Deduct 5% for 2WD.						

ISUZU TRUCKS

	6	5	4	3	2	1
1981 1/2-Ton						
PU SBx	88	264	440	990	1,540	2,200
PU LBx	96	288	480	1,080	1,680	2,400
NOTE: Add 10% for 4x4. Prices based on deluxe model.						
1982 1/2-Ton						
PU SBx	88	264	440	990	1,540	2,200
PU LBx	96	288	480	1,080	1,680	2,400
NOTE: Add 10% for 4x4. Prices based on deluxe model.						
1983 1/2-Ton						
PU SBx	92	276	460	1,040	1,610	2,300
PU LBx	100	300	500	1,130	1,750	2,500
NOTE: Add 10% for 4x4. Prices based on deluxe model.						
1984 1/2-Ton						
PU SBx	112	336	560	1,260	1,960	2,800
PU LBx	120	360	600	1,350	2,100	3,000
NOTE: Add 10% for 4x4. Deduct 5% for diesel.						
1984 Trooper II 4x4						
Wag	180	540	900	2,030	3,150	4,500
NOTE: Prices based on deluxe model.						
1985 1/2-Ton						
PU SBx	128	384	640	1,440	2,240	3,200
PU LBx	180	540	900	2,030	3,150	4,500
NOTE: Add 10% for 4x4. Deduct 5% for diesel.						
1985 Trooper II 4x4						
Wag	212	636	1,060	2,390	3,710	5,300
NOTE: Prices based on deluxe model.						
1986 1/2-Ton						
PU SBx	160	480	800	1,800	2,800	4,000
PU LBx	168	504	840	1,890	2,940	4,200
PU Space Cab	180	540	900	2,030	3,150	4,500
NOTE: Add 10% for 4x4. Deduct 5% for diesel.						
1986 Trooper II 4x4						
Wag	260	780	1,300	2,930	4,550	6,500
NOTE: Prices based on deluxe model.						
1987 Pickup						
PU	120	360	600	1,350	2,100	3,000
PU LBx	140	420	700	1,580	2,450	3,500
PU LS	152	456	760	1,710	2,660	3,800
PU MPG (Diesel)	116	348	580	1,310	2,030	2,900
PU LBx (Diesel)	120	360	600	1,350	2,100	3,000
PU Space Cab	140	420	700	1,580	2,450	3,500
PU Space Cab DeL	160	480	800	1,800	2,800	4,000
PU LS Space Cab	180	540	900	2,030	3,150	4,500
PU 4x4	176	528	880	1,980	3,080	4,400
PU LS 4x4	188	564	940	2,120	3,290	4,700
PU LS Space Cab 4x4	188	564	940	2,120	3,290	4,700
PU LBx (4WD)	200	600	1,000	2,250	3,500	5,000
1987 Trooper II 4x4						
2d DeL	260	780	1,300	2,930	4,550	6,500
4d DeL	280	840	1,400	3,150	4,900	7,000

INFINITI TRUCKS

	6	5	4	3	2	1
1988 Pickup						
PU S	164	492	820	1,850	2,870	4,100
PU S LBx	172	516	860	1,940	3,010	4,300
1-Ton PU S LBx	180	540	900	2,030	3,150	4,500
PU LS	192	576	960	2,160	3,360	4,800
PU LS Space Cab	212	636	1,060	2,390	3,710	5,300
PU S 4x4	232	696	1,160	2,610	4,060	5,800
PU LS Space Cab 4x4	272	816	1,360	3,060	4,760	6,800
1988 Trooper II 4x4						
2d S	320	960	1,600	3,600	5,600	8,000
4d S	340	1,020	1,700	3,830	5,950	8,500
4d Ltd	540	1,620	2,700	6,080	9,450	13,500
1989 Amigo						
Utly S	260	780	1,300	2,930	4,550	6,500
Utly XS	280	840	1,400	3,150	4,900	7,000
Utly S 4x4	520	1,560	2,600	5,850	9,100	13,000
Utly XS 4x4	520	1,560	2,600	5,850	9,100	13,000
1989 Pickup						
PU S	180	540	900	2,030	3,150	4,500
PU S LBx	200	600	1,000	2,250	3,500	5,000
1-Ton PU S LBx	220	660	1,100	2,480	3,850	5,500
PU LS	220	660	1,100	2,480	3,850	5,500
PU LS Space Cab	240	720	1,200	2,700	4,200	6,000
PU S 4x4	260	780	1,300	2,930	4,550	6,500
PU LS Space Cab 4x4	280	840	1,400	3,150	4,900	7,000
1989 Trooper II 4x4						
2d S	560	1,680	2,800	6,300	9,800	14,000
4d S	540	1,620	2,700	6,080	9,450	13,500
1990 Amigo						
2d S SUV	350	1,050	1,750	3,960	6,150	8,800
2d XS SUV	350	1,050	1,800	4,010	6,250	8,900
2d S SUV 4x4	550	1,650	2,750	6,210	9,650	13,800
2d XS SUV 4x4	550	1,650	2,800	6,260	9,750	13,900
1990 Trooper						
2d RS Sta Wag	600	1,800	3,000	6,750	10,500	15,000
4d S Sta Wag	600	1,850	3,100	6,980	10,900	15,500
1991 Amigo						
S 2d Utly	260	780	1,300	2,930	4,550	6,500
XS 2d Utly	276	828	1,380	3,110	4,830	6,900
S 2d Utly 4x4	300	900	1,500	3,380	5,250	7,500
XS 2d Utly 4x4	320	960	1,600	3,600	5,600	8,000
1991 Rodeo						
S 4d Utly	320	960	1,600	3,600	5,600	8,000
XS 4d Utly V-6	520	1,560	2,600	5,850	9,100	13,000
LS 4d Utly 2x4	520	1,560	2,600	5,850	9,100	13,000
S 4d Utly 4x4	560	1,680	2,800	6,300	9,800	14,000
XS 4d Utly 4x4	580	1,740	2,900	6,530	10,150	14,500
LS 4d Utly 4x4	600	1,800	3,000	6,750	10,500	15,000
1991 Pickup						
S 2d PU	180	540	900	2,030	3,150	4,500
SLB 2d PU	184	552	920	2,070	3,220	4,600
S 2d PU Space Cab	188	564	940	2,120	3,290	4,700
S 2d PU 4x4	260	780	1,300	2,930	4,550	6,500
LS 2d PU Space Cab 4x4	300	900	1,500	3,380	5,250	7,500
1991 Trooper						
4d Utly 4x4	320	960	1,600	3,600	5,600	8,000
XS 4d Utly V-6 4x4	520	1,560	2,600	5,850	9,100	13,000
SE 4d Utly V-6 4x4	520	1,560	2,600	5,850	9,100	13,000
LS 4d Utly V-6 4x4	528	1,584	2,640	5,940	9,240	13,200
1992 Amigo, 4-cyl.						
S 2d Utly 2x4	260	780	1,300	2,930	4,550	6,500
XS 2d Utly 2x4	272	816	1,360	3,060	4,760	6,800
S 2d Utly 4x4	320	960	1,600	3,600	5,600	8,000
XS 2d Utly 4x4	340	1,020	1,700	3,830	5,950	8,500
1992 Rodeo						
S 4d Utly 4-cyl. 2x4	280	840	1,400	3,150	4,900	7,000
XS 4d Utly 2x4	288	864	1,440	3,240	5,040	7,200
LS 4d Utly 2x4	300	900	1,500	3,380	5,250	7,500
S 4d Utly 4x4	340	1,020	1,700	3,830	5,950	8,500
XS 4d Utly 4x4	348	1,044	1,740	3,920	6,090	8,700
LS 4d Utly 4x4	520	1,560	2,600	5,850	9,100	13,000
1992 Trooper, V-6						
S 4d Utly 4x4	540	1,620	2,700	6,080	9,450	13,500
LS 4d Utly 4x4	580	1,740	2,900	6,530	10,150	14,500
1992 Pickups, V-6						
S PU	200	600	1,000	2,250	3,500	5,000
S PU LBx	200	600	1,050	2,340	3,650	5,200
S PU LS	260	780	1,300	2,930	4,550	6,500
PU LS 4x4	540	1,620	2,700	6,080	9,450	13,500

ISUZU TRUCKS

	6	5	4	3	2	1
S PU 4x4	520	1,560	2,600	5,850	9,100	13,000
1993 Amigo 4-cyl.						
2d SUV 2WD	220	660	1,100	2,480	3,850	5,500
2d SUV 4x4	260	780	1,300	2,930	4,550	6,500
1993 Rodeo V-6						
4d SUV 2WD	228	684	1,140	2,570	3,990	5,700
4d SUV 4x4	268	804	1,340	3,020	4,690	6,700
1993 Trooper V-6						
2d SUV 4x4	540	1,620	2,700	6,080	9,450	13,500
4d SUV 4x4	548	1,644	2,740	6,170	9,590	13,700
1993 Pickup 4-cyl.						
2d PU SBx	192	576	960	2,160	3,360	4,800
2d PU LBx	196	588	980	2,210	3,430	4,900
2d PU 4x4	236	708	1,180	2,660	4,130	5,900
1994 Amigo						
2d SUV	280	840	1,400	3,150	4,900	7,000
2d SUV 4x4	440	1,320	2,200	4,950	7,700	11,000
1994 Rodeo, V-6						
4d SUV	440	1,320	2,200	4,950	7,700	11,000
4d SUV 4x4	520	1,560	2,600	5,850	9,100	13,000
1994 Trooper, V-6						
2d SUV 4x4	560	1,680	2,800	6,300	9,800	14,000
4d SUV 4x4	552	1,656	2,760	6,210	9,660	13,800
1994 Pickup, 4-cyl.						
2d PU S	200	650	1,100	2,480	3,850	5,500
2d PU LBx	200	650	1,100	2,520	3,900	5,600
2d PU Space Cab	300	850	1,400	3,150	4,900	7,000
2d PU 4x4	300	950	1,600	3,600	5,600	8,000
1995 Rodeo, V-6						
4d SUV	450	1,300	2,200	4,950	7,700	11,000
4d SUV 4x4	500	1,550	2,600	5,850	9,100	13,000
1995 Trooper, V-6						
4d SUV 4x4	550	1,650	2,750	6,210	9,650	13,800
1995 Pickup, 4-cyl.						
2d S PU	200	650	1,100	2,480	3,850	5,500
2d S PU LBx	200	650	1,100	2,520	3,900	5,600
2d S PU 4x4	300	950	1,600	3,600	5,600	8,000
1996 Oasis, 4-cyl.						
4d S Sta Wag	400	1,200	2,000	4,500	7,000	10,000
4d LS Sta Wag	450	1,300	2,200	4,950	7,700	11,000
1996 Rodeo, V-6						
4d S SUV (4-cyl.)	300	900	1,500	3,380	5,250	7,500
4d S SUV	300	950	1,600	3,600	5,600	8,000
4d LS SUV	350	1,100	1,800	4,050	6,300	9,000
4d S SUV 4x4	450	1,300	2,200	4,950	7,700	11,000
4d LS SUV 4x4	500	1,450	2,400	5,400	8,400	12,000
1996 Trooper, V-6						
4d S SUV 4x4	400	1,250	2,100	4,730	7,350	10,500
4d LS SUV 4x4	450	1,300	2,200	4,950	7,700	11,000
4d Ltd SUV 4x4	550	1,600	2,700	6,080	9,450	13,500
4d SE SUV 4x4	550	1,700	2,800	6,300	9,800	14,000
1996 Hombre, 4-cyl.						
2d S PU	200	650	1,100	2,480	3,850	5,500
2d XS PU	250	700	1,150	2,570	4,000	5,700
1997 Oasis, 4-cyl.						
4d S Sta Wag	400	1,200	2,000	4,500	7,000	10,000
4d LS Sta Wag	440	1,320	2,200	4,950	7,700	11,000
1997 Rodeo, V-6						
4d S SUV (4-cyl.)	300	900	1,500	3,380	5,250	7,500
4d S SUV	320	960	1,600	3,600	5,600	8,000
4d LS SUV	360	1,080	1,800	4,050	6,300	9,000
4d S SUV 4x4	440	1,320	2,200	4,950	7,700	11,000
4d LS SUV 4x4	480	1,440	2,400	5,400	8,400	12,000
1997 Trooper, V-6						
4d S SUV 4x4	420	1,260	2,100	4,730	7,350	10,500
4d LS SUV 4x4	440	1,320	2,200	4,950	7,700	11,000
4d Ltd SUV 4x4	540	1,620	2,700	6,080	9,450	13,500
1997 Hombre, 4-cyl.						
2d S PU	220	660	1,100	2,480	3,850	5,500
2d XS PU	228	684	1,140	2,570	3,990	5,700
NOTE: Add 10% for ext cab XS. Add 10% for V-6.						
1998 Amigo, 4-cyl.						
2d Utility	200	600	1,000	2,250	3,500	5,000
NOTE: Add 10% for V-6. Add 5% for 4x4.						
1998 Oasis, 4-cyl.						
4d S Sta Wag	400	1,200	2,000	4,500	7,000	10,000
4d LS Sta Wag	440	1,320	2,200	4,950	7,700	11,000
1998 Rodeo, V-6						
4d S SUV	320	960	1,600	3,600	5,600	8,000

ISUZU TRUCKS

	6	5	4	3	2	1
4d LS SUV	360	1,080	1,800	4,050	6,300	9,000

NOTE: Add 5% for 4x4. Deduct 5% for 4-cyl.

1998 Trooper, V-6, 4x4

4d S SUV	420	1,260	2,100	4,730	7,350	10,500
4d Performance SUV	440	1,320	2,200	4,950	7,700	11,000
4d Luxury SUV	540	1,620	2,700	6,080	9,450	13,500

1998 Hombre, 4-cyl.

2d S PU	220	660	1,100	2,480	3,850	5,500
2d XS PU	230	680	1,140	2,570	3,990	5,700

NOTE: Add 10% for extended cab. Add 10% for V-6. Add 5% for 4x4.

1999 Amigo, 4-cyl.

2d Utility	200	600	1,000	2,250	3,500	5,000

NOTE: Add 10% for V-6. Add 5% for 4x4.

1999 Oasis, 4-cyl.

4d S Sta Wag	400	1,200	2,000	4,500	7,000	10,000

1999 Rodeo, V-6

4d S SUV	320	960	1,600	3,600	5,600	8,000
4d LS SUV	360	1,080	1,800	4,050	6,300	9,000
4d LSE SUV	400	1,200	2,000	4,500	7,000	10,000

NOTE: Add 5% for 4x4. Deduct 5% for 4-cyl.

1999 Trooper, V-6, 4x4

4d S SUV	420	1,260	2,100	4,730	7,350	10,500
4d Performance SUV	440	1,320	2,200	4,950	7,700	11,000
4d Luxury SUV	500	1,500	2,500	5,630	8,750	12,500

1999 Hombre, 4-cyl.

2d S PU	220	660	1,100	2,480	3,850	5,500
2d XS PU	230	680	1,140	2,570	3,990	5,700

NOTE: Add 10% for extended cab. Add 5% for V-6. Add 10% for 4x4.

1999 Vehicross, V-6, 4x4

2d Utility	480	1,440	2,400	5,400	8,400	12,000

2000 Amigo, 4-cyl.

2d Utility	200	600	1,000	2,250	3,500	5,000

NOTE: Add 10% for V-6. Add 5% for 4x4. Add 10% for automatic transmission.

2000 Rodeo, V-6

4d S SUV	320	960	1,600	3,600	5,600	8,000
4d LS SUV	360	1,080	1,800	4,050	6,300	9,000
4d LSE SUV	400	1,200	2,000	4,500	7,000	10,000

NOTE: Add 5% for 4x4. Deduct 5% for 4-cyl.

2000 Trooper, V-6

4d S SUV	420	1,260	2,100	4,730	7,350	10,500
4d LS SUV	440	1,020	2,200	4,050	7,700	11,000
4d Limited SUV	500	1,500	2,500	5,630	8,750	12,500

NOTE: Add 5% for 4x4.

2000 Hombre, 4-cyl.

2d S PU	220	660	1,100	2,480	3,850	5,500
2d XS PU	230	680	1,140	2,570	3,990	5,700

NOTE: Add 10% for extended cab. Add 5% for V-6. Add 10% for 4x4. Add 5% for automatic transmission.

2000 Vehicross, V-6, 4x4

2d Utility	490	1,480	2,460	5,540	8,610	12,300

2001 Rodeo Sport, 4-cyl.

2d Soft Top Utility	210	620	1,040	2,600	3,640	5,200
2d Hard Top Utility	230	680	1,140	2,850	3,990	5,700

NOTE: Add 10% for V-6. Add 5% for 4x4. Add 10% for automatic transmission.

2001 Rodeo, V-6

4d S SUV	320	960	1,600	4,000	5,600	8,000
4d LS SUV	360	1,080	1,800	4,500	6,300	9,000
4d Anniversary SUV	380	1,140	1,900	4,750	6,650	9,500
4d LSE SUV	400	1,200	2,000	5,000	7,000	10,000

NOTE: Add 5% for 4x4. Deduct 5% for 4-cyl.

2001 Trooper, V-6

4d S SUV	420	1,260	2,100	5,250	7,350	10,500
4d LS SUV	440	1,320	2,200	5,500	7,700	11,000
4d Anniversary SUV	460	1,380	2,300	5,750	8,050	11,500
4d Limited SUV	500	1,500	2,500	6,250	8,750	12,500

2001 Vehicross, V-6, 4x4

2d Utility	490	1,480	2,460	6,150	8,610	12,300

2002 Rodeo Sport, 4-cyl.

2d Soft Top Utility	210	620	1,040	2,600	3,640	5,200
2d Hard Top Utility	230	680	1,140	2,850	3,990	5,700

NOTE: Add 10% for V-6. Add 5% for 4x4. Add 10% for automatic transmission.

2002 Rodeo, V-6

4d S SUV	320	960	1,600	4,000	5,600	8,000
4d SE SUV	340	1,020	1,700	4,250	5,950	8,500
4d LS SUV	360	1,080	1,800	4,500	6,300	9,000
4d LSE SUV	400	1,200	2,000	5,000	7,000	10,000

NOTE: Add 5% for 4x4. Deduct 5% for 4-cyl.

2002 Trooper, V-6

4d S SUV	420	1,260	2,100	5,250	7,350	10,500
4d LS SUV	440	1,320	2,200	5,500	7,700	11,000

ISUZU TRUCKS

	6	5	4	3	2	1
4d Limited SUV	500	1,500	2,500	6,250	8,750	12,500
NOTE: Add 5% for 4x4.						
2002 Axiom, V-6, 4x4						
2d Utility	380	1,140	1,900	4,750	6,650	9,500
2d XS Utility	400	1,200	2,000	5,000	7,000	10,000
NOTE: Add 5% for 4x4.						
2003 Rodeo Sport, 4-cyl.						
2d Sport Top Utility	210	620	1,040	2,600	3,640	5,200
2d Hard Top Utility	230	680	1,140	2,850	3,990	5,700
NOTE: Add 10% for V-6. Add 5% for 4x4.						
2003 Rodeo, V-6						
4d S SUV	320	960	1,600	4,000	5,600	8,000
NOTE: Add 5% for 4x4. Deduct 5% for 4-cyl.						
2003 Axiom, V-6						
4d S Utility	380	1,140	1,900	4,750	6,650	9,500
4d XS Utility	400	1,200	2,000	5,000	7,000	10,000
NOTE: Add 5% for 4x4.						
2003 Ascender, 6-cyl.						
4d S Utility	420	1,260	2,100	5,250	7,350	10,500
4d LS Utility	440	1,320	2,200	5,500	7,700	11,000
4d Limited Utility	480	1,440	2,400	6,000	8,400	12,000
NOTE: Add 10% for V-8. Add 5% for 4x4.						
2004 Rodeo, V-6						
S 3.2 4d S SUV	350	1,040	1,740	4,350	6,090	8,700
S 3.5 4d S SUV	360	1,070	1,780	4,450	6,230	8,900
NOTE: Add 5% for 4x4. Deduct 5% for manual transmission.						
2004 Axiom, V-6						
S 4d Utility	380	1,140	1,900	4,750	6,650	9,500
XS 4d Utility	400	1,200	2,000	5,000	7,000	10,000
NOTE: Add 5% for 4x4.						
2004 Ascender (5-pass.), 6-cyl.						
S 4d Utility	400	1,190	1,980	4,950	6,930	9,900
LS 4d Utility	410	1,240	2,060	5,150	7,210	10,300
Luxury 4d Utility	450	1,360	2,260	5,650	7,910	11,300
2004 Ascender (7-pass.), 6-cyl.						
S 4d Utility	410	1,220	2,040	5,100	7,140	10,200
LS 4d Utility	440	1,310	2,180	5,450	7,630	10,900
Limited 4d Utility	480	1,430	2,380	5,950	8,330	11,900
NOTE: Add 10% for V-8. Add 5% for 4x4.						
2005 Ascender (5-pass.), 6-cyl.						
4d S Utility	400	1,190	1,980	4,950	6,930	9,900
4d LS Utility	410	1,240	2,060	4,640	7,210	10,300
4d Luxury Utility	450	1,360	2,260	5,650	7,910	11,300
2005 Ascender (7-pass.), 6-cyl.						
4d S Utility	410	1,220	2,040	5,100	7,140	10,200
4d LS Utility	440	1,310	2,180	5,450	7,630	10,900
4d Limited Utility	480	1,430	2,380	5,950	8,330	11,900
NOTE: Add 10% for V-8. Add 5% for 4x4.						
2006 i280 Extended Cab Pickup, 4-cyl.						
2d S Short Bed	320	950	1,580	3,950	5,530	7,900
2d LS Short Bed	320	960	1,600	4,000	5,600	8,000
2006 i350 Crew Cab Pickup, 5-cyl, 4WD						
4d LS Short Bed	380	1,140	1,900	4,750	6,650	9,500
2006 Ascender, 6-cyl., 4WD						
4d S SUV	290	880	1,460	3,650	5,110	7,300
2007 i290 Extended Cab Pickup, 4-cyl.						
2d S Short Bed	400	1,190	1,980	4,460	6,930	9,900
2d LS Short Bed	450	1,340	2,230	5,580	7,810	11,150
2007 i370 Extended Cab Pickup, 4-cyl.						
2d S Short Bed	500	1,490	2,490	6,230	8,720	12,450
2007 i370 Crew Cab Pickup, 5-cyl. 4WD						
4d LS Short Bed	540	1,620	2,700	6,750	9,450	13,500
2007 Ascender, 6-cyl. 4WD						
4d S SUV	410	1,220	2,040	5,100	7,140	10,200
2008 i290 Extended Cab Pickup I4						
2d S Short Bed	370	1,120	1,870	4,680	6,550	9,350
2008 i370 Extended Cab Pickup I4						
2d S Short Bed	480	1,430	2,380	5,950	8,330	11,900
2008 i370 Crew Cab Pickup, 5-cyl, 4WD						
4d LS Short Bed	520	1,570	2,610	6,530	9,140	13,060
2008 Ascender, 6-cyl., 4WD						
4d S SUV	360	1,070	1,780	4,440	6,210	8,875

LEXUS TRUCKS

1998 LX470, V-8, 4x4						
4d SUV	1,000	3,000	5,000	11,250	17,500	25,000
1999 RX300, V-6						
4d SUV	640	1,920	3,200	7,200	11,200	16,000
NOTE: Add 5% for 4x4.						

ISUZU TRUCKS

	6	5	4	3	2	1
1999 LX470, V-8, 4x4						
4d SUV. 1,000		3,000	5,000	11,250	17,500	25,000
2000 RX300, V-6						
4d SUV. 650		1,940	3,240	7,290	11,340	16,200
NOTE: Add 5% for 4x4.						
2000 LX470, V-8, 4x4						
4d SUV. 1,010		3,020	5,040	11,340	17,640	25,200
2001 RX300, V-6						
4d SUV. 650		1,940	3,240	8,100	11,340	16,200
NOTE: Add 5% for 4x4.						
2001 LX470, V-8, 4x4						
4d SUV. 1,010		3,020	5,040	12,600	17,640	25,200
2002 RX300, V-6						
4d SUV. 650		1,940	3,240	8,100	11,340	16,200
NOTE: Add 5% for 4x4.						
2002 LX470, V-8, 4x4						
4d SUV. 1,010		3,020	5,040	12,600	17,640	25,200
2003 RX300, V-6						
4d SUV. 650		1,940	3,240	8,100	11,340	16,200
NOTE: Add 5% for 4x4.						
2003 GX470, V-8, 4x4						
4d SUV. 850		2,540	4,240	10,600	14,840	21,200
2003 LX470, V-8, 4x4						
4d SUV. 1,010		3,020	5,040	12,600	17,640	25,200
2004 RX330, V-6						
4d SUV. 650		1,940	3,240	8,100	11,340	16,200
NOTE: Add 5% for 4x4. Add 10% for Performance pkg.						
2004 GX470, V-8, 4x4						
4d SUV. 850		2,540	4,240	10,600	14,840	21,200
2004 LX470, V-8, 4x4						
4d SUV. 1,010		3,020	5,040	12,600	17,640	25,200
2005 RX330, V-6						
4d SUV. 650		1,940	3,240	8,100	11,340	16,200
NOTE: Add 5% for AWD. Add 10% for Performance pkg.						
2005 GX470, V-8, 4x4						
4d SUV. 850		2,540	4,240	10,600	14,840	21,200
2005 LX470, V-8, 4x4						
4d SUV. 1,010		3,020	5,040	12,600	17,640	25,200
2006 RX 330, V-6, 4WD						
4d S SUV. 810		2,440	4,060	10,150	14,210	20,300
NOTE: Add 15% for Performance package.						
2006 RX 400h, V-6, 4WD, Hybrid						
4d S SUV. 850		2,540	4,240	10,600	14,840	21,200
2006 GX 470, V-8, 4WD						
4d S SUV. 1,010		3,020	5,040	12,600	17,640	25,200
2006 LX 470, V-9, 4WD						
4d S SUV. 1,400		4,200	7,000	17,500	24,500	35,000
2007 RX 330, V-6 4WD						
4d SUV. 790		2,360	3,940	9,850	13,790	19,700
NOTE: Add 15% for Performance pkg.						
2007 RX 44h, V-6 4WD Hybrid						
4d SUV. 890		2,680	4,460	11,150	15,610	22,300
2007 GX 470, V-8 4WD						
4d SUV. 1,020		3,060	5,100	11,480	17,850	25,500
2007 LX 570, V-8 4WD						
4d SUV. 1,440		4,320	7,200	18,000	25,200	36,000
2008 RX 350, V6, 4WD						
4d SUV. 790		2,360	3,930	9,830	13,760	19,650
Note: Add 15% for Performance package.						
2008 RX 400h, V6, 4WD, Hybrid						
4d SUV. 940		2,810	4,680	11,700	16,380	23,400
2008 GX 470, V8, 4WD						
4d SUV. 1,100		3,290	5,480	13,700	19,180	27,400
2008 LX570, V8, 4WD						
4d SUV. 1,470		4,400	7,340	18,350	25,690	36,700
2009 RX 350, V6, 4WD						
4d SUV. 720		2,170	3,620	9,050	12,670	18,100
Add 15% for Performance package.						
2009 GX 470, V8, 4WD						
4d SUV. 940		2,810	4,680	11,700	16,380	23,400
2009 LX570, V8, 4WD						
4d SUV. 1,500		4,490	7,480	18,700	26,180	37,400
2010 RX 350, V6, 4WD						
4d SUV. 940		2,810	4,680	11,700	16,380	23,400
NOTE: Add 15% for Preformance pkg.						
2010 RX 450h, V6 Hybrid, 4WD						
4d SUV. 1,040		3,130	5,220	13,050	18,270	26,100

LEXUS TRUCKS

	6	5	4	3	2	1
2010 GX 460, V8, 4WD						
4d SUV	1,240	3,710	6,180	15,450	21,630	30,900
4d Premium SUV	1,280	3,830	6,380	15,950	22,330	31,900
2010 LX570, V8, 4WD						
4d Premium SUV	1,650	4,940	8,240	20,600	28,840	41,200
2011 RX 350, V6, 4WD						
4d SUV	710	2,140	3,560	8,900	12,460	17,800
2011 RX 450h, V6 Hybrid, 4WD						
4d SUV	780	2,340	3,900	9,750	13,650	19,500
2011 GX 460, V8, 4WD						
4d SUV	940	2,830	4,720	11,800	16,520	23,599
4d Premium SUV	990	2,980	4,970	12,430	17,400	24,850
2011 LX570, V8, 4WD						
4d SUV	1,400	4,190	6,990	17,460	24,450	34,925

MAZDA TRUCKS

	6	5	4	3	2	1
1972-76 B1600, 1/2-Ton						
PU	140	410	680	1,530	2,380	3,400
NOTE: Deduct 10% for rotary engine. Prices based on deluxe model.						
1977 B1800, 1/2-Ton						
PU	150	400	700	1,530	2,400	3,400
NOTE: Deduct 10% for rotary engine. Prices based on deluxe model.						
1978 B1800, 1/2-Ton						
PU SBx	150	400	650	1,490	2,300	3,300
PU LBx	150	400	700	1,530	2,400	3,400
NOTE: Prices based on deluxe model.						
1979 B2000, 1/2-Ton						
PU SBx	150	400	650	1,490	2,300	3,300
PU LBx	150	400	700	1,530	2,400	3,400
NOTE: Prices based on deluxe model.						
1980 B2000, 1/2-Ton						
PU	150	400	650	1,440	2,250	3,200
Sundowner PU SBx	150	400	700	1,530	2,400	3,400
Sundowner PU LBx	150	400	700	1,580	2,450	3,500
NOTE: Prices based on deluxe model.						
1981 B2000, 1/2-Ton						
PU	150	400	650	1,440	2,250	3,200
Sundowner PU SBx	150	400	700	1,530	2,400	3,400
Sundowner PU LBx	150	400	700	1,580	2,450	3,500
NOTE: Prices based on deluxe model.						
1982 B2000 Sundowner, 1/2-Ton						
PU SBx	150	400	650	1,490	2,300	3,300
PU LBx	150	400	700	1,530	2,400	3,400
NOTE: Deduct 20% for diesel. Prices based on deluxe model.						
1983 B2000 Sundowner, 1/2-Ton						
PU SBx	150	400	650	1,490	2,300	3,300
PU LBx	150	400	700	1,530	2,400	3,400
NOTE: Deduct 20% for diesel. Prices based on deluxe model.						
1984 B2000 Sundowner, 1/2-Ton						
PU SBx	150	400	650	1,490	2,300	3,300
PU LBx	150	400	700	1,530	2,400	3,400
NOTE: Deduct 20% for diesel. Prices based on deluxe model.						
1986 B2000, 1/2-Ton						
PU SBx	150	400	700	1,530	2,400	3,400
PU LBx	150	400	700	1,580	2,450	3,500
PU Cab Plus	150	450	750	1,710	2,650	3,800
NOTE: Prices based on deluxe model.						
1987 Light Trucks						
PU	150	400	700	1,580	2,450	3,500
PU LBx	150	450	700	1,620	2,500	3,600
PU Cab Plus	150	450	750	1,710	2,650	3,800
1987 LX						
PU	150	500	800	1,800	2,800	4,000
PU LBx	150	500	850	1,890	2,950	4,200
PU Cab Plus	200	550	900	1,980	3,100	4,400
1987 Light Trucks 4x4						
PU	200	600	1,000	2,250	3,500	5,000
PU LBx	200	650	1,100	2,480	3,850	5,500
PU Cab Plus	250	700	1,200	2,700	4,200	6,000
1987 LX 4x4						
PU	250	700	1,200	2,700	4,200	6,000
PU LBx	250	750	1,200	2,750	4,250	6,100
PU Cab Plus	250	750	1,250	2,790	4,350	6,200
1988 Light Trucks						
PU	200	550	900	2,030	3,150	4,500
PU LBx	200	550	900	2,070	3,200	4,600
PU Cab Plus	200	600	1,000	2,250	3,500	5,000

	6	5	4	3	2	1
1988 LX						
PU	200	600	1,000	2,250	3,500	5,000
PU LBx	200	600	1,050	2,340	3,650	5,200
PU Cab Plus	200	650	1,100	2,430	3,800	5,400
1988 Light Trucks 4x4						
PU	250	700	1,200	2,700	4,200	6,000
PU LBx	250	800	1,300	2,930	4,550	6,500
PU Cab Plus	300	850	1,400	3,150	4,900	7,000
1988 LX, 4x4						
PU	300	900	1,500	3,380	5,250	7,500
PU LBx	300	900	1,500	3,420	5,300	7,600
PU Cab Plus	300	900	1,550	3,470	5,400	7,700
1989 Light Trucks						
PU	200	650	1,100	2,480	3,850	5,500
PU LBx	250	700	1,200	2,700	4,200	6,000
PU 4x4	300	850	1,400	3,150	4,900	7,000
1989 LX						
PU Cab Plus	250	800	1,300	2,930	4,550	6,500
PU Cab Plus 4x4	350	1,000	1,700	3,830	5,950	8,500
1990 Light Trucks						
2d PU	200	650	1,100	2,480	3,850	5,500
2d PU LBx	250	700	1,150	2,570	4,000	5,700
2d PU Clb Cab	250	700	1,200	2,660	4,150	5,900
2d PU 4x4	300	850	1,400	3,110	4,850	6,900
2d PU CLB Cab 4x4	300	900	1,500	3,380	5,250	7,500
1990 MPV						
Cargo Van	300	900	1,500	3,380	5,250	7,500
Mini Van	300	950	1,550	3,510	5,450	7,800
Mini Van V-6 4x4	350	1,050	1,750	3,960	6,150	8,800
1991 MPV						
3d Cargo Van	300	850	1,400	3,150	4,900	7,000
3d Sta Wag	400	1,150	1,900	4,280	6,650	9,500
3d Sta Wag V-6 4x4	680	2,040	3,400	7,650	11,900	17,000
1991 Pickup						
2d PU	300	850	1,400	3,150	4,900	7,000
LB 2d PU	300	900	1,500	3,380	5,250	7,500
2d PU Crew Cab	300	950	1,600	3,600	5,600	8,000
2d PU 4x4	350	1,100	1,800	4,050	6,300	9,000
2d PU Crew Cab 4x4	380	1,140	1,900	4,280	6,650	9,500
1991 Navajo						
2d Utly 4x4	650	2,000	3,300	7,430	11,600	16,500
1992 Navajo, V-6						
2d Utly DX 2x4	300	850	1,400	3,150	4,900	7,000
4d Utly LX 2x4	300	950	1,600	3,600	5,600	8,000
2d Utly DX 4x4	350	1,000	1,700	3,830	5,950	8,500
4d Utly LX 4x4	400	1,150	1,900	4,280	6,650	9,500
1992 MPV, 4-cyl.						
Van 2x4	300	850	1,400	3,150	4,900	7,000
Sta Wag 2x4	350	1,100	1,800	4,050	6,300	9,000
Sta Wag V-6 4x4	600	1,800	3,000	6,750	10,500	15,000
1992 Pickups, 4-cyl.						
PU 2x4	250	800	1,300	2,930	4,550	6,500
PU LB 2x4	250	800	1,350	3,020	4,700	6,700
PU 4x4	300	900	1,500	3,380	5,250	7,500
PU LB 4x4	300	950	1,600	3,600	5,600	8,000
1993 Navajo, V-6						
4d SUV 2WD	200	650	1,100	2,480	3,850	5,500
4d SUV 4x4	250	800	1,300	2,930	4,550	6,500
1993 MPV, 4-cyl.						
4d Sta Wag	300	850	1,400	3,150	4,900	7,000
4d Sta Wag V-6 4x4	320	960	1,600	3,600	5,600	8,000
1993 Pickup						
2d PU SBx	250	800	1,300	2,930	4,550	6,500
2d PU LBx	250	800	1,300	2,970	4,600	6,600
2d PU 4x4	300	900	1,500	3,420	5,300	7,600
1994 Navajo, V-6						
2d Utly DX	300	900	1,500	3,380	5,250	7,500
2d Utly LX	300	950	1,600	3,600	5,600	8,000
2d Utly DX 4x4	450	1,300	2,200	4,950	7,700	11,000
2d Utly LX 4x4	450	1,350	2,250	5,040	7,850	11,200
1994 MPV, 4-cyl.						
Van	350	1,100	1,800	4,050	6,300	9,000
Wag	400	1,150	1,900	4,280	6,650	9,500
Wag 4x4	500	1,450	2,400	5,400	8,400	12,000
1994 Pickup						
2d PU B2300, 4-cyl.	280	840	1,400	3,150	4,900	7,000
2d PU SE B2300, 4-cyl.	300	900	1,500	3,380	5,250	7,500
2d PU Club Cab B2300, 4-cyl.	320	960	1,600	3,600	5,600	8,000
2d PU SE B3000, V-6	340	1,020	1,700	3,830	5,950	8,500

	6	5	4	3	2	1
2d PU Club Cab B3000, V-6	360	1,080	1,800	4,050	6,300	9,000
2d PU Club Cab 4x4 B3000, V-6	380	1,140	1,900	4,280	6,650	9,500
2d PU SE LB, V-6	350	1,100	1,800	4,050	6,300	9,000
2d PU SE Club Cab, V-6	400	1,200	2,000	4,500	7,000	10,000
2d PU LE Club Cab 4x4, V-6	480	1,440	2,400	5,400	8,400	12,000
1995 MPV, V-6						
4d Sta Wag	400	1,150	1,900	4,280	6,650	9,500
4d Sta Wag 4x4	500	1,450	2,400	5,400	8,400	12,000
1995 Pickup						
2d PU B2300, 4-cyl.	280	840	1,400	3,150	4,900	7,000
2d PU B2300 4x4, 4-cyl.	340	1,020	1,700	3,830	5,950	8,500
2d PU B2300 SE, 4-cyl.	300	900	1,500	3,380	5,250	7,500
2d PU B2300 Club Cab, 4-cyl.	320	960	1,600	3,600	5,600	8,000
2d PU B3000 SE, V-6	340	1,020	1,700	3,830	5,950	8,500
2d PU B3000 Club Cab, V-6	360	1,080	1,800	4,050	6,300	9,000
2d PU B3000 Club Cab 4x4, V-6	380	1,140	1,900	4,280	6,650	9,500
2d PU B4000 SE Club Cab, V-6	360	1,080	1,800	4,050	6,300	9,000
2d PU B4000 SE Club Cab 4x4, V-6.	400	1,200	2,000	4,500	7,000	10,000
2d PU B4000 LE Club Cab, V-6	380	1,140	1,900	4,280	6,650	9,500
2d PU B4000 LE Club Cab 4x4, V-6.	480	1,440	2,400	5,400	8,400	12,000
1996 MPV, V-6						
4d DX Sta Wag	400	1,150	1,900	4,280	6,650	9,500
4d LX Sta Wag	400	1,200	2,000	4,500	7,000	10,000
4d ES Sta Wag	400	1,250	2,100	4,730	7,350	10,500
4d LX Sta Wag 4x4	500	1,450	2,400	5,400	8,400	12,000
4d ES Sta Wag 4x4	500	1,550	2,600	5,850	9,100	13,000
1996 B2300 Pickup, 4-cyl.						
2d PU	250	700	1,200	2,700	4,200	6,000
2d PU 4x4	300	900	1,500	3,380	5,250	7,500
2d Cab Plus PU	300	950	1,600	3,600	5,600	8,000
2d SE PU	300	900	1,500	3,380	5,250	7,500
2d SE Cab Plus PU	350	1,000	1,700	3,830	5,950	8,500
1996 B3000 Pickup, V-6						
2d SE Cab Plus PU	350	1,000	1,700	3,830	5,950	8,500
2d Cab Plus 4x4	400	1,150	1,900	4,280	6,650	9,500
1996 B4000 Pickup, V-6						
2d SE PU 4x4	350	1,100	1,800	4,050	6,300	9,000
2d SE Cab Plus PU 4x4	400	1,200	2,000	4,500	7,000	10,000
2d LE Cab Plus PU	400	1,150	1,900	4,280	6,650	9,500
2d LE Cab Plus PU 4x4	440	1,320	2,200	4,950	7,700	11,000
1997 MPV, V-6						
LX Sta Wag	360	1,080	1,800	4,050	6,300	9,000
4d ES Sta Wag	380	1,140	1,900	4,280	6,650	9,500
4d LX Sta Wag 4x4	400	1,200	2,000	4,500	7,000	10,000
4d ES Sta Wag 4x4	420	1,260	2,100	4,730	7,350	10,500
1997 B2300 Pickup, 4-cyl.						
2d PU	240	720	1,200	2,700	4,200	6,000
2d SE PU	300	900	1,500	3,380	5,250	7,500
2d SE Cab Plus PU	340	1,020	1,700	3,830	5,950	8,500
1997 B4000 Pickup, V-6						
2d SE Cab Plus PU	340	1,020	1,700	3,830	5,950	8,500
2d PU 4x4	360	1,080	1,800	4,050	6,300	9,000
2d Cab Plus PU 4x4	380	1,140	1,900	4,280	6,650	9,500
2d SE Cab Plus PU 4x4	400	1,200	2,000	4,500	7,000	10,000
1998 MPV, V-6						
4d LX Sta Wag	360	1,080	1,800	4,050	6,300	9,000
4d ES Sta Wag	380	1,140	1,900	4,280	6,650	9,500
NOTE: Add 5% for 4x4.						
1998 B2500, 4-cyl.						
2d SX PU	240	720	1,200	2,700	4,200	6,000
2d SE PU	300	900	1,500	3,380	5,250	7,500
NOTE: Add 10% for extended cab.						
1998 B3000, V-6						
2d SX PU	260	780	1,300	2,930	4,550	6,500
2d SE PU	320	960	1,600	3,600	5,600	8,000
NOTE: Add 10% for extended cab. Add 5% for 4x4.						
1998 B4000, V-6						
2d SE Cab Plus PU	340	1,020	1,700	3,830	5,950	8,500
NOTE: Add 5% for 4x4.						
1999 B2500, 4-cyl.						
2d SX PU	240	720	1,200	2,700	4,200	6,000
2d SE PU	300	900	1,500	3,380	5,250	7,500
NOTE: Add 10% for extended cab.						
1999 B3000, V-6						
2d SE PU	320	960	1,600	3,600	5,600	8,000
NOTE: Add 10% for extended cab. Add 5% for 4x4.						
1999 B4000, V-6						
2d SE PU	340	1,020	1,700	3,830	5,950	8,500
NOTE: Add 10% for extended cab. Add 5% for 4x4.						

MAZDA TRUCKS

Model	6	5	4	3	2	1
2000 MPV, V-6						
4d DX SUV	270	800	1,340	3,020	4,690	6,700
4d LX SUV	290	860	1,440	3,240	5,040	7,200
4d EX SUV	310	920	1,540	3,470	5,390	7,700
2000 B2500, 4-cyl.						
2d SX PU	240	720	1,200	2,700	4,200	6,000
2d SE PU	300	900	1,500	3,380	5,250	7,500
NOTE: Add 10% for extended cab.						
2000 B3000, V-6						
2d SX PU	300	900	1,500	3,380	5,250	7,500
2d SE PU	320	960	1,600	3,600	5,600	8,000
NOTE: Add 10% for extended cab. Add 5% for 4x4.						
2000 B4000, V-6						
2d SE PU	340	1,020	1,700	3,830	5,950	8,500
NOTE: Add 10% for extended cab. Add 5% for 4x4.						
2001 Tribute, V-6						
4d DX SUV	320	960	1,600	4,000	5,600	8,000
4d LX SUV	340	1,020	1,700	4,250	5,950	8,500
4d ES SUV	370	1,100	1,840	4,600	6,440	9,200
NOTE: Add 5% for 4x4. Deduct 5% for 4-cyl.						
2001 MPV, V-6						
4d DX SUV	270	800	1,340	3,350	4,690	6,700
4d LX SUV	290	860	1,440	3,600	5,040	7,200
4d EX SUV	310	920	1,540	3,850	5,390	7,700
2001 B2300/B2500, 4-cyl.						
2d SX PU	240	720	1,200	3,000	4,200	6,000
2d SE PU	300	900	1,500	3,750	5,250	7,500
2001 B3000, V-6						
2d SX PU	300	900	1,500	3,750	5,250	7,500
2d SE PU	320	960	1,600	4,000	5,600	8,000
NOTE: Add 10% for extended cab. Add 5% for 4x4.						
2001 B4000, V-6						
4d DS Cab Plus PU	360	1,080	1,800	4,500	6,300	9,000
4d SE Cab Plus PU	420	1,260	2,100	5,250	7,350	10,500
NOTE: Add 5% for 4x4.						
2002 Tribute, V-6						
4d DX SUV	320	960	1,600	4,000	5,600	8,000
4d LX SUV	340	1,020	1,700	4,250	5,950	8,500
4d ES SUV	370	1,100	1,840	4,600	6,440	9,200
NOTE: Add 5% for 4x4. Deduct 5% for 4-cyl.						
2002 MPV, V-6						
4d LX SUV	290	860	1,440	3,600	5,040	7,200
4d ES SUV	310	920	1,540	3,850	5,390	7,700
2002 B2300, 4-cyl.						
2d PU	240	720	1,200	3,000	4,200	6,000
2d SE-5 PU	300	900	1,500	3,750	5,250	7,500
2d SE Cab Plus PU	330	1,000	1,660	4,150	5,810	8,300
2002 B3000, V-6						
2d DS PU	300	900	1,500	3,750	5,250	7,500
2d DS Cab Plus PU	320	960	1,600	4,000	5,600	8,000
NOTE: Add 5% for 4x4.						
2002 B4000, V-6						
4d DS Cab Plus PU	360	1,080	1,800	4,500	6,300	9,000
NOTE: Add 5% for 4x4.						
2003 Tribute, V-6						
4d DX SUV	320	960	1,600	4,000	5,600	8,000
4d LX SUV	340	1,020	1,700	4,250	5,950	8,500
4d ES SUV	370	1,100	1,840	4,600	6,440	9,200
NOTE: Add 5% for 4x4. Deduct 5% for 4-cyl.						
2003 MPV, V-6						
4d LX SV van	280	840	1,400	3,150	4,900	7,000
4d LX Van	290	860	1,440	3,240	5,040	7,200
4d ES Van	310	920	1,540	3,470	5,390	7,700
NOTE: Add 5% for All Sport pkg.						
2003 B2300, 4-cyl.						
2d PU	240	720	1,200	3,000	4,200	6,000
2d SE-5 PU	300	900	1,500	3,750	5,250	7,500
2d SE Cab Plus PU	330	1,000	1,660	4,150	5,810	8,300
2003 B3000, V-6						
2d DS PU	300	900	1,500	3,750	5,250	7,500
2d DS Cab Plus PU	320	960	1,600	4,000	5,600	8,000
4d SE Cab Plus PU	330	980	1,640	4,100	5,740	8,200
2003 B4000, V-6, 4x4						
4d DS Cab Plus PU (2WD)	360	1,080	1,800	4,500	6,300	9,000
2d Cab Plus PU	390	1,180	1,960	4,900	6,860	9,800
2d SE Cab Plus PU	420	1,250	2,080	5,200	7,280	10,400
4d SE Cab Plus PU	470	1,400	2,340	5,850	8,190	11,700
2004 Tribute, V-6						
DX 4d SUV (4-cyl. only)	320	960	1,600	4,000	5,600	8,000

MAZDA TRUCKS

	6	5	4	3	2	1
LX 4d SUV	340	1,020	1,700	4,250	5,950	8,500
ES 4d SUV	370	1,100	1,840	4,600	6,440	9,200
NOTE: Add 5% for 4x4.						
2004 MPV, V-6						
LX 4d Van	310	920	1,540	3,470	5,390	7,700
ES 4d Van	340	1,010	1,680	3,780	5,880	8,400
2004 B2300, 4-cyl.						
2d PU	240	720	1,200	3,000	4,200	6,000
SE-5 2d PU	300	900	1,500	3,750	5,250	7,500
SE Cab Plus 2d PU	330	1,000	1,660	4,150	5,810	8,300
2004 B3000, V-6						
DS 2d PU	300	900	1,500	3,750	5,250	7,500
DS Cab Plus 2 PU	320	960	1,600	4,000	5,600	8,000
SE Cab Plus 4d PU	340	1,020	1,700	4,250	5,950	8,500
2004 B4000, V-6, 4x4						
DS Cab Plus 4d PU (2WD)	360	1,080	1,800	4,500	6,300	9,000
Cab Plus 2d PU	390	1,180	1,960	4,900	6,860	9,800
SE Cab Plus 2d PU	420	1,250	2,080	5,200	7,280	10,400
SE Cab Plus 4d PU	470	1,400	2,340	5,850	8,190	11,700
NOTE: Add 5% for Off-Road pkg. Add 5% for automatic transmission.						
2005 Tribute, V-6						
4d i SUV (4-cyl. only)	330	980	1,640	4,100	5,740	8,200
4d s SUV	380	1,150	1,920	4,800	6,720	9,600
NOTE: Add 5% for 4x4. Deduct 5% for manual transmission.						
2005 MPV, V-6						
4d LX SV Van	300	900	1,500	3,750	5,250	7,500
4d LX Van	310	920	1,540	3,850	5,390	7,700
4d ES Van	340	1,010	1,680	4,200	5,880	8,400
NOTE: Add 5% for All Sport pkg.						
2005 B2300, 4-cyl.						
2d PU	240	720	1,200	3,000	4,200	6,000
2d SE-5 PU	300	900	1,500	3,750	5,250	7,500
NOTE: Add 5% for automatic transmission.						
2005 B3000, V-6						
2d DS PU	300	910	1,520	3,800	5,320	7,600
4d Cab Plus PU	320	960	1,600	4,000	5,600	8,000
4d DS Cab Plus PU	340	1,020	1,700	3,830	5,950	8,500
NOTE: Add 5% for automatic transmission.						
2005 B4000, V-6, 4x4						
4d Cab Plus PU	420	1,270	2,120	5,300	7,420	10,600
4d SE Cab Plus PU	470	1,400	2,340	5,850	8,190	11,700
NOTE: Add 5% for automatic transmission, except SE model.						
2006 Mazda 5, 4-cyl.						
4d Spt Minivan	360	1,070	1,780	4,450	6,230	8,900
4d Trg Minivan	370	1,100	1,840	4,600	6,440	9,200
2006 Tribute, 4-cyl., 4WD						
4d SUV	320	950	1,580	3,950	5,530	7,900
2006 Tribute, V-6, 4WD						
4d SUV	360	1,080	1,800	4,500	6,300	9,000
2006 MPV, V-6						
4d LX-SV Minivan	270	800	1,340	3,350	4,690	6,700
4d LX Minivan	300	890	1,480	3,700	5,180	7,400
4d ES Minivan	320	960	1,600	4,000	5,600	8,000
2006 B2300 Pickup, 4-cyl.						
2d Short Bed	280	830	1,380	3,450	4,830	6,900
2006 B3000 Pickup, V-6						
4d Extended Cab	330	1,000	1,660	4,150	5,810	8,300
2d Dual Sport 6'	310	920	1,540	3,850	5,390	7,700
4d Dual Spt Extended Cab	370	1,120	1,860	4,650	6,510	9,300
2006 B4000 Pickup, V-6, 4WD						
4d Extended Cab	390	1,160	1,940	4,850	6,790	9,700
4d SE Extended Cab	430	1,280	2,140	5,350	7,490	10,700
2007 Mazda 5, 4-cyl.						
4d Spt Minivan	380	1,130	1,890	4,730	6,620	9,450
4d Trg Minivan	420	1,270	2,110	5,280	7,390	10,550
4d Grand Trgt Minivan	430	1,300	2,170	5,430	7,600	10,850
2007 CX-7, 4-cyl. Turbo						
4d SUV	340	1,010	1,690	4,210	5,900	8,425
4d Trg SUV	370	1,120	1,870	4,660	6,530	9,325
NOTE: Add 8% for AWD.						
2007 CX-7, 4-cyl. Turbo AWD						
4d Grand Trg SUV	440	1,320	2,200	5,500	7,700	11,000
2007 CX-9, V-6						
4d Spt SUV	520	1,550	2,590	6,480	9,070	12,950
4d Grand Trg SUV	630	1,880	3,130	7,830	10,960	15,650
NOTE: Add 8% for AWD.						
2007 CX-9, V-6 AWD						
4d Trg SUV	600	1,810	3,020	7,550	10,570	15,100

MAZDA TRUCKS

	6	5	4	3	2	1
2007 B2300 Pickup, 4-cyl.						
2d Short Bed	380	1,130	1,880	4,700	6,580	9,400
2007 B3000 Pickup, V-6						
4d Extended Cab	540	1,630	2,710	6,780	9,490	13,550
2d Dual Sport 6'	490	1,460	2,430	5,470	8,510	12,150
4d Dual Spt Extended Cab	590	1,760	2,940	7,350	10,290	14,700
2007 B4000 Pickup, V-6 4WD						
4d Extended Cab	560	1,690	2,810	7,030	9,840	14,050
4d SE Extended Cab	700	2,110	3,510	8,780	12,290	17,550
2008 MAZDA I-4						
4d Spt Minivan	390	1,160	1,940	4,840	6,770	9,675
4d Trg Minivan	430	1,300	2,160	5,400	7,560	10,800
4d Grand Trgt Minivan	440	1,330	2,210	5,530	7,740	11,050
2008 TRIBUTE I-4 Hybrid						
HEV Touring	480	1,430	2,380	5,950	8,330	11,900
2008 TRIBUTE 4WD I-4 Hybrid						
HEV Grand Touring	680	2,050	3,420	8,550	11,970	17,100
4D SUV	680	2,050	3,420	8,550	11,970	17,100
4D Touring SUV	680	2,050	3,420	8,550	11,970	17,100
2008 TRIBUTE 4WD V8						
4D SUV	680	2,050	3,420	8,550	11,970	17,100
4D Touring SUV	680	2,050	3,420	8,550	11,970	17,100
4D Grand Touring SUV	680	2,050	3,420	8,550	11,970	17,100
2008 CX-7, I4 Turbo						
4d Spt SUV	370	1,110	1,850	4,630	6,480	9,250
4d Trg SUV	410	1,220	2,040	5,100	7,140	10,200
Note: Add 8% for AWD						
2008 CX-7, I4 Turbo, AWD						
4d Grand Trg SUV	430	1,300	2,170	5,430	7,600	10,850
2008 CX-9, V6						
4d Spt SUV	500	1,510	2,510	6,280	8,790	12,550
4d Grand Trg SUV	600	1,790	2,990	7,480	10,470	14,950
Note: Add 8% for AWD						
2008 CX-9, V6, AWD						
4d Trg SUV	580	1,740	2,900	7,250	10,150	14,500
2008 B2300 Pickup, 4-cyl.						
2d Short Bed	390	1,170	1,950	4,880	6,830	9,750
2008 B4000 Pickup, V-6, 4WD						
4d Extended Cab	600	1,790	2,980	7,450	10,430	14,900
4d SE Extended Cab	740	2,210	3,690	9,230	12,920	18,450
2009 MAZDA I-4						
4d Spt Minivan	320	950	1,580	3,950	5,530	7,900
4d Trg Minivan	350	1,040	1,740	4,350	6,000	8,700
4d Grand Trgt Minivan	360	1,070	1,780	4,450	6,230	8,900
2009 TRIBUTE I-4 Hybrid						
4d HEV Touring SUV	460	1,390	2,310	5,780	8,090	11,550
2009 TRIBUTE 4WD I-4 Hybrid						
4d HEV Grand Touring SUV	580	1,740	2,900	7,250	10,150	14,500
4d Touring SUV	280	850	1,420	3,550	4,970	7,100
4d GT SUV	390	1,180	1,960	4,900	6,860	9,800
Deduct 10% for 2WD.						
2009 TRIBUTE 4WD I-4						
4D Touring SUV	400	1,190	1,990	4,960	6,950	9,925
2009 TRIBUTE 4WD V6						
4D SUV	380	1,150	1,920	4,800	6,720	9,600
4D Touring SUV	420	1,250	2,090	5,230	7,320	10,450
4D Grand Touring SUV	480	1,430	2,390	5,980	8,370	11,950
Deduct 10% for 2WD.						
2009 CX-7, I4 Turbo						
4d Spt SUV	330	1,000	1,660	4,150	5,810	8,300
4d Trg SUV	370	1,120	1,860	4,650	6,510	9,300
Add 8% for AWD.						
2009 CX-7, I4 Turbo, AWD						
4d Grand Trg SUV	400	1,200	2,000	5,000	7,000	10,000
Deduct 8% for FWD.						
2009 CX-9, V6						
4d Spt SUV	460	1,390	2,310	5,780	8,090	11,550
4d Grand Trg SUV	550	1,660	2,760	6,900	9,660	13,800
2009 CX-9, V6, AWD						
4d Trg SUV	540	1,610	2,690	6,730	9,420	13,450
Deduct 8% for FWD.						
2009 B2300 Pickup, 4-cyl.						
B2300 Pickup, 4-cyl.	340	1,020	1,700	4,240	5,930	8,475
2009 B4000 Pickup, V-6, 4WD						
4d Extended Cab	570	1,700	2,830	7,080	9,910	14,150
2010 MAZDA I-4						
4d Spt Minivan	390	1,160	1,940	4,850	6,790	9,700
4d Trg Minivan	420	1,250	2,080	5,200	7,280	10,400
4d Grand Trg Minivan	420	1,260	2,100	5,250	7,350	10,500

MAZDA TRUCKS

	6	5	4	3	2	1
2010 TRIBUTE I-4						
4d SUV I	350	1,040	1,730	4,330	6,060	8,650
4d Grand Touring SUV i	430	1,290	2,150	5,380	7,530	10,750
2010 TRIBUTE 4WD I-4						
4d Touring SUV	430	1,290	2,150	5,380	7,530	10,750
2010 TRIBUTE 4WD V6						
4d Grand Touring SUV	500	1,490	2,490	6,230	8,720	12,450
2010 CX-7, I4						
4d SV Sport SUV	470	1,420	2,360	5,900	8,260	11,800
4d Sport SUV	450	1,350	2,250	5,630	7,880	11,250
2010 CX-7, I4 Turbo						
4d Grand Trg SUV	530	1,600	2,660	6,650	9,310	13,300
NOTE: Add 8% for AWD.						
2010 CX-7, I4 Turbo, AWD						
4d Trg SUV	530	1,580	2,630	6,580	9,210	13,150
NOTE: Deduct 8% for FWD.						
2010 CX-9, V6						
4d Spt SUV	550	1,640	2,730	6,830	9,560	13,650
4d Grand Trg SUV	630	1,900	3,160	7,900	11,060	15,800
NOTE: Add 8% for AWD.						
2010 CX-9, V6, AWD						
4d Trg SUV	620	1,850	3,080	7,700	10,780	15,400
NOTE: Deduct 8% for FWD.						
2011 Tribute I-4						
4d SUV I	310	920	1,540	3,840	5,370	7,675
4d Grand Touring SUV I	340	1,020	1,700	4,250	5,950	8,500
2011 Tribute 4WD I-4						
4d Touring SUV	330	980	1,630	4,080	5,710	8,150
2011 TRIBUTE 4WD V6						
4d Grand Touring SUV	390	1,180	1,970	4,930	6,900	9,850
2011 CX-7, I4						
4d SV Sport SUV	300	910	1,520	3,800	5,320	7,600
4d Sport SUV	350	1,050	1,750	4,360	6,110	8,725
2011 CX-7, I4						
4d Touring SUV	380	1,140	1,900	4,740	6,630	9,475
2011 CX-7, I4 Turbo						
4d Grand Trg SUV	440	1,310	2,190	5,480	7,670	10,950
Add 8% for AWD.						
2011 CX-7, I4 Turbo, AWD						
4d Trg SUV	460	1,380	2,300	5,740	8,030	11,475
Deduct 8% for FWD.						
2011 CX-9, AWD, V6						
4d Spt SUV	440	1,330	2,210	5,530	7,740	11,050
4d Trg SUV	450	1,340	2,230	5,560	7,790	11,125
4d Grand Trg SUV	570	1,710	2,850	7,130	9,980	14,250

MERCEDES-BENZ TRUCKS

	6	5	4	3	2	1
1998 ML320, V-6, 4x4						
4d Utility	640	1,920	3,200	7,200	11,200	16,000
1999 M Class, V-6/V-8, 4x4						
ML320 4d Utility	560	1,680	2,800	6,300	9,800	14,000
ML430 4d Utility	640	1,920	3,200	7,200	11,200	16,000
2000 M Class, V-6/V-8, 4x4						
ML320 4d Utility	580	1,740	2,900	6,530	10,150	14,500
ML430 4d Utility	660	1,980	3,300	7,430	11,550	16,500
ML55/AMG 4d Utility (V-8 only)	960	2,880	4,800	10,800	16,800	24,000
2001 M Class, V-8, 4x4						
ML320 4d Utility (V-6 only)	580	1,740	2,900	7,250	10,150	14,500
ML430 4d Utility	660	1,980	3,300	8,250	11,550	16,500
ML55/AMG 4d Utility	960	2,880	4,800	12,000	16,800	24,000
NOTE: Add 5% for Sport pkg.						
2002 M Class, V-6 & V-8, 4x4						
ML320 4d Utility	580	1,740	2,900	6,530	10,150	14,500
ML500 4d Utility	660	1,980	3,300	7,430	11,550	16,500
ML55/AMG 4d Utility (V-8 only)	960	2,880	4,800	12,000	16,800	24,000
NOTE: Add 5% for Sport pkg. except ML55 model.						
2003 M Class, V-6 & V-8, 4x4						
ML320 4d Utility	580	1,740	2,900	7,250	10,150	14,500
ML350 4d Utility	620	1,860	3,100	7,750	10,850	15,500
ML500 4d Utility	660	1,980	3,300	8,250	11,550	16,500
ML55/AMG 4d Utility (V-8 only)	960	2,880	4,800	12,000	16,800	24,000
NOTE: Add 5% for Sport pkg. except ML55 model.						
2004 M Class, V-6 & V-8, 4x4						
ML350 4d Utility	620	1,860	3,100	7,750	10,850	15,500
ML500 4d Utility	660	1,980	3,300	8,250	11,550	16,500
NOTE: Add 5% for Sport pkg.						
2005 M Class, V-6 & V-8, 4x4						
4d ML350 Utility	620	1,860	3,100	7,750	10,850	15,500

	6	5	4	3	2	1
4d ML500 Utility 660	1,980	3,300	7,430	11,550	16,500
NOTE: Add 5% for Special Ed pkg or Sport Appearance pkg. Deduct 5% for V-6.						
2006 ML Class, V-6 Turbo Diesel, 4WD						
4d ML320 CDI SUV 1,210	3,640	6,060	15,150	21,210	30,300
2006 ML Class, V-6, 4WD						
4d ML350 SUV 1,010	3,020	5,040	12,600	17,640	25,200
2006 ML Class, V-8, 4WD						
4d ML500 SUV 1,050	3,140	5,240	13,100	18,340	26,200
4d ML63 SUV 1,800	5,390	8,980	22,450	31,430	44,900
2006 G Class, V-8, 4WD						
4d G500 SUV 2,000	5,990	9,980	24,950	34,930	49,900
2006 G Class, Supercharged V-8, 4WD						
4d G55 SUV 2,410	7,220	12,040	30,100	42,140	60,200
2006 GL Class, V-6, Turbo Diesel, 4WD						
4d GL320 CDI SUV 1,500	4,700	7,000	19,700	27,580	39,400
2006 GL Class, V-8, 4WD						
4d GL450 SUV 1,330	3,980	6,640	14,940	23,240	33,200
2006 R Class, V-6 Turbo Diesel, 4WD						
R320 CDI Spt Wag 1,050	3,160	5,260	13,150	18,410	26,300
2006 R Class, V-6, 4WD						
4d R350 Spt Wag 940	2,810	4,680	11,700	16,380	23,400
2006 R Class, V-8, 4WD						
R500 Spt Wag 1,040	3,110	5,180	12,950	18,130	25,900
R63 Spt Wag 1,570	4,700	7,840	19,600	27,440	39,200
2007 M Class, V-6 Turbo Diesel 4WD						
4d ML320 CDI SUV 1,030	3,080	5,140	12,850	17,990	25,700
2007 M Class, V-6 4WD						
4d ML350 SUV 780	2,330	3,880	9,700	13,580	19,400
2007 M Class, V-8 4WD						
4d ML500 SUV 850	2,540	4,240	10,600	14,840	21,200
4d ML63 SUV 1,320	3,970	6,620	16,550	23,170	33,100
2007 G Class, V-8 4WD						
4d G500 SUV 1,970	5,900	9,840	24,600	34,440	49,200
2007 G Class, Supercharged V-8 4WD						
4d G55 SUV 2,420	7,270	12,120	30,300	42,420	60,600
2007 GL Class, V-6 Turbo Diesel 4WD						
4d GL320 CDI SUV 1,090	3,280	5,460	13,650	19,110	27,300
2007 GL Class, V-8 4WD						
4d GL450 SUV 930	2,780	4,640	11,600	16,240	23,200
2007 R Class, V-6 Turbo Diesel 4WD						
R320 CDI Spt Wag 770	2,310	3,850	9,630	13,480	19,250
2007 R Class, V-6 4WD						
4d R350 Spt Wag 620	1,870	3,120	7,800	10,920	15,600
2007 R Class, V-8 4WD						
R500 Spt Wag 690	2,080	3,460	8,650	12,110	17,300
R63 Spt Wag 1,550	4,640	7,740	19,350	27,090	38,700
2008 M Class, V6 Turbo Diesel, 4WD						
4d ML320 CDI SUV 880	2,640	4,400	11,000	15,400	22,000
2008 M Class, V6, 4WD						
4d ML350 SUV 730	2,190	3,650	9,130	12,780	18,250
4d ML350 Edition SUV 800	2,390	3,980	9,950	13,930	19,900
2008 M Class, V8, 4WD						
4d ML550 SUV 910	2,720	4,540	11,350	15,890	22,700
4d ML63 SUV 1,290	3,860	6,440	16,100	22,540	32,200
2008 G Class, V8, 4WD						
4d G500 SUV 2,100	6,310	10,520	26,300	36,820	52,600
2008 G Class, Supercharged V8, 4WD						
4d G55 SUV 2,540	7,620	12,700	31,750	44,450	63,500
2008 GL Class, V6, Turbo Diesel, 4WD						
4d GL320 CDI SUV 1,100	3,300	5,500	13,750	19,250	27,500
2008 GL Class, V8, 4WD						
4d GL450 SUV 950	2,840	4,740	11,850	16,590	23,700
4d GL550 SUV 1,130	3,400	5,660	14,150	19,810	28,300
2008 R Class, V6 Turbo Diesel, 4WD						
R320 CDI Spt Wag 810	2,440	4,060	9,140	14,210	20,300
2008 R Class, V6, 4WD						
4d R350 Spt Wag 630	1,900	3,160	7,900	11,060	15,800
2009 M Class, V6 Turbo Diesel, 4WD						
4d ML320 Blu Tech SUV 780	2,340	3,900	9,750	13,650	19,500
2009 M Class, V6, 4WD						
4d ML350 SUV 730	2,190	3,650	9,130	12,780	18,250
2009 M Class, V8, 4WD						
4d ML550 SUV 840	2,510	4,180	10,450	14,630	20,900
4d ML63 SUV 1,150	3,440	5,740	14,350	20,090	28,700
2009 G Class, V8, 4WD						
4d G550 SUV 2,220	6,670	11,120	27,800	38,920	55,600
2009 G Class, Supercharged V8, 4WD						
4d G55 SUV 2,340	7,030	11,720	29,300	41,020	58,600

	6	5	4	3	2	1
2009 GL Class, V6, Turbo Diesel, 4WD						
4d GL320 Blue Tec SUV	930	2,780	4,640	11,600	16,240	23,200
2009 GL Class, V8, 4WD						
4d GL450 SUV	1,020	3,060	5,100	12,750	17,850	25,500
2009 M Class, AWD, V8						
4d GL550 SUV	690	2,060	3,440	8,600	12,040	17,200
2009 R Class, V6, 4WD						
4d R350 Spt Wag	640	1,910	3,180	7,950	11,130	15,900
2010 GLK Class, V6						
4d GLK350 SUV	760	2,280	3,800	9,500	13,300	19,000
2010 GLK Class 4Matic, AWD, V6						
4d GLK350 SUV	800	2,410	4,020	10,050	14,070	20,100
2010 M Class, V6 Turbo Diesel, AWD						
4d ML350 Blue Tec SUV	950	2,840	4,740	11,850	16,590	23,700
2010 M Class, V6						
4d ML350 SUV	820	2,460	4,100	10,250	14,350	20,500
2010 M Class, 4Matic, AWD, V6						
4d ML350 SUV	900	2,690	4,480	11,200	15,680	22,400
2010 M Class, V6 Hybrid						
4d ML450 SUV	1,050	3,140	5,240	13,100	18,340	26,200
2010 M Class, V8, AWD						
4d ML550 SUV	1,020	3,070	5,120	12,800	17,920	25,600
4d ML63 AMG SUV	1,360	4,090	6,820	17,050	23,870	34,100
2010 GL Class, 4WD V6, Turbo Diesel						
4d G350 Blue Tec SUV	1,100	3,300	5,500	13,750	19,250	27,500
2010 GL Class, V8, AWD						
4d GL450 SUV	1,070	3,220	5,360	13,400	18,760	26,800
4d GL550 SUV	1,260	3,790	6,320	15,800	22,120	31,600
2010 G Class, V8, AWD						
4d GL550 SUV	2,320	6,960	11,600	29,000	40,600	58,000
2010 G Class, V8, AWD, Supercharged						
4d GL55 SUV	2,560	7,680	12,800	32,000	44,800	64,000
2010 R Class, 4Matic, V6, AWD						
4d R350 Spt Wag	830	2,480	4,140	10,350	14,490	20,700
2011 GLK Class, V6						
4d GLK350 SUV	580	1,730	2,880	7,200	10,080	14,400
2011 GLK Class, AWD, V6						
4d GLK350 SUV	620	1,850	3,090	7,730	10,820	15,450
2011 M Class, V6 Turbo Diesel, AWD						
4d ML350 BlueTec SUV	630	1,880	3,140	7,840	10,970	15,675
2011 M Class, V6						
4d ML350 SUV	820	2,460	4,100	10,250	14,350	20,500
2011 M Class, 4Matic, AWD, V6						
4d ML350 SUV	580	1,740	2,910	7,260	10,170	14,525
2011 M Class, V6, Hybrid						
4d ML450 SUV	680	2,040	3,400	8,500	11,900	17,000
2011 M Class, V8, AWD						
4d ML550 SUV	790	2,380	3,970	9,930	13,900	19,850
4d ML63 AMG SUV	1,200	3,590	5,990	14,980	20,970	29,950
2011 R Class, 4Matic, 4WD, V6 Turbo Diesel						
R350 BlueTec SUV	620	1,870	3,120	7,790	10,900	15,575
2011 R Class, 4Matic, 4WD, V6						
R350 Sprt Wagon	660	1,970	3,290	8,230	11,520	16,450
2011 GL Class, AWD, Turbo Diesel V6						
4d GL350 Bluetec	740	2,230	3,710	9,280	12,990	18,550
2011 GL Class, V8, AWD						
4d GL450 SUV	770	2,320	3,860	9,650	13,510	19,300
4d GL550 SUV	1,260	3,790	6,320	15,800	22,120	31,600
2011 G Class, AWD, V8						
4d GL550 SUV	930	2,800	4,660	11,650	16,310	23,300
2011 G Class, AWD, Supercharged V8						
4d G55 SUV	2,640	7,920	13,200	33,000	46,200	66,000

MITSUBISHI TRUCKS

	6	5	4	3	2	1
1983-85 Montero 4x4						
Wag	140	420	700	1,580	2,450	3,500
NOTE: Prices based on deluxe model.						
1983-86 1/2-Ton						
PU	120	360	600	1,350	2,100	3,000
NOTE: Add 15% for 4x4. Prices based on deluxe model.						
1986 Montero, 4x4						
Wag	220	660	1,100	2,480	3,850	5,500
NOTE: Prices based on deluxe model.						
1987 Mighty Max						
PU	100	300	500	1,130	1,750	2,500
1-Ton LBx	108	324	540	1,220	1,890	2,700
Spt	116	348	580	1,310	2,030	2,900
Spt LBx	120	360	600	1,350	2,100	3,000
PU, 4x4	128	384	640	1,440	2,240	3,200

MERCEDES-BENZ TRUCKS

	6	5	4	3	2	1
PU LBx 4x4	132	396	660	1,490	2,310	3,300
1987 SPX						
PU	124	372	620	1,400	2,170	3,100
PU 4WD	136	408	680	1,530	2,380	3,400
1987 Montero						
4x4	160	480	800	1,800	2,800	4,000
1988 Mighty Max						
PU	160	480	800	1,800	2,800	4,000
1-Ton LBx	176	528	880	1,980	3,080	4,400
Spt	180	540	900	2,030	3,150	4,500
Spt LBx	184	552	920	2,070	3,220	4,600
Macrocab	180	540	900	2,030	3,150	4,500
PU 4x4	228	684	1,140	2,570	3,990	5,700
Spt LBx 4x4	252	756	1,260	2,840	4,410	6,300
1988 SPX						
Macrocab	208	624	1,040	2,340	3,640	5,200
Macrocab 4x4	276	828	1,380	3,110	4,830	6,900
4x4	256	768	1,280	2,880	4,480	6,400
1988 Montero - Van - Wagon						
SP 4x4	300	900	1,500	3,380	5,250	7,500
Spt 4x4	340	1,020	1,700	3,830	5,950	8,500
Cargo Van	228	684	1,140	2,570	3,990	5,700
Wag	300	900	1,500	3,380	5,250	7,500
1989 Mighty Max						
PU	200	600	1,000	2,250	3,500	5,000
1-Ton LBx	208	624	1,040	2,340	3,640	5,200
Spt	216	648	1,080	2,430	3,780	5,400
Spt LBx	228	684	1,140	2,570	3,990	5,700
Macrocab	224	672	1,120	2,520	3,920	5,600
PU 4x4	240	720	1,200	2,700	4,200	6,000
Spt LBx 4x4	260	780	1,300	2,930	4,550	6,500
1989 SPX						
PU 4x4	280	840	1,400	3,150	4,900	7,000
Macrocab 4x4	292	876	1,460	3,290	5,110	7,300
1989 Montero - Van - Wagon						
SP 4x4	520	1,560	2,600	5,850	9,100	13,000
Spt 4x4	540	1,620	2,700	6,080	9,450	13,500
4d 4x4	560	1,680	2,800	6,300	9,800	14,000
Cargo Van	280	840	1,400	3,150	4,900	7,000
Wag	540	1,620	2,700	6,080	9,450	13,500
1990 Light Trucks						
2d Mighty Max	192	576	960	2,160	3,360	4,800
2d Mighty Max 4x4	232	696	1,160	2,610	4,060	5,800
1990 Montero, 4x4						
2d Std Utly	300	900	1,500	3,380	5,250	7,500
2d Spt Utly	304	912	1,520	3,420	5,320	7,600
4d Std Utly	304	912	1,520	3,420	5,320	7,600
RS 4d Utly	308	924	1,540	3,470	5,390	7,700
1991 Light Trucks						
2d PU	220	660	1,100	2,480	3,850	5,500
2d PU Crew Cab	260	780	1,300	2,930	4,550	6,500
1-Ton 2d PU LBx	228	684	1,140	2,570	3,990	5,700
2d PU V-6 4x4	340	1,020	1,700	3,830	5,950	8,500
1991 Montero						
4d Utly 4x4	520	1,560	2,600	5,850	9,100	13,000
RS 4d Utly 4x4	540	1,620	2,700	6,080	9,450	13,500
LS 4d Utly 4x4	560	1,680	2,800	6,300	9,800	14,000
1992 Montero, V-6						
4d Utly 4x4	600	1,800	3,000	6,750	10,500	15,000
4d Utly RS 4x4	620	1,860	3,100	6,980	10,850	15,500
4d Utly LS 4x4	660	1,980	3,300	7,430	11,550	16,500
4d Utly SR 4x4	680	2,040	3,400	7,650	11,900	17,000
1992 Pickups, 4-cyl.						
PU Mighty Max	200	600	1,000	2,250	3,500	5,000
PU Mighty Max LB	220	660	1,100	2,480	3,850	5,500
PU Mighty Max 4x4 V-6	300	900	1,500	3,380	5,250	7,500
1993 Montero, V-6						
4d SUV 4x4	600	1,800	3,000	6,750	10,500	15,000
1993 Pickup						
2d PU SBx	228	684	1,140	2,570	3,990	5,700
2d PU LBx	232	696	1,160	2,610	4,060	5,800
2d PU 4x4	272	816	1,360	3,060	4,760	6,800
1994 Montero, V-6						
4d Utly LS 4x4	560	1,680	2,800	6,300	9,800	14,000
4d Utly SR 4x4	640	1,920	3,200	7,200	11,200	16,000
1994 Pickups						
2d PU Mighty Max, 4-cyl.	200	600	1,000	2,250	3,500	5,000
2d PU Mighty Max Club Cab, 4-cyl.	300	900	1,500	3,380	5,250	7,500
2d PU Mighty Max 4x4, V-6	340	1,020	1,700	3,830	5,950	8,500

MITSUBISHI TRUCKS

	6	5	4	3	2	1
1995 Montero, V-6						
4d Utly LS 4x4	550	1,700	2,800	6,300	9,800	14,000
4d Utly SR 4x4	650	1,900	3,200	7,200	11,200	16,000
1995 Pickup, 4-cyl.						
2d PU Mighty Max	200	600	1,000	2,250	3,500	5,000
1996 Montero, V-6						
4d LS SUV 4x4	550	1,700	2,800	6,300	9,800	14,000
4d SR SUV 4x4	650	1,900	3,200	7,200	11,200	16,000
1996 Pickup, 4-cyl.						
2d Mighty Max PU	200	600	1,000	2,250	3,500	5,000
1997 Montero Sport, V-6						
4d ES SUV (4-cyl.)	248	744	1,240	2,790	4,340	6,200
4d LS SUV	300	900	1,500	3,380	5,250	7,500
4d LS SUV 4x4	360	1,080	1,800	4,050	6,300	9,000
4d XLS SUV 4x4	400	1,200	2,000	4,500	7,000	10,000
1997 Montero, V-6						
4d LS SUV 4x4	420	1,260	2,100	4,730	7,350	10,500
4d SR SUV 4x4	460	1,380	2,300	5,180	8,050	11,500
1998 Montero Sport, V-6						
ES SUV (4-cyl.)	250	740	1,240	2,790	4,340	6,200
LS SUV	300	900	1,500	3,380	5,250	7,500
XLS SUV	400	1,200	2,000	4,500	7,000	10,000
NOTE: Add 5% for 4x4.						
1998 Montero, V-6, 4x4						
4d Utility	420	1,260	2,100	4,730	7,350	10,500
1999 Montero Sport, V-6						
ES SUV (4-cyl.)	250	740	1,240	2,790	4,340	6,200
LS SUV	300	900	1,500	3,380	5,250	7,500
XLS SUV	400	1,200	2,000	4,500	7,000	10,000
Limited	410	1,230	2,050	4,610	7,180	10,250
NOTE: Add 5% for 4x4.						
1999 Montero, V-6, 4x4						
4d Utility	420	1,260	2,100	4,730	7,350	10,500
2000 Montero Sport, V-6						
ES SUV	250	740	1,240	2,790	4,340	6,200
LS SUV	300	900	1,500	3,380	5,250	7,500
XLS SUV	400	1,200	2,000	4,500	7,000	10,000
Limited SUV	410	1,230	2,050	4,610	7,180	10,250
NOTE: Add 5% for 4x4.						
2000 Montero, V-6, 4x4						
4d Utility	430	1,280	2,140	4,820	7,490	10,700
4d Endeavor Utility	460	1,380	2,300	5,180	8,050	11,500
2001 Montero Sport, V-6						
ES SUV	250	740	1,240	3,100	4,340	6,200
LS SUV	300	900	1,500	3,750	5,250	7,500
XLS SUV	400	1,200	2,000	5,000	7,000	10,000
3.5 XS SUV	400	1,210	2,020	5,050	7,070	10,100
Limited SUV	410	1,230	2,050	5,130	7,180	10,250
NOTE: Add 5% for 4x4.						
2001 Montero, V-6, 4x4						
4d XLS Utility	430	1,300	2,160	5,400	7,560	10,800
4d Limited Utility	470	1,420	2,360	5,900	8,260	11,800
2002 Montero Sport, V-6						
ES SUV	250	740	1,240	3,100	4,340	6,200
LS SUV	300	900	1,500	3,750	5,250	7,500
XLS SUV	400	1,200	2,000	5,000	7,000	10,000
Limited SUV	410	1,230	2,050	5,130	7,180	10,250
NOTE: Add 5% for 4x4.						
2002 Montero, V-6, 4x4						
4d XLS Utility	430	1,300	2,160	5,400	7,560	10,800
4d Limited Utility	470	1,420	2,360	5,900	8,260	11,800
2003 Outlander, 4-cyl.						
4d LS Utility	280	840	1,400	3,500	4,900	7,000
4d XLS Utility	320	960	1,600	4,000	5,600	8,000
NOTE: Add 5% for AWD.						
2003 Montero Sport, V-6						
ES SUV	250	740	1,240	3,100	4,340	6,200
LS SUV	300	900	1,500	3,750	5,250	7,500
XLS SUV	400	1,200	2,000	5,000	7,000	10,000
Limited SUV	410	1,230	2,050	5,130	7,180	10,250
NOTE: Add 5% for 4x4.						
2003 Montero, V-6, 4x4						
4d XLS Utility	430	1,300	2,160	5,400	7,560	10,800
4d Limited Utility	470	1,420	2,360	5,900	8,260	11,800
4d 20th Anv Utility	490	1,480	2,460	6,150	8,610	12,300
2004 Outlander, 4-cyl.						
LS 4d Utility	280	840	1,400	3,500	4,900	7,000
XLS 4d Utility	320	960	1,600	4,000	5,600	8,000
NOTE: Add 5% for AWD.						

MITSUBISHI TRUCKS

	6	5	4	3	2	1
2004 Endeavor, V-6						
LS 4d SUV	290	860	1,440	3,600	5,040	7,200
XLS 4d SUV	330	980	1,640	4,100	5,740	8,200
Limited 4d SUV	380	1,140	1,900	4,750	6,650	9,500
NOTE: Add 5% for AWD.						
2004 Montero Sport, V-6						
LS 4d SUV	340	1,020	1,700	4,250	5,950	8,500
XLS 4d SUV	400	1,200	2,000	5,000	7,000	10,000
NOTE: Add 5% for 4x4.						
2004 Montero, V-6, 4x4						
Limited 4d Utility	520	1,550	2,580	6,450	9,030	12,900
2005 Outlander, 4-cyl.						
4d LS Utility	280	840	1,400	3,500	4,900	7,000
4d XLS Utility	320	960	1,600	4,000	5,600	8,000
4d Limited Utility	370	1,120	1,860	4,650	6,510	9,300
NOTE: Add 5% for AWD. Deduct 5% for manual transmission.						
2005 Endeavor, V-6						
4d LS SUV	290	860	1,440	3,600	5,040	7,200
4d XLS SUV	330	980	1,640	4,100	5,740	8,200
4d Limited SUV	380	1,140	1,900	4,750	6,650	9,500
NOTE: Add 5% for AWD.						
2005 Montero, V-6, 4x4						
4d Limited Utility	520	1,550	2,580	6,450	9,030	12,900
2006 Outlander, 4-cyl., 4WD						
4d LS SUV	370	1,100	1,840	4,600	6,440	9,200
4d SE SUV	400	1,190	1,980	4,950	6,930	9,900
Limited SUV	420	1,270	2,120	5,300	7,420	10,600
2006 Endeavor, V-6, 4WD						
4d LS SUV	360	1,080	1,800	4,500	6,300	9,000
Limited SUV	430	1,280	2,140	5,350	7,490	10,700
2006 Montero, V-6, 4WD						
Limited SUV	580	1,670	2,780	6,950	9,730	13,900
2006 Raider Extended Cab, V-6, 4WD						
LS Short Bed	300	890	1,480	3,700	5,180	7,400
Duro Cross Short	340	1,030	1,720	4,300	6,020	8,600
2006 Raider Double Cab, V-6, 4WD						
LS Short Bed	360	1,090	1,820	4,550	6,370	9,100
Duro Cross Short	370	1,100	1,840	4,600	6,440	9,200
NOTE: Add 15% for 4WD; add 5% for 4.7L V-8.						
2006 Raider Double Cab, V-8						
SE Short Bed	420	1,250	2,080	5,200	7,280	10,400
2007 Outlander, V-6						
4d ES SUV	380	1,130	1,890	4,730	6,620	9,450
2007 Outlander, V-6 4WD						
4d LS SUV	460	1,380	2,300	5,750	8,050	11,500
4d XLS SUV	530	1,580	2,640	6,600	9,240	13,200
2007 Endeavor, V-6 4WD						
4d LS SUV	370	1,100	1,840	4,600	6,440	9,200
4d SE SUV	480	1,430	2,380	5,950	8,330	11,900
2007 Raider Extended Cab, V-6						
LS Short Bed	330	1,000	1,660	4,150	5,810	8,300
2007 Raider Double Cab, V-6						
LS Short Bed	470	1,420	2,370	5,930	8,300	11,850
Duro Cross Short	510	1,520	2,540	5,720	8,890	12,700
NOTE: Add 15% for 4WD; add 5% for 4.7L V-8.						
2007 Raider Double Cab, V-8						
SE Short Bed	550	1,650	2,750	6,880	9,630	13,750
2008 Outlander, I-4						
4d ES SUV	370	1,120	1,870	4,660	6,530	9,325
4d SE SUV	440	1,330	2,210	5,530	7,740	11,050
2008 Outlander, V6, 4WD						
4d LS SUV	550	1,660	2,770	6,930	9,700	13,850
4d XLS SUV	630	1,890	3,150	7,880	11,030	15,750
2008 Endeavor, V6, 4WD						
4d LS SUV	380	1,140	1,900	4,740	6,630	9,475
4d SE SUV	490	1,480	2,460	6,150	8,610	12,300
2008 Raider Extended Cab, V6						
LS Short Bed	330	990	1,660	4,140	5,790	8,275
2009 Outlander, I-4						
4d ES SUV	330	980	1,630	4,080	5,710	8,150
4d SE SUV	390	1,180	1,970	4,930	6,900	9,850
2009 Outlander, V6, 4WD						
4d XLS SUV	480	1,450	2,420	6,050	8,470	12,100
2009 Raider Extended Cab, V6						
LS Short Bed	310	940	1,560	3,900	5,460	7,800
2009 Raider Double Cab, V6						
LS Short Bed	460	1,380	2,300	5,750	8,050	11,500
2010 Outlander, I-4						
4d ES SUV	360	1,080	1,800	4,500	6,300	9,000

MITSUBISHI TRUCKS

	6	5	4	3	2	1
4d SE SUV	410	1,240	2,070	5,180	7,250	10,350
2010 Outlander, V6, 4WD						
4d XLS SUV	550	1,640	2,730	6,830	9,560	13,650
4d GT SUV	600	1,810	3,020	7,550	10,570	15,100
2010 Endeavor, V6						
4d LS SUV	440	1,310	2,190	5,480	7,670	10,950
4d SE SUV	500	1,500	2,500	6,250	8,750	12,500
2011 Outlander Sprt, I-4						
4d ES SUV	310	940	1,560	3,900	5,460	7,800
2011 Outlander Sport, AWD, I-4						
4d SE SUV	370	1,110	1,850	4,630	6,480	9,250
2011 Outlander, I-4						
4d ES SUV	290	860	1,430	3,580	5,010	7,150
4d SE SUV	320	960	1,610	4,010	5,620	8,025
2011 Outlander, V6						
4d XLS SUV	380	1,150	1,910	4,780	6,690	9,550
2011 Outlander, 4WD, V6						
4d GT SUV	420	1,270	2,120	5,300	7,420	10,600
2011 Endeavor, V6						
4d LS SUV	260	780	1,300	3,250	4,550	6,500
4d SE SUV	350	1,040	1,730	4,310	6,040	8,625
Add 10% for AWD						

NISSAN TRUCKS

	6	5	4	3	2	1
1967-74						
1/2-Ton PU	110	320	540	1,220	1,890	2,700
1975 1/2-Ton						
PU SBx	100	300	550	1,220	1,900	2,700
PU LBx	100	350	550	1,260	1,950	2,800
1976 1/2-Ton						
PU SBx	100	350	550	1,260	1,950	2,800
PU LBx	100	350	600	1,310	2,050	2,900
1977 1/2-Ton						
PU SBx	100	350	550	1,260	1,950	2,800
PU LBx	100	350	600	1,310	2,050	2,900
PU King Cab	100	350	600	1,350	2,100	3,000
1978 1/2-Ton						
PU SBx	100	350	550	1,260	1,950	2,800
PU LBx	100	350	600	1,310	2,050	2,900
PU King Cab	100	350	600	1,350	2,100	3,000
1979 1/2-Ton						
PU SBx	100	350	600	1,310	2,050	2,900
PU LBx	100	350	600	1,350	2,100	3,000
PU King Cab	100	350	600	1,400	2,150	3,100
1980 1/2-Ton						
PU SBx	100	350	600	1,310	2,050	2,900
PU LBx	100	350	600	1,350	2,100	3,000
PU King Cab	100	350	600	1,400	2,150	3,100
NOTE: Add 10% for 4x4.						
1981 1/2-Ton						
PU SBx	100	300	500	1,130	1,750	2,500
PU LBx	100	300	500	1,170	1,800	2,600
PU King Cab	150	400	700	1,530	2,400	3,400
NOTE: Add 10% for 4x4. Prices based on deluxe model.						
1982 1/2-Ton						
PU SBx	100	300	550	1,220	1,900	2,700
PU LBx	100	350	600	1,310	2,050	2,900
PU King Cab	150	450	750	1,670	2,600	3,700
NOTE: Add 10% for 4x4. Prices based on deluxe model.						
1983 1/2-Ton						
PU SBx	100	350	600	1,350	2,100	3,000
PU LBx	150	400	650	1,440	2,250	3,200
PU King Cab	150	500	850	1,890	2,950	4,200
NOTE: Add 10% for 4x4. Prices based on deluxe model.						
1984 1/2-Ton						
PU SBx	150	400	650	1,440	2,250	3,200
PU LBx	150	450	750	1,670	2,600	3,700
PU King Cab	200	550	950	2,120	3,300	4,700
NOTE: Add 10% for 4x4. Prices based on deluxe model.						
1985 1/2-Ton						
PU SBx	150	450	750	1,670	2,600	3,700
PU LBx	150	500	800	1,800	2,800	4,000
PU King Cab	200	600	1,000	2,210	3,450	4,900
NOTE: Add 10% for 4x4. Prices based on deluxe model.						
1986 1/2-Ton						
PU SBx	200	550	900	2,030	3,150	4,500
PU LBx	200	600	1,000	2,210	3,450	4,900
PU King Cab	250	750	1,300	2,880	4,500	6,400
NOTE: Add 10% for 4x4. Deduct 10% for diesel where applied. Prices based on deluxe model.						

	6	5	4	3	2	1
1987 Light Trucks						
PU Std	180	540	900	2,030	3,150	4,500
PU E	188	564	940	2,120	3,290	4,700
PU SE (6-cyl.)	200	650	1,100	2,480	3,850	5,500
PU E LBx	212	636	1,060	2,390	3,710	5,300
PU XE LBx	220	660	1,100	2,480	3,850	5,500
PU E King Cab	220	660	1,100	2,480	3,850	5,500
PU XE King Cab	240	720	1,200	2,700	4,200	6,000
PU SE King Cab (6-cyl.)	240	720	1,200	2,700	4,200	6,000
PU E	260	780	1,300	2,930	4,550	6,500
PU SE (6-cyl.)	300	850	1,400	3,150	4,900	7,000
PU XE LBx	272	816	1,360	3,060	4,760	6,800
PU XE King Cab	288	864	1,440	3,240	5,040	7,200
PU SE King Cab (6-cyl.)	280	840	1,400	3,150	4,900	7,000
1987 Van						
XE	260	780	1,300	2,930	4,550	6,500
1987 Pathfinder 4x4						
E	340	1,020	1,700	3,830	5,950	8,500
XE	520	1,560	2,600	5,850	9,100	13,000
SE (6-cyl.)	600	1,800	3,000	6,750	10,500	15,000
1988 Light Trucks						
PU Std	180	540	900	2,030	3,150	4,500
PU E	188	564	940	2,120	3,290	4,700
PU E LBx	192	576	960	2,160	3,360	4,800
PU E King Cab	208	624	1,040	2,340	3,640	5,200
PU XE King Cab	236	708	1,180	2,660	4,130	5,900
PU SE King Cab (6-cyl.)	260	780	1,300	2,930	4,550	6,500
PU E	300	900	1,500	3,380	5,250	7,500
PU E (6-cyl.)	300	950	1,600	3,600	5,600	8,000
PU SE (6-cyl.)	300	850	1,400	3,150	4,900	7,000
PU E King Cab	340	1,020	1,700	3,830	5,950	8,500
PU XE King Cab	520	1,560	2,600	5,850	9,100	13,000
PU SE King Cab (6-cyl.)	540	1,620	2,700	6,080	9,450	13,500
1988 Van						
XE	300	900	1,500	3,380	5,250	7,500
1988 Pathfinder 4x4						
XE	600	1,800	3,000	6,750	10,500	15,000
SE	640	1,920	3,200	7,200	11,200	16,000
1989 Light Trucks						
PU Std	220	660	1,100	2,480	3,850	5,500
PU Spl	228	684	1,140	2,570	3,990	5,700
PU LBx (6-cyl.)	250	700	1,150	2,570	4,000	5,700
PU Spl LBx (6-cyl.)	250	700	1,150	2,610	4,050	5,800
PU King Cab	240	720	1,200	2,700	4,200	6,000
PU Spl King Cab	260	780	1,300	2,930	4,550	6,500
PU SE King Cab (6-cyl.)	300	900	1,500	3,380	5,250	7,500
1989 Light Trucks 4x4						
PU	280	840	1,400	3,150	4,900	7,000
PU Spl	340	1,020	1,700	3,830	5,950	8,500
PU (6-cyl.)	300	900	1,500	3,380	5,250	7,500
PU Spl (6-cyl.)	350	1,050	1,750	3,960	6,150	8,800
PU King Cab	320	960	1,600	3,600	5,600	8,000
PU Spl King Cab	340	1,020	1,700	3,830	5,950	8,500
PU SE King Cab	520	1,560	2,600	5,850	9,100	13,000
1989 Pathfinder						
XE 2x4	600	1,800	3,000	6,750	10,500	15,000
XE 4x4	680	2,040	3,400	7,650	11,900	17,000
SE 4x4	720	2,160	3,600	8,100	12,600	18,000
1990 Light Trucks						
2d PU	228	684	1,140	2,570	3,990	5,700
2d PU LBx V-6	236	708	1,180	2,660	4,130	5,900
2d PU Clb Cab	232	696	1,160	2,610	4,060	5,800
2d PU Clb Cab SE V-6	240	720	1,200	2,700	4,200	6,000
2d PU 4x4	280	840	1,400	3,150	4,900	7,000
2d PU 4x4 V-6	288	864	1,440	3,240	5,040	7,200
2d PU Clb Cab 4x4	296	888	1,480	3,330	5,180	7,400
2d PU Clb Cab 4x4 V-6	304	912	1,520	3,420	5,320	7,600
1990 Van						
Mini Van XE	264	792	1,320	2,970	4,620	6,600
Mini Van GXE	268	804	1,340	3,020	4,690	6,700
1990 Pathfinder						
4d Spt Utly XE 2WD	620	1,860	3,100	6,980	10,850	15,500
4d Spt Utly XE 4x4	680	2,040	3,400	7,650	11,900	17,000
4d Spt Utly SE 4x4	720	2,160	3,600	8,100	12,600	18,000
2d Spt Utly SE 4x4	700	2,100	3,500	7,880	12,250	17,500
1991 Pathfinder						
XE 4d Utly 2x4	560	1,680	2,800	6,300	9,800	14,000
XE 4d Utly 4x4	680	2,040	3,400	7,650	11,900	17,000
SE 4d Utly 4x4	720	2,160	3,600	8,100	12,600	18,000

NISSAN TRUCKS

	6	5	4	3	2	1
1991 Light Trucks						
2d PU	240	720	1,200	2,700	4,200	6,000
LBx 2d PU V-6	300	850	1,400	3,150	4,900	7,000
2d PU Crew Cab.	300	900	1,500	3,380	5,250	7,500
SE 2d PU Crew Cab V-6	320	960	1,600	3,600	5,600	8,000
2d PU 4x4.	520	1,560	2,600	5,850	9,100	13,000
2d PU Crew Cab 4x4	540	1,620	2,700	6,080	9,450	13,500
2d PU Crew Cab V-6 4x4	560	1,680	2,800	6,300	9,800	14,000
1992 Pathfinder, V-6						
XE 4d Utly 2x4	540	1,620	2,700	6,080	9,450	13,500
XE 4d Utly 4x4	600	1,800	3,000	6,750	10,500	15,000
SE 4d Utly 4x4	660	1,980	3,300	7,430	11,550	16,500
1992 Pickups						
PU Std 4x4	340	1,020	1,700	3,830	5,950	8,500
PU LBx 4x4.	550	1,600	2,700	6,080	9,450	13,500
SE PU 4x4	580	1,740	2,900	6,530	10,150	14,500
NOTE: Add 10% for V-6. Deduct 10% for 2x4.						
1993 Pathfinder, V-6						
4d SUV 2WD	272	816	1,360	3,060	4,760	6,800
4d SUV 4x4	312	936	1,560	3,510	5,460	7,800
1993 Quest, V-6						
Van	228	684	1,140	2,570	3,990	5,700
1993 Pickup, V-6						
2d PU SBx	216	648	1,080	2,430	3,780	5,400
2d PU LBx	220	660	1,100	2,480	3,850	5,500
2d PU 4x4.	260	780	1,300	2,930	4,550	6,500
1994 Pathfinder, V-6						
4d Utly XE.	400	1,200	2,000	4,500	7,000	10,000
4d Utly XE 4x4	480	1,440	2,400	5,400	8,400	12,000
1994 Quest, V-6						
Window Van XE	400	1,200	2,000	4,500	7,000	10,000
Window Van GXE	440	1,320	2,200	4,950	7,700	11,000
1994 Pickups						
2d PU XE	280	840	1,400	3,150	4,900	7,000
2d PU LBx, V-6	300	950	1,600	3,600	5,600	8,000
2d PU Club Cab	320	960	1,600	3,600	5,600	8,000
2d PU Club Cab, V-6.	360	1,080	1,800	4,050	6,300	9,000
2d PU Club Cab 4x4, V-6	480	1,440	2,400	5,400	8,400	12,000
1995 Pathfinder, V-6						
4d Utly XE.	400	1,200	2,000	4,500	7,000	10,000
4d Utly XE 4x4	500	1,450	2,400	5,400	8,400	12,000
4d Utly LE	450	1,300	2,200	4,950	7,700	11,000
4d Utly SE 4x4	500	1,550	2,600	5,850	9,100	13,000
4d Utly LE 4x4	550	1,600	2,700	6,080	9,450	13,500
1995 Quest, V-6						
Window Van XE	400	1,200	2,000	4,500	7,000	10,000
Window Van GXE	450	1,300	2,200	4,950	7,700	11,000
1995 Pickup						
PU XE, 4-cyl.	300	850	1,400	3,150	4,900	7,000
PU LBx, V-6	300	950	1,600	3,600	5,600	8,000
PU Club Cab, 4-cyl.	300	950	1,600	3,600	5,600	8,000
PU Club Cav, V-6	350	1,100	1,800	4,050	6,300	9,000
PU Club Cab 4x4, V-6.	480	1,440	2,400	5,400	8,400	12,000
1996 Pathfinder, V-6						
4d XE SUV	400	1,200	2,000	4,500	7,000	10,000
4d XE SUV 4x4.	500	1,450	2,400	5,400	8,400	12,000
4d LE SUV	450	1,300	2,200	4,950	7,700	11,000
4d SE SUV 4x4.	500	1,550	2,600	5,850	9,100	13,000
4d LE SUV 4x4	550	1,600	2,700	6,080	9,450	13,500
1996 Quest, V-6						
XE Window Van	400	1,200	2,000	4,500	7,000	10,000
GXE Window Van	450	1,300	2,200	4,950	7,700	11,000
1996 Pickup, 4-cyl.						
PU.	200	650	1,100	2,480	3,850	5,500
XE PU.	300	850	1,400	3,150	4,900	7,000
XE King Cab PU	300	950	1,600	3,600	5,600	8,000
SE King Cab PU.	350	1,000	1,700	3,830	5,950	8,500
XE PU 4x4	400	1,150	1,900	4,280	6,650	9,500
XE King Cab PU 4x4	460	1,380	2,300	5,180	8,050	11,500
SE King Cab PU 4x4	480	1,440	2,400	5,400	8,400	12,000
1997 Pathfinder, V-6						
4d XE SUV	400	1,200	2,000	4,500	7,000	10,000
4d LE SUV	440	1,320	2,200	4,950	7,700	11,000
4d XE SUV 4x4.	480	1,440	2,400	5,400	8,400	12,000
4d SE SUV 4x4.	520	1,560	2,600	5,850	9,100	13,000
4d LE SUV 4x4	540	1,620	2,700	6,080	9,450	13,500
1997 Quest, V-6						
XE Window Van	400	1,200	2,000	4,500	7,000	10,000
GXE Window Van	420	1,260	2,100	4,730	7,350	10,500

	6	5	4	3	2	1
1997 Pickup, 4-cyl.						
PU	220	660	1,100	2,480	3,850	5,500
XE PU	280	840	1,400	3,150	4,900	7,000
XE King Cab PU	320	960	1,600	3,600	5,600	8,000
SE King Cab PU	340	1,020	1,700	3,830	5,950	8,500
XE PU 4x4	380	1,140	1,900	4,280	6,650	9,500
XE King Cab PU 4x4	460	1,380	2,300	5,180	8,050	11,500
SE King Cab PU 4x4	480	1,440	2,400	5,400	8,400	12,000
1998 Pathfinder, V-6						
XE 4d SUV	400	1,200	2,000	4,500	7,000	10,000
SE 4d SUV	420	1,260	2,100	4,730	7,350	10,500
LE 4d SUV	440	1,320	2,200	4,950	7,700	11,000
NOTE: Add 5% for 4x4.						
1998 Quest, V-6						
XE Window Van	400	1,200	2,000	4,500	7,000	10,000
GXE Window Van	420	1,260	2,100	4,730	7,350	10,500
GLE Window Van	440	1,320	2,200	4,950	7,700	11,000
1998 Frontier, 4-cyl.						
PU	220	660	1,100	2,480	3,850	5,500
XE PU	280	840	1,400	3,150	4,900	7,000
SE King Cab PU	340	1,020	1,700	3,830	5,950	8,500
NOTE: Add 10% for extended cab (XE only). Add 5% for 4x4.						
1999 Pathfinder, V-6						
XE 4d SUV	400	1,200	2,000	4,500	7,000	10,000
SE 4d SUV	420	1,260	2,100	4,730	7,350	10,500
LE 4d SUV	440	1,320	2,200	4,950	7,700	11,000
NOTE: Add 5% for 4x4.						
1999 Quest, V-6						
GXE Van	360	1,080	1,800	4,050	6,300	9,000
SE Van	380	1,140	1,900	4,280	6,650	9,500
GLE Van	400	1,200	2,000	4,500	7,000	10,000
1999 Frontier, 4-cyl.						
XE PU	280	840	1,400	3,150	4,900	7,000
SE King Cab PU	340	1,020	1,700	3,830	5,950	8,500
NOTE: Add 10% for extended cab (XE only). Add 5% for V-6. Add 5% for 4x4.						
2000 Pathfinder, V-6						
XE 4d SUV	400	1,200	2,000	4,500	7,000	10,000
SE 4d SUV	420	1,260	2,100	4,730	7,350	10,500
LE 4d SUV	440	1,320	2,200	4,950	7,700	11,000
NOTE: Add 5% for 4x4.						
2000 Quest, V-6						
GXE Van	360	1,080	1,800	4,050	6,300	9,000
SE Van	380	1,140	1,900	4,280	6,650	9,500
GLE Van	400	1,200	2,000	4,500	7,000	10,000
2000 Frontier, V-6						
XE PU	280	840	1,400	3,150	4,900	7,000
XE King Cab PU	320	960	1,600	3,600	5,600	8,000
SE King Cab PU	340	1,020	1,700	3,830	5,950	8,500
XE Crew Cab PU	400	1,200	2,000	4,500	7,000	10,000
SE Crew Cab PU	420	1,260	2,100	4,730	7,350	10,500
NOTE: Add 5% for 4x4. Deduct 5% for 4-cyl.						
2000 Xterra, V-6						
XE Utility	360	1,080	1,800	4,050	6,300	9,000
SE Utility	380	1,140	1,900	4,280	6,650	9,500
NOTE: Add 5% for 4x4. Deduct 5% for 4-cyl.						
2001 Pathfinder, V-6						
XE 4d SUV	400	1,200	2,000	5,000	7,000	10,000
SE 4d SUV	420	1,260	2,100	5,250	7,350	10,500
LE 4d SUV	440	1,320	2,200	5,500	7,700	11,000
NOTE: Add 5% for 4x4.						
2001 Quest, V-6						
GXE Van	360	1,080	1,800	4,500	6,300	9,000
SE Van	380	1,140	1,900	4,750	6,650	9,500
GLE Van	400	1,200	2,000	5,000	7,000	10,000
2001 Frontier, V-6						
XE PU	280	840	1,400	3,500	4,900	7,000
XE King Cab PU	320	960	1,600	4,000	5,600	8,000
SE King Cab PU	340	1,020	1,700	4,250	5,950	8,500
SC King Cab PU	390	1,160	1,940	4,850	6,790	9,700
XE Crew Cab PU	400	1,200	2,000	5,000	7,000	10,000
SE Crew Cab PU	420	1,260	2,100	5,250	7,350	10,500
SC Crew Cab PU	440	1,320	2,200	5,500	7,700	11,000
NOTE: Add 5% for 4x4. Deduct 5% for 4-cyl.						
2001 Xterra, V-6						
XE Utility	360	1,080	1,800	4,500	6,300	9,000
SE Utility	380	1,140	1,900	4,750	6,650	9,500
NOTE: Add 5% for 4x4. Deduct 5% for 4-cyl.						
2002 Pathfinder, V-6						
SE 4d SUV	420	1,260	2,100	5,250	7,350	10,500

	6	5	4	3	2	1
LE 4d SUV	440	1,320	2,200	5,500	7,700	11,000

NOTE: Add 5% for 4x4.

2002 Quest, V-6

	6	5	4	3	2	1
GXE Van.	360	1,080	1,800	4,500	6,300	9,000
SE Van	380	1,140	1,900	4,750	6,650	9,500
GLE Van	400	1,200	2,000	5,000	7,000	10,000

2002 Frontier, V-6

	6	5	4	3	2	1
King Cab PU.	300	900	1,500	3,750	5,250	7,500
XE King Cab PU.	320	960	1,600	4,000	5,600	8,000
SE King Cab PU.	340	1,020	1,700	4,250	5,950	8,500
SC King Cab PU.	390	1,160	1,940	4,850	6,790	9,700
XE Crew Cab PU	400	1,200	2,000	5,000	7,000	10,000
SE Crew Cab PU	420	1,260	2,100	5,250	7,350	10,500
SC Crew Cab PU	440	1,320	2,200	5,500	7,700	11,000

NOTE: Add 5% for 4x4. Deduct 5% for 4-cyl.

2002 Xterra, V-6

	6	5	4	3	2	1
XE Utility.	360	1,080	1,800	4,500	6,300	9,000
XE/SC Utility.	400	1,200	2,000	5,000	7,000	10,000
SE Utility.	380	1,140	1,900	4,750	6,650	9,500
SE/SC Utility.	420	1,260	2,100	5,250	7,350	10,500

NOTE: Add 5% for 4x4. Deduct 5% for 4-cyl.

2003 Pathfinder, V-8

	6	5	4	3	2	1
SE 4d SUV.	420	1,260	2,100	5,250	7,350	10,500
LE 4d SUV	440	1,320	2,200	5,500	7,700	11,000

NOTE: Add 5% for 4x4.

2003 Murano, V-6

	6	5	4	3	2	1
SL Utility.	480	1,440	2,400	6,000	8,400	12,000
SE Utility.	500	1,500	2,500	6,250	8,750	12,500

NOTE: Add 10% for AWD.

2003 Frontier, V-6

	6	5	4	3	2	1
King Cab PU.	300	900	1,500	3,750	5,250	7,500
XE King Cab PU.	320	960	1,600	4,000	5,600	8,000
SE King Cab PU.	340	1,020	1,700	4,250	5,950	8,500
SC King Cab PU.	390	1,160	1,940	4,850	6,790	9,700
SVE King Cab PU (4x4 only).	420	1,260	2,100	5,250	7,350	10,500
XE Crew Cab PU	400	1,200	2,000	5,000	7,000	10,000
SE Crew Cab PU	420	1,260	2,100	5,250	7,350	10,500
SC Crew Cab PU	440	1,320	2,200	5,500	7,700	11,000
SVE Crew Cab PU (4x4 only).	460	1,380	2,300	5,750	8,050	11,500

NOTE: Add 5% for 4x4. Deduct 5% for 4-cyl.

2003 Xterra, V-6

	6	5	4	3	2	1
XE Utility.	360	1,080	1,800	4,500	6,300	9,000
SE Utility.	380	1,140	1,900	4,750	6,650	9,500
SE/SC Utility.	420	1,260	2,100	5,250	7,350	10,500

NOTE: Add 5% for 4x4. Deduct 5% for 4-cyl.

2004 Pathfinder, V-6

	6	5	4	3	2	1
SE 4d SUV	420	1,260	2,100	5,250	7,350	10,500
LE 4d SUV	440	1,320	2,200	5,500	7,700	11,000

NOTE: Add 5% for 4x4.

2004 Murano, V-6

	6	5	4	3	2	1
SL Utility.	480	1,440	2,400	6,000	8,400	12,000
SE Utility.	500	1,500	2,500	6,250	8,750	12,500

NOTE: Add 10% for AWD. Add 10% for Touring pkg.

2004 Armada, V-8

	6	5	4	3	2	1
SE Utility.	500	1,510	2,520	6,300	8,820	12,600
LE Utility.	520	1,550	2,580	6,450	9,030	12,900

NOTE: Add 10% for AWD. Add 10% for Off-Road Ed.

2004 Quest, V-6

	6	5	4	3	2	1
3.5 S Van	320	970	1,620	4,050	5,670	8,100
3.5 SL Van	350	1,060	1,760	4,400	6,160	8,800
3.5 SE Van	380	1,150	1,920	4,800	6,720	9,600

NOTE: Add 10% for Skyview Roof pkg.

2004 Frontier, V-6

	6	5	4	3	2	1
King Cab PU.	300	900	1,500	3,750	5,250	7,500
XE King Cab PU.	320	960	1,600	4,000	5,600	8,000
SVE King Cab PU (4x4 only)	420	1,260	2,100	5,250	7,350	10,500
SC King Cab PU (4x4 only)	430	1,280	2,140	5,350	7,490	10,700
XE Crew Cab PU	400	1,200	2,000	5,000	7,000	10,000
LE Crew Cab PU	420	1,260	2,100	5,250	7,350	10,500
SC Crew Cab PU	440	1,320	2,200	5,500	7,700	11,000
SVE Crew Cab PU (4x4 only)	460	1,380	2,300	5,750	8,050	11,500

NOTE: Add 5% for 4x4 except SVE and King Cab SC. Add 5% for automatic transmission when optional. Deduct 5% for 4-cyl.

2004 Titan, V-8

	6	5	4	3	2	1
XE King Cab PU.	350	1,040	1,740	4,350	6,090	8,700
SE King Cab PU.	420	1,270	2,120	5,300	7,420	10,600
LE King Cab PU	430	1,300	2,160	5,400	7,560	10,800
XE Crew Cab PU	430	1,280	2,140	5,350	7,490	10,700
SE Crew Cab PU	460	1,380	2,300	5,750	8,050	11,500

NISSAN TRUCKS

	6	5	4	3	2	1
LE Crew Cab PU 470		1,400	2,340	5,850	8,190	11,700

NOTE: Add 5% for 4x4. Add 5% for Off-Road pkg.

2004 Xterra, V-6

XE Utility. 360		1,080	1,800	4,500	6,300	9,000
SE Utility. 380		1,140	1,900	4,750	6,650	9,500
SE/SC Utility. 420		1,260	2,100	5,250	7,350	10,500

NOTE: Add 5% for 4x4. Deduct 5% for 4-cyl. Deduct 5% for manual transmission except w/4-cyl.

2005 Pathfinder, V-6

4d XE SUV. 410		1,220	2,040	5,100	7,140	10,200
4d SE SUV. 420		1,260	2,100	5,250	7,350	10,500
4d SE Off-Road SUV 430		1,280	2,140	5,350	7,490	10,700
4d LE SUV 440		1,320	2,200	5,500	7,700	11,000

NOTE: Add 5% for 4x4.

2005 Murano, V-6

S Utility 460		1,380	2,300	5,750	8,050	11,500
SL Utility. 480		1,440	2,400	6,000	8,400	12,000
SE Utility. 500		1,500	2,500	6,250	8,750	12,500

NOTE: Add 10% for AWD. Add 10% for Touring pkg.

2005 Armada, V-8

4d SE Utility 500		1,510	2,520	6,300	8,820	12,600
4d SE Off-Road Utility. 510		1,520	2,540	6,350	8,890	12,700
4d LE Utility 520		1,550	2,580	6,450	9,030	12,900

NOTE: Add 10% for 4x4.

2005 Quest, V-6

3.5 Van 310		940	1,560	3,900	5,460	7,800
3.5 S Van 320		970	1,620	4,050	5,670	8,100
3.5 SL Van 350		1,060	1,760	4,400	6,160	8,800
3.5 SE Van 380		1,150	1,920	4,800	6,720	9,600

NOTE: Add 10% for Skyview Roof pkg.

2005 Frontier, V-6

XE King Cab PU (4-cyl.) 320		960	1,600	4,000	5,600	8,000
SE King Cab PU 330		1,000	1,660	4,150	5,810	8,300
NISMO King Cab PU 340		1,030	1,720	4,000	0,020	0,000
LE King Cab PU 380		1,140	1,900	4,750	6,650	9,500
SE Crew Cab PU 400		1,200	2,000	5,000	7,000	10,000
NISMO Crew Cab PU. 410		1,220	2,040	5,100	7,140	10,200
LE Crew Cab PU 420		1,260	2,100	4,730	7,350	10,500

NOTE: Add 5% for 4x4. Deduct 5% for manual transmission.

2005 Titan, V-8

XE King Cab PU 390		1,160	1,940	4,850	6,790	9,700
SE King Cab PU 420		1,270	2,120	5,300	7,420	10,600
LE King Cab PU 430		1,300	2,160	5,400	7,560	10,800
XE Crew Cab PU 430		1,280	2,140	5,350	7,490	10,700
SE Crew Cab PU 460		1,380	2,300	5,750	8,050	11,500
LE Crew Cab PU 470		1,400	2,340	5,850	8,190	11,700

NOTE: Add 5% for 4x4. Add 5% for Off-Road pkg.

2005 Xterra, V-6

4d S Utility 360		1,090	1,820	4,550	6,370	9,100
4d Off-Road Utility 370		1,120	1,860	4,190	6,510	9,300
4d SE Utility 380		1,140	1,900	4,200	0,050	9,500

NOTE: Add 5% for 4x4. Deduct 5% for manual transmission.

2006 Xterra, V-6, 4WD

4d X SUV. 460		1,370	2,280	5,700	7,980	11,400
4d S SUV 460		1,390	2,320	5,800	8,120	11,600
Off-Road SUV. 480		1,450	2,420	6,050	8,470	12,100
4d SE SUV 490		1,460	2,440	6,100	8,540	12,200

2006 Murano, V-6, 4WD

4d S SUV 540		1,620	2,700	6,750	9,450	13,500
4d ST SUV 560		1,680	2,800	7,000	9,800	14,000
4d SE SUV 570		1,720	2,860	7,150	10,010	14,300

2006 Quest, V-6

Minivan 360		1,080	1,800	4,500	6,300	9,000
S Spl Edition. 400		1,190	1,980	4,950	6,930	9,900
SL Minivan 440		1,310	2,180	5,450	7,630	10,900
SE Minivan 400		1,190	1,980	4,950	6,930	9,900

2006 Pathfinder, V-6, 4WD

4d S SUV 480		1,440	2,400	6,000	8,400	12,000
4d SE SUV 520		1,550	2,580	6,450	9,030	12,900
SE Off-Road SUV. 520		1,570	2,620	6,550	9,170	13,100
4d LE SUV 540		1,620	2,700	6,750	9,450	13,500

2006 Armada, V-8, 4WD

4d SE SUV 580		1,730	2,880	7,200	10,080	14,400
SE Off-Road SUV 600		1,800	3,000	7,500	10,500	15,000
4d LE SUV 640		1,910	3,180	7,950	11,130	15,900

2006 Frontier King Cab, 4-cyl.

XE Short Bed 380		1,140	1,900	4,750	6,650	9,500

2006 Frontier King Cab, V-6

SE Short Bed 400		1,200	2,000	5,000	7,000	10,000
LE Short Bed 450		1,350	2,250	5,630	7,880	11,250

	6	5	4	3	2	1
Nismo Short Bed	460	1,390	2,320	5,800	8,120	11,600
2006 Frontier Crew Cab, V-6						
SE Short Bed	470	1,400	2,340	5,850	8,190	11,700
LE Short Bed	480	1,430	2,380	5,950	8,330	11,900
Nismo Short Bed	510	1,540	2,560	6,400	8,960	12,800
2006 Titan King Cab, V-8						
XE Short Bed	380	1,140	1,900	4,750	6,650	9,500
SE Short Bed	420	1,250	2,080	5,200	7,280	10,400
LE Short Bed	430	1,280	2,140	5,350	7,490	10,700
2006 Titan Crew Cab, V-8						
XE Short Bed	460	1,370	2,280	5,700	7,980	11,400
SE Short Bed	500	1,490	2,480	6,200	8,670	12,390
LE Short Bed	520	1,560	2,600	6,500	9,100	13,000
2007 Xterra, V-6 4WD						
4d X SUV	540	1,610	2,690	6,730	9,420	13,450
4d S SUV	560	1,680	2,800	7,000	9,800	14,000
Off-Road SUV.................................	590	1,760	2,940	7,350	10,290	14,700
4d SE SUV	600	1,800	3,000	7,500	10,500	15,000
2007 Murano, V-6 4WD						
4d S SUV	460	1,370	2,290	5,730	8,020	11,450
4d SL SUV	530	1,590	2,650	6,630	9,280	13,250
4d SE SUV	600	1,810	3,020	7,550	10,570	15,100
2007 Quest, V-6						
Minivan.....................................	420	1,250	2,080	5,200	7,280	10,400
S Minivan	460	1,390	2,310	5,780	8,090	11,550
SL Minivan	530	1,580	2,630	6,580	9,210	13,150
SE Minivan	680	2,040	3,400	8,500	11,900	17,000
2007 Pathfinder, V-6 4WD						
4d S SUV	530	1,590	2,650	6,630	9,280	13,250
4d SE SUV	580	1,740	2,900	7,250	10,150	14,500
SE Off-Road SUV..............................	630	1,880	3,130	7,830	10,960	15,650
4d LE SUV	660	1,990	3,310	8,280	11,590	16,550
2007 Armada, V-8 4WD						
4d SE SUV	650	1,960	3,260	8,150	11,410	16,300
4d LE SUV	760	2,290	3,820	9,550	13,370	19,100
2007 Frontier King Cab, 4-cyl.						
XE Short Bed	440	1,330	2,210	5,530	7,740	11,050
2007 Frontier King Cab, V-6						
SE Short Bed	500	1,510	2,520	6,300	8,820	12,600
Nismo Short Bed	660	1,970	3,290	8,230	11,520	16,450
LE Short Bed	630	1,900	3,160	7,900	11,060	15,800
2007 Frontier Crew Cab, V-6						
SE Short Bed	650	1,960	3,270	8,180	11,450	16,350
SE Long Bed	650	1,940	3,240	8,100	11,340	16,200
NOTE: Add 15% for 4WD.						
LE Short Bed	690	2,060	3,430	8,580	12,010	17,150
LE Long Bed.................................	680	2,040	3,400	8,500	11,900	17,000
Nismo Short Bed	730	2,200	3,670	9,180	12,850	18,350
NOTE: Add 15% for 4WD.						
2007 Titan King Cab, V-8						
XE Short Bed	430	1,280	2,130	5,330	7,460	10,650
SE Short Bed	510	1,520	2,540	6,350	8,890	12,700
LE Short Bed	530	1,600	2,670	6,680	9,350	13,350
NOTE: Add 15% for 4WD						
2007 Titan Crew Cab, V-8						
XE Short Bed	550	1,660	2,760	6,900	9,660	13,800
SE Short Bed	620	1,850	3,080	7,700	10,780	15,400
LE Short Bed	670	2,010	3,350	8,380	11,730	16,750
NOTE: Add 15% for 4WD.						
2008 Rogue I-4 4WD						
4d S SUV	450	1,360	2,260	5,650	7,910	11,300
4d SL SUV	520	1,550	2,590	6,480	9,070	12,950
2008 Xterra, V6, 4WD						
4d X SUV	520	1,570	2,610	6,530	9,140	13,050
4d S SUV	530	1,590	2,650	6,630	9,280	13,250
Off-Road SUV.................................	560	1,680	2,800	7,000	9,800	14,000
4d SE SUV	570	1,720	2,870	7,180	10,050	14,350
2008 Quest, V6						
Minivan.....................................	330	1,000	1,670	4,180	5,850	8,350
S Minivan	430	1,280	2,140	5,350	7,490	10,700
SL Minivan	520	1,570	2,610	6,530	9,140	13,050
SE Minivan	630	1,900	3,170	7,930	11,100	15,850
2008 Patfinder, V6, 4WD						
4d S SUV	570	1,700	2,830	7,080	9,910	14,150
4d SE SUV	610	1,840	3,070	7,680	10,750	15,350
SE Off-Road SUV..............................	660	1,980	3,300	8,250	11,550	16,500
4d LE SUV	700	2,110	3,520	8,800	12,320	17,600
2008 Armada, V8						
4d SE SUV	660	1,980	3,300	8,250	11,550	16,500

NISSAN TRUCKS

	6	5	4	3	2	1
2008 Armada, V8, 4WD						
4d LE SUV	770	2,300	3,840	9,600	13,440	19,200
2008 Frontier King Cab, I4						
XE Short Bed	420	1,270	2,120	5,300	7,420	10,600
2008 Frontier King Cab, V6						
SE Short Bed	500	1,510	2,520	6,300	8,820	12,600
Nismo Short Bed	640	1,910	3,180	7,950	11,130	15,900
LE Short Bed	610	1,820	3,030	7,580	10,610	15,150
2008 Frontier Crew Cab, V6						
SE Short Bed	630	1,900	3,170	7,930	11,100	15,850
SE Long Bed	620	1,870	3,110	7,780	10,890	15,550
Note: Add 15% for 4WD						
LE Short Bed	660	1,990	3,310	8,280	11,590	16,550
LE Long Bed	650	1,960	3,270	8,180	11,450	16,350
Nismo Short Bed	710	2,130	3,550	7,990	12,430	17,750
Note: Add 15% for 4WD						
2008 Titan King Cab, V8						
XE Short Bed	410	1,220	2,030	5,080	7,110	10,150
XE Long Bed	390	1,180	1,970	4,930	6,900	9,850
SE Short Bed	480	1,450	2,410	6,030	8,440	12,050
SE Long Bed	480	1,430	2,390	5,980	8,370	11,950
LE Short Bed	510	1,540	2,570	6,430	9,000	12,850
LE Long Bed	510	1,530	2,550	6,380	8,930	12,750
Note: Add 15% for 4WD						
2008 Titan King Cab, 4WD, V8						
Pro-4X Short Bed	630	1,890	3,150	7,880	11,030	15,750
2008 Titan Crew Cab, V8						
XE Short Bed	540	1,610	2,680	6,700	9,380	13,400
XE Long Bed	530	1,580	2,640	6,600	9,240	13,200
SE Short Bed	610	1,820	3,030	7,580	10,610	15,150
SE Long Bed	590	1,780	2,970	7,430	10,400	14,850
LE Short Bed	680	2,030	3,380	8,450	11,830	16,900
Note: Add 15% for 4WD						
2008 Titan Crew Cab, 4WD, V8						
LE Long Bed	820	2,470	4,120	10,300	14,420	20,600
Pro-4X Short Bed	800	2,390	3,980	9,950	13,930	19,900
Pro-4X Long Bed	780	2,330	3,890	9,730	13,620	19,450
2009 Rogue I-4 4WD						
4d S SUV	400	1,190	1,990	4,980	6,970	9,950
4d SL SUV	430	1,300	2,170	5,430	7,600	10,850
2009 Xterra, V6, 4WD						
4d X SUV	560	1,670	2,780	6,950	9,730	13,900
4d S SUV	560	1,680	2,800	7,000	9,800	14,000
Off Road SUV	600	1,800	3,000	7,500	10,500	15,000
Xterra, V6, 4WD	610	1,820	3,040	7,600	10,640	15,200
2009 Pathfinder, V8, 4WD						
4d S SUV	570	1,720	2,860	7,150	10,010	14,300
4d SE SUV	610	1,840	3,060	7,650	10,710	15,300
SE Off-Road SUV	6,080	18,230	30,380	75,950	106,330	151,900
4d LE SUV	660	1,990	3,320	8,300	11,620	16,600
2009 Armada, V8						
4d SE SUV	630	1,880	3,130	7,830	10,960	15,650
2009 Armada, V8, 4WD						
4d LE SUV	760	2,290	3,820	9,550	13,370	19,100
2009 Frontier King Cab, I4						
XE Short Bed	390	1,180	1,970	4,910	6,880	9,825
2009 Frontier King Cab, V6						
SE Short Bed	490	1,460	2,440	6,100	8,540	12,200
LE Short Bed	570	1,720	2,870	7,180	10,050	14,350
2009 Frontier King Cab, V6, 4WD						
Pro-4X Short Bed	710	2,120	3,540	8,850	12,390	17,700
2009 Frontier Crew Cab, V6						
SE Short Bed	610	1,820	3,030	7,580	10,610	15,150
SE Long Bed	590	1,760	2,940	7,350	10,290	14,700
Add 15% for 4WD.						
LE Short Bed	620	1,870	3,120	7,800	10,920	15,600
LE Long Bed	620	1,860	3,100	7,750	10,850	15,500
Add 15% for 4WD						
2009 Frontier Crew Cab, V6, 4WD						
Pro-4X Short Bed	780	2,330	3,880	9,700	13,580	19,400
2009 Titan King Cab, V8						
XE Short Bed	490	1,470	2,450	6,130	8,580	12,250
XE Long Bed	480	1,450	2,410	6,030	8,440	12,050
SE Short Bed	560	1,690	2,820	7,050	9,870	14,100
SE Long Bed	550	1,660	2,770	6,930	9,700	13,850
LE Short Bed	520	1,550	2,580	6,450	9,030	12,900
Add 15% for 4WD.						
2009 Titan King Cab, 4WD, V8						
Pro-4X Short Bed	720	2,160	3,600	9,000	12,600	18,000

	6	5	4	3	2	1
2009 Titan Crew Cab, V8						
XE Short Bed	630	1,880	3,140	7,850	10,990	15,700
XE Long Bed	630	1,880	3,130	7,830	10,960	15,650
SE Short Bed	660	1,980	3,300	8,250	11,550	16,500
SE Long Bed	660	1,990	3,310	8,280	11,590	16,550
LE Short Bed	710	2,140	3,560	8,900	12,460	17,800
Add 15% for 4WD.						
2009 Titan Crew Cab, 4WD, V8						
LE Long Bed	900	2,700	4,500	11,250	15,750	22,500
Pro-4X Short Bed	850	2,560	4,260	10,650	14,910	21,300
Pro-4X Long Bed	860	2,580	4,300	10,750	15,050	21,500
2010 Juke I4 Turbo						
4d S SUV	480	1,430	2,390	5,980	8,370	11,950
4d SV SUV	490	1,460	2,430	6,080	8,510	12,150
4d SL SUV	510	1,520	2,540	6,350	8,890	12,700
NOTE: Add 10% for AWD.						
2010 Rogue I4 4WD						
4d S SUV	520	1,550	2,580	6,450	9,030	12,900
4d SV SUV	560	1,670	2,790	6,980	9,770	13,950
4d S Krom Ed SUV	540	1,610	2,680	6,700	9,380	13,400
2010 Xterra, V6, AWD						
4d X SUV	690	2,060	3,430	7,720	12,010	17,150
4d S SUV	710	2,120	3,540	7,970	12,390	17,700
Pro-4X SUV	760	2,290	3,820	8,600	13,370	19,100
2010 Murano, V6, AWD						
4d S SUV	630	1,900	3,170	7,930	11,100	15,850
4d SV SUV	720	2,170	3,620	9,050	12,670	18,100
4d SL SUV	760	2,290	3,810	9,530	13,340	19,050
4d LE SUV	800	2,390	3,980	9,950	13,930	19,900
2010 Quest, V6						
4d S Minivan	600	1,800	3,000	7,500	10,500	15,000
4d SV Minivan	650	1,960	3,270	8,180	11,450	16,350
4d SL Minivan	760	2,290	3,820	9,550	13,370	19,100
4d LE Minivan	790	2,380	3,960	9,900	13,860	19,800
2010 Pathfinder, V6, 4WD						
4d S SUV	720	2,150	3,580	8,950	12,530	17,900
4d SE SUV	750	2,240	3,730	9,330	13,060	18,650
4d Silver Edition SUV	790	2,380	3,960	9,900	13,860	19,800
4d LE SUV	830	2,500	4,160	10,400	14,560	20,800
2010 Armada, V8						
4d SL SUV	900	2,710	4,520	11,300	15,820	22,600
2010 Armada, V8, 4WD						
4d SV SUV	900	2,700	4,500	11,250	15,750	22,500
4d Platinum SUV	1,040	3,110	5,180	12,950	18,130	25,900
2010 Frontier King Cab, I4						
S Short Bed	510	1,540	2,560	5,760	8,960	12,800
2010 Frontier King Cab, V6						
SV Short Bed	640	1,910	3,180	7,160	11,130	15,900
NOTE: Add 15% for 4WD.						
2010 Frontier King Cab, V6, 4WD						
Pro-4X Short Bed	930	2,780	4,640	10,440	16,240	23,200
2010 Frontier Crew Crab, V6						
S Short Bed	660	1,990	3,310	8,280	11,590	16,550
SV Short Bed	720	2,170	3,610	9,030	12,640	18,050
NOTE: Add 15% for 4WD.						
2010 Frontier Crew Cab, V6						
SV Long Bed	710	2,140	3,570	8,930	12,500	17,850
SL Short Bed	800	2,400	4,000	10,000	14,000	20,000
SL Long Bed	780	2,350	3,920	9,800	13,720	19,600
NOTE: Add 15% for 4WD.						
2010 Frontier Crew Cab, V6, 4WD						
Pro-4X Short Bed	990	2,980	4,960	12,400	17,360	24,800
2010 Titan King Cab, V8						
S Short Bed	600	1,810	3,020	7,550	10,570	15,100
SV Short Bed	830	2,500	4,160	10,400	14,560	20,800
2010 Titan King Cab, 4WD, V8						
Pro-4X Short Bed	850	2,540	4,240	10,600	14,840	21,200
2010 Titan Crew Cab, V8						
S Short Bed	740	2,230	3,710	9,280	12,990	18,550
SV Short Bed	800	2,410	4,020	10,050	14,070	20,100
SV Long Bed	790	2,380	3,970	9,930	13,900	19,850
SL Short Bed	910	2,740	4,560	11,400	15,960	22,800
NOTE: Add 15% for 4WD.						
2010 Titan Crew Cab, 4WD, V8						
Pro-4X Short Bed	1,040	3,110	5,180	12,950	18,130	25,900
2011 Juke I-4 Turbo						
4d S SUV	340	1,020	1,710	4,260	5,970	8,525
4d SV SUV	350	1,060	1,770	4,430	6,200	8,850
4d SL SUV	380	1,150	1,920	4,800	6,720	9,600

	6	5	4	3	2	1

2011 Rogue 104 4WD

4d S SUV	360	1,070	1,790	4,460	6,250	8,926
4d SV SUV	420	1,250	2,080	5,190	7,260	10,375
4d S Krom Ed SUV	430	1,290	2,150	5,360	7,510	10,725

2011 Xterra, V6, AWD

4d X SUV	430	1,280	2,140	5,340	7,470	10,675
4d S SUV	450	1,340	2,240	5,590	7,820	11,175
Pro-4X SUV	620	1,870	3,110	7,780	10,890	15,550
4d SL SUV	630	1,900	3,170	7,930	11,100	15,850

2011 Murano, V6, AWD

4d S SUV	470	1,410	2,350	5,860	8,210	11,725
4d SV SUV	510	1,540	2,570	6,430	9,000	12,850
4d LE SUV	570	1,710	2,850	7,130	9,980	14,250

2011 Quest, V6

4d S Minivan	400	1,200	2,010	5,010	7,020	10,025
4d SV Minivan	430	1,290	2,150	5,380	7,530	10,750
4d SL Minivan	530	1,580	2,640	6,600	9,240	13,200
4d LE Minivan	570	1,710	2,850	7,130	9,980	14,250
4d S SUV	480	1,440	2,400	5,400	8,400	12,000
4d SV SUV	520	1,550	2,580	5,810	9,030	12,900
4d Silver Edition SUV	570	1,710	2,860	6,420	9,990	14,275
4d LE SUV	540	1,620	2,710	6,760	9,470	13,525

2011 Armada, V8

4d SL SUV	600	1,800	3,000	7,490	10,480	14,975

2011 Armada, V8, 4WD

4d SV SUV	650	1,940	3,240	8,090	11,320	16,175
4d Platinum SUV	830	2,480	4,140	10,340	14,470	20,675

2011 Frontier King Cab, I4

S Short Bed	380	1,130	1,880	4,690	6,560	9,375

2011 Frontier King Cab, V6

SV Short Bed	430	1,290	2,150	5,360	7,510	10,725
Add 10% for 4WD.						

2011 Frontier King Cab, V6, 4WD

Pro-4X Short Bed	530	1,600	2,670	6,680	9,350	13,350

2011 Frontier Crew Cab, V6

S Short Bed	490	1,470	2,450	6,130	8,580	12,250
SV Long Bed	560	1,690	2,820	7,050	9,870	14,100
Add 10% for 4WD						
SV Long Bed	530	1,590	2,650	6,610	9,260	13,225
SL Short Bed	660	1,990	3,320	8,290	11,600	16,575
SL Long Bed	660	1,990	3,320	8,290	11,600	16,575
Add 10% for 4WD						

2011 Frontier Crew Cab, V6, 4WD

Pro-4X Short Bed	600	1,810	3,020	7,540	10,550	15,075

2011 Titan King Cab, V8

S Short Bed	510	1,520	2,530	6,330	8,860	12,650
SV Short Bed	540	1,610	2,690	6,710	9,400	13,425

2011 Titan King Cab, 4WD, V8

Pro-4X Short Bed	730	2,180	3,640	9,090	12,720	18,175

2011 Titan Crew Cab, V8

S Short Bed	610	1,830	3,050	7,630	10,680	15,250
SV Short Bed	640	1,920	3,210	8,010	11,220	16,025
SV Long Bed	610	1,830	3,050	7,630	10,680	15,250
SL Short Bed	000	2,030	3,390	8,400	11,850	16,925
Add 15% for 4WD						

2011 Titan Crew Cab, 4WD, V8

Pro-4X Short Bed	830	2,480	4,130	10,330	14,460	20,650

PORSCHE TRUCKS

2003 Cayenne, V-8, 4x4

S Utility	1,080	3,240	5,400	13,500	18,900	27,000
Turbo Utility	1,580	4,740	7,900	19,750	27,650	39,500
NOTE: Add 5% for self-leveling suspension pkg. on S model.						

2004 Cayenne, V-8, 4x4

4d Utility (V-6 only)	900	2,700	4,500	11,250	15,750	22,500
S 4d Utility	1,160	3,480	5,800	14,500	20,300	29,000
Turbo 4d Utility	1,660	4,980	8,300	20,750	29,050	41,500
NOTE: Add 10% for Off-Road pkg. Add 5% for self-leveling suspension pkg, except Turbo model						

2005 Cayenne, V-8, 4x4

4d Utility (V-6 only)	900	2,700	4,500	11,250	15,750	22,500
4d S Utility	1,160	3,480	5,800	14,500	20,300	29,000
4d Turbo Utility	1,660	4,980	8,300	20,750	29,050	41,500
NOTE: Add 10% for Off-Road pkg. Add 5% for Self-Leveling Suspension pkg except Turbo model. Deduct 5% for manual transmission.						

2006 Cayenne, V-6, AWD

4d SUV	860	2,570	4,280	10,700	14,980	21,400

2006 Cayenne, V-8, AWD

4d S SUV	980	2,940	4,900	11,030	17,150	24,500

	6	5	4	3	2	1
2006 Cayenne, V8, AWD						
4d GTS SUV............................ 1,350		4,060	6,760	16,900	23,660	33,800
2006 Cayenne, V-8, AWD						
4d S Titanium SUV....................... 1,230		3,700	6,160	15,400	21,560	30,800
2006 Cayenne, V-8 Twin Turbo, 4WD						
4d SUV.................................. 1,340		4,020	6,700	16,750	23,450	33,500
4d S SUV............................... 1,640		4,920	8,200	18,450	28,700	41,000
NOTE: All models add 5% for Sport Design, Off-Road Tech or Off-Road Design options.						
2009 Cayenne, V6, AWD						
4d SUV................................. 820		2,450	4,080	10,200	14,280	20,400
2009 Cayenne, V8, AWD						
4d S SUV............................... 890		2,660	4,440	11,100	15,540	22,200
4d GTS SUV............................ 1,210		3,640	6,060	15,150	21,210	30,300
All models add 5% for Sport Design, Off-Road Tech or Off-Road Design options.						
2009 Cayenne, Twin Turbo V8, AWD						
4d SUV................................. 1,410		4,220	7,040	17,600	24,640	35,200
4d S SUV............................... 1,570		4,700	7,840	19,600	27,440	39,200
All models add 5% for Sport Design, Off-Road Tech or Off-Road Design options.						
2010 Cayenne, V6, AWD						
4d SUV................................. 1,000		2,990	4,980	12,450	17,430	24,900
2010 Cayenne, V8, AWD						
4d S SUV............................... 1,100		3,290	5,480	13,700	19,180	27,400
4d GTS SUV............................ 1,500		4,500	7,500	18,750	26,250	37,500
NOTE: All models add 5% for Sport Design or Off-Road Tech option.						
2010 Cayenne, Twin Turbo V8, AWD						
4d SUV................................. 1,760		5,290	8,820	22,050	30,870	44,100
4d S SUV............................... 2,170		6,500	10,840	27,100	37,940	54,200
NOTE: All models add 5% for Sport Design or Odd-Road Tech option,						
2011 Cayenne, V6, AWD						
4d SUV................................. 960		2,870	4,780	11,950	16,730	23,900
2011 Cayenne, V6, AWD, Hybrid						
4d S SUV............................... 1,030		3,100	5,170	12,930	18,100	25,850
2011 Cayenne, Twin Turbo V8, AWD						
4d SUV................................. 1,630		4,880	8,130	20,330	28,460	40,650
4d S SUV............................... 1,030		3,100	5,160	12,900	18,060	25,800
All models add $3,500 for Premium Package Plus						
SAAB TRUCKS						
2005 9-7X, 6-cyl., AWD						
4d Linear Utility........................ 610		1,840	3,060	7,650	10,710	15,300
4d Arc Utility (V-8 only)................. 640		1,930	3,220	8,050	11,270	16,100
2008 9-7X, AWD, 6-Cyl.						
4d SUV................................. 360		1,080	1,810	4,510	6,320	9,025
2008 9-7X, AWD, V8						
4d SUV................................. 610		1,840	3,060	7,650	10,710	15,300
2009 9-7X, AWD, 6-Cyl.						
4d 4.2i SUV............................ 360		1,080	1,810	4,510	6,320	9,025
2009 9-7X, AWD, V8						
4d 5.3i SUV............................ 410		1,230	2,050	5,130	7,180	10,250
4d Aero SUV............................ 490		1,460	2,440	6,100	8,540	12,200
SUBARU TRUCKS						
1978 1/4-Ton 4x4						
Brat PU............................... 150		400	700	1,580	2,450	3,500
NOTE: Prices based on deluxe model.						
1979 1/4-Ton 4x4						
Brat PU............................... 150		400	700	1,580	2,450	3,500
NOTE: Prices based on deluxe model.						
1980 1/4-Ton 4x4						
Brat PU............................... 150		400	700	1,580	2,450	3,500
NOTE: Prices based on deluxe model.						
1981 1/4-Ton 4x4						
Brat PU............................... 150		400	700	1,580	2,450	3,500
NOTE: Prices based on deluxe model.						
1982 1/4-Ton 4x4						
Brat PU............................... 150		400	700	1,580	2,450	3,500
NOTE: Prices based on deluxe model.						
1983 1/4-Ton 4x4						
Brat PU............................... 150		400	700	1,580	2,450	3,500
1984 1/4-Ton 4x4						
Brat PU............................... 150		500	800	1,800	2,800	4,000
1985 1/4-Ton 4x4						
Brat PU............................... 200		600	1,000	2,250	3,500	5,000
1986 1/4-Ton 4x4						
Brat PU............................... 250		700	1,200	2,700	4,200	6,000
NOTE: Prices based on deluxe model.						
1987 1/4-Ton 4x4						
Brat GL............................... 250		700	1,150	2,570	4,000	5,700

PORSCHE TRUCKS

	6	5	4	3	2	1
2009 Forester, AWD, I4						
4d X SUV	470	1,400	2,330	5,830	8,160	11,650
4d X Ltd SUV	530	1,590	2,650	6,630	9,280	13,250
4d X LL Bean SUV	530	1,600	2,670	6,680	9,350	13,350
2009 Forester, AWD, I4 Turbo						
4d XT SUV		550	1,660	2,760	6,900	9,660
13,800						
4d XT Ltd SUV	580	1,750	2,920	7,300	10,220	14,600
2009 Tribeca, AWD, H6						
4d SUV	490	1,470	2,450	6,130	8,580	12,250
4d Ltd SUV	560	1,690	2,820	7,050	9,870	14,100
2010 Forester, AWD, I4						
4d 2.5X SUV	550	1,660	2,770	6,930	9,700	13,850
4d 2.5 Premium SUV	590	1,770	2,950	7,380	10,330	14,750
4d 2.5 Limited SUV	630	1,880	3,140	7,850	10,990	15,700
2010 Forester, AWD, I4 Turbo						
4d 2.5 XT SUV	630	1,900	3,170	7,930	11,100	15,850
4d 2.5 XT Ltd SUV	680	2,040	3,400	8,500	11,900	17,000
2010 Tribeca, AWD, H6						
4d 3.6R Premium SUV	610	1,830	3,050	7,630	10,680	15,250
4d 3.6R Ltd SUV	670	2,020	3,360	8,400	11,760	16,800
4d 3.6R Touring SUV	770	2,300	3,830	9,580	13,410	19,150
2011 Forester, AWD, I4						
4d 2.5X SUV	320	960	1,610	4,010	5,620	8,025
4d 2.5 Premium SUV	400	1,190	1,980	4,950	6,930	9,900
4d 2.5 Limited SUV	410	1,220	2,030	5,080	7,110	10,150
4d 2.5 Touring SUV	410	1,220	2,030	5,080	7,110	10,150
2011 Forester, AWD, I4 Turbo						
4d 2.5 XT Premium SUV	400	1,190	1,990	4,980	6,970	9,950
4d 2.5 XT Ltd SUV	430	1,290	2,150	5,380	7,530	10,750
2011 Tribeca, AWD, H6						
4d 3.6R Premium SUV	400	1,210	2,010	4,520	7,040	10,050
4d 3.6R Ltd SUV	440	1,310	2,190	5,480	7,670	10,950
4d 3.6R Touring SUV	480	1,440	2,400	6,000	8,400	12,000
4d 3.6R Touring SUV	480	1,440	2,400	6,000	8,400	12,000

SUZUKI TRUCKS

	6	5	4	3	2	1
1986-89 Samurai (4x4)						
Utl HT	190	580	960	2,160	3,360	4,800
Utl Conv	210	640	1,060	2,390	3,710	5,300
1989 Sidekick (4x4)						
JA Utl Conv	300	850	1,400	3,150	4,900	7,000
JX Utl HT	500	1,550	2,600	5,850	9,100	13,000
JX Utl Conv	300	950	1,600	3,600	5,600	8,000
1991 Samurai						
JA 2d Utly Conv 2x4	120	360	600	1,350	2,100	3,000
JS 2d Utly Conv 2x4	128	384	640	1,440	2,240	3,200
JA 2d Utly Conv 4x4	200	550	900	2,030	3,150	4,500
1991 Sidekick						
JS 2d Utly Conv 2x4	160	480	800	1,800	2,800	4,000
JL 2d Utly Conv 4x4	200	600	1,000	2,250	3,500	5,000
JX 2d Utly Conv 4x4	260	780	1,300	2,930	4,550	6,500
JX 4d Utly 4x4	240	720	1,200	2,700	4,200	6,000
JLX 4d Utly 4x4	250	800	1,300	2,930	4,550	6,500
1992 Samurai, 4-cyl.						
JA 2d Utly Conv 2x4	100	350	600	1,350	2,100	3,000
JL 2d Utly Conv 4x4	100	540	900	2,030	3,150	4,500
1992 Sidekick, 4-cyl.						
JS 2d Utly Conv 2x4	150	500	800	1,800	2,800	4,000
JX 2d Utly Conv 4x4	250	800	1,300	2,930	4,550	6,500
JX 4d Utly HT 4x4	250	700	1,200	2,700	4,200	6,000
JLX 4d Utly HT 4x4	250	800	1,300	2,930	4,550	6,500
1993 Samurai, 4-cyl.						
SUV 2WD	192	576	960	2,160	3,360	4,800
SUV 4x4	232	696	1,160	2,610	4,060	5,800
1993 Sidekick, 4-cyl.						
2d SUV 2WD	192	576	960	2,160	3,360	4,800
4d SUV 2WD	196	588	980	2,210	3,430	4,900
2d SUV 4x4	240	720	1,200	2,700	4,200	6,000
4d SUV 4x4	248	744	1,240	2,790	4,340	6,200
1994 Samurai, 4-cyl.						
2d Utly	200	550	900	2,030	3,150	4,500
1994 Sidekick, 4-cyl.						
2d Utly JS Conv	200	550	900	2,030	3,150	4,500
2d Utly JX Conv 4x4	200	600	1,000	2,250	3,500	5,000
4d Utly JS HT 4x4	200	650	1,100	2,480	3,850	5,500
4d Utly JX HT 4x4	250	700	1,200	2,700	4,200	6,000
4d Utly JLX HT 4x4	280	840	1,400	3,150	4,900	7,000

SUZUKI TRUCKS

	6	5	4	3	2	1
1995 Samurai, 4-cyl.						
JL 2d Utly Conv 4x4	200	550	900	2,030	3,150	4,500
1995 Sidekick, 4-cyl.						
JS 2d Utly Conv 2x4	200	550	900	2,030	3,150	4,500
JS 4d Utly HT 2x4	200	600	1,000	2,250	3,500	5,000
JX 2d Utly Conv 4x4	220	660	1,100	2,480	3,850	5,500
JX 4d Utly HT 4x4	250	700	1,200	2,700	4,200	6,000
JLX 4d Utly HT 4x4	280	840	1,400	3,150	4,900	7,000
1996 X-90, 4-cyl.						
2d Utly	200	550	900	2,030	3,150	4,500
2d Utly 4x4	200	650	1,100	2,480	3,850	5,500
1996 Sidekick, 4-cyl.						
2d JS Utly Conv	200	550	900	2,030	3,150	4,500
4d JS Utly HT	200	600	1,000	2,250	3,500	5,000
4d JS Spt Utly HT	200	650	1,100	2,480	3,850	5,500
2d JX Utly Conv 4x4	220	660	1,100	2,480	3,850	5,500
4d JX Utly HT 4x4	250	700	1,200	2,700	4,200	6,000
4d JX Spt Utly HT 4x4	260	780	1,300	2,930	4,550	6,500
4d JLX Spt Utly HT 4x4	280	840	1,400	3,150	4,900	7,000
1997 X-90, 4-cyl.						
2d Utly	180	540	900	2,030	3,150	4,500
2d Utly 4x4	220	660	1,100	2,480	3,850	5,500
1997 Sidekick, 4-cyl.						
2d JS Utly Conv	180	540	900	2,030	3,150	4,500
4d JS Utly HT	200	600	1,000	2,250	3,500	5,000
4d JS Spt Utly HT	220	660	1,100	2,480	3,850	5,500
2d JX Utly Conv 4x4	220	660	1,100	2,480	3,850	5,500
4d JX Utly HT 4x4	240	720	1,200	2,700	4,200	6,000
4d JX Spt Utly HT 4x4	260	780	1,300	2,930	4,550	6,500
4d JLX Spt Utly HT 4x4	280	840	1,400	3,150	4,900	7,000
1998 X-90, 4-cyl.						
2d Utility	180	540	900	2,030	3,150	4,500
NOTE: Add 5% for 4x4.						
1998 Sidekick, 4-cyl.						
2d JS Utly Conv	180	540	900	2,030	3,150	4,500
4d JS Utly HT	200	600	1,000	2,250	3,500	5,000
4d JS Spt Utly HT	220	660	1,100	2,480	3,850	5,500
2d JX Utly Conv	220	660	1,100	2,480	3,850	5,500
4d JX Utly HT	240	720	1,200	2,700	4,200	6,000
4d JX Spt Utly HT	260	780	1,300	2,930	4,550	6,500
4d JLX Spt Utly HT	280	840	1,400	3,150	4,900	7,000
NOTE: Add 5% for 4x4.						
1999 Vitara, 4-cyl.						
JS 1.6 Utility	160	480	800	1,800	2,800	4,000
JS 2.0 Utility	180	540	900	2,030	3,150	4,500
JX 1.6 Utility	200	600	1,000	2,250	3,500	5,000
JX 2.0 Utility	220	660	1,100	2,480	3,850	5,500
NOTE: Add 5% for 4x4.						
1999 Grand Vitara, V-6						
4d JS Utility	180	540	900	2,030	3,150	4,500
4d JLX Utility	280	840	1,400	3,150	4,900	7,000
NOTE: Add 5% for Plus model. Add 5% for 4x4.						
2000 Vitara, 4-cyl.						
2d JS Utility	160	480	800	1,800	2,800	4,000
2d JLS Utility	180	540	900	2,030	3,150	4,500
2d JX Utility	200	600	1,000	2,250	3,500	5,000
4d JS Utility	220	660	1,100	2,480	3,850	5,500
4d JLS Utility	240	720	1,200	2,700	4,200	6,000
4d JX Utility	260	780	1,300	2,930	4,550	6,500
4d JLX Utility	280	840	1,400	3,150	4,900	7,000
NOTE: Add 5% for 4x4.						
2000 Grand Vitara, V-6						
4d JLS Utility	300	900	1,500	3,380	5,250	7,500
4d JLX Utility	320	960	1,600	3,600	5,600	8,000
4d Limited Utility	360	1,080	1,800	4,050	6,300	9,000
NOTE: Add 5% for Plus model. Add 5% for 4x4.						
2001 Vitara, 4-cyl.						
2d JS Utility	160	480	800	2,000	2,800	4,000
2d JLS Utility	180	540	900	2,250	3,150	4,500
2d JLX Utility	200	600	1,000	2,500	3,500	5,000
4d JS Utility	220	660	1,100	2,750	3,850	5,500
4d JLS Utility	240	720	1,200	3,000	4,200	6,000
4d JX Utility	260	780	1,300	3,250	4,550	6,500
4d JLX Utility	280	840	1,400	3,500	4,900	7,000
NOTE: Add 5% for 4x4.						
2001 Grand Vitara, V-6						
4d JLS Utility	300	900	1,500	3,750	5,250	7,500
4d JLX Utility	320	960	1,600	4,000	5,600	8,000

SUZUKI TRUCKS

	6	5	4	3	2	1
4d Limited Utility	360	1,080	1,800	4,500	6,300	9,000
NOTE: Add 5% for Plus model. Add 5% for 4x4.						
2001 XL-7, V-6						
4d Standard Utility	300	900	1,500	3,750	5,250	7,500
4d Plus Utility	320	960	1,600	4,000	5,600	8,000
4d Touring Utility	340	1,020	1,700	4,250	5,950	8,500
4d Limited Utility	350	1,040	1,740	4,350	6,090	8,700
NOTE: Add 5% for 4x4.						
2002 Vitara, 4-cyl.						
2d JLS Soft Top Utility.	180	540	900	2,250	3,150	4,500
4d JLS Hard Top Utility	220	660	1,100	2,750	3,850	5,500
2d JLX Soft Top Utility.	260	780	1,300	3,250	4,550	6,500
4d JLX Hard Top Utility	280	840	1,400	3,500	4,900	7,000
NOTE: Add 5% for 4x4.						
2002 Grand Vitara, V-6						
4d JLS Utility.	300	900	1,500	3,750	5,250	7,500
4d JLX Utility	320	960	1,600	4,000	5,600	8,000
4d Limited Utility.	360	1,080	1,800	4,500	6,300	9,000
NOTE: Add 5% for 4x4.						
2002 XL-7 Hard Top, V-6						
4d Standard Utility	300	900	1,500	3,750	5,250	7,500
4d Plus Utility	320	960	1,600	4,000	5,600	8,000
4d Touring Utility.	340	1,020	1,700	4,250	5,950	8,500
4d Limited Utility	350	1,040	1,740	4,350	6,090	8,700
NOTE: Add 5% for 4x4.						
2003 Vitara, 4-cyl.						
2d Soft Top Utility	260	780	1,300	3,250	4,550	6,500
4d HardTop Utility	280	840	1,400	3,500	4,900	7,000
NOTE: Add 5% for 4x4.						
2003 Grand Vitara, V-6						
4d Utility	300	900	1,500	3,750	5,250	7,500
NOTE: Add 5% for 4x4.						
2003 XL-7, Hard Top, V-6						
4d Touring Utility	340	1,020	1,700	4,250	5,950	8,500
4d Limited Utility	350	1,040	1,740	4,350	6,090	8,700
NOTE: Add 5% for 4x4.						
2004 Vitara, V-6						
LX Hard Top 4d Utility	320	960	1,600	4,000	5,600	8,000
2004 Grand Vitara, V-6						
LX Hard Top 4d Utility	330	1,000	1,660	4,150	5,810	8,300
EX Hard Top 4d Utility.	340	1,020	1,700	4,250	5,950	8,500
NOTE: Add 5% for 4x4. Deduct 5% for manual transmission.						
2004 XL-7, V-6						
LX Hard Top 4d Utility.	340	1,020	1,700	4,250	5,950	8,500
EX Hard Top 4d Utility.	350	1,040	1,740	4,350	6,090	8,700
NOTE: Add 5% for 4x4. Deduct 5% for manual transmission.						
2005 Grand Vitara, V-6						
4d LX Hard Top Utility.	330	1,000	1,660	4,150	5,810	8,300
4d EX Hard Top Utility.	340	1,020	1,700	4,250	5,950	8,500
NOTE: Add 5% for 4x4. Deduct 5% for manual transmission.						
2005 XL-7, V-6						
4d LX Hard Top Utility.	340	1,020	1,700	4,250	5,950	8,500
4d EX Hard Top Utility.	350	1,040	1,740	4,350	6,090	8,700
NOTE: Add 5% for 4x4. Deduct 5% for manual transmission.						
2006 Grand Vitar, V-6, AWD						
4d SUV	500	1,490	2,480	6,200	8,680	12,400
2006 XL-7, V-6, 4WD						
4d SUV	430	1,300	2,160	5,400	7,560	10,800
2007 Grand Vitar, V-6						
4d X SUV	350	1,060	1,760	4,400	6,160	8,800
2007 Grand Vitar, V-6 AWD						
4d SUV	370	1,110	1,850	4,630	6,480	9,250
4d Luxury SUV	460	1,370	2,280	5,130	7,980	11,400
2007 XL-7, V-0 4WD						
4d SUV	350	1,050	1,750	4,380	6,130	8,750
4d Spl SUV	360	1,080	1,800	4,500	6,300	9,000
4d Luxury SUV	370	1,100	1,830	4,580	6,410	9,150
4d LTD SUV	400	1,200	2,000	5,000	7,000	10,000
2007 Sienna, V-6						
XLE Minivan	720	2,150	3,590	8,980	12,570	17,950
2008 Grand Vitara, V6						
4d X SUV	340	1,020	1,700	4,250	5,950	8,500
2008 Grand Vitara, V6, AWD						
4d SUV	330	1,000	1,670	4,160	5,830	8,325
2008 XL7, V6						
4d SUV	280	830	1,380	3,450	4,830	6,900
2008 XL7, V6, 4WD						
4d Premium SUV	380	1,140	1,900	4,750	6,650	9,500
4d Luxury SUV	420	1,260	2,100	5,250	7,350	10,500

	6	5	4	3	2	1
4d LTD SUV	460	1,380	2,300	5,750	8,050	11,500
2009 Grand Vitara, I-4						
4d X SUV	270	810	1,350	3,380	4,730	6,750
2009 Grand Vitara, I-4, 4WD						
4d Premium SUV	310	940	1,570	3,930	5,500	7,850
2009 Grand Vitara, I-4,						
4d XSport SUV	300	890	1,490	3,710	5,200	7,426
2009 Grand Vitara, I-4, 4WD						
4d Luxury SUV	440	1,310	2,190	5,480	7,670	10,950
2009 XL7, V6, 4WD						
4d SUV	350	1,040	1,730	4,330	6,060	8,650
4d Luxury SUV	390	1,160	1,940	4,850	6,790	9,700
4d LTD SUV	410	1,240	2,070	5,180	7,250	10,350
2009 EQUATOR EXTENDED CAB, I-4						
Short Bed	290	880	1,460	3,650	5,110	7,300
Premium Short Bed	400	1,190	1,980	4,950	6,930	9,900
2009 EQUATOR EXTENDED CAB, V6						
Sport Short Bed	430	1,300	2,160	5,400	7,560	10,800
2009 EQUATOR CREW CAB, V6						
Short Bed	440	1,330	2,220	5,550	7,770	11,10
Sport Short Bed	520	1,560	2,600	6,500	9,100	13,000
Sport Long Bed	510	1,530	2,550	6,380	8,930	12,750
2009 CREW CAB, V6						
RMZ Short Bed	640	1,910	3,180	7,950	11,130	15,900
2010 Grand Vitara, I-4						
4d SUV	300	900	1,510	3,760	5,270	7,525
2010 Grand Vitara, I-4, 4WD						
4d Premium SUV	370	1,100	1,830	4,560	6,390	9,125
2010 Grand Vitara, I-4						
4d XSport SUV	320	960	1,610	4,010	5,620	8,025
2010 Grand Vitara, I-4, 4WD						
4d Limited SUV	410	1,240	2,070	5,180	7,250	10,350
2010 Equator Extended Cab, I-4						
2d Pickup 6'	330	990	1,660	4,140	5,790	8,275
2d Premium Pickup 6'	440	1,330	2,210	5,530	7,740	11,050
2010 Equator Extended Cab, V6						
2d Sport Pickup 6'	470	1,410	2,350	5,880	8,230	11,750
2010 Equator Crew Cab, V6						
4d Sport Pickup 5'	560	1,690	2,810	7,030	9,840	14,050
4d Sport Pickup 6'	540	1,620	2,700	6,750	9,450	13,500
2010 Crew Cab, V6, 4WD						
RMZ Short Bed	670	2,010	3,350	8,380	11,730	16,750
2011 Grand Vitara, I4						
4d SVE SUV	300	900	1,510	3,760	5,270	7,525
2011 Grand Vitara, I-4						
4d SUV	260	790	1,310	3,280	4,590	6,550
2011 Grand Vitara, I-4, 4WD						
4d Premium SUV	320	970	1,620	4,050	5,670	8,100
4d Limited SUV	370	1,100	1,830	4,560	6,390	9,125
2011 Equator Extended Cab, I-4						
2d Pickup 6'	380	1,140	1,900	4,740	6,630	9,475
2d Premium Pickup 6'	380	1,140	1,900	4,750	6,650	9,500
2d Premium Pickup 6'	380	1,140	1,900	4,750	6,650	9,500
2011 Equator Extended Cab, AWD, V6						
2d Sport Pickup 6'	480	1,440	2,410	6,010	8,420	12,025
2011 Equator Crew Cab, V6						
4d Sport Pickup 5'	550	1,640	2,740	6,850	9,590	13,700
2011 Equator Crew Cab, V-6, 4WD						
4d Sport Pickup 5'	550	1,650	2,750	6,880	9,630	13,750
2011 Equator Crew Cab, V6 4WD	580	1,740	2,900	7,240	10,130	14,475

TOYOTA TRUCKS

	6	5	4	3	2	1
1967 Landcruiser, 4x4						
No Top	350	1,000	1,700	3,830	5,950	8,500
Soft-Top	350	1,000	1,650	3,690	5,750	8,200
HdTp.	350	1,050	1,800	4,010	6,250	8,900
NOTE: Prices based on deluxe model.						
1968 1/2-Ton						
PU.	150	400	700	1,580	2,450	3,500
1968 Landcruiser, 4x4						
No Top	350	1,000	1,700	3,830	5,950	8,500
Soft-Top	350	1,050	1,750	3,920	6,100	8,700
HT.	350	1,050	1,800	4,010	6,250	8,900
NOTE: Prices based on deluxe model.						
1969 1/2-Ton						
PU.	150	400	700	1,580	2,450	3,500
1969 Landcruiser, 4x4						
No Top	350	1,050	1,700	3,870	6,000	8,600
Soft-Top	350	1,050	1,750	3,960	6,150	8,800

SUZUKI TRUCKS

	6	5	4	3	2	1
HT.	350	1,100	1,800	4,050	6,300	9,000

NOTE: Prices based on deluxe model.

1970 1/2-Ton

	6	5	4	3	2	1
PU.	150	400	700	1,580	2,450	3,500

1970 Landcruiser, 4x4

	6	5	4	3	2	1
No Top	350	1,050	1,700	3,870	6,000	8,600
Soft-Top	350	1,050	1,750	3,960	6,150	8,800
HT.	350	1,100	1,800	4,050	6,300	9,000

NOTE: Prices based on deluxe model.

1971 1/2-Ton

	6	5	4	3	2	1
PU.	150	400	700	1,580	2,450	3,500

1971 Landcruiser, 4x4

	6	5	4	3	2	1
Soft-Top	350	1,050	1,750	3,920	6,100	8,700
HT.	350	1,050	1,800	4,010	6,250	8,900
Wag	350	1,100	1,800	4,050	6,300	9,000

NOTE: Prices based on deluxe model.

1972 1/2-Ton

	6	5	4	3	2	1
PU.	150	400	700	1,580	2,450	3,500

1972 Landcruiser, 4x4

	6	5	4	3	2	1
Soft-Top	350	1,050	1,800	4,010	6,250	8,900
HT.	350	1,100	1,800	4,050	6,300	9,000
Wag	350	1,100	1,850	4,140	6,450	9,200

NOTE: Prices based on deluxe model.

1973 1/2-Ton

	6	5	4	3	2	1
PU.	150	400	700	1,580	2,450	3,500

1973 Landcruiser, 4x4

	6	5	4	3	2	1
Soft-Top	350	1,050	1,800	4,010	6,250	8,900
HT.	350	1,100	1,800	4,100	6,350	9,100
Wag	350	1,100	1,850	4,140	6,450	9,200

NOTE: Prices based on deluxe model.

1974 1/2-Ton

	6	5	4	3	2	1
PU SBx.	150	450	700	1,620	2,500	3,600
PU LBx.	150	450	750	1,670	2,600	3,700

1974 Landcruiser, 4x4

	6	5	4	3	2	1
Soft-Top	350	1,100	1,800	4,050	6,300	9,000
HT.	350	1,100	1,850	4,190	6,500	9,300
Wag	400	1,150	1,900	4,230	6,600	9,400

NOTE: Prices based on deluxe model.

1975 1/2-Ton

	6	5	4	3	2	1
PU SBx.	150	450	750	1,670	2,600	3,700
PU LBx.	150	450	750	1,710	2,650	3,800

1975 Landcruiser, 4x4

	6	5	4	3	2	1
Soft-Top	350	1,100	1,800	4,100	6,350	9,100
HT.	400	1,150	1,900	4,280	6,650	9,500
Wag	400	1,150	1,900	4,320	6,700	9,600

1976 1/2-Ton

	6	5	4	3	2	1
PU SBx.	150	450	800	1,760	2,750	3,000
PU LBx.	150	500	800	1,850	2,850	4,100

1976 Landcruiser - (4WD)

	6	5	4	3	2	1
HT.	400	1,150	1,900	4,230	6,600	9,400
Wag	400	1,150	1,900	4,280	6,650	9,500

NOTE: Prices based on deluxe model.

1977 1/2-Ton

	6	5	4	3	2	1
PU SBx.	200	550	900	2,030	3,150	4,500
PU LBx.	200	550	900	2,070	3,200	4,600

NOTE: Add 15% for 4x4.

1078 Landcruiser, 4x4

	6	5	4	3	2	1
HT.	350	1,100	1,850	4,140	6,450	9,200
Wag	400	1,150	1,900	4,230	6,600	9,400

NOTE: Prices based on deluxe model.

1979 1/2-Ton

	6	5	4	3	2	1
PU SBx.	200	550	900	2,030	3,150	4,500
PU LBx.	200	550	900	2,070	3,200	4,600

NOTE: Add 15% for 4x4.

1979 Landcruiser, 4x4

	6	5	4	3	2	1
HT.	350	1,100	1,850	4,140	6,450	9,200
Wag	400	1,150	1,900	4,230	6,600	9,400

NOTE: Prices based on deluxe model.

1980 1/2-Ton

	6	5	4	3	2	1
PU SBx.	200	550	900	2,070	3,200	4,600
PU LBx.	200	600	950	2,160	3,350	4,800

NOTE: Add 15% for 4x4.

1980 Landcruiser, 4x4

	6	5	4	3	2	1
HT.	400	1,150	1,900	4,280	6,650	9,500
Wag	400	1,150	1,950	4,370	6,800	9,700

NOTE: Prices based on deluxe model.

1981 1/2-Ton

	6	5	4	3	2	1
PU SBx.	200	600	950	2,160	3,350	4,800

TOYOTA TRUCKS

	6	5	4	3	2	1
PU LBx	200	600	1,000	2,210	3,450	4,900
NOTE: Add 15% for 4x4.						
1981 Landcruiser, 4x4						
HT	400	1,150	1,950	4,370	6,800	9,700
Wag	400	1,200	2,000	4,460	6,950	9,900
NOTE: Prices based on deluxe model.						
1982 1/2-Ton						
PU SBx	200	600	1,000	2,210	3,450	4,900
PU LBx	200	600	1,000	2,250	3,500	5,000
NOTE: Add 15% for 4x4.						
1982 Landcruiser, 4x4						
HT	400	1,250	2,050	4,640	7,200	10,300
Wag	400	1,250	2,100	4,730	7,350	10,500
NOTE: Prices based on deluxe model.						
1983 1/2-Ton						
PU SBx	200	550	950	2,120	3,300	4,700
PU LBx	200	600	1,000	2,210	3,450	4,900
NOTE: Add 15% for 4x4.						
1983 Landcruiser, 4x4						
HT	450	1,300	2,200	4,950	7,700	11,000
Wag	450	1,350	2,250	5,040	7,850	11,200
NOTE: Prices based on deluxe model.						
1984 1/2-Ton						
PU SBx	200	600	1,000	2,210	3,450	4,900
PU LBx	200	600	1,000	2,300	3,550	5,100
PU Xcab	200	650	1,050	2,390	3,700	5,300
NOTE: Add 15% for 4x4.						
1984 4Runner, 4x4						
Wag	300	850	1,400	3,150	4,900	7,000
1984 Vans						
Cargo	120	360	600	1,350	2,100	3,000
DeL	160	480	800	1,800	2,800	4,000
LE	180	540	900	2,030	3,150	4,500
NOTE: Add 15% for 4x4.						
1984 Landcruiser, 4x4						
Wag	500	1,500	2,500	5,630	8,750	12,500
NOTE: Prices based on deluxe model.						
1985 1/2-Ton						
PU SBx	180	540	900	2,030	3,150	4,500
PU LBx	188	564	940	2,120	3,290	4,700
PU Xcab	192	576	960	2,160	3,360	4,800
NOTE: Add 15% for 4x4.						
1985 4Runner, 4x4						
Wag	300	950	1,600	3,600	5,600	8,000
1985 Vans						
Cargo	160	480	800	1,800	2,800	4,000
DeL	168	504	840	1,890	2,940	4,200
LE	172	516	860	1,940	3,010	4,300
1985 Landcruiser, 4x4						
Wag	500	1,500	2,500	5,630	8,750	12,500
NOTE: Prices based on deluxe model.						
1986 1/2-Ton						
PU SBx	160	480	800	1,800	2,800	4,000
PU LBx	168	504	840	1,890	2,940	4,200
PU Xcab	172	516	860	1,940	3,010	4,300
NOTE: Add 15% for 4x4.						
1986 4Runner						
Wag	300	950	1,600	3,600	5,600	8,000
1986 Vans						
Cargo	160	480	800	1,800	2,800	4,000
DeL	180	540	900	2,030	3,150	4,500
LE	200	600	1,000	2,250	3,500	5,000
1986 Landcruiser, 4x4						
Wag	520	1,560	2,600	5,850	9,100	13,000
NOTE: Prices based on deluxe model.						
1987 Light Trucks						
PU	144	432	720	1,620	2,520	3,600
PU LBx	152	456	760	1,710	2,660	3,800
PU DeL LBx	160	480	800	1,800	2,800	4,000
PU Xcab LBx	164	492	820	1,850	2,870	4,100
PU DeL Xcab LBx	184	552	920	2,070	3,220	4,600
PU SR5 Xcab	192	576	960	2,160	3,360	4,800
PU SR5 Xcab (Turbo)	200	600	1,000	2,250	3,500	5,000
PU 1-Ton LBx	180	540	900	2,030	3,150	4,500
1987 Light Trucks 4x4						
PU Std	200	600	1,000	2,250	3,500	5,000
PU (Turbo)	220	660	1,100	2,480	3,850	5,500
PU DeL LBx	224	672	1,120	2,520	3,920	5,600
PU DeL Xcab	240	720	1,200	2,700	4,200	6,000

TOYOTA TRUCKS

	6	5	4	3	2	1 865
PU SR5.	248	744	1,240	2,790	4,340	6,200
PU SR5 Xcab	260	780	1,300	2,930	4,550	6,500
PU SR5 Xcab (Turbo)	280	840	1,400	3,150	4,900	7,000
1987 4Runner, 4x4						
DeL.	300	950	1,600	3,600	5,600	8,000
SR5.	500	1,550	2,600	5,850	9,100	13,000
SR5 Wag	550	1,600	2,700	6,080	9,450	13,500
SR5 Wag (Turbo)	550	1,700	2,800	6,300	9,800	14,000
1987 Vans						
Window	140	420	700	1,580	2,450	3,500
Panel	156	468	780	1,760	2,730	3,900
DeL.	160	480	800	1,800	2,800	4,000
LE	200	600	1,000	2,250	3,500	5,000
Panel 4x4	180	540	900	2,030	3,150	4,500
LE 4x4	220	660	1,100	2,480	3,850	5,500
1987 Landcruiser 4x4						
Wag	520	1,560	2,600	5,850	9,100	13,000
1988 Light Trucks						
PU.	180	540	900	2,030	3,150	4,500
PU LBx	200	600	1,000	2,250	3,500	5,000
PU DeL LBx	220	660	1,100	2,480	3,850	5,500
PU Xcab LBx	236	708	1,180	2,660	4,130	5,900
PU DeL Xcab LBx.	248	744	1,240	2,790	4,340	6,200
PU SR5 Xcab.	260	780	1,300	2,930	4,550	6,500
PU SR5 Xcab (Turbo).	268	804	1,340	3,020	4,690	6,700
PU 1-Ton LBx	180	540	900	2,030	3,150	4,500
1988 Light Trucks 4x4						
PU Std	240	720	1,200	2,700	4,200	6,000
PU DeL LBx.	268	804	1,340	3,020	4,690	6,700
PU DeL Xcab	280	840	1,400	3,150	4,900	7,000
PU SR5.	300	900	1,500	3,380	5,250	7,500
PU SR5 Xcab	320	960	1,600	3,600	5,600	8,000
1988 4Runner 4x4						
DeL.	550	1,700	2,800	6,300	9,800	14,000
SR5.	600	1,800	3,000	6,750	10,500	15,000
DeL Wag.	600	1,800	3,050	6,840	10,600	15,200
SR5 Wag (6 cyl.)	650	1,900	3,200	7,200	11,200	16,000
1988 Vans						
Window.	208	624	1,040	2,340	3,640	5,200
Panel	200	600	1,000	2,250	3,500	5,000
DeL.	240	720	1,200	2,700	4,200	6,000
LE.	268	804	1,340	3,020	4,690	6,700
Panel 4x4	272	816	1,360	3,060	4,760	6,800
Panel LE 4x4	320	960	1,600	3,600	5,600	8,000
1988 Landcruiser 4x4						
Wag	620	1,860	3,100	6,980	10,850	15,500
1989 Light Trucks						
PU.	220	660	1,100	2,480	3,850	5,500
PU DeL	240	720	1,200	2,700	4,200	6,000
PU DeL LBx	260	780	1,300	2,930	4,550	6,500
PU SR5 LBx	272	816	1,360	3,060	4,760	6,800
PU DeL Xcab	280	840	1,400	3,150	4,900	7,000
PU SR5 Xcab	300	900	1,500	3,380	5,250	7,500
PU DeL 1-Ton LBx (6-cyl.)	280	840	1,400	3,150	4,900	7,000
1989 Light Trucks 4x4						
PU DeL.	300	900	1,500	3,380	5,250	7,500
PU DeL LBx	320	960	1,600	3,600	5,600	8,000
PU SR5.	344	1,032	1,720	3,870	6,020	8,600
PU DeL Xcab	340	1,020	1,700	3,830	5,950	8,500
PU SR5 Xcab	520	1,560	2,600	5,850	9,100	13,000
1989 4Runner 4x4						
DeL.	600	1,850	3,100	6,980	10,900	15,500
DeL Wag.	650	2,000	3,300	7,430	11,600	16,500
SR5 Wag	700	2,050	3,400	7,650	11,900	17,000
1989 Vans						
Window.	264	792	1,320	2,970	4,620	6,600
Panel	260	780	1,300	2,930	4,550	6,500
DeL.	340	1,020	1,700	3,830	5,950	8,500
LE.	520	1,560	2,600	5,850	9,100	13,000
Panel 4x4	320	960	1,600	3,600	5,600	8,000
DeL 4x4	520	1,560	2,600	5,850	9,100	13,000
LE 4x4	560	1,680	2,800	6,300	9,800	14,000
1989 Landcruiser 4x4						
Wag	720	2,160	3,600	8,100	12,600	18,000
1990 Light Trucks						
2d PU	224	672	1,120	2,520	3,920	5,600
2d PU Dix	228	684	1,140	2,570	3,990	5,700
2d PU SR5	232	696	1,160	2,610	4,060	5,800
2d PU SR5 Clb Cab	236	708	1,180	2,660	4,130	5,900

	6	5	4	3	2	1
2d PU Dlx 4x4.	264	792	1,320	2,970	4,620	6,600
2d PU Dlx Clb Cab 4x4.	272	816	1,360	3,060	4,760	6,800
2d PU SR5 Clb Cab 4x4.	276	828	1,380	3,110	4,830	6,900
1990 4Runner SR5						
2d Spt Utly 4x4.	650	2,000	3,300	7,430	11,600	16,500
4d Spt Utly 4x4.	700	2,050	3,400	7,650	11,900	17,000
4d Spt Utly 2x4.	600	1,850	3,100	6,980	10,900	15,500
1990 Landcruiser						
4d Spt Utly 4x4.	760	2,280	3,800	8,550	13,300	19,000
1991 Previa						
DX 3d Van.	540	1,620	2,700	6,080	9,450	13,500
LE 3d Van.	560	1,680	2,800	6,300	9,800	14,000
DX 3d Van 4x4.	600	1,800	3,000	6,750	10,500	15,000
LE 3d Van 4x4.	620	1,860	3,100	6,980	10,850	15,500
1991 Light Trucks						
2d PU.	260	780	1,300	2,930	4,550	6,500
DX 2d PU.	280	840	1,400	3,150	4,900	7,000
DX 2d PU LBx.	288	864	1,440	3,240	5,040	7,200
DX 2d PU Crew Cab.	300	900	1,500	3,380	5,250	7,500
SR5 2d PU Crew Cab V-6.	340	1,020	1,700	3,830	5,950	8,500
1991 Pickup 4x4						
DX 2d PU.	320	960	1,600	3,600	5,600	8,000
DX-LB 2d PU.	340	1,020	1,700	3,830	5,950	8,500
DX 2d PU Crew Cab.	520	1,560	2,600	5,850	9,100	13,000
SR5 2d PU Crew Cab.	560	1,680	2,800	6,300	9,800	14,000
1991 4Runner						
SR5 2d Sta Wag 4x4.	720	2,160	3,600	8,100	12,600	18,000
SR5 4d Sta Wag 2x4.	560	1,680	2,800	6,300	9,800	14,000
SR5 4d Sta Wag 4x4.	728	2,184	3,640	8,190	12,740	18,200
1991 Land Cruiser						
4d Sta Wag 4x4.	920	2,760	4,600	10,350	16,100	23,000
1992 4Runner, V-6						
SR5 2d Sta Wag 4x4.	676	2,028	3,380	7,610	11,830	16,900
SR5 4d Sta Wag 2x4.	652	1,956	3,260	7,340	11,410	16,300
SR5 4d Sta Wag 4x4.	696	2,088	3,480	7,830	12,180	17,400
1992 Land Cruiser, 6-cyl.						
4d Sta Wag 4x4.	908	2,724	4,540	10,220	15,890	22,700
1992 Previa						
DX Van.	558	1,674	2,790	6,280	9,765	13,950
LE Van.	628	1,884	3,140	7,070	10,990	15,700
DX Van 4x4.	620	1,860	3,100	6,980	10,850	15,500
LE Van 4x4.	692	2,076	3,460	7,790	12,110	17,300
1992 Pickups, 4-cyl.						
DX PU.	280	840	1,400	3,150	4,900	7,000
DX PU LB.	320	960	1,600	3,600	5,600	8,000
DX PU LB 1-Ton.	520	1,560	2,600	5,850	9,100	13,000
SR5 PU.	640	1,920	3,200	7,200	11,200	16,000
NOTE: Add 10% for 4x4. Add 10% for V-6.						
1993 4Runner, V-6						
4d Sta Wag 2WD.	300	850	1,400	3,110	4,850	6,900
4d Sta Wag 4x4.	300	950	1,600	3,560	5,550	7,900
1993 Land Cruiser, 6-cyl.						
4d Sta Wag 4x4.	580	1,740	2,900	6,530	10,150	14,500
1993 Previa, 4-cyl.						
Window Van.	240	720	1,200	2,700	4,200	6,000
1993 Pickup						
2d PU SBx.	180	540	900	2,030	3,150	4,500
2d PU LBx.	184	552	920	2,070	3,220	4,600
T-100 2d PU V-6 2WD.	184	552	920	2,070	3,220	4,600
T-100 2d PU V-6 4x4.	224	672	1,120	2,520	3,920	5,600
1994 4Runner						
4d Utly SR5 2x4, V-6.	520	1,560	2,600	5,850	9,100	13,000
4d Utly SR5 4x4, 4-cyl.	560	1,680	2,800	6,300	9,800	14,000
4d Utly SR5 4x4, V-6.	600	1,800	3,000	6,750	10,500	15,000
1994 Land Cruiser, 6-cyl.						
4d Utly.	960	2,880	4,800	10,800	16,800	24,000
1994 Previa, 4-cyl.						
Window Van DX.	480	1,440	2,400	5,400	8,400	12,000
Window Van LE.	500	1,500	2,500	5,630	8,750	12,500
Window Van DX 4x4.	540	1,620	2,700	6,080	9,450	13,500
Window Van LE 4x4.	560	1,680	2,800	6,300	9,800	14,000
1994 Pickups, 4-cyl.						
2d PU.	260	780	1,300	2,930	4,550	6,500
2d PU DX.	280	840	1,400	3,150	4,900	7,000
2d PU DX Club Cab.	360	1,080	1,800	4,050	6,300	9,000
2d PU SR5 Club Cab, V-6.	400	1,200	2,000	4,500	7,000	10,000
2d PU DX 4x4.	420	1,260	2,100	4,730	7,350	10,500
2d PU SR5 Club Cab 4x4, V-6.	500	1,500	2,500	5,630	8,750	12,500

TOYOTA TRUCKS

	6	5	4	3	2	1
1994 T100 Pickups						
2d PU, 4-cyl.	280	840	1,400	3,150	4,900	7,000
2d PU DX, V-6	340	1,020	1,700	3,830	5,950	8,500
2d PU SR5, V-6	360	1,080	1,800	4,050	6,300	9,000
2d PU DX 4x4, V-6	440	1,320	2,200	4,950	7,700	11,000
2d PU SR5 4x4, V-6	520	1,560	2,600	5,850	9,100	13,000
1995 4Runner, V-6						
4d Utly SR5 2x4, V-6.	520	1,560	2,600	5,850	9,100	13,000
4d Utly SR5 4x4, 4-cyl.	560	1,680	2,800	6,300	9,800	14,000
4d Utly SR5 4x4, V-6.	600	1,800	3,000	6,750	10,500	15,000
1995 Land Cruiser, 6-cyl.						
4d Utly 4x4	950	2,900	4,800	10,800	16,800	24,000
1995 Previa, 4-cyl.						
Window Van DX	500	1,450	2,400	5,400	8,400	12,000
Window Van LE.	500	1,500	2,500	5,630	8,750	12,500
Window Van DX 4x4	540	1,620	2,700	6,080	9,450	13,500
Window Van LE 4x4	560	1,680	2,800	6,300	9,800	14,000
1995 Pickup						
PU DX.	300	850	1,400	3,150	4,900	7,000
PU DX Club Cab.	350	1,100	1,800	4,050	6,300	9,000
PU DX Club Cab 4x4	420	1,260	2,100	4,730	7,350	10,500
PU SR5 Club Cab, V-6	400	1,200	2,000	4,500	7,000	10,000
PU SR5 Club Cab 4x4, V-6.	500	1,500	2,500	5,630	8,750	12,500
1995 Tacoma Pickup, 4-cyl.						
PU 4x4	350	1,100	1,800	4,050	6,300	9,000
PU Club Cab 4x4	400	1,250	2,050	4,640	7,200	10,300
PU SR5 Club Cab 4x4, V-6.	480	1,440	2,400	5,400	8,400	12,000
1995 T100 Pickup, V-6						
PU, 4-cyl.	300	850	1,400	3,150	4,900	7,000
PU DX.	350	1,000	1,700	3,830	5,950	8,500
PU DX Club Cab.	400	1,200	2,000	4,500	7,000	10,000
PU DX Club Cab 4x4	420	1,260	2,100	4,730	7,350	10,500
PU SR5 Club Cab.	450	1,300	2,200	4,950	7,700	11,000
PU SR5 Club Cab 4x4	520	1,560	2,600	5,850	9,100	13,000
1996 4Runner, V-6						
4d Utly, 4-cyl.	350	1,100	1,800	4,050	6,300	9,000
4d Utly 4x4, 4-cyl.	400	1,200	2,000	4,500	7,000	10,000
4d Utly SR5	500	1,550	2,000	5,050	9,100	13,000
4d Utly SR5 4x4	550	1,700	2,800	6,300	9,800	14,000
4d Utly Ltd 4x4	600	1,800	3,000	6,750	10,500	15,000
1996 Land Cruiser, 6-cyl.						
4d Utly 4x4	950	2,900	4,800	10,800	16,800	24,000
1996 Previa, 4-cyl.						
DX Window Van	500	1,450	2,400	5,400	8,400	12,000
LE Window Van.	500	1,500	2,500	5,630	8,750	12,500
DX Window Van 4x4	540	1,620	2,700	6,080	9,450	13,500
LE Window Van 4x4	560	1,680	2,800	6,300	9,800	14,000
1996 RAV4, 4-cyl.						
2d Utly	250	700	1,200	2,700	4,200	6,000
2d Utly 4x4	300	850	1,400	3,150	4,900	7,000
4d Utly	250	800	1,300	2,930	4,550	6,500
4d Utly 4x4	300	900	1,500	3,380	5,250	7,500
1996 Tacoma Pickup, 4-cyl.						
PU.	300	900	1,500	3,380	5,250	7,500
PU X Cab	350	1,000	1,700	3,830	5,950	8,500
PU 4x4	350	1,100	1,800	4,050	6,300	9,000
PU X Cab 4x4	450	1,000	2,200	4,950	7,700	11,000
SR5 PU X Cab 4x4, V-6	520	1,560	2,600	5,850	9,100	13,000
NOTE: Add 5% for V-6, exc. SR5.						
1996 T100 Pickup, V-6						
PU, 4-cyl.	300	850	1,400	3,150	4,900	7,000
PU X Cab PU	400	1,150	1,900	4,280	6,650	9,500
SR5 PU X Cab	400	1,250	2,100	4,730	7,350	10,500
PU X Cab PU 4x4.	450	1,400	2,300	5,180	8,050	11,500
SR5 PU X Cab 4x4.	500	1,550	2,600	5,850	9,100	13,000
1997 4Runner, V-6						
4d Utly, 4-cyl.	360	1,080	1,800	4,050	6,300	9,000
4d Utly 4x4, 4-cyl.	400	1,200	2,000	4,500	7,000	10,000
4d Utly SR5	520	1,560	2,600	5,850	9,100	13,000
4d Utly SR5 4x4	560	1,680	2,800	6,300	9,800	14,000
4d Utly Ltd	580	1,740	2,900	6,530	10,150	14,500
4d Utly Ltd 4x4	600	1,800	3,000	6,750	10,500	15,000
1997 Land Cruiser, 6-cyl.						
4d Utly 4x4	960	2,880	4,800	10,800	16,800	24,000
1997 Previa, 4-cyl.						
DX Window Van	480	1,440	2,400	5,400	8,400	12,000
LE Window Van.	500	1,500	2,500	5,630	8,750	12,500
DX Window Van AWD	540	1,620	2,700	6,080	9,450	13,500
LE Window Van AWD	560	1,680	2,800	6,300	9,800	14,000

TOYOTA TRUCKS

TOYOTA TRUCKS

	6	5	4	3	2	1
1997 RAV4, 4-cyl.						
2d Utly	240	720	1,200	2,700	4,200	6,000
2d Utly 4x4	280	840	1,400	3,150	4,900	7,000
4d Utly	260	780	1,300	2,930	4,550	6,500
4d Utly 4x4	300	900	1,500	3,380	5,250	7,500
1997 Tacoma Pickup, 4-cyl.						
PU	300	900	1,500	3,380	5,250	7,500
PU X Cab	340	1,020	1,700	3,830	5,950	8,500
PU 4x4	360	1,080	1,800	4,050	6,300	9,000
PU X Cab 4x4	440	1,320	2,200	4,950	7,700	11,000
SR5 PU X Cab 4x4, V-6	520	1,560	2,600	5,850	9,100	13,000
NOTE: Add 5% for V-6, exc. SR5.						
1997 T100 Pickup, V-6						
PU, 4-cyl.	280	840	1,400	3,150	4,900	7,000
PU X Cab PU	380	1,140	1,900	4,280	6,650	9,500
SR5 PU X Cab	420	1,260	2,100	4,730	7,350	10,500
PU X Cab PU 4x4	460	1,380	2,300	5,180	8,050	11,500
SR5 PU X Cab 4x4	520	1,560	2,600	5,850	9,100	13,000
1998 4Runner, V-6						
4d Utility (4-cyl.)	360	1,080	1,800	4,050	6,300	9,000
SR5 4d Utility	520	1,560	2,600	5,850	9,100	13,000
Limited 4d Utility	580	1,740	2,900	6,530	10,150	14,500
NOTE: Add 5% for 4x4.						
1998 Land Cruiser, V-8, 4x4						
4d Utility	960	2,880	4,800	10,800	16,800	24,000
1998 Sienna, V-6						
CE Window Van	480	1,440	2,400	5,400	8,400	12,000
LE Window Van	500	1,500	2,500	5,630	8,750	12,500
XLE Window Van	520	1,560	2,600	5,850	9,100	13,000
1998 RAV4, 4-cyl.						
2d Utility	240	720	1,200	2,700	4,200	6,000
4d Utility	260	780	1,300	2,930	4,550	6,500
NOTE: Add 5% for 4x4.						
1998 Tacoma, 4-cyl.						
PU	300	900	1,500	3,380	5,250	7,500
PreRunner X Cab PU	340	1,020	1,700	3,830	5,950	8,500
Limited X Cab PU	520	1,560	2,600	5,850	9,100	13,000
NOTE: Add 5% for SR5 or TRD Pkg. Add 10% for extended cab (base PU only). Add 5% for 4x4. Add 5% for V-6, exc. Limited.						
1998 T100, V-6						
PU (4-cyl.)	280	840	1,400	3,150	4,900	7,000
X Cab PU	380	1,140	1,900	4,280	6,650	9,500
SR5 X Cab PU	420	1,260	2,100	4,730	7,350	10,500
NOTE: Add 5% for 4x4.						
1999 4Runner, V-6						
4d Utility (4-cyl.)	360	1,080	1,800	4,050	6,300	9,000
SR5 4d Utility	520	1,560	2,600	5,850	9,100	13,000
Limited 4d Utility	580	1,740	2,900	6,530	10,150	14,500
NOTE: Add 5% for 4x4.						
1999 Land Cruiser, V-8, 4x4						
4d Utility	880	2,640	4,400	9,900	15,400	22,000
1999 Sienna, V-6						
CE Van	440	1,320	2,200	4,950	7,700	11,000
LE Van	460	1,380	2,300	5,180	8,050	11,500
XLE Van	480	1,440	2,400	5,400	8,400	12,000
1999 RAV4, 4-cyl.						
2d Utility	240	720	1,200	2,700	4,200	6,000
4d Utility	260	780	1,300	2,930	4,550	6,500
NOTE: Add 5% for L Pkg. Add 5% for 4x4.						
1999 Tacoma, 4-cyl.						
PU	300	900	1,500	3,380	5,250	7,500
PreRunner X Cab PU	340	1,020	1,700	3,830	5,950	8,500
Limited X Cab PU	520	1,560	2,600	5,850	9,100	13,000
NOTE: Add 5% for SR5 or TRD Pkgs. Add 10% for extended cab. Add 5% for 4x4. Add 5% for V-6, excl Limited.						
2000 4Runner, V-6						
4d Utility (4-cyl.)	360	1,080	1,800	4,050	6,300	9,000
SR5 4d Utility	520	1,560	2,600	5,850	9,100	13,000
Limited 4d Utility	580	1,740	2,900	6,530	10,150	14,500
NOTE: Add 5% for 4x4.						
2000 Land Cruiser, V-8, 4x4						
4d Utility	900	2,700	4,500	10,130	15,750	22,500
2000 Sienna, V-6						
CE Van	440	1,320	2,200	4,950	7,700	11,000
LE Van	460	1,380	2,300	5,180	8,050	11,500
XLE Van	480	1,440	2,400	5,400	8,400	12,000
2000 RAV4, 4-cyl.						
4d Utility	260	780	1,300	2,930	4,550	6,500
NOTE: Add 5% for L Pkg. Add 5% for 4x4.						
2000 Tacoma, 4-cyl.						
PU	300	900	1,500	3,380	5,250	7,500

	6	5	4	3	2	1
PreRunner X Cab PU	340	1,020	1,700	3,830	5,950	8,500
Limited X Cab PU (V-6 only)	520	1,560	2,600	5,850	9,100	13,000

NOTE: Add 5% for SR5 or TRD pkgs. Add 10% for extended cab. Add 5% for 4x4.

2000 Tundra, V-8

PU.	320	960	1,600	3,600	5,600	8,000
SR5 PU.	500	1,500	2,500	5,630	8,750	12,500
Limited X Cab PU	600	1,800	3,000	6,750	10,500	15,000

NOTE: Add 5% for TRD pkg. Add 5% for 4x4. Deduct 5% for V-6.

2001 4Runner, V-6

SR5 4d Utility	520	1,560	2,600	6,500	9,100	13,000
Limited 4d Utility	580	1,740	2,900	7,250	10,150	14,500

NOTE: Add 5% for 4x4.

2001 Land Cruiser, V-8, 4x4

4d Utility	900	2,700	4,500	11,250	15,750	22,500

2001 Sequoia, V-8

SR5 4d Utility	540	1,620	2,700	6,750	9,450	13,500
Limited 4d Utility	590	1,760	2,940	7,350	10,290	14,700

NOTE: Add 5% for 4x4.

2001 Sienna, V-6

CE Van	440	1,320	2,200	5,500	7,700	11,000
LE Van	460	1,380	2,300	5,750	8,050	11,500
XLE Van	480	1,440	2,400	6,000	8,400	12,000

2001 RAV4, 4-cyl.

4d Utility	260	780	1,300	3,250	4,550	6,500

NOTE: Add 5% for L Pkg. Add 5% for 4x4.

2001 Highlander, V-6

4d Utility	540	1,620	2,700	6,750	9,450	13,500
Limited 4d Utility	580	1,740	2,900	7,250	10,150	14,500

NOTE: Add 5% for 4x4. Deduct 5% for 4-cyl.

2001 Tacoma, 4-cyl.

PU.	300	900	1,500	3,750	5,250	7,500
PreRunner PU	320	960	1,600	4,000	5,600	8,000
PreRunner X Cab PU	340	1,020	1,700	4,250	5,950	8,500
S-Runner X Cab PU	440	1,320	2,200	5,500	7,700	11,000
Limited X Cab PU (V-6 only)	520	1,560	2,600	6,500	9,100	13,000

NOTE: Add 5% for SR5 or TRD pkgs. Add 5% for 4x4. Deduct 5% for 4-cyl.

2001 Tundra, V-8

PU.	320	960	1,600	4,000	5,600	8,000
SR5 PU.	500	1,500	2,500	6,250	8,750	12,500
Limited PU	600	1,800	3,000	7,500	10,500	15,000

NOTE: Add 5% for TRD pkg. Add 5% for 4x4. Deduct 5% for V-6.

2002 4Runner, V-6

SR5 4d Utility	520	1,560	2,600	6,500	9,100	13,000
Limited 4d Utility	580	1,740	2,900	7,250	10,150	14,500

NOTE: Add 5% for 4x4.

2002 Land Cruiser, V-8, 4x4

4d Utility	900	2,700	4,500	11,250	15,750	22,500

2002 Sequoia, V-8

SR5 4d Utility	540	1,620	2,700	6,750	9,450	13,500
Limited 4d Utility	590	1,760	2,940	7,350	10,290	14,700

NOTE: Add 5% for 4x4.

2002 Sienna, V-6

CE Van	440	1,320	2,200	5,500	7,700	11,000
LE Van	460	1,380	2,300	5,750	8,050	11,500
Symphony Van	470	1,420	2,360	5,900	8,260	11,800
XLE Van	480	1,440	2,400	6,000	8,400	12,000

2002 RAV4, 4-cyl.

4d Utility	260	780	1,300	3,250	4,550	6,500

NOTE: Add 5% for L Pkg. Add 5% for 4x4.

2002 Highlander, V-6

4d Utility	540	1,620	2,700	6,750	9,450	13,500
Limited 4d Utility	580	1,740	2,900	7,250	10,150	14,500

NOTE: Add 5% for 4x4. Deduct 5% for 4-cyl.

2002 Tacoma, 4-cyl.

PU.	300	900	1,500	3,750	5,250	7,500
PreRunner PU	320	960	1,600	4,000	5,600	8,000
X Cab PU	330	980	1,640	4,100	5,740	8,200
PreRunner X Cab PU	340	1,020	1,700	4,250	5,950	8,500
S-Runner X Cab PU	440	1,320	2,200	5,500	7,700	11,000
Limited X Cab PU (V-6 only)	520	1,560	2,600	6,500	9,100	13,000

NOTE: Add 5% for SR5 or TRD pkgs. Add 10% for Double Cab models. Add 5% for 4x4. Add 5% for V-6 except Limited model.

2002 Tundra, V-8

PU.	320	960	1,600	4,000	5,600	8,000
SR5 PU.	500	1,500	2,500	6,250	8,750	12,500
Limited PU	600	1,800	3,000	7,500	10,500	15,000

NOTE: Add 5% for TRD pkg. Add 5% for Access Cab models. Add 5% for 4x4. Deduct 5% for V-6.

2003 4Runner, V-6 & V-8

SR5 4d Utility	520	1,560	2,600	6,500	9,100	13,000

	6	5	4	3	2	1
Sport 4d Utility	560	1,680	2,800	7,000	9,800	14,000
Limited 4d Utility	580	1,740	2,900	7,250	10,150	14,500

NOTE: Add 5% for 4x4.

2003 Land Cruiser, V-8, 4x4

	6	5	4	3	2	1
4d Utility	900	2,700	4,500	11,250	15,750	22,500

2003 Sequoia, V-8

	6	5	4	3	2	1
SR5 4d Utility	540	1,620	2,700	6,750	9,450	13,500
Limited 4d Utility	590	1,760	2,940	7,350	10,290	14,700

NOTE: Add 5% for 4x4.

2003 Sienna, V-6

	6	5	4	3	2	1
CE Van	440	1,320	2,200	5,500	7,700	11,000
LE Van	460	1,380	2,300	5,750	8,050	11,500
Symphony Van	470	1,420	2,360	5,900	8,260	11,800
XLE Van	480	1,440	2,400	6,000	8,400	12,000

2003 RAV4, 4-cyl.

	6	5	4	3	2	1
4d Utility	260	780	1,300	3,250	4,550	6,500

NOTE: Add 5% for L or Sport pkg. Add 5% for 4x4.

2003 Highlander, V-6

	6	5	4	3	2	1
4d Utility	540	1,620	2,700	6,750	9,450	13,500
Limited 4d Utility	580	1,740	2,900	7,250	10,150	14,500

NOTE: Add 5% for 4x4. Deduct 5% for 4-cyl.

2003 Tacoma, 4-cyl.

	6	5	4	3	2	1
PU.	300	900	1,500	3,750	5,250	7,500
PreRunner PU	320	960	1,600	4,000	5,600	8,000
X Cab PU	330	980	1,640	4,100	5,740	8,200
PreRunner X Cab PU	340	1,020	1,700	4,250	5,950	8,500
PreRunner Ltd Double Cab PU (V-6 only)	440	1,320	2,200	5,500	7,700	11,000
Limited Double Cab PU (V-6 only)	520	1,560	2,600	6,500	9,100	13,000

NOTE: Add 5% for SR5 or TRD pkg. Add 10% for Double Cab when not standard. Add 5% for 4x4. Add 5% for V-6 when not standard.

2003 Tundra, V-8

	6	5	4	3	2	1
PU.	320	960	1,600	4,000	5,600	8,000
SR5 PU.	500	1,500	2,500	6,250	8,750	12,500
Limited PU	600	1,800	3,000	7,500	10,500	15,000

NOTE: Add 5% for TRD pkg. Add 5% for Access Cab models. Add 5% for 4x4. Deduct 5% for V-6.

2004 4Runner, V-6 & V-8

	6	5	4	3	2	1
SR5 4d Utility	520	1,560	2,600	6,500	9,100	13,000
Sport 4d Utility	560	1,680	2,800	7,000	9,800	14,000
Limited 4d Utility	580	1,740	2,900	7,250	10,150	14,500

NOTE: Add 5% for 4x4.

2004 Land Cruiser, V-8, 4x4

	6	5	4	3	2	1
4d Utility	900	2,700	4,500	11,250	15,750	22,500

2004 Sequoia, V-8

	6	5	4	3	2	1
SR5 4d Utility	540	1,620	2,700	6,750	9,450	13,500
Limited 4d Utility	590	1,760	2,940	7,350	10,290	14,700

NOTE: Add 5% for 4x4.

2004 Sienna, V-6

	6	5	4	3	2	1
CE Van	440	1,320	2,200	5,500	7,700	11,000
LE Van	460	1,380	2,300	5,750	8,050	11,500
XLE Van	480	1,440	2,400	6,000	8,400	12,000
Limited Van	550	1,660	2,760	6,900	9,660	13,800

NOTE: Add 5% for AWD.

2004 RAV4, 4-cyl.

	6	5	4	3	2	1
4d Utility	260	780	1,300	3,250	4,550	6,500

NOTE: Add 5% for L or Sport pkg. Add 5% for 4x4. Deduct 5% for manual transmission.

2004 Highlander, V-6

	6	5	4	3	2	1
4d Utility	540	1,620	2,700	6,750	9,450	13,500
Limited 4d Utility	580	1,740	2,900	7,250	10,150	14,500

NOTE: Add 5% for 4x4. Deduct 5% for 4-cyl.

2004 Tacoma, 4-cyl.

	6	5	4	3	2	1
PU.	300	900	1,500	3,750	5,250	7,500
PreRunner PU	320	960	1,600	4,000	5,600	8,000
X Cab PU	330	980	1,640	4,100	5,740	8,200
PreRunner X Cab PU	340	1,020	1,700	4,250	5,950	8,500
Limited X Cab PU	430	1,280	2,140	5,350	7,490	10,700
PreRunner Ltd Double Cab PU (V-6 only)	440	1,320	2,200	4,950	7,700	11,000
Limited Double Cab PU (V-6 only)	520	1,560	2,600	6,500	9,100	13,000

NOTE: Add 5% for SR5 or TRD pkg. Add 10% for Double Cab when not standard. Add 5% for 4x4. Add 5% for V-6 when not standard. Add 5% for automatic transmission when not standard.

2004 Tundra, V-8

	6	5	4	3	2	1
PU.	320	960	1,600	4,000	5,600	8,000
SR5 PU.	500	1,500	2,500	6,250	8,750	12,500
Limited PU	600	1,800	3,000	7,500	10,500	15,000

NOTE: Add 5% for TRD pkg. Add 5% for Access Cab or Double Cab models. Add 5% for 4x4. Add 5% for Stepside bed. Deduct 5% for V-6. Deduct 5% for manual transmission.

2005 4Runner, V-6 & V-8

	6	5	4	3	2	1
4d SR5 Utility	520	1,560	2,600	6,500	9,100	13,000
4d Sport Utility	560	1,680	2,800	7,000	9,800	14,000

	6	5	4	3	2	1
4d Limited Utility	580	1,740	2,900	7,250	10,150	14,500

NOTE: Add 5% for 4x4. Deduct 10% for V-6.

2005 Land Cruiser, V-8, 4x4

4d Utility	900	2,700	4,500	11,250	15,750	22,500

2005 Sequoia, V-8

4d SR5 Utility	540	1,620	2,700	6,750	9,450	13,500
4d Limited Utility	590	1,760	2,940	7,350	10,290	14,700

NOTE: Add 5% for 4x4.

2005 Sienna, V-6

4d CE Van.	440	1,320	2,200	5,500	7,700	11,000
4d LE Van	460	1,380	2,300	5,750	8,050	11,500
4d XLE Van.	480	1,440	2,400	6,000	8,400	12,000
4d Limited Van	550	1,660	2,760	6,900	9,660	13,800

NOTE: Add 10% for AWD.

2005 RAV4, 4-cyl.

4d Utility	260	780	1,300	3,250	4,550	6,500

NOTE: Add 5% for L or Sport pkg. Add 5% for 4x4. Deduct 5% for manual transmission.

2005 Highlander, V-6

4d Utility	540	1,620	2,700	6,750	9,450	13,500
4d Limited Utility	580	1,740	2,900	7,250	10,150	14,500

NOTE: Add 5% for 4x4. Deduct 5% for 4-cyl. on base model.

2005 Tacoma, 4-cyl.

PU.	300	900	1,500	3,750	5,250	7,500
PreRunner PU	320	960	1,600	4,000	5,600	8,000
X-Runner PU	400	1,200	2,000	5,000	7,000	10,000
PreRunner Double Cab PU (V-6 only)	440	1,320	2,200	4,950	7,700	11,000
Double Cab PU (V-6 & 4x4 only)	520	1,560	2,600	6,500	9,100	13,000

NOTE: Add 5% for SR5 pkg, except X-Runner PU. Add 10% for TRD Sport or TRD Off-Road pkg except X-Runner. Add 5% for Access Cab. Add 5% for 4x4. Add 5% for V-6, when not standard. Add 5% for automatic transmission, when not standard.

2005 Tundra, V-6 & V-8

PU.	360	1,080	1,800	4,500	6,300	9,000
SR5 PU.	500	1,500	2,500	6,250	8,750	12,500
Limited PU	600	1,800	3,000	7,500	10,500	15,000
SR5 Double Cab PU.	580	1,740	2,900	6,530	10,150	14,500
Limited Double Cab PU	640	1,920	3,200	8,000	11,200	16,000

NOTE: Add 5% for TRD Off-Road pkg, except SR5 PU. Add 5% for Access Cab. Add 5% for 4x4. Deduct 5% for V-6. Deduct 5% for manual transmission.

2006 RAV4, 4-cyl., 4WD

4d SUV.	540	1,610	2,680	6,700	9,380	13,400
4d Spt SUV.	570	1,720	2,860	7,150	10,010	14,300
4d Ltd SUV	590	1,760	2,940	7,350	10,290	14,700

2006 Highlander, V-6, 4WD, Hybrid

4d SUV.	520	1,560	2,600	6,500	9,100	13,000
4d Ltd SUV	580	1,740	2,900	7,250	10,150	14,500

2006 Highlander, V-6, 4WD

4d SUV.	580	1,740	2,900	7,250	10,150	14,500
4d Spt SUV.	010	1,840	3,060	7,650	10,710	15,300
4d Ltd SUV	640	1,920	3,200	8,000	11,200	16,000

2006 4Runner, V-6, 4WD

4d SR5 SUV	660	1,970	3,280	7,380	11,480	16,400
4d Spt SUV.	680	2,040	3,400	8,500	11,900	17,000
4d Ltd SUV	740	2,230	3,720	9,300	13,020	18,600

2006 Sequoia, V-8, 4WD

4d SR5 SUV	720	2,150	3,500	8,950	12,530	17,900
4d Ltd SUV	830	2,500	4,160	10,400	14,560	20,800

2006 Land Cruiser, V-8, AWD

4d SUV.	1,200	3,590	5,980	14,950	20,930	29,900

2006 Sienna, V-6

CE Minivan.	470	1,400	2,340	5,850	8,190	11,700
LE Minivan	500	1,490	2,480	6,200	8,680	12,400
XLE Minivan	610	1,820	3,040	7,600	10,640	15,200
XLE Ltd Minivan	640	1,910	3,180	7,950	11,130	15,900

2006 Tacoma, 4-cyl.

Short Bed	360	1,090	1,820	4,550	6,370	9,100
Access Cab.	460	1,370	2,280	5,700	7,980	11,400
Prerunner Spt	400	1,200	2,000	5,000	7,000	10,000
Prerunner Access	480	1,440	2,400	6,000	8,400	12,000

2006 Tacoma, V-6

X-Runner Access	540	1,610	2,680	6,700	9,380	13,400
Prerunner Dbl 5'	620	1,860	3,100	7,750	10,850	15,500
Prerunner Dbl 6'	620	1,850	3,080	7,700	10,780	15,400

2006 Tacoma, V-6, 4WD

Prerunner Dbl 5'	730	2,200	3,660	9,150	12,810	18,300
Prerunner Dbl 6'	730	2,180	3,640	9,100	12,740	18,200

2006 Tundra, V-6

Long Bed	320	970	1,610	4,030	5,640	8,050

2006 Tundra, V-8

Work Truck Long	360	1,070	1,780	4,450	6,230	8,900
4d SR5 Access Cab	470	1,400	2,340	5,850	8,190	11,700

TOYOTA TRUCKS

	6	5	4	3	2	1
4d Ltd Access Cab 480	1,450	2,420	6,050	8,470	12,100
4d SR5 Double Cab 540	1,630	2,720	6,800	9,520	13,600
Waltrip Edition 550	1,660	2,760	6,900	9,660	13,800
4d Ltd Double Cab 580	1,730	2,880	7,200	10,080	14,400
NOTE: Add 30% for 4WD.						
2007 RAV4, 4-cyl. 4WD						
4d SUV. 520	1,560	2,600	6,500	9,100	13,000
4d Spt SUV. 570	1,700	2,830	7,080	9,910	14,150
4d LTD SUV 610	1,840	3,070	7,680	10,750	15,350
2007 FJ Cruiser, V-6 4WD						
2d SUV 810	2,420	4,040	10,100	14,140	20,200
2007 Highlander, V-6						
4d SUV 530	1,580	2,640	6,600	9,240	13,200
4d LTD SUV 640	1,930	3,210	8,030	11,240	16,050
NOTE: Add 10% for 4WD.						
2007 Highlander, V-6 4WD						
4d Spt SUV. 620	1,870	3,120	7,800	10,920	15,600
2007 Highlander, V-6 4WD Hybrid						
4d SUV 580	1,730	2,890	7,230	10,120	14,450
4d LTD SUV 680	2,040	3,400	8,500	11,900	17,000
2007 4Runner, V-6 4WD						
4d SR5 SUV 720	2,160	3,600	9,000	12,600	18,000
4d Spt SUV. 750	2,260	3,770	9,430	13,200	18,850
4d LTD SUV 810	2,430	4,050	10,130	14,180	20,250
2007 Sequoia, V-8						
4d SR5 SUV 710	2,140	3,560	8,900	12,460	17,800
NOTE: Add 10% for 4WD.						
2007 Sequoia, V-8 4WD						
4d SR5 SUV 900	2,690	4,480	11,200	15,680	22,400
2007 Land Cruiser, V-8 AWD						
4d SUV 1,350	4,040	6,740	16,850	23,590	33,700
2007 Sienna, V-6						
CE Minivan 500	1,490	2,490	6,230	8,720	12,450
LE Minivan 530	1,580	2,640	6,600	9,240	13,200
XLE Minivan 720	2,150	3,590	8,980	12,570	17,950
XLE LTD Minivan 800	2,410	4,010	10,030	14,040	20,050
NOTE: Add 5% for AWD.						
2007 Tacoma, 4-cyl.						
Short Bed 440	1,310	2,180	5,450	7,630	10,900
NOTE: Add 10% for 4WD.						
Prerunner Short 470	1,420	2,370	5,930	8,300	11,850
2007 Tacoma, V-6 4WD						
Access Cab. 710	2,120	3,540	8,850	12,390	17,700
Prerunner Access Cab 740	2,230	3,710	9,280	12,990	18,550
2007 Tacoma, V-6						
X-Runner Access 770	2,300	3,840	9,600	13,440	19,200
Prerunner Dbl 5' 720	2,170	3,620	9,050	12,670	18,100
Prerunner Dbl 6' 720	2,150	3,590	8,980	12,570	17,950
2007 Tacoma, V-6 4WD						
Dbl 5'. 880	2,640	4,400	11,000	15,400	22,000
Dbl 6'. 880	2,630	4,380	10,950	15,330	21,900
2007 Tundra, V-6						
Short Bed 580	1,730	2,880	7,200	10,080	14,400
Long Bed 570	1,710	2,850	7,130	9,980	14,250
SR5 Double 6.5' 730	2,190	3,650	9,130	12,780	18,250
SR5 Double 8'. 710	2,120	3,540	8,850	12,390	17,700
4d SR5 Crew Max. 880	2,630	4,380	9,860	15,330	21,900
NOTE: Add 10% for 4WD.						
4d LTD Double 1,140	3,420	5,700	14,250	19,950	28,500
4d LTD Crew Max 1,310	3,920	6,540	16,350	22,890	32,700
2008 RAV 4, I4, 4WD						
4d SUV 540	1,610	2,680	6,700	9,380	13,400
4d Spt SUV. 570	1,720	2,870	7,180	10,050	14,350
4d LTD SUV 610	1,840	3,070	7,680	10,750	15,350
2008 FJ Cruiser, V6, 4WD						
2d SUV 800	2,410	4,020	10,050	14,070	20,100
2008 Highlander 4WD, V6						
4d SUV 790	2,360	3,940	9,850	13,790	19,700
4d Spt SUV. 860	2,570	4,280	10,700	14,980	21,400
4d LTD SUV 980	2,930	4,880	12,200	17,080	24,400
2008 Highlander, V6, 4WD, Hybrid						
4d SUV 790	2,360	3,940	9,850	13,790	19,700
4d LTD SUV 920	2,770	4,620	11,550	16,170	23,100
2008 4Runner, V6, 4WD						
4d SR5 SUV 780	2,340	3,900	9,750	13,650	19,500
4d Spt SUV. 820	2,470	4,120	10,300	14,420	20,600
4d LTD SUV 890	2,660	4,440	11,100	15,540	22,200
2008 Sequoia, 4WD, V8						
4d SR5 SUV 910	2,720	4,540	11,350	15,890	22,700

	6	5	4	3	2	1
4d LTD SUV 1,070		3,200	5,340	13,350	18,690	26,700
4d Platinum Spt SUV 1,320		3,960	6,600	16,500	23,100	33,000
2008 Land Cruiser, V8, AWD						
4d SUV. 1,640		4,930	8,220	20,550	28,770	41,100
2008 Sienna, V6						
CE Minivan. 470		1,400	2,330	5,830	8,160	11,650
LE Minivan 520		1,550	2,580	6,450	9,030	12,900
XLE Minivan 710		2,120	3,540	8,850	12,390	17,700
XLE LTD Minivan 780		2,330	3,890	9,730	13,620	19,450
Note: Add 5% for AWD						
2008 Tacoma, I4						
Short Bed 430		1,300	2,160	5,400	7,560	10,800
Note: Add 10% for 4WD						
Prerunner Short Bed. 480		1,430	2,390	5,980	8,370	11,950
2008 Tacoma, I4, 4WD						
Access Cab. 730		2,200	3,670	9,180	12,850	18,350
2008 Tacoma, V6, 4WD						
Prerunner Access Cab 770		2,300	3,840	9,600	13,440	19,200
2008 Tacoma, V6						
X-Runner Access 780		2,350	3,920	9,800	13,720	19,600
Prerunner Dbl 5í 780		2,340	3,900	9,750	13,650	19,500
Prerunner Dbl 6í 770		2,310	3,850	9,630	13,480	19,250
2008 Tacoma, V6, 4WD						
Dbl 5í 920		2,770	4,620	11,550	16,170	23,100
Dbl 6í 920		2,750	4,580	11,450	16,030	22,900
2008 Tundra, V6						
Short Bed 560		1,690	2,810	7,030	9,840	14,050
Long Bed 550		1,650	2,750	6,880	9,630	13,750
Double 6.5í 670		2,000	3,330	8,330	11,660	16,650
SR5 Double 6.5í 730		2,180	3,630	9,080	12,710	18,150
SR5 Double 8í 700		2,090	3,480	8,700	12,180	17,400
4d SR5 Crew Max. 860		2,590	4,320	10,800	15,120	21,600
Note: Add 15% for 4WD						
2008 Tundra, 8						
Double 8í 800		2,400	4,000	10,000	14,000	20,000
4d LTD Double 1,080		3,240	5,400	13,500	18,900	27,000
4d Crew Max. 1,050		3,140	5,240	13,100	18,340	26,200
LTD Crew Max 1,330		4,000	6,660	16,650	23,310	33,300
2009 RAV 4, I4, 4WD						
4d SUV. 490		1,480	2,460	6,150	8,610	12,300
4d Spt SUV.	540	1,630	2,710	6,780	9,490	13,550
4d LTD SUV 500		1,770	2,950	7,380	10,330	14,750
2009 FJ Cruiser, V6, 4WD						
2d SUV. 870		2,620	4,360	10,900	15,260	21,800
2009 Venza, I-4						
2d SUV. 580		1,740	2,900	7,250	10,150	14,500
2009 Highlander 4WD, V6						
4d SUV. 660		1,990	3,320	8,300	11,620	16,600
4d Spt SUV.	780	2,350	3,920	9,800	13,720	19,600
4d LTD SUV 840		2,530	4,220	10,550	14,770	21,100
2009 Highlander, V6, 4WD, Hybrid						
4d SUV. 680		2,030	3,380	8,450	11,830	16,900
4d LTD SUV 800		2,390	3,980	9,950	13,930	19,900
2009 4Runner, V6, 4WD						
4d SR5 SUV. 760		2,290	3,820	9,550	13,370	19,100
4d Spt SUV. 770		2,320	3,860	9,650	13,510	19,300
4d LTD SUV 840		2,510	4,100	10,450	14,030	20,900
2009 Sequoia, 4WD, V8						
4d SR5 SUV. 850		2,540	4,240	10,600	14,840	21,200
4d LTD SUV 1,050		3,160	5,260	13,150	18,410	26,300
4d Platinum SUV 1,250		3,760	6,260	15,650	21,910	31,300
2009 Land Cruiser, V8, AWD						
4d SUV. 1,470		4,400	7,340	18,350	25,690	36,700
2009 Sienna, V6						
CE Minivan. 440		1,330	2,220	5,550	7,770	11,100
LE Minivan 460		1,380	2,300	5,750	8,050	11,500
XLE Minivan 640		1,920	3,200	8,000	11,200	16,000
XLE LTD Minivan 720		2,150	3,580	8,950	12,530	17,900
Add 5% for AWD						
2009 Tacoma, I4						
Short Bed 440		1,310	2,180	5,450	7,630	10,900
Add 10% for 4WD						
Prerunner Short Bed. 480		1,430	2,390	5,980	8,370	11,950
2009 Tacoma, I4, 4WD						
Access Cab. 710		2,130	3,550	8,880	12,430	17,750
2009 Tacoma, V6, 4WD						
Prerunner Access Cab 710		2,140	3,560	8,900	12,460	17,800

TOYOTA TRUCKS

TOYOTA TRUCKS

	6	5	4	3	2	1
2009 Tacoma, V6						
X-Runner Access	750	2,240	3,740	9,350	13,090	18,700
Prerunner Dbl 5'	780	2,350	3,920	9,800	13,720	19,600
Prerunner Dbl 6'	770	2,310	3,850	9,630	13,480	19,250
2009 Tacoma, V6, 4WD						
Dbl 5'	900	2,710	4,520	11,300	15,820	22,600
Dbl 6'	890	2,660	4,440	11,100	15,540	22,200
2009 Tundra, V8						
Short Bed	560	1,670	2,790	6,980	9,770	13,950
Long Bed	540	1,610	2,690	6,730	9,420	13,450
Double 6.5'	670	2,010	3,350	8,380	11,730	16,750
SR5 Double 6.5'	730	2,180	3,630	9,080	12,710	18,150
4d SR5 Crew Max	970	2,920	4,860	10,940	17,010	24,300
Add 15% for 4WD.						
2009 Tundra, 4WD, V8						
Double 8'	820	2,450	4,080	10,200	14,280	20,400
4d LTD Double	1,030	3,080	5,140	12,850	17,990	25,700
4d Crew Max.	1,030	3,100	5,160	12,900	18,060	25,800
LTD Crew Max	1,190	3,580	5,960	14,900	20,860	29,800
2010 RAV 4, I4, 4WD						
4d SUV	530	1,600	2,660	6,650	9,310	13,300
4d Spt SUV	600	1,810	3,010	7,530	10,540	15,050
4d LTD SUV	630	1,900	3,160	7,900	11,060	15,800
2010 FJ Cruiser, V6, 4WD						
2d SUV	960	2,890	4,820	12,050	16,870	24,100
2010 Venza, I-4						
2d SUV	600	1,790	2,980	7,450	10,430	14,900
2010 Highlander AWD, V6						
4d SUV	720	2,170	3,610	9,030	12,640	18,050
4d Spt SUV	800	2,400	4,000	10,000	14,000	20,000
4d SE SUV	820	2,460	4,100	10,250	14,350	20,500
4d LTD SUV	920	2,760	4,600	11,500	16,100	23,000
2010 Highlander AWD, V6, Hybrid						
4d SUV	720	2,160	3,600	9,000	12,600	18,000
4d LTD SUV	950	2,860	4,760	11,900	16,660	23,800
2010 4Runner, V6, 4WD						
4d SR5 SUV	1,020	3,070	5,120	12,800	17,920	25,600
4d Trail SUV	1,050	3,140	5,240	13,100	18,340	26,200
4d LTD SUV	1,130	3,380	5,640	14,100	19,740	28,200
2010 Sequoia, 4WD, V8						
4d SRS SUV	950	2,860	4,760	11,900	16,660	23,800
4d LTD SUV	1,180	3,540	5,900	14,750	20,650	29,500
4d Platinum SUV	1,360	4,070	6,780	16,950	23,730	33,900
2010 Land Cruiser, V8, 4WD						
4d SUV	1,700	5,100	8,500	21,250	29,750	42,500
2010 Sienna, V6						
CE Minivan	530	1,580	2,630	6,580	9,210	13,150
LE Minivan	550	1,640	2,730	6,830	9,560	13,650
XLE Minivan	720	2,150	3,580	8,950	12,530	17,900
XLE LTD Minivan	770	2,320	3,870	9,680	13,550	19,350
NOTE: Add 5% for AWD.						
2010 Tacoma, I4						
Short Bed	500	1,510	2,520	6,300	8,820	12,600
NOTE: Add 10% for 4WD.						
Prerunner Short Bed	550	1,660	2,760	6,900	9,660	13,800
2010 Tacoma, I4, 4WD						
Access Cab	710	2,120	3,530	8,830	12,360	17,650
2010 Tacoma, V6, 4WD						
Prerunner Access Cab	770	2,320	3,870	9,680	13,550	19,350
2010 Tacoma, V6						
X-Runner Access	820	2,450	4,080	10,200	14,280	20,400
Prerunner DBL 5'	880	2,650	4,420	11,050	15,470	22,100
Prerunner DBL 6'	860	2,580	4,300	10,750	15,050	21,500
DBL 5'	1,020	3,070	5,120	12,800	17,920	25,600
DBL 6'	980	2,950	4,920	12,300	17,220	24,600
2010 Tundra, V8						
Short Bed	660	1,970	3,290	8,230	11,520	16,450
Long Bed	590	1,770	2,950	7,380	10,330	14,750
Dbl 6.5'	780	2,350	3,920	9,800	13,720	19,600
2010 Tundra, 4WD, V8						
Dbl 8'	930	2,800	4,660	11,650	16,310	23,300
4d LTD Dbl	1,100	3,300	5,500	13,750	19,250	27,500
4d Crew Max 5.5'	1,070	3,200	5,340	13,350	18,690	26,700
LTD Crew Max 5.5'	1,240	3,730	6,220	15,550	21,770	31,100
2011 RAV 4, I4, 4WD						
4d SIV	460	1,370	2,280	5,690	7,960	11,375
4d Spt SUV	520	1,550	2,590	6,480	9,070	12,950
2011 Rav 4						
4d LTD SUV	530	1,600	2,670	6,680	9,350	13,350

	6	5	4	3	2	1
2011 FJ Cruiser, V6, 4WD						
2d SUV	910	2,720	4,540	11,340	15,870	22,675
2011 Venza, I-4						
2d SUV	600	1,790	2,980	7,450	10,430	14,900
2011 Highlander						
4d Spt SUV	610	1,840	3,060	7,650	10,710	15,300
2011 Highlander AWD, V6						
4d SE SUV	650	1,950	3,260	8,140	11,390	16,275
4d LTD SUV	750	2,240	3,730	9,310	13,040	18,625
2011 Higlander, V6, AWD, Hybrid						
4d SUV	680	2,030	3,380	8,450	11,830	16,900
2011 Highlander, V6, AWD, Hybrid						
4d LTD SUV	790	2,360	3,930	9,830	13,760	19,650
2011 4Runner, V6, 4WD						
4d SRT SUV	850	2,560	4,270	10,680	14,950	21,350
2011 4Runner, V6, AWD						
4d Trail SUV	860	2,590	4,310	9,700	15,090	21,550
2011 4Runner LTD SUV						
4d LTD SUV	990	2,960	4,930	11,100	17,260	24,660
2011 Sequoia, 4WD, V8						
4d SR5 SUV	810	2,430	4,050	10,130	14,180	20,250
2011 Sequoia, 4WD, V-8						
4d LTD SUV	1,080	3,250	5,420	13,540	18,950	27,075
2011 Sequoia, 4WD, V8						
4d Platinum SUV	1,150	3,460	5,770	14,410	20,180	28,825
2011 Land Cruiser, V-8, 4WD						
4d SUV	1,450	4,350	7,250	18,110	25,360	36,225
2011 Sienna, I-4						
4d Minivan	430	1,280	2,140	5,340	7,470	10,675
2011 Sienna, V6						
CE Minivan	470	1,420	2,370	5,930	8,300	11,850
SE Minivan	630	1,880	3,130	7,830	10,960	15,650
LE Miniva	520	1,550	2,590	6,480	9,070	12,950
XLE Minivan	640	1,910	3,180	7,950	11,130	15,900
LTD Minivan	680	2,030	3,390	8,460	11,850	16,925
Note: Add 5% for AWD						
2011 Tacoma, I4						
Short Bed	370	1,120	1,870	4,660	6,530	9,325
Note: Add 10% for 4WD						
Prorunner Short Double 5'	650	1,960	3,260	8,150	11,410	16,300
2011 Tacoma, I4, 4WD						
Access Cab	610	1,830	3,050	7,630	10,680	15,250
2011 Tacoma, V6, 4WD						
Double Cab 5'	840	2,530	4,220	10,540	14,750	21,075
2011 Tacoma, V6						
X-Runner Access	690	2,080	3,460	8,650	12,110	17,300
2011 Tacoma, 4WD, V6						
Double Cab 6'	1,210	3,620	6,040	15,090	21,120	30,175
2011 Tundra, V8						
Short Bed	540	1,630	2,720	6,790	9,500	13,575
Long Bed	590	1,770	2,950	7,380	10,330	14,750
Double 6.5'	720	2,160	3,600	9,000	12,600	18,000
2011 Touareg, V6, AWD						
VR6 Lux Spt SUV	630	1,890	3,150	7,880	11,030	15,750

VOLKSWAGEN TRUCKS

	6	5	4	3	2	1
1950 Transporter, 4-cyl., 94.5" wb, 25 hp						
DeL Van	500	1,550	2,600	5,810	9,050	12,900
Kombi	500	1,500	2,500	5,580	8,700	12,400
1951-52 Transporter, 4-cyl., 94.5" wb, 25 hp						
DeL Van	516	1,548	2,580	5,810	9,030	12,900
Kombi	496	1,488	2,480	5,580	8,680	12,400
NOTE: Overdrive is standard equipment.						
1952-53 Transporter, 4-cyl., 94.5" wb, 25 hp						
DeL Van	508	1,524	2,540	5,720	8,890	12,700
Kombi	488	1,464	2,440	5,490	8,540	12,200
1953 (Serial Nos. later than March 1953.) Transporter, 4-cyl., 94.5" wb, 25 hp						
DeL Van	500	1,500	2,500	5,630	8,750	12,500
Kombi	500	1,500	2,500	5,580	8,700	12,400
1954 Station Wagons, 4-cyl., 94.5" wb, 30 hp						
Microbus	400	1,200	2,050	4,590	7,150	10,200
Micro DeL	400	1,250	2,100	4,680	7,300	10,400
NOTE: Microbus 165" overall. DeLuxe Microbus 166.1" overall.						
1955 Station Wagons, 4-cyl., 94.5" wb, 36 hp						
Kombi	400	1,200	2,000	4,500	7,000	10,000
Microbus	400	1,200	2,050	4,590	7,150	10,200
Micro DeL	400	1,250	2,100	4,680	7,300	10,400
1956 Station Wagons, 4-cyl., 94.5" wb, 36 hp						
Kombi	400	1,200	1,950	4,410	6,850	9,800

	6	5	4	3	2	1
Microbus	400	1,200	2,000	4,500	7,000	10,000
Micro DeL	400	1,200	2,050	4,590	7,150	10,200
1957 Station Wagons, 4-cyl., 94.5" wb, 36 hp						
Kombi	400	1,150	1,900	4,280	6,650	9,500
Microbus	400	1,200	1,950	4,410	6,850	9,800
Micro SR DeL	400	1,200	2,000	4,460	6,950	9,900
Camper	400	1,250	2,100	4,680	7,300	10,400
1958 Station Wagons, 4-cyl., 94.5" wb, 36 hp						
Kombi	400	1,150	1,900	4,230	6,600	9,400
Microbus	400	1,150	1,950	4,370	6,800	9,700
Micro SR DeL	400	1,200	2,000	4,460	6,950	9,900
Camper	400	1,250	2,100	4,680	7,300	10,400
1959 Station Wagons, 4-cyl., 94.5" wb, 36 hp						
Kombi	400	1,150	1,900	4,230	6,600	9,400
Micro	400	1,150	1,950	4,370	6,800	9,700
Micro SR DeL	400	1,200	2,000	4,460	6,950	9,900
Camper	400	1,250	2,100	4,680	7,300	10,400
1960 Station Wagons, 4-cyl., 94.5" wb, 36 hp						
Kombi	350	1,100	1,850	4,190	6,500	9,300
Micro	400	1,150	1,900	4,320	6,700	9,600
Micro SR DeL	400	1,200	1,950	4,410	6,850	9,800
Camper	400	1,250	2,050	4,640	7,200	10,300
1961 Station Wagons, 4-cyl., 94.5" wb, 40 hp						
Sta Wag	350	1,100	1,850	4,190	6,500	9,300
Kombi	400	1,150	1,900	4,320	6,700	9,600
Sta Wag DeL	400	1,200	1,950	4,410	6,850	9,800
Camper	400	1,250	2,050	4,640	7,200	10,300
NOTE: Add 5% for extra seats sta wag.						
1962 Station Wagons, 4-cyl., 94.5" wb, 40 hp						
Sta Wag	400	1,150	1,900	4,320	6,700	9,600
Kombi	350	1,100	1,850	4,190	6,500	9,300
Sta Wag DeL	400	1,200	1,950	4,410	6,850	9,800
Camper	400	1,250	2,050	4,640	7,200	10,300
1963 Station Wagons, 4-cyl., 94.5" wb, 40 hp						
Sta Wag	400	1,150	1,900	4,320	6,700	9,600
Kombi	350	1,100	1,850	4,190	6,500	9,300
Sta Wag DeL	400	1,200	1,950	4,410	6,850	9,800
1964 Station Wagons, 1200 Series, 4-cyl., 94.5" wb, 40 hp						
Wag	400	1,150	1,900	4,320	6,700	9,600
Kombi w/Seats	350	1,100	1,850	4,190	6,500	9,300
Sta Wag DeL	400	1,200	1,950	4,410	6,850	9,800
1964 Station Wagons, 1500 Series, 4-cyl., 94.5" wb, 50 hp						
Wag	400	1,150	1,950	4,370	6,800	9,700
Kombi w/Seats	400	1,150	1,900	4,230	6,600	9,400
Sta Wag DeL	400	1,200	2,000	4,460	6,950	9,900
1965 Station Wagons, 1500 Series, 4-cyl., 94.5" wb, 40 hp						
Sta Wag	400	1,150	1,950	4,370	6,800	9,700
Kombi w/Seats	400	1,150	1,900	4,230	6,600	9,400
Sta Wag DeL	400	1,200	2,000	4,460	6,950	9,900
1965 Commercial, 1500 Series, 4-cyl., 94.5" wb, 40 hp						
Panel	400	1,150	1,900	4,320	6,700	9,600
PU	400	1,200	1,950	4,410	6,850	9,800
Dbl Cab PU	400	1,200	2,000	4,460	6,950	9,900
1966 Station Wagons, 57 hp						
Sta Wag	400	1,150	1,950	4,370	6,800	9,700
Kombi w/Seats	400	1,150	1,900	4,230	6,600	9,400
DeL Sta Wag	400	1,200	2,000	4,460	6,950	9,900
1966 Commercial						
Panel	400	1,150	1,900	4,320	6,700	9,600
PU	400	1,200	1,950	4,410	6,850	9,800
Dbl Cab PU	400	1,150	1,950	4,370	6,800	9,700
1967 Station Wagons, 57 hp						
Sta Wag	400	1,150	1,950	4,370	6,800	9,700
Kombi w/Seats	400	1,150	1,900	4,230	6,600	9,400
Sta Wag DeL	400	1,200	2,000	4,460	6,950	9,900
1967 Commercial						
Panel	400	1,150	1,900	4,320	6,700	9,600
PU	400	1,200	1,950	4,410	6,850	9,800
Dbl Cab PU	400	1,200	2,000	4,460	6,950	9,900
1968 Station Wagons, 57 hp						
Sta Wag	400	1,200	1,950	4,410	6,850	9,800
Kombi w/Seats	400	1,150	1,900	4,280	6,650	9,500
1968 Commercial						
Panel	400	1,150	1,950	4,370	6,800	9,700
PU	400	1,200	2,000	4,460	6,950	9,900
Dbl Cab PU	400	1,200	2,000	4,500	7,000	10,000
1969 Station Wagons, 57 hp						
Sta Wag	400	1,200	1,950	4,410	6,850	9,800
Kombi w/Seats	400	1,150	1,900	4,280	6,650	9,500

	6	5	4	3	2	1
Camper	450	1,300	2,200	4,950	7,700	11,000
1969 Commercial						
Panel	400	1,150	1,950	4,370	6,800	9,700
PU	400	1,200	2,000	4,460	6,950	9,900
Dbl Cab PU	400	1,200	2,000	4,500	7,000	10,000
1970 Station Wagons, 60 hp						
Sta Wag	400	1,200	1,950	4,410	6,850	9,800
Kombi w/Seats	400	1,150	1,900	4,280	6,650	9,500
Camper	450	1,300	2,200	4,950	7,700	11,000
1970 Commercial						
Panel	400	1,150	1,950	4,370	6,800	9,700
PU	400	1,200	2,000	4,460	6,950	9,900
Dbl Cab PU	400	1,200	2,000	4,500	7,000	10,000
1971 Transporter						
Sta Wag	400	1,200	1,950	4,410	6,850	9,800
Kombi w/Seats	400	1,150	1,900	4,280	6,650	9,500
Sta Wag SR	400	1,200	2,000	4,500	7,000	10,000
Campmobile	500	1,450	2,400	5,400	8,400	12,000
1971 Commercial						
Panel	400	1,150	1,950	4,370	6,800	9,700
PU	400	1,200	2,000	4,460	6,950	9,900
Dbl Cab PU	400	1,200	2,000	4,500	7,000	10,000
1972 Transporter						
Sta Wag	400	1,200	1,950	4,410	6,850	9,800
Kombi	400	1,150	1,900	4,280	6,650	9,500
Campmobile	500	1,450	2,400	5,400	8,400	12,000
1972 Commercial						
Panel	400	1,150	1,950	4,370	6,800	9,700
PU	400	1,200	2,000	4,460	6,950	9,900
Dbl Cab PU	400	1,200	2,000	4,500	7,000	10,000
1973 Transporter						
Sta Wag	400	1,200	1,950	4,410	6,850	9,800
Kombi	400	1,150	1,900	4,280	6,650	9,500
Campmobile	500	1,450	2,400	5,400	8,400	12,000
1973 Commercial						
Panel	400	1,150	1,950	4,370	6,800	9,700
1974 Transporter						
Sta Wag	400	1,200	2,000	4,460	6,950	9,900
Kombi	400	1,150	1,900	4,320	6,700	9,600
Campmobile	500	1,500	2,500	5,630	8,750	12,500
1974 Commercial						
Panel	400	1,150	1,950	4,370	6,800	9,700
1975 Transporter - Type II						
Sta Wag	400	1,150	1,950	4,370	6,800	9,700
Kombi	400	1,150	1,900	4,280	6,650	9,500
Campmobile	400	1,250	2,100	4,730	7,350	10,500
1975 Commercial						
Panel	400	1,150	1,900	4,280	6,650	9,500
1976 Transporter						
Sta Wag	400	1,150	1,950	4,370	6,800	9,700
Kombi	400	1,150	1,900	4,280	6,650	9,500
Campmobile	400	1,250	2,100	4,730	7,350	10,500
1977 Transporter						
Sta Wag	400	1,150	1,950	4,370	6,800	9,700
Kombi	400	1,150	1,900	4,280	6,650	9,500
Campmobile	400	1,250	2,100	4,730	7,350	10,500
1978 Transporter - Type II						
5P Sta Wag	400	1,150	1,950	4,370	6,800	9,700
Kombi	400	1,150	1,900	4,280	6,650	9,500
7P Sta Wag	400	1,200	1,950	4,410	6,850	9,800
Campmobile	400	1,250	2,100	4,730	7,350	10,500
NOTE: Prices based on deluxe model.						
1979 Transporter - Type II						
5P Sta Wag	400	1,150	1,950	4,370	6,800	9,700
Kombi	400	1,150	1,900	4,280	6,650	9,500
7P Sta Wag	400	1,200	1,950	4,410	6,850	9,800
Campmobile	400	1,250	2,100	4,730	7,350	10,500
NOTE: Prices based on deluxe model.						
1980 Pickup (FWD)						
Cus PU	150	500	800	1,850	2,850	4,100
LX PU	150	500	850	1,890	2,950	4,200
Spt PU	150	500	850	1,940	3,000	4,300
1980 Vanagon Transporter Type II						
5P Sta Wag	400	1,150	1,950	4,370	6,800	9,700
Kombi	400	1,150	1,900	4,280	6,650	9,500
7P Sta Wag	400	1,200	1,950	4,410	6,850	9,800
Campmobile	400	1,250	2,100	4,730	7,350	10,500
NOTE: Prices based on deluxe model.						

VOLKSWAGEN TRUCKS

	6	5	4	3	2	1
1981 Pickup						
PU.	150	500	800	1,850	2,850	4,100
LX PU	150	500	850	1,890	2,950	4,200
Spt PU	150	500	850	1,940	3,000	4,300
1981 Vanagon Transporter Type II						
5P Sta Wag.	400	1,150	1,950	4,370	6,800	9,700
Kombi	400	1,150	1,900	4,280	6,650	9,500
7P Sta Wag.	400	1,200	1,950	4,410	6,850	9,800
Campmobile	400	1,250	2,100	4,730	7,350	10,500
NOTE: Deduct 5% for diesel. Prices based on deluxe model.						
1982 Pickup, FWD						
PU.	150	500	800	1,850	2,850	4,100
LX PU	150	500	850	1,890	2,950	4,200
Spt PU	150	500	850	1,940	3,000	4,300
1982 Vanagon						
5P Sta Wag.	400	1,150	1,950	4,370	6,800	9,700
7P Sta Wag.	400	1,200	1,950	4,410	6,850	9,800
Campmobile	400	1,250	2,100	4,730	7,350	10,500
NOTE: Deduct 5% for diesel. Prices based on deluxe model.						
1983 Pickup, FWD						
PU.	150	500	800	1,850	2,850	4,100
LX PU	150	500	850	1,890	2,950	4,200
Spt PU	150	500	850	1,940	3,000	4,300
1983 Vanagon						
5P Sta Wag.	400	1,200	1,950	4,410	6,850	9,800
7P Sta Wag.	400	1,200	2,000	4,460	6,950	9,900
Campmobile	400	1,250	2,100	4,770	7,400	10,600
NOTE: Deduct 5% for diesel. Prices based on deluxe model.						
1984 Vanagon						
Sta Wag	400	1,200	2,000	4,500	7,000	10,000
Campmobile	500	1,450	2,400	5,400	8,400	12,000
NOTE: Deduct 5% for diesel. Prices based on deluxe model.						
1985 Vanagon						
Sta Wag	400	1,250	2,100	4,730	7,350	10,500
Campmobile	500	1,500	2,500	5,630	8,750	12,500
NOTE: Deduct 5% for diesel. Prices based on deluxe model.						
1986 Vanagon						
Sta Wag	400	1,250	2,100	4,730	7,350	10,500
Campmobile	500	1,500	2,500	5,630	8,750	12,500
NOTE: Deduct 5% for diesel. Prices based on deluxe model.						
1987 Vanagon						
Sta Wag	350	1,100	1,800	4,050	6,300	9,000
Sta Wag GL	400	1,150	1,900	4,280	6,650	9,500
Camper.	400	1,200	2,000	4,500	7,000	10,000
Camper GL	500	1,450	2,400	5,400	8,400	12,000
1987 Vanagon (4WD)						
Sta Wag GL	400	1,250	2,100	4,730	7,350	10,500
Camper.	500	1,450	2,400	5,400	8,400	12,000
Camper GL.	650	1,900	3,200	7,200	11,200	16,000
1988 Vanagon						
Sta Wag GL	400	1,250	2,100	4,730	7,350	10,500
Camper GL.	650	1,900	3,200	7,200	11,200	16,000
1989 Vanagon						
Sta Wag GL	650	2,000	3,300	7,430	11,600	16,500
Camper GL.	800	2,350	3,900	8,780	13,700	19,500
Sta Wag Carat	700	2,100	3,500	7,880	12,300	17,500
1989 Vanagon (4WD)						
Sta Wag GL	700	2,150	3,600	8,100	12,600	18,000
Camper GL.	850	2,500	4,200	9,450	14,700	21,000
1990 Vanagon						
Sta Wag	700	2,050	3,400	7,650	11,900	17,000
Sta Wag Syncro	800	2,350	3,900	8,780	13,700	19,500
Sta Wag GL	800	2,400	4,000	9,000	14,000	20,000
Sta Wag Carat	800	2,450	4,100	9,230	14,300	20,500
Camper GL.	900	2,650	4,400	9,900	15,400	22,000
Camper GL Syncro	900	2,750	4,600	10,350	16,100	23,000
1991 Vanagon						
3d Van.	350	1,000	1,700	3,830	5,950	8,500
3d Syncro Van.	550	1,700	2,800	6,300	9,800	14,000
GL 3d Van.	600	1,800	3,000	6,750	10,500	15,000
Carat 3d Van.	700	2,050	3,400	7,650	11,900	17,000
GL 3d Camper Van.	750	2,300	3,800	8,550	13,300	19,000
GL 3d Syncro Van.	650	1,900	3,200	7,200	11,200	16,000
1993 Eurovan, 5-cyl.						
Window Van.	300	950	1,550	3,510	5,450	7,800
2004 Touareg, AWD						
4d Utility (V-6).	620	1,870	3,120	7,800	10,920	15,600
4d Utility (V-8).	680	2,050	3,420	8,550	11,970	17,100

	6	5	4	3	2	1
TDI 4d Utility (V-10)	1,270	3,800	6,340	15,850	22,190	31,700

NOTE: Add 5% for adjustable air suspension, except TDI.

2005 Touareg, V-6 & V-8, AWD

	6	5	4	3	2	1
4d Utility (V-6)	620	1,870	3,120	7,800	10,920	15,600
4d Utility (V-8)	680	2,050	3,420	8,550	11,970	17,100

NOTE: Add 5% for Adjustable Air Suspension pkg.

2006 Touareg, V-6, AWD

	6	5	4	3	2	1
4d SUV	580	1,750	2,920	7,300	10,220	14,600

NOTE: Add 10% for 4-corner suspension or 4.2L V-8.

2006 Touareg, V-10, AWD

	6	5	4	3	2	1
4d TDI SUV	1,010	3,020	5,040	12,600	17,640	25,200

2007 Touareg 2, V-6 4WD

	6	5	4	3	2	1
4d SUV	630	1,880	3,130	7,830	10,960	15,650

NOTE: Add 10% for 4-Corber Suspension or 4.2L V-8.

2007 Touareg 2, V-10 Turbo Diesel 4WD

	6	5	4	3	2	1
4d TDI SUV	1,150	3,440	5,740	14,350	20,090	28,700

2008 Touareg 2, V6, 4WD

	6	5	4	3	2	1
4d SUV	630	1,880	3,130	7,830	10,960	15,650

Note: All 10% for 4-corber suspension or 4.2L V8.

2008 Touareg 2, V10 Turbo Diesel, 4WD

	6	5	4	3	2	1
4d TDI SUV	900	2,700	4,500	11,250	15,750	22,500

2009 Tiguan, I4, Turbo

	6	5	4	3	2	1
4d S SUV	350	1,060	1,770	4,430	6,200	8,850
4d SE SUV	390	1,170	1,960	4,890	6,840	9,775
4d SEL SUV	490	1,460	2,440	6,100	8,540	12,200

2009 Tiguan 4Motion, 4WD, Turbo

	6	5	4	3	2	1
4d SE SUV	470	1,410	2,350	5,880	8,230	11,750
4d SEL SUV	530	1,600	2,670	6,680	9,350	13,350

2009 Touareg 2, V6, 4WD

	6	5	4	3	2	1
4d SUV	560	1,670	2,780	6,950	9,730	13,900

10% for 4-corner suspension. Add 10% for 4.2L V8.

2009 Touareg 2, V10 Turbo Diesel, 4WD

	6	5	4	3	2	1
4d TDI SUV	790	2,380	3,960	9,900	13,860	19,800

All 10% for 4-corner suspension.

2009 Routan, V6

	6	5	4	3	2	1
4d S Minivan	340	1,030	1,720	4,290	6,000	8,575
4d SE Minivan	380	1,150	1,920	4,790	6,700	9,575

2009 Routan, V6

	6	5	4	3	2	1
4d SEL Minivan	450	1,340	2,230	5,580	7,810	11,150
4d SEL Premium Minivan	490	1,400	2,400	6,150	8,610	12,300

2010 Tiguan, I4, Turbo

	6	5	4	3	2	1
4d S SUV	420	1,250	2,090	5,230	7,320	10,450
4d SE SUV	470	1,420	2,360	5,900	8,260	11,800
4d Wolfsburg Ed SUV	450	1,350	2,250	5,630	7,880	11,250
4d SEL SUV	580	1,730	2,890	7,230	10,120	14,450

2010 Tiguan 4Motion, 4WD, Turbo

	6	5	4	3	2	1
4d S SUV	470	1,400	2,330	5,830	8,160	11,650
4d SE SUV	550	1,660	2,760	6,900	9,660	13,800
4d Wolfsburg Ed SUV	520	1,570	2,620	6,550	9,170	13,100
4d SEL SUV	640	1,920	3,200	8,000	11,200	16,000

2010 Touareg 2, V6, 4WD

	6	5	4	3	2	1
4d SUV	730	2,190	3,650	9,130	12,780	18,250

NOTE: Add 10% for 4-corner suspension; 10% for 4.2L V8.

2010 Touareg 2, V6, Turbo Diesel, 4WD

	6	5	4	3	2	1
4d TDI SUV	870	2,620	4,360	10,900	15,260	21,800

NOTE: Add 10% for 4-corner suspension.

2010 Routan, V6

	6	5	4	3	2	1
4d S Minivan	390	1,170	1,950	4,880	6,830	9,750
4d SE Minivan	480	1,430	2,000	5,950	8,330	11,900
4d SEL Minivan	570	1,700	2,830	7,080	9,910	14,150
4d SEL Premium Minivan	570	1,720	2,860	7,150	10,010	14,300

2011 Tiguan, I4, Turbo

	6	5	4	3	2	1
4d S SUV	330	990	1,650	4,130	5,780	8,250
4d SE SUV	340	1,010	1,690	4,210	5,900	8,425

2011 Tiguan, IV, Turbo

	6	5	4	3	2	1
4d SEL SUV	410	1,230	2,050	5,130	7,180	10,250

2011 Tiguan 4Motion, 4WD, Turbo

	6	5	4	3	2	1
4d S SUV	370	1,110	1,860	4,640	6,100	9,275
4d SE SUV	410	1,240	2,070	5,160	7,230	10,325
4d SEL SUV	460	1,390	2,320	5,790	8,100	11,575

2011 Touareg, V6, AWD, Hybrid

	6	5	4	3	2	1
4d SUV	690	2,060	3,440	8,590	12,020	17,175

2011 Touareg, V6, AWD

	6	5	4	3	2	1
4d VR6 SUV	560	1,680	2,800	7,000	9,800	14,000
4d VR6 Lux Spt SUV	630	1,890	3,150	7,090	11,030	15,750
4d VR6 Exec Spt SUV	710	2,120	3,540	8,850	12,390	17,700

2011 Touareg, V6 Turbo Diesel, 4WD

	6	5	4	3	2	1
4d TDI SUV	690	2,060	3,440	8,600	12,040	17,200
4d TDI Lux Spt SUV	760	2,270	3,780	9,450	13,230	18,900

	6	5	4	3	2	1
4d TDI Exec Spt SUV 830		2,500	4,170	9,380	14,600	20,850
2011 Routan, V6						
4d S Minivan 300		900	1,510	3,760	5,270	7,525
4d SE Minivan 380		1,130	1,880	4,700	6,580	9,400
2011 Routan, V-6						
4d SEL Minivan 410		1,240	2,060	4,640	7,210	10,300
2011 Routan, V6						
4d SEL Premium Minivan 450		1,340	2,240	5,040	7,840	11,200
2011 XC60, 6-cyl.						
4d 3.2 SUV 430		1,280	2,140	5,350	7,490	10,700

VOLVO TRUCKS

	6	5	4	3	2	1
2003 XC90-5, Turbo 6-cyl., AWD						
2.5T Utility 600		1,810	3,020	7,550	10,570	15,100
T6 Utility 690		2,080	3,460	8,650	12,110	17,300
NOTE: Deduct 5% for 2.5T front-drive-only model.						
2004 XC90-5, Turbo 6-cyl., AWD						
2.5T Utility 660		1,980	3,300	8,250	11,550	16,500
T6 Utility 730		2,180	3,640	9,100	12,740	18,200
NOTE: Deduct 5% for 2.5T front-drive-only model.						
2005 XC90, Turbo 6-cyl., AWD						
2.5T Utility 680		2,050	3,420	8,550	11,970	17,100
T6 Utililty 750		2,260	3,760	9,400	13,160	18,800
Utility (V-8 only) 790		2,360	3,940	9,850	13,790	19,700
NOTE: Deduct 5% for 2.5T FWD model.						
2006 XC90, 5-cyl. Turbo						
4d 2.5T SUV 560		1,690	2,820	7,050	9,870	14,100
NOTE: Add 10% for AWD.						
2006 XC90, V-8, AWD						
4d SUV 680		2,040	3,400	8,500	11,900	17,000
4d Sport SUV 740		2,210	3,680	9,200	12,880	18,400
NOTE: Add 10% for AWD.						
2007 XC90, 6-cyl.						
4d 3.2T SUV 580		1,730	2,890	7,230	10,120	14,450
NOTE: Add 10% for AWD.						
2007 XC90, V-8 AWD						
4d SUV 690		2,080	3,470	8,680	12,150	17,350
4d Sport SUV 770		2,310	3,850	9,630	13,480	19,250
NOTE: Add 10% for AWD.						
2008 XC90, 6-cyl.						
4d 3.2 SUV 560		1,670	2,780	6,950	9,730	13,900
4d 3.2 SUV 560		1,670	2,780	6,950	9,730	13,900
Note: Add 10% for AWD.						
4d 3.2 SUV 560		1,670	2,780	6,950	9,730	13,900
2008 XC90, V8, AWD						
4d SUV 820		2,470	4,120	10,300	14,420	20,600
4d Sport SUV 880		2,650	4,420	11,050	15,470	22,100
2009 XC60, 6-cyl.						
4d 3.2 SUV 640		1,910	3,190	7,980	11,170	15,950
2009 XC60, 6-cyl., Turbo						
4d T6 SUV 740		2,230	3,710	9,280	12,990	18,550
2009 XC60, 6-cyl., Turbo						
4d R-Design SUV 740		2,230	3,720	9,300	13,020	18,600
2009 XC90, 6-cyl.						
4d 3.2 SUV 650		1,960	3,270	8,180	11,450	16,350
Add 10% for AWD.						
4d 3.2 R-Design SUV 820		2,470	4,120	10,300	14,420	20,600
2009 XC90, V8, AWD						
4d SUV 890		2,680	4,460	11,150	15,610	22,300
2010 XC60, 6-cyl.						
4d 3.2 SUV 630		1,900	3,170	7,930	11,100	15,850
2010 XC60, 6-cyl., Turbo						
4d T6 SUV 740		2,230	3,710	9,280	12,990	18,550
4d TR-Design SUV 740		2,230	3,710	9,280	12,990	18,550
2010 XC90, 6-cyl.						
4d 3.2 SUV 660		1,970	3,280	8,200	11,480	16,400
NOTE: Add 10% for AWD.						
4d 3.2 R-Design SUV 840		2,510	4,180	10,450	14,630	20,900
NOTE: Add 10% for AWD.						
2010 XC90, V8, AWD						
4d SUV 900		2,690	4,480	11,200	15,680	22,400
2011 XC60, AWD, 6-cyl., Turbo						
4d T6 SUV 520		1,560	2,610	6,510	9,120	13,025
4d R-Design SUV 550		1,660	2,770	6,910	9,680	13,825
2011 XC60, 6-cyl						
4d 3.2 SUV 430		1,280	2,140	5,350	7,490	10,700

VOLKSWAGEN TRUCKS